ଜୈନ ଦର୍ଶନ : ମନନ ଓ ମୀମାଂସା

ଜୈନ ଦର୍ଶନ : ମନନ ଓ ମୀମାଂସା

ଆଚାର୍ଯ୍ୟ ମହାପ୍ରଜ୍ଞ

ଓଡ଼ିଆ ରୂପ:
ତୁଳସୀ ଜୈନ

BLACK EAGLE BOOKS
2021

BLACK EAGLE BOOKS

USA address:
7464 Wisdom Lane
Dublin, OH 43016

India address:
E/312, Trident Galaxy, Kalinga Nagar,
Bhubaneswar-751003, Odisha, India

E-mail: info@blackeaglebooks.org
Website: www.blackeaglebooks.org

First International Edition Published by
BLACK EAGLE BOOKS, 2021

JAIN DARSHAN: MANAN O MIMANSA
by **Acharya Mahapragyan**

Blessings: His Holiness Acharya Mahashraman

Translated by **Tulsi Jain**

Translation Copyright © **Tulsi Jain**

All rights reserved. No part of this publication may be reproduced, stored in a retrieval system, or transmitted, in any form or by any means, electronic, mechanical, photocopying, recording or otherwise without the prior permission of the publisher.

Cover & Interior Design: Ezy's Publication

ISBN- 978-1-64560-207-1 (Paperback)

Printed in the United States of America

ପଞ୍ଚମ ସଂସ୍କରଣ ସନ୍ଦର୍ଭରେ

ଦ୍ରବ୍ୟର ଅନନ୍ତ ପର୍ଯ୍ୟାୟ। ଜ୍ଞାନ ପର୍ଯ୍ୟାୟମାନଙ୍କ ସଂଖ୍ୟା ସୀମିତ। ତେଣୁ ଦର୍ଶନର କ୍ଷେତ୍ର ଅସୀମ। ଯାହା ପୂର୍ବେ ଜାଣିସାରିଛୁ, ସତ୍ୟ କେବଳ ସେତିକି ନୁହେଁ। ଯାହା ଆଜି ଜାଣୁଛୁ, ସତ୍ୟ ସେତିକି ମାତ୍ର ନୁହେଁ। ଅଜ୍ଞାତର ମହାସାଗରରେ ଜ୍ଞାତ ହେଉଛି ଏକ କ୍ଷୁଦ୍ର ଦ୍ୱୀପ ସଦୃଶ। ସେହି କାରଣରୁ ଦର୍ଶନର ଯାତ୍ରା ନିରନ୍ତର ଗତିଶୀଳ ରହିବା ଉଚିତ।

ସମ୍ପ୍ରତି କେତେକ ଦାର୍ଶନିକଙ୍କ ବିଚାର ଅଥବା ପ୍ରତ୍ୟକ୍ଷୀକରଣ ଉପରେ ବିଶେଷ ଚିନ୍ତନ କରାଯାଉଛି। ଯଦି ଏହାକୁ ସୀମା ମାନିନିଆଯାଏ, ତେବେ ଦର୍ଶନର ବିକାଶ ହୋଇପାରିବ ନାହିଁ ତଥା ନୂଆ ନୂଆ ପର୍ଯ୍ୟାୟଗୁଡ଼ିକର ଖୋଜ ମଧ୍ୟ ହୋଇପାରିବ ନାହିଁ। ସମୟଚକ୍ରର ତାଳେ ତାଳେ ପରିସ୍ଥିତି ବଦଳିଥାଏ। ମନଃସ୍ଥିତି ଏବଂ ଭାବଧାରାରେ ବି ପରିବର୍ତ୍ତନ ଆସେ। ଏହି ପରିବର୍ତ୍ତନକୁ ଦାର୍ଶନିକ ଶୈଳୀରେ ପ୍ରସ୍ତୁତ କରି ଆମେ ଜ୍ଞେୟର ସୀମାକୁ ବ୍ୟାପକ କରିବାରେ ସଫଳ ହୋଇପାରିବା ଏବଂ ସୃଜନାତ୍ମକ ଶକ୍ତିର ବିକାଶ କରିପାରିବା।

କେବଳ ତତ୍ତ୍ୱମୀମାଂସା ଦର୍ଶନର ସୀମା ନୁହେଁ। ଚେତନ ଜଗତ ଓ ଅଚେତନ ଜଗତ ମଧ୍ୟରେ ସମ୍ବନ୍ଧର ମୀମାଂସା କରିପାରିଲେ ଉପଯୋଗିତା ଏବଂ ଅନୁପଯୋଗିତା କ୍ଷେତ୍ରରେ କ୍ରାନ୍ତି କରିହେବ।

ଜେନେଟିକ୍ ବୈଜ୍ଞାନିକମାନେ ଜିନ୍ ବିଷୟରେ ଏକ ନୂତନ ପ୍ରକଳ୍ପ ପ୍ରସ୍ତୁତ କରିଚାଲିଛନ୍ତି। ଜିଦ୍‌ର ଜିନ ଯୋଗୁ ମଣିଷ ଜିଦ୍ଦୀ ହୋଇଥାଏ। ଜିନ୍ ଯୋଗୁ କେହି ଆକାରରେ ଲମ୍ବ ହୋଇଥାଏ ତ କେହି ଗେଡ଼ା ହୋଇଥାଏ। ଜୀବନର ସମସ୍ତ ପର୍ଯ୍ୟାୟର ଜିନ ଖୋଜିବାରେ ଏବେ ବିଶେଷଜ୍ଞମାନେ ବ୍ୟସ୍ତ। ଜୈନଦର୍ଶନରେ କର୍ମବାଦ ସମ୍ବନ୍ଧରେ ଗଭୀର ଅବଧାରଣା ରହିଛି। ଏହି କର୍ମଶାସ୍ତ୍ରୀୟ ଅବଧାରଣାଗୁଡ଼ିକୁ, ଜୀବନର ପର୍ଯ୍ୟାୟ ସମ୍ବନ୍ଧରେ ପ୍ରସ୍ତୁତ କରାଗଲେ ଜୀବନର ଅନେକ ରହସ୍ୟ ଉନ୍ମୋଚିତ ହେବାର ସୁଯୋଗ ମିଳିବ।

ଦର୍ଶନର ଗୋଟିଏ ଦିଗ ହେଉଛି – ବିଶ୍ୱବ୍ୟବସ୍ଥାର ରହସ୍ୟ ଖୋଜିବା ଏବଂ ପ୍ରତିପାଦନ କରିବା।

ଦର୍ଶନର ଅନ୍ୟ ଦିଗ ହେଉଛି – ମଣିଷ ଜୀବନର ରହସ୍ୟ ଖୋଜିବା, ଚେତନାର ବିଭିନ୍ନ ରୂପର ବିଶ୍ଳେଷଣ କରିବା ତଥା ଚେତନା-ଶୁଦ୍ଧି ସକାଶେ ଆଚାର ପ୍ରଣାଳୀର ପ୍ରତିପାଦନ କରିବା।

ବିଜ୍ଞାନ, ମନୋବିଜ୍ଞାନ ଏବଂ ପାରା ମନୋବିଜ୍ଞାନ ଆଜି ଅନେକ କ୍ଷେତ୍ରରେ ଦର୍ଶନକୁ ଚ୍ୟାଲେଞ୍ଜ କରୁଛନ୍ତି। ବିଜ୍ଞାନଜଗତରେ ଶୋଧ ଏବଂ ଅନୁସନ୍ଧାନ ନିରନ୍ତର ଚାଲିଥାଏ। ତେବେ ଦାର୍ଶନିକ ଜଗତରେ ଏକପ୍ରକାର ସ୍ଥାଣୁତା ଆସିଯାଇଛି। ପୂର୍ବପୁରୁଷ ଯେଉଁ ସତ୍ୟ ଉଦ୍‌ଘାଟନ କରିଛନ୍ତି, ତାହା ହିଁ ଏକ ସୀମା-ସେତୁରେ ପରିଣତ ହୋଇଯାଇଛି। ଜଣେ ଦାର୍ଶନିକ ଚେତନାର ବିଭିନ୍ନ ସ୍ତରର ଯେପରି ବ୍ୟାଖ୍ୟା କରିପାରିବ, ଜଣେ ବୈଜ୍ଞାନିକ ତାହା କରିପାରିବ ନାହିଁ। ବିଜ୍ଞାନ ଏବେ ବି ପଦାର୍ଥଜଗତର ସୀମା ମଧ୍ୟରେ ଆବଦ୍ଧ। ବିଜ୍ଞାନ ଚେତନା ଜଗତକୁ ସ୍ପର୍ଶ କରିପାରିନାହିଁ କିମ୍ବା ଅତ୍ୟନ୍ତ ମାତ୍ରାରେ ସ୍ପର୍ଶ କରିଛି।

ଜୈନଦର୍ଶନର ଜ୍ଞାନ ମୀମାଂସାର କ୍ଷେତ୍ର ଭାରି ବିଶାଳ। ବୋଧହୁଏ କୌଣସି ଭାରତୀୟ କିମ୍ବା ପାଶ୍ଚାତ୍ୟ ଦର୍ଶନରେ ସେତେ ବ୍ୟାପ୍ତି ନାହିଁ। ତଥାପି ଜୈନମାନେ ଦାର୍ଶନିକ ଜଗତ ସାମନାରେ ତାକୁ ସମୀଚୀନ ପ୍ରସ୍ତୁତ କରିବାରେ ବିଫଳ ହେଉଛନ୍ତି।

ଜୈନ ଦର୍ଶନ ସମ୍ମତ ଲେଶ୍ୟା-ସିଦ୍ଧାନ୍ତ ହେଉଛି ରଶ୍ମି-ମଣ୍ଡଳ କିମ୍ବା ଆଭାମଣ୍ଡଳ ସିଦ୍ଧାନ୍ତ। ଏହା ସାହାଯ୍ୟରେ ମାନବୀୟ ଜୀବନର ଅନେକ ଅଜ୍ଞାତ ରହସ୍ୟକୁ ହୃଦୟଙ୍ଗମ କରାଯାଇପାରେ ତଥା ଜୀବନର ଅନେକ ସମସ୍ୟାର ସମାଧାନ ପ୍ରାପ୍ତ କରାଯାଇପାରେ।

ରିସର୍ଚ୍ଚ ବା ଅନୁସନ୍ଧାନ ସକାଶେ 'ଭାବଧାରା' ହେଉଛି ପ୍ରକୃଷ୍ଟ କ୍ଷେତ୍ର। ଶରୀର, ଇନ୍ଦ୍ରିୟ, ଶ୍ୱାସ ଓ ମନର ସଞ୍ଚାଳନ ଭାବସ୍ପନ୍ଦନ ଯୋଗୁ ହୋଇଥାଏ। ବୁଦ୍ଧି ବି ଭାବଧାରା ଦ୍ୱାରା ପ୍ରଭାବିତ। ଏହି 'ଭାବଧାରା' ଉପରେ ଦର୍ଶନ ଶାସ୍ତ୍ରୀୟ ଏବଂ ଆଚାର ଶାସ୍ତ୍ରୀୟ ଅଧ୍ୟୟନ ସବିସ୍ତାର କରାଯାଇପାରେ।

ଦାର୍ଶନିକମାନେ ସ୍ଥୂଳ ପ୍ରକମ୍ପନ ଉପରେ ଯେତେ କାର୍ଯ୍ୟ କରିଛନ୍ତି, ସୂକ୍ଷ୍ମ ପ୍ରକମ୍ପନ କ୍ଷେତ୍ରରେ ସେତେ କରିନାହାନ୍ତି। ସୂକ୍ଷ୍ମ ପ୍ରକମ୍ପନ ଉପରେ ସଘନ କାର୍ଯ୍ୟ ହେଲେ ଦର୍ଶନର ଏକ ନୂତନ ରୂପ ପ୍ରକଟ ହେବ ଏବଂ ଦର୍ଶନ, ବିଜ୍ଞାନକୁ ଚ୍ୟାଲେଞ୍ଜ କରିବା ସ୍ଥିତିରେ ଆସିବ।

ମୁଁ ଆଶା କରୁଛି - ଦାର୍ଶନିକମାନେ ସେମାନଙ୍କ ପୂର୍ବଜମାନଙ୍କଠାରୁ ପ୍ରାପ୍ତ ସିଦ୍ଧାନ୍ତ ପ୍ରତିପାଦନରେ ସୀମିତ ନ ରହି ନୂତନ ସିଦ୍ଧାନ୍ତର ଅନ୍ୱେଷଣ କରନ୍ତୁ। ଏହା ଫଳରେ କାଳଚକ୍ର ଦର୍ଶନକୁ ରୂଢ଼ ବା ରୁକ୍ଷ କରିପାରିବ ନାହିଁ ବରଂ ଦର୍ଶନ ଗତିଶୀଳ ହେବ।

ଜୈନଦର୍ଶନ : ମନନ ଓ ମୀମାଂସା ଗ୍ରନ୍ଥଟି ଦର୍ଶନଜଗତର ବିଶେଷ କରି ଜୈନ ଦର୍ଶନର ଅନେକ ଅସ୍ପୃଶ୍ୟ ପ୍ରସଙ୍ଗକୁ ସ୍ପର୍ଶ କରିଛି। ପ୍ରାୟ ଛଅ ଦଶନ୍ଧି ଆଗରୁ ମୁଁ ଏହାକୁ ଲେଖିଥିଲି ଏବଂ ଏହାର ପ୍ରକାଶନ ପାଞ୍ଚଦଶକ ଆଗରୁ ହୋଇଥିଲା। ପ୍ରସ୍ତୁତ ଗ୍ରନ୍ଥରେ ଜୈନ ଦର୍ଶନ, ଆଚାର ମୀମାଂସା ସହିତ ସଂକ୍ଷିପ୍ତ ଇତିହାସ ମଧ୍ୟ ରହିଛି।

ପ୍ରସ୍ତୁତ ଗ୍ରନ୍ଥର ପଞ୍ଚମ ସଂସ୍କରଣ ପ୍ରକାଶିତ ହେବାକୁ ଯାଉଛି। କେତେଦୃଷ୍ଟିରୁ ବିଚାର କଲେ ଏହା ହେଉଛି ପ୍ରଥମ ସଂସ୍କରଣ। ଆଗମ ମନୀଷୀ ମୁନି ଦୁଲହରାଜଜୀ ମୋ ସାହିତ୍ୟ ସମ୍ପାଦନାରେ ନିଷ୍ଠାର ସହିତ ସଂଲଗ୍ନ ରହିଛନ୍ତି। ଏହି ପରିବର୍ଦ୍ଧିତ ସଂସ୍କରଣରେ ମୁନି ଧନଞ୍ଜୟ କୁମାର ମଧ୍ୟ ନିଷ୍ଠା ସହକାରେ ଶ୍ରମ କରିଛନ୍ତି। ସାଧ୍ୱୀ ମନୀଷାଶ୍ରୀ ଏବଂ ସାଧ୍ୱୀ ଜୟବିଭା, ଏହି ସଂସ୍କରଣର ନାମାନୁକ୍ରମ ପରିଶିଷ୍ଟ ନିର୍ମାଣ କରିଛନ୍ତି। ସମଣୀବୃନ୍ଦ ପ୍ରୁଫ୍ ନିରୀକ୍ଷଣରେ ଯଥୋଚିତ ସହଯୋଗ କରିଛନ୍ତି। ପ୍ରସ୍ତୁତ ସଂସ୍କରଣରେ ଯେଉଁ ପରିଷ୍କାର ଓ ପରିବର୍ଦ୍ଧନ କରାଯାଇଛି, ତାହା ପାଠକବର୍ଗଙ୍କୁ କିଛି ନୂଆ ତଥ୍ୟ ପ୍ରଦାନ କରିବ ବୋଲି ମୋର ବିଶ୍ୱାସ।

ଆଚାର୍ଯ୍ୟ ମହାପ୍ରଜ୍ଞ

ଅଣୁବିଭା
ଜୟପୁର (ରାଜସ୍ଥାନ)
୧୫ ଅଗଷ୍ଟ ୨୦୦୮

ଆଶୀର୍ବଚନ

ଧର୍ମର ଆଧାର ଜୀବନ ଏବଂ ଦର୍ଶନର ଆଧାର ହେଉଛି ସାହିତ୍ୟ। ସାମ୍ପ୍ରତିକ ପରିସ୍ଥିତି ସନ୍ଦର୍ଭରେ ବ୍ୟକ୍ତିଗତ, ସମଷ୍ଟିଗତ ଏବଂ ଜୀବନ ଓ ଆତ୍ମା ସମ୍ବନ୍ଧୀୟ ସମସ୍ତ ତଥ୍ୟ ସାହିତ୍ୟ ମାଧ୍ୟମରେ ଅଭିବ୍ୟକ୍ତି କରାଯାଉଥିବାରୁ, ଧର୍ମ ବି ସାହିତ୍ୟର ବିଷୟରେ ପରିଣତ ହୋଇଛି। ଜୈନଧର୍ମରେ ବିଜ୍ଞାନସମ୍ମତ ଅଗଣିତ ତଥ୍ୟ ରହିଛି ଏବଂ ଏହା ବିଶ୍ୱଧର୍ମ ହେବାର ଯୋଗ୍ୟତା ମଧ୍ୟ ରଖିଛି। ଜୈନଧର୍ମର ନିଜସ୍ୱ ଅଭିବ୍ୟକ୍ତ ସକାଶେ ସାହିତ୍ୟିକ ପରିବେଶ ମଧ୍ୟ ପ୍ରାପ୍ତ ହୋଇଛି। କିନ୍ତୁ ଆତ୍ମ-ତୋଷ ସକାଶେ ତାହା ପର୍ଯ୍ୟାପ୍ତ ନୁହେଁ। ଭଗବାନ ମହାବୀରଙ୍କ ପଞ୍ଚବିଂଶ ନିର୍ବାଣ ଶତାବ୍ଦୀ, ଏହି କାର୍ଯ୍ୟ ହେତୁ ପ୍ରେରଣା ସୃଷ୍ଟି କରୁଛି। ଏହି ଅବସର ପ୍ରାଚୀନ ଜୈନ ସାହିତ୍ୟର ବ୍ୟବସ୍ଥିତ ସମ୍ପାଦନା ଏବଂ ନୂତନ ମୌଳିକ ସାହିତ୍ୟର ସଂରଚନା ସକାଶେ ପ୍ରକୃଷ୍ଟ ସମୟ। ଆସନ୍ତୁ, ସମ୍ପୂର୍ଣ୍ଣ ନିଷ୍ଠାର ସହିତ ଏହି ଦିଗ ପ୍ରତି ସମର୍ପଣ ପୂର୍ବକ ଜୈନ-ଶାସନର ସେବାରେ ନିଜକୁ ନିୟୋଜିତ କରିବା।

'ଜୈନଦର୍ଶନ : ମନନ ଓ ମୀମାଂସା' ହେଉଛି ଏହି କ୍ରମର ଏକ ଶୃଙ୍ଖଳା, ଯହିଁରେ ଲେଖକ ଜୈନଧର୍ମର ସମଗ୍ର ତଥ୍ୟ ଓ ତତ୍ତ୍ୱକୁ ସବିସ୍ତାର ଅଭିବ୍ୟକ୍ତ କରିଛନ୍ତି। ଲେଖନ କାର୍ଯ୍ୟରେ ଲେଖକଙ୍କ ନିଜସ୍ୱ ଆସ୍ଥା ପ୍ରଗାଢ଼ ରହିଥିବା ଆବଶ୍ୟକ। ଏହାସହିତ ସେହି ବିଷୟରେ ବିଶେଷ ଚିନ୍ତନ ଓ ମନନ ବି ଜରୁରୀ। ଅନ୍ୟଥା କୌଣସି ଲେଖକ, ପାଠକଙ୍କୁ ମନନଯୋଗ୍ୟ ମୌଳିକ ସାମଗ୍ରୀ ଦେଇପାରିବ ନାହିଁ। ଆମ ଧର୍ମସଂଘର ଜଣେ ସାଧନାରତ ମୁନିଙ୍କ ଲେଖନୀରୁ ଏହି ଗ୍ରନ୍ଥର ଉଦ୍‌ଭବ ହୋଇଛି। ଅଧ୍ୟବସାୟ ମୁନି ନଥମଲଜୀ (ଆଚାର୍ଯ୍ୟ ମହାପ୍ରଜ୍ଞ) ଯେତେମାତ୍ରାରେ ଲେଖକ, ତାହାଠାରୁ ଅଧିକ ଯୋଗାଭ୍ୟାସୀ ଅଟନ୍ତି। ଆତ୍ମ-ସାଧନା ଏବଂ ଜ୍ଞାନାରାଧନାର ଅନୁପମ ଯୋଗ ବଳରେ ସାହିତ୍ୟ କ୍ଷେତ୍ରରେ ଉତ୍କୃଷ୍ଟ ଗତି-ପ୍ରଗତି କରିଚାଲିଛି। ମୁନି ନଥମଲଜୀ ସାହିତ୍ୟ କ୍ଷେତ୍ରରେ ନୂତନ କୀର୍ତ୍ତିମାନ ସ୍ଥାପନ କରନ୍ତୁ ବୋଲି ମୁଁ କାମନା କରୁଛି। ସତ୍ୟ-ନିରପେକ୍ଷ ତଥ୍ୟ-ସଂକଳନ କରୁଥିବା ଗୁଣୀଜନଙ୍କ ସକାଶେ ମୁନି ନଥମଲଜୀ ଆଦର୍ଶ ଓ ଅନୁକରଣୀୟ ହୁଅନ୍ତୁ। ଜୈନ-ଧର୍ମ-ଜିଜ୍ଞାସୁ ମନୀଷୀମାନେ ଏହି ଗ୍ରନ୍ଥର ମନନକରି ସାହିତ୍ୟିକଙ୍କ ସୃଜନକୁ ସାର୍ଥକ କରିବେ, ଏହି ଶୁଭାଂସା ସହିତ

ଆଚାର୍ଯ୍ୟ ତୁଳସୀ

ହିସାର (ହରିଆନା)

୨୫ ଜୁଲାଇ, ୧୯୭୩

ପ୍ରସ୍ତୁତି

ଏହି ବିଶ୍ୱ ଅନେକ ତତ୍ତ୍ୱର ସମନ୍ୱିତି ମାତ୍ର । ବେଦାନ୍ତ ଦର୍ଶନ ଅଦ୍ୱୈତବାଦର ସ୍ଥାପନା କରିଛି ସତ, କିନ୍ତୁ ଦ୍ୱୈତ ବିନା ବିଶ୍ୱର ବ୍ୟାଖ୍ୟା କରାଯାଇ ନ ପାରିବାରୁ ମାୟାର ପରିକଳ୍ପନା କରିଛି । ବ୍ରହ୍ମକୁ ସମ୍ମୁଖରେ ରଖି ବିଶ୍ୱର ମୂଳସ୍ରୋତର ଏବଂ ମାୟାକୁ ସମ୍ମୁଖରେ ରଖି ବିଶ୍ୱ ବିସ୍ତୃତିର ବ୍ୟାଖ୍ୟା କରାଯାଇଛି ।

ସାଂଖ୍ୟ ଦର୍ଶନ ଦ୍ୱାରା ଦ୍ୱୈତର ଆଧାରରେ ବିଶ୍ୱର ବ୍ୟାଖ୍ୟା କରାଯାଇଛି । ସାଂଖ୍ୟ ମତରେ ପୁରୁଷ ହେଉଛି ଚେତନ କିନ୍ତୁ ପ୍ରକୃତି ଅଚେତନ । ଦୁହେଁ ହେଉଛନ୍ତି ବାସ୍ତବରେ ତତ୍ତ୍ୱ ।

ଅଦ୍ୱୈତ ଓ ଦ୍ୱୈତ ହେଉଛି ବିଶ୍ୱବ୍ୟାଖ୍ୟାର ଦୁଇଟି ମୁଖ୍ୟ କୋଣ । ଯେଉଁ ଦାର୍ଶନିକମାନେ ବିଶ୍ୱର ମୂଳସ୍ରୋତ ଖୋଜିବା ସକାଶେ ଉଦ୍ୟତ ହେଲେ, ସେମାନେ ଚେତନ ପର୍ଯ୍ୟନ୍ତ ପହଞ୍ଚିଲେ ଏବଂ ଏହି ଚେତନ-ତତ୍ତ୍ୱକୁ ବିଶ୍ୱର ମୂଳ ସ୍ରୋତ ରୂପେ ପ୍ରତିଷ୍ଠିତ କଲେ । ଯେଉଁ ଦାର୍ଶନିକମାନେ ବିଶ୍ୱର ମୂଳସ୍ରୋତର ଅନ୍ୱେଷଣକୁ ବାସ୍ତବିକ ମନେ କଲେନାହିଁ, ସେମାନେ ତା'ର ପରିବର୍ତ୍ତନ ଖୋଜିଲେ ଏବଂ ଚେତନ ତଥା ଅଚେତନ ରୂପରେ ଦୁଇଟି ସ୍ୱତନ୍ତ୍ର ସତ୍ତାର ସ୍ଥାପନା କଲେ । ପ୍ରତ୍ୟେକ ଦର୍ଶନ ନିଜ-ନିଜ ଧାରାରେ ଗତି କରିଚାଲିଲା ତଥା ତର୍କର ଅବିରଳ ପ୍ରବାହ ସାହାଯ୍ୟରେ ତାକୁ ବିକଶିତ କରିଚାଲିଲା ।

ଜୈନଦର୍ଶନ ବିଶ୍ୱକୁ ଭିନ୍ନ ରୂପରେ ଦେଖିଥାଏ । ତା'ର ବ୍ୟାଖ୍ୟା କରିବାର ଦୃଷ୍ଟିକୋଣ ମଧ୍ୟ ସ୍ୱତନ୍ତ୍ର । ଅନେକାନ୍ତ ଦୃଷ୍ଟିରେ ଏହି ଦର୍ଶନ ବିଶ୍ୱକୁ ଦେଖିଆସିଛି । ସ୍ୟାଦ୍‌ବାଦ ଭାଷାରେ ତାକୁ ବ୍ୟାଖ୍ୟାୟିତ କରିଛି । ଏଥିସକାଶେ ଜୈନଦର୍ଶନକୁ ନିରୋଳା ଅଦ୍ୱୈତବାଦୀ କିମ୍ବା ଦ୍ୱୈତବାଦୀ ବୋଲି କହିହେବ ନାହିଁ । ତା'ର ନିଜସ୍ୱ ସ୍ରୋତ ରହିଛି । ତେବେ ଜୈନଦର୍ଶନ ଉଭୟ କୋଣର ସ୍ପର୍ଶ କରିଛି । ଅନେକାନ୍ତ ଦୃଷ୍ଟି ହେଉଛି ଅନନ୍ତ ନୟର ସମଷ୍ଟି । ଅନେକାନ୍ତ ମତରେ କୌଣସି ଗୋଟିଏ ନୟ ପୂର୍ଣ୍ଣ ସତ୍ୟ ନୁହେଁ ଏବଂ ପୂର୍ଣ୍ଣ ଅସତ୍ୟ ବି ନୁହେଁ । ନୟ ଯଦି ସାପେକ୍ଷ ତେବେ ସତ୍ୟ ଏବଂ ଯଦି ନିରପେକ୍ଷ ତେବେ ଅସତ୍ୟ । ସଂଗ୍ରହ-ନୟ ଦୃଷ୍ଟିରୁ ଦେଖିଲେ ସମଗ୍ର ବିଶ୍ୱ, ଅସ୍ତିତ୍ୱର ମହାସ୍କନ୍ଧରେ ଅବସ୍ଥିତ ଥାଇ ଏକ ପାଲଟିଯାଏ । ଏହି ନୟର ସୀମାରେ ଦ୍ୱୈତ ନ ଥାଏ । ଚେତନ ଓ ଅଚେତନର

ଭେଦ ମଧ୍ୟ ନ ଥାଏ। ଦ୍ରବ୍ୟ ଓ ଗୁଣ ତଥା ଶାଶ୍ୱତ ଓ ପରିବର୍ତ୍ତନର ଭେଦ ମଧ୍ୟ ରହେନାହିଁ। ସର୍ବତ୍ର ଅଦ୍ୱୈତ ହିଁ ଅଦ୍ୱୈତ। ବିଶ୍ୱକୁ ଦେଖିବାର ଏହା ହେଉଛି ଏକ ନୟ। ତାକୁ ଦେଖିଲେ ଅନ୍ୟ ନୟମାନେ ମଧ୍ୟ ରହିଛନ୍ତି। ବ୍ୟବହାର ନୟ ଦୃଷ୍ଟିରୁ ଦେଖିଲେ ବିଶ୍ୱ ଅନେକ ଖଣ୍ଡରେ ଦିଶିଥାଏ। ଏହି ନୟର ସୀମାରେ ଚେତନ ଓ ଅବଚେତନ, ଦ୍ରବ୍ୟ ଓ ଗୁଣ ଏବଂ ଶାଶ୍ୱତ ଓ ପରିବର୍ତ୍ତନ - ସମସ୍ତଙ୍କ ଅସ୍ତିତ୍ୱ ସମାହିତ। ସତ୍ୟର ବ୍ୟାଖ୍ୟା, କୌଣସି ଗୋଟିଏ ନୟର ଆଧାରରେ କରାଯାଇପାରିବ ନାହିଁ। ସତ୍ୟ ହେଉଛି ଅନନ୍ତଧର୍ମା। ତା'ର ବ୍ୟାଖ୍ୟା ଅନନ୍ତ ନୟ ଦ୍ୱାରା କରାଯାଇପାରିବ। ଆମେ ଅଳ୍ପ କେତେକ ନୟ ବିଷୟରେ ଜାଣିଥାଉଁ। ଫଳସ୍ୱରୂପ ସତ୍ୟର ସୀମିତ ଧର୍ମର ବ୍ୟାଖ୍ୟା କରିବା ହିଁ ସମ୍ଭବପର ହୋଇଥାଏ। ଏପରି କୌଣସି ଶାସ୍ତ୍ର ନାହିଁ, ଯାହା ସତ୍ୟର ସାମଗ୍ରିକ ବ୍ୟାଖ୍ୟା କରିପାରୁଥିବ ଏବଂ କୌଣସି ଲୋକ ବି ଶାସ୍ତ୍ରୀୟ ଆଧାରରେ ସମଗ୍ର ସତ୍ୟର ସାକ୍ଷାତକାର କରିପାରେ ନାହିଁ।

ଦର୍ଶନମାନଙ୍କ ମଧ୍ୟରେ ରହିଥିବା ପାର୍ଥକ୍ୟ ଓ ମତବାଦଗୁଡ଼ିକ ମଧ୍ୟରେ ସ୍ଥିତ ପ୍ରଭେଦ ଆମ ଜ୍ଞାନ ଓ ପ୍ରତିପାଦନ ଶକ୍ତିର ଅସମ୍ପୂର୍ଣ୍ଣତାର କାହାଣୀ କହିଥାଏ। ଏହି ଭେଦ ଯୋଗୁ ସତ୍ୟ ବିଭକ୍ତ। ଯେତେ ବିଧ ଦର୍ଶନ - ସେତେ ପରିମାଣରେ ସତ୍ୟର ରୂପ। ଜୈନଦର୍ଶନର ଅଧ୍ୟୟନ, ଆମକୁ ସତ୍ୟପଥରେ ଅଗ୍ରସର କରିଥାଏ ଏବଂ ଦର୍ଶନବ୍ୟୋମରେ ପ୍ରସାରିତ କୁହେଳିକା ମଧ୍ୟରେ ଦେଖିପାରିବାର ଶକ୍ତି ପ୍ରଦାନ କରିଥାଏ। ଦ୍ରବ୍ୟର ଅନନ୍ତଧର୍ମ ରହିଛି। ଗୋଟିଏ ଦର୍ଶନ ଗୋଟିଏ ପ୍ରକାର ଧର୍ମକୁ ପ୍ରାଧାନ୍ୟ ଦେଇ ପ୍ରତିପାଦନ କରୁଥାଏ ଅଥଚ ଅନ୍ୟ ଦର୍ଶନ ଭିନ୍ନ ଧର୍ମର ବ୍ୟାଖ୍ୟା କରିଥାଏ। ଉଭୟଙ୍କ ପୃଷ୍ଠଭୂମିରେ ସେହି ଗୋଟିଏ ଦ୍ରବ୍ୟ ରହିଛି, କିନ୍ତୁ ଏକାଙ୍ଗ ପ୍ରତିପାଦନ ହେତୁ ସେମାନେ ପରସ୍ପର ବିରୋଧୀ ଭଳି ଜଣାପଡ଼ନ୍ତି। ଅନେକାନ୍ତ ଦୃଷ୍ଟି ସାହାଯ୍ୟରେ ସେମାନଙ୍କ ମଧ୍ୟରେ ପ୍ରତୀୟମାନ ବିରୋଧ ଉପଶମନ କରାଯାଇପାରିବ। ଅନେକାନ୍ତ ଦୃଷ୍ଟି ଏବଂ ଅହିଂସା ହେଉଛି ଏକ ଓ ଅଭିନ୍ନ - ଏଥିରୁ ଶିକ୍ଷା ମିଳୁଛି। ଏହିସବୁ କଥା ବିଚାରକରି ଆଧୁନିକ ବିଚାରକମାନେ ଅନେକାନ୍ତକୁ ବୌଦ୍ଧିକ ଅହିଂସା କହୁଛନ୍ତି। ଶାରୀରିକ, ବାଚିକ ଏବଂ ମାନସିକ ଅହିଂସାର ବ୍ୟାଖ୍ୟା - ସମସ୍ତ ଦର୍ଶନ କରିଛନ୍ତି ଜୈନଦର୍ଶନ ଆହୁରି ଗଭୀରକୁ ଯିବାର ପ୍ରୟତ୍ନ କରିଛି, କିନ୍ତୁ ଏହା ନୂତନ ଦିଗର ଉନ୍ମୋଚନ ନୁହେଁ। ବୌଦ୍ଧିକ ଅହିଂସା ଅଥବା ଅନେକାନ୍ତ ହେଉଛି ନବଦିଗନ୍ତର ଉନ୍ମେଷ ତଥା ବିଶୁଦ୍ଧ ମୌଳିକ ପ୍ରତିପାଦନ ତତ୍ତ୍ୱ ଏବଂ ବ୍ୟବହାର କ୍ଷେତ୍ରରେ ସମାଗତ ସମସ୍ୟାଗୁଡ଼ିକର ଅନେକାନ୍ତ ସାର୍ଥକ ସମାଧାନ ପ୍ରସ୍ତୁତ କରିଥାଏ।

ଭଗବାନ ମହାବୀରଙ୍କ ଉତ୍ତରବର୍ତ୍ତୀ ଆଚାର୍ଯ୍ୟମାନେ ଦାର୍ଶନିକ ସମସ୍ୟାର ସମାଧାନରେ ଅନେକାନ୍ତ ଦୃଷ୍ଟିର ବିପୁଳ ପ୍ରୟୋଗ କରିଛନ୍ତି ତଥା ଦାର୍ଶନିକ ସାମଞ୍ଜସ୍ୟ ସ୍ଥାପନ କରିବାରେ ସଫଳ ହୋଇଛନ୍ତି। ବିଭିନ୍ନ ଦର୍ଶନରେ ପ୍ରତିଭାସିତ ବିରୋଧ ମଧ୍ୟରେ ସେମାନେ ସମନ୍ୱୟ ସ୍ଥାପନ କରିଛନ୍ତି ଏବଂ ଏହି ଦର୍ଶନମାନଙ୍କ ମଧ୍ୟରେ ତୁଳନାତ୍ମକ ଅଧ୍ୟୟନର ଆଧାରଶିଳା ନିର୍ମାଣ କରିଛନ୍ତି। ଚିନ୍ତନରେ ସମନ୍ୱୟ, ତୁଳନାତ୍ମକ ଅଧ୍ୟୟନ ଏବଂ ସର୍ବଧର୍ମ ସମଭାବର ଯେଉଁ ଅଙ୍କୁର ଆଜିକାଲି ପ୍ରସ୍ଫୁଟିତ ହେଉଛି ତା'ର ବୀଜ-ବପନ ଅନେକାନ୍ତ ଦୃଷ୍ଟିର ପରିପାର୍ଶ୍ୱରେ ହିଁ ସମ୍ଭବପର ହୋଇଛି। ଏହି ନିକଟ ଅତୀତର କିଛି କାଳ ଖଣ୍ଡରେ ଜୈନ ମନୀଷୀମାନଙ୍କୁ ଏକାଙ୍ଗ ଆଗ୍ରହଗ୍ରସ୍ତ ଦେଖି ଜଣେ ଆଶ୍ଚର୍ଯ୍ୟ ହେବା ସ୍ୱାଭାବିକ। ଅନେକାନ୍ତ ସମର୍ଥିତ ଉଦାର ଦୃଷ୍ଟିକୋଣ ଏବଂ ବିଶାଳ ସହୃଦୟତା ଏହି କିଛି ଶତାବ୍ଦୀ ମଧ୍ୟରେ ଦେଖିବାକୁ ମିଳୁନାହିଁ। ବ୍ୟବହାର ସ୍ତରରେ ଅନେକାନ୍ତର ପ୍ରୟୋଗ ଅତି ଅଳ୍ପମାତ୍ରାରେ ହୋଇଛି। ରାଗ ଓ ଦ୍ୱେଷର ମନୋଭାବ ଯେତେବେଳେ ତୀବ୍ରତର ହୁଏ, ସେତେବେଳେ ମାନସିକ ଅହିଂସାର ସମାଚରଣ ହୋଇପାରେ ନାହିଁ, ବୌଦ୍ଧିକ ଅହିଂସା ତ ଦୂରର କଥା।

ଭାରତୀୟ ଚିନ୍ତନ ପ୍ରବାହ ସହିତ ଉଭୟ ଧର୍ମ ଓ ଦର୍ଶନ ସମ୍ପୃକ୍ତ। ଆମ ଜୀବନ-ବ୍ୟବହାର ଧର୍ମ ଦ୍ୱାରା ନିୟନ୍ତ୍ରିତ ହୋଇଥାଏ। ଧର୍ମର ସ୍ୱରୂପ ଆଚାର। ଦର୍ଶନ ତା'ର ମାର୍ଗଦର୍ଶନ କରିଥାଏ। ଦର୍ଶନ ଦ୍ୱାରା ତତ୍ତ୍ୱ ପ୍ରତିପାଦିତ ହୋଇଥାଏ। ଧର୍ମ ତା'ର କ୍ରିୟାନ୍ୱିତ କରେ। ହେୟର ପରିତ୍ୟାଗ ଏବଂ ଉପାଦେୟର ଅନୁଶୀଳନ କରିଥାଏ। ଏହାସତ୍ତ୍ୱେ ଦର୍ଶନ ତୁଳନାରେ ଧର୍ମ ପକ୍ଷ ସେତେ ପ୍ରବଳ ନୁହେଁ, ଏହି ସତ୍ୟକୁ ଅସ୍ୱୀକାର କରିହେବ ନାହିଁ। ଚିନ୍ତନର ଶିଖରକୁ

ଆଚରଣ ଛୁଇଁବା ସେତେ ସହଜ ନୁହେଁ। ଦର୍ଶନର ଧରାତଳରେ ଅନେକାନ୍ତର ଯେତେ ପ୍ରୟୋଗ କରାଯାଇଛି, ତା'ର ଏକ ଦଶମାଂଶ ବି ବ୍ୟବହାର କ୍ଷେତ୍ରରେ କରାଯାଇନାହିଁ। ଏହାପଛରେ ଦର୍ଶନର ଏକାଙ୍ଗୀଧାରା ବା ଏକସୂତ୍ରୀ ପ୍ରବାହର ପ୍ରଭାବ ରହିଛି। ପ୍ରାୟ ସମସ୍ତ ଦର୍ଶନ, ନିଜ ଶାଶ୍ୱତସତ୍ୟର ବ୍ୟବସ୍ଥା ପର୍ଯ୍ୟନ୍ତ ସୀମିତ ରଖିଛନ୍ତି। ପରିବର୍ତ୍ତନଶୀଳ ବ୍ୟବହାରକୁ ବ୍ୟାଖ୍ୟାୟିତ କରିବାରେ ଦର୍ଶନର ସ୍ୱଳ୍ପ ସାହାଯ୍ୟ ନିଆଯାଇଛି। ଶାଶ୍ୱତ ଓ ଅଶାଶ୍ୱତ ହେଉଛି ଗୋଟିଏ ସତ୍ୟର ଦୁଇଟି ପାର୍ଶ୍ୱ। ଏହାକୁ ବିଭକ୍ତ କରାଯାଇପାରିବ ନାହିଁ। ଏହି ସ୍ଥିତିରେ ଦର୍ଶନକୁ କେବଳ ଶାଶ୍ୱତର ବିଶ୍ଳେଷଣ ଭିତରେ କିପରି ସୀମିତ କରାଯାଇପାରିବ ? ପରିବର୍ତ୍ତନ, ଜୀବନ ବ୍ୟବହାର ଏବଂ ସମ-ସାମୟିକ ସମସ୍ୟାର ବିଶ୍ଳେଷଣ ଓ ସମାଧାନ ମଧ୍ୟ ଦର୍ଶନର କାର୍ଯ୍ୟ। ଏହିପକ୍ଷର ଉପେକ୍ଷା କରାଯିବାରୁ ଦର୍ଶନ ଓ ଜୀବନ ବ୍ୟବହାର ମଧ୍ୟରେ ସାମଞ୍ଜସ୍ୟ ସ୍ଥାପିତ ହୋଇପାରିଲା ନାହିଁ।

ଭାରତୀୟ ଦର୍ଶନର ମୁଖ୍ୟ ରୂପ ତତ୍ତ୍ୱ-ଦର୍ଶନ ବା ମୋକ୍ଷ-ଦର୍ଶନ ହୋଇଥିବାରୁ ବିଶ୍ୱ-ବ୍ୟାଖ୍ୟା ବା ମୋକ୍ଷର ସାଧକ-ବାଧକ ତତ୍ତ୍ୱର ମୀମାଂସା ସମ୍ଭବପର ହୋଇଛି। ଜୀବନର ସାମ୍ପ୍ରତିକ ପକ୍ଷର ବ୍ୟାଖ୍ୟା କରିବାରେ ଭାରତୀୟ ଦର୍ଶନ ବିଫଳ ହୋଇଛି କିମ୍ବା ଅତି ଅଳ୍ପମାତ୍ରାରେ ସଫଳ ହୋଇଛି ବୋଲି କୁହାଯାଇପାରେ। ପରିଣାମସ୍ୱରୂପ ଅର୍ଥଶାସ୍ତ୍ର, ସମାଜଶାସ୍ତ୍ର ଏବଂ ରାଜନୀତି ଶାସ୍ତ୍ର ଆଦି ଦର୍ଶନଶାସ୍ତ୍ରରୁ ବିଚ୍ଛିନ୍ନ ହୋଇଯାଇଛନ୍ତି। ବ୍ୟାପକ ଅର୍ଥରେ ବିଚାର କଲେ ଏମାନେ ସମସ୍ତେ ଦର୍ଶନର ଗୋଟିଏ ଗୋଟିଏ ଶାଖା ଅଟନ୍ତି, କିନ୍ତୁ ଦର୍ଶନକୁ କେବଳ ମୋକ୍ଷତତ୍ତ୍ୱର କ୍ଷୁଦ୍ର ପରିଧି ମଧ୍ୟରେ ଆବଦ୍ଧ କରି ଦେଇଥିବାରୁ ଏମାନଙ୍କ ମଧ୍ୟରେ ପାରସ୍ପରିକ ସମ୍ବନ୍ଧ ବିଚ୍ଛିନ୍ନ ହୋଇପଡ଼ିଛି।

ଦର୍ଶନ, ତତ୍ତ୍ୱର ବ୍ୟାଖ୍ୟା କରିଥାଏ କିନ୍ତୁ ସମାଜକୁ ବଦଳିନଥାଏ - ଏହି ଆରୋପ କେତେକାଂଶରେ ସତ। ମୋକ୍ଷ-ଦର୍ଶନରେ ସମାଜକୁ ବଦଳିବାର ପରିକଳ୍ପନା ନାହିଁ। ସମାଜଶାସ୍ତ୍ର ଆଜି ତା'ଠାରୁ ପୃଥକ ହୋଇଯାଇଥିବାରୁ ସମାଜ ପରିବର୍ତ୍ତନ କ୍ଷେତ୍ରରେ ଦର୍ଶନର କୌଣସି ଆକର୍ଷଣ ବର୍ତ୍ତମାନ ନାହିଁ ଏବଂ ଅତୀତରେ ମଧ୍ୟ ନ ଥିଲା। ଭାରତୀୟ ଦର୍ଶନର ପ୍ରଣେତା ସାଧାରଣତଃ ମୁମୁକ୍ଷୁ ସାଧକମାନେ ହୋଇଯାଇଛନ୍ତି। ସେମାନଙ୍କ କୌଣସି ପ୍ରକାର ସାମାଜିକ ଭୂମିକା ନ ଥିଲା। ସେମାନଙ୍କ ଲକ୍ଷ୍ୟ ଥିଲା ମୋକ୍ଷ ଏବଂ ମୁଖ୍ୟତଃ ଏହି ମୋକ୍ଷଦୃଷ୍ଟିର ସେମାନେ ପ୍ରତିପାଦନ କରିଛନ୍ତି। ସମାଜ-ବ୍ୟବସ୍ଥାରେ ପରିବର୍ତ୍ତନ ଆଣିବା ସେମାନଙ୍କ ପ୍ରତ୍ୟକ୍ଷ ଲକ୍ଷ୍ୟ ନ ଥିଲା। କାମ ଓ ଅର୍ଥ, ମୋକ୍ଷ ଓ ଧର୍ମ - ଏହି ପୁରୁଷାର୍ଥ ଚତୁଷ୍ଟୟୀ ଉପରେ ଭାରତୀୟ ମନୀଷୀମାନେ ଚିନ୍ତନ ମନନ କରିଛନ୍ତି। ଏମାନଙ୍କ ମଧ୍ୟରେ ସନ୍ତୁଳନ ରଖିବାର ପ୍ରୟାସ ବି କରିଛନ୍ତି। ତଥାପି ମୋକ୍ଷ ପ୍ରତି ସେମାନଙ୍କ ଅତିରିକ୍ତ ଆସକ୍ତି ରହିଆସିଛି। ସମାଜରେ ରହିଥିବା ଦାରିଦ୍ର୍ୟ ପ୍ରତି ବି ସେମାନେ ଚିନ୍ତନ କରିଛନ୍ତି। ଏହା ମଣିଷର ନିଜ କର୍ମର ଫଳ ଏହା ସେମାନଙ୍କ ମତ। କିନ୍ତୁ ଏଥିରେ ପରିବର୍ତ୍ତନ ସମ୍ଭବ - ଏହି ପର୍ଯ୍ୟାୟର ଉନ୍ମୋଚନ ସେମାନେ କରିନାହାନ୍ତି। କାରଣ ହେଉଛି - କର୍ମଶାସ୍ତ୍ରର ଏକାଙ୍ଗୀ ଦୃଷ୍ଟିକୋଣ। ଅନେକାନ୍ତ ଦୃଷ୍ଟିଭଙ୍ଗୀରେ ଯଦି କର୍ମଶାସ୍ତ୍ରର ଅଧ୍ୟୟନ କରାଯାଏ ତଥା ସମାଜଶାସ୍ତ୍ରୀ ଓ ଅର୍ଥଶାସ୍ତ୍ରୀମାନେ ଅନେକାନ୍ତ ମାଧ୍ୟମରେ କର୍ମଶାସ୍ତ୍ରର ଅଧ୍ୟୟନ କରିଥାନ୍ତେ, ତେବେ ବ୍ୟବସ୍ଥା ପରିବର୍ତ୍ତନ ଦ୍ୱାରା ଦାରିଦ୍ର୍ୟର ନିରାକରଣ ସମ୍ଭବ - ଏହି ଦୃଷ୍ଟି ଉଦ୍‌ଘାଟିତ ହୋଇଥାନ୍ତା। ସଂପନ୍ନତା ଓ ବିପନ୍ନତାର ଅନେକ ହେତୁ ମଧ୍ୟରୁ କର୍ମଫଳ କେବଳ ଗୋଟିଏ ହେତୁ ମାତ୍ର। କୌଣସି କାର୍ଯ୍ୟର ନିଷ୍ପତ୍ତି ପଛରେ ଗୋଟିଏ ହେତୁ ନୁହେଁ, ବରଂ ହେତୁ-ସମବାୟ କାମ କରିଥାଏ। କର୍ମର ବିପାକ ମଧ୍ୟ ଆପଣାଛାଏଁ ହୁଏନାହିଁ। ବସ୍ତୁ, କ୍ଷେତ୍ର, କାଳ, ଭାବ ଆଦିର ସଂଯୋଗ ଯୋଗୁ ହୋଇଥାଏ। ସମାଜ-ବ୍ୟବସ୍ଥାର ଭାବ (ପର୍ଯ୍ୟାୟ) ସମୁଚିତ ହୋଇଥିଲେ ବିପନ୍ନତା ରୂପରେ ଫଳିତ ହେବାକୁ ଥିବା କର୍ମର ବିପାକ ହେବନାହିଁ।

ସମାଜରେ ବହୁବିଧ ସମସ୍ୟା ରହିଛି। ସାମାଜିକ-ବିଷମତା, ଅଭାବ, ଶସ୍ତ୍ରୀକରଣ, ଯୁଦ୍ଧ, ଜାତିଗତ ବିଦ୍ୱେଷ, ସାମ୍ପ୍ରଦାୟିକତା ଆଦି ସମସ୍ୟାଗୁଡ଼ିକର ସମାଧାନ ସକାଶେ ଚିନ୍ତନ ଓ ପ୍ରଯତ୍ନ ବରାବର ଚାଲିଛି। କିନ୍ତୁ ଭାରତୀୟ ଦର୍ଶନର ସ୍ୱର ଏ ଦିଗରେ ଭାରି କ୍ଷୀଣ। ଅମୁକ ଅବତାର ବା ମହାପୁରୁଷଙ୍କ ଶିକ୍ଷଣ ମାନି ଚଳିଲେ ସମାଜର ସମସ୍ୟା ଦୂରହେବ - ଏହିଭଳି ବିଚାର ଥରେ ଥରେ ତୀବ୍ର ପ୍ରସାର ଲାଭ କରେ, ଯାହାକି ଏକପକ୍ଷୀୟ ଚିନ୍ତନ ଅଟେ। ସମସ୍ୟା

ଶାଶ୍ୱତ, ଏହା ମୁଁ ଭଲଭାବରେ ବୁଝୁଛି କିନ୍ତୁ ସମସ୍ୟାର ଆକାର ଶାଶ୍ୱତ ନୁହେଁ। ଦେଶ-କାଳ-ପାତ୍ର ଅନୁସାରେ ତାହା ବଦଳୁଥାଏ। ସମସ୍ୟାର ଏହି ପରିବର୍ତ୍ତନଶୀଳ ଆକାର, ନିତି ନୂତନ ଦୃଷ୍ଟିକୋଣ ଆବଶ୍ୟକ କରିଥାଏ। ଆମ ଦାର୍ଶନିକମାନେ ନୂଆ ଚଉହଦି ମଧ୍ୟରେ ପୁରୁଣା ପ୍ରତିମା ସ୍ଥାପନ କରିବାର ପ୍ରୟାସରୁ ମୁକ୍ତ ହୋଇପାରିନାହାନ୍ତି। ପରିଣାମସ୍ୱରୂପ ସମସ୍ୟା ସମାଧାନ ଦିଗରେ କୌଣସି ନୂତନ ପ୍ରେରଣା ପ୍ରାପ୍ତ ହେଉନାହିଁ। ଅତୀତର ଅନୁଭବ, ବର୍ତ୍ତମାନ ଚିନ୍ତନ-ବେଦୀରେ ଅଭିଷିକ୍ତ ହେଲେ ପ୍ରାଣବନ୍ତ ହୋଇଥାଏ। ଦର୍ଶନର ବିକାଶ ପ୍ରକ୍ରିୟା ପୂର୍ଣ୍ଣ ହୋଇସାରିଛି - ଏହି ଭ୍ରାନ୍ତିକୁ ଆମେ ସ୍ୱୀକାର କରିନେଇଛୁ। ସମ୍ପ୍ରତି ଦର୍ଶନର ନବ-ଉନ୍ମେଷ ଦ୍ୱାର ବୁଜିହୋଇପଡ଼ିଛି।

ଅନେକାନ୍ତ କେବଳ ଦର୍ଶନ ନୁହେଁ, ଏହା ହେଉଛି ସାଧନା। ଏକଦେଶଦର୍ଶିତା ଏବଂ ଏକାନ୍ତ ଆଗ୍ରହ, ରାଗ-ଦ୍ୱେଷ-ପ୍ରେରିତ ହୋଇଥାଏ। ରାଗଦ୍ୱେଷ କ୍ଷୀଣ କରିବାର ପ୍ରଯତ୍ନ ବିନା କଦାଗ୍ରହ ବା ପକ୍ଷପାତୀ ଦୃଷ୍ଟିରୁ ମୁକ୍ତି ମିଳେନାହିଁ। ରାଗ-ଦ୍ୱେଷ ଯେତେ ପରିମାଣରେ ପ୍ରତନୁ ହେବ, ଅନେକାନ୍ତ ଦୃଷ୍ଟି ସେତେ ପରିମାଣରେ ବିକଶିତ ହେବ ଅଥବା ଏପରି କୁହାଯାଇପାରେ ଯେ ଅନେକାନ୍ତ ଦୃଷ୍ଟିର ବିକାଶ ସଙ୍ଗେ ସଙ୍ଗେ ରାଗ-ଦ୍ୱେଷ ମଧ୍ୟ କ୍ଷୀଣ ହୋଇପଡ଼ିବ। ରାଗ-ଦ୍ୱେଷ କ୍ଷୀଣ କରିବା ସକାଶେ ଜୈନଦର୍ଶନ ହିଁ ଅନେକାନ୍ତ ଦୃଷ୍ଟିକୋଣ ପ୍ରସ୍ତୁତ କରିଛି। ଏକାଙ୍ଗୀ ବା ଆଗ୍ରହଯୁକ୍ତ ଦୃଷ୍ଟିରେ ଦେଖୁଥିବା ଦାର୍ଶନିକ, ଦର୍ଶନର ଯଥାର୍ଥ ଉପଯୋଗ କରିପାରନ୍ତି ନାହିଁ। ଦର୍ଶନର କାମ ହେଲା ସତ୍ୟର ସାକ୍ଷାତକାର। ରାଗ-ଦ୍ୱେଷ କବଳିତ ମଣିଷ ସତ୍ୟର ସାକ୍ଷାତ୍କାର କିପରି କରିବ ? ସତ୍ୟର ଉପଲବ୍ଧି ନାଆଁର ଯେଉଁଠି ରାଗ-ଦ୍ୱେଷର ଅଭିବୃଦ୍ଧି ଘଟେ, ସେଠାରେ ଦର୍ଶନ ବିପରୀତ ଦିଗାଭିମୁଖୀ ହୋଇପଡ଼େ। ଦର୍ଶନ, ସତ୍ୟର ଉପଲବଧି ସକାଶେ ଏବଂ ସତ୍ୟ, ଶାନ୍ତିର ଉପଲବଧି ସକାଶେ ଅଭିପ୍ରେତ। ଶାନ୍ତିପ୍ରାପ୍ତିର କାରଣଗୁଡ଼ିକ ଯେତେବେଳେ ଅଶାନ୍ତି ସୃଷ୍ଟି କରନ୍ତି, ସେତେବେଳେ ମନେହୁଏ ସତେଯେପରି ଜ୍ୟୋତିପୁଞ୍ଜରୁ ତିମିର ରଶ୍ମିର ବିକିରଣ ହେବାରେ ଲାଗିଛି।

ଧର୍ମ ଓ ଦର୍ଶନ ମଣିଷକୁ ଆକର୍ଷିତ କରିଛି, କିନ୍ତୁ ରାଗାତ୍ମକ ପ୍ରବୃତ୍ତି କାରଣରୁ ସେ ସତ୍ୟ ପ୍ରତି ସ୍ୱଳ୍ପ ମାତ୍ରାରେ ଆକୃଷ୍ଟ। ତା'ର ଆକର୍ଷଣ କେନ୍ଦ୍ରବିନ୍ଦୁ ସତ୍ୟ ନୁହେଁ ସମ୍ପ୍ରଦାୟ। ଆଜି ସତ୍ୟ ସମ୍ପ୍ରଦାୟ ଦ୍ୱାରା ଆବୃତ୍ତ ହୋଇପଡ଼ିଛି। ଫଳରେ ଧର୍ମ-ସୁରକ୍ଷା ଆଳରେ ଅଧର୍ମର ଅନୁସରଣ ବି ଗ୍ରହଣୀୟ ହୋଇପଡ଼ିଛି। ଅହିଂସାର ସୁରକ୍ଷା ସକାଶେ ହିଂସା ଏବଂ ସତ୍ୟର ସୁରକ୍ଷା ସକାଶେ ଅସତ୍ୟ ଆଚରଣ ଆଉ ବର୍ଜନୀୟ ହୋଇ ରହିନାହିଁ। ଧର୍ମର ନାଆଁରେ ହେଉଥିବା ଅଧର୍ମର ଏହାହିଁ ମୂଳ ସ୍ରୋତ।

ଜୈନଧର୍ମ ଜାତି କିମ୍ବା ସମ୍ପ୍ରଦାୟ ସହିତ ସମ୍ପୃକ୍ତ ନୁହେଁ। ତାହା ହେଉଛି ଧର୍ମ-ଚେତନା। ଯେକୌଣସି ଜାତି, ସମ୍ପ୍ରଦାୟ ବା ବେଶଭୂଷାରେ ରହୁଥିବା ଲୋକ ମୁକ୍ତି-ଯୋଗ୍ୟ-ଜୈନଧର୍ମର ଏହାହେଉଛି ଦୃପ୍ତ ଘୋଷଣା। ସର୍ତ୍ତ ହେଲା ସେହିଲୋକର ଧର୍ମଚେତନା ଜାଗୃତ ଅବସ୍ଥାରେ ଏବଂ ତା'ର ରାଗ-ଦ୍ୱେଷ ସର୍ବଥା କ୍ଷୀଣ ହୋଇଯାଇଥିବା ଆବଶ୍ୟକ। ଧର୍ମଚେତନାକୁ ସମ୍ପ୍ରଦାୟରୁ ପୃଥକ କରିପାରୁଥିବା ଧର୍ମ ହିଁ ହେଉଛି ବାସ୍ତବରେ ଆଧ୍ୟାତ୍ମିକ ଧର୍ମ। ସତ୍ୟର ଅବଗତି ସକାଶେ ଅନେକାନ୍ତ ଦୃଷ୍ଟି ତଥା ପ୍ରାପ୍ତି ସକାଶେ ଆଧ୍ୟାତ୍ମିକ ଧର୍ମ - ଜୈନଦର୍ଶନର ଏହାହେଉଛି ମୌଳିକ ଅବଦାନ। ଏହାରି ଛାୟାରେ ଜୈନଦର୍ଶନର ଅଧ୍ୟୟନ ସମ୍ଭବ ହୋଇଥାଏ। ପ୍ରସ୍ତୁତ ଗ୍ରନ୍ଥରେ ଏହି ଦୁଇଟି କୋଣକୁ ଉଜାଗର କରାଯାଇଛି।

ଭଗବାନ ମହାବୀର ତତ୍ତ୍ୱ-ସ୍ଥାପନା ସକାଶେ ତର୍କକୁ ସାପେକ୍ଷ ଆଲମ୍ବନ ରୂପରେ ସ୍ୱୀକୃତି ଦେଇଛନ୍ତି। ସ୍ୱୀୟ ଅଭ୍ୟୁପଗମର ପ୍ରତିଷ୍ଠା ଏବଂ ପରକୀୟ ଅଭ୍ୟୁପଗମର ନିରସନ ସକାଶେ ତର୍କ ଯଦି ଜରୁରୀ, ତେବେ ସେହି ସୀମାରେ ହିଁ ଉପଯୋଗ କରାଯାଇପାରେ। ଯଦ୍ଦ୍ୱାରା ଅପରପକ୍ଷ ମାନସିକ ଆଘାତରୁ ରକ୍ଷା ପାଇବ। ଆପଣା ବିଚାରର ପୁଷ୍ଟି ପଛରେ ଅହିଂସାର ପୁଷ୍ଟୀକରଣ ଲକ୍ଷ୍ୟହେବା ଉଚିତ। ଅନ୍ୟର ଅଭ୍ୟୁପଗମର ଖଣ୍ଡନ, ବାସ୍ତବରେ ନିଜ ଅଭ୍ୟୁପଗମର ଖଣ୍ଡନ ଅଟେ। ଏହି ଅହିଂସାତ୍ମକ ଦୃଷ୍ଟିର ବିକାଶ ଘଟିବାର ଜୈନ ଦାର୍ଶନିକମାନେ ତର୍କର ତୀକ୍ଷ୍ଣ ବାଣ ନିର୍ମାଣ ପ୍ରକ୍ରିୟାରୁ ତଥା ପ୍ରେରଣାରୁ ରକ୍ଷା ପାଇଲେ। ବରଂ ଅନେକାନ୍ତ ଦୃଷ୍ଟିର ଅଭେଦ୍ୟ କବଚ ଧାରଣ କରିଥିବାରୁ ଅନ୍ୟମାନଙ୍କ

ଶାଣିତଶର ସେମାନଙ୍କୁ ଘାଇଲା କରିପାରିଲା ନାହିଁ। ଆପଣ ଜୈନ ଦର୍ଶନରେ ତର୍କଶାସ୍ତ୍ର ଅପେକ୍ଷା ଅନୁଭବ ସତ୍ୟ ଅଧିକ ପାଇବେ। ଜିଦ୍‌ଖୋର ଲୋକ ନିଜ ମାନ୍ୟତାର ପୁଷ୍ଟି ସକାଶେ ତର୍କ ଲୋଡ଼ିଥାଏ ଅଥଚ ଆଧ୍ୟାତ୍ମିକ ବ୍ୟକ୍ତି ସତ୍ୟର ଅଭିବ୍ୟକ୍ତି ସକାଶେ ତର୍କର ଖୋଜ କରିଥାଏ। ତର୍କ ହେଉଛି ବ୍ୟବହାର ଭୂମିକାର ଉପକରଣ। ବାସ୍ତବିକତାର ଗଭୀରତା ମଧ୍ୟରେ ପ୍ରବେଶ କରିପାରିଲେ ସତ୍ୟ ମିଳିଥାଏ। ଜୈନଦର୍ଶନ ହେଉଛି ଏହି ପ୍ରାପ୍ତିର ଅନ୍ୟତମ ସରଳ ମାର୍ଗ। ଜୈନ କେବଳ ଗୋଟିଏ ଦର୍ଶନ ନୁହେଁ, ଅନେକଗୁଡ଼ିକ ଦର୍ଶନର ସମବାୟ। ଅନନ୍ତ ଦୃଷ୍ଟିର ସହ-ଅସ୍ତିତ୍ୱକୁ ମାନ୍ୟତା ଦେଉଥିବା ଦର୍ଶନ ଜଣକର ଭଲା କିପରି ହୁଅନ୍ତା ? ଜୈନ ଦର୍ଶନ ଅଧ୍ୟୟନର ଅର୍ଥ ହେଉଛି ସମସ୍ତ ଦର୍ଶନର ଅଧ୍ୟୟନ ଏବଂ ସମସ୍ତ ଦର୍ଶନର ସାପେକ୍ଷ ଅଧ୍ୟୟନ ମାନେ ଜୈନ ଦର୍ଶନର ଅଧ୍ୟୟନ। ଏହି ଉଭୟ-ଯୋଗୀ ଦୃଷ୍ଟିଭଙ୍ଗୀରୁ କରାଯାଉଥିବା ଅଧ୍ୟୟନ ହିଁ ଏହି ଗ୍ରନ୍ଥ ପ୍ରଣୟନର ଉଦ୍ଦେଶ୍ୟ ଅଟେ।

ଅହିଂସା ଯଦିଓ ଜୈନଧର୍ମର ଆଧାରଭୂତ ତତ୍ତ୍ୱ, କିନ୍ତୁ ମୁଁ ଅହିଂସାର ବିସ୍ତୃତ ଚର୍ଚ୍ଚା 'ଅହିଂସା ତତ୍ତ୍ୱ ଦର୍ଶନ' ପୁସ୍ତକରେ କରିଥିବାରୁ ଏହି ଗ୍ରନ୍ଥରେ ତା'ର ବିଶଦ ଚର୍ଚ୍ଚା କରିନାହିଁ। ଜୈନ ଯୋଗ ଉପରେ "ଚେତନା କା ଉର୍ଦ୍ଧ୍ୱାରୋହଣ", "ମହାବୀର କୀ ସାଧନା କା ରହସ୍ୟ" ତଥା ଆଚାର୍ଯ୍ୟ ଶ୍ରୀ ତୁଳସୀ ରଚିତ "ମନୋନୁଶାସନମ୍"ର ବ୍ୟାଖ୍ୟା ଲେଖିସାରିଛି। ତେଣୁ ପ୍ରସ୍ତୁତ ଗ୍ରନ୍ଥରେ ଜୈନଯୋଗକୁ ବିସ୍ତାରିତ ସ୍ଥାନ ମିଳିନାହିଁ। ତେବେ ଜୈନଦର୍ଶନର ରୂପରେଖ ସମ୍ବନ୍ଧୀୟ ଜିଜ୍ଞାସାର କେତେକାଂଶରେ ସମାଧାନ, ଏହି ଗ୍ରନ୍ଥରୁ ଅବଶ୍ୟ ପ୍ରାପ୍ତ କରିହେବ।

'ଜୈନଦର୍ଶନ : ମନନ ଓ ମୀମାଂସା' ୧୯୪୮ରୁ ଆରମ୍ଭ କରି ୧୯୫୩ରେ ଏହାକୁ ସମ୍ପନ୍ନ କଲି। ପ୍ରଥମ ସଂସ୍କରଣ "ଜୈନ ଦର୍ଶନ ଏକ ମୌଳିକ ତତ୍ତ୍ୱ" ନାଆଁରେ ତେରାପନ୍ଥ ଦ୍ୱିଶତାବ୍ଦୀ ଅବସରରେ ସନ୍ ୧୯୬୦ ମସିହାରେ ଦୁଇଟି ଖଣ୍ଡରେ ପ୍ରକାଶିତ ହୋଇଥିଲା। ଏହାର ପରିଷ୍କୃତ ସଂସ୍କରଣ ଭଗବାନ ମହାବୀରଙ୍କ ପଞ୍ଚବିଂଶ ନିର୍ବାଣ ଶତାବ୍ଦୀ ଅବସରରେ ସନ୍ ୧୯୭୪ରେ ପ୍ରକାଶ ପାଇଲା। ୧୯୭୭ରେ ତୃତୀୟ ଆବୃତ୍ତି ହେବାକୁ ଯାଉଛି।

ଆଚାର୍ଯ୍ୟ ଶ୍ରୀ ତୁଳସୀଙ୍କ ମାର୍ଗଦର୍ଶନ, ମୋ ପାଇଁ ସହଜସୁଲଭ ହୋଇଛି। ମୁଁ ଏହାକୁ ଆପଣା ଜନ୍ମସିଦ୍ଧ ସୌଭାଗ୍ୟ ମଣୁଛି। କୃତଜ୍ଞତା ଜ୍ଞାପନ କରିବାକୁ ଯାଇ ସେହି ଅନୁଭୂତିକୁ ବ୍ୟକ୍ତ କରିବା ସମ୍ଭବ ନୁହେଁ। ବ୍ୟବହୃତ ହୋଇଥିବା ଗ୍ରନ୍ଥଗୁଡ଼ିକରୁ ଉଦ୍ଧୃତି ଅବତାରଣ କରିବାରେ ମୁନି ଶୁଭକରଣଜୀ ଏବଂ ମୁନି ଶ୍ରୀଚନ୍ଦ୍ରଜୀଙ୍କ ସହଯୋଗ ମିଳିଛି। ଏହି କାର୍ଯ୍ୟରେ ମୁନି ଦୁଲହରାଜଜୀଙ୍କ ସହଯୋଗ ରହିଛି। ପ୍ରସ୍ତୁତ ସଂସ୍କରଣରେ ବି ସେ ବିପୁଳ ଶ୍ରମଭାର ବହନ କରିଛନ୍ତି। ତାଙ୍କ ଶ୍ରମର ମୂଲ୍ୟାଙ୍କନ ମୋ ଅନ୍ତଃକରଣରେ ଗୁମ୍ଫିତ। ସାଧୁବାଦ ଦେଇ ସେହି ମୂଲ୍ୟକୁ ହ୍ରାସ କରିବା, ମୁଁ ଚାହେଁନାହିଁ। ଏହାର 'ନାମାନୁକ୍ରମ' ମୁନି ଶ୍ରୀଚନ୍ଦ୍ରଜୀ ତଥା 'ପ୍ରଯୁକ୍ତ ଗ୍ରନ୍ଥସୂଚୀ' ମୁନି ରାଜେନ୍ଦ୍ରକୁମାରଜୀ ପ୍ରସ୍ତୁତ କରିଛନ୍ତି।

ଭଗବାନ ମହାବୀରଙ୍କ ଦର୍ଶନକୁ ଜଗ ଜାଗରଣ ହେତୁ ନୂତନ ସାଜସଜ୍ଜାରେ ପରିବେଷଣ କରିପାରିଥିବାରୁ, ମୁଁ ଉଲ୍ଲାସର ଅନୁଭୂତି କରୁଛି।

ସ୍ୱାସ୍ଥ୍ୟ ନିକେତନ
ଜୈନ ବିଶ୍ୱଭାରତୀ, ଲାଡ଼ନୁ
୧ ଅପ୍ରେଲ ୧୯୭୭

ମୁନି ନଥମଲ
(ଆଚାର୍ଯ୍ୟ ମହାପ୍ରଜ୍ଞ)

ମହାଗ୍ରନ୍ଥର ଉତ୍କଳୀକରଣ:
ଉତ୍କୃଷ୍ଟ ତପଃ ମହାଭାଗ୍ୟମ୍

ଜୈନ ଦର୍ଶନର ସ୍ଥୁଳ ବିଶେଷତା

ବୈଦିକ ସଂସ୍କୃତି ଓ ଶ୍ରମଣ ସଂସ୍କୃତି ଅନାଦି କାଳରୁ ଅବିରଳ ଗତିରେ ପ୍ରବହମାନ କହିଲେ ଅତ୍ୟୁକ୍ତି ହେବ ନାହିଁ । ବେଦ ଓ ଆଗମ ଏହି ସଂସ୍କୃତି-ଦ୍ୱୟର ପ୍ରାଚୀନ ଶାସ୍ତ୍ର । ଏହି ଅବସର୍ପିଣୀ କାଳରେ ଭଗବାନ ଋଷଭଙ୍କଠାରୁ ଆରମ୍ଭକରି ଭଗବାନ ପାର୍ଶ୍ୱପର୍ଯ୍ୟନ୍ତ ୨୩ ତୀର୍ଥଙ୍କରଙ୍କ କାଳଖଣ୍ଡରେ ଅର୍ହତ୍, ନିଗ୍ରନ୍ଥ ଓ ଶ୍ରମଣ ଆଦି ଶବ୍ଦର ପ୍ରଚଳନ ହୋଇଛି । କିନ୍ତୁ ୨୪ତମ ତୀର୍ଥଙ୍କର ଭଗବାନ ମହାବୀରଙ୍କୁ ସମଗ୍ର ବିଶ୍ୱ ରାଗ-ଦ୍ୱେଷ-ବିଜେତା 'ଜିନ ରୂପରେ ସ୍ୱୀକରା କରିଛି ତଥା ତାଙ୍କ ଦ୍ୱାରା ପ୍ରତିପାଦିତ ଆଦର୍ଶଙ୍କୁ 'ଜୈନ' ନାମକରଣ କରିଛି । ଭାରତର ବ୍ୟବସ୍ଥିତ ଇତିହାସ ଖ୍ରୀ.ପୂ. ଅଷ୍ଟମ ଶତାବ୍ଦୀ ପର୍ଯ୍ୟନ୍ତ ପ୍ରାପ୍ତ ହୋଇଥାଏ । ୨୨ତମ ତୀର୍ଥଙ୍କର ଭଗବାନ ଆରିଷ୍ଟନେମୀଙ୍କ କାର୍ଯ୍ୟକାଳ ଖ୍ରୀ.ପୂ. ଚତୁର୍ଦ୍ଦଶ ଶତାବ୍ଦୀ ବୋଲି ମାନ୍ୟ କରାଯାଏ । ତେଣୁ ଆଦିନାଥ (ଋଷଭ)ଙ୍କ ଠାରୁ ଆରିଷ୍ଟନେମୀଙ୍କ କାଳଖଣ୍ଡଙ୍କୁ ପ୍ରାଗ୍ ଐତିହାସିକ କହିବା ନିତାନ୍ତ ସ୍ୱାଭାବିକ । ଭଗବାନ ମହାବୀରଙ୍କ ବହୁ ପୂର୍ବରୁ ଜୈନଧର୍ମ ପ୍ରତିଷ୍ଠିତ, ଏହା ହିଁ ଜୈନଧର୍ମର ପ୍ରାଚୀନତାକୁ ପ୍ରବଳ ଅନୁମୋଦନ କରିଥାଏ । ସମ୍ରାଟ ଅଶୋକଙ୍କ ଶିଳାଲେଖରେ ଜୈନ, ଆଜୀବକ ଓ ବୌଦ୍ଧମାନଙ୍କ ପାଇଁ 'ଶ୍ରମଣ' ନାମର ପ୍ରୟୋଗ କରାଯାଇଛି, ଯାହା ବ୍ରାହ୍ମଣ ଧର୍ମ ସନ୍ଦର୍ଭରେ ପ୍ରଯୁକ୍ତ ଯୋଗୀ ଓ ଋଷି ଆଦି ଶବ୍ଦଠାରୁ ସ୍ୱତନ୍ତ୍ର ପରିଚୟ ବହନ କରିଥାଏ ।

ସତ୍ୟର ଜ୍ଞାନ ଓ ସତ୍ୟର ଆଚରଣ ଦ୍ୱାରା ସ୍ୱୟଂ ସତ୍ୟରେ ପରିଣତ ହେବା - ଜୈନ ଦର୍ଶନର ମୌଳିକ ବିଶେଷତ୍ୱ ସିଦ୍ଧ କରିଥାଏ । ମୋକ୍ଷ ସାଧନାରେ ସହାୟକ ନବ-ତତ୍ତ୍ୱ (୯) ହେଉଛି- ଜୀବ, ଅଜୀବ, ପୁଣ୍ୟ, ପାପ, ଆସ୍ରବ, ସଂବର, ନିର୍ଜରା, ବନ୍ଧ ଓ ମୋକ୍ଷ । ସଂକ୍ଷେପ କରିଲେ ତତ୍ତ୍ୱ ଦୁଇଟି ମାତ୍ର - ଜୀବ ଓ ଅଜୀବ । ଗୋଟିଏ ଚେତନ, ଅନ୍ୟଟି ଜଡ଼ । ଜଡ଼ ଓ ଚେତନର ମିଳନ ହିଁ ଜୀବନ । ପରମାତ୍ମା ମଧ୍ୟରେ ଆତ୍ମା ରହିଛି, କିନ୍ତୁ ଶରୀର ନାହିଁ, ତେଣୁ ସେଠାରେ ଜୀବନ ନାହିଁ । ମୃତ ବ୍ୟକ୍ତିର ଶରୀର ଥାଏ କିନ୍ତୁ ଆତ୍ମା ନ ଥାଏ, ସେଠାରେ ମଧ୍ୟ ଜୀବନର ପ୍ରଶ୍ନ ଉଠୁନାହିଁ । ଶରୀର ଓ ଆତ୍ମାର କ୍ଷଣିକ ବିଚ୍ଛେଦ ହେଉଛି ମୃତ୍ୟୁ ଏବଂ ସବୁଦିନ ଲାଗି ବିୟୋଗ ହେଉଛି ମୋକ୍ଷ । ଆତ୍ମା ନୈସର୍ଗିକ ଓ ଶାଶ୍ୱତ । ଶରୀରର ନିର୍ମାଣ କରାଯାଏ, ତେଣୁ ଅନିତ୍ୟ । କର୍ମଯୁକ୍ତ ଆତ୍ମାକୁ ପୁନଃ ପୁନଃ ଜନ୍ମ ଓ ମୃତ୍ୟୁର ଶୃଙ୍ଖଳା ମଧ୍ୟରେ ଗତି କରିବାକୁ ହୋଇଥାଏ । ଏହି ଯାତ୍ରା ଅନାଦି କାଳରୁ ଚାଲିଆସିଛି । ବର୍ତ୍ତମାନ ହେଉଛି ସୀମିତ ଅଥଚ ଅତୀତ ଓ ଅନାଗତ ହେଉଛି ଅନନ୍ତ । ଅନ୍ତହୀନ ସମୟ ବ୍ୟତୀତ ହୋଇସାରିଛି ଏବଂ ଅନନ୍ତ ସମୟ ଭବିଷ୍ୟତର ଭାଗ୍ୟ ସକାଶେ ନିର୍ଦ୍ଧାରିତ ।

ଆତ୍ମା ହେଉଛି ଅସ୍ତିତ୍ୱ କିନ୍ତୁ ଶରୀର ହେଲା ବ୍ୟକ୍ତିତ୍ୱ । ଆମେ ବ୍ୟକ୍ତିତ୍ୱ ପ୍ରତି ଯେତେ ସଚେତନ, ଅସ୍ତିତ୍ୱ ପ୍ରତି ତା'ର ଏକ ଶତାଂଶ ବି ନୋହୁଁ । ଜୈନଦର୍ଶନ ବହିର୍ମୁଖୀ ଚେତନାକୁ ଅନ୍ତର୍ମୁଖୀ କରିବାକୁ ପ୍ରେରିତ କରିଥାଏ । ଯେତେବେଳେ ମୂଲ୍ୟର ଅତିକ୍ରମଣ କରୁଁ, ତା'ର ପ୍ରତିକ୍ରମଣ ସକାଶେ ମାର୍ଗ ପ୍ରଶସ୍ତ କରିଥାଏ । ଧର୍ମ ଦ୍ୱାରା ଧନ-ସଂପତ୍ତିର ପ୍ରାପ୍ତି ହେବ - ଏହା ହେଉଛି ଧର୍ମର ବ୍ୟାବସାୟିକ ରୂପ । ଆତ୍ମ-ଶୋଧନର ମହତ୍ତର ସାଧନା ଦ୍ୱାରା ଧର୍ମକୁ ବ୍ୟାବହାରିକ ରୂପ ପ୍ରଦାନ କରାଯାଇପାରିବ । ପୂଜା, ଉପାସନା ଓ କର୍ମକାଣ୍ଡର ତୁମୂଳ ନାଦ ମଧ୍ୟରେ ଅଧ୍ୟାତ୍ମର ସ୍ୱର ଆଜି ଅନୁଚ୍ଚ । ବିଶୁଦ୍ଧ ଆତ୍ମାର ଆଭା ନିଷ୍ପ୍ରଭ । ଧର୍ମକ୍ଷେତ୍ର ଅର୍ଥାତ୍ ମନ୍ଦିର ଆଦିରେ ପହଞ୍ଚି ମଣିଷ ଭକ୍ତ ପ୍ରହଲ୍ଲାଦଠାରୁ ଶ୍ରେଷ୍ଠତର ହେବାର ଅଭିନୟ କରିଥାଏ, କିନ୍ତୁ ଆପଣା କର୍ମକ୍ଷେତ୍ରରେ ଏପରି କୃତ୍ୟ କରିଥାଏ, ଯାହା ହିରଣ୍ୟକଶିପୁକୁ ବି ଲଜ୍ଜିତ କରିପକାଏ । ସାଂପ୍ରତିକ ଆବଶ୍ୟକତା ହେଲା ଧର୍ମ ବା ଭଗବାନଙ୍କୁ ମନ୍ଦିର, ମସ୍‌ଜିଦ, ଗୀର୍ଜା, ଗୁରୁଦ୍ୱାରା ସ୍ଥାନକ ଓ ମୋନାଷ୍ଟ୍ରି ଆଦିରେ ଆବଦ୍ଧ ନ କରି ବଜାର, କାର୍ଯ୍ୟାଳୟ ଏବଂ ନିଜ-ନିଜ କର୍ମକ୍ଷେତ୍ରରେ ସ୍ଥାପିତ କରାଯାଉ । ଜୈନଦର୍ଶନର ସ୍ପଷ୍ଟମତ ହେଉଛି ସଂସ୍ଥାଗତ ଧର୍ମ ସମାଜକୁ ଉତ୍ସବମୁଖର କରିଥାଏ, ଅଥଚ ଆତ୍ମଗତ ଧର୍ମ ଆତ୍ମାର ପରିମାର୍ଜନ ଓ ଚେତନାର ଉର୍ଦ୍ଧ୍ୱାରୋହଣ କରିଥାଏ । ଦୁଃଖଠାରୁ ଦୂରତ୍ୱ ଓ ସୁଖର ସାମିପ୍ୟ ପାଇଁ ଜୀବଜଗତ ବ୍ୟାକୁଳ ଜଣାପଡୁଛନ୍ତି । ଦୁଃଖର ଗହନ ତମିସ୍ରା ମଧ୍ୟରୁ ପୁଲାଏ ଆଲୋକ ଉଦ୍ଭାବନ କରି ସାଉଁଟି ଆଣିବା ହେଉଛି ମାନବ ଜୀବନର ସାର୍ଥକ ମନୋବିଜ୍ଞାନ । ତେବେ ସୁବିଧା ଓ ସଂସାଧନ ବୃଦ୍ଧି ସତ୍ତ୍ୱେ ସୁଖାନୁଭୂତି ହ୍ରାସର କାରଣ କ'ଣ ? ତିନି କାଳ ପର୍ଯ୍ୟନ୍ତ ଅକ୍ଷୟ ରହୁଥିବା ଅବାଧ ସୁଖ ମଣିଷର କାମ୍ୟ । ତେବେ ଏଥିସକାଶେ ମଣିଷକୁ ଟିକିଏ ଉଚ୍ଚତର ଚେତନାର ଅଧିକାରୀ ହେବାକୁ ପଡ଼ିବ ।

ପ୍ରାଚୀନ ସମୟରେ ସଭ୍ୟତାର ମୂଳରେ ଚିନ୍ତନ ଓ ଚେତନାର ଆଧିପତ୍ୟ ରହିଥିଲା । ଜନ-ଜୀବନରେ ନୈତିକତା, ଆଧ୍ୟାତ୍ମିକତା, କଳା, କଳ୍ପନା, ସଂବେଦନଶୀଳତା ଆଦି ମୁଖ୍ୟ ଉପାଦାନ ରୂପରେ ବିଦ୍ୟମାନ ଥା'ନ୍ତି ଏହାର ବିପରୀତ ସାଂପ୍ରତିକ ସଭ୍ୟତା ହେଉଛି ଇନ୍ଦ୍ରିୟସର୍ବସ୍ୱ । ସ୍ୱାର୍ଥ, ଛଳନା, ପ୍ରବଞ୍ଚନା, ଆବେଶ, ଅହଙ୍କାର, ଲୋଭ, କାମ ଆଦି ତାମସିକ ବୃତ୍ତିର ସ୍ୱଚ୍ଛନ୍ଦ ରାଜତ୍ୱ ସ୍ପଷ୍ଟ ପ୍ରତୀୟମାନ । ଏହି ନକାରାତ୍ମକ ଭାବ ସମୁଦ୍ରରେ ମଣିଷ ଉବୁଟୁବୁ ହେଉଛି । କୂଳକିନାରା ପାଉନି । ଅସହାୟ ମଣିଷ ନିରନ୍ତର ନିଜ ସହିତ ଏବଂ ଅନ୍ୟମାନଙ୍କ ସହିତ ଯୁଦ୍ଧରେ ବ୍ୟାପୃତ । ଏହି ଯୁଦ୍ଧ ତୁଳନାରେ ବିଶାଳ କୁରୁକ୍ଷେତ୍ର ବି ଛୋଟ ଜଣାପଡୁଛି । ଜୈନ ଦର୍ଶନରେ ଏହାର ସୁନ୍ଦର ବ୍ୟାଖ୍ୟା ରହିଛି -

ଜୋ ସହସ୍‌ସଂ ସହସ୍‌ସାଣଂ ସଂଗାମେ ଦୁଜ୍‌ଜଏ ଜିଣେ ।
ଏଗଂ ଜିଣେଜ୍‌ଜ ଅପ୍‌ପାଣଂ ଏସ ସେ ପରମୋ ଜଓ ॥

ଅର୍ଥାତ୍ ଯୁଦ୍ଧରେ ଦଶଲକ୍ଷ ଦୁର୍ଦ୍ଧର୍ଷ ଯୋଦ୍ଧାଙ୍କୁ ଜିଣିବା ସହଜ, କିନ୍ତ ଆପଣା ଆତ୍ମାକୁ (ଅର୍ଥାତ୍ ନିଜକୁ) ଜିଣିବା ହେଉଛି ପରମ ବିଜୟ । ମହାପୁରୁଷମାନେ ଏହି ଯୁଦ୍ଧରେ ବିଜୟୀ ହେବା ପାଇଁ କଠୋର ସାଧନାରେ ସଂଲଗ୍ନ ରହିଆସିଛନ୍ତି । ଶାଶ୍ୱତ ସୁଖପ୍ରାପ୍ତିର ଏହା ହିଁ ଏକମାତ୍ର ମାର୍ଗ । ଅଳ୍ପ-ବେଶୀ ଆମେ ସମସ୍ତେ ଜାଣିଥାଉଁ ଯେ ସୁଖ-ଦୁଃଖ ସକାଶେ ମନୁଷ୍ୟର କର୍ମ ହିଁ ଦାୟୀ; କିନ୍ତୁ ଏହା ବି ନିରାଟ ସତ ଯେ କର୍ମ ହେଉଛି ମଣିଷର ଅଧୀନ । ଆମେ ପରିଣାମକୁ ସତ୍ୟଂ, ଶିବଂ ଓ ସୁନ୍ଦରମ୍ ରୂପରେ ଦେଖିବା ପାଇଁ ଉଦ୍‌ଗ୍ରୀବ, କିନ୍ତୁ ଆପଣା ପ୍ରବୃତ୍ତି ପ୍ରତି ଜମା ସଚେତନ ନୋହୁଁ । ଆମ ଭାବ, ଭାଷା ଓ କର୍ମ ସବୁଯାକ ମଳିନ । ଚିନ୍ତନ ଦୂଷିତ । ଭାବ-ପରିଷ୍କାର ପାଇଁ ସାମାନ୍ୟ ନିଷ୍ଠାର ଘୋର ଅଭାବ । ଆମ ବାଣୀର ଉଗ୍ରତା ପ୍ରତିଦିନ କେତେଯେ ଲୋକଙ୍କୁ ଗଭୀର କ୍ଷତାକ୍ତ କରୁଛି, ତା'ର ଇୟତ୍ତା ନାହିଁ । ଶିଶୁକୁ କଥା କହିବା ଶିଖିବା ପାଇଁ ସାଧାରଣତଃ ଦୁଇବର୍ଷ ଲାଗିଥାଏ, କିନ୍ତୁ କ'ଣ କହିବା ଉଚିତ ନୁହେଁ, ଏତିକି ଶିଖିବା ପାଇଁ ସମଗ୍ର ପରମାୟୁ ବି କମ୍ ପଡ଼ିଥାଏ । ସାବଦ୍ୟ ଭାଷାର ବ୍ୟବହାର ହେଉଛି ଘୋର କର୍ମ ବନ୍ଧନର ହେତୁ- ଏହା ହେଉଛି ଜୈନ ଦର୍ଶନର ସ୍ପଷ୍ଟ ମତ । କର୍ମଫଳ ନିଶ୍ଚିତ । ଏହା ଭୋଗିବାକୁ ପଡ଼ିଥାଏ ।

ନ ଭୁକ୍ତଂ କ୍ଷୀୟତେ କର୍ମଂ କଳ୍ପକୋଟି ଶତୈରପି ।
ଅବଶ୍ୟମେବ ଭୋକ୍ତବ୍ୟଂ କୃତଂ କର୍ମଂ ଶୁଭାଶୁଭମ୍ ॥

ତେବେ ସମ୍ୟକ୍ ପୁରୁଷାର୍ଥ ପୂର୍ବକ ଅନାବଶ୍ୟକ ହିଂସା, ଅନାବଶ୍ୟକ ଅସତ୍ୟ, ଅନାବଶ୍ୟକ ଭୋଗ, ଅନାବଶ୍ୟକ ସଂଗ୍ରହ ଆଦିରୁ ବିରତ ରହିପାରିଲେ ନୂତନ କର୍ମବନ୍ଧରୁ ରକ୍ଷା ପାଇବା । ତପସ୍ୟା ଦ୍ୱାରା ସଞ୍ଚିତ କର୍ମର ନିର୍ଜରଣ ସମ୍ଭବପର । ଚେତନାର କ୍ରମୋତ୍ତର ବିକାଶ ହିଁ ଜୀବର ଭାଗ୍ୟ ପରିବର୍ତ୍ତନର ହେତୁ ସାଜିଥାଏ । ସ୍ଥୂଳରୁ ସୂକ୍ଷ୍ମ ଦିଗରେ ପ୍ରୟାଣ ହେଉଛି ଜୈନ ଦର୍ଶନର ଆଭିମୁଖ୍ୟ । ସାଂପ୍ରତିକ ଶବ୍ଦାବଳୀର ଏହା ଘଟିଲେ ଅଧ୍ୟାତ୍ମ ଓ ବିଜ୍ଞାନ ମଧ୍ୟରେ ସମନ୍ୱୟ ସ୍ଥାପନ ସହଜ ହୋଇଥାଏ । ସୂକ୍ଷ୍ମ ସତ୍ୟ ଦିଗରେ ଯାତ୍ରାର ପ୍ରଥମ ସୋପାନ ହେଉଛି ଭାବଜଗତ । ସତ୍ୟ କେତେବେଳେ ମୂର୍ତ୍ତ ତ' ଆଉ କେତେବେଳେ ଅମୂର୍ତ୍ତ । ଅମୂର୍ତ୍ତକୁ ଯନ୍ତ୍ର ଧରିପାରେ ନାହିଁ । ଅତୀନ୍ଦ୍ରିୟ ଚେତନା ସାହାଯ୍ୟରେ ସୂକ୍ଷ୍ମ ସତ୍ୟ ଯାଏ ପହଞ୍ଚିହେବ । ଆତ୍ମା 'ମୋହ' ଦିଶାରେ ଗତିମାନ୍ ହେଲେ ମୋହ ପ୍ରବଳ ହୁଏ, କିନ୍ତୁ 'ମୋକ୍ଷ' ଦିଶାରେ ଅଗ୍ରଗତି କଲେ ମୋହ ପ୍ରତନୁ ହୁଏ । ଆତ୍ମାରୁ ପରମାତ୍ମା ହେବାର ପ୍ରକ୍ରିୟା ହିଁ ବିଶୁଦ୍ଧ ଧର୍ମ । ପ୍ରଶ୍ନ ଉଠିଥାଏ - କିଂ ଧର୍ମଃ ? ସମତା ଧର୍ମଃ । କିଂ ପାପଂ ? ରାଗ ରୋଷଣମ୍ । ଧର୍ମେଣ କର୍ମ ମୁକ୍ତିସ୍ୟାତ୍, ପାପଂ ସଂସାର ବର୍ଦ୍ଧନମ୍ ।

ଜୈନଦର୍ଶନ ସମସ୍ୟାର କସ୍‌ମାଟିକ୍ ଉପଚାରରେ ବିଶ୍ୱାସ ନ କରି ତା'ର ମୂଳରେ ପହଞ୍ଚି ସମାଧାନ ଖୋଜିଥାଏ । ସମସ୍ୟାର ମୂଳରେ କାମ ଓ କାମନାର ବିସ୍ତାରିତ ସମୁଦ୍ର, ଉଦ୍ଦାମ ଲାଳସା ଏବଂ କରୁଣାର ଅଭାବ । ଭୋଗୋପଭୋଗର ସମୀକରଣ ନ କରିବା ପର୍ଯ୍ୟନ୍ତ, ନିଜ ଭିତରେ କରୁଣାର ସଞ୍ଚାର ନ କରିବା ପର୍ଯ୍ୟନ୍ତ ତଥା ବ୍ୟବହାର ଜଗତ୍‌ରେ ସାମୁଦାୟିକ ଚେତନାର ବିକାଶ ନ କରିବା ପର୍ଯ୍ୟନ୍ତ ସମସ୍ୟାଗୁଡ଼ିକର ସମୁଚିତ ସମାଧାନ ମିଳିବା ସମ୍ଭବ ଜଣାପଡୁନି । ବ୍ୟକ୍ତି-ବ୍ୟକ୍ତିର ଅହଙ୍କାର ଓ ମମକାର (ମୁଁ ଓ ମୋର) ଫଳରେ ବିଶ୍ୱ ଆଜି କାଙ୍ଗାଳ । କାମ ଓ ଅର୍ଥ ଉପରେ ସମୁଚିତ ନିୟନ୍ତ୍ରଣ ସ୍ଥାପନ କରିବା ତଥା ଜୀବନରେ ସଂଯମ ଓ ସନ୍ତୁଳନର ନିଷ୍ଠାପୂର୍ବକ ଆଚରଣ କରିବା ଏବଂ ପ୍ରକୃତିର ଆଖିବୁଜା ଦୋହନ ବା ଶୋଷଣ ନୁହେଁ ବରଂ ସମ୍ୟକ୍ ଉପଯୋଗ କରିବା ହେଉଛି ଜୈନଦର୍ଶନ ଓ ଅହିଂସକ ଅର୍ଥଶାସ୍ତ୍ରର ମାନକ ।

ଜୈନ ଦର୍ଶନର ସୂକ୍ଷ୍ମ ବିଶେଷତ୍ୱ

ଏହି ମହାଗ୍ରନ୍ଥର ଅଧ୍ୟୟନ ଦ୍ୱାରା ପାଠକ ଏହି ରତ୍ନ ପାଇପାରିବ ।

ଭଗବାନ ମହାବୀରଙ୍କ ଦର୍ଶନର ବୈଶ୍ୱିକ ପ୍ରଭାବ

ଭଗବାନ ମହାବୀର (ଖ୍ରୀ.ପୂ ୫୯୯--ଖ୍ରୀ.ପୂ.୫୨୭)ଙ୍କ ଆବିର୍ଭାବ ହୋଇଥିଲା । ସେତେବେଳେ, ଯେତେବେଳେ ଜଣେ ମଣିଷ ଅନ୍ୟ ଜଣଙ୍କୁ ଦାସ କରି ରଖୁଥିଲା । ପଣ୍ୟବସ୍ତୁ ସଦୃଶ କ୍ରୟ-ବିକ୍ରୟ କରୁଥିଲା । କ୍ରୂରତା ସହିତ ତା'ର ଶ୍ରମ ଓ ଅସ୍ତିତ୍ୱର ଶୋଷଣ କରୁଥିଲା । ସମାଜରେ ସଂବେଦନଶୀଳତାର ନିତାନ୍ତ ଅଭାବ ରହିଥିଲା ।

ତାଙ୍କର ଆବିର୍ଭାବ ହେଲା - ଯେତେବେଳେ ନାରୀ ମାତ୍ର ଭୋଗ୍ୟା ଓ ଦାସୀ ରୂପରେ ପରିଗଣିତ ହେଉଥାଏ । ନାରୀକୁ ନାନାବିଧ ମାନବୀୟ, ସାମାଜିକ ଓ ଧାର୍ମିକ ଅଧିକାରରୁ ବଞ୍ଚିତ ରଖାଯାଉଥିଲା ।

ଯେତେବେଳେ ଜାତିଭେଦର ଅଗ୍ନି ପାରସ୍ପରିକ ସ୍ନେହ ଓ ସଦ୍‌ଭାବକୁ ଜାଳିପୋଡ଼ି ପାଉଁଶ କରିଦେଉଥାଏ, ସେତେବେଳେ ମହାବୀରଙ୍କ ଆବିର୍ଭାବ ହୁଏ ।

ନିଜ ଜିହ୍ୱା ଲାଳସାରେ କରାଯାଉଥିବା ମୂକ ଓ ନିରପରାଧ ଜୀବଙ୍କ ବର୍ବରତମ ହତ୍ୟାକୁ ଧର୍ମ ଓ ଦେବଦେବୀଙ୍କ ନାମରେ ବଳିର ଆଖ୍ୟା ଦିଆଯାଉଥିଲା - ମହାବୀରଙ୍କ ଆବିର୍ଭାବ ହେଲା ।

ଜାତି-ଭେଦ ଜନ୍ୟ ଘୃଣା ଚରମସୀମାରେ ପହଞ୍ଚି ଯାଇଥାଏ । ମହାବୀରଙ୍କ ଆତ୍ମା ଚିତ୍କାର କରିଉଠିଲା । ତାଙ୍କ ସ୍ୱର ଶୁଭିଲା - "ମଣିଷ ଜନ୍ମ ଦ୍ୱାରା ନୁହେଁ, କର୍ମ ଦ୍ୱାରା ମହାନ ହୋଇଥାଏ ।" ସେ ଅହିଂସାର ସୂକ୍ଷ୍ମତମ ବିଶ୍ଳେଷଣ ପ୍ରସ୍ତୁତ କରି ସତ୍ୟ, କ୍ଷମା, କରୁଣା, ମୈତ୍ରୀ ଓ ସହ ଅସ୍ତିତ୍ୱକୁ ବ୍ୟାବହାରିକ ରୂପ ପ୍ରଦାନ କଲେ । ଜୀବସଂଯମ ପ୍ରତି ଯେତେ ଜୋର ଦେଉଥିଲେ, ଅଜୀବ ସଂଯମ ପ୍ରତି ମଧ୍ୟ ସେତେ ଜୋର ଦେଇଥିଲେ । ଅଚେତନ ପଦାର୍ଥର

ଦୁରୁପଯୋଗକୁ ସେ ହିଂସା ଶ୍ରେଣୀଭୁକ୍ତ କରିଥିଲେ । ଅଧୁନାତନ ପରିବେଶ ପ୍ରଦୂଷଣ ଓ ପ୍ରାକୃତି ସଂସାଧନର ଯେଉଁଭଳି ଭାବେ ନିର୍ମମ ଦୋହନ କରାଚାଲିଛି, ସେଥିରୁ ମହାବୀରଙ୍କ ପ୍ରାସଙ୍ଗିକତା ବୁଝିହୁଏ ।

କୌଣସି ପ୍ରାଣୀର ପ୍ରାଣ ବିୟୋଜନ ମାତ୍ରକୁ ହିଂସାର ପରିଭାଷା ମଧ୍ୟରେ ସୀମିତ ନ ରଖି ଜୀବନର ନିତ୍ୟ ନୈମିତ୍ତିକ ଘଟଣା ସହିତ ଜଡ଼ିତ କରିଛନ୍ତି । ଅନ୍ୟର ସ୍ୱତ୍ୱର ଅପହରଣ ବି ହିଂସା ଅଟେ । ଭାବନା ଦ୍ୱାରା ଅନ୍ୟର ଅହିତ ଚିନ୍ତନ ଓ ମର୍ମଭେଦୀ ବାଣୀର ପ୍ରୟୋଗ ମଧ୍ୟ ଜଘନ୍ୟତମ ହିଂସା ଶ୍ରେଣୀଭୁକ୍ତ । ବିଶ୍ୱଚେତନା ସହିତ ତାଦାତ୍ମ ସ୍ଥାପନ କରିବା ହେଉଛି ମହାବୀରଙ୍କ ଅହିଂସାର ଲକ୍ଷ୍ୟ । ତାଙ୍କ ଅହିଂସା କାପୁରୁଷମାନଙ୍କ ଅହିଂସା ନୁହେଁ, ବରଂ ଶୂର-ବୀରମାନଙ୍କ ଜୀବନ-ଶୈଳୀ ମାତ୍ର । ଅଭୟ ଓ ପରାକ୍ରମ ତା' ସହିତ ସଂପୃକ୍ତ । ମହାବୀରଙ୍କ ଦର୍ଶନ କେବଳ ବ୍ୟକ୍ତି ସକାଶେ ନୁହେଁ, ସମାଜ ପାଇଁ ସମାନ ପରିମାଣରେ ଉପାଦେୟ ସିଦ୍ଧ ହୋଇପାରିଛି । ଲୋକମାନଙ୍କ ଆନ୍ତରିକ ସମସ୍ୟାଗୁଡ଼ିକର ସାର୍ଥକ ସମାଧାନ କରିବା ସହିତ ସାମାଜିକ ଅବ୍ୟବସ୍ଥା ଓ କୁପ୍ରବନ୍ଧନ ଦୂର କରିବାରେ ମଧ୍ୟ ସଫଳ ହୋଇପାରିଛି । ତାଙ୍କ ନିବୃତ୍ତି ମଧରେ ଅକର୍ମଣ୍ୟତା ଓ ନିଷ୍କ୍ରିୟତା ନୁହେଁ, ବରଂ ପ୍ରବଳ ପୁରୁଷାର୍ଥର ଅନ୍ତରଙ୍ଗ ଶ୍ଳେଷ ବିଦ୍ୟମାନ । ପରଲୋକର ଚିନ୍ତା ଛାଡ଼ି ବର୍ତ୍ତମାନକୁ ସୁଧାରିବା ଉପରେ ସେ ବଳ ଦେଇଯାଇଛନ୍ତି ।

ଭଗବାନ ମହାବୀର ବ୍ୟକ୍ତି ନୁହନ୍ତି, ସେ ସ୍ୱୟଂ ସତ୍ୟ । ତାଙ୍କ ପ୍ରତି ନିଷ୍ଠା କୌଣସି ବ୍ୟକ୍ତି ପ୍ରତି ନୁହେଁ, ସତ୍ୟ ପ୍ରତି ସମର୍ପଣ । ସାଧନାର ସ୍ମରଣିକ ଇତିହାସରେ ମହାବୀର ସଦୃଶ ତପସ୍ୱୀ ବିରଳ । କାଳର ପ୍ରଲମ୍ବ ଦୂରତ୍ୱ ତାଙ୍କର ଉପଲବ୍ଧିଗୁଡ଼ିକୁ କେତେକାଂଶରେ ଆଚ୍ଛାଦିତ କରିପକାଇଛି – ଏହା ସତ୍ୟ । କିନ୍ତୁ ତାଙ୍କର ଆବଶ୍ୟକତା, ଉପାଦେୟତା ଓ ପ୍ରାସଙ୍ଗିକତାକୁ ତମସାବୃତ କରିପାରିନି । ଶାଶ୍ୱତ ଓ ସାମୟିକ ଉଭୟ ପ୍ରକାର ସମସ୍ୟାର ସମାଧାନରେ ଜୈନ ଦର୍ଶନ ବିଶ୍ୱକୁ ଜମା ନିରାଶ କରିନାହିଁ । ଆଜି ବିଶ୍ୱର ଶ୍ରେଷ୍ଠ ଅର୍ଥଶାସ୍ତ୍ରୀମାନେ ମଧ୍ୟ ମହାବୀରଙ୍କ ସିଦ୍ଧାନ୍ତ ସହିତ ସହମତ ଯେ ସମସ୍ତ ବ୍ରହ୍ମାଣ୍ଡର ଜୀବଜଗତର ଆବଶ୍ୟକତାର ପୂର୍ତ୍ତି କରାଯାଇପାରିବ, ଅଥଚ ମାତ୍ର ଜଣେ ବ୍ୟକ୍ତିର ଆକାଂକ୍ଷାର ପୂର୍ତ୍ତି ମଧ୍ୟ କରିହେବ ନାହିଁ । ଆବଶ୍ୟକତା ଓ ଆକାଂକ୍ଷା (Need and Greed) ର ଏହା ହେଉଛି ଯୁଗୀନ ବିଶ୍ଳେଷଣ । ଭାରତୀୟ ଜୀବନରେ ପୁରୁଷାର୍ଥର ପ୍ରେରଣା ଦେଉଥିବା ମହାପୁରୁଷମାନଙ୍କ ମଧରେ ମହାବୀର ଅଗ୍ରପଂକ୍ତିରେ ବିରାଜମାନ । ଜୈନ ଦର୍ଶନ ଈଶ୍ୱର ରୂପରେ କୌଣସି ନିୟନ୍ତାଙ୍କୁ ଦୃଢ଼ତାର ସହିତ ଅସ୍ୱୀକାର କରିଥାଏ । ଆତ୍ମା ମଧ୍ୟରେ ପରମାତ୍ମା ହେବାର ସମସ୍ତ ସମ୍ଭାବନା ନିହିତ ଏବଂ ଜୀବ ନିଜ କର୍ମକ୍ଷୟପୂର୍ବକ ଶିବରେ ପରିଣତ ହୋଇପାରିବ । ଅଧ୍ୟାତ୍ମର ଏହି ଗହନ ତତ୍ତ୍ୱକୁ ସିଦ୍ଧ କରିବାରେ ସଂପ୍ରତି ବିଜ୍ଞାନ ବେଶ୍ ସହାୟକ ହୋଇପାରିଛି ।

ମହାବୀର ଅନେକାନ୍ତର ମହାନ ସିଦ୍ଧାନ୍ତ ପ୍ରଦାନ କଲେ, ଲୋକେ ସହଜରେ ବୁଝିପାରି ନ ଥିଲେ । ୨୫୦୦ ବର୍ଷ ପରେ ଆଇନ୍‌ଷ୍ଟାଇନ ସାପେକ୍ଷବାଦ (Theory of Relativity) ଜରିଆରେ ଅନେକାନ୍ତ ସତ୍ୟାର୍ପିତ କରିଦେଲେ । ମହାବୀର ବନସ୍ପତିକୁ 'ସଜୀବ' କହିଲେ, ଲୋକମାନଙ୍କ ମନରେ ଶଙ୍କା ଉତ୍ପନ୍ନ ହେଲା, କିନ୍ତୁ ଜଗଦୀଶ ଚନ୍ଦ୍ରବସୁ ବୈଜ୍ଞାନିକ ପରୀକ୍ଷଣକରି ଏହା ଯଥାର୍ଥ ବୋଲି ପ୍ରତିପାଦନ କରିଥିଲେ । ମହାବୀର କହିଥିଲେ ଗୋଟିଏ ମୁହୂର୍ତ୍ତ (୪୮ ମିନିଟ୍)ରେ ଚତୁର୍ଦ୍ଦଶ ପୂର୍ବର ଜ୍ଞାନ ଆହରଣ ସମ୍ଭବପର, ଲୋକେ କହିଲେ ଏହା କପୋଳ-କଳ୍ପିତ । ଅଧୁନା Super Computer Technology ଦ୍ୱାରା ଏହା ସତ୍ୟ-ସିଦ୍ଧ । ବିଜ୍ଞାନ କହୁଛି – ମନୁଷ୍ୟ ମସ୍ତିଷ୍କର କେବଳ ପାଞ୍ଚ ଅଥବା ସାତ ଶତାଂଶର ଉପଯୋଗ ହିଁ କରାଯାଇପାରୁଛି । ଯଦି ଦୁଇ ତିନି ପରସେଣ୍ଟ ଅଧିକ କରିହୁଅନ୍ତା, ତେବେ ମହାବୀର, ଗୌତମ, ଗାନ୍ଧୀ ବା ମହାପ୍ରଜ୍ଞ ଅଚିରେ ସୃଷ୍ଟି କରାଯାଇପାରନ୍ତା ।

ମନୀଷୀ ସାହିତ୍ୟିକ ଡ. ମନୋଜ ଦାସ କହନ୍ତି – The goal of Jain ascetic discipline is to attain the 'Siddha shila', the pure state of bliss. This is possible by complete freedom from the cycle of birth and death-which could result from a strict adherence to the Right Faith acieving to Right knowledge and a practice of the Right Conduct. ସମ୍ୟକ୍ ଦର୍ଶନ (ଶ୍ରଦ୍ଧା), ସମ୍ୟକ୍ ଜ୍ଞାନ ଏବଂ ସମ୍ୟକ୍ ଚରିତ୍ର (ଆଚରଣ) । ଡ. ଦାସ ଆଗକୁ କହୁଛନ୍ତି – A total committment to truthfulness, rising above all kind of attachments and last but not the least, rooting out violence from consciousness and making is evident through one's conduct by not harming any living creature, formed the discipline of the ideal Jaina.

ଏଠାରେ କିଛି ମହତ୍ ବ୍ୟକ୍ତିଙ୍କୁ ଉଦ୍ଧୃତ କରିବା ବୋଧହୁଏ ଅପ୍ରାସଙ୍ଗିକ ହେବ ନାହିଁ ।

ମହାତ୍ମା ଗାନ୍ଧୀ କହିଥିଲେ – ସମଗ୍ର ବିଶ୍ୱରେ ମହାବୀର ହେଉଛନ୍ତି ଏକମାତ୍ର ଲୋକ, ଯେ ଅହିଂସାକୁ ସଂପୂର୍ଣ୍ଣ ରୂପରେ ଆଚରଣଗତ କରିଥିଲେ ତଥା ଅନ୍ୟମାନଙ୍କୁ ଯଥାସମ୍ଭବ ଅହିଂସାତ୍ମକ ଜୀବନଶୈଳୀ ହେତୁ ପ୍ରେରିତ କରୁଥିଲେ ।

ସ୍ୱାଧୀନ ଭାରତର ପ୍ରଥମ ରାଷ୍ଟ୍ରପତି ଡ. ରାଜେନ୍ଦ୍ର ପ୍ରସାଦ- ମହାବୀର ପ୍ରଭୁଙ୍କ ମାଟିରେ ଜନ୍ମଲାଭ କରିବାର ସୁଯୋଗ ପାଇବା ହେଉଛି ମୋର ପରମ ସୌଭାଗ୍ୟ ।

ବିଶ୍ୱର ଅନ୍ୟତମ ଶ୍ରେଷ୍ଠ ଦାର୍ଶନିକ ଏବଂ ପୂର୍ବ ରାଷ୍ଟ୍ରପତି ଡ. ରାଧାକୃଷ୍ଣନ୍ – ସ୍ୱତନ୍ତ୍ର ଭାରତର ସଂବିଧାନ 'ମହାବୀର ଦର୍ଶନ' ଦ୍ୱାରା ଅନୁପ୍ରାଣିତ । ଅନ୍ୟକ୍ରମଣ, ସହଅସ୍ତିତ୍ୱ ଏବଂ ସର୍ବଧର୍ମ ସଦ୍‌ଭାବ ଆଦି ସିଦ୍ଧାନ୍ତ ତାଙ୍କରି ଅବଦାନ ।

ପାଶ୍ଚାତ୍ୟ ମନୀଷୀ ଜର୍ଜ ବର୍ଣ୍ଣାଡ ଶା' କହିଥିଲେ – ମୁଁ ପୂର୍ବଜନ୍ମ ଓ ପୁନର୍ଜନ୍ମ ସମ୍ବନ୍ଧରେ କୌଣସି ପ୍ରାମାଣିକ ଟିପ୍ପଣି ଦେବାରେ ସମର୍ଥ ନୁହେଁ । ତେବେ ପୁନର୍ଜନ୍ମ ଯଦି ସତ୍ୟ ଓ ନିଶ୍ଚିତ, ମୁଁ ଜୈନ ରୂପରେ ଏହି ସଂସାରରେ ଜନ୍ମ ନେବାର କାମନା କରୁଛି ।

ସୁଫୀ ସନ୍ଥ ଶମଷୀ ତହରାନୀ – ମହାବୀରଙ୍କ ଅହିଂସା,ଅପରିଗ୍ରହ ଓ ଅନେକାନ୍ତ ସିଦ୍ଧାନ୍ତ ଏତେ ଅସାଂପ୍ରଦାୟିକ ଯେ ଅନ୍ୟ ଧର୍ମଗୁଡ଼ିକର ଅନୁଯାୟୀମାନେ ଏହାକୁ ଧାରଣ କରିବାରେ କାହାରି ଆପତ୍ତି ରହି ନ ପାରେ । ଜୈନଧର୍ମ, ଭାରତୀୟ ସଂସ୍କୃତିକୁ ଜୀବିତ ରଖିଛି ।

ମହାନ ବୈଜ୍ଞାନିକ ଏବଂ ପୂର୍ବ ରାଷ୍ଟ୍ରପତି ଡା. ଏ.ପି.ଜେ ଅବଦୁଲ କଲାମ – ମୁଁ ତିନିଜଣଙ୍କ ଦ୍ୱାରା ବେଶ୍ ପ୍ରଭାବିତ । ଭଗବାନ ମହାବୀର, ମହାତ୍ମା ଗାନ୍ଧୀ ଓ ଆଚାର୍ଯ୍ୟ ମହାପ୍ରଜ୍ଞ ହେଉଛନ୍ତି ମୋ ଆଦର୍ଶ ପୁରୁଷ । ଏହି ତିନିଜଣ ମୋ ଜୀବନକୁ ପରିମାର୍ଜିତ କରିଛନ୍ତି । ଏମାନଙ୍କ ଚିନ୍ତନ ମୋ ମାର୍ଗ ଦର୍ଶନ କରିଥାଏ ।

ପ୍ରୋ. ସୁନୀତି କୁମାର ଚଟର୍ଜୀ – 'ଅନେକାନ୍ତବାଦ' ହେଉଛି ବିଶ୍ୱ-ଚିନ୍ତନ-କ୍ଷିତିଜର ଶୁକତାରା । ଅହଙ୍କାରୀ ପାଶ୍ଚାତ୍ୟ ବିଦ୍ୱାନମାନେ ଅଧିକାଂଶତଃ ଏହି ମହାନ ତତ୍ତ୍ୱ ସହିତ ପରିଚିତ ନୁହନ୍ତି । ଜୈନ ଦର୍ଶନରେ ଅହିଂସାତ୍ମକ ସମାଜ ସଂରଚନା ସହିତ ସାର୍ଥକ ବାର୍ତ୍ତାର ଆଦାନ-ପ୍ରଦାନ କରିବାର ସାମର୍ଥ୍ୟ ରହିଛି ।

ପ୍ରୋ. ଜିତେନ୍ଦ୍ର ମହାନ୍ତି ଲେଖିଛନ୍ତି – The theory of 'Naya' which is 'implicitly' the 'Jain' idea of non-injury applied to philosophical thinking that the Jain philosopher proposes is a multi valued logic ... ... Reality has infinite aspects. I regard the Jain philosophical logic as one of the highest contributions of Indian Thought.

ନିଷ୍କର୍ଷ

ବିଶୁଦ୍ଧ ଅଧ୍ୟାତ୍ମ, ମଣିଷର ମୌଳିକ ମନୋବୃତ୍ତି (ଯାହାକୁ ଆମେ ଆଦିମ ସଂଜ୍ଞା ମଧ୍ୟ କହିଥାଉଁ)ର ଉଦ୍ଦୀପନ ନୁହେଁ, ବରଂ ପରିମାର୍ଜନ ପ୍ରତି ନିରନ୍ତର ସଚେତ କରିଥାଏ । ଜୈନ ଦର୍ଶନ, ପୁରୁଷାର୍ଥ-ଚତୁଷ୍ଟୟୀ ମଧ୍ୟରୁ କାମ ଓ ଅର୍ଥକୁ ଗୌଣସ୍ଥାନ ଦେଇଆସିଛି, ଧର୍ମ ଓ ମୋକ୍ଷର ମହିମା ମଣ୍ଡନ କରିଥାଏ । ଆହାର, ନିଦ୍ରା, ଭୟ ଓ ମୈଥୁନ ଭାବ ମନୁଷ୍ୟ ଓ ଅନ୍ୟାନ୍ୟ ଜୀବଜଗତରେ ନିଶ୍ଚିତ ରହିଛି । ଜୈନ ସଂସ୍କୃତିରେ ଏଗୁଡ଼ିକ ସହିତ ପରିଗ୍ରହ ମନୋବୃତ୍ତିକୁ ମଧ୍ୟ ଆଦିମ ସଂଜ୍ଞା ରୂପରେ ଚିହ୍ନିତ କରାଯାଇଛି । ଏହି ସମସ୍ତ ସଂଜ୍ଞାର ରୂପାନ୍ତରଣ ପୂର୍ବକ ସାତ୍ତ୍ୱିକ ଜୀବନର ମାର୍ଗ ପ୍ରଶସ୍ତ କରିଥାଏ । 'ଜୀଓ ଔର ଜୀନେଦୋ' ଭାବନାକୁ ବଳ ପ୍ରଦାନ କରିଥାଏ । ଅନ୍ୟମାନଙ୍କୁ ବାମନ ସିଦ୍ଧ କରିବାର ଚେଷ୍ଟା ନ କରି ସ୍ୱୟ ନିଜର ଉଚ୍ଚତା ବଢ଼ାଇବା ପାଇଁ ପ୍ରେରିତ କରିଥାଏ- ଜୈନ ଦର୍ଶନ । ଆମ ଦୃଷ୍ଟିକୋଣ ଯଦି ଯଥାର୍ଥ ଏବଂ ବିଚାର ସକାରାତ୍ମକ, ତାହାହେଲେ ଆମେ ଆବଶ୍ୟକ ଶୁଭ ଭବିଷ୍ୟତର ନିର୍ମାଣ କରିବାରେ ସଫଳ

ହେବ । ଆଜି ସାପେକ୍ଷତା, ସହଅସ୍ତିତ୍ୱ, ସମନ୍ୱୟ ଏବଂ ସମତ୍ୱାନୁଭୂତି ଆଦିତତ୍ତ୍ୱ ଜ୍ଞାତ-ଅଜ୍ଞାତ ରୂପରେ ଲୋକପ୍ରିୟ ହୋଇପଡ଼ିଛନ୍ତି । ଏହି ସୁର-ସରିତାକୁ ମହାପ୍ରବାହରେ ପରିଣତ କରି ନୂଆ ବ୍ୟକ୍ତି, ନୂଆ ସମାଜ ଏବଂ ନୂଆ ବିଶ୍ୱର ସଂରଚନାର ମଧୁର ସ୍ୱପ୍ନକୁ ସାକାର କରାଯାଇପାରିବ । ବିଂଶ ଶତାବ୍ଦୀ ବିଜ୍ଞାନର ଶତାବ୍ଦୀ ଥିଲା । ଅନେକ ଆବଶ୍ୟକ ଓ ଉପଯୋଗୀ ବସ୍ତୁର ଉଦ୍‌ଭାବନ ମଣିଷକୁ ସୁଖ ପ୍ରଦାନ କଲା । କିନ୍ତୁ ଏହି ଶତାବ୍ଦୀରେ ଦୁଇଟି ବିଶ୍ୱଯୁଦ୍ଧ ମଧ୍ୟ ଘଟିଥିଲା । ସଂହାରକ ଅସ୍ତ୍ରଶସ୍ତ୍ରର ନିର୍ମାଣ ଦ୍ୱାରା କ୍ଷଣକ ମଧ୍ୟରେ ଅଗଣିତ ନରସଂହାର କରିବା ସହଜ ହୋଇପଡ଼ିଲା । ଏକବିଂଶ ଶତାବ୍ଦୀ ସମ୍ବନ୍ଧରେ କୁହାଯାଉଛି ଯେ ଏହା ଅଧ୍ୟାତ୍ମର ଶତାବ୍ଦୀ ହେବ । ଭଗବାନ ମହାବୀରଙ୍କ ସିଦ୍ଧାନ୍ତ, ବ୍ୟାପକ ଗ୍ରହଣୀୟ ହୋଇପଡ଼ିବ । ଆମ ଜୀବନ ତାଙ୍କ ଦ୍ୱାରା ପ୍ରବର୍ତ୍ତିତ ଓ ପ୍ରଦର୍ଶିତ ପଥରେ ଗତିମାନ ନା ଆମେ ପଥଚ୍ୟୁତ - ଏହା ହେଉଛି ଶାଶ୍ୱତ ପ୍ରଶ୍ନ । ୨୬୦୦ ବର୍ଷ ପୂର୍ବେ ମହାବୀରଙ୍କ କେତେ ଆବଶ୍ୟକତା ଥିଲା - ମୁଁ ଜାଣିନାହିଁ କିନ୍ତୁ ବର୍ତ୍ତମାନ ତାଙ୍କ ଆବିର୍ଭାବର ତୀବ୍ର ଆବଶ୍ୟକତା ରହିଛି । ପ୍ରଶ୍ନ ଛାଡ଼ିଯାଉଛି କ'ଣ ଏହା ସଂଭବ ହେବ ?

ଚେତନାର ଊର୍ଦ୍ଧ୍ୱାରୋହଣ

ପାଶ୍ଚାତ୍ୟ ଦାର୍ଶନିକମାନେ କହିଥାନ୍ତି - "ଏକେ ତ' ଜୀବନରେ ସଫଳତା ପାଇ ହେବ ନତୁବା ଜୀବନକୁ ସାର୍ଥକ କରିହେବ । ଗୋଟିଏ ଜୀବନକାଳରେ ଏକସଙ୍ଗେ ଉଭୟଙ୍କୁ ଚରିତାର୍ଥ କରିବା ସମ୍ଭବ ନୁହେଁ । ଯେଉଁମାନେ ଜୀବନରେ ସଫଳତା ପାଇଛନ୍ତି, ସେମାନଙ୍କ ଜୀବନ କ୍ୱଚିତ୍ ସାର୍ଥକ ହେବା ଦେଖାଯାଏ । ଏହା ମଧ୍ୟ ସତ୍ୟ ଯେ ଜୀବନକୁ ସାର୍ଥକ କରିବା ଦିଗରେ ପ୍ରଯତ୍ନରତ ଲୋକମାନଙ୍କୁ ବହୁଧା ଅସଫଳତାର ସ୍ୱାଦ ଚାଖିବାକୁ ପଡ଼ିଥାଏ । ତେବେ ମୁଁ ଏହି ସିଦ୍ଧାନ୍ତକୁ ବିନମ୍ରତାର ସହିତ ଅସ୍ୱୀକାର କରିଆସିଛି । ମୋତେ ଜୀବନରେ ପ୍ରଚୁର ସଫଳତା ଦରକାର । ଏହା ସହିତ ମୁଁ ମୋ ଦୁର୍ଲଭ ମାନବ ଜୀବନକୁ ସବୁମନ୍ତେ ସାର୍ଥକ କରିବାକୁ ଚାହେଁ । ସଫଳତା ଓ ସାର୍ଥକତା ମଧ୍ୟରେ ସୁନ୍ଦର ସେତୁବନ୍ଧ ନିର୍ମାଣ କରିବା ଲକ୍ଷ୍ୟକୁ ସମ୍ମୁଖରେ ଥୋଇ ମୋର ବୃତ୍ତି ଓ ପ୍ରବୃତ୍ତି ମଧ୍ୟରେ ସମନ୍ୱୟ ସ୍ଥାପନ କରିବାର ନିରନ୍ତର ଚେଷ୍ଟା କରିଛି । ଜୀବନଧାରଣ ଓ ପରିବାର ସଂପୋଷଣ ସକାଶେ ଆପଣା ବୃତ୍ତିକୁ କେବେ ବି ଅବହେଳା କରିନାହିଁ । କିନ୍ତୁ ସ୍ୱାଧ୍ୟାୟ ଓ ସୃଜନକୁ ଯଥୋଚିତ ସମ୍ମାନ ଦେଇ ମୋର ପ୍ରବୃତ୍ତିକୁ ପବିତ୍ର କରିବାର ପ୍ରୟାସ କରିଥାଏ । ଅନ୍ୟ ଭାବେ କହିଲେ ଲକ୍ଷ୍ମୀ ଓ ସରସ୍ୱତୀଙ୍କ ସାଧନାରେ ମୁଁ ଲେଶମାତ୍ର ପ୍ରଭେଦ କରିନାହିଁ ।

ମୋତେ ଯେତେବେଳେ ୧୨ ବର୍ଷ, 'ଟମ୍‌କକା'ଙ୍କ କୁଟୀର ଭଳି ସମ୍ବେଦନଶୀଳ ମହାଗ୍ରନ୍ଥର ଅଧ୍ୟୟନକୁ ମୁଁ ମୋର ସାହିତ୍ୟ ଯାତ୍ରାର ଶିଳାନ୍ୟାସ ରୂପରେ ଭାବିଥାଏ । କ୍ରୀତଦାସମାନଙ୍କ ପ୍ରତି ହେଉଥିବା ନିର୍ମମ ଅତ୍ୟାଚାର ସମ୍ବନ୍ଧରେ ଜାଣି ବିଦ୍ରୋହୀ ହୋଇପାରି ନ ଥିଲି, କିନ୍ତୁ ଅସହାୟତାବୋଧ ଅବଶ୍ୟ କରିଥିଲି । ଏହାପରେ କାହ୍ନୁଚରଣଙ୍କ 'ବାଲିରାଜା' ମୋର କିଶୋର ମନକୁ ଆବୋରି ନେଇଥିଲେ । 'ହାଅନ୍ନ' ପୁଣି ମୋତେ ଗଭୀର ପୀଡ଼ା ଦେଇଥିଲା । ୧୯୬୯ ମସିହାରେ ଚନ୍ଦ୍ରପୃଷ୍ଠରେ ମନୁଷ୍ୟର ପ୍ରଥମ ପଦସ୍ଥାପନର ପୁଲକକୁ ଅଭିବ୍ୟକ୍ତ କରିବାର ପ୍ରେରଣା ଦେଇଥିଲେ ସାରସ୍ୱତ ଦିବ୍ୟ ପୁରୁଷ ସ୍ୱର୍ଗତ ବିଧୁଭୂଷଣ ଗୁରୁ । ପ୍ରଥମକରି କବିତାଟିଏ ଲେଖିଲି । ପରେ କବିତା ଦିଗରେ ମୋ ଲେଖନୀ ଏକପ୍ରକାର ଅବରୁଦ୍ଧ ହୋଇଯାଇଥିଲା ।

ଇତି ମଧ୍ୟରେ ସାଧାରଣ ପତ୍ର ପତ୍ରିକାଠୁଁ ଆରମ୍ଭକରି ଓଡ଼ିଆ, ହିନ୍ଦୀ, ସଂସ୍କୃତ, ପ୍ରାକୃତ, ଇଂରାଜୀ ଆଦି ଭାଷାର ଗଭୀର ତତ୍ତ୍ୱ ଓ ଦର୍ଶନ ସଂବଳିତ ଗ୍ରନ୍ଥଗୁଡ଼ିକ ମୁଁ ନିୟମିତ ପଢ଼ି ଚାଲିଥାଏ । ଯେଉଁଦିନ ସମୟ ପାଏ ନାହିଁ, ସେଦିନ ବ୍ୟର୍ଥ ଗଲା ବୋଲି ଭାବେ । ଏହି ଅଧ୍ୟୟନ ଓ ସ୍ୱାଧ୍ୟାୟ ରୁଚି ହିଁ ପ୍ରକାରାନ୍ତରେ ମୋତେ କଲମ ଧରିବା ପାଇଁ ଉତ୍ସାହିତ କରିଆସିଛି । ଜୈନ ଦର୍ଶନର ଆତ୍ମକର୍ତ୍ତୃତ୍ୱବାଦ ମୋତେ ପ୍ରଭାବିତ କରିଛି । ଭାଗ୍ୟ ସବୁବେଳେ କର୍ମର ଅନୁସରଣ କରିଥାଏ । ନିଜ ସୌଭାଗ୍ୟ କିମ୍ବା ଦୁର୍ଭାଗ୍ୟର ଆମେ ନିଜେ ହିଁ ନିର୍ମାତା । ଆମ ସୁଖ-ଦୁଃଖ ଆମ ହାତରେ । ଦୁଦୁରା ଗଛ ଲଗାଇ ସେଠାରୁ ଆମ୍ବ ପାଇବାର କାମନା କ'ଣ କେବେ ଫଳବତୀ ହୋଇପାରିବ ? ମହାନ୍ ସନ୍ଥ

ସାହିତ୍ୟିକ ଆଚାର୍ଯ୍ୟ ତୁଳସୀ, ଆଚାର୍ଯ୍ୟ ମହାପ୍ରଜ୍ଞ ଏବଂ ସଂପ୍ରତି ଆଚାର୍ଯ୍ୟ ମହାଶ୍ରମଣଙ୍କ ଆଚରଣ ଓ ସୃଜନ ଦ୍ୱାରା ଉଦ୍‌ବୁଦ୍ଧ ହୋଇ ମୁଁ ଏହି ମହାପୁରୁଷମାନଙ୍କ ଅନେକ ଗ୍ରନ୍ଥର ରୂପାନ୍ତରଣ ମୋ ମାତୃଭାଷା ଓଡ଼ିଆ କରିଛି ।

ଜାତିକଗତ ଓ ସାମ୍ପ୍ରଦାୟିକ ବିଦ୍ୱେଷ, ସଂରକ୍ଷଣ ସମସ୍ୟା, ରାଜନୀତିରେ ଅବକ୍ଷୟ, ଆତଙ୍କବାଦର ବିଷଦଂଶ, ସାଂସ୍କୃତିକ କ୍ଷରଣ ଆଦି ଆପଣ ସମସ୍ତଙ୍କ ଭଳି ମୋତେ ମଧ୍ୟ କ୍ଷତାକ୍ତ କରିଥାଏ । ତେବେ ଲେଖିବା ସମୟରେ ମୁଁ ଶାଶ୍ୱତ ଚେତନାର ସ୍ତରରେ ସାମୟିକ ସମସ୍ୟାଗୁଡ଼ିକର ସମାଧାନ-ମାର୍ଗ ଅନ୍ୱେଷଣ କରିଥାଏ । ଗଭୀର ଆଶାବାଦୀ ହୋଇଥିବା ସତ୍ତ୍ୱେ ନିରାଶା ବି କେବେ କେମିତି ମୋତେ ପ୍ରଭାବିତ ଓ ଉଦ୍‌ବେଳିତ କରିଥାଏ, ଏହା ସ୍ୱୀକାର କରିବାରେ ମୋର ଜମା ଆପତ୍ତି ନାହିଁ । ଅବସାଦଜନିତ ପରିବେଶକୁ ମୁଁ ନିଜକୁ ପ୍ରତ୍ୟାହାର କରିନିଏ । ରାସ୍ତାରେ ରହିଥିବା ପଥର ବା ଅବରୋଧକ ସହିତ ମୁଣ୍ଡ ନ ବାଡ଼େଇ ରାସ୍ତା କାଢ଼ି ଆଗକୁ ବଢ଼ିଯାଏ । ମୋ ପ୍ରବନ୍ଧ ଓ କଥା ସମୂହ ମଧ୍ୟରେ ନକାରାତ୍ମକତାର ମହିମା ମଣ୍ଡନ ନ କରି ସର୍ବଦା ସକାରାତ୍ମକ ଦୃଷ୍ଟି ଅଙ୍ଗୀକାର କରିଆସିଛି ।

ଆହାର, ନିଦ୍ରା, ଭୟ, ମୈଥୁନ,ସଂଗ୍ରହ, ସ୍ୱାର୍ଥ ଓ ଛଳନା ଆଦି ମଣିଷର ମୌଳିକ ମନୋବୃତ୍ତି ଓ ଉପବୃତ୍ତି ବା ଆଦିମ ସଂଜ୍ଞାଗୁଡ଼ିକର ପରିମାର୍ଜନ କରିବାରେ ସୃଜନର ବିଶେଷ ଭୂମିକା ରହିଛି । କିନ୍ତୁ ସ୍ରଷ୍ଟା ସମର୍ଥ ହେବା ଦରକାର । ତା'ର ଲେଖନ, ଆଚରଣ ଓ ଉଚ୍ଚାରଣ ମଧ୍ୟରେ ସାମଞ୍ଜସ ରହିଥିବା ଉଚିତ । ଜଣେ ସୃଜନଶିଳ୍ପୀକୁ ଆପଣା ସକାଶେ ନମନୀୟ ମାପଦଣ୍ଡ ନିର୍ଦ୍ଧାରଣ କରିବାର କୌଣସି ଅଧିକାର ନାହିଁ ।

ମଣିଷର ଜୀବନଚର୍ଯ୍ୟାକୁ ଶୃଙ୍ଖଳିତ କରିବା ସହିତ ସୁସ୍ଥ ପରିବାର ଓ ସମୃଦ୍ଧ ବିଶ୍ୱଗଠନର ଆବଶ୍ୟତାକୁ ସଦାବେଳେ ସ୍ମରଣ ରଖି ମସ୍ତିଷ୍କ ସହିତ ହୃଦୟକୁ ଯୋଡ଼ଇବାର ବିନମ୍ର ପ୍ରୟାସ ମୁଁ କରିଚାଲିଛି । ଶୈଶବ ସ୍ତରରେ ରହିଥିବା ଚିନ୍ତନକୁ ଯୌବନର ସ୍ପର୍ଶ ଦେବା ପାଇଁ ନିରଳସ ସାଧନା କରିଥାଏ ।

ମୁଁ ସବୁବେଳେ ମନେ ରଖିଥାଏ ଯେ ମରି ଅମର ରହିବାର ଅଭିଳାଷ ରହିଥିଲେ ପଠନଯୋଗ୍ୟ ସୃଜନ କିମ୍ବା ଲେଖନଯୋଗ୍ୟ କର୍ମ କରିବାକୁ ହେବ । ସାହିତ୍ୟ ବ୍ୟକ୍ତି କିମ୍ବା ସମାଜକୁ ପ୍ରତ୍ୟକ୍ଷତଃ ବଦଳାଇପାରେ ନାହିଁ, କେବଳ ବଦଳିଯିବାର ଚେତନାଟିଏ ସୃଷ୍ଟି କରିଥାଏ । ଦେଶର ଅବ୍ୟବସ୍ଥା, ସମାଜର ରୁଗ୍ଣତା ଏବଂ ବ୍ୟକ୍ତି ଚେତନାର ମଳିନତାକୁ ପରିଷ୍କାର କରିବା ସହିତ ତା'ର ଉର୍ଦ୍ଧ୍ୱାରୋହଣ ସକାଶେ ଜଣେ ଲେଖକ ମନରେ ଆଞ୍ଜୁଳାଏ ବ୍ୟାକୁଳତା ରହିଥିବା ଆବଶ୍ୟକ । ଅନ୍ୟଥାଆମ ଶବ୍ଦ-ଶିଳ୍ପ ବିଭବଶାଳୀ ହୋଇପାରେ, କିନ୍ତୁ ତାହା ମଧ୍ୟରେ ପ୍ରାଣବତ୍ତାର ଅଭାବ ରହିଯିବ । କେବଳ ଟାଇମ୍‌ପାସ କିମ୍ବା ଯଶ, ଖ୍ୟାତି, ପୁରସ୍କାର ବା ବୃତ୍ତି ଦୃଷ୍ଟିରୁ ନ ଲେଖି ଏକ ମହତ୍ତର ଉଦ୍ଦେଶ୍ୟ ରଖି ଲେଖିବା ଉଚିତ ହେବ । ଏହି ଭାବନାର ଅଭାବ ହେତୁ ବୈଚାରିକ ସ୍ଥାଣୁତା ଉତ୍ପନ୍ନ ହେଉଛି । ମୂଲ୍ୟହୀନତାର ଅନ୍ଧକାରକୁ ଦୂରକରି ନୈତିକତା ଓ ଆଧ୍ୟାତ୍ମିକତାର ଆଲୋକ ବାଣ୍ଟିବାର ପ୍ରଚେଷ୍ଟା ଦ୍ୱାରା ମାନବିକତା କୃତକୃତ୍ୟ ହେବ । ଆମ ଲେଖନୀ ସାର୍ଥକ ହେବ ।

ମୁଁ କୃତଜ୍ଞ

ଅଧ୍ୟାତ୍ମ ଜଗତର ମହାସୂର୍ଯ୍ୟ ଏବଂ ବିଶ୍ୱର ଅନ୍ୟତମ ଶ୍ରେଷ୍ଠ ଦାର୍ଶନିକ ଆଚାର୍ଯ୍ୟ ଶ୍ରୀ ମହାପ୍ରଜ୍ଞ (୧୯୨୦-୨୦୧୦)ଙ୍କ ଜୀବନଯାତ୍ରା ହେଉଛି ଅକ୍ଷରରୁ ଅର୍ଥ, ସ୍ଥୁଳରୁ ସୂକ୍ଷ୍ମ, ସୀମାରୁ ଅସୀମତା ଏବଂ ବିଦ୍ୱତ୍ତାରୁ ବିନମ୍ରତାର ଯାତ୍ରା । ତାଙ୍କ ସାନ୍ନିଧ୍ୟରେ ବାସନା, ବୈରାଗ୍ୟରେ ପରିଣତ ହେଉଥିଲା । ଶାରଦୀୟ ଚନ୍ଦ୍ରମାର ଶୀତଳତାଠାରୁ ଅଧିକ ସ୍ନିଗ୍ଧ ଓ କୋମଳ ଥିଲା ତାଙ୍କ ବାଣୀ । ମାନବଜାତିର ପଥ ପ୍ରଦର୍ଶକ, ନିସ୍ପୃହ, ଜ୍ଞାନର ମହାସାଗର ଥିଲେ । ତାଙ୍କ ବ୍ୟକ୍ତିତ୍ୱରେ ଚୁମ୍ବକୀୟ ଆକର୍ଷଣ ଥିଲା । ଅନ୍ତଃକରଣ ଗଙ୍ଗା ଭଳି ପବିତ୍ର । ବୀତରାଗ କକ୍ଷ ସାଧନା । ମନେ ପଡ଼େ ରାଜସ୍ଥାନର ପଡ଼ିହାରା ଗାଆଁରେ ୨୬ ନଭେମ୍ବର ୨୦୦୯ ଦିନ ଜୈନ ବିଶ୍ୱଭାରତୀ ଦ୍ୱାରା 'ମହାପ୍ରଜ୍ଞ ସାହିତ୍ୟ ପୁରସ୍କାର' ପ୍ରଦାନ ଉତ୍ସବରେ ସେହି ମହାତ୍ମାଙ୍କ ମୋ ସମ୍ବନ୍ଧରେ ଉଚ୍ଚାରିତ କତିପୟ ଶବ୍ଦ, ଯାହା ମୋତେ ଚିରଦିନ ସକାଶେ ଆନ୍ତରିକ ସମୃଦ୍ଧି ପ୍ରଦାନ କରୁଥିବ ଏବଂ ମୋ ମାର୍ଗକୁ ଆଲୋକିତ କରୁଥିବ । ଆଚାର୍ଯ୍ୟ ମହାପ୍ରଜ୍ଞ ସେହି ଅବସରରେ ଆମ ଓଡ଼ିଶାର ପ୍ରାଚୀନ ଇତିହାସ, ସଂସ୍କୃତି, ତା'ର ଶୌର୍ଯ୍ୟ, ପରାକ୍ରମ ତଥା ସେଠାରେ ଜୈନଧର୍ମ ଓ

ଶ୍ରମଣ ସଂସ୍କୃତିର ଗଭୀର ପ୍ରଭାବ ସଂବନ୍ଧରେ ବିସ୍ତୃତ ବର୍ଣ୍ଣନା କରିଥିଲେ । ମହାପ୍ରଜ୍ଞଙ୍କ ମହାପ୍ରୟାଣ (୦୯.୦୫.୨୦୧୦) ପରେ ତାଙ୍କ ସୁଯୋଗ୍ୟ ଉତ୍ତରାଧିକାରୀ ଆଚାର୍ଯ୍ୟ ମହାଶ୍ରମଣ ଥରେ ତାଙ୍କ ଉଦ୍‌ବୋଧନରେ 'ଜୈନ ଦର୍ଶନ: ମନନ ଓ ମୀମାଂସା' ଅଧ୍ୟୟନ ପାଇଁ ପ୍ରେରଣା ଦେଉଥାନ୍ତି । ମୁଁ ସ୍ୱାଧ୍ୟାୟ ମାର୍ଗରେ କିଛି ଆଗକୁ ବଢ଼ିଲି । ହଠାତ୍ ମନକୁ ଆସିଲା - ଏହି ମହାଗ୍ରନ୍ଥର ଅଧ୍ୟୟନ ସହିତ ମୋ ପ୍ରିୟ ମାତୃଭାଷା ଓଡ଼ିଆରେ ରୂପାନ୍ତରଣ କରି ପାରିଲେ ଜୀବନର ସର୍ବଶ୍ରେଷ୍ଠ ଉପଲବ୍ଧି ହୁଅନ୍ତା । ମହାପ୍ରଜ୍ଞ ସାହିତ୍ୟର ମର୍ମଜ୍ଞ ବିଦ୍ୱାନ ମୁନିଶ୍ରୀ ଧନଞ୍ଜୟ କୁମାରଜୀଙ୍କ ପ୍ରବଳ ପ୍ରେରଣା ଓ ଆଶୀର୍ବାଦ ମୋ ସଂକଳ୍ପକୁ ଦୃଢ଼ୀଭୂତ କରୁଥାଏ । ମୁଁ ଜାଣିଥିଲି ଏହା ପିଲା ଖେଳ ନୁହେଁ, ସନ୍ତରଣ କଳାରେ 'ଅ' 'ଆ' ନ ଜାଣି ମହାସମୁଦ୍ର ମଧ୍ୟରେ ଲମ୍ଫ ପ୍ରଦାନ କଲି । ଅଜ୍ଞାନ-ତିମିର-ଆଚ୍ଛାଦିତ ମୋ ମସ୍ତିଷ୍କ, କେବଳ ହୃଦୟର ଅନ୍ତରଙ୍ଗ ସହଯୋଗ ଲଭି କେବେ ମନ୍ଥର, କେବେ ତୀବ୍ରଗତି କରୁଥାଏ । ଏହି ଗ୍ରନ୍ଥ "ସର୍ବଜନ ଭୋଗ୍ୟ ସମ୍ଭବତଃ ନୁହେଁ, ଏହା ବିଦ୍ୱଜ୍ଜନଯୋଗ୍ୟ'' - ଏହା ମୁଁ ନିରନ୍ତର ଅନୁଭବ କରିଆସିଛି । ଏକ ଅନ୍ତଃପ୍ରେରଣା, ମୋ ପ୍ରମାଦର ପରିମାର୍ଜନ କରୁଥାଏ, ମୋ ତନ୍ଦ୍ରାର ଅପସାରଣ କରୁଥାଏ । କୌଣସି ଦିବ୍ୟଶକ୍ତି ହାତଟେକି ମୋତେ ଅଭୟ, ଆଶ୍ୱାସନ ଓ ଅଗ୍ରଗତିର ଆଶୀର୍ବାଦ ପ୍ରଦାନ କରୁଥିବା ମୁଁ ଯଦାକଦା ଅନୁଭବ କରିଛି । ଏହି ଅତୀନ୍ଦ୍ରିୟ ଚେତନା ସମ୍ବନ୍ଧରେ ମୁଁ ଜମା ଅନୁସନ୍ଧାନ କରିନି । ତା'ର ଆବଶ୍ୟକତା ବି ନ ଥିଲା । କାରଣ ଜ୍ଞାନ, ଆଚରଣ ଓ ସାମର୍ଥ୍ୟ ଦୃଷ୍ଟିରୁ ମୁଁ ସବା ଶେଷ ପଂକ୍ତିର ଜଣେ ଅବୋଧ ଶିଶୁ ବୋଲି ମୁଁ ଭଲ କରି ଜାଣିଥିଲି । ଦୀର୍ଘ ଛଅବର୍ଷ ପରେ ଏହି ହିମାଳୟ ସଦୃଶ ତପଃ ସାଧନା ସଂପନ୍ନ ହେଲା । ଅନେକ ଗୁଡ଼ିଏ ଜୈନ ପାରିଭାଷିକ ଶବ୍ଦମାନଙ୍କ ଯଥାବତ୍ ସ୍ଥାପନ ମୋ ଅନୁବାଦ ଅସାମର୍ଥ୍ୟର ସ୍ୱୀକୃତି ମାତ୍ର । ମହାଗ୍ରନ୍ଥର ଉତ୍କଳୀକରଣ ଉତ୍କୃଷ୍ଟ ତପ ମହାଭାଗ୍ୟମ୍ । ଜୀବନର ଉଦ୍ଦେଶ୍ୟ ଅଧିକାଂଶତଃ ସାର୍ଥକ ହେଲା ଭାବି ଗଭୀର ଆତ୍ମତୋଷ ଲଭିଲି । ତେବେ ଏହି ତୃପ୍ତି ଯେ ସାମୟିକ ଏହା ମୁଁ ଭଲଭାବେ ଜାଣେ । କାରଣ ଏହି କ୍ଷୁଧା ହିଁ ବିକାଶର ମାର୍ଗକୁ ଚିର ଉନ୍ମୋଚିତ କରି ରଖିଥାଏ ।

ଗ୍ରନ୍ଥର ମୁଦ୍ରଣ ସକାଶେ ଅନ୍ତରଙ୍ଗ ବନ୍ଧୁ ସୁସାହିତ୍ୟିକ ଶଶିଭୂଷଣ ରଥ (ସାହିତ୍ୟ ଜଗତ୍‌ର ଉଜ୍ଜ୍ୱଳ ଜ୍ୟୋତିଷ୍କ, ବିପୁଳ ଶ୍ରଦ୍ଧା, ଅତୀନ୍ଦ୍ରିୟ ଜ୍ଞାନ ଓ ନିରବଦ୍ୟ ଆଚରଣର ଆଦର୍ଶ ପୁରୁଷ ପ୍ର. ଚନ୍ଦ୍ରଶେଖର ରଥଙ୍କ ଆତ୍ମଜ)ଙ୍କ ଅକୁଣ୍ଠ, ଶ୍ରମସାଧ୍ୟ ସହଯୋଗ ସକାଶେ ଧନ୍ୟବାଦ, କୃତଜ୍ଞ ଆଦି ଶବ୍ଦ ଲଘୁ ପ୍ରତୀତ ହେଉଛି ।

ଏହି ମହାଗ୍ରନ୍ଥର ଲେଆଉଟ୍ ଓ ଅନ୍ୟାନ୍ୟ କାର୍ଯ୍ୟରେ ଆନ୍ତରିକ ସହଯୋଗ ପାଇଁ ଶ୍ରଦ୍ଧେୟ ଅଶୋକ ପରିଡ଼ାଙ୍କ ଉଜ୍ଜ୍ୱଳ ଭବିଷ୍ୟ କାମନା କରୁଛି ।

ଆମ ଜୀବନ-ଗଗନର କୁନି ତାରକାଗଣ ଆସ୍ଥା, ହର୍ଷବର୍ଦ୍ଧନ, ଅର୍ପିତା, ଆସନା, ଋଜୁଳ, ସୁବ୍ରତ, ଆଦ୍ୟା, ଅନୁଷ୍କା ଏବଂ ସିଦ୍ଧାର୍ଥଙ୍କ ଉଜ୍ଜ୍ୱଳ, କୋମଳ ଆଲୋକ ମୋ ସାହିତ୍ୟ ଯାତ୍ରାପଥକୁ ଶୀତଳ ଜ୍ୟୋସ୍ନାରେ ଭରିଦେଇଛି ।

ସର୍ବଜନପୂଜ୍ୟ ଭଗବାନ ଜଗନ୍ନାଥଙ୍କ ପବିତ୍ର ମାଟିରେ, ପ୍ରବଳ ପରାକ୍ରମୀ ସମ୍ରାଟ ଖାରବେଳଙ୍କ କର୍ମଭୂମି ଏହି ଐତିହାସିକ କଳିଙ୍ଗ ଜିନ କ୍ଷେତ୍ରରେ ଭଗବାନ ମହାବୀରଙ୍କ ଅହିଂସା, ଅପରିଗ୍ରହ ଓ ଅନେକାନ୍ତର ତ୍ରିବେଣୀ ପ୍ରତ୍ୟେକ ମାନବ ହୃଦୟରେ ପ୍ରବାହିତ ହେଉ । ଆମ ମଧ୍ୟରେ କ୍ଷମା, ମୈତ୍ରୀ ଓ କରୁଣା ଭାବ ବିକଶିତ ହେଲେ ମୋ ତପଃ ସାଧନାରେ ନିୟୋଜିତ ସେହି ମହାର୍ଘ ମୁହୂର୍ତ୍ତ ସାର୍ଥକ ହୋଇଯାଇଛି ଭାବି ବଞ୍ଚିଥିବା ପର୍ଯ୍ୟନ୍ତ ଆତ୍ମିକ ସୁଖ ଓ ଶାନ୍ତି ଲାଭ କରିବି ।

- ତୁଳସୀ ଜୈନ

Address: Tulsi Jain, At/P.O.- Tusra, Dist: Bolangir, Odisha, India
Email: tulsijain4@gmail.com, Cell: 7978082766, 9437039096

ବିଷୟ ବୀଥି

ପ୍ରଥମ ଖଣ୍ଡ : ପରମ୍ପରା ଓ କାଳଚକ୍ର **୨୩**

୧. ଭଗବାନ ଋଷଭଙ୍କ ଠାରୁ ପାର୍ଶ୍ୱ ପର୍ଯ୍ୟନ୍ତ ୨୫
୨. ଭଗବାନ ମହାବୀର ୪୦
୩. ଭଗବାନ ମହାବୀରଙ୍କ ଉତ୍ତରକାଳୀନ ପରମ୍ପରା ୭୩
୪. ଜୈନ ସାହିତ୍ୟ ୮୪
୫. ଜୈନ ସଂସ୍କୃତି ୧୦୨
୬. ଚିନ୍ତନ-ବିକାଶରେ ଜୈନ ଆଚାର୍ଯ୍ୟମାନଙ୍କ ଯୋଗଦାନ ୧୧୩

ଦ୍ୱିତୀୟ ଖଣ୍ଡ : ତତ୍ତ୍ୱ ମୀମାଂସା(୧) **୧୩୩**

୧. ଦର୍ଶନ ୧୩୫
୨. ବିଶ୍ୱ ଦର୍ଶନ ୧୫୧
୩. ଲୋକବାଦ ୧୬୬
୪. ସୃଷ୍ଟିବାଦର ନୂତନ ପରିଭାଷା ୧୯୨
୫. ବିଶ୍ୱ: ବିକାଶ ଓ ହ୍ରାସ ୨୦୬
୬. ଜୀବନ ନିର୍ମାଣ ୨୨୧

ତୃତୀୟ ଖଣ୍ଡ : ତତ୍ତ୍ୱ ମୀମାଂସା (୨) **୨୩୧**

୭. ଆତ୍ମବାଦ ୨୩୩
୮. କର୍ମବାଦ ୨୬୫

ଚତୁର୍ଥ ଖଣ୍ଡ : ତତ୍ତ୍ୱ ମୀମାଂସା (୩) **୨୮୯**

୯. ସ୍ୟାଦବାଦ ୨୯୧
୧୦ ଅନେକାନ୍ତବାଦ ୩୧୨
୧୧. ନୟବାଦ ୩୩୧
୧୨. ଜୈନ ଦର୍ଶନ ଓ ବୌଦ୍ଧ ୩୬୫
୧୩. ଜୈନ ଦର୍ଶନ ଓ ବେଦାନ୍ତ ୩୭୨

পଞ୍ଚମ ଖଣ୍ଡ : ଆଚାର ମୀମାଂସା ୩୭୯
  ୧. ସାଧନା ପଥ ୩୮୧
  ୨. ମୋକ୍ଷର ସାଧକ-ବାଧକ ତତ୍ତ୍ୱ ୩୯୪
  ୩. ଶ୍ରମଣ ସଂସ୍କୃତି ଓ ଶ୍ରାମଣ୍ୟ ୪୨୦
  ୪. ଜାତିବାଦ ୪୩୦
  ୫. ସାମ୍ପ୍ରତିକ ସମସ୍ୟା ସନ୍ଦର୍ଭରେ ଜୈନ ଦର୍ଶନ ୪୪୦

ଷଷ୍ଠ ଖଣ୍ଡ : ଜ୍ଞାନ ମୀମାଂସା ୪୪୯
  ୧. ଜ୍ଞାନ ମୀମାଂସା ୪୫୧
  ୨. ମନୋବିଜ୍ଞାନ ୪୯୧

ସପ୍ତମ ଖଣ୍ଡ : ପ୍ରମାଣ ମୀମାଂସା ୫୦୯
  ୧. ଜୈନ ନ୍ୟାୟ ୫୧୧
  ୨. ପ୍ରମାଣ ମୀମାଂସା ୫୨୫
  ୩. ପ୍ରତ୍ୟକ୍ଷ ପ୍ରମାଣ ୫୩୮
  ୪. ପରୋକ୍ଷ ପ୍ରମାଣ ୫୪୭
  ୫. ଆଗମ ପ୍ରମାଣ ୫୫୭
  ୬. ନିକ୍ଷେପ ୫୬୯
  ୭. ଲକ୍ଷଣ ୫୭୪
  ୮. କାର୍ଯ୍ୟକାରଣବାଦ ୫୭୬

ପରିଶିଷ୍ଟ: ୫୮୧
  ୧. ପଟ୍ଟାବଳି ୫୮୨
  ୨. ସାହିତ୍ୟ ୫୮୫
  ୩. କର୍ମ ୫୮୯
  ୪. ପ୍ରଯୁକ୍ତ ଗ୍ରନ୍ଥସୂଚୀ ୭୦୦

ଆଚାର୍ଯ୍ୟ ମହାପ୍ରଜ୍ଞଙ୍କ ଜୀବନଦର୍ଶନ ୭୦୪
ମହାପ୍ରଜ୍ଞ ବାଙ୍ମୟ ୭୦୮
ତୁଲସୀ ଜୈନ ୭୧୩

ଜୈନ ଦର୍ଶନ : ମନନ ଓ ମୀମାଂସା

ପ୍ରଥମ ଖଣ୍ଡ
ପରମ୍ପରା ଓ କାଳଚକ୍ର

॥ ୧ ॥

ଭଗବାନ ଋଷଭଙ୍କଠାରୁ ପାର୍ଶ୍ୱ ପର୍ଯ୍ୟନ୍ତ

ଶାଶ୍ୱତ ପ୍ରଶ୍ନ ଓ ଜୈନଦର୍ଶନ

ଆମେ ରହୁଥିବା ଜଗତଟି କ'ଣ ? ଏହା କେଉଁଠାରେ ଅବସ୍ଥିତ ? ଏହାର ଅସ୍ତିତ୍ୱର କାଳାବଧି କେତେ ? ଏହା ଏକରୂପୀ ଅଥବା ବହୁରୂପୀ ? ଏହି ରଚନାଟି କାହାର ? ଏହି ପ୍ରଶ୍ନଗୁଡ଼ିକ ଅନାଦିକାଳରୁ ମଣିଷ ମନକୁ ଆଲୋଡ଼ିତ କରିଆସିଛି । ମଣିଷ ଏମାନଙ୍କର ଉତ୍ତର ଖୋଜିବାକୁ ଯାଇ ଦର୍ଶନ-ବେଦୀ ପର୍ଯ୍ୟନ୍ତ ପହଞ୍ଚିଯାଇଛି ।

ଦେଖିବା ପଦ୍ଧତିକୁ ଦର୍ଶନ କୁହାଯାଏ । ବସ୍ତୁକୁ ଦେଖିବାର ଅନେକ ସାଧନ ରହିଛି । ପ୍ରଥମ ସାଧନ ହେଉଛି - ପ୍ରତ୍ୟକ୍ଷୀକରଣ ଏବଂ ଦ୍ୱିତୀୟଟି ହେଉଛି - ହେତୁବାଦ ।

ଧ୍ୟାନ-ସିଦ୍ଧ ମନୁଷ୍ୟ, ବିଶ୍ୱକୁ ଅନ୍ତର୍ଦୃଷ୍ଟି ଦ୍ୱାରା ଦେଖିଥାଏ । ବୌଦ୍ଧିକ ଲୋକ ତର୍କର ସାହାଯ୍ୟ ନେଇଥାଏ । ଅନ୍ତର୍ଦୃଷ୍ଟି ହେଉଛି ବୈୟକ୍ତିକ ସାଧନା-ଫଳିତ ଜ୍ଞାନ, ତେଣୁ ତା'ର ଶିକ୍ଷଣ-ପ୍ରଶିକ୍ଷଣ ସକାଶେ ସମୁଚିତ ପ୍ରକ୍ରିୟା ନିର୍ଦ୍ଧାରିତ ହୋଇପାରିନାହିଁ । ତର୍କ ହେଉଛି ମଣିଷର ଇନ୍ଦ୍ରିୟ ଜନ୍ୟ-ଅନୁଭୂତି ଲବ୍ଧ ଜ୍ଞାନ । ଏହା ସାମୂହିକ ବୋଧ ହୋଇଥିବାରୁ ଏହାର ଏକ ଅଧ୍ୟୟନ ପ୍ରକ୍ରିୟା ରହିଛି ।

ଅନ୍ତର୍ଦୃଷ୍ଟି ଦ୍ୱାରା ଦୃଶ୍ୟମାନ ତତ୍ତ୍ୱଗୁଡ଼ିକର ପ୍ରତିପାଦନ କରୁଥିବା ଶାସ୍ତ୍ର ହିଁ ହେଉଛି ଦର୍ଶନଶାସ୍ତ୍ର ।

ତାର୍କିକ-ଜ୍ଞାନ-ଉପଲବ୍ଧ ତତ୍ତ୍ୱ ଏବଂ ତାର୍କିକ-ପ୍ରକ୍ରିୟା-ପ୍ରତିପାଦକ ଶାସ୍ତ୍ରକୁ ତର୍କଶାସ୍ତ୍ର କୁହାଯାଏ ।

ସମ୍ପ୍ରତି ଏହି ଦୁଇପ୍ରକାର ଶାସ୍ତ୍ର ଏକାତ୍ମକ ହୋଇପଡ଼ିଛନ୍ତି । ତେଣୁ ଦର୍ଶନଶାସ୍ତ୍ର ଶବ୍ଦ ଉଭୟ କ୍ଷେତ୍ରରେ ପ୍ରଯୁଜ୍ୟ ହେଉଛି ।

ଭଗବାନ ମହାବୀର ଅନ୍ତର୍ଦ୍ରଷ୍ଟା ଥିଲେ । ତାଙ୍କର ଉତ୍ତରବର୍ତ୍ତୀ ଆଚାର୍ଯ୍ୟମାନେ ତାର୍କିକ-ପ୍ରତିଭା-ସମ୍ପନ୍ନ ଥିଲେ । ବର୍ତ୍ତମାନର ଜୈନ ଦର୍ଶନ, ଅନ୍ତର୍ଦୃଷ୍ଟି ଏବଂ ତର୍କ ନିରୂପଣର ସମ୍ମିଳିତ ପ୍ରତିଫଳନ କରୁଛି ।

ଜୈନ ଦର୍ଶନ ଏହି ଶାଶ୍ୱତ ପ୍ରଶ୍ନଗୁଡ଼ିକର ଯଥାର୍ଥ ଉତ୍ତର ଦେଇପାରିଛି :

୧. ଏହି ଜଗତ ଚେତନ ଏବଂ ଅଚେତନ ଦ୍ରବ୍ୟର ସମବାୟ ଅଟେ ।

୨. ଏହା ହେଉଛି ଅନନ୍ତ ଆକାଶ-ମଧ୍ୟବର୍ତ୍ତୀ ଏକ ଆକାଶୀୟଖଣ୍ଡ । ସମଗ୍ର ଆକାଶ ତୁଳନାରେ ଏହା ଏକ ବିନ୍ଦୁ ସଦୃଶ ।

୩. ଏହି ଜଗତ ହେଉଛି ଶାଶ୍ୱତ । ଏହାର ଆଦି-ବିନ୍ଦୁ ନାହିଁ ।

୪. ଏହା ପରିବର୍ତ୍ତନଶୀଳ - ପ୍ରତିଦିନ ନୂଆ-ନୂଆ ରୂପ ଧାରଣ କରୁଥାଏ ।

୫. ଏହି ଜଗତ ହେଉଛି - ଅନାଦି । ଏହା କୌଣସି ମହାଶକ୍ତିର କୃତି ନୁହେଁ ।

ତତ୍ତ୍ୱ-ମୀମାଂସା ପ୍ରସଙ୍ଗରେ ଏହି ପ୍ରଶ୍ନଗୁଡ଼ିକର ସବିସ୍ତାର ଚର୍ଚ୍ଚା କରାଯିବ। ଇତିହାସ ଖଣ୍ଡରେ କେବଳ ଏତିକି ଜାଣିବା ପର୍ଯ୍ୟାପ୍ତ ହେବ ଯେ ଆମର ଜଗତ ହେଉଛି ଶାଶ୍ୱତ ଓ ଅଶାଶ୍ୱତର ସମନ୍ୱୟ।

ଭଗବାନ ମହାବୀର ସ୍କନ୍ଦକ ସନ୍ୟାସୀଙ୍କୁ କହିଥିଲେ - ସ୍କନ୍ଦକ ! ଏହି ଜଗତର ଅସ୍ତିତ୍ୱ ରହି ନ ଥିବା କ୍ଷଣଟିଏ ଅତୀତରେ ନ ଥିଲା, ବର୍ତ୍ତମାନ ନାହିଁ ଏବଂ ଭବିଷ୍ୟତରେ ମଧ୍ୟ ସେପରି କ୍ଷଣ ରହିବ ନାହିଁ - ଏହା ନିଶ୍ଚିତ। ଅସ୍ତିତ୍ୱ ଦୃଷ୍ଟିରୁ ଏହା ହେଉଛି ଜଗତର ଶାଶ୍ୱତତାର ପ୍ରତିପାଦନ।

ଭଗବାନ ଜମାଲିଙ୍କୁ କହିଥିଲେ - 'ଜମାଲି ! ଏହି ଜଗତରେ କାଳଚକ୍ର ଗତିଶୀଳ ରହିଥାଏ। ଅବସର୍ପିଣୀ ଏବଂ ଉତ୍ସର୍ପିଣୀ କ୍ରମରେ କାଳ ବହିଚାଲିଛି। ଫଳସ୍ୱରୂପ ଜଗତର ଆଞ୍ଚଳିକ ସ୍ୱରୂପରେ ପରିବର୍ତ୍ତନ ଘଟିଥାଏ।' ପରିବର୍ତ୍ତନ ଦୃଷ୍ଟିରୁ ଏହା ହେଉଛି ଜଗତର ଅଶାଶ୍ୱତତାର ପ୍ରତିପାଦନ। ଐତିହାସିକ ଅଧ୍ୟୟନ ସକାଶେ ଜଗତର ଏହି ପରିବର୍ତ୍ତନଶୀଳ ରୂପ ହିଁ ସହାୟକ ହୋଇଥାଏ।

କାଳଚକ୍ର

କାଳଚକ୍ର ହେଉଛି ବୈଶ୍ୱିକ ହ୍ରାସ ଓ ବିକାଶ କ୍ରମର ପ୍ରତୀକ। କାଳଚକ୍ର ଯେତେବେଳେ ନିମ୍ନମୁଖୀ ହୁଏ, ଭୌଗୋଳିକ ପରିବେଶ ତଥା ମାନବୀୟ ସଭ୍ୟତା ଓ ସଂସ୍କୃତିରେ ହ୍ରାସ ଘଟେ। କାଳଚକ୍ର ଯେତେବେଳେ ଊର୍ଦ୍ଧ୍ୱମୁଖୀ ହୁଏ, ବିକାଶରେ ଅଭିବୃଦ୍ଧି ଘଟେ।

କାଳର ଏହି ହ୍ରାସୋନ୍ମୁଖୀ ଗତିକୁ ଅବସର୍ପିଣୀ ଏବଂ ବିକାଶୋନ୍ମୁଖୀ ଗତିକୁ ଉତ୍ସର୍ପିଣୀ କୁହାଯାଏ।

ଅବସର୍ପିଣୀ କାଳରେ ବର୍ଣ୍ଣ, ଗନ୍ଧ, ରସ, ସ୍ପର୍ଶ, ସଂହନନ, ସଂସ୍ଥାନ, ଆୟୁଷ, ଶରୀର, ସୁଖ ଆଦି ପର୍ଯ୍ୟାୟରେ କ୍ରମଶଃ ଅବନତି ଦେଖାଦିଏ।

ଅବସର୍ପିଣୀ କାଳଖଣ୍ଡରେ ଉକ୍ତ ପର୍ଯ୍ୟାୟଗୁଡ଼ିକରେ କ୍ରମଶଃ ଉନ୍ନତି ଦେଖାଦିଏ।

ଏହି ଅବନତି ଏବଂ ଉନ୍ନତି ସାମୂହିକ ସ୍ତରରେ ଘଟିଥାଏ, ବୈୟକ୍ତିକ ସ୍ତରରେ ନୁହେଁ।

ଅବସର୍ପିଣୀର ଚରମସୀମାରୁ ଉତ୍ସର୍ପିଣୀର ପ୍ରାରମ୍ଭ ଏବଂ ଉତ୍ସର୍ପିଣୀର ଅନ୍ତ ଅର୍ଥାତ୍ ଅବସର୍ପିଣୀର ଜନ୍ମ ହୋଇଥାଏ।

ଅବସର୍ପିଣୀର ଛଅ ପର୍ବ ହେଉଛି –

୧. ସୁଷମ-ସୁଷମା ୨. ସୁଷମା ୩. ସୁଷମ-ଦୁଃଷମା
୪. ଦୁଃଷମ-ସୁଷମା ୫. ଦୁଃଷମା ୬. ଦୁଃଷମ-ଦୁଃଷମା

ଉତ୍ସର୍ପିଣୀର ଛଅପର୍ବ ନିମ୍ନ ବ୍ୟତିକ୍ରମଯୁକ୍ତ ହୋଇଥାଏ –

୧. ଦୁଃଷମ-ଦୁଷମା ୨. ଦୁଃଷମା ୩. ଦୁଃଷମ-ସୁଷମା
୪. ସୁଷମ-ଦୁଃଷମା ୫. ସୁଷମା ୬. ସୁଷମ-ସୁଷମା

୧. ସୁଷମ-ସୁଷମା

ସମ୍ପ୍ରତି ଆମେ ଅବସର୍ପିଣୀର ପଞ୍ଚମ ପର୍ବ-ଦୁଃଷମା ମଧ୍ୟଦେଇ ଗତିକରୁଛେ। ଏହି ଯୁଗର ଜୀବନ-କ୍ରମ ସୁଷମ-ସୁଷମାରୁ ଆରମ୍ଭ ହୋଇଛି। ସେତେବେଳେ ବସୁନ୍ଧରା ସ୍ନିଗ୍ଧ ଥିଲା। ବର୍ଣ୍ଣ, ଗନ୍ଧ, ରସ ଏବଂ ସ୍ପର୍ଶ ଥିଲେ ଅତ୍ୟନ୍ତ ମନୋଜ୍ଞ। ଆଜି ଚିନିର ମଧୁରତାଠାରୁ ଅନନ୍ତ ଗୁଣ ଅଧିକ ମଧୁରତା ସେ ବେଳର ମାଟିରେ ରହିଥାଏ। କର୍ମ ଭୂମି ପ୍ରସ୍ତୁତ ହୋଇସାରିଥାଏ, ଅଥଚ କର୍ମଯୁଗର ପ୍ରବର୍ତ୍ତନ ହୋଇ ନ ଥାଏ। ପଦାର୍ଥଗୁଡ଼ିକ ଅତି ସ୍ନିଗ୍ଧ। ସେହିଯୁଗର ମଣିଷମାନେ ତିନିଦିନ ଅନ୍ତରାଳରେ ଥରେ କେବଳ ହରଡ ଡାଲି ପରିମାଣର ବନସ୍ପତି ଖାଉଥିଲେ ଏବଂ ତୃପ୍ତ

ହୋଇଯାଉଥିଲେ। ଖାଦ୍ୟପଦାର୍ଥରେ ଅପ୍ରାକୃତିକତା ବୋଲି କିଛି ନ ଥାଏ। ଅଳ୍ପ ବିକାରଯୁକ୍ତ ପ୍ରଲମ୍ବ ଜୀବନ। ତିନିପଲ୍ୟର ଆୟୁ। ଅକାଳ ମୃତ୍ୟୁ ନ ଥିଲା। ବାତାବରଣ ଅତ୍ୟନ୍ତ ଅନୁକୂଳ। ଶରୀର ତିନି ଗାଇ ପ୍ରମାଣ ଉଚ୍ଚ। ସ୍ୱଭାବରୁ ଶାନ୍ତ ଓ ସନ୍ତୁଷ୍ଟ। ଚାରି କୋଟି-କୋଟିର ଏକାନ୍ତ ସୁଖମୟ ପର୍ବ ବିତିଯାଇଛି।

୨. ସୁଷମା

ତିନି କୋଟି-କୋଟି ସାଗରର ଦ୍ୱିତୀୟ ସୁଖମୟ ପର୍ବ ଆରମ୍ଭ ହେଲା। ଦୁଇଦିନ ଅନ୍ତରାଳରେ ଥରେ ଭୋଜନ ଗ୍ରହଣ କରାଗଲା। ତା'ର ପରିମାଣ ବରକୋଳିର ଆକାର ସଦୃଶ। ଜୀବନକାଳ ଦୁଇପଲ୍ୟର ଏବଂ ଶରୀରର ଉଚ୍ଚତା ଦୁଇଟି ଗାଇ ଯେତେ ରହିଗଲା। ଭୂମି ଏବଂ ପଦାର୍ଥରେ ସ୍ନିଗ୍ଧତାର ଅଭାବ ହେଉଛି ଏହି କମିର କାରଣ।

୩. ସୁଷମ-ଦୁଃଷମା

କାଳ ଆଉ ଟିକିଏ ଆଗକୁ ବଢ଼ିଲା। ସୁଖ-ଦୁଃଖମୟ ଏହି ତୃତୀୟ ପର୍ବରେ ଆହୁରି ହ୍ରାସ ପାଇଲା। ଗୋଟିଏ ଦିନର ଅନ୍ତରାଳରେ ଭୋଜନ କରିବା ଜରୁରୀ ହୋଇପଡ଼ିଲା । ତା'ର ମାତ୍ରା ଅଁଳା ଆକାରର। ଜୀବନର କାଳମାନ ଏକପଲ୍ୟର ଏବଂ ଶରୀରର ଉଚ୍ଚତା ଗୋଟିଏ ଗାଇ ପ୍ରମାଣର ରହିଗଲା। ଏହି ଯୁଗର କାଳ-ମର୍ଯ୍ୟାଦା ଦୁଇ କୋଟି-କୋଟି ସାଗର ପରିମାଣଯୁକ୍ତ। ଯୁଗର ସମାପ୍ତି ବେଳକୁ ସ୍ନିଗ୍ଧତାରେ ଭାରି ହ୍ରାସ ଘଟିଲା। ସହଜ ସ୍ୱାଭାବିକ ନିୟମ ଓ ନିୟନ୍ତ୍ରଣ ଭାଙ୍ଗି ଚୂର୍ଣ୍ଣ ହେବାକୁ ଲାଗିଲେ। ଫଳରେ କୃତ୍ରିମ ବ୍ୟବସ୍ଥାର ପ୍ରଣୟନ ହେଲା। ଏହି ସମୟରେ କୁଳକର ବ୍ୟବସ୍ଥାର ହୋଇଥାଏ ଜନ୍ମ।

ଏହା ହେଉଛି କର୍ମଯୁଗର ଶୈଶବର କଥା। ସମାଜ-ସଂଗଠନର ଜନ୍ମ ହୋଇ ନ ଥାଏ। ଯୌଗଳିକ ବ୍ୟବସ୍ଥା ପ୍ରଚଳିତ ଥାଏ। ଗୋଟିଏ ଯୁଗଳ ହିଁ ସବୁକିଛି ଗଣ୍ୟ ହେଉଥାନ୍ତି। କୁଳ, ବର୍ଗ, ଜାତି ବୋଲି କିଛି ବି ନ ଥିଲା। ସମାଜ ଓ ରାଜ୍ୟର କଥା ତ ବହୁ ଦୂରରେ। ଜନସଂଖ୍ୟା ସ୍ୱଳ୍ପ। ମା' ବାପାଙ୍କ ମୃତ୍ୟୁର ଛଅମାସ ଆଗରୁ ଗୋଟିଏ ଯୁଗଳ ଜନ୍ମ ନେଉଥିଲା, ଯାହା ପରେ ପତି-ପତ୍ନୀରେ ପରିଣତ ହେଉଥିଲେ। ବିବାହସଂସ୍ଥାର ସୃଜନ ହୋଇ ନ ଥାଏ। ଜୀବନର ଆବଶ୍ୟକତା ବହୁଳାଂଶରେ ସୀମିତ। କୃଷି, ବସ୍ତ୍ର, ବାସଗୃହ ଆଦି ତିଆରି ହେଉନଥାଏ। ଭୋଜନ, ବସ୍ତ୍ର ଏବଂ ଆବାସର ସାଧନ ଥିଲା କଳ୍ପବୃକ୍ଷ। ଶୃଙ୍ଗାର ଓ ଆମୋଦପ୍ରମୋଦ, ବିଦ୍ୟା, କଳା, ବିଜ୍ଞାନ, ବାଣିଜ୍ୟ ଆଦିର କେହି ନାମ ମଧ୍ୟ ଜାଣି ନ ଥିଲେ। ନା ବାହନ, ନା ଯାତ୍ରୀ, ଗାଆଁବସତି ସେତେବେଳ ପର୍ଯ୍ୟନ୍ତ ବସି ନ ଥାଏ। ନା କେହି ସ୍ୱାମୀ, ନା ସେବକ, ଶାସନ ଓ ଶାସିତ ବୋଲି କିଛି ନ ଥାଏ। ଶୋଷକ ଓ ଶୋଷିତ ଗୋଷ୍ଠୀ ସୃଷ୍ଟି ହୋଇ ନ ଥାଏ। ପତି-ପତ୍ନୀ ଅଥବା ଜନ୍ୟ-ଜନକ ବ୍ୟତୀତ ସମ୍ବନ୍ଧର ଅନ୍ୟ କୌଣସି ରୂପ ବିକଶିତ ହୋଇ ନ ଥାଏ।

ଧର୍ମ ଏବଂ ତା'ର ପ୍ରଚାରକ କେହି ନ ଥିଲେ। ସେ ସମୟର ଲୋକମାନେ ଏକ ସହଜ ପ୍ରାକୃତିକ ଧର୍ମର ଅଧିକାରୀ ଏବଂ ଶାନ୍ତ-ସ୍ୱଭାବଯୁକ୍ତ ଥିଲେ। ପରନିନ୍ଦା, ଆରୋପ ପ୍ରତ୍ୟାରୋପ ମନୋଭାବ ଜାତ ହୋଇ ନ ଥାଏ। ହୀନତା ଏବଂ ଉତ୍କର୍ଷର ଭାବନା ବି ଉତ୍ପନ୍ନ ହୋଇ ନ ଥାଏ। କଳହ ଏବଂ ଯୁଦ୍ଧ ଆଦିର ମାନସିକ ଗ୍ରନ୍ଥିର ନିର୍ମାଣ ହୋଇ ନ ଥାଏ। ଶସ୍ତ୍ର ଓ ଶାସ୍ତ୍ର ଉଭୟ କ୍ଷେତ୍ରରେ ସେତେବେଳର ଲୋକମାନେ ଅଜ୍ଞ ଥିଲେ।

ଅବ୍ରହ୍ମଚର୍ଯ୍ୟ ଥାଏ ସୀମା ମଧ୍ୟରେ। ପିତା-ମରା, ହତ୍ୟା ଆଦି କିଛି ବି ଘଟୁ ନ ଥାଏ। ଅସତ୍ୟ, ଚୋରି, ସଂଗ୍ରହ ଆଦି କେହି ଜାଣି ନ ଥାନ୍ତି। ସମସ୍ତେ ସ୍ୱାଭାବିକ ଆନନ୍ଦ ଓ ଶାନ୍ତିରେ ଲୀନ ଥିଲେ।

କାଳଚକ୍ରର ପ୍ରଥମଭାଗ (ଅର) ବିତିଗଲା। ଦ୍ୱିତୀୟ ଏବଂ ତୃତୀୟ ଅର ମଧ୍ୟ ବିତିଯିବା ଉପରେ।

ସହଜ ସମୃଦ୍ଧି କ୍ରମଶଃ ହ୍ରାସ ପାଇବାରେ ଲାଗିଲା। ଯେଉଁ ଭୂମିର ରସ ଚିନିଠାରୁ ଅନନ୍ତ ଗୁଣ ମିଠା ଥିଲା, ତାହା କମ୍ ହୋଇପଡ଼ିଲା। ମାଟିର ବର୍ଣ୍ଣ, ଗନ୍ଧ ଓ ସ୍ପର୍ଶର ବିଶେଷତ୍ୱ ମଧ୍ୟ ହ୍ରାସ ପାଇଲା।

ଯୁଗଳ ମଣିଷଙ୍କ ଶରୀର ପରିମାଣ କ୍ରମେ-କ୍ରମେ କମି ଚାଲିଲା। ତିନିଦିନ, ତା'ପରେ ଦୁଇଦିନ ଏବଂ ପରେ

ଏକଦିନ ଅନ୍ତରାଳରେ ଭୋଜନ କରିବାର ପରମ୍ପରା ସମାପ୍ତ ହେଲା। କଳ୍ପ-ବୃକ୍ଷଗୁଡ଼ିକର ଶକ୍ତି କ୍ଷୀଣତର ହେଲା।

ଏହାହେଉଛି ଯୌଗଳିକ ବ୍ୟବସ୍ଥାର ଅନ୍ତିମ ଦିନର କାହାଣୀ।

କୁଳକର ବ୍ୟବସ୍ଥା

ଅସଂଖ୍ୟ ବର୍ଷ ଉତ୍ତାରୁ ନୂତନ ଯୁଗର ଆରମ୍ଭ ହେଲା। ଯୌଗଳିକ ବ୍ୟବସ୍ଥା ଧୀରେ-ଧୀରେ ସମାପ୍ତ ହେବାରେ ଲାଗିଲା। ଅନ୍ୟ କୌଣସି ବ୍ୟବସ୍ଥା ସେତେବେଳକୁ ଜନ୍ମ ନେଇ ନ ଥାଏ। ସଂକ୍ରମଣକାଳ ଦେଇ ସବୁକିଛି ଗତି କରୁଥାଏ। ଆବଶ୍ୟକତା ମେଣ୍ଟାଇବାର ସଂସାଧନ ହ୍ରାସ ହେବା ସହିତ ଜନସଂଖ୍ୟା ଏବଂ ଜୀବନର ଆବଶ୍ୟକତା କିଛି ପରିମାଣରେ ବୃଦ୍ଧି ପାଇଲା। ଏହି ସ୍ଥିତିରେ ପାରସ୍ପରିକ ସଂଘର୍ଷ ଏବଂ ଲୁଟପାଟ, ବଳପ୍ରୟୋଗ ଆଦି ଆରମ୍ଭ ହେଲା। ପରିସ୍ଥିତିର ବାଧ୍ୟବାଧକତାରେ କ୍ଷମା, ଶାନ୍ତି, ସୌମ୍ୟତା ଆଦି ସହଜ ଗୁଣମାନଙ୍କରେ ପରିବର୍ତ୍ତନ ଦେଖାଦେଲା। ଅପରାଧ ମନୋବୃତ୍ତିର ବୀଜ ଅଙ୍କୁରିତ ହେବାକୁ ଲାଗିଲା। ଅପରାଧ ଆଉ ଅବ୍ୟବସ୍ଥାର ତାଡ଼ନାରେ ଏକ ନୂତନ ବ୍ୟବସ୍ଥା ସୃଷ୍ଟି କରିବା ଜରୁରୀ ହୋଇପଡ଼ିଲା। ପରିଣାମସ୍ୱରୂପ 'କୁଳ' ବ୍ୟବସ୍ଥାର ବିକାଶ ହେଲା। ଲୋକେ 'କୁଳ' ଗଠନ କରି ବସବାସ କରିଲେ। ସେହି କୁଳମାନଙ୍କ ଜଣେ ମୁଖିଆ ଥାଏ, ଯାହାଙ୍କୁ 'କୁଳକର' କୁହାଯାଇଥାଏ। ତାହାଙ୍କୁ ଦଣ୍ଡ ଦେବାର ଅଧିକାର ପ୍ରାପ୍ତ ଥାଏ। ସେ ସମସ୍ତ କୁଳର ସମୁଚିତ ବ୍ୟବସ୍ଥା କରିବା ସହିତ ସେମାନଙ୍କ ସୁଖ-ସୁବିଧା ପ୍ରତି ଦୃଷ୍ଟି ରଖୁଥାନ୍ତି ଏବଂ ଲୁଟପାଟ ଆଦି ଉପରେ ନିୟନ୍ତ୍ରଣ ରଖୁଥାନ୍ତି। ଏହାଥିଲା ପ୍ରଶାସନର ଆଦି-ରୂପ।

ମଣିଷ ପ୍ରକୃତି ସମ୍ପୂର୍ଣ୍ଣ ଭଲ କିମ୍ବା ସମ୍ପୂର୍ଣ୍ଣ ଖରାପ ନ ହୋଇ ଭଲ ଓ ମନ୍ଦର ମିଶ୍ର ରୂପରେ ରହିଥାଏ। ତା'ମଧ୍ୟରେ ଉଭୟ ଭଲ ଓ ମନ୍ଦ ବୀଜ ଛପିରହିଥାଏ। ପରିସ୍ଥିତିର ଯୋଗ ପାଇ ସେମାନେ ଅଙ୍କୁରିତ ହୁଅନ୍ତି। ଦେଶ, କାଳ, ପୁରୁଷାର୍ଥ, କର୍ମ ଓ ନିୟତି ଯୋଗର ସହଅସ୍ତିତ୍ୱର ନାମ ହିଁ ପରିସ୍ଥିତି। ପରିସ୍ଥିତି ହିଁ ବ୍ୟକ୍ତିର ସ୍ୱାଭାବିକ ବୃତ୍ତିଗୁଡ଼ିକର ଉତ୍ତେଜନାର ହେତୁ ସାଜିଥାଏ। ପରିସ୍ଥିତି-ପ୍ରଭାବିତ ମଣିଷ ହିଁ ଭଲ କିମ୍ବା ମନ୍ଦରେ ପରିଣତ ହୋଇଥାଏ।

ଜୀବନର ଆବଶ୍ୟକତା ଥିଲା ସୀମିତ। ଆବଶ୍ୟକତା-ପୂର୍ତ୍ତିର ସାଧନର ଜମା ଅଭାବ ନ ଥାଏ। ସେତେବେଳେ ମଣିଷ ମନରେ ସଂଗ୍ରହ କରିବାର ଏବଂ ଅନ୍ୟ ଲୋକର ବସ୍ତୁକୁ ଅନଧିକୃତ ରୂପରେ ନିଜ ଅଧୀନକୁ ଆଣିବାର ଚିନ୍ତା କାହାରି ମନରେ ପଶି ନ ଥାଏ। ଅଭ୍ୟନ୍ତରରେ ବୀଜ ରହିଥାଏ, କିନ୍ତୁ ଗଜା ହେବାର ସୁଯୋଗ ପାଉ ନ ଥାଏ। ଜୀବନର ଆବଶ୍ୟକତା ବଢ଼ିବାକୁ ଲାଗିଲା ଏବଂ ଆବଶ୍ୟକତା ପୂର୍ତ୍ତିର ସାଧନ କମିବାରେ ଲାଗିଲା। ଫଳରେ ଲୋକମାନଙ୍କ ମଧ୍ୟରେ ସଂଗ୍ରହ ଏବଂ ଅପହରଣ ଆଦି ଭାବନା ଜାତ ହେଲା। ଲୋକେ ଆତ୍ମାନୁଶାସିତ ଥିବା ପର୍ଯ୍ୟନ୍ତ ବାହ୍ୟ ଅନୁଶାସନର ଚିହ୍ନବର୍ଣ୍ଣ ମଧ୍ୟ ନ ଥିଲା। ଆତ୍ମାନୁଶାସନ ଶିଥିଳ ହେବାରୁ ବାହ୍ୟଶାସନ ବୃଦ୍ଧି ପାଇଲା। ଏହା କାର୍ଯ୍ୟ-କାରଣବାଦ କିମ୍ବା ଗୋଟିକର ଅପସାରଣ ଫଳରେ ଅନ୍ୟଟିକର ବିକଶିତ ହେବାର କାହାଣୀ ଅଟେ।

ସାତଜଣ କୁଳକର ହୋଇଯାଇଛନ୍ତି। ସେମାନଙ୍କ ନାମ ହେଉଛି (୧) ବିମଳବାହନ (୨) ଚକ୍ଷୁଷ୍ମାନ (୩) ଯଶସ୍ୱୀ (୪) ଅଭିଚନ୍ଦ୍ର (୫) ପ୍ରସେନଜିତ (୬) ମରୁଦେବ ଏବଂ (୭) ନାଭି।

ରାଜତନ୍ତ୍ର ଓ ଦଣ୍ଡନୀତି

କୁଳକର ବ୍ୟବସ୍ଥାରେ ତିନିପ୍ରକାର ଦଣ୍ଡନୀତିର ପ୍ରଚଳନ ଥିଲା। ପ୍ରଥମ କୁଳକର ବିମଳବାହନଙ୍କ ସମୟରେ 'ହାକାର' ନୀତିର ପ୍ରୟୋଗ ହୋଇଥାଏ। ସେତେବେଳେ ଲୋକମାନେ ସ୍ୱୟଂଶାସିତ ଏବଂ ଲଜ୍ଜାଶୀଳ ଥିଲେ। 'ହା! ତୁମେ କ'ଣ କଲ!' ଏହା ତତ୍କାଳୀନ ସମୟର ଗୁରୁତର ଦଣ୍ଡ ଥିଲା।

ଦ୍ୱିତୀୟ କୁଳକର ଚକ୍ଷୁଷ୍ମାନ୍‌ଙ୍କ ସମୟରେ ଏହି ନୀତି ଚାଲିଥିଲା। ତୃତୀୟ ଓ ଚତୁର୍ଥ କୁଳକର ଯଶସ୍ୱୀ ଓ ଅଭିଚନ୍ଦ୍ରଙ୍କ ସମୟରେ ଛୋଟ ଦୋଷ ପାଇଁ 'ହାକାର' ଏବଂ ବଡ଼ ଅପରାଧ ସକାଶେ 'ମାକାର' (ଏପରି କାମ କର ନାହିଁ) ନୀତିର ପ୍ରୟୋଗ କରାଯାଉଥିଲା।

ପଞ୍ଚମ, ଷଷ୍ଠ ଓ ସପ୍ତମ କୁଳକର ଅର୍ଥାତ୍ ପ୍ରସେନଜିତ, ମରୁଦେବ ଓ ନାଭିଙ୍କ ସମୟରେ 'ଧିକ୍କାର' ନୀତି ଆରମ୍ଭ ହେଲା । ଛୋଟ ଦୋଷ ପାଇଁ 'ହାକାର', ମଧ୍ୟମ ଅପରାଧ ପାଇଁ 'ମା କାର' ଏବଂ ବଡ଼ ଅପରାଧ ସକାଶେ 'ଧିକ୍କାର' ନୀତିର ପ୍ରୟୋଗ କରାଯାଉଥିଲା । ସେହି ସମୟରେ ମଣିଷମାନେ ଅତିମାତ୍ରାରେ ଋଜୁ, ମର୍ଯ୍ୟାଦା-ପ୍ରିୟ ଏବଂ ସ୍ୱୟଂଶାସିତ ଥିଲେ । ଖେଦ-ପ୍ରଦର୍ଶନ (ହାକାର), ନିଷେଧ (ମାକାର) ଏବଂ ତିରସ୍କାର (ଧିକ୍କାର) - ମୃତ୍ୟୁଦଣ୍ଡଠାରୁ ମଧ୍ୟ କଠୋର ପରିଗଣିତ ହେଉଥିଲା ।

ନାଭି କୁଳକରଙ୍କ ନେତୃତ୍ୱ ଚାଲୁଥାଏ । କଳ୍ପବୃକ୍ଷଠାରୁ ଯେଉଁ ପ୍ରକୃତିସିଦ୍ଧ ଭୋଜନ ଯୁଗଳମାନଙ୍କୁ ମିଳୁଥାଏ, ତାହା ଅପର୍ଯ୍ୟାପ୍ତ ହୋଇପଡ଼ିଲା । ଯେଉଁ ଯୁଗଳମାନେ ସାଧାରଣତଃ ଶାନ୍ତ ଓ ପ୍ରସନ୍ନ ରହୁଥିଲେ, ସେମାନଙ୍କଠାରେ କ୍ରୋଧ ଜାତ ହେବା ପ୍ରାରମ୍ଭ ହେଲା । ସେମାନେ ପରସ୍ପର ଲଢ଼େଇ ଝଗଡ଼ା କରିଚାଲିଲେ । 'ଧିକ୍କାର' ନୀତି କାମ ଦେଲାନାହିଁ, କିମ୍ବା ଲୋକେ ସେହି ନୀତିର ଅବଜ୍ଞା କରିଲେ । ଯୁଗଳମାନେ କ୍ରୋଧ-କଳହର ସ୍ଥିତି ସେମାନଙ୍କ ଜୀବନରେ ଦେଖିନଥିଲେ । ଏହି ନୂତନ ପରିସ୍ଥିତିରେ ସେମାନେ ଘାବରେଇ ପଡ଼ିଲେ । ସମସ୍ତେ ମିଳିତ ହୋଇ ନାଭି-ପୁତ୍ର ଋଷଭକୁମାରଙ୍କ ପାଖରେ ପହଞ୍ଚିଲେ । ମର୍ଯ୍ୟାଦା-ଉଲ୍ଲଂଘନ ଦ୍ୱାରା ଉତ୍ପନ୍ନ ସ୍ଥିତିର ବିବରଣୀ ପ୍ରଦାନ କରିଲେ । ଋଷଭ ସବୁକଥା ଶୁଣି କହିଲେ - ଏହି ସ୍ଥିତି ଉପରେ ନିୟନ୍ତ୍ରଣ ସ୍ଥାପନ କରିବାକୁ ହେଲେ ଜଣେ ରାଜା ଆବଶ୍ୟକ ।

ଯୁଗଳମାନେ ପଚାରିଲେ - କେଉଁମାନଙ୍କୁ ରାଜା କୁହାଯାଇଥାଏ ?

ଋଷଭ, ରାଜାଙ୍କ କର୍ତ୍ତବ୍ୟ ସମ୍ବନ୍ଧରେ ବର୍ଣ୍ଣନା କରିଲେ । ଶକ୍ତିର କେନ୍ଦ୍ରୀକରଣ ସମ୍ବନ୍ଧରେ ପରିକଳ୍ପନା ପ୍ରସ୍ତୁତ କଲେ । ଯୁଗଳମାନେ ଏକସ୍ୱରରେ କହିଉଠିଲେ - ଆମ ସମସ୍ତଙ୍କ ମଧ୍ୟରେ ଆପଣ ହେଉଛନ୍ତି ସର୍ବାଧିକ ସମର୍ଥ । ଆପଣ ଆମର ରାଜା ହୁଅନ୍ତୁ ।

ଋଷଭକୁମାର କହିଲେ - ଆପଣମାନେ ମୋ ବାପା ନାଭିଙ୍କ ପାଖକୁ ଯାଇ ତାଙ୍କଠାରୁ ଜଣେ ରାଜା ଦେବାପାଇଁ ନିବେଦନ କରନ୍ତୁ । ସେ ଆପଣମାନଙ୍କୁ ଜଣେ ରାଜା ପ୍ରଦାନ କରିବେ । ସେମାନେ ନାଭିଙ୍କ ନିକଟରେ ପହଞ୍ଚି ସମସ୍ତ ସ୍ଥିତି ସହିତ ଅବଗତ କରାଇଲେ । ନାଭି ସଙ୍ଗେ ସଙ୍ଗେ ଋଷଭଙ୍କୁ ସେମାନଙ୍କ ରାଜା ରୂପରେ ଘୋଷଣା କଲେ । ସମସ୍ତେ ପ୍ରସନ୍ନମନା ଫେରିଆସିଲେ ।

ଋଷଭଙ୍କ ରାଜ୍ୟାଭିଷେକ ହେଲା । ରାଜ୍ୟ-ସଞ୍ଚାଳନ ସକାଶେ ସେ ନଗର ପ୍ରତିଷ୍ଠା କଲେ । ସେହି ବିଶାଳ ନଗରୀର ନାଁ ଦେଲେ ବିନୀତା-ଅଯୋଧ୍ୟା । ଋଷଭ ପୃଥିବୀର ପ୍ରଥମ ରାଜା ହେଲେ । ଅବଶିଷ୍ଟ ଜନତା, ପ୍ରଜା ହେଲେ । ସେ ପ୍ରଜାଙ୍କୁ ଆପଣା ସନ୍ତାନ ଭଳି ପାଳନ-ପୋଷଣ କରିବାକୁ ଲାଗିଲେ । ଅନେକ ଗାଆଁ ଓ ନଗର ସ୍ଥାପିତ ହେଲା । ଲୋକେ ଅରଣ୍ୟ-ବାସ ଛାଡ଼ି ଗୃହ-ବାସୀ ହେଲେ । ଋଷଭଙ୍କ କ୍ରାନ୍ତିକାରୀ ଏବଂ ଜନ୍ମଜାତ ପ୍ରତିଭା ଦ୍ୱାରା ଲୋକମାନେ ନୂତନଯୁଗର ନିର୍ମାଣ ପଥରେ ଅଗ୍ରସର ହେଲେ । ରାଜ୍ୟର ସମୃଦ୍ଧି ସକାଶେ ଗାଈ, ଘୋଡ଼ା ଏବଂ ହାତୀମାନଙ୍କ ସଂଗ୍ରହ କରିଲେ । ଦୁଷ୍ଟ ଲୋକଙ୍କ ଉପରେ ଶାସନ ଏବଂ ସାଧୁଜନଙ୍କ ସୁରକ୍ଷା ପାଇଁ ନିଜ ମନ୍ତ୍ରିମଣ୍ଡଳ ଗଠନ କରିଲେ ।

ଚୋର, ଲୁଟତରାଜ ବନ୍ଦହୋଇ ନାଗରିକମାନେ ଯେପରି ବ୍ୟବସ୍ଥିତ ଜୀବନ ବିତାଇବେ ଏହାପାଇଁ ଆରକ୍ଷକ ଦଳ ଗଠନ କରିଲେ ।

ରାଜ୍ୟର ଶକ୍ତିକୁ ଅପରାଜେୟ ରଖିବା ପାଇଁ ଚତୁରଙ୍ଗ ସେନା ଏବଂ ଦକ୍ଷ ସେନାପତିମାନଙ୍କ ବ୍ୟବସ୍ଥା କରିଲେ ।

ସାମ, ଦାମ, ଭେଦ ଓ ଦଣ୍ଡ ନୀତିର ପ୍ରବର୍ତ୍ତନ କଲେ ।

ଋଷଭଙ୍କ ଦଣ୍ଡ ବ୍ୟବସ୍ଥାର ଚାରୋଟି ଅଂଗ ଥିଲା -

୧. ପରିଭାଷକ – କିଛି ସମୟ ପାଇଁ ଅଟକ ରଖିପାରିବାର ଅଧିକାର । କ୍ରୋଧି ହୋଇ 'ଏହିଠାରେ ବସିଥାଅ' ବୋଲି ଆଦେଶ ଦେଇପାରୁଥିଲେ ।

୨. ମଣ୍ଡଳିବନ୍ଧ – ନଜରବନ୍ଦ କରିପାରୁଥିବା ନିୟମିତ କ୍ଷେତ୍ର ଛାଡି ବାହାରକୁ ଯିବାପାଇଁ ମନା କରିପାରୁଥିଲେ ।

୩. **ବନ୍ଧ** – ବନ୍ଧନର ପ୍ରୟୋଗ କରୁଥିଲେ।

୪. **ଘାତ** – ଲାଠି ପ୍ରହାର କରୁଥିଲେ।*

ଔଷଧକୁ ଯେପରି ବ୍ୟାଧିର ପ୍ରତିକାର ରୂପରେ ବିବେଚନା କରାଯାଇଥାଏ, ସେପରି ଦଣ୍ଡକୁ ଅପରାଧର ପ୍ରତିକାର ରୂପରେ ଧରିନିଆଗଲା। ଏହି ନୀତିଗୁଡ଼ିକର ପ୍ରଚଳନ ଫଳରେ ରାଜତନ୍ତ୍ର ବେଶ୍ ପ୍ରତିଷ୍ଠିତ ହେବାକୁ ଲାଗିଲା। ଅଧିକାରୀଗଣ ଚାରିଭାଗରେ ବିଭକ୍ତ ହେଲେ। ଆରକ୍ଷକବର୍ଗର ସଦସ୍ୟ 'ଉଗ୍ର', ମନ୍ତ୍ରିପରିଷଦର ସଦସ୍ୟ 'ଭୋଜ', ପରାମର୍ଶଦାତା ପରିଷଦର ସଦସ୍ୟ ବା ପ୍ରାଦେଶିକ ପ୍ରତିନିଧିମାନେ 'ରାଜନ୍ୟ' ଏବଂ ଅବଶିଷ୍ଟ କର୍ମଚାରୀମାନଙ୍କୁ 'କ୍ଷତ୍ରିୟ' ସମ୍ବୋଧନପ୍ରାପ୍ତ ହେଲା।

ଋଷଭ ନିଜ ଜ୍ୟେଷ୍ଠପୁତ୍ର ଭରତଙ୍କୁ ଆପଣା ଉତ୍ତରାଧିକାରୀ ରୂପେ ଚୟନ କରିଲେ। ଏହି କ୍ରମ ରାଜତନ୍ତ୍ରର ଅଙ୍ଗରେ ପରିଣତ ହେଲା। ଯୁଗ ଯୁଗ ଧରି ଏହି ପ୍ରଥା ବିକଶିତ ରହିଲା।

ବିବାହ-ପଦ୍ଧତିର ପ୍ରାରମ୍ଭ

ନାଭି ଅନ୍ତିମ କୁଳକର ହେଲେ। ତାଙ୍କ ପତ୍ନୀଙ୍କ ନାମ 'ମରୁଦେବା'। ସେମାନଙ୍କ ପୁଅ ଜନ୍ମ ହେବାରୁ ନାମ ରଖାଯାଇଥିଲା 'ଉସଭ' ବା 'ଋଷଭ'। ତାଙ୍କର ଶୈଶବ ଥିଲା ପରିବର୍ତ୍ତନଗାମୀ ଯୁଗର ପ୍ରତୀକ। ଯୁଗଳଙ୍କ ଏକସଂଗେ ଜନ୍ମନେବା ବା ମୃତ୍ୟୁବରଣ କରିବାର ସହଜ-ବ୍ୟବସ୍ଥା ଶିଥିଳ ହୋଇପଡ଼ିଲା। ସେହି ସମୟରେ ଗୋଟିଏ ଯୁଗଳ ଜାତ ହେଲା। ମାଆ-ବାପା, ସେମାନଙ୍କୁ ଗୋଟିଏ ତାଡ଼ ଗଛତଳେ ଶୁଆଇ ଦେଇଥାନ୍ତି। ଗୋଟିଏ ତାଳ ବାଳକ ମୁଣ୍ଡରେ ପଡ଼ିବାରୁ ତା'ର ମୃତ୍ୟୁ ଘଟିଲା। ସେହି ଯୁଗର ଏହାଥିଲା ପ୍ରଥମ ଅକାଳ-ମୃତ୍ୟୁ। ଏବେ ବାଳିକା ଜଣକ ଏକାକୀ ହୋଇରହିଲା। କିଛି ସମୟ ପରେ ତା' ବାପା-ମା' ମରିଗଲେ। ଅନ୍ୟ ଯୁଗଳମାନେ ଏକାକୀ ଝିଅକୁ ଆଶ୍ଚର୍ଯ୍ୟ ହୋଇ ଅନାଇ ରହିଥାନ୍ତି। ସେମାନେ ତାହାକୁ ନେଇ ନାଭିକୁଳକରଙ୍କ ପାଖରେ ପହଞ୍ଚିଲେ। ନାଭି ସେହି ଝିଅକୁ ଋଷଭଙ୍କ ପତ୍ନୀ ରୂପରେ ସ୍ୱୀକାର କଲେ। ଋଷଭ ଯୁବାବସ୍ଥାରେ ଉପନୀତ ହେବାରୁ ନିଜ ସହୋଦରୀ ସୁମଙ୍ଗଳା ଏବଂ ସେହି ଝିଅ ସୁନନ୍ଦା ସହିତ ବିବାହ କଲେ। ଏହିଠାରୁ ବିବାହ ପଦ୍ଧତିର ବିକାଶ ଘଟିଲା। ଏହାପରେ ଲୋକମାନେ ନିଜ ଭଉଣୀ ବ୍ୟତୀତ ଅନ୍ୟ କନ୍ୟାମାନଙ୍କ ସହିତ ବିବାହ ବନ୍ଧନରେ ଛନ୍ଦିହେଲେ।

ଖାଦ୍ୟ ସମସ୍ୟାର ସମାଧାନ

କୁଳକର ଯୁଗରେ ଲୋକମାନେ ସାଧାରଣତଃ କନ୍ଦ, ମୂଳ, ପତ୍ର, ପୁଷ୍ପ ଓ ଫଳକୁ ଭୋଜନ ରୂପେ ଗ୍ରହଣ କରୁଥାନ୍ତି। ଜନସଂଖ୍ୟା ବୃଦ୍ଧି ପାଇଲାରୁ ଏହି କନ୍ଦ-ମୂଳ ଆଦି ପର୍ଯ୍ୟାପ୍ତ ପରିମାଣରେ ମିଳିଲା ନାହିଁ। ଫଳରେ ବନବାସୀମାନେ ଗୃହବାସୀ ହେବାକୁ ଲାଗିଲେ। ଏହା ପୂର୍ବରୁ ନୈସର୍ଗିକ ବନସ୍ପତି ସାହାଯ୍ୟରେ ଆବଶ୍ୟକତା ପୂର୍ତ୍ତି ହେଉଥିଲା। ଏବେ ବୀଜବୁଣି ଖାଦ୍ୟଶସ୍ୟ ଉତ୍ପାଦନ କରିବା ଆରମ୍ଭ ହେଲା।

ଲୋକମାନେ ଖାଦ୍ୟ-ରନ୍ଧନ ପ୍ରକ୍ରିୟା ସହିତ ଅପରିଚିତ ଥିଲେ। ରନ୍ଧା-ବଢ଼ା ସକାଶେ ଦରକାରୀ ସାଧନର ବି ଅଭାବ ଥାଏ। ସେମାନେ କଞ୍ଚା ଶସ୍ୟ ଭକ୍ଷଣ କରୁଥିଲେ। କାଳକ୍ରମେ କଞ୍ଚାଅନ୍ନ ଦୁଷ୍ପାଚ୍ୟ ହୋଇପଡ଼ିଲା। ସେମାନେ ଋଷଭଙ୍କ ପାଖରେ ପହଞ୍ଚି ଆପଣା ସମସ୍ୟାର ସମାଧାନ ଲୋଡ଼ିଲେ। ଋଷଭ ଶସ୍ୟକୁ ଘଷି-ବାଟି ଖାଇବାକୁ ପରାମର୍ଶ ଦେଲେ। ଲୋକେ ସେପରି କରିଲେ। କିଛି ସମୟ ପରେ ଏହି ବିଧି ବି କାମ କଲାନାହିଁ। ଋଷଭ ଅଗ୍ନି ବିଷୟରେ ଜାଣିଥିଲେ। କିନ୍ତୁ ସେ ସମୟ ଥିଲା ଏକାନ୍ତ ସ୍ନିଗ୍ଧ। ଅଗ୍ନି ଉତ୍ପନ୍ନ କରିବାରେ ବାଧା ଉପୁଜୁଥାଏ। ଏକାନ୍ତ ସ୍ନିଗ୍ଧ କିମ୍ବା ଏକାନ୍ତ ରୁକ୍ଷ-ଉଭୟ ସ୍ଥିତିରେ ଅଗ୍ନିର ଉତ୍ପତ୍ତି ସମ୍ଭବ ନୁହେଁ।

*ଆବଶ୍ୟକ ନିର୍ଯୁକ୍ତି

ସମୟ ଅଗ୍ରସର ହୋଇଚାଲିଥାଏ। କାଳ ସ୍ନିଗ୍ଧ-ରୁକ୍ଷରେ ପରିଣତ ହେବାରୁ ବୃକ୍ଷମାନଙ୍କ ଘର୍ଷଣ ଦ୍ୱାରା ଅଗ୍ନିଜାତ ହୋଇ ପ୍ରସାରିତ ହେଲା। ବଣରାଜି ଜଳିବାକୁ ଲାଗିଲା। ଲୋକମାନେ ଏହି ଅପୂର୍ବ ବସ୍ତୁ ଦେଖି ଋଷଭଙ୍କୁ ସୂଚିତ କରିଲେ। ଋଷଭ ସେମାନଙ୍କୁ ଅଗ୍ନିର ବ୍ୟବହାର ସମ୍ବନ୍ଧରେ ତଥା ପାକ-କଳା ବିଷୟରେ ପ୍ରଶିକ୍ଷଣ ଦେଲେ। ଫଳରେ ଭୋଜନ ସମସ୍ୟାର ସମାଧାନ ଘଟିଲା।

ଶିଳ୍ପକଳା ଓ ବ୍ୟବସାୟର ପ୍ରଶିକ୍ଷଣ

ଋଷଭ, ନିଜ ଜ୍ୟେଷ୍ଠପୁତ୍ର ଭରତଙ୍କୁ ବାସ୍ତୁରି କଳା ଶିଖାଇଥିଲେ। କନିଷ୍ଠ ପୁତ୍ର ବାହୁବଳୀଙ୍କୁ ପ୍ରାଣୀମାନଙ୍କ ଲକ୍ଷଣ-ବିଦ୍ୟାର ପ୍ରଶିକ୍ଷଣ ଦେଇଥିଲେ। ବଡ଼ଝିଅ ବ୍ରାହ୍ମୀଙ୍କୁ ଅଠର ପ୍ରକାର ଲିପି ତଥା ସୁନ୍ଦରୀକୁ ଗଣିତ ଅଧ୍ୟାପନା କରିଥିଲେ। ଧନୁର୍ବେଦ, ଅର୍ଥଶାସ୍ତ୍ର, ଚିକିତ୍ସାଶାସ୍ତ୍ର, କ୍ରୀଡ଼ାବିଧି ଆଦି ଅନେକ ବିଦ୍ୟାର ପ୍ରବର୍ତ୍ତନ ପୂର୍ବକ ଜନସାଧାରଣଙ୍କୁ ଜୀବନକୁ କରିଥିଲେ ସୁବ୍ୟବସ୍ଥିତ ଓ ସୁସଂସ୍କୃତ।

ଅଗ୍ନିର ଉତ୍ପତ୍ତି ଦ୍ୱାରା ବିକାଶର ଦ୍ୱାର ଉଦ୍‌ଘାଟିତ ହେଲା। ପାତ୍ର, ଉପକରଣ, ବସ୍ତ୍ର, ଚିତ୍ର ଆଦି ଶିଳ୍ପକଳାର ଜନ୍ମ ଘଟିଲା। ଅନ୍ନ-ପାକକ୍ରିୟା ସକାଶେ ପାତ୍ରନିର୍ମାଣ ଜରୁରୀ ହୋଇପଡ଼ିଲା। କୃଷି, ଗୃହନିର୍ମାଣ ଏବଂ ଅନ୍ୟ କ୍ଷେତ୍ର ପାଇଁ କାରିଗରୀ ଉପକରଣ ଆବଶ୍ୟକ ହେବାରୁ ଲୋହକାର ଶିଳ୍ପ ପ୍ରାରମ୍ଭ ହେଲା। ବସ୍ତ୍ରଶିଳ୍ପ ଓ ଘରୋଇ ଶିଳ୍ପକୁ ଏହି ସାମାଜିକ ଜୀବନ ଗତି ପ୍ରଦାନ କରିଲା।

ନଖ, କେଶ ଆଦି କାଟିବା ପାଇଁ ନାପିତ-ଶିଳ୍ପର (କ୍ଷୌର-କର୍ମ) ପ୍ରବର୍ତ୍ତନ ହେଲା। ଅଗ୍ନିର ଉତ୍ପତ୍ତି ହିଁ ଏହିସବୁ ଶିଳ୍ପକଳାର ବିକାଶରେ ସହାୟକ ସାଜିଲା।

ପଦାର୍ଥର ବିକାଶ ସହିତ ସେମାନଙ୍କ ବିନିମୟର ଆବଶ୍ୟକତା ଅନୁଭବ ହେବାରୁ ଋଷଭ ବ୍ୟବସାୟ ପ୍ରଶିକ୍ଷଣ ଦେଇଥିଲେ।

ଅଗ୍ନିଜାତ ହେବାପରେ କୃଷି-ଜୀବୀ, ବ୍ୟବସାୟୀ ଏବଂ ରକ୍ଷକ-ବର୍ଗର ସୃଷ୍ଟି ହେଲା। ଅଗ୍ନିର ଉତ୍ପତ୍ତି ଦ୍ୱାରା କୃଷି ଉପକରଣ, ଆମଦାନୀ-ରପ୍ତାନୀର ସାଧନ ତଥା ଅସ୍ତ୍ର-ଶସ୍ତ୍ରର ବିକାଶ ଘଟି ସତେଯେପରି ମନୁଷ୍ୟର ଭାଗ୍ୟ ପରିବର୍ତ୍ତନ କରିପକାଇଲା।

ପଦାର୍ଥ ବୃଦ୍ଧି ପାଇବାରୁ ପରିଗ୍ରହ ପ୍ରତି ଆସକ୍ତି ବଢ଼ିଲା। ସମସ୍ତେ ସଂଗ୍ରହ କରିବାକୁ ଲାଗିଲେ। ପାରିବାରିକ ମମତ୍ୱ ବୃଦ୍ଧି ପାଇଲା। ଲୋକୈଷଣା ଏବଂ ଧନୈଷଣା ଭାବରେ ଘଟିଲା ଜାଗରଣ।

ସାମାଜିକ ପରମ୍ପରାର ସୂତ୍ରପାତ

ପୂର୍ବେ ମୃତ ଲୋକଙ୍କ ଅଗ୍ନିସଂସ୍କାର କରାଯାଉ ନ ଥିଲା। ଋଷଭଙ୍କ ସମୟରେ ଏହି ପ୍ରକ୍ରିୟା ପ୍ରାରମ୍ଭ ହେଲା। ପାରିବାରିକ ସ୍ନେହ-ମମତା ଧୀରେ ଧୀରେ ବଢ଼ିଚାଲିଲା। ଲୋକେ ନିଜ ପ୍ରିୟଜନଙ୍କ ବିୟୋଗରେ ଶୋକାତୁର ହୋଇ କାନ୍ଦିଲେ। ସେମାନଙ୍କ ସ୍ମୃତିରେ ବେଦୀ ଓ ସ୍ତୂପ ନିର୍ମାଣ କଲେ। ନାଗ-ପୂଜା ଏବଂ ଅନ୍ୟ ଉତ୍ସବମାନଙ୍କ ସୂତ୍ରପାତ ହେଲା।

ଏହି ଭଳି ଭାବରେ ସମାଜରେ କେତେକ ନୂତନ ପରମ୍ପରାର ବିକାଶ ଘଟିଲା।

ଧର୍ମ-ତୀର୍ଥ ପ୍ରବର୍ତ୍ତନ

କର୍ତ୍ତବ୍ୟ-ବୁଦ୍ଧି ଦ୍ୱାରା ଲୋକ-ବ୍ୟବସ୍ଥାର ପ୍ରବର୍ତ୍ତନ କରି ଋଷଭ ରାଜ୍ୟ ସଂଚାଳନ କରୁଥାନ୍ତି। ଦୀର୍ଘ ସମୟ ପର୍ଯ୍ୟନ୍ତ ରହିଥିଲା ତାଙ୍କର ରାଜତ୍ୱ। ଜୀବନର ଅନ୍ତିମ ସ୍ତରରେ ରାଜ୍ୟତ୍ୟାଗ କରି ମୁନି ଜୀବନ ସ୍ୱୀକାର କଲେ।

ମୋକ୍ଷ-ଧର୍ମର ପ୍ରବର୍ତ୍ତନ ହେଲା ଯୌଗଳିକ କାଳରେ କ୍ଷମା, ସନ୍ତୋଷ ଆଦି ସହଜ ଧର୍ମ ଥାଏ। ହଜାରେ ବର୍ଷର ସାଧନା ପରେ ଭଗବାନ ଋଷଭ କୈବଲ୍ୟ ପ୍ରାପ୍ତି କରିଲେ। ସାଧୁ-ସାଧ୍ୱୀ-ଶ୍ରାବକ, ଶ୍ରାବିକା - ଏହି ଚାରିତୀର୍ଥର ସ୍ଥାପନା କରିଲେ। ମୁନି-ଧର୍ମ ସକାଶେ ପଞ୍ଚମହାବ୍ରତ ଏବଂ ଗୃହସ୍ଥ-ଧର୍ମ ପାଇଁ ବାର-ବ୍ରତର ଉପଦେଶ ଦେଲେ। ସାଧୁ-ସାଧ୍ୱୀମାନଙ୍କ ସଂଘ ଗଠିତ ହେବା ସହିତ ଶ୍ରାବକ-ଶ୍ରାବିକା ରୂପରେ ଗୃହସ୍ଥମାନେ ଧର୍ମପାଳନ କରୁଥାନ୍ତି।

ସାମ୍ରାଜ୍ୟ-ଲିପ୍ସା

କର୍ମ-ଯୁଗର ପ୍ରଥମ ରାଜା ହେଉଛନ୍ତି ଭଗବାନ ଋଷଭ। ସେ ନିଜର ଶହେ ପୁଅଙ୍କୁ ପୃଥକ୍ ରାଜ୍ୟଭାର ଦେଇ ମୁନି ଦୀକ୍ଷା ଗ୍ରହଣ କଲେ। ଜ୍ୟେଷ୍ଠପୁତ୍ର ଭରତଙ୍କ ମନରେ ଚକ୍ରବର୍ତ୍ତୀ ହେବାର ଅଭିଳାଷ ରହିଥାଏ। ସେ ୯୮ ଭାଇଙ୍କୁ ଆପଣା ଅଧୀନ କରିବା ଉଦ୍ଦେଶ୍ୟରେ ଦୂତ ପଠାଇଲେ। ସେହି ୯୮ ଜଣ ଭାଇ ମିଶି ବିଚାର ବିମର୍ଶ କରି ଭଗବାନ ଋଷଭଙ୍କ ନିକଟରେ ପହଞ୍ଚିଲେ। ସମସ୍ତ ସ୍ଥିତି ନିବେଦନ କରି ସନ୍ଦିଗ୍ଧ ଚିତ୍ତରେ କହିଉଠିଲେ - 'ଭଗବାନ! ଆମେ ବଡ଼ଭାଇଙ୍କ ସହିତ ଯୁଦ୍ଧ ଚାହୁଁନାହୁଁ। ନିଜ ସ୍ୱାଧୀନତା ମଧ୍ୟ ବଜାୟ ରଖିବାକୁ ଚାହୁଁଛୁ। ସାମ୍ରାଜ୍ୟ-ଲୋଲୁପ ହୋଇସାରିଛନ୍ତି ଭରତ। ଆପଣ ପ୍ରଦାନ କରିଥିବା ରାଜ୍ୟ ଆମଠାରୁ ଛଡ଼ାଇ ନେବାକୁ ସେ ପ୍ରସ୍ତୁତ। ତାଙ୍କସହିତ ଯୁଦ୍ଧ କରିଲେ ଭ୍ରାତୃ-ଯୁଦ୍ଧର ହିଂସ୍ର ପରମ୍ପରା ସୃଷ୍ଟି କରିବ। ବିନା ଯୁଦ୍ଧରେ ରାଜ୍ୟ ସମ୍ପିଦେଲେ ତାଙ୍କ ସାମ୍ରାଜ୍ୟ-ଲିପ୍ସା ବୃଦ୍ଧି ପାଇବ। ହେ ପରମପିତା! ଏହି ସଂଶୟରୁ ରକ୍ଷା କରନ୍ତୁ।'

ଭଗବାନ ଋଷଭ କହିଉଠିଲେ – 'ପୁତ୍ରଗଣ! ତୁମର ଚିନ୍ତନ ଯଥାର୍ଥ। ଯୁଦ୍ଧ ନିଶ୍ଚିତ ଭାବରେ ବର୍ଜନୀୟ କିନ୍ତୁ କ୍ଳୀବତା କୌଣସି ପରିସ୍ଥିତିରେ ମଧ୍ୟ ସ୍ପୃହଣୀୟ ନୁହେଁ। ରାଜ୍ୟ ହେଉଛି ଦୁଇ ଡେଣାଯୁକ୍ତ ପକ୍ଷୀ। ତା'ର ସୁଦୃଢ଼ ପକ୍ଷ ହେଉଛି ଯୁଦ୍ଧ। ଏହି ଉଡ଼ାଣରେ ପ୍ରଥମେ ବେଗ ଥାଏ, ଶେଷରେ ଅବସାଦ। ବେଗରୁ ସ୍ଫୁଲିଙ୍ଗ ଆକାଶକୁ ଛୁଇଁଥାଏ। ଉଡୁଥିବା ଲୋକେ ସେଥିରେ ଜଳି ପୋଡ଼ିଯାନ୍ତି। ଉଡ଼ାଉଥିବା ଲୋକ ମଧ୍ୟ କ୍ଳାନ୍ତ-ଶ୍ରାନ୍ତ ହୋଇପଡ଼ନ୍ତି। ଅବଶେଷରେ ନିରାଶା ଏବଂ ଅନୁତାପ ହିଁ ସାର।

ତେବେ, ତୁମେ ଠିକ୍ ବୁଝିଛ। ପୁତ୍ରଗଣ! ଯୁଦ୍ଧର ପରିଣାମ ବିଜେତା ଏବଂ ପରାଜିତ - କାହାରି ସକାଶେ ବି ମଙ୍ଗଳକାରକ ନୁହେଁ। ପରାଜିତ ବ୍ୟକ୍ତି ନିଜ ସତ୍ତା ହରାଇ ବ୍ୟଥିତ ହୋଇଥାଏ ଏବଂ ବିଜୟଲାଭ କରିଥିବା ବ୍ୟକ୍ତି କିଛି ନ ପାଇ ପଶ୍ଚାତ୍ତାପ କରିଥାଏ। ପ୍ରତିଶୋଧର ଚିତାଗ୍ନି ଜାଳି, ଯଦି ଜଣେ ସ୍ୱୟଂକୁ ସେହି ଜ୍ୱାଳାରୁ ଦୂରେଇ ରଖିବାର ଚେଷ୍ଟା କରିବ - ଏହା କଦାପି ସମ୍ଭବପର ନୁହେଁ।

ରାଜ୍ୟରୂପୀ ବିହଙ୍ଗର ଦ୍ୱିତୀୟପକ୍ଷ ହେଉଛି ଦୁର୍ବଳ। ତାହାହେଲା କାପୁରୁଷତ୍ୱ। ମୁଁ ତୁମକୁ ଭୀରୁ ହେବାପାଇଁ କିପରି ପରାମର୍ଶ ଦେବି ? ହେ ମୋର ଆତ୍ମଜମାନେ! ମୁଁ ତୁମକୁ ଏପରି ରାଜ୍ୟ ଦେବାକୁ ଚାହୁଁଛି - ଯାହାସହିତ ଯୁଦ୍ଧ ଓ କ୍ଳୀବତା ଯୋଡ଼ି ହୋଇରହିନାହିଁ।

ଭଗବାନଙ୍କ ସ୍ପଷ୍ଟ ଆଶ୍ୱାସନ-ବାଣୀ ଶ୍ରବଣ କରି ସମସ୍ତେ ଆଶ୍ୱସ୍ତ ଓ ଆନନ୍ଦିତ ହୋଇ ଆଶାନ୍ୱିତ ଦୃଷ୍ଟିରେ ତାଙ୍କ ଆଡ଼କୁ ଚାହିଁଲେ। ଭଗବାନଙ୍କ ଭାବକୁ ବୋଧହୁଏ ପୁଅମାନେ ଠିକ୍ ବୁଝିପାରିଲେ ନାହିଁ। ଭୌତିକ ଜଗତର ଏହି ସତ୍ତା-ସମ୍ପଦା-ସ୍ୱାଧିକାର ବାହାରେ ବି ଏକ ରାଜ୍ୟ ଥାଇପାରେ - ଏହି କଳ୍ପନା ସେମାନେ କରିପାରିଲେ ନାହିଁ। ଅଭୂତ ଭୂଖଣ୍ଡ ପ୍ରାପ୍ତିର ଝିଲମିଲ କାମନା ସେମାନଙ୍କୁ ଆବୋରିନେଲା। ଭଗବାନଙ୍କ ପାଖରେ କିଛି ନ ଥିଲା। ଏଥିପାଇଁ ତ ସେ ଭଗବାନ। ତ୍ୟାଗର ଚରମଶିଖର ସ୍ପର୍ଶ କରିପାରିବା ଲୋକ ହିଁ ଭଗବାନ। ଅନନ୍ତ ସଂଗ୍ରହ ଦ୍ୱାରା ଜଣେ ଭଗବାନ ହୋଇପାରେ - ଏପରି ଗୋଟିଏ ବି ଉଦାହରଣ ନାହିଁ।

ଭଗବାନ କହିଉଠିଲେ - ସଂଯମ-କ୍ଷେତ୍ର ହେଉଛି ନିର୍ବାଧ ରାଜ୍ୟ, ଯାର କେହି ମଧ୍ୟ ଅତିକ୍ରମଣ କରିପାରିବେ ନାହିଁ। ମୁଁ ତୁମମାନଙ୍କୁ ଏହି ରାଜ୍ୟ ପ୍ରଦାନ କରୁଛି। ଏହି ରାଜ୍ୟର ଅଧିପତି ହେଲାପରେ କେହି ତୁମକୁ ତହିଁରୁ

ବେଦଖଲ କରିବାକୁ ଆସିବ ନାହିଁ। ସେହି ରାଜ୍ୟରେ ଯୁଦ୍ଧ ବା ଭୟ ସକାଶେ ସାମାନ୍ୟ ଅବକାଶ ମଧ୍ୟ ନାହିଁ।

ବାପାଙ୍କ ରାଜ୍ୟ-ତ୍ୟାଗର ପରାମର୍ଶକୁ ରାଜକୁମାରମାନେ ବୁଝିପାରିଲେ। ରଙ୍ଗିନ କଳ୍ପନା ଧୂସର ରଙ୍ଗ ଧାରଣ କଲା। ଅକଳ୍ପିତ ଚିତ୍ର ଉକୁଟି ଉଠିଲା। ତେବେ ସେମାନେ ଭଗବାନ ଋଷଭଙ୍କ ପୁଅ। ବାପାଙ୍କ ମାର୍ଗଦର୍ଶନର ସମ୍ମାନ କରିବା ସେମାନଙ୍କ କର୍ତ୍ତବ୍ୟ। ସ୍ୱତଃ ରାଜ୍ୟତ୍ୟାଗ କରି ସ୍ୱରାଜ୍ୟ ମାର୍ଗରେ ସମସ୍ତ ରାଜପୁତ୍ର ଅଗ୍ରସର ହେଲେ। ସ୍ୱରାଜ୍ୟର ନିଜସ୍ୱ ବିଶେଷତ୍ୱ ରହିଥାଏ। ସ୍ୱ-ରାଜ୍ୟ ହସ୍ତଗତ ହେଲେ ଆଉ କିଛି ପାଇବା ଅବଶିଷ୍ଟ ରହେନାହିଁ। ସ୍ୱ-ରାଜ୍ୟ ନ ମିଳିବା ପର୍ଯ୍ୟନ୍ତ ଏହି ରାଜ୍ୟର ଆକର୍ଷଣ ବଜାୟ ରହିଥାଏ। ସଂଯମ ସ୍ୱୀକାର ନ କରି ଜଣେ ସବୁକିଛି ପାଇବା କାମନାରେ ପାଗଳ ହୋଇଥାଏ। ସଂଯମ ଆସିଗଲା ପରେ କିଛି ନ ପାଇ ମଧ୍ୟ ସବୁକିଛି ପାଇବାର ଲାଳସା ସମାପ୍ତ ହୁଏ।

ତ୍ୟାଗ ହେଉଛି ଶକ୍ତିଶାଳୀ ଅସ୍ତ୍ର। ତା'ର କେହି ପ୍ରତିଦ୍ୱନ୍ଦ୍ୱୀ ନ ଥାଏ। ଭରତଙ୍କ ଆକ୍ରାମକ ହୃଦୟ ମଧ୍ୟ ଭାଇମାନଙ୍କ ତ୍ୟାଗ ଦେଖି ତରଳିଉଠିଲା। ସେମାନଙ୍କ ପାଖକୁ ଧାଇଁଯାଇ ଆପଣା ଭୁଲ ସକାଶେ ପ୍ରାୟଶ୍ଚିତ୍ତ କରିବାକୁ ଲାଗିଲେ। ଭାଇମାନଙ୍କଠାରେ କ୍ଷମାମାଗି ଆପଣା-ଆପଣା ରାଜ୍ୟ ସ୍ୱତନ୍ତ୍ର ହୋଇ ସଞ୍ଚାଳନ କରିବାକୁ କହିଲେ। କିନ୍ତୁ ଏବେ ସେମାନେ ଆଉ ସାମ୍ରାଜ୍ୟ-ଲିପ୍‌ସୁ ସମ୍ରାଟ ଭରତଙ୍କ ଭାଇ ହୋଇ ରହି ନ ଥିଲେ। ସେମାନେ ଅକିଞ୍ଚନ ସଂସାରର ସୁହୃଦ ହୋଇସାରିଥିଲେ। ଭରତଙ୍କ ଭ୍ରାତୃପ୍ରେମ ସେମାନଙ୍କୁ ପ୍ରବର୍ତ୍ତାଇପାରିଲା ନାହିଁ। ସେମାନେ ଭରତଙ୍କ ଭୋକିଲା ଆଖିକୁ କିଛି ସମୟ ଆଗରୁ ଦେଖିସାରିଥିଲେ। ତେଣୁ ତାଙ୍କର ଅଶ୍ରୁ-ଭିଜା-ଆଖିର କୌଣସି ପ୍ରଭାବ ପଡ଼ିଲା ନାହିଁ। ଅନୁତପ୍ତ ଭରତ ନିରାଶ ହୋଇ ଘରକୁ ବାହୁଡ଼ିଲେ।

ସାମ୍ରାଜ୍ୟବାଦ ହେଉଛି ମାନସିକ ତୃଷା। ଥରେ ଏହି କ୍ଷୁଧା-ତୃଷା ଜାଗ୍ରତ ହେଲେ ହଠାତ୍ ଲିଭିଯାଏ ନାହିଁ। ଭରତ, ଭାଇମାନଙ୍କ ରାଜ୍ୟକୁ ଗୋଟିଏ-ଗୋଟିଏ କରି ନିଜ ଅଧୀନକୁ ଆଣିଲେ। ବାହୁବଳୀଙ୍କ ରାଜ୍ୟରେ ହାତ ମାରିଲେ ନାହିଁ। ଅଠାନବେ ଭାଇ ରାଜ୍ୟ-ତ୍ୟାଗକୁ ଭରତ ଭୁଲିପାରି ନ ଥିଲେ। ଅନ୍ତର୍ଦ୍ୱନ୍ଦ୍ୱ ଲାଗିରହିଥାଏ। ଏକଛତ୍ର ରାଜ୍ୟର ସ୍ୱପ୍ନ ପୂରା ହୋଇପାରି ନ ଥାଏ। ଅସଂଯମ-ରାଇଜରେ ଜଣେ ସବୁ---ଥାଇ ମଧ୍ୟ କିଛି ନ ପାଇବାର ହା-ହୁତାଶରେ ନିରନ୍ତର ଜଳୁଥାଏ।

ଯୁଦ୍ଧର ପ୍ରଥମ ଚରଣ

ଦୂତ ମୁହଁରୁ ଭରତଙ୍କ ସନ୍ଦେଶ ଶୁଣି ବାହୁବଳୀଙ୍କ କ୍ରୋଧ ପଞ୍ଚମରେ ପହଞ୍ଚିଲା। ଗୁପ୍ତ ରୋଷ ଉକୁଟିଉଠିଲା। ପ୍ରକମ୍ପିତ ଅଧର, ନାଲି ଆଖି। କହିଲେ - ଦୂତ ! ଭରତଙ୍କ ଭୋକ କ'ଣ ଏବେ ମଧ୍ୟ ମେଣ୍ଟିନାହିଁ। ଆପଣା ଅଠାନବେ ଭାଇମାନଙ୍କ ରାଜ୍ୟ ହଡ଼ପ କରି ମଧ୍ୟ କ୍ଷୁଧା-ଶାନ୍ତ ହୋଇନାହିଁ। ହାୟ ! ଏହା କିଭଳି ମନଃସ୍ଥିତି। ପ୍ରଥମେ ସାମ୍ରାଜ୍ୟବାଦୀ ଶାସକ ପକ୍ଷରେ ବାରଣ କଲାଭଳି କିଛି ଥାଏନାହିଁ। ମୋର ବାହୁବଳ କାହାଠାରୁ ବି ଊଣା ନୁହେଁ। ମୁଁ ମଧ୍ୟ ଅନ୍ୟମାନଙ୍କ ରାଜ୍ୟ ଜୋର ଜବରଦସ୍ତ ଭାବରେ ଆପଣା ଅଧୀନକୁ ଆଣିବାରେ ସକ୍ଷମ। କିନ୍ତୁ ଏହା ଯେ ମନୁଷ୍ୟତା ପକ୍ଷରେ କଳଙ୍କ, ଶକ୍ତିର ଅପବ୍ୟବହାର ଏବଂ ବ୍ୟବସ୍ଥା-ଭଙ୍ଗ କାର୍ଯ୍ୟ, ଯାହା ମୁଁ କଦାପି କରିପାରିବି ନାହିଁ। ଆମ ବାପା ନିଜେ ଏହିସବୁ ବ୍ୟବସ୍ଥାର ପ୍ରବର୍ତ୍ତନ କରିଯାଇଛନ୍ତି। ତାଙ୍କ ପୁତ୍ରମାନେ ଯଦି ସେହି ବ୍ୟବସ୍ଥାର ସମ୍ମାନ ନ କରି ତାକୁ ଭଙ୍ଗ କରିବେ - ସେମାନେ ଲଜ୍ଜା ଅନୁଭବ କରିବା ଉଚିତ। ପଶୁ-ଜଗତର ପ୍ରତୀକ ହେଉଛି ଶକ୍ତି। ମଣିଷଜଗତରେ ଶକ୍ତି ବଦଳରେ ବିବେକକୁ ପ୍ରାଧାନ୍ୟ ଦିଆଯିବା ଉଚିତ। ଶକ୍ତିର ସିଦ୍ଧାନ୍ତ ଦୃଢ଼ ହେଲେ ଶିଶୁ ଓ ବୃଦ୍ଧ ବ୍ୟକ୍ତି ଅସହାୟ ହୋଇପଡ଼ିବେ। ଯୁବାବର୍ଗ ସେମାନଙ୍କୁ ଗିଳି ପକାଇବେ। ରୋଗୀ, ବିକଳାଙ୍ଗ ଓ ଭିନ୍ନକ୍ଷମମାନଙ୍କ ସକାଶେ ଟିକିଏ ବି ସ୍ଥାନ ମିଳିବ ନାହିଁ। ସମଗ୍ର ଶକ୍ତି ରୌଦ୍ର ପାଲଟିବ। କ୍ରୂରତାର ସାଙ୍ଗ ହେଉଛନ୍ତି - ତାପ-ଉତ୍ତାପ, ଜ୍ୱାଳା-ସ୍ଫୁଲିଙ୍ଗ ... ସର୍ବନାଶ। ମୋ ଭାଇ କ'ଣ ସମଗ୍ର ସଂସାରକୁ ବିନାଶର ଗର୍ତ୍ତ ମଧ୍ୟକୁ ଠେଲି ଦେବାକୁ ଚାହୁଁଛନ୍ତି ? ଆକ୍ରମଣ ହେଉଛି

ଏକ ପ୍ରକାର ଉନ୍ମାଦ। ଆକ୍ରମଣ କରି ଉନ୍ମାଦଗ୍ରସ୍ତ ହୋଇ ଅନ୍ୟମାନଙ୍କ ଅଧିକାରର ଅପହରଣ କରିଥାଏ।

ଭରତ ଏହାହିଁ କରୁଛନ୍ତି। ମୁଁ ନୀରବ ହୋଇ ଦେଖୁଥିଲି। ଏବେ ସେ, ତାଙ୍କର ଉନ୍ମାଦ ପ୍ରବଣତାର ଶିକାର ମୋତେ କରିବାକୁ ଯାଉଛନ୍ତି। ହିଂସା ଦ୍ୱାରା ହିଂସାର ଜ୍ୱାଳା ଶାନ୍ତ ହୁଏ ନାହିଁ - ଏହା ମୁଁ ଭଲ ଭାବରେ ଜାଣେ। ମୁଁ ଆକ୍ରମଣକୁ ଅଭିଶାପ ମଣିଥାଏ। ଜଣେ ଆକ୍ରମଣକାରୀକୁ ସହନ କରିବା ମୋ ପକ୍ଷରେ ଅସମ୍ଭବ। ତିତିକ୍ଷା ବା ସହିଷ୍ଣୁତା ହେଉଛି ମଣିଷର ଉଦାର ଚରିତ୍ରର ଏକ ବିଶେଷତ୍ୱ। କିନ୍ତୁ ସହନଶୀଳତାର ବି ଏକ ନିଶ୍ଚିତ ସୀମା ରହିଛି। ମୁଁ ତାହା ପାଳନ କରିଆସିଛି। ସେହି ସୀମାରେଖାକୁ ଉଲ୍ଲଂଘନ କରୁଥିବା ଲୋକ ଯଦି ବୁଝିବାକୁ ପ୍ରସ୍ତୁତ ନୁହେଁ, ତେବେ ମୁଁ କେତେକାଳ ପର୍ଯ୍ୟନ୍ତ ସମ୍ବନ୍ଧକୁ ଯୋଡ଼ି ରଖିପାରିବ ?

ଭରତଙ୍କ ବିଶାଳ ସୈନ୍ୟବାହିନୀ 'ବହଲୀ' ସୀମାରେ ଆସି ଉପସ୍ଥିତ। ଏପଟେ ବାହୁବଳୀ ନିଜ ସୀମିତ ସୈନ୍ୟମାନଙ୍କୁ ସଜାଇ ଭରତଙ୍କ ଆକ୍ରମଣକୁ ପ୍ରତିହତ କରିବା ପାଇଁ ସୀମାରେ ପହଞ୍ଚିଲେ। ଭାଇ-ଭାଇ ମଧ୍ୟରେ ଯୁଦ୍ଧ ପ୍ରାରମ୍ଭ ହେଲା। ମାତୃଭୂମିର ସୁରକ୍ଷା ଏବଂ ସ୍ୱାଭିମାନ ବଳରେ ବଳିଆନ ବାହୁବଳୀଙ୍କ ଛୋଟିଆ ଦଳ ସମ୍ରାଟଭରତଙ୍କ ବିଶାଳ ସେନାକୁ ପଳାୟନ କରିବା ପାଇଁ ବାଧ୍ୟ କଲା। ଆଉଥରେ ସଜ୍ଜିତ ହୋଇ ଭରତ ଦ୍ୱିତୀୟଥର ଆକ୍ରମଣ କଲେ। ଏଥର ବି ହାରିଲେ। ଦୀର୍ଘ ସମୟ ପର୍ଯ୍ୟନ୍ତ ଆକ୍ରମଣ ଏବଂ ଆତ୍ମରକ୍ଷାର ଯୁଦ୍ଧ ଲାଗିରହିଲା। ଶେଷରେ ଦୁଇଭାଇ ଆମନା-ସାମନା ଛିଡ଼ା ହେଲେ। ଆଖିରେ ଭ୍ରାତୃ-ପ୍ରେମଜନ୍ୟ ତାଦାତ୍ମ୍ୟ ଭାବ ଦୁହେଁ ଲଜ୍ଜା ଓ ସଙ୍କୋଚର ଆବରଣରେ ନିଜକୁ ଆବୃତ୍ତ କରିବାର ଚେଷ୍ଟା କରୁଥାନ୍ତି। କିନ୍ତୁ ବର୍ତ୍ତମାନ ପରିସ୍ଥିତିରେ କାହାରି ପାଖରେ ଅନ୍ୟ ଉପାୟ ନ ଥିଲା। ଜଣକର ସାମନାରେ ସାମ୍ରାଜ୍ୟର ବିସ୍ତାର ଓ ସମ୍ମାନର ପ୍ରଶ୍ନ ରହିଥିବା ବେଳେ ଅନ୍ୟ ଜଣକ ସାମନାରେ ରହି ଥିଲା ସ୍ୱାଭିମାନର ପ୍ରଶ୍ନ। ବିନୟ ଓ ବାତ୍ସଲ୍ୟର ମର୍ଯ୍ୟାଦା ଦୁଇଭାଇ ଜାଣିଥିବା ସତ୍ତ୍ୱେ ସମରାଙ୍ଗଣରେ ଅବତୀର୍ଣ୍ଣ ହୋଇଥାନ୍ତି। ଦୃଷ୍ଟି-ଯୁଦ୍ଧ, ମୁଷ୍ଟିଯୁଦ୍ଧ ଆଦି ପାଞ୍ଚ ପ୍ରକାରର ସଂଗ୍ରାମ ସକାଶେ ଦୁଇଭାଇ ରାଜିହେଲେ। ସବୁଥିରେ ସମ୍ରାଟ ହାରିଲେ। ବିଜୟଶ୍ରୀ ବରଣ କଲେ ବାହୁବଳୀ। ସାନଭାଇ ହାତରୁ ପରାଜୟ ଭରତଙ୍କୁ ବାଧିଲା। କ୍ରୋଧାବେଗକୁ ସମ୍ଭାଳି ନ ପାରି ସମସ୍ତ ମର୍ଯ୍ୟାଦା ଅତିକ୍ରମ କରି ଚକ୍ରାସ୍ତ୍ର ପ୍ରୟୋଗ କରିଲେ। ଏହି ଅପ୍ରତ୍ୟାଶିତ ଆକ୍ରମଣ ଦେଖି ବାହୁବଳୀଙ୍କ ରକ୍ତ ଗରମ ହେଲା। ପ୍ରେମର ପ୍ରବାହ ବ୍ୟାହତ ହେଲା। ସୁରକ୍ଷାଭାବ ପରିତ୍ୟାଗ କରି ପ୍ରତିଶୋଧ ଭାବନାରେ ବାହୁବଳୀଙ୍କ ହାତ ଉପରକୁ ଉଠିଲା। ପୃଥିବୀ ଓ ଆକାଶ ଚତୁର୍ଦ୍ଦିଗରେ ବାହୁବଳୀଙ୍କ ଯଶୋଗାଥାର ସ୍ୱର ଗୁଞ୍ଜରିତ ହେଲା। ଭରତ ନିଜର ଅନୀତିଯୁକ୍ତ ତ ବିବେକ-ଶୂନ୍ୟ ଅସ୍ତ୍ର ପ୍ରୟୋଗ କୃତ୍ୟ ଯୋଗୁଁ ଲଜ୍ଜିତ ହୋଇ ମଥାନତ କରି ଛିଡ଼ା ହୋଇରହିଲେ। ଗଗନ ପବନ ଭରତଙ୍କ ଅପରାଧ କ୍ଷମା କରିବା ପାଇଁ ବାହୁବଳୀଙ୍କୁ ନିବେଦନ କରିଲେ।

ଏକଲକ୍ଷ କଣ୍ଠରୁ ଏକାଥରକେ ସ୍ୱର ଶୁଭିଲା - ମହାନ ପିତାଙ୍କ ପୁତ୍ର ମଧ୍ୟ ସାଧାରଣତଃ ମହାନ ହୋଇଥାନ୍ତି। ସମ୍ରାଟ ଭରତ ଅନ୍ୟାୟ ଏବଂ ନୀତି-ବିହୀନ ପଦକ୍ଷେପ ନେଇଛନ୍ତି। ତେବେ ଆପଣଙ୍କ ଦ୍ୱାରା ଅଗ୍ରଜଙ୍କ ହତ୍ୟା ଆହୁରି ଅନୁଚିତ କାର୍ଯ୍ୟ ହେବ। ଜଣେ ମହାନ ଲୋକ ହିଁ କ୍ଷମା ଦେଇପାରନ୍ତି ତଥା କ୍ଷମା ମାଗିପାରନ୍ତି। କ୍ଷମା ପ୍ରଦାନକାରୀ କେବେ ମଧ୍ୟ ଲଘୁ ହୁଏନାହିଁ। ହେ ମହାନ୍ ପିତାଙ୍କ ମହାନ୍ ପୁତ୍ର ! ଆମ ସମସ୍ତଙ୍କୁ କ୍ଷମା କରନ୍ତୁ, ଆମ ସମ୍ରାଟଙ୍କୁ କ୍ଷମା କରନ୍ତୁ। ଲକ୍ଷ ଲକ୍ଷ କଣ୍ଠରୁ ନିଃସୃତ ବିନମ୍ର ସ୍ୱର ଲହରି, ବାହୁବଳୀଙ୍କ ଶୌର୍ଯ୍ୟକୁ ମାର୍ଗାନ୍ତରିତ କରି ପକାଇଲା। ବାହୁବଳୀ ପ୍ରକୃତିସ୍ଥ ହେଲେ। ନିଜକୁ ସମ୍ଭାଳି ନେଲେ। ଯଶସ୍ୱୀ ପିତାଙ୍କ ସ୍ମୃତିରେ ଆବେଗ ହେଲା ଉପଶମିତ। ତେବେ ଉର୍ଦ୍ଧ୍ୱବାହୁ କଦାଚିତ ନିଷ୍ଫଳ ହୋଇ ନିମ୍ନଗାମୀ ହୁଏନାହିଁ। ପ୍ରହାର ଭରତ ଉପରେ ନ କରି ଆପଣା ମସ୍ତକ ଉପରେ କରିଲେ। ମୁଣ୍ଡର କେଶ ଲୁଞ୍ଚନ କରି ପିତାଙ୍କ ପଥରେ ପ୍ରୟାଣ କରିଲେ।

ବାହୁବଳୀଙ୍କ ପାଦ ଆଗକୁ ବଢୁ ନ ଥାଏ। ସେ ପିତାଙ୍କ ଶରଣ ସ୍ୱୀକାର କରିଲେ। ହେଲେ ତାଙ୍କ ପାଖକୁ ଗଲେନାହିଁ। ଅହଂକାରର ଅବଶେଷ ଏବେ ମଧ୍ୟ ବାହୁବଳୀଙ୍କ ମଧ୍ୟରେ ବିଦ୍ୟମାନ ଥାଏ। ପୂର୍ବରୁ ଦୀକ୍ଷିତ ନିଜ ଛୋଟଭାଇମାନଙ୍କୁ ନମସ୍କାର କରିବାକୁ ପଡ଼ିବ - ଏହି ସରମରେ ତାଙ୍କ ଗତି ଅବରୁଦ୍ଧ ହୋଇପଡ଼ିଥାଏ। ଏକବର୍ଷ

ପର୍ଯ୍ୟନ୍ତ ଧ୍ୟାନମୁଦ୍ରାରେ ଦଣ୍ଡାୟମାନ ରହିଲେ। ସତରେ ବିଜୟ ଓ ପରାଜୟର ଅଗଣିତ ରେଖାର ସମାହାର ହିଁ ଜୀବନ। ଅସନ୍ତୋଷ ଉପରେ ବିଜୟ ଲାଭ କରିଥିବା ବାହୁବଳୀ 'ଅହଂ' ନିକଟରେ ହାରିଗଲେ। ତାଙ୍କ ତ୍ୟାଗ ଓ କ୍ଷମା, ଆତ୍ମଦର୍ଶନ ପଥରେ ଅଗ୍ରସର ହେବାପାଇଁ ପ୍ରେରିତ କରିଥିଲା, ଅଥଚ କ୍ଷୁଦ୍ର 'ମୁଁ କାର' ବା ଅହଂ ତାଙ୍କୁ ପଛକୁ ଘୁଞ୍ଚିବାକୁ ବାଧ୍ୟ କଲା। ଦୀର୍ଘକାଳର ଧ୍ୟାନ-ମୁଦ୍ରା ସତ୍ତ୍ୱେ ସେ ଅଗ୍ରଗତି କରିବାରେ ବିଫଳ ହୋଇଥିଲେ।

ଏହି ପାଦ ଜଡ଼ କାହିଁକି ପାଲଟିଯାଉଛି ? ସରିତାର ସ୍ରୋତ ଅବରୁଦ୍ଧ କାହିଁକି ?' ଏହି କେତେକ ଶବ୍ଦ ବାହୁବଳୀଙ୍କ କାନକୁ ବିନ୍ଧି ହୃଦୟ ବିଦୀର୍ଣ୍ଣ କରି ପକାଇଲେ। ସେ ଧୀରେ ଆଖି ମେଲିଲେ। ଦେଖିଲେ - ତାଙ୍କର ଦୁଇ ଭଉଣୀ ବ୍ରାହ୍ମୀ ଓ ସୁନ୍ଦରୀ ସମ୍ମୁଖରେ ଛିଡ଼ା ହୋଇଛନ୍ତି। ସେମାନଙ୍କ ବିନମ୍ର ମୁଦ୍ରା ଦେଖି ବାହୁବଳୀଙ୍କ ଆଖି ନତ ହେଲା।

ଆୟୁ ବା ଅବସ୍ଥାରେ ଛୋଟ-ବଡ଼ର ମାନ୍ୟତା ହେଉଛି ସାମାନ୍ୟ ବ୍ୟବହାର ମାତ୍ର। ତାହା ସାର୍ବଭୌମ ସତ୍ୟ ନୁହେଁ। ମୋର ଏହି ପାଦ ଗଣିତର କ୍ଷୁଦ୍ର ପ୍ରଶ୍ନରେ ଛନ୍ଦି ହୋଇପଡ଼ିଛି। ସାନଭାଇମାନଙ୍କୁ ଭଲା ମୁଁ କିପରି ନମସ୍କାର କରିପାରିବି - ଏହି ତୁଚ୍ଛ ଚିନ୍ତନରେ ମୋର ମହାନ ସାଧ ବିଲୀନ ହୋଇପଡ଼ିଛି। ଅବସ୍ଥା ହେଉଛି ଲୌକିକ ମାନଦଣ୍ଡ। ଲୋକୋତ୍ତର ଜଗତରେ ଛୋଟ ଓ ବଡ଼ପଣର ମାନଦଣ୍ଡ ବଦଳିଯାଏ। ମୋର ଭାଇମାନେ ମୋଠାରୁ ଛୋଟ ନୁହନ୍ତି, ସେମାନଙ୍କ ଚରିତ୍ର ହେଉଛି ଉଦାତ୍ତ। ମୋର ଅହଂ ହିଁ ମୋତେ ଛୋଟ କରିଦେଇଛି। ଆଉ ବିଳମ୍ବ ନ କରି ମୋତେ ଭଗବାନ ଋଷଭଙ୍କ ସାନ୍ନିଧ୍ୟରେ ପହଞ୍ଚିବାକୁ ହେବ।

ଯିବାପାଇଁ ପାଦ ଉଠିଲା ମାତ୍ରକେ ବନ୍ଧନ ଛିନ୍ନ ହେଲା। ନମ୍ରତାର ଉତ୍କର୍ଷ ମଧ୍ୟରେ ସମତାର ସୁଅ ଛୁଟିଲା। ସେ କେବଳୀ ହେଲେ। କେବଳ ସତ୍ୟର ସାକ୍ଷାତକାର ଖାଲି କରିଲେନି, ବରଂ ସ୍ୱୟଂ ସତ୍ୟରେ ପରିଣତ ହେଲେ। ଶିବ ଆଉ ତାଙ୍କ ସାଧହୋଇ ରହିଲା ନାହିଁ, ସେ ସ୍ୱୟଂ ଶିବ ପାଲଟିଲେ। ଆନନ୍ଦ ପ୍ରାପ୍ତିର କାମନା ରହିଲା ନାହିଁ, ସେ ବର୍ତ୍ତମାନ ସମ୍ପୂର୍ଣ୍ଣ ଭାବରେ ଆନନ୍ଦ ହିଁ ଆନନ୍ଦ।

ଅନାସକ୍ତ ଯୋଗ

ଭରତ ଏବେ ଅସହାୟ ହୋଇପଡ଼ିଛନ୍ତି। ଭାଇ ଶବ୍ଦକୁ ସେ ନିରର୍ଥକ କରି ଦେଇଛନ୍ତି। ସେ ଅଜେୟ ଚକ୍ରବର୍ତ୍ତୀ ସମ୍ରାଟ ହୋଇଛନ୍ତି କିନ୍ତୁ ତାଙ୍କର ହୃଦୟ ଏବେ ସାମ୍ରାଜ୍ୟବାଦର କଲ୍ମଷରୁ ପୂରାପୂରି ମୁକ୍ତ। ପଦାର୍ଥର ପ୍ରଚୁର ଯୋଗ ଉପଲବ୍ଧ କିନ୍ତୁ ସେମାନଙ୍କ ପ୍ରତି ସାମାନ୍ୟ ଆସକ୍ତି ବି ଆଉ ରହିନାହିଁ। ଉଦାସୀନ ଭାବରେ ସେ ରାଜ୍ୟ ସଞ୍ଚାଳନ କରୁଥାନ୍ତି।

ଭଗବାନଙ୍କ ଅଯୋଧ୍ୟା ଆଗମନ ହୋଇଥାଏ। ପ୍ରବଚନ ମଧ୍ୟରେ ଗୋଟିଏ ପ୍ରଶ୍ନର ଉତ୍ତର ଦେବାକୁ ଯାଇ ଋଷଭ କହିଲେ - ଭରତ ହେଉଛନ୍ତି ମୋକ୍ଷଗାମୀ ଆତ୍ମା। ଜଣେ ଶ୍ରୋତା ରାଗିଯାଇ ପୁତ୍ର ପ୍ରତି ପକ୍ଷପାତ କରୁଥିବାର ଆରୋପ ଲଗାଇଲେ। ସମ୍ରାଟ ଭରତ ସେହି ଶ୍ରୋତାଙ୍କ ପାଇଁ ଫାଶୀଦଣ୍ଡାଦେଶ ପ୍ରଦାନ କରିଲେ।

ଶ୍ରୋତା ଜଣକ ଭୟରେ ଥରହର ହେଲା। ଭରତଙ୍କ ଚରଣରେ ଲୋଟି ଅପରାଧ ସକାଶେ କ୍ଷମା ପ୍ରାର୍ଥନା କରୁଥାଏ। ଭରତ କହିଲେ - ଗୋଟିଏ ତୈଳପୂରିତ ଗିନା ଧରି ସମଗ୍ର ନଗର ଭ୍ରମଣ କରି ଆସିବାକୁ ହେବ। ଗୋଟିଏ ଟୋପା ତେଲ ମଧ୍ୟ ଯଦି ତଳେ ପଡ଼ିଯାଏ ତେବେ ମୃତ୍ୟୁ ସୁନିଶ୍ଚିତ। ଅନ୍ୟ ବିକଳ୍ପ ନାହିଁ।

ତୈଳ ଛଳଛଳ ଗୋଟିଏ ଗିନାଧରି ସେ ବହୁତ ସତର୍କତାର ସହିତ ରାଜଧାନୀର ଗଳିକନ୍ଦି ବୁଲି ସମ୍ରାଟଙ୍କ ସମ୍ମୁଖରେ ଉପସ୍ଥିତ ହେବାରୁ ସମ୍ରାଟ ପଚାରିଲେ - ନଗର ଭ୍ରମଣ କରିଆସିଲ।

ହଁ, ଆଜ୍ଞା ଅଭିଯୁକ୍ତ ଆଶ୍ୱସ୍ତି ସହକାରେ ଉତ୍ତର ଦେଲା।

ସମ୍ରାଟ - ନଗରରେ କ'ଣ ସବୁ ଦେଖିଲ ?

ଅଭିଯୁକ୍ତ - ନା, ସମ୍ରାଟ ! ମୁଁ କିଛି ବି ଦେଖିନାହିଁ।

ସମ୍ରାଟ - ନାଟକ ତ' ଦେଖିଥିବ ?

ଅଭିଯୁକ୍ତ - ନା, ଧର୍ମାବତାର। ମୃତ୍ୟୁ ବ୍ୟତୀତ ଆଉ କିଛି ମୋତେ ଦିଶୁ ନ ଥାଏ।

ସମ୍ରାଟ - ଗୀତ-ସଙ୍ଗୀତର ଲହରି କେମିତି ଲାଗିଲା ?

ଅଭିଯୁକ୍ତ - ସମ୍ରାଟଙ୍କୁ ସାକ୍ଷ୍ୟ ଦେଇ କହୁଛି ମୃତ୍ୟୁର ଗୁଣୁଗୁଣୁ ଶବ୍ଦ ଛଡ଼ା ଆଉ କିଛି ମଧ୍ୟ ଶୁଣିବାକୁ ମୁଁ ପାଇନାହିଁ।

ସମ୍ରାଟ - ମୃତ୍ୟୁର ଏତେ ଡର।

ଅଭିଯୁକ୍ତ - ସମ୍ରାଟ ଏହି କଥା କିପରି ବୁଝିବେ ? ମୃତ୍ୟୁଦଣ୍ଡ ପାଇଥିବା ଲୋକ ହିଁ ତାହା ଜାଣିଥାଏ।

ସମ୍ରାଟ - ସମ୍ରାଟଙ୍କୁ ତମେ ଅମର ଭାବୁଥାଅ ବୋଧହୁଏ। ସମ୍ରାଟ ଅମର ନୁହନ୍ତି। ମୃତ୍ୟୁମୁଖରୁ କେହି ବଞ୍ଚିପାରିନାହିଁ। ତୁମେ ଗୋଟିଏ ଜୀବନର ଅନ୍ତ କଥାଭାବି ଡରିଯାଇଛ। ନାଟକ ଦେଖିଲ ନାହିଁ ଏବଂ ମନମତାଣିଆ ସଂଗୀତ ଶ୍ରବଣର ସ୍ୱାଦ ମଧ୍ୟ ନେଇପାରିଲ ନାହିଁ। ତେବେ ବନ୍ଧୁ ! ମୁଁ ମୃତ୍ୟୁର ଆବହମାନ ପରମ୍ପରା ସହିତ ପରିଚିତ । ଏହି ସାମ୍ରାଜ୍ୟ ମୋ ପାଇଁ ଆକର୍ଷଣୀୟ ହୋଇ ରହିନାହିଁ।

ସମ୍ରାଟଙ୍କ କରୁଣାମୟ ଚକ୍ଷୁ ଅଭିଯୁକ୍ତଙ୍କୁ ଅଭୟ ପ୍ରଦାନ କରୁଥାନ୍ତି। ମୃତ୍ୟୁଦଣ୍ଡ କେବଳ ଶିକ୍ଷାଦେବା ପାଇଁ। ଏହି ଅମରତ୍ୱ ପ୍ରତି ନିଷ୍ଠା, ସମ୍ରାଟଙ୍କୁ ସବୁଦିନ ପାଇଁ ମୃତ୍ୟୁଭୟରୁ ରକ୍ଷା କରିଥିଲା।

ଶ୍ରାମଣ୍ୟ ପଥର ପଥିକ

ସ୍ନାନ କରିବା ପାଇଁ ସମ୍ରାଟ ଭରତ ସ୍ନାନଗୃହକୁ ଯାଇ ଅଙ୍ଗୁରୀୟ ଉତାରି ଥୋଇଲେ। ଦେଖିବାକୁ ପାଇଲେ - ଅଙ୍ଗୁଳି ଶ୍ରୀହୀନ ହୋଇପଡ଼ିଛି। ପୁଣି ମୁଦ୍ରିକାଧାରଣ କରିବାରୁ ଶୋଭା ବଢ଼ିଯିବା ଦେଖିବାକୁ ପାଇଲେ। ପର-ପଦାର୍ଥ ଦ୍ୱାରା ଜାତ ଶୋଭା ହେଉଛି କୃତ୍ରିମ - ଏହି ଚିନ୍ତନରେ ବୁଡ଼ି ସହଜ ସୌନ୍ଦର୍ଯ୍ୟର ଅନ୍ୱେଷଣ କରିବାରେ ମନ ଦେଲେ। ଭାବନାର ପ୍ରବାହ ଊର୍ଦ୍ଧ୍ୱମୁଖୀ ହେଲା। କର୍ମ-ମଳ ପରିଷ୍କାର ହେଲା। କ୍ଷଣକ ମଧ୍ୟରେ ସେ ମୁନି, ବୀତରାଗ ଅବସ୍ଥା ଏବଂ କୈବଲ୍ୟକୁ ପ୍ରାପ୍ତ କରିଲେ। ଭାବନାର ଶୁଦ୍ଧତା ଦ୍ୱାରା ବ୍ୟବହାର ରାଇଜର କଟକଣା ସମାପ୍ତ ହେଲା। ବେଶ ପରିବର୍ତ୍ତନ କରିବାକୁ ପଡ଼ିଲା ନାହିଁ। ରାଜପ୍ରାସାଦ ତ୍ୟାଗ କରିବାର ଆବଶ୍ୟକତା ମଧ୍ୟ ରହିଲା ନାହିଁ। କେବଳ ଅନ୍ତଃସ୍ଥଳର ପବିତ୍ରତା ଏବଂ ସଂଯମର ସୁଅ ଛୁଟିଲା। ଭରତ, ପିତାଙ୍କ ପଥରେ ଆଗକୁ ବଢ଼ି ଚାଲିଲେ।

ଋଷଭଙ୍କ ପରେ

କାଳର ଚତୁର୍ଥ ଚରଣ ଦୁଃଷମ-ସୁଷମା ଆସି ଉପସ୍ଥିତ। ଏକ କୋଟି-କୋଟି ସାଗରରୁ ବୟାଳିଶ ହଜାର ବର୍ଷ କମ୍ ତା'ର ଅବଧି। ଏହି କାଳଖଣ୍ଡରେ କର୍ମ-କ୍ଷେତ୍ରର ସମୁଚିତ ବିକାଶ ଘଟିଲା। ଧର୍ମର ପର୍ଯ୍ୟାପ୍ତ ପ୍ରଚାର ପ୍ରସାର ହେଲା। ଏହି ଯୁଗରେ ଜୈନଧର୍ମର କୋଡ଼ିଏ ଜଣ ତୀର୍ଥଙ୍କର ହୋଇଯାଇଛନ୍ତି। ଏହିସବୁ ହେଉଛି ପ୍ରାଗ୍ ଐତିହାସିକ ଯୁଗର ଦର୍ଶନ। ଅନନ୍ତ ଅତୀତର ଚରଣ ଧୂଳିକୁ ସ୍ପର୍ଶ କରିବାର ସାମର୍ଥ୍ୟ ଇତିହାସର ନାହିଁ। ଇତିହାସ କେବଳ ପାଞ୍ଚହଜାର ବର୍ଷର ଗାଥା ଗାଇଥାଏ ଏବଂ ଏହାସକାଶେ କଳ୍ପନାଚକ୍ଷୁର ଆଶ୍ରୟ ନିଏ।

ସୌରାଷ୍ଟ୍ରର ଆଧ୍ୟାତ୍ମିକ ଚେତନା

ବୌଦ୍ଧ ସାହିତ୍ୟର ଉଦ୍‌ଭବ ମହାତ୍ମାବୁଦ୍ଧଙ୍କ ପୂର୍ବବର୍ତ୍ତୀ କାଳର ନୁହେଁ। ଜୈନ ସାହିତ୍ୟର ବହୁଳାଂଶ ଭଗବାନ ମହାବୀରଙ୍କ ପୂର୍ବବର୍ତ୍ତୀ ସମୟର ନୁହେଁ। କିନ୍ତୁ କିଛି ଅଂଶ ଭଗବାନ ପାର୍ଶ୍ୱନାଥଙ୍କ ପରମ୍ପରାର ମିଶିଯାଇଥିବାର ପ୍ରବଳ ସମ୍ଭାବନା ରହିଛି। ଭଗବାନ ଅରିଷ୍ଟନେମିଙ୍କ ପରମ୍ପରାର ସାହିତ୍ୟ ଉପଲବ୍ଧ ନୁହେଁ।

ବେଦର ଅସ୍ତିତ୍ୱ ପାଞ୍ଚହଜାର ବର୍ଷ ପ୍ରାଚୀନ ହୋଇଥିବାର ମାନ୍ୟତା ରହିଛି। ଶ୍ରୀକୃଷ୍ଣଙ୍କ ଯୁଗର ଉତ୍ତରବର୍ତ୍ତୀ କାଳଖଣ୍ଡର ସାହିତ୍ୟ ହିଁ ବର୍ତ୍ତମାନ ଉପଲବ୍ଧ। ଏହି ସାହିତ୍ୟିକ ଉପଲବ୍ଧି ଦ୍ୱାରା କୃଷ୍ଣଯୁଗ ପର୍ଯ୍ୟନ୍ତ ଏକ ରେଖାଚିତ୍ର ଟଣାଯାଇପାରିବ। ତା'ପୂର୍ବର ସ୍ଥିତି ସୁଦୂର ଅତୀତ ଗର୍ଭରେ ସମାହିତ।

ଛାନ୍ଦୋଗ୍ୟ ଉପନିଷଦ ଅନୁସାରେ ଶ୍ରୀକୃଷ୍ଣଙ୍କ ଆଧ୍ୟାତ୍ମିକ ଗୁରୁ ହେଉଛନ୍ତି ଘୋର ଆଙ୍ଗିରସ ଋଷି।[୧]

ଜୈନ ଆଗମମାନଙ୍କ ଅନୁସାରେ ଶ୍ରୀକୃଷ୍ଣଙ୍କ ଆଧ୍ୟାତ୍ମିକ ଗୁରୁ ହେଉଛନ୍ତି ବାଇଶତମ ତୀର୍ଥଙ୍କର ଅରିଷ୍ଟନେମି।[୨] ଘୋର ଆଙ୍ଗିରସ ଶ୍ରୀକୃଷ୍ଣଙ୍କୁ ଯେଉଁସବୁ ଧାରଣା ଉପଦେଶ ଦେଇଥିଲେ, ତାହା ଜୈନ ପରମ୍ପରାରୁ ଭିନ୍ନ ନୁହେଁ। ତୁମେ ହେଉଛ ଅକ୍ଷିତ୍-ଅକ୍ଷୟ, ଅଚ୍ୟୁତ-ଅବିନାଶୀ ଏବଂ ପ୍ରାଣ-ସଂଶିତ-ଅତି ସୂକ୍ଷ୍ମପ୍ରାଣ। ଏହି ତ୍ରୟୀ ଶୁଣିଲା ପରେ, ଶ୍ରୀକୃଷ୍ଣ ଅନ୍ୟ ବିଦ୍ୟାଗୁଡ଼ିକ ପ୍ରତି ବୀତସ୍ପୃହ ହୋଇପଡ଼ିଲେ।[୩] ଜୈନଦର୍ଶନ ଆତ୍ମବାଦର ଭିତ୍ତିରେ ଅବସ୍ଥିତ।[୪] ଘୋର ଆଙ୍ଗିରସ ଯେଉଁ ଉପଦେଶ ଦେଇଥିଲେ, ତା'ର ସମ୍ବନ୍ଧ ଆତ୍ମବାଦୀ ଧାରଣା ସହିତ ରହିଛି। 'ଇସିଭାସିୟ'ରେ ଆଙ୍ଗିରସ ନାମକ ପ୍ରତ୍ୟେକ-ବୁଦ୍ଧଙ୍କ ଉଲ୍ଲେଖ ରହିଛି। ଏହା ଭଗବାନ ଅରିଷ୍ଟନେମିଙ୍କ ଶାସନକାଳର ପ୍ରସଙ୍ଗ। ଏହି ଆଧାର ଫଳରେ ଏହି ଆକଳନ କରାଯାଇପାରିବ ଯେ ଘୋର ଆଙ୍ଗିରସ, ଅରିଷ୍ଟନେମିଙ୍କ ଶିଷ୍ୟ ହୋଇଥିବେ କିମ୍ବା ତାଙ୍କ ବିଚାର ଦ୍ୱାରା ପ୍ରଭାବିତ କୌଣସି ସନ୍ନ୍ୟାସୀ ହୋଇଥାଇପାରନ୍ତି।

କୃଷ୍ଣ ଓ ଅରିଷ୍ଟନେମିଙ୍କ ପାରିବାରିକ ସମ୍ବନ୍ଧ ରହିଥିଲା। ଅରିଷ୍ଟନେମି, ସମୁଦ୍ରବିଜୟଙ୍କ ପୁଅ ତଥା କୃଷ୍ଣ ଥିଲେ ବସୁଦେବଙ୍କ ପୁତ୍ର। ସମୁଦ୍ରବିଜୟ ଏବଂ ବସୁଦେବ ସହୋଦର ଭ୍ରାତା। କୃଷ୍ଣ ଅରିଷ୍ଟନେମିଙ୍କ ବିବାହ ସକାଶେ ପ୍ରଯତ୍ନ କରିଥିଲେ।[୫] ଅରିଷ୍ଟନେମିଙ୍କ ଦୀକ୍ଷା ସମୟରେ କୃଷ୍ଣ ନିଜେ ଉପସ୍ଥିତ ଥିଲେ।[୬] ଦୀକ୍ଷା ସମୟରେ ରାଜୀମତୀଙ୍କୁ ମଧ୍ୟ ଆଶୀର୍ବାଦ ଦେଇ ଭାବୁକ ହୋଇପଡ଼ିଥିଲେ।[୭]

କୃଷ୍ଣଙ୍କ ପ୍ରିୟ ଅନୁଜ ଗଜସୁକୁମାର ଅରିଷ୍ଟନେମିଙ୍କଠାରେ ଦୀକ୍ଷା ଗ୍ରହଣ କରିଥିଲେ।[୮]

କୃଷ୍ଣଙ୍କ ଆଠଜଣ ରାଣୀଙ୍କୁ ଅରିଷ୍ଟନେମି ପ୍ରବ୍ରଜିତ କରିଥିଲେ।[୯] କୃଷ୍ଣଙ୍କ ପୁଅ ଏବଂ ପରିବାରର ଅନେକ ସଦସ୍ୟ ମଧ୍ୟ ଅରିଷ୍ଟନେମିଙ୍କ ଶିଷ୍ୟତ୍ୱ ଗ୍ରହଣ କରିଥିଲେ।[୧୦] ଜୈନ ସାହିତ୍ୟରେ ଅରିଷ୍ଟନେମି ଓ କୃଷ୍ଣଙ୍କ ବାର୍ତ୍ତାଳାପ, ପ୍ରଶ୍ନୋତ୍ତର ଏବଂ ବହୁବିଧ ଚର୍ଚ୍ଚା ହୋଇଥିବାର ଉଲ୍ଲେଖ ରହିଛି।[୧୧]

ବେଦରେ କୃଷ୍ଣଙ୍କ ଦେବତ୍ୱର ଚର୍ଚ୍ଚା ନାହିଁ। ଛାନ୍ଦୋଗ୍ୟ ଉପନିଷଦରେ କୃଷ୍ଣଙ୍କ ଯଥାର୍ଥ ରୂପର ବର୍ଣ୍ଣନା ରହିଛି।[୧୨] ପୌରାଣିକ କାଳରେ କୃଷ୍ଣଙ୍କ ରୂପ ପରିବର୍ତ୍ତନ ହୋଇଛି। ସେ ସର୍ବଶକ୍ତିମାନ ଦେବରେ ପରିଣତ ହୋଇଛନ୍ତି। କୃଷ୍ଣଙ୍କ ବାସ୍ତବିକ ରୂପ ବର୍ଣ୍ଣନା ଆଗମ ସାହିତ୍ୟରେ ଉପଲବ୍ଧ।[୧୩] କୃଷ୍ଣ, ଅରିଷ୍ଟନେମିଙ୍କ ବ୍ୟକ୍ତିତ୍ୱ ଏବଂ ବାଣୀ ଦ୍ୱାରା ବେଶ୍ ପ୍ରଭାବିତ ଥିଲେ - ଏହାକୁ କେହି ମଧ୍ୟ ଅସ୍ୱୀକାର କରିପାରିବେ ନାହିଁ।

ସେ ସମୟରେ ସୌରାଷ୍ଟ୍ରର ଆଧ୍ୟାତ୍ମିକ ଚେତନାର ଆଲୋକ ସମଗ୍ର ଭାରତକୁ ଆଲୋକିତ କରିରଖିଥାଏ।

ତୀର୍ଥଙ୍କର ପାର୍ଶ୍ୱ

ତ୍ରୟୋବିଂଶ ତୀର୍ଥଙ୍କର ଭଗବାନ ପାର୍ଶ୍ୱ ହେଉଛନ୍ତି ଜଣେ ଇତିହାସ-ପୁରୁଷ। ଭଗବାନ ମହାବୀରଙ୍କଠାରୁ

[୧] ଛାନ୍ଦୋଗ୍ୟ ଉପନିଷଦ, ୩।୧୭।୬। [୨] ଜ୍ଞାତଧର୍ମକଥା, ୫। [୩] ଛାନ୍ଦୋଗ୍ୟ ଉପନିଷଦ, ୩।୧୭।୬। [୪] ଆୟାରୋ, ୧।୧।୧-୪। [୫] ଉତ୍ତରଜଝୟାଣି, ୨୨।୬,୮। [୬] ଉତ୍ତରଜଝୟାଣି, ୨୨।୨୫,୨୬। [୭] ଉତ୍ତରଜଝୟାଣି, ୨୨।୩୧। [୮] ଅନ୍ତକୃତ, ୩।୮। [୯] ଅନ୍ତକୃତ, ୫/୧-୮। [୧୦] ଅନ୍ତକୃତ, ୧/୧, ୧୦, ୨/୧-୮, ୪/୧-୧୦। [୧୧] ଜ୍ଞାତାଧର୍ମକଥା, । [୧୨] ଛାନ୍ଦୋଗ୍ୟ ଉପନିଷଦ, ୩।୧୭।୬। [୧୩] ଜ୍ଞାତାଧର୍ମକଥା, ୧୬

୨୫୦ ବର୍ଷ ଆଗରୁ ସେ ତୀର୍ଥ ପ୍ରବର୍ତ୍ତନ କରିଥିଲେ। ଭଗବାନପାର୍ଶ୍ୱଙ୍କ ପରମ୍ପରା, ଭଗବାନ ମହାବୀରଙ୍କ କାଳଖଣ୍ଡ ଯାଏ ନିରବଚ୍ଛିନ୍ନ ଭାବେ ପ୍ରବାହିତ ହୋଇଆସିଛି। ଭଗବାନ ମହାବୀରଙ୍କ ମାତାପିତା, ଭଗବାନ ପାର୍ଶ୍ୱଙ୍କ ଅନୁଯାୟୀ ଅହିଂସା ଓ ସତ୍ୟର ସାଧନାକୁ ସମଗ୍ର ସମାଜରେ ପ୍ରସାର କରିବାର ଶ୍ରେୟ ଭଗବାନ ପାର୍ଶ୍ୱଙ୍କର ରହିଛି। ଅହିଂସକ ପରମ୍ପରାର ଉନ୍ନୟନ କରି ସେ ଭାରି ଲୋକପ୍ରିୟ ହୋଇପାରିଥିଲେ। ଏହାର ସୂଚନା ଆମକୁ 'ପୁରିସାଦାଣୀୟ'[୧୪] (ପୁରୁଷାଦାନୀୟ) ବିଶେଷଣ ଦ୍ୱାରା ମିଳିଥାଏ। ଭଗବାନ ମହାବୀର, ଭଗବାନ ପାର୍ଶ୍ୱଙ୍କ ସକାଶେ ଏହି ବିଶେଷଣର ସମ୍ମାନପୂର୍ବକ ପ୍ରୟୋଗ କରୁଥିଲେ।

ଧର୍ମାନନ୍ଦକୌସମ୍ବୀ, ଭଗବାନ ପାର୍ଶ୍ୱଙ୍କ ସମ୍ବନ୍ଧରେ ନିର୍ଦ୍ଦିଷ୍ଟ ମାନ୍ୟତା ପ୍ରସ୍ତୁତ କରିଛନ୍ତି :

"ପରିକ୍ଷିତଙ୍କ ରାଜ୍ୟକାଳ ବୁଦ୍ଧଙ୍କଠାରୁ ତିନି ଶତାବ୍ଦୀ ପୂର୍ବର ବୋଲି କୁହାଯାଇପାରିବ ନାହିଁ। ପରିକ୍ଷିତଙ୍କ ପରେ ଜନ୍ମେଜୟ ରାଜସିଂହାସନ ଆରୋହଣ କରିଲେ। ସେ ମହାଯଜ୍ଞର ଆୟୋଜନ କରି କୁରୁଦେଶରେ ବୈଦିକ ଧର୍ମର ଧ୍ୱଜାରୋହଣ କରିଥିଲେ। ସେହି ସମୟରେ କାଶୀ-ଦେଶରେ ପାର୍ଶ୍ୱ ଏକ ନୂଆ ସଂସ୍କୃତିର ଭିତ୍ତି ସ୍ଥାପନ କରୁଥାନ୍ତି। ପାର୍ଶ୍ୱଙ୍କ ଜନ୍ମ ବାରାଣସୀ ନଗରୀରେ ମହାରାଜ ଅଶ୍ୱସେନଙ୍କ ରାଣୀ ବାମାଙ୍କ ଗର୍ଭରୁ ହୋଇଥାଏ। ଜୈନଗ୍ରନ୍ଥରେ ଏହି କଥା ରହିଛି। ପାର୍ଶ୍ୱଙ୍କ ନୂତନ ସଂସ୍କୃତି, କାଶୀରାଜ୍ୟରେ ଯଥାର୍ଥ ଭାବରେ ପଲ୍ଲବିତ ପୁଷ୍ପିତ ହୋଇଥିବା ମନେହୁଏ, କାରଣ ନିଜର ପ୍ରଥମ ଶିଷ୍ୟର ଅନ୍ୱେଷଣ ସକାଶେ ବୁଦ୍ଧଙ୍କୁ ମଧ୍ୟ ବାରାଣସୀ ଯିବାକୁ ପଡ଼ିଥିଲା।

ପାର୍ଶ୍ୱଙ୍କ ଧର୍ମ ଥିଲା ସହଜ ଓ ସରଳ। ହିଂସା, ଅସତ୍ୟ, ସ୍ତେୟ ଏବଂ ପରିଗ୍ରହ - ଏହି ଚାରିକଥାର ତ୍ୟାଗ ସକାଶେ ସେ ଉପଦେଶ ଦେଉଥିଲେ। ଏତେ ପ୍ରାଚୀନ ସମୟରେ ଅହିଂସାକୁ ଏକ ସୁସଂହତ ରୂପ ଦେବାର ଏହା ପ୍ରାରମ୍ଭିକ ଉଦାହରଣ ହୋଇରହିଛି।

ସିନାଇ ପର୍ବତ ଉପରେ ଈଶ୍ୱର, ମୋଜେସଙ୍କୁ ଯେଉଁ ଦଶଟି ଆଦେଶ ଦେଇଥିଲେ, ତନ୍ମଧ୍ୟରେ 'ହତ୍ୟାକରନାହିଁ' ଏହାର ମଧ୍ୟ ସମାବେଶ ରହିଥିଲା। କିନ୍ତୁ ସେହି ଆଜ୍ଞା ଶୁଣିସାରିଲା ପରେ ମୋଜେସ ଏବଂ ତାଙ୍କ ଅନୁଗାମୀ ପାଲେଷ୍ଟାଇନରେ ପଶି ରକ୍ତର ନଦୀ ବୁହାଇଥିଲେ। କେତେ ଯେ ଲୋକଙ୍କୁ ନୃଶଂସ ଭାବରେ ହାଣିଥିଲେ ଏବଂ ଅଗଣିତ ମହିଳାଙ୍କୁ ଧରି ଆପଣା ମଧ୍ୟରେ ବାଣ୍ଟି ନେଇଥିଲେ। ଏହିସବୁ ଦୁଷ୍କୃତ୍ୟକୁ ଯଦି ଅହିଂସା କୁହାଯିବ, ତେବେ ହିଂସା ପୁଣି କ'ଣ ? ତାତ୍ପର୍ଯ୍ୟ ହେଉଛି - ପାର୍ଶ୍ୱଙ୍କ ପୂର୍ବରୁ ଅହିଂସାଯୁକ୍ତ ତତ୍ତ୍ୱଜ୍ଞାନ ବା ପ୍ରକୃତ ଧର୍ମ, ଧରାପୃଷ୍ଠରେ ନ ଥିଲା।

ପାର୍ଶ୍ୱ ମୁନି ଆହୁରି ଏକ କାମ କଲେ। ସେ ଅହିଂସାକୁ, ସତ୍ୟ, ଅସ୍ତେୟ ଏବଂ ପରିଗ୍ରହ ସହିତ ସଂଯୁକ୍ତ କରିଥିଲେ। ଏହାଫଳରେ ପୂର୍ବେ ଯେଉଁ ଅହିଂସା କେବଳ ଋଷି-ମୁନିମାନଙ୍କ ଆଚରଣ ପର୍ଯ୍ୟନ୍ତ ସୀମିତ ହୋଇରହିଥିଲା ଏବଂ ଜନସାଧାରଣଙ୍କ ବ୍ୟବହାରରେ ସ୍ଥାନ ପାଇପାରି ନ ଥିଲା, ଏବେ ତାହା ଏହି ନିୟମଗୁଡ଼ିକ ସହିତ ଯୋଡ଼ିହୋଇ ସାମାଜିକ ଏବଂ ବ୍ୟବହାରିକ ହୋଇପଡ଼ିଲା।

ତୃତୀୟ କଥା ହେଲା - ପାର୍ଶ୍ୱ ମୁନି, ନିଜ ନୂଆଧର୍ମର ପ୍ରଚାର-ପ୍ରସାର ସକାଶେ ସଂଘର ସ୍ଥାପନା କରିଲେ। ବୌଦ୍ଧ ସାହିତ୍ୟରୁ ଏହି ତଥ୍ୟ ଜ୍ଞାତ ହୋଇଥାଏ ଯେ ବୁଦ୍ଧଙ୍କ ସମୟରେ ଯେତେ ସଂଘ ବିଦ୍ୟମାନ ଥିଲେ, ତନ୍ମଧ୍ୟରେ ଜୈନ ସାଧୁ ଏବଂ ସାଧ୍ୱୀ ସଂଘ ହିଁ ବିଶାଳତମ ଥିଲା।

ପାର୍ଶ୍ୱଙ୍କ ଆଗରୁ ବ୍ରାହ୍ମଣମାନଙ୍କ ବଡ଼ ସମୂହ ରହିଥିଲା। କିନ୍ତୁ ସେମାନେ କେବଳ ଯାଗ-ଯଜ୍ଞର ପ୍ରଚାର କରୁଥାନ୍ତି। କେତେକ ସଂଘ ଏହି ଯାଗ-ଯଜ୍ଞର ତିରସ୍କାର କରିବା ସହିତ ବଣରେ ରହି ତପସ୍ୟା କରୁଥିଲେ। ଅହିଂସା ଧର୍ମକୁ ତପସ୍ୟାର ଅଙ୍ଗଭାବି ତା'ର ଅନୁପାଳନ କରୁଥାନ୍ତି, କିନ୍ତୁ ସେମାନେ ସମାଜକୁ କୌଣସି ଉପଦେଶ କିମ୍ବା ମାର୍ଗଦର୍ଶନ ଦେଉ ନ ଥିଲେ। ଜନସାଧାରଣଙ୍କ ସହିତ ସେମାନଙ୍କ ସମ୍ପର୍କ ନ ଥିଲା କହିଲେ ଚଳିବ।

---

[୧୪] ଠାଣଂ, ୬/୭/୮ ଆଦି

ବୁଦ୍ଧଙ୍କ ପୂର୍ବରୁ ଯାଗ-ଯଜ୍ଞକୁ ଧର୍ମ ଭାବୁଥିବା ବ୍ରାହ୍ମଣମାନେ ରହିଥିଲେ ଏବଂ ବୁଦ୍ଧଙ୍କ ପରେ ଯାଗ-ଯଜ୍ଞରୁ ବୀତସ୍ପୃହ ହୋଇ ତପସ୍ୱୀମାନେ ବଣକୁ ଚାଲିଯାଇଥିଲେ। ବୁଦ୍ଧଙ୍କ ସମୟରେ ଏହି ବ୍ରାହ୍ମଣ ଓ ତପସ୍ୱୀମାନେ ନ ଥିଲେ - ଏହା ସତ୍ୟ ନୁହେଁ। ତେବେ ଏହି ଦୁଇ ପ୍ରକାର ଦୋଷକୁ ଦେଖିପାରୁଥିବା ତୃତୀୟ ପ୍ରକାର ସନ୍ନ୍ୟାସୀମାନେ ମଧ୍ୟ ରହିଥାନ୍ତି। ସେମାନଙ୍କ ମଧ୍ୟରେ ପାର୍ଶ୍ୱମୁନିଙ୍କ ଶିଷ୍ୟମାନଙ୍କୁ ପ୍ରଥମ ସ୍ଥାନରେ ରଖାଯାଇପାରିବ।[୧୫]

ଜୈନ ପରମ୍ପରା ଅନୁସାରେ ଚାତୁର୍ଯ୍ୟାମ ଧର୍ମର ପ୍ରଥମ ପ୍ରବର୍ତ୍ତକ ହେଉଛନ୍ତି - ଭଗବାନ ଅଜିତନାଥ ଏବଂ ଏହି ଚାତୁର୍ଯ୍ୟାମ ଧର୍ମର ଅନ୍ତିମ ପ୍ରବର୍ତ୍ତକ ହେଉଛନ୍ତି - ଭଗବାନ ପାର୍ଶ୍ୱ। ଦ୍ୱିତୀୟ ତୀର୍ଥଙ୍କରଙ୍କଠାରୁ ଆରମ୍ଭ ହୋଇ ତ୍ରୟୋବିଂଶ ତୀର୍ଥଙ୍କରଙ୍କ ପର୍ଯ୍ୟନ୍ତ ଏହି ଚାତୁର୍ଯ୍ୟ ଧର୍ମର ଉପଦେଶ ଦିଆହେଲା। କେବଳ ଭଗବାନ ଋଷଭ ଏବଂ ଭଗବାନ ମହାବୀର, ପଞ୍ଚ ମହାବ୍ରତ ଧର୍ମର ଉପଦେଶ ଦେଇଥିଲେ। ନିର୍ଗ୍ରନ୍ଥ ଶ୍ରମଣମାନଙ୍କ ସଂଘ ଭଗବାନ ଋଷଭଙ୍କ କାଳରୁ ରହିଆସିଛି, କିନ୍ତୁ ବର୍ତ୍ତମାନ ତାହା ଇତିହାସର ପରିଧି-ଭୁକ୍ତ ହୋଇ ରହିଯାଇଛି। ଇତିହାସ ଦୃଷ୍ଟିରୁ କୌଶମ୍ବୀ ମହାଶୟଙ୍କ ସଂଘବଦ୍ଧତା ସମ୍ବନ୍ଧୀୟ ଧାରଣା ହେଉଛି ଯଥାର୍ଥ।

---

[୧୫] ପାର୍ଶ୍ୱନାଥଙ୍କ ଚାତୁର୍ଯ୍ୟାମ ଧର୍ମ

॥ ୨ ॥

ଭଗବାନ ମହାବୀର

ସଂସାର ରୂପକ ଯୁଆଳିକୁ ଜନ୍ମ ଓ ମୃତ୍ୟୁ ନାମକ ଦୁଇଟି ବଳଦ ଟାଣିଥାନ୍ତି। ସଂସାରର ଅନ୍ୟ ପାର୍ଶ୍ୱ ହେଉଛି ମୁକ୍ତି। ସେଠାରେ ଜନ୍ମନାହିଁ କି ମୃତ୍ୟୁ ନାହିଁ। କେବଳ ଅମୃତ। ଅମରତ୍ୱ ସାଧନାରେ ତାହା ହେଉଛି ସାଧ୍ୟ। କୌଣସି ସାଧ୍ୟ ପୂର୍ତ୍ତି ପାଇଁ ମଣିଷ ସାଧାରରତଃ ଜନ୍ମ ନେଇ ନ ଥାଏ। ଜନ୍ମ ହେଉଛି ସଂସାରର ଅନିବାର୍ଯ୍ୟତା। ଜନ୍ମ ନେଉଥିବା ପ୍ରାଣୀ ଯୋଗ୍ୟତାସମ୍ପନ୍ନ ଏବଂ ସଂସ୍କାରଯୁକ୍ତ ହୋଇଥାଏ। ନିଜ ଯୋଗ୍ୟତା ଅନୁସାରେ ଆପଣା ସାଧ୍ୟର ନିର୍ଦ୍ଧାରଣ କରିଥାଏ। ଯା'ର ବିବେକ ଯେପରି, ତା'ର ସାଧ୍ୟ ଓ ସାଧନା ଠିକ୍ ସେହି ପ୍ରକାର ହୋଇଥାଏ - ଏହାହେଉଛି ଏକ ତଥ୍ୟ ଯା'ର କୌଣସି ବିକଳ୍ପ ନାହିଁ। ଭଗବାନ ମହାବୀର ମଧ୍ୟ ଏହି ତଥ୍ୟରୁ ରକ୍ଷା ପାଇପାରିନାହାନ୍ତି।

ଜନ୍ମ ଓ ପରିବାର

ଦୁଃଷମ-ସୁଷମା ପୂରା ହେବାକୁ ଆହୁରି ୭୪ ବର୍ଷ ୧୧ ମାସ ୭ ଦିନ ଓ ଅଧେ ଦିନ ବାକି ଥାଏ। ଗ୍ରୀଷ୍ମଋତୁ। ଚୈତ୍ର ଶୁକ୍ଳାତ୍ରୟୋଦଶୀର ମଧ୍ୟରାତ୍ର। ଭଗବାନ ମହାବୀର ଜନ୍ମଗ୍ରହଣ କଲେ। ଏହା ଖ୍ରୀ.ପୂ. ୫୯୯ର ଘଟଣା। ବିଦେହରେ କୁଣ୍ଡପୁର ନାମକ ନଗର। ତା'ର ଦୁଇଭାଗ ମଧ୍ୟରୁ ଉତ୍ତରାଞ୍ଚଳ କ୍ଷତ୍ରିୟ କୁଣ୍ଡ ଗ୍ରାମ ତଥା ଦକ୍ଷିଣାଞ୍ଚଳ ବ୍ରାହ୍ମଣ କୁଣ୍ଡଗ୍ରାମ ବୋଲାଉଥାନ୍ତି। ଭଗବାନଙ୍କ ଜନ୍ମ କ୍ଷତ୍ରିୟ କୁଣ୍ଡଗ୍ରାମରେ ହୋଇଥାଏ।

ଭଗବାନଙ୍କ ମା' ତ୍ରିଶଳା ଏବଂ ପିତା ସିଦ୍ଧାର୍ଥ ଥିଲେ କ୍ଷତ୍ରିୟ ଜାତୀୟ। ସେମାନେ ଥିଲେ ଭଗବାନ ପାର୍ଶ୍ୱଙ୍କ ପରମ୍ପରାର ଶ୍ରମଣୋପାସକ।[୧] ତ୍ରିଶଳା ହେଉଛନ୍ତି ବୈଶାଳୀ ଗଣରାଜ ମୁଖ୍ୟଚେଟକଙ୍କ ଭଉଣୀ। ସିଦ୍ଧାର୍ଥ ଥିଲେ କ୍ଷତ୍ରିୟକୁଣ୍ଡ ଗ୍ରାମର ଅଧିପତି।

ଭଗବାନଙ୍କ ବଡ଼ଭାଇଙ୍କ ନାମ ନନ୍ଦିବର୍ଦ୍ଧନ।[୨] ତାଙ୍କର ବିବାହ ଚେଟକଙ୍କ କନ୍ୟା ଜ୍ୟେଷ୍ଠା ସହିତ ହୋଇଥାଏ।[୩] ଭଗବାନଙ୍କ କକାଙ୍କ ନାମ ସୁପାର୍ଶ୍ୱ ଏବଂ ବଡ଼ ଭଉଣୀଙ୍କ ନାଆଁ ସୁଦର୍ଶନ।[୪]

ନାମ ଓ ଗୋତ୍ର

ଭଗବାନ, ମା' ତ୍ରିଶଳାଙ୍କ ଗର୍ଭରେ ପ୍ରବେଶ କରିଲା ଦିନଠାରୁ, ସମସ୍ତ ସମ୍ପଦାରେ ଦ୍ରୁତ ବୃଦ୍ଧି ଘଟିଲା, ତେଣୁ ବାପା-ମା' ତାଙ୍କ ନାମ ବର୍ଦ୍ଧମାନ ରଖିଲେ।[୫]

ମହାବୀର ଜ୍ଞାତ (ନାଗ) ନାମକ କ୍ଷତ୍ରିୟକୁଳରେ ଉତ୍ପନ୍ନ ହୋଇଥିଲେ। କୁଳ ଆଧାରରେ ତାଙ୍କନାମ ନାଗପୁତ୍ର ହୋଇଛି।[୬]

---

[୧] ଆୟାରଚୂଳା, ୧୫।୨୫: ସମଣସ୍ସ ଭଗବଧୋ ମହାବୀରସସ ଅମ୍ମାପିୟରେ। ପାସା-ବଚ୍ଚିଜ୍ଜା ସମଣୋବାସଗା ଯାବି ହୋତ୍ଥା। [୨] ଆୟାରଚୂଳା, ୧୫।୨୦। [୩] ଆବଶ୍ୟକଚୂର୍ଣ୍ଣି, ପୂର୍ବଭାଗ, ପତ୍ର ୨୪୫। [୪] ଆୟାରଚୂଳା, ୧୫।୨୦, ୨୧। [୫] ଆୟାରଚୂଳା, ୧୫।୧୩। [୬] ଅତୀତ କା ଅନାବରଣ ପୃ.୧୩୧-୪୩

ସୁଦୀର୍ଘ ସାଧନା କାଳରେ ସେ ଅନେକ କଷ୍ଟ ସହିତ ବୀର-ବୃତ୍ତି ଦ୍ୱାରା ଲଢ଼ିଥିଲେ। ଆପଣା ଲକ୍ଷ୍ୟରୁ କିଞ୍ଚିତ ମାତ୍ର ବିଚଳିତ ହେଲେନାହିଁ। ତେଣୁ ତାଙ୍କ ନାମ ମହାବୀର।[୭] ଏହି ନାମ ସର୍ବାଧିକ ପ୍ରଚଳିତ।

ସିଦ୍ଧାର୍ଥ କାଶ୍ୟପ-ଗୋତ୍ରୀୟ କ୍ଷତ୍ରିୟ ଥିଲେ।[୮] ପିତାଙ୍କ ଗୋତ୍ର ହିଁ ପୁତ୍ରର ଗୋତ୍ର ହୋଇଥାଏ। ଏହାଫଳରେ ମହାବୀର ମଧ୍ୟ କାଶ୍ୟପ-ଗୋତ୍ରୀୟ ବୋଲାଇଲେ।

ଯୌବନ ଓ ବିବାହ

ବାଳ-କ୍ରୀଡ଼ା ଉତ୍ତାରୁ ଅଧ୍ୟୟନ ସମୟ ଉପସ୍ଥିତ ହେଲା। ତୀର୍ଥଙ୍କର ଗର୍ଭକାଳରୁ ହିଁ ଅବଧି ଜ୍ଞାନସମ୍ପନ୍ନ ହୋଇଥାନ୍ତି। ମହାବୀର ମଧ୍ୟ ଅବଧି-ଜ୍ଞାନୀ ଥିଲେ। ସେ ବିଦ୍ୟାଧ୍ୟୟନ ସକାଶେ ପହଞ୍ଚିଲେ। ଅଧ୍ୟାପକ ଯାହା ପଢ଼ାଇବାକୁ ଚାହୁଁଥାନ୍ତି, ତାହା ତାଙ୍କୁ ଜଣାଥିଲା। ଶେଷରେ ଅଧ୍ୟାପକ କହିଲେ - ଆପଣ ହେଉଛନ୍ତି ସ୍ୱୟଂସିଦ୍ଧ। ଆପଣଙ୍କ ସକାଶେ ପଢ଼ିବା ଆବଶ୍ୟକ ନୁହେଁ।

ଯୌବନ ବୟସରେ ମହାବୀରଙ୍କ ବିବାହ ହେଲା। ସେ ଥିଲେ ସହଜ ରୂପରେ ବିରକ୍ତ - ଅନାସକ୍ତ। ବିବାହର ଜମା ଇଚ୍ଛା ନ ଥିବା ସତ୍ତ୍ୱେ, ବାପା ମା'ଙ୍କ ଆଗ୍ରହ ଦେଖି ବିବାହ ପାଇଁ ରାଜିହେଲେ।[୯]

ଦିଗମ୍ବର ପରମ୍ପରା ଅନୁସାରେ ମହାବୀର ଥିଲେ ଅବିବାହିତ। ଶ୍ୱେତାମ୍ବର-ସାହିତ୍ୟ ଅନୁସାରେ ତାଙ୍କର ବିବାହ କ୍ଷତ୍ରିୟ କନ୍ୟା ଯଶୋଦାଙ୍କ ସହିତ ହୋଇଥାଏ।[୧୦] ସେମାନଙ୍କ ପ୍ରିୟଦର୍ଶନା ନାମ୍ନୀ କନ୍ୟାଟିଏ ମଧ୍ୟ ଜାତ ହୋଇଥିଲା।[୧୧] ପ୍ରିୟଦର୍ଶନାର ବିବାହ ନିଜ ଭଣଜା (ସୁଦର୍ଶନାର ପୁଅ) ଜମାଲି ସହିତ ହୋଇଥାଏ।[୧୨]

ମହାବୀରଙ୍କ ଶେଷବତୀ (ଅନ୍ୟନାମ ଯଶସ୍ୱତୀ) ନାମରେ ଦୌହିତ୍ରୀ ଜାତହୁଏ।[୧୩]

ମହାଭିନିଷ୍କ୍ରମଣ

ମହାବୀରଙ୍କୁ ଯେତେବେଳେ ଅଠେଇଶ ବର୍ଷ, ସେତେବେଳେ ପିତା-ମାତାଙ୍କ ଦେହାନ୍ତ ହୁଏ।[୧୪] ସେ ତତ୍‌କାଳ ଶ୍ରମଣ-ଦୀକ୍ଷା ଅଂଗିକାର କରିବାକୁ ଆଗଭର ହେଲେ। କିନ୍ତୁ ବଡ଼ଭାଇ ନନ୍ଦିବର୍ଦ୍ଧନଙ୍କ ଆଗ୍ରହ ଯୋଗୁଁ ଏହି କାର୍ଯ୍ୟରେ ବିଳମ୍ବ ହେଲା। ସେ ମହାବୀରଙ୍କୁ ଗୃହତ୍ୟାଗ ନ କରିବା ପାଇଁ ଜିଦ୍ ଧରିଲେ। ମହାବୀର, ଜ୍ୟେଷ୍ଠଭ୍ରାତାଙ୍କ ଆଗ୍ରହକୁ ଟାଳି ନ ପାରି ଆହୁରି ଦୁଇବର୍ଷ ଘରେ ରହିଲେ। ଏହି ଦୁଇବର୍ଷ ଏକାନ୍ତ ବିରକ୍ତି ମଧ୍ୟରେ ବିତିଗଲା। ଏହି ଅବଧିରେ ସେ କଞ୍ଚାଜଳ ପିଇବା ଛାଡ଼ିଦେଲେ, ରାତ୍ରି-ଭୋଜନରୁ ବିରତ ରହିଲେ ଏବଂ ବ୍ରହ୍ମଚର୍ଯ୍ୟ ପାଳନ କଲେ।

ତିରିଶ ବର୍ଷ ବୟସରେ ତାଙ୍କର ଅଭିନିଷ୍କ୍ରମଣ ହୁଏ। ଅମରତ୍ୱ ସାଧନା ସକାଶେ ସେ ହେଲେ ଅଗ୍ରସର। 'ଆଜିଠାରୁ ସମସ୍ତ ପାପ-କର୍ମ ହେଉଛି ଅକରଣୀୟ' - ଏହି ସଂକଳ୍ପ ସହିତ ସେ ଶ୍ରମଣ ହେଲେ।[୧୫]

ଶାନ୍ତି ଥିଲା ତାଙ୍କ ଜୀବନର ସାଧ। କ୍ରାନ୍ତି ତା'ର ସହଚର ପରିଣାମ। ବାରବର୍ଷ ପର୍ଯ୍ୟନ୍ତ ସେ ଶାନ୍ତି, ମୌନ, ଦୀର୍ଘ ତପସ୍ୱୀ ଜୀବନ ବିତାଇଥିଲେ।

ସାଧନା ଓ ସିଦ୍ଧି

ଯେଉଁଠାରେ ହିତ, ସେଠାରେ ତିଳେମାତ୍ର ଅହିତ ନାହିଁ - ଏହି ଧର୍ମ କାହାଦ୍ୱାରା ନିରୂପିତ ? ଯଥାର୍ଥବାଦ ଯେଉଁଠି ରହିଛି, ଅର୍ଥବାଦ ସେଠାରେ ନାହିଁ - କିଏ କରିଛନ୍ତି ଏହି ଧର୍ମର ବ୍ୟାଖ୍ୟା ?

---

[୭] ଆୟାରଚୂଳା, ୧୫।୧୬। [୮] ଆୟରଚୂଳା, ୧୫।୧୭। [୯] ଆୟରଚୂଳା, ୧୫।୧୫। [୧୦] ଆୟାରଚୂଳା, ୧୫।୨୨ ସମଣସ୍‌ସଣଂ ଭଗବଓ ମହାବୀରସ୍‌ସ ଭଜ୍‌ଜା ଜସୋୟା କୋଡିଣାଗୋତ୍ତେଣଂ।। [୧୧] ଆୟାରଚୂଳା, ୧୫।୨୩। [୧୨] କଳ୍ପସୂତ୍ର, ୧୦୯। [୧୩] ଆୟାରଚୂଳା, ୧୫।୨୪। [୧୪] ମହାବୀର କଥା, ପୃ.୧୧୩। [୧୫] ଆୟାରଚୂଳା, ୧୫।୩୨ : ସବ୍‌ବଂ ମେ ଅକରଣିଜ୍‌ଜଂ ପାବକମ୍ମଂ।

ଶ୍ରମଣ, ବ୍ରାହ୍ମଣ, ଗୃହସ୍ଥ ଏବଂ ଅନ୍ୟାନ୍ୟ ଧାର୍ମିକମାନେ ଏହି ପ୍ରଶ୍ନ ଜମ୍ବୁଙ୍କ ସମ୍ମୁଖରେ ଉପସ୍ଥାପିତ କରିଥିଲେ। ଜମ୍ବୁ ଏହି ପ୍ରଶ୍ନର ସମାଧାନ ସୁଧର୍ମାଙ୍କଠାରୁ ଚାହିଁଲେ। ଅମଙ୍ଗଳରୁ ଉତ୍ତପ୍ତ ଏବଂ ଅର୍ଥବାଦରୁ ବିରକ୍ତ ଲୋକମାନଙ୍କ ଦ୍ୱାରା ଏହି ପ୍ରଶ୍ନ କରାଯାଇଥିଲା।

ଜମ୍ବୁ କହିଲେ - ଗୁରୁଦେବ ! ମୋର ଜିଜ୍ଞାସା ବଢ଼ିଚାଲିଛି। ଲୋକେ ଭଗବାନ ମହାବୀରଙ୍କ ଧର୍ମର ଗଭୀର ଶ୍ରଦ୍ଧା ସହିତ ଶ୍ରବଣ କରୁଛନ୍ତି। ତାଙ୍କ ଜୀବନ ସମ୍ବନ୍ଧରେ କୌତୂହଳୀ ହୋଇ ଅନେକ ପ୍ରଶ୍ନ କରିଚାଲିଛନ୍ତି। ସେମାନେ, ମୋ ମଧ୍ୟରେ ବି ଏକ ପ୍ରକାର କୌତୂହଳ ସୃଷ୍ଟି କରିଦେଇଛନ୍ତି। ମୁଁ, ମହାବୀରଙ୍କ ଜୀବନ ଦର୍ଶନ କରିବା ସକାଶେ ସମୁତ୍ସୁକ। ଆପଣ ତାଙ୍କୁ ଅତି ନିକଟରୁ ଦେଖିଛନ୍ତି, ଶୁଣିଛନ୍ତି ଓ ଜାଣିଛନ୍ତି। ଏହି ହେତୁରୁ ମୁଁ ଆପଣଙ୍କଠାରୁ ତାଙ୍କର ଜ୍ଞାନ, ଶ୍ରଦ୍ଧା ଏବଂ ଶୀଳ ବିଷୟରେ କିଛି ଶୁଣିବାର ଆକାଂକ୍ଷା ରଖିଛି।

ସୁଧର୍ମା କହିଲେ - 'ଜମ୍ବୁ! ଯେଉଁ ଧର୍ମ ଅନ୍ୟ ଲୋକମାନଙ୍କୁ ଏବଂ ସ୍ୱୟଂ ମୋତେ ମହାବୀରଙ୍କ ଜୀବନ ଦର୍ଶନର ପ୍ରେରଣା ଦେଇଥାଏ, ତା'ର ମହାବୀରଙ୍କ ପୌଦ୍‌ଗଳିକ ଜୀବନ ସହିତ କିଞ୍ଚିତ ମାତ୍ର ସମ୍ବନ୍ଧ ନାହିଁ।

ଆଧ୍ୟାତ୍ମିକ ଜଗତରେ ଜ୍ଞାନ, ଦର୍ଶନ ଏବଂ ଶୀଳର ସମନ୍ୱିତି ହିଁ ଜୀବନ। ଭଗବାନ ମହାବୀର ଅନନ୍ତ ଜ୍ଞାନୀ, ଅନନ୍ତଦର୍ଶୀ, ଖେଦଜ୍ଞ ଏବଂ କ୍ଷେତ୍ରଜ୍ଞ ଥିଲେ - ଏହାହେଉଛି ତାଙ୍କର ଯଶସ୍ୱୀ ଜୀବନର ଦର୍ଶନ।

ଯେ ଅନ୍ୟର ଖେଦ ବା ପୀଡ଼ାକୁ ବୁଝିପାରେ ନାହିଁ, ସେ ଆପଣା ବ୍ୟଥାକୁ ମଧ୍ୟ ସମ୍ୟକ୍ ଭାବରେ ଜାଣିପାରେ ନାହିଁ। ଅନ୍ୟର ଆତ୍ମା ପ୍ରତି ଯା'ର ବିଶ୍ୱାସ ନାହିଁ, ତା'ର ନିଜ ଉପରେ ବି ବିଶ୍ୱାସ ନ ଥାଏ।

ଭଗବାନ ମହାବୀର, ଆତ୍ମା ସହିତ ଆତ୍ମାକୁ ତଉଲ କରିଥିଲେ। ସେ ଥିଲେ ଆତ୍ମ-ତୁଳାର ମୂର୍ତ୍ତ-ରୂପ। ସେ ନିଜେ ଦୁଃଖ-କଷ୍ଟ ସ୍ୱୀକାର କରିଥିଲେ, କିନ୍ତୁ ଅନ୍ୟ କାହାରିକୁ ଖେଦିତ କରି ନ ଥିଲେ। ତେଣୁ ସେ ଥିଲେ ଖେଦଜ୍ଞ। ତାଙ୍କର ଖେଦଜ୍ଞତାରୁ ଧର୍ମର ଅଜସ୍ର ପ୍ରବାହ ବହିଛି।

ଭଗବାନ ମହାବୀରଙ୍କ ଜୀବନ ଘଟଣା-ବହୁଳ ନ ହୋଇ ତପସ୍ୟା-ବହୁଳ ଥାଏ। ସେ ଥିଲେ ଦୀର୍ଘ ତପସ୍ୱୀ। ତାଙ୍କର ଜୀବନ-ଦର୍ଶନ ହେଉଛି ଧର୍ମର ଦର୍ଶନ। ଧର୍ମ କେବଳ ବାଣୀର ପ୍ରବାହ ନ ଥିଲା ବରଂ ଧର୍ମ, ମହାବୀରଙ୍କ ସାଧନା-ନିଃସୃତ।

ସେ ଦେଖିପାରିଲେ - ଉପରେ, ତଳେ ଏବଂ ମଧ୍ୟରେ ସବୁଠାରେ ଜୀବଜଗତର ଉପସ୍ଥିତି। ସେହି ଜୀବମାନେ ଚଳନଶୀଳ ଏବଂ ଅଚଳ ଉଭୟ ଅବସ୍ଥାରେ ଥିଲେ। ସେମାନେ ନିତ୍ୟ ବି ଥିଲେ ଅନିତ୍ୟ ମଧ୍ୟ ଥିଲେ। ଆତ୍ମା କେବେ ମଧ୍ୟ ଅନାତ୍ମା ହୋଇ ନ ପାରେ, ଏହି ଦୃଷ୍ଟିରୁ ତାହା ହେଉଛି ନିତ୍ୟ। କିନ୍ତୁ ଆତ୍ମାର ପର୍ଯ୍ୟାୟ ନିରନ୍ତର ପରିବର୍ତ୍ତନ ଘଟିଥାଏ, ସେହି ଦୃଷ୍ଟିରୁ ଆତ୍ମାକୁ ଅନିତ୍ୟ ମଧ୍ୟ କୁହାଯାଇପାରିବ। ଜନ୍ମ ଓ ମୃତ୍ୟୁ, ତା'ର ଦୁଇଟି ଦିଗ। ଦୁହେଁ ହେଉଛନ୍ତି ଦୁଃଖ। ଦୁଃଖର ହେତୁ - ବିଷମତା। ବିଷମତାର ବୀଜ ହେଉଛି ରାଗ ଓ ଦ୍ୱେଷ। ଭଗବାନ ସମତା ଧର୍ମର ନିରୂପଣ କରିଲେ। ସେହି ଧର୍ମର ମୂଳ ହେଉଛି - ବୀତରାଗ-ଭାବ।

ଭଗବାନ, ବଡ଼-ଛୋଟ ସମସ୍ତଙ୍କ ସକାଶେ ଗୋଟିଏ ଧର୍ମ ନିରୂପଣ କରିଯାଇଛନ୍ତି।

ଭଗବାନ କ୍ରିୟାବାଦ, ଅକ୍ରିୟାବାଦ, ଅଜ୍ଞାନବାଦ ଏବଂ ବିନୟବାଦ ଆଦି ସବୁ ବାଦକୁ ଭଲ ଭାବରେ ବୁଝି ପରେ ଆପଣା ମାର୍ଗ ବାଛିଥିଲେ।[୧୬] ସେ ସ୍ୱୟଂ ସଂବୁଦ୍ଧ ଥିଲେ। ନିର୍ଗନ୍ଥ ହେଲା ମାତ୍ରକେ ଭଗବାନ ନିଜ ଜନ୍ମଭୂମି ଛାଡ଼ି ଆଗକୁ ବଢ଼ିଚାଲିଲେ। ସେତେବେଳେ ହେମନ୍ତ ଋତୁ। ଭଗବାନଙ୍କ ପାଖରେ ଦେବ-ଦୂଷ୍ୟ ବସ୍ତ୍ର ଖଣ୍ଡିଏ ଥାଏ। ଶୀତ ସମୟରେ ପିନ୍ଧିବାର କଳ୍ପନା ମଧ୍ୟ ଭଗବାନ କରି ନ ଥିଲେ। ସେ ଥିଲେ କଷ୍ଟ-ସହିଷ୍ଣୁ। ତେର ମାସ ପର୍ଯ୍ୟନ୍ତ ସେହି ବସ୍ତ୍ର ତାଙ୍କ ପାଖରେ ସେମିତି ପଡ଼ିଥାଏ। ପରେ ତାକୁ ତ୍ୟାଗକରି ପୂର୍ଣ୍ଣ ଅଚଳ ବା ବସ୍ତ୍ରଶୂନ୍ୟ ଅବସ୍ଥାରେ ରହିଲେ। ସେ ସମ୍ପୂର୍ଣ୍ଣ ଭାବରେ ଅସଂଗ୍ରହୀ ଥିଲେ।

---

[୧୬] ସୂୟଗଡୋ, ୧।୬।୨୭

ଦଂଶକ କୀଟ-ପତଙ୍ଗ-ମଶା ଆଦି ଭଗବାନଙ୍କୁ ଚାରିମାସ ଯାଏ କ୍ଷତବିକ୍ଷତ କରିଚାଲିଲେ। ତାଙ୍କର ରକ୍ତ ପିଇବା ସହିତ ମାଂସ ମଧ୍ୟ ଭକ୍ଷଣ କଲେ। କିନ୍ତୁ ଭଗବାନ ଅଟଳ, ଅଚଳ। ସେ ଥିଲେ କ୍ଷମା-ଶୂର।

ଭଗବାନ ପହର-ପହର ଧରି ନିର୍ଦ୍ଦିଷ୍ଟ ଲକ୍ଷ୍ୟ ଉପରେ ଦୃଷ୍ଟିରଖି ଧ୍ୟାନ କରୁଥାନ୍ତି। ଗାଆଁର ପିଲାମାନେ ସେହି ସମୟରେ ସେଠାରେ ପହଞ୍ଚି ଭଗବାନଙ୍କୁ ଦେଖି କୋଳାହଳ ଏବଂ ଚିତ୍କାର କରନ୍ତି। କିନ୍ତୁ ଭଗବାନ ସ୍ଥିର-ଧ୍ୟାନଲୀନ।

ଭଗବାନଙ୍କୁ ପ୍ରତିକୂଳ କଷ୍ଟ ସହିବାକୁ ହେଉଥାଏ କିନ୍ତୁ ଅନୁକୂଳ କଷ୍ଟ ମଧ୍ୟ ତାଙ୍କୁ ସହିବାକୁ ପଡୁଥାଏ। ଜନାକୀର୍ଣ୍ଣ ବସ୍ତିରେ ରହୁଥିବା ସମୟରେ ଗାଆଁର ତରୁଣୀମାନେ ତାଙ୍କର ସୌନ୍ଦର୍ଯ୍ୟରେ ମୋହିତ ହୋଇ ତାଙ୍କଠାରେ ପ୍ରେମ ନିବେଦନ କରୁଥିଲେ। ଭଗବାନ, ତାହାକୁ ସାଧନାର ବାଧକ ଭାବି ସେମାନଙ୍କଠାରୁ ଦୂରତ୍ୱ ରଖୁଥାନ୍ତି। ସେ ସ୍ୱପ୍ରବେଶୀ ଅର୍ଥାତ୍ ଆତ୍ମଲୀନ ଥିଲେ।

ସାଧନା ସକାଶେ ଏକାନ୍ତବାସ ଓ ମୌନ-ଉଭୟ ଆବଶ୍ୟକ। ଯେ ନିଜକୁ ସାଧିତ ବା ବଶୀଭୂତ କରିପାରେ ନାହିଁ, ସେ ଭଲା ଅନ୍ୟର ହିତକୁ କିପରି ସାଧିତ କରିପାରିବ ? ଯେ ନିଜେ ଅପୂର୍ଣ୍ଣ, ସେ ପୂର୍ଣ୍ଣତାର ମାର୍ଗଦର୍ଶନ କରିପାରିବ ନାହିଁ।

ଭଗବାନ, ଗୃହସ୍ଥମାନଙ୍କ ସହିତ ମିଳା-ମିଶା ବନ୍ଦକରି ଧ୍ୟାନ କରୁଥାନ୍ତି। ପଚାରିଲେ ବି କିଛି ଉତ୍ତର ନ ଦେଇ ନୀରବ ରହୁଥାନ୍ତି। ଲୋକେ ଜମାହେଲେ, ସେ ଅନ୍ୟତ୍ର ଚାଲିଯାଉଥିଲେ।

କିଛି ଲୋକ ଅଭିବାଦନ, ଅଭିବନ୍ଦନ କରିଲେ ମଧ୍ୟ, ସେମାନଙ୍କୁ ପ୍ରତ୍ୟୁତ୍ତର ଦେଉ ନ ଥିଲେ। ଆଉ କିଛି ଲୋକ, ତାଙ୍କୁ ପିଟାମରା କରିଲେ ବି, ସେମାନଙ୍କୁ କିଛି ହେଲେ କହୁ ନ ଥାନ୍ତି। ଏପରି କଠୋର ଚର୍ଯ୍ୟାରେ ରତ ଥା'ନ୍ତି, ଯାହାକି ସମସ୍ତଙ୍କ ସକାଶେ ସହଜ ନୁହେଁ।

ଭଗବାନ ଅସହ୍ୟ କଷ୍ଟକୁ ସହନ କରିଚାଲିଥାନ୍ତି। ଭୀଷଣ କଷ୍ଟ ପ୍ରତି ଜମା ଖାତିର ନ ଥାଏ। ବ୍ୟବହାର ଦୃଷ୍ଟିରୁ ଦେଖିଲେ ତାଙ୍କର ଜୀବନ ଏକରକମ ନିରସ ପାଲଟି ଯାଇଥିଲା। ନୃତ୍ୟ ଓ ଗୀତ ପ୍ରତି ସାମାନ୍ୟ ଟିକିଏ ଆସକ୍ତି ନ ଥାଏ। ଦଣ୍ଡ-ଯୁଦ୍ଧ, ମୁଷ୍ଟି-ଯୁଦ୍ଧ ଆଦି ଖେଳ କଉତୁକ ଆଡ଼କୁ ଆଦୌ ନିଘା ନ ଥାଏ।

ସହଜ-ଆନନ୍ଦ ଏବଂ ଆତ୍ମିକ ଚୈତନ୍ୟର ଜାଗରଣ ନ ହେଲା ପର୍ଯ୍ୟନ୍ତ ବାହ୍ୟ ଉପକରଣ ଦ୍ୱାରା ଆନନ୍ଦପ୍ରାପ୍ତିର ଚେଷ୍ଟା ଜଣେ ଲୋକ କରିଥାଏ ଯା'ର ଚୈତନ୍ୟର ଆବରଣ ହଟିଯାଏ, ସହଜ ସୁଖର ସ୍ରୋତ ବହିଯାଏ। ସେଭଳି ବ୍ୟକ୍ତି ନିରସ ନୁହେଁ, ବରଂ ସମ-ରସ ଥାନ୍ତି। ବାହାରି ସଂସାଧନ ଦ୍ୱାରା ଆନ୍ତରିକ ନିରସତାକୁ ସରସତାରେ ପରିଣତ କରିବାକୁ ଚେଷ୍ଟିତ ଲୋକ ଏହାର ସମୁଚିତ ମୂଲ୍ୟାୟନ କରି ନ ପାରନ୍ତି।

ଭଗବାନ ସ୍ତ୍ରୀ-କଥା, ଭକ୍ତ-କଥା, ଦେଶ-କଥା ଏବଂ ରାଜ-କଥାରେ ଆଦୌ ଅଂଶଗ୍ରହଣ କରୁ ନ ଥିଲେ। ବରଂ ମଧ୍ୟସ୍ଥ ଭାବ ସହିତ ସୋମନଙ୍କୁ ଏଡ଼ାଇ ଦେଉଥାନ୍ତି। ଅନୁକୂଳ ଓ ପ୍ରତିକୂଳ ସମସ୍ତ କଷ୍ଟ, ଯାହାକି ସାଧନା ପଥରେ ପୂର୍ଣ୍ଣ ବିରାମ ସ୍ଥିତିର ନିର୍ମାଣ କରୁଥାନ୍ତି, ପ୍ରଭୁଙ୍କୁ ଲକ୍ଷ୍ୟଚ୍ୟୁତ କରିବାରେ ସମ୍ପୂର୍ଣ୍ଣ ଭାବରେ ବିଫଳ ହେଉଥିଲେ।

ଭଗବାନ, ପୁଦ୍‌ଗଳ ବା ବସ୍ତୁଜଗତ ପ୍ରତି ଆସକ୍ତି ସଦୃଶ ବିଜାତୀୟ ତତ୍ତ୍ୱର ନିଜେ ଆଶ୍ରୟ ନେଲେନାହିଁ କିମ୍ବା ସେମାନଙ୍କୁ ସଂରକ୍ଷଣ ଦେଲେନାହିଁ। ନିରପେକ୍ଷ ଭାବରେ ବଞ୍ଚିରହିଲେ।

ନିରପେକ୍ଷତାର ଆଧାର ହେଉଛି ବୈରାଗ୍ୟ ଭାବନା। ରକ୍ତ-ଦ୍ୱିଷ୍ଟ ଆତ୍ମା ସହିତ ପ୍ରତ୍ୟାଶା ଯୋଡ଼ି ହୋଇରହିଥାଏ। ଅପେକ୍ଷା ମାନେ ଦୁର୍ବଳତା। ଅପେକ୍ଷା ବା ପ୍ରତ୍ୟାଶାର ନ୍ୟୂନାଧିକତା ହିଁ ହେଉଛି ବ୍ୟକ୍ତିର ସବଳ ଓ ଦୁର୍ବଳ ହେବାର ମାପଦଣ୍ଡ।

ଶ୍ରାମଣ୍ୟ ସ୍ୱୀକାର କରିବାର ଦୁଇବର୍ଷ ପୂର୍ବରୁ ମହାବୀର ଅପେକ୍ଷାର ଉପେକ୍ଷା କରିଚାଲିଲେ। ସଜୀବ ଜଳ ପିଇବା ଛାଡ଼ି ନିଜର ଏକାକୀପଣ ଦେଖିବାକୁ ଲାଗିଲେ। କ୍ରୋଧ, ମାନ, ମାୟା ଏବଂ ଲୋଭର ଜ୍ୱାଳାକୁ ଶାନ୍ତ କରିପକାଇଲେ। ସମ୍ୟକ୍-ଦର୍ଶନର ରୂପ ଝଲସିଉଠିଲା। ପୌଦ୍‌ଗଳିକ ଆସ୍ଥା ଦୁର୍ବଳ ଓ ଶିଥିଳ ହେଲା।

ଭଗବାନ ମାଟି, ପାଣି, ଅଗ୍ନି, ବାୟୁ, ବନସ୍ପତି ଏବଂ ଚରଜୀବମାନଙ୍କ ଅସ୍ତିତ୍ୱ ସମ୍ବନ୍ଧରେ ଜାଣିଲେ। ସେମାନଙ୍କୁ ସଜୀବ ଜାଣି ସେମାନଙ୍କ ହିଂସାରୁ ନିଜକୁ ପୃଥକ କରିନେଲେ।

ଅଚର ଜୀବ ଅନ୍ୟ ଜନ୍ମରେ ଚର ଏବଂ ଚର ଜୀବ ପରଜନ୍ମରେ ଅଚର ହୋଇପାରନ୍ତି। ରାଗ-ଦ୍ୱେଷ ଯୁକ୍ତ ଜୀବ ଯେକୌଣସି ଯୋନିରୁ ଜାତ ହୋଇଥାନ୍ତି।

ଏହି ସଂସାର ହେଉଛି ଏକ ରଙ୍ଗଭୂମି। ଏଠାରେ ଜନ୍ମ-ମୃତ୍ୟୁର ଅଭିନୟ ନିରନ୍ତର ଚାଲିରହିଛି। ଭଗବାନ ମହାବୀର, ଏହି ବୈଚିତ୍ର୍ୟକୁ ହୃଦୟଙ୍ଗମ କରି ବୈରାଗ୍ୟର ଦୃଢ଼ ଭୂମିକାରେ ପାଦ ଦେଲେ।

ସେ ସଂସାରର ଉପାଦାନକୁ ଖୋଜିବାରେ ସଫଳ ହେଲେ। ତାଙ୍କ ଅନୁସାରେ ଉପାଧି-ପରିଗ୍ରହରେ ଆବଦ୍ଧ ପ୍ରାଣୀ ହିଁ କର୍ମବନ୍ଧ ହୋଇଥାନ୍ତି। କର୍ମ ହେଉଛି ସଂସାରଭ୍ରମଣର ହେତୁ। କର୍ମର ସ୍ୱରୂପକୁ ଜାଣି ଏବଂ ବୁଝି ତହିଁରୁ ଆପଣାକୁ ଅଲଗା କରିନେଲେ। ଜୀବନର ଅହିଂସାକୁ ପ୍ରୟୋଗ କରି ଅନ୍ୟମାନଙ୍କୁ ମାର୍ଗଦର୍ଶନ କରିଥିଲେ। ବାସନାକୁ ସମସ୍ତ କର୍ମପ୍ରବାହର ମୂଳ ଭାବି ସ୍ତ୍ରୀ-ସଙ୍ଗରୁ ବିରତ ରହିଲେ।

ଅହିଂସା ଏବଂ ବ୍ରହ୍ମଚର୍ଯ୍ୟ ହେଉଛନ୍ତି ସାଧନାର ଆଧାରଭୂତ ତତ୍ତ୍ୱ। ଅହିଂସା ହେଉଛି ବୈରତା-ବିଦ୍ୱେଷ-ବିହୀନ ସାଧନା ଏବଂ ଜୀବନର ପବିତ୍ରତା ହିଁ ବ୍ରହ୍ମଚର୍ଯ୍ୟ। ଶତ୍ରୁ-ହୀନ ଭାବ ବ୍ୟତିରେକେ ଆତ୍ମସାମ୍ୟର ଅନୁଭୂତି ତଥା ପବିତ୍ରତା ବିନା ବିକାଶର ମାର୍ଗଦର୍ଶନ ମିଳେନାହିଁ। ଏହା ଅନୁଭବ କରି ଭଗବାନ ଅହିଂସା ଏବଂ ବ୍ରହ୍ମଚର୍ଯ୍ୟର ସୂକ୍ଷ୍ମ ମନନ କରିଥିଲେ।

ସେ ଦେଖିଲେ - କର୍ମ ଦ୍ୱାରା ହିଁ ବନ୍ଧନ ଘଟୁଛି। ପାପ ନୁହେଁ, ତା'ର ମୂଳକୁ ଉପାଡ଼ି ଫିଙ୍ଗି ଦେଇଥିଲେ।

ମହାବୀରଙ୍କୁ ଖାଇବାକୁ ଦେବାପାଇଁ ପ୍ରସ୍ତୁତ ହେଉଥିବା ଖାଦ୍ୟ ସେ ଜମା ଗ୍ରହଣ କରୁ ନ ଥିଲେ। ବିଶୁଦ୍ଧ ଭିକ୍ଷା ଦ୍ୱାରା ଆପଣା ଜୀବନ ନିର୍ବାହ କରୁଥିଲେ। ଅହିଂସା ଏବଂ ବ୍ରହ୍ମଚର୍ଯ୍ୟ କ୍ଷେତ୍ରରେ ଆହାର ବିବେକ ନିତାନ୍ତ ଜରୁରୀ। ଯେଉଁ ଆହାର, ଜୀବ-ହିଂସାର ହେତୁ ସାଜିଥାଏ, ତାହା ହେଉଛି ଦୋଷଯୁକ୍ତ। ସେହିଭଳି ବ୍ରହ୍ମଚର୍ଯ୍ୟରେ ବାଧା ଉତ୍ପନ୍ନ କରୁଥିବା ଖାଦ୍ୟ ମଧ୍ୟ ଦୋଷଯୁକ୍ତ। ଆହାର ମୀମାଂସା ଫଳରେ ଅହିଂସା ଏବଂ ବ୍ରହ୍ମଚର୍ଯ୍ୟ ବିଶୁଦ୍ଧି ସହଜ ଭାବରେ ସାଧିତ ହୁଏ। ଭଗବାନଙ୍କ ଆହାର - ଜଳ ଆଦିର ପରିମାଣ ସମ୍ବନ୍ଧରେ ବିଶେଷ ଜ୍ଞାନ ରହିଥାଏ। ରସ ଲୋଲୁପତାଠାରୁ ନିଜକୁ ଦୂରେଇ ରଖୁଥାନ୍ତି। ସେ ଭୋଜି-ଭାତରେ ସମ୍ମିଳିତ ହେଉ ନ ଥିଲେ କିମ୍ବା ଦୁର୍ଭିକ୍ଷ ଭୋଜନରେ ବି ଅଂଶଗ୍ରହଣ କରୁ ନ ଥିଲେ। ସରସ ଭୋଜନ ପ୍ରାପ୍ତିର କାମନା ତାଙ୍କର ସମାପ୍ତ ହୋଇଯାଇଥାଏ। ସର୍ବଦା ଅନାସକ୍ତ ଭାବରେ କେବଳ ଜୀବନଯାତ୍ରା ସକାଶେ ଭୋଜନ ଗ୍ରହଣ କରୁଥାନ୍ତି। ଅନାସକ୍ତି ଭାବକୁ ପରିପୁଷ୍ଟ କରିବା ସକାଶେ ସେ ଶରୀର ପରିଚର୍ଯ୍ୟାକୁ ତ୍ୟାଗ କରିଦେଇଥିଲେ। ଚର୍ମ କୁଣ୍ଡେଇ ହେଲେ ବି ସେ ଧ୍ୟାନ ଦେଉ ନ ଥିଲେ। ଆଖିକୁ ମଧ୍ୟ ପରିଷ୍କାର କରିବାର ପ୍ରଯତ୍ନ କରୁ ନ ଥିଲେ। ସଂଗ-ତ୍ୟାଗ ଦୃଷ୍ଟିରୁ ଗୃହସ୍ଥଙ୍କ ପାତ୍ରରେ ଭୋଜନ କରୁନଥିଲେ କିମ୍ବା ସେମାନଙ୍କ ବସ୍ତ୍ରଧାରଣ ମଧ୍ୟ କରୁ ନ ଥିଲେ।

ଭଗବାନଙ୍କ ଦୃଷ୍ଟି-ସଂଯମ ଥିଲା ଅନୁତ୍ତର। ଚାଲିବା ସମୟରେ ସେ ଏପଟ-ସେପଟକୁ ଜମା ଦେଖୁ ନ ଥିଲେ। ପଛକୁ ଲେଉଟି ଚାହୁଁ ନ ଥିଲେ। କେହି ଡାକିଲେ ବି ନୀରବ ରହୁଥିଲେ। କେବଳ ରାସ୍ତା ପ୍ରତି ତାଙ୍କର ଦୃଷ୍ଟି ନିବଦ୍ଧ ରହୁଥିଲା।

ମହାବୀର ଥିଲେ ପ୍ରକୃତି-ବିଜେତା। ପ୍ରବଳ ଶୀତ ସମୟରେ ବି ସେ ମେଲା ଶରୀରରେ ବୁଲୁଥାନ୍ତି। ସର୍ଦ୍ଦିକୁ ନ ଡରି ସେ ହାତକୁ ସଂକୁଚିତ କରୁ ନ ଥିଲେ। ବରଂ ହାତକୁ ପ୍ରସାରିତ କରି ଭ୍ରମଣ କରୁଥାନ୍ତି। ଭଗବାନ ଥିଲେ ଅପ୍ରତିବଦ୍ଧବିହାରୀ ଏବଂ ପରିବ୍ରାଜକ। କେବେ କେମିତି ଶିଳ୍ପ-ଶାଳା, ନିର୍ଜନ ଘର, କୁଡ଼ିଆ, ପ୍ରପା ବା ଜଳଛତ୍ର, ଦୋକାନଘର, କମାରଶାଳ, ବିଶ୍ରାମଗୃହ, ଆରାମ-ଘର, ଶ୍ମଶାନ, ବୃକ୍ଷ-ମୂଳ ଆଦି ସ୍ଥାନରେ ବି ରହିଯାଉଥାନ୍ତି। ଏହି ପ୍ରକାରେ ଭଗବାନ ବାରବର୍ଷ ଛଅମାସ ପନ୍ଦରଦିନ କଠୋର-ଚର୍ଯ୍ୟା-ପାଳନପୂର୍ବକ ଆତ୍ମ-ସମାଧିରେ ଲୀନ ଥାନ୍ତି। ଏହି ସାଧନା-କାଳରେ ସେ ସମାହିତ ହୋଇସାରିଥିଲେ। ନିଜ ଭିତରେ ପ୍ରବେଶ କରିସାରିଥିଲେ। ଦିନ-ରାତି ଉଦ୍ୟମ କରୁଥିଲେ। ତାଙ୍କର ଅନ୍ତଃକରଣ ସତତ କ୍ରିୟାଶୀଳ ବା ଆତ୍ମାନ୍ୱେଷୀ ଥିଲା।

ଭଗବାନ ଅପ୍ରମତ୍ତ ଅବସ୍ଥାକୁ ପ୍ରାପ୍ତ ହେଲେ। ସେ ଭୟ ଏବଂ ଦୋଷକାରକ ପ୍ରବୃତ୍ତିଠାରୁ ଦୂରେଇଯାଇ ସତତ ଜାଗରୂକ ରହୁଥାନ୍ତି।

ଧ୍ୟାନ କରିବା ପାଇଁ ସମାଧି (ଆତ୍ମ-ଲୀନତା ବା ଚିତ୍ତ-ସ୍ୱାସ୍ଥ୍ୟ), ଯତ୍ନଶୀଳତା ଏବଂ ଜାଗରୂକତା ଆବଶ୍ୟକ ହୋଇଥାଏ। ଭଗବାନ ଆତ୍ମିକ ବାତାବରଣକୁ ଧ୍ୟାନ-ଅନୁକୂଳ କରିଥିଲେ। ବାହାରି ବାତାବରଣକୁ ଜୟ କରିବା ମଣିଷର ସାମର୍ଥ୍ୟ ମଧ୍ୟରେ ରହିଛି, କିନ୍ତୁ ସେହି ବାତାବରଣକୁ ବଦଳିବାରେ ସେ ବହୁଧା ବିଫଳ ହୋଇଥାଏ। ଆଭ୍ୟନ୍ତରୀଣ ବାତାବରଣକୁ ପରିବର୍ତ୍ତିତ କରାଯାଇପାରିବ। ଭଗବାନ ଏହି ସାମର୍ଥ୍ୟର ଭରପୂର ଉପଯୋଗ କରିଥିଲେ। ନିଦ୍ରା ଉପରେ ବିଜୟଲାଭ କରିଥିଲେ। ଦିନ-ରାତିର ଅଧିକାଂଶ ଭାଗ ଛିଡ଼ାହୋଇ ଧ୍ୟାନରେ ବ୍ୟତୀତ କରୁଥାନ୍ତି। କିଛି ସମୟ ବିଶ୍ରାମ କରୁଥିଲେ ଅଥଚ ନିଦକୁ ପରିହାର କରୁଥାନ୍ତି। ନିଦ ଲାଗିଲେ, ପୁଣି ଛିଡ଼ାହୋଇ ଧ୍ୟାନସ୍ଥ ହୋଇପଡୁଥାନ୍ତି। ଶୀତ-କାକର-ରାତିରେ ନିଦକୁ ଟାଳିବାକୁ ଯାଇ ଘଣ୍ଟା ଘଣ୍ଟା ପର୍ଯ୍ୟନ୍ତ ବାହାରେ ଧ୍ୟାନମଗ୍ନ ହୋଇପଡୁଥିଲେ।

ସମଗ୍ର ସାଧନାକାଳ ଅର୍ଥାତ୍ ବାରବର୍ଷ ଛଅମାସ ଏବଂ ଅଧେ ଭିତରେ ଭଗବାନ ମାତ୍ର ମୁହୂର୍ତ୍ତକ ସକାଶେ (୪୮ ମିନିଟ) ନିଦ୍ରାଧୀନ ହୋଇଥିଲେ। ଅବଶିଷ୍ଟ ସମୟ ଧ୍ୟାନ ଏବଂ ଆତ୍ମ-ଜାଗରଣରେ ବିତିଥିଲା।

ଭଗବାନ ତିତିକ୍ଷାର ପ୍ରୟୋଗଶାଳା ଥିଲେ। ଚଣ୍ଡକୌଶିକ ସାପ ତାଙ୍କୁ ଦଂଶନ କଲା। ସାପ, ନେଉଳ, ସରୀସୃପ ଜାତୀୟ ଜୀବ ତାଙ୍କୁ କଷ୍ଟ ଦେଉଥାନ୍ତି। ପକ୍ଷୀମାନେ ଚଞ୍ଚୁ-ନଖ-ଘାତ କରୁଥାନ୍ତି।

ଭଗବାନ ମୌନ ଧାରଣ ପୂର୍ବକ ନିର୍ଜନ ଗୃହମାନଙ୍କରେ ବାସ କରୁଥାନ୍ତି। ଫଳରେ ବହୁବିଧ କଷ୍ଟର ସମ୍ମୁଖୀନ ହେବା ସ୍ୱାଭାବିକ। ଗ୍ରାମ-ରକ୍ଷୀ, ରାଜକର୍ମଚାରୀ ଏବଂ ଦୁଷ୍କର୍ମା ଲୋକଙ୍କ କୋପଭାଜନ ହେଉଥାନ୍ତି। ଅନେକ ପ୍ରସଙ୍ଗରେ ଏମାନେ ଭଗବାନଙ୍କୁ ଭୀଷଣ ଯାତନା ଦେଉଥିଲେ।

ଭଗବାନ ବହୁ-ବାଦୀ ନ ଥିଲେ। ପ୍ରାୟ ମୌନ ରହୁଥିଲେ। ଆବଶ୍ୟକ ସମୟରେ ମଧ୍ୟ ବିଶେଷ କଥା ହେଉ ନ ଥିଲେ। ଏକାନ୍ତରେ ଛିଡ଼ା ହୋଇଥିବା ଦେଖି ଅନେକେ ପ୍ରଶ୍ନ କରୁଥାନ୍ତି ତୁମେ କିଏ ? ସେତେବେଳେ ସେ ନୀରବି ଯାଉଥାନ୍ତି। ଏହି ନୀରବତା ଯୋଗୁଁ ସେମାନେ ରାଗିଯାଇ ପ୍ରଭୁଙ୍କୁ କଷ୍ଟ ଦେଇଚାଲିଥାନ୍ତି। ପ୍ରଭୁ କ୍ଷମା-ଧର୍ମକୁ ସ୍ୱ-ଧର୍ମ ମଣି ସବୁକିଛି ସହନ କରି ନେଉଥିଲେ ଆପଣା ସମାଧି (ମାନସିକ ସନ୍ତୁଳନ ବା ସ୍ୱାସ୍ଥ୍ୟ)କୁ ବଜାୟ ରଖିଥାନ୍ତି।

ବେଳେବେଳେ ସେ ପ୍ରଶ୍ନକର୍ତ୍ତାଙ୍କ ସଂକ୍ଷିପ୍ତ ଉତ୍ତର ଦିଅନ୍ତି। ମୁଁ ଜଣେ ଭିକ୍ଷୁ - ଏତିକି କହି ପୁଣି ଧ୍ୟାନଲୀନ ହୋଇପଡୁଥାନ୍ତି।

ଦେବଗଣ ବି ଭଗବାନଙ୍କୁ ଭୟଙ୍କର ଉପସର୍ଗ ଦେଇଥିଲେ। ଗନ୍ଧ, ଶବ୍ଦ ଏବଂ ସ୍ପର୍ଶ ସମ୍ବନ୍ଧୀୟ ଅନେକ କଷ୍ଟ ତାଙ୍କୁ ସହିବାକୁ ପଡ଼ିଥିଲା।

କଷ୍ଟ କାହାରିକୁ ବି ଇଷ୍ଟ ନୁହେଁ - ଏହା ସ୍ୱାଭାବିକ। ଆମକୁ ପ୍ରିୟ ଲାଗିପାରେ କିମ୍ବା ଅପ୍ରିୟ ଲାଗିପାରେ, କିନ୍ତୁ ଜୀବନରେ ଦୁଃଖ କଷ୍ଟ ଆସିଥାଏ। କିଛି ଲୋକ ଏହି କଷ୍ଟକୁ ଜୀବନର ବିଶୁଦ୍ଧୀକରଣ ସକାଶେ ବରଦାନ ଭାବି ହସି ହସି ସହନ କରିନିଅନ୍ତି। କିଛି ଲୋକ ବିପଦବେଳାରେ ଅଧୀର ହୋଇପଡ଼ନ୍ତି। ପ୍ରକୃତରେ ଦେଖିବାକୁ ଗଲେ ଅଧୀରକୁ କଷ୍ଟ ସହିବାକୁ ହୋଇଥାଏ। ଅଥଚ ଧୀର ବ୍ୟକ୍ତି କଷ୍ଟ ସହିନିଏ।

ସାଧନା-ମାର୍ଗ ଏହାଠାରୁ ଢେର ଆଗରେ। ଏହି ମାର୍ଗରେ କଷ୍ଟକୁ ଆମନ୍ତ୍ରିତ କରାଯାଇଥାଏ। ସାଧନାଶୀଳ ଲୋକମାନେ ଦୁଃଖ-କଷ୍ଟକୁ ଆପଣା ପ୍ରାସାଦର ଦୃଢ଼ ସ୍ତମ୍ଭ ରୂପରେ ଦେଖିଥାନ୍ତି। କଷ୍ଟର ପ୍ରହାରରେ କାଳେ ସାଧନା-ପ୍ରାସାଦ ଧରାଶାୟୀ ହୋଇପଡ଼ିବ, ଏହି ଆଶଙ୍କାକୁ ଆକଳନ କରି ସାଧକ ଆଗରୁ କଷ୍ଟ-ଖମ୍ବ ମାନ ଛିଡ଼ା କରିଥାନ୍ତି। ବୁଝିବିଚାରି କଷ୍ଟକୁ ଆମନ୍ତ୍ରଣ କରିଆଣନ୍ତି। ଏଭଳି ସ୍ଥିତିରେ କଷ୍ଟର ଆଗମନରେ ଅରତି କିମ୍ବା କଷ୍ଟର ଅଭାବ ସମୟରେ ରତିର ଅନୁଭୂତି ହୁଏନାହିଁ। ଅରତି ଏବଂ ରତି ହେଉଛନ୍ତି ସାଧନାର ବାଧକତତ୍ତ୍ୱ। ଭଗବାନ ମହାବୀର ଉଭୟଙ୍କୁ ନିର୍ବିକାର ଭାବରେ ଆତ୍ମସାତ କରୁଥାନ୍ତି। ସେ ଥିଲେ ମଧ୍ୟସ୍ଥ। ରତି ଏବଂ ଅରତି ପ୍ରତି ଯେ ଆକର୍ଷିତ ହୁଏନାହିଁ, ସେ ହିଁ ପ୍ରକୃତରେ ମଧ୍ୟସ୍ଥ।

ଭଗବାନ ତୃଣ-ସ୍ପର୍ଶ ସହନ କରୁଥାନ୍ତି। ତୃଣାସନ ଉପରେ ଖୋଲା ଶରୀରରେ ବସୁଥିଲେ ଏବଂ ସୁଖନିଦ୍ରା

ମଧ୍ୟ ଯାଉଥିଲେ। ନିରାବୃତ ପାଦରେ ଏହି ତୀକ୍ଷ୍ଣ ତୃଣରାଜି ଉପରେ ଚାଲୁଥିଲେ। ଏହି କଣ୍ଟକାକୀର୍ଣ୍ଣ ଅବସ୍ଥାରେ ଡରିଯାଇ ସେ ବସ୍ତ୍ର ବ୍ୟବହାର କରୁ ନ ଥିଲେ।

ଭଗବାନ ଶୀତ-ସ୍ପର୍ଶ ସହୁଥିଲେ। ଶିଶିର ଋତୁରେ ଯେତେବେଳେ ଶୀତଳ ପବନ ମଣିଷର ଅସ୍ଥିପଞ୍ଜରାକୁ ଦୋହଲାଇ ଦେଉଥାଏ, ଅନ୍ୟ ସାଧୁମାନେ ବାୟୁଶୂନ୍ୟ ସ୍ଥାନ ଖୋଜୁଥିଲେ କିମ୍ବା ବସ୍ତ୍ରଧାରଣ କରିବାର କଥା ଚିନ୍ତା କରୁଥିଲେ। କିଛି ତାପସ ଧୁନୀ ଜଳାଇ ଶୀତରୁ ରକ୍ଷା ପାଉଥିଲେ। ଅନ୍ୟ କେତେକ ଦୁଆର ବନ୍ଦକରି ବିଶ୍ରାମ ନେଉଥିଲେ। ଏଭଳି ଭୀଷଣ ଶୀତକୁ ଭଗବାନ ଶରୀର-ନିରପେକ୍ଷ ହୋଇ ମେଲା ବାରଣ୍ଡା କିମ୍ବା ଖୋଲା କୋଠରିରେ ବସି ସହନ କରୁଥାନ୍ତି।

ଭଗବାନ ଆତାପନା ନେଉଥିଲେ। ସୂର୍ଯ୍ୟକୁ ମୁହଁ କରି ତାପ ଗ୍ରହଣ କରୁଥିଲେ। ମଶା ଏବଂ ବିଷାକ୍ତ ଜୀବମାନେ ତାଙ୍କର ନିରାବୃତ ଶରୀରକୁ ଦଂଶନ କରୁଥାନ୍ତି। ସେ ସବୁକିଛି ସମଭାବରେ ସହିଯାଉଥାନ୍ତି। ଭଗବାନ, ଆପଣା ସାଧନାର ପରୀକ୍ଷଣ କରିବା ଇଚ୍ଛାରେ ନିର୍ଗ୍ରନ୍ଥ-ସାଧୁ-ଚର୍ଯ୍ୟା ସହିତ ଅପରିଚିତ ଜନପଦରେ ବିଚରଣ କରିଥିଲେ। ସ୍ଥାନ ଏବଂ ଆସନ ପ୍ରସଙ୍ଗରେ ଅନେକ କଷ୍ଟ ସେ ହସି ହସି ସହୁଥାନ୍ତି। ସେଠାକାର ଅଧିବାସୀମାନେ ରୁକ୍ଷ-ଭୋଜୀ ହୋଇଥିବାରୁ, ସେମାନଙ୍କଠାରେ କ୍ରୋଧର ମାତ୍ରା ଅଧିକ ଥାଏ। ଭଗବାନଙ୍କୁ ମଧ୍ୟ ସେମାନଙ୍କ କ୍ରୋଧର ଶିକାର ହେବାକୁ ପଡୁଥାଏ। ଅଞ୍ଚଳ ସହିତ ସମ୍ପୂର୍ଣ୍ଣ ଅପରିଚିତ ଥିବାରୁ, ଯିବାଆସିବା ସମୟରେ କୁକୁରମାନେ ବାଧା ଉତ୍ପନ୍ନ କରୁଥିଲେ। କୁକୁରମାନେ ତାଙ୍କୁ କାମୁଡ଼ିବାକୁ ଚେଷ୍ଟା କରୁଥିଲେ। କିଛି ଲୋକ କୁକୁରମାନଙ୍କୁ ଘଉଡ଼ାଇ ପ୍ରଭୁଙ୍କୁ ରକ୍ଷା କରୁଥିଲେ ଏବଂ ଆଉ କିଛି ଲୋକ କୁକୁରଙ୍କୁ ମହାବୀରଙ୍କୁ କାମୁଡ଼ିବାକୁ ପ୍ରବର୍ତ୍ତାଉଥିଲେ। ସେଠାରେ ରହୁଥିବା ଅନ୍ୟ ଶ୍ରମଣମାନେ ହାତରେ ଲାଠିରଖି ମଧ୍ୟ କୁକୁରଙ୍କ ଦାଉରୁ ରକ୍ଷା ପାଉ ନ ଥିଲେ। ଭଗବାନଙ୍କ ପାଖରେ ଆତ୍ମରକ୍ଷାର କୌଣସି ସାଧନ ନ ଥାଏ, ଅଥଚ ଶାନ୍ତି ସହିତ ସେ ପରିବ୍ରଜନ କରୁଥାନ୍ତି।

ଭଗବାନଙ୍କ ସଂଯମ ଥିଲା ଅନୁତ୍ତର। ସୁସ୍ଥ ଅବସ୍ଥାରେ ମଧ୍ୟ ସେ ସ୍ୱଳ୍ପ ଆହାର ଗ୍ରହଣ କରୁଥିଲେ। ରୋଗାକ୍ରାନ୍ତ ହେଲେ ବି ସେ ଚିକିତ୍ସା କରୁ ନ ଥିଲେ କିମ୍ବା ଔଷଧ ଆଦି ମଧ୍ୟ ନେଉ ନ ଥିଲେ। ବିରେଚନ, ବମନ, ତୈଳ ମର୍ଦ୍ଦନ, ସ୍ନାନ, ଦାନ୍ତ-ଘଷା ଆଦିରୁ ବିରତ ରହୁଥାନ୍ତି। ତାଙ୍କ ପଥ ଇନ୍ଦ୍ରିୟମାନଙ୍କ ଦ୍ୱାରା ବାଧିତ ହେଉ ନ ଥାଏ। ଅଳ୍ପାହାର ଏବଂ ଔଷଧ ପରିହାର ସ୍ୱାସ୍ଥ୍ୟ ପକ୍ଷେ ସର୍ବଦା ହିତକର। ତେବେ ଉତ୍ତମ ସ୍ୱାସ୍ଥ୍ୟ ସକାଶେ ଭଗବାନ ସେସବୁ ପ୍ରୟୋଗ ନ କରି କେବଳ ଆତ୍ମୋତ୍ଥାନ ଦୃଷ୍ଟିରୁ କରୁଥାନ୍ତି। ତାଙ୍କର ସମସ୍ତ ଚର୍ଯ୍ୟା ଥାଏ ଆତ୍ମାଭିମୁଖୀ। ଅନ୍ନ-ଜଳ ବିନା ଦୁଇଦିନ, ପକ୍ଷ (ପନ୍ଦର ଦିନ), ମାସ ଏବଂ ଛଅମାସ ବିତାଇ ଦେଇଥିଲେ। ଉତ୍କଟୁକ, ଗୋଦୋହିକା ଆଦି ଆସନ ଏବଂ ଧ୍ୟାନକ୍ରିୟା ବଳରେ କଷାୟ ତଥା ଆସକ୍ତି ଉପରେ ବିଜୟଲାଭ କରିଲେ। ଏହାଥିଲା ତାଙ୍କର ନିରପେକ୍ଷ-ଭାବ କ୍ରିୟା। ଭଗବାନ ମୋହ ବା ରାଗକୁ ଜିଣି 'ଜିନ' ବୋଲାଇଲେ। ତାଙ୍କର ଅପ୍ରମତ୍ତ ସାଧନା ସଫଳ ହେଲା।

ଗ୍ରୀଷ୍ମଋତୁର ବୈଶାଖ ଶୁକ୍ଳ ଦଶମୀ। ଛାଇ ପୂର୍ବଦିଗରେ ଢଳିପଡ଼ିଥାଏ। ପଶ୍ଚିମ ପ୍ରହର, ବିଜୟ ମୁହୂର୍ତ୍ତ। ଉତ୍ତରା-ଫାଲଗୁନୀ ନକ୍ଷତ୍ର। ସେହି ପବିତ୍ର ବେଳାରେ ପ୍ରଭୁ ଜଂଭିୟ ଗ୍ରାମନଗର ବାହାରେ ଋଜୁବାଳିକା ନଦୀର ଉତ୍ତରକୂଳରେ ଶ୍ୟାମାକ, ଗାଥାପତିଙ୍କ କୃଷି-ଭୂମିରେ ବ୍ୟାବର୍ତ୍ତ ନାମକ ଚୈତ୍ୟ ନିକଟରେ, ଶାଳବୃକ୍ଷ ତଳେ 'ଗୋଦୋହିକା' ଆସନରେ ବସି ଈଶାନକୋଣକୁ ମୁହଁକରି ସୂର୍ଯ୍ୟର ଆତପ ଗ୍ରହଣ କରୁଥାନ୍ତି।

ଦୁଇଦିନର ନିର୍ଜଳ ଉପବାସ। ଭଗବାନ ଶୁକ୍ଳ ଧ୍ୟାନରେ ଲୀନ। ଧ୍ୟାନର ପରମ ଉତ୍କର୍ଷ। କ୍ଷପକ ଶ୍ରେଣୀ ଅବସ୍ଥାରେ ପ୍ରଭୁ ଉତ୍କ୍ରାନ୍ତ ହୋଇ ଆତ୍ମବିକାଶର ଅଷ୍ଟମ, ନବମ ଓ ଦଶମ ଅବସ୍ଥାକୁ ଅତିକ୍ରମ କରିଦେଲେ। ଦ୍ୱାଦଶ ଭୂମିକାରେ ପହଞ୍ଚିବା ବେଳକୁ ତାଙ୍କର ମୋହବନ୍ଧନ ପୂର୍ଣ୍ଣତଃ ଛିନ୍ନ ହେଲା। ସେ ବୀତରାଗ ଅବସ୍ଥାକୁ ପ୍ରାପ୍ତ ହେଲେ। ତ୍ରୟୋଦଶ ଭୂମିକାର ପ୍ରବେଶଦ୍ୱାର ଉନ୍ମୁକ୍ତ ହେଲା। ସେଠାର ଜ୍ଞାନାବରଣ, ଦର୍ଶନାବରଣ ଏବଂ ଅନ୍ତରାୟର ବନ୍ଧନ ସମ୍ପୂର୍ଣ୍ଣ ଭାବରେ ଛିନ୍ନ-ବିଚ୍ଛିନ୍ନ ହେଲା।

ଭଗବାନ ବର୍ତ୍ତମାନ ଅନନ୍ତ-ଜ୍ଞାନୀ, ଅନନ୍ତ-ଦର୍ଶୀ, ଅନନ୍ତ-ଆନନ୍ଦମୟ ଏବଂ ଅନନ୍ତବୀର୍ଯ୍ୟରେ ପରିଣତ ହେଲେ।

ଏବେ ସେ ସମସ୍ତ ଲୋକର ସମସ୍ତ ଜୀବଙ୍କ ସମସ୍ତ ଭାବ ଜାଣିପାରିଲେ ଓ ଦେଖିପାରିଲେ। ସାଧନା-କାଳ ଏବେ ସମାପ୍ତ। ସିଦ୍ଧି-କାଳୀନ ମର୍ଯ୍ୟାଦାରେ ସେ ଉପନୀତ।[୧୭] ତ୍ରୟୋଦଶ ବର୍ଷର ସପ୍ତମ ମାସରେ ସେ କେବଳୀ ହେଲେ।[୧୮]

ଧର୍ମର ସଂଘୀୟ ପ୍ରୟୋଗ

ଭଗବାନ ତାଙ୍କର ପ୍ରଥମ ପ୍ରବଚନ ଦେବ-ପରିଷଦରେ ପ୍ରଦାନ କରିଥିଲେ। ଦେବଗଣ ଅତିମାତ୍ରାରେ ବିଳାସ-ପ୍ରିୟ ହୋଇଥାନ୍ତି। ବ୍ରତ ଏବଂ ସଂଯମଠାରୁ ବହୁ ଦୂରରେ ରହନ୍ତି। ଭଗବାନଙ୍କ ପ୍ରଥମ ପ୍ରବଚନ ନିଷ୍ଫଳ ହେଲା। ଜଂଭିୟଗ୍ରାମ ନଗରରୁ ବିହାର କରି ମଧ୍ୟମ ପାବା ପୁରୀରେ ପହଞ୍ଚିଲେ। ସେଠାରେ ସୋମିଲ ନାମକ ବ୍ରାହ୍ମଣ ଏକ ବିରାଟ ଯଜ୍ଞର ଆୟୋଜନ କରିଥାନ୍ତି। ସେହି ଅନୁଷ୍ଠାନର ସଫଳ ସମ୍ପାଦନ ସକାଶେ ଇନ୍ଦ୍ରଭୂତି ଆଦି ଏଗାରଜଣ ବେଦବିଦ୍ ବ୍ରାହ୍ମଣ ଏକତ୍ରିତ ହୋଇଥାନ୍ତି।[୧୯]

ଭଗବାନଙ୍କ ସମ୍ବନ୍ଧରେ ଜାଣିବା ପରେ ସେମାନଙ୍କ ପାଣ୍ଡିତ୍ୟ ଭାବର ଉଦ୍ରେକ ହେଲା। ଇନ୍ଦ୍ରଭୂତି ଆପଣା ଆସନରୁ ଉଠି ଭଗବାନଙ୍କୁ ପରାଜିତ କରିବା ଉଦ୍ଦେଶ୍ୟରେ ନିଜ ଶିଷ୍ୟ ସମ୍ପଦା ସହିତ ପ୍ରଭୁଙ୍କ ସମବସରଣରେ (ଧର୍ମସଭା) ପହଞ୍ଚିଲେ।

ଇନ୍ଦ୍ରଭୂତିଙ୍କ ଜୀବ ପ୍ରତି ସନ୍ଦେହଭାବ ରହିଥାଏ। ଭଗବାନ ନିଜେ, ଇନ୍ଦ୍ରଭୂତିଙ୍କ ମନରେ ଖେଳୁଥିବା ଗୂଢ଼ତତ୍ତ୍ୱକୁ ଉପସ୍ଥାପନ କରି ଦେବାରୁ ଇନ୍ଦ୍ରଭୂତି ଚମକିପଡ଼ିଲେ। ତାଙ୍କର ପ୍ରଚ୍ଛନ୍ନ ଭାବର ପ୍ରକାଶନ ହୋଇସାରିଥିଲା। ଏତିକିରେ ତାଙ୍କର ଅନ୍ତରାତ୍ମା ଭଗବାନଙ୍କ ଚରଣରେ ନଇଁପଡ଼ିଲା।

ଭଗବାନ, ଇନ୍ଦ୍ରଭୂତିଙ୍କ ସମସ୍ତ ସନ୍ଦେହ ଦୂର କଲେ। ସେ ଉଠିପଡ଼ି ପ୍ରଭୁଙ୍କୁ ପ୍ରଣିପାତ ପୂର୍ବକ ତାଙ୍କ ଶିଷ୍ୟତ୍ୱ ଗ୍ରହଣ କରିଲେ। ପ୍ରଭୁ, ତାଙ୍କୁ ଛଅ ଜୀବ-ନିକାୟ, ପାଞ୍ଚ ମହାବ୍ରତ ଏବଂ ପଚିଶ ଭାବନା ଉପଦେଶ ଦେଲେ।[୨୦]

ଇନ୍ଦ୍ରଭୂତି ଥିଲେ ଗୌତମ-ଗୌତ୍ରୀୟ ବ୍ରାହ୍ମଣ। ଜୈନ ସାହିତ୍ୟରେ ସେ ଗୌତମ ନାମରେ ସୁବିଶ୍ରୁତ। ପ୍ରଭୁଙ୍କ ସହିତ ତାଙ୍କର ସମ୍ବାଦ ଏବଂ ପ୍ରଶ୍ନୋତ୍ତର ଏହି ନାଆଁରେ ଉପଲବ୍ଧ। ସେ ଥିଲେ ଭଗବାନଙ୍କ ପ୍ରଥମ ଗଣଧର ଏବଂ ଜ୍ୟେଷ୍ଠ ଶିଷ୍ୟ। ଭଗବାନ, ତାଙ୍କୁ ଶ୍ରଦ୍ଧା-ସମ୍ବଳ ଏବଂ ତର୍କ-ବଳ ଉଭୟ ପ୍ରଦାନ କରିଥିଲେ। ଜିଜ୍ଞାସା ଭାବକୁ ପ୍ରୋତ୍ସାହିତ କରିବାକୁ ଯାଇ ପ୍ରଭୁ କହିଲେ - ଯେ ସଂଶୟକୁ ଜାଣିଥାଏ, ସେ ସଂସାରକୁ ଜାଣିଥାଏ। ସଂଶୟ-ଅନଭିଜ୍ଞ ଲୋକ ସଂସାରକୁ ସମ୍ୟକ୍ ଭାବରେ ଜାଣିପାରେ ନାହିଁ।[୨୧]

ଏହି ପ୍ରେରଣାର ଫଳସ୍ୱରୂପ ଯେତେବେଳେ ସଂଶୟ କିମ୍ବା କୌତୂହଳ ଜାତହୁଏ ତଥା ଶ୍ରଦ୍ଧା ଉତ୍ପନ୍ନ ହୁଏ, ସେ ତୁରନ୍ତ ପ୍ରଭୁଙ୍କ ନିକଟରେ ପହଞ୍ଚି ସମାଧାନ ଲାଭ କରୁଥିଲେ।[୨୨]

ତର୍କ ସହିତ ଶ୍ରଦ୍ଧାର ସମନ୍ୱୟ ସ୍ଥାପନ କରି ଭଗବାନ କହିଲେ–

'ଗୌତମ! କିଛି ଲୋକ ପ୍ରୟାଣ-ବେଳାରେ ଶ୍ରଦ୍ଧାଶୀଳ ହୁଅନ୍ତି ଏବଂ ମୃତ୍ୟୁ ପର୍ଯ୍ୟନ୍ତ ଶ୍ରଦ୍ଧାଶୀଳ ରହନ୍ତି।'

'କିଛି ପ୍ରୟାଣ ବେଳାରେ ଶ୍ରଦ୍ଧାଶୀଳ ଥାନ୍ତି, କିନ୍ତୁ ପରେ ଅଶ୍ରଦ୍ଧାଶୀଳ ହୋଇପଡ଼ନ୍ତି।'

'ଆଉ କିଛି ପ୍ରୟାଣ ସମୟରେ ଅଶ୍ରଦ୍ଧାଶୀଳ ଥାନ୍ତି, ଅଥଚ ପରେ ଶ୍ରଦ୍ଧାଶୀଳ ହୋଇପଡ଼ନ୍ତି।'

'ଯା'ର ଶ୍ରଦ୍ଧା ସମ୍ୟକ୍ ନୁହେଁ, ତା'ଠାରେ ଥିବା ଭଲ-ମନ୍ଦ ସମସ୍ତ ତତ୍ତ୍ୱ ଅସମ୍ୟକ୍‌ରେ ପରିଣତ ହୁଏ।'

'ସମ୍ୟକ୍ ଶ୍ରଦ୍ଧାଯୁକ୍ତ ଲୋକଠାରେ ରହିଥିବା ସମସ୍ତ ତତ୍ତ୍ୱ ସମ୍ୟକ୍‌ରେ ପରିଣତ ହୁଏ।'[୨୩]

---

[୧୭] ଆୟାରଚୂଳା, ୧୫।୭୮ [୧୮] ଆୟାରଚୂଳା, ୧୫।୪୧ [୧୯] ଆୟାରଚୂଳା, ୧୫।୪୨ [୨୦] ଆୟାରଚୂଳା, ୧୫।୪୨ [୨୧] ଆୟାରୋ, ୫।୯ : ସଂସୟଂ ପରିଜାଣତୋ, ସଂସାରେ ପରିଣ୍ଣାତେ ଭବତି, ସଂସୟଂ ଅପରିଜାଣତୋ, ସଂସାରେ ଅପରିଣ୍ଣାତେ ଭବତି। [୨୨] ଭଗବତୀ, ୧।୧। [୨୩] ଆୟାରୋ, ୫।୯୬

'ଗୌତମ ! ତୁମେ ଶ୍ରଦ୍ଧାଶୀଳ ହୁଅ । ଶ୍ରଦ୍ଧାଶୀଳ ହିଁ ମେଧାବୀ ଅଟେ ।

ଇନ୍ଦ୍ରଭୂତିଙ୍କ ଘଟଣା ଶୁଣି ଅନ୍ୟ ପଣ୍ଡିତମାନେ ମଧ୍ୟ ଜଣ-ଜଣ କରି ଭଗବାନଙ୍କ ପାଖକୁ ଆସି ତାଙ୍କର ଶିଷ୍ୟତ୍ୱ ସ୍ୱୀକାର କରିଲେ । ସମସ୍ତଙ୍କ ମନରେ ସ୍ୱତନ୍ତ୍ର ସନ୍ଦେହ ରହିଥାଏ –

(୧) ଇନ୍ଦ୍ରଭୂତି - ଜୀବ ଅଛି ନା ନାହିଁ ?

(୨) ଅଗ୍ନିଭୂତି - କର୍ମ ଅଛି ନା ନାହିଁ ?

(୩) ବାୟୁଭୂତି - ଶରୀର ଓ ଜୀବ ଭିନ୍ନ କି ଅଭିନ୍ନ ?

(୪) ବ୍ୟକ୍ତ - ପୃଥ୍ୱୀ ଆଦି ଭୂତ ଅଛି ନା ନାହିଁ ?

(୫) ସୁଧର୍ମା - ଏଠାରେ ଯେ ଯେଉଁଭଳି ରହିଛି ପରଲୋକରେ ଠିକ୍ ସେହିପରି ରହିବ କି ?

(୬) ମଣ୍ଡିତପୁତ୍ର - ବନ୍ଧ-ମୋକ୍ଷ ଅଛି ନା ନାହିଁ ?

(୭) ମୌର୍ଯ୍ୟପୁତ୍ର - ଦେବ ଅଛନ୍ତି ନା ନାହାନ୍ତି ?

(୮) ଅକମ୍ପିତ - ନରକ ଅଛି ନା ନାହିଁ ?

(୯) ଅଚଳଭ୍ରାତା - ପୁଣ୍ୟର ମାତ୍ରା-ଭେଦ ଦୁଃଖ-ସୁଖର କାରଣ ହୋଇଥାଏ ନା ପାପ ତା'ଠାରୁ ଭିନ୍ନ ?

(୧୦) ମେତାର୍ଯ୍ୟ - ଆତ୍ମାର ଅସ୍ତିତ୍ୱ ଥିବା ସତ୍ତ୍ୱେ ପରଲୋକ ରହିଛି ନା ନାହିଁ ?

(୧୧) ପ୍ରଭାସ - ମୋକ୍ଷ ରହିଛି ନା ନାହିଁ ?[୨୪]

ଭଗବାନ ସେମାନଙ୍କ ପ୍ରଚ୍ଛନ୍ନ ସନ୍ଦେହକୁ ପ୍ରକାଶିତ ଓ ସମାହିତ କରିପକାଇଲେ । ଫଳରେ ସମସ୍ତ ବିଦ୍ୱାନ ପ୍ରଭୁଙ୍କଠାରେ ସମର୍ପିତ ହେଲେ । ଏଭଳି ଭାବରେ ପ୍ରଥମ ପ୍ରବଚନର ଭଗବାନଙ୍କ ଶିଷ୍ୟ ସମ୍ପଦା ବୃଦ୍ଧିପାଇ ଚାରିହଜାର ଚାରିଶହରେ ପହଞ୍ଚିଲା ।

ଭଗବାନ ଇନ୍ଦ୍ରଭୂତି ଆଦି ଉପରୋକ୍ତ ଏଗାର ଜଣ ବିଦ୍ୱାନ ଶିଷ୍ୟଙ୍କୁ ଗଣଧର ପଦରେ ନିଯୁକ୍ତ କରିଥିଲେ । ଭଗବାନଙ୍କ ତୀର୍ଥ ବିସ୍ତାର ଲାଭକଲା । ନାରୀମାନେ ମଧ୍ୟ ପ୍ରବ୍ରଜ୍ୟା ଗ୍ରହଣ କଲେ । ସାଧ୍ୱୀ-ସଂଘର ନେତୃତ୍ୱ ଚନ୍ଦନବାଳାଙ୍କ ହାତରେ ନ୍ୟସ୍ତ କରିଥିଲେ । ପରେ ମହାବୀରଙ୍କ ସଂଘରେ ୧୪୦୦୦ ସାଧୁ ଏବଂ ୩୬୦୦୦ ସାଧ୍ୱୀ ଦୀକ୍ଷିତ ହୋଇଥିଲେ ।

ସ୍ତ୍ରୀ-ଜାତିକୁ ସାଧ୍ୱୀ ହେବାର ଅଧିକାର – ପ୍ରଦାନ ହେଉଛି ଭଗବାନ ମହାବୀରଙ୍କ ଉତ୍କୃଷ୍ଟ ମନୋବଳର ପରିଚାୟକ । ସେ ସମୟରେ ଅନ୍ୟ ଧର୍ମର ଆଚାର୍ଯ୍ୟମାନେ ଏପରି କରିବାର ସାହସ କରୁ ନ ଥିଲେ । ଆଚାର୍ଯ୍ୟ ବିନୋବା ଭାବେ ଏହି ପ୍ରସଙ୍ଗକୁ ବଡ଼ ମାର୍ମିକ ଢଙ୍ଗରେ ଚିତ୍ରଣ କରି ଲେଖିଛନ୍ତି – 'ମହାବୀରଙ୍କ ସମ୍ପ୍ରଦାୟରେ ସ୍ତ୍ରୀ-ପୁରୁଷ ମଧ୍ୟରେ କୌଣସି ପ୍ରକାର ଭେଦ କରାଯାଇନାହିଁ । ପୁରୁଷମାନଙ୍କୁ ଯେତିକି ଅଧିକାର ପ୍ରାପ୍ତ, ସେ ସମସ୍ତ ଅଧିକାର ମହିଳାମାନଙ୍କୁ ମଧ୍ୟ ଦିଆଯାଇଛି । ଯେଉଁ ସାମାନ୍ୟ ଅଧିକାରଗୁଡ଼ିକର ଚର୍ଚ୍ଚା ଆଜି ଜୋରସୋରରେ ହେଉଛି ମୁଁ ସେମାନଙ୍କ କଥା କହୁନାହିଁ । ସେ ସମୟରେ ବୋଧହୁଏ ସେଭଳି ଅଧିକାରଗୁଡ଼ିକର ଆବଶ୍ୟକତା ନ ଥାଇପାରେ, କିନ୍ତୁ ମୁଁ ଆଧ୍ୟାତ୍ମିକ ଅଧିକାରର କଥା କହୁଛି ।

ପୁରୁଷବର୍ଗକୁ ଯେତେ ଆଧ୍ୟାତ୍ମିକ ଅଧିକାର ମିଳିଛି, ସ୍ତ୍ରୀମାନଙ୍କୁ ମଧ୍ୟ ସେହିସବୁ ଅଧିକାର ମିଳିବା ଉଚିତ । ଏହି ଆଧ୍ୟାତ୍ମିକ ଅଧିକାରରେ ମହାବୀର କୌଣସି ଭେଦ-ବୁଦ୍ଧି ରଖି ନ ଥିଲେ । ପରିଣାମସ୍ୱରୂପ ତାଙ୍କର ଶିଷ୍ୟମାନଙ୍କରେ ଶ୍ରମଣ ଅପେକ୍ଷା ଶ୍ରମଣୀମାନଙ୍କ ସଂଖ୍ୟା ଅଧିକ ରହିଥିଲା । ସେହି ପ୍ରଥା ଆଜି ପର୍ଯ୍ୟନ୍ତ ଜୈନଧର୍ମରେ ଚାଲିଆସିଛି । ଆଜି ମଧ୍ୟ ଜୈନ ସନ୍ନ୍ୟାସିନୀଙ୍କ ସଂଖ୍ୟା ଉଲ୍ଲେଖଯୋଗ୍ୟ । ଜୈନଧର୍ମର ଗୋଟିଏ ନିୟମ ହେଉଛି – କୌଣସି ସନ୍ନ୍ୟାସୀ ଏକାକୀ ଭ୍ରମଣ କରିପାରିବେ ନାହିଁ । ଅତିକମ୍‌ରେ ଦୁଇଜଣ ରହିବା କଥା । ତଦନୁସାରେ ଦୁଇ କିମ୍ବା

[୨୪] ବିଶେଷାବଶ୍ୟକଭାଷ୍ୟ, ଗାଥା / ୧୫୪୯-୨୦୨୪

ତା'ଠାରୁ ଅଧିକ ସନ୍ନ୍ୟାସିନୀମାନେ ଭାରତରେ ପରିବ୍ରାଜନ କରୁଥିବା ଦେଖାଯାଏ। ବିହାର, ରାଜସ୍ଥାନ, ଗୁଜରାଟ, ମହାରାଷ୍ଟ୍ର, କର୍ଣ୍ଣାଟକ, ତାମିଲନାଡୁ ଆଦି କ୍ଷେତ୍ରରେ ସେହି ସାଧ୍ୱୀ-ସନ୍ନ୍ୟାସିନୀମାନଙ୍କୁ ବିଚରଣ କରୁଥିବାର ଦେଖିବାକୁ ମିଳିଥାଏ। ଏହା ସାଧାରଣ କଥା ନୁହେଁ।

ମହାବୀରଙ୍କ ଚାଳିଶ ବର୍ଷ ପରେ ଗୌତମ ବୁଦ୍ଧ ମହିଳାମାନଙ୍କ ସନ୍ନ୍ୟାସକୁ ଉପଯୁକ୍ତ ମଣି ନ ଥିଲେ। ସେ ଭାବୁଥିଲେ ଯେ ନାରୀମାନଙ୍କ ସନ୍ନ୍ୟାସ-ଦୀକ୍ଷା ଦ୍ୱାରା ଧର୍ମ-ମର୍ଯ୍ୟାଦାର ହାନିହେବ। କିନ୍ତୁ ଦିନେ ତାଙ୍କ ଶିଷ୍ୟ ଆନନ୍ଦ, ଜଣେ ଭଉଣୀଙ୍କୁ ଆଣି ବୁଦ୍ଧଙ୍କ ପାଖରେ ପହଞ୍ଚି କହିଲେ - ଏହି ଭଉଣୀ ଆପଣଙ୍କ ଉପଦେଶ ସକାଶେ ସର୍ବଥା ଉପଯୁକ୍ତ। ମୁଁ ପରୀକ୍ଷା କରିସାରିଛି। ଆପଣଙ୍କ ଉପଦେଶ ଅର୍ଥାତ୍ ସନ୍ନ୍ୟାସ ପାଇବା ପାଇଁ ଏହି ଭଉଣୀ ନିଶ୍ଚିତ ଭାବରେ ଯୋଗ୍ୟ। ଭଗବାନ ବୁଦ୍ଧ ସେହି ଭଉଣୀଙ୍କୁ ଦୀକ୍ଷା ପ୍ରଦାନ କରି କହିଲେ - ହେ ଆନନ୍ଦ ! ତୁମ ଆଗ୍ରହ ଏବଂ ପ୍ରେମ ଦେଖି ମୁଁ ଏହି ଦୀକ୍ଷା ପ୍ରଦାନ କରୁଛି। ତେବେ ଏହାଫଳରେ ମୋ ସମ୍ପ୍ରଦାୟ ପ୍ରତି ଏକ ବଡ଼ ବିପଦକୁ ମୁଁ ଆମନ୍ତ୍ରିତ କରୁଛି। ଭଗବାନ ବୁଦ୍ଧଙ୍କ ଏହି ବାଣୀ ଭବିଷ୍ୟତରେ ସତ୍ୟସିଦ୍ଧ ହୋଇଥିଲା। ବୌଦ୍ଧ-ଇତିହାସରେ ବୁଦ୍ଧଦେବ ଯେଉଁ ବିପଦର ଆକଳନ କରିଥିଲେ, ତାହା ପରେ ସ୍ପଷ୍ଟ ହୋଇଥିଲା। ତଥାପି ବୌଦ୍ଧଧର୍ମର ଇତିହାସ ହେଉଛି ପରାକ୍ରମଶାଳୀ। ଦୋଷ ରହିଥିବା ସତ୍ତ୍ୱେ, ସେହି ଇତିହାସ ଦେଶ ପାଇଁ ଗୌରବ ଏବଂ ସ୍ୱାଭିମାନର ପ୍ରତୀକ। କିନ୍ତୁ ବୁଦ୍ଧ ଯେଉଁ ଭୟ କରୁଥିଲେ, ମହାବୀରଙ୍କଠାରେ ସେ ଭୟ ନ ଥିଲା। ଏହା ହେଉଛି ଇତିହାସର ବିସ୍ମୟ। ମହାବୀରଙ୍କ ସାହସ ଦେଖି ମୁଁ ଢ଼େର ପ୍ରଭାବିତ। ତେଣୁ ମୁଁ ମହାବୀରଙ୍କ ପ୍ରତି ବିଶେଷ ଆକର୍ଷିତ। ଗୌତମବୁଦ୍ଧଙ୍କ ମଧ୍ୟ ବିଶେଷ ମହିମା ରହିଛି। ସମଗ୍ର ସଂସାରରେ ତାଙ୍କର କରୁଣା ପ୍ରସାରିତ। ତାଙ୍କ ବ୍ୟକ୍ତିତ୍ୱରେ କୌଣସି ପ୍ରକାର ନ୍ୟୂନତାର ଆଶଙ୍କା କରାଯାଇ ନ ପାରେ। ମହାପୁରୁଷମାନଙ୍କ ସ୍ୱତନ୍ତ୍ର ବୃତ୍ତି ରହିଥାଏ। କିନ୍ତୁ ଏହିକଥା ସ୍ୱୀକାର କରିବାକୁ ହେବ ଯେ ଗୌତମ ବୁଦ୍ଧ ଯେଉଁ ବ୍ୟାବହାରିକ ଭୂମିକା ଦ୍ୱାରା ପ୍ରଭାବିତ ହୋଇଥିଲେ, ମହାବୀରଙ୍କୁ ସେହି ବ୍ୟାବହାରିକ ଭୂମିକା ଛୁଇଁପାରି ନ ଥିଲେ। ସ୍ତ୍ରୀ-ପୁରୁଷ ମଧ୍ୟରେ ସେ ତତ୍ତ୍ୱ ଦୃଷ୍ଟିରୁ କୌଣସି ଭେଦ କରି ନ ଥିଲେ। ସେ ଏତେ ଦୃଢ଼ପ୍ରତିଜ୍ଞ ଥିଲେ ଯେ ମୋ ମନରେ ତାଙ୍କପ୍ରତି ସର୍ବଦା ବିଶେଷ ଆଦର ଭାବ ରହିଆସିଛି। ଏହାହେଉଛି ତାଙ୍କର ମହାବୀରତ୍ୱ।

ରାମକୃଷ୍ଣ ପରମହଂସଙ୍କ ସମ୍ପ୍ରଦାୟରେ ସ୍ତ୍ରୀ କେବଳ ଜଣେ ଥିଲେ - ଶ୍ରୀ ଶାରଦା ଦେବୀ ଯେକି ରାମକୃଷ୍ଣଙ୍କ ସହଧର୍ମିଣୀ। ସତ କହିବାକୁ ଗଲେ ସେ ନାଆଁକୁ ମାତ୍ର ପତ୍ନୀ ଥିଲେ। ସେ ପ୍ରକୃତରେ ରାମକୃଷ୍ଣଙ୍କ ମାଆ ଭଳି ଥିଲେ। ସମ୍ପ୍ରଦାୟର ଅନ୍ୟ ସମସ୍ତ ସଦସ୍ୟ ଭାଇମାନଙ୍କ ସକାଶେ ମାତୃସ୍ଥାନୀୟ ହୋଇରହିଥିଲେ। ତେବେ ତାଙ୍କ ବ୍ୟତୀତ ଅନ୍ୟ କୌଣସି ମହିଳାଙ୍କୁ ଏହି ସମ୍ପ୍ରଦାୟରେ ଦୀକ୍ଷା ଦିଆଯାଇ ନ ଥିଲା।

ମହାବୀର ସ୍ୱାମୀଙ୍କ ପରେ ୨୫୦୦ ବର୍ଷ ବିତିଯାଇଥିଲେ ମଧ୍ୟ ନାରୀମାନଙ୍କୁ ଦୀକ୍ଷିତ କରିବାର ସାହସ ରାମକୃଷ୍ଣ ପରମହଂସ କରିପାରିଲେ ନାହିଁ। ମୁଁ ଶୁଣିଛି - ଗତ ଚାରିବର୍ଷ ଆଗରୁ ରାମକୃଷ୍ଣ ମଠରେ ନାରୀ-ଦୀକ୍ଷାର ଅନୁମତି ଦିଆଯାଇଛି। ସ୍ତ୍ରୀ ଓ ପୁରୁଷଙ୍କୁ ପୃଥକ ଆଶ୍ରମରେ ରଖାଯିବ, ଏହା ଭିନ୍ନ କଥା। ତେବେ ଦୀର୍ଘଦିନ ଧରି ମହିଳାମାନେ ଦୀକ୍ଷାରୁ ବଞ୍ଚିତ ଥିଲେ, ଯାହା ଏବେ ସୁଧାରି ଦିଆଯାଇଛି। ଏହି କଥାରୁ ଅନୁମାନ କରିହେଉଛି ଯେ ୨୫୦୦ ବର୍ଷ ପୂର୍ବେ ସ୍ତ୍ରୀ ଦୀକ୍ଷାର ଅନୁମତି ଦେଇ ସତରେ ମହାବୀର କେତେ ବଡ଼ ପରାକ୍ରମ କରିଥିଲେ।[୨୫]

ଭଗବାନ ଗୃହସ୍ଥମାନଙ୍କୁ ଧର୍ମୋପଦେଶ ଦେଉଥାନ୍ତି। ଏହି ଧର୍ମ-ଉପଦେଶକୁ ସ୍ୱୀକାର କରୁଥିବା ପୁରୁଷ ଓ ସ୍ତ୍ରୀମାନଙ୍କୁ ଉପାସକ-ଉପାସିକା କିମ୍ବା ଶ୍ରାବକ-ଶ୍ରାବିକା ବୋଲି କୁହାଯାଉଥିଲା। ଭଗବାନଙ୍କ ଆନନ୍ଦ ଆଦି ଦଶଜଣ ପ୍ରମୁଖ ଶାବକ ଥିଲେ। ଏମାନେ ଦ୍ୱାଦଶ-ବ୍ରତଧାରୀ ଶ୍ରାବକ। ଏମାନଙ୍କ ଜୀବନଚର୍ଯ୍ୟାର ବିସ୍ତୃତ ବର୍ଣ୍ଣନା ରହିଛି 'ଉପାସକଦଶା' ନାମକ ଅଂଗ-ଗ୍ରନ୍ଥରେ। ଭଗବାନଙ୍କ ଜୟନ୍ତୀ ଆଦି ଶ୍ରାବିକା ଥିଲେ। ସେମାନଙ୍କ ପରିପକ୍ୱ ତତ୍ତ୍ୱଜ୍ଞାନର ସୂଚନା 'ଭଗବତୀ ସୂତ୍ର'ରେ ମିଳିଥାଏ।[୨୬] ଧର୍ମ-ଆରାଧନା ସକାଶେ ଭଗବାନଙ୍କ ତୀର୍ଥ ପ୍ରକୃତରେ ନିର୍ମଳ ତୀର୍ଥରେ

[୨୫] ଶ୍ରମଣ, ବର୍ଷ ୯ ଅଙ୍କ ୯ ପୃଷ୍ଠା ୩୭-୩୯। [୨୬] ଭଗବଈ, ୧୨/୪୧-୬୫

ପରିଣତ ହେଲା। ଭଗବାନ ସାଧୁ, ସାଧ୍ୱୀ, ଶ୍ରାବକ, ଶ୍ରାବିକା ରୂପରେ ତୀର୍ଥ ଚତୁଷ୍ଟୟର ସ୍ଥାପନା କରି ତୀର୍ଥଙ୍କର ବୋଲାଇଲେ।

ସଂଘ ବ୍ୟବସ୍ଥା ଓ ସାଂସ୍କୃତିକ ଉନ୍ନୟନ

ସମସ୍ତ ତୀର୍ଥଙ୍କରଙ୍କ ଭାଷାରେ ଧର୍ମର ମୌଳିକ ରୂପ ଏକ ଓ ଅଭିନ୍ନ। ଧର୍ମର ସାଧ୍ୟ ବା ଉଦ୍ଦେଶ୍ୟ ହେଉଛି ମୁକ୍ତି। ତା'ର ସାଧନାରେ ଦ୍ୱିରୂପତା ନାହିଁ। ମାତ୍ରା-ଭେଦ ହୋଇପାରେ କିନ୍ତୁ ସ୍ୱରୂପ-ଭେଦକୁ ମାନ୍ୟତା ଦିଆଯାଇନାହିଁ।

ଧର୍ମ-ସାଧନା ଏକାକୀ କରାଯାଇପାରିବ କିନ୍ତୁ ତା'ର ବିକାଶ ପାଇଁ ସମୂହ ଦରକାର। ଏକୁଟିଆ ରହିଥିବା ଅବସ୍ଥାରେ ଏହାର ପ୍ରୟୋଜନ ନ ଥାଏ, ସମୁଦାୟରେ ଜରୁରୀ। ମାନ୍ୟତା ଆଧାରରେ ସମୁଦାୟ ନିର୍ମିତ ହୋଇଥାଏ। ବୈଷମ୍ୟ ମଧ୍ୟରେ ସମାନତାର ମାତ୍ର ଗୋଟିଏ ବିନ୍ଦୁ ରହିଥିଲେ ବି ଲୋକେ ସେହି ଭାବନା ସହିତ ସଂଲଗ୍ନ ହୋଇପଡ଼ନ୍ତି।

ଜୈନ ମନୀଷୀମାନଙ୍କ ଚିନ୍ତନ ସାଧନା ସନ୍ଦର୍ଭରେ ନିତାନ୍ତ ବୈୟକ୍ତିକ, ଅଥଚ ସାଧନା-ସଂସ୍ଥାନ ବା ବ୍ୟବସ୍ଥା ଆଦି ସନ୍ଦର୍ଭରେ ସାମୁଦାୟିକ ଭାବଯୁକ୍ତ ରହିଆସିଛି। ଜୈନ ତୀର୍ଥଙ୍କରମାନେ ଧର୍ମକୁ ବୈୟକ୍ତିକ ବୋଲି କହିବା ସହିତ ତୀର୍ଥର ପ୍ରବର୍ତ୍ତନ ବି କରିଯାଇଛନ୍ତି। ଶ୍ରମଣ-ଶ୍ରମଣୀ ଏବଂ ଶ୍ରାବକ-ଶ୍ରାବିକା ରୂପରେ ଚତୁର୍ବିଧ ତୀର୍ଥର ସ୍ଥାପନା କରିଛନ୍ତି।

ଧର୍ମ ହେଉଛି ବ୍ୟକ୍ତିଗତ ତତ୍ତ୍ୱ କିନ୍ତୁ ଧର୍ମ ଆରାଧନା କରୁଥିବା ଲୋକମାନଙ୍କ ଏକ ସମୁଦାୟ ରହିଥାଏ। ଫଳରେ ବ୍ୟବହାରର କ୍ଷେତ୍ରରେ ଧର୍ମ ସାମୁଦାୟିକ ପାଲଟିଯାଏ।

ଭଗବାନ ଶ୍ରମଣ-ସଂଘର ସୁଦୃଢ଼ ବ୍ୟବସ୍ଥା କରିଯାଇଛନ୍ତି। ଅନୁଶାସନ ଦୃଷ୍ଟିରୁ ଏହି ସଂଘ ସର୍ବୋପରି ରହିଆସିଛି। ପଞ୍ଚମହାବ୍ରତ ଏବଂ ଅଣୁବ୍ରତ - ଏସବୁ ହେଉଛନ୍ତି ମୂଳ ଗୁଣ। ଏମାନଙ୍କ ବ୍ୟତୀତ ଭଗବାନ ଉତ୍ତରବର୍ତ୍ତୀ ଗୁଣଗୁଡ଼ିକର ସମୁଚିତ ବ୍ୟବସ୍ଥା କରିଛନ୍ତି। ବିନୟ, ଅନୁଶାସନ ଏବଂ ଆତ୍ମ-ବିଜୟ ପ୍ରତି ଅଧିକ ଜୋର ଦେଇଛନ୍ତି। ବ୍ୟବସ୍ଥା ଦୃଷ୍ଟିରୁ ଶ୍ରମଣ-ସଂଘକୁ ଏକାଦଶ କିମ୍ବା କେତେକସ୍ଥଳରେ ନଅଭାଗରେ ବିଭାଜିତ କରାଯାଇଥିଲା। ପ୍ରଥମ ସାତଜଣ ଗଣଧର ସାତୋଟି ଗଣକୁ ଏବଂ ଅଷ୍ଟମ-ନବମ ତଥା ଦଶମ-ଏକାଦଶ ଗଣଧର ମିଶି କ୍ରମଶଃ ଅଷ୍ଟମ ଓ ନବମ ଗଣକୁ ସଂଚାଳନ କରୁଥିଲେ।

ଏହି ଗଣଗୁଡ଼ିକର ସାରଣ-ବାରଣ ଏବଂ ଶିକ୍ଷା-ଦୀକ୍ଷା ପାଇଁ ସପ୍ତ-ପଦର ନିର୍ଦ୍ଧାରଣ କରିଯାଇଛନ୍ତି - ୧. ଆଚାର୍ଯ୍ୟ, ୨. ଉପାଧ୍ୟାୟ, ୩. ସ୍ଥବିର, ୪. ପ୍ରବର୍ତ୍ତକ, ୫. ଗଣୀ, ୬. ଗଣଧର ଏବଂ ୭. ଗଣାବଚ୍ଛେଦକ।

ସୂତ୍ରଗୁଡ଼ିକର ଅର୍ଥ ସହିତ ବାଚନ ଦେବା, ଗଣର ସମ୍ୟକ୍ ସଞ୍ଚାୟନ କରିବା ଆଚାର୍ଯ୍ୟଙ୍କ କାମ।

ସୂତ୍ରର ବାଚନା ସହିତ ଶିକ୍ଷାର ବୃଦ୍ଧି ହେଉଛି ଉପାଧ୍ୟାୟଙ୍କ କାମ।

ଶ୍ରମଣମାନଙ୍କୁ ସଂଯମରେ ସ୍ଥିର କରିବା, ଶ୍ରାମଣ୍ୟରୁ ବିଚଳିତ ହୋଇପଡ଼ିଥିବା ଶ୍ରମଣମାନଙ୍କୁ ସେମାନଙ୍କ ସାଧନାରେ ସ୍ଥିରକରି ସେମାନଙ୍କ ସମସ୍ୟାର ନିରାକରଣ କରିବା ଥିଲା ସ୍ଥବିରଙ୍କ କାର୍ଯ୍ୟ।

ଆଚାର୍ଯ୍ୟଙ୍କ ଦ୍ୱାରା ନିର୍ଦ୍ଧାରିତ ଧର୍ମପ୍ରବୃତ୍ତି ତଥା ସେବାକାର୍ଯ୍ୟରେ ଶ୍ରମଣମାନଙ୍କୁ ନିୟୋଜିତ କରିବା ଦାୟିତ୍ୱ ଥିଲା ପ୍ରବର୍ତ୍ତକଙ୍କର।

ଶ୍ରମଣମାନଙ୍କ ଛୋଟ ସମୂହର ନେତୃତ୍ୱ ଗଣୀମାନେ କରୁଥାନ୍ତି।

ସାଧ୍ୱୀମାନଙ୍କ ବିହାର ଯାତ୍ରା ଆଦି ବ୍ୟବସ୍ଥା କରିବା ଦାୟିତ୍ୱ ଗଣଧରଙ୍କ ଉପରେ ନ୍ୟସ୍ତ ଥାଏ।

ଧର୍ମ ଶାସନର ପ୍ରଭାବନ, ଗଣ ପାଇଁ ବିହାର-କ୍ଷେତ୍ର ତଥା ଉପକରଣ ଆଦିର ଅନ୍ୱେଷଣ ତଥା ବ୍ୟବସ୍ଥା ପାଇଁ କିଛି ସାଧୁଙ୍କୁ ନେଇ ସଂଘର ଆଗେ ଆଗେ ଯାତ୍ରା କରିବା ତଥା ଗଣର ସମସ୍ତ ସୁବିଧା-ଅସୁବିଧା ପ୍ରତି ସଚେତନ ରହିବା ଦାୟିତ୍ୱ ଥିଲା ଗଣାବଚ୍ଛେଦକଙ୍କର।

ଏମାନଙ୍କ ଯୋଗ୍ୟତା ସକାଶେ ବିଶେଷ ମାନଦଣ୍ଡ ସ୍ଥିରୀକୃତ ହୋଇଥାଏ। ଏମାନଙ୍କ ନିର୍ବାଚନ ନୁହେଁ ଆଚାର୍ଯ୍ୟଙ୍କ ଦ୍ୱାରା ନିଯୁକ୍ତି ହେଉଥିଲା। ତେବେ ଏହି କାର୍ଯ୍ୟରେ ସ୍ଥବିରମାନଙ୍କ ସହମତି ଜରୁରୀ ହୋଇଥାଏ।

ବିନୟ

ଜୈନ ସାହିତ୍ୟରେ ଚର୍ଯ୍ୟା ବା ସାମଚାରୀ ପାଇଁ 'ବିନୟ' ଶବ୍ଦର ପ୍ରୟୋଗ ହୋଇଥାଏ। ଉତ୍ତରାଧ୍ୟୟନର ପ୍ରଥମ ଏବଂ ଦଶବୈକାଳିକର ନବମ ଅଧ୍ୟୟନରେ ବିନୟର ସୂକ୍ଷ୍ମ ନିରୂପଣ କରାଯାଇଛି। ବିନୟ ହେଉଛି ତପସ୍ୟା। ମନ, ବାଣୀ ଏବଂ ଶରୀରର ସଂଯମ ହେଉଛି ବିନୟ। ବିନୟ ହେଉଛି ସଂସ୍କୃତି। ତା'ର ବାହ୍ୟରୂପ ହେଉଛି ଲୋକୋପଚାର ବିନୟ। ଏହାକୁ ସଭ୍ୟତାର ଉନ୍ନୟନ ମଧ୍ୟ ବୋଲାଯାଇପାରିବ। ବିନୟର ସାତୋଟି ରୂପ –

୧. ଅଭ୍ୟାସବର୍ତ୍ତିତା – ନିଜଠାରୁ ଗୁରୁଜନଙ୍କ ସମୀପବର୍ତ୍ତୀ ରହିବା ମନୋଭାବ।

୨. ପରଛନ୍ଦାନୁବର୍ତ୍ତିତା – ବୟୋଜ୍ୟେଷ୍ଠଙ୍କ ଇଚ୍ଛାନୁସାରେ କାମ କରିବା।

୩. କାର୍ଯ୍ୟ ହେତୁ – ଗୁରୁଙ୍କ ଦ୍ୱାରା ପ୍ରଦତ୍ତ ଜ୍ଞାନ ଆଦି ସକାଶେ ସେମାନଙ୍କ ପ୍ରତି ସମ୍ମାନଭାବ।

୪. କୃତପ୍ରତିକର୍ତୃତା – କୃତଜ୍ଞ ଭାବ, ଉପକାର ବଦଳରେ କିଛି କରିବା ମନୋଭାବ।

୫. ଆର୍ତ୍ତଗବେଷଣତା – ଆର୍ତ୍ତ ବ୍ୟକ୍ତିଙ୍କ ଗବେଷଣା।

୬. ଦେଶ-କାଳଜ୍ଞତା – ଦେଶ ଏବଂ କାଳକୁ ବୁଝିବିଚାରି କାମ କରିବା।

୭. ସର୍ବାର୍ଥ - ପ୍ରତିଲୋମତା – ସମସ୍ତ ଅର୍ଥରେ ପ୍ରୟୋଜନ-ଅନୁକୂଳ ପ୍ରବୃତ୍ତି କରିବା।[୨୭]

ସାମାଚାରୀ

ଶ୍ରମଣ ସଂଘ ସକାଶେ ଦଶ ପ୍ରକାର ସାମାଚାରୀର ବିଧାନ ରହିଛି[୨୮]–

୧. ଆବଶ୍ୟକୀ – ଉପାଶ୍ରୟର ବାହାରକୁ ଯିବା ସମୟରେ ଆବଶ୍ୟକୀ - ଆବଶ୍ୟକ କାର୍ଯ୍ୟରେ ଯାଉଛି ବୋଲି କହିବା।

୨. ନୈଷେଧିକୀ - କାର୍ଯ୍ୟନିବୃତ୍ତ ହୋଇ ଆସିଲା ପରେ ନୈଷେଧିକୀ - ମୁଁ ଏବେ ନିବୃତ୍ତ ବୋଲି କହିବା।

୩. ଆପୃଚ୍ଛା – ଆପଣା କାର୍ଯ୍ୟ କରିବା ପାଇଁ ଅନୁମତି ଲୋଡ଼ିବା।

୪. ପ୍ରତିପୃଚ୍ଛା – ଅନ୍ୟମାନଙ୍କ କାମ କରିଦେବା ସକାଶେ ଅନୁମତି ପ୍ରାପ୍ତ କରିବା।

୫. ଛନ୍ଦନା – ଭିକ୍ଷାଦ୍ୱାରା ପ୍ରାପ୍ତ ଆହାର ଆଦି ପାଇଁ ସାଧାର୍ମିକ ସାଧୁମାନଙ୍କୁ ଆମନ୍ତ୍ରଣ କରିବା।

୬. ଇଚ୍ଛାକାର – କାର୍ଯ୍ୟ କରିବାର ଇଚ୍ଛା ପ୍ରକଟ କରିବା। ଯଥା–ଆପଣ ଚାହିଁଲେ ମୁଁ ଆପଣଙ୍କ କାମ କରିଦିଅନ୍ତି।

୭. ମିଥ୍ୟାକାର – ଭୁଲ-ତ୍ରୁଟି ହେଲେ ସ୍ୱୟଂ, ତା'ର ଆଲୋଚନା କରିବା।

୮. ତଥାକାର – ଆଚାର୍ଯ୍ୟ-ବଚନକୁ ସ୍ୱୀକାର କରିବା।

୯. ଅଭ୍ୟୁତ୍‌ଥାନ – ଆଚାର୍ଯ୍ୟ ଆଦି ଗୁରୁଜନ ସମୁପସ୍ଥିତ ହେଲେ ଛିଡ଼ାହୋଇ ଅଭିବାଦନ କରିବା!

୧୦. ଉପସଂପଦା – ଜ୍ଞାନ ଆଦି ପ୍ରାପ୍ତି ସକାଶେ ଗୁରୁଙ୍କ ପାଖରେ ବିନୀତ ଭାବରେ ରହିବା କିମ୍ବା ଅନ୍ୟ ଗଣମାନଙ୍କୁ ଯାଇ ଜ୍ଞାନାର୍ଜନ କରିବା।

ଶିଷ୍ୟର ଯେପରି ଆଚାର୍ଯ୍ୟଙ୍କ ପ୍ରତି କର୍ତ୍ତବ୍ୟ ରହିଛି, ଆଚାର୍ଯ୍ୟଙ୍କ ଶିଷ୍ୟ ପ୍ରତି କର୍ତ୍ତବ୍ୟ ରହିଥାଏ। ଆଚାର୍ଯ୍ୟ ଶିଷ୍ୟଙ୍କୁ ଚାରିପ୍ରକାର ବିନୟ - ପ୍ରତିପତ୍ତିର ପ୍ରଶିକ୍ଷଣ ପ୍ରଦାନ କରି ଆପଣା କର୍ତ୍ତବ୍ୟରୁ ମୁକ୍ତ ହୁଅନ୍ତି -

---

[୨୭] ଭଗବତୀ, ୨୫/୫୫୫। [୨୮] ଉତ୍ତରଜ୍ୟଣାଣି, ୨୬/୨-୭। [୨୯] ଦଶାଶ୍ରୁତସ୍କନ୍ଧ, ଚତୁର୍ଥ ଦଶା

୧. ଆଚାର-ବିନୟ ୨. ଶ୍ରୁତ-ବିନୟ ୩. ବିକ୍ଷେପଣା-ବିନୟ ୪. ଦୋଷ ନିର୍ଘାତ ବିନୟ।[୨୯]

ଆଚାର-ବିନୟର ଚାରିପ୍ରକାର :

୧. ସଂଯମ ସାମାଚାରୀ - ସଂଯମ ଆଚରଣବିଧି।

୨. ତପ ସାମାଚାରୀ - ତପଶ୍ଚରଣ ବିଧି।

୩. ଗଣ ସାମାଚାରୀ - ଗଣ ବ୍ୟବସ୍ଥା ବିଧି।

୪. ଏକାକୀବିହାର ସାମାଚାରୀ - ଏକୁଟିଆ ବିଚରଣ କରିବା ବିଧି।

ଶ୍ରୁତ-ବିନୟ ଚାରିପ୍ରକାର

୧. ସୂତ୍ର-ଶାସ୍ତ୍ରାଦି ଅଧ୍ୟାପନା।

୨. ଅର୍ଥ ବିଶ୍ଳେଷଣ।

୩. ଉପାଦେୟ ବିଷୟ ପଢ଼ାଇବା।

୪. ନିଃଶେଷ ପାଠନ-ଅର୍ଥାତ୍ ବିସ୍ତାର ପୂର୍ବକ ପଢ଼ାଇବା।

ବିକ୍ଷେପଣା ବିନୟ ଚାରି ପ୍ରକାର

୧. ଧର୍ମ ଦେଖି ନ ଥିବା ଲୋକଙ୍କୁ ଧର୍ମମାର୍ଗ ଦେଖାଇ ସମ୍ୟକତ୍ୱ ପ୍ରଦାନ କରିବା।

୨. ଧର୍ମ ଦେଖିଥିବା ଲୋକଙ୍କୁ ସାଧାର୍ମିକରେ ପରିଣତ କରିବା।

୩. ଧର୍ମ-ଚ୍ୟୁତ ମଣିଷଙ୍କୁ ଧର୍ମରେ ସ୍ଥିର କରିବା।

୪. ଧର୍ମସ୍ଥିତ ବ୍ୟକ୍ତିର ମଙ୍ଗଳ, ସୁଖ ଏବଂ ମୋକ୍ଷ ପାଇଁ ତତ୍ପର ହେବା।

ଦୋଷ-ନିର୍ଘାତ ବିନୟ ଚାରି ପ୍ରକାର।

୧. କୁପିତ ଲୋକଙ୍କ କ୍ରୋଧ ଉପଶାନ୍ତି।

୨. ଦୁଷ୍ଟମାନଙ୍କ ଦୋଷ-ସଂଶୋଧନ।

୩. ଆକାଂକ୍ଷାର ଛେଦନ।

୪. ଆତ୍ମାଙ୍କୁ ଶ୍ରେଷ୍ଠ ମାର୍ଗରେ ନିୟୋଜନ।

ଆଚାର୍ଯ୍ୟଙ୍କ ଷଡବିଧ କର୍ତ୍ତବ୍ୟ

ସଂଘ-ବ୍ୟବସ୍ଥା ହେତୁ ଆଚାର୍ଯ୍ୟଙ୍କୁ ନିମ୍ନଲିଖିତ ଛଅଟି କଥା ପ୍ରତି ଧ୍ୟାନ ଦୃଷ୍ଟି ଦେବାକୁ ହେବ।

୧. ସୂତାର୍ଥ ସ୍ଥିରୀକରଣ – ସୂତ୍ରର (ଆଗମ-ଗ୍ରନ୍ଥ) ବିବାଦାସ୍ପଦ ଅର୍ଥର ସମ୍ୟକ୍ ନିରୂପଣ କରିବା ଏବଂ ସୂତ୍ର ଓ ଅର୍ଥ ସହିତ ଚତୁର୍ବିଧ ଧର୍ମସଂଘଙ୍କୁ ନିଶ୍ଚଳ କରିବା।

୨. ବିନୟ – ସମସ୍ତଙ୍କ ସହିତ ନମ୍ର ବ୍ୟବହାର କରିବା।

୩. ଗୁରୁ-ପୂଜା – ନିଜଠାରୁ ବଡ଼ ଅର୍ଥାତ୍ ସ୍ଥବିର ସାଧୁଙ୍କୁ ଭକ୍ତି କରିବା।

୪. ଶୈକ୍ଷ-ବହୁମାନ – ଶିକ୍ଷା ଗ୍ରହଣ କରୁଥିବା ତଥା ନବଦୀକ୍ଷିତ ସାଧୁଙ୍କ ସତ୍କାର କରିବା।

୫. ଦାନପ୍ରତି ଶ୍ରଦ୍ଧାବୃଦ୍ଧି - ଦାତାଙ୍କ ମନରେ ଦାନ ଦେବା ପ୍ରତି ଶ୍ରଦ୍ଧାଭାବ ବୃଦ୍ଧି କରିବା।

୬. ବୁଦ୍ଧି-ବଳବର୍ଦ୍ଧନ - ଆପଣା ଶିଷ୍ୟମାନଙ୍କ ବୁଦ୍ଧି ଏବଂ ଆଧ୍ୟାତ୍ମିକ ଶକ୍ତିବର୍ଦ୍ଧନ କରିବା।

ଶିଷ୍ୟଙ୍କ ପାଇଁ ଚାରିପ୍ରକାର ବିନୟ-ପ୍ରତିପତ୍ତି ଆବଶ୍ୟକ ହୋଇଥାଏ –

୧. ଉପକରଣ-ଉତ୍ପାଦନ ୨. ସହାୟତା ୩. ବର୍ଣ୍ଣ-ସଂଜ୍ୱଳନତା ୪. ଭାର-ପ୍ରତ୍ୟାବରୋହଣତା

୧. ଉପକରଣ ଉତ୍ପାଦନର ଚାରି ପ୍ରକାର-

(କ) ଅନୁତ୍ପନ୍ନ ଉପକରଣର ଉତ୍ପାଦନ।

(ଖ) ପୁରୁଣା ଉପକରଣଗୁଡ଼ିକର ସଂରକ୍ଷଣ ଏବଂ ସଂଗୋପନ।

(ଗ) ଉପକରଣ ପରିମାଣ ହ୍ରାସ ପାଇଲେ ସେମାନଙ୍କ ପୁନରୁଦ୍ଧାର।

(ଘ) ଯଥାବିଧି ସଂବିଭାଗ କରିବା।

୨. ସହାୟତାର ଚାରିପ୍ରକାର -

(କ) ଅନୁକୂଳ ବଚନ ବ୍ୟବହାର।

(ଖ) କାୟାଦ୍ୱାରା ଅନୁକୂଳ ସେବା ପ୍ରଦାନ।

(ଗ) ସୁଖପ୍ରାପ୍ତି ଲକ୍ଷ୍ୟରେ ସେବା କରିବା।

(ଘ) ଅକୁଟିଳ ବା ସରଳ ବ୍ୟବହାର କରିବା।

୩. ବର୍ଣ୍ଣ-ସଂଜ୍ୱଳନତାର ଚାରି ପ୍ରକାର -

(କ) ଯଥାର୍ଥ ଗୁଣର ବର୍ଣ୍ଣନ କରିବା।

(ଖ) ଅବର୍ଣ୍ଣବାଦୀଙ୍କୁ ନିରୁତ୍ତର କରିବା।

(ଗ) ଯଥାର୍ଥ ଗୁଣ ବର୍ଣ୍ଣନକାରୀଙ୍କ ପ୍ରୋତ୍ସାହନ।

(ଘ) ବୃଦ୍ଧଜନଙ୍କ ସେବା ଶୁଶ୍ରୂଷା।

୪. ଭାର-ପ୍ରତ୍ୟାବରୋହଣତାର ଚାରିପ୍ରକାର-

(କ) ନିରାଧାର ବା ପରିତ୍ୟକ୍ତ ସାଧୁମାନଙ୍କୁ ଆଶ୍ରୟ ପ୍ରଦାନ।

(ଖ) ନବ-ଦୀକ୍ଷିତ ସାଧୁଙ୍କୁ ଆଚାର-ଗୋଚର ବିଧିର ପ୍ରଶିକ୍ଷଣ।

(ଗ) ରୁଗ୍ଣ ସାଧାର୍ମିକମାନଙ୍କ ଯଥାଶକ୍ତି ସେବା।

(ଘ) ସାଧାର୍ମିକମାନଙ୍କ ମଧ୍ୟରେ ପରସ୍ପର କଳହ ସୃଷ୍ଟି ହେଲେ କାହାରି ମଧ ପକ୍ଷ ନ ନେଇ ମଧ୍ୟସ୍ଥ ଭାବରେ କଳହ ସମାଧାନ ପାଇଁ ପାରସ୍ପରିକ କ୍ଷମା-ଯାଚନା ପାଇଁ ପ୍ରଯତ୍ନ କରିବା ତଥା ମୋର ଏହି ସହ-ଧର୍ମୀମାନେ ଯେପରି କଳହମୁକ୍ତ ହୋଇ ସମାଧି-ସଂପନ୍ନ ହେବେ - ଏଭଳି ଚିନ୍ତନ କରିବା।[୩୦]

ଦିନଚର୍ଯ୍ୟା

ଅପର ରାତ୍ରିରେ ଉଠି ଆତ୍ମାଲୋଚନ ଏବଂ ଧର୍ମ-ଜାଗରଣ କରିବା ହେଉଛି ଚର୍ଯ୍ୟାର ପ୍ରଥମ ଅଙ୍ଗ। ସ୍ୱାଧ୍ୟାୟ, ଧ୍ୟାନ ଆଦି କରିସାରିଲା ପରେ ଆବଶ୍ୟକ କାମ କରିବା ଉଚିତ। ଆବଶ୍ୟକ – ଅବଶ୍ୟ କରଣୀୟ କର୍ମର ଛଅ ପ୍ରକାର –

୧. ସାମାୟିକ – ସମଭାବର ଅଭ୍ୟାସ, ଏହାର ପ୍ରତିଜ୍ଞାର ପୁନରାବର୍ତ୍ତନ।

୨. ଚତୁର୍ବିଂଶସ୍ତବ – ଚବିଶ ତୀର୍ଥଙ୍କରଙ୍କ ସ୍ତୁତି।

୩. ବନ୍ଦନା – ଆଚାର୍ଯ୍ୟଙ୍କୁ ଦ୍ୱାଦଶାବର୍ତ୍ତ ବନ୍ଦନା।

୪. ପ୍ରତିକ୍ରମଣ – କରିଥିବା ଦୋଷର ଆଲୋଚନା।

୫. କାୟୋତ୍ସର୍ଗ – କାୟାର ସ୍ଥିରୀକରଣ।

୬. ପ୍ରତ୍ୟାଖ୍ୟାନ – ତ୍ୟାଗ ଆଦିରେ ପ୍ରବୃତ୍ତି।

---

[୩୦] ପ୍ରବଚନସାରୋଦ୍ଧାର, ଗାଥା ୯୪୧

ଏହି ସମସ୍ତ ଆବଶ୍ୟକ କାର୍ଯ୍ୟରୁ ନିବୃତ୍ତ ହେଲାପରେ ସୂର୍ଯ୍ୟୋଦୟ ହେବାମାତ୍ରେ ମୁନି ଭାଣ୍ଡ-ଉପକରଣର ପ୍ରତିଲେଖନ, ନିରୀକ୍ଷଣ କରିବା ଉଚିତ। ଏହାପରେ ହାତଯୋଡ଼ି ଗୁରୁଙ୍କୁ ପଚାରିବ - ମୁଁ ଏବେ କ'ଣ କରିବି ? ଆପଣ ମୋତେ ଆଜ୍ଞା ପ୍ରଦାନ କରନ୍ତୁ - ମୁଁ କାହାର ସେବା କରିବି ନା ସ୍ୱାଧ୍ୟାୟରତ ହେବି ? ଏହି ପ୍ରଶ୍ନର ଉତ୍ତରରେ ଆଚାର୍ଯ୍ୟ ଯଦି ସେବାରେ ନିଯୁକ୍ତ କରନ୍ତି, ତେବେ ଅଗ୍ଲାନ ଭାବରେ ସେବା କରିବା ଉଚିତ ଏବଂ ଯଦି ସ୍ୱାଧ୍ୟାୟ କରିବାକୁ କହନ୍ତି, ତେବେ ସ୍ୱାଧ୍ୟାୟରେ ପ୍ରବୃତ୍ତ ହେବା ଉଚିତ।[୩୧] ଦିନଚର୍ଯ୍ୟାର ପ୍ରମୁଖ ଅଙ୍ଗ ହେଉଛି - ସ୍ୱାଧ୍ୟାୟ ଓ ଧ୍ୟାନ। କୁହାଯାଇଛି –

ସ୍ୱାଧ୍ୟାୟାଦ୍ ଧ୍ୟାନମଧ୍ୟାସ୍ତାଂ, ଧ୍ୟାନାତ୍ ସ୍ୱାଧ୍ୟାୟମାମନେତ୍।

ଧ୍ୟାନ-ସ୍ୱାଧ୍ୟାୟ-ସଂପତ୍ତ୍ୟା, ପରମାତ୍ମା ପ୍ରକାଶତେ।।

ସ୍ୱାଧ୍ୟାୟ ପରେ ଧ୍ୟାନ ଏବଂ ଧ୍ୟାନ ପରେ ସ୍ୱାଧ୍ୟାୟ। ଧ୍ୟାନ ଏବଂ ସ୍ୱାଧ୍ୟାୟର ଏହି କ୍ରମ ଫଳରେ ପରମାତ୍ମା ପ୍ରକାଶିତ ହୁଅନ୍ତି।

ଆଗମିକ କାଳ-ବିଭାଗ ଏହି ପ୍ରକାର କରାଯାଇଛି। ଦିନର ପ୍ରଥମ ପ୍ରହର ସ୍ୱାଧ୍ୟାୟ, ଦ୍ୱିତୀୟ ପ୍ରହର ଧ୍ୟାନ, ତୃତୀୟ ପ୍ରହର ଭିକ୍ଷା-ଚର୍ଯ୍ୟା ଏବଂ ଚତୁର୍ଥ ପ୍ରହର ସ୍ୱାଧ୍ୟାୟ।[୩୨]

ରାତ୍ରିର ପ୍ରଥମ ପ୍ରହର ସ୍ୱାଧ୍ୟାୟ, ଦ୍ୱିତୀୟ ପ୍ରହରରେ ଧ୍ୟାନ, ତୃତୀୟ ପ୍ରହରରେ ନିଦ୍ରା ଏବଂ ଚତୁର୍ଥ ପ୍ରହରରେ ପୁଣି ସ୍ୱାଧ୍ୟାୟ।[୩୩]

ପୂର୍ବରାତ୍ରିରେ ବି ଆବଶ୍ୟକ କର୍ମ କରାଯିବା ଉଚିତ। ଦିବସର ପ୍ରଥମ ପ୍ରହରରେ ଏବଂ ଚତୁର୍ଥ ପ୍ରହରରେ ପ୍ରତିଲେଖନ। ଏହାହେଉଛି ଜଣେ ମୁନିଙ୍କ ଜାଗରୂକ ଜୀବନଚର୍ଯ୍ୟା।

ଶ୍ରାବକ-ସଂଘ

ଧର୍ମଆରାଧନା କରିବାରେ ସାଧୁ-ସାଧ୍ୱୀମାନଙ୍କ ପରି ଶ୍ରାବକ-ଶ୍ରାବିକାମାନେ ମଧ୍ୟ ସଂଘର ମହତ୍ତ୍ୱପୂର୍ଣ୍ଣ ଅଙ୍ଗ ଅଟନ୍ତି। ଏହି ଚାରିଜଣ ମିଶି ଚତୁର୍ବିଧ ସଂଘକୁ ପୂର୍ଣ୍ଣତା ପ୍ରଦାନ କରିଥାନ୍ତି। ଭଗବାନ, ଶ୍ରାବକ-ଶ୍ରାବିକାମାନଙ୍କୁ ସାଧୁ-ସାଧ୍ୱୀଙ୍କ ମାତା-ପିତା ତୁଲ୍ୟ ବୋଲି ବର୍ଣ୍ଣନା କରିଛନ୍ତି। ଶ୍ରାବକଙ୍କ ଧାର୍ମିକ ଚର୍ଯ୍ୟା ହେଉଛି –

୧. ସାମାୟିକର ସମସ୍ତ ଅଙ୍ଗର ଅନୁପାଳନ।

୨. ମାସର ଉଭୟ ପକ୍ଷରେ ପୌଷଧ-ଉପବାସ।

ସାଧୁ-ସଂଘ ସକାଶେ ଯେପରି ଆବଶ୍ୟକ କର୍ମ ରହିଛି, ଶ୍ରାବକ-ସଂଘ ପାଇଁ ବି ତା'ର ବିଧାନ କରାଯାଇଛି।

ଶ୍ରାବକଙ୍କ ଷଡ଼ଗୁଣ

ଦେଶ-ବିରତି ଚାରିତ୍ର ପାଳନ କରୁଥିବା ଶ୍ରଦ୍ଧା-ସଂପନ୍ନ ବ୍ୟକ୍ତି ଶ୍ରାବକ ବୋଲାଇଥାନ୍ତି। ଏହାଙ୍କର ଛଅଟି ଗୁଣ ରହିଛି:

୧. ବ୍ରତଗୁଡ଼ିକର ସମ୍ୟକ୍ ଅନୁଷ୍ଠାନ। ବ୍ରତ-ଅନୁଷ୍ଠାନ ଚାରିପ୍ରକାର।

(କ) ବିନୟ ଏବଂ ବହୁମାନ-ପୂର୍ବକ ବ୍ରତ-ଶ୍ରବଣ।

(ଖ) ବ୍ରତର ଭେଦ ଏବଂ ଅତିଚାର ସମ୍ବନ୍ଧରେ ପରିପୂର୍ଣ୍ଣ ଜ୍ଞାନ।

(ଗ) ଗୁରୁଙ୍କଠାରେ କିଛି ସମୟ ପାଇଁ ଅଥବା ସଦାସର୍ବଦା ସକାଶେ ବ୍ରତକୁ ଅଙ୍ଗୀକାର କରିବା।

(ଘ) ସ୍ୱୀକାର କରିଥିବା ବ୍ରତର ନିଷ୍ଠାର ସହିତ ପାଳନ କରିବା।

---

[୩୧] ଉତ୍ତରଜ୍ଝୟଣାଣି, ୨୬/୮-୧୦। [୩୨] ଉତ୍ତରଜ୍ଝୟଣାଣି, ୨୬/୧୨। [୩୩] ଉତ୍ତରଜ୍ଝୟଣାଣି, ୨୬/୧୮

୨. ଶୀଳ (ଆଚାର) – ଏହାର ଛଅ ପ୍ରକାର -

(କ) ଯେଉଁଠାରେ ଶୀଳବାନ୍, ବହୁଶ୍ରୁତ, ସାଧାର୍ମିକ ଲୋକମାନେ ଭାରି ସଂଖ୍ୟାରେ ବାସ କରନ୍ତି, ସେହି ସ୍ଥାନକୁ ଆୟତନ କୁହାଯାଇଥାଏ। ଏଭଳି ଆୟତନକୁ ଯିବା-ଆସିବା କରିବା।

(ଖ) ଆବଶ୍ୟକ ନ ଥିଲେ ଅନ୍ୟ ଲୋକର ଘରକୁ ନ ଯିବା।

(ଗ) ଉତ୍ତେଜକ ବେଶଭୂଷାର ପରିହାରପୂର୍ବକ ସାଦା ବସ୍ତ୍ର ଧାରଣ କରିବା।

(ଘ) ବିକାର ଉତ୍ପନ୍ନ କରୁଥିବା ଭାଷାର ବ୍ୟବହାର ନ କରିବା।

(ଙ) ଜୁଆ ଆଦି କୁବ୍ୟସନ ତ୍ୟାଗ କରିବା।

(ଚ) ମଧୁର ନୀତି ଦ୍ୱାରା ଅର୍ଥାତ୍ ଶାନ୍ତିମୟ ମିଠାବଚନ କହି କାମ ଚଳାଇବା ଏବଂ କଠୋର ବଚନ ନ କହିବା।

୩. ଗୁଣବତ୍ତା – ଏହାର ପାଞ୍ଚ ପ୍ରକାର -

(କ) ବାଚନା, ପୃଚ୍ଛନା, ପରିବର୍ତ୍ତନା, ଅନୁପ୍ରେକ୍ଷା ଏବଂ ଧର୍ମକଥା ରୂପକ ପାଞ୍ଚପ୍ରକାର ସ୍ୱାଧ୍ୟାୟରେ ସମ୍ପୃକ୍ତ ରହିବା।

(ଖ) ତପ, ବିନୟ, ବନ୍ଦନା ଆଦି ଅନୁଷ୍ଠାନରେ ତତ୍ପର ରହିବା।

(ଗ) ବିନୟ ଧାରଣ କରିବା।

(ଘ) ଦୁରାଗ୍ରହ ସର୍ବଥା ତ୍ୟାଗ କରିବା।

(ଙ) ଜିନ-ବାଣୀ ପ୍ରତି ରୁଚି ଏବଂ ଆସ୍ଥା ରଖିବା।

୪. ଋଜୁ ବ୍ୟବହାର – ନିଷ୍କପଟ ହୋଇ ସରଳ ବ୍ୟବହାର କରିବା।

୫. ଗୁରୁ – ଶୁଶ୍ରୂଷା।

୬. ପ୍ରବଚନ ଅର୍ଥାତ୍ ଶାସ୍ତ୍ରଜ୍ଞାନର ପ୍ରବୀଣତା।

ଶିଷ୍ଟାଚାର

ଶିଷ୍ଟାଚାର ପ୍ରତି ଜୈନ ଆଚାର୍ଯ୍ୟମାନେ ବଡ଼ ଗୁରୁତ୍ୱ ଦେଉଥିଲେ। ସେମାନେ ଆଶାତନା ବା ଅଶିଷ୍ଟତାକୁ ପରିହାରଯୋଗ୍ୟ ବୋଲି ମଣୁଥିଲେ। ଅନ୍ୟ ପ୍ରତି ଅନୁଚିତ ବ୍ୟବହାର କରିବା ହିଁ ହିଂସା। ଆଶାତନା ହେଉଛି ହିଂସା। ନମ୍ରତାର ଅର୍ଥ ହେଉଛି କଷାୟ-ବିଜୟ। ଅଭ୍ୟୁତଥାନ, ଅଭିବାଦନ, ପ୍ରିୟ-ନିମନ୍ତ୍ରଣ, ଅଭିମୁଖ-ଗମନ, ଆସନ-ପ୍ରଦାନ, ବିଦାୟ ଦେବାକୁ ଯାଇ କିଛି ପାହୁଣ୍ଡ ସଂଗରେ ଯିବା ଏବଂ ପ୍ରାଞ୍ଜଳୀକରଣ ଆଦି ଶିଷ୍ଟାଚାରର ଅଂଗ ଅଟନ୍ତି। ଉତ୍ତରାଧ୍ୟୟନ ସୂତ୍ରର ପ୍ରଥମ ଅଧ୍ୟାୟ ତଥା ଦଶବୈକାଳିକର ନବମ ଅଧ୍ୟାୟରେ ଏହାର ବିଶଦ ବର୍ଣ୍ଣନ ରହିଛି।

ଶ୍ରାବକ ବ୍ୟବହାର ଦୃଷ୍ଟିରୁ ଅନ୍ୟ ଶ୍ରାବକମାନଙ୍କୁ ମଧ ବନ୍ଦନା କରୁଥିଲେ।[୩୪] ଧର୍ମଦୃଷ୍ଟିରେ ମୁନିଜନ ହିଁ ସେମାନଙ୍କ ସକାଶେ ବନ୍ଦନୀୟ ଅଟନ୍ତି। ବନ୍ଦନା ବିଧି ଏପରି –

ତିନିଥର ଦକ୍ଷିଣରୁ ବାମ ଆଡ଼କୁ ପ୍ରଦକ୍ଷିଣା କରୁଛି, ସ୍ତବନ, ନମସ୍କାର, ସତ୍କାର ଏବଂ ସମ୍ମାନ କରୁଛି। ଆପଣ କଲ୍ୟାଣ-ରୂପ, ମାଙ୍ଗଳିକ, ଧର୍ମଦେବ ଏବଂ ଜ୍ଞାନବାନ ଅଟନ୍ତି। ମୁଁ ଆପଣଙ୍କ ପର୍ଯ୍ୟୁପାସନା କରୁଛି। ନତମସ୍ତକ ହୋଇ ବନ୍ଦନା କରୁଛି।[୩୫]

---

[୩୪] ଭଗବଈ, ୧୨/୯, ୧୨

[୩୫] ତିକ୍ଖୁତ୍ତୋ ଆୟହିଣଂ ପୟାହିଣଂ କରେମି ବନ୍ଦାମି ନମଂସାମି ସକ୍କାରେମି ସମ୍ମାଣେମି କଲ୍ଲାଣଂ ମଙ୍ଗଳଂ ଦେବୟଂ ଚେଇୟଂ ପଜ୍ଜୁଆସାମି ମତ୍ଥଏଣ ବନ୍ଦାମି।

ନମସ୍କାର ମହାମନ୍ତ୍ରରେ ପଞ୍ଚ-ପରମାତ୍ମାଙ୍କୁ ନମସ୍କାର କରାଯାଇଥାଏ।

- ଣମୋ ଅରହନ୍ତାଣଂ।		ମୁଁ ଅର୍ହତ୍‌ଙ୍କୁ ନମସ୍କାର କରୁଛି।
- ଣମୋ ସିଦ୍ଧାଣଂ।		ମୁଁ ସିଦ୍ଧଙ୍କୁ ନମସ୍କାର କରୁଛି।
- ଣମୋ ଆୟରିୟାଣଂ।		ମୁଁ ଆଚାର୍ଯ୍ୟଙ୍କୁ ନମସ୍କାର କରୁଛି।
- ଣମୋ ଉବଝାୟାଣାଂ।		ମୁଁ ଉପାଧ୍ୟାୟଙ୍କୁ ନମସ୍କାର କରୁଛି।
- ଣମୋ ଲୋଏସବ୍‌ବସାହୂଣଂ। ମୁଁ ଲୋକର ସମସ୍ତ ସାଧୁଙ୍କୁ ନମସ୍କାର କରୁଛି।

ଏହା ହେଉଛି ଆଧ୍ୟାତ୍ମିକ ଏବଂ ତ୍ୟାଗ-ପ୍ରଧାନ ସଂସ୍କୃତିର ଏକ ସଂକ୍ଷିପ୍ତ ରୂପ ସାମାଜିକ ଜୀବନରେ ମଧ୍ୟ ଏହାର ସ୍ପଷ୍ଟ ପ୍ରଭାବ ପରିଲକ୍ଷିତ ହୋଇଥାଏ।

ନିର୍ବାଣ

ଭଗବାନ ତିରିଶ ବର୍ଷ ବୟସରେ ଶ୍ରମଣ ହୋଇଥିଲେ। ବାରବର୍ଷ ଛଅମାସ ତପସ୍ୱୀ ଜୀବନ ବିତାଇଲେ। ପରବର୍ତ୍ତୀ ତିରିଶ ବର୍ଷ ଧର୍ମୋପଦେଶ ପ୍ରଦାନ କରିଥିଲେ। ଭଗବାନ କାଶୀ, କୋଶଳ, ପଞ୍ଚାଳ, କଳିଙ୍ଗ, କମ୍ବୋଜ, କୁରୁ-ଜାଙ୍ଗଳ, ବାହ୍ଲୀକ, ଗାନ୍ଧାର, ସିନ୍ଧୁ-ସୌବୀର ଆଦି ଦେଶଗୁଡ଼ିକରେ ବିହାର କରିଥିଲେ।

ତାଙ୍କର ଚଉଦ ହଜାର ସାଧୁ ଏବଂ ଛତିଶ ହଜାର ସାଧ୍ୱୀ ଥିଲେ। ନନ୍ଦୀସୂତ୍ର ଅନୁସାରେ ଭଗବାନଙ୍କ ଚଉଦ ହଜାର ସାଧୁ ପ୍ରକୀର୍ଣ୍ଣକ-କାର ଥିଲେ।[୩୬] ଏଥିରୁ ଜଣାପଡୁଛି ଯେ ସମୁଦାୟ ସାଧୁଙ୍କ ସଂଖ୍ୟା ବେଶ୍ ଅଧିକ ହୋଇଥିବ। ୧,୫୯,୦୦୦ ଶ୍ରାବକ ଏବଂ ୩,୧୮,୦୦୦ ଶ୍ରାବିକା ଥିଲେ। ଏହି ସଂଖ୍ୟା ବ୍ରତୀ ଶ୍ରାବକ-ଶ୍ରାବିକାଙ୍କ ହୋଇଥିବାର ପ୍ରତୀତ ହେଉଛି। ଜୈନ ଧର୍ମାନୁଯାୟୀଙ୍କ ସଂଖ୍ୟା ଏହାଠାରୁ ଅଧିକ ହୋଇଥିବା ସମ୍ଭବପର। ସମାଜ ଉପରେ ଭଗବାନଙ୍କ ଉପଦେଶର ବ୍ୟାପକ ପ୍ରଭାବ ପଡ଼ିଥିଲା। ତାଙ୍କର କ୍ରାନ୍ତି-ସ୍ୱର ସମାଜ-ଜାଗରଣର ନିମିତ୍ତ ସାଜିଲା। ବିକ୍ରମ ପୂର୍ବ ୪୭୦ ଅର୍ଥାତ୍ ଖ୍ରୀ.ପୂ. ୫୨୭ରେ ପାବାପୁରଠାରେ କାର୍ତ୍ତିକ କୃଷ୍ଣ ଅମାବାସ୍ୟା ତିଥିରେ ଭଗବାନଙ୍କ ନିର୍ବାଣ ଘଟିଲା।

ସମକାଳୀନ ଧର୍ମ-ସମ୍ପ୍ରଦାୟ

ଭଗବାନ ମହାବୀରଙ୍କ ଯୁଗ ଧାର୍ମିକ ମତବାଦ ଏବଂ କର୍ମକାଣ୍ଡ-ସଙ୍କୁଳ ଥାଏ। ବୌଦ୍ଧସାହିତ୍ୟ ଅନୁସାରେ ସେତେବେଳେ ତେଷଠି ପ୍ରକାର ଶ୍ରମଣ-ସମ୍ପ୍ରଦାୟ ରହିଥାନ୍ତି।[୩୭] ଜୈନ ସାହିତ୍ୟରେ ତିନିଶହ ତେଷଠି ପ୍ରକାର ଧର୍ମ-ମତବାଦର ଉଲ୍ଲେଖ ରହିଛି। ଏହାହେଉଛି ଭେଦୋପଭେଦର ବିସ୍ତୃତ ଚର୍ଚ୍ଚା। ସଂକ୍ଷେପରେ ଏହି ସମସ୍ତ ସମ୍ପ୍ରଦାୟଙ୍କୁ ମାତ୍ର ଚାରୋଟି ବର୍ଗରେ ସମାହିତ କରିହେବ। ଭଗବାନ ସେମାନଙ୍କୁ ଚାରି ସମବସରଣ ବୋଲି କହିଛନ୍ତି।[୩୮] ଯଥା–(୧) କ୍ରିୟାବାଦ (୨) ଅକ୍ରିୟାବାଦ (୩) ବିନୟବାଦ (୪) ଅଜ୍ଞାନବାଦ।

କ୍ରିୟାବାଦୀ ଦାର୍ଶନିକଙ୍କ ଧର୍ମନିଷ୍ଠା ଆତ୍ମା, ପୁନର୍ଜନ୍ମ ଏବଂ କର୍ମବାଦ ଆଧାରିତ ଥାଏ। ସେମାନଙ୍କ ମତରେ ସୁକୃତ ଏବଂ ଦୁଷ୍କୃତ ଏକ ସମାନ ନୁହନ୍ତି। ସୁଚୀର୍ଣ୍ଣ କର୍ମର ଫଳ ଉତ୍ତମ ଏବଂ ଦୁଶ୍ଚୀର୍ଣ୍ଣ କର୍ମର ଫଳ ମନ୍ଦ - ଏହି ସିଦ୍ଧାନ୍ତରେ ଏହାଙ୍କର ଆସ୍ଥା ରହିଥାଏ।

ଅକ୍ରିୟାବାଦୀ ଦାର୍ଶନିକଙ୍କ ନୈତିକ ନିଷ୍ଠା ବର୍ତ୍ତମାନର ଉପଯୋଗିତା ଆଧାରରେ ତିଷ୍ଠି ରହିଥାଏ। ଆତ୍ମାର ପୁନର୍ଜନ୍ମ ତତ୍ତ୍ୱକୁ ଅସ୍ୱୀକାର କରୁଥିବା ହେତୁ ସେମାନଙ୍କ ଧର୍ମନିଷ୍ଠା ନ ଥାଏ। ତାଙ୍କ ସିଦ୍ଧାନ୍ତ ହେଉଛି - ସୁକୃତ ଏବଂ ଦୁଷ୍କୃତର ଫଳ ମଧ୍ୟରେ କୌଣସି ତଫାତ ନାହିଁ। ସୁଚୀର୍ଣ୍ଣ କର୍ମର ଫଳ ଉତ୍ତମ ଏବଂ ଦୁଶ୍ଚୀର୍ଣ୍ଣ କର୍ମର ଫଳ ଖରାପ - ଏହି ତଥ୍ୟ ଭୁଲ୍। କଲ୍ୟାଣ ଏବଂ ପାପ ହେଉଛି ଅଫଳ। ପୁନର୍ଜନ୍ମ ନାହିଁ। ମୋକ୍ଷ ବୋଲି କିଛି ନାହିଁ।

---

[୩୬] ନନ୍ଦୀ ସୂତ୍ର, ୧୯ : ଚୋଦ୍ଦସ ପଇଣ୍ଣଗସହସ୍ସାଣି ଭଗବଓ ବଦ୍ଧମାଣସାମିସସ୍।

[୩୭] ସୁତ୍ତନିପାତ (ସଭୟ ସୁତ୍ତ) : ଯାନି ନତୀଣି ଯାନି ନ ସଟ୍ଠି। [୩୮] ସୂୟଗଡୋ, ୧।୧୨।୧

ବିନୟବାଦୀ ଅହଂ-ବିସର୍ଜନ ଏବଂ ସମର୍ପଣକୁ ସର୍ବୋପରି ମୂଲ୍ୟ ଦେଉଥିଲେ। ସେମାନଙ୍କ ଦୃଷ୍ଟିରେ ଅହଂ ହେଉଛି ସମସ୍ତ ଦୁଃଖର ମୂଳ।

ଅଜ୍ଞାନବାଦୀମାନେ ଦୁଃଖର ମୂଳ ଜ୍ଞାନ ବୋଲି ଭାବୁଥାନ୍ତି। ଅଜ୍ଞାନୀ ମନୁଷ୍ୟଙ୍କ ତୁଳନାରେ ଜ୍ଞାନୀଜନଙ୍କ ସୁଖର ପରିମାଣ ଅଳ୍ପ ରହିଥାଏ। ଏହି ଅଜ୍ଞାନବାଦୀମାନେ ଆପଣା ଜ୍ଞାନର ଉପଯୋଗ ଜ୍ଞାନ-ନିରସନରେ କରିଥାନ୍ତି।

ଭଗବାନ ମହାବୀର ଏହି ଚାରିମତର ସମୀକ୍ଷା କରି କ୍ରିୟାବାଦ ସିଦ୍ଧାନ୍ତକୁ ସ୍ୱୀକାର କରିଥିଲେ।

ତାଙ୍କର ସ୍ୱୀକୃତି ଏକାଙ୍ଗୀ ଦୃଷ୍ଟିରୁ ହୋଇ ନ ଥିବାରୁ ମହାବୀରଙ୍କ ଦର୍ଶନକୁ ସାପେକ୍ଷ କ୍ରିୟାବାଦ ସଂଜ୍ଞାରେ ଅଭିହିତ କରାଯାଇପାରିବ।

କିଛି ବିଦ୍ୱାନଙ୍କ ମତ ହେଉଛି – ଯଜ୍ଞ, ଜାତିବାଦ ଏବଂ ବ୍ରାହ୍ମଣ ସିଦ୍ଧାନ୍ତର ବିରୋଧ କରିବା ପାଇଁ ମହାବୀର ଜୈନଧର୍ମର ପ୍ରବର୍ତ୍ତନ କରିଥିଲେ। କିନ୍ତୁ ଏହି ମତ ପଛରେ ସୁପୁଷ୍ଟ କାରଣ ନାହିଁ। ମହାବୀର ଯେଉଁ ଶ୍ରମଣ-ପରମ୍ପରାରେ ଦୀକ୍ଷିତ ହୋଇଥିଲେ, ତାହା ବହୁତ ପ୍ରାଚୀନ। ଏହି ଶ୍ରମଣ-ପରମ୍ପରାର ଅସ୍ତିତ୍ୱ ବେଦ ରଚନାର ପୂର୍ବବର୍ତ୍ତୀ କାଳରେ ରହିଥିଲା। ବେଦର ଅନେକ ସ୍ଥଳରେ ବିରୋଧୀ ବିଚାରଧାରାର ଉଲ୍ଲେଖ ରହିଛି। ଏହାହିଁ ଶ୍ରମଣ ପରମ୍ପରା।

ଭଗବାନ ମହାବୀରଙ୍କ ପରିବାର ତେଇଶତମ ତୀର୍ଥଙ୍କର ଭଗବାନ ପାର୍ଶ୍ୱଙ୍କ ଧର୍ମ ପରମ୍ପରାର ଅନୁଯାୟୀ ଥାଏ। ଏହି ସାକ୍ଷ୍ୟରୁ ପ୍ରତିଧ୍ୱନିତ ହେଉନାହିଁ ଯେ ମହାବୀର ବ୍ରାହ୍ମଣ ସିଦ୍ଧାନ୍ତକୁ ବିରୋଧ କରିବା ଉଦ୍ଦେଶ୍ୟରେ ଜୈନଧର୍ମର ପ୍ରବର୍ତ୍ତନ କରିଥିଲେ।

ଅହିଂସା ଏବଂ ମୁକ୍ତି ହେଉଛି ଶ୍ରମଣ ସଂସ୍କୃତିର ଆଧାରସ୍ତମ୍ଭ। ସ୍ୱୟଂ ଦ୍ୱାରା ପ୍ରତିପାଦିତ ଅହିଂସା ସହିତ ପୂର୍ବବର୍ତ୍ତୀ ତୀର୍ଥଙ୍କରମାନଙ୍କ ଦ୍ୱାରା ବ୍ୟାଖ୍ୟାତ ଅହିଂସା ମଧ୍ୟରେ ଏକତା ସ୍ଥାପନ କରିବାରେ ମହାବୀର ସଫଳ ହୋଇଥିଲେ।

ଭଗବାନ ମହାବୀର ଜୈନଧର୍ମର ପ୍ରବର୍ତ୍ତକ ନ ଥିଲେ, ବରଂ ଉନ୍ନାୟକ ଥିଲେ। ସେ ପ୍ରାଚୀନ ପରମ୍ପରାକୁ ଆଗକୁ ବଢ଼ାଇଥିଲେ। ଆପଣା ସମସାମୟିକ ବିଚାରଗୁଡ଼ିକର ସମୀକ୍ଷା କରି, ତାହାରି ଆଲୋକରେ ନିଜ ଅଭିମତ ପ୍ରସ୍ତୁତ କରିଥିଲେ। ତାଙ୍କ ଦୃଷ୍ଟିକୋଣର ସମୀକ୍ଷାତ୍ମକ ବିଶ୍ଳେଷଣ ସୂତ୍ରକୃତାଂଗରେ ପ୍ରାପ୍ତ ହୋଇଥାଏ। ସେହି ଗ୍ରନ୍ଥରେ ପଞ୍ଚମହାଭୂତବାଦ, ଏକାତ୍ମବାଦ, ତଜ୍ଜୀବ-ତଚ୍ଛରୀରବାଦ, ଅକାରକବାଦ, ଷଷ୍ଠାତ୍ମବାଦ, ନିୟତିବାଦ, ସୃଷ୍ଟିବାଦ, କାଳବାଦ, ସ୍ୱଭାବବାଦ, ଯଦୃଚ୍ଛାବାଦ, ପ୍ରକୃତିବାଦ ଆଦି ଅନେକ ବିଚାର ଏବଂ ସେ ସନ୍ଦର୍ଭରେ ଭଗବାନଙ୍କ ଦୃଷ୍ଟିକୋଣ ମଧ୍ୟ ରହିଛି।

ପ୍ରାଚୀନ ଧର୍ମ ହିଁ ଭଲ ଏବଂ ନୂଆ ଧର୍ମ ଉପଯୋଗୀ ନୁହେଁ – ଏହି ମାନ୍ୟତାରେ ମୁଁ ସତ୍ୟର ଧ୍ୱନିକୁ ଉପଲବ୍ଧି କରିପାରୁନାହିଁ। ତେବେ ଶ୍ରମଣ-ପରମ୍ପରା ହେଉଛି ପ୍ରାଗ୍‌ବୈଦିକ ଏବଂ ଭାରତୀୟ ଜୀବନରୁ ଆଦିକାଳରୁ ଏହା ପରିବ୍ୟାପ୍ତ – ଏହି ସତ୍ୟକୁ ଆବୃତ୍ତ କରିହେବ ନାହିଁ ଏବଂ ତା'ର ଆବଶ୍ୟକତା ବି ନାହିଁ।

ଶ୍ରମଣମାନଙ୍କ ବିଭିନ୍ନ ଧାରା ରହିଛି। ଏମାନଙ୍କ ମଧ୍ୟରେ ସବୁଠାରୁ ପ୍ରାଚୀନ ଧାରା ହେଉଛି ଭଗବାନ ଋଷଭଙ୍କର ଏବଂ ସବୁଠୁଁ ଅର୍ବାଚୀନ ହେଉଛି ଭଗବାନ ବୁଦ୍ଧଙ୍କର। ବାକି ସମସ୍ତ ଧାରା ମଧ୍ୟବର୍ତ୍ତୀକାଳୀନ।

ବୈଦିକ ଏବଂ ପୌରାଣିକ ଉଭୟ ସାହିତ୍ୟ ସମ୍ଭାରରେ ଭଗବାନ ଋଷଭଙ୍କୁ ଶ୍ରମଣ ଧର୍ମର ପ୍ରବର୍ତ୍ତକ ରୂପରେ ଉଲ୍ଲେଖ କରାଯାଇଛି। ତାଙ୍କର ଧର୍ମ ବିଭିନ୍ନ ଯୁଗରେ ଭିନ୍ନ-ଭିନ୍ନ ନାମରେ ଅଭିହିତ ହୋଇଆସିଛି। ପ୍ରାରମ୍ଭରେ ତା'ର ନାଆଁ ଥିଲା ଶ୍ରମଣ ଧର୍ମ। ପରେ ଅର୍ହତ୍ ଧର୍ମ ହେଲା। ଭଗବାନ ମହାବୀରଙ୍କ ଯୁଗରେ ତାହାକୁ ନିର୍ଗ୍ରନ୍ଥ ଧର୍ମ କୁହାଗଲା। ବୌଦ୍ଧ ସାହିତ୍ୟରେ 'ନିଗ୍‌ଗଂଠ ନାତପୁତ୍ତେ' ରୂପରେ ଭଗବାନଙ୍କ ଉଲ୍ଲେଖ କରାଯାଇଛି। ତାଙ୍କର ନିର୍ବାଣର ପରବର୍ତ୍ତୀ ଶତାବ୍ଦୀରେ 'ଜୈନଧର୍ମ' ନାଆଁଟି ବ୍ୟାପକ ଭାବରେ ପ୍ରସିଦ୍ଧି ଲାଭ କଲା।

ଭଗବାନ ମହାବୀରଙ୍କ ଅସ୍ତିତ୍ୱ କାଳରେ ଶ୍ରମଣମାନଙ୍କ ଚାଳିଶରୁ ଅଧିକ ସମ୍ପ୍ରଦାୟ ରହିଥିଲା। ସେମାନଙ୍କ ମଧ୍ୟରେ ନିମ୍ନୋକ୍ତ ପାଞ୍ଚୋଟି ବିଶେଷ ପ୍ରଭାବଶାଳୀ ଥିଲା –

୧. ନିର୍ଗନ୍ଥ - ମହାବୀରଙ୍କ ଶାସନ।
୨. ଶାକ୍ୟ - ବୁଦ୍ଧଙ୍କ ଶାସନ।
୩. ଆଜୀବକ - ମକ୍‌ଖଲୀ ଗୋଶାଳକଙ୍କ ଶାସନ।
୪. ଗୈରିକ - ତାପସ ଶାସନ।
୫. ପରିବ୍ରାଜକ - ସାଂଖ୍ୟ ଶାସନ।

ବୌଦ୍ଧ ସାହିତ୍ୟରେ ଛଅପ୍ରକାର ଶ୍ରମଣ ସମ୍ପ୍ରଦାୟ ଏବଂ ସେମାନଙ୍କ ଆଚାର୍ଯ୍ୟଙ୍କ ଉଲ୍ଲେଖ ଦେଖିବାକୁ ମିଳିଥାଏ।

୧. ଅକ୍ରିୟାବାଦ - ଆଚାର୍ଯ୍ୟ ପୂରଣକଶ୍ୟପ।
୨. ନିୟତିବାଦ - ମକ୍‌ଖଲୀ ଗୋଶାଳ।
୩. ଉଚ୍ଛେଦବାଦ - ଅଜିତକେଶ କମ୍ବଳୀ।
୪. ଅନ୍ୟୋନ୍ୟବାଦ - ପକୁଧ କାତ୍ୟାୟନ।
୫. ଚାତୁର୍ଯ୍ୟାମସଂବରବାଦ - ନିର୍ଗନ୍ଥ ଜ୍ଞାତପୁତ୍ର।
୬. ବିକ୍ଷେପବାଦ - ସଞ୍ଜୟବେଲଟଠିପୁତ୍ର।

ଏହି ଛଅଗୋଟି ସଂଘ ମଧ୍ୟରେ ଗୋଟିଏ ସଂଘର ଆଚାର୍ଯ୍ୟ ଥିଲେ ପୂରଣକଶ୍ୟପ। ତାଙ୍କ ମତରେ - "ଜଣେ ନିଜେ କିଛି କରିବା କିମ୍ବା ଅନ୍ୟ ଦ୍ୱାରା କରାଇବା, କଷ୍ଟ ଦେବା କିମ୍ବା ଅନ୍ୟମାନଙ୍କ ଦ୍ୱାରା ପୀଡ଼ିତ କରିବା, ନିଜେ କଷ୍ଟ ସହିବା କିମ୍ବା ଅପରକୁ କଷ୍ଟଦେବା, ନିଜେ ଡରିବା କିମ୍ବା ଅନ୍ୟକୁ ଡରାଇବା, ପ୍ରାଣୀ-ହତ୍ୟା, ଚୋରି, ଡକାୟତି, ଲୁଣ୍ଠନ, ରାହାଜାନି, ପରସ୍ତ୍ରୀ ଗମନ, ଅସତ୍ୟବଚନ ଆଦି ଦ୍ୱାରା ପାପ ହୁଏନାହିଁ। ତୀକ୍ଷ୍ଣ ଅସ୍ତ୍ରଦ୍ୱାରା ଯଦି କେହି ଏହି ସଂସାରର ସମସ୍ତ ଜୀବକୁ ମାରି ପଦାକରିଦିଏ, ତେବେ ବି ତାକୁ ପାପ ଲାଗିବ ନାହିଁ। ଗଙ୍ଗାନଦୀର ଗଡ଼ାଣିଆ କୂଳରେ ଯାଇ କେହି ଯଦି ଦାନ ଦିଏ କିମ୍ବା ଅନ୍ୟକୁ ଦେବା ସକାଶେ ପ୍ରେରିତ କରେ, ଯଜ୍ଞ କରେ କିମ୍ବା କରାଏ, ତେବେ ବି କୌଣସି ପୁଣ୍ୟ ହେବନାହିଁ। ଦାନ, ଧର୍ମ, ସଂଯମ, ସତ୍ୟ-ଭାଷଣ - ଏହି ସମସ୍ତ କ୍ରିୟା ଯୋଗୁଁ ପୁଣ୍ୟ ପ୍ରାପ୍ତି ହୁଏନାହିଁ।" ପୂରଣକଶ୍ୟପଙ୍କ ଏହି ବାଦକୁ 'ଅକ୍ରିୟାବାଦ' କୁହାଯାଇଥାଏ।

ଦ୍ୱିତୀୟ ପ୍ରକାର ସଂଘର ଆଚାର୍ଯ୍ୟ ଥିଲେ ମକ୍‌ଖଲୀ ଗୋଶାଳ। ତାଙ୍କ କହିବାନୁସାରେ - "ପ୍ରାଣୀଙ୍କ ଅପବିତ୍ର ହେବାପଛରେ କୌଣସି କାରଣ କିମ୍ବା ହେତୁ ରହି ନ ଥାଏ। ଅକାରଣେ ଏବଂ ହେତୁ ବିନା ହିଁ ଜୀବ ଅପବିତ୍ର ହୋଇଥାନ୍ତି। ପ୍ରାଣୀଙ୍କ ଶୁଦ୍ଧି ସକାଶେ ମଧ୍ୟ କୌଣସି କାରଣ କିମ୍ବା ହେତୁ ରହି ନ ଥାଏ। ହେତୁ ଏବଂ କାରଣ ନ ଥାଇ ଜୀବ ଅପବିତ୍ର ହେବାଟା ସାର। ସେହିଭଳି ହେତୁ ଏବଂ କାରଣ ବିନା ହିଁ ଜୀବ ପବିତ୍ର ହୋଇଥାଏ। ଆପଣା ଶକ୍ତି କିମ୍ବା ଅନ୍ୟ ଲୋକର ଶକ୍ତି ଦ୍ୱାରା କିଛି ଲାଭ ମିଳି ନ ଥାଏ। ବଳ, ବୀର୍ଯ୍ୟ, ପୁରୁଷାର୍ଥ ବା ପରାକ୍ରମ - ଏସବୁ କିଛି ନୁହେଁ। ସମସ୍ତ ପ୍ରାଣୀ ହେଉଛନ୍ତି - ବଳ-ବୀର୍ଯ୍ୟ-ହୀନ। ନିୟତି (ଭାଗ୍ୟ), ସଙ୍ଗତି ଏବଂ ସ୍ୱଭାବ ଦ୍ୱାରା ସେମାନେ ପୋଖତ ହୁଅନ୍ତି। ଅଶୀଲକ୍ଷ ମହାକଳ୍ପର ପରିକ୍ରମା କରିବା ପରେ ଏହି ବୁଦ୍ଧିମାନ ଏବଂ ମୂର୍ଖ ଉଭୟଙ୍କ ଦୁଃଖର ନାଶ ହୋଇଥାଏ।'' ମକ୍‌ଖଲୀ ଗୋଶାଳଙ୍କ ମତକୁ ବିଶ୍ୱ ଶୁଦ୍ଧିବାଦ କହିଥାଏ। ଏହାକୁ ଅନ୍ୟ ଶବ୍ଦରେ 'ନିୟତିବାଦ' ବି କୁହାଯାଏ।

ତୃତୀୟ ପ୍ରକାର ସଂଘର ଆଚାର୍ଯ୍ୟ ହେଉଛନ୍ତି - ଅଜିତକେଶକମ୍ବଳୀ। ତାଙ୍କ ମତରେ "ଦାନ, ଯଜ୍ଞ, ହୋମର କୌଣସି ଅର୍ଥ ନାହିଁ। ଭଲ-ମନ୍ଦ କର୍ମର କୌଣସି ଫଳ ନାହିଁ। ଇହଲୋକ ବା ପରଲୋକ ବୋଲି କିଛି ନାହିଁ। ଚାରିଭୂତଙ୍କୁ ନେଇ ମଣିଷର ସୃଷ୍ଟି। ମରିଗଲା ପରେ ମଣିଷ ମଧ୍ୟରେ ରହିଥିବା ପୃଥ୍ୱୀ ଧାତୁ ପୃଥ୍ୱୀରେ, ଅପ୍ ଧାତୁ ପାଣିରେ, ତେଜୋ ଧାତୁ ଅଗ୍ନିରେ ଏବଂ ବାୟୁ ଧାତୁ ପବନରେ ମିଳିଯାଏ ଏବଂ ସମସ୍ତ ଇନ୍ଦ୍ରିୟ ଆକାଶରେ ମିଶିଯାଏ। ମରିଯାଇଥିବା ଲୋକକୁ ଚାରିଜଣ ଲୋକ ଶବାଧାରରେ ଲମ୍ବକରି ଥୋଇ ଶ୍ମଶାନକୁ ନେଇଯାନ୍ତି। ଚିତାରେ ତା'ର ଅସ୍ଥି ଶେତା ପଡ଼ିଯାଏ ଏବଂ ଜଳି ନଷ୍ଟ ହୋଇଯାଏ। ମୂର୍ଖମାନେ ହିଁ ଦାନର ଉନ୍ମାଦ ସୃଷ୍ଟି କରିଛନ୍ତି।

ଆସ୍ତିକବାଦର କଥା କହୁଥିବା ଲୋକ ପ୍ରକୃତରେ ମିଥ୍ୟା ଭାଷଣ କରିଥାନ୍ତି। ବ୍ୟର୍ଥରେ ଭଡ଼-ଭଡ଼ ହେଉଥାନ୍ତି। ମୃତ୍ୟୁପରେ ଉଭୟ ଜ୍ଞାନୀ ଏବଂ ମୂର୍ଖଙ୍କର ଉଚ୍ଛେଦ ହୋଇଥାଏ। କିଛି ଅବଶେଷ ରହେନାହିଁ।" ଅଜିତକେଶକମ୍ବଳୀଙ୍କ ଏହି ମତକୁ 'ଉଚ୍ଛେଦବାଦ' କୁହାଯାଇଥାଏ।

ଚତୁର୍ଥ ପ୍ରକାର ସଂଘର ଆଚାର୍ଯ୍ୟ ହେଉଛି - ପକୁଧକାତ୍ୟାୟନ। ତାଙ୍କ ମତରେ - ପୃଥିବୀ, ଅପ୍, ତେଜ, ବାୟୁ, ସୁଖ, ଦୁଃଖ ତଥା ଜୀବ - ଏହି ସାତୋଟି ପଦାର୍ଥକୁ କେହି ତିଆରି କରିନାହାନ୍ତି କିମ୍ବା ଅନ୍ୟ କାହାଦ୍ୱାରା ନିର୍ମାଣ କରାଇନାହାନ୍ତି। ସେଗୁଡ଼ିକ ବନ୍ଧ୍ୟ, କୂଟସ୍ଥ ଏବଂ ଖମ୍ବ ଭଳି ଅଚଳ। ସେମାନେ ହଲଚଲ କରନ୍ତି ନାହିଁ କିମ୍ବା ସେମାନଙ୍କ ଆକାର ପରିବର୍ତ୍ତନ ହୁଏନାହିଁ। ପରସ୍ପରକୁ କଷ୍ଟ ଏବଂ ସୁଖ-ଦୁଃଖ ଦେବାରେ ସେମାନେ ଅସମର୍ଥ। ଏମାନଙ୍କ ମଧ୍ୟରେ ମାଡ଼ ଦେବା, ମାଡ଼ ଖାଇବା, କହିବା, ଶୁଣିବା, ଜାଣିବା ଏବଂ ଜଣାଇବା କେହି ନାହାନ୍ତି। ଯେ ତୀକ୍ଷ୍ଣ ଶସ୍ତ୍ର ଦ୍ୱାରା ଅନ୍ୟର ଶିର-ଛେଦନ କରିଥାଏ, ସେ ତା'ର ହତ୍ୟା କରେନାହିଁ। କେବଳ ତା'ର ଶସ୍ତ୍ର ଏହି ସାତଟି ପଦାର୍ଥ ମଧ୍ୟରେ ରିକ୍ତସ୍ଥାନରେ ପ୍ରବେଶ କରିଥାଏ। ବାସ୍ ଏତିକି। ଏହି ମତକୁ 'ଅନ୍ୟୋନ୍ୟବାଦ' କୁହାଯାଇଥାଏ।

ପଞ୍ଚମ ପ୍ରକାର ସଂଘର ନାୟକ ହେଉଛନ୍ତି - ନିର୍ଗ୍ରନ୍ଥ ଜ୍ଞାତପୁତ୍ର।

ଷଷ୍ଠ ବୃହତ୍ ସଂଘର ଆଚାର୍ଯ୍ୟ ହେଉଛନ୍ତି - ସଞ୍ଜୟ ବେଲଟ୍‌ଠିପୁତ୍ର। ତାଙ୍କ କହିବାନୁସାରେ ପରଲୋକ ଅଛି ନା ନାହିଁ, ଏହା ମୋତେ ଜଣାନାହିଁ। ପରଲୋକ ଅଛି ବୋଲି ମୁଁ କହିପାରିବି ନାହିଁ କିମ୍ବା ପରଲୋକ ନାହିଁ ବୋଲି ମଧ୍ୟ ମୁଁ କହିପାରିବି ନାହିଁ। ଭଲ-ମନ୍ଦ କର୍ମର ଫଳ ଅବଶ୍ୟ ମିଳିଥାଏ - ଏହି ତଥ୍ୟକୁ ମୁଁ ସ୍ୱୀକାର କିମ୍ବା ଅସ୍ୱୀକାର କରିପାରୁନାହିଁ। ତାହା ଥାଇପାରେ, ନ ଥାଇପାରେ। ତଥାଗତ ମୃତ୍ୟୁପରେ ରହିଛନ୍ତି ନା ରହିନାହାନ୍ତି - ମୁଁ ବୁଝିପାରୁନାହିଁ। ସେ ରହିଥାଇପାରନ୍ତି, ରହି ନ ଥାଇପାରନ୍ତି।[୩୯] ସଞ୍ଜୟ ବେଲଟ୍‌ଠିପୁତ୍ରଙ୍କ ଏହି ମତ 'ବିକ୍ଷେପବାଦ' ରୂପରେ ପରିଚିତ।

ମହାବୀରଙ୍କ ଧର୍ମ ଓ ଗଣତନ୍ତ୍ର

ବୈଶାଳୀର ଗଣତାନ୍ତ୍ରିକ ପରିବେଶରେ ଭଗବାନ ମହାବୀରଙ୍କ ଲାଳନପାଳନ ହୋଇଥିଲା। ବୈଶାଳୀ-ଗଣରାଜ୍ୟ-ମୁଖ୍ୟ ମହାରାଜ ଚେଟକ ହେଉଛନ୍ତି ମହାବୀରଙ୍କ ମାମୁ। ଭଗବାନଙ୍କ ବାପା ସିଦ୍ଧାର୍ଥ ହେଉଛନ୍ତି ବୈଶାଳୀ ଗଣରାଜ୍ୟର ଏକ ସଦସ୍ୟ। ଭଗବାନଙ୍କ ପ୍ରାରମ୍ଭିକ ସଂସ୍କାର, ତାଙ୍କଦ୍ୱାରା ବ୍ୟାଖ୍ୟାୟିତ ଅହିଂସାରେ ପ୍ରତିଫଳିତ ହୋଇଛି।

ମହାବୀରଙ୍କ ପ୍ରଥମ ସିଦ୍ଧାନ୍ତ ହେଉଛି - ସମାନତା।

ଆତ୍ମିକ-ସମାନତାର ଅନୁଭୂତି ବିନା ଅହିଂସା ବିଫଳ ହୋଇଥାଏ। ଗଣରାଜ୍ୟର ଅସଫଳତାର ମୂଳ ତତ୍ତ୍ୱ ହେଉଛି - ବିଷମତା।

ଭଗବାନଙ୍କ ମତ ହେଲା ଆମ ଭାଗ୍ୟର ନିର୍ଣ୍ଣୟ କରିବା ଶକ୍ତି ଅନ୍ୟ କୌଣସି ସତ୍ତା ହାତରେ ରହିପାରେ - ଏହା ଆମ ସାର୍ବଭୌମ ସତ୍ତାର ପ୍ରତିକୂଳ ଆଚରଣ କରୁଛି। ସେ କହିଥିଲେ - ଦୁଃଖ ଏବଂ ସୁଖ ହେଉଛି ଆମ ନିଜ ସୃଷ୍ଟି। ଆମେ ହିଁ ନିଜର ମିତ୍ର ଏବଂ ଆମେ ହିଁ ଆପଣା ଶତ୍ରୁ ଆମେ କ'ଣ ହେବାକୁ ଚାହୁଁଛୁ, ଏହି ନିର୍ଣ୍ଣୟ ଆମକୁ ସ୍ୱୟଂ କରିବାକୁ ହେବ। ଜନତନ୍ତ୍ର ସକାଶେ ଏହା ଅତ୍ୟନ୍ତ ମହତ୍ତ୍ୱପୂର୍ଣ୍ଣ ସିଦ୍ଧାନ୍ତ। ଯେଉଁଠାରେ ବ୍ୟକ୍ତିକୁ ଆତ୍ମ-ନିର୍ଣ୍ଣୟର ଅଧିକାର ମିଳି ନ ଥାଏ, ସେଠାରେ ତା'ର କର୍ତ୍ତୃତ୍ୱ କୁଣ୍ଠିତ ହେବା ସ୍ୱାଭାବିକ। ନବ-ନିର୍ମାଣ ସକାଶେ ପୁରୁଷାର୍ଥ ଏବଂ ପୁରୁଷାର୍ଥ ସକାଶେ ଆତ୍ମ-ନିର୍ଣ୍ଣୟର ଅଧିକାର ଆବଶ୍ୟକ।

ମହାବୀରଙ୍କ ତୃତୀୟ ସିଦ୍ଧାନ୍ତ ହେଉଛି - ଆତ୍ମାନୁଶାସନ।

---

[୩୯] ଭାରତୀୟ ସଂସ୍କୃତି ଓ ଅହିଂସା, ପୃ. ୪୫-୪୭

ସେ କହିଲେ - ଅନ୍ୟ ଉପରେ ଶାସନ କରନାହିଁ। ନିଜ ଶରୀର, ବାଣୀ ଏବଂ ମନକୁ ଶାସିତ କର। ସଂଯମ ଏବଂ ତପସ୍ୟା ଦ୍ୱାରା ଆତ୍ମାକୁ ନିୟନ୍ତ୍ରିତ କର। କେହି ବଧ ଏବଂ ବନ୍ଧନ ଦ୍ୱାରା ତୁମକୁ ଶାସିତ କରିବା- ତୁମ ପାଇଁ ଉଚିତ ନୁହେଁ।

ପ୍ରଜାତନ୍ତ୍ରର ସଫଳତାକୁ "ଆତ୍ମାନୁଶାସନ' ଆଧାର ପ୍ରଦାନ କରିଥାଏ। ବାହ୍ୟ ନିୟନ୍ତ୍ରଣ ଯେତେ ଅଧିକ ହେବ ଜନତନ୍ତ୍ର ସେତେ ପରିମାଣରେ ନିସ୍ତେଜ ହେବ। ଜନସାଧାରଣଙ୍କ ଆତ୍ମାନୁଶାସନ ଉପରେ ଜନତନ୍ତ୍ରର ତେଜସ୍ୱିତା ନିର୍ଭରଶୀଳ।

ମହାବୀରଙ୍କ ଚତୁର୍ଥ ସିଦ୍ଧାନ୍ତ ହେଉଛି - ସାପେକ୍ଷତା।

ଏହାର ଅର୍ଥ ହେଉଛି - ସମସ୍ତଙ୍କୁ ସମାନ ଅବସର। ଦଧି-ମନ୍ଥନ କରିବା ସମୟରେ ଗୋଟିଏ ହାତ ପଛରେ ତ' ଅନ୍ୟ ହାତ ଆଗକୁ ଆସିଥାଏ। ପୁଣି ଆଗହାତ ପଛକୁ ଚାଲିଯାଏ ଏବଂ ପଛେଥିବା ହାତ ଆଗକୁ ଆସେ। ଏହି ବ୍ୟବସ୍ଥିତ କ୍ରମ ଦ୍ୱାରା ଲହୁଣି ପ୍ରାପ୍ତ ହୋଇଥାଏ, ସ୍ନେହ ମିଳେ।

ଚାଲିବା ସମୟରେ ଗୋଟିଏ ପାଦ ଆଗକୁ ବଢ଼େ, ଅନ୍ୟ ପାଦ ପଛରେ ରହେ। ଏହାପରେ ପଛରେ ଥିବା ପାଦ ଆଗକୁ ଆସେ ଏବଂ ଆଗରେ ରହିଥିବା ପାଦ ପଛରେ ରହିଯାଏ। ଏହି କ୍ରମରେ ଗତିକରି ମଣିଷ ଆଗକୁ ବଢ଼ିଯାଏ।

ଏହି ସାପେକ୍ଷତା ହିଁ ସ୍ୟାଦ୍‌ବାଦର ରହସ୍ୟ। ଏହାଦ୍ୱାରା ସତ୍ୟର ଜ୍ଞାନ ଏବଂ ସତ୍ୟର ନିରୂପଣ ହୋଇଥାଏ। ସାପେକ୍ଷତା ହେଉଛି ଲୋକତନ୍ତ୍ରର ମେରୁଦଣ୍ଡ। ହାତଗଣତି କିଛି ଲୋକ ସତ୍ତା, ଅଧିକାରେ ଏବଂ ପଦପଦବୀକୁ ଜାବୁଡ଼ି ଧରି ଅନ୍ୟମାନଙ୍କୁ ଅବସର ଦେଇ ନ ଥାନ୍ତି। ଫଳରେ ଅସନ୍ତୋଷର ଜ୍ୱାଳା ତେଜିଉଠେ।

ଏହି ସାପେକ୍ଷ ନୀତି-ଗୋଷ୍ଠୀବାଦ ବା ଦଳବନ୍ଦୀକୁ ହ୍ରାସ କରିଥାଏ। ସୈଦ୍ଧାନ୍ତିକ ମତଭେଦ ରହିଥିବା ସତ୍ତ୍ୱେ ଯଦି ସାପେକ୍ଷତା ତିଷ୍ଠି ରହିଛି ତେବେ ଅବାଞ୍ଛନୀୟ ଦୂରତା ବା ପୃଥକୀକରଣ ସୃଷ୍ଟି ହୁଏନାହିଁ।

ମହାବୀରଙ୍କ ସମସ୍ତ କ୍ରିୟାର କାରଣ ଥିଲା ମୁକ୍ତି। ସେ ଯାହା କହୁଥିଲେ, ମୁକ୍ତି ସକାଶେ କହୁଥିଲେ। ଲୋକତନ୍ତ୍ର ହେଉଛି ବ୍ୟାବହାରିକ ମୁକ୍ତିର ପ୍ରୟୋଗ। ମହାବୀରଙ୍କ କରଣି ଏବଂ କଥନି - ଉଭୟ ମାନବଜାତିର ପଥ ଦର୍ଶନ କରିଥାନ୍ତି।

ମନୁଷ୍ୟର ଐଶ୍ୱରିକ ସତ୍ତାର ସଂଗାନ

ଯେଉଁ ଯୁଗରେ ମନୁଷ୍ୟ ଭାଗ୍ୟକୁ ସବୁକିଛି ମଣି ତା'ର ଆଧିପତ୍ୟ ସମ୍ମୁଖରେ ଆତ୍ମସମର୍ପଣ କରିଦେଇଥିଲା, ସେହି ସମୟରେ ମହାବୀରଙ୍କ ଜନ୍ମ ହୋଇଥିଲା। ଭାଗ୍ୟ ହେଉଛି ଈଶ୍ୱରୀୟ ସତ୍ତାର ପ୍ରତିନିଧି ତତ୍ତ୍ୱ। ମଣିଷ ଯେତେବେଳେ ଈଶ୍ୱରୀୟ ସତ୍ତାର ଯନ୍ତ୍ରଟିଏ ହୋଇ ଜିଇବା ଆରମ୍ଭ କରେ, ତା'ର ଜୀବନ-ରଥର ସାରଥି, ଭାଗ୍ୟ ହେବା ନିତାନ୍ତ ସ୍ୱାଭାବିକ। ଭଗବାନ ମହାବୀର ଭାଗ୍ୟବାଦୀ ନ ଥିଲେ। ଏହାର ସହଜ ପ୍ରଭାବ ହେଲା ଯେ ସେ ବାର୍ତ୍ତମାନିକ ଅର୍ଥରେ ଈଶ୍ୱରବାଦୀ ନ ଥିଲେ। ଗଣତନ୍ତ୍ରର ସଂସ୍କାରରେ ତାଙ୍କର ଲାଳନପାଳନ ହୋଇଥିଲା। ଆପଣା ସ୍ୱତନ୍ତ୍ରତାକୁ କୌଣସି ମହାସତ୍ତାଠାରେ ସମର୍ପଣ କରିବା ସପକ୍ଷରେ ସେ ନ ଥିଲେ। ତାଙ୍କର ଅହିଂସା-ବ୍ୟାଖ୍ୟାରେ ଏକଛତ୍ରବାଦୀ ମନୋବୃତ୍ତି ସକାଶେ ଜମା ଅବକାଶ ନ ଥିଲା। ଭଗବାନ ଘୋଷଣା କଲେ - 'ଅନ୍ୟ ଉପରେ ଶାସନ କରିବା ହେଉଛି ହିଂସା। ତେଣୁ କାହାରି ସ୍ୱତନ୍ତ୍ରତା ଅପହରଣ କରନାହିଁ।' ଏହି ସଂସାରରେ ସ୍ୱତନ୍ତ୍ରତାର ଅପହରଣ ହୋଇଥାଏ, କିନ୍ତୁ ତାହା ଈଶ୍ୱରୀୟ ତତ୍ତ୍ୱ ହୋଇ ନ ପାରେ।

ଭଗବାନ ମହାବୀର ଥିଲେ ଆତ୍ମବାଦୀ। ସେ ଈଶ୍ୱରଙ୍କ ଅସ୍ତିତ୍ୱର ପ୍ରତିପାଦନ ଏବଂ ସମର୍ଥନ କରୁଥାନ୍ତି, କିନ୍ତୁ ମନୁଷ୍ୟଠାରୁ ଈଶ୍ୱରଙ୍କ ସତ୍ତା ଭିନ୍ନ ବୋଲି ସ୍ୱୀକାର କରୁ ନ ଥାନ୍ତି। ମନୁଷ୍ୟ ହେଉଛି ଈଶ୍ୱରଙ୍କ ସୃଷ୍ଟି ଏବଂ ଈଶ୍ୱର

ହେଉଛନ୍ତି ମନୁଷ୍ୟର ସ୍ରଷ୍ଟା ଏହି କୃତି ଏବଂ କର୍ତ୍ତା ସିଦ୍ଧାନ୍ତକୁ ସେ ସମ୍ପୂର୍ଣ୍ଣ ଅସ୍ୱୀକାର କରିଦେଲେ। ଆତ୍ମାର ତିନୋଟି ଶ୍ରେଣୀ ସମ୍ବନ୍ଧରେ ସେ ବ୍ୟାଖ୍ୟା କରିଛନ୍ତି।

୧. ବହିର୍-ଆତ୍ମା, ୨. ଅନ୍ତର୍-ଆତ୍ମା, ୩. ପରମ-ଆତ୍ମା

ବହିର୍-ଆତ୍ମା - ଏହା ହେଉଛି ପ୍ରଥମ ଶ୍ରେଣୀ। ଏଠାରେ ସବୁକିଛି ହେଉଛି ଦେହ ଦେହରେ ଅବସ୍ଥିତ ଚିନ୍ମୟ ଆତ୍ମାର ଅସ୍ତିତ୍ୱ ସେ ଅଜ୍ଞାତ ହୋଇରହେ।

ଅନ୍ତର୍-ଆତ୍ମା- ଏହା ହେଉଛି ଦ୍ୱିତୀୟ ଶ୍ରେଣୀ। ଦୁଗ୍ଧରେ ଯେପରି ଲହୁଣି ବ୍ୟାପ୍ତ ଥାଏ, ଦେହରେ ସେହିପରି ଚିନ୍ମୟ ସତ୍ତା ବ୍ୟାପ୍ତ - ଏହି ସତ୍ୟର ଉଦ୍‌ଘାଟନ ଏହି ଶ୍ରେଣୀରେ ଘଟିଥାଏ।

ପରମ-ଆତ୍ମା - ଏହା ତୃତୀୟ ଶ୍ରେଣୀ ଅନ୍ତର୍ଗତ। ଏହି ଅବସ୍ଥାରେ ଚିନ୍ମୟ ସତ୍ତାକୁ ଆବୃତ୍ତ କରିଥିବା ଦେହରୂପୀ ପାଉଁଶ ଅପସରିଯାଏ। ଆତ୍ମା, ପରମାତ୍ମା ରୂପରେ ପ୍ରକଟିତ ହୁଏ।

ମାନବୀୟ ପୁରୁଷାର୍ଥ ପ୍ରକ୍ରିୟାରେ ଆତ୍ମା ଏବଂ ପରମାତ୍ମା ପ୍ରଯୁକ୍ତ ନୁହନ୍ତି। ଭଗବାନ ମହାବୀରଙ୍କ ଦର୍ଶନରେ ପରମାତ୍ମାଙ୍କ ଅସ୍ତିତ୍ୱକୁ ସ୍ୱୀକାର କରାଯାଇଛି କିନ୍ତୁ ବିଶ୍ୱ-ସୃଜନ-କର୍ତ୍ତା ରୂପକୁ ଅସ୍ୱୀକାର କରାଯାଇଛି।

ଭଗବାନ ମହାବୀରଙ୍କ ଅନୁସାରେ ଜଗତ ହେଉଛି ଅନାଦି-ଅନନ୍ତ। ତା'ର କର୍ତ୍ତୃତ୍ୱ ଭାର ବହନ କରିବା ସକାଶେ କୌଣସି ସତ୍ତାକୁ ଜନ୍ମ ଦେବାର ଆବଶ୍ୟକତା ନାହିଁ। ସ୍କନ୍ଦକ ସନ୍ନ୍ୟାସୀ ଥରେ ପ୍ରଶ୍ନ କରିଥିଲେ - ଭନ୍ତେ! ଏହି ଜଗତ ଶାଶ୍ୱତ ନା ଅଶାଶ୍ୱତ। ଭଗବାନଙ୍କ ଉତ୍ତର ହେଉଛି - ଆୟୁଷ୍ମାନ୍! ଅସ୍ତିତ୍ୱ ଦୃଷ୍ଟିରୁ ଜଗତ ହେଉଛି ଶାଶ୍ୱତ, କିନ୍ତୁ ରୂପାନ୍ତରଣ ଦୃଷ୍ଟିରୁ ଏହା ଅଶାଶ୍ୱତ। ଅଶାଶ୍ୱତ ହୋଇଥିବାରୁ ତହିଁରେ ଜଗତ-କର୍ତ୍ତୃତ୍ୱର ଅଂଶ ବି ସମାହିତ। ମହାବୀରଙ୍କ ମତ ହେଉଛି - ଜୀବ ଏବଂ ପରମାଣୁଗୁଡ଼ିକର ସ୍ୱାଭାବିକ ସଂଯୋଗ ପ୍ରକ୍ରିୟା ଦ୍ୱାରା ଏହା ସମ୍ପାଦିତ। ଏହି ସମ୍ପାଦନକୁ ଲକ୍ଷ୍ୟକରି ମହାନ୍ ଆଚାର୍ଯ୍ୟ ହରିଭଦ୍ରସୂରୀ ମହାବୀରଙ୍କ ଦର୍ଶନକୁ ଅନ୍ୟ ଈଶ୍ୱର କର୍ତ୍ତୃକ ଦର୍ଶନ ସହିତ ତୁଳନା କରି ରଚନା କରିଲେ –

ପାରମୈଶ୍ୱର୍ଯ୍ୟଯୁକ୍ତତ୍ୱାତ୍, ଆତ୍ମୈବ ମତ ଈଶ୍ୱରଃ।
ସ ଚ କର୍ତ୍ତେତି ନିର୍ଦୋଷ,କର୍ତ୍ତୁବାଦୋ ବ୍ୟବସ୍ଥିତଃ ॥

'ଆତ୍ମା ହେଉଛି ପରମ ଐଶ୍ୱର୍ଯ୍ୟସମ୍ପନ୍ନ। ତେଣୁ ସେ ଈଶ୍ୱର। ସେ କର୍ତ୍ତା। ଏହି ଦୃଷ୍ଟିରୁ ମହାବୀରଙ୍କ ଦର୍ଶନ ହେଉଛି କର୍ତ୍ତୃ-ବାଦୀ।'

ମହାବୀର କର୍ତ୍ତୃତ୍ୱର ନିରସନ କରି ନ ଥିଲେ। ସମଗ୍ର ଜଗତର ନିର୍ମାଣ-ବେଦିକା ଉପରେ ପ୍ରତିଷ୍ଠିତ କରିବାର ପ୍ରୟାସ କରାଯାଉଥିବା କର୍ତ୍ତୃ ସତ୍ତାର ସେ ନିରସନ କରିଥିଲେ।

ଭଗବାନ ମହାବୀର ଈଶ୍ୱର-ଉପାସନା ସ୍ଥାନରେ ଶ୍ରମଣ-ଉପାସନାର ପ୍ରବର୍ତ୍ତନ କରିଥିଲେ। ଈଶ୍ୱର ହେଉଛନ୍ତି ପରୋକ୍ଷ ଶକ୍ତି ଏବଂ ସେ ଅଗମ୍ୟ। ଈଶ୍ୱରଙ୍କ ପ୍ରତି ଯେତେ ଆକର୍ଷଣ ରହିବ, ଜଣେ ଜୀବିତ ମନୁଷ୍ୟ ତଥା ଗମ୍ୟ ବ୍ୟକ୍ତିତ୍ୱ ପ୍ରତି ସେତେ ଆକର୍ଷଣ ହେବା ସମ୍ଭବ ନୁହେଁ। ଭଗବାନ, ମଣିଷକୁ ଈଶ୍ୱରଙ୍କ ସ୍ଥାନରେ ପ୍ରତିଷ୍ଠିତ କରି ଉଦ୍‌ଘୋଷଣା କରିଲେ ଯେ ଈଶ୍ୱର କୌଣସି କଳ୍ପନାତୀତ ସତ୍ତା ନୁହନ୍ତି। ତାହା ମଣିଷର ପରମ ବିକାଶ ମାତ୍ର। ଯେଉଁ ଲୋକ ବିକାଶର ଉଚ୍ଚତମ କକ୍ଷରେ ପହଞ୍ଚିଯାଏ, ସେ ହିଁ ପରମାତ୍ମା ବା ଈଶ୍ୱର ହୋଇଥାଏ।

ଭଗବାନ ମହାବୀର ପରମ ଆତ୍ମା ସକାଶେ ପାଞ୍ଚୋଟି ଶ୍ରେଣୀ ନିର୍ଦ୍ଧାରିତ କରିଛନ୍ତି -

୧. ଅର୍ହତ୍ - ଧର୍ମ-ତୀର୍ଥର ପ୍ରବର୍ତ୍ତକ।

୨. ସିଦ୍ଧ - ମୁକ୍ତ ଆତ୍ମା।

୩. ଆଚାର୍ଯ୍ୟ - ଧର୍ମ-ତୀର୍ଥର ସଞ୍ଚାଳକ।

୪. ଉପାଧ୍ୟାୟ - ଧର୍ମଜ୍ଞାନର ସଂବାହକ।

୫. ସାଧୁ - ଧର୍ମ-ସାଧକ।

ଏମାନଙ୍କ ମଧ୍ୟରେ ଚାରୋଟି ଶ୍ରେଣୀର ଅଧିକାରୀ ହେଉଛି ମାନବ। କେବଳ ସିଦ୍ଧ ହେଉଛି ମୁକ୍ତ ଆତ୍ମା। ତେବେ ଏହି ପଞ୍ଚପଦ ମଧ୍ୟରେ ପ୍ରଥମ ସ୍ଥାନ ମଣିଷକୁ ଦିଆଯାଇଛି। ଦ୍ୱିତୀୟ ସ୍ଥାନ ସିଦ୍ଧ ବା ମୁକ୍ତ ଆତ୍ମାଙ୍କର। ମଣିଷର ମୁକ୍ତିର ହେତୁ ସିଦ୍ଧ ନୁହନ୍ତି। ଅର୍ହତ୍ ହେଉଛନ୍ତି ମଣିଷର ମୁକ୍ତିର ହେତୁ। ଏହି ସକାଶେ ମହାବୀର, ଅର୍ହତ୍‌ଙ୍କୁ ପ୍ରଥମ ସ୍ଥାନ ଦେଇଛନ୍ତି।

ଭଗବାନ ମହାବୀର ଶ୍ରମଣମାନଙ୍କ ଉପାସନା ସହିତ କୌଣସି କର୍ମକାଣ୍ଡକୁ ପ୍ରଶ୍ରୟ ଦେଇ ନ ଥିଲେ। ତାଙ୍କ ମତରେ ଉପାସନାର ଅର୍ଥ ହେଉଛି – ପାଖରେ ବସିବା, ସମୀପବର୍ତ୍ତୀ ହେବା। ମହାବୀରଙ୍କ ଅନୁଯାୟୀମାନେ ଶ୍ରମଣମାନଙ୍କ ପାଖକୁ ଯାଇ ସେମାନଙ୍କଠାରୁ ଧର୍ମଜ୍ଞାନ ଲାଭ କରୁଥିଲେ। ଭଗବାନ, ଶ୍ରମଣୋପାସନା ଉପରେ ବିଶେଷ ଜୋର ଦେଉଥିଲେ। ସେ କହୁଥିଲେ – 'ଶ୍ରମଣମାନଙ୍କ ଉପାସନା କରୁଥିବା ଲୋକ ଶ୍ରବଣ କରିଥାଏ, ବୁଝିପାରେ, ହେୟ ଓ ଉପାଦେୟର ବିବେକ କରିଥାଏ, ନୂତନ ଗ୍ରନ୍ଥିପାତରୁ ନିଜକୁ ସୁରକ୍ଷିତ ରଖିଥାଏ, ପୂର୍ବ ଗ୍ରନ୍ଥିମାନଙ୍କ ମୋଚନ କରି ଶେଷରେ ମୁକ୍ତହୁଏ।

ପୂର୍ବ ମୀମାଂସାର ପ୍ରବକ୍ତାମାନଙ୍କ ମତରେ ଜଣେ ଲୋକ ବୀତରାଗ କିମ୍ବା ସର୍ବଜ୍ଞ ହୋଇପାରିବ ନାହିଁ। ମହାବୀରଙ୍କ ମତରେ – ଜଣେ ମଣିଷ ହିଁ ବୀତରାଗ ହୋଇପାରିବ। ଯଦି ଜଣେ କେହି ସର୍ବଜ୍ଞ ହୋଇପାରେ, ତେବେ ସେ ନିଶ୍ଚିତ ଭାବରେ ଏକ ସାଧାରଣ ମଣିଷ ହୋଇଥିବ।

ମୀମାଂସକ ବେଦକୁ ଅପୌରୁଷେୟ ଭାବୁଥିଲେ। ତାଙ୍କ ମତରେ ମଣିଷ ହେଉଛି ଅପୂର୍ଣ୍ଣ। ସେହି କାରଣରୁ ତା'ର ଜ୍ଞାନକୁ ଅନ୍ତିମ ପ୍ରମାଣ ବୋଲି କୁହାଯାଇପାରିବ ନାହିଁ। ଈଶ୍ୱର ହେଉଛନ୍ତି ସ୍ୱୟଂସମ୍ପୂର୍ଣ୍ଣ, ସର୍ବଜ୍ଞ। ତେଣୁ ସେ ହେଉଛନ୍ତି ସ୍ୱତଃ ପ୍ରମାଣ। ବେଦ ଈଶ୍ୱରୀୟ ଜ୍ଞାନ ହୋଇଥିବାରୁ ତା'ର ସ୍ୱତଃ-ପ୍ରାମାଣ୍ୟ ରହିବା ସ୍ୱାଭାବିକ। ମାନବୀୟ ଜ୍ଞାନ ବେଦରୁ ସ୍ଫୁରିତ ହୋଇଥିବାରୁ ତା'ର ପରୋକ୍ଷ ପ୍ରାମାଣ୍ୟ ରହିଛି।

ଭଗବାନ ବୁଦ୍ଧ ସର୍ବଜ୍ଞତାକୁ ସ୍ୱୀକାର କରୁ ନ ଥିଲେ। ତେଣୁ ସେ ଶାସ୍ତ୍ରର ପ୍ରାମାଣ୍ୟକୁ ବି ଅସ୍ୱୀକାର କରିଥିଲେ। ଅଥଚ ଭଗବାନ ମହାବୀର, ମଣିଷ ମଧ୍ୟରେ ସର୍ବଜ୍ଞ ହେବାର କ୍ଷମତା ରହିଥିବା କଥାକୁ ସ୍ୱୀକାର କରୁଥିଲେ। ତେଣୁ ସେ ପୌରୁଷେୟ ଶାସ୍ତ୍ରର ସ୍ୱତଃ-ପ୍ରାମାଣ୍ୟର ପ୍ରତିପାଦନ କରି ଅପୌରୁଷେୟ ଶବ୍ଦ-ବୋଧର ନିରସନ କରିଥିଲେ। ସେ ଘୋଷଣା କରିଥିଲେ – 'ଈଶ୍ୱର ହେଉଛନ୍ତି ସର୍ବଜ୍ଞ, କିନ୍ତୁ ଶରୀର ନ ଥିବାରୁ ସେ ତାଙ୍କ ସର୍ବଜ୍ଞତା ପ୍ରତିପାଦନ କରିପାରନ୍ତି ନାହିଁ। ମନୁଷ୍ୟଠାରେ ସର୍ବଜ୍ଞତା ଏବଂ ପ୍ରତିପାଦନ – ଉଭୟ କ୍ଷମତା ରହିପାରେ।

ଭଗବାନ ମହାବୀର ମାନବୀୟ ସମସ୍ୟାର ମୂଳ ଓ ତାହାର ସମାଧାନ ସୂତ୍ର ମଣିଷ ମଧ୍ୟରେ ଖୋଜିବାର ପ୍ରୟାସ କରିଥିଲେ। ତାଙ୍କର ଯୁଗ ଥିଲା ଦେବବାଦର ଯୁଗ। ଅନେକ ଦାର୍ଶନିକ, ଦେବମାନଙ୍କୁ ଅତିରିକ୍ତ ମହତ୍ତ୍ୱ ଦେଉଥାନ୍ତି, କିନ୍ତୁ ମହାବୀର ମାନବୀୟ ଚେତନାକୁ ଦିବ୍ୟ-ଚେତନା-ଅଭିଭୂତ କରିବାର ପ୍ରଚେଷ୍ଟାରୁ ବିରତ ଥାନ୍ତି। ତାଙ୍କର ଧ୍ରୁବ ସିଦ୍ଧାନ୍ତ ହେଉଛି – ମଣିଷ ହିଁ ସଂଯମ କରିପାରିବ, ଦେବଗଣଙ୍କ ଦ୍ୱାରା ଏହା ଅସମ୍ଭବ।

ଆପଣା ବୈଭବ ପ୍ରଦର୍ଶନ କରି ଇନ୍ଦ୍ର, ଦଶାର୍ଣ୍ଣ ଭଦ୍ର ରାଜାଙ୍କୁ ପରାଜିତ କରିବାକୁ ଚାହିଁଲେ। ସେତେବେଳେ ଭଗବାନ କହିଲେ – 'ଦଶାର୍ଣ୍ଣଭଦ୍ର ! ତୁମେ ହେଉଛ ମନୁଷ୍ୟ। ଆପଣ ଶକ୍ତି ସହିତ ପରିଚିତ ମଣିଷ, ଦେବଗଣ ଦ୍ୱାରା ପରାଜିତ ହୋଇପାରିବ ନାହିଁ।' ଦଶାର୍ଣ୍ଣଭଦ୍ର ରାଜ୍ୟ ତ୍ୟାଗକରି ମୁନିବ୍ରତ ସ୍ୱୀକାର କରିନେଲେ। ତ୍ୟାଗ ସହିତ ସ୍ପର୍ଦ୍ଧା କରି ନ ପାରି ଇନ୍ଦ୍ରଙ୍କ ମସ୍ତିଷ୍କ ରାଜର୍ଷିଙ୍କ ସମ୍ମୁଖରେ ନତ ହେଲା।

ଦୀକ୍ଷା-ଗ୍ରହଣ ସମୟରେ ମହାବୀରଙ୍କ ଶିବିକା ଉଠାଇବାରେ ମଣିଷମାନେ ସବା ଆଗରେ ରହିଥିଲେ। ମହାବୀର ନିଜେ ଜଣେ ମଣିଷ ହୋଇଥିବାରୁ ଏହି ଅଗ୍ରଗାମିତାର ଅଧିକାର ମଣିଷମାନଙ୍କୁ ପ୍ରାପ୍ତ ହୋଇଥିଲା। ମହାବୀର ସାରାଜୀବନ ଏହି ବ୍ୟାଖ୍ୟା କରିବାରେ ନିୟୋଜିତ କରିଥିଲେ ଯେ ଈଶ୍ୱରୀୟ ସୃଷ୍ଟିର ସୃଜନ ମଣିଷ କରିଥାଏ, ଅଥଚ ମାନବୀୟ ସୃଷ୍ଟିର ସର୍ଜକ ଈଶ୍ୱର ନୁହନ୍ତି।

ବ୍ୟାପକ ଧାର୍ମିକ ଚେତନାର ଉଦ୍‌ଗାନ

ଅଢ଼େଇ ହଜାର ବର୍ଷ ପୂର୍ବେ ହିନ୍ଦୁସ୍ଥାନର କ୍ଷିତିଜରେ ନୂତନ ସ୍ଥାପନା ଏବଂ ନୂତନ ପ୍ରୟୋଗ ସବୁ ହେଉଥାଏ। ଚିନ୍ତନ ଥାଏ ପ୍ରବହମାନ। ନୂଆ-ନୂଆ ଉତ୍ସର ଉଦ୍‌ଭବ ହୋଇଥାଏ। କର୍ମକାଣ୍ଡର ଜଟିଳ ପ୍ରକ୍ରିୟା ସମାଜକୁ ଭାରାକ୍ରାନ୍ତ କରୁଥାଏ। ଅନ୍ୟ ଦିଗରେ ଆତ୍ମବାଦୀ, ନିର୍ବାଣବାଦୀ ତଥା ଔପନିଷିଦକ ତତ୍ତ୍ୱର ଶ୍ରବଣ, ମନନ ଏବଂ ନିଦିଧ୍ୟାସନ ଜାରି ରହିଥାଏ। ସେହି ଯୁଗରେ ମହାବୀର ରାଜ-ସମ୍ପଦର ପ୍ରତ୍ୟାଖ୍ୟାନ କରି ସତ୍ୟର ଅନ୍ୱେଷଣରେ ବାହାରିପଡ଼ିଲେ। ବାରବର୍ଷ ଛଅମାସ ପର୍ଯ୍ୟନ୍ତ ଆତ୍ମ-ସମୁଦ୍ରର ଗଭୀରତା ମଧ୍ୟରେ ବୁଡ଼ିରହିଲେ। ଦ୍ୱାଦଶ ବର୍ଷର ଉତ୍ତରାର୍ଦ୍ଧରେ ତାଙ୍କର ସାଧନା, ସଫଳତାର ଶିଖରକୁ ସ୍ପର୍ଶ କଲା। ଆତ୍ମସାକ୍ଷାତକାର ଲାଭକରି ତା'ର ଆଲୋକରେ ସତ୍ୟର ବ୍ୟାଖ୍ୟା କରିଲେ।

ଧର୍ମର ବ୍ୟାପକ ଧାରଣା

ମହାବୀରଙ୍କ ବିସ୍ତୃତ ଧର୍ମ-ଧାରଣା ରହିଥିଲା। ତାହାର କାରଣ ହେଉଛି - ଅହିଂସକ ପରମ୍ପରାରେ ତାଙ୍କର ଆସ୍ଥାର ବିକାଶ। ବୈଦିକ ପରମ୍ପରାରେ ଧର୍ମର ସ୍ୱୀକୃତି, ଏକ ବିଶିଷ୍ଟ ବର୍ଗ ସକାଶେ ଆରକ୍ଷିତ ଥାଏ। ସେମାନଙ୍କ ସମ୍ମୁଖରେ ମହାବୀର, ଶ୍ରମଣ ପରମ୍ପରାର ଶାଶ୍ୱତ ସ୍ୱରକୁ ପ୍ରଭାବଶାଳୀ ଢଙ୍ଗରେ ପ୍ରସ୍ତୁତ କରିଥିଲେ। ଭଗବାନ ଜନସାଧାରଣଙ୍କୁ ମାର୍ଗଦର୍ଶନ ଦେଇ କହିଲେ ଯେ ଅହିଂସା ଧର୍ମ ହେଉଛି ଏମାନଙ୍କ ସକାଶେ -

୧. ଯେଉଁମାନେ ଅହିଂସା-ଆଚରଣ ପାଇଁ ପ୍ରସ୍ତୁତ ନା ଅପ୍ରସ୍ତୁତ।

୨. ଯେଉଁମାନେ ଅହିଂସାକୁ ଜାଣିବା ପାଇଁ ଉପସ୍ଥିତ ହୋଇଛନ୍ତି ନା ଅନୁପସ୍ଥିତ।

୩. ଯେଉଁମାନେ ହିଂସାରୁ ନିବୃତ୍ତ ନା ନାହିଁ।

୪. ଯେଉଁମାନେ ଜାଗତିକ ସଂଯୋଗ ପ୍ରତି ଆସକ୍ତ ନା ଅନାସକ୍ତ।

୫. ଯେଉଁମାନେ ପରିଗ୍ରହରେ ଆସକ୍ତ ନା ଅନାସକ୍ତ।

ଭଗବାନ ସମସ୍ତ ମଣିଷ ଜାତିକୁ ଅହିଂସା-ଆଚରଣ ସକାଶେ ପ୍ରେରଣା ଦେଇ କହିଲେ -

୧. ଧର୍ମର ଆରାଧନାରେ ସ୍ତ୍ରୀ-ପୁରୁଷର ଭେଦ ରହିପାରିବ ନାହିଁ। ଫଳସ୍ୱରୂପ ଶ୍ରମଣ, ଶ୍ରମଣୀ, ଶ୍ରାବକ ଏବଂ ଶ୍ରାବିକା - ଏହି ଚତୁର୍ତୀର୍ଥର ସ୍ଥାପନା ହେଲା।

୨. ଧର୍ମର ଆରାଧନାରେ ଜାତିଗତ ଭେଦ ରହିପାରିବ ନାହିଁ। ତେଣୁ ସବୁ ଜାତିର ଲୋକମାନେ ତାଙ୍କର ସଂଘରେ ପ୍ରବ୍ରଜିତ ହୋଇଥିଲେ।

୩. ଧର୍ମର ଆରାଧନାରେ କ୍ଷେତ୍ରୀୟ ଭେଦ ରହିପାରିବ ନାହିଁ। ଜନବସତି ଏବଂ ଅରଣ୍ୟ ଉଭୟ କ୍ଷେତ୍ରରେ ଧର୍ମାଚରଣ କରାଯାଇପାରିବ। ପରିଣାମତଃ ଅରଣ୍ୟରେ ବାସ କରୁଥିବା ତାଙ୍କର ସାଧୁମାନଙ୍କ ସଂଖ୍ୟା ଅତି ଅଳ୍ପ।

୪. ଧର୍ମର ଆରାଧନାରେ ବେଶଭୂଷା ବାଧକ ନୁହେଁ। ଧର୍ମ କରିବାର ଅଧିକାର ଉଭୟ ଶ୍ରମଣ ଏବଂ ଗୃହସ୍ଥମାନଙ୍କ ରହିଛି।

୫. ଭଗବାନ ନିଜ ଶ୍ରମଣମାନଙ୍କୁ କହିଲେ - ଶ୍ରେଷ୍ଠ ବ୍ୟକ୍ତିମାନଙ୍କ ସଦୃଶ ନିକୃଷ୍ଟ ବ୍ୟକ୍ତିମାନଙ୍କୁ ମଧ୍ୟ ଧର୍ମୋପଦେଶ ଦିଅ। ତୁଚ୍ଛମାନଙ୍କ ଭଳି ପୁଣ୍ୟକୁ ଧର୍ମୋପଦେଶ ପ୍ରଦାନ କର।

ଏହି ବ୍ୟାପକ ଦୃଷ୍ଟିକୋଣର ମୂଳରେ ଅସାମ୍ପ୍ରଦାୟିକତା ରହିଛି ଏବଂ ଜାତୀୟତାର ଅଭାବ ରହିଛି।

ମହାବୀର ହେଉଛନ୍ତି ତୀର୍ଥଙ୍କର। ତୀର୍ଥ ହୋଇପାରେ ସମ୍ପ୍ରଦାୟ କିନ୍ତୁ ସେ ଧର୍ମକୁ ସମ୍ପ୍ରଦାୟ ସହିତ ଛନ୍ଦି ଦେଇନାହାନ୍ତି। ତାଙ୍କ ଦୃଷ୍ଟିରେ ଜୈନ-ସମ୍ପ୍ରଦାୟ ଅପେକ୍ଷା ଜୈନତ୍ୱ ହେଉଛି ମୁଖ୍ୟ। ଜୈନତ୍ୱର ଅର୍ଥ ହେଉଛି - ସମ୍ୟକ୍-ଦର୍ଶନ, ସମ୍ୟକ୍-ଜ୍ଞାନ ଏବଂ ସମ୍ୟକ୍-ଚାରିତ୍ରର ଆରାଧନା। ଅନ୍ୟ ସମ୍ପ୍ରଦାୟର ବେଶ ଧାରଣ କରି ବି ଯଦି

କେହି ଏମାନଙ୍କର ଅନୁପାଳନ କରୁଥାଏ, ସେ ମଧ୍ୟ ଅବଶ୍ୟ ମୁକ୍ତି ପାଇଥାଏ। ଏପରିକି ଗୃହସ୍ଥ ବେଶରେ ବି ଜଣେ ମୁକ୍ତ ହୋଇପାରିବ। ଶାସ୍ତ୍ରୀୟ ଭାଷାରେ ସେମାନଙ୍କୁ ଯଥାକ୍ରମେ ଅନ୍ୟଲିଙ୍ଗ-ସିଦ୍ଧ ଏବଂ ଗୃହଲିଙ୍ଗ-ସିଦ୍ଧ କୁହାଯାଇଥାଏ।

ଏହି ବ୍ୟାପକ ଏବଂ ଉଦାର ଚେତନାର ପରିଣତି ସ୍ୱରୂପ ଜୈନ ଆଚାର୍ଯ୍ୟମାନେ କହିପାରିଥିଲେ -

ପକ୍ଷପାତୋ ନ ମେ ବୀରେ, ନ ଦ୍ୱେଷଃ କପିଳାଦିଷୁ।
ଯୁକ୍ତିମଦ୍ ବଚନଂ ଯସ୍ୟ, ତସ୍ୟ କାର୍ଯ୍ୟ ପରିଗ୍ରହଃ ।।

ମହାବୀରଙ୍କ ପ୍ରତି ମୋର ପକ୍ଷପାତ ନାହିଁ ଏବଂ କପିଳ ଆଦିଙ୍କ ପ୍ରତି କୌଣସି ପ୍ରକାର ଦ୍ୱେଷ ନାହିଁ। ଯାହାଙ୍କର ବଚନ ଯୁକ୍ତିଯୁକ୍ତ, ସେମାନଙ୍କୁ ମୁଁ ସ୍ୱୀକାର କରିଥାଏ।

ଭବ-ବୀଜାଙ୍କୁର-ଜନନା, ରାଗାଦ୍ୟାଃ କ୍ଷୟମୁପାଗତା ଯସ୍ୟ।
ବ୍ରହ୍ମା ବା ବିଷ୍ଣୁର୍ବା, ହରୋ ଜିନୋ ବା ନମସ୍ତସ୍ମୈ।।

ଭବ-ବୀଜକୁ ଅଙ୍କୁରିତ କରୁଥିବା ରାଗ-ଦ୍ୱେଷ ଆଦି ତତ୍ତ୍ୱ ଯାହାର କ୍ଷୀଣ ହୋଇସାରିଛି, ସେମାନଙ୍କୁ ମୋର ନମସ୍କାର। ସେ ବ୍ରହ୍ମା, ବିଷ୍ଣୁ, ହର ବା ଜିନ ଯେ କେହି ହୋଇଥାଆନ୍ତୁ ସେମାନଙ୍କୁ ମୁଁ ନମସ୍କାର କରୁଛି।

ସ୍ୱାଗମଂ ରାଗମାତ୍ରେଣ, ଦ୍ୱେଷମାତ୍ରାତ୍ ପରାଗମମ୍।
ନ ଶ୍ରୟାମସ୍ତ୍ୟଜାମୋବା, କିନ୍ତୁ ମଧ୍ୟସ୍ଥୟା ଦୃଶା।।

ମୁଁ ନିଜ ଆଗମ ଶାସ୍ତ୍ରଗୁଡ଼ିକୁ ମାତ୍ର ଅନୁରାଗବଶତଃ ସ୍ୱୀକାର କରୁନାହିଁ କିମ୍ବା ଅନ୍ୟମାନଙ୍କ ଆଗମଶାସ୍ତ୍ରଗୁଡ଼ିକୁ ଦ୍ୱେଷବଶତଃ ଅସ୍ୱୀକାର କରୁନାହିଁ। ଏହି ସ୍ୱୀକାର-ଅସ୍ୱୀକାର ପଛରେ ମୋର ମଧ୍ୟସ୍ଥ ଦୃଷ୍ଟି କାମ କରୁଛି।

ସ୍ୱାଭାବିକ ପ୍ରଶ୍ନ ଜାତ ହେଉଛି - ଜୈନ-ସଂସ୍କୃତିର ସ୍ୱରୂପ ଏତେ ବ୍ୟାପକ ଓ ଉଦାର ହୋଇଥିବା ସତ୍ତ୍ୱେ ତାହା ଲୋକ-ସଂଗ୍ରହ କରିବାରେ ସେତେ ସଫଳ କାହିଁକି ହୋଇପାରିଲା ନାହିଁ? ଏହାର ଉତ୍ତର ସ୍ୱରୂପ ପାଞ୍ଚଗୋଟି କାରଣ ଦିଆଯାଇପାରିବ-

୧. ଜୈନଦର୍ଶନର ସୂକ୍ଷ୍ମ ସିଦ୍ଧାନ୍ତ-ବାଦିତା।
୨. ତପୋମାର୍ଗର କଠୋରତା।
୩. ଅହିଂସାର ସୂକ୍ଷ୍ମତା।
୪. ସାମାଜିକ ବନ୍ଧନର ଅଭାବ।
୫. ପ୍ରଚାର ପ୍ରସାର ପ୍ରତି ଜୈନ ସାଧୁସଂଘର ଉଦାସୀନ ମନୋଭାବ।

ଏହି ସମସ୍ତ ତତ୍ତ୍ୱ ଲୋକ-ସଂଗ୍ରହାତ୍ମକ ପକ୍ଷକୁ ଦୁର୍ବଳ କରିଥାନ୍ତି।

ତପ ଓ ଧ୍ୟାନର ସମନ୍ୱୟ

ଭଗବାନ ମହାବୀରଙ୍କ ଯୁଗ ହେଉଛି ଧର୍ମ କ୍ଷେତ୍ରରେ ପ୍ରୟୋଗ ଏବଂ ଗବେଷଣାର ଯୁଗ। ସେ ସମୟରେ ହଜାର-ହଜାର ଶ୍ରମଣ ଏବଂ ବୈଦିକ ସନ୍ନ୍ୟାସୀ ଧର୍ମର ବହୁବିଧ ପ୍ରୟୋଗ କରିବାରେ ସଂଲଗ୍ନ ଥିଲେ। କିଛି ଶ୍ରମଣ ଏବଂ ସନ୍ନ୍ୟାସୀ କଠୋର ତପଶ୍ଚର୍ଯ୍ୟା କରୁଥାନ୍ତି। ଆଉ କେତେକ ଶ୍ରମଣ ଓ ସନ୍ନ୍ୟାସୀ ଧ୍ୟାନର ଉତ୍କୃଷ୍ଟ ସାଧନାରେ ଲୀନ ଥାନ୍ତି। ଆତ୍ମାନୁଭୂତିର ବିଭିନ୍ନ ମାର୍ଗର ଅନ୍ୱେଷଣ ଚାଲିଥାଏ।

ଭଗବାନ ବୁଦ୍ଧ ଛଅବର୍ଷ ପର୍ଯ୍ୟନ୍ତ କଠୋର ତପଶ୍ଚର୍ଯ୍ୟା କରିଥିଲେ। ତହିଁରୁ ଶାନ୍ତିପ୍ରାପ୍ତ ନ ହେବାରୁ, ସେ ଧ୍ୟାନ-ମାର୍ଗ ଅଙ୍ଗୀକାର କଲେ। ଏହାଦ୍ୱାରା ତାଙ୍କୁ ବୋଧିଲାଭ ହୋଇଥିଲା। ସେ ମଧ୍ୟମ ପ୍ରତିପଦାର ପ୍ରତିପାଦନ କରିଥିଲେ, ଯାହା ହେଉଛି ସ୍ୱାଭାବିକ।

ପ୍ରତ୍ୟେକ କ୍ଷେତ୍ରରେ ମହାବୀରଙ୍କ ଦୃଷ୍ଟି ରହିଥିଲା ସମନ୍ୱୟମୂଳକ। ଜୀବନର ପ୍ରତି ସ୍ଥଳରେ ସେ ସାପେକ୍ଷତାର

ପ୍ରୟୋଗ କରୁଥିଲେ। ନିଜ ସାଧନାରେ ତପଶ୍ଚର୍ଯ୍ୟାର ପୂର୍ଣ୍ଣ ବହିଷ୍କାର କରି ନ ଥିଲେ କିମ୍ବା ଧ୍ୟାନକୁ ଆତ୍ମାନୁଭୂତିର ଏକମାତ୍ର ସାଧନ ରୂପେ ମାନ୍ୟ କରି ନ ଥିଲେ। ତପଶ୍ଚର୍ଯ୍ୟା ଓ ଧ୍ୟାନ ଉଭୟକୁ ସେ ମାନ୍ୟତା ପ୍ରଦାନ କରିଥିଲେ।

କେତେକ ବିଦ୍ୱାନଙ୍କ ମତ ହେଉଛି - ଭଗବାନ ମହାବୀରଙ୍କ ସାଧନା-ପଦ୍ଧତି ଭାରି କଠୋର। ଏହା ସମ୍ପୂର୍ଣ୍ଣ ନିରାଧାର ନୁହେଁ। ତାଙ୍କର ସାଧନା ପଦ୍ଧତିରେ କଠୋରଚର୍ଯ୍ୟାର ଅଂଶ ଅବଶ୍ୟ ରହିଛି। ତେବେ ତାହା ଅନିବାର୍ଯ୍ୟ ନୁହେଁ।

ଭଗବାନ ମହାବୀର ଅନୁଭବ କରିଥିଲେ ଯେ ସମସ୍ତଙ୍କ ଶକ୍ତି ଏବଂ ରୁଚି ସମାନ ନ ଥାଏ। କେତେକଙ୍କଠାରେ ତପସ୍ୟା ପ୍ରତି ରୁଚି ଏବଂ ସାମର୍ଥ୍ୟ ରହିଥାଏ, କିନ୍ତୁ ଧ୍ୟାନ ପ୍ରତି ନ ଥାଏ। ଅଥଚ ଆଉ କିଛି ଲୋକ ଧ୍ୟାନ କରିବାକୁ ଭଲ ପାଆନ୍ତି ଏବଂ ଧ୍ୟାନରେ ପରାକ୍ରମ କରନ୍ତି, କିନ୍ତୁ ତପସ୍ୟା ପ୍ରତି ରୁଚି ଏବଂ କ୍ଷମତା ନ ଥାଏ। ଭଗବାନ ମହାବୀର ଆପଣା ସାଧନା ପଦ୍ଧତିରେ ଉଭୟ ତପ ଏବଂ ଧ୍ୟାନ ପ୍ରତି ରୁଚି ଓ ସାମର୍ଥ୍ୟର ସମାବେଶ କରିଥିଲେ। ତପସ୍ୟାଠାରୁ ଧ୍ୟାନ ଶ୍ରେଣୀରେ ଉଚ୍ଚ ହୋଇଥିବା ସତ୍ତ୍ୱେ ସାଧନା କ୍ଷେତ୍ରରେ ତପସ୍ୟାର ମୂଲ୍ୟ ବି କିଛି କମ୍ ନୁହେଁ। ମହାବୀରଙ୍କ ସାଧନା ପଦ୍ଧତିର ଏହା ହେଉଛି ଏକ ମହତ୍ୱପୂର୍ଣ୍ଣ ଅଙ୍ଗ। ଭଗବାନଙ୍କୁ ଦୀର୍ଘ ତପସ୍ୱୀ କୁହାଯାଉଥିଲା। ଅନଗାର ବା ଗୃହରହିତ ସନ୍ନ୍ୟାସୀମାନେ ତପସ୍ୟାରେ ବୀର । 'ତବସୂରା ଅଣଗାରା' - ଏହା ହେଉଛି ଜୈନ ପରମ୍ପରାର ପ୍ରସିଦ୍ଧ ବାକ୍ୟ। ଭଗବାନ ମହାବୀର କେବଳ ଉପବାସକୁ ହିଁ ତପ ବୋଲି ବିଚାର କରୁ ନ ଥିଲେ। ବରଂ ତାଙ୍କ ତପର ପରିଭାଷାରେ ଧ୍ୟାନ ମଧ୍ୟ ସମ୍ମିଳିତ ଥାଏ।

ସେ ଅଜ୍ଞାନମୟ ତପର ପ୍ରବଳ ବିରୋଧ କରିବା ସହିତ ଜ୍ଞାନଯୁକ୍ତ ତପର ବିପୁଳ ସମର୍ଥନ କରୁଥାନ୍ତି। ଅହିଂସା-ପାଳନରେ ଯେପରି ବାଧା ନ ଉପୁଜେ - ଅତିକମ୍‌ରେ ଏତିକି ତପସ୍ୟା କରିବାକୁ ସମସ୍ତେ ବାଧ୍ୟ। ଯାହାର ଶାରୀରିକ ବଳ ବା ବିରାଗ ତୀବ୍ରତର ସେ ବିଶେଷ ତପସ୍ୟା କରିବା ପାଇଁ ସ୍ୱତନ୍ତ୍ର। ଭଗବାନ ମହାବୀର ଦୈନିକ ଜୀବନର ଅନେକ ଶ୍ରେଣୀ ନିର୍ଦ୍ଧାରିତ କରିଥିଲେ। ଗୃହବାସୀଙ୍କ ପାଇଁ ତାହା ଚାରି ପ୍ରକାର।

୧. **ସୁଲଭ ବୋଧି** - ଏହା ହେଉଛି ପ୍ରାଥମିକ ଶ୍ରେଣୀ। ଏଠାରେ ଧର୍ମର ଜ୍ଞାନ ବା ଅଭ୍ୟାସ କିଛି ନ ଥାଏ। ତାହାପ୍ରତି କେବଳ ଅଜ୍ଞାତ ଅନୁରାଗ ରହିଥାଏ। ସୁଲଭ-ବୋଧି ଲୋକ ନିକଟ ଭବିଷ୍ୟତରେ ଧର୍ମାଚରଣର ଯୋଗ୍ୟତା ଲାଭ କରିଥାଏ।

୨. **ସମ୍ୟକ୍ ଦୃଷ୍ଟି** - ଏହା ହେଉଛି ଦ୍ୱିତୀୟ ପ୍ରକୋଷ୍ଠ। ଏଠାରେ ଧର୍ମର ଅଭ୍ୟାସ ହୁଏନାହିଁ, କିନ୍ତୁ ସମୁଚିତ ଜ୍ଞାନ ରହିଥାଏ।

୩. **ଅଣୁବ୍ରତୀ** - ଏହା ହେଉଛି ତୃତୀୟ କକ୍ଷା। ଏଠାରେ ଧର୍ମର ଜ୍ଞାନ ଏବଂ ଅଭ୍ୟାସ ଉଭୟ କରାହୁଏ।

୪. **ପ୍ରତିମାଧର** – ଏହା ହେଉଛି ଚତୁର୍ଥ କକ୍ଷା। ଏଠାରେ ଧର୍ମର ବିଶେଷ ଅଭ୍ୟାସ କରାହୁଏ।

ମୁନିମାନଙ୍କ ସକାଶେ ନିମ୍ନୋକ୍ତ ଦୁଇଟି କକ୍ଷା ରହିଛି –

ସଂଘବାସୀ ମୁନି - ଏହା ପ୍ରଥମ ଶ୍ରେଣୀ। ଏହି ସ୍ତରରେ ଅହିଂସାଚରଣକୁ ପ୍ରାଧାନ୍ୟ ଦିଆଯାଇଥାଏ, ତପସ୍ୟାକୁ ନୁହେଁ।

ଏକଲ-ବିହାରୀ ମୁନି - ଏହା ଦ୍ୱିତୀୟ ଶ୍ରେଣୀ। ଏଠାରେ ଅହିଂସାଚରଣ ସହିତ ତପସ୍ୟାକୁ ମଧ୍ୟ ପ୍ରାଧାନ୍ୟ ଦିଆଯାଇଥାଏ।

ଉପଯୁକ୍ତ ଛଅଟି ଶ୍ରେଣୀ ମଧ୍ୟରୁ ଗୃହସ୍ଥଙ୍କ ପାଇଁ ଚତୁର୍ଥ ଏବଂ ମୁନିମାନଙ୍କ ପାଇଁ ଷଷ୍ଠକକ୍ଷାରେ କଠୋର ସାଧନା କରିବାକୁ ହୋଇଥାଏ। ଅବଶିଷ୍ଟ କକ୍ଷାମାନଙ୍କ ସାଧନାର ମାର୍ଗ ହେଉଛି ସରଳ ଓ ଋଜୁ।

ଭଗବାନ ମହାବୀରଙ୍କ ସାଧନା ପଦ୍ଧତିରେ ମୃଦୁ, ମଧ୍ୟ ଏବଂ ଅଧିକ - ଏହି ତିନି ମାତ୍ରାର ସମନ୍ୱୟ ରହିଛି। ମନୁଷ୍ୟ ବି ମନ୍ଦ, ମଧ୍ୟ ଓ ପ୍ରାଜ୍ଞ - ତିନିକୋଟିର ହୋଇଥାନ୍ତି। ଏହି ସମସ୍ତ ଶ୍ରେଣୀକୁ ଗୋଟିଏ ଶ୍ରେଣୀଭୁକ୍ତ କରି ଧର୍ମର ବ୍ୟାଖ୍ୟା କରିବା ପରିବର୍ତ୍ତେ ବିଭିନ୍ନ ପ୍ରକାର ଲୋକଙ୍କ ସକାଶେ ଭିନ୍ନ-ଭିନ୍ନ ଦୃଷ୍ଟିକୋଣରୁ ଧର୍ମର ବ୍ୟାଖ୍ୟା କରିବା ଅଧିକ ମନୋବିଜ୍ଞାନ ସମ୍ମତ।

ଅସାମ୍ପ୍ରଦାୟିକ ଧର୍ମର ମନ୍ତ୍ରୋଚ୍ଚାର

ଜଣେ ଲୋକ ଆଚାର୍ଯ୍ୟ ଶ୍ରୀ ତୁଳସୀଙ୍କୁ ପ୍ରଶ୍ନ କରିଥିଲେ - ଭଗବାନ ମହାବୀର ଜୈନ ଥିଲେ କି ? ଆଚାର୍ଯ୍ୟ ଶ୍ରୀ କହିଲେ - ନା, ସେ ଜୈନ ପରିବର୍ତ୍ତେ ଜିନ ଥିଲେ । ଜିନଙ୍କୁ ମାନୁଥିବା ଲୋକଙ୍କୁ ସାଧାରଣତଃ ଜୈନ କୁହାଯାଇଥାଏ । ସେ ଜୈନ ନ ଥାଇ, ଅନ୍ୟ ଶବ୍ଦରେ ଅଜୈନ ଥାଇ ବି ଜଣେ ପରମ ଧାର୍ମିକ ଥିଲେ । ଫଳିତ ସ୍ପଷ୍ଟ ଯେ ଜଣେ ଜୈନ ହୋଇଥିଲେ ହିଁ ଧାର୍ମିକ ହେବ, ଏପରି ବାଧ୍ୟବାଧକତା କିଛି ନାହିଁ । ଜୈନ, ବୈଷ୍ଣବ, ଶୈବ, ବୌଦ୍ଧ ଆଦି ନାମ ଧର୍ମର ସ୍ୱତନ୍ତ୍ର ପରମ୍ପରା ମାତ୍ର । ଧର୍ମ ସହିତ ଏମାନଙ୍କ ବ୍ୟାପ୍ତି ନାହିଁ । ଏହି ସତ୍ୟର ସ୍ୱୀକୃତି ହେଉଛି ଅସାମ୍ପ୍ରଦାୟିକ ଦୃଷ୍ଟି ।

ସାମ୍ପ୍ରଦାୟିକତା ହେଉଛି ଏକ ପ୍ରକାର ଉନ୍ମାଦ-ରୋଗ । ନିମ୍ନୋକ୍ତ ତିନି ଲକ୍ଷଣରେ ଏହାର ଆଧିପତ୍ୟ ଜାହିର ହୋଇଥାଏ ।

(୧) **ସମ୍ପ୍ରଦାୟ ଏବଂ ମୁକ୍ତି ମଧ୍ୟରେ ଅନୁବନ୍ଧ** – ମୋ ସମ୍ପ୍ରଦାୟକୁ ଆସ । ତୁମର ମୁକ୍ତି ହେବ । ଅନ୍ୟଥା ମୁକ୍ତି ସମ୍ଭବ ନୁହେଁ ।

(୨) **ପ୍ରଶଂସା ଓ ନିନ୍ଦା** – ଆପଣା ସମ୍ପ୍ରଦାୟର ପ୍ରଶଂସା ତଥା ଅନ୍ୟ ସମ୍ପ୍ରଦାୟର ନିନ୍ଦା ।

(୩) **ଐକାନ୍ତିକ ଆଗ୍ରହ** – ଅନ୍ୟମାନଙ୍କ ଦୃଷ୍ଟିକୋଣକୁ ବୁଝିବାର ଚେଷ୍ଟା ନ କରିବା ।

ଭଗବାନ ମହାବୀର ଅହିଂସାର ଗଭୀରତା ମଧ୍ୟରେ ପ୍ରବେଶ କରିସାରିଥିଲେ । ତେଣୁ ସାମ୍ପ୍ରଦାୟିକ ଉନ୍ମାଦ ତାଙ୍କ ଉପରେ ଆକ୍ରମଣ କରିପାରି ନ ଥିଲା । ଅନ୍ୟ ପ୍ରକାରେ କହିବାକୁ ଗଲେ - ଭଗବାନ ମହାବୀର ଯେହେତୁ ସାମ୍ପ୍ରଦାୟିକ ଉନ୍ମାଦର ଶିକାର ହୋଇ ନ ଥିଲେ । ସେହି କାରଣରୁ ସେ ଅହିଂସାର ଗଭୀରତାକୁ ଯାଇପାରିଥିଲେ । ଆତ୍ମୋପମ୍ୟ ଦୃଷ୍ଟି ବିକଶିତ ନ କରି ଧର୍ମ ମଞ୍ଚରେ ଆସି ପହଞ୍ଚିବା ଲୋକ ଧର୍ମକୁ ଗୌଣ ଏବଂ ସମ୍ପ୍ରଦାୟକୁ ପ୍ରମୁଖ ସ୍ଥାନ ଦେବା ସ୍ୱାଭାବିକ । ଆତ୍ମୋପମ୍ୟ ଦୃଷ୍ଟି ବିକାଶ ଉତ୍ତାରୁ ଜଣେ ଯଦି ଧର୍ମମଞ୍ଚରେ ଆସି ପହଞ୍ଚେ, ତେବେ ସେ ଧର୍ମକୁ ପ୍ରଥମ ସ୍ଥାନ ଦେବ ତଥା ସମ୍ପ୍ରଦାୟ ତା'ପାଇଁ ଗୌଣ ହୋଇପଡ଼ିବ । ଭଗବାନ ମହାବୀର ସମ୍ପ୍ରଦାୟକୁ ମାନ୍ୟତା ପ୍ରଦାନ କରିଥିଲେ କିନ୍ତୁ ତାକୁ ଶ୍ରେଷ୍ଠତମ ସ୍ଥାନ ଦେଇ ନ ଥିଲେ । ସମ୍ପ୍ରଦାୟ ନୁହେଁ ବରଂ ସାମ୍ପ୍ରଦାୟିକ ଦୃଷ୍ଟି ହେଉଛି ଅସାର - ଏହା ଥିଲା ମହାବୀରଙ୍କ ସ୍ପଷ୍ଟ ମତ ।

ଯେଉଁ ଧର୍ମନେତା ତାଙ୍କ ଠିକଣାରେ ଆସୁଥିବା ଲୋକଙ୍କ ପାଇଁ ମୁକ୍ତିର ବାଟ ଖୋଲି ଦିଅନ୍ତି, ଅଥଚ ଅନ୍ୟମାନଙ୍କ ପାଇଁ ବନ୍ଦକରିଦିଅନ୍ତି - ମହାବୀରଙ୍କ ଦୃଷ୍ଟିରେ ସେ ଅହିଂସକ ନୁହନ୍ତି । ସେପରି ଧର୍ମନେତା ଆପଣା କଳ୍ପନା ଜାଲରେ ଛନ୍ଦି ହୋଇ ରହିଯାଆନ୍ତି ।

ଭଗବାନ ମହାବୀରଙ୍କ ମତ ହେଉଛି - ମୋକ୍ଷର ଅନୁବନ୍ଧ ବିଶୁଦ୍ଧ ଧର୍ମ ସହିତ ହୋଇଥାଏ କୌଣସି ସମ୍ପ୍ରଦାୟ ସହିତ ନୁହେଁ । 'ଅଶ୍ରୁତ୍ୱା କେବଳୀ' ସିଦ୍ଧାନ୍ତର ସ୍ଥାପନା କରି ସେ ଅସାମ୍ପ୍ରଦାୟିକ ଦୃଷ୍ଟିକୁ ଚରମ ଗଭୀରତା ଓ ଉଚ୍ଚତା ପ୍ରଦାନ କରିଥିଲେ । ଯିଏ ଜୀବନରେ କେବେ ଧର୍ମର ନାଆଁ ଶୁଣିନାହିଁ, ସେହି 'ଅଶ୍ରୁତ୍ୱା କେବଳୀ' ଆପଣା ନୈସର୍ଗିକ ନିର୍ମଳତା କାରଣରୁ କୈବଲ୍ୟ ଶ୍ରେଣୀ ପର୍ଯ୍ୟନ୍ତ ଆରୋହଣ କରିପାରିଥିଲେ । 'ଅଶ୍ରୁତ୍ୱା କେବଳୀ'ଙ୍କ ସହିତ କୌଣସି ସମ୍ପ୍ରଦାୟ, ପରମ୍ପରା କିମ୍ବା ଉପାସନା ପଦ୍ଧତିର ସମ୍ବନ୍ଧ ନ ଥିଲା । ସେହି ସମ୍ପ୍ରଦାୟ-ମୁକ୍ତ ମଣିଷକୁ ମୋକ୍ଷର ଅଧିକାରୀ ମନେକରି ମହାବୀର ଧର୍ମର ଅସାମ୍ପ୍ରଦାୟିକ ସତ୍ତାକୁ ମାନ୍ୟତା ପ୍ରଦାନ କରିଥିଲେ ।

ମହାବୀର ଆଉ ଏକ ସିଦ୍ଧାନ୍ତର ସ୍ଥାପନା ମଧ୍ୟ କରିଯାଇଛନ୍ତି । ତାଙ୍କ ମତରେ ଜଣେ ଲୋକ ଯେକୌଣସି ସମ୍ପ୍ରଦାୟରେ ପ୍ରବ୍ରଜିତ ହୋଇ ମଧ୍ୟ ମୁକ୍ତିପ୍ରାପ୍ତ କରିପାରିବ । ସମ୍ପ୍ରଦାୟ-ସମ୍ପ୍ରଦାୟ ମଧ୍ୟରେ ରହିଥିବା ବ୍ୟବଧାନକୁ ସମାପ୍ତ କରିବା ହେଉଛି ଏହି ମାନ୍ୟତାର ଉଦ୍ଦେଶ୍ୟ । ଜଣେ ଲୋକ ଯଦି ଧର୍ମ ଦ୍ୱାରା ଅନୁପ୍ରାଣିତ, ତାଙ୍କର ସମ୍ପ୍ରଦାୟ ତାହାଙ୍କୁ ମୁକ୍ତିର ଆଶ୍ୱାସନା ନିଶ୍ଚିତ ଭାବରେ ଦେଇପାରିବ । ଯଦି ସେ ଶୁଦ୍ଧ ଧର୍ମ ଦ୍ୱାରା ଅନୁପ୍ରାଣିତ ନୁହନ୍ତି, ତେବେ

କୌଣସି ସମ୍ପ୍ରଦାୟ ବି ତାହାଙ୍କୁ ମୁକ୍ତିର ଆଶ୍ୱାସନ ଦେଇପାରିବ ନାହିଁ। ମୋକ୍ଷକୁ ସାମ୍ପ୍ରଦାୟିକ ସୀମାରୁ ମୁକ୍ତକରି ଭଗବାନ ମହାବୀର ଧର୍ମର ଅସାମ୍ପ୍ରଦାୟିକ ସତ୍ତା-ସିଦ୍ଧାନ୍ତକୁ ସୁପ୍ରତିଷ୍ଠିତ କରିପାରିଥିଲେ।

ଭଗବାନ ମହାବୀର ଥିଲେ ମୁନିତ୍ୱର ମହାନ ପ୍ରବର୍ତ୍ତକ। ମୋକ୍ଷ ସାଧନା ସକାଶେ ମୁନି-ଜୀବନଯାପନକୁ ସେ ଅନିବାର୍ଯ୍ୟ ମଣୁଥିଲେ। ତେବେ ତାଙ୍କର ପ୍ରତିବଦ୍ଧତାର ଚରମ ଆଶ୍ଲେଷ ସତ୍ୟ ସହିତ ରହିଥିଲା, କୌଣସି ନିୟମ ସହିତ ନୁହଁ। 'ଗୃହଲିଙ୍ଗସିଦ୍ଧ' ସିଦ୍ଧାନ୍ତକୁ ସ୍ୱୀକୃତି ପ୍ରଦାନ କରି ପ୍ରକାରାନ୍ତରେ ମହାବୀର ମୋକ୍ଷସିଦ୍ଧି ସକାଶେ ମୁନି-ଜୀବନର ଅନିବାର୍ଯ୍ୟତାକୁ ଅସ୍ୱୀକାର କରିଥିଲେ। ଘରେ ରହୁଥିବା ଜଣେ ଗୃହସ୍ଥ ମଧ୍ୟ ଯେକୌଣସି ସମୟରେ ମୁକ୍ତ ହୋଇପାରିବ। ଏହାର ଅର୍ଥ ହେଉଛି ନିର୍ଦ୍ଦିଷ୍ଟ ବେଶ, ପରମ୍ପରା କିମ୍ବା ଜୀବନପ୍ରଣାଳୀର କଠୋର ସତ ସେ ରଖିନାହାନ୍ତି। ଜୀବନରେ ବ୍ୟାପ୍ତ ସତ୍ୟ, ଜୀବନକୁ ଯଦାକଦା ଆଲୋକିତ କରିବାରେ ସମର୍ଥ। ଏହି ସତ୍ୟର ଅନାବରଣ କରି ଭଗବାନ ଧର୍ମକୁ ଆକାଶ ସଦୃଶ ବ୍ୟାପକ କରିଦେଇପାରିଛନ୍ତି। 'ପ୍ରତ୍ୟେକ-ବୁଦ୍ଧ-ସିଦ୍ଧ' ସିଦ୍ଧାନ୍ତ ମଧ୍ୟ ସାମ୍ପ୍ରଦାୟିକ ଦୃଷ୍ଟି ବିରୁଦ୍ଧରେ ଖୋଲା ବିଦ୍ରୋହର ସୂତ୍ରପାତ କରିଥିଲା। 'ପ୍ରତ୍ୟେକ-ବୁଦ୍ଧ' କୌଣସି ସମ୍ପ୍ରଦାୟ ଦ୍ୱାରା ପ୍ରଭାବିତ ଏବଂ କୌଣସି ଧର୍ମ-ପରମ୍ପରା-ପ୍ରତିବଦ୍ଧ ପ୍ରବ୍ରଜ୍ୟା ଗ୍ରହଣ କରନ୍ତି ନାହିଁ, ବରଂ ସେମାନେ ନିଜ ଜ୍ଞାନ ଦ୍ୱାରା ପ୍ରବୁଦ୍ଧ। ଭଗବାନ ତାଙ୍କ ନିଜ ପରମ୍ପରାରେ ଦୀକ୍ଷିତ ଲୋକମାନଙ୍କୁ ଯେତେ ସମ୍ମାନ ଦେଉଥିଲେ, ସେତେ ପରିମାଣରେ ଏହି 'ପ୍ରତ୍ୟେକ ବୁଦ୍ଧ'ମାନଙ୍କୁ ମଧ୍ୟ ମାନ୍ୟତା ପ୍ରଦାନ କରୁଥିଲେ।

'ମୋ ଶରଣକୁ ଆସ, ତମ ମୁକ୍ତିହେବ, ଅନ୍ୟଥା ମୁକ୍ତି ଅସମ୍ଭବ' - ଏପରି ମିଥ୍ୟା ଆଶ୍ୱାସନା ସମକ୍ଷରେ ମହାବୀରଙ୍କ ଏହି ସ୍ଥାପନା ଚତୁଷ୍ଟୟ ଯଥା ଅଶ୍ରୁତ୍ୱା କେବଳୀ, ଅନ୍ୟ ଲିଙ୍ଗ-ସିଦ୍ଧ, ଗୃହଲିଙ୍ଗ-ସିଦ୍ଧ ଏବଂ ପ୍ରତ୍ୟେକ ବୁଦ୍ଧ-ସିଦ୍ଧ ଏକ ଆହ୍ୱାନ ରୂପରେ ଉପସ୍ଥିତ ହେଲା।

ଯେଉଁ ଲୋକମାନେ ନିଜ ଧର୍ମର ପ୍ରଶଂସା ଏବଂ ପରଧର୍ମର ନିନ୍ଦା କରୁଥାନ୍ତି ସେମାନଙ୍କ ସମକ୍ଷରେ ମହାବୀର ଏକ କଟୁ ସତ୍ୟ ପରିବେଷଣ କରୁଥିଲେ। ତାଙ୍କ ମତରେ ଏପରି ଲୋକ ଧର୍ମ ନାଆଁରେ ବନ୍ଧନ-ଶୃଙ୍ଖଳକୁ ସୁଦୃଢ଼ କରିଥାନ୍ତି।

ପ୍ରଶ୍ନ କରାଯାଇଥିଲା - 'ଭନ୍ତେ ! ଶାଶ୍ୱତ ଧର୍ମ କାହାକୁ କୁହାଯାଏ ?'

ଭଗବାନ ଉତ୍ତର ଦେଇଥିଲେ - 'କୌଣସି ପ୍ରାଣୀର ହତ୍ୟା, ଉତ୍ପୀଡ଼ନ କରନାହିଁ। କୌଣସି ଜୀବକୁ ପରିତପ୍ତ କରନାହିଁ କିମ୍ବା କାହାରି ସ୍ୱତନ୍ତ୍ରତା ଅପହରଣ କରନାହିଁ - ଏହାହିଁ ଶାଶ୍ୱତ ଧର୍ମ।'

ଭଗବାନ ମହାବୀର ଜୈନଧର୍ମକୁ ଶାଶ୍ୱତ ଧର୍ମ ବୋଲି କେବେ ବି କହି ନ ଥିଲେ। ତତ୍ତ୍ୱ ଶାଶ୍ୱତ ହୋଇପାରେ, କିନ୍ତୁ ନାମ ଓ ରୂପ କେବେ ମଧ୍ୟ ଶାଶ୍ୱତ ହୋଇପାରିବେ ନାହିଁ।

ମହାବୀରଙ୍କ ଯୁଗରେ ଧର୍ମର ବାହୁଲ୍ୟ ଥିଲା। ସେତେବେଳେ ପ୍ରାୟ ପଚାଶଟି ଧର୍ମ-ସମ୍ପ୍ରଦାୟ କାର୍ଯ୍ୟକାରୀ ଥିଲେ। ସେମାନଙ୍କ ମଧ୍ୟରେ କିଛି ଅତି ପ୍ରଭାବଶାଳୀ, କିଛି ଶାଶ୍ୱତବାଦୀ ଏବଂ କିଛି ଅଶାଶ୍ୱତବାଦୀ ଧର୍ମ ସମ୍ପ୍ରଦାୟ ରହିଥିଲେ। ଶାଶ୍ୱତବାଦୀମାନେ ଅଶାଶ୍ୱତବାଦୀମାନଙ୍କ ଉପରେ ଏବଂ ଅଶାଶ୍ୱତବାଦୀମାନେ ଶାଶ୍ୱତବାଦୀମାନଙ୍କ ଉପରେ ପ୍ରହାର କରିଥାନ୍ତି। ଏହି ପଦ୍ଧତିକୁ ମହାବୀର ସାମ୍ପ୍ରଦାୟିକ ଅଭିନିବେଶର ସଂଜ୍ଞା ପ୍ରଦାନ କରିଥିଲେ।

ମହାବୀରଙ୍କ ଅନେକାନ୍ତ ଦୃଷ୍ଟି ଏବଂ ସ୍ୟାଦ୍-ବାଦ ଦ୍ୱାରା ନିରୂପଣ କରିବାର ଶୈଳୀର ଉଦ୍ଦେଶ୍ୟ ରହିଥିଲା - ସତ୍ୟ ପ୍ରତି ଅନ୍ୟାୟ କରିବାର ମନୋବୃତ୍ତିର ବିସର୍ଜନ। ଯେଉଁମାନେ ସତ୍ୟକୁ ଏକାଙ୍ଗ ଦୃଷ୍ଟିରେ ଦେଖିଥାନ୍ତି ଏବଂ ଆଗ୍ରହଯୁକ୍ତ ଭାଷାରେ ତା'ର ବ୍ୟାଖ୍ୟା କରନ୍ତି, ସ୍ୟାଦ୍‌ବାଦ ସେମାନଙ୍କ ପାଇଁ ଏକ ସ୍ୱଷ୍ଟ ବାର୍ତ୍ତା ଦେଇଥାଏ। ମହାବୀର ଏହି ସ୍ୟାଦ୍‌ବାଦ ମାଧ୍ୟମରେ ଶାଶ୍ୱତବାଦୀ ତତ୍ତ୍ୱବେତ୍ତାମାନଙ୍କୁ ଅଶାଶ୍ୱତବାଦୀକୁ ଅନୁଶୀଳନ କରିବାର ପ୍ରେରଣା ଦେବା ସହିତ ଅଶାଶ୍ୱତବାଦୀ ତତ୍ତ୍ୱବେତ୍ତାମାନଙ୍କୁ ଶାଶ୍ୱତବାଦକୁ ସ୍ୱୀକାର କରିବାର ମାର୍ଗ ଉନ୍ମୁକ୍ତ ରଖିବାକୁ ଅନୁରୋଧ କରିଥିଲେ। ସତ୍ୟ, ଏକାଙ୍ଗିତାକୁ ମାନ୍ୟ କରେନାହିଁ। ସମ୍ପ୍ରଦାୟ ମଧ୍ୟ ଏକଦେଶଦର୍ଶୀ ହେବା ଅନୁଚିତ। ସମ୍ପ୍ରଦାୟ

ହେଉଛି ସୀମା ଏବଂ ଏହି ସୀମାର ସୀମିତ ଉପାଦେୟତା ରହିଛି । ଉପାଦେୟତାକୁ ଦୃଷ୍ଟିରେ ରଖି ମଣିଷ ବାସଗୃହର ନିର୍ମାଣ କରିଥାଏ । ଅନନ୍ତକୁ ସୀମିତ କରିବାର ପ୍ରଯତ୍ନ କରିଥାଏ । ତେବେ ସେହି ଘରର ଛତକୁ ଯେତେବେଳେ ସେ ଅନନ୍ତ ଆକାଶ ଭାବିବାର ଭ୍ରାନ୍ତି କରିବସେ ତା'ର ସେହି ଉପାଦେୟତା ଅସତ୍ୟରେ ପରିଣତ ହୋଇଯାଏ । ଜଣେ ଧାର୍ମିକ ଯେତେବେଳେ ସମ୍ପ୍ରଦାୟକୁ ଅନ୍ତିମ ସତ୍ୟ ଭାବନିଏ, ସେତେବେଳେ ତା'ର ଉପଯୋଗିତା ଆଗ୍ରହ ପାଲଟିଯାଏ । ଏହି ନିରପେକ୍ଷ ଆଗ୍ରହ ହିଁ ହେଉଛି ସାମ୍ପ୍ରଦାୟିକତା । ନିରପେକ୍ଷ ଆଗ୍ରହର ବଶବର୍ତ୍ତୀ ନ ହୋଇ ମଣିଷ ଆଗ୍ରହ-ନିରପେକ୍ଷ ହେବା ଉଚିତ । ମହାବୀରଙ୍କ ଅହିଂସା, ଏହି ଇନ୍ଧନ ଦ୍ୱାରା ପ୍ରଜ୍ୱଳିତ ।

ନୈତିକ ମୂଲ୍ୟର ପ୍ରତିଷ୍ଠା

ଭଗବାନ ମହାବୀରଙ୍କ ଯୁଗ ଥିଲା କ୍ରିୟାକାଣ୍ଡପ୍ରଧାନ । ମହାଭାରତର ବିନାଶଲୀଳାର ପ୍ରଭାବରୁ ଜନମାନସ ମୁକ୍ତ ହୋଇ ନ ଥାନ୍ତି । ତ୍ରାଣ ଏବଂ ଶରଣ ଅନ୍ୱେଷଣରେ ଜନସାଧାରଣ ଥିଲେ ବ୍ୟାକୁଳ । ଅନେକ ଦାର୍ଶନିକ ସେମାନଙ୍କୁ ପରମାତ୍ମାଙ୍କ ଶରଣକୁ ବାଟ କାଢ଼ି ନେଉଥାନ୍ତି । ସମର୍ପଣ ସିଦ୍ଧାନ୍ତ ଜୋର ଧରିଥାଏ । ଶ୍ରମଣ ପରମ୍ପରା ଏହାର ପ୍ରବଳ ବିରୋଧ କରୁଥାଏ । ଭଗବାନ ପାର୍ଶ୍ୱଙ୍କ ନିର୍ବାଣ ପରେ ଏହି ପରମ୍ପରାରେ ଶକ୍ତିଶାଳୀ ନେତୃତ୍ୱର ଅଭାବ ସ୍ପଷ୍ଟ ଅନୁଭୂତ ହେଉଥାଏ । ଏହି କାରଣରୁ ଶ୍ରମଣ ପରମ୍ପରାର ସ୍ୱର ଜନସାଧାରଣଙ୍କୁ ଆକୃଷ୍ଟ କରିବାରେ ବିଫଳ ହେଉଥାଏ । ଭଗବାନ ମହାବୀର ଏବଂ ଭଗବାନ ବୁଦ୍ଧ ସେହି ସ୍ୱରକୁ ଶାଣିତ କରିଥିଲେ ।

ଭଗବାନ ମହାବୀର କହିଲେ - **'ପୁରୁଷ ! ତୁମେ ନିଜେ ନିଜର ତ୍ରାଣ । ବାହାରେ କାହିଁକି ତ୍ରାଣକୁ ଖୋଜୁଛ ?'**

ଏହି ଆତ୍ମକର୍ତ୍ତୃତ୍ୱର ସ୍ୱର, ଭାରତୀୟ ଜନମାନସକୁ ପୁରୁଷାର୍ଥର ପ୍ରବଳ ପ୍ରେରଣା ଯୋଗାଇଲା । ଶ୍ରମଣ ପରମ୍ପରା ଈଶ୍ୱର କର୍ତ୍ତୃତ୍ୱକୁ ମାନ୍ୟତା ଦେଇ ନ ଥିବାରୁ, ତହିଁରେ ଉପାସନା ବା ଭକ୍ତିମାର୍ଗର ସମୁଚିତ ବିକାଶ ଘଟିଲା ନାହିଁ । ମହାବୀରଙ୍କ ଧାର୍ମିକ ନିରୂପଣରେ ଆଧ୍ୟାତ୍ମିକ ଓ ନୈତିକ ସିଦ୍ଧାନ୍ତ ଭରିରହିଥିଲା । ଉପାସନା ଏବଂ ଭକ୍ତିର ସିଦ୍ଧାନ୍ତ ରହି ନ ଥିଲା ।

ଶ୍ରମଣ ପରମ୍ପରା ପ୍ରାରମ୍ଭରୁ ହିଁ ବ୍ରତନିଷ୍ଠ । କେତେକ ଐତିହାସିକଙ୍କ ମତରେ ଆର୍ଯ୍ୟମାନେ ଖ୍ରୀ.ପୂ. ୩୦୦୦ ବର୍ଷ ପୂର୍ବେ ଭାରତର ଉତ୍ତର-ପଶ୍ଚିମ ସୀମାରେ ପ୍ରବେଶ କରିଥିଲେ । ଆର୍ଯ୍ୟମାନଙ୍କ ପୂର୍ବରୁ ପୂସ, ଭଦ୍ର, ଉର୍ବଶ, ସୁହତ୍ରୁ, ଅନୁ, କୁନାଶ, ଶମ୍ବର, ନମୁଚି, ବ୍ରାତ୍ୟ ଆଦି ବସବାସ କରୁଥିଲେ । ସେମାନଙ୍କ ସଂବାହକ ଶ୍ରମଣବ୍ରତୀ ଥିଲେ ଏବଂ ତାଙ୍କର ଅନୁଗାମୀ ସମାଜ ଥିଲା ବ୍ରାତ୍ୟ-ସମାଜ ।

ବ୍ରାତ୍ୟର ମୂଳ ହେଉଛି ବ୍ରତ । ତାହା, ନିଜ ମଧ୍ୟରେ ତ୍ରାଣ ଏବଂ ପ୍ରକାଶର ମାର୍ଗ ଖୋଜିଥାଏ । ଆତ୍ମନିର୍ଭରତା ଏବଂ ପୁରୁଷାର୍ଥରେ ବିଶ୍ୱାସ କରିଥାଏ - ଏହି ମାର୍ଗ । ଆତ୍ମଲୀନ ରହି ଆପଣା ଶକ୍ତିର ଜାଗରଣ ଏବଂ ଏହାଦ୍ୱାରା ଲାଭପ୍ରାପ୍ତ କରିବାରେ ଏହି ପଦ୍ଧତି ସାହାଯ୍ୟ କରୁଥାଏ ।

ଭଗବାନ ମହାବୀରଙ୍କ ବ୍ୟାଖ୍ୟାରେ ବ୍ରତ ହେଉଛି ଧାର୍ମିକ ଜୀବନର ଆଧାର ବା ମୂଳଗୁଣ । ଧର୍ମର ଭବ୍ୟ ପ୍ରାସାଦ ସେହି ଆଧାରଶିଳା ଉପରେ ପ୍ରତିଷ୍ଠିତ ହୋଇଥାଏ ।

ସେ ମୁନିମାନଙ୍କ ସକାଶେ ପଞ୍ଚ-ମହାବ୍ରତ ଏବଂ ଗୃହବାସୀଙ୍କ ପାଇଁ ପାଞ୍ଚଟି ଅଣୁବ୍ରତର ବ୍ୟବସ୍ଥା କରିଛନ୍ତି ।

ପାଞ୍ଚ ମହାବ୍ରତ ହେଉଛି - ୧. ଅହିଂସା, ୨. ସତ୍ୟ, ୩. ଅଚୌର୍ଯ୍ୟ, ୪. ବ୍ରହ୍ମଚର୍ଯ୍ୟ, ୫. ଅପରିଗ୍ରହ ।

ପାଞ୍ଚ ଅଣୁବ୍ରତ ହେଉଛି - ୧. ଏକଦେଶୀୟ ଅହିଂସା, ୨. ଏକଦେଶୀୟ ସତ୍ୟ, ୩. ଏକଦେଶୀୟ ଅଚୌର୍ଯ୍ୟ, ୪. ସ୍ୱଦାର-ସନ୍ତୋଷ, ୫. ଇଚ୍ଛା-ପରିମାଣ ।

ବ୍ରତ ବିସ୍ତାର କରିବାକୁ ଯାଇ ଭଗବାନ, ତତ୍କାଳୀନ ଅନୈତିକ ଆଚରଣ ଆଡ଼କୁ ଅଙ୍ଗୁଳି-ନିର୍ଦ୍ଦେଶ କରି ସେଗୁଡ଼ିକ ତ୍ୟାଗ କରିବାର ଘୋଷଣା କରିଥିଲେ ।

ଭଗବାନ ମହାବୀରଙ୍କ ଅସ୍ତିତ୍ୱ କାଳରେ ଅର୍ଥାତ୍ ଜୀବିତାବସ୍ଥାରେ ତାଙ୍କର ଧର୍ମ ବ୍ୟାପକ ହୋଇପାରି ନ ଥିଲା। ତାଙ୍କ ଶ୍ରାବକଙ୍କ ସଂଖ୍ୟା କିଛି ଲକ୍ଷ ମଧ୍ୟରେ ସୀମିତ ହୋଇରହିଥିଲା।

ଭଗବାନଙ୍କ ନିର୍ବାଣ ପରେ ତାଙ୍କର ଉତ୍ତରବର୍ତ୍ତୀ ଆଚାର୍ଯ୍ୟମାନେ ଉପାସନା ଓ ଭକ୍ତିମାର୍ଗକୁ ସ୍ଥାନଦେବା ଆରମ୍ଭ କରିଥିଲେ। ସେହି ସମୟରେ ଜୈନଧର୍ମରେ ପ୍ରତୀକମାନଙ୍କ ପୂଜା-ଉପାସନା ପ୍ରଚଳିତ ହେଲା ତଥା ମନ୍ତ୍ର-ଜପର ମହତ୍ତ୍ୱ ବୃଦ୍ଧି ପାଇଲା। ମହାବୀରଙ୍କ ଆତ୍ମ-କେନ୍ଦ୍ରିତ ସାଧନାର ପରିଧି ବିସ୍ତୃତ ହେଲା। ଜନସାଧାରଣ ଜୈନଧର୍ମ ପ୍ରତି ଆକୃଷ୍ଟ ହେଲେ ତଥା ତାହା ଭାରତର ବହୁଳାଂଶରେ ଏକ ପ୍ରଭାବଶାଳୀ ଧର୍ମ ରୂପରେ ପ୍ରତିଷ୍ଠିତ ହେଲା।

କ୍ରାନ୍ତି-ଘୋଷ

ପୂର୍ବବର୍ତ୍ତୀ ତୀର୍ଥଙ୍କରମାନେ ଯେଉଁ ଶାଶ୍ୱତ-ସତ୍ୟର ଉପଦେଶ ଦେଇଥିଲେ, ଭଗବାନ ମହାବୀର ତାହାକୁ ହିଁ ପ୍ରସ୍ତୁତ କରିଥିଲେ। ତେବେ ସେହି ସମୟର ପରିସ୍ଥିତି ତାଙ୍କର ବାଣୀକୁ ଓଜଃ-ପୂରିତ କରିଥିଲା। ହିଂସାର ପ୍ରୟୋଜନ ପକ୍ଷ ସବୁ ଯୁ ଗରେ ରହିଆସିଛି। କେତେବେଳେ ମନ୍ଦ ଆଉ କେତେବେଳେ ତୀବ୍ର। ସେ ଯୁଗରେ ସୈଦ୍ଧାନ୍ତିକ କ୍ଷେତ୍ରରେ ବି ହିଂସା ମାନ୍ୟତାପ୍ରାପ୍ତ ଥିଲା। ଭଗବାନ ଏହି ହିଂସା-ଆଚରଣକୁ ମୂର୍ଖତା ରୂପେ ଘୋଷଣା କରି କହିଲେ - ପ୍ରାତଃ ସ୍ନାନାଦି କର୍ମ ଦ୍ୱାରା ମୋକ୍ଷ ମିଳେନାହିଁ।[୪୦] ଯେଉଁମାନେ ସକାଳେ ଓ ସନ୍ଧ୍ୟାରେ ଜଳସ୍ପର୍ଶ ପୂର୍ବକ ଜଳସ୍ନାନ ଦ୍ୱାରା ମୁକ୍ତି ମିଳିଥାଏ ବୋଲି କହିଛନ୍ତି, ତାହା ସେମାନଙ୍କ ଅଜ୍ଞତା।[୪୧] ହୋମଯଜ୍ଞ ଦ୍ୱାରା ମୁକ୍ତିପ୍ରାପ୍ତ ହୁଏ - କହୁଥିବା ଲୋକମାନେ ହେଉଛନ୍ତି ଅଜ୍ଞାନ।[୪୨]

ସ୍ନାନ, ହୋମ, ହବନ, ଆହୁତି ଆଦି ଦ୍ୱାରା ମୁକ୍ତି ଲାଭହୁଏ - ଏହା ହେଉଛି ଅପରୀକ୍ଷିତ ବଚନ। ଜଳ ଓ ଅଗ୍ନିରେ ସୂକ୍ଷ୍ମ ଜୀବ ବାସ କରୁଥାନ୍ତି। ସମସ୍ତ ଜୀବ ସୁଖ ଚାହାନ୍ତି। କୌଣସି ଜୀବକୁ ଦୁଃଖିତ-ପୀଡ଼ିତ କରିବା କଦାପି ମୋକ୍ଷ ମାର୍ଗ ହୋଇପାରିବ ନାହିଁ। ଏହାହେଉଛି ପରୀକ୍ଷିତ ବଚନ।[୪୩]

ଜାତିର କୌଣସି ବିଶେଷତ୍ୱ ନାହିଁ।[୪୪] ଜାତି ଏବଂ କୁଳ ତ୍ରାଣ ଦେଇପାରନ୍ତି ନାହିଁ।[୪୫] ମହାବୀର ଜାତି-ମଦର ତୀବ୍ର ବିରୋଧ କରିଥିଲେ। ନିଜ ଗଣର ପ୍ରମୁଖ ରୂପରେ ବ୍ରାହ୍ମଣମାନଙ୍କୁ ନିଯୁକ୍ତ କରି ସେ ଜାତି ସମନ୍ୱୟର ଆଦର୍ଶ ଉପସ୍ଥାପିତ କରିଥିଲେ।

ଲୋକଭାଷାରେ ଉପଦେଶ ଦେଇ ସେ ଭାଷା-ଉନ୍ମାଦକୁ ନିରସ୍ତ କରିଥିଲେ। ଆଚାର-ଧର୍ମକୁ ପ୍ରାଥମିକତା ପ୍ରଦାନ କରି ସେ ବିଦ୍ୟା-ମଦର ଅସାରତାକୁ ପ୍ରମାଣିତ କରିଥିଲେ।[୪୬]

ଲକ୍ଷ୍ୟର ବିପର୍ଯ୍ୟୟ ସମ୍ବନ୍ଧରେ ବିଶ୍ଳେଷଣ କରିବାକୁ ଯାଇ ଭଗବାନ କହିଥିଲେ - ଯେପରି କାଳକୂଟ ବିଷ, ତାହାକୁ ପାନ କରୁଥିବା ଲୋକକୁ ମାରିପକାଏ, ଯେପରି ବିପରୀତ ପ୍ରକାରେ ଧାରଣ କରିଥିବା, ଶସ୍ତ୍ର, ଶସ୍ତ୍ରଧାରକ ପାଇଁ ଘାତକ ହୋଇଥାଏ ଏବଂ ଯେପରି ବିଧିପୂର୍ବକ ବଶ କରାଯାଇ ନ ଥିବା ବୈତାଳ, ମାନ୍ତ୍ରିକର ବିନାଶ ଘଟାଇଥାଏ, ଠିକ୍ ସେହିପରି ବିଷୟ-ଭୋଗର ପୂର୍ତ୍ତି ସକାଶେ ଗ୍ରହଣ କରାଯାଇଥିବା ଧର୍ମ, ଆତ୍ମାର ପତନର କାରଣ ସାଜିଥାଏ।[୪୭]

ବୈଷମ୍ୟ ବିରୁଦ୍ଧରେ ଆତ୍ମ-ତୁଳାର ମର୍ମ ଉଦ୍‌ଘାଟନ କରି ଭଗବାନ କହିଥିଲେ - ପ୍ରତ୍ୟେକ ଦର୍ଶନକୁ ଭଲଭାବେ ହୃଦୟଙ୍ଗମ କରି ମୁଁ ପ୍ରଶ୍ନ କରିଥାଏ - ହେ ତାର୍କିକ ଗଣ ! ତୁମପାଇଁ ସୁଖ ଅପ୍ରିୟ ନା ଦୁଃଖ। ଯଦି ସତରେ

---

[୪୦] ସୂୟଗଡ଼ୋ, ୧।୭।୧୨। [୪୧] ସୂୟଗଡ଼ୋ, ୧।୭।୧୩, ପାଓସିଣାଣାଇସୁ ଶତ୍ଥିମୋକ୍‌ଖୋ

[୪୨] ସୂୟଗଡ଼ୋ, ୧।୭।୧୮। [୪୩] ସୂୟଗଡ଼ୋ, ୧।୭।୧୯

[୪୪] ଉତ୍ତରଜଝୟଣାଣି, ୧୨।୩୭। [୪୫] ସୂୟଗଡ଼ୋ, ୧।୩।୧୧ ଣତସ୍‌ସ ଜାତୀ ବକୁଳଂ ବଂ ତାଣଂ

[୪୬] ଉତ୍ତରଜଝୟଣାଣି, ୬।୧୦, ନ ଚିତ୍ତା ତାୟଏ ଭାସା, କଓ ବିଜ୍‌ଜାଣୁସାସଣଂ ?

[୪୭] ଉତ୍ତରଜଝୟଣାଣି, ୨୦।୪୪।

ତୁମପାଇଁ ଦୁଃଖ ଅପ୍ରିୟ, ତେବେ ତୁମଭଳି ସମସ୍ତ ପ୍ରାଣୀ, ଭୂତ, ଜୀବ ଏବଂ ସର୍ବସତ୍ତ୍ୱ ସକାଶେ ଦୁଃଖ ହେଉଛି ମହାଭୟଙ୍କର, ଅନିଷ୍ଟ ଏବଂ ଅଶାନ୍ତିକାରକ।[୪୮] ଏହା ବୁଝିବିଚାରି କୌଣସି ଜୀବର ହିଂସା କରିବା ଉଚିତ ନୁହେଁ।

ଏହି ପ୍ରକାରେ ଭଗବାନଙ୍କ ବାଣୀରେ ସାମଗ୍ରିକ ଅହିଂସା ପୂରି ରହିବା ସହିତ ବୈଷମ୍ୟ, ଜାତିବାଦ, ଭାଷାବାଦ ଏବଂ ହିଂସ୍ର ମନୋଭାବ ବିରୁଦ୍ଧରେ କ୍ରାନ୍ତିର ଉଚ୍ଚତମ ଘୋଷ ମଧ୍ୟ ସମାହିତ ରହିଥାଏ। ତାହା ସମାଜର ଅନ୍ତଶ୍ଚେତନାକୁ ନବଜାଗରଣର ସନ୍ଦେଶ ପ୍ରଦାନ କରୁଥାଏ।

ତତ୍ତ୍ୱଚର୍ଚ୍ଚା ପ୍ରବାହ

ଭଗବାନ ମହାବୀରଙ୍କ ତପଃପୂତ ବାଣୀ ଶ୍ରମଣମାନଙ୍କୁ ଆକୃଷ୍ଟ କରୁଥାଏ। ଭଗବାନ ପାର୍ଶ୍ୱଙ୍କ ପରମ୍ପରାର ଶ୍ରମଣମାନେ ଭଗବାନ ମହାବୀରଙ୍କ ତୀର୍ଥରେ ସମ୍ମିଳିତ ହୋଇପଡ଼ିଲେ।[୪୯] ଅନ୍ୟ ତୀର୍ଥର ସନ୍ନ୍ୟାସୀମାନେ ମଧ୍ୟ ଭଗବାନଙ୍କ ପରିଷଦକୁ ଆସିବା ଆରମ୍ଭ କଲେ। ଅମ୍ବଡ଼[୫୦], ସ୍କନ୍ଦକ[୫୧], ପୁଦ୍‌ଗଲ[୫୨], ଶିବ[୫୩] ଆଦି ପରିବ୍ରାଜକ ଭଗବାନଙ୍କ ସମୀପରେ ପହଞ୍ଚି ସେମାନଙ୍କ ପ୍ରଶ୍ନର ସମାଧାନ ପ୍ରାପ୍ତକରି ତାଙ୍କର ଶିଷ୍ୟତ୍ୱ ସ୍ୱୀକାର କରିଥିଲେ।

କାଳୋଦାୟୀ ଇତ୍ୟାଦି ଅନ୍ୟ ଗୋଷ୍ଠୀ-ଲୋକଙ୍କ ପ୍ରସଙ୍ଗ, ଭଗବାନଙ୍କ ବ୍ୟାପକ ତତ୍ତ୍ୱଚର୍ଚ୍ଚା ସମ୍ବନ୍ଧରେ ପ୍ରକାଶ ଦେଇଥାଏ।[୫୪] ଭଗବାନଙ୍କ ତତ୍ତ୍ୱ-ଜ୍ଞାନ ଥିଲା ଗହନ ଓ ସୂକ୍ଷ୍ମ। ତାଙ୍କର ଯୁଗ ହେଉଛି ତତ୍ତ୍ୱ-ବେତ୍ତାମାନଙ୍କ ଯୁଗ। ସୋମିଳ ବ୍ରାହ୍ମଣ।[୫୫] ତୁଙ୍ଗିଆ ନଗରୀର ଶ୍ରମଣୋପାସକ[୫୬], ଜୟନ୍ତୀ ଶ୍ରାବିକା[୫୭], ମାକନ୍ଦୀ[୫୮], ରୋହ[୫୯], ପିଙ୍ଗଳ[୬୦] ଆଦି ଶ୍ରମଣଙ୍କ ପ୍ରଶ୍ନ, ତତ୍ତ୍ୱଜ୍ଞାନର ପ୍ରବହମାନ ଧାରାର ସ୍ୱଚ୍ଛ ପ୍ରତୀକ ରୂପେ ବିଦ୍ୟମାନ।

ବିମ୍ବସାର-ଶ୍ରେଣିକ

ଭଗବାନ ଥିଲେ ଜୀବନ୍ତ-ଧର୍ମ। ତାଙ୍କର ସଂଯମ ହେଉଛି ଅନୁତ୍ତର ସର୍ବୋତ୍ତମ। ସେ ଆପଣା ଅନୁଯାୟୀମାନଙ୍କୁ ମଧ୍ୟ ସଂଯମ-ମୂର୍ତ୍ତିରେ ପରିଣତ କରିଥିଲେ। ମହାନିର୍ଗ୍ରନ୍ଥ ଅନାଥୀ ମୁନିଙ୍କ ଅନୁତ୍ତର ସଂଯମ ଦେଖି ମଗଧ ସମ୍ରାଟ ବିମ୍ବସାର-ଶ୍ରେଣିକ, ଭଗବାନଙ୍କ ଉପାସକ ହେଲେ। ଜୀବନର ପୂର୍ବାର୍ଦ୍ଧରେ ସେ ଥିଲେ ବୁଦ୍ଧଙ୍କ ଉପାସକ। ତାଙ୍କ ପାଟରାଣୀ ଚେଲଣା ଥିଲେ ମହାବୀରଙ୍କ ଉପାସିକା। ମହାରାଣୀ ସମ୍ରାଟଙ୍କୁ ଜୈନ ଧର୍ମାବଲମ୍ବୀ କରିବାର ପ୍ରଯତ୍ନ କରୁଥିଲେ ଏବଂ ସମ୍ରାଟ, ମହାରାଣୀଙ୍କୁ ବୌଦ୍ଧ ଧର୍ମାବଲମ୍ବୀ କରିବାର ସଘନ ପ୍ରଚେଷ୍ଟା କରିଥିଲେ। କିନ୍ତୁ ନିଜ-ନିଜ ପ୍ରଚେଷ୍ଟାରେ ଦୁହେଁ ଅସଫଳ ହୋଇଥିଲେ। ମହାନିର୍ଗ୍ରନ୍ଥ ଅନାଥୀଙ୍କୁ ଧ୍ୟାନ-ଲୀନ ଦେଖି ସମ୍ରାଟ ତାଙ୍କ ପାଖକୁ ଯାଇ ବାର୍ତ୍ତାଳାପ କରିଲେ ଏବଂ ଜୈନତ୍ୱ ସ୍ୱୀକାର କରିନେଲେ।[୬୧]

ଏହା ଉତ୍ତାରୁ ଶ୍ରେଣିକ ଜୈନ ପ୍ରବଚନ ସହିତ ଘନିଷ୍ଠ ସମ୍ପର୍କ ସ୍ଥାପିତ ହେଲା। ସମ୍ରାଟଙ୍କ ପୁତ୍ର ଏବଂ ମଗଧ-ମହାମନ୍ତ୍ରୀ ଅଭୟକୁମାର ଜୈନ ଧର୍ମାବଲମ୍ବୀ ଥିଲେ। ଜୈନ ପରମ୍ପରାରେ ଆଜି ମଧ୍ୟ ଅଭୟକୁମାରଙ୍କ ସଦୃଶ ବୁଦ୍ଧିର ବରଦାନ କାମନା କରାଯାଇଥାଏ। ଜୈନ ସାହିତ୍ୟରେ ଅଭୟକୁମାରଙ୍କ ସମ୍ପର୍କରେ ଅନେକ ଘଟଣାର ଉଲ୍ଲେଖ ରହିଛି।

---

[୪୮] ଆୟାରୋ, ୪।୨୫, ୨୬

[୪୯] ଉତ୍ତରଜ୍ଝୟଣାଣି ୨୩ ଭଗବତୀ, ୧/୪୨୩ ଆଦି; ୯/୭୭-୧୩୬; ସୂୟଗଡ଼ୋ, ୨/୭

[୫୦] ଭଗବତୀ, ୧୪/୧୦୭-୧୦୯। [୫୧] ଭଗବତୀ, ୨/୨୦-୭୩। [୫୨] ଭଗବତୀ, ୧୧/୧୮୬-୧୯୯

[୫୩] ଭଗବତୀ, ୧୧/୫୭-୮୯। [୫୪] ଭଗବତୀ, ୭/୨୧୨-୨୨୨। [୫୫] ଭଗବତୀ, ୧୮/୨୦୪-୨୨୪

[୫୬] ଭଗବତୀ, ୨/୯୨, ୧୧୧। [୫୭] ଭଗବତୀ, ୨୧/୪୧-୬୫। [୫୮] ଭଗବତୀ, ୧୮/୫୬-୮୫

[୫୯] ଭଗବତୀ ୧/୨୮୮-୩୦୮। [୬୦] ଭଗବତୀ, ୨/୨୫-୨୯। [୬୧] ଉତ୍ତରଜ୍ଝୟଣାଣି, ୨୦

ଶ୍ରେଣିକଙ୍କ ତେଇଶ ଜଣ ରାଣୀ ଭଗବାନଙ୍କ ପାଖରେ ପ୍ରବ୍ରଜିତ ହୋଇଥିଲେ।[୬୨] ତାଙ୍କର ଅନେକ ପୁଅ ମଧ୍ୟ ଭଗବାନଙ୍କ ଶିଷ୍ୟତ୍ୱ ସ୍ୱୀକାର କରିଥିଲେ।[୬୩] ସମ୍ରାଟ ଶ୍ରେଣିକଙ୍କ ଅନେକ ପ୍ରସଙ୍ଗ ଆଗମରେ ଉଲ୍ଲିଖିତ ରହିଛି।

ଚେଟକ

ବୈଶାଳୀ ଥିଲା ସେତେବେଳେ ଅଠରଟି ଦେଶର ଗଣରାଜ୍ୟ, ଯାହାର ପ୍ରମୁଖ ଥିଲେ ମହାରାଜା ଚେଟକ। ସେ ହେଉଛନ୍ତି ଭଗବାନ ମହାବୀରଙ୍କ ମାମୁ। ଜୈନ ଶ୍ରାବକମାନଙ୍କ ମଧ୍ୟରେ ତାଙ୍କର ସ୍ଥାନ ଅଗ୍ରପଂକ୍ତିରେ ରହିଛି। ସେ ଦ୍ୱାଦଶ-ବ୍ରତର ସମ୍ୟକ୍ ଭାବରେ ପାଳନ କରୁଥିଲେ। ତାଙ୍କର ସାତୋଟି ଝିଅ। ଜୈନମାନଙ୍କ ବ୍ୟତୀତ ଅନ୍ୟ କୌଣସି ସମ୍ପ୍ରଦାୟକୁ ମାନୁଥିବା ରାଜାଙ୍କ ସହିତ ସେ ନିଜ ଝିଅମାନଙ୍କ ବିବାହ ପ୍ରସ୍ତାବକୁ ଅଗ୍ରାହ୍ୟ କରିଦେଉଥିଲେ।

ତେବେ ଶ୍ରେଣିକ, ଚେଟକଙ୍କ କନିଷ୍ଠ କନ୍ୟା ଚେଲଣାଙ୍କ ସହିତ କୂଟନୀତିର ପ୍ରୟୋଗ କରି ବିବାହ କରିଥିଲେ। ଚେଟକଙ୍କର ଅନ୍ୟ ଜ୍ୱାଇଁମାନେ ପ୍ରାରମ୍ଭରୁ ଜୈନ ଥିଲେ। ଶ୍ରେଣିକ ପରେ ଜୈନତ୍ୱ ସ୍ୱୀକାର କରିଥିଲେ।

ଚେଟକଙ୍କ କନ୍ୟାମାନଙ୍କର ନାମ	ଜ୍ୱାଇଁଙ୍କ ନାଆଁ	ଜ୍ୱାଇଁଙ୍କ ରାଜଧାନୀ
ପ୍ରଭାବତୀ	ଉଦାୟନ	ସିନ୍ଧୁ-ସୌବୀର
ପଦ୍ମାବତୀ	ଦଧିବାହନ	ଚମ୍ପା
ମୃଗାବତୀ	ଶତାନୀକ	କୌଶମ୍ବୀ
ଶିବା	ଚଣ୍ଡପ୍ରଦ୍ୟୋତ	ଅବନ୍ତୀ
ଜ୍ୟେଷ୍ଠା	ନନ୍ଦିବର୍ଦ୍ଧନ (ମହାବୀରଙ୍କ ଜ୍ୟେଷ୍ଠଭ୍ରାତା)	କୁଣ୍ଡଗ୍ରାମ
ସୁଜ୍ୟେଷ୍ଠା	ସାଧ୍ୱୀଦୀକ୍ଷା ଗ୍ରହଣ କରିଥିଲେ	
ଚେଲଣା	ବିମ୍ବସାର (ଶ୍ରେଣିକ)	ମଗଧ

ଆପଣା ଦୌହିତ୍ର କୋଣିକଙ୍କ ସହିତ ଚେଟକଙ୍କର ଭୀଷଣ ସଂଗ୍ରାମ ହୋଇଥିଲା। ତେବେ ସମରାଙ୍ଗଣରେ ବି ଆପଣା ନୀତି-ନିୟତ-ବ୍ରତକୁ ଚେଟକ ନିଷ୍ଠାର ସହିତ ପାଳନ କରୁଥାନ୍ତି। ସେ କୌଣସି ସ୍ଥିତିରେ ବି ଅନାକ୍ରମଣକାରୀ ଉପରେ ପ୍ରହାର କରୁ ନ ଥିଲେ। ଦିନକୁ ଥରେ ମାତ୍ର ଶସ୍ତ୍ରପ୍ରୟୋଗ କରୁଥାନ୍ତି। ତାଙ୍କ ଗଣରାଜ୍ୟରେ ଜୈନଧର୍ମର ସମୁଚିତ ପ୍ରଚାର ପ୍ରସାର ଘଟିଥିଲା। ଗଣରାଜ୍ୟର ଅଷ୍ଟଦଶ ସଦସ୍ୟ-ନୃପତିଙ୍କ ମଧ୍ୟରେ ନଅଜଣ ମଲ୍ଲବୀ ଏବଂ ନଅଜଣ ଲିଚ୍ଛବୀ ଥାଆନ୍ତି। ଏମାନେ ସମସ୍ତେ ଭଗବାନ ମହାବୀରଙ୍କ ନିର୍ବାଣ ସମୟରେ ସେଠାରେ ପୌଷଧବ୍ରତ (ଜୈନଧର୍ମର ଉପବାସ ସହିତ ବିଶେଷ ଧର୍ମାରାଧନା)ରେ ନିମଗ୍ନ ଥାନ୍ତି।

ରାଜର୍ଷି

ଭଗବାନଙ୍କ ପାଖରେ ଆଠଜଣ ରାଜା ଦୀକ୍ଷିତ ହୋଇଥିଲେ, ଯାହାର ଉଲ୍ଲେଖ ସ୍ଥାନାଙ୍ଗ ସୂତ୍ରରେ ଦେଖିବାକୁ ମିଳିଥାଏ। ସେମାନଙ୍କ ନାମ ହେଉଛି – (୧) ବୀରାଙ୍ଗକ, (୨) ବୀରଯଶା, (୩) ସଞ୍ଜୟ, (୪) ଏଣେୟକ, (୫) ସେୟ, (୬) ଶିବ, (୭) ଉଦ୍ରାୟଣ, (୮) ଶଙ୍ଖ-କାଶୀବର୍ଦ୍ଧନ।[୬୪] ଏମାନଙ୍କ ମଧ୍ୟରେ ପ୍ରଥମ ତିନିଜଣ ଅର୍ଥାତ୍ ବୀରାଙ୍ଗକ, ବୀରଯଶା ଓ ସଞ୍ଜୟଙ୍କ ପ୍ରସିଦ୍ଧି ରହିଛି। ଟୀକାକାର ଅଭୟଦେବସୂରି ଏମାନଙ୍କ ବ୍ୟତୀତ ଅନ୍ୟ କାହାରି ବିବରଣୀ ପ୍ରଦାନ କରିନାହାନ୍ତି। ଏଣେୟକ ଥିଲେ ଶ୍ୱେତମ୍ବିକା-ନରେଶ ପ୍ରଦେଶୀଙ୍କ ସମ୍ପର୍କୀୟ ରାଜା। ସେୟ ଥିଲେ ଅମଳକତ୍ଥା ନଗରୀର ଅଧିପତି। ଶିବ, ହସ୍ତିନାପୁରର ରାଜା। ଶିବଙ୍କ ମତ ଥିଲା - ପୂର୍ବକୃତ ଶୁଭକର୍ମର

---

[୬୨] ଅନ୍ତକୃତଦଶା, ୭। [୬୩] ଜ୍ଞାତଧର୍ମକଥା, ୧/୧୫୦

ଫଳସ୍ୱରୂପ ମୁଁ ଆଜି ବୈଭବ-ସମ୍ପନ୍ନ। ବର୍ତ୍ତମାନ ମଧ୍ୟ ଏହି ଶୁଭକର୍ମ କରିବା ମୋ ପକ୍ଷରେ ହିତକର ହେବ। ଏହାଭାବି ରାଜ୍ୟକୁ ପୁତ୍ରହସ୍ତରେ ସମର୍ପିତ କରି ନିଜେ ଦିଶାପ୍ରୋକ୍ଷିତ ତାପସ ବ୍ରତ ସ୍ୱୀକାର କରିନେଲେ। ନିରନ୍ତର ଦୁଇଦିନ ନିରାହାର-ଉପବାସ ପୂର୍ବକ ତପସ୍ୟା କରି ପାରଣାରେ ଗଛରୁ ଝଡ଼ିପଡ଼ିଥିବା ପତ୍ରକୁ ଖାଇନେଉଥିଲେ। ଏହି ପ୍ରକାର କଠୋର ଚର୍ଯ୍ୟା କରୁଥିବା ଅବସ୍ଥାରେ ତାଙ୍କଠାରେ ବିଭଙ୍ଗ ଜ୍ଞାନ ଜାତ ହେଲା। ଏହାଦ୍ୱାରା ସେ ସାତଟି ଦ୍ୱୀପ ଏବଂ ସପ୍ତସମୁଦ୍ରକୁ ଦେଖିପାରିଲେ। ଏହି ବିଶ୍ୱ ହେଉଛି ସପ୍ତ-ଦ୍ୱୀପ ଏବଂ ସପ୍ତ-ସମୁଦ୍ର ପ୍ରମାଣ ବିଶିଷ୍ଟ ଏହି ମତକୁ ସେ ଜନସାଧାରଣଙ୍କ ମଧ୍ୟରେ ପ୍ରଚାର କରିଥିଲେ।

ଭଗବାନଙ୍କ ପ୍ରଧାନ ଶିଷ୍ୟ ଗୌତମ ଭିକ୍ଷା ଅନ୍ୱେଷଣରେ ବାହାରିଥିଲେ। ଲୋକଙ୍କଠାରୁ ଶିବ ରାଜର୍ଷିଙ୍କ ସିଦ୍ଧାନ୍ତ ବିଷୟରେ ଶୁଣିଲେ। ଭିକ୍ଷା ସଂଗ୍ରହ କରି ଲେଉଟିଆସି ପ୍ରଶ୍ନ କରିଲେ 'ଭଗବନ୍! ଦ୍ୱୀପ ଓ ସମୁଦ୍ରଙ୍କ ସଂଖ୍ୟା କେତେ ?' ଭଗବାନ କହିଲେ-'ଅସଂଖ୍ୟ।' ଗୌତମ ଏହି ମତର ପ୍ରଚାର କଲେ। କଥାଟି ଶିବ ରାଜର୍ଷିଙ୍କ ପାଖରେ ପହଞ୍ଚିଲା। ସେ ସନ୍ଦିଗ୍ଧ ହୋଇପଡ଼ିଲେ। ଫଳରେ ତାଙ୍କଠାରେ ଉତ୍ପନ୍ନ ବିଭଙ୍ଗ ଜ୍ଞାନ ଲୁପ୍ତହେଲା। ସେ ଭଗବାନଙ୍କ ନିକଟରେ ପହଞ୍ଚି ଭଗବାନଙ୍କ ଶିଷ୍ୟତ୍ୱ ଗ୍ରହଣ କରିନେଲେ।[୬୫]

ଉଦ୍ରାୟଣ, ସିନ୍ଧୁ-ସୌବୀର ଆଦି ଷୋହଳ ଜନପଦର ଅଧିପତି ଥିଲେ। ଦଶଜଣ ମୁକୁଟଧାରୀ ରାଜା ତାଙ୍କର ଅଧୀନସ୍ଥ ଥିଲେ। ପ୍ରଲମ୍ବ ଯାତ୍ରାପୂର୍ବକ ମହାବୀର ସେଠାରେ ପହଞ୍ଚିଲେ। ରାଜା ଉଦ୍ରାୟଣ, ଭଗବାନଙ୍କଠାରେ ମୁନି-ଦୀକ୍ଷା ନେଲେ।

ବାରାଣସୀର ରାଜା ଶଙ୍ଖଙ୍କ ସମ୍ବନ୍ଧରେ କୌଣସି ବିବରଣୀ ଉପଲବ୍ଧ ନୁହେଁ। ଅନ୍ତକୃତଦଶା ଗ୍ରନ୍ଥ ଅନୁସାରେ ଭଗବାନ, ରାଜା ଅଳକଙ୍କୁ ବାରାଣସୀରେ ପ୍ରବ୍ରଜ୍ୟା ପ୍ରଦାନ କରିଥିଲେ। ସମ୍ଭବତଃ ଅଳକ, ଶଙ୍ଖଙ୍କର ଅନ୍ୟ ନାମ ହୋଇପାରେ।

ସେ ଯୁଗରେ ଶାସକ-ସମ୍ମତ ଧର୍ମକୁ ଅତିରିକ୍ତ ମହତ୍ତ୍ୱ ମିଳୁଥାଏ। ତେଣୁ ରାଜାମାନଙ୍କ ଧର୍ମ ପ୍ରତି ଆକୃଷ୍ଟ ହେବାକୁ ବିଶେଷ ମହତ୍ତ୍ୱ ଦିଆଯାଇଥିଲା। ଜୈନଧର୍ମ, ସମାଜକୁ କେବଳ ନିଜର ଅନୁଗାମୀ କରିବାରେ ବିଶେଷ ପ୍ରଯତ୍ନ ନ କରି ଏକ ବ୍ରତୀ-ସମାଜ ସଂରଚନା କରିବାରେ ବିଶେଷ ଜୋର ଦେଉଥାଏ। ଶାଶ୍ୱତ ସତ୍ୟର ଆରାଧନା ସହିତ ସମାଜକୁ ସାମ୍ପ୍ରତିକ ଦୋଷ-ଦୁର୍ବଳତାରୁ ମୁକ୍ତ କରିବା ସକାଶେ ଜୈନଶ୍ରାବକମାନେ ବିଶେଷ ପ୍ରଯତ୍ନଶୀଳ ଥା'ନ୍ତି। ଚାରିତ୍ରିକ-ଉଚ୍ଚତା ସକାଶେ ଭଗବାନ ମହାବୀର ଯେଉଁ ଆଚାର-ସଂହିତାର ନିର୍ମାଣ କରିଥିଲେ, ତାହା ସମାଜର ମାନସିକ ସ୍ୱାସ୍ଥ୍ୟର ସୁରକ୍ଷା କରିବାରେ ବେଶ୍ ସକ୍ଷମ ହେଉଛି।

[୬୪] ଠାଣଂ, ୮/୪୧

[୬୫] ଠାଣଂ, ୮/୪୧

॥ ୩ ॥

ଭଗବାନ ମହାବୀରଙ୍କ ଉତ୍ତରକାଳୀନ ପରମ୍ପରା

ଉତ୍ତରବର୍ତ୍ତୀ ପରମ୍ପରା

ଭଗବାନ ମହାବୀରଙ୍କ ନିର୍ବାଣ ପରେ ଗୌତମ ସ୍ୱାମୀ ବାରବର୍ଷ ଜୀବିତ ରହିଥିଲେ। ବୀର ସମ୍ବତ୍ ୧୨ରେ ସେ ମୁକ୍ତ ହେଲେ। ସେ ୫୦ ବର୍ଷ ଗୃହସ୍ଥ ରୂପରେ, ୩୦ ବର୍ଷ ସାଧୁବେଶରେ ସାଧନାକରି ମହାବୀରଙ୍କ ମହାପ୍ରୟାଣ ଦିନ କୈବଲ୍ୟପ୍ରାପ୍ତ କରିଥିଲେ ଏବଂ ୧୨ ବର୍ଷ ପର୍ଯ୍ୟନ୍ତ କେବଳୀ ରହି ନିର୍ବାଣ ପ୍ରାପ୍ତ କରିଥିଲେ।

ଦିଗମ୍ବର ପରମ୍ପରାର ଅଭିମତ ହେଉଛି – ଭଗବାନଙ୍କ ପ୍ରଥମ ଉତ୍ତରାଧିକାରୀ ହେଉଛନ୍ତି ଗୌତମ। ଶ୍ୱେତାମ୍ବର ପରମ୍ପରାର ଅଭିମତ ହେଲା - ଭଗବାନଙ୍କ ପ୍ରଥମ ଉତ୍ତରାଧିକାରୀ ହେଉଛନ୍ତି ସୁଧର୍ମା। ସୁଧର୍ମା ଭଗବାନଙ୍କ ନିର୍ବାଣ ପରେ ତିରିଶ ବର୍ଷ ପର୍ଯ୍ୟନ୍ତ ବଞ୍ଚିଥିଲେ। ତାଙ୍କର ଜୀବନ ୫୦ ବର୍ଷ ଗୃହସ୍ଥ, ୩୦ ବର୍ଷ ସାଧନା ଏବଂ ୨୦ ବର୍ଷ କେବଳୀ ରୂପରେ ବିଭକ୍ତ।

ସୁଧର୍ମାଙ୍କ ଉତ୍ତରାଧିକାରୀ ଥିଲେ ଜମ୍ବୁସ୍ୱାମୀ। ତାଙ୍କ ଜୀବନକାଳ ୧୬ ବର୍ଷ ଗୃହସ୍ଥ ଭାବରେ, ୩୦ ବର୍ଷ ସାଧନା ଏବଂ ୪୪ ବର୍ଷ କେବଳୀ ରୂପରେ ବିଭକ୍ତ। ଜମ୍ବୁସ୍ୱାମୀଙ୍କ ପରେ କେହିମଧ୍ୟ କେବଳୀ ହେଲେ ନାହିଁ। ଏହିଠାରୁ ଶ୍ରୁତକେବଳୀ ଚତୁର୍ଦ୍ଦଶପୂର୍ବୀ ପରମ୍ପରାର ସୂତ୍ରପାତ ହେଲା। ଛଅଜଣ ଆଚାର୍ଯ୍ୟ ଶ୍ରୁତକେବଳୀ ହୋଇଛନ୍ତି –

୧. ପ୍ରଭବ ୨. ଶଯ୍ୟମ୍ଭବ ୩. ଯଶୋଭଦ୍ର ୪. ସମ୍ଭୂତବିଜୟ ୫. ଭଦ୍ରବାହୁ ୬. ସ୍ଥୂଳଭଦ୍ର

ସ୍ଥୂଳଭଦ୍ରଙ୍କ ପରେ ୪ଟି ପୂର୍ବ (ଶାସ୍ତ୍ରଜ୍ଞାନ) ନଷ୍ଟ ହେବାରୁ ଦଶପୂର୍ବୀ ପରମ୍ପରା ଆରମ୍ଭ ହେଲା। ନିମ୍ନୋକ୍ତ ଦଶଜଣ ଆଚାର୍ଯ୍ୟ ଦଶପୂର୍ବୀ ହୋଇ ଦଶଟି ଆଗମଶାସ୍ତ୍ରର ଧାରକ ହେଲେ।

୧. ମହାଗିରି ୨. ସୁହସ୍ତୀ ୩. ଗୁଣସୁନ୍ଦର ୪. କାଳକାଚାର୍ଯ୍ୟ ୫. ସ୍କନ୍ଦିଳାଚାର୍ଯ୍ୟ ୬. ରେବତିମିତ୍ର ୭. ମଙ୍ଗୁ ୮. ଧର୍ମ ୯. ଚନ୍ଦ୍ରଗୁପ୍ତ ୧୦. ଆର୍ଯ୍ୟବଜ୍ର।

ତିନୋଟି ମୁଖ୍ୟ ପରମ୍ପରା

୧. ଗଣଧର-ବଂଶ ୨. ବାଚକ ବଂଶ-ବିଦ୍ୟାଧର ବଂଶ ୩. ଯୁଗପ୍ରଧାନ

ସୁହସ୍ତୀ ପର୍ଯ୍ୟନ୍ତ ଆଚାର୍ଯ୍ୟମାନେ ଉଭୟ ଗଣନାୟକ ଏବଂ ବାଚନାଚାର୍ଯ୍ୟ ଭୂମିକା ସମ୍ପାଦନ କରୁଥିଲେ। ଗଣ ବା ସଂଘର ସୁରକ୍ଷା, ସଂପୋଷଣ ଏବଂ ଶୈକ୍ଷଣିକ ବ୍ୟବସ୍ଥାର ଉତ୍ତରଦାୟିତ୍ୱ ଆଚାର୍ଯ୍ୟ ନିର୍ବହଣ କରୁଥିଲେ। ଆଚାର୍ଯ୍ୟ ସୁହସ୍ତୀଙ୍କ ପରେ ଏହି ବ୍ୟବସ୍ଥାକୁ ବିଭାଜିତ କରାହେଲା। ଚାରିତ୍ର ରକ୍ଷାକାର୍ଯ୍ୟ 'ଗଣାଚାର୍ଯ୍ୟ' ଏବଂ ଶ୍ରୁତଜ୍ଞାନ

ରକ୍ଷାର ଦାୟିତ୍ୱ 'ବାଚନାଚାର୍ଯ୍ୟ'ଙ୍କ ହାତରେ ରହିଲା। ଗଣାଚାର୍ଯ୍ୟମାନଙ୍କ ପରମ୍ପରା (ଗଣଧର ବଂଶ) ଆପଣା ଆପଣା ଗୁଣ ମଧ୍ୟରେ ଗୁରୁ-ଶିଷ୍ୟ କ୍ରମରେ ପ୍ରବହମାନ ରହିଛି। କିନ୍ତୁ ବାଚନାଚାର୍ଯ୍ୟ ଏବଂ ଯୁଗପ୍ରଧାନ ପରମ୍ପରା ଆପଣା ଗଣ ମଧ୍ୟରେ ସୀମିତ ନୁହେଁ। ଯେକୌଣସି ଗଣ ବା ଶାଖାରେ ଜଣେ ପରେ ଜଣେ ଯେଉଁ ସମର୍ଥ ବାଚନାଚାର୍ଯ୍ୟ ତଥା ଯୁଗପ୍ରଧାନ ହୋଇଛନ୍ତି, ସେମାନଙ୍କୁ କ୍ରମାନୁସାରେ ସ୍ଥାପିତ କରାଗଲା।

ଆଚାର୍ଯ୍ୟ ସୁହସ୍ତୀଙ୍କ ପରେ ମଧ୍ୟ କେତେକ ଆଚାର୍ଯ୍ୟ ଉଭୟ ଗଣାଚାର୍ଯ୍ୟ ଏବଂ ବାଚନାଚାର୍ଯ୍ୟ ହୋଇଯାଇଛନ୍ତି। ଯେଉଁ ଆଚାର୍ଯ୍ୟ ବିଶେଷ ଲକ୍ଷଣସମ୍ପନ୍ନ ଏବଂ ନିଜେ ଯୁଗରେ ସର୍ବୋପରି ପ୍ରଭାବଶାଳୀ ହୋଇଛନ୍ତି, ସେମାନଙ୍କୁ ଯୁଗ-ପ୍ରଧାନ ରୂପରେ ମାନ୍ୟ କରାଗଲା। ଗଣାଚାର୍ଯ୍ୟ ଓ ବାଚନାଚାର୍ଯ୍ୟ ଉଭୟରୁ ଯୁଗପ୍ରଧାନ ଆଚାର୍ଯ୍ୟ ହୋଇଯାଇଛନ୍ତି।

ହିମବନ୍ତଙ୍କ ସ୍ଥବିରାବଳି ଅନୁସାରେ ବାଚକ-ବଂଶ ଅଥବା ବିଦ୍ୟାଧର ବଂଶର ପରମ୍ପରା ନିମ୍ନ ପ୍ରକାରେ କରାଯାଇଥାଏ।[୧]

୧. ଆଚାର୍ଯ୍ୟ ସୁହସ୍ତୀ
୨. ଆଚାର୍ଯ୍ୟ ବହୁଳ ଓ ବଳିସହ
୩. ଆଚାର୍ଯ୍ୟ ଉମାସ୍ୱାତି
୪. ଆଚାର୍ଯ୍ୟ ଶ୍ୟାମ
୫. ଆଚାର୍ଯ୍ୟ ସାଣ୍ଡିଲ୍ୟ ବା ସ୍କନ୍ଦିଳ
(ବିକ୍ରମ ସଂବତ୍ ୩୭୬ରୁ ୪୧୪, ଯୁଗପ୍ରଧାନ)
୬. ଆଚାର୍ଯ୍ୟ ସମୁଦ୍ର
୭. ଆଚାର୍ଯ୍ୟ ମଙ୍ଗୁସୂରି
୮. ଆଚାର୍ଯ୍ୟ ନନ୍ଦିଲସୂରି
୯. ଆଚାର୍ଯ୍ୟ ନାଗହସ୍ତିସୂରି
୧୦. ଆଚାର୍ଯ୍ୟ ରେବତି ନକ୍ଷତ୍ର
୧୧. ଆଚାର୍ଯ୍ୟ ସିଂହସୂରି
୧୨. ଆଚାର୍ଯ୍ୟ ସ୍କନ୍ଦିଳ (ବିକ୍ରମ ସଂବତ୍ ୮୨୬ ବାଚନାଚାର୍ଯ୍ୟ)
୧୩. ଆଚାର୍ଯ୍ୟ ହିମବନ୍ତ କ୍ଷମାଶ୍ରମଣ
୧୪. ଆଚାର୍ଯ୍ୟ ନାଗାର୍ଜୁନସୂରି
୧୫. ଆଚାର୍ଯ୍ୟ ଭୂତଦିନ୍ନ
୧୬. ଆଚାର୍ଯ୍ୟ ଲୋହିତ୍ୟସୂରି
୧୭. ଆଚାର୍ଯ୍ୟ ଦୁଷ୍ୟଗଣୀ
୧୮. ଆଚାର୍ଯ୍ୟଦେବବାଚକ (ଦେବାର୍ଦ୍ଧିଗଣୀ କ୍ଷମାଶ୍ରମରେ)
୧୯. ଆଚାର୍ଯ୍ୟ କାଳିକାଚାର୍ଯ୍ୟ (ଚତୁର୍ଥ)
୨୦. ଆଚାର୍ଯ୍ୟ ସତ୍ୟମିତ୍ର (ଅନ୍ତିମ ପୂର୍ବବିତ୍) [୨]

ସମ୍ପ୍ରଦାୟ-ଭେଦ

ବିଚାର କରିପାରିବାର ଇତିହାସ ଯେତେ ପ୍ରାଚୀନ, ବିଚାର-ଭେଦର ଇତିହାସ ମଧ୍ୟ ପାଖାପାଖି ସେତେ

[୧] ଜୈନ ଦର୍ଶନର ଇତିହାସ, ପୃ.୧୮୦-୧୯୦। [୨] ପରିଶିଷ୍ଟ-୧

ପ୍ରାଚୀନ। ବିଚାରର ସୃଷ୍ଟି ନିତାନ୍ତ ବୈୟକ୍ତିକ, କିନ୍ତୁ ସଂଘ ମଧ୍ୟରେ ପୁଞ୍ଜିଭୂତ ହୋଇ ସେହି ବିଚାର ସଂଘୀୟ ବିଚାର ପାଲଟିଯାଏ।

ତୀର୍ଥଙ୍କର-ବଚନ ହେଉଛି ଜୈନ-ସଂଘ ପାଇଁ ସର୍ବୋପରି ପ୍ରମାଣ। ଏହା ପ୍ରତ୍ୟକ୍ଷ ଦର୍ଶନ ହୋଇଥିବାରୁ, ଏଠାରେ ତର୍କର କର୍କଶତା ଥାଏ ନାହିଁ କିମ୍ବା ତର୍କ ଦ୍ୱାରା ବାଧିତ ହୁଏନାହିଁ। ତୀର୍ଥଙ୍କର-ବାଣୀ ସୂତ୍ର ରୂପରେ ଗୁମ୍ଫିତ। ତା'ର ବ୍ୟାଖ୍ୟା ସମୟରେ ବରଂ ତର୍କ ନମନୀୟ ହୋଇପଡ଼େ। ଭାଷ୍ୟକାର ଏବଂ ଟୀକାକାର ମାନେ ପ୍ରତ୍ୟକ୍ଷଦର୍ଶୀ ନ ଥିଲେ। ସେମାନେ ପରମ୍ପରା ମାଧ୍ୟମରେ ସୂତ୍ରର ଆଶ୍ରୟକୁ ବୁଝିବାର ପ୍ରୟାସ କରିଛନ୍ତି। କେତେବେଳେ କେମିତି ଯଥାର୍ଥ ହୃଦ୍‌ବୋଧ କରି ନ ପାରିଲେ ତା'ସହିତ ଆପଣା ଯୁକ୍ତିକୁ ଯୋଡ଼ି ପକାଉଥାନ୍ତି। ତେବେ ଏହି ପ୍ରଲମ୍ବ କାଳଖଣ୍ଡରେ ଅନେକ ସମ୍ପ୍ରଦାୟର ନିର୍ମାଣ ହେଲା। ଶ୍ୱେତାମ୍ବର ଓ ଦିଗମ୍ବର ରୂପରେ ଶାସନ-ଭେଦ ସୃଷ୍ଟିହେଲା। ଭଗବାନ ମହାବୀରଙ୍କ ସମୟରେ କିଛି ଶ୍ରମଣ ବସ୍ତ୍ରଧାରଣ କରୁଥିଲେ। ଅନ୍ୟ କେତେକ ନିର୍ବସ୍ତ୍ର ରହୁଥାନ୍ତି। ଭଗବାନ ସ୍ୱୟଂ ବସ୍ତ୍ରଧାରଣ କରୁ ନ ଥିଲେ। ବସ୍ତ୍ର ପିନ୍ଧିଲେ ମୁକ୍ତି ମିଳେନାହିଁ କିମ୍ବା ନିର୍ବସ୍ତ୍ର ରହିଲେ ହିଁ ମୁକ୍ତି ସମ୍ଭବ - ଉଭୟ ଯୁକ୍ତି ଗୌଣ ଓ ଦୁର୍ବଳ ପ୍ରତୀତ ହେଉଛି। ମୁଖ୍ୟକଥା ହେଉଛି – ରାଗ-ଦ୍ୱେଷରୁ ମୁକ୍ତି। ଜୈନ ପରମ୍ପରାମାନଙ୍କ ମଧ୍ୟରେ ରହିଥିବା ଭେଦ, ମୂଳତତ୍ତ୍ୱ ଅପେକ୍ଷା ବାହ୍ୟ ଉପଚାର କିମ୍ବା ଗୌଣ ପ୍ରଶ୍ନ ଉପରେ ଅଧିକ ଆଧାରିତ।

ଗୋଶାଳକ ସମ୍ପୂର୍ଣ୍ଣ ଭାବରେ ଜୈନ ପରମ୍ପରାରୁ ପୃଥକ୍ ହୋଇଯିବାରୁ, ତାହାଙ୍କୁ 'ନିହ୍ନବ' ରୂପରେ ସ୍ୱୀକାର କରାଯାଇନାହିଁ। ସ୍ୱଳ୍ପ ମତଭେଦ ଆଧାରରେ ଯେଉଁମାନେ ଜୈନ ଶାସନରୁ ଅଲଗା ହୋଇଛନ୍ତି ସେମାନଙ୍କୁ ନିହ୍ନବ ମାନ୍ୟ କରାଯାଇଥାଏ।

ବହୁତରବାଦ

ଜମାଲୀ ହେଉଛନ୍ତି ପ୍ରଥମ ନିହ୍ନବ। ସେ କ୍ଷତ୍ରିୟପୁତ୍ର ଏବଂ ଭଗବାନ ମହାବୀରଙ୍କ ଜାମାତା ଥିଲେ। ମାତା-ପିତାଙ୍କ ଅଗାଧ ସ୍ନେହ ଏବଂ ଅତୁଳ ଐଶ୍ୱର୍ଯ୍ୟକୁ ଲାତମାରି ସେ ନିର୍ଗ୍ରନ୍ଥ ପଥ ଚୟନ କରିଥିଲେ। ଭଗବାନ ମହାବୀର ସ୍ୱୟଂ ଜମାଲୀଙ୍କୁ ତଥା ତାଙ୍କ ସହି ପାଞ୍ଚଶହ ଅନ୍ୟ ବ୍ୟକ୍ତିଙ୍କୁ ପ୍ରବ୍ରଜ୍ୟା ପ୍ରଦାନ କରିଥିଲେ। ମୁନି ଜମାଲୀ ଧୀରେ ଧୀରେ ଆଗେଇ ଚାଲିଲେ। ଜ୍ଞାନ, ଦର୍ଶନ ଓ ଚାରିତ୍ର ଆରାଧନାରେ ନିଜକୁ ନିଷ୍ଠାର ସହିତ ନିୟୋଜିତ କରିଥିଲେ। ସାମୟିକ ଆଦି ଏକାଦଶ ଅଂଗ (ଗ୍ରନ୍ଥ) ପାରାୟଣ କଲେ। ଜମାଲୀ ବିଚିତ୍ର ତପ-କର୍ମ-ଉପବାସ, ବେଲା (ଦୁଇଦିନ ନିରାହାର), ତେଲା (ତିନିଦିନ ପର୍ଯ୍ୟନ୍ତ ନିରାହାର ରହିବା) ଠାରୁ ଆରମ୍ଭ କରି ଅର୍ଦ୍ଧମାସ (୧୫ ଦିନ) ଏବଂ ପୂରା ଗୋଟିଏ ମାସର ତପସ୍ୟା ଦ୍ୱାରା ଆତ୍ମାକୁ ଭାବିତ କରି ଗ୍ରାମାନୁଗ୍ରାମ ବିହାର କରୁଥାନ୍ତି।

ଗୋଟିଏ ଦିନ ଏମିତି ହେଲା କି ଜ୍ଞାନୀ ଏବଂ ତପସ୍ୱୀ ଜମାଲୀ ଭଗବାନଙ୍କ ପାଖରେ ପହଞ୍ଚି ପ୍ରଣିପାତ ହୋଇ କହିଲେ–'ପ୍ରଭୁ! ମୁଁ ଆପଣଙ୍କ ଆଜ୍ଞା ପ୍ରାପ୍ତ କରି ପାଞ୍ଚଶହ ନିର୍ଗ୍ରନ୍ଥଙ୍କୁ ସଙ୍ଗରେ ନେଇ ଜନପଦମାନଙ୍କରେ ବିଚରଣ କରିବାକୁ ଚାହେଁ।' ଭଗବାନ, ଜମାଲୀଙ୍କ କଥା ପ୍ରତି କୌଣସି ଗୁରୁତ୍ୱ ନ ଦେଇ ନୀରବ ରହିଲେ। ଜମାଲୀ, ପୁନଃ ପୁନଃ ଆପଣା ଅଭିଳାଷ ଦୋହରାଇଲେ। କିନ୍ତୁ ଭଗବାନ ପୂର୍ବଭଳି ମୌନ। ଜମାଲୀ ଉଠିପଡ଼ି ଭଗବାନଙ୍କୁ ବନ୍ଦନା-ନମସ୍କାର କରି ବହୁଶାଳା ନାମକ ଚୈତ୍ୟରୁ ବହିର୍ଗମନ କରିଗଲେ। ଆପଣା ସାଥୀ ପାଞ୍ଚଶହ ନିର୍ଗ୍ରନ୍ଥଙ୍କୁ ସଙ୍ଗରେ ଘେନି ସେ ଭଗବାନଙ୍କଠାରୁ ପୃଥକ୍ ବିହାର କରିବା ଆରମ୍ଭ କଲେ।

ଶ୍ରାବସ୍ତୀର କୋଷ୍ଠକ ଚୈତ୍ୟରେ ଜମାଲୀ ରହିଥାନ୍ତି। ସଂଯମ ଓ ତପର ସାଧନା ଚାଲିଥାଏ। ନିର୍ଗ୍ରନ୍ଥ ଶାସନର କଠୋରଚର୍ଯ୍ୟା ଏବଂ ବୈରାଗ୍ୟ ବୃତ୍ତି ସେ ଅରସ-ବିରସ, ଅନ୍ତ-ପ୍ରାନ୍ତ, ଶୁଖା-ରୁଖା କାଳାତିକ୍ରାନ୍ତ ଆହାର ଗ୍ରହଣ କରୁଥାନ୍ତି। ଫଳରେ ତାଙ୍କର ଶରୀର ରୋଗାକ୍ରାନ୍ତ ହୋଇପଡ଼ିଲା। ବିପୁଳ ବେଦନା ଏବଂ ପିତଜ୍ୱରରେ ଶରୀର ସତେ ଯେପରି ଜଳିବାକୁ ଲାଗିଲା। କଟୁ ଦୁଃଖର ଉଦୟ ହୋଇଥାଏ। ତୀବ୍ର ବେଦନା-ପୀଡ଼ିତ, ଜମାଲୀ,

ସାଥୀ ସାଧୁମାନଙ୍କୁ ଡାକି କହିଲେ – 'ହେ ଦେବାନୁପ୍ରିୟଗଣ ! ବିଛଣା ଲଗାଅ।' ସାଧୁମାନେ ବିନୟନତ ହୋଇ ଆଦେଶ ମୁତାବକ ବିଛଣା ସଜାଡ଼ିବା ପ୍ରାରମ୍ଭ କଲେ। ଶାରୀରିକ ଯନ୍ତ୍ରଣା ବଢ଼ିଚାଲିଥାଏ। ଗୋଟିଏ ସେକେଣ୍ଡ ଗୋଟିଏ ଘଣ୍ଟା ଭଳି ଭାରି ହୋଇପଡ଼ିଥାଏ। ଜମାଲୀ ଅଧୀର ସ୍ୱରରେ ପ୍ରଶ୍ନ କରିଲେ – 'ମୋ ବିଛଣା ବିଛେଇ ସାରିଛ ନା ବିଛେଇ ଚାଲିଛ ?'

ଶ୍ରମଣମାନେ ଉତ୍ତର ଦେଲେ – 'ଦେବାନୁପ୍ରିୟ ! ଆପଣଙ୍କ ବିଛଣା ବିଛାଇବା କାମ ସରିନାହିଁ ଚାଲିଛି।' ଜମାଲୀ ପୁଣିଥରେ ସମାନ ପ୍ରଶ୍ନ ଉପସ୍ଥାପିତ କରିଲେ ଏବଂ ଶ୍ରମଣ ନିର୍ଗ୍ରନ୍ଥମାନେ ପୂର୍ବଭଳି ଉତ୍ତର ଦେଲେ। 'ବିଛଣା ବିଛେଇବା ସରିନି, ବିଛେଇବା କାମ ଚାଲିଛି।

ଗଭୀର ବ୍ୟଥା-ବେଦନା-ପୀଡ଼ିତ ଜମାଲୀ, ଏହି ଉତ୍ତର ଶୁଣି ବିଚଳିତ ହୋଇପଡ଼ିଲେ । ଶାରୀରିକ-ପୀଡ଼ାର ପ୍ରହାରରେ ସୈଦ୍ଧାନ୍ତିକ ଧାରଣା ଦୋହଲିପଡ଼ିଲା। ବିଚାର ପରିବର୍ତ୍ତନ ହେଲା। ଜମାଲୀଙ୍କ ମନକୁ ଆସିଲା - ଭଗବାନ ଚଳମାନଙ୍କୁ ଚଳିତ, ଉଦୀର୍ଯ୍ୟମାଣକୁ ଉଦୀରିତ ଏବଂ ନିର୍ଜୀର୍ଯମାଣକୁ ନିର୍ଜୀର୍ଣ୍ଣ କହୁଛନ୍ତି। ଏହା ହେଉଛି ମିଥ୍ୟା। ଏହା ଦିବାଲୋକ ଭଳି ସ୍ପଷ୍ଟ। ମୋ ବିଛଣା ବିଛେଇବା ଚାଲିଛି, ସରିନାହିଁ। ତେଣୁ କ୍ରିୟମାଣ ଅକୃତ, ସଂସ୍ତୀର୍ଯମାନ ଅସଂସ୍କୃତ କରାଯାଉଛି କିନ୍ତୁ କରାଯାଇନାହିଁ, ବିଛଣା ସଜଡ଼ା ଚାଲିଛି କିନ୍ତୁ ସଜାଡ଼ିବା କାମ ସରିନାହିଁ - ଏହି ସିଦ୍ଧାନ୍ତ ହିଁ ହେଉଛି ଭ୍ରାନ୍ତିରହିତ୍ର। ଏହାର ବିପରୀତ ଭଗବାନଙ୍କ ମତ – 'କ୍ରିୟମାଣକୃତ' ଏବଂ 'ସଂସ୍ତୀର୍ଯ୍ୟମାଣ ସଂସ୍କୃତ – କରିବା ପ୍ରାରମ୍ଭ ହେଲା ଅର୍ଥାତ୍ ତାହା କରାହେଲା, ବିଛାଇବା ଆରମ୍ଭ କରାହେଲା ମାନେ ବିଛଣା ବିଛାଇ ଦିଆଗଲା – ହେଉଛି ଭ୍ରାନ୍ତି। ଚଳମାନଙ୍କୁ ଚଳିତ ନିର୍ଜୀର୍ଯମାଣକୁ ନିର୍ଜୀର୍ଣ୍ଣ ଭାବିନେବା ଉଚିତ ନୁହେଁ। ଯେତେବେଳ ପର୍ଯ୍ୟନ୍ତ ପ୍ରକ୍ରିୟା ସମ୍ପୂର୍ଣ୍ଣ ହୋଇନାହିଁ ତାହା ଅପୂର୍ଣ୍ଣାଙ୍ଗ। ବହୁତରବାଦ କାର୍ଯ୍ୟ ସମାପନ ପରେ ହିଁ ପୂର୍ଣ୍ଣ ହେଲା ବୋଲି କୁହାଯିବା ଯଥାର୍ଥ ହେବ। ଏହି ସୈଦ୍ଧାନ୍ତିକ ବିଭ୍ରାଟ ଦ୍ୱାରା ଜମାଲୀଙ୍କ ଶାରୀରିକ ବେଦନା ଦୁର୍ବଳ ହେଲା। ନିଜ ସାଧୁମାନଙ୍କୁ ଡାକି, ନିଜର ମାନସିକ ପ୍ରକମ୍ପନ କଥା ଶୁଣାଇଲେ। ଶ୍ରମଣମାନେ ଶୁଣି ଅପରିପକ୍ୱ ବିଚାରକୁ ସତ୍ୟ କହୁଥାନ୍ତି। ତେବେ ପ୍ରତ୍ୟେକଙ୍କ ବିଚାର କରିବାର ଶୈଳୀ ସମାନ ହୋଇ ନ ଥାଏ। କିଛି ଶ୍ରମଣ, ଜମାଲୀଙ୍କ ବିଚାରକୁ ଯଥାର୍ଥ ମଣିଲେ। ଏହା ସେମାନଙ୍କ ମନକୁ ପାଇବାରୁ ତା'ପ୍ରତି ଶ୍ରଦ୍ଧା ଜାତ ହେଲା। ସେମାନେ ଜମାଲୀଙ୍କ ଶରଣ ସ୍ୱୀକାର କରିନେଲେ। ଅନ୍ୟ କେତେକ ଶ୍ରମଣ ଜମାଲୀଙ୍କ ବିଚାରକୁ ଅନୁଚିତ ମନେକରି ତା'ପ୍ରତି ଶ୍ରଦ୍ଧାଶୀଳ ହୋଇ ନ ପାରିବାରୁ ଭଗବାନ ମହାବୀରଙ୍କ ଶରଣକୁ ଚାଲିଗଲେ। କିଛି ସମୟ ପରେ ଜମାଲୀ ସ୍ୱସ୍ଥ ହୋଇ ଶ୍ରାବସ୍ତୀରୁ ବିହାର କରିଲେ। ସେତେବେଳେ ଭଗବାନ ଚମ୍ପାନଗରୀର ପୂର୍ଣ୍ଣଭଦ୍ର-ଚୈତ୍ୟର ବିରାଜମାନ ଥା'ନ୍ତି। ଜମାଲୀ ସେଠାରେ ପହଞ୍ଚି କହିଲା - 'ଦେବାନୁପ୍ରିୟ ! ଆପଣଙ୍କ ଅନେକଗୁଡ଼ିଏ ଶିଷ୍ୟ ଅସର୍ବଜ୍ଞ ଅବସ୍ଥାରେ ଗୁରୁକୁଳରୁ ପୃଥକ ହୋଇଥାନ୍ତି। କିନ୍ତୁ ମୁଁ ସେମାନଙ୍କ ଭଳି ନୁହେଁ। ମୁଁ ସର୍ବଜ୍ଞ, ଅର୍ହତ୍, ଜିନ, କେବଳୀ ହୋଇ ଆପଣଙ୍କଠାରୁ ଅଲଗା ହୋଇଛି।

ଜମାଲୀଙ୍କ କଥାଶୁଣି ଭଗବାନଙ୍କ ଜ୍ୟେଷ୍ଠ ଅନ୍ତେବାସୀ ଗୌତମ ସ୍ୱାମୀ କହିଲେ - 'ଜମାଲୀ ! ଜଣେ ସର୍ବଜ୍ଞଙ୍କର ଜ୍ଞାନ ଓ ଦର୍ଶନକୁ କୌଣସି ଶୈଳସ୍ତମ୍ଭ କିମ୍ବା ସ୍ତୂପ ଅବରୁଦ୍ଧ କରିପାରେ ନାହିଁ। ଯଦି ତୁମେ ସର୍ବଜ୍ଞ ହୋଇ ଭଗବାନଙ୍କଠାରୁ ନିଜକୁ ଦୂରେଇ ନେଇଛ ତେବେ ମୋର ଦୁଇଟି ପ୍ରଶ୍ନର ଉତ୍ତର ଦିଅ। ଲୋକ ଶାଶ୍ୱତ ନା ଅଶାଶ୍ୱତ ? ଜୀବ ଶାଶ୍ୱତ ଅଟେ ନା ଅଶାଶ୍ୱତ ?'

ପ୍ରଶ୍ନଶୁଣି ଗୌତମ ଶଙ୍କାଗ୍ରସ୍ତ ହୋଇପଡ଼ିଲେ। ଯଥାର୍ଥ ଉତ୍ତର ଦେଇ ନ ପାରି ନୀରବ ରହିଲେ।

ଭଗବାନ କହିଲେ - 'ଜମାଲୀ ! ମୋର ଅନେକ ସାଧନାଶୀଳ ଶିଷ୍ୟ ବି ଏହି ପ୍ରଶ୍ନଦ୍ୱୟର ଉତ୍ତର ଦେବାରେ ସମର୍ଥ। କିନ୍ତୁ ସେମାନେ ତମଭଳି ନିଜକୁ ସର୍ବଜ୍ଞ କହିବାରେ ସମର୍ଥ ନୁହନ୍ତି।'

'ଜମାଲୀ ! ଏହି ଲୋକ ହେଉଛି ଶାଶ୍ୱତ ଏବଂ ଅଶାଶ୍ୱତ ମଧ୍ୟ। ଲୋକ ପୂର୍ବେ ନ ଥିଲା, ବର୍ତ୍ତମାନ ନାହିଁ ଏବଂ ଭବିଷ୍ୟତରେ ନ ଥିବ - ଏକଥା ଯଥାର୍ଥ ନୁହେଁ। ଲୋକର ଅସ୍ତିତ୍ୱ ତ୍ରୈକାଳିକ। ଏହା ଥିଲା, ଅଛି ଏବଂ ରହିଥିବ। ଏହି ଦୃଷ୍ଟିରୁ ଲୋକ ହେଉଛି ଶାଶ୍ୱତ। ଅପସର୍ପିଣୀ ପରେ ଉତ୍ସର୍ପିଣୀ ଏବଂ ଉତ୍ସର୍ପିଣୀ ପରେ ଅବସର୍ପିଣୀ।

ଏହା ହେଉଛି କାଳଚକ୍ରର ବ୍ୟବସ୍ଥିତ ପଦ୍ଧତି। ଏହି ଦୃଷ୍ଟିରୁ ବିଚାର କଲେ ଲୋକ ହେଉଛି ଅଶାଶ୍ୱତ। ଏହି ପ୍ରକାରେ ଜୀବ ମଧ୍ୟ ଉଭୟ ଶାଶ୍ୱତ ଓ ଅଶାଶ୍ୱତ ଅଟେ। ତ୍ରୈକାଳିକ ସତ୍ତା ଦୃଷ୍ଟିରୁ ଜୀବ ହେଉଛି ଶାଶ୍ୱତ। ସେ କେତେବେଳେ ନୈରୟିକ (ନରକ-ବାସୀ) ତ କେତେବେଳେ ତିର୍ଯ୍ୟଞ୍ଚ (ପଶୁପକ୍ଷୀ ଆଦି), କେତେବେଳେ ମଣିଷ ଏବଂ ଆଉ କେତେବେଳେ ଦେବ ରୂପ ଧାରଣ କରିଥାଏ। ଏହି ରୂପାନ୍ତର ହିଁ ଜୀବର ଅଶାଶ୍ୱତତାକୁ ପ୍ରମାଣିତ କରିଥାଏ। ଜମାଲୀ ଭଗବାନଙ୍କ କଥା ଶୁଣିଲେ କିନ୍ତୁ ତାଙ୍କର ପ୍ରୀତି କିମ୍ବା ବିଶ୍ୱାସ ଉତ୍ପନ୍ନ ହେଲାନାହିଁ। ସେ ଉଠିପଡ଼ି ଅନ୍ୟତ୍ର ଚାଲିଗଲେ। ମିଥ୍ୟା ପ୍ରତିପାଦନ ଏବଂ ମିଛକଥା ସବୁ କହିଚାଲିଲେ। ଏହି ମିଥ୍ୟା ଅଭିନିବେଶ ଫଳରେ ସେ ନିଜ ବିଚାରକୁ ଜଡ଼ବତ୍ ଜାବୁଡ଼ି ଧରିଲେ ଏବଂ ଅନ୍ୟମାନଙ୍କୁ ମଧ୍ୟ ଆଗ୍ରହୀ କରିବା ପାଇଁ ଷଡ଼ଯନ୍ତ୍ର ରଚିଲେ। ଅନେକ ବ୍ୟକ୍ତିଙ୍କୁ କଳହପ୍ରିୟ କରିପକାଇଲେ। ଏହି ପ୍ରକାରେ ଆଲୋଚନା-ସମାଲୋଚନା ଜାରି ରହିଲା। ଶ୍ରମଣ ବେଶରେ ଦୀର୍ଘକାଳ ସାଧନା କରି ଅନ୍ତିମ ସମୟରେ ଏକପକ୍ଷ ଅର୍ଥାତ୍ ପନ୍ଦର ଦିନ ପର୍ଯ୍ୟନ୍ତ ସଂଲେଖନା (ଜଳ ବ୍ୟତୀତ ସମସ୍ତ ପ୍ରକାର ଆହାର ବର୍ଜନ) କରିଲେ। ତିରିଶ ଦିନ ଅନଶନ କରିବା ସତ୍ତ୍ୱେ ମିଥ୍ୟା-ପ୍ରରୂପଣା ଏବଂ ମିଛ ଆଗ୍ରହ ସକାଶେ ଆତ୍ମ-ନିରୀକ୍ଷଣ କଲେନାହିଁ କିମ୍ବା ପ୍ରାୟଶ୍ଚିତ୍ତ ମଧ୍ୟ କରିଲେ ନାହିଁ। ତେଣୁ ଆୟୁପୂର୍ଣ୍ଣ କରି ସେ ଲାନ୍ତକ-କଳ୍ପ (ଷଷ୍ଠ ଦେବଲୋକ)ର ନିମ୍ନରେ କିଲ୍ୱିଷିକ (ଅଧମ ଶ୍ରେଣୀର) ଦେବ ହେଲେ।

ଜମାଲୀଙ୍କ ମୃତ୍ୟୁ ଖବର ପାଇ ଗୌତମ, ଭଗବାନଙ୍କ ପାଖରେ ପହଞ୍ଚି ବନ୍ଦନା-ନମସ୍କାର ପୂର୍ବକ ପ୍ରଶ୍ନ କଲେ – 'ଭଗବନ! ଆପଣଙ୍କୁ ଅନ୍ତେବାସୀ କୁଶିଷ୍ୟ ଜମାଲୀ ମରିକି କେଉଁଠାକୁ ଗଲେ ଏବଂ କେଉଁଠାରେ ଉତ୍ପନ୍ନ ହେଲେ।'

ଭଗବାନ – 'ଗୌତମ! ସେ କିଲ୍ୱିଷିକ ଦେବ ହୋଇଛି।

ଗୌତମ – 'ଭଗବନ! କେଉଁ କର୍ମ କରିବା ଦ୍ୱାରା କିଲ୍ୱିଷିକ ଦେବଯୋନି ପ୍ରାପ୍ତ ହୋଇଥାଏ।'

ଭଗବାନ – 'ଗୌତମ! ଯେଉଁ ଲୋକ ଆଚାର୍ଯ୍ୟ, ଉପାଧ୍ୟାୟ, କୁଳ, ଗଣ ଏବଂ ସଂଘର ପ୍ରତ୍ୟନୀକ ହୁଅନ୍ତି, ଆଚାର୍ଯ୍ୟ ଓ ଉପାଧ୍ୟାୟଙ୍କ ଅପଯଶ ବଖାଣନ୍ତି, ଅବର୍ଣ୍ଣ ବୋଲନ୍ତି ଏବଂ ଅକୀର୍ତ୍ତି ଗାଆନ୍ତି, ମିଥ୍ୟା ପ୍ରଚାର କରନ୍ତି, ଏକାନ୍ତ ଆଗ୍ରହୀ ହୋଇ ଜନସାଧାରଣଙ୍କଠାରେ ମିଥ୍ୟାଭିମାନ ଭାବ ଜାତ କରନ୍ତି, ସେମାନେ ସାଧୁତ୍ୱର ବିରାଧନା କରି କିଲ୍ୱିଷକ ଦେବ ରୂପରେ ଉତ୍ପନ୍ନ ହୋଇଥାନ୍ତି।

ଗୌତମ – 'ଭଗବନ! ଜମାଲୀ ଅଣଗାର (ବାସଶୂନ୍ୟ ମୁନି) ଅନ୍ତ-ପ୍ରାପ୍ତ, ଶୁଖା-ରୁଖା ଆହାର ଗ୍ରହଣ କରୁଥିଲା। ସେ ଅରସ ଜୀବୀ ଏବଂ ସବୁ ପ୍ରକାର ତୁଚ୍ଛ-ଜୀବୀ ଥିଲା। ସେ ମଧ୍ୟ ଉପଶାନ୍ତ-ଜୀବୀ, ପ୍ରଶାନ୍ତ-ଜୀବୀ, ପ୍ରଶାନ୍ତ-ଜୀବୀ ଏବଂ ବିବିକ୍ତ-ଜୀବୀ ଥିଲା।

ଭଗବାନ – 'ହଁ, ଗୌତମ! ସେ ଏହିଭଳି ଥିଲା।

ଗୌତମ – ତା'ହେଲେ ପ୍ରଭୁ ସେ କିଲ୍ୱିଷିକ ଦେବ ରୂପରେ କାହିଁକି ଜାତହେଲା?'

ଭଗବାନ – 'ଗୌତମ! ଜମାଲୀ, ଆଚାର୍ଯ୍ୟ ଓ ଉପାଧ୍ୟାୟଙ୍କ ପ୍ରତ୍ୟନୀକ ଥାଏ। ସେମାନଙ୍କ ଅପଯଶ ବୃଦ୍ଧି ଏବଂ ସେମାନଙ୍କ ବିରୁଦ୍ଧରେ ବିଷବମନ କରୁଥାଏ। ଐକାନ୍ତିକ ଆଗ୍ରହର ପ୍ରତିପାଦନ କରି ଲୋକଙ୍କୁ ମିଥ୍ୟାଭିମାନୀ କରିଦେଉଥିଲା। ତେଣୁ ସେ ସାଧୁତ୍ୱର ଆରାଧକ ହେବାରେ ବିଫଳ ହେଲା। ଜୀବନର ଅନ୍ତିମ ବେଳାରେ ମଧ୍ୟ ସେ ଦୋଷ-ସ୍ୱୀକାରପୂର୍ବକ ପ୍ରାୟଶ୍ଚିତ୍ତ ଆଦି ଗ୍ରହଣ କରି ନ ଥିଲା। ଏହିସବୁ କାରଣରୁ ସେ ତପସ୍ୱୀ ଏବଂ ବୈରାଗୀ ହେବାସତ୍ତ୍ୱେ କିଲ୍ୱିଷିକ ଦେବ ରୂପରେ ଉତ୍ପନ୍ନ ହେଲା। ସଂଲେଖନା, ଅନଶନ ଆଦି ମଧ୍ୟ ତାହାକୁ ଆରାଧକରେ ପରିଣତ କରିପାରିଲେ ନାହିଁ।

ଗୌତମ – 'ଭଗବନ୍! ଜମାଲୀ ଦେବଲୋକରୁ ବାହୁଡ଼ି କେଉଁଠାରେ ଉତ୍ପନ୍ନ ହେବ?'

ଭଗବନ – 'ଗୌତମ! ଜମାଲୀ ବାରମ୍ବାର ତିର୍ଯ୍ୟଞ୍ଚ (ପଶୁପକ୍ଷୀ ଶ୍ରେଣୀୟ), ମନୁଷ୍ୟ ଏବଂ ଦେବ-ଗତିରେ ଜନ୍ମନେଇ ସଂସାର ଭ୍ରମଣ କରିବ। ଦୀର୍ଘ ଅବଧି ପରେ ସେ ଶୁଦ୍ଧ ସାଧୁତ୍ୱ ସ୍ୱୀକାର କରି, ଆପଣା ସଞ୍ଚିତ କର୍ମ ନିଃଶେଷ କରି ସିଦ୍ଧ-ବୁଦ୍ଧ-ମୁକ୍ତ ହେବ।

ଜୀବ-ପ୍ରାଦେଶିକବାଦ

ତିଷ୍ୟଗୁପ୍ତ ହେଉଛନ୍ତି ଦ୍ୱିତୀୟ ନିହ୍ନବ। ତାଙ୍କର ଆଚାର୍ଯ୍ୟ ବସୁ ଥିଲେ ଚତୁର୍ଦ୍ଦଶ-ପୂର୍ବଧର। ସେ ତିଷ୍ୟଗୁପ୍ତଙ୍କୁ ଆତ୍ମପ୍ରବାଦ ପୂର୍ବର ଅଧ୍ୟାପନା କରିବା ସମୟରେ ବିଷୟ ଉପସ୍ଥିତ ହେଲା - ମହାବୀର ଓ ଗୌତମଙ୍କ ସମ୍ବାଦ।

ଗୌତମ - 'ଭଗବନ! ଜୀବକୁ ଏକ ପ୍ରଦେଶର ଜୀବ ବୋଲି କୁହାଯାଇପାରିବ କି?'

ଭଗବାନ - 'ନା।'

ଗୌତମ - 'ଭଗବନ୍! ଦୁଇ, ତିନି କିମ୍ବା ଗଣନଯୋଗ୍ୟ ପ୍ରଦେଶରୁ ଅଳ୍ପ ଜୀବଙ୍କ ପ୍ରଦେଶଗୁଡ଼ିକୁ ଜୀବ କୁହାଯାଇପାରିବ କି?'

ଭଗବାନ - 'ନା। ଅସଂଖ୍ୟ ପ୍ରଦେଶମୟ ଚୈତନ୍ୟ ପଦାର୍ଥକୁ ହିଁ ଜୀବ କୁହାଯାଇପାରିବ।

ଏହାଶୁଣି ତିଷ୍ୟଗୁପ୍ତ କହିଲା - 'ଅନ୍ତିମ ପ୍ରଦେଶ ବ୍ୟତୀତ ଅବଶିଷ୍ଟ ପ୍ରଦେଶ ଜୀବ ନୁହନ୍ତି। ତେଣୁ ଅନ୍ତିମ ପ୍ରଦେଶ ହିଁ ହେଉଛି ଜୀବ।' ଗୁରୁଙ୍କ ଅନେକ ପ୍ରକାର ବୁଝାଇବା ସତ୍ତ୍ୱେ ସେ ଆପଣା ଆଗ୍ରହ ଛାଡ଼ିପାରିଲା ନାହିଁ। ଫଳରେ ତାହାଙ୍କୁ ସଂଘରୁ ବିଚ୍ଛେଦ କରିଦିଆଗଲା। ତିଷ୍ୟଗୁପ୍ତ, ଜୀବ-ପ୍ରଦେଶ ବାବଦ ଆଗ୍ରହ କାରଣରୁ ଜୀବ ପ୍ରାଦେଶିକ ବୋଲାଇଲେ।

ଅବ୍ୟକ୍ତବାଦ

ଶ୍ୱେତବିକା ନଗରୀର ପୌଲାଷଢ଼ ଚୈତ୍ୟରେ ଆଚାର୍ଯ୍ୟ ଆଷାଢ଼ ବିହାର କରୁଥାନ୍ତି। ତାଙ୍କର ଶିଷ୍ୟମାନେ ଯୋଗ-ସାଧନା ଅଭ୍ୟାସରତ ଥିଲେ। ଅକସ୍ମାତ ଆଚାର୍ଯ୍ୟଙ୍କ ପରଲୋକ ଗମନ ଘଟିଲା। ଶିଷ୍ୟମାନଙ୍କ ଯୋଗସାଧନା ସମ୍ପୂର୍ଣ୍ଣ ହୋଇପାରିବ ନାହିଁ ଭାବି ଆଚାର୍ଯ୍ୟ ପୁଣି ନିଜ ଶରୀର ମଧ୍ୟରେ ପ୍ରବେଶ କରିଲେ। ଶିଷ୍ୟମାନେ ଏହି ରହସ୍ୟ ଜାଣିପାରିଲେ ନାହିଁ। ଯୋଗସାଧନା କ୍ରମ ସମ୍ପୂର୍ଣ୍ଣ ହେବାରୁ ଆଚାର୍ଯ୍ୟ ଆଷାଢ଼ ଦେବରୂପରେ ପ୍ରକଟ ହୋଇ କହିଲେ - 'ହେ ଶ୍ରମଣମାନେ! ମୁଁ ଅସଂଯତ ଥାଇ (ଦେବଲୋକର ଆତ୍ମା ସାଧାରଣତଃ ସଂଯମୀ ନୁହନ୍ତି) ତମମାନଙ୍କ ଭଳି ସଂଯତାତ୍ମାମାନଙ୍କ ବନ୍ଦନା ଗ୍ରହଣ କରିଛି। ମୋତେ କ୍ଷମା କରିଦିଅନ୍ତୁ।' ସମସ୍ତ ଘଟଣା ବର୍ଣ୍ଣନା କରି ଦେବ, ଆପଣା ସ୍ଥାନକୁ ବାହୁଡ଼ିଗଲେ। ଶ୍ରମଣମାନଙ୍କ ମନରେ ସନ୍ଦେହ ଜାତ ହେଲା - ସାଧୁ କିଏ ଏବଂ ଦେବ କିଏ ଏହା କିଏ ଜାଣିଛି? ବିନା ଦ୍ୱିଧାରେ ନିଶ୍ଚୟ ପୂର୍ବକ କିଛି କୁହାଯାଇପାରିବ ନାହିଁ। ଏହା ହେଉଛି - ଅବ୍ୟକ୍ତ ମତ। ଆଷାଢ଼ଙ୍କ କାରଣରୁ ଏହି ବିଚାର ପ୍ରଚଳିତ ହେବାରୁ ଏହାର ସ୍ରଷ୍ଟା ହେଉଛନ୍ତି ଆଷାଢ଼ - ଏଭଳି ମତ କେତେକ ଆଚାର୍ଯ୍ୟ ପୋଷଣ କରିଛନ୍ତି। ପରନ୍ତୁ ଏହାର ପ୍ରବର୍ତ୍ତନର ଶ୍ରେୟ ଆଷାଢ଼ଙ୍କ ଶିଷ୍ୟମାନଙ୍କୁ ମିଳିବା ବିଧେୟ। ଏହି ଶିଷ୍ୟମାନେ ହେଉଛନ୍ତି ତୃତୀୟ ପ୍ରକାର ନିହ୍ନବ।

ସାମୁଚ୍ଛେଦିକାବଦ

ଅଶ୍ୱମିତ୍ର ନିଜ ଆଚାର୍ଯ୍ୟ କୌଣ୍ଡିଲ୍ୟଙ୍କ ପାଖରେ ପୂର୍ବ-ଜ୍ଞାନ ଅଧ୍ୟୟନ କରୁଥାନ୍ତି। ପ୍ରଥମ କାଳର ନାରକ ବିଚ୍ଛିନ୍ନ ହେବେ, ପରବର୍ତ୍ତୀ ସମୟରେ ନାରକମାନେ ମଧ୍ୟ ବିଚ୍ଛିନ୍ନ ହେବେ। ଏହି ପ୍ରକାର ସମସ୍ତ ଜୀବ ବିଚ୍ଛିନ୍ନ ହେବେ - ପର୍ଯ୍ୟାୟବାଦର ଏହି ପ୍ରକରଣ ଉପରେ ଅଧ୍ୟୟନ-ଅଧ୍ୟାପନ ଚାଲିଥାଏ।

ଅଶ୍ୱମିତ୍ର ଏକାନ୍ତ-ସମୁଚ୍ଛେଦର ଆଗ୍ରହ କଲେ। ତାଙ୍କୁ ସଂଘରୁ ପୃଥକ୍ କରିଦିଆହେଲା। ତାଙ୍କର ମତ 'ସାମୁଚ୍ଛେଦିକବାଦ' ବୋଲାଇଲା। ସେ ହେଉଛନ୍ତି ଚତୁର୍ଥ ନିହ୍ନବ।

ଦ୍ୱୈକ୍ରିୟବାଦ

ଗଙ୍ଗମୁନି ଥିଲେ ଆଚାର୍ଯ୍ୟ ଧନଗୁପ୍ତଙ୍କ ଶିଷ୍ୟ। ଶରଦ୍‌ଋତୁ ସମୟରେ ସେ ନିଜ ଆଚାର୍ଯ୍ୟଙ୍କ ବନ୍ଦନା କରିବା

ଉଦ୍ଦେଶ୍ୟରେ ଯାଉଥାନ୍ତି। ମାର୍ଗରେ ଉଲ୍ଲୁକା ନଦୀ ପଡ଼ିଲା। ନଦୀପାରି କରିବା ସମୟରେ ମୁଣ୍ଡ ଉପରେ ସୂର୍ଯ୍ୟଙ୍କ ଉତ୍ତାପ ଅଥଚ ପାଦରେ ନଦୀର ଶୀତଳତା ଅନୁଭୂତ ହେଉଥାଏ। ମୁନି ଭାବିଲେ - ଆଗାମ ମତରେ ଏକାବେଳକୁ ଦୁଇଟି କ୍ରିୟାର ଅନୁଭୂତି ହୁଏ ନାହିଁ। କିନ୍ତୁ ମୁଁ ଏକାଥରକୁ ଦୁଇ କ୍ରିୟାର ଅନୁଭୂତ କରିପାରୁଛି। ଗୁରୁଙ୍କ ପାଖରେ ପହଞ୍ଚି ଆପଣା ଅନୁଭବ ବର୍ଣ୍ଣନା କରିଲେ। ଗୁରୁ କହିଲେ - 'ବତ୍ସ ! ଗୋଟିଏ ସମୟରେ ଗୋଟିଏ କ୍ରିୟାର ଅନୁଭୂତି ହୋଇଥାଏ - ଏହା ହେଉଛି ଯଥାର୍ଥ। ମନର କ୍ରମ ସୂକ୍ଷ୍ମ ହୋଇଥିବାରୁ ଆମେ ତା'ର ପୃଥକତ୍ୱକୁ ବୁଝିବାରେ ବିଫଳ ହୋଇଥାଉ।' ଗୁରୁଙ୍କ କଥା ଗଙ୍ଗମୁନିଙ୍କ ମନକୁ ପାଇଲା ନାହିଁ। ସେ ସଂଘରୁ ପୃଥକ୍ ହୋଇ 'ଦ୍ୱୈକ୍ରିୟବାଦ'ର ପ୍ରଚାର କରିବାକୁ ଲାଗିଲେ। ସେ ହେଲେ ପଞ୍ଚମ ନିହ୍ନବ।

ତ୍ରୈରାଶିକବାଦ

ଷଷ୍ଠ ନିହ୍ନବ ହେଲେ ରୋହଗୁପ୍ତ ବା ଷଡୁଲୂକ। ସେ ଅନ୍ତରଞ୍ଜିକାର ଭୂତଗୃହ ଚୈତ୍ୟରେ ନିବାସ କରୁଥିବା ଆପଣା ଗୁରୁ ଆଚାର୍ଯ୍ୟ ଶ୍ରୀଗୁପ୍ତଙ୍କ ବନ୍ଦନା ଉଦ୍ଦେଶ୍ୟରେ ଯାଉଥାନ୍ତି। ସେଠାରେ ପୋଟ୍ଟଶାଳ ପରିବ୍ରାଜକ ନିଜ ବିଦ୍ୟା-ପ୍ରଦର୍ଶନ ମାଧ୍ୟମରେ ଲୋକମାନଙ୍କୁ ବିସ୍ମୟ ବିମୁଗ୍ଧ କରିବା ସହିତ ଅନ୍ୟାନ୍ୟ ଧାର୍ମିକମାନଙ୍କୁ ବାଦାନୁବାଦ ସକାଶେ ଆମନ୍ତ୍ରଣ କରୁଥାଏ। ଆଚାର୍ଯ୍ୟ, ରୋହଗୁପ୍ତଙ୍କୁ ତା'ର ଆହ୍ୱାନକୁ ସ୍ୱୀକାର କରିବାକୁ ଆଦେଶ ଦେଲେ। ସେ ରୋହଗୁପ୍ତଙ୍କୁ ମୟୂରୀ, ନକୁଳୀ, ବିଡାଳୀ, ବ୍ୟାଘ୍ରୀ, ସିଂହୀ ଆଦି ବହୁବିଧ ବିଦ୍ୟା ପ୍ରଦାନ କଲେ।

ରୋହଗୁପ୍ତ ଓ ପୋଟ୍ଟଶାଳ ମଧ୍ୟରେ ରାଜସଭାରେ ଚର୍ଚ୍ଚା ପ୍ରାରମ୍ଭ ହେଲା।

ପୋଟ୍ଟଶାଳ ଜୀବ ଓ ଅଜୀବ ରୂପରେ ଦୁଇ ରାଶିର ସ୍ଥାପନା କରିଲା। ରୋହଗୁପ୍ତ ଜୀବ, ଅଜୀବ ଏବଂ ନୋ ଜୀବ ନୋ ଅଜୀବ - ଏହି ତିନି ରାଶିର ସ୍ଥାପନା କରି ତାହାକୁ ପରାଜିତ କରିଲେ।

ରୋହଗୁପ୍ତ, ତା'ର ବୃଶ୍ଚିକୀ, ସର୍ପୀ, ମୂଷିକୀ ଆଦି ବିଦ୍ୟାକୁ ବିଫଳ କରିଦେଲେ। ତାହାକୁ ପରାଜିତ କରି ଗୁରୁଙ୍କୁ ସମସ୍ତ ଘଟଣାଚକ୍ରର ଅବଗତି ଦେଲେ। ଗୁରୁ କହିଲେ - 'ପ୍ରକୃତରେ ରାଶି ହେଉଛି ଦୁଇ ପ୍ରକାର। ତୁମେ ତିନିପ୍ରକାର ରାଶିର ସ୍ଥାପନା କରି ଭୁଲ୍ କରିଛ। ସଭାକୁ ପୁଣିଯାଅ ଏବଂ ଏହାର ପ୍ରତିପାଦନ କର।' ସେ ପୂର୍ବାଗ୍ରହବଶତଃ ଗୁରୁଙ୍କ କଥାକୁ ସ୍ୱୀକାର ନ କରିବାରୁ ଗୁରୁ ତାହାଙ୍କୁ ନେଇ 'କୃତ୍ରିକାପଣ'ରେ ପହଞ୍ଚିଲେ। ସେଠାରେ ମାଗିବା ମାତ୍ରକେ ଜୀବ ଏବଂ ଅଜୀବ ପ୍ରାପ୍ତ ହେଲା କିନ୍ତୁ ରୋହଗୁପ୍ତ ଦ୍ୱାରା ପ୍ରତିପାଦିତ ତୃତୀୟ ରାଶି ମିଳିଲା ନାହିଁ। ଗୁରୁ ରାଜସଭା ମଧ୍ୟରେ ପ୍ରବେଶକରି ରୋହଗୁପ୍ତଙ୍କ ପରାଜୟର ଘୋଷଣା କରିଦେଲେ। ଏହାସତ୍ତ୍ୱେ ବି ତାଙ୍କର ଆଗ୍ରହ କମିଲା ନାହିଁ। ଗୁରୁଙ୍କୁ ବାଧ୍ୟ ହୋଇ ରୋହଗୁପ୍ତଙ୍କୁ ସଂଘରୁ ବିଚ୍ଛେଦ କରିବାକୁ ପଡ଼ିଲା।

ଅବଦ୍ଧିକବାଦ

ସପ୍ତମ ନିହ୍ନବ ଥିଲେ ଗୋଷ୍ଠାମାହିଲ। ଆର୍ଯ୍ୟରକ୍ଷିତଙ୍କ ଉତ୍ତରାଧିକାରୀ ହୋଇଛନ୍ତି ଦୁର୍ବଳିକା ପୁଷ୍ୟମିତ୍ର। ଦିନେ ସେ ବିନ୍ଧ୍ୟ ନାମକ ମୁନିଙ୍କୁ କର୍ମ-ପ୍ରବାଦର ବନ୍ଧାଧିକାର ପଢ଼ାଉଥାନ୍ତି। ପାଠ୍ୟକ୍ରମରେ କର୍ମର ଦୁଇ ରୂପର ବର୍ଣ୍ଣନ ପ୍ରସଙ୍ଗ ଉପସ୍ଥିତ ହେଲା। ଯେପରି ମାଟି, ଓଦାକାନ୍ଥରେ ଲାଖି ହୋଇ ରହେ ସେପରି କେତେକ କର୍ମ ଆତ୍ମା ସହିତ ସମ୍ପୃକ୍ତ ହୋଇ ଏକରୂପରେ ପରିଣତ ହୁଏ ଏବଂ ଆଉ କେତେ ପ୍ରକାର କର୍ମ, ଶୁଖିଲା କାନ୍ଥରେ ମାଟି ଯେପରି ତଳକୁ ଖସିଯାଏ, ସେହିଭଳି ଆତ୍ମାକୁ କେବଳ ସ୍ପର୍ଶକରି ତଳକୁ ଖସିଆସେ ଅର୍ଥାତ୍ ଆତ୍ମାଠାରୁ ପୃଥକ ହୋଇଯାଏ।

ଗୋଷ୍ଠାମାହିଲ ଏହାଶୁଣି ଆଚାର୍ଯ୍ୟଙ୍କୁ କହିଲେ - 'ଆତ୍ମା ଓ କର୍ମ ଯଦି ଏକାକାର ହେବେ, ତେବେ କୌଣସି ସ୍ଥିତିରେ ମଧ୍ୟ ପୃଥକ୍ ହେବାର ପ୍ରଶ୍ନ ଉଠୁନାହିଁ। ତେଣୁ କର୍ମ ଆତ୍ମାକୁ କେବଳ ସ୍ପର୍ଶ କରିଥାଏ, ତା'ସହିତ ଏକୀଭୂତ ହୁଏନାହିଁ - ଏହା ସ୍ୱୀକାର କରିବାରେ କାହାରି ଆପତ୍ତି ରହିବା ଉଚିତ ନୁହେଁ। ବାସ୍ତବିକ ଦେଖିବାକୁ ଗଲେ ବନ୍ଧ ଜମା

ହୁଏନାହିଁ। ଆଚାର୍ଯ୍ୟ ଉଭୟ ସ୍ଥିତିକୁ ବିଶ୍ଳେଷିତ କରିବାର ଆତ୍ମୀୟ ଚେଷ୍ଟା କରିଲେ କିନ୍ତୁ ଗୋଷ୍ଠାମାହିକ ଆପଣା ଜିଦ୍‌ରେ ଅଟଳ ରହିଲେ। ବାଧହୋଇ ତାହାଙ୍କୁ ସଂଘରୁ ପୃଥକ୍ କରିଦିଆହେଲା।

ଜମାଲୀ, ରୋହଗୁପ୍ତ ଏବଂ ଗୋଷ୍ଠାମାହିଲଙ୍କୁ ଛାଡ଼ିଦେଲେ ବାକି ସମସ୍ତ ନିହ୍ନବ ପ୍ରାୟଶ୍ଚିତ୍ତ ସ୍ୱୀକାର କରି ପୁଣି ଜୈନ-ପରମ୍ପରାରେ ସମ୍ମିଳିତ ହୋଇଥିଲେ। ଯେଉଁମାନେ ସମ୍ମିଳିତ ହୋଇ ନ ଥିଲେ ସେମାନଙ୍କର ବି କୌଣସି ପରମ୍ପରା ଏବେ ପ୍ରଚଳିତ ନୁହେଁ।[୩]

ସ୍ଥାନାଙ୍ଗ ସୂତ୍ରରେ ସାତଜଣ ନିହ୍ନବଙ୍କ ବର୍ଣ୍ଣନା ରହିଛି। ଜିନଭଦ୍ରଗଣୀ, ବୋଟିକ ନାମକ ଅଷ୍ଟମ ନିହ୍ନବର ଉଲ୍ଲେଖ କରିଛନ୍ତି। ସେ ବସ୍ତ୍ରତ୍ୟାଗ କରି ସଂଘରୁ ପୃଥକ୍ ହୋଇଥିଲେ।[୪]

ଶ୍ୱେତାମ୍ବର-ଦିଗମ୍ବର

ଦିଗମ୍ବର ସମ୍ପ୍ରଦାୟର ସ୍ଥାପନା କେବେ ହୋଇଥିଲା - ଏହା ବର୍ତ୍ତମାନ ମଧ୍ୟ ଅନୁସନ୍ଧାନ-ସାପେକ୍ଷ ରହିଅଛି। ପରମ୍ପରା ଦୃଷ୍ଟିରୁ ଏହାର ସ୍ଥାପନା ବୀର-ନିର୍ବାଣର ଷଷ୍ଠ-ସପ୍ତମ ଶତାବ୍ଦୀରେ ହୋଇଥିବ ବୋଲି ବିଶ୍ୱାସ କରାଯାଏ। ଶ୍ୱେତାମ୍ବର ନାମକରଣ କେବେହେଲା - ଏହା ମଧ୍ୟ ଅନ୍ୱେଷଣର ବିଷୟ। ଶ୍ୱେତାମ୍ବର ଓ ଦିଗମ୍ବର ଶବ୍ଦଦ୍ୱୟ ସାପେକ୍ଷ ଅଟନ୍ତି। ଏମାନଙ୍କ ମଧ୍ୟରୁ ଗୋଟିକର ନାମକରଣ ହେବାପରେ ଅନ୍ୟଟିର ନାମକରଣ ଜରୁରୀ ହୋଇପଡ଼ିଥିଲା।

ଭଗବାନ ମହାବୀରଙ୍କ ସଂଘରେ ସଚେଳ ଏବଂ ଅଚେଳ ଉଭୟ ପ୍ରକାର ଶ୍ରମଣମାନଙ୍କ ସମବାୟ ରହିଥାଏ। ଆଚାରାଙ୍ଗରେ ସଚେଳ ଏବଂ ଅଚେଳ - ଏହି ଦୁଇ ପ୍ରକାର ଶ୍ରମଣମାନଙ୍କ ବର୍ଣ୍ଣନ ରହିଛି।[୫]

ସଚେଳ ମୁନିଙ୍କ ସକାଶେ ବସ୍ତ୍ରୈଷଣାର ବର୍ଣ୍ଣନା ଆୟାରଚୂଳାରେ ରହିଛି।[୬] ଉତ୍ତରାଧ୍ୟୟନରେ ଅଚେଳ ଏବଂ ସଚେଳ ଉଭୟ ଅବସ୍ଥାର ଉଲ୍ଲେଖ ରହିଛି।[୭] ଆଗମ-କାଳରେ ଅଚେଳ ମୁନିମାନଙ୍କୁ ଜିନକଳ୍ପିକ ତଥା ସଚେଳ ମୁନିମାନଙ୍କୁ ସ୍ଥବିରକଳ୍ପିକ ରୂପେ ଅଭିହିତ କରାଯାଉଥିଲା।

(୧) ଆଚାର୍ଯ୍ୟ	ମତ-ସ୍ଥାପନ	ଉତ୍ପତ୍ତି-ସ୍ଥାନ	କାଳମାନ
ଜମାଲୀ	ବହୁତରବାଦ	ଶ୍ରାବସ୍ତୀ	ମହାବୀରଙ୍କ କୈବଲ୍ୟର ୧୪ ବର୍ଷ ପଶ୍ଚାତ୍
ତିଷ୍ୟଗୁପ୍ତ	ଜୀବପ୍ରାଦେଶିକବାଦ	ଋଷଭପୁର (ରାଜଗୃହ)	କୈବଲ୍ୟର ୧୬ ବର୍ଷ ପଶ୍ଚାତ୍
ଆଷାଢ଼-ଶିଷ୍ୟ	ଅବ୍ୟକ୍ତବାଦ	ଶ୍ୱେତବିକା	ନିର୍ବାଣର ୧୧୪ ବର୍ଷ ପଶ୍ଚାତ୍
ଅଶ୍ୱମିତ୍ର	ସାମୁଚ୍ଛେଦିକବାଦ	ମିଥିଳା	ନିର୍ବାଣର ୨୨୦ ବର୍ଷ ପଶ୍ଚାତ୍
ଗଙ୍ଗ	ଦ୍ୱୈକ୍ରିୟବାଦ	ଉଲ୍ଲୁକାତୀର	ନିର୍ବାଣର ୨୨୮ ବର୍ଷ ପଶ୍ଚାତ୍
ରୋହଗୁପ୍ତ (ଷଡୁଲୂକ)	ତ୍ରୈରାଶିକବାଦ	ଅନ୍ତରଞ୍ଜିକା	ନିର୍ବାଣର ୫୪୪ ବର୍ଷ ପଶ୍ଚାତ୍
ଗୋଷ୍ଠାମାହିଲ	ଅବଦ୍ଧିକବାଦ	ଦଶପୁର	ନିର୍ବାଣର ୬୦୯ ବର୍ଷ ପଶ୍ଚାତ୍

ଭଗବାନ ମହାବୀରଙ୍କ ମହନୀୟ ବ୍ୟକ୍ତିତ୍ୱ ଯୋଗୁଁ ଆଚାର-ଦ୍ୱିବିଧତାର ଏହି ସମନ୍ୱିତ ରୂପ ଜମ୍ବୁ ସ୍ୱାମୀ ପର୍ଯ୍ୟନ୍ତ ଯଥାବତ୍ ଚାଲୁରହିଲା। ଏହାପରେ ଆଚାର୍ଯ୍ୟ-ପରମ୍ପରାରେ ଭେଦ ଦେଖିବାକୁ ମିଳିଥାଏ। ଶ୍ୱେତାମ୍ବର ପଟ୍ଟାବଳି ଅନୁସାରେ ଜମ୍ବୁସ୍ୱାମୀଙ୍କ ପରେ ଶଯ୍ୟଂଭବ, ଯଶୋଭଦ୍ର, ସମ୍ଭୂତ ବିଜୟ ଏବଂ ଭଦ୍ରବାହୁ ହୋଇଯାଇଛନ୍ତି। ଦିଗମ୍ବର ମାନ୍ୟତା ମୁତାବକ ନନ୍ଦୀ, ନନ୍ଦୀମିତ୍ର, ଅପରାଜିତ, ଗୋବର୍ଦ୍ଧନ ଏବଂ ଭଦ୍ରବାହୁ ହୋଇଛନ୍ତି।

ଜମ୍ବୁଙ୍କ ପରେ କିଛି ସମୟ ପର୍ଯ୍ୟନ୍ତ ଉଭୟ ପରମ୍ପରା ଆଚାର୍ଯ୍ୟଭେଦକୁ ମାନି ନେଇଥିଲେ ଏବଂ ଭଦ୍ରବାହୁଙ୍କ

[୩] ବିଶେଷାବଶ୍ୟକଭାଷ୍ୟ, ଗାଥା ୨୫୫୦-୨୬୦୨। [୪] ଆୟାରୋ, ୮/୪-୪୩-୫୩। [୫] ଆୟାରଚୂଳା, ୫। [୬] ଉତ୍ତରଜଝୟାଣି, ୨/୧୩। [୭] କଳ୍ପସୂତ୍ର, ୯/୨୮, ୬୩।

ସମୟରେ ପୁଣି ଏକ ହୋଇଯାଇଥିଲେ। ଏହି ଭେଦ ଓ ଅଭେଦ ମଧ୍ୟରୁ ସୈଦ୍ଧାନ୍ତିକ ମତଭେଦର ପ୍ରମାଣ ମିଳୁନାହିଁ। ସେ ସମୟରେ ସଂଘ ଏକ ଥିଲା। କିନ୍ତୁ ଗଣ ଓ ଶାଖାମାନଙ୍କ ବହୁବିଧ ରୂପ ଦେଖିବାକୁ ମିଳୁଥାଏ। ଆଚାର୍ଯ୍ୟ ଏବଂ ଚତୁର୍ଦ୍ଦଶପୂର୍ବୀ ମଧ୍ୟ ବହୁଳ ସଂଖ୍ୟାରେ ରହିଥିଲେ। ତେବେ ପ୍ରଭବସ୍ୱାମୀଙ୍କ ସମୟରେ କେତେକ ମତଭେଦ ସୃଷ୍ଟି ହୋଇଥିବାର ଅନୁମାନ କରାଯାଉଛି।

'ବସ୍ତ୍ରଧାରଣ କରିବା ପରିଗ୍ରହ ନୁହେଁ' – ଏହା ଉପରେ ଶଯ୍ୟମ୍ଭବ ଦଶବୈକାଳିକରେ ବିଶେଷ ବଳ ପ୍ରଦାନ କରିଛନ୍ତି ଏବଂ ଜ୍ଞାତପୁତ୍ର ମହାବୀର ସଂଯମ ଏବଂ ଲଜ୍ଜା ନିବାରଣ ନିମିତ୍ତ ବସ୍ତ୍ରଧାରଣ କରିବା ପରିଗ୍ରହ ନୁହେଁ ବୋଲି କହିଛନ୍ତି। ଭଗବାନଙ୍କ ଅଭିମତ ଏହାଦ୍ୱାରା ସୁପୁଷ୍ଟ ହୋଇଥାଏ।[୮]

ଏହାଦ୍ୱାରା ଆନ୍ତରିକ ମତଭେଦର ସୂଚନା ପ୍ରାପ୍ତ ହୋଇଥାଏ। କେତେଶହ ବର୍ଷ ପରେ ଶଯ୍ୟମ୍ଭବଙ୍କର 'ମୁଚ୍ଛା ପରିଗ୍ଗହୋ ବୁତ୍ତୋ' ବାକ୍ୟ ହିଁ ପରିଗ୍ରହର ପରିଭାଷାରେ ପରିଣତ ହୋଇଥିଲା। ଉମାସ୍ୱାତିଙ୍କର 'ମୂର୍ଚ୍ଛା-ପରିଗ୍ରହ-ସୂତ୍ର' ଏହାର ଉପଜୀବୀ ଅଟେ।[୯]

ଜମ୍ବୁ ସ୍ୱାମୀଙ୍କ ପରେ 'ଦଶ ବସ୍ତୁ'ଙ୍କର ଲୋପ ହୋଇଯାଇଥିବା ମନେହୁଏ। ଏମାନଙ୍କ ମଧ୍ୟରୁ ଜିନକଳ୍ପିକ ଅବସ୍ଥା ଅନ୍ୟତମ।[୧୦] ଏହା ମଧ୍ୟ ପରମ୍ପରା ଭେଦକୁ ପ୍ରମାଣିତ କରିଥାଏ। ଭଦ୍ରବାହୁଙ୍କ ସମୟରେ (ବୀର ନିର୍ବାଣର ପ୍ରାୟ ୧୬୦ ବର୍ଷ ପରେ ଅର୍ଥାତ୍ ଖ୍ରୀ.ପୂ. ୩୬୭) ପାଟଳିପୁତ୍ରରେ ଯେଉଁ ବାଚନା ହୋଇଥିଲା, ସେଠାରେ ଉଭୟ ପରମ୍ପରା ମଧ୍ୟରେ ତୀବ୍ର ମତଭେଦ ସୃଷ୍ଟି ହେଲା। ଏହାପୂର୍ବରୁ ଶ୍ରୁତ ସମ୍ବନ୍ଧରେ ଐକ୍ୟ ରହିଥିଲା। କିନ୍ତୁ ଏହି ପ୍ରଲମ୍ବ କାଳଖଣ୍ଡରେ ଅନେକ ଶ୍ରୁତଧର ମୁନିଙ୍କ ପରଲୋକ ଗମନ ହୋଇସାରିଥାଏ। ଭଦ୍ରବାହୁଙ୍କ ଅନୁପସ୍ଥିତିରେ ଏକାଦଶ ଅଙ୍ଗର ସଙ୍କଳନ କରାହେଲା। ଏହା ସମସ୍ତଙ୍କ ସ୍ୱୀକୃତି ଲାଭ କରିପାରିଲା ନାହିଁ। ଉଭୟଙ୍କ ମଧ୍ୟରେ ମତଭେଦ ସ୍ପଷ୍ଟ ଭାବରେ ପ୍ରତିଭାତ ହେଲା। ମାଥୁରୀ ବାଚନାରେ ଶ୍ରୁତର ଯେଉଁ ରୂପକୁ ନିର୍ଣ୍ଣିତ କରାଗଲା, ଅଚେଲତ୍ୱର ସମର୍ଥକମାନେ ତାହାର ସମ୍ପୂର୍ଣ୍ଣ ବହିଷ୍କାର କରିଦେଲେ। ଏହିଭଳି ଭାବରେ ଆଚାର ଏବଂ ବିଚାର (ଶ୍ରୁତ ସମ୍ବନ୍ଧୀୟ) ସମ୍ପର୍କରେ ମତଭେଦ ତୀବ୍ର ରୂପ ଧାରଣ କରି ବୀର ନିର୍ବାଣର ଷଷ୍ଠ-ସପ୍ତମ ଶତାବ୍ଦୀରେ ଏକ ମୂଳ, ଦୁଇ ଭାଗରେ ବିଭକ୍ତ ହୋଇପଡ଼ିଲା।

ଶ୍ୱେତାମ୍ବରରୁ ଦିଗମ୍ବର ଶାଖାର ଉଦ୍‌ଭବ ହୋଇଛି କିମ୍ବା ଦିଗମ୍ବରରୁ ଶ୍ୱେତାମ୍ବର ଶାଖାର ସୃଷ୍ଟି ହୋଇଛି - ଏପରି କହିବା ଯଥାର୍ଥ ନୁହେଁ। ସମ୍ପ୍ରଦାୟ ନିଜକୁ ମୂଳ ଏବଂ ଅନ୍ୟକୁ ନିଜର ଶାଖା ବିବେଚିତ କରିଥାନ୍ତି। କିନ୍ତୁ ଏହି ସତ୍ୟକୁ ବିସ୍ମରଣ କରିବା ଉଚିତ ହେବନାହିଁ ଯେ ସାଧନା କ୍ଷେତ୍ରର ଦୁଇଟି ଶାଖା, ସମନ୍ୱୟ ଏବଂ ସହିଷ୍ଣୁତାର ଏକ ବିରାଟ ପ୍ରକାଣ୍ଡର ଆଶ୍ରୟ ନେଇ ବିକାଶ କରୁଥିଲେ, କିନ୍ତୁ ତାହାକୁ ବଜାୟ ରଖି ନ ପାରି କାଳର ପରିପାକରେ ପରସ୍ପରଠାରୁ ପୃଥକ୍ ହୋଇପଡ଼ିଲେ। ଅନ୍ୟପ୍ରକାରେ କହିବାକୁ ଗଲେ ସାଧନାର ବୀଜଦ୍ୱୟ ଦ୍ୱାରା ସମନ୍ୱୟର ମହାବୃକ୍ଷ ଅଙ୍କୁରିତ ହେଲା ଏବଂ କିଛି ସମୟ ପରେ ସେହି ମହାତରୁ ଦୁଇଭାଗରେ ବିଭକ୍ତ ହୋଇପଡ଼ିଲା। କିମ୍ବଦନ୍ତୀ ଅନୁସାରେ ବୀରନିର୍ବାଣର ୬୦୯ ବର୍ଷ ପରେ ଅର୍ଥାତ୍ ୮୨ ଖ୍ରୀଷ୍ଟାବ୍ଦ ଉତ୍ତାରୁ ଦିଗମ୍ବର ସମ୍ପ୍ରଦାୟ ଜନ୍ମଲାଭ କରିଲା। ଏହା ହେଉଛି ଶ୍ୱେତାମ୍ବରମାନଙ୍କ ଅଭିମତ। ଦିଗମ୍ବର ମାନ୍ୟତା ଅନୁସାରେ ବୀର ନିର୍ବାଣର ୬୦୬ ବର୍ଷ ଅର୍ଥାତ୍ ୭୯ ଖ୍ରୀଷ୍ଟାବ୍ଦ ଉତ୍ତାରୁ ଶ୍ୱେତାମ୍ବର ସମ୍ପ୍ରଦାୟର ପ୍ରାରମ୍ଭ ହେଲା।

ସଚେଳତ୍ୱ ଓ ଅଚେଳତ୍ୱର ଆଗ୍ରହ ଓ ସମନ୍ୱୟ ଦୃଷ୍ଟି

ଯେତେଦିନ ପର୍ଯ୍ୟନ୍ତ ପ୍ରଭାବଶାଳୀ ବ୍ୟକ୍ତିତ୍ୱର ଅନୁଶାସନରେ ଜୈନଶାସନ ରହିଥିଲା- ସେପର୍ଯ୍ୟନ୍ତ ସଚେଳତ୍ୱ

---

[୮] ଦଶବେଆଲିୟଂ, ୬।୨୦-୨୨। [୯] ତତ୍ତ୍ୱାର୍ଥସୂତ୍ର, ୭।୧୨।

[୧୦] ବିଶେଷାବଶ୍ୟକଭାଷ୍ୟ, ଗାଥା ୨୫୯୩ : ଗଣ-ପରମୋହି-ପୁଲାଏ, ଆହାରଗ-ଖବବ ଉବସମେକପ୍ପେ। ସଂଯମ-ତିୟ-କେବଲି-ସିଜ୍‌ଝଣାୟ ଜମ୍ବୁମ୍ମି ବୁଚ୍ଛିନ୍ନା।

ଏବଂ ଅଚେଲତ୍ୱର ବିବାଦ ଉଗ୍ର ରୂପ ନେଲାନାହିଁ। କୁନ୍ଦକୁନ୍ଦଙ୍କ ସମୟରେ ଏହି ବିବାଦ ଉଗ୍ରରୂପ ଧାରଣ କଲା।[୧୧] ଏହାମଧ୍ୟରେ ସମନ୍ୱୟର ପ୍ରଯତ୍ନ ମଧ୍ୟ ହେଉଥାଏ। ଶ୍ୱେତାମ୍ବର ଓ ଦିଗମ୍ବର ପରମ୍ପରାର ସମନ୍ୱିତ ରୂପ ଥିଲା - ଯାପନୀୟ ସଂଘ। ଏହି ସଂଘରେ ରହି ସାଧନା କରୁଥିବା ମୁନି ଅଚେଲତ୍ୱ ଆଦି ଦୃଷ୍ଟିରୁ ଦିଗମ୍ବର ପରମ୍ପରାର ଅନୁସରଣ କରୁଥିଲେ, ଅଥଚ ମାନ୍ୟତା ଦୃଷ୍ଟିରେ ଶ୍ୱେତାମ୍ବର ଥିଲେ। ସେମାନେ ନାରୀ-ମୁକ୍ତିକୁ ସ୍ୱୀକାର କରୁଥିଲେ ଏବଂ ଶ୍ୱେତାମ୍ବର ସମ୍ମତ ଆଗମ-ସାହିତ୍ୟର ଅଧ୍ୟୟନ କରୁଥିଲେ।

ଅନ୍ୟ ସମୟରେ ବି ସମନ୍ୱୟ-ଦୃଷ୍ଟି ପ୍ରସ୍ଫୁଟିତ ହୋଇଥାଏ। ଯେପରିକି :

ଜଣେ ମୁନି ଦୁଇଟି ବସ୍ତ୍ର ରଖିପାରନ୍ତି। ଅନ୍ୟ କୌଣସି ମୁନି ତିନୋଟି କିମ୍ବା ଗୋଟିଏ ବସ୍ତ୍ର ବି ରଖିଥାଇପାରନ୍ତି। କେହି ଅଚେଳ ମଧ୍ୟ ରହିଥାଇପାରନ୍ତି। ତେବେ ଏସବୁ ଜିନାଜ୍ଞାସମ୍ମତ ଥିବାରୁ କେହି କାହାର ଅବଜ୍ଞା କରିବା ଉଚିତ ନୁହେଁ। ଶାରୀରିକ ଶକ୍ତି ଏବଂ ଧୃତିର ଉତ୍କର୍ଷ ଓ ଅପକର୍ଷର ଆଧାରରେ ଏହି ଆଚାର-ଭେଦ ସ୍ୱାଭାବିକ ଅଟେ। ଏହି କାରଣରୁ ବସ୍ତ୍ରଧାରଣ କରୁଥିବା ମୁନି ଅଚେଳ ମୁନିଙ୍କ ଅବଜ୍ଞା କରିବା ଉଚିତ ନୁହେଁ ଏବଂ ବସ୍ତ୍ରଧାରଣ ନ କରୁଥିବା ମୁନିମାନେ ସଚେଳ ମୁନିଙ୍କୁ ହୀନମନ୍ୟ ଭାବିବା ଉଚିତ ନୁହେଁ। ମହାବ୍ରତ ପାଳନ କରୁଥିବା କୌଣସି ଏବଂ ଉଦ୍ୟତ-ବିହାରୀ ମୁନି ଯେକୌଣସି ବେଶରେ ଥାଆନ୍ତୁ ସମସ୍ତେ ଜିନାଜ୍ଞା-ଅନ୍ତର୍ଗତ ଅଟନ୍ତି।[୧୨]

ଚୈତ୍ୟବାସ ଓ ସଂବିଗ୍ନ

ସ୍ଥାନାଙ୍ଗ ସୂତ୍ରରେ ଭଗବାନ ମହାବୀରଙ୍କ ନଅଟି (୯) ଗଣ ରହିବାର ଉଲ୍ଲେଖ ରହିଛି। ତାଙ୍କ ନାମ କ୍ରମାନୁସାରେ ନିମ୍ନ ପ୍ରକାର ବର୍ଣ୍ଣିତ ହୋଇଛି। [୧୩]

୧. ଗୋଦାସ-ଗଣ ୨. ଉତ୍ତର-ବଳିସସହ-ଗଣ ୩. ଉଦ୍ଦେହ-ଗଣ ୪. ଚାରଣ-ଗଣ ୫. ଉଡୁପାଟିତ-ଗଣ ୬. ବେଶପାଟିକ-ଗଣ ୭. କାମର୍ଦ୍ଧିଗଣ ୮. ମାନବ-ଗଣ ୯. କୋଟିକ-ଗଣ।

ଭଦ୍ରବାହୁ ସ୍ୱାମୀଙ୍କ ଆଦ୍ୟ ଶିଷ୍ୟ ଗୋଦାସଙ୍କ ନାମ ଅନୁସାରେ ଗୋଦାସ-ଗଣର ପ୍ରବର୍ତ୍ତନ ହୋଇଥିଲା। ଆର୍ଯ୍ୟ ମହାଗିରିଙ୍କ ଦ୍ୱିତୀୟ ଶିଷ୍ୟ ଉତ୍ତର-ବଳିସ୍ସହ ଦ୍ୱିତୀୟ ଗଣର ପ୍ରବର୍ତ୍ତନ କରିଥିଲେ।

ଆର୍ଯ୍ୟ ସୁହସ୍ତୀଙ୍କ ଶିଷ୍ୟ ସ୍ଥବିର ରୋହଣ ଉଦ୍ଦେହ-ଗଣ, ସ୍ଥବିର ଶ୍ରୀଗୁପ୍ତ ଚାରଣ-ଗଣ, ଭଦ୍ରଯଶ ଉଡୁପାଟିତ-ଗଣ, ସ୍ଥବିର କାମର୍ଦ୍ଧି ବେଶପାଟିକଗଣ ଏବଂ ତା'ର ଅନ୍ତରକୁଳ କାମର୍ଦ୍ଧିଗଣ, ସ୍ଥବିର ଋଷିଗୁପ୍ତ ମାନବ-ଗଣ ଏବଂ ସ୍ଥବିର ସୁସ୍ଥିତ-ସୁପ୍ରତିବଦ୍ଧ କୋଟିକ-ଗଣର ପ୍ରବର୍ତ୍ତନ କରିଥିଲେ।

ଆର୍ଯ୍ୟ ସୁହସ୍ତୀଙ୍କ ସମୟରେ ଶିଥିଳାଚାରର ଏକ ସ୍ପଷ୍ଟ ଚିତ୍ର ନିର୍ମିତ ହୋଇଥାଏ। ସେ ସ୍ୱୟଂ ସମ୍ରାଟ ସମ୍ପ୍ରତିଙ୍କ ଆଚାର୍ଯ୍ୟ ରୂପରେ ଅନେକ ସୁବିଧା-ଭୋଗ କରୁଥିଲେ। ତେବେ ଆର୍ଯ୍ୟ ମହାଗିରିଙ୍କ ସଙ୍କେତ ସ୍ୱୀକାର କରି ସୁହସ୍ତୀ ସୁବିଧାବାଦରୁ ନିଜକୁ ଦୂରେଇ ନେଇଥିଲେ। ଆର୍ଯ୍ୟ ସୁହସ୍ତୀଙ୍କ ଦ୍ୱାରା ନିଜକୁ ସମ୍ଭାଳିନେବା ସତ୍ତ୍ୱେ ଶିଥିଳ ପରମ୍ପରାକୁ ରୋକାଯାଇପାରିଲା ନାହିଁ।

ବୀର ନିର୍ବାଣର ୮୫୦ ବର୍ଷରେ ଚୈତ୍ୟବାସର ସ୍ଥାପନା ହୋଇଥିଲା। କେତେକ ଶିଥିଳାଚାରୀ ମୁନି ଉଗ୍ର-ବିହାର କରିବା ସ୍ଥଗିତ କରି ମନ୍ଦିର ପରିପାର୍ଶ୍ୱରେ ଏକ ପ୍ରକାର ସ୍ଥାୟୀ ବସବାସ କରିବା ଆରମ୍ଭ କରିଦେଲେ। ବୀର ନିର୍ବାଣର ଦଶମ ଶତାବ୍ଦୀ ପର୍ଯ୍ୟନ୍ତ ଏମାନଙ୍କ ପ୍ରଭୁତ୍ୱ ବିସ୍ତାରଲାଭ କରିପାରି ନ ଥିଲା। ଦେବାର୍ଦ୍ଧିଗଣୀ ଦିବଂଗତ

---

[୧୧] ଷଟ୍‌ପ୍ରାଭୃତ, ପୃ. ୬୭। [୧୨] ଆଚାରାଙ୍ଗବୃତ୍ତି, ପତ୍ର

ଜୋ ବିଦୁବତ୍‌ଥ ତିବତ୍‌ଥୋ, ଏଗେଣ ଅଚେଲଗୋ ବସଂଥରଇ। ଣହୁତେ ହୀଳନ୍ତି ପରଂ, ସବ୍‌ବେ ପିୟତେ ଜିଣାଣାଏ।।୧।।

ଜେ ଖଲୁ ବିସରିସ କପ୍‌ପା, ସଂଘୟଣଧିଇୟାଦି କାରଣଂ ପ୍‌ପପ। ଣଽବମନ୍ନଇ ଣ ଯ ହୀଣଂ, ଅପ୍‌ପାଣଂ ମନ୍ନଇ ତେହିଂ।।୨।।

ସବ୍‌ବେବି ଜିଣାଣାଏ, ଜହାବିହିଂ କମ୍‌ମ ଖବଣଟ୍‌ଠାଏ। ବିହରନ୍ତି ଉଜ୍‌ଜୟା ଖଲୁ, ସମ୍ମଂ ଅଭିଜାଣଇଏବଂ।୩।

[୧୩] ଠାଣଂ, ୯/୨୯

ହେବାମାତ୍ରେ ଏହି ଶିଥିଳାଚାରୀମାନେ ଶକ୍ତିଶାଳୀ ହୋଇଉଠିଲେ। ବିଦ୍ୟା-ବଳ ଏବଂ ରାଜ୍ୟ-ବଳ ଉଭୟର ପ୍ରୟୋଗକରି ଏମାନେ ଉଗ୍ର-ବିହାରୀ ଶ୍ରମଣମାନଙ୍କ ଉପରେ ପର୍ଯ୍ୟାପ୍ତ ପ୍ରହାର କରିବା ପ୍ରାରମ୍ଭ କଲେ। ହରିଭଦ୍ରସୂରି ତାଙ୍କ 'ସଂବୋଧ-ପ୍ରକରଣ'ରେ ଏମାନଙ୍କ ଆଚାର-ବିଚାର ସମ୍ବନ୍ଧରେ ସଜୀବ ବର୍ଣ୍ଣନ କରିଛନ୍ତି।

ଅଭୟଦେବ ସୂରିଙ୍କ ମତରେ ଦେବାର୍ଦ୍ଧିଗଣୀଙ୍କ ଉତ୍ତାରୁ ଜୈନ ଶାସନର ବାସ୍ତବିକ ପରମ୍ପରାର ବିଲୁପ୍ତ ଘଟିଛି।[୧୪]

ଚୈତ୍ୟବାସ ପୂର୍ବରୁ ଗଣ, କୁଳ ଏବଂ ଶାଖାଗୁଡ଼ିକର ପ୍ରାଚୁର୍ଯ୍ୟ ରହିଥିବା ସତ୍ତ୍ୱେ ସେମାନଙ୍କ ମଧ୍ୟରେ ପାରସ୍ପରିକ ବିଗ୍ରହ ଅଥବା ନିଜ ଗଣ ପ୍ରତି ଉଗ୍ର ଅହଙ୍କାରଭାବ ଜାତ ହୋଇ ନ ଥାଏ। ସେମାନଙ୍କ ମଧ୍ୟରେ ବିରୋଧ ନ ଥିଲା କହିଲେ ଚଳିବ। ଏକାଧିକ ଗଣ ବା ସଂଘର ଅସ୍ତିତ୍ୱ ବ୍ୟବସ୍ଥା-ସମ୍ମତ ଥିଲା। ବିଭିନ୍ନ କାରଣରୁ ସେହି ଗଣଗୁଡିକର ନାଆଁ ମଧ୍ୟ ସମୟ-ସମୟରେ ବଦଳୁଥାଏ। ଭଗବାନ ମହାବୀରଙ୍କ ଉତ୍ତରାଧିକାରୀ ସୁଧର୍ମାଙ୍କ ନାଆଁରେ ଗଣକୁ ସୌଧର୍ମ ଗଣ ଆଖ୍ୟାୟିତ କରାଗଲା।

ସମନ୍ତଭଦ୍ରସୂରୀ ବନବାସ ସ୍ୱୀକାର କରିଥିଲେ। ସେହି କାରଣରୁ ତାହା ବନବାସୀ ଗଣରୂପରେ ଖ୍ୟାତ ହେଲା।

ଚୈତ୍ୟବାସୀ ଶାଖାର ଉଦ୍‌ଭବ ସହିତ ଗୋଟିଏ ପକ୍ଷ ସଂବିଗ୍ନ, ବିଧି-ମାର୍ଗ ବା ସୁବିହିତ ମାର୍ଗ ବୋଲାଇଲା ଏବଂ ଅନ୍ୟ ପକ୍ଷକୁ ଚୈତ୍ୟବାସୀ କୁହାଗଲା।

ସ୍ଥାନକବାସୀ

ମୂର୍ତ୍ତିପୂଜାକୁ ଅସ୍ୱୀକାର କରିବା ଉଦ୍ଦେଶ୍ୟରେ ସ୍ଥାନକବାସୀ ସମ୍ପ୍ରଦାୟ ସୃଷ୍ଟି ହୋଇଥିଲା। ବିକ୍ରମଙ୍କ ଷୋଡ଼ଶ ଶତାବ୍ଦୀରେ ଲୋକାଶାହ ମୂର୍ତ୍ତିପୂଜାର ତୀବ୍ର ବିରୋଧ କରିବା ସହିତ ଆଚାରନିଷ୍ଠାକୁ ପ୍ରବଳତର କରିଥିଲେ। ଏହି ଲୋକାଶାହଙ୍କ ଅନୁଯାୟୀମାନଙ୍କ ମଧ୍ୟରୁ ସ୍ଥାନକବାସୀ ସମ୍ପ୍ରଦାୟର ସୃଷ୍ଟି ହେଲା ଯାହା କାଳକ୍ରମେ ଶକ୍ତିଶାଳୀରେ ପରିଣତ ହେଲା।

ତେରାପନ୍ଥ

ସ୍ଥାନକବାସୀ ସମ୍ପ୍ରଦାୟରେ ଆଚାର୍ଯ୍ୟ ରଘୁନାଥଜୀଙ୍କ ଶିଷ୍ୟ 'ସନ୍ଥଭୀଖଣଜୀ' (ଆଚାର୍ଯ୍ୟଭିକ୍ଷୁ) ବିକ୍ରମ ସଂବତ୍ ୧୮୧୭ ଅର୍ଥାତ୍ ୧୭୬୦ ମସିହାରେ ତେରାପନ୍ଥର ପ୍ରବର୍ତ୍ତନ କରିଥିଲେ। ଆଚାର୍ଯ୍ୟଭିକ୍ଷୁ ଆଚାର-ଶୁଦ୍ଧି ଓ ସଂଗଠନ ଉପରେ ବିଶେଷ ବଳ ଦେଇଥିଲେ। ଏକସୂତ୍ରତାକୁ ସଶକ୍ତ କରିବା ଉଦ୍ଦେଶ୍ୟରେ ବହୁବିଧ ମର୍ଯ୍ୟାଦା ଏବଂ ଅନୁଶାସନ ସୂତ୍ରର ନିର୍ମାଣ କରିଥିଲେ। ଶିଷ୍ୟ-ପ୍ରଥାକୁ ସମାପ୍ତ କରିଦେଲେ। ଅଳ୍ପ ସମୟ ମଧ୍ୟରେ ଏକ ଆଚାର୍ଯ୍ୟ, ଗୋଟିଏ ଆଚାର ଏବଂ ଗୋଟିଏ ବିଚାର ଦ୍ୱାରା ସମୃଦ୍ଧ ତେରାପନ୍ଥ ପ୍ରସିଦ୍ଧିଲାଭ କଲା। ଆଗମ-ଅନୁଶୀଳନ କରି ଆଚାର୍ଯ୍ୟଭିକ୍ଷୁ କେତେକ ନୂତନ ତତ୍ତ୍ୱକୁ ଲୋକଲୋଚନକୁ ଆଣିଲେ। ସାମାଜିକ ଧରାତଳରେ ସେ ସମୟରେ ସେଗୁଡ଼ିକ ଅପୂର୍ବ ଜଣାପଡ଼ିଲେ। ତେବେ ଆଧ୍ୟାତ୍ମିକ ଦୃଷ୍ଟିରେ ସେମାନେ ଅତ୍ୟନ୍ତ ମୂଲ୍ୟବାନ ଅଟନ୍ତି। ଆଚାର୍ଯ୍ୟଭିକ୍ଷୁଙ୍କ ପ୍ରଣୀତ କେତେକ ତଥ୍ୟ ସମ୍ପ୍ରତି ସମାଜର ପଥ-ଦର୍ଶକ ସାଜିଛନ୍ତି।

ଦିଗମ୍ବର ପରମ୍ପରାରେ ମଧ୍ୟ ଅନେକ ସଂଘର ଗଠନ ହେଲା। ଯଥା–

୧. ମୂଳ ସଂଘ। ଏମାନଙ୍କ ଅଧୀନରେ ସାତୋଟି ଗଣ ବିକଶିତ ହେଲା - ଦେବ-ଗଣ, ସେନ-ଗଣ, ଦେଶୀ-ଗଣ, ସୂରସ୍ଥ-ଗଣ, ବଳାତ୍କାର-ଗଣ, କାଣୂର-ଗଣ, ନିଗମାନ୍ୱୟ।

୨. ଯାପନୀୟ ସଂଘ। ୩. ଦ୍ରାବିଡ଼ ସଂଘ। କାଷ୍ଠା ସଂଘ। ୫. ମାଥୁରସଂଘ[୧୫]

---

[୧୪] ଆଗମ ଅଷ୍ଟୋତ୍ତରୀ, ୭୧-ଦେବଡ୍‌ଡିଖମାସମଣଜା, ପରଂପରଂ ଭାବଓ ବୟାଣେମି। ସିଡିଲାୟାରେ ଠବିୟା, ଦବ୍‌ବେଣ ପରମ୍ପରା ବହୁହା।

[୧୫] ଅଧିକ ଜାଣିବା ସକାଶେ "ଦକ୍ଷିଣ ଭାରତରେ ଜୈନଧର୍ମ" ଗ୍ରନ୍ଥର ପୃଷ୍ଠା ୧୭୩ରୁ ୧୮୨ ଦ୍ରଷ୍ଟବ୍ୟ

॥ ୪ ॥
ଜୈନ ସାହିତ୍ୟ

ସାହିତ୍ୟ

ଆଗମ ଏବଂ ଆଗମେତର - ଏହିଭଳି ଦୁଇଭାଗରେ ଜୈନ ସାହିତ୍ୟ ବିଭକ୍ତ। ଆଗମ ହେଉଛି ସାହିତ୍ୟର ସର୍ବପ୍ରାଚୀନ ଅଂଶ।

ସର୍ବଜ୍ଞ ଏବଂ ସର୍ବଦର୍ଶୀ ଭଗବାନ ସ୍ୱୟଂ ନିଜକୁ ଦେଖିବା ସହିତ ସମଗ୍ର ଲୋକକୁ ଦେଖିପାରିଲେ। ସେ ସତ୍ୟର ପ୍ରତିପାଦନ କରିଲେ। ସେ ଥିଲେ ମହାନ୍ ପ୍ରବଚନକର୍ତ୍ତା। ଏହାଯୋଗୁଁ ସେ ତୀର୍ଥଙ୍କର ବୋଲାଇଲେ।[୧] ଭଗବାନ, ବନ୍ଧ ଓ ବନ୍ଧ-ହେତୁ ତଥା ମୋକ୍ଷ ଓ ମୋକ୍ଷହେତୁର ସ୍ୱରୂପ ନିର୍ଦ୍ଧାରଣ କରିଥିଲେ।

ଭଗବାନଙ୍କ ବାଣୀ ଆଗମରେ ପରିଣତ ହୋଇଛି। ତାଙ୍କର ପ୍ରମୁଖ ଶିଷ୍ୟ ଗୌତମ ଆଦି ଏକାଦଶ ଗଣଧର ସେହି ବାଣୀକୁ ସୂତ୍ର ରୂପରେ ଗୁମ୍ଫିତ କରିଛନ୍ତି। ଆଗମକୁ ଦୁଇଭାଗରେ ବିଭକ୍ତ କରାଯାଇଛି - ସୂତ୍ରାଗମ ଏବଂ ଅର୍ଥାଗମ। ଭଗବାନଙ୍କ ପ୍ରକୀର୍ଣ୍ଣ ଉପଦେଶକୁ ଅର୍ଥାଗମ ଏବଂ ତାହାରି ଆଧାରରେ ରଚିତ ସୂତ୍ରକୁ ସୂତ୍ରାଗମ ରୂପରେ ଅଭିହିତ କରାଯାଇଛି। ଏହି ଆଗମ, ଆଚାର୍ଯ୍ୟମାନଙ୍କ ସକାଶେ ନିଧି ସଦୃଶ ହୋଇଥିବାରୁ ଏମାନଙ୍କ ନାମ ଗଣି-ପିଟକ ହେଲା। ଏହି ଗ୍ରନ୍ଥନକୁ ମୌଳିକ ରୂପରେ ବାର (୧୨) ପ୍ରକାରେ ବିଭକ୍ତ କରାଯାଇଛି। ତେଣୁ ତା'ର ଅନ୍ୟ ଏକ ନାମ ହେଉଛି - ଦ୍ୱାଦଶାଙ୍ଗୀ। ଏହି ଦ୍ୱାଦଶ ଅଙ୍ଗର ନାମ ହେଉଛି –

(୧) ଆଚାର (୨) ସୂତ୍ରକୃତ (୩) ସ୍ଥାନ (୪) ସମବାୟ (୫) ଭଗବତୀ (୬) ଜ୍ଞାତ-ଧର୍ମକଥା (୭) ଉପାସକଦଶା (୮) ଅନ୍ତକୃତଦଶା (୯) ଅନୁତ୍ତରୋପପାତିକ-ଦଶା (୧୦) ପ୍ରଶ୍ନ-ବ୍ୟାକରଣ (୧୧) ବିପାକ ଏବଂ (୧୨) ଦୃଷ୍ଟିବାଦ।

ପରବର୍ତ୍ତୀ ସମୟରେ ସ୍ଥବିରମାନଙ୍କ ଦ୍ୱାରା ପଲ୍ଲବିତ ପୁଷ୍ପିତ ହୋଇ ଆଗମସୂତ୍ର ସହସ୍ରାଧିକ ସଂଖ୍ୟାକୁ ସ୍ପର୍ଶ କରିଲା।

---

[୧] ତୀର୍ଥ ଶବ୍ଦର ଅନେକ ଅର୍ଥ ରହିଛି। ତନ୍ମଧ୍ୟରୁ ପ୍ରବଚନ ହେଉଛି ଅନ୍ୟତମ। ଏହି ଆଧାରରେ ପ୍ରବଚନକାରଙ୍କୁ ତୀର୍ଥଙ୍କର କୁହାଯାଇଥାଏ। ବୌଦ୍ଧ ସାହିତ୍ୟରେ ଛଅଜଣ ତୀର୍ଥଙ୍କରଙ୍କ ଉଲ୍ଲେଖ ମିଳିଥାଏ। ଶଙ୍କରାଚାର୍ଯ୍ୟ ବ୍ରହ୍ମସୂତ୍ର ଭାଷ୍ୟରେ 'କପିଳ' ଆଦିଙ୍କୁ, ତୀର୍ଥଙ୍କର ରୂପରେ ସଂବୋଧିତ କରିଛନ୍ତି। ସୂତ୍ରକୃତାଙ୍ଗଚୂର୍ଣ୍ଣି (ପୃ. ୪୭) 'ପରଂ ତତ୍ର ତୀର୍ଥକର' ଏବଂ (ପୃ.୭୨୨ରେ) 'ବୟଂ ତୀର୍ଥ କରା ଇତି'-ଏଭଳି ଉଲ୍ଲେଖ ରହିଛି।
ପ୍ରବଚନ ଆଧାରରେ ଧର୍ମ-ଆରାଧନା କରୁଥିବା ସାଧୁ-ସାଧ୍ୱୀ ଏବଂ ଶ୍ରାବକ-ଶ୍ରାବିକାଙ୍କୁ ବି ତୀର୍ଥ କୁହାଯାଇଥାଏ।

ଭଗବାନଙ୍କ ଚଉଦ ହଜାର (୧୪୦୦୦) ଶିଷ୍ୟ ଥିଲେ ଗ୍ରନ୍ଥ-କାର। ତେବେ ସେ ସମୟରେ ଲେଖିବା ବିଧି ନ ଥିଲା। ସମସ୍ତ ବାଙ୍ମୟ ସ୍ମୃତି ଆଧାରରେ ଗତି ପ୍ରଗତି କରୁଥାଏ।

ଆଗମମାନଙ୍କ ରଚନା-କ୍ରମ

ଦୃଷ୍ଟିବାଦର ପାଞ୍ଚୋଟି ବିଭାଗ ହେଉଛି – (୧) ପରିକର୍ମ (୨) ସୂତ୍ର (୩) ପୂର୍ବାନୁଯୋଗ (୪) ପୂର୍ବଗତ ଏବଂ (୫) ଚୂଳିକା।

'ପୂର୍ବଗତ'ର ଚତୁର୍ଦ୍ଦଶ ବିଭାଗକୁ 'ପୂର୍ବ' କୁହାଯାଏ। ଏହାର ପରିମାଣ ହେଉଛି ବିସ୍ତୃତ ଓ ବିଶାଳ। ପୂର୍ବ ହେଉଛି ଶ୍ରୁତ ଅଥବା ଶବ୍ଦ-ଜ୍ଞାନର ସମସ୍ତ ବିଭବର ଅକ୍ଷୟ କୋଷ। ଏହାର ରଚନା ସମ୍ବନ୍ଧରେ ଦୁଇଟି ବିଚାରଧାରା ରହିଛି। ପ୍ରଥମଟିର ହେଉଛି - ଭଗବାନ ମହାବୀରଙ୍କ ପୂର୍ବରୁ ଜ୍ଞାନରାଶିର ଏହି ଧାରା ପ୍ରବହମାନ ରହିଥିବାରୁ ପରବର୍ତ୍ତୀ ସାହିତ୍ୟ ରଚନା ସମୟରେ ଏହାକୁ 'ପୂର୍ବ' ବୋଲି କୁହାଗଲା।

ଦ୍ୱିତୀୟ ବିଚାରଧାରା ଅନୁସାରେ ଦ୍ୱାଦଶାଙ୍ଗୀ ରଚିତ ହେବା ଆଗରୁ ଏହାର ସୃଷ୍ଟି ହୋଇଥିବାରୁ ଏହା 'ପୂର୍ବ' ବୋଲାଇଲା।[୨]

ଏହି ଚଉଦପୂର୍ବ ମଧ୍ୟରେ ସମସ୍ତ ଶ୍ରୁତ ସମାହିତ। କିନ୍ତୁ ସାଧାରଣ ବୁଦ୍ଧିଯୁକ୍ତ ମଣିଷ ପକ୍ଷରେ ତା'ର ଅଧ୍ୟୟନ-ଅନୁଶୀଳନ ସହଜ ହୋଇ ନ ଥିବାରୁ ସେମାନଙ୍କ ସକାଶେ ଦ୍ୱାଦଶାଂଗୀର ରଚନା କରାଯାଇଛି। [୩]

ଆଗମ ସାହିତ୍ୟରେ ଅଧ୍ୟୟନ ପରମ୍ପରାର ତିନୋଟି କ୍ରମ ରହିଛି। କେତେକ ଶ୍ରମଣ ଚତୁର୍ଦ୍ଦଶପୂର୍ବଧର ହୋଇଯାଇଛନ୍ତି। କେତେକ ଦ୍ୱାଦଶାଂଗୀର ବିଦ୍ୱାନ ଏବଂ ଆଉ କେତେକ ସାମୟିକ ଆଦି ଏକାଦଶ ଅଂଗର ଅଧ୍ୟେତା ଥିଲେ। ତେବେ ଚତୁର୍ଦ୍ଦଶ ପୂର୍ବୀଙ୍କର ମହତ୍ତ୍ୱ ନିଶ୍ଚିତ ଭାବରେ ଅଧିକ ରହିଆସିଛି। ସେମାନଙ୍କୁ ଶ୍ରୁତକେବଳୀ ମଧ୍ୟ କୁହାଯାଇଥାଏ।

'ପୂର୍ବ'ର ଭାଷା ହେଉଛି ସଂସ୍କୃତ। ତା'ର ବିଷୟ ଅତ୍ୟନ୍ତ ଗହନ ଅଥଚ ତା'ର ଭାଷା ସହଜ ସୁବୋଧ ନ ହୋଇ ଜଟିଳ ଥିଲା। ଏହି କାରଣରୁ ଅଳ୍ପମତି ଲୋକଙ୍କ ପାଇଁ ଦ୍ୱାଦଶାଙ୍ଗୀର ରଚନା କରାଗଲା। କୁହାଯାଇଛି –

'ବାଳସ୍ତ୍ରୀ ମନ୍ଦମୂର୍ଖାଣାଂ, ନୃଣାଂ ଚାରିତ୍ରକାଂକ୍ଷିଣାମ୍।
ଅନୁଗ୍ରହାର୍ଥଂ ତତ୍ତ୍ୱଜ୍ଞୈ, ସିଦ୍ଧାନ୍ତଃ ପ୍ରାକୃତେ କୃତଃ।।'

ଆଚାରାଂଗର ସ୍ଥାନ ହେଉଛି ପ୍ରଥମ।[୪] ଯୋଜନା ଦୃଷ୍ଟିରୁ ଏହାକୁ ଅଗ୍ର ସ୍ଥାନ ମିଳିଛି। କିନ୍ତୁ ରଚନା ଦୃଷ୍ଟିରୁ 'ପୂର୍ବ'ର ସ୍ଥାନ ହେଉଛି ପ୍ରଥମ।

---

[୨] ସ୍ଥାନାଂଗ ୧୦/୧ ବୃତ୍ତି : ସର୍ବଶ୍ରୁତାତ୍ ପୂର୍ବଂ କ୍ରିୟତେ ଇତି ପୂର୍ବାଣି।
[୩] ଆବଶ୍ୟକ ନିର୍ଯୁକ୍ତି : ଜଇବିୟ ଭୂୟାବାଏ ସବ୍ବସସ ବୟଗୟସସ୍ ଓୟାରୋ।
ନିଜ୍ଜୂହଣା ତହା ବିହୁ ଦୁମ୍ମେହେ ପ୍ପପ ଇତ୍ଥୀ ଯ ॥
[୪] ନନ୍ଦୀ, ସୂତ୍ର ୮୦।

ଚତୁର୍ଦ୍ଦଶ ପୂର୍ବ

କ୍ର.ସଂ.		ବିଷୟ	ପଦ-ପରିମାଣ	ବସ୍ତୁ	ଚୂଳିକା-ବସ୍ତୁ
୧.	ଉତ୍ପାଦ	ଦ୍ରବ୍ୟ ଏବଂ ପର୍ଯ୍ୟାୟର ଉତ୍ପତ୍ତି	ଏକକୋଟି	ଦଶ	ଚାରି
୨.	ଅଗ୍ରାୟଣୀୟ	ଦ୍ରବ୍ୟ, ପଦାର୍ଥ ଏବଂ ଜୀବର ପରିମାଣ	ଛୟାନବେ ଲକ୍ଷ	ଚଉଦ	ବାର
୩.	ବୀର୍ଯ୍ୟପ୍ରବାଦ	ସକର୍ମ ଓ ଅକର୍ମ ଜୀବମାନଙ୍କ ବୀର୍ଯ୍ୟବର୍ଣ୍ଣନା	ସତୁରି ଲକ୍ଷ	ଆଠ	ଆଠ
୪.	ଅସ୍ତିନାସ୍ତି-ପ୍ରବାଦ	ପଦାର୍ଥର ସତ୍ତା-ଅସତ୍ତାର ନିରୂପଣ	ଷାଠିଏ ଲକ୍ଷ	ଅଠର	ଦଶ
୫.	ଜ୍ଞାନ-ପ୍ରବାଦ	ଜ୍ଞାନର ସ୍ୱରୂପ ଓ ପ୍ରକାର	ଏକ କୋଟିରୁ ଏକ କମ୍	ବାର	୦
୬.	ସତ୍ୟ-ପ୍ରବାଦ	ସତ୍ୟର ନିରୂପଣ	ଏକକୋଟି ଛଅ	ଦୁଇ	୦
୭.	ଆତ୍ମ-ପ୍ରବାଦ	ଆତ୍ମା ଏବଂ ଜୀବର ନିରୂପଣ	ଛବିଶ କୋଟି	ଷୋହଳ	୦
୮.	କର୍ମ-ପ୍ରବାଦ	କର୍ମର ସ୍ୱରୂପ ଓ ପ୍ରକାର	ଏକକୋଟି ଅଶୀଲକ୍ଷ	ତିରିଶ	୦
୯.	ପ୍ରତ୍ୟାଖ୍ୟାନ-ପ୍ରବାଦ	ବ୍ରତ-ଆଚାର, ବିଧି-ନିଷେଧ	ଚଉରାଅଶୀ ଲକ୍ଷ	କୋଡ଼ିଏ	୦
୧୦.	ବିଦ୍ୟାନୁପ୍ରବାଦ	ସିଦ୍ଧି ତଥା ସେମାନଙ୍କ ସାଧନ-ନିରୂପଣ	ଏକ କୋଟି ଦଶଲକ୍ଷ	ପନ୍ଦର	୦
୧୧.	ଅବନ୍ଧ୍ୟ (କଲ୍ୟାଣ)	ଶୁଭାଶୁଭ ଫଳର ଅବଶ୍ୟଂଭାବିତା-ନିରୂପଣ	ଛବିଶ କୋଟି	ବାର	୦
୧୨.	ପ୍ରାଣାୟୁପ୍ରବାଦ	ଇନ୍ଦ୍ରିୟ ଶ୍ୱାସୋଚ୍ଛ୍ୱାସ, ଆୟୁଷ୍ୟ ଏବଂ ପ୍ରାଣ ନିରୂପଣ	ଏକକୋଟି ଛପନ ଲକ୍ଷ	ତେର	୦
୧୩.	କ୍ରିୟାବିଶାଳ	ଶୁଭାଶୁଭ କ୍ରିୟାର ନିରୂପଣ	ନଅକୋଟି	ତିନି	୦
୧୪.	ଲୋକ ବିନ୍ଦୁସାର	ଲବ୍ଧିର ସ୍ୱରୂପ ତଥା ବିସ୍ତାର	ବାରକୋଟି ପଚାଶ ଲକ୍ଷ	ପଚିଶ	୦

ଆଗମର ଭାଷା

ଜୈନ ଆଗମଗୁଡ଼ିକର ଭାଷା ହେଉଛି ଅର୍ଦ୍ଧମାଗଧୀ। ଆଗମ ସାହିତ୍ୟ ଅନୁସାରେ ତୀର୍ଥଙ୍କରମାନେ ଅର୍ଦ୍ଧମାଗଧୀରେ ଉପଦେଶ ଦେଇଥାନ୍ତି। [୫] ଅର୍ଦ୍ଧ-ମାଗଧୀକୁ ସେ ସମୟର ଦିବ୍ୟଭାଷା [୬] ଏବଂ ଏହି ଭାଷା ବ୍ୟବହାର କରୁଥିବା ବ୍ୟକ୍ତିଙ୍କୁ ଭାଷାର୍ଯ୍ୟ କୁହାଯାଇଛି। [୭] ଏହାହେଉଛି ପ୍ରାକୃତଭାଷାର ଏକ ରୂପ। ମଗଧର ଗୋଟିଏ ଭାଗରେ ଏହି ଭାଷା ପ୍ରଚଳିତ ଥିବାରୁ ଏହାକୁ ଅର୍ଦ୍ଧମାଗଧୀ କୁହାଯାଏ। ପ୍ରାକୃତଭାଷାରେ ମାଗଧୀ ଏବଂ ଅନ୍ୟ ଅଠର ପ୍ରକାର ଦେଶଜ ଭାଷାର ଲକ୍ଷଣ ସମାହିତ। ଏହିସକାଶେ ଏହାକୁ ଅର୍ଦ୍ଧ-ମାଗଧୀ କୁହାଯାଇଥାଏ।[୮]

ଭଗବାନ ମହାବୀରଙ୍କ ଶିଷ୍ୟ ମଗଧ, ମିଥିଳା, କୌଶଳ ଆଦି ଅନେକ ପ୍ରଦେଶ, ବର୍ଗ ଏବଂ ଜାତିର ହୋଇଥିବାରୁ ଜୈନ ସାହିତ୍ୟର ପ୍ରାଚୀନ ପ୍ରାକୃତ ଭାଷାରେ ଦେଶୀୟ ଶବ୍ଦର ବହୁଳତା ରହିଛି। ମାଗଧୀ ଏବଂ ଦେଶୀୟ ଶବ୍ଦର ମିଶ୍ରଣ ଅର୍ଦ୍ଧମାଗଧୀ ବୋଲାଇଥାଏ। ଏହାହେଉଛି ଜିନଦାସ ମହତ୍ତରଙ୍କ ବ୍ୟାଖ୍ୟା, ଯାହା ବୋଧହୁଏ ସବୁଠାରୁ ପ୍ରାଚୀନ ବ୍ୟାଖ୍ୟା। ଏହାକୁ ଆର୍ଷ ମଧ୍ୟ କୁହାଯାଏ।[୯] ଆଚାର୍ଯ୍ୟ ହେମଚନ୍ଦ୍ର ଏହାକୁ ଆର୍ଷ ବୋଲି କହିଛନ୍ତି। ଆଗମର ଋଷିଭାଷିତ ଶବ୍ଦ ଏହାର ମୂଳ। [୧୦]

---

[୫] ସମବାଓ ୩୪/। : ଭଗବଂ ଚ ଣଂ ଅଦ୍ଧମାଗହୀଏ ଭାଷାଏ ଧମ୍ମ ମାଇକ୍ଖଇ। [୬] ଭଗବତୀ, ୫/୯୩। [୭] ପନ୍ନବଣା, ୧/୬୨ : ଭାସାରିୟା ଜେଣଂ ଅଦ୍ଧମାଗହାଏ ଭାଷାଏ ଭାଷନ୍ତି। [୮] ନିଶୀଥଚୂର୍ଣ୍ଣୀ : ମଗଦଦ୍ଧବିସୟଭାସାଣିବଦ୍ଧଂ ଅଦ୍ଧମା ଗହଂ ଅଟ୍ଠାରସଦେସୀଭାସାଣିମୟଂ ବା ଅଦ୍ଧ ମାଗହଂ। [୯] ପ୍ରାକୃତ ବ୍ୟାକରଣ (ହେମ), ୮/୧/୩। [୧୦] ଠାଣଂ, ୭/୪୮/୧୦ : ସକ୍କତା ପାଗତା ଚେବ, ଦୁହା ଭଣିତୀ ଓ ଆହିୟା। ସରମଡଲଂମି ଗିଜ୍ଜନ୍ତେ ପସତ୍ଥା ଇସିଭାସିତା ॥

ଆଗମର ପ୍ରାମାଣ୍ୟ ଏବଂ ଅପ୍ରାମାଣ୍ୟ

କେବଳୀ, ଅବଧି-ଜ୍ଞାନ, ମନଃପର୍ଯବ-ଜ୍ଞାନୀ, ଚତୁର୍ଦ୍ଦଶ-ପୂର୍ବଧର ଏବଂ ଦଶ-ପୂର୍ବଧରଙ୍କ ରଚନାକୁ ଆଗମ କୁହାଯାଇଥାଏ। ଆଗମର ମୁଖ୍ୟ ସ୍ଥାନରେ ଦ୍ୱାଦଶାଂଗୀ ଏବଂ ଗଣି-ପିଟକ ରହିଛନ୍ତି। ଏହାହେଉଛି ସ୍ୱତଃ ପ୍ରମାଣ। ଅବଶିଷ୍ଟ ଆଗମ ସବୁ ପରତଃ ପ୍ରମାଣ ଅଟନ୍ତି - ଯାହା ଦ୍ୱାଦଶାଂଗୀର ବିରୁଦ୍ଧାଚରଣ କରୁନାହିଁ ତାହା ହେଉଛି ପ୍ରମାଣ, ବାକି ସବୁ ଅପ୍ରମାଣ।

ଆଗମ-ବିଭାଗ

ପ୍ରଣେତାଙ୍କ ଦୃଷ୍ଟିଭଙ୍ଗୀ ଅନୁସାରେ ଆଗମ ସାହିତ୍ୟ ଦୁଇଭାଗରେ ବିଭକ୍ତ। ଯଥା ଅଂଗ-ପ୍ରବିଷ୍ଟ ଏବଂ ଅନଙ୍ଗ-ପ୍ରବିଷ୍ଟ। ଭଗବାନ ମହାବୀରଙ୍କ ଏଗାର ଜଣ ଗଣଧର ଯେଉଁ ସାହିତ୍ୟ ରଚନା କରିଛନ୍ତି, ତାହା ହେଉଛି ଅଂଗ-ପ୍ରବିଷ୍ଟ। ସ୍ଥବିରମାନଙ୍କ ଦ୍ୱାରା ରଚିତ ସାହିତ୍ୟ ହେଉଛି ଅନଂଗ-ପ୍ରବିଷ୍ଟ। ଏହି ବାରଟି ଅଂଗ ସାହିତ୍ୟ ବ୍ୟତୀତ ସବୁଯାକ ଆଗମ ସାହିତ୍ୟ ହେଉଛି ଅନଂଗ-ପ୍ରବିଷ୍ଟ। ଗଣଧରମାନଙ୍କ ପ୍ରଶ୍ନର ସମାଧାନ କରିବାକୁ ଯାଇ ମହାବୀର ଉତ୍ପାଦ, ବ୍ୟୟ ଓ ଧ୍ରୌବ୍ୟ - ଏହି ତ୍ରିପଦୀର ଉପଦେଶ ପ୍ରଦାନ କରିଥିଲେ। ତାହାର ଆଧାରରେ ଯେଉଁ ଆଗମ ସାହିତ୍ୟର ସୃଜନ ହେଲା ତାହା ହେଉଛି ଅଂଗ-ପ୍ରବିଷ୍ଟ। ଭଗବାନଙ୍କ ମୁକ୍ତ ବ୍ୟାକରଣ ଆଧାରରେ ସ୍ଥବିରମାନେ ଯାହା ରଚନା କରିଗଲେ, ତାହା ଅନଂଗ-ପ୍ରବିଷ୍ଟ ରୂପେ ମାନ୍ୟହେଲା।

ସମସ୍ତ ତୀର୍ଥଙ୍କରଙ୍କ ସମ୍ମୁଖରେ ଦ୍ୱାଦଶାଂଗୀର ଏକ ନିଶ୍ଚିତ ସ୍ୱରୂପ ରହିଥାଏ। ଅନଂଗପ୍ରବିଷ୍ଟ ନିୟତ ନୁହେଁ।[୧୧]

ବର୍ତ୍ତମାନ ଏଗାର ଅଂଗ ହିଁ ଉପଲବ୍ଧ, ଯାହା ସୁଧର୍ମାଗଣଧରଙ୍କ ବାଚନାଦତ୍ତ ଅଟେ। ଏହି କାରଣରୁ ଏହି ଏଗାର ଖଣ୍ଡ ଅଂଗକୁ ସୁଧର୍ମା ରଚିତ ବୋଲି ସ୍ୱୀକାର କରାଯାଇଥାଏ।

ଆଗମ ସାହିତ୍ୟ ଦୃଷ୍ଟିରୁ ଅନଂଗ-ପ୍ରବିଷ୍ଟ ଦୁଇଭାଗରେ ବିଭକ୍ତ। ସ୍ଥବିରମାନେ କେତେକ ଆଗମ ରଚନା କରିଛନ୍ତି ତଥା ନିର୍ଯୂଢ଼ମାନେ ମଧ୍ୟ କିଛି ଆଗମ ରଚନା କରିଛନ୍ତି। ଦ୍ୱାଦଶାଂଗୀ ଅଥବା 'ପୂର୍ବ'ରୁ ଯେଉଁସବୁ ଆଗମର ଉଦ୍ଧରଣ କରାଯାଇଛି ସେମାନେ ହେଉଛନ୍ତି ନିର୍ଯୂଢ଼ ଶ୍ରେଣୀ ଅନ୍ତର୍ଗତ। ଦଶବୈକାଳିକ, ଆଚାରାଂଗର ଦ୍ୱିତୀୟ ଶ୍ରୁତସ୍କନ୍ଧ, ନିଶୀଥ, ବ୍ୟବହାର, ବୃହତ୍‌କଳ୍ପ, ଦଶାଶ୍ରୁତସ୍କନ୍ଧ - ଏସବୁ ନିର୍ଯୂଢ଼ ଆଗମ ଅଟନ୍ତି।

ଆର୍ଯ୍ୟ ଶଯ୍ୟଂଭବ ନିଜ ପୁତ୍ର ମନକର ଆରାଧନା ସକାଶେ ଦଶବୈକାଳିକର ନିର୍ଯୂହଣ କରିଥିଲେ।[୧୨] ଅବଶିଷ୍ଟ ଆଗମର ନିର୍ଯୂହକ ହେଉଛନ୍ତି ଶ୍ରୁତକେବଳୀ ଭଦ୍ରବାହୁ।[୧୩]

'ପ୍ରଜ୍ଞାପନା'ର କର୍ତ୍ତା ହେଉଛନ୍ତି ଶ୍ୟାମାର୍ଯ୍ୟ, 'ଅନୁଯୋଗ-ଦ୍ୱାର'ର କର୍ତ୍ତା ଆର୍ଯ୍ୟ-ରକ୍ଷିତ ଏବଂ 'ନନ୍ଦୀ'ର କର୍ତ୍ତା ଦେବର୍ଦ୍ଧିଗଣୀ କ୍ଷମାଶ୍ରମଣ ରୂପରେ ସ୍ୱୀକାର କରାଯାଇଥାଏ।

ଭାଷା ଦୃଷ୍ଟିରୁ ଆଗମକୁ ଦୁଇଟି ଯୁଗରେ ବିଭକ୍ତ କରାଯାଇପାରିବ। ଖ୍ରୀ.ପୂ. ୪୦୦ରୁ ୧୦୦ ଖ୍ରୀଷ୍ଟାବ୍ଦ ପର୍ଯ୍ୟନ୍ତ ପ୍ରଥମ ଯୁଗ। ଏହି କାଳଖଣ୍ଡରେ ରଚିତ 'ଅଂଗ'ର ଭାଷା ହେଉଛି ଅର୍ଦ୍ଧମାଗଧୀ। ୧୦୦ରୁ ୫୦୦ ଖ୍ରୀଷ୍ଟାବ୍ଦ ପର୍ଯ୍ୟନ୍ତକୁ ଦ୍ୱିତୀୟ ଯୁଗ କୁହାଯାଇପାରିବ। ଏହି ସମୟରେ ରଚିତ ବା ନିର୍ଯୂଢ଼ ଆଗମମାନଙ୍କ ଭାଷା ହେଉଛି ଜୈନ ମହାରାଷ୍ଟ୍ରୀ ପ୍ରାକୃତ।[୧୪]

---

[୧୧] ବିଶେଷାବଶ୍ୟକଭାଷ୍ୟ, ଗାଥା ୫୫୦ : ଗଣହରଥେରକୟଂ ବା ଆଏସା ମୁକ୍‌କବାଗରଣତୋ ବା। ଧ୍ରୁବଚଲବିସେସତୋ ବା ଅଂଗାଣଂଗେସୁ ନାଣତ୍ତଂ॥ [୧୨] ଦଶବୈକାଳିକ, ଭୂମିକା, ପୃ.୧୭। [୧୩] ଦଶବୈକାଳିକ, ଭୂମିକା, ପୃ.୧୭।

[୧୪] ପାଇୟସଦ୍‌ଦମଣ୍ଣବୋ, ଉପୋଦ୍‌ଘା, ପୃ.୭୦, ୭୧।

ଆଗମ-ବାଚନା

ବୀର ନିର୍ବାଣର ଦ୍ୱିତୀୟ ଶତାବ୍ଦୀରେ ଖ୍ରୀ.ପୂ. ୩୬୭ ପରେ ପାଟଳୀପୁତ୍ରରେ ଦୀର୍ଘ ବାରବର୍ଷ ପର୍ଯ୍ୟନ୍ତ ଦୁର୍ଭିକ୍ଷ ପଡ଼ିଥିଲା ।[୧୫]

ସେ ସମୟରେ ଶ୍ରମଣସଂଘ ଛିନ୍ନ-ଭିନ୍ନ ହୋଇଯାଇଥାଏ । ଅନେକ ବହୁଶ୍ରୁତ ମୁନି ଅନଶନପୂର୍ବକ ଶରୀରତ୍ୟାଗ କରିଥିଲେ । ଆଗମ-ଜ୍ଞାନର ଶୃଙ୍ଖଳା ଖଣ୍ଡ-ବିଖଣ୍ଡ ହୋଇଯାଇଥାଏ । ଦୁର୍ଭିକ୍ଷ ସମାପ୍ତ ହେଲାପରେ ସଂଘ ପୁଣି ଏକତ୍ରିତ ହେଲା । ଶ୍ରମଣମାନେ ଯତ୍ନପୂର୍ବକ ଏଗାର ଅଙ୍ଗର ସଂକଳନ କରିବାରେ ସକ୍ଷମ ହେଲେ ।

ତେବେ ଦ୍ୱାଦଶତମ ଅଂଗର ଜ୍ଞାତା ଭଦ୍ରବାହୁ ସ୍ୱାମୀଙ୍କ ବ୍ୟତୀତ ଆଉ କେହି ଜୀବିତ ନ ଥାନ୍ତି । ସେ ନେପାଳରେ ମହାପ୍ରାଣ-ଧ୍ୟାନର ସାଧନାରେ ନିମଗ୍ନ ଥାନ୍ତି । ସଂଘର ପ୍ରାର୍ଥନାକୁ ସ୍ୱୀକାର କରି ସେ ଦ୍ୱାଦଶ ଅଂଗର ବାଚନା ଦେବାକୁ ରାଜିହେଲେ । ପନ୍ଦରଶହ ସାଧୁ ତାଙ୍କ ସାନ୍ନିଧ୍ୟରେ ଉପସ୍ଥିତ ହେଲେ । ସେମାନଙ୍କ ମଧ୍ୟରେ ପାଞ୍ଚଶହ ବିଦ୍ୟାର୍ଥୀ ଥିଲେ ଏବଂ ହଜାରେ ଜଣ ସାଧୁ ସେମାନଙ୍କ ପରିଚର୍ଯ୍ୟା ପାଇଁ ନିଯୁକ୍ତ ଥିଲେ । ପ୍ରତ୍ୟେକ ବିଦ୍ୟାର୍ଥୀ ସାଧୁଙ୍କ ସକାଶେ ଦୁଇ-ଦୁଇଜଣ ସାଧୁ ପରିଚାରକ ଭାବରେ ରହିଥାନ୍ତି । ଅଧ୍ୟୟନ ପ୍ରାରମ୍ଭ ହେଲା । ପ୍ରାୟ ସମସ୍ତ ସାଧୁ ଥକିପଡ଼ିଲେ । କେବଳ ସ୍ଥୁଳଭଦ୍ର ଅବିଚଳ ଓ ଅବିଶ୍ରାନ୍ତ ଥାନ୍ତି । ତାହାଙ୍କୁ ଦଶ-ପୂର୍ବର ବାଚନା ପ୍ରଦାନ କରାଗଲା । ନିଜ ଭଉଣୀମାନଙ୍କୁ ଚମତ୍କାର ପ୍ରଦର୍ଶନ କରିବାକୁ ଯାଇ ସେ ସିଂହରୂପ ଧାରଣ କଲେ । ଭଦ୍ରବାହୁ ଏହା ଜାଣିପାରି ବାଚନା ଦେବା ବନ୍ଦ କରିଦେଲେ । ଅତିଶୟ ଆଗ୍ରହ କରିବାରୁ ଭଦ୍ରବାହୁ ଚାରୋଟି ପର୍ବ ପ୍ରଦାନ କରିଲେ କିନ୍ତୁ ସେମାନଙ୍କ ଅର୍ଥବୋଧ ପ୍ରଦାନ କରି ନ ଥିଲେ । ଏହି ହିସାବରେ ଦେଖିଲେ ପାଠ ଦୃଷ୍ଟିରୁ ସ୍ଥୁଳଭଦ୍ର ହେଉଛନ୍ତି ଅନ୍ତିମ ଶ୍ରୁତକେବଳୀ । କିନ୍ତୁ ଅର୍ଥ ଦୃଷ୍ଟିରୁ ଅନ୍ତିମ ଶ୍ରୁତକେବଳୀ ହେଉଛନ୍ତି ଭଦ୍ରବାହୁ । ସ୍ଥୁଳଭଦ୍ରଙ୍କ ପରେ ଦଶ-ପୂର୍ବର ଜ୍ଞାନ ଜୀବିତ ରହିଥାଏ । ବଜ୍ରସ୍ୱାମୀ ଅନ୍ତିମ ଦଶ-ପୂର୍ବଧର ହୋଇଛନ୍ତି । ବଜ୍ରସ୍ୱାମୀଙ୍କ ଉତ୍ତରାଧିକାରୀ ହେଉଛନ୍ତି ଆର୍ଯ୍ୟରକ୍ଷିତ । ସେ ୯ଟି ପୂର୍ବକୁ ସମ୍ପୂର୍ଣ୍ଣ ଭାବରେ ଏବଂ ଦଶମ ପୂର୍ବର ୨୪ ଯବିକର ଜ୍ଞାତା ଥିଲେ । ଆର୍ଯ୍ୟରକ୍ଷିତଙ୍କ ଶିଷ୍ୟ ଦୁର୍ବଳିକା ପୁଷ୍ୟମିତ୍ର ଯଦ୍ୟପି ନଅପୂର୍ବର ଅଧ୍ୟୟନ କରିଥିଲେ କିନ୍ତୁ ଅଭ୍ୟାସ ବିନା ଏହି ନଅପୂର୍ବକୁ ପାଶୋରିଦେଲେ । ବିସ୍ମୃତିର ଏହି କ୍ରମ ଆହୁରି ବଢ଼ିବାରେ ଲାଗିଲା ।

ଆଗମ ସଂକଳନର ଦ୍ୱିତୀୟ ପ୍ରଯତ୍ନ ବୀରନିର୍ବାଣର ୮୨୭ ଏବଂ ୮୪୦ ବର୍ଷ ମଧ୍ୟରେ ହେଲା । ଏହା ହେଉଛି ୩୦୦ରୁ ୩୧୩ ମସିହା ମଧ୍ୟ କାଳଖଣ୍ଡ । ଆଚାର୍ଯ୍ୟ ସ୍କନ୍ଦିଲଙ୍କ ନେତୃତ୍ୱରେ ଆଗମଲେଖନ ଚାଲିଲା । ଏହି କାର୍ଯ୍ୟ ମଥୁରାରେ ସମ୍ପାଦିତ ହୋଇଥିବାରୁ ଏହାକୁ ମାଥୁରୀ-ବାଚନା କୁହାଗଲା । ଏହି ସମୟରେ ହିଁ ବଲ୍ଲଭୀରେ ଆଚାର୍ଯ୍ୟ ନାଗାର୍ଜୁନଙ୍କ ନେତୃତ୍ୱରେ ଆଗମ ସଂକଳନ କରାଗଲା । ଏହା ବଲ୍ଲଭୀ-ବାଚନା ବା ନାଗାର୍ଜୁନୀୟ-ବାଚନା ରୂପେ ପରିଚିତ ହେଲା ।

ମାଥୁରୀବାଚନାର ଅନୁଯାୟୀମାନଙ୍କ ମତରେ ବୀରନିର୍ବାଣର ୯୮୦ ବର୍ଷ ପରେ ଅର୍ଥାତ୍ ୪୫୩ ମସିହାରେ ତଥା ବଲ୍ଲଭୀ-ବାଚନାର ଅନୁଯାୟୀମାନଙ୍କ ମତରେ ବୀର ନିର୍ବାଣର ୯୯୩ ବର୍ଷ ପରେ ଅର୍ଥାତ୍ ୪୬୬ ମସିହାରେ ଦେବାର୍ଦ୍ଧିଗଣୀ ପୁଣିଥରେ ବଲ୍ଲଭୀରେ ଆଗମର ବ୍ୟବସ୍ଥିତ ଲେଖନକାର୍ଯ୍ୟରେ ବ୍ୟାପୃତ ହେଲେ । ଏହାପରେ ଆଉ କୌଣସି ସର୍ବମାନ୍ୟ ବାଚନା ହୋଇଥିବାର ପ୍ରମାଣ ନାହିଁ । ବୀର ନିର୍ବାଣର ଦଶମ ଶତାବ୍ଦୀ ଉତ୍ତାରୁ ପୂର୍ବଜ୍ଞାନର ପରମ୍ପରା ବିଚ୍ଛିନ୍ନ ହୋଇପଡ଼ିଲା ।[୧୬]

ଆଗମ-ବିଚ୍ଛେଦର କ୍ରମ

ବୀର-ନିର୍ବାଣର ୧୭୦ ବର୍ଷ ପରେ ଅର୍ଥାତ୍ ଖ୍ରୀ.ପୂ. ୩୫୭ରେ ଭଦ୍ରବାହୁଙ୍କ ସ୍ୱର୍ଗବାସ ହେଲା । ଅନ୍ତିମ ଚାରିପୂର୍ବର ବିଚ୍ଛେଦ ଏହି ସମୟରେ ଘଟିଲା । ଦିଗମ୍ବର ପରମ୍ପରା ଅନୁସାରେ ବୀର-ନିର୍ବାଣର ୧୬୨ ବର୍ଷ ପରେ ଏହା ଘଟିଥିଲା ।

ଶାବ୍ଦିକ ଦୃଷ୍ଟିରୁ ଦେଖିବାକୁ ଗଲେ ସ୍ଥୁଳଭଦ୍ରଙ୍କ ମୃତ୍ୟୁ ସମୟ ବୀରନିର୍ବାଣର ୨୧୬ ବର୍ଷ ପରେ ଏହି ଅନ୍ତିମ

[୧୫] ପରିଶିଷ୍ଟ ପର୍ବ ୮/୧୯୩, ୯/୫୫-୫୮ । [୧୬] ଭଗବତୀ, ୨୦/୭୦

ଚାରିପୂର୍ବ ବିଚ୍ଛିନ୍ନ ହୋଇଥିଲେ । ଏହାପରେ ଆର୍ଯ୍ୟବଜ୍ର ପର୍ଯ୍ୟନ୍ତ ଦଶପୂର୍ବ ପରମ୍ପରା ବଳବତ୍ତର ରହିଲା । ସେ ବୀରନିର୍ବାଣର ୫୭୧ ବର୍ଷ ପରେ ୪୪ ମସିହାରେ ସ୍ୱର୍ଗାରୋହଣ କରିଥିଲେ । ସେତେବେଳେ ଦଶମ ପୂର୍ବ ବିଚ୍ଛିନ୍ନ ହେଲା । ଦୁର୍ବଳିକା ପୁଷ୍ୟମିତ୍ରଙ୍କ ମୃତ୍ୟୁ ସହିତ ବୀରନିର୍ବାଣର ୬୦୪ ବର୍ଷ ପରେ ୭୭ ମସିହାରେ ନବମ ପୂର୍ବ ଲୁପ୍ତ ହେଲା ।

ବୀର ନିର୍ବାଣର ଏକହଜାର ବର୍ଷ ପରେ ପୂର୍ବ ଜ୍ଞାନର ବିଚ୍ଛେଦ ଘଟିଲା ।

ଦିଗମ୍ବର ମାନ୍ୟତା ଅନୁସାରେ ବୀର ନିର୍ବାଣର ୬୨ ବର୍ଷ ପର୍ଯ୍ୟନ୍ତ କେବଳ ଜ୍ଞାନର ଅସ୍ତିତ୍ୱ ରହିଥିଲା । ଅନ୍ତିମ କେବଳୀ ଥିଲେ ଜମ୍ବୁ ସ୍ୱାମୀ । ତାଙ୍କ ଉତ୍ତାରୁ ୧୦୦ ବର୍ଷ ପର୍ଯ୍ୟନ୍ତ ଚଉଦ ପୂର୍ବର ଜ୍ଞାନ ବଳବତ୍ତର ରହିଥାଏ । ଭଦ୍ରବାହୁ ଥିଲେ ଅନ୍ତିମ ଚତୁର୍ଦ୍ଦଶପୂର୍ବୀ । ତାଙ୍କପରେ ୧୮୩ ବର୍ଷ ପର୍ଯ୍ୟନ୍ତ ଦଶ ପୂର୍ବଧର ଥିଲେ । ଅନ୍ତିମ ଦଶପୂର୍ବୀ ଥିଲେ ଧର୍ମସେନ । ତାଙ୍କପରେ ଏଗାର ଅଂଗର ପରମ୍ପରା ୨୨୦ ବର୍ଷ ଯାଏ ଚାଲିଲା । ଏହି ପରମ୍ପରାର ଅନ୍ତିମ ଅଧ୍ୟେତା ହେଉଛନ୍ତି ଧ୍ରୁବସେନ । ତାଙ୍କ ଉତ୍ତାରୁ ଏକ ଅଂଗ (ଆଚାରାଂଗ)ର ଅଧ୍ୟୟନ ୧୧୮ ବର୍ଷ ଯାଏ ଚାଲିଲା । ଏହାର ଅନ୍ତିମ ଅଧିକାରୀ ଥିଲେ ଲୋହାର୍ଯ୍ୟ । ବୀରନିର୍ବାଣର ୬୮୩ ବର୍ଷ ପରେ ୧୫୬ ଖ୍ରୀଷ୍ଟାବ୍ଦରେ ଆଗମ ସାହିତ୍ୟ ସର୍ବଥା ଲୁପ୍ତ ହେଲା ।

କ୍ରମାନୁସାରେ ଏହାକୁ ନିମ୍ନ ମୁତାବକ ସଜଡ଼ା ଯାଇପାରିବ :

୧. **କେବଳୀ** — ୬୨ ବର୍ଷ
 ୧. ଗୌତମ
 ୨. ସୁଧର୍ମା
 ୩. ଜମ୍ବୁ

୨. **ଶ୍ରୁତକେବଳୀ** — ୧୦୦ ବର୍ଷ
 ୧. ବିଷ୍ଣୁ
 ୨. ନନ୍ଦିମିତ୍ର
 ୩. ଅପରାଜିତ
 ୪. ଗୋବର୍ଦ୍ଧନ
 ୫. ଭଦ୍ରବାହୁ

୩. **ଦଶପୂର୍ବଧାରୀ** — ୧୮୩ ବର୍ଷ
 ୧. ବିଶାଖାଚାର୍ଯ୍ୟ
 ୨. ପ୍ରୋଷ୍ଠିଲ
 ୩. କ୍ଷତ୍ରିୟ
 ୪. ଜୟସେନ
 ୫. ନାଗରସେନ
 ୬. ସିଦ୍ଧାର୍ଥ
 ୭. ଧୃତିସେନ
 ୮. ବିଜୟ
 ୯. ବୁଦ୍ଧିଲ
 ୧୦. ଗଙ୍ଗଦେବ
 ୧୧. ସୁଧର୍ମ

୪. **ଏକାଦଶାଂଗଧାରୀ** — ୨୨୦ ବର୍ଷ
 ୧. ନକ୍ଷତ୍ର
 ୨. ଜୟପାଳ
 ୩. ପାଣ୍ଡୁ
 ୪. ଧ୍ରୁବସେନ
 ୫. କଂସାଚାର୍ଯ୍ୟ

୫. **ଆଚାରାଙ୍ଗଧାରୀ** — ୧୧୮ ବର୍ଷ
 ୧. ସୁଭଦ୍ର
 ୨. ଯଶୋଭଦ୍ର
 ୩. ଯଶୋବାହୁ
 ୪. ଲୋହାର୍ଯ୍ୟ

ମୋଟ ୬୮୩ ବର୍ଷ

ଦୃଷ୍ଟିବାଦ ଅଂଗର ପୂର୍ବଗତ ଗ୍ରନ୍ଥର କିଛି ଅଂଶ ଖ୍ରୀଷ୍ଟଙ୍କ ପ୍ରାରମ୍ଭିକ ଶତାବ୍ଦୀରେ ଶ୍ରୀଧର ସେନାଚାର୍ଯ୍ୟଙ୍କୁ ଜ୍ଞାତ ଥାଏ । ସେ ଅନୁଭବ କରିପାରିଲେ ଯେ ଶେଷାଙ୍ଗଙ୍କୁ ଯଦି ଲିପିବଦ୍ଧ କରା ନ ଯାଏ ତେବେ ଜିନବାଣୀର ସର୍ବଥା ବିଲୁପ୍ତି ଘଟିବ । ତେଣୁ ଶ୍ରୀଧରସେନାଚାର୍ଯ୍ୟ, ଶ୍ରୀପୁଷ୍ପଦନ୍ତ ଏବଂ ଶ୍ରୀଭୂତବଳି ସଦୃଶ ମେଧାବୀ ଋଷିମାନଙ୍କୁ ଆମନ୍ତ୍ରଣ କରି ଗିରିନାରର ଚନ୍ଦ୍ରଗୁମ୍ଫାରେ ତାହାକୁ ଲିପିବଦ୍ଧ କରିନେଲେ । ଏହି ଋଷିପ୍ରବରଦ୍ୱୟ, ସେହି ଲିପିବଦ୍ଧ ଶ୍ରୁତଜ୍ଞାନକୁ

ଜ୍ୟେଷ୍ଠ ଶୁକ୍ଳ ପଞ୍ଚମୀ ତିଥିରେ ସର୍ବସଂଘ ସମ୍ମୁଖରେ ଉପସ୍ଥାପିତ କରିଲେ। ଏହି ପବିତ୍ର ଦିନଟି 'ଶ୍ରୁତପଞ୍ଚମୀ' ରୂପରେ ପ୍ରସିଦ୍ଧି ଲାଭ କରି ସାହିତ୍ୟୋଦ୍ଧାରର ପ୍ରେରକ କାରକ ସାଜିଲା।[୧୭]

କେବଳ ଜ୍ଞାନ ଲୋପକୁ ନେଇ ଉଭୟ ଶ୍ୱେତାମ୍ବର ଓ ଦିଗମ୍ବର ସମ୍ପ୍ରଦାୟ ଏକମତ। ଚାରିପୂର୍ବର ଲୋପ ଭଦ୍ରବାହୁଙ୍କ ଉତ୍ତାରୁ ହୋଇଥିଲା - ଏହି ତଥ୍ୟରେ ବି ଐକ୍ୟ ରହିଛି। କେବଳ କାଳ ଦୃଷ୍ଟିରୁ ଆଠବର୍ଷର ଅନ୍ତର ରହିଛି। ଶ୍ୱେତାମ୍ବର ମାନ୍ୟତା ଅନୁସାରେ ବୀରନିର୍ବାଣର ୧୭୦ ବର୍ଷ ପରେ ତଥା ଦିଗମ୍ବର ମାନ୍ୟତା ଅନୁସାରେ ବୀରନିର୍ବାଣର ୧୬୨ ବର୍ଷ ପରେ ଏହାର ବିଲୁପ୍ତି ଘଟିଥିଲା।

ଉଭୟ ପରମ୍ପରା ଏତେଦୂର ପ୍ରାୟ ପରସ୍ପର ନିକଟତର ହୋଇ ଗତି କରିଛନ୍ତି। ଏହାପରେ ଦୂରତ୍ୱ କ୍ରମଶଃ ବୃଦ୍ଧି ପାଇବାରେ ଲାଗିଲା। ଦଶମ ପୂର୍ବର ବିଲୁପ୍ତିକୁ ନେଇ ଉଭୟ ପରମ୍ପରାରେ କାଳର ବିଶାଳ ଅନ୍ତର ଦେଖାଦେଲା। ଶ୍ୱେତାମ୍ବର ପରମ୍ପରା ଅନୁସାରେ ବୀରନିର୍ବାଣର ୫୮୪ ବର୍ଷ ଯାଏ ଦଶପୂର୍ବୀମାନେ ରହିଥିଲେ। କିନ୍ତୁ ଦିଗମ୍ବର ପରମ୍ପରା ଅନୁସାରେ ବୀରନିର୍ବାଣର ୨୪୫ ବର୍ଷ ପର୍ଯ୍ୟନ୍ତ ଦଶପୂର୍ବୀମାନେ ରହିଥିଲେ। ଶ୍ୱେତାମ୍ବରମାନେ ଏକ ପୂର୍ବ ପରମ୍ପରାକୁ ଦେବାର୍ଦ୍ଧିଗଣି ପର୍ଯ୍ୟନ୍ତ ମାନ୍ୟ କରିଥାନ୍ତି ତଥା ଆଗମର କେତେକ ଭାଗକୁ ବର୍ତ୍ତମାନ ମଧ୍ୟ ସୁରକ୍ଷିତ ରହିବାରେ ବିଶ୍ୱାସ କରନ୍ତି। ଅଥଚ ଦିଗମ୍ବରମାନେ ବୀର-ନିର୍ବାଣର ୬୮୩ ବର୍ଷ ପଶ୍ଚାତ ଆଗମର ପୂର୍ଣ୍ଣ ବିଲୋପ ଘଟିବା ସ୍ୱୀକାର କରିଥାନ୍ତି।

ଆଗମର ମୌଳିକ ରୂପ

ଦିଗମ୍ବର ପରମ୍ପରା ମୁତାବକ ବୀର ନିର୍ବାଣର ୬୮୩ ବର୍ଷ ପଶ୍ଚାତ ଆଗମଗୁଡ଼ିକର ମୌଳିକ ସ୍ୱରୂପ ଲୋପ ପାଇଥିଲା। କିନ୍ତୁ ଶ୍ୱେତାମ୍ବର ମାନ୍ୟତା ଅନୁସାରେ ଆଗମ-ସାହିତ୍ୟର ମୌଳିକ ସ୍ୱରୂପ ବୃହତ ପରିମାଣରେ ଲୋପ ପାଇଛି, କିନ୍ତୁ ସମ୍ପୂର୍ଣ୍ଣ ଲୋପ ପାଇନି, ବର୍ତ୍ତମାନ ମଧ୍ୟ ଅନେକ କିଛି ଜୀବିତ ରହିଛି। ଅଙ୍ଗ ଏବଂ ଉପାଙ୍ଗ ଆଦି ତିନି ତିନି ଥର ସଂକଳିତ ହୋଇ ସେମାନଙ୍କ ମୌଳିକ ବେଶରେ ପରିବର୍ତ୍ତନ ଅବଶ୍ୟ ଘଟିଛି। ଉତ୍ତରକାଳୀନ ଘଟଣା ଏବଂ ବିଚାରଣାର ସମ୍ମିଶ୍ରଣ ହୋଇଛି। ସ୍ଥାନାଙ୍ଗରେ ସପ୍ତ ନିହ୍ନବ ଏବଂ ନବଗଣର ଉଲ୍ଲେଖ ହେଉଛି - ଏହାର ସ୍ପଷ୍ଟ ପ୍ରମାଣ। ପ୍ରଶ୍ନ-ବ୍ୟାକରଣର ଯେଉଁ ବିଷୟ ବର୍ଣ୍ଣନ ରହିଛି, ତା'ର ସାମ୍ପ୍ରତିକ ରୂପ ଏବେ ଉପଲବ୍ଧ ନୁହେଁ। ଏହି ପ୍ରକାର ସ୍ଥିତି ସତ୍ତ୍ୱେ ଅଂଗର ଅଧିକାଂଶ ଭାଗର ମୌଳିକତା ବର୍ତ୍ତମାନ ମଧ୍ୟ ସୁରକ୍ଷିତ। ଭାଷା ଏବଂ ରଚନାଶୈଳୀ ଦୃଷ୍ଟିରୁ ଏହା ନିଶ୍ଚିତ ଭାବରେ ପ୍ରାଚୀନ। 'ଆୟାରୋ' ରଚନାଶୈଳୀ ଦୃଷ୍ଟିରୁ ବାକି ସବୁ 'ଅଂଗ'ଠାରୁ ପୃଥକ ଅଟେ। ଆଜିର ଭାଷାଶାସ୍ତ୍ରୀମାନେ ଏହି ଶାସ୍ତ୍ରକୁ ଅଢ଼େଇ ହଜାର ବର୍ଷ ପ୍ରାଚୀନ ରୂପେ ପ୍ରମାଣିତ କରନ୍ତି। ସୂତ୍ରକୃତାଂଗ, ସ୍ଥାନାଂଗ ଏବଂ ଭଗବତୀ ମଧ୍ୟ ବେଶ ପୁରାତନ। ତେବେ ଆଗମର ମୂଳ ବର୍ତ୍ତମାନ ବି ସୁରକ୍ଷିତ - ଏଥିରେ ସନ୍ଦେହର ଅବକାଶ ନାହିଁ।

ଅନୁଯୋଗ

ଅନୁଯୋଗର ଅର୍ଥ ହେଉଛି – ସୂତ୍ର ଏବଂ ଅର୍ଥ ମଧ୍ୟରେ ସମୁଚିତ ସମନ୍ୱୟ। ଏହା ଚାରିଭାଗରେ ବିଭକ୍ତ – ୧. ଚରଣକରଣାନୁଯୋଗ, ୨. ଧର୍ମକଥାନୁଯୋଗ, ୩. ଗଣିତାନୁଯୋଗ, ୪. ଦ୍ରବ୍ୟାନୁଯୋଗ।

ଆର୍ଯ୍ୟବଜ୍ର ପର୍ଯ୍ୟନ୍ତ ଅନୁଯୋଗର ବିଭାଗ ହୋଇ ନ ଥିଲା। ପ୍ରତ୍ୟେକ 'ସୂତ୍ର'ରେ ଚାରୋଟି ଯାକ ଅନୁଯୋଗର ପ୍ରତିପାଦନ କରାଯାଉଥାଏ। ଆର୍ଯ୍ୟରକ୍ଷିତ ଏହି ପଦ୍ଧତିକୁ ଭିନ୍ନ ରୂପ ଦେଲେ। ତାଙ୍କର ଶିଷ୍ୟ ଦୁର୍ବଳିକା ପୁଷ୍ୟମିତ୍ର

[୧୭] ଧବଳ ଟୀକା, ଭାଗ ୧, ଭୂମିକା, ପୃ.୧୩।

ତା'ର ନିମିତ୍ତ ସାଜିଲେ। ଆର୍ଯ୍ୟରକ୍ଷିତଙ୍କ ଚାରିଜଣ ପ୍ରମୁଖ ଶିଷ୍ୟ ହେଉଛନ୍ତି - ଦୁର୍ବଳିକା ପୁଷ୍ୟମିତ୍ର, ଫଲ୍‌ଗୁରକ୍ଷିତ, ବିନ୍ଧ୍ୟ ଏବଂ ଗୋଷ୍ଠାମାହିଲ। ଏମାନଙ୍କ ମଧ୍ୟରେ ବିନ୍ଧ୍ୟ ମେଧାବୀ ଥିଲେ। ସେ ଆର୍ଯ୍ୟରକ୍ଷିତଙ୍କୁ ନିବେଦନ କରିଥିଲେ - 'ପ୍ରଭୋ!' ଏକସଙ୍ଗେ ଅଧ୍ୟୟନ କରିବା ସମୟରେ ମୋତେ ଅଧ୍ୟୟନ ସାମଗ୍ରୀ ବହୁତ ବିଳମ୍ବରେ ମିଳୁଛି। ଯେପରି ଶୀଘ୍ର ପ୍ରାପ୍ତ ହେବ, ତା'ର ବ୍ୟବସ୍ଥା କରିବାକୁ ବିନମ୍ର ଅନୁରୋଧ କରୁଛି। ଆର୍ଯ୍ୟରକ୍ଷିତ, ବିନ୍ଧ୍ୟକୁ ଆଳାପକ ପ୍ରଦାନ କରିବାର ଦାୟିତ୍ୱ ଦୁର୍ବଳିକା ପୁଷ୍ୟମିତ୍ରଙ୍କୁ ଅର୍ପଣ କରିଲେ। ଅନେକ ଦିନ ପର୍ଯ୍ୟନ୍ତ ସେ ବାଚନା ଦେଇଥିଲେ। ତା'ପରେ ଦିନେ ଦୁର୍ବଳିକା ପୁଷ୍ୟମିତ୍ର ଆର୍ଯ୍ୟରକ୍ଷିତଙ୍କୁ ନିବେଦନ କଲେ 'ଗୁରୁଦେବ! ବିନ୍ଧ୍ୟକୁ ବାଚନା ଦେବା ଅବ୍ୟାହତ ରଖିଲେ ମୋର ନବମ ପୂର୍ବ (ଶାସ୍ତ୍ରଜ୍ଞାନ) ବିସ୍ମୃତ ହେବ। ଆଚାର୍ଯ୍ୟବର ବର୍ତ୍ତମାନ ଯେଉଁ ଆଦେଶ ଦେବେ, ତାହା ମୁଁ ପାଳନ କରିବି।

ଆର୍ଯ୍ୟରକ୍ଷିତ ଚିନ୍ତନ କଲେ - 'ଦୁର୍ବଳିକା ପୁଷ୍ୟମିତ୍ର ଏହି ସ୍ଥିତିରେ ଉପନୀତ ହେଲାଣି। ଆଗକୁ ପ୍ରଜ୍ଞା-ହାନି ନିଶ୍ଚିତ ଜଣାପଡୁଛି। ପ୍ରତ୍ୟେକ ସୂତ୍ରର ସମସ୍ତ ଅନୁଯୋଗକୁ ଧାରଣ କରିବାର କ୍ଷମତା ଏବେ ଅଧିକ ସମୟ ପର୍ଯ୍ୟନ୍ତ ସମ୍ଭବ ନୁହେଁ।' ଏହି ଚିନ୍ତନ ଉତ୍ତାରୁ ସେ ଆଗମଗୁଡ଼ିକୁ ଚାରି ଅନୁଯୋଗ ରୂପରେ ବିଭକ୍ତ କରିଲେ। [୧୮]

ଆଗମର ପ୍ରଥମ ସଂସ୍କରଣ ଭଦ୍ରବାହୁଙ୍କ ସମୟରେ ହେଲା ଏବଂ ତା'ର ଦ୍ୱିତୀୟ ସଂସ୍କରଣ ଆର୍ଯ୍ୟରକ୍ଷିତଙ୍କ ଦ୍ୱାରା (ବୀର ନିର୍ବାଣର ୫୮୩-୫୯୭ ମଧ୍ୟରେ) ସଂପନ୍ନ ହେଲା। ଏହି ସଂସ୍କରଣରେ ବ୍ୟାଖ୍ୟାର ଦୁରୂହତା ସମାପ୍ତ ହେଲା। ଚାରି ଅନୁଯୋଗ ମଧ୍ୟରେ ଆଗମକୁ ନିମ୍ନପ୍ରକାର ବିଭକ୍ତ କରାଗଲା।

୧. ଚରଣ କରଣାନୁଯୋଗ - କାଳିକାସୂତ୍ର। ୨. ଧର୍ମ କଥାନୁଯୋଗ - ଉତ୍ତରାଧ୍ୟୟନ, ଋଷି-ଭାଷିତ ଆଦି ୩. ଗଣିତାନୁଯୋଗ (କାଳାନୁଯୋଗ) - ସୂର୍ଯ୍ୟପ୍ରଜ୍ଞପ୍ତି ଆଦି। ୪. ଦ୍ରବ୍ୟାନୁଯୋଗ - ଦୃଷ୍ଟିବାଦ।

ଦିଗମ୍ବର ପରମ୍ପରାରେ ଏଥିରେ ସାମାନ୍ୟ ବ୍ୟତିକ୍ରମ ରହିଛି। ଏହା ମୁତାବକ ସେଗୁଡ଼ିକ ହେଲା - ୧. ପ୍ରଥମାନୁଯୋଗ, ୨. କରଣାନୁଯୋଗ, ୩. ଚରଣାନୁଯୋଗ ଏବଂ ୪. ଦ୍ରବ୍ୟାନୁଯୋଗ।[୧୯]

ଶ୍ୱେତାମ୍ବର ମାନ୍ୟତାନୁସାରେ ଏହି ଚାରି ଅନୁଯୋଗର ବିଷୟ କ୍ରମଶଃ ହେଉଛି - ୧. ଆଚାର, ୨. ଚରିତ, ଦୃଷ୍ଟାନ୍ତ, କଥା ଆଦି। ୩. ଗଣିତ, କାଳ ଆଦି। ୪. ଦ୍ରବ୍ୟ, ତତ୍ତ୍ୱ ଆଦି।

ଦିଗମ୍ବର ମାନ୍ୟତାନୁସାର ଚାରି ଅନୁଯୋଗର ବିଷୟର କ୍ରମିକ ଅବତାରଣା ହେଉଛି - ୧. ମହାପୁରୁଷଙ୍କ ଜୀବନ-ଚରିତ। ୨. ଲୋକାଲୋକ ବିଭକ୍ତି, କାଳ, ଗଣିତ ଆଦି। ୩. ଆଚାର। ୪. ଦ୍ରବ୍ୟ, ତତ୍ତ୍ୱ।[୨୦]

ଦିଗମ୍ବରମାନେ ଆଗମକୁ ଲୁପ୍ତ ବୋଲି ମାନ୍ୟ କରୁଥିବାରୁ ପ୍ରଥମାନୁଯୋଗରେ ମହାପୁରାଣ ଏବଂ ପୁରାଣ, କରଣାନୁଯୋଗରେ ତ୍ରିଲୋକ-ପ୍ରଜ୍ଞପ୍ତି ଏବଂ ତ୍ରିଲୋକସାର, ଚରଣାନୁଯୋଗରେ ମୂଳାଚାର ତଥା ଦ୍ରବ୍ୟାନୁଯୋଗରେ ପ୍ରବଚନସାର ଓ ଗୋମ୍ମଟସାର ଆଦିକୁ ସମାବିଷ୍ଟ କରିଛନ୍ତି।

ଲେଖନ ଓ ପ୍ରତିକ୍ରିୟା

ଜୈନ ସାହିତ୍ୟ ଅନୁସାରେ ପ୍ରାଗ୍ ଐତିହାସିକ ସମୟରୁ ଲିପିର ଆରମ୍ଭ। 'ପ୍ରଜ୍ଞାପନା ସୂତ୍ର'ରେ ୧୮ ଲିପିରେ ଉଲ୍ଲେଖ ରହିଛି। [୨୧] ଭଗବାନ ଋଷଭନାଥ ନିଜ କନ୍ୟା ବ୍ରାହ୍ମୀଙ୍କୁ ଅଠର ଲିପିର ପ୍ରଶିକ୍ଷଣ ଦେଇଥିବାର ଉଲ୍ଲେଖ

---

[୧୮] ଆବଶ୍ୟକକଥା, ଶ୍ଳୋକ ୧୭୪ :
ଚତୁର୍ଷ୍କୈକୈକସୂତ୍ରାର୍ଥାଖ୍ୟାନେ ସ୍ୟାତ୍ କୋପି ନକ୍ଷମଃ।
ତତୋ ନୁଯୋଗାଂଶ୍ଚତୁରଃ, ପାର୍ଥ-କ୍ୟେନ ବ୍ୟଧାତ୍ ପ୍ରଭୁଃ ॥ (୧)

[୧୯][୨୦] ରତ୍ନକରଣ୍ଡ ଶ୍ରାବକାଚାର, ଅଧିକାର ୧, ପୃ. ୭୧-୭୩

[୨୧] ପ୍ରଜ୍ଞାପନା, ପଦ ୧

ବିଶେଷାବଶ୍ୟକ ବୃତ୍ତି, ତ୍ରିଷଷ୍ଟି-ଶ୍ଲାକା ପୁରୁଷ ଚରିତ୍ର ଆଦିରେ ଦେଖିବାକୁ ମିଳିଥାଏ। ଜୈନ-ସୂତ୍ର ବର୍ଣ୍ଣିତ ୭୨ କଳାମାନଙ୍କରେ ଲେଖନ-କଳାକୁ ପ୍ରଥମ ସ୍ଥାନ ପ୍ରାପ୍ତ ହୋଇଛି।[୨୨] ଭଗବାନ ଋଷଭନାଥ ୭୨ କଳାର ଉପଦେଶ ଦେବା ସହିତ ଅସି, ମସି ଓ କୃଷି ବ୍ୟବସାୟର ପ୍ରଚଳନ ମଧ୍ୟ କରିଥିଲେ। 'ଲେଖକଳା' ଓ 'ମସି' ଶବ୍ଦ ଲେଖିବା ପରମ୍ପରାକୁ କର୍ମଯୁଗର ଆରମ୍ଭ ଯାଏ ପହଞ୍ଚାଇ ଦେଇଥିଲେ। ନନ୍ଦୀସୂତ୍ରରେ ତିନିପ୍ରକାର ଅକ୍ଷର-ଶ୍ରୁତର ବର୍ଣ୍ଣନ ରହିଛି। ଏମାନଙ୍କ ମଧ୍ୟରେ ସଂଜ୍ଞାକ୍ଷର ହେଉଛି ପ୍ରଥମ। ଏହାର ଅର୍ଥ ହେଲା ଅକ୍ଷରର ଆକୃତି-ଲିପି।

ଲେଖ-ସାମଗ୍ରୀ

ପ୍ରାଗ୍ ଐତିହାସିକ କାଳରେ ଲେଖିବା ସାମଗ୍ରୀ କିପରି ଥିଲା - ଏହା ନିଶ୍ଚୟ ପୂର୍ବକ କୁହାଯାଇପାରିବ ନାହିଁ।[୨୩] ରାଜପ୍ରଶ୍ନୀୟ ସୂତ୍ରରେ ପୁସ୍ତକରତ୍ନର ବର୍ଣ୍ଣନ କରିବାକୁ ଯାଇ କମ୍ବିକା (କାମୀ), ମୋରା, ଗଣ୍ଠି, ଲିପ୍ୟାସନ (ମସିପାତ୍ର), ଛନ୍ଦନ (ଢାଙ୍କୁଣି), ସାଙ୍କଳୀ (ଶିକଳ), ମସି ଓ ଲେଖନୀ - ଆଦି ଲେଖ-ସାମଗ୍ରୀର ଉପକରଣଗୁଡ଼ିକର ଉଲ୍ଲେଖ ରହିଛି। ପ୍ରଜ୍ଞାପନାରେ 'ପୋତ୍‌ଥାରା' ଶବ୍ଦ ରହିଛି।[୨୪] ଯାହାର ଅର୍ଥ ହେଉଛି - ଲିପିକାର-ପୁସ୍ତକବିଜ୍ଞାନ ଆର୍ଯ୍ୟ। ଏହାକୁ ଶିଳ୍ପାର୍ଯ୍ୟ ରୂପେ ପରିଗଣିତ କରାଯାଇଥାଏ। ଏହି ସୂତ୍ରରେ ଅର୍ଦ୍ଧ-ମାଗଧୀ ଭାଷା ଏବଂ ବ୍ରାହ୍ମୀ ଲିପିର ପ୍ରୟୋଗ କରୁଥିବା ଲୋକକୁ ଭାଷାର୍ଯ୍ୟ ବୋଲି କୁହାଯାଇଛି।[୨୫] ଭଗବତୀସୂତ୍ରର ପ୍ରାରମ୍ଭରେ ବ୍ରାହ୍ମୀଲିପିକୁ ନମସ୍କାର କରାଯାଇଛି। ତେବେ ତା' ପୃଷ୍ଠଭୂମିରେ ମଧ୍ୟ ଲେଖିବା ଇତିହାସ ରହିଛି। ଭାବ-ଶ୍ରୁତ ପୂର୍ବରୁ ଦ୍ରବ୍ୟ-ଶ୍ରୁତ ରହିଥାଏ। ଠିକ୍ ସେହିପରି ଭାବ-ଲିପି ଆଗରୁ ଦ୍ରବ୍ୟ-ଲିପି ରହିଥାଏ। ଶ୍ରୂୟମାଣ ଶବ୍ଦ ଏବଂ ପଠ୍ୟମାନ ଶବ୍ଦ-ଉଭୟ ଦ୍ରବ୍ୟ-ଶ୍ରୁତ ଶ୍ରେଣୀ ଅନ୍ତର୍ଗତ। ଦ୍ରବ୍ୟ-ଲିପି ଦ୍ରବ୍ୟ-ଶ୍ରୁତ ବ୍ୟତୀତ ଅନ୍ୟ କିଛି ନୁହେଁ, ବରଂ ଏହା ତା'ର ଏକ ଅଂଶବିଶେଷ ମାତ୍ର। ପାଞ୍ଚପ୍ରକାର ପୁସ୍ତକ ସମ୍ବନ୍ଧରେ ସୂଚନା ମିଳିଥାଏ। ଯଥା– ୧. ଗଣ୍ଡୀ, ୨. କଚ୍ଛବୀ, ୩. ମୁଷ୍ଟି, ୪. ସଂପୁଟ ଫଳକ ଏବଂ ୫. ସୃପାଟିକା। ହରିଭଦ୍ରସୂରି ମଧ୍ୟ ଦଶବୈକାଳିକର ଟୀକାରେ ପ୍ରାଚୀନ ଆଚାର୍ଯ୍ୟମାନଙ୍କ ମାନ୍ୟତାକୁ ପୁଷ୍ଟ କରିବାକୁ ଯାଇ ଏହି ପୁସ୍ତକମାନଙ୍କ ଉଲ୍ଲେଖ କରିଛନ୍ତି।[୨୬] ନିଶୀଥଚୂର୍ଣ୍ଣୀରେ ମଧ୍ୟ ଏହାର ଉଲ୍ଲେଖ ରହିଛି। ଅନୁଯୋଗଦ୍ୱାରର ପୋତ୍‌ଥକମ୍ମ (ପୁସ୍ତକ-କର୍ମ) ଶବ୍ଦ ମଧ୍ୟ ଲିପିର ପ୍ରାଚୀନତାର ଏକ ସଶକ୍ତ ପ୍ରମାଣ ପ୍ରଦାନ କରିଥାଏ। ଟୀକାକାର, ପୁସ୍ତକର ଅର୍ଥ ତାଡ଼ପତ୍ର ଅଥବା ସଂପୁଟକ-ପତ୍ର-ସଞ୍ଚୟ ଏବଂ କର୍ମର ଅର୍ଥ ବର୍ତ୍ତିକା (ବଳିତା, ତୂଳୀ) ଦ୍ୱାରା ଲେଖିବା ରୂପରେ କରିଛନ୍ତି। ଏହି ସୂତ୍ରରେ ପ୍ରୟୋଗ କରାଯାଇଥିବା ପୋତ୍‌ଥକାର (ପୁସ୍ତକକାର) ଶବ୍ଦର ଅର୍ଥ ଟୀକାକାର ପୁସ୍ତକ ମାଧ୍ୟମରେ ଜୀବନଯାପନ କରୁଥିବା ଲୋକ ଭାବରେ କରିଯାଇଛନ୍ତି। ଜୀବାଭିଗମ (୧ ପ୍ରତି ୪ ଅଧି.)ର ପୋତ୍‌ଥାର (ପୁସ୍ତକକାର) ଏହାହିଁ ହେଉଛି ଅର୍ଥ। ଭଗବାନ ମହାବୀରଙ୍କ ପାଠଶାଳାରେ ପଢ଼ିବା-ଲେଖିବା ଘଟଣା ହେଉଛି ତାତ୍‌କାଳିକ ଲେଖନ-ପ୍ରଥାର ଏକ ପ୍ରମାଣ। ବୀର-ନିର୍ବାଣର ଦ୍ୱିତୀୟ ଶତାବ୍ଦୀରେ ଆକ୍ରମଣକାରୀ ସମ୍ରାଟ ଆଲେକଜାଣ୍ଡରଙ୍କ ସେନାପତି ନିଆର୍କସ ଲେଖିଛନ୍ତି - 'ଭାରତର ଲୋକମାନେ କାଗଜ ତିଆରି କରୁଥିଲେ।'[୨୭] ଖ୍ରୀଷ୍ଟଙ୍କ ଦ୍ୱିତୀୟ ଶତାବ୍ଦୀରେ ତାଡ଼ପତ୍ର ଏବଂ ଚତୁର୍ଥ ଶତାବ୍ଦୀରେ ଭୋଜପତ୍ର ଉପରେ ଲେଖିବାର ପ୍ରମାଣ ମିଳିଥାଏ।[୨୮] ବର୍ତ୍ତମାନ ଯେଉଁସବୁ ଲିଖିତ ଗ୍ରନ୍ଥ ଉପଲବ୍ଧ, ସେମାନଙ୍କ ମଧ୍ୟରେ ଖ୍ରୀଷ୍ଟଙ୍କ ପଞ୍ଚମ ଶତାବ୍ଦୀରେ ଲେଖାଯାଇଥିବା ପତ୍ର ରହିଛି।[୨୯] ଭାରତରେ ଲେଖିବା ପରମ୍ପରା ଯେ ପ୍ରାଚୀନ ଏହା ତଥ୍ୟ ଆଧାରରେ ଆମେ ଜାଣିବାକୁ ପାଇଥାଉଁ। କିନ୍ତୁ ଏହାସକାଶେ କେଉଁ ପ୍ରକାର ସାଧନର ଉପଯୋଗ କରାଯାଉଥିଲା,

---

[୨୨] ସମବାଓ, ୭୨/୭, ପ୍ରଶ୍ନ ବ୍ୟାକରଣ, ୫ ଆଶ୍ରବ ଦ୍ୱାର। [୨୩] ଲେଖ-ସାମଗ୍ରୀ ପାଇଁ ଦେଖନ୍ତୁ - ଭାରତୀୟ ପ୍ରାଚୀନ ଲିପିମାଳା, ପୃ.୧୪୨-୫୯। [୨୪][୨୫] ପ୍ରଜ୍ଞାପନା, ପଦ ୧।

[୨୬] ଦଶବୈକାଳିକ, ହାରିଭଦ୍ରୀୟା ବୃତ୍ତି, ପତ୍ର ୨୫। [୨୭] ଭାରତୀୟ ପ୍ରାଚୀନ ଲିପିମାଳା, ପୃ.୪।

[୨୮][୨୯] ଭାରତୀୟ ପ୍ରାଚୀନ ଲିପିମାଳା, ପୃ.୨।

ଏହାର ଦୁଇହଜାର ବର୍ଷର ପ୍ରାଚୀନ ରୂପ ଜାଣିବା ହେଉଛି ଭାରି ଦୁରୂହ। ଭାରତୀୟ ବାଙ୍ଗମୟର ଭାଗ୍ୟ ଯେ ଦୀର୍ଘଦିନ ଧରି କଣ୍ଠ-ପରମ୍ପରା ମଧ୍ୟରେ ସୁରକ୍ଷିତ ରହିଥିଲା - ମୋଟାମୋଟି ଏହି ତଥ୍ୟ ଆମକୁ ସ୍ୱୀକାର କରିବାକୁ ପଡ଼ିବ। ଜୈନ, ବୌଦ୍ଧ ଓ ବୈଦିକ - ଏହି ତିନି ପରମ୍ପରାର ଶିଷ୍ୟଗଣ ଉତ୍ତରାଧିକାର ରୂପରେ ନିଜ ଆଚାର୍ଯ୍ୟଙ୍କ ଦ୍ୱାରା ପ୍ରଣୀତ ବିଧିବିଧାନର ଅକ୍ଷୟ-କୋଷ ମଧ୍ୟ ଲାଭ କରୁଥିଲେ।

ଆଗମ ରଚନାର ଇତିହାସ

ଜୈନ ଦୃଷ୍ଟି ଅନୁସାରେ ଶ୍ରୁତ-ଆଗମର ବିଶାଳ ଧନ-ରାଶି ଚଉଦଖଣ୍ଡ ପୂର୍ବରେ ସଞ୍ଚିତ ହୋଇରହିଛି। ସେଗୁଡ଼ିକ କେବେ ବି ଲେଖାଯାଇ ନ ଥିଲା, ଅଥଚ ଅମୁକ ପରିମାଣ କାଳିରେ ଲେଖାଯାଇପାରିବାର କଳ୍ପନା ଅବଶ୍ୟ କରାଯାଇଥିଲା। ଦ୍ୱାଦଶ ବର୍ଷବ୍ୟାପୀ ଦୁଷ୍କାଳ ଉତ୍ତାରୁ ଆର୍ଯ୍ୟସ୍କନ୍ଦିଳଙ୍କ ଅଧ୍ୟକ୍ଷତାରେ ମଥୁରାରେ ସାଧୁ-ସଂଘ ଏକତ୍ରିତ ହୁଏ। ଆଗମମାନଙ୍କ ସଂକଳନପୂର୍ବକ ଲେଖନ ମଧ୍ୟ କରାଗଲା ଏବଂ ଆର୍ଯ୍ୟ ସ୍କନ୍ଦିଳ, ସାଧୁମାନଙ୍କୁ ଅନୁଯୋଗ'ର ବାଚନା ପ୍ରଦାନ କଲେ। ଏହି ସକାଶେ ସେହି ବାଚନାକୁ ମାଥୁରୀ-ବାଚନା କୁହାଗଲା। ବୀର ନିର୍ବାଣ ୮୨୭ରୁ ୮୪୦ ଅର୍ଥାତ୍ ୩୦୦ରୁ ୩୧୩ ମସିହା ମଧ୍ୟରେ ଏହା କରାଯାଇଥିବ ବୋଲି ବିଶ୍ୱାସ କରାଯାଏ। ଠିକ୍ ଏହି ସମୟରେ ନାଗାର୍ଜୁନ ସୂରି ଶ୍ରମଣ ସଂଘକୁ ଏକତ୍ରକରି ବଲ୍ଲଭୀଠାରେ ଆଗମଗୁଡ଼ିକୁ ସଙ୍କଳିତ କରିଥିଲେ। ନାଗାର୍ଜୁନ ଏବଂ ଅନ୍ୟ ଶ୍ରମଣମାନଙ୍କୁ ଯେଉଁ ଆଗମ ଏବଂ ପ୍ରକରଣ ସ୍ମରଣ ଥିଲା, ତାହା ଲିପିବଦ୍ଧ କରାଗଲା। ସଂକଳିତ ଆଗମର ବାଚନା ପ୍ରଦାନ କରାଗଲା। ଏହା 'ନାଗାର୍ଜୁନୀୟ-ବାଚନା' ନାମରେ ବିଖ୍ୟାତ। କାରଣ ଏଠାରେ ନାଗାର୍ଜୁନଙ୍କ ପ୍ରମୁଖ ଭୂମିକା ରହିଥିଲା। ବୀର-ନିର୍ବାଣର ୯୮୦ (୯୯୩ ବି ହୋଇପାରେ) ବର୍ଷରେ ଦେବାର୍ଦ୍ଧିଗଣି କ୍ଷମାଶ୍ରମଣ ପୁଣି ଆଗମଗୁଡ଼ିକ ପୁସ୍ତକାରୂଢ଼ କରି ସଂଘ ସମ୍ମୁଖରେ ବାଚନ କରିଥିଲେ। ଏହି ଅନୁଷ୍ଠାନ ମଧ୍ୟ ବଲ୍ଲଭୀଠାରେ ସଂପନ୍ନ ହୋଇଥିଲା। ପୂର୍ବବର୍ତ୍ତୀ ଦୁଇ ବାଚନା ସମୟରେ ଲିପିବଦ୍ଧ ଆଗମ ବ୍ୟତୀତ ଅନ୍ୟ ପ୍ରକରଣ-ଗ୍ରନ୍ଥ ବି ଲେଖାଯାଇଥିଲା। ଦୁଇ ବାଚନା ମଧ୍ୟରେ ରହିଥିବା ସୈଦ୍ଧାନ୍ତିକ ସମନ୍ୱୟକୁ ଅନ୍ୱେଷଣ କରାଯାଇ ପ୍ରତିଷ୍ଠିତ କରାଗଲା ଏବଂ ମହତ୍ତ୍ୱପୂର୍ଣ୍ଣ ମତଭେଦଗୁଡ଼ିକୁ ପାଠାନ୍ତର ଆଦି ବାକ୍ୟାବଳୀ ସହିତ ଆଗମ, ଟୀକା, ଚୂର୍ଣ୍ଣିରେ ସଂଗୃହୀତ କରାଗଲା।

ପ୍ରତିକ୍ରିୟା

ଆଗମଗୁଡ଼ିକ ଲିପିବଦ୍ଧ ହୋଇଥିବା ସତ୍ତ୍ୱେ ଗୋଟିଏ ବିଚାରଧାରା ଏପରି ରହିଥିଲା, ଯା'ର ମତରେ ସାଧୁମାନେ ପୁସ୍ତକ ଲେଖିପାରିବେ ନାହିଁ କିମ୍ବା ଆପଣା ସହିତ ପୁସ୍ତକ ରଖିବା ମଧ୍ୟ ମନା। ପୁସ୍ତକ ଲେଖିବା ଏବଂ ରଖିବାରେ ଦୋଷ ବର୍ଣ୍ଣନା କରି କୁହାଗଲା –

୧. ଅକ୍ଷର ଲେଖିବାର କୁନ୍ଥୁ ଆଦି ତ୍ରସ ଅର୍ଥାତ୍ ଚଳନଶୀଳ ଜୀବଙ୍କ ହିଂସାର ଆଶଙ୍କା ରହିଥାଏ। ତେଣୁ ପୁସ୍ତକ-ଲେଖନ ହେଉଛି ସଂଯମ-ବିରାଧନାର ଏକ ହେତୁ।

୨. ପୁସ୍ତକଗୁଡ଼ିକୁ ଗ୍ରାମାନ୍ତର ନେବା ସମୟରେ କାନ୍ଧର ଚମ ବିଦୀର୍ଣ୍ଣ ହୁଏ ତଥା ବ୍ରଣ ଆଦି ଜାତହୁଏ।

୩. ତା'ର ଛିଦ୍ରଗୁଡ଼ିକର ସମ୍ୟକ୍ 'ପଡିଲେହନା' ବା ଦୋଷଶୂନ୍ୟ ଉପଚାର ସମ୍ଭବ ନୁହେଁ।

୪. ପଦଯାତ୍ରା ସମୟରେ ଭାର ବୃଦ୍ଧିପାଏ।

୫. କୁନ୍ଥୁ ଆଦି ଜୀବଙ୍କ ଆଶ୍ରୟସ୍ଥଳୀ ହୋଇଥିବାରୁ ଅଧିକାରଣ ଅଥବା ଚୋର ଆଦିଙ୍କ ଦ୍ୱାରା ଚୋରି କରାଯିବା ଯୋଗୁଁ ଅଧିକରଣରେ ପରିଣତ ହୁଅନ୍ତି।

୬. ତୀର୍ଥଙ୍କରମାନେ ପୁସ୍ତକ ଆଦି ଉପଧି ରଖିବାର ଆଜ୍ଞା ଦେଇନାହାନ୍ତି।

୭. ସେଗୁଡ଼ିକ ପାଖରେ ରହିଥିଲେ ବି ସୂତ୍ର-ଗୁଣନରେ ପ୍ରମାଦ ଘଟିଥାଏ - ଆଦି-ଆଦି।

ସାଧୁମାନେ ଯେତେଥର ପୁସ୍ତକକୁ ଖୋଲନ୍ତି, ବନ୍ଦ କରନ୍ତି, ଅକ୍ଷର ଲେଖନ୍ତି, ସେମାନଙ୍କୁ ସେତେ ଚତୁର୍ଲଘୁକର ଦଣ୍ଡ ମିଳିଥାଏ ଏବଂ ଆଜ୍ଞା-ଲୋପ ଆଦିର ଦୋଷ ମଧ୍ୟ ଲାଗେ । ଆଚାର୍ଯ୍ୟଶ୍ରୀ ଭିକ୍ଷୁଙ୍କ ସମୟରେ ମଧ୍ୟ ଏହି ବିଚାରଧାରା ବଳବତୀ ଥାଏ। ତେବେ ସେ ଏହାର ଖଣ୍ଡନ କରିଥିଲେ।

ଅଙ୍ଗ ଓ ଉପାଙ୍ଗ ତଥା ଛେଦ ଓ ମୂଳ

ଦିଗମ୍ବର ସାହିତ୍ୟରେ ଅଙ୍ଗ-ପ୍ରବିଷ୍ଟ ଏବଂ ଅଙ୍ଗ-ବାହ୍ୟ ରୂପରେ ଆଗମର ଦୁଇଟି ବିଭାଗ ରହିଛି।

ଶ୍ୱେତାମ୍ବର ପରମ୍ପରାରେ ବି ଏହାହିଁ ମୂଳ-ବିଭାଗ। ସ୍ଥାନାଙ୍ଗ, ନନ୍ଦୀ ଆଦିରେ ଏହା ସୁସ୍ପଷ୍ଟ ହୋଇଛି। ଆଗମ-ବିଚ୍ଛେଦ କାଳରେ ପୂର୍ବ ଏବଂ ଅଙ୍ଗର ନିର୍ଯ୍ୟୂହଣ ଓ ଶେଷାଂଶ ମାତ୍ର ଉଜ୍ଜୀବିତ ରହିଛି, ଯାହା ପୃଥକ୍ ସଂଜ୍ଞା ପ୍ରାପ୍ତ। ନିଶୀଥ, ବ୍ୟବହାର, ବୃହତ୍‌କଳ୍ପ ଏବଂ ଦଶାଶ୍ରୁତ-ସ୍କନ୍ଧକୁ ଛେଦ-ସୂତ୍ର କୁହାଗଲା।

ଆଗମ-ପୁରୁଷର କଳ୍ପନା କରାଗଲା। ସେତେବେଳେ ଅଙ୍ଗପ୍ରବିଷ୍ଟକୁ ଅଙ୍ଗ-ସ୍ଥାନୀୟ ତଥା ଦ୍ୱାଦଶ ସୂତ୍ରକୁ ଉପାଙ୍ଗ-ସ୍ଥାନୀୟ ରୂପରେ ମାନ୍ୟତା ପ୍ରଦାନ କରାଗଲା। ପୁରୁଷର ଯେପରି ଦୁଇଟି ପାଦ, ଦୁଇ ଜାନୁ, ଦୁଇ ଊରୁ, ଦୁଇ ଗାତ୍ରାର୍ଦ୍ଧ, ଦୁଇ ବାହୁ ଏବଂ ଗ୍ରୀବା ତଥା ଶିର ମିଶି ବାରଟି ଅଙ୍ଗ ରହିଥାଏ, ସେହିଭଳି ଶ୍ରୁତପୁରୁଷର ମଧ୍ୟ ଆଚାର ଆଦି ଦ୍ୱାଦଶ ଅଙ୍ଗ ରହିଛି। ଏହିସବୁ କାରଣରୁ ଏମାନେ ଅଂଗ-ପ୍ରବିଷ୍ଟ ବୋଲାଇଥାନ୍ତି।

କାନ, ଆଖି, ନାକ, ଜଙ୍ଘ, ହାତ ଓ ପାଦ ହେଉଛି ଉପାଙ୍ଗ। ଶ୍ରୁତପୁରୁଷର ମଧ୍ୟ ଔପପାତିକ ଆଦି ଦ୍ୱାଦଶ ଉପାଙ୍ଗ ରହିଛି। ଏହି ଅଙ୍ଗ ଓ ଉପାଙ୍ଗର ଦ୍ୱାଦଶ ବର୍ଗୀକରଣ ନିମ୍ନ ପ୍ରକାର କରାଯାଇପାରିବ –

ଅଙ୍ଗ	**ଉପାଙ୍ଗ**
ଆଚାର	ଔପପାତିକ
ସୂତ୍ରକୃତ୍	ରାଜପ୍ରଶ୍ନୀୟ
ସ୍ଥାନ	ଜୀବାଭିଗମ
ସମବାୟ	ପ୍ରଜ୍ଞାପନା
ଭଗବତୀ	ସୂର୍ଯ୍ୟ-ପ୍ରଜ୍ଞପ୍ତି
ଜ୍ଞାତଧର୍ମକଥା	ଜମ୍ବୁଦ୍ୱୀପ ପ୍ରଜ୍ଞପ୍ତି
ଉପାସକଦଶା	ଚନ୍ଦ୍ରପ୍ରଜ୍ଞପ୍ତି
ଅନ୍ତକୃତ୍‌ଦଶା	କଳ୍ପିକା
ଅନୁତ୍ତରୋପପାତିକଦଶା	କଳ୍ପାବତଂସିକା
ପ୍ରଶ୍ନ ବ୍ୟାକରଣ	ପୁଷ୍ପିକା
ବିପାକ	ପୁଷ୍ପଚୂଳିକା
ଦୃଷ୍ଟିବାଦ	ବୃଷ୍ଣିଦଶା

ଉମାସ୍ୱାତି ତାଙ୍କ ତତ୍ତ୍ୱାର୍ଥଭାଷ୍ୟରେ ଉପାଙ୍ଗର ପ୍ରୟୋଗ କରିଛନ୍ତି।[୩୦] ଅଙ୍ଗ ସ୍ୱତଃ ପ୍ରମାଣ, କିନ୍ତୁ ଉପାଙ୍ଗ ପରତଃ ପ୍ରମାଣ ହୋଇଥିବାରୁ ଅର୍ଥାଭିବ୍ୟକ୍ତି ଦୃଷ୍ଟିକୋଣରୁ ଏହି ପ୍ରୟୋଗ ଯଥାର୍ଥ ଅଟେ।

ଏମାନଙ୍କ ଭାଷ୍ୟମାନଙ୍କରେ 'ଛେଦ'ର ପ୍ରୟୋଗ ମିଳିଥାଏ। 'ମୂଳ'ର ପ୍ରୟୋଗ ସମ୍ଭବତଃ ସବୁଠାରୁ ଅର୍ବାଚୀନ ମନେହୁଏ। ଦଶବୈକାଳିକ ଏବଂ ଉତ୍ତରାଧ୍ୟୟନ - ଏହି ଦୁଇଟି ଗ୍ରନ୍ଥ ମୂଳସୂତ୍ର ରୂପରେ ମାନ୍ୟ ହୋଇଛି। ନନ୍ଦୀ ଏବଂ ଅନୁଯୋଗ ଦ୍ୱାର ହୋଇଛି ଦୁଇଟି ଚୂଳିକା ସୂତ୍ର।

---

[୩୦] ତତ୍ତ୍ୱାର୍ଥଭାଷ୍ୟ, ଟୀକା, ପୃ.୨୩।

'ଛେଦ' ସଂଖ୍ୟା ଚାରି । ୧. ବ୍ୟବହାର ୨. ବୃହତ୍‌କଳ୍ପ ୩. ନିଶୀଥ ୪. ଦଶାଶ୍ରୁତସ୍କନ୍ଧ ।

ଏହି ପ୍ରକାର ଅଙ୍ଗ-ବାହ୍ୟ-ଶ୍ରୁତର ଭିନ୍ନ କାଳଖଣ୍ଡରେ ଭିନ୍ନ-ଭିନ୍ନ ରୂପରେ ଯୋଜନାବଦ୍ଧ ଢଙ୍ଗରେ ବିଭକ୍ତ କରାଯାଇଛି ।

ଆଗମର ବର୍ତ୍ତମାନ ରୂପ

ଦ୍ୱାଦଶ ବର୍ଷୀୟ ଦୁର୍ଭିକ୍ଷ ଉତ୍ତାରୁ ଦେବାର୍ଦ୍ଧିଗଣୀ କ୍ଷମାଶ୍ରମଣଙ୍କ ନେତୃତ୍ୱରେ ଶ୍ରମଣ ସଂଘ ଏକତ୍ରିତ ହେଲା । ସେତେବେଳକୁ ଅନେକ ବହୁଶ୍ରୁତ ମୁନି କାଳ-କବଳିତ ହୋଇସାରିଥାନ୍ତି । ସାଧୁମାନଙ୍କ ସଂଖ୍ୟା ହ୍ରାସ ପାଇଥାଏ । ଶ୍ରୁତର ଅବସ୍ଥା ଶୋଚନୀୟ ଥାଏ । ଦୁର୍ଭିକ୍ଷଜନ୍ୟ ଅସୁବିଧା କାରଣରୁ ପ୍ରାସୁକ (ନିଷ୍ପାପ, ଶୁଦ୍ଧ) ଭିକ୍ଷାଜୀବୀ ସାଧୁମାନଙ୍କ ସ୍ଥିତି ଚିନ୍ତାର ଉଦ୍ରେକ କରୁଥାଏ । ଶ୍ରୁତର ବିସ୍ମୃତି ଘଟୁଥାଏ ।

ଦେବାର୍ଦ୍ଧିଗଣୀ, ଅବଶିଷ୍ଟ ସଂଘକୁ ବଲ୍ଲଭୀରେ ଏକତ୍ରିତ କରିଥିଲେ । ଶ୍ରୁତର ଯେତେ ଅଂଶ ସେମାନେ କଣ୍ଠସ୍ଥ କରିଥିଲେ, ତାହା ସେମାନଙ୍କଠାରୁ ଶୁଣିଲେ । ଆଗମର ଆଳାପକ ଛିନ୍ନ-ଭିନ୍ନ, ନ୍ୟୂନାଧିକଙ୍କୁ ନେଇ ନିଜ ବୁଦ୍ଧି ଅନୁସାରେ ସେମାନଙ୍କ ସଙ୍କଳନ, ସମ୍ପାଦନ ପୂର୍ବକ ପୁସ୍ତକାରୂଢ଼ କରିଲେ ।

ଆଗମର ସଦ୍ୟତମ ସଂସ୍କରଣ ହେଉଛି ଦେବାର୍ଦ୍ଧିଗଣୀକୃତ । ଅଙ୍ଗର କର୍ତ୍ତା ହେଉଛନ୍ତି ଗଣଧର । ଅଙ୍ଗ-ବାହ୍ୟ-ଶ୍ରୁତର କର୍ତ୍ତା ହେଉଛନ୍ତି ସ୍ଥବିର । ଦେବାର୍ଦ୍ଧିଗଣୀ ଏହି ସବୁର ସଂକଳନ ଓ ସମ୍ପାଦନ କରିଥିଲେ । ଏହି କାରଣରୁ ଦେବାର୍ଦ୍ଧିଗଣୀଙ୍କୁ ଆଗମର ବାର୍ତ୍ତମାନିକ ରୂପର କର୍ତ୍ତା ରୂପେ ସ୍ୱୀକାର କରାଯାଇଛି ।[୩୧]

ଆଗମର ବ୍ୟାଖ୍ୟାତ୍ମକ ସାହିତ୍ୟ

ଆଗମର ବ୍ୟାଖ୍ୟାତ୍ମକ ସାହିତ୍ୟ 'ନିର୍ଯୁକ୍ତି'ରୁ ଆରମ୍ଭ ହୋଇ 'ସ୍ତବକ' ଏବଂ 'ଯୋଡ଼' ପର୍ଯ୍ୟନ୍ତ ଲମ୍ବିଆସିଛି ।

ନିର୍ଯୁକ୍ତି ଏବଂ ନିର୍ଯୁକ୍ତିକାର

ଭଦ୍ରବାହୁ ଦ୍ୱିତୀୟ ଦଶଖଣ୍ଡ ନିର୍ଯୁକ୍ତିର ରଚନା କରିଛନ୍ତି । ସେଗୁଡ଼ିକ ହେଉଛି - ୧. ଆବଶ୍ୟକ-ନିର୍ଯୁକ୍ତି ୨. ଦଶବୈକାଳିକ ନିର୍ଯୁକ୍ତି ୩. ଉତ୍ତରାଧ୍ୟୟନ-ନିର୍ଯୁକ୍ତି ୪. ଆଚାରାଙ୍ଗ-ନିର୍ଯୁକ୍ତି ୫. ସୂତ୍ରକୃତାଙ୍ଗ-ନିର୍ଯୁକ୍ତି ୬. ଦଶାଶ୍ରୁତସ୍କନ୍ଧ-ନିର୍ଯୁକ୍ତି ୭. ବୃହତ୍‌କଳ୍ପ-ନିର୍ଯୁକ୍ତି ୮. ବ୍ୟବହାର-ନିର୍ଯୁକ୍ତି ୯. ସୂର୍ଯ୍ୟପ୍ରଜ୍ଞପ୍ତି-ନିର୍ଯୁକ୍ତି ୧୦. ଋଷିଭାଷିତ-ନିର୍ଯୁକ୍ତି ।

ଏଗୁଡ଼ିକର ରଚନା ବୀର-ନିର୍ବାଣର ପଞ୍ଚମୀ-ଷଷ୍ଠ ଶତାବ୍ଦୀ ମଧ୍ୟବର୍ତ୍ତିକାଳୀନ ଅଟେ । ବୃହତ୍‌କଳ୍ପର ନିର୍ଯୁକ୍ତି ଭାଷ୍ୟମିଶ୍ରିତ ଅବସ୍ଥାରେ ପ୍ରାପ୍ତ ହୁଏ । ବ୍ୟବହାର ନିର୍ଯୁକ୍ତି ମଧ୍ୟ ଭାଷ୍ୟରେ ହିଁ କରାଯାଇଛି ।

ସୂର୍ଯ୍ୟପ୍ରଜ୍ଞପ୍ତି ଏବଂ ଋଷିଭାଷିତ - ଏହି ଦୁଇଟି ନିର୍ଯୁକ୍ତି ବର୍ତ୍ତମାନ ଉପଲବ୍ଧ ନୁହେଁ । କିଛି ନିର୍ଯୁକ୍ତି, ମୂଳ ନିର୍ଯୁକ୍ତିର ପୂରକ ସାଜିଛନ୍ତି । ଯଥା–

[୩୧] ସମାଚାରୀଶତକ : ଶ୍ରୀ ଦେବାର୍ଦ୍ଧିଗଣ କ୍ଷମାଶ୍ରମଣେନ ଶ୍ରୀବୀରାଦ୍ ଅଶୀତ୍ୟଧିକ ନବଶତ (୯୮୦) ବର୍ଷେ ଜାତେନ ଦ୍ୱାଦଶବର୍ଷୀୟ ଦୁର୍ଭିକ୍ଷ ବଶାଦ୍ ବହୁତରସାଧୁବ୍ୟାପତ୍ତୌ ବହୁଶ୍ରୁତବିଚ୍ଛିତ୍ତୌ ଚ ଜାତାୟା ... ଭବ୍ୟ ଲୋପକାରାୟ ଶ୍ରୁତବ୍ୟକ୍ତୟେ ଚ ଶ୍ରୀସଂଘାଗ୍ରହାତ୍ ମୃତାବଶିଷ୍ଟତଦାକାଲୀନ ସର୍ବସାଧୂନ୍ ବଲ୍ଲଭ୍ୟାମାକାର୍ଯ୍ୟ ତନ୍ମୁଖାଦ୍ ବିଚ୍ଛିନ୍ନାବଶିଷ୍ଟାନ୍ ନ୍ୟୂନାଧିକାନ୍ ତ୍ରୁଟିତାଽତ୍ରୁଟିତାନ୍ ଆଗମାଳାପକାନ୍ ଅନୁକ୍ରମେଣ ସ୍ୱମତ୍ୟା ସଂକଳୟ ପୁସ୍ତକାରୂଢ଼ାକୃତା । ତତୋ ମୂଳତୋ ଗଣଧର ଭାଷିତାନାମପି ତତ୍‌ସଙ୍କଳନାନନ୍ତରଂ ସର୍ବେଷାମପି ଆଗମାନାଂ କର୍ତ୍ତା ଶ୍ରୀ ଦେବାର୍ଦ୍ଧିଗଣି କ୍ଷମାଶ୍ରମଣ ଏବ ଜାତଃ ।

ମୂଳ	ପୂରକ
୧. ଆବଶ୍ୟକ-ନିର୍ଯୁକ୍ତି	ଓଘ-ନିର୍ଯୁକ୍ତି
୨. ଦଶବୈକାଳିକ-ନିର୍ଯୁକ୍ତି	ପିଣ୍ଡ-ନିର୍ଯୁକ୍ତି
୩. ବୃହତ୍‌କଳ୍ପ-ନିର୍ଯୁକ୍ତି	ପଞ୍ଚକଳ୍ପ-ନିର୍ଯୁକ୍ତି
୪. ଆଚାରାଙ୍ଗ-ନିର୍ଯୁକ୍ତି	ନିଶୀଥ-ନିର୍ଯୁକ୍ତି

ଏମାନଙ୍କ ଭାଷା ହେଉଛି ପ୍ରାକୃତ। ସଂକ୍ଷିପ୍ତ ଶୈଳୀର ଆଧାରରେ ଅନେକ ବିଷୟ ଏବଂ ପାରିଭାଷିକ ଶବ୍ଦର ପ୍ରତିପାଦନ ଏହି ନିର୍ଯୁକ୍ତିମାନଙ୍କରେ କରାଯାଇଛି। ଏଗୁଡ଼ିକ ହେଉଛି ଭାଷ୍ୟ ଏବଂ ଚୂର୍ଣ୍ଣିମାନଙ୍କ ସକାଶେ ଆଧାରଭୂତ ଉପାଦାନ। ଏସବୁ ପଦ୍ୟବନ୍ଧ ବ୍ୟାଖ୍ୟା ଅଟନ୍ତି।

ଭାଷ୍ୟ ଏବଂ ଭାଷ୍ୟକାର

ଆଗମ ଏବଂ ନିର୍ଯୁକ୍ତିର ଆଶୟ ସ୍ପଷ୍ଟ କରିବା ଉଦ୍ଦେଶ୍ୟରେ ଭାଷ୍ୟ ରଚନା କରାଯାଇଛି। ବର୍ତ୍ତମାନ ଦଶଖଣ୍ଡ ଭାଷ୍ୟ ଉପଲବ୍ଧ। ଯଥା-୧. ଆବଶ୍ୟକଭାଷ୍ୟ ୨. ଦଶବୈକାଳିକଭାଷ୍ୟ ୩. ବ୍ୟବହାରଭାଷ୍ୟ ୪. ନିଶୀଥଭାଷ୍ୟ ୫. ଉତ୍ତରାଧ୍ୟୟନ ଭାଷ୍ୟ ୬. ବୃହତ୍‌କଳ୍ପ ଭାଷ୍ୟ ୭. ପଞ୍ଚକଳ୍ପଭାଷ୍ୟ ୮. ଜୀତକଳ୍ପଭାଷ୍ୟ ୯. ଓଘନିର୍ଯୁକ୍ତି ଭାଷ୍ୟ ୧୦. ପିଣ୍ଡନିର୍ଯୁକ୍ତି ଭାଷ୍ୟ।

ଏଗୁଡ଼ିକ ମଧ୍ୟରୁ ବୃହତ୍‌କଳ୍ପ ଏବଂ ଓଘନିର୍ଯୁକ୍ତିର ପ୍ରତ୍ୟେକଙ୍କର ଦୁଇଟି ଲେଖାଏ ଭାଷ୍ୟ ପ୍ରାପ୍ତ ହୋଇଥାଏ। ସେଗୁଡ଼ିକ ହେଉଛି - ଲଘୁଭାଷ୍ୟ ଓ ବୃହଦ୍‌ଭାଷ୍ୟ। ଏମାନଙ୍କ ଭାଷା ହେଉଛି ପ୍ରାକୃତ ଏବଂ ଶୈଳୀ ପଦ୍ୟାତ୍ମକ। ଆଚାର୍ଯ୍ୟ ଜିନଭଦ୍ରଗଣୀ ବିକ୍ରମ ସପ୍ତମ ଶତାବ୍ଦୀରେ ବିଶେଷାବଶ୍ୟକ ଭାଷ୍ୟ ଏବଂ ଜୀତକଳ୍ପ ଭାଷ୍ୟ ରଚନା କରିଥିଲେ।

ବୃହଦ୍‌କଳ୍ପ-ଲଘୁଭାଷ୍ୟ ଏବଂ ପଞ୍ଚକଳ୍ପ-ମହାଭାଷ୍ୟ ହେଉଛି ସଂଘଦାସଗଣୀଙ୍କ ଦ୍ୱାରା ବିକ୍ରମସଂବତ୍ ଷଷ୍ଠ ଶତାବ୍ଦୀରେ ରଚନା।

ଚୂର୍ଣ୍ଣୀ ଏବଂ ଚୂର୍ଣ୍ଣିକାର

ଗଦ୍ୟାତ୍ମକ ଶୈଳୀରେ ଚୂର୍ଣ୍ଣୀ ରଚନା କରାଯାଇଛି। ଏମାନଙ୍କ ଭାଷା କେଉଁଠାରେ ପ୍ରାକୃତ ଏବଂ ଅନ୍ୟ କେତେକ ସ୍ଥଳରେ ସଂସ୍କୃତ ମିଶ୍ରିତ ପ୍ରାକୃତ। ନିମ୍ନ ଆଗମଗ୍ରନ୍ଥର ଚୂର୍ଣ୍ଣୀ ବର୍ତ୍ତମାନ ଉପଲବ୍ଧ। ୧. ଆବଶ୍ୟକ ୨. ଦଶବୈକାଳିକ ୩. ନନ୍ଦୀ ୪. ଅନୁଯୋଗଦ୍ୱାର ୫. ଉତ୍ତରାଧ୍ୟୟନ ୬. ଆଚାରାଙ୍ଗ ୭. ସୂତ୍ରକୃତାଙ୍ଗ ୮. ନିଶୀଥ ୯. ବ୍ୟବହାର ୧୦. ଦଶାଶ୍ରୁତ-ସ୍କନ୍ଧ ୧୧. ବୃହତ୍‌କଳ୍ପ ୧୨. ଜୀବାଭିଗମ ୧୩. ଭଗବତୀ ୧୪. ମହା-ନିଶୀଥ ୧୫. ଜୀତକଳ୍ପ ୧୬. ପଞ୍ଚକଳ୍ପ ୧୭. ଓଘ-ନିର୍ଯୁକ୍ତି।

ଏକରୁ ଆଠ ଯାଏ ଚୂର୍ଣ୍ଣୀର ସ୍ରଷ୍ଟା ହେଉଛନ୍ତି ଜିନଦାସ ମହତ୍ତର। ବିକ୍ରମ ସଂବତ୍ ସପ୍ତମ ଶତାବ୍ଦୀ ହେଉଛି ଜିନଦାସଙ୍କ ଜୀବନ-କାଳ। ଜୀତକଳ୍ପ-ଚୂର୍ଣ୍ଣୀର କର୍ତ୍ତା ହେଉଛନ୍ତି ସିଦ୍ଧସେନ ସୂରି। ତାଙ୍କର ଜୀବନକାଳ ବିକ୍ରମ ଦ୍ୱାଦଶ ଶତାବ୍ଦୀ ମଧ୍ୟରେ ସୀମିତ। ବୃହତ୍‌କଳ୍ପଚୂର୍ଣ୍ଣୀ ହେଉଛି - ପ୍ରଲମ୍ବ ସୂରିଙ୍କ କୃତି। ଅବଶିଷ୍ଟ ଚୂର୍ଣ୍ଣିକାରଙ୍କ ବିଷୟରେ ତଥ୍ୟ ବର୍ତ୍ତମାନ ସୁଦ୍ଧା ଉପଲବ୍ଧ ନୁହେଁ। ଦଶବୈକାଳିକର ଆଉ ଏକ ଚୂର୍ଣ୍ଣୀ ମଧ୍ୟ ରହିଛି, ଯା'ର କର୍ତ୍ତା ହେଉଛନ୍ତି - ଅଗସ୍ତ୍ୟସିଂହ ମୁନି।

ଟୀକା ଏବଂ ଟୀକାକାର

ଆଗମମାନଙ୍କ ଆଦ୍ୟ ସଂସ୍କୃତଟୀକାକାର ହେଉଛନ୍ତି - ହରିଭଦ୍ର ସୂରି। ସେ ଆବଶ୍ୟକ, ଦଶବୈକାଳିକ, ନନ୍ଦୀ, ଅନୁଯୋଗଦ୍ୱାର, ଜମ୍ବୁଦ୍ୱୀପ-ପ୍ରଜ୍ଞପ୍ତି ଏବଂ ଜୀବାଭିଗମ ଉପରେ ସଂସ୍କୃତ ଭାଷାରେ ଟୀକା ଲେଖିଯାଇଛନ୍ତି।

ବିକ୍ରମଙ୍କ ତୃତୀୟ ଶତାବ୍ଦୀରେ ଉମାସ୍ୱାତିଙ୍କ ଦ୍ୱାରା ଜୈନ ପରମ୍ପରାରେ ସଂସ୍କୃତ ବାଙ୍ମୟ ଦ୍ୱାର ଉନ୍ମୁକ୍ତ ହୋଇଥିଲା। କାଳକ୍ରମେ ତାହା ବିସ୍ତାରଲାଭ କଲା। ଶୀଳାଙ୍କ ସୂରି ଆଚାରାଙ୍ଗ ଏବଂ ସୂତ୍ରକୃତାଙ୍ଗ ଉପରେ ଟୀକା ଲେଖିଥିଲେ। ଅଭୟସୂରି ଅବଶିଷ୍ଟ ନଅଅଙ୍ଗର ଟୀକା ରଚନା କରିଛନ୍ତି। ଅନୁଯୋଗଦ୍ୱାର ଉପରେ ମଳଧାରୀ ହେମଚନ୍ଦ୍ରଙ୍କ ଟୀକା ରହିଛି। ନନ୍ଦୀ, ପ୍ରଜ୍ଞାପନା, ବ୍ୟବହାର, ଚନ୍ଦ୍ର-ପ୍ରଜ୍ଞପ୍ତି, ଜୀବାଭିଗମ, ଆବଶ୍ୟକ ବୃହତ୍‌କଳ୍ପ, ରାଜପ୍ରଶ୍ନୀୟ ଆଦି ଗ୍ରନ୍ଥର ଟୀକାକାର ହେଉଛନ୍ତି - ମଳୟଗିରି।

ଆଗମ ସାହିତ୍ୟର ସମୃଦ୍ଧି ସହିତ ନ୍ୟାୟଶାସ୍ତ୍ର କ୍ଷେତ୍ରରେ ମଧ୍ୟ ପର୍ଯ୍ୟାପ୍ତ ବିକାଶ ଘଟିଲା। ବୈଦିକ ଏବଂ ବୌଦ୍ଧ ନ୍ୟାୟ ଶାସ୍ତ୍ରୀମାନେ ଆପଣା ତତ୍ତ୍ୱକୁ ତର୍କ କଷଟିରେ ପରୀକ୍ଷା-ନିରୀକ୍ଷା କରି ଜନସାଧାରଣଙ୍କ ଆଗରେ ଉପସ୍ଥାପନ କରୁଥିଲେ। ଏହାଦେଖି ଜୈନ ନ୍ୟାୟଶାସ୍ତ୍ରୀମାନେ ବି ଏହି ଦିଶାରେ ଅଗ୍ରସର ହେଲେ। ବିକ୍ରମଙ୍କ ପଞ୍ଚମ ଶତାବ୍ଦୀରେ ନ୍ୟାୟର ଯେଉଁ ନୂଆ ସ୍ରୋତ ବହିଲା, ଦ୍ୱାଦଶ ଶତାବ୍ଦୀ ବେଳକୁ ତା'ର ପ୍ରବାହ ବ୍ୟାପକତର ହେଲା।

ଅଷ୍ଟଦଶ ଶତାବ୍ଦୀର ଉତ୍ତରାର୍ଦ୍ଧରେ ନ୍ୟାୟଶାସ୍ତ୍ରୀମାନଙ୍କ ଗତି କିଛି ପରିମାଣରେ ଶିଥିଳ ହୋଇଥିଲା। ତେବେ ଆଗମ-ବ୍ୟାଖ୍ୟାକାରଙ୍କ ପରମ୍ପରା ଆଗକୁ ଲମ୍ବିଚାଲିଲା। ବିକ୍ରମଙ୍କ ଅଷ୍ଟଦଶ ଶତାବ୍ଦୀରେ ପାର୍ଶ୍ୱଚନ୍ଦ୍ର ସୂରି ଏବଂ ସ୍ଥାନକବାସୀ ପରମ୍ପରାର ଧର୍ମସୀ ମୁନି ଗୁଜରାଟୀ-ରାଜସ୍ଥାନୀ ମିଶ୍ରଭାଷାରେ ଆଗମମାନଙ୍କ ଉପରେ ସ୍ତବକ ନିର୍ମାଣ କରିଥିଲେ। ତା'ପରବର୍ତ୍ତୀ ଶତାବ୍ଦୀରେ ଆଚାର୍ଯ୍ୟ ଭିକ୍ଷୁ ଏବଂ ଜୟାଚାର୍ଯ୍ୟ ରୂପରେ ଆଗମର ଯଶସ୍ୱୀ ବ୍ୟାଖ୍ୟାତା ପ୍ରାପ୍ତ ହେଲେ। ଆଗମର ଶତାଧିକ ଦୁରୂହ ସ୍ଥଳରେ ଆଚାର୍ଯ୍ୟ ଭିକ୍ଷୁ ପ୍ରକୀର୍ଣ୍ଣ ବ୍ୟାଖ୍ୟା ଲେଖିଯାଇଛନ୍ତି। ଜୟାଚାର୍ଯ୍ୟଙ୍କ ଦ୍ୱାରା ଆଚାରାଙ୍ଗର ପ୍ରଥମ ଶ୍ରୁତସ୍କନ୍ଧ, ଜ୍ଞାତା, ପ୍ରଜ୍ଞାପନା, ଉତ୍ତରାଧ୍ୟୟନ (୨୭ ଅଧ୍ୟୟନ) ଏବଂ ଭଗବତୀ ସୂତ୍ର ଉପରେ ପଦ୍ୟାତ୍ମକ ବ୍ୟାଖ୍ୟା ନିର୍ମାଣ କରିଥିଲେ। ଆଚାରାଙ୍ଗ ଦ୍ୱିତୀୟ ଶ୍ରୁତ-ସ୍କନ୍ଧର ବାର୍ତ୍ତିକ ବା ବ୍ୟାଖ୍ୟା ମଧ୍ୟ ଲେଖିଥିଲେ।

ଏହି ପ୍ରକାର ଜୈନସାହିତ୍ୟ ଆଗମ, ଆଗମ-ବ୍ୟାଖ୍ୟା ଏବଂ ନ୍ୟାୟଶାସ୍ତ୍ର ଦ୍ୱାରା ବିପୁଳ ମାତ୍ରାରେ ସମୃଦ୍ଧ। ଏହାରି ଆଧାରରେ ଆମେ ଜୈନଦର୍ଶନର ହୃଦୟକୁ ସ୍ପର୍ଶ କରିପାରିବା।

ପରବର୍ତ୍ତୀ ପ୍ରାକୃତ ସାହିତ୍ୟ

ଆଗମ-ଲୋପ ଉତ୍ତାରୁ ଦିଗମ୍ବର ପରମ୍ପରାରେ ଯେଉଁ ସାହିତ୍ୟ ରଚିତ ହୋଇଥିଲା, ତହିଁରେ ଷଟ୍-ଖଣ୍ଡାଗମ ଏବଂ କଷାୟ-ପ୍ରାଭୃତର ମହତ୍ତ୍ୱ ସର୍ବୋପରି ରହିଛି।

ପୂର୍ବ ଏବଂ ଅଙ୍ଗର ଅବଶିଷ୍ଟାଂଶ ଲୁପ୍ତ ହେବାର ସ୍ଥିତି ଉପୁଜିବାରୁ ଆଚାର୍ଯ୍ୟଧର ସେନ (ବିକ୍ରମ ଦ୍ୱିତୀୟ ଶତାବ୍ଦୀ) ଭୂତବଳି ଏବଂ ପୁଷ୍ୟଦନ୍ତ ନାମକ ଦୁଇଜଣ ସାଧୁଙ୍କୁ ଶ୍ରୁତାଭ୍ୟାସ କରାଇଥିଲେ। ଏହି ଦୁଇଜଣ ସାଧୁଙ୍କ ଦ୍ୱାରା ଷଟ୍ ଖଣ୍ଡାଗମ ରଚିତ ହୋଇଥିଲା। ଆଚାର୍ଯ୍ୟ ଗୁଣଧରଙ୍କ ଆବିର୍ଭାବ ଏମାନଙ୍କ ସମୟରେ ହୋଇଥାଏ। ସେ କଷାୟ-ପ୍ରାଭୃତ ରଚନା କରିଥିଲେ। ଏହାହେଉଛି 'ପୂର୍ବ'ର ଶେଷାଂଶ। ଏହିସକାଶେ ଏଗୁଡ଼ିକ 'ପୂର୍ବ'ରୁ ଉଦ୍ଧୃତ ବୋଲି ସ୍ୱୀକାର କରାଯାଇଥାଏ। ଏହି ଦୁଇଗ୍ରନ୍ଥ ଉପରେ ପ୍ରାଚୀନ କାଳରେ ଅନେକ ଟୀକାର ନିର୍ମାଣ କରାଯାଇଥିଲା, କିନ୍ତୁ ସେଗୁଡ଼ିକ ବର୍ତ୍ତମାନ ଉପଲବ୍ଧ ନୁହନ୍ତି। ଆଚାର୍ଯ୍ୟ ବୀରସେନଙ୍କ ଟୀକା ହିଁ ବର୍ତ୍ତମାନ ଉପଲବ୍ଧ। ବିକ୍ରମ ସମ୍ବତ୍ ୮୭୩ ଅର୍ଥାତ୍ ୮୧୬ ଖ୍ରୀଷ୍ଟାବ୍ଦରେ ଆଚାର୍ଯ୍ୟ ବୀରସେନ ଷଟ୍-ଖଣ୍ଡାଗମର ୭୨,୦୦୦ ଶ୍ଲୋକ ପ୍ରମାଣ ଧବଳ ଟୀକା ରଚନା କରିଥିଲେ।

କଷାୟ-ପାହୁଡ଼ ଉପରେ ୨୦,୦୦୦ ଶ୍ଲୋକ-ପ୍ରମାଣ ଟୀକା ଲେଖିଥିଲେ। ତାହା ସମ୍ପୂର୍ଣ୍ଣ ହୋଇପାରିଲା ନାହିଁ, କାରଣ ଏହାମଧ୍ୟରେ ତାଙ୍କର ପରଲୋକ ଗମନ ଘଟିଲା। ତାଙ୍କରି ଶିଷ୍ୟ ଜିନସେନାଚାର୍ଯ୍ୟ ତାହାକୁ ସମ୍ପୂର୍ଣ୍ଣ କରିଥିଲେ। ବିକ୍ରମ ସଂବତ୍ ୮୯୪ରେ ଏହି କାର୍ଯ୍ୟ ସମ୍ପନ୍ନ ହୋଇଥିଲା। ତା'ର ଶେଷଭାଗ ୪୦,୦୦୦ ଶ୍ଲୋକ ପରିମାଣ ତାଙ୍କଦ୍ୱାରା ଆହୁରି ରଚନା କରାଗଲା। ଉଭୟକୁ ମିଶାଇ ଏହା ୬୦,୦୦୦ ଶ୍ଲୋକ ପ୍ରମାଣ ହୋଇଛି।

ଏହାର ନାମ ହେଉଛି ଜୟ-ଧବଳା ଏବଂ ଏହା ପ୍ରାକୃତ ଓ ସଂସ୍କୃତର ସଂକ୍ରାନ୍ତିକାଳର ସୃଷ୍ଟି ହୋଇଥିବାରୁ ଉଭୟ ଭାଷାର ମିଶ୍ରଣ ଦେଖିବାକୁ ମିଳିଥାଏ।

ଷଟ୍-ଖଣ୍ଡର ଅନ୍ତିମ ଭାଗ ହେଉଛି 'ମହାବନ୍ଧ', ଯାହାର ରଚୟିତା ହେଉଛନ୍ତି - ଆଚାର୍ଯ୍ୟଭୂତବଳି। ଏହା ୪୧,୦୦୦ ଶ୍ଳୋକପ୍ରମାଣଯୁକ୍ତ ଅଟେ। ଏହା ତିନି ଗ୍ରନ୍ଥରେ କର୍ମ ଅତି ସୂକ୍ଷ୍ମ ବିବେଚନ କରାଯାଇଛି।

ବିକ୍ରମ ଦ୍ୱିତୀୟ ଶତାବ୍ଦୀ ହେଉଛି ଆଚାର୍ଯ୍ୟ କୁନ୍ଦକୁନ୍ଦଙ୍କ କାଳଖଣ୍ଡ। ଅଧ୍ୟାତ୍ମବାଦର ଏକ ମୌଳିକ ସ୍ରୋତ ସେ ପ୍ରବାହିତ କରିଯାଇଛନ୍ତି। ନିଶ୍ଚୟ-ନୟ ପ୍ରତି ତାଙ୍କର ଗଭୀର ଆକର୍ଷଣ ରହିଥିଲା। ପ୍ରବଚନସାର, ସମୟସାର ଓ ପଞ୍ଚାସ୍ତିକାୟ ହେଉଛି ତାଙ୍କର ପ୍ରମୁଖ ରଚନା ସଂସାର। ଏହି ଗ୍ରନ୍ଥମାନଙ୍କରେ ଯେଉଁ ଆତ୍ମାନୁଭୂତିର ବାଣୀ ରହିଛି, ତାହା ଆଚାର୍ଯ୍ୟ କୁନ୍ଦକୁନ୍ଦଙ୍କ ଅନ୍ତର-ଦର୍ଶନର ସାକ୍ଷ୍ୟ ଦେଇଥାଏ।

ବିକ୍ରମ ଦଶମ ଶତାବ୍ଦୀରେ ଆଚାର୍ଯ୍ୟ ନେମିଚନ୍ଦ୍ର ଚକ୍ରବର୍ତ୍ତୀଙ୍କ ସମୟ। ସେ ଗୋମ୍ମଟସାର ତଥା ଲବ୍ଧିସାର-କ୍ଷପଣ ସାର ରୂପରେ ଦୁଇଟି ଗ୍ରନ୍ଥ ନିର୍ମାଣ କରିଥିଲେ। ଏହି ଦୁଇଗ୍ରନ୍ଥର ବିଶେଷ ମହତ୍ତ୍ୱ ରହିଛି। ଏହାହେଉଛି ପ୍ରାକୃତ-ଶୌରସେନୀ ଭାଷାର ଅଭିନବ କୃତି।

ଶ୍ୱେତାମ୍ବର ଆଚାର୍ଯମାନେ ମଧ୍ୟ-ଯୁଗରେ ଜୈନ-ମହାରାଷ୍ଟ୍ରୀ ଭାଷାରେ ଅନେକ ରଚନା କରିଯାଇଛନ୍ତି। ବିକ୍ରମ ତୃତୀୟ ଶତାବ୍ଦୀରେ ଶିବଶର୍ମସୂରି, କମ୍ମପୟଡୀ ଏବଂ ଉମାସ୍ୱାତି, ଜମ୍ବୁଦ୍ୱୀପର ସମାସ ଲେଖିଥିଲେ। ବିକ୍ରମ ଷଷ୍ଠ ଶତାବ୍ଦୀରେ ସଂଘଦାସ କ୍ଷମାଶ୍ରମଣ, 'ବସୁଦେବ ହିଣ୍ଡି' ନାମକ ଏକ କଥା-ଗ୍ରନ୍ଥ ରଚନା କରିଥିଲେ। ଏହାର ଦ୍ୱିତୀୟ ଖଣ୍ଡ ଧର୍ମସେନଗଣୀ ରଚନା କରିଥିଲେ।[୩୨] ପର୍ଯ୍ୟଟନ ସହିତ ଅନେକ ଲୋକ-କଥା, ଚରିତ୍ର, ବିବିଧ ବସ୍ତ୍ର, ଉତ୍ସବ ଏବଂ ବିନୋଦ-ସାଧନର ବର୍ଣ୍ଣନ ଏହି ଗ୍ରନ୍ଥରେ ରହିଛି। ଜର୍ମାନ ବିଦ୍ୱାନ ଆଲସ୍‌ଫୋର୍ଡ, ଏହାକୁ ବୃହତ୍‌କଥାର ସମକକ୍ଷ ରୂପେ ସ୍ୱୀକାର କରିଛନ୍ତି।

ବିକ୍ରମ ସପ୍ତମ ଶତାବ୍ଦୀରେ ଜିନଭଦ୍ରଗଣୀ କ୍ଷମାଶ୍ରମଣଙ୍କ ବିଶେଷାବଶ୍ୟକ ଭାଷ୍ୟ ହେଉଛି ଏକ ପ୍ରସିଦ୍ଧ କୃତି। ଜୈନାଗମଗୁଡ଼ିକର ଚର୍ଚ୍ଚାକୁ ନେଇ ଏହି ମହାନ୍ କୋଷ ସୃଷ୍ଟି କରାଯାଇଛି। ଏହାବ୍ୟତୀତ ବିଶେଷଣବତୀ, ବୃହତ୍-ସଂଗ୍ରହଣୀ ଏବଂ ବୃହତ୍-କ୍ଷେତ୍ର-ସମାସ ମଧ୍ୟ ତାଙ୍କର ମହତ୍ କୃତି ରୂପେ ବିବେଚିତ।

ବିକ୍ରମ, ଅଷ୍ଟମ ଶତାବ୍ଦୀର ଜଣେ ବିଦ୍ୱାନ ଆଚାର୍ଯ୍ୟ ହେଉଛନ୍ତି - ହରିଭଦ୍ର ସୂରି। 'ସମରାଇଚ୍ଚକହା' ହେଉଛି ତାଙ୍କର ପ୍ରସିଦ୍ଧ କଥାଗ୍ରନ୍ଥ। ସଂସ୍କୃତ ଯୁଗରେ ବି ପ୍ରାକୃତ ଭାଷାରେ ରଚନା ପ୍ରବାହ ମନ୍ଦ ପଡ଼ି ନ ଥାଏ।

ମଧ୍ୟ କାଳରେ ନିମିତ୍ତ, ଗଣିତ, ଜ୍ୟୋତିଷ, ସାମୁଦ୍ରିକ ଶାସ୍ତ୍ର, ଆୟୁର୍ବେଦ, ମନ୍ତ୍ରବିଦ୍ୟା, ସ୍ୱପ୍ନ-ବିଦ୍ୟା, ଶିଳ୍ପ-ଶାସ୍ତ୍ର, ବ୍ୟାକରଣ, ଛନ୍ଦ, କୋଶ ଆଦି ସନ୍ଦର୍ଭରେ ଅନେକ ମହତ୍ତ୍ୱପୂର୍ଣ୍ଣ ଗ୍ରନ୍ଥର ସଂରଚନା କରାଯାଇଥିଲା।[୩୩]

ସଂସ୍କୃତ ସାହିତ୍ୟ

ସୁଧୀଜନଙ୍କ ଅନୁଭୂତି, ସେମାନଙ୍କ ସଂଗ୍ରହାତ୍ମକନିଧି, ସାହିତ୍ୟ ଏବଂ ତାହାର ଆଧାର ଭାଷା - ଏହି ତିନୋଟି ବସ୍ତୁ ହିଁ ତତ୍ତ୍ୱର ସଂବାହକ ଅଟନ୍ତି। ସୂର୍ଯ୍ୟକିରଣ, ପବନ ଏବଂ ଆକାଶ ସଦୃଶ ଏହି ତିନି ପଦାର୍ଥ ସମସ୍ତଙ୍କ ସକାଶେ ସମାନ ଭାବେ ଉପଲବ୍ଧ ହୋଇଥାଏ। ସାମ୍ପ୍ରଦାୟିକ, ସାମାଜିକ, ଜାତିଗତ ଏବଂ ଏହିଭଳି ଅନ୍ୟ ସମସ୍ତ ଭେଦ, ଏହି ଭୂମିକାରେ ଉପନୀତ ହୋଇ ସମାପ୍ତ ହୋଇଯାଏ।

ସଂସ୍କୃତ ସାହିତ୍ୟର ସମୃଦ୍ଧି ସକାଶେ କିଏ ଉଦ୍ୟମ କରିଛନ୍ତି କିମ୍ବା କାହାର ଅନୁଦାନ ଶୂନ୍ୟ - ଏହି ବିଚାରର କୌଣସି ମୂଲ୍ୟ ନାହିଁ। ବାଙ୍ମୟ-ସରିତା ସର୍ବଦା ଅଭେଦ ଧରାତଳରେ ହିଁ ପ୍ରବାହିତ ହୋଇଥାଏ। ତେବେ ଏହି

[୩୨] ପାଇଅ ଭାଷା ଓ ଅନେ ସାହିତ୍ୟ, ପୃ.୯୧

[୩୩] ପାଇଅଭାଷା ଓ ଅନେ ସାହିତ୍ୟ, ପୃ.୯୫

ତଥ୍ୟକୁ ଅସ୍ୱୀକାର କରିହେବ ନାହିଁ ଯେ ଜୈନ, ବୌଦ୍ଧ ଏବଂ ବୈଦିକ ନାମକ ତ୍ରିପଥ-ଗାମିନୀ ବିଚାରଧାରା ତ୍ରିପଥଗା (ଗଙ୍ଗା) ସଦୃଶ ଦୀର୍ଘକାଳରୁ ଅବିରତ ବହିଆସିଛି।

ପ୍ରାଚୀନ ବୈଦିକାଚାର୍ଯ୍ୟମାନେ ଆପଣା ସାରଭୂତ ଅନୁଭବକୁ ବୈଦିକ ସଂସ୍କୃତ ଭାଷାରେ ଉପସ୍ଥାପିତ କରିଯାଇଛନ୍ତି। ଜୈନମାନେ ଅର୍ଦ୍ଧ-ମାଗଧୀ ଭାଷା ଏବଂ ବୌଦ୍ଧ ପାଲି ଭାଷା ମାଧ୍ୟମରେ ନିଜ ନିଜ ବିଚାର ପ୍ରସ୍ତୁତ କରିଛନ୍ତି। ଏହାପରେ ଏହି ତିନିଧର୍ମର ଉତ୍ତରବର୍ତ୍ତୀ ଆଚାର୍ଯ୍ୟମାନେ ଯେଉଁ ସାହିତ୍ୟ ସର୍ଜନା କରିଥିଲେ, ତାହା ବର୍ତ୍ତମାନ ପ୍ରଚଳିତ ଅର୍ଥାତ୍ ଲୌକିକ ସଂସ୍କୃତକୁ ପଲ୍ଲବିତ କରିଥିଲା।

ଲୌକିକ ସଂସ୍କୃତ କିଏ ପ୍ରଥମେ ଲେଖିବା ପ୍ରାରମ୍ଭ କରିଥିଲେ ତଥା କିଏ ପରେ ଲେଖିଲେ - ଏହା ଏକ ସାଧାରଣ ପ୍ରଶ୍ନ ହୋଇପାରେ କିନ୍ତୁ କିଏ ଅଳ୍ପ ଗ୍ରନ୍ଥ ରଚନା କରିଛନ୍ତି ଏବଂ କିଏ ଅଧିକ ପରିମାଣରେ ରଚନା କରିଛନ୍ତି - ଏହାର ନିର୍ଦ୍ଧାରଣ ସହଜ ନୁହେଁ।

ସଂସ୍କୃତ ଓ ପ୍ରାକୃତ ଉଭୟ ହେଉଛି ଶ୍ରେଷ୍ଠ ଏବଂ ଋଷିମାନଙ୍କ ଭାଷା। ଏହିଭଳି ଆଗମ-ପ୍ରଣେତାମାନେ ସଂସ୍କୃତ ଓ ପ୍ରାକୃତର ସମକକ୍ଷତା ସ୍ୱୀକାର କରି ସଂସ୍କୃତ ଅଧ୍ୟୟନ ସକାଶେ ଜୈନମାନଙ୍କ ମାର୍ଗ ପ୍ରଶସ୍ତ କରିଯାଇଛନ୍ତି।

କନ୍ନଡ଼ ଭାଷାରେ ଜୈନକବି 'ପୋନ୍ନ'ଙ୍କ ଶାନ୍ତିପୁରାଣ ତଥା 'ପମ୍ପ'ଙ୍କ ଆଦିପୁରାଣ ଏବଂ ଭାରତ ଆଜି ବି ଅଦ୍ୱିତୀୟ ଗ୍ରନ୍ଥ ରୂପେ ପରିଗଣିତ ହୋଇଥାଏ। 'ରତ୍ନ'ଙ୍କ ଗଦାଯୁଦ୍ଧ ମଧ୍ୟ ଭାରି ମହତ୍ତ୍ୱପୂର୍ଣ୍ଣ ମନେହୁଏ। ଖ୍ରୀଷ୍ଟଙ୍କ ଆବିର୍ଭାବର ଦଶମରୁ ଷୋଡ଼ଶ ଶତାବ୍ଦୀ ମଧ୍ୟରେ ଜୈନ ମହର୍ଷିମାନେ କାବ୍ୟ, ବ୍ୟାକରଣ, ଶବ୍ଦକୋଷ, ଜ୍ୟୋତିଷ, ବୈଦିକ ଆଦି ବିଭିନ୍ନ ବିଷୟ ଉପରେ ଅନେକ ଗ୍ରନ୍ଥ ରଚନା କରି କର୍ଣ୍ଣାଟକର ସଂସ୍କୃତିକୁ ବେଶ୍ ଋଦ୍ଧିମନ୍ତ କରିଛନ୍ତି। ଦକ୍ଷିଣ ଭାରତର ପାଞ୍ଚଟି ଦ୍ରାବିଡ଼ ଭାଷା ମଧ୍ୟରେ କନ୍ନଡ଼ର ସ୍ୱତନ୍ତ୍ର ଭୂମିକା ରହିଛି। କନ୍ନଡ଼ ଭାଷାର ଜୈନ ସାହିତ୍ୟ ଓ ସାହିତ୍ୟିକମାନେ ଆଜିଯାଏ ଅମର ରହିଛନ୍ତି।[୩୪] ତାମିଲ ମଧ୍ୟ ଦକ୍ଷିଣ ଭାରତର ଏକ ପ୍ରସିଦ୍ଧ ଭାଷା। ଏହି ଭାଷାର ଜୈନ ସାହିତ୍ୟ ମଧ୍ୟ ଭାରି ସମୃଦ୍ଧ। ତାମିଲ ଭାଷାରେ ଯେଉଁ ପାଞ୍ଚଗୋଟି ମହାକାବ୍ୟ ରହିଛି, ତନ୍ମଧ୍ୟରୁ ତିନିଗୋଟି ମହାକାବ୍ୟ ଯଥା–'ଚିନ୍ତାମଣି', 'ସିଲପ୍ପଡ଼ିକାରମ୍' ଏବଂ 'ବଲୈତାପତି' ଜୈନ କବିମାନଙ୍କ ଦ୍ୱାରା ରଚିତ ହୋଇଛି। 'ନନ୍ନୋଳ' ହେଉଛି ତାମିଲ ଭାଷାର ଏକ ବିଶ୍ରୁତ ବ୍ୟାକରଣ। 'କୁରଳ' ଏବଂ 'ନାଲଦିଆର' ଭଳି ମହାନ୍ ଗ୍ରନ୍ଥ ମଧ୍ୟ ଜୈନ ମହର୍ଷିମାନଙ୍କ ବିଶିଷ୍ଟ କୃତି ଅଟନ୍ତି।

ଗୁଜରାଟୀ ସାହିତ୍ୟ

ଉତ୍ତର ଭାରତ ବିଶେଷ ଭାବରେ ଶ୍ୱେତାମ୍ବର ଆଚାର୍ଯ୍ୟମାନଙ୍କ ବିହାରକ୍ଷେତ୍ର ରହିଆସିଛି। ଉତ୍ତର ଭାରତୀୟ ଭାଷାମାନଙ୍କରେ ଦିଗମ୍ବର ସାହିତ୍ୟ ମଧ୍ୟ ପ୍ରଚୁର ପରିମାଣରେ ରହିଛି। ତେବେ ଶ୍ୱେତାମ୍ବର ସାହିତ୍ୟ ପରିମାଣ ଦୃଷ୍ଟିରୁ ଅଧିକ ସୃଷ୍ଟି ହୋଇଛି ଆଚାର୍ଯ୍ୟ ହେମଚନ୍ଦ୍ରଙ୍କ ସମୟରୁ ଗୁଜରାଟକୁ ଜୈନ ସାହିତ୍ୟ ଓ ସଂସ୍କୃତି ପ୍ରଭାବିତ କରିଆସିଛି। ଆନନ୍ଦଘନଜୀ, ଯଶୋବିଜୟଜୀ ଆଦି ଅନେକ ଯୋଗୀ ଏବଂ ମହର୍ଷି, ଏହି ଭାଷାରେ ବିପୁଳ ସାହିତ୍ୟ ସର୍ଜନା କରିଯାଇଛନ୍ତି।[୩୫]

ରାଜସ୍ଥାନୀ ସାହିତ୍ୟ

ରାଜସ୍ଥାନୀ ଭାଷାରେ ମଧ୍ୟ ପ୍ରଚୁର ମାତ୍ରାରେ ଜୈନ ସାହିତ୍ୟ ରହିଛି। ଚଳିତ ସହସ୍ରାବ୍ଦୀରେ ରାଜସ୍ଥାନ ଜୈନ ମୁନିମାନଙ୍କ ପ୍ରଧାନ ବିଚରଣ ସ୍ଥଳ ପାଲଟିଛି। ଯତି, ସଂବିଗ୍ନ, ସ୍ଥାନକବାସୀ ଏବଂ ତେରାପନ୍ଥୀ - ଏହି ସମସ୍ତ ଜୈନ

---

[୩୪] କର୍ଣ୍ଣାଟକ କବିଚରିତ୍ର। [୩୫] ଜୈନ ଗୁର୍ଜର କବି ଓ ଦେଖନ୍ତୁ

ସମ୍ପ୍ରଦାୟର ମୁନିମାନେ ରାଜସ୍ଥାନୀ ଭାଷାରେ ଲେଖିଛନ୍ତି। ରାସ ଓ ଚରିତମାନଙ୍କ ସଂଖ୍ୟା ମଧ୍ୟ ପ୍ରଚୁର ମାତ୍ରାରେ ରହିଛି। ପୂଜ୍ୟ ଜୟମଲଜୀଙ୍କ ପ୍ରଦେଶୀ ରାଜାଙ୍କ ଚରିତ ଅତ୍ୟନ୍ତ ରୋଚକ ଅଟେ। କବି ସମୟସୁନ୍ଦରଜୀଙ୍କ ରଚନା ସଂଗ୍ରହ ଅଗରଚନ୍ଦଜୀ ନାହଟାଙ୍କ ଦ୍ୱାରା ପ୍ରକାଶିତ ହୋଇଛି। ରାଜସ୍ଥାନର କୋଣ ଅନୁକୋଣରେ ବିଛି ହୋଇପଡ଼ିଥିବା ଛୋଟ କବିତା ଆଦିର ସଂକଳନ କରାଯାଇପାରିଲେ, ତାହା ଇତିହାସକୁ ଅନେକ ଦିଗ୍‌ଦର୍ଶନ ଦେଇପାରନ୍ତା।

ରାଜସ୍ଥାନୀ ଭାଷାର ସ୍ରୋତ ହେଉଛି ପ୍ରାକୃତ ଓ ଅପଭ୍ରଂଶ। କାଳ-ପରିବର୍ତ୍ତନ ସହିତ ଅନ୍ୟ ଭାଷାମାନଙ୍କର ବି ସମ୍ମିଶ୍ରଣ ହେବା ସ୍ୱାଭାବିକ।

ରାଜସ୍ଥାନୀ ସାହିତ୍ୟ ତିନୋଟି ଶୈଳୀରେ ଚରିତ ହୋଇଛି – ୧. ଜୈନ-ଶୈଳୀ ୨. ଚାରଣୀ-ଶୈଳୀ ୩. ଲୌକିକ ଶୈଳୀ। ଜୈନ ସାଧୁ, ଯତି ତଥା ସେମାନଙ୍କ ସହିତ ସମ୍ବନ୍ଧ ରଖିଥିବା କବି ଓ ସାହିତ୍ୟିକମାନେ ଜୈନ ଶୈଳୀରେ ରଚନା କରିଛନ୍ତି। ଏହି ଶୈଳୀରେ ପ୍ରାଚୀନତାର ଝଲକ ଦେଖିବାକୁ ମିଳିଥାଏ। ଅନେକ ପ୍ରାଚୀନ ଶବ୍ଦ ଏବଂ ରୂଢ଼ି ଏହି ଜୈନ ଶୈଳୀରେ ନିରନ୍ତର ଗତି କରିଥିବାର ଦେଖିବାକୁ ମିଳିଥାଏ।

ଗୁଜରାତ ସହିତ ଜୈନମାନଙ୍କ ବିଶେଷ ସମ୍ବନ୍ଧ ରହିଛି। ଏହି କାରଣରୁ ଜୈନ ଶୈଳୀରେ ଗୁଜରାଟୀର ପ୍ରଭାବ ବିଶେଷ ଭାବରେ ଦୃଷ୍ଟିଗୋଚର ହୋଇଥାଏ। ଚାରଣ ଶୈଳୀର ଲେଖକମାନେ ମୁଖ୍ୟତଃ ଚାରଣମାନେ ହୋଇଥିବାବେଳେ ଅନ୍ୟମାନେ ମଧ୍ୟ କିଛି ପରିମାଣରେ ରଚନା କରିଛନ୍ତି। ଜୈନ, ବ୍ରାହ୍ମଣ, ରାଜପୁତ ଓ ଭାଟମାନେ ମଧ୍ୟ ଏହି ଶୈଳୀକୁ ଆପଣେଇଛନ୍ତି। ଏହି ଶୈଳୀରେ ପ୍ରାଚୀନତାର ଯେଉଁ ଛଟା ରହିଛି ତାହା ଜୈନଶୈଳୀଠାରୁ ଭିନ୍ନ ଅଟେ। ଜୈନମାନଙ୍କ ଅପଭ୍ରଂଶ ରଚନାମାନଙ୍କରେ, ବିଶେଷକରି ଯୁଦ୍ଧ ବର୍ଣ୍ଣନାରେ ଏହାର ମୂଳରୂପ ସ୍ପଷ୍ଟ ପ୍ରତିଭାଷିତ ହୋଇଥାଏ। 'ଡିଙ୍ଗଲ' ହେଉଛି ବସ୍ତୁତଃ ଅପଭ୍ରଂଶ ଶୈଳୀର ଏକ ବିକଶିତ ରୂପ। [୩୬]

ତେରାପନ୍ଥର ଆଚାର୍ଯ୍ୟ ଭିକ୍ଷୁ ରାଜସ୍ଥାନୀ ସାହିତ୍ୟରେ ଏକ ନୂତନ ସ୍ରୋତ ପ୍ରବାହିତ କରିଥିଲେ। ଅଧ୍ୟାତ୍ମ, ଅନୁଶାସନ, ବ୍ରହ୍ମଚର୍ଯ୍ୟ, ଧାର୍ମିକ-ସମୀକ୍ଷା, ଲୋକ-କଥା ଏବଂ ଆପଣା ଅନୁଭୂତି ଦ୍ୱାରା ରାଜସ୍ଥାନୀ ସାହିତ୍ୟକୁ ବ୍ୟାପକତ ପ୍ରଦାନ କରିଛନ୍ତି । ବିବିଧ ଗଦ୍ୟ ସାହିତ୍ୟର ମଧ୍ୟ ସେ ରଚନା କରିଛନ୍ତି। ତାଙ୍କର ସମସ୍ତ ରଚନା ସଂସାର ପ୍ରାୟ ୩୮୦୦୦ ଶ୍ଳୋକ ପରିମିତ ଅଟେ। କଞ୍ଚା ମାରବାଡ଼ୀ ଭାଷାରେ ଲେଖିବା ଏବଂ ମନୋବୈଜ୍ଞାନିକ ବିଶ୍ଳେଷଣ କରିବାରେ ସେ ଥିଲେ ସିଦ୍ଧହସ୍ତ। ଉଭୟ କ୍ରାନ୍ତି ଓ ଶାନ୍ତିର ଧାରକୁ ଆପଣା ବାଣୀ ମାଧ୍ୟମରେ ସେ ତୀବ୍ରତା ପ୍ରଦାନ କରିଥିଲେ। ନବ-ପଦାର୍ଥ, ବିନୀତ-ଅବିନୀତ, ବ୍ରତାବ୍ରତ, ଅନୁକମ୍ପା, ଶୀଳ ରୀ ନବବାଡ ଆଦି ତାଙ୍କର ପ୍ରମୁଖ ରଚନା ରୂପରେ ପରିଗଣିତ ହୋଇଥାଏ। ତେରାପନ୍ଥର ଚତୁର୍ଥ ଆଚାର୍ଯ୍ୟ ଶ୍ରୀମଜ୍ଜୟାଚାର୍ଯ୍ୟ ହେଉଛନ୍ତି ଜଣେ ମହାକବି। ନିଜ ଜୀବନକାଳ ମଧ୍ୟରେ ସେ ପ୍ରାୟ ସାଢ଼େ ତିନି ଲକ୍ଷ (୩,୫୦,୦୦୦) ଶ୍ଳୋକ-ପ୍ରମାଣ ଗଦ୍ୟ-ପଦ୍ୟ ରଚନା କରିଯାଇଛନ୍ତି। ତାଙ୍କ ଲେଖନୀରେ ନୈସର୍ଗିକ ପ୍ରତିଭାର ଚମତ୍କାର ସ୍ପଷ୍ଟ ପରିଭାଷିତ ହେଉଥିଲା। ସାହିତ୍ୟ ଓ ଅଧ୍ୟାତ୍ମ କ୍ଷେତ୍ରରେ ତାଙ୍କର ଗତି ଥିଲା ଅନିରୁଦ୍ଧ। ତାଙ୍କର ଅମରକୃତିଗୁଡ଼ିକ ତାଙ୍କର ସଫଳତା ଓ ସିଦ୍ଧିର ଅମର ପ୍ରମାଣ ପ୍ରସ୍ତୁତ କରିଥାଏ। ତାଙ୍କର ତତ୍ତ୍ୱ-ଜ୍ଞାନ ଥିଲା ପ୍ରୌଢ଼। ଶ୍ରଦ୍ଧା, ତର୍କ ଓ ବ୍ୟୁତ୍ପତ୍ତି ତ୍ରିବେଣୀ ମଧ୍ୟରେ ଆଜି ବି ତାଙ୍କର ହୃଦୟ କଥା କହିଥାଏ। ଜିନ-ବାଣୀ ପ୍ରତି ରହିଥିଲା ଅତୁଟ ଶ୍ରଦ୍ଧା ଓ ବିଶ୍ୱାସ। ବିଚାର-ଭେଦ ସଂସାର ପାଇଁ ସେ ଥିଲେ ତାର୍କିକ। ସାହିତ୍ୟ, ସଂଗୀତ, କଳାସଂସ୍କୃତି ଥିଲା ତାଙ୍କର ବ୍ୟୁତ୍ପତ୍ତି ଭୂମି। ତାଙ୍କ ସର୍ବତୋମୁଖୀ ବ୍ୟକ୍ତିତ୍ୱ, ତାଙ୍କର ଯୁଗ-ପୁରୁଷ ହେବାର ସାକ୍ଷ୍ୟ ଦେଇଥାଏ।

---

[୩୬] ସାହିତ୍ୟ ସଂଦେଶ, ଭାଗ ୧୯, ଅଙ୍କ ୧-୨ (ଭାଷା ବିଜ୍ଞାନ ବିଶେଷାଙ୍କ) ପୃ.୭୯-୮୦

ହିନ୍ଦୀ ସାହିତ୍ୟ

ହିନ୍ଦୀର ଆଦିସ୍ରୋତ ହେଉଛି ଅପଭ୍ରଂଶ। ବିକ୍ରମ ଦଶମ ଶତାବ୍ଦୀରେ ଜୈନ ବିଦ୍ୱାନମାନଙ୍କ ଏହି ଦିଶା ପ୍ରତି ଆକର୍ଷଣ ବୃଦ୍ଧି ପାଇଲା। ବିକ୍ରମ ତ୍ରୟୋଦଶ ଶତାବ୍ଦୀରେ ଆଚାର୍ଯ୍ୟ ହେମଚନ୍ଦ୍ର ଆପଣା ଅଦ୍ୱିତୀୟ ବ୍ୟାକରଣ ଗ୍ରନ୍ଥ 'ସିଦ୍ଧ ହେମଶବ୍ଦାନୁଶାସନ' ରଚନା କରିଥିଲେ। ଏହି ଗ୍ରନ୍ଥରେ ଅପଭ୍ରଂଶର ବି ବ୍ୟାକରଣ ଲେଖିଥିଲେ। ସେଠାରେ ଉଦାହରଣ ସ୍ଥଳରେ ଅନେକ ଉତ୍କୃଷ୍ଟ ଦୋହାର ଉଦ୍ଧୃତି କରିଛନ୍ତି। ଶ୍ୱେତାମ୍ବର ଓ ଦିଗମ୍ବର - ଉଭୟ ପରମ୍ପରାର ମନୀଷୀଗଣ ଏହି ଭାଷାରେ ପୁରାଣ, ମହାପୁରାଣ, ସ୍ତୋତ୍ର ଆଦି ବିଶାଳ ରଚନା ସଂସାର ସୃଷ୍ଟି କରିଚାଲିଲେ। ମହାକବି ସ୍ୱୟଂଭୂ ପଦ୍ମଚରିତ ଲେଖିଲେ। ରାହୁଲଜୀଙ୍କ ମତରେ ତୁଳସୀ ରାମାୟଣ ଏହାଦ୍ୱାରା ବିଶେଷ ଭାବରେ ପ୍ରଭାବିତ। ରାହୁଲଜୀ, ସ୍ୱୟଂଭୂଙ୍କୁ ବିଶ୍ୱ ମହାକବି ରୂପରେ ମାନ୍ୟ କରିଛନ୍ତି। ଚତୁର୍ମୁଖଦେବ, କବିରଇଧୁ, ମହାକବି ପୁଷ୍ପଦନ୍ତଙ୍କ ପୁରାଣ ଅପଭ୍ରଂଶ ଭାଷାରେ ସୃଷ୍ଟି ହୋଇଛି। ଯୋଗିନ୍ଦ୍ରଙ୍କ ଯୋଗସାର ଏବଂ ପରମାତ୍ମ ପ୍ରକାଶ ହେଉଛି ସନ୍ଥ-ସାହିତ୍ୟର ପ୍ରତୀକ ଗ୍ରନ୍ଥ।

ହିନ୍ଦୀର ନୂଆ ନୂଆ ରୂପରେ ଜୈନ ସାହିତ୍ୟର ନିଜସ୍ୱ ଯୋଗଦାନ ରହିଛି। ତେବେ ଗତ ଚାରି-ପାଞ୍ଚ ଶତାବ୍ଦୀରେ ଏହି ଅବଦାନ ସନ୍ତୋଷଜନକ ବା ଉଲ୍ଲାସବର୍ଦ୍ଧକ ନ ଥିଲା। ବିଂଶ ଶତାବ୍ଦୀରୁ ପୁଣିଥରେ ଜୈନସମାଜ ଏହାପ୍ରତି ସଚେତନ ପ୍ରତୀତ ହେଉଛି। (୩୭)

---

(୩୭) ପରିଶିଷ୍ଟ-୨ ଦେଖନ୍ତୁ।

॥ ୫ ॥
ଜୈନ ସଂସ୍କୃତି

ବ୍ରତ

ଜୈନ ସଂସ୍କୃତି ହେଉଛି ବ୍ରାତ୍ୟ ସଂସ୍କୃତି । ବ୍ରାତ୍ୟ ଶବ୍ଦର ମୂଳ ହେଲା ବ୍ରତ । ଏହାର ଅର୍ଥ ହେଲା ସଂଯମ ଓ ସମ୍ବର । ଏହା ଆତ୍ମାର ସାନ୍ନିଧ ତଥା ବାହ୍ୟଜଗତ ପ୍ରତି ଅନାସକ୍ତିର ସୂଚନା ଦେଇଥାଏ । ବ୍ରତର ଉପଜୀବୀ ତତ୍ତ୍ୱ ହେଉଛି ତପ । ଏହାର ଉଦ୍‌ଭବର ଭିତ୍ତିରେ ଜୀବନ ପ୍ରତି ସମର୍ପଣ ଭାବ ରହିଥାଏ ।

ଜୈନ ପରମ୍ପରାରେ ତପକୁ ଅହିଂସା, ସମନ୍ୱୟ, ମୈତ୍ରୀ ଓ କ୍ଷମାରୂପରେ ମାନ୍ୟ କରାଯାଇଥାଏ । ଭଗବାନ ମହାବୀର ଜ୍ଞାନଯୁକ୍ତ ତପର ସମର୍ଥନ କରିଛନ୍ତି କିନ୍ତୁ ଅଜ୍ଞାନପୂର୍ଣ୍ଣ ତପର ବିରୋଧ ମଧ୍ୟ ସେହି ପରିମାଣରେ କରିଛନ୍ତି । ଅହିଂସା ପାଳନରେ ବାଧା ନ ଉପୁଜେ, ଅନ୍ୟୂନ ଏତିକି ତପ ପ୍ରତ୍ୟେକ ସାଧକ ପାଇଁ ହେଉଛି ଅନିବାର୍ଯ୍ୟ । ଯା' ପାଖରେ ତୀବ୍ର ଆତ୍ମବଳ କିମ୍ବା ଦୈହିକ ବିରାଗ ରହିଥିବ, ତା'ସକାଶେ ବିଶେଷ 'ତପ'ର ନିର୍ଦ୍ଦେଶ ରହିଛି । ନିର୍ଗ୍ରନ୍ଥ ଶବ୍ଦ ଅପରିଗ୍ରହର ଏବଂ ଜୈନଶବ୍ଦ କଷାୟବିଜୟର ପ୍ରତୀକ ଅଟନ୍ତି । ଏହିଭଳି ଭାବରେ ଜୈନ ସଂସ୍କୃତି, ଆଧ୍ୟାତ୍ମିକତା, ତ୍ୟାଗ, ସହିଷ୍ଣୁତା, ଅହିଂସା, ସମନ୍ୱୟ, ମୈତ୍ରୀ, କ୍ଷମା, ଅପରିଗ୍ରହ ଏବଂ ଆତ୍ମ-ବିଜୟ ଧାରାର ପ୍ରତିନିଧି ସାଜି ବିଭିନ୍ନ ଯୁଗରେ ଭିନ୍ନ ଭିନ୍ନ ନାମ ଦ୍ୱାରା ଅଭିବ୍ୟକ୍ତ ହୋଇଆସିଛି ।

ଗୋଟିଏ ଶବ୍ଦରେ କହିବାକୁ ଗଲେ ଜୈନ-ସଂସ୍କୃତିର ଆତ୍ମା ହେଉଛି ଉତ୍ସର୍ଗ । ବାହ୍ୟ ସ୍ଥିତିରେ ଜୟ-ପରାଜୟର ଅନବରତ ଶୃଙ୍ଖଳା ଲାଗିରହିଥାଏ । ପରାଜୟର କୌଣସି ସୀମା ନ ଥାଏ । ତେବେ ତା'ର ପର୍ଯ୍ୟାବସାନ ଆତ୍ମ-ବିଜୟ ରୂପରେ ହୁଏ । ଏହାହିଁ ନିର୍ଦ୍ୱନ୍ଦ୍ୱ ସ୍ଥିତି । ଜୈନ ବିଚାରଧାରର ଅମୂଲ୍ୟ ଅବଦାନ ହେଉଛି ସଂଯମ ।

ସୁଖର ବିୟୋଗ କିମ୍ବା ଦୁଃଖର ସଂଯୋଗ ନ କରି ସମସ୍ତଙ୍କ ପ୍ରତି କେବଳ ସଂଯମ ଆଚରଣ କର । ସୁଖ ପ୍ରଦାନ କରି ଦୁଃଖ ଦୂର କରିବାର ଭାବନାରେ ଆତ୍ମ-ବିଜୟ ବା ଆତ୍ମ-ଶୋଧନ ଭାବ ରହେନାହିଁ । ଦୁଃଖ ଦୂର କରିବାର ବୃତ୍ତି ଓ ଶୋଷଣ, ଉତ୍ପୀଡ଼ନ ତଥା ଅପହରଣ ଆଦି ସହଯାତ୍ରୀ ଅଟନ୍ତି । ଏପଟେ ଶୋଷଣ ଏବଂ ସେପଟେ ଦୁଃଖ ଦୂରୀକରଣର ବୃତ୍ତିକୁ ଉଚ୍ଚ ସଂସ୍କୃତି ବୋଲି କୁହାଯାଇପାରିବ ନାହିଁ ।

ସୁଖର ବିୟୋଗ କିମ୍ବା ଦୁଃଖର ସଂଯୋଗ ନ କରିବା – ଏହି ଭାବନା ହିଁ ଆତ୍ମବିଜୟର ପ୍ରତୀକ ଅଟେ । ସୁଖର ବିୟୋଗ କରିବାକୁ ଯାଇ ଜଣେ ଲୋକ ଶୋଷଣ, ଅନ୍ୟର ଅଧିକାରର ଅତିକ୍ରମଣ ଏବଂ ଦ୍ୱନ୍ଦ୍ୱ ସୃଷ୍ଟି କରିଥାଏ ।

ସୁଖ ଅପହରଣ କରନାହିଁ ତଥା ଦୁଃଖ ପ୍ରଦାନ କରନାହିଁ – ଏହି ଉଦାତ୍ତ ଭାବନାରେ ଆତ୍ମ-ବିଜୟର ସ୍ୱର ତ' ରହିଛି । ଏହାବ୍ୟତୀତ ଜାଗତିକ ନୈସର୍ଗିକ ସ୍ୱତନ୍ତ୍ରତାର ମହାନ୍ ନିର୍ଦ୍ଦେଶ ମଧ୍ୟ ଗୁମ୍ଫିତ ରହିଛି ।

ପ୍ରାଣୀ ମାତ୍ର ଆପଣା ଅଧିକାର କ୍ଷେତ୍ରରେ ରମଣଶୀଳ ଓ ସ୍ୱତନ୍ତ୍ର ଥାଆନ୍ତି – ଏହାହିଁ ସେମାନଙ୍କ ସହଜ ସୁଖର ସ୍ଥିତି ।

ସାମାଜିକ ସୁଖ-ସୁବିଧା ସକାଶେ ସେଗୁଡ଼ିକର ଉପେକ୍ଷା କରାଯାଇଥାଏ, କିନ୍ତୁ ସେହି ଉପେକ୍ଷାକୁ ଶାଶ୍ୱତ ସତ୍ୟ ଭାବିନେବା ହେଉଛି ଏକ ବିରାଟ ଭ୍ରାନ୍ତି ।

ଦଶ ପ୍ରକାର ସଂଯମ [୧], ଦଶ ପ୍ରକାର ସଂବର[୨] ଏବଂ ଦଶପ୍ରକାର ବିରମଣ - ଏ ସମସ୍ତ ସ୍ୱାତ୍ମୋନ୍ମୁଖୀ ବୃତ୍ତି ଅଥବା ନିବୃତ୍ତି କିମ୍ବା ନିବୃତ୍ତି-ସଞ୍ଚାଳିତ ପ୍ରବୃତ୍ତି ଅଟନ୍ତି ।

ଦଶ ଆଶଂସାର ପ୍ରୟୋଗ ହେଉଛି ସଂସାରୋନ୍ମୁଖୀ ବୃତ୍ତି ।[୩] ଜୈନସଂସ୍କୃତିର ମୁଖ୍ୟ ତତ୍ତ୍ୱ ହେଲା - ଦୃଷ୍ଟି-ସଂପନ୍ନତା ବା ସମ୍ୟକ୍ ଦର୍ଶନ । ସଂସାରୋନ୍ମୁଖୀ ବୃତ୍ତି ନିଜ ସୀମା ମଧ୍ୟରେ ତଥା ଆତ୍ମୋନ୍ମୁଖୀ ବୃତ୍ତି ବି ଯଦି ଆପଣା ସୀମାରେଖା ମଧ୍ୟରେ ଅବସ୍ଥିତ, ତେବେ କୌଣସି ସମସ୍ୟା ନାହିଁ । କିନ୍ତୁ ଉଭୟଙ୍କ ମୂଲ୍ୟାଙ୍କନ ସମାନ ଦୃଷ୍ଟିରେ କରାଯିବା ଦ୍ୱାରା ଅବ୍ୟବସ୍ଥା ଉତ୍ପନ୍ନ ହୋଇଥାଏ । ସଂସାରୋନ୍ମୁଖୀ ବୃତ୍ତିରେ ମଣିଷ, ଆପଣା ସକାଶେ ମନୁଷ୍ୟଠାରୁ ଭିନ୍ନ ଜୀବର ଅଧିକାରକୁ ସ୍ୱୀକାର କରିପାରନ୍ତି ନାହିଁ । ସେହି ଜୀବଙ୍କ ଜୀବନର କୌଣସି ମୂଲ୍ୟ, ସେମାନଙ୍କ ଦୃଷ୍ଟିରେ ନ ଥାଏ କହିଲେ ଚଳିବ । ଦୁଃଖ ଦୂର କରିବା ଏବଂ ସୁଖପ୍ରାପ୍ତ କରିବାର ବୃତ୍ତି ଅବଶ୍ୟ ବ୍ୟାବହାରିକ, କିନ୍ତୁ ଏହା କ୍ଷୁଦ୍ରଭାବନା ସ୍ୱାର୍ଥ ତଥା ସଂକୁଚିତ ବୃତ୍ତିକୁ ପ୍ରଶ୍ରୟ ଓ ପୋଷଣ ଦେଇଥାଏ । ଆରମ୍ଭ ଓ ପରିଗ୍ରହ ହିଁ ମଣିଷକୁ ଧର୍ମବିମୁଖ କରିଥାନ୍ତି । ବଡ଼ଲୋକ ନିଜ ହିତ ପାଇଁ ଛୋଟ ଲୋକମାନଙ୍କ ଉପେକ୍ଷା କରିଥାଏ । ବୃହତ୍ ରାଷ୍ଟ୍ର ମଧ୍ୟ ଛୋଟ ଦେଶମାନଙ୍କୁ ନିର୍ମମ ଉପେକ୍ଷା କରିବାରେ ଜମା ସଂକୋଚ କରନ୍ତି ନାହିଁ ।

ବଡ଼ଠାରୁ ଆହୁରି ବଡ଼ ରହିଛି ଏବଂ ଛୋଟଠାରୁ ମଧ୍ୟ ତଳକୁ ଆହୁରି ଛୋଟ ରହିଛି । ଛୋଟମାନେ ବଡ଼ମାନଙ୍କ ଉପେକ୍ଷା ଦେଖି ମ୍ରିୟମାଣ ହୋଇପଡ଼ନ୍ତି, କିନ୍ତୁ ନିଜଠାରୁ ଛୋଟମାନଙ୍କ ପ୍ରତି କଠୋର ହେବାକୁ ତିଳେମାତ୍ର ଦ୍ୱିଧା କରନ୍ତି ନାହିଁ । ଏହି ସ୍ଥିତିରେ ଗତିରୋଧ ଜାତ ହେବା ସ୍ୱାଭାବିକ ।

ଜୈନ ବିଚାରଧାରାର ମତ ହେଉଛି - ଦୁଃଖ ନିବର୍ତ୍ତନ ଏବଂ ସୁଖ-ପ୍ରଦାନ ପ୍ରବୃତ୍ତି ହେଉଛି ସମାଜର ବିବଶତାଯୁକ୍ତ ଆବଶ୍ୟକତା । ଏହାକୁ ଧ୍ରୁବସତ୍ୟ ମଣି ଜୀବନର ଗତିପଥର ନିର୍ଦ୍ଧାରଣ ଉଚିତ ନୁହେଁ । କାହାରି ସୁଖ ଅପହରଣ କରନାହିଁ, କାହାରିକୁ ଦୁଃଖ ଦିଅନାହିଁ - ଏହି ଭାବକୁ ବିକଶିତ କରିବା ଉଚିତ । ଏହାଫଳରେ 'ଦୁଃଖ ଦୂର କରିବା, ସୁଖୀ କରିବା' ଭାବନା ଆପେ ଫଳିତ ହେବ । ଦୁଃଖୀ ନ କରିବା ଭାବନା ବୃଦ୍ଧି ପାଇଲେ ଦୁଃଖ ଆପଣା ଛାଏଁ ସମାପ୍ତ ହେବ । ସୁଖ ଅପହରଣ ନ କରିବାର ଭାବ ଦୃଢ଼ ହେଲେ ପୃଥକ୍ ଭାବରେ ସୁଖପ୍ରଦାନର ଆବଶ୍ୟକତା ରହିବ ନାହିଁ ।

ସଂକ୍ଷେପରେ ତତ୍ତ୍ୱ ହେଉଛି - ଦୁଃଖ-ସୁଖକୁ ଜୀବନର ହ୍ରାସ ଓ ବିକାଶ ରୂପେ ବିଚାର କରିବା ଯଥାର୍ଥ ନୁହେଁ । ସଂଯମ ହିଁ ଜୀବନର ବିକାଶ ଏବଂ ଅସଂଯମ ହେଉଛି ହ୍ରାସ । ଅଂସଯମୀ କିଛି ଲୋକଙ୍କୁ ବ୍ୟାବହାରିକ ଲାଭ ପ୍ରଦାନ କରିପାରିବ, କିନ୍ତୁ ସେ ଛଳନା, କ୍ରୂରତା ଏବଂ ଶୋଷଣର ତ୍ୟାଗ କରିପାରିବ ନାହିଁ ।

ସଂଯମୀ, କିଛି ଲୋକଙ୍କ ବ୍ୟବହାରିକ ହିତ କରିବାରେ ବିଫଳ ହୋଇପାରେ କିନ୍ତୁ ସମସ୍ତଙ୍କ ପ୍ରତି ନିଶ୍ଛଳ, ଦୟାଳୁ ଏବଂ ଶୋଷଣ-ମୁକ୍ତ ହୋଇରହେ । ମନୁଷ୍ୟ ଜୀବନରେ ଉଚ୍ଚସଂସ୍କାର ଆହରଣ କରିବାକୁ ହେଲେ ତାହାକୁ ଉଚ୍ଚ ବୃତ୍ତି ଆପଣାଇବାକୁ ପଡ଼ିବ । ଯଥା–

୧. ଆର୍ଜବ ବା ଋଜୁଭାବ - ଏହାଦ୍ୱାରା ବିଶ୍ୱାସ ବୃଦ୍ଧିପାଏ ।

୨. ମାର୍ଦବ ବା ଦୟାଳୁତା - ଏହାଦ୍ୱାରା ମୈତ୍ରୀଭାବ ବୃଦ୍ଧିପାଏ ।

୩. ଲାଘବ ବା ନମ୍ରତା - ଏହାଦ୍ୱାରା ସହୃଦୟତା ବଢ଼ିଥାଏ ।

୪. କ୍ଷମା ବା ସହିଷ୍ଣୁତା - ଏହାଦ୍ୱାରା ଧୈର୍ଯ୍ୟ ବଢ଼ିଥାଏ ।

---

[୧]ଠାଣଂ, ୧୦/୮ । [୨]ଠାଣଂ, ୧୦/୧୦ । [୩]ଠାଣଂ, ୧୦/୧୩୪

୫. ଶୌଚ ବା ପବିତ୍ରତା - ଏହାଦ୍ୱାରା ଐକ୍ୟଭାବ ବୃଦ୍ଧିପାଏ ।
୬. ସତ୍ୟ ବା ପ୍ରାମାଣିକତା - ଏହାଦ୍ୱାରା ନିର୍ଭୟତା ବୃଦ୍ଧିପାଏ ।
୭. ମାଧ୍ୟସ୍ଥ୍ୟ ବା ଆଗ୍ରହହୀନତା - ଏହାଦ୍ୱାରା ସତ୍ୟ ସ୍ୱୀକାର କରିବାର ସାମର୍ଥ୍ୟ ବୃଦ୍ଧିପାଏ ।

କିନ୍ତୁ ଏହି ସବୁରି ମୂଳରେ ସଂଯମର ଅପେକ୍ଷା ରହିଥାଏ । ଜଣକୁ ଆୟତ୍ତ କରିଲେ ବାକି ସମସ୍ତେ ଆପେ ବଶୀଭୂତ ହେବେ । ସଂଯମର ସାଧନା ରହିଥିଲେ, ସମସ୍ତେ ସାଧିତ ହୋଇପଡ଼ନ୍ତି, ଅନ୍ୟଥା କିଛି ଲାଭନାହିଁ । ଜୈନ ବିଚାରଧାରା ଏହି ତଥ୍ୟକୁ ପୂର୍ଣ୍ଣତାର ନାଭି-କେନ୍ଦ୍ର ମାନି ଗତି କରିଥାଏ । ଅହିଂସା, ଏହି ଭାବର ଏକ ଉପତ୍ତି, ଯାହା ଜୈନ-ବିଚାରପଦ୍ଧତିର ସର୍ବୋପରି ଅବଦାନ ରୂପେ ସ୍ୱୀକୃତ ।

ଅହିଂସା ଓ ମୁକ୍ତି - ଶ୍ରମଣସଂସ୍କୃତିର ଦୁଇଟି ଆଲୋକ-ରେଖା ଅଟନ୍ତି । ଜୀବନର ବାସ୍ତବିକ ରୂପ ଦେଖିବାରେ ଏବଂ ମୂଲ୍ୟ ଆଙ୍କିବାରେ ଏହି ଆଲୋକରେଖା ସାହାଯ୍ୟ କରିଥାନ୍ତି ।

ଜୀବର ଧର୍ମ ଯେତେବେଳେ ଅହିଂସା କିମ୍ବା କଷ୍ଟ-ସହିଷ୍ଣୁତା ହୋଇପଡ଼େ ତଥା ସାଧ୍ୟ ଯେତେବେଳେ ମୁକ୍ତି ବା ସ୍ୱାତନ୍ତ୍ର୍ୟ ହୋଇଥାଏ, ସେତେବେଳେ ବ୍ୟକ୍ତି, ସମାଜ ଓ ରାଷ୍ଟ୍ରର ଉନ୍ନତିକୁ କେହି ମଧ୍ୟ ରୋକିପାରନ୍ତି ନାହିଁ । ସାମ୍ପ୍ରତିକ ପ୍ରଗତିର କଳ୍ପନା ସହିତ ଏହି ଦୁଇ ଧାରାର ସଂଯୋଗ ଘଟିଲେ ସାମ୍ୟ ଆସିବ, କିନ୍ତୁ ତାହା ଭୋଗପରକ ନ ହୋଇ ତ୍ୟାଗପରକ ହେବ । ଦାନମୟ ବୃତ୍ତି ବିସ୍ତାରିତ ନ ହୋଇ ଅଗ୍ରହଣଶୀଳତା ବୃଦ୍ଧି ପାଇବ । ନିୟନ୍ତ୍ରଣ ମଧ୍ୟ ସ୍ଥାପିତ ହେବ । କିନ୍ତୁ ତାହା ବାହ୍ୟଶକ୍ତି ଦ୍ୱାରା ନ ହୋଇ ଆତ୍ମନିୟନ୍ତ୍ରଣ ହେବ ।

ଅହିଂସାର ବିକାଶ ସବୁଯୁଗରେ ସଂଯମ ଉପରେ ଆଧାରିତ । ଜର୍ମାନ ବିଦ୍ୱାନ୍ ଆଲବର୍ଟ ସ୍ୱାଜର, ଏହି ତଥ୍ୟର ଗଭୀର ପ୍ରତିପାଦନ କରିଛନ୍ତି । ତାଙ୍କ ମତାନୁସାରେ "ଯଦି ଅହିଂସା ଉପଦେଶର ଆଧାର ପ୍ରକୃତରେ କରୁଣା ହେବ, ତାହାହେଲେ ଏହା ବୁଝିବାରେ ଅସୁବିଧା ହେବ ଯେ ମାରିବା, କିମ୍ବା କଷ୍ଟ ନ ଦେବାର ସଙ୍କୁଚିତ ଅର୍ଥରେ ଏବଂ ଅନ୍ୟକୁ ସହାୟତା ପ୍ରଦାନ କରିବାର ପ୍ରେରଣାଠାରୁ ଏହା ଭିନ୍ନ ନୁହେଁ । ସନ୍ନ୍ୟାସ ଭାବନା ଏହି ମାର୍ଗର ବାଧକ - ଏହି ଭାବନା ହେଉଛି ସତ୍ୟର ଅପଳାପ ମାତ୍ର । ସାମାନ୍ୟତମ କରୁଣା ବି ଏହି ସୀମିତତା ପ୍ରତି ବିଦ୍ରୋହ କରିବା ସ୍ୱାଭାବିକ । ତେବେ ଏହା ଘଟେନାହିଁ ।

ତେଣୁ ଅହିଂସାର ଉପଦେଶ କରୁଣା ଭାବରୁ ଉତ୍ପନ୍ନ ନ ହୋଇ ସଂସାର ମଧ୍ୟରେ ପବିତ୍ର ହୋଇ ରହିବା ଭାବ ଉପରେ ପର୍ଯ୍ୟବସିତ । ଏହା ମୂଳତଃ କାର୍ଯ୍ୟର ଆଚରଣ ଦ୍ୱାରା ନୁହେଁ, ବରଂ ସ୍ୱୟଂସମ୍ପୂର୍ଣ୍ଣ ହେବା ଆଚରଣ ସହିତ ସମ୍ବନ୍ଧିତ ହୋଇରହିଥାଏ । ପ୍ରାଚୀନ କାଳରେ ଧର୍ମାନୁରାଗୀ ଭାରତୀୟ ଜୀବଜଗତ ସହିତ ସମ୍ପର୍କ ଗଢ଼ିବାରେ ଅକାର୍ଯ୍ୟ ସିଦ୍ଧାନ୍ତର ଦୃଢ଼ତାପୂର୍ବକ ଅନୁସରଣ କରୁଥିଲା । ତାହା ନିଜ ଲାଭ ପ୍ରତି ନ ହୋଇ ଅନ୍ୟ ଜୀବମାନଙ୍କ ପ୍ରତି ସ୍ୱତଃ କରୁଣା ଭାବଜନିତ ହେଉଥିଲା । ତା'ପାଇଁ ହିଂସା ତ୍ୟାଜ୍ୟ ଓ ବର୍ଜନୀୟ ଥିଲା ।

ଏହା ସତ ଯେ ଅହିଂସା ଉପଦେଶରେ ସବୁ ଜୀବଙ୍କ ସ୍ୱଭାବ ସମାନ ବୋଲି ସ୍ୱୀକାର କରାଯାଇଛି, ପରନ୍ତୁ ତା'ର ଆବିର୍ଭାବ କରୁଣାଜନ୍ୟ ନୁହେଁ । ଭାରତୀୟ ସନ୍ନ୍ୟାସ ସିଦ୍ଧାନ୍ତରେ ଅକର୍ମର ସାଧାରଣ ସିଦ୍ଧାନ୍ତର ଏହାହିଁ କାରଣ ।"

"ଅହିଂସା ସ୍ୱତନ୍ତ୍ର ନ ହୋଇ କରୁଣା ଭାବର ଅନୁଯାୟୀ ହେବା ଉଚିତ । ଏହି ପ୍ରକାରେ ସେ ବାସ୍ତବିକତାରୁ ବ୍ୟବହାରିକ ବିବେଚନ ଧରାତଳରେ ପାଦ ଥାପିଥାଏ । ନୈତିକତା ପ୍ରତି ବିଶୁଦ୍ଧ ଆସ୍ଥା, ତା'ର ସଦ୍ୟ ସମସ୍ୟାଗୁଡ଼ିକ ସାମନା କରିବାରେ ସହାୟକ ହୋଇଥାଏ ।

"ପୁଣିଥରେ କହିବାକୁ ପଡୁଛି ଯେ ଭାରତୀୟ ବିଚାରଧାରା ହିଂସା ନ କରିବା ଏବଂ ଅନ୍ୟ କାହାରି କ୍ଷତି ନ କରିବା - ଏହା ସବୁବେଳେ କହିଆସିଛି । ଯଦ୍ୱାରା ଶହଶହ ବର୍ଷ ବିତିଗଲେ ବି ଉଚ୍ଚ ନୈତିକ ବିଚାରଗୁଡ଼ିକୁ ସୁଚାରୁ ଭାବରେ ସୁରକ୍ଷିତ ରହିପାରିଛି ।"

"ସର୍ବପ୍ରଥମେ ଜୈନଧର୍ମରେ ଭାରତୀୟ ସନ୍ନ୍ୟାସ ଆଚାରଗତ ବିଶେଷତ୍ୱକୁ ପ୍ରାପ୍ତ କରିଥିଲା । ମୂଳରୁ ଜୈନଧର୍ମ କାହାରିକୁ ନ ମାରିବା କିମ୍ବା କଷ୍ଟ ନ ଦେବା ପ୍ରତି ମହତ୍ତ୍ୱ ଦେଇ ଆସିଛି । ଅଥଚ ଉପନିଷଦରେ ଏହା ପ୍ରସଙ୍ଗବଶ

କୁହାଯାଇଛି। ଯଜ୍ଞରେ ଯେଉଁମାନେ ନିୟମିତ ପଶୁବଳି ଦେବାରେ ବିଶ୍ୱାସ କରୁଥିଲେ, ସେହି ବ୍ରାହ୍ମଣମାନଙ୍କ ମଧ୍ୟରେ ହତ୍ୟା ନ କରିବା ବିଚାର ଜାତ ହେବା ସହଜ ନୁହେଁ। ବ୍ରାହ୍ମଣମାନେ ଅହିଂସା ଉପଦେଶ ଜୈନମାନଙ୍କଠାରୁ ଗ୍ରହଣ କରିଥିବେ, ଏହି ବିଚାରକୁ ସତ୍ୟ ମାନିବାର ପର୍ଯ୍ୟାପ୍ତ କାରଣ ରହିଛି।"

"ହତ୍ୟା ନ କରିବା ଏବଂ କଷ୍ଟ ପ୍ରଦାନ ନ କରିବାର ଉପଦେଶର ସ୍ଥାପନା ହେଉଛି ମାନବର ଆଧ୍ୟାତ୍ମିକ ଇତିହାସର ଅନ୍ୟତମ ମହାନତମ ଅବସର। ଜଗତ ଏବଂ ଜୀବନ ପ୍ରତି ଅନାସକ୍ତି ତଥା କାର୍ଯ୍ୟତ୍ୟାଗ ସିଦ୍ଧାନ୍ତରୁ ଆରମ୍ଭ ହୋଇ ପ୍ରାଚୀନ ଭାରତୀୟ ବିଚାରଧାରା ଏହି ମହାନ୍ ଆବିଷ୍କାର କରିଥାଏ, ଯେଉଁଠାରେ ଆଚାରର କୌଣସି ସୀମା ନ ଥାଏ। ଯେତେବେଳେ ଅନ୍ୟ ଅଞ୍ଚଳରେ ଆଚାର ଦିଗରେ ସେତେ ଉନ୍ନତି ଘଟି ନ ଥିଲା, ସେତେବେଳେ ଏହି କ୍ଷେତ୍ରରେ ଏହା ସହଜସାଧ୍ୟ ଥିଲା। ମୋ ଜ୍ଞାନର ସୀମା ମଧ୍ୟରେ ମୁଁ କହୁଛି ଯେ ଜୈନଧର୍ମରେ ଏହାର ପ୍ରଥମ ସ୍ପଷ୍ଟ ଅଭିବ୍ୟକ୍ତି ହୋଇଥିଲା। [୪]

ଜୈନ ସଂସ୍କୃତି ହେଉଛି ନିରାଶାବାଦ ବା ପଳାୟନବାଦର ପ୍ରତୀକ - ଏହି ଧାରଣା ଚିନ୍ତନପୂର୍ଣ୍ଣ ନୁହେଁ। ଜୈନ-ସଂସ୍କୃତିର ମୂଳରେ ରହିଛି ତତ୍ତ୍ୱବାଦ। କଳ୍ପନାବାଦରେ ରହିଥାଏ କେବଳ ଆଶା। ତତ୍ତ୍ୱବାଦରେ ଆଶା ଓ ନିରାଶାର ଯଥାର୍ଥ ଅଙ୍କନ ହୋଇଥାଏ। ଋଗ୍‌ବେଦର ସଂଗାନରେ ବର୍ତ୍ତମାନ ଭାବନାର ଆଶାବାଦିତା ଭରିରହିଛି। ତତ୍ତ୍ୱ-ଚିନ୍ତନର ଅଳ୍ପତା ହେଉଛି ଏହାର କାରଣ। ଗଭୀର ଚିନ୍ତନ ବେଳାରେ ବିଷାଦର ଛାଇ ମଧ୍ୟ ଦେଖାଦେଇଥାଏ। ଉଷାକୁ ସମ୍ବୋଧିତ କରି ଉଲ୍ଲେଖ କରାଯାଇଛି ଯେ ଉଷା ମନୁଷ୍ୟ ଜୀବନକୁ କ୍ଷୀଣ କରିଥାଏ। [୫] ଉଲ୍ଲାସ ଓ ବିଷାଦ ହିଁ ହେଉଛନ୍ତି ବିଶ୍ୱର ଯଥାର୍ଥ ରୂପ। ସାମ୍ପ୍ରତିକ ଜୀବନ ବା ସାମାଜିକ ଭୂମିକାରେ କେବଳ ଉଲ୍ଲାସର କଳ୍ପନା କରାଯାଇଥାଏ। କିନ୍ତୁ ଅନନ୍ତ ଅତୀତ ଏବଂ ଅନାଗତର ଗର୍ଭରେ ଯେତେବେଳେ ମନୁଷ୍ୟର ଚିନ୍ତନ ଗତିଶୀଳ ହୁଏ, ସମାଜର କୃତ୍ରିମ ବନ୍ଧନ ତାକୁ ଜାବୁଡ଼ି ରଖିପାରେ ନାହିଁ। ଉନ୍ମୁକ୍ତ ହୋଇ ସେ 'ବ୍ୟକ୍ତି' ସ୍ୱରୂପ ଉପରେ ଦୃଷ୍ଟି-ନିବଦ୍ଧ କରିଥାଏ। ଏକମାତ୍ର କଳ୍ପନା-ପ୍ରସୂତ ଆଶା-ଅନ୍ତରୀକ୍ଷରୁ ଓହ୍ଲାଇ ପଦାର୍ଥ ଏବଂ ବାସ୍ତବିକତାର ଧରାତଳକୁ ଚାଲିଆସେ। ବର୍ତ୍ତମାନ - ବେଦୀରେ ଏବଂ ସମାଜସ୍ତରରେ ଦଣ୍ଡାୟମାନ ଲୋକମାନେ ଏହାକୁ ନିରାଶା ଓ ପଳାୟନ କହନ୍ତି। ତତ୍ତ୍ୱଦର୍ଶନ ଭୂମିକାରେ ଅବସ୍ଥିତ ଥାଇ ଗଭୀର ଦୃଷ୍ଟିପାତ କରୁଥିବା ଲୋକଙ୍କ ମତରେ ଏହାହେଉଛି ପ୍ରକୃତ ଆନନ୍ଦ ମାର୍ଗରେ ପ୍ରୟାଣ। ପୂର୍ବ ଔପନିଷଦିକ ବିଚାରଧାରାର ସମର୍ଥକମାନଙ୍କୁ ବ୍ରହ୍ମଦ୍ୱିଷ୍ (ବେଦ-ଘୃଣାକାରୀ) ଏବଂ ଦେବନିନ୍ଦ (ଦେବତାମାନଙ୍କ ନିନ୍ଦୁକ) ବୋଲି କୁହାଯାଇଛି। ଭଗବାନ ପାର୍ଶ୍ୱ ହେଉଛନ୍ତି ସେହି ପରମ୍ପରାର ଜଣେ ଐତିହାସିକ ପୁରୁଷ। ତାଙ୍କ କାଳଖଣ୍ଡରେ ବ୍ରାହ୍ମଣ-ଗ୍ରନ୍ଥଗୁଡ଼ିକର ନିର୍ମାଣ ହୋଇଥିଲା ଯାହାକୁ ପଳାୟନବାଦ କୁହାଗଲା, ଉପନିଷଦ ସାହିତ୍ୟ ମଧ୍ୟ ତହିଁରୁ ସମ୍ପୂର୍ଣ୍ଣ ମୁକ୍ତହୋଇ ରହିପାରିଲା ନାହିଁ।

ଜଣେ ସାମାଜିକ-ଜୀବ ପରିଗ୍ରହ ସକାଶେ କାମନା କରିଥାଏ। ଜୈନ-ଉପାସକଙ୍କ କାମନା-ସୂତ୍ର ହେଉଛି-[୬]

୧. କେବେ ମୁଁ ଅଳ୍ପମୂଲ୍ୟ ଏବଂ ବହୁ-ମୂଲ୍ୟ ପରିଗ୍ରହର ପ୍ରତ୍ୟାଖ୍ୟାନ କରିବି।

୨. କେବେ ମୁଁ ମୁଣ୍ଡିତ ହୋଇ, ଗୃହସ୍ଥପଣ ତ୍ୟାଗକରି ସାଧୁବ୍ରତ ସ୍ୱୀକାର କରିବି।

୩. କେବେ ମୁଁ ଅପଶ୍ଚିମ-ମାରଣାନ୍ତିକ-ସଂଲେଖନା କିମ୍ବା ଅନ୍ତିମ ଅନଶନରେ ଶରୀରକୁ ନିୟୋଜିତ କରିବି। ଭୂମିରେ ପଡ଼ିଥିବା ବୃକ୍ଷର ଡାଳ ସଦୃଶ ନିଶ୍ଚଳ ଥାଇ ମୃତ୍ୟୁ କିମ୍ବା ଜୀବନର ଅଭିଳାଷରୁ ମୁକ୍ତ ରହି ବିଚରଣ କରିବି।

ଜୈନାଚାର୍ଯ୍ୟମାନେ ସାଧାରଣତ ଧାର୍ମିକ ବିଚାରରେ ଉଦାର ରହିଆସିଛନ୍ତି। ନିଜ ଅନୁଯାୟୀମାନଙ୍କୁ ଧାର୍ମିକ

---

[୪] Indian thought and its development, pp 79.84

[୫] ଋଗ୍‌ବେଦ ୨/୧/୧/୧୮/୧୨୪

[୬] ଠାଣଂ, ୩/୪୯୭ : କୟାଣ ମହଂ ଅପ୍ପଂ ବା ବହୁୟଂ ବା ପରିଗ୍ଗହଂ ପରିଚଇସ୍ସାମି। କୟାଣମହଂ ମୁଣ୍ଡେଭବିତ୍ତା ଅଗାରାଓ ଅଣଗାରିୟଂ ପବ୍ବଇସମାମି। କୟାଣମହଂ ଅପଚ୍ଛିମମାରଣନ୍ତିୟସଂଲେହଣା ଝୂସଣାଝୁସିଏ, ଉତ୍ତପାଣଂ ପଡିୟାଇକ୍ ଖ ଓ ପାଅଓଏ କାଳମଣବକଂଖମାଣୋ ବିହରିସ୍ସାମି।

ନେତୃତ୍ୱ ମାତ୍ର କରିଥାନ୍ତି। ପରିବର୍ତ୍ତନଶୀଳ ସାମାଜିକ ବ୍ୟବସ୍ଥାରେ ବାନ୍ଧି ରଖିବାର ପ୍ରଚେଷ୍ଟା କରନ୍ତି ନାହିଁ। ସମାଜ-ବ୍ୟବସ୍ଥାକୁ ସମାଜଶାସ୍ତ୍ରୀମାନଙ୍କ ଉପରେ ନ୍ୟସ୍ତ କରାଗଲା। ଧାର୍ମିକ ବିଚାରଗୁଡ଼ିକର ଐକ୍ୟ ଦୃଷ୍ଟିରୁ ଜୈନ ସମାଜର ଅସ୍ତିତ୍ୱକୁ ସ୍ୱୀକାର କରାଯାଇଥାଏ କିନ୍ତୁ ସାମାଜିକ ବେଷ୍ଟନୀ ଦୃଷ୍ଟିକୋଣରେ ଜୈନ-ସମାଜ ବୋଲି କିଛି ନାହିଁ। କୋଟି-କୋଟି ଜୈନମାନଙ୍କ ସଂଖ୍ୟା ବର୍ତ୍ତମାନ ଲକ୍ଷ ମଧ୍ୟରେ ସୀମିତ ହୋଇଗଲାଣି। ଏହାହିଁ ତା'ର କାରଣ। ତେବେ ଏହି ସିଦ୍ଧାନ୍ତବାଦିତା ଯୋଗୁଁ ଧର୍ମର ବିଶୁଦ୍ଧ ରୂପ ସୁରକ୍ଷିତ କରାଯାଇପାରିଛି।

ଜୈନ ସଂସ୍କୃତିର ରୂପ ସର୍ବଦା ବ୍ୟାପକ ରହିଆସିଛି। ଏହାର ଦ୍ୱାର ସମସ୍ତଙ୍କ ପାଇଁ ମେଲା। ଅସାମ୍ପ୍ରଦାୟିକତା ଏବଂ ଜାତିବାଦର ଅଭାବ ହିଁ ଏହି ବ୍ୟାପକ ଦୃଷ୍ଟିକୋଣର ମୂଳରେ ବିଦ୍ୟମାନ। ବ୍ୟବହାରିକ ଦୃଷ୍ଟିରୁ ଜୈନ, ଅନେକ ସମ୍ପ୍ରଦାୟରେ ବିଭକ୍ତ, କିନ୍ତୁ ସେମାନେ ଧର୍ମକୁ ସମ୍ପ୍ରଦାୟ ସହିତ ଜଡ଼ିତ କରିନାହାନ୍ତି। ଜୈନ-ସମ୍ପ୍ରଦାୟ ନୁହେଁ ବରଂ 'ଜୈନତ୍ୱ'କୁ ଏମାନେ ମହତ୍ତ୍ୱ ଦେଇଆସିଛନ୍ତି। ଜୈନତ୍ୱର ଅର୍ଥ ହେଉଛି - ସମ୍ୟକ୍ ଦର୍ଶନ, ସମ୍ୟକ୍ ଜ୍ଞାନ ଏବଂ ସମ୍ୟକ୍ ଚରିତ୍ରର ଆରାଧନା। ଏଭଳି ଆରାଧନା କରୁଥିବା ଲୋକ ଯେକୌଣସି ବେଶରେ ଥାଉ ନା କାହିଁକି, ସେ ମୁକ୍ତ ହୋଇପାରିବେ। ଏପରିକି ଗୃହସ୍ଥବେଶରେ ବି ଜଣେ ମୁକ୍ତ ହୋଇପାରିବ।

କଳା

କଳା ହେଉଛି ବିଶୁଦ୍ଧ ସାମାଜିକ ତତ୍ତ୍ୱ। ଧର୍ମ ଅଥବା ଦର୍ଶନ ସହିତ ତା'ର ତିଳେମାତ୍ର ସମ୍ବନ୍ଧ ନାହିଁ। କିନ୍ତୁ ଧର୍ମ ଯେବେ ଶାସନରେ ପରିଣତ ହୁଏ, ତା'ର ଅନୁସରଣ କରି ଏକ ସମାଜ ନିର୍ମିତ ହୋଇଥାଏ। ସେହି ପରିସ୍ଥିତିରେ କଳା ମଧ୍ୟ ଧର୍ମାଶ୍ରୟ ଲଭି ପଲ୍ଲବିତ ହୋଇଥାଏ।

ଜୈନ-ପରମ୍ପରାରେ କଳାଶବ୍ଦ ବଡ଼ ବ୍ୟାପକ ଅର୍ଥରେ ବ୍ୟବହୃତ ହୋଇଥାଏ। ଭଗବାନ ଋଷଭଦେବ ନିଜ ଶାସନକାଳରେ ପୁରୁଷଙ୍କ ପାଇଁ ବାସ୍ତରି (୭୨) ଏବଂ ନାରୀମାନଙ୍କ ପାଇଁ ଚଉଷଠି (୬୪) କଳାର ବିଧାନ କରିଛନ୍ତି।[୭] ଟୀକାକାର, କଳାର ଅର୍ଥ ବସ୍ତୁ-ପରିଜ୍ଞାନ ରୂପରେ କରିଛନ୍ତି। ସେଠାରେ ଲେଖ, ଗଣିତ, ଚିତ୍ର, ନୃତ୍ୟ, ଗାୟନ, ଯୁଦ୍ଧ, କାବ୍ୟ, ବେଶଭୂଷା, ସ୍ଥାପତ୍ୟ, ପାକ, ମନୋରଞ୍ଜନ ଆଦି ବିବିଧ ପରିଜ୍ଞାନର ସମାବେଶ କରାଯାଇଛି।

ଧର୍ମ ମଧ୍ୟ ଏକ କଳା। ଏହା ହେଉଛି ଜୀବନର ଶ୍ରେଷ୍ଠ କଳା। ଜୀବନ-ନିର୍ଯାସକୁ ଅନୁଭବ କରିପାରିଥିବା ତପସ୍ୱୀମାନଙ୍କ ମତରେ - 'ସମସ୍ତ କଳା ମଧ୍ୟରେ ପ୍ରବର ଧର୍ମ-କଳାକୁ ଯେଉଁ ଲୋକ ବୁଝିନାହିଁ, ସେ ବାସ୍ତରି କଳାରେ ନିଷ୍ଣାତ ହେଲେ ମଧ୍ୟ ଅକୁଶଳ ପରିଗଣିତ ହୋଇଥାଏ। [୮] ଜୈନଧର୍ମର ଆତ୍ମ-ପକ୍ଷ ଧର୍ମ-କଳା ଉନ୍ନୟନରେ ସର୍ବଦା ସଂଲଗ୍ନ ରହିଆସିଛି। ବହିରଂଗ ପକ୍ଷ ସମାଜ-ସର୍ବସ୍ୱ ସାଜିଥାଏ। ସମାଜ ବିସ୍ତାର ସହିତ ଲଳିତକଳା ବି ବିସ୍ତାରିତ ହେଲା।

ଚିତ୍ରକଳା

ଜୈନ-ଚିତ୍ରକଳାର ଶୁଭାରମ୍ଭ ତତ୍ତ୍ୱ ପ୍ରକାଶନ ରୂପରେ ହୋଇଛି। ଗୁରୁ ଆପଣା ଶିଷ୍ୟଙ୍କୁ ବିଶ୍ୱବ୍ୟବସ୍ଥାକୁ ତତ୍ତ୍ୱ ସ୍ଥାପନା ମାଧ୍ୟମରେ ବୁଝାଇଛନ୍ତି। ତଦାକାର ଏବଂ ଅତଦାକାର ଏଭଳି ଦୁଇ ପ୍ରକାରେ ଏହି ସ୍ଥାପନା କରାଯାଇଥାଏ। ତଦାକାର ସ୍ଥାପନାର ଦୁଇଟି ପ୍ରୟୋଜନ ହେଉଛି - ତତ୍ତ୍ୱ ପ୍ରକାଶନ ଓ ସ୍ମୃତି। ତତ୍ତ୍ୱ-ପ୍ରକାଶନ-ହେତୁକ ସ୍ଥାପନାର ଆଧାରରେ ଚିତ୍ରକଳା ତଥା ସ୍ମୃତି-ହେତୁକ ସ୍ଥାପନାର ଆଧାରରେ ମୂର୍ତ୍ତିକଳାର ବିକାଶ ଘଟିଲା। ତାଡ଼ପତ୍ର ଏବଂ ଅନ୍ୟ ପତ୍ର ଉପରେ ଗ୍ରନ୍ଥ ରଚନା କରାଗଲା ଏବଂ ସେଠାରେ ଚିତ୍ର ମଧ୍ୟ ଅଙ୍କିତ ହେଲା। ବିକ୍ରମଙ୍କ ଦ୍ୱିତୀୟ ସହସ୍ରାବ୍ଦୀରେ

---

[୭] ଜମ୍ବୁଦ୍ୱୀପ ପ୍ରଜ୍ଞପ୍ତି, ବକ୍ଷ ୨ ୧

[୮] ବାବତ୍ତରି କଳାକୁସଲା, ପଣ୍ଡିୟପୁରିସା ଅପଣ୍ଡିୟା ଚେବ।
ସବ୍ବ କଳାଣଂ ପବରଂ, ଧମ୍ମକଳଂ ଜେ ନ ଜାଣନ୍ତି।

ହଜାର ହଜାର ସଂଖ୍ୟାରେ ଏଭଳି ଗ୍ରନ୍ଥ ନିର୍ମାଣ କରାଗଲା, ଯାହା କଳାତ୍ମକ ଚିତ୍ରାକୃତି ଯୋଗୁଁ ଅମୂଲ୍ୟ ଗ୍ରନ୍ଥ ରୂପେ ପରିଗଣିତ ହେଲା ।

ତାଡ଼ପତ୍ରୀୟ ଅଥବା ଅନ୍ୟ ପତ୍ର ଉପରେ ଅଙ୍କିତ ରଚନା, ଚାତୁର୍ମାସିକ ପ୍ରାର୍ଥନା, କଲ୍ୟାଣ-ମନ୍ଦିର, ଭକ୍ତାମର ଆଦି ସ୍ତୋତ୍ରମାନଙ୍କ ସନ୍ଦର୍ଭରେ ଯେଉଁ ଚିତ୍ର ଅଙ୍କନ କରାଯାଇଛି, ତାହା ନ ଦେଖିବା ଯାଏ ମଧ୍ୟକାଳୀନ ଚିତ୍ରକଳାର ଇତିହାସ ଅପୂର୍ଣ୍ଣାଙ୍ଗ ରହିଯିବ ।

ଯୋଗୀମାରା ଗିରିଗୁହା (ରାମଗଡ଼ ପାହାଡ଼, ସରଗୁଜା) ଏବଂ ସିତନ୍ନବାସଲ (ପଦ୍‌ଦୁକୋଟୈରାଜ୍ୟ)ର ଭିତ୍ତି ଚିତ୍ର ଅତ୍ୟନ୍ତ ପ୍ରାଚୀନ ଓ ମନୋରମ ଅଟେ ।

ଚିତ୍ରକଳାର ବିଶେଷ ଅବବୋଧ ନିମନ୍ତେ 'ଜୈନଚିତ୍ରକଳ୍ପଦ୍ରୁମ' ଦ୍ରଷ୍ଟବ୍ୟ ।

ଲିପିକଳା

ଅକ୍ଷର-ବିନ୍ୟାସକୁ ମଧ୍ୟ ସୁକୁମାର-କଳା ରୂପେ ପରିଗଣିତ କରାଯାଇଥାଏ । ଜୈନସାଧୁମାନେ ଏହାର ସମ୍ୟକ୍ ବିକାଶ କରିଆସୁଛନ୍ତି । ସୌନ୍ଦର୍ଯ୍ୟ ଓ ସୂକ୍ଷ୍ମତା - ଉଭୟ ଦୃଷ୍ଟିରୁ ଏହି ଜୈନମୁନିମାନେ ତାହାକୁ ଉନ୍ନତି ଶିଖରକୁ ନେଇଯାଇଛନ୍ତି ।

ପନ୍ଦରଶହ ବର୍ଷ ପୂର୍ବେ ଲେଖିବା କାର୍ଯ୍ୟର ଶୁଭାରମ୍ଭ ହୋଇଥିଲା । ଏହା ଆଜିଯାଏ ନିରନ୍ତର ବିକାଶମାନ ରହିଆସିଛି । ଲେଖନ-କଳାରେ ଯତିମାନଙ୍କ ଦକ୍ଷତା ବିଶେଷ ଭାବରେ ପ୍ରସ୍ଫୁଟିତ ହୋଇଥିବାର ଦେଖାଯାଏ ।

ତେରାପନ୍ଥର ସାଧୁମାନେ ଏହି କଳାର ଅଦ୍‌ଭୁତ ଚମତ୍କାର ପ୍ରଦର୍ଶନ କରିଛନ୍ତି, ସୂକ୍ଷ୍ମଲିପିରେ ଏମାନେ ସବା ଆଗରେ ରହିଛନ୍ତି । ଏଗାର ଇଞ୍ଚ ଦୀର୍ଘ ତଥା ପାଞ୍ଚ ଇଞ୍ଚ ପ୍ରସ୍ଥ କାଗଜ ଉପରେ ଅନେକ ମୁନି ଅଶୀ ହଜାର (୮୦୦୦୦) ଯାଏ ଅକ୍ଷର ଲେଖିବାରେ ସକ୍ଷମ ହୋଇପାରିଛନ୍ତି । ଏଭଳି ପତ୍ର ଆଜିଯାଏ ଅଦ୍ୱିତୀୟ ସ୍ଥାନରେ ରହିଆସିଛି ।

ମୂର୍ତ୍ତିକଳା ଏବଂ ସ୍ଥାପତ୍ୟ-କଳା

କାଳକ୍ରମେ ଜୈନ ପରମ୍ପରାରେ ପ୍ରତିମାପୂଜା ବିଧିର ପ୍ରାରମ୍ଭ ହେଲା । ସୈଦ୍ଧାନ୍ତିକ ଦୃଷ୍ଟିରୁ ଏହାର ଦୁଇଟି ଧାରା ରହିଛି । କେତେକ ଜୈନ-ସମ୍ପ୍ରଦାୟ ମୂର୍ତ୍ତିପୂଜା କରିଥାନ୍ତି ତଥା ଆଉ କେତେକ ମୂର୍ତ୍ତିପୂଜା କରନ୍ତି ନାହିଁ । ତେବେ କଳାତ୍ମକ ଦୃଷ୍ଟିକୋଣରୁ ବିଚାର କରିଲେ - ଏହା ଏକ ମହତ୍ତ୍ୱପୂର୍ଣ୍ଣ ବିଭବ ।

ବର୍ତ୍ତମାନ ପର୍ଯ୍ୟନ୍ତ ସବୁଠାରୁ ପ୍ରାଚୀନତମ ଜୈନମୂର୍ତ୍ତି ପାଟଣାର ଲୋହନୀପୁର ସ୍ଥାନରୁ ପ୍ରାପ୍ତ ହୋଇଛି । ଇତିହାସକାର ଏହାକୁ ମୌର୍ଯ୍ୟକାଳୀନ ମୂର୍ତ୍ତି କହିଥାନ୍ତି । ଏହା ବର୍ତ୍ତମାନ ପାଟଣା ମ୍ୟୁଜିୟମରେ ଅବସ୍ଥିତ । ଏହାର ଜାଜ୍ୱଲ୍ୟମାନ ମସୃଣତା ଯଥାବତ୍ ସୁରକ୍ଷିତ ରହିଛି । ଲାହୋର, ମଥୁରା, ଲକ୍ଷ୍ନୌ, ପ୍ରୟାଗ ଆଦି ମ୍ୟୁଜିୟମଗୁଡ଼ିକରେ ଅନେକ ଜୈନମୂର୍ତ୍ତି ବିଦ୍ୟମାନ । ଏମାନଙ୍କ ମଧ୍ୟରୁ କିଛି ଗୁପ୍ତକାଳୀନ । ଶ୍ରୀ ବାସୁଦେବ ଉପାଧ୍ୟାୟ ଲେଖିଛନ୍ତି - ଚତୁର୍ବିଂଶତମ ତୀର୍ଥଙ୍କର ବର୍ଦ୍ଧମାନ ମହାବୀରଙ୍କ ଯେଉଁ ମୂର୍ତ୍ତି ମଥୁରାରେ ପ୍ରାପ୍ତ ହୋଇଛି ତାହାର ନିର୍ମାଣ କୁମାରଗୁପ୍ତଙ୍କ ସମୟରେ ହୋଇଥିବ । ବାସ୍ତବିକ ଜୈନ ମୂର୍ତ୍ତିକଳା ଦୃଷ୍ଟିରୁ ମଥୁରାରେ ପ୍ରଚୁର ମାତ୍ରାରେ କାମ ହୋଇଛି । ଶ୍ରୀ ରାୟକୃଷ୍ଣଦାସଙ୍କ ମତରେ ମଥୁରାର ଶୁଙ୍ଗକାଳୀନ କଳା ମୁଖ୍ୟତଃ ଜୈନ ସମ୍ପ୍ରଦାୟର ହୋଇଥିବାର ଯଥେଷ୍ଟ କାରଣ ରହିଛି ।[୯]

ଖଣ୍ଡଗିରି ଓ ଉଦୟଗିରିରେ ଖ୍ରୀ.ପୂ. ୧୮୮-୩୦ ପର୍ଯ୍ୟନ୍ତ ଶୁଙ୍ଗକାଳୀନ ମୂର୍ତ୍ତିଶିଳ୍ପର ଅଦ୍‌ଭୁତ ଚାତୁର୍ଯ୍ୟର

---

[୯] ଭାରତୀୟ ମୂର୍ତିକଳା, ପୃ.୫୯ ।

ଛଟା ଦେଖିବାକୁ ମିଳିଥାଏ। ସେଠାରେ ଏହି କାଳଖଣ୍ଡରେ ନିର୍ମାଣ କରାଯାଇଥିବା ଶହେ ପାଖାପାଖି ଜୈନଗୁମ୍ଫା ରହିଛି, ଯହିଁରେ ମୂର୍ତ୍ତିଶିଳ୍ପ ରହିଛି। ଦକ୍ଷିଣ ଭାରତର ଅଲଗାମଲେ ନାମକ ସ୍ଥାନରେ ଉତ୍‌ଖନନ ଦ୍ୱାରା ଯେଉଁ ଜୈନ-ମୂର୍ତ୍ତିଗୁଡ଼ିକ ପ୍ରାପ୍ତ ହୋଇଛି, ତାହା ଖ୍ରୀ.ପୂ. ୩୦୦ରୁ ୨୦୦ ମଧ୍ୟରେ ହୋଇଥିବାର ସମ୍ଭାବନା ରହିଛି। ଏହି ମୂର୍ତ୍ତିମାନଙ୍କ ସୌମ୍ୟାକୃତି ଦ୍ରାବିଡ଼-କଳାରେ ଅନୁପମ ରୂପରେ ପରିଗଣିତ ହୋଇଆସିଛି। ଶ୍ରବଣ ବେଲଗୋଲାର ପ୍ରସିଦ୍ଧ ଜୈନମୂର୍ତ୍ତି, ବିଶ୍ୱର ଅଦ୍ଭୁତ ବସ୍ତୁଗୁଡ଼ିକ ମଧ୍ୟରେ ଅନ୍ୟତମ। ଅନୁପମ ସୌନ୍ଦର୍ଯ୍ୟ ଏବଂ ଶାନ୍ତିଯୁକ୍ତ ବାହୁବଳୀଙ୍କ ପ୍ରତିମା ସମସ୍ତଙ୍କୁ ନିଜ ଆଡ଼କୁ ଟାଣିଆଣିଥାଏ। ଜୈନ-ମୂର୍ତ୍ତିକଳାର ଏହା ହେଉଛି ସଂସାରକୁ ଅମୂଲ୍ୟ ଉପହାର।

ମୌର୍ଯ୍ୟ ଓ ଶୁଂଗକାଳ ପରବର୍ତ୍ତୀ ଭାରତୀୟ ମୂର୍ତ୍ତିକଳାର ମୁଖ୍ୟ ଧାରା ହେଉଛି :

୧. ଗାନ୍ଧାର-କଳା – ଉତ୍ତର-ପଶ୍ଚିମ ଭାରତରେ ଯା'ର ବିକାଶ ଘଟିଛି।

୨. ମଥୁରା-କଳା – ମଥୁରା ସମୀପବର୍ତ୍ତୀ କ୍ଷେତ୍ରରେ ବିକଶିତ ହୋଇଛି।

୩. ଅମରାବତୀ କଳା – କୃଷ୍ଣାନଦୀ ତଟରେ ପଲ୍ଲବିତ ହୋଇଛି।

ତେବେ ଜୈନ ମୂର୍ତ୍ତିକଳାର ବିକାଶ ମଥୁରା-କଳା ଅନ୍ତର୍ଗତ ଘଟିଛି।

ଜୈନସ୍ଥାପତ୍ୟ କଳାର ସର୍ବାଧିକ ପ୍ରାଚୀନ ଅବଶେଷ ଖଣ୍ଡଗିରି, ଉଦୟଗିରି ଏବଂ ଜୁନାଗଡ଼ ଗୁମ୍ଫାରେ ମିଳିଥାଏ।

ଉତ୍ତରବର୍ତ୍ତୀ ସ୍ଥାପତ୍ୟ ଦୃଷ୍ଟିରୁ ଚିତ୍ତୋଡ଼ର କୀର୍ତ୍ତି-ସ୍ତମ୍ଭ, ଆବୁର ମନ୍ଦିର ଏବଂ ରାଣକପୁରର ଜୈନମନ୍ଦିରଗୁଡ଼ିକର ସ୍ତମ୍ଭ ଆଦି ଭାରତୀୟ ଶୈଳୀର ପୋଷଣ ଏବଂ ସଂରକ୍ଷଣ କରିଆସୁଛନ୍ତି।

ଜୈନପର୍ବ

ପର୍ବ ହେଉଛି ଅତୀତରେ ଘଟିଯାଇଥିବା ଘଟଣାର ଏକ ପ୍ରତୀକ ମାତ୍ର। ଜୈନମାନେ ମୁଖ୍ୟତଃ ଚାରୋଟି ପର୍ବ ପାଳନ କରିଥାନ୍ତି।

୧. ଅକ୍ଷୟ ତୃତୀୟା ୨. ପର୍ଯ୍ୟୁଷଣ ଓ ଦଶ ଲକ୍ଷଣ ୩. ମହାବୀର ଜୟନ୍ତୀ ୪. ଦୀପାବଳି

ଆଦ୍ୟ ତୀର୍ଥଙ୍କର ଭଗବାନ ଋଷଭନାଥଙ୍କ ସହିତ ଅକ୍ଷୟ ତୃତୀୟାର ସମ୍ବନ୍ଧ ରହିଛି। ବାରମାସ ଅର୍ଥାତ୍ ସୁଦୀର୍ଘ ବର୍ଷ ବ୍ୟାପୀ ତପସ୍ୟାର ପାରଣା ବୈଶାଖ ଶୁକ୍ଳ ତୃତୀୟା ଦିନ ଋଷଭନାଥ ଆଖୁରସ ଦ୍ୱାରା କରିଥିଲେ। ଏହି ସକାଶେ ତାହା ଅକ୍ଷିତୃତୀୟା ବା ଅକ୍ଷୟ ତୃତୀୟା ବୋଲାଇଥାଏ।

ପର୍ଯ୍ୟୁଷଣ ହେଉଛି ଆରାଧନାର ପର୍ବ। ଭାଦ୍ରବ କୃଷ୍ଣ ଦ୍ୱାଦଶୀ ବା ତ୍ରୟୋଦଶୀ ତିଥିରୁ ଭାଦ୍ରବ ଶୁକ୍ଳ ଚତୁର୍ଥୀ ବା ପଞ୍ଚମୀ ଯାଏ ଏହା ପାଳନ କରାଯାଇଥାଏ। ଏହି ସମୟରେ ତପସ୍ୟା, ସ୍ୱାଧ୍ୟାୟ, ଧ୍ୟାନ ଆଦି ଆତ୍ମଶୋଧକ ପ୍ରବୃତ୍ତିର ଆରାଧନା ଓ ଆଚରଣ କରାଯାଇଥାଏ। ଏହାର ସମାପନ 'ସଂବତ୍‌ସରୀ' ରୂପରେ ହୋଇଥାଏ। ବର୍ଷଯାକର ଦୋଷ ବା ଭୁଲ ସକାଶେ କ୍ଷମା ମାଗିବା ତଥା କ୍ଷମା ପ୍ରଦାନ କରିବା ହେଉଛି ଏହାର ବିଶେଷତ୍ୱ। ଏହି ପର୍ବ ମୈତ୍ରୀ ଏବଂ ଉଜ୍ଜ୍ୱଳତାର ସନ୍ଦେଶ ବହନ କରିଥାଏ।

ଦିଗମ୍ବର ପରମ୍ପରାରେ ଭାଦ୍ରବ ଶୁକ୍ଳ ପଞ୍ଚମୀରୁ ଚତୁର୍ଦ୍ଦଶୀ ଯାଏ ଦଶଲକ୍ଷଣ ପର୍ବ ପାଳନ କରାଯାଇଥାଏ। ଏହି ଅବଧିରେ କ୍ଷମା ଆଦି ଦଶଟି ଧର୍ମରୁ ଗୋଟିଏ ଗୋଟିଏ ଧର୍ମର ଆରାଧନା ପ୍ରତିଦିନ କରାଯାଏ। ଏହା ଦଶ ଲକ୍ଷଣ ପର୍ବ ରୂପରେ ବିଖ୍ୟାତ।

ଚୈତ୍ରଶୁକ୍ଳ ତ୍ରୟୋଦଶୀ ତିଥି ଭଗବାନ ମହାବୀରଙ୍କ ଜନ୍ମଦିବସ ହୋଇଥିବାରୁ ମହାବୀର ଜୟନ୍ତୀ ରୂପରେ ପାଳନ କରାଯାଏ।

ଭଗବାନ ମହାବୀରଙ୍କ ନିର୍ବାଣ ସହିତ ଦୀପାବଳିର ସମ୍ବନ୍ଧ ରହିଛି। କାର୍ତ୍ତିକ ଅମାବାସ୍ୟା ଦିନ ପ୍ରଭୁଙ୍କ ନିର୍ବାଣ

ହୁଏ। ସେତେବେଳେ ଦେବଗଣ ଏବଂ ମର୍ତ୍ତ୍ୟରେ ରାଜାମାନେ ପ୍ରକାଶର ଆୟୋଜନ କରିଥିଲେ। ଦୀପ ଜଳାଇ ସେହି ପରମ୍ପରାର ଅନୁସରଣ କରାଯାଇଥାଏ।

ଦୀପାବଳିର ଉତ୍ସ ସମ୍ବନ୍ଧରେ ଭଗବାନ ଶ୍ରୀରାମ ଏବଂ ଭଗବାନ ଶ୍ରୀକୃଷ୍ଣଙ୍କ ଯେଉଁ ପ୍ରସଙ୍ଗ ରହିଛି, ସେସବୁ କେବଳ ଜନଶ୍ରୁତି ଆଧାରିତ, କିନ୍ତୁ ଏହି ପର୍ବର ଜୈନଜଗତ ସହିତ ଯେଉଁ ସମ୍ବନ୍ଧ ରହିଛି, ତାହା ହେଉଛି ଇତିହାସସମ୍ମତ। ପ୍ରାଚୀନତମ ଜୈନଗ୍ରନ୍ଥଗୁଡ଼ିକରେ ସ୍ପଷ୍ଟ ଉଲ୍ଲେଖ ରହିଛି ଯେ କାର୍ତ୍ତିକ କୃଷ୍ଣ ୧୪ ରାତ୍ରି ତଥା ଅମାବାସ୍ୟାର ପ୍ରଭାତର ସନ୍ଧିବେଳାରେ ଭଗବାନ ମହାବୀର ନିର୍ବାଣ ପ୍ରାପ୍ତ ହୋଇଥିଲେ। ଏହି ଅବସରରେ ଦେବଗଣ ତଥା ଇନ୍ଦ୍ରମାନେ ଦୀପମାଳିକା ସଜାଇ ଉତ୍ସବ ପାଳନ କରିଥିଲେ।

ଭଗବାନ ମହାବୀରଙ୍କ ନିର୍ବାଣ ସ୍ମୃତିରେ ଦୀପାବଳି-ମହୋତ୍ସବରେ ଆୟୋଜନ କଥାକୁ ଆଚାର୍ଯ୍ୟ ଜିନସେନ ହରିବଂଶ ପୁରାଣରେ ସ୍ପଷ୍ଟ ଭାବରେ ସ୍ୱୀକାର କରିଛନ୍ତି। ଦୀପାବଳିର ଉତ୍ପତ୍ତି ସମ୍ବନ୍ଧରେ ଏହା ହେଉଛି ପ୍ରାଚୀନତମ ପ୍ରମାଣ।

ଜୈନ ଧର୍ମର ପ୍ରଭାବକ୍ଷେତ୍ର

ଭଗବାନ ମହାବୀରଙ୍କ ଯୁଗରେ ଜୈନଧର୍ମ ଭାରତର ବିଭିନ୍ନ କୋଣକୁ ପ୍ରସାରିତ ହେଲା। 'ସମ୍ରାଟ' ଅଶୋକଙ୍କ ପୁଅ ସମ୍ପ୍ରତି ଜୈନଧର୍ମର ବାର୍ତ୍ତା ଭାରତ ବାହାରେ ପହଞ୍ଚାଇଥିଲେ। ସେତେବେଳେ ଜୈନମୁନିମାନଙ୍କ ବିହାର-କ୍ଷେତ୍ର ଅର୍ଥାତ୍ ବିଚରଣ କ୍ଷେତ୍ର ମଧ୍ୟ ବିସ୍ତାରଲାଭ କରିଥିଲା। ଅହିଂସା ପରମ୍ପରାର ଚର୍ଚ୍ଚା କରିବାକୁ ଯାଇ ଶ୍ରୀ ବିଶ୍ୱମ୍ଭର ନାଥ ପାଣ୍ଡେ (ଓଡ଼ିଶାର ଭୂତପୂର୍ବ ରାଜ୍ୟପାଳ) ଲେଖିଛନ୍ତି - 'ଖ୍ରୀଷ୍ଟଙ୍କ ପ୍ରଥମ ଶତାବ୍ଦୀରୁ ଏବଂ ତାହାପରେ ହଜାରେ ବର୍ଷଧରି ଜୈନଧର୍ମ ମଧ୍ୟ-ପୂର୍ବ ଦେଶମାନଙ୍କରେ କୌଣସି ନା କୌଣସି ରୂପରେ ଇହୁଦୀ ଧର୍ମ, ଖ୍ରୀଷ୍ଟଧର୍ମ ଏବଂ ଇସଲାମ ଧର୍ମକୁ ପ୍ରଭାବିତ କରିଆସିଛି।' ପ୍ରସିଦ୍ଧ ଜର୍ମାନ ଇତିହାସବେତ୍ତା ବାନ କ୍ରେମରଙ୍କ ମତରେ ମଧ୍ୟପୂର୍ବରେ ପ୍ରଚଳିତ 'ସମାନିଆ' ସମ୍ପ୍ରଦାୟ 'ଶ୍ରମଣ' ଶବ୍ଦର ଅପଭ୍ରଂଶ ମାତ୍ର। ଇତିହାସ ଲେଖକ ଜି.ଏଫ. ସୁର ଲେଖିଛନ୍ତି - ମହାତ୍ମା ଯୀଶୁଙ୍କ ଜନ୍ମ ଶତାବ୍ଦୀ ପୂର୍ବରୁ ଇରାକ, ସ୍ୟାମ ଏବଂ ଫିଲିପାଇନ ଆଦି ଦେଶରେ ଜୈନମୁନି ଏବଂ ବୌଦ୍ଧଭିକ୍ଷୁମାନେ ଶତାଧିକ ସଂଖ୍ୟାରେ ପରିଭ୍ରମଣ କରୁଥିଲେ। 'ସିୟାହତ ନାମ ଏ ନାସିର'ର ଲେଖକଙ୍କ ମତରେ ଇସଲାମ ଧର୍ମର କଲନ୍ଦରୀ ସମ୍ପ୍ରଦାୟ ଉପରେ ଜୈନଧର୍ମର ବିଶେଷ ପ୍ରଭାବ ପଡ଼ିଥିବାର ସ୍ପଷ୍ଟ ପ୍ରମାଣ ରହିଛି। କଲନ୍ଦରମାନେ ଚାରୋଟି ନିୟମ ପାଳନ କରୁଥିଲେ - ସାଧୁତା, ଶୁଦ୍ଧତା, ସତ୍ୟତା ଏବଂ ଦରିଦ୍ରତା। ସେମାନଙ୍କ ଅଖଣ୍ଡ ବିଶ୍ୱାସ ଅହିଂସାରେ ରହିଥାଏ।[୧୦]

ଅହିଂସା, ଶାନ୍ତି, ମୈତ୍ରୀ ଓ ସଂଯମର ପ୍ରସାର ହିଁ ଅହିଂସାର ପ୍ରସାର ହୋଇଥିବାରୁ ସେହିଯୁଗକୁ ଭାରତୀୟ ଇତିହାସର ସୁବର୍ଣ୍ଣଯୁଗ କୁହାଯାଇଥାଏ। ପୁରାତତ୍ତ୍ୱବେତ୍ତା ପି.ସି. ରାୟଚୌଧୁରୀଙ୍କ ମତରେ - 'ଖ୍ରୀଷ୍ଟଧର୍ମ ଯେପରି ଇଉରୋପରେ ଧୀରେ ଧୀରେ ପ୍ରସାର ଲାଭ କରିଥିଲା, ସେହିପରି ଜୈନଧର୍ମ ପ୍ରସାରର ଗତି ବି ଧୀର-ମନ୍ଥର ଥିଲା। ଶ୍ରେଣୀକ, କୁଣିକ, ଚନ୍ଦ୍ରଗୁପ୍ତ, ସଂପ୍ରତି, ଖାରବେଳ ତଥା ଅନ୍ୟ ରାଜାମାନେ ଜୈନଧର୍ମ ଗ୍ରହଣ କରିଥିଲେ। ଯେଉଁ କାଳଖଣ୍ଡରେ ଜୈନଧର୍ମ ଭଳି ଏକ ମହାନ ଧର୍ମର ପ୍ରଚାର ପ୍ରସାର ଘଟିଥିଲା, ସେହି ଶତାବ୍ଦୀ ଥିଲା, ଭାରତରେ ହିନ୍ଦୁ ଶାସନର ବୈଭବପୂର୍ଣ୍ଣ ଯୁଗ।

କେବେ କେମିତି ଏକ ବିଚାର ଜାତ ହୋଇଥାଏ ଯେ ଜୈନଧର୍ମର ଅହିଂସା ସିଦ୍ଧାନ୍ତ ଦ୍ୱାରା ଭାରତରେ କାପୁରୁଷପଣ ବଢ଼ିଯାଇଛି। କିନ୍ତୁ ଏହା ବାସ୍ତବିକ ସତ୍ୟଠାରୁ ବହୁଦୂରରେ ଅବସ୍ଥିତ। ଅହିଂସକ କଦାପି କାପୁରୁଷ ହୋଇ ନ ପାରେ। ଏହି ଭୀରୁତା ଏବଂ ତା'ର ପରିଣାମଜନ୍ୟ ପରତନ୍ତ୍ରତା, ହିଂସାର ଉତ୍କର୍ଷ ଏବଂ ପାରସ୍ପରିକ

---

[୧୦] ବିଶ୍ୱବାଣୀ, ଆଲ୍ଲାବାଦ

ବୈମନସ୍ୟ ହେତୁ ଉତ୍ପନ୍ନ ହୋଇଥିଲା। ଭାରତୀୟମାନେ ଯେତେବେଳେ ଜୈନଧର୍ମର ପ୍ରଭାବରୁ ଦୂରେଇ ଗଲେ ସେତେବେଳେ ଏଭଳି ସ୍ଥିତି ଜାତ ହୋଇଥିଲା।

ଭଗବାନ ମହାବୀରଙ୍କ ଦ୍ୱାରା ସମାଜ ପାଇଁ ଯେଉଁ ନୈତିକ ମୂଲ୍ୟ ନିର୍ଦ୍ଧାରଣ କରାଯାଇଥିଲା, ସାମାଜିକ ଓ ରାଜନୈତିକ ଦୃଷ୍ଟିରୁ ତା'ର ଦୁଇଟି କଥା ଅତ୍ୟନ୍ତ ମହତ୍ତ୍ୱପୂର୍ଣ୍ଣ ମନେହୁଏ। ଯଥା–୧. ଅନାକ୍ରମଣ-ସଂକଳ୍ପଯୁକ୍ତ ହିଂସାର ପରିତ୍ୟାଗ ଏବଂ ୨. ଇଚ୍ଛାପରିମାଣ–ପରିଗ୍ରହର ସୀମାକରଣ।

ଏହାହେଉଛି ଲୋକତନ୍ତ୍ର ଅଥବା ସମାଜବାଦର ମୁଖ୍ୟ ସୂତ୍ର। ବାରାଣସୀ ସଂସ୍କୃତ ବିଶ୍ୱବିଦ୍ୟାଳୟର ଉପକୁଳପତି ଶ୍ରୀ ଆଦିତ୍ୟନାଥ୍ ଝା ଏହି ତଥ୍ୟକୁ ନିମ୍ନ ଶବ୍ଦ ମାଧ୍ୟମରେ ଅଭିବ୍ୟକ୍ତ କରିଛନ୍ତି - 'ଭାରତୀୟ ଜୀବନରେ ପ୍ରଜ୍ଞା ଓ ଚାରିତ୍ର୍ୟର ସମନ୍ୱୟ ହେଉଛି ଜୈନ ଓ ବୌଦ୍ଧମାନଙ୍କ ବିଶେଷ ଅବଦାନ। ଜୈନ-ଦର୍ଶନ ଅନୁସାରେ ସତ୍ୟ-ମାର୍ଗ, ପରମ୍ପରାର ଅନ୍ଧାନୁସରଣ ମାତ୍ର ନୁହେଁ। ତର୍କ ଓ ଉପପତ୍ତି ସମ୍ମତ ତଥା ବୌଦ୍ଧିକ ରୂପରେ ଏକ ସନ୍ତୁଳିତ ଦୃଷ୍ଟିକୋଣ ହିଁ ହେଉଛି ସତ୍ୟ-ମାର୍ଗ। ମିଥ୍ୟା ବିଶ୍ୱାସ ସମଗ୍ର ରୂପରେ ଅପସାରିତ ହେଲାପରେ ଏହି ଦୃଷ୍ଟିକୋଣ ପ୍ରାପ୍ତି ସୁଲଭ ହୋଇଥାଏ। ଏହି ବୌଦ୍ଧିକ ଆଧାର-ଶିଳା ଉପରେ ଅହିଂସା, ସତ୍ୟ, ଅସ୍ତେୟ, ବ୍ରହ୍ମଚର୍ଯ୍ୟ ଏବଂ ଅପରିଗ୍ରହ ସାହାଯ୍ୟରେ ସମ୍ୟକ୍ ଚାରିତ୍ର୍ୟକୁ ପ୍ରତିଷ୍ଠିତ କରାଯାଇପାରିବ।

ଜୈନଧର୍ମର ଆଚାରଶାସ୍ତ୍ର ମଧ୍ୟ ଜନତନ୍ତ୍ରବାଦୀ ଭାବନା ଦ୍ୱାରା ଅନୁପ୍ରାଣିତ। ଜନ୍ମତଃ ସମସ୍ତେ ସମାନ, କିନ୍ତୁ ନିଜ-ନିଜ ସାମର୍ଥ୍ୟ ଓ ରୁଚି ଅନୁସାରେ କେହି ଗୃହସ୍ଥ ତଥା କେହି ମୁନି ହୋଇଥାନ୍ତି।

ଅପରିଗ୍ରହ ସମ୍ବନ୍ଧୀୟ ଜୈନଧାରଣାର ଅତିରିକ୍ତ ମହତ୍ତ୍ୱ ରହିଛି। ପ୍ରାଚୀନ ଯୁଗରେ ଯେପରି ଜୈନବିଚାରକମାନେ କହୁଥିଲେ, ଆଜି ସେହି ତଥ୍ୟକୁ ଅଧିକ ଜୋରରେ ଉତ୍ଥାପିତ କରିବା ଆବଶ୍ୟକ। 'ପରିମିତ ପରିଗ୍ରହ' - ଥିଲା ସେମାନଙ୍କ ଆଦର୍ଶ ବାକ୍ୟ। ଜୈନ ମନୀଷୀଙ୍କ ମତରେ ପ୍ରତ୍ୟେକ ଗୃହସ୍ଥ ସକାଶେ 'ପରିମିତ ପରିଗ୍ରହ' ଥିଲା ଅନିବାର୍ଯ୍ୟ ଭାବେ ଆଚରଣଯୋଗ୍ୟ। ସମ୍ଭବତଃ ଭାରତୀୟ ଆକାଶରେ 'ସମାଜବାଦୀ ସମାଜ' ବିଚାରଧାରର ଏହାହିଁ ହେଉଛି ପ୍ରଥମ ଉଦ୍‌ଘୋଷ।

ପ୍ରତ୍ୟେକ ଆତ୍ମା ମଧ୍ୟରେ ଅନନ୍ତ ଶକ୍ତିର ବିକାଶ କରିବାର କ୍ଷମତା, ଆତ୍ମିକ ସମାନତା, କ୍ଷମା, ମୈତ୍ରୀ, ବୈଚାରିକ ଅନାଗ୍ରହ ଆଦି ତତ୍ତ୍ୱର ବୀଜ ଜୈନଧର୍ମ ଦ୍ୱାରା ବୁଣାଯାଇଥିଲା। ମହାତ୍ମା ଗାନ୍ଧୀଙ୍କ ନିମିତ୍ତ ପ୍ରାପ୍ତକରି ସେଗୁଡ଼ିକ କେବଳ ଭାରତରେ ନୁହେଁ ବରଂ ବିଶ୍ୱ ରାଜନୀତିକୁ ପଲ୍ଲବିତ କରିଛନ୍ତି।

ଭଗବାନ ମହାବୀରଙ୍କ ଜନ୍ମଭୂମି, ତପୋଭୂମି ଓ ବିହାରକ୍ଷେତ୍ର ବିହାର ହୋଇଥିବାରୁ ମହାବୀରକାଳୀନ ଜୈନଧର୍ମ ପ୍ରଥମେ ବିହାରରେ ପଲ୍ଲବିତ ହୋଇଥିଲା। କାଳକ୍ରମେ ତାହା ବଙ୍ଗଳା, ଓଡ଼ିଶା, ଉତ୍ତର ଭାରତ, ଦକ୍ଷିଣ ଭାରତ, ଗୁଜରାତ, ମହାରାଷ୍ଟ୍ର, ମଧ୍ୟପ୍ରାନ୍ତ ଏବଂ ରାଜପୁତାନାରେ ପ୍ରସାରଲାଭ କରିଥିଲା। ବିକ୍ରମଙ୍କ ସହସ୍ରାବ୍ଦୀ ଉତ୍ତାରୁ ଶୈବ, ଲିଙ୍ଗାୟତ ବୈଷ୍ଣବ ଆଦି ବୈଦିକ ସମ୍ପ୍ରଦାୟଗୁଡ଼ିକର ପ୍ରବଳ ବିରୋଧ କାରଣରୁ ଜୈନଧର୍ମର ପ୍ରଭାବ ସୀମିତ ହୋଇପଡ଼ିଲା। ଅନୁଯାୟୀମାନଙ୍କ ସଂଖ୍ୟା ଅଳ୍ପ ହୋଇଥିବା ସତ୍ତ୍ୱେ ଜୈନଧର୍ମର ସୈଦ୍ଧାନ୍ତିକ ପ୍ରଭାବ ଭାରତୀୟ ଚେତନାକୁ ଆବୋରି ବସିଲା। ମଝିରେ-ମଝିରେ ଅନେକ ପ୍ରଭାବଶାଳୀ ଜୈନାଚାର୍ଯ୍ୟ ସେହି ଭାବଧାରାକୁ ଉଦ୍‌ବୁଦ୍ଧ କରିଚାଲିଲେ। ବିକ୍ରମଙ୍କ ଦ୍ୱାଦଶ ଶତାବ୍ଦୀରେ ଗୁଜରାତର ବାତାବରଣ ଜୈନଧର୍ମ ଦ୍ୱାରା ବିଶେଷ ପ୍ରଭାବିତ ଥିଲା।

ଗୁର୍ଜର ନରେଶ ଜୟସିଂହ ଓ କୁମାରପାଳ ଜୈନଧର୍ମକୁ ବିଶେଷ ପ୍ରଶ୍ରୟ ଦେଇଥିଲେ। କୁମାରପାଳଙ୍କ ଜୀବନ ଜୈନ-ଆଚାରର ପ୍ରତୀକ ସାଜିଲା। ସମ୍ରାଟ ଆକବର ମଧ୍ୟ ହୀରବିଜୟ ସୂରୀଙ୍କ ଦ୍ୱାରା ପ୍ରଭାବିତ ହୋଇଥିବାର ଇତିହାସ ସାକ୍ଷ୍ୟଦିଏ। ଯୁକ୍ତରାଷ୍ଟ୍ର ଆମେରିକାର ଦାର୍ଶନିକ ବିଲ୍ ଡ୍ୟୁରେଣ୍ଟ ଲେଖିଛନ୍ତି - "ଜୈନମତକୁ ସମ୍ମାନ ଦେଇ ଆକବର ମୃଗୟା କରିବା ପରିତ୍ୟାଗ କରିଥିଲେ ଏବଂ ଅନେକ ବିଶିଷ୍ଟ ତିଥିମାନଙ୍କରେ ପଶୁହତ୍ୟା ନିଷେଧ କରିଥିଲେ।

(୧୧) Our Oriental Heritage, pp. 467-71

ଜୈନଧର୍ମ ଦ୍ୱାରା ପ୍ରଭାବିତ ଆକବର ତାଙ୍କ ନିଜଦ୍ୱାରା ପ୍ରଚାରିତ ଦୀନ-ଇଲାହୀ ସମ୍ପ୍ରଦାୟରେ ମାଂସ-ଭକ୍ଷଣ ବାରଣ କରି ନିୟମ ନିର୍ମାଣ କରିଥିଲେ।" (୧୧)

ଜୈନମନ୍ତ୍ରୀ, ଦଣ୍ଡନାୟକ ଏବଂ ଅଧିକାରୀବର୍ଗଙ୍କ ଜୀବନବୃତ୍ତ ମଧ୍ୟ ବିସ୍ତୃତ ଥିଲା। ସେମାନେ ବିଧର୍ମୀ ରାଜାମାନଙ୍କ ପାଇଁ ବି ବିଶ୍ୱାସପାତ୍ର ସାଜିଥିଲେ। ସେମାନଙ୍କ ପ୍ରାମାଣିକତା ଓ କର୍ତ୍ତବ୍ୟନିଷ୍ଠା ବ୍ୟାପକ ପ୍ରତିଷ୍ଠା ଲାଭ କରିଥିଲା। ଜୈନତ୍ୱର ଅଙ୍କନ ବସ୍ତୁ ଦ୍ୱାରା ନୁହେଁ, ବରଂ ଚାରିତ୍ରିକ ମୂଲ୍ୟ ଦ୍ୱାରା ହିଁ କରାଯାଇପାରିବ।

ଜୈନଧର୍ମ : ବିକାଶ ଓ ହ୍ରାସ

ବିଶ୍ୱର ପ୍ରତ୍ୟେକ ପ୍ରବୃତ୍ତିକୁ ଆରୋହ-ଅବରୋହର ସମ୍ମୁଖୀନ ହେବାକୁ ପଡ଼ିଥାଏ। କୌଣସି ପ୍ରବୃତ୍ତି ବି କେବଳ ଉନ୍ନତି ବା ଅବନତିର ବିନ୍ଦୁରେ ଅବସ୍ଥିତ ନୁହେଁ। ଜୈନଧର୍ମର ବିକାଶର କତିପୟ ମୁଖ୍ୟ ହେତୁ ହେଉଛି :

୧. ମଧ୍ୟମ ମାର୍ଗ – ଜୈନ ଆଚାର୍ଯ୍ୟମାନେ ଗୃହସ୍ଥମାନଙ୍କ ପାଇଁ 'ଅଣୁବ୍ରତ'ର ବିଧାନ କରି ସେମାନଙ୍କ ସାମାଜିକ ଅପେକ୍ଷାର ମାର୍ଗ ଉନ୍ମୁକ୍ତ ରଖିଯାଇଛନ୍ତି।

୨. ସମନ୍ୱୟ – ଭିନ୍ନ-ଭିନ୍ନ ବିଚାରଧାରାର ସାପେକ୍ଷ ଦୃଷ୍ଟିରେ ସମନ୍ୱୟ କରିବାରେ ଜୈନଧର୍ମ ସଫଳ ହୋଇଥିବାରୁ ବିଭିନ୍ନ ବିଚାରଧାରାର ଲୋକମାନଙ୍କୁ ଆକୃଷ୍ଟ କରିପାରିଥିଲା।

୩. ସମାହାର – ଜାତିବାଦର ତାତ୍ତ୍ୱିକତାକୁ ଜୈନଧର୍ମ ମାନ୍ୟତା ଦିଏନାହିଁ। ତେଣୁ ସବୁ ଜାତିର ଲୋକମାନେ ଜୈନଧର୍ମକୁ ସ୍ୱୀକାର କରିଥିଲେ।

୪. ପରିବର୍ତ୍ତନ କ୍ଷମତା – ଜୈନ ଆଚାର୍ଯ୍ୟମାନେ ସାମାଜିକ ପରମ୍ପରାକୁ ଶାଶ୍ୱତ ରୂପ ଦେଇ ନ ଥିଲେ। ପରିଣାମ ସ୍ୱରୂପ ଦେଶକାଳ ଅନୁସାରେ ଜୈନ ସମାଜରେ ପରିବର୍ତ୍ତନର ପର୍ଯ୍ୟାପ୍ତ ଅବକାଶ ସର୍ବଦା ରହିଆସିଛି। ଜନସାଧାରଣଙ୍କ ଆକର୍ଷଣରେ ଏହା ସଶକ୍ତ ହେତୁ ସାଜିଥିଲା।

୫. ସୈଦ୍ଧାନ୍ତିକ ସହିଷ୍ଣୁତା – ଅନ୍ୟ ଧର୍ମମାନଙ୍କର ସିଦ୍ଧାନ୍ତ ପ୍ରତି ସହନଶୀଳ ଭାବ କାରଣରୁ ଜୈନଧର୍ମ ଅନ୍ୟମାନଙ୍କ ସହାନୁଭୂତି ଲାଭ କରିବାରେ ସଫଳ ହୋଇଥିଲା।

୬. ଜନଭାଷାର ପ୍ରୟୋଗ।

୭. ଦୈନନ୍ଦିନ ବ୍ୟବହାରରେ ଅହିଂସାର ପ୍ରୟୋଗ।

୮. ପ୍ରାମାଣିକତା – ଜୈନ ଗୃହସ୍ଥମାନେ ଅହିଂସା ପାଳନ କରିବା ସହିତ କର୍ତ୍ତବ୍ୟ ପାଳନ କ୍ଷେତ୍ରରେ ବି ସଚେତନ ଥିଲେ। ସେମାନେ ଦେଶର ବିକାଶ ଏବଂ ସୁରକ୍ଷା ସକାଶେ ନିଜର ସବୁକିଛି ବଳିଦାନ କରିବା ପାଇଁ ସର୍ବଦା ପ୍ରସ୍ତୁତ ରହିଥିଲେ।

ଦକ୍ଷିଣ ଭାରତର ଜୈନସମାଜ ଜୀବିକା (ଅନ୍ନଦାନ), ଶିକ୍ଷା (ଜ୍ଞାନଦାନ), ଚିକିତ୍ସା (ଔଷଧ ଦାନ) ଏବଂ ଅହିଂସା (ଅଭୟଦାନ) ମାଧ୍ୟମରେ ଜୈନଧର୍ମକୁ ଜନଧର୍ମର ରୂପ ପ୍ରଦାନ କରିପାରିଥିଲେ।

୯. ସଶକ୍ତ ଓ କୁଶଳ ଆଚାର୍ଯ୍ୟଙ୍କ ନେତୃତ୍ୱ

ବିକ୍ରମଙ୍କ ୯ମ-୧୦ମ ଶତାବ୍ଦୀ ବେଳକୁ ଏହି ସ୍ଥିତିରେ ପରିବର୍ତ୍ତନ ଘଟିବା ଆରମ୍ଭ ହେଲା। ଫଳତଃ ଜୈନଧର୍ମର ବିକାଶଯାତ୍ରାରେ ଅବରୋଧ ଆସିଲା।

ଜୈନଧର୍ମ ହ୍ରାସ ପାଇବାର ମୁଖ୍ୟ ହେତୁ ହେଉଛି –

୧. ଆନ୍ତରିକ ପବିତ୍ରତା ଓ ଶକ୍ତିରେ କ୍ଷରଣ ଘଟିଲା। ବାହ୍ୟ କର୍ମକାଣ୍ଡ ବିସ୍ତାରଲାଭ କରିଲା।

୨. ବ୍ୟକ୍ତିବାଦୀ ମନୋବୃତ୍ତି - ଅନ୍ୟର କ୍ଷତିରେ ମୋର କି ଯାଏ ଆସେ ? ଅନ୍ୟ ଲୋକଙ୍କ ପାଇଁ ମୁଁ କାହିଁକି କର୍ମ-ବନ୍ଧନ ସ୍ୱୀକାର କରିବି ? ଏହିଭଳି ଐକାନ୍ତିକ ନିବୃତ୍ତିବାଦୀ ଚିନ୍ତନ ଦ୍ୱାରା ପାରସ୍ପରିକ ବନ୍ଧନ ଶିଥିଳ ହୋଇପଡ଼ିଲା।

ଦକ୍ଷିଣ ଭାରତରେ ଜୈନ-ଧର୍ମ ହ୍ରାସର ମୁଖ୍ୟ ତିନୋଟି କାରଣ ହେଉଛି –

୧. ଜୈନ ଜାଗରଣ କରିପାରୁଥିବା ପ୍ରଭାବଶାଳୀ ଆଚାର୍ଯ୍ୟମାନଙ୍କ କାର୍ଯ୍ୟ-କାଳ ମଧ୍ୟରେ ଦୀର୍ଘ ବ୍ୟବଧାନ ଦେଖାଦେଲା।

୨. ରାଜନୀତି ଓ ଧର୍ମନୀତିକୁ ନେଇ ଏକ ସଂଗେ ଗତି କରିପାରୁଥିବା ଭଳି ନେତୃତ୍ୱର ଅଭାବ।

୩. ଅନ୍ୟ ଧର୍ମମାନଙ୍କ ପ୍ରଭାବ-ବିସ୍ତାର ପ୍ରତି ଆଖିବୁଜି ଦେଇ ନିଜକୁ ଏକାନ୍ତତଃ ଆଧ୍ୟାତ୍ମିକ ରୂପରେ ସୀମିତ କରି ରଖିଦେବାର ପ୍ରବୃତ୍ତି।

ଦାକ୍ଷିଣାତ୍ୟର ଦୁଇ ମୁଖ୍ୟ ପ୍ରଦେଶରେ ହ୍ରାସର ଅନ୍ୟ କାରଣ ମଧ୍ୟ ରହିଛି।

୧. ତାମିଲନାଡୁରେ ହ୍ରାସର କାରଣ

୧. ଶୈବ ନାୟନାର ଓ ବୈଷ୍ଣବ ଅଲ୍‌ବାରଙ୍କ ଉଦୟ।

୨. ସେମାନଙ୍କ ଦ୍ୱାରା ଜାତିବାଦର ବହିଷ୍କାର ପୂର୍ବକ ଆପଣା ଧର୍ମସଂଘରେ ଛୋଟ, ଦଳିତ, ଅବହେଳିତ ଜାତିର ଲୋକମାନଙ୍କୁ ପ୍ରବେଶର ଅନୁମତି ଦେବା।

୩. ରାଜଧର୍ମକୁ ପ୍ରଭାବିତ କରି ରାଜା ଓ ଶାସକମାନଙ୍କୁ ଆପଣା ମତ ପ୍ରତି ଆକୃଷ୍ଟ କରିବା।

୪. ଜୈନ ସ୍ତୋତ୍ରର ଅନୁସରଣରେ ଶୈବ ସ୍ତୋତ୍ରଗୁଡ଼ିକର ରଚନା କରିବା।

୨. କର୍ଣ୍ଣାଟକରେ ହ୍ରାସର କାରଣ

୧. ରାଷ୍ଟ୍ରକୂଟ ତଥା ଗଙ୍ଗବଂଶୀୟ ରାଜାମାନଙ୍କ ଅନ୍ତ।

୨. ବୀର ଶୈବ ମତର ଉଦୟବେଳାରେ ଜୈନ ଆଚାର୍ଯ୍ୟଙ୍କ ଉପେକ୍ଷାଭାବ ଏବଂ ସେମାନଙ୍କ ପ୍ରଭାବକୁ ପ୍ରତିହତ କରିବାର ଅକ୍ଷମତା।

୩. ବସବେଶ୍ୱର ପ୍ରରୂପିତ 'ଲିଙ୍ଗାୟତ' ଧର୍ମର ଅଗ୍ରଗତି ରୋକିବାରେ ବିଫଳତା।

୪. ଅନେକ ରାଜାଙ୍କ ଦ୍ୱାରା ଶୈବମତ ଦ୍ୱାରା ଦୀକ୍ଷିତ ହେବା।

ବିକାଶ ଓ ହ୍ରାସ ହେଉଛି କାଳଚକ୍ରର ଅନିବାର୍ଯ୍ୟ ନିୟମ। ଏହି ସନ୍ଦର୍ଭରେ କୌଣସି ବସ୍ତୁ ମଧ୍ୟ କେବଳ ବିକାଶ କିମ୍ବା ହ୍ରାସ ରେଖା ଉପରେ ସବୁଦିନ ପାଇଁ ଅବସ୍ଥିତ ହୋଇ ରହିପାରିବ ନାହିଁ। ଆରୋହ ଉତ୍ତାରୁ ଅବରୋହ ଏବଂ ଅବରୋହ ପରେ ଆରୋହ - ଏହି ପ୍ରକ୍ରିୟା ନିରନ୍ତର ଜାରି ରହିଛି। ଜୈନଧର୍ମର ଅନୁଯାୟୀମାନଙ୍କ ସଂଖ୍ୟା ଅବଶ୍ୟ ହ୍ରାସ ପାଇଲା, କିନ୍ତୁ ଭଗବାନ ମହାବୀରଙ୍କ ଦ୍ୱାରା ପ୍ରତିପାଦିତ ଶାଶ୍ୱତ ସତ୍ୟ କିଞ୍ଚିତ ମାତ୍ର ହ୍ରାସ ପାଇଲା ନାହିଁ। ତାଙ୍କର ସାପେକ୍ଷତା, ସହଅସ୍ତିତ୍ୱ, ଅହିଂସା, ମାନବୀୟ ଏକତା, ନିଃଶସ୍ତ୍ରୀକରଣ, ସ୍ୱତନ୍ତ୍ରତା ଏବଂ ଅପରିଗ୍ରହ ସିଦ୍ଧାନ୍ତ ବିଶ୍ୱମାନସରେ ନିରନ୍ତର ବୃଦ୍ଧିଗତ ହେବାରେ ଲାଗିଲା।

॥ ୬ ॥

ଚିନ୍ତନ-ବିକାଶରେ ଜୈନ ଆଚାର୍ଯ୍ୟମାନଙ୍କ ଯୋଗଦାନ

ଶ୍ରଦ୍ଧାବାଦ-ହେତୁବାଦ

ଚିନ୍ତନର ତୁଳନା ସରିତାର ସେହି ପ୍ରବାହ ସହିତ କରାଯାଇଥାଏ, ଯା'ର ଉଦ୍‌ଗମ ଛୋଟ ଓ ସରୁ ହୋଇଥାଏ, ଅଥଚ ଗତିଶୀଳ ହେବା ସହିତ ଏହା ବିଶାଳକାୟ ହୋଇପଡ଼େ । ତର୍କ-ବୀଜ ଅପେକ୍ଷା ଶ୍ରଦ୍ଧା-ବୀଜ ଚିନ୍ତନ କ୍ଷେତ୍ରରେ ଅଧିକ ମାତ୍ରାରେ ଅଙ୍କୁରିତ ହୋଇଥାଏ । ଏହି କାରଣରୁ ଏଠାରେ ମୌଳିକ ଚିନ୍ତକଙ୍କ ସଂଖ୍ୟା ହାତ-ଗଣତିରେ ରହିଆସିଛି । ଧର୍ମକ୍ଷେତ୍ରରେ କେତେକ ମହାନ୍ ସାଧକ, ଅବତାର ଅଥବା ତୀର୍ଥଙ୍କର ହୋଇଯାଇଛନ୍ତି । ହିମାଳୟ ସଦୃଶ ଅତ୍ୟନ୍ତ ମହାନ୍ ଥିଲେ ସେମାନେ । ମୌଳିକ ଚିନ୍ତକମାନେ ବି ସେହି ମହାନତାକୁ ସ୍ପର୍ଶ କରିପାରୁନଥିଲେ । ଫଳସ୍ୱରୂପ ସେମାନଙ୍କ ପ୍ରତି ଏମାନଙ୍କ ଶ୍ରଦ୍ଧାନତ ହେବା ସ୍ୱାଭାବିକ । ସାଧାରଣ ଲୋକମାନେ ମଧ୍ୟ ଶ୍ରଦ୍ଧାନତ ଥିଲେ । ତେବେ ସାଧାରଣ ମଣିଷର ଶ୍ରଦ୍ଧା ଏବଂ ଚିନ୍ତନଶୀଳ ମନୀଷୀଙ୍କ ଶ୍ରଦ୍ଧା ମଧ୍ୟରେ ଏକ ପାର୍ଥକ୍ୟ ରହିଥାଏ । ସାଧାରଣ ଲୋକ, ନିଜ ଶ୍ରଦ୍ଧେୟଙ୍କ ସବୁ କଥାକୁ ଶ୍ରଦ୍ଧାର ସହିତ ସ୍ୱୀକାର କରୁଥିଲା । ଅଥଚ ଜଣେ ଚିନ୍ତକ ନିଜ ଶ୍ରଦ୍ଧେୟଙ୍କ ମହାନ୍ ଆଧ୍ୟାତ୍ମିକ ଉପଲବ୍ଧି ପ୍ରତି ଶ୍ରଦ୍ଧାନତ ହେବାସତ୍ତ୍ୱେ ତାଙ୍କର ପ୍ରତ୍ୟେକ ବଚନକୁ ଶ୍ରଦ୍ଧା ସହିତ ସ୍ୱୀକାର କରିବାରେ ଆଗ୍ରହ ପ୍ରକାଶ କରନ୍ତି ନାହିଁ । ଆଚାର୍ଯ୍ୟ ସିଦ୍ଧସେନ ଜୈନ ପରମ୍ପରାର ସେହିଭଳି ଜଣେ ମୌଳିକ ଚିନ୍ତକ ରୂପେ ପରିଚିତ । ତାଙ୍କର ଜ୍ଞାନ-ଗରିମା ଥିଲା ଅଗାଧ । ସେ ଭଗବାନ ମହାବୀରଙ୍କ ପ୍ରତି ଅତ୍ୟନ୍ତ ଶ୍ରଦ୍ଧା-ପ୍ରଣତ ଥିଲେ, କିନ୍ତୁ ଆପଣା ସ୍ୱତନ୍ତ୍ର ଚିନ୍ତନର ବି ଆବଶ୍ୟକସ୍ଥଳେ ଉପଯୋଗ କରୁଥାନ୍ତି । ଅନେକ ତଥ୍ୟ ଓ ତତ୍ତ୍ୱ ଉପରେ ତାଙ୍କର ନିଜସ୍ୱ ଅଭିମତ ରହିଥିଲା । ଅନେକ ଶ୍ରଦ୍ଧାବାଦୀ ଆଚାର୍ଯ୍ୟ ଓ ମୁନି, ତାଙ୍କ ସମ୍ମୁଖରେ ତର୍କ ଉପସ୍ଥାପିତ କରୁଥାନ୍ତି - 'ଯେଉଁ ତଥ୍ୟ ଆଗମ ଗ୍ରନ୍ଥମାନଙ୍କ ଦ୍ୱାରା ପ୍ରତିପାଦିତ, ତା'ର ପ୍ରତିକୂଳ କୌଣସି ସିଦ୍ଧାନ୍ତର ସ୍ଥାପନ କିପରି କରାଯାଇପାରିବ ?' ଆଚାର୍ଯ୍ୟ ସିଦ୍ଧସେନ ଏହି ତର୍କର ସିଧା-ସିଧା ଖଣ୍ଡନ କରି ନ ଥିଲେ କିମ୍ବା ଏହି ମତର ସମର୍ଥନ ମଧ୍ୟ କରି ନ ଥିଲେ । ସ୍ୟାଦ୍‌ବାଦ ଶୈଳୀରେ ସେ ଏକ ନୂତନ ଚିନ୍ତନ ପ୍ରସ୍ତୁତ କରିଥିଲେ । ସେ କହିଲେ ଯେ ମହାବୀର, 'ହେତୁଗମ୍ୟ' ଏବଂ 'ଅହେତୁଗମ୍ୟ' ନାମରେ ଦୁଇପ୍ରକାର ତତ୍ତ୍ୱ ପ୍ରତିପାଦିତ କରିଯାଇଛନ୍ତି ।

ଅହେତୁଗମ୍ୟ ତତ୍ତ୍ୱ, ଚିନ୍ତନ ଓ ତର୍କର ସୀମାଠାରୁ ଊର୍ଦ୍ଧ୍ୱରେ ରହିଥାଏ । ତର୍କ ସାହାଯ୍ୟରେ ଏହାର ଉପଯୋଗ ସମ୍ଭବ ନୁହେଁ । ଏହା ହେଉଛି ଶ୍ରଦ୍ଧାର ବିଷୟ । ଆମେ ଅତୀନ୍ଦ୍ରିୟ ତତ୍ତ୍ୱ ତଥା ଅତୀନ୍ଦ୍ରିୟ ଜ୍ଞାନକୁ ସ୍ୱୀକାର କରିଥାଉଁ । ତର୍କ ଇନ୍ଦ୍ରିୟ-ଜ୍ଞାନ ପରିଧି ମଧ୍ୟରେ ଆସିଥାଏ । ଗୌତମ ସ୍ୱାମୀ, ଭଗବାନ ମହାବୀରଙ୍କୁ ପ୍ରଶ୍ନ କରିଥିଲେ - 'ଭନ୍ତେ ! ଆମେ ଯେପରି ଶ୍ୱାସ ନେଇଥାଉଁ, ସେହିପରି ପୃଥ୍ୱୀକାୟିକ ଜୀବ ମଧ୍ୟ ଶ୍ୱାସ ନେଇଥାନ୍ତି କି ?' ଭଗବାନ ଏହି ପ୍ରଶ୍ନର

ସ୍ୱୀକାରାତ୍ମକ ଉତ୍ତର ଦେଇଥିଲେ। ଏହା ଇନ୍ଦ୍ରିୟଗମ୍ୟ ହୋଇ ନ ଥିବାରୁ ତର୍କର ବିଷୟରେ ପରିଣତ ହୋଇପାରିଲା ନାହିଁ। ତେବେ ଏଠାରେ ପ୍ରଶ୍ନ ଉଠୁଛି - ମହାବୀର କ'ଣ ଏଭଳି ତତ୍ତ୍ୱର ପ୍ରତିପାଦନ କରିନାହାନ୍ତି, ଯାହା ଇନ୍ଦ୍ରିୟଗମ୍ୟ ହୋଇଥିବ ଏବଂ ଯା'ର ବ୍ୟାଖ୍ୟା ତର୍କ ଦ୍ୱାରା କରାଯାଇପାରୁଥିବ ? ଆଚାର୍ଯ୍ୟ ସିଦ୍ଧସେନ ଏଠାରେ ଏହି ଚିନ୍ତନ ପ୍ରସ୍ତୁତ କରିଥିଲେ। ଯେଉଁ ଲୋକ ଅହେତୁଗମ୍ୟ ତତ୍ୱକୁ ଆଗମ-ପ୍ରାମାଣ୍ୟ ଆଧାରରେ ଏବଂ ହେତୁଗମ୍ୟ ତତ୍ତ୍ୱକୁ ତର୍କ-ପ୍ରାମାଣ୍ୟ ଆଧାରରେ ପ୍ରତିପାଦନ କରିଥାଏ, ସେ ହିଁ ପ୍ରକୃତରେ ଆଗମର ହୃଦୟକୁ ସ୍ପର୍ଶ କରିଥାଏ ତଥା ଆଗମର ଯଥାର୍ଥ ବିବେଚନ କରିଥାଏ। ଯେଉଁ ଲୋକ ହେତୁଗମ୍ୟ ଓ ଅହେତୁଗମ୍ୟ ଉଭୟ ତତ୍ୱକୁ କେବଳ ଆଗମ-ପ୍ରମାଣ ଆଧାରରେ ଅନୁଶୀଳନ କରିବାର ପ୍ରଯତ୍ନ ଓ ପ୍ରତିପାଦନ କରିଥାଏ, ସେ ଆଗମର ଯଥାର୍ଥ ହାର୍ଦ୍ଦକୁ ଛୁଇଁବାରେ ବିଫଳ ହୋଇଥାଏ ଏବଂ ଆଗମ ପ୍ରତିପାଦନର ଯଥାର୍ଥ ପଦ୍ଧତିଠାରୁ ଦୂରେଇଯାଏ।[୧]

ନିର୍ଯୁକ୍ତିକାର ଭଦ୍ରବାହୁଙ୍କ ଦ୍ୱାରା ଏହି ବିଚାରର ବୀଜବପନ ହୋଇଥିଲା। ତାଙ୍କ ଯୁଗ ଥିଲା ତର୍କଶାସ୍ତ୍ର ବିକାଶର ପ୍ରାରମ୍ଭ ସମୟ। ତେଣୁ ସେ ଆଗମ ଓ ଦୃଷ୍ଟାନ୍ତ ରୂପରେ ଦୁଇଟି ଶବ୍ଦର ପ୍ରୟୋଗ କରିଥିଲେ। ଆଗମଗମ୍ୟ ତତ୍ୱ ଆଗମ ମାଧ୍ୟମରେ ତଥା ଦୃଷ୍ଟାନ୍ତଗମ୍ୟ ତତ୍ତ୍ୱ ଦୃଷ୍ଟାନ୍ତ ଦ୍ୱାରା ଅନୁଶୀଳନ କରାଯିବା ଉଚିତ।[୨] ତର୍କଶାସ୍ତ୍ରକୁ ବିକଶିତ କରିଥିବା ମନୀଷୀମାନଙ୍କ ମଧ୍ୟରେ ଆଚାର୍ଯ୍ୟ ସିଦ୍ଧସେନ ଅଗ୍ରଗଣ୍ୟ ଥିଲେ। ଏହି ସକାଶେ ସେ ଦୃଷ୍ଟାନ୍ତ ବଦଳରେ ହେତୁବାଦର ସଫଳ ପ୍ରୟୋଗ କରିଯାଇଛନ୍ତି।

ଆଗମ ଯୁଗରେ ତର୍କ ସକାଶେ କୌଣସି ସୁଯୋଗ ନ ଥାଏ। ସତ୍ୟର ସାକ୍ଷାତ୍କାର କରିପାରିଥିବା ବ୍ୟକ୍ତି ଯେଉଁ କଥା କହିବେ, ତାହା ପ୍ରତି ତର୍କର ଅବକାଶ କାହୁଁ ଆସିବ ? ସତ୍ୟର ପ୍ରତ୍ୟକ୍ଷଦ୍ରଷ୍ଟାଙ୍କ ସର୍ବଥା ଅଭାବ ଘଟିବା ଦ୍ୱାରା ତର୍କ ବଢ଼ିଚାଲିଲା। ତାର୍କିକ ବିଦ୍ୱାନ ମଣ୍ଡଳୀ ପ୍ରତ୍ୟେକ କଥାକୁ ତର୍କର କଷୋପଳରେ କଷିବା ଆରମ୍ଭ କରିଦେଲେ। ସେହି ଜଟିଳ ସ୍ଥିତିରେ ଏହି ବିଚାର ପରିସ୍ଫୁଟ ହେବାରେ ଲାଗିଲା ଯେ ସବୁକିଛି ତର୍କର ବିଷୟ ନୁହେଁ। ମହର୍ଷି ମନୁ ଏହି ସନ୍ଦର୍ଭରେ ଲେଖିଯାଇଛନ୍ତି ଯେ ପୁରାଣ, ମାନବଧର୍ମ, ଅଙ୍ଗଯୁକ୍ତ ବେଦ ତଥା ଆୟୁର୍ବେଦ - ଏମାନେ ଆଜ୍ଞାସିଦ୍ଧ ହୋଇଥିବାରୁ ହେତୁ ଦ୍ୱାରା ପରୀକ୍ଷଣୀୟ ନୁହନ୍ତି।[୩] ଶାସ୍ତ୍ରମାନଙ୍କ ଅପରୀକ୍ଷଣୀୟ ସିଦ୍ଧାନ୍ତକୁ ବୌଦ୍ଧ ଆଚାର୍ଯ୍ୟମାନେ ତୀବ୍ର ବିରୋଧ କରିଥିଲେ। ଆପଣା ଯୁକ୍ତି ସପକ୍ଷରେ ସେମାନେ ମତ ବଢ଼ାଇଲେ - ଆପଣଙ୍କ ଶାସ୍ତ୍ରରେ କିଛି ଆପତ୍ତିଜନକ ତଥ୍ୟ ରହିଥିବା ଭୟରେ ଆପଣ ତା'ର ବିଶ୍ଳେଷଣ କରିବା ପାଇଁ ଦ୍ୱିଧା ପ୍ରକାଶ କରୁଛନ୍ତି। ଖାଣ୍ଟି ସୁନା କ'ଣ କେବେ ଅଗ୍ନିକୁ ଭୟ କରିଥାଏ ? ବୁଦ୍ଧ ନିଜେ କହିଛନ୍ତି - ବିଚାରବନ୍ତ ଲୋକ ଯେପରି କଷଟି, ଛେଦ ଓ ତାପ ଦ୍ୱାରା ପରୀକ୍ଷା କରି ସୁନା କିଣିଥାନ୍ତି, ହେ ଭିକ୍ଷୁଗଣ ! ତୁମେମାନେ ମଧ୍ୟ ଠିକ୍ ସେହିଭଳି କଷଟି, ଛେଦ ଓ ତାପ ଦ୍ୱାରା ମୋ ବଚନକୁ ପରୀକ୍ଷା କରିବା ପରେ ସ୍ୱୀକାର କରିବା ଉଚିତ। ମୁଁ କହୁଛି ବୋଲି ସ୍ୱୀକାର କରନାହିଁ -

୧. ଅସ୍ତିବକ୍ତବ୍ୟତା କାଚିତ୍, ତେନେଦଂ ନ ବିଚାର୍ଯ୍ୟତେ
ନିର୍ଦୋଷଂ କାଞ୍ଚନଂ ଚେତ୍ସ୍ୟାତ୍, ପରୀକ୍ଷାୟା ବିଭେତି କିମ୍ ?

୨. ନିକଷଚ୍ଛେଦତାପେଭ୍ୟଃ, ସୁବର୍ଣ୍ଣମିବ ପଣ୍ଡିତୈଃ
ପରୀକ୍ଷ ଭିକ୍ଷବୋ ! ଗ୍ରାହ୍ୟଂ ମଦ୍‌ବଚୋ ନ ତୁ ଗୌରବାତ୍ ॥

---

[୧] ସମ୍ମତି ୪୫: ଜୋ ହେୟବାଉପକ୍‌ଖମ୍ମି ହେଉଓ, ଆଗମେ ଯ ଆଗମିଓ।
ସ ସମୟପଣ୍ଣବଓ, ସିଦ୍ଧନ୍ତବିରାହଓ ଅନ୍ନୋ ॥

[୨] ଆବଶ୍ୟକ ନିର୍ଯୁକ୍ତି ୬/୭: ଆଣାଗିଜ୍‌ଝୋ ଅତ୍‌ଥୋ, ଆଣାଏ ଚେବ ସୋ କହେୟବ୍‌ବୋ
ଦିଟ୍‌ଠତିୟ ଦିଟ୍‌ଠନ୍ତା, କହଣବିହି ବିରାହଣା ଇୟରା ॥

[୩] ମନୁସ୍ମୃତି : ପୁରାଣଂ ମାନବଧର୍ମଃ, ସାଙ୍ଗୋବୈଦଶ୍ଚିକିତ୍ସିତମ୍।
ଆଜ୍ଞା ସିଦ୍ଧାନିଚତ୍ୱାରି, ନ ହନ୍ତବ୍ୟାନି ହେତୁଭିଃ ॥

ଜୈନ ଆଚାର୍ଯ୍ୟମାନେ ଉଭୟ ଅତିବାଦଠାରୁ ସୁରକ୍ଷିତ ଦୂରତ୍ୱ ବଜାୟ ରଖି ଆପଣା ଚିନ୍ତନକୁ ସୁସ୍ଥିର କରିନେଲେ। ସେମାନେ ସୂକ୍ଷ୍ମତତ୍ତ୍ୱକୁ ଆଜ୍ଞାସିଦ୍ଧ ଏବଂ ସ୍ଥୂଳତତ୍ତ୍ୱକୁ ପରୀକ୍ଷା ସିଦ୍ଧ ଭାବରେ ନିରୂପଣ କରିଥିଲେ।

ଆଚାର୍ଯ୍ୟ ସିଦ୍ଧସେନଙ୍କ ଦ୍ୱାରା ସ୍ୱତନ୍ତ୍ର ଚିନ୍ତନ ଓ ହେତୁବାଦର ଯେଉଁଭଳି ମୂଲ୍ୟାୟନ ହେଲା, ତାହା ସମସ୍ତଙ୍କ ଦ୍ୱାରା ମାନ୍ୟ ହୋଇପାରିଲା ନାହିଁ। ପରିଣାମ ସ୍ୱରୂପ ଜୈନ ପରମ୍ପରାରେ ଦୁଇଟି ଧାରା ସୃଷ୍ଟି ହେଲା - ସିଦ୍ଧାନ୍ତବାଦ ଓ ତର୍କବାଦ।

ସିଦ୍ଧାନ୍ତବାଦୀମାନେ ଆଗମିକ ପ୍ରତିପାଦନକୁ ଶବ୍ଦଶଃ ତଥା ଅକ୍ଷରଶଃ ସ୍ୱୀକାର କରିନେଇଥିଲେ। ଅଥଚ ତର୍କବାଦୀମାନେ ଆଗମର ହେତୁଗମ୍ୟ ତତ୍ତ୍ୱଗୁଡ଼ିକର ତାର୍କିକ ସମୀକ୍ଷା କରୁଥିଲେ ଏବଂ ତାହାସହିତ ନୂତନ ଚିନ୍ତାଧାରାକୁ ଯୋଡ଼ି ଦେଉଥିଲେ। ସିଦ୍ଧାନ୍ତବାଦୀମାନେ ସମସ୍ତ ଶକ୍ତି ଆଗମିକ ବଚନ ସମର୍ଥନରେ ନିୟୋଜିତ କରୁଥାନ୍ତି। କିନ୍ତୁ ତାର୍କିକ ବିଦ୍ୱାନମାନେ ଆପଣା ଶକ୍ତିକୁ ସମସାମୟିକ ଦାର୍ଶନିକମାନଙ୍କ ତର୍କକୁ ଆତ୍ମସାତ୍ କରିବାର ପ୍ରୟାସ କରୁଥାନ୍ତି ଏବଂ ଜୈନପଦ୍ଧତିରେ ଏହାର ମୀମାଂସା ମଧ୍ୟ କରୁଥାନ୍ତି। ଅନ୍ୟ ଦର୍ଶନରୁ କିଛି ଗ୍ରହଣ କରି ସେମାନଙ୍କୁ କିଛି ଦେବାର ପ୍ରଚେଷ୍ଟା ମଧ୍ୟ କରୁଥାନ୍ତି। ସତ୍ୟକୁ ଅନେକାନ୍ତ ଦୃଷ୍ଟିରେ ଦେଖିପାରିବା ଦ୍ୱାରା ଏହି ସମାହାର ବୃତ୍ତି ପ୍ରାପ୍ତ ହୋଇଥିଲା। ଆଚାର୍ଯ୍ୟ ସିଦ୍ଧସେନ, ସତ୍ୟକୁ ବ୍ୟାପକ ଦୃଷ୍ଟିରୁ ଦେଖିପାରିଥିବାରୁ ସେ ସ୍ପଷ୍ଟ ଦେଖିଥିଲେ ଯେ ବିଶ୍ୱର ଯେକୌଣସି ଦର୍ଶନରେ ଯାହା ସୁପ୍ରତିପାଦିତ, ତାହା ମହାବୀରଙ୍କ ବଚନବିନ୍ଦୁ ମାତ୍ର। [୪] ସେ ମହାବୀରଙ୍କୁ ବ୍ୟକ୍ତିରୂପରେ ନୁହେଁ ବରଂ ଆତ୍ମା ରୂପରେ ଦେଖିପାରିଥିଲେ। ଆତ୍ମା ହିଁ ପରମ ସତ୍ୟ। ଆତ୍ମାର ଜ୍ୟୋତିର ସ୍ଫୁଲିଙ୍ଗ ହିଁ ସତ୍ୟର ଅଣୁ ରୂପରେ ବ୍ୟକ୍ତ ହୋଇଥାଏ। ଆଚାର୍ଯ୍ୟ ସିଦ୍ଧସେନଙ୍କ ଅଭିମତକୁ ସହଜ ଓ ସରଳ ଭାଷାରେ ପ୍ରସ୍ତୁତ କରି ଆଚାର୍ଯ୍ୟ ହେମଚନ୍ଦ୍ର କହିଲେ - ଯେକୌଣସି ସମୟରେ, ଯେକୌଣସି ରୂପରେ ତଥା ଯେକୌଣସି ନାଆଁରେ ଆପଣ ପ୍ରକଟ ହୁଅନ୍ତୁ ନା କାହିଁକି, ଯଦି ଆପଣ ବୀତରାଗ ହୋଇଥାନ୍ତି, ତେବେ ଆପଣ ମୋ ପାଇଁ ପର ନୁହନ୍ତି। ମୁଁ ଦେଶ-କାଳ ତଥା ନାମ ଓ ରୂପ ପ୍ରତି ପ୍ରଣତ ନୁହେଁ। ମୁଁ ବୀତରାଗ ଆତ୍ମାକୁ ପ୍ରଣାମ କରିଥାଏ। [୫]

ଯଥାର୍ଥବାଦ

ଜୈନଧର୍ମ ହେଉଛି ଯଥାର୍ଥବାଦୀ। ଯଥାର୍ଥବାଦରେ ଶ୍ରଦ୍ଧା, ସତ୍ୟକୁ ସ୍ୱୀକାର କରିବାର କାରଣ ସାଜେନାହିଁ। ବ୍ୟକ୍ତି କିମ୍ବା ସିଦ୍ଧାନ୍ତ କାହାରି ପ୍ରତି କେବଳ ଶ୍ରଦ୍ଧା ଭାବ ନ ରଖି ଉଭୟର ପରୀକ୍ଷଣ କରାଯାଇଥାଏ। ଆଚାର୍ଯ୍ୟ ହେମଚନ୍ଦ୍ର ଏହି ବାସ୍ତବିକତାକୁ ଆହୁରି ପ୍ରାଞ୍ଜଳ କରି ଲେଖିଛନ୍ତି - ଭଗବନ୍! ଶ୍ରଦ୍ଧା କିମ୍ବା ଅନୁରାଗ ହେତୁ ଆପଣଙ୍କ ପ୍ରତି ଆମେ ପକ୍ଷପାତ କରୁନାହୁଁ। ଦ୍ୱେଷବଶତଃ ଅନ୍ୟ ଦାର୍ଶନିକଙ୍କ ପ୍ରତି ଆମର ଅରୁଚି ଜାତ ହେଉନାହିଁ। ଆମେ ଆପ୍ତତ୍ୱର ସମୁଚିତ ପରୀକ୍ଷଣ କରିଛୁଁ। ସେହି ପରୀକ୍ଷାରେ ଆପଣ ଉତ୍ତୀର୍ଣ୍ଣ ହୋଇଛନ୍ତି। ଏହି କାରଣରୁ ଆମେ ଆପଣଙ୍କ ଅନୁଗମନ କରୁଛୁ।[୬]

---

[୪] ଦ୍ୱାତ୍ରିଂଶିକା ୧/୩୦ : ସୁନିଶ୍ଚିତଂ ନ ପରତନ୍ତ୍ର ଯୁକ୍ତିଷୁ, ସ୍ଫୁରନ୍ତି ଯା : କାଶ୍ଚନ ସୂକ୍ତ ସଂପଦଃ।
ତଟୈବ ତା : ପୂର୍ବ ମହାର୍ଣ୍ଣବୋତ୍‌ଥିତା, ଜଗତ୍‌ପ୍ରମାଣଂ ଜିନବାକ୍ୟ ବିପ୍ରୁଷଃ ॥

[୫] ଅଯୋଗବ୍ୟବଚ୍ଛେଦ - ଦ୍ୱାତ୍ରିଂଶିକା ୩୧ :
ଯତ୍ର ତତ୍ର ସମୟେ ଯଥା ତଥା ଯୋସି ସୋମ୍ୟଭିଧୟା ଯୟାତୟ।
ବୀତଦୋଷ କଲୁଷ : ସଚେଦ୍ ଭବାନ୍, ଏକ ଏବ ଭଗବନ୍! ନମୋସ୍ତୁତେ।।

[୬] ଅଯୋଗ ବ୍ୟବଚ୍ଛେଦ - ଦ୍ୱାତ୍ରିଂଶିକା ୨୯ :
ନ ଶ୍ରଦ୍ଧୟୈବ ତ୍ୱୟି ପକ୍ଷପାତୋ, ନ ଦ୍ୱେଷ ମାତ୍ରାଦରୁଚି ପରେଷୁ।
ଯଥାବଦାପ୍ତତ୍ୱ ପରୀକ୍ଷୟା ତୁ, ତ୍ୱାମେବ ବୀର ପ୍ରଭୁ ମାଶ୍ରିତାଃ ସ୍ମଃ।।

ଆଚାର୍ଯ୍ୟ ହରିଭଦ୍ର ଏହି ସତ୍ୟକୁ ଅଭିବ୍ୟକ୍ତ କରିବାକୁ ଯାଇ ନିରପେକ୍ଷ ଶବ୍ଦର ଆଶ୍ରୟ ନେଇଛନ୍ତି। ସେ କହିଛନ୍ତି - ମହାବୀରଙ୍କ ପ୍ରତି ମୋର ଜମା ପକ୍ଷପାତ ଭାବ ନାହିଁ ଏବଂ କପିଳ ଆଦି ଦାର୍ଶନିକମାନଙ୍କ ପ୍ରତି ସାମାନ୍ୟ ଟିକିଏ ଦ୍ୱେଷ ନାହିଁ। ଯାହାର ବିଚାର ଯୁକ୍ତିଯୁକ୍ତ ମୁଁ ତାହାର ଅନୁଗମନ କରିଥାଏ। (୭)

ଏହି ସ୍ପଷ୍ଟ ନିର୍ଣ୍ଣୟର ଆଧାର ହେଉଛି ଯଥାର୍ଥବାଦ। ପୌରାଣିକ ଯୁଗରେ ନିଜ ନିଜ ଆରାଧ୍ୟଙ୍କ ଅତିରଂଜିତ ବର୍ଣ୍ଣନା କରିବାରେ ଏକ ପ୍ରକାର ପ୍ରତିଦ୍ୱନ୍ଦ୍ୱିତା ଆରମ୍ଭ ହୋଇଯାଇଥାଏ। ପରିଣାମ ସ୍ୱରୂପ ମହାପୁରୁଷଙ୍କ ମାନବୀୟ ରୂପକୁ ଦୈବୀ ଚମତ୍କାର ଆବୃତ୍ତ କରିଦେଇଥିଲା। ଏହି ସ୍ଥିତି ଯଥାର୍ଥବାଦର ଅନୁକୂଳ ନୁହେଁ। ଆଚାର୍ଯ୍ୟ ସମନ୍ତଭଦ୍ର ଏହା ଉପରେ ତୀବ୍ର ପ୍ରହାର କରିଥିଲେ। ଏହି ଚମତ୍କାର ଆଦିକୁ ସେ ମହାନତାର ମାପଦଣ୍ଡ ମାନିବାକୁ ରୋକ୍‌ଠୋକ୍ ମନା କରିଦେଲେ। ମହାବୀରଙ୍କୁ ଚମତ୍କାରର ଲୋଭନୀୟ ଆବରଣରୁ ମୁକ୍ତକରି ଯଥାର୍ଥବାଦର ଆଲୋକରେ ଦେଖିବାର ପ୍ରଚେଷ୍ଟା ଆଚାର୍ଯ୍ୟ ସମନ୍ତଭଦ୍ର କରିଛନ୍ତି। ତାଙ୍କର ପ୍ରସିଦ୍ଧ ଶ୍ଳୋକ ହେଉଛି -

ଦେବାଗମନଭୋଯାନ - ଚା ମରାଦିବିଭୂତୟଃ।
ମାୟା ବିଷ୍ୱପି ଦୃଶ୍ୟନ୍ତେ, ନାତସ୍ତ୍ୱମସି ନୋ ମହାନ୍। (୮)

'ଭଗବନ୍! ଦେବତାଙ୍କ ଆଗମନ, ଆକାଶ-ବିହରଣ, ଛତ୍ର-ଚାମର ଆଦି ବିଭୂତି ଐନ୍ଦ୍ରଜାଲିକମାନଙ୍କ ମଧ୍ୟ ହୋଇପାରେ। ଆପଣଙ୍କ ନିକଟକୁ ଦେବଗଣ ଆସୁଥିଲେ ତଥା ଛତ୍ର ଚାମର ଆଦି ଯୌଗିକ ବିଭୂତିସମ୍ପନ୍ନ ଥିଲେ, ଏହି କାରଣରୁ ଆପଣ ମହାନ୍ ନୁହନ୍ତି। ଆପଣ ସତ୍ୟକୁ ଅନାବୃତ୍ତ କରିଥିବାରୁ ମହାନ ହୋଇପାରିଛନ୍ତି।

ଆଚାର୍ଯ୍ୟ ହେମଚନ୍ଦ୍ର ମଧ୍ୟ ଚିନ୍ତନର ଏହି ଧାରାକୁ ହିଁ ଅଧିକ ବିକଶିତ କରି କହିଛନ୍ତି - ଆପଣଙ୍କ ପାଦ-ପଦ୍ମରେ ଇନ୍ଦ୍ର ଲୋଟୁଥାନ୍ତି, ଏହି କଥାକୁ ଅନ୍ୟାନ୍ୟ ଦାର୍ଶନିକମାନେ ଖଣ୍ଡନ କରିବା ଅସମ୍ଭବ ନୁହେଁ। ନିଜ ଇଷ୍ଟଦେବଙ୍କୁ ବି ସେମାନେ ଇନ୍ଦ୍ରପୂଜିତ ବୋଲି ପ୍ରମାଣିତ କରିପାରିବେ। କିନ୍ତୁ ଯଥାର୍ଥବାଦର ଯେଉଁ ସ୍ପଷ୍ଟ ନିରୂପଣ ଆପଣ କରିଛନ୍ତି, ତା'ର ନିରାକରଣ ସେମାନେ କିପରି କରିବେ? (୯)

ପ୍ରାଚୀନତା ଓ ନବୀନତା

ପ୍ରାଚୀନ ଓ ନୂତନ ମଧ୍ୟରେ ସଂଘର୍ଷ ନିରନ୍ତର ଲାଗିରହିଛି। ପୁରୁଣା ଲୋକ ତଥା ପ୍ରାଚୀନକୃତିକୁ ସମସ୍ତେ ଅଚିରେ ସ୍ୱୀକାର କରିଥାନ୍ତି, ଅଥଚ ନୂଆ ଲୋକ ତଥା ନୂତନ କୃତିକୁ ମାନ୍ୟତାପ୍ରାପ୍ତ କରିବା ପାଇଁ ସଘନ ପ୍ରୟାସ କରିବାକୁ ହୋଇଥାଏ। ସହଜ ରୂପରେ ଜଣକୁ ମାନ୍ୟତା ପ୍ରଦାନ କରିବା ଭଳି ମଣିଷର ସ୍ୱଭାବ ସେତେ ଉଦାର ହୋଇନାହିଁ। ନୂଆ ପିଢ଼ି ମାନ୍ୟତା ପାଇବା ପାଇଁ ବ୍ୟାକୁଳ ଥାଏ ଏବଂ ପୁରୁଣା ପିଢ଼ିର ନିଜସ୍ୱ ମାନଦଣ୍ଡ ଓ ବ୍ୟକ୍ତିଗତ ଅହଂଭାବ ରହିଥିବାରୁ ସେମାନେ ନୂଆ ପିଢ଼ିକୁ ନୂତନ ମାପଦଣ୍ଡ ଆଧାରରେ ମାନ୍ୟତା ଦେବାକୁ ଦ୍ୱିଧା ପ୍ରକାଶ କରିଥାନ୍ତି। ସାହିତ୍ୟ, ଆୟୁର୍ବେଦ ଓ ଧର୍ମ ଆଦି ସମସ୍ତ କ୍ଷେତ୍ରରେ ଏହି ସଂଘର୍ଷ ଲାଗିରହିଛି। ପୁରୁଣା ହେବାମାତ୍ରକେ ତାହା ଶ୍ରେଷ୍ଠ ହୋଇଯାଏ ନାହିଁ - ମହାକବି କାଳିଦାସଙ୍କ ଏହି ସ୍ୱର, ଉଭୟ ପିଢ଼ିର ସଂଘର୍ଷରୁ ଉତ୍ପନ୍ନ ହୋଇଛି। ତାଙ୍କ କାବ୍ୟ ତଥା ନାଟ୍ୟଶାସ୍ତ୍ର ପ୍ରତି ଯେତେବେଳେ ପୁରୁଣା ବିଦ୍ୱାନମାନେ ଉପେକ୍ଷାପୂର୍ଣ୍ଣ ବ୍ୟବହାର ପ୍ରଦର୍ଶିତ କରିଥିଲେ

(୭) ଲୋକତତ୍ତ୍ୱ-ନିର୍ଣ୍ଣୟଃ: ପକ୍ଷପାତୋ ନ ମେ ବୀରେ, ନ ଦ୍ୱେଷଃ କପିଳାଦିଷୁ।
ଯୁକ୍ତି ମଦ୍ ବଚନଂ ଯସ୍ୟ, ତସ୍ୟ କାର୍ଯ୍ୟ ପରିଗ୍ରହଃ।

(୮) ଆପ୍ତମୀମାଂସା ୧

(୯) ଅଯୋଗ ବ୍ୟବଚ୍ଛେଦ-ଦ୍ୱାତ୍ରିଂଶିକା ୧୨/୫ :
କ୍ଷିପ୍ୟେତ ବାନ୍ୟୈ ସଦୃଶୀକ୍ରିୟେତବା, ତବାଂଘ୍ରିପୀଠେ ଲୁଠନଂ ସୁରେ ଶିତୁଃ।
ଇଦଂଯଥାବସ୍ଥିତ ବସ୍ତୁ ଦେଶନଂ, ପରୈକଥଂକାରମପାକରିଷ୍ୟତେ ॥

ସେତେବେଳେ ମହାକବିଙ୍କୁ ବାଧହୋଇ କହିବାକୁ ପଡ଼ିଥିଲା - ପୁରୁଣା ବୋଲି କୌଣସି କାବ୍ୟ ଉତ୍କୃଷ୍ଟ କିମ୍ବା ନୂଆ ହୋଇଥିବାରୁ ନିକୃଷ୍ଟ ହୋଇଯାଏ ନାହିଁ। ସାଧୁଚେତା ପୁରୁଷ ପରୀକ୍ଷା କରିସାରିଲା ପରେ କାବ୍ୟକୁ ଉତ୍କୃଷ୍ଟ ବା ନିକୃଷ୍ଟ ହୋଇଥିବାର ଉପଲବଧି କରନ୍ତି। କିନ୍ତୁ ମୂଢ଼ଜନ ନ ବୁଝି ନ ବିଚାରି କେବଳ ପ୍ରାଚୀନତ୍ୱର ଗୁଣଗାନ କରିଚାଲନ୍ତି। (୧୦)

ଆଚାର୍ଯ୍ୟ ବାଗଭଟ୍ଟ 'ଅଷ୍ଟାଙ୍ଗହୃଦୟ'ର ସଂରଚନା କରିଥିଲେ। ଆୟୁର୍ବେଦର ଧୁରନ୍ଧର ଆଚାର୍ଯ୍ୟମାନେ ତାହାକୁ ସ୍ୱୀକାର କରି ନ ଥିଲେ। ବାଗଭଟ୍ଟଙ୍କୁ ପ୍ରାଚୀନ ପିଢ଼ିର ତିରସ୍କାର ସହିବାକୁ ହୋଇଥିଲା। ସେହି ମନଃସ୍ଥିତିରେ ସେ ଲେଖିଛନ୍ତି - ବାୟୁ ଶାନ୍ତି ସକାଶେ ତୈଳ, ପିତ୍ତଶାନ୍ତି ପାଇଁ ଘିଅ ଏବଂ ଶ୍ଳେଷ୍ମଶାନ୍ତି ପାଇଁ ମଧୁ ହେଉଛି ପଥ୍ୟ। ଏହି କଥାକୁ ବ୍ରହ୍ମା କହନ୍ତୁ, ବା ତାଙ୍କର ପୁଅ, ସେଥିରେ ବକ୍ତାର କ'ଣ ଯାଏ ଆସେ ? ବକ୍ତାଙ୍କ ଯୋଗୁଁ ଦ୍ରବ୍ୟର ଶକ୍ତିରେ କୌଣସି ଅନ୍ତର ଆସି ନ ଥାଏ। ତେଣୁ ମାତ୍ସର୍ଯ୍ୟକୁ ପରିହାର କରି ଆପଣ ମଧ୍ୟସ୍ଥ ଦୃଷ୍ଟିର ଅବଲମ୍ବନ ନେବା ଉଚିତ।(୧୧)

ପ୍ରାଚୀନତା ଓ ନବୀନତା ପ୍ରସଙ୍ଗରେ ମହାକବି କାଳିଦାସ ଓ ବାଗଭଟ୍ଟଙ୍କ ଚିନ୍ତନ ବେଶ୍ ମହତ୍ତ୍ୱପୂର୍ଣ୍ଣ, କିନ୍ତୁ ଏହି ସନ୍ଦର୍ଭରେ ଆଚାର୍ଯ୍ୟ ସିଦ୍ଧସେନଙ୍କ ଲେଖନୀ ଯେଉଁ ଅପୂର୍ବ ଚମତ୍କାର ଦେଖାଇଛି, ତାହା ପ୍ରାଚୀନ ଭାରତୀୟ ସାହିତ୍ୟରେ ଦୁର୍ଲଭ ପ୍ରତୀୟମାନ ହୁଏ। ତାଙ୍କ ଚିନ୍ତନ ଅନୁସାରେ କୌଣସି ବ୍ୟକ୍ତି ନୂଆ ନୁହେଁ କି ପୁରୁଣା ମଧ୍ୟ ନୁହେଁ। 'ଆଜି ଯାହା ପୁରୁଣା ଦିଶୁଛି, ଦିନେ ତାହା ନୂଆ ଥିଲା ଏବଂ ଯାହାକୁ ଆମେ ବର୍ତ୍ତମାନ ସଦ୍ୟତମ ବୋଲି କହୁଛୁଁ, ତାହା ଆସନ୍ତାକାଲି ବାସିରେ ପରିଣତ ହେବ। ଏବେ ବଞ୍ଚିଥିବା ଲୋକ, ତା'ର ମୃତ୍ୟୁପରେ ନୂତନ ବଂଶଧରଙ୍କ ବ୍ୟବହୃତ ସୂଚୀପତ୍ରର ପ୍ରାଚୀନ ଶୀର୍ଷକ ଅନ୍ତର୍ଗତ ସ୍ଥାନ ପାଇବ। ପୁରାଣତାର ଅବସ୍ଥିତି ନ ଥିବାରୁ, ପୁରାତନ ଲୋକଙ୍କ ଦ୍ୱାରା ଉଚ୍ଚାରିତ ବାକ୍ୟକୁ ପରୀକ୍ଷା ନ କରି ବିଶ୍ୱାସ କରାଯାଇପାରିବ ନାହିଁ।'

ଜନୋଽୟ ମନ୍ୟସ୍ୟ ମୃତଃ ପୁରାତନଃ, ପୁରାତନୈରେବ ସମୋ ଭବିଷ୍ୟତି ।
ପୁରାତନେଷ୍ୱିତ୍ୟନବସ୍ଥିତେଷୁକଃ, ପୁରାତନୋକ୍ତାନ୍ୟପରୀକ୍ଷ୍ୟ ରୋଚୟେତ୍ ॥

-ଦ୍ୱାତ୍ରିଂଶିକା, ୬।୫

ଭଗବାନ ମହାବୀରଙ୍କ ଅଭୟଭାବକୁ ଆଚାର୍ଯ୍ୟ ସିଦ୍ଧସେନ ଆତ୍ମସାତ୍ କରିପାରିଥିଲେ। ସତ୍ୟ ପ୍ରକାଶନ କରିବା ପାଇଁ ସେ ଜମା ସଙ୍କୋଚ କରୁ ନ ଥିଲେ। ମୁକ୍ତ-ସମୀକ୍ଷା ଏବଂ ପ୍ରାଚୀନତାର ଯୁକ୍ତିସଙ୍ଗତ ଆଲୋଚନା କରୁଥିବା ହେତୁ ତାଙ୍କ ବିରୁଦ୍ଧରେ ସ୍ୱର ଉଚ୍ଚାଙ୍ଗ ହେଲା। ସେ ଏହି ସ୍ଥିତି ସହିତ ପରିଚିତ ଥିଲେ। ତେବେ ସ୍ୱତନ୍ତ୍ରଚେତା ମଣିଷ ଏହି ପରିସ୍ଥିତିରେ କିଞ୍ଚିତ ମାତ୍ର ଭୟଭୀତ ହୁଏନାହିଁ। ତାଙ୍କର ଅଭୟ ସ୍ୱର ଏହି ଭାଷାରେ ପ୍ରସ୍ଫୁଟିତ ହେଲା - 'ପ୍ରାଚୀନ ପୁରୁଷମାନେ ଯେଉଁ ବ୍ୟବସ୍ଥା ନିର୍ଦ୍ଧାରଣ କରିଯାଇଛନ୍ତି, ଚିନ୍ତନ ମନ୍ଥନ ପରେ କ'ଣ ତାହାକୁ ସେହି ରୂପରେ ସିଦ୍ଧ କରାଯାଇପାରିବ ? ଏହା ଅସମ୍ଭବ ମଧ୍ୟ ହୋଇପାରେ। ସେହିସ୍ଥଳରେ ମୃତ ପୂର୍ବଜଙ୍କ ପ୍ରତିଷ୍ଠା ରକ୍ଷା ପାଇଁ ସେହି ଅସିଦ୍ଧ ବ୍ୟବସ୍ଥା କରିବା ସକାଶେ ମୋର ଜନ୍ମ ହୋଇନାହିଁ। ଏହି ବ୍ୟବହାର ହେତୁ ଯଦି ବିଦ୍ୱେଷୀଙ୍କ ସଂଖ୍ୟାରେ ବୃଦ୍ଧି ଘଟିବ, ତେବେ ମୋର କିଛି କହିବାର ନାହିଁ।'

---

(୧୦) ଅଗ୍ନିମାଳବିକା : ପୁରାଣମିତ୍ୟେବ ନ ସାଧୁସର୍ବଂ, ନ ଚାପି କାବ୍ୟଂ ନବମିତ୍ୟବଦ୍ୟମ୍ ।
ସନ୍ତଃ ପରୀକ୍ଷାନ୍ୟତରଦ୍ ଭଜନ୍ତେ, ମୂଢ଼ଃ ପରପ୍ରତ୍ୟୟନେୟବୃତ୍ତିଃ॥

(୧୧) ଅଷ୍ଟାଙ୍ଗହୃଦୟ, ଉତ୍ତରସ୍ଥାନ, ଅଧ୍ୟାୟ ୪୦, ଶ୍ଳୋକ ୮୬-୮୭
ବାତେପିତ୍ତେ ଶ୍ଳେଷ୍ମ ଶାନ୍ତୌ ଚ ପଥ୍ୟଂ, ତୈଳଂ ସର୍ପିର୍ମାକ୍ଷିକଂ ଚକ୍ରମେଣ
ଏତଦ୍ ବ୍ରହ୍ମା ଭାଷିତାଂ ବ୍ରହ୍ମଜୋ ବା, କା ନିର୍ମନ୍ତ୍ରେ ବକ୍ତୃଭେଦୋକ୍ତି ଶକ୍ତିଃ ॥
ଅଭିଧାତୃ ବଶାତ୍ କିଂବା, ଦ୍ରବ୍ୟଶକ୍ତିର୍ବିଶିଷ୍ୟତେ । ଅତୋ ମତ୍ସରମୁତ୍ସୃଜ୍ୟ, ମାଧ୍ୟସ୍ଥ୍ୟମବଲମ୍ବ୍ୟତାମ୍ ॥

ପୁରାତନୈର୍ଯା ନିୟତା ବ୍ୟବସ୍ଥିତି, ସ୍ତଥୈବ ସା କିଂ ପରିଚିନ୍ତ୍ୟ ସେତ୍‌ସ୍ୟତି ।
ତଥେତି ବକ୍ତୁଂ ମୃତରୁଢ଼ଗୌରବା ଦହନ୍ନ ଜାତଃ ପ୍ରଥୟନ୍ତୁ ବିଦ୍ୱିଷଃ ॥ -ଦ୍ୱାତ୍ରିଂଶିକା, ୬୧୨

'ଅନେକ ପ୍ରକାରର ବ୍ୟବସ୍ଥା ଓ ମର୍ଯ୍ୟାଦା ରହିଥାଏ ଯେଉଁମାନଙ୍କ ମଧ୍ୟରେ ପାରସ୍ପରିକ ବିରୋଧ ମଧ୍ୟ ରହିଥାଏ । ତା'ର ନିଷ୍ପୟରେ ବିଳମ୍ବ ହେବା ସ୍ୱାଭାବିକ । ତେବେ ଗୋଟିକୁ ସମ୍ୟକ୍ ମର୍ଯ୍ୟାଦା ନିରୂପଣ କରି, ଅନ୍ୟକୁ ଅସ୍ୱୀକାର କରାଯିବା ହେଉଛି ଏକ-ପକ୍ଷୀୟ ନିଷ୍ପତ୍ତି । ପ୍ରାଚୀନତାର ପ୍ରେମରେ ଜଡ଼ ପାଲଟିଥିବା ମଣିଷ ଲାଗି ଏହା ଉଚିତ ହୋଇପାରେ, କିନ୍ତୁ ଜଣେ ବିଜ୍ଞ ପରୀକ୍ଷକ ଏହାକୁ ଏହି ରୂପରେ ନିର୍ଣ୍ଣିତ କରି ନ ଥାଏ ।'

ବହୁ ପ୍ରକାରାଃ ସ୍ଥିତୟଃ ପରସ୍ପରଂ, ବିରୋଧଯୁକ୍ତାଃ କଥମାଶୁ ନିଶ୍ଚୟଃ ।
ବିଶେଷସିଦ୍ଧାବିୟମେବ ନେତିବା, ପୁରାତନ ପ୍ରେମ ଜଡସ୍ୟ ଯୁଜ୍ୟତେ ॥

-ଦ୍ୱାତ୍ରିଂଶିକା, ୬୧୪

ପୁରାତନ ପ୍ରେମ କାରଣରୁ ଆଳସ୍ୟପରାୟଣ ହୋଇଯାଇଥିବା ଲୋକ ଯଥାର୍ଥତାର ଅବରୋଧ କରିପାରେ ନାହିଁ, କିନ୍ତୁ ଯଥାର୍ଥ-ଅବବୋଧ-ଯୁକ୍ତ ମନୀଷୀଙ୍କ ସଦୃଶ ପ୍ରସନ୍ନ ହୋଇଥାଏ । ସେ କହିଥାଏ – ଆମ ପୂର୍ବଜମାନେ ଜ୍ଞାନୀ ଥିଲେ । ସେମାନେ ଯାହା କହିଛନ୍ତି, ସେସବୁ ମିଥ୍ୟା କିପରି ହୋଇପାରିବ ? ମୁଁ ହେଉଛି ମନ୍ଦମତି । ସେମାନଙ୍କ ଉକ୍ତିର ଆଶୟ ବୁଝିପାରୁନାହିଁ । ଏହା ହେଉଛି ମୋର ନ୍ୟୂନତା । କିନ୍ତୁ ଗୁରୁଜନଙ୍କ ଉକ୍ତି ଅନ୍ୟଥା ହୋଇନପାରେ, ଏଭଳି ନିଶ୍ଚୟ କରିଥିବା ଲୋକ ଆତ୍ମ-ବିନାଶ ଦିଗରେ ହିଁ ଧାବମାନ ହୋଇଥାଏ ।'

ବିନିଶ୍ଚୟଂ ନୈତି ଯଦା ଯଥାଽଲସ ସ୍ତଥା ତଥା ନିଶ୍ଚିତବତ୍ ପ୍ରସୀଦତି ।
ଅବନ୍ଧ୍ୟବାକ୍ୟା ଗୁରବୋଽହମଳ୍ପଧୀ ରିତି ବ୍ୟବସ୍ୟନ୍ ସ୍ୱବଧାୟ ଧାବତି ॥

- ଦ୍ୱାତ୍ରିଂଶିକା, ୬୧୬

'ଶାସ୍ତ୍ରଜ୍ଞମାନେ ଆମଭଳି ମଣିଷ ଅଟନ୍ତି । ସେମାନେ ସର୍ବସାଧାରଣଙ୍କ ସକାଶେ ମଣିଷର ଆଚାର-ବ୍ୟବହାର ନିର୍ଦ୍ଧାରଣ କରିଯାଇଛନ୍ତି । ଯେଉଁମାନେ ପରୀକ୍ଷା କରିବାରେ ଆଳସ୍ୟ କରିଥାନ୍ତି, ସେମାନେ ହିଁ କହିଥାନ୍ତି ଯେ ଶାସ୍ତ୍ରଜ୍ଞଙ୍କ ଜ୍ଞାନର କଳନା ସମ୍ଭବ ନୁହେଁ । କିନ୍ତୁ ପରୀକ୍ଷା କରିପାରୁଥିବା ଲୋକ ସେମାନଙ୍କୁ ଅଗାଧ ମଣି ସହଜରେ ସ୍ୱୀକାର କରି ନ ଥାଏ । ପରୀକ୍ଷାପୂର୍ବକ ହିଁ ସେ ସ୍ୱୀକାର କରିବା ଉଚିତ ମଣିଥାଏ ।

ମନୁଷ୍ୟବୃତ୍ତାନି ମନୁଷ୍ୟଲକ୍ଷଣୈ ର୍ମନୁଷ୍ୟହେତୋର୍ନିୟତାନି ତୈସ୍ୱୟମ୍ ।
ଅଲବ୍‌ଧପାରାଣ୍ୟଲସେଷୁ କର୍ଣ୍ଣବାନା ଗାଧପାରାଣି କଥଂ ଗ୍ରହୀଷ୍ୟତି ?

-ଦ୍ୱାତ୍ରିଂଶିକା, ୬/୭

'ଶାସ୍ତ୍ରଟି ଅଂସବଦ୍ଧ ତଥା ଅସ୍ତବ୍ୟସ୍ତ ଭାବରେ ରଚିତ, କିନ୍ତୁ ସେମାନଙ୍କ ପୂର୍ବପୁରୁଷଙ୍କ ଦ୍ୱାରା ରଚନା କରାଯାଇଥିବାରୁ, ସେମାନେ ତା'ର ପ୍ରଶଂସା କରିଥାନ୍ତି । ସଦ୍ୟ ନିର୍ମିତ ଶାସ୍ତ୍ର ସୁସଙ୍ଗତ ଏବଂ ବ୍ୟବସ୍ଥିତ, କିନ୍ତୁ ତାହା ନୂଆ ହୋଇଥିବାରୁ ସେମାନେ ତାହାକୁ ପଠନଯୋଗ୍ୟ ଭାବରେ ସ୍ୱୀକାର କରନ୍ତି ନାହିଁ । ଏହା ହେଉଛି ସ୍ମୃତି-ମୋହ ମାତ୍ର, ପରୀକ୍ଷା-ବିବେକ ନୁହେଁ ।

ଯଦେବ କିଞ୍ଚିଦ୍ ବିଷମ ପ୍ରକଳ୍ପିତଂ, ପୁରାତନୈରୁକ୍ତମିତି ପ୍ରଶସ୍ୟତେ ।
ବିନିଶ୍ଚିତାଽପ୍ୟଦ୍ୟ ମନୁଷ୍ୟବାକ୍‌କୃତିର୍ନ, ପଠ୍ୟତେ ଯତ୍ ସ୍ମୃତିମୋହ ଏବ ସଃ ॥

-ଦ୍ୱାତ୍ରିଂଶିକା, ୬/୮

ଅଳ୍ପବୟସ୍କ ଶିଶୁର କଥା ଯୁକ୍ତିଯୁକ୍ତ ହୋଇପାରିବ ତଥା ପ୍ରାଚୀନପୁରୁଷଙ୍କ ଉକ୍ତି ମଧ୍ୟ ଦୋଷପୂର୍ଣ୍ଣ ହୋଇପାରେ । ଏହି କାରଣରୁ ଆମକୁ ପରୀକ୍ଷକ ସାଜିବାକୁ ପଡ଼ିବ । ନବୀନତାର ଉପେକ୍ଷା ତଥା ପ୍ରାଚୀନତାର ମୋହ ଉଚିତ ନୁହେଁ ।

ବିକ୍ରମ ପଞ୍ଚମ ଶତାବ୍ଦୀର ଆଚାର୍ଯ୍ୟ ସିଦ୍ଧସେନଙ୍କ ଚିନ୍ତନ ଆଜିର ବୈଜ୍ଞାନିକ ଧରାତଳରେ ଅଧିକ ଯୁକ୍ତିସଙ୍ଗତ ଏବଂ ମୂଲ୍ୟବାନ ମନେ ହେଉଛି।

କାଳ-ହେତୁକ ଅବରୋଧ ଓ ତତ୍ ଫଳନ

ଭାରତୀୟ ଚିନ୍ତନର ବ୍ୟାପକ ସ୍ୱରୂପ ରହିଛି ଯେ ପୁରାତନ ଯୁଗ ଥିଲା ସତ୍ୟ ଯୁଗ, କିନ୍ତୁ ବର୍ତ୍ତମାନ ହେଉଛି କଳିକାଳ। ଏହାଦ୍ୱାରା ପ୍ରକୃଷ୍ଟତା, ନିକୃଷ୍ଟତା ଦିଗକୁ ସତେଯେପରି ବହିଯାଉଛି। ଏହି ଚିନ୍ତନ ଆଧାରରେ ଭାରତୀୟ ଜନମାନସରେ ଏହି ଧାରଣା ଘର କରିନେଲା ଯେ ପ୍ରାଚୀନ କାଳରେ ଯେତେପ୍ରକାର ଶ୍ରେଷ୍ଠତା, କ୍ଷମତା ଏବଂ ବିଶେଷତା ରହିଥିଲା । ଏହି କଳିକାଳରେ ସେସବୁ ସମାପ୍ତ ହୋଇସାରିଛି। କିଛି ଅବଶେଷ ରହିଛି, ତେବେ ତାହା ମଧ୍ୟ ଅବକ୍ଷୟମୁଖୀ। ଏକ ବିଚିତ୍ର ହୀନଭାବନା ଆମକୁ ଗ୍ରାସ କରିନେଇଛି। ପ୍ରାୟ ପନ୍ଦରଶହ ବର୍ଷ ପୂର୍ବେ କିଛି ଜୈନମୁନି ମାନି ନେଇଥିଲେ ଯେ ବର୍ତ୍ତମାନ ବିଶୁଦ୍ଧ ଧର୍ମ ନାହିଁ, ବ୍ରତ ନାହିଁ ଏବଂ ଚରିତ୍ର ମଧ୍ୟ ବିଚ୍ଛିନ୍ନ। ଏବେ ପ୍ରଚଳିତ ଜୈନ ଶାସନ, ଜ୍ଞାନ ଓ ଦର୍ଶନର ଆଧାରରେ ଚାଲିଛି, କିନ୍ତୁ କେହି ସାଧୁ ହୋଇ ରହିନାହାନ୍ତି। ପ୍ରାଚୀନ କାଳରେ ଶରୀରର ଉତ୍କୃଷ୍ଟ ସଂହନନ ସାଧିତ ହୋଇଥିଲା, ଯାହା ଆଜି ଦୁର୍ଲ୍ଲଭ। ସେମାନେ ଧ୍ୟାନ ସାଧନା କରିପାରୁଥିଲେ। ଆଜି କେହି ବି ଧ୍ୟାନର ଅଧିକାରୀ ନାହାନ୍ତି। ଧ୍ୟାନ ବିଚ୍ଛିନ୍ନ ହୋଇଯାଇଛି। ସେତେବେଳେ ଜିନକଳ୍ପ ମୁନି ବିଶିଷ୍ଟ ସାଧନାରତ ଥିଲେ। ଅଧୁନା ଜିନକଳ୍ପ ସାଧନା ପଦ୍ଧତି ଲୁପ୍ତପ୍ରାୟ ହୋଇଯାଇଛି। ବିଶେଷ ପ୍ରତ୍ୟକ୍ଷ ଜ୍ଞାନ ଏବଂ ବିଶିଷ୍ଟ ଯୌଗିକ ଲବ୍ଧି ବିଭୂତି ବିଚ୍ଛିନ୍ନ ହୋଇପଡ଼ିଛି। [୧୨] ଚିନ୍ତନଧାରାର ଏହି ନିରାଶାଭାବ ଦ୍ୱାରା ବିକାଶଦ୍ୱାର ଅବରୁଦ୍ଧ ହୋଇପଡ଼ିଲା। ଏହି ଦୁଷମାକାଳରେ ବିଶିଷ୍ଟ ସାଧନା ଓ ବିଶିଷ୍ଟ ଉପଲବ୍ଧି ସମ୍ଭବ ନୁହେଁ - ଏହି ଭାବନା ମୁନିଜନଙ୍କ ମନରେ ପୁଷ୍ଟ ହେଲା। ଏହାର ସ୍ପଷ୍ଟ ପ୍ରଭାବ ପରିଲକ୍ଷିତ ହେଲା। ସାଧନା ପଥରେ ଅଭିନବ ଉନ୍ମେଷ ଆଣିପାରିବାର ମନୋବୃତ୍ତି କ୍ରମଶଃ ଶିଥିଳ ହେବାକୁ ଲାଗିଲା। ଯଦି ବିଶିଷ୍ଟତା ପ୍ରାପ୍ତି ସମ୍ଭବ ନୁହେଁ, ତେବେ ତା'ପାଇଁ କାହିଁକି ଅଧିକ ପ୍ରଯତ୍ନ କରିବା ? କିଛି ମନୀଷୀ-ମୁନିଙ୍କ ଦୃଷ୍ଟି ଏହି ହୀନ ମନୋବୃତ୍ତି ଏବଂ ତା'ର ଦୁଷ୍ପରିଣାମ ଦିଗକୁ ଗତିକଲା। ପ୍ରତିବାଦର ସ୍ୱର ଶୁଭିଲା। ଭାଷ୍ୟକାର ସଂଘଦାସ ଗଣୀ କହିଲେ - 'ବର୍ତ୍ତମାନ ସାଧୁତ୍ୱ ନାହିଁ ବୋଲି ଯେଉଁ ମୁନିମାନେ ମତ ଦେଉଛନ୍ତି, ସେମାନଙ୍କୁ ଶ୍ରମଣସଂଘରୁ ବହିଷ୍କୃତ କରିଦେବା ଉଚିତ। ଆଚାର୍ଯ୍ୟ ରାମସେନ ଏହାର ଦୃଢ଼ ସମର୍ଥନ କରି କହିଲେ ଯେ ବର୍ତ୍ତମାନ ଧ୍ୟାନ ସମ୍ଭବପର। ଏହା ଜୀବିତ। ଏହାର ବିଚ୍ଛେଦ ଘଟିନାହିଁ। [୧୩]

ଆଉ କିଛି ବିଚ୍ଛେଦ ଆଡ଼କୁ କୌଣସି ଆଚାର୍ଯ୍ୟ ଦୃଷ୍ଟି ଦେଲେ ନାହିଁ, ଯାହା କି ବିମର୍ଶନୀୟ ଅଟେ। ଶ୍ୱେତାମ୍ବର ଓ ଦିଗମ୍ବର ଉଭୟ ପରମ୍ପରାର ଆଚାର୍ଯ୍ୟମାନେ ଏହାର ଚର୍ଚ୍ଚା କରିଛନ୍ତି। ତୁଳନାତ୍ମକ ଦୃଷ୍ଟିରୁ ଶ୍ୱେତାମ୍ବର ଆଚାର୍ଯ୍ୟମାନେ ଅଧିକ ପରିମାଣରେ କରିଛନ୍ତି। ଦିଗମ୍ବର ପରମ୍ପରାରେ ଧ୍ୟାନ, କାୟୋତ୍ସର୍ଗ ଏବଂ ପ୍ରତିମା-ଅଭ୍ୟାସ ପରମ୍ପରା ଦୀର୍ଘକାଳରୁ ଚାଲିଆସିଛି। ଦିଗମ୍ବର ଆଚାର୍ଯ୍ୟମାନେ ଯୋଗ ସମ୍ବନ୍ଧରେ ଅନେକ ଗ୍ରନ୍ଥ ରଚନା କରିଛନ୍ତି। ଶ୍ୱେତାମ୍ବର ପରମ୍ପରାରେ ଧ୍ୟାନର ଅଭ୍ୟାସ ଦୂର ଅତୀତରୁ ହ୍ରାସ ପାଇ ଆସିଛି। ଶ୍ୱେତାମ୍ବର ଆଚାର୍ଯ୍ୟମାନଙ୍କ ମଧ୍ୟରେ ଜିନଭଦ୍ରଗଣୀ କ୍ଷମାଶ୍ରମଣ, ହରିଭଦ୍ରସୂରି, ଆଚାର୍ଯ୍ୟ ହେମଚନ୍ଦ୍ର, ଉପାଧ୍ୟାୟ ଯଶୋବିଜୟଜୀ ଆଦି ଅଳ୍ପ କେତେକ ବିଦ୍ୱାନ ହିଁ ଯୋଗଗ୍ରନ୍ଥର ନିର୍ମାଣ କରିଛନ୍ତି। ଆଚାର୍ଯ୍ୟ ଶ୍ରୀ ତୁଳସୀ ଯୋଗ ଉପରେ 'ମନୋନୁଶାସନମ୍' ଗ୍ରନ୍ଥ ଲେଖିଲେ। ଏହି ଗ୍ରନ୍ଥର ନିର୍ମାଣ ବେଳାରେ ଆଚାର୍ଯ୍ୟ ତୁଳସୀ କହିଲେ - 'ଯୌଗିକ ଉପଲବ୍ଧିର ବିଚ୍ଛେଦ କଥା ଯଦି ସାଧକ ମନରେ ପ୍ରବେଶ କରିବାକୁ ଅନୁମତି ଦିଆଯାଇ ନ ଥାନ୍ତା, ତେବେ ଜୈନ ପରମ୍ପରାରେ ଯୋଗପଦ୍ଧତିର ଅଧିକ ବିକାଶ ଘଟିଥାନ୍ତି।'

---

[୧୨] ବ୍ୟବହାରଭାଷ୍ୟ, ୧୦/୬୯୯, ୭୦୦

[୧୩] ତତ୍ତ୍ୱାନୁଶାସନ, ୮୨

ସାଧନା କରୁଥିବା ସବୁ ଲୋକଙ୍କ ଅଧ୍ୟବସାୟ ସମାନ ନୁହେଁ। ସେମାନଙ୍କ କ୍ଷମତା ବି ସମାନ ନୁହେଁ, ଗତିରେ ମଧ୍ୟ ତାରତମ୍ୟ ରହିଥାଏ। ତେବେ ଲକ୍ଷ୍ୟ ସମସ୍ତଙ୍କର ସମାନ। କିଏ କେତେ ପ୍ରଗତି କରିପାରିବ, ତାହା ତା'ଉପରେ ନିର୍ଭର କରିଥାଏ। ଯାତ୍ରା ଆରମ୍ଭରୁ ତାହାକୁ ଯଦି ଅବରୋଧକ ସୂଚନା ପ୍ରଦାନ କରି କୁହାଯିବ ଯେ ତୁମେ ଏହି ବିନ୍ଦୁରୁ ଆଗକୁ ଯାଇପାରିବ ନାହିଁ, ତେବେ ତା'ର ପାଦ ଥମିଯିବ ନିଶ୍ଚୟ। କଳିକାଳକୁ ନିମିତ୍ତ କରି ନିର୍ମାଣ କରାଯାଇଥିବା ପଥାବରୋଧକୁ ସମାପ୍ତ କରିବା ଉଦ୍ଦେଶ୍ୟ ନେଇ ଆଚାର୍ଯ୍ୟ ହେମଚନ୍ଦ୍ର ମହତ୍ତ୍ୱପୂର୍ଣ୍ଣ ଚିନ୍ତନ ପ୍ରସ୍ତୁତ କରିଛନ୍ତି। ସେ ଲେଖିଛନ୍ତି - 'ସୁଷମାକାଳରେ ଜଣେ ସାଧକକୁ ସିଦ୍ଧିପ୍ରାପ୍ତ କରିବାକୁ ହେଲେ ପ୍ରଲମ୍ବ ତପସ୍ୟା କରିବାକୁ ପଡ଼ିଥାଏ। ଏହି କଳିକାଳରେ ହିଁ ସାଧକ ଅଳ୍ପକାଳୀନ ତପସ୍ୟା ଦ୍ୱାରା ଫଳପ୍ରାପ୍ତ କରିପକାଏ। ତେଣୁ କଳିକାଳକୁ କାହିଁକି ଗାଳି ଦେଉଛ ? କୃତଯୁଗରେ ଆମର କି ପ୍ରୟୋଜନ ?'

ଯତ୍ରାଳ୍ପେନାପି କାଳେନ, ତ୍ୱଦ୍‌ଭକ୍ତେଃ ଫଳମାପ୍ୟତେ ।
କଳିକାଳଃ ସ ଏକୋସ୍ତୁ, କୃତଂ କୃତଯୁଗାଦିଭିଃ ॥ ବୀତରାଗସ୍ତବ, ୯/୧

'ପ୍ରଭୁ! ସୁଷମା (କୃତଯୁଗ) ଅପେକ୍ଷା ଦୁଷମ (କଳିକାଳ)ରେ ତୁମ କୃପା ଅଧିକ ଫଳବତୀ ହୋଇଥାଏ। କଳ୍ପତରୁ, ମେରୁରେ ନୁହେଁ ମରୁଭୂମିରେ ଅଧିକ ଶ୍ଳାଘନୀୟ ହୋଇଥାଏ।'

ସୁଷମାତୋ ଦୁଃଷମାୟାଂ, କୃପା ଫଳବତୀ ତବ ।
ମେରୁ ତୋ ମରୁଭୂମୌହି, ଶ୍ଳାଘ୍ୟା କଳ୍ପତରୋଃ ସ୍ଥିତିଃ ॥

ବୀତରାଗସ୍ତବ, ୯/୨

'କଲ୍ୟାଣସିଦ୍ଧି ସକାଶେ ଏହି କଳିକାଳ ହେଉଛି ପରୀକ୍ଷାକ୍ଷେତ୍ର। ଅଗ୍ନି ବିନା ଧୂପର ଗନ୍ଧ ପ୍ରସ୍ଫୁଟିତ ହୁଏନାହିଁ।'

କଲ୍ୟାଣସିଦ୍ଧୟୈ ସାଧୀୟାନ୍, କଳିରେବ କଷୋପଳଃ ।
ବିନାଗ୍ନିଂ ଗନ୍ଧମହିମା, କାକତୁଣ୍ଡସ୍ୟ ନୈଧତେ ॥ -ବୀତରାଗସ୍ତବ, ୯/୩

'ମୁଁ ଯୁଗ ଯୁଗ ଧରି ସଂସାର ଭ୍ରମଣ କରିସାରିଛି। କିନ୍ତୁ ତୁମ ଦର୍ଶନ ମିଳିଲା ନାହିଁ। ମୁଁ ଏହି କଳିକାଳକୁ ନମସ୍କାର କରୁଛି, ଯେଉଁଠାରେ ତୁମର ଦର୍ଶନ ଲଭିବାରେ ସଫଳ ହୋଇଛି।'

ଯୁଗାନ୍ତରେଷୁ ଭ୍ରାନ୍ତୋସ୍ମି, ତ୍ୱଦ୍‌ଦର୍ଶନ ବିନା କୃତଃ ।
ନମୋସ୍ତୁ କଳୟେ ଯତ୍ର, ତ୍ୱଦ୍‌ଦର୍ଶନମଜାୟତ ॥ -ବୀତରାଗସ୍ତବ, ୯/୭

'କଳିକାଳରେ ଲୋକମାନେ ଅଧିକ ଉତ୍‌ଶୃଙ୍ଖଳ ଏବଂ ଖଳପ୍ରକୃତିର ବୋଲି ଲୋକ ମତ ଦେଇଥାନ୍ତି। କୃତଯୁଗରେ କ'ଣ ସେହି ପ୍ରକାର ଲୋକ ନ ଥିଲେ ? ସେହି ଯୁଗରେ ମଧ୍ୟ ନିଶ୍ଚିତ ଭାବରେ ଦୁଷ୍ଟ ଏବଂ ମନ୍ଦମତି ଲୋକ ବାସ କରୁଥିଲେ। ଏଭଳି ସ୍ଥିତିରେ ଆମେ କଳିକାଳ ଉପରେ ବ୍ୟର୍ଥ କୁପିତ ହେବାର କାରଣ କ'ଣ ?'

ଯୁଗାନ୍ତରେପି ଚେନ୍ନାଥ ! ଭବନ୍ତ୍ୟୁଚ୍ଛୃଙ୍ଖଳାଃ ଖଳାଃ ।
ବୃଥୈବ ତର୍ହି କୁପ୍ୟାମଃ, କଳୟେ ବାମ କେଳୟେ ॥ -ବୀତରାଗସ୍ତବ, ୯/୪

କେତେକ ଆଚାର୍ଯ୍ୟ ଯୁଗଜନିତ ଅବରୋଧକକୁ ସମାପ୍ତ କରିବାର ପ୍ରଚେଷ୍ଟା କରିଥିଲେ। କିନ୍ତୁ ସେଗୁଡ଼ିକ ସେତେବେଳକୁ ସ୍ଥିର ଓ ଦୃଢ଼ ହୋଇସାରିଥିଲେ। ଏହି କାରଣରୁ ଏହି ଅବରୋଧକର ଉନ୍ମୂଳନ ସମ୍ଭବ ହେଲାନାହିଁ।

ଅଧ୍ୟାତ୍ମର ଉନ୍ମେଷ

ଭଗବାନ ମହାବୀରଙ୍କ ଦର୍ଶନ ହେଉଛି ଆତ୍ମାର ଦର୍ଶନ। ତାହାର ଆଦି, ମଧ୍ୟ ଓ ଅନ୍ତ-ସର୍ବତ୍ର ଆତ୍ମା ହିଁ ଆତ୍ମା ରହିଛି। ସେହି ଆତ୍ମାର ଗଭୀରତା ମଧ୍ୟକୁ ପ୍ରବେଶ କରିବାର ପ୍ରଚେଷ୍ଟା ହିଁ ହେଉଛି ଅଧ୍ୟାତ୍ମ। ଆଚାର୍ଯ୍ୟ କୁନ୍ଦକୁନ୍ଦ ଏହି ବିନ୍ଦୁକୁ ସର୍ବାଧିକ ବିସ୍ତାର ଦେଇଛନ୍ତି। ଜୈନ ପରମ୍ପରାରେ ଅଧ୍ୟାତ୍ମ କ୍ଷେତ୍ରର ସେ ଜଣେ ମୁଖ୍ୟ ପ୍ରବକ୍ତା। ଭଗବାନ

ମହାବୀର ମୋକ୍ଷ ସକାଶେ ଚାରୋଟି ମାର୍ଗ ଫିଟାଇଛନ୍ତି - ଜ୍ଞାନ, ଦର୍ଶନ, ଚାରିତ୍ର ଏବଂ ତପ। ତା'ର ବ୍ୟାଖ୍ୟା ଅନେକ ଆଚାର୍ଯ୍ୟ କରିଯାଇଛନ୍ତି। ଏହି ସମସ୍ତ ବ୍ୟାଖ୍ୟା, ବ୍ୟବହାରନୟ ଉପରେ ଆଶ୍ରିତ। ବ୍ୟବହାରନୟ ସ୍ଥୂଳ ତଥା ବୁଦ୍ଧିଗମ୍ୟ ଦୃଷ୍ଟିକୋଣ ପ୍ରସ୍ତୁତ କରିଥାଏ। ନିଶ୍ଚୟନୟର ଦୃଷ୍ଟିକୋଣ ହୋଇଥାଏ ସୂକ୍ଷ୍ମ ଏବଂ ଆତ୍ମଗମ୍ୟ, ଅଧ୍ୟାତ୍ମ ପ୍ରବକ୍ତା, ନିଶ୍ଚୟନୟର ଆଲମ୍ବନ ନେଇ ଗତି କରିଥାନ୍ତି। ଆଚାର୍ଯ୍ୟ କୁନ୍ଦକୁନ୍ଦଙ୍କ ଅନେକ ବ୍ୟାଖ୍ୟା ଏବଂ ସ୍ଥାପନା, ନିଶ୍ଚୟନୟ ଉପରେ ଅବଲମ୍ବିତ। ନିଶ୍ଚୟନୟ ଆଧାରରେ ସେ କହିଛନ୍ତି –

ଦଂସଣଣାଣଚରିତ୍ତାଣି, ସେବିଦବ୍‌ବାଣି ସାହୁଣା ଣିଚ୍‌ଚଂ ।
ତାଣି ପୁଣ ଜାଣ ତିଣ୍ଣିବି, ଅପ୍‌ପାଣଂ ଚେବ ଣିଛୟଦୋ ।

-ସମୟସାର, ୧୯

'ଆତ୍ମାକୁ ଜାଣିବା ହେଉଛି ସମ୍ୟକ୍ ଜ୍ଞାନ, ଦେଖିବା ହେଉଛି ସମ୍ୟକ୍ ଦର୍ଶନ ଏବଂ ଆତ୍ମା ମଧ୍ୟରେ ରମଣ କରିବା ହେଉଛି ସମ୍ୟକ୍ ଚାରିତ୍ର।'

କୁନ୍ଦକୁନ୍ଦ, ବ୍ୟବହାରନୟକୁ କେବେ ବି ଅସ୍ୱୀକାର କରି ନ ଥିଲେ। ସାମାଜିକ ଜୀବନରେ ଅସ୍ୱୀକାର କରିବା ସମ୍ଭବ ନୁହେଁ। ସମସ୍ତେ ତତ୍ତ୍ୱର ଗହନ ପର୍ଯ୍ୟାୟକୁ ସ୍ପର୍ଶ କରିପାରନ୍ତି ନାହିଁ। ତତ୍ତ୍ୱର ଅଳ୍ପ କେତେକ ସ୍ଥୂଳ ପର୍ଯ୍ୟାୟକୁ ହିଁ ସେମାନେ ଛୁଇଁଥାନ୍ତି। ତେବେ ବାସ୍ତବିକ ସତ୍ୟର ଉପଲବ୍ଧି ହେତୁ ସ୍ଥୁଳସତ୍ୟର ଅବଲମ୍ବନ ମଧ୍ୟ ଆବଶ୍ୟକ ହୋଇଥାଏ। ଆଚାର୍ଯ୍ୟ କୁନ୍ଦକୁନ୍ଦ ଏହି ତଥ୍ୟକୁ ଏକ ଉଦାହରଣ ମାଧ୍ୟମରେ ଆହୁରି ସ୍ପଷ୍ଟ କରିପାରିଛନ୍ତି। ଜଣେ ଲୋକ ସୀମାନ୍ତ ପ୍ରଦେଶରେ ପହଞ୍ଚିଲା। ସେଠାରେ ଜଣେ ଲୋକକୁ ଭେଟିଲା। ସେ ଆଗନ୍ତୁକଙ୍କୁ ନମସ୍କାର କରିବାରୁ ଆଗନ୍ତୁକ ସ୍ୱସ୍ତି କହି ଆଶୀର୍ବାଦ ପ୍ରଦାନ କଲେ। ସୀମାନ୍ତବାସୀ ତାହା ବୁଝି ନ ପାରିବାରୁ ଆଗନ୍ତୁକ ସୀମାନ୍ତ ପ୍ରଦେଶର ଭାଷାରେ ଆଶୀର୍ବାଦ ପ୍ରଦାନ କରିଲେ। ଲୋକଟି ପ୍ରସନ୍ନ ହେଲା ଏବଂ ସ୍ୱସ୍ତିର ଅର୍ଥ ମଧ୍ୟ ବୁଝିଗଲା। ସୀମାନ୍ତବାସୀକୁ ଯେପରି ସୀମାନ୍ତଭାଷା ବିନା ବୁଝାଇବା ସହଜ ନୁହେଁ, ସେହିପରି ବ୍ୟବହାରଦୃଷ୍ଟିଯୁକ୍ତ ଲୋକକୁ ବ୍ୟବହାରନୟର ସାହାଯ୍ୟ ବିନା ବାସ୍ତବିକ ସତ୍ୟ ବୁଝାଇବା ସହଜ ନୁହେଁ।

ଜହ ଣବି ସକ୍‌କମଣଦ୍‌ଜୋ, ଅଣଜ୍‌ଜଭାସଂ ବିଣା ଦୁ ଗାହେଦୁଂ।
ତହ ବବହାରେଣ ବିଣା, ପରମତ୍‌ଥୁବଦେସଣମସକ୍‌କଂ।। -ସମୟସାର, ୮

ବ୍ୟବହାର ଭୂମିକାରେ ଜିଉଁଥିବା ଧାର୍ମିକ ଲୋକମାନେ ସ୍ୱର୍ଗର ପ୍ରଲୋଭନ ଓ ନର୍କର ଭୟ ଯୋଗୁଁ ଧର୍ମକଥା ଚିନ୍ତା କରିଥାନ୍ତି। ସେମାନଙ୍କ ଦୃଷ୍ଟି ପାପ-ପୁଣ୍ୟ ମଧ୍ୟରେ ସୀମିତ ଥାଏ। ପରମାର୍ଥଦର୍ଶୀ ଆତ୍ମାକୁ ସବୁକିଛି ମଣିଥାନ୍ତି। ଆତ୍ମାର ଭୂମିକାରେ ପୁଣ୍ୟର କୌଣସି ମହତ୍ତ୍ୱ ନାହିଁ। ବ୍ୟବହାରଦୃଷ୍ଟିଯୁକ୍ତ ଲୋକ କହିଥାନ୍ତି ଯେ ଅଶୁଭକର୍ମ ହେଉଛି କୁଶୀଳ ଓ ଶୁଭକର୍ମ ହେଉଛି ସୁଶୀଳ। ଆଚାର୍ଯ୍ୟ କୁନ୍ଦକୁନ୍ଦଙ୍କ ମତରେ ଶୁଭକର୍ମ ଯେହେତୁ ସଂସାର ଜଂଜାଳ ମଧ୍ୟରେ ପ୍ରବେଶ ହୋଇଥାଏ, ତାହା ସୁଶୀଳ ହୋଇ ନ ପାରେ।

କମ୍‌ମମସୁହଂ କୁସୀଲଂ, ସୁହକମ୍‌ମଂ ଚାବି ଜାଣ ସୁହସୀଲଂ ।
କହତଂ ହୋଦି ସୁସୀଲଂ ଜଂ ସଂସାରଂ ପବେସେଦି ॥ - ସମୟସାର, ୧୫୨

ଲୁହା ଶିକୁଳି ମଣିଷକୁ ବାନ୍ଧିଥାଏ, ସେହିପରି ସୁନାର ଶିକୁଳି ମଧ୍ୟ ମଣିଷକୁ ବାନ୍ଧିବାର କାମ କରିଥାଏ। ଅଶୁଭ ଓ ଶୁଭ ଉଭୟ କର୍ମ ଜୀବକୁ ବନ୍ଧନରେ ବାନ୍ଧିଥାଏ। ଏହି କାରଣରୁ ମୁମୁକ୍ଷୁମାନଙ୍କ ସକାଶେ କେହି ମଧ୍ୟ ବାଞ୍ଛନୀୟ ନୁହନ୍ତି।

ସୋବଣ୍ଣିୟମ୍ହି ଣିୟଲଂ ବନ୍ଧଦି କାଳାୟସଂ ଚ ଜହ ପୁରିସଂ ।
ବନ୍ଧବି ଏବ ଜୀବଂ ସୁହମସୁହଂ ବା କଦଂ କମ୍‌ମଂ ॥ ସମୟସାର, ୧୫୩

ବିକ୍ରମ ସପ୍ତମ ଶତାବ୍ଦୀରେ ଜିନଭଦ୍ରଗଣୀ କ୍ଷମାଶ୍ରମଣ, ପୁଣ୍ୟ ଓ ପାପକୁ ଏହି କୋଣରୁ ହିଁ ଦେଖିଥିଲେ। ସୁଖ-ଦୁଃଖର ମୀମାଂସା କରିବାକୁ ଯାଇ ସେ ଲେଖିଥିଲେ - କର୍ମର ଉଦୟହେତୁ ପାପର ଫଳ ଦୁଃଖ ହୋଇଥାଏ। ସେହିପରି ପୁଣ୍ୟର ଫଳ ହେଉଛି ଦୁଃଖ, କାରଣ ତାହା ମଧ୍ୟ କର୍ମର ଉଦୟ ମାତ୍ର।

ପରମଟ୍‌ଠବାହିରା ଜେତେ ଅଣ୍ଣାଣେଣ ପୁଣ୍ଣମିଛନ୍ତି ।
ସଂସାରଗମନହେଦୁଂ ବିମୋକ୍‌ଚ୍ୟ ହେଦୁଂ ଅଯାଣନ୍ତା ॥

-ସମୟସାର, ୧୬୧

ବିକ୍ରମ ଊନବିଂଶ ଶତାବ୍ଦୀରେ ଆଚାର୍ଯ୍ୟ ଭିକ୍ଷୁ ପୁଣ୍ୟ ଓ ପାପର ନିଶ୍ଚୟନୟ ସନ୍ଦର୍ଭରେ ସୁନ୍ଦର ବିଶ୍ଳେଷଣ କରିଛନ୍ତି । ସେ କହିଛନ୍ତି - ପୁଣ୍ୟ ବାଞ୍ଛନୀୟ ନୁହେଁ । ପୁଣ୍ୟର ଇଚ୍ଛା କରିବା ମାତ୍ରକେ ପାପର ବନ୍ଧନ ହୋଇଯାଏ ।

ନ୍ୟାୟଶାସ୍ତ୍ର ଓ ତର୍କଶାସ୍ତ୍ରର ବିକାଶ ସହିତ ସାମ୍ପ୍ରଦାୟିକ ଅଭିନିବେଶ ଏବଂ ବାଦବିବାଦ ବୃଦ୍ଧି ପାଇଲା । ମହର୍ଷି ଗୌତମଙ୍କ ଦ୍ୱାରା ଜଳ୍ପ, ବିତଣ୍ଡା, ଛଳ ଓ ଜାତି ତତ୍ତ୍ୱ ରୂପରେ ସ୍ୱୀକୃତି ପାଇଲା । ସମସ୍ତ ତର୍କଶାସ୍ତ୍ରୀ ଏହାର ପ୍ରୟୋଗ ଆରମ୍ଭ କରିଦେଲେ । ତେବେ ଜୈନ ଆଚାର୍ଯ୍ୟଙ୍କ ସମ୍ମୁଖରେ ଲୋକୈଷଣା ଓ ଲୋକସଂଗ୍ରହ ଗୌଣ ହୋଇରହିଥାଏ । ଅହିଂସାର ପ୍ରଶ୍ନ ସେମାନଙ୍କ ନିକଟରେ ମୁଖ୍ୟସ୍ଥାନ ଗ୍ରହଣ କରିଥିଲା । ତର୍କ କ୍ଷେତ୍ରରେ ପ୍ରବେଶ କରିସାରିଲା ପରେ ମଧ୍ୟ ସେମାନେ ଅହିଂସାକୁ ଛାଡ଼ିପାରି ନ ଥିଲେ । ସେମାନେ ତର୍କ ଉପରେ ଅଧ୍ୟାତ୍ମର ଅଙ୍କୁଶ ବା ନିୟନ୍ତ୍ରଣ ରଖିବାକୁ ପସନ୍ଦ କରୁଥିଲେ । ଆଚାର୍ଯ୍ୟ ସିଦ୍ଧସେନ ଥିଲେ ମହାନ୍ ତାର୍କିକ । ଜୈନ ପରମ୍ପରାକୁ ତର୍କ ଦୃଷ୍ଟିରୁ ସେ ବେଶ୍ ସମୃଦ୍ଧ କରିଯାଇଛନ୍ତି । ଏହାସତ୍ତ୍ୱେ ବିବାଦ ଓ ବିତଣ୍ଡା, ତାଙ୍କ ପାଇଁ କାମ୍ୟ ନ ଥିଲା । ସେ ଲେଖିଥିଲେ - 'ଭିନ୍ନ ଭିନ୍ନ ଗାଆଁରୁ ଆସିଥିବା ଏବଂ ଗୋଟିଏ ମାଂସଟୁକୁଡ଼ାରେ ଲୋଭଗ୍ରସ୍ତ ହୋଇ ପରସ୍ପର ଲଢ଼େଇ କରୁଥିବା କୁକୁରମାନଙ୍କ ମଧ୍ୟରେ ମୈତ୍ରୀ ହୋଇପାରିବ, କିନ୍ତୁ ଅନାବଶ୍ୟକ ବାଦବିବାଦରେ ଲିପ୍ତ ଦୁଇ ସହୋଦରଙ୍କ ମଧ୍ୟରେ ମୈତ୍ରୀ ସମ୍ଭବ ନୁହେଁ ।'

ଗ୍ରାମାନ୍ତରୋପଗତୟୋ - ରେକାମିଷସଙ୍ଗଜାତମତ୍ସରୟୋଃ ।
ସ୍ୟାତ୍ ସଖ୍ୟମପି ଶୂନୋ, ର୍ଭ୍ରାତ୍ରୋରପି ବାଦିନୋର୍ନସ୍ୟାତ୍ ॥

ଦ୍ୱାତ୍ରିଂଶିକା, ୮/୧

ଅହିଂସାଶୂନ୍ୟ ବାଦବିବାଦ ଉପରେ ଆଚାର୍ଯ୍ୟ ସିଦ୍ଧସେନଙ୍କ ଏହା ହେଉଛି ଏକ ତୀକ୍ଷ୍ଣ ବ୍ୟଙ୍ଗ । ଏହି ବ୍ୟଙ୍ଗର ପୃଷ୍ଠରେ ଏକ ସଶକ୍ତ ସିଦ୍ଧାନ୍ତ ରହିଛି । ଅହିଂସା ଅଥବା ଅଧ୍ୟାତ୍ମର ସିଦ୍ଧାନ୍ତରେ ବିଶ୍ୱାସ ରଖୁଥିବା ଲୋକ ଏହି ଭାଷାରେ ହିଁ ଚିନ୍ତନ କରିଥାଏ ଏବଂ ବ୍ୟବହାର କରିଥାଏ । ତତ୍କାଳୀନ ସମୟର ଚିତ୍ରଣ କରି ସେ ପୁଣି ଲେଖିଲେ - 'ଶ୍ରେୟ ଅନ୍ୟ ଦିଗରେ ସ୍ଥିତ, ଅଥଚ ଆମର ବାଦ-ବିବାଦ-ଧୁରନ୍ଧର ବନ୍ଧୁମାନେ ବିପରୀତ ଦିଗରେ ଗତି କରୁଛନ୍ତି । ବାକ୍‌ଯୁଦ୍ଧକୁ ଶିବ ଉପାୟ ବୋଲି ଜଣେ ହେଲେ ମୁନି କହିନାହାନ୍ତି ।

ଅନ୍ୟତ ଏବ ଶ୍ରେୟାଂସ୍ୟନ୍ୟତ ଏବ ବିଚରନ୍ତି ବାଦିବୃଷାଃ ।
ବାକ୍‌ସଂରମ୍ଭଃ କ୍ୱଚିଦପି, ନ ଜଗାଦ ମୁନିଃ ଶିବୋପାୟମ୍ ॥

-ଦ୍ୱାତ୍ରିଂଶିକା, ୮/୭

ସିଦ୍ଧସେନ, ସମନ୍ତଭଦ୍ର, ଅକଳଙ୍କ ଆଦି ଆଚାର୍ଯ୍ୟଙ୍କ ଦ୍ୱାରା ଅନେକାନ୍ତ ବୀଜ ବିକଶିତ ହେଲା । ହରିଭଦ୍ରସୂରି, ସମାଧିଯୋଗର ବୀଜକୁ ବିକଶିତ କରିଥିଲେ । ମହର୍ଷି ପତଞ୍ଜଳିଙ୍କ ଯୋଗଦର୍ଶନ ଖ୍ୟାତିଲାଭ କରିସାରିଲା ପରେ ପ୍ରତ୍ୟେକ ଦର୍ଶନର ସାଧନା ପଦ୍ଧତି, ଯୋଗ ନାମରେ ପ୍ରସିଦ୍ଧି ଲାଭ କରିଥିଲେ । ଜୈନଧର୍ମରେ ସାଧନା ପଦ୍ଧତିର ନାମ ଦିଆଯାଇଥିଲା ମୋକ୍ଷମାର୍ଗ । ହରିଭଦ୍ରସୂରି ମୋକ୍ଷମାର୍ଗକୁ ଯୋଗ ରୂପରେ ପ୍ରସ୍ତୁତ କରିଥିଲେ । ଏହି ବିଷୟ ଉପରେ ତାଙ୍କର ମହତ୍ତ୍ୱପୂର୍ଣ୍ଣ ଅବଦାନ, ଯୋଗବିଂଶିକା, ଯୋଗଦୃଷ୍ଟିସମୁଚ୍ଚୟ, ଯୋଗବିନ୍ଦୁ, ଯୋଗଶତକ ଆଦି ଗ୍ରନ୍ଥ ରୂପରେ ପରିପ୍ରକାଶ କରିଥିଲା । ଯୋଗର ପରିଭାଷା କରିବାକୁ ଯାଇ ସେ ଲେଖିଲେ - ଧର୍ମର ସମଗ୍ର ପ୍ରବୃତ୍ତି, ମୋକ୍ଷ ସହିତ ଯୁକ୍ତ, ତେଣୁ ତାହା ହେଉଛି ଯୋଗ ।[୧୪]

ଏହି ବାକ୍ୟରେ ମହର୍ଷି ପତଞ୍ଜଳିଙ୍କ 'ଯୋଗଶ୍ଚିତ୍ତବୃତ୍ତି ନିରୋଧଃ' ଏବଂ ଗୀତାର 'ସମତ୍ୱଂ ଯୋଗ ଉଚ୍ୟତେ'

---

[୧୪] ଯୋଗବିଂଶିକା, ୧ : ମୋକ୍‌ଖେଣ ଜୋୟଣାଓ, ଜୋଗୋ ସବ୍‌ବୋବି ଧମ୍ମବାବାରୋ ।

ତଥା 'ଯୋଗଃ କର୍ମସୁ କୌଶଳମ୍' ଆଦି ପରିଭାଷାର ସମନ୍ୱିତ ଖୋଜାଯାଇପାରିବ। ହରିଭଦ୍ରସୂରି ମହାନ୍ ତାର୍କିକ-ପ୍ରତିଭାସମ୍ପନ୍ନ ପୁରୁଷ ଥିଲେ। ତଥାପି ତାଙ୍କ ଦୃଢ଼ମତ ରହିଥିଲା ଯେ ପ୍ରେକ୍ଷାବାନ୍ ମନୁଷ୍ୟ, ତତ୍ତ୍ୱସିଦ୍ଧିସକାଶେ ଅଧ୍ୟାତ୍ମଯୋଗର ଆଶ୍ରୟ ଧାରଣ କରିବା ଉଚିତ। କେବଳ ବାଦଗ୍ରନ୍ଥ ପର୍ଯ୍ୟାପ୍ତ ନୁହେଁ।

ଅତୋଽତ୍ରୈବ ମହାନ୍ୟତ୍ନଃ, ତତ୍ ତତ୍ ତତ୍ତ୍ୱ ପ୍ରସିଦ୍ଧୟେ ।
ପେକ୍ଷାବତା ସଦା କାର୍ଯ୍ୟୋ, ବାଦଗ୍ରନ୍ଥାସ୍ତ୍ୱକାରଣମ୍ ॥

ଯୋଗବିନ୍ଦୁ, ୬୫

ଧ୍ୟାନର ଗଭୀରତା ମଧ୍ୟରେ ପ୍ରବେଶ କରୁଥିବା ଲୋକ ହିଁ ଆତ୍ମାର ଅନୁଭବ କରିବାରେ ସକ୍ଷମ ହୋଇଥାଏ। ସାଧାରଣ ଜନ ମାତ୍ର ଅନୁଗମନ କରିଥାନ୍ତି। ତେବେ ଅନୁଗମନ କରୁଥିବା ଲୋକଙ୍କ ନିଜସ୍ୱ ଅନୁଭବ ନ ଥାଏ ଏବଂ ସେମାନେ ସତ୍ୟର ସାକ୍ଷାତକାର ମଧ୍ୟ କରିପାରନ୍ତି ନାହିଁ। ଆପଣା ଅନୁଭୂତିରୁ ନୁହେଁ, ଅନ୍ୟମାନଙ୍କ ଅନୁଭୂତିକୁ ମାନିନେଇ ଗତି କରିଥାନ୍ତି। ଧର୍ମକ୍ଷେତ୍ରରେ ଏପରି ଲୋକମାନଙ୍କ ବାହୁଲ୍ୟ ଦ୍ୱାରା ଅଧ୍ୟାତ୍ମ-ଜ୍ୟୋତି କେବଳ ବାଦ-ବିବାଦର ପାଉଁଶରେ ଢାଙ୍କିହୋଇପଡ଼େ। ଜୈନ ଆଚାର୍ଯ୍ୟମାନେ ସମନ୍ୱୟର ଧାରା ପ୍ରବାହିତ କରି ଅଧ୍ୟାତ୍ମଜ୍ୟୋତିକୁ ପ୍ରଜ୍ୱଳିତ କରିବାର ମହତ୍ତ୍ୱପୂର୍ଣ୍ଣ ପ୍ରଯତ୍ନ କରିଯାଇଛନ୍ତି। ଅନେକାନ୍ତ ଦୃଷ୍ଟି ଏବଂ ସ୍ୟାଦ୍‌ବାଦର ଭାଷା ଥିଲା ସେମାନଙ୍କ ସମ୍ବଳ। ସେଗୁଡ଼ିକ ସାହାଯ୍ୟରେ ଜନସାଧାରଣଙ୍କୁ ସନ୍ଦେଶ ଦିଆଯାଇଥିଲା ଯେ ସମସ୍ତଙ୍କ ସକାଶେ ଅଧ୍ୟାତ୍ମ ହେଉଛି ଏକ ଓ ଅଭିନ୍ନ। ଯେଉଁ ଭିନ୍ନତା ଦୃଷ୍ଟିଗୋଚର ହେଉଛି ତା'ର କାରଣ ହେଉଛି ନିରୂପଣରେ ତାରତମ୍ୟତା। ନିରୂପଣର ପ୍ରକାର ଅନୁସାରେ ନୟର ସଂଖ୍ୟା ମଧ୍ୟ ନିର୍ଦ୍ଧାରିତ। ନୟ ହେଉଛି ସାପେକ୍ଷ। ଜଣକୁ ଅନ୍ୟଠାରୁ ନିରପେକ୍ଷ ଦୃଷ୍ଟିକୋଣରୁ ଦେଖିଲେ ଉଭୟ ନୟ ମଧ୍ୟରେ ବିରୋଧ ପ୍ରତିଭାଷିତ ହୁଏ। ନୟ ମଧ୍ୟରେ ସମନ୍ୱୟ ସ୍ଥାପନ କରିପାରିଲେ ଉଭୟେ ଉଭୟଙ୍କ ପରିପୂରକ ରୂପରେ ଦଣ୍ଡାୟମାନ ଦେଖାଯାନ୍ତି। ବସ୍ତୁଜଗତରେ ଅସଂଗତି କିଞ୍ଚିତ ମାତ୍ରାରେ ବି ରହିନାହିଁ। ଏକାଙ୍ଗୀ ଦୃଷ୍ଟିକୋଣରୁ ଅସଂଗତି ଉତ୍ପନ୍ନ ହୋଇଥାଏ। ଆଚାର୍ଯ୍ୟ ଅକଳଙ୍କ ଚୈତନ୍ୟ ଓ ଅଚୈତନ୍ୟର ସମନ୍ୱୟ କରିଯାଇଛନ୍ତି। ତାଙ୍କ ମତାନୁସାରେ ଏ ଦୁହିଁଙ୍କ ମଧ୍ୟରେ ଅସାମଞ୍ଜସ୍ୟ ନାହିଁ। ଉଭୟ ଧର୍ମ ଏକସଙ୍ଗରେ ରହିପାରିବେ। ଜ୍ଞାନ ଓ ଦର୍ଶନ ଦୃଷ୍ଟିରୁ ଆତ୍ମା ହେଉଛି ଚେତନ। ପ୍ରମେୟତ୍ୱ ଆଦି ଧର୍ମ ଦୃଷ୍ଟିରୁ ବିଚାର କରିଲେ ଆତ୍ମା ହେଉଛି ଅଚେତନ। କେବଳ ଚୈତନ୍ୟ ଧର୍ମ ଦୃଷ୍ଟିରୁ ଆତ୍ମା ହେଉଛି ଚେତନ। କିନ୍ତୁ ଆତ୍ମା ଏକଧର୍ମା ନୁହେଁ, ତାହା ଅନନ୍ତଧର୍ମା। ଅବଶିଷ୍ଟ ଧର୍ମ ଅଚେତନ ହୋଇଥିବାରୁ ଆତ୍ମା ଚେତନା ଚେତନାତ୍ମକ ଅଟେ।

ପ୍ରମେୟତ୍ୱାଦିଭିର୍ଧର୍ମୈଃ ଅଚିଦାତାତ୍ମା ଚିଦାତ୍ମକଃ ।
ଜ୍ଞାନଦର୍ଶନତସ୍ତସ୍ମାଦ୍, ଚେତନାଚେତନାତ୍ମକଃ ॥

-ସ୍ୱରୂପସଂବୋଧନ, ୩

ସିଦ୍ଧସେନ, ସମନ୍ତଭଦ୍ର, ଅକଳଙ୍କ, ହରିଭଦ୍ରସୂରି, ଦେବନନ୍ଦୀ, ହେମଚନ୍ଦ୍ର, ଯଶୋବିଜୟଜୀ ଆଦି ମନୀଷୀଗଣ ସମସ୍ତ ଦର୍ଶନର ସମ୍ୟକ୍ ବିଶ୍ଳେଷଣ କରି ସେମାନଙ୍କ ମଧ୍ୟରେ ସମନ୍ୱୟ ସ୍ଥାପନପୂର୍ବକ ଅଧ୍ୟାତ୍ମର ଏକ ନିର୍ବିବାଦ ଦୃଷ୍ଟିକୋଣ ପ୍ରସ୍ତୁତ କରିଛନ୍ତି। ସେମାନେ ଜୈନଶାସ୍ତ୍ରମାନଙ୍କରେ ବର୍ଣ୍ଣିତ ବିଷୟଗୁଡ଼ିକର ସାଂଖ୍ୟ, ବୌଦ୍ଧ ଆଦି ଦର୍ଶନ ସହିତ ତୁଳନା କରିଛନ୍ତି ଏବଂ ସାଂଖ୍ୟ, ବୌଦ୍ଧ ଆଦି ଦର୍ଶନରେ ରହିଥିବା ତତ୍ତ୍ୱକୁ ଜୈନଦର୍ଶନ ସହିତ ତୁଳନା କରିଛନ୍ତି। ଆଚାର୍ଯ୍ୟ ସିଦ୍ଧସେନ ଏହି ଦର୍ଶନ ସବୁର ଅନେକାନ୍ତ ଦୃଷ୍ଟିରୁ ତୁଳନାତ୍ମକ ଅଧ୍ୟୟନ କରି ଆପଣା ମତ ପ୍ରକଟ କରିଥିଲେ। ତାଙ୍କ ଅନୁସାରେ ଯେଉଁ ଦର୍ଶନକୁ ମିଥ୍ୟା ବୋଲି କୁହାଯାଉଛି, ଏକାଙ୍ଗୀ ଦୃଷ୍ଟିରୁ ଦେଖିଲେ ସେମାନେ ମିଥ୍ୟା ଅଟନ୍ତି। କିନ୍ତୁ ସାପେକ୍ଷ ଦୃଷ୍ଟିରୁ ଦେଖିଲେ ମିଥ୍ୟା ଜଣାପଡୁଥିବା ସମସ୍ତ ଦର୍ଶନ ସମନ୍ୱିତ ହୋଇ ଏକ ସମ୍ୟକ୍ ଦର୍ଶନର ନିର୍ମାଣ କରିଥାନ୍ତି। ଜୈନଦର୍ଶନ ହେଉଛି ସାପେକ୍ଷବାଦୀ ଦର୍ଶନ। ଏହି ଆଧାରରେ ସେ ଏକ ନୂତନ ପରିଭାଷା ପ୍ରଦାନ କରି କହିଲେ - ମିଥ୍ୟାଦର୍ଶନର ସମୂହ ହେଉଛି ଜୈନ ଦର୍ଶନ। ଏହି ଯୁକ୍ତିକୁ ସାମ୍ନାରେ ଥୋଇ କେତେକ ଆଧୁନିକ ବିଦ୍ୱାନ ଏହି ଧାରଣାକୁ ପ୍ରସାରିତ କରିଥିଲେ ଯେ ଜୈନଦର୍ଶନର ମୌଳିକ ଅବଦାନ କିଛି ନାହିଁ।

ଅନ୍ୟ ଦର୍ଶନମାନଙ୍କଠାରୁ ଋଣ ଆଣି ଏହି ଦର୍ଶନକୁ ପ୍ରତିଷ୍ଠିତ କରାଯାଇଛି। ଜୈନ ଆଚାର୍ଯ୍ୟମାନେ ଅନ୍ୟାନ୍ୟ ଦର୍ଶନର ଉପଯୋଗୀ ତତ୍ତ୍ୱକୁ ସ୍ୱୀକାର କରିଛନ୍ତି - ଏହା ସତ। ତେବେ ଏହାର ଅର୍ଥ ନୁହେଁ ଯେ ଜୈନ ଦର୍ଶନର କୌଣସି ମୌଳିକ ଆଧାର ହିଁ ନାହିଁ। ପ୍ରତିବେଶୀ ଦର୍ଶନଗୁଡ଼ିକ ପରସ୍ପର ବିଚାର ଗ୍ରହଣ କରିବା ନିତାନ୍ତ ସ୍ୱାଭାବିକ। ଅନେକାନ୍ତବାଦୀ ହୋଇଥିବାରୁ ଜୈନ ଆଚାର୍ଯ୍ୟମାନେ ଅନ୍ୟ ଦର୍ଶନମାନଙ୍କୁ ମୁକ୍ତଭାବରେ ଅଙ୍ଗୀକାର କରିପାରିଛନ୍ତି। ଏହାଦ୍ୱାରା ଜୈନଦର୍ଶନର ଆଧାର-ହୀନତା ନୁହେଁ ବରଂ ସମନ୍ୱୟ ଭାବନା ପ୍ରକଟ ହୋଇଥାଏ।

ହରିଭଦ୍ରସୂରି 'ଶାସ୍ତ୍ରବାର୍ତ୍ତାସମୁଚ୍ଚୟ' ଗ୍ରନ୍ଥରେ ପରସ୍ପର ବିରୋଧୀ ପ୍ରତିଭାଷିତ ହେଉଥିବା ଦାର୍ଶନିକ ତତ୍ତ୍ୱ ମଧ୍ୟରେ ଅଦ୍ଭୁତ ସମନ୍ୱୟ ସ୍ଥାପନ କରିଛନ୍ତି। ସମନ୍ୱୟ ଗ୍ରନ୍ଥଗୁଡ଼ିକ ମଧ୍ୟରେ ହରିଭଦ୍ରସୂରିଙ୍କ ଏହି କୃତି ଅଦ୍ୱିତୀୟ ରୂପରେ ପରିଗଣିତ ହୋଇଥାଏ। ତାଙ୍କର ସୁନିଶ୍ଚିତ ସିଦ୍ଧାନ୍ତ ହେଉଛି - ଅଧ୍ୟାତ୍ମଚେତା ମନୀଷୀଙ୍କ ପାଇଁ ନିଜର ବା ପରସିଦ୍ଧାନ୍ତ ବୋଲି କିଛିନାହିଁ। ଯେଉଁ ସିଦ୍ଧାନ୍ତ ପ୍ରତ୍ୟକ୍ଷ ଏବଂ ଅନୁମାନ ଦ୍ୱାରା ବାଧିତ ନୁହେଁ, ତାହା ସେମାନଙ୍କ ନିଜ ସିଦ୍ଧାନ୍ତ ହୋଇଥାଏ। ଏହି ଦୃଷ୍ଟିକୋଣ ହୋଇଛି ଅଧ୍ୟାତ୍ମଜଗତ ସକାଶେ ଏକ ମହତ୍ତ୍ୱପୂର୍ଣ୍ଣ ଉନ୍ମେଷ।

ବ୍ୟବହାରଜଗତ ନାମ ଓ ରୂପ ଦ୍ୱାରା ଆକ୍ରାନ୍ତ। ଅଧ୍ୟାତ୍ମରେ ଗୁଣର ପ୍ରତିଷ୍ଠା ହୋଇଥାଏ। ସୋମନାଥ ମନ୍ଦିରର ଶିବଲିଙ୍ଗ ସମ୍ମୁଖରେ ଆଚାର୍ଯ୍ୟ ହେମଚନ୍ଦ୍ର ଚିନ୍ତନର ମୁକ୍ତଧାରା ପ୍ରବାହିତ କରିଥିଲେ। ଏହାଦ୍ୱାରା ତାଙ୍କର ପ୍ରତିସ୍ପର୍ଦ୍ଧୀମାନେ ମଧ୍ୟ ନତମସ୍ତକ ହୋଇପଡ଼ିଥିଲେ –

ଭବବୀଜାଙ୍କୁର ଜନନା, ରାଗାଦ୍ୟାକ୍ଷୟମୁପାଗତାଯସ୍ୟ।
ବ୍ରହ୍ମା ବା ବିଷ୍ଣୁର୍ବା, ହରୋ ଜିନୋ ବା ନମସ୍ତସ୍ମୈ ॥

ମହାଦେବ ସ୍ତୋତ୍ର

'ଭବ ବୀଜ ଅଙ୍କୁର ସୃଷ୍ଟିକାରୀ ରାଗ ଓ ଦ୍ୱେଷ ଯା'ର କ୍ଷୀଣ ହୋଇସାରିଛି, ତାଙ୍କର ନାମ ବ୍ରହ୍ମା, ବିଷ୍ଣୁ, ମହାଦେବ ବା ଜିନ ଯାହା କିଛି ବି ହୋଇଥାଉ ନା କାହିଁକି, ମୁଁ ସେହି ବୀତରାଗ ଆତ୍ମାଙ୍କୁ ନମସ୍କାର କରୁଛି।'

ବୀତରାଗତା ଓ ଅନେକାନ୍ତ ହେଉଛି ଅଧ୍ୟାତ୍ମର ପ୍ରକାଶସ୍ତମ୍ଭ। ଆତ୍ମାର ଶୁଦ୍ଧରୂପ ହେଲା ବୀତରାଗତା। ବୀତରାଗତାର ଅନୁଭୂତିର କ୍ଷଣ ହିଁ ଆତ୍ମୋପଲବ୍ଧିର କ୍ଷଣ। ଅନେକାନ୍ତ ହେଉଛି ସତ୍ୟର ସାକ୍ଷାତ୍କାରର ସଶକ୍ତ ମାଧ୍ୟମ। ଆଚାର୍ଯ୍ୟ ହେମଚନ୍ଦ୍ର ସମ୍ପୂର୍ଣ୍ଣ ଆତ୍ମବିଶ୍ୱାସ ସହିତ ଉଦାତ୍ତ ଘୋଷଣା କରିଛନ୍ତି –

ଇମାଂ ସମକ୍ଷଂ ପ୍ରତିପକ୍ଷସାକ୍ଷିଣା ମୁଦାରଘୋଷାମବଘୋଷଣାଂ ବ୍ରୁବେ।
ନ ବୀତରାଗାତ୍ ପରମସ୍ତି ଦୈବତଂ, ନ ଚାପ୍ୟନେକାନ୍ତମୃତେ ନୟସ୍ଥିତିଃ ॥

-ଅଯୋଗବ୍ୟବଚ୍ଛେଦ-ଦ୍ୱାତ୍ରିଂଶିକା, ୨୮

'ସମସ୍ତ ପ୍ରତିପକ୍ଷ ମୋର ସାକ୍ଷୀ ଅଟନ୍ତି। ମୁଁ ସେମାନଙ୍କ ସମକ୍ଷରେ ଏହି ଉଦାର ଘୋଷଣା କରୁଛି ଯେ ବୀତରାଗଠାରୁ ବଡ଼ କୌଣସି ଦେବ ନାହାନ୍ତି ଏବଂ ଅନେକାନ୍ତ ବ୍ୟତୀତ କୌଣସି ନୟ ନାହିଁ।'

ଅଧ୍ୟାତ୍ମ କଳ୍ପବୃକ୍ଷର ତିନି ଶାଖା ହେଉଛି – ସମ୍ୟକ୍ ଜ୍ଞାନ, ସମ୍ୟକ୍ ଦର୍ଶନ ଏବଂ ସମ୍ୟକ୍ ଚାରିତ୍ର। ଜ୍ଞାନ ଓ ଦର୍ଶନର ସମନ୍ୱିତ ରୂପ ହିଁ ଏଠାରେ ଦର୍ଶନ ଅଟେ। ଚାରିତ୍ର ହେଉଛି ଧର୍ମ। ଦର୍ଶନ ଓ ଧର୍ମ, ଅଧ୍ୟାତ୍ମ ସହିତ ସଂଲଗ୍ନ ରହିଥିବା ପର୍ଯ୍ୟନ୍ତ ସତ୍ୟକୁ ସମୁଚିତ ଅଭିବ୍ୟକ୍ତି ମିଳିଥାଏ। ସାମ୍ପ୍ରତିକ ଜୀବନରେ ପ୍ରକାଶ-ରଶ୍ମି ବିଚ୍ଛୁରିତ ହୁଏ। ଦର୍ଶନ ଓ ଧର୍ମ ଯେତେବେଳେ ଅଧ୍ୟାତ୍ମଠାରୁ ବିଚ୍ଛିନ୍ନ ହୋଇପଡ଼ନ୍ତି, ସତ୍ୟ ଉପରେ ଆବରଣ ଆସିଯାଏ ଏବଂ ବର୍ତ୍ତମାନ ଅନ୍ଧକାର ଦ୍ୱାରା ପୂରିଉଠେ। ପୌରାଣିକ ଯୁଗରେ ଧର୍ମଧାରଣା ବଦଳିଯାଇଥିଲା। ତା'ର ମୁଖ୍ୟ ରୂପ ପାରଲୌକିକ ହୋଇପଡ଼ିଲା। ବର୍ତ୍ତମାନଠାରୁ ଦୂରେଇଯାଇ ଭବିଷ୍ୟତ ସହିତ ଯୋଡ଼ି ହୋଇଗଲା। ଧର୍ମ ଦ୍ୱାରା ପରଲୋକ ସୁଧୁରିଯାଏ, ସ୍ୱର୍ଗ ଓ ମୋକ୍ଷ ପ୍ରାପ୍ତ ହୁଏ ଆଦି ଧାରଣା ଜନମାନସରେ ବଳବତ୍ତର ହେଲା। ଏହି ଧାରଣା ଦ୍ୱାରା ମନୁଷ୍ୟମାନେ ଧର୍ମର ବାର୍ତ୍ତମାନିକ ଉପଲବ୍ଧିରୁ ବଞ୍ଚିତ ହୋଇ ଭବିଷ୍ୟର ସୁନେଲୀ ସପନ ରାଇଜରେ ବିଚରଣ କରିବାକୁ ଲାଗିଲେ।

ଭଗବାନ ମହାବୀରଙ୍କ ପ୍ରତିପାଦିତ ସିଦ୍ଧାନ୍ତ ହେଉଛି – 'ଧର୍ମ ବର୍ତ୍ତମାନ କାଳରେ ହିଁ ଫଳୀଭୂତ ହୋଇଥାଏ।

ଯେଉଁ କ୍ଷଣରେ ଧର୍ମର ଆଚରଣ କରାଯାଇଥାଏ, ସେହି କ୍ଷଣରେ କର୍ମର ନିରୋଧ ଅଥବା କ୍ଷୟ ଘଟିଥାଏ। ଏହାହିଁ ଧର୍ମର ଫଳ ଅଟେ।' କର୍ମର ନିରୋଧ କିମ୍ବା କ୍ଷୟ ଫଳରେ ମଣିଷର ଚିତ୍ତ ନିର୍ମଳ, ବୃତ୍ତି ଶାନ୍ତ, ଇନ୍ଦ୍ରିୟ ପ୍ରଶାନ୍ତ ଏବଂ ବ୍ୟବହାର ପବିତ୍ର ହୋଇଥାଏ। ତା' ମନରେ ସ୍ୱର୍ଗର ପ୍ରଲୋଭନ କିମ୍ବା ନର୍କର ଭୟ ଜାଗ୍ରତ ହୁଏନାହିଁ। ପୁଣ୍ୟବାଦୀ ଧାରାର ତୀବ୍ର ପ୍ରବାହରେ ଏହି ବ୍ୟାଖ୍ୟା ଅଗମ୍ୟ ହୋଇପଡ଼ିଥିଲା। ସେତେବେଳେ ଉମାସ୍ୱାତି ଏକ ନୂତନ ଚିନ୍ତନ ପ୍ରସ୍ତୁତ କରିଥିଲେ - 'ସ୍ୱର୍ଗସୁଖ ପ୍ରତ୍ୟକ୍ଷ ନୁହେଁ। ତେଣୁ ସେ ବିଷୟରେ ତୁମ ମନରେ ବିଚିକିତ୍ସା ବା ସଂଶୟ ଜାତ ହୋଇପାରେ। ମୋକ୍ଷସୁଖ ସ୍ୱର୍ଗସୁଖଠାରୁ ଅଧିକ ପରୋକ୍ଷ ହୋଇଥିବାରୁ ତା' ସମ୍ବନ୍ଧରେ ତୁମେ ସନ୍ଦିଗ୍ଧ ହୋଇପାର। କିନ୍ତୁ ଧର୍ମଦ୍ୱାରା ପ୍ରାପ୍ତ ଶାନ୍ତି ସୁଖ ହେଉଛି ପ୍ରତ୍ୟକ୍ଷ। ଏହା ପ୍ରାପ୍ତ କରିବାର ସମ୍ପୂର୍ଣ୍ଣ ଅଧିକାର ତୁମର ରହିଛି। ଅର୍ଥବ୍ୟୟ କରି ଏହାକୁ ପାଇହୁଏ ନାହିଁ ବରଂ ଆତ୍ମାନୁଭୂତିର କେନ୍ଦ୍ରରେ ପ୍ରବେଶ କରିବା ଫଳରେ ଏହି ଶାନ୍ତି ସୁଖ ପ୍ରାପ୍ତ ହୋଇଥାଏ।

ସ୍ୱର୍ଗ ସୁଖାନି ପରୋକ୍ଷାଣ୍ୟତ୍ୟନ୍ତ, ପରୋକ୍ଷମେବ ମୋକ୍ଷସୁଖମ୍।
ପ୍ରତ୍ୟକ୍ଷଂ ପ୍ରଶମସୁଖଂ ନ ପରବଶଂ ନ ଚ ବ୍ୟୟପ୍ରାପ୍ତମ୍ ॥

-ପ୍ରଶମରତିପ୍ରକରଣ, ୨୩୭

ତୁମେ କହିଥାଅ - ମୃତ୍ୟୁପରେ ମୋକ୍ଷ ମିଳିଥାଏ, କିନ୍ତୁ ଏହା ସତ୍ୟ ନୁହେଁ। ଯାହା ବର୍ତ୍ତମାନ ଉପଲବ୍ଧ ନୁହେଁ, ମରିଗଲା ପରେ କିପରି ଅବା ମିଳିବ ? ବର୍ତ୍ତମାନ କ୍ଷଣରେ ଯଦି ତୁମେ ମୋକ୍ଷର ଅନୁଭୂତି କରିପାରୁନାହଁ, ତେବେ ମୃତ୍ୟୁପରେ ମୋକ୍ଷପ୍ରାପ୍ତି କଦାପି ସମ୍ଭବ ନୁହେଁ। ଏହି ଜୀବନରେ ଏବଂ ଏହି ସମୟରେ ମୋକ୍ଷ ଘଟିପାରିବ - ଏହା ଆଶ୍ଚର୍ଯ୍ୟଜନକ ଏବଂ ଲୋକମାନଙ୍କ ଧାରଣାର ବିପରୀତ ଅଟେ। ଏ ପ୍ରସଙ୍ଗରେ ଆଚାର୍ଯ୍ୟ ଉମାସ୍ୱାତି କହିଛନ୍ତି - 'ଯେଉଁ ଲୋକ ଜାତି, କୁଳ, ବଳ, ରୂପ, ଐଶ୍ୱର୍ଯ୍ୟ ଏବଂ ଜ୍ଞାନର ମଦକୁ ନିରସ୍ତ କରିଥାଏ, କାମବାସନାକୁ ଜିଣିନିଏ, କାୟିକ, ବାଚିକ ଓ ମାନସିକ ବିକୃତିରୁ ଶୂନ୍ୟହୋଇ ଆକାଂକ୍ଷାରୁ ମୁକ୍ତ ହୋଇପଡ଼େ, ତାହାକୁ ଏହି ଜନ୍ମରେ ଏବଂ ଏହି କ୍ଷଣରେ ମୋକ୍ଷପ୍ରାପ୍ତ ହୋଇଥାଏ।'

ନିର୍ଜିତମଦମଦନାନାଂ, ବାକ୍‌କାୟ ମନୋବିକାର ରହିତାନାମ୍ ।
ବିନିବୃତ୍ତ ପରାଶାନାମିହୈବ ମୋକ୍ଷଃ ସୁବିହିତାନାମ୍ ॥

-ପ୍ରଶମରତିପ୍ରକରଣ, ୨୩୮

ସାମାଜିକ ଜୀବନରେ ଅନୈତିକତାର ପ୍ରବେଶର ମୁଖ୍ୟ କାରଣ ହେଉଛି ଆର୍ଥିକ ପ୍ରଲୋଭନ। ଜନ୍ମ ନେଇଥିବା ଜୀବର ମୃତ୍ୟୁ ସୁନିଶ୍ଚିତ - ଏହା ସମସ୍ତେ ଜାଣନ୍ତି। ମୃତ୍ୟୁ ପରେ କ'ଣ - ଏହି ପ୍ରଶ୍ନ ମଧ୍ୟ ସମସ୍ତଙ୍କୁ ବ୍ୟାକୁଳିତ କରି ରଖିଛି। ପୁନର୍ଜନ୍ମକୁ କିଛି ଲୋକ ଅସ୍ୱୀକାର କରିଥାନ୍ତି, ଅଥଚ ବହୁସଂଖ୍ୟକ ମଣିଷ ପୁନର୍ଜନ୍ମକୁ ସ୍ୱୀକାର କରିଥାନ୍ତି। ପୁନର୍ଜନ୍ମରେ ବିଶ୍ୱାସ କରୁଥିବା ଲୋକମାନେ ବର୍ତ୍ତମାନ ଜୀବନଠାରୁ ଭାବୀ ଜୀବନକୁ ଉତ୍କୃଷ୍ଟ କରିବାର ଅଭିଳାଷ ପୋଷଣ କରନ୍ତି। ଏହି ସକାଶେ ସେମାନେ ଧର୍ମର ଶରଣକୁ ଆସନ୍ତି। ଧର୍ମର ମୌଳିକ ରୂପ ହେଉଛି - ଇନ୍ଦ୍ରିୟ ସଂଯମ, ମନ ଉପରେ ନିୟନ୍ତ୍ରଣ, ସମତାର ଅଭ୍ୟାସ, ବିଶୁଦ୍ଧ ଆଚରଣ ଏବଂ ସଂଚିତ ସଂସ୍କାରଗୁଡ଼ିକୁ କ୍ଷୀଣ କରିବା ପାଇଁ ଜ୍ଞାନଯୁକ୍ତ ତପଃସାଧନା। ଏହି ମାର୍ଗ ଦୁର୍ଗମ ପ୍ରତୀତ ହୁଏ। ଜନସାଧାରଣଙ୍କୁ ସରଳ ମାର୍ଗ ଦରକାର। ଧର୍ମ-ପ୍ରବକ୍ତାମାନେ ଲୋକୈଷଣାର ବଶବର୍ତ୍ତୀ ହୋଇ ଧର୍ମକୁ ସରଳ ପଥରେ ଟାଣିନେବାର ପ୍ରଚେଷ୍ଟା କରିଚାଲିଲେ। ପରିଣାମସ୍ୱରୂପ ଆଚାର-ଧର୍ମ ବା ସଂଯମ-ଧର୍ମ ସ୍ଥାନରେ ଉପାସନା-ଧର୍ମ ପ୍ରତିଷ୍ଠିତ ହେଲା। ଏହା ସରଳ ହୋଇଥିବାରୁ ଜନସାଧାରଣଙ୍କୁ ସହଜରେ ଆକୃଷ୍ଟ କରିପାରିଲା। ଭଗବାନଙ୍କ ଉକ୍ତି, ନାମଜପ ଏବଂ ପୂଜା କରିବା ଦ୍ୱାରା ପାରଲୌକିକ ଜୀବନର ଉତ୍କର୍ଷର ଆଶ୍ୱାସନା ପ୍ରଦାନ କରି ଆଚାର-ଶୁଦ୍ଧି, ବ୍ୟବହାର-ଶୁଦ୍ଧି ତଥା ଇନ୍ଦ୍ରିୟ-ସଂଯମ ପାଇଁ ଆବଶ୍ୟକ ତୀବ୍ର ଅଧ୍ୟବସାୟ ଓ ପୁରୁଷାର୍ଥର ପ୍ରୟୋଜନ ଜମା ନାହିଁ ବୋଲି ଧାରଣା ସୃଷ୍ଟି ହେଲା। ଧର୍ମର ଏହି ଧାରଣା ଦ୍ୱାରା ଧାର୍ମିକ ସଂଖ୍ୟା ବୃଦ୍ଧି ପାଇଲା କିନ୍ତୁ ଧର୍ମଚେତନା ସୀମିତ ହୋଇପଡ଼ିଲା। ଆଜିକାଲି ଏକ ପ୍ରଶ୍ନ ଉଠିଥାଏ ଯେ

ଏତେଗୁଡ଼ିଏ ଧର୍ମ ଥିବା ସତ୍ତ୍ୱେ ଓ ପୂଜାପାଠ ହେଉଥିବା ସତ୍ତ୍ୱେ ମଣିଷ ଏତେ ଅଶାନ୍ତ କ'ଣ ପାଇଁ? ମଣିଷ ଏତେ କ୍ରୂର ଓ ଏତେ ପରିମାଣରେ ଅନୈତିକ ହେବା ପଛରେ କାରଣ କ'ଣ? ଉପାସନାସର୍ବସ୍ୱ ଧର୍ମ ପାଖରେ ଏହି ଶାଶ୍ୱତ ପ୍ରଶ୍ନର ଉତ୍ତର ନାହିଁ। ସଂଯମ-ପ୍ରଧାନ ଧର୍ମ ଏହି ପ୍ରଶ୍ନସମୂହର ସମୁଚିତ ସମାଧାନ ଦେଇପାରନ୍ତା କିନ୍ତୁ ତାହା ବର୍ତ୍ତମାନ ଧର୍ମ ସିଂହାସନରେ ଆସୀନ ନୁହେଁ। ଆଚାର୍ଯ୍ୟ ହେମଚନ୍ଦ୍ର ଧର୍ମର ଏହି ସ୍ଥିତିର ବିଶ୍ଳେଷଣ କରି ଆପଣା ଅନୁଭବ ପ୍ଲୁତ ଭାଷାରେ ବର୍ଣ୍ଣନା କରିଛନ୍ତି - ବୀତରାଗ ! ତୁମର ପୂଜା କରିବା ଅପେକ୍ଷା ତୁମର ଆଦେଶ ପାଳନ କରିବା ହେଉଛି ଅଧିକ ମହତ୍ତ୍ୱପୂର୍ଣ୍ଣ। ତୁମର ଆଦେଶ ପାଳନ କରିବା ଦ୍ୱାରା ମଣିଷ ସତ୍ୟକୁ ପ୍ରାପ୍ତ କରିଥାଏ ଏବଂ ଆଦେଶ ପାଳନ ନ କରିପାରି ଇତସ୍ତତଃ ଘୂରି ବୁଲୁଥାଏ। ପ୍ରଶ୍ନ ଉପସ୍ଥିତ ହେଲା – ବୀତରାଗଙ୍କ ଆଦେଶ କାହାକୁ କୁହାଯିବ? ଆଚାର୍ଯ୍ୟ ଉତ୍ତର ଦେଲେ – 'ବୀତରାଗଙ୍କ ଆଦେଶ ହେଉଛି ସଂବର-ମନର ସଂବରଣ, ବାଣୀର ସଂବରଣ, କାୟାର ସଂବରଣ ଓ ଶ୍ୱାସର ସଂବରଣ।

ବୀତରାଗ ! ସପର୍ଯ୍ୟାସ୍ତେବାଜ୍ଞାପାଳନଂ ପରମ୍ ।
ଆଜ୍ଞାରାଦ୍ଧା ବିରାଦ୍ଧା ଚ, ଶିବାୟ ଚ ଭବାୟ ଚ ॥
ଆକାଳମିୟମାଜ୍ଞାତେ, ହେୟୋପାଦେୟ ଗୋଚରା,
ଆଶ୍ରବଃ ସର୍ବଥା ହେୟ, ଉପାଦେୟଶ୍ଚ ସଂବରଃ ॥

-ବୀତରାଗସ୍ତବ, ୧୯/୪,୫

ଧର୍ମର ଏହି ଧାରା ପ୍ରବାହରେ ଧାର୍ମିକମାନଙ୍କ ସଂଖ୍ୟା ସୀମିତ ହୋଇପଡ଼ିଛି। କିନ୍ତୁ ଏହାଦ୍ୱାରା ଧର୍ମଚେତନା ନିଶ୍ଚିତ ଭାବରେ ବ୍ୟାପକ ହୋଇଥାଏ। ଏହି ପ୍ରକ୍ରିୟା, ଧର୍ମକୁ ଅଧ୍ୟାତ୍ମ-କଳ୍ପବୃକ୍ଷରୁ ବିଚ୍ଛିନ୍ନ ହେବାକୁ ଦେବନାହିଁ, ବରଂ ତା' ସାମ୍ନାରେ ଉପସ୍ଥିତ ପ୍ରଶ୍ନର ସକ୍ରିୟ ସମାଧାନ ଦେଇପାରିବ।

ଧର୍ମର ସୂତ୍ର

ଆତ୍ମା ଦ୍ୱାରା ଆତ୍ମାକୁ ଦେଖ - ଏହା ହେଉଛି ଧର୍ମର ସୂତ୍ର। ରାଜନୀତିର ସୂତ୍ର ଏହାଠାରୁ ଭିନ୍ନ। ତା'ର ସୂତ୍ର ହେଉଛି - ଅନ୍ୟକୁ ଦେଖ। ଯେଉଁ ଲୋକ ଆତ୍ମାକୁ ଦେଖିଥାଏ, ଆତ୍ମାର ସ୍ୱର ଶୁଣିଥାଏ ଏବଂ ଆତ୍ମାର ଭାଷା କହିଥାଏ, ସେ ହେଲା ଧାର୍ମିକ। ଏହି କାରଣରୁ ଉମାସ୍ୱାତି ପ୍ରକୃତ ଧାର୍ମିକମାନଙ୍କୁ ଅନ୍ୟମାନଙ୍କ ଦୃଷ୍ଟିରେ ଅନ୍ଧ, ମୂକ, ବଧିର ବୋଲି ବର୍ଣ୍ଣନା କରିଛନ୍ତି।

ସ୍ୱଗୁଣାଭ୍ୟାସରତମତେ ପରବୃତ୍ତାନ୍ତାନ୍ଧମୂକବଧିରସ୍ୟ ।
ମଦମଦନମୋହମତ୍ସର ରୋଷ ବିଷାଦୈର ଧୃଷ୍ୟସ୍ୟ ॥

-ପ୍ରଶମରତିପ୍ରକରଣ, ୨୩୫

ଉପାଧ୍ୟାୟ ଯଶୋବିଜୟଜୀ ଏହି ଚିନ୍ତନକୁ ବଡ଼ ମାର୍ମିକ ଢଙ୍ଗରେ ବିକଶିତ କରିଛନ୍ତି। ସେ ଲେଖିଯାଇଛନ୍ତି – ଯେଉଁ ଲୋକ ନିଜ ଆତ୍ମା ସମ୍ବନ୍ଧରେ ଜାଗ୍ରତ ଏବଂ ପର-ପ୍ରବୃତ୍ତିରେ ଅନ୍ଧ, ମୂକ, ବଧିର ହୋଇଥାଏ, ସେ ହିଁ ସମତ୍ୱକୁ ପ୍ରାପ୍ତ କରିଥାଏ।

ଆତ୍ମ ପ୍ରବୃତ୍ତାବତିଜାଗରୂକଃ, ପରପ୍ରବୃତ୍ତୌ ବଧିରାନ୍ଧମୂକଃ ।
ସଦାଚିଦାନନ୍ଦପଭୋଗୀ, ଲୋକୋତ୍ତରଂ ସାମ୍ୟମୁପୈତି ଯୋଗୀ ॥

-ଅଧ୍ୟାତ୍ମୋପନିଷଦ, ୪/୨

ଗାନ୍ଧିଜୀଙ୍କ ତିନି ମାଙ୍କଡ଼ର ସିଦ୍ଧାନ୍ତକୁ ଏହି ପ୍ରାଚୀନ ଉକ୍ତିମାନଙ୍କଠାରୁ ଖୋଜାଯାଇପାରିବ।

ସମତା ଅନୁଭୂତିର ଉତ୍ସ ହେଉଛି ଆତ୍ମ-ଦର୍ଶନ। ଆତ୍ମ-ଦର୍ଶୀଠାରେ ତା'ର ଆଚରଣ ପ୍ରସ୍ଫୁଟିତ ହୋଇଥାଏ।

ଆଚାର୍ଯ୍ୟ ସୋମଦେବଙ୍କ ମତରେ ସମତା ହେଉଛି ସମସ୍ତ ଆଚରଣ ମଧ୍ୟରେ ଶ୍ରେଷ୍ଠ। 'ସର୍ବସତ୍ତ୍ୱେଷୁ ହି ସମତା ସର୍ବାଚରଣାନାଂ ପରମମାଚରଣମ୍' (ନୀତିବାକ୍ୟାମୃତ, ୧/୫) ସେ ରାଜନୈତିକ ଓ ସାମାଜିକ ଜୀବନରେ ମଧ୍ୟ ସମତା-ଆଚରଣ-ପ୍ରତିଷ୍ଠା କରିବାର କଥା କହିଛନ୍ତି। ତେବେ ଏହା ବ୍ୟାବହାରିକ ରୂପ ନେବାରେ ବିଫଳ ହୋଇଥିଲା।

ଧର୍ମ, ସମ୍ପ୍ରଦାୟ ମଧ୍ୟରେ ବିଭକ୍ତ ହୋଇସାରିଥିଲା। ତେଣୁ ସାମାଜିକ ସ୍ତରରେ ଘଟୁଥିବା ବିକାଶ ସାମ୍ପ୍ରଦାୟିକ ସ୍ତରରେ ସମ୍ଭବ ହେଲାନାହିଁ। ପ୍ରତ୍ୟେକ ସମ୍ପ୍ରଦାୟ ସ୍ୱ-ସମ୍ମତ ବିଧିକୁ ସମାଜ ଉପରେ ଥୋପିବାକୁ ବ୍ୟଗ୍ର ହୋଇପଡୁଥାନ୍ତି। ଶୈବ ସମ୍ପ୍ରଦାୟର ଉତ୍କର୍ଷ କାଳରେ ଜୈନ ଓ ବୌଦ୍ଧ ଧର୍ମାବଲମ୍ବୀମାନଙ୍କୁ ଶୈବ ପଦ୍ଧତି ସ୍ୱୀକାର କରିବାକୁ ବାଧ୍ୟ କରାଯାଇଥିଲା। ବୌଦ୍ଧମାନେ ଏହି ସ୍ଥିତିକୁ ଅମାନ୍ୟ କରିଦେଲେ। ଜୈନମାନେ ବି ବଡ଼ ସଂଖ୍ୟାରେ ଏହାକୁ ଅସ୍ୱୀକାର କରିଥିଲେ। ତେବେ କେତେକ ଜୈନ ମୁନି ମଧ୍ୟମ ମାର୍ଗ ପକ୍ଷରେ ରହିଥିଲେ। ସେମାନେ ସମଝୋତାବାଦୀ ମନୋବୃତ୍ତିର ପରିଚୟ ଦେଇ ଏକ ନୂତନ ଚିନ୍ତନ ପ୍ରସ୍ତୁତ କଲେ। ସେହି ଚିନ୍ତନ ପଛରେ ତିନୋଟି ଦୃଷ୍ଟି ପରିଲକ୍ଷିତ ହେଉଥିଲା -

୧. ସମନ୍ୱୟ ମନୋବୃତ୍ତି।

୨. ସାମାଜିକ ମୂଲ୍ୟଗୁଡ଼ିକର ପରିବର୍ତ୍ତନଶୀଳତାର ସିଦ୍ଧାନ୍ତ।

୩. ଶୈବଙ୍କ କ୍ରମବର୍ଦ୍ଧିଷ୍ଣୁ ପ୍ରଭାବ ସ୍ଥିତିରେ ଜୈନ ପରମ୍ପରାକୁ ଜୀବିତ ରଖିବା।

ଜୈନଧର୍ମରେ ଦୀକ୍ଷିତ ବ୍ୟକ୍ତିଙ୍କୁ ସମନ୍ୱୟ ସଂସ୍କାର ସ୍ୱାଭାବିକ ଭାବରେ ମିଳିଥାଏ। ସମନ୍ୱୟବାଦୀ ବିରୋଧ ମଧ୍ୟରେ ଅବିରୋଧକୁ ଖୋଜିପାରିଥାଏ। ଅନେକାନ୍ତ ଅନୁସାରେ ସର୍ବଥା ବିରୋଧ ହୁଏନାହିଁ। ତେଣୁ ବିରୋଧ ମଧ୍ୟରେ ଅବିରୋଧର ସ୍ରୋତ ସମାହିତ ରହିଥାଏ।

ଭଗବାନ ମହାବୀର ଜୀବନର ଶାଶ୍ୱତ ମୂଲ୍ୟର ବ୍ୟାଖ୍ୟା କରିଛନ୍ତି। ସେ ସାମାଜିକ ମୂଲ୍ୟବୋଧକୁ ପରିବର୍ତ୍ତନଶୀଳ ବୋଲି ସ୍ପଷ୍ଟ ଘୋଷଣା କରିଯାଇଛନ୍ତି। ଏହି କାରଣରୁ ଜୈନଧର୍ମରେ ସାମାଜିକ ବ୍ୟବସ୍ଥାର କୌଣସି ବିଧାନ ନାହିଁ। ସାମାଜିକ ବ୍ୟବସ୍ଥା ଭିନ୍ନ-ଭିନ୍ନ ହୋଇଥାଏ। ଯେକୌଣସି ସମାଜବ୍ୟବସ୍ଥାକୁ ସମ୍ମାନ ଦେଉଥିବା ବ୍ୟକ୍ତି ଧର୍ମକୁ ସ୍ୱୀକାର କରିଥାଏ। ଏଭଳି ସ୍ଥିତିରେ ସମାଜ-ବ୍ୟବସ୍ଥା ଓ ଧର୍ମକୁ ଏକସୂତ୍ରରେ ଗୁନ୍ଥି ହେବନାହିଁ। କିଛି ସମ୍ପ୍ରଦାୟ, ଧର୍ମକୁ ଜାତିର ରୂପ ଦେଇଚାଲିଲେ। ଏହା ସଂଗଠନ ସକାଶେ ଉପଯୋଗୀ ହୋଇପାରେ, କିନ୍ତୁ ଧର୍ମକ୍ଷେତ୍ରରେ ଏହାକୁ କଦାପି ଆଦର୍ଶ କୁହାଯାଇପାରିବ ନାହିଁ। ଯେଉଁ ଧର୍ମ ଜାତି ରୂପରେ ସଂଗଠିତ, ସେଠାରେ ସାମ୍ପ୍ରଦାୟିକତା, ଉଗ୍ରତା ଏବଂ କଦାଗ୍ରହ ଅଧିକ ରହିଥାଏ। ବିଶୁଦ୍ଧ ଧର୍ମର ପରିମାଣ ହ୍ରାସପାଏ। ଧର୍ମ ହେଉଛି ଆତ୍ମାର ପବିତ୍ର ଅନୁଭୂତି। ତାହାକୁ ବ୍ୟବସ୍ଥାର ରୂପରେଖ ଦେଇ ବିକଶିତ କରାଯାଇପାରିବ ନାହିଁ।

ସୋମଦେବସୂରି ସମନ୍ୱୟାତ୍ମକ ଭାଷାରେ କହିଥିଲେ –

ଦ୍ୱୌହି ଧର୍ମୌ ଗୃହସ୍ଥାନାଂ, ଲୌକିକଃ ପାରଲୌକିକଃ।
ଲୋକାଶ୍ରୟୋ ଭବେଦାଦ୍ୟ, ପରଃ ସ୍ୟାଦାଗମା ଶ୍ରୟଃ॥

-ଯଶସ୍ତିଲକ ୮/୧୮, ପୃ.୩୭୮

ଭାବାର୍ଥ ହେଉଛି - 'ଗୃହସ୍ଥମାନଙ୍କ ଦୁଇଟି ଧର୍ମ। ତାହାହେଲା-ଲୌକିକ ଓ ପାରଲୌକିକ। ଲୌକିକ ଧର୍ମ ଲୋକାଶ୍ରିତ ତଥା ପାରଲୌକିକ ଧର୍ମ ଆଗମ ଆଶ୍ରିତ ହୋଇଥାଏ। ଜୈନମାନଙ୍କ ସକାଶେ ଏହା ସମଗ୍ର ଲୌକିକ ବ୍ୟବସ୍ଥାର ପ୍ରମାଣ ଅଟେ। ଏହାକୁ ସ୍ୱୀକାର କରିନେଲେ ସମ୍ୟକତ୍ୱର ହାନି ଓ ବ୍ରତ ଦୂଷିତ ହେବନାହିଁ।

ସର୍ବ ଏବ ହି ଜୈନାନାଂ, ପ୍ରମାଣଂ ଲୌକିକୋ ବିଧିଃ।
ଯତ୍ର ସମ୍ୟକତ୍ୱହାନିର୍ନ, ଯତ୍ର ନ ବ୍ରତ ଦୂଷଣମ୍॥

-ଯଶସ୍ତିଲକ ୮/୨୨, ପୃ.୩୭୯

ଏହି ସମନ୍ୱୟଧାରାର ଦୁଇଟି ପରିଣାମ ଦେଖାଗଲା - ୧. ସାମାଜିକ ସାମଞ୍ଜସ୍ୟ ଏବଂ ୨. ସୈଦ୍ଧାନ୍ତିକ ଶିଥିଳତା।

ଶୈବ-ସମ୍ମତ ସମାଜବ୍ୟବସ୍ଥାକୁ ସ୍ୱୀକାର କରିବା ଫଳରେ ସାମାଜିକ ଏକତାର ଅନୁଭୂତି ହେଲା। ସେହି ସ୍ଥିତିରେ ଜୈନମାନଙ୍କ ଉପରେ କରାଯାଉଥିବା ପ୍ରହାର କିଛି ପରିମାଣରେ ମନ୍ଦ ହେଲା। ନିଜ ପରମ୍ପରାକୁ ବ୍ୟବସ୍ଥିତ ରଖିବାର ସୁଯୋଗ ମିଳିଲା। କିନ୍ତୁ ଏହାର ମୂଲ୍ୟ ମଧ୍ୟ ଦେବାକୁ ହେଲା। ଜୈନ ମୁନିମାନେ ସେତେବେଳ ପର୍ଯ୍ୟନ୍ତ ଜାତିବାଦ ଉପରେ ନିର୍ମମ ପ୍ରହାର କରିଚାଲିଥିଲେ। କିନ୍ତୁ ବୈଦିକ ସମାଜ ବ୍ୟବସ୍ଥା ସହିତ ନିଜକୁ ଜଡ଼ିତ କରିବା ଫଳରେ ବର୍ଣ୍ଣ-ବ୍ୟବସ୍ଥା ଓ ଜାତି-ବ୍ୟବସ୍ଥାକୁ ଧୀରେ ଧୀରେ ମାନ୍ୟତା ପ୍ରଦାନ କରିବାକୁ ବିବଶ ହେଲେ। ଜୈନ ପରମ୍ପରାର ହାତରୁ ଏକ ମହାନ୍ କ୍ରାନ୍ତିସୂତ୍ର ଖସିଗଲା। ଗତକାଲି ପର୍ଯ୍ୟନ୍ତ ଯାହାର ଖଣ୍ଡନ କରୁଥିଲେ, ଆଜି ତା'ର ସମର୍ଥନ କରିବା ଆରମ୍ଭ କରିଦେଲେ।

ସାଧନ-ଶୁଦ୍ଧି

ଆଧ୍ୟାତ୍ମିକ ଜଗତର ସାଧ୍ୟ ଓ ସାଧନ ଉଭୟ ହେଉଛି - ଆତ୍ମାର ପବିତ୍ରତା। ଆତ୍ମାର ଅପବିତ୍ରତା କଦାପି ଆତ୍ମିକ ପବିତ୍ରତାର ସାଧନ ହୋଇପାରିବ ନାହିଁ। ପୂର୍ବବର୍ତ୍ତୀ କ୍ଷଣରେ ଯାହା ସାଧନ ରୂପରେ ଥାଏ, ପରବର୍ତ୍ତୀ କ୍ଷଣରେ ତାହା ସାଧ୍ୟରେ ପରିଣତ ହୁଏ ଏବଂ ତା'ପର ଚରଣର ତାହା ସାଧନରେ ରୂପାନ୍ତରିତ ହୁଏ। ପ୍ରଥମେ ଯାହା ସାଧ୍ୟ ରୂପରେ ଥାଏ, ପରବର୍ତ୍ତୀ କ୍ଷଣ ପାଇଁ ତାହାହିଁ ସାଧନ। ପବିତ୍ରତା ହିଁ ସାଧ୍ୟ ଏବଂ ପବିତ୍ରତା ହିଁ ସାଧନ।

ଆଚାର୍ଯ୍ୟ ଭିକ୍ଷୁ ସାଧ୍ୟ ଓ ସାଧନର ଏକତାର ବିଚାରକୁ ଏକ ସୈଦ୍ଧାନ୍ତିକ ରୂପ ପ୍ରଦାନ କରିଯାଇଛନ୍ତି। ତାଙ୍କ ପୂର୍ବରୁ ସେଭଳି ସିଦ୍ଧାନ୍ତ ଦେଖିବାକୁ ମିଳେନାହିଁ। ଶୁଦ୍ଧ ସାଧ୍ୟ ସକାଶେ ସାଧନ ମଧ୍ୟ ଶୁଦ୍ଧ ହେବା ଦରକାର - ଏହି ବିଚାରକୁ ଆଚାର୍ଯ୍ୟ ଭିକ୍ଷୁ ଯେଉଁ ଭାଷାରେ ଅଭିବ୍ୟକ୍ତ କରିଥିଲେ, ଏହାପୂର୍ବରୁ କେହି କରିନାହାନ୍ତି। ସାଧ୍ୟ ଓ ସାଧନ-ଶୁଦ୍ଧିର ସିଦ୍ଧାନ୍ତ ଏବେ ରାଜନୈତିକ ପରିଚର୍ଚ୍ଚା ମଧ୍ୟକୁ ଓହ୍ଲାଇ ଆସିଛି।

ଦୁଇଶହ ବର୍ଷ ପୂର୍ବେ ଆଚାର୍ଯ୍ୟ ଭିକ୍ଷୁ କହିଥିଲେ – ଶୁଦ୍ଧ ସାଧ୍ୟର ସାଧନ ଅଶୁଦ୍ଧ ହୋଇ ନ ପାରେ ତଥା ଶୁଦ୍ଧ ସାଧନର ସାଧ୍ୟ ବି କଦାପି ଅଶୁଦ୍ଧ ହୋଇପାରିବ ନାହିଁ। ମୋକ୍ଷ ହେଉଛି ସାଧ୍ୟ ଏବଂ ତା'ର ସାଧନ ହେଉଛି-ସଂଯମ। ସଂଯମର ଆଚରଣ ଦ୍ୱାରା ମୋକ୍ଷପ୍ରାପ୍ତ ହୋଇଥାଏ। ମୋଦକ ମିଳିବା ଆଶାରେ ଯେ ତପସ୍ୟା କରେ ସେ ଧାର୍ମିକ ନୁହେଁ। ଏହି ଉଦ୍ଦେଶ୍ୟରେ ତପସ୍ୟା କରୁଥିବା ଲୋକଙ୍କୁ ଲଡ୍‌ଡୁ ଖାଇବାକୁ ଦେଉଥିବା ଲୋକ ମଧ୍ୟ ପ୍ରକୃତରେ ଧର୍ମୀ ନୁହେଁ।

ଦୂଷିତ ସାଧନ, ସାଧ୍ୟର ଅନ୍ତ କରିଥାନ୍ତି - ଏହାକୁ ଆଚାର୍ଯ୍ୟ ଭିକ୍ଷୁ ଉଦାହରଣ ମାଧ୍ୟମରେ ପ୍ରସ୍ତୁତ କରିଛନ୍ତି। ଦେବ, ଗୁରୁ ଓ ଧର୍ମର ଉପାସନା ହେଉଛି ଜଣେ ଧାର୍ମିକର ସାଧ୍ୟ। ଉପାସନାର ସାଧନ ହେଲା ଅହିଂସା। କିନ୍ତୁ ହିଂସାର ସହାୟତା ନେଇ ଉପାସନାରତ ମଣିଷ, ପ୍ରକୃତ ଉପାସନା ମାର୍ଗରୁ ସ୍ଖଳିତ ହୋଇପଡ଼େ। ହିଂସା ସାହାଯ୍ୟରେ ଧର୍ମର ଆଚରଣ ହେଉଛି ମିଥ୍ୟାଦୃଷ୍ଟି। ସମ୍ୟକ୍‌ଦୃଷ୍ଟି ଧର୍ମ ପାଇଁ କେବେ ବି ହିଂସା କରେନାହିଁ।

ରକ୍ତରଞ୍ଜିତ ପୀତାମ୍ବରକୁ ଲହୁ ଦ୍ୱାରା ସଫା କରାଯାଇପାରିବ ନାହିଁ। ସେହିଭଳି ହିଂସା ଦ୍ୱାରା ହିଂସାର ଶୋଧନ କରାଯାଇନପାରେ।

ଆଜିକାଲି ରାଜନୀତିରେ ଦୁଇପ୍ରକାର ବିଚାରଧାରା ଦେଖିବାକୁ ମିଳୁଛି - ସାମ୍ୟବାଦୀ ଓ ଇତର ସାମ୍ୟବାଦୀ। ଜନସାଧାରଣଙ୍କ ଜୀବନସ୍ତରକୁ ଉନ୍ନତ କରିବା ହେଉଛି ଉଭୟ ବିଚାରଧାରାର ଉଦ୍ଦେଶ୍ୟ। ତେବେ ଦୁହିଁଙ୍କ ପଦ୍ଧତିରେ ଯଥେଷ୍ଟ ଭିନ୍ନତା ରହିଛି।

ସାମ୍ୟବାଦୀ ବିଚାରଧାରା ଅନୁସାରେ ଲକ୍ଷ୍ୟପ୍ରାପ୍ତି ସକାଶେ ସାଧନଶୁଦ୍ଧି ବିଚାର ଆବଶ୍ୟକ ନୁହେଁ। ଉଦ୍ଦେଶ୍ୟ ଯଦି ମହତ୍ ତେବେ ତା'ର ସଂପୂର୍ତ୍ତି କରିବା ପାଇଁ ଭଲ ବା ମନ୍ଦ ଯେକୌଣସି ସାଧନର ବି ପ୍ରୟୋଗ କରାଯାଇପାରିବ। ଆରମ୍ଭରେ ସାମାନ୍ୟ ଅନିଷ୍ଟ ହୋଇପାରେ, କିନ୍ତୁ ଅନ୍ତତୋଗତ୍ୱା ଇଷ୍ଟ ହିଁ ହୋଇଥାଏ। ଅନ୍ୟପକ୍ଷରେ ଗାନ୍ଧୀବାଦ କହୁଛି

ଯେ ଲକ୍ଷ୍ୟର ମହତ୍ତ୍ୱ ଯେତେ, ସାଧନର ମହତ୍ତ୍ୱ ତା'ଠାରୁ କମ୍ ନୁହେଁ। ଯେନ-ତେନ-ପ୍ରକାରେଣ ଲକ୍ଷ୍ୟପ୍ରାପ୍ତିର ପ୍ରୟାସ ନ କରି ସମୁଚିତ ସାଧନ ମାଧ୍ୟମରେ ତାହା କରାଯିବା ଉଚିତ।

ଆଚାର୍ଯ୍ୟଭିକ୍ଷୁଙ୍କ ସମୟରେ ମଧ୍ୟ ସାଧନ-ଶୁଦ୍ଧି-ବିଚାରକୁ ସେତେ ମହତ୍ତ୍ୱ ମିଳୁନଥିଲା। ତାଙ୍କର ଅନୁଯାୟୀ କହୁଥିଲେ-ଧର୍ମ ପାଇଁ ଆବଶ୍ୟକ ହେଲେ ହିଂସାର ଅବଲମ୍ବନ ନିଆଯାଇପାରିବ। ଅଳ୍ପ ପରିମାଣରେ ହିଂସା ହେବ, କିନ୍ତୁ ଆଗକୁ ଧର୍ମ ବିସ୍ତାରଲାଭ କରିବ।

ଆଚାର୍ଯ୍ୟଭିକ୍ଷୁ, ଏହି ମତକୁ ଦୃଢ଼ତାର ସହିତ ପ୍ରତ୍ୟାଖ୍ୟାନ କରିଥିଲେ। ସେ ଘୋଷଣା କଲେ - ପରବର୍ତ୍ତୀ ସମୟରେ ଧର୍ମ ଅଥବା ପାପ ହେବ ବୋଲି ବର୍ତ୍ତମାନ ଭଲ କିମ୍ବା ମନ୍ଦ ହୁଏନାହିଁ। ବର୍ତ୍ତମାନ ହିଁ କାର୍ଯ୍ୟର ପ୍ରୟୋଗଶାଳା ଅଟେ।

ଯା'ର ମନରେ ଦୟାଭାବ ଜାଗ୍ରତ ହେଲା, ତା'ସକାଶେ ଦୟାର ସାଧନ ହେଉଛି ଉପଦେଶ ତଥା ମନରେ ଦୟାଭାବ ସୃଷ୍ଟି କରିବାକୁ ହେଲେ ସେହି କ୍ଷେତ୍ରରେ ସାଧନ ହେବ - ହୃଦୟ ପରିବର୍ତ୍ତନ। ଆତ୍ମ-ବାଦୀର ସାଧ୍ୟ ହେଉଛି ମୋକ୍ଷ ଅର୍ଥାତ୍ ଆତ୍ମାର ସର୍ବାଙ୍ଗୀନ ବିକାଶ। ମୋକ୍ଷର ତିନୋଟି ସଶକ୍ତ ସାଧନ ରହିଛି। ଯଥା-ସମ୍ୟକ୍ ଦର୍ଶନ, ସମ୍ୟକ୍ ଜ୍ଞାନ ଓ ସମ୍ୟକ୍ ଚରିତ୍ର। ଅଜ୍ଞାନୀକୁ ଜ୍ଞାନୀ, ମିଥ୍ୟାଦୃଷ୍ଟିକୁ ସମ୍ୟକ୍ ଦୃଷ୍ଟି ତଥା ଅସଂଯମୀକୁ ସଂଯମୀରେ ରୂପାନ୍ତରଣ କରିବା ମହତ ସାଧ୍ୟର ଅନୁକୂଳ ଅଟେ।

ଏହାହିଁ ସାଧ୍ୟ ଓ ସାଧନର ସଂଗତି। ସାଧ୍ୟ କିମ୍ବା ସାଧନ ମଧ୍ୟରୁ ଗୋଟିଏ ବି ଅନାତ୍ମିକ ହେଲେ ଏମାନଙ୍କ ମଧ୍ୟରେ ବିସଂଗତି ଉତ୍ପନ୍ନ ହେବା ସ୍ୱାଭାବିକ।

ହୃଦୟ-ପରିବର୍ତ୍ତନ

ମନୁଷ୍ୟର ପ୍ରବୃତ୍ତିର ତିନୋଟି ନିମିତ୍ତ ହେଉଛି - ଶକ୍ତି, ପ୍ରଭାବ ଓ ସହଜବୃତ୍ତି। ସତ୍ତାରୁ ଶକ୍ତି, ସମ୍ବନ୍ଧରୁ ପ୍ରଭାବ ତଥା ହୃଦୟ-ପରିବର୍ତ୍ତନରୁ ସହଜ ବୃତ୍ତି ଉଦିତ ହୁଏ। ଶକ୍ତି ହେଉଛି ରାଜ୍ୟ-ସଂସ୍ଥାର ଆଧାର। ପ୍ରଭାବ ହେଲା ସମାଜସଂସ୍ଥା ବା ଭୌତିକ ଜୀବନର ଆଧାର। ସହଜବୃତ୍ତି ଅନ୍ତଃକରଣର ପବିତ୍ରତାର ଆଧାର ସାଜିଥାଏ। ଶକ୍ତିର ପ୍ରେରଣାରେ ମଣିଷ କର୍ମ କରିଥାଏ। ପ୍ରଭାବ-ପ୍ରେରିତ ହୋଇ ଚିନ୍ତନ କରିଥାଏ କ'ଣ ଏହି କାମ କରାଯିବା ଉଚିତ ହେବ? ସହଜବୃତ୍ତିର ସମର୍ଥନ ପାଇ ମଣିଷ ଚିନ୍ତନ କରିଥାଏ ଯେ ଏହି କାର୍ଯ୍ୟ ସମ୍ପାଦନ କରିବା ହିଁ ମୋର ଧର୍ମ। ସମସ୍ତେ ଅହିଂସକ ବା ମୋକ୍ଷାର୍ଥୀ ହୁଅନ୍ତୁ ଏହି ପରିକଳ୍ପନା ଉଚିତ ଅଟେ। କିନ୍ତୁ ସମସ୍ତଙ୍କୁ ଅହିଂସକ ଅଥବା ମୋକ୍ଷାର୍ଥୀ କରିବାରେ ଶକ୍ତିର ସୂତ୍ରର ଭୂମିକା ରହିଛି। ବିନା ଦ୍ୱିଧାରେ ଜଣେ ଏହା ସ୍ୱୀକାର କରିପାରିବ ଯେ ଶକ୍ତି ଦ୍ୱାରା ସମସ୍ତଙ୍କୁ ଏକ ସୂତ୍ରରେ ବନ୍ଧାଯାଇପାରିବ, କିନ୍ତୁ ଏହାଫଳରେ ବ୍ୟକ୍ତିର ସ୍ୱତନ୍ତ୍ର ମନୋଭାବର ବିକାଶ ଘଟେନାହିଁ। ଏହା ବ୍ୟକ୍ତି-ବ୍ୟକ୍ତି ମଧ୍ୟରେ ଚାରିତ୍ରିକ ବିଷମତା ଓ ଅଯୋଗ୍ୟତାର ନିଦର୍ଶନ ଅଟେ। ପାରସ୍ପରିକ ସମ୍ବନ୍ଧର ଦ୍ୱାହିଦେଇ ଜଣେ ନାମକୁ ଅହିଂସକ ବୋଲାଇପାରିବ, କିନ୍ତୁ ସେ ବାସ୍ତବିକ ଅହିଂସାର ଉପାସନା କରି ନ ଥାଏ। ତାହା କେବଳ ସମ୍ବନ୍ଧକୁ ଜୀବିତ ରଖିବାର ପ୍ରକ୍ରିୟା ମାତ୍ର। ପ୍ରଭାବ, ମଣିଷମାନଙ୍କୁ ବାନ୍ଧିଦେଇପାରିବ। ଏହା ମାନସିକ ଅନୁଭୂତିର ସ୍ଥୂଳ ରେଖାଟିଏ, ଏହାଦ୍ୱାରା ସ୍ଥାୟିତ୍ୱର ସ୍ଥାପନ ସମ୍ଭବ ନୁହେଁ।

ମୋହ-ଅଣୁ ଓ ପଦାର୍ଥ ଦ୍ୱାରା ପ୍ରଭାବିତ ଲୋକ ଯାହା କରିଥାଏ, ସେଠାରେ ଅହିଂସାର କଳ୍ପନା କରାଯାଇପାରିବ ନାହିଁ। ଶକ୍ତିର ଭୟ ଏବଂ ବାହାରି ପ୍ରଭାବରୁ ଶୂନ୍ୟମାନସରେ ଯେଉଁ ଆତ୍ମୋପମ୍ୟଭାବ ଉଦ୍ରେକ ହୋଇଥାଏ, ତାହାହିଁ ହୃଦୟ ପରିବର୍ତ୍ତନ। ସେହି ପୁରୁଣା ହୃଦୟ, କିନ୍ତୁ ଯେତେବେଳେ ତା'ର ବୃତ୍ତି ବଦଳିଥାଏ, ତାହା ହୃଦୟ ପରିବର୍ତ୍ତନ ବୋଲାଏ। ଶକ୍ତି ଏବଂ ପ୍ରଭାବର ଚାପରେ ହିଂସାରୁ ନିବୃତ୍ତି, ହିଂସାର ସ୍ଥୂଳ ପ୍ରୟୋଗ ହୋଇ ନ ପାରେ, କିନ୍ତୁ ତାହା ହୃଦୟର ପବିତ୍ରତା ମଧ୍ୟ ନୁହେଁ। ଏହି କାରଣରୁ ତାହାକୁ ହୃଦୟ ପରିବର୍ତ୍ତନ କୁହାଯାଇପାରିବ ନାହିଁ।

ଯା'ର ହୃଦୟ ବାସ୍ତବରେ ବଦଳିଯାଏ, ସେହି ଲୋକ ହିଁ ଅହିଂସା ଆଚରଣ କରିପାରିଥାଏ। ଜଣେ ଅହିଂସାର ଆଚରଣ ସ୍ୱୟଂ କରିପାରିବ, ଅଥଚ ଅନ୍ୟ ଦ୍ୱାରା ତାହା କରାଯାଇପାରିବ ନାହିଁ। ବାହ୍ୟ ବାତାବରଣ ଦ୍ୱାରା ନିଜକୁ ଅପ୍ରଭାବିତ ବା ସୁରକ୍ଷିତ ରଖିପାରୁଥିବା ଲୋକ ହିଁ ଅହିଂସକ ହୋଇପାରିବ। ଏଠାରେ ବାହ୍ୟ ବାତାବରଣର ତାତ୍ପର୍ଯ୍ୟ ହେଉଛି - ଶକ୍ତି, ମୋହାଣୁ ଏବଂ ପଦାର୍ଥ। ଏମାନଙ୍କ ମଧ୍ୟରୁ ଗୋଟିଏ ଦ୍ୱାରା ବି ପ୍ରଭାବିତ ଆତ୍ମା, ହିଂସାଠାରୁ ଦୂରେଇ ରହିପାରିବ ନାହିଁ।

ଆକ୍ରମଣ ବିରୁଦ୍ଧରେ ଆକ୍ରମଣ ତଥା ଶକ୍ତି-ପ୍ରୟୋଗ ପ୍ରତି ଶକ୍ତି ପ୍ରୟୋଗ ମାଧ୍ୟମରେ ଆମେ ହିଂସାର ପ୍ରୟୋଗାତ୍ମକ ରୂପକୁ ଏଡ଼ାଇ ଦେଇପାରିବା। କିନ୍ତୁ ଏହାଦ୍ୱାରା ଯେ ଆମେ ହୃଦୟକୁ ପବିତ୍ର କରିପାରିବା - ଏହା କଦାପି ସମ୍ଭବ ନୁହେଁ। ଆଚାର୍ଯ୍ୟ ଭିକ୍ଷୁ କହିଛନ୍ତି - ଶକ୍ତି ପ୍ରୟୋଗ ଦ୍ୱାରା ଜୀବନର ସୁରକ୍ଷା କରାଯାଇପାରିବ, କିନ୍ତୁ ତାହା ଅହିଂସା ପରିଧିରେ ଆସିପାରିବ ନାହିଁ। ଜୀବନ ବା ମୃତ୍ୟୁ ସହିତ ଅହିଂସାର ଅଙ୍କନ ହୁଏନାହିଁ, ହୃଦୟର ପବିତ୍ରତା ମାଧ୍ୟମରେ ଅହିଂସା ଅଭିବ୍ୟକ୍ତ ହୋଇଥାଏ।

ନୈତିକତା

ଗୃହସ୍ଥଙ୍କ ସକାଶେ ନିର୍ଦ୍ଧାରିତ ଭଗବାନ ମହାବୀରଙ୍କ ଆଚାର-ସଂହିତାରେ ନୈତିକତାକୁ ପ୍ରମୁଖ ସ୍ଥାନରେ ସ୍ଥାପିତ କରାଯାଇଛି। ଗୃହସ୍ଥମାନେ ହେଉଛନ୍ତି ସାମାଜିକ ପ୍ରାଣୀ। ସେମାନେ ସମାଜରେ ନିବାସ କରନ୍ତି ଏବଂ ଆପଣା ବ୍ୟବହାର ଦ୍ୱାରା ସମାଜକୁ ପ୍ରଭାବିତ କରିଥାନ୍ତି। ଅଧ୍ୟାତ୍ମ ହେଉଛି ବିଶୁଦ୍ଧ ବୈୟକ୍ତିକ ଭାବ। ତେବେ ବ୍ୟବହାରରେ ଅଧ୍ୟାତ୍ମର ଯେଉଁ ପ୍ରତିବିମ୍ବ ପଡ଼େ, ତାହା ବୈୟକ୍ତିକ ନ ହୋଇ ସାମାଜିକ ହୋଇପଡ଼େ। ଧାର୍ମିକ ଲୋକ ଆପଣା ଅନ୍ତଃକରଣରେ ଆଧ୍ୟାତ୍ମିକ ଥାଇ ବାହ୍ୟଜଗତ ବା ବ୍ୟବହାରଜଗତରେ ଯଦି ଅଧାର୍ମିକ ହେଲା - ଏହି ଦ୍ୱିବିଧତା ଅଧ୍ୟାତ୍ମର ଲକ୍ଷଣ ନୁହେଁ। ଅଧ୍ୟାତ୍ମ ହେଉଛି ଆନ୍ତରିକ ବସ୍ତୁ। ତାହା ଚର୍ମଚକ୍ଷୁରେ ଦେଖାଯାଇ ନ ଥାଏ। ବ୍ୟବହାର ମାଧ୍ୟମରେ ତା'ର ଦର୍ଶନ ମିଳିଥାଏ। ଯେଉଁ ଲୋକର ବ୍ୟବହାର ଶୁଦ୍ଧ, ନିଶ୍ଛଳ ଓ କରୁଣାପ୍ଳୁତ, ସେ ହିଁ ବାସ୍ତବରେ ଆଧ୍ୟାତ୍ମିକ ହୋଇଥାଏ। ତାହାର ବ୍ୟବହାର ଦ୍ୱାରା ବାହ୍ୟଜଗତରେ ଅଧ୍ୟାତ୍ମର ପ୍ରତିଫଳନ ହୋଇଥାଏ। ତେବେ ଧର୍ମ କ୍ଷେତ୍ରରେ ଯେତେବେଳେ ବହିର୍ମୁଖିତା ବୃଦ୍ଧି ପାଇଲା, ଧାର୍ମିକ ଲୋକର ବ୍ୟକ୍ତିତ୍ୱ, ଦୁଇଟି ରୂପରେ ବିଭାଜିତ ହୋଇପଡ଼ିଲା। ଗୋଟିଏ ହେଲା ଧର୍ମର ଉପାସନା କାଳର ବ୍ୟକ୍ତିତ୍ୱ ତଥା ଅନ୍ୟଟି ହେଲା ସାମାଜିକ ବ୍ୟବହାର ବେଳାରେ ମଣିଷର ରୂପ। ସେହି ସମାନ ମଣିଷ ଉପାସନା କରିବା ସମୟରେ ସାକ୍ଷାତ୍ ବୀତରାଗଙ୍କ ପ୍ରତିରୂପରେ ପରିଣତ ହୁଏ ଅଥଚ ନିଜ କର୍ମକ୍ଷେତ୍ରରେ କ୍ରୂର ଆଚରଣ କରିବାରେ ଟିକିଏ ବି ସଙ୍କୋଚ କରେନାହିଁ। ଆଚାର୍ଯ୍ୟ ଶ୍ରୀତୁଳସୀ ଧର୍ମକ୍ଷେତ୍ରରେ ଏହି ଦୁଇଟି ରୂପର କାୟା-ବିସ୍ତାରକୁ ହୃଦୟଙ୍ଗମ କରି ଧର୍ମକ୍ରାନ୍ତିର ସ୍ୱର ଉତ୍ତୋଳନ କରିଥିଲେ। ତାହାର କ୍ରିୟାନ୍ୱିତି ସ୍ୱରୂପ ଅଣୁବ୍ରତ କାର୍ଯ୍ୟକ୍ରମ ପ୍ରଦାନ କରିଯାଇଛନ୍ତି। ଅଣୁବ୍ରତ ଆନ୍ଦୋଳନର ପୃଷ୍ଠଭୂମିରେ ଆଚାର୍ଯ୍ୟ ଶ୍ରୀ ତୁଳସୀଙ୍କ ଚିନ୍ତନ ଶାଶ୍ୱତ ଏବଂ ଯୁଗୋପଯୋଗୀ ଅଟେ। ଅନୈତିକତାର ମୂଳରେ ବିଷମତା ନିବାସ କରିଥାଏ। ସମତାର ନିର୍ମାଣ ବିନା ନୈତିକତାର ବିକାଶ କରାଯାଇପାରିବ ନାହିଁ।

ସର୍ବଧର୍ମ-ସମଭାବ ଓ ଶାସ୍ତ୍ରଜ୍ଞ

ଭିନ୍ନ-ଭିନ୍ନ ସମ୍ପ୍ରଦାୟ ଭିନ୍ନ-ଭିନ୍ନ ସ୍ୱର ଉଚ୍ଚାରଣ କରିଚାଲିଥାନ୍ତି। ଧାର୍ମିକ ଜନ ଦ୍ୱନ୍ଦ୍ୱରେ ବୁଡ଼ିରହିଥାନ୍ତି। କେଉଁ ସ୍ୱର ଧର୍ମକୁ ସ୍ପର୍ଶ କରୁଛି ତଥା କେଉଁ ସ୍ୱର ଧର୍ମଠାରୁ ଅସ୍ପୃଶ୍ୟ, ଏହାର ନିର୍ଣ୍ଣୟ କରିବା କଷ୍ଟସାଧ୍ୟ ହୋଇପଡ଼ିଥାଏ। ପ୍ରତ୍ୟେକ ସ୍ୱର ନିଜ ସପକ୍ଷରେ ପ୍ରାଚୀନ ଶାସ୍ତ୍ର ରହିଥିବାର ସାକ୍ଷ୍ୟ ପ୍ରଦାନ କରିବା ସହିତ ତା' ସମର୍ଥନରେ ନୂଆ ଶାସ୍ତ୍ର ଏବଂ ନୂଆ ଭାଷ୍ୟ ମଧ୍ୟ ନିର୍ମାଣ କରିଚାଲିଥାନ୍ତି। ଏହି ଶାସ୍ତ୍ରାକୀର୍ଣ୍ଣ ଧର୍ମ ମଧ୍ୟରେ ସାଧାରଣ ଲୋକ ପ୍ରବେଶ କରିପାରୁ

ନ ଥିଲେ। ସେହିଭଳି ଏକ ବିଷମ ସ୍ଥିତିରେ ସ୍ୟାଦ୍‌ବାଦର ଅନୁଚିନ୍ତକ ମନୀଷୀଗଣ ଧର୍ମ ଓ ଶାସ୍ତ୍ର ସନ୍ଦର୍ଭରେ ଏକ ନୂତନ ଦୃଷ୍ଟିକୋଣ ପ୍ରସ୍ତୁତ କରିଥିଲେ। ଉପାଧ୍ୟାୟ ଯଶୋବିଜୟଜୀ, ଶାସ୍ତ୍ରଜ୍ଞର ପରିଚୟ ଦେବାକୁ ଯାଇ ତିନୋଟି ମାନଦଣ୍ଡ ନିର୍ଦ୍ଧାରଣ କରିଯାଇଛନ୍ତି -

୧. ଅନେକାନ୍ତ, ୨. ମଧ୍ୟସ୍ଥଭାବ, ୩. ଉପଶମ (କଷାୟ ଶାନ୍ତି)

ତାଙ୍କ ମତ ହେଉଛି -

ତେନ ସ୍ୟାଦ୍‌ବାଦମାଲମ୍ବ୍ୟ, ସର୍ବଦର୍ଶନ ତୁଲ୍ୟତାମ୍ ।
ମୋକ୍ଷୋଦ୍ଦେଶାଦ୍ ବିଶେଷଣ, ଯଃ ପଶ୍ୟତି ସ ଶାସ୍ତ୍ରବିତ୍ ॥

-ଅଧ୍ୟାତ୍ମୋପନିଷଦ୍, ୧/୭

ଅର୍ଥାତ୍ ମୋକ୍ଷକୁ ଦୃଷ୍ଟି ସମ୍ମୁଖରେ ଥୋଇ ଅନେକାନ୍ତ ଚକ୍ଷୁରେ ସମସ୍ତ ଦର୍ଶନ ମଧ୍ୟରେ ତୁଲ୍ୟତା ଅର୍ଥାତ୍ ସାମ୍ୟଭାବ ଦେଖିଥିବା ଲୋକ ହିଁ ଶାସ୍ତ୍ରଜ୍ଞ ଅଟେ।

ମଣିଷଠାରେ ସାଧାରଣତଃ ଗୋଟିଏ ପଟେ ଢଳିଯିବାର ମନୋବୃତ୍ତି ରହିଥାଏ। ନିଜ ମନୋନୁକୂଳ ଚିନ୍ତନ ଓ ତର୍କ ପ୍ରତି ତା' ମଧ୍ୟରେ ଦୁର୍ବଳତା ରହିଥାଏ। ଏହି ଆକର୍ଷଣର କାରଣ ହେଉଛି ରାଗ ଓ ଦ୍ୱେଷ। ରାଗ-ଦ୍ୱେଷ-ଉପଶମନର ସାଧନା ଯା'ଠାରେ ନାହିଁ ସେ ମଧ୍ୟସ୍ଥ ବା ତଟସ୍ଥ ହୋଇରହିପାରେ ନାହିଁ। ମଧ୍ୟସ୍ଥଭାବକୁ ପ୍ରାପ୍ତ ନ କରିବା ପର୍ଯ୍ୟନ୍ତ କେହି ମଧ୍ୟ ଶାସ୍ତ୍ରବେତ୍ତା ହୋଇପାରନ୍ତି ନାହିଁ। ଉପାଧ୍ୟାୟ ଯଶୋବିଜୟ ଜୀ କହିଛନ୍ତି -

ମାଧ୍ୟସ୍ଥ୍ୟ ସହିତଂ ହ୍ୟେକପଦଜ୍ଞାନମପି ପ୍ରମା ।
ଶାସ୍ତ୍ରକୋଟି ର୍ବୃଥୈବାନ୍ୟା, ତଥା ଚୋକ୍ତଂ ମହାତ୍ମନା ॥

-ଅଧ୍ୟାତ୍ମୋପନିଷଦ୍, ୧/୭୩

ଅର୍ଥାତ୍ ମାଧ୍ୟସ୍ଥ ଭାବଯୁକ୍ତ ମାତ୍ର ଗୋଟିଏ ପଦର ଜ୍ଞାନ ବି ସାର୍ଥକ ପ୍ରମାଣର ନିଦର୍ଶନ ଅଟେ। ମାଧ୍ୟସ୍ଥ-ଶୂନ୍ୟ କୋଟି ଶାସ୍ତ୍ର ମଧ୍ୟ ବ୍ୟର୍ଥ ହୋଇଥାଏ। ଉପାଧ୍ୟାୟ ଆହୁରି କହିଛନ୍ତି - 'ମାଧ୍ୟସ୍ଥ ଭାବ ହିଁ ଶାସ୍ତ୍ରର ଅର୍ଥ ଅଟେ। ମଧ୍ୟସ୍ଥ ଭାବ ଦ୍ୱାରା ତାହାକୁ ସମ୍ୟକ୍ ଭାବରେ ହୃଦୟଙ୍ଗମ କରାଯାଇଥାଏ।

ମାଧ୍ୟସ୍ଥ୍ୟମେବ ଶାସ୍ତ୍ରାର୍ଥୋ, ଯେନ ତଚ୍ଚାରୁ ସିଧ୍ୟତି ।
ସ ଏବ ଧର୍ମବାଦଃ ସ୍ୟାଦନ୍ୟଦ୍ ବାଲିଶବଲ୍‌ଗନମ୍ ॥

ସେ ସମୟରେ ଶାସ୍ତ୍ରବେତ୍ତାଗଣ ଧର୍ମବାଦ ସ୍ଥାନରେ ବିବାଦକୁ ପ୍ରଶ୍ରୟ ଦେଇଚାଲିଥାନ୍ତି। ସେମାନଙ୍କୁ ଲକ୍ଷ୍ୟକରି କୁହାଯାଇଥାଏ –

ଶମାର୍ଥ ସର୍ବଶାସ୍ତ୍ରାଣି, ବିହିତାନି ମନୀଷିଭିଃ ।
ସ ଏବ ସର୍ବଶାସ୍ତ୍ରଜ୍ଞଃ, ଯସ୍ୟ ଶାନ୍ତଂ ସଦା ମନଃ ॥

'ମନୀଷୀଗଣ ଶାନ୍ତି ପାଇଁ ଶାସ୍ତ୍ର ରଚନା କରିଛନ୍ତି। ଯାହାର ମନ ଶାନ୍ତ ଏବଂ ଉପଶମିତ ସେ ହିଁ ବାସ୍ତବିକ ସମସ୍ତ ଶାସ୍ତ୍ରର ମର୍ମଜ୍ଞ ବିଦ୍ୱାନ ହୋଇଥାଏ।'

ଧର୍ମ ନାଆଁରେ ଅଶାନ୍ତି ସୃଷ୍ଟି କରୁଥିବା ଲୋକ କଦାପି ଶାସ୍ତ୍ରଜ୍ଞ ହୋଇପାରିବ ନାହିଁ। ଯେ ସ୍ୱୟଂ ଅଶାନ୍ତ, ସେ ମଧ୍ୟ ଶାସ୍ତ୍ରଜ୍ଞ ନୁହେଁ।

ଶାସ୍ତ୍ରୀୟ ଆଗ୍ରହ ପୋଷିଥିବା ଲୋକଙ୍କ ସ୍ୱତନ୍ତ୍ର ଚିନ୍ତନର ବିକାଶ ପ୍ରତି ବିଶ୍ୱାସ ନ ଥାଏ। କିନ୍ତୁ ବିଚାର-ବୀଜ ଉର୍ବର ମସ୍ତିଷ୍କରେ ନିରନ୍ତର ବିକଶିତ ହେବା ମଧ୍ୟ ନିରାଟ ସତ୍ୟ କଥା। ମୁଁ ବିଚାର-ବୀଜ-ବିକାଶର ସଂକ୍ଷିପ୍ତ ଇତିହାସ ପ୍ରସ୍ତୁତ କରିବାର ପ୍ରୟାସ କରିଛି। ବ୍ୟାପକ ସନ୍ଦର୍ଭରେ ଏହାର ଶତ-ଶତ ପଲ୍ଲବନ ସହଜସାପେକ୍ଷ।

ଜୈନ ଦର୍ଶନ : ମନନ ଓ ମୀମାଂସା

ଦ୍ୱିତୀୟ ଖଣ୍ଡ
ତତ୍ତ୍ୱ ମୀମାଂସା (୧)

॥ ୧ ॥

ଦର୍ଶନ

ଦର୍ଶନର ପରିଭାଷା

ଏହି ସଂସାର ହେଉଛି ଅନାଦି-ଅନନ୍ତ । ଏଠାରେ ସଂଯୋଗ-ବିୟୋଗ ଜନ୍ୟ ସୁଖ-ଦୁଃଖର ଅବିରଳ ଧାରା ବହିଚାଲିଛି । ଏହି ସ୍ରୋତରେ କେତେବେଳେ ବୁଡ଼ି ଏବଂ କେତେବେଳେ ଭାସି ପ୍ରାଣୀ କ୍ଳାନ୍ତ ହୋଇପଡ଼ିଲେ ଶାଶ୍ୱତ ଆନନ୍ଦର ଅନୁସନ୍ଧାନ କରିବା ପାଇଁ ଅଗ୍ରସର ହୋଇଥାଏ । ସେହି ସ୍ଥିତିରେ ହେୟ ଏବଂ ଉପାଦେୟର ମୀମାଂସା ହୁଏ, ତାହା ହିଁ ଦର୍ଶନରେ ପରିଣତ ହୋଇଥାଏ । [୧]

ଦର୍ଶନର ଅର୍ଥ ହେଉଛି - ତତ୍ତ୍ୱ ସହିତ ସାକ୍ଷାତ୍‌କାର କିମ୍ବା ତତ୍ତ୍ୱର ଉପଲବ୍ଧି । ସବୁଠାରୁ ପ୍ରମୁଖ ତତ୍ତ୍ୱ ହେଲା 'ଆତ୍ମା' । ଆତ୍ମାକୁ ଜାଣି ପାରିଥିବା ଲୋକ ସମସ୍ତଙ୍କୁ ଜାଣିପାରିଥାଏ । [୨]

ଅସ୍ତିତ୍ୱ ଦୃଷ୍ଟିରୁ ସବୁ ତତ୍ତ୍ୱ ସମାନ, କିନ୍ତୁ ମୂଲ୍ୟ ଦୃଷ୍ଟିରେ ଆତ୍ମା ହେଉଛି ସବୁଠାରୁ ମୂଲ୍ୟବାନ । ମୂଲ୍ୟବୋଧର ଆକଳନ ଆତ୍ମା ଉପରେ ନିର୍ଭର କରିଥାଏ । [୩] ବସ୍ତୁର ଅସ୍ତିତ୍ୱ ସ୍ୱୟଂଜାତ ହୋଇଥାଏ, ଅଥଚ ତା'ର ମୂଲ୍ୟ ଚେତନା ସହିତ ନିଶ୍ଚିତ ଭାବରେ ଜଡ଼ିତ ଥାଏ । ଗୋଲାପଫୁଲ ଲାଲ ବୋଲି କେହି କେହି ଜାଣି ନ ପାରନ୍ତି, କିନ୍ତୁ ଗୋଲାପ ଫୁଲ, ମନ-ହରଣ କରିନିଏ - ଏହା ଠିକ୍ ନ ଜାଣିବା ଯାଏ ସମ୍ଭବ ନୁହେଁ । ଆତ୍ମାକୁ ଭଲ ନ ପାଇଲା ଯାଏ ଏହା ଆଖିକୁ ମନୋହର ଦେଖାଯାଏ ନାହିଁ । କ୍ଷୀରର ରଂଗ ହେଉଛି ଧଳା - ଏତିକି ଟିକକ ଜାଣିବା ସକାଶେ ଚେତନାର ସାହାଯ୍ୟ ଦରକାର ହୋଇ ନ ଥାଏ । କିନ୍ତୁ କ୍ଷୀରର ଉପଯୋଗିତା ପ୍ରମାଣିତ କରିବାକୁ ହେଲେ ଚେତନା ସହିତ ସବନ୍ଧ ସ୍ଥାପନ କରିବା ଜରୁରୀ ହୋଇପଡ଼େ । ତାତ୍ପର୍ଯ୍ୟ ହେଲା - ମନୋହାରୀ ଉପଯୋଗୀ, ପ୍ରିୟ-ଅପ୍ରିୟ ଆଦି ମୂଲ୍ୟାଙ୍କନ ଉପରେ ନିର୍ଭର କରିଥାଏ । ଆତ୍ମା ଜାଣି ନ ଥିବା ବସ୍ତୁ-ବୃତ୍ତ, ଅସ୍ତିତ୍ୱ ଜଗତରେ ବିଦ୍ୟମାନ ଥାଏ । ସେମାନଙ୍କ ଅସ୍ତିତ୍ୱ-ନିର୍ଣ୍ଣୟ ଓ ମୂଲ୍ୟ-ନିର୍ଣ୍ଣୟ, ଆତ୍ମା ଦ୍ୱାରା ବୁଝା ପଡ଼ିଲା ପରେ ହିଁ ସମ୍ଭବ ହୋଇଥାଏ । ବସ୍ତୁର ସାଧାରଣ ଅସ୍ତିତ୍ୱ

---

(୧) ଆଚାରାଙ୍ଗ ବୃତ୍ତି ପତ୍ର ୧: ଇହହି ରାଗଦ୍ୱେଷ ମୋହାଦ୍ୟଭିଭୂତେନ ସର୍ବେଣାପି ସଂସାରିଜନ୍ତୁନା ଶାରୀର ମାନସାଽନେକାତି କଟୁକ ଦୁଃଖୋପନିପାତ-ପୀଡ଼ିତେନ ତଦପନୟନାୟ ହେୟୋପାଦେୟ ପରିଜ୍ଞାନେ ପନ୍ନୋ ବିଧେୟଃ ସ ଚନ ବିଶିଷ୍ଟବିବେକମୃତେ ।

(୨) ବୃହଦାରଣ୍ୟକ ଉପନିଷଦ, ୨।୪।୬: ଆତ୍ମନି ବିଜ୍ଞାତେ ସର୍ବମିଦଂ ବିଜ୍ଞାତଂ ଭବତି ।

(୩) ବୃହଦାରଣ୍ୟକ ଉପନିଷଦ, ୨।୪।୫: ନ ସର୍ବସ୍ୟ କାମାୟ ପ୍ରିୟଂ ଭବତି, ଆତ୍ମନସ୍ତୁକାମାୟ ସର୍ବପ୍ରିୟଂ ଭବତି...

ସମ୍ବନ୍ଧରେ ଚେତନାର କୌଣସି ଭୂମିକା ନାହିଁ, କିନ୍ତୁ ବସ୍ତୁ ଯେତେବେଳେ ଜ୍ଞେୟ ହୋଇପଡ଼େ, ଚେତନା ତା'ର ଅସ୍ତିତ୍ୱର ନିର୍ଣ୍ଣୟ କରିଥାଏ ।

ଚେତନା ସହିତ ପଦାର୍ଥ ସମ୍ବନ୍ଧର ଏହା ହେଉଛି ପ୍ରାଥମିକ ସ୍ତର । ପରବର୍ତ୍ତୀ ସ୍ତରରେ ତା'ର ମୂଲ୍ୟାଙ୍କନ ହୁଏ । ସେତେବେଳେ ତାହା ହେୟ କିମ୍ବା ଉପାଦେୟ ରୂପ ଧାରଣ କରେ । ଉକ୍ତବିବେଚନ ଅନୁସାରେ ଦର୍ଶନର ଦୁଇଟି କାମ ହେଉଛି - (କ) ବସ୍ତୁବୃତ୍ତ ବିଷୟକ ନିର୍ଣ୍ଣୟ ତଥା (ଖ) ମୂଲ୍ୟ ବିଷୟକ ନିର୍ଣ୍ଣୟ ।

ଜ୍ଞେୟ, ହେୟ ଓ ଉପାଦେୟ - ଏହି ତ୍ରିପୁଟୀ ମଧ୍ୟରେ ଏହି ତତ୍ତ୍ୱର ନିର୍ଦ୍ଦେଶନ ପ୍ରାପ୍ତ ହୁଏ । [୪] 'ଜ୍ଞ-ପରିଜ୍ଞା ତଥା ପ୍ରତ୍ୟାଖ୍ୟାନ - ପରିଜ୍ଞା' - ଏଦ୍ୱି ବୁଦ୍ଧିଯୁଗଳରୁ ଏହି ତତ୍ତ୍ୱପ୍ରାପ୍ତ ହୋଇଥାଏ । [୫] ଜୈନଦର୍ଶନରେ ଯଥାର୍ଥ ଜ୍ଞାନ ହିଁ ଦର୍ଶନ ରୂପରେ ସ୍ୱୀକୃତ । କାରଣ ଏହା ହିଁ ବସ୍ତୁବୃତ୍ତର ନିର୍ଣ୍ଣୟ (ପ୍ରିୟ ବସ୍ତୁର ସ୍ୱୀକାର ଓ ଅପ୍ରିୟ ବସ୍ତୁର ଅସ୍ୱୀକାର) କରିବାରେ ସକ୍ଷମ ହୋଇଥାଏ ।

ଗୋଟିଏ ବିଚାର ମନକୁ ପାଉଛି - ବସ୍ତୁବୃତ୍ତର ଅନୁସନ୍ଧାନ ଅପେକ୍ଷା ସେଗୁଡ଼ିକର ପ୍ରୟୋଜନୀୟତା ଅଥବା ମୂଲ୍ୟର ଅନୁସନ୍ଧାନ ଦ୍ୱାରା ଦର୍ଶନର ଉପଯୋଗିତା ବୃଦ୍ଧି ପାଇଥାଏ ।

ଭାରତୀୟ ଦର୍ଶନ ଉଭୟ ଶାଖାକୁ ସ୍ପର୍ଶ କରିପାରିଛି । ଏହି ଦର୍ଶନ ଅସ୍ତିତ୍ୱ ସମ୍ବନ୍ଧରେ ଯେତେ ବିଚାର କରିଛି, ଅସ୍ତିତ୍ୱ ସହିତ ସମ୍ପର୍କ ରହିଥିବା ମୂଲ୍ୟ ପ୍ରତି ବି ସଚେତନ ହୋଇ ବିଚାର କରିଆସିଛି । ଜ୍ଞେୟ, ହେୟ ଓ ଉପାଦେୟର ଜ୍ଞାନ ହେଉଛି ତାହାରି ପରିଣାମ ।

ମୂଲ୍ୟନିର୍ଣ୍ଣୟ ପାଇଁ ଆବଶ୍ୟକୀୟ ଦୃଷ୍ଟି

ମୂଲ୍ୟନିର୍ଣ୍ଣୟ ସକାଶେ ତିନୋଟି ଦୃଷ୍ଟି ଆବଶ୍ୟକ ହୋଇଥାଏ । ଯଥା : ୧-ସୈଦ୍ଧାନ୍ତିକ ବା ବୌଦ୍ଧିକ, ୨-ବ୍ୟାବହାରିକ ବା ନୈତିକ ଏବଂ ୩. ଆଧ୍ୟାତ୍ମିକ, ଧାର୍ମିକ ବା ପାରମାର୍ଥିକ ।

ବସ୍ତୁମାତ୍ର ଜ୍ଞେୟ ଅଟେ । ଅସ୍ତିତ୍ୱ ଦୃଷ୍ଟିରେ ଜ୍ଞେୟ ହେଉଛି ସତ୍ୟ । ସତ୍ୟର ମୂଲ୍ୟ ସୈଦ୍ଧାନ୍ତିକ ହୋଇଥାଏ । ଏହା ଆତ୍ମାନୁଭୂତିଠାରୁ ପୃଥକ୍ ନୁହେଁ । ଆତ୍ମବିକାଶ ହେଉଛି ଶିବ ଯାହାକି ଆଧ୍ୟାତ୍ମିକ ମୂଲ୍ୟ ଧାରଣ କରିଥାଏ । ପୌଦ୍‌ଗଳିକ ସାଜସଜ୍ଜା ହିଁ ସୌନ୍ଦର୍ଯ୍ୟ ଅଟେ, ଯାହା ବ୍ୟାବହାରିକ ମୂଲ୍ୟ ଧାରଣ କରିଥାଏ । ଜଣେ ବ୍ୟକ୍ତି ସୁନ୍ଦର ନ ହୋଇ ମଧ୍ୟ ଆତ୍ମବିଶ୍ୱାସ ଘଟିଥିବାରୁ ଶିବ ହୋଇଥାଏ । ଜଣେ ଶିବ ନ ହୋଇ ମଧ୍ୟ ସୁନ୍ଦର ହୋଇପାରିବ । ମୂଲ୍ୟ ନିର୍ଣ୍ଣୟର ଏହି ତିନି ଦୃଷ୍ଟି ହେଉଛି ସ୍ଥୂଳ ନିୟମ । ବ୍ୟାପକ ଦୃଷ୍ଟିରେ ବ୍ୟକ୍ତିର ଯେତେ ସଂଖ୍ୟାରେ ଅପେକ୍ଷା-ଆବଶ୍ୟକତା ରହିଥାଏ, ସେହି ପରିମାଣରେ ମୂଲ୍ୟାଙ୍କନର ଦୃଷ୍ଟିକୋଣ ନିର୍ମିତ ହୋଇଥାଏ । କୁହାଯାଇଛି -

ନରମ୍ୟଂ ନାରମ୍ୟଂ ପ୍ରକୃତିଗୁଣତୋ ବସ୍ତୁକିମପି,
ପ୍ରିୟତ୍ୱଂ ବରତୂନାଂ ଭବତି ଚ ଖଲୁ ଗ୍ରାହକବଶାତ୍ ।

ପ୍ରିୟତ୍ୱ ଓ ଅପ୍ରିୟତ୍ୱ ଗ୍ରହୀତାର ଇଚ୍ଛାଧୀନ ଥାଏ, ବସ୍ତୁ ମଧ୍ୟରେ ନ ଥାଏ । ନିଶ୍ଚୟ ଦୃଷ୍ଟିରେ କୌଣସି ବସ୍ତୁ ଇଷ୍ଟ କିମ୍ବା ଅନିଷ୍ଟ ନ ଥାଏ ।

---

(୪) ଠାଣଂ, ୩।୪୧୮, ବୃତ୍ତି - ସେଣଂ ଭନ୍ତେ ! ସବଣେ କିଂ ଫଳେ ? ଣାଣ ଫଳେ । ସେଣଂ ଭନ୍ତେ ଝାଣେ କିଂ ଫଳେ ? ବିଣ୍ଣାଣ ଫଳେ । ଜ୍ଞାନମ୍-ଶ୍ରୁତଜ୍ଞାନମ୍, ବିଜ୍ଞାନମ୍-ଅର୍ଥାଦୀନାଂ ହେୟୋପାଦେୟତ୍ୱବିନିଶ୍ଚୟଃ ।

(୫) ଆୟାରୋ ୧।୯, ବୃତ୍ତିପତ୍ର ୨୩: ସା ଚ ଦ୍ୱିଧା - ଜ୍ଞ ପରିଜ୍ଞା, ପ୍ରତ୍ୟାଖ୍ୟାନ ପରିଜ୍ଞା ଚ । ତତ୍ର ଜ୍ଞ ପରିଜ୍ଞୟା ସାବଦ୍ୟ ବ୍ୟାପାରେଣ ବନ୍ଧେ ଭବତି - ଇତ୍ୟେବଂ ଭଗବତା ପରିଜ୍ଞା ପ୍ରବେଦିତା । ପ୍ରତ୍ୟାଖ୍ୟାନ - ପରିଜ୍ଞୟା ଚ ସାବଦ୍ୟ ଯୋଗାବନ୍ଧହେତବ, ପ୍ରତ୍ୟାଖ୍ୟେୟାଃ, ଇତ୍ୟେବଂରୂପା ଚେତି

ତାନେବାର୍ଥାନ୍ ଦ୍ୱିଷତଃ, ତାନେବାର୍ଥାନ୍ ପ୍ରଲୀୟମାନସ୍ୟ ।
ନିଶ୍ଚୟତୋଃ ସ୍ୟାନିଷ୍ଟଂ, ନ ବିଦ୍ୟତେ କିଞ୍ଚିତ୍ ଦିଷ୍ଟଂ ବା । (୬)

ଜଣେ ଲୋକ ନିର୍ଦ୍ଦିଷ୍ଟ ଏକ ସମୟରେ ଯେଉଁ ପଦାର୍ଥଠାରେ ଦ୍ୱେଷ କରିଥାଏ, ସେ ଅନ୍ୟ ଏକ ସମୟରେ ସେହି ପଦାର୍ଥରେ ଲୀନ ହୋଇପଡ଼େ । ଏହି ପରିସ୍ଥିତିରେ ଇଷ୍ଟ-ଅନିଷ୍ଟ ବୋଲି କାହାକୁ କହିବା ?

ବ୍ୟାବହାରିକ ଦୃଷ୍ଟିରେ ଭୋଗ-ବିଳାସ ହେଉଛି ଜୀବନର ମୂଲ୍ୟ । ଅଧ୍ୟାତ୍ମ ଦୃଷ୍ଟିରେ ଗୀତ-ସଂଗୀତ ଗାୟନ ହେଉଛି ବିଳାପ ମାତ୍ର, ନାଟକ ବିଡ଼ମ୍ବନା, ଆଭୂଷଣ ଭାର ତଥା କାମ ଭୋଗ ହେଉଛି ଦୁଃଖ । (୭)

ଦୃଶ୍ୟ-ବସ୍ତୁ ମଧ୍ୟରେ ସୌନ୍ଦର୍ଯ୍ୟର କଳ୍ପନା କରାଯାଇଥାଏ । ଏହା ବର୍ଣ୍ଣ, ଗନ୍ଧ, ରସ ଏବଂ ସ୍ପର୍ଶ ଏଭଳି ଚତୁଷ୍ଟୟଯୁକ୍ତ ହୋଇଥାଏ । ଏହି ବର୍ଣ୍ଣାଦି ଚତୁଷ୍ଟୟ କାହାରି ମଧ୍ୟରେ ଶୁଭ ପରିଣମନ ଏବଂ ଅନ୍ୟ କାହାରି ମଧ୍ୟରେ ଅଶୁଭ ପରିଣତି ଜାତ କରିଥାଏ । ଏହି କାରଣରୁ ସୌନ୍ଦର୍ଯ୍ୟ-ଅସୌନ୍ଦର୍ଯ୍ୟ, ଭଲ, ମନ୍ଦ, ପ୍ରିୟତା, ଅପ୍ରିୟତା, ଉପାଦେୟତା-ହେୟତା ଆଦିର ନିର୍ଦ୍ଧାରଣରେ ବସ୍ତୁର ଯୋଗ୍ୟତା ନିମିତ୍ତ ସାଜିଥାଏ । ପଦାର୍ଥର ଶୁଭ-ଅଶୁଭ ପରମାଣୁ ମନର ପରମାଣୁକୁ ପ୍ରଭାବିତ କରିଥାଏ । ଯେଉଁ ଲୋକର ଶାରୀରିକ ଓ ମାନସିକ ପରମାଣୁ ସହିତ ବସ୍ତୁର ପରମାଣୁର ସାମ୍ୟ ଥାଏ, ସେହି ମଣିଷ ଉକ୍ତ ବସ୍ତୁ ପ୍ରତି ଆକୃଷ୍ଟ ହେବା ସ୍ୱାଭାବିକ । ଉଭୟଙ୍କ ମଧ୍ୟରେ ବୈଷମ୍ୟ ରହିଥିଲେ ଆକର୍ଷଣ ଜାତ ହୁଏ ନାହିଁ । ଏହି ସାମ୍ୟ ଓ ବୈଷମ୍ୟ ଦେଶ, କାଳ ଓ ପରିସ୍ଥିତି ଆଦିର ସମବାୟ ଉପରେ ନିର୍ଭର କରିଥାଏ । ଗୋଟିଏ ଦେଶ, କାଳ ଓ ପରିସ୍ଥିତିରେ ଯେଉଁ ବ୍ୟକ୍ତି ସକାଶେ ନିର୍ଦ୍ଦିଷ୍ଟ ବସ୍ତୁ ହେୟ ହୋଇଥାଏ, ସେହି ବସ୍ତୁ ଅନ୍ୟ ଦେଶ, କାଳ ଓ ପରିସ୍ଥିତିରେ ସେହି ଲୋକ ପାଇଁ ଉପାଦେୟ ହୋଇପଡ଼େ । ଏହା ହିଁ ବ୍ୟାବହାରିକ ଦୃଷ୍ଟି । ପରମାର୍ଥ ଦୃଷ୍ଟିରେ ଆତ୍ମା ହିଁ ସତ୍ୟ, ଶିବ, ସୁନ୍ଦର ଏବଂ ଶ୍ରେଷ୍ଠ, ଉପାଦେୟ ଓ ପ୍ରିୟ ଅଟେ । ଆତ୍ମା-ଭିନ୍ନ ସମସ୍ତ ବସ୍ତୁ ହେୟ ଅଟନ୍ତି । ଫଳିତାର୍ଥ ହେଉଛି - 'ଦର୍ଶନଂ ସ୍ୱାତ୍ମନିଶ୍ଚିତି' - ଆପଣା ଆତ୍ମାର ଯାହା ନିଶ୍ଚୟ ତାହା ହିଁ ଦର୍ଶନ ।

ମୂଲ୍ୟାୟନର ପ୍ରତ୍ୟେକ ମୁହୂର୍ତ୍ତରେ ଆତ୍ମାର ସନ୍ତୁଷ୍ଟି ବା ଅସନ୍ତୁଷ୍ଟ ଅନ୍ତର୍ନିହିତ ଥାଏ । ଅଶୁଦ୍ଧ ଦଶାରେ ଆତ୍ମାର ସନ୍ତୋଷ ଅଥବା ଅସନ୍ତୋଷ ବିଶୁଦ୍ଧ ଥାଏ ନାହିଁ । ଏହି କାରଣରୁ ଏହି କ୍ଷେତ୍ରରେ କରାଯାଉଥିବା ମୂଲ୍ୟାଙ୍କନ ନିତାନ୍ତ ବୌଦ୍ଧିକ କିମ୍ବା ନିତାନ୍ତ ବ୍ୟାବହାରିକ ହୋଇଥାଏ । ତାହା ଶିବତ୍ୱର ଅନୁକୂଳ ନ ଥାଏ । ଶିବତ୍ୱର ତିନୋଟି ସାଧନ ହେଉଛି ସମ୍ୟକ୍ ଦର୍ଶନ, ସମ୍ୟକ୍ ଜ୍ଞାନ ଓ ସମ୍ୟକ୍ ଚାରିତ୍ର । ଶ୍ରଦ୍ଧା-ଜ୍ଞାନ-ଆଚାରର ଏହି ତ୍ରିବେଣୀ ହିଁ ଶିବତ୍ୱର ଅନୁକୂଳ ଥାଏ । ଏହା ଆତ୍ମାର ପରିକ୍ରମା କରିଥାଏ ।

ଦର୍ଶନଂ ନିଶ୍ଚୟଃ ପୁଂସି, ବୋଧସ୍ତଦ୍‌ବୋଧ ଇଷ୍ୟତେ ।
ସ୍ଥିତିରତ୍ରୈବ ଚାରିତ୍ରମିତି, ଯୋଗଃ ଶିବାଶ୍ରୟଃ ॥

ପଞ୍ଚାସ୍ତିକାୟ, ୧୭୦

"ଦର୍ଶନ ହେଉଛି ଆତ୍ମାର ନିଶ୍ଚୟ, ବୋଧଆତ୍ମାର ଜ୍ଞାନ । ଚାରିତ୍ର ହେଉଛି ଆତ୍ମାରେ ଅବସ୍ଥାନ ବା ରମଣ ।"

ଏହି ତତ୍ତ୍ୱ ଆଚାର୍ଯ୍ୟ ଶଙ୍କରଙ୍କ ଶବ୍ଦରେ ମଧ୍ୟ ପ୍ରାପ୍ତ ହୋଇଥାଏ । (୮)

ଏହା ହେଉଛି ଆଧ୍ୟାତ୍ମିକ ରତ୍ନତ୍ରୟୀ । ଏହାରି ଆଧାରରେ ଜୈନ ଦର୍ଶନ କହିଥାଏ - ଆସ୍ରବ ହେଉଛି ହେୟ ଏବଂ ସଂବର ଉପାଦେୟ । ବୌଦ୍ଧ ଦର୍ଶନ ଅନୁସାରେ ଦୁଃଖ ହେଉଛି ହେୟ ଏବଂ ମାର୍ଗ ହେଉଛି ଉପାଦେୟ ।

---

(୬) ପ୍ରଶମରତି ପ୍ରକରଣ, ୫୨

(୭) ଉତ୍ତରଜ୍‌ଝୟଣାଣି, ୧୩/୧୬: ସବ୍‌ବଂ ବିଲବିୟଂ ଗୀୟଂ ସବ୍ ବଂ ନଟ୍ଟଂ ବିଡ଼ମ୍ବିୟଂ ସବ୍‌ବେ ଆଭରଣା ଭାରା, ସବ୍‌ବେ କାମା ଦୁହା ବହା ।

(୮) ଶାଙ୍କର ଭାଷ୍ୟ, ୧।୧।୧ : ବ୍ରହ୍ମାବଗତିର୍ହି ପୁରୁଷାର୍ଥଃ ନିଃଶେଷ ସଂସାରବୀଜ, ଅବିଦ୍ୟା- ଧନାର୍ଥାଦ୍ରିବର୍ହଣାତ୍ । ତସ୍ମାଦ୍ ବ୍ରହ୍ମ ବିଜିଜ୍ଞାସିତବ୍ୟମ୍ ।

ବେଦାନ୍ତ ଅନୁସାରେ ଅବିଦ୍ୟା ହେଉଛି ହେୟ ଏବଂ ବିଦ୍ୟା ହେଲା ଉପାଦେୟ । ଏହି ପ୍ରକାରେ ସମସ୍ତ ଦର୍ଶନ ନିଜ ନିଜ ହେୟ ଓ ଉପାଦେୟର ସୂଚୀ ନେଇ ଗତି କରିଥାନ୍ତି ।

ହେୟ ଓ ଉପାଦେୟର ଅନୁଭୂତିକୁ ଦର୍ଶନ କୁହାଯାଇପାରିବ । ଅଗମ୍ୟକୁ ଗମ୍ୟ କରିପାରୁଥିବା ବିଚାର ପଦ୍ଧତି ମଧ୍ୟ ଦର୍ଶନ ଅଟେ । ଏହି ପରିଭାଷା ଅନୁସାରେ ମହାପୁରୁଷ (ଆପ୍ତଜନ) ମାନଙ୍କ ବିଚାର ପଦ୍ଧତି ମଧ୍ୟ ଦର୍ଶନ ଅଟେ । ତତ୍ତ୍ୱ ଉପଲବ୍ଧି ଦୃଷ୍ଟିରେ ଦର୍ଶନ ହେଉଛି ଏକ ଓ ଅଭିନ୍ନ । ବିବିଧ ବୈଚାରିକ ପଦ୍ଧତି ଦୃଷ୍ଟିରେ ବିଚାର କରିଲେ ଅନେକ ପ୍ରକାର ଦର୍ଶନର ପ୍ରମାଣ ମିଳିଥାଏ ।

ଦର୍ଶନ ପ୍ରଣାଳୀ

ଦର୍ଶନ ପ୍ରଣାଳୀ ଯୁକ୍ତି ଉପରେ ଆଧାରିତ । ଦର୍ଶନ, ତତ୍ତ୍ୱର ଗୁଣରାଜି ସହିତ ସମ୍ବନ୍ଧ ରଖିଥିବାରୁ ତହାକୁ ତତ୍ତ୍ୱ-ବିଜ୍ଞାନ କୁହାଯିବା ବିଧେୟ । ଯୁକ୍ତି ହେଉଛି ବିଚାରଗୁଡ଼ିକର ବିଜ୍ଞାନ । ତତ୍ତ୍ୱ ବିଚାରଣା ସକାଶେ ଯୁକ୍ତି ବା ତର୍କର ଆଶ୍ରୟ ଆବଶ୍ୟକ ହୋଇଥାଏ । ଦର୍ଶନ କ୍ଷେତ୍ରରେ ତାର୍କିକ ପ୍ରଣାଳୀ ଦ୍ୱାରା ପଦାର୍ଥ, ଆତ୍ମା, ଅନାତ୍ମା, ଗତି, ସ୍ଥିତି, ସମୟ, ଅବକାଶ, ପୁଦ୍‌ଗଳ, ଜୀବନ, ମସ୍ତିଷ୍କ, ଜଗତ, ଈଶ୍ୱର ଇତ୍ୟାଦି ତଥ୍ୟସମୂହର ବ୍ୟାଖ୍ୟା, ଆଲୋଚନା, ସ୍ପଷ୍ଟୀକରଣ ଅଥବା ପରୀକ୍ଷା କରାଯାଇଥାଏ । ତେଣୁ ଏକାଂଗୀ ଦୃଷ୍ଟିରେ ଦର୍ଶନର ଅନେକ ପରିଭାଷା ମିଳିଥାଏ -

୧) ଜୀବନର ବୌଦ୍ଧିକ ମୀମାଂସା ହେଉଛି ଦର୍ଶନ ।

୨) ଜୀବନର ଆଲୋଚନା ହେଉଛି ଦର୍ଶନ ।

ଏମାନଙ୍କଠାରେ ପୂର୍ଣ୍ଣତ୍ୱ ନାହିଁ । କିନ୍ତୁ ଅପୂର୍ଣ୍ଣତା ମଧ୍ୟରେ ବି ସତ୍ୟାଂଶ ଜରୁରୀ ଅଟେ ।

ଆସ୍ତିକ ଦର୍ଶନର ଭିତ୍ତି : ଆତ୍ମବାଦ

'ମୁଁ କେଉଁଠାରୁ ଆସିଛି ? ମୁଁ କିଏ ? ଏଠାରୁ ପୁଣି କେଉଁଠାକୁ ଯିବି ? ମୋର ପୁନର୍ଜନ୍ମ ହେବ କି ? ବହୁସଂଖ୍ୟକ ଲୋକ ଏହି ପ୍ରଶ୍ନଗୁଡ଼ିକର ଉତ୍ତର ଜାଣିନାହାନ୍ତି ।' [୯]

ଏହି ଜିଜ୍ଞାସାମାନଙ୍କରୁ ଦର୍ଶନର ସୃଷ୍ଟି ହୋଇଥାଏ । ଧର୍ମ ଦର୍ଶନର ମୂଳଭିତ୍ତି ହେଉଛି ଆତ୍ମା । ଆତ୍ମା ଯଦି ରହିଛି ତେବେ ଦର୍ଶନ ବି ଜୀବିତ ଅନ୍ୟଥା ଆତ୍ମା ବିନା ଦର୍ଶନ ମୃତ । ଆତ୍ମ ତତ୍ତ୍ୱ ଆସ୍ତିକଙ୍କ ଆତ୍ମବାଦ ଏଠାରୁ ଜାତ ହୁଏ । ବାଦ ପ୍ରତିଷ୍ଠିତ କରିବା ସକାଶେ ଦର୍ଶନ ଓ ତା'ର ସତ୍ୟତା ପାଇଁ ଧର୍ମ ବିସ୍ତାର ହୋଇଥାଏ ।

'ଶ୍ରେୟ ଓ ପାପ ମଧ୍ୟରେ ପାର୍ଥକ୍ୟ ଜାଣି ନ ଥିବା ଅଜ୍ଞାନୀ କ'ଣ କରିପାରିବ ? ତେଣୁ ପ୍ରଥମେ ସତ୍ୟକୁ ଠିକ୍ ଭାବେ ବୁଝି ପରେ ତାକୁ ଜୀବନରେ (ଆଚରଣ) ସ୍ଥାନ ଦିଅ ।'

ପାଶ୍ଚାତ୍ୟ ଦାର୍ଶନିକ କେବଳ ସତ୍ୟର ଜ୍ଞାନ କରିବାର ଅଭିଳାଷ ରଖନ୍ତି ଅଥଚ ଭାରତୀୟ ଦାର୍ଶନିକ ସତ୍ୟ-ଜ୍ଞାନ ସହିତ ମୋକ୍ଷର କାମନା ମଧ୍ୟ କରିଥାନ୍ତି । ମୈତ୍ରେୟୀ ଯାଜ୍ଞବଲକ୍ୟଙ୍କୁ କହୁଛନ୍ତି - 'ଯାହାଦ୍ୱାରା ମୁଁ ଅମୃତରେ ପରିଣତ ହେବି ନାହିଁ, ତାହାକୁ ନେଇ ମୁଁ କ'ଣ କରିବି ? ଅମୃତତ୍ୱର ସାଧନ କ'ଣ ତାହା ମୋତେ କୁହନ୍ତୁ ?

ଯେ ନାହଂ ନାମୃତା ସ୍ୟାଂ କିତେନ କୁର୍ଯ୍ୟାମ୍ !
ଯଦେବ ଭଗବାନ୍ ବେଦ ତଦେବ ମେ ବ୍ରୂହି ॥

ବୃହଦାରଣ୍ୟକ ୨।୪।୩

---

[୯] ଆୟାରୋ, ୧।୨ : ଏବମେଗେସିଂ ଣୋ ଣାତଂ ଭବତି- ଅତ୍ଥି ମେ ଆୟା ଓବା ଇଏ, ଣତ୍ଥି ମେ ଆୟା ଓବାଇଏ, କେ ଅହଂଆସି ? କେ ବା ଇଓ ଚୁଓ ଇହ ପେଚ୍ଚା ଭବିସ୍‌ସାମି ?

କମଳାବତୀ ଇକ୍ଷୁକାରଙ୍କୁ ସାବଧାନ କରିବାକୁ ଯାଇ କହୁଛନ୍ତି -

ଏକୋହୁ ଧମ୍‌ମୋ ନରଦେବ !
ତାଣଂ ନ ବିଜ୍ଜ ଙ୍କାଏ ଅନ୍ନମିହେହ କିଂଚି ॥

-ଉତ୍ତରଜ୍‌ଝୟଣାଣି, ୧୪/୪୦

"ହେ ନରଦେବ ! ଧର୍ମ ବ୍ୟତୀତ ଅନ୍ୟ କୌଣସି ବସ୍ତୁ ତ୍ରାଣ ପ୍ରଦାନ କରିପାରିବ ନାହିଁ।" ମୈତ୍ରେୟୀ ନିଜ ସ୍ୱାମୀଙ୍କଠାରେ ମୋକ୍ଷର ସାଧନାଭୂତ ଅଧ୍ୟାତ୍ମ ଜ୍ଞାନର ଯାଚନା କରୁଛନ୍ତି ଏବଂ କମଳାବତୀ, ନିଜ ପତିଙ୍କୁ ଧର୍ମର ମହତ୍ତ୍ୱ ବିଷୟରେ ସମ୍ୟକ୍ ସୂଚନା ଦେଉଛନ୍ତି । ଏହିଭଳି ଧର୍ମର ଆତ୍ମା ମଧ୍ୟରେ ପ୍ରବେଶକରି ଆତ୍ମବାଦ ଅଧ୍ୟାତ୍ମବାଦରେ ପରିଣତ ହୋଇଥାଏ । ଉପନିଷଦରେ ଋଷିମାନଙ୍କ ବାଣୀରୁ ଏହି ସ୍ୱର ମୁଖରିତ ହେଉଛି -

'ଆତ୍ମା ବା ଅରେ ଦ୍ରଷ୍ଟବ୍ୟଃ, ଶ୍ରୋତବ୍ୟୋ ମନ୍ତବ୍ୟୋ ନିଦିଧ୍ୟାସିତବ୍ୟଃ ।' - ବୃହଦାରଣ୍ୟା ଉପନିଷଦ, ୨।୪।୫ । ଅର୍ଥାତ୍ ଆତ୍ମା ହି ଦର୍ଶନୀୟ, ଶ୍ରବଣୀୟ, ମନନୀୟ ଏବଂ ଧ୍ୟାନଯୋଗ୍ୟ ଅଟେ । ଧର୍ମର ପ୍ରାରମ୍ଭ ଆତ୍ମାରୁ ହୋଇଥାଏ ଏବଂ ମୋକ୍ଷଠାରେ ପରିସମାପ୍ତି ଘଟିଥାଏ - ଏହା ହିଁ ହେଉଛି ତତ୍ତ୍ୱ । ସତ୍ୟ-ଜ୍ଞାନ ହେଉଛି ତା'ର ଶରୀର ଏବଂ ସତ୍ୟର ଆଚରଣ ହେଉଛି ଆତ୍ମା ।

ଦର୍ଶନ

ଧର୍ମ-ମୂଳକ ଦର୍ଶନ ଚାରୋଟି ପ୍ରଶ୍ନ ଆଧାରରେ ଗତି କରିଥାଏ । ୧.ବନ୍ଧ, ୨.ବନ୍ଧ- ହେତୁ (ଆସ୍ରବ) ୩.ମୋକ୍ଷ ୪. ମୋକ୍ଷ ହେତୁ (ସଂବର-ନିର୍ଜରା) । ସଂକ୍ଷେପରେ ତତ୍ତ୍ୱର ସଂଖ୍ୟା ହେଉଛି ଦୁଇ- ଆସ୍ରବ ଓ ସଂବର । ପ୍ରବହମାନ କାଳଖଣ୍ଡରେ ବାରମ୍ବାର ଏହି ବାଣୀ ମୁଖରିତ ହୋଇଥାଏ ।

ଆସ୍ରବୋ ଭବହେତୁଃ ସ୍ୟାତ୍ ସଂବରୋ ମୋକ୍ଷକାରଣାମ୍ ।
ଇତୀୟମାର୍ହତୀ ଦୃଷ୍ଟିରନ୍ୟଦସ୍ୟାଃ ପ୍ରପଞ୍ଚନମ୍ ॥

ବୀତରାଗସ୍ତୋତ୍ର, ୧୯/୬

ବେଦାନ୍ତରେ ବିଦ୍ୟା, ଅବିଦ୍ୟା ରୂପରେ ଏହି ତତ୍ତ୍ୱ ସ୍ଥାନ ପାଇଥାଏ ।

ଅବିଦ୍ୟା ବନ୍ଧହେତୁଃ ସ୍ୟାତ୍, ବିଦ୍ୟାସ୍ୟାତ୍ ମୋକ୍ଷ କରଣମ୍ ।
ମମେତି ବଧ୍ୟତେ ଜନ୍ତୁଃ ନ ମମେତି ବିମୁଖତେ ॥

ବୌଦ୍ଧ ଦର୍ଶନର ଚାରି ଆର୍ଯ୍ୟ-ସତ୍ୟ ଆଉ କ'ଣ ହୋଇପାରେ ? ତାହା ହେଉଛି - ୧.ଦୁଃଖ - ହେୟ । ୨.ସମୁଦୟ- ହେୟ ହେତୁ । ୩. ମାର୍ଗ-ହାନୋପାୟ ବା ମୋକ୍ଷ-ଉପାୟ । ୪. ନିରୋଧ ହାନ ବା ମୋକ୍ଷ ।

ଏହି ତତ୍ତ୍ୱ ଆମକୁ ପାତଞ୍ଜଳି-ଯୋଗସୂତ୍ର ତଥା ବ୍ୟାସ ଭାଷ୍ୟରେ ମଧ୍ୟ ମିଳିଯିବ । [୧୦] ଯୋଗଦର୍ଶନ ମଧ୍ୟ ସେହି କଥା କହିଥାଏ - ବିବେକୀ ପକ୍ଷରେ ସଂଯୋଗ ହେଉଛି ଦୁଃଖ ଏବଂ ଦୁଃଖ ସର୍ବଦା ହେୟ । [୧୧] ତ୍ରିବିଧ ଦୁଃଖ ପ୍ରହାର ଦ୍ୱାରା ପୀଡ଼ିତ ମନୁଷ୍ୟ ଦୁଃଖ ନାଶ ସକାଶେ ଜିଜ୍ଞାସୁ ହୁଏ । [୧୨]

---

[୧୦] ବ୍ୟାସ ଭାଷ୍ୟ, ୨।୧୫: ଯଥା ଚିକିତ୍ସା ଶାସ୍ତ୍ରଂ ଚତୁର୍ବ୍ୟୂହ୍ୟମ୍-ରୋଗୋ,ରୋଗହେତୁଃ, ଆରୋଗ୍ୟଂ, ଭୈଷଜ୍ୟମ୍ଇତି, ଏବମିଦମପି ଶାସ୍ତ୍ରଂ ଚତୁର୍ବ୍ୟୂହ୍ୟମ୍, ତଦ୍ ଯଥା- ସଂସାରଃ, ସଂସାର ହେତୁଃ, ମୋକ୍ଷୋ, ମୋକ୍ଷୋପାୟ ଇତି ।

[୧୧] ଯୋଗସୂତ୍ର, ୨।୧୫।୧୬

[୧୨] ସାଂଖ୍ୟକାରିକା, ୧

'ନୃଣାମେକୋ ଗମ୍ୟସ୍ତ୍ୱମସି ଖଲୁ ନାନାପଥଜୁଷାମ୍' - ଗମ୍ୟ ଏକ, ତା'ର ମାର୍ଗ ଅନେକ । ସତ୍ୟ ଏକ, ଶୋଧ ପଦ୍ଧତିଭିନ୍ନ ଭିନ୍ନ ହୋଇଥାଏ । ସତ୍ୟର ଶୋଧ ତଥା ସତ୍ୟର ଆଚରଣ ହିଁ ଧର୍ମ । ସତ୍ୟ-ଶୋଧ ସକାଶେ ଗଠିତ ସଂସ୍ଥା, ସଂପ୍ରଦାୟ ବା ସମାଜ ଧର୍ମନୁହନ୍ତି । ସଂପ୍ରଦାୟର ବିଭିନ୍ନ ରୂପ ପ୍ରକଟିତ ହୋଇଛି, କିନ୍ତୁ ସତ୍ୟ ହୋଇଛି ଏକ । ସତ୍ୟ, ଶୁଦ୍ଧ, ନିତ୍ୟ ଓ ଶାଶ୍ୱତ ହୋଇଥାଏ । ସାଧନ ରୂପରେ ତାହା ଅହିଂସା ତଥା ସାଧ୍ୟରୂପରେ ହେଉଛି ମୋକ୍ଷ ।

ମୋକ୍ଷ ମାନେ କ'ଣ ? ଦୁଃଖରୁ ସୁଖ ଦିଗରେ ପ୍ରସ୍ଥାନ ଏବଂ ଦୁଃଖରୁ ମୁକ୍ତି ହେଉଛି ମୋକ୍ଷ । ନିର୍ଜରା-ଆତ୍ମ ଶୁଦ୍ଧି ହେଉଛି ସୁଖ । ପାପ-କର୍ମ ଦୁଃଖ । ଭଗବାନ ମହାବୀରଙ୍କ ଦୃଷ୍ଟି ପାପର ଫଳ ଉପରେ ନୁହେଁ ପାପରମୂଳ ଉପରେ ପ୍ରହାର କରିଥାଏ । ସେ କହିଛନ୍ତି- 'ମୂଳ ଛେଦନ କର ।' କାମ-ଭୋଗ କ୍ଷଣିକ ସୁଖ ପ୍ରଦାନ କରିଥାଏ, କିନ୍ତୁ ବହୁକାଳ ପର୍ଯ୍ୟନ୍ତ ଦୁଃଖ ଦେଇଥାଏ । ସଂସାର ହେଉଛି ମୋକ୍ଷର ବିରୋଧୀ,ତେଣୁ ତାହା ସୁଖ ହୋଇ ନ ପାରେ । ଦୁଃଖ ସମସ୍ତଙ୍କୁ ଅପ୍ରିୟ ଲାଗିଥାଏ । ସଂସାର ହେଉଛି ଦୁଃଖମୟ । ଜନ୍ମ ଦୁଃଖ, ବାର୍ଦ୍ଧକ୍ୟ ଦୁଃଖ ଏବଂ ମୃତ୍ୟୁ ହେଉଛି ଦୁଃଖ । ଆତ୍ମ ବିକାଶର ପରିପୂର୍ଣ୍ଣତାରେ ଜନ୍ମ, ମୃତ୍ୟୁ ରୋଗ କିମ୍ବା ଜରା, କିଛି ବି ନ ଥାଏ ।

ମୋକ୍ଷ

ଦର୍ଶନର ବିଚାର ପ୍ରାରମ୍ଭ ହୋଇ ଯେଉଁଠାରେ ବିଶ୍ରାମ ନିଏ, ସେଠାରେ କେବଳ ବନ୍ଧ ମୋକ୍ଷ ହିଁ ରହିଥାଏ । ମୋକ୍ଷ-ଦର୍ଶନ-ଚିନ୍ତନର ଏହା ହିଁ ମର୍ଯ୍ୟାଦା ଅନ୍ୟ ବିଚାରଗୁଡ଼ିକ, ଏହି ପରିବାରର ସଦସ୍ୟ ହୋଇପାରନ୍ତି । ଭଗବାନ ମହାବୀର ଦୁଇ ପ୍ରକାର ପ୍ରଜ୍ଞା ନିରୂପଣ କରିଛନ୍ତି - ଜ୍ଞ ଓ ପ୍ରତ୍ୟାଖ୍ୟାନ - ଜାଣିବା ଓ ଛାଡ଼ିବା । ସବୁଯାକ ପଦାର୍ଥ ହେଉଛି ଜ୍ଞେୟ । ଆତ୍ମା ସହିତ ଯେଉଁ ବିଜାତୀୟ ସଂବନ୍ଧ ରହିଛି ତାହା ହେଉଛି ହେୟ । ଉପାଦେୟ ହେୟ ବ୍ୟତୀତ ଆଉ କିଛି ବି ନାହିଁ । ଆତ୍ମାର ନିଜସ୍ୱ ରୂପ ହେଲା ସତ୍, ଚିତ୍ ଏବଂ ଆନନ୍ଦଘନ । ହେୟରୁମୁକ୍ତ ନ ହେବା ପର୍ଯ୍ୟନ୍ତ ଆତ୍ମା ଗ୍ରହଣ-ବର୍ଜନର ଜାଲରେ ଛନ୍ଦି ହୋଇ ରହିଥାଏ । ହେୟରୁ ତ୍ରାଣ ପାଇଲା ମାତ୍ରକେ ଆତ୍ମା ନିଜ ରୂପରେ ଆସିଯାଏ । ଏହି ସ୍ଥିତିରେ ବାହାରୁ କିଛି ଗ୍ରହଣ କରେ ନାହିଁ ଏବଂ କିଛି ତା'ର ଆବଶ୍ୟକତା ମଧ୍ୟ ରହେ ନାହିଁ ।

ଶରୀର ଏବଂ ତା'ର ଧର୍ମ ଏଠାରେ ରହିଯାଏ । ଶରୀରର ମୁଖ୍ୟ ଧର୍ମ ହେଉଛି ଚାରି - ୧.ଆହାର ୨.ଶ୍ୱାସ-ଉଚ୍ଛ୍ୱାସ ୩. ବାଣୀ, ୪.ଚିନ୍ତନ । ଏହିସବୁ ଧର୍ମର ଅବସ୍ଥିତି ଯୋଗୁଁ ସଂସାରଚକ୍ର ଚାଲିଥାଏ । ବିଚାର ଓ ସମ୍ପର୍କର ଅବିଚ୍ଛିନ୍ନ ଶୃଙ୍ଖଳା ଲାଗି ରହେ । ଜୀବନରେ ବହୁବିଧ ରସର ସଂଚାର ହୁଏ ।

ସତ୍ୟର ପରିଭାଷା

ପ୍ରଶ୍ନ ହେଉଛି - ସତ୍ୟ କାହାକୁ କହିବା ? ଜୈନ ଆଗମ ମତରେ - 'ଜିନ (ଆପ୍ତ ଓ ବୀତରାଗ ପୁରୁଷ) ବାଣୀ ହିଁ ସତ୍ୟ ।'

ତମେବ ସଚ୍ ଚଂ ନିସ୍‌ସଂକଂ ଜଂ ଜିଣେହିଂ ପବେଇୟଂ ।

ଭଗବଇ, ୧/୧୩୧

ବୈଦିକ ସିଦ୍ଧାନ୍ତ ଅନୁସାରେ - 'ଆତ୍ମା ସଦୃଶ ଗୂଢ଼ ତତ୍ତ୍ୱର, କ୍ଷୀଣ ଦୋଷୟତି (ବୀତରାଗୀ) ହି ସାକ୍ଷାତ୍‌କାର କରିଥାଏ ।

'ସତ୍ୟେନ ଲଭ୍ୟସ୍ତପସାହ୍ୟେଷ ଆତ୍ମା,
ସମ୍ୟପ୍ ଜ୍ଞାନେନ ବ୍ରହ୍ମଚର୍ଯ୍ୟେଣ ନିତ୍ୟମ୍ ।
ଅନ୍ତଃ ଶରୀରେ ଜ୍ୟୋତିର୍ମୟୋ ହି ଶୁଭ୍ରୋ,
ଯଂ ପଶ୍ୟନ୍ତି ଯତୟଃ କ୍ଷୀଣଦୋଷାଃ ।'

ମୁଣ୍ଡକ ଉପନିଷଦ, ୩/୫

ଏହାଙ୍କ ବାଣୀ ହେଉଛି ଅଧ୍ୟାତ୍ମବାଦୀମାନଙ୍କ ପାଇଁ ପ୍ରମାଣ । କାରଣ ବୀତରାଗ, ଅନ୍ୟଥାଭାଷୀ ନୁହନ୍ତି । ଅସତ ବଚନର ତିନି ମୂଳ କାରଣ ହେଉଛି ରାଗ, ଦ୍ୱେଷ ଓ ମୋହ । ଯେଉଁ ବ୍ୟକ୍ତି କ୍ଷୀଣଦୋଷ, ଅର୍ଥାତ୍ ଏହି ଦୋଷତ୍ରୟରୁ ମୁକ୍ତ, ସେ କଦାପି ଅସତ୍ୟ ଭାଷିବ ନାହିଁ ।

ବୀତରାଗ, ଅନ୍ୟଥା ଭାଷୀ ନୁହନ୍ତି - ଏହା ହେଉଛି ଆମ ପ୍ରତିପାଦ୍ୟର ଦ୍ୱିତୀୟ ପକ୍ଷ । ଏହା ପୂର୍ବରୁ ସେମାନଙ୍କଠାରେ ପଦାର୍ଥ ସମୂହର ଯଥାର୍ଥ ଜ୍ଞାନ ରହିଥିବା ଆବଶ୍ୟକ । ଆବରଣଶୂନ୍ୟ ଲୋକ ହିଁ ଯଥାର୍ଥ ଜ୍ଞାନଯୁକ୍ତ ହୋଇପାରିବ । ନିରାବରଣ ଅର୍ଥାତ୍ ଯଥାର୍ଥଦ୍ରଷ୍ଟା । ବୀତରାଗ ବାଣୀ ଅର୍ଥାତ୍ ଯଥାର୍ଥବକ୍ତୃତ୍ୱ । ଉପରୋକ୍ତ ଦୁଇଟି ପ୍ରତିଜ୍ଞା, ଆମ ସତ୍ୟମୂଳକ ଧାରଣାର ସମାନ୍ତର ରେଖା ଅଟନ୍ତି । ଏହାରି ଆଧାରରେ ଆମେ ଆପ୍ତ ଉପଦେଶକୁ ଆଗମ ସିଦ୍ଧାନ୍ତ ବୋଲି ସ୍ୱୀକାର କରିଥାଉ ।

'ଅଭିଧେୟଂ ଯଥାବସ୍ଥିତଂ ଯୋ ଜାନାତି ଯଥାଜ୍ଞାନଂ ଚାଭିଧତ୍ତେ ସ ଆପ୍ତଃ । (ପ୍ରମାଣ ନୟ ତତ୍ୱାଲୋକାଳଙ୍କାର, ୪।୪) । ଏହାର ଫଳିତାର୍ଥ ହେଲା - ଯଥାର୍ଥ ଜ୍ଞାତା ଏବଂ ଯଥାର୍ଥ ବକ୍ତାଙ୍କଠାରୁ ଆମକୁ ଯାହା ମିଳିଲା ତାହା ହିଁ ସତ୍ୟ ।

ସ୍ୱତନ୍ତ୍ର ବିଚାରକମାନଙ୍କ ଦୃଷ୍ଟିକୋଣ ରହିଛି ଯେ ଦାର୍ଶନିକ ପରମ୍ପରାର ଅବଲମ୍ବନ ନେଇ ଭାରତରେ ଅନ୍ଧବିଶ୍ୱାସ ଜନ୍ମ ନେଇଛି । ପ୍ରତ୍ୟେକ ମନୁଷ୍ୟଠାରେ ବୁଦ୍ଧି, ତର୍କ ଓ ଅନୁଭବ ରହିଛି । ଅମୁକ ଲୋକ ବା ଅମୁକ ଶାସ୍ତ୍ରର ବାଣୀ ହୋଇଥିବାରୁ ଏହା ସତ୍ୟ- ଏହା ସେ କାହିଁକି ସ୍ୱୀକାର କରିବ ? ସେ ଆପଣା ଜ୍ଞାନ-ସଂପଦାର ଲାଭ ଆହରଣ କରିବା ଉଚିତ । ମହାତ୍ମା ବୁଦ୍ଧ ନିଜ ଶିଷ୍ୟମାନଙ୍କୁ କହିଲେ - "କୌଣସି ଗ୍ରନ୍ଥକୁ ସ୍ୱତଃ ପ୍ରମାଣ ବୋଲି ଗ୍ରହଣ କରିନେବା ଉଚିତ୍ ନୁହେଁ । ଏହାଦ୍ୱାରା ବୁଦ୍ଧି ଓ ଅନୁଭୂତିର ପ୍ରାମାଣିକତା ନଷ୍ଟ ହୋଇଯିବ । ଏହି ଦ୍ୱନ୍ଦ୍ୱ ଦୂର କରିବାକୁ ହେଲେ ଆମକୁ ଦର୍ଶନ ବିକାଶର ଇତିହାସ ପ୍ରତି ବିହଙ୍ଗମ ଦୃଷ୍ଟି ନିକ୍ଷେପ କରିବାକୁ ହେବ ।

ଦର୍ଶନର ଉତ୍ପତ୍ତି

ଉପନିଷଦ କାଳରୁ ବୈଦିକ ଦର୍ଶନ ଯୁଗର ପ୍ରାରମ୍ଭ । ଆଧୁନିକ ଗବେଷକମାନଙ୍କ ମୁତାବିକ ପ୍ରାୟ ଚାରିହଜାର ବର୍ଷ ପୂର୍ବେ ଉପନିଷଦ ନିର୍ମାଣ ପ୍ରକ୍ରିୟାର ସୂତ୍ରପାତ ହୋଇଥିଲା । ଲୋକମାନ୍ୟ ତିଳକ, ମୈତ୍ର୍ୟୁପନିଷଦର ରଚନାକାଳ ଖ୍ରୀ:ପୂ:୧୮୮୦ ଠାରୁ ଖ୍ରୀ:ପୂ: ୧୬୮୦ ମଧ୍ୟରେ ହୋଇଥିବାର ପ୍ରମାଣ ଦିଅନ୍ତି । ବୌଦ୍ଧମାନଙ୍କ ଦାର୍ଶନିକ ଯୁଗ ଖ୍ରୀ:ପୂ: ପଞ୍ଚମ ଶତାବ୍ଦୀରୁ ଆରମ୍ଭ ହୋଇଛି । ଜୈନମାନଙ୍କ ଦର୍ଶନ ଯୁଗ, ଯାହା ବର୍ତ୍ତମାନ ଉପଲବ୍ଧ, ବୌଦ୍ଧମାନଙ୍କ ସମସାମୟିକ । କିନ୍ତୁ ଭଗବାନ ପାର୍ଶ୍ୱନାଥଙ୍କ ପରମ୍ପରା ଏହା ସହିତ ସଂପୃକ୍ତ ନୁହେଁ । ଏଠାରେ ଏହା କହିବା ଆବଶ୍ୟକ ନୁହେଁ ଯେ ଆମେ ଯେଉଁ ଦାର୍ଶନିକ ଯୁଗର ଉଲ୍ଲେଖ କରିଥାଉଁ ତା'ର ସଂବନ୍ଧ ଦର୍ଶନର ଉତ୍ପତ୍ତି ସହିତ ରହିଛି । ବସ୍ତୁବୃତ୍ତ୍ୟା ସେହି ନିର୍ଦ୍ଦିଷ୍ଟକାଳ ହେଉଛି ଆଗମ ପ୍ରଣୟନ କାଳ । କିନ୍ତୁ ଦର୍ଶନର ଉତ୍ପତ୍ତି ଆଗମରୁ ହୋଇଛି, ଏହା ଉପରେ ପରେ ବିଶଦ୍ ଭାବରେ ବର୍ଣ୍ଣନା କରାଯିବ । ଏହିସବୁ କାରଣରୁ ଏହିଠାରେ ସେହି ଯୁଗକୁ ଦାର୍ଶନିକ ଯୁଗର ସଂଜ୍ଞା ଦିଆଯାଇଛି । ଦାର୍ଶନିକ ଗ୍ରନ୍ଥ ରଚନା ତଥା ପୁଷ୍ଟ ପ୍ରାମାଣିକ ପରମ୍ପରା ଅନୁସାରେ ବୈଦିକ, ଜୈନ ଓ ବୌଦ୍ଧ ସମସ୍ତଙ୍କ ଦର୍ଶନ ଯୁଗ ପ୍ରାୟ ବିକ୍ରମାଦିତ୍ୟଙ୍କ ଏକଶହ ବର୍ଷ ପୂର୍ବ ବା ଏକଶତାବ୍ଦୀ ପରେ ଆରମ୍ଭ ହୋଇଛି । ଏହାର ପୂର୍ବକୁ 'ଆଗମ' ଯୁଗ କୁହାଯାଇପାରିବ । ଏହି କାଳଖଣ୍ଡରେ ଋଷିମାନେ ଉପଦେଶ ପ୍ରଦାନ କରୁଥିଲେ ଏବଂ ସେମାନଙ୍କ ଉପଦେଶ ଆଗମରେ ପରିଣତ ହେଉଥିଲା । ପ୍ରବର୍ତ୍ତକ ଋଷିଙ୍କୁ ସତ୍ୟଦ୍ରଷ୍ଟା କହି ଅନୁଯାୟୀମାନେ ସେମାନଙ୍କୁ ସମର୍ଥନ କରୁଥାନ୍ତି । ଋଷିମାନଙ୍କ ନିଜସ୍ୱ ବାଣୀ ନିଃସୃତ ହେଉଥାଏ - 'ମୁଁ ଏପରି କହୁଛି ।'[୧୩] ଦାର୍ଶନିକ ଯୁଗରେ ଏହା ବଦଳିଗଲା । ଦାର୍ଶନିକ କହିଲେ - 'ଏହି କାରଣରୁ ଏହା ଏପରି ଅଟେ ।'

---

[୧୩] ଆୟାରୋ, ୧/୧୧୮; ୪/୧ ଆଦି-ଆଦି - ସେ ବେମି ।

ଆଗମ ଯୁଗ ଥିଲା ଶ୍ରଦ୍ଧା ପ୍ରଧାନ କିନ୍ତୁ ଦର୍ଶନ ଯୁଗ ହେଉଛି ପରୀକ୍ଷା-ପ୍ରଧାନ । ତେବେ ଆଗମ ଯୁଗରେ ପରୀକ୍ଷା ତଥା ଦର୍ଶନ ଯୁଗର ଶ୍ରଦ୍ଧା ଅତ୍ୟନ୍ତ ପରିମାଣରେ ଉପେକ୍ଷିତ ନ ଥିଲେ । ଉପେକ୍ଷା କରିବା ସହଜ ନୁହେଁ । ଏହି ତଥ୍ୟର ସୂଚନା ଦେବାକୁ ଏଠାରେ ଶ୍ରଦ୍ଧା ଓ ପରୀକ୍ଷା ସହିତ ପ୍ରଧାନ ଶବ୍ଦର ପ୍ରୟୋଗ କରାଯାଇଛି । ଆଗମର ପ୍ରମାଣ ସକାଶେ ପର୍ଯ୍ୟାପ୍ତ ସ୍ଥାନ ସଂରକ୍ଷିତ ରହିଛି । ଏଠାରେ ଆମେ ଆଜ୍ଞାରୁଚି ଏବଂ ସଂକ୍ଷେପରୁଚିର ଦର୍ଶନ କରିପାରିବା । ଏହା ସହିତ ବିସ୍ତାରରୁଚି ମଧ୍ୟ ଉପଲବ୍ଧ ହୋଇଥାଏ । ଏହି ରୁଚି ସମୂହର ଅଧ୍ୟୟନ ଦ୍ୱାରା ଆମେ ଏହି ନିଷ୍କର୍ଷରେ ପହଞ୍ଚିଥାଉଁ ଯେ ଦର୍ଶନ-ଯୁଗ ବା ଆଗମ-ଯୁଗ ଅମୁକ ସମୟରେ ସୀମିତ ନ ଥାଇ ବ୍ୟକ୍ତିର ଯୋଗ୍ୟତାର ପ୍ରମାଣ ଦେଇଥାଏ । ଦାର୍ଶନିକ ଯୁଗ ଅର୍ଥାତ୍ ବିସ୍ତାର-ରୁଚି-ଯୋଗ୍ୟତାଯୁକ୍ତ ଲୋକଙ୍କର ଏବଂ ଆଜ୍ଞା-ରୁଚି ବା ସଂକ୍ଷେପ-ରୁଚିଯୁକ୍ତ ଲୋକଙ୍କର ଆଗମ-ଯୁଗ ହୋଇଥାଏ । ପ୍ରକାରାନ୍ତରେ ଦେଖିଲେ ଦାର୍ଶନିକ ଯୁଗ ଅର୍ଥାତ୍ ବିସ୍ତାର-ରୁଚି ଆଗମିକ ଯୁଗ ଅର୍ଥାତ୍ ଆଜ୍ଞା-ରୁଚି ।

ଦର୍ଶନର ହେତୁ ବିଶ୍ଳେଷଣ କରିବାକୁ ଯାଇ ବୈଦିକ ଗ୍ରନ୍ଥକାର ଲେଖିଛନ୍ତି - 'ଶ୍ରୋତ ବାକ୍ୟ ଶୁଣିବା, ଯୁକ୍ତିଦ୍ୱାରା ସେଗୁଡ଼ିକର ମନନ ଏବଂ ମନନ ପରେ ସତତ ଚିନ୍ତନ କରିବା ହେଉଛି ଦର୍ଶନର ହେତୁ ।'[୧୪] ବିସ୍ତାରରୁଚିର ବ୍ୟାଖ୍ୟା କରିବାକୁ ଯାଇ ଜୈନ ସୂତ୍ର କହୁଛି - ଦ୍ରବ୍ୟଗୁଡ଼ିକର ସବୁ ପର୍ଯ୍ୟାୟକୁ ପ୍ରତ୍ୟକ୍ଷ-ପରୋକ୍ଷ ଆଦି ପ୍ରମାଣ ଓ ନୈଗମ ଆଦି ନୟ (ସମୀକ୍ଷକ ଦୃଷ୍ଟି) ଦ୍ୱାରା କରାଯାଉଥିବା ଅବବୋଧ ହେଉଛି ବିସ୍ତାର-ରୁଚି ।[୧୫]

ଏହି କାରଣରୁ ଆଗମରେ ଦର୍ଶନ ଓ ଦର୍ଶନରେ ଆଗମର ବ୍ୟାପ୍ତି ସଂଭବପର ହୋଇଥାଏ । ତାତ୍ପର୍ଯ୍ୟ ଦୃଷ୍ଟିରୁ ଦେଖିଲେ ଅଳ୍ପ ବୁଦ୍ଧି ପାଇଁ ଆଜି ବି ଆଗମ ଯୁଗ ତଥା ବିଶଦ୍ ବୁଦ୍ଧି ବ୍ୟକ୍ତିଙ୍କ ସକାଶେ ପୂର୍ବକାଳରେ ମଧ୍ୟ ଦର୍ଶନ ଯୁଗ ଥିଲା । କିନ୍ତୁ ନିରୋଳା ଭାବରେ ଏହା ସ୍ୱୀକାର କରିନେବା ଦୃଷ୍ଟିସଂଗତ ନୁହେଁ । ମଣିଷ ଯେତେ ଅଳ୍ପ ବୁଦ୍ଧି ହୋଇଥାଉ ନା କାହିଁକି ତା'ଠାରେ ବି କିଛି ପରିମାଣରେ ପରୀକ୍ଷାର ଭାବ ନିଶ୍ଚୟ ରହିଥିବ । ଅନ୍ୟପକ୍ଷରେ ବିଶଦ୍ ବୁଦ୍ଧି ସକାଶେ ବି ଶ୍ରଦ୍ଧା ଅତ୍ୟନ୍ତ ଜରୁରୀ । ତେଣୁ ଆଚାର୍ଯ୍ୟମାନଙ୍କ ଦୃଢ଼ ମତ ହେଉଛି - ଆଗମ ଓ ପ୍ରମାଣ- ଅନ୍ୟ ଶବ୍ଦରେ ଶ୍ରଦ୍ଧା ଓ ଯୁକ୍ତି - ଏହି ଦୁଇ ତତ୍ତ୍ୱର ସମନ୍ୱୟ ଫଳରେ ଦୃଷ୍ଟିରେ ପୂର୍ଣ୍ଣତା ଆସେ । ଅନ୍ୟଥା ସତ୍ୟ-ଦର୍ଶନର ଦୃଷ୍ଟିରେ ଅପୂର୍ଣ୍ଣତା ରହିଯାଏ ।

ବିଶ୍ୱରେ ଦୁଇ ପ୍ରକାର ପଦାର୍ଥ ରହିଛି - 'ଇନ୍ଦ୍ରିୟ ବିଷୟ ଓ ଅତୀନ୍ଦ୍ରିୟ ବିଷୟ । ଐନ୍ଦ୍ରେୟିକ ପଦାର୍ଥକୁ ଜାଣିବା ସକାଶେ ଯୁକ୍ତି ତଥା ଅତୀନ୍ଦ୍ରିୟ ପଦାର୍ଥକୁ ଜାଣିବା ପାଇଁ ଆଗମ - ଏହି ଦୁଇ ତତ୍ତ୍ୱ ମିଶି ଆମ ସତ୍ୟୋନ୍ମୁଖ ଦୃଷ୍ଟିକୁ ପରିପୂର୍ଣ୍ଣ କରିଥାନ୍ତି ।

ଆଗମଶ୍ଚୋପପତ୍ତିଶ୍ଚ ସଂପୂର୍ଣ୍ଣ ଦୃଷ୍ଟିକାରଣମ୍ ।
ଅତୀନ୍ଦ୍ରିୟାଣାମର୍ଥାନାଂ ସଦ୍‌ଭାବ ପ୍ରତିପତ୍ତୟେ ॥

ଏଠାରେ ଆମେ ଅତୀନ୍ଦ୍ରିୟକୁ ଅହେତୁଗମ୍ୟ ପଦାର୍ଥ ଅର୍ଥରେ ଥୋଇବାକୁ ହେବ, ଅନ୍ୟଥା ବିଷୟରେ ସଂଗତି ରହିବ ନାହିଁ । କାରଣ ଯୁକ୍ତି ବଳରେ ମଧ୍ୟ ଅନେକ ଅତୀନ୍ଦ୍ରିୟ ପଦାର୍ଥକୁ ଜାଣି ହୋଇଥାଏ । କେବଳ ଅହେତୁଗମ୍ୟ ପଦାର୍ଥ ସ୍ଥଳରେ ଯୁକ୍ତି କାଟୁ କରେ ନାହିଁ । ଭାବର ଦ୍ୱିବିଧତା ହେଉଛି ଆମ ଦୃଷ୍ଟିର ଦୁଇ ଅଂଗର ଆକାର । ଜ୍ଞେୟତ୍ୱ ଅପେକ୍ଷାରେ ପଦାର୍ଥ ଦୁଇ ଭାଗରେ ବିଭକ୍ତ - ହେତୁଗମ୍ୟ ତଥା ଅହେତୁଗମ୍ୟ । ଜୀବର ଅସ୍ତିତ୍ୱ ହେଉଛି ହେତୁଗମ୍ୟ ।

---

(୧୪) ଶ୍ରୋତବ୍ୟଃ ଶ୍ରୁତି ବାକ୍ୟେଭ୍ୟଃ, ମନ୍ତବ୍ୟଶ୍ଚୋପପତ୍ତିଭିଃ ।
ମତ୍ୱା ଚ ସତତଂ ଧ୍ୟେୟଂ ଏତେ ଦର୍ଶନ ହେତବଃ ॥

(୧୫) ଦବ୍‌ବାଣ ସବ୍‌ଭାବୋ, ସବ୍‌ବପମାଣେହି ଜସ୍‌ସଭବଲଦ୍ଧୋ ।
ସବ୍‌ବାହିଂ ନୟ ବିହିହିଂ,ବିତ୍‌ଥାର ରୁଇତ୍ତି ନାୟବ୍‌ବୋ ॥ -ଉତ୍ତରଜ୍‌ଝୟଣାଣି, ୨୮।୨୪

ସ୍ୱସଂବେଦନ-ପ୍ରତ୍ୟକ୍ଷ, ଅନୁମାନ ଆଦି ପ୍ରମାଣ ଦ୍ୱାରା ଏହା ସିଦ୍ଧ ହୋଇଥାଏ । ରୂପକୁ ଦେଖି ରସର ଅନୁମାନ, ସଘନ ମେଘ ମଣ୍ଡଳକୁ ଦେଖି ବର୍ଷାର ଅନୁମାନ ହେଉଛି ହେତୁଗମ୍ୟ । ପୃଥ୍ୱୀକାୟିକ ଜୀବର ଶ୍ୱାସୋଚ୍ଛ୍ୱାସ ହେଉଛି ଅହେତୁଗମ୍ୟ । ଅଭବ୍ୟ ଜୀବ ମୋକ୍ଷପ୍ରାପ୍ତ କରିପାରିବେ ନାହିଁ । କିନ୍ତୁ କାହିଁକି କରିପାରିବେ ନାହିଁ । ଏହା ଯୁକ୍ତି ବା କାରଣ ଦ୍ୱାରା ବୁଝାଇହେବ ନାହିଁ । ସାମାନ୍ୟ ଯୁକ୍ତିରେ ମଧ୍ୟ କୁହାଯାଇଥାଏ - 'ସ୍ୱଭାବେ ତାର୍କିକା ଭଗ୍ନାଃ' - ସ୍ୱଭାବ ସମ୍ମୁଖରେ ପ୍ରଶ୍ନର ଅସ୍ତିତ୍ୱ ରହେ ନାହିଁ । ଆକାଶ ନୁହେଁ ଅଗ୍ନି ଜଳିଥାଏ - ଏଠାରେ ତର୍କ ପାଇଁ କୌଣସି ଅବକାଶ ନାହିଁ ।

ଆଗମ ଓ ତର୍କର ଯେଉଁ ପୃଥକ୍ କ୍ଷେତ୍ର ନିରୂପଣ କରାଯାଇଛି, ତାହାକୁ ସ୍ୱୀକାର ନ କରିଲେ ସତ୍ୟର ଦର୍ଶନ ହୋଇପାରିବେ ନାହିଁ । ବୈଦିକ ସାହିତ୍ୟରେ ମଧ୍ୟ ସମଗ୍ର ଦୃଷ୍ଟି ସକାଶେ ଉପଦେଶ ଓ ତର୍କପୂର୍ଣ୍ଣ ମନନ ତଥା ନିଦିଧ୍ୟାସନର ଆବଶ୍ୟକତା ବର୍ଣ୍ଣିତ ହୋଇଛି ।

ଶ୍ରବଣଂ ତୁ ଗୁରୋଃ ପୂର୍ବଂ, ମନନଂ ତଦନନ୍ତରମ୍ ।
ନିଦିଧ୍ୟାସନମିତ୍ୟେତତ୍, ପୂର୍ଣ୍ଣବୋଧସ୍ୟ କାରଣମ୍ ॥

ଶୁକ୍ର ରହସ୍ୟ, ୩/୧୩

ଶ୍ରଦ୍ଧା ଓ ତର୍କର ଅତିରଞ୍ଜନ ହେଉଥିବା ସ୍ଥଳରେ ଐକାନ୍ତିକତା ପ୍ରବେଶ କରିଥାଏ । ଏହାଦ୍ୱାରା ଅଭିନିବେଶ, ଆଗ୍ରହ ଅଥବା ମିଥ୍ୟାତ୍ୱ ଜାତ ହୁଏ । ଆଚାର୍ଯ୍ୟମାନେ କହିଛନ୍ତି ଯେ ହେତୁବାଦ ପକ୍ଷରେ ହେତୁର ପ୍ରୟୋଗ କରୁଥିବା ଲୋକ ଏବଂ ଆଗମ ପକ୍ଷରେ ଯେ ଆଗମିକ, ସେ ହିଁ ସ୍ୱ-ସିଦ୍ଧାନ୍ତର ଜ୍ଞାତା ହୋଇପାରିବ । ଏହି ସିଦ୍ଧାନ୍ତର ବିପରୀତ ଯାତ୍ରା କରୁଥିବା ଲୋକ ସିଦ୍ଧାନ୍ତର ବିରାଧକ ହୋଇଥାଏ ।

ଆଗମ : ତର୍କର ତରାଜୁରେ

ଯଦି ଜଣେ ମାତ୍ର ଦ୍ରଷ୍ଟା ଋଷି କିମ୍ବା ଗୋଟିଏ ପ୍ରକାର ଆଗମ ହିଁ ରହିଥାନ୍ତା ତେବେ ଆଗମକୁ ତର୍କର କଷଟିରେ ନିଜ ଅନାବିଳତାର ପରୀକ୍ଷା ଦେବାକୁ ପଡ଼ନ୍ତା ନାହିଁ । କିନ୍ତୁ ମତବାଦ ଅନେକ ରହିଛି, ଋଷି ମଧ୍ୟ ଅନେକ ରହିଛନ୍ତି । କାହାର କଥା ମାନିବା ଉଚିତ କାହାର ନୁହେଁ ? ଏହି ପ୍ରଶ୍ନ ଲୋକଙ୍କ ସାମ୍ନାରେ ଛିଡ଼ାହେଲା । ଧାର୍ମିକ ମତବାଦମାନଙ୍କ ପାରସ୍ପରିକ ସଂଘର୍ଷ ଫଳରେ ଦର୍ଶନର ବିକାଶ ଘଟିଲା ।

ଭଗବାନ ମହାବୀରଙ୍କ ସମୟରେ ୩୬୩ ମତବାଦର ଉଲ୍ଲେଖ ପ୍ରାପ୍ତ ହୁଏ । ପରେ ସେମାନଙ୍କ ଶାଖା-ପ୍ରଶାଖା ବୃଦ୍ଧି ପାଇଲା । ଏଭଳି ସ୍ଥିତିର ନିର୍ମାଣ ହେଲା ଯେ ଆଗମ ସାକ୍ଷୀରେ ନିଜ ସିଦ୍ଧାନ୍ତର ସତ୍ୟତାକୁ ସୁରକ୍ଷିତ ରଖିବା କଷ୍ଟସାଧ୍ୟ ହୋଇପଡ଼ିଲା । ସେହି ସମୟରେ ପ୍ରାୟ ସମସ୍ତ ପ୍ରମୁଖ ମତବାଦଗୁଡ଼ିକ ଆପଣା ତତ୍ତ୍ୱକୁ ବ୍ୟବସ୍ଥିତ କରିବାକୁ ଯାଇ ଯୁକ୍ତିର ଆଶ୍ରୟ ନେଲେ । ବିଜ୍ଞାନମୟ ଆତ୍ମାର ଶ୍ରଦ୍ଧା ହିଁ ମସ୍ତକ ଅଟେ (ତସ୍ୟ ଶ୍ରଦ୍ଧୈବ ଶିରଃ: ତୈତ୍ତିରୀୟ ଉପନିଷଦ ୨।୩୬- ଏହି ସୂତ୍ର 'ବେଦବାଣୀର ପ୍ରକୃତି ବୁଦ୍ଧିପୂର୍ବକ ଅଟେ' (ବୁଦ୍ଧି ପୂର୍ବା ବାକ୍ ପ୍ରକୃତିର୍ବେଦେ : ବୈଶେଷିକ ଦର୍ଶନ ୬।୧।୧) ସହିତ ଯୋଡ଼ି ହୋଇଗଲା । ଯେଉଁ ଦ୍ୱିଜ, ଧର୍ମର ମୂଳ ଶ୍ରୁତି ଓ ସ୍ମୃତିକୁ ତର୍କଶାସ୍ତ୍ର ସାହାଯ୍ୟରେ ଅପମାନ କରିଥାଏ, ସେ ନାସ୍ତିକ ଓ ବେଦ୍‌ନିନ୍ଦକ ହୋଇଥାଏ । ସାଧୁଜନ ସେମାନଙ୍କୁ ସମାଜରୁ ବହିଷ୍କୃତ କରିଦେବା ଉଚିତ ।

'ଯୋଽବମନ୍ୟେତ ମୂଳେ, ହେତୁ ଶାସ୍ତ୍ରାଶ୍ରୟାଦ୍ ଦ୍ୱିଜଃ ।
ସ ସାଧୁଭିର୍ବହିଷ୍କାର୍ଯ୍ୟୋ, ନାସ୍ତିକୋ ବେଦନିନ୍ଦକଃ ॥

ମନୁସ୍ମୃତି, ୨/୧୧

ଏହି ପରିଭାଷା ଗୌଣ ସ୍ଥାନକୁ ଖସିଗଲା । ତର୍କ ଦ୍ୱାରା ବେଦାର୍ଥର ଅନୁସନ୍ଧାନ କରୁଥିବା ଲୋକ ହିଁ ଧର୍ମକୁ ଜାଣିଥାଏ, ଅନ୍ୟ ଲୋକ ନୁହେଁ - ଏହା ପ୍ରମୁଖ ସ୍ଥାନ ଅଧିକାର କରିନେଲା । ଆଗମର ଯଥାର୍ଥତାର ଭାଗ୍ୟ ଡୋରି

ତର୍କ ହାତକୁ ଆସିଗଲା । ଚତୁର୍ଦ୍ଦିଗରେ 'ବାଦେ ବାଦେ ଜାୟତେ ତତ୍ତ୍ୱବୋଧଃର ସ୍ୱର ଗୁଞ୍ଜାୟମାନ ହେଲା । ଯେଉଁ ଧର୍ମ କଷଣ, ଛେଦନ ଓ ତାପସହନ କରିବାରେ ସକ୍ଷମ ତାହା ହିଁ ସତ୍ୟ ବିବେଚିତହେଲା । ପରୀକ୍ଷା ସମ୍ମୁଖରେ ଅମୁକ ବ୍ୟକ୍ତି ଅଥବା ଅମୁକ ବ୍ୟକ୍ତିଙ୍କ ବାଣୀ ମହତ୍ତ୍ୱହୀନ ହୋଇପଡ଼ିଲା । ବ୍ୟକ୍ତି ସମ୍ମୁଖରେ ଯୁକ୍ତିର ଉପାଧିକୁ ଯୋଗ କରାଗଲା ଯୁକ୍ତିମଦ୍ ବଚନଂ ଯସ୍ୟ ତସ୍ୟ କାର୍ଯ୍ୟଃ ପରିଗ୍ରହଃ ।

ଭଗବାନ ମହାବୀର, ମହାତ୍ମା ବୁଦ୍ଧ ଅଥବା ମହର୍ଷି ବ୍ୟାସଙ୍କ ବାଣୀ ହୋଇଥିବାରୁ ଏହା ସତ୍ୟ ଅଟେ ତଥା ଏହାର ଅନୁସରଣ କର- ଏହି କଥା ଗୌଣ ହୋଇପଡ଼ିଲା । 'ଆମ ସିଦ୍ଧାନ୍ତ ଯୁକ୍ତିଯୁକ୍ତ ହୋଇଥିବାରୁ ଏହା ହେଉଛି ସତ୍ୟ' - ଏହା ପ୍ରାଧାନ୍ୟ ଲାଭ କଲା ।

ତର୍କର ଦୁରୁପଯୋଗ

ଧାର୍ମିକମାନଙ୍କ ମଧ୍ୟରେ ମତ-ବିସ୍ତାର ଭାବ ଯେମିତି ବଢି ଚାଲିଲା, ତର୍କ କ୍ଷେତ୍ର ମଧ୍ୟ ବ୍ୟାପକ ବିସ୍ତୃତି ଲାଭ କଲା । ନ୍ୟାୟ ସୂତ୍ରକର ମାନେ ବାଦ, ଜଳ୍ପ ଓ ବିତଣ୍ଡାକୁ ତତ୍ତ୍ୱ ବୋଲି କହିଲେ - ପ୍ରମାଣ ପ୍ରମେୟ ସଂଶୟ ପ୍ରୟୋଜନ ଦୃଷ୍ଟାନ୍ତ ସିଦ୍ଧାନ୍ତାବୟବ ତର୍କ ନିର୍ଣ୍ଣୟବାଦ ଜଳ୍ପ ବିତଣ୍ଡା ହେତ୍ୱାଭାସଛଳ ଜାତିନିଗ୍ରହସ୍ଥାନାନଂ ତତ୍ତ୍ୱଜ୍ଞାନାଦ୍ ନିଃଶ୍ରେୟସାଧିଗମଃ (ନ୍ୟାୟସୂତ୍ର, ୧/୧) । ସମସ୍ତ ଦର୍ଶନରେ ବାଦ ସ୍ଥାନ ପାଇଲା ।

ବିଷୟୋ ଧର୍ମବାଦସ୍ୟ,ତତ୍ତତନ୍ତ୍ରବ୍ୟପେକ୍ଷୟା ।
ପ୍ରସ୍ତୁତାର୍ଥୋପୟୋଗ୍ୟେବ, ଧର୍ମ ସାଧନ ଲକ୍ଷଣଃ ॥

-ଧର୍ମବାଦାଷ୍ଟକ ।

ପ୍ରୟୋଜନରେ ସାମାନ୍ୟ ଅନ୍ତର ରହିଥିଲେ ମଧ୍ୟ ଜୟ-ପରାଜୟ ବ୍ୟବସ୍ଥାକୁ ମାନ୍ୟ କରାଗଲା । ଆଚାର୍ଯ୍ୟ ଓ ଶିଷ୍ୟ ମଧ୍ୟରେ ହେଉଥିବା ତତ୍ତ୍ୱଚର୍ଚ୍ଚା କ୍ଷେତ୍ରରେ ବାଦ ନିଜ ପବିତ୍ରତା ବଜାୟ ରଖିପାରିଥିଲା । କିନ୍ତୁ ପରସ୍ପର ବିରୋଧୀ ମତାନୁଯାୟୀଙ୍କ ମଧ୍ୟରେ ଚର୍ଚ୍ଚାସ୍ଥଳରେ ବାଦ, ଅଧର୍ମବାଦଠାରୁ ଅଧିକ ବିକୃତ ହୋଇପଡ଼ିଲା । ମଣ୍ଡନ ମିଶ୍ର ଏବଂ ଶଙ୍କରାଚାର୍ଯ୍ୟଙ୍କ ମଧ୍ୟରେ ହୋଇଥିବା ବାଦର ବର୍ଣ୍ଣନ ହେଉଛି ଏହାର ଜ୍ୱଳନ୍ତ ପ୍ରମାଣ (ଶଙ୍କର ଦିଗ୍‌ବିଜୟ) । ଆଚାର୍ଯ୍ୟ ସିଦ୍ଧସେନ ଜଣେ ମହାନ୍ ତାର୍କିକ ହୋଇ ମଧ୍ୟ ଶୁଷ୍କବାଦ ବିଷୟରେ ବିଚାର ବ୍ୟକ୍ତ କରିବାକୁ ଯାଇ ଲେଖିଛନ୍ତି - ଶ୍ରେୟସ୍ ଏବଂ ବାଦର ଦିଗ ହେଉଛି ଭିନ୍ନ । (ବାଦଦ୍ୱାତ୍ରିଂଶିକା,୮।୭) ।

ଭାରତରେ ପାରସ୍ପରିକ ବିରୋଧ ବୃଦ୍ଧି କରିବାରେ ଶୁଷ୍କ ତର୍କବାଦର ପ୍ରମୁଖ ଭୂମିକା ରହିଛି । ତର୍କୋଽପ୍ରତିଷ୍ଠଃ ଶ୍ରୁତୟୋ ବିଭିନ୍ନାଃ, ନୈକୋ ମୁନିର୍ଯସ୍ୟବଚଃ ପ୍ରମାଣମ୍ - ଯୁଧିଷ୍ଠିରଙ୍କ ଏହି ଉକ୍ତି, ତର୍କର ଅସ୍ଥିରତା ଏବଂ ମତବାଦର ବହୁଳତା ଦ୍ୱାରା ଉତ୍ପନ୍ନ ଜଟିଳତାର ସୂଚନା ଦେଇଥାଏ । ମଧ୍ୟସ୍ଥବୃତ୍ତି ସଂପନ୍ନ ଆଚାର୍ଯ୍ୟଗଣ ତର୍କର ଉପାଦେୟତାକୁ ସ୍ୱୀକାର କରୁଥିଲେ, କିନ୍ତୁ ଶୁଷ୍କ ତର୍କବାଦର ବିରୋଧ ମଧ୍ୟ କରୁଥିଲେ -

ଯତ୍ନାନୁମିତୋଽପ୍ୟର୍ଥଃ,କୁଶଳୈରନୁମାତୃଭିଃ ।
ଅଭିଯୁକ୍ତ ତରୈରନ୍ୟୈରନ୍ୟଥୈବୋପପଦ୍ୟତେ ॥

ଯୋଗଦୃଷ୍ଟି ସମୁଚ୍ଚୟ, ୧୪୩

ଜ୍ଞାୟେରନ୍ ହେତୁବାଦେନ, ପଦାର୍ଥ, ଯଦ୍ୟତୀନ୍ଦ୍ରିୟଃ ।
କାଳେନୈତାବତେ ପ୍ରାଜ୍ଞୈଃ,କୃତଃ ସ୍ୟାତ୍ତେଷୁ ନିଶ୍ଚୟଃ ॥

ଯୋଗଦୃଷ୍ଟି ସମୁଚ୍ଚୟ, ୧୪୪

ନଚୈତଦେବ ଯତସ୍ମାତ୍, ଶୁଷ୍କତର୍କଗ୍ରହୋ ମହାନ୍ ।
ମିଥ୍ୟାଭିମାନ ହେତୁତ୍ୱାତ୍, ତ୍ୟାଜ୍ୟ ଏବ ମୁମୁକ୍ଷିଭିଃ ॥

- ଯୋଗଦୃଷ୍ଟି ସମୁଚ୍ଚୟ, ୧୪୫

ପ୍ରସ୍ତୁତ ବିଷୟର ଉପସଂହାର କରିବା ପୂର୍ବରୁ ସତ୍ୟର ନିମ୍ନୋକ୍ତ ଦୁଇ ରୂପ ପ୍ରତି ଦୃଷ୍ଟି ନିକ୍ଷେପ କରିବାକୁ ହେବ -

୧. ଆଗମକୁ ପ୍ରମାଣ ମାନୁଥିବା ବ୍ୟକ୍ତିମାନଙ୍କ ମତାନୁସାରେ ସର୍ବଜ୍ଞମାନେ ଯାହା କହିଛନ୍ତି ଏବଂ ସର୍ବଜ୍ଞ କଥିତ ତଥା ଯୁକ୍ତି ଦ୍ୱାରା ସମର୍ଥିତ ତତ୍ତ୍ୱ ହେଉଛି ସତ୍ୟ ।

୨. ଆଗମକୁ ପ୍ରମାଣ ବୋଲି ସ୍ୱୀକାର କରୁ ନ ଥିବା ଲୋକମାନଙ୍କ ମତରେ ଯାହା କେବଳ ତର୍କସିଦ୍ଧ,ତାହା ହିଁ ସତ୍ୟ ଅଟେ ।

କିନ୍ତୁ, ସୂକ୍ଷ୍ମ, ବ୍ୟବହିତ, ଅତୀନ୍ଦ୍ରିୟ ତଥା ସ୍ୱଭାବସିଦ୍ଧ ପଦାର୍ଥର ସୂଚନା ସକାଶେ ଯୁକ୍ତି କେତେଦୂର କାର୍ଯ୍ୟ କରିଥାଏ । ଶ୍ରଦ୍ଧାକୁ ସର୍ବଥା ଅସ୍ୱୀକାର କରୁଥିବା ଲୋକଙ୍କ ପାଇଁ ଏହା ଚିନ୍ତାର କାରଣ ସାଜିଥାଏ । ତର୍କର ଐକାନ୍ତିକତାକୁ ଦୂର କରିଦେଇପାରିଲେ ତାହା ସତ୍ୟ-ସନ୍ଧାନାତ୍ମକ ପ୍ରବୃତ୍ତି କ୍ଷେତ୍ରରେ ଦିବ୍ୟ-ଚକ୍ଷୁର କାମ କରିବ । ଧର୍ମ-ଦର୍ଶନ, ଆତ୍ମ-ଶୁଦ୍ଧି ଓ ତତ୍ତ୍ୱ-ବ୍ୟବସ୍ଥା ପାଇଁ ଅଭିପ୍ରେତ, ଆତ୍ମବଂଚନା ଅଥବା ଅନ୍ୟଙ୍କୁ ପ୍ରତାରଣା ଦେବା ପାଇଁ ନୁହେଁ । ଏଣୁ ଦର୍ଶନର କ୍ଷେତ୍ର ସତ୍ୟର ଅନ୍ୱେଷଣ ପାଇଁ ସମର୍ପିତ ହେବା ଉଚିତ । ଭଗବାନ ମହାବୀରଙ୍କ ଶବ୍ଦରେ 'ସତ୍ୟ ହିଁ ଲୋକ ମଧ୍ୟରେ ସାରଭୂତ ଅଟେ ।'[୧୬] ଉପନିଷଦରେ କହୁଛନ୍ତି - 'ସତ୍ୟ ହିଁ ବ୍ରହ୍ମବିଦ୍ୟା ଅଧିଷ୍ଠାନ ଏବଂ ସତ୍ୟ ହିଁ ହେଉଛି ପରମ ଲକ୍ଷ୍ୟ ।'[୧୭] 'ଆତ୍ମହିତେଚ୍ଛୁ ପୁରୁଷ, ଯେଉଁଠି ଥାଉ ନା କାହିଁକି ଅସତ୍ୟକୁ ତ୍ୟାଗ କରି ସତ୍ୟକୁ ଗ୍ରହଣ କରନ୍ତୁ ।'[୧୮] କବି ଭୋଜ ଯତିଙ୍କ ଏହି ମାଧୁର୍ଯ୍ୟପୂର୍ଣ୍ଣ ଉକ୍ତି ପ୍ରତ୍ୟେକ ତାର୍କିକଙ୍କ ପାଇଁ ମନନୀୟ ଅଟେ ।

ଦର୍ଶନର ମୂଳ

ତାର୍କିକ ବିଚାର ପଦ୍ଧତି, ତତ୍ତ୍ୱଜ୍ଞାନ, ବିଚାର ପ୍ରୟୋଜକ-ଜ୍ଞାନ ଅଥବା ପରୀକ୍ଷା-ବିଧିର ନାମ ହେଉଛି ଦର୍ଶନ । ତା'ର ମୂଳ ଉଦ୍‌ଗମ କୌଣସି ଏକ ବସ୍ତୁ ବା ସିଦ୍ଧାନ୍ତ ହୋଇଥାଏ । ଯେଉଁ ବସ୍ତୁ ବା ସିଦ୍ଧାନ୍ତକୁ ନେଇ ଯୌକ୍ତିକ ବିଚାର କରାଯାଇଥାଏ, ସେହି ବିଚାର ଦର୍ଶନରେ ପରିଣତ ହୁଏ । ଯଥା - ରାଜନୀତି ଦର୍ଶନ, ସମାଜ-ଦର୍ଶନ, ଆତ୍ମ-ଦର୍ଶନ, ଧର୍ମ-ଦର୍ଶନ ଆଦି ।

ଏହା ହେଉଛି ସାମାନ୍ୟ ସ୍ଥିତି ତଥା ଆଧୁନିକ ସ୍ଥିତି । ପ୍ରାଚୀନ ପରିଭାଷା ସେତେ ବ୍ୟାପକ ନ ଥିଲା । ଐତିହାସିକ ଦୃଷ୍ଟିର ଆଧାରରେ ଏହା କୁହାଯାଇପାରିବ ଯେ ଦର୍ଶନର ପ୍ରୟୋଗ ସର୍ବପ୍ରଥମେ 'ଆତ୍ମା ସହିତ ସଂପୃକ୍ତ ବିଚାର' ଅର୍ଥରେ କରାଯାଇଥିଲା । ଦର୍ଶନ ଅର୍ଥାତ୍ ଆତ୍ମା, କର୍ମ, ଧର୍ମ,ସ୍ୱର୍ଗ,ନରକ ଆଦି ସଂବନ୍ଧରେ ବିଚାର କରୁଥିବା ତତ୍ତ୍ୱଜ୍ଞାନର ରୂପ ।

ଏହାପରେ ବୃହସ୍ପତିଙ୍କ ଲୋକାୟତ ମତ ଏବଂ ଅଜିକେଶ-କମ୍ବଳୀଙ୍କ ଉଚ୍ଛେଦବାଦ ତଥା ତଜ୍ଜୀବ-ତାଚ୍ଛରୀରବାଦ ଭଳି ନାସ୍ତିକ ବିଚାରଧାରାର ଉଦ୍ଭବ ହେଲା । ସେତେବେଳେ ଦର୍ଶନର ଅର୍ଥ କିଛି ପରିମାଣର ବ୍ୟାପକ ହୋଇପଡ଼ିଲା । ତା'ର ସମ୍ବନ୍ଧ କେବଳ ଆତ୍ମା ସହିତ ସୀମିତ ହୋଇ ରହିଲା ନାହିଁ । ବ୍ୟାପକ ସନ୍ଦର୍ଭରେ ଦର୍ଶନର ପରିଭାଷା ହେଲା - ଦର୍ଶନ ଅର୍ଥ ବିଶ୍ୱର ମୀମାଂସା ଅସ୍ତିତ୍ୱ ଅଥବା ନାସ୍ତିକତ୍ୱର ବିଚାର ଅଥବା ସତ୍ୟ ଶୋଧର ସାଧନ ।

କାର୍ଲମାର୍କ୍ସ ଏବଂ ଅନ୍ୟାନ୍ୟ ପାଶ୍ଚାତ୍ୟ ଦାର୍ଶନିକମାନଙ୍କ ବିଚାରଧାରାର ଆବିର୍ଭାବ ଦ୍ୱାରା ଦର୍ଶନର କ୍ଷେତ୍ର ବିସ୍ତୃତ ହୋଇପଡ଼ିଲା । ମାର୍କ୍ସ କହିଛନ୍ତି- ଦାର୍ଶନିକମାନେ ଜଗତକୁ ଜାଣିବାର ଚେଷ୍ଟା କରିଛନ୍ତି । ପ୍ରଶ୍ନ ହେଉଛି ଜଗତକୁ

---

(୧୬) ପ୍ରଶ୍ନ ବ୍ୟାକରଣ, ୨.ସଚ୍ଚଂ ଲୋୟମ୍ମିସାରଭୂୟଂ ।

(୧୭) କେନ ଉପନିଷଦ୍ (ଚତୁର୍ଥଖଣ୍ଡ) : ସତ୍ୟମାୟତନମ୍ ।

(୧୮) ଏକାପ୍ୟନାଦ୍ୟାଖିଳ ତତ୍ତ୍ୱରୂପା, ଜିନେଶଗୀର୍ବିସ୍ତରମାପ ତର୍କୈଃ
ତତ୍ରାପ୍ୟସତ୍ୟଂ ତ୍ୟଜ ସତ୍ୟମଙ୍ଗୀ କୁରୁ ସ୍ୱୟଂ ସ୍ୱୀୟହିତାଭିଳାଷିନ୍ ॥ - ଦ୍ରବ୍ୟାନୁଯୋଗତର୍କଣା,୬

କିପରି ପରିବର୍ତ୍ତନ କରାଯାଇପାରିବ ।[୧୯] ମାର୍କ୍ସଙ୍କ ଦର୍ଶନ ବିଶ୍ୱ ଓ ସମାଜ ଉଭୟ ତତ୍ତ୍ୱର ବିଚାର କରିଥାଏ । ବିଶ୍ୱକୁ ଜାଣିବା ଓ ଅନୁଶୀଳନ କରିବା ଅପେକ୍ଷା ମାର୍କସ୍ ସମାଜକୁ ବଦଳିବାରେ ସମର୍ଥ ହେଲେ ଦର୍ଶନ ସଫଳ ବୋଲି ମଣିଥାନ୍ତି । ଆସ୍ତିକମାନେ ସମାଜ କ୍ଷେତ୍ରରେ ଆଦୌ ବିଚାର କରିନାହାନ୍ତି । ଏହା ସତ ନୁହେଁ, କିନ୍ତୁ ଧର୍ମ-କର୍ମର ଭୂମିକାରୁ ବାହାରି ସେମାନେ ସମାଜର ଆକଳନ କରିନାହାନ୍ତି ଏହା ନିରାଟ ସତ୍ୟ । ସେମାନେ ଅଭ୍ୟୁଦୟର ସଂପୂର୍ଣ୍ଣ ଉପେକ୍ଷା କରିନାହାନ୍ତି କିନ୍ତୁ ସେମାନଙ୍କ ଅନ୍ତିମ ତତ୍ତ୍ୱ ନିଃଶ୍ରେୟସ ହିଁ ରହିଆସିଛି ।

ଯଦାଭ୍ୟୁଦୟ କିଞ୍ଚୈବ, ନୈଃଶ୍ରେୟସିକସେବ ଚ ।
ସୁଖଂ ସାଧୟିତୁମାର୍ଗ, ଦର୍ଶାୟେତ୍ ତଦ୍ ହି ଦର୍ଶନମ୍ ॥

ଷଟଖଂଡାଗମ, ପୃ-୭୮-୭୯

ନାସ୍ତିକମାନେ ଧର୍ମ-କର୍ମକୁ ଅମାନ୍ୟ କରିଥିଲେ, ତେବେ ମଧ ସେମାନେ ସମାଜ-ପରିବର୍ତ୍ତନର କଥା ଚିନ୍ତା କରିପାରିଲେ ନାହିଁ । କେବଳ ଖଣ୍ଡନାତ୍ମକ ପକ୍ଷ ଉପରେ ଜୋର ଦେଲେ । ମାର୍କସ୍ ସମାଜକୁ ବଦଳିବା ଉଦ୍ଦେଶ୍ୟରେ ସମାଜକୁ ଦେଖିଲେ । ଆସ୍ତିକମାନଙ୍କ ଦର୍ଶନ ସମାଜକୁ ଅତିକ୍ରମଣ କରି ଶରୀରମୁକ୍ତି - ପୂର୍ଣ୍ଣ ସ୍ୱତନ୍ତ୍ରତା ବା ମୋକ୍ଷ ଦିଗକୁ ମୁହାଁଇଲା ।

ଐହିକ ସୁଖସୁବିଧା ଉପଭୋଗରେ କୌଣସି ନ୍ୟୂନତା ନ ରହୁ, ଏହାକୁ ଲକ୍ଷ୍ୟରେ ରଖି ନାସ୍ତିକମାନଙ୍କ ଦର୍ଶନ ଆତ୍ମାର ଉଚ୍ଛେଦ ସାଧନ କରି ବିରାମ ନେଇଥାଏ । ମାର୍କ୍ସଙ୍କ ଦ୍ୱନ୍ଦ୍ୱାତ୍ମକ ଭୌତିକବାଦର ଲକ୍ଷ୍ୟ ହେଉଛି - ସମାଜର ସାଂପ୍ରତିକ ଅବସ୍ଥାର ସୁଧାର । ତେଣୁ ଦର୍ଶନ ଶବ୍ଦ ଯେଉଁ ଅର୍ଥ ନେଇ ଗତି କରୁଥିଲା, ତାହା ମଧ୍ୟରେ ସୀମାବଦ୍ଧ ହୋଇ ରହିଲା ନାହିଁ ।

ହରିଭଦ୍ରସୂରି ବୈକଳ୍ପିକ ଦଶାରେ ଚାର୍ବାକଙ୍କ ମତକୁ ଛଅ-ଦର୍ଶନରେ ସ୍ଥାନ ଦେଇଛନ୍ତି ।

ମାର୍କ୍ସ-ଦର୍ଶନ ମଧ୍ୟ ଆଜି ଲବ୍ଧ ପ୍ରତିଷ୍ଠିତ । ତେଣୁ ଏହି ଦର୍ଶନକୁ ଅଗ୍ରାହ୍ୟ କରିବାର ଆଗ୍ରହ କରିବା, ସତ୍ୟ ପ୍ରତି ଆଖି ମୁଦିବା ସହିତ ସମାନ ।

ଦର୍ଶନର ଧାରା

ଦର୍ଶନର ବିବିଧତା ତଥା ବିଷୟଗୁଡ଼ିକର ବିବିଧତା ହେତୁ 'ଦର୍ଶନ'ର ପ୍ରୟୋଗ କେବଳ ଆତ୍ମବିଚାର ସହିତ ସଂପୃକ୍ତ ହୋଇ ରହିନାହିଁ । ବିଷୟର ସୂଚନା ଦେବାକୁ ଯାଇ ତା' ସହିତ ମୁଖ୍ୟତଃ ନିଜ ବିଷୟ ସମ୍ବନ୍ଧରେ ବିଶେଷଣ ଅବଶ୍ୟ ରଖାଯିବା ଉଚିତ । ଆତ୍ମାକୁ ମୂଳ ଭାବି ଯେଉଁ ଦର୍ଶନ ତିଷ୍ଠି ରହିଛି ସେମାନଙ୍କ ପ୍ରତିପାଦ୍ୟ ବିଷୟ ହେଉଛି 'ଧର୍ମ' । ତେଣୁ ଆତ୍ମମୂଳକ ଦର୍ଶନକୁ ଧର୍ମ-ଦର୍ଶନ ସଂଜ୍ଞା ପ୍ରଦାନ କରିବା ଦ୍ୱାରା ବିଷୟର ପ୍ରତିପାଦନ ସହଜସାଧ ହେବ ।

ଧର୍ମ-ଦର୍ଶନର ଉତ୍ସ ହେଉଛି ଆପ୍ତବାଣୀ ବା ଆଗମ । ଏହା ହିଁ ଯଥାର୍ଥ । ଆଧାରଶୂନ୍ୟ ବିଚାର ପଦ୍ଧତି ଭଲା କାହାର ବିଚାର କରିବ ? ତତ୍ତ୍ୱ ସମ୍ମୁଖରେ ନଥିଲେ କିଭଳି ପରୀକ୍ଷା କରାଯିବ ? ପ୍ରତ୍ୟେକ ଦର୍ଶନ ଆପଣା ମାନ୍ୟ ତତ୍ତ୍ୱର ବ୍ୟାଖ୍ୟା ସହିତ ପ୍ରାରମ୍ଭ ହୋଇଥାଏ । ସାଂଖ୍ୟ, ଜୈନ, ନୈୟାୟିକ ଅଥବା ବୈଶେଷିକ - ଏହି ସମସ୍ତ ଦର୍ଶନରେ ସ୍ୱାଭିମତ ତତ୍ତ୍ୱ ସମୂହର ପରୀକ୍ଷଣ କରାଯାଇଛି । ସେଠାରେ ଅମୁକ ସଂଖ୍ୟାବିଶିଷ୍ଟ ତତ୍ତ୍ୱ କାହିଁକି ମାନ୍ୟ କରାଯାଇଛି - ଏହାର ଉତ୍ତର ଦେବା ଦର୍ଶନର କାମ ନୁହେଁ । କାରଣ ତାହା ହେଉଛି ସତ୍ୟଦ୍ରଷ୍ଟା ତପସ୍ୱୀମାନଙ୍କ ପ୍ରତ୍ୟକ୍ଷ ଦର୍ଶନର ପରିଣାମ । ଏହି ମାନ୍ୟତାପ୍ରାପ୍ତ ତତ୍ତ୍ୱଗୁଡ଼ିକ ସତ୍ୟ ନା ଅସତ୍ୟ ତଥା ସେଗୁଡ଼ିକର ସଂଖ୍ୟା ଯୁକ୍ତିଯୁକ୍ତ କି ? ଏହାର ନିରୂପଣ କରିବାର ଦାୟିତ୍ୱ ଦର୍ଶନ ନେଇଥାଏ । ଦାର୍ଶନିକମାନେ ଏହା ହିଁ କରିଥାନ୍ତି । ତେଣୁ ଦର୍ଶନର ମୂଳ ଆଧାର

---

[୧୯] ସମାଜବାଦ

ହେଉଛି ଆଗମ । ଏହା ନିଃସଂକୋଚ କୁହାଯାଇପାରୁଛି । ବୈଦିକ ନିରୁକ୍ତକାର, ଏହି ତଥ୍ୟକୁ ଏକ ଘଟଣା ରୂପରେ ବ୍ୟକ୍ତ କରିଥାନ୍ତି । ନିରୁକ୍ତ ୨।୧୨ ଅନୁସାରେ - ମନୁଷ୍ୟା ବା ଋଷିଷୁତ୍କ୍ରାମସ୍ସୁ ଦେବାନ ବ୍ରୁବନ କୋନ ଋଷି ଭବତୀତି । ତେଭ୍ୟଂ ଏବଂ ତର୍କ-ଋଷି ପ୍ରାୟଚ୍ଛନ୍ । ଅର୍ଥ ହେଉଛି - ଋଷିଗଣଙ୍କ ଉତ୍କ୍ରମଣ ସମୟରେ ମନୁଷ୍ୟମାନେ ଦେବତାଙ୍କୁ ପ୍ରଶ୍ନ କରୁଛନ୍ତି - ବର୍ତ୍ତମାନ ଆମ ଋଷି କିଏ ? ସେତେବେଳେ ଦେବଗଣ ସେମାନଙ୍କୁ ତର୍କ ନାମକ 'ଋଷି' ପ୍ରଦାନ କରିଥିଲେ । ସଂକ୍ଷେପରେ ସାରତତ୍ତ୍ୱ ହେଉଛି - ଋଷିମାନଙ୍କ ସମୟରେ ଆଗମର ପ୍ରାଧାନ୍ୟ ବଳବତ୍ତର ହୋଇ ରହିଥିଲା । ସେମାନଙ୍କ ଅଭାବବେଳାରେ ସେମାନଙ୍କ ବାଣୀ ଆଧାରରେ ଦର୍ଶନଶାସ୍ତ୍ର ବିକଶିତ ହେଲା ।

ଜୈନ ଦର୍ଶନର ଆସ୍ତିକତା

ଜୈନ ଦର୍ଶନ ହେଉଛି ପରମ ଅସ୍ତିବାଦୀ । ଏହାର ପ୍ରମାଣ ହେଉଛି ଅସ୍ତିବାଦର ଚାରି ଅଙ୍ଗର ସ୍ୱୀକୃତି । ତାହାର ଚତୁର୍ବିଧ ବିଶ୍ୱାସ ହେଲା - ଆତ୍ମବାଦ ଲୋକବାଦ, କର୍ମବାଦ ଏବଂ କ୍ରିୟାବାଦ । ଦ୍ର.- ଆୟାରୋ, ୧/୫, ସେ ଆୟାବାଈ, ଲୋୟାବାଈ, କମ୍ମାବାଈ, କିରିୟା ବାଈ । ଭଗବାନ ମହାବୀର, ସୂୟଗଡୋ, ୨/୫, ୧୨-୧୬ରେ କହିଛନ୍ତି - ଲୋକ-ଅଲୋକ, ଜୀବ-ଅଜୀବ, ଧର୍ମ-ଅଧର୍ମ, ବନ୍ଧ-ମୋକ୍ଷ, ପୁଣ୍ୟ-ପାପ, କ୍ରିୟା-ଅକ୍ରିୟା ଆଦି କିଛି ନାହାନ୍ତି - ଏହି ସଂଜ୍ଞାର ପରିହାର କର । ଏମାନଙ୍କ ଅସ୍ତିତ୍ୱ ସଂଜ୍ଞାକୁ ଗ୍ରହଣ କର ।

ଏହି ନିର୍ଗ୍ରନ୍ଥ ପ୍ରବଚନ ଜଣେ ସାଧାରଣ ଶ୍ରଦ୍ଧାଳୁ ସକାଶେ ଯେପରି ଆପ୍ତ-ବଚନ ଅଟେ । ଜଣେ ବୁଦ୍ଧିବାଦୀ ସକାଶେ ଏହା ହେଉଛି ଯୁକ୍ତି ବଚନ । ତେଣୁ ଆଗମ ସାହିତ୍ୟରେ ଅନେକ ସ୍ଥଳରେ ପ୍ରମାଣର ବିଶ୍ଳେଷଣ କରାଯାଇଛି ।[୨୦] ଜୈନ ସାହିତ୍ୟରେ ମୁନି-ବାଣୀକୁ ନିୟୋଗ-ପର୍ଯ୍ୟାନୁଯୋଗାନର୍ହମ୍ କୁହାଯାଇ ନ ଥାଏ । ଏହା ପାଇଁ ପରୀକ୍ଷଣ କରିବାର ଅଧିକାର ଦିଆଯାଇଛି । ଭଗବାନ ମହାବୀର ଶ୍ରଦ୍ଧାବାନଙ୍କୁ 'ମେଧାବୀ' କହିଛନ୍ତି, ଅଥଚ ମତିମାନ୍ । ଭଲକରି ଦେଖ ଓ ବିଚାର କର[୨୧] - ଏହି ପ୍ରକାରେ ସ୍ୱତନ୍ତ୍ରତା ପୂର୍ବକ ବୁଝି ବିଚାରିବାର ଅବସର ମଧ୍ୟ ଦେଇଛନ୍ତି । ଉତ୍ତରବର୍ତ୍ତୀ ଆଚାର୍ଯ୍ୟମାନଙ୍କ ବାଣୀରେ ଏହି ସଂକେତ ପୁନରାବର୍ତ୍ତିତ ହୋଇଥାଏ- 'ପରୀକ୍ଷୋ ଭିକ୍ଷବଃ ଗ୍ରାହ୍ୟଂ, ମଦ୍‌ବଚୋ ନ ତୁ ଗୌରବାତ୍ ।'

ମୋକ୍ଷ ଦର୍ଶନ

'ଏୟଂ ପାସଗସ୍‌ସ ଦଂସଣଂ' - ଏହା ହେଉଛି ଦ୍ରଷ୍ଟାଙ୍କ ଦର୍ଶନ ।

ଯଥାର୍ଥରେ ଦେଖିବାକୁ ଗଲେ ଜୈନ ଦର୍ଶନ କୌଣସି ବାଦବିବାଦକୁ ପ୍ରଶ୍ରୟ ଦେଇ ନ ଥାଏ । ତାହା ହେଉଛି ଆତ୍ମ-ମୁକ୍ତିର ମାର୍ଗ, ନିଜେ ନିଜର ଅନ୍ୱେଷଣ ଏବଂ ଆପଣାଙ୍କୁ ପାଇବାର ମାର୍ଗ ।[୨୨] ଏହାର ମୂଳମନ୍ତ୍ର ହେଉଛି - ସତ୍ୟର ଏଷଣା କର ।[୨୩] ସତ୍ୟକୁ, ଗ୍ରହଣ କର ।[୨୪] ସତ୍ୟରେ ଧୈର୍ଯ୍ୟ ରକ୍ଷା କର ।[୨୫] ସତ୍ୟ ହିଁ ଲୋକର ସାର-ଭୂତ ତତ୍ତ୍ୱ ।[୨୬]

---

[୨୦] ଭଗବଈ, ୫/୩, ଠାଣଂ ୨/୮୬-୧୦୨, ୪/୫୦୪, ଅନୁଯୋଗ ଦ୍ୱାର, ୧୪୪

[୨୧] ଆୟାରୋ, ୩/୧୨; ୩/୮୦ : ମଈମଂ ପାସ୍ ... ସତ୍ତୀ ଆଣାଏ ମେହାବୀ ।

[୨୨] ସୂୟଗଡୋ, ୨/୭; ଉତ୍ତରଜ୍ଝୟଣାଣି ୨୮/୨,୩

[୨୩] ଉତ୍ତରଜ୍ଝୟାଣାଣି, ୬/୨: ଅପ୍‌ପଣା ସଚ୍ଚମେସେଜ୍‌ଜା ।

[୨୪] ଆୟାରୋ, ୩/୪୦: ପୁରିସା ! ସଚ୍ଚମେବ ସମଭିଜାଣାହି ।

[୨୫] ଆୟାରୋ, ୩/୪୦ : ସଚ୍ଚମ୍ମି ଧିଈଂ କୁବ୍‌ବହା ।

[୨୬] ପ୍ରଶ୍ନ ବ୍ୟାକରଣ ୨ ସଂବରଦ୍ୱାର : ସଚ୍ଚଂ ଲୋୟମ୍ମିସାରଭୂୟଂ ।

ଜୈନଦର୍ଶନର ଆରମ୍ଭ

ଗ୍ରୀକ୍ ଦର୍ଶନର ପ୍ରାରମ୍ଭ ଆଶ୍ଚର୍ଯ୍ୟରୁ ହୋଇଥିବାର ଅନୁମାନ କରାଯାଏ । ଇଉନାନୀ ଦାର୍ଶନିକ ଅଫଲାତୁନ ପ୍ଲେଟୋଙ୍କ ପ୍ରସିଦ୍ଧ ବାକ୍ୟ ହେଉଛି – ଦର୍ଶନର ଉଦ୍‌ଭବ ଆଶ୍ଚର୍ଯ୍ୟଠାରୁ ଆରମ୍ଭ ହୋଇଥାଏ । ପାଶ୍ଚାତ୍ୟ ଦର୍ଶନର ଉଦ୍‌ଗମ ସଂଶୟରୁ ହୋଇଥିବାର ମାନ୍ୟତା ମଧ୍ୟ ରହିଛି । ଭାରତୀୟ ଦର୍ଶନର ସ୍ରୋତ ହେଉଛି – ଦୁଃଖ ନିବୃତ୍ତିର ମାର୍ଗ ଓ ଉପାୟର ଜିଜ୍ଞାସା । ଏହାର ସମର୍ଥନ କରୁଥିବା କତିପୟ ସୂକ୍ତ ହେଉଛି – (କ) ସାଂଖ୍ୟ-କାରିକା ୧ : ଦୁଃଖ ତ୍ରୟାଭିଘାତାଜ୍ଜିଜ୍ଞାସା ତଦପଘାତକେ ହେତୌ । (ଖ) ଯୋଗସୂତ୍ର ୨/୧୫-୧୬: ଦୁଃଖମେବ ସର୍ବ ବିବେକିନ-ହେୟଂ ଦୁଃଖ ମନାଗତମ୍ । (ଗ) ବୁଦ୍ଧଚରିତ – ମହାତ୍ମା ବୁଦ୍ଧ କପିଳବସ୍ତୁ ରାଜଧାନୀରୁ ବାହାରିଆସି ପ୍ରତିଜ୍ଞା କରିଥିଲେ –

'ଜନନମରଣୟୋର ଦୃଷ୍ଟପାରଃ ନ ପୁନରହଂ କପିଳାହ୍ୱୟଂ ପ୍ରବେଷ୍ଟା ।

ଜୈନ ଦର୍ଶନ ମଧ୍ୟ ଏହାର ଅପବାଦ ନୁହେଁ । ଉତ୍ତରଜ୍‌ଝୟଣାଣି ୮/୧ରେ ଉଲ୍ଲେଖ ରହିଛି ।

'ଅଧୁବେ ଅସାସୟଂମି ସଂସାରଂମି ଦୁଃଖ ପଉରାୟେ ।

କିଂ ନାମ ହୋଜ୍ଜତଂ କମ୍ମୟଂ ଜେଣାହଂ ଦୁଗ୍‌ଗଇଂ ନ ଗଚ୍ଛେଜ ॥'

ଅର୍ଥାତ୍ 'ଏହି ସଂସାର ହେଉଛି ଅଧ୍ରୁବ ଓ ଦୁଃଖବହୁଳ । ଦୁର୍ଗତିରୁ ରକ୍ଷା ପାଇବା ପାଇଁ ତଥା ଦୁଃଖ-ପରମ୍ପରାରୁ ମୁକ୍ତି ପାଇବାକୁ ହେଲେ ମୋତେ କେଉଁ କର୍ମ କରିବାକୁ ହେବ ?' ଏହି ଚିନ୍ତନର ଫଳ ହେଉଛି ଆତ୍ମବାଦ । ଆତ୍ମାର ଅଚେତନ ପ୍ରଭାବିତ ଅବସ୍ଥା ହିଁ ଦୁଃଖ । [୨୭] ଆତ୍ମାର ବିଶୁଦ୍ଧ ଅବସ୍ଥା ହେଉଛି – ସୁଖ । [୨୮]

ଏହି ଅନୁସନ୍ଧାନର ପରିମାଣ ହିଁ କର୍ମବାଦ । 'ସୁଚୀର୍ଣ୍ଣ କର୍ମର ଫଳ ସତ୍ ଏବଂ ଦୁଶ୍ଚୀର୍ଣ୍ଣ କର୍ମର ଫଳ ଅସତ୍ ହୋଇଥାଏ । [୨୯]

'ଆତ୍ମାକୁ ନିୟନ୍ତ୍ରଣ କର, ଏହା ହିଁ ଦୁଃଖ ମୁକ୍ତିର ଉପାୟ । [୩୦] ଏହି ଦୁଃଖ ନିବୃତ୍ତି, ଉପାୟର କ୍ରିୟାବାଦକୁ ଜନ୍ମ ଦେଲା । ଏହାର ଶୋଧ ସଂଗେ ସଂଗେ ଅନେକ ତତ୍ତ୍ୱର ବିକାଶ ଘଟିଲା ।

ଆଶ୍ଚର୍ଯ୍ୟ ତଥା ସଂଶୟ ମଧ୍ୟ ଦର୍ଶନ ବିକାଶର ନିମିତ୍ତ ସାଜିଥାନ୍ତି । ଜୈନ ସୂତ୍ରମାନଙ୍କରେ ଭଗବାନ ମହାବୀର ଏବଂ ତାଙ୍କର ଜ୍ୟେଷ୍ଠ ଶିଷ୍ୟ ଗୌତମଙ୍କ ପ୍ରଶ୍ନୋତ୍ତର ପ୍ରଚୁର ମାତ୍ରାରେ ଉପଲବ୍ଧ ହୋଇଥାଏ । ଗୌତମ ସ୍ୱାମୀ ପ୍ରଶ୍ନ ପଚାରିଲେ – ଏହାର ମଧ୍ୟ ଅନେକ କାରଣ ରହିଛି । ସଂଶୟ ଓ କୌତୂହଳ ହେଉଛି ପ୍ରମୁଖ ଦୁଇଟି କାରଣ । ଗୌତମଙ୍କୁ ଯେତେବେଳେ ସଂଶୟ ଓ କୌତୂହଳ ଆବୋରି ପକାଇଲା, ସେ ଭଗବାନ ମହାବୀରଙ୍କ ପାଖରେ ପହଞ୍ଚି ସମାଧାନ କରିବାକୁ ନିବେଦନ କରିଥିଲେ । [୩୧] ଭଗବାନ, ଗୌତମଙ୍କ ପ୍ରଶ୍ନ ସମୂହର ଉତ୍ତର ଦେଇ ତାଙ୍କର ସଂଶୟ ଓ କୌତୂହଳକୁ ସମାହିତ କରିଥିଲେ । ଏହି ପ୍ରଶ୍ନୋତ୍ତର, ଜୈନ ତତ୍ତ୍ୱଜ୍ଞାନର ଅମୂଲ୍ୟ ନିଧିରେ ପରିଣତ ହୋଇଛି ।

---

(୨୭) ଭଗବଈ, ୭/୧୬୦ : ପାବେକମ୍ମେ ଜେୟ କଡେ, ଜେୟ କଜ୍ଜଇ, ଜେୟ କଜ୍‌ଜିସଇ – ସବ୍‌ବେ ସେ ଦୁଃଖେ ।

(୨୮) ଭଗବଈ, ୭/୧୬୦ – ଜେ ଜିଜ୍‌ଝିଣେ ସେ ସୁହେ ।

(୨୯) (କ) ଦଶାଶ୍ରୁତସ୍କନ୍ଧ, ଦଶା ୬ : ସୁଚିଣ୍ଣେ କମ୍ମା ସୁଚିଣ୍ଣେ ଫଳା, ଦୁଚିଣ୍ଣେ କମ୍‌ମା ଦୁଚିଣ୍ଣେ ଫଳା ।
(ଖ) ବୃହଦାରଣ୍ୟକ ଉପନିଷଦ ୩।୨।୧୩: ପୁଣ୍ୟୌ ବୈ ପୁଣ୍ୟେ ନ କର୍ମଣା, ପାପଃ ପାପେନେତି ।

(୩୦) ଆୟାରୋ, ୩୧୬୪ : ପୁରିସା ଅତ୍ତାଣମେବ ଅଭିଣିଗିଜ୍‌ଝ ଏବଂ ଦୁକ୍‌ଖା ପମୋକ୍‌ଖସି ।

(୩୧) ଭଗବଈ, ୧/୧୦ : ଜାୟସଂସଏ, ଜାୟକୋଉହଲ୍ଲେ ॥

ଜୈନ ଦର୍ଶନର ଧେୟ

ଜୈନ ଦର୍ଶନର ଧେୟ ହେଉଛି - ଆଧ୍ୟାତ୍ମିକ ଅନୁଭବ । ସ୍ୱତନ୍ତ୍ର ଆତ୍ମାର ଏକତ୍ୱରେ ବିଲୀନିକରଣ ଏହାର ଅର୍ଥ ନୁହେଁ, କିନ୍ତୁ ନିଜସ୍ୱ ସ୍ୱତନ୍ତ୍ର ବ୍ୟକ୍ତିତ୍ୱର ଅନୁଭୂତି ହେଉଛି - ଆଧ୍ୟାତ୍ମିକ ଅନୁଭବ ।

ପ୍ରତ୍ୟେକ ଆତ୍ମାର ସ୍ୱତନ୍ତ୍ର ସତ୍ତା ରହିଛି ଏବଂ ପ୍ରତ୍ୟେକ ଆତ୍ମା ଅଟେ ଅନନ୍ତ ଶକ୍ତିସଂପନ୍ନ । ଆତ୍ମା ଓ ପରମାତ୍ମା, ଏମାନେ ସର୍ବଥା ଭିନ୍ନ ସତ୍ତାତ୍ମକ ତତ୍ତ୍ୱ ନୁହନ୍ତି । ଅଶୁଦ୍ଧ ଅବସ୍ଥାରେ ରହିଥିବା ଆତ୍ମା ଶୁଦ୍ଧ ଦଶାରେ ପରମାତ୍ମାରେ ପରିଣତ ହୁଏ । ଅଶୁଦ୍ଧ ଅବସ୍ଥାରେ ଆତ୍ମାର ଜ୍ଞାନ ଓ ଶକ୍ତି ଆବୃତ ହୋଇ ରହିଥାଏ । ଶୁଦ୍ଧ ଅବସ୍ଥାରେ ସେହି ଜ୍ଞାନ ଓ ଶକ୍ତି ପୂର୍ଣ୍ଣ ଭାବରେ ବିକଶିତ ହୋଇପଡ଼ନ୍ତି ।

ସତ୍ୟ-ଶୋଧ ହେଉଛି ଜୈନ ଦର୍ଶନର ଉଦ୍ଦେଶ୍ୟ । କିନ୍ତୁ କେବଳ ସତ୍ୟ-ଶୋଧ ମଧ୍ୟରେ ତାହା ସୀମିତ ନୁହେଁ । ଅଶୁଦ୍ଧ ବା ଅନୁନ୍ନତ ସ୍ତରରୁ ଶୁଦ୍ଧ ବା ଉନ୍ନତ ଅବସ୍ଥାରେ ରୂପାନ୍ତରଣ କରିପାରୁଥିବା ସତ୍ୟ ହିଁ ବାସ୍ତବରେ ସତ୍ୟ - ଏହା ହେଉଛି ଆଧ୍ୟାତ୍ମିକ ଦୃଷ୍ଟି । ଦାର୍ଶନିକମାନେ ଜଗତକୁ ବିବିଧ ପ୍ରକାରେ ଅନୁଶୀଳନ କରିବାର ପ୍ରଯତ୍ନ କରିଛନ୍ତି, କିନ୍ତୁ ଜଗତକୁ ପରିବର୍ତ୍ତନ କରିବା ଦିଗରେ ଆଦୌ ଚେଷ୍ଟା କରିନାହାନ୍ତି - ମାର୍କସ୍‌ଙ୍କ ଏହି ଉକ୍ତି ସର୍ବାଙ୍ଗ ସୁନ୍ଦର ନୁହେଁ । ପରିବର୍ତ୍ତନ ସକାଶେ ଦୁଇଟି ଦୃଷ୍ଟି ବିନ୍ଦୁ ରହିଛି - ବାହ୍ୟ ଓ ଆନ୍ତରିକ । ଭାରତୀୟ ଦର୍ଶନ ଆନ୍ତରିକ ପରିବର୍ତ୍ତନକୁ ମୁଖ୍ୟ ସ୍ଥାନ ଦେଇଆସିଛି । ଏହାର ମତରେ ଆଧ୍ୟାତ୍ମିକ ପରିବର୍ତ୍ତନ ଘଟିଲେ ବାହାରି ପରିବର୍ତ୍ତନ ଆପେ ଆପେ ହୋଇଯାଏ । ଅଭ୍ୟୁଦୟ ସେମାନଙ୍କ ସକାଶେ ସାଧ୍ୟ ନ ହୋଇ ଜୀବନ ନିର୍ବାହର ସାଧନ ମାତ୍ର ହୋଇ ରହିଥାଏ । ବାହ୍ୟ ପରିବର୍ତ୍ତନକୁ ସାଧ୍ୟ ମଣୁଥିବା ମାର୍କସ୍ ତଥା ତାଙ୍କ ଭଳି ଲୋକଙ୍କ, ପରିବର୍ତ୍ତନ ସମ୍ବନ୍ଧରେ ଭିନ୍ନ ଦୃଷ୍ଟିକୋଣ ରହିବା ସ୍ୱାଭାବିକ ।

ଜୈନ ଦୃଷ୍ଟିକୋଣ ଅନୁସାରେ ବାହାରି ପରିବର୍ତ୍ତନ ଦ୍ୱାରା କ୍ୱଚିତ୍ ଆନ୍ତରିକ ରୂପାନ୍ତରଣ ସମ୍ଭବପର । ଏହାଦ୍ୱାରା ଆତ୍ମମୁକ୍ତିର ଦ୍ୱାର ଫିଟେ ନାହିଁ । ତେଣୁ ମୋକ୍ଷ ପାଇଁ ଏହା ମୂଲ୍ୟବାନ ନୁହେଁ ।

ପଳାୟନବାଦ

କେତେକ ପାଶ୍ଚାତ୍ୟ ବିଚାରକଙ୍କ ଆରୋପ ହେଉଛି - ଭାରତୀୟ ଦର୍ଶନ ପଳାୟନବାଦୀ ଅଟେ । କିଛି ବୈଦିକ ବିଦ୍ୱାନ, ଶ୍ରମଣ ଦର୍ଶନ (ଜୈନ ଓ ବୌଦ୍ଧ)କୁ ପଳାୟନବାଦୀ କହି ସମରୋପିତ କରିଥାନ୍ତି । ଏହାକୁ ସ୍ୱୀକାର କରିବି ନା ଅସ୍ୱୀକାର - ମୁଁ (ମହାପ୍ରଜ୍ଞ) ଦ୍ୱନ୍ଦ୍ୱରେ ପଡ଼ିଛି । ଆରୋପ ଲଗାଇବା ଲୋକଙ୍କ ନିଜସ୍ୱ ଦୃଷ୍ଟିକୋଣ ରହିଛି ଏବଂ ତାହା ନିରାଧାର ନୁହେଁ । ଜୀବନ-ତରାଜୁର ଦୁଇ ପାର୍ଶ୍ୱ ଥାଏ । ପାଶ୍ଚାତ୍ୟ ବିଚାରକମାନେ ବର୍ତ୍ତମାନ ପକ୍ଷକୁ ଅତିରିକ୍ତ ମୂଲ୍ୟ ଦେଇ ଚାଲିଛନ୍ତି । ତେଣୁ ଭବିଷ୍ୟତକୁ ଅଧିକ ମହତ୍ତ୍ୱ ଦେଉଥିବା ଭାରତୀୟ-ଦର୍ଶନ ସେମାନଙ୍କ ଦୃଷ୍ଟିରେ ପଳାୟନବାଦୀ ହୋଇଥିବା ସ୍ୱାଭାବିକ ଅଟେ । ବୈଦିକ ବିଦ୍ୱାନମାନେ ଗୃହସ୍ଥାଶ୍ରମକୁ ଅଧିକ ମୂଲ୍ୟ ଦେଇଥାନ୍ତି । ତେଣୁ ସନ୍ନ୍ୟାସକୁ ଅଧିକ ମହତ୍ତ୍ୱ ଦେଉଥିବା ଶ୍ରମଣ ଦର୍ଶନ, ସେମାନଙ୍କ ଦୃଷ୍ଟିରେ ପଳାୟନବାଦ ବିବେଚିତ ହୋଇଥାଏ ।

ପଳାୟନର ଦୁଇଟି କୋଣ ହେଉଛି - ନିରାଶା ଏବଂ ଉତ୍କର୍ଷ ଉପଲବ୍ଧିର ପ୍ରଚେଷ୍ଟା । ଭାରତୀୟ ଦର୍ଶନ ନିରାଶାବାଦୀ ନୁହେଁ । ବର୍ତ୍ତମାନ ଜୀବନ ପ୍ରତି ସେମାନଙ୍କ ଅନ୍ତଃକରଣରେ ଉତ୍କଟ ଆସ୍ଥା ରହିଛି । ବୈଦିକସୂକ୍ତ, ଏହାର ସାକ୍ଷ୍ୟ ଦେଇଥାନ୍ତି । ବର୍ତ୍ତମାନ, କାମନା-ବେଦୀରେ ଉପବେଶନ କରି ନିଜ ଦଶ ଅଙ୍ଗୁଳିରେ ସମୃଦ୍ଧି ସାଉଁଟୁଛି । ବୈଦିକ ପାଇଁ ସଂସାର ଅସାର ନୁହେଁ । ତାଙ୍କ ମନରେ ଚିରାୟୁ ହେବାର କାମନା ବିରାଜମାନ କରିଛି । ସେ ଗାଉଛନ୍ତି - 'ଜୀବେମ ଶରଦଃ ଶତମ୍' ଅର୍ଥାତ୍ ଆମେ ଶହେ ବର୍ଷ ପର୍ଯ୍ୟନ୍ତ ବଞ୍ଚିବା । ସେ ଜୀବନକୁ ମଙ୍ଗଳମୟ କରି ଜିଇବାର କାମନା କରନ୍ତି । 'ଶୃଣୁୟାମ୍ ଶରଦଃ ଶତଂ, ବ୍ରୁବାମ ଶରଦଃ ଶତଂ, ଅଦୀନାଃ ସ୍ୟାମ ଶରଦ ଶତମ୍' - ଜୀବନର ଅନ୍ତିମ କ୍ଷଣ ପର୍ଯ୍ୟନ୍ତ ଆମେ ଶୁଣିବା, କଥା ହେବା ଏବଂ ପରାକ୍ରମକୁ ପ୍ରଦୀପ୍ତ ରଖିବା । ବୈଦିକ ଋଷିଙ୍କର ସଫଳତା ସକାଶେ ପ୍ରାର୍ଥନାର ସ୍ୱର ଉଚ୍ଚ ଓ ବିରାଟ । ସେ କହୁଛନ୍ତି - 'ମହ୍ୟଂ ନମନ୍ତାଂ ପ୍ରଦିଶା ଚତସ୍ରଃ' ଅର୍ଥାତ୍ ମୋ ସକାଶେ

ଦଶ ଦିଶା ନଇଁ ପଡ଼ନ୍ତୁ। ଅସୀମ ଭାଷା। ଅଳ୍ପରେ ସନ୍ତୁଷ୍ଟ ନ ହୋଇ ଆଶାତୀତ ସ୍ୱରରେ ସଂଗାନ କରନ୍ତି - 'ଈଷ ନ୍ନିଷାଣ, ଅମୁଂ ମେ ଇଷାଣ, ସର୍ବଲୋକଂ ଈଷାଣ। ମୋ ପାଇଁ ଯଦି କାମନା କରିବାକୁ ଚାହୁଁଛ ତେବେ ଏତିକି କର ଯେ ସମଗ୍ର ଲୋକ ମୋ ଅଧୀନକୁ ଆସି ଯାଆନ୍ତୁ, ମୁଁ ସମସ୍ତ ଲୋକର ସ୍ୱାମୀ ହୋଇଯାଏ।

ବୈଦିକ ଦର୍ଶନର ଆଶାବାଦୀ ମଂଚରୁ ମୁଁ ଶ୍ରମଣ ଦର୍ଶନକୁ ପ୍ରସ୍ତୁତ କରିବି ନାହିଁ। କାରଣ ଶ୍ରମଣ ଦର୍ଶନରେ କାମନା ସ୍ୱର ମୁଖର ନୁହେଁ। ବରଂ ଶ୍ରମଣ ଦର୍ଶନର ସ୍ୱର ଦେଶାତୀତ ଓ କାଳାତୀତ ଅସ୍ତିତ୍ୱକୁ ଅନାବୃତ କରିବା ପାଇଁ ଉତ୍କଣ୍ଠିତ। ଜୀବନ ପ୍ରତି ଜମା ନିରାଶା ନାହିଁ। କିନ୍ତୁ ଜୀବନ-ବିକାଶର ଅନ୍ତିମ ରେଖାକୁ ସ୍ପର୍ଶ କରିବା ପାଇଁ ଶ୍ରମଣ ଦର୍ଶନ ଦୃଢ଼ ସମର୍ପିତ। ତା'ର ଅନ୍ତିମ ଲକ୍ଷ୍ୟ ହେଉଛି ମୋକ୍ଷ ବା ନିର୍ବାଣ।

ମୋକ୍ଷ ଜୀବନର ଏପରି ଏକ ଅବସ୍ଥା - ଯେଉଁଠାରେ ସମସ୍ତ ବନ୍ଧନ, ନିର୍ବନ୍ଧ ହୋଇପଡ଼ନ୍ତି। ସାମାଜିକ, ଆର୍ଥିକ, ରାଜନୈତିକ, ଭୌତିକ ଓ ଧାର୍ମିକ ଆଦି ସବୁ ପ୍ରକାର ବନ୍ଧନରୁ ମୁକ୍ତି ପୂର୍ଣ୍ଣ ସ୍ୱତନ୍ତ୍ରତା।

ଦୈହିକ, ବାଚିକ ଏବଂ ମାନସିକ ଦୋଷ ସବୁ ସମାପ୍ତ ହେବା କ୍ଷଣ ହିଁ ନିର୍ବାଣ ଅଟେ। ସମସ୍ତ କାମନା, ବାସନା ଓ କ୍ଲେଶରୁ ମୁକ୍ତ ହୋଇ ନିରପେକ୍ଷ ଶାନ୍ତି, ଏହି ଅବସ୍ଥାରେ ବିରାଜମାନ ହୁଏ। ଅପୂର୍ଣ୍ଣତାକୁ ପୂର୍ଣ୍ଣତା ଦିଗରେ ପଦନ୍ୟାସ, କଦାପି ନିରାଶାବାଦ ହୋଇପାରିବ ନାହିଁ। ଦ୍ୱିତୀୟ ବିଶ୍ୱଯୁଦ୍ଧ ସମୟରେ ମିତ୍ରଶକ୍ତିର ସେନାବାହିନୀ ପଛଘୁଞ୍ଚା ଦେଉଥାନ୍ତି। ଦର୍ଶକ ଏବଂ ସାଧାରଣ ଜନତା ତାହାକୁ ନିରାଶା ଓ ପରାଜୟ ଭାବି ନେଇଥିଲେ। ଯୁଦ୍ଧ ବିଶେଷଜ୍ଞମାନେ ତାହାକୁ ନିଜର ରଣନୀତି କହୁଥାନ୍ତି। ତାହା ହିଁ ହେଲା। ପଛକୁ ହଟିବା ମଧ୍ୟ କୁଶଳ ରଣନୀତିର ଅଂଶ -ବିଜୟର ଐତିହାସିକ କ୍ଷଣରେ ଏହା ସିଦ୍ଧ ହେଲା।

ଆମର ସମଗ୍ର ଜୀବନ ହେଉଛି ସମରାଂଗଣ। ଜୀବନ ସଂଗ୍ରାମରେ ଆମେ କେତେବେଳେ ଆଗକୁ ବଢ଼ିଥାଉଁ ଏବଂ ଆଉ କେତେବେଳେ ପଛକୁ ହଟିଥାଉ। ପଛକୁ ହଟିବା ନିରାଶା କିମ୍ୱା ପଳାୟନ ନୁହେଁ, ଏହା ଆମର ଯୁଦ୍ଧକୌଶଳ ବା ସମରନୀତି ଅଟେ। ଶ୍ରମଣ ଦର୍ଶନ ଉଦ୍‌ଘୋଷଣା କରିଥିଲା - ସଂସାର ହେଉଛି ଅସାର। ଏହା ନିରାଶାର ସ୍ୱର ନୁହେଁ। ଭୌତିକ ଶକ୍ତିର ପ୍ରଚଣ୍ଡ ଆକ୍ରମଣ ସମ୍ମୁଖରେ ଏହା ଏକ ସାମରିକ ବ୍ୟୂହ ରଚନା ମାତ୍ର। ଏହାକୁ ସେମାନଙ୍କ ପଳାୟନ ନୁହେଁ, କିନ୍ତୁ ଇନ୍ଦ୍ରିୟ ସମୂହର ଉଚ୍ଛୃଙ୍ଖଳ ଆମନ୍ତ୍ରଣକୁ ପ୍ରତିହତ କରିବା ପାଇଁ ଖୋଲା ବିଦ୍ରୋହ କୁହାଯାଇପାରିବ।

ଶ୍ରମଣ ଦାର୍ଶନିକ ସଂଗାନ କରିଥିଲେ - 'ଜୀବନର ଆଶଂସା କିମ୍ୱା ମୃତ୍ୟୁର ଆଶଂସା କରନାହିଁ। ଭୌତିକତା ପ୍ରପୀଡ଼ିତ ଓ ଇନ୍ଦ୍ରିୟ-ଉଚ୍ଛୃଙ୍ଖଳ ସଂତ୍ରସ୍ତ ଜୀବନ ଆଶଂସନୀୟ ନୁହେଁ।'

'ନିରାଶା ଅଭିଭୂତ ତଥା ଜୀବନ-ନିର୍ବାହ ଅକ୍ଷମ ସଂକୁଳ ମୃତ୍ୟୁ ଅଭିଳଷଣୀୟ ନୁହେଁ।'

ତୁମେ ଏପରି ଜୀବନକୁ ଅଙ୍ଗୀକାର କର, ଯେଉଁଠାରେ ଚେତନାର ପ୍ରତିବିମ୍ୱ ଏବଂ ସ୍ୱତନ୍ତ୍ରତାର ପ୍ରତିଧ୍ୱନି ରହିଥିବ। ତୁମେ ଏଭଳି ମୃତ୍ୟୁକୁ ସ୍ୱୀକାର କର, ଯାହାର ଗବାକ୍ଷରେ ଜୀବନର ସଫଳତା ଉଙ୍କି ମାରୁଥିବ ଏବଂ ଯାହାକୁ ଚୈତସିକ ପ୍ରସନ୍ନତା ଆପ୍ଲାବିତ କରି ରଖିଥିବ।

॥୨॥

ବିଶ୍ୱ-ଦର୍ଶନ

ବିଶ୍ୱ ଦର୍ଶନ

'ପ୍ରତ୍ୟେକ କ୍ରିୟାର ଆଢୁଆଳରେ କର୍ତ୍ତାଙ୍କର କର୍ତ୍ତବ୍ୟବୋଧ ରହିଥାଏ । ତର୍କଶାସ୍ତ୍ରର ସାମାନ୍ୟ ନିୟମ ହେଉଛି - କର୍ତ୍ତା ବିନା କୌଣସି କ୍ରିୟା ସମ୍ଭବ ନୁହେଁ । ବ୍ୟାକରଣ ଶାସ୍ତ୍ର ଅନୁସାରେ କର୍ତ୍ତା ହେଉଛି କାରକମାନଙ୍କ ମଧ୍ୟରେ ଆଦ୍ୟକାରକ । କର୍ମ, ସାଧନ ଆଦି କାରକ କର୍ତ୍ତାଙ୍କ ଯୋଗୁଁ ତିଷ୍ଠିପାରନ୍ତି, କର୍ତ୍ତାଙ୍କ ଅନୁପସ୍ଥିତିରେ ନୁହେଁ । ବ୍ୟାକରଣାଚାର୍ଯ୍ୟମାନେ ଏହି ପ୍ରଧାନତାର ଆଧାରରେ ଏକ ସିଦ୍ଧାନ୍ତରେ ଉପନୀତ ହୋଇଥିଲେ ଯେ କର୍ତ୍ତା ହେଉଛି ସ୍ୱତନ୍ତ୍ର ଏବଂ କର୍ମ ଆଦିକାରକ ତାହାର ଅଧୀନ ରହିଥାନ୍ତି ।

କର୍ତ୍ତା, କ୍ରିୟା ଓ ତା'ର ପରିଣାମ ହେଉଛି ଏକ ଘଟଣାକ୍ରମ । କେତେକ ଘଟନାରେ ଏହି ତିନି କାରକ ଉପସ୍ଥିତ ଥା'ନ୍ତି । ତେଣୁ କର୍ତ୍ତୃତ୍ୱର ପ୍ରଶ୍ନ ଗୌଣ ହୋଇପଡ଼େ । ଏହି ଘଟନାଗୁଡ଼ିକ ଆମ ସମ୍ମୁଖରେ କର୍ତ୍ତୃତ୍ୱର ପ୍ରଶ୍ନ ଉପସ୍ଥିତ କରିଥାନ୍ତି । ଯେହେତୁ ପରିଣାମ ସ୍ପଷ୍ଟ ଦୃଷ୍ଟିଗୋଚର ହୁଏ, କିନ୍ତୁ ତା'ର କର୍ତ୍ତା ସାମ୍ନାରେ ଦିଶେ ନାହିଁ । ଏହି ବିଶ୍ୱ ହେଉଛି ଏହାର ଉଦାହରଣ, ଯେଉଁଠାରେ ଆମେ ବାସ କରିଥାଉ ତଥା ନିରନ୍ତର ନିଜ ଆଖିରେ ଏହାର ସ୍ଥିତି, ଗତି ଏବଂ କ୍ଷୟ ଦେଖିଥାଉଁ । ଏହି ବିଶାଳ ଭୂଖଣ୍ଡ, କେଉଁ କୁଶଳ ଓ ସଶକ୍ତ ହାତର କୃତି ? ଏହି ଉତ୍ତୁଙ୍ଗ ଶିଖରଯୁକ୍ତ ପର୍ବତକୁ କିଏ ରଚନା କରିଛନ୍ତି ? ଏହି ଅସୀମ ଆକାଶ, କେଉଁ ଶିଳ୍ପୀଙ୍କ ଦକ୍ଷତାର ପରିଚୟ ଦେଉଛି ? ଏହି ଅସଂଖ୍ୟ ନୀହାରିକା, କାହାର କର୍ତ୍ତୃତ୍ୱର ଗୁଣଗାନ କରୁଛନ୍ତି ? ପୃଥିବୀର ଅନ୍ଧକାର ଦୂର କରୁଥିବା ସୂର୍ଯ୍ୟ ଓ ଶାନ୍ତି ପ୍ରଦାନକାରୀ ଚନ୍ଦ୍ରମାର ଆଦି କିଏ ? ଏହି ଭୂଖଣ୍ଡକୁ ଆବେଷ୍ଟିତ କରି ରଖିଥିବା ସମୁଦ୍ର କାହାର କୃତି ? ପ୍ରକୃତିର ଅଣୁ-ପରମାଣୁକୁ ନିୟନ୍ତ୍ରଣ କରୁଥିବା ଏହି ମନୁଷ୍ୟର ଭାଗ୍ୟବିଧାତା କିଏ ? ଏହି ସମସ୍ତ ପ୍ରଶ୍ନ ହେଉଛି ଶାଶ୍ୱତ । ଆଦିକାଳରୁ ଏହା ମନୁଷ୍ୟ ମନରେ କୌତୂହଳ ସୃଷ୍ଟି କରିଆସିଛି । ଏହି ପ୍ରଶ୍ନଗୁଡ଼ିକର ସମାଧାନ ପାଇବାକୁ ଯାଇ ମଣିଷ ଦର୍ଶନର ରେଖା ଟାଣିଛି ।

ସତରେ, କ'ଣ ଆମେ ଏହିସବୁ ପ୍ରଶ୍ନର ଉତ୍ତର ପାଇବାରେ ସଫଳ ହୋଇଛୁଁ ? ଆମ ଦର୍ଶନ କ'ଣ ଏହି ସମସ୍ତ ଜିଜ୍ଞାସା ସମାଧାନ କରିବାରେ ସକ୍ଷମ ? ଏହି ପ୍ରଶ୍ନର ଉତ୍ତର 'ହଁ' ରୂପରେ ଆମକୁ ପ୍ରାପ୍ତ ହେଉନାହିଁ । ଏତିକିରେ ସନ୍ତୋଷ କରିବାକୁ ପଡୁଛି ଯେ ଆମେ ଆଲୋଚ୍ୟ ପ୍ରଶ୍ନ ସମୂହର ଉତ୍ତର ଖୋଜିବାରେ ନିଷ୍ପାପର ଉଦ୍ୟମ କରିଛୁଁ । ଆମ ଦର୍ଶନ, ଏହି ଦିଶାରେ ଗତି କରିଛି । ତେବେ ଏହି ସମାଧାନ ଯେ ଅନ୍ତିମ ଏବଂ ସାର୍ବଜନିକ, ଏହା କହିବା ସହଜ ନୁହେଁ ।

ବିଶ୍ୱର ବର୍ଗୀକରଣ

ଆରିଷ୍ଟଟଲ (ଅରସ୍ତୁ) ବିଶ୍ୱର ବର୍ଗୀକରଣ ଦଶଟି ପଦାର୍ଥ ମାଧ୍ୟମରେ କରିଛନ୍ତି । ଯଥା : (୧) ଦ୍ରବ୍ୟ, (୨ ଗୁଣ, (୩) ପରିମାଣ, (୪) ସଂବନ୍ଧ, (୫) ଦିଶା, (୬) କାଳ, (୭) ଆସନ, (୮) ସ୍ଥିତି, (୯) କର୍ମ ଓ (୧୦) ପରିଣାମ ।

ବୈଶେଷିକ ଦର୍ଶନ ଦ୍ରବ୍ୟ, ଗୁଣ, କର୍ମ, ସାମାନ୍ୟ, ବିଶେଷ ଏବଂ ସମବାୟ - ଏହି ଛଅ ତତ୍ତ୍ୱ ମଧ୍ୟରେ ବିଶ୍ୱର ବର୍ଗୀକରଣ କରିଥାନ୍ତି ।

ଜୈନ-ଦୃଷ୍ଟିରେ ବିଶ୍ୱ ଛଅଟି ଦ୍ରବ୍ୟ ମଧ୍ୟରେ ବର୍ଗୀକୃତ । ଏହି ଦ୍ରବ୍ୟ ହେଉଛି - ଧର୍ମ, ଅଧର୍ମ, ଆକାଶ, କାଳ, ପୁଦ୍‌ଗଳ ଓ ଜୀବ । କାଳ ବ୍ୟତୀତ ଅନ୍ୟ ପାଞ୍ଚଟିଯାକ ଦ୍ରବ୍ୟ ହେଉଛି ଅସ୍ତିକାୟ । ଅସ୍ତିକାୟର ଅର୍ଥ ହେଉଛି - ପ୍ରଦେଶସମୂହ - ଅବୟବ ସମୁଦାୟ । ପ୍ରତ୍ୟେକ ଦ୍ରବ୍ୟର ସବୁଠାରୁ ସୂକ୍ଷ୍ମ, ପରମାଣୁ ସଦୃଶ ଅଂଗକୁ 'ପ୍ରଦେଶ' କୁହାଯାଏ । ଏହି ପ୍ରଦେଶର କାୟ-ସମୂହ ହିଁ ଅସ୍ତିକାୟ ଅଟେ । ଧର୍ମ, ଅଧର୍ମ, ଆକାଶ ଓ ଜୀବର ପ୍ରଦେଶ ସମୂହର ବିଘଟନ ହୁଏ ନାହିଁ । ତେଣୁ ଏମାନେ ସମସ୍ତେ ହେଉଛନ୍ତି ଅବିଭାଗୀ ଦ୍ରବ୍ୟ । ଏମାନଙ୍କ ପରମାଣୁ-ତୁଲ୍ୟ ଖଣ୍ଡର କଳ୍ପନା କରାଗଲେ ଅସଂଖ୍ୟ ହୋଇଥିବାରୁ ଅବୟବୀ କହିବାରେ ଆପତ୍ତି ରହିବା ଉଚିତ ନୁହେଁ । ପୁଦଗଳ ହେଉଛି ବିଭାଗୀ ଦ୍ରବ୍ୟ । ତା'ର ଶୁଦ୍ଧ ରୂପ ପରମାଣୁ ହେଉଛି ଅବିଭାଗୀ । ପରମାଣୁ, ସଂଯୋଜନ - ବିୟୋଜନ ସ୍ୱଭାବଯୁକ୍ତ ହୋଇଥାଏ । ଏହି କାରଣରୁ ପରମାଣୁ ଦ୍ୱାରା ସ୍କନ୍ଧ ନିର୍ମିତ ହୁଏ, ଯା'ର ବିଘଟନ ହୋଇଥାଏ । କୌଣସି ସ୍କନ୍ଧ ଶାଶ୍ୱତ ନୁହେଁ । ଏହି ଦୃଷ୍ଟିରୁ 'ପୁଦ୍‌ଗଳ' ଦ୍ରବ୍ୟ ବିଭାଗୀ ହୋଇଥାଏ । ଧର୍ମ ଆଦି ଦ୍ରବ୍ୟ ଭଳି ପୁଦ୍‌ଗଳ ଏକକ ବ୍ୟକ୍ତିକ ନ ହୋଇ ଅନନ୍ତ ବ୍ୟକ୍ତିକ ହୋଇଥାଏ । ଯେଉଁ ସ୍କନ୍ଧରେ ଯେତେ ସଂଖ୍ୟକ ପରମାଣୁର ସମାବେଶ ହୋଇଥାଏ, ସେହି ସ୍କନ୍ଧ ସେତେ ସଂଖ୍ୟକ ପ୍ରଦେଶ ସଂପନ୍ନ ହୋଇଥାଏ । ଦ୍ୱ୍ୟଣୁକ ସ୍କନ୍ଧ ଦ୍ୱିପ୍ରଦେଶୀ ପର୍ଯ୍ୟନ୍ତ ଅନନ୍ତାଣୁକ ସ୍କନ୍ଧ ଅନନ୍ତପ୍ରଦେଶୀ ହୋଇଥାଏ । ଜୀବ ମଧ୍ୟ ଅନନ୍ତପ୍ରଦେଶୀ ଅଟେ । କିନ୍ତୁ ପ୍ରତ୍ୟେକ ଜୀବ ହେଉଛି ଅସଂଖ୍ୟ-ପ୍ରଦେଶୀ । କାଳ, ପ୍ରଦେଶ ନୁହେଁ କି ପରମାଣୁ ମଧ୍ୟ ନୁହେଁ । ତାହା ହେଉଛି ଔପଚାରିକ ଦ୍ରବ୍ୟ । ପ୍ରଦେଶ ହୋଇ ନ ଥିବାରୁ ଅସ୍ତିକାୟ ହେବାର ପ୍ରଶ୍ନ ଉଠୁନାହିଁ । କାଳ ବାସ୍ତବିକ ବସ୍ତୁ ନୁହେଁ, ତେଣୁ ଦ୍ରବ୍ୟ କାହିଁକି ? ଏହାର ସମାଧାନ ହେଉଛି - କାଳ, ଦ୍ରବ୍ୟ ଭଳି ଉପାଦେୟ- ବ୍ୟବହାର ପ୍ରବର୍ତ୍ତକ ହୋଇଥିବାରୁ ତାହାକୁ ଦ୍ରବ୍ୟ ଶ୍ରେଣୀରେ ରଖାଯାଇଛି । ନୈଶ୍ଚୟିକ ଓ ବ୍ୟାବହାରିକ ଭାବରେ ଏହାର ଦୁଇଟି ପ୍ରକାର ରହିଛି । ପାଞ୍ଚ ଅସ୍ତିକାୟର ବର୍ତ୍ତମାନ ରୂପରେ ଯେଉଁ ପରିଣମନ ହୋଇଛି, ତାହା ନୈଶ୍ଚୟିକ । ଜ୍ୟୋତିଷ ଗତିର ଆଧାରରେ ଘଟୁଥିବା ପରିଣମନ ହେଲା -ବ୍ୟାବହାରିକ ଅଥବା ବର୍ତ୍ତମାନର ଏକ ସମୟ ନୈଶ୍ଚୟିକ ଏବଂ ଭୂତ ଓ ଭବିଷ୍ୟତ ହେଉଛି ବ୍ୟାବହାରିକ । ବିତିଯାଇଥିବା ସମୟ ଚାଲିଯାଇଥାଏ ଏବଂ ଅନାଗତ ଉତ୍ପନ୍ନ ହୁଏ ନାହିଁ । ତେଣୁ ଅତୀତ ଓ ଅନାଗତ ଅବିଦ୍ୟମାନ ହୋଇଥିବାରୁ ଦୁହେଁ ବ୍ୟାବହାରିକ ବା ଔପଚାରିକ ଶ୍ରେଣୀର ରହିଥାନ୍ତି । କ୍ଷଣ, ମୁହୂର୍ତ୍ତ, ଦିନ-ରାତି, ପକ୍ଷ, ମାସ, ବର୍ଷ ଆଦି ସମସ୍ତ ଭେଦ ବ୍ୟାବହାରିକ କାଳରେ ରହିଥାଏ । ଦିକ୍ ଏକ ସ୍ୱତନ୍ତ୍ର ପଦାର୍ଥ ନୁହେଁ । ଆକାଶର କାଳ୍ପନିକ ଖଣ୍ଡର ନାମ ହେଉଛି ଦିଗ ।

ଦ୍ରବ୍ୟ

ଭୂତ ଭବିଷ୍ୟତକୁ ବର୍ତ୍ତମାନ ସଂକଳନ କରିଥାଏ ବା ଯୋଡ଼ିଥାଏ । ବର୍ତ୍ତମାନ ବିନା ଭୂତ ଓ ଭବିଷ୍ୟତର କୌଣସି ମୂଲ୍ୟ ନାହିଁ । ଏହାର ଅର୍ଥ ହେଉଛି ଯେ ଆମେ ଯେଉଁ ବସ୍ତୁର ଅସ୍ତିତ୍ୱକୁ ଯଦି ଥରେ ମଧ୍ୟ ସ୍ୱୀକାର କରିଥାଉଁ ତେବେ ଏହା ଆଗରୁ ବି ବସ୍ତୁ ରହିଥିଲା ତଥା ପରେ ମଧ୍ୟ ରହିବ । ଏହି ତଥ୍ୟକୁ ସ୍ୱୀକାର କରିବାକୁ ବାଧ୍ୟ ହୋଇଥାଉଁ । ତେବେ ଏହା ସମାନ ଅବସ୍ଥାରେ ରହିଆସିଛି ଓ ଆଗକୁ ମଧ୍ୟ ରହିବ - ଏହା ଯଥାର୍ଥ ନୁହେଁ । କିନ୍ତୁ ଅସ୍ତିତ୍ୱ କେବେ ବି ସମାପ୍ତ ହୁଏ ନାହିଁ, ଏହା ହେଉଛି ନିଶ୍ଚିତ । ବିଭିନ୍ନ ଅବସ୍ଥାରେ ପରିବର୍ତ୍ତିତ ହୋଇଥାଏ, ଅଥଚ ତା'ର ମୌଳିକ ରୂପ ଓ ଶକ୍ତିର କ୍ଷୟ ଘଟି ନ ଥାଏ ।

ଦାର୍ଶନିକ ପରିଭାଷା ଅନୁସାରେ ଦ୍ରବ୍ୟଠାରେ ଗୁଣ ଓ ପର୍ଯ୍ୟାୟ ବଳବତ୍ତର ଥାଏ । 'ଦ୍ରବ୍ୟ' ଶବ୍ଦର ବ୍ୟୁତ୍ପତ୍ତି କରିବାକୁ ଯାଇ କୁହାଯାଇଛି - 'ଅଦ୍ରବତ୍, ଦ୍ରବତି, ଦ୍ରୋଷ୍ୟାତି, ତାଂସ୍ତାନ୍ ପର୍ଯ୍ୟାୟାନ୍ ଇତି ଦ୍ରବ୍ୟମ୍' । ଯାହା ଅତୀତରେ ଭିନ୍ନ ଭିନ୍ନ ଅବସ୍ଥାକୁ ପ୍ରାପ୍ତ ହୋଇଛି, ବର୍ତ୍ତମାନ ହୋଇଚାଲିଛି ତଥା ଭବିଷ୍ୟତରେ ମଧ୍ୟ ପ୍ରାପ୍ତ ହେବାକୁ ଯାଉଛି, ତାହା ହେଉଛି ଦ୍ରବ୍ୟ । ଏହାର ଫଳିତାର୍ଥ ହେଲା - ଅବସ୍ଥା ବା ପର୍ଯ୍ୟାୟର ଉତ୍ପାଦ ଓ ବିନାଶ ପ୍ରକ୍ରିୟା ଅବ୍ୟାହତ ରହିଥିଲେ ମଧ୍ୟ ଯାହା ଧ୍ରୁବ ତାହା ହିଁ ଦ୍ରବ୍ୟ । ଅନ୍ୟ ଶବ୍ଦରେ କହିଲେ ଧ୍ରୁବ ତତ୍ତ୍ୱରେ ହିଁ ଅବସ୍ଥା ଉତ୍ପନ୍ନ ଓ ନଷ୍ଟ ହୋଇଥାଏ । କାରଣ ଧ୍ରୌବ୍ୟ ବିନା ପୂର୍ବବର୍ତ୍ତୀ ଏବଂ ଉତ୍ତରବର୍ତ୍ତୀ ଅବସ୍ଥାର ସମ୍ବନ୍ଧର କଳ୍ପନା ମଧ୍ୟ କରାଯାଇପାରିବ ନାହିଁ । ନିମ୍ନ ପ୍ରକାରେ ଦ୍ରବ୍ୟର ଦୁଇଟି ପରିଭାଷା କରାଯାଇପାରିବ -

(୧) ପୂର୍ବବର୍ତ୍ତୀ ଓ ଉତ୍ତରବର୍ତ୍ତୀ ଅବସ୍ଥାରେ ଯାହା ବ୍ୟାପ୍ତ ଥାଏ, ତାହା ହେଉଛି ଦ୍ରବ୍ୟ ।

(୨) ଯାହା ସତ୍ ତାହା ଦ୍ରବ୍ୟ ।

ଉତ୍ପାଦ, ବ୍ୟୟ ଓ ଧ୍ରୌବ୍ୟ - ଏହି ତ୍ରୟାତ୍ମକ ସ୍ଥିତିର ନାମ ହେଉଛି ସତ୍ । ଦ୍ରବ୍ୟର ପରିଣମନ ଘଟିଥାଏ, ଉତ୍ପାଦ ଓ ବ୍ୟୟ ହୋଇଥାଏ; କିନ୍ତୁ ତା'ର ସ୍ୱରୂପ-ହାନି ହୁଏ ନାହିଁ । ଦ୍ରବ୍ୟର ପ୍ରତି ଅଂଶରେ ପ୍ରତି ସମୟରେ ଯେଉଁ ପରିବର୍ତ୍ତନ ଘଟିଥାଏ, ତାହା ସବୁମନ୍ତେ ବିଲକ୍ଷଣ ହୋଇ ନ ଥାଏ । ପରିବର୍ତ୍ତନରେ କିଛି ସମାନତା ରହିଥାଏ ଏବଂ କିଛି ଅସମାନତା ମଧ୍ୟ ରହିଥାଏ । ପୂର୍ବ-ପରିଣାମ ଓ ଉତ୍ତର-ପରିଣାମରେ ଯେଉଁ ସମାନତା ଥାଏ, ତାହା ହିଁ ଦ୍ରବ୍ୟ । ସେହି ରୂପରେ ଦ୍ରବ୍ୟ ଉତ୍ପନ୍ନ ହୁଏନାହିଁ କିମ୍ବା ନଷ୍ଟ ମଧ୍ୟ ହୁଏ ନାହିଁ । ମାଳାର ପ୍ରତ୍ୟେକ ମୋତିରେ ଡୋରି ଯେପରି ଗୁନ୍ଥି ହୋଇ ରହିଥାଏ, ବସ୍ତୁର ପ୍ରତ୍ୟେକ ଅବସ୍ଥାରେ ସେହି ଅନୁସ୍ୟୁତ ରୂପ ହିଁ ପ୍ରଭାବିତ ହୋଇଥାଏ । ପୂର୍ବବର୍ତ୍ତୀ ଓ ପରବର୍ତ୍ତୀ ପରିଣମନରେ ଯେଉଁ ଅସମାନତା ଘଟିଥାଏ, ତାହା ହେଉଛି ପର୍ଯ୍ୟାୟ । ସେହି ରୂପରେ ଦ୍ରବ୍ୟ ଉତ୍ପନ୍ନ ହୁଏ ତଥା ବିନଷ୍ଟ ମଧ୍ୟ ହୁଏ । ଏହି ପ୍ରକାରେ ଦ୍ରବ୍ୟ ପ୍ରତି ସମୟରେ ଉତ୍ପନ୍ନ ହେଉଛି, ନଷ୍ଟ ହେଉଛି ଏବଂ ସ୍ଥିର ମଧ୍ୟ । ଦ୍ରବ୍ୟ ରୂପରେ ବସ୍ତୁ ସ୍ଥିର ଥାଏ, ପର୍ଯ୍ୟାୟ ରୂପରେ ନିରନ୍ତର ଉତ୍ପନ୍ନ ଓ ନଷ୍ଟ ହୋଇଚାଲିଛି । ଏହାର ସ୍ପଷ୍ଟ ଅର୍ଥ ହେଉଛି ଯେକୌଣସି ବସ୍ତୁ ବି ସର୍ବଥା ନିତ୍ୟ ନୁହେଁ କିମ୍ବା ସର୍ବଥା ଅନିତ୍ୟ ମଧ୍ୟ ନୁହେଁ, କିନ୍ତୁ ବସ୍ତୁ ହେଉଛି ପରିଣାମୀ ନିତ୍ୟ ।

ପରିଣାମୀ ନିତ୍ୟତ୍ୱବାଦ

ପରିଣାମର ବ୍ୟାଖ୍ୟା କରିବାକୁ ଯାଇ ପୂର୍ବାଚାର୍ଯ୍ୟମାନେ ଲେଖିଯାଇଛନ୍ତି :

ପରିଣାମୋ ହ୍ୟର୍ଥାନ୍ତରଗମନଂ ନ ଚ ସର୍ବଥା ବ୍ୟବସ୍ଥାନମ୍ ।
ନ ଚ ସର୍ବଥା ବିନାଶଃ, ପରିଣାମସ୍ତଦ୍‌ବିଦାମିଷ୍ଟଃ ॥ ୧॥

ସତ୍ୟ ପର୍ଯାୟେଣ ବିନାଶଃ, ପ୍ରାଦୁର୍ଭାବୋଽସତା ଚ ପର୍ଯ୍ୟବତ୍ ।
ଦ୍ରବ୍ୟାଣାଂ, ପରିଣାମଃ, ପ୍ରୋକ୍ତଃ ଖଳୁ ପର୍ଯ୍ୟବନୟସ୍ୟ ॥୨॥

ଯାହା ଗୋଟିଏ ବସ୍ତୁରୁ ଅନ୍ୟ ବସ୍ତୁରେ ରୂପାନ୍ତରିତ ହୋଇଯାଏ, ନିର୍ଦ୍ଦିଷ୍ଟ ଏକ ଅର୍ଥରୁ ଅନ୍ୟ ଅର୍ଥର ପ୍ରତିପାଦନ କରିଥାଏ - ତା'ର ନାମ ହେଉଛି ପରିଣାମ । ଏହି ପରିଣାମ ଦ୍ରବ୍ୟାର୍ଥିକ ନୟ ଅପେକ୍ଷାରେ ଘଟିଥାଏ । ସବୁ ପ୍ରକାରେ ବ୍ୟବସ୍ଥିତ ରହିବା ଅଥବା ସବୁମନ୍ତେ ନଷ୍ଟ ହେବା, ପରିଣାମର ସ୍ୱରୂପ ନୁହେଁ । ସାଂପ୍ରତିକ ପର୍ଯ୍ୟାୟର ନାଶ ଏବଂ ଅବିଦ୍ୟମାନ ପର୍ଯ୍ୟାୟର ଉତ୍ପାଦନ ହେଉଛି ପର୍ଯ୍ୟାୟାର୍ଥିକ ନୟ ଦୃଷ୍ଟିରେ ହେଉଥିବା ପରିଣାମ । ଦ୍ରବ୍ୟାର୍ଥିକ ନୟର ବିଷୟ ଦ୍ରବ୍ୟ ହୋଇଥିବାରୁ, ସେହି ଦୃଷ୍ଟିମନ୍ତେ ସତ୍ ପର୍ଯ୍ୟାୟ ଅପେକ୍ଷା ଯାହାର କିଛି ରୂପାନ୍ତର ହୋଇଥାଏ, କିନ୍ତୁ ଯାହା ପୂରା ନଷ୍ଟ ହୋଇ ନ ଥାଏ, ତାହା ପରିଣାମ ଅଟେ । ପର୍ଯ୍ୟାୟାର୍ଥିକ ନୟର ବିଷୟ ହେଲା ପର୍ଯ୍ୟାୟ । ତେଣୁ, ତାହା ଅନୁସାରେ ସତ୍ ପର୍ଯ୍ୟାୟରୁ ଯାହା ନଷ୍ଟ ହୁଏ ଏବଂ ଅସତ୍ ପର୍ଯ୍ୟାୟରୁ ଯାହା ଉତ୍ପନ୍ନ ହୁଏ,- ତାହା ପରିଣାମ

ବୋଲାଇଥାଏ । ଉଭୟ ଦୃଷ୍ଟି ମଧ୍ୟରେ ସମନ୍ୱୟ ସ୍ଥାପନ କରାଯାଇପାରିଲେ ଦ୍ରବ୍ୟ ଉତ୍ପାଦ, ବ୍ୟୟ ଧ୍ରୌବ୍ୟାତ୍ମକ ହୋଇପଡ଼େ । ଏହାକୁ ଆମେ ଭିନ୍ନ ଶବ୍ଦରେ ପରିଣାମୀ, ନିତ୍ୟ ବା କଥଂଚିତ୍ - ନିତ୍ୟ କହିଥାଉଁ ।

ଆଗମ ଭାଷାରେ ଦ୍ରବ୍ୟ ହେଉଛି ଗୁଣର ଆଶ୍ରୟ ଏବଂ ଅନନ୍ତ ଗୁଣରାଜିର ଅଖଣ୍ଡ ପିଣ୍ଡ । ଏଠାରେ ପ୍ରଥମ ପରିଭାଷା ସ୍ୱରୂପାତ୍ମକ ଏବଂ ଦ୍ୱିତୀୟଟି ଅବସ୍ଥାତ୍ମକ ଅଟେ । ଦ୍ରବ୍ୟକୁ ପରିଣାମୀ ନିତ୍ୟ ଭାବରେ ସ୍ଥାପିତ କରିବା ହେଉଛି, ଉଭୟ ପରିଭାଷା ମଧ୍ୟରେ ସମନ୍ୱୟର ତାତ୍ପର୍ଯ୍ୟ ।

ଦ୍ରବ୍ୟର ଦୁଇ ପ୍ରକାର ଧର୍ମ ରହିଛି - ସହଭାବୀ (ଗୁଣୀ) ଏବଂ କ୍ରମଭାବୀ (ପର୍ଯ୍ୟାୟ) । ବୌଦ୍ଧମାନେ ସତ୍ ଦ୍ରବ୍ୟକୁ ଏକାନ୍ତ ଅନିତ୍ୟ (ନିରନ୍ୱୟ କ୍ଷଣିକ - କେବଳ ଉତ୍ପାଦ, ବିନାଶ ସ୍ୱଭାବ) ବିଚାରିଥାନ୍ତି । ସେହି ସମାନ ସ୍ଥିତିରେ ବେଦାନ୍ତୀମାନେ ସତ୍‌ପଦାର୍ଥ, ବ୍ରହ୍ମକୁ ଏକାନ୍ତ ନିତ୍ୟ ମନେକରନ୍ତି । ପ୍ରଥମଟି ପରିବର୍ତ୍ତନବାଦ ତଥା ଦ୍ୱିତୀୟଟି ହେଉଛି ନିତ୍ୟ ସତ୍ତାବାଦ । ଜୈନଦର୍ଶନ ଏହି ଦୁଇ ମତ ମଧ୍ୟରେ ସମନ୍ୱୟ ସ୍ଥାପନ କରି 'ପରିଣାମୀ ନିତ୍ୟତ୍ୱବାଦ'ର ସ୍ଥାପନା କରିଛି । ଏହାର ଆଶୟ ହେଉଛି - ସତ୍ତା ମଧ୍ୟ ରହିବ, ପରିବର୍ତ୍ତନ ମଧ୍ୟ ହୋଇଚାଲିବ । ଦ୍ରବ୍ୟ ଉତ୍ପନ୍ନ ହେବ ଏବଂ ସେହି ସମୟରେ ନଷ୍ଟ ମଧ୍ୟ ହେବ । ତେବେ ଏହି ପରିବର୍ତ୍ତନ ଦ୍ୱାରା ତା'ର ଅସ୍ତିତ୍ୱରେ କୌଣସି ଆଞ୍ଚ ଆସେ ନାହିଁ । ଉତ୍ପାଦ ଓ ବିନାଶ ମଧ୍ୟରେ ଯଦି କୌଣସି ସ୍ଥିର ଆଧାର ନ ରହେ ତେବେ ଆମକୁ ସଜାତୀୟତାର ଅର୍ଥାତ୍ (ଏହା ଓ ତାହା ମଧ୍ୟରେ ସାମ୍ୟ) ବୋଧ ହୋଇପାରିବ ନାହିଁ । ଯଦି ଦ୍ରବ୍ୟ ନିରୋଳା ଭାବରେ ନିର୍ବିକାର ହୋଇଥାଏ ତେବେ ବିଶ୍ୱ-ବିବିଧତାକୁ ପ୍ରମାଣିତ କରିବା କଷ୍ଟସାଧ ହୋଇପଡ଼ିବ । ଏହି ସମସ୍ତ ତଥ୍ୟର ଗଭୀର ବିଶ୍ଲେଷଣ କରିଲେ 'ପରିଣାମୀ-ନିତ୍ୟବାଦ' ଜୈନ ଦର୍ଶନର ଏକ ମହତ୍ତ୍ୱପୂର୍ଣ୍ଣ ସିଦ୍ଧାନ୍ତ ବିବେଚିତ ହେଉଛି । ରସାୟନ ବିଜ୍ଞାନର 'ଦ୍ରବ୍ୟାକ୍ଷରତ୍ୱବାଦ' ସହିତ ଏହାର ତୁଳନା କରାଯାଇପାରିବ ।

ଲେବାୟଜର ନାମକ ପ୍ରସିଦ୍ଧ ବୈଜ୍ଞାନିକ, ୧୭୮୯ ମସିହାରେ 'ଦ୍ରବ୍ୟାକ୍ଷରତ୍ୱବାଦ' - ସ୍ଥାପନ କରିଥିଲେ । ଏହି ସିଦ୍ଧାନ୍ତର ସଂକ୍ଷିପ୍ତ ଆଶୟ ହେଉଛି - ଏହି ଅନନ୍ତ ବିଶ୍ୱରେ ଦ୍ରବ୍ୟର ପରିମାଣ ସବୁ ବେଳେ ସମାନ ରହିଥାଏ, ନ୍ୟୁନାଧିକ ହୁଏ ନାହିଁ । ସାଂପ୍ରତିକ ଦ୍ରବ୍ୟର ସର୍ବଥା ବିନାଶ ହୁଏ ନାହିଁ ଏବଂ ସର୍ବୋପରି କୌଣସି ନୂତନ ଦ୍ରବ୍ୟର ଉତ୍ପତ୍ତି ହୋଇପାରିବ ନାହିଁ । ସାଧାରଣ ଦୃଷ୍ଟିରେ, ଯାହା ଦ୍ରବ୍ୟର ନାଶ ବୁଝା ପଡ଼ିଥାଏ, ତାହା ଦ୍ରବ୍ୟର ରୂପାନ୍ତରଣ ଜନ୍ୟ ପରିଣାମ ମାତ୍ର ଅଟେ । ଉଦାହରଣ ସ୍ୱରୂପ କୋଇଲା ଜଳି ପାଉଁଶରେ ପରିଣତ ହୁଏ, ଅଥଚ କୋଇଲା ଜଳିବା ଦ୍ୱାରା ସମାପ୍ତ ହେଲା ବୋଲି ସାମାନ୍ୟତଃ କୁହାଯାଇଥାଏ । କିନ୍ତୁ ବାସ୍ତବରେ ତାହା ନଷ୍ଟ ହୁଏ ନାହିଁ । ବାୟୁମଣ୍ଡଳରେ ରହିଥିବା ଅମ୍ଳଜାନ ସହିତ ମିଶି କାର୍ବନିକ ଏସିଡ ବାଷ୍ପରେ ରୂପାନ୍ତରିତ ହୋଇଥାଏ । ସେହିଭଳି ଶର୍କରା ବା ଲବଣକୁ ଜଳରେ ମିଶାଇଲେ, ସେମାନଙ୍କ ସତ୍ତା ଲୋପ ହୁଏ ନାହିଁ । ସେମାନେ ଦୃଢ଼ କଠିନ ଅବସ୍ଥାରୁ ଦ୍ରବ ରୂପଧାରଣ କରନ୍ତି । ଠିକ୍ ଏହିପରି ନୂଆ ବସ୍ତୁଟିଏ ସୃଷ୍ଟି ହେଲା ବୋଲି ପ୍ରତୀୟମାନ ହୋଇଥାଏ, ବସ୍ତୁତଃ ତାହା ମଧ୍ୟ କୌଣସି ପୂର୍ବବର୍ତ୍ତୀ ବସ୍ତୁର ରୂପାନ୍ତର ମାତ୍ର । ଖୋଲାରେ ରଖାଯାଇଥିବା କଡ଼େଇରେ କଳଙ୍କି ଲାଗିଯାଏ । ଏହାକୁ କ'ଣ କୁହାଯିବ ? ଏହି କଳଙ୍କି ବା ଧାତୁ-ମଳ କୌଣସି ନୂତନ ଦ୍ରବ୍ୟର ଉତ୍ପତ୍ତି ନୁହେଁ । ଧାତୁର ବାହ୍ୟସ୍ତର ସହିତ ଜଳ ତଥା ବାୟୁମଣ୍ଡଳରେ ରହିଥିବା ଅମ୍ଳଜାନର ସଂଯୋଗ ଫଳରେ ଲୌହ ଅକ୍ସି ହାଇଡ୍ରେଟରେ ପରିଣତ ହେଲା । ଭୌତିକବାଦ, ପଦାର୍ଥର ଗୁଣାତ୍ମକ ଅନ୍ତରକୁ ପରିମାଣାତ୍ମକ ଅନ୍ତରରେ ପରିବର୍ତ୍ତନ କରିଥାଏ । ଶକ୍ତି, ପରିମାଣରେ ପରିବର୍ତ୍ତନ ନୁହେଁ, ଏହା ହେଉଛି ଗୁଣ ଦୃଷ୍ଟିରୁ ପରିବର୍ତ୍ତନ । ପ୍ରକାଶ, ତାପମାନ, ଚୁମ୍ବକୀୟ ଆକର୍ଷଣ ଆଦିରେ ହ୍ରାସ ଘଟେ ନାହିଁ, ସେଗୁଡ଼ିକ ପରସ୍ପର ପରିବର୍ତ୍ତିତ ହେଉଥାନ୍ତି । ଜୈବ ଦର୍ଶନର ଉତ୍ପାଦ, ବ୍ୟୟ ଓ ଧ୍ରୌବ୍ୟକୁ ମାତୃପଦିକା କୁହାଯାଇଥାଏ । ଏହି ମାତୃପଦିକାର ସିଦ୍ଧାନ୍ତ ମଧ୍ୟ ରୂପାନ୍ତରଣ ପ୍ରକ୍ରିୟାକୁ ପୁଷ୍ଟ କରିଥାଏ ।

ଉତ୍ପାଦ ଧ୍ରୁବ ବିନାଶୈଃ, ପରିଣାମଃ କ୍ଷଣେ-କ୍ଷଣେ ।
ଦ୍ରବ୍ୟାଣାମବିରୋଧଶ୍ଚ,ପ୍ରତ୍ୟକ୍ଷାଦିହ ଦୃଶ୍ୟତେ ॥

-ଦ୍ରବ୍ୟାନୁଯୋଗତର୍କଣା, ୯/୨

ଉତ୍ପାଦ, ଧ୍ରୁବ ଏବଂ ବ୍ୟୟ - ଦ୍ରବ୍ୟର ଏହି ତ୍ରିବିଧ ଲକ୍ଷଣର ପ୍ରତିକ୍ଷଣ ପରିଣମନ ହେଉଥାଏ । ଏହି ଶବ୍ଦଗୁଡ଼ିକ ତଥା ଯାହା ଦ୍ରବ୍ୟର ନାଶ ବୁଝା ଯାଉଥାଏ, ତାହା ଦ୍ରବ୍ୟର ରୂପାନ୍ତର ସ୍ୱରୂପ ପରିଣମନ ମାତ୍ର ମଧ୍ୟରେ କୌଣସି ପାର୍ଥକ୍ୟ ନାହିଁ । ବସ୍ତୁ ଦୃଷ୍ଟିରୁ ସଂସାରର ଯେତେ ପ୍ରକାର ଦ୍ରବ୍ୟ ରହିଛି, ଅତୀତରେ ଠିକ୍ ସେତେ ପରିମାଣରେ ରହିଥିଲା ଏବଂ ଭବିଷ୍ୟତରେ ମଧ୍ୟ ସେତିକି ସଂଖ୍ୟାରେ ହିଁ ରହିବ । ସେଗୁଡ଼ିକ ମଧ୍ୟରେ ହ୍ରାସ କିମ୍ବା ବୃଦ୍ଧି ହୁଏ ନାହିଁ । ନିଜସ୍ୱ ଅସ୍ତିତ୍ୱର ପରିଧି ମଧ୍ୟରେ ଦ୍ରବ୍ୟଗୁଡ଼ିକ ଜନ୍ମ ଓ ମୃତ୍ୟୁ, ଉତ୍ପାଦନ ଓ ନାଶକୁ ପ୍ରାପ୍ତ ହୋଇଥାନ୍ତି । ଆତ୍ମାର ମଧ୍ୟ ସାପେକ୍ଷ ମୃତ୍ୟୁ ହୋଇଥାଏ । ତନ୍ତୁରୁ ଝୋଟ ଅଥବା କ୍ଷୀରରୁ ଦହି - ଏଗୁଡ଼ିକ ହେଉଛି ସାପେକ୍ଷ ଉତ୍ପାଦନ । ଜନ୍ମ ଓ ମୃତ୍ୟୁ ଉଭୟ ସାପେକ୍ଷ ଅଟନ୍ତି । 'ଧ୍ରୁବ' ଦ୍ରବ୍ୟର ପୂର୍ବବର୍ତ୍ତୀ ଏବଂ ଉତ୍ତରବର୍ତ୍ତୀ ଅବସ୍ଥାର ସୂଚନା ଦେଇଥାନ୍ତି । ସୂକ୍ଷ୍ମ ଦୃଷ୍ଟିରେ ଆଦ୍ୟ କ୍ଷଣ ସାପେକ୍ଷ-ଉତ୍ପାଦ ଏବଂ ଦ୍ୱିତୀୟ କ୍ଷଣ ହେଉଛି ସାପେକ୍ଷ-ନାଶର ହେତୁ । ସ୍ଥୂଳ ଦୃଷ୍ଟିରେ ଦେଖିଲେ ସ୍ଥୂଳ ପର୍ଯ୍ୟାୟର ପୂର୍ବ କ୍ଷଣ ହେଉଛି ଜନ୍ମ ଏବଂ ଅନ୍ତିମକ୍ଷଣ ମୃତ୍ୟୁର ବ୍ୟପଦେଶର ହେତୁ ଅଟେ ।

ପୁରୁଷ ହେଉଛି ନିତ୍ୟ ଏବଂ ପ୍ରକୃତି ହେଉଛି ପରିଣାମୀ - ନିତ୍ୟ, ଏହି ପ୍ରକାରେ ସାଂଖ୍ୟ ମଧ୍ୟ ନିତ୍ୟାନିତ୍ୟତ୍ୱବାଦକୁ ସ୍ୱୀକାର କରିଥାଏ । ନୈୟାୟିକ ଓ ବୈଶେଷିକମାନେ ପରମାଣୁ, ଆତ୍ମା ଆଦିକୁ ନିତ୍ୟ ମନେ କରନ୍ତି ଏବଂ ଘଟ, ପଟ ଆଦିକୁ ଅନିତ୍ୟ । ସାମୂହିକ ଅପେକ୍ଷାରେ ଏମାନେ ମଧ୍ୟ ପରିଣାମୀନିତ୍ୟତ୍ୱବାଦକୁ ସ୍ୱୀକାର କରନ୍ତି । କିନ୍ତୁ ଜୈନ ଦର୍ଶନ ଭଳି ଦ୍ରବ୍ୟ ମାତ୍ରକୁ ପରିଣାମୀ ନିତ୍ୟ ରୂପେ ସ୍ୱୀକାର କରନ୍ତି ନାହିଁ । ମହର୍ଷି ପତଞ୍ଜଳି, କୁମାରିଳ ଭଟ୍ଟ, ପାର୍ଥସାର ମିଶ୍ର ଆଦି ପରିଣାମୀ ନିତ୍ୟତ୍ୱବାଦକୁ ଯଦ୍ୟପି ଏକ ସ୍ପଷ୍ଟ ସିଦ୍ଧାନ୍ତ ରୂପରେ ସ୍ୱୀକାର କରିନାହାନ୍ତି, ତଥାପି ପ୍ରକାରାନ୍ତରରେ ଏହାର ପୂର୍ଣ୍ଣ ସମର୍ଥନ କରିଛନ୍ତି ।[୧]

ଧର୍ମ ଓ ଅଧର୍ମ

ଜୈନ ସାହିତ୍ୟରେ ଧର୍ମ-ଅଧର୍ମ ଶବ୍ଦର ପ୍ରୟୋଗ ଶୁଭ-ଅଶୁଭ ପ୍ରବୃତ୍ତି ଅର୍ଥରେ କରାଯାଇଥାଏ । ଏହା ସହିତ ଧର୍ମ, ଗତିତତ୍ତ୍ୱ ତଥା ଅଧର୍ମ-ସ୍ଥିତିତତ୍ତ୍ୱ ନାମକ ଦୁଇ ଦ୍ରବ୍ୟ ଅର୍ଥରେ ମଧ୍ୟ କରାଯାଇଛି । ଦର୍ଶନ ଜଗତରେ ଜୈନ ଦର୍ଶନ ବ୍ୟତୀତ ଆଉ କୌଣସି ଦର୍ଶନ ବି ଏମାନଙ୍କ ଅସ୍ତିତ୍ୱକୁ ସ୍ୱୀକାର କରନ୍ତି ନାହିଁ । ବୈଜ୍ଞାନିକମାନଙ୍କ ମଧ୍ୟରେ ସର୍ବପ୍ରଥମେ ନିୟୁଟନ ଗତିତତ୍ତ୍ୱକୁ (ମିଡିଅମ୍ ଅଫ୍ ମୋସନ)

[୧] ପାତଞ୍ଜଳ ଯୋଗ :

ଦ୍ରବ୍ୟଂ ନିତ୍ୟମାକୃତିରନିତ୍ୟା । ସୁବର୍ଣ୍ଣକଦାଚିଦକୃତ୍ୟା
ଯୁକ୍ତଃ ପିଣ୍ଡୋ ଭବତି, ପିଣ୍ଡା କୃତିମୁପମୃଦ୍ୟରୁଚକାଃ
କ୍ରିୟନ୍ତେ, ରୁଚକାକୃତିମୁପମୃଦ୍ୟ କଟକାଃ କ୍ରିୟନ୍ତେ,
କଟକାକୃତିମୁପମୃଦ୍ୟ ସ୍ୱସ୍ତିକାଃ କ୍ରିୟନ୍ତେ । ପୁନରାବୃତ୍ତଃ
ସ୍ୱର୍ଣ୍ଣପିଣ୍ଡଃ । ... ଆକୃତିରନ୍ୟା । ଗନ୍ୟା ଚ ଭବତି, ଦ୍ରବ୍ୟଂ
ପୁନସ୍ତଦେବା ଆକୃତ୍ୟୁପମୃଦେନ ଦ୍ରବ୍ୟମେବାବଶିଷ୍ୟତେ
(ଖ) ମୀମାଂସା ଶ୍ଳୋକ ବାର୍ତ୍ତିକ, ପୃ-୬୧୯:
ବର୍ଦ୍ଧମାନ କଭଙ୍ଗେ ଚ ରୁଚକଃ କ୍ରିୟତେ ଯଦା ।
ତଦା ପୂର୍ବାର୍ଥିନଃଶୋକଃ ପ୍ରାପ୍ତିଶ୍ଚାପ୍ୟୁତ୍ତରାର୍ଥିନଃ ॥ (୧)
ହେମାର୍ଥିନସ୍ତୁ ମାଧ୍ୟସ୍ଥ୍ୟଂ, ତସ୍ମାଦ୍ୱସ୍ତୁ ତ୍ରୟାତ୍ମକମ୍ ।
ନୋତ୍ପାଦ ସ୍ଥିତିଭଙ୍ଗାନାମଭାବେ ସ୍ୟାନ୍ମତିତ୍ରୟମ୍ ॥ (୨)
ନ ନାଶେନବିନା ଶୋକୋ, ନୋତ୍ପାଦେନ ବିନା ସୁଖମ୍ ।
ସ୍ଥିତ୍ୟା ବିନା ନ ମାଧ୍ୟସ୍ଥ୍ୟଂ, ତେନ ସାମାନ୍ୟ ନିତ୍ୟତା ॥(୩)

ମାନ୍ୟତା ପ୍ରଦାନ କରିଥିଲେ । ପ୍ରସିଦ୍ଧ ଗଣିତଜ୍ଞ ଅଲବର୍ଟ ଆଇନଷ୍ଟାଇନ ମଧ୍ୟ ଗତିତତ୍ତ୍ୱକୁ ସ୍ଥାପନା କରିବାକୁ ଯାଇ କହିଛନ୍ତି - "ଲୋକ ହେଉଛି ପରିମିତ । ଲୋକ ବାହାରେ ଅଲୋକ ହେଉଛି ଅପରିମିତ । ଦ୍ରବ୍ୟ ଅଥବା ଶକ୍ତି ଲୋକ ସୀମାକୁ ଅତିକ୍ରମଣ କରିପାରେ ନାହିଁ, ତେଣୁ ଲୋକ ହେଉଛି ପରିମିତ । ଲୋକ ବାହାରେ ଏହି ଶକ୍ତି ତଥା ଦ୍ରବ୍ୟର ଅଭାବ ରହିଥାଏ, ଯାହା ଗତିରେ ସହାୟକ ହୋଇଥାଏ ।"

ବୈଜ୍ଞାନିକମାନଙ୍କ ଦ୍ୱାରା ପ୍ରତିପାଦିତ ଇଥର (Ether) ହେଉଛି ଗତିତତ୍ତ୍ୱର ଅନ୍ୟ ନାମ ।[୨]

ବୈଜ୍ଞାନିକ ଯେତେବେଳେ ଅଧ୍ୟାପକ ଓ ଛାତ୍ରଛାତ୍ରୀମାନଙ୍କୁ ଏହାର ବ୍ୟାଖ୍ୟା କରିଥାନ୍ତି, ସେତେବେଳେ ସତେ ଯେପରି କୌଣସି ଜୈନ ଆଚାର୍ଯ୍ୟ 'ଶିଷ୍ୟ'ଙ୍କ ସମ୍ମୁଖରେ ଧର୍ମ-ଦ୍ରବ୍ୟର ବ୍ୟାଖ୍ୟା କରୁଥିବା ପ୍ରତୀୟମାନ ହୁଏ । ବାୟୁଶୂନ୍ୟ ନାଳିକା ମଧ୍ୟରେ ଶବ୍ଦକୁ ଗତିଶୀଳ କରିବାର ଏହି ଅଭୌତିକ ଇଥର ହିଁ ସହାୟକ ସାଜିଥାଏ । ଗୌତମ ସ୍ୱାମୀଙ୍କ ପ୍ରଶ୍ନର ଉତ୍ତର ଦେବାକୁ ଯାଇ ଭଗବାନ ମହାବୀର କହିଛନ୍ତି ଯେ, ଯେତେସବୁ ଚଳନଶୀଳ ଭାବ ରହିଛି ସମସ୍ତେ ହେଉଛନ୍ତି ସୂକ୍ଷ୍ମାତିସୂକ୍ଷ୍ମ ସ୍ପନ୍ଦନ ମାତ୍ର, ଯାହା ଧର୍ମ ସହାୟତାରେ ପ୍ରବୃତ୍ତ ଥାନ୍ତି (ଭଗବଈ ୧୩/୫୫,୫୬) ଗତିଶବ୍ଦ ହେଉଛି କେବଳ ସାଂକେତିକ । ଗତି ଓ ସ୍ଥିତି ଉଭୟ ହେଉଛନ୍ତି ସାପେକ୍ଷ । ଜଣକର ଅସ୍ତିତ୍ୱ ସକାଶେ ଅନ୍ୟର ଅସ୍ତିତ୍ୱ ଅତ୍ୟନ୍ତ ଜରୁରୀ ।

ଧର୍ମ-ଅଧର୍ମର ତାର୍କିକ ମୀମାଂସା କରିବା ଆଗରୁ ଏମାନଙ୍କ ସ୍ୱରୂପ ବିବେଚନା କରିବା ଅନାବଶ୍ୟକ ନୁହେଁ । ସ୍ୱରୂପର ବିଶ୍ଳେଷଣ ନିମ୍ନମତେ କରାଯାଇପାରିବ ।

ଧର୍ମ ଓ ଅଧର୍ମ, ଉଭୟ ଦ୍ରବ୍ୟ, ଦ୍ରବ୍ୟ ଦୃଷ୍ଟିରୁ ଏକ ଓ ବ୍ୟାପକ, କ୍ଷେତ୍ର ଦୃଷ୍ଟିରୁ ଲୋକପ୍ରମାଣ, କାଳ ଦୃଷ୍ଟିରୁ ଅନାଦି-ଅନନ୍ତ, ଭାବ-ଭଙ୍ଗୀ ଅମୂର୍ତ୍ତ ତଥା ଗୁଣ ଦୃଷ୍ଟିରୁ 'ଧର୍ମ' ଦ୍ରବ୍ୟ ଗତି-ସହାୟକ ତଥା 'ଅଧର୍ମ' ଦ୍ରବ୍ୟ ସ୍ଥିତି ସହାୟକ ଅଟନ୍ତି ।

---

[2] Hollywood R.and T.Instruction lesson

No.2 What is ether?

I am quite sure that you have heard of Ether before now but please donot confuse it with the Liquid Ether used by surgeons , to render a patient unconscious for an operation . If you should ask me just what the Ether is, that is Ether that conveys electromagnetic waves. I would answer that. I can not accurately describe it . Neither can anyone else. The best thing anyone could do would be to say that Ether through it electromagnetic - waves can be propagated.

But let us see from a practical standpoint the nature of the thing called Ether. We are all quite familiar with the existence of solids, liquids and gases. Now, suppose that inside a glass vessel there are no solids, liquids and gases , that all of the things have been removed including the areas well.

If I were to ask you to describe the conditon that now exists within the glass-vessel, you would promptly reply that nothing exists within that a 'vaccum' has been created. There does exist 'ether' nothing else. So we may say that 'Ether' is something that is not solid nor liquid nor gaseous nor anything else which can be observed by physically. Therefore we say that an absolute 'vaccum' or avoid does not exist anywhere for we know that an absolute vaccum can not be created for Ether can not be removed.

Well, you might say, if we don't know what Ether is, how do we know it exists ?...

... We get our knowledge of Ether from experiments, by observing results and deducting facts. For example, if within the glass-vessel, mentioned above, we place a bell and cause it to ring, no sound of anykind reaches our ears. Therefore we deduce that in the absence of air, sound does not exist and thus, that sound must be due to vibration in the air.

Now let us place radio signals and sent out exactly the same as when the transmitter was exposed the air. So we are right in deducing that electromagnetic-waves, or Radio waves do not depend upon air for their propagation that they are propagated through or by means of 'something' which remained inside the glass enclosure after the air had been exhausted. This 'something' has been named 'ETHER'.

We belive that Ether exists through out all space of the universe, in the most remote region of the stars, and at the same time within the earth; and in the seemingly impossible small space which exists between the atoms of all matter. That is to say, Ether is everywhere; and that electromagnetic wave can be propagated everywhere.

ଧର୍ମ ଓ ଅଧର୍ମର ଯୌକ୍ତିକ ଅପେକ୍ଷା

ଧର୍ମ ଓ ଅଧର୍ମକୁ ମାନିବା ସକାଶେ ଆମ ପାଖରେ ମୁଖ୍ୟତଃ ଦୁଇଟି ଯୁକ୍ତିସଂଗତ ଦୃଷ୍ଟି ରହିଛି । ତାହା ହେଉଛି - ଗତିସ୍ଥିତିନିମିତ୍ତକ ଦ୍ରବ୍ୟ ଏବଂ ଲୋକ, ଅଲୋକ ବିଭାଜକ ଶକ୍ତି । ପ୍ରତ୍ୟେକ କାର୍ଯ୍ୟ ପାଇଁ ଉପାଦାନ ଓ ନିମିତ୍ତ ନାମକ ଦୁଇଟି କାରଣ ଦରକାର ପଡ଼ିଥାଏ । ବିଶ୍ୱରେ ଜୀବ ଓ ପୁଦ୍‌ଗଳ - ଏହି ଦୁଇ ଦ୍ରବ୍ୟ ଗତିଶୀଳ ଅଟନ୍ତି । ଗତିର ଉପାଦାନ କାରଣ ହେଉଛନ୍ତି ସ୍ୱୟଂ ଜୀବ ଓ ପୁଦ୍‌ଗଳ । ନିମିତ୍ତକାରଣ କାହାକୁ କୁହାଯିବ ? ଏହି ପ୍ରଶ୍ନ ଉପସ୍ଥିତ ହେଲେ, ଗତି ଓ ସ୍ଥିତିରେ ସହାୟତା କରୁଥିବା ଦ୍ରବ୍ୟ ଆବଶ୍ୟକ ହୋଇଥାଏ । ବାୟୁ ନିଜେ ଗତିଶୀଳ ଅଥଚ ପୃଥ୍ୱୀ, ଜଳ ଆଦି ସମଗ୍ର ଲୋକରେ ବ୍ୟାପ୍ତ ନୁହନ୍ତି । ଗତି ଓ ସ୍ଥିତି ସଂପୂର୍ଣ୍ଣ ଲୋକରେ ଭରି ରହିଥିବାରୁ ଗତି-ଶୂନ୍ୟ, ସମଗ୍ର ଲୋକରେ ବ୍ୟାପ୍ତ ଏବଂ ଅଲୋକରେ ସତ୍ତା ନ ଥିବା ଶକ୍ତିର ଆବଶ୍ୟକତା ଆମେ ଅନୁଭବ କରିଥାଉଁ ।[୩] ଏହି ଯୁକ୍ତିଯୁକ୍ତ ଆଧାରବଳରେ ଧର୍ମ-ଅଧର୍ମର ଉପାଦେୟତାର ସହଜବୋଧ ଆମେ କରିଥାଉଁ ।

ଲୋକ-ଅଲୋକର ବ୍ୟବସ୍ଥା ଉପରେ ଦୃଷ୍ଟିପାତ କରିଲେ ବି ଏହାର ଅସ୍ତିତ୍ୱ ସମ୍ବନ୍ଧରେ ସମ୍ୟକ୍ ଧାରଣା କରାଯାଇପାରିବ । ଆଚାର୍ଯ୍ୟ ମଳୟଗିରି ଏହାର ଅସ୍ତିତ୍ୱକୁ ସିଦ୍ଧ କରିବାକୁ ଯାଇ ଲେଖିଛନ୍ତି - ଏମାନଙ୍କ ବ୍ୟତିରେକ ଲୋକ-ଅଲୋକର ବ୍ୟବସ୍ଥା କରାଯାଇପାରିବ ନାହିଁ ।[୪]

ଇନ୍ଦ୍ରିୟଗମ୍ୟ ହେଉଥିବାରୁ ଲୋକର ଅସ୍ତିତ୍ୱ ସମ୍ବନ୍ଧରେ କେହି ସନ୍ଦେହ କରନ୍ତି ନାହିଁ । ଅଲୋକ ଇନ୍ଦ୍ରିୟାତୀତ ହୋଇଥିବାରୁ ଏହାର ଅସ୍ତିତ୍ୱ ବା ନାସ୍ତିତ୍ୱର ପ୍ରଶ୍ନ ସୃଷ୍ଟି ହୋଇଥାଏ । ତେବେ ଲୋକର ଅସ୍ତିତ୍ୱ ସ୍ୱୀକାର କରିବା ଦ୍ୱାରା ଅଲୋକର ଅସ୍ତିତ୍ୱ ସ୍ୱତଃ ସିଦ୍ଧ ହୋଇଯାଉଛି । ତର୍କଶାସ୍ତ୍ରର ନିୟମ ହେଉଛି - ଯାହାର ବାଚକ ପଦ ବ୍ୟୁତ୍ପତ୍ତିମାନ ଏବଂ ଶୁଦ୍ଧ, ସେହି ପଦାର୍ଥ ସତ୍‌ପ୍ରତିପକ୍ଷ ହୋଇଥାଏ । ଯଥା : ଘଟର ପ୍ରତିପକ୍ଷ ଅଘଟ, ସେହିଭଳି ଲୋକର ବିପକ୍ଷ ଅଲୋକ ହେବା ସ୍ୱାଭାବିକ ।[୫]

ଲୋକପ୍ରକାଶ, ୨୨୮ରେ କୁହାଯାଇଛି -

> "ଅଲୋକାଭ୍ରନ୍ତୁ ଭାବିଦ୍ୟୈର୍ଭାବୈ : ପଞ୍ଚାଭିରୁଜ୍‌ଝିତମ୍
> ଅନେନୈବ ବିଶେଷେଣ ଲୋକାଭ୍ରାତ୍ ପୃଥଗୀରିତମ୍ ॥

ଅର୍ଥାତ୍, ଲୋକ ମଧ୍ୟରେ ଜୀବ ଆଦି ସମସ୍ତ ଦ୍ରବ୍ୟ ରହିଥାନ୍ତି କିନ୍ତୁ ଅଲୋକର କେବଳ ଆକାଶ ବ୍ୟାପ୍ତ ଥାଏ । ଅଲୋକରେ ଜୀବ, ପୁଦ୍‌ଗଳର ଅସ୍ତିତ୍ୱ ନ ଥାଏ । କାରଣ ହେଉଛି ସେଠାରେ ଧର୍ମ ଓ ଅଧର୍ମ ଦ୍ରବ୍ୟର ଅଭାବ । ତେଣୁ ଏହି ଧର୍ମ ଓ ଅଧର୍ମ, ଲୋକ-ଅଲୋକର ବିଭାଜକ ସାଜିଥାନ୍ତି । "ଆକାଶ, ଲୋକ ଓ ଅଲୋକ ଉଭୟ କ୍ଷେତ୍ରରେ ବିସ୍ତାରିତ ହୋଇରହିଛି । ସେହି କାରଣରୁ ଧର୍ମ ଓ ଅଧର୍ମକୁ ଲୋକତଥା ଅଲୋକର ପରିଚ୍ଛେଦକ ମାନ୍ୟ କରିବା

---

(୩) ପ୍ରଜ୍ଞାପନା, ପଦ ୧/୩, ବୃତ୍ତି :
ଧର୍ମାଧର୍ମବିଭୁତ୍ୱାତ୍, ସର୍ବତ୍ର ଚ ଜୀବ ପୁଦ୍‌ଗଳବିଚାରାତ୍ ।
ନା ଲୋକଃ କଶ୍ଚିତ୍ ସ୍ୟାନ୍ନଚ ସମ୍ମତମେତଦର୍ଥାଣାମ୍ ॥୧॥
ତସ୍ମାଦ୍ ଧର୍ମାଧର୍ମୌ, ଅବଗାଢ଼ୌ ବ୍ୟାପ୍ୟ ଲୋକଖଂ ସର୍ବମ୍ ।
ଏବଂ ହି ପରିଚ୍ଛିନ୍ନଃ, ସିଦ୍ଧ୍ୟତି ଲୋକସ୍ତଦ୍ ବିଭୁତ୍ୱାତ୍ ॥୨॥

(୪) ପ୍ରଜ୍ଞାପନା, ପଦ ୧/୩, ବୃତ୍ତି :
ଲୋକାଲୋକ ବ୍ୟବସ୍ଥାନୁପପତ୍ତେଃ ।

(୫) ନ୍ୟାୟାବତାର : ଯୋଯୋ ବ୍ୟୁତ୍ପତ୍ତି ମଚ୍ଛୁଦ୍ଧ ପଦାଭିଧେୟଃ ସ ସ ସବିପକ୍ଷଃ ।
ଯଥା ଘଟୋଽଘଟ ବିପକ୍ଷକଃ । ଯଶ୍ଚ
ଲୋକସ୍ୟ ବିପକ୍ଷଃ ସୋଽଲୋକଃ ।

ଯୁକ୍ତିଯୁକ୍ତ ମନେ ହୁଏ । ଯଦି ଏହା ସତ ନୁହେଁ, ତେବେ ସେମାନଙ୍କ ବିଭାଜନର ଆଧାର କାହାକୁ କୁହାଯିବ ।"[୬]

ଗୌତମ ପଚାରୁଛନ୍ତି - ଭଗବନ୍ ! 'ଗତି-ସହାୟକ ତତ୍ତ୍ୱ (ଧର୍ମାସ୍ତିକାୟ) ଦ୍ୱାରା ଜୀବ କେଉଁ ପ୍ରକାର ଲାଭ ପାଇଥାଏ ?'

ଭଗବାନ କହୁଛନ୍ତି - 'ଗୌତମ ! ଗତିର ଆଲମ୍ବନ ନ ଥିଲେ ଯାତାୟାତ କିପରି ସାଧିତ ହୁଅନ୍ତା ? ଶବ୍ଦ ତରଙ୍ଗ କିପରି ପ୍ରସାରିତ ହେବ? ଚକ୍ଷୁର ଉନ୍ମୀଳନ କିପରି ସମ୍ଭବ ହେବ ? କିଏ ମନନ କରିବ ? କିଏ କଥା କହିବ ? ଚଳପ୍ରଚଳ ଅସମ୍ଭବ ହୋଇ ପଡ଼ିବ । ଏହି ବିଶ୍ୱ ଅଚଳ ହୋଇଯିବ । ଗତି ସହାୟକ ତତ୍ତ୍ୱ ସମସ୍ତ ଚଳ-ଚଞ୍ଚଳଙ୍କ ସକାଶେ ଆଲମ୍ବନ ଅଟେ ।

ଗୌତମ - 'ପ୍ରଭୁ ! ସ୍ଥିତି-ସହାୟକ ତତ୍ତ୍ୱ (ଅଧର୍ମାସ୍ତିକାୟ) ଦ୍ୱାରା ଜୀବ କେଉଁ ପ୍ରକାର ଲାଭ ପାଇଥାଏ ?'

ଭଗବାନ ମହାବୀର - 'ଗୌତମ ! ସ୍ଥିତିର ସାହାଯ୍ୟ ବିନା ଛିଡ଼ା ହେବା କିମ୍ବା ବସି ରହିବା କିପରି ସମ୍ଭବ ହେବ ? କିଏ ଶୟନ କରିପାରିବ ? ମନ କିପରି ଏକାଗ୍ର ହେବ ? ମଉନବ୍ରତ ଅବଲମ୍ବନ କିଏ ଅବା କରିପାରିବ ? କିଏ ନିସ୍ପନ୍ଦ ହୋଇପାରିବ ? ନିମେଷ ବା ଆଖିପତା କିପରି ପଡ଼ି ରହିବ ? ଏହି ବିଶ୍ୱ ହେଉଛି ସାଧାରଣତଃ ଚଳ-ଚଞ୍ଚଳ । ତେବେ ସ୍ଥିରତା ସକାଶେ ସ୍ଥିତି-ସହାୟକ ତତ୍ତ୍ୱ ଆଲମ୍ବନ ସାଜିଥାଏ ।[୭]

ସିଦ୍ଧସେନ-ଦିବାକର ଧର୍ମ-ଅଧର୍ମର ସ୍ୱତନ୍ତ୍ର ଦ୍ରବ୍ୟତ୍ୱକୁ ଆବଶ୍ୟକ ମଣିନାହାନ୍ତି । ସେ ଏଗୁଡ଼ିକୁ ଦ୍ରବ୍ୟର ପର୍ଯ୍ୟାୟ-ମାତ୍ର ସିଦ୍ଧ କରିଛନ୍ତି ।[୮]

ଆକାଶ ଓ ଦିକ୍

ଧର୍ମ ଓ ଅଧର୍ମର ଅସ୍ତିତ୍ୱକୁ ଜୈନ ବ୍ୟତୀତ ଅନ୍ୟ କୌଣସି ଦର୍ଶନ ସ୍ୱୀକାର କରିନାହାନ୍ତି । ଆକାଶ ଓ ଦିକ୍ ସମ୍ବନ୍ଧରେ ମଧ୍ୟ ଅନେକ ପ୍ରକାର ବିଚାର ପ୍ରଚଳିତ । କେତେକ ଦାର୍ଶନିକ ଆକାଶ ଓ ଦିକ୍‌କୁ ପୃଥକ୍ ଦ୍ରବ୍ୟ ଭାବରେ ବିଚାର କରିଥାନ୍ତି । ଆଉ କେତେକ ଦିକ୍‌କୁ ଆକାଶଠାରୁ ପୃଥକ୍ ଭାବି ନ ଥାନ୍ତି ।

କଣାଦଙ୍କ ଅନୁସାରେ ଦିକ୍ ହେଉଛି ନଅଟି ଦ୍ରବ୍ୟ ମଧ୍ୟରୁ ଗୋଟିଏ ଦ୍ରବ୍ୟ ।[୯]

ନ୍ୟାୟ ଓ ବୈଶେଷିକମାନେ ଯାହାର ଗୁଣ ଶବ୍ଦ ରହିଛି, ତାହା ଆକାଶ ଏବଂ ବାହ୍ୟ ଜଗତକୁ ଦିକ୍ ରୂପେ ମାନ୍ୟ କରନ୍ତି । ନ୍ୟାୟକାରିକାବଳୀ ଅନୁସାରେ ଦୂରତ୍ୱ ଓ ସାମିପ୍ୟ ତଥା କ୍ଷେତ୍ରୀୟ ପରତ୍ୱ ଓ ଅପରତ୍ୱ ବୃଦ୍ଧିର କାରଣ ହିଁ 'ଦିକ୍' ଅଟେ । ତାହା ଏକ ଓ ନିତ୍ୟ । ଉପାଧି, ଭେଦ ବଳରେ ତାହାର ପୂର୍ବ, ପଶ୍ଚିମ ଆଦି ବିଭାଗ କରାଯାଇଥାଏ ।[୧୦]

---

(୬) ତମ୍‌ହା ଧମ୍ମାଧମ୍ମା, ଲୋଗ ପରିଚ୍ଛେୟକାରିଣୋଜୁତ୍ତା ।
ଇୟର ହାଗାସେତୁଲ୍ଲେ, ଲୋଗାଲୋଗେତ୍ତି କୋ ଭେଓ ॥

(୭) ଭଗବଈ, ୧୩।୫୫-୫୭

(୮) ନିଶ୍ଚୟଦ୍ୱାତ୍ରିଂଶିକା, ୨୪:ପ୍ରୟୋଗ ବିସ୍ରସାକର୍ମ,
ତତ୍‌ଭାବସ୍ଥିତିସ୍ଥଥା ।
ଲୋକାନୁଭାବ ବୃତ୍ତାନ୍ତଃ, କିଂ ଧର୍ମାଧର୍ମୟୋ ଫଳମ୍ ।

(୯) ବୈଶେଷିକ ସୂତ୍ର, ୨।୨।୧୦

(୧୦) ନ୍ୟାୟକାରିକାବଳୀ, ୪୬,୪୭ :
ଦୂରାନ୍ତିକାଦିଧୀର୍ହେତୁରେକା ନିତ୍ୟା ଦିଗୁଚ୍ୟତେ ।
ଉପାଧି ଭେଦାଦେକାପି, ପ୍ରାଚ୍ୟାଦି ବ୍ୟପଦେଶଭାକ୍ ॥

କଣାଦ ସୂତ୍ର (୨।୨।୧୩) ଅନୁସାରେ କାର୍ଯ୍ୟବିଶେଷ ଯୋଗୁଁ ଏମାନଙ୍କ ଭେଦ କରାଯାଇଥାଏ । ଯଦି ଏହା ଶବ୍ଦ ନିଷ୍ପତ୍ତିର କାରଣ ହୁଏ, ତେବେ ଏହାକୁ ଆକାଶ ଏବଂ ଯଦି ଏହା ବାହ୍ୟ ଜଗତ ସନ୍ଦର୍ଭରେ ଦେଶସ୍ଥ ହେବାର କାରଣ ହୁଏ, ତେବେ ଏହାକୁ ଦିକ୍ କୁହାଯାଇଥାଏ ।

ଅଭିଧମ୍ମ ଅନୁସାରେ ଆକାଶ ହେଉଛି ଏକ ଧାତୁ । ଆକାଶ ଧାତୁର କାର୍ଯ୍ୟରୂପ ହେଲା ପରିଚ୍ଛେଦ (ଉର୍ଦ୍ଧ୍ୱ, ଅଧଃ ଓ ତୀର୍ଯକ ରୂପରେ ବିଭାଗ) କରିବା ।

ଜୈନଦର୍ଶନ ଅନୁସାରେ ଆକାଶ ହେଉଛି ସ୍ୱତନ୍ତ୍ର ଦ୍ରବ୍ୟ । ଦିଗ୍ ତା'ର କାଳ୍ପନିକ ବିଭାଗ । ଆକାଶର ଗୁଣ ଶବ୍ଦ ନାହିଁ । ପୁଦ୍‌ଗଲଗୁଡ଼ିକର ସଂଘାତ ଓ ଭେଦର କାର୍ଯ୍ୟ ହିଁ ଶବ୍ଦ । ଆକାଶର କାର୍ଯ୍ୟ ହେଉଛି ଗୁଣର ଅବଗାହନ । ଆକାଶ, ସ୍ୱୟଂ ଅନାଲମ୍ବ, ଅଥଚ ବାକି ସମସ୍ତ ଦ୍ରବ୍ୟଗୁଡ଼ିକର ଆଲମ୍ବନ ସାଜିଥାଏ । ସ୍ୱରୂପ ଦୃଷ୍ଟିରୁ ଅନୁଧ୍ୟାନ କରିଲେ ସବୁଯାକ ଦ୍ରବ୍ୟ ସ୍ୱ-ପ୍ରତିଷ୍ଠ କିନ୍ତୁ କ୍ଷେତ୍ର ବା ଆୟତନ ଦୃଷ୍ଟିରୁ ଏମାନେ ସମସ୍ତେ ହେଉଛନ୍ତି ଆକାଶ-ପ୍ରତିଷ୍ଠ । ଏହିସବୁ କାରଣରୁ ଆକାଶ ହିଁ ସମସ୍ତ ଦ୍ରବ୍ୟର ଭାଜନ ବା ଆଧାର ହୋଇଥାଏ । [୧୧]

ଗୌତମ ପଚାରୁଛନ୍ତି – 'ଭଗବାନ୍ ! ଆକାଶ ତତ୍ତ୍ୱ ଦ୍ୱାରା ଜୀବ ଓ ଅଜୀବର କି ଲାଭ ହୋଇଥାଏ ?'

ଭଗବାନ କହିଲେ – 'ଗୌତମ ! ଆକାଶ ନ ଥିଲେ ଏହି ଜୀବମାନେ କେଉଁଠି ରହିଥାନ୍ତେ ? ଧର୍ମାସ୍ତିକାୟ ଓ ଅଧର୍ମାସ୍ତିକାୟମାନେ କେଉଁଠାରେ ବ୍ୟାପ୍ତ ହୋଇଥାନ୍ତେ ? କାଳ କିପରି ପ୍ରମାଣିତ ହୁଅନ୍ତା ? ପୁଦ୍‌ଗଳମାନଙ୍କ ରଙ୍ଗମଞ୍ଚର ନିର୍ମାଣ କେଉଁଠାରେ କରାଯାଇଥାନ୍ତା ? ଏହି ବିଶ୍ୱ ନିରାଧାର ହୋଇପଡ଼ନ୍ତା ।'[୧୨]

ଦ୍ରବ୍ୟ-ଦୃଷ୍ଟି – ଆକାଶ ହେଉଛି ଅନନ୍ତ ପ୍ରଦେଶାତ୍ମକ ଦ୍ରବ୍ୟ ।

କ୍ଷେତ୍ର-ଦୃଷ୍ଟି – ଆକାଶ ହେଉଛି ଅନନ୍ତ ବିସ୍ତାରଯୁକ୍ତ – ଲୋକ-ଅଲୋକମୟ ।

କାଳ-ଦୃଷ୍ଟି – ଆକାଶ ହେଉଛି ଅନାଦି-ଅନନ୍ତ ।

ଭାବ-ଦୃଷ୍ଟି – ଆକାଶ ହେଉଛି ଅମୂର୍ତ୍ତ ।

ଆକାଶର ଯେଉଁ ଭାବରେ ବସ୍ତୁର ବ୍ୟପଦେଶ ବା ନିରୂପଣ କରାଯାଇଥାଏ ତାହା ଦିକ୍ ବୋଲାଇଥାଏ ।

ଦିଶା ଓ ଅନୁଦିଶାର ଉତ୍ପତ୍ତି ତୀର୍ଯକ୍ ଲୋକ ଦ୍ୱାରା ହୋଇଥାଏ ।

ଆକାଶର ଦୁଇଟି ପ୍ରଦେଶରୁ ଦିଶାର ପ୍ରାରମ୍ଭ ହୋଇ ସେଠାରେ ଦୁଇ-ଦୁଇଟି ପ୍ରଦେଶ ବୃଦ୍ଧି ପାଇଥାଏ ଏବଂ ସେଗୁଡ଼ିକ ଅସଂଖ୍ୟ ପ୍ରଦେଶାତ୍ମକରେ ପରିଣତ ହୁଅନ୍ତି । ଅନୁଦିଶା କେବଳ ଗୋଟିଏ ଦିଶାତ୍ମକ ହୋଇ ରହିଥାଏ । ଉର୍ଦ୍ଧ୍ୱ ଓ ଅଧଃ ଦିଶାର ପ୍ରାରମ୍ଭ ଚାରି ପ୍ରଦେଶରୁ ହେଲା ପରେ ସେଗୁଡ଼ିକ ବୃଦ୍ଧିଗତ ନ ହୋଇ ଯଥାବତ୍ ରହନ୍ତି ।[୧୩] ଏହା ହେଉଛି ଦିଶାର ଆଗମିକ ରୂପ ।

ବ୍ୟକ୍ତିର ଯେଉଁ ଦିଗରେ ସୂର୍ଯ୍ୟୋଦୟ ହୁଏ, ତା' ସକାଶେ ସେଇ ଅଟେ ପୂର୍ବଦିଗ ଏବଂ ଯେଉଁ ପଟେ ସୂର୍ଯ୍ୟାସ୍ତ ହୁଏ, ତାହା ପଶ୍ଚିମ ଦିଗ । ବ୍ୟକ୍ତିର ଡାହାଣ ହାତ ପଟେ ଦକ୍ଷିଣ ଓ ବାମହାତ ଆଡ଼କୁ ଉତ୍ତର ଦିଗ ହୋଇଥାଏ । ଏଗୁଡ଼ିକ ତାପଦିଶା ବୋଲାଇଥାନ୍ତି ।[୧୪]

ନିମିତ୍ତ କଥନ ଆଦି ପ୍ରୟୋଜନ ହେଲେ ଦିଶାର ଭିନ୍ନ ଏକ ପ୍ରକାର କରାଯାଇଥାଏ । ପ୍ରଜ୍ଞାପକ ଯେଉଁ ପଟେ ମୁହଁ କରିଥାଏ, ତାହା ପୂର୍ବ ଏବଂ ତା'ର ପୃଷ୍ଠଭାଗ ପଶ୍ଚିମ ତଥା ଦୁଇ ପାର୍ଶ୍ୱ ଦକ୍ଷିଣ ଓ ଉତ୍ତର ଦିଗ ହୋଇଥାଏ । ଏହାକୁ ପ୍ରଜ୍ଞାପକ ଦିଶା କୁହାଯାଏ ।[୧୫]

---

[୧୧] ଉତ୍ତରଜ୍‌ଝୟଣାଣି , ୨୮/୯

[୧୨] ଭଗବଈ, ୧୩,୫୮

[୧୩] ଆଚାରାଙ୍ଗନିର୍ଯୁକ୍ତି – ୨/୪୪

[୧୪] ଆଚାରାଙ୍ଗନିର୍ଯୁକ୍ତି ୪୭/୪୮

[୧୫] ଆଚାରାଙ୍ଗନିର୍ଯୁକ୍ତି ୫୧

କାଳ

ଶ୍ୱେତାମ୍ବର ପରମ୍ପରା ଅନୁସାରେ କାଳ ହେଉଛି ଔପଚାରିକ ଦ୍ରବ୍ୟ । ବସ୍ତୁ ବୃତ୍ତିରେ ଏହା ଜୀବ ଓ ଅଜୀବର ପର୍ଯ୍ୟାୟ ଅଟେ । ଏହାକୁ ଜୀବ ଅଜୀବର ପର୍ଯ୍ୟାୟ ବୋଲି ଯେଉଁଠାରେ ଉଲ୍ଲେଖ କରାଯାଇଛି, ସେଠାରେ କାଳକୁ ଦ୍ରବ୍ୟ ରୂପରେ ଚିତ୍ରିତ କରାଯାଇଛି । ଉଭୟ କଥନ ଏଠାରେ ବିରୋଧୀ ନୁହନ୍ତି, ବରଂ ସାପେକ୍ଷ ଅଟନ୍ତି । ନିଶ୍ଚୟ ଦୃଷ୍ଟିରେ କାଳ, ଜୀବ, ଅଜୀବର ପର୍ଯ୍ୟାୟ ଏବଂ ବ୍ୟବହାର ଦୃଷ୍ଟିରେ ଏହା ଦ୍ରବ୍ୟ ଅଟେ । 'ଉପକାରକଂ ଦ୍ରବ୍ୟମ୍' - ଏହି ନ୍ୟାୟରେ କାଳର ଉପଯୋଗିତା ଥିବାରୁ ତାହା ଦ୍ରବ୍ୟ ରୂପେ ପରିଗଣିତ ହୁଏ । ବର୍ତ୍ତନା ଆଦି କାଳର ଉପକାର ଅଟନ୍ତି । ଏହି କାରଣରୁ ଏହା ଦ୍ରବ୍ୟ ରୂପେ ସ୍ୱୀକୃତ । ପଦାର୍ଥର ସ୍ଥିତି ପାଇଁ ଯାହା ବ୍ୟବହୃତ ସେହି ଆବଳିକାଦି - ରୂପ କାଳ ଜୀବ-ଅଜୀବଠାରୁ ଭିନ୍ନ ନୁହନ୍ତି । ସେଗୁଡ଼ିକ ଜୀବ-ଅଜୀବର ପର୍ଯ୍ୟାୟ ମାତ୍ର ।

ଦିଗମ୍ବର ଆଚାର୍ଯ୍ୟମାନେ କାଳକୁ ଅଣୁରୂପ ମନେ କରନ୍ତି ।[୧୬] ବୈଦିକ ଦର୍ଶନରେ ମଧ୍ୟ କାଳ ସମ୍ବନ୍ଧରେ ନୈଶ୍ଚିୟିକ ତଥା ବ୍ୟାବହାରିକ ନାମକ ଦୁଇ ପକ୍ଷର ବ୍ୟାଖ୍ୟା କରାଯାଇଛି । ନୈୟାୟିକ ଓ ବୈଶେଷିକ ଗଣ କାଳକୁ ସର୍ବବ୍ୟାପୀ ଓ ସ୍ୱତନ୍ତ୍ର ଦ୍ରବ୍ୟ ରୂପରେ ସ୍ୱୀକାର କରିଥାନ୍ତି ।[୧୭] ଯୋଗ, ସାଂଖ୍ୟ ଆଦି ଦର୍ଶନରେ କାଳକୁ ସ୍ୱତନ୍ତ୍ର ଦର୍ଶନ ଭାବରେ ସ୍ୱୀକାର କରାଯାଇନାହିଁ ।[୧୮]

କାଳବାଦର ଆଧାର

ଶ୍ୱେତାମ୍ବର-ପରମ୍ପରା ଦୃଷ୍ଟିରେ ଔପଚାରିକ ତଥା ଦିଗମ୍ବର-ପରମ୍ପରା ଦୃଷ୍ଟିରେ ବାସ୍ତବିକ କାଳର ଉପକାର ବା ଲିଙ୍ଗ ହେଉଛି ପାଞ୍ଚଟି । ଯଥା - ବର୍ତ୍ତନା, ପରିଣାମ, କ୍ରିୟା, ପରତ୍ୱ ଓ ଅପରତ୍ୱ ।[୧୯] ନ୍ୟାୟ ଦର୍ଶନ ଅନୁସାରେ ପରତ୍ୱ ଓ ଅପରତ୍ୱ ଆଦି କାଳର ଲିଙ୍ଗ ଅଟନ୍ତି ।[୨୦] ବୈଶେଷିକ-ପୂର୍ବ, ଅପର, ଯୁଗପତ୍, ଅଯୁଗପତ୍, ଚିର ଓ କ୍ଷିପ୍ରକୁ କାଳର ଲିଙ୍ଗ ରୂପରେ ମାନ୍ୟ କରିଥାନ୍ତି ।[୨୧]

ଗୋଟିଏ-ଗୋଟିଏ ସମୟରେ କାଳର ଉତ୍ପାଦ, ଧ୍ରୌବ୍ୟ ଏବଂ ବ୍ୟୟ ନାମରେ ଅର୍ଥ ସର୍ବଦା ରହିଥାଏ । ଏହା ହେଉଛି କାଳାଣୁର ଅସ୍ତିତ୍ୱର ହେତୁ ।[୨୨]

ବିଜ୍ଞାନ ଦୃଷ୍ଟିରେ ଆକାଶ ଓ କାଳ

ଆଇନଷ୍ଟାଇନଙ୍କ ମତରେ ଆକାଶ ଓ କାଳ ସ୍ୱତନ୍ତ୍ର ତତ୍ତ୍ୱ ନୁହନ୍ତି । ଏମାନେ, ଦ୍ରବ୍ୟ ବା ପଦାର୍ଥର ଧର୍ମ ମାତ୍ର ଅଟନ୍ତି ।

---

(୧୬) ଦ୍ରବ୍ୟ ବିଗ୍ରହ, ୨୨

(୧୭) କ. ନ୍ୟାୟକାରିକାବଳୀ-୪୫
ଜନ୍ୟାନାଂ ଜନକଃ କାଲୋଜଗତାମଶ୍ରୟୋ ମତଃ ।
ଖ. ବୈଶେଶିଷକ ଦର୍ଶନ, ୨/୨/୬-୧୦

(୧୮) ସାଂଖ୍ୟ କୌମୁଦୀ, ୩୩

(୧୯) ତତ୍ତ୍ୱାର୍ଥସୂତ୍ର, ୫/୨୨

(୨୦) ନ୍ୟାୟକାରିକା ୪୬: ପରାପରତ୍ୱଧିର୍ହେତୁଃ ସ୍ୟାଦୁପାଧିତଃ ।

(୨୧) ବୈଶେଷିକ ସୂତ୍ର, ୨।୨।୬

(୨୨) ପ୍ରବଚନୋସାରୋଦ୍ଧାର, ଗାଥା ୧୪୩:
ଏଗମ୍ହି ସନ୍ତି ସମୟେ, ସଂଭବ ଠିଇଶାସ୍ସଣ୍ଣିଦା ଅଟ୍ଠା ।
ସମୟସ୍ସ ସବ୍ବକାଲ, ଏସହି କାଳାଣୁସବ୍ଭାବୋ ।

ପ୍ରତ୍ୟେକ ବସ୍ତୁର ଅସ୍ତିତ୍ୱ ତାହାର ଦୈର୍ଘ୍ୟ, ପ୍ରସ୍ଥ ଓ ଗଭୀରତା ବା ଉଚ୍ଚତା ଅନୁସାରେ ମାନ୍ୟ କରାଯାଇଥାଏ । ଆଇନଷ୍ଟାଇନ, ବସ୍ତୁର ଅସ୍ତିତ୍ୱ ଉପରୋକ୍ତ ତିନି ବଦଳରେ ଚାରି ଦିଶାରେ ପ୍ରମାଣିତ କରିଛନ୍ତି ।

ବସ୍ତୁର ରେଖାଗଣିତରେ (ଦୈର୍ଘ୍ୟ, ପ୍ରସ୍ଥ ଓ ଉଚ୍ଚତା) ଆକାଶ ପ୍ରସାରିତ ଏବଂ ତା'ର କ୍ରମାନୁଗତ ପ୍ରସାର ହେଉଛି କାଳ । କାଳ ଓ ଆକାଶ ଦୁଇଟି ଭିନ୍ନ ତଥ୍ୟ ନୁହନ୍ତି ।

କାଳ ବିତିବା ସହିତ ପ୍ରଲମ୍ବମାନ ହୋଇଥାଏ । କାଳ ହେଉଛି ଆକାଶ-ସାପେକ୍ଷ । କାଳର ବିସ୍ତାର ସହିତ ଆକାଶ (ବିଶ୍ୱ ଆୟତନ) ମଧ୍ୟ ଲମ୍ବି-ଲମ୍ବିଯାଏ । ଏହି ପ୍ରକାର କାଳ ଓ ଆକାଶ ଉଭୟେ ବସ୍ତୁ-ଧର୍ମ ଅଟନ୍ତି ।[୨୩]

ଅସ୍ତିକାୟ ଓ କାଳ

ପଞ୍ଚ ଅସ୍ତିକାୟ ହେଉଛି - ଧର୍ମ, ଅଧର୍ମ, ଆକାଶ, ପୁଦ୍‌ଗଳ ଓ ଜୀବ । ଏଗୁଡ଼ିକ ତିର୍ଯକ୍-ପ୍ରଚୟ ସ୍କନ୍ଧ ରୂପରେ ରହିଥିବାରୁ ଅସ୍ତିକାୟ ପଦବାଚ୍ୟ । ଧର୍ମ, ଅଥର୍ମ, ଆକାଶ ଏବଂ ଏକ ଜୀବ ହେଉଛନ୍ତି ଏକସ୍କନ୍ଧ । ଏମାନଙ୍କ ଦେଶ ଅଥବା ପ୍ରଦେଶ ରୂପରେ ବିଭକ୍ତୀକରଣ କାଳ୍ପନିକ ଅଟେ । ଏମାନେ ଅବିଭାଗୀ । ପୁଦ୍‌ଗଳ ହେଉଚି ବିଭାଗୀ । ଏହାର ଦୁଇଟି ମୁଖ୍ୟ ବିଭାଗ - ସ୍କନ୍ଧ ଓ ପରମାଣୁ । ପରମାଣୁ ତାହାର ଅବିଭାଜ୍ୟ ଅଂଶ । ଦୁଇ ପରମାଣୁର ସଂଯୋଗ ଦ୍ୱାରା ଦ୍ୱିପ୍ରଦେଶୀ ସ୍କନ୍ଧର ନିର୍ମାଣ ହୋଇଥାଏ । ଯେତେ ସଂଖ୍ୟକ ପରମାଣୁ ମିଳିତ ହୁଅନ୍ତି ସେତେ ପ୍ରଦେଶର ସ୍କନ୍ଧ ନିର୍ମିତ ହୁଏ । ପ୍ରଦେଶର ଅର୍ଥ ହେଲା - ପଦାର୍ଥର ପରମାଣୁ ପରିମାଣ ଅବୟବ ବା ଅଂଶ । ଧର୍ମ, ଅଧର୍ମ, ଆକାଶ ଏବଂ ଜୀବର ସ୍କନ୍ଧର ପରମାଣୁ ପରିମାଣ ବିଭାଗ କରାଗଲେ ଆକାଶର ଅନନ୍ତ ଏବଂ ଧର୍ମ, ଅଧର୍ମ ଓ ଜୀବର ଅସଂଖ୍ୟ ବିଭାଗ ହୋଇଯିବ । ତେଣୁ ଆକାଶ ହେଉଛି ଅନନ୍ତ-ପ୍ରଦେଶୀ ଏବଂ ବାକି ତିନୋଟି ଅସଂଖ୍ୟ-ପ୍ରଦେଶୀ । ଦେଶ ବୁଦ୍ଧି-କଳ୍ପିତ ହୋଇଥିବାରୁ ଏହାର କୌଣସି ନିଶ୍ଚିତ ପରିମାଣ ନିର୍ଦ୍ଧାରଣ କରାଯାଇପାରିବ ନାହିଁ ।

ଅସ୍ତିକାୟର ସ୍କନ୍ଧ, ଦେଶ ଓ ପ୍ରଦେଶ ନିମ୍ନପ୍ରକାର କରାଯାଇଥାଏ ।

ଅସ୍ତିକାୟ	ସ୍କନ୍ଧ	ଦେଶ	ପ୍ରଦେଶ
ଧର୍ମ	ଏକ	ଅନିୟତ	ଅସଂଖ୍ୟ
ଅଧର୍ମ	ଏକ	ଅନିୟତ	ଅଂସଖ୍ୟ
ଆକାଶ	ଏକ	ଅନିୟତ	ଅନନ୍ତ
ପୁଦ୍‌ଗଳ	ଅନନ୍ତ (ଦ୍ୱି-ପ୍ରଦେଶୀଠାରୁ ଅନନ୍ତ ପ୍ରଦେଶୀ)	ଅନିୟତ	ଦୁଇଠାରୁ ଆରମ୍ଭ ହୋଇ ଅନନ୍ତ ପରମାଣୁ
ଏକଜୀବ	ଏକ	ଅନିୟତ	ଅସଂଖ୍ୟ

କାଳର ଅତୀତ ସମୟ ନଷ୍ଟ ଏବଂ ଅନାଗତ ସମୟ ଅନୁତ୍ପନ୍ନ ହୋଇଥିବାରୁ ତା'ର ସ୍କନ୍ଧ ନିର୍ମାଣ ହୁଏ ନାହିଁ । ବର୍ତ୍ତମାନ ସମୟ ହେଉଚି ଏକ । ତେଣୁ ତାହାର ତିର୍ଯକ୍-ପ୍ରଚୟ ବା ତେରଛା ବିସ୍ତାର ଘଟେ ନାହିଁ । କାଳର ସ୍କନ୍ଧ ବା ତିର୍ଯକ୍ ପ୍ରଚୟ ନ ଥିବାରୁ ତାହା ଅସ୍ତିକାୟ ନୁହେଁ ।

ଦିଗମ୍ବର ପରମ୍ପରା ଅନୁସାରେ କାଳାଣୁଗୁଡ଼ିକର ସଂଖ୍ୟା ଲୋକାକାଶ ତୁଲ୍ୟ ହୋଇଥାଏ । ଆକାଶରେ ପ୍ରତ୍ୟେକ ପ୍ରଦେଶରେ ଗୋଟିଏ- ଗୋଟିଏ କାଳାଣୁ ରହିଥାଏ । ଶକ୍ତି ଓ ବ୍ୟକ୍ତି ପରିପ୍ରେକ୍ଷୀରେ କାଳ ଏକ ପ୍ରଦେଶଯୁକ୍ତ ହୋଇଥିବାରୁ ତାହାର ତିର୍ଯ୍ୟକ୍ ପ୍ରଚୟ ନ ଥାଏ । ଧର୍ମ ଇତ୍ୟାଦି ପଞ୍ଚ ଦ୍ରବ୍ୟର ତିର୍ଯ୍ୟକ୍ ପ୍ରଚୟ କ୍ଷେତ୍ରୀୟ ଅପେକ୍ଷାରେ ଏବଂ ଉର୍ଦ୍ଧ୍ୱ-

---

(୨୩) ମାରବକୀ କହାନୀ, ପୃ.୧୨୨୫ର ସଂକ୍ଷେପ ।

ପ୍ରଚୟ କାଳ ଅପେକ୍ଷାରେ ହୋଇଥାଏ । ଏହି ପାଞ୍ଚ ଦ୍ରବ୍ୟର ପ୍ରଦେଶ ସମୂହ ଥାଏ, ତେଣୁ ସେମାନେ ବିସ୍ତାର ଲାଭ କରନ୍ତି ଏବଂ କାଳ ନିମିତ୍ତରୁ ଏଗୁଡ଼ିକରେ ପୌର୍ବାପର୍ଯ୍ୟ ବା କ୍ରମାନୁଗତ ପ୍ରସାର ହୋଇଥାଏ । ସମୟର ପ୍ରଚୟ ହିଁ କାଳ ଦ୍ରବ୍ୟର ଊର୍ଦ୍ଧ୍ୱ-ପ୍ରଚୟ ଅଟେ । କାଳ ହେଉଛି ସମୟ ରୂପ । ଅନ୍ୟ କୌଣସି ନିମିତ୍ତ କାରଣରୁ ତାହାର ପରିଣତି ହୁଏ ନାହିଁ । କେବଳ ଊର୍ଦ୍ଧ୍ୱ-ପ୍ରଚୟ ଥିବା ଦ୍ରବ୍ୟ ଅସ୍ତିକାୟ ହୋଇ ନ ଥାଏ ।

କାଳର ବିଭାଗ

କାଳର ଚାରୋଟି ପ୍ରକାର କରାଯାଇଛି । ଯଥା : ପ୍ରମାଣ-କାଳ, ଯଥାୟୁନିର୍ବୃତ୍ତି-କାଳ, ମରଣ-କାଳ ଏବଂ ଅଦ୍ଧା-କାଳ ।[୨୪]

ପଦାର୍ଥକୁ କାଳ ଦ୍ୱାରା ମାପନ କରାଯାଏ, ତେଣୁ ତାହାକୁ ପ୍ରମାଣ-କାଳ କୁହାଯାଇଥାଏ । ଜୀବନ ଓ ମୃତ୍ୟୁ ମଧ୍ୟ କାଳ-ସାପେକ୍ଷ ହୋଇଥିବାରୁ ଜୀବନର ଅବସ୍ଥାନକୁ ଯଥାୟୁନିର୍ବୃତ୍ତି କାଳ ଏବଂ ଜୀବନର ଅନ୍ତକୁ ମରଣକାଳ କୁହାଯାଇଥାଏ ।

ସୂର୍ଯ୍ୟ, ଚନ୍ଦ୍ର ଆଦିର ଗତି ସହିତ ସମ୍ବନ୍ଧ ରଖିଥିବା କାଳକୁ ଅଦ୍ଧାକାଳ କୁହାଯାଏ । କାଳର ପ୍ରଧାନରୂପ କେବଳ ମାତ୍ର ଅଦ୍ଧାକାଳ ଅଟେ । ଅବଶିଷ୍ଟ ତିନୋଟି ଏହାର ବିଶିଷ୍ଟ ରୂପ ଅଟନ୍ତି । ଅଦ୍ଧାକାଳ ହେଉଛି ବ୍ୟାବହାରିକ । ଏହା ମନୁଷ୍ୟ-ଲୋକରେ ସୀମିତ ରହିଥିବାରୁ ମନୁଷ୍ୟ-ଲୋକ ସମୟ କ୍ଷେତ୍ର ରୂପରେ ଅଭିହିତ । ନିଶ୍ଚୟ କାଳ ହେଉଛି ଜୀବ-ଅଜୀବର ପର୍ଯ୍ୟାୟ ଏବଂ ତାହା ଲୋକ-ଅଲୋକ ଯାଏ ବ୍ୟାପିରହିଛି । ଏହାର ବିଭାଗୀକରଣ ସମ୍ଭବ ନୁହେଁ । ସମୟଠାରୁ ପ୍ରାରମ୍ଭ ହୋଇ ପୁଦ୍‌ଗଳ ପରାବର୍ତ୍ତଯାଏ ଯେତେ ବିଭାଗ ରହିଛି, ଏଗୁଡ଼ିକ ସମସ୍ତ ଅଦ୍ଧାକାଳ ଅନ୍ତର୍ଗତ ରହିଛନ୍ତି ।[୨୫] ଏହାରୁ ସର୍ବସୂକ୍ଷ୍ମ ଭାଗ ସମୟ ବୋଲାଇଥାଏ । ସମୟ ହେଉଛି ଅବିଭାଜ୍ୟ । ଏହାର ପ୍ରରୂପଣା କମଳପତ୍ର-ଭେଦ ଓ ବସ୍ତ୍ର ବିଦାରଣ ଦ୍ୱାରା କରାଯାଇଥାଏ ।

ପରସ୍ପର ଲାଖି ରହିଥିବା ଶତାଧିକ ପଦ୍ମଦଳକୁ କୌଣସି ଦକ୍ଷ ଓ ବଳବାନ୍ ଲୋକ ଗୋଟିଏ ଛୁଞ୍ଚିରେ ଛିଦ୍ର କରିଲେ, ସମସ୍ତ ପତ୍ର ଏକ ସଂଗେ ବିନ୍ଧି ହୋଇଥିବା ମନେ ହଏ, କିନ୍ତୁ ତାହା ବାସ୍ତବରେ ହୋଇ ନ ଥାଏ । ଯେଉଁ ସମୟରେ ପ୍ରଥମପତ୍ର ବିଦ୍ଧ ହେଲା,ସେତେବେଳେ ଦ୍ୱିତୀୟ କିମ୍ବା ପରବର୍ତ୍ତୀ ପତ୍ରଗୁଡ଼ିକ ବିଦ୍ଧ ହୋଇ ନ ଥିଲା । ଏହି ଛେଦନ ପ୍ରକ୍ରିୟା କ୍ରମଶଃ ଘଟିଥାଏ ।

ଜଣେ କଳାକୁଶଳ ଯୁବକ ଓ ବଳିଷ୍ଠ ତନ୍ତୀ ଜୀର୍ଣ୍ଣଶୀର୍ଣ୍ଣ ବସ୍ତ୍ର ବା ଶାଢ଼ୀକୁ ଏତେ ଶୀଘ୍ର ଫାଡ଼ି ଦେଇଥାନ୍ତି ଯେ ତାହା ଦେଖି ସମଗ୍ର ବସ୍ତ୍ର ଏକା ସଂଗେ ଫାଡ଼ି ହୋଇଯିବାର ଆଭାସ ହୁଏ । କିନ୍ତୁ ପ୍ରକୃତରେ ତାହା ଘଟେ ନାହିଁ । ଅସଂଖ୍ୟ ତନ୍ତୁକୁ ନେଇ ବସ୍ତ୍ରର ନିର୍ମାଣ କରାଯାଇଥାଏ । ଉପର ତନ୍ତୁ ଚିରି ନ ହେବା ଯାଏ ତଳ ତନ୍ତୁ ସୁରକ୍ଷିତ ଥାଏ । ତେଣୁ ବସ୍ତ୍ର ଚିରି ହେବା ପ୍ରକ୍ରିୟାର ନିଶ୍ଚିତ କାଳ-ଭେଦ ରହିଥାଏ ।

ତାତ୍ପର୍ଯ୍ୟ ହେଉଛି ବସ୍ତ୍ର ହେଉଛି ତନ୍ତୁଗୁଡ଼ିକର ସମାହାର । ପ୍ରତି ତନ୍ତୁର ପୁଣି ଅନେକ ଲୋମ ରହିଥାଏ । ସେମାନଙ୍କ ମଧ୍ୟରୁ ବାହ୍ୟ ଲୋମ ପ୍ରଥମେ ଛିନ୍ନ ହୁଏ । ପରବର୍ତ୍ତୀ ଲୋମ ପରେ ପୃଥକ ହୁଅନ୍ତି । ଅନନ୍ତ ପରମାଣୁର ମିଳନର ନାମ ହେଉଛି ସଂଘାତ । ଅନନ୍ତ ସଂଘାତଗୁଡ଼ିକୁ ନେଇ ଏକ ସମୁଦାୟ ତଥା ଅନନ୍ତ ସମୁଦାୟକୁ ନେଇ ଏକ ସମିତି ନିର୍ମିତ ହୁଏ । ଏଭଳି ଅନନ୍ତ ସମିତିଗୁଡ଼ିକର ସଂଗଠନ ଦ୍ୱାରା ତନ୍ତୁର ବାହାରି ଲୋମ ତିଆରି ହୁଏ । ଏମାନଙ୍କ ଛେଦନ କ୍ରମାନୁସାରେ ହୁଏ । ତନ୍ତୁର ପ୍ରଥମ ଲୋମ ଛେଦନ କରିବାରେ ଯେତେ ସମୟ ଲାଗିଥାଏ, ତା'ର ଅତ୍ୟନ୍ତ ସୂକ୍ଷ୍ମ ଅଂଶ ଅର୍ଥାତ୍ ଏକ ବିଭକ୍ତ ଅସଂଖ୍ୟ ଭାଗ ସମୟ ବୋଲାଇଥାଏ ।

---

(୨୪) ଠାଣଂ, ୪/୧୩୪

(୨୫) ଭଗବଈ ୧୧/୨୮

୧.	ଅବିଭାଜ୍ୟ କାଳ	- ଏକ ସମୟ
୨.	ଅସଂଖ୍ୟ ସମୟ	- ଏକ ଆବଳିକା
୩.	୨୫୬ ଆବଳିକା	- ଏକ କ୍ଷୁଲ୍ଲକ ଭବ (ସବୁଠାରୁ ଛୋଟ ଆୟୁ)
୪.	୨୨୨୩ $\frac{୧୨୨୯}{୩୭୭୩}$ ଆବଳିକା-ଏକ ଉଚ୍ଛ୍ୱାସ - ନିଃଶ୍ୱାସ
୫.ସାଧିକ ୧୭ କ୍ଷୁଲ୍ଲକଭବ କିମ୍ବା ଏକ ଶ୍ୱାସୋଚ୍ଛ୍ୱାସ - ଏକ ପ୍ରାଣ
୬. ୭ ପ୍ରାଣ - ଏକ ସ୍ତୋକ, ୭. ୭ ସ୍ତୋକ - ଏକ ଲବ
୮. ୩୮ ୧/୨ ଲବ - ଏକ ଘଡ଼ି (୨୪ ମିନିଟ୍)
୯. ୭୭ ଲବ - ଦୁଇ ଘଡ଼ି ଅଥବା ୬୫୫୩୬ କ୍ଷୁଲକ ଭବ । କିଂବା ୧୬୭୭୭୨୧୬ ଆବଳିକା ଅଥବା ୩୭୭୩ ପ୍ରାଣ ଅଥବା ଏକ ମୁହୂର୍ତ୍ତ
୧୦. ୩୦ ମୁହୂର୍ତ୍ତ - ଏକ ଦିନ, ରାତି (ଅହୋରାତ୍ରି)
୧୧. ୧୫ ଦିନ - ଏକ ପକ୍ଷ
୧୨. ୨ ପକ୍ଷ - ଏକ ମାସ
୧୩. ୨ ମାସ - ଏକ ଋତୁ
୧୪. ୩ ଋତୁ - ଏକ ଅୟନ
୧୫. ୨ ଅୟନ - ଏକ ବର୍ଷ
୧୬. ୫ ବର୍ଷ - ଏକ ଯୁଗ
୧୭. ୭୦ଲକ୍ଷ କ୍ରୋଡ଼, ୫୬ ହଜାର କ୍ରୋଡ଼ବର୍ଷ - ଏକ ପୂର୍ବ
୧୮. ଅସଂଖ୍ୟ ବର୍ଷ - ଏକ ପଲ୍ୟୋପମ

ପଲ୍ୟୋପମ - ସଂଖ୍ୟାର ଉପରିକାଳ - ଅସଂଖ୍ୟାତ୍ କାଳ, ଉପମାକାଳ - ପ୍ରଥମେ ଗୋଟିଏ ଚାରିକୋଣ ପରିମିତ ଲମ୍ବା-ଚଉଡ଼ା ଏବଂ ସୁଗଭୀର କୂଅ ରହିଛି । ନବଜାତ ଯୌଗଳିକ ଶିଶୁର କେଶକୁ ଯାହାକି ମଣିଷର ଏକ କେଶର ୨୪୦୧ ଭାଗ ସଦୃଶ ସୂକ୍ଷ୍ମ ହୋଇଥାଏ) ଅସଂଖ୍ୟ ଖଣ୍ଡ କରି ପରସ୍ପରକୁ ଯୋଡ଼ି ସେହି କୂପକୁ ଭର୍ତ୍ତି କରି ଦିଆଯିବ ଏବଂ ପ୍ରତି ଶହେ ବର୍ଷ ଅନ୍ତରାଳର ଗୋଟିଏ- ଗୋଟିଏ କେଶଖଣ୍ଡକୁ ବାହାର କରିବା ପ୍ରକ୍ରିୟାରେ କୂଅ ଖାଲି ହେବାରେ ଯେତେ କାଳ ଲାଗିବ- ସେହି କାଳକୁ ପଲ୍ୟ କହନ୍ତି ।

୧୯. ୧୦ କ୍ରୋଡାକ୍ରୋଡ ପଲ୍ୟୋପମ - ଏକ ସାଗର
୨୦. ୨୦ କ୍ରୋଡାକ୍ରୋଡ ସାଗର - ଏକ କାଳ-ଚକ୍ର
୨୧. ଅନନ୍ତ କାଳ-ଚକ୍ର - ଏକ ପୁଦ୍‌ଗଳ ପରାବର୍ତ୍ତନ

ଏହି ସମସ୍ତ ବିଭାଗକୁ ସଂକ୍ଷେପରେ ଅତୀତ, ପ୍ରତ୍ୟୁତ୍ପନ୍ନ (ବର୍ତ୍ତମାନ) ଏବଂ ଅନାଗତ କୁହାଯାଇଥାଏ ।

ପୁଦ୍‌ଗଳ

ବିଜ୍ଞାନ ଯାହାକୁ ମେଟର ତଥା ନ୍ୟାୟ-ବୈଶେଷିକ ଆଦି ଯାହାକୁ ଭୌତିକ ତତ୍ତ୍ୱ ବୋଲି କହିଥାନ୍ତି, ଜୈନ ଦର୍ଶନରେ ତାହାକୁ ପୁଦ୍‌ଗଳ ସଂଜ୍ଞା ଦିଆଯାଇଛି । ବୌଦ୍ଧ ଦର୍ଶନରେ ପୁଦ୍‌ଗଳ ଶବ୍ଦ ଆଳୟ-ବିଜ୍ଞାନ-ଚେତନା-ସନ୍ତତିସନ୍ଦର୍ଭରେ ବ୍ୟବହୃତ ହୋଇଥାଏ । ଜୈନ ଶାସ୍ତ୍ରମାନଙ୍କରେ ମଧ୍ୟ ଅଭେଦୋପଚାର ଦ୍ୱାରା ପୁଦ୍‌ଗଳଯୁକ୍ତ ଆତ୍ମାକୁ

ପୁଦ୍‌ଗଳ କୁହାଯାଇଛି ।[୨୬] କିନ୍ତୁ ମୁଖ୍ୟତୟା ପୁଦ୍‌ଗଳର ଅର୍ଥ ହେଉଛି ମୂର୍ତ୍ତିକ ଦ୍ରବ୍ୟ । ଛଅ-ଦ୍ରବ୍ୟ ମଧ୍ୟରୁ କାଳକୁ ଛାଡ଼ି ଅବଶିଷ୍ଟ ପାଞ୍ଚୋଟି ଦ୍ରବ୍ୟ ଅସ୍ତିକାୟ ଅଟନ୍ତି ଏବଂ ସେଗୁଡ଼ିକ ଅବୟବ-ଯୁକ୍ତ । ତଥାପି ଏମାନଙ୍କ ସ୍ଥିତି ଏକ ଭଳି ନୁହେଁ । ଜୀବ, ଧର୍ମ, ଅଧର୍ମ ଓ ଆକାଶ - ଏହି ଚାରୋଟି ଦ୍ରବ୍ୟ ହେଲେ ଅବିଭାଗୀ । ଏଗୁଡ଼ିକର ସଂଯୋଗ - ବିୟୋଗ ହୁଏ ନାହିଁ । ଏମାନଙ୍କ ଅବୟବ, ପରମାଣୁ କଳ୍ପିତ । କଳ୍ପନା କରନ୍ତୁ - ଯଦି ଏହି ଚାରିଦ୍ରବ୍ୟର ପରମାଣୁର ଯେତେ ଖଣ୍ଡ ବି କରାଯାଉ; ଜୀବ ଧର୍ମ ଓ ଅଧର୍ମର ଅସଂଖ୍ୟଏବଂ ଆକାଶର ଅନନ୍ତ ଖଣ୍ଡ ହୋଇଥାଏ । ପୁଦ୍‌ଗଳ ଅଖଣ୍ଡ ଦ୍ରବ୍ୟ ନୁହେଁ । ଏହାର ସବୁଠାରୁ ସୂକ୍ଷ୍ମ ରୂପ ହେଲା ଗୋଟିଏ ପରମାଣୁ ଏବଂ ସବୁଠାରୁ ବିରାଟ ରୂପ ହେଉଛି - ବିଶ୍ୱାବ୍ୟାପୀ ଅଚିତ୍ତ ମହାସ୍କନ୍ଧ ।[୨୭] ଏହି କାରଣରୁ ପୁଦ୍‌ଗଳକୁ ପୂରଣ-ଗଳନ-ଧର୍ମା ବୋଲି କୁହାଯାଇଥାଏ । ସ୍ନିଗ୍ଧ ବା ରୁକ୍ଷ କଣର ସଂଖ୍ୟା ବୃଦ୍ଧିର ନାମ ହେଉଛି 'ପୂରଣ' ଏବଂ ଏହାର ସଂଖ୍ୟା-ହାନିର ନାମ 'ଗଳନ' । ଛୋଟ-ବଡ଼, ସୂକ୍ଷ୍ମ-ସ୍ଥୂଳ, ହାଲୁକା-ଭାରି, ଲମ୍ବା-ଚଉଡ଼ା, ବନ୍ଧ-ଭେଦ, ଆକାର, ଆଲୋକ-ଅନ୍ଧକାର, ତାପ-ଛାଇ- ଏମାନଙ୍କୁ ପୌଦ୍‌ଗଳିକ ବୋଲି ସ୍ୱୀକାର କରିବା-ଜୈନ ତତ୍ତ୍ୱ-ଜ୍ଞାନର ସୂକ୍ଷ୍ମ ଦୃଷ୍ଟିର ପରିଚୟ ଦେଇଥାଏ ।

ତତ୍ତ୍ୱ ସଂଖ୍ୟାରେ ପରମାଣୁର ସ୍ୱତନ୍ତ୍ର ଗଣନା ନାହିଁ । ମହା ପୁଦ୍‌ଗଳର ଏକ ବିଭାଗ ମାତ୍ର । ପୁଦ୍‌ଗଳ ଦୁଇ ପ୍ରକାର - ୧.ପରମାଣୁ ପୁଦ୍‌ଗଳ । ୨. ନୋ-ପରମାଣୁ ପୁଦ୍‌ଗଳ-ଦ୍ୟୁଣୁକ ଆଦିସ୍କନ୍ଧ ।

ପୁଦ୍‌ଗଳ କ୍ଷେତ୍ରରେ ଜୈନ ତତ୍ତ୍ୱବେତ୍ତାମାନେ ଯେଉଁ ବିବେଚନ ଓ ବିଶ୍ଳେଷଣ କରିଛନ୍ତି, ତାହା ସେମାନଙ୍କ ମୌଳିକତାକୁ ସହଜସିଦ୍ଧ କରିଥାଏ ।

ଯଦିବା କେତେକ ପାଶ୍ଚାତ୍ୟ ବିଦ୍ୱାନଙ୍କ ଅଭିମତ ହେଉଚି ଯେ ଭାରତରେ ପରମାଣୁବାଦର ଆଗମନ ଗ୍ରୀସ୍‌ରୁ ହୋଇଛି, କିନ୍ତୁ ଏହା ଯଥାର୍ଥ ନୁହେଁ । ଗ୍ରୀସ୍‌ରେ ପରମାରୁବାଦର ଜନକ ହେଉଛନ୍ତି ଡେମୋକ୍ରିଟ୍‌ସ୍ । ତାଙ୍କର ପରମାଣୁବାଦ ଏବଂ ଜୈନ ପରମାଣୁବାଦ ମଧ୍ୟରେ ଗଭୀର ଏବଂ ବ୍ୟାପକ ପାର୍ଥକ୍ୟ ରହିଛି । ମୌଳିକତା ଦୃଷ୍ଟିରେ ମଧ୍ୟ ସର୍ବଥା ଭିନ୍ନ । ଜୈନ ଦୃଷ୍ଟି ଅନୁସାରେ ପରମାଣୁ, ଚେତନାର ପ୍ରତିପକ୍ଷ, ଅଥଚ ଡେମୋକ୍ରିଟ୍‌ସଙ୍କ ମତରେ ଆତ୍ମା ହେଉଛି ସୂକ୍ଷ୍ମ ପରମାଣୁଗୁଡ଼ିକର ବିକାର ମାତ୍ର ।

ଅନେକ ଭାରତୀୟ ବିଦ୍ୱାନ ପରମାଣୁବାଦକୁ କଣାଦଋଷିଙ୍କ ସୃଷ୍ଟି ବୋଲି କହିଥାନ୍ତି, କିନ୍ତୁ ନିରପେକ୍ଷ ଦୃଷ୍ଟିରୁ ଦେଖିଲେ ବୈଶେଷିକମାନଙ୍କ ପରମାଣୁବାଦ, ଜୈନ ପରମାଣୁ ତତ୍ତ୍ୱଠାରୁ ପ୍ରାଚୀନ ନୁହେଁ ତଥା ଜୈନମାନଙ୍କ ସଦୃଶ ବୈଶେଷିକମାନେ ପରମାଣୁବାଦର ବିଭିନ୍ନ ବିଭବ ସମ୍ବନ୍ଧରେ ବୈଜ୍ଞାନିକ ବିଶ୍ଳେଷଣ କରିନାହାନ୍ତି । ବହୁ ବିଦ୍ୱାନଙ୍କ ମତ ହେଉଚି ଯେ ଭାରତବର୍ଷରେ ପରମାଣୁବାଦ ସିଦ୍ଧାନ୍ତକୁ ଜନ୍ମ ଦେବାର ଶ୍ରେୟ ଜୈନଦର୍ଶନକୁ ଦିଆଯିବା ଉଚିତ । ଉପନିଷଦରେ ଅଣୁ ଶବ୍ଦର ପ୍ରୟୋଗ ହୋଇଛି ଯଥା : 'ଅଣୋରଣୀୟାନ୍ ମହତୋ ମହୀୟାନ୍', କିନ୍ତୁ ପରମାଣୁବାଦ ନାମକ କୌଣସି ବସ୍ତୁ ଉପନିଷଦରେ ପ୍ରାପ୍ତ ହୁଏ ନାହିଁ । ବୈଶେଷିକଙ୍କ ପରମାଣୁବାଦ ସମ୍ଭବତଃ ସେତେ ପୁରୁଣା ନୁହେଁ ।[୨୮]

---

(୨୬) ଭଗବଈ ୮/୪୯୯ : ଜୀବେଣଂ ଭନ୍ତେ !
କିଂ ପୋଗ୍‌ଗଲୀ ? ପୋଗ୍‌ଗଲେ ?
ଗୋୟମା ! ଜୀବେ ପୋଗ୍‌ଗଲୀ ବି ପୋଗ୍‌ଗଲେ ବି ।

(୨୭) ଅଚିତ୍ତ ମହାସ୍କନ୍ଧ - କେବଳୀ ସମୁଦ୍‌ଘାତର ପଞ୍ଚମ ସମୟରେ ଆତ୍ମାରୁ ବିଛିନ୍ନ ଯେଉଁ ପୁଦ୍‌ଗଳ ସମଗ୍ର ଲୋକରେ ବ୍ୟାପ୍ତ ହୋଇଥାନ୍ତି - ସେଗୁଡ଼ିକୁ ଅଚିତ୍ତ - ମହାସ୍କନ୍ଧ କୁହାଯାଇଥାଏ ।

(୨୮) ଦର୍ଶନଶାସ୍ତ୍ର କା ଇତିହାସ (ଡା.ଦେବରାଜ) ପୃ.୧୩୦ (୨୯) ଭଗବଈ, ୫/୧୫୪-୧୬୪

ଯୀଶୁଖ୍ରୀଷ୍ଟଙ୍କ ପୂର୍ବବର୍ତ୍ତୀ ଜୈନସୂତ୍ର ଏବଂ ଉତ୍ତରବର୍ତ୍ତୀ ସାହିତ୍ୟରେ ପରମାଣୁର ସ୍ୱରୂପ ଓ କାର୍ଯ୍ୟର ସୂକ୍ଷ୍ମତମ ଅନ୍ୱେଷଣ, ପରମାଣୁବାଦର ବିଦ୍ୟାର୍ଥୀମାନଙ୍କ ସକାଶେ ଅତ୍ୟନ୍ତ ଉପାଦେୟ ଅଟେ ।

ପରମାଣୁର ସ୍ୱରୂପ

ଜୈନ-ପରିଭାଷା ଅନୁସାରେ ଅଚ୍ଛେଦ୍ୟ, ଅଭେଦ୍ୟ, ଅଗ୍ରାହ୍ୟ, ଅଦାହ୍ୟ ଏବଂ ନିର୍ବିଭାଗୀ ପୁଦ୍‌ଗଳକୁ ପରମାଣୁ କୁହାଯାଏ ।[୨୯] ଆଧୁନିକ ବିଜ୍ଞାନର ଛାତ୍ରମାନଙ୍କୁ ପରମାଣୁର ଉପଲକ୍ଷଣରେ ସନ୍ଦେହ ହୋଇପାରେ, କାରଣ ବିଜ୍ଞାନର ସୂକ୍ଷ୍ମ ଯନ୍ତ୍ରପାତି, ପରମାଣୁର ଅବିଭାଜ୍ୟତାକୁ ସୁରକ୍ଷିତ ରଖିପାରିନାହିଁ ।

ପରମାଣୁ ଯଦି ଅବିଭାଜ୍ୟ ନୁହେଁ ତେବେ ତାହା ପରମ ଅଣୁ କିପରି ବୋଲାଇବ ? ବିଜ୍ଞାନ-ସମ୍ମତ ପରମାଣୁ ଖଣ୍ଡିତ ହୋଇଥାଏ, ଏହାକୁ ମଧ୍ୟ ଆମେ ଅସ୍ୱୀକାର କରିପାରିବା ନାହିଁ । ଏହି ଦ୍ୱନ୍ଦ୍ୱ ମଧ୍ୟରେ ଆମକୁ ଜୈନ ଆଗମ 'ଅନୁଯୋଗ ଦ୍ୱାର'ରେ ବର୍ଣ୍ଣିତ ପରମାଣୁ ଦ୍ୱିବିଧତାର ସହଜ ସ୍ମରଣ ହୋଇଥାଏ ।[୩୦]

୧. ସୂକ୍ଷ୍ମ ପରମାଣୁ, ୨. ବ୍ୟାବହାରିକ ପରମାଣୁ

ପୂର୍ବ ପଂକ୍ତିମାନଙ୍କରେ ଯାହା କୁହାଯାଇଛି, ସୂକ୍ଷ୍ମ ପରମାଣୁର ସ୍ୱରୂପ ଅବିକଳ ସେହିଭଳି ହୋଇଥାଏ । ବ୍ୟାବହାରିକ ପରମାଣୁ, ଅନନ୍ତ ସୂକ୍ଷ୍ମ ପରମାଣୁଗୁଡ଼ିକର ସମୁଦୟରୁ ନିର୍ମିତ ହୋଇଥାଏ ।[୩୧] ବସ୍ତୁ ବୃତ୍ତିରେ ତାହା ସ୍ୱୟଂ ପରମାଣୁ-ପିଣ୍ଡ । ତେବେ ସାଧାରଣ ଦୃଷ୍ଟିରେ ତାହା ଗ୍ରାହ୍ୟ ନୁହେଁ ତଥା ସାଧାରଣ ଅସ୍ତ୍ରଶସ୍ତ୍ର ଦ୍ୱାରା ଖଣ୍ଡିତ ମଧ୍ୟ ହୁଏ ନାହିଁ । ଏହାର ପରିଣତି ସୂକ୍ଷ୍ମ ହୋଇଥିବାରୁ ବ୍ୟବହାରତଃ ଏହାକୁ ପରମାଣୁ କୁହାଯାଇଥାଏ । ବିଜ୍ଞାନ-ସମ୍ମତ ପରମାଣୁର ତୁଳନା ଏହି ବ୍ୟାବହାରିକ ପରମାଣୁ ସହିତ କରାଯାଇପାରିବ । ଏହି କାରଣରୁ ପରମାଣୁ ଖଣ୍ଡିତ ହେବାର କେବଳ ଜୈନ ଦୃଷ୍ଟିରେ ହିଁ ସ୍ୱୀକୃତିପ୍ରାପ୍ତ ହୋଇଛି ।

ପୁଦ୍‌ଗଳର ଗୁଣ

ପୁଦ୍‌ଗଳର କୋଡ଼ିଏଟି ଗୁଣ -

ସ୍ପର୍ଶ - ଶୀତ, ଉଷ୍ଣ, ରୁକ୍ଷ,ସ୍ନିଗ୍‌ଧ, ଲଘୁ, ଗୁରୁ, ମୃଦୁ ଓ କର୍କଶ ।

ରସ- ଅମ୍ଳ, ମଧୁର, କଟୁ, କଷାୟ ଓ ତିକ୍ତ ।

ଗନ୍ଧ - ସୁଗନ୍ଧ ଓ ଦୁର୍ଗନ୍ଧ ।

ବର୍ଣ୍ଣ- କୃଷ୍ଣ, ନୀଳ, ରକ୍ତ, ପୀତ ଓ ଶ୍ୱେତ ।

ପରିମଣ୍ଡଳ, ବୃତ୍ତ, ତ୍ର୍ୟଂଶ, ଚତୁରଂଗ ଆଦି ସଂସ୍ଥାନ ପୁଦ୍‌ଗଳରେ ନିଶ୍ଚିତ ଭାବରେ ରହିଥିବା ସତ୍ତ୍ୱେ ଏଗୁଡ଼ିକ ଏହାର ଗୁଣ ନୁହନ୍ତି ।[୩୨]

ସୂକ୍ଷ୍ମ ପରମାଣୁ ଦ୍ରବ୍ୟ-ରୂପରେ ନିରବୟବ ଏବଂ ଅବିଭାଜ୍ୟ ହୋଇଥାଏ, କିନ୍ତୁ ପର୍ଯ୍ୟାୟ ଦୃଷ୍ଟିରେ ତାହା ସେଭଳି ନୁହେଁ । ସୂକ୍ଷ୍ମ ପରମାଣୁଠାରେ ବର୍ଣ୍ଣ, ଗନ୍ଧ, ରସ ଓ ସ୍ପର୍ଶ - ଏହି ଚାରି ଗୁଣ ଓ ଅନନ୍ତ ପର୍ଯ୍ୟାୟ ରହିଥାଏ ।[୩୩]

---

[୩୦] ଅନୁଯୋଗ ଦ୍ୱାର (ପ୍ରମାଣ ଦ୍ୱାର) : ପରମାଣୁ ଦୁବିହେପନ୍ନତେ,
ତଂ ଜହା - ସୁହୁମେ ଯ ବବହାରିୟେ ।

[୩୧] ଅନୁଯୋଗ ଦ୍ୱାର (ପ୍ରମାଣ ଦ୍ୱାର)
ଅଣଂତାଣଂ ସୁହୁମ ପରମାଣୁ ପୋଗଗଳାଣଂ ସମୁଦାୟ ସମିତି
ସମାଗୟେଣଂ ବବହାରିଏ ପରମାଣୁପୋଗ୍‌ଗଳେ ନିପ୍‌ଫଜ୍ଜନ୍ତି ।

[୩୨] ଭଗବଈ : ୨୫/୩୩ ଆଦି ।

[୩୩] ଠାଣଂ, ୪/୧୩୫ : ଚଉବ୍ବିହେ ପୋଗ୍‌ଗଳ ପରିଣାମେ ପନ୍ନତେ, ତଂ ଜହାବଣଣ ପରିଣାମେ, ଗନ୍ଧ ପରିଣାମେ, ରସପରିଣାମେ, ଫାସ ପରିଣାମେ ।

ଗୋଟିଏ ପରମାଣୁରେ ଗୋଟିଏ ବର୍ଣ୍ଣ, ଗୋଟିଏ ଗନ୍ଧ, ଗୋଟିଏ ରସ ତଥା ଦୁଇ ସ୍ପର୍ଶ (ଶୀତ-ଉଷ୍ଣ, ସ୍ନିଗ୍ଧ ରୁକ୍ଷ ଆଦି ଯୁଗଳରୁ ଏକ-ଏକ) ରହିଥାଏ । ପର୍ଯ୍ୟାୟ ଦୃଷ୍ଟିରେ ଏକଗୁଣଯୁକ୍ତ ପରମାଣୁ ଅନନ୍ତ ଗୁଣଯୁକ୍ତରେ ପରିଣତ ହୁଏ ଏବଂ ଅନନ୍ତଗୁଣଯୁକ୍ତ ପରମାଣୁ ଏକଗୁଣ ବିଶିଷ୍ଟ ହୋଇପଡ଼େ । ଏକ ପରମାଣୁରେ ବର୍ଣ୍ଣରୁ ବର୍ଣ୍ଣାନ୍ତର,ଗନ୍ଧରୁ ଗନ୍ଧାନ୍ତର, ରସରୁ ରସାନ୍ତର ଏବଂ ସ୍ପର୍ଶରୁ ସ୍ପର୍ଶାନ୍ତର ହେବା ଜୈନ ଦୃଷ୍ଟି ସମ୍ମତ ଅଟେ ।

ଭଗବଈ, ୫/୧୭୨ ଅନୁସାରେ ଏକ ଗୁଣଯୁକ୍ତ ପୁଦ୍‌ଗଳ ସେହି ରୂପରେ ଜଘନ୍ୟତଃ ଏକ ସମୟ ଓ ଉତ୍କୃଷ୍ଟତଃ ଅସଂଖ୍ୟକାଳ ଯାଏ ରହିପାରିବ । ଦ୍ୱିଗୁଣରୁ ଅନନ୍ତ ଗୁଣଯୁକ୍ତ ପରମାଣୁ ପୁଦ୍‌ଗଳ ସକାଶେ ଏହି ସମାନ ନିୟମ ଲାଗୁ ହୋଇଥାଏ । ପରେ ତହିଁରେ ପରିବର୍ତ୍ତନ ଘଟିଥାଏ । ଏହି ବର୍ଣ୍ଣ ସମ୍ବନ୍ଧୀୟ ନିୟମ ଗନ୍ଧ, ରସ ଓ ସ୍ପର୍ଶ କ୍ଷେତ୍ରରେ ମଧ ପ୍ରଯୁଜ୍ୟ ହୋଇଥାଏ ।

ପରମାଣୁର ଅତୀନ୍ଦ୍ରିୟତା

ପରମାରୁ ଇନ୍ଦ୍ରିୟଗ୍ରାହ୍ୟ ନୁହେଁ, ଅଥଚ ତାହା ଅମୂର୍ତ୍ତ ବି ନୁହେଁ । ତା'ର ଏକ ରୂପ ରହିଛି, ପାରମାର୍ଥିକ ପ୍ରତ୍ୟକ୍ଷ ଦ୍ୱାରା ଏହାକୁ ଦେଖାଯାଇପାରିବ । ତେବେ ପରମାଣୁ ମୂର୍ତ୍ତ ହୋଇଥିବା ସତ୍ତ୍ୱେ ଏହା ଦୃଷ୍ଟିଗୋଚର ହୁଏ ନାହିଁ । ସୂକ୍ଷ୍ମତା ହେଉଛି ଏହାର କାରଣ ।

ଉଭୟ ମୂର୍ତ୍ତ ଓ ଅମୂର୍ତ୍ତ ପଦାର୍ଥ କେବଳ ଜ୍ଞାନର ବିଷୟ ହୋଇଥିବାରୁ କେବଳୀ ଅର୍ଥାତ୍ ସର୍ବଜ୍ଞ ଓ ଅତୀନ୍ଦ୍ରିୟ ଦ୍ରଷ୍ଟା ପରମାଣୁକୁ ଯଥାର୍ଥ ଭାବରେ ଜାଣିପାରନ୍ତି । ଅକେବଳୀ ଅର୍ଥାତ୍ ଛଦ୍ମସ୍ଥ ବା କ୍ଷୟୋପଶମିକ ଜ୍ଞାନୀ (ଯାହାର ଜ୍ଞାନ, ଦର୍ଶନ ଆଦି ଆବରଣ-ବିଳୟ ସଂପୂର୍ଣ୍ଣ ଭାବେ ଘଟିନାହିଁ) ପରମାଣୁକୁ ଜାଣିପାରିବ ଏବଂ ନ ଜାଣିବାର ସମ୍ଭାବନା ମଧ ରହିଛି । ଅବଧିଜ୍ଞାନୀ (ରୂପୀ ଦ୍ରବ୍ୟ ବିଷୟକ ପ୍ରତ୍ୟକ୍ଷ ଜ୍ଞାନସଂପନ୍ନ ଯୋଗୀ) ପରମାଣୁକୁ ଜାଣିବାରେ ସମର୍ଥ ହୋଇଥାଏ । ଇନ୍ଦ୍ରିୟ, ପ୍ରତ୍ୟକ୍ଷ କରୁଥିବା ବ୍ୟକ୍ତି ପରମାଣୁକୁ ଜାଣିପାରେ ନାହିଁ ।[୩୪]

ପରମାଣୁ ସମୁଦାୟ : ସ୍କନ୍ଧ ଏବଂ ପାରମାଣବିକ ଜଗତ୍

ଏହି ଦୃଶ୍ୟ ଜଗତ୍-ପୌଦଗଳିକ ଜଗତ ହେଉଛି ପରମାଣୁ-ସଂଘଟିତ । ପରମାଣୁଗୁଡ଼ିକରୁ ସ୍କନ୍ଧ ଏବଂ ସ୍କନ୍ଧଗୁଡ଼ିକରୁ ସ୍ଥୁଳ ପଦାର୍ଥ ତିଆରି ହୁଏ । ପୁଦ୍‌ଗଳରେ ସଂଘାତକ ଓ ବିଘାତକ- ଏହି ଦୁଇ ଶକ୍ତି ସମାହିତ ଥାଏ । ପୁଦ୍‌ଗଳ ଶବ୍ଦ 'ପୂରଣ ଓ ଗଳନ' ଏହି ଦୁଇ ଭାବର ମିଳନରେ ନିର୍ମିତ [୩୫] ପରମାଣୁର ମେଳରେ ସ୍କନ୍ଧ ସୃଷ୍ଟି ହୁଏ ତଥା ଗୋଟିଏ ସ୍କନ୍ଧ ଖଣ୍ଡ ବିଖଣ୍ଡିତ ହୋଇ ଅନେକ ସ୍କନ୍ଧରେ ପରିଣତ ହୁଏ ।

ଏହି ଗଳନ ଓ ମିଳନର ପ୍ରକ୍ରିୟା ସ୍ୱାଭାବିକ ହୋଇପାରେ ଏବଂ ପ୍ରାଣୀଙ୍କ ପ୍ରୟୋଗ ଦ୍ୱାରା ମଧ୍ୟ ସାଧିତ ହୋଇପାରେ । ପୁଦ୍‌ଗଳର ଅବସ୍ଥା ସାଦି-ସାନ୍ତ । ତାହା ଅନାଦି-ଅନନ୍ତ ନୁହେଁ । ଏହି କାରଣରୁ ଗୋଟିଏ ପୌଦ୍‌ଗଳିକ ପଦାର୍ଥକୁ ଦ୍ୱିତୀୟ ପୌଦ୍‌ଗଳିକ ପଦାର୍ଥ ରୂପରେ ପରିବର୍ତ୍ତିତ କରାଯାଇପାରିବ । ପାରଦକୁ ସୁନାରେ ପରିଣତ

---

(୩୪) ଭଗବଈ, ୧୮/୧୭୪ ଆଦି

(୩୫) ଠାଣଂ, ୨/୨୨୧-୨୨୫, ଦୋହି ଠାଣେହିଂ ପୋଗ୍‌ଗଳା ।
ସାହନ୍ନଂତି, ସୟଂ ବ ପୋଗ୍‌ଗଳା ସାହନ୍ନଂତି ପରେଣ ବାପୋଗ୍‌ଗଳା
ସାହନ୍ନଂତି, ଏବଂ ଭିଜ୍ଜଂତି,ପରିସଡ଼ଂତି, ବିଦ୍ଧଂ ସଂତି ।

କରାଯାଇପାରିବ ।[୩୬] ପୁଦ୍‌ଗଳରେ ବିୟୋଜକ ଶକ୍ତି ନ ଥିଲେ ସମସ୍ତ ଅଣୁ ମିଶି ପିଣ୍ଡାକାର ହୋଇଯାଆନ୍ତେ ଏବଂ ସଂଯୋଜକ ଶକ୍ତି ରହି ନ ଥିଲେ ପ୍ରତ୍ୟେକ ଅଣୁ ଅଲଗା ଅଲଗା ଭାବରେ ରହି ଶକ୍ତିହୀନ ହୋଇପଡ଼ନ୍ତେ । ପ୍ରାଣୀଜଗତ ପ୍ରତି ପରମାଣୁର ଯେଉଁସବୁ କାର୍ଯ୍ୟ ରହିଛି, ସେ ସମସ୍ତ ପରମାଣୁ ସମୁଦାୟ-ଜନ୍ୟ ଅଟନ୍ତି । ଅନନ୍ତ ପରମାଣୁ-ସ୍କନ୍ଧ ହିଁ ପ୍ରାଣୀଜଗତ ସକାଶେ ଉପଯୋଗୀ ହୋଇଥାଏ ।

ସ୍କନ୍ଧ ଭେଦ ପ୍ରକ୍ରିୟାର ଉଦାହରଣ

ଦୁଇଟି ପରମାଣୁ ପୁଦ୍‌ଗଳର ମେଳ ଦ୍ୱାରା ଦ୍ୱିପ୍ରଦେଶୀ ସ୍କନ୍ଧ ନିର୍ମିତ ହୁଏ ଏବଂ ଦ୍ୱିପ୍ରଦେଶୀ ସ୍କନ୍ଧରେ ଭେଦ ଘଟିଲେ ତାହା ଦୁଇଟି ପରମାଣୁରେ ପରିଣତ ହୋଇଯାଏ ।

ତିନୋଟି ପରମାଣୁର ମିଳନରେ ତ୍ରିପ୍ରଦେଶୀ ସ୍କନ୍ଧ ସୃଷ୍ଟି ହୁଏ ତଥା ସେମାନେ ପୃଥକ୍ ହେଲେ ଦୁଇଟି ବିକଳ୍ପ ଜାତ ହୁଏ - ତିନି ପରମାଣୁ କିମ୍ବା ଏକ ପରମାଣୁ ଏବଂ ଗୋଟିଏ ଦ୍ୱିପ୍ରଦେଶୀ ସ୍କନ୍ଧ ।

ଚାରି ପରମାଣୁର ସମୁଦାୟ ଚତୁଃପ୍ରଦେଶୀ ସ୍କନ୍ଧର ରଚନା କରିଥାଏ ତଥା ତା'ର ଭେଦର ଚାରୋଟି ବିକଳ୍ପ ହେଉଛି -

୧. ଏକ ପରମାଣୁ ଏବଂ ଗୋଟିଏ ତ୍ରିପ୍ରଦେଶୀ ସ୍କନ୍ଧ ।

୨. ଦୁଇଟି ଦ୍ୱିପ୍ରଦେଶୀ ସ୍କନ୍ଧ ।

୩. ଦୁଇଟି ପୃଥକ୍ ପୃଥକ ପରମାଣୁ ଏବଂ ଗୋଟିଏ ଦ୍ୱିପ୍ରଦେଶୀ ସ୍କନ୍ଧ ।

୪. ଚାରୋଟି ପୃଥକ୍ ପୃଥକ୍ ପରମାଣୁ ।

ପୁଦ୍‌ଗଳରେ ଉତ୍ପାଦ, ବ୍ୟୟ ଓ ଧ୍ରୌବ୍ୟ

ଭଗବଈ ୧୪/୪୯ ଅନୁସାରେ ପୁଦ୍‌ଗଳ ହେଉଛି ଶାଶ୍ୱତ ଏବଂ ତାହା ମଧ୍ୟ ଅଶାଶ୍ୱତ । ଦ୍ରବ୍ୟ ଅର୍ଥରେ ଶାଶ୍ୱତ କିନ୍ତୁ ପର୍ଯ୍ୟାୟ ରୂପରେ ଅଶାଶ୍ୱତ । ଦ୍ରବ୍ୟ ଅପେକ୍ଷାରେ ପୁଦ୍‌ଗଳ ହେଉଛି ଅଚରମ ଅର୍ଥାତ୍ ପରମାଣୁ ସଂଘାତ

---

(୩୬) ବିଜ୍ଞାନ ଜଗତର ପ୍ରାୟ ଶହେ ବର୍ଷ ଯାଏ ଏହି ଧାରଣା ବଳବତ୍ତ ରହିଥିଲା ଯେ ସଂସାର ୯୨ଟି ମୂଳତତ୍ତ୍ୱରୁ ନିର୍ମିତ । ଯଥା- ସୁନା, ରୁପା, ଲୁହା, ତମ୍ବା, ସୀସା, ପାରା ଆଦି । ଏହି ତତ୍ତ୍ୱ ଅପରିବର୍ତ୍ତନୀୟ ଧରାଯାଉଥିଲେ । ଅର୍ଥାତ୍ ଲୁହାକୁ ସୁନାରେ କିମ୍ବା ସୀସାକୁ ରୁପାରେ ପରିଣତ କରାଯାଇ ନ ପାରେ । ...ଯେତେବେଳେ 'ରଦରଫୋର୍ଡ଼' ଏବଂ 'ଟାମ୍‌ସନ' ପ୍ରୟୋଗ ଦ୍ୱାରା ସିଦ୍ଧ କରିଦେଲେ ଯେ ଲୌହ କିମ୍ବା ସ୍ୱର୍ଣ୍ଣ ଉଭୟ ଦ୍ରବ୍ୟର ପରମାଣୁ ଏକଭଳି କଣ ଦ୍ୱାରା ନିର୍ମିତ । ...ଉଦାହରଣ ସ୍ୱରୂପ ପାରାର ଅଣୁର ଭାର ୨୦୦, ଏଠାରେ ୨୦୦ର ଅର୍ଥ ହେଉଛି ହାଇଡ୍ରୋଜେନ ପରମାଣୁଠାରୁ ୨୦୦ଗୁଣ ଭାରି (ହାଇଡ୍ରୋଜେନ ପରମାଣୁ ଏକକ ରୂପେ ସ୍ୱୀକୃତ) । ତାହାକୁ ପ୍ରୋଟୋନ ଦ୍ୱାରା ବିସ୍ଫୋଟିତ କରାଯିବା ଦ୍ୱାରା ପ୍ରୋଟୋନ, ପାରଦରେ ସମ୍ମିଶ୍ରିତ ହୋଇପଡ଼ିଲା । ଫଳରେ ପାରାର ଭାର୨୦୧ ହୋଇପଡ଼ିଲା । (ପ୍ରୋଟୋନର ଭାର ୧ ହୋଇଥାଏ) ସେତେବେଳେ ଏହି ନୂତନ ଅଣୁର ମୂଳ ଚୂଳରୁ ସ୍ୱତଃ ଏକ ଅଲ୍‌ଫା କଣ ବାହାରି ସତେ ଯେପରି ଦଉଡ଼ିବାକୁ ପ୍ରାରମ୍ଭ କଲା । ଏହି ଅଲ୍‌ଫା କଣର ଭାର ଥିଲା-୪ । ତେଣୁ ସମପରମାଣର ଭାର କମିଯିବାରୁ ଏହା ୧୯୭ ଭାରଯୁକ୍ତ ଅଣୁରେ ପରିଣତ ହେଲା । ଆମେ ଜାଣି ରଖିବା ଉଚିତ ଯେ ସୁନାର ଅଣୁଭାର ହେଉଚି ୧୯୭ । ଏହି ରୂପରେ ପାରଦର ପୁଦ୍‌ଗଳାଣୁର ପୂରଣ-ଗଳନ-ପ୍ରକ୍ରିୟା ଦ୍ୱାରା ପାରା, ସୁନାରେ ରୂପାନ୍ତରିତ ହେଲା । ପରମାଣୁମାନଙ୍କରେ ଏହି ଅଲ୍‌ଫା କଣ ଭରି ରହିଛି । ଆମ ଶାସ୍ତ୍ରୀୟ ପରିଭାଷାରେ ଏତିକି କୁହଯାଇପାରିବ ଯେ ପାରା ଓ ସୁନା ଭିନ୍ନ-ଭିନ୍ନ ପଦାର୍ଥ ନୁହନ୍ତି, ବରଂ ପୁଦ୍‌ଗଳ ଦ୍ରବ୍ୟର ଦୁଇଟି ଭିନ୍ନ ଭିନ୍ନ ପର୍ଯ୍ୟାୟ ଅଟନ୍ତି । ତେଣୁ ଏମାନଙ୍କର ପରସ୍ପର ପରିବର୍ତ୍ତନ ଜମା ଅସମ୍ଭବ ନୁହେଁ । (ପୁଦ୍‌ଗଳ : ଏକ ବୈଜ୍ଞାନିକ ନିରୂପଣ ପ୍ରୋ. ବି. ଆର୍. ଜୈନ - ତୀର୍ଥଙ୍କର ଫେବୃଆରୀ ୧୯୭୨ ।

ରୂପରେ ପରିଣତ ହେଲା ପରେ ବି ପୁନଃ ପରମାଣୁ ହୋଇପାରିବ । ତେଣୁ ଦ୍ରବ୍ୟତ୍ୱ ଦୃଷ୍ଟିରେ ଏହା ଚରମ ନୁହେଁ । ଭଗବଈ, ୧୪/୫୧ ଅନୁସାରେ କ୍ଷେତ୍ର କାଳ ଓ ଭାବ ଦୃଷ୍ଟିରେ ପୁଦ୍‌ଗଳ ଚରମ ମଧ୍ୟ ହୋଇଥାଏ ତଥା ଅଚରମ ମଧ୍ୟ ହୋଇଥାଏ ।

ପୁଦ୍‌ଗଳର ଦ୍ୱିବିଧ ପରିଣତି

ପୁଦ୍‌ଗଳର ପରିଣତି ଦୁଇ ପ୍ରକାରର - ୧.ସୂକ୍ଷ୍ମ ଓ ୨.ବାଦର ।

ଅନନ୍ତ-ପ୍ରଦେଶୀ ସ୍କନ୍ଧ ବି ସୂକ୍ଷ୍ମ ପରିଣତିରେ ରହିଥିବା ଅବସ୍ଥାରେ ଇନ୍ଦ୍ରିୟ-ଗ୍ରାହ୍ୟ ହୋଇପାରେ ନାହିଁ । ସୂକ୍ଷ୍ମ ପରିଣତି ଯୁକ୍ତ ସ୍କନ୍ଧ ଚତୁଃସ୍ପର୍ଶୀ ହୋଇଥାଏ । ଉତ୍ତରବର୍ତ୍ତୀ ଚାରି ସ୍ପର୍ଶ ବାଦର ପରିଣାମଯୁକ୍ତ ଚାରିସ୍କନ୍ଧରେ ହିଁ ଥାଏ । ଗୁରୁ-ଲଘୁ ଏବଂ ମୃଦୁ-କର୍କଶ- ଏହି ସ୍ପର୍ଶ, ପୂର୍ବବର୍ତ୍ତୀ ଚାରୋଟି ସ୍କନ୍ଧର ସାପେକ୍ଷ ସଂଯୋଗ ଦ୍ୱାରା ଜାତ ହୁଏ । ରୁକ୍ଷ ସ୍ପର୍ଶର ବହୁଳତାରୁ ଲଘୁ ସ୍ପର୍ଶ ଏବଂ ସ୍ନିଗ୍ଧ ସ୍ପର୍ଶର ବହୁଳତାରୁ ଗୁରୁ ସ୍ପର୍ଶ ସୃଷ୍ଟି ହୋଇଥାଏ । ଶୀତ ଓ ସ୍ନିଗ୍ଧ ସ୍ପର୍ଶର ପ୍ରାଚୁର୍ଯ୍ୟ ଫଳରେ ମୃଦୁ ସ୍ପର୍ଶ ଏବଂ ଉଷ୍ଣ ଓ ରୁକ୍ଷ ସ୍ପର୍ଶର ପ୍ରାଚୁର୍ଯ୍ୟରୁ କର୍କଶ ସ୍ପର୍ଶ ଜାତ ହୁଏ । ତାତ୍ପର୍ଯ୍ୟ ହେଉଛି - ସୂକ୍ଷ୍ମ ପରିଣତିର ନିବୃତ୍ତି ସହିତ ଯେଉଁଠି ସ୍ଥୂଳ ପରିଣତି ରହିଛି, ସେଠାରେ ଚାରୋଟି ସ୍ପର୍ଶ ବୃଦ୍ଧି ପାଏ ।

ପୁଦ୍‌ଗଳର ପ୍ରକାର

ଉତ୍ତରଜ୍‌ଝୟଣାଣି, ୩୬/୧୦ ଅନୁସାରେ ପୁଦ୍‌ଗଳ ଦ୍ରବ୍ୟ ଚାରି ପ୍ରକାର ବୋଲି ମାନ୍ୟ ହୋଇଥାଏ ।

୧. ସ୍କନ୍ଧ - ପରମାଣୁ - ପ୍ରଚୟ ।

୨. ସ୍କନ୍ଧ-ଦେଶ- ସ୍କନ୍ଧର କଳ୍ପିତ ବିଭାଗ

୩. ସ୍କନ୍ଧ-ପ୍ରଦେଶ - ସ୍କନ୍ଧର ଅପୃଥଗ୍‌ଭୂତ ଅବିଭାଜ୍ୟ ଅଂଶ ।

୪. ପରମାଣୁ - ସ୍କନ୍ଧରୁ ବିଚ୍ଛିନ୍ନ ନିରଂଶ ତତ୍ତ୍ୱ ।

ପ୍ରଦେଶ ଓ ପରମାଣୁ ମଧ୍ୟରେ କେବଳ ସ୍କନ୍ଧର ପୃଥଗ୍ ଭାବ ଓ ଅପୃଥଗ୍‌ଭାବର ଅନ୍ତର ରହିଥାଏ ।

ପୁଦ୍‌ଗଳର ଅତୀତ ଓ ଭବିଷ୍ୟତ

ପ୍ରବାହ ଦୃଷ୍ଟିରୁ ସ୍କନ୍ଧ ଓ ପରମାଣୁ ଅନାଦି, ଅପର୍ଯ୍ୟବସିତ ଅଟନ୍ତି । କାରଣ ଏମାନଙ୍କ ସନ୍ତତି ଅନାଦିକାଳରୁ ଚାଲିଆସିଛି ଏବଂ ଏହା ଚାଲିଥିବ । ସ୍ଥିତି ପରିପ୍ରେକ୍ଷୀରେ ଏହା ସାଦି ତଥା ସପର୍ଯ୍ୟବସିତ । ଯେପରି ପରମାଣୁରୁ ସ୍କନ୍ଧ ଏବଂ ସ୍କନ୍ଧ-ଭେଦରୁ ପରମାଣୁ ସୃଷ୍ଟି ହୋଇଥାଏ ।

ପରମାଣୁ, ପରମାଣୁ ରୂପରେ ଏବଂ ସ୍କନ୍ଧ ଯଦି ସ୍କନ୍ଧ ରୂପରେ ରହିବେ ତେବେ ସର୍ବନିମ୍ନ ଏକ ସମୟ ଏବଂ ସର୍ବାଧିକ ଅସଂଖ୍ୟାତ କାଳ ପର୍ଯ୍ୟନ୍ତ ରହିପାରିବେ ।[୩୭] ପରେ ସେଗୁଡ଼ିକ ପରିବର୍ତ୍ତନ ହେବା ସାର । ଏହା ସେମାନଙ୍କ କାଳ-ସାପେକ୍ଷ ସ୍ଥିତି । କ୍ଷେତ୍ର-ସାପେକ୍ଷ ସ୍ଥିତି-ପରମାଣୁ ଅଥବା ସ୍କନ୍ଧର ଗୋଟିଏ କ୍ଷେତ୍ରରେ ରହିବାର ସ୍ଥିତି ବି ଏହାକୁ ବୁଝାଯାଏ ।

ପରମାଣୁ, ସ୍କନ୍ଧ ରୂପରେ ପରିଣତ ହୋଇ ପୁଣି ପରମାଣୁ ହେବାରେ ଜଘନ୍ୟତଃ ଏକ ସମୟ ଓ ଉତ୍କୃଷ୍ଟତଃ ଅସଂଖ୍ୟକାଳ ଲାଗିଯାଏ ।[୩୮]

ଗୋଟିଏ ପରମାଣୁ ବା ସ୍କନ୍ଧ ଯେଉଁ ଆକାଶ-ପ୍ରଦେଶରେ ଥିଲେ ଏବଂ କୌଣସି କାରଣବଶତଃ ସେଠାରୁ ଚଳାୟମାନ ହୋଇପଡ଼ନ୍ତି, ତେବେ ସେହି ଆକାଶ-ପ୍ରଦେଶରେ ଉତ୍କୃଷ୍ଟତଃ ଅନନ୍ତକାଳ ଏବଂ ଜଘନ୍ୟତଃ ଏକ ସମୟ ପରେ ହିଁ ପୁନଃ ପ୍ରବେଶ କରିଥାନ୍ତି ।[୩୯] ପରମାଣୁ, ଆକାଶର ନିର୍ଦ୍ଦିଷ୍ଟ ଏକ ପ୍ରଦେଶରେ ହିଁ ରହିଥାନ୍ତି, ଅଥଚ ସ୍କନ୍ଧ ସକାଶେ ଏହି ନିୟମ ପ୍ରଯୁଜ୍ୟ ହୁଏ ନାହିଁ । ସେଗୁଡ଼ିକ ଏକ, ଦୁଇ, ସଂଖ୍ୟାତ, ଅସଂଖ୍ୟାତ ପ୍ରଦେଶମାନଙ୍କରେ

---

[୩୭]ଭଗବଈ, ୫/୧୬୯, [୩୮] ଭଗବଈ, ୫/୧୭୫, [୩୯] ଭଗବଈ, ୫/୮

ରହିପାରିବେ । ସଂପୂର୍ଣ୍ଣ ଲୋକାକାଶ ପର୍ଯ୍ୟନ୍ତ ବିସ୍ତାରିତ ମଧ୍ୟ ହୋଇପାରନ୍ତି । ସମଗ୍ର ଲୋକରେ ବ୍ୟାପିଯାଉଥିବା ସ୍କନ୍ଧ ଅଚିତ୍ତ ମହାସ୍କନ୍ଧ ବୋଲାଇଥାଏ ।

ପୁଦ୍‌ଗଳର ଅପ୍ରଦେଶିତା ଓ ସପ୍ରଦେଶିତା

ସ୍କନ୍ଧ - ଦ୍ରବ୍ୟ ଦୃଷ୍ଟିରୁ ସ୍କନ୍ଧ ହେଉଛି ସପ୍ରଦେଶୀ ।[୪୦] ଯେଉଁ ସ୍କନ୍ଧରେ ଯେତେ ପରମାଣୁ ରହିଥାନ୍ତି ତାହାକୁ ତତ୍ ପରିଣାମ ପ୍ରଦେଶୀ ସ୍କନ୍ଧ କୁହାଯାଇଥାଏ ।

କ୍ଷେତ୍ର ଦୃଷ୍ଟିରୁ ସ୍କନ୍ଧ, ଉଭୟ ସପ୍ରଦେଶୀ ଏବଂ ଅପ୍ରଦେଶୀ ହୋଇଥାଏ । ଯାହା ଗୋଟିଏ ଆକାଶ, ପ୍ରଦେଶାବଗାହୀ ହୋଇଥାଏ, ତାହା ଅପ୍ରଦେଶୀ ତଥା ତାହା ଦୁଇ କିମ୍ବା ତାହାଠାରୁ ଅଧିକ ଆକାଶ-ପ୍ରଦେଶାବଗାହୀ ହୁଏ, ତାହା ସପ୍ରଦେଶୀ ଶ୍ରେଣୀଭୁକ୍ତ ହୁଏ ।

କାଳ ଦୃଷ୍ଟିରେ ଯେଉଁ ସ୍କନ୍ଧ, ଏକ ସମୟ ସ୍ଥିତିଯୁକ୍ତ ତାହା ଅପ୍ରଦେଶୀ ତଥା ଅଧିକ ସ୍ଥିତିଯୁକ୍ତ ସ୍କନ୍ଧ, ସପ୍ରଦେଶୀ ରୂପେ ପରିଗଣିତ ହୁଏ ।

ଭାବ ଦୃଷ୍ଟିରେ ଗୋଟିଏ ଗୁଣଯୁକ୍ତ ସ୍କନ୍ଧ ଅପ୍ରଦେଶୀ ଓ ଅଧିକ ଗୁଣସଂପନ୍ନ ହୋଇ ସପ୍ରଦେଶୀରେ ପରିଣତ ହୁଏ ।

ପରମାଣୁ - ଦ୍ରବ୍ୟ ଓ କ୍ଷେତ୍ର ପରିପ୍ରେକ୍ଷୀରେ ପରମାଣୁ ହେଉଛି ଅପ୍ରଦେଶୀ । କାଳ ହିସାବରେ ଏକ ସମୟ ସ୍ଥିତି ଥିବା ପରମାଣୁ ଅପ୍ରଦେଶୀ ତଥା ଅଧିକ ସମୟ ସ୍ଥିତି ଥିବା ପରମାଣୁ ସପ୍ରଦେଶୀ ହୋଇଥାଏ । ଭାବ ଅନୁସାରେ ଏକ ଗୁଣଯୁକ୍ତ ପରମାଣୁ ଅପ୍ରଦେଶୀ ଓ ଅଧିକ ଗୁଣସଂପନ୍ନ ପରମାଣୁ ହେଉଛି ସପ୍ରଦେଶୀ ।

ପରିଣମନର ତିନୋଟି ହେତୁ

ପରିଣମନ ଦୃଷ୍ଟିରୁ ପୁଦ୍‌ଗଳ ତିନି ପ୍ରକାର[୪୧]- ୧. ବୈସ୍ରସିକ, ୨.ପ୍ରାୟୋଗିକ ଓ ୩.ମିଶ୍ର । ସ୍ୱଭାବତଃ ଯାହାର ପରିଣମନ ହୁଏ, ତାହା ବୈସ୍ରସିକ । ଯଥା- ଜୀବଚ୍ଛରୀର- ଜୀବର ପ୍ରୟୋଗ ମାଧ୍ୟମରେ ଶରୀର ଆଦି ରୂପରେ ପରିଣତ ପୁଦ୍‌ଗଳ ହେଉଛି ପ୍ରାୟୋଗିକ । ଜୀବ ଦ୍ୱାରା ମୁକ୍ତ ହେଲା ପରେ ମଧ୍ୟ ଜୀବ ପ୍ରୟୋଗରୁ ଜାତ ପରିଣମନରୁ ଯେ ମୁକ୍ତ ନୁହେଁ, କିମ୍ବା ଜୀବର ପ୍ରଯତ୍ନ ଓ ସ୍ୱଭାବ- ଉଭୟର ସଂଯୋଗରେ ଯାହାର ନିର୍ମାଣ ହୁଏ, ତାହା 'ମିଶ୍ର' ବୋଲାଇଥାଏ, ଯଥା- ମୃତ ଶରୀର ।

ଅସଂଖ୍ୟ କାଳ ଉତ୍ତାରୁ ଏଗୁଡ଼ିକର ରୂପାନ୍ତର ନିଶ୍ଚିତ ଘଟିଥାଏ ।

ପୁଦ୍‌ଗଳ ଦ୍ରବ୍ୟରେ ଗ୍ରହଣ ନାମକ ଏକ ଗୁଣ ରହିଥାଏ । ପୁଦ୍‌ଗଳ ବ୍ୟତୀତ କୌଣସି ପଦାର୍ଥଠାରୁ ଅନ୍ୟ ପଦାର୍ଥ ସହିତ ମିଶିବାର ଶକ୍ତି ନ ଥାଏ । ପୁଦ୍‌ଗଳ ମଧ୍ୟରେ ପରସ୍ପର ମିଳନ ଘଟିଥାଏ । ଏହା ସହିତ ଜୀବ ଦ୍ୱାରା ତା'ର ଗ୍ରହଣ ମଧ୍ୟ କରାଯାଇଥାଏ । ପୁଦ୍‌ଗଳ ନିଜେ ଗତିକରି ଜୀବ ସହିତ ସଂଲଗ୍ନ ହୁଏ ନାହିଁ । ବରଂ ଏହା ଜୀବର କ୍ରିୟା ଦ୍ୱାରା ଆକୃଷ୍ଟ ହୋଇ ଜୀବ ସହିତ ମିଶିଥାଏ । ଜୀବ-ସଂବଦ୍ଧ ପୁଦ୍‌ଗଳର ଜୀବ ଉପରେ ବହୁବିଧ ପ୍ରଭାବ ପଡ଼ିଥାଏ । ଔଦାରିକ ଆଦି ବର୍ଗଣା ରୂପରେ ଏହାର ଆଗକୁ ବିଶ୍ଳେଷଣ କରାଯିବ ।

ପ୍ରାଣୀ ଓ ପୁଦ୍‌ଗଳ ମଧ୍ୟରେ ସମ୍ବନ୍ଧ

ଯେଉଁସବୁ ପଦାର୍ଥ ପ୍ରାଣୀର ଉପଯୋଗରେ ଆସିଥାଏ, ସେଗୁଡ଼ିକ ହେଉଛନ୍ତି ପୌଦ୍‌ଗଳିକ । କିନ୍ତୁ ସେସବୁ ଜୀବ-ଶରୀରରେ ପ୍ରଯୁକ୍ତ ହୋଇଥାନ୍ତି ଏହା ପ୍ରଣିଧାନଯୋଗ୍ୟ ଅଟେ । ତାତ୍ପର୍ଯ୍ୟ ହେଉଛି ସେଗୁଡ଼ିକ ମାଟି, ପାଣି, ଅଗ୍ନି, ବାୟୁ, ବନସ୍ପତି ଏବଂ ତ୍ରସକାୟିକ ଜୀବର ଶରୀରର ଶରୀରମୁକ୍ତ ପୁଦ୍‌ଗଳ ଅଟନ୍ତି ।

---

(୪୦) ଭଗବଈ ୫/୨୦୫

(୪୧) ଭଗବଈ, ୮/୧

ଅନ୍ୟ ଦୃଷ୍ଟିକୋଣରୁ ଦେଖିଲେ ସ୍ଥୁଳ ସ୍କନ୍ଧ,ବିସ୍ରସା-ପରିଣାମରୁ ଔଦାରିକ ଆଦି ବର୍ଗଣା ରୂପରେ ସଂବଦ୍ଧ ଥାଇ ପ୍ରାଣୀମାନଙ୍କ ସ୍ଥୁଳ ରୂପରେ ପରିଣତ କିମ୍ବା ସେଠାରୁ ମୁକ୍ତ ହୋଇଥାନ୍ତି । ବୈଶେଷିକ ସଦୃଶ ଜୈନ ଦର୍ଶନରେ ପୃଥ୍ୱୀ, ପାଣି ଆଦିର ପରମାଣୁ ପୃଥକ୍ ଲକ୍ଷଣଯୁକ୍ତ ନୁହନ୍ତି । ସବୁରି ମଧ୍ୟରେ ସ୍ପର୍ଶ, ରସ, ଗନ୍ଧ ଓ ବର୍ଣ୍ଣ ବିଦ୍ୟମାନ ଥାଏ ।

ପୁଦ୍‌ଗଳର ଗତି

ପରମାଣୁ ହେଉଛି ସ୍ୱୟଂ ଗତିଶୀଳ । ଏକ କ୍ଷଣ ମଧ୍ୟରେ ଏହା ଲୋକର ଗୋଟିଏ ଦିଗରୁ ଅନ୍ୟ ଦିଗକୁ, ଯାହା ଅସଂଖ୍ୟ ଯୋଜନ ବିଶିଷ୍ଟ ହୋଇଥାଏ ସ୍ପର୍ଶ କରିଥାଏ ।[୪୨] ଗତି ପରିଣାମ ହେଉଛି ତା'ର ସ୍ୱାଭାବିକ ଧର୍ମ । ଧର୍ମାସ୍ତିକାୟ ତାହାର ପ୍ରେରକ ନୁହେଁ, ସହାୟକ ମାତ୍ର । ପରମାଣୁ ସ୍ୱୟଂ ହେଉଛି ଗତିର ଉପାଦାନ । ଧର୍ମାସ୍ତିକାୟ ତା'ର ନିମିତ୍ତ ମାତ୍ର ।

ପରମାଣୁ ସୈଜ (ସକମ୍ପ) ହୋଇଥାଏ ଓ ଅନୈଜ (ଅକଂପ) ବି ହୋଇଥାଏ । କଦାଚିତ ତାହା ଚଞ୍ଚଳ । କଦାଚିତ୍ ସ୍ଥିର । ନିରନ୍ତର ତା'ଠାରେ କଂପ ଭାବ ରହେ ନାହିଁ ଏବଂ ନିରନ୍ତର ଅକଂପ ଭାବ ମଧ୍ୟ ନ ଥାଏ ।[୪୩]

ଦ୍ୱ୍ୟଣୁ-ସ୍କନ୍ଧରେ କଦାଚିତ୍ କଂପନ, କଦାଚିତ୍ ଅକଂପନ ହୋଇଥାଏ । ସେଗୁଡ଼ିକ ଦ୍ୱ୍ୟଂଶ ହୋଇଥିବାରୁ ଦେଶ-କଂପ ଏବଂ ଦେଶ-ଅକଂପ ସ୍ଥିତି ସେମାନଙ୍କଠାରେ ରହିଥାଏ ।

ତ୍ରିପ୍ରଦେଶୀ ସ୍କନ୍ଧରେ କଂପ-ଅକମ୍ପ ସ୍ଥିତି ଦ୍ୱି-ପ୍ରଦେଶୀ ସ୍କନ୍ଧ ଭଳି ହୋଇଥାଏ । କେବଳ ଦେଶ କଂପର ଏକ ବଚନ ଓ ଦ୍ୱିବଚନ ସଂବନ୍ଧୀ ବିକଳ୍ପଭେଦ ରହିଥାଏ । ଯଥା - ଗୋଟିଏ ଦେଶରେ କଂପ ହୁଏ, କିନ୍ତୁ ଦେଶରେ କଂପ ନୁହେଁ । ଦେଶରେ କଂପ ହୁଏ, କିନ୍ତୁ ଦୁଇଟି ଦେଶରେ କଂପ ହୁଏ ନାହିଁ । ଦୁଇଟି ଦେଶରେ କଂପ ହୋଇଥାଏ ଅଥଚ ଦେଶରେ କଂପ ହୁଏ ନାହିଁ ।

ଚତୁଃପ୍ରଦେଶୀ ସ୍କନ୍ଧରେ ନିର୍ଦ୍ଦିଷ୍ଟ ଦେଶରେ କଂପ, ଦେଶରେ ଅକଂପ,ଦେଶରେ କଂପ ଏବଂ ଦୁଇଟି ଦେଶରେ ଅକଂପ, ଦୁଇଟି ଦେଶରେ କଂପ ଏବଂ ଦେଶରେ ଅକଂପ, ଦେଶରେ କଂପ ଏବଂ ଦେଶଗୁଡ଼ିକରେ ଅକଂପ ହୋଇଥାଏ ।

ପାଞ୍ଚ ପ୍ରଦେଶ ଯାବତ୍ ଅନନ୍ତପ୍ରଦେଶୀ ସ୍କନ୍ଧର ଏହି ସମାନ ସ୍ଥିତି ରହିଥାଏ ।[୪୪]

ପୁଦ୍‌ଗଳର ଆକାର-ପ୍ରକାର

ପରମାଣୁ-ପୁଦ୍‌ଗଳ ହେଉଛି ଅନର୍ଦ୍ଧ, ଅମଧ୍ୟ ଓ ଅପ୍ରଦେଶ ।

ଦ୍ୱି-ପ୍ରଦେଶୀ ସ୍କନ୍ଧ ହେଉଛି ସାର୍ଦ୍ଧ, ଅମଧ୍ୟ ଓ ସପ୍ରଦେଶ ।

ତ୍ରି-ପ୍ରଦେଶୀ ସ୍କନ୍ଧ ହେଉଛି ଅନର୍ଦ୍ଧ, ସମଧ୍ୟ ଓ ସପ୍ରଦେଶ ।

ସମସଂଖ୍ୟକ ପରମାଣୁ ସ୍କନ୍ଧର ଆକାର ଦ୍ୱିପ୍ରଦେଶୀ ସ୍କନ୍ଧ ଭଳି ହୋଇଥାଏ ତଥା ବିଷମ-ସଂଖ୍ୟକ ପରମାଣୁ ସ୍କନ୍ଧର ସ୍ଥିତି ତ୍ରିପ୍ରଦେଶୀ ସ୍କନ୍ଧ ସଦୃଶ ।

ପୁଦ୍‌ଗଳ ଦ୍ରବ୍ୟର ସ୍ଥିତି ଚାରିପ୍ରକାର ବର୍ଣ୍ଣନା କରାଯାଇଛି -[୪୫]

୧. ଦ୍ରବ୍ୟ-ସ୍ଥାନାୟୁ – ପରମାଣୁର ପରମାଣୁ ରୂପରେ ତଥା ସ୍କନ୍ଧର ସ୍କନ୍ଧ ରୂପରେ ଅବସ୍ଥିତି ।

୨. କ୍ଷେତ୍ର-ସ୍ଥାନାୟୁ – ପରମାଣୁ ବା ସ୍କନ୍ଧର ଅବସ୍ଥିତିର ଆକାଶ-ପ୍ରଦେଶ ।

୩. ଅବଗାହନ-ସ୍ଥାନାୟୁ – ପରମାଣୁ ବା ସ୍କନ୍ଧର ନିୟତ ପରିମାଣରେ ଅବଗାହନ ।

---

[୪୨] ଭଗବତୀ, ୧୬/୧୧୬, [୪୩] ଭଗବତୀ, ୫/୧୫୦,

[୪୪] ଭଗବତୀ , ୫/୧୫୧-୧୫୩

[୪୫] ଭଗବତୀ, ୫/୧୮୧

୪. ଭାବ-ସ୍ଥାନାୟୁ – ପରମାଣୁ ଓ ସ୍କନ୍ଧ ମଧ୍ୟରେ ସ୍ପର୍ଶ, ରସ, ଗନ୍ଧ ଓ ବର୍ଣ୍ଣର ପରିଣତି।

କ୍ଷେତ୍ର ଓ ଅବଗାହନ ମଧ୍ୟରେ ଏତିକି ଅନ୍ତର ରହିଛି - କ୍ଷେତ୍ରର ସମ୍ବନ୍ଧ ଆକାଶ-ପ୍ରଦେଶ ସହିତ ଥାଏ ତଥା ତାହା ପରମାଣୁ ଓ ସ୍କନ୍ଧ ଦ୍ୱାରା ଅବଗାଢ଼ ହୋଇଥାଏ। ଅବଗାହନର ସମ୍ବନ୍ଧ ପୁଦ୍‌ଗଳଦ୍ରବ୍ୟ ସହିତ ଥାଏ। ତାହାର ପ୍ରସରଣ ଗୁରୁ ପରିମାଣ-କ୍ଷେତ୍ରରେ ହୋଇଥାଏ।

ପରମାଣୁର ଶ୍ରେଣୀ-ବିଭାଗ

ପରମାଣୁର ମୁଖ୍ୟତଃ ଅଷ୍ଟବର୍ଗଣା କରାଯାଇଥାଏ –

୧. ଔଦାରିକ ବର୍ଗଣା – ସ୍ଥୂଳ ପୁଦ୍‌ଗଳ - ପୃଥ୍ୱୀ, ପାଣି, ଅଗ୍ନି, ବାୟୁ, ବନସ୍ପତି ଓ ତ୍ରସ ଜୀବଙ୍କ ଶରୀର-ନିର୍ମାଣ ଯୋଗ୍ୟ ପୁଦ୍‌ଗଳ-ସମୂହ।

୨. ବୈକ୍ରିୟ ବର୍ଗଣା – ଛୋଟ ବଡ଼, ହାଲୁକା-ଭାରି, ଦୃଶ୍ୟ-ଅଦୃଶ୍ୟ ଆଦି ବିବିଧ କ୍ରିୟା କରିବାରେ ସମର୍ଥ ଶରୀରଯୋଗ୍ୟ ପୁଦ୍‌ଗଳ-ସମୂହ।

୩. ଆହାରକ ବର୍ଗଣା – ଯୋଗ-ଶକ୍ତିଜନ୍ୟ ଶରୀରଯୋଗ୍ୟ ପୁଦ୍‌ଗଳ-ସମୂହ।

୪. ତୈଜସ ବର୍ଗଣା – ବିଦ୍ୟୁତ୍-ପରମାଣୁ ସମୂହ।

୫. କାର୍ମଣ ବର୍ଗଣା – ଜୀବର ସତ୍-ଅସତ୍ କ୍ରିୟାର ପ୍ରତିଫଳରୁ ଜାତ ପୁଦ୍‌ଗଳ-ସମୂହ।

୬. ଶ୍ୱାସୋଚ୍ଛ୍ୱାସ ବର୍ଗଣା – ଆନ-ପ୍ରାଣଯୋଗ୍ୟ ପୁଦ୍‌ଗଳ ସମୂହ।

୭. ବଚନ ବର୍ଗଣା – ଭାଷାଯୋଗ୍ୟ ପୁଦ୍‌ଗଳ-ସମୂହ।

୮. ମନବର୍ଗଣା – ଚିନ୍ତନରେ ସହାୟତା କରୁଥିବା ପୁଦ୍‌ଗଳ-ସମୂହ।

ଏହି ବର୍ଗଣାଗୁଡ଼ିକର ଅବୟବ କ୍ରମଶଃ ସୂକ୍ଷ୍ମ ତଥା ଅତିପ୍ରଚୟଯୁକ୍ତ ହୋଇପଡ଼ନ୍ତି। ଗୋଟିଏ ପୌଦ୍‌ଗଳିକ ପଦାର୍ଥର ଅନ୍ୟ ପୌଦ୍‌ଗଳିକ ପଦାର୍ଥ ରୂପରେ ପରିବର୍ତ୍ତନ ଘଟିଥାଏ।

ବର୍ଗଣାର ବର୍ଗଣାନ୍ତର ରୂପରେ ପରିବର୍ତ୍ତନ ହେବା ମଧ୍ୟ ଜୈନ-ଦୃଷ୍ଟି ସମ୍ମତ।

ପ୍ରଥମ ଚାରି ବର୍ଗଣା ଅଷ୍ଟସ୍ପର୍ଶୀ-ସ୍ଥୂଳ ସ୍କନ୍ଧ ଅଟନ୍ତି। ଏଗୁଡ଼ିକ ହାଲୁକା-ଭାରି, ମୃଦୁ-କଠୋର ବି ହୋଇଥାନ୍ତି। କାର୍ମଣ, ଭାଷା ଓ ମନ - ଏହି ତିନି ବର୍ଗଣା ଚତୁଃସ୍ପର୍ଶୀ-ସୂକ୍ଷ୍ମସ୍କନ୍ଧ ହୋଇଥାନ୍ତି। କେବଳ ଶୀତ, ଉଷ୍ଣ, ସ୍ନିଗ୍ଧ ଓ ରୁକ୍ଷ - ଏହି ଚାରି ସ୍ପର୍ଶଯୁକ୍ତ ଥାନ୍ତି। ଗୁରୁ, ଲଘୁ, ମୃଦୁ ଓ କଠିନ - ଏହି ଚାରି ସ୍ପର୍ଶ ସେମାନଙ୍କଠାରେ ନ ଥାଏ। ଶ୍ୱାସୋଚ୍ଛ୍ୱାସ ବର୍ଗଣା ଉଭୟ ଚତୁଃସ୍ପର୍ଶୀ ଏବଂ ଅଷ୍ଟ-ସ୍ପର୍ଶୀ ହୋଇପାରିବ।[୪୬]

ପରମାଣୁ-ସ୍କନ୍ଧର ଅବସ୍ଥା

ପରମାଣୁ ସ୍କନ୍ଧ ରୂପରେ ପରିଣତ ହେଲାପରେ ତାହାର ଦଶଟି ଅବସ୍ଥା (କାର୍ଯ୍ୟ) ଉପଲବ୍ଧ ହୋଇଥାଏ[୪୭] – ୧. ଶବ୍ଦ ୨. ବନ୍ଧ ୩. ସୌକ୍ଷ୍ମ୍ୟ ୪. ସ୍ଥୌଲ୍ୟ ୫. ସଂସ୍ଥାନ ୬. ଭେଦ ୭. ତମ ୮. ଛାୟା ୯. ଆତପ ୧୦. ଉଦ୍ୟୋତ।

ଏହି ପୌଦ୍‌ଗଳିକ କାର୍ଯ୍ୟ ହେଉଛି ତିନି ପ୍ରକାର –

୧. ପ୍ରାୟୋଗିକ - ଜୀବର ପ୍ରୟୋଗ ଦ୍ୱାରା ଜାତ।

୨. ମିଶ୍ର - ଜୀବର ପ୍ରଯତ୍ନ ଓ ସ୍ୱଭାବ ଉଭୟର ସଂଯୋଗରୁ ଜାତ।

୩. ବୈସ୍ରସିକ - ଜୀବର ସ୍ୱଭାବରୁ ଜାତ।

---

[୪୬] ଭଗବଈ, ୨/୪, ପ୍ରଜ୍ଞାପନା, ୨୮/୯ [୪୭] ଉତ୍ତରଜ୍‌ଝୟଣାଣି, ୨୮/୧୨

ଶବ୍ଦ – ଶବ୍ଦକୁ କେବଳ ପୌଦ୍‌ଗଲିକ କହି ଜୈନ ଦାର୍ଶନିକମାନେ ବିଶ୍ରାମ ନେଇନାହାନ୍ତି, ବରଂ ତା'ର ଉତ୍ପତ୍ତି, ଶୀଘ୍ର-ଗତି, ଲୋକବ୍ୟାପିତ୍ୱ, ସ୍ଥାୟିତ୍ୱ ଆଦି ବିଭିନ୍ନ ଦିଗ ପ୍ରତି ମଧ୍ୟ ପର୍ଯ୍ୟାପ୍ତ ପ୍ରକାଶ ପ୍ରଦାନ କରିଛନ୍ତି।[୪୮] ତାର ସହିତ ଜଡ଼ିତ ନ ଥାଇ ବି ସୁଘୋଷା ଘଣ୍ଟାର ଶବ୍ଦ ଅସଂଖ୍ୟ ଯୋଜନା ଦୂରରେ ରହିଥିବା ଘଣ୍ଟାମାନଙ୍କରେ ପ୍ରତିଧ୍ୱନିତ ହୋଇଥାଏ।[୪୯] 'ରେଡ଼ିଓ' କିମ୍ବା 'ୱାୟରଲେସ' ଆଦିର ଉଦ୍ଭାବନ ହୋଇ ନ ଥିବା ସମୟର ଏହା ହେଉଛି ବିବେଚନା। ଆମ ଶବ୍ଦ କ୍ଷଣମାତ୍ରରେ ଲୋକବ୍ୟାପୀ ହୋଇପାରିବ – ଏହି ସିଦ୍ଧାନ୍ତ ଆଜିଠାରୁ ଦୁଇହଜାର ପାଞ୍ଚଶହ ବର୍ଷ ପୂର୍ବେ ପ୍ରତିପାଦିତ ହୋଇସାରିଛି।

ପୁଦ୍‌ଗଲ-ସ୍କନ୍ଧଗୁଡ଼ିକର ସଂଘାତ ଓ ଭେଦରୁ ଶବ୍ଦର ଉତ୍ପତ୍ତି। ଏହାର ଭାଷା ଶବ୍ଦ (ଅକ୍ଷର- ସହିତ ଓ ଅକ୍ଷର-ରହିତ), ନୋ-ଭାଷା ଶବ୍ଦ (ଆତୋଦ୍ୟ ଶବ୍ଦ ଏବଂ ନୋ-ଆତୋଦ୍ୟ ଶବ୍ଦ) ଆଦି ବିଭିନ୍ନ ଭେଦ ରହିଛି।

ଭାଷଣ ଦେବା ଆଗରୁ ବକ୍ତା ଭାଷା-ପରମାଣୁଗୁଡ଼ିକ ଗ୍ରହଣ କରିଥାଏ, ଭାଷା ରୂପରେ ସେଗୁଡ଼ିକର ପରିଣମନ କରେ ଏବଂ ଶେଷରେ ତାହାର ଉତ୍ସର୍ଜନ କରିଥାଏ। ଉତ୍ସର୍ଜନ ଦ୍ୱାରା ନିର୍ଗତ ଭାଷା-ପୁଦ୍‌ଗଳ ଆକାଶରେ ବ୍ୟାପିଥାଏ। ବକ୍ତାଙ୍କ ପ୍ରଚେଷ୍ଟାରେ ଯଦି ତୀବ୍ରତା ନ ଥାଏ ତେବେ ସେହି ପୁଦ୍‌ଗଳ ଅଭିନ୍ନ ଥାଇ 'ଜଳ-ତରଙ୍ଗ-ନ୍ୟାୟ'ରେ ଅସଂଖ୍ୟ ଯୋଜନକୁ ବ୍ୟାପିଯାଇ ମଧ୍ୟ ଶକ୍ତିହୀନ ହୋଇପଡ଼ନ୍ତି। ବକ୍ତାଙ୍କ ପ୍ରଯତ୍ନ ଯଦି ସଘନ ଓ ତୀବ୍ର ତେବେ ସେହି ପୁଦ୍‌ଗଳ ପୃଥକ୍ ହୋଇ ଅନ୍ୟ ଅସଂଖ୍ୟ ସ୍କନ୍ଧକୁ ଗ୍ରହଣ କରି ଅତି ସୂକ୍ଷ୍ମକାଳରେ ଲୋକାନ୍ତ ପର୍ଯ୍ୟନ୍ତ ପହଞ୍ଚିଯାଆନ୍ତି।

ଆମେ ଯାହା ଶୁଣିଥାଇଁ, ତାହା ବକ୍ତାର ମୂଳ ଶବ୍ଦ ନୁହେଁ। ବକ୍ତାର ଶବ୍ଦ ଶ୍ରେଣୀସମୂହ-ଆକାଶ ପ୍ରଦେଶ ପଂକ୍ତିରେ ବ୍ୟାପ୍ତ ହୋଇଥାଏ। ପୂର୍ବ-ପଶ୍ଚିମ, ଉତ୍ତର-ଦକ୍ଷିଣ, ଉଚ୍ଚ-ନୀଚ ଆଦି ଛଅ ଦିଗରେ ଏହି ଶ୍ରେଣୀ ରହିଛି।

ଶବ୍ଦର ସମ-ଶ୍ରେଣୀରେ ରହିଥିଲେ ଆମେ ମିଶ୍ର ଶବ୍ଦ ଶୁଣିବା। ଅର୍ଥାତ୍ ବକ୍ତା ଦ୍ୱାରା ଉଚ୍ଚାରିତ ଶବ୍ଦ-ଦ୍ରବ୍ୟ ଏବଂ ତାଙ୍କଦ୍ୱାରା ବାସିତ ଶବ୍ଦ-ଦ୍ରବ୍ୟ ଆମେ ଶୁଣିଥାଉଁ।

ଯଦି ଆମେ ବିଶ୍ରେଣୀ ବା ବିଦିଶାରେ ସ୍ଥିତ ତେବେ କେବଳ ବାସିତ ଶବ୍ଦ ହିଁ ଶୁଣିଥାଉଁ।[୫୦]

ବନ୍ଧ – ଅବୟବଗୁଡ଼ିକର ପରସ୍ପର ଅବୟବ ଓ ଅବୟବୀ ରୂପରେ ଯେଉଁ ପରିଣମନ ଘଟିଥାଏ, ତାହାକୁ ବନ୍ଧ କୁହାଯାଏ। ସଂଯୋଗ ଫଳରେ ଅନ୍ତର-ରହିତ ଅବସ୍ଥାନ କିନ୍ତୁ ବନ୍ଧରେ ଏକତ୍ୱ ହୋଇଥାଏ।

ବନ୍ଧ ଦୁଇ ପ୍ରକାର –

୧. ବୈସ୍ରସିକ-ସ୍ୱଭାବ-ଜନ୍ୟବନ୍ଧ। ୨. ପ୍ରାୟୋଗିକ-ପ୍ରୟୋଗ-ଜନ୍ୟବନ୍ଧ।

ବୈସ୍ରସିକ ବନ୍ଧ ସାଦି ଓ ଅନାଦି-ଉଭୟ ପ୍ରକାରର ହୋଇଥାଏ। ଧର୍ମାସ୍ତିକାୟ ଆଦି ଦ୍ରବ୍ୟର ବନ୍ଧ ଅନାଦି। କେବଳ ପୁଦ୍‌ଗଳର ବନ୍ଧ ହେଉଛି ସାଦି। ଦ୍ୱ୍ୟଣୁକ ଆଦି ଯେଉଁ ସ୍କନ୍ଧର ନିର୍ମାଣ ହୁଏ ତାହା ହେଉଛି ସାଦିବନ୍ଧ। ତାହାର ପ୍ରକ୍ରିୟା ହେଉଛି –

ସ୍କନ୍ଧ କେବଳ ପରମାଣୁର ସଂଯୋଗରେ ନିର୍ମିତ ହୁଏନାହିଁ। ସ୍ନିଗ୍ଧ ଓ ରୁକ୍ଷ ପରମାଣୁଗୁଡ଼ିକ ପରସ୍ପର ମିଳିତ ହେଲେ ସ୍କନ୍ଧ ତିଆରି ହୁଏ। ଅର୍ଥାତ୍ ସ୍କନ୍ଧ-ଉତ୍ପତ୍ତିର ହେତୁ ହେଉଛି ପରମାଣୁଗୁଡ଼ିକର ସ୍ନିଗ୍ଧତା ଓ ରୁକ୍ଷତା।

ପ୍ରଫେସର ଜି.ଆର. ମେନନ, ସ୍ନିଗ୍ଧତ୍ୱ ଓ ରୁକ୍ଷତ୍ୱର ବୈଜ୍ଞାନିକ ପରିଭାଷା କରିବାକୁ ଯାଇ ପୋଜିଟିଭ ଓ ନେଗେଟିଭ ବୋଲି କହିଛନ୍ତି।

ତତ୍ତ୍ୱାର୍ଥସୂତ୍ରର ପଞ୍ଚମ ଅଧ୍ୟାୟ, ସୂତ୍ର କ୍ର.୩୩ରେ କୁହାଯାଇଛି – 'ସ୍ନିଗ୍ଧରୁକ୍ଷତ୍ୱାଦ୍‌ବନ୍ଧଃ'

---

(୪୮) ପ୍ରଜ୍ଞାପନା, ପଦ ୧୧ (୪୯) ଜମ୍ବୁଦ୍ୱୀପ ପ୍ରଜ୍ଞପ୍ତି

(୫୦) ପ୍ରଜ୍ଞାପନା, ପଦ ୧୧

ଅର୍ଥାତ୍ ସ୍ନିଗ୍ଧତ୍ୱ ଓ ରୁକ୍ଷତ୍ୱ ଗୁଣ ଯୋଗୁଁ ଏଟମ ଏକ ସୂତ୍ରରେ ବନ୍ଧାହୋଇରହେ । ପୂଜ୍ୟପାଦ ସ୍ୱାମୀ 'ସର୍ବାର୍ଥସିଦ୍ଧି' ଟୀକାର କୌଣସି ଏକ ସ୍ଥାନରେ ଲେଖିଛନ୍ତି - 'ସ୍ନିଗ୍ଧରୁକ୍ଷ ଗୁଣନିମିତ୍ତୋ ବିଦ୍ୟୁତ୍' ଅର୍ଥାତ୍ ମେଘରେ ସ୍ନିଗ୍ଧ ଓ ରୁକ୍ଷ ଗୁଣ ରହିଥିବା ହେତୁ ବିଦ୍ୟୁତ୍ ଜାତ ହୋଇଥାଏ । ଏହି ତଥ୍ୟରୁ ପ୍ରମାଣିତ ହେଉଛି ଯେ ସ୍ନିଗ୍ଧ ଅର୍ଥ ଚିକ୍କଣ କିମ୍ବା ରୁକ୍ଷ ଅର୍ଥ ଖଦଡ଼ା ନୁହେଁ । ଏହି ଦୁଇ ଶବ୍ଦର ପ୍ରୟୋଗ ଏକ ବିଶେଷ ଅର୍ଥ ବା ଟେକ୍‌ନିକାଲ ସନ୍ଦର୍ଭରେ କରାଯାଇଛି । ଜଣେ ଅଶିକ୍ଷିତ ଡ୍ରାଇଭର ବ୍ୟାଟେରିର ଗୋଟିଏ ତାରକୁ ଥଣ୍ଡା ଏବଂ ଅନ୍ୟକୁ ଗରମ ବୋଲି କହୁଥିବାର ବହୁଧା ଶୁଣାଯାଇଥାଏ । ଯଦିଓ ତାର ଥଣ୍ଡା କିମ୍ବା ଗରମ ହୋଇ ନ ଥାଏ । ବିଜ୍ଞାନର ଭାଷାରେ ଏହା ପୋଜିଟିଭ ଓ ନେଗେଟିଭ । ଠିକ୍ ସେହିପରି ଧର୍ମକ୍ଷେତ୍ରରେ ସ୍ନିଗ୍ଧ ଓ ରୁକ୍ଷ ଶବ୍ଦର ପ୍ରୟୋଗ କରାଯାଇଥାଏ । ଡା. ବି.ଏନ.ସିଲ, କେମ୍ବ୍ରିଜ ଦ୍ୱାରା ପ୍ରକାଶିତ ଗ୍ରନ୍ଥ Positive Sciences of Ancient Hindusରେ ସ୍ପଷ୍ଟ ଲେଖିଛନ୍ତି - ଭିନ୍ନ-ଭିନ୍ନ ବସ୍ତୁ ମଧ୍ୟରେ ପରସ୍ପର ଘର୍ଷଣ ଦ୍ୱାରା ପୋଜିଟିଭ ଓ ନେଗେଟିଭ ବିଜୁଳି ଉତ୍ପାଦନ କରାଯାଇପାରିବ - ଏହି ସିଦ୍ଧାନ୍ତ ଜୈନାଚାର୍ଯ୍ୟମାନେ ଭଲଭାବେ ଜାଣିଥିଲେ । ଏହାପରେ ସନ୍ଦେହର ଟିକିଏ ବି ଅବକାଶ ରହୁନାହିଁ ଯେ ସ୍ନିଗ୍ଧର ଅର୍ଥ ପୋଜିଟିଭ ଏବଂ ରୁକ୍ଷର ଅର୍ଥ ନେଗେଟିଭ ଉର୍ଜା । ସାର ଅର୍ନେଷ୍ଟ ରଦରଫୋର୍ଡ (ଯାହାଙ୍କୁ ଫାଦର ଅଫ ଏଟମ୍ ବା ଅଣୁର ଜନକ କୁହାଯାଇଥାଏ) ନିଜ ପ୍ରୟୋଗ ଦ୍ୱାରା ସ୍ପଷ୍ଟ ରୂପରେ ସିଦ୍ଧ କରିଦେଇଛନ୍ତି ଯେ ପ୍ରତ୍ୟେକ ଅଣୁରେ (ତାହା ଯେକୌଣସି ବସ୍ତୁର ଅଣୁ ହୋଇଥାଉନା କାହିଁକି) ପୋଜିଟିଭ ଓ ନେଗେଟିଭ ବିଜୁଳିର କଣ ଭିନ୍ନ-ଭିନ୍ନ ସଂଖ୍ୟାରେ ବିଦ୍ୟମାନ ଥାଆନ୍ତି । ଲୁହା, ରୁପା, ସୁନା, ତମ୍ବା ଆଦି ସମସ୍ତ ଦ୍ରବ୍ୟର ଅଣୁଗୁଡ଼ିକରେ ଏହି ସଂରଚନା ରହିଛି । କୌଣସି ତଫାତ୍ ନାହିଁ । (ତୀର୍ଥଙ୍କର : ଫେବୃୟାରୀ ୧୯୭୨ ସଂଖ୍ୟା)

ବିଶେଷ ନିୟମ ହେଉଛି –

୧. ଜଘନ୍ୟ ଅଂଶଯୁକ୍ତ ଚିକ୍କଣ ଏବଂ ରୁକ୍ଷ ପରମାଣୁ ମିଶି ସ୍କନ୍ଧ ନିର୍ମାଣ କରିପାରନ୍ତି ନାହିଁ ।

୨. ସମାନ ଅଂଶଯୁକ୍ତ ପରମାଣୁ, ଯଦି ସେଗୁଡ଼ିକରେ ସାଦୃଶ୍ୟ ଥାଏ - କେବଳ ସ୍ନିଗ୍ଧ ବା କେବଳ ରୁକ୍ଷ ହୋଇଥିବେ - ମିଶି ସ୍କନ୍ଧ ନିର୍ମାଣ କରିପାରିବେ ନାହିଁ ।

୩. ସ୍ନିଗ୍ଧତା ଅଥବା ରୁକ୍ଷତା ଦୁଇ ବା ତିନିଅଂଶ ଅଧିକ ରହିଥିଲେ ସ୍କନ୍ଧ ପରମାଣୁ ମିଶି ସ୍କନ୍ଧ ନିର୍ମାଣ କରିବାରେ ସଫଳ ହୋଇଥାନ୍ତି ।

ଏହି ପ୍ରକ୍ରିୟାରେ ଶ୍ୱେତାମ୍ବର ଓ ଦିଗମ୍ବର ପରମ୍ପରାରେ ସାମାନ୍ୟ ମତଭେଦ ରହିଛି ।

ବନ୍ଧକାଳରେ ଅଧିକ ଅଂଶ ରହିଥିବା ପରମାଣୁ ହୀନ-ଅଂଶଯୁକ୍ତ ପରମାଣୁକୁ ନିଜଭଳି ରୂପାନ୍ତରିତ କରିଥାନ୍ତି । ପାଞ୍ଚ ଅଂଶଯୁକ୍ତ ସ୍ନିଗ୍ଧ ପରମାଣୁ ଯୋଗରେ ତିନିଅଂଶ ଯୁକ୍ତ ସ୍ନିଗ୍ଧ ପରମାଣୁ, ପାଞ୍ଚଅଂଶ ବିଶିଷ୍ଟ ହୋଇପଡ଼େ । ସେହିଭଳି ପାଞ୍ଚ ଅଂଶଯୁକ୍ତ ସ୍ନିଗ୍ଧ ପରମାଣୁର ସଂସ୍ପର୍ଶରେ ତିନିଅଂଶବିଶିଷ୍ଟ ରୁକ୍ଷ ପରମାଣୁ, ସ୍ନିଗ୍ଧତା ପ୍ରାପ୍ତ କରିଥାଏ । ସ୍ନିଗ୍ଧତ୍ୱ ଯେଉଁଭଳି ହୀନାଂଶ ରୁକ୍ଷତ୍ୱକୁ ନିଜ ମଧ୍ୟରେ ସମ୍ମିଳିତ କରିଥାଏ, ସେହିଭଳି ରୁକ୍ଷତ୍ୱ ବି ହୀନାଂଶ ସ୍ନିଗ୍ଧକୁ ଆପଣା ମଧ୍ୟରେ ବିଲୀନ କରିଦେଇଥାଏ । ଥରେ-ଥରେ ପରିସ୍ଥିତିବଶତଃ ସ୍ନିଗ୍ଧପରମାଣୁ, ସମାଂଶ-ରୁକ୍ଷ ପରମାଣୁଗୁଡ଼ିକୁ ଏବଂ ରୁକ୍ଷ ପରମାଣୁ, ସମାଂଶ-ସ୍ନିଗ୍ଧ ପରମାଣୁଗୁଡ଼ିକୁ ଆପଣା ଆପଣା ରୂପରେ ପରିବର୍ତ୍ତନ କରିଦିଅନ୍ତି ।[୫୧]

ଦିଗମ୍ବର ପରମ୍ପରା, ଏହି ସମାଂଶ-ପରିଣତିକୁ ମାନ୍ୟତା ପ୍ରଦାନ କରେନାହିଁ ।[୫୨]

ସୂକ୍ଷ୍ମତା ଓ ସ୍ଥୂଳତା - ପରମାଣୁ ହେଉଛି ସୂକ୍ଷ୍ମ ଏବଂ ଅଚିତ୍ତ ମହାସ୍କନ୍ଧ ହେଉଛି ସ୍ଥୂଳ । ଏଗୁଡ଼ିକର ମଧ୍ୟବର୍ତ୍ତୀ ସୌକ୍ଷ୍ମ୍ୟ ଓ ସ୍ଥୌଲ୍ୟ ଆପେକ୍ଷିକ ଅଟେ । ଗୋଟିଏ ସ୍ଥୂଳବସ୍ତୁ ସାମନାରେ ଅନ୍ୟ ବସ୍ତୁଟି ସୂକ୍ଷ୍ମ ଏବଂ ଏକ ସୂକ୍ଷ୍ମ ବସ୍ତୁ ତୁଳନାରେ ଅନ୍ୟ ଏକ ବସ୍ତୁ ସ୍ଥୁଳ ବୋଲାଇଥାଏ ।

---

[୫୧] ତତ୍ତ୍ୱାର୍ଥ ରାଜବାର୍ତିକ, ୫/୩୬, [୫୨] ତତ୍ତ୍ୱାର୍ଥରାଜ ବାର୍ତିକ, ୫/୩୬

ଦିଗମ୍ବର ଆଚାର୍ଯ୍ୟମାନେ ସ୍ଥୂଳତା ଓ ସୂକ୍ଷ୍ମତାର ଆଧାରରେ ପୁଦ୍‌ଗଳକୁ ଛଅଭାଗରେ ବିଭକ୍ତ କରିଥାନ୍ତି -

୧. ବାଦର-ବାଦର - ଶିଳା ବା ପଥର ଆଦି ଯାହା ବିଭକ୍ତ ହେଲାପରେ ସ୍ୱୟଂ ଯୋଡ଼ିବାରେ ଅସମର୍ଥ।

୨. ବାଦର - ବିଭକ୍ତ ହୋଇ ନିଜେ ମିଶିଯାଇପାରୁଥିବା ପ୍ରବାହୀ ପଦାର୍ଥ।

୩. ସୂକ୍ଷ୍ମ-ବାଦର - ଧୂମ ଆଦି ଯାହା ସ୍ଥୂଳ ଭାସିତ ହୋଇ ମଧ୍ୟ ଅବିଭାଜ୍ୟ ଥାଏ।

୪. ବାଦର-ସୂକ୍ଷ୍ମ - ରସ ଆଦି ଯାହା ସୂକ୍ଷ୍ମ ହୋଇଥିବା ସତ୍ତ୍ୱେ ଇନ୍ଦ୍ରିୟଗମ୍ୟ ଅଟନ୍ତି।

୫. ସୂକ୍ଷ୍ମ - କର୍ମ-ବର୍ଗଣା ଆଦି ଯାହା ହେଉଛି ଇନ୍ଦ୍ରିୟାତୀତ।

୬. ସୂକ୍ଷ୍ମ-ସୂକ୍ଷ୍ମ - କର୍ମ-ବର୍ଗଣା ଅପେକ୍ଷା ଅତ୍ୟନ୍ତ ସୂକ୍ଷ୍ମ-ସ୍କନ୍ଧ।

ଛାୟା – ପାରଦର୍ଶକ ଓ ଅ-ପାରଦର୍ଶକ - ଉଭୟ ପ୍ରକାର ହୋଇଥାଏ।

ଆତପ - ଏହା ହେଉଛି ଉଷ୍ଣ ପ୍ରକାଶର ତାପ-କିରଣ। ଏହା ସ୍ୱୟଂ ଶୀତଳ, ଅଥଚ ଏହାର ପ୍ରଭା ଗରମ ହୋଇଥାଏ।

ଅଗ୍ନି ହେଉଛି ଆତପଠାରୁ ଭିନ୍ନ। ଏହା ନିଜେ ଗରମ ତଥା ଏହାର ପ୍ରଭା ମଧ୍ୟ ଗରମ ହୋଇଥାଏ।

ଉଦ୍ୟୋତ - ଏହା ଶୀତ ପ୍ରକାଶର ତାପ କିରଣ ଅଟେ। ଏହା ନିଜେ ଶୀତଳ ତଥା ଏହାର ପ୍ରଭା ମଧ୍ୟ ଶୀତଳତା ବହନ କରିଥାଏ।

ପ୍ରତିବିମ୍ବ

ଗୌତମ ପ୍ରଶ୍ନ କରିଛନ୍ତି - ଭଗବନ୍! ଦର୍ପଣରେ ଦେଖୁଥିବା ଲୋକ କ'ଣ ସତରେ ଦର୍ପଣକୁ ଦେଖିଥାଏ? ଆପଣା ଶରୀରକୁ ଦେଖିଥାଏ? ଅଥବା ନିଜ ପ୍ରତିବିମ୍ବକୁ ଦେଖିଥାଏ? ସେ ବାସ୍ତବିକ କ'ଣ ଦେଖିଥାଏ?

ଭଗବାନ ଉତ୍ତର ଦେଇଛନ୍ତି – ଗୌତମ! ଦର୍ପଣରେ ଦେଖୁଥିବା ଲୋକ ପ୍ରକୃତରେ ଦର୍ପଣକୁ ଦେଖି ନ ଥାଏ - ଏହା ସ୍ୱଷ୍ଟ। ନିଜ ଶରୀରକୁ ମଧ୍ୟ ଦେଖି ନ ଥାଏ - ସେ ସେଠାରେ ନ ଥାଏ। ସେ ନିଜ ଶରୀରର ପ୍ରତିବିମ୍ବକୁ ଦେଖିଥାଏ।[୫୩]

ପୌଦ୍‌ଗଳିକ ବସ୍ତୁ ଦୁଇପ୍ରକାର - ସୂକ୍ଷ୍ମ ଓ ସ୍ଥୁଳ। ଇନ୍ଦ୍ରିୟ-ଗୋଚର ହେଉଥିବା ସମସ୍ତ ବସ୍ତୁ ସ୍ଥୁଳ ଅଟନ୍ତି। ସ୍ଥୁଳ ବସ୍ତୁଗୁଡ଼ିକ ଚୟାପଚୟ-ଧର୍ମଯୁକ୍ତ (ହ୍ରାସ-ବୃଦ୍ଧି ଘଟୁଥିବା) ହୋଇଥାନ୍ତି। ଏଗୁଡ଼ିକ ମଧ୍ୟରୁ ରଶ୍ମି ନିର୍ଗତ ହୁଏ - ବସ୍ତୁ ଆକାର ବିଶିଷ୍ଟ ଛାୟା-ପୁଦ୍‌ଗଳ ବିଚ୍ଛୁରିତ ହୁଏ। ତାହା ଭାସ୍କର ଏବଂ ଅଭାସ୍କର ବସ୍ତୁ ମଧ୍ୟରେ ପ୍ରତିବିମ୍ବିତ ହୋଇଥାଏ। ଅଭାସ୍କର ବସ୍ତୁ ଉପରେ ପଡୁଥିବା ଛାଇ ଦିବସରେ ଶ୍ୟାମ ଏବଂ ରାତିରେ କଳା ରଙ୍ଗ ଧାରଣ କରେ। ଭାସ୍କର ବସ୍ତୁ ଉପରେ ପଡୁଥିବା ଛାଇ ବସ୍ତୁର ବର୍ଣ୍ଣ ଅନୁରୂପ ହୋଇଥାଏ।[୫୪] ଆଦର୍ଶରେ ଯାହା ଶରୀରର ଅବୟବ ସଂକ୍ରାନ୍ତ ହୁଅନ୍ତି, ପ୍ରକାଶ ସାହାଯ୍ୟରେ ତାହା ଦୃଷ୍ଟିଗୋଚର ହୋଇଥାନ୍ତି। ଏହି କାରଣରୁ ଆଦର୍ଶଦ୍ରଷ୍ଟା ବ୍ୟକ୍ତି ଆଦର୍ଶ ମଧ୍ୟରେ ଆଦର୍ଶକୁ ଦେଖିନଥାଏ, ଆପଣା ଶରୀରକୁ ବି ଦେଖିନଥାଏ କିନ୍ତୁ ନିଜ ପ୍ରତିବିମ୍ବକୁ ଦେଖିଥାଏ।

ପ୍ରାଣୀ-ଜଗତ ପ୍ରତି ପୁଦ୍‌ଗଳର ଅବଦାନ

ଆହାର, ଶରୀର, ଇନ୍ଦ୍ରିୟ, ଶ୍ୱାସୋଚ୍ଛ୍ୱାସ, ଭାଷା ଓ ମନ - ଜୀବ ଏହି ଛଅଟି ମୁଖ୍ୟ କ୍ରିୟା ସମ୍ପାଦିତ

---

[୫୩] ପ୍ରଜ୍ଞାପନା, ପଦ ୧୫

[୫୪] ପ୍ରଜ୍ଞାପନା, ପଦ ୧୫, ବୃତ୍ତି

ଭାସାଉଦିବାଛାୟା, ଉଭାସୁରଗତା ନିସିତ୍ତୁ କାଳାଭା।
ସା ଚେବ ଭାସୁରଗୟା, ସଦେହବନ୍ନା ମୁଣେୟବ୍ବା॥
ଜେ ଆଦରିସଂତତ୍ତୋ, ଦେହାବୟବା ହବଂତି ସକନ୍ତା।
ତେସିଂ ତତ୍ଥୁବଲଦ୍ଧୀ, ପୟାସଯୋଗା ନ ଇୟରେସିଂ॥

କରିଥାଏ । ଏଗୁଡ଼ିକ ମାଧ୍ୟମରେ ପ୍ରାଣୀର ଚେତନାର ସ୍ଥୂଳବୋଧ ହୋଇଥାଏ । ପ୍ରାଣୀଙ୍କ ଆହାର, ଶରୀର, ଇନ୍ଦ୍ରିୟସମୂହ, ଶ୍ୱାସୋଚ୍ଛ୍ୱାସ ଏବଂ ଭାଷା - ଏ ସମସ୍ତ ପୌଦ୍‌ଗଳିକ ଅଟନ୍ତି ।

ମାନସିକ ଚିନ୍ତନ ବି ପୁଦ୍‌ଗଳ-ସହାୟପେକ୍ଷ ହୋଇଥାଏ । ଚିନ୍ତନ କରିବାର ପୂର୍ବବର୍ତ୍ତୀ କ୍ଷଣରେ ଚିନ୍ତକ ଜଣକ ମନ-ବର୍ଗଣାର ସ୍କନ୍ଧକୁ ଗ୍ରହଣ କରିଥାଏ । ସେମାନଙ୍କ ଚିନ୍ତନର ଅନୁକୂଳ ଆକୃତିର ନିର୍ମାଣ ହୁଏ । ଏକ ଚିନ୍ତନରୁ ପରବର୍ତ୍ତୀ ଚିନ୍ତନକୁ ସଂକ୍ରାନ୍ତ ହେବାକ୍ଷଣରେ ଆଦ୍ୟ ଆକୃତି ବହିର୍ଗତ ହୋଇଥାନ୍ତି ଏବଂ ନୂଆଁ ନୂଆଁ ଆକୃତିର ରଚନା ହୁଏ । ଏହି ବହିର୍ଗତ ମୁକ୍ତ ଆକୃତିଗୁଡ଼ିକ ଆକାଶରେ ବ୍ୟାପିଯାଆନ୍ତି । ସେମାନଙ୍କ ମଧ୍ୟରୁ କେତେକ କିଛି ସମୟ ପରେ ପରିବର୍ତ୍ତିତ ହୁଅନ୍ତି ତଥା ଆଉ କେତେକ ଅସଂଖ୍ୟ କାଳଯାଏ ବି ପରିବର୍ତ୍ତିତ ହୁଅନ୍ତି ନାହିଁ । ଏହି ମନ-ବର୍ଗଣା ସ୍କନ୍ଧର ଅନୁକୂଳ ଓ ପ୍ରତିକୂଳ ପରିଣାମ, ପ୍ରାଣୀର ଶରୀର ଉପରେ ପଡ଼ିଥାଏ । ବୈଚାରିକ ଦୃଢ଼ତା ହେତୁ ବିଚିତ୍ର-ଅସାମାନ୍ୟ କାମ କରିପାରିବାର ସିଦ୍ଧାନ୍ତ - ଏଗୁଡ଼ିକର ଉପଜୀବୀ ହୋଇଥାନ୍ତି ।

ଏହି ସମଗ୍ର ଦୃଶ୍ୟ ସଂସାର ହେଉଛି ପୌଦ୍‌ଗଳିକ । ପ୍ରାଣୀର ସମସ୍ତ ବୈଭବିକ ଅବସ୍ଥା ପୁଦ୍‌ଗଳ ନିମିତ୍ତକ ହୋଇଥାଏ । ତାତ୍ପର୍ଯ୍ୟ ଦୃଷ୍ଟିରୁ ଦେଖିଲେ ଏହି ଜଗତ ଜୀବ ଓ ପରମାଣୁଗୁଡ଼ିକର ବିଭିନ୍ନ ସଂଯୋଗର ପ୍ରତିବିମ୍ବ ବା ପରିଣାମ ମାତ୍ର । ଜୈନ ସୂତ୍ରମାନଙ୍କରେ ପରମାଣୁ ତଥା ଜୀବ ପରମାଣୁର ସଂଯୋଗଜନ୍ୟ ଅବସ୍ଥାର ପ୍ରଚୁର ବର୍ଣ୍ଣନ ରହିଛି । ଭଗବତୀ, ପ୍ରଜ୍ଞାପନା ଏବଂ ସ୍ଥାନାଙ୍ଗ ଆଦି ତାହାର ଆକାର-ଗ୍ରନ୍ଥ ଅଟନ୍ତି । 'ପରମାଣୁ-ଷଟ୍‌ତ୍ରିଂଶିକା' ଆଦି ପରମାଣୁ ବିଷୟକ ସ୍ୱତନ୍ତ୍ର ଗ୍ରନ୍ଥର ନିର୍ମାଣ ହେଉଛି ଜୈନ-ତତ୍ତ୍ୱଜ୍ଞମାନଙ୍କ ପରମାଣୁ ସମ୍ବନ୍ଧରେ ବିଶେଷ ଅନ୍ୱେଷଣାର ମୂର୍ତ୍ତ ରୂପ । ଆଧୁନିକ ବିଜ୍ଞାନର ଅନ୍ୱେଷଣାର ବିଚିତ୍ର ବିଷୟ ସବୁ ଏହି ଗ୍ରନ୍ଥମାନଙ୍କରେ ଭରିରହିଛି । ବୈଜ୍ଞାନିକ ଜଗତ ସକାଶେ ଏହା ହେଉଛି ଗୌରବର ବିଷୟ ।

ଏକ ଦ୍ରବ୍ୟ:ଅନେକ ଦ୍ରବ୍ୟ

ସମାନଜାତୀୟ ଦ୍ରବ୍ୟସମୂହ ପରିପ୍ରେକ୍ଷୀରେ ସବୁ ଦ୍ରବ୍ୟର ସ୍ଥିତ ଏକାଭଳି ନୁହେଁ । ଛଅଦ୍ରବ୍ୟ ମଧ୍ୟରେ ଧର୍ମ, ଅଧର୍ମ ଓ ଆକାଶ - ଏହି ତିନି ଦ୍ରବ୍ୟ ଏକ ଦ୍ରବ୍ୟ ଅଟନ୍ତି । ବ୍ୟକ୍ତି ରୂପରେ ଏମାନେ ଏକ । ଏଗୁଡ଼ିକର ସମାନଜାତୀୟ ଦ୍ରବ୍ୟ ନାହିଁ । ଏକ-ଦ୍ରବ୍ୟ ଦ୍ରବ୍ୟ ବ୍ୟାପକ ହୋଇଥାଏ । ଧର୍ମ-ଅଧର୍ମ ସମଗ୍ର ଲୋକରେ ବ୍ୟାପ୍ତ । ଆକାଶ ଲୋକ-ଅଲୋକ ଉଭୟରେ ବ୍ୟାପ୍ତ । କାଳ, ପୁଦ୍‌ଗଳ ଓ ଜୀବ - ଏହି ତିନି ଦ୍ରବ୍ୟ ଅନେକ-ଦ୍ରବ୍ୟ ଅଟନ୍ତି । ବ୍ୟକ୍ତି ରୂପରେ ଅନନ୍ତ ।

ପୁଦ୍‌ଗଳ ଦ୍ରବ୍ୟ ସାଂଖ୍ୟ-ସମ୍ମତ ପ୍ରକୃତି ଭଳି ଏକ ବା ବ୍ୟାପକ ନୁହେଁ[୫୫] ବରଂ ଅନନ୍ତ ହୋଇଥାନ୍ତି । ଅନନ୍ତ ପରମାଣୁ ଓ ଅନନ୍ତ ସ୍କନ୍ଧ ଅଟନ୍ତି । ଜୀବାତ୍ମା ବି ଏକ ଓ ବ୍ୟାପକ ନ ହୋଇ ଅନନ୍ତ ହୋଇଥାଏ । କାଳର ସମୟ ବି ଅନନ୍ତ ।[୫୬] ଏହି ପ୍ରକାରେ ଆମେ ଦେଖିପାରିଥାଉଁ ଯେ ଜୈନ-ଦର୍ଶନରେ ଦ୍ରବ୍ୟମାନଙ୍କ ସଂଖ୍ୟାର ଦୁଇଟି ମାତ୍ର ବିକଳ୍ପ ରହିଛି - ଏକ ଅଥବା ଅନନ୍ତ ।[୫୭] ଅନେକ ଗ୍ରନ୍ଥକାର, କାଳର ଅସଂଖ୍ୟ ପରମାଣୁକୁ ମାନ୍ୟ କରିଥାନ୍ତି, କିନ୍ତୁ ତାହା ଯୁକ୍ତ ନୁହେଁ । ଏହି କାଳାଣୁକୁ ଯଦି ସ୍ୱତନ୍ତ୍ର ଦ୍ରବ୍ୟ ରୂପରେ ସ୍ୱୀକାର କରାଯିବ, ତାହାହେଲେ ଦ୍ରବ୍ୟସଂଖ୍ୟାରେ ବିରୋଧ ଆସିବ ଏବଂ ଯଦି ଏହି କାଳାଣୁଗୁଡ଼ିକ ଏକ ସମୁଦାୟ ରୂପରେ ସ୍ୱୀକାର କରାଯିବ ତେବେ ଅସ୍ତିକାୟ

---

(୫୫) ସାଂଖ୍ୟକୌମୁଦୀ : ଅଜାମେକାମ୍ ।

(୫୬) ତତ୍ତ୍ୱାର୍ଥସୂତ୍ର, ୫/୪୦ : ସୋଽନନ୍ତସମୟ ।

(୫୭) ଉତ୍ତରଜଝୟଣାଣି, ୨୮/୮ :

ଧମ୍ମଂ ଅହମ୍ମଂ ଆଗାସଂ, ଦବ୍‌ବଂ ଏକେକମାହିୟଂ ।

ଅଣଂତାଣି ଯ ଦବ୍‌ବାଣି, କାଲୋ ପୋଗ୍‌ଗଲ ଜନ୍ତବୋ ॥

ସଂଖ୍ୟାରେ ବିରୋଧ ଦେଖାଦେବ। ଏହି କାରଣରୁ କାଳାଣୁର ଅସଂଖ୍ୟକତା ଏବଂ ସମଗ୍ର ଲୋକାକାଶରେ ଏହାର ବ୍ୟାପ୍ତିକୁ କୌଣସି ପ୍ରକାରେ ସିଦ୍ଧ କରାଯାଇପାରିବ ନାହିଁ।

ସାଦୃଶ୍ୟ-ବୈସଦୃଶ୍ୟ

ବିଶେଷ ଗୁଣ ଦୃଷ୍ଟିରେ ଧର୍ମ, ଅଧର୍ମ, ଆକାଶ, ପୁଦ୍‌ଗଳ ଓ ଜୀବ - ଏହି ପାଞ୍ଚଟି ଦ୍ରବ୍ୟ

ବିସଦୃଶ ଅଟନ୍ତି। ସାମାନ୍ୟ ଗୁଣ ଅପେକ୍ଷାରେ ଏଗୁଡ଼ିକ ସଦୃଶ ବି ହୋଇଥାନ୍ତି। ବ୍ୟାପକ ଗୁଣ ଅପେକ୍ଷାରେ ଧର୍ମ, ଅଧର୍ମ ଓ ଆକାଶ ହେଉଛନ୍ତି ସଦୃଶ। ଅମୂର୍ତ୍ତତ୍ୱ ଅପେକ୍ଷାରେ ଧର୍ମ, ଅଧର୍ମ, ଆକାଶ ଓ ଜୀବ ସଦୃଶ ଅଟନ୍ତି। ଅଚୈତନ୍ୟ ଅପେକ୍ଷାରେ ଧର୍ମ, ଅଧର୍ମ, ଆକାଶ ଓ ପୁଦ୍‌ଗଳ ହେଉଛନ୍ତି ସଦୃଶ। ଅସ୍ତିତ୍ୱ, ବସ୍ତୁତ୍ୱ, ଦ୍ରବ୍ୟତ୍ୱ, ପ୍ରମେୟତ୍ୱ ଏବଂ ଅଗୁରୁ-ଲଘୁତ୍ୱ ଅପେକ୍ଷାରେ ସମସ୍ତ ଦ୍ରବ୍ୟ ସଦୃଶ ହୋଇଥାନ୍ତି।

।। ୩ ।।

ଲୋକବାଦ

ବିଶ୍ୱର ଆଦି-ବିନ୍ଦୁ ସମ୍ବନ୍ଧରେ ଜିଜ୍ଞାସା

ଶ୍ରମଣ ଭଗବାନ ମହାବୀରଙ୍କ 'ଆର୍ଯ୍ୟରୋହ' ନାମକ ଶିଷ୍ୟ ଥିଲେ। ତାଙ୍କ ପ୍ରକୃତି ଥିଲା ଭଦ୍ର, ମୃଦୁ, ବିନୀତ ଓ ଉପଶାନ୍ତ। ତାଙ୍କର କ୍ରୋଧ, ମାନ, ମାୟା ଓ ଲୋଭର ସ୍ତର କ୍ଷୀଣ ହୋଇଯାଇଥାଏ। ମୃଦୁ-ମାର୍ଦବ ସଂପନ୍ନ ଅନଗାର ମହାବୀରଙ୍କ ପାଖରେ ଥାଇ ଆର୍ଯ୍ୟରୋହ ଧ୍ୟାନ, ସଂଯମ ଓ ତପସ୍ୟା ଦ୍ୱାରା ନିଜ ଆତ୍ମାକୁ ଭାବିତ କରି ବିହାର କରୁଥାନ୍ତି। ଥରେ ସେ ଭଗବାନଙ୍କ ପାଖରେ ପହଞ୍ଚି ବନ୍ଦନା, ନମସ୍କାର, ପର୍ଯ୍ୟୁପାସନା କରି କହିଲେ - 'ଭନ୍ତେ! ପ୍ରଥମେ ଲୋକ ହୋଇଥିଲା, ତା'ପରେ ଅଲୋକ? ଅଥବା ପ୍ରଥମେ ଅଲୋକ ହୋଇଥିଲା, ତା'ପରେ ଲୋକ?'

ଭଗବାନ୍ - 'ରୋହ! ଲୋକ ଓ ଅଲୋକ ପୂର୍ବରୁ ରହିଆସିଛନ୍ତି, ଆଗକୁ ମଧ୍ୟ ରହିବେ। ଅନାଦିକାଳରୁ ଅଛନ୍ତି, ଅନନ୍ତକାଳଯାଏ ରହିଥିବେ। ଉଭୟେ ଶାଶ୍ୱତଭାବ ଏବଂ ଅନାନୁପୂର୍ବୀ ଅଟନ୍ତି। ଏ ଦୁହିଁଙ୍କ ମଧ୍ୟରେ ପୌର୍ବାପର୍ଯ୍ୟ (ଆଗ-ପଛ କ୍ରମ) ନାହିଁ।

ରୋହ-'ଭନ୍ତେ ! ପ୍ରଥମେ ଅଜୀବ ହେଲେ, ପରେ ଜୀବ? ଅଥବା ପ୍ରଥମେ ଜୀବ ପରେ ଅଜୀବ?'

ଭଗବାନ୍ - 'ରୋହ! ଲୋକ-ଅଲୋକଙ୍କ ଭଳି ଜୀବ-ଅଜୀବ ବି ଶାଶ୍ୱତ ଅଟନ୍ତି। ଏମାନଙ୍କଠାରେ କି ପୂର୍ବାପର ସମ୍ବନ୍ଧ ନାହିଁ।'

ରୋହ - 'ଭନ୍ତେ! ପ୍ରଥମେ ଭବ୍ୟ ହେଲେ, ତା'ପରେ ଅଭବ୍ୟ? ଅଥବା ପ୍ରଥମେ ଅଭବ୍ୟ ପରେ ଭବ୍ୟ!'

'ଭନ୍ତେ! ପ୍ରଥମେ ସିଦ୍ଧି (ମୁକ୍ତି) ପରେ ଅସିଦ୍ଧି (ସଂସାର) ନା ପ୍ରଥମେ ଅସିଦ୍ଧି ପରେ ସିଦ୍ଧି?'

- 'ଭନ୍ତେ! ପ୍ରଥମେ ସିଦ୍ଧ (ମୁକ୍ତ) ହେଲେ, ତା'ପରେ ଅସିଦ୍ଧ (ସଂସାରୀ)? ଅଥବା ପ୍ରଥମେ ଅସିଦ୍ଧ ପରେ ସିଦ୍ଧ?'

ଭଗବାନ୍ - 'ରୋହ! ଏ ସମସ୍ତେ ଶାଶ୍ୱତଭାବ ଅଟନ୍ତି।

ରୋହ - 'ଭନ୍ତେ! ପ୍ରଥମେ କୁକୁଡ଼ା ହେଲାପରେ ଅଣ୍ଡା? ଅଥବା ପ୍ରଥମେ ଅଣ୍ଡା ପରେ କୁକୁଡ଼ା?

ଭଗବାନ୍ - 'ଅଣ୍ଡା, କାହିଁରୁ ଜାତ ହୋଇଛି?'

ରୋହ - 'ଭନ୍ତେ! କୁକୁଡ଼ା ଅଣ୍ଡାଜାତ କରିଥାଏ।'

ଭଗବାନ୍ - 'ରୋହ! କୁକୁଡ଼ା, କେଉଁଠାରୁ ଜାତ ହୋଇଥାଏ?'

ରୋହ - 'ଭନ୍ତେ! ଅଣ୍ଡାରୁ କୁକୁଡ଼ାର ଉତ୍ପତ୍ତି ହୋଇଥାଏ।'

ଭଗବାନ - ଏହି ପ୍ରକାରେ ଅଣ୍ଡା ଓ କୁକୁଡ଼ା ପୂର୍ବରୁ ରହିଆସିଛନ୍ତି, ଭବିଷ୍ୟତରେ ମଧ୍ୟ ରହିବେ। ଉଭୟଙ୍କ ଶାଶ୍ୱତ ଭାବ ରହିଛି। ଦୁହିଁଙ୍କ ମଧ୍ୟରେ କ୍ରମାନୁବନ୍ଧତା ନାହିଁ।[୧]

ଲୋକ-ଅଲୋକ : ସ୍ୱରୂପ ଏବଂ ବିଭାଜକତତ୍ତ୍ୱ

ଆମେ ଯେଉଁଠାରେ ବାସ କରିଥାଉଁ, ତାହାକୁ କ'ଣ କହିବା ? ଏହି ଜିଜ୍ଞାସା ସ୍ୱାଭାବିକ ଉତ୍ପନ୍ନ ହୋଇଥାଏ। ଉତ୍ତର ହେଉଛି - ଆମେ ଲୋକରେ ବାସ କରିଥାଉଁ। ତେବେ ଅଲୋକ ବିନା ଲୋକର ଅସ୍ତିତ୍ୱ ଅସମ୍ଭବ, ତେଣୁ ଲୋକ ଓ ଅଲୋକ ଉଭୟ ରହିଛନ୍ତି । ଅଲୋକ ସହିତ ଆମର ସମ୍ବନ୍ଧ ନାହିଁ। ତାହା କେବଳ ଆକାଶ ହିଁ ଆକାଶ।[୨] ଏହାବ୍ୟତୀତ ସେଠାରେ କିଛି ନାହିଁ। ଆମ କ୍ରିୟାର ଅଭିବ୍ୟକ୍ତି, ଗତି, ସ୍ଥିତି ଏବଂ ପରିଣତି, ସବୁଯାକ ହେଉଛି ପଦାର୍ଥ-ସାପେକ୍ଷ। ଆକାଶ ବ୍ୟତୀତ, ଯେଉଁଠି ଅନ୍ୟ ପଦାର୍ଥ ରହିଥାଏ, ସେଠାରେ ହିଁ ଏସବୁ ଘଟିଥାଏ।

ଧର୍ମ, ଅଧର୍ମ, ଆକାଶ, କାଳ, ପୁଦ୍‌ଗଳ ଓ ଜୀବ - ଏହି ଛଅ ଦ୍ରବ୍ୟର ସହସ୍ଥିତିକୁ ଲୋକ କୁହାଯାଏ।[୩] ପଞ୍ଚାସ୍ତିକାୟର ସହାବସ୍ଥାନ ହିଁ ଲୋକ ହୋଇଥାଏ।[୪] ସଂକ୍ଷେପରେ ଜୀବ ଓ ଅଜୀବର ସହସ୍ଥିତିକୁ ଲୋକ କୁହାଯାଏ।[୫]

ଲୋକ-ଅଲୋକର ସ୍ୱରୂପ ବୁଝିଲା ପରେ ଆମକୁ ସେମାନଙ୍କ ବିଭାଜକ-ତତ୍ତ୍ୱର ସମୀକ୍ଷା କରିବାକୁ ହେବ। ବିଭାଗ ଶାଶ୍ୱତ ହୋଇଥିବାରୁ ବିଭାଜକ-ତତ୍ୱ ମଧ୍ୟ ଶାଶ୍ୱତ ହେବା ଉଚିତ। କୃତ୍ରିମ ବସ୍ତୁ ଦ୍ୱାରା ଶାଶ୍ୱତ ପଦାର୍ଥର ବିଭାଜନ ସମ୍ଭବ ନୁହେଁ। ଶାଶ୍ୱତିକ ପଦାର୍ଥ ଏହି ଛଅ ଦ୍ରବ୍ୟ ବ୍ୟତୀତ ଆଉ କିଛି ନୁହେଁ। ଆକାଶ ସ୍ୱୟଂ ବିଭାଜ୍ୟମାନ ହୋଇଥିବାରୁ ତାହା ବିଭାଜନର ହେତୁ ହୋଇପାରିବ ନାହିଁ। କାଳ ହେଉଛି ପରିଣମନର ହେତୁ। ଆକାଶକୁ ଦିଗ୍‌ରୂପ କରିବାର କ୍ଷମତା କାଳ ପାଖରେ ନାହିଁ। ବ୍ୟାବହାରିକ କାଳ ମନୁଷ୍ୟଲୋକ ବ୍ୟତୀତ ଅନ୍ୟ ଲୋକମାନଙ୍କରେ ନ ଥାଏ। ନୈଶ୍ଚୟିକ କାଳ, ଲୋକ-ଅଲୋକ ଉଭୟରେ ରହିଥାଏ। କାଳ ବାସ୍ତବିକ ତତ୍ତ୍ୱ ନୁହେଁ। ବ୍ୟାବହାରିକକାଳ, ସୂର୍ଯ୍ୟ ଓ ଚନ୍ଦ୍ରଙ୍କ ଗତିକ୍ରିୟାରୁ ହେଉଥିବା ସମୟ-ବିଭାଗ ମାତ୍ର। ନୈଶ୍ଚୟିକ କାଳ ହେଉଛି ଜୀବ ଓ ଅଜୀବର ପର୍ଯ୍ୟାୟ। ଜୀବ ଓ ପୁଦ୍‌ଗଳ ହେଉଛି ଗତିଶୀଳ ତଥା ମଧ୍ୟମ ପରିଣାମଯୁକ୍ତ ତତ୍ତ୍ୱ। ଲୋକ-ଅଲୋକର ସୀମା ନିର୍ଦ୍ଧାରଣ ସକାଶେ କୌଣସି ସ୍ଥିର ଓ ବ୍ୟାପକ ତତ୍ତ୍ୱର ଆବଶ୍ୟକତା ଥିବାରୁ ଏଗୁଡ଼ିକ, ତାହାପାଇଁ ଯୋଗ୍ୟ ନୁହନ୍ତି। ଏବେ ଧର୍ମାସ୍ତିକାୟ ଓ ଅଧର୍ମାସ୍ତିକାୟ - ଏହି ଦୁଇଟି ଦ୍ରବ୍ୟ ଅବଶେଷ ରହିଲେ। ଉଭୟ ସ୍ଥିର ଓ ବ୍ୟାପକ। ଏମାନେ ହିଁ ଅଖଣ୍ଡ ଆକାଶକୁ ଦୁଇଭାଗରେ ବାଣ୍ଟିବାରେ ସମର୍ଥ। ଏହାହିଁ ହେଉଛି ଲୋକର ପ୍ରାକୃତିକ ସୀମା। ଏହି ଦୁଇ ଦ୍ରବ୍ୟ, ଆକାଶର ଯେଉଁ ଖଣ୍ଡରେ ବ୍ୟାପ୍ତ ତାହା ହେଉଛି ଲୋକ ଏବଂ ଅବଶିଷ୍ଟ ଆକାଶ ହେଲା ଅଲୋକ। ନିଜ ଗତି ଓ ସ୍ଥିତି ଦ୍ୱାରା ଏମାନେ ସୀମା-ନିର୍ଦ୍ଧାରଣର ଯୋଗ୍ୟ ହୁଅନ୍ତି। ଏମାନେ ଯେତେଦୂର ପର୍ଯ୍ୟନ୍ତ ଉପସ୍ଥିତ, ଜୀବ ଓ ପୁଦ୍‌ଗଳର ଗତି ଓ ସ୍ଥିତି ସେତେଦୂର ପର୍ଯ୍ୟନ୍ତ ରହିଥାଏ। ତା'ଆଗକୁ ଗତି ଓ ସ୍ଥିତିରେ ସାହାଯ୍ୟ ନ ପାଇ ସେମାନେ ଅଲୋକକୁ ଯାଇପାରନ୍ତି ନାହିଁ। ଗତି ବିନା ସ୍ଥିତିର ପ୍ରଶ୍ନ ହିଁ ନାହିଁ। ଏହାଦ୍ୱାରା ସେଗୁଡ଼ିକର ନିୟାମକତା ଅଧିକ ପୁଷ୍ଟ ହୋଇଥାଏ।

ଲୋକ-ଅଲୋକ : ପରିଣାମ ଓ ସଂସ୍ଥାନ

ଧର୍ମ ଓ ଅଧର୍ମ ସସୀମ ଅର୍ଥାତ୍ ଚଉଦ ରଜ୍ଜୁ ପରିମିତ ହୋଇଥିବାରୁ ଲୋକ ମଧ୍ୟ ସୀମିତ ଅଟେ। ଲୋକାକାଶ ହେଉଛି ଅସଂଖ୍ୟ ପ୍ରଦେଶୀ। ଅଲୋକ, ଅନନ୍ତ-ଅସୀମ ହୋଇଥିବାରୁ ଅଲୋକାକାଶ ହେଉଛି ଅନନ୍ତପ୍ରଦେଶୀ।

---

(୧) ଭଗବଈ, ୧/୨୮୮-୨୯୫

(୨) ଜୈନସିଦ୍ଧାନ୍ତ ଦୀପିକା, ୧/୧୩

(୩) ଜୈନସିଦ୍ଧାନ୍ତ ଦୀପିକା, ୧/୮

(୪) ଭଗବଈ, ୧୩/୫୫

(୫) ଉତ୍ତରଜ୍ଝୟଣାଣି, ୩୬/୨

ସ୍କନ୍ଦକ ସନ୍ନ୍ୟାସୀଙ୍କ ପ୍ରଶ୍ନରାଜିର ଉତ୍ତର ଦେବାକୁ ଯାଇ ଭଗବାନ ମହାବୀର କହନ୍ତି - କ୍ଷେତ୍ର-ଲୋକ ହେଉଛି ସାନ୍ତ-ସୀମିତ। ଧର୍ମାସ୍ତିକାୟ, ଗତିରେ ସହାୟକ ହୋଇଥାଏ। ଏହା ଲୋକ-ପ୍ରମାଣ। ଏହି କାରଣରୁ ଲୋକ ବାହାରକୁ କୌଣସି ପଦାର୍ଥ ଯାଇପାରିବ ନାହିଁ।

ଲୋକ ହେଉଛି ସୁପ୍ରତିଷ୍ଠକ ଆକାରଯୁକ୍ତ। ତିନୋଟି ଶରାବ (ପ୍ଲେଟ ଆଦି) ହାତରେ ଧରି ଗୋଟିଏକୁ ଓଲଟା ରଖି, ଅନ୍ୟଟି ତା'ଉପରେ ସିଧା ଥୋଇ, ତୃତୀୟଟି ତା'ଉପରେ ପୁଣି ଓଲଟା ଥୋଇବା ଦ୍ୱାରା ଯେଉଁ ଆକାର ନିର୍ମିତ ହୁଏ, ତାହାକୁ ସୁପ୍ରତିଷ୍ଠକ ସଂସ୍ଥାନ ବା ତ୍ରିଶରାବ-ସଂପୁଟ ସଂସ୍ଥାନ କୁହାଯାଇଥାଏ।

ଲୋକ, ସବାତଳେ ବିସ୍ତୃତ, ମଧ୍ୟଭାଗରେ ଅଣ-ଓସାରିଆ ଏବଂ ଉପରଭାଗରେ ମୃଦଙ୍ଗାକାର ହୋଇଥାଏ। ତେଣୁ ତା'ର ଆକାର ଠିକ୍ ତ୍ରିଶରାବ-ସଂପୁଟ ସଦୃଶ ହୋଇଥାଏ। ଅଲୋକର ଆକାର ମଝିରେ ପୋଲା ଗୋଲକ ଭଳି ଥାଏ। ଅଲୋକାକାଶ ହେଉଛି ଏକାକାର। ତା'ର କୌଣସି ବିଭାଗ ନ ଥାଏ। ଲୋକାକାଶ ତିନିଭାଗରେ ବିଭକ୍ତ - ଊର୍ଦ୍ଧ୍ୱଲୋକ, ଅଧୋଲୋକ ଏବଂ ମଧ୍ୟଲୋକ।[୬] ଲୋକ ଚଉଦରଜ୍ଜୁ ଯାଏ ଲମ୍ବିଛି। ଉଚ୍ଚ ଲୋକ, ସାତରଜ୍ଜୁରୁ ସାମାନ୍ୟ ଅଳ୍ପ ଆକାର ବିଶିଷ୍ଟ, ତୀର୍ଯ୍ୟକ ଲୋକ ଅଠରଶହ ଯୋଜନ ପ୍ରମାଣଯୁକ୍ତ ତଥା ନିମ୍ନଲୋକ ସାତରଜ୍ଜୁରୁ ସାମାନ୍ୟ ଅଧିକ ଥାଏ।

ଯେଉଁଭଳି ଗୋଟିଏ ଆକାଶ, ଧର୍ମ-ଅଧର୍ମ ଦ୍ୱାରା ଲୋକ-ଅଲୋକ ରୂପର ଦୁଇଭାଗରେ ବିଭକ୍ତ ହୋଇଥାଏ, ସେହିଭଳି ଏମାନଙ୍କ ଦ୍ୱାରା ଲୋକାକାଶର ତିନି ବିଭାଗ ଏବଂ ପ୍ରତ୍ୟେକ ବିଭାଗର ଭିନ୍ନ ଆକୃତି ନିର୍ମିତ ହୁଏ।[୭] ଧର୍ମ ଓ ଅଧର୍ମ କେଉଁଠି ବିସ୍ତୃତ ତ' କେଉଁଠାରେ ସଙ୍କୁଚିତ। ତଳ ଆଡ଼କୁ ସେଗୁଡ଼ିକ ବିସ୍ତାରିତ ଥିବାରୁ ଅଧୋଲୋକର ଆକାର ଓଲଟା ରଖାଯାଇଥିବା ଶରାବ ବା ଛୋଟି ହାଣ୍ଡି-ମାଠିଆ ଆଦିର ମାଟି ଢାଙ୍କୁଣି ଭଳି ପାତ୍ର ସଦୃଶ ଆକୃତି ଧାରଣ କରିଥାଏ। ମଧ୍ୟଲୋକରେ ତାହା କୃଶ ରୂପରେ ଥାନ୍ତି। ତେଣୁ ତା'ର ଆକାର ବିନା କିନାରାର ଝାଲର ଭଳି ହୋଇଥାଏ। ଉପର ଆଡ଼କୁ ସେମାନେ ପୁଣି ଧୀରେ ଧୀରେ ବିସ୍ତୃତ ହୋଇପଡ଼ନ୍ତି। ଏହି କାରଣରୁ ଊର୍ଦ୍ଧ୍ୱ ଲୋକର ଆକାର ଊର୍ଦ୍ଧ୍ୱମୁଖ ମୃଦଙ୍ଗ ସଦୃଶ ହୋଇଥାଏ। ଅଲୋକାକାଶରେ ଅନ୍ୟ କୌଣସି ଦ୍ରବ୍ୟ ନ ଥିବାରୁ, ଏହାର ନିର୍ଦ୍ଦିଷ୍ଟ ଆକାର ନିର୍ମାଣ ହୋଇ ନ ଥାଏ। ଲୋକାକାଶର ସର୍ବାଧିକ ମୋଟେଇ ସାତରଜ୍ଜୁ ବିଶିଷ୍ଟ। ଲୋକ ହେଉଛି ଚାରିପ୍ରକାର – ଦ୍ରବ୍ୟଲୋକ, କ୍ଷେତ୍ରଲୋକ, କାଳଲୋକ ଓ ଭାବଲୋକ।[୮] ଦ୍ରବ୍ୟଲୋକ ପଞ୍ଚାସ୍ତିକାୟମୟ ଏକକ ହୋଇଥିବାରୁ, ତାହା ହେଉଛି ସାନ୍ତ।[୯] ଲୋକର ପରିଧି ଅସଂଖ୍ୟ ଯୋଜନ କୋଡ଼ାକୋଡ଼ୀ ବିଶିଷ୍ଟ, ତେଣୁ କ୍ଷେତ୍ରଲୋକ ମଧ୍ୟ ସାନ୍ତ ଅଟେ।[୧୦]

ସାପେକ୍ଷବାଦର ଆବିଷ୍କାରକ ଆଲବର୍ଟ ଆଇନଷ୍ଟାଇନ ଲୋକର ବ୍ୟାସକୁ ଏକକୋଟି ଅଶୀଲକ୍ଷ ପ୍ରକାଶ ବର୍ଷ ହୋଇଥିବାର ସ୍ୱୀକାର କରିଛନ୍ତି। ପ୍ରକାଶର କିରଣ ୧,୮୬,୦୦୦ ମାଇଲ ପ୍ରତି ସେକେଣ୍ଡ ହିସାବରେ ଏକବର୍ଷର ଗତିକୁ ଅତିକ୍ରମ କରୁଥିବା ଦୂରତ୍ୱକୁ ପ୍ରକାଶବର୍ଷ କୁହାଯାଇଥାଏ।

ଭଗବାନ ମହାବୀର ଦେବଗଣଙ୍କ 'ଶୀଘ୍ରଗତି'[୧୧]ର କଳ୍ପନା ମାଧ୍ୟମରେ ଲୋକର ବେଧ ବା ମୋଟେଇକୁ

---

(୬) ଭଗବଈ, ୧୧/୯୧,

(୭) ଭଗବଈ, ୧୧/୯୧

(୮) ଭଗବଈ, ୧୧/୯୦ (୯) ଭଗବଈ, ୨/୪୫ (୧୦) ଭଗବଈ, ୨/୪୫

(୧୧) ଜଣେ ଦେବତା ମେରୁପର୍ବତର ଚୂଳିକା ଉପରେ ଛିଡ଼ାହୋଇଛି। ଏକଲକ୍ଷ ଯୋଜନ ତା'ର ଉଚ୍ଚ। ତଳେ ଚାରିଦିଗରେ ଚାରିଜଣ ଦିକ୍‌କୁମାରୀ ହାତରେ ବଳିପିଣ୍ଡ ଧରି ବହିର୍ମୁଖୀ ହୋଇ ସେହି ବଳିପିଣ୍ଡକୁ ଏକସଙ୍ଗେ ଫିଙ୍ଗି ପକାଉଛନ୍ତି। ସେତେବେଳେ ସେହି ଦେବତା ଦଉଡ଼ିବା ଆରମ୍ଭ କରେ। ଚାରି ବଳିପିଣ୍ଡ ମାଟିରେ ପଡ଼ିବା ପୂର୍ବରୁ ଦେବତା ତାହାକୁ ଧରିପକାଏ। ଏହି ଗତିର ନାମ ହେଉଛି 'ଶୀଘ୍ର ଗତି'।

ବିଶ୍ଳେଷଣ କରିଛନ୍ତି। ଯଥା : ଛଅଜଣ ଦେବତା ଲୋକ ମାପିବା ପାଇଁ ଶୀଘ୍ର ଗତିକରି ଛଅ ଦିଗରେ (ପୂର୍ବ, ପଶ୍ଚିମ, ଉତ୍ତର, ଦକ୍ଷିଣ, ଉର୍ଦ୍ଧ୍ୱ ଓ ନିମ୍ନ) ପ୍ରସ୍ଥାନ କରନ୍ତି। ଠିକ୍ ସେତିକି ସମୟରେ ଜଣେ ଶ୍ରେଷ୍ଠୀଙ୍କ ଘରେ ଏକହଜାର ବର୍ଷ ପରମାୟୁ ନେଇ ଏକ ପୁତ୍ରଜାତ ହେଲା, ତା'ର ଆୟୁ ଶେଷ ହେଲା। ଏହାପରେ ହଜାରେ ବର୍ଷ ଆୟୁଷ ଯୁକ୍ତ ପୁଅ ନାତି ଜନ୍ମ ହେଲେ। ଏହିଭଳି ସାତ ପିଢ଼ି ବିତିଗଲା। ତାଙ୍କ ନାମ ଗୋତ୍ର ରହିଲା ନାହିଁ, କିନ୍ତୁ ସେହି ଦେବତାମାନେ ଆଗକୁ ବଢ଼ିଚାଲିଲେ। ତେବେ ସେମାନେ ଲୋକର ଶେଷ ସୀମା ପର୍ଯ୍ୟନ୍ତ ପହଞ୍ଚିପାରିଲେ ନାହିଁ। ହଁ! ସେମାନେ ଚାଲି ଚାଲି ଅଧିକାଂଶ ପଥ ଅତିକ୍ରାନ୍ତ କରିଲେ। ଅଳ୍ପ ପଥ ବାକି ରହିଲା। ତାହା ଅତିକ୍ରାନ୍ତ ପଥର ଅତି ଅଳ୍ପ ଅଂଶ ମାତ୍ର। ଯେତେ ଭାଗ ବାକି ରହିଲା, ତା'ର ଅସଂଖ୍ୟାତ ଗୁଣ ଅଂଶ ପାରି କଲେଣି। ଏହି ଲୋକ ଏତେ ବଡ଼। କାଳ ଓ ଭାବ ଦୃଷ୍ଟିରୁ ଲୋକ ଅନନ୍ତ। ଏପରି କୌଣସି କାଳ ନାହିଁ, ଯେଉଁ ସମୟରେ ଲୋକର ଅସ୍ତିତ୍ୱ ରହି ନ ଥିବ।[୧୨]

ଲୋକ ଅତୀତରେ ଥିଲା, ବର୍ତ୍ତମାନ ରହିଛି ଏବଂ ଭବିଷ୍ୟରେ ସର୍ବଦା ରହିବ - ତେଣୁ କାଳ, ଲୋକ ହେଉଛି ଅନନ୍ତ। ଲୋକରେ ବର୍ଣ୍ଣ, ଗନ୍ଧ, ରସ ଓ ସ୍ପର୍ଶର ପର୍ଯ୍ୟାୟ ଅନନ୍ତ ଥାଏ। ତଥା ବାଦର - ସ୍କନ୍ଧଗୁଡ଼ିକର ଗୁରୁ-ଲଘୁ ପର୍ଯ୍ୟାୟ, ସୂକ୍ଷ୍ମ ସ୍କନ୍ଧ ଏବଂ ଅମୂର୍ତ୍ତ ଦ୍ରବ୍ୟଗୁଡ଼ିକର ଅଗୁରୁ-ଲଘୁ ପର୍ଯ୍ୟାୟ ଅନନ୍ତ ହୋଇଥିବାରୁ ଭାବ-ଲୋକ ବି ଅନନ୍ତ ଅଟେ।

ଲୋକ-ସ୍ଥିତି

ଗୌତମ ପଚାରୁଛନ୍ତି - 'ଭନ୍ତେ! ଲୋକସ୍ଥିତି କେତେ ପ୍ରକାର?'

ଭଗବାନ କହିଲେ -'ଗୌତମ! ଲୋକସ୍ଥିତି ଆଠ ପ୍ରକାର -

୧. ବାୟୁ ଆକାଶ ଉପରେ ଆଧାରିତ।

୨. ସମୁଦ୍ର ବାୟୁ ଉପରେ ଆଧାରିତ।

୩. ପୃଥ୍ୱୀ ସମୁଦ୍ର ଉପରେ ଆଧାରିତ।

୪. ତ୍ରସ-ସ୍ଥାବର ଜୀବ ପୃଥିବୀ ଉପରେ ଆଧାରିତ।

୫. ଅଜୀବ, ଜୀବଙ୍କ ଆଶ୍ରିତ।

୬. ସକର୍ମଜୀବ, କର୍ମ ଆଶ୍ରିତ।

୭. ଅଜୀବ, ଜୀବମାନଙ୍କ ଦ୍ୱାରା ସଂଗୃହିତ।

୮. ଜୀବ, କର୍ମ ସଂଗୃହୀତ।

(-ଭଗବଈ, ୧/୬)

ଆକାଶ, ପବନ, ଜଳ ଓ ପୃଥ୍ୱୀ - ଏଗୁଡ଼ିକ ହେଉଛନ୍ତି ବିଶ୍ୱର ଆଧାରଭୂତ ଅଂଗ। ବିଶ୍ୱ ବ୍ୟବସ୍ଥା ଏମାନଙ୍କ ଆଧାର-ଆଧେୟ ଭାବରୁ ନିର୍ମିତ ଓ ସଂଚାଳିତ ହେଉଛି। ସଂସାରୀ ଜୀବ ଓ ଅଜୀବ (ପୁଦ୍‌ଗଳ) ମଧ୍ୟରେ ଆଧାର-ଆଧେୟଭାବ ତଥା ସଂଗ୍ରାହ୍ୟ-ସଂଗ୍ରାହକଭାବ - ଉଭୟ ରହିଥାଏ। ଜୀବ ହେଉଛି ଆଧାର ଏବଂ ଶରୀର ତା'ର ଆଧେୟ। ସଂସାରୀ ଜୀବଙ୍କ ଆଧାର ହେଉଛି କର୍ମ ଏବଂ ଜୀବ ତା'ର ଆଧେୟ।

ଜୀବ, ଅଜୀବ (ଭାଷା-ବର୍ଗଣା, ମନ-ବର୍ଗଣା ଓ ଶରୀର-ବର୍ଗଣା)ର ସଂଗ୍ରାହକ। କର୍ମ, ସଂସାରୀଜୀବଙ୍କ ସଂଗ୍ରାହକ ଅଟେ। ତାତ୍ପର୍ଯ୍ୟ ହେଉଛି - କର୍ମ ଦ୍ୱାରା ଆବଦ୍ଧ ଜୀବ ହିଁ ଶରୀରଯୁକ୍ତ ହୋଇଥାଏ। ସେ ଚଲାବୁଲା କରିଥାଏ, କଥା କହିଥାଏ ଏବଂ ଚିନ୍ତନ ମଧ୍ୟ କରିଥାଏ।

ଅଚେତନ ଜଗତ ଅପେକ୍ଷା ଚେତନ ଜଗତର ଯେଉଁସବୁ ବିଲକ୍ଷଣତା ରହିଛି, ତାହା ଜୀବ ଓ ପୁଦ୍‌ଗଳର

---

[୧୨] ଭଗବଈ, ୨/୪୫ ....

କାଳତୋ ଲୋଏଅଣଂତେ, ଭାବତୋ ଲୋଏ ଅଣଂତେ।

ସଂଯୋଗ ଯୋଗୁଁ ସମ୍ଭବ ହୋଇଥାଏ। ଏହିସବୁ ସଂଯୋଗ-ଦଶାର ପରିଣାମ ସ୍ୱରୂପ, ସମସ୍ତ ବୈଭବିକ ପରିବର୍ତ୍ତନ ଅଥବା ଦୃଶ୍ୟ ରୂପାନ୍ତରଣ ଘଟିଥାଏ।

ଜୀବ ଓ ପୁଦ୍‌ଗଳ ବ୍ୟତୀତ ଅନ୍ୟ ଦ୍ରବ୍ୟମାନଙ୍କ ପରସ୍ପର ସଂଗ୍ରାହ୍ୟ-ସଂଗ୍ରାହକ ଭାବ ରହି ନ ଥାଏ।

ଲୋକ-ସ୍ଥିତିରେ ଜୀବ ଓ ପୁଦ୍‌ଗଳଙ୍କ ସଂଗ୍ରାହ୍ୟ-ସଂଗ୍ରାହକ ଭାବକୁ ସ୍ୱୀକାର କରାଯାଇଥାଏ। ଏହାହେଉଛି ପରିବର୍ତ୍ତନ। ପରିବର୍ତ୍ତନର ଅର୍ଥ ହେଉଛି - ଉତ୍ପାଦ ଓ ବିନାଶ।

ପ୍ରସ୍ତୁତ ବିଷୟର ଚର୍ଚ୍ଚା ଉପନିଷଦରେ ମଧ୍ୟ ପ୍ରାପ୍ତ ହୋଇଥାଏ –

ଗାର୍ଗୀ ଯାଜ୍ଞବଲ୍‌କ୍ୟଙ୍କୁ ପ୍ରଶ୍ନ କରୁଛନ୍ତି - 'ଏହି ବିଶ୍ୱ ଜଳରେ ଓତପ୍ରୋତ କିନ୍ତୁ ଜଳ କାହା ମଧ୍ୟରେ ଓତପ୍ରୋତ ?'

- 'ବାୟୁରେ ଓତପ୍ରୋତ।'

- 'ଅନ୍ତରୀକ୍ଷରେ, ଅନ୍ତରୀକ୍ଷ ଗନ୍ଧର୍ବ-ଲୋକରେ; ଗନ୍ଧର୍ବ-ଲୋକ ଆଦିତ୍ୟ-ଲୋକରେ; ଆଦିତ୍ୟ-ଲୋକ, ଚନ୍ଦ୍ରଲୋକରେ; ଚନ୍ଦ୍ରଲୋକ ନକ୍ଷତ୍ରଲୋକରେ; ନକ୍ଷତ୍ରଲୋକ, ଦେବଲୋକରେ; ଦେବଲୋକ, ଇନ୍ଦ୍ରଲୋକରେ; ଇନ୍ଦ୍ର-ଲୋକ, ପ୍ରଜାପତି-ଲୋକରେ; ପ୍ରଜାପତି-ଲୋକ, ବ୍ରହ୍ମ-ଲୋକରେ ଓତପ୍ରୋତ ଥାନ୍ତି।

'ବ୍ରହ୍ମଲୋକ କାହା ମଧ୍ୟରେ ଓତପ୍ରୋତ, ଯାଜ୍ଞବଲ୍‌କ୍ୟ ?'

'ଏହା ହେଉଛି ଅତି-ପ୍ରଶ୍ନ। ଗାର୍ଗୀ ! ତୁମେ ଏହି ପ୍ରଶ୍ନ କରନାହିଁ। ଅନ୍ୟଥା ତୁମ ମୁଣ୍ଡ ଛିଣ୍ଡି ଭୂଇଁରେ ଲୋଟିବ।'(୧୩)

ସୃଷ୍ଟିବାଦ

ସାପେକ୍ଷ ଦୃଷ୍ଟି ଅନୁସାରେ ବିଶ୍ୱ ଅନାଦି-ଅନନ୍ତ ଏବଂ ସାଦି-ସାନ୍ତ ମଧ୍ୟ। ଦ୍ରବ୍ୟ ଅନୁସାରେ ଅନାଦି-ଅନନ୍ତ, କିନ୍ତୁ ପର୍ଯ୍ୟାୟ ଦୃଷ୍ଟିରୁ ସାଦି-ସାନ୍ତ। ଲୋକ ମଧ୍ୟରେ ଦୁଇଟି ଦ୍ରବ୍ୟ ରହିଛି - ଚେତନ ଓ ଅଚେତନ। ଦୁହେଁ ଅନାଦି ଓ ଶାଶ୍ୱତ ଅଟନ୍ତି। ଏମାନଙ୍କ ପୌର୍ବାପର୍ଯ୍ୟ (ଅନୁକ୍ରମ-ଆନୁପୂର୍ବୀ) ସମ୍ବନ୍ଧ ନାହିଁ। ପ୍ରଥମେ ଜୀବ ଓ ପରେ ଅଜୀବ କିମ୍ବା ପ୍ରଥମେ ଅଜୀବ ଓ ପରେ ଜୀବ - ଏପରି ଏକ ନିଶ୍ଚିତ କ୍ରମ ରହିନାହିଁ। ଅଣ୍ଡା କୁକୁଡ଼ାରୁ ଜାତ ଏବଂ କୁକୁଡ଼ା, ଅଣ୍ଡାରୁ ଜାତ ହୋଇଥାଏ। ବୃକ୍ଷରୁ ବୀଜ ସୃଷ୍ଟି ହୋଇଥାଏ ତଥା ବୀଜରୁ ବୃକ୍ଷ ଜାତ ହୋଇଥାଏ। ଏଗୁଡ଼ିକ ପ୍ରଥମ ଓ ପରବର୍ତ୍ତୀ ଉଭୟ କ୍ରମରେ ରହିବେ। ଅର୍ଥାତ୍ ଅନୁକ୍ରମ ସମ୍ବନ୍ଧରୁ ରହିତ ଶାଶ୍ୱତଭାବ ଅଟନ୍ତି। ଏମାନଙ୍କ ପ୍ରାଥମ୍ୟ ଓ ପାଶ୍ଚାତ୍ୟ ଭାବ ନିର୍ଣ୍ଣୟ କରାଯାଇପାରିବ ନାହିଁ। ଏହା ହେଉଛି ଧ୍ରୁବ ଅଂଶର ଚର୍ଚ୍ଚା। ପରିଣମନ ଦୃଷ୍ଟିରୁ ଜଗତ ହେଉଛି ପରିବର୍ତ୍ତନଶୀଳ। ପରିବର୍ତ୍ତନ ଉଭୟ ସ୍ୱାଭାବିକ ଓ ବୈଭାବିକ ହୋଇପାରେ। ସବୁ ପଦାର୍ଥରେ ସ୍ୱାଭାବିକ ପରିବର୍ତ୍ତନ ପ୍ରତିକ୍ଷଣରେ ହୋଇଚାଲିଛି। ବୈଭାବିକ ପରିବର୍ତ୍ତନ କର୍ମବଦ୍ଧ ଜୀବ ଏବଂ ପୁଦ୍‌ଗଳ ସ୍କନ୍ଧଠାରେ ଘଟିଥାଏ। ତାହାହିଁ ଆମର ଦୃଶ୍ୟଜଗତ୍।

ବିଶ୍ୱ ସମ୍ବନ୍ଧରେ ଦର୍ଶନର ଦୁଇଟି ମୁଖ୍ୟ ଧାରା ହେଉଛି - ଅଦ୍ୱୈତବାଦ ଏବଂ ଦ୍ୱୈତବାଦ। ଅଦ୍ୱୈତବାଦ ଦର୍ଶନରେ ଚେତନ ଓ ଅଚେତନର ସ୍ୱତନ୍ତ୍ର ଅସ୍ତିତ୍ୱକୁ ସ୍ୱୀକାର କରାଯାଇନାହିଁ। ଅଦ୍ୱୈତବାଦୀ ଦାର୍ଶନିକ ଅଚେତନ ଓ ଚେତନ ମଧ୍ୟରୁ କୌଣସି ଗୋଟିକର ଅସ୍ତିତ୍ୱକୁ ସ୍ୱୀକାର କରିଥାନ୍ତି।

ସୃଷ୍ଟି ସମ୍ବନ୍ଧରେ ଅଦ୍ୱୈତବାଦର ତିନୋଟି ମୁଖ୍ୟ ଶାଖା ହେଉଛି – ୧. ଜଡ଼ାଦ୍ୱୈତବାଦ, ୨. ଚୈତନ୍ୟାଦ୍ୱୈତବାଦ ୩. ଜଡ଼-ଚୈତନ୍ୟାଦ୍ୱୈତବାଦ।

ଜଡ଼ାଦ୍ୱୈତବାଦ ଅନୁସାରେ ଚେତନ ତତ୍ତ୍ୱର ଉତ୍ପତ୍ତି ଅଚେତନ ତତ୍ତ୍ୱରୁ ହୋଇଛି। ଅନାତ୍ମବାଦୀ ଚାର୍ବାକ ଏବଂ କ୍ରମ-ବିକାଶବାଦୀ ବୈଜ୍ଞାନିକମାନେ ଏହି ମତର ସମର୍ଥନ କରିଥାନ୍ତି।

---

(୧୩) ବୃହଦାରଣ୍ୟକ ଉପନିଷଦ ୩/୬/୧

ଚୈତନ୍ୟାଦ୍ୱୈତ ଅନୁସାରେ ସୃଷ୍ଟିର ଆଦି କାରଣ ହେଉଛି ବ୍ରହ୍ମ। ବୈଦିକ ଋଷି କହିଛନ୍ତି - 'ଅସତ୍, ଅଭାବ, ଶୂନ୍ୟରେ ନିରସ୍ତ ସମସ୍ତ ସମାଜ ଉପାଧିଜନ୍ୟ ନାମ-ରୂପ-ରହିତ ଅପ୍ରତ୍ୟକ୍ଷ ବ୍ରହ୍ମ ମଧ୍ୟରେ ହିଁ ସତ୍‌ଭାବ ଅଥବା ମାୟାର ପ୍ରପଞ୍ଚ ପ୍ରତିଷ୍ଠିତ। ଏହି ସତ୍ ଅର୍ଥାତ୍ ପ୍ରତ୍ୟକ୍ଷ ମାୟା ପ୍ରପଞ୍ଚ ମଧ୍ୟରେ ସମଗ୍ର ସୃଷ୍ଟି (ଭବ୍ୟ)ର ଉପାଦାନ-ଭୂତ ପୃଥିବ୍ୟାଦି ପଞ୍ଚମହାଭୂତ ନିହିତ ଥାନ୍ତି, ଏହିଠାରୁ ଉତ୍ପନ୍ନ ହୋଇଥାନ୍ତି। ସେହି ପାଞ୍ଚଟିଯାକ ମହାଭୂତ ସମସ୍ତ କାର୍ଯ୍ୟ ମଧ୍ୟରେ ବିଦ୍ୟମାନ ଥାନ୍ତି। ସମଗ୍ର ସୃଷ୍ଟି ଏହି ପଞ୍ଚମହାଭୂତ ମଧ୍ୟରେ - ପିପ୍‌ପଳର ବୀଜ ମଧ୍ୟରେ ପିପ୍‌ପଳ ବୃକ୍ଷ ସଦୃଶ ବିଦ୍ୟମାନ ଥାନ୍ତି।'[୧୪]

'ବ୍ରହ୍ମ ତିନିଲୋକରୁ ଅତୀତ।' ବୈଦିକ ଋଷି ଚିନ୍ତନ କରୁଛନ୍ତି - 'ମୁଁ କିପରି ଏହି ଲୋକଗୁଡ଼ିକ ମଧ୍ୟରେ ପ୍ରବେଶ କରିପାରିବି ?' ତା'ପରେ ନାମ ଓ ରୂପ ମାଧ୍ୟମରେ ପ୍ରବେଶ ପାଇବାରେ ସଫଳ ହୋଇଛନ୍ତି।[୧୫]

ଜଡ଼ ଚୈତନ୍ୟାଦ୍ୱୈତ ଅନୁସାରେ ଜଗତର ଉତ୍ପତ୍ତି ଚେତନ ଓ ଅଚେତନ - ଏହି ଦୁଇଗୁଣ ମିଶ୍ରିତ ପଦାର୍ଥରୁ ହୋଇଛି।

ଜଡ଼ାଦ୍ୱୈତବାଦ ଏବଂ ଚୈତନ୍ୟାଦ୍ୱୈତବାଦ - ଏ ଦୁହେଁ କାରଣ ଅନୁରୂପ କାର୍ଯ୍ୟ ସିଦ୍ଧାନ୍ତକୁ ସ୍ୱୀକାର କରନ୍ତି ନାହିଁ। ଜଡ଼ା ଦ୍ୱୈତବାଦରେ ଜଡ଼ରୁ ଚୈତନ୍ୟ ଏବଂ ଚୈତନ୍ୟାଦ୍ୱେତବାଦର ଚୈତନ୍ୟରୁ ଜଡ଼ର ଉତ୍ପତ୍ତିକୁ ମାନ୍ୟ କରିଥାନ୍ତି।

ଦ୍ୱୈତବାଦୀ ଦର୍ଶନ ଜଡ଼ ଓ ଚୈତନ୍ୟ - ଉଭୟଙ୍କ ଅସ୍ତିତ୍ୱକୁ ସ୍ୱତନ୍ତ୍ର ବୋଲି ସ୍ୱୀକାର କରନ୍ତି। ଏହି ଦର୍ଶନ ଅନୁସାରେ ଜଡ଼ରୁ ଚୈତନ୍ୟ ଏବଂ ଚୈତନ୍ୟରୁ ଜଡ଼ ଉତ୍ପନ୍ନ ହୁଏନାହିଁ। କାରଣ ଅନୁସାରେ କାର୍ଯ୍ୟ ଉତ୍ପନ୍ନ ହେଉଥିବା ତଥ୍ୟକୁ ଦ୍ୱୈତବାଦୀ ଦର୍ଶନ ସ୍ୱୀକାର କରିଥାଏ। ଏହି ଅଭିମତ ଅନୁସାରେ ଜଡ଼ ଓ ଚୈତନ୍ୟର ନାମ ହେଉଛି ସୃଷ୍ଟି।

ନୈୟାୟିକ, ବୈଶେଷିକ ଏବଂ ମୀମାଂସକ ଦର୍ଶନ ସୃଷ୍ଟି ପକ୍ଷରେ ଆରମ୍ଭବାଦୀ ହୋଇଥାନ୍ତି। ସୃଷ୍ଟିର ପ୍ରାରମ୍ଭରେ ପରମାତ୍ମା, ପରମାଣୁଗୁଡ଼ିକ ଏକତ୍ରିତ କରନ୍ତି। ଏଗୁଡ଼ିକର ସଂଯୋଗର ଆରମ୍ଭ ହେଲାପରେ ହିଁ ସୃଷ୍ଟି ଆକାର ଧାରଣ କରିଥାଏ। ତେଣୁ ଏହା 'ଆରମ୍ଭବାଦ' ବୋଲାଇଥାଏ।

ସାଂଖ୍ୟ ଓ ଯୋଗ ପରିଣାମବାଦୀ ଅଟନ୍ତି। ଏମାନଙ୍କ ଅନୁସାରେ ତ୍ରିଗୁଣାତ୍ମିକା ପ୍ରକୃତି ହେଉଛି ସୃଷ୍ଟିର କାରଣ। ଈଶ୍ୱରଙ୍କ ଦ୍ୱାରା ପ୍ରକୃତିକୁ କ୍ଷୁବ୍‌ଧ କରାଯିବା ଫଳରେ ତ୍ରିଗୁଣର ବିକାଶ ଘଟିଥାଏ। ପରିଣାମ-ସ୍ୱରୂପ ସୃଷ୍ଟିର ନିର୍ମାଣ ହୁଏ। ଅନୀଶ୍ୱରବାଦୀ ସାଂଖ୍ୟ, ପରିଣାମକୁ ପ୍ରକୃତିର ସ୍ୱଭାବ ବୋଲି ବିବେଚନା କରିଥାନ୍ତି। ପରିଣାମବାଦର ଦୁଇଟି ରୂପ; ଗୁଣ-ପରିଣାମବାଦ ଏବଂ ବ୍ରହ୍ମ-ପରିଣାମବାଦ। ପ୍ରଥମଟି ହେଉଛି ସାଂଖ୍ୟଦର୍ଶନ ତଥା ମଧ୍ୱାଚାର୍ଯ୍ୟଙ୍କ ସିଦ୍ଧାନ୍ତ। ଦ୍ୱିତୀୟ ସିଦ୍ଧାନ୍ତ ଅର୍ଥାତ୍ ବ୍ରହ୍ମ-ପରିଣାମବାଦର ପ୍ରଣେତା ହେଉଛନ୍ତି - ରାମାନୁଜାଚାର୍ଯ୍ୟ। ସେ ପ୍ରକୃତି, ଜୀବ ଓ ଈଶ୍ୱର - ଏହି ତିନିତତ୍ତ୍ୱକୁ ସ୍ୱୀକାର କରିଛନ୍ତି। ତଥାପି ଏମାନଙ୍କୁ ବ୍ରହ୍ମରୂପ ହିଁ ମଣନ୍ତି। ବ୍ରହ୍ମ ହିଁ ଅଂଶବିଶେଷରେ ପ୍ରକୃତି ରୂପରେ ପରିଣତ ହୁଏ ଏବଂ ତାହାହିଁ ଜଗତ୍ ରୂପ ଧାରଣ କରେ।

---

[୧୪] ଅଥର୍ବବେଦ, ୧୭/୧/୨/୯ :
ଅସତି ସତ୍‌ପ୍ରତିଷ୍ଠିତମ୍ - ସତିଭୂତଂ ପ୍ରତିଷ୍ଠିତମ୍।
ଭୂତଂ ଇ ଭବ୍ୟଂ ଆହିତଂ ଭବ୍ୟଂଭୂତେପ୍ରତିଷ୍ଠିତମ୍ ॥

[୧୫] ଶତପଥ ବ୍ରାହ୍ମଣ, ୧/୧/୨/୩ :
ତଦ୍ ଦ୍ୱାଭ୍ୟାମେବ ପ୍ରତ୍ୟବୈଦ ରୂପେଣ ଚୈବ ନାମ୍ନା ଚ।

ଜୈନ ଓ ବୌଦ୍ଧ ଦର୍ଶନ ସୃଷ୍ଟିବାଦୀ ନୁହନ୍ତି। ସେ ଦୁହେଁ ପରିବର୍ତ୍ତନବାଦୀ ଅଟନ୍ତି।

ବୌଦ୍ଧଦର୍ଶନରେ ପରିବର୍ତ୍ତନ ପ୍ରକ୍ରିୟା ହେଉଛି 'ପ୍ରତୀତ୍ୟ ସମୁତ୍ପାଦବାଦ'। ପ୍ରକୃତ ଅର୍ଥରେ ଏହାକୁ ଅହେତୁକବାଦ ମଧ୍ୟ କୁହାଯାଇପାରିବ। ଏଠାରେ କାରଣରୁ କାର୍ଯ୍ୟ ଉତ୍ପନ୍ନ ହୁଏନାହିଁ କିନ୍ତୁ ସନ୍ତତିପ୍ରବାହରେ ପଦାର୍ଥ ଉତ୍ପନ୍ନ ହୋଇଥାଏ।

ଜୈନ ଦୃଷ୍ଟି ଅନୁସାରେ ଦୃଶ୍ୟମାନ ବିଶ୍ୱର ପରିବର୍ତ୍ତନ ଜୀବ ଓ ପୁଦ୍‌ଗଳର ସଂଯୋଗରୁ ଘଟିଥାଏ। ପରିବର୍ତ୍ତନ ସ୍ୱାଭାବିକ ଓ ପ୍ରାୟୋଗିକ ଦୁଇପ୍ରକାର ହୋଇଥାଏ। ସ୍ୱାଭାବିକ ପରିବର୍ତ୍ତନ ସୂକ୍ଷ୍ମ ହୋଇଥିବାରୁ ଦୃଷ୍ଟିଗମ୍ୟ ନୁହେଁ। ପ୍ରାୟୋଗିକ ପରିବର୍ତ୍ତନ ସ୍ଥୂଳ ହୋଇଥିବାରୁ ତାହା ଦୃଷ୍ଟିଗମ୍ୟ ହୋଇଥାଏ। ଏହାହିଁ ସୃଷ୍ଟି ବା ଦୃଶ୍ୟ ଜଗତ୍। ଜୀବ ଓ ପୁଦ୍‌ଗଳର ସାଂଯୋଗିକ ଅବସ୍ଥା ବିନା ଏହା ହୋଇପାରିବ ନାହିଁ।

ବୈଭାବିକ ପର୍ଯ୍ୟାୟର ଆଧାରଭୂତ ଶକ୍ତି ଦୁଇ ପ୍ରକାରର ହୋଇଥାଏ - ଓଘ ଓ ସମୁଚିତ। 'ଘାସ ମଧ୍ୟରେ ଘିଅ ରହିଛି' - ଏହା ଓଘ ଶକ୍ତି। 'ଦୁଗ୍ଧରେ ଘିଅ ରହିଛି' - ଏହା ସମୁଚିତ ଶକ୍ତି। ଓଘଶକ୍ତି କାର୍ଯ୍ୟର ନିୟାମକ ହୋଇଥାଏ। କାରଣ ଅନୁରୂପ କାର୍ଯ୍ୟ ସୃଷ୍ଟିହେବ, ଅନ୍ୟଥା ହେବନାହିଁ। ସମୁଚିତ ଶକ୍ତି, କାର୍ଯ୍ୟର ଉତ୍ପାଦକ ହୋଇଥାଏ। କାରଣର ସମଗ୍ରତା ନିର୍ମିତ ହେଲେ କାର୍ଯ୍ୟ ଉତ୍ପନ୍ନ ହୋଇଥାଏ।[୧୬]

ଜୈନ ଦୃଷ୍ଟି ଅନୁସାରେ ବିଶ୍ୱ ହେଉଛି ଏକ ଶିଳ୍ପ-ଗୃହ। ଏହାମଧ୍ୟରେ ସମାବିଷ୍ଟ ନିୟମ ମୁତାବକ ଏହାର ବ୍ୟବସ୍ଥା ହୋଇଥାଏ। ଚେତନ ଓ ଅଚେତନ ପୁଦ୍‌ଗଳର ବିବିଧ-ଜାତୀୟ ସଂଯୋଗ ଫଳରେ 'ନିୟମ' ସ୍ୱୟଂ ପ୍ରକଟ ହୋଇଥାଏ।

ଜୈନଦର୍ଶନ ଜଗତ୍ ସମ୍ବନ୍ଧରେ ବୈଦିକ ଋଷିମାନଙ୍କ ଭଳି ସନ୍ଦିଗ୍ଧ ନୁହେଁ। ବୈଦିକ ଋଷି କହିଛନ୍ତି - ସେତେବେଳେ ପ୍ରଳୟଦଶାରେ ଅସତ୍ ନ ଥିଲା। ସତ୍ ମଧ୍ୟ ନ ଥିଲା। ପୃଥ୍ୱୀ ବି ନ ଥିଲା। ଆକାଶ ମଧ୍ୟ ନ ଥିଲା। ଆକାଶ ମଧ୍ୟରେ ବିଦ୍ୟମାନ ସାତଭୁବନ ମଧ୍ୟ ନ ଥିଲେ।

ପ୍ରକୃତ ତତ୍ତ୍ୱକୁ କିଏ ଜାଣିପାରିଛି ? କିଏ ତା'ର ବର୍ଣ୍ଣନା କରିପାରିବ ? ଏହି ସୃଷ୍ଟି, କେଉଁ ଉପାଦାନ କାରଣରୁ ସମ୍ଭୂତ। ବିବିଧ ସୃଷ୍ଟିର ନିର୍ମାଣ ପଛରେ କେଉଁ ନିମିତ୍ତ କାରଣ ରହିଛି। ଦେବତାଗଣ ଏହି ସୃଷ୍ଟିଗୁଡ଼ିକର ପରେ ଉତ୍ପନ୍ନ ହୋଇଛନ୍ତି। କେଉଁଠାରୁ ସୃଷ୍ଟିର ଆରମ୍ଭ ଏହା କିଏ କହିପାରିବ ?

ଏହି ନାନାବିଧ ସୃଷ୍ଟି କେଉଁଠାରୁ ହୋଇଛି। କିଏ ସୃଷ୍ଟି ରଚନା କରିଛନ୍ତି ଏବଂ କେଉଁମାନେ କରିନାହାନ୍ତି ?

---

(୧୬) ଦ୍ରବ୍ୟାନୁଯୋଗତର୍କଣା, ୨/୬-୧୦ :
ଗୁଣ ପର୍ଯ୍ୟାୟୟୋଃ ଶକ୍ତିର୍ମାତ୍ର ମୋଘୋଦ୍ ଭବାଦିମା।
ଆସନ୍ନକାର୍ଯ୍ୟଯୋଗ୍ୟତ୍ୱାଚ୍ଛଶକ୍ତିଃ ସମୁଚିତ ପରା॥
ଜ୍ଞାୟମାନା ତୃଣତ୍ୱେନାଜ୍ୟଶକ୍ତିରନୁମାନତଃ।
କିଂଚ ଦୁଗ୍ଧାଦିଭାବେନ ପ୍ରୋକ୍ତା ଲୋକ ସୁଖପ୍ରଦା॥
ପ୍ରାକ୍ ପୁଦ୍‌ଗଳ ପରାବର୍ତ୍ତେ ଧର୍ମଶକ୍ତିର୍ପଥୌଘଜା।
ଅନ୍ତ୍ୟାବର୍ତ୍ତେ ତଥା ଖ୍ୟାତା ଶକ୍ତିଃ ସମୁଚିତାଂଗିନାମ୍॥
କାର୍ଯ୍ୟଭେଦାଚ୍ଛକ୍ତିଭେଦୋ, ବ୍ୟବହାରେଣ ଦୃଶ୍ୟତେ।
ଯୁକ୍ନିଶ୍ଚୟନୟାଦେକମନେକୈଃ, କାର୍ଯ୍ୟ କାରଣୈଃ॥
ସ୍ୱସ୍ୱଜାତ୍ୟାଦି ଭୂୟସ୍ତ୍ୱ ଗୁଣପର୍ଯ୍ୟାୟ ବ୍ୟକ୍ତୟଃ।

- ଏସବୁ କଥା ସେ ହିଁ ଜାଣିଥିବେ, ଯେ ହେଉଛନ୍ତି ଏମାନଙ୍କ ସ୍ୱାମୀ, ପରମଧାମ ନିବାସୀ। ସେ ମଧ୍ୟ ଜାଣି ନ ଥାଇପାରନ୍ତି।[୧୭]

ଜୈନ ଦର୍ଶନ ଅନୁସାରେ ଚେତନରୁ ଅଚେତନ ଅଥବା ଅଚେତନରୁ ଚେତନ ସୃଷ୍ଟି ହୋଇପାରିବ ନାହିଁ। ଉଭୟେ ଯେହେତୁ ଅନାଦି ଓ ଅନନ୍ତ ଅଟନ୍ତି।

ବିଭିନ୍ନ ଦର୍ଶନ ଓ ଦୃଶ୍ୟଜଗତ୍‌ର କାରଣ –

ବାଦ	ଦୃଶ୍ୟ ଜଗତର କାରଣ
ଜଡ଼ାଦ୍ୱୈତବାଦ	ଜଡ଼ ପଦାର୍ଥ
ଜଡ଼ଚୈତନ୍ୟାଦ୍ୱୈତବାଦ	ଜଡ଼-ଚୈତନ୍ୟଯୁକ୍ତ ପଦାର୍ଥ
ଚୈତନ୍ୟାଦ୍ୱୈତବାଦ (ବିବର୍ତ୍ତବାଦ)	ବ୍ରହ୍ମ
ଆରମ୍ଭବାଦ	ପରମାଣୁ-କ୍ରିୟା
ପରିଣାମବାଦ	ପ୍ରକୃତି
ପ୍ରତୀତ୍ୟ ସମୁତ୍ପାଦବାଦ	ଅବ୍ୟାକୃତ (କୁହାଯାଇପାରିବ ନାହିଁ)
ସାପେକ୍ଷ ସାଦି-ସାନ୍ତବାଦ	ଜୀବ ଓ ପୁଦ୍‌ଗଳର ବୈଭାବିକ ପର୍ଯ୍ୟାୟ

ପରିବର୍ତ୍ତନ ଓ ବିକାଶ

ଜୀବ ଓ ଅଜୀବ (ଧର୍ମ, ଅଧର୍ମ, ଆକାଶ, କାଳ ଓ ପୁଦ୍‌ଗଳ)ର ସମଷ୍ଟିର ନାମ ବିଶ୍ୱ। ଜୀବ ଓ ପୁଦ୍‌ଗଳର ସଂଯୋଗ ଦ୍ୱାରା ଯେଉଁ ବିବିଧତା ଜାତ ହୁଏ, ତା'ର ନାମ ହେଉଛି ସୃଷ୍ଟି।

ଜୀବ ଓ ପୁଦ୍‌ଗଳ ଠାରେ ଦୁଇ ପ୍ରକାର ଅବସ୍ଥା ଦେଖିବାକୁ ମିଳିଥାଏ – ସ୍ୱଭାବ ଓ ବିଭାବ କିମ୍ବା ବିକାର।

ପରିବର୍ତ୍ତନର ନିମିତ୍ତ କାଳ ସାଜିଥାଏ। ପରିବର୍ତ୍ତନର ଉପାଦାନ ସ୍ୱୟଂ ଦ୍ରବ୍ୟ। ଧର୍ମ, ଅଧର୍ମ ଓ ଆକାଶର ସ୍ୱଭାବ ପରିବର୍ତ୍ତନ ଘଟିଥାଏ। ଜୀବ ଓ ପୁଦ୍‌ଗଳଠାରେ କାଳ ନିମିତ୍ତ ମାଧ୍ୟମରେ ଯେଉଁସବୁ ପରିବର୍ତ୍ତନ ଘଟିଥାଏ - ତାହା ସ୍ୱଭାବ-ପରିବର୍ତ୍ତନ ବୋଲାଇଥାଏ। ଜୀବନିମିତ୍ତରୁ ପୁଦ୍‌ଗଳଠାରେ ଏବଂ ପୁଦ୍‌ଗଳ ନିମିତ୍ତରୁ ଜୀବଠାରେ ଯେଉଁ ପରିବର୍ତ୍ତନ ଘଟିଥାଏ ତାହାକୁ ବିଭାବ-ପରିବର୍ତ୍ତନ କୁହାଯାଏ। ସ୍ଥୁଳଦୃଷ୍ଟିରେ ଆମେ ସଜୀବ ଓ ନିର୍ଜୀବ ରୂପକ ଦୁଇଟି ପଦାର୍ଥ ଦେଖିଥାଉଁ। ଅନ୍ୟ ଶବ୍ଦରେ ଜୀବତ୍-ଶରୀର ତଥା ନିର୍ଜୀବ-ଶରୀର ବା ଜୀବମୁକ୍ତ-ଶରୀର। ଆତ୍ମା

---

[୧୭] ଋଗ୍‌ବେଦ, ୧୦/୧୨୯, ନାସଦୀୟ ସୂକ୍ତଃ

"ନାସଦାସୀନ୍ନୋସଦାସୋତ୍ତଦାନୀଂ
ନାସୀଦ୍ରଜୋନୋ ବ୍ୟୋମା ପରୋ ଯତ୍ ।"
"କୋ ଅଦ୍ଧା ବେଦକ ଇହ ପ୍ରବୋଚତ୍
କୃତ ଆଜାତା କୁତଇୟଂ ବିସୃଷ୍ଟିଃ ॥
ଅର୍ବାଗ୍ ଦେବ ଅସ୍ୟ ବିସର୍ଜନେନାଥା
କୋ ବେଦମତ ଆବଭୂବ ॥"
"ଇୟଂ ବିସୃଷ୍ଟିର୍ଯତ ଆବଭୂବ
ଯଦି ବା ଦଧେ ଯଦିବା ନ ।
ଯୋ ଅସ୍ୟାଧ୍ୟକ୍ଷଃ ପରମେ ବ୍ୟୋମନ୍ତସୋ
ଅଂଗ ବେଦ ଯଦି ବା ନ ବେଦ ॥"

ଅମୂର୍ତ୍ତ ହୋଇଥିବାରୁ ଅଦୃଶ୍ୟ ଅଟେ। ପୁଦ୍‌ଗଳ ମୂର୍ତ୍ତ ହୋଇଥିବା କାରଣରୁ ନିଶ୍ଚିତ ଭାବରେ ଦୃଶ୍ୟ ହୋଇଥିବ କିନ୍ତୁ ତାହା ହେଉଛି ଅଚେତନ। ଆତ୍ମା ଓ ପୁଦ୍‌ଗଳ ଉଭୟଙ୍କ ସଂଯୋଗରେ ଜୀବତ୍ ଶରୀର ନିର୍ମିତ ହୁଏ। ପୁଦ୍‌ଗଳର ସହଯୋଗ ମିଳିବା ଫଳରେ ଜୀବଙ୍କ ଜ୍ଞାନକୁ କ୍ରିୟାତ୍ମକରୂପ ପ୍ରାପ୍ତ ହୋଇଥାଏ ଏବଂ ଜୀବଙ୍କ ସହଯୋଗ ଯୋଗୁଁ ପୁଦ୍‌ଗଳର ଜ୍ଞାନାତ୍ମକ ପ୍ରବୃତ୍ତି ଜାତ ହୋଇଥାଏ। ସମସ୍ତ ଜୀବ ଚେତନାଯୁକ୍ତ ହୋଇଥାନ୍ତି କିନ୍ତୁ ଶରୀରଯୁକ୍ତ ଜୀବ ହିଁ ଚେତନାର ପ୍ରବୃତ୍ତିକୁ ଦେଖିପାରନ୍ତି। ସମସ୍ତ ପୁଦ୍‌ଗଳ ରୂପ ସହିତ ଥାନ୍ତି କିନ୍ତୁ ଚର୍ମଚକ୍ଷୁ ଦ୍ୱାରା କେବଳ ଜୀବଯୁକ୍ତ ଓ ଜୀବମୁକ୍ତ ଶରୀର ହିଁ ଦୃଶ୍ୟମାନ ହୋଇଥାଏ। ପୁଦ୍‌ଗଳ ଦୁଇ ପ୍ରକାର – ଜୀବ-ସହିତ ତଥା ଜୀବ-ରହିତ। ଶସ୍ତ୍ର-ଅହତ ସଜୀବ ଏବଂ ଶସ୍ତ୍ର-ହତ ନିର୍ଜୀବ ହୋଇଥାନ୍ତି। ଜୀବ ଓ ସ୍ଥୂଳଶରୀରର ବିୟୋଗର ନିମିତ୍ତ ଶସ୍ତ୍ର ବୋଲାଇଥାଏ। ଶସ୍ତ୍ର ଦ୍ୱାରା ଜୀବ, ଶରୀରଠାରୁ ପୃଥକ୍ ହୁଏ। ଜୀବ ଚାଲିଯିବାପରେ ଯେଉଁ ଶରୀର ବା ଶରୀରର ପୁଦ୍‌ଗଳ ସ୍କନ୍ଧ ଅବଶିଷ୍ଟ ରହେ – ତାହାକୁ ଜୀବନ୍ମୁକ୍ତ ଶରୀର କୁହାଯାଏ। ଖଣିଜ ପଦାର୍ଥ ହେଉଛି ପୃଥ୍ୱୀକାୟିକ ଜୀବଙ୍କ ଶରୀର। ଜଳ ହେଉଛି ଅପ୍‌କାୟିକ ଜୀବଙ୍କ ଶରୀର। ଅଗ୍ନି ତୈଜସକାୟିକ ପବନ, ବାୟୁକାୟିକ, ତୃଣ-ଲତା-ବୃକ୍ଷ ଆଦି ବନସ୍ପତିକାୟିକ ଏବଂ ଅବଶିଷ୍ଟ ସବୁଯାକ, ତ୍ରସକାୟିକ ଜୀବଙ୍କ ଶରୀର ଅଟେ।

ଜୀବ ଓ ଶରୀରର ସମ୍ବନ୍ଧ ହେଉଛି ଅନାଦି-ପ୍ରବାହ-ଯୁକ୍ତ। ସେହି ସମ୍ବନ୍ଧ ବିଚ୍ଛିନ୍ନ ନ ହେବା ପର୍ଯ୍ୟନ୍ତ ପୁଦ୍‌ଗଳ, ଜୀବ ଉପରେ ଓ ଜୀବ, ପୁଦ୍‌ଗଳ ଉପରେ ଆପଣା ପ୍ରଭାବ ପକାଇଥାନ୍ତି। ବସ୍ତୁବୃତ୍ତିରେ କାର୍ମଣ ଶରୀର, ଜୀବକୁ ପ୍ରଭାବିତ କରିଥାଏ। ଏହା ହେଉଛି ଜୀବର ବିକାରୀ ପରିବର୍ତ୍ତନର ଆନ୍ତରିକ କାରଣ। ବାହ୍ୟ ସ୍ଥିତିଗୁଡ଼ିକ ଏହାକୁ ପ୍ରଭାବିତ କରିଥାନ୍ତି। କାର୍ମଣ ବର୍ଗଣା, କାର୍ମଣ-ଶରୀରର ନିର୍ମାଣ କରିଥାଏ। ଏହି ବର୍ଗଣା ସବୁଠାରୁ ସୂକ୍ଷ୍ମ ଅଟେ। ବର୍ଗଣାର ଏକ ଅର୍ଥ ହେଉଛି – ଗୋଟିଏ ଜାତିର ପୁଦ୍‌ଗଳ ସ୍କନ୍ଧମାନଙ୍କ ସମୂହ। ଏପରି ବର୍ଗଣାଗୁଡ଼ିକ ଅନନ୍ତ ଅଟନ୍ତି। ତେବେ ପ୍ରତ୍ୟକ୍ଷ ଉପଯୋଗ ଦୃଷ୍ଟିରୁ ତାହାକୁ ଆଠ ପ୍ରକାର ବିଭକ୍ତ କରାଯାଇଥାଏ – ୧. ଔଦାରିକ ବର୍ଗଣା ୨. ବୈକ୍ରିୟ ବର୍ଗଣା ୩. ଆହାରକ ବର୍ଗଣା ୪. ତୈଜସ ବର୍ଗଣା ୫. କାର୍ମଣ ବର୍ଗଣା ୬. ଶ୍ୱାସୋଚ୍ଛ୍ୱାସ ବର୍ଗଣା ୭. ଭାଷା ବର୍ଗଣା ୮. ମନ ବର୍ଗଣା।

ପ୍ରଥମ ପାଞ୍ଚୋଟି ବର୍ଗଣାରୁ ପାଞ୍ଚ ପ୍ରକାର ଶରୀରରର ନିର୍ମାଣ ହୋଇଥାଏ ଅବଶିଷ୍ଟ ତିନି ବର୍ଗଣାରୁ ଶ୍ୱାସ-ଉଚ୍ଛ୍ୱାସ, ବାଣୀ ଓ ମନର କ୍ରିୟା ଘଟିଥାଏ। ସମଗ୍ର ଲୋକରେ ଏହି ବର୍ଗଣାଗୁଡ଼ିକ ବ୍ୟାପ୍ତ। ଏମାନଙ୍କ ବ୍ୟବସ୍ଥିତ ସଂଗଠନ ନ ହେବାଯାଏ, ଏଗୁଡ଼ିକ ସ୍ୱାନୁକୂଳ ପ୍ରବୃତ୍ତି ଯୋଗ୍ୟ ରହିଥାନ୍ତି ଅଥଚ ପ୍ରବୃତ୍ତି ସମ୍ପାଦନ କରିବାରେ ଅସମର୍ଥ ଥାନ୍ତି। ପ୍ରାଣୀ ହିଁ ଏଗୁଡ଼ିକର ବ୍ୟବସ୍ଥିତ ସଂଗଠନ କରିପାରିଥାଏ। ଅନାଦିକାଳରୁ ପ୍ରାଣୀ, କାର୍ମଣ ବର୍ଗଣା ଦ୍ୱାରା ଆବେଷ୍ଟିତ ହୋଇ ରହିଆସିଛି। ପ୍ରାଣୀର ନିମ୍ନତମ ବିକଶିତ ରୂପ ହେଉଛି 'ନିଗୋଦ'।[୧୮] ନିଗୋଦ ହେଉଛି ଅନାଦି-ବନସ୍ପତି। ତା'ର ଗୋଟିଏ ଗୋଟିଏ ଶରୀରରେ ଅନନ୍ତ-ଅନନ୍ତ ଜୀବ ବିଦ୍ୟମାନ ଥା'ନ୍ତି। ଏହା ଜୀବ ଅକ୍ଷୟ କୋଷ ତଥା ସମସ୍ତଙ୍କ ମୂଳସ୍ଥାନ। ନିଗୋଦ ମଧ୍ୟସ୍ଥ ଜୀବ ହେଉଛି ଏକେନ୍ଦ୍ରିୟ। ଯେଉଁ ଜୀବ ସୂକ୍ଷ୍ମ ନିଗୋଦକୁ ତ୍ୟାଗକରି ଅନ୍ୟ କାୟ ମଧ୍ୟରେ ପ୍ରବେଶ କରନ୍ତି ନାହିଁ, ସେଗୁଡ଼ିକୁ 'ଅବ୍ୟବହାର-ରାଶି'[୧୯] କୁହାଯାଏ ତଥା ସୂକ୍ଷ୍ମ

---

[୧୮] ଲୋକପ୍ରକାଶ, ୪/୩୨ :
ଅନନ୍ତାନାମସୁମତା ମେକସୂକ୍ଷ୍ମନିଗୋଦିନାମ୍ ।
ସାଧାରଣଂ ଶରୀରଂ ଯତ୍, ସ 'ନିଗୋଦ' ଇତି ସ୍ମୃତଃ ॥

[୧୯] ଲୋକପ୍ରକାଶ, ୪/୬୬ :
କଦାପି ଯେ ନ ନିର୍ଯ୍ୟାତା ବହିଃ ସୂକ୍ଷ୍ମନିଗୋଦତଃ ।
ଅବ୍ୟାବହାରିକାସ୍ତେ ସ୍ୟୁର୍ଦରୀଜାତମୃତା ଇବ ॥

ନିଗୋଦରୁ ବାହାରିଯାଉଥିବା ଜୀବଙ୍କୁ 'ବ୍ୟବହାର-ରାଶି'[20] କୁହାଯାଏ। ଅବ୍ୟବହାର-ରାଶିର ତାତ୍ପର୍ଯ୍ୟ ହେଉଛି ସେହି ଜୀବମାନଙ୍କଠାରେ ଅନାଦି ବନସ୍ପତି ବ୍ୟତୀତ ଅନ୍ୟ କୌଣସି ବ୍ୟବହାର ପ୍ରାପ୍ତ ହୁଏନାହିଁ। ସ୍ତ୍ୟାନର୍ଦ୍ଧି-ନିଦ୍ରା (ଘୋରତମ ନିଦ୍ରା)ର ଉଦୟ ଦ୍ୱାରା ଏହି ଜୀବ ଅବ୍ୟକ୍ତ ଚେତନା-(ଜଘନ୍ୟତମ ଚୈତନ୍ୟ-ଶକ୍ତି) ଯୁକ୍ତ ହୋଇଥାନ୍ତି। ବିକାଶର କୌଣସି ପ୍ରବୃତ୍ତି ଏମାନଙ୍କଠାରେ ନ ଥାଏ। ଅବ୍ୟବହାର-ରାଶିରୁ ମୁକ୍ତ ହେଲାପରେ ପ୍ରାଣୀ ବିକାଶଯୋଗ୍ୟ ଅନୁକୂଳ ସାମଗ୍ରୀ ପାଇ ତା'ର ଅଭିବ୍ୟକ୍ତି ମଧ୍ୟ କରିପାରିଥାଏ। ବିକାଶର ଅନ୍ତିମ ସ୍ଥିତି ହେଲା - ଶରୀରର ଅତ୍ୟନ୍ତ ବିୟୋଗ ଅଥବା ଆତ୍ମାର ବନ୍ଧନ-ମୁକ୍ତ ଅବସ୍ଥା। ଏହା ହେଉଛି ପ୍ରଯତ୍ନ-ସାଧ୍ୟ। ନିଗୋଦୀୟ ଜଘନ୍ୟତା ସେମାନଙ୍କ ସ୍ୱଭାବ-ସିଦ୍ଧ ଅଟେ।

ମୃତ୍ୟୁ ଫଳରେ ସ୍ଥୂଳ ଶରୀର ନିସ୍ତାର ପାଏ, କିନ୍ତୁ ସୂକ୍ଷ୍ମଶରୀର ଜଡ଼ିତ ଥାଏ। ତେଣୁ ପ୍ରାଣୀ ପୁଣିଥରେ ସ୍ଥୂଳଶରୀର ନିର୍ମାଣ କରିଥାଏ। ଯେତେବେଳେ ସ୍ଥୂଳ ଓ ସୂକ୍ଷ୍ମ ଉଭୟ ଶରୀର ଛାଡ଼ି ଚାଲିଯାନ୍ତି, ତା'ପରେ ଶରୀରର ନିର୍ମାଣ ସମ୍ପୂର୍ଣ୍ଣ ଭାବରେ ବନ୍ଦ ହୋଇଯାଏ।

ଅବିକଶିତ ଅବସ୍ଥାରେ ଆତ୍ମା ଉପରେ କଷାୟର ପ୍ରଲେପ ରହିଥାଏ। ଫଳରେ ତା'ଠାରେ ନିଜ-ପର ଭଳି ମିଥ୍ୟା କଳ୍ପନା ଜାତ ହୁଏ। ସ୍ୱଠାରେ ପର ଦୃଷ୍ଟି ଏବଂ ପର ମଧ୍ୟରେ ସ୍ୱ ଦୃଷ୍ଟିର ଅନ୍ୟନାମ ହେଉଛି ମିଥ୍ୟାଦୃଷ୍ଟି। ପୁଦ୍‌ଗଳ ହେଉଛି ପର, ବିଜାତୀୟ ଓ ବାହ୍ୟ। ତା'ମଧ୍ୟରେ 'ସ୍ୱ'ର ଭାବନା, ଆସକ୍ତି ଅଥବା ଅନୁରାଗକୁ ଜନ୍ମଦିଏ କିମ୍ବା ଘୃଣାଭାବ ସୃଷ୍ଟିହୁଏ। ଏ ଦୁହେଁ ଆତ୍ମାର ଆବେଗ ବା ପ୍ରକମ୍ପନ ଅଟନ୍ତି। ପ୍ରତ୍ୟେକ ପ୍ରବୃତ୍ତି, ଆତ୍ମାରେ କମ୍ପନ ଜାତ କରିଥାଏ। ଏହାଦ୍ୱାରା କାର୍ମଣା ବର୍ଗଣାଗୁଡ଼ିକ ସଂଗଠିତ ହୋଇ ଆତ୍ମା ସହିତ ସଂଲଗ୍ନ ହୁଅନ୍ତି। ଆତ୍ମାକୁ ଅନନ୍ତ-ଅନନ୍ତ କର୍ମବର୍ଗଣା ସର୍ବଦା ଆବେଷ୍ଟିତ କରି ରଖିଥାନ୍ତି। ପୂର୍ବ କର୍ମ-ବର୍ଗଣା ସହିତ ରାସାୟନିକ କ୍ରିୟା ଦ୍ୱାରା ନୂତନ କର୍ମ-ବର୍ଗଣା ମିଶିଯାଇ ଏକ ହୋଇଯାନ୍ତି। ସବୁ କର୍ମ-ବର୍ଗଣାର ଯୋଗ୍ୟତା ଏକଭଳି ନୁହେଁ। କିଛି ଚିକ୍‌କଣ, କିଛି ତୀବ୍ର-ରସ-ଯୁକ୍ତ ଏବଂ ଆଉ କେତେକ ମନ୍ଦ-ରସ-ଯୁକ୍ତ ହୋଇଥିବାରୁ କେତେକ କେବଳ ସ୍ପର୍ଶ କରିଥାନ୍ତି ଏବଂ ଆଉ କେତେକ ପ୍ରଗାଢ଼ ଆଶ୍ଳେଷରେ ବାନ୍ଧି ହୋଇ ରହିଥାନ୍ତି। କର୍ମବର୍ଗଣା ସୃଷ୍ଟି ହେଲା ମାତ୍ରେ ନିଜ ପ୍ରଭାବ ଦେଖାଏ ନାହିଁ। ଆତ୍ମାକୁ ଆବେଷ୍ଟିତ କଲାପରେ ଯେଉଁ ନୂଆଁ ଆକାର ଏବଂ ନୂତନ ଶକ୍ତିପ୍ରାପ୍ତ କରିଥାଏ, ତା'ର ପରିପାକ ହେଲାପରେ ସେଗୁଡ଼ିକ ଫଳଦେବାରେ ଅଥବା ପ୍ରଭାବ ବିସ୍ତାର କରିବାରେ ସମର୍ଥ ହୋଇଥାନ୍ତି।

ପ୍ରଜ୍ଞାପନା (ପଦ୩୫)ରେ ଦୁଇ ପ୍ରକାର ବେଦନା ସମ୍ବନ୍ଧରେ ବର୍ଣ୍ଣନା କରାଯାଇଛି–

୧. ଆଭ୍ୟୁପଗମିକୀ - ଅଭ୍ୟୁପଗମ - ସିଦ୍ଧାନ୍ତ କାରଣରୁ ଯେଉଁ କଷ୍ଟ ସହନ କରାଯାଇଥାଏ, ତାହା ହେଉଛି ଆଭ୍ୟୁପଗମିକୀ ବେଦନା।

୨. ଔପକ୍ରମିକୀ - କର୍ମର ଉଦୟ ହେଲାପରେ ଅଥବା ଉଦୀରଣା ଦ୍ୱାରା ବା ଉଦ୍ଦୀପନ ଫଳରେ କର୍ମୋଦୟ ଅବସ୍ଥାରେ ଯେଉଁ କଷ୍ଟାନୁଭୂତି ହୋଇଥାଏ, ତାହା ହେଉଛି ଔପକ୍ରମିକୀ ବେଦନା।

ଉଦୀରଣା, ଜୀବ ନିଜେ କରିଥାଏ। ଇଷ୍ଟ-ଅନିଷ୍ଟ ପୁଦ୍‌ଗଳ ସାମଗ୍ରୀ ଦ୍ୱାରା କିମ୍ବା ଅନ୍ୟ ଲୋକଙ୍କ ଦ୍ୱାରା ବି ତାହା ହୋଇପାରିବ। ଆୟୁର୍ବେଦର ପୁରୁଷାର୍ଥର ଏହାହିଁ ହେଉଛି ନିମିତ୍ତ।

---

(୨୦) ଲୋକପ୍ରକାଶ, ୪/୬୪, ୬୫ :

ସୂକ୍ଷ୍ମାନ୍ନିଗୋଦତୋଽନାଦେର୍ନିର୍ଗତା ଏକଶୋପି ଯେ ।
ପୃଥ୍ୱ୍ୟାଦିବ୍ୟବହାରଞ୍ଚ, ପ୍ରାପ୍ତାସ୍ତେ ବ୍ୟାବହାରିକାଃ ॥
ସୂକ୍ଷ୍ମାନାଦିନିଗୋଦେଷୁ, ଯାନ୍ତି ଯଦ୍ୟପି ତେ ପୁନଃ ।
ତେ ପ୍ରାପ୍ତ ବ୍ୟବହାରତ୍ୱାତ୍, ତଥାପି ବ୍ୟବହାରିଣଃ ॥

ବେଦନା ଚାରିପ୍ରକାର ଭୋଗାଯାଇଥାଏ –

ଦ୍ରବ୍ୟ ଦ୍ୱାରା - ଜଳ-ବାୟୁର ଅନୁକୂଳ-ପ୍ରତିକୂଳ ବସ୍ତୁ ସହିତ ସଂଯୋଗ ଫଳରେ

କ୍ଷେତ୍ର ଦ୍ୱାରା - ଶୀତ-ଉଷ୍ଣ ଆଦି ଅନୁକୂଳ-ପ୍ରତିକୂଳ ସ୍ଥାନର ସଂଯୋଗ ଫଳରେ

କାଳ ଦ୍ୱାରା - ଗ୍ରୀଷ୍ମ ଋତୁରେ ହଇଜା, ଶୀତ ସମୟରେ ଜ୍ୱର, ନିମୋନିଆଁ ଅଥବା ଅଶୁଭଗ୍ରହର ଉଦୟ ଫଳରେ

ଭାବ ଦ୍ୱାରା - ଅସାତ୍-ବେଦନୀୟର ଉଦୟ ଫଳରେ ବେଦନା ଭୋଗ କରାଯାଇଥାଏ।

ବେଦନାର ମୂଳରେ ଅସାତ-ବେଦନୀୟର ଉଦୟ ରହିଥାଏ। ଭାବଦ୍ୱାରା ବେଦନା ରହିଥିବା ସ୍ଥାନରେ ଦ୍ରବ୍ୟ, କ୍ଷେତ୍ର ଓ କାଳ, ସେହି ବେଦନାର ନିମିତ୍ତ ସାଜନ୍ତି। ଭାବ-ବେଦନା ଅଭାବରେ ଦ୍ରବ୍ୟ ଇତ୍ୟାଦିର ପ୍ରଭାବ ନଗଣ୍ୟ ଥାଏ। କର୍ମ-ବର୍ଗଣା ପୌଦ୍‌ଗଳିକ ହୋଇଥିବାରୁ ପୁଦ୍‌ଗଳ ସାମଗ୍ରୀ ସେଗୁଡ଼ିକର ବିପାକ ବା ପରିପାକର ନିମିତ୍ତ ହୋଇଥାନ୍ତି।

ଧର୍ମ ପାଖକୁ ଧନ ଆସିଥାଏ - ଏହି ନିୟମ କର୍ମ ବର୍ଗଣାଗୁଡ଼ିକ ଉପରେ ମଧ୍ୟରେ ଲାଗୁ ହୋଇଥାଏ। କର୍ମ ପାଖକୁ କର୍ମ ଆସେ। ଶୁଦ୍ଧ ଅଥବା ମୁକ୍ତ ଆତ୍ମା ସହିତ କର୍ମ ଆସି ସଂଶ୍ଳିଷ୍ଟ କରିପାରେ ନାହିଁ। କର୍ମ ଦ୍ୱାରା ଆବଦ୍ଧ ଆତ୍ମାର କଷାୟ ଲେପ ପ୍ରଗାଢ଼ ଥାଏ। ତୀବ୍ରକଷାୟ ତୀବ୍ର କମ୍ପନ ସୃଷ୍ଟି କରିଥାଏ ଏବଂ ତା'ଦ୍ୱାରା ଅଧିକ କର୍ମ-ବର୍ଗଣା ଆକର୍ଷିତ ହୋଇଥାନ୍ତି।

ଏହିପରି ପ୍ରବୃତ୍ତିର ପ୍ରକମ୍ପନ ଯେଉଁ ପରିମାଣରେ ତୀବ୍ର ବା ମନ୍ଦ ହୋଇଥାଏ, ସେମାନେ ସେହି ପରିମାଣରେ ପ୍ରଚୁର ବା ନ୍ୟୂନ ମାତ୍ରାରେ କର୍ମ-ବର୍ଗଣା ଗ୍ରହଣ କରନ୍ତି। ପ୍ରବୃତ୍ତି ସତ୍ ଓ ଅସତ୍ ଉଭୟ ପ୍ରକାର ହୋଇଥାଏ। ସତ୍ ଦ୍ୱାରା ସତ୍ କର୍ମ-ବର୍ଗଣା ଏବଂ ଅସତ୍ ଦ୍ୱାରା ଅସତ୍ କର୍ମବର୍ଗଣା ଆକୃଷ୍ଟ ହୁଅନ୍ତି। ଏହାହିଁ ସଂସାର, ଜନ୍ମ-ମୃତ୍ୟୁ ଅଥବା ଭବ ପରମ୍ପରା। ଏହି ଅବସ୍ଥାରେ ଆତ୍ମା ବିକାରଗ୍ରସ୍ତ ଥାଏ। ଅସଂଖ୍ୟ ବସ୍ତୁ ଓ ବସ୍ତୁ ସ୍ଥିତିର ପ୍ରଭାବ ତା'ଉପରେ ପଡ଼ିଥାଏ। ଆତ୍ମାର ସ୍ୱୟଂର ବିକୃତଦଶା ଯୋଗୁଁ ଏହି ପ୍ରଭାବ ପଡ଼ିଥାଏ। ବିକୃତି ଦୂର ହେଲାପରେ କୌଣସି ବସ୍ତୁ ବି ଆତ୍ମା ଉପରେ ତା'ର ଛାପ ଛାଡ଼ିପାରେ ନାହିଁ। ଏହା ଅନୁଭବସିଦ୍ଧ କଥା ଯେ ଅସମଭାବୀ ବ୍ୟକ୍ତି, ଯାହାଠାରେ ରାଗ-ଦ୍ୱେଷ ପ୍ରଚୁର ମାତ୍ରାରେ ଥାଏ, ପ୍ରତି ପଦକ୍ଷେପରେ ସୁଖ-ଦୁଃଖ ଦ୍ୱାରା ପୀଡ଼ିତ ହୋଇଥାଏ। ଯେ କେହି ଲୋକ, ସାମାନ୍ୟ କଥାରେ ତାହାକୁ ପ୍ରସନ୍ନ କିମ୍ବା ଖିନ୍ନ କରିଦେଇପାରନ୍ତି। ଅନ୍ୟମାନଙ୍କ ଚେଷ୍ଟା, ତା'ର ପରିବର୍ତ୍ତନ ସକାଶେ ଭାରି ନିମିତ୍ତ ସାଜିଥାଏ। ସମଭାବୀ ମଣିଷର ଏପରି ସ୍ଥିତି ହୁଏନାହିଁ। କାରଣ ତା'ର ଆତ୍ମାରେ ବିକାର ମାତ୍ରା ଅଳ୍ପ ପରିମାଣରେ ଥାଏ ଅଥବା ଜ୍ଞାନ ବଳରେ ସେ ବିକାରକୁ ଉପଶାନ୍ତ କରି ରଖିଛି। ସମ୍ପୂର୍ଣ୍ଣ ବିକାଶ ଘଟିଲେ ଆତ୍ମା ସମସ୍ତ ପ୍ରକାର ସ୍ୱସ୍ଥ ହୋଇଯାଏ। ତେଣୁ ପର-ବସ୍ତୁର ତା'ଉପରେ ଜମା ପ୍ରଭାବ ପଡ଼େନାହିଁ। ଶରୀର ନ ରହିଲେ ତା' ମାଧ୍ୟମରେ ଜାତ ହେଉଥିବା ସମ୍ବେଦନା ବି ନିଃଶେଷ ହୁଏ। ସହଜ ବୃତ୍ତିରେ ଆତ୍ମା ହେଉଛି ଅପ୍ରକମ୍ପ। ଶରୀର-ସଂଯୋଗ ଯୋଗୁଁ ଆତ୍ମାର କମ୍ପନ ହୋଇଥାଏ। ଅଶରୀର ହେଲାପରେ କମ୍ପନ ହୁଏନାହିଁ।

ଶୁଦ୍ଧ ଆତ୍ମାର ସ୍ୱରୂପ ଚିହ୍ନିବାକୁ ହେଲେ ଆଠଟି ମୁଖ୍ୟ ତତ୍ତ୍ୱର ଅନୁଶୀଳନ ଜରୁରୀ - ୧. ଅନନ୍ତ-ଜ୍ଞାନ ୨. ଅନନ୍ତ-ଦର୍ଶନ ୩. କ୍ଷାୟକ-ସମ୍ୟକ୍‌ତ୍ୱ ୪. ଲବ୍‌ଧି ୫. ସହଜ ଆନନ୍ଦ ୬. ଅଟଳ-ଅବଗାହ ୭. ଅମୂର୍ତ୍ତିକପଣ ୮. ଅଗୁରୁ-ଲଘୁ-ଭାବ।

ମୁକ୍ତ ଆତ୍ମାର ଜ୍ଞାନ-ଦର୍ଶନ ଅବାଧ ଥାଏ। ସେମାନଙ୍କୁ ଜାଣିବାରେ ବାହାରିଆ ପଦାର୍ଥ ଅବରୋଧ ସୃଷ୍ଟି କରିପାରେ ନାହିଁ। ତା'ର ଆତ୍ମ-ରୂଚି ହେଉଛି ଯଥାର୍ଥ। ତହିଁରେ କୌଣସି ବିପର୍ଯ୍ୟାସ ନ ଥାଏ। ତାହାର ଲବ୍‌ଧି-ଆତ୍ମଶକ୍ତି ମଧ୍ୟ ନିର୍ବାଧ ଥାଏ। ପୌଦ୍‌ଗଳିକ ସୁଖ-ଦୁଃଖର ଅନୁଭୂତିରୁ ମୁକ୍ତ ଥାଏ। ମୁକ୍ତ ଆତ୍ମା, ବାହ୍ୟପଦାର୍ଥକୁ ଯଥାର୍ଥ ଭାବରେ ଜାଣିଥାଏ, କିନ୍ତୁ ଶରୀର ଦ୍ୱାରା ହେଉଥିବା ଅନୁଭୂତି କରିପାରେ ନାହିଁ। ତା'ଠାରେ ଜନ୍ମ-ମୃତ୍ୟୁର ପର୍ଯ୍ୟାୟ, ରୂପ ଏବଂ ଗୁରୁ-ଲଘୁ-ଭାବ ଆଦି କିଛି ବି ନ ଥାଏ।

ଆତ୍ମା ଉଦ୍‌ବୁଦ୍ଧ ଅବସ୍ଥାରେ ନ ଥିଲେ କର୍ମ-ବର୍ଗଣା ଏହି ଆତ୍ମଶକ୍ତିକୁ ଦମିତ କରିରଖିଥାନ୍ତି । ଏମାନଙ୍କୁ ପୂର୍ଣ୍ଣ ବିକଶିତ ହେବାରେ ବାଧା ଉତ୍ପନ୍ନ କରନ୍ତି । ଭବ-ସ୍ଥିତି ପାକଳ ହେଲେ କର୍ମ-ବର୍ଗଣା କ୍ରମଶଃ କ୍ଷୟପ୍ରାପ୍ତ ହୋଇ ବଳ-ହୀନ ହୋଇଥାଏ । ସେତେବେଳେ ଆତ୍ମାର ସହଜବୁଦ୍ଧି ଜାଗିଥାଏ । ଏଠାରୁ ଆତ୍ମ-ବିକାଶ ପ୍ରକ୍ରିୟା ଆରମ୍ଭ ହୁଏ । ଦୃଷ୍ଟି ଯଥାର୍ଥ ହୁଏ ଏବଂ ସମ୍ୟକ୍‌ତ୍ୱ ପ୍ରାପ୍ତ ହୁଏ । ଏହା ହେଉଛି ଆତ୍ମଜାଗରଣର ପ୍ରଥମ ସୋପାନ । ଏହି ସ୍ଥିତିରେ ଆତ୍ମା ନିଜ ରୂପକୁ 'ସ୍ୱ' ଏବଂ ବାହ୍ୟବସ୍ତୁଗୁଡ଼ିକୁ 'ପର' ବୋଲି ବୁଝିଥାଏ ଏବଂ ତା'ର ସହଜଶ୍ରଦ୍ଧା ମଧ୍ୟ ସେହିଭଳି ପରିଣତ ହୁଏ । ତେଣୁ ଏହିଭଳି ଆତ୍ମାକୁ ଅନ୍ତରାତ୍ମା, ସମ୍ୟଗ୍‌ଦୃଷ୍ଟି ବା ସମ୍ୟକ୍‌ତ୍ୱୀ କହିଥାନ୍ତି । ଏହାପୂର୍ବର ଦଶାରେ ତାହା ବହିରାତ୍ମା, ମିଥ୍ୟାଦୃଷ୍ଟି ବା ମିଥ୍ୟାତ୍ୱୀ ବୋଲାଇଥାଏ ।

ଏହି ଜାଗରଣ ଉତ୍ତାରୁ ଆତ୍ମା ନିଜ ମୁକ୍ତି ସକାଶେ ଅଗ୍ରସର ହୁଏ । ସମ୍ୟଗ୍‌ଦର୍ଶନ ଓ ସମ୍ୟଗ୍ ଜ୍ଞାନର ଆଶ୍ରୟ ନେଇ ସେ ସମ୍ୟଗ୍ ଚରିତ୍ରର ବଳ ବଢ଼ାଇଥାଏ । ଚରିତ୍ର-ବଳ ବଢ଼ିବା ସହିତ କର୍ମ-ବର୍ଗଣାର ଆକର୍ଷଣ କ୍ଷୀଣ ହୋଇଥାଏ । ସତ୍‌ପ୍ରବୃତ୍ତି ବା ଅହିଂସାତ୍ମକ ପ୍ରବୃତ୍ତି ପୂର୍ବରୁ ଆବଦ୍ଧ କର୍ମ-ବର୍ଗଣା ଶିଥିଳ ହୁଏ । ଧୀରେ ଧୀରେ ଆତ୍ମାର ନିର୍ମଳତା ବୃଦ୍ଧି ପାଇ ଶରୀର-ଦଶାରେ ବି ନିରାବରଣ ହୋଇଯାଏ । ଜ୍ଞାନ, ଦର୍ଶନ, ବୀତରାଗ-ଭାବ ଏବଂ ଶକ୍ତିର ପୂର୍ଣ୍ଣ ଅଥବା ଅବାଧ କିମ୍ବା ବାହ୍ୟ ବସ୍ତୁ ଦ୍ୱାରା ଅପ୍ରଭାବିତ ବିକାଶ ହୁଏ । ଏହି ଅବସ୍ଥାରେ ଭବ ବା ଅବଶିଷ୍ଟ ଆୟୁଷ୍ୟକୁ ଆଧାର ପ୍ରଦାନ କରୁଥିବା ଚାରି ବର୍ଗଣା-ଭବୋପଗ୍ରାହୀ ବର୍ଗଣା ବାକି ରହିଥାଏ । ଜୀବନର ସମାପ୍ତି ସହିତ ଏଗୁଡ଼ିକ ଛିନ୍ନ ହୁଅନ୍ତି । ଆତ୍ମା ପୂର୍ଣ୍ଣ ମୁକ୍ତ ତଥା ବାହାରି ପ୍ରଭାବରୁ ସବୁମନ୍ତେ ନିବୃତ୍ତ ହୋଇଯାଏ । ବନ୍ଧନ-ମୁକ୍ତ ତୁମ୍ବା ଯେପରି ପାଣିରେ ଭାସିଗଲେ ସେପରି ବନ୍ଧନ-ମୁକ୍ତ ଆତ୍ମା ଲୋକର ଅଗ୍ରଭାଗରେ ଅବସ୍ଥିତ ହୁଏ । ମୁକ୍ତ ଆତ୍ମାରେ ବୈଭାବିକ ପରିବର୍ତ୍ତନ ଘଟେନାହିଁ, ସ୍ୱାଭାବିକ ପରିବର୍ତ୍ତନ ଅବଶ୍ୟ ହୁଏ । ଏହା ହେଉଛି ବସ୍ତୁ ମାତ୍ରର ଅବଶ୍ୟମ୍ଭାବୀ ଧର୍ମ ।

ପରିବର୍ତ୍ତନ ଓ ବିକାଶର ମର୍ଯ୍ୟାଦା

ସତ୍ୟର ବ୍ୟାଖ୍ୟା ଅନେକାନ୍ତ ଦୃଷ୍ଟିରେ ହିଁ କରାଯାଇପାରିବ । ପରିବର୍ତ୍ତନ ନିଶ୍ଚିତ ଭାବରେ ବିଶ୍ୱ ବ୍ୟବସ୍ଥାର ଏକ ଅଂଗ, କିନ୍ତୁ ବିଶ୍ୱବ୍ୟବସ୍ଥା ଉପରେ ଏହାର ପୂର୍ଣ୍ଣ ନିୟନ୍ତ୍ରଣ ନାହିଁ । ବିଶ୍ୱର ଅଞ୍ଚଳରେ ଶାଶ୍ୱତ ତତ୍ତ୍ୱ ମଧ୍ୟ ବିଦ୍ୟମାନ ଥାନ୍ତି ।

କିଛି କାର୍ଯ୍ୟ ପ୍ରବୃତ୍ତି-ଜନିତ ଏବଂ କିଛି ନୈସର୍ଗିକ ଅଟନ୍ତି । ଏହି ବହୁରୂପୀ ବ୍ୟବସ୍ଥାର ରହସ୍ୟଗୁଡ଼ିକର ଉଦ୍‌ଘାଟନ କରିବାକୁ ଯାଇ ଜୈନ ଦର୍ଶନରେ କିଛି ସିଦ୍ଧାନ୍ତର ପ୍ରତିପାଦନ କରାଯାଇଛି । ଏହାର ଜ୍ଞାନ ଏବଂ ଅନୁଶୀଳନ ଅତ୍ୟନ୍ତ ଉପାଦେୟ ହୋଇଥାଏ ।

ଅସମ୍ଭାବ୍ୟ କାର୍ଯ୍ୟ

ସ୍ଥାନାଂଗ ସୂତ୍ରରେ ଛଅ ପ୍ରକାର ଅସମ୍ଭାବ୍ୟ କାର୍ଯ୍ୟର ଉଲ୍ଲେଖ ପ୍ରାପ୍ତ ହୋଇଥାଏ – ୧. ଅଜୀବକୁ ଜୀବରେ ପରିଣତ କରାଯାଇପାରିବ ନାହିଁ । ୨. ଜୀବକୁ ଅଜୀବରେ ପରିଣତ କରାଯାଇପାରିବ ନାହିଁ । ୩. ଏକସଂଗେ ଦୁଇଟି ଭାଷାର ଉଚ୍ଚାରଣ କରାଯାଇପାରିବ ନାହିଁ । ୪. ନିଜ ଦ୍ୱାରା କରାଯାଇଥିବା କର୍ମର ଫଳକୁ ଆପଣା ଇଚ୍ଛାଧୀନ କରାଯାଇପାରିବ ନାହିଁ । ୫. ପରମାଣୁକୁ ଖଣ୍ଡ କରାଯାଇପାରିବ ନାହିଁ । ୬. ଅଲୋକ ମଧ୍ୟରେ ପ୍ରବେଶ କରାଯାଇପାରିବ ନାହିଁ ।[୨୧]

ସର୍ବଜ୍ଞ ଅଥବା ବିଶିଷ୍ଟ ଯୋଗୀ ବ୍ୟତିରେକ କୌଣସି ମଣିଷ ଏହି ତତ୍ତ୍ୱଗୁଡ଼ିକର ସାକ୍ଷାତ୍‌କାର କରିପାରି ନ ଥାଏ[୨୨] - ୧. ଧର୍ମ (ଗତି-ତତ୍ତ୍ୱ), ୨. ଅଧର୍ମ (ସ୍ଥିତି-ତତ୍ତ୍ୱ), ୩. ଆକାଶ ୪. ଶରୀରବିହୀନ ଜୀବ, ୫. ପରମାଣୁ, ୬. ଶବ୍ଦ ।

---

[୨୧] ଠାଣଂ, ୬/୫

[୨୨] ଠାଣଂ, ୬/୪

ପାରମାର୍ଥିକ ସତ୍ତା

୧. ଜ୍ଞାତାଙ୍କ ସତତ ଅସ୍ତିତ୍ୱ।[୨୩]

୨. ଜ୍ଞେୟର ସ୍ୱତନ୍ତ୍ର ଅସ୍ତିତ୍ୱ ବସ୍ତୁଜ୍ଞାନ ଉପରେ ନିର୍ଭରଶୀଳ ନୁହେଁ।[୨୪]

୩. ଜ୍ଞାତା ଓ ଜ୍ଞେୟ ମଧ୍ୟରେ ଯୋଗ୍ୟ ସଂବନ୍ଧ।

୪. ବାଣୀଠାରେ ଜ୍ଞାନର ପ୍ରାମାଣିକ ପ୍ରତିବିମ୍ବ-ବିଚାର ଅଥବା ଲକ୍ଷ୍ୟର ଅଭିବ୍ୟକ୍ତିର ଉପଯୁକ୍ତ ସାଧନ।

୫. ଜ୍ଞେୟ (ସଂବେଦ୍ୟ ବା ବିଷୟ) ଏବଂ ଜ୍ଞାତୃ (ସଂବିତ୍ ବା ବିଷୟୀ)ର ସମକାଳୀନ ଅସ୍ତିତ୍ୱ, ସ୍ୱତନ୍ତ୍ର ଅସ୍ତିତ୍ୱ ତଥା ପାରସ୍ପରିକ ସମ୍ବନ୍ଧ କାରଣରୁ ସେମାନଙ୍କ ବିଷୟ-ବିଷୟୀଭାବ।

ଚାରୋଟି ସିଦ୍ଧାନ୍ତ

୧. ପଦାର୍ଥମାତ୍ରକେ ପରିବର୍ତ୍ତନଶୀଳ।

୨. ସତ୍‌ର ସର୍ବଥା ନାଶ ଅଥବା ଅସତ୍‌ର ଉତ୍ପାଦ ହୁଏନାହିଁ।

୩. ଜୀବ ଓ ପୁଦ୍‌ଗଳଠାରେ ଗତିଶକ୍ତି ଥାଏ।

୪. ବ୍ୟବସ୍ଥା ହେଉଛି ବସ୍ତୁର ମୂଳଭୂତ ସ୍ୱଭାବ।

ଏଗୁଡ଼ିକର ଜଡ଼ବାଦର ଚାରି ସିଦ୍ଧାନ୍ତ ସହିତ ତୁଳନା କରାଯାଉ –

(କ) ଜ୍ଞାତା ଓ ଜ୍ଞେୟ ନିତ୍ୟ ପରିବର୍ତ୍ତନଶୀଳ ଥା'ନ୍ତି।

(ଖ) ସଦ୍‌ବସ୍ତୁର ସଂପୂର୍ଣ୍ଣ ନାଶ ହୋଇନଥାଏ - ପୂର୍ଣ୍ଣ ଅଭାବ ମଧ୍ୟରେ ସଦ୍‌ବସ୍ତୁ ଉତ୍ପନ୍ନ ହୁଏନାହିଁ।

(ଗ) ପ୍ରତ୍ୟେକ ବସ୍ତୁଠାରେ ସ୍ୱଭାବସିଦ୍ଧ ଗତିଶକ୍ତି କିମ୍ବା ପରିବର୍ତ୍ତନ ଶକ୍ତି ଅବଶ୍ୟ ରହିଥାଏ।

(ଘ) ରଚନା, ଯୋଜନା, ବ୍ୟବସ୍ଥା, ନିୟମବଦ୍ଧତା ଅଥବା ସୁସଂଗତି ହେଉଛି ବସ୍ତୁର ମୂଳଭୂତ ସ୍ୱଭାବ।[୨୫]

ସମସ୍ୟା ଓ ସମାଧାନ

ଲୋକ ଶାଶ୍ୱତ ନା ଆଶ୍ୱତ ? ଆତ୍ମା ଶାଶ୍ୱତ ନା ଆଶାଶ୍ୱତ ? ଆତ୍ମା ଶରୀରରୁ ଭିନ୍ନ ନା ଅଭିନ୍ନ ? ଜୀବ-ଜୀବ ମଧ୍ୟରେ ରହିଥିବା ଭେଦ କର୍ମକୃତ ନା ଅନ୍ୟକୃତ ? କର୍ମର କର୍ତ୍ତା ଓ ଭୋକ୍ତା ନିଜେ ଜୀବ ନା ଅନ୍ୟ କେହି ? ଏଭଳି ଅନେକ ସମସ୍ୟା, ମଣିଷକୁ ସନ୍ଦିଗ୍ଧ କରି ରଖିଛି।

---

(୨୩) ସ୍ୟାଦ୍‌ବାଦମଞ୍ଜରୀ, ଶ୍ଳୋକ ୧୯ :

ନ ଚା-ସ୍ଥିରାଣାଂ ଭିନ୍ନକାଲତୟାଽନ୍ୟୋନ୍ୟଂ
ସଂବନ୍ଧାନାଂଚ ତେଷାଂ ବାଚ୍ୟବାଚକ ଭାବୋ ଯୁଜ୍ୟତେ।

(୨୪) ତୁଳନା - ବାହ୍ୟଜଗତ ବାସ୍ତବିକ ନୁହେଁ। ତା'ର ଅସ୍ତିତ୍ୱ କେବଳ ଆମ ମନ ଭିତରେ ବା କୌଣସି ଅଲୌକିକ ଶକ୍ତିର ମନଭିତରେ ଥାଏ - ଏହା ଆଦର୍ଶବାଦ ବୋଲାଇଥାଏ। ଆଦର୍ଶବାଦର ଅନେକ ପ୍ରକାର ରହିଛି। କିନ୍ତୁ ସମସ୍ତେ ଗୋଟିଏ କଥା ସହିତ ଏକମତ ଯେ ମୂଳ ବାସ୍ତବିକତା ହେଉଛି ମନ। ତାହା ମାନବ-ମନ ହୋଇଥାଉ କିମ୍ବା ଅପୌରୁଷେୟ ମନ, ସେଗୁଡ଼ିକ ମଧ୍ୟରେ ଯଦି ବାସ୍ତବିକତାର କୌଣସି ଅଂଶ ଥାଏ ତାହା ଗୌଣ ଅଟେ। ମାର୍କସବାଦୀ ଦୃଷ୍ଟିକୁ ଏଙ୍ଗଲସ୍ ନିଜ ଶବ୍ଦରେ ବର୍ଣ୍ଣନା କରିବାକୁ ଯାଇ କହିଛନ୍ତି - 'ଭୌତିକବାଦୀ ବିଶ୍ୱ-ଦୃଷ୍ଟିକୋଣ ପ୍ରକୃତିକୁ ଠିକ୍ ସେହିଭଳି ଦେଖିଥାଏ, ଯେଉଁ ରୂପରେ ତାହା ବାସ୍ତବିକ ଉପସ୍ଥିତ ଥାଏ।' ବାହ୍ୟଜଗତ୍ ହେଉଛି ବାସ୍ତବିକ। ଆମ ମଧ୍ୟରେ ତା'ର ଚେତନା ରହିଛି ଅଥବା ନ ରହିଛି - ଏହି ତଥ୍ୟରୁ ସେହି ଚେତନା ସ୍ୱତନ୍ତ୍ର ଥାଏ। ତା'ର ଗତି ଓ ବିକାଶ, ଆମଦ୍ୱାରା କିମ୍ବା ଆଉ କାହାର ମନ ଦ୍ୱାରା ସଂଗଳିତ ହୁଏନାହିଁ। (ମାର୍କସବାଦ କ୍ୟା ହୈ ? ୫, ୬୮, ୬୯ ଲେ. ଏମିଲ ବର୍ଣ୍ଣସ୍)

(୨୫) ଜଡ଼ବାଦ, ପୃ.୬୦-୬୪

୧. ଲୋକ ଯଦି ଶାଶ୍ୱତ, ତେବେ ବିନାଶ ଓ ପରିବର୍ତ୍ତନ କିପରି ଘଟୁଛି ? ଯଦି ଲୋକ ଅଶାଶ୍ୱତ ହୋଇଥାଏ, ତାହାହେଲେ ଅତୀତ, ଅନାଗତ, ନବୀନ, ପୁରାତନ ଆଦି-ଆଦିର କାରଣ କ'ଣ ହୋଇପାରେ ?

୨. ଆତ୍ମା ଯଦି ଶାଶ୍ୱତ, ତେବେ ମୃତ୍ୟୁ କିପରି ଘଟିଥାଏ ? ଆତ୍ମା ଅଶାଶ୍ୱତ ହୋଇଥିଲେ ବିଭିନ୍ନ ଚୈତନ୍ୟ ସନ୍ତାନମାନଙ୍କରେ ଏକାତ୍ମକତାର କାରଣ କ'ଣ ?

୩. ଆତ୍ମା ଯଦି ଶରୀରରୁ ଭିନ୍ନ, ତେବେ ଶରୀର ସୁଖ-ଦୁଃଖର ଅନୁଭୂତି କାହିଁକି କରିଥାଏ ? ତାହା ଯଦି ଶରୀରଠାରୁ ଅଭିନ୍ନ ତେବେ ଶରୀର ଆତ୍ମା ରୂପକ ଦୁଇଟି ପଦାର୍ଥର ଉତ୍ପତ୍ତି କ'ଣ ପାଇଁ ?

୪. ଜୀବମାନଙ୍କ ବିଚିତ୍ରତା କର୍ମକୃତ ବୋଲି ଗଣ୍ୟ ହେଲେ ସାମ୍ୟବାଦର ସ୍ଥାପନାର କୌଣସି ଅର୍ଥ ନାହିଁ ଏବଂ ଯଦି ଏହି ବିଚିତ୍ରତା ଅନ୍ୟକୃତ ହୋଇଥାଏ, ସେହି ସ୍ଥିତିରେ କର୍ମବାଦ କ'ଣ ପାଇଁ ?

୫. କର୍ମର କର୍ତ୍ତା ଓ ଭୋକ୍ତା ନିଜେ ଜୀବ ହୋଇଥିଲେ ମନ୍ଦକର୍ମ ଓ ତା' ଫଳଭୋଗକୁ କିପରି ସିଦ୍ଧ କରିହେବ ? ଯଦି ଜୀବ କର୍ତ୍ତା-ଭୋକ୍ତା ନୁହେଁ ତାହାହେଲେ କର୍ମ ଓ କର୍ମଫଳ ସହିତ ରହିଥିବା ତା'ର ସମ୍ବନ୍ଧର ରହସ୍ୟ କିପରି ଉନ୍ମୋଚିତ ହେବ ?

ଏହିସବୁର ସମାଧାନ ସକାଶେ ଅନେକାନ୍ତ ଦୃଷ୍ଟି ଆବଶ୍ୟକ ହୋଇଥାଏ । ଏକାନ୍ତ-ଦୃଷ୍ଟି ଏବଂ ତା'ର ଏକାଂଗୀ ବିଚାର ଦ୍ୱାରା ଏମାନଙ୍କ ବିରୋଧକୁ ସମାପ୍ତ କରାଯାଇପାରିବ ନାହିଁ ।

ଜୈନ ଦାର୍ଶନିକମାନେ ଏହି ସମସ୍ୟାଗୁଡ଼ିକର ସମାଧାନ ନିମ୍ନ ପ୍ରକାର କରିଛନ୍ତି–

୧. ଲୋକ ହେଉଛି ଶାଶ୍ୱତ ଏବଂ ତାହା ଅଶାଶ୍ୱତ ମଧ୍ୟ । କାଳ ପରିପ୍ରେକ୍ଷୀରେ ଲୋକ ହେଉଛି ଶାଶ୍ୱତ । ଏପରି କୌଣସି କାଳ ନାହିଁ, ଯେଉଁ ସମୟରେ ଲୋକର ଅସ୍ତିତ୍ୱ ପ୍ରାପ୍ତ ହେଉନଥିବ । ତିନିକାଳରେ ଲୋକ ଏକରୂପ ରହୁନଥିବାରୁ ତାହାକୁ ଅଶାଶ୍ୱତ ବି କୁହାଯାଇପାରିବ । ଯାହା ଏକାନ୍ତତଃ ଶାଶ୍ୱତ, ତା'ମଧ୍ୟରେ ପରିବର୍ତ୍ତନ ଘଟେନାହିଁ । ଯାହା ଏକାନ୍ତତଃ ଅଶାଶ୍ୱତ, ତା'ଠାରେ ଅନ୍ୱୟୀ ସଂବନ୍ଧ ନ ଥାଏ । ପ୍ରଥମ କ୍ଷଣରେ ହୋଇଥିବା ଲୋକ ପରବର୍ତ୍ତୀ କ୍ଷଣରେ ଅତ୍ୟନ୍ତ ଉଚ୍ଛିନ୍ନ ହୋଇଯାଏ ତାହାହେଲେ 'ବର୍ତ୍ତମାନ' ବ୍ୟତୀତ ଅତୀତ, ଅନାଗତ ଆଦିର ଭେଦ କମିଯାଏ ନାହିଁ । କୌଣସି ଧ୍ରୁବପଦାର୍ଥ ଅଛି, ତ୍ରିକାଳରେ ରହିଆସିଛି, ସେହିସ୍ଥଳରେ ତାହା ରହିଥିଲା ଏବଂ ରହିଥିବ ବୋଲି କୁହାଯାଇପାରିବ । ପଦାର୍ଥ ଯଦି କ୍ଷଣ-ବିନାଶୀ ହିଁ ହୋଇଥାଏ ତେବେ ଅତୀତ ଓ ଅନାଗତର ଭେଦ ସିଦ୍ଧ କରିବାର କୌଣସି ଆଧାର ହିଁ ନାହିଁ । ଏହିସବୁ ଦୃଷ୍ଟିରୁ ବିଚାର କରିଲେ ବିଭିନ୍ନ ପର୍ଯ୍ୟାୟ ପରିପ୍ରେକ୍ଷୀରେ 'ଲୋକ ହେଉଛି ଶାଶ୍ୱତ' – ଏହା ସ୍ୱୀକାର ନ କରିବା ଯାଏ ସ୍ଥିତି ସ୍ପଷ୍ଟ ହୋଇପାରିବ ନାହିଁ ।

୨. ଆତ୍ମା ପାଇଁ ବି ସମାନ ନିୟମ ଲାଗୁ ହୋଇଥାଏ । ଆତ୍ମା ହେଉଛି ଶାଶ୍ୱତ ଏବଂ ତାହା ଅଶାଶ୍ୱତ ମଧ୍ୟ ।

ଦ୍ରବ୍ୟତ୍ୱ ଦୃଷ୍ଟିରୁ ଆତ୍ମା ହେଉଛି ଶାଶ୍ୱତ – ପୂର୍ବ ଏବଂ ଉତ୍ତରବର୍ତ୍ତୀ ସମସ୍ତ କ୍ଷଣରେ ଏହା ରହିଆସିଛି । ଅନ୍ୱୟୀ ଅଟେ ଏବଂ ଚୈତନ୍ୟ ପର୍ଯ୍ୟାୟର ସଂକଳନ କର୍ତ୍ତା ମଧ୍ୟ ହୋଇଥାଏ ।

ପର୍ଯ୍ୟାୟ ଦୃଷ୍ଟିରୁ ଆତ୍ମା ଅଶାଶ୍ୱତ-ବିଭିନ୍ନ ରୂପରେ – ଗୋଟିଏ ଶରୀରରୁ ଅନ୍ୟ ଶରୀରରେ ଗୋଟିଏ ଅବସ୍ଥାରୁ ପରବର୍ତ୍ତୀ ଅବସ୍ଥାରେ ତା'ର ପରିଣମନ ଘଟିଥାଏ ।

୩. ଆତ୍ମା ଶରୀରରୁ ଭିନ୍ନ ଏବଂ ଶରୀରରୁ ଅଭିନ୍ନ ମଧ୍ୟ ହୋଇଥାଏ । ସ୍ୱରୂପ ଦୃଷ୍ଟିରୁ ଭିନ୍ନ, ସଂଯୋଗ ଏବଂ ଉପକାର ଦୃଷ୍ଟିରୁ ଅଭିନ୍ନ । ଆତ୍ମାର ସ୍ୱରୂପ ହେଉଛି ଚୈତନ୍ୟ ଅଥଚ ଶରୀରର ସ୍ୱରୂପ ଜଡ଼ – ଏହି କାରଣରୁ ଦୁହିଁଙ୍କ ମଧ୍ୟରେ ଭିନ୍ନତା ଥାଏ । ସଂସାରାବସ୍ଥାରେ ଆତ୍ମା ଓ ଶରୀର ମଧ୍ୟରେ କ୍ଷୀର-ନୀର ସଦୃଶ, ଲୌହ-ଅଗ୍ନିପିଣ୍ଡ ଭଳି ଐକାତ୍ମ୍ୟ ସଂଯୋଗ ରହିଥାଏ । ତେଣୁ ଶରୀର ସହିତ କୌଣସି ବସ୍ତୁର ସ୍ପର୍ଶ ହେଲାପରେ ଆତ୍ମାରେ ସମ୍ବେଦନ ତଥା କର୍ମର ବିପାକ ଘଟିଥାଏ ।

୪. ଗୋଟିଏ ଜୀବର ସ୍ଥିତି ଅନ୍ୟ ଜୀବଠାରୁ ଭିନ୍ନ ହେବାର କାରଣ ନିଶ୍ଚିତ ଭାବରେ କର୍ମ, କିନ୍ତୁ ଏକମାତ୍ର କର୍ମ ହିଁ ତା'ର କାରଣ ନୁହେଁ । କର୍ମ ବ୍ୟତୀତ କାଳ, ସ୍ୱଭାବ, ନିୟତି, ଉଦ୍ୟୋଗ ଆଦି ଅନେକ ତତ୍ତ୍ୱ ରହିଛି । କର୍ମ

ଦୁଇ ପ୍ରକାର – ସୋପକ୍ରମ ଓ ନିରୁପକ୍ରମ ଅଥବା ସାପେକ୍ଷ ଓ ନିରପେକ୍ଷ। ଫଳ-କାଳରେ ଅନେକ କର୍ମ ବାହ୍ୟ ସ୍ଥିତିର ସହଯୋଗ ଲୋଡ଼ିଥାନ୍ତି ଏବଂ ଅନେକଙ୍କୁ ଏହି ସହଯୋଗର ଆବଶ୍ୟକତା ନ ଥାଏ। କିଛି କର୍ମ, ବିପାକ ଅନୁକୂଳ ସାମଗ୍ରୀ ପ୍ରାପ୍ତ ହେଲାପରେ ଫଳ ପ୍ରଦାନ କରିଥାନ୍ତି ତଥା ଆଉ କେତେକ ସେମାନଙ୍କ ବିନା ବି ଫଳ ପ୍ରଦାନ କରିବାରେ ସକ୍ଷମ ହୋଇଥାନ୍ତି। କର୍ମୋଦୟ ଅନେକବିଧ ହୋଇଥିବାରୁ କର୍ମବାଦର ସାମ୍ୟବାଦ ସହିତ ବିରୋଧ ନ ଥାଏ। କର୍ମୋଦୟ ସାମଗ୍ରୀ ସମାନ ହେବାରୁ ପ୍ରାଣୀମାନଙ୍କ ସ୍ଥିତି ଅନେକାଂଶରେ ସମାନ ହେବା ସ୍ୱାଭାବିକ। ଜୈନସୂତ୍ରଗ୍ରନ୍ଥମାନଙ୍କରେ କଳ୍ପାତୀତ ଦେବଙ୍କ ସମାନ ସ୍ଥିତିରେ ଯେଉଁ ବର୍ଣ୍ଣନା ରହିଛି, ସେ ସମସ୍ତ ଆଜିର ସାମ୍ୟବାଦଠାରୁ ଅଧିକ ରୋମାଞ୍ଚକ। କଳ୍ପତୀତ ଦେବଗଣଙ୍କ ଋଦ୍ଧି, ଦ୍ୟୁତି, ଯଶ, ବଳ, ଅନୁଭାବ, ସୁଖ ସମାନ ହୋଇଥାଏ। ସେଠାରେ କେହି ସ୍ୱାମୀ, କେହି ସେବକ ବା କେହି ପୁରୋହିତ ରୂପରେ ନ ଥା'ନ୍ତି। ସମସ୍ତେ ଅହମିନ୍ଦ୍ର-ସ୍ୱୟଂ ଇନ୍ଦ୍ର। ଦେଶମାନଙ୍କରେ ତଥା ସମଗ୍ର ଭୂ-ଭାଗରେ ବି ଯଦି ଖାଦ୍ୟ-ପେୟ, ଜୀବନ-ଶୈଳୀ ଓ ପରମ୍ପରା ଆଦି ସମାନ ହୋଇପଡ଼ିବ ତଥା ସ୍ୱାମୀ-ସେବକର ଭେଦସମାପ୍ତ ହୋଇପଡ଼ିବ, ରାଜ୍ୟ-ସତ୍ତା ରୂପକ କେନ୍ଦ୍ରୀୟ ଶକ୍ତି ଲୋପ ପାଇବ, ତେବେ ମଧ୍ୟ କର୍ମବାଦ ପ୍ରତି କୌଣସି ଆଞ୍ଚ ଆସିବ ନାହିଁ। ଭାତ-ରୁଟି ସର୍ବସୁଲଭ ହେବା ଅର୍ଥ ବିଷମତାର ସମାପ୍ତି ନୁହେଁ। ପ୍ରାଣୀ-ପ୍ରାଣୀ ମଧ୍ୟରେ ଗତି, ଜାତି, ଶରୀର, ଅଙ୍ଗୋପାଙ୍ଗ ସମ୍ବନ୍ଧୀୟ ବିବିଧ ପ୍ରକାର ବିସଦୃଶତା ରହିଥାଏ। ଏହାର ମୂଳରେ ସେମାନଙ୍କ ନିଜସ୍ୱ ବିଚିତ୍ର କର୍ମ ରହିଥାଏ। ଜଣେ ପଶୁ ତ ଅନ୍ୟ ଜଣେ ମନୁଷ୍ୟ। ଜଣେ ଦ୍ୱି-ଇନ୍ଦ୍ରିୟଯୁକ୍ତ କୃମି ଏବଂ ଅନ୍ୟ ଜଣକ ପଞ୍ଚେନ୍ଦ୍ରିୟ ମଣିଷ। କ'ଣ ସକାଶେ ଏହି ବିଷମତା ? ସ୍ୱ-ଉପାର୍ଜିତ କର୍ମ ବ୍ୟତୀତ ଏହାର କାରଣ ଅନ୍ୟ କିଛି ହୋଇନପାରେ।

୫. ମୁକ୍ତ ଆତ୍ମା, କର୍ମର କର୍ତ୍ତା କିମ୍ବା ଭୋକ୍ତା ହୋଇନଥାନ୍ତି। ବଦ୍ଧ ଆତ୍ମାଗୁଡ଼ିକ କର୍ମ କରନ୍ତି ଏବଂ ସେହିକର୍ମର ଫଳ ମଧ୍ୟ ଭୋଗ କରିଥାନ୍ତି। ସେମାନଙ୍କ କର୍ମପ୍ରବାହର କୌଣସି ଆଦି ନାହିଁ। କର୍ମ ମୂଳ ନଷ୍ଟ ନ ହେବା ପର୍ଯ୍ୟନ୍ତ ଏହି ପ୍ରବାହ ଲାଗିରହେ। ଆତ୍ମା ସ୍ୱୟଂ କର୍ତ୍ତା-ଭୋକ୍ତା ହେବାସତ୍ତ୍ୱେ, ଅନିଷ୍ଟ ଫଳ ପ୍ରଦାନ କରୁଥିବା କର୍ମ କାହିଁକି କରିବ ? ଯଦି କରିପକାଏ, ତେବେ ସେହି ଅନିଷ୍ଟଫଳକୁ କାହିଁକି ଭୋଗିବ ? ଏହି ପ୍ରଶ୍ନର ମୂଳରେ ହିଁ ଦୋଷ ବିଦ୍ୟମାନ। ଆତ୍ମାରେ କୃତୃତ୍ୱ ଶକ୍ତି ରହିଥିବାରୁ ଏହା କର୍ମ କରିନଥାଏ, ବରଂ ଏହାପଛରେ ରାଗ-ଦ୍ୱେଷ, ସ୍ୱତ୍ତ୍ୱ-ପରତ୍ୱର ପ୍ରବଳ ପ୍ରେରଣା ଥାଏ। ପୂର୍ବ କର୍ମ-ଜନିତ ବେଗ ଫଳରେ ଆତ୍ମା ସମ୍ପୂର୍ଣ୍ଣ ଭାବରେ ଦବିଯାଏ ନାହିଁ। ତେବେ ସେମାନଙ୍କ ଦ୍ୱାରା ଅପ୍ରଭାବିତ ହୋଇରହିବା ମଧ୍ୟ ସମ୍ଭବପର ନୁହେଁ। ଗୋଟିଏ ମନ୍ଦକର୍ମ ଭବିଷ୍ୟତ ପାଇଁ ଆତ୍ମାଠାରେ ମନ୍ଦ ପ୍ରେରଣା ସୃଷ୍ଟି କରେ। ଭୋକ୍ତୃତ୍ୱ ଶକ୍ତିର ମଧ୍ୟ ସମାନଦଶା ହୋଇଥାଏ। ମନ୍ଦଫଳ ଭୋଗିବାର କାମନା ଆତ୍ମା କରିନଥାଏ, କିନ୍ତୁ ଇଚ୍ଛା ଦ୍ୱାରା ଭଲ ବା ମନ୍ଦ ଫଳପ୍ରାପ୍ତ ହୁଏନାହିଁ। ପୂର୍ବକୃତ କ୍ରିୟା ଅନୁସାରେ ଭଲ ବା ମନ୍ଦ ଫଳ ମିଳିଥାଏ। କ୍ରିୟାର ପ୍ରତିକ୍ରିୟା ହେବା ନିତାନ୍ତ ସ୍ୱାଭାବିକ। ବିଷପାନ କରିଥିବା ଲୋକ ମରିବା ନ ଚାହିଁଲେ ବି ଉକ୍ତ ବିଷ, ତା'ର ପ୍ରଭାବ ଅବଶ୍ୟ ଦେଖାଏ। ମୃତ୍ୟୁକୁ ଟାଳିବା ସହଜ ନୁହେଁ। କାରଣ ବିଷ-କ୍ରିୟା ତା'ର ଇଚ୍ଛା ଉପରେ ନିର୍ଭର ନୁହେଁ, ବରଂ ତାହାର ଖାଇବା କ୍ରିୟା ଉପରେ ନିର୍ଭର କରିଥାଏ।

॥ ୪ ॥

ସୃଷ୍ଟିବାଦର ନୂତନ ପରିଭାଷା

ଦର୍ଶନର ଏକ ମହତ୍ତ୍ୱପୂର୍ଣ୍ଣ ବିଷୟ ହେଉଛି ସୃଷ୍ଟିବାଦ। ଜୈନଦର୍ଶନ ସତ୍-ଅସତବାଦକୁ ସ୍ୱୀକାର କରିଥାଏ। ଏହି ଦର୍ଶନର ମତାନୁସାରେ ପଞ୍ଚାସ୍ତିକାୟ ହେଉଛି ସତ୍ ଏବଂ ସେଗୁଡ଼ିକ ଉତ୍ପତ୍ତି ଓ ବ୍ୟୟ ଚକ୍ରରୁ ମୁକ୍ତ। ସେମାନଙ୍କଠାରେ ପର୍ଯ୍ୟାୟ ଉତ୍ପନ୍ନ ହୁଏ ଏବଂ ବିନଷ୍ଟ ହୋଇଥାଏ। ତେଣୁ ବର୍ତ୍ତମାନ କାଳରେ ସତ୍‌ଭୂତ ଏବଂ ଭବିଷ୍ୟ ପାଇଁ ପଞ୍ଚାସ୍ତିକାୟ ଅସତ୍‌ଭୂତ ହୁଏ। ଏମାନଙ୍କ ମଧ୍ୟରୁ ତିନୋଟି ଅର୍ଥାତ୍ ଧର୍ମାସ୍ତିକାୟ, ଅଧର୍ମାସ୍ତିକାୟ ଓ ଆକାଶାସ୍ତିକାୟ ଅମୂର୍ତ୍ତ ଏବଂ ଗତିଶୂନ୍ୟ ଥିବାରୁ ସୃଷ୍ଟି କିମ୍ବା ସ୍ଥୁଳ ଜଗତର ମୂଳକାରଣ ନୁହନ୍ତି। ସେମାନଙ୍କ ଅସ୍ତିତ୍ୱ ସୂକ୍ଷ୍ମ ଜଗତ ପର୍ଯ୍ୟନ୍ତ ସୀମିତ। ଜୀବାସ୍ତିକାୟ ଅମୂର୍ତ୍ତ ଏବଂ ପୁଦ୍‌ଗଳାସ୍ତିକାୟ ହେଉଛି ମୂର୍ତ୍ତ। ତେବେ ଏହି ଦୁଇତତ୍ତ୍ୱ ଗତିଶୀଳ ଅଟନ୍ତି। ଏ ଦୁହେଁ ସ୍ଥୁଳ ଜଗତର ମୂଳ କାରଣ। ଜୀବ ସୂକ୍ଷ୍ମ ଓ ଅମୂର୍ତ୍ତ କିନ୍ତୁ ପରମାଣୁ ସୂକ୍ଷ୍ମ ଅଥଚ ମୂର୍ତ୍ତ। ସ୍ଥୁଳ ଜଗତ ଅଥବା ଦୃଶ୍ୟ ଜଗତର ମୂଳ ହେଉଛି ପରମାଣୁ। ଜୀବ, ଏହାର ସହଯୋଗୀ ମାତ୍ର। ଜୀବ ଓ ପୁଦ୍‌ଗଳ ମଧ୍ୟରେ ହିଁ ବ୍ୟଞ୍ଜନ ପର୍ଯ୍ୟାୟ ରହିଥାଏ। ତାହା ହେଉଛି ବ୍ୟକ୍ତ ସୃଷ୍ଟିର କାରକ ତତ୍ତ୍ୱ। ଅର୍ଥ ପର୍ଯ୍ୟାୟ ଅବ୍ୟକ୍ତ ତଥା ବ୍ୟଞ୍ଜନ ପର୍ଯ୍ୟାୟ ବ୍ୟକ୍ତ ଶ୍ରେଣୀଭୁକ୍ତ। ଜୈନସିଦ୍ଧାନ୍ତ ଦୀପିକାରେ କୁହାଯାଇଛି – ଜୀବ ଓ ପୁଦ୍‌ଗଳର ବିବିଧ ସଂଯୋଗ କାରଣରୁ ଏହି ଲୋକ ବିବିଧ ରୂପ ଧାରଣ କରିଥାଏ। ଏହି ବିବିଧତାର ନାମ ହିଁ ସୃଷ୍ଟି।[୧]

ସୃଷ୍ଟିର ତିନୋଟି ପରିଣାମ ହେଉଛି – ପ୍ରୟୋଗ, ବିସ୍ରସା (ସ୍ୱଭାବ) ଏବଂ ମିଶ୍ର।[୨] ଏହି ତିନି ପରିମାଣର ଆଧାରରେ ସୃଷ୍ଟି ତିନି ପ୍ରକାର ହୋଇଥାଏ – ୧. ପ୍ରୟୋଗଜା ସୃଷ୍ଟି ୨. ସ୍ୱଭାବଜା ସୃଷ୍ଟି, ୩. ମିଶ୍ରଜା ସୃଷ୍ଟି।

ସିଦ୍ଧସେନଗଣି, ଗୋଟିଏ ଗାଥାକୁ ଉଦ୍ଧୃତ କରି ପରିଣାମୀ (ଉପାଦାନ), ନିମିତ୍ତ ଏବଂ ନିର୍ବର୍ତକ ରୂପରେ ତିନୋଟି କାରଣର ଉଲ୍ଲେଖ କରିଛନ୍ତି।[୩] ବୈଶେଷିକ ଦର୍ଶନରେ ସମବାୟୀ, ଅସମବାୟୀ ଓ ନିମିତ୍ତ - ଏହି ତିନି

---

(୧) ଜୈନସିଦ୍ଧାନ୍ତ ଦୀପିକା
ଜୀବ ପୁଦ୍‌ଗଳଯୋର୍ବିବିଧସଂଯୋଗୈ
ସ ବିବିଧରୂପଃ। ଇୟଂ ବିବିଧରୂପତା
ଏବ ସୃଷ୍ଟିରିତି କଥ୍ୟତେ।

(୨) ଭଗବତୀ ୮/୨

(୩) ତତ୍ତ୍ୱାର୍ଥାଧିଗମସୂତ୍ର ୫/୧୬ ପୃ.୩୩୮ ନିର୍ବର୍ତକୋ ନିମିତ୍ତଂ ପରିଣାମୀ ଚ ତ୍ରିଧେଷ୍ୟତେ ହେତୁଃ।
କୁମ୍ଭସ୍ୟ କୁମ୍ଭକାରୋ, କର୍ତା ମୃଚ୍ଚେତି ସମସଂଖ୍ୟକଃ ॥

କାରଣକୁ ମାନ୍ୟ କରାଯାଇଛି। ଆଗମର ପ୍ରତିପାଦ୍ୟ ହେଉଛି - ବିସ୍ରସା ପରିଣତଦ୍ରବ୍ୟ, କାର୍ଯ୍ୟ-କାରଣ ନିୟମରୁ ମୁକ୍ତ ହୋଇଥାଏ। ପ୍ରୟୋଗ ପରିଣତ ଦ୍ରବ୍ୟ, ନିମିତ୍ତକାରଣ ନିୟମରୁ ସର୍ବଥା ମୁକ୍ତ। ମିଶ୍ର ପରିଣତ ଦ୍ରବ୍ୟ ମଧ୍ୟରେ ନିର୍ବର୍ତ୍ତକ ଏବଂ ନିମିତ୍ତ କାରଣର ସଂଯୋଜନା ହୋଇଥାଏ। ଏହି ପ୍ରକାରେ ଜୈନ ଦର୍ଶନରେ କାର୍ଯ୍ୟ-କାରଣ ସିଦ୍ଧାନ୍ତ ହେଉଛି ସାପେକ୍ଷ। ପ୍ରତ୍ୟେକ କାର୍ଯ୍ୟ ପଛରେ କାରଣ ଖୋଜିବାର ଅନିବାର୍ଯ୍ୟତା ରହିନାହିଁ।

ଉମାସ୍ୱାତି, ପୁଦ୍‌ଗଳର କାର୍ଯ୍ୟର ବର୍ଗୀକରଣ କରିଛନ୍ତି। ସେଗୁଡ଼ିକ ମଧ୍ୟରେ ଗୋଟିଏ କାର୍ଯ୍ୟ ହେଉଛି ବନ୍ଧ। ପରମାଣୁଗୁଡ଼ିକର ସଂଯୋଗ ଓ ବିଯୋଗ ଦ୍ୱାରା ଅନେକ ପୁଦ୍‌ଗଳ ସ୍କନ୍ଧର ନିର୍ମାଣ ହୋଇଥାଏ। ସେହି ନିର୍ମାଣ ବା ପୁଦ୍‌ଗଳ-ସ୍କନ୍ଧ-ରଚନାର ତିନୋଟି ହେତୁ ହେଉଛି - ୧. ପ୍ରୟୋଗ, ୨. ପ୍ରୟୋଗ ଓ ସ୍ୱଭାବର ମିଶ୍ରଣ, ୩. ସ୍ୱଭାବ।

ଶରୀର ସଂରଚନା ଜୀବମାନଙ୍କ ପ୍ରଯତ୍ନରୁ ହୋଇଥାଏ। ତାହା ପ୍ରୟୋଗ ପରିଣତ ଦ୍ରବ୍ୟ।[୪] ସିଦ୍ଧସେନଗଣି ପ୍ରୟୋଗର ଅର୍ଥ ଜୀବର ବ୍ୟାପାର ରୂପରେ କରିଛନ୍ତି।[୫] ଅକଳଂକ, ପ୍ରୟୋଗର ଅର୍ଥ ପୁରୁଷର ଶରୀର, ବାଣୀ ଓ ମନର ସଂଯୋଗ ରୂପରେ କରିଯାଇଛନ୍ତି।[୬]

ଜୀବଙ୍କ ପ୍ରୟୋଗ ଓ ସ୍ୱଭାବ - ଏହି ଦୁଇଙ୍କର ଯୋଗରୁ ଯେଉଁ ପରିଣମନ ଘଟିଥାଏ, ତାହା ମିଶ୍ରପରିଣତ ଦ୍ରବ୍ୟ। ସିଦ୍ଧସେନଗଣି ମିଶ୍ରର ଅର୍ଥ କରିଛନ୍ତି - ଜୀବ ପ୍ରୟୋଗ ସହଚରିତ ଅଚେତନଦ୍ରବ୍ୟର ପରିଣତି, ଯଥା : ସ୍ତମ୍ଭ ଓ ଘଟ।[୭] ଅକଳଙ୍କ, ବନ୍ଧର ଦୁଇଟି ଭେଦ ନିରୂପଣ କରିଛନ୍ତି, ଅଥଚ ମିଶ୍ରର ସ୍ୱତନ୍ତ୍ର ଉଲ୍ଲେଖ କରିନାହାନ୍ତି। ଅଜୀବ-ବିଷୟକ ପ୍ରାୟୋଗିକ ଏବଂ ଜୀବାଜୀବ ବିଷୟକ ପ୍ରାୟୋଗିକ ରୂପରେ ତା'ର ପୂର୍ତ୍ତି ପ୍ରୟୋଗର ଦୁଇଭେଦ ବିଶ୍ଳେଷଣ କରିଛନ୍ତି। ଅଜୀବ ବିଷୟକ ପ୍ରାୟୋଗିକର ବିଶ୍ଳେଷଣ କରିବାକୁ ଯାଇ ଜତୁକାଷ୍ଠର ଉଦାହରଣ ଦେଇଛନ୍ତି।[୮] ସିଦ୍ଧସେନାଗଣି ମଧ୍ୟ ଏହି ଉଦାହରଣର ପ୍ରୟୋଗ କରିଛନ୍ତି।[୯] ଜୀବାଜୀବ-ବିଷୟକ ପ୍ରାୟୋଗିକର ଦୁଇ ପ୍ରକାର ହେଉଛି -

୧. କର୍ମବନ୍ଧ-ଜ୍ଞାନାବରଣ ଆଦିର ବନ୍ଧ। ୨. ନୋକର୍ମବନ୍ଧ-ଔଦାରିକ ଆଦି ଶରୀରର ନିର୍ମାଣ।[୧୦]

ଅଭୟଦେବସୂରୀ, ମିଶ୍ରର ବିଶ୍ଳେଷଣ କରିବାକୁ ଯାଇ ଦୁଇଟି ଉଦାହରଣ ପ୍ରସ୍ତୁତ କରିଛନ୍ତି - ୧. ମୁକ୍ତ ଜୀବଙ୍କ ଶରୀର ୨. ଔଦାରିକ ଆଦି ବର୍ଗଣାର ଶରୀର ରୂପରେ ପରିଣମନ।

ଶରୀରର ନିର୍ମାଣ ଜୀବ କରିଥାଏ। ତେଣୁ ଶରୀରକୁ ଜୀବପ୍ରୟୋଗ ଦ୍ୱାରା ପରିଣତ ଦ୍ରବ୍ୟ ବୋଲି କୁହାଯାଇପାରିବ। ସ୍ୱଭାବ ତା'ର ରୂପାନ୍ତରଣ ଘଟିଥାଏ। ତେଣୁ ତାହା ମିଶ୍ର ପରିଣତ ଦ୍ରବ୍ୟ।

---

(୪) ଭଗବଈ ବୃ.ପ.-୩୨ ଜୀବ ବ୍ୟାପାରେଣ ଶରୀରାଦିତୟା ପରିଣତାଃ।

(୫) ତତ୍ତ୍ୱାର୍ଥାଧିଗମସୂତ୍ର ୫/୨୪ : ପ୍ରୟୋଗୋ ଜୀବବ୍ୟାପାରସ୍ତେନ ଘଟିତୋ ବନ୍ଧଃ ପ୍ରାୟୋଗିକଃ।

(୬) ତତ୍ତ୍ୱାର୍ଥବାର୍ତ୍ତିକ ୧ ୨୪ : ପ୍ରୟୋଗଃ ପୁରୁଷ କାୟବାଙ୍‌ମନଃ ସଂଯୋଗଲକ୍ଷଣଃ।

(୭) ତତ୍ତ୍ୱାର୍ଥାଧିଗମ ୫/୨୪ : ପ୍ରୟୋଗ ବିସ୍ରସାଭ୍ୟାଂ ଜୀବ ପ୍ରୟୋଗସହଚରିତା ଚେତନଦ୍ରବ୍ୟ-ପରିଣତି-ଲକ୍ଷଣସ୍ତମ୍ଭକୁମ୍ଭାଦି ମିଶ୍ରଃ।

(୮) ତତ୍ତ୍ୱାର୍ଥବାର୍ତ୍ତିକ ୫/୨୪ : ବୃତ୍ତି ସଃ ଦ୍ୱେଧା ଅଜୀବବିଷୟୋ ଜୀବାବୀବ ବିଷୟଶ୍ଚେତି। ତତ୍ରା ଜୀବବିଷୟୋ ଜତୁ କାଷ୍ଠାଦିଲକ୍ଷଣଃ।

(୯) ତତ୍ତ୍ୱାର୍ଥାଧିଗମ ୫/୨୪ : ବୃତ୍ତି ପ୍ରାୟୋଗିକ ଔଦାରିକାଦିଶରୀରଜତୁକାଷ୍ଠାଦିବିଷୟଃ।

(୧୦) ତତ୍ତ୍ୱାର୍ଥବାର୍ତ୍ତିକ ୫/୨୪ : ବୃତ୍ତି ଜୀବାଜୀବ ବିଷୟଃ କର୍ମ ନୋକର୍ମବନ୍ଧଃ। କର୍ମବନ୍ଧୋ ଜ୍ଞାନାବରଣାଦିରଷ୍ଟତୟୋ ବକ୍ଷମାଣଃ। ନୋକର୍ମବନ୍ଧଃ ଔଦାରିକାଦିବିଷୟଃ।

ଔଦାରିକ ଆଦି ବର୍ଗଣା ସ୍ୱଭାବରୁ ନିଷ୍ପନ୍ନ ହୋଇଥାଏ। ଜୀବଙ୍କ ପ୍ରୟୋଗ ଫଳରେ ସେଗୁଡ଼ିକ ଶରୀର ରୂପରେ ପରିଣତ ହୁଏ। ଏଠାରେ ବି ଜୀବଙ୍କ ପ୍ରୟୋଗ ଓ ସ୍ୱଭାବ ଉଭୟଙ୍କ ଯୋଗ ରହିଛି।

ଅଭୟଦେବ ସୂରି ନିଜେ ପ୍ରଶ୍ନ କରିଛନ୍ତି - ପ୍ରୟୋଗ ପରିଣାମ ଓ ମିଶ୍ର ପରିଣାମ ମଧ୍ୟରେ ପାର୍ଥକ୍ୟ କ'ଣ ? ତା'ପରେ ସମାଧାନ ଦେଇ କହିଛନ୍ତି - ପ୍ରୟୋଗ ପରିଣାମରେ ମଧ୍ୟ ସ୍ୱଭାବ ପରିଣାମ ରହିଥାଏ, କିନ୍ତୁ ତାହା ବିବକ୍ଷିତ ନୁହେଁ।[୧୧]

ସିଦ୍ଧସେନଗଣି ମଧ୍ୟ 'ମିଶ୍ର ପରିଣାମରେ ପ୍ରୟୋଗ ଓ ସ୍ୱଭାବ ଦୁହେଁ ମୁଖ୍ୟ ରୂପରେ ବିବକ୍ଷିତ ହୋଇଥାନ୍ତି' - ଏହି ତଥ୍ୟର ଉଲ୍ଲେଖ କରିଛନ୍ତି।[୧୨]

ଏହି ଦୁଇ ବ୍ୟାଖ୍ୟା ମଧ୍ୟରେ ସଂଗତି କାର୍ଯ୍ୟ-କାରଣ ସନ୍ଦର୍ଭରେ ସ୍ଥାପିତ କରାଯାଇପାରିବ। ମିଶ୍ର ପରିଣାମର ଉଦାହରଣ ହେଉଛି - ଘଟ ଓ ସ୍ତମ୍ଭ। ଘଟ ନିର୍ମାଣରେ ମଣିଷର ପ୍ରଯତ୍ନ ରହିଥାଏ ତଥା ମାଟି ମଧ୍ୟରେ ଘଟରେ ରୂପାନ୍ତରିତ ହେବାର ସ୍ୱଭାବ ସନ୍ନିହିତ ଥାଏ। ତେଣୁ ଘଟ ହେଉଛି ମିଶ୍ର ପରିଣତଦ୍ରବ୍ୟ। ଏହାର ତୁଳନା ବୈଶେଷିକ ସମ୍ମତ ସମବାୟି-କାରଣ ସହିତ କରାଯାଇପାରିବ।

ପ୍ରୟୋଗ ପରିଣାମରେ କୌଣସି ବାହ୍ୟ ନିମିତ୍ତର ଅପେକ୍ଷା କରାଯାଇ ନ ଥାଏ। ଏହାର ନିର୍ମାଣ, ଜୀବଙ୍କ ଆନ୍ତରିକ ପ୍ରଯତ୍ନ ଦ୍ୱାରା ସମ୍ଭବ ହୋଇଥାଏ। ମିଶ୍ର ପରିଣାମରେ ଜୀବଙ୍କ ପ୍ରଯତ୍ନ ସହିତ ନିମିତ୍ତ କାରଣର ଯୋଗ ରହିଥାଏ। ସ୍ୱଭାବ ପରିଣାମ ଜୀବଙ୍କ ପ୍ରଯତ୍ନ ଓ ନିମିତ୍ତ-ଉଭୟରୁ ନିରପେକ୍ଷ ଥାଏ।[୧୩]

ଭଗବତୀରେ ପ୍ରୟୋଗ ପରିଣତ ପୁଦ୍‌ଗଳ ଦ୍ରବ୍ୟମାନଙ୍କ ବିସ୍ତୃତ ବର୍ଣ୍ଣନ କରାଯାଇଛି।[୧୪] ଏହାର ଫଳିତ ହେଉଛି - ଜୀବ ଆପଣା ପ୍ରଚେଷ୍ଟା ଦ୍ୱାରା ଶରୀର-ରଚନା, ବର୍ଣ୍ଣ-ନିଷ୍ପାଦନ ଏବଂ ସଂସ୍ଥାନ (ଆକାର)ର ସଂରଚନା କରିଥାଏ।

ପ୍ରୟୋଗ ପରିଣାମରୁ ପୁରୁଷାର୍ଥବାଦ ଏବଂ ସ୍ୱଭାବ ପରିଣାମରୁ ସ୍ୱଭାବବାଦ ଫଳିତ ହୋଇଥାଏ। ଜୈନ ଦର୍ଶନ ଅନେକାନ୍ତବାଦୀ ହୋଇଥିବାରୁ ସାପେକ୍ଷ ଦୃଷ୍ଟିରୁ ଏହି ଦର୍ଶନ ପୁରୁଷାର୍ଥବାଦ ଏବଂ ସ୍ୱଭାବବାଦ ଉଭୟଙ୍କୁ ମାନ୍ୟ କରିଥାଏ।

ପ୍ରୟୋଗ ପରିଣତ ପୁଦ୍‌ଗଳ ଦ୍ରବ୍ୟର ପ୍ରଥମ ଉଦାହରଣ ହେଉଛି - ଏକେନ୍ଦ୍ରିୟ ପ୍ରୟୋଗ ପରିଣତ ଦ୍ରବ୍ୟ।[୧୫] ସେହିଭଳି ମିଶ୍ର ପରିଣତ ପୁଦ୍‌ଗଳ ଦ୍ରବ୍ୟର ଉଦାହରଣ ମଧ୍ୟ ଏକେନ୍ଦ୍ରିୟ ମିଶ୍ର ପରିଣତ ଦ୍ରବ୍ୟ ଅଟେ। ତେବେ ଦୁହିଁଙ୍କ ସ୍ୱରୂପ ସମାନ ନୁହେଁ। ଔଦାରିକ ବର୍ଗଣାର ଯେଉଁ ପୁଦ୍‌ଗଳ ସାହାଯ୍ୟରେ ଜୀବ ଔଦାରିକ ଶରୀର ରଚନା କରିଥାଏ, ସେହି ପୁଦ୍‌ଗଳ ଏକେନ୍ଦ୍ରିୟ ପ୍ରୟୋଗ ପରିଣତ ଥାଏ।

---

(୧୧) ଭଗବଈ ଶତକ୧, ବୃତ୍ତି-ମିଶ୍ରକ ପରିଣତାଃ ପ୍ରୟୋଗବିସ୍ରସାଭ୍ୟାଂ ପରିଣତାଃ।
ପ୍ରୟୋଗ ପରିଣାମ ମତ୍ୟଜନ୍ତୋ ବିସ୍ରସୟା ସ୍ୱଭାବାନ୍ତରମାପଦିତାଃ ମୁକ୍ତକଡେବରାଦିରୂପାଃ। ଅଥ ବୌଦାରିକାଦିବର୍ଗଣାରୂପା ବିସ୍ରସୟା ନିଷ୍ପାଦିତାଃ ସନ୍ତଃ ଜୀବପ୍ରୟୋଗଣୈ କେନ୍ଦ୍ରିୟାଦିଶରୀର ପ୍ରଭୃତି-ପରିଣାମମାପାଦିତାସ୍ତେ ମିଶ୍ରପରିଣତାଃ। ନନୁ ପ୍ରୟୋଗ ପରିଣାମୋପ୍ୟେବଂବିଧ ଏବତତଃ କୋ ବିଶେଷଃ ? ସତ୍ୟ କିନ୍ତୁ ପ୍ରୟୋଗ ପରିଣତେଷ୍ୱ ବିସ୍ରସା ସତ୍ୟପି ନ ବିବକ୍ଷିତା।

(୧୨) ତତ୍ତ୍ୱାର୍ଥାଧିଗମବୃତ୍ତି ୫/୨୪ : ଅତ୍ର ଚୋଭୟମପି ପ୍ରାଧାନ୍ୟେନ ବିବକ୍ଷିତମ୍।

(୧୩) ତତ୍ତ୍ୱାର୍ଥାଧିଗମବୃତ୍ତି ୫/୨୪ ବୃତ୍ତି ୩୬୦ : ପ୍ରୟୋଗ ନିରପେକ୍ଷୋ ବିସ୍ରସାବନ୍ଧଃ।

(୧୪) ଭଗବଈ, ୮/୨-୩୯

(୧୫) ଭଗବଈ ୮/୨

ଏକେନ୍ଦ୍ରିୟ ଜୀବଙ୍କ, ମୁକ୍ତ ଶରୀରର ସ୍ୱଭାବଠାରୁ ପରିଣାମାନ୍ତର ହୋଇଥାଏ। ତାହା ଏକେନ୍ଦ୍ରିୟ ମିଶ୍ର ପରିଣତ। ଏମାନଙ୍କଠାରେ ଜୀବଙ୍କ ପୂର୍ବକୃତ ପ୍ରୟୋଗ ତଥା ସ୍ୱଭାବ ଦ୍ୱାରା ରୂପାନ୍ତରରେ ପରିଣମନ-ଉଭୟେ ବିଦ୍ୟମାନ ଥାନ୍ତି।

ମାଟିରୁ ମାଠିଆ ତିଆରି ହେଲା। ମାଟି ହେଉଛି ପୃଥ୍ୱୀକାୟିକ ଏକେନ୍ଦ୍ରିୟ ଜୀବର ଶରୀର। ତାହା ନିର୍ଜୀବ ହେଲା, ଅର୍ଥାତ୍ ଏକେନ୍ଦ୍ରିୟ ଜୀବ, ତା'ଠାରୁ ବିଚ୍ଛିନ୍ନ ହେଲା। ଏହି ସ୍ଥଳରେ ମାଟି, ତା'ର ମୁକ୍ତ ଶରୀର। ତା'ଠାରେ ଘଟ ରୂପରେ ପରିଣତ ହେବାର କ୍ଷମତା ରହିଥାଏ। ମାଟିର ପରିଣାମାନ୍ତର ଘଟି, ଘଟର ନିର୍ମାଣ ହେଲା। ଏହି କାରଣରୁ ଘଟ ଏକେନ୍ଦ୍ରିୟ ମିଶ୍ର ପରିଣତ ଦ୍ରବ୍ୟ ରୂପେ ପରିଗଣିତ।

ଆମର ଦୃଶ୍ୟ ଜଗତ୍, ପୌଦ୍‌ଗଳିକ ଜଗତ ଅଟେ। ଆଖିକୁ ଯାହା ଦିଶିଥାଏ, ତାହା ଜୀବଚ୍ଛରୀର କିମ୍ବା ଜୀବ-ମୁକ୍ତ ଶରୀର। ଜୀବଚ୍ଛରୀର ହେଉଛି ପ୍ରୟୋଗ ପରିଣତଦ୍ରବ୍ୟର ଉଦାହରଣ। ଏହାର ପାଞ୍ଚଟି ମୌଳିକ ରୂପ ଥାଏ, ଯଥା-୧. ଏକେନ୍ଦ୍ରିୟ ଜୀବଚ୍ଛରୀର। ୨. ଦ୍ୱୀନ୍ଦ୍ରିୟ ଜୀବଚ୍ଛରୀର। ୩. ତ୍ରୀନ୍ଦ୍ରିୟ ଜୀବଚ୍ଛରୀର। ୪. ଚତୁରିନ୍ଦ୍ରିୟ ଜୀବଚ୍ଛରୀର। ୫. ପଞ୍ଚେନ୍ଦ୍ରିୟ ଜୀବଚ୍ଛରୀର। ଏଗୁଡ଼ିକର ଅସଂଖ୍ୟ ଅବାନ୍ତର ଭେଦ ହୋଇପାରିବ। ଜୀବ-ମୁକ୍ତ ଶରୀରର ବି ମୌଳିକ ରୂପ ପାଞ୍ଚପ୍ରକାର। ସେଗୁଡ଼ିକର ପରିଣାମାନ୍ତରରୁ ହେଉଥିବା ଭେଦ ଅସଂଖ୍ୟ ହୋଇଥାଏ।

ପ୍ରୟୋଗ-ପରିଣାମ, ମିଶ୍ର ପରିଣାମ ଓ ସ୍ୱଭାବ ପରିଣାମ - ଏମାନେ ସୃଷ୍ଟିର ଆଧାରଭୂତ ତତ୍ତ୍ୱ। ପ୍ରଥମ ଦୁଇ ପରିଣାମ ଜୀବକୃତ ସୃଷ୍ଟି ତଥା ସ୍ୱଭାବ ପରିଣାମ ଅଜୀବକୃତ ସୃଷ୍ଟି ଅଟେ। ବର୍ଣ୍ଣ ଆଦିର ପରିଣମନ ପୁଦ୍‌ଗଳର ସ୍ୱଭାବ ଯୋଗୁଁ ଘଟିଥାଏ। ଏହି କ୍ଷେତ୍ରରେ ଜୀବଙ୍କ କୌଣସି ଭୂମିକା ନାହିଁ।

ଭଗବତୀ ସୂତ୍ରରେ ପ୍ରୟୋଗ ପରିଣତ ପୁଦ୍‌ଗଳ ଦ୍ରବ୍ୟର ନଅଟି ଦଣ୍ଡକର ବର୍ଣ୍ଣନା ରହିଛି[୧୬]–

୧. ଜୀବଙ୍କ ପ୍ରୟୋଗ ପରିଣତ ପୁଦ୍‌ଗଳ ଦ୍ରବ୍ୟର ସାମାନ୍ୟ ବର୍ଗୀକରଣ।

୨. ପର୍ଯ୍ୟାପ୍ତ ଓ ଅପର୍ଯ୍ୟାପ୍ତ ଦୃଷ୍ଟିରୁ ଜୀବଙ୍କ ପ୍ରୟୋଗ ପରିଣତ ପୁଦ୍‌ଗଳ ଦ୍ରବ୍ୟର ବର୍ଗୀକରଣ।

୩. ଶାରୀରିକ ଦୃଷ୍ଟିରୁ ଜୀବଙ୍କ ପ୍ରୟୋଗ ପରିଣତ ପୁଦ୍‌ଗଳ ଦ୍ରବ୍ୟର ବର୍ଗୀକରଣ।

୪. ଇନ୍ଦ୍ରିୟ ଦୃଷ୍ଟିରୁ ଜୀବଙ୍କ ପ୍ରୟୋଗ ପରିଣତ ପୁଦ୍‌ଗଳ ଦ୍ରବ୍ୟର ବର୍ଗୀକରଣ।

୫. ଶରୀର ଓ ଇନ୍ଦ୍ରିୟ ଦୃଷ୍ଟିରୁ ଜୀବଙ୍କ ପ୍ରୟୋଗ ପରିଣତ ପୁଦ୍‌ଗଳ ଦ୍ରବ୍ୟର ବର୍ଗୀକରଣ।

୬. ବର୍ଣ୍ଣ, ଗନ୍ଧ, ରସ, ସ୍ପର୍ଶ ଏବଂ ସଂସ୍ଥାନ ଦୃଷ୍ଟିରୁ ଜୀବଙ୍କ ପ୍ରୟୋଗ ପରିଣତ ପୁଦ୍‌ଗଳ ଦ୍ରବ୍ୟର ବର୍ଗୀକରଣ।

୭. ଶରୀର ଓ ବର୍ଣ୍ଣ ଆଦି ଦୃଷ୍ଟିରୁ ଜୀବଙ୍କ ପ୍ରୟୋଗ ପରିଣତ ପୁଦ୍‌ଗଳ ଦ୍ରବ୍ୟର ବର୍ଗୀକରଣ।

୮. ଇନ୍ଦ୍ରିୟ ଓ ବର୍ଣ୍ଣ ଆଦି ଦୃଷ୍ଟିରୁ ଜୀବଙ୍କ ପ୍ରୟୋଗ ପରିଣତ ପୁଦ୍‌ଗଳ ଦ୍ରବ୍ୟର ବର୍ଗୀକରଣ।

୯. ଶରୀର, ଇନ୍ଦ୍ରିୟ ଏବଂ ବର୍ଣ୍ଣ ଆଦି ଦୃଷ୍ଟିରୁ ଜୀବଙ୍କ ପ୍ରୟୋଗ ପରିଣତ ପୁଦ୍‌ଗଳ ଦ୍ରବ୍ୟର ବର୍ଗୀକରଣ।

ଜୈନ ଦର୍ଶନ ଅନୁସାରେ ସୃଷ୍ଟିର ଦୁଇଟି ରୂପର ନିର୍ମାଣ ହୋଇଥାଏ – ୧. ଜୀବକୃତ ସୃଷ୍ଟି ଏବଂ ୨. ଅଜୀବ ନିଷ୍ପନ୍ନ ସୃଷ୍ଟି।

---

(୧୬) (କ) ଭଗବଈ ବୃତ୍ତି ପୃ.୩୩୧-୩୩୨।
(ଖ) ଭଗବଈ ଜୋଡ଼ଶତକ-୮,
ଡାଳ-୧୩୦, ଗାଥା ୪୯-୧୩୧।
(ଗ) ବିସ୍ତୃତି ଲକ୍ଷ୍ୟରେ ଦେଖନ୍ତୁ : ଉତ୍ତରଜଝୟଣାଣି
୩୬/୬୮-୨୪୭।
(ଘ) ପନ୍ନବଣା ୧/୧୦-୮୮।

ଜୀବ ନିଜ ବୀର୍ଯ୍ୟରୁ ଶରୀର, ଇନ୍ଦ୍ରିୟ ତଥା ଶରୀରର ବର୍ଣ୍ଣ, ଗନ୍ଧ, ରସ, ସ୍ପର୍ଶ ଓ ସଂସ୍ଥାନ ନିର୍ମାଣ କରିଥାଏ। ଏହା ହେଉଛି ଜୀବକୃତ ସୃଷ୍ଟି। ଏହାର ନାନାତ୍ୱର ହେତୁ ହିଁ ଶରୀର, ଇନ୍ଦ୍ରିୟ ତଥା ବର୍ଣ୍ଣ ଆଦିର ବୈଚିତ୍ର୍ୟ ସାଜିଥାଏ।(୧୭) ଭଗବତୀ ସୂତ୍ରରେ ପ୍ରୟୋଗ ପରିଣତ ପୁଦ୍‌ଗଳ ଦ୍ରବ୍ୟ ପ୍ରକରଣର ଶରୀର, ଇନ୍ଦ୍ରିୟ ଓ ବର୍ଣ୍ଣ ଆଦି ଆଧାରରେ ଜୀବକୃତ ସୃଷ୍ଟିର ନାନାବିଧ ନିରୂପଣ କରାଯାଇଛି।(୧୮)

ଶରୀର ଓ ଇନ୍ଦ୍ରିୟ ହେଉଛି ପୌଦ୍‌ଗଳିକ। ବର୍ଣ୍ଣ, ଗନ୍ଧ ଓ ରସ-ପୁଦ୍‌ଗଳର ଗୁଣ। ସଂସ୍ଥାନ, ପୁଦ୍‌ଗଳର ଲକ୍ଷଣ। ପୁଦ୍‌ଗଳ ଦ୍ରବ୍ୟର ସଂଯୋଗରୁ ଜୀବକୃତ ସୃଷ୍ଟିର ନାନାବିଧ ରୂପ ତିଆରି ହୁଏ। ଏହି କାରଣରୁ ତା'ର ନାନାତ୍ୱର ନିରୂପଣରେ ଶରୀର, ଇନ୍ଦ୍ରିୟ, ବର୍ଣ୍ଣ, ଗନ୍ଧ, ରସ, ସ୍ପର୍ଶ ଓ ସଂସ୍ଥାନର ନିରୂପଣ କରାଯାଇଥାଏ। ଜୀବ ଯେପରି ଶରୀର ଓ ଇନ୍ଦ୍ରିୟର ରଚନା କରିଥାଏ, ସେହିପରି ଆପଣା ବର୍ଣ୍ଣ, ଗନ୍ଧ, ରସ, ସ୍ପର୍ଶ ଓ ସଂସ୍ଥାନର ମଧ୍ୟ ନିର୍ମାଣ କରିଥାଏ।

ଜୀବଙ୍କ ବୀର୍ଯ୍ୟ ଦୁଇ ପ୍ରକାର - ଆଭୋଗିକ ବୀର୍ଯ୍ୟ ଓ ଅନାଭୋଗିକ ବୀର୍ଯ୍ୟ। ଇଚ୍ଛାପ୍ରେରିତ କାର୍ଯ୍ୟ ସମ୍ପାଦନ ସକାଶେ ଜୀବ ଆଭୋଗିକ ବୀର୍ଯ୍ୟର ଉପଯୋଗ କରିଥାଏ। ଅନାଭୋଗିକ ବୀର୍ଯ୍ୟ ହେଉଛି ସ୍ୱତଃଚାଳିତ ବୀର୍ଯ୍ୟ। ଶରୀର, ଇନ୍ଦ୍ରିୟ ଓ ବର୍ଣ୍ଣ ଆଦିର ରଚନା ଅନାଭୋଗିକ ବୀର୍ଯ୍ୟ କରିଥାଏ। ଅନାଭୋଗିକ ବୀର୍ଯ୍ୟ ଦ୍ୱାରା ପ୍ରାୟୋଗିକ ବନ୍ଧ ସୃଷ୍ଟିହୁଏ। ଗୋଟିଏ ଗାଥାକୁ ଉଦ୍ଧୃତ କରି ସିଦ୍ଧସେନଗଣି ଏହାର ସମର୍ଥନ କରିଛନ୍ତି।(୧୯)

ଭଗବତୀ ସୂତ୍ରରେ (୮।୪୨)ଶରୀରର ପାଞ୍ଚ, ଇନ୍ଦ୍ରିୟର ପାଞ୍ଚ, ଗନ୍ଧର ଦୁଇ, ରସର ପାଞ୍ଚ, ସ୍ପର୍ଶର ଆଠ ଏବଂ ସଂସ୍ଥାନର ପାଞ୍ଚ ପ୍ରକାର ନିରୂପିତ କରାଯାଇଛି।(୨୦) ଏଗୁଡ଼ିକର ନାନାତ୍ୱର ଆଧାରରେ ଜୀବକୃତସୃଷ୍ଟିର ନାନାତ୍ୱ ପରିଲକ୍ଷିତ ହୋଇଥାଏ।

ବନ୍ଧ ଦୁଇ ପ୍ରକାର - ସ୍ୱାଭାବିକ ଓ ପ୍ରାୟୋଗିକ। ସ୍ୱାଭାବିକ ବନ୍ଧ ପୁଣି ଦୁଇପ୍ରକାର- ଅନାଦିକାଳୀନ ଏବଂ ସାଦିକାଳୀନ। ଧର୍ମାସ୍ତିକାୟ, ଅଧର୍ମାସ୍ତିକାୟ ଓ ଆକାଶାସ୍ତିକାୟ - ଏମାନଙ୍କ ପ୍ରଦେଶାତ୍ମକ ଅସ୍ତିତ୍ୱ ରହିଛି। ଧର୍ମାସ୍ତିକାୟ ଓ ଅଧର୍ମାସ୍ତିକାୟ ପ୍ରତ୍ୟେକଙ୍କର ଦୁଇ ଅସଂଖ୍ୟ ପ୍ରଦେଶ ପରମାଣୁ ଯେତେଭାଗ-ଅବୟବ ରହିଥାଏ। ଆକାଶର ଦୁଇ ଭାଗ - ଲୋକାକାଶ ଓ ଅଲୋକାକାଶ। ଲୋକାକାଶର ଅସଂଖ୍ୟ ଓ ଅଲୋକାକାଶର ଅନନ୍ତ ପ୍ରଦେଶ ଥାଏ। ପ୍ରତ୍ୟେକ ଅସ୍ତିକାୟର ପ୍ରଦେଶଗୁଡ଼ିକର ପରସ୍ପର ସ୍ୱାଭାବିକ ସମ୍ବନ୍ଧ ରହିଥାଏ - ତାହା ଅନାଦିକାଳୀନ। ତା'ର ହେତୁ ହେଉଛି - ଏହି ତିନି ଅସ୍ତିକାୟ ଆକାର ଦୃଷ୍ଟିରୁ ବ୍ୟାପକ। ପ୍ରତ୍ୟେକ ଅସ୍ତିକାୟର ପ୍ରଦେଶ ସୁବ୍ୟବସ୍ଥିତ। ସେମାନଙ୍କ ସଂକୋଚନ-ପ୍ରସାରଣ ହୁଏନାହିଁ। ନିଜ ସ୍ଥାନକୁ ସେମାନେ କୌଣସି ସ୍ଥିତିରେ ବି ତ୍ୟାଗ କରନ୍ତି ନାହିଁ।

ବନ୍ଧ ଦୁଇ ପ୍ରକାର-ଦେଶବନ୍ଧ ଓ ସର୍ବବନ୍ଧ। ଶିକୁଳିର କଡ଼ିଗୁଡ଼ିକ ଦେଶବନ୍ଧ ଅନୁସାରେ ରହିଥାନ୍ତି। ଗୋଟିଏ କଡ଼ି, ଅନ୍ୟ ସହିତ ଯୋଡ଼ି ହୋଇଥାଏ, କିନ୍ତୁ ଅନ୍ତର୍ଭୂତ ହୋଇ ରହି ନ ଥାଏ। କ୍ଷୀର ଓ ନୀରର ସମ୍ବନ୍ଧ ହେଉଛି ସର୍ବବନ୍ଧ।

---

(୧୭) ଉତ୍ତରଜଝୟଣାଣି -୩୬/୮୩, ୧୦୫, ୧୧୬, ୧୨୫, ୧୩୫, ୧୫୪, ୧୬୮, ୧୭୮, ୧୮୭, ୨୦୩, ୨୪୭।

(୧୮) ଭଗବଈ ୮/୨-୩୯।

(୧୯) ତତ୍ତ୍ୱାର୍ଥାଧିଗମ ୮/୩ ବୃତ୍ତି ୧୨୮

ଅପିଚାୟଂ ପ୍ରାୟୋଗିକବନ୍ଧଃ ସ ଚ ଭବତି କର୍ତୃସାମର୍ଥ୍ୟାତ୍ ।
ଇଷ୍ଟଶ୍ଚସ ପ୍ରୟୋଗୋନା ଭୋଗିକ ବୀର୍ଯ୍ୟତସ୍ତସ୍ୟ ॥
ନନୁ ବୀର୍ଯ୍ୟେଣାନାଭୋଗିକେନ, ପରିପାଚ୍ୟ ରସସୁପାହରତି ।
ପରିଣମୟତି ଧାତୁତୟା, ସ ଚ ତମନାଭୋଗବୀର୍ଯ୍ୟେଣ ॥

(୨୦) ଭଗବଈ ୮/୪୨।

ଧର୍ମାସ୍ତିକାୟର ପ୍ରଦେଶଗୁଡ଼ିକ ମଧ୍ୟରେ ପରସ୍ପର ସଂସ୍ପର୍ଶାତ୍ମକ ସମ୍ବନ୍ଧ ରହିଥାଏ। ଅଧର୍ମାସ୍ତିକାୟ ଓ ଆକାଶାସ୍ତିକାୟର ପ୍ରଦେଶଗୁଡ଼ିକର ମଧ୍ୟ ସମାନ ନିୟମ ରହିଛି। ଏମାନଙ୍କ ପ୍ରଦେଶଗୁଡ଼ିକ ସର୍ବବନ୍ଧ ହେଲେ ଗୋଟିଏ ପ୍ରଦେଶର ଅନ୍ୟ ପ୍ରଦେଶଗୁଡ଼ିକ ସହିତ ଅନ୍ତର୍ଭାବ ସ୍ଥାପିତ ହେବ। ଏହି ସ୍ଥିତିରେ ପ୍ରଦେଶଗୁଡ଼ିକର ସ୍ୱତନ୍ତ୍ର ଅବସ୍ଥିତି ସମ୍ଭବ ନୁହେଁ।[୨୧] ଏହି ସମ୍ବନ୍ଧ ହେଉଛି ଅନାଦି ଅନନ୍ତ।

ସାଦି ସ୍ୱାଭାବିକ ବନ୍ଧ ତିନିପ୍ରକାର – ୧. ବନ୍ଧନ ପ୍ରତ୍ୟୟିକ। ୨. ଭାଜନ ପ୍ରତ୍ୟୟିକ। ୩. ପରିଣାମ ପ୍ରତ୍ୟୟିକ।

୧. ବନ୍ଧନ ପ୍ରତ୍ୟୟିକ

ଏହା ହେଉଛି ସ୍କନ୍ଧ ନିର୍ମାଣର ସିଦ୍ଧାନ୍ତ। ଦୁଇ ପରମାଣୁ ସମ୍ମିଳିତ ହୋଇ ଦ୍ୱି-ପ୍ରଦେଶୀ ସ୍କନ୍ଧର ନିର୍ମାଣ କରିଥାନ୍ତି। ଏହିଭଳି ତିନି ପରମାଣୁ ମିଳି ତିନିପ୍ରଦେଶୀ, ଚାରିପରମାଣୁ ମିଳି ଚାରିପ୍ରଦେଶୀ ଏବଂ ଅନନ୍ତ ପରମାଣୁ ମିଳି ଅନନ୍ତ ପ୍ରଦେଶୀ ସ୍କନ୍ଧର ନିର୍ମାଣ କରିଥାନ୍ତି। ଏହି ବନ୍ଧନର ଦୁଇଟି ହେତୁ ନିରୂପଣ କରାଯାଇଛି – ୧. ବିମାତ୍ର ସ୍ନିଗ୍ଧତା ୨. ବିମାତ୍ର ରୁକ୍ଷତା।

ସମଗୁଣ ସ୍ନିଗ୍ଧର ସମଗୁଣ ସ୍ନିଗ୍ଧ ପରମାଣୁ ସହିତ ବନ୍ଧ ହୁଏନାହିଁ। ସମଗୁଣ ରୁକ୍ଷ ପରମାଣୁର ସମଗୁଣ ରୁକ୍ଷ ପରମାଣୁ ସହିତ ବନ୍ଧ ହୁଏନାହିଁ। ସ୍ନିଗ୍ଧତା ଓ ରୁକ୍ଷତାର ମାତ୍ରା ବିଷମ ହୋଇଥିଲେ ପରମାଣୁଗୁଡ଼ିକର ପରସ୍ପର ବନ୍ଧ ଘଟିଥାଏ।[୨୨]

ସ୍ଥାପନାରେ ବିସଦୃଶ ଓ ସଦୃଶ ଉଭୟ ପ୍ରକାର ବନ୍ଧନର ନିର୍ଦ୍ଦେଶ ରହିଛି।[୨୩] ଭଗବଈରେ ବିସଦୃଶ ବନ୍ଧର ବିବରଣ ନାହିଁ।

ସଦୃଶ ବନ୍ଧର ନିୟମ

ପ୍ରଜ୍ଞାପନା ସୂତ୍ରରେ ଉଲ୍ଲେଖ ରହିଛି ଯେ ସ୍ନିଗ୍ଧ ପରିମାଣୁର ସ୍ନିଗ୍ଧ ପରମାଣୁ ସହିତ ତଥା ରୁକ୍ଷ ପରମାଣୁଗୁଡ଼ିକର ରୁକ୍ଷ ପରମାଣୁ ସହିତ ସମ୍ବନ୍ଧ ଦୁଇ କିମ୍ବା ତା'ଠାରୁ ଅଧିକ ଗୁଣର ଅନ୍ତର ରହିଥିଲେ ଘଟିତ ହୁଏ। ସମାନ ଗୁଣଯୁକ୍ତ କିମ୍ବା ଏକଗୁଣ ଅଧିକ ଥିବା ପରମାଣୁ ସହିତ ସମ୍ବନ୍ଧ ସ୍ଥାପିତ ହୋଇପାରେ ନାହିଁ।

ସ୍ନିଗ୍ଧ ସହିତ ସ୍ନିଗ୍ଧ ବନ୍ଧର ନିୟମ - ସ୍ନିଗ୍ଧର ଦୁଇଗୁଣ ଅଧିକ ସ୍ନିଗ୍ଧ ସହିତ ବନ୍ଧ ହୋଇଥାଏ।

ରୁକ୍ଷ ସହିତ ରୁକ୍ଷ ବନ୍ଧର ନିୟମ - ରୁକ୍ଷର ଦୁଇଗୁଣ ଅଧିକ ରୁକ୍ଷ ସହିତ ବନ୍ଧ ହୋଇଥାଏ।[୨୪]

---

(୨୧) ଭଗବଈ ବୃତ୍ତି, ପତ୍ର ୩୮୫, ଦେଶବନ୍ଧେତି ଦେଶାପେକ୍ଷୟା
ବନ୍ଧୋ ଦେଶବନ୍ଧୋ ଯଥା ସଂକଳିକା କଟିକାନାଂ, ସବ୍ୱ
ବନ୍ଧେତି ସର୍ବତଃ ସର୍ବାତ୍ମନା ବନ୍ଧଃ ସର୍ବବନ୍ଧୋଯଥା
କ୍ଷୀରନୀରୟୋଃ। ଦେଶବନ୍ଧେ ନୋ ସବ୍ୱ ବନ୍ଧେତି
ଧର୍ମାସ୍ତିକାୟସ୍ୟ ପ୍ରଦେଶାନାଂ ପରସ୍ପର ସଂସ୍ପର୍ଶେନ
ବ୍ୟବସ୍ଥିତତ୍ୱାତ୍ ଦେଶବନ୍ଧ ଏବ ନ ପୁନଃ ସର୍ବବନ୍ଧ,
ତତ୍ର ହି ଏକସ୍ୟ ପ୍ରଦେଶସ୍ୟ ପ୍ରଦେଶାନ୍ତରେ
ସର୍ବଥା ବନ୍ଧ ଅନ୍ୟୋନ୍ୟାନ୍ତର୍ଭାବନୈକ
ପ୍ରଦେଶ ତ୍ୱମେବ ସ୍ୟାତ୍ ନା ସଂଖ୍ୟେୟପ୍ରଦେଶସ୍ୱମିତି

(୨୨) ଭଗବଈ ବୃତ୍ତି, ପତ୍ର ୩୯୫

(୨୩) ପ୍ରଜ୍ଞାପନାପଦ ୧୩/୨୧-୨୨

(୨୪) ପ୍ରଜ୍ଞାପନାପଦ ୧୭/୨୧-୨୨ ତଥା ପ୍ରଜ୍ଞାପନା ବୃତ୍ତି ପତ୍ର ୨୮୮

ଉତ୍ତରାଧ୍ୟୟନ ଚୂର୍ଣ୍ଣିରେ ତାହାକୁ ଉଦାହରଣ ମାଧ୍ୟମରେ ସ୍ପଷ୍ଟ କରାଯାଇଛି – ଏକ ଗୁଣ ସ୍ନିଗ୍ଧର ତିନିଗୁଣ ସ୍ନିଗ୍ଧ ସହିତ ବନ୍ଧ ହୋଇପାରିବ। ତିନିଗୁଣ ସ୍ନିଗ୍ଧର ପାଞ୍ଚଗୁଣ ସ୍ନିଗ୍ଧ ସହିତ ବନ୍ଧନ ହୋଇପାରିବ। ସେହିଭଳି ପାଞ୍ଚଗୁଣ ସ୍ନିଗ୍ଧର ସାତ ଗୁଣ ସ୍ନିଗ୍ଧ ସହିତ ବନ୍ଧ ହୋଇଥାଏ। ଏହି ସଦୃଶ ବନ୍ଧରେ ଜଘନ୍ୟ ବର୍ଜନର ନିୟମ ଲାଗୁ ହୁଏନାହିଁ। ରୁକ୍ଷର ସଦୃଶବନ୍ଧର ଠିକ୍ ସେହିଭଳି ନିୟମ ରହିଛି।[୨୫]

ବିସଦୃଶ ବନ୍ଧର ନିୟମ

ସ୍ନିଗ୍ଧ ସହିତ ରୁକ୍ଷ ବନ୍ଧର ନିୟମ - ଜଘନ୍ୟଗୁଣର ବନ୍ଧ ହୁଏନାହିଁ। ଏକଗୁଣ ସ୍ନିଗ୍ଧର ଏକଗୁଣ ରୁକ୍ଷ ସହିତ ବନ୍ଧ ହୋଇପାରିବ ନାହିଁ। ଦ୍ୱିଗୁଣ ସ୍ନିଗ୍ଧର ଦ୍ୱିଗୁଣ ରୁକ୍ଷ ସହିତ ସମ୍ବନ୍ଧ ହୋଇପାରିବ। ଏହା ସମଗୁଣ ବନ୍ଧ। ଦ୍ୱିଗୁଣ ସ୍ନିଗ୍ଧର ତ୍ରିଗୁଣ, ଚତୁର୍ଗୁଣ ଆଦି ସହିତ ସମ୍ବନ୍ଧ ହୋଇପାରିବ। ଏହା ହେଉଛି ବିଷମଗୁଣ ବନ୍ଧ। ବିସଦୃଶ ସମ୍ବନ୍ଧରେ ସମ ସମ୍ବନ୍ଧ ତଥା ବିଷମର ସମ୍ବନ୍ଧ - ଉଭୟ ନିୟମ ମାନ୍ୟତାପ୍ରାପ୍ତ।

ଷଟ୍‌ଖଣ୍ଡାଗମରେ ପ୍ରୟୋଗବନ୍ଧ ଓ ବିସ୍ରସାବନ୍ଧର ବର୍ଣ୍ଣନ ବ୍ୟବସ୍ଥିତ ରୂପରେ ପ୍ରାପ୍ତ ହୋଇଥାଏ।[୨୬]

ପ୍ରଜ୍ଞାପନା-ପଦ, ଉତ୍ତରାଧ୍ୟୟନ ଚୂର୍ଣ୍ଣି ତଥା ଭଗବତୀ ଯୋଡ଼ ଅନୁସାରେ ସ୍ୱୀକୃତ ଯନ୍ତ୍ର

କ୍ରମାଙ୍କ	ଗୁଣାଂଶ	ସଦୃଶ	ବିସଦୃଶ
୧.	ଜଘନ୍ୟ + ଜଘନ୍ୟ	ରହିନାହିଁ	ରହିନାହିଁ
୨.	ଜଘନ୍ୟ + ଏକାଧିକ	ରହିନାହିଁ	ରହିନାହିଁ
୩.	ଜଘନ୍ୟ + ଦ୍ୱୟାଧିକ	ରହିଛି	ରହିନାହିଁ
୪.	ଜଘନ୍ୟ + ତ୍ର୍ୟାଦି ଅଧିକ	ରହିଛି	ରହିନାହିଁ
୫.	ଜଘନ୍ୟେତର + ସମଜଘନ୍ୟେତର	ରହିନାହିଁ	ରହିଛି
୬.	ଜଘନ୍ୟେତର + ଏକାଧିକତର	ରହିନାହିଁ	ରହିଛି
୭.	ଜଘନ୍ୟେତର + ଦ୍ୱୟାଧିକତର	ରହିଛି	ରହିଛି
୮.	ଜଘନ୍ୟେତର + ତ୍ର୍ୟାଦି ଅଧିକତର	ରହିଛି	ରହିଛି

ବନ୍ଧ ସମ୍ବନ୍ଧରେ ସବୁ ପରମ୍ପରା ସଦୃଶ ନୁହେଁ। ଦ୍ରଷ୍ଟବ୍ୟ ଯନ୍ତ୍ରତତ୍ତ୍ୱାର୍ଥଭାଷ୍ୟାନୁସାରିଣୀ ଟୀକା ୫/୫୫ ଅନୁସାରେ –

କ୍ରମାଙ୍କ	ଗୁଣାଂଶ	ସଦୃଶ	ବିସଦୃଶ
୧.	ଜଘନ୍ୟ + ଜଘନ୍ୟ	ରହିନାହିଁ	ରହିନାହିଁ
୨.	ଜଘନ୍ୟ + ଏକାଧିକ	ରହିନାହିଁ	ରହିନାହିଁ
୩.	ଜଘନ୍ୟ + ଦ୍ୱୟାଧିକ	ରହିଛି	ରହିଛି
୪.	ଜଘନ୍ୟ + ତ୍ର୍ୟାଦି ଅଧିକ	ରହିଛି	ରହିଛି
୫.	ଜଘନ୍ୟେତର + ସମଜଘନ୍ୟେତର	ରହିନାହିଁ	ରହିଛି

---

(୨୫) ଉତ୍ତରାଧ୍ୟୟନ ଚୂର୍ଣ୍ଣି, ୨, ୧୭ :
ଏକଗୁଣନିଦ୍ଧୋ ତିଗୁଣଣିଦ୍ଧେଣଂ ବଜ୍‌ଝ୍‌ତି
ତିଗୁଣଣିଦ୍ଧୋ ପଞ୍ଚଗୁଣନିଦ୍ଧେଣଂ ପଞ୍ଚଗୁଣଣିଦ୍ଧୋ
ସତ୍ତଗୁଣଣିଦ୍ଧେଣଂ ଏବ ଦୁୟାହିଏଣଂ ବନ୍ଧୋ
ଭବତି, ତହା ଦୁଗୁଣଣିଦ୍ଧୋ ଚଉଗୁଣଣିଦ୍ଧେଣଂ,
ଚଉଗୁଣଣିଦ୍ଧୋ ଛଗୁଣଣିଦ୍ଧେଣଂ, ଛଗୁଣଣିଦ୍ଧୋ ଅଷ୍ଟଗୁଣଣିଦ୍ଧେଣଂ, ଏବଂ ଣେୟଂ ଲୁକ୍‌ଖେବି ଏବଂ ଚେବ।

(୨୬) ଷଟ୍‌ଖଣ୍ଡାଗମ ପୁସ୍ତକ ୧୪ ଖଣ୍ଡ-୫, ଭାଗ ୪-୫-୬, ୨୬-୨୭

୬.	ଜଘନ୍ୟେତର + ଏକାଧିକ ଜଘନ୍ୟେତର	ରହିନାହିଁ	ରହିଛି
୭.	ଜଘନ୍ୟେତର + ଦ୍ୱୟାଧିକ ଜଘନ୍ୟେତର	ରହିଛି	ରହିଛି
୮.	ଜଘନ୍ୟେତର + ତ୍ର୍ୟାଦିଅଧିକ ଜଘନ୍ୟେତର	ରହିଛି	ରହିଛି

ଦିଗମ୍ବର ଗ୍ରନ୍ଥ ସର୍ବାର୍ଥସିଦ୍ଧି ଅନୁସାରେ

କ୍ରମାଙ୍କ	ଗୁଣାଂଶ	ସଦୃଶ	ବିସଦୃଶ
୧.	ଜଘନ୍ୟ + ଜଘନ୍ୟ	ରହିନାହିଁ	ରହିନାହିଁ
୨.	ଜଘନ୍ୟ + ଏକାଧିକ	ରହିନାହିଁ	ରହିନାହିଁ
୩.	ଜଘନ୍ୟ + ଦ୍ୱୟାଧିକ	ରହିନାହିଁ	ରହିନାହିଁ
୪.	ଜଘନ୍ୟ + ତ୍ର୍ୟାଦି ଅଧିକ	ରହିନାହିଁ	ରହିନାହିଁ
୫.	ଜଘନ୍ୟେତର + ସମଜଘନ୍ୟେତର	ରହିନାହିଁ	ରହିନାହିଁ
୬.	ଜଘନ୍ୟେତର + ଏକାଧିକ ଜଘନ୍ୟେତର	ରହିନାହିଁ	ରହିନାହିଁ
୭.	ଜଘନ୍ୟେତର + ଦ୍ୱୟାଧିକ ଜଘନ୍ୟେତର	ରହିଛି	ରହିଛି
୮.	ଜଘନ୍ୟେତର + ତ୍ର୍ୟାଦିଅଧିକ ଜଘନ୍ୟେତର	ରହିନାହିଁ	ରହିନାହିଁ

ଦିଗମ୍ବର ଗ୍ରନ୍ଥ ଷଟ୍‌ଖଣ୍ଡାଗମ ଅନୁସାରେ

କ୍ରମାଙ୍କ	ଗୁଣାଂଶ	ସଦୃଶ	ବିସଦୃଶ
୧.	ଜଘନ୍ୟ + ଜଘନ୍ୟ	ରହିନାହିଁ	ରହିନାହିଁ
୨.	ଜଘନ୍ୟ + ଏକାଧିକ	ରହିନାହିଁ	ରହିନାହିଁ
୩.	ଜଘନ୍ୟେତର + ସମଜଘନ୍ୟେତର	ରହିନାହିଁ	ରହିଛି
୪.	ଜଘନ୍ୟେତର + ଏକାଧିକ ଜଘନ୍ୟେତର	ରହିନାହିଁ	ରହିଛି
୫.	ଜଘନ୍ୟେତର + ଦ୍ୱୟାଧିକ ଜଘନ୍ୟେତର	ରହିଛି	ରହିଛି
୬.	ଜଘନ୍ୟେତର + ତ୍ର୍ୟାଦିଅଧିକ ଜଘନ୍ୟେତର	ରହିନାହିଁ	ରହିଛି

ତତ୍ତ୍ୱାର୍ଥସୂତ୍ର ଅନୁସାରେ

କ୍ରମାଙ୍କ	ଗୁଣାଂଶ	ସଦୃଶ	ବିସଦୃଶ
୧.	ଜଘନ୍ୟ + ଜଘନ୍ୟ	ରହିନାହିଁ	ରହିନାହିଁ
୨.	ଜଘନ୍ୟ + ଏକାଧିକ	ରହିନାହିଁ	ରହିନାହିଁ
୩.	ଜଘନ୍ୟେତର + ସମଜଘନ୍ୟେତର	ରହିନାହିଁ	ରହିନାହିଁ
୪.	ଜଘନ୍ୟେତର + ଏକାଧିକ ଜଘନ୍ୟେତର	ରହିନାହିଁ	ରହିନାହିଁ
୫.	ଜଘନ୍ୟେତର + ଦ୍ୱୟାଧିକ ଜଘନ୍ୟେତର	ରହିଛି	ରହିଛି
୬.	ଜଘନ୍ୟେତର + ତ୍ର୍ୟାଦିଅଧିକ ଜଘନ୍ୟେତର	ରହିନାହିଁ	ରହିନାହିଁ

୨. ଭାଜନ ପ୍ରତ୍ୟୟିକ ବନ୍ଧ – ଭାଜନରେ ରଖାଯାଇଥିବା ବସ୍ତୁର ସ୍ୱରୂପ ଦୀର୍ଘକାଳ ପରେ ବଦଳିଯାଇଥାଏ, ତାହା ହେଉଛି ଭାଜନ ପ୍ରତ୍ୟୟିକ ବନ୍ଧ । ପୁରୁଣା ମଦ ଆପଣା ତରଳ ରୂପ ଛାଡ଼ି ଗାଢ଼ ରୂପ ଧାରଣ କରିଥାଏ ଏବଂ ଜୀର୍ଣ୍ଣ ଗୁଡ଼ ଏବଂ ଜୀର୍ଣ୍ଣ ତଣ୍ଡୁଳର ପିଣ୍ଡୀଭୂତ ରୂପ ପରିବର୍ତ୍ତନ ଏହାର କତିପୟ ଉଦାହରଣ ମାତ୍ର ।[୨୭]

(୨୭) ଭଗବଈ ଟୀକା ପୃ.୭୯୫ ତତ୍ରଜୀର୍ଣ୍ଣସୁରାୟାଃ ସ୍ତ୍ୟାନୀଭବନ ଲକ୍ଷଣୋ ବନ୍ଧଃ ।
ଜୀର୍ଣ୍ଣ ଗୁଡସ୍ୟ ଜୀର୍ଣ୍ଣ ତନ୍ଦୁଳାନାଂ ଚ ପିଣ୍ଡୀଭବନ ଲକ୍ଷଣଃ ।

୩. ପରିଣାମ ପ୍ରତ୍ୟୟିକ – ପରମାଣୁ ସ୍କନ୍ଧଗୁଡ଼ିକର ମେଘ ଆଦି ଅନେକ ରୂପରେ ପରିଣମନ ହୋଇଥାଏ, ଏହାହେଉଛି ପରିଣାମ ପ୍ରତ୍ୟୟିକ ବନ୍ଧ ।

ପ୍ରୟୋଗବନ୍ଧ

ଜୀବଙ୍କ ପ୍ରଦେଶଗୁଡ଼ିକର ସଂକୋଚ ଓ ବିସ୍ତାର ଲାଗିରହିଛି । ଶରୀର ବିସ୍ତାରିତ ହେଲେ ଜୀବଙ୍କ ପ୍ରଦେଶ ପ୍ରସାରିତ ହୋଇଥାଏ । ଶରୀରର ସଂକୋଚନ ସହିତ ପ୍ରଦେଶ ମଧ୍ୟ ସଂକୁଚିତ ହୋଇପଡ଼େ । ସମୁଦ୍‌ଘାତ ଅବସ୍ଥାରେ ଜୀବ-ପ୍ରଦେଶ ପ୍ରସାରିତ ହୁଏ । ସମୁଦ୍‌ଘାତ ସଂପନ୍ନ ହେଲାପରେ ସଂକୁଚିତ ହୋଇପଡ଼େ ।[୨୮] ଏହି କାରଣରୁ ଜୀବଙ୍କ ପ୍ରଦେଶବନ୍ଧକୁ ଅନାଦି ବିସ୍ରସା ବନ୍ଧଠାରୁ ସ୍ୱତନ୍ତ୍ର ନିର୍ଦ୍ଦେଶ କରାଯାଇଛି ।

ଜୀବ-ପ୍ରଦେଶର ପ୍ରସାରଣ ଓ ସଂକୋଚନ ଦୃଷ୍ଟିରୁ ସେମାନଙ୍କ ବନ୍ଧ, ପ୍ରୟୋଗ ବନ୍ଧ ଅଟେ । ଭଗବତୀରେ ଧର୍ମାସ୍ତିକାୟ, ଅଧର୍ମାସ୍ତିକାୟ, ଆକାଶାସ୍ତିକାୟ ଏବଂ ଜୀବ-ପ୍ରତ୍ୟେକଙ୍କର ଆଠଟି ଲେଖାଏଁ ମଧ୍ୟ-ପ୍ରଦେଶର ବର୍ଣ୍ଣନ ରହିଛି ।[୨୯] ଜୀବଙ୍କ ଆଠଟି ଯାକ ମଧ୍ୟ ପ୍ରଦେଶଗୁଡ଼ିକର ବନ୍ଧ ଅନାଦି, ଅପର୍ଯ୍ୟବସିତ ହୋଇଥିବାରୁ ଏମାନଙ୍କ ବନ୍ଧ ଅନାଦି ବିସ୍ରସା ବନ୍ଧ ହେବା ସମୀଚୀନ । ତଥାପି ଜୀବଙ୍କ ଅନ୍ୟ ପ୍ରଦେଶଗୁଡ଼ିକର ଅନବସ୍ଥିତ ସମ୍ବନ୍ଧ କାରଣରୁ ଏମାନଙ୍କୁ ପ୍ରୟୋଗ ବନ୍ଧ ବିଭାଗରେ ସ୍ଥାନ ଦିଆଯାଇଛି । ଅଭୟଦେବସୂରି, ପ୍ରୟୋଗ ବନ୍ଧର ଅର୍ଥ ଜୀବ ବ୍ୟାପାର ଜନ୍ୟ ପ୍ରଦେଶଗୁଡ଼ିକର ସମ୍ବନ୍ଧ ରୂପରେ ବ୍ୟାଖ୍ୟା କରିଛନ୍ତି । ଏହାର ବୈକଳ୍ପିକ ଅର୍ଥ ହେଉଛି – ଜୀବ-ପ୍ରଦେଶଗୁଡ଼ିକର ଔଦାରିକ ଆଦି ପୁଦ୍‌ଗଳ ସହିତ ସମ୍ପର୍କ ରହିଛି ।[୩୦]

(କ ଘ – ଉପରବର୍ତ୍ତୀ ପ୍ରତର) (ଚଝ-ଅଧୋବର୍ତ୍ତୀ ପ୍ରତର)

ପ୍ରସ୍ତୁତ ଚିତ୍ରରେ ୮ଟି ମଧ୍ୟ ରୁଚକ ପ୍ରଦେଶ ରହିଛି । ଏଗୁଡ଼ିକୁ 'କ'ରୁ 'ଝ' ଯାଏ ସଂଜ୍ଞାପିତ । ଏହି ଆଠ ମଧ୍ୟ-ପ୍ରଦେଶ ମଧ୍ୟରୁ ତିନୋଟି ଲେଖାଏଁ ପ୍ରଦେଶର ଗୋଟିଏ ଗୋଟିଏ ପ୍ରଦେଶ ସହିତ ଅନାଦି-ଅପର୍ଯ୍ୟବସିତ ବନ୍ଧ ରହିଛି ।

ଚାରିପ୍ରଦେଶ ମଧ୍ୟରୁ ତିନି-ତିନି ପ୍ରଦେଶଗୁଡ଼ିକର ଗୋଟିଏ-ଗୋଟିଏ ପ୍ରଦେଶ ସହିତ ଅନାଦି ଅପର୍ଯ୍ୟବସିତ ବନ୍ଧ ରହିଛି । ଚାରିପ୍ରଦେଶର ଗୋଟିଏ ଅଧୋବର୍ତ୍ତୀ ପ୍ରତର ତଥା ଚାରିପ୍ରଦେଶର ଏକ ଉପରବର୍ତ୍ତୀ ପ୍ରତର । ଏମାନଙ୍କ ମଧ୍ୟରୁ କୌଣସି ଏକ ବିବକ୍ଷିତ ପ୍ରଦେଶର ଦୁଇ ପାର୍ଶ୍ୱବର୍ତ୍ତୀ ପ୍ରଦେଶ ତଥା ଗୋଟିଏ ଅଧୋବର୍ତ୍ତୀ ପ୍ରଦେଶ ସହିତ ସମ୍ବନ୍ଧ ରହିଥାଏ । ଅବଶିଷ୍ଟ ଚାରି ପ୍ରଦେଶ ବ୍ୟବହିତ ହୋଇପଡ଼ନ୍ତି । ତେଣୁ ସେମାନଙ୍କ ସହିତ ସମ୍ପର୍କ ସ୍ଥାପନ ହୋଇପାରେ ନାହିଁ । ଯଥା : 'କ' ପ୍ରଦେଶର ସମ୍ବନ୍ଧ, କଖ + କଘ + କଚ ସହିତ ରହିଛି । 'ଖ' ପ୍ରଦେଶର ସମ୍ବନ୍ଧ ଖକ + ଖଗ + ଖଛ ସହିତ ରହିଛି । 'ଘ' ପ୍ରଦେଶର ସମ୍ବନ୍ଧ ଘକ + ଘଗ + ଘଝ ସହିତ ରହିଛି । 'ଗ' ପ୍ରଦେଶର ସମ୍ବନ୍ଧ ଗଖ + ଗଘ + ଗଜ ସହିତ ରହିଛି । 'ଚ' ପ୍ରଦେଶର ସମ୍ବନ୍ଧ ଚଛ + ଚଝ + ଚକ ସହିତ ରହିଥାଏ । 'ଛ' ପ୍ରଦେଶର ସମ୍ବନ୍ଧ ଛଚ + ଛଜ + ଛଝ ସହିତ ରହିଥାଏ । 'ଝ' ପ୍ରଦେଶର ସମ୍ବନ୍ଧ ଝଚ + ଝଛ + ଝଘ ସହିତ ରହିଛି । 'ଜ' ପ୍ରଦେଶର ସମ୍ବନ୍ଧ ଜଛ + ଜଗ + ଜଝ ସହିତ ଥାଏ ।

---

(୨୮) ତତ୍ତ୍ୱାର୍ଥାଧିଗମସୂତ୍ରମ୍ ୫/୧୬ :
ପ୍ରଦେଶସଂହାରବିସର୍ପାଭ୍ୟାଂପ୍ରଦୀପବତ୍ ।

(୨୯) ଭଗବଈ ୨୫/୨୪୦-୨୪୪

(୩୦) ଭଗବଈ ବୃତ୍ତି ପତ୍ର ୩୯୮ :
ଜୀବ ବ୍ୟାପାରବନ୍ଧଃ ସ ଚ ଜୀବପ୍ରଦେଶାନାମୌଦାରିକାଦି ପୁଦ୍‌ଗଳାନାମ୍ ।

ଅଭୟଦେବସୂରି ଚୂର୍ଣ୍ଣିକୁ ନିଜ ବ୍ୟାଖ୍ୟାର ଆଧାର ରୂପରେ ଗ୍ରହଣ କରିଛନ୍ତି। ଟୀକାକାରଙ୍କ ବ୍ୟାଖ୍ୟାକୁ ଦୁର୍ବୋଧ ଭାବି ଉପେକ୍ଷା କରିଛନ୍ତି।[୩୧]

ବୃତ୍ତିକାର ଚତୁର୍ଭଙ୍ଗୀକୁ ନିମ୍ନମତେ ନିର୍ଦ୍ଦେଶ କରିଛନ୍ତି –

୧. ଜୀବଙ୍କ ଆଠପ୍ରଦେଶର ବନ୍ଧ ଅନାଦି ଅପର୍ଯ୍ୟବସିତ ଏବଂ ଅବଶିଷ୍ଟ ପ୍ରଦେଶଗୁଡ଼ିକର ବନ୍ଧସାଦି।

୨. ଅନାଦି ଅପର୍ଯ୍ୟବସିତ – ଏହି ଭଙ୍ଗଶୂନ୍ୟ ଅଟେ।

୩. ସାଦି ଅପର୍ଯ୍ୟବସିତ – ସିଦ୍ଧ ଜୀବଙ୍କ ପ୍ରଦେଶଗୁଡ଼ିକର ସମ୍ବନ୍ଧ ସାଦି ଅପର୍ଯ୍ୟବସିତ ହୋଇଥାଏ। ଚତୁର୍ଦ୍ଦଶ ଗୁଣସ୍ଥାନରେ ଜୀବ ପ୍ରଦେଶର ଯେଉଁ ପ୍ରକାର ରଚନା ହୁଏ, ସିଦ୍ଧ ଅବସ୍ଥାରେ ସେହି ପ୍ରକାର ରହିଥାଏ। ଚଳ ପ୍ରଚଳ ହୁଏନାହିଁ।[୩୨]

୪. ସାଦି ପର୍ଯ୍ୟବସିତର ଚାରି ପ୍ରକାର – ଆଲାପନବନ୍ଧ, ଆଲୀନକରଣ ବନ୍ଧ, ଶରୀରବନ୍ଧ, ଶରୀର ପ୍ରୟୋଗବନ୍ଧ।

ଷଟ୍‌ଖଣ୍ଡାଗମର ଜୀବଙ୍କ ଆଠଟି ମଧ୍ୟ ପ୍ରଦେଶଗୁଡ଼ିକର ବନ୍ଧକୁ ଅନାଦି ଶରୀରୀ-ବନ୍ଧ କୁହାଯାଇଛି।[୩୩] ସିଦ୍ଧସେନଗଣି ମଧ୍ୟ ଭାଷ୍ୟାନୁସାରିଣୀରେ ଆଠଟି ମଧ୍ୟ ପ୍ରଦେଶର ଆଲୋଚନା କରିଛନ୍ତି।[୩୪] ତତ୍ତ୍ୱାର୍ଥବାର୍ତିକରେ ଜୀବଙ୍କ ଅଷ୍ଟ ମଧ୍ୟପ୍ରଦେଶର ଅବସ୍ଥିତି ଉପରେ ଓ ତଳେ ବର୍ଣ୍ଣନା କରାଯାଇଛି। ସେଗୁଡ଼ିକ ସର୍ବଦା ପରସ୍ପର ସଂବଦ୍ଧ ରହୁଥିବାରୁ ସେମାନଙ୍କ ବନ୍ଧ ହେଉଛି ଅନାଦି। ଜୀବଙ୍କ ଅନ୍ୟ ପ୍ରଦେଶର କର୍ମ ନିମିତ୍ତରୁ ସଂହରଣ ଓ ବିସର୍ପଣ ଅବ୍ୟାହତ ଥାଏ। ତେଣୁ ସେମାନେ ହେଉଛନ୍ତି ଆଦିମାନ।[୩୫]

ଆଲାପନ ବନ୍ଧ – ଦଉଡ଼ି ବା ରଶି ଦ୍ୱାରା ହେଉଥିବା ବନ୍ଧ। ଭଗବତୀ ସୂତ୍ରରେ ବନ୍ଧର କିଛି ସାଧନର ନାମୋଲ୍ଲେଖ ରହିଛି –

---

(୩୧) ଭଗବଈ ବୃତ୍ତି ପତ୍ର ୩୯୮-ତତ୍ରାପି ତେଷ୍ୱଷ୍ଟାସୁ ଜୀବପ୍ରଦେଶେଷୁ ମଧ୍ୟବର୍ତ୍ତୀନାଂ ତ୍ରୟାଣାମକୈକେନ ସହାନାଦିରପର୍ଯ୍ୟବସିତୋ ବନ୍ଧଃ ତଥା ପୂର୍ବୋକ୍ତପ୍ରକାରେଣାବସ୍ଥିତା- ନାମଷ୍ଟାନାମୁ ପରିତନପ୍ରତରସ୍ୟ ଯଃ କଶ୍ଚିଦ୍ ବିବକ୍ଷିତସ୍ତସ୍ୟ ପାର୍ଶ୍ୱବର୍ତୀ ନାମେକଷ୍ଟାଘୋବର୍ତୀତ୍ୟେତେ ତ୍ରୟଃ ସଂବନ୍ଧ୍ୟନ୍ତେ ଶେଷତ୍ୱେକ ଉପରିତନମନ୍ୟଷ୍ଟାଧସ୍ତନା ନ ସଂବନ୍ଧ୍ୟନ୍ତେ ବ୍ୟବହିତତ୍ୱାତ୍ ଏବମଧ ସ୍ତନପ୍ରତରାପେକ୍ଷୟା ପୀତି ଚୂର୍ଣ୍ଣିକାର ବ୍ୟାଖ୍ୟା, ଟୀକାକାର ବ୍ୟାଖ୍ୟା ଦୂରବଗମତ୍ୱାପ୍ରରିହୃତେତି।

(୩୨) ଭଗବଈ ବୃତ୍ତିପତ୍ର ୩୯୮ – ଶେଷାଣାଂ ମଧ୍ୟମାଷ୍ଟାଭ୍ୟୋନ୍ୟେଷାଂ ସାଦିବିପରିବର୍ତମାନତ୍ୱାତ୍ ଏତେନ ପ୍ରଥମଭଂଗ ଉଦାହୃତଃ ଅନାଦି ସପର୍ଯ୍ୟବସିତ ଇତ୍ୟୟଂ ତୁ ଦ୍ୱିତୀୟୋ ଭଂଗୋ ଇହ ନ ସଂଭବତି, ଅନାଦି ସଂବନ୍ଧନାମଷ୍ଟାନାଂ ଜୀବପ୍ରଦେଶା ନାମପରିବର୍ତମାନତ୍ୱେନ ବନ୍ଧସ୍ୟ ସପର୍ଯ୍ୟବସିତତ୍ୱାନୁପପତ୍ତେରିତି। ଅଥ ତୃତୀୟୋ ଭଙ୍ଗ ଉଦାହ୍ରିୟତେ – 'ତତ୍‌ଥ ଣଂ ଜେ ସେ ସାଇଏ' ଇତ୍ୟାଦି ସିଦ୍ଧାନାଂ ସାଦିର ପର୍ଯ୍ୟବସିତୋ ଜୀବପ୍ରଦେଶବନ୍ଧଃ ଶୈଳେସ୍ୟବସ୍ଥାୟାଂ ସଂସ୍ଥାପିତ ପ୍ରଦେଶାନାଂ ସିଦ୍ଧତ୍ୱେଽପି ଚଳନା ଭାବାଦିତି। ଅଥ ଚତୁର୍ଥଭଙ୍ଗଃ ଭେଦତ ଆହ – ତତ୍‌ଥଣଂ ଜେ ସେ ସାଇଏ ଇତ୍ୟାଦି।

(୩୩) ଷଟ୍‌ଖଣ୍ଡାଗମ ପୁସ୍ତକ ୧୪-୫, ୬, ୬୩ ଜୋ ଅଣାଦିୟସରିରୀବନ୍ଧୋ ନାମ ଯଥା ଅଟ୍‌ଠଣଂ ଜୀବମଜ୍‌ଝପଦେସାଣଂ ଅଣ୍ଣୋଣ୍ଣପଦେସବଂଧୋ ଭବଦି ସୋ ସବ୍‌ବୋ ଅଣାଦିୟସରୀରିବନ୍ଧୋ ଣାମ।

(୩୪) ତତ୍ତ୍ୱାର୍ଥାଧିଗମସୂତ୍ରମ୍ ୨/୯ର ଭାଷ୍ୟ ପୃ.୧୫୧, ୧୫୪

(୩୫) ତତ୍ତ୍ୱାର୍ଥରାଜବାର୍ତିକ ୫/୨୪ର ବୃତ୍ତିଅଷ୍ଟତୀବମଧ୍ୟପ୍ରଦେଶାନାମୁପର୍ଯ୍ୟଧଶ୍ଚତୁର୍ଣାଂ ରୁଚକବଦସ୍ଥିତାନାଂ ସର୍ବକାଳମନ୍ୟୋନ୍ୟ ପରିତ୍ୟାଗାତ୍ ଅନାଦିବନ୍ଧଃ। ଇତରେଷାଂ ପ୍ରଦେଶାନାଂ କର୍ମନିମିତ୍ତ ସଂହରଣ ବିସର୍ପଣ ସ୍ୱଭାବତ୍ୱାଦାଦିମାନ୍।

୧. ବେତ୍ରଲତା – ଜଳୀୟ ବେତରେ ଲତା ବା ବାଡ଼ି। **୨. ବଲ୍କ** – ବକଳ ବା ଛେଲି। **୩. ବରତ୍ରା** – ଚମଡ଼ାର ଫିତା। **୪. ରଜ୍ଜୁ** – ଝୋଟ ବା ଛଣପଟ ଦଉଡ଼ି। **୫. ବଲ୍ଲୀ** – କାକୁଡ଼ି ଆଦି ଲତା। **୬. କୁଶ** – ଟାଣ ଏବଂ ଧାରୁଆ ପତ୍ରଯୁକ୍ତ ଘାସ। **୭. ଦର୍ଭ** – ଦୂର୍ବା।

ବୃତ୍ତିକାର ନିର୍ମୂଳ କୁଶକୁ କୁଶ ଏବଂ ସମୂଳ କୁଶକୁ ଦର୍ଭ କହିଛନ୍ତି। ଆଦିଶବ୍ଦ ଦ୍ୱାରା ବସ୍ତ୍ର ଆଦିର ଗ୍ରହଣ କରିଛନ୍ତି।[୩୬] ଷଟ୍‌ଖଣ୍ଡାଗମ[୩୭] ଏବଂ ତତ୍ତ୍ୱାର୍ଥବାର୍ତିକ[୩୮]ରେ ବନ୍ଧନର ସାଧନ ପ୍ରସଙ୍ଗରେ ଲୌହର ବି ଉଲ୍ଲେଖ କରିଛନ୍ତି।

ଆଲୀନକରଣ ବନ୍ଧ – ଗୋଟିଏ ଦ୍ରବ୍ୟର ଅନ୍ୟ ଏକ ଦ୍ରବ୍ୟର ଶ୍ଲେଷ କାରଣରୁ ହେଉଥିବା ବନ୍ଧ। ଏହି ବନ୍ଧ ଚାରି ପ୍ରକାର –

୧. ଶ୍ଲେଷବନ୍ଧ – ଶ୍ଲେଷଦ୍ରବ୍ୟ ହେତୁ ଦୁଇଟି ଦ୍ରବ୍ୟ ମଧ୍ୟରେ ସଂଯୋଗ, ଯଥା : କାନ୍ଥ, ସ୍ତମ୍ଭ ଆଦିର ସଂବନ୍ଧ।[୩୯] ଏହାର କେତେକ ସାଧନର ଉଲ୍ଲେଖ କରାଯାଇଛି ଯଥା : ସୁଧା-ଚୂନ, ଚିକ୍‌ଖଲ-ଚିକ୍‌କଣ ମାଟି, ଶ୍ଲେଷ, ଲାକ୍ଷା, ମହମ ଆଦି

୨. ଉଚ୍ଚୟବନ୍ଧ – ରାଶିକରଣ, ଊର୍ଦ୍ଧ୍ୱଚୟ ଅଥବା ଢ଼େର। ଯଥା ଘାସରାଶି।

୩. ସମୁଚ୍ଚୟବନ୍ଧ – ସମୁଚ୍ଚୟ ବନ୍ଧରେ ବି ଉର୍ଦ୍ଧ୍ୱ-ଚୟନ ହୋଇଥାଏ। ଉଚ୍ଚୟ ବନ୍ଧରେ କେବଳ ରାଶିକରଣ ହୋଇଥାଏ, କିନ୍ତୁ ସମୁଚ୍ଚୟବନ୍ଧରେ ଇଟା, ପଥର ଆଦି ଯୋଡ଼ାଯାଇ ନିର୍ମାଣ କରାଯାଏ। ସେହିଭଳି ରାସ୍ତା ତିଆରି କରିବାକୁ ଯାଇ ସଡ଼କର ବିସ୍ତାର କରାଯାଏ। ଏହାର ଉଲ୍ଲେଖରୁ ସ୍ପଷ୍ଟ ହେଉଛି ଯେ ପ୍ରାଚୀନ କାଳରେ ଚିକଣା ମାଟି ତଥା ପଥର ସାହାଯ୍ୟରେ ପକ୍‌କା ରାସ୍ତାର ନିର୍ମାଣ କରାଯାଉଥିଲା।

୪. ସଂହନନ ବନ୍ଧ– ସଂଯୋଗ ଦ୍ୱାରା ଆକୃତିର ନିର୍ମାଣକୁ ସହନନବନ୍ଧ କୁହାଯାଏ। ଏହାର ଦୁଇ ପ୍ରକାର ହେଉଛି– ଦେଶସଂହନନବନ୍ଧ – ଗୁଡ଼ାଏ ଅବୟବର ସଂଯୋଜନା ଦ୍ୱାରା ହେଉଥିବା ବନ୍ଧ। ଯଥା: ଶକଟ ଗାଡ଼ିର ନିର୍ମାଣ। ସର୍ବସଂହନନବନ୍ଧ – ଏକୀଭାବ। ଉଦାହରଣ ସ୍ୱରୂପ କ୍ଷୀର ଓ ନୀରର ସଂବନ୍ଧ।

ଶରୀରବନ୍ଧ

ଅସଂଖ୍ୟ ପ୍ରଦେଶର ସଂଘାତ ହେଉଛି ଜୀବ। ସେହି ପ୍ରଦେଶଗୁଡ଼ିକ ସର୍ବଦା ଅବିଭକ୍ତ ଥାନ୍ତି। କର୍ମଶରୀର କାରଣରୁ ସେମାନଙ୍କ ରଚନାରେ ପରିବର୍ତ୍ତନ ଘଟୁଥାଏ। ସେମାନଙ୍କ ସଂକୋଚ ଓ ବିସ୍ତାର ଚାଲିଥାଏ। ଜୀବପ୍ରଦେଶର ସଂକୋଚନ ଘଟିଲେ ସେହି ଅନୁସାରେ ତୈଜସ୍ ଓ କର୍ମଶରୀର ପ୍ରଦେଶଗୁଡ଼ିକ ବି ସଂକୁଚିତ ହୋଇପଡ଼ନ୍ତି। ସେହିଭଳି ଜୀବପ୍ରଦେଶର ବିସ୍ତାର ଅନୁରୂପ ତୈଜସ ଓ କର୍ମଶରୀର ପ୍ରଦେଶଗୁଡ଼ିକ ବିସ୍ତାରିତ ହୋଇଥାନ୍ତି। ଏହି ସଂକୋଚ ଓ ବିସ୍ତାର ପ୍ରକ୍ରିୟାକୁ ଶରୀରବନ୍ଧ କୁହାଯାଇଥାଏ। ଏହାର ମୁଖ୍ୟ ହେତୁ - ସମୁଦ୍‌ଘାତ। ସମୁଦ୍‌ଘାତ ଅବସ୍ଥାରେ ଜୀବ ପ୍ରଦେଶ ଶରୀରରୁ ବାହାରି ଆସିଥାଏ ତଥା ପୁନଶ୍ଚ ଶରୀରରେ ପ୍ରବେଶ କରିଥାଏ। ଏହାର ବ୍ୟାଖ୍ୟା କରିବାକୁ ଯାଇ ସମୁଦ୍‌ଘାତର ଦୁଇଟି ରୂପ ନିରୂପଣ କରାଯାଇଛି - ୧. ପୂର୍ବପ୍ରୟୋଗ ପ୍ରତ୍ୟୟିକ ୨. ପ୍ରତ୍ୟୁତ୍ପନ୍ନ-ପ୍ରୟୋଗ ପ୍ରତ୍ୟୟିକ।

ଅଭୟଦେବସୂରୀ 'ଶରୀରିବନ୍ଧ' - ଏହି ପକ୍ଷର ଉଲ୍ଲେଖ କରିଛନ୍ତି। ଶରୀରବନ୍ଧ ପକ୍ଷରେ ତୈଜସ ଓ

---

(୩୬) ଭଗବଈ ବୃତ୍ତିପତ୍ର ୩୯୮ ବେତ୍ରଲତା-ଜଳବଂଶ କିମ୍ବା ବାଗତିବଲ୍କ, ବରତ୍ରା - ଚର୍ମମୟୀ ରଜ୍ଜୁଃ ସନାଦିମୟୀ, ବଲ୍ଲୀ-ତ୍ରପସ୍ୟାଦିକା, କୁଶାନିମୂଳଦର୍ଭାଃ ଦର୍ଭାସ୍ତୁ ସମୂଳାଃ ଆଦି ଶବ୍ଦାଚ୍ଚୀବରାଦିଗ୍ରହଣାମ୍।

(୩୭) ଷଟ୍‌ଖଣ୍ଡାଗମପୁସ୍ତକ ୧୪, ୫.୬.୪୧ ପୃଷ୍ଠା-୩୮।

(୩୮) ତତ୍ତ୍ୱାର୍ଥରାଜବାର୍ତିକ ୫/୨୪ର ବୃତ୍ତି, ପୃ.୪୮୬-୮୮।

(୩୯) କ. ଭଗବଈବୃତ୍ତି ପତ୍ର ୩୮୮

ଖ. ଷଟ୍‌ଖଣ୍ଡାଗମପୁସ୍ତକ ୧୪, ୫.୬.୪୮ ପୃଷ୍ଠା-୪୧

କର୍ମଶରୀରର ପ୍ରଦେଶଗୁଡ଼ିକର ବିବକ୍ଷା ହେଉଛି ମୁଖ୍ୟ, ଜୀବପ୍ରଦେଶ ଗୌଣ। ଶରୀରିବନ୍ଧ ପକ୍ଷରେ ଜୀବପ୍ରଦେଶର ବିବକ୍ଷା ମୁଖ୍ୟ ଅଥଚ ତୈଜସ୍ ଓ କର୍ମ ଶରୀର ପ୍ରଦେଶ ଗୌଣ।[୪୦] ଷଟ୍‌ଖଣ୍ଡାଗମ[୪୧] ଓ ତତ୍ତ୍ୱାର୍ଥବାର୍ତ୍ତିକ[୪୨]ରେ ଶରୀରିବନ୍ଧ ଓ ଶରୀରବନ୍ଧ ମଧ୍ୟରେ ପାର୍ଥକ୍ୟ ସ୍ପଷ୍ଟ ନିରୂପିତ କରାଯାଇଛି।

ପୂର୍ବପ୍ରୟୋଗ ପ୍ରତ୍ୟୟିକ

ଶରୀର ବନ୍ଧ ଦୁଇ ପ୍ରକାର। ପୂର୍ବପ୍ରୟୋଗ ପ୍ରତ୍ୟୟିକ ଏବଂ ପ୍ରତ୍ୟୁତ୍ପନ୍ନ ପ୍ରୟୋଗ ପ୍ରତ୍ୟୟିକ।

ଶରୀର ବନ୍ଧର ଅର୍ଥ ହେଉଛି – ତୈଜସ ଓ କର୍ମଶରୀର ପ୍ରଦେଶର ସଂରଚନା। ଏହି ରଚନାର ପ୍ରତ୍ୟୟ (ମୂଳ କାରଣ) ହେଉଛି ଜୀବ-ପ୍ରୟୋଗ। ବେଦନା, କଷାୟ ଆଦି ସମୁଦ୍‌ଘାତ ଜୀବଙ୍କ ପ୍ରଯତ୍ନରୁ ନିର୍ମିତ ହୋଇଥାଏ। ସବୁ ଜୀବ ବିଭିନ୍ନ କାରଣରୁ ସମୁଦ୍‌ଘାତ କରିଥାନ୍ତି। ସମୁଦ୍‌ଘାତ କାଳରେ ଜୀବପ୍ରଦେଶର ବନ୍ଧ ଘଟିଥାଏ। ଏହି ବନ୍ଧରେ ଜୀବଙ୍କ ପ୍ରୟୋଗ ଅତୀତକାଳୀନ ହୋଇଥିବାରୁ ଏହାକୁ ପୂର୍ବ ପ୍ରୟୋଗ ପ୍ରତ୍ୟୟିକ କୁହାଯାଇଛି।[୪୩]

ପ୍ରତ୍ୟୁତ୍ପନ୍ନ ପ୍ରୟୋଗ ପ୍ରତ୍ୟୟିକ

କେବଳୀ ସମୁଦ୍‌ଘାତର କାଳମାନ ହେଉଛି ଆଠ ସମୟ। ପ୍ରଥମ ଚାରି ସମୟରେ ଜୀବ-ପ୍ରଦେଶଗୁଡ଼ିକର ବିସ୍ତାର ଏବଂ ଅନ୍ତିମ ଚାରି ସମୟରେ ସେଗୁଡ଼ିକର ସଂକୋଚ ହୋଇଥାଏ। ପଞ୍ଚମ ସମୟ ହେଉଛି ସଂକୋଚର ପୂର୍ବବର୍ତ୍ତୀ କାଳ। ତା'ର ସଂଜ୍ଞା ହେଉଛି 'ମଂଥ'। ଏହି ଅବସ୍ଥାରେ ଜୀବ-ପ୍ରଦେଶର ଏକତ୍ରୀଭାବ (ସଂଘାତ) ଆରମ୍ଭ ହୋଇଥାଏ। ଏହି ମଂଥ ସମୟ ହିଁ ବର୍ତ୍ତମାନ ପ୍ରୟୋଗ ପ୍ରତ୍ୟୟିକ ବନ୍ଧ। ଜୀବପ୍ରଦେଶଗୁଡ଼ିକର ଅନୁବର୍ତ୍ତନ କରିବା ସହିତ ତୈଜସ ଓ କର୍ମ ଶରୀରର ପ୍ରଦେଶଗୁଡ଼ିକର ବନ୍ଧ ଅର୍ଥାତ୍ ସଂଘାତ ହୋଇଥାଏ। ଏହି ସଂଘାତ ଷଷ୍ଠ, ସପ୍ତମ ଓ ଅଷ୍ଟମ ସମୟରେ ମଧ୍ୟ ହୋଇଥାଏ, କିନ୍ତୁ ସଂଘାତର ପ୍ରାରମ୍ଭ ପଞ୍ଚମ ସମୟରେ ହିଁ ହୋଇଥାଏ। ଏହି ସଂଘାତ ଅଭୂତପୂର୍ବ ହୋଇଥିବାରୁ ବର୍ତ୍ତମାନ ପ୍ରୟୋଗ ପ୍ରତ୍ୟୟିକ ସକାଶେ ଏହି ସମୟ ହିଁ ବିବକ୍ଷିତ। ଭଗବତୀ ବୃତ୍ତିକାର, ଶରୀରବନ୍ଧର ପକ୍ଷ ବିଷୟରେ ବି ଉଲ୍ଲେଖ କରିଛନ୍ତି। ଏହି ପକ୍ଷ ଅନୁସାରେ ତୈଜସକର୍ମଶରୀରଯୁକ୍ତ ଜୀବଙ୍କ ପ୍ରଦେଶଗୁଡ଼ିକର ବନ୍ଧ ଅଥବା ସଂଘାତ ହୋଇଥାଏ।[୪୪]

ଶରୀର ପ୍ରୟୋଗ ବନ୍ଧ

ଜୀବ, ଆପଣା ଶରୀରର ନିର୍ମାଣ କରିଥାଏ। ସୂକ୍ଷ୍ମ ଓ ସୂକ୍ଷ୍ମତର ଶରୀର-ତୈଜସ ଓ କାର୍ମଣ ଶରୀର ସର୍ବଦା ଜୀବ ସହିତ ଲାଗି ରହିଥାନ୍ତି। ନୂତନ ଜନ୍ମ ସହିତ ସ୍ଥୂଳ ଶରୀର ନିର୍ମାଣ ହୋଇଥାଏ ଏବଂ ଜୀବ ସମାପ୍ତ ହେଲେ ଏହି ସ୍ଥୂଳ ଶରୀର ପୃଥକ ହୋଇଥାଏ। ଔଦାରିକ, ବୈକ୍ରିୟ ଏବଂ ଆହାରକ - ଏହି ତିନୋଟି ହେଉଛନ୍ତି ସ୍ଥୂଳ ଶରୀର। ଔଦାରିକ ଶରୀରର ନିର୍ମାଣ ମଣିଷ ଓ ତିର୍ଯ୍ୟଞ୍ଚ (ପଶୁ, ପକ୍ଷୀ ଆଦି) କରିଥାନ୍ତି। ବୈକ୍ରିୟ ଶରୀରର ନିର୍ମାଣ ନୈରୟିକ ଏବଂ ଦେବ କରିଥାନ୍ତି। ଆହାରକ ଶରୀରର ନିର୍ମାଣ ଲବ୍ଧି ଅଥବା ଯୋଗଜ ବିଭୂତି ଦ୍ୱାରା କରାଯାଇଥାଏ।

---

(୪୦) ଭଗବଈ ବୃତ୍ତିପତ୍ର ୩୯୯ : ଜୀବପଏସାଣଂ ତିଇହଜୀବ ପ୍ରଦେଶାନାମିତ୍ୟୁକ୍ତାବପି ଶରୀରବନ୍ଧାଧିକାରାତ୍ ତାତ୍‌ସ୍ଥ୍ୟାତ୍ତଦ୍‌ବ୍ୟପ୍ରଦେଶ ଇତିନ୍ୟାୟେ ଜୀବପ୍ରଦେଶାଶ୍ରିତତୈଜସ-କାର୍ମ୍ମଣ ଶରୀରପ୍ରଦେଶାନାମିତି ଦ୍ରଷ୍ଟବ୍ୟଂ ଶରୀରିବନ୍ଧ ଇତ୍ୟତ୍ର ତୁପକ୍ଷେ ସମୁଦ୍‌ଘାତେନ ବିକ୍ଷିପ୍ୟ ସଂକୋଚିତାନାମପର୍ସଜନୀକୃତ ତୈଜସ କାର୍ମଣ-ଶରୀରପ୍ରଦେଶାନାଂ ଜୀବପ୍ରଦେଶନାମେବେତି।

(୪୧) ଷଟ୍‌ଖଣ୍ଡାଗମ ପୁସ୍ତକ ୧୪, ୫.୬.୪୪, ୬୨୫ ପୃ.୪୧-୪୫

(୪୨) ତତ୍ତ୍ୱାର୍ଥରାଜବାର୍ତ୍ତିକ ୫/୨୪ର ବୃତ୍ତି ପୃ.୪୮୮

(୪୩) ଭଗବଈ ବୃତ୍ତି ପତ୍ର ୩୯୯ : ପୂର୍ବଃ ପ୍ରାକ୍‌କାଳାସେବିତଃ ପ୍ରୟୋଗୋ ଜୀବବ୍ୟାପାରୋ ବେଦନାକଷାୟାଦି-ସମୁଦ୍‌ଘାତରୂପଃ ପ୍ରତ୍ୟୟ କାରଣଂ ଯତ୍ରଶରୀରବନ୍ଧେ ସତଥା ସ ଏବ ପୂର୍ବ ପ୍ରୟୋଗ ପତ୍ୟୟିକଃ।

(୪୪) ଭଗବଈ ବୃତ୍ତିପତ୍ର ୩୯୯

ଔଦାରିକ ଶରୀର ପ୍ରୟୋଗ ବନ୍ଧର ତିନି ହେତୁ ହେଉଛି –[୪୫]

୧. ବୀର୍ଯ୍ୟସଯୋଗସଦ୍‌ଦ୍ରବ୍ୟତା – ବୀର୍ଯ୍ୟ-ବୀର୍ଯ୍ୟାନ୍ତର କ୍ଷୟଜନିତ ଶକ୍ତି। ଯୋଗ-ମନ, ବଚନ ଓ କାୟାର ପ୍ରବୃତ୍ତି। ସଦ୍‌ଦ୍ରବ୍ୟ - ଔଦାରିକ ବର୍ଗଣାର ପୁଦ୍‌ଗଳ। ଏହା, ଔଦାରିକ ଶରୀର ପ୍ରୟୋଗବନ୍ଧର ନିମିତ୍ତ ହୋଇଥାଏ।

୨. ପ୍ରମାଦ – ଏହା ମଧ୍ୟ ଔଦାରିକ ଶରୀର ପ୍ରୟୋଗ-ବନ୍ଧର ନିମିତ୍ତ ଅଟେ।

୩. କର୍ମ, ଯୋଗ, ଭବ ଓ ଆୟୁଷ୍ୟ ସାପେକ୍ଷ ଔଦାରିକ ଶରୀର ପ୍ରୟୋଗ ନାମକର୍ମର ଉଦୟ – ଉଦୟବର୍ତ୍ତୀ କର୍ମ, କାୟ ଆଦିର ପ୍ରବୃତ୍ତି, ଅନୁଭୂୟମାନ ମନୁଷ୍ୟ ଆଦିର ଭବ, ଉଦୟବର୍ତ୍ତୀ ମନୁଷ୍ୟ ଆଦିର ଆୟୁଷ୍ୟ, ଏହିସବୁ ସହିତ ସାପେକ୍ଷ ଥାଇ ଔଦାରିକ ଶରୀର ପ୍ରୟୋଗ ନାମ-କର୍ମ ଔଦାରିକ ଶରୀର ପ୍ରୟୋଗ ସମ୍ପାଦନ କରିଥାଏ।

ଔଦାରିକ ଶରୀର ରଚନାର ମୁଖ୍ୟ ହେତୁ ହେଉଛି 'ନାମ' କର୍ମ। ବୀର୍ଯ୍ୟ, ଯୋଗ, ପୁଦ୍‌ଗଳ ଆଦି ସମସ୍ତେ ଏହାର ସହକାରୀ କାରଣ ଅଟନ୍ତି।[୪୬] ଷଟ୍‌ଖଣ୍ଡାଗମରେ ଶରୀରବନ୍ଧର ଗଣନା ନୋକର୍ମ ଶ୍ରେଣୀଭୁକ୍ତ କରାଯାଇଛି।[୪୭]

ଔଦାରିକ ଶରୀର ପ୍ରୟୋଗ ବନ୍ଧର ଦୁଇଟି ଅବସ୍ଥା ହେଉଛି – ୧. ଦେଶବନ୍ଧ। ୨. ସର୍ବବନ୍ଧ।

ଗୋଟିଏ ଜୀବ ପୂର୍ବଶରୀର ପରିତ୍ୟାଗ କରି ନୂଆଁ ଶରୀରର ନିର୍ମାଣ କରିଥାଏ। ନିର୍ମାଣର ପ୍ରାରମ୍ଭିକ ବେଳାରେ ସେ ଶରୀରଯୋଗ୍ୟ ପୁଦ୍‌ଗଳର କେବଳ ଗ୍ରହଣ କରିଥାଏ। ତେଣୁ ତାହା ସର୍ବବନ୍ଧ। ଏହାର ତାତ୍ପର୍ଯ୍ୟାର୍ଥ ହେଲା – ଜୀବନଯାତ୍ରା ସକାଶେ ଆବଶ୍ୟକ ଶକ୍ତିର ନିର୍ମାଣ। ବୈକ୍ରିୟ ଶରୀର ନିର୍ମାଣ ପରେ ପୁନଃ ଔଦାରିକ ଶରୀରକୁ ପ୍ରତ୍ୟାବର୍ତ୍ତନ କରିବାର ପ୍ରାରମ୍ଭ କାଳ ମଧ୍ୟ ସର୍ବବନ୍ଧର ସମୟ ସାଜିଥାଏ।[୪୮] ପରବର୍ତ୍ତୀ ସମୟରେ ଗ୍ରହଣ ସହିତ ବିସର୍ଜନ ପ୍ରକ୍ରିୟା ମଧ୍ୟ ସକ୍ରିୟ ହୋଇପଡ଼େ। ଜୀବ, ପୁଦ୍‌ଗଳ ସମୂହର ଗ୍ରହଣ ଓ ବିସର୍ଜନ କରିଥାଏ। ସେହି ଅବସ୍ଥାରେ କେବଳବନ୍ଧ (ଗ୍ରହଣ) ନାହିଁ ତେଣୁ ତାହା ହେଉଛି ଦେଶବନ୍ଧ। ଏହାର ତାତ୍ପର୍ଯ୍ୟାର୍ଥ ହେଲା - ପ୍ରଥମ ସମୟରେ ନିର୍ମିତ ଶକ୍ତି ସକାଶେ ଆବଶ୍ୟକୀୟ ସାଧନର ଗ୍ରହଣ ଏବଂ ଅନାବଶ୍ୟକର ଉତ୍ସର୍ଜନ।

'ଅପୂପ' ସିଦ୍ଧାନ୍ତ ମାଧ୍ୟମରେ ଅଭୟଦେବ ସୂରି ଏହାର ବିବେଚନା କରିଛନ୍ତି। ତେଲ ଅଥବା ଘିଅ ପୂରିତ କଡ଼େଇରେ ଚକୁଳି ବା ପିଠା ନିକ୍ଷେପ କରିବାପରେ ପ୍ରଥମେ ପ୍ରଥମେ ତୈଳ କିମ୍ବା ଘିଅକୁ ଗ୍ରହଣ କରିଥାଏ। ଅନ୍ତିମ ସମୟରେ ଅର୍ଥାତ୍ ପିଠା ନିର୍ମାଣ ପ୍ରକ୍ରିୟା ସମାପ୍ତ ହେବା ସମୟରେ ଏହା ଗ୍ରହଣ ଓ ବିସର୍ଜନ ଉଭୟ କ୍ରିୟା ସମ୍ପାଦିତ କରିଥାଏ।[୪୯]

ବୈଶେଷିକ ଦର୍ଶନରେ ସୃଷ୍ଟିର ଉତ୍ପତ୍ତି ପାର୍ଥିବ, ଜଳୀୟ, ତୈଜସ ଏବଂ ବାୟବୀୟ ପରମାଣୁର ଆଧାରରେ ହୋଇଥିବାର ସିଦ୍ଧାନ୍ତକୁ ମାନ୍ୟ କରାଯାଇଛି। ଏହି ଦର୍ଶନ ଅନୁସାରେ ପରମାଣୁ ହେଉଛି କୂଟସ୍ଥନିତ୍ୟ। ଜୈନ

---

(୪୫) ଦ୍ରଷ୍ଟବ୍ୟ, ଭଗବଈ ୫/୧୧୦ର ଭାଷ୍ୟ

(୪୬) ଭଗବଈ ବୃତ୍ତି, ପତ୍ର ୪୦୦

(୪୭) ଷଟ୍‌ଖଣ୍ଡାଗମ ପୁସ୍ତକ ୧୪, ୫.୬.୪୦, ପୃ.୩୭

(୪୮) ଦ୍ରଷ୍ଟବ୍ୟ, ଭଗବଈ ୮/୩୭୬

(୪୯) ଭଗବଈବୃତ୍ତି, ପତ୍ର ୪୦୦ ତତ୍ର ଯଥା ଅପୂପଃ
ସ୍ନେହଭୃତତପ୍ତ-ତାପିକାୟାଂ ପ୍ରକ୍ଷିପ୍ତଃ ପ୍ରଥମ ସମୟେ,
ଗୃହ୍ଣା ତ୍ୟେବତ୍ୟେୟଂ ସର୍ବବନ୍ଧଃ ତତୋ ଦ୍ୱିତୀୟାଦିଷୁ
ସମୟେଷୁ ତାନ୍ ଗୃହ୍ଣାତି ବିସୃଜତି ଚେତ୍ୟେବଂ ଦେଶବନ୍ଧଃ

ଦର୍ଶନରେ ପରମାଣୁର ଆଠଟି ବର୍ଗଣାର ବର୍ଣ୍ଣନା ରହିଛି – ୧. ଔଦାରିକ ବର୍ଗଣା ୨. ବୈକ୍ରିୟ ବର୍ଗଣା ୩. ଆହାରକ ବର୍ଗଣା ୪. ତୈଜସ ବର୍ଗଣା ୫. କାର୍ମଣ ବର୍ଗଣା ୬. ଶ୍ୱାସୋଚ୍ଛ୍ୱାସ ବର୍ଗଣା ୭. ଭାଷା ବର୍ଗଣା ୮. ମନୋ ବର୍ଗଣା।

ଏହି ଆଠବର୍ଗଣା ହେଉଛନ୍ତି ପରିଣାମୀ-ନିତ୍ୟ। ଔଦାରିକ ବର୍ଗଣାର ପରମାଣୁ ତୈଜସ ବର୍ଗଣାରେ ତଥା ତୈଜସ ବର୍ଗଣାର ପରମାଣୁ ଔଦାରିକ ବର୍ଗଣା ରୂପରେ ପରିଣତ ହୋଇପାରିବେ। ସୃଷ୍ଟିବାଦର ବ୍ୟାଖ୍ୟା ପରିଣାମୀ-ନିତ୍ୟବାଦ ଆଧାରରେ ହିଁ କରାଯାଇଥାଏ। ଏହି ବର୍ଗଣାଗୁଡ଼ିକର ଫଳିତ ହେଉଛି ଯେ ସୃଷ୍ଟିର ମୂଳତତ୍ତ୍ୱ ପୁଦ୍‌ଗଳ ଓ ପୌଦ୍‌ଗଳିକ ଶରୀରଯୁକ୍ତ ଜୀବ। ପ୍ରୟୋଗଜା ସୃଷ୍ଟିର ଆଠଟି ରୂପ ବିକଶିତ ହୋଇଥାଏ – ୧. ଔଦାରିକ ଶରୀର ୨. ବୈକ୍ରିୟ ଶରୀର ୩. ଆହାରକ ଶରୀର ୪. ତୈଜସ ଶରୀର ୫. କାର୍ମଣ ଶରୀର ୬. ଶ୍ୱାସୋଚ୍ଛ୍ୱାସ ୭. ଭାଷା ୮. ମନ।

ବର୍ଗଣାର ପରମାଣୁସ୍କନ୍ଧର ପରିବର୍ତ୍ତନ ସ୍ୱଭାବ ଯୋଗୁଁ ହୋଇଥାଏ, ତେଣୁ ତାହା ହେଉଛି ସ୍ୱଭାବଜା ସୃଷ୍ଟି। ଆଗମ ସାହିତ୍ୟରେ ପ୍ରୟୋଗ, ବିସ୍ରସା ଓ ମିଶ୍ରର ବିଶଦ ବର୍ଣ୍ଣନା ରହିଛି। ମଧ୍ୟକାଳୀନ ଦର୍ଶନରେ ଏହି ବିଷୟରେ ସ୍ପର୍ଶ ଅତ୍ୟଳ୍ପ ପରିମାଣରେ ହୋଇଛି କିମ୍ବା ଜମା ହୋଇନାହିଁ ବୋଲି ମଧ୍ୟ କୁହାଯାଇପାରିବ। ବର୍ତ୍ତମାନ ଆଗମ ଆଧାରରେ ଦର୍ଶନର ରହସ୍ୟଗୁଡ଼ିକର ନୂଆଁ ଢଙ୍ଗରେ ଅନାବରଣ ହେବାର ତୀବ୍ର ଆବଶ୍ୟକତା ଦେଖାଦେଇଛି।

॥ ୫ ॥

ବିଶ୍ୱ : ବିକାଶ ଓ ହ୍ରାସ

ଅନାଦି-ଅନନ୍ତ

ଜୀବନ-ପ୍ରବାହ ସମ୍ପର୍କରେ ଅନେକ ଧାରଣା ବଳବତ୍ତର ରହିଛି । ଏହାକୁ ଅନାଦି-ଅନନ୍ତ ମଣୁଥିବା ଲୋକଙ୍କ ସଂଖ୍ୟା ପ୍ରଚୁର ରହିଛି । ତେବେ ଏହାକୁ ସାଦି-ସାନ୍ତ ବୋଲି ଭାବୁଥିବା ଲୋକମାନଙ୍କ ସଂଖ୍ୟା ବି କିଛି କମ୍ ନୁହେଁ । ଜୀବନ-ପ୍ରବାହକୁ ଅନାଦି-ଅନନ୍ତ ବିବେଚନ କରୁଥିବା ଲୋକଙ୍କୁ ଏହାର ଉତ୍ପତ୍ତି ଦିଗ ପ୍ରତି ବିଚାର କରିବାର ଆବଶ୍ୟକତା ପଡ଼େନାହିଁ । ଚୈତନ୍ୟ କେବେ, କିପରି ଓ କାହାଠାରୁ ଉତ୍ପନ୍ନ ହୋଇଛି – ଏହି ସମସ୍ୟା ସେମାନଙ୍କୁ ବିବ୍ରତ କରିଥାଏ, ଯେଉଁମାନେ ଅସତ୍‌ରୁ ସତ୍‌ର ଉତ୍ପତ୍ତିକୁ ସ୍ୱୀକାର କରିଥାନ୍ତି । 'ଉପାଦାନ'ର ମର୍ଯ୍ୟାଦାକୁ ସ୍ୱୀକାର କରୁଥିବା ଲୋକ ଅସତ୍‌ରୁ ସତ୍‌ର ଉତ୍ପତ୍ତିକୁ ମାନ୍ୟ କରନ୍ତି ନାହିଁ । ନିୟାମକତା ଦୃଷ୍ଟିରୁ ଏହାର ନ ଘଟିବା ପଛରେ ଯଥାର୍ଥ କାରଣ ରହିଛି ଅନ୍ୟଥା ସମଝର ବାହାରେ ଅବ୍ୟବସ୍ଥା ସୃଷ୍ଟି ହୋଇଥାଏ ।

ଜୈନ ଦୃଷ୍ଟି ଅନୁସାରେ ଏହି ଜଗତ ହେଉଛି ଅନାଦି-ଅନନ୍ତ । ଏହାର ପରିମାଣରେ ହ୍ରାସ-ବୃଦ୍ଧି ଘଟି ନ ଥାଏ, କେବଳ ମାତ୍ର ରୂପାନ୍ତର ହୋଇଥାଏ ।

ବିଶ୍ୱ-ସ୍ଥିତିର ମୂଳସୂତ୍ର

ବିଶ୍ୱ-ସ୍ଥିତିର ଦଶଗୋଟି ଆଧାରଭୂତ ତଥ୍ୟ ହେଉଛି- [୧]

୧. ପୁନର୍ଜନ୍ମ – ଜୀବ ମରିଲା ପରେ ବାରମ୍ବାର ଜନ୍ମ ଧାରଣ କରିଥାଏ ।

୨. କର୍ମବନ୍ଧ – ଜୀବ ସଦା (ପ୍ରବାହରୂପେଣ ଅନାଦି କାଳରୁ) କର୍ମ ବନ୍ଧନ କରିଆସୁଛି ।

୩. ମୋହନୀୟ କର୍ମବନ୍ଧ – ଜୀବନ ସଦା (ପ୍ରବାହ ରୂପେଣ ଅନାଦି କାଳରୁ) ନିରନ୍ତର ମୋହନୀୟ କର୍ମବନ୍ଧନ କରିଚାଲିଛି ।

୪. ଜୀବ-ଅଜୀବର ଅତ୍ୟନ୍ତାଭାବ - ଜୀବ, ଅଜୀବରେ ପରିଣତ ହେବା ତଥା ଅଜୀବ, ଜୀବରେ ପରିଣତ ହେବା କେବେ ହୋଇନାହିଁ, ଏହା ଭାବ୍ୟ ନୁହେଁ ତଥା ଏହା ନିଶ୍ଚିତ ଭାବରେ ଘଟିବ ନାହିଁ ।

୫. ତ୍ରସ-ସ୍ଥାବର-ଅବିଚ୍ଛେଦ - ସମସ୍ତ ଚରଜଗତ (ତ୍ରସ) ସ୍ଥାବରରେ ପରିଣତ ହେବା ଏବଂ ସମସ୍ତ ସ୍ଥାବର ଜୀବ ତ୍ରସରେ ପରିଣତ ହେବା - କେବେ ହୋଇନାହିଁ, ଏହା ଭାବ୍ୟ ନୁହେଁ ତଥା ଏହା କେବେବି ହୋଇପାରିବ ନାହିଁ ।

---

[୧] ଠାଣଂ, ୧୦/୧

୬. ଲୋକାଲୋକ ପୃଥକ୍ତ୍ୱ - ଲୋକ, ଅଲୋକ ହେବା ତଥା ଅଲୋକ, ଲୋକହବା - କେବେ ହୋଇନାହିଁ, ଏହା ଭାବ୍ୟ ନୁହେଁ ତଥା ଏହା କେବେ ବି ହୋଇପାରିବ ନାହିଁ।

୭. ଲୋକାଲୋକ - ଅନ୍ୟୋନ୍ୟାଂପ୍ରବେଶ - ଲୋକର ଅଲୋକ ମଧ୍ୟରେ ପ୍ରବେଶ ଏବଂ ଅଲୋକର ଲୋକ ମଧ୍ୟରେ ପ୍ରବେଶ - କେବେ ହୋଇନାହିଁ, ଏହା ଭାବ୍ୟ ନୁହେଁ ତଥା କେବେ ବି ହୋଇପାରିବ ନାହିଁ।

୮. ଲୋକ ଓ ଜୀବସମୂହର ଆଧାର-ଆଧେୟ ସଂବନ୍ଧ - ଯେତେ କ୍ଷେତ୍ରର ନାମ ଲୋକ ରହିଛି, ସେତେ କ୍ଷେତ୍ରରେ ଜୀବ ରହିଛନ୍ତି ତଥା ଯେଉଁ ଯେଉଁ କ୍ଷେତ୍ରରେ ଜୀବ ରହିଛନ୍ତି - ସେହି କ୍ଷେତ୍ରର ନାମଲୋକ ରହିଛି।

୯. ଲୋକ-ମର୍ଯ୍ୟାଦା - ଯେଉଁ ଯେଉଁ କ୍ଷେତ୍ରକୁ ଜୀବ ଓ ପୁଦ୍‌ଗଳ ଗତି କରିବାରେ ସକ୍ଷମ, ସେହି କ୍ଷେତ୍ରଗୁଡ଼ିକ 'ଲୋକ' ଅଟନ୍ତି ତଥା ଯେଉଁ କ୍ଷେତ୍ର ଲୋକ ସେହି କ୍ଷେତ୍ରରେ ଜୀବ ଓ ପୁଦ୍‌ଗଳ ଗତି କରିଥାନ୍ତି।

୧୦. ଅଲୋକ-ଗତି-କାରଣାଭାବ - ଲୋକର ସବୁଯାକ ଅନ୍ତିମ ଭାଗରେ ଆବଦ୍ଧ ପାର୍ଶ୍ୱସ୍ପୃଷ୍ଟ ପୁଦ୍‌ଗଳ ଥାଏ। ଲୋକାନ୍ତର ପୁଦ୍‌ଗଳ ସ୍ୱଭାବତୟା ରୁକ୍ଷ ହୋଇଥାଏ। ଗତିରେ ସହାୟତା କରୁଥିବା ସ୍ଥିତିରେ ସେଗୁଡ଼ିକ ସଂଘଟିତ ହୋଇପାରନ୍ତି ନାହିଁ। ସେମାନଙ୍କ ସହାୟତା ବିନା ଜୀବ ଅଲୋକରେ ଗତି କରିପାରିବ ନାହିଁ।

ବିକାଶ ଓ ହ୍ରାସ

ବିକାଶ ଓ ହ୍ରାସ ହେଉଛି ପରିବର୍ତ୍ତନର ମୁଖ୍ୟ ନିୟମ। ଏକାନ୍ତ-ନିତ୍ୟ-ସ୍ଥିତିରେ ବିକାଶ ହୁଏନାହିଁ କି ହ୍ରାସ ମଧ୍ୟ ହୁଏନାହିଁ। ପରିଣାମୀ-ନିତ୍ୟତ୍ୱ ଅନୁସାରେ ବିକାଶ ଓ ହ୍ରାସ ସମ୍ଭବ ହୋଇଥାଏ। ଡାରୱିନଙ୍କ ମତରେ ଏହି ବିଶ୍ୱ କ୍ରମଶଃ ବିକାଶ କରିଚାଲିଛି। ଜୈନଦୃଷ୍ଟି, ଏହି ମତକୁ ସ୍ୱୀକାର କରେନାହିଁ। ଜୀବ ଓ ପୁଦ୍‌ଗଳ - ଏହି ଦୁଇ ଦ୍ରବ୍ୟରେ ବିକାଶ ଓ ହ୍ରାସ ହୋଇଥାଏ। ଜୀବର ଅନ୍ତିମ ବିକାଶ ହେଉଛି - ମୁକ୍ତଦଶା। ସେଠାରେ ପହଞ୍ଚିଗଲା ପରେ ଆଉ ହ୍ରାସ ନ ଥାଏ। ଏହାପୂର୍ବରୁ ଆଧ୍ୟାତ୍ମିକ କ୍ରମ-ବିକାଶର ଯେଉଁ ଚତୁର୍ଦ୍ଦଶ (୧୪) ଭୂମିକା ରହିଛି, ତନ୍ମଧ୍ୟରେ ଅଷ୍ଟମ (୮) ଅର୍ଥାତ୍ କ୍ଷପକ-ଶ୍ରେଣୀରେ ଉପନୀତ ହେଲାପରେ ମୁକ୍ତହେବାର ପ୍ରାଥମିକ କ୍ଷଣ ଯାଏ କ୍ରମିକ ବିକାଶ ହୋଇଥାଏ। ଏହାପୂର୍ବରୁ ବିକାଶ ଓ ହ୍ରାସ ଉଭୟ ଚାଲିଥାଏ। ହ୍ରାସରୁ ବିକାଶ ଓ କେବେ ବିକାଶରୁ ହ୍ରାସ ନିରନ୍ତର ହୋଇଥାଏ। ବିକାଶର ଅବସ୍ଥା ହେଉଛି

୧. ଅବ୍ୟବହାର ରାଶି / ସାଧାରଣ ବନସ୍ପତି।

୨. ବ୍ୟବହାର ରାଶି / ପ୍ରତ୍ୟେକ-ବନସ୍ପତି, ସାଧାରଣ-ବନସ୍ପତି।

(କ) ଏକେନ୍ଦ୍ରିୟ/ସାଧାରଣ-ବନସ୍ପତି, ପ୍ରତ୍ୟେକ ବନସ୍ପତି, ପୃଥ୍ୱୀ, ପାଣି, ତୈଜସ, ବାୟୁ।

(ଖ) ଦ୍ୱୀନ୍ଦ୍ରିୟ। (ଗ) ତ୍ରୀନ୍ଦ୍ରୀୟ। (ଘ) ଚତୁରେନ୍ଦ୍ରିୟ। (ଙ) ପଞ୍ଚେନ୍ଦ୍ରିୟ/ଅମନସ୍କ, ସମନସ୍କ।

ପ୍ରତ୍ୟେକ ପ୍ରାଣୀ ଏହିସବୁକୁ କ୍ରମଶଃ ଅତିକ୍ରମ କରି ଆଗକୁ ବଢ଼ିଥାନ୍ତି - ଏହି କଥା ନୁହେଁ। ଏମାନଙ୍କ ଉତ୍କ୍ରମଣ ମଧ୍ୟ ହୋଇଥାଏ। ଏହା ପ୍ରାଣୀଙ୍କ ଯୋଗ୍ୟତର କ୍ରମ ଅଟେ। ଉତ୍କ୍ରାନ୍ତିର କ୍ରମ ନୁହେଁ। ଉତ୍କ୍ରମଣ ଓ ଅପକ୍ରମଣ, ଜୀବଙ୍କ ଆଧ୍ୟାତ୍ମିକ ଯୋଗ୍ୟତା ଏବଂ ସହଯୋଗୀ ପରିସ୍ଥିତିଗୁଡ଼ିକର ସମନ୍ୱୟ ଉପରେ ନିର୍ଭରଶୀଳ ଥାଏ।

ଦାର୍ଶନିକଙ୍କ 'ଧ୍ୟେୟବାଦ' ଭବିଷ୍ୟକୁ ପ୍ରେରକ ରୂପରେ ଗ୍ରହଣ କରିଥାଏ ଅଥଚ ବୈଜ୍ଞାନିକଙ୍କ 'ବିକାଶବାଦ' ଅତୀତକୁ ପ୍ରେରକ ରୂପରେ ସ୍ୱୀକାର କରିଥାଏ। ଧ୍ୟେୟ ଦିଗରେ ଅଗ୍ରସର ହେଲେ ଜୀବଙ୍କ ଆଧ୍ୟାତ୍ମିକ ବିକାଶ ଘଟିଥାଏ - ଏହା ହେଉଛି ଦାର୍ଶନିକଙ୍କ ମାନ୍ୟତା, ତେବେ ଏହି ଦର୍ଶନ ତତ୍ତ୍ୱ ବି ବାହ୍ୟ ପ୍ରେରଣା ମାତ୍ର। ଆତ୍ମା ହେଉଛି ସ୍ୱତଃସ୍ଫୂର୍ତ୍ତ। ଧ୍ୟେୟ ଦିଶାରେ ଅଗ୍ରସର ହେବାପାଇଁ ଆତ୍ମା ବାଧ୍ୟ ନୁହେଁ, ବରଂ ସ୍ୱତନ୍ତ୍ର। ଧ୍ୟେୟକୁ ଭଲକରି ବୁଝିଲା ପରେ ଆତ୍ମା ସେହି ଦିଗରେ ବଢ଼ିବାର ପ୍ରଯତ୍ନ କରିଥାଏ। ଉଚିତ ସାମଗ୍ରୀର ସହଯୋଗ ମିଳିଲେ ଏହି ପ୍ରଚେଷ୍ଟା ସଫଳ ହୋଇଥାଏ। କିନ୍ତୁ 'ଧ୍ୟେୟ ଦିଗରେ ପ୍ରଗତି' ଏହା ସର୍ବସାମାନ୍ୟ ନିୟମ ନୁହେଁ। ଏହା କାଳ, ସ୍ୱଭାବ, ନିୟତି, ଉଦ୍ୟୋଗ ଆଦି ବିଶେଷ ସାମଗ୍ରୀ-ସାପେକ୍ଷ ଅଟେ।

ବୈଜ୍ଞାନିକ ବିକାଶବାଦ ହେଉଛି ବାହ୍ୟ ସ୍ଥିତିର ଆକଳନ। ଅତୀତକୁ ଦୃଷ୍ଟିରେ ରଖି ବିକାଶ-ପରମ୍ପରା ଗତି କରିଥାଏ - ଏହା ନିଶ୍ଚିତ ସତ୍ୟ ନୁହେଁ। କାହାର ବିକାଶ ହୋଇଛି ଏବଂ ଅନେକଙ୍କର ହ୍ରାସ ମଧ୍ୟ ହୋଇଛି। ଅତୀତ, ନୂଆ ଆକୃତିଗୁଡ଼ିକର ପରମ୍ପରାକୁ ଅଗ୍ରଗତି ପ୍ରଦାନ କରିଛି ଏବଂ ବର୍ତ୍ତମାନ, ପୁରୁଣା ଆକୃତିକୁ ଆପଣା କୋଳରେ ସ୍ଥାନ ଦେଇଥାଏ। ଏହି କାରଣରୁ କେବଳ ସୁଯୋଗ ଦ୍ୱାରା ପ୍ରଦତ୍ତ ଅଧିକ ସ୍ୱତନ୍ତ୍ରତାକୁ ମାନ୍ୟ କରାଯାଇପାରିବ ନାହିଁ। ବିକାଶ, ବାହ୍ୟ ପରିସ୍ଥିତି ଦ୍ୱାରା ପରିଚାଳିତ ହେଲେ - ଆତ୍ମା ନିଜଠାରୁ ପୃଥକ୍ ବାହ୍ୟଶକ୍ତି ଦ୍ୱାରା ପରିଚାଳିତ ହେଲେ ସ୍ୱତନ୍ତ୍ର ହୋଇ ରହିପାରିବ ନାହିଁ। ପରିସ୍ଥିତିର ଦାସ ହୋଇ ଆତ୍ମା କେବଳ ବି ଆପଣା ବିକାଶ କରିପାରିବ ନାହିଁ।

ପୁଦ୍‌ଗଳର ଶକ୍ତିର ବିକାଶ ଓ ହ୍ରାସ ସର୍ବଦା ଲାଗି ରହିଥାଏ। ଏମାନଙ୍କ ବିକାଶ ଓ ହ୍ରାସର ନିରବଧିକ ଚରମ ରୂପ ନାହିଁ। ଶକ୍ତି ଦୃଷ୍ଟିରେ ଗୋଟିଏ ପୌଦ୍‌ଗଳିକ ସ୍କନ୍ଧର ଅନନ୍ତ-ଗୁଣ-ତାରତମ୍ୟ ହୋଇଥାଏ। ଆକାର-ରଚନା ଦୃଷ୍ଟିରେ ଗୋଟିଏ-ଗୋଟିଏ ପରମାଣୁ ମିଳିତ ହୋଇ ଅନନ୍ତ ପ୍ରଦେଶୀ ସ୍କନ୍ଧରେ ପରିଣତ ହୁଏ ଏବଂ ପୁଣି ବିଛିନ୍ନ ହୋଇ ଗୋଟିଏ-ଗୋଟିଏ ପରମାଣୁ ହୋଇଯାଆନ୍ତି।

ପୁଦ୍‌ଗଳ ଅଚେତନ ହୋଇଥିବାରୁ ତା'ର ବିକାଶ ଅଥବା ହ୍ରାସ ଚୈତନ୍ୟ ପ୍ରେରିତ ନୁହେଁ। ଜୀବଙ୍କ ବିକାଶ ଓ ହ୍ରାସର ଏହା ବିଶେଷତ୍ୱ। ଜୀବ ମଧ୍ୟରେ ଚୈତନ୍ୟ ରହିଥିବାରୁ ତା'ର ବିକାଶ-ହ୍ରାସରେ ବାହାରି ପ୍ରେରଣା ସହିତ ଆନ୍ତରିକ ପ୍ରେରଣା ମଧ୍ୟ ରହିଥାଏ।

ଜୀବ (ଚୈତନ୍ୟ) ଓ ଶରୀରର ଲୋଳୀଭୂତ ସଂଶ୍ଳେଷ ଥାଏ, ତେଣୁ ଆନ୍ତରିକ ପ୍ରେରଣାର ଦୁଇ ପ୍ରକାର ରୂପ ନିର୍ମିତ ହୁଏ - ଆତ୍ମ-ଜନିତ ଓ ଶରୀର-ଜନିତ। ଆତ୍ମ-ଜନିତ ଆନ୍ତରିକ ପ୍ରେରଣା ଦ୍ୱାରା ଆଧ୍ୟାତ୍ମିକ ବିକାଶ ଘଟିଥାଏ ଏବଂ ଶରୀର-ଜନିତ ପ୍ରେରଣାଠାରୁ ଶାରୀରିକ ବିକାଶ ହୋଇଥାଏ।

ଠାଣଂ ୫/୨୪ ସୂତ୍ର ଅନୁସାରେ ଶରୀରର ସଂଖ୍ୟା ପାଞ୍ଚ। ତନ୍ମଧ୍ୟରେ ଦୁଇଟି ସୂକ୍ଷ୍ମ ଓ ତିନୋଟି ସ୍ଥୁଳ। ସୂକ୍ଷ୍ମଶରୀର ସ୍ଥୁଳ ଶରୀରର ପ୍ରେରକ ହୁଏ। ଶୁଭବର୍ଗଣାର ଉଦୟ ଦ୍ୱାରା ପୌଦ୍‌ଗଳିକ ବା ଶାରୀରିକ ବିକାଶ ହୋଇଥାଏ ଏବଂ ଅଶୁଭ ବର୍ଗଣାର ଉଦୟ ଫଳରେ ଆତ୍ମ-ଚେତନାର ହ୍ରାସ, ଆବରଣ ଏବଂ ଶାରୀରିକ ସ୍ଥିତିର ବି ହ୍ରାସ ହୁଏ।

ଜୈନ ଦୃଷ୍ଟି ଅନୁସାରେ ଚେତନା ଏବଂ ଅଚେତନ-ପୁଦ୍‌ଗଳ-ସଂଯୋଗାତ୍ମକ ସୃଷ୍ଟିର ବିକାଶ କ୍ରମିକ ହିଁ ହେବା ଜରୁରୀ ନୁହେଁ।

ବିକାଶ ଓ ହ୍ରାସର କାରଣ

ବିକାଶ ଓ ହ୍ରାସର ମୁଖ୍ୟ କାରଣ ହେଉଛି ଆନ୍ତରିକ ପ୍ରେରଣା, ଆନ୍ତରିକ ସ୍ଥିତି ଅଥବା ଆନ୍ତରିକ ଯୋଗ୍ୟତା ତଥା ସହାୟକ କାରଣ ହେଉଛି ବାହ୍ୟ ସ୍ଥିତି। ଡାରଉଇନଙ୍କ ସିଦ୍ଧାନ୍ତ ଏହି ବାହ୍ୟ ସ୍ଥିତିକୁ ଅତିରିକ୍ତ ମହତ୍ତ୍ୱ ଦେଇଥାଏ। ବାହାରି ସ୍ଥିତି କେବଳ ଆନ୍ତରିକ ବୃତ୍ତିକୁ ଜଗାଇଥାଏ। ଆନ୍ତରିକ ବୃତ୍ତିର ନବନିର୍ମାଣ କରି ନ ଥାଏ। ଚେତନଠାରେ ଏହି ଯୋଗ୍ୟତା ରହିଛି। ବାହାରି ସ୍ଥିତିର ଆଶ୍ରୟରେ ଚେତନ ବିକଶିତ ହୋଇଯାଏ।

୧. ଅନ୍ତରଙ୍ଗ ଯୋଗ୍ୟତା ଓ ବହିରଙ୍ଗ ଅନୁକୂଳତା - କାର୍ଯ୍ୟ ଉତ୍ପନ୍ନ ହୁଏ।

୨. ଅନ୍ତରଙ୍ଗ ଅଯୋଗ୍ୟତା ଓ ବହିରଙ୍ଗ ଅନୁକୂଳତା - କାର୍ଯ୍ୟ ଉତ୍ପନ୍ନ ହୁଏନାହିଁ।

୩. ଅନ୍ତରଙ୍ଗ ଯୋଗ୍ୟତା ଓ ବହିରଙ୍ଗ ପ୍ରତିକୂଳତା – କାର୍ଯ୍ୟ ଉତ୍ପନ୍ନ ହୁଏନାହିଁ।

୪. ଅନ୍ତରଙ୍ଗ ଅଯୋଗ୍ୟତା ଓ ବହିରଙ୍ଗ ପ୍ରତିକୂଳତା – କାର୍ଯ୍ୟ ଉତ୍ପନ୍ନ ହୁଏନାହିଁ।

ପ୍ରତ୍ୟେକ ପ୍ରାଣୀଠାରେ ଦଶ ସଂଜ୍ଞା ଏବଂ ଜୀବନ-ସୁଖର ଆକାଂକ୍ଷା ରହିଥାଏ। ପ୍ରାଣୀଠାରେ ତିନିପ୍ରକାର ଏଷଣା ବି ରହିଆସିଛି – ୧. ପ୍ରାଣୈଷଣା - ମୁଁ ଜୀବିତ ରହିବାକୁ ଚାହେଁ। ୨. ପୁତ୍ରୈଷଣା - ମୋର ସନ୍ତତି ପରମ୍ପରା ଚାଲିଥାଉ। ୩. ବିତ୍ତୈଷଣା - ମୁଁ ଧନ-ଐଶ୍ୱର୍ଯ୍ୟସମ୍ପନ୍ନ ହେବାକୁ ଚାହେଁ।

ଅର୍ଥ ଓ କାମର ଏହି ଆନ୍ତରିକ ପ୍ରେରଣା ତଥା ଭୋକ, ଶୋଷ, ଥଣ୍ଡା, ଗରମ ଆଦି ବାହାରି ସ୍ଥିତିର

ପ୍ରହାର ଦ୍ୱାରା ପ୍ରାଣୀର ବହିର୍ମୁଖୀ ବୃତ୍ତିର ବିକାଶ ଘଟିଥାଏ। ଏହା ଏକ ଜୀବନଗତ-ବିକାଶର ଅବସ୍ଥା। ବିକାଶପ୍ରବାହ ମଧ୍ୟ ଗତି କରିଥାଏ। ଗୋଟିଏ ପିଢ଼ିରୁ ପରବର୍ତ୍ତୀ ପିଢ଼ିକୁ ଅନାୟାସ ପ୍ରାପ୍ତ ହୁଏ। ତେବେ ଉଦ୍ଭିଦ ଜଗତରୁ ମନୁଷ୍ୟ-ଜଗତ ପର୍ଯ୍ୟନ୍ତ ଯେଉଁ ବିକାଶ ହୋଇଛି, ତାହା ପ୍ରାରମ୍ଭିକ ପିଢ଼ିର ଅବଦାନ ନୁହେଁ। ଏହା ହେଉଛି ବ୍ୟକ୍ତି ବିକାଶ ସ୍ୱତନ୍ତ୍ର ଗତି। ଉଦ୍ଭିଦ ଜଗତ୍‌ରୁ ଭିନ୍ନ ଜାତି, ତା'ର ଶାଖା ନୁହନ୍ତି, ସେମାନେ ସ୍ୱତନ୍ତ୍ର। ଉଦ୍‌ଭିଦ ଜାତିର ଏକ ଜୀବ ପୁନର୍ଜନ୍ମ ମାଧ୍ୟମରେ ମନୁଷ୍ୟ ହୋଇପାରିବ। ଏହା ଜାତିଗତ ବିକାଶ ନୁହେଁ, ବ୍ୟକ୍ତିଗତ ବିକାଶ।

ବିକାଶ ପ୍ରକ୍ରିୟାରେ ଉଭୟ ବିଚାର ଏକ ରେଖାରେ ରହିପାରିବେ, କିନ୍ତୁ ଜାତିଗତ ବିକାଶ ଓ ବ୍ୟକ୍ତିଗତ ବିକାଶ ପଦ୍ଧତିରେ ପାର୍ଥକ୍ୟ ରହିଛି। ଡାରଉଇନଙ୍କ ମତରେ ଜାତିର ବିକାଶ ହୋଇଥାଏ ଏବଂ ଜୈନ ଦର୍ଶନ ଅନୁସାରେ ବିକାଶ ହୋଇଥାଏ ବ୍ୟକ୍ତିର। ଡାରଉଇନ ଆତ୍ମା ଓ କର୍ମର ଯୋଗ୍ୟତାର ଜ୍ଞାତା ଓ ବିଶେଷଜ୍ଞ ଯଦି ଥାନ୍ତେ, ତେବେ ତାଙ୍କର ଧ୍ୟାନ କେବଳ ଜାତି, ଯାହାକି ଏକ ବାହାରି ବସ୍ତୁର ବିକାଶ ପ୍ରତି ବୋଧହୁଏ ଯାଇନଥାନ୍ତା। ଆନ୍ତରିକ ଯୋଗ୍ୟତା କମ୍ ଥିଲେ ମନୁଷ୍ୟ ପୁଣି ଉଦ୍‌ଭିଦ୍ ଜାତିରେ ଯାଇଥାଏ। ଏହା ହେଉଛି ବ୍ୟକ୍ତିଗତ ହ୍ରାସ।

ପ୍ରାଣି ବିଭାଗ

ପ୍ରାଣୀ ଦୁଇ ପ୍ରକାର - ଚର ଓ ଅଚର। ଅଚର ପ୍ରାଣୀ ପାଞ୍ଚ ପ୍ରକାର - ପୃଥ୍ୱୀକାୟ, ଅପ୍‌କାୟ, ତେଜସ୍‌କାୟ, ବାୟୁକାୟ ଏବଂ ବନସ୍ପତିକାୟ। ଚର ପ୍ରାଣୀଙ୍କ ଆଠଟି ଭେଦ ହେଉଛି – (୧) ଅଣ୍ଡଜ, (୨) ପୋତଜ, (୩) ଜରାୟୁଜ, (୪) ରସଜ, (୫) ସଂସ୍ୱେଦଜ, (୬) ସମ୍ମୂର୍ଚ୍ଛିମ, (୭) ଉଦ୍‌ଭିଦ୍ ଓ (୮) ଉପପାତଜ।

୧. ଅଣ୍ଡଜ – ଅଣ୍ଡାରୁ ଉତ୍ପନ୍ନ ପ୍ରାଣୀଙ୍କୁ 'ଅଣ୍ଡଜ' କୁହାଯାଏ। ଯଥା-ସାପ, କଇଁଛ, ମାଛ, ପାରା, ହଂସ, କାକ, ମୟୂର ଆଦି ଜୀବ।

୨. ପୋତଜ – ଖୋଲା ଅଙ୍ଗରୁ ଉତ୍ପନ୍ନ ଜୀବଙ୍କୁ 'ପୋତଜ' କୁହାଯାଏ। ଯଥା–ହାତୀ, ନେଉଳ, ମୂଷିକ, ବଗ ଆଦି।

୩. ଜରାୟୁଜ – ରକ୍ତ ଓ ମାଂସ ସମ୍ମିଶ୍ରିତ ଜାଲ ସଦୃଶ ଏକ ଆବରଣ ହେଉଛି ଜରାୟୁ। ଜନ୍ମ ସମୟରେ ଏହା ଶିଶୁର ଶରୀରକୁ ସବୁଦିଗରୁ ଘେରିହୋଇଥାଏ। ଏଭଳି ଜନ୍ମ ନେଉଥିବା ପ୍ରାଣୀ ଜରାୟୁଜ ବୋଲାଇଥାନ୍ତି। ଯଥା–ମନୁଷ୍ୟ, ଗାଈ, ମଇଁଷି, ଓଟ, ଘୋଡ଼ା, ମୃଗ, ସିଂହ, ଭାଲୁ, କୁକୁର, ବିଲେଇ ଇତ୍ୟାଦି।

୪. ରସଜ – ମଦ ଆଦିରେ ଯେଉଁ କୃମି ଉତ୍ପନ୍ନ ହୁଏ, ସେଗୁଡ଼ିକୁ 'ରସଜ' କୁହାଯାଇଥାଏ।

୫. ସଂସ୍ୱେଦଜ – ସଂସ୍ୱେଦ ବା ତାପଜନ୍ୟ କ୍ଳେଦ ବା ଝାଳ ଆଦିରୁ ଜାତ ଜୀବକୁ 'ସଂସ୍ୱେଦଜ' କୁହାଯାଇଥାଏ। ଯଥା–ମଶା, ଡାଆଁଶ, ଛାରପୋକ, ଓଡଶ ଇତ୍ୟାଦି।

୬. ସମ୍ମୂର୍ଚ୍ଛିମ – କୌଣସି ସଂଯୋଗର ମୁଖ୍ୟତଃ ଅପେକ୍ଷା ନ ରଖି 'ସମ୍ମୁର୍ଚ୍ଛିମ' ଜୀବ ଯେଉଁଠାରେ ବି ଉତ୍ପନ୍ନ ହୋଇଥାନ୍ତି। ଯଥା–ପିମ୍ପୁଡ଼ି, ମାଛି ଆଦି।

୭. ଉଦ୍‌ଭିଦ୍ – ଭୂମିକୁ ଭେଦକରି ଜନ୍ମ ନେଉଥିବା ପ୍ରାଣୀକୁ 'ଉଦ୍‌ଭିଦ୍' କୁହାଯାଏ। ଯଥା–ପଙ୍ଗପାଳ ଆଦି ଜୀବ।

୮. ଉପପାତଜ – ଶଯ୍ୟା ଏବଂ କୁମ୍ଭୀରୁ ଉତ୍ପନ୍ନ ଜୀବଙ୍କୁ 'ଉପପାତଜ' କୁହାଯାଏ। ଯଥା–ଦେବତା, ନାରକ ଆଦି।

ଉତ୍ପତ୍ତି-ସ୍ଥାନ

ସମସ୍ତ ପ୍ରାଣୀ, ସମସ୍ତ ଭୂତ, ସମସ୍ତ ଜୀବ ଏବଂ ସର୍ବବିଧ ସତ୍ତ୍ୱ ବିଭିନ୍ନ ଯୋନିରେ ଉତ୍ପନ୍ନ ହୋଇଥାନ୍ତି ଏବଂ ସେଠାରେ ସ୍ଥିତି ଓ ବୃଦ୍ଧିକୁ ପ୍ରାପ୍ତ ହୁଅନ୍ତି। ସେମାନେ ଶରୀର ଦ୍ୱାରା ଉତ୍ପନ୍ନ ହୋଇ ଶରୀର ମଧ୍ୟରେ ବାସ

କରନ୍ତି। ଶରୀର ମଧ୍ୟରେ ରହି ବୃଦ୍ଧିଂଗତ ହୁଅନ୍ତି ତଥା ଶରୀରର ଆହାର ହିଁ ଗ୍ରହଣ କରନ୍ତି। ସେମାନେ କର୍ମାନୁଗାମୀ ଅଟନ୍ତି। କର୍ମ ହିଁ ସେମାନଙ୍କ ଉତ୍ପତ୍ତି, ସ୍ଥିତି ଓ ଗତି ଆଦିର କାରଣ। କର୍ମ-ପ୍ରଭାବ ଫଳରେ ବିଭିନ୍ନ ଅବସ୍ଥାକୁ ପ୍ରାପ୍ତ କରିଥାନ୍ତି।[୨]

ପ୍ରାଣୀଙ୍କ ଉତ୍ପତ୍ତି ସ୍ଥାନ ହେଉଛି ୮୪ ଲକ୍ଷ (୮୪,୦୦,୦୦୦) ଏବଂ ସେମାନଙ୍କ କୁଳର ସଂଖ୍ୟା ହେଉଛି ୨,୦୦,୫୦,୦୦୦। ଗୋଟିଏ ଉତ୍ପତ୍ତିସ୍ଥାନର ଅନେକ କୁଳ ରହିଥାଏ। ଗୋବର ଯେପରି ଗୋଟିଏ ଯୋନି ବିଶିଷ୍ଟ, ଅଥଚ ସେଠାରେ କୃମି-କୁଳ, କୀଟ-କୁଳ, ବୃଶ୍ଚିକ-କୁଳ ଆଦି ଅନେକ କୁଳ ଥାଆନ୍ତି।

ସ୍ଥାନ	ଉତ୍ପତ୍ତି-ସ୍ଥାନ		କୁଳ-କୋଟି
୧. ପୃଥ୍ୱୀକାୟ	୭ ଲକ୍ଷ		୧୨ ଲକ୍ଷ
୨. ଅପ୍‌କାୟ	୭ ଲକ୍ଷ		୭ ଲକ୍ଷ
୩. ତେଜସ୍‌କାୟ	୭ ଲକ୍ଷ		୭ ଲକ୍ଷ
୪. ବାୟୁକାୟ	୭ ଲକ୍ଷ		୭ ଲକ୍ଷ
୫. ବନସ୍ପତିକାୟ	୨୪ ଲକ୍ଷ		୨୮ ଲକ୍ଷ
୬. ଦ୍ୱୀନ୍ଦ୍ରିୟ	୨ ଲକ୍ଷ		୭ ଲକ୍ଷ
୭. ତ୍ରୀନ୍ଦ୍ରୀୟ	୨ ଲକ୍ଷ		୮ ଲକ୍ଷ
୮. ଚତୁରିନ୍ଦ୍ରିୟ	୨ ଲକ୍ଷ		୯ ଲକ୍ଷ
୯. ତୀର୍ଯ୍ୟଞ୍ଚ ପଂଚେନ୍ଦ୍ରିୟ	୪ ଲକ୍ଷ	ଜଳଚର-	୧୨ ଲକ୍ଷ ୫୦ ହଜାର
		ଆକାଶରେ-	୧୨ ଲକ୍ଷ
		ସ୍ଥଳଚର-	୧୦ ଲକ୍ଷ
		ଉର-ପରିସର୍ପ-	୯ ଲକ୍ଷ
		ଭୁଜ-ପରିସର୍ପ-	୯ ଲକ୍ଷ
୧୦. ମନୁଷ୍ୟ	୧୪ ଲକ୍ଷ		୧୨ ଲକ୍ଷ
୧୧. ନାରକ	୪ ଲକ୍ଷ		୨୫ ଲକ୍ଷ
୧୨. ଦେବ	୪ ଲକ୍ଷ		୨୬ ଲକ୍ଷ

ଉତ୍ପତ୍ତି-ସ୍ଥାନ ଏବଂ କୁଳ-କୋଟି ଅଧ୍ୟୟନରୁ ଜ୍ଞାତ ହୋଇଥାଏ ଯେ ପ୍ରାଣୀଙ୍କ ମଧ୍ୟରେ ବିବିଧତା ଓ ଭିନ୍ନତା ହେବା ଅସମ୍ଭବ ନୁହେଁ।

ସ୍ଥାବର-ଜଗତ

ଜନ୍ମ-ପ୍ରକ୍ରିୟା ଦୃଷ୍ଟିରୁ ଉପରୋକ୍ତ ପ୍ରକାରେ ପ୍ରାଣୀଙ୍କ ବର୍ଗୀକରଣ କରାଯାଇଛି। ଗତି ପରିପ୍ରେକ୍ଷୀରେ ପ୍ରାଣୀ ଦୁଇଭାଗରେ ବିଭକ୍ତ – ସ୍ଥାବର ଓ ତ୍ରସ। ଗତି, ଆଗତି, ଭାଷା, ଇଚ୍ଛା – ବ୍ୟକ୍ତୀକରଣ ଆଦି ଚୈତନ୍ୟର ଚିହ୍ନ ତ୍ରସ

---

[୨] ସୂୟଗଡୋ, ୨/୩/୬୨ : ସବ୍‌ବେପାଣାସବ୍‌ବେଭୂତା
ସବ୍‌ବେ ଜୀବା ସବ୍‌ବେ ସତ୍ତା ଣାଣାବିହଜୋଣିୟା
ଣାଣାବିହସଂଭବା, ଣାଣାବିହବୁକ୍‌କମା ସରୀରଜୋଣିୟା
ସରୀରସଂଭବା ସରୀରବୁକ୍‌କମା ସରୀରାହାରା
କମ୍ମୋବଗା କମ୍ମଗତୀୟା କମ୍ମଠିଇୟା
କମ୍ମଣାଚେବ ବିପ୍ପରିୟାସମୁବେଂତି ।'

ଜୀବଠାରେ ସ୍ପଷ୍ଟ ପରିଲକ୍ଷିତ ହୋଇଥାଏ। ଏହି କାରଣରୁ ସେମାନଙ୍କ ସଚେତନତାରେ କୌଣସି ସନ୍ଦେହ ଥାଏ ନାହିଁ। ସ୍ଥାବର ଜୀବଙ୍କ ପାଖରେ ଜୀବଙ୍କ ବ୍ୟାବହାରିକ ଲକ୍ଷଣ ସ୍ପଷ୍ଟ ପ୍ରତୀତ ହୁଏନାହିଁ, ତେଣୁ ସେମାନଙ୍କ ସଜୀବତା ଚକ୍ଷୁଗମ୍ୟ ନୁହେଁ। ଜୈନସୂତ୍ରରେ ଉଲ୍ଲେଖ ରହିଛି – ପୃଥ୍ୱୀ, ପାଣି, ଅଗ୍ନି, ବାୟୁ ଓ ବନସ୍ପତି – ସ୍ଥାବର-କାୟ ସଜୀବଙ୍କର ଏହି ପାଞ୍ଚ ପ୍ରକାର ଅଟେ। ଏହାର ଆଧାରଭୂତ ସିଦ୍ଧାନ୍ତ ହେଉଛି – ଆମେ ଯେତେସବୁ ପୁଦ୍‌ଗଳ ଦେଖିଥାଉଁ ସେଗୁଡ଼ିକ ଜୀବତ୍ ଶରୀର ଅଥବା ଜୀବ-ମୁକ୍ତ ଶରୀର ମଧ୍ୟରୁ ନିଶ୍ଚିତ ଭାବରେ ଗୋଟିଏ ହୋଇଥିବେ। ଯେଉଁ ପୁଦ୍‌ଗଳ-ସ୍କନ୍ଧକୁ ଜୀବ ଆପଣା ଶରୀର ରୂପରେ ପରିଣତ କରିଥାଏ, ତାହାକୁ ଆମେ ଦେଖିବାରେ ସମର୍ଥ ହୋଇଥାଉଁ, ଅନ୍ୟକୁ ନୁହେଁ ପଞ୍ଚ-ସ୍ଥାବର ରୂପରେ ପରିଣତ ପୁଦ୍‌ଗଳ ହେଉଛି ଦୃଶ୍ୟ। ଏମାନଙ୍କ ସଜୀବତାର ଏହାହିଁ ପ୍ରମାଣ। ମନୁଷ୍ୟ ଶରୀର ଉତ୍ପତ୍ତି କାଳରେ ସଜୀବ ଥାଏ, ସେହିପରି ପୃଥ୍ୱୀ ଆଦିର ଶରୀର ବି ପ୍ରାରମ୍ଭରେ ସଜୀବ ଥାଏ। ଯେଉଁ ପ୍ରକାର ସ୍ୱାଭାବିକ ଅଥବା ପ୍ରାୟୋଗିକ ମୃତ୍ୟୁ ଫଳରେ ମଣିଷ ଶରୀର ନିର୍ଜୀବ ଅଥବା ଆତ୍ମ-ରହିତ ହୋଇପଡ଼େ, ସେହି ପ୍ରକାର ପୃଥ୍ୱୀ, ଜଳ ଆଦିର ଶରୀର ମଧ୍ୟ ସ୍ୱାଭାବିକ ଅଥବା ପ୍ରାୟୋଗିକ ମୃତ୍ୟୁ ଫଳରେ ନିର୍ଜୀବରେ ପରିଣତ ହୁଏ।

ଏମାନଙ୍କ ସଜୀବତାକୁ ବୋଧଗମ୍ୟ କରିବା ଉଦ୍ଦେଶ୍ୟରେ ପୂର୍ବବର୍ତ୍ତୀ ଆଚାର୍ଯ୍ୟଗଣ ତୁଳନାତ୍ମକ ଯୁକ୍ତି ମଧ୍ୟ ପ୍ରସ୍ତୁତ କରିଛନ୍ତି। ଯଥା :

୧. ମନୁଷ୍ୟ ଶରୀରରେ ସମାନଜାତୀୟ ମାଂସାଙ୍କୁର ଜାତ ହୋଇଥାଏ, ସେହିଭଳି ପୃଥ୍ୱୀ ମଧ୍ୟରେ ସମାନଜାତୀୟ ଅଙ୍କୁର ସୃଷ୍ଟି ହୋଇଥାଏ, ତେଣୁ ତାହା ହେଉଛି ସଜୀବ।

୨. ଅଣ୍ଡାର ପ୍ରବାହୀରସ ସଜୀବ ହୋଇଥାଏ, ପାଣି ମଧ୍ୟ ପ୍ରବାହଯୁକ୍ତ ହୋଇଥିବାରୁ ସଜୀବ ଅଟେ। ଗର୍ଭକାଳ ପ୍ରାରମ୍ଭରେ ମନୁଷ୍ୟ ତରଳ ଅବସ୍ଥାରେ ଥାଏ, ସେହି ପ୍ରକାର ପାଣି ମଧ୍ୟ ତରଳ ହୋଇଥିବାରୁ ତାହା ସଜୀବ। ମୂତ୍ର ଆଦି ତରଳପଦାର୍ଥ ଶସ୍ତ୍ର-ପରିଣତ ହୋଇଥିବାରୁ ସେଗୁଡ଼ିକ ନିର୍ଜୀବ ଅଟନ୍ତି।

୩. ଖଦ୍ୟୋତର ପ୍ରକାଶ ଏବଂ ମଣିଷର ଶରୀରରେ ଜ୍ୱରାବସ୍ଥା ଯୋଗୁଁ ଉତ୍ପନ୍ନ ତାପ ହେଉଛି ଜୀବ-ସଂଯୋଗୀ। ସେହିଭଳି ଅଗ୍ନିର ପ୍ରକାଶ ଓ ତାପ ମଧ୍ୟ ଜୀବ-ସଂଯୋଗୀ। ଆହାରର ଭାବ ଓ ଅଭାବ ଯୋଗୁଁ ବୃଦ୍ଧି ଓ ହ୍ରାସ ଦୃଷ୍ଟିରୁ ମନୁଷ୍ୟ ଓ ଅଗ୍ନିର ସମାନ ସ୍ଥିତି ରହିଛି। ଉଭୟଙ୍କ ଜୀବନ ବାୟୁସାପେକ୍ଷ। ବାୟୁ ବିନା ମଣିଷ ବଞ୍ଚିପାରେ ନାହିଁ, ଅଗ୍ନି ମଧ୍ୟ ଜୀବିତ ରହିପାରେ ନାହିଁ। ମଣିଷ ଯେପରି ପ୍ରାଣ-ବାୟୁର ଗ୍ରହଣ ଏବଂ ବିଷବାୟୁର ଉତ୍ସର୍ଜନ କରିଥାଏ, ଏହି ପ୍ରକ୍ରିୟା ଅଗ୍ନି ମଧ୍ୟ ସମ୍ପାଦିତ କରିଥାଏ। ଏହି କାରଣରୁ ଅଗ୍ନି, ମଣିଷ ସଦୃଶ ସଜୀବ। ସୂର୍ଯ୍ୟଙ୍କ ପ୍ରକାଶ ମଧ୍ୟ ଜୀବ-ସଂଯୋଗୀ। ସୂର୍ଯ୍ୟ 'ଆତପ' ନାମକର୍ମୋଦୟ-ଯୁକ୍ତ ପୃଥ୍ୱୀ କାୟିକ ଜୀବମାନଙ୍କ ଶରୀର-ପିଣ୍ଡ ଅଟେ।

୪. ବ୍ୟକ୍ତି ପ୍ରାଣୀଙ୍କ ଭଳି ଅନିୟମିତ ସ୍ୱପ୍ରେରିତ ଗତି ବାୟୁଠାରେ ରହିଥାଏ। ଏହାଦ୍ୱାରା ତା'ର ସଚେତନତାର ଅନୁମାନ କରାଯାଇପାରିବ। ସ୍ଥୁଳ ପୁଦ୍‌ଗଳ-ସ୍କନ୍ଧ ମଧ୍ୟରେ ଅନିୟମିତ ଗତି ପର-ପ୍ରେରଣାରୁ ହୋଇଥାଏ, ସ୍ୱୟଂ ନୁହେଁ।

ଏଗୁଡ଼ିକ ଚାରି ଜୀବ-ନିକାୟ। ପ୍ରତିଟି ଜୀବ-ନିକାୟ ମଧ୍ୟରେ ଅସଂଖ୍ୟ-ଅସଂଖ୍ୟ ଜୀବ ରହିଥାନ୍ତି। ମାଟିର ଏକ ଛୋଟ ଟେଳା, ପାଣିର ଏକ ଟୋପା, ଅଗ୍ନିର ଏକ କ'ଣ, ବାୟୁର ସୂକ୍ଷ୍ମ ଅଂଶ – ଏଗୁଡ଼ିକ ଅସଂଖ୍ୟ ଜୀବଙ୍କ ଅସଂଖ୍ୟ ଶରୀରର ପିଣ୍ଡ ଅଟନ୍ତି। ଏମାନଙ୍କ ଗୋଟିଏ ଜୀବର ଗୋଟିଏ ଶରୀର ଅତ୍ୟନ୍ତ ସୂକ୍ଷ୍ମ ହୋଇଥିବାରୁ ଦୃଷ୍ଟିଗମ୍ୟ ନୁହେଁ। ଆମେ ଏମାନଙ୍କ ଅସଂଖ୍ୟ ଶରୀରର ପିଣ୍ଡୀଭୂତ ଆକୃତିକୁ ହିଁ ଦେଖିଥାଉଁ।

୫. ବନସ୍ପତିର ଚୈତନ୍ୟ ପୂର୍ବବର୍ତ୍ତୀ ନିକାୟରୁ ସ୍ପଷ୍ଟ। ଜୈନେତର ଦାର୍ଶନିକ ମଧ୍ୟ ବନସ୍ପତିକୁ ସଜୀବ ରୂପରେ ସ୍ୱୀକାର କରିଥାନ୍ତି। ବୈଜ୍ଞାନିକ ଜଗତରେ ଏହାର ଚୈତନ ସଂବନ୍ଧରେ ବିବିଧ ପରୀକ୍ଷଣ ହୋଇଆସୁଛି। ବେତାର ତରଂଗ (wireless waves) ସଂବନ୍ଧରେ ଗବେଷଣାରତ ଜଗଦୀଶ ଚନ୍ଦ୍ର ବସୁ ଅନୁଭବ କରିପାରିଥିଲେ ଯେ ଧାତୁ-ପରମାଣୁଠାରେ ଅଧିକ ଚାପ ଦିଆଗଲେ ବାଧା ଉତ୍ପନ୍ନ ହୋଇଥାଏ ଏବଂ ତାହାକୁ ପୁନର୍ବାର ଉତ୍ତେଜିତ

କରିବା ଫଳରେ ଏହି ବାଧା ଦୂର ହୋଇଥାଏ । ସୂକ୍ଷ୍ମ ଅନୁସନ୍ଧାନ କରିସାରି ସେ ଏହି ସିଦ୍ଧାନ୍ତରେ ଉପନୀତ ହୋଇଥିଲେ ଯେ ଧାନ ଆଦି ପଦାର୍ଥ ମଧ୍ୟ କ୍ଳାନ୍ତହୋଇ ବିଶ୍ରାମ ଲୋଡ଼ିଥାନ୍ତି, ଚଞ୍ଚଳ ହୁଅନ୍ତି, ବିଷର ପ୍ରଭାବରେ ମଉଳିଯାଆନ୍ତି, ନିଶା ଆଦି ଉତ୍ତେଜକ ଦ୍ରବ୍ୟ ଗ୍ରହଣ କରି ପ୍ରମତ୍ତ ହୁଅନ୍ତି ଏବଂ ମରିଥାନ୍ତି । ପରିଶେଷରେ ବୈଜ୍ଞାନିକ ଜଗଦୀଶ ଚନ୍ଦ୍ର ବସୁ ପ୍ରମାଣିତ କରିଥିଲେ – 'ସଂସାରର ସମସ୍ତ ପଦାର୍ଥ ହେଉଛନ୍ତି ସଚେତନ' ।[୩]

ବେଦାନ୍ତ ମତରେ ସମସ୍ତ ପଦାର୍ଥରେ ଏକ ପ୍ରକାର ଚେତନ ହିଁ ପ୍ରଭାବିତ ହୋଇଥାଏ ।

ଜୈନ ମତବାଦ ଅନୁସାରେ ସମଗ୍ର ସଂସାର ଅନନ୍ତ ଜୀବଙ୍କ ଦ୍ୱାରା ପରିବେଷ୍ଟିତ । ଅଣୁମାତ୍ର ପ୍ରଦେଶ ମଧ୍ୟ ଜୀବ-ଶୂନ୍ୟ ନୁହେଁ ।[୪]

ଜୈନଦର୍ଶନରେ ବନସ୍ପତିର ସଚେତନା ସିଦ୍ଧ କରିବା ସହିତ ତାହାକୁ ମନୁଷ୍ୟ ସହିତ ତୁଳନା କରାଯାଇଛି ।

ମନୁଷ୍ୟ ଶରୀର ଯେପରି ଜାତି (ଜନ୍ମ) ଧର୍ମକ ହୋଇଥାଏ, ସେହିପରି ବନସ୍ପତି ମଧ୍ୟ ଜାତିଧର୍ମକ ହୋଇଥାଏ । ବନସ୍ପତିର ଶରୀର ମଧ୍ୟ ମଣିଷ ଶରୀର ସଦୃଶ ଶୈଶବ, ଯୌବନ ଏବଂ ବୃଦ୍ଧାବସ୍ଥାକୁ ପ୍ରାପ୍ତ କରିଥାଏ । ଛେଦନ କରିବା ଦ୍ୱାରା ମଣିଷର ଶରୀର ଭଳି ଏହା ମଳିନ ହୋଇପଡ଼େ । ମଣିଷ ଶରୀର ଯେପରି ଆହାର ଗ୍ରହଣ କରିଥାଏ, ବନସ୍ପତିର ଶରୀର ମଧ୍ୟ ଆହାର ଲୋଡ଼ିଥାଏ । ମଣିଷ ଶରୀର ଭଳି ବନସ୍ପତିର ଶରୀର ମଧ୍ୟ ଅନିତ୍ୟ, ଅଶାଶ୍ୱତ (ପ୍ରତିକ୍ଷଣରେ ମରିଚାଲିଥାଏ) । ମଣିଷ ଶରୀର ସଦୃଶ ବନସ୍ପତି ଶରୀରରେ ମଧ୍ୟ ଇଷ୍ଟ ଓ ଅନିଷ୍ଟ ଆହାର ପ୍ରାପ୍ତି ଫଳରେ ବୃଦ୍ଧି ଓ ହାନି ଘଟିଥାଏ । ମନୁଷ୍ୟ ଶରୀର ଯେପରି ବିବିଧ ପରିଣମନଯୁକ୍ତ ଅର୍ଥାତ୍ ରୋଗ ସଂଯୋଗରୁ ପାଣ୍ଡୁତ୍ୱ, ବୃଦ୍ଧି, ଶୋଥ, କୃଶତା, ଛିଦ୍ରଯୁକ୍ତ ହୋଇପଡ଼େ ଏବଂ ଔଷଧି ସେବନ ଫଳରେ କାନ୍ତି, ବଳ, ପୁଷ୍ଟିଯୁକ୍ତ ହୋଇଥାଏ, ସେହିପରି ବନସ୍ପତି-ଶରୀର ମଧ୍ୟ ନାନାବିଧ ରୋଗଗ୍ରସ୍ତ ହୋଇ ପୁଷ୍ପ, ଫଳ ଓ ତ୍ୱଚାବିହୀନ ହୋଇଯାଏ ଏବଂ ଔଷଧି ସଂଯୋଗରେ ପୁଷ୍ପ, ଫଳାଦିଯୁକ୍ତ ହୋଇପଡ଼େ । ଅତଃ ବନସ୍ପତି ହେଉଛି ଚେତନାଯୁକ୍ତ ।

ବନସ୍ପତି ଜୀବଠାରେ ଅବ୍ୟକ୍ତ ରୂପ ଦଶ ସଂଜ୍ଞା ରହିଥାଏ । ସଂଜ୍ଞାର ଅର୍ଥ-ଅନୁଭବ । ଏହି ଦଶ ସଂଜ୍ଞା ହେଉଛି–ଆହାର-ସଂଜ୍ଞା, ଭୟ-ସଂଜ୍ଞା, ମୈଥୁନ-ସଂଜ୍ଞା, ପରିଗ୍ରହ-ସଂଜ୍ଞା, କ୍ରୋଧ-ସଂଜ୍ଞା, ମାନ-ସଂଜ୍ଞା, ମାୟା-ସଂଜ୍ଞା, ଲୋଭ-ସଂଜ୍ଞା, ଓଘ-ସଂଜ୍ଞା ଏବଂ ଲୋକ-ସଂଜ୍ଞା । ଏହାକୁ ସିଦ୍ଧ କରିବାକୁ ଯାଇ ଟୀକାକାରମାନେ ଉପଯୁକ୍ତ ଉଦାହରଣ ମଧ୍ୟ ଖୋଜିଛନ୍ତି । ବୃକ୍ଷ ସାଧାରଣତଃ ଜଳାହାର କରିଥାଏ । ଏହାବ୍ୟତୀତ 'ଅମରୀଲତା' ନିଜ ଆଖ-ପାଖ ଗଛମାନଙ୍କରୁ ସାର ଟାଣିଥାଏ । କେତେକ ବୃକ୍ଷ ରକ୍ତ-ଶୋଷଣ ମଧ୍ୟ କରିଥାନ୍ତି । ଏହିସବୁ କାରଣ, ବନସ୍ପତିଠାରେ ଆହାର ସଂଜ୍ଞାର ଉପସ୍ଥିତିକୁ ପ୍ରମାଣିତ କରୁଛି । 'ଲାଜକୁଳୀ ଲତା' ଆଦି ସାମାନ୍ୟ ସ୍ପର୍ଶରେ ସଂକୁଚିତ ହେବାର ଦେଖାଯାଇଥାଏ । ଏହା ବନସ୍ପତି ଜଗତର ଭୟ ସଂଜ୍ଞାର ସୂଚନା ଦେଇଥାଏ । 'କୁରୁବକ' ନାମକ ବୃକ୍ଷ ସ୍ତ୍ରୀର ଆଲିଙ୍ଗନ ପାଇ ପଲ୍ଲବିତ ହୁଏ ଏବଂ 'ଅଶୋକ' ନାମକ ବୃକ୍ଷକୁ ସ୍ତ୍ରୀର ପଦାଘାତ ପ୍ରମୁଦିତ କରିଥାଏ । ଏଣୁ ବନସ୍ପତିଠାରେ ମୈଥୁନ-ସଂଜ୍ଞା ରହିଛି । ଲତା ନିଜ ତନ୍ତୁ ଦ୍ୱାରା ବୃକ୍ଷକୁ ଆବେଷ୍ଟିତ କରିଥାଏ । ଏଣୁ ବନସ୍ପତିରେ ପରିଗ୍ରହ ସଂଜ୍ଞା ରହିଛି । 'କୋକନଦ' (ରକ୍ତୋତ୍ପଳ)ର କନ୍ଦ କ୍ରୋଧରେ ହୁଂକାର କରିଥାଏ । 'ସିଦତୀ' ନାମକ ଲତା, ଅହଂକାରବଶତଃ ଝରିବା ଆରମ୍ଭ କରେ । ମାୟାବଶତଃ ଲତା, ଆପଣା ଫଳକୁ ଲୁଚେଇଦିଏ । ବିଲ୍ୱ ଓ ପଲାସ ଆଦି ଗଛ ଲୋଭବଶତଃ ନିଜ ନିଜ ମୂଳ ଆଧାରରେ ପ୍ରସାରିତ ହୋଇଥାନ୍ତି । ଏହିସବୁ ତଥ୍ୟ ପ୍ରମାଣିତ କରିଥାଏ ଯେ ବନସ୍ପତିଠାରେ କ୍ରୋଧ, ମାନ, ମାୟା ଓ ଲୋଭର ସଂଜ୍ଞା ସନ୍ନିହିତ । ଲତା, ଗଛ ଉପରେ ଚଢ଼ି ନିଜ ମାର୍ଗରେ ତୀବ୍ରଗତିରେ ଅଗ୍ରସର ହୋଇଥାନ୍ତି, ଏହା ବନସ୍ପତିଠାରେ ଓଘ ସଂଜ୍ଞାର ସୂଚନା ଦେଇଥାଏ । ସୂର୍ଯ୍ୟାସ୍ତ ପରେ କମଳିନୀ ସଂକୁଚିତ ହେବା ପ୍ରାରମ୍ଭ କରେ, ବନସ୍ପତିଠାରେ ଲୋକସଂଜ୍ଞାର ଏହା ସ୍ପଷ୍ଟ ପ୍ରମାଣ ।

---

(୩) Response in the living and non-living.

(୪) ଉତ୍ତର ଜଝୟଣାଣି, ୩୬/୭୮ : ସୁହୁମା ସବ୍ବ
ଲୋଗମ୍ମି, ଲୋଗଦେସେ ଯ ବାୟରା ।

ଜଳ ଆଦି ବସ୍ତୁ ସିଞ୍ଚିତ କରିବା ଫଳରେ, ତାହା ଫଳାଦି ରସ ରୂପରେ ପରିଣତ ହୁଏ ଏହା ହେଉଛି ବନସ୍ପତି ମଧ୍ୟରେ ଉଚ୍ଛ୍ୱାସର ସଦ୍‌ଭାବ। ସ୍ନାୟବିକ ସ୍ପନ୍ଦନ ବିନା ରସ ପ୍ରସାରିତ ହୋଇପାରେ ନାହିଁ। ମନୁଷ୍ୟ ଶରୀରରେ ଯେପରି ଉଚ୍ଛ୍ୱାସ ଦ୍ୱାରା ରକ୍ତର ପ୍ରସାରଣ ହୁଏ ଏବଂ ମୃତ ଶରୀରରେ ଉଚ୍ଛ୍ୱାସ କ୍ରିୟା ହେଉନଥିବାରୁ ରକ୍ତର ପ୍ରସାର ହୁଏନାହିଁ, ସେହିପରି ବନସ୍ପତିଠାରେ କି ଉଚ୍ଛ୍ୱାସ ରହିଛି। ଏହିଭଳି ଅନେକ ଯୁକ୍ତିମାନଙ୍କ ମାଧ୍ୟମରେ ବନସ୍ପତିର ସଚେତନତା ସିଦ୍ଧ କରାଯାଇଛି।

ବନସ୍ପତିର ଦୁଇ ଭେଦ – ସାଧାରଣ ଓ ପ୍ରତ୍ୟେକ। ଏକ ଶରୀରରେ ଅନନ୍ତ ଜୀବ ରହିଥାନ୍ତି, ତାହା ହେଉଛି ସାଧାରଣ-ଶରୀରୀ, ଅନନ୍ତ-କାୟ ଅଥବା ସୂକ୍ଷ୍ମ-ନିଗୋଦ। ଗୋଟିଏ ଶରୀରରେ ଗୋଟିଏ ଜୀବ ଥାଏ – ଏହା ହେଉଛି ପ୍ରତ୍ୟେକ-ଶରୀରୀ।

ସଂଘୀୟ ଜୀବନ

ସାଧାରଣ ବନସ୍ପତିର ଜୀବନ ସଂଘବଦ୍ଧ ହୋଇଥାଏ। ତଥାପି ସେମାନଙ୍କ ଆତ୍ମିକ ସତ୍ତା ପୃଥକ ପୃଥକ ଥାଏ। କୌଣସି ଜୀବ, ଆପଣା ଅସ୍ତିତ୍ୱ ହରାଇନଥାଏ। ସେହି ଏକ ଶରୀରର ଆଶ୍ରୟରେ ରହିଥିବା ଅନନ୍ତ ଜୀବମାନଙ୍କ ସୂକ୍ଷ୍ମ ଶରୀର - ତୈଜସ ଓ କାର୍ମଣ ପୃଥକ ଥାଏ। ଜଣକର ଅନ୍ୟ ଉପରେ ପ୍ରଭାବ ନ ଥାଏ। ସେମାନଙ୍କ ସାମ୍ୟବାଦୀ ଜୀବନର ପରିଭାଷା କରିବାକୁ ଯାଇ କୁହାଯାଇଛି – 'ସାଧାରଣ ବନସ୍ପତିର ଏକ ଜୀବ ଆହାର ଆଦି ଯେଉଁ ପୁଦ୍‌ଗଳ ସମୂହ ଗ୍ରହଣ କରିଥାଏ, ତା'ର ଶରୀର ମଧ୍ୟରେ ଅବସ୍ଥିତ ବାକି ସମସ୍ତ ଜୀବଙ୍କ ଉପଭୋଗରେ ତାହା ଆସିଥାଏ ଏବଂ ସେହି ଜୀବ-ସମୂହ ଯେଉଁ ପୁଦ୍‌ଗଳ ଗ୍ରହଣ କରିଥାନ୍ତି, ତାହା ଏକ ଜୀବର ଉପଭୋଗ୍ୟ ହୋଇଥାଏ।' [୫] ସେମାନଙ୍କ ଆହାର-ବିହାର, ନିଃଶ୍ୱାସ-ପ୍ରଶ୍ୱାସ, ଶରୀର-ନିର୍ମାଣ ଏବଂ ମୃତ୍ୟୁ - ଏ ସମସ୍ତ ସାଧାରଣ କ୍ରିୟା ଏକସଂଗେ ଘଟିଥାଏ।[୬] ସାଧାରଣ ଜୀବଙ୍କ ପ୍ରତ୍ୟେକ ଶାରୀରିକ କାର୍ଯ୍ୟ ସାଧାରଣ ସ୍ତରର ହୋଇଥାଏ। ପୃଥକ୍-ଶରୀରୀ ମନୁଷ୍ୟଙ୍କ କୃତ୍ରିମ ସଂଘରେ ଏହିଭଳି ଏକରୂପତା ଥାଏ ନାହିଁ। ସାଧାରଣ ଜୀବଙ୍କ ସ୍ୱାଭାବିକ ସଂଘାତ୍ମକ ଜୀବନ ସାମ୍ୟବାଦର ଉତ୍କୃଷ୍ଟ ଉଦାହରଣ ପ୍ରସ୍ତୁତ କରିଥାଏ।

ଜୀବ ଅମୂର୍ତ୍ତ ହୋଇଥିବାରୁ ଭୂକ୍ଷେତ୍ରକୁ ଅଧିକାର କରନ୍ତି ନାହିଁ। ସ୍ଥୁଳ ପୌଦ୍‌ଗଳିକ ବସ୍ତୁ ହିଁ କ୍ଷେତ୍ର-ନିରୋଧ କରିଥାନ୍ତି। ସାଧାରଣ ଜୀବଙ୍କ ସ୍ଥୁଳଶରୀର ପୃଥକ-ପୃଥକ ରୂପରେ ନ ଥାଏ। ସମସ୍ତ ସ୍ୱତନ୍ତ୍ର ଶରୀର ସୂକ୍ଷ୍ମ ହୋଇଥାନ୍ତି। ତେଣୁ ସୂଚ୍ୟାଗ୍ରଭାଗ ଛୋଟ ଶରୀରରେ ଅନନ୍ତଜୀବ ସମ୍ଭାଇପାରନ୍ତି।

ସୂଚିର ମୁନ ପରିମାଣ 'ଲକ୍ଷ୍ୟପାକ' ତୈଳରେ ଏକଲକ୍ଷ ପ୍ରକାର ଔଷଧର ଅସ୍ତିତ୍ୱ ରହିଥାଏ। ସମସ୍ତ ଔଷଧର ପରିମାଣ ତହିଁରେ ସମାହିତ। ଏହାଠାରୁ ଅଧିକ ସୂକ୍ଷ୍ମତା ଆଧୁନିକ ବିଜ୍ଞାନରେ ଦେଖନ୍ତୁ।

ରସାୟନଶାସ୍ତ୍ରର ପଣ୍ଡିତ କହିଥାନ୍ତି ଯେ ଆଲପିନର ଅଗ୍ରଭାଗ ପରିମାଣ ବରଫଖଣ୍ଡରେ ୧୦,୦୦,୦୦,୦୦,୦୦,୦୦,୦୦,୦୦,୦୦୦ ଅଣୁ ରହିଥାନ୍ତି। ଏହିସବୁ ଉଦାହରଣ ଅନୁଧ୍ୟାନ କରିଲେ

---

(୫) ପ୍ରଜ୍ଞାପନା, ପଦ ୧ :
ଏକ୍‌କସ୍‌ସଉ ଜଂଗହଣଂ, ବହୂଣ ସାହାରଣାଣ ତଂ ଚେବ।
ଜଂ ବହୂୟାଣଂ ଗହଣଂ, ସମାସ ଓ ତଂ ପି ଏଗସ୍‌ସ ॥

(୬) ପ୍ରଜ୍ଞାପନା, ପଦ ୧
(କ) ସାହାରାଣ୍‌ମାହାରୋ, ସାହାରଣମାଣୁପାଣ ଗହଣଂ ଚ।
ସାହାରଣ ଜୀବାଣଂ, ସାହାରଣ ଲକ୍‌ଖଣଂ ଏୟଂ ॥
(ଖ) ସମୟଂ ବକ୍‌କତାଣଂ, ସମୟଂ ତେସିଂ ସରୀରନିବ୍‌ବତ୍ତୀ।
ସମୟଂ ଆଣୁଗ୍‌ଗହଣ, ସମୟଂ ଉସାସନୀସାସେ ॥

ସାଧାରଣ ଜୀବଙ୍କ ଏକ ଶରୀରାଶ୍ରୟୀ ସ୍ଥିତିରେ କୌଣସି ପ୍ରକାର ସନ୍ଦେହର ଅବକାଶ ଆଉ ରହୁନାହିଁ। ଅଗ୍ନିମଧ୍ୟସ୍ଥ ଉତ୍ତପ୍ତ ଲୌହପିଣ୍ଡ ଅଗ୍ନିମୟ ହୋଇଥାଏ, ସେହିଭଳି ସାଧାରଣ ବନସ୍ପତି-ଶରୀର ଜୀବମୟ ହୋଇଥାଏ।

ସାଧାରଣ ବନସ୍ପତି ଜୀବଗୁଡ଼ିକର ପରିମାଣ

ଲୋକାକାଶର ଅସଂଖ୍ୟ ପ୍ରଦେଶ। ଗୋଟିଏ - ଗୋଟିଏ ଆକାଶ ପ୍ରଦେଶ ଉପରେ ଗୋଟିଏ କରି ନିଗୋଦ-ଜୀବଙ୍କୁ ସ୍ଥାପନ କରାଯାଉ। ଗୋଟିଏ ଲୋକ କିମ୍ବା ଦୁଇ-ଚାରିଟି ଲୋକ ମଧ୍ୟ ସେହି ନିଗୋଦ-ଜୀବଙ୍କୁ ସ୍ଥାନ ଦେଇପାରିବେ ନାହିଁ ଅର୍ଥାତ୍ କମ୍ ପଡ଼ିଯିବ। ଏହି ପ୍ରକାର ଅନନ୍ତ ଲୋକ ଜରୁରୀ ହୋଇପଡ଼ିବ।[୭] ଏହି କାଳ୍ପନିକ ସଂଖ୍ୟାରୁ ଏହି ଜୀବଙ୍କ ପରିମାଣର ଆକଳନ କରାଯାଇପାରିବ। ଏହି ସାଧାରଣ-ବନସ୍ପତି ଜୀବଙ୍କ ଶାରୀରିକ ସ୍ଥିତି ସଂକୀର୍ଣ୍ଣ। ତେଣୁ ସସୀମ ଲୋକରେ ସେଗୁଡ଼ିକ ସମ୍ଭାଇପାରନ୍ତି।

ପ୍ରତ୍ୟେକ-ବନସ୍ପତି

ପ୍ରତ୍ୟେକ-ବନସ୍ପତି ଜୀବମାନଙ୍କ ଶରୀର ପୃଥକ ଥାଏ। ପ୍ରତ୍ୟେକ ଜୀବ ନିଜ ଶରୀରର ନିର୍ମାଣ ସ୍ୱୟଂ କରିଥାଏ। ପରାଶ୍ରୟତା ମଧ୍ୟ ସେମାନଙ୍କଠାରେ ଦେଖିବାକୁ ମିଳିଥାଏ। ଅସଂଖ୍ୟ ଜୀବ, ଗୋଟିଏ ଘଟକ ଜୀବର ଆଶ୍ରୟରେ ପାଳିତ ହୋଇଥାନ୍ତି। ବୃକ୍ଷର ଘଟକ ବୀଜରେ ଗୋଟିଏ ଜୀବ ଥାଏ। ତା'ର ଆଶ୍ରୟରେ ପତ୍ର, ପୁଷ୍ପ ଓ ଫଳ ଇତ୍ୟାଦି ଅସଂଖ୍ୟ ଜୀବ ଉତ୍ପନ୍ନ ହୁଅନ୍ତି। ବୀଜାବସ୍ଥା ବ୍ୟତୀତ ବନସ୍ପତି ଜୀବ ସଂଘାତ ରୂପରେ ଅବସ୍ଥାନ କରିଥାନ୍ତି। ଶ୍ଳେଷ୍ମ-ଦ୍ରବ୍ୟ-ମିଶ୍ରିତ ସୋରିଷଦାନା କିମ୍ବା ତିଳ-ପାପଡ଼ର ତିଳ ଏକରୂପରେ ପରିଣତ ହୁଅନ୍ତି। ସେହି ଅବସ୍ଥାରେ ବି ସେମାନଙ୍କ ସତ୍ତା ପୃଥକ ହୋଇଥାଏ। ପ୍ରତ୍ୟେକ ବନସ୍ପତି ଶରୀରର ସେହି ସମାନ କଥା। ଶରୀର-ସଂଘାତ ଅବସ୍ଥାରେ ମଧ୍ୟ ସେଗୁଡ଼ିକର ସତ୍ତା ଥାଏ ସ୍ୱତନ୍ତ୍ର।[୮]

ପ୍ରତ୍ୟେକ-ବନସ୍ପତି ଜୀବଗୁଡ଼ିକର ପରିମାଣ

ସାଧାରଣ ବନସ୍ପତି ଜୀବଙ୍କ ଭଳି ପ୍ରତ୍ୟେକ ବନସ୍ପତିର ଗୋଟିଏ-ଗୋଟିଏ ଜୀବକୁ ଲୋକାକାଶର ଗୋଟିଏ କରି ପ୍ରଦେଶରେ ସ୍ଥାପିତ କରାଗଲେ ଏହି ପ୍ରକାର ଅସଂଖ୍ୟ ଲୋକ ସୃଷ୍ଟି ହେବ। ଏହି ଲୋକ ଅସଂଖ୍ୟ ଆକାଶ ପ୍ରଦେଶ-ଯୁକ୍ତ। ଏହିଭଳି ଅସଂଖ୍ୟ ଲୋକ ମଧ୍ୟରେ ଯେତେ ଆକାଶ-ପ୍ରଦେଶ ଥାଏ, ସେତେ ପରିମାଣରେ ପ୍ରତ୍ୟେକ-ଶରୀରୀ ବନସ୍ପତି ଜୀବ ଥାଆନ୍ତି।[୯]

---

[୭] ପ୍ରଜ୍ଞାପନା, ପଦ ୧ :
ଲୋଗାଗାଗାସପଏସେ, ନିୟୋଗଜୀବଂ ଠବେହିଏକ୍‌କେକ୍‌କଂ।
ଏବଂ ମବିଜ୍‌ଜମାଣ, ହବଂତି ଲୋୟା ଅଣଂତା ॥

[୮] ପ୍ରଜ୍ଞାପନା, ପଦ ୧ :
(କ) ଜହ ସଗଳ ସରିସବାଣଂ, ସିଳେସମିସ୍‌ସାଣବଡ଼୍‌ଢ଼ିୟାବଟ୍ଟୀ
ପତ୍ତେୟସରୀରାଣଂ, ତହ ହୋଂତି ସରୀରସଂଘାୟା ॥
(ଖ) ଜହବା ତିଳ ପପ୍ପଡିୟା,
ବହୂ ଏହିଂ ତିଳେହିଂ ସଂହିତା ସଂତି।
ପତ୍ତେୟସରୀରାଣଂ,
ତହହୋଂତି ସରୀରସଂଘାୟା ॥

[୯] ପ୍ରଜ୍ଞାପନା, ପଦ ୧ :
ଲୋଗାଗାସପଏସେ, ପରିତ୍ତଜୀବଂ ଠବେହି ଏକ୍‌କେକ୍‌କଂ।
ଏବଂମବିଜ୍ଜମାଣା, ହବନ୍ତି ଲୋୟା ଅସଂଖେଜ୍ଜା ॥

କ୍ରମ-ବିକାଶବାଦର ମୂଳ ସୂତ୍ର

ଡାରଉଇନଙ୍କ ସିଦ୍ଧାନ୍ତ ଚାରୋଟି ମାନ୍ୟତା ଉପରେ ଆଧାରିତ –

୧. ପିତୃନିୟମ – ସମାନ ମଧ୍ୟରୁ ସମାନ ସନ୍ତତିର ଉତ୍ପତ୍ତି।

୨. ପରିବର୍ତ୍ତନର ନିୟମ – ନିଶ୍ଚିତ ଦଶାରେ ସର୍ବଦା ପରିବର୍ତ୍ତନ ଘଟିଥାଏ। ତେବେ ଏହି ପରିବର୍ତ୍ତନ ତା'ର ବିରୁଦ୍ଧାଚରଣ କରିନଥାଏ। ଏହି ପରିବର୍ତ୍ତନ ସର୍ବଦା ଆଗକୁ ବଢ଼ିଥାଏ, ପଛକୁ ଲେଉଟିନଥାଏ। ଏହାଫଳରେ କେବଳ ଉନ୍ନତି ହୁଏ, ଅବନତି ହୁଏନାହିଁ।

୩. ଅଧିକ ଉତ୍ପତ୍ତିର ନିୟମ – ଏହା ହେଉଛି ଜୀବନ-ସଂଗ୍ରାମର ନିୟମ। ଯେଉଁ ସ୍ଥାନରେ ସଂଖ୍ୟା ଅଧିକ, ସେଠାରେ ପରସ୍ପର ସଂଘର୍ଷ ହେବା ସ୍ୱାଭାବିକ। ଏହା ଅସ୍ତିତ୍ୱକୁ ସୁରକ୍ଷିତ ରଖିବାର ସଂଘର୍ଷ।

୪. ଯୋଗ୍ୟ-ବିଜୟ – ଅସ୍ତିତ୍ୱ ସଂଘର୍ଷରେ ଯେ ନିଜ ଯୋଗ୍ୟତା ସିଦ୍ଧ କରିଥାଏ, ବିଜୟଶ୍ରୀ ତାହାକୁ ବରଣ କରିଥାଏ। ସ୍ୱାଭାବିକ ପ୍ରକ୍ରିୟାରେ ଯୋଗ୍ୟତାକୁ ହିଁ ସୁଯୋଗ ମିଳିଥାଏ।

ପ୍ରକାରାନ୍ତରେ ଏହାର ବର୍ଗୀକରଣ ନିମ୍ନପ୍ରକାର ମଧ୍ୟ କରାଯାଇପାରିବ –

୧. ସ୍ୱତଃ ପରିବର୍ତ୍ତନ।

୨. ବଂଶ ପରମ୍ପରା ଦ୍ୱାରା ପରବର୍ତ୍ତୀ ବଂଶଧରଙ୍କଠାରେ ପରିବର୍ତ୍ତନ।

୩. ଜୀବନ-ସଂଘର୍ଷରେ ଯୋଗ୍ୟତମର ଅସ୍ତିତ୍ୱ ସୁରକ୍ଷିତ ଥାଏ।

ଏହା ଅନୁସାରେ ପିତା-ମାତାଙ୍କ ଅର୍ଜିତ ଗୁଣ ସନ୍ତାନ ମଧ୍ୟରେ ସଂକ୍ରାନ୍ତ ହୋଇଥାଏ। ସେହି ସମସ୍ତ ଗୁଣ ବଂଶାନୁକ୍ରମେ ପୁରୁଷ-ପୁରୁଷ ଧରି ମନ୍ଦଗତିରେ ଉପସ୍ଥିତ ହୋଇ ସୁଦୀର୍ଘ କାଳ ଉତ୍ତାରୁ ସୁସ୍ପଷ୍ଟ ଆକାର ଧାରଣ କରି ଏକ ଜାତିରୁ ଅଭିନବଜାତି ସୃଷ୍ଟି କରିଦିଏ।

ଡାରଉଇନନଙ୍କ ମତ ଅନୁସାରେ ପିତା-ମାତାଙ୍କ ପ୍ରତ୍ୟେକ ଅଂଗରୁ ସୂକ୍ଷ୍ମକଳା ବା ଅବୟବ ବାହାରି ଶୁକ୍ର ଓ ଶୋଣିତରେ ସଂଚିତ ହୁଅନ୍ତି। ଶୁକ୍ର ଓ ଶୋଣିତରୁ ସନ୍ତାନର ଶରୀର ନିର୍ମିତ ହୁଏ। ତେଣୁ ପିତା-ମାତାଙ୍କ ଉପାର୍ଜିତ ଗୁଣ ସନ୍ତାନ ମଧ୍ୟରେ ସଂଚାରିତ ହୋଇଥାଏ।

ଏହି ତଥ୍ୟରେ ସତ୍ୟାଂଶ ରହିଛି, କିନ୍ତୁ ଏହା ବସ୍ତୁ ସ୍ଥିତିର ଯଥାର୍ଥ ଚିତ୍ରଣ କରିପାରୁ ନାହିଁ। ସ୍ୱତଃ ବୁଦ୍ଧିଗମ୍ୟ କାରଣ ନ ଥାଇ ବି ସନ୍ତାନ ମଧ୍ୟରେ ପରିବର୍ତ୍ତନ ଘଟିପାରିବ। ତା'ଉପରେ ମା'-ବାପାଙ୍କ ପ୍ରଭାବ ମଧ୍ୟ ପଡ଼ିଥାଏ। ଜୀବନ-ସଂଗ୍ରାମରେ ଯୋଗ୍ୟତମ ଜୟଯୁକ୍ତ ହୋଇଥାଏ, ଏହା ସତ୍ୟ କିନ୍ତୁ ପରିବର୍ତ୍ତନର ବି ଏକ ସୀମା ରହିଛି - ଏହା ହେଉଛି ତା'ଠାରୁ ବଡ଼ ସତ୍ୟ। ପରିବର୍ତ୍ତନ ସମାନଜାତୀୟ ହୋଇଥାଏ, ବିଜାତୀୟ ନୁହେଁ। ଦ୍ରବ୍ୟ-ସତ୍ତାର ଅତିକ୍ରମଣ ହୁଏନାହିଁ, ମୌଳିକ ଗୁଣର ନାଶ ହୁଏନାହିଁ।

ବିକାଶ ଅଥବା ନୂଆଁ ଜାତି ଉତ୍ପନ୍ନ ହେବାର ଅର୍ଥ ସ୍ଥିତି ମଧ୍ୟରେ ପରିବର୍ତ୍ତନ ହୋଇପାରେ, କିନ୍ତୁ ତିର୍ଯ୍ୟଞ୍ଚ, ପଶୁ, ପକ୍ଷୀ କିମ୍ବା ଜଳ-ଜନ୍ତୁ ଆଦିରୁ ମନୁଷ୍ୟ ଜାତିର ଉତ୍ପତ୍ତି କଦାପି ହୋଇପାରିବ ନାହିଁ।

ପ୍ରାଣୀମାନଙ୍କ ମୌଳିକ ଜାତି ସଂଖ୍ୟା ହେଉଛି ପାଞ୍ଚ। କ୍ରମ-ବିକାଶରୁ ସେଗୁଡ଼ିକ ଉତ୍ପନ୍ନ ହୋଇନାହାନ୍ତି, ବରଂ ସେମାନେ ସ୍ୱତନ୍ତ୍ର। ଏହି ପାଞ୍ଚଟି ଜାତି ଯୋଗ୍ୟତା ଦୃଷ୍ଟିରୁ କ୍ରମବିକାଶ କରିଛନ୍ତି, କିନ୍ତୁ ପୂର୍ବବର୍ତ୍ତୀ ଯୋଗ୍ୟତାରୁ ପରବର୍ତ୍ତୀ ଯୋଗ୍ୟତାର ସୃଷ୍ଟି କିମ୍ବା ବିକାଶ ଘଟିଛି ବୋଲି ନିର୍ଣ୍ଣୟ କରିବା ଭୁଲ ହେବ। ପଞ୍ଚେନ୍ଦ୍ରିୟ ପ୍ରାଣୀର ଶରୀରରୁ ପଞ୍ଚେନ୍ଦ୍ରିୟ ପ୍ରାଣୀ ଜାତ ହୋଇଥାଏ। ପିତାଙ୍କଠାରୁ ପଞ୍ଚେନ୍ଦ୍ରିୟ ଜ୍ଞାନର ବିକାଶ ନ୍ୟୂନ ବା ଅଧିକ ପରିମାଣରେ ସେ ପାଇପାରିବ, କିନ୍ତୁ ସେ କୌଣସି ଚତୁରିନ୍ଦ୍ରିୟଠାରୁ ଉତ୍ପନ୍ନ ହେବ କିମ୍ବା କୌଣସି ଚତୁରିନ୍ଦ୍ରିୟକୁ ଉତ୍ପନ୍ନ କରିପାରିବ - ଏହା ସମ୍ଭବ ନୁହେଁ। ସଜାତୀୟଠାରୁ ଜାତ ହେବା ଏବଂ ସଜାତୀୟକୁ ଜନ୍ମଦେବା - ଏହା ହେଉଛି ଗର୍ଭଜ ପ୍ରାଣୀମାନଙ୍କ ନିଶ୍ଚିତ ମର୍ଯ୍ୟାଦା।

ବିକାଶବାଦ ଜାତି-ବିପର୍ଯ୍ୟାସକୁ ସ୍ୱୀକାର କରିଥାଏ, ଜାତି-ବିକାଶକୁ ନୁହେଁ। ଏହି ସିଦ୍ଧାନ୍ତ ଅନୁସାରେ ଏହି ବିଶ୍ୱ କିଛି ବିଶୁଦ୍ଧ ତପ୍ତ ପଦାର୍ଥ ଦ୍ୱାରା ଚତୁର୍ଦ୍ଦିଗରୁ ପୂରିତ ରହିଛି। ଏଗୁଡ଼ିକର ଗତି ଓ ଉଷ୍ଣତା କ୍ରମଶଃ ହ୍ରାସ ପାଇବା ପରେ ଏମାନେ ହିଁ ଆମର ପୃଥ୍ୱୀ ସହିତ ସମସ୍ତ ଗ୍ରହକୁ ଉତ୍ପନ୍ନ କରିଛନ୍ତି। ଏହି ପ୍ରକ୍ରିୟାରେ ଆମ ପୃଥିବୀ ଧୀରେ

ଧୀରେ ଶୀତଳ ହୋଇ ବାୟୁ-ଜଳ ଆଦିର ଉତ୍ପତ୍ତି ହେଲା ଏବଂ ଏହାପରେ ବନସ୍ପତି ସୃଷ୍ଟି ହେଲା। ଉଦ୍‌ଭିଦ୍ ରାଜ୍ୟରୁ ଜୀବ-ରାଜ୍ୟ ପର୍ଯ୍ୟନ୍ତ ଯାତ୍ରା। ଜୀବ-ରାଜ୍ୟର ବିକାଶକ୍ରମ ହେଉଛି – ପ୍ରଥମେ ସରୀସୃପ, ପରେ ପକ୍ଷୀ, ପଶୁ, ମାଙ୍କଡ଼ ଓ ମଣିଷ।

ଡାରଉଇନଙ୍କ ଏହି ବିଳମ୍ବିତ 'କ୍ରମ-ବିକାଶ-ପ୍ରସର୍ପଣବାଦ'କୁ ବିଶିଷ୍ଟ ପ୍ରାଣୀ ତତ୍ତ୍ୱବେତ୍ତା ଡି. ବ୍ରାଇସ ସାନ୍ଧ୍ୟ-ପ୍ରିମରୋଜର (ଏହି ଗଛର ଛୋଟ ଚାରାକୁ ହଲାଣ୍ଡରୁ ଆଣି ଅନ୍ୟ ଦେଶର ମାଟିରେ ରୋପିତ କରାଗଲା ପରେ ଆଶ୍ଚର୍ଯ୍ୟଜନକ ଭାବରେ ଏଠାରୁ ଦୁଇଟି, ନୂତନ ଶ୍ରେଣୀ ଜାତ ହେଲା) ଉଦାହରଣ ମାଧ୍ୟମରେ ଅସିଦ୍ଧ କରିଛନ୍ତି ତଥା 'ପ୍ଲୁତସଞ୍ଚାରବାଦ'କୁ ମାନ୍ୟ କରିଛନ୍ତି। ଏହାର ସ୍ପଷ୍ଟ ଅଭିପ୍ରାୟ ହେଉଛି ଗୋଟିଏ ଜାତିରୁ ଅନ୍ୟ ଉପଜାତିରେ ଜନ୍ମ ଆକସ୍ମିକ ହୋଇଥାଏ କ୍ରମିକ ନୁହେଁ।

ବିଜ୍ଞାନର ସୃଷ୍ଟି କ୍ରମ ଅସତ୍‌ରୁ ସତ୍ (ଉତ୍ପାଦବାଦ ଅଥବା ଅହେତୁକବାଦ) ଅଟେ। ଏହି ବିଶ୍ୱ କେବେ, କାହିଁକି ଏବଂ କିପରି ଉତ୍ପନ୍ନ ହେଲା, ଏହାର ଆନୁମାନିକ କଳ୍ପନା ବ୍ୟତୀତ କୌଣସି ନିଶ୍ଚିତ ପ୍ରମାଣ ଉପଲବ୍ଧ ନୁହେଁ। ଡାରଉଇନ୍, କେବଳ ଶାରୀରିକ ବିବର୍ତ୍ତନ ଆଧାରରେ କ୍ରମବିକାଶ ସିଦ୍ଧାନ୍ତ ସ୍ଥିର କରିଯାଇଛନ୍ତି। ଶାରୀରିକ ବିବର୍ତ୍ତନରେ ବର୍ଣ୍ଣ-ଭେଦ, ସଂହନନ[୧୦]-ଭେଦ, ସଂସ୍ଥାନ[୧୧]-ଭେଦ, ଲମ୍ବା-ଚଉଡ଼ା ମଧ୍ୟରେ ତାରତମ୍ୟ, ଏହିଭଳି ଆହୁରି ସୂକ୍ଷ୍ମ-ସ୍ଥୁଳ ଭେଦ ହୋଇପାରିବ। ଏହା ଅତୀତରେ ହେଉଥିଲା ଏବଂ ବର୍ତ୍ତମାନ ମଧ୍ୟ ହେଉଛି। ଦେଶ, କାଳ, ପରିସ୍ଥିତି ଭେଦ ଦ୍ୱାରା ବିଶେଷ ପ୍ରୟୋଗ ବିନା ମଧ୍ୟ ଏହି ଭେଦ ସମ୍ଭବପର। ବିଶେଷ ପ୍ରୟୋଗ ସାହାଯ୍ୟରେ ବି ସମ୍ଭବପର। ୧୯୭୧ ମସିହାରେ ମେଣ୍ଢାପଲରେ ଅକସ୍ମାତ ଏକ ନୂତନ ପ୍ରଜାତି ସୃଷ୍ଟି ହେଲା, ଯାହାକୁ ଆଜିକାଲି 'ଅନେକନ' ମେଣ୍ଢା ବୋଲି କୁହାଯାଇଥାଏ। ଏହି ଜାତି-ମର୍ଯ୍ୟାଦା ଅନୁକୂଳ ପରିବର୍ତ୍ତନ କେବେ-କେମିତି ଯତ୍ କିଂଚିତ୍ ସାମଗ୍ରୀ ଦ୍ୱାରା ହୋଇଥାଏ। ପ୍ରାୟୋଗିକ-ପରିବର୍ତ୍ତନର ନିତ୍ୟ-ନୂତନ ଉଦାହରଣ ବିଜ୍ଞାନ ଜଗତ୍ ପ୍ରସ୍ତୁତ କରିଚାଲିଛି।

ଅଭିନବ ଜାତିର ଉତ୍ପତ୍ତିର ସିଦ୍ଧାନ୍ତ, ଗୋଟିଏ ଜାତି ମଧ୍ୟରେ ଅନେକ ବ୍ୟକ୍ତି ପ୍ରାପ୍ତ ପ୍ରଚୁର ଭିନ୍ନତା ଆଧାରରେ ସ୍ୱୀକୃତ। ଉତ୍ପତ୍ତିସ୍ଥାନ ଓ କୁଳକୋଟିର ଭିନ୍ନତା ଦ୍ୱାରା ପ୍ରତ୍ୟେକ ଜାତିର ଭେଦ-ବାହୁଲ୍ୟ ପ୍ରକଟ ହୁଏ। ସେହି ଅବାନ୍ତର ଭେଦ ଆଧାରରେ ମୌଳିକ ଜାତିର ସୃଷ୍ଟି ହୋଇପାରେ ନାହିଁ। ଗୋଟିଏ ଜାତି ତା'ଠାରୁ ମୌଳିକ ଭେଦ ରହିଥିବା ଜାତିକୁ ଜନ୍ମ ଦେବାରେ ସମର୍ଥ ନୁହେଁ। ଜୀବ, ଯେଉଁ ଜାତିରେ ଜନ୍ମନିଏ, ସେହି ଜୀବ କେବଳ ସେହି ଜାତି ମଧ୍ୟରେ ସ୍ଥିତ ଗୁଣର ବିକାଶ କରିପାରିଥାଏ। ଜାତିର ବିଭାଜକ ନିୟମର ଅତିକ୍ରମଣ ହୋଇପାରିବ ନାହିଁ। ଏହି ପ୍ରକାର, ଜୀବ ସ୍ୱ-ଅର୍ଜିତ କର୍ମ-ପୁଦ୍‌ଗଳର ପ୍ରେରଣାବଶତଃ ଯେଉଁ ଜାତିରେ ଜନ୍ମ ନେବ, ସେହି ଜାତିର ଆଧାରରେ ତା'ର ଶରୀର-ସଂହନନ, ସଂସ୍ଥାନ, ଜ୍ଞାନ ଆଦିର ନିର୍ଣ୍ଣୟ କରାଯାଇପାରିବ, ଅନ୍ୟ ପ୍ରକାର ନୁହେଁ।

ବାହ୍ୟସ୍ଥିତିର ପ୍ରାଣୀ ଉପରେ ପ୍ରଭାବ ପଡ଼ିଥାଏ, କିନ୍ତୁ ପ୍ରାଣୀଙ୍କ ଆନୁବଂଶିକତାକୁ ଏହି ବାହ୍ୟସ୍ଥିତି ବଦଳାଇପାରିବ ନାହିଁ। ପ୍ରୋ. ଡାର୍ଲିଂଗଟନଙ୍କ ଅନୁସାରେ - ଜୀବମାନଙ୍କ ବାହାରି ପରିସ୍ଥିତି ପ୍ରତ୍ୟକ୍ଷତଃ ସେମାନଙ୍କ ବିକାଶ-କ୍ରମକୁ ସମ୍ପୂର୍ଣ୍ଣ ଭାବରେ ନିଶ୍ଚିତ କରିନଥାନ୍ତି। ଏହି ତଥ୍ୟରୁ ପ୍ରମାଣିତ ହେଉଛି ଯେ ମାର୍କସ, ନିଜ ମତ ଏବଂ ଡାରଉଇନଙ୍କ ମତରେ ଯେଉଁ ସମାନ୍ତରଣ ଲକ୍ଷ୍ୟ କରିଛନ୍ତି ତାହା ସ୍ଥାୟୀ ନୁହେଁ କି ଦୂରଗାମୀ ମଧ୍ୟ ନୁହେଁ। ବିଭିନ୍ନ

(୧୦) ସଂହନନର ଅର୍ଥ ହେଉଛି–'ଅସ୍ଥି-ରଚନା।' ଅସ୍ଥି-ରଚନା ଛଅ ପ୍ରକାର, ତେଣୁ ସଂହନନର ଛଅ ଭେଦ- ବଜ୍ରଋଷଭନାରାଚ, ଋଷଭନାରାଚ, ନାରାଚ, ଅର୍ଦ୍ଧନାରାଚ, କୀଳକ ଏବଂ ସେବାର୍ତ।

(୧୧) ସଂସ୍ଥାନର ଅର୍ଥ ହେଉଛି – 'ଆକୃତି-ରଚନା'। ଯେତେ ପ୍ରକାର ପ୍ରାଣୀ ସେତେ ପ୍ରକାର ଆକୃତି କିନ୍ତୁ ସେମାନଙ୍କ ଛଅ ପ୍ରକାର ବର୍ଗୀକରଣ କରାଯାଇଥାଏ। ଯଥା–ସମଚତୁରସ୍ର, ନ୍ୟଗ୍ରୋଧ ପରିମଣ୍ଡଳ, ସାଦି, ବାମନ, କୁବ୍‌ଜ ଏବଂ ହୁଣ୍ଡବ।

ସ୍ୱଭାବଯୁକ୍ତ ମାନବ ପ୍ରାଣୀ ଶରୀରରେ ବାହ୍ୟ ତଥା ଆନ୍ତରିକ ଭୌତିକ ପ୍ରଭେଦ ଉପସ୍ଥିତ ଥାଏ। ଏହି ଆଭ୍ୟନ୍ତରୀଣ ଭୌତିକ-ପ୍ରଭେଦ ଆଧାରକୁ ହିଁ ଆନୁବଂଶିକ ବା ଜନ୍ମଜାତ କୁହାଯାଇଥାଏ। ଏହି ଭୌତିକ ଆନ୍ତରିକ ପ୍ରଭେଦର ଆଧାରଭୂତ ଭେଦ ହିଁ ବ୍ୟକ୍ତି, ଜାତି ଓ ବର୍ଗ ଭେଦର କାରଣ। ଏହି ସମସ୍ତ ଭେଦ, ବାହ୍ୟ ଅବୟବରେ ଘଟୁଥିବା ପରିବର୍ତ୍ତନର ପରିଣାମ ମାତ୍ର। ଏମାନଙ୍କୁ ଜୀବଧାରୀ ଶରୀରର ବିବିଧ ପକ୍ଷ ଅତିରିକ୍ତ ବାହ୍ୟଶକ୍ତି ନଷ୍ଟ କରିପାରେ ନାହିଁ। ଆନୁବଂଶିକତାର ଏହି ପ୍ରଭାବକୁ ପୋଷଣଯୁକ୍ତ ଆହାର, ଶିକ୍ଷା ଅଥବା ସରକାରଙ୍କ କ୍ରୂର ଅଥବା ଉଦାର କାର୍ଯ୍ୟକ୍ରମ ଦ୍ୱାରା ପରିବର୍ତ୍ତିତ କିମ୍ବା ଉନ୍ନତ କରାଯାଇପାରିବ ନାହିଁ। ଏହି ନୂତନ ଆବିଷ୍କାର ହେଲାପରେ ଆନୁବଂଶିକତାର ପ୍ରଭାବ 'ଜେନେଟିକସ ବିଜ୍ଞାନ' ରୂପରେ ପରିଚିତ ହେଲା।[୧୨]

ଦୁଇପ୍ରକାର ପ୍ରାଣୀ ଆମେ ଦେଖିବାକୁ ପାଇଥାଉଁ। ଏକ ଶ୍ରେଣୀ ଅନ୍ତର୍ଗତ 'ଗର୍ଭଜ' ପ୍ରାଣୀ, ଯାହା ମାତା-ପିତାଙ୍କ ଶୋଣିତ, ରଜ ଓ ଶୁକ୍ର ବିନ୍ଦୁର ମେଳରୁ ଉତ୍ପନ୍ନ ହୋଇଥାନ୍ତି। ଦ୍ୱିତୀୟ ଶ୍ରେଣୀ ଅନ୍ତର୍ଗତ 'ସମ୍ମୂର୍ଚ୍ଛିମ' ପ୍ରାଣୀ, ଯେଉଁମାନେ ଗର୍ଭାଧାନବିନା ସ୍ୱ-ଅନୁକୂଳ ସାମଗ୍ରୀର ସାନ୍ନିଧ୍ୟ ମାତ୍ର ଲାଭକରି ଉତ୍ପନ୍ନ ହୁଅନ୍ତି।

ଏକେନ୍ଦ୍ରିୟରୁ ଚତୁରିନ୍ଦ୍ରିୟଯୁକ୍ତ ଜୀବ ସମ୍ମୂର୍ଚ୍ଛିମ ଏବଂ ତିର୍ଯ୍ୟଂଚ ଜାତିଯୁକ୍ତ ଅଟନ୍ତି। ପଞ୍ଚେନ୍ଦ୍ରିୟ ଜୀବ ସମ୍ମୂର୍ଚ୍ଛିମ ଏବଂ ଗର୍ଭଜ ଉଭୟ ପ୍ରକାର ହୋଇଥାଆନ୍ତି। ଏହି ଦୁଇ ଶ୍ରେଣୀ (ସମ୍ମୂର୍ଚ୍ଛିମ ଓ ଗର୍ଭଜ ପଞ୍ଚେନ୍ଦ୍ରିୟ)ର ଦୁଇ ଜାତି ହେଉଛି (କ) ତିର୍ଯ୍ୟଞ୍ଚ ଓ (ଖ) ମନୁଷ୍ୟ। [୧୩]

ତିର୍ଯ୍ୟଞ୍ଚ ଜାତିର ମୁଖ୍ୟତଃ ତିନି ଭେଦ ହେଉଛି – ୧. ଜଳଚର-ମତ୍ସ୍ୟ ଆଦି। ୨. ସ୍ଥଳଚର ଗାଈ, ମଇଁଷି ଆଦି।

(କ) ଉରପରିସୃପ - ପେଟ ଭରାଦେଇ ତରଙ୍ଗାୟିତ ପ୍ରାଣୀ - ସାପ ଆଦି।

(ଖ) ଭୁଜପରିସୃପ - ବାହୁବଳ ଦ୍ୱାରା ଚଳପ୍ରଚଳ ହେଉଥିବା ପ୍ରାଣୀ - ନେଉଳ ଆଦି ଏହାର ଉପଶାଖା

୩. ଖେଚର-ପକ୍ଷୀ

ସମ୍ମୂର୍ଚ୍ଛିମ ଜୀବମାନଙ୍କ ଜାତି-ବିଭଙ୍ଗ ଗର୍ଭ-ବ୍ୟୁତ୍କ୍ରାନ୍ତ ଜୀବମାନଙ୍କ ଜାତି ବିଭାଗ ସଦୃଶ ସୁସ୍ପଷ୍ଟ ଓ ସୁବ୍ୟବସ୍ଥିତ ନୁହେଁ।

ଆକୃତି ପରିବର୍ତ୍ତନ ତଥା ଅବୟବର ନ୍ୟୂନାଧିକତା ଆଧାରରେ ଜାତି ବିକାଶର ପରିକଳ୍ପନା ତାତ୍ତ୍ୱିକ ନୁହେଁ, ଏହା କେବଳ ଔପଚାରିକ ମାତ୍ର। ସେଓ ବୃକ୍ଷର ପ୍ରାୟ ଦୁଇ ହଜାର ଜାତି ରହିଥିବାର ମାନ୍ୟତା ରହିଛି। ଭିନ୍ନ-ଭିନ୍ନ ଦେଶର ମାଟିରେ ବପନ କରାଯାଇଥିବା ବୀଜ ଭିନ୍ନ-ଭିନ୍ନ ପ୍ରକାର ଗଛରେ ପରିଣତ ହୁଅନ୍ତି। ସେଗୁଡ଼ିକର ପୁଷ୍ପ ଓ ଫଳ ମଧ୍ୟରେ ବର୍ଣ୍ଣ, ଗନ୍ଧ ଓ ରସରେ ମଧ୍ୟ ଅନ୍ତର ଆସିଥାଏ। 'କଲମୀ' ପଦ୍ଧତି ଦ୍ୱାରା ବି ବୃକ୍ଷରେ ଆକସ୍ମିକ ପରିବର୍ତ୍ତନ କରାଯାଇଥାଏ। ଏହିଭଳି ତିର୍ଯ୍ୟଞ୍ଚ ଓ ମନୁଷ୍ୟ ଶରୀର ଉପରେ ବିଭିନ୍ନ ପରିସ୍ଥିତିର ପ୍ରଭାବ ପଡ଼ିଥାଏ। ଶୀତ-ପ୍ରଧାନ ଦେଶରେ ମନୁଷ୍ୟର ରଙ୍ଗ ଶ୍ୱେତ ବା ଗୋରା ଏବଂ ଉଷ୍ଣ-ପ୍ରଧାନ ଦେଶରେ ଶ୍ୟାମ ବା କଳା। ଏହି ପରିବର୍ତ୍ତନ ମୌଳିକ ନୁହେଁ। ବୈଜ୍ଞାନିକ ପ୍ରୟୋଗ ମାଧ୍ୟମରେ ଔପଚାରିକ ପରିବର୍ତ୍ତନର ଉଦାହରଣ ପ୍ରସ୍ତୁତ କରାଯାଇଥାଏ। ମୌଳିକ ପରିବର୍ତ୍ତନ ପ୍ରୟୋଗସିଦ୍ଧ ନୁହେଁ। ଏହିସବୁ କାରଣକୁ ବିବେଚନା କରିଲେ ଜାତିଗତ ଔପଚାରିକ ପରିବର୍ତ୍ତନ ଆଧାରରେ କ୍ରମ-ବିକାଶର ଧାରଣା ଅଧିକ ମୂଲ୍ୟବାନ ମନେ ହେଉନାହିଁ।

ଶାରୀରିକ ପରିବର୍ତ୍ତନର ହ୍ରାସ ବା ବିପରୀତ କ୍ରମ

ପାରିପାର୍ଶ୍ୱିକ ବାତାବରଣ ବା ବାହ୍ୟ ସ୍ଥିତି କାରଣରୁ ଯେପରି ବିକାଶ ବା ପ୍ରଗତି ଘଟିଥାଏ, ସେହିପରି ସେଗୁଡ଼ିକ ବଦଳିଗଲେ ହ୍ରାସ ବା ପୂର୍ବ-ଗତି ଘଟିବା ସ୍ୱାଭାବିକ।

---

[୧୨] ବିଜ୍ଞାନ ଏବଂ କମ୍ୟୁନିଜମ୍ - ପ୍ରଫେସର ସି.ଡି. ଡାଲିଂଗଟନ୍

[୧୩] ମନୁଷ୍ୟର ମଳ, ମୂତ୍ର, ଲହୁ ଆଦି ଅଶୁଚି ସ୍ଥାନରେ ଉତ୍ପନ୍ନ ହେଉଥିବା ପଞ୍ଚେନ୍ଦ୍ରିୟ ଜୀବକୁ ସମ୍ମୂର୍ଚ୍ଛିମ ମନୁଷ୍ୟ କୁହାଯାଏ (ଦ୍ର. ପ୍ରଜ୍ଞାପନା, ପଦ ୧)

ଏହି କ୍ଷେତ୍ରରେ ସବୁଠାରୁ ଆଶ୍ଚର୍ଯ୍ୟଜନକ ପ୍ରୟୋଗ ମ୍ୟୁନିକର ଜନ୍ତୁଶାଳାର ମୁଖ୍ୟ ହିଂଜହେକ କରିଛନ୍ତି। ସେ ବିକାଶବାଦର ଗାଡ଼ିକୁ ଆଗରୁ ଧରି ପଛକୁ ଠେଲି ଦେଇଛନ୍ତି ଏବଂ ପନ୍ଦର ହଜାର ବର୍ଷ ପୂର୍ବର ଘୋଡ଼ା ସଦୃଶ ଅଶ୍ୱ ସୃଷ୍ଟି କରିଛନ୍ତି। ପ୍ରାଗ୍ଐତିହାସିକ ଯୁଗର ଏହି ଅଶ୍ୱକୁ ଇତିହାସକାର 'ଟରପନ' କହିଥାନ୍ତି।[୧୪]

ଏଥିରୁ ଜଣାପଡୁଛି ଯେ ଶରୀର, ସଂହନନ, ସଂସ୍ଥାନ ଓ ରଙ୍ଗରେ ପରିବର୍ତ୍ତନ ହୋଇଥାଏ। ଏକ ଜାତି, ଅନେକ ରୂପରେ ପରିଣତ ହୋଇପାରେ, ଅଥଚ ମୂଳଭୂତ ଜାତିରେ ପରିବର୍ତ୍ତନ ହୁଏନାହିଁ।

ଦୁଇଟି ଜାତିର ପ୍ରାଣୀମାନଙ୍କ ସଂଗମ ଦ୍ୱାରା ତୃତୀୟ ନୂତନ ଜାତି ସୃଷ୍ଟି ହୋଇଥାଏ। ସେହି ମିଶ୍ର ଜାତିରେ ଉଭୟଙ୍କ ସ୍ୱଭାବ ସନ୍ନିହିତ ଥାଏ, କିନ୍ତୁ ଏହା ଶାରୀରିକ ଭେଦଯୁକ୍ତ ଉପଜାତି। ଆତ୍ମିକ ଜ୍ଞାନକୃତ ଯଥା ଐନ୍ଦ୍ରେୟିକ ଏବଂ ମାନସିକ ଶକ୍ତିର ଭେଦ ସେହି ନୂଆଁ ପ୍ରଜାତିରେ ନ ଥାଏ। ଜାତିଭେଦର ମୂଳ କାରଣ ହେଉଛି ଆତ୍ମିକ ବିକାଶ। ଇନ୍ଦ୍ରିୟ, ସ୍ପଷ୍ଟ ଭାଷା ଓ ମନ, ଏଗୁଡ଼ିକର ପରିବର୍ତ୍ତନ, ମିଶ୍ରଣ କାଳକ୍ରମେ ଅନୁସାରେ ହୁଏନାହିଁ। ଜଣେ ସ୍ତ୍ରୀର ଗର୍ଭରେ 'ଗର୍ଭ-ପ୍ରତିବିମ୍ବ' ଜାତ ହୁଏ, ଯାହାର ରୂପ ଭିନ୍ନ-ଭିନ୍ନ ହୋଇପାରେ। ଆକୃତିଭେଦ ସମସ୍ୟା ଜାତିଭେଦ କ୍ଷେତ୍ରରେ ମୌଳିକ ନୁହେଁ।

ପ୍ରଭାବର ନିମିତ୍ତ

ଜଣେ ପ୍ରାଣୀ ଉପରେ ମାତା-ପିତାଙ୍କ, ପାରିପାର୍ଶ୍ୱିକ ବାତାବରଣର, ଦେଶ-କାଳର ସୀମାର, ଖାଦ୍ୟ-ପେୟର ଏବଂ ଗ୍ରହ-ଉପଗ୍ରହର ଅନୁକୂଳ-ପ୍ରତିକୂଳ ପ୍ରଭାବ ପଡ଼ିଥାଏ । ଏହି ତଥ୍ୟରେ କେହି ଶଙ୍କା କରିପାରିବେ ନାହିଁ। ଏଗୁଡ଼ିକର ନିମିତ୍ତ ପ୍ରତି ଜୈନ ଦୃଷ୍ଟିକୋଣ ସଂକ୍ଷେପରେ ଜାଣିବାକୁ ହେବ।

ପ୍ରଭାବିତ ସ୍ଥିତିକୁ ଆମେ ଶରୀର ଓ ବୁଦ୍ଧି ରୂପରେ ଦୁଇ ପ୍ରକାର ବର୍ଗୀକରଣ ମାନ୍ୟ କରିପାରିବା। ଏହି ସମସ୍ତ ନିମିତ୍ତ ଉଭୟ ଶରୀର ଓ ବୁଦ୍ଧିକୁ ପ୍ରଭାବିତ କରିଥାନ୍ତି।

ପ୍ରତ୍ୟେକ ପ୍ରାଣୀ ହେଉଛି ଆତ୍ମା ଓ ଶରୀରର ସମନ୍ୱିତ ଏକ ରୂପ। ସମସ୍ତ ଜୀବଙ୍କଠାରେ ଆତ୍ମିକ ଶକ୍ତିର ବିକାଶ ଏବଂ ତା'ର ଅଭିବ୍ୟକ୍ତିର ନିମିତ୍ତଭୂତ ଶାରୀରିକ ସାଧନ ଉପଲବ୍ଧ ଥାଏ।

---

(୧୪) ସଂସାରର ପ୍ରାଚୀନତମ ପଶୁମାନଙ୍କ ମଧ୍ୟରେ 'ଟରପନ' ଜାତିର ପଶୁ ପରିଗଣିତ ହୋଇଥାନ୍ତି। ପାଷାଣକାଳୀନ ଗୁମ୍ଫାମାନଙ୍କରେ ସେମାନଙ୍କ ଅନେକ ଚିତ୍ର ଆଦି ମଧ୍ୟ ଉପଲବ୍ଧ। ଆକାରରେ–ଛୋଟ ବା ଗେଡ଼ା, କଅଁରା କେଶ, ପାଦରେ ଲମ୍ବା ଗାର ଏବଂ ମୂଷା ଭଳି ମୁହଁ। ଏହି ପଶୁ ଭାରି ଶକ୍ତିଶାଳୀ ଓ ଭୟାନକ। ଜଙ୍ଗଲରେ ରହୁଥିବା ସମୟରେ ଏହି ପଶୁମାନଙ୍କ ଗୋଠ ବିଚରଣ କରି ଇଉରୋପର ଗୋଟିଏ ବିନ୍ଦୁରୁ ବାହାରି ଅନ୍ତିମ ବିନ୍ଦୁରେ ପହଞ୍ଚିଯାଆନ୍ତି। ଅଷ୍ଟାଦଶ ଶତାବ୍ଦୀ ପର୍ଯ୍ୟନ୍ତ ଏହି ଜାତିର ପଶୁମାନଙ୍କ ଅବସ୍ଥିତିର ସୂଚନା ରହିଛି, କିନ୍ତୁ ତାହାପରେ ସମଗ୍ର ପ୍ରଜାତି ସତେଯେପରି ସବୁଦିନ ପାଇଁ ତିରୋହିତ ହୋଇଯାଇଛି।

୧୯୨୮ରେ ପୁରାତତ୍ତ୍ୱ ବିଭାଗର ଛାତ୍ର ହିଂଜହେକ, ଖୋହଯୁଗୀନ ମାନବଙ୍କ ଭିତ୍ତିଚିତ୍ର ଦେଖିଲା ପରେ ତାଙ୍କ ମନରେ ପ୍ରଶ୍ନ ଜାତ ହେଲା ଯେ ବର୍ତ୍ତମାନ ଘୋଡ଼ାର ପ୍ରଜାତିକୁ ବିକାଶର ବିପରୀତ କ୍ରମରେ ବଦଳାଇ 'ଟରପନ' ଜାତିରେ ପରିବର୍ତ୍ତନ କରାଯାଇପାରିବ କି ? ପ୍ରଶ୍ନ ନୁହେଁ, ସତେଯେପରି ଏକ ଆହ୍ୱାନ ଥିଲା। ହିଂଜହେକ ତତ୍କ୍ଷଣାତ୍ 'ଟରପନ' ଜାତିର ପଶୁର ଅସ୍ଥି-ପଞ୍ଜର ଏବଂ ଗୁମ୍ଫାଚିତ୍ରର ଗହନ ଅଧ୍ୟୟନ ଆରମ୍ଭ କରିଦେଲେ।

ଅନେକ ବର୍ଷ ପର୍ଯ୍ୟନ୍ତ ସେ 'ଟରପନ' ସମ୍ବନ୍ଧରେ ସମ୍ୟକ୍ ସୂଚନା ପ୍ରାପ୍ତି ହେତୁ ଘୂରି ବୁଲିଲେ। ପନ୍ଦର ବର୍ଷର କଠୋର ପରିଶ୍ରମ ପରେ ସେ ଖୋଜିବାରେ ସଫଳ ହେଲେ ଯେ 'ଟରପନ' ଏସିଆର ଜଙ୍ଗଲୀ ଘୋଡ଼ା ଏବଂ ଆଇସଲାଣ୍ଡର ଗୃହପାଳିତ ଘୋଡାର ନିକଟତର ଜନ୍ତୁ ହୋଇଥିବ, ତେଣୁ ଏହି ଦୁଇ ପ୍ରଜାତିର ସଂକ୍ରମଣ କରି ଏକ ନୂଆଁ ଜାତି ସୃଷ୍ଟି କରିଲେ। ନିଜ ପ୍ରୟୋଗରେ ସେ ସଫଳ ହେଲେ। ଏହି ପରୀକ୍ଷଣର ପଞ୍ଚମ ପିଢ଼ିର ପଶୁ ଅବିକଳ ପ୍ରାଗୈତିହାସିକ ଯୁଗର 'ଟରପନ' ସଦୃଶ ଥିଲା ଏବଂ ଏହି ନୂଆଁ ପ୍ରଜାତିର ସତରଟି ଜନ୍ତୁ ସେ ସୃଷ୍ଟି କରିସାରିଲେଣି। -ନବ. ଜୁନ ୧୯୫୩

ଆତ୍ମା ହେଉଛି ସୂକ୍ଷ୍ମ ଶରୀରର ପ୍ରବର୍ତ୍ତକ ଏବଂ ସୂକ୍ଷ୍ମ ଶରୀର, ସ୍ଥୁଳ ଶରୀରର ପ୍ରବର୍ତ୍ତକ। ବାହାରି ସ୍ଥିତି ସ୍ଥୁଳ ଶରୀରକୁ ପ୍ରଭାବିତ କରିଥାଏ, ସ୍ଥୁଳ ଶରୀର ସୂକ୍ଷ୍ମ ଶରୀରକୁ ତଥା ସୂକ୍ଷ୍ମ ଶରୀର ଆତ୍ମା, ଇନ୍ଦ୍ରିୟ, ମନ ଓ ଚେତନ ବୃତ୍ତିକୁ ପ୍ରଭାବିତ କରିଥାଏ।

ଶରୀର ହେଉଛି ପୌଦ୍‌ଗଳିକ - ସୂକ୍ଷ୍ମ ଶରୀର ସୂକ୍ଷ୍ମବର୍ଗଣା ସମୂହର ସଂଗଠନ ତଥା ସ୍ଥୁଳ ଶରୀର ସ୍ଥୁଳବର୍ଗଣା ସମୂହର ସଂଗଠନ ମାତ୍ର।

୧. ଆନୁବଂଶିକ ସମାନତାର କାରଣ ହେଉଛି - ବର୍ଗଣା ସମାନତା। ଜନ୍ମର ଆରମ୍ଭ କାଳରେ ଜୀବ ଯେଉଁ ଆହାର ଗ୍ରହଣ କରିଥାଏ, ତାହା ତା'ର ଜୀବନର ମୂଳ ଆଧାର ହୁଏ। ଏହି ବର୍ଗଣାଗୁଡ଼ିକ ମାତୃ-ପିତୃ ସାମ୍ୟ ହୋଇଥାନ୍ତି, ତେଣୁ ମାତା ଓ ପିତାଙ୍କ ତା'ଉପରେ ପ୍ରଭାବ ପଡ଼ିଥାଏ। ସନ୍ତାନର ଶରୀରରେ ମାଂସ, ରକ୍ତ ଓ ମସ୍ତୁଲୁଙ୍ଗ (ମସ୍ତିଷ୍କ) - ଏହି ତିନି ଅଙ୍ଗ ମାଁଙ୍କ ତଥା ହାଡ଼, ମଜ୍ଜା ଓ କେଶ-ଦାଢ଼ି, ଲୋମ-ନଖ ଏହି ତିନି ଅଙ୍ଗ ପିତାଙ୍କ ଅବଦାନ ଅଟେ।[୧୫] ବର୍ଗଣାଗୁଡ଼ିକର ସାମ୍ୟ ଭାବ ରହିଥିଲେ ମଧ୍ୟ ଆନ୍ତରିକ ଯୋଗ୍ୟତା ସମାନ ପରିମାଣରେ ନ ଥାଏ। ଏହି କାରଣରୁ ମାତା-ପିତାଙ୍କଠାରୁ ପୁଅର ରୁଚି, ସ୍ୱଭାବ ଓ ଯୋଗ୍ୟତା ଭିନ୍ନ ହେବାରେ ଆଶ୍ଚର୍ଯ୍ୟ ନାହିଁ। ମାତା-ପିତାଙ୍କ ଗୁଣ-ଦୋଷର ପ୍ରଭାବ ସନ୍ତାନର ସ୍ୱାସ୍ଥ୍ୟ ଉପରେ ଯେତେଟା ପଡ଼ିଥାଏ, ସେତେ ବୁଦ୍ଧି କ୍ଷେତ୍ରରେ ପଡ଼େନାହିଁ ଏହାହିଁ ତା'ର କାରଣ।

୨. ବାତାବରଣ ବି ପୌଦ୍‌ଗଳିକ ହୋଇଥାଏ। ପୁଦ୍‌ଗଳ, ପୁଦ୍‌ଗଳକୁ ପ୍ରଭାବିତ କରିଥାଏ। ଶରୀର, ଭାଷା ଓ ମନ ବର୍ଗଣାର ଅନୁକୂଳ ବାତାବରଣ ବର୍ଗଣାର ଅନୁକୂଳ ଓ ପ୍ରତିକୂଳ ସ୍ଥିତରେ ପ୍ରତିକୂଳ ପ୍ରଭାବ ପଡ଼ିଥାଏ। ଆତ୍ମିକ ଶକ୍ତି ବିଶେଷ ଭାବରେ ଜାଗୃତ ଥିଲେ ସେଠାରେ ବ୍ୟତିକ୍ରମ ମଧ୍ୟ ହୋଇପାରିବ। ମାନସିକ ଶକ୍ତି, ବର୍ଗଣାଗୁଡ଼ିକୁ ପରିବର୍ତ୍ତିତ କରିଦେଇପାରିବ। କୁହାଯାଇଛି –

ଚିତ୍ତାୟତ୍ତଂ ଧାତୁବଦ୍ଧଂ ଶରୀରଗଂ, ସ୍ୱସ୍ଥେ ଚିତ୍ତେ ବୁଦ୍ଧୟଃ ପ୍ରସ୍ଫୁରନ୍ତି ।
ତସ୍ମାଚିତ୍ତଂ ସର୍ବଥା ରକ୍ଷଣୀୟଂ, ଚିତ୍ତେ ନଷ୍ଟେ ବୁଦ୍ଧୟୋ ଯାନ୍ତି ନାଶମ୍ ॥

ଏହି ଧାତୁବଦ୍ଧ ଶରୀରୀ ହେଉଛି ଚିତ୍ତର ଅଧୀନ। ସ୍ୱସ୍ଥ ଚିତ୍ତରେ ବୁଦ୍ଧିର ସ୍ଫୁରଣା ହୁଏ। ତେଣୁ ଚିତ୍ତକୁ ସବୁମନ୍ତେ ସ୍ୱସ୍ଥ ରଖିବା ଉଚିତ। ଚିତ୍ତ ନଷ୍ଟ ହେଲେ ବୁଦ୍ଧି ନଷ୍ଟ ହୋଇଥାଏ।

ଏହାର ତାତ୍ପର୍ଯ୍ୟ ହେଉଛି ପବିତ୍ର ଓ ବଳବାନ୍ ମନ ପବିତ୍ର ବର୍ଗଣାସମୂହକୁ ଗ୍ରହଣ କରିଥାଏ। ତେଣୁ ମନ୍ଦବର୍ଗଣା ଶରୀର ଉପରେ କୁପ୍ରଭାବ ପକାଇପାରେ ନାହିଁ।

୩. ଖାଦ୍ୟ-ପାନୀୟ ଏବଂ ଔଷଧର ପ୍ରଭାବ ମଧ୍ୟ ଭିନ୍ନ-ଭିନ୍ନ ପ୍ରାଣୀ ଉପରେ ଭିନ୍ନ-ଭିନ୍ନ ପ୍ରକାର ହୋଇଥାଏ। ସେହି ପ୍ରାଣୀମାନଙ୍କ ଶରୀରର ପୃଥକ୍ ବର୍ଗଣା ହିଁ ଏହାର କାରଣ। ବର୍ଗଣାଗୁଡ଼ିକର ବର୍ଣ୍ଣ, ଗନ୍ଧ, ରସ ଓ ସ୍ପର୍ଶ ମଧ୍ୟରେ ଅନନ୍ତ ପ୍ରକାର ବୈଚିତ୍ର୍ୟ ଓ ତାରତମ୍ୟତା ରହିଥାଏ। ଗୋଟିଏ ରସକୁ ଦୁଇଜଣ, ଦୁଇ ପ୍ରକାର ଅନୁଭବ କରିଥାନ୍ତି। ଏହା ସେମାନଙ୍କ ବୁଦ୍ଧିଦୋଷ ବା ଅନୁଭବଶକ୍ତିର ଦୋଷ ନୁହେଁ, ବରଂ ବିବିଧ ବର୍ଗଣା ହେଉଛି ଏହି ଭେଦର ଆଧାର। ଭିନ୍ନ ଭିନ୍ନ ପରିସ୍ଥିତିରେ ଜଣେ ଲୋକ ମଧ୍ୟ ଏହି ଭେଦର ଶିକାର ହୋଇଥାଏ।

ଖାଦ୍ୟ-ପେୟ ଏବଂ ଔଷଧ ଆଦି ଶରୀରର ଅବୟବକୁ ପ୍ରଭାବିତ କରିଥାନ୍ତି। ଶରୀରର ଅବୟବ, ଇନ୍ଦ୍ରିୟ, ମନ ଓ ଭାଷାର ସାଧନ ହୋଇଥିବାରୁ ଜୀବଗୁଡ଼ିକର ପ୍ରବୃତ୍ତିର ପାରମ୍ପରିକ କାରଣ ସାଜିଥାନ୍ତି। ଏହି ବାହ୍ୟବର୍ଗଣା, ଆନ୍ତରିକ ଯୋଗ୍ୟତାକୁ ସୁଧାରିପାରନ୍ତି ନାହିଁ କି ବିଗାଡ଼ିପାରନ୍ତି ନାହିଁ। ହ୍ରାସ-ବୃଦ୍ଧି ମଧ୍ୟ କରିପାରନ୍ତି ନାହିଁ। କିନ୍ତୁ ଜୀବଙ୍କର ଆନ୍ତରିକ ଯୋଗ୍ୟତାର ସାଧନଭୂତ ଆନ୍ତରିକ ବର୍ଗଣାକୁ ସୁଧାରି କିମ୍ବା ବିଗାଡ଼ି ପାରିବାରେ ସମର୍ଥ ହୁଅନ୍ତି। ଏହି ସ୍ଥିତି ଉଭୟ ପ୍ରକାର ବର୍ଗଣାଗୁଡ଼ିକର ବଳାବଳ ଉପରେ ନିର୍ଭର କରିଥାଏ।

---

[୧୫] ଭଗବଈ, ୧/୩୫୦, ୩୫୧

୪. ଗ୍ରହ-ଉପଗ୍ରହ ମଧ୍ୟରୁ ଯେଉଁ ରଶ୍ମି ନିର୍ଗତ ହୋଇଥାଏ, ତା'ର ମଧ୍ୟ ଶାରୀରିକ ବର୍ଗଣା ଅନୁସାରେ ଅନୁକୂଳ ଅଥବା ପ୍ରତିକୂଳ ପ୍ରଭାବ ରହିଛି। ବିଭିନ୍ନ ରଙ୍ଗର କାଚ ମାଧ୍ୟମରେ ସୂର୍ଯ୍ୟ-ରଶ୍ମିକୁ ଏକତ୍ରିତ କରି ଶରୀର ଉପରେ ବିଚ୍ଛୁରିତ କରିଲେ ସ୍ୱାସ୍ଥ୍ୟ ଅଥବା ମନ ଉପରେ ବିଭିନ୍ନ ପ୍ରତିକ୍ରିୟା ଦେଖାଦେଇଥାଏ। ସଂଗଠିତ ଅବସ୍ଥାରେ ଆମେ ତତ୍‌କାଳ ତା'ର ପ୍ରଭାବକୁ ଅନୁଭବ କରିଥାଉଁ। ଅସଂଗଠିତ ଅବସ୍ଥାରେ ଏବଂ ସୂକ୍ଷ୍ମ ରୂପରେ ଆମ ଉପରେ ସେଗୁଡ଼ିକର ଯେଉଁ ପ୍ରଭାବ ପଡ଼ିଥାଏ, ତାହାକୁ ଆମେ ଧରିପାରିବାରେ ବିଫଳ ହୋଇଥାଉଁ।

ଜ୍ୟୋତିର୍ବିଦ୍ୟାରେ ଉଲ୍‌କା ଏବଂ ଯୋଗ-ବିଦ୍ୟାରେ ବିବିଧ ରଙ୍ଗର ପ୍ରତିକ୍ରିୟାର ପଛରେ ରଶ୍ମିର ପ୍ରଭାବ ସନ୍ନିହିତ ଥାଏ।

ଏହା ହେଉଛି ବାହାରି ପ୍ରଭାବ। ନିଜ ଆନ୍ତରିକ ବୃତ୍ତିମାନଙ୍କର ମଧ୍ୟ ନିଜ ଉପରେ ପ୍ରଭାବ ପଡ଼ିଥାଏ। ଧ୍ୟାନ ଅଥବା ମାନସିକ ଏକାଗ୍ରତା ଦ୍ୱାରା ଚଞ୍ଚଳତା ହ୍ରାସପାଇ ଆତ୍ମ-ଶକ୍ତିରେ ବିକାଶ ଘଟେ। ମନର ଚଞ୍ଚଳତା ଫଳରେ ଯେଉଁ ଶକ୍ତି ବିଛି ହୋଇରହିଥାଏ ଧ୍ୟାନ ମାଧ୍ୟମରେ ତାହା କେନ୍ଦ୍ରୀଭୂତ ହୋଇଥାଏ। ତେଣୁ ଆତ୍ମ-ବିକାଶ ପାଇଁ ମନଗୁପ୍ତି, ବଚନଗୁପ୍ତି ଓ କାୟଗୁପ୍ତିର ବଡ଼ ମହତ୍ତ୍ୱ ରହିଛି।

ମାନସିକ ଅନିଷ୍ଟ ଚିନ୍ତନ ଫଳରେ ପ୍ରତିକୂଳ ବର୍ଗଣା ସଂଗୃହୀତ ହୋଇ ସ୍ୱାସ୍ଥ୍ୟ ଉପରେ ହାନିକାରକ ପ୍ରଭାବ ପକାଇଥାନ୍ତି। ପ୍ରସନ୍ନାବସ୍ଥାରେ ଅନୁକୂଳ ବର୍ଗଣାର ଅନୁକୂଳ ପ୍ରଭାବ ପଡ଼ିଥାଏ।

କ୍ରୋଧ ଆଦି ବର୍ଗଣାର ମଧ୍ୟ ସମାନ ସ୍ଥିତି ରହିଛି। ଏହି ବର୍ଗଣା ସମଗ୍ର ଲୋକରେ ଭରିରହିଛି। ଏହାର ଆକୃତିରେ ବା ସଂରଚନାରେ ଭିନ୍ନତା ଥାଏ ଏବଂ ସେହି ଅନୁସାରେ ହିଁ ଏହି ନିମିତ୍ତ ଆକାର ନିଏ।

॥ ୬ ॥
ଜୀବନ-ନିର୍ମାଣ

ସଂସାରର ହେତୁ

ଜୀବଗୁଡ଼ିକର ବୈଭାବିକ ଦଶାର ନାମ ହେଉଛି ସଂସାର। କର୍ମ ହିଁ ସଂସାରର ମୂଳ। କର୍ମର ମୂଳରେ ରାଗ-ଦ୍ୱେଷ ଥାଏ। ଜୀବର ଅସଂଯମମୟ ପ୍ରବୃତ୍ତି କେତେବେଳେ ରାଗାତ୍ମକ ହୁଏ ତ' ଅନ୍ୟ ଏକ ସମୟରେ ଦ୍ୱେଷମୂଳକ ମଧ୍ୟ ହୋଇଥାଏ। ଏହାର ଜ୍ଞାନ ଓ ଅନୁଭୂତି ସମସ୍ତଙ୍କୁ ହୋଇପାରିବ, ଏହା ଆବଶ୍ୟକ ନୁହେଁ। ଅନ୍ୟ କାହାରି ଦ୍ୱାରା ଜୀବକୁ ବନ୍ଧନ ଜାଲରେ ଛନ୍ଦିପାରିବା ସମ୍ଭବ ନୁହେଁ। ଜୀବ, ଆପଣା ଅଜ୍ଞାନ-ଦଶା ଏବଂ ଆଶା-ବାଞ୍ଛା ଦ୍ୱାରା କର୍ମଜାଲ ବୁଣିଥାଏ। ବ୍ୟକ୍ତି ରୂପରେ କର୍ମ ଅନାଦି ନୁହେଁ, କିନ୍ତୁ ପ୍ରବାହ ରୂପରେ କର୍ମ ହେଉଛି ଅନାଦି। କର୍ମର ପ୍ରବାହ କେଉଁକାଳରୁ ଅବ୍ୟାହତ ରହିଛି, ଯାହାର ଆଦିବିନ୍ଦୁ କିଛିନାହିଁ। ଜୀବର ଅସ୍ତିତ୍ୱ ସହିତ କର୍ମର ପ୍ରବାହ ଅଙ୍ଗାଙ୍ଗୀ ଭାବେ ଜଡ଼ିତ। ଉଭୟ ହେଉଛନ୍ତି ଅନାଦି। ଅନାଦିର ଆରମ୍ଭ ନ ଥାଏ ଏବଂ ତାହାର ବିବେଚନା ମଧ୍ୟ କରିହୁଏ ନାହିଁ। ଗୋଟିଏ-ଗୋଟିଏ କର୍ମ ଅପେକ୍ଷା ସମସ୍ତ କର୍ମର ଏକ ନିଶ୍ଚିତ ଅବଧି ରହିଛି। ପରିପାକ-କାଳ ଉତ୍ତାରୁ ସେମାନେ ଜୀବଠାରୁ ପୃଥକ୍ ହୁଅନ୍ତି। ତେଣୁ ଆତ୍ମାର କର୍ମ-ମୁକ୍ତ ହେବାରେ କୌଣସି ବାଧା ନାହିଁ। ଆତ୍ମ-ସଂଯମ ଦ୍ୱାରା ନୂଆଁ କର୍ମ ଜଡ଼ିତ ହେବା ବନ୍ଦ ହୋଇଯାଏ। ପୂର୍ବରୁ ଯେଉଁ କର୍ମସବୁ ସଂଲଗ୍ନ ରହିଛି, ତପସ୍ୟା ମାଧ୍ୟମରେ ସେଗୁଡ଼ିକ ଧୀରେ-ଧୀରେ ନିର୍ଜୀର୍ଣ୍ଣ ହୋଇପଡ଼ନ୍ତି, ନୂତନ କର୍ମବନ୍ଧନ ହୁଏନାହିଁ ଏବଂ ପୂର୍ବ କର୍ମ ଛିନ୍ନ ହୁଅନ୍ତି। ସେତେବେଳେ ଏହି ଅନାଦି ପ୍ରବାହ ଥମିଯାଏ - ଆତ୍ମା ମୁକ୍ତହୁଏ। ଏହି ପ୍ରକ୍ରିୟା ହେଉଛି ଆତ୍ମ-ସାଧକମାନଙ୍କର। ଆତ୍ମସାଧନାରୁ ଯେଉଁମାନେ ବିମୁଖ ସେମାନେ ନୂଆଁ ନୂଆଁ କର୍ମର ସଞ୍ଚୟ କରିଥାନ୍ତି। ଏହାଫଳରେ ସେମାନଙ୍କୁ ଜନ୍ମ-ମୃତ୍ୟୁର ଅବିରଳ ପ୍ରବାହରେ ବହିବାକୁ ହୋଇଥାଏ।

ସୂକ୍ଷ୍ମ ଶରୀର

ସୂକ୍ଷ୍ମ ଶରୀର ଦୁଇଭାଗରେ ବିଭକ୍ତ - ତୈଜସ ଓ କାର୍ମଣ। ତୈଜସ ଶରୀର, ତୈଜସ ପରମାଣୁ ନିର୍ମିତ ବିଦ୍ୟୁତ ଶରୀର ଅଟେ। ସ୍ଥୁଳ ଶରୀରରେ ସକ୍ରିୟତା, ପାଚନ, ଦୀପ୍ତି ଏବଂ ତେଜ ବଜାୟ ରଖିବାରେ ଏହା ସହାୟତା କରିଥାଏ। ସୁଖ-ଦୁଃଖର ନିମିତ୍ତ ସାଜୁଥିବା କର୍ମ-ଅଣୁ-ସମୂହ ଦ୍ୱାରା କାର୍ମଣ ଶରୀରର ରଚନା ହୋଇଥାଏ। ଅବଶିଷ୍ଟ ସମସ୍ତ ଶରୀର, ଜନ୍ମ-ମରଣ ପରମ୍ପରାର ଏହାହିଁ ହେଉଛି ମୂଳ କାରଣ। କାର୍ମଣ ଶରୀରରୁ ମୁକ୍ତ ନ ହେବାଯାଏ ଜୀବ ନିଜ ଶୁଦ୍ଧ ଅବସ୍ଥାରେ ପହଞ୍ଚିପାରେ ନାହିଁ।

ଗର୍ଭ

ପ୍ରାଣୀ ଉତ୍ପତ୍ତିର ପ୍ରାରମ୍ଭିକ ରୂପ ଅନ୍ୟ ମଧ୍ୟରେ ଛପି ରହିଥାଏ। ତେଣୁ ସେହି ଅବସ୍ଥାକୁ ଗର୍ଭ ନାମ ଦିଆଗଲା। ଜୀବନର ଅନ୍ତିମ ବିନ୍ଦୁ ଯେପରି ମୃତ୍ୟୁ, ସେହିପରି ଆଦିବିନ୍ଦୁ ହେଉଛି ଗର୍ଭ। ମୃତ୍ୟୁ ପରେ କ'ଣ ହେବ ଏବଂ ଗର୍ଭ ପୂର୍ବରୁ କ'ଣ ଥିଲା - ଏହା ଅଜ୍ଞାତ ରହିଆସିଛି। ଉଭୟ ସମ୍ବନ୍ଧରେ ବିବାଦ ଲାଗିରହିଛି। ତେବେ ଗର୍ଭ ପ୍ରତ୍ୟକ୍ଷ ହୋଇଥିବାରୁ ଏହା ସନ୍ଦର୍ଭରେ ବିବାଦ ନାହିଁ।

କ୍ଷଣକ ମଧ୍ୟରେ ମୃତ୍ୟୁ ଆସି ପହଞ୍ଚିଯାଏ। କିନ୍ତୁ ଗର୍ଭର ଅବଧି ମାସମାସ ଧରି ଚାଲିଥାଏ। ଏହି ତଥ୍ୟରୁ ସ୍ପଷ୍ଟ ପ୍ରତୀତ ହେଉଛି ଯେ ମୃତ୍ୟୁ ଯେପରି ଅନ୍ତିମ ଅବସ୍ଥାର ପ୍ରତିନିଧିତ୍ୱ କରିଥାଏ, ସେହିପରି ଗର୍ଭ ଜୀବନର ଆରମ୍ଭ ବେଳାରେ ସମଗ୍ର ଭାବରେ ପ୍ରତିନିଧତ୍ୱ କରି ନ ଥାଏ। ତେଣୁ ପ୍ରାରମ୍ଭିକ ଅବସ୍ଥାର ଅନ୍ୟ ଏକ ପ୍ରତିନିଧି-ଶବ୍ଦ ବାଛିବାକୁ ହୋଇଥାଏ। ଏହା ହେଉଛି - ଜନ୍ମ। 'ଜନ୍ମ' ହିଁ ଜୀବନର ସଦ୍ୟ ଆଦିରେଖାକୁ ଅର୍ଥ ପ୍ରଦାନ କରିଥାଏ। ପ୍ରାଣୀ, ଜନ୍ମଲାଭ କଲାପରେ ହିଁ ଲୋକଲୋଚନକୁ ଆସିଥାଏ। ସବୁ ଜୀବଙ୍କ ଜନ୍ମପ୍ରଣାଳୀ ଏକ ସମାନ ନୁହେଁ। ଭିନ୍ନ-ଭିନ୍ନ ପ୍ରାଣୀ ଭିନ୍ନ-ଭିନ୍ନ ଢଙ୍ଗରେ ଜନ୍ମଗ୍ରହଣ କରିଥାନ୍ତି। ଶିଶୁ ମାଁ ପେଟରେ ଜନ୍ମନିଏ ଅଥଚ ଗଛ ମାଟି ଭିତରେ ଜନ୍ମନିଏ। ମନୁଷ୍ୟ ଶିଶୁର ଜନ୍ମପ୍ରକ୍ରିୟା, ବୃକ୍ଷର ଜନ୍ମପ୍ରକ୍ରିୟାଠାରୁ ଭିନ୍ନ ହୋଇଥାଏ। ସ୍ତ୍ରୀ ଓ ପୁରୁଷଙ୍କ ରଜ ଓ ବୀର୍ଯ୍ୟର ସଂଯୋଗରୁ ଶିଶୁର ଜନ୍ମ। ଗଛ କିମ୍ବା ଚାରାର ଉତ୍ପତ୍ତି ବୀଜରୁ। ଏହି ପ୍ରକ୍ରିୟା - ଭେଦ ଆଧାରରେ ଜୈନ ଆଗମ, ଜନ୍ମକୁ ଦୁଇଭାଗରେ ବିଭକ୍ତ କରିଥାନ୍ତି - ଗର୍ଭ ଏବଂ ସମ୍ମୂର୍ଚ୍ଛନ। ସ୍ତ୍ରୀ-ପୁରୁଷ ସଂଯୋଗଜନିତ ଉତ୍ପତ୍ତିକୁ ଗର୍ଭ ଏବଂ ସଂଯୋଗ-ନିରପେକ୍ଷ ଜନ୍ମକୁ ସମ୍ମୁର୍ଚ୍ଛନ କୁହାଯାଏ। ତେବେ ଉତ୍ପତ୍ତି ଓ ଅଭିବ୍ୟକ୍ତି ସକାଶେ ସମସ୍ତ ଜୀବଜଗତ ପାଇଁ ଗର୍ଭ ଶବ୍ଦର ପ୍ରୟୋଗ ସାଧାରଣତଃ ହୋଇଆସୁଛି। ସ୍ଥାନାଙ୍ଗ ସୂତ୍ରରେ ମେଘମାନଙ୍କ ଗର୍ଭ[୧] ସୂଚନା ରହିଛି। କିନ୍ତୁ ଜନ୍ମ-ଭେଦ ପ୍ରକ୍ରିୟା ସନ୍ଦର୍ଭରେ 'ଗର୍ଭ'ର ସେହି ବିଶିଷ୍ଟ ଅର୍ଥର ପ୍ରୟୋଗ କରାଯାଇଛି। ଚୈତନ୍ୟ-ବିକାଶ ଦୃଷ୍ଟିରେ ମଧ୍ୟ 'ଗର୍ଭ'କୁ ବିଶେଷ ଅର୍ଥ ମଧ୍ୟରେ ଭାଷିତ କରିବାର ଆବଶ୍ୟକତା ରହିଛି। ଏକେନ୍ଦ୍ରିୟ, ଦ୍ୱୀନ୍ଦ୍ରିୟ, ତ୍ରୀନ୍ଦ୍ରିୟ, ଚତୁରିନ୍ଦ୍ରିୟ ତଥା ମାତା-ପିତାଙ୍କ ସଂଯୋଗ ବିନା ଜନ୍ମ ନେଉଥିବା ପ୍ରାଣୀ-ବର୍ଗଠାରେ ମାନସିକ ବିକାଶ ଘଟେନାହିଁ। ମାତା-ପିତାଙ୍କ ସଂଯୋଗରୁ ଜାତ ଜୀବ ମଧ୍ୟରେ ହିଁ ମାନସିକ ବିକାଶ ଘଟିଥାଏ। ଏହି ଦୃଷ୍ଟିରୁ ଅନୁଧ୍ୟାନ କରିବା ଦ୍ୱାରା ସମନସ୍କ ଜୀବଙ୍କ ଜନ୍ମପ୍ରକ୍ରିୟାକୁ 'ଗର୍ଭ' ଏବଂ ଅମନସ୍କ ଜୀବଙ୍କ ଗର୍ଭପ୍ରକ୍ରିୟାକୁ 'ସମ୍ମୁର୍ଚ୍ଛନ' ରୂପରେ ବିଭାଜିତ କରିବା ଆବଶ୍ୟକ ଥିଲା। ଜନ୍ମ ବିଭାଗ ଆଧାରରେ ଚୈତନ୍ୟ-ବିକାଶର ସିଦ୍ଧାନ୍ତ ହେଉଛି ସ୍ଥିର-ଗର୍ଭଜ ସମନସ୍କ ତଥା ସମ୍ମୁର୍ଚ୍ଛନ ଅମନସ୍କ।

ଗର୍ଭଜ ଜୀବଙ୍କ ଦୁଇ ବର୍ଗ ହେଉଛି - ମନୁଷ୍ୟ ତଥା ପଞ୍ଚେନ୍ଦ୍ରିୟ ତିର୍ଯ୍ୟଂଚ।

ମାନୁଷୀ ଗର୍ଭର ବିକଳ୍ପ ହେଉଛି ଚାରିପ୍ରକାର - ସ୍ତ୍ରୀ, ପୁରୁଷ, ନପୁଂସକ ଓ ବିଂବ। ଓଜର ପରିମାଣ ଅଧିକ, ବୀର୍ଯ୍ୟର ମାତ୍ରା ଅଳ୍ପ ତେବେ କନ୍ୟା ଜାତହୁଏ। ଓଜ ଅଳ୍ପ ଓ ବୀର୍ଯ୍ୟ ଅଧିକ, ତେବେ ପୁରୁଷ ହୁଏ। ଓଜ ଓ ବୀର୍ଯ୍ୟ ଉଭୟର ସମପରିମାଣ ଦ୍ୱାରା ନପୁଂସକ ହୋଇଥାଏ। ବାୟୁଦୋଷରୁ ଓଜ ଗର୍ଭାଶୟ ମଧ୍ୟରେ ସ୍ଥିର ହୋଇପଡ଼େ, ଏହାର ନାମ - ବିଂବ।[୨] ଏହା ଗର୍ଭ ନୁହେଁ, ଗର୍ଭର ଆକାର ମାତ୍ର। ଏହା ଆର୍ତ୍ତବର ନିର୍ଜୀବ ପରିଣତି। ଏହି ନିର୍ଜୀବ ବିମ୍ବ, ମନୁଷ୍ୟଙ୍କ ଭଳି ପଶୁପକ୍ଷୀ ଜାତିରେ ମଧ୍ୟ ସୃଷ୍ଟି ହୋଇଥାଏ। ଆଜିକାଲି ଯେପରି ନିର୍ଜୀବ ଅଣ୍ଡା ପ୍ରଚୁର ମାତ୍ରାରେ ଉତ୍ପାଦନ କରାଯାଉଛି, ସମ୍ଭବତଃ ତା'ର ଏହି ପ୍ରକ୍ରିୟା ହୋଇପାରେ।

---

(୧) ଠାଣଂ, ୪/୬୪୧ : ଚଉରି ଦଗଗବ୍‌ଭ ପଣ୍ଣେତ୍ତା, ତଂ ଜହା
ହେମଗା, ଅବ୍‌ଭସଂଥଡ଼ା, ସୀତୋଷିଣା, ପଂଚରୁବିୟା।

(୨) ସ୍ଥାନାଂଗବୃତ୍ତି, ପତ୍ର ୨୭୩ : ସ୍ତ୍ରିୟାଂ ଓଜସା ସମାୟୋଗୋ ବାତବଶେନ ତତ୍‌ସ୍ଥିରୀଭବନ ଲକ୍ଷଣଃ ସ୍ତ୍ର୍ୟୋଜଃ ସମାୟୋଗସ୍ତସ୍ମିନ୍ ସତିବିଂବଂ ତତ୍ର ଗର୍ଭାଶୟେ ପ୍ରଜାୟତେ।

ଗର୍ଭାଧାନର କୃତ୍ରିମ ପଦ୍ଧତି

ଗର୍ଭାଧାନର ସ୍ୱାଭାବିକ ପଦ୍ଧତି ହେଉଛି ସ୍ତ୍ରୀ-ପୁରୁଷଙ୍କ ସଂଗମ। କୃତ୍ରିମ ରୀତିରେ ମଧ୍ୟ ଗର୍ଭାଧାନ ସମ୍ଭବପର। ସ୍ଥାନାଙ୍ଗରେ ଏହାର ପାଞ୍ଚଟି କାରଣ ଉଲ୍ଲିଖିତ।[୩] ଏହି ସମସ୍ତଙ୍କ ସାର ହେଲା କୃତ୍ରିମ ରୀତିରେ ବୀର୍ଯ୍ୟପ୍ରକ୍ଷେପ। ଗର୍ଭାଧାନ ସକାଶେ ମୁଖ୍ୟ କାରକ ହେଉଛି ବୀର୍ଯ୍ୟ ଓ ଆର୍ତ୍ତବର ସଂଯୋଗ। ବିଧି ସ୍ୱାଭାବିକ ଓ କୃତ୍ରିମ ଉଭୟ ପ୍ରକାର ହୋଇପାରିବ।

ଗର୍ଭର ସ୍ଥିତି

ତିର୍ଯ୍ୟଂଚର ଗର୍ଭ-ସ୍ଥିତି ଜଘନ୍ୟ ଅନ୍ତର୍ମୁହୂର୍ତ୍ତ ଏବଂ ଉତ୍କୃଷ୍ଟ ଆଠବର୍ଷ ପର୍ଯ୍ୟନ୍ତ।[୪] ମନୁଷ୍ୟର ଗର୍ଭ-ସ୍ଥିତି ଜଘନ୍ୟ ଅନ୍ତର୍ମୁହୂର୍ତ୍ତ ଏବଂ ଉତ୍କୃଷ୍ଟ ବାରବର୍ଷର ହୋଇପାରିବ।[୫] କାୟଭବସ୍ଥର ଗର୍ଭସ୍ଥିତି ଜଘନ୍ୟ ଅନ୍ତର୍ମୁହୂର୍ତ୍ତ ଏବଂ ଉତ୍କୃଷ୍ଟ ଚବିଶ ବର୍ଷର ହୋଇଥାଏ।[୬] ଗର୍ଭରେ ୧୨ ବର୍ଷ ବିତାଇ ମରିଯାଏ, ପୁଣି ଜନ୍ମନେଇ ୧୨ ବର୍ଷ ସେଠାରେ ରହେ - ଏହି ପ୍ରକାର କାୟ-ଭବସ୍ଥ ସର୍ବାଧିକ ୨୪ ବର୍ଷ ଯାଏ ଗର୍ଭରେ ରହିଯାଏ।[୭]

ଯୋନିଭୂତ ବୀର୍ଯ୍ୟର ସ୍ଥିତି ଜଘନ୍ୟ ଅନ୍ତର୍ମୁହୂର୍ତ୍ତ ଏବଂ ଉତ୍କୃଷ୍ଟ ବାର ମୁହୂର୍ତ୍ତ ପର୍ଯ୍ୟନ୍ତ।

ଗର୍ଭ-ସଂଖ୍ୟା

ଜଣେ ସ୍ତ୍ରୀର ଗର୍ଭରେ ଏକ-ଦୁଇଠାରୁ ନଅଲକ୍ଷ ପର୍ଯ୍ୟନ୍ତ ଜୀବ ଉତ୍ପନ୍ନ ହୋଇପାରନ୍ତି, କିନ୍ତୁ ଏମାନେ ସମସ୍ତେ ନିଷ୍ପନ୍ନ ହୋଇ ନ ଥାନ୍ତି। ଅଧିକାଂଶ ନିଷ୍ପନ୍ନ ହେବା ଆଗରୁ ମରିଯାନ୍ତି।[୮]

ଗର୍ଭ-ପ୍ରବେଶର ସ୍ଥିତି

ଗୌତମ ପ୍ରଶ୍ନ କରିଛନ୍ତି - 'ଭଗବନ୍! ଜୀବ, ଗର୍ଭରେ ପ୍ରବେଶ କରିବା ସମୟରେ ସ-ଇନ୍ଦ୍ରିୟ ଥାଏ, ନା ଇନ୍ଦ୍ରିୟ ରହିତ ଥାଏ ?'

ଭଗବାନ କହିଲେ – 'ଗୌତମ! ଇନ୍ଦ୍ରିୟସହିତ ଓ ଇନ୍ଦ୍ରିୟରହିତ ଉଭୟ ଅବସ୍ଥାରେ ଜୀବ ଥାଏ'।

ଗୌତମ ପୁଣି ପ୍ରଶ୍ନ କଲେ – 'ଏହା କିପରି, ଭଗବନ୍ ?'

ମହାବୀର ଉତ୍ତର ଦେଲେ – 'ଦ୍ରବ୍ୟ ଇନ୍ଦ୍ରିୟ ଅପେକ୍ଷାରେ ଏହା ଅଣ-ଇନ୍ଦ୍ରିୟ ତଥା ଭାବ-ଇନ୍ଦ୍ରିୟ ଅପେକ୍ଷାରେ ଏହା ସ-ଇନ୍ଦ୍ରିୟ।[୯]

ଏହିଭଳି ଦ୍ୱିତୀୟ ପ୍ରଶ୍ନର ଉତ୍ତର ଦେଇ ଭଗବାନ କହିଛନ୍ତି – ଗର୍ଭ-ପ୍ରବେଶ କରିବା ସମୟରେ ଜୀବ, ସ୍ଥୂଳଶରୀର (ଔଦାରିକ, ବୈକ୍ରିୟ, ଆହାରକ) ଦୃଷ୍ଟିରୁ ଅ-ଶରୀର ଏବଂ ସୂକ୍ଷ୍ମ ଶରୀର (ତୈଜସ, କାର୍ମଣ) ଦୃଷ୍ଟିରୁ ସ-ଶରୀର।[୧୦]

ଗର୍ଭରେ ପ୍ରବେଶ କରିବା ସମୟରେ ଜୀବର ପ୍ରଥମ ଆହାର ହେଉଛି ଓଜ ଓ ବୀର୍ଯ୍ୟ। ଗର୍ଭ-ପ୍ରବିଷ୍ଟ ଜୀବର ଆହାର, ମାଁ ଖାଉଥିବା ଖାଦ୍ୟର ସାରଅଂଶ। ଜୀବ, କେବଳ ଆହାର ଗ୍ରହଣ କରି ନ ଥାଏ, ବରଂ ସମଗ୍ର ଶରୀରରୁ ଆହାର ଗ୍ରହଣ କରି ସମଗ୍ର ଶରୀରରେ ପରିଣତ କରିଦିଏ। ତାହାର ଉଚ୍ଛ୍ୱାସ-ନିଃଶ୍ୱାସ ମଧ୍ୟ ସର୍ବାତ୍ମନା। ଏହି ଜୀବର ଆହାର, ପରିଣମନ, ଉଚ୍ଛ୍ୱାସ-ନିଃଶ୍ୱାସ ବାରମ୍ବାର ଘଟିଥାଏ।[୧୧]

---

[୩] ଠାଣଂ, ୫/୧୦୩। [୪] ଭଗବଈ, ୨/୮୨

[୫] ଭଗବଈ, ୨/୮୩ [୬] ଭଗବଈ, ୨/୮୪

[୭] ଭଗବଈ, ୨/୮୪ ବୃତ୍ତି [୮] ଭଗବଈ, ୨/୮୮

[୯] ଭଗବଈ, ୧/୩୪୦, ୩୪୧

[୧୦] ଭଗବଈ, ୧/୩୪୨, ୩୪୩

[୧୧] ଭଗବଈ ୧/୩୪୯

ବାହାରି ସ୍ଥିତିର ପ୍ରଭାବ

ଗର୍ଭ ମଧ୍ୟରେ ରହିଥିବା ଜୀବ ଉପରେ ବାହ୍ୟସ୍ଥିତିର ଆଶ୍ଚର୍ଯ୍ୟଜନକ ପ୍ରଭାବ ପଡ଼ିଥାଏ। କିଛି ଗର୍ଭଗତ ଜୀବ ମଧ୍ୟରେ ବୈକ୍ରିୟ-ଶକ୍ତି (ବିବିଧ ରୂପ ଧାରଣ କରିବାରେ ସାମର୍ଥ୍ୟ) ରହିଥାଏ। ଶତ୍ରୁ ସୈନ୍ୟକୁ ଦେଖି ସେ ବିବିଧ ରୂପ ଧାରଣ କରି ସେମାନଙ୍କ ସହ ଯୁଦ୍ଧ କରିଥାଏ। ସେହି ଜୀବଠାରେ ଅର୍ଥ, ରାଜ୍ୟଭୋଗ ଏବଂ କାମର ପ୍ରବଳ ଆକାଂକ୍ଷା ଜାତ ହୋଇଥାଏ। କେହି କେହି ଧାର୍ମିକ ପ୍ରବଚନ ଶୁଣି ବିରକ୍ତ ହୋଇପଡ଼ନ୍ତି। ସେମାନଙ୍କ ଧର୍ମାନୁରାଗ ତୀବ୍ର ହୁଏ।[୧୨]

ତୃତୀୟ ପ୍ରକାର ଜନ୍ମ ହେଉଛି – ଉପପାତ। ସ୍ୱର୍ଗ ଓ ନରକରେ ଉତ୍ପନ୍ନ ହେଉଥିବା ଜୀବ ଉପପାତ ଜନ୍ମ ଶ୍ରେଣୀୟ। ସେମାନେ ନିଶ୍ଚିତ ଜନ୍ମକକ୍ଷାରେ ଉତ୍ପନ୍ନ ହୋଇ ଅନ୍ତର୍ମୁହୂର୍ତ୍ତରେ ଯୁବାବସ୍ଥାକୁ ପ୍ରାପ୍ତ କରନ୍ତି।

ଜନ୍ମର ପ୍ରାରମ୍ଭରେ

ତିନି ପ୍ରକାର ଜନ୍ମ ନେଉଥିବା ପ୍ରାଣୀ ନିଜ ଜନ୍ମସ୍ଥାନରେ ଆସିବାମାତ୍ରକେ ସର୍ବପ୍ରଥମେ ଆହାର ଗ୍ରହଣ କରନ୍ତି। ସେମାନେ ସ୍ୱ-ପ୍ରାୟୋଗ୍ୟ ପୁଦ୍‌ଗଳର ଆକର୍ଷଣ ଓ ସଂଗ୍ରହ କରନ୍ତି। ସମ୍ମୁର୍ଚ୍ଛନଜ ପ୍ରାଣୀ ଉତ୍ପତ୍ତି-କ୍ଷେତ୍ରର ପୁଦ୍‌ଗଳ ସମୂହର ଆହରଣ କରନ୍ତି। ଗର୍ଭଜ ପ୍ରାଣୀର ପ୍ରଥମ ଆହାର ହେଉଛି ରଜ ଓ ବୀର୍ଯ୍ୟର ଅଣୁ। ଦେବତା, ଆପଣା ସ୍ଥାନର ପୁଦ୍‌ଗଳର ସଂଗ୍ରହ କରିଥାନ୍ତି। ଏହିଭଳି ଉତ୍ପନ୍ନ ପ୍ରାଣୀ ପୌଦ୍‌ଗଳିକ ଶକ୍ତିର କ୍ରମିକ ନିର୍ମାଣ କରିଥାନ୍ତି। ଏହା ଛଅପ୍ରକାର - ଆହାର, ଶରୀର, ଇନ୍ଦ୍ରିୟ, ଶ୍ୱାସୋଚ୍ଛ୍ୱାସ, ଭାଷା ଓ ମନ। ଏଗୁଡ଼ିକ ପର୍ଯ୍ୟାପ୍ତି କୁହାଯାଏ। ସର୍ବନିମ୍ନ ଚାରିପ୍ରକାର ପର୍ଯ୍ୟାପ୍ତି ପ୍ରତ୍ୟେକ ପ୍ରାଣୀଠାରେ ରହିଥାଏ।

ଜନ୍ମ

ଲୋକ ହେଉଛି ଶାଶ୍ୱତ। ସଂସାର ଅନାଦି। ଜୀବ ନିତ୍ୟ। କର୍ମବହୁଳ। ଜନ୍ମ-ମୃତ୍ୟୁର ବହୁଳତା ହେତୁ ଲୋକ ମଧ୍ୟରେ ଏକ ପରମାଣୁ ପରିମାଣ ସ୍ଥାନ ନାହିଁ, ଯେଉଁଠାରେ ବି ଜୀବର ଜନ୍ମ କିମ୍ବା ମୃତ୍ୟୁ ହୋଇନଥିବ। 'ଏପରି ଜାତି, ଯୋନି, ସ୍ଥାନ ବା କୁଳ ନାହିଁ, ଯେଉଁଠାରେ ଜୀବ ଅନେକଥର ବା ଅନନ୍ତଥର ଜନ୍ମଧାରଣ କରିନାହିଁ।'

ଆତ୍ମା କର୍ମମୁକ୍ତ ନ ହେବା ପର୍ଯ୍ୟନ୍ତ ଜନ୍ମ-ମରଣର ପରମ୍ପରାକୁ ରୋକିହୁଏ ନାହିଁ। ମୃତ୍ୟୁ ପରେ ଜନ୍ମ ନିଶ୍ଚିତ। ଜନ୍ମର ଅର୍ଥ ଉତ୍ପନ୍ନ ହେବା। ସବୁ ଜୀବମାନଙ୍କ ଉତ୍ପତ୍ତି-କ୍ରମ ଏକଭଳି ନୁହେଁ। ଅନେକ ଜାତି, ଅନେକ ଯୋନି ଓ ଅନେକ କୁଳ। ପ୍ରତ୍ୟେକ ପ୍ରାଣୀର ଉତ୍ପତ୍ତି-ସ୍ଥାନରେ ବର୍ଣ୍ଣ, ଗନ୍ଧ, ରସ ଓ ସ୍ପର୍ଶରେ କିଛି ନା କିଛି ତାରତମ୍ୟ ଥାଏ। ତଥାପି ଉତ୍ପତ୍ତି ପ୍ରକ୍ରିୟାରେ ବିବିଧତା ନାହିଁ। ପ୍ରାଣୀଜଗତର ଉତ୍ପତ୍ତିର ତିନିପ୍ରକାର ଅର୍ଥାତ୍ ଜନ୍ମର ତିନି ପ୍ରକାର ହେଉଛି – ସମ୍ମୁର୍ଚ୍ଛନ, ଗର୍ଭ ଓ ଉପପାତ।

ଯେଉଁମାନଙ୍କ ଉତ୍ପତ୍ତିସ୍ଥାନ ନିୟତ ନୁହେଁ ଏବଂ ଯେଉଁମାନେ ଗର୍ଭଧାରଣ କରନ୍ତି ନାହିଁ, ସେହି ପ୍ରକାର ଜୀବଙ୍କ ଉତ୍ପତ୍ତିକୁ 'ସମ୍ମୁର୍ଚ୍ଛନ' କୁହାଯାଇଥାଏ। ଚତୁରିନ୍ଦ୍ରିୟ ପର୍ଯ୍ୟନ୍ତ ସମସ୍ତ ଜୀବ ସମ୍ମୁର୍ଚ୍ଛନ ଜନ୍ମ ଶ୍ରେଣୀୟ। ଅନେକ ତିର୍ଯ୍ୟଂଚ ପଞ୍ଚେନ୍ଦ୍ରିୟ ତଥା ମନୁଷ୍ୟର ମଳ, ମୂତ୍ର, ଶ୍ଳେଷ୍ମ ଆଦି ଚଉଦଟି ସ୍ଥାନରେ ଉତ୍ପନ୍ନ ହେଉଥିବା ପଞ୍ଚେନ୍ଦ୍ରିୟା ମନୁଷ୍ୟ ମଧ୍ୟ ସମ୍ମୁର୍ଚ୍ଛନଜ ହୋଇଥାନ୍ତି।

ସ୍ତ୍ରୀ-ପୁରୁଷମାନଙ୍କ ରଜ-ବୀର୍ଯ୍ୟରୁ ଯେଉଁମାନଙ୍କ ଉତ୍ପତ୍ତି, ସେମାନଙ୍କ ଜନ୍ମର ନାମ 'ଗର୍ଭ'। ଅଣ୍ଡଜ, ପୋତଜ ଏବଂ ଜରାୟୁଜ – ପଞ୍ଚେନ୍ଦ୍ରିୟ ପ୍ରାଣୀ ଗର୍ଭଜ ଶ୍ରେଣୀୟ।

ଯେଉଁମାନେ ନିଶ୍ଚିତ ସ୍ଥାନରେ ଉତ୍ପନ୍ନ ହୁଅନ୍ତି, ସେମାନଙ୍କ ଜନ୍ମର ନାମ 'ଉପପାତ'। ଦେବ ଓ ନାରକ ଉପପାତଜନ୍ମା। ନାରକମାନଙ୍କ ପାଇଁ 'କୁମ୍ଭୀ' (ଅଣଓସାର ମୁଖଯୁକ୍ତ କୁଣ୍ଡ) ଏବଂ ଦେବତାମାନଙ୍କ ସକାଶେ ଶଯ୍ୟା ନିର୍ଦ୍ଧାରିତ। ପ୍ରାଣୀ ସଚିତ୍ତ ଓ ଅଚିତ୍ତ ଉଭୟ ପ୍ରକାର ଶରୀରରେ ଉତ୍ପନ୍ନ ହୋଇପାରିବେ।

---

[୧୨] ଭଗବଈ, ୧/୩୫୬

ପ୍ରାଣ ଓ ପର୍ଯ୍ୟାପ୍ତି

ଆହାର, ଚିନ୍ତନ, ଜଳ୍ପନ ଆଦି ସମସ୍ତ କ୍ରିୟା ସମ୍ପାଦନ ସକାଶେ ପ୍ରାଣ ଓ ପର୍ଯ୍ୟାପ୍ତିର ସହଯୋଗ ଆବଶ୍ୟକ। ଯଥା–କଥା କହିବା ପାଇଁ ପ୍ରାଣୀଙ୍କ ଆତ୍ମୀୟ ପ୍ରଯତ୍ନ ହେଉଛି ପ୍ରାଣ। ସେହି ପ୍ରଯତ୍ନ ଅନୁସାରେ ଯେଉଁ ଶକ୍ତି ଭାଷାଯୋଗ୍ୟ ପୁଦ୍‌ଗଳର ସଂଗ୍ରହ କରିଥାଏ – ତାହା ଭାଷା-ପର୍ଯ୍ୟାପ୍ତି। ଆହାର-ପର୍ଯ୍ୟାପ୍ତି ଏବଂ ଆୟୁଷ୍ୟ-ପ୍ରାଣ, ଶରୀର-ପର୍ଯ୍ୟାପ୍ତି ଏବଂ କାୟପ୍ରାଣ, ଇନ୍ଦ୍ରିୟ ପର୍ଯ୍ୟାପ୍ତି ଏବଂ ଇନ୍ଦ୍ରିୟ-ପ୍ରାଣ, ଶ୍ୱାସୋଚ୍ଛ୍ୱାସ ପର୍ଯ୍ୟାପ୍ତି ଏବଂ ଶ୍ୱାସୋଚ୍ଛ୍ୱାସ ପ୍ରାଣ, ଭାଷା-ପର୍ଯ୍ୟାପ୍ତି ଏବଂ ଭାଷା-ପ୍ରାଣ ମନ-ପର୍ଯ୍ୟାପ୍ତି ଏବଂ ମନ-ପ୍ରାଣ ଏମାନେ ପରସ୍ପର ସାପେକ୍ଷ। ଏହି ସମସ୍ତ ତଥ୍ୟରୁ ପ୍ରମାଣିତ ହେଉଛି ଯେ ପ୍ରାଣୀମାନଙ୍କ ଶରୀର ମାଧ୍ୟମରେ ହେଉଥିବା ସବୁ କ୍ରିୟା ଆତ୍ମିକ-ଶକ୍ତି ଓ ପୌଦ୍‌ଗଳିକ ଶକ୍ତି ଉଭୟଙ୍କର ସହଯୋଗ ଦ୍ୱାରା ସମ୍ଭବପର।

ପ୍ରାଣ-ଶକ୍ତି

ପ୍ରାଣ-ଶକ୍ତିର ଆଲମ୍ବନରେ ପ୍ରାଣୀମାନଙ୍କ ଜୀବନ ତିଷ୍ଠିରହିଛି। ପ୍ରାଣଶକ୍ତି ଦଶ ପ୍ରକାର–୧. ସ୍ପର୍ଶନ-ଇନ୍ଦ୍ରିୟ-ପ୍ରାଣ ୨. ରସନ-ଇନ୍ଦ୍ରିୟ-ପ୍ରାଣ ୩. ଘ୍ରାଣ-ଇନ୍ଦ୍ରିୟ-ପ୍ରାଣ ୪. ଚକ୍ଷୁ-ଇନ୍ଦ୍ରିୟ-ପ୍ରାଣ ୫. ଶ୍ରୋତ୍ର-ଇନ୍ଦ୍ରିୟ-ପ୍ରାଣ ୬. ମନ-ପ୍ରାଣ ୭. ବଚନ-ପ୍ରାଣ ୮. କାୟ-ପ୍ରାଣ ୯. ଶ୍ୱାସୋଚ୍ଛ୍ୱାସ ପ୍ରାଣ ୧୦. ଆୟୁଷ୍ୟ-ପ୍ରାଣ।

ସବୁ ଜୀବମାନଙ୍କ ପ୍ରାଣଶକ୍ତି ସମାନ ନୁହେଁ। ତେବେ ଅତିକମ୍‌ରେ ଚାରୋଟି ପ୍ରାଣଶକ୍ତି ପ୍ରତ୍ୟେକ ପ୍ରାଣୀ ମଧ୍ୟରେ ନିଶ୍ଚିତ ଭାବରେ ରହିଥାଏ।

ଶରୀର, ଶ୍ୱାସ-ଉଚ୍ଛ୍ୱାସ, ଆୟୁଷ ଏବଂ ସ୍ପର୍ଶନ ଇନ୍ଦ୍ରିୟ - ଏହି ଚାରି ଜୀବନ-ଶକ୍ତି ହେଉଛି ଜୀବନର ମୌଳିକ ଆଧାର। ପ୍ରାଣ-ଶକ୍ତି ଓ ପର୍ଯ୍ୟାପ୍ତିର କାର୍ଯ୍ୟ-କାରଣ ସଂବନ୍ଧ। ଜୀବନ-ଶକ୍ତି, ପୌଦ୍‌ଗଳିକ ଶକ୍ତି ଲୋଡ଼ିଥାଏ। ଜନ୍ମର ଆରମ୍ଭ ବେଳାରେ ଜୀବ ଅନେକ ପ୍ରକାର ପୌଦ୍‌ଗଳିକ ଶକ୍ତିର ସଂରଚନା କରିଥାଏ। ସେମାନେ ସ୍ୱଯୋଗ୍ୟ ପୁଦ୍‌ଗଳ ଗ୍ରହଣ, ପରିଣମନ ଏବଂ ଉତ୍ସର୍ଜନ କରିଥାନ୍ତି। ସେଗୁଡ଼ିକର ରଚନା ପ୍ରାଣ-ଶକ୍ତି ଅନୁପାତରେ ହୋଇଥାଏ। ଯେଉଁ ପ୍ରାଣୀଠାରେ ଯେତେ ପ୍ରାଣ-ଶକ୍ତିର ଯୋଗ୍ୟତା ଥାଏ, ସେ ସେତେ ସଂଖ୍ୟାରେ ପର୍ଯ୍ୟାପ୍ତିର ନିର୍ମାଣ କରିପାରିବ। ପର୍ଯ୍ୟାପ୍ତି-ରଚନା କରିବା ପାଇଁ ପ୍ରାଣୀ ଅନ୍ତର-ମୁହୂର୍ତ୍ତ ସମୟ ନେଇଥାଏ। ସେମାନଙ୍କ ରଚନା ପ୍ରଥମ କ୍ଷଣରୁ ହିଁ ପ୍ରାରମ୍ଭ ହୋଇଯାଏ, କିନ୍ତୁ ଆହାର ପର୍ଯ୍ୟାପ୍ତି ବ୍ୟତୀତ ଅନ୍ୟ ସବୁର ସମାପ୍ତି ଅନ୍ତର-ମୁହୂର୍ତ୍ତ ଆଗରୁ ହୁଏନାହିଁ। ସ୍ୱଯୋଗ୍ୟ ପର୍ଯ୍ୟାପ୍ତିଗୁଡ଼ିକର ପରିସମାପ୍ତି ନ ହେବାଯାଏ ଜୀବ ଅପର୍ଯ୍ୟାପ୍ତ ବୋଲାଇଥାଏ ଏବଂ ଏହାପରେ ପର୍ଯ୍ୟାପ୍ତ। ପର୍ଯ୍ୟାପ୍ତିଗୁଡ଼ିକର ସମାପ୍ତି ପୂର୍ବରୁ ଯା'ର ମୃତ୍ୟୁ ଘଟିଥାଏ ସେମାନେ ଅପର୍ଯ୍ୟାପ୍ତ ବୋଲାଇଥାନ୍ତି। ଏଠାରେ ଏତିକି ଜାଣି ରଖିବା ଆବଶ୍ୟକ ଯେ ଆହାର, ଶରୀର ଓ ଇନ୍ଦ୍ରିୟ – ଏହି ତିନି ପର୍ଯ୍ୟାପ୍ତିର ପୂର୍ଣ୍ଣରଚନା କରିବା ଆଗରୁ କୌଣସି ପ୍ରାଣୀ ମରିପାରିବ ନାହିଁ।

ଜୀବମାନଙ୍କ ଚଉଦ ପ୍ରକାର ଭେଦ ଓ ସେମାନଙ୍କ ଆଧାର

ଜୀବମାନଙ୍କ ଚଉଦ ପ୍ରକାର ଭେଦ ହେଉଛି –

ସୂକ୍ଷ୍ମ ଏକେନ୍ଦ୍ରିୟର ଦୁଇଭେଦ   ଅପର୍ଯ୍ୟାପ୍ତ ଓ ପର୍ଯ୍ୟାପ୍ତ

ସବାଦର ଏକେନ୍ଦ୍ରିୟର ଦୁଇଭେଦ   ଅପର୍ଯ୍ୟାପ୍ତ ଓ ପର୍ଯ୍ୟାପ୍ତ

ଦ୍ୱୀନ୍ଦ୍ରିୟର ଦୁଇଭେଦ - ଅପର୍ଯ୍ୟାପ୍ତ ଓ ପର୍ଯ୍ୟାପ୍ତ

ତ୍ରୀନ୍ଦ୍ରିୟର ଦୁଇଭେଦ - ଅପର୍ଯ୍ୟାପ୍ତ ଓ ପର୍ଯ୍ୟାପ୍ତ

ଚତୁରିନ୍ଦ୍ରିୟର ଦୁଇଭେଦ -   ଅପର୍ଯ୍ୟାପ୍ତ ଓ ପର୍ଯ୍ୟାପ୍ତ

ଅସଜ୍ଞୀ ପଞ୍ଚେନ୍ଦ୍ରିୟର ଦୁଇଭେଦ-ଅପର୍ଯ୍ୟାପ୍ତ ଓ ପର୍ଯ୍ୟାପ୍ତ

ସଜ୍ଞୀ ପଞ୍ଚେନ୍ଦ୍ରିୟର ଦୁଇଭେଦ- ଅପର୍ଯ୍ୟାପ୍ତ ଓ ପର୍ଯ୍ୟାପ୍ତ

ପର୍ଯ୍ୟାପ୍ତ ଓ ଅପର୍ଯ୍ୟାପ୍ତର ସଂକ୍ଷିପ୍ତ ଚର୍ଚ୍ଚା କରିବା ପରେ ଜୀବମାନଙ୍କ ଏହି ଚଉଦ ଭେଦର ମୂଳ ଆଧାର

ପ୍ରତି ଦୃଷ୍ଟିଦେବାକୁ ହେବ। ପର୍ଯ୍ୟାପ୍ତ ଓ ଅପର୍ଯ୍ୟାପ୍ତ – ଉଭୟ ହେଉଛି ଜୀବର ଅବସ୍ଥା। ଜୀବମାନଙ୍କ ଯେଉଁ ପ୍ରକାର ଶ୍ରେଣୀ ବିଭାଗ କରାଯାଇଛି, ତା'ରି ଆଧାରରେ ଏହି ଚତୁର୍ଦ୍ଦଶ ଭେଦ କରାଯାଇଛି। ଏକେନ୍ଦ୍ରିୟ ଜୀବ ବ୍ୟତୀତ ସୂକ୍ଷ୍ମ ଓ ବାଦର ଭଳି ଭେଦ-କରଣ ଅନ୍ୟ କାହାରି କରାଯାଇନାହିଁ କାରଣ ଏକେନ୍ଦ୍ରିୟ ବ୍ୟତୀତ ଅନ୍ୟ କୌଣସି ପ୍ରକାର ଜୀବ ସୂକ୍ଷ୍ମ ନୁହେଁ। ଯେଉଁ ଜୀବ ସମଗ୍ର ଲୋକମଣ୍ଡଳରେ ପରିବ୍ୟାପ୍ତ ଓ ସ୍ଥିତ; ଯାହାକୁ ଅଗ୍ନି ଦହନ କରିପାରେ ନାହିଁ; ତୀକ୍ଷ୍ଣରୁ ତୀକ୍ଷ୍ଣ ଅସ୍ତ୍ର ଛେଦନ କରିପାରେନାହିଁ; ଯେଉଁମାନେ ନିଜ ଆୟୁ ବଳରେ ବଞ୍ଚିଥାନ୍ତି ଏବଂ ଆପଣା ମୃତ୍ୟୁ ଉପସ୍ଥିତ ହେଲେ ମରିଥାନ୍ତି ଏବଂ ଯେଉଁମାନେ ଇନ୍ଦ୍ରିୟ-ଗମ୍ୟ ନୁହନ୍ତି – ଆମେ ସେହି ପ୍ରକାର ଜୀବମାନଙ୍କୁ ସୂକ୍ଷ୍ମ କୋଟିରେ ପରିଗଣିତ କରିଥାଉଁ।[୧୩] ପ୍ରାଚୀନ ଶାସ୍ତ୍ରମାନଙ୍କରେ 'ସର୍ବଂ ଜୀବମୟଂ ଜଗତ୍' ସିଦ୍ଧାନ୍ତର ସ୍ଥାପନା, ଏହି ସୂକ୍ଷ୍ମ ଏକେନ୍ଦ୍ରିୟ ଜୀବମାନଙ୍କୁ ଦୃଷ୍ଟିରେ ରଖି କରାଯାଇଛି। ଅନେକ ଭାରତୀୟ ଦାର୍ଶନିକ ପରଂବ୍ରହ୍ମଙ୍କୁ ଜଗତ ବ୍ୟାପକ ଏବଂ କେହି ଆତ୍ମାକୁ ସର୍ବବ୍ୟାପୀ ବୋଲିଥାନ୍ତି। ତେବେ ଜୈନ ଦୃଷ୍ଟି ଅନୁସାରେ ଏହି ସୂକ୍ଷ୍ମ ଜୀବମାନେ ସମଗ୍ର ଲୋକରେ ବ୍ୟାପ୍ତ। ଚେତନସତ୍ତା ଲୋକର ସବୁଆଡ଼େ ବ୍ୟାପ୍ତ – ଏହା ସବୁରି ମତ। ଅନେକ ପ୍ରକାର କୃମି ଓ କୀଟ ଆଦିକୁ ସୂକ୍ଷ୍ମ କୁହାଯାଇଥାଏ, କିନ୍ତୁ ବସ୍ତୁତଃ ସେମାନେ ହେଉଛନ୍ତି ସ୍ଥୁଳ। ଆଖିରେ ସେମାନଙ୍କୁ ଦେଖିହେବ। ସାଧାରଣତଃ ଦେଖିବା ସମ୍ଭବ ନ ହେଲେ ମଧ୍ୟ ଅଣୁବୀକ୍ଷଣ ଯନ୍ତ୍ର ଆଦିରେ ସେମାନଙ୍କୁ ସହଜରେ ଦେଖାଯାଇପାରିବ। ତେଣୁ ସେମାନଙ୍କ ମଧ୍ୟରୁ କେହି ବି ସୂକ୍ଷ୍ମ ଜୀବ ଶ୍ରେଣୀଭୁକ୍ତ ନୁହଁନ୍ତି। ବାଦର ଏକେନ୍ଦ୍ରିୟର ଏକ ଜୀବର ଶରୀର ଆମ ଦୃଷ୍ଟିଗମ୍ୟ ନୁହେଁ। ଅସଂଖ୍ୟ ଜୀବମାନଙ୍କର ଅସଂଖ୍ୟ ଶରୀରର ପିଣ୍ଡ ଆମକୁ ଏକେନ୍ଦ୍ରିୟ ଶରୀର ରୂପରେ ଦେଖାଦେଇଥାଏ। ସଚିତ୍ତ ମାଟିର ଏକ ଛୋଟ ରଜ କ'ଣ, ଜଳର ଏକ ବିନ୍ଦୁ ବା ଅଗ୍ନିର ଏକ ସ୍ଫୁଲିଙ୍ଗ – ଏଗୁଡ଼ିକ ଗୋଟିଏ ଜୀବର ଶରୀର ନୁହନ୍ତି। ଏମାନଙ୍କ ମଧ୍ୟରୁ ପ୍ରତ୍ୟେକଟିରେ ନିଜ-ନିଜ ଜାତିର ଅସଂଖ୍ୟ ଜୀବ ଅବସ୍ଥିତ ତଥା ସେମାନଙ୍କ ଶରୀର ପିଣ୍ଡୀଭୂତ ହୋଇଥାନ୍ତି। ସେହି ଅବସ୍ଥାରେ ସେମାନେ ଦୃଷ୍ଟିର ବିଷୟ ସାଜନ୍ତି। ଏହି କାରଣରୁ ସେମାନେ ହେଉଛନ୍ତି – ବାଦର। ସାଧାରଣ ବନସ୍ପତିର ଏକ, ଦୁଇ, ତିନି ବା ଚାରି ଜୀବଙ୍କର ଶରୀରକୁ ଦେଖିହୁଏ ନାହିଁ କାରଣ ସେମାନଙ୍କ ମଧ୍ୟରୁ ଗୋଟିଏ-ଗୋଟିଏ ଜୀବଠାରେ ଶରୀର-ନିଷ୍ପାଦନର ଶକ୍ତି ନ ଥାଏ। ସେମାନେ ଅନନ୍ତ ଜୀବ ମିଳିତ ହୋଇ ଗୋଟିଏ ଶରୀରର ନିର୍ମାଣ କରନ୍ତି। ଏହି ଅନନ୍ତ ଜୀବମାନଙ୍କ ଶରୀର, ସ୍ଥୁଳ ପରିଣତମାନ ହେତୁ ଦୃଷ୍ଟିଗୋଚର ହୁଏ। ତେଣୁ ଏକେନ୍ଦ୍ରିୟର ସୂକ୍ଷ୍ମ-ଅପର୍ଯ୍ୟାପ୍ତ ଓ ପର୍ଯ୍ୟାପ୍ତ, ବାଦର-ଅପର୍ଯ୍ୟାପ୍ତ ଓ ପର୍ଯ୍ୟାପ୍ତ – ଏହି ଚାରି ଭେଦ ସୃଷ୍ଟି ହେଉଛି। ଏହା ଉତ୍ତାରୁ ଦ୍ୱୀନ୍ଦ୍ରିୟ, ତ୍ରୀନ୍ଦ୍ରୀୟ ଓ ଚତୁରିନ୍ଦ୍ରିୟ ପର୍ଯ୍ୟନ୍ତ ସମସ୍ତ ଜୀବମାନଙ୍କର ଦୁଇ ପ୍ରକାର ଭେଦ। ପଞ୍ଚେନ୍ଦ୍ରିୟ ଜୀବମାନଙ୍କୁ ଚାରି ପ୍ରକାର ବିଭାଗ ଦ୍ୱାରା ସଜାଯାଇଥାଏ। ଏକେନ୍ଦ୍ରିୟ ଜୀବମାନଙ୍କ ସୂକ୍ଷ୍ମ ଓ ବାଦର – ଏହି ଦୁଇ ପ୍ରକାର ମୁଖ୍ୟ ଶ୍ରେଣୀ ସଦୃଶ ପଞ୍ଚେନ୍ଦ୍ରିୟ ଜୀବମାନଙ୍କୁ ସମନସ୍କ ଓ ଅମନସ୍କ ଏହିଭଳି ଦୁଇଭାଗରେ ବିଭକ୍ତ। ଚାରି ଇନ୍ଦ୍ରିୟ ପର୍ଯ୍ୟନ୍ତ ସମସ୍ତ ଜୀବ ଅମନସ୍କ ଥାନ୍ତି। ଏହି କାରଣରୁ ମନର ସଂଯୋଗ ବା ମନର ଅଭାବ ଆଧାରରେ କୌଣସି ପ୍ରକାର ବିଭାଜନ ହୁଏନାହିଁ। ସମ୍ମୁର୍ଚ୍ଛନଜ ପଞ୍ଚେନ୍ଦ୍ରିୟ ଜୀବମାନଙ୍କ ମନ ନ ଥାଏ। ଗର୍ଭଜ ଓ ଉପପାତଜ ପଞ୍ଚେନ୍ଦ୍ରିୟ ଜୀବ ହେଉଛନ୍ତି ସମନସ୍କ। ଅତଏବ ଅସଂଜ୍ଞୀ, ପଞ୍ଚେନ୍ଦ୍ରିୟ ଅପର୍ଯ୍ୟାପ୍ତ ଓ ପର୍ଯ୍ୟାପ୍ତ, ସଂଜ୍ଞୀ ପଞ୍ଚେନ୍ଦ୍ରିୟ ଅପର୍ଯ୍ୟାପ୍ତ ଓ ପର୍ଯ୍ୟାପ୍ତ ଏହି ଚାରିଭେଦ କରାଯାଇଛି। ସଂସାରର ସମସ୍ତ ପ୍ରାଣୀ ଏହି ଚଉଦ ବର୍ଗ ମଧ୍ୟରେ ସମାବିଷ୍ଟ। ଏହି ବର୍ଗୀକରଣ ଦ୍ୱାରା ଜୀବର କ୍ରମିକ ବିକାଶର ଜ୍ଞାନ ସ୍ପଷ୍ଟତର ହୁଏ। ଏକ ଇନ୍ଦ୍ରିୟ ଜୀବଠାରୁ ଦୁଇ ଇନ୍ଦ୍ରିୟଯୁକ୍ତ ଜୀବ, ଦୁଇ ଇନ୍ଦ୍ରିୟଯୁକ୍ତ ଜୀବଠାରୁ ତିନି ଇନ୍ଦ୍ରିୟଯୁକ୍ତ ଜୀବ – ଏହି ପ୍ରକାର କ୍ରମଶଃ ପୂର୍ବ ଶ୍ରେଣୀୟ ଜୀବ ଅପେକ୍ଷା ପରବର୍ତ୍ତୀ ଶ୍ରେଣୀର ଜୀବ ଅଧିକ ବିକଶିତ ଥାନ୍ତି।

---

[୧୩] ପ୍ରଜ୍ଞାପନା, ପଦ ୧ : ସୁହୁମା ଆଣାଗେଜ୍ଝା ଚକ୍ଖୁଫାସଂ ନ ତେଯାନ୍ତି।

ଇନ୍ଦ୍ରିୟ-ଜ୍ଞାନ ଓ ପାଞ୍ଚ ଜାତି

ଇନ୍ଦ୍ରିୟ-ଜ୍ଞାନ ପରୋକ୍ଷ, ତେଣୁ ଜଣେ ପରୋକ୍ଷ-ଜ୍ଞାନୀ ପୌଦ୍‌ଗଳିକ ଇନ୍ଦ୍ରିୟଗୁଡ଼ିକର ସହାୟତା ଲୋଡ଼ିଥାଏ। ଜଣେ ଲୋକର ଆଖି ନଷ୍ଟ ହେଲେ ସୁଦ୍ଧା ସେ ଚତୁରିନ୍ଦ୍ରିୟ ପ୍ରାଣୀ ହୋଇ ନ ଥାଏ। ତା'ର ଦର୍ଶନ-ଶକ୍ତି ସୁରକ୍ଷିତ ଥାଏ; କିନ୍ତୁ ଆଖି ବିନା ସେ ଏହି ଶକ୍ତିର ବିନିଯୋଗ କରିପାରେ ନାହିଁ। ଚକ୍ଷୁରେ ବିକାର ଉତ୍ପନ୍ନ ହେଲେ ମଣିଷ ଦେଖିପାରେ ନାହିଁ। ଉଚିତ ଉପଚାର ଦ୍ୱାରା ଦେଖିପାରିବାର ଶକ୍ତି ପୁଣି ଲେଉଟିଆସେ। ଏହା ଚକ୍ଷୁ ନାମକ ପୌଦ୍‌ଗଳିକ ଇନ୍ଦ୍ରିୟର ସହଯୋଗର ପରିଣାମ। ସହାୟକ ଇନ୍ଦ୍ରିୟଗୁଡ଼ିକର ଅନୁପସ୍ଥିତିରେ ମଧ୍ୟ ଅନେକ ପ୍ରାଣୀ ତା'ର ଅନୁଭୂତି କରିପାରନ୍ତି। ତେବେ ଏହି ଇନ୍ଦ୍ରିୟଗୁଡ଼ିକ ରହିଥିଲେ ଏହି ଜ୍ଞାନାନୁଭୂତି ଯେତେ ସୁସ୍ପଷ୍ଟ, ଏମାନଙ୍କ ଅଭାବରେ ସେତେ ସ୍ପଷ୍ଟ ହୁଏନାହିଁ। ବନସ୍ପତିରେ ରସନ ଆଦି ପାଞ୍ଚ ଇନ୍ଦ୍ରିୟର ଚିହ୍ନ ଦେଖିବାକୁ ମିଳିଥାଏ।[୧୪] ବନସ୍ପତିଠାରେ ଭାବେନ୍ଦ୍ରିୟର ପୂର୍ଣ୍ଣ ବିକାଶ ଏବଂ ସହାୟକ ଇନ୍ଦ୍ରିୟର ସଦ୍‌ଭାବ ହେଉ ନ ଥିବାରୁ ସେମାନେ ଏକେନ୍ଦ୍ରିୟ ପଦବାଚ୍ୟ। ଏହି ବିବେଚନରୁ ଦୁଇଟି ନିଷ୍କର୍ଷ ଜାତ ହେଉଛି। ପ୍ରଥମ ନିଷ୍କର୍ଷ ହେଲା - ଚେତନ-ଇନ୍ଦ୍ରିୟ ଓ ଜଡ-ଇନ୍ଦ୍ରିୟ ଉଭୟର ସହଯୋଗ ଦ୍ୱାରା ଇନ୍ଦ୍ରିୟଜ୍ଞାନ ସୃଷ୍ଟି ହୁଏ। ତଥାପି ଜ୍ଞାନ ପରିପ୍ରେକ୍ଷୀରେ ଚେତନ-ଇନ୍ଦ୍ରିୟର ବିଶେଷତ୍ୱ ରହିଆସିଛି। ଦ୍ୱିତୀୟ ନିଷ୍କର୍ଷ ହେଉଛି ଯେ ପ୍ରାଣୀମାନଙ୍କ ଏକେନ୍ଦ୍ରିୟ, ଦ୍ୱୀନ୍ଦ୍ରିୟ, ତ୍ରୀନ୍ଦ୍ରିୟ, ଚତୁରିନ୍ଦ୍ରିୟ ଏବଂ ପଞ୍ଚେନ୍ଦ୍ରିୟ - ଏହି ପାଞ୍ଚ ଜାତିର ସଂରଚନାରେ ଉକ୍ତ ଦୁଇ ପ୍ରକାର ଇନ୍ଦ୍ରିୟ କାରଣ ସାଜିଥାନ୍ତି। ତେବେ ଏଠାରେ ଦ୍ରବ୍ୟେନ୍ଦ୍ରିୟ ବା ଜଡ଼ ଇନ୍ଦ୍ରିୟର ମୁଖ୍ୟ ଭୂମିକା ରହିଥାଏ। ଏକେନ୍ଦ୍ରିୟଠାରେ ଅତିରିକ୍ତ ଭାବେନ୍ଦ୍ରିୟ ବା ଚେତନ-ଇନ୍ଦ୍ରିୟର ଚିହ୍ନ ପ୍ରାପ୍ତ ହେଲେ ସୁଦ୍ଧା ଅନ୍ୟ ବାହ୍ୟ-ଇନ୍ଦ୍ରିୟଗୁଡ଼ିକର ଅଭାବ ଯୋଗୁଁ ସେମାନେ ପଞ୍ଚେନ୍ଦ୍ରିୟ ବୋଲାଇପାରନ୍ତି ନାହିଁ।

ମାନସ-ଜ୍ଞାନ ଓ ସଂଜ୍ଞୀ-ଅସଂଜ୍ଞୀ

ଇନ୍ଦ୍ରିୟ ଉତ୍ତାରୁ ମନର ସ୍ଥାନ। ମନ ପ୍ରତ୍ୟକ୍ଷ ନୁହେଁ, ପରୋକ୍ଷ। ପୌଦ୍‌ଗଳିକ ମନ ବିନା ଏହାର ଉପଯୋଗିତା ଶୂନ୍ୟ। ଇନ୍ଦ୍ରିୟ ଜ୍ଞାନ ଅପେକ୍ଷା ଏହାର ସ୍ଥାନ ଉଚ୍ଚ। ପ୍ରତ୍ୟେକ ଇନ୍ଦ୍ରିୟର ନିଜସ୍ୱ ବିଷୟ ନିର୍ଦ୍ଧାରିତ, କିନ୍ତୁ ମନର ବିଷୟ ଅନିୟତ। ଏହା ସମସ୍ତ ବିଷୟକୁ ଗ୍ରହଣ କରିଥାଏ। ଇନ୍ଦ୍ରିୟ-ଜ୍ଞାନ ବାର୍ତ୍ତମାନିକ, କିନ୍ତୁ ମାନସ-ଜ୍ଞାନ ତ୍ରୈକାଳିକ। ଇନ୍ଦ୍ରିୟ-ଜ୍ଞାନରେ ତର୍କ-ବିତର୍କ ହୁଏନାହିଁ, ଅଥଚ ମାନସଜ୍ଞାନ ହେଉଛି ଆଲୋଚନାତ୍ମକ।[୧୫]

ମାନସ ପ୍ରବୃତ୍ତିର ପ୍ରମୁଖ ସାଧନ ମସ୍ତିଷ୍କ। କାନର ପରଦା ନଷ୍ଟ ହେଲେ କର୍ଣ୍ଣେନ୍ଦ୍ରିୟର ଉପଯୋଗିତା ମଧ୍ୟ ସମାପ୍ତ ହୁଏ, ସେହିପରି ମସ୍ତିଷ୍କ ବିକୃତ ଘଟିଲେ ମାନସ ଶକ୍ତିର ସମ୍ୟକ୍ ଉପଯୋଗ ହୋଇପାରେ ନାହିଁ। ଗର୍ଭଜ ଏବଂ ଉପପାତଜ ପଞ୍ଚେନ୍ଦ୍ରିୟ ପ୍ରାଣୀଙ୍କର ମାନସ-ଜ୍ଞାନ ରହିଥାଏ। ଏହାର ପରିଣାମ ସ୍ୱରୂପ ପ୍ରାଣୀ ଦୁଇଭାଗରେ ବିଭକ୍ତ ହୋଇପଡ଼ନ୍ତି - ସଂଜ୍ଞୀ ଏବଂ ଅସଂଜ୍ଞୀ ଅଥବା ସମନସ୍କ ଓ ଅମନସ୍କ। ଦ୍ୱୀନ୍ଦ୍ରିୟ ଆଦି ପ୍ରାଣୀମାନେ ଆତ୍ମ-ରକ୍ଷା କରିବାର ଭାବନା, ଇଷ୍ଟ-ପ୍ରବୃତ୍ତି, ଅନିଷ୍ଟ-ନିବୃତ୍ତି, ଆହାର, ଭୟ ଇତ୍ୟାଦି ସଂଜ୍ଞା, ସଂକୋଚନ, ପ୍ରସାରଣ, ଶବ୍ଦ, ପଳାୟନ, ଆଗତି, ଗତି ଆଦି ଚେଷ୍ଟା କରିଥାନ୍ତି। ଏଗୁଡ଼ିକ ମନର କାମ। ତେବେ ଅସଂଜ୍ଞୀ ପୁଣି କାହାକୁ କହିବା ? ସତକଥା ଇଷ୍ଟ-ପ୍ରବୃତ୍ତି ଏବଂ ଅନିଷ୍ଟ-ନିବୃତ୍ତିର ସଂଜ୍ଞାନ ମାନସ-ଜ୍ଞାନ ପରିଧିର ହୋଇଥିବା ସତ୍ତ୍ୱେ ତାହା ହେଉଛି ସାମାନ୍ୟ ଓ ନଗଣ୍ୟ। ଏହି ପ୍ରଚେଷ୍ଟା ଫଳରେ କୌଣସି ଜୀବ ସଂଜ୍ଞୀ ହୋଇପାରିବ ନାହିଁ। ଗୋଟିଏ ପଇସା ମଧ୍ୟ

---

(୧୪) ବିଶେଷାବଶ୍ୟକଭାଷ୍ୟ ଗାଥା, ୧୦୩, ବୃତ୍ତିଏକେନ୍ଦ୍ରିୟାଣାଂ ତାବଚ୍ଛୋତ୍ରାଦିଦ୍ରବେନ୍ଦ୍ରିୟାଭାବେଽପି ଭାବେନ୍ଦ୍ରିୟଜ୍ଞାନଂ କିଞ୍ଚିଦ୍ ଦୃଶ୍ୟତେ ଏବ। ବନସ୍ପତ୍ୟାଦିଷ୍ଣୁ ସ୍ପଷ୍ଟତଲ୍ଲିଙ୍ଗୋପଲଂଭାତ୍।

(୧୫) ଅତ୍ଥାଣଂତରଚାରି, ନିୟତଂ ଚିତଂତିକାଳବିସୟଂତୁ।
ଅତ୍ଥେୟ ପଡୁପଣ୍ଣେ, ବିଣିଯୋଗଂ ଇନ୍ଦିୟଂ ଲହଇ ॥
ଅର୍ଥାନ୍ତରଚାରୀ ସର୍ବାର୍ଥଗ୍ରାହୀ, ନିୟତ, ତ୍ରୈକାଳିକ ଏବଂ ସଂପ୍ରଧାରଣାତ୍ମକ ଜ୍ଞାନ ହେଉଛି ମନ। ବର୍ତ୍ତମାନ, ପ୍ରତିନିୟତ ଅର୍ଥଗ୍ରାହୀ ଜ୍ଞାନ ହିଁ ଇନ୍ଦ୍ରିୟ।

ଧନ, କିନ୍ତୁ ଯାହାଠାରେ ଗୋଟିଏ ପଇସା ମାତ୍ର ରହିଛି, ସେ ଧନୀ ବୋଲାଇନଥାଏ। ଯାହାଠାରେ ଦୀର୍ଘକାଳିକ ସଂଜ୍ଞା ରହିଛି ତଥା ଯେ ଭୂତ, ବର୍ତ୍ତମାନ ଓ ଭବିଷ୍ୟର ଜ୍ଞାନ-ଶୃଙ୍ଖଳାକୁ ଯୋଡ଼ିପାରିଥାଏ ସେ ହିଁ ସଂଜ୍ଞୀ ବା ସମନସ୍କ ହୋଇପାରିବ।[୧୬]

ଇନ୍ଦ୍ରିୟ ଓ ମନ

ପୂର୍ବ ପଂକ୍ତିମାନଙ୍କରେ ଇନ୍ଦ୍ରିୟ ଓ ମନର ସଂକ୍ଷିପ୍ତ ବିଶ୍ଳେଷଣ କରାଯାଇଛି। ଏହାଦ୍ୱାରା ସେମାନଙ୍କ ସ୍ୱରୂପ ସ୍ପଷ୍ଟ ହୋଇପାରିଛି। ସଂଜ୍ଞୀ ଓ ଅସଂଜ୍ଞୀର ଇନ୍ଦ୍ରିୟ ଓ ମନର କ୍ରମ ସୁସ୍ପଷ୍ଟ ନୁହେଁ। ଅସଂଜ୍ଞୀ ଓ ସଂଜ୍ଞୀର ଇନ୍ଦ୍ରିୟ-ଜ୍ଞାନ ମଧ୍ୟରେ କିଛି ତାରତମ୍ୟ ରହିଥାଏ ନା ନାହିଁ ? ମନ ସହିତ ତାହାର କୌଣସି ପ୍ରକାର ସଂବନ୍ଧ ରହିଛି ନା ନାହିଁ ? ଏହା ପରିସ୍ଫୁଟ ହେବା ଉଚିତ। ଅସଂଜ୍ଞୀର କେବଳ ଇନ୍ଦ୍ରିୟ ଜ୍ଞାନ ଥାଏ, ଅଥଚ ସଂଜ୍ଞୀର ଇନ୍ଦ୍ରିୟ ଓ ମାନସ ଉଭୟ ଜ୍ଞାନ ରହିଥାଏ। ଇନ୍ଦ୍ରିୟ-ଜ୍ଞାନର ସୀମା ଉଭୟ କ୍ଷେତ୍ରରେ ସମାନ। କୌଣସି ରଙ୍ଗକୁ ଦେଖି ସଂଜ୍ଞୀ ଓ ଅସଂଜ୍ଞୀ ଏତିକି ମାତ୍ର ଜାଣିବେ ଯେ ଏହା ହେଉଛି ରଙ୍ଗ। ଇନ୍ଦ୍ରିୟ-ଜ୍ଞାନ ମଧ୍ୟରେ ବି ବ୍ୟାପକ ଫରକ ରହିଥାଏ। ଗୋଟିଏ ପ୍ରାଣୀ ଚକ୍ଷୁ ଦ୍ୱାରା ଯାହାକୁ ସ୍ପଷ୍ଟ ଜାଣିଥାଏ, ଅନ୍ୟ ଜଣେ ପ୍ରାଣୀ ଅଧିକ ସ୍ପଷ୍ଟ ଜାଣିପାରିବ। ତେବେ ଅମୁକ ରଂଗ, ଏହାଠାରୁ ଆଗକୁ ଜାଣିବା ସମ୍ଭବ ନୁହେଁ। ଏପରି କାହିଁକି ? ଏହାଦ୍ୱାରା କି ଲାଭ ? ଏହା ସ୍ଥାୟୀ ନା ଅସ୍ଥାୟୀ ? ନିର୍ମାଣ ପ୍ରକ୍ରିୟା କ'ଣ ? ଆଦି ପ୍ରଶ୍ନ ବା ଜିଜ୍ଞାସା ଦେଖିବା ପରେ ଜାତ ହୁଏ। ଏସବୁ ମନର କାମ। ଅସଂଜ୍ଞୀଠାରେ ଏପରି ଜିଜ୍ଞାସା ଉତ୍ପନ୍ନ ହୁଏନାହିଁ। ସେମାନଙ୍କ ସଂବନ୍ଧ ପ୍ରତ୍ୟକ୍ଷ ଧର୍ମ ସହିତ ଥାଏ। ଇନ୍ଦ୍ରିୟ-ଜ୍ଞାନରେ ପ୍ରତ୍ୟକ୍ଷ ଧର୍ମଠାରୁ ବିନ୍ଦୁମାତ୍ର ଆଗକୁ ବଢ଼ିବାର କ୍ଷମତା ନ ଥାଏ। ସଂଜ୍ଞୀ ଜୀବ, ଉଭୟ ଇନ୍ଦ୍ରିୟ ଓ ମନର ଉପଯୋଗ କରିଥାନ୍ତି। ମନ, ଇନ୍ଦ୍ରିୟ-ଜ୍ଞାନର ସହଚାରୀ ହେବା ସହିତ ଇନ୍ଦ୍ରିୟ-ଗମ୍ୟ ପଦାର୍ଥର ବିବିଧ ଅବସ୍ଥାକୁ ମଧ୍ୟ ଅନୁଶୀଳନ କରିଥାଏ। ମନର ମନନ ଓ ଚିନ୍ତନ ଯଦ୍ୟପି ସ୍ୱତନ୍ତ୍ର, କିନ୍ତୁ ଇନ୍ଦ୍ରିୟ ଦ୍ୱାରା ଗ୍ରହଣ କରାଯିବା ପରେ ହିଁ ବାହ୍ୟ ବିଷୟର ପର୍ଯ୍ୟାବଲୋଚନ କରାଯାଇପାରିବ। ତେଣୁ ସଂଜ୍ଞୀ-ଜ୍ଞାନରେ ଏ ଦୁହିଁଙ୍କ ଗଭୀର ସଂବନ୍ଧ ରହିଥାଏ।

ଜାତି ସ୍ମୃତି

ପୂର୍ବଜନ୍ମର ସ୍ମୃତି (ଜାତି-ସ୍ମୃତି), 'ମତି'ର ଏକ ବିଶେଷ ପ୍ରକାର। ଏହା ସାହାଯ୍ୟରେ ପୂର୍ବବର୍ତ୍ତୀ ୯ଟି ସମନସ୍କ ଜୀବନର ଘଟଣା ସମୂହକୁ ଜାଣିବା ସହଜ ହୋଇଥାଏ। ପୂର୍ବଜନ୍ମରେ ଘଟିତ ଘଟନା ସଦୃଶ କିଛି ଘଟିଲେ ତାହା ଚିହ୍ନିଲା-ଚିହ୍ନିଲା ପରି ଲାଗେ। ଈହା (କାମନା, ଉଦ୍ୟମ ଆଦି), ଅପୋହ (ନିରାକରଣ, ଅପସାରଣ ଆଦି), ମାର୍ଗଣା (ଅନ୍ୱେଷଣ, ଅନୁନୟ ଆଦି) ଏବଂ ଗବେଷଣା (ତତ୍ତ୍ୱାନୁସନ୍ଧାନ) କରିବା ଦ୍ୱାରା ଚିତ୍ତ ଏକାଗ୍ର ହେବା ସହିତ ଚିତ୍ତଶୁଦ୍ଧି ମଧ୍ୟ ଘଟିଥାଏ। ଏହାଫଳରେ ପୂର୍ବଜନ୍ମର ସ୍ମୃତି ଉତ୍ପନ୍ନ ହୁଏ। ସବୁ ସମନସ୍କ ଜୀବ ପୂର୍ବଜନ୍ମର ସ୍ମୃତି କରିପାରନ୍ତି ନାହିଁ। ଏହାର କାରଣ ମୀମାଂସା କରିବାକୁ ଯାଇ ଜଣେ ଆଚାର୍ଯ୍ୟ ଉଲ୍ଲେଖ କରିଛନ୍ତି –

ଜାୟମାଣସ୍ସ ଜଂ ଦୁକ୍ଖଂ, ମରମାଣସ୍ସ ବା ପୁଣୋ ।
ତେଣ ଦୁକ୍ଖେଣ, ସଂମୂଢୋ, ଜାଇଂ ସରଇ ନ ଅପ୍ପଣୋ ॥

ବ୍ୟକ୍ତିକୁ 'ଜନ୍ମ' ଓ 'ମୃତ୍ୟୁ'ର ବେଦନା ସଂମୂଢ଼ କରିଥାଏ; ତେଣୁ ସେ ସହଜରେ ଜାତିସ୍ମୃତି କରିପାରେ ନାହିଁ।

ଏହି ଜୀବନରେ ବି ଦୁଃଖ-ବ୍ୟଗ୍ର ଅବସ୍ଥା (ସମ୍ମୋହ-ଦଶା) ଦ୍ୱାରା ସ୍ମୃତି-ଭ୍ରଂଶ ଘଟିଥାଏ। ଏହି ସ୍ଥିତିରେ ପୂର୍ବଜନ୍ମର ସ୍ମୃତି ଲୁପ୍ତ ହେବାରେ ଆଶ୍ଚର୍ଯ୍ୟ କରିବାର କିଛି ନାହିଁ।

ପୂର୍ବଜନ୍ମର ସ୍ମୃତି-ସାଧନ ମସ୍ତିଷ୍କ ନୁହେଁ, ବରଂ ଆତ୍ମାର ଦୃଢ଼ ସଂସ୍କାର ଏବଂ ଜ୍ଞାନବଳ ଦ୍ୱାରା ସ୍ମୃତି ସମ୍ଭବପର। ତେଣୁ ଜ୍ଞାନକୁ ଦୁଇପ୍ରକାର ବର୍ଗୀକରଣ କରାଯାଇଛି – ଏହି ଜନ୍ମର ଜ୍ଞାନ ଏବଂ ଆଗାମୀ ଜନ୍ମର ଜ୍ଞାନ।[୧୭]

---

(୧୬) ନନ୍ଦୀ, ସୂତ୍ର ୪୧ (୧୭) ଭଗବଈ, ୧/୩୯

ଅତୀନ୍ଦ୍ରିୟଜ୍ଞାନ-ଯୋଗୀଜ୍ଞାନ

ଇନ୍ଦ୍ରିୟ ଓ ମନ ଉଭୟଙ୍କର ତୁଳନାରେ ଅତୀନ୍ଦ୍ରିୟ ଜ୍ଞାନର ମହତ୍ତ୍ୱ ଅଧିକ। ଏହା ପ୍ରତ୍ୟକ୍ଷ ହୋଇଥିବାରୁ ପୌଦ୍‌ଗଳିକ ସାଧନ - ଶାରୀରିକ ଅବୟବଗୁଡ଼ିକର ସହଯୋଗ ଲୋଡ଼ାଯାଇ ନ ଥାଏ। ଏହା 'ଆତ୍ମମାତ୍ରାପେକ୍ଷ' ଅଟେ। ଆମେ ତ୍ୱଚା ଦ୍ୱାରା ସ୍ପର୍ଶ କରୁଁ, କାନ ଦ୍ୱାରା ଶ୍ରବଣ କରୁଁ, ଆଖି ସାହାଯ୍ୟରେ ଦେଖିଥାଉଁ, ନାକ ଦ୍ୱାରା ଶୁଂଘିଥାଉଁ ଏବଂ ଜିଭ ସାହାଯ୍ୟରେ ଚାଖିବା କାମ କରିଥାଉଁ। ଏଗୁଡ଼ିକ ବାସ୍ତବିକ ପ୍ରତ୍ୟକ୍ଷ ନୁହଁନ୍ତି। ଆମ ଜ୍ଞାନର ସୀମା ଶରୀରର ବିଭିନ୍ନ ଅବୟବ ପର୍ଯ୍ୟନ୍ତ ସଂବନ୍ଧିତ। ଏହାଫଳରେ ଜ୍ଞାନ, ନୈଶ୍ଚୟିକ ସତ୍ୟ ବା ନିରପେକ୍ଷ ସତ୍ୟ ପର୍ଯ୍ୟନ୍ତ ଯାତ୍ରା କରିବାରେ ଅସମର୍ଥ ହୁଏ। ତା'ର ବିଷୟ କେବଳ ବ୍ୟାବହାରିକ ସତ୍ୟ ବା ସାପେକ୍ଷସତ୍ୟ ହିଁ ହୋଇଥାଏ। ଉଦାହରଣ ସକାଶେ ସ୍ପର୍ଶନେନ୍ଦ୍ରିୟକୁ ଗ୍ରହଣ କରାଯାଉ। ଆମ ଶରୀରର ସାଧାରଣ ତାପମାନ ୯୭ ବା ୯୮ ଡିଗ୍ରୀ ଫାରେନହିଟ ହୋଇଥାଏ। ଏହାଠାରୁ କମ୍ ତାପମାନଯୁକ୍ତ ବସ୍ତୁ ଆମକୁ ଶୀତଳ ଲାଗିଥାଏ। ଆମ ଉଷ୍ମାରୁ ଯାହାର ତାପମାନ ଅଧିକ, ତାହା ଗରମ ଲାଗିଥାଏ। ଆମର ଏହି ଜ୍ଞାନ ହେଉଛି ସ୍ୱସ୍ଥିତି-ସ୍ପର୍ଶୀ। ଏହା ବସ୍ତୁ ସ୍ଥିତି-ସ୍ପର୍ଶୀ ନୁହେଁ। ଏହି ପ୍ରକାର ପ୍ରତ୍ୟେକ ବସ୍ତୁର ବର୍ଣ୍ଣ, ଗନ୍ଧ, ରସ, ସ୍ପର୍ଶ, ଶବ୍ଦ ଓ ସଂସ୍ଥାନର ଜ୍ଞାନ ହେଉଛି ସହାୟକ-ସାମଗ୍ରୀ-ସାପେକ୍ଷ। ତେବେ ଅତୀନ୍ଦ୍ରିୟ ଜ୍ଞାନ, ପରିସ୍ଥିତିର ବାଧବାଧକତାରୁ ମୁକ୍ତ। ଏହି ଅତୀନ୍ଦ୍ରିୟ ଜ୍ଞାନର ଅବବୋଧ ପାଇଁ ଦେଶ, କାଳ ଓ ପରିସ୍ଥିତିର ବ୍ୟବଧାନ ଅଥବା ବିପର୍ଯ୍ୟାସ ପ୍ରତିବନ୍ଧକ ସାଜନ୍ତି ନାହିଁ। ତେଣୁ ଏହାଦ୍ୱାରା ବସ୍ତୁର ମୌଳିକ ରୂପର ଉପଯୁକ୍ତ ସୂଚନା ପ୍ରାପ୍ତ ହୋଇଥାଏ।

ଜୈନ ଦର୍ଶନ : ମନନ ଓ ମୀମାଂସା

ତୃତୀୟ ଖଣ୍ଡ
ତତ୍ତ୍ୱ ମୀମାଂସା (୨)

॥ ୭ ॥

ଆତ୍ମବାଦ

ଆତ୍ମବାଦ ଓ ଅନାତ୍ମବାଦ : ସମାନ୍ତରାଳ ପ୍ରବାହ

ଜ୍ଞାନର ଅଂଶ ଅଳ୍ପ-ବେଶି ପରିମାଣରେ ପ୍ରାଣୀ ମଧ୍ୟରେ ରହିଥାଏ । ମନୁଷ୍ୟ ହେଉଛି ସର୍ବୋତ୍କୃଷ୍ଟ ପ୍ରାଣୀ । ତା'ଠାରେ ବୌଦ୍ଧିକ ବିକାଶ ଅଧିକ । ବୁଦ୍ଧିର କାମ ହେଲା - ଚିନ୍ତନ, ମନ୍ଥନ ଏବଂ ତତ୍ତ୍ୱ-ଅନ୍ୱେଷଣ କରିବା । ମଣିଷ ଭାବିଲା, ବିଚାର କରିଲା, ବୁଝିବାର ଚେଷ୍ଟା କରିଲା ଓ ତତ୍ତ୍ୱର ଗବେଷଣା ମଧ୍ୟ କରିଲା । ଏହା ମଧ୍ୟରୁ ଦୁଇଟି ବିଚାର-ପ୍ରବାହର ଉଦ୍‌ଭବ ହେଲା, କ୍ରିୟାବାଦ ଏବଂ ଅକ୍ରିୟାବାଦ ।

ଆତ୍ମା, କର୍ମ, ପୁନର୍ଜନ୍ମ ଓ ମୋକ୍ଷ ଆଦିରେ ବିଶ୍ୱାସ କରୁଥିବା ଲୋକମାନଙ୍କୁ କ୍ରିୟାବାଦୀ ତଥା ଏମାନଙ୍କୁ ବିଶ୍ୱାସ ନ କରୁଥିବା ଲୋକମାନଙ୍କୁ ଅକ୍ରିୟାବାଦୀ କୁହାହେଲା । କ୍ରିୟାବାଦୀବର୍ଗଙ୍କ ଅଭିମତ ହେଉଛି ସଂଯମ ପୂର୍ବକ ଜୀବନ-ଯାପନରେ ତଥା ଜୀବନରେ ଧର୍ମାଚରଣକୁ ପ୍ରଥମ ସ୍ଥାନ ଦିଅ । ଅକ୍ରିୟାବାଦୀ ବର୍ଗ ସୁଖପୂର୍ବକ ଜୀବନଯାପନକୁ ପରମାର୍ଥ ବୋଲି କହିଲେ । ଶାରୀରିକ କଷ୍ଟକୁ ସମଭାବରେ ସହନ କରିବା ହେଉଛି ମହାଫଳ ତଥା 'କଷ୍ଟ ସହ୍ୟ କରିବା ଦ୍ୱାରା ଆତ୍ମହିତ ସାଧିତ ହୋଇଥାଏ'- ଏହିଭଳି ବାକ୍ୟର ରଚନା କ୍ରିୟାବାଦୀମାନେ କରିଥିଲେ ଅଥଚ ଅକ୍ରିୟାବାଦୀମାନଙ୍କ ମନ୍ତବ୍ୟର ଆଧାରରେ - 'ଯାବଜ୍ଜୀବେତ୍ ସୁଖଂ ଜୀବେତ୍, ଋଣଂ କୃତ୍ୱା ଘୃତଂ ପିବେତ୍' - ଭଳି ଯୁକ୍ତିର ସୃଜନ ହେଲା ।

କ୍ରିୟାବାଦୀ କର୍ମ ମତ ଦେଲେ - 'ଦିନ ବା ରାତି ଯାହା ବିତିଯାଏ, ତାହା ପୁଣି ଲେଉଟି ଆସିବାର ପ୍ରଶ୍ନ ଉଠୁନାହିଁ । ଅଧର୍ମରତ ଲୋକମାନଙ୍କ ରାତି-ଦିନ ନିଷ୍ଫଳ, ଅଥଚ ଧର୍ମନିଷ୍ଠ ବ୍ୟକ୍ତିମାନଙ୍କ ରାତି-ଦିନ ସଫଳ । ଏହି କାରଣ ଯୋଗୁଁ ଧର୍ମ କରିବାରେ କ୍ଷଣକ ସକାଶେ ବି ପ୍ରମାଦ କରନାହିଁ । ଏହି ଜୀବନ କୁଶାଗ୍ରସ୍ଥିତ ହିମବିନ୍ଦୁ ସଦୃଶ କ୍ଷଣଭଂଗୁର । ଏହି ଜୀବନକୁ ବ୍ୟର୍ଥ ବ୍ୟତୀତ କରିଦେବେ ଯଦି, ଦୀର୍ଘକାଳ ଯାଏ ମନୁଷ୍ୟଜନ୍ମ ମିଳିବା ଭାରି ଦୁର୍ଲଭ । କର୍ମର ବିପାକ କେତେବେଳେ ଭୋଗିବାକୁ ହେବ, ଆମେ ଜାଣୁନା । ଏହି ମର୍ମକୁ କିଆଁ ବୁଝିପାରୁନାହଁ ? ଏପରି ସଦ୍ ବିବେକ ବାରମ୍ବାର ମିଳି ନ ଥାଏ । ବିତିଗଲା ରାତି କ'ଣ ପୁଣି ଲେଉଟିଥାଏ ? ମାନବ-ଜୀବନ ମିଳିବା ମଧ୍ୟ ସେତେ ସୁଲଭ ନୁହେଁ । ବାର୍ଦ୍ଧକ୍ୟ ବ୍ୟଥିତ କରିବା ଆଗରୁ, ରୋଗ ପୀଡ଼ିତ କରିବା ପୂର୍ବରୁ, ଇନ୍ଦ୍ରିୟ ଶକ୍ତିହୀନ ନ ହେବା ଯାଏ ଧର୍ମର ଆଚରଣ କରିପକାଅ । ଅନ୍ୟଥା ମୃତ୍ୟୁ ଉପସ୍ଥିତ ହେଲେ ପଶ୍ଚାତାପ ଅତିରିକ୍ତ କିଛି ମିଳିବ ନାହିଁ ଯେପରି ଜଣେ ରଥାରୋହୀ ସରଳ ଓ ନିରାପଦ ମାର୍ଗ ତ୍ୟାଗ କରି ଉଚ୍ଚନୀଚ ଆବଡ଼ାଖାବଡ଼ା ମାର୍ଗରେ ରଥକୁ ଟାଣିବା ଦ୍ୱାରା ରଥଚକ୍ର ଭାଙ୍ଗିଯାଏ । ଏହାପରେ ପଶ୍ଚାତାପ ହିଁ ସାର ହୁଏ ।'

ଅକ୍ରିୟାବାଦୀ ମତ ଦେଲେ - 'ଦୃଶ୍ୟମାନ ସୁଖକୁ ତ୍ୟାଗ କରି ଅଦୃଷ୍ଟ ସୁଖ ପଛରେ ଗୋଡ଼ାଇବା ସବୁଠାରୁ ବଡ଼ ମୂର୍ଖତା । ଏହି କମନୀୟ କାମଭୋଗ ଆମ ହାତମୁଠାରେ, ଏହା ପ୍ରତ୍ୟକ୍ଷ । ଅନାଗତକୁ କିଏ ଦେଖିଛି ? ପରଲୋକ ଅଛି ନା ନାହିଁ, କିଏ ଜାଣିଛି ? ଆଗକୁ କ'ଣ ହେବ, କେବେ ହେବ- ଏହା ନିଶ୍ଚିତ ନୁହେଁ । ସଂସାରର ଅଧିକାଂଶ ମନୁଷ୍ୟ ସାଂସାରିକ ସୁଖ ଉପଭୋଗ କରିବାରେ ବ୍ୟସ୍ତ' ସେମାନେ ରତି-ଆସକ୍ତ । ତେବେ ଆମେ କାହିଁକି ଏହି ଭୋଗରୁ ବଞ୍ଚିତ ହେବା ? ଯାହା ଏହି ବହୁସଂଖ୍ୟକ ଜନସାଧାରଣ ସହିତ ଘଟିବ, ଆମ ସହିତ ମଧ୍ୟ ଘଟିବ । ହେ ପ୍ରିୟେ ! ଚିନ୍ତାର କୌଣସି କାରଣ ନାହିଁ । ମନଭରି ଖାଅ ପିଅ । ଯାହା ଭୋଗ କରିବ, ତାହା କେବଳ ତୁମର । ମୃତ୍ୟୁ ପରେ କିଛି ଲାଭ କ୍ଷତି ନାହିଁ । ହାତ-ଗଣତି କିଛି ଲୋକ ଦୁଃଖର ବର୍ଣ୍ଣନା କରି ମଣିଷକୁ ପ୍ରାପ୍ତ ସୁଖରୁ ବିମୁଖ କରି ପକାଉଛନ୍ତି । କିନ୍ତୁ ଏହା ତାତ୍ତ୍ୱିକ ନୁହେଁ ।'

କ୍ରିୟାବାଦର ବିଚାରଧାରାରେ ବସ୍ତୁ ସ୍ଥିତି ସ୍ପଷ୍ଟ ହେଲା । ଲୋକେ ସଂଯମର ମହତ୍ତ୍ୱ ବୁଝି ଜୀବନରେ ଧାରଣ କଲେ । ତ୍ୟାଗ-ତପସ୍ୟାକୁ ମଧ୍ୟ ଆଚରଣରେ ସ୍ଥାନ ଦେଲେ । ଅକ୍ରିୟାବାଦର ବିଚାର-ପ୍ରଣାଳୀ ଦ୍ୱାରା ବସ୍ତୁସ୍ଥିତି ଜଟିଳ ହେଲା । ଲୋକେ ଭୌତିକ ସୁଖ ମାର୍ଗରେ ଅଗ୍ରସର ହେଲେ ।

କ୍ରିୟାବାଦୀମାନେ କହିଲେ - ସୁକୃତ ଓ ଦୁଷ୍କୃତର ନିଶ୍ଚିତ ଫଳ ରହିଛି । ଶୁଭକର୍ମର ଫଳ ଉତ୍ତମ ଏବଂ ଅଶୁଭ କର୍ମର ମନ୍ଦଫଳ ମିଳିଥାଏ । ଜୀବ ଆପଣା ପାପ-ପୁଣ୍ୟ-କର୍ମ ସହିତ ପରଲୋକରେ ଉତ୍ପନ୍ନ ହୁଏ ।[୧] ପୁଣ୍ୟ ଓ ପାପର କ୍ଷୟ ହେଲେ ଅସୀମ ଆତ୍ମ-ସୁଖମୟ ମୋକ୍ଷ ପ୍ରାପ୍ତି ହୋଇଥାଏ ।

ଏହାର ପରିଣାମ ସ୍ୱରୂପ ଲୋକମାନଙ୍କ ମଧ୍ୟରେ ଧର୍ମରୁଚି ଜାତ ହେଲା । ଅଳ୍ପ-ଇଚ୍ଛା, ଅଳ୍ପ-ଆରମ୍ଭ ଏବଂ ଅଳ୍ପ-ପରିଗ୍ରହର ମହତ୍ତ୍ୱ ବଢ଼ିଲା । ଅହିଂସା, ସତ୍ୟ, ଅଚୌର୍ଯ୍ୟ, ବ୍ରହ୍ମଚର୍ଯ୍ୟ ଓ ଅପରିଗ୍ରହ - ଏଗୁଡ଼ିକର ଉପାସନା କରୁଥିବା ଲୋକ ମହାପୁରୁଷ ରୂପେ ପରିଗଣିତ ହେଲେ ।

ଅକ୍ରିୟାବାଦୀମାନେ କହିଲେ - ସୁକୃତ ଓ ଦୁଷ୍କୃତର କୌଣସି ଫଳ ନାହିଁ । ଶୁଭକର୍ମର ଶୁଭ ତଥା ଅଶୁଭକର୍ମର ଅଶୁଭ ଫଳ ହେବ, ଏହା ଜରୁରୀ ନୁହେଁ । ଆତ୍ମା ପରଲୋକରେ ଉତ୍ପନ୍ନ ହୁଏ ନାହିଁ ।[୨]

ଏହାର ପରିଣାମ ସ୍ୱରୂପ ଲୋକମାନଙ୍କ ମଧରେ ସନ୍ଦେହ ବୃଦ୍ଧି ପାଇଲା । ଭୌତିକ ଲାଳସା ପ୍ରବଳ ହେଲା । ମହା-ଇଚ୍ଛା, ମହା-ଆରମ୍ଭ ଏବଂ ମହା-ପରିଗ୍ରହର ରାହୁ ଜଗତକୁ ଆଚ୍ଛାଦିତ କରିଦେଲା ।

'ନିଜକୃତ କର୍ମ ନ ଭୋଗିବା ଯାଏ ମୁକ୍ତି ନାହିଁ' - ଏହି ମର୍ମ ତଥ୍ୟ ଉପରେ କ୍ରିୟାବାଦୀଙ୍କ ଅନ୍ତର୍ଦୃଷ୍ଟି ନିବଦ୍ଧ ଥାଏ ।[୩] ସେ ଭଲ କରି ଜାଣିଥାଏ ଯେ, କର୍ମର ଫଳ ଭୋଗବାକୁ ହେବ, ଏ ଜନ୍ମରେ ନ ହେଲେ ଆର ଜନ୍ମରେ । କିନ୍ତୁ ଏହି ଫଳ ଚାଖିବା ବ୍ୟତୀତ ମୁକ୍ତି ନାହିଁ । ଏଣୁ ଯଥା-ସମ୍ଭବ ପାପକର୍ମରୁ ବିରତ ହେବା, ଏହା ହିଁ ଶ୍ରେୟସ୍ । ଅନ୍ତର୍ଦୃଷ୍ଟିଯୁକ୍ତ ବ୍ୟକ୍ତି ମୃତ୍ୟୁ ସମୟରେ ବ୍ୟଥିତ ହୁଏ ନାହିଁ, ବରଂ ଦିବ୍ୟାନନ୍ଦ ସହିତ ମୃତ୍ୟୁକୁ ବରଣ କରିନିଏ ।

ଅକ୍ରିୟାବାଦୀମାନଙ୍କ ଦୃଷ୍ଟି ବିନ୍ଦୁ 'ହତ୍ଥାଗୟା ଇମେ କାମା' - ଏହି କାମ ଆମ ହାତମୁଠାରେ ଏହିପରି ଭାବନାରେ ନିବଦ୍ଧ । ଅକ୍ରିୟାବାଦୀ ଭାବିନିଏ ଯେ ଏହି ଭୋଗ-ସାଧନର ଯେତେ ଅଧିକ ଉପଭୋଗ କରାଯିବ ସେତେ ଭଲ । ମୃତ୍ୟୁ ପରେ କିଛି ହେବାର ନାହିଁ । ତା'ର ଅନ୍ତିମ ଲକ୍ଷ୍ୟ ଭୌତିକ ସୁଖୋପଭୋଗ ହିଁ ହୋଇଥାଏ ।

---

(୧) ଦଶାଶ୍ରୁତସ୍କନ୍ଧ,୬: ସୁଚିଣ୍ଣା କମ୍ମା ସୁଚିଣ୍ଣା ଫଳା ଭବନ୍ତି, ଦୁଚିଣ୍ଣା କମ୍ମା ଦୁଚିଣ୍ଣା ଫଳା ଭବନ୍ତି, ସଫଳେ କଲ୍ଲାଣ ପାବଏ ପଚ୍ଚାୟନ୍ତି ଜୀବା ...

(୨) ଦଶାଶ୍ରୁତସ୍କନ୍ଧ, ୬: ଣୋ ସୁଚିଣ୍ଣା କମ୍ମା ସୁଚିଣ୍ଣା ଫଳା ଭବନ୍ତି, ଣୋ ଦୁଚିଣ୍ଣା କମ୍ମା ଦୁଚିଣ୍ଣା ଫଳା ଭବନ୍ତି, ଅଫଳେ କଲ୍ୟାଣ ପାବଏଣୋ ପଚ୍ଚାୟନ୍ତି ଜୀବା ...

(୩) ଉତ୍ତରଜ୍ଝୟଣାଣି, ୪/୩: କଡାଣ କମ୍ମାଣ ନ ମୋକଖ ଅତ୍ଥି ।

କର୍ମ-ବନ୍ଧରୁ ନିରପେକ୍ଷ ଥାଇ ସେ ତ୍ରସ ଓ ସ୍ଥାବର ଜୀବମାନଙ୍କର ଆବଶ୍ୟକୀୟ ତଥା ନିରର୍ଥକ ହିଂସା କରିବାରେ ଜମା ସଂକୋଚ କରେ ନାହିଁ । ଯେବେ ରୋଗଗ୍ରସ୍ତ ହୁଏ, ସେତେବେଳେ ନିଜ କୃତକର୍ମର ସ୍ମରଣ କରି ଅନୁତାପ କରିଥାଏ । ପରଲୋକକୁ ଭୟ କରେ । ଭୟାନକ ରୋଗ ଏବଂ ମୃତ୍ୟୁ ଆସି ଉପସ୍ଥିତ ହେଲେ ବଡ ନାସ୍ତିକ ମଧ୍ୟ ଥରହର ହୁଅନ୍ତି - ଏହା ଅନୁଭବ ସିଦ୍ଧ । ନାସ୍ତିକତାକୁ ତିଳାଞ୍ଜଳି ଦେଇ ଆସ୍ତିକ ହୋଇ ପଡ଼ନ୍ତି । ଅନ୍ତିମ ସମୟରେ ଅକ୍ରିୟାବାଦୀ ମନରେ ଏହି ସନ୍ଦେହ ମଧ୍ୟ ଜାତ ହେବାର ଦେଖାଯାଇଥାଏ - ନରକ ରହିଛି ବୋଲି ମୁଁ ଶୁଣିଥିଲି କି ? ସେଠାରେ କ୍ରୂର କର୍ମ କରିଥିବା ଅଜ୍ଞାନୀ ଜୀବ ପ୍ରଗାଢ଼ ବେଦନା ଭୋଗ କରିଥାନ୍ତି ସେହିଭଳି ଜଣେ ଦୁରାଚାରୀକୁ ମଧ୍ୟ ଦୁଷ୍କର୍ମର ପରିଣାମ ଭୋଗ କରିବାକୁ ହୋଇଥାଏ । ଯଦି ଏହା ସତ୍ୟ ତେବେ ମୋର କି ଦଶା ହେବ ? ଏହି ପ୍ରକାର ସଂକଳ୍ପ-ବିକଳ୍ପ ଅବସ୍ଥାରେ ସେ ମରିଯାଏ ।

କ୍ରିୟାବାଦ ନିରୂପିତ କରିଥାଏ ଯେ ଆତ୍ମାର ଅସ୍ତିତ୍ୱ ପ୍ରତି ସନ୍ଦେହ କର ନାହିଁ । ତାହା ଅମୂର୍ତ୍ତ ହୋଇଥିବାରୁ ଇନ୍ଦ୍ରିୟ-ଗ୍ରାହ୍ୟ ନୁହେଁ । ଅମୂର୍ତ୍ତ ହୋଇଥିବାରୁ ଆତ୍ମା ହେଉଛି ନିତ୍ୟ । ଅମୂର୍ତ୍ତ ପଦାର୍ଥ, ଅବିଭାଗୀ ନିତ୍ୟ ଶ୍ରେଣୀୟ । ଆତ୍ମା ନିତ୍ୟ ହୋଇଥିବା ସତ୍ତ୍ୱେ ସ୍ୱକୃତ ଅଜ୍ଞାନ ଆଦି ଦୋଷର ବନ୍ଧନ ଦ୍ୱାରା ଆବଦ୍ଧ ହୋଇଥାଏ । ଏହି ବନ୍ଧନ ହିଁ ସଂସାର ବା ଜନ୍ମ-ମରଣର ମୂଳ ।

ଅକ୍ରିୟାବାଦର ସାର ହେଉଛି - ଯେତେ ଦୃଷ୍ଟିଗୋଚର ହେଉଛି ଏହି ଲୋକର ବିସ୍ତାର ସେତିକି ପରିମାଣର । ପୃଥ୍ୱୀ, ଜଳ, ଅଗ୍ନି, ବାୟୁ ଓ ଆକାଶ - ଏହି ପଞ୍ଚ ମହାଭୂତକୁ ନେଇ ଏହି ଜଗତ ରଚିତ । ଏମାନଙ୍କ ସମୁଦାୟରୁ ଚୈତନ୍ୟ ବା ଆତ୍ମା ଜାତ ହୋଇଥାଏ । ଭୂତଗୁଡ଼ିକ ବିନଷ୍ଟ ହେଲେ ଆତ୍ମା ମଧ୍ୟ ନଷ୍ଟ ହୋଇଥାଏ । ଜୀବାତ୍ମା କୌଣସି ସ୍ୱତନ୍ତ୍ର ପଦାର୍ଥ ନୁହେଁ । ଯେପରି ଅରଣିବା ଅଗ୍ନିମନ୍ଥନ କାଠ ଦ୍ୱାରା ଅଗ୍ନି, ଦୁଗ୍ଧରୁ ଘିଅ ଏବଂ ତିଳରୁ ତୈଳ ଉତ୍ପନ୍ନ ହୋଇଥାଏ, ସେହିପରି ପଞ୍ଚଭୂତାତ୍ମକ ଶରୀରରୁ ଜୀବ ଉତ୍ପନ୍ନ ହୋଇଥାଏ । ଶରୀର ନଷ୍ଟ ହେଲା ପରେ ଆତ୍ମା ଭଳି ବସ୍ତୁର ଅସ୍ତିତ୍ୱ ମଧ୍ୟ ନଷ୍ଟ ହୁଏ ।

ଏହିଭଳି ଦୁଇ ପ୍ରବାହରୁ ଯେଉଁ ଧାରା ବାହାରିଲା, ତାହା ଆମ ସାମନାରେ ରହିଆସିଛି । ଆମେ ଏହି ଧାରା ଦ୍ୱୟର ଆରମ୍ଭରୁ ଶେଷ ଯାଏ ପରୀକ୍ଷା-ନିରୀକ୍ଷା କରିବା ଉଚିତ; କାରଣ ଏହାଦ୍ୱାରା କେବଳ ଦାର୍ଶନିକ ବିବେକ ସୁସ୍ପଷ୍ଟ ହୁଏ ନାହିଁ,ବରଂ ବୈୟକ୍ତିକ ଜୀବନରୁ ଆରମ୍ଭକରି ସାମାଜିକ, ରାଷ୍ଟ୍ରୀୟ ଏବଂ ଧାର୍ମିକ ଜୀବନର ଭିତ୍ତି ମଧ୍ୟ ଏମାନଙ୍କ ଉପରେ ଆଧାରିତ । କ୍ରିୟାବାଦୀ ଓ ଅକ୍ରିୟାବାଦୀର ଜୀବନପଥ କଦାପି ଏକ ହୋଇପାରିବ ନାହିଁ । କ୍ରିୟାବାଦୀର ପ୍ରତ୍ୟେକ କାର୍ଯ୍ୟରେ ଆତ୍ମ-ଶୁଦ୍ଧି ଦୃଷ୍ଟିକୋଣ ରହିଥାଏ, ଅଥଚ ଅକ୍ରିୟାବାଦୀ ଏ ଦିଗରେ ବିଚାର କରିବା ଆବଶ୍ୟକ ମଣି ନ ଥାଏ । ଆଜିକାଲି କ୍ରିୟାବାଦୀମାନେ ମଧ୍ୟ ବୃହତ୍ ସଂଖ୍ୟାର ହିଂସା-ବହୁଳ-ବିଚାରଧାରାରେ ବହି ଚାଲିଛନ୍ତି । ଜୀବନର କ୍ଷଣ ଭଂଗୁରତାକୁ ପାସୋରି ମହାରମ୍ଭ ଏବଂ ମହାପରିଗ୍ରହର ପାଶ ଦ୍ୱାରା ଛନ୍ଦି ହୋଇପଡ଼ିଛନ୍ତି । କିଏ ପ୍ରକୃତରେ କ୍ରିୟାବାଦୀ ଆଉ କିଏ ଅକ୍ରିୟାବାଦୀ ଜୀବନ ବ୍ୟବହାରରେ ବୁଝାପଡୁ ନାହାନ୍ତି । ଅକ୍ରିୟାବାଦୀ ଯଦି ସୁଦୂର ଭବିଷ୍ୟତକୁ ଦେଖିପାରୁନାହାନ୍ତି, ତା'ହେଲେ ଆଶ୍ଚର୍ଯ୍ୟ ହେବାର କିଛି ନାହିଁ । କ୍ରିୟାବାଦୀ ଆତ୍ମାକୁ ସ୍ମରଣ କରୁନାହାନ୍ତି, ବରଂ ପାସୋରି ପକାଇଛନ୍ତି ତଥା ପୂର୍ବ-ପରକୁ ଦେଖିପାରୁନାହାନ୍ତି, ତେବେ କହିବାକୁ ପଡ଼ିବ ଯେ ସେମାନେ କେବଳ ପରିଭାଷାରେ କ୍ରିୟାବାଦୀ ବାସ୍ତବିକ ଅର୍ଥରେ ନୁହନ୍ତି । ଭବିଷ୍ୟର ଚିନ୍ତନ କରିବା ମାନେ ବର୍ତ୍ତମାନ ପ୍ରତି ଆଖି ମୁଦିବା ନୁହେଁ । ଭବିଷ୍ୟ ପ୍ରତି ସଚେତନାର ଅର୍ଥ ହେଉଛି ବର୍ତ୍ତମାନକୁ ସୁଧାରିବା । ଆଜିର ଜୀବନ ସୁଖ-ସମାଧି - ସାଧନା ହିଁ ଆଗାମୀ କାଲିକୁ ସୁଖମୟ କରିପାରିବ । ବିଷୟ-ବାସନାରେ ବୁଡ଼ି ଆତ୍ମ-ଶୁଦ୍ଧିକୁ ଉପେକ୍ଷା କରିବା ଜଣେ କ୍ରିୟାବାଦୀ ସକାଶେ ପ୍ରାଣ-ଘାତଠାରୁ ମଧ୍ୟ ଅଧିକ ଭୟଙ୍କର ଅଟେ । କ୍ରିୟାବାଦୀ ସତତ ଆତ୍ମ-ଅନ୍ୱେଷଣ କରିଚାଲିବା ଆବଶ୍ୟକ ।

ଆତ୍ମା ଓ ପରଲୋକର ପ୍ରଖ୍ୟାତ ଗବେଷକ ସାର୍ ଆଲିଭର ଲଜ୍, ଏହି ଅନ୍ୱେଷଣର ମୂଲ୍ୟାୟନ କରିବାକୁ ଯାଇ ଲେଖିଛନ୍ତି, ଭୌତିକ ଜ୍ଞାନର ପଛରେ ଧାଇଁ ପାରଭୌତିକ ବିଷୟଗୁଡ଼ିକୁ ଭୁଲିଯିବା ଉଚିତ ନୁହେଁ । ଚେତନ, ଜଡ଼ର

କୌଣସି ଆଙ୍ଗିକ ଗୁଣ ନୁହେଁ, ବରଂ ତା' ମଧ୍ୟରେ ସମାହିତ ଏବଂ ନିଜକୁ ପ୍ରଦର୍ଶିତ କରିପାରୁଥିବା ଏକ ସ୍ୱତନ୍ତ୍ର ସତ୍ତା । ପ୍ରାଣୀ ମାତ୍ର ମଧ୍ୟରେ ଏପରି ଏକ ବସ୍ତୁ ଅବଶ୍ୟ ରହିଛି, ଯାହାର ଶରୀର ଅବସାନ ସହିତ ଅନ୍ତ ହୁଏ ନାହିଁ । ଭୌତିକ ଓ ପାରଭୌତିକ ସଂଜ୍ଞାଗୁଡ଼ିକର ପାରସ୍ପରିକ ନିୟମ କ'ଣ ହୋଇପାରିବ, ଏହି ତଥ୍ୟର ଗବେଷଣା କରିବା ଏବେ ଅତ୍ୟନ୍ତ ଆବଶ୍ୟକ ହୋଇପଡ଼ିଛି ।

ଆତ୍ମା କାହିଁକି ?

ଅକ୍ରିୟାବାଦୀ କହିଥାନ୍ତି - ଯେଉଁ ପଦାର୍ଥ ପ୍ରତ୍ୟକ୍ଷ ନୁହେଁ, ତାହାକୁ କିପରି ସ୍ୱୀକାର କରାଯାଇପାରିବ ? ଆତ୍ମା, ଇନ୍ଦ୍ରିୟ ଓ ମନ ଦ୍ୱାରା ପ୍ରତ୍ୟକ୍ଷୀକୃତ ନୁହେଁ, ଏ ପରିସ୍ଥିତିରେ ତାହାକୁ କାହିଁକି ମାନିବା ? କ୍ରିୟାବାଦୀ କହିଥାନ୍ତି - 'ପଦାର୍ଥଗୁଡ଼ିକୁ ଜାଣିବାର ସାଧନ କେବଳ ଇନ୍ଦ୍ରିୟ ଓ ମନର ପ୍ରତ୍ୟକ୍ଷ ନୁହେଁ, ଏମାନଙ୍କ ଅତିରିକ୍ତ ଅନୁଭବ-ପ୍ରତ୍ୟକ୍ଷ, ଯୋଗୀ -ପ୍ରତ୍ୟକ୍ଷ, ଅନୁମାନ ଓ ଆଗମ ମଧ୍ୟ ହୋଇପାରନ୍ତି । ଇନ୍ଦ୍ରିୟ ଓ ମନ ଦ୍ୱାରା କେଉଁ ବିଷୟକୁ ଜାଣି ହେବ ? ଏମାନଙ୍କ ଶକ୍ତି ଅତ୍ୟନ୍ତ ସୀମିତ । ଆପଣା ଦୁଇ-ଚାରି ପିଢ଼ିର ପୂର୍ବ ପୁରୁଷମାନଙ୍କୁ ମଧ୍ୟ ଇନ୍ଦ୍ରିୟ ଓ ମନ ସାହାଯ୍ୟରେ ଜାଣିହୁଏ ନାହିଁ । ତେବେ କ'ଣ ସେହି ପୂର୍ବ ପୁରୁଷଙ୍କ ଅସ୍ତିତ୍ୱକୁ ମଧ୍ୟ ଆମେ ଅସ୍ୱୀକାର କରିଦେବା ? ଇନ୍ଦ୍ରିୟ କେବଳ ସ୍ପର୍ଶ, ରସ, ଗନ୍ଧ, ରୂପାତ୍ମକ ମୂର୍ତ୍ତ ଦ୍ରବ୍ୟକୁ ଜାଣିପାରିଥାଏ । ମନ, ଇନ୍ଦ୍ରିୟର ଅନୁଗାମୀ । ଇନ୍ଦ୍ରିୟଗୁଡ଼ିକ ଦ୍ୱାରା ଜାଣିହେଉଥିବା ପଦାର୍ଥଗୁଡ଼ିକର ବିଶିଷ୍ଟ ରୂପକୁ ମନ ଜାଣିଥାଏ, ଚିନ୍ତନ କରିଥାଏ । ମୂର୍ତ୍ତ ମାଧ୍ୟମରେ ଅମୂର୍ତ୍ତ ବସ୍ତୁଗୁଡ଼ିକୁ ମଧ୍ୟ ଜାଣିପାରିଥାଏ । ତେଣୁ ବିଶ୍ୱର ସମସ୍ତ ପଦାର୍ଥକୁ ଜାଣିବା ସକାଶେ କେବଳ ଇନ୍ଦ୍ରିୟ ଓ ମନ ଉପରେ ନିର୍ଭର ରହିବା ବାଞ୍ଛନୀୟ ନୁହେଁ । ଆତ୍ମା; ଶବ୍ଦ, ରୂପ, ରସ, ଗନ୍ଧ ଓ ସ୍ପର୍ଶ ନୁହେଁ ।[୪] ତାହା ହେଉଛି ଅରୂପୀ ସତ୍ତା ।[୫]

ଅରୂପୀ ତତ୍ତ୍ୱକୁ ଇନ୍ଦ୍ରିୟ ମାଧ୍ୟମରେ ଜାଣିହୁଏ ନାହିଁ । ଆତ୍ମା ଅମୂର୍ତ୍ତ ହୋଇଥିବାରୁ ଇନ୍ଦ୍ରିୟଗମ୍ୟ ନୁହେଁ । ଏହା ଫଳରେ ଆତ୍ମାର ଅସ୍ତିତ୍ୱ ପ୍ରତି ସାମାନ୍ୟ ଆଞ୍ଚ ଆସି ନ ଥାଏ । ଇନ୍ଦ୍ରିୟ ଦ୍ୱାରା ଅରୂପୀ ଆକାଶକୁ କେହି- କେବେ ଜାଣିପାରିଛି କି ? ଅରୂପୀର କଥା ଛାଡ଼ନ୍ତୁ, ଅଣୁ ବା ଆଣବିକ ସୂକ୍ଷ୍ମ ପଦାର୍ଥ, ଯାହାର ଏକ ନିଶ୍ଚିତ ରୂପରେଖ ରହିଛି,ସେଗୁଡ଼ିକୁ ମଧ୍ୟ ସ୍ଥୁଳ ଇନ୍ଦ୍ରିୟ ଦ୍ୱାରା ଜାଣିହୁଏ ନାହିଁ । ଏଣୁ ଇନ୍ଦ୍ରିୟ-ପ୍ରତ୍ୟକ୍ଷକୁ ଏକମାତ୍ର ପ୍ରମାଣ ବୋଲି ଜିଦ୍ କରିବା ଦ୍ୱାରା କୌଣସି ତଥ୍ୟ ପ୍ରାପ୍ତ ହୁଏ ନାହିଁ ।

ଅନାତ୍ମବାଦ ଅନୁସାରେ ଆତ୍ମା, ଇନ୍ଦ୍ରିୟ ଓ ମନର ପ୍ରତ୍ୟକ୍ଷ ହୋଇ ନ ଥିବାରୁ ତା'ର ଅସ୍ତିତ୍ୱ ନାହିଁ । ଅଧ୍ୟାତ୍ମବାଦ ଅନୁସାରେ ଆତ୍ମା, ଇନ୍ଦ୍ରିୟ ଓ ମନର ପ୍ରତ୍ୟକ୍ଷ ନୁହେଁ ବୋଲି, ତାହାର ଅସ୍ତିତ୍ୱକୁ ଅସ୍ୱୀକାର କରିବା ତର୍କ-ବାଧିତ ଅଟେ । କାରଣ ଆତ୍ମା ହେଉଛି ଅମୂର୍ତ୍ତିକ, ତେଣୁ ଇନ୍ଦ୍ରିୟ ଓ ମନ ଦ୍ୱାରା ପ୍ରତ୍ୟକ୍ଷୀକୃତ ହେବାର ପ୍ରଶ୍ନ ହିଁ ଉଠୁନାହିଁ ।

ଭାରତୀୟଦର୍ଶନରେ ଆତ୍ମାର ସାଧକ ତର୍କ

ଜଣେ ସାଧାରଣ ଭାରତୀୟର ମନରେ ବି ଆମ୍ବର ଅସ୍ତିତ୍ୱ ପ୍ରତି ସନ୍ଦେହ ଜାତ ହୁଏ ନାହିଁ । କାରଣ ଆମ୍ବକୁ ଖୋଲା ଆଖିରେ ଦେଖିହୁଏ । ପ୍ରତ୍ୟକ୍ଷ-ସିଦ୍ଧ ବସ୍ତୁ କ୍ଷେତ୍ରରେ ସନ୍ଦେହର ଅବକାଶ ନ ଥାଏ । ଯେଉଁ ଦେଶରେ ଆମ୍ବ ଉତ୍ପନ୍ନ ହୁଏ ନାହିଁ, ସେଠିକାର ଲୋକଙ୍କ ସକାଶେ ଆମ୍ବ ପରୋକ୍ଷ ହୋଇପାରେ । ପରୋକ୍ଷ ବସ୍ତୁ ସମ୍ବନ୍ଧରେ ଆମ ଜ୍ଞାନ ନ ଥାଏ, ଯଦି କାହାଠାରୁ ଶୁଣି କିମ୍ବା ପାଠକରି ଜ୍ଞାନ-ଲାଭ ହୁଏ, ତେବେ ସେହି ଜ୍ଞାନ ସାଧକ-ବାଧକ ତର୍କର କଷଟି ଦେଇ ଉତ୍ପନ୍ନ ହୋଇଥାଏ । ସାଧକ ତତ୍ତ୍ୱ ଶକ୍ତିଶାଳୀ ଥିଲେ ଆମେ ପରୋକ୍ଷ ବସ୍ତୁର ଅସ୍ତିତ୍ୱକୁ ସ୍ୱୀକାର କରିଥାଉଁ ଏବଂ ବାଧକ ପ୍ରମାଣ ଅଧିକ ପୁଷ୍ଟ ହୋଇଥିଲେ ଆମେ ପରୋକ୍ଷ ବସ୍ତୁର ଅସ୍ତିତ୍ୱକୁ ଅସ୍ୱୀକାର କରି ଦେଇଥାଉଁ ।

ଭାରତରେ ଆମ୍ବ ପ୍ରତ୍ୟକ୍ଷ ହେବା ଭଳି ଯଦି ଆତ୍ମାକୁ ପ୍ରତ୍ୟକ୍ଷ ବୋଲି ପ୍ରମାଣିତ କରାଯାଏ, ତେବେ ଭାରତୀୟ

---

(୪) ଆୟାରୋ, ୫/୧୩୯

(୫) ଆୟାରୋ, ୫/୧୩୭

ଦର୍ଶନର ବିକାଶ ୫୦ ପ୍ରତିଶତ ହୋଇଛି ବୋଲି ମୁଁ କହିବି । ଆତ୍ମା ପ୍ରତ୍ୟକ୍ଷ ନୁହେଁ । ଆତ୍ମାର ଚିନ୍ତନ, ମନ୍ଥନ, ମନନ ଏବଂ ଦର୍ଶନ ଭାରତରେ ଏତେ ଗଭୀର ଭାବରେ ହୋଇଆସିଛି ଯେ ଆତ୍ମବାଦ, ଭାରତୀୟ ଦର୍ଶନର ଏକ ପ୍ରଧାନ ଅଂଗ ରୂପେ ବିବେଚିତ ହେଉଛି । ଭାରତରେ ଅନାତ୍ମବାଦୀମାନେ ମଧ୍ୟ ବାସ କରନ୍ତି,କିନ୍ତୁ ଆତ୍ମବାଦୀମାନଙ୍କ ତୁଳନାରେ ସେମାନଙ୍କ ସଂଖ୍ୟା ଭାତରେ ଲୁଣ ସଦୃଶ । ତେଣୁ ଅନାତ୍ମବାଦୀମାନଙ୍କ ସଂଖ୍ୟା ସ୍ୱଳ୍ପ, ଅଥଚ ସେମାନଙ୍କ ତର୍କର ପରିମାଣ କମ୍ ନୁହେଁ । ସେମାନେ ଅନେକ ସମୟରେ ଆତ୍ମାର ବାଧକ-ତର୍କର ସଶକ୍ତ ପ୍ରସ୍ତୁତି କରିଥାନ୍ତି । ସେମାନଙ୍କ ସମ୍ମୁଖରେ ଆତ୍ମବାଦୀମାନଙ୍କ ଦ୍ୱାରା ଆତ୍ମାର ସାଧକ-ତର୍କ ଉପସ୍ଥାପିତ କରାଯାଇଥାଏ । ସଂକ୍ଷେପରେ ସେଗୁଡ଼ିକର ବର୍ଗୀକରଣ ନିମ୍ନପ୍ରକାର କରାଯାଇଥାଏ -

୧. ସ୍ୱ-ସଂବେଦନ - ଆପଣା ଅନୁଭବରୁ ଆତ୍ମାର ଅସ୍ତିତ୍ୱ ସିଦ୍ଧ ହୋଇଥାଏ । 'ମୁଁ ରହିଛି', 'ମୁଁ ସୁଖୀ', 'ମୁଁ ଦୁଃଖୀ'- ଏହି ଅନୁଭୂତି ଶରୀରକୁ ହୁଏ ନାହିଁ, ବରଂ ଶରୀରଠାରୁ ଭିନ୍ନ ଏକ ତତ୍ତ୍ୱକୁ ହୋଇଥାଏ । ଶଙ୍କରାଚାର୍ଯ୍ୟଙ୍କ ଶବ୍ଦରେ- 'ସର୍ବୋପ୍ୟାତ୍ମାଃ ଷ୍ଟିତ୍ୱଂ ପ୍ରତ୍ୟେତି ନ ନାହମସ୍ମୀତି' - 'ମୁଁ ଅଛି' ତଥ୍ୟରେ ସମସ୍ତଙ୍କ ବିଶ୍ୱାସ ରହିଛି ଅଥଚ 'ମୁଁ ନାହିଁ' - ଏହି ତଥ୍ୟକୁ କେହି ବିଶ୍ୱାସ କରୁନାହାନ୍ତି ।

୨. ଅତ୍ୟନ୍ତାଭାବ - ଏହି ତାର୍କିକ ନିୟମ ଅନୁସାରେ ଚେତନ ଓ ଅଚେତନ ମଧ୍ୟରେ ତ୍ରୈକାଳିକ ବିରୋଧ ରହିଆସିଛି । ଜୈନ ଆଚାର୍ଯ୍ୟମାନେ ଦୃଢ଼ତାର ସହିତ କହିଛନ୍ତି ଯେ, ଜୀବ,ଅଜୀବରେ ପରିଣତ ହେବା ଏବଂ ଅଜୀବ ଜୀବରେ ପରିଣତ ହେବା - ଅତୀତରେ କେବେ ଘଟିନାହିଁ । ବର୍ତ୍ତମାନ ମଧ୍ୟ ଘଟୁନାହିଁ ଏବଂ ଭବିଷ୍ୟତରେ ମଧ୍ୟ ନିଶ୍ଚିତ ଭାବରେ ଘଟିବ ନାହିଁ ।

୩. ଉପାଦାନ କାରଣ - ଏହି ତାର୍କିକ ନିୟମ ଅନୁସାରେ ଯେଉଁ ବସ୍ତୁର ଯେଉଁ ପ୍ରକାର ଉପାଦାନ କାରଣ ରହିଥାଏ, ତାହା ସେହି ରୂପରେ ପରିଣତ ହୁଏ । ଅଚେତନର ଉପାଦାନ ଚେତନ ରୂପରେ ପରିବର୍ତ୍ତିତ ହୋଇପାରିବ ନାହିଁ ।

୪. ସତ୍-ପ୍ରତିପକ୍ଷ - ଯାହାର ପ୍ରତୀପକ୍ଷ ନାହିଁ, ତା'ର ସ୍ୱୟଂର ଅସ୍ତିତ୍ୱକୁ ତାର୍କିକ ସମର୍ଥନ ମିଳି ନ ଥାଏ । ଯଦି 'ଚେତନ' ନାମକ ସତ୍ତା ରହିନାହିଁ ତେବେ ନଚେତନ-ଅଚେତନ ଏହି ଅଚେତନ ସତ୍ତାର ନାମକରଣ ଓ ବୋଧ ମଧ୍ୟ ହେବ ନାହିଁ ।

୫. ବାଧକ-ପ୍ରମାଣର ଅଭାବ - ଅନାତ୍ମବାଦୀମାନେ କହିଥାନ୍ତି, ଆତ୍ମା ନାହିଁ, କାରଣ ଏହାର କୌଣସି ସାଧକ ପ୍ରମାଣ ଉପଲବ୍ଧ ନୁହେଁ ।

ଆତ୍ମବାଦୀମାନେ କହିଥାନ୍ତି -ଆତ୍ମା ରହିଛି, କାରଣ ତା'ର କୌଣସି ବାଧକ ପ୍ରମାଣ ଉପଲବ୍ଧ ନୁହେଁ ।

୬. ସତର ନିଷେଧ - ଜୀବଯଦି ନାହିଁ, ତେବେ ତା'ର ନିଷେଧ ମଧ୍ୟ କରାଯାଇପାରିବ ନାହିଁ । ଅସତ୍‌ର ନିଷେଧ ହୋଇପାରିବ ନାହିଁ । ଯା'ର ନିଷେଧ କରାଯାଏ, ସେ ଅସ୍ତିତ୍ୱରେ ଅବଶ୍ୟ ରହିଥାଏ । ନିଷେଧ ଚାରିପ୍ରକାର - ୧.ସଂଯୋଗ, ୨. ସମବାୟ, ୩.ସାମାନ୍ୟ ଏବଂ ୪. ବିଶେଷ । 'ମୋହନ ଘରେ ନାହିଁ' - ଏହା ହେଉଛି ସଂଯୋଗ-ପ୍ରତିଷେଧ । ଏହାର ଅର୍ଥ ନୁହେଁ ଯେ ମୋହନ ଅସ୍ତିତ୍ୱ ହିଁ ନାହିଁ, କିନ୍ତୁ 'ସେ ଘରେ ନାହିଁ' - ଏହା ଗୃହ-ସଂଯୋଗର ପ୍ରତିଷେଧ । 'ଠେକୁଆ'ର ଶିଙ୍ଗ ହୁଏ ନାହିଁ - ଏହା ହେଉଛି ସମବାୟ-ପ୍ରତିଷେଧ । ଠେକୁଆ ମଧ୍ୟ ରହିଛି ଏବଂ ଶିଙ୍ଗ ମଧ୍ୟ ରହିଛି,ଏଠାରେ ଆପତ୍ତି ନାହିଁ । 'କିନ୍ତୁ 'ଠେକୁଆ ଜାତିର ଶିଙ୍ଗ' ଏହା ହେଉଛି ସମବାୟର ପ୍ରତିଷେଧ ।

'ଅନ୍ୟ ଚନ୍ଦ୍ରମା ନାହିଁ' - ଏଠାରେ ଚନ୍ଦ୍ରର ସବୁମନ୍ତେ ଅଭାବର ପ୍ରତିପାଦନ ହେଉନାହିଁ । ବରଂ ତା'ର ସାମାନ୍ୟ ମାତ୍ର ବା ସର୍ବସାଧାରଣ ଭାବର ନିଷେଧ କରାଯାଉଛି । ମୋତି, ଘଟ ଭଳି ବଡ଼ ଆକାରର ନୁହେଁ' - ଏଠାରେ ମୋତି ବା ମୁକ୍ତାର ଅସ୍ତିତ୍ୱକୁ ଅସ୍ୱୀକାର କରାଯାଉନାହିଁ, କିନ୍ତୁ 'ଘଟ ସଦୃଶ ବଡ଼' - ଏହି ବିଶେଷଣର ପ୍ରତିଷେଧକୁ ସୂଚାଇଥାଏ ।

ଆତ୍ମା ନାହିଁ, ଏଠାରେ ଆତ୍ମାର ନିଷେଧ ହେଉନାହିଁ, କିନ୍ତୁ ଆତ୍ମାର ଅନ୍ୟ କାହାରି ସହିତ ସଂଯୋଗର ନିଷେଧ ମାତ୍ର ।

୭. ଇନ୍ଦ୍ରିୟ-ପ୍ରତ୍ୟକ୍ଷର ବୈକଲ୍ୟ - ଯଦି ଇନ୍ଦ୍ରିୟ ପ୍ରତ୍ୟକ୍ଷ ନୁହେଁ - ଏତିକି ମାତ୍ର କାରଣରୁ ଆତ୍ମାର ଅସ୍ତିତ୍ୱକୁ ପ୍ରତ୍ୟାଖ୍ୟାନ କରାଯିବ, ତେବେ ପ୍ରତ୍ୟେକ ସୂକ୍ଷ୍ମ, ବ୍ୟବହିତ ଓ ବିପ୍ରକୃଷ୍ଟ (ଦୂରସ୍ଥ) ବସ୍ତୁର ଅସ୍ତିତ୍ୱକୁ ମଧ୍ୟ ଅସ୍ୱୀକାର କରିବା ଜରୁରୀ ହୋଇପଡ଼ିବ । ଇନ୍ଦ୍ରିୟ-ପ୍ରତ୍ୟକ୍ଷ ଦ୍ୱାରା ମୂର୍ତ୍ତ ତତ୍ତ୍ୱର ଗ୍ରହଣ କରାଯାଇଥାଏ । ଆତ୍ମା ଅମୂର୍ତ୍ତ ତତ୍ତ୍ୱ, ତେଣୁ ଇନ୍ଦ୍ରିୟମାନେ ଆତ୍ମାକୁ ଜାଣିପାରନ୍ତି ନାହିଁ । ଏହାଫଳରେ ଇନ୍ଦ୍ରିୟ-ପ୍ରତ୍ୟକ୍ଷର ବୈକଲ୍ୟ ବା ଅସମର୍ଥତା ସିଦ୍ଧ ହେଉଛି, ଆତ୍ମାର ଅନସ୍ତିତ୍ୱ ସିଦ୍ଧ ହେଉନାହିଁ ।

୮. ଗୁଣ ଦ୍ୱାରା ଗୁଣୀର ଗ୍ରହଣ - ଚୈତନ୍ୟ ହେଉଛି ଗୁଣ ଓ ଚେତନ ହେଲା ଗୁଣୀ । ଚୈତନ୍ୟ ପ୍ରତ୍ୟକ୍ଷ କିନ୍ତୁ ଚେତନ ପ୍ରତ୍ୟକ୍ଷ ନୁହେଁ । ପରୋକ୍ଷ ଗୁଣୀର ସତ୍ତା ପ୍ରତ୍ୟକ୍ଷ ଗୁଣ ଦ୍ୱାରା ପ୍ରମାଣିତ । ପଶ୍ଚିମ ରାତ୍ରିର ଅନ୍ଧକାରରେ ଥାଇ ବି ପ୍ରକାଶକୁ ଦେଖି ମଣିଷ ସୂର୍ଯ୍ୟୋଦୟର ଜ୍ଞାନ କରିନିଏ ।

୯. ବିଶେଷ ଗୁଣ ଦ୍ୱାରା ସ୍ୱତନ୍ତ୍ର ଅସ୍ତିତ୍ୱର ବୋଧ - ବସ୍ତୁର ଅସ୍ତିତ୍ୱ ତା'ର ବିଶେଷ ଗୁଣ ଦ୍ୱାରା ସିଦ୍ଧ ହୁଏ । ଯାହାଠାରେ ତ୍ରିକାଳବର୍ତ୍ତୀ ଗୁଣ ରହିଥାଏ, ଯାହା କି ଅନ୍ୟ ପଦାର୍ଥମାନଙ୍କରେ ଉପଲବ୍ଧ ନୁହେଁ, ତାହା ହେଉଛି ସ୍ୱତନ୍ତ୍ର ପଦାର୍ଥ ।

ଆତ୍ମାରେ ଚୈତନ୍ୟ ନାମକ ବିଶେଷ ଗୁଣ ଥାଏ । ତାହା ଅନ୍ୟ କୌଣସି ପଦାର୍ଥ ମଧ୍ୟରେ ବ୍ୟାପ୍ତ ନୁହେଁ । ଏହି କାରଣରୁ ଅନ୍ୟ ସମସ୍ତ ପଦାର୍ଥ ଅପେକ୍ଷା ଆତ୍ମାର ସ୍ୱତନ୍ତ୍ର ଅସ୍ତିତ୍ୱ ରହିଛି ।

୧୦. ସଂଶୟ - 'ମୋର ଅସ୍ତିତ୍ୱ ନାହିଁ' ବା 'ମୁଁ ନୁହେଁ' - ଏପରି ଚିନ୍ତନ ଜଣେ ଜୀବ ହିଁ କରିପାରିବ । ଅଚେତନ କେବେ ବି ନିଜ ଅସ୍ତିତ୍ୱ ସମ୍ବନ୍ଧରେ ସଂଶୟ କରେ ନାହିଁ । 'ଏହା ଅଛି କି ନାହିଁ' ଏଭଳି ଈହା ବା ବିକଳ୍ପ କେବଳ ଚେତନ ମଧ୍ୟରେ ହିଁ ଜାତ ହୋଇପାରିବ । ସାମନାରେ ଯେଉଁ ଲମ୍ବା ଚଉଡ଼ା ପଦାର୍ଥ ଦେଖାଯାଉଛି 'ତାହା ଏକ ଖୁମ୍ବ ନା ମଣିଷ' - ଏହି ବିକଳ୍ପ ଜଣେ ସଚେତନ ଲୋକର ମନରେ ହିଁ ଉଠିଥାଏ ।

୧୧. ଦ୍ରବ୍ୟର ତ୍ରୈକାଳିକତା - ଯାହା ପୂର୍ବେ ନ ଥିଲା ଏବଂ ଯାହା ପରେ ମଧ୍ୟ ନାହିଁ, ସେ ମଧ୍ୟଭାଗରେ କିପରି ହେବ ? ଜୀବ ହେଉଛି ଏକ ସ୍ୱତନ୍ତ୍ର ଦ୍ରବ୍ୟ । ତା'ର ଯଦି ଅତୀତ ନାହିଁ କିମ୍ବା ଭବିଷ୍ୟତରେ ମଧ୍ୟ ହେବାର ସଂଭାବନା ନାହିଁ,ତେବେ ତାହା ବର୍ତ୍ତମାନ କାଳରେ ମଧ୍ୟ କଦାପି ହୋଇପାରିବ ନାହିଁ ।

୧୨. ସଂକଳନାତ୍ମକ - ଇନ୍ଦ୍ରିୟଗୁଡ଼ିକର ନିଜର ନିଶ୍ଚିତ, ନିର୍ଦ୍ଧାରିତ ବିଷୟ ଥାଏ । ଜଣେ, ଅନ୍ୟର ବିଷୟ ଜାଣି ପାରି ନ ଥାଏ । ଇନ୍ଦ୍ରିୟମାନଙ୍କ ପ୍ରବର୍ତ୍ତକ ଆତ୍ମା ଯଦି ଜ୍ଞାତା ନୁହେଁ, ଇନ୍ଦ୍ରିୟ ହିଁ ଜ୍ଞାତା, ଇନ୍ଦ୍ରିୟ ବିଷୟସବୁର ସଂକଳନାତ୍ମକ ଜ୍ଞାନ କଦାପି ସଂଭବପର ନୁହେଁ । ମୁଁ ସ୍ପର୍ଶ, ରସ, ଗନ୍ଧ, ରୂପ ଓ ଶବ୍ଦକୁ ଜାଣୁଛି, ଏହି ପ୍ରକାର ସଂକଳନାତ୍ମକ ଜ୍ଞାନ କାହାକୁ ଭଲା ହେବ ? କାକୁଡ଼ିକୁ ଚୋବାଇବା ସମୟରେ ସ୍ପର୍ଶ, ରସ, ଗନ୍ଧ, ରୂପ ଓ ଶବ୍ଦ - ଏହି ପାଞ୍ଚଜଣଙ୍କୁ ଜାଣିପାରିବାର ଜ୍ଞାନ ହୋଇଥାଏ ।

୧୩. ସ୍ମୃତି - ଇନ୍ଦ୍ରିୟଗୁଡ଼ିକ ନଷ୍ଟ ହେବା ପରେ ମଧ୍ୟ ସେମାନଙ୍କ ଜ୍ଞାତ ବିଷୟର ସ୍ମୃତି ଅବଶେଷ ରହିଥାଏ । ଆଖି ଦ୍ୱାରା କୌଣସି ବସ୍ତୁ ଦେଖିଲେ କିମ୍ବା କାନ ଦ୍ୱାରା କିଛି ଶୁଣିଲେ, ସଂଯୋଗବଶତଃ ଯଦି ଆଖି ନଷ୍ଟ ହୋଇଯାଏ କିମ୍ବା କାନର ପରଦା ଫାଟିଯାଏ, ତେବେ ବି ଦୃଷ୍ଟ ଓ ଶ୍ରୁତର ସ୍ମୃତି ରହିଯାଏ ।

ସଂକଳନାତ୍ମକ ଜ୍ଞାନ ଓ ସ୍ମୃତି ହେଉଛି ମନର କାର୍ଯ୍ୟ । ମନ, ଆତ୍ମା ବିନା ଚାଳିତ ହୋଇପାରିବ ନାହିଁ । ଆତ୍ମାର ଅନୁପସ୍ଥିତିରେ ଇନ୍ଦ୍ରିୟ ଓ ମନ ଉଭୟ ନିଷ୍କ୍ରିୟ ହୋଇପଡ଼ନ୍ତି । ତେଣୁ ଇନ୍ଦ୍ରିୟ ଓ ମନର ଜ୍ଞାନର ସ୍ରୋତ ଯେ ଆତ୍ମା- ଏହା ନିଃସନ୍ଦେହ ।

୧୪. ଜ୍ଞେୟ ଓ ଜ୍ଞାତାର ପୃଥକତ୍ୱ - ଜ୍ଞେୟ, ଇନ୍ଦ୍ରିୟ ଓ ଆତ୍ମା - ଏମାନେ ତିନୋଟିଯାକ ଭିନ୍ନ ଅଟନ୍ତି । ଆତ୍ମା ହେଉଛି ଗ୍ରାହକ, ଇନ୍ଦ୍ରିୟ ଗ୍ରହଣ କରିବାର ସାଧନ ଏବଂ ପଦାର୍ଥ ହେଲା ଗ୍ରାହ୍ୟ, କମାର ସଣ୍ଡୁଆସି ଚିମୁଟା ଦ୍ୱାରା

ଲୌହପିଣ୍ଡକୁ ଜାବୁଡ଼ି ଧରେ । ଏଠାରେ ଲୌହ ପିଣ୍ଡ ହେଲା ଗ୍ରାହ୍ୟ, ସଣ୍ଡୁଆସି ଗ୍ରହଣ କ୍ରିୟା ପାଇଁ ଆବଶ୍ୟକୀୟ ସାଧନ ଏବଂ କମାର ଜଣକ ଗ୍ରାହକ ହେବ । ଏମାନେ ତିନିଜଣ ପୃଥକ୍ ପୃଥକ୍ ଅଟନ୍ତି । କମାର ନ ଥିଲେ ସଣ୍ଡୁଆସି ଲୌହପିଣ୍ଡକୁ ଧରି ରଖିପାରିବ ନାହିଁ ।

ଆତ୍ମା ଚାଲିଗଲା ପରେ ଇନ୍ଦ୍ରିୟ ଓ ମନ ଆପଣା ବିଷୟକୁ ଗ୍ରହଣ କରିବାରେ ଅସମର୍ଥ ହୁଅନ୍ତି ।

୧୫. ପୂର୍ବ-ସଂସ୍କାରର ସ୍ମୃତି - ଏହି ପ୍ରକାର ଭାରତୀୟ ଆତ୍ମବାଦୀ ମନୀଷୀମାନେ ବହୁମୁଖୀ ତର୍କ ପ୍ରସ୍ତୁତ କରି ଆତ୍ମା ଓ ପୁନର୍ଜନ୍ମକୁ ସମର୍ଥନ କରିଛନ୍ତି ।

ଆତ୍ମା ହେଉଛି ଚେତନାମୟ ଅରୂପୀ ସତ୍ତା । ଉପଯୋଗ (ଚେତନାର କ୍ରିୟା), ଏହାର ଲକ୍ଷଣ । ଜ୍ଞାନ, ଦର୍ଶନ, ସୁଖ-ଦୁଃଖ ଦ୍ୱାରା ଏହା ବ୍ୟକ୍ତ ହୋଇଥାଏ । ଆତ୍ମା ହେଉଛି ବିଜ୍ଞାତା । ଆତ୍ମା- ଶବ୍ଦ, ରୂପ, ଗନ୍ଧ, ରସ ଓ ସ୍ପର୍ଶ କିଛି ବି ନୁହେଁ । ଆତ୍ମା ଦୀର୍ଘ ନୁହେଁ, ଛୋଟ ନୁହେଁ, ଗୋଲ ନୁହେଁ, ଚତୁର୍ଭୁଜ ନୁହେଁ କି ମଣ୍ଡଳାକାର ନୁହେଁ । ତାହା ହାଲୁକା ନୁହେଁ କି ଓଜନିଆ ନୁହେଁ । ସ୍ତ୍ରୀ, ପୁରୁଷ କିଛି ନୁହେଁ ।[୬] କଳ୍ପନା ଦ୍ୱାରା ପରିମାପ କରାଗଲେ ଅସଂଖ୍ୟ ପରମାଣୁ ଆକାରର ଜଣାପଡ଼ିବ । ତେଣୁ ଆତ୍ମା ହେଉଛି ଜ୍ଞାନମୟ ଅସଂଖ୍ୟ ପ୍ରଦେଶର ଏକ ପିଣ୍ଡ ।

ଆତ୍ମା ଅରୂପ । ତେଣୁ ସ୍ଥୁଳ ଚକ୍ଷୁରେ ଦେଖାଯାଇ ନ ଥାଏ । ତା'ର ଚେତନାଗୁଣ ଆମକୁ ପ୍ରାପତ ହୋଇଥାଏ । ଗୁଣ ମାଧ୍ୟମରେ ଗୁଣୀର ଗ୍ରହଣ କରାଯାଏ । ଏହା ଫଳରେ ତା'ର ଅସ୍ତିତ୍ୱକୁ ଆମେ ଜାଣିଥାଉଁ ।

ଆତ୍ମା ଏକାନ୍ତତଃ ବାଣୀ ଦ୍ୱାରା ପ୍ରତିପାଦ୍ୟ[୭] ଏବଂ ତର୍କ-ଗମ୍ୟ ନୁହେଁ ।[୮]

ଜୈନ ଦୃଷ୍ଟି ଅନୁସାରେ ଆତ୍ମାର ସ୍ୱରୂପ

୧. ଜୀବ ସ୍ୱରୂପତଃ ଅନାଦି ଅନନ୍ତ ଏବଂ ନିତ୍ୟ-ଅନିତ୍ୟ - ଜୀବ ଅନାଦି-ଅନନ୍ତ ତଥା ଅବିନାଶୀ ଓ ଅକ୍ଷୟ ଅଟେ । ଦ୍ରବ୍ୟ ନୟ ଅପେକ୍ଷା ତା'ର ସ୍ୱରୂପ ନଷ୍ଟ ହୁଏ ନାହିଁ । ତେଣୁ ତାହା ନିତ୍ୟ । ପର୍ଯ୍ୟାୟନୟ ଅପେକ୍ଷାରେ ଭିନ୍ନ-ଭିନ୍ନ ବସ୍ତୁରେ ରୂପାନ୍ତରିତ ହୋଇଥାଏ, ତେଣୁ ତାହା ଅନିତ୍ୟ ।

୨. ସଂସାରୀ ଜୀବ ଏବଂ ଶରୀର ମଧ୍ୟରେ ଅଭେଦ - ପିଞ୍ଜରାରୁ ପକ୍ଷୀ ସଦୃଶ ସଂସାରୀ ଜୀବ, ଶରୀରଠାରୁ ଭିନ୍ନ ନୁହେଁ । କ୍ଷୀର-ନୀର, ତିଳ-ତୈଳ, କୁସୁମ-ଗନ୍ଧ ଏକା ମନେ ହୁଅନ୍ତି । ସେହିଭଳି ସଂସାର ଦଶାରେ ଜୀବ ଓ ଶରୀର ମଧ୍ୟ ଏକ ଓ ଅଭିନ୍ନ ଜଣାପଡ଼ନ୍ତି ।

୩. ଜୀବର ପରିମାଣ - ଜୀବର ଶରୀର ଅନୁସାରେ ସଂକୋଚ ଓ ବିସ୍ତାର ହୁଏ । ହାତୀର ବିଶାଳ କାୟାରେ ଯେଉଁ ଜୀବ ରହିଛି, ତାହା ପିମ୍ପୁଡ଼ିଠାରୁ କ୍ଷୁଦ୍ର ଜୀବ ମଧ୍ୟରେ ସହଜରେ ସମ୍ପେଇ ପାରିବ । ସଂକୋଚ ଏବଂ ବିସ୍ତାର ଉଭୟ ଅବସ୍ଥାରେ ପ୍ରଦେଶ-ସଂଖ୍ୟା ଓ ଅବୟବ ସଂଖ୍ୟା ସମାନ ଥାଏ ।

୪. ଆତ୍ମା ଓ କାଳର ତୁଳନା - ଅନାଦି, ଅନନ୍ତ ଦୃଷ୍ଟିରେ - କାଳ ଯେପରି ଅନାଦି ଓ ଅବିନାଶୀ, ଜୀବ ମଧ୍ୟ ସେହିଭଳି ତିନିକାଳରେ ଅନାଦି ଏବଂ ଅବିନାଶୀ ଅଟେ ।

୫. ଆତ୍ମା ଓ ଆକାଶର ତୁଳନା - ଆକାଶ ଅମୂର୍ତ୍ତ ତଥାପି ତାହା ଅବଗାହ ଗୁଣରୁ ଜଣାପଡ଼ିଥାଏ । ସେହିପରି ଜୀବ ମଧ୍ୟ ଅମୂର୍ତ୍ତ ଏବଂ ତାହା ବିଜ୍ଞାନ ଗୁଣରୁ ଜଣାପଡ଼ିଥାଏ ।

୬. ଜୀବ ଓ ଜ୍ଞାନ ଆଦି ମଧ୍ୟରେ ଆଧାର ଆଧେୟ ସଂବନ୍ଧ - ପୃଥ୍ୱୀ ସମସ୍ତ ଦ୍ରବ୍ୟର ଆଧାର ସେହିପରି ଜୀବ, ଜ୍ଞାନ ଆଦି ଗୁଣର ଆଧାର ।

---

(୬) ଆୟାରୋ, ୫/୧୨୬-୧୩୯

(୭) ଆୟାରୋ, ୫/୧୩୮-ଅପୟସ୍ସ ପୟଂଣତ୍ଥି ।

(୮) ଆୟାରୋ, ୫/୧୨୨-୧୨୪ ।

୭. ଜୀବ ଓ ଆକାଶର ତୁଳନା – ନିତ୍ୟ ଦୃଷ୍ଟିରେ ଆକାଶ ଯେପରି ତିନିକାଳରେ ଅକ୍ଷୟ, ଅନନ୍ତ ଏବଂ ଅତୁଳ ଜୀବ ମଧ୍ୟ ତିନିକାଳରେ ଅବିନାଶୀ ଅବସ୍ଥିତ ଥାଏ ।

୮. ଜୀବ ଓ ସୁନା ମଧ୍ୟରେ ତୁଳନା – ନିତ୍ୟ-ଅନିତ୍ୟ ଦୃଷ୍ଟିରେ ସୁନା ମୁକୁଟ, କୁଣ୍ଡଳ, ମୁଦ୍ରିକା, ହାର ଆଦି ଅନେକ ରୂପ ଧାରଣ କରିବାରେ ମଧ୍ୟ ତାହାର ମୂଳରେ ସୁନା ହିଁ ରହିଥାଏ । କେବଳ ନାମ ଓ ରୂପରେ ପରିବର୍ତ୍ତନ ରହିଥାଏ । ଠିକ୍ ସେହିପରି ଜୀବ, ଚାରି ଗତିରେ ଭ୍ରମଣ କରିଥାଏ, ଯଥା : ଦେବଗତି, ମନୁଷ୍ୟ ଗତି, ତୀର୍ଯ୍ୟଂଚ (ପଶୁପକ୍ଷୀ) ଏବଂ ନରକ ଗତି। ଗତି-ପରିବର୍ତ୍ତନ ପ୍ରକ୍ରିୟାରେ ଜୀବର ପର୍ଯ୍ୟାୟ ବଦଳିଥାଏ – ରୂପ ଓ ନାମ ବଦଳିଥାଏ – ଜୀବ ଦ୍ରବ୍ୟ ପୂର୍ବବତ୍ ସୁରକ୍ଷିତ ରହେ ।

୯. ଜୀବ ଓ କର୍ମକାର ମଧ୍ୟରେ ତୁଳନା – କର୍ତ୍ତୃତ୍ୱ ଓ ଭୋକ୍ତୃତ୍ୱ ଦୃଷ୍ଟିରେ– ଜଣେ କର୍ମକାର କାର୍ଯ୍ୟ କରିଥାଏ ଓ ତା'ର ଫଳ ମଧ୍ୟ ଭୋଗ କରିଥାଏ,ସେହିପରି ଜୀବ ସ୍ୱୟଂ କର୍ମ କରେ ଏବଂ ତା'ର ଫଳ ମଧ୍ୟ ଭୋଗ କରେ ।

୧୦. ଜୀବ ଓ ସୂର୍ଯ୍ୟର ତୁଳନା – ଭବାନୁଯାୟିତ୍ୱ ଦୃଷ୍ଟିରେ – ଦିନବେଳା ସୂର୍ଯ୍ୟ ଏଠାରେ ପ୍ରକାଶ କରୁଥିବାରୁ ଆମେ ତାହା ଦେଖି ପାରିଥାଉଁ । ରାତିରେ ସୂର୍ଯ୍ୟ ଅନ୍ୟ କ୍ଷେତ୍ର ଚାଲିଯାଏ ଏବଂ ସେଠାରେ ପ୍ରକାଶ କରେ, ସେତେବେଳେ ଏଠାରେ ଥାଇ ଆମେ ସୂର୍ଯ୍ୟକୁ ଦେଖି ପାରି ନ ଥାଉ । ସେହିପରି ଜୀବ ଆମ ବର୍ତ୍ତମାନ ଶରୀରରେ ଥାଇ ପ୍ରକାଶିତ କରିଥାଏ ଏବଂ କାଳକ୍ରମେ ତାହାକୁ ଛାଡ଼ି ଅନ୍ୟ ଶରୀର ମଧ୍ୟରେ ପ୍ରବେଶ କରି ତାହାକୁ ପ୍ରକାଶିତ କରିବା ଆରମ୍ଭ କରିଦିଏ ।

୧୧. ଜ୍ଞାନ-ଗୁଣ ସାହାଯ୍ୟରେ ଜୀବର ଗ୍ରହଣ – ପଦ୍ମ କିମ୍ବା ଚନ୍ଦନ ଆଦିର ସୌରଭର ରୂପ ଦୃଷ୍ଟିଗମ୍ୟ ନୁହେଁ, ତଥାପି ପ୍ରାଣ ଦ୍ୱାରା ଗ୍ରହଣ କରାଯାଇଥାଏ, ସେହିଭଳି ଜୀବ, ଆଖିକୁ ଦେଖାଯାଏ ନାହିଁ, ତଥାପି ଜ୍ଞାନ ଗୁଣ ଦ୍ୱାରା ତାହା ଗ୍ରାହ୍ୟ ହୋଇଥାଏ ।

ମୃଦଂଗ, ଭମ୍ଭା ଆଦିର ଶବ୍ଦ ଶୁଣାଯାଇପାରିବ, କିନ୍ତୁ ସେହି ଶବ୍ଦର ରୂପ ଦେଖାଯାଇପାରିବ ନାହିଁ । ଏହିପରି ଜୀବ ଦୃଷ୍ଟିଗୋଚର ହୁଏ ନାହି, ତଥାପି ଜ୍ଞାନ-ଗୁଣ ଦ୍ୱାରା ଜୀବକୁ ଗ୍ରହଣ କରାଯାଇପାରିବ ।

୧୨. ଚେଷ୍ଟା-ବିଶେଷ ଦ୍ୱାରା ଜୀବର ଗ୍ରହଣ – ମଣିଷ ଶରୀରରେ ପିଶାଚ ଅନୁପ୍ରବେଶ କରିଲେ ତାହାକୁ ଆଖିରେ ଦେଖି ହୁଏ ନାହିଁ, କିନ୍ତୁ ଆକାର ଓ ଚେଷ୍ଟା ଦ୍ୱାରା ଲୋକଟି ପିଶାଚଗ୍ରସ୍ତ ବୋଲି ଜାଣିହେବ, ସେହିପରି ଶରୀର ଭିତରେ ରହୁଥିବା ଜୀବନକୁ ହାସ୍ୟ, ନାଚ, ସୁଖ-ଦୁଃଖ, ଭାଷା ଏବଂ ଗତି ଆଦି ବିଭିନ୍ନ ଚେଷ୍ଟା ଦ୍ୱାରା ଜାଣିହୁଏ ।

୧୩. ଜୀବର କର୍ମର ପରିଣମନ – ଗ୍ରହଣ କରାଯାଇଥିବା ଖାଦ୍ୟ ଆପଣାଛାଏଁ ସପ୍ତଧାତୁରେ ପରିଣତ ହୋଇଥାଏ । ସେହିପରି,ଜୀବ ଦ୍ୱାରା ଗ୍ରହଣ କରାଯାଇଥିବା କର୍ମ-ଯୋଗ୍ୟ ପୁଦ୍‌ଗଳ ସ୍ୱତଃ କର୍ମରୂପରେ ପରିଣତ ହୋଇଥାନ୍ତି ।

୧୪. ଜୀବକର୍ମର ଅନାଦି ସଂବନ୍ଧ ଏବଂ ସମୁଚିତ ଉପାୟ ଦ୍ୱାରା ପୃଥକୀକରଣ – ସୁନା ଓ ମାଟିର ସଂବନ୍ଧ ଯେଭଳି ଅନାଦି, ଜୀବ ଓ କର୍ମର ସଂଯୋଗ (ସହଚର୍ଯ୍ୟ) ବି ଅନାଦି । ଅଗ୍ନି ଆଦି ସାହାଯ୍ୟରେ ସୁନାକୁ ମାଟିଠାରୁ ପୃଥକ୍ କରାଯାଇଥାଏ, ସେହିଭଳି ଜୀବ ମଧ୍ୟ ସଂବର-ତପସ୍ୟା ଆଦି ଉପାୟର ସହାୟତା ନେଇ କର୍ମଠାରୁ ପୃଥକ୍ ହୁଏ ।

୧୫. ଜୀବ ଏବଂ କର୍ମ ସଂବନ୍ଧରେ ପୌର୍ବାପର୍ଯ୍ୟ ନାହିଁ – କୁକୁଡ଼ା ଓ ଅଣ୍ଡା ମଧ୍ୟରେ ଯେଭଳି ପୌର୍ବାପର୍ଯ୍ୟ ନ ଥାଏ, ଜୀବ ଓ କର୍ମ ମଧ୍ୟରେ ପୌର୍ବାପର୍ଯ୍ୟ ରହି ନ ଥାଏ । ଦୁହେଁ ହେଉଛନ୍ତି ଅନାଦି-ସହଗତ ।

ଭାରତୀୟ ଦର୍ଶନରେ ଆତ୍ମାର ସ୍ୱରୂପ

ଜୈନ ଦର୍ଶନ ଅନୁସାରେ ଆତ୍ମା ଚୈତନ୍ୟ ସ୍ୱରୂପ, ପରିଣାମୀ ସ୍ୱରୂପକୁ ଅକ୍ଷୁଣ୍ଣ ରଖି ବିଭିନ୍ନ ଅବସ୍ଥାରେ ପରିଣତ ହେଉଥିବା, କର୍ତ୍ତା ଓ ଭୋକ୍ତା, ସ୍ୱୟଂ ଆପଣା ସତ୍-ଅସତ୍ ପ୍ରବୃତ୍ତି ଦ୍ୱାରା ଶୁଭ-ଅଶୁଭ କର୍ମଗୁଡ଼ିକର ସଂଚୟ କରୁଥିବା ଏବଂ ସେ ସବୁର ଫଳ ଭୋଗ କରୁଥିବା ସ୍ୱଦେହ-ପରିମାଣ, ଅଣୁ ନୁହେଁ, ବିଭୁ (ସର୍ବବ୍ୟାପକ) ନୁହେଁ କିନ୍ତୁ ମଧ୍ୟମ ପରିମାଣ ବିଶିଷ୍ଟ ହୋଇଥାଏ ।

ବୌଦ୍ଧମାନେ ନିଜକୁ ଅନାତ୍ମବାଦୀ କହିଥାନ୍ତି । ସେମାନେ ଆତ୍ମାର ଅସ୍ତିତ୍ୱକୁ ବସ୍ତୁ-ସତ୍ୟ ରୂପରେ ସ୍ୱୀକାର ନ କରି କାଳ୍ପନିକ ସଂଜ୍ଞା (ନାମ) ମାତ୍ର ବୋଲିଥାନ୍ତି । ପ୍ରତିକ୍ଷଣ ନଷ୍ଟ ଓ ଉତ୍ପନ୍ନ ହେଉଥିବା ବିଜ୍ଞାନ (ଚେତନା) ଏବଂ ରୂପର (ଭୌତିକ ତତ୍ତ୍ୱ, କାୟା) ସଂଘାତ ସଂସାର ଯାତ୍ରା ସକାଶେ ଯଥେଷ୍ଟ । ଏହା ବ୍ୟତୀତ ନିତ୍ୟ ଆତ୍ମା ନାହିଁ । ବୌଦ୍ଧମାନେ ଅନାତ୍ମବାଦୀ ହେବା ସତ୍ତ୍ୱେ କର୍ମ, ପୁନର୍ଜନ୍ମ ଓ ମୋକ୍ଷକୁ ସ୍ୱୀକାର କରିଥାନ୍ତି । ଆତ୍ମା ସଂବନ୍ଧରେ ପ୍ରଶ୍ନ ଉପସ୍ଥାପନ ହେଲେ ବୌଦ୍ଧ ମୌନ ହୋଇପଡ଼ନ୍ତି । ଏହାର କାରଣ ପଚାରିବାରୁ ବୁଦ୍ଧ ଉତ୍ତର ଦେଇଛନ୍ତି - "ଯଦି ମୁଁ କହିବି ଆତ୍ମା ରହିଛି,ତେବେ ଲୋକେ ଶାଶ୍ୱତବାଦୀ ହୋଇପଡ଼ିବେ, ଯଦି ମୁଁ କହିବି ଆତ୍ମା ନାହିଁ ତେବେ ଲୋକେ ଉଚ୍ଛେଦବାଦୀ ହୋଇପଡ଼ିବେ । ଏହି କାରଣରୁ ଉଭୟଙ୍କ ନିରାକରଣ କରିବାକୁ ଯାଇ ମୁଁ ନିରବତା ଅବଲମ୍ବନ କରିଥାଏ ।"[୯]

ନାଗାର୍ଜୁନ ଲେଖିଛନ୍ତି- ବୁଦ୍ଧ ଏହା କହିଛନ୍ତି ଯେ, ଆତ୍ମା ରହିଛି ତଥା ଏହା ମଧ୍ୟ କହିଛନ୍ତି ଯେ ଆତ୍ମା ନାହିଁ ଏବଂ ବୁଦ୍ଧ ଆତ୍ମା ଓ ଅନାତ୍ମା କୌଣସି ବିଷୟରେ ଉପଦେଶ ଦେଇନାହାନ୍ତି ।[୧୦]

ଆତ୍ମା କ'ଣ, କେଉଁଠାରୁ ଆସିଛି, କେଉଁଠାକୁ ଯିବ, ବୁଦ୍ଧ ଏହି ପ୍ରଶ୍ନଗୁଡ଼ିକୁ ଅବ୍ୟାକୃତ କହି ଦୁଃଖ ଓ ଦୁଃଖନିରୋଧ - ଏହି ଦୁଇ ତତ୍ତ୍ୱର ବିଶେଷ ଉପଦେଶ ଦେଇଛନ୍ତି । ବୁଦ୍ଧ କହିଛନ୍ତି - 'ତୀର ଦ୍ୱାରା ଆହତ ପୁରୁଷର କ୍ଷତର ଉପଚାର କଥା ଚିନ୍ତା କରିବା ଉଚିତ୍ । ତୀର କେଉଁଠାରୁ ଆସିଲା, କିଏ ତୀର ଚାଳନା କଲା ଆଦି ପ୍ରଶ୍ନ କରିବା ନିରର୍ଥକ ଅଟେ ।'

ଏହା ହେଉଛି ବୁଦ୍ଧଙ୍କ 'ମଧ୍ୟମ ମାର୍ଗ' ଦୃଷ୍ଟିକୋଣ । ମନକୁ ଭୌତିକ ତତ୍ତ୍ୱରୁ ଅଲଗା ବୋଲି ସ୍ୱୀକାର କରୁଥିବା ବୌଦ୍ଧ ମଧ୍ୟ ରହିଛନ୍ତି ।

ନୈୟାୟିକମାନଙ୍କ ମତରେ ଆତ୍ମା ହେଉଛି ନିତ୍ୟ ଓ ବିଭୁ । ଇଚ୍ଛା, ଦ୍ୱେଷ, ପ୍ରଯତ୍ନ, ସୁଖ-ଦୁଃଖ, ଜ୍ଞାନ - ଏସବୁ ହେଉଛନ୍ତି ଲିଙ୍ଗ । ଏମାନଙ୍କ ମାଧ୍ୟମରେ ଆମେ ଆତ୍ମାର ଅସ୍ତିତ୍ୱକୁ ଜାଣିଥାଉଁ ।

ସାଂଖ୍ୟ ଦର୍ଶନ ଆତ୍ମାକୁ ନିତ୍ୟ ଓ ନିଷ୍କ୍ରିୟ ବୋଲି ମାନିଥାଏ । ଯେପରି - ସାଂଖ୍ୟ, ଜୀବକୁ କର୍ତ୍ତା ବୋଲି ମାନି ନ ଥାଏ, ଫଳ-ଭୋକ୍ତା ମାନିଥାଏ । ସେମାନଙ୍କ ମତାନୁସାରେ କର୍ତ୍ତୃଶକ୍ତି ହେଉଛି ପ୍ରକୃତି ।

ବେଦାନ୍ତୀ, ଅନ୍ତଃକରଣ- ପରିବେଷ୍ଟିତ ଚୈତନ୍ୟକୁ ଜୀବ ରୂପେ ବିବେଚନା କରିଥାନ୍ତି । ସେମାନଙ୍କ ଅନୁସାରେ ଏକ ଏକହି ଭୂତାତ୍ମା, ଭୂତେଭୂତେ ବ୍ୟବସ୍ଥିତଃ - ସ୍ୱଭାବତଃ ଜୀବ ହେଉଛି ଏକ, ପରନ୍ତୁ ଦେହାଦି - ଉପାଧିଗୁଡ଼ିକ ହେତୁ ନାନା ରୂପରେ ପ୍ରତୀତ ହୁଏ ।

ତେବେ ରାମାନୁଜଙ୍କ ମତରେ ଜୀବ ଅନନ୍ତ ଏବଂ ଜଣେ ଅନ୍ୟଠାରୁ ସର୍ବଦା ପୃଥକ୍ ।

ବୈଶେଷିକମାନେ ସୁଖ-ଦୁଃଖ ଆଦିରେ ସମାନତା ଦୃଷ୍ଟିରୁ ଆତ୍ମୈକ୍ୟବାଦୀ [୧୧] ତଥା ବ୍ୟବସ୍ଥା ଦୃଷ୍ଟିରୁ ଆତ୍ମାନୈକ୍ୟବାଦୀ [୧୨] ଅଟନ୍ତି ।

---

(୯) ମାଧ୍ୟମ କାରିକା, ୧୮।୧୦:
ଅସ୍ତୀତି ଶାଶ୍ୱତଗ୍ରାହୀ, ନାସ୍ତୀତ୍ୟୁଚ୍ଛେଦ ଦର୍ଶନମ୍ ।
ତସ୍ମାଦସ୍ତିତ୍ୱ-ନାସ୍ତିତ୍ୱେ, ନାଶ୍ରୀୟେତ ବିଚକ୍ଷଣଃ ॥

(୧୦) ମାଧ୍ୟମ କାରିକା, ୧୮।୬:
ଆତ୍ମେତ୍ୟପି ପ୍ରଜ୍ଞାପିତମନାତ୍ମତ୍ୟପି ଦେଶିତମ୍ ।
ବୁଦ୍ଧୈର୍ନାତ୍ମାନଚାନାତ୍ମା,କଶ୍ଚିଦିତ୍ୟପି ଦେଶିତମ୍ ॥
ଅମୂର୍ତ୍ତଶ୍ଚେତନୋ ଭୋଗୀ, ନିତ୍ୟଃ ସର୍ବଗତୋଽକ୍ରିୟଃ ।
ଅକର୍ତ୍ତା ନିର୍ଗୁଣଃ ସୂକ୍ଷ୍ମଃ, ଆତ୍ମା କପିଳ ଦର୍ଶନେ ॥

(୧୧) ବୈଶେଷିକ ସୂତ୍ର, ୩/୨/୧୯

(୧୨) ବୈଶେଷିକ ସୂତ୍ର, ୩/୨/୨୦: ବ୍ୟବସ୍ଥାତୋ ନାନା ।

ଉପନିଷଦ ଓ ଗୀତା ଅନୁସାରେ ଆତ୍ମା ହେଉଛି ଶରୀର ଅପେକ୍ଷା ବିଲକ୍ଷଣ [୧୩], ମନଠାରୁ ଭିନ୍ନ [୧୪], ବିଭୁ-ବ୍ୟାପକ [୧୫] ଏବଂ ଅପରିଣାମୀ, [୧୬] ଆତ୍ମା ବାଣୀ ଦ୍ୱାରା ଅଗମ୍ୟ, [୧୭] ଆତ୍ମାର ବିସ୍ତୃତ ରୂପ ନେତି-ନେତି ଦ୍ୱାରା ବର୍ଣ୍ଣନା କରାଯାଇଛି । [୧୮] ସ୍ଥୁଳ ଅଣୁକ୍ଷୁଦ୍ର ବିଶାଳ, ଅରୁଣ, ଦ୍ରବ, ଛାୟା, ତମ, ବାୟୁ, ଆକାଶ, ସଂଗ, ରସ, ଗନ୍ଧ, ନେତ୍ର, କର୍ଣ୍ଣ, ବାଣୀ, ମନ, ତେଜ, ପ୍ରାଣ, ମୁଖ, ଅନ୍ତର, ବାହାର - ଏଗୁଡ଼ିକ ମଧ୍ୟରୁ କୌଣସିଟି ମଧ୍ୟ ଆତ୍ମା ନୁହେଁ । [୧୯]

ସଂକ୍ଷେପରେ -

ବୌଦ୍ଧ - ଆତ୍ମା ସ୍ଥାୟୀ ନୁହେଁ,ଚେତନାର ପ୍ରବାହ ମାତ୍ର ।

ନ୍ୟାୟ ବୈଶେଷିକ -ଆତ୍ମା ସ୍ଥାୟୀ କିନ୍ତୁ ଚେତନା ତା'ର ସ୍ଥାୟୀ ସ୍ୱରୂପ ନୁହେଁ । ପ୍ରଗାଢ଼ ନିଦ୍ରାବସ୍ଥାରେ ଆତ୍ମା ଚେତନା- ବିହୀନ ହୋଇପଡ଼େ ।

ବୈଶେଷିକ-ମୋକ୍ଷରେ ଆତ୍ମାର ଚେତନା ନଷ୍ଟ ହୋଇପଡ଼େ ।

ସାଂଖ୍ୟ - ଆତ୍ମା ହେଉଛି ସ୍ଥାୟୀ, ଅନାଦି, ଅନନ୍ତ, ଅବିକାରୀ, ନିତ୍ୟ ଏବଂ ଚିତ୍ ସ୍ୱରୂପ । ବୁଦ୍ଧି ହେଉଚି ଅଚେତନ - ପ୍ରକୃତିର ବିବର୍ତ୍ତ ।

ମୀମାଂସକ - ଆତ୍ମାରେ ଅବସ୍ଥା-ଭେଦ-କୃତ ଭେଦ ରହିଥିବା ସତ୍ତ୍ୱେ ତାହା ନିତ୍ୟ । ଜୈନ-ଆତ୍ମା ହେଉଛି ପରିବର୍ତ୍ତନଯୁକ୍ତ, ସ୍ଥାୟୀ ଏବଂ ଚିତ୍ ସ୍ୱରୂପ। ବୁଦ୍ଧି ମଧ୍ୟ ଚେତନ । ଗଭୀର ନିଦ୍ରା ବା ମୂର୍ଚ୍ଛା ଅବସ୍ଥାରେ ମଧ୍ୟ ଚେତନା ରହିଥାଏ । ଅଭିବ୍ୟକ୍ତି ହୁଏ ନାହିଁ । କଦାଚିତ୍ ସୂକ୍ଷ୍ମ ଅଭିବ୍ୟକ୍ତି ଘଟିଥାଏ । ମୋକ୍ଷରେ ଚେତନାର ସହଜ ଉପଯୋଗ ହୁଏ । ଚେତନାର ଆବୃତ୍ତ ଅବସ୍ଥାରେ ତାହାକୁ ପ୍ରବୃତ୍ତ କରିବାର ପ୍ରୟାସ ଜରୁରୀ ହୋଇଥାଏ, କିନ୍ତୁ ଅନାବୃତ୍ତ ଦଶାରେ ଚେତନାସତତ ପ୍ରବୃତ୍ତ ଥାଏ ।

ଔପନିଷଦିକ ଆତ୍ମାର ବିବିଧ ରୂପ ଏବଂ ଜୈନ ଦୃଷ୍ଟି ସହିତ ତୁଳନା

ଔପନିଷଦିକ ସୃଷ୍ଟି କ୍ରମରେ ଆତ୍ମାର ସ୍ଥାନ ପ୍ରଥମ । 'ଆତ୍ମା' ଶବ୍ଦ-ବାଚ୍ୟ ବ୍ରହ୍ମରୁ ଆକାଶ ଉତ୍ପନ୍ନ ହେଲା ।

---

[୧୩] କଠୋପନିଷଦ, ୨/୧୫/୧୮: ନ ହନ୍ୟତେ ହନ୍ୟମାନେ ଶରୀରେ ।

[୧୪] (କ) କଠୋପନିଷଦ, ୨/୩/୭/୮୦:
ଇନ୍ଦ୍ରିୟଠାରୁ ମନ ଶ୍ରେଷ୍ଠ ବା ଉତ୍କୃଷ୍ଟ । ମନଠାରୁ ବୁଦ୍ଧି, ବୁଦ୍ଧିଠାରୁ ମହତ୍ତ୍ୱ, ମହତ୍ତ୍ୱଠାରୁ ଅବ୍ୟକ୍ତ ଏବଂ ଅବ୍ୟକ୍ତ ଅପେକ୍ଷା ପୁରୁଷ ହେଉଚି ଶ୍ରେଷ୍ଠ । ତାହା ବ୍ୟାପକ ଓ ଅଲିଙ୍ଗ ।
(ଖ) କଠୋପନିଷଦ୍, ୧/୩/୧୦,୧୧: ପୁରୁଷ ଅପେକ୍ଷା ପର (ଶ୍ରେଷ୍ଠ ବା ଉତ୍କୃଷ୍ଟ) ଆଉ କିଛି ନାହିଁ । ପୁରୁଷ ହେଉଛି ସୂକ୍ଷ୍ମତାର ପରାକାଷ୍ଠା ।

[୧୫] ଈଶା-ଉପନିଷଦ୍ : ଈଶାବାସ୍ୟାମିଦଂ ସର୍ବଂ । ଯତ୍ କିଞ୍ଚ ଜଗତ୍ୟାଂ ଜଗତ୍ ।

[୧୬] ଗୀତା, ୨/୨୫

[୧୭] ତୈତ୍ତରୀୟ ଉପନିଷଦ୍, ୨/୪

[୧୮] ବୃହଦାରଣ୍ୟକ ଉପନିଷଦ, ୪/୫/୧୫ :
ସ ଏସ୍ ନେତି ନେତି ।

[୧୯] ବୃହଦାରଣ୍ୟକ ଉପନିଷଦ୍, ୩/୮/୮:
ଅସ୍ଥୁଳ ମନ ଏବ ହ୍ରସ୍ୱମଦୀର୍ଘମଲୋହିତମ ସ୍ନେହମ
ଛାୟମତମୋଂବାୟବନାକାଶମ ସଙ୍ଗମରସମ
ଗନ୍ଧମ ଚକ୍ଷୁ ସ୍କମଶ୍ରୋତ୍ରମବାଗଂଶ୍ମୋଂତେଜ
ସ୍କମପ୍ରାଣମମୁଖମଦନ୍ତରମ ବାହ୍ୟମ୍ ॥

ଆକାଶରୁ ବାୟୁ, ବାୟୁରୁ ଅଗ୍ନି, ଅଗ୍ନିରୁ ଜଳ, ଜଳରୁ ପୃଥ୍ୱୀ, ପୃଥ୍ୱୀରୁ ଔଷଧ, ଔଷଧରୁ ଅନ୍ନ ଏବଂ ଅନ୍ନରୁ ପୁରୁଷର ଉତ୍ପତ୍ତି ହେଲା । ଏହି ପୁରୁଷ ଅନ୍ନ-ରସମୟ ଅଟେ - ଅନ୍ନ ଓ ରସର ବିକାର ମାତ୍ର । [୨୦] ଏହି ଅନ୍ନ ରସମୟ ପୁରୁଷର ତୁଳନା ଔଦାରିକ ଶରୀର ସହିତ କରାଯାଇଥାଏ । ଏହାର ଶିର ଆଦି ଅଙ୍ଗୋପାଙ୍ଗର ବିଭାଗ କରାଯାଇଛି । ପ୍ରାଣମୟ ଆତ୍ମା (ଶରୀର), ଅନ୍ନମୟ କୋଷ ସଦୃଶ ପୁରୁଷାକାର ହୋଇଥାଏ । କିନ୍ତୁ ତା'ଭଳି ଅଂଗ-ଉପାଂଗ ଯୁକ୍ତ ନୁହେଁ । [୨୧] ପ୍ରାରମ୍ଭିକ କୋଶର ପୁରୁଷାକାର ଅନୁକ୍ରମରେ ଉତ୍ତରବର୍ତ୍ତୀ କୋଷ ପୁରୁଷାକାର ହୋଇଥାଏ । ପ୍ରାରମ୍ଭିକ କୋଶ, ଉତ୍ତରବର୍ତ୍ତୀ କୋଷ ଦ୍ୱାରା ପୂର୍ଣ୍ଣ, ବ୍ୟାପ୍ତ ଅଥବା ଭର୍ତ୍ତି ହୋଇଥାଏ । [୨୨] ଏହି ପ୍ରାଣମୟ ଶରୀର ସହିତ ଶ୍ୱାସୋଚ୍ଛ୍ୱାସ-ପର୍ଯ୍ୟାପ୍ତିର ତୁଳନା କରାଯାଇପାରିବ ।

ଅନ୍ନମୟ କୋଶ ମଧ୍ୟରେ ଯେପରି ପ୍ରାଣମୟ ଆତ୍ମା ନିବାସ କରିଥାଏ, ସେହିପରି ପ୍ରାଣମୟ କୋଶ ମଧ୍ୟରେ ମନୋମୟ ଆତ୍ମା ବାସ କରିଥାଏ । [୨୩] ଏହି ମନୋମୟ ଶରୀରର ତୁଳନା ମନ-ପର୍ଯ୍ୟାପ୍ତି ସହିତ କରାଯାଇପାରିବ । ମନୋମୟ କୋଶ ମଧ୍ୟରେ ବିଜ୍ଞାନମୟ କୋଶ ଅବସ୍ଥିତ । [୨୪]

ନିଶ୍ଚୟାତ୍ମିକା ବୁଦ୍ଧି ହିଁ ବିଜ୍ଞାନ । ତାହା ଅନ୍ତଃକରଣର ଅଧ୍ୟବସାୟ ରୂପକ ଧର୍ମ । ଏହି ନିଶ୍ଚୟାତ୍ମିକା ବୁଦ୍ଧିରୁ ଉତ୍ପନ୍ନ ଆତ୍ମା ହେଉଛି ବିଜ୍ଞାନମୟ । ଏହାର ତୁଳନା ଭାବ-ମନ, ଚେତନ-ମନ ସହିତ କରାଯାଇପାରିବ । ବିଜ୍ଞାନମୟ ଆତ୍ମା ଭିତରେ ଆନନ୍ଦମୟ ଆତ୍ମା ରହିଥାଏ । [୨୫] ଏହାର ତୁଳନା ଆତ୍ମାର ସୁଖାନୁଭୂତି ଅବସ୍ଥା ସହିତ କରାଯାଇଥାଏ ।

ସଜୀବ ଓ ନିର୍ଜୀବ ପଦାର୍ଥର ପୃଥକ୍‌କରଣ

ପ୍ରାଣ ଓ ଅପ୍ରାଣୀ ମଧ୍ୟରେ କି କି ପାର୍ଥକ୍ୟ ରହିଛି ? ଏହି ପ୍ରଶ୍ନ ଅନେକଥର ହୃଦୟକୁ ଆନ୍ଦୋଳିତ କରିଥାଏ । ପ୍ରାଣ ପ୍ରତ୍ୟକ୍ଷ ନୁହେଁ । ତାହାକୁ ଜାଣିବାକୁ ହେଲେ କୌଣସି ଏକ ଲକ୍ଷଣର ଆବଶ୍ୟକତା ପଡ଼ିଥାଏ । ଏହି ଲକ୍ଷଣ ହେଉଛି ପର୍ଯ୍ୟାପ୍ତି । ପ୍ରାଣୀ, ପର୍ଯ୍ୟାପ୍ତି ସାହାଯ୍ୟରେ ବିସଦୃଶ ଦ୍ରବ୍ୟର (ପୁଦ୍‌ଗଳ) ଗ୍ରହଣ, ସ୍ୱରୂପରେ ପରିଣମନ ଏବଂ ବିସର୍ଜନ କରିଥାଏ ।

	ଜୀବ [୨୬]	ଅଜୀବ [୨୭]
୧.	ପ୍ରଜନନ-ଶକ୍ତି (ସନ୍ତତି ଉତ୍ପାଦନ)	ପ୍ରଜନନ ଶକ୍ତି ନାହିଁ ।
୨.	ବୃଦ୍ଧି	ବୃଦ୍ଧି ନାହିଁ । [୨୮]
୩.	ଆହାର ଗ୍ରହଣ[୨୯] ସ୍ୱରୂପରେ ପରିଣମନ ବିସର୍ଜନ	ନାହିଁ ।
୪.	ଜାଗରଣ, ନିଦ୍ରା, ପରିଶ୍ରମ, ବିଶ୍ରାମ	ନାହିଁ ।
୫.	ଆତ୍ମରକ୍ଷା ସକାଶେ ପ୍ରଯତ୍ନ	ନାହିଁ ।
୬.	ଭୟ-ତ୍ରାସ	ନାହିଁ ।

(୨୦) ତୈତ୍ତିରୀୟ ଉପନିଷଦ୍ ୨।୧।୧

(୨୧) ତୈତ୍ତିରୀୟ ଉପନିଷଦ୍ ୨।୨।୧

(୨୨) ତୈତ୍ତିରୀୟ ଉପନିଷଦ୍ ୨।୨।୧

(୨୩) ତୈତ୍ତିରୀୟ ଉପନିଷଦ୍ ୨।୩।୧

(୨୪) ତୈତ୍ତିରୀୟ ଉପନିଷଦ୍ ୨।୪।୧

(୨୫) ତୈତ୍ତିରୀୟ ଉପନିଷଦ୍, ୨।୫।୧

(୨୬) ପଂଚାତିସ୍କାୟ, ୧୨୯,୧୩୦:
ଣହି ଇନ୍ଦ୍ରିୟାଣିଜୀବା, କାୟାପୁଣ ଛପ୍ପୟାରପଣ୍ଣଂତି ।
ଜଂ ହବଦି - ତେସୁ ଣାଣଂ, ଜୀବୋତ୍ତି ଯତଂ ପରୁବନ୍ତି ।

ଭାଷା ଶକ୍ତି ଅଜୀବର ନାହିଁ । ଜୀବଜଗତ ମଧ୍ୟରେ ସମସ୍ତ ଜୀବଙ୍କଠାରେ ଏହା ନ ଥାଏ । ତ୍ରସ ଜୀବଙ୍କଠାରେ ଏହି ଭାଷା ଶକ୍ତି ରହିଛି । ସ୍ଥାବର ଜୀବଠାରେ ନ ଥାଏ - ଏହି କାରଣରୁ ଏହା ଜୀବମାନଙ୍କ ବ୍ୟାପକ ଲକ୍ଷଣ ନୁହେଁ ।

ଗତି, ଜୀବ ଓ ଅଜୀବ ଉଭୟଙ୍କ କ୍ଷେତ୍ରରେ ରହିଥାଏ । କିନ୍ତୁ ଇଚ୍ଛାପୂର୍ବକ ବା ସହେତୁକ ଗତି-ଆଗତି ତଥା ଗତି-ଆଗତିର ବିଜ୍ଞାନ କେବଳ ଜୀବଠାରେ ଥାଏ, ଅଜୀବ ପଦାର୍ଥରେ ନ ଥାଏ ।

ଅଜୀବର ଚାରିପ୍ରକାର - ଧର୍ମ, ଅଧର୍ମ, ଆକାଶ ଓ କାଳ ଗତିଶୀଳ ନୁହେଁ, କେବଳ ପୁଦ୍‌ଗଳ ହିଁ ଗତିଶୀଳ । ଏହାର ଦୁଇ ରୂପ ପରମାଣୁ ଓ ସ୍କନ୍ଧ (ପରମାଣୁ ସମୁଦାୟ) ଗତିଶୀଳ ଅଟନ୍ତି । ଏମାନଙ୍କଠାରେ ନୈସର୍ଗିକ ଓ ପ୍ରାୟୋଗିକ - ଉଭୟ ପ୍ରକାର ଗତି ରହିଛି । ସ୍ଥୁଳ-ସ୍କନ୍ଧ ପ୍ରୟୋଗ ବିନା ଗତି କରନ୍ତି ନାହିଁ । ସୂକ୍ଷ୍ମ-ସ୍କନ୍ଧ, ସ୍ଥୁଳ-ପ୍ରଯତ୍ନ ବିନା ମଧ୍ୟ ଗତି କରିଥାନ୍ତି । ତେଣୁ ସେମାନଙ୍କଠାରେ ଇଚ୍ଛା ପୂର୍ବକ ଗତି ଓ ଚୈତନ୍ୟର ଭ୍ରମ ଜାତ ହୋଇଥାଏ । ସୂକ୍ଷ୍ମ ବାୟୁ ଦ୍ୱାରା ସ୍ପୃଷ୍ଟ ପୁଦ୍‌ଗଳ ସ୍କନ୍ଧ ମଧ୍ୟରେ କଂପନ, ପ୍ରକଂପନ, ଚଳନ, କ୍ଷୋଭ, ସ୍ପନ୍ଦନ, ଘଟ୍ଟନ, ଉଦ୍ଦୀପନ ଏବଂ ବିଚିତ୍ର ଆକୃତି ଆଦିର ପରିଣମନ ଦେଖି ବିଭଂଗ-ଅଜ୍ଞାନୀମାନଙ୍କୁ (ପାରଦ୍ରଷ୍ଟ ମିଥ୍ୟାଦୃଷ୍ଟି) ଏଗୁଡ଼ିକ ଜୀବ ଅଟନ୍ତି - ଏଭଳି ଭ୍ରମ ଜାତ ହୋଇଥାଏ ।

ଅଜୀବ ମଧ୍ୟରେ ଜୀବ ଏବଂ ଅଣୁ ମଧ୍ୟରେ କୀଟାଣୁର ଭ୍ରମ ହେବାର କାରଣ ହେଉଛି ସେମାନଙ୍କ ଗତି ଓ ଆକୃତି ସମ୍ବନ୍ଧୀୟ ସମାନତା ।

ଜୀବତ୍ୱର ଅଭିବ୍ୟକ୍ତିର ସାଧନ ହେଲା ଉତ୍‌ଥାନ, ବଳ ଓ ବୀର୍ଯ୍ୟ । ଏସବୁ ଶରୀରସାପେକ୍ଷ । ଶରୀର ହେଉଛି

ଜାଣାପି ପସ୍‌ସଦି ସବ୍‌ବଂ,ଇଚ୍ଛଦିସୁଖଂ ବିଭେଦିଦୁକ୍‌ଖାଦୋ ।
କୁବ୍‌ବଦି ହିଦମହିଂଦଂ ବା, ଭୁଂଜଦି ଜୀବୋ ଫଲଂ ତେସିଂ ।

(୨୭) ପଂଚାତିସ୍କାୟ, ୧୨୯, ୧୩୦:
ସୁଖ-ଦୁଃଖ ଜାଣଣା, ବାହିଦ ପରିଯମ୍ମଂ ଚ ଅହିଦଭୀସତ୍ତଂ ।
ଜସ୍‌ସଣ ବିଜ୍‌ଜଦି ଣିଚ୍ଚଂ, ତଂ ସମଣା ବିତି ଅଜୀବଂ ॥

(୨୮) ହିନ୍ଦୀ ବିଶ୍ୱଭାରତୀ, ଖଣ୍ଡ ୧, ପୃ.୪୧, ୫୦:
କ) କୃତ୍ରିମ ଉଦ୍‌ଭିଜ ଆପଣା ଛାଏଁ ବଢ଼ିଥାଏ । ତେବେ ଉଦ୍‌ଭିଜ ସଜୀବ ଗଛର ବୃଦ୍ଧି ଏବଂ ଏହାର ବୃଦ୍ଧି ମଧ୍ୟରେ ଗଭୀର ଅନ୍ତର ରହିଛି । ଜୀବନ୍ତ ଚାରା ବା ଛୋଟଗଛ ଆପଣା କଳେବର ମଧ୍ୟରେ ଘଟୁଥିବା ସ୍ୱାଭାବିକ ପ୍ରକ୍ରିୟାର ଫଳ-ସ୍ୱରୂପ ସ୍ୱତଃ ବଢ଼ିଥାଏ । ଏହାର ବିପରୀତ ... ଜଡ଼ ପଦାର୍ଥରୁ ପ୍ରସ୍ତୁତ ଉଦ୍‌ଭିଜ, ବାହ୍ୟ ପ୍ରକ୍ରିୟାରେ ପରିଣାମ ଅଟେ ।

(ଖ) ସଜୀବ ପଦାର୍ଥ ବଢ଼ିଥାଏ ଏବଂ ନିର୍ଜୀବ ପଦାର୍ଥ ବଢ଼େ ନାହିଁ, କିନ୍ତୁ ଚିନି - କ'ଣ କିମ୍ବା ଚିନିର ବିଭିନ୍ନ ଆକୃତିର ଯଦି ଶର୍କରାଘୋଳ ମଧ୍ୟରେ ରଖି ଦିଆଯାଏ, ତାହା ମଧ୍ୟ ବୃଦ୍ଧି ପାଇଥାଏ । ଏହି କଥ୍ୟ ପଥର ବା ଶିଳା କ୍ଷେତ୍ରରେ ମଧ୍ୟ କୁହାଯାଇପାରିବ । ଏଗୁଡ଼ିକ ପୃଥ୍ୱୀ ତଳୁ ବୃଦ୍ଧି ପାଇ ଛୋଟ ବା ବଡ଼ ଆକାର ଧାରଣ କରିଥାଏ । ଆମେ, ଆମ୍ବ-ଟାକୁଆରୁ ଏକ ପାତଳଶାଖା ମାଟିଭେଦି ବାହାରିବାର ଦେଖିଥାଉଁ, ଏବଂ ଏହାକୁ ଚାରାଗଛ ଏବଂ ଶେଷରେ ବିଶାଳ ବୃକ୍ଷ ରୂପରେ ବଢ଼ିବାର ଦେଖିପାରୁଁ ଏବଂ ଅନ୍ୟପଟେ ଗୋଟିଏ କୁକୁର ଶିଶୁକୁ ମଧ୍ୟ ଧୀରେ ଧୀରେ ବଢ଼ି ସଂପୂର୍ଣ୍ଣ କୁକୁର ହେବା ଦେଖିବାକୁ ପାଇଥାଉଁ । ତେବେ ଏହି ଦୁଇ ପ୍ରକାର ବୃଦ୍ଧିରେ ଫରକ ରହିଛି । ଚିନିକଣ ବା ପଥର ବୃଦ୍ଧି, ସେମାନଙ୍କ ଧରାତଳରେ ଅଧିକ ନୂତନ ଥାକ ବା ପରସ୍ତ ସଞ୍ଚିତ ହେବାରୁ ଘଟିଥାଏ, ଅଥଚ ଚାରା ବା କୁକୁର ଛୁଆ ଖାଦ୍ୟ-ପାନୀୟ ଗ୍ରହଣ ପୂର୍ବକ ଆପଣା ଶରୀରକୁ ହୃଷ୍ଟ-ପୁଷ୍ଟ ଓ ବୃଦ୍ଧିଗତ କରିଥାନ୍ତି । ତେଣୁ ପଶୁ ଓ ବୃକ୍ଷ ଆଦିର ବୃଦ୍ଧି ଭିତରୁ ହୁଏ ଏବଂ ନିର୍ଜୀବ ପଦାର୍ଥର ଯଦି ବୃଦ୍ଧି ହୁଏ, ତାହା ବାହାରୁ ହୋଇଥାଏ ।

(୨୯) ହିନ୍ଦୀ ବିଶ୍ୱଭାରତୀ, ଖଣ୍ଡ ୧, ପୃ.୪୨ ।
ପ୍ରାଣୀ, ସଜୀବ ଓ ଅଜୀବ ଉଭୟ ପ୍ରକାର ଖାଦ୍ୟ ଗ୍ରହଣ କରିଥାଏ, କିନ୍ତୁ ଏହାପରେ ସେସବୁ ଅଜୀବ ହୋଇପଡ଼ନ୍ତି ।

ପୌଦ୍‌ଗଳିକ । ତେଣୁ ଚେତନ ଦ୍ୱାରା ସ୍ୱୀକାର କରାଯାଇଥିବା ପୁଦ୍‌ଗଳ ଏବଂ ଚେତନ-ମୁକ୍ତ ପୁଦ୍‌ଗଳ ମଧ୍ୟରେ ଗତି ଓ ଆକୃତିକୁ ନେଇ ଭେଦ-ରେଖା ଟଣାଯାଇପାରିବ ନାହିଁ । (୩୦)

ଜୀବର ବ୍ୟାବହାରିକ ଲକ୍ଷଣ

ସଜାତୀୟ-ଜନ୍ମ, ବୃଦ୍ଧି, ସଜାତୀୟ-ଉତ୍ପାଦନ, କ୍ଷତ ସଂରୋହଣ (କ୍ଷତ-ଉପଶମ-ଶକ୍ତି) ଏବଂ ଅନିୟମିତ ତିର୍ଯ୍ୟଗ୍‌, ଗତି-ଏହା ଜୀବମାନଙ୍କ ବ୍ୟାବହାରିକ ଲକ୍ଷଣ । କଳ-କାରଖାନା ମଧ୍ୟ ଆବଶ୍ୟକୀୟ ଖାଦ୍ୟ ଗ୍ରହଣ କରିଥାଏ, ଏପରି କୁହାଯାଇପାରିବ, କିନ୍ତୁ ଖାଦ୍ୟରସ ଦ୍ୱାରା ନିଜ ଶରୀର ବୃଦ୍ଧି କରିପାରିବ ନାହିଁ । ନିର୍ଦ୍ଦିଷ୍ଟ ସୀମା ପର୍ଯ୍ୟନ୍ତ ସ୍ୱ-ନିୟନ୍ତ୍ରଣ କରିପାରୁଥିବା ମେସିନ ମଧ୍ୟ ରହିଛି । ଟରପିଡୋ ଆଦି କ୍ଷେପଣାସ୍ତ୍ରର ସ୍ୱୟଂଚାଳିତ ଶକ୍ତି ଥାଏ । ତେବେ ତାହା ସଜାତୀୟ ଯନ୍ତ୍ରରୁ ଉତ୍ପନ୍ନ ନୁହେଁ ଏବଂ ଅନ୍ୟ ଏକ ସଜାତୀୟଯନ୍ତ୍ରକୁ ଉତ୍ପନ୍ନ କରିପାରେ ନାହିଁ । ଏପରି କୌଣସି ଯନ୍ତ୍ର ନାହିଁ, ଯାହା ନିଜ ଘାଆକୁ ନିଜେ ଆରୋଗ୍ୟ କରିଦେଇପାରିବ । ମନୁଷ୍ୟକୃତ ନିୟମନ ବ୍ୟତିରେକ ତାହା ଚାଲବୁଲ କରିପାରେ ନାହିଁ କିଂବା ତୀର୍ଯ୍ୟଗ୍‌ - ଗତି ମଧ୍ୟ କରିପାରେ ନାହିଁ ।

ରେଳଗାଡ଼ି, ରେଳ-ଧାରଣା ଉପରେ ପ୍ରବଳ ବେଗରେ ଦଉଡ଼ିପାରେ, ଅଥଚ ତା'ଠାରୁ ଟିକିଏ ଦୂରରେ ଚଳପ୍ରଚଳ ହେଉଥିବା ପିମ୍ପୁଡ଼ିକୁ ମାରିପାରେ ନାହିଁ । ପିମ୍ପୁଡ଼ିଠାରେ ଚେତନା ରହିଥିବାରୁ ମନଇଚ୍ଛା ଗତି କରିଥାଏ । ରେଳଗାଡ଼ି ଜଡ଼ ହୋଇଥିବାରୁ, ତାହାଠାରେ ସେହି ଶକ୍ତି ନ ଥାଏ । ଯନ୍ତ୍ରକ୍ରିୟାର ସଂଚାଳନ ମଧ୍ୟ ଚେତନାଯୁକ୍ତ ପ୍ରାଣୀ କରିଥାଏ । ତେଣୁ ଯନ୍ତ୍ର ଓ ଜୀବର ସ୍ଥିତି ଏକ ସଦୃଶନୁହେଁ । ଏହି ସବୁ ଲକ୍ଷଣ ହେଉଚି ଜୀବଧାରୀମାନଙ୍କ ନିଜସ୍ୱ ବିଶେଷତ୍ୱ । ଜଡ଼ଠାରେ ଏହା ଦେଖିବାକୁ ମିଳେ ନାହିଁ ।

ଅଜୀବ-ପଦାର୍ଥକୁ ଜୀବ ସ୍ୱରୂପରେ କିପରି ପରିବର୍ତ୍ତିତ କରାଯାଇଥାଏ, ତାହା ଆଜି ବି ବିଜ୍ଞାନ ପାଇଁ ଏକ ପ୍ରହେଳିକା ହୋଇ ରହିଛି ।

ବୈଜ୍ଞାନିକମାନଙ୍କ ମତରେ ବୃକ୍ଷ, ନିର୍ଜୀବ ପଦାର୍ଥରୁ ନିର୍ମିତ ଆହାର ଗ୍ରହଣ କରିଥାଏ । ତାହା, ବୃକ୍ଷ ମଧ୍ୟରେ ପ୍ରବେଶ କରି ସଜୀବ କୋଷ୍ଟ ରୂପ ଧାରଣ କରିଥାଏ । ଏହି ନିର୍ଜୀବ ବସ୍ତୁର ସଜୀବ ରୂପରେ ପରିଣତ ହେବା - ଏହାର ଶ୍ରେୟ 'କ୍ଲୋରୋଫିଲ'କୁ ଦିଆଯାଇଥାଏ । ବୈଜ୍ଞାନିକମାନେ 'କ୍ଲୋରୋଫିଲ୍‌'ର କାର୍ଯ୍ୟ ପ୍ରକ୍ରିୟାକୁ ଏବେ ବି ବୁଝିପାରିନାହାନ୍ତି । ଜୈନ ଦର୍ଶନ କହୁଛି - ନିର୍ଜୀବ ଆହାରକୁ ସ୍ୱରୂପରେ ପରିଣତ କରୁଥିବା ଶକ୍ତି ହେଉଛି ଆହାର ପର୍ଯ୍ୟାପ୍ତି । ଏହା ଜୀବନ-ଶକ୍ତିର ଆଧାରଶିଳା ଏବଂ ଏହା ଯୋଗୁଁ ଶରୀର ଆଦିର ନିର୍ମାଣ ହୋଇଥାଏ । ଲାଜକୁଳୀ ଲତାର ପତ୍ରକୁ ଛୁଇଁବା ମାତ୍ରକେ ତାହା ଝାଉଁଳିପଡ଼େ । ଆପଣ ଜାଣନ୍ତି ଯେ ଆକାଶରେ ବିଦ୍ୟୁତର୍‌ ପ୍ରହାର ହେଲେ କ୍ଷେତରେ ଚରୁଥିବା ମୃଗପଲ ଭୟଭୀତ ହୋଇ ଇତସ୍ତତଃ ହୋଇପଡ଼ନ୍ତି । ଉଦ୍ୟାନରେ ବିହରଣ କରୁଥିବା ବିହଂଗମାନେ କୋଳାହଳ କରନ୍ତି । ଖଟରେ ଶୋଇଥିବା ଅବୋଧ ବାଳକ ମଧ୍ୟ ଚମକି ପଡ଼େ । ତେବେ କ୍ଷେତର ଆଡ଼ି, ଉଦ୍ୟାନର ଜଳ-ବିଛୁରଣକାରୀ ଯନ୍ତ୍ର ତଥା ଖଟ ଉପରେ ଜମା ପ୍ରଭାବ ପଡ଼ି ନ ଥାଏ । ଏହି ଦିଗ ପ୍ରତି ଆପଣ କେବେ ଧ୍ୟାନ ଦେଇଛନ୍ତି କି ? ଏହି ସମସ୍ତ ଘଟଣାର ମୂଳରେ ଏକ ମାତ୍ର ରହସ୍ୟ ଛପିରହିଛି - ତାହା ସଜୀବ ପ୍ରକୃତିର ପ୍ରଧାନତା । ଏହା ହେଉଛି ଜୀବମାନଙ୍କ ଉତ୍ତେଜନା ଶକ୍ତି ଓ ପ୍ରତିକ୍ରିୟା । ଏହି ଗୁଣ ଲାଜକୁଳୀ ଲତା, ହରିଣ, ବିହଂଗ, ବାଳକ କିମ୍ବା ଅନ୍ୟ ଜୀବଠାରେ ବିଦ୍ୟମାନ ଥାଏ, କିନ୍ତୁ କାହାଠାରେ କମ୍‌, କାହାଠାରେ ବେଶି ଥାଇପାରେ । ଆଘାତ ବ୍ୟତୀତ ଅନ୍ୟାନ୍ୟ କାରଣଗୁଡ଼ିକର ମଧ୍ୟ ପ୍ରାଣୀମାନଙ୍କ ଉପରେ ପ୍ରଭାବ ପଡ଼ିଥାଏ ।

(୩୦) ହିନ୍ଦୀ ବିଶ୍ୱଭାରତୀ ଖଣ୍ଡ ୧, ପୃ.୧୩୮

ସୋଡିଅମ୍‌ ଧାତୁ ଖଣ୍ଡ ପାଣିରେ କ୍ଷୁଦ୍ର ଜୀବ ସଦୃଶ

ଜୋରରେ ଏପଟ - ସେପଟ ଦୌଡ଼ିଥାନ୍ତି ଏବଂ ଶୀଘ୍ର ରାସାୟନିକ କ୍ରିୟା କାରଣରୁ ସମାପ୍ତ ହୋଇ ବିଲୀନ ହୋଇଯାନ୍ତି ।

ଜୀବର ନୈଷ୍ଟୟିକ ଲକ୍ଷଣ

ଆତ୍ମାର ନୈଷ୍ଟୟିକ ଲକ୍ଷଣ ହେଉଛି ଚେତନା । ପ୍ରାଣୀମାତ୍ରକେ ନ୍ୟୂନାଧିକ ମାତ୍ରାରେ ଏହା ରହିଛି । ସତ୍ତା ରୂପରେ ଚୈତନ୍ୟ ଶକ୍ତି ସବୁ ପ୍ରାଣୀଠାରେ ଅନନ୍ତ ଥାଏ, କିନ୍ତୁ ବିକାଶ ଦୃଷ୍ଟିରୁ ଦେଖିଲେ ସବୁ ଜୀବଠାରେ ଏହା ସମାନ ନ ଥାଏ । ଜ୍ଞାନ ଉପରେ ଆବରଣର ପ୍ରବଳତା ଓ ଦୁର୍ବଳତା ଅନୁସାରେ ତା'ର ବିକାଶ ଅଳ୍ପ କିମ୍ବା ଅଧିକ ହୋଇଥାଏ । ଏକେନ୍ଦ୍ରିୟଯୁକ୍ତ ଜୀବଠାରେ ଅତି କମ୍‌ରେ ଗୋଟିଏ ଇନ୍ଦ୍ରିୟର (ସ୍ପର୍ଶନ-ଇନ୍ଦ୍ରିୟ) ଅନୁଭବ ରହିଥାଏ । ତାହା ନ ଥିଲେ ଜୀବ ଓ ଅଜୀବ ମଧ୍ୟରେ କୌଣସି ପାର୍ଥକ୍ୟ କରିହେବ ନାହିଁ । ଜୀବ ଓ ଅଜୀବମାନଙ୍କ ଭେଦ ବର୍ଣ୍ଣନା କରିବାକୁ ଯାଇ ଶାସ୍ତ୍ରରେ କୁହାଯାଇଛି - 'କେବଳ ଜ୍ଞାନ (ପୂର୍ଣ୍ଣଜ୍ଞାନ)କୁ ଯଦି ଏକ ଧରାଯାଏ, ତାହାର ଅନନ୍ତତମଭାଗ ଜ୍ଞାନ ସମସ୍ତ ଜୀବଙ୍କଠାରେ ବିକଶିତ ଥାଏ । ଯଦି ତାହା ଆବୃତ୍ତ ହୋଇଯିବ, ତେବେ ଜୀବ, ଅଜୀବରେ ପରିଣତ ହେବ ।'

ଦୃଷ୍ଟି ସହିତ ମଧ୍ୟମ ଓ ବିରାଟ ପରିମାଣ ତୁଳନା

ଉପନିଷଦମାନଙ୍କରେ ଆତ୍ମାର ପରିମାଣର ବିଭିନ୍ନ କଳ୍ପନା ରହିଛି । ଏହି ମନୋମୟ ପୁରୁଷ (ଆତ୍ମା) ଅନ୍ତର୍ହୃଦୟରେ ଚାଉଳ ଅଥବା ଯବ ଦାନା ପରିମାଣର ଅଟେ । [୩୧]

ଏହି ଆତ୍ମା ପ୍ରଦେଶ-ମାତ୍ର (ବୁଢା ଆଙ୍ଗୁଳିରୁ ଅଗ୍ରଭାଗରୁ ତର୍ଜନୀର ଅଗ୍ରଭାଗ ଯେତେ ଦୂରତ୍ୱ ବିଶିଷ୍ଟ) ଅଟେ । [୩୨]

ଏହି ଆତ୍ମା ହେଉଛି ଶରୀର-ବ୍ୟାପୀ । [୩୩]

ଏହି ଆତ୍ମା ହେଉଛି ସର୍ବ-ବ୍ୟାପୀ । [୩୪]

ହୃଦୟ କମଳ ମଧ୍ୟରେ ସ୍ଥିତ ମୋର ଆତ୍ମା ପୃଥ୍ୱୀ, ଅନ୍ତରୀକ୍ଷ, ଦ୍ୟୁଲୋକ ଅଥବା ଏହି ସମସ୍ତ ଲୋକଙ୍କ ଅପେକ୍ଷା ବଡ଼ ଆକାରର ହୋଇଥାଏ । [୩୫]

ଜୀବ ସଂଖ୍ୟା ଦୃଷ୍ଟିରୁ ଅନନ୍ତ । ପ୍ରତ୍ୟେକ ଜୀବର ପ୍ରଦେଶ ବା ଅବିଭାଗୀ ଅବୟବ ଅସଂଖ୍ୟ ପରିମାଣର । ଜୀବ ହେଉଛି ଅସଂଖ୍ୟ-ପ୍ରଦେଶୀ । ତେଣୁ ବ୍ୟାପ୍ତ ହୋଇପାରିବାର କ୍ଷମତା ରହିଥିବାରୁ ଲୋକ ସଦୃଶ ବିରାଟ ହୋଇଥାଏ । [୩୬] 'କେବଳୀ-ସମୁଦ୍‌ଘାତ' ପ୍ରକ୍ରିୟାରେ ଆତ୍ମା କିଛି ସମୟ ପାଇଁ ବ୍ୟାପକ ରୂପ ଧାରଣ କରିଥାଏ । 'ମରଣ-ସମୁଦ୍‌ଘାତ' ସମୟରେ ବି ଆଂଶିକ ବ୍ୟାପକତା ରହିଥାଏ । [୩୭]

ପ୍ରଦେଶ-ସଂଖ୍ୟା ଦୃଷ୍ଟିରୁ ଧର୍ମ, ଅଧର୍ମ, ଆକାଶ ଓ ଜୀବ -ଚାରିହେଁ ସମତୁଲ୍ୟ । ଅବଗାହ ଦୃଷ୍ଟିରୁ ସମ ନୁହନ୍ତି । ଧର୍ମ, ଅଧର୍ମ ଓ ଆକାଶ ସ୍ୱୀକାରାତ୍ମକ ତଥା କ୍ରିୟା-ପ୍ରତିକ୍ରିୟାତ୍ମକ ପ୍ରବୃତ୍ତିରୁ ଶୂନ୍ୟ ହୋଇଥିବାରୁ, ଏମାନଙ୍କ ପରିମାଣରେ କୌଣସି ପରିବର୍ତ୍ତନ ଘଟେ ନାହିଁ । ସଂସାରୀ ଜୀବମାନେ ପୁଦ୍‌ଗଳ ଗ୍ରହଣକରିଥାନ୍ତି ତଥା କ୍ରିୟା-ପ୍ରତିକ୍ରିୟା- ଉଭୟ ପ୍ରବୃତ୍ତି ରହିଥାଏ, ତେଣୁ ସେମାନଙ୍କ ପରିମାଣ ସବୁବେଳେ ଏକପ୍ରକାର ହୋଇ ରହେ ନାହିଁ । ଏଗୁଡ଼ିକ ସଂକୁଚିତ

---

(୩୧) ବୃହଦାରଣ୍ୟକ ଉପନିଷଦ୍, ୫।୬।୧ : ଯଥା ବ୍ରୀହିର୍ବା ଯବୋବା

(୩୨) ଛାନ୍ଦୋଗ୍ୟ ଉପନିଷଦ୍, ୫।୧୮।୧ : ପ୍ରଦେଶମାତ୍ରମ୍ ।

(୩୩) କୌଷୀତକି ଉପନିଷଦ୍, ୩୫।୪।୨୦ : ଏଷ ପ୍ରଜ୍ଞାତ୍ମା ଇଦଂ ଶରୀର ମନୁପ୍ରବିଷ୍ଟଃ ।

(୩୪) ମୁଣ୍ଡକ ଉପନିଷଦ୍, ୧।୧।୬: ସର୍ବଗତମ୍

(୩୫) ଛାନ୍ଦୋଗ୍ୟ ଉପନିଷଦ୍, ୩।୧୪।୩

(୩୬) ଭଗବଈ, ୨/୧୪୪, ଜୀବତ୍ଥିକାଏ ଲୋଏ,
ଲୋୟମେତ୍ତେ, ଲୋୟପ୍ପମାଣେ.... ।

(୩୭) ଭଗବଈ, ୬/୧୨୪

ଏବଂ ବିସ୍ତାରିତ ହୋଇଥାନ୍ତି । ତେବେ ଅଣୁ ଯେତେ ସଂକୋଚନ କିମ୍ବା ଲୋକାକାଶ ସଦୃଶ ବିକାଶ (କେବଳୀ-ସମୁଦ୍‌ଘାତ ବ୍ୟତୀତ) ଘଟେ ନାହିଁ । ଏହିସବୁ କାରଣ ବିଶ୍ଳେଷଣ କଲେ ଜଣାଯାଏ ଯେ, ଜୀବ, ମଧ୍ୟମ ପରିମାଣ ବିଶିଷ୍ଟ ହୋଇଥାଏ ।

ସଂକୋଚ ଏବଂ ବିକୋଚ (ବିସ୍ତାର) ଜୀବମାନଙ୍କ ସ୍ୱଭାବ-ପ୍ରକ୍ରିୟା ନୁହେଁ - ବରଂ ଏହା କାର୍ମଣ ଶରୀର ସାପେକ୍ଷ ହୋଇଥାନ୍ତି । କର୍ମଯୁକ୍ତ ଅବସ୍ଥାରେ ଜୀବ, ଶରୀରର ମର୍ଯ୍ୟାଦା ସହିତ ଆବଦ୍ଧ ଥାଏ, ତେଣୁ ତା'ର ପରିମାଣ ସ୍ୱତନ୍ତ୍ର ନ ଥାଏ । କାର୍ମଣ ଶରୀରର କୃଶ ବା ସ୍ଥୁଳ ହେବା ପଛରେ ଗତି-ଚତୁଷ୍ଟୟ-ସାପେକ୍ଷତା କାମ କରିଥାଏ । ମୁକ୍ତ-ଦଶାରେ ସଂକୋଚ-ବିକୋଚ ନୁହେଁ, ସେଠାରେ ଚରମ ଶରୀରର ଦୁଇ ତୃତୀୟାଂଶରେ ଆତ୍ମାର ଯେଉଁ ଅବଗାହ ଥାଏ, ତାହା କେବଳ ଅବଶେଷ ରହେ ।

ଆତ୍ମାର ସଂକୋଚଓ ବିକୋଚର ତୁଳନା ଦୀପକର ପ୍ରକାଶ ସହିତ କରାଯାଇପାରିବ । ଖୋଲା ଆକାଶ ତଳେ ରଖାଯାଇଥିବା ଦୀପର ଆଲୁଅର ଏକ ନିର୍ଦ୍ଦିଷ୍ଟ ପରିମାଣ ଥାଏ । ସେହି ଦୀପକୁ ଯଦି ଗୋଟିଏ କୋଠରି ମଧ୍ୟରେ ଥୋଇ ଦିଆଯାଏ ତେବେ ତା'ର ପ୍ରକାଶ କୋଠରି ମଧ୍ୟରେ ସମ୍ପେଇଯାଏ । ଘଟ ମଧ୍ୟରେ ଦୀପକକୁ ରଖିଲେ ସେହି ପ୍ରକାଶ ଘଟର ଆକାର ଧାରଣ କରିଥାଏ । ଢାଙ୍କୁଣୀ ତଳେ ଆବୃତ୍ତ କରିଲେ ଢାଙ୍କୁଣୀ ମଧ୍ୟରେ ସମାବିଷ୍ଟ ହୋଇପଡ଼େ । ସେହିପରି କାର୍ମଣ ଶରୀରର ଆବରଣ ଦ୍ୱାରା ଆତ୍ମ-ପ୍ରଦେଶଗୁଡ଼ିକର ସଂକୋଚ ଓ ପ୍ରସାରଣ ଲାଗି ରହେ ।

ଯେଉଁ ଆତ୍ମା ଏକ ଶିଶୁର ଶରୀର ମଧ୍ୟରେ ଥାଏ, ତାହା ହିଁ ଏକ ଯୁବ କିମ୍ବା ବୃଦ୍ଧର ଶରୀର ମଧ୍ୟରେ ରହିଥାଏ । ସ୍ଥୁଳ-ଶରୀର-ବ୍ୟାପୀ ଆତ୍ମା କୃଶ-ଶରୀର ବ୍ୟାପୀ ହୋଇପଡ଼େ । କୃଶ-ଶରୀର-ବ୍ୟାପୀ ଆତ୍ମା ସ୍ଥୁଳ ଶରୀର ମଧ୍ୟରେ ବ୍ୟାପିଯାଏ ।

ଏହି ପ୍ରସଙ୍ଗରେ ଶଙ୍କା ଜାତ ହେଉଛି ଯେ ଆତ୍ମାକୁ ଶରୀର-ପରିମାଣ ସ୍ୱୀକାର କରିବା ଫଳର ତାହା ଅବୟବଯୁକ୍ତ ହୋଇପଡ଼ିବ ଏବଂ ଅବୟବଯୁକ୍ତ ହେବା ଦ୍ୱାରା ତାହା ଅନିତ୍ୟରେ ପରିଣତ ହେବ । କାରଣ ଯାହା ଅବୟବ ତାହା କ୍ଷୟଗାମୀ ଏବଂ ଅନିତ୍ୟ ହୋଇଥାଏ । ଘଟ, ଅବୟବଯୁକ୍ତ ହୋଇଥିବାରୁ ତାହା ଅନିତ୍ୟ । ଏହି ସଂଶୟର ସମାଧାନ ହେଉଛି - ଏପରି କୌଣସି ସାର୍ବଭୌମ ନିୟମ ନାହିଁ ଯେ ଯାହା ଅବୟବ ସହିତ, ତାହା ବିଶରଣଶୀଳ - ଅନିତ୍ୟ ହିଁ ହେବ । ଯେପରିକି ଘଟର ଆକାଶ, ପଟର ଆକାଶ ଆଦି ରୂପରୁ ଆକାଶ ସାବୟବ ଏବଂ ନିତ୍ୟ, ସେହିପରି ଆତ୍ମା ମଧ୍ୟ ସାବୟବ ଓ ନିତ୍ୟ । ଯେଉଁ ଅବୟବଗୁଡ଼ିକ କୌଣସି କାରଣରୁ ଏକତ୍ରିତ ହୋଇଥାନ୍ତି, ସେମାନେ ପୃଥକ ମଧ୍ୟ ହୋଇପାରନ୍ତି । ଏହା ବ୍ୟତୀତ ଯେତେ ଅବିଭାଗୀ ଅବୟବ ରହିଛି, ସେଗୁଡ଼ିକ ଅବୟବୀଠାରୁ କେବେ ପୃଥକ୍ ହୋଇପାରନ୍ତି ନାହିଁ ।

ବିଶ୍ୱର କୌଣସି ବସ୍ତୁ ଏକାନ୍ତ ରୂପରେ ନିତ୍ୟ କିମ୍ବା ଅନିତ୍ୟ ନୁହେଁ, ବରଂ ନିତ୍ୟାନିତ୍ୟ ଅଟେ । ଆତ୍ମା ହେଉଛି ନିତ୍ୟ ଏବଂ ତାହା ଅନିତ୍ୟ ମଧ୍ୟ । ଆତ୍ମାର ଚୈତନ୍ୟ ରୂପ ସର୍ବଦା ବିଦ୍ୟମାନ ଥିବାରୁ ତାହା ନିତ୍ୟ । ତେବେ ଆତ୍ମାର ପ୍ରଦେଶ କେତେବେଳେ ସଂକୁଚିତ ତ କେତେବେଳେ ବିକଶିତ ହେଉଥାଏ, କେତେବେଳେ ସୁଖରେ ପୁଣି କଦାଚିତ୍ ଦୁଃଖରେ- ଏହିସବୁ କାରଣରୁ ଏହି ପର୍ଯ୍ୟାୟାନ୍ତର ଯୋଗୁଁ ଆତ୍ମାର ଅନିତ୍ୟତା ପ୍ରମାଣିତ ହେଉଛି । ତେଣୁ ସ୍ୟାଦ୍‌ବାଦ ଦୃଷ୍ଟିରୁ ସାବୟବତା ମଧ୍ୟ ଆତ୍ମାର ଶରୀର-ପରିମାଣ ହେବାରେ ବାଧକ ନୁହେଁ ।

ବଦ୍ଧ ଓ ମୁକ୍ତ

ଆତ୍ମା ଦୁଇ ଭାଗରେ ବିଭକ୍ତ - ବଦ୍ଧ ଆତ୍ମା ଓ ମୁକ୍ତ ଆତ୍ମା । କର୍ମ-ବନ୍ଧନ ଛିନ୍ନ ହେବା ପରେ ଯା'ର ଆତ୍ମୀୟ ସ୍ୱରୂପ ପ୍ରକଟ ହୋଇଥାଏ ସେମାନେ ହେଉଛନ୍ତି ମୁକ୍ତ ଆତ୍ମା । ସେମାନେ ବି ଅନନ୍ତ । ସେମାନଙ୍କ ଶରୀର କିମ୍ବା ଶରୀର-ଜନ୍ୟ କ୍ରିୟା ତଥା ଜନ୍ମ-ମୃତ୍ୟୁ ଆଦି କିଛି ମଧ୍ୟ ନ ଥାଏ । ଆତ୍ମ-ରୂପ ଧାରଣ କରି ସତ୍-ଚିତ୍-ଆନନ୍ଦରେ ପରିଣତ ହୁଅନ୍ତି । ଉଚ୍ଚଲୋକର ଚରମ ଭାଗରେ ସେମାନେ ଅବସ୍ଥାନ କରିଥାନ୍ତି । ମୁକ୍ତ ହେବା ମାତ୍ରକେ ସେମାନେ ସେଠାରେ ଯାଇ ପହଞ୍ଚିଥାନ୍ତି । ଉପରକୁ ଉଠିବା ହେଉଛି ଆତ୍ମାର ସ୍ୱଭାବ । ବନ୍ଧନ ଯୋଗୁଁ ତାହା ତେରଛା କିମ୍ବା ନିମ୍ନ

ଦିଗକୁ ଗତି କରିଥାଏ । ଉପରକୁ ଗଲା ପରେ ତାହା ପୁଣି ତଳକୁ ଆସି ନ ଥାଏ । ସେଠାରୁ ଆଲୋକକୁ ମଧ୍ୟ ଯାଇପାରିବ ନାହିଁ । କାରଣ ସେହି ସ୍ଥାନରେ ଧର୍ମାସ୍ତିକାୟ ବା ଗତି-ତତ୍ତ୍ୱର ସର୍ବଥା ଅଭାବ ଥାଏ ।

ଦ୍ୱିତୀୟ ଶ୍ରେଣୀର ଯେତେ ସବୁ ସଂସାରୀ ଆତ୍ମା ରହିଛନ୍ତି, କର୍ମ-ବନ୍ଧ ହୋଇଥିବାରୁ ବିବିଧ-ଯୋନି ମଧ୍ୟରେ ପରିଭ୍ରମଣ କରିଥାନ୍ତି ତଥା ତା'ର ଫଳ ମଧ୍ୟ ଭୋଗ କରନ୍ତି । ମୁକ୍ତ ଆତ୍ମା ତୁଳନାରେ ସେମାନଙ୍କ ପରିମାଣ ଅନନ୍ତ-ଅନନ୍ତ ଗୁଣ ଅଧିକ ଥାଏ । ମୁକ୍ତ ଆତ୍ମାମାନଙ୍କ ଅସ୍ତିତ୍ୱ ପୃଥକ୍ ହୋଇଥିବା ସତ୍ତ୍ୱେ, ସେମାନଙ୍କ ସ୍ୱରୂପରେ ପୂର୍ଣ୍ଣ ସମତା ବିରାଜମାନ ଥାଏ । ସ୍ୱରୂପ ଦୃଷ୍ଟିରୁ ସଂସାରୀ ଜୀବମାନଙ୍କଠାରେ ବି ଐକ୍ୟ ରହିଥାଏ,କିନ୍ତୁ ସେମାନେ କର୍ମଦ୍ୱାରା ଆବୃତ୍ତ ଥାନ୍ତି ତଥା କର୍ମକୃତ ଭିନ୍ନତା ହେତୁ ଅନେକ ଶ୍ରେଣୀରେ ବିଭକ୍ତ ହୋଇଥାନ୍ତି । ଯଥା- ପୃଥ୍ୱୀକାୟିକ ଜୀବ, ଅପ୍‌କାୟିକ ଜୀବ, ତେଜସ୍କାୟିକ ଜୀବ, ବାୟୁକାୟିକ ଜୀବ, ବନସ୍ପତିକାୟିକ ଜୀବ, ତ୍ରସକାୟିକ ଜୀବ । ଶାରୀରିକ ପରମାଣୁଗୁଡ଼ିକର ଭିନ୍ନତା ଯୋଗୁଁ ଜୀବମାନଙ୍କ ଏହି ଛଅଟି ନିକାୟର ରଚନା କରାଯାଇଛି । ସବୁ ଜୀବମାନଙ୍କ ଶରୀର ଏକ ସମାନ ନୁହେଁ । କାହାର ଶରୀର ବସୁଧା ହୋଇଥାଏ ତ' ଅନ୍ୟ କାହାର ପାଣି କିମ୍ବା ଅଗ୍ନି-ବାୟୁ ଆଦି ହୋଇଥାଏ । ଏହି ପ୍ରକାରେ ପୃଥକ୍-ପୃଥକ୍ ପରମାଣୁ ଦ୍ୱାରା ଶରୀରର ନିର୍ମାଣ ହୋଇଥାଏ । ଏମାନଙ୍କ ମଧ୍ୟରୁ ପ୍ରଥମ ପାଞ୍ଚୋଟି ନିକାୟ 'ସ୍ଥାବର' ବୋଲାଇଥାନ୍ତି । ତ୍ରସ ଜୀବ ଏପଟ, ସେପଟରେ ବୁଲିପାରନ୍ତି, ଶବ୍ଦ କରନ୍ତି, ଚଲା-ବୁଲା କରନ୍ତି, ସଂକୁଚିତ-ପ୍ରସାରିତ ହୋଇପାରନ୍ତି । ତେଣୁ ସେମାନଙ୍କ ଚେତନା ପ୍ରତି କାହାରି ମନରେ ସନ୍ଦେହ ନ ଥାଏ । ସ୍ଥାବର ଜୀବମାନଙ୍କ ମଧ୍ୟରେ ଏ ସମସ୍ତ କ୍ରିୟା ନ ଥାଏ, ତେଣୁ ସେମାନଙ୍କ ଅସ୍ତିତ୍ୱ ବା ଚେତନା ପ୍ରତି ସନ୍ଦେହ ଜାତ ହେବା ଆଶ୍ଚର୍ଯ୍ୟଜନକ ନୁହେଁ ।

ଜୀବ-ପରିମାଣ

ଜୀବ ଦୁଇ ପ୍ରକାର - ମୁକ୍ତ ଓ ସଂସାରୀ । ମୁକ୍ତ ଜୀବ ଅନନ୍ତ । ସଂସାରୀ ଜୀବମାନଙ୍କ ଛଅଟି ନିକାୟ । ଏମାନଙ୍କ ସଂଖ୍ୟା ନିମ୍ନ ପ୍ରକାର ଆକଳନ କରାଯାଇପାରିବ ।

୧. ପୃଥ୍ୱୀକାୟ - ଅସଂଖ୍ୟ ଜୀବ ।

୨. ଅପ୍‌କାୟ - ଅସଂଖ୍ୟ ଜୀବ ।

୩.ତେଜସ୍‌କାୟ - ଅସଂଖ୍ୟ ଜୀବ ।

୪. ବାୟୁକାୟ - ଅସଂଖ୍ୟ ଜୀବ ।

୫. ମନସ୍ପତି କାୟ - ଅନନ୍ତ ଜୀବ ।

୬. ତ୍ରସକାୟ - ଅସଂଖ୍ୟ ଜୀବ ।

ତ୍ରସକାୟ ଜୀବ ସ୍ଥୁଳ ଅବସ୍ଥା ଯୁକ୍ତ ହିଁ ଥା'ନ୍ତି । ଅବଶିଷ୍ଟ ପାଞ୍ଚ ନିକାୟର ଜୀବ ଉଭୟ ସ୍ଥୁଳ ଓ ସୂକ୍ଷ୍ମ ପ୍ରକାର ହୋଇଥାନ୍ତି । ସମସ୍ତ ଲୋକ, ସୂକ୍ଷ୍ମ ଜୀବମାନଙ୍କ ଦ୍ୱାରା ପୂରି ରହିଛି । ତେବେ ଆଧାର ବିନା ସ୍ଥୁଳ ଜୀବ, ତିଷ୍ଠି ପାରିବେ ନାହିଁ । ତେଣୁ ସେଗୁଡ଼ିକ ଲୋକର ଅଳ୍ପ ଭାଗରେ ବ୍ୟାପିଥାନ୍ତି ।

ଗୋଟିଏ-ଗୋଟିଏ କାୟରେ କେତେ ଜୀବ ଅଛନ୍ତି, ତାହା ନିମ୍ନ ଉପମା ଦ୍ୱାରା ବୁଝାଯାଇଥାଏ ।

ଗୋଟିଏ ସବୁଜ ଅଁଳା ପରିମାଣର ମାଟି ପିଣ୍ଡୁଳାରେ ଯେତେ ପୃଥ୍ୱୀ ଜୀବ ରହିଛନ୍ତି, ସେହି ସମସ୍ତ ଜୀବମାନଙ୍କୁ ଯଦି କପୋତ ଏତିକି ବିସ୍ତାର କରିଦିଆଯିବ, ତାହା ହେଲେ ଏକ ଲକ୍ଷ ଯୋଜନ ଲମ୍ବ-ପ୍ରସ୍ଥ ଜମ୍ବୁ ଦ୍ୱୀପ ମଧ୍ୟ ସେମାନଙ୍କ ରହିବା ପାଇଁ ନିଅଣ୍ଟ ପଡ଼ିବ । [୩୮] ଗୋଟିଏ ଜଳ-ବିନ୍ଦୁରେ ଏତେ ଜୀବ ଅଛନ୍ତି, ଯଦି ସେହି ଜୀବମାନଙ୍କ

---

[୩୮] ଅଦ୍ଦାମଲଗପମାଣେ ପୁଢ଼ବିକାଏ, ହବନ୍ତି ଜେ ଜୀବା ।
ତେ ପାରେବୟମିତ୍ତା ଜଂବୂଦୀବେ ନ ମାଇନ୍ତି ।

ଶରୀରର ଆକାରକୁ ସୋରିଷ ଦାନା ଏତିକି କରି ଦିଆଯିବ, ତେବେ ସେହି ଜମ୍ବୁଦ୍ୱୀପ ସେମାନଙ୍କର ରହିବା ପାଇଁ ନିଅଣ୍ଟ ପଡ଼ିବ । (୩୯)

ଗୋଟିଏ ଅଗ୍ନି-କଣର ଜୀବମାନଙ୍କ ଶରୀରକୁ ଯଦି ମୁଣ୍ଡର ଉକୁଣିମାନଙ୍କ ଅଣ୍ଡାର ଆକାର ଦିଆଯିବ, ତେବେ ସେହି ଜମ୍ବୁ ଦ୍ୱୀପ ସେମାନଙ୍କ ପାଇଁ କମ୍ ପଡ଼ିବ । (୪୦)

ନିମ୍ବପତ୍ରକୁ ଛୁଇଁ ବହିଯାଉଥିବା ପବନରେ ଏତେ ଜୀବ ଅଛନ୍ତି, ସେହି ସମସ୍ତଙ୍କ ଶରୀରକୁ ପୋସ୍ତଦାନା ସମାନ ଆକାର ଦିଆଗଲେ ସେମାନେ ବି ଜମ୍ବୁ ଦ୍ୱୀପରେ ସମ୍ଭାଇ ପାରିବେ ନାହିଁ ।(୪୧)

ଶରୀର ଓ ଆତ୍ମା

ଶରୀର ଓ ଆତ୍ମାର କି ପ୍ରକାର ସଂବନ୍ଧ ରହିଛି ? ଆମ ଶରୀର ଓ ମସ୍ତିଷ୍କ ସହିତ ମାନସିକ ବିଚାରର କେଉଁ ପ୍ରକାର ସଂବନ୍ଧ ରହିଥାଏ ? ଏହି ପ୍ରଶ୍ନର ଉତ୍ତର ଦେବାକୁ ଯାଇ ତିନୋଟି ବାଦ୍ ଉତ୍ପନ୍ନ ହୋଇଛି - ୧. ଏକପାକ୍ଷିକ-କ୍ରିୟାବାଦ (ଭୂତ-ଚୈତନ୍ୟବାଦ) । ୨. ମନୋଦୈହିକ-ସହଚରବାଦ । ୩. ଅନ୍ୟୋନ୍ୟାଶ୍ରୟବାଦ ।

ଭୂତ-ଚୈତନ୍ୟବାଦୀ କେବଳ ଶାରୀରିକ ବ୍ୟାପାରକୁ ହିଁ ମାନସିକ ବ୍ୟାପାରର କାରଣ ବୋଲି ଭାବିଥାନ୍ତି । ସେମାନଙ୍କ ସମ୍ମତିରେ ଆତ୍ମାକୁ ଶରୀର ଜାତ କରିଥାଏ । ମସ୍ତିଷ୍କର ବିଶେଷ କୋଷକ୍ରିୟା ହିଁ ଚେତନା । ଏମାନଙ୍କୁ ପ୍ରକୃତିବାଦୀ ମଧ୍ୟ କୁହାଯାଇପାରିବ । ଆତ୍ମାକୁ ପ୍ରକୃତି ଜନ୍ୟ ସିଦ୍ଧକରିବା ସକାଶେ ଏମାନେ ଏହି ପ୍ରକାର ଆପଣାମତ ପ୍ରସ୍ତୁତ କରନ୍ତି । ଯେଉଁଭଳି ଆମାଶୟର କ୍ରିୟାର ନାମ ପାଚନ ଏବଂ ଶ୍ୱାସୋଚ୍ଛ୍ୱାସ ହେଉଛି ଫୁସ୍‌ଫୁସ ବା ଶ୍ୱାସଯନ୍ତ୍ରର କ୍ରିୟାର ନାମ, ସେହିଭଳି ଚେତନା (ଆତ୍ମା) ହେଉଛି ମସ୍ତିଷ୍କର କୋଷକ୍ରିୟାର ନାମ । ଏହା ଭୂତ, ଚୈତନ୍ୟବାଦର ଏକ ସଂକ୍ଷିପ୍ତ ରୂପ । ଆତ୍ମବାଦୀମାନେ ଏହି ତତ୍ତ୍ୱକୁ ପ୍ରତ୍ୟାଖ୍ୟାନ କରିବାକୁ ଯାଇ କହିଥାନ୍ତି - ଚେତନା ହେଉଛି ମସ୍ତିଷ୍କର କୋଷର କ୍ରିୟା । ଏଠାରୁ ଦ୍ୱିଅର୍ଥବୋଧକ କ୍ରିୟାର ସମାନାର୍ଥକ ପ୍ରୟୋଗ କରାଯାଇଛି ।

ଆମାଶୟର କ୍ରିୟା ଏବଂ ମସ୍ତିଷ୍କର କ୍ରିୟା ମଧ୍ୟରେ ବୃହତ୍ ପାର୍ଥକ୍ୟ ରହିଛି । କ୍ରିୟା ଶବ୍ଦର ଦୁଇଥର ପ୍ରୟୋଗ, ବିଚାରଭେଦର ଦ୍ୟୋତକ ସାଜିଥାଏ । ଯେତେବେଳେ ଆମେ କହିଥାଉ ଯେ, ପାଚନ ହେଲା ଆମାଶୟ କ୍ରିୟାର ନାମ, ସେତେବେଳେ ପାଚନ ଓ ଆମାଶୟ କ୍ରିୟାରେ ଭେଦ ବୁଝା ଯାଇ ନ ଥାଏ । କିନ୍ତୁ ମସ୍ତିଷ୍କର କୋଷ-କ୍ରିୟା ସନ୍ଦର୍ଭରେ କେବଳ ସେହି କ୍ରିୟା ମାତ୍ର ଚେତନା ବୁଝାଯାଏ ନାହିଁ । ଚେତନାର ଅନୁଧ୍ୟାନ କରିବା ସମୟରେ ମସ୍ତିଷ୍କର କୋଷକ୍ରିୟା ପ୍ରତି ଆଦୌ ଧ୍ୟାନ ଯାଏ ନାହିଁ । ଏହି ଦୁଇଟି ଘଟଣା ସମ୍ପୂର୍ଣ୍ଣ ଭିନ୍ନ ଅଟନ୍ତି । ପାଚନ ଦ୍ୱାରା ଆମାଶୟର ତଥା ଆମାଶୟ ଦ୍ୱାରା ପାଚନର କ୍ରିୟାର ବୋଧ ସହଜରେ କରାଯାଇଥାଏ । ପାଚନ ଓ ଆମାଶୟର କ୍ରିୟା ଦୁଇଟି ଘଟନା ନୁହେଁ, ବରଂ ଗୋଟିଏ କ୍ରିୟାର ଦୁଇଟି ନାମ । ଆମାଶୟ, ହୃଦୟ, ମସ୍ତିଷ୍କ ଏବଂ ଶରୀରର ସମସ୍ତ ଅବୟବ ଚେତନାହୀନ ତତ୍ତ୍ୱ ଦ୍ୱାରା ନିର୍ମିତ । ଚେତନାହୀନ ଦ୍ୱାରା ଚେତନା ଉତ୍ପନ୍ନ ହୋଇପାରିବନାହିଁ । ଏହି ଆଶୟକୁ ସ୍ପଷ୍ଟ କରିବାକୁ ଯାଇ ପାଦୀ ବଟଲର ଲେଖିଛନ୍ତି - ଆପଣ ହାଇଡ୍ରୋଜେନ ତତ୍ତ୍ୱର ମୃତ ପରମାଣୁ, ଅକ୍ସିଜେନ ତତ୍ତ୍ୱର 'ମୃତ' ପରମାଣୁ, ଜୀବନ ତତ୍ତ୍ୱର ମୃତ ପରମାଣୁ, ନାଇଟ୍ରୋଜେନ ତତ୍ତ୍ୱର ମୃତ ପରମାଣୁ, ଫସଫସ୍‌ର ତତ୍ତ୍ୱର ମୃତ ପରମାଣୁ ତଥା ବାରୁଦ ଆଦି ସମସ୍ତ ତତ୍ତ୍ୱର ମୃତ ପରମାଣୁ ଯାହା ସାହାଯ୍ୟରେ ମସ୍ତିଷ୍କର ନିର୍ମାଣ ହୋଇଛି ସବୁକୁ

---

(୩୯) ଏଗମ୍ମିଦଗ ବିନ୍ଦୁମ୍ମି, ଜେ ଜିଣବରେହିଂ ପଣ୍ଣତ୍ତା ।
ତେ ଜଇ ସରିସବମିତ୍ତା, ଜମ୍ବୂଦ୍ୟବେ ନ ମାଇନ୍ତି ॥

(୪୦) ବରଟ୍ଟି ତନ୍ଦୁଲମିତ୍ତା ତେଉଜୀବା ଜିଣେହିଂ ପଣ୍ଣତ୍ତା
ମତ୍‌ଥପଲିକ୍‌ଖ ପମାଣ, ଜମ୍ବୂଦୀବେ ନ ମାଇନ୍ତି ॥

(୪୧) ଜେ ଲିଂବପଉଫରିସା ବାଉଜୀବା ଜିଣେହିଂ ପଣ୍ଣତ୍ତ
ତେ ଜଇ ଖସଖସମିତ୍ତା, ଜମ୍ବୂଦୀବେ ନ ମାଇନ୍ତି ॥

ଏକତ୍ରିତ କରନ୍ତୁ । ଭାବି ଦେଖନ୍ତୁ ଯେ ଏହି ପରମାଣୁଗୁଡ଼ିକ ପୃଥକ୍-ପୃଥକ୍ ଏବଂ ଜ୍ଞାନ-ଶୂନ୍ୟ ଅଟନ୍ତି । ଏହାପରେ ବିଚାର କରନ୍ତୁ ଯେ ଏ ପରମାଣୁଗୁଡ଼ିକ ଏକ ସଂଗେ ଧାବନ କରୁଛନ୍ତି ତଥା ପରସ୍ପର ମିଶିଯାଇ ଯେତେ ପ୍ରକାର ସ୍କନ୍ଧ ସମ୍ଭବପର, ତା'ର ନିର୍ମାଣ କରୁଛନ୍ତି । ଏହି ଶୁଦ୍ଧ ଯାନ୍ତ୍ରିକ କ୍ରିୟାର ଚିତ୍ର ଆପଣ ନିଜ ମନରେ ଉତ୍ତୋଳିତ କରିପାରନ୍ତି । ଏହି ଯାନ୍ତ୍ରିକ କ୍ରିୟା ଦ୍ୱାରା ଏବଂ ଏହି ମୃତ ପରମାଣୁଠାରୁ ବୋଧ, ବିଚାର ତଥା ଭାବନା ଉତ୍ପନ୍ନ ହୋଇପାରିବ ବୋଲି କ'ଣ ସତରେ ଆପଣଙ୍କ ଦୃଷ୍ଟି, ସ୍ୱପ୍ନ ବା ବିଚାରକୁ ଏହା ପ୍ରବେଶ କରିପାରିବ । ଦ୍ରୁତ ଖଡଖଡ ଶବ୍ଦ ଦ୍ୱାରା କବି ହୋମର କିମ୍ବା ବିଲିଆର୍ଡ ବଲର ଗୁଞ୍ଜାରଣରୁ ଓ ଫରେନସିଏଲ କାଲ୍‌କୁଲସ୍ ନାମକ ଗଣିତ ସୂତ୍ରର ଉଦ୍ଭବ ସମ୍ଭବପର କି ? ମନୁଷ୍ୟ ଜିଜ୍ଞାସାର ପରମାଣୁଗୁଡ଼ିକର ପରସ୍ପର ସମ୍ମିଶ୍ରଣ ଜନ୍ୟ ଯାନ୍ତ୍ରିକ କ୍ରିୟା ଦ୍ୱାରା ଜ୍ଞାନର ଉତ୍ପତ୍ତି କିପରି ହୋଇପାରିଲା ? ଆପଣ ଏହାର ସନ୍ତୋଷପ୍ରଦ ଉତ୍ତରଟିଏ ଦେଇପାରିବେ ନାହିଁ ।(୪୨)

ପାଚନ ଓ ନିଃଶ୍ୱାସ ପ୍ରଶ୍ୱାସ କ୍ରିୟା ସହିତ ଚେତନାର ତୁଳନା କରାଯିବା ଉଚିତ ନୁହେଁ । ଏହା ତ୍ରୁଟିପୂର୍ଣ୍ଣ ହେବ । ଏହି ଦୁଇ କ୍ରିୟା ସ୍ୱୟଂ ଅଚେତନ ଏବଂ ଅଚେତନ ମସ୍ତିଷ୍କର କ୍ରିୟା କଦାପି ଚେତନା ହୋଇପାରିବ ନାହିଁ । ତେଣୁ ଚେତନା ଏକ ସ୍ୱତନ୍ତ୍ର ସତ୍ତା ଏବଂ ଏହା ମସ୍ତିଷ୍କର ଉତ୍ପାଦନ ନୁହେଁ - ଏହା ସ୍ୱୀକାର କରିବାରେ କାହାରି ଆପତ୍ତି ରହିବା ଠିକ୍ ହେବ ନାହିଁ । ଶାରୀରିକ କ୍ରିୟା ହିଁ ମାନସିକ ବ୍ୟାପାରର କାରଣ ବୋଲି କହୁଥିବା ଲୋକମାନଙ୍କ ଅନ୍ୟ ଆପତ୍ତି ହେଉଛି - "ମୁଁ ନିଜ ଇଚ୍ଛାରେ ପରିଚାଳିତ ହୋଇଥାଏ - ମୋ ଭାବ, ଶାରୀରିକ ପରିବର୍ତ୍ତନ ସୃଷ୍ଟି କରିଥାଏ" - ଇତ୍ୟାଦି ପ୍ରୟୋଗ କରାଯାଇପାରିବ ନାହିଁ ।

'ମନୋଦୈହିକ - ସହଚରବାଦ' ଅନୁସାରେ ମାନସିକ ଓ ଶାରୀରିକ ବ୍ୟାପାର ପରସ୍ପର ସହକାରୀ ମାତ୍ର । ଏହି ସହକାରିତା ବା ସହଚାରିତା ବ୍ୟତୀତ ଦୁହିଁଙ୍କ ମଧ୍ୟରେ ଅନ୍ୟ କୌଣସି ସଂବନ୍ଧ ନାହିଁ । ଏହି ବାଦର ପ୍ରତ୍ୟୁତ୍ତର ଅନ୍ୟୋନ୍ୟାଶ୍ରୟବାଦରେ ନିହିତ ରହିଛି । ଏହା ଅନୁସାରେ ଶାରୀରିକ କ୍ରିୟାଗୁଡ଼ିକର ମାନସିକ ବ୍ୟାପାର ଉପରେ ମାନସିକ କ୍ରିୟାର ଶାରୀରିକ ଚଳ-ଚଞ୍ଚଳତାକୁ ପ୍ରଭାବିତ କରିଥାଏ । ଯଥା -

୧. ମସ୍ତିଷ୍କୀୟ ରୋଗ ଦ୍ୱାରା ମାନସିକ ଶକ୍ତି ଦୁର୍ବଳ ହୁଏ ।

୨. ମସ୍ତିଷ୍କର ଆୟତନ ବା ପରିମାଣ ଅନୁସାରେ ମାନସିକ ଶକ୍ତିର ବିକାଶ ଘଟିଥାଏ ।

ସାଧାରଣତଃ ଜଣେ ପୁରୁଷର ମସ୍ତିଷ୍କ ୪୬ରୁ ୫୨ ଆଉନ୍‌ସ ଏବଂ ଜଣେ ମହିଳାର ମସ୍ତିଷ୍କ ୪୪ରୁ ୪୮ ଆଉନ୍‌ସ ବିଶିଷ୍ଟ ହୋଇଥାଏ । ଦେଶ-ବିଦେଶର ଭୌଗୋଳିକ ସ୍ଥିତିକୁ ନେଇ ସାମାନ୍ୟ କମ୍ ବେଶି ହୋଇପାରେ । ବ୍ୟତିକ୍ରମ ସ୍ୱରୂପ ଅସାଧାରଣ ମାନସିକ ଶକ୍ତିସମ୍ପନ୍ନ ଲୋକର ମସ୍ତିଷ୍କ ଏହି ହାରାହାରି ପରିମାଣଠାରୁ ନିମ୍ନରେ ରହିଥିବାର ଆଶ୍ଚର୍ଯ୍ୟଜନକ ଦୃଷ୍ଟାନ୍ତ ମଧ୍ୟ ରହିଛି । ତେବେ ସାଧାରଣ ନିୟମ ମୁତାବକ ମସ୍ତିଷ୍କର ପରିମାଣ ଏବଂ ମାନସିକ ବିକାଶ ମଧ୍ୟରେ ସମ୍ବନ୍ଧ ରହିଛି ।

୩. ବ୍ରାହ୍ମୀ-ଘୃତ ଆଦି ବିବିଧ ଔଷଧ ସାହାଯ୍ୟରେ ମସ୍ତିଷ୍କର ବିକାଶ କ୍ରିୟା ତ୍ୱରାନ୍ୱିତ ହୁଏ ।

୪. ମସ୍ତିଷ୍କରେ ଆଘାତ ହେଲେ ସ୍ମରଣ ଶକ୍ତି କ୍ଷରଣ ହୋଇଥାଏ ।

---

(୪୨) "Take your dead hydrogen atoms, your dead oxygen atoms, your dead carbon atoms, your dead nitrogen atoms, your dead phosphorus atoms and all other atoms dead as grains of shot, of which the brainis formed. Imagine them separate and senseless, observe them running together and forming all imaginable combinations this as a purely Mechanical process is seeble by the mind. But can you see or dream or in any way imagine how out of that mechanical act and from those individually dead atoms, sensation, thought and emotion are to arise ? Are you likely to creat Homer out of the rattling and the dice of 'Differential calculus' out of the clash of Billiard Ball ? You cannot satisfy then human understanding in its demand for logical continuing between molecular process and the phenomenon consciousness.

୫. ମସ୍ତିଷ୍କର ଏକ ବିଶେଷ ଅଂଶ ସହିତ ମାନସିକ ଶକ୍ତିର ସମ୍ପର୍କ ରହିଛି । ତା'ର କ୍ଷତି ହେଲେ ମାନସିକ ଶକ୍ତି ବାଧାପ୍ରାପ୍ତ ହେବା ସ୍ୱାଭାବିକ ।

ଶରୀର ଉପରେ ମାନସିକ କ୍ରିୟାର ପ୍ରଭାବ

୧. ନିରନ୍ତର ଚିନ୍ତା ଏବଂ ମସ୍ତିଷ୍କୀୟ ପରିଶ୍ରମ ଦ୍ୱାରା ଶରୀର କ୍ଳାନ୍ତ ହୋଇଥାଏ ।

୨. ସୁଖ-ଦୁଃଖ ଦ୍ୱାରା ଆମ ଶରୀର ପ୍ରଭାବିତ ହୋଇଥାଏ ।

୩. ଉଦାସୀନ ବୃତ୍ତି ଏବଂ ଚିନ୍ତା ଦ୍ୱାରା ପାଚନ ଶକ୍ତି ମନ୍ଦ ହୁଏ, ଶରୀର କୃଶ ହୁଏ ।

ରକ୍ତକୁ ବିଷାକ୍ତ କରିବାରେ କ୍ରୋଧ ଆଦିର ବିଶେଷ ଭୂମିକା ରହିଥାଏ ।

ଏହି ସମସ୍ତ ଘଟନାକୁ ଅନୁଧ୍ୟାନ କରିବା ଉତ୍ତାରୁ ଶରୀର ଓ ମନର ପାରସ୍ପରିକ ସମ୍ବନ୍ଧ ବିଷୟରେ ସନ୍ଦେହର ଅବକାଶ ରହେ ନାହିଁ । ଏହି ପ୍ରକାର ଅନ୍ୟୋନ୍ୟାଶ୍ରୟବାଦୀ ମାନସିକ ଏବଂ ଶାରୀରିକ ସଂବନ୍ଧର ନିର୍ଣ୍ଣୟ ପର୍ଯ୍ୟନ୍ତ ପହଞ୍ଚିହେବ । ଦୁଇଶକ୍ତିର ସ୍ୱତନ୍ତ୍ର ଅସ୍ତିତ୍ୱକୁ ସ୍ୱୀକାର କରିବା ପରେ ବି ସେମାନଙ୍କ ସମ୍ମୁଖରେ ଗୋଟିଏ ସମସ୍ୟା ଛିଡ଼ା ହୋଇ ରହିଥାଏ । ଦୁଇଟି ବିସଦୃଶ ପଦାର୍ଥ ମଧ୍ୟରେ କାର୍ଯ୍ୟ - କାରଣ ସଂବନ୍ଧ କିପରି ସ୍ଥାପିତ ହୋଇଛି ? ଏହାର ସମାଧାନ ଆଜିଯାଏ କରାଯାଇପାରିନାହିଁ ।

ଦୁଇ ବିସଦୃଶ ପଦାର୍ଥ (ଅରୂପ ଏବଂ ସରୂପ) ମଧ୍ୟରେ ସମ୍ବନ୍ଧ

ଆତ୍ମା ଓ ଶରୀର -ଏ ଦୁହେଁ ବିଜାତୀୟ ଦ୍ରବ୍ୟ । ଆତ୍ମା ଚେତନ ଓ ଅରୂପ ଅଥଚ ଶରୀର ଅଚେତନ ଓ ସରୂପ । ଏହି ସ୍ଥିତିରେ ଦୁହିଁଙ୍କ ମଧ୍ୟରେ କିପରି ସଂବନ୍ଧ ସ୍ଥାପନ କରାଯାଇପାରିବ ଏହାର ସମାଧାନ ଜୈନ ଦର୍ଶନରେ ନିମ୍ନମତେ କରାଯାଇଛି -

ସଂସାରୀ ଆତ୍ମା ସୂକ୍ଷ୍ମ ଓ ସ୍ଥୁଳ ଏହି ଦୁଇ ପ୍ରକାର ଶରୀର ଦ୍ୱାରା ବେଷ୍ଟିତ ହୋଇ ରହିଥାଏ । ଗୋଟିଏ ଜନ୍ମରୁ ପରବର୍ତ୍ତୀ ଜନ୍ମକୁ ଯିବା ସମୟରେ ସ୍ଥୁଳ ଶରୀର ସଂଗ ତ୍ୟାଗ କରି ଏଠାରେ ପଡ଼ି ରହେ, ଅଥଚ ସୂକ୍ଷ୍ମ ଶରୀର ସହିତ ସଙ୍ଗ ଭଙ୍ଗ ହୁଏ ନାହିଁ । ସୂକ୍ଷ୍ମ ଶରୀରଧାରୀ ଜୀବମାନଙ୍କୁ ପ୍ରଥମ ପରେ ଦ୍ୱିତୀୟ-ତୃତୀୟ ସ୍ଥୁଳ ଶରୀର ନିର୍ମାଣ କରିବାକୁ ହୋଇଥାଏ । ସୂକ୍ଷ୍ମ ଶରୀରଧାରୀ ଜୀବ ହିଁ ଅନ୍ୟ ଶରୀର ଧାରଣ କରିଥାଏ । ତେଣୁ ଅମୂର୍ତ୍ତ ଜୀବ, ମୂର୍ତ୍ତ ଶରୀର ମଧ୍ୟରେ କିପରି ପ୍ରବେଶ କରିଥାଏ,ଏହି ପ୍ରଶ୍ନ ହିଁ ଅମୂଳକ ଅଟେ । ସୂକ୍ଷ୍ମ ଶରୀର ଓ ଆତ୍ମାର ସଂବନ୍ଧ ହେଉଛି ଅପଶ୍ଚାନୁପୂର୍ବୀ ଅର୍ଥାତ୍ ଯେଉଁଠାରେ ଆଗପଛର ବିଭାଗ ନ ଥାଏ - ପୌର୍ବାପର୍ଯ୍ୟର ବିଶ୍ଳେଷଣ କରାଯାଇପାରିବ ନାହିଁ । ତାତ୍ପର୍ଯ୍ୟ ହେଉଛି - ଏମାନଙ୍କ ସମ୍ବନ୍ଧ ଅନାଦି । ତେଣୁ ସଂସାର ଅବସ୍ଥାରେ ଜୀବ କଥଞ୍ଚିତ ମୂର୍ତ୍ତ ଥାଏ । ସେମାନଙ୍କ ଅମୂର୍ତ୍ତ ରୂପ ବି ଦେହ ଅବସ୍ଥାରେ ପ୍ରକଟ ହୋଇଥାଏ । ଏହି ସ୍ଥିତିର ନିର୍ମାଣ ହେଲା ପରେ ସେମାନଙ୍କ ମୂର୍ତ୍ତ ପଦାର୍ଥ ସହିତ କୌଣସି ପ୍ରକାର ସଂବନ୍ଧ ରହି ନ ଥାଏ । ତେବେ ସଂସାର ଦଶାରେ ଜୀବ ଓ ପୁଦ୍‌ଗଳର କୌଣସିମତେ ସାଦୃଶ୍ୟ ଥାଏ । ତେଣୁ ସେମାନଙ୍କ ସଂବନ୍ଧ ଅସମ୍ଭବ ନୁହେଁ । ଅମୂର୍ତ୍ତ ସହିତ ମୂର୍ତ୍ତର ସଂବନ୍ଧ ହୋଇପାରିବ ନାହିଁ । ଏହି ତର୍କର ଉପସ୍ଥାପନ ଯଥାର୍ଥ ଅଟେ । ଏମାନଙ୍କ ମଧ୍ୟରେ କ୍ରିୟା-ପ୍ରତିକ୍ରିୟାତ୍ମକ ସଂବନ୍ଧ ସ୍ଥାପିତ ହୋଇପାରିବ ନାହିଁ ।

ଅରୂପ (ବ୍ରହ୍ମ)ର ସରୂପ (ଜଗତ୍) ସହିତ ସଂବନ୍ଧ ସ୍ଥାପନ କରାଯାଇପାରିବ ନାହିଁ । ଅରୂପ ବ୍ରହ୍ମର ରୂପ ପ୍ରଣୟନ ବେଦାନ୍ତ ସକାଶେ ଏକ ଜଟିଳ ସମସ୍ୟା ସାଜିଛି । ସଂଗତିଠାରୁ ଅସଂଗତି ବ୍ରହ୍ମଠାରୁ ଜଗତ ଏବଂ ଅସଂଗତିରୁ ପୁଣି ସଂଗତି ଦିଗରେ ଗତିଶୀଳତାର କାରଣ କ'ଣ ? ଏହା ସମସ୍ୟାକୁ ଅଧିକ ଜଟିଳ କରିପକାଉଛି ।

ଅମୂର୍ତ୍ତ ଆତ୍ମା ସହିତ ମୂର୍ତ୍ତ ଶରୀରର ସଂବନ୍ଧର ସ୍ଥିତି ଜୈନ ଦର୍ଶନ ସମ୍ମୁଖରେ ରହସ୍ୟଭରା ହୋଇ ରହିଛି । କିନ୍ତୁ ବସ୍ତୁ ବୃତ୍ତିରୁ ଉଭୟଙ୍କ ମଧ୍ୟରେ ପାର୍ଥକ୍ୟ ସ୍ପଷ୍ଟ । ଜୈନଦୃଷ୍ଟି ଅନୁସାରେ ଅରୂପର ରୂପ-ପ୍ରଣୟନ ହୁଏ ନାହିଁ । ସଂସାରୀ ଆତ୍ମାଗୁଡ଼ିକ ଅରୂପ ନୁହନ୍ତି । ସେମାନଙ୍କ ବିଶୁଦ୍ଧ ରୂପ ଅମୂର୍ତ୍ତ ଥାଏ, ତେବେ ସଂସାର ଅବସ୍ଥାରେ ତାହା ପ୍ରାପ୍ତ ହୁଏ ନାହିଁ । ସେମାନଙ୍କ ଅରୂପ ସ୍ଥିତିର ନିର୍ମାଣ ମୁକ୍ତ ଦଶାରେ ହୋଇଥାଏ । ମୁକ୍ତ ହେଲା ପରେ ସେମାନଙ୍କ ସରୂପରେ ଘାତ-ପ୍ରତ୍ୟାଘାତ ସହିତ କୌଣସି ଆକର୍ଷଣ ରହେ ନାହିଁ ।

ବିଜ୍ଞାନ ଓ ଆତ୍ମା

ଆତ୍ମାକୁ ମନଠାରୁ ପୃଥକ୍ ବୋଲି ସ୍ୱୀକାର ନ କରୁଥିବା ପାଶ୍ଚାତ୍ୟ ବୈଜ୍ଞାନିକମାନଙ୍କ ସଂଖ୍ୟା ଢେର୍ ବେଶି । ସେମାନଙ୍କ ଦୃଷ୍ଟିରେ ମନ ଓ ମସ୍ତିଷ୍କର କ୍ରିୟା ହେଉଛି ଏକ । ଅନ୍ୟ ଶବ୍ଦରେ କହିଲେ ମନ ଓ ମସ୍ତିଷ୍କକୁ ପର୍ଯ୍ୟାୟବାଚୀ ଶବ୍ଦ ଶ୍ରେଣୀଭୁକ୍ତ କରାଯାଉଛି । ପାବଲୋଫ ଏହାର ସମର୍ଥନ କରି କହିଛନ୍ତି – ମସ୍ତିଷ୍କ (cerebrum)ର କୋଟି କୋଟି ଜୀବକୋଷ (cells) ର କ୍ରିୟା ହିଁ ସ୍ମୃତି । ବରଗସାଁ ଯେଉଁ ଯୁକ୍ତି ବଳରେ ଆତ୍ମାର ଅସ୍ତିତ୍ୱର ଆବଶ୍ୟକତାକୁ ଅନୁଭବ କରିଛନ୍ତି, ତା'ର ମୂଳଭୂତ ତଥ୍ୟ ହେଉଛି ସ୍ମୃତି । ଫଟୋର ନେଗେଟିଭ ପ୍ଲେଟରେ ଯେଉଁ ପ୍ରକାର ପ୍ରତିବିମ୍ବ ଅଙ୍କିତ ହୋଇଯାଏ, ସେହିଭଳି ମସ୍ତିଷ୍କରେ ଅତୀତର ଚିତ୍ର ପ୍ରତିବିମ୍ବିତ ହୋଇ ରହିଥାଏ । ଅନୁକୂଳ ସାମଗ୍ରୀ ଆଦି ଦ୍ୱାରା ନୂଆ ନୂଆ ପ୍ରେରଣା ଲାଭ କରି ସେମାନେ ଚେଇଁ ପଡ଼ନ୍ତି, ନିମ୍ନ ସ୍ତରରେ ଉପରକୁ ଉଠନ୍ତି, ଏହାର ନାମ ସ୍ମୃତି । ଏଥି ସକାଶେ ଭୌତିକ ତତ୍ତ୍ୱଗୁଡ଼ିକରୁ ଭିନ୍ନ, ଅନ୍ୱୟୀ ଆତ୍ମାକୁ ମାନିବା ଜରୁରୀ ନୁହେଁ । ଭୂତାଦ୍ୱୈତବାଦୀ ବୈଜ୍ଞାନିକମାନେ ଭୌତିକ ପ୍ରୟୋଗ ଦ୍ୱାରା ଅଭୌତିକ ସତ୍ତାର ନାସ୍ତିତ୍ୱ ସିଦ୍ଧ କରିବାର ଅକ୍ଳାନ୍ତ ଉଦ୍ୟମ କରିଛନ୍ତି ଏବଂ କରୁଛନ୍ତି କିନ୍ତୁ ଭୌତିକ ଅନୁସନ୍ଧାନର କ୍ଷେତ୍ର ଭୌତିକତାର ସୀମା ମଧ୍ୟରେ ଆବଦ୍ଧ ହୋଇ ରହିଯାଉଛି । ଅମୂର୍ତ୍ତ ଆତ୍ମା କିମ୍ବା ମନର ନାସ୍ତିତ୍ୱ ସିଦ୍ଧ କରିବାରେ ଅସମର୍ଥ ହୋଇପଡୁଛି । ମନ, ଭୌତିକ ଓ ଅଭୌତିକ ଉଭୟ ପ୍ରକାର ହୋଇଥାଏ ।

ମନନ, ଚିନ୍ତନ, ତର୍କ, ଅନୁମାନ, ସ୍ମୃତି, 'ତଦେବେଦମ୍' ଏହି ପ୍ରକାର ସଂକଳନାତ୍ମକ ଜ୍ଞାନ- ଅତୀତ ଓ ବର୍ତ୍ତମାନର ଜ୍ଞାନକୁ ଯୋଡ଼ି ରଖିବା- ଏହା ହେଉଛି ଅଭୌତିକ ମନର କାର୍ଯ୍ୟ ।[୪୩] ଭୌତିକ ମନ, ତାହାର ଜ୍ଞାନାତ୍ମକ ପ୍ରବୃତ୍ତିର ସାଧନ ମାତ୍ର । ତାହାକୁ ଆମେ ମସ୍ତିଷ୍କ ବା **'ଔପଚାରିକ ଜ୍ଞାନ ତନ୍ତୁ'** ମଧ୍ୟ କହିପାରିବା । ମସ୍ତିଷ୍କ ହେଲା ଶରୀରର ଏକ ଅବୟବ । ତା'ଠାରେ ବିଭିନ୍ନ ପ୍ରୟାସ କରାଗଲେ ମାନସିକ ସ୍ଥିତିରେ ପରିବର୍ତ୍ତନ ଦେଖାଦେବା, ଅର୍ଦ୍ଧ-ସ୍ମରଣ ବା ବିସ୍ମରଣ ଆଦି ଜାତ ହେବା – କୌଣସି ଆଶ୍ଚର୍ଯ୍ୟଜନକ ଘଟଣା ନୁହେଁ । ଅର୍ଥାତ୍ କାରଣର ଅଭାବରେ କାର୍ଯ୍ୟ ଅଭିବ୍ୟକ୍ତ ହୁଏ ନାହିଁ – ଏହି ନିଶ୍ଚିତ ତଥ୍ୟ ଆମ ସମ୍ମୁଖରେ ସର୍ବଦା ରହିଆସିଛି । ଭୌତିକବାଦୀମାନେ ମସ୍ତିଷ୍କର ଭୌତିକ ହେବା ବା ନହେବା ମଧ୍ୟରେ ବି ଛନ୍ଦି ହୋଇପଡ଼ିଛନ୍ତି । ସେମାନେ କହୁଛନ୍ତି – ମନ କେବଳ ଭୌତିକ ତତ୍ତ୍ୱ ନୁହେଁ । ଏହା ହେଲେ ମନର ବିଚିତ୍ର ଗୁଣ – ଚେତନ କ୍ରିୟାଗୁଡ଼ିକର ସମୁଚିତ ବ୍ୟାଖ୍ୟା କରାଯାଇପାରିବ ନାହିଁ । ମନ ବା ମସ୍ତିଷ୍କରେ ଏପରି କେତେକ ନୂଆ ଗୁଣ ଦେଖିବାକୁ ମିଳୁଛି, ଯାହା ଭୌତିକ ତତ୍ତ୍ୱଗୁଡ଼ିକରେ ଆଗରୁ ଉପସ୍ଥିତ ନ ଥିଲା । ଏହିସବୁ ତଥ୍ୟକୁ ବିଶ୍ଳେଷଣ କରିବା ଦ୍ୱାରା ସ୍ପଷ୍ଟ ହେଉଛି ଯେ ଭୌତିକ ତତ୍ତ୍ୱ ଆଉ ମନକୁ ଏକ ବୋଲି କୁହାଯାଇପାରିବ ନାହିଁ । ତେବେ ଏମାନଙ୍କୁ ସଂପୂର୍ଣ୍ଣ ଭାବରେ ପୃଥକ୍ ତତ୍ତ୍ୱ ବୋଲି କୁହାଯାଇପାରିବ ନାହିଁ । କାରଣ ଭୌତିକ ତତ୍ତ୍ୱଠାରୁ ମନର ଦୂରତା ସେତେ ବେଶି ନୁହେଁ ।[୪୪]

ଏହି ପଂକ୍ତିଗୁଡ଼ିକରୁ ସ୍ପଷ୍ଟ ହୋଇଥାଏ ଯେ, ବୈଜ୍ଞାନିକ ଜଗତ, କେବଳ ମନ ବିଷୟରେ ନୁହେଁ, କିନ୍ତୁ ମନର ସାଧନ ଭୂତ ମସ୍ତିଷ୍କ ବାବଦରେ ବି ଢେର୍ ସନ୍ଦିଗ୍ଧ ହୋଇ ରହିଛି । ମସ୍ତିଷ୍କକୁ ଅତୀତର ପ୍ରତିବିମ୍ବମାନଙ୍କ ବାହକ ଏବଂ ସ୍ମୃତିର ସାଧନ ମାତ୍ର ମଣି ସ୍ୱତନ୍ତ୍ର ଚେତନାକୁ ଲୋପ କରାଯାଇପାରିବ ନାହିଁ । ମସ୍ତିଷ୍କ, ଫଟୋର ନେଗେଟିଭ ପ୍ଲେଟ ଭଳି ବର୍ତ୍ତମାନର ଚିତ୍ରଗୁଡ଼ିକର ଉତ୍ତୋଳନ କରିପାରିବ, ସେଗୁଡ଼ିକୁ ସୁରକ୍ଷିତ ରଖିପାରିବ, ଏହି କଳ୍ପନାର ଆଧାରରେ ତାହାକୁ ସ୍ମୃତିର ସାଧନ ବୋଲି ସ୍ୱୀକାର କରାଯାଇପାରିବ, କିନ୍ତୁ ସେହି ସ୍ଥିତିରେ ମସ୍ତିଷ୍କ ଭବିଷ୍ୟର କଳ୍ପନା କରିବାରେ ଅସମର୍ଥ ହୁଏ । ମସ୍ତିଷ୍କରେ କେବଳ ଘଟଣା ଅଙ୍କିତ ହୋଇଥାଏ, କିନ୍ତୁ ସେମାନଙ୍କ ଆଢୁଆଳରେ ରହିଥିବା କାରଣ ସବୁକୁ ଜାଣିବାକୁ ହେଲେ ସ୍ୱତନ୍ତ୍ର ଚେତନାତ୍ମକ ବ୍ୟକ୍ତିର ଅସ୍ତିତ୍ୱକୁ ସ୍ୱୀକାର କରିବାକୁ ହିଁ ହୋଇଥାଏ । ଏହା

---

(୪୩) ସୂତ୍ର କୃତାଙ୍ଗ ବୃତ୍ତି , ୧।୮

(୪୪) ବିଜ୍ଞାନ କି ରୂପରେଖା, ପୃ.୩୬୭

କାହିଁକି ? ଏହା, ଏପରି ହେବା କଥା, ଏପରି ହେବା ଉଚିତ ନୁହେଁ, ଏହା ହୋଇପାରିବ ନାହିଁ । ଯା ଓ ତା'ର ମଧ୍ୟରେ ଜମା ପ୍ରଭେଦ ନାହିଁ- ଦୁହେଁ ସମାନ, ଏହାରି ପରିଣାମ ଏପରି ହୋଇପାରେ, ଆଦି ଜ୍ଞାନର କ୍ରିୟା, ଆପଣା ଅସ୍ତିତ୍ୱକୁ ସିଦ୍ଧ କରୁଛନ୍ତି । ପ୍ଲେଟର ଚିତ୍ରାବଳୀର ନିର୍ଦ୍ଦିଷ୍ଟ ନିୟମ ରହିଛି । ପ୍ରତିବିମ୍ବିତ ଚିତ୍ର ବ୍ୟତୀତ ସେଠାରେ ଆଉ କିଛି ନ ଥାଏ । ଏହି ନିୟମନ, ମାନବ ମନ ଉପରେ ଲାଗୁ ହୁଏ ନାହିଁ । ଅତୀତର ଧାରଣାର ଆଧାରରେ ଏହା ବଡ଼ ବଡ଼ ନିଷ୍କର୍ଷ ବାହାର କରିଥାଏ, ଭବିଷ୍ୟର ମାର୍ଗ ନିର୍ଣ୍ଣିତ କରିଥାଏ । ତେଣୁ ଏହି ଦୃଷ୍ଟାନ୍ତର ବି ମାନସ କ୍ରିୟା ସହିତ ସଂଗତି ରହିଛି ବୋଲି ସ୍ପଷ୍ଟ କୁହାଯାଇପାରିବ ନାହିଁ ।

ତର୍କଶାସ୍ତ୍ର ଓ ବିଜ୍ଞାନଶାସ୍ତ୍ର - ଅଙ୍କିତ ପ୍ରତିବିମ୍ବଗୁଡ଼ିକର ପରିଣାମ ନୁହେଁ । ଅଦୃଷ୍ଟପୂର୍ବ ଏବଂ ଅଶ୍ରୁତପୂର୍ବ ବୈଜ୍ଞାନିକ ଆବିଷ୍କାର, ସ୍ୱତନ୍ତ୍ରମାନସର ତର୍କଣାର ବିଷୟ ଅଟେ । କୌଣସି ଦୃଷ୍ଟ-ବସ୍ତୁର ପ୍ରତିବିମ୍ବ ନୁହେଁ । ଏହିସବୁ କାରଣରୁ ଆମକୁ ସ୍ୱତନ୍ତ୍ର ଚେତନାର ଅସ୍ତିତ୍ୱ ଏବଂ ତା'ର ବିକାଶ ପ୍ରକ୍ରିୟାକୁ ସ୍ୱୀକାର କରିବାକୁ ହିଁ ହୋଇଥାଏ । ପ୍ରତ୍ୟକ୍ଷ ଦର୍ଶାୟମାନ ଚେତନାର ବିଶିଷ୍ଟ କ୍ରିୟା ସମୂହକୁ ଆମେ କୌଣସି ପ୍ରକାର ଅବହେଳା କରିପାରିବା ନାହିଁ । ଭୌତିକବାଦୀ, ବର୍ଗସାଁଙ୍କ ଆତ୍ମ-ସାଧକ ଯୁକ୍ତିକୁ "ଚେତନ ଓ ଅଚେତନର ସଂବନ୍ଧ, କିପରି ସମ୍ଭବପର ?" ଏହି ପ୍ରଶ୍ନ ଦ୍ୱାରା ବ୍ୟର୍ଥ ପ୍ରମାଣିତ କରିବାକୁ ଚାହୁଁଛନ୍ତି । ବର୍ଗସାଁଙ୍କ ସିଦ୍ଧାନ୍ତର ଅପୂର୍ଣ୍ଣାଙ୍ଗତାକୁ ଉଲ୍ଲେଖ କରି କୁହାଯାଇଛି - ବର୍ଗସାଁ ସଦୃଶ ଦାର୍ଶନିକ ଚେତନାକୁ ଭୌତିକ ତତ୍ତ୍ୱରୁ ପୃଥକ୍ ଏକ ରହସ୍ୟମୟ ବସ୍ତୁ ରୂପରେ ସିଦ୍ଧ କରିବାର ପ୍ରଚେଷ୍ଟା କରିଛନ୍ତି । ଏହି ପ୍ରମାଣୀକରଣ ପଛରେ ତାଙ୍କର ଶକ୍ତିଶାଳୀ ଯୁକ୍ତି ହେଉଛି - ସ୍ମୃତି । ମସ୍ତିଷ୍କ, ଶରୀରର ଏକ ଅଙ୍ଗ ହୋଇଥିବାରୁ ଏକ କ୍ଷଣିକ ପରିବର୍ତ୍ତନଶୀଳ ବସ୍ତୁରେ ପରିଣତ ହୋଇଛି । ଏହା ସ୍ମୃତିକୁ, ଅତୀତରୁ ବର୍ତ୍ତମାନ ପର୍ଯ୍ୟନ୍ତ ବୋହି ଆଣିବାର ବାହନ ହୋଇପାରିବ ନାହିଁ । ଏହା ସକାଶେ କୌଣସି ଅକ୍ଷଣିକ-ସ୍ଥାୟୀ ମାଧ୍ୟମ ଆବଶ୍ୟକ । ଏହାକୁ ସେମାନେ ଚେତନା ବା ଆତ୍ମାର ନାମ ଦେଇଥାନ୍ତି । ସ୍ମୃତିକୁ ଅତୀତରୁ ବର୍ତ୍ତମାନକୁ ଏବଂ ଆହୁରି ଆଗକୁ ନେଇଯିବାର ଆବଶ୍ୟକତା ରହିଛି, କିନ୍ତୁ ଅମର ଚେତନାର, ମରଣଧର୍ମା ଅଚେତନ ସହିତ କିପରି ସଂବନ୍ଧ ହୋଇଥାଏ - ଏହା ନିଶ୍ଚିତ ଭାବରେ ଏକ ଜଟିଳ ସମସ୍ୟା । ଚେତନ ଓ ଅଚେତନ ସଦୃଶ ବିପରୀତଧର୍ମୀ ଦ୍ରବ୍ୟର ପରସ୍ପର ଘନିଷ୍ଠ ସମ୍ବନ୍ଧ ସ୍ଥାପନ ତେଲ ଓ ଜଳକୁ ମିଳାଇବା ଭଳି ହୋଇଥାଏ । ତେଣୁ ଏହି ସମସ୍ୟାର ସମାଧାନର ମାର୍ଗ ଖୋଜା ଚାଲିଛି । ତେବେ ଏତିକି ସ୍ପଷ୍ଟ ହେଉଛି ଯେ ଚେତନା କିମ୍ବା ସ୍ମୃତି ଦ୍ୱାରା ହିଁ ଆମ ସମସ୍ୟାର ସମାଧାନ ହୋଇପାରିବ ନାହିଁ ।

ତଜ୍ଜୀବତଚ୍ଛରୀରବାଦୀ ବର୍ଗ, ଆତ୍ମବାଦୀ ପାଶ୍ଚାତ୍ୟ ଦାର୍ଶନିକମାନଙ୍କ ଯେଉଁ ସମସ୍ୟାକୁ ଅଗ୍ରଭାଗରେ ଥୋଇ ସୁଖର ଶ୍ୱାସ ନେଉଛନ୍ତି, ଭାରତୀୟ ଦାର୍ଶନିକମାନେ ସେହି ସମସ୍ୟାକୁ ବହୁ ଆଗରୁ ସଫାକରି ନିଜ ପଥ ପ୍ରଶସ୍ତ କରିନେଇଛନ୍ତି । ସଂସାର-ଦଶାରେ ଆତ୍ମା ଓ ଶରୀର - ଏ ଦୁହେଁ ସବୁମନ୍ତେ ଭିନ୍ନ ନୁହନ୍ତି । ଗୌତମ ସ୍ୱାମୀଙ୍କ ପ୍ରଶ୍ନଗୁଡ଼ିକର ଉତ୍ତର ଦେବାକୁ ଯାଇ ଭଗବାନ ମହାବୀର ଆତ୍ମା ଓ ଶରୀରର ଭେଦାଭେଦ ବର୍ଣ୍ଣନା କରି କହିଛନ୍ତି - ଆତ୍ମା ଶରୀରଠାରୁ ଭିନ୍ନ ତଥା ଅଭିନ୍ନ ମଧ୍ୟ । ଶରୀର ରୂପୀ ଓ ଅରୂପୀ ଉଭୟ ଥାଏ ତଥା ସଚେତନ ଓ ଅଚେତନ ମଧ୍ୟ ଥାଏ ।[୪୫] ଶରୀର ଆତ୍ମାର କ୍ଷୀର ନୀରବତ୍ ଅଥବା ଅଗ୍ନି-ଲୌହପିଣ୍ଡବତ୍ ତାଦାତ୍ମ୍ୟ ଥାଏ । ଏହା ହେଉଛି ଆତ୍ମାର ସଂସାରାବସ୍ଥା । ଏଥିରେ ଜୀବ ଓ ଶରୀରର ଏକପ୍ରକାର ଅଭେଦ ଥାଏ । ଅତଏବ ଜୀବର ଦଶଗୋଟି ପରିଣାମ ରହିଥାଏ ।[୪୬] ତଥା ଏମାନଙ୍କଠାରେ

---

(୪୫) ଭଗବଈ ୧୩/୧୨୮ ଆୟାଭନ୍ତେ । ଅନ୍ନେକାୟେ ?
ଅନ୍ନେକାୟେ ଗୋୟମା ! ଆୟାବିକାୟ ଆନ୍ନେ ବି କାୟେ ।
ରୂବିଂ ଭନ୍ତେ । କାୟେ ? ଅରୂବିଂ କାୟେ ? ଗୋୟମା !
ରୂବିଂଫିକାୟେ, ଅରୂବିଂ ପିକାୟେ । ସଚିତ୍ତେଉନ୍ତେ
କାୟେ ? ଅଚିତ୍ତେ କାୟେ ? ଗୋୟମା ।
ସଚିତ୍ତେ ବି କାୟେ ଅଚିତ୍ତେ ବି କାୟେ ।

(୪୬) ଠାଣଂ, ୧୦/୧୮

ବର୍ଣ୍ଣ, ଗନ୍ଧ, ରସ, ସ୍ପର୍ଶ ଆଦି ପୌଦଗଳିକ ଗୁଣ ମଧ୍ୟ ମିଳିଥାଏ ।[୪୭] ଶରୀରଠାରୁ ଆତ୍ମାର କୌଣସିମତେ ଭେଦ ଥାଏ ।[୪୮] ତେଣୁ ଆତ୍ମାକୁ ଅବର୍ଣ୍ଣ, ଅଗନ୍ଧ, ଅରସ ଓ ଅସ୍ପର୍ଶ ବୋଲି କୁହାଯାଇଛି । ଆତ୍ମା ଓ ଶରୀରର ଭେଦାଭେଦ ସ୍ୱରୂପ ଜାଣିବା ଉତ୍ତାରୁ 'ଅମର ଚେତନାର ମରଣଧର୍ମା ଅଚେତନ ସହିତ ସଂବନ୍ଧ କିପରି' - ଏ ପ୍ରଶ୍ନର କୌଣସି ମୂଲ୍ୟ ରହେ ନାହିଁ । ବିଶ୍ୱବର୍ତ୍ତୀ ଚେତନା ବା ଅଚେତନ ସବୁ ପଦାର୍ଥ ପରିଣାମୀ ନିତ୍ୟ ଅଟନ୍ତି । ଐକାନ୍ତିକ ରୂପରେ କୌଣସି ପଦାର୍ଥ ବି ମରଣଧର୍ମା ବା ଅମର ନୁହେଁ । ଆତ୍ମା ସ୍ୱୟଂ ହେଉଛି ନିତ୍ୟ ତଥା ଅନିତ୍ୟ ମଧ୍ୟ, ସହେତୁକ ତଥା ନିର୍ହେତୁକ ମଧ୍ୟ ଆତ୍ମା ହିଁ ହୋଇଥାଏ । କର୍ମ କାରଣରୁ ଆତ୍ମାର ଭିନ୍ନ-ଭିନ୍ନ ଅବସ୍ଥା ହୋଇଥାଏ । ତେଣୁ ତାହା ଅନିତ୍ୟ ଓ ସହେତୁକ ଅଟେ । ଆତ୍ମାର ସ୍ୱରୂପର କୌଣସି ସ୍ଥିତିରେ ପ୍ରଚ୍ୟବ ହୁଏ ନାହିଁ, ତେଣୁ ତାହା ନିତ୍ୟ ଓ ନିର୍ହେତୁକ । ଶରୀରସ୍ଥ ଆତ୍ମା ହିଁ ଭୌତିକ ପଦାର୍ଥ ସହିତ ସଂବନ୍ଧ ଥାଏ । ସ୍ୱରୂପସ୍ଥ ହେଲା ପରେ ତାହା ବିଶୁଦ୍ଧ ଚେତନାବାନ ଏବଂ ସର୍ବଥା ଅମୂର୍ତ୍ତରେ ପରିଣତ ହୁଏ । ଏହାପରେ କୌଣସି ଅଚେତନ ପଦାର୍ଥ ସହିତ ତା'ର ସମ୍ବନ୍ଧ ରହେ ନାହି । ବଦ୍ଧ ଆତ୍ମା ସ୍ଥୁଳ-ଶରୀର-ମୁକ୍ତ ହେବା ପରେ ବି ସୂକ୍ଷ୍ମ-ଶରୀର-ଯୁକ୍ତ ରହିଥାଏ । ସ୍ଥୁଳ ଶରୀରରେ ତାହା ପ୍ରବେଶ କରେ ନାହିଁ, ଅଥଚ ସୂକ୍ଷ୍ମ ଶରୀରବାନ୍ ହୋଇଥିବାରୁ ସ୍ୱୟଂ ଏହାର ନିର୍ମାଣ କରିଥାଏ । ଅଚେତନ ସହିତ ତା'ର ଅଭୂତପୂର୍ବ ସଂବନ୍ଧ ନ ଥାଏ, କିନ୍ତୁ ଅନାଦିକାଳୀନ ପ୍ରବାହରେ ଶରୀର-ପର୍ଯ୍ୟାୟାତ୍ମକ ଏକ ଶୃଙ୍ଖଳା ପୁଣି ଯୋଡ଼ି ହୋଇପଡ଼େ । ଏଠାରେ କୌଣସି ବିରୋଧ ନାହିଁ । ସଂସାରୀ ଆତ୍ମା ଅନାଦିକାଳରୁ କର୍ମ ସହିତ ବନ୍ଧା ହୋଇରହିଛି । ତାହା କେବେ ବି ଆପଣା ରୂପରେ ସ୍ଥିତ ନ ଥିବାରୁ ଅମୂର୍ତ୍ତ ହେବା ସତ୍ତ୍ୱେ ତା'ର ମୂର୍ତ୍ତ କର୍ମ (ଅଚେତନ ଦ୍ରବ୍ୟ) ସହିତ ସମ୍ବନ୍ଧ ରହିଥାଏ । ଏହି ତଥ୍ୟରେ ଆପତ୍ତି କରିବାର କିଛି ନାହିଁ ।

ଆତ୍ମା ଉପରେ ବିଜ୍ଞାନର ପ୍ରୟୋଗ

ବୈଜ୍ଞାନିକମାନଙ୍କ ୧୦୨ଟି ତତ୍ତ୍ୱ ସମ୍ବନ୍ଧରେ ମାନ୍ୟତା ରହିଛି । ସେ ସମସ୍ତ ମୂର୍ତ୍ତିମନ୍ତ । ସେମାନଙ୍କ ସମସ୍ତ ଅନୁସନ୍ଧାନ ମୂର୍ତ୍ତ ଦ୍ରବ୍ୟ ଉପରେ କରାଯାଇଛି । ଅମୂର୍ତ୍ତ ତତ୍ତ୍ୱ ଇନ୍ଦ୍ରିୟ ପ୍ରତ୍ୟକ୍ଷ ବିଷୟ ନୁହେଁ । ତା'ଠାରେ କୌଣସି ପ୍ରୟୋଗ କରାଯାଇ ନ ପାରେ । ଆତ୍ମା ଅମୂର୍ତ୍ତ ହୋଇଥିବାରୁ, ଭୌତିକ ସାଧନ-ସଂପନ୍ନ ହୋଇଥିବା ସତ୍ତ୍ୱେ ଆଜି ବୈଜ୍ଞାନିକମାନେ ତା'ର ଅନୁସନ୍ଧାନ କରିବାରେ ବିଫଳ ହେଉଛନ୍ତି । ଭୌତିକ ସାଧନ ଦ୍ୱାରା ଆତ୍ମାର ଅସ୍ତିତ୍ୱ କିମ୍ବା ନାସ୍ତିତ୍ୱ ସମ୍ବନ୍ଧରେ ଜାଣିହୁଏ ନାହିଁ । ଶରୀର ମାଧ୍ୟମରେ କରାଯାଉଥିବା ପ୍ରୟୋଗ ଦ୍ୱାରା ଆତ୍ମାର ସ୍ଥିତି ସ୍ପଷ୍ଟ ହୁଏ ନାହିଁ । ରୁଷର ଜୀବ-ବିଜ୍ଞାନର ପ୍ରସିଦ୍ଧ ବିଦ୍ୱାନ ପାବଲୋଫ, ଗୋଟିଏ କୁକୁରର ମସ୍ତିଷ୍କକୁ ବାହାର କରି ଆଣିଲେ ।[୪୯] ଫଳରେ କୁକୁରଟି ଶୂନ୍ୟବତ୍ ହେଲା । ତା'ର ସମସ୍ତ ଚେଷ୍ଟା ଥମିଗଲା । ନିଜ ସ୍ୱାମୀକୁ ତଥା ଖାଦ୍ୟ ସାମଗ୍ରୀକୁ ଚିହ୍ନିପାରିଲା ନାହିଁ । ତଥାପି ସେ ଜୀବିତ ଥାଏ । ଇଞ୍ଜେକସନ ମାଧ୍ୟମରେ ତାହାକୁ ଖାଦ୍ୟ ତତ୍ତ୍ୱ ଦିଆଯାଉଥାଏ । ଏହି ଗବେଷଣା ମାଧ୍ୟମରେ ପାବଲୋଫ ସିଦ୍ଧ କରିଥିଲେ ଯେ, ମସ୍ତିଷ୍କ ହିଁ ଚେତନା । ମସ୍ତିଷ୍କକୁ କାଢ଼ି ନିଆଗଲେ ପ୍ରାଣୀଠାରେ କୌଣସି ପ୍ରକାର ଚୈତନ୍ୟ ରହେ ନାହିଁ ।

ଏହା ଉପରେ ଆମକୁ ଅଧିକ କହିବାର ଆବଶ୍ୟକତା ନାହିଁ । ଏତିକି ବୁଝିବା ପର୍ଯ୍ୟାପ୍ତ ହେବ ଯେ ମସ୍ତିଷ୍କ ଚେତନାର ଉତ୍ପାଦକ ନୁହେଁ, ତାହା ହେଉଛି ମାନସ ପ୍ରବୃତ୍ତିଗୁଡ଼ିକର ଉପଯୋଗ କରିବାର ସାଧନ । ମସ୍ତିଷ୍କକୁ ବାହାର

---

(୪୭) ଭଗବଈ, ୧୭।୩୩

(୪୮) ସୂତ୍ରକୃତାଙ୍ଗ, ୧।୧।୧୮, ବୃତ୍ତିପତ୍ର ୨୮: ଭୂତେଭ୍ୟଃ
କଥଂଚିଦନ୍ୟ ଏବ ଶରୀରେଣ ସହ ଅନ୍ୟୋନ୍ୟାନୁବେଧାଦନନ୍ୟୋପି ।

(୪୯) ପାବଲୋଫଙ୍କ ସିଦ୍ଧାନ୍ତକୁ ପ୍ରବୃତ୍ତିବାଦ କୁହାଯାଇଥାଏ ।
ତାଙ୍କ ମତରେ ସମସ୍ତ ମାନସିକ କ୍ରିୟା, ଶାରୀରିକ ପ୍ରବୃତ୍ତିର ତାଳେ ତାଳେ ହୋଇଥାଏ । ମାନସିକ କ୍ରିୟା ଓ ଶାରୀରିକ ପ୍ରବୃତ୍ତି ହେଉଛି ଅଭିନ୍ନ ।

କରିନେବା ଦ୍ୱାରା ତା'ର ମାନସିକ ଚେଷ୍ଟା ଥମିଯାଇଛି କିନ୍ତୁ ଏହାର ଅର୍ଥ ନୁହେଁ ଯେ ତା'ର ଚେତନା ବିଲୀନ ହୋଇପଡ଼ିଛି । ଏହା ଯଦି ହୋଇଥାନ୍ତା, ତେବେ ସେ ଜୀବିତ ହୋଇ ରହିପାରନ୍ତା ନାହିଁ । ଖାଦ୍ୟର ସ୍ୱୀକରଣ, ରକ୍ତସଂଚାର, ପ୍ରାଣାପାନ ଆଦି ଚେତନାଯୁକ୍ତ ପ୍ରାଣୀର ଲକ୍ଷଣ । ଏହି ପ୍ରକାର ଅନେକ ଜୀବ ଅଛନ୍ତି ଯାହାର ମସ୍ତିଷ୍କ ହିଁ ନ ଥାଏ । ମସ୍ତିଷ୍କ, ମାନସ ପ୍ରବୃତ୍ତି ପ୍ରବଣ ପ୍ରାଣୀମାନଙ୍କର ହିଁ ରହିଥାଏ । ବନସ୍ପତି ମଧ୍ୟ ଆତ୍ମା । ତା'ଠାରେ ଚେତନା, ହର୍ଷ, ଶୋକ, ଭୟ ଆଦି ପ୍ରବୃତ୍ତି ରହିଛି । କିନ୍ତୁ ବନସ୍ପତିର ମସ୍ତିଷ୍କ ନ ଥାଏ । ଚେତନାର ସାମାନ୍ୟ ଲକ୍ଷଣ ହେଉଛି ସ୍ୱାନୁଭବ । ଯାହାଠାରେ ସ୍ୱାନୁଭୂତି ରହିଛି ସୁଖ-ଦୁଃଖ ଅନୁଭବ କରିବାର କ୍ଷମତା ରହିଛି, ତାହା ହିଁ ଆତ୍ମା । ତେବେ ଏହି ଅନୁଭୂତିକୁ ବ୍ୟକ୍ତ କରିବାରେ ଆତ୍ମା ସବୁବେଳେ ସମର୍ଥ ହୁଏ ନାହିଁ । ଏହାକୁ ଅଭିବ୍ୟକ୍ତ କରିବାର ସାଧନ ମଧ୍ୟ ମିଳିପାରେ କିମ୍ବା ନ ମିଳିପାରେ । ବାଣୀ-ବିହୀନ ପ୍ରାଣୀକୁ ପ୍ରହାର ଦ୍ୱାରା ଯେ କଷ୍ଟ ହୁଏ ନାହିଁ - ଏହି ଭାବନା ଯୁକ୍ତିଯୁକ୍ତ ନୁହେଁ । ତା' ପାଖରେ କଥା କହିବାର ଶକ୍ତି ନାହିଁ । ତେଣୁ ନିଜ କଷ୍ଟକୁ ପ୍ରକଟ କରିପାରେ ନାହିଁ । ତେବେ ଅନ୍ୟମାନଙ୍କ ଭଳି ସେ ମଧ୍ୟ କଷ୍ଟର ସମାନ ଅନୁଭୂତି କରିଥାଏ । ବିକାଶଶୀଳ ପ୍ରାଣୀ ମୂକ ହୋଇଥିଲେ ମଧ୍ୟ ଅଙ୍ଗ ସଞ୍ଚାଳନ କ୍ରିୟା ମାଧ୍ୟମରେ ପୀଡ଼ା ଭୋଗୁଥିବାର ସୂଚନା ଦେଇଥାଏ । ତେବେ ଏହି ଶକ୍ତି ବି ଯାହାଠାରେ ନାହିଁ, ସେମାନଙ୍କ ସକାଶେ ଆପଣାସ୍ଥିତି ସ୍ପଷ୍ଟ କରିବାର ଅସୁବିଧା ହେବା ସ୍ୱାଭାବିକ । ତେଣୁ କଥା କହିବା, ଅଙ୍ଗ ସଞ୍ଚାଳନ ଏବଂ ନିଜ ଚେଷ୍ଟାକୁ ବ୍ୟକ୍ତ କରିବା - କେବଳ ଏଗୁଡ଼ିକ ଆତ୍ମାର ବ୍ୟାପକ ଲକ୍ଷଣ ନୁହେଁ। ବିଶିଷ୍ଟ ଶରୀର ଧାରଣ କରିଥିବା ଅର୍ଥାତ୍ ତ୍ରସଜାତିଗତ ଆତ୍ମାଗୁଡ଼ିକର ହିଁ ଏହା ଲକ୍ଷଣ ହୋଇଥାଏ । ସ୍ଥାବର ଜାତିଗତ ଆତ୍ମାଗୁଡ଼ିକ ମଧ୍ୟରେ ଏହି ସ୍ପଷ୍ଟ ଲକ୍ଷଣ ଦେଖାଯାଏ ନାହିଁ । ତେବେ ଏହି କାରଣରୁ ସେମାନଙ୍କ ଚେତନଶୀଳତା ଏବଂ ସୁଖ-ଦୁଃଖାନୁଭୂତିର କ'ଣ ଲୋପ କରାଯାଇପାରିବ ? ସ୍ଥାବର ଜୀବଜଗତଙ୍କର କଷ୍ଟାନୁଭୂତିର ବର୍ଣ୍ଣନା କରିବାକୁ ଯାଇ ଶାସ୍ତ୍ରରେ ଉଲ୍ଲେଖ ମିଳିଥାଏ - 'ଜନ୍ମାନ୍ଧ, ଜନ୍ମ-ମୂକ, ଜନ୍ମ-ବଧିର ଏବଂ ରୋଗ-ଗ୍ରସ୍ତ ପୁରୁଷର ଶରୀରକୁ କୌଣସି ହୃଷ୍ଟପୁଷ୍ଟ ପୁରୁଷ ଯଦି ଖଡ୍ଗ ବା ତରବାରୀ ସାହାଯ୍ୟରେ ୩୨ ସ୍ଥାନରେ ଛେଦନ-ଭେଦନ କରିବ, ସେତେବେଳେ ତାହାକୁ ଯେପରି ପୀଡ଼ାନୁଭୂତି ହୋଇଥାଏ, ପୃଥ୍ୱୀମଧ୍ୟସ୍ଥ ଜୀବମାନଙ୍କୁ ସ୍ପର୍ଶ ମାତ୍ର କରିବା ଦ୍ୱାରା ସେମାନେ ସେହି ପୀଡ଼ା ଭୋଗ କରିଥାନ୍ତି । ଶକ୍ତି ଏବଂ ସାମର୍ଥ୍ୟ ଅଭାବରୁ ସେମାନେ କହିପାରନ୍ତି ନାହିଁ । ମନୁଷ୍ୟ, ପ୍ରତ୍ୟକ୍ଷ ପ୍ରମାଣ ଚାହିଁଥାଏ, ତେଣୁ ସେ ଏହି ପରୋକ୍ଷ ତଥ୍ୟକୁ ସ୍ୱୀକାର କରିବାରେ ଦ୍ୱିଧା ପ୍ରକାଶ କରିଥାଏ । ତେବେ ସେ ଯାହାହେଉ, 'ଆତ୍ମା ହେଉଛି ଅରୂପୀ ଚେତନ ସତ୍ତା' ଏତିକିମାତ୍ର ସ୍ମରଣ କରିନେବା ଆମ ସକାଶେ ଯଥେଷ୍ଟ ହେବ । କୌଣସି ପ୍ରକାର ଚର୍ମଚକ୍ଷୁ ଦ୍ୱାରା ଆତ୍ମାର ପ୍ରତ୍ୟକ୍ଷୀକରଣ ସଂଭବ ନୁହେଁ ।

ପ୍ରାୟ ଅଢ଼େଇ ହଜାର (୨୫୦୦) ବର୍ଷ ପୂର୍ବେ କୌଶାମ୍ବୀ ଅଧିପତି ରାଜା ପ୍ରଦେଶୀ, ଆପଣା ଜୀବନର ନାସ୍ତିକ-କାଳରେ ଶାରୀରିକ ଅବୟବଗୁଡ଼ିକର ପରୀକ୍ଷଣ କରି ଆତ୍ମ-ସାକ୍ଷାତ୍କାରର ଅନେକ ପ୍ରୟୋଗ କରିଥିଲେ, କିନ୍ତୁ ତାଙ୍କର ସମସ୍ତ ପ୍ରୟାସ ବିଫଳ ହୋଇଥିଲା ।

ଆଜିର ବୈଜ୍ଞାନିକମାନେ ମଧ୍ୟ ଯଦି ଏହି ପ୍ରକାର ଅସମ୍ଭବ ଚେଷ୍ଟା ଜାରି ରଖିବେ ତାହାହେଲେ କିଛି ବି ତଥ୍ୟ ମିଳିବ ନାହିଁ । ଏହା ପରିବର୍ତ୍ତେ ସେମାନେ ଯଦି ଚେତନାର ଆନୁମାନିକ ଏବଂ ସ୍ୱସଂବେଦନାତ୍ମକ ଅନ୍ୱେଷଣ କରନ୍ତି, ତାହାହେଲେ ଏହି ସମସ୍ୟାକୁ ସହଜରେ ସମାହିତ କରିପାରିବା ।

ଚେତନାର ପୂର୍ବରୂପ

ନିର୍ଜୀବ ପଦାର୍ଥରୁ ସଜୀବ ପଦାର୍ଥର ଉତ୍ପତ୍ତି ହୋଇପାରିବ ନାହିଁ - ଏହି ତଥ୍ୟକୁ ସ୍ୱୀକାର କରୁଥିବା ଦାର୍ଶନିକମାନେ ଚେତନା ତତ୍ତ୍ୱକୁ ଅନାଦି ଅନନ୍ତ ରୂପରେ ମାନ୍ୟ କରିଥାନ୍ତି । ଦାର୍ଶନିକମାନଙ୍କ ଦ୍ୱିତୀୟ ପଂକ୍ତି ମଧ୍ୟ ରହିଛି, ଯେଉଁମାନେ ନିର୍ଜୀବ ପଦାର୍ଥରୁ ସଜୀବ ପଦାର୍ଥର ଉତ୍ପତ୍ତିକୁ ମାନ୍ୟତା ପ୍ରଦାନ କରିଛନ୍ତି । ପ୍ରସିଦ୍ଧ ମନୋବୈଜ୍ଞାନିକ ଫ୍ରାୟଡ଼ଙ୍କ ଧାରଣା ଅନୁସାରେ ନିର୍ଜୀବ ପଦାର୍ଥରୁ ଜୀବନର ଆରମ୍ଭ ହୋଇଥାଏ । ବୈଜ୍ଞାନିକ ଜଗତରେ ମଧ୍ୟ ଏହି ବିଚାରର ଦୁଇଟି ଧାରା ପ୍ରବାହିତ ।

ବୈଜ୍ଞାନିକ ଲୁଇ ପାଷ୍ଟର ଏବଂ ଟିଣ୍ଡାଲ ଆଦି ନିର୍ଜୀବରୁ ସଜୀବର ଉତ୍ପତ୍ତିକୁ ସ୍ୱୀକାର କରିନାହାନ୍ତି ।

ଋଷର ମହିଳା ବୈଜ୍ଞାନିକ ଲେପସିନସ୍କାୟା, ଅଣୁ ବୈଜ୍ଞାନିକ ଡା. ଡେରାଲ୍ଡ ୟୁରେ ଏବଂ ତାଙ୍କର ଶିଷ୍ୟ ଷ୍ଟେନଲେମିଲର ଆଦି ନିଷ୍ପ୍ରାଣ ସତ୍ତାରୁ ସପ୍ରାଣ ଉତ୍ପତ୍ତିରେ ବିଶ୍ୱାସ ରଖିଥାନ୍ତି ।

ଚୈତନ୍ୟକୁ ଅଚେତନ ସଦୃଶ୍ୟ ଅନୁତ୍ପନ୍ନ ସତ୍ତା ବା ନୈସର୍ଗିକ ସତ୍ତା ସ୍ୱୀକାର କରୁଥିବା ତତ୍ତ୍ୱବେତ୍ତାମାନଙ୍କୁ ଚେତନାର ପୂର୍ବରୂପ ସଂବନ୍ଧର ସଂଶୟ ମଧ୍ୟରେ ଛନ୍ଦି ହେବାକୁ ପଡ଼ି ନ ଥାଏ ।

ଦ୍ୱିତୀୟ ଶ୍ରେଣୀର ଲୋକ, ଯେଉଁମାନେ ଅହେତୁକ ବା ଆକସ୍ମିକ ଚୈତନ୍ୟୋତ୍ପାଦବାଦୀ ଅଟନ୍ତି । ସେମାନଙ୍କୁ ଏହି ପ୍ରଶ୍ନ ବ୍ୟତିବ୍ୟସ୍ତ କରିଥାଏ । ଆଦି-ଜୀବ କେଉଁ ଅବସ୍ଥାରେ, କେବେ ଓ କିପରି ଉତ୍ପନ୍ନ ହେଲା - ଏହି ରହସ୍ୟ ସେମାନଙ୍କ ସକାଶେ ଆଜି ବି କଳ୍ପନା ମାତ୍ର ହୋଇ ରହିଛି ।

ଲୁଇସ୍ ପାଷ୍ଟର ଏବଂ ହିଣ୍ଡାଲ ବୈଜ୍ଞାନିକ ଗବେଷଣା ମାଧ୍ୟମରେ ପ୍ରମାଣିତ କରିଛନ୍ତି ଯେ ନିର୍ଜୀବରୁ ସଜୀବ ପଦାର୍ଥର ଉତ୍ପାଦନ କଦାପି ସଂଭବପର ନୁହେଁ । ସେମାନଙ୍କ ପରୀକ୍ଷଣ ବିଧି ନିମ୍ନ ପ୍ରକାର ...

"ଗୋଟିଏ କାଚ ଗୋଲକରେ ସେମାନେ କିଛି ବିଶୁଦ୍ଧ ପଦାର୍ଥ ଥୋଇ, ଧୀରେ ଧୀରେ ଗୋଲକ ମଧ୍ୟରୁ ସମସ୍ତ ବାୟୁକୁ ନିଷ୍କାସିତ କରିଦେଲେ । ଗୋଲକ କିମ୍ବା ତା' ମଧ୍ୟରେ ରଖାଯାଇଥିବା ପଦାର୍ଥରେ କୌଣସି ଜୀବ ବା ତା'ର ଅଣ୍ଡା କିମ୍ବା ସେହିଭଳି ବସ୍ତୁ ଯେପରି ରହି ନ ଯାଏ, ତା'ର ସତର୍କତା ସହକାରେ ବ୍ୟବସ୍ଥା କରାଯାଇଥାଏ । ଏହି ଅବସ୍ଥାରେ ବହୁଦିନ ଧରି ରହିଲା ପରେ ଜଣାପଡ଼ିଲା ଯେ, ସେହି ଅବସ୍ଥାରେ ଗୋଲକ ମଧ୍ୟରେ କୌଣସି ଜୀବ-ସତ୍ତାର ଉଦ୍ଭବ ହେଲା ନାହିଁ । ସେହି ପଦାର୍ଥକୁ ଗୋଲକ ମଧ୍ୟରୁ ନିଷ୍କ୍ରାନ୍ତ କରି ବାହାରେ ରଖିବାର କିଛିଦିନ ମଧ୍ୟରେ ତା' ମଧ୍ୟରେ କ୍ଷୁଦ୍ରାକାର କୀଟାଣୁ ବୀଜାଣୁ ଆଦି ଜାତ ହେବା ସ୍ପଷ୍ଟ ଦେଖାଗଲା । ଏଥିରୁ ସିଦ୍ଧ ହେଲା ଯେ, ବାହ୍ୟ ବାୟୁମଣ୍ଡଳରେ ହିଁ ପ୍ରାଣୀଙ୍କ ଅଣ୍ଡା, ବୀଜାଣୁ ବା ଛୋଟ ଜୀବ ଏହି ପଦାର୍ଥରେ ଉପସ୍ଥିତ ହେଉଛନ୍ତି ।"

ଡା. ୟୁରେଙ୍କ ଅନୁସାରେ ଷ୍ଟେନଲେ ମିଲର, ଜୀବନର ଉତ୍ପତ୍ତି ସମୟରେ ଯେଉଁ ପ୍ରକାର ପରିସ୍ଥିତି ରହିଥିଲା, ତାହାକୁ ହିଁ ଉତ୍ପନ୍ନ କରିଦେଲେ । ସପ୍ତାହକ ପରେ ନିଜ ରାସାୟନିକ ମିଶ୍ରଣର ପରୀକ୍ଷଣ କରି ଜାଣିଥିଲେ ଯେ, ତହିଁରେ ତିନି ପ୍ରକାର ପ୍ରୋଟିନ ରହିଛି, କିନ୍ତୁ କୌଣସି ପ୍ରୋଟିନ ମଧ୍ୟ ଜୀବିତ ଅବସ୍ଥାରେ ପ୍ରାପ୍ତ ହୋଇନାହିଁ । ମାର୍କ୍ସବାଦ ଅନୁସାରେ ଚେତନା ହେଉଛି ଭୌତିକ ସତ୍ତାର ଗୁଣାତ୍ମକ ପରିବର୍ତ୍ତନ । ଜଳ ଯଦ୍ୟପି ଜଳ ମାତ୍ର ଅଟେ କିନ୍ତୁ ତାପମାତ୍ରାରେ ସାମାନ୍ୟ ବୃଦ୍ଧି କରିଦିଆଗଲେ ଏକ ନିଶ୍ଚିତ ବିନ୍ଦୁରେ ପହଞ୍ଚି ତାହା ବାଷ୍ପରେ ପରିଣତ ହୁଏ । (ତାପର ଏହି ନିର୍ଦ୍ଦିଷ୍ଟ ବିନ୍ଦୁରେ ଏହା ଘଟିତ ହୁଏ, ବାୟୁମଣ୍ଡଳର ଚାପରେ ତାହା ବଦଳୁଥାଏ) ଏବଂ ତାପମାନ କମ୍ କରି ଦିଆଗଲେ, ତାହା ବରଫ ପାଲଟିଯାଏ । ବାଷ୍ପ ଏବଂ ବରଫର ପୂର୍ବରୂପ ହେଉଛି ଜଳ । ଜଳର ବାଷ୍ପ କିମ୍ବା ବରଫ ରୂପରେ ପରିଣମନ ହେବା ପରେ, ଗୁଣାତ୍ମକ ପରିବର୍ତ୍ତନ ଘଟିବା ପରେ, ତାହା ପାଣି ହୋଇ ରହି ନ ଥାଏ । ତେବେ ଚେତନାର ପୂର୍ବରୂପ କ'ଣ ଥିଲା, ଯାହା ଲୁପ୍ତ ହୋଇ ଚେତନାକୁ ଉତ୍ପନ୍ନ କରିଛି - ଏହି ପ୍ରଶ୍ନର କୌଣସି ସମାଧାନ ଅଦ୍ୟାବଧି ମିଳିନାହିଁ । ଜଳକୁ ଗରମ କରିବା ପ୍ରକ୍ରିୟାରେ ଅନେକ ସମୟ ପର୍ଯ୍ୟନ୍ତ ତାହା ଜଳ ରୂପରେ ହିଁ ରହିଥାଏ । ଜଳର ସବୁଯାକ ସାଧାରଣ ଗୁଣ ରହିଥିବ,କେବଳ ଉତ୍ତାପ ବଢ଼ିଚାଲିବ । ସେହି ପ୍ରକାର ପାଣିକୁ ଶୀତଳୀକରଣ କରିବା ସମୟରେ ନିର୍ଦ୍ଦିଷ୍ଟ ସୀମା ପର୍ଯ୍ୟନ୍ତ ତାହା ପାଣି ରୂପ ଧାରଣ କରିଥାଏ, କେବଳ ତାପମାତ୍ରା ହ୍ରାସ ପାଏ । ତେବେ ପରିବର୍ତ୍ତନର ଏହି କ୍ରମ ସହସା ବିଚ୍ଛିନ୍ନ ହୋଇପଡ଼େ । ଶୀତ ବା ଉଷ୍ଣ ବିନ୍ଦୁରେ ପହଞ୍ଚିଗଲା ପରେ ପାଣିର ଗୁଣ ଅକସ୍ମାତ୍ ବଦଳିଯାଏ । ପାଣି, ପାଣି ହୋଇ ରହେ ନାହିଁ, ବରଂ ବାଷ୍ପ ବା ବରଫରେ ପରିଣତ ହୁଏ ।

ଜଳ ଯେପରି ନିଶ୍ଚିତ ବିନ୍ଦୁକୁ ସ୍ପର୍ଶ କରିବା ପରେ ବାଷ୍ପ ବା ବରଫ ପାଲଟିଯାଏ, ସେହିଭଳି ଭୌତିକତାର କେଉଁ ଏକ ନିର୍ଦ୍ଧାରିତ ବିନ୍ଦୁରେ ପହଞ୍ଚିବା ପରେ ଭୌତିକତା, ଚେତନା ରୂପରେ ପରିବର୍ତ୍ତନ ହୁଏ, ତାହା ଗବେଷଣାସାପେକ୍ଷ । ମସ୍ତିଷ୍କର ଘଟକତତ୍ତ୍ୱ ହେଉଛି- ହାଇଡ୍ରୋଜେନ, ଅକ୍ସିଜେନ,ନାଇଟ୍ରୋଜେନ, କାର୍ବନ, ଫସ୍‌ଫରସ ଆଦି । ଏମାନଙ୍କ ମଧ୍ୟରୁ କୌଣସି ଗୋଟିଏ ତତ୍ତ୍ୱ ଚେତନା ଉତ୍ପାଦନ କରିଥାଏ ନା ସବୁରି ମିଶ୍ରଣରେ ଚେତନା

ଉତ୍ପନ୍ନ ହୁଏ ତଥା କେଉଁ ତତ୍ତ୍ୱର କେତେ ପରିମାଣ ଯୋଗୁଁ ଚେତନା ଜାତ ହୁଏ – ଏହାର ଜ୍ଞାନ ବର୍ତ୍ତମାନ ସୁଦ୍ଧା ବିକଶିତ ହୋଇନାହିଁ । ଚେତନା, ଭୌତିକ ତତ୍ତ୍ୱଗୁଡ଼ିକର ମିଶ୍ରଣରେ ସୃଷ୍ଟି ହୋଇଥାଏ ନା ଏହା ଭୌତିକତାର ଗୁଣାତ୍ମକ ପରିବର୍ତ୍ତନ ଏହା ସେତେବେଳ ଯାଏ ବୈଜ୍ଞାନିକ ସିଦ୍ଧାନ୍ତରେ ପରିଣତ ହୋଇପାରିବ ନାହିଁ, ଯେଉଁ ପର୍ଯ୍ୟନ୍ତ ଭୌତିକତାର ସେହି ଚରମ ବିନ୍ଦୁ ସଂବନ୍ଧରେ ନିର୍ଭରଯୋଗ୍ୟ ସୂଚନା ମିଳିନାହିଁ । ଏହି ବିନ୍ଦୁରେ ପହଞ୍ଚି ଭୌତିକତା, ଚେତନାରେ ରୂପାନ୍ତରିତ ହେବାର ସମ୍ଭାବନା ରହିଥାଏ ।

ଇନ୍ଦ୍ରିୟ ଓ ମସ୍ତିଷ୍କ ଆତ୍ମା ନୁହନ୍ତି

ଆଖି, କାନ ଆଦି ନଷ୍ଟ ହେଲା ପରେ ଏହି ଇନ୍ଦ୍ରିୟଗୁଡ଼ିକ ଦ୍ୱାରା ବିଜ୍ଞାନ ବିଷୟର ସ୍ମୃତି ବିଲୀନ ହୁଏ ନାହିଁ, କାରଣ ଆତ୍ମା ହେଉଛି ଦେହ ଓ ଇନ୍ଦ୍ରିୟଠାରୁ ପୃଥକ୍ । ଏହା ହୋଇ ନ ଥିଲେ ଇନ୍ଦ୍ରିୟ ନଷ୍ଟ ହେବା ସହିତ ଆହରିତ ଜ୍ଞାନ ମଧ୍ୟ ବିନଷ୍ଟ ହୋଇଯାଆନ୍ତା । ଇନ୍ଦ୍ରିୟ-ବିକୃତି ଘଟିଲେ ମଧ୍ୟ ପୂର୍ବ-ଜ୍ଞାନ ବିକୃତ ହୁଏ ନାହିଁ । ଏହା ପ୍ରମାଣିତ କରୁଛି ଯେ ଜ୍ଞାନର ଅଧିଷ୍ଠାନ ଇନ୍ଦ୍ରିୟଠାରୁ ଭିନ୍ନ ଏକ ସ୍ୱତନ୍ତ୍ର ସତ୍ତା ଯାହାକୁ ଆତ୍ମା କୁହାଯାଇପାରିବ । ତେବେ ଇନ୍ଦ୍ରିୟ ବିକୃତି କ୍ଷେତ୍ରରେ ପୂର୍ବଜ୍ଞାନର ସ୍ମୃତି ଆତ୍ମା ନୁହେଁ ମସ୍ତିଷ୍କ ଯୋଗୁଁ ସଂଭବ ହୋଇଥାଏ । ମସ୍ତିଷ୍କ ସୁସ୍ଥ ଥିବା ଯାଏ ସ୍ମୃତି ସବୁଜ ଥାଏ । ମସ୍ତିଷ୍କ ବିଗିଡ଼ିଗଲେ ସ୍ମୃତି ମଧ୍ୟ ନିଃଶେଷ ହୁଏ । ତେଣୁ 'ମସ୍ତିଷ୍କ ହିଁ ଜ୍ଞାନର ଅଧିଷ୍ଠାନ' । ତା'ଠାରୁ ଭିନ୍ନ ଆତ୍ମା ନାମକ ତତ୍ତ୍ୱକୁ ସ୍ୱୀକାର କରିବା ଆବଶ୍ୟକ ନୁହେଁ । ଏହି ଯୁକ୍ତି ଆତ୍ମବାଦୀମାନଙ୍କ ପାଇଁ ପ୍ରଯୁଜ୍ୟ ନୁହେଁ । ଇନ୍ଦ୍ରିୟ ଯେପରି ବାହ୍ୟବସ୍ତୁକୁ ଜାଣିବାର ସାଧନ ଅଟନ୍ତି, ମସ୍ତିଷ୍କ ସେହିପରି ଇନ୍ଦ୍ରିୟ ଜ୍ଞାନ ସମ୍ବନ୍ଧୀୟ ଚିନ୍ତନ ଏବଂ ସ୍ମୃତିର ସାଧନ ଅଟେ । ମସ୍ତିଷ୍କ ବିକୃତ ଘଟିଲେ ଯଥାର୍ଥ ସ୍ମୃତି ରହେ ନାହିଁ । ଜଣେ ପାଗଳ ମଧ୍ୟରେ ବି ଚେତନା-କ୍ରିୟା ଅନବରତ ଜାରି ରହିବା ମସ୍ତିଷ୍କଠାରୁ ଭିନ୍ନ ଏକ ଶକ୍ତିର ପ୍ରେରଣାକୁ ପ୍ରମାଣିତ କରୁଛି । ସାଧନ କମିଗଲେ ଆତ୍ମାର ଜ୍ଞାନଶକ୍ତି ବିକଳ ହୋଇପଡ଼େ, ସଂପୂର୍ଣ୍ଣ ନଷ୍ଟ ହୁଏ ନାହିଁ । ମସ୍ତିଷ୍କ ବିକୃତ ହେବା ପରେ ଅଥବା ନିଷ୍କ୍ରିୟ ହେବା ପରେ ମଧ୍ୟ ଖାଇବା-ପିଇବା, ଚଲାବୁଲା କରିବା, ହଲ-ଚଲ ହେବା, ଶ୍ୱାସ-ଉଚ୍ଛ୍ୱାସ ଆଦି ପ୍ରାଣକ୍ରିୟା ଚାଲିଥାଏ । ଏହା ସିଦ୍ଧ କରୁଛି ଯେ ମସ୍ତିଷ୍କଠାରୁ ଭିନ୍ନ ଏକ ଶକ୍ତି ରହିଛି । ଏହି ଶକ୍ତି ଯୋଗୁଁ ଶରୀରର ଅନୁଭବ ତଥା ପ୍ରାଣୀମାନଙ୍କ କ୍ରିୟା ହୋଇଥାଏ । ମସ୍ତିଷ୍କ ସହିତ ଚେତନାର ସମ୍ବନ୍ଧ ରହିଛି, ଏହାକୁ ଆତ୍ମବାଦୀ ମଧ୍ୟ ସ୍ୱୀକାର କରନ୍ତି ନାହିଁ । 'ତନ୍ଦୁଳ-ବେୟାଲିୟ' ଅନୁସାରେ ଏହି ଶରୀରରେ ୧୬୦ ଊର୍ଦ୍ଧ୍ୱଗାମିନୀ ଏବଂ ରସହାରିଣୀ ଶିରା ରହିଛି, ଯେଉଁଗୁଡ଼ିକ ନାଭିରୁ ବାହାରି ସିଧା ମୁଣ୍ଡରେ ଯାଇ ମିଶିଥାନ୍ତି । ଏହି ଶିରାଗୁଡ଼ିକରେ ସ୍ୱସ୍ଥତା ସହିତ ଆଖି, କାନ, ନାକ ଓ ଜିଭର ବଳର ସମ୍ବନ୍ଧ ରହିଛି ।[୫୦] ଭାରତୀୟ ଆୟୁର୍ବେଦ ମତ ଅନୁସାରେ ବି ମସ୍ତକ ହେଉଛି- ପ୍ରାଣ ଏବଂ ଇନ୍ଦ୍ରିୟର କେନ୍ଦ୍ର ।

ପ୍ରାଣାଃ ପ୍ରାଣଭୃତାଂ ଯତ୍ର, ତଥା ସର୍ବେନ୍ଦ୍ରିୟାଣିଂ ଚ ।
ଯଦୁତ୍ତମାଙ୍ଗମଙ୍ଗାନାଂ, ଶିରସ୍ତଦଭିଧୀୟତେ ।। – ଚରକ

ଚୈତନ୍ୟକୁ ସହାୟତା ପ୍ରଦାନ କରୁଥିବା ଧମନୀଗୁଡ଼ିକର ପୁଞ୍ଜି ହେଉଛି ମସ୍ତିଷ୍କ । ତେଣୁ ମସ୍ତିଷ୍କର କୌଣସି ଏକ ଶିରା ଛେଦନ କରିବା ଦ୍ୱାରା ଯଦି ନିର୍ଦ୍ଦିଷ୍ଟ ପ୍ରକାର ଅନୁଭୂତି ନ ହେଉଛି – ଏହା କୌଣସି ପ୍ରକାର ବି ଚେତନାକୁ, ମସ୍ତିଷ୍କର ଉତ୍ପାଦନ ସିଦ୍ଧ କରୁନାହିଁ ।

କୃତ୍ରିମ ମସ୍ତିଷ୍କ ଚେତନ ନୁହେଁ

ବୃହତ୍ତର ଗଣିତ କ୍ଷେତ୍ରରେ ଯେଉଁ କୃତ୍ରିମ ମସ୍ତିଷ୍କର ଉପଯୋଗ ହୋଇଆସିଛି, ସେଗୁଡ଼ିକ ଚେତନାଯୁକ୍ତ ନୁହନ୍ତି । ଚେତନା-ପ୍ରେରିତ କାର୍ଯ୍ୟକାରୀ ଯନ୍ତ୍ର । ମାନବ ମସ୍ତିଷ୍କ ସହିତ ଯାହା ଜମା ତୁଳନୀୟ ନୁହେଁ । ମାନବ ମସ୍ତିଷ୍କ ସଦୃଶ ସକ୍ରିୟ ଏବଂ ବୁଦ୍ଧିଯୁକ୍ତ ନ ହୋଇ ଏମାନେ କେବଳ ଶୀଘ୍ରତାର ସହିତ ଦ୍ରୁତ ଗତିରେ କାମ କରିଥାନ୍ତି ।

---

(୫୦) ତନ୍ଦୁଲବେୟାଲିୟ – ଇମମ୍ମି ସରୀରଏ ସଟିସିରାସୟଂ ନାଭିପ୍ପଭବାଣଂ ଉଡ୍ଢ଼ଗାମିଣୀଣଂ ସିରଂ ଉପଗୟାଣଂ ଜା ଉ ରସହରଣିଓତ୍ତି ବୁଚ୍ଚଇ । ଜାସିଂଣ ନିରୁବଘାଏଣଂ ଚକ୍ଖୁସୋୟଘାଣ ଜିହାବଲଂ ଭବଇ ।

ମାନବ-ମସ୍ତିଷ୍କର ସୁଷୁମ୍ନା ଏବଂ ମସ୍ତିଷ୍କ-ସ୍ଥିତ ଶ୍ୱେତ ମଜ୍ଜାର ସ୍ଥୂଳ କାର୍ଯ୍ୟ ସଂପାଦନ କରିଥାନ୍ତି ଏବଂ ଏହି ଦୃଷ୍ଟିରୁ ଏଗୁଡ଼ିକ ମାନବ-ମସ୍ତିଷ୍କର ଶହେ ଭାଗରୁ ଏକ ଭାଗ ମଧ୍ୟ ନୁହନ୍ତି । ମାନବ ମସ୍ତିଷ୍କ ଚାରି ଭାଗରେ ବିଭକ୍ତ -

୧. ଦୀର୍ଘ ମସ୍ତିଷ୍କ - ସଂବେଦନା, ବିଚାରଶକ୍ତି ଏବଂ ସ୍ମରଣଶକ୍ତି ଇତ୍ୟାଦିର ପ୍ରେରଣା ଦେଇଥାଏ ।

୨. ଲଘୁ ମସ୍ତିଷ୍କ । ୩. ସେତୁ । ୪.ସୁଷୁମ୍ନା ।

ଯାନ୍ତ୍ରିକ-ମସ୍ତିଷ୍କ କେବଳ ସୁଷୁମ୍ନାର କାମକୁ କରିପାରନ୍ତି, ଯାହା ମାନବ-ମସ୍ତିଷ୍କର ଏକ କ୍ଷୁଦ୍ରତମ ଅଂଶ । ଯାନ୍ତ୍ରିକ ମସ୍ତିଷ୍କର ଗଣନ-ଯନ୍ତ୍ର, ଯାନବାହନରେ ବ୍ୟବହୃତ ହେଉଥିବା ମିଟର ଭଳି କାମ କରିଥାଏ, ଯାହା ଯାନର ଗତି ଏବଂ ଅତିକ୍ରମ କରିଥିବା ପଥକୁ କିଲୋମିଟର ଅନୁସାରେ ରେକର୍ଡ଼ କରିଥାଏ । ଅନ୍ୟ ଏକ ଶୂନ୍ୟ ଅଙ୍କକୁ ଯୋଡ଼ିବା ବା ଏକତ୍ର କରିବା - ଏହି ଗଣନଯନ୍ତ୍ରର କାର୍ଯ୍ୟ । ଏହି ଗଣନ-ଯନ୍ତ୍ରରୁ ଏହି ଅଙ୍କଗୁଡ଼ିକୁ କାଢି ବାହାର କରିଆଣିଲେ ବିୟୋଗ କ୍ରିୟା ସଂଘଟିତ ହୁଏ ଏବଂ ଯୋଗ-ବିୟୋଗର ଦୁଇ କ୍ରିୟା ହିଁ ସମଗ୍ର ଗଣିତର ଆଧାର ସାଜିଥାଏ ।

ପ୍ରଦେଶ ଓ ଜୀବକୋଷ

ଆତ୍ମା ହେଉଛି ଅସଂଖ୍ୟ-ପ୍ରଦେଶୀ । ଗୋଟିଏ, ଦୁଇଟି ବା ତିନୋଟି ପ୍ରଦେଶ ଜୀବ ନୁହନ୍ତି । ପରିପୂର୍ଣ୍ଣ ଅସଂଖ୍ୟ ପ୍ରଦେଶର ସମୁଦାୟର ନାମ- ଜୀବ । ଏହା ଅସଂଖ୍ୟ ଜୀବ-କୋଷର ପିଣ୍ଡ ନୁହେଁ । ଅସଂଖ୍ୟ ଜୀବକୋଷ (cells) ଦ୍ୱାରା ପ୍ରାଣୀ-ଶରୀର ଏବଂ ଚେତନର ନିର୍ମାଣ ହୋଇଥାଏ - ଏହା ହେଉଛି ବିଜ୍ଞାନର ମତ । ଏହା କେବଳ ଶରୀର ପର୍ଯ୍ୟନ୍ତ ସୀମିତ ।

ଶରୀର ହେଉଛି ଅସ୍ଥାୟୀ - ଏକ ପୌଦ୍‌ଗଲିକ ଅବସ୍ଥା । ଶରୀରର ନିର୍ମାଣ ହେଉଥିବାରୁ ତାହା ଦୃଶ୍ୟମାନ ହୋଇଥାଏ, ତା'ର ଅଙ୍ଗୋପାଙ୍ଗକୁ ଜଣେ ଦେଖିପାରେ ତଥା ସେଗୁଡ଼ିକର ବିଶ୍ଳେଷଣ ମଧ୍ୟ କରାଯାଇପାରିଥାଏ । ଆତ୍ମା ହେଉଛି ସ୍ଥାୟୀ ଏବଂ ଅଭୌତିକ ଦ୍ରବ୍ୟ । ତାହା ଉତ୍ପନ୍ନ ହୁଏ ନାହିଁ । ଆତ୍ମା ଅରୂପୀ ହୋଇଥିବାରୁ କୌଣସି ପ୍ରକାର ଇନ୍ଦ୍ରିୟ ଶକ୍ତି ଦ୍ୱାରା ଦୃଷ୍ଟିଗୋଚର ହୁଏ ନାହିଁ । ତେଣୁ ଜୀବ-କୋଷଗୁଡ଼ିକ ଆତ୍ମାର ସୃଜନ କରିଥାନ୍ତି- ଏହି ତଥ୍ୟ ଯଥାର୍ଥ ନୁହେଁ । ପ୍ରଦେଶ ମଧ୍ୟ ଆତ୍ମାର ଘଟକ ନୁହେଁ । ସେଗୁଡ଼ିକ ସ୍ୱୟଂ ଆତ୍ମରୂପ ଅଟନ୍ତି । ଆତ୍ମାର ପରିମାଣର ଆକଳନ ସକାଶେ ସେଠାରେ ସେଗୁଡ଼ିକର ଆରୋପ କରାଯାଇଥାଏ । ଯଦି ସେମାନେ ବାସ୍ତବିକ ଅବୟବ ହୋଇଥାନ୍ତେ, ସେମାନଙ୍କଠାରେ ସଂଗଠନ, ବିଘଟନ ତଥା ନ୍ୟୂନାଧିକ୍ୟ ଭାବ ଅବଶ୍ୟ ପରିଲକ୍ଷିତ ହୁଅନ୍ତା । ପ୍ରଦେଶ କେବଳ ପୌଦ୍‌ଗଲିକ ସ୍କନ୍ଧରେ ହିଁ ରହିଥାଏ, ତେଣୁ ସେଠାରେ ସଂଘାତ ବା ଭେଦ ନିରନ୍ତର ଜାରି ରହେ । ଆତ୍ମା ହେଉଛି ଅଖଣ୍ଡ ଦ୍ରବ୍ୟ । ଆତ୍ମାର ସଂଘାତ- ବିଘାତ କୌଣସି ସ୍ଥିତିରେ ବି ହୁଏନାହିଁ ଏବଂ ତାହାର ଏକ-ଦୁଇ-ତିନି ଆଦି ପ୍ରଦେଶକୁ ଜୀବ କୁହାଯାଏ ନାହିଁ । ଆତ୍ମା କୃତ୍ସ୍ନ, ପରିପୂର୍ଣ୍ଣ ଲୋକାକାଶ ତୁଲ୍ୟ ପ୍ରଦେଶ ପରିମାଣଯୁକ୍ତ ଅଟେ । ପଟ ସକାଶେ ତନ୍ତୁଟିଏର ବି ବେଶ୍ ଉପଯୋଗିତା ରହିଛି । ଗୋଟିଏ ତନ୍ତୁର ଅଭାବରେ ମଧ୍ୟ ପଟରେ ଖୁଣ ରହିଯାଏ । ତେବେ ସେହି ଗୋଟିଏ ତନ୍ତୁକୁ ପଟ କୁହାଯାଇପାରିବ ନାହିଁ । ଏକ ରୂପରେ ସମୁଦିତ ତନ୍ତୁଗୁଡ଼ିକର ନାମ ହେଉଛି ପଟ । ସେହିଭଳି ଜୀବର ଗୋଟିଏ ପ୍ରଦେଶକୁ ଜୀବ ବୋଲାଯାଇ ନ ପାରେ । ଅସଂଖ୍ୟ ଚେତନ ପ୍ରଦେଶର ଏକ ପିଣ୍ଡ, ତାହାରି ନାମ-ଜୀବ ।

ଅସ୍ତିତ୍ୱ-ସିଦ୍ଧିର ପ୍ରକାର-ଦ୍ୱୟ

ପ୍ରତ୍ୟେକ ପଦାର୍ଥର ଅସ୍ତିତ୍ୱ, ଦୁଇଟି ପ୍ରକାର ଦ୍ୱାରା ସିଦ୍ଧ କରାଯାଇଥାଏ- ସାଧକ ପ୍ରମାଣ ଦ୍ୱାରା ତଥା ବାଧକ ପ୍ରମାଣର ଅଭାବ ଦ୍ୱାରା । ସାଧକ ପ୍ରମାଣ ଯେଉଁଭଳି ଆପଣା ସତ୍ତାର ସାଧ୍ୟର ଅସ୍ତିତ୍ୱକୁ ସିଦ୍ଧ କରିଥାଏ, ଠିକ୍ ସେହିଭଳି ବାଧକ ପ୍ରମାଣ ନ ରହିବା ଦ୍ୱାରା ବି ତା'ର ଅସ୍ତିତ୍ୱ ପ୍ରମାଣିତ ହୋଇଥାଏ । ଆତ୍ମାକୁ ସିଦ୍ଧ କରିବା ସକାଶେ ବହୁବିଧ ସାଧକ ପ୍ରମାଣ ପ୍ରାପ୍ତ ହୋଇଥାଏ, କିନ୍ତୁ ଆତ୍ମାର ନିଷେଧ କରୁଥିବା ବାଧକ ପ୍ରମାଣ ଗୋଟିଏ ବି ମିଳି ନ ଥାଏ । ଏହା ପ୍ରମାଣିତ କରୁଛି ଯେ ଆତ୍ମା ହେଉଛି ଏକ ସ୍ୱତନ୍ତ୍ର ଦ୍ରବ୍ୟ । ତେବେ ଏହା ମଧ୍ୟ ସତ୍ୟ ଯେ ଇନ୍ଦ୍ରିୟଗୁଡ଼ିକ ତାହାକୁ ଗ୍ରହଣ କରିପାରନ୍ତି ନାହିଁ । ତଥାପି ଆତ୍ମାର ଅସ୍ତିତ୍ୱରେ ଇନ୍ଦ୍ରିୟଗୁଡ଼ିକ ବାଧକ ସାଜନ୍ତି ନାହିଁ । କାରଣ ସେହି

ବିଷୟରେ ଯେ ପାରଂଗତ ଅଥଚ ସମଗ୍ର ସାମଗ୍ରୀ ରହିଥିବା ସତ୍ତ୍ୱେ ଯେ ତାହାର ସମ୍ୟକ୍ ଅବବୋଧ କରିପାରେ ନାହିଁ, ସେ ହିଁ ସାଧାରଣତଃ ବାଧକ ହୋଇଥାଏ । ଆଖି, ଘଟ ଓ ପଟ ଆଦିକୁ ଦେଖିବାରେ ସକ୍ଷମ, କିନ୍ତୁ ସମୁଚିତ ସାମିପ୍ୟ ଏବଂ ପ୍ରକାଶ ଆଦି ଥିବା ସତ୍ତ୍ୱେ ଯଦି ଆଖି ସେହି ବସ୍ତୁଗୁଡ଼ିକୁ ଦେଖି ନ ପାରିଲା, ତେବେ ଆଖିକୁ ସେହି ବିଷୟର ବାଧକ କୁହାଯାଏ । ଇନ୍ଦ୍ରିୟଗୁଡ଼ିକର ପରିମିତ ଗ୍ରହଣ ଶକ୍ତି ରହିଛି । ସେମାନେ ପାର୍ଶ୍ୱବର୍ତ୍ତୀ ଏବଂ ସ୍ଥୁଳ ପୌଦ୍‌ଗଳିକ ପଦାର୍ଥଗୁଡ଼ିକୁ ହିଁ ଜାଣିପାରନ୍ତି । ଆତ୍ମା ହେଉଛି ଅପୌଦ୍‌ଗଳିକ (ଅଭୌତିକ) ପଦାର୍ଥ । ତେଣୁ ଇନ୍ଦ୍ରିୟ, ଆତ୍ମାକୁ ଜାଣିପାରନ୍ତି ନାହିଁ, ଏପରି କୁହାଯାଇପାରିବ ନାହିଁ । ଆମେ ଯଦି ବାଧକ ପ୍ରମାଣର ଅଭାବକୁ କୌଣସି ପଦାର୍ଥର ସଦ୍‌ଭାବ ବୋଲି ସ୍ୱୀକାର କରିବା ତେବେ ପଦାର୍ଥ-କଳ୍ପନାର ସୁଅ ଛୁଟିବ । ତେବେ ଏହାର ଉପାୟ କ'ଣ ହେବା ଉଚିତ ? ଠିକ୍ ଅଛି, ଏହିଭଳି ସନ୍ଦେହ ଜାତ ହୋଇପାରେ, କିନ୍ତୁ ବାଧକ ପ୍ରମାଣର ଅଭାବ, ସାଧକ ପ୍ରମାଣ ଦ୍ୱାରା ପଦାର୍ଥର ସଦ୍‌ଭାବ ସ୍ଥାପିତ କରିବା ପରେ ହିଁ କାର୍ଯ୍ୟକର ହୋଇଥାଏ ।

ଆତ୍ମାର ସାଧକ ପ୍ରମାଣ ଉପଲବ୍ଧ ଥିବାରୁ ତା'ର ସ୍ଥାପନା କରାଯାଇଥାଏ । ଏହା ସତ୍ତ୍ୱେ ଯଦି ସନ୍ଦେହ ସୃଷ୍ଟି କରାଯାଉଛି ତାହାହେଲେ ଅନାତ୍ମବାଦୀମାନଙ୍କ ସମ୍ମୁଖରେ ଆତ୍ମବାଦୀମାନେ ଏହି ଜିଜ୍ଞାସା ଉପସ୍ଥାପନ କରିବା ଆବଶ୍ୟକ- 'ଆତ୍ମା ନାହିଁ' ଏହାର ପ୍ରମାଣ ଆପଣ ପ୍ରସ୍ତୁତ କରନ୍ତୁ । 'ଆତ୍ମା ରହିଛି' - ଏହାର ପ୍ରମାଣ ହେଉଛି ଚୈତନ୍ୟର ଉପଲବ୍ଧି । ଚେତନାକୁ ପ୍ରତ୍ୟକ୍ଷ ରୂପରେ ଆମେ ଅନୁଭବ କରିଥାଉଁ । ଚେତନା ଦ୍ୱାରା ଅପ୍ରତ୍ୟକ୍ଷ ଆତ୍ମାର ବି ସଦ୍‌ଭାବକୁ ସିଦ୍ଧ କରାଯାଇପାରିବ । ଯଥା - ଧୂଆଁକୁ ଦେଖି ମଣିଷ ନିଆଁର ଜ୍ଞାନ କରିନିଏ । ଆତପକୁ ଦେଖି ସୂର୍ଯ୍ୟୋଦୟର ଜ୍ଞାନ କରିନିଏ । କାରଣ ହେଉଛି - ଧୂଆଁ, ନିଆଁର ଏବଂ ଆତପ, ସୂର୍ଯ୍ୟୋଦୟର ଅବିନାଭାବୀ ଅଟନ୍ତି । ଅଗ୍ନି ଓ ସୂର୍ଯ୍ୟ ବିନା ଧୂଆଁ ଓ ଉତ୍ତାପର ଅବସ୍ଥିତି କିପରି ହେବ ? ଚେତନାକୁ ଭୂତ ସମୁଦାୟର କାର୍ଯ୍ୟ ଅଥବା ଭୂତ-ଧର୍ମ ରୂପେ ମାନ୍ୟତା ପ୍ରଦାନ କରାଯାଇପାରିବ ନାହିଁ । କାରଣ ଭୂତ ହେଉଛି ଜଡ଼ । ଭୂତ ଓ ଚେତନା ମଧ୍ୟରେ ଅତ୍ୟନ୍ତ ଅଭାବ- ତ୍ରିକାଳବର୍ତ୍ତୀ ବିରୋଧ ଲାଗି ରହିଛି । ଚେତନ କେବେ ବି ଅଚେତନ ତଥା ଅଚେନ କେବେ ଚେତନରେ ରୂପାନ୍ତରିତ ହୋଇପାରିବେ ନାହିଁ । ଲୋକସ୍ଥିତିର ନିରୂପଣ କରିବାକୁ ଯାଇ ଭଗବାନ ମହାବୀର କହିଛନ୍ତି - ଜୀବ କେବେ ଅଜୀବ ହେବ ଏବଂ ଅଜୀବ କେବେ ଜୀବରେ ପରିଣତ ହେବ- ଏହା କୌଣସି କାଳଖଣ୍ଡରେ ଘଟିନାହିଁ, ବର୍ତ୍ତମାନ ମଧ୍ୟ ହେଉନାହିଁ, ଭବିଷ୍ୟତରେ ମଧ ହେବ ନାହିଁ । ଏହିସବୁ ଦୃଷ୍ଟିରୁ ଆତ୍ମାର ଜଡ଼ ବସ୍ତୁଠାରୁ ଭିନ୍ନ ସତ୍ତା ସ୍ୱୀକାର କରିବାକୁ ହୋଇଥାଏ । ଯଦ୍ୟପି କିଛି ବିଚାରକ ଆତ୍ମାକୁ ଜଡ଼ ପଦାର୍ଥର ବିକଶିତ ରୂପ ବୋଲି ମାନିଥାନ୍ତି, କିନ୍ତୁ ଏହା ସଂଗତ ନୁହେଁ । ବିକାଶ, ନିଜ ଧର୍ମର ଅନୁକୂଳ ହିଁ ହୋଇଥାଏ । ଚୈତନ୍ୟହୀନ ଜଡ଼ ପଦାର୍ଥରୁ ଚେତନାଯୁକ୍ତ ଆତ୍ମର ଉତ୍ପତ୍ତିକୁ ବିକାଶ କୁହାଯାଇପାରିବ ନାହିଁ । ଏହା ସର୍ବଥା ଅସତ୍-କାର୍ଯ୍ୟବାଦ ପରିଗଣିତ ହେବ । ତେଣୁ ଜଡ଼ତ୍ୱ ଓ ଚେତନତ୍ୱ ନାମକ ଦୁଇ ବିରୋଧୀ ମହାଶକ୍ତିକୁ ଏକ ମୂଳ ତତ୍ତ୍ୱଗତ ନ ମାନିବା ହିଁ ସଂପୂର୍ଣ୍ଣ ଭାବରେ ଯୁକ୍ତିସଂଗତ ହେବ ।

ସ୍ୱତନ୍ତ୍ର ସତ୍ତାର ହେତୁ

ଦ୍ରବ୍ୟର ସ୍ୱତନ୍ତ୍ର ଅସ୍ତିତ୍ୱ ତା' ବିଶେଷ ଗୁଣ ଦ୍ୱାରା ସିଦ୍ଧ ହୋଇଥାଏ । ଅନ୍ୟ ଦ୍ରବ୍ୟମାନଙ୍କରେ ପ୍ରାପ୍ତ ହେଉ ନ ଥିବା ଗୁଣ ଯଦି ତା' ପାଖରେ ରହିଛି, ତାହା ହିଁ ସ୍ୱତନ୍ତ୍ର ଦ୍ରବ୍ୟ । ଅନେକ ଦ୍ରବ୍ୟରେ ସାମାନ୍ୟ ଗୁଣ ରହିଥାଏ, ଏହାଦ୍ୱାରା ପୃଥକ୍ ଦ୍ରବ୍ୟର ସ୍ଥାପନା ହୁଏ ନାହିଁ । ଚୈତନ୍ୟ ହେଉଛି ଆତ୍ମାର ବିଶିଷ୍ଟ ଗୁଣ । ଏହା ଆତ୍ମା ବ୍ୟତୀତ ଅନ୍ୟ କେଉଁଠି ମିଳେ ନାହିଁ । ଅତଏବ ଆତ୍ମା ହେଲା ସ୍ୱତନ୍ତ୍ର ଦ୍ରବ୍ୟ ଏବଂ ତା'ଠାରେ ପଦାର୍ଥର ବ୍ୟାପକ ଲକ୍ଷଣ - ଅର୍ଥ-କ୍ରିୟାକାରିତ୍ୱ ତଥା ସତ୍ - ଉଭୟ ଘଟିତ ହୋଇଥାଏ । ପଦାର୍ଥ, ପ୍ରତିକ୍ଷଣ ନିଜ କ୍ରିୟାରେ ସଂଲଗ୍ନ ଥାଏ । ଅଥବା ପଦାର୍ଥ ତାହାକୁ କୁହାଯାଏ, ଯାହା ସତ୍ ହୋଇଥିବ ଅର୍ଥାତ୍ ପୂର୍ବ-ପୂର୍ବବର୍ତ୍ତୀ ଅବସ୍ଥାକୁ ତ୍ୟାଗପୂର୍ବକ, ଉତ୍ତର-ଉତ୍ତରବର୍ତ୍ତୀ ଅବସ୍ଥାକୁ ପ୍ରାପ୍ତ କରିବା ସତ୍ତ୍ୱେ ଆପଣା ସ୍ୱରୂପକୁ ତ୍ୟାଗ କରୁ ନ ଥିବ । ଆତ୍ମାରେ ଜାଣିବା କ୍ରିୟା ନିରନ୍ତର ଲାଗି ରହିଥାଏ । କ୍ଷଣକ ସକାଶେ ବି ଜ୍ଞାନର ପ୍ରବାହ ଅଟକିଯାଏ ନାହିଁ । ଉତ୍ପାଦ ଓ ବ୍ୟୟର ସ୍ରୋତରେ ଭାସି ଭାସି ମଧ ଆତ୍ମା ଆପଣା ଧ୍ରୌବ୍ୟକୁ ବଜାୟ ରଖିଥାଏ । ବାଲ୍ୟ , ଯୌବନ, ଜରା ଆଦି ଅବସ୍ଥା ଏବଂ ମନୁଷ୍ୟ, ପଶୁ ଆଦି

ଶରୀରର ପରିବର୍ତ୍ତନ ହେଉଥିଲେ ମଧ୍ୟ ତା'ର ଚୈତନ୍ୟ ଅକ୍ଷୁଣ୍ଣ ଥାଏ । ଆତ୍ମାଠାରେ ରୂପ, ଆକାର କିମ୍ବା ଓଜନ ନ ଥାଏ, ତେଣୁ ଏହାର ଦ୍ରବ୍ୟ ହେବା ସଂବନ୍ଧରେ ଶଙ୍କା ଉତ୍ପନ୍ନ ହୋଇଥାଏ, ଯାହା କି ନିରାଧାର ଅଟେ । କାରଣ ରୂପ, ଆକାର, ଓଜନ ଆଦି ପୁଦ୍‌ଗଳ ଦ୍ରବ୍ୟର ଅବାନ୍ତର ଲକ୍ଷଣ, ଯାହା ସବୁ ପଦାର୍ଥରେ ରହିବା ଜରୁରୀ ନୁହେଁ ।

ପୁନର୍ଜନ୍ମ

ମୃତ୍ୟୁ ପରେ କ'ଣ ହେବ ? ଆମ ଅସ୍ତିତ୍ୱ ସ୍ଥାୟୀ ନା ଅସ୍ଥାୟୀ ? ଅନାତ୍ମବାଦୀମାନେ ଏହି ପ୍ରଶ୍ନର ଉତ୍ତର ଛଳରେ କହିଥାନ୍ତି - ବର୍ତ୍ତମାନ ଜୀବନ ସମାପ୍ତ ହେବା ପରେ ଅବଶିଷ୍ଟ କିଛି ରହେ ନାହିଁ । ପାଞ୍ଚ ଭୂତ ମଧ୍ୟରୁ ପ୍ରାଣର ସୃଷ୍ଟି । ସେମାନଙ୍କ ଅଭାବରେ ପ୍ରାଣ ନାଶ ହୁଏ - ମୃତ୍ୟୁ ଘଟିଥାଏ । ତା'ପରେ କିଛି ଅବଶେଷ ରହେ ନାହିଁ । ଆତ୍ମବାଦୀମାନେ ଆତ୍ମାକୁ ଶାଶ୍ୱତ ମଣିଥାନ୍ତି । ତେଣୁ ସେମାନେ ପୁନର୍ଜନ୍ମର ସିଦ୍ଧାନ୍ତର ସ୍ଥାପନା କରିଥାନ୍ତି । କର୍ମ-ଲିପ୍ତ ଆତ୍ମାର ଜନ୍ମ ପରେ ମୃତ୍ୟୁ ଏବଂ ମୃତ୍ୟୁ ଉତ୍ତାରୁ ଜନ୍ମ-ଅବଶ୍ୟମ୍ଭାବୀ । ସଂକ୍ଷେପରେ ଏହା ହିଁ ପୁନର୍ଜନ୍ମବାଦର ସିଦ୍ଧାନ୍ତ ।

ଜନ୍ମ ପରେ ମୃତ୍ୟୁ ଏବଂ ମୃତ୍ୟୁ ପରେ ଜନ୍ମ - ଏହି ପରମ୍ପରା ଚାଲିଆସିଛି । ଏହା ବିଶ୍ୱର ସ୍ଥିତି ଅଟେ । ଆପଣା ପ୍ରମାଦ ଯୋଗୁଁ ଜୀବ ଭିନ୍ନ-ଭିନ୍ନ ଜନ୍ମାନ୍ତର କରିଥାନ୍ତି ।(୫୧) ପୁନର୍ଜନ୍ମ, କର୍ମ-ସଂଗୀ ଜୀବଗୁଡ଼ିକର ହିଁ ହୋଇଥାଏ ।(୫୨)

ଆୟୁଷ୍ୟ-କର୍ମର ପୁଦ୍‌ଗଳ-ପରମାଣୁ ଜୀବ ମଧ୍ୟରେ ଉଚ୍ଚ-ନୀଚ ସିଧା-ବଙ୍କା ଏବଂ ଛୋଟ-ବଡ଼ ଗତିର ଶକ୍ତି ଉତ୍ପନ୍ନ କରିଥାଏ । (୫୩) ଏହି ନିୟମ ଅନୁସାରେ ଜୀବ ନୂତନ ଜନ୍ମସ୍ଥାନରେ ଉତ୍ପନ୍ନ ହୁଏ ।

ରାଗ-ଦ୍ୱେଷ ହେଉଛି କର୍ମ-ବନ୍ଧର ହେତୁ ଏବଂ କର୍ମ, ଜନ୍ମ-ମୃତ୍ୟୁ ପରମ୍ପରାର କାରଣ । ଏହି ବିଷୟରେ ସମସ୍ତ କ୍ରିୟାବାଦୀ ଏକମତ । ଭଗବାନ ମହାବୀରଙ୍କ ଶବ୍ଦରେ - କ୍ରୋଧ, ମାନ, ମାୟା ଓ ଲୋଭ ହିଁ ପୁନର୍ଜନ୍ମକୁ ପୋଷଣ ପ୍ରଦାନ କରିଥାନ୍ତି । (୫୪) ଗୀତା କହିଥାଏ - ମଣିଷ ଯେପରି ଜୀର୍ଣ୍ଣ, ଶୀର୍ଣ୍ଣ, ଛିଣ୍ଡା ବସ୍ତ୍ରକୁ ତ୍ୟାଗକରି ନୂଆ ବସ୍ତ୍ର ଧାରଣ କରିଥାଏ - ସେହିପରି ପ୍ରାଣୀ ପୁରୁଣା ଶରୀରକୁ ତ୍ୟାଗ କରି ମୃତ୍ୟୁ ପରେ ନୂତନ ଶରୀରକୁ ଧାରଣ କରିଥାଏ । (୫୫) ଏହା ଆବର୍ତ୍ତନ ପ୍ରବୃତ୍ତି ଦ୍ୱାରା ଘଟିଥାଏ । (୫୬) ପାଦରେ ବିଦ୍ଧ ହୋଇଥିବା କଣ୍ଟାକୁ ପୂର୍ବଜନ୍ମରେ କରାଯାଇଥିବା ପ୍ରାଣୀବଧର ବିପାକ ବୋଲି ମହାତ୍ମା ବୁଦ୍ଧ କହିଯାଇଛନ୍ତି ।

ନବ-ଶିଶୁର ହର୍ଷ, ଭୟ, ଶୋକ ଆଦି ରହିଥାଏ । ଏହାର କାରଣ ହେଲା ପୂର୍ବଜନ୍ମର ସ୍ମୃତି । (୫୭) ସଦ୍ୟଜାତ ଶିଶୁ ସହଜରେ ସ୍ତନପାନ କରିଥାଏ । ପୂର୍ବଜନ୍ମରେ ଗ୍ରହଣ କରାଯାଉଥିବା ଆହାର ଅଭ୍ୟାସ ଯୋଗୁଁ ଏହା ଘଟିଥାଏ । (୫୮) ଯୁବା-ଶରୀର ଯେପରି ବାଳକ-ଶରୀରର ଉତ୍ତରବର୍ତ୍ତୀ ଅବସ୍ଥା, ସେହିପରି ବାଳକର ଶରୀର, ତା'ର ପୂର୍ବଜନ୍ମର ପରବର୍ତ୍ତୀ ଅବସ୍ଥା ମାତ୍ର । ଏହା ଦେହପ୍ରାପ୍ତିର ଅବସ୍ଥା । ଏହାର ଅଧିକାରୀ ଆତ୍ମା ହେଉଛି ଦେହୀ ।(୫୯)

---

(୫୧) ଆୟାରୋ, ୧୨/୬

(୫୨) ଭଗବଈ, ୨/୧୧୦

(୫୩) ଠାଣଂ, ୯/୪୦

(୫୪) ଦଶବେଆଲିୟଂ, ୮/୩୯

(୫୫) ଗୀତା, ୨/୨୨

(୫୬) ଗୀତା, ୮/୨୬

(୫୭) ନ୍ୟାୟସୂତ୍ର, ୩/୧/୧୧

(୫୮) ନ୍ୟାୟସୂତ୍ର, ୩/୧/୧୨

(୫୯) ବିଶେଷାବଶ୍ୟକ ଭାଷ୍ୟ, ଗାଥା :
ବାଲସରୀରଂ ଦେହଂତରପୁବ୍ୱଂ ଇନ୍ଦିୟାଇମତ୍ତାଓ ।
ଜୁବଦେହୋ ବାଲାଦିବସ ଜସ୍‌ସ ଦେହୋ ସ ଦେହିତ୍ତି ।

ସାଂପ୍ରତିକ ସୁଖ-ଦୁଃଖ ଅନ୍ୟ ସୁଖ-ଦୁଃଖପୂର୍ବକ ଘଟିଥାଏ । ଆଗରୁ ଯେ ସୁଖ-ଦୁଃଖର ଅନୁଭବ କରିଛି, ସେ ହିଁ ବର୍ତ୍ତମାନ ସୁଖ-ଦୁଃଖର ଅନୁଭବ କରିପାରିବ । ନୂଆ ଶିଶୁର ସୁଖ-ଦୁଃଖର ଅନୁଭବ, ତାହା ମଧ୍ୟ ପୂର୍ବ ଅନୁଭବଯୁକ୍ତ ହୋଇଥାଏ । ଜୀବମାନଙ୍କ ମୋହ ତଥା ମୃତ୍ୟୁ ଭୟ ପୂର୍ବବଦ୍ଧ ସଂସ୍କାର ସମୂହର ପରିଣାମ ମାତ୍ର । ପୂର୍ବଜନ୍ମରେ ଏହାର ଅସ୍ତିତ୍ୱ ନ ଥିଲେ ନବୋତ୍ପନ୍ନ ପ୍ରାଣୀମାନଙ୍କ ମଧ୍ୟରେ ଏପରି ବୃତ୍ତି ଦେଖିବାକୁ ମିଳନ୍ତା ନାହିଁ । ଭାରତୀୟ ଆତ୍ମବାଦୀମାନେ ଏହି ପ୍ରକାରେ ବିବିଧ ଯୁକ୍ତି ମାଧ୍ୟମରେ ପୂର୍ବଜନ୍ମକୁ ସମର୍ଥନ କରିଛନ୍ତି । ପାଶ୍ଚାତ୍ୟ ଦାର୍ଶନିକମାନେ ମଧ୍ୟ ଏ ବିଷୟରେ ମୌନ ହୋଇରହିନାହାନ୍ତି । ଦାର୍ଶନିକ ପ୍ଲେଟୋ କହିଛନ୍ତି - ଆତ୍ମା ନିଜ ସକାଶେ ନିତ୍ୟ ନୂଆ ଲୁଗା ବୁଣିଥାଏ ତଥା ଆତ୍ମାଠାରେ ଏହି ନୈସର୍ଗିକ ଶକ୍ତି ରହିଛି ଯାହା ଧ୍ରୁବ ହୋଇ ରହିଥିବ ତଥା ଅନେକଥର ଜନ୍ମ ନେବ ।[୬୦]

ଦାର୍ଶନିକ ଶୋପନହାରଙ୍କ ମତରେ ପୁନର୍ଜନ୍ମ ହେଉଛି ଅସନ୍ଦିଗ୍ଧ ତତ୍ତ୍ୱ । ପୁନର୍ଜନ୍ମ ସମ୍ବନ୍ଧରେ ଯେ ପ୍ରଥମଥର ଶୁଣିଛି, ସେହି ଏହି ତଥ୍ୟକୁ ସ୍ପଷ୍ଟ ଭାବରେ ଅନୁଶୀଳନ କରିପାରିଛି- ଏହା ମୋ ବିନମ୍ର ମତ । [୬୧]

ପୁନର୍ଜନ୍ମର ଅବହେଳା କରୁଥିବା ଲୋକମାନେ ବିଶେଷକରି ଦୁଇ ପ୍ରକାର ଶଙ୍କା ପ୍ରକଟ କରିଥାନ୍ତି -

୧.ଏହା ଅମୂର୍ତ୍ତ,ଦୃଷ୍ଟିଗୋଚର ହୁଏ ନାହିଁ ।

୨. ଏହା ସୂକ୍ଷ୍ମ, ତେଣୁ ଶରୀରରେ ପ୍ରବେଶ କରିବା ସମୟରେ ବା ଶରୀରରୁ ବାହାରିବା ସମୟରେ ଏହାକୁ ଉପଲବ୍ଧ କରିହୁଏ ନାହିଁ ।

ତେବେ, ଆଖିକୁ ଦିଶୁନାହିଁ କହି ବସ୍ତୁର ଅସ୍ତିତ୍ୱର ଅଭାବକୁ ପ୍ରମାଣିତ କରାଯାଇପାରିବ ନାହିଁ । ସୂର୍ଯ୍ୟାଲୋକରେ, ଖୋଲା ଆଖିରେ ନକ୍ଷତ୍ରଗଣଙ୍କୁ ଦେଖିବା ସଂଭବ ନୁହେଁ । ଏହା ନକ୍ଷତ୍ରଗଣର ଅଭାବକୁ କୌଣସିମତେ ସିଦ୍ଧ କରୁନାହିଁ । ଅନ୍ଧକାରରେ କିଛି ବି ଦେଖାଯାଇ ନ ଥାଏ । ଫଳରେ ସେଠାରେ କିଛି ନାହିଁ ବୋଲି ମାନି ନିଆଯାଇପାରିବ କି ? ଜ୍ଞାନଶକ୍ତିର ଏକଦେଶୀୟତା ଦ୍ୱାରା କୌଣସି ସତ୍ ପଦାର୍ଥର ଅସ୍ତିତ୍ୱ ସ୍ୱୀକାର ନ କରିବା ଉଚିତ ନୁହେଁ ।

ବର୍ତ୍ତମାନ ଆମକୁ ପୁନର୍ଜନ୍ମର ସାମାନ୍ୟ ସ୍ଥିତି ଉପରେ ବି କିଞ୍ଚିତ୍ ଦୃଷ୍ଟିପାତ କରିନେବାକୁ ହେବ । ସଂସାରରେ ଏପରି କୌଣସି ପଦାର୍ଥ ନାହିଁ, ଯାହା ଅତ୍ୟନ୍ତ-ଅସତ୍‌ରୁ ସତ୍‌ରେ ପରିଣତ ହେବ - ଯା'ର କୌଣସି ଅସ୍ତିତ୍ୱ ନାହିଁ, ଆପଣା ଅସ୍ତିତ୍ୱ ସୃଷ୍ଟି କରିବ । ଅଭାବରୁ ଭାବ ତଥା ଭାବରୁ ଅଭାବ କେବେ ମଧ୍ୟ ସମ୍ଭବ ନୁହେଁ । ତାହାହେଲେ ଜନ୍ମ ଓ ମୃତ୍ୟୁ, ନାଶ ଓ ଉତ୍ପାଦ, ଏସବୁ କ'ଣ ? ପରିବର୍ତ୍ତନ । ପ୍ରତ୍ୟେକ ପଦାର୍ଥରେ ପରିବର୍ତ୍ତନ ଏକ ସ୍ୱାଭାବିକ ପ୍ରକ୍ରିୟା । ପରିବର୍ତ୍ତନ ବଳରେ ପଦାର୍ଥ ଗୋଟିଏ ଅବସ୍ଥା ତ୍ୟାଗ କରି ଅନ୍ୟ ଏକ ଅବସ୍ଥାକୁ ଚାଲିଯାଏ । କିନ୍ତୁ ଏହା ସର୍ବଥା ନଷ୍ଟ ହୋଇ ନ ଥାଏ ଏବଂ ଉତ୍ପନ୍ନ ମଧ୍ୟ ହୋଇ ନ ଥାଏ । ଅନ୍ୟ ପଦାର୍ଥମାନଙ୍କରେ ଘଟୁଥିବା ପରିବର୍ତ୍ତନ ମଧ୍ୟ ଆମେ ଦେଖିବାକୁ ପାଇଥାଉଁ । ପ୍ରାଣୀମାନଙ୍କ ମଧ୍ୟରେ ବି ପରିବର୍ତ୍ତନ ଘଟିଥାଏ । ସେମାନେ ଜନ୍ମ ନିଅନ୍ତି, ମରନ୍ତି । ଜନ୍ମର ଅର୍ଥ ନିରୋଳା ନୂତନ ବସ୍ତୁର ଉତ୍ପତ୍ତି ନୁହେଁ ଏବଂ ମୃତ୍ୟୁର ମାନେ ଜୀବର ଅତ୍ୟନ୍ତ ଉଚ୍ଛେଦ ମଧ୍ୟ ନୁହେଁ । ଯାତ୍ରୀ ଯେପରି ଗୋଟିଏ ସ୍ଥାନ ଛାଡ଼ି ଅନ୍ୟ ଏକ ସ୍ଥାନରେ ପହଞ୍ଚିଯାଏ, ଏହା ସେହିଭଳି ଏକ ପରିବର୍ତ୍ତନ ମାତ୍ର । ସତ୍ତାରୁ ଅସତ୍ତା ଏବଂ ଅସତ୍ତାରୁ ସତ୍ତା କେବେ ବି ସମ୍ଭବ ନୁହେଁ । ଏହା ହେଉଛି ଧ୍ରୁବ ସତ୍ୟ । ଆତ୍ମା, ପରିବର୍ତ୍ତନକୁ ବାନ୍ଧି ରଖିଥାଏ । ଆତ୍ମା, ଅନ୍ୱୟୀର ଭୂମିକା ସଂପାଦନ କରିଥାଏ । ପୂର୍ବଜନ୍ମ ତଥା ଉତ୍ତରଜନ୍ମ ଉଭୟ ତା'ର ଅବସ୍ଥାକୁ ବୁଝାଇଥାଏ । ଆତ୍ମା ଉଭୟ ସ୍ଥିତିରେ ଏକ ରୂପ ଥାଏ । ତେଣୁ ଅତୀତ ଓ ଭବିଷ୍ୟର ଘଟଣାବଳୀକୁ ଯୋଡ଼ିକି

---

(୬୦) The Soul always weaves her garments a-new. The soul has a natural strength which will hold out and be born manytimes.

(୬୧) I have also remarked that It is at once obvious to everyone who hears of it (rebirth) for the first time.

ରଖିଥାଏ । ଶରୀରଶାସ୍ତ୍ର ମତରେ ସାତବର୍ଷ ପରେ ଶରୀରର ପୂର୍ବ ପରମାଣୁ ବିଚ୍ଛିନ୍ନ ହୋଇଯାଏ, ସବୁ ଅବୟବରେ ନୂଆ ଗଢଣ ହୁଏ । ଏହି ସର୍ବାଙ୍ଗୀଣ ପରିବର୍ତ୍ତନ ବେଳାରେ ଆତ୍ମାର ଲୋପ ହୁଏ ନାହିଁ । ତା'ହେଲେ ମୃତ୍ୟୁ ଉତ୍ତାରୁ ଆତ୍ମାର ଅସ୍ତିତ୍ୱ କିପରି ନାଶ ହେବ ?

ଅନ୍ତର-କାଳ

ପ୍ରାଣୀ ମରିଥାଏ, ପୁଣି ଜନ୍ମ ନେଇଥାଏ । ଗୋଟିଏ ଶରୀରକୁ ତ୍ୟାଗକରି ଅନ୍ୟ ଶରୀରର ନିର୍ମାଣ କରେ । ମୃତ୍ୟୁ ଓ ଜନ୍ମର ମଧ୍ୟବର୍ତ୍ତୀ ସମୟକୁ ଅନ୍ତର-କାଳ କୁହାଯାଏ । ଏହାର ପରିମାଣ ଏକ, ଦୁଇ, ତିନି ବା ଚାରି ସମୟ ପର୍ଯ୍ୟନ୍ତ ହୋଇଥାଏ । ଅନ୍ତର-କାଳରେ ସ୍ଥୂଳ ଶରୀର-ରହିତ ଆତ୍ମା ଗତି କରିଥାଏ । ଏହାର ନାମ ହେଉଛି - 'ଅନ୍ତରାଳ ଗତି' । ଏହା ଦୁଇ ପ୍ରକାର - ଋଜୁ ଓ ବକ୍ର । ମୃତ୍ୟୁ ସ୍ଥାନରୁ ଜନ୍ମ ସ୍ଥାନ ସରଳରେଖାରେ ରହିଥିଲେ, ଆତ୍ମାର ଗତି ଋଜୁ ହୁଏ ତଥା ବିଷମରେଖାରେ ରହିଥିଲେ ଗତି ବକ୍ର ହୁଏ । ଋଜୁଗତିରେ କେବଳ ଏକ ସମୟ ଦରକାର ପଡ଼ିଥାଏ । ସେଠାରେ ଆତ୍ମାକୁ ନୂଆଁ ପ୍ରଯତ୍ନ କରିବାକୁ ପଡ଼େ ନାହିଁ । କାରଣ ପୂର୍ବ-ଶରୀର ତ୍ୟାଗ କରିବା ସମୟରେ ପୂର୍ବ-ଶରୀର ଜନ୍ମ ବେଗ ଲାଭ କରି ଧନୁରୁ ନିର୍ଗତ ବାଣ ଭଳି ସିଧା ନୂଆଁ ଜନ୍ମ ସ୍ଥାନରେ ପହଞ୍ଚିଯାଏ । ବକ୍ରଗତିରେ ଘୂରି ବୁଲିବାକୁ ହୋଇଥାଏ । ସେସବୁ ସକାଶେ ଅନ୍ୟ ପ୍ରଚେଷ୍ଟା କରିବା ଜରୁରୀ ହୋଇପଡ଼େ । ଘୂରିବୁଲିବା ସ୍ଥାନରେ ପହଞ୍ଚିବା ମାତ୍ରକେ ପୂର୍ବ ଦେହଜନିତ ବେଗ ମନ୍ଦ ପଡ଼ିଯାଏ ଏବଂ ସୂକ୍ଷ୍ମ ଶରୀର (କାର୍ମଣ ଶରୀର) ଦ୍ୱାର ଜୀବ ନୂତନ ପ୍ରଯତ୍ନ କରିଥାଏ । ଫଳରେ ସମୟ ସଂଖ୍ୟା ବଢ଼ିଯାଏ । ଗୋଟିଏ ଚକ୍କର ରହିଥିବା ବକ୍ରଗତିର ଦୁଇ ସମୟ, ଦୁଇଟି ଚକ୍କର ରହିଥିବା ବକ୍ର ଗତିରେ ତିନି ସମୟ ଏବଂ ତିନୋଟି ବର୍ତ୍ତୁଳ ଥିବା ସ୍ଥଳରେ ଚାରି ସମୟ ଲାଗିଥାଏ । ଏହାର ତର୍କସଂଗତ କାରଣ ହେଉଛି ଲୋକ-ସଂସ୍ଥାନ । ସାମାନ୍ୟତଃ ଏହି ଲୋକ ଊର୍ଦ୍ଧ୍ୱ, ଅଧଃ,ତିର୍ଯ୍ୟକ୍- ଏହି ତିନି ଭାଗରେ ତଥା ଜୀବୋତ୍ପତ୍ତି ଅପେକ୍ଷାରେ ତ୍ରସ-ନାଡ଼ି ଓ ସ୍ଥାବର-ନାଡ଼ି - ଏହିଭଳି ଦୁଇ ଭାଗର ବିଭକ୍ତ ହୋଇଥାଏ ।

ଦ୍ୱିସାମୟିକ ଗତି

ଊର୍ଦ୍ଧ୍ୱଲୋକର ପୂର୍ବ ଦିଗାରୁ ଅଧୋଲୋକର ପଶ୍ଚିମ ଦିଗାରେ ଉତ୍ପନ୍ନ ହେଉଥିବା ଜୀବମାନଙ୍କ ଗତି ଏକ ବକ୍ରା ଦ୍ୱିସାମୟିକୀ ହୋଇଥାଏ । ପ୍ରଥମ ସମୟରେ ସମଶ୍ରେଣୀରେ ଗମନ ପୂର୍ବକ ଜୀବ ଅଧୋଲୋକରେ ପହଞ୍ଚିଥାଏ ଏବଂ ଦ୍ୱିତୀୟ ସମୟରେ ତିର୍ଯ୍ୟକ୍‌ବର୍ତ୍ତୀ ନିଜର ଉତ୍ପତ୍ତି କ୍ଷେତ୍ରରେ ପହଞ୍ଚିଯାଏ ।

ତ୍ରିସାମୟିକ ଗତି

ଊର୍ଦ୍ଧ୍ୱଦିଗାବର୍ତ୍ତୀ ଆଗ୍ନେୟକୋଣରୁ ଅଧୋଦିଗାବର୍ତ୍ତୀ ବାୟବ୍ୟ କୋଣରେ ଉତ୍ପନ୍ନ ହେଉଥିବା ଜୀବମାନଙ୍କ ଗତି ଦ୍ୱିବକ୍ରା ତ୍ରିସାମୟିକୀ ହୋଇଥାଏ । ପ୍ରଥମ ସମୟରେ ଜୀବ ସମଶ୍ରେଣୀ ଗତିରୁ ତଳକୁ ଓହ୍ଲାଇଥାଏ, ଦ୍ୱିତୀୟ ସମୟରେ ତେରଛା ଗତିକରି ପଶ୍ଚିମ ଦିଗରେ ଏବଂ ତୃତୀୟ ସମୟରେ ତେରଛା ଗତିକରି ବାୟବ୍ୟ କୋଣର ଆପଣା ଜନ୍ମସ୍ଥାନରେ ପହଞ୍ଚିଥାଏ ।

ସ୍ଥାବର ନାଡ଼ିଗତ ଅଧୋଲୋକର ବିଦିଗାର ଏହି ପାରିରୁ ସେହି ପାରି ପର୍ଯ୍ୟନ୍ତ ସ୍ଥାବର ନାଡି ଗତି ଊର୍ଦ୍ଧ୍ୱଲୋକର ଦିଗାରେ ଜାତ ହେଉଥିବା ଜୀବମାନଙ୍କ 'ତ୍ରିବକ୍ରା ଚତୁଃ ସାମୟିକୀ' ଗତି ହୋଇଥାଏ । ଅଧୋବର୍ତ୍ତୀ ବିଦିଗାରୁ ଦିଗାଠାରେ ପହଞ୍ଚିବାକୁ ଏକ ସମୟ, ତ୍ରସ ନାଡି ମଧ୍ୟରେ ପ୍ରବେଶ କରିବାକୁ ଦ୍ୱିତୀୟ ସମୟ; 'ଊର୍ଦ୍ଧ୍ୱ' ଗମନରେ ତୃତୀୟ ସମୟ ଏବଂ ତ୍ରସନାଡ଼ିରୁ ବାହାରି ସ୍ଥାବର ନାଡିଗତ ଉତ୍ପତ୍ତି ସ୍ଥାନ ଯାଏ ପହଞ୍ଚିବାକୁ ଚତୁର୍ଥ ସମୟ ଲାଗିଯାଏ । ସ୍ଥୂଳ ଶରୀରର ଅଭାବ ସ୍ଥିତିରେ ବି ଆତ୍ମା ସୂକ୍ଷ୍ମ ଶରୀର ସାହାଯ୍ୟରେ ଗତି କରିଥାଏ ଏବଂ ମୃତ୍ୟୁ ପରେ ଆତ୍ମା ଅନ୍ୟ କୌଣସି ସ୍ଥୂଳ ଶରୀରରେ ପ୍ରବେଶ କରି ନ ଥାଏ, ବରଂ ସ୍ୱୟଂ ସ୍ଥୂଳ ଶରୀରର ନିର୍ମାଣ କରିଥାଏ । ସଂସାର ଅବସ୍ଥାରେ ଆତ୍ମା କେବେ ବି ସୂକ୍ଷ୍ମ ଶରୀରରୁ ମୁକ୍ତ ହୁଏ ନାହିଁ । ତେଣୁ ପୁନର୍ଜନ୍ମ ପ୍ରକ୍ରିୟାରେ କୌଣସି ବାଧା ସୃଷ୍ଟି ହୁଏ ନାହିଁ ।

ଜନ୍ମ-ବ୍ୟୁତ୍‌କ୍ରମ ଓ ଇନ୍ଦ୍ରିୟ

ଆତ୍ମାର ଏକଜନ୍ମରୁ ଅନ୍ୟ ଏକ ଜନ୍ମରେ ଉତ୍ପନ୍ନ ହେବା ସମୟକୁ ସଂକ୍ରାନ୍ତିକାଳ କୁହାଯାଇଥାଏ । ସେ ସମୟରେ ଆତ୍ମାର ଜ୍ଞାନାତ୍ମକସ୍ଥିତି କିପରି ରହିଥାଏ, ତା' ପ୍ରତି ଆମକୁ ବିଚାର କରିବାକୁ ହେବ । ଅନ୍ତରାଳ ଗତିରେ ଆତ୍ମାର ସ୍ଥୂଳ ଶରୀର ନ ଥାଏ । ସ୍ଥୂଳ ଶରୀର ବିନା ଆଖି, କାନ, ନାକ ଆଦି ଇନ୍ଦ୍ରିୟ ମଧ୍ୟ ସ୍ୱାଭାବିକ ଭାବରେ ଥାଏ ନାହିଁ । ସେହିଭଳି ପରିସ୍ଥିତିରେ ଜୀବର ଜୀବତ୍ୱ କିପରି ବଜାୟ ରହିପାରିବ ? ସର୍ବନିମ୍ନ ଗୋଟିଏ ଇନ୍ଦ୍ରିୟର ଜ୍ଞାନ-ଚେତନା ପ୍ରାଣୀମାନଙ୍କ ସକାଶେ ଅନିବାର୍ଯ୍ୟ ହୋଇଥାଏ । ଯାହାଠାରେ ଏହା ନାହିଁ, ସେ ପ୍ରାଣୀ ହୋଇ ନ ଥିବ । ଏହି ସମସ୍ୟାକୁ ଶାସ୍ତ୍ରକାରମାନେ ସ୍ୟାଦ୍‌ବାଦ ଆଧାରରେ ସମାହିତ କରିଛନ୍ତି ।

ଗୌତମ ପ୍ରଶ୍ନ କରିଛନ୍ତି- ଭଗବନ୍ ! ଗୋଟିଏ ଜନ୍ମରୁ ଆଉ ଏକ ଜନ୍ମକୁ ବ୍ୟୁତ୍‌କ୍ରମ୍ୟମାଣ ଜୀବ ସ-ଇନ୍ଦ୍ରିୟ ହୋଇଥାନ୍ତି ନା ଅନ-ଇନ୍ଦ୍ରିୟ ।

ଭଗବାନ ମହାବୀର କହିଲେ – ଗୌତମ ! ଦ୍ରବ୍ୟେନ୍ଦ୍ରିୟ ପରିପ୍ରେକ୍ଷୀରେ ଜୀବ ଅନ-ଇନ୍ଦ୍ରିୟ ବ୍ୟୁତ୍‌କ୍ରାନ୍ତ ହୋଇଥାନ୍ତି ତଥା ଲବ୍‌ଧୀନ୍ଦ୍ରିୟ ଦୃଷ୍ଟିରୁ ସ-ଇନ୍ଦ୍ରିୟ ଥା'ନ୍ତି ।[୬୨]

ଆତ୍ମାଠାରେ ଜ୍ଞାନେନ୍ଦ୍ରିୟର ଶକ୍ତି ଅନ୍ତରାଳ ଗତି ମଧ୍ୟରେ ବି ରହିଥାଏ । ତ୍ୱଚା, ନେତ୍ର ଆଦି ସହାୟକ ଇନ୍ଦ୍ରିୟ ଥା'ନ୍ତି ନାହିଁ । ଆତ୍ମାକୁ ସ୍ୱ-ସଂବେଦନର ଅନୁଭବ ହୋଇଥାନ୍ତି, କିନ୍ତୁ ସହାୟକ ଇନ୍ଦ୍ରିୟଗୁଡ଼ିକର ଅଭାବ ହେତୁ ଇନ୍ଦ୍ରିୟ ଶକ୍ତିର ଉପଯୋଗ ହୋଇପାରେ ନାହିଁ । ସହାୟକ ଇନ୍ଦ୍ରିୟମାନଙ୍କ ନିର୍ମାଣ ସ୍ଥୂଳ ଶରୀର ରଚନା ସମୟରେ ଇନ୍ଦ୍ରିୟ-ଜ୍ଞାନର ଶକ୍ତି ଅନୁପାତରେ ହୋଇଥାଏ । ଏକ ଇନ୍ଦ୍ରିୟ ଯୋଗ୍ୟତା ରହିଥିବା ପ୍ରାଣୀର ଶରୀର ରଚନାରେ ତ୍ୱଚା ଅତିରିକ୍ତ ଅନ୍ୟ ଇନ୍ଦ୍ରିୟ ସବୁର ଆକୃତି ନ ଥାଏ । ଦ୍ୱିନ୍ଦ୍ରିୟ, ତ୍ରିନ୍ଦ୍ରିୟ, ଚତୁରିନ୍ଦ୍ରିୟ ଓ ପଞ୍ଚେନ୍ଦ୍ରିୟ ଜାତିମାନଙ୍କରେ କ୍ରମଶଃ ରସନ, ଘ୍ରାଣ, ଚକ୍ଷୁ ଓ ଶ୍ରୋତ୍ରର ସଂରଚନା ହୁଏ । ଉଭୟ ପ୍ରକାର ଇନ୍ଦ୍ରିୟମାନଙ୍କ ସହଯୋଗ ଫଳରେ ପ୍ରାଣୀ ଇନ୍ଦ୍ରିୟ-ଜ୍ଞାନର ଉପଯୋଗ କରିଥାଏ ।

ସ୍ୱ-ନିୟମନ

ଜୀବ ହେଉଛି ସ୍ୱୟଂ-ଚାଳିତ । ସ୍ୱୟଂ-ଚାଳିତର ଅର୍ଥ ପର-ସହଯୋଗ-ନିରପେକ୍ଷ ନୁହେଁ, ବରଂ ସଂଚାଳକ-ନିରପେକ୍ଷ ରୂପରେ ଗ୍ରହଣ କରାଯିବା ଉଚିତ । ଜୀବର ପ୍ରତୀତି ତା'ର ଉତ୍‌ଥାନ, ବଳ, ବୀର୍ଯ୍ୟ, ପୁରୁଷକାର ପରାକ୍ରମ ଦ୍ୱାରା ହୋଇଥାଏ ।[୬୩] ଉତ୍‌ଥାନ ଆଦି ଶରୀରରୁ ଉତ୍ପନ୍ନ ହୁଏ । ଶରୀର, ଜୀବ ଦ୍ୱାରା ନିଷ୍ପନ୍ନ ହୁଏ । କ୍ରମାନ୍ୱୟ ହେଉଛି – ଜୀବପ୍ରଭବ ଶରୀର – ଶରୀର ପ୍ରଭବ ବୀର୍ଯ୍ୟ, ବୀର୍ଯ୍ୟ ପ୍ରଭାବ ଯୋଗ (ମନ, ବାଣୀ ଓ କର୍ମ) ।[୬୪]

ବୀର୍ଯ୍ୟ ଦୁଇ ପ୍ରକାର – ଲବ୍‌ଧି-ବୀର୍ଯ୍ୟ ଓ କରଣ-ବୀର୍ଯ୍ୟ । ଲବ୍‌ଧି-ବୀର୍ଯ୍ୟ ହେଉଛି ସତ୍ତାତ୍ମକ ଶକ୍ତି । ଏହା ଅନୁସାରେ ସବୁ ଜୀବ ସବୀର୍ଯ୍ୟ ଅଟନ୍ତି । କରଣ-ବୀର୍ଯ୍ୟ ହେଉଛି କ୍ରିୟାତ୍ମକ ଶକ୍ତି । ଏହା ଜୀବ ଓ ଶରୀର ଉଭୟଙ୍କ ସହଯୋଗରୁ ଉତ୍ପନ୍ନ ହୋଇଥାଏ ।[୬୫]

---

(୬୨) ଭଗବଈ, ୧/୩୪୦ – ୩୪୧

(୬୩) ଭଗବଈ, ୨।୧୩୬, ୧୩୭

(୬୪) ଭଗବଈ, ୧।୧୪୩-୧୪୫ : ସେଣଂ ଭନ୍ତେ !
ଜୋଏ କିଂପବହେ ? ... ଗୋୟମା ! ବୀରିୟପପବହୋ
ସେଣଂ ଭନ୍ତେ! ବୀରିୟେ କିଂପବହେ ? ଗୋୟମା ସରୀରପପବହୋ
ସେଣଂ ଭନ୍ତେ ! ସରୀରେ କିଂ ବହେ ? ଗୋୟମା ! ଜୀବପପବହେ ।

(୬୫) ଭଗବଈ, ୧।୩୭୬

ଜୀବଠାରେ ସକ୍ରିୟତା ରହିଥିବାରୁ, ସେ ପୌଦ୍‌ଗଳିକ କର୍ମର ସଂଗ୍ରହ ବା ସ୍ୱୀକରଣ କରିଥାଏ । ଜୀବ, ପୌଦ୍‌ଗଳିକ କର୍ମର ସଂଗ୍ରହଣ କରୁଥିବାରୁ, ତା' ଦ୍ୱାରା ପ୍ରଭାବିତ ହେବା ସ୍ୱାଭାବିକ ।

କର୍ତ୍ତୃତ୍ୱ ଏବଂ ଫଳ-ଭୋକ୍ତୃତ୍ୱ, ଗୋଟିଏ ଶୃଙ୍ଖଳାର ଦୁଇଟି କିନାରା । ନିଜର କର୍ତ୍ତୃତ୍ୱ ଅଥଚ ଫଳ-ଭୋକ୍ତୃତ୍ୱ ସକାଶେ ଅନ୍ୟ ସତ୍ତାର ନିୟମନ-ଏହି ସ୍ଥିତି ସଂପୂର୍ଣ୍ଣ ଅସମ୍ଭବ ।

ଫଳ-ପ୍ରାପ୍ତି ଇଚ୍ଛା ନିୟନ୍ତ୍ରିତ ନୁହେଁ । ଏହା କ୍ରିୟା ନିୟନ୍ତ୍ରିତ । ହିଂସା, ଅସତ୍ୟ ଆଦି କ୍ରିୟା ଦ୍ୱାରା କର୍ମ-ପୁଦ୍‌ଗଳ ସଞ୍ଚୟ କରି ଜୀବ ଭାରି ହୋଇପଡ଼େ । [୬୬] ଏଗୁଡ଼ିକଠାରୁ ଦୂରେଇ ରହୁଥିବା ଜୀବ କର୍ମ-ପୁଦ୍‌ଗଳର ସଞ୍ଚୟ କରି ନ ଥାଏ, ତେଣୁ ସେ ଭାରି ନ ହୋଇ ଏକପ୍ରକାର ହାଲୁକା ଥାଏ । [୬୭]

କର୍ମବୋଝରେ ଜୀବ ଯେତେ ଅଧିକ ଭାରି ହେବ, ସେ ସେତେ ଅଧିକ ନିମ୍ନଗତିରେ ଉତ୍ପନ୍ନ ହେବ । [୬୮] କର୍ମଭାର ଯେତେ ହାଲୁକା ଥିବ ସେ ଊର୍ଦ୍ଧ୍ୱ ଗତିରେ ଜାତ ହେବ ।[୬୯] ଗୁରୁକର୍ମା ଜୀବ ଅନିଚ୍ଛା ସତ୍ତ୍ୱେ ଅଧୋଗତିରେ ଯାଇଥାଏ । ତାହାକୁ କେଉଁ ସ୍ଥାନକୁ ନେବାକୁ ହେବ, ଏହି ଜ୍ଞାନ କର୍ମ ପୁଦ୍‌ଗଳମାନଙ୍କ ନ ଥାଏ । କିନ୍ତୁ ପରଭବ ଯୋଗ୍ୟ ଆୟୁଷ୍ୟ କର୍ମ-ପୁଦ୍‌ଗଳ ସମୂହର ଯେଉଁ ସଂଗ୍ରହ ହୋଇଥାଏ, ପରିପକ୍ୱ ହେଲା ପରେ ଆପଣା କ୍ରିୟା ଆରମ୍ଭ କରିଦିଅନ୍ତି । ପ୍ରଥମେ ଜୀବନ ଅର୍ଥାତ୍ ବର୍ତ୍ତମାନ ଆୟୁଷ୍ୟର କର୍ମ-ପରମାଣୁର କ୍ରିୟା ସମାପ୍ତ ହେବା ସଂଗେ ସଂଗେ ଆଗାମୀ ଆୟୁଷ୍ୟର କର୍ମ-ପୁଦ୍‌ଗଳ ସେମାନଙ୍କ କ୍ରିୟା ପ୍ରାରମ୍ଭ କରିଦିଅନ୍ତି । ଦୁଇ ଆୟୁଷର କର୍ମ-ପୁଦ୍‌ଗଳକୁ ଜୀବକୁ ଏକ ସଂଗେ ପ୍ରଭାବିତ କରନ୍ତି ନାହିଁ । [୭୦] ସେହି ପୁଦ୍‌ଗଳ ଯେଉଁ ସ୍ଥାନ ସକାଶେ ଉପଯୁକ୍ତ, ସେହି ସ୍ଥାନକୁ ଜୀବକୁ ଟାଣି ନିଅନ୍ତି । [୭୧] ସେହି ପୁଦ୍‌ଗଳଗୁଡ଼ିକର ଗତି ସେମାନଙ୍କ ରାସାୟନିକ କ୍ରିୟା (ରସ-ବନ୍ଧ ଅଥବା ଅନୁଭାବ-ବନ୍ଧ) ଅନୁରୂପ ହୁଏ । ଜୀବ କର୍ମ-ପରମାଣୁସହିତ ବଦ୍ଧ ହୋଇଥିବାରୁ, ତାହାକୁ ବି ସେଠାକୁ ଯିବାକୁ ହୋଇଥାଏ । ଏହି ପ୍ରକାର ଗୋଟିଏ ଜନ୍ମରୁ ଅନ୍ୟ ଜନ୍ମକୁ ଗତି ଏବଂ ଆଗତି ସ୍ୱନିୟମନ ଆଧାରରେ ହୋଇଥାଏ ।

---

[୬୬] ଭଗବଈ, ୧।୩।୮୪

[୬୭] ଭଗବଈ, ୧।୩।୮୫

[୬୮] ଭଗବଈ, ୯।୩୨

[୬୯] ଭଗବଈ, ୯।୩୨

[୭୦] ଭଗବଈ, ୫।୫୮ :
ଏଗେ ଜୀବେ ଏଗେଣଂ ସମଏଣଂ ଏଗଂ ଆଉୟଂ
ପଡିସମ୍ବେଦେଇ ତଂ ଜହା ଇହଭବିୟାଉୟଂ ବା
ପରିଭବିୟାଉୟଂ ବା ।

[୭୧] ଭଗବଈ, ୫।୬୨; ୨୫।୬୨୫

॥ ୮ ॥

କର୍ମବାଦ

ଭାରତର ସମସ୍ତ ଆସ୍ତିକ ଦର୍ଶନରେ ଜଗତ୍‌ର ବିଭକ୍ତି[୧], ବିଚିତ୍ରତା[୨] ଏବଂ ସାଧନ-ତୁଲ୍ୟ ହୋଇଥିଲେ ହେଁ ଫଳର ତାରତମ୍ୟ ବା ଅନ୍ତରକୁ ସହେତୁକ ବୋଲି ମାନ୍ୟ କରାଯାଇଛି ।[୩] ଏହି ହେତୁକୁ ବେଦାନ୍ତ 'ଅବିଦ୍ୟା', ବୌଦ୍ଧ 'ବାସନା', ସାଂଖ୍ୟ 'କ୍ଲେଶ'ଏବଂ ନ୍ୟାୟ-ବୈଶେଷିକ 'ଅଦୃଷ୍ଟ' ତଥା ଜୈନମାନେ 'କର୍ମ' କହିଥାନ୍ତି ।[୪] ଅନେକ ଦର୍ଶନ, କର୍ମର ପ୍ରାରମ୍ଭିକ ସାମାନ୍ୟ ନିର୍ଦ୍ଦେଶ କରିଥାନ୍ତି ଏବଂ ଅନ୍ୟ କେତେକ ଦର୍ଶନ କର୍ମର ବିଭିନ୍ନ କୋଣରୁ ବିଶ୍ଳେଷଣକରି ଗଭୀରତା ମଧ୍ୟକୁ ଚାଲିଯାଇଛନ୍ତି । ନ୍ୟାୟଦର୍ଶନ ଅନୁସାରେ ଅଦୃଷ୍ଟ ହେଉଛି ଆତ୍ମାର ଗୁଣ । ଭଲ-ମନ୍ଦ କର୍ମର ଆତ୍ମା ଉପରେ ଯେଉଁ ପ୍ରଭାବ ପଡ଼ିଥାଏ ତାହା ଅଦୃଷ୍ଟ । ଫଳ ପ୍ରାପ୍ତ ନ ହେବା ପର୍ଯ୍ୟନ୍ତ ତାହା ଆତ୍ମା ସହିତ ସଂଶ୍ଳିଷ୍ଟ ଥାଏ । ଈଶ୍ୱର ମାଧ୍ୟମରେ ତା'ର ଫଳ ମିଳିଥାଏ ।[୫] କାରଣ ଈଶ୍ୱର କର୍ମ-ଫଳ ବ୍ୟବସ୍ଥା ନ କରିଲେ କର୍ମ ନିଷ୍ଫଳ ହୋଇଯିବ । ସାଂଖ୍ୟ, କର୍ମକୁ ପ୍ରକୃତିର ବିକାର ରୂପରେ ସ୍ୱୀକାର କରନ୍ତି ।[୬] ଭଲ-ମନ୍ଦ ପ୍ରବୃତ୍ତିର ପ୍ରକୃତି ଉପରେ ସଂସ୍କାର ଅଙ୍କିତ ହୁଏ । ସେହି ପ୍ରକୃତିଗତ ସଂସ୍କାର ଦ୍ୱାରା କର୍ମଫଳ ପ୍ରାପ୍ତ ହୁଏ । ବୌଦ୍ଧମାନେ ଚିତ୍ତଗତ ବାସନାକୁ କର୍ମ ରୂପରେ ମାନ୍ୟ କରିଥାନ୍ତି । ଏହା ହିଁ କାର୍ଯ୍ୟ-କାରଣ-ଭାବ ରୂପରେ ସୁଖ-ଦୁଃଖର ହେତୁ ବନିଥାଏ ।

ଜୈନ ଦର୍ଶନରେ କର୍ମକୁ ସ୍ୱତନ୍ତ୍ର ତତ୍ତ୍ୱ ରୂପରେ ସ୍ୱୀକାର କରାଯାଇଛି । କର୍ମ ହେଉଛି ଅନନ୍ତ ପରମାଣୁ ସମୂହର ସ୍କନ୍ଧ । ସମଗ୍ର ଲୋକରେ ଜୀବାତ୍ମାର ଭଲ-ମନ୍ଦ ପ୍ରବୃତ୍ତି ଦ୍ୱାରା ତା' ସହିତ ସେମାନେ ବାନ୍ଧି ହୋଇଯାଆନ୍ତି । ଏହା ହିଁ ଜୀବର ବଦ୍ଧମାନ (ବନ୍ଧ) ଅବସ୍ଥା । ବନ୍ଧନ ଉତ୍ତାରୁ ତା'ର ପରିପାକ ହୁଏ । ଏହା ସତ୍ (ସତ୍ତା) ଅବସ୍ଥା । ପରିପାକ

---

(୧) ଭଗବଈ, ୧୨।୧୨୦ : କମ୍ମଓ ଣଂ ଭନ୍ତେ ! ଜୀବେ ନୋ ଅକମ୍ମଓ ବିଭତ୍ତିଭାବଂ ପରିଣମଈ ? ହନ୍ତା ଗୋୟମା । କମ୍ମଓ ଣଂ ଜୀବେ ଣୋ ଅକମ୍ମଓ, ବିଭତ୍ତିଭାବଂ ପରଣମଈ ।

(୨) ଅଭିଧର୍ମକୋଷ, ୪।୧ : କର୍ମଜଂ ଲୋକ-ବୈଚିତ୍ର୍ୟଂଚେତନା ମାନସଂ ଚତତ୍ ।

(୩) ବିଶେଷାବଶ୍ୟକ ଭାଷ୍ୟ : ଜୋ ତୁଲ୍ଲସାହଣାଣଂ ଫଳେ ବିସେସୋ ଣ ସୋ ବିଣା ହେଉଂ କଜ୍‌ଜତଣଓ ଗୋୟମା ! ଘଡୋବ୍‌ବ ହେଉୟସୋକମ୍ମ ।

(୪) ଜୈନ ସିଦ୍ଧାନ୍ତ ଦୀପିକା, ୪।୧ : ଆତ୍ମପ୍ରବୃତ୍ତ୍ୟାକୃଷ୍ଟାସ୍ତତ୍ ପ୍ରାୟୋଗ୍ୟ ପୁଦ୍‌ଗଳାଃ କର୍ମଃ ।

(୫) ନ୍ୟାୟସୂତ୍ର, ୪।୧ : ଈଶ୍ୱରଃ କାରଣଂ ପୁରୁଷକର୍ମାଫଳସ୍ୟ ଦର୍ଶନାତ୍ ।

(୬) ସାଂଖ୍ୟସୂତ୍ର, ୫।୨୫ : ଅନ୍ତଃକରଣ-ଧର୍ମତ୍ୱଂ ଧର୍ମାଦୀନାମ୍ ।

ପରେ ସୁଖ-ଦୁଃଖ ରୂପ ତଥା ଆବରଣ ରୂପ ଫଳପ୍ରାପ୍ତ ହୋଇଥାଏ, ଏହା ଉଦୟମାନ (ଉଦୟ) ଅବସ୍ଥା । ଅନ୍ୟ ଦର୍ଶନମାନଙ୍କରେ କର୍ମର କ୍ରିୟମାଣ, ସଂଚିତ ଓ ପ୍ରାରବ୍ଧ ରୂପରେ ତିନୋଟି ଅବସ୍ଥାର ବର୍ଣ୍ଣନ ମିଳିଥାଏ । ଏହା କ୍ରମଶଃ ବନ୍ଧ, ସତ୍ ଓ ଉଦୟର ସମାନାର୍ଥକ ବୋଧ ପ୍ରଦାନ କରୁଛନ୍ତି ।

ଉଦୀରଣା- କର୍ମର ଶୀଘ୍ର ଫଳପ୍ରାପ୍ତି, ଉଦ୍‌ବର୍ତ୍ତନ- କର୍ମର ସ୍ଥିତି ଏବଂ ବିପାକରେ ବୃଦ୍ଧି ଘଟିବା, ଅପବର୍ତ୍ତନ - କର୍ମର ସ୍ଥିତି ଏବଂ ବିପାକରେ ହ୍ରାସ ଘଟିବା, ସଂକ୍ରମଣ-କର୍ମର ସଜାତୀୟ ପ୍ରକୃତିର ପରସ୍ପର ରୂପ ପରିବର୍ତ୍ତନ ଆଦି ଅବସ୍ଥା ଜୈନମାନଙ୍କ କର୍ମସିଦ୍ଧାନ୍ତର ବିକାଶର ସୂଚନା ଦେଇଥାଏ ।

ବନ୍ଧର କାରଣ କ'ଣ ? ବନ୍ଧାଯାଇଥିବା କର୍ମର ଫଳ ନିଶ୍ଚିତ ନା ଅନିଶ୍ଚିତ ? ଯେଉଁ ରୂପରେ କର୍ମ ବନ୍ଧନ ଘଟିଥାଏ ସେହି ରୂପରେ ଫଳ ମିଳିଥାଏ ନା ଅନ୍ୟଥା ମିଳିଥାଏ ? ଧର୍ମ କରୁଥିବା ଲୋକ ଦୁଃଖୀ ଏବଂ ଅଧର୍ମ କରୁଥିବା ଲୋକ ସୁଖୀ କାହିଁକି ? ଏହି ସମସ୍ତ ବିଷୟ ଉପରେ ଜୈନ ମନୀଷୀମାନେ ବିସ୍ତୃତ ବିବେଚନ କରିଛନ୍ତି ।

ଆତ୍ମାର ଆନ୍ତରିକ ବାତାବରଣ

ପଦାର୍ଥର ଅସଂଯୁକ୍ତ ରୂପରେ ଶକ୍ତିର ତାରତମ୍ୟ ହୁଏ ନାହିଁ, ଯଥାବତ୍ ଥାଏ । ଅନ୍ୟ ପଦାର୍ଥ ସହିତ ସଂଯୁକ୍ତ ହେଲାପରେ ଯାଇ ତା'ର ଶକ୍ତି କମ୍ କିମ୍ବା ବେଶି ହୋଇଥାଏ । ଅନ୍ୟ ପଦାର୍ଥ ଯଦି ଶକ୍ତିର ବାଧକ, ତେବେ ଶକ୍ତି ହ୍ରାସ ପାଏ । ବାଧା ଦୂରହେଲା ପରେ, ଶକ୍ତି ପ୍ରକଟ ହୁଏ । ସଂଯୋଗ ଅବସ୍ଥାରେ ଏହି ହ୍ରାସ-ବିକାଶ କ୍ରମ ନିରନ୍ତର ଚାଲିଥାଏ । ଅସଂଯୋଗ ଦଶାରେ ପଦାର୍ଥର ସହଜରୂପ ଉଦ୍‌ଭାସିତ ହୁଏ, ସେ ଅବସ୍ଥାରେ ହ୍ରାସ-ବୃଦ୍ଧି କିଛି ଘଟେ ନାହିଁ ।

ଆତ୍ମାର ଆନ୍ତରିକ ଯୋଗ୍ୟତାରେ ତାରତମ୍ୟର କାରଣ ହେଲା କର୍ମ । କର୍ମର ସଂଯୋଗ ଫଳରେ ଏହି ଆନ୍ତରିକ ଯୋଗ୍ୟତା ଆବୃତ ବା ବିକୃତ ହୋଇଥାଏ । କର୍ମର ବିଲୟ (ଅସଂଯୋଗ) ଦ୍ୱାରା ତା'ର ସ୍ୱଭାବୋଦୟ ଘଟିଥାଏ । ବାହ୍ୟସ୍ଥିତି ଆନ୍ତରିକ ସ୍ଥିତିକୁ ଉତ୍ତେଜିତ କରି ଆତ୍ମାକୁ ପ୍ରଭାବିତ କରିଥାଏ, ଆନ୍ତରିକ ସ୍ଥିତିର ଅସହଯୋଗ ବଳରେ କିମ୍ବା ଡାଇରେକ୍ଟ କରିପାରେ ନାହିଁ । ଶୁଦ୍ଧ ଅଥବା କର୍ମ-ମୁକ୍ତ ଆତ୍ମା ଉପରେ ବାହାରି ସ୍ଥିତିର ଜମା ପ୍ରଭାବ ପଡ଼ିପାରେ ନାହିଁ । ଅଶୁଦ୍ଧ ବା କର୍ମବଦ୍ଧ ଆତ୍ମାକୁ ହିଁ ଏହା ପ୍ରଭାବିତ କରିବାରେ ସକ୍ଷମ । ଅଶୁଦ୍ଧିର ପରିମାଣ ଅନୁସାରେ ଏହି ପ୍ରଭାବର ମାତ୍ରା ନିର୍ଦ୍ଧାରିତ ହୁଏ । ଶୁଦ୍ଧତାର ଅନୁପାତ ବଢ଼ିଲେ, ବାହାରି ବାତାବରଣର ପ୍ରଭାବ କମିଯାଏ । ଶୁଦ୍ଧତା ହ୍ରାସ ପାଇଲେ, ବାହାରି ବାତାବରଣ ତା' ଉପରେ ଛାଇଯାଏ । ତାକୁ ଗ୍ରାସ କରିନିଏ । ପରିସ୍ଥିତି ଯଦି ମୁଖ୍ୟ ବା ସବୁକିଛି ତେବେ ଶୁଦ୍ଧ ଏବଂ ଅଶୁଦ୍ଧ ଉଭୟ କ୍ଷେତ୍ରରେ ସମ ପ୍ରଭାବ ପରିଲକ୍ଷିତ ହୁଅନ୍ତା, କିନ୍ତୁ ଏପରି ଘଟି ନ ଥାଏ । ପରିସ୍ଥିତି ଉତ୍ତେଜନା ସୃଷ୍ଟି କରିପାରେ, କିନ୍ତୁ ତାହା କାରକ ନୁହେଁ ।

ବିଜାତୀୟ ସଂବନ୍ଧ ପ୍ରତି ଦୃଷ୍ଟିପାତ କରିଲେ ଆତ୍ମା ସହିତ ସର୍ବାଧିକ ଅନ୍ତରଙ୍ଗ ସଂବନ୍ଧ କର୍ମ-ପୁଦ୍‌ଗଳମାନଙ୍କ ରହିଥିବାର ସ୍ପଷ୍ଟ ପ୍ରମାଣ ମିଳିଥାଏ । ଦୂରବର୍ତ୍ତୀ ତୁଳନାରେ ସମୀପବର୍ତ୍ତୀର ପ୍ରଭାବ ଅଧିକ ଅନୁଭୂତ ହୁଏ । ପରିସ୍ଥିତି, ଦୂରବର୍ତ୍ତୀ ଘଟନା । କର୍ମର ଉପେକ୍ଷା କରି ଆତ୍ମାକୁ ପ୍ରଭାବିତ କରିବାର ସାମର୍ଥ୍ୟ ପରିସ୍ଥିତିର ନାହିଁ । କର୍ମ-ସଂଘଟନା ପର୍ଯ୍ୟନ୍ତ ସେ ପହଞ୍ଚିପାରିବ । ତା' ଆଗକୁ ନୁହେଁ । ପରିସ୍ଥିତି ଦ୍ୱାରା କର୍ମ-ସଂଘଟନା ପ୍ରଭାବିତ ହୁଏ, ତା'ପରେ ଆତ୍ମା । ଯେଉଁ ପରିସ୍ଥିତି କର୍ମ-ସଂସ୍ଥାନକୁ ପ୍ରଭାବିତ କରିପାରେ ନାହିଁ, ଆତ୍ମାକୁ ପ୍ରଭାବିତ କରିବାର ପ୍ରଶ୍ନ ହିଁ ଉଠୁନାହିଁ ।

ବାହାରି ପରିସ୍ଥିତି ସାମୂହିକ ସ୍ତରର ରହିଥାଏ । ଅଥଚ କର୍ମକୁ ବୈୟକ୍ତିକ ପରିସ୍ଥିତି କୁହାଯାଇପାରିବ । ଏହା କର୍ମ-ସତ୍ତାର ସ୍ୱୟଂଭୂ-ପ୍ରମାଣ ପ୍ରସ୍ତୁତ କରୁଚି ।

ପରିସ୍ଥିତି

କାଳ, କ୍ଷେତ୍ର, ସ୍ୱଭାବ, ପୁରୁଷାର୍ଥ, ନିୟତି ଓ କର୍ମର ସହ-ସ୍ଥିତିର ନାମ ହିଁ ପରିସ୍ଥିତି । ତେବେ କାଳ, କ୍ଷେତ୍ର, ସ୍ୱଭାବ, ପୁରୁଷାର୍ଥ, ନିୟତି ଓ କର୍ମ ଦ୍ୱାରା ସବୁକିଛି ଘଟିଥାଏ- ଏହି ଏକାଙ୍ଗୀ ଦୃଷ୍ଟିକୋଣ ହେଉଛି ମିଥ୍ୟା । କାଳ, କ୍ଷେତ୍ର, ସ୍ୱଭାବ, ପୁରୁଷାର୍ଥ, ନିୟତି ଓ କର୍ମ ଦ୍ୱାରା କିଛି କିଛି ହୋଇଥାଏ- ଏହି ସାପେକ୍ଷ ଦୃଷ୍ଟିକୋଣ ହେଲା ସତ୍ୟ ।

ସାଂପ୍ରତିକ ଜୈନମାନସରେ କାଳ-ମର୍ଯ୍ୟାଦା, କ୍ଷେତ୍ର-ମର୍ଯ୍ୟାଦା, ସ୍ୱଭାବ-ମର୍ଯ୍ୟାଦା, ପୁରୁଷାର୍ଥ-ମର୍ଯ୍ୟାଦା ଓ

ନିୟତି-ମର୍ଯ୍ୟାଦାର ଯେପରି ସୁସ୍ପଷ୍ଟ ବିବେଚନ ରୂପକ ଅନେକାନ୍ତ-ଦର୍ଶନ ରହିଛି, ସେହିଭଳି କର୍ମ-ମର୍ଯ୍ୟାଦାର ସ୍ପଷ୍ଟ ବିବେକ ରହିନାହିଁ । ଯାହାସବୁ ଘଟୁଛି, ସବୁରି ମୂଳରେ କର୍ମ- ଏହି ଘୋଷ ସାଧାରଣ ହୋଇପଡ଼ିଛି । ଏହି ଏକାନ୍ତବାଦ ସତ୍ୟ ନୁହେଁ । ଆତ୍ମ-ଗୁଣ-ବିକାଶ କର୍ମ ଦ୍ୱାରା ହୋଇ ନ ଥାଏ, ବରଂ କର୍ମର ବିଲୟ ଫଳରେ ସଂଭବ ହୁଏ । ପରିସ୍ଥିତିବାଦର ଏକାନ୍ତ ଆଗ୍ରହ ସନ୍ଦର୍ଭରେ ଜୈନ ଦୃଷ୍ଟିଭଙ୍ଗୀ ହେଉଛି - ଦେଶ-କାଳ ସ୍ଥିତିକୁ ନେଇ ରୋଗ ଜାତ ହୁଏ ନାହିଁ । ବରଂ ଦେଶକାଳ ସ୍ଥିତିରେ କର୍ମ-ଉତ୍ତେଜନା (ଉଦୀରଣା) ଘଟିଥାଏ ଏବଂ ଏହି ଉତ୍ତେଜିତ ରୋଗ ସୃଷ୍ଟି ହୁଏ । ଏହି ପ୍ରକାର ସମସ୍ତ ବାହ୍ୟ ପରିସ୍ଥିତି କର୍ମ-ପୁଦ୍‌ଗଳ ମଧ୍ୟରେ ଉତ୍ତେଜନା ଭରିଦିଏ । ଉତ୍ତେଜିତ କର୍ମ ପୁଦ୍‌ଗଳ ଆତ୍ମା ମଧ୍ୟରେ ବିଭିନ୍ନ ପରିବର୍ତ୍ତନ ଘଟାଇଥାନ୍ତି । ପରିବର୍ତ୍ତନ ହେଉଚି ପଦାର୍ଥର ସ୍ୱଭାବସିଦ୍ଧ ଧର୍ମ । ଏହା ସଂଯୋଗକୃତ ହେଲେ ବିଭାବ ରୂପ ଧାରଣ କରେ ଏବଂ ଯଦି ଅନ୍ୟର ସଂଯୋଗରୁ ବଞ୍ଚିତ ରହେ ତାହା ହେଲେ ତା'ର ପରିଣତି ସ୍ୱାଭାବିକ ହୋଇଥାଏ ।

କର୍ମର ପୌଦ୍‌ଗଳିକତା

ଅନ୍ୟ ଦର୍ଶନମାନଙ୍କରେ କର୍ମକୁ ସଂସ୍କାର ବା ବାସନା ରୂପରେ ସ୍ୱୀକାର କରାଯାଇଛି; କିନ୍ତୁ ଜୈନ-ଦର୍ଶନ, କର୍ମକୁ ପୌଦ୍‌ଗଳିକ ମାନି ଆସିଛି । ବସ୍ତୁର ସ୍ୱାଭାବିକ ଗୁଣ, ତା'ର ବିଘାତକ ହୁଏ ନାହିଁ । ଆତ୍ମାର ଗୁଣ ତା' ସକାଶେ ଆବରଣ, ପାରତନ୍ତ୍ର୍ୟ ତଥା ଦୁଃଖର ହେତୁ କିପରି ହୋଇପାରିବ ।

କର୍ମ, ଜୀବାତ୍ମାର ଆବରଣ, ପାରତନ୍ତ୍ର୍ୟ ଏବଂ ଦୁଃଖର ହେତୁ ତଥା ଆତ୍ମାର ଗୁଣ ସମୂହର ବିଘାତକ ହୋଇଥିବାରୁ କର୍ମ ଆତ୍ମାର ଗୁଣ ହୋଇପାରିବ ନାହିଁ ।

ବେଡି, ମଣିଷକୁ ବାନ୍ଧି ରଖେ । ମୁରାପାନ ଦ୍ୱାରା ପାଗଳ ହୁଏ । କ୍ଲୋରୋଫର୍ମ ତାହାକୁ ଚେତନାଶୂନ୍ୟ କରିଦିଏ । ଏଗୁଡ଼ିକ ପୌଦ୍‌ଗଳିକ ବସ୍ତୁ ଅଟନ୍ତି । ଠିକ୍ ଏହିଭଳି କର୍ମ-ସଂଯୋଗ ଦ୍ୱାରା, ଆତ୍ମାର ଯେଉଁଭଳି ଅବସ୍ଥାର ନିର୍ମାଣ ହୁଏ ତାହା ମଧ୍ୟ ପୌଦ୍‌ଗଳିକ ହୋଇଥାଏ । ଏହି ଶିକୁଳି ଆଦି ବାହାରି ବନ୍ଧନ ହେଉଛି ଅଳ୍ପ ସାମର୍ଥ୍ୟଯୁକ୍ତ ବସ୍ତୁ । କର୍ମ, ଆତ୍ମା ସହିତ ଲାଖିଯାଇଥିବା ତଥା ଅଧିକ ସାମର୍ଥ୍ୟଯୁକ୍ତ ସୂକ୍ଷ୍ମସ୍କନ୍ଧ ହୋଇଥାଏ । ତେଣୁ କର୍ମ ପରମାଣୁର ଜୀବାତ୍ମା ଉପରେ ଗଭୀର ତଥା ଆନ୍ତରିକ ପ୍ରଭାବ ପଡ଼ିଥାଏ । ଶରୀର ପୌଦ୍‌ଗଳିକ ହେବାର କାରଣ ହେଉଛି କର୍ମ ଏବଂ ଏହି କାରଣରୁ କର୍ମ ମଧ୍ୟ ପୌଦ୍‌ଗଳିକ ହୋଇଥାଏ । ପୌଦ୍‌ଗଳିକ କାର୍ଯ୍ୟର ସମବାୟୀ କାରଣ ମଧ୍ୟ ପୌଦ୍‌ଗଳିକ ରହିଥାଏ । ମାଟି ଭୌତିକ ହୋଇଥିବାରୁ ମାଟି ନିର୍ମିତ ସମସ୍ତ ପଦାର୍ଥ ମଧ୍ୟ ଭୌତିକ ହେବା ସ୍ୱାଭାବିକ ।

ଆହାର ଆଦି ଅନୁକୂଳ ସାମଗ୍ରୀ ଦ୍ୱାରା ସୁଖାନୁଭୂତି ଏବଂ ଶସ୍ତ୍ରପ୍ରହାର ଆଦି ଦ୍ୱାରା ଦୁଃଖାନୁଭୂତି ହୋଇଥାଏ । ଆହାର ଓ ଶସ୍ତ୍ର ଉଭୟେ ପୌଦ୍‌ଗଳିକ, ସେହିଭଳି ସୁଖ-ଦୁଃଖର ହେତୁଭୂତ କର୍ମ ମଧ୍ୟ ପୌଦ୍‌ଗଳିକ ଅଟନ୍ତି ।

ବନ୍ଧ ଦୃଷ୍ଟିରୁ ଜୀବ ଏବଂ ପୁଦ୍‌ଗଳ ଅଭିନ୍ନ ଏବଂ ଏକମେକ, କିନ୍ତୁ ଲକ୍ଷଣ ଦୃଷ୍ଟିରୁ ଭିନ୍ନ ହୋଇଥାନ୍ତି । ଜୀବ ଚେତନ ଅଥଚ ଅମୂର୍ତ୍ତ ଏବଂ ପୁଦ୍‌ଗଳ ହେଉଛି ଅଚେତନ ଅଥଚ ମୂର୍ତ୍ତ ।

ଇନ୍ଦ୍ରିୟର ବିଷୟ ସ୍ପର୍ଶ ଆଦି ମୂର୍ତ୍ତ । ତାହାକୁ ଭୋଗ କରୁଥିବା ଇନ୍ଦ୍ରିୟଗୁଡ଼ିକ ମୂର୍ତ୍ତ । ସେମାନଙ୍କ ଯୋଗୁଁ ଘଟୁଥିବା ସୁଖ-ଦୁଃଖ ମଧ୍ୟ ମୂର୍ତ୍ତ । ତେଣୁ ସେମାନଙ୍କ କାରଣ ଭୂତ କର୍ମ ମଧ୍ୟ ମୂର୍ତ୍ତ ଅଟେ ।[୭]

ମୂର୍ତ୍ତ ହିଁ ମୂର୍ତ୍ତର ସ୍ପର୍ଶ କରିଥାଏ । ମୂର୍ତ୍ତ ହିଁ ମୂର୍ତ୍ତ ଦ୍ୱାରା ଆବଦ୍ଧ ଥାଏ । ଅମୂର୍ତ୍ତ ଜୀବ, ମୂର୍ତ୍ତ କର୍ମକୁ ସୁଯୋଗ ପ୍ରଦାନ କରିଥାଏ । ସେହି କର୍ମଗୁଡ଼ିକ ଦ୍ୱାରା ଅବକାଶ-ରୂପରେ ପରିଣତ ହୁଏ ।[୮]

(୭/୮) ପଞ୍ଚାସ୍ତିକାୟ, ୧୪୧,୧୪୨

ଜମ୍ହା କମ୍ମସ୍ସ ଫଳଂ,ବିସୟଂ ଫାସେହିଂ ଭୁଞ୍ଜଦେଣିୟଯଂ ।
ଜୀବେଣ ସୁହଂ ଦୁକ୍ଖଂ,ତମ୍ହା କମ୍ମାଣି ମୁତ୍ତାଣି ।।
ମୁତ୍ତୋ କାସଦି ମୁତ୍ତଂ ମୁତ୍ତୋ ମୁତ୍ତେଣ ବନ୍ଧମଣୁହବଦି ।
ଜୀବୋ ମୁତ୍ତି ବିରହିଦୋ, ଗାହିଦ ତେତେହିଂ ଉଗଗହଦି ।।

ଗୀତା-ଉପନିଷଦ ଆଦିରେ ଭଲ-ମନ୍ଦ କାର୍ଯ୍ୟକୁ କର୍ମ ବୋଲି କୁହାଯାଇଛି, କିନ୍ତୁ ଜୈନ ଦର୍ଶନରେ କର୍ମଶବ୍ଦ କ୍ରିୟାବାଚକ ନୁହେଁ । ଜୈନ ଦର୍ଶନ ଅନୁସାରେ କର୍ମବନ୍ଧ ହେଉଛି ଆତ୍ମା ସହିତ ଜଡ଼ିତ ସୂକ୍ଷ୍ମ ପୌଦ୍‌ଗଳିକ ପଦାର୍ଥର ବାଚକ ।

ଆତ୍ମାର ପ୍ରତ୍ୟେକ ସୂକ୍ଷ୍ମ ଓ ସ୍ଥୁଳ ମାନସିକ, ବାଚିକ ଓ କାୟିକ ପ୍ରବୃତ୍ତି ଦ୍ୱାରା ଏହି ପୌଦ୍‌ଗଳିକ ପଦାର୍ଥର ଆକର୍ଷଣ ହୁଏ । ଏହାପରେ ସ୍ୱୀକରଣ (ଆତ୍ମୀକରଣ ଅଥବା ଜୀବ ଓ କର୍ମ-ପରମାଣୁଗୁଡ଼ିକର ଏକୀଭାବ) ଘଟିଥାଏ ।

କର୍ମର ହେତୁ ସମୂହକୁ ଭାବ-କର୍ମ ବା 'ମଳ' ଏବଂ କର୍ମ-ପୁଦ୍‌ଗଳ ସମୂହକୁ ଦ୍ରବ୍ୟ-କର୍ମ ବା 'ରଜ' ବୋଲି କୁହାଯାଇଛି । ଏମାନଙ୍କ ମଧ୍ୟରେ ନିମିତ୍ତ-ନୈମିତ୍ତିକ ଭାବ ବିରାଜମାନ ଥାଏ । ଭାବ-କର୍ମ, ଦ୍ରବ୍ୟ-କର୍ମର ସଂଗ୍ରହ କରିଥାଏ ଏବଂ ଦ୍ରବ୍ୟ-କର୍ମର ଉଦୟ ଫଳରେ ଭାବ-କର୍ମ ତୀବ୍ର ହୁଏ ।[୯]

ଆତ୍ମା ଓ କର୍ମର ସମ୍ବନ୍ଧ

ଆତ୍ମା ଅମୂର୍ତ୍ତ ହୋଇଥିବାରୁ ତା'ର ମୂର୍ତ୍ତ କର୍ମ ସହିତ ସଂବନ୍ଧ କିପରି ସ୍ଥାପିତ ହୋଇପାରିବ ? ତେବେ ଏହା ସେପରି କିଛି ଜଟିଳ ସମସ୍ୟା ନୁହେଁ । ପ୍ରାୟ ସମସ୍ତ ଆସ୍ତିକ ଦର୍ଶନ, ସଂସାର ଓ ଜୀବାତ୍ମାକୁ ଅନାଦି ମାନିଥାନ୍ତି । ଅନାଦି କାଳରୁ ତାହା କର୍ମବନ୍ଧ ଏବଂ ବିକାରୀ ଅବସ୍ଥାରେ ରହିଆସିଛି । କର୍ମବନ୍ଧ ଆତ୍ମାଗୁଡ଼ିକ କଥଂଚିତ୍ ମୂର୍ତ୍ତ ଥାନ୍ତି, ଅର୍ଥାତ୍ ନିଶ୍ଚୟ-ଦୃଷ୍ଟି ଅନୁସାରେ ସ୍ୱରୂପତଃ ଅମୂର୍ତ୍ତ ହୋଇଥିବା ସତ୍ତ୍ୱେ ସଂସାର ଦଶାରେ ମୂର୍ତ୍ତରୂପ ଥାନ୍ତି । ଜୀବ ଦୁଇ ପ୍ରକାର – ରୂପୀ ଓ ଅରୂପୀ । ମୁକ୍ତ ଜୀବ ଅରୂପୀ ଏବଂ ସଂସାରୀ ଜୀବ ରୂପୀ ।

କର୍ମମୁକ୍ତ ଆତ୍ମାର ପୁଣି କେବେ କର୍ମବନ୍ଧ ହୁଏ ନାହିଁ । କର୍ମବନ୍ଧ ଆତ୍ମାର କର୍ମ ବନ୍ଧନ ହୋଇଥାଏ । ଏହି ଦୁଇ ଜଣଙ୍କ ଅପଶ୍ଚାନୁପୂର୍ବୀ (ପୂର୍ବାପର ରହିତ) ରୂପରେ ଅନାଦିକାଳୀ ସଂବନ୍ଧ ଚାଲିଆସିଛି ।

ଅମୂର୍ତ୍ତ ଜ୍ଞାନଠାରେ ମୂର୍ତ୍ତ ମାଦକ ଦ୍ରବ୍ୟର ପ୍ରଭାବ ପଡ଼ିଥାଏ । ଅମୂର୍ତ୍ତ ସହିତ ମୂର୍ତ୍ତର ସଂବନ୍ଧ ବିନା ଏହା କଦାପି ସଂଭବପର ନୁହେଁ । ଏହା ପ୍ରମାଣିତ କରିଥାଏ ଯେ ବିକାରୀ ଅମୂର୍ତ୍ତ ଆତ୍ମା ସହିତ ମୂର୍ତ୍ତର ସଂବନ୍ଧ ରହିଥିବାର ଆପତ୍ତି କରିବାକୁ କିଛି ନାହିଁ ।

ବନ୍ଧର ହେତୁ

କର୍ମ-ସଂବନ୍ଧ-ଅନୁକୂଳ ଆତ୍ମାର ପରିଣତି ବା ଯୋଗ୍ୟତା ହିଁ ବନ୍ଧନର ହେତୁ ଅଟେ । ବନ୍ଧର ହେତୁଗୁଡ଼ିକର ନିରୂପଣ ବିଭିନ୍ନ ରୂପରେ ହୋଇଛି ।

ଗୌତମ ପଚାରୁଛନ୍ତି – ଭଗବନ୍ ! ଜୀବକାଂକ୍ଷା-ମୋହନୀୟ କର୍ମର ବନ୍ଧ କରିଥାଏ କି ?

ଭଗବାନ୍ – 'ହଁ ଗୌତମ । ଜୀବ କାଂକ୍ଷା-ମୋହନୀୟ କର୍ମ ବନ୍ଧନ କରିଥାଏ ।'

ଗୌତମ – 'ଭଗବନ୍ ! ସେ କେଉଁସବୁ କାରଣରୁ ଏହି ବନ୍ଧନ କରିଥାଏ ?'

ଭଗବାନ୍ – 'ବନ୍ଧନର ଦୁଇଟି କାରଣ ହେଉଛି ପ୍ରମାଦ ଓ ଯୋଗ ।'

ଗୌତମ – 'ପ୍ରଭୁ ! କେଉଁ ତତ୍ତ୍ୱରୁ ପ୍ରମାଦ ଉତ୍ପନ୍ନ ହୋଇଥାଏ ?'

ଭଗବାନ୍ – 'ଯୋଗରୁ' ।

ଗୌତମ – 'ଯୋଗ କାହାଠାରୁ ଉତ୍ପନ୍ନ ହୋଇଥାଏ ?'

ଭଗବାନ୍ – 'ବୀର୍ଯ୍ୟରୁ' ।

ଗୌତମ – 'ବୀର୍ଯ୍ୟ କାହାଠାରୁ ଉତ୍ପନ୍ନ ହୁଏ ?'

---

[୯] ପ୍ରବଚନସାର, ବୃତ୍ତି ପୃ.୪୫୫;
ଜୀବ ପରିପାକହେଦୁଂ କମ୍ମତ୍ତା ପୋଗ୍‌ଗଳା ପରିଣମନ୍ତି ।
ପୋଗ୍‌ଗଳ କମ୍ମନିମିତ୍ତଂ ଜୀବୋ ବି ତହେବ ପରିଣମଇ ॥

ଭଗବାନ୍ - 'ଶରୀରରୁ ।'

ଗୌତମ - 'ଶରୀରକୁ କିଏ ଉତ୍ପନ୍ନ କରିଥାଏ ?'

ଭଗବାନ୍ - 'ଜୀବ ।' (୧୦)

ତାତ୍ପର୍ଯ୍ୟ ହେଲା - ଜୀବ ହିଁ ଶରୀରର ନିର୍ମାତା । କ୍ରିୟାତ୍ମକ ବୀର୍ଯ୍ୟର ସାଧନ ହେଉଛି ଶରୀର । ଶରୀରଧାରୀ ଜୀବ ପ୍ରମାଦ ଓ ଯୋଗ ଦ୍ୱାରା କର୍ମ (କାଂକ୍ଷା-ମୋହନୀୟ)ର ବନ୍ଧ କରିଥାଏ । ସ୍ଥାନାଂଗଓ ପ୍ରଜ୍ଞାପନାରେ କର୍ମ-ବନ୍ଧର ଚାରି କାରଣ ଯଥା: କ୍ରୋଧ, ମାନ, ମାୟା ଓ ଲୋଭର ବର୍ଣ୍ଣନା ରହିଛି । (୧୧)

ବନ୍ଧ

ମାକଂଦିକ ପୁତ୍ର ପଚାରିଲେ - 'ଭଗବନ୍ ! ଭାବ-ବନ୍ଧ କେତେ ପ୍ରକାର ?'

ଭଗବାନ୍ କହିଲେ - 'ମାକଂଦିକ ପୁତ୍ର ! ଭାବ-ବନ୍ଧ ଦୁଇ ପ୍ରକାର । ମୂଳ-ପ୍ରକୃତି-ବନ୍ଧ ତଥା ଉତ୍ତର-ପ୍ରକୃତି ବନ୍ଧ ।(୧୨)

ଆତ୍ମା ଓ କର୍ମ ସଂଯୋଗର ପୂର୍ବ ଅବସ୍ଥା ହେଉଛି ବନ୍ଧ । ତାହା ଚାରି ପ୍ରକାରର -

୧. ପ୍ରକୃତି, ୨. ସ୍ଥିତି, ୩. ଅନୁଭାଗ, ୪.ପ୍ରଦେଶ । (୧୩)

୨. ପ୍ରଦେଶ ବନ୍ଧ - ବନ୍ଧର ଅର୍ଥ ହେଉଛି - ଆତମା ଓ କର୍ମର ସଂଯୋଗ ତଥା କର୍ମର ନିର୍ମାପଣ - ବ୍ୟବସ୍ଥାକରଣ ।(୧୪) ଗ୍ରହଣ ସମୟରେ କର୍ମ-ପୁଦ୍‌ଗଳ ଅବିଭକ୍ତ ଅବସ୍ଥାରେ ରହିଥାନ୍ତି । ଗ୍ରହଣ ଉତ୍ତାରୁ ଆତ୍ମପ୍ରଦେଶଗୁଡ଼ିକ ସହିତ ସେମାନେ ଏକୀଭୂତ ହୋଇପଡ଼ନ୍ତି । ଏହା ହେଉଛି ପ୍ରଦେଶ-ବନ୍ଧ ବା ଏକୀଭାବ ବ୍ୟବସ୍ଥା ।

୨. ପ୍ରକୃତିବନ୍ଧ- ସେହି କର୍ମ-ପରମାଣୁ କାର୍ଯ୍ୟ-ଭେଦ ଅନୁସାରେ ଆଠ ବର୍ଗରେ ବିଭକ୍ତ ହୋଇଥାନ୍ତି । ଏହାର ନାମ ହେଉଛି ପ୍ରକୃତି-ବନ୍ଧ (ସ୍ୱଭାବ-ବ୍ୟବସ୍ଥା) । କର୍ମର ମୂଳ ପ୍ରକୃତି ଆଠ ପ୍ରକାର ରହିଛି । ୧. ଜ୍ଞାନାବରଣ , ୨.ଦର୍ଶନାବରଣ, ୩.ବେଦନୀୟ, ୪. ମୋହନୀୟ, ୫. ଆୟୁଷ୍ୟ, ୬. ନାମ, ୭. ଗୋତ୍ର ଏବଂ ୮. ଅନ୍ତରାୟ ।(୧୫)

ସଂକ୍ଷିପ୍ତ ବିଭାଗ -

୧. ଜ୍ଞାନାବରଣ (କ) ଦେଶ-ଜ୍ଞାନାବରଣ
(ଖ)ସର୍ବ-ଜ୍ଞାନାବରଣ

୨. ଦର୍ଶନାବରଣ (କ) ଦେଶ-ଦର୍ଶନାବରଣ
(ଖ) ସର୍ବ-ଦର୍ଶନାବରଣ

୩. ବେଦନୀୟ (କ) ସାତ-ବେଦନୀୟ(ଖ)ଅସାତ-ବେଦନୀୟ

୪. ମୋହନୀୟ (କ) ଦର୍ଶନ-ମୋହନୀୟ
(ଖ) ଚାରିତ୍ର-ମୋହନୀୟ

୫. ଆୟୁଷ୍ୟ (କ) ଅଦ୍ଧାୟୁ (ଖ) ଭବାୟୁ

୬. ନାମ (କ) ଶୁଭ-ନାମ (ଖ) ଅଶୁଭ ନାମ

୭. ଗୋତ୍ର (କ) ଉଚ୍ଚ ଗୋତ୍ର (ଖ) ନୀଚ ଗୋତ୍ର

୮. ଅନ୍ତରାୟ (କ) ପ୍ରତ୍ୟୁତ୍ପନ୍ନ-ବିଦେଶୀ (ଖ) ପିହିତ-ଆଗାମୀପଥ (୧୬)

---

(୧୦) ଭଗବଈ, ୧।୧୪୦-୧୪୫

(୧୧) (କ) ଠାଣଂ, ୪।୯୨
(ଖ) ପ୍ରଜ୍ଞାପନା, ୨୩।୧।୨୯୦

(୧୨) ଭଗବଈ, ୧୮।୭୬

(୧୩) ସମବାଓ, ୪।୫

(୧୪) ସ୍ଥାନାଂଗ ବୃତ୍ତି, ପତ୍ର ୩୯୫ : ବନ୍ଧନଂ-ନିର୍ମାପଣମ୍ ।

(୧୫) ପ୍ରଜ୍ଞାପନା, ପଦ ୨୩ ।

(୧୬) କର୍ମର ବିସ୍ତୃତଭାଗ ସକାଶେ ଦେଖନ୍ତୁ- ପରିଶିଷ୍ଟ ୩

୩. ସ୍ଥିତିବନ୍ଧ - ଏହା କାଳ-ମର୍ଯ୍ୟାଦାର ବ୍ୟବସ୍ଥା । ପ୍ରତ୍ୟେକ କର୍ମ ଆତ୍ମା ସହ ଏକ ନିର୍ଦ୍ଧାରିତ ସମୟ ପର୍ଯ୍ୟନ୍ତ ହିଁ ରହିପାରିବ । ସ୍ଥିତି ପରିପକ୍ୱହେବା ପରେ ଆତ୍ମା, କର୍ମରୁ ପୃଥକ୍ ହୋଇଯାଏ । ଏହା ହିଁ ସ୍ଥିତି-ବନ୍ଧ ।

୪. ଅନୁଭାଗ ବନ୍ଧ - ଏହା ଫଳ-ଦାନ ଶକ୍ତିର ବ୍ୟବସ୍ଥା । ଏହି ବନ୍ଧ ଅନୁସାରେ ସେହି ପୁଦ୍‌ଗଳମାନଙ୍କର ରସର ତୀବ୍ରତା ଓ ମନ୍ଥରତାର ନିର୍ମାଣ ଘଟିଥାଏ ।

ବନ୍ଧର ଏହି ଚାରିପ୍ରକାର ଏକ ସଂଗେ ଅବସ୍ଥାନ କରିଥାନ୍ତି । ଏମାନେ କର୍ମ ବ୍ୟବସ୍ଥାର ପ୍ରଧାନ ଅଙ୍ଗ ଅଟନ୍ତି । ଆତ୍ମା ସହିତ କର୍ମ-ପୁଦ୍‌ଗଳର ଆଶ୍ଲେଷ ବା ଏକୀଭାବ ଦୃଷ୍ଟିରୁ ପ୍ରଦେଶ ବନ୍ଧ ହେଉଛି ସର୍ବପ୍ରଥମ ବନ୍ଧ । ଏହି ବନ୍ଧ ହେବା ମାତ୍ରକେ ସେମାନଙ୍କଠାରେ ସ୍ୱଭାବ-ନିର୍ମାଣ, କାଳ-ମର୍ଯ୍ୟାଦା ଏବଂ ଫଳଶକ୍ତିର ନିର୍ମାଣ ହୁଏ । ଏହାପରେ ନିର୍ଦ୍ଦିଷ୍ଟ ସ୍ୱଭାବ, ସ୍ଥିତି ଏବଂ ରସ-ଶକ୍ତିଯୁକ୍ତ ପୁଦ୍‌ଗଳ ସମୂହ ନିର୍ଦ୍ଦିଷ୍ଟ ପରିମାଣରେ ବିଭାଜିତ ହୋଇପଡ଼ନ୍ତି । ଏହି ପରିମାଣ ବିଭାଗ ମଧ୍ୟ ପ୍ରଦେଶ-ବନ୍ଧ ଅଟେ । ବନ୍ଧର ବର୍ଗୀକରଣର ମୂଳ ବିନ୍ଦୁ ହେଉଛି ସ୍ୱଭାବ-ନିର୍ମାଣ। ସ୍ଥିତି ଓ ରସର ନିର୍ମାଣ ଏହା ସହିତ ଆପେ ଘଟିଥାଏ । ପରିମାଣ-ବିଭାଗ, ଏହାର ଅନ୍ତିମ ବିଭାଗ ।

କର୍ମ-ସ୍ୱରୂପ ଓ କାର୍ଯ୍ୟ

କର୍ମର ଏହି ଚାରିକୋଟିର ପୁଦ୍‌ଗଳ ବର୍ଗଣା, ଚେତନା ଓ ଆତ୍ମଶକ୍ତିର ଆବାରକ (ଆବରଣ ସୃଷ୍ଟି କରୁଥିବା) ବିକାରକ ଏବଂ ପ୍ରତିରୋଧକ ସାଜିଥାନ୍ତି । ଚେତନାର ଦୁଇଟି ରୂପ ହେଉଛି -

୧. ଜ୍ଞାନ - ଜାଣିବା, ବସ୍ତୁ-ସ୍ୱରୂପର ବିମର୍ଶ କରିବା।

୨. ଦର୍ଶନ- ସାକ୍ଷାତ୍ କରିବା, ବସ୍ତୁର ସ୍ୱରୂପ ଗ୍ରହଣ।

ଜ୍ଞାନ ଓ ଦର୍ଶନର ଆବାରକ ବା ଆଚ୍ଛାଦନ କରି ରଖୁଥିବା ପୁଦ୍‌ଗଳ ଯଥାକ୍ରମେ 'ଜ୍ଞାନାବରଣ' ଏବଂ 'ଦର୍ଶନାବରଣ' ବୋଲାଇଥାନ୍ତି ।

ଆତ୍ମାକୁ ବିକୃତ କରୁଥିବା ପୁଦ୍‌ଗଳର ସଂଜ୍ଞା ହେଉଛି - ମୋହନୀୟ ।

ଆତ୍ମଶକ୍ତିକୁ ପ୍ରତିରୋଧ କରୁଥିବା ତତ୍ତ୍ୱ ହିଁ ଅନ୍ତରାୟ । ଜ୍ଞାନାବରଣୀୟ, ଦର୍ଶନାବରଣୀୟ, ମୋହନୀୟ ଏବଂ ଅନ୍ତରାୟ ଘାତ୍ୟକର୍ମ ଅଟନ୍ତି ।

ବେଦନୀୟ, ନାମ, ଗୋତ୍ର ଏବଂ ଆୟୁ ଏହି ଚାରୋଟି ଅଘାତ୍ୟ କର୍ମ ।

ଘାତ୍ୟ କର୍ମ କ୍ଷୟ କରିବା ପାଇଁ ଆତ୍ମାକୁ ତୀବ୍ର ପ୍ରଯତ୍ନ କରିବାକୁ ହୋଇଥାଏ । ଏହି ଚାରୋଟିଯାକ କର୍ମ ଅଶୁଭ ହୋଇଥାନ୍ତି । ଏମାନଙ୍କ ଆଂଶିକ କ୍ଷୟ ବା ଉପଶମ ଦ୍ୱାରା ଆତ୍ମାର ସ୍ୱରୂପ ଆଂଶିକ ମାତ୍ରାରେ ଉଦ୍‌ଭାସିତ ହୋଇଥାଏ । ପୂର୍ଣ୍ଣକ୍ଷୟ ହେଲେ ଆତ୍ମ-ସ୍ୱରୂପର ପୂର୍ଣ୍ଣ ବିକାଶ ଘଟିଥାଏ ।

ବେଦନୀୟ, ନାମ, ଗୋତ୍ର ଓ ଆୟୁଷ୍ୟ - ଏହି ଚାରି କର୍ମ ଉଭୟ ଶୁଭ ଓ ଅଶୁଭ ଶ୍ରେଣୀଭୁକ୍ତ ହୋଇପାରନ୍ତି । ଅଶୁଭ କର୍ମ ଅନିଷ୍ଟ - ସଂଯୋଗ ଓ ଶୁଭକର୍ମ ଇଷ୍ଟ ସଂଯୋଗର ନିମିତ୍ତ ହୋଇଥାନ୍ତି । ଏହି ଦୁହିଁଙ୍କର ମିଳନ ହିଁ ସଂସାର । ପୁଣ୍ୟ-ପରମାଣୁ, ସୁଖ, ସୁବିଧାର ନିମିତ୍ତ ହେବା ସତ୍ତ୍ୱେ ସେମାନଙ୍କ ଦ୍ୱାରା ଆତ୍ମାର ମୁକ୍ତି ହୁଏ ନାହିଁ । ଏହି ପୁଣ୍ୟ ଓ ପାପ - ଦୁହେଁ ବନ୍ଧନ । ଉଭୟଙ୍କର କ୍ଷୟ ହେଲା ପରେ ମୁକ୍ତି ଘଟିଥାଏ ।

ବେଦନୀୟ କର୍ମର ଦୁଇ ପ୍ରକାର ହେଉଛି - ସାତ-ବେଦନୀୟ ଓ ଅସାତ-ବେଦନୀୟ । ଏମାନେ ଯଥାକ୍ରମେ ସୁଖାନୁଭୂତି ତଥା ଦୁଃଖାନୁଭୂତିର ହେତୁ ସାଜିଥାନ୍ତି । ଏଗୁଡ଼ିକ କ୍ଷୟପ୍ରାପ୍ତ ହେଲେ ଅନନ୍ତ ଆତ୍ମିକ ଆନନ୍ଦର ଉଦୟ ହୁଏ ।

ନାମକର୍ମ ଦୁଇ ପ୍ରକାର - ଶୁଭ ନାମ ଓ ଅଶୁଭ ନାମ । ଶୁଭ ନାମର ଉଦୟ ଫଳରେ ବ୍ୟକ୍ତି ସୁନ୍ଦର, ଆଦେୟ ବଚନ, ଯଶସ୍ୱୀ ଏବଂ ବିଶାଳ ବ୍ୟକ୍ତିତ୍ୱଯୁକ୍ତ ହୋଇଥାଏ ତଥା ଅଶୁଭ ନାମର ଉଦୟ ଫଳରେ ଏସବୁର ବିପରୀତ ଘଟିଥାଏ । ଶୁଭ ନାମ ଓ ଅଶୁଭ ନାମର କ୍ଷୟ ଦ୍ୱାରା ଆତ୍ମା ନିଜର ନୈସର୍ଗିକ ଭାବ - ଅମୂର୍ତ୍ତିକ ଭାବ ମଧ୍ୟରେ ସ୍ଥିତ ହୋଇ ରହେ ।

ଗୋତ୍ର କର୍ମ ଦୁଇ ପ୍ରକାର - ଉଚ୍ଚ ଗୋତ୍ର ଓ ନୀଚ ଗୋତ୍ର । ଏଗୁଡ଼ିକ କ୍ରମଶଃ ଉଚ୍ଚତା ଓ ନୀଚତା ତଥା ସମ୍ମାନ ଓ ଅସମ୍ମାନର ନିମିତ୍ତ ହୁଅନ୍ତି । ଏମାନଙ୍କ କ୍ଷୟ ଦ୍ୱାରା ଆତ୍ମା ଅଗୁରୁ ଲଘୁ-ପୂର୍ଣ୍ଣ-ସମରେ ପରିଣତ ହୁଏ ।

ଆୟୁଷ୍ୟ ଦୁଇ ପ୍ରକାର - ଶୁଭ ଆୟୁ ଓ ଅଶୁଭ ଆୟୁ । ଏମାନେ କ୍ରମଶଃ ସୁଖୀ ଜୀବନ ଓ ଅସୁଖୀ ଜୀବନର ନିମିତ୍ତ ହୁଅନ୍ତି । ଏମାନଙ୍କ କ୍ଷୟ ଦ୍ୱାରା ଆତ୍ମା ଅ-ମୃତ ଏବଂ ଅ-ଜନ୍ମା ହୋଇପଡ଼େ ।

ଏହି ଚାରୋଟିଯାକ କର୍ମ ହେଉଛନ୍ତି ଉଚ୍ଛୋପଗ୍ରାହୀ । ମୁକ୍ତି ହେବା ସମୟରେ ଏମାନଙ୍କ ପରମାଣୁଗୁଡ଼ିକର ଏକସଂଗେ ବିୟୋଗ ହୋଇଥାଏ ।

ବନ୍ଧର ପ୍ରକ୍ରିୟା

ଆତ୍ମା ମଧ୍ୟରେ ଅନନ୍ତ ବୀର୍ଯ୍ୟ (ସାମର୍ଥ୍ୟ) ରହିଥାଏ । ଏହାକୁ ଲବ୍ଧି-ବୀର୍ଯ୍ୟ କୁହାଯାଏ । ଏହା ହେଉଛି ଶୁଦ୍ଧ ଆତ୍ମିକ ସାମର୍ଥ୍ୟ । ବାହ୍ୟ ଜଗତରେ ଏହାର କୌଣସି ପ୍ରୟୋଗ ହୋଇ ନ ଥାଏ । ଶରୀର ମାଧ୍ୟମରେ ଆତ୍ମାର ବହିର୍-ଜଗତ୍ ସହିତ ସଂବନ୍ଧ ସ୍ଥାପିତ ହୋଇଥାଏ । ଶରୀର ହେଉଛି ପୁଦ୍‌ଗଳ ପରମାଣୁଗୁଡ଼ିକର ଏକ ସଂଗଠିତ ପୁଞ୍ଜି । ଆତ୍ମା ଓ ଶରୀର- ଏହି ଦୁହିଁଙ୍କର ସଂଯୋଗରୁ ଯେଉଁ ସାମର୍ଥ୍ୟ ସୃଷ୍ଟି ହୁଏ, ତାହାକୁ କରଣ-ବୀର୍ଯ୍ୟ ବା କ୍ରିୟାତ୍ମକ ଶକ୍ତି କୁହାଯାଏ । ଶରୀରଧାରୀ ଜୀବ ମଧ୍ୟରେ ଏହା ସତତ ବିଦ୍ୟମାନ ଥାଏ । ଏହାଯୋଗୁଁ ଜୀବ ମଧ୍ୟରେ ଭାବାତ୍ମକ ବା ଚୈତନ୍ୟ ପ୍ରେରିତ କ୍ରିୟାତ୍ମକ କଂପନ ଘଟିଚାଲିଥାଏ । ଅଚେତନ ବସ୍ତୁ ମଧ୍ୟରେ ବି କମ୍ପନ ସଂଭବପର କିନ୍ତୁ ତାହା ସ୍ୱାଭାବିକ ହୁଏ । ଚୈତନ୍ୟ-ପ୍ରେରିତ କଂପନ ନୁହେଁ । ଚେତନ ମଧ୍ୟରେ କମ୍ପନର ପ୍ରେରକ ଗୂଢ଼ ଚୈତନ୍ୟ ହୋଇଥାଏ । ତେଣୁ ଏହା ବିଶେଷ ସ୍ଥିତିର ନିର୍ମାଣ କରିଥାଏ । ଶରୀରର ଆନ୍ତରିକ ବର୍ଗଣା ଦ୍ୱାରା ନିର୍ମିତ କମ୍ପନ ସହିତ ବାହାରି ପୌଦ୍‌ଗଳିକ ଧାରା ମିଶିଯାଇ ପାରସ୍ପରିକ କ୍ରିୟା-ପ୍ରତିକ୍ରିୟା ମାଧ୍ୟମରେ ପରିବର୍ତ୍ତନ କରିଚାଲିଥାନ୍ତି ।

କ୍ରିୟାତ୍ମକ ଶକ୍ତିଜନିତ କଂପନ ଦ୍ୱାରା ଆତ୍ମା ଏବଂ କର୍ମ-ପରମାଣୁର ସଂଯୋଗ ଘଟିଥାଏ । ଏହା ହେଉଛି ଆସ୍ରବ ।

ଆତ୍ମା ସହିତ ସଂଯୁକ୍ତ କର୍ମ-ଯୋଗ୍ୟ ପରମାଣୁ କର୍ମ ରୂପରେ ପରିବର୍ତ୍ତନ ହୋଇଥାଏ । ଏହି ପ୍ରକ୍ରିୟାକୁ ବନ୍ଧ ବୋଲାଯାଏ ।

ଆତ୍ମା ଓ କର୍ମ-ପରମାଣୁର ବିୟୋଗ ପ୍ରକ୍ରିୟାକୁ ନିର୍ଜରା କୁହାଯାଏ ।

ବନ୍ଧ ହେଉଛି ଆସ୍ରବ ଓ ନିର୍ଜରାର ମଧ୍ୟବର୍ତ୍ତୀ ସ୍ଥିତି । ଆସ୍ରବ ଦ୍ୱାରା ବାହ୍ୟ ପୌଦ୍‌ଗଳିକ ଧାରାସବୁ ଶରୀର ମଧ୍ୟକୁ ପ୍ରବେଶ କରିଥାନ୍ତି । ନିର୍ଜରା ଦ୍ୱାରା ଏମାନେ ପୁଣି ଶରୀର ବାହାରକୁ ଚାଲିଯାନ୍ତି । କର୍ମ-ପରମାଣୁର ଶରୀର ମଧ୍ୟକୁ ଆଗମନ ଏବଂ ନିର୍ଗମନର ମଧ୍ୟବର୍ତ୍ତୀ ଅବସ୍ଥାକୁ ସଂକ୍ଷେପରେ ବନ୍ଧ କୁହାଯାଇପାରିବ ।

ଶୁଭ ଓ ଅଶୁଭ ପରିଣାମ ହେଉଛି ଆତ୍ମାର କ୍ରିୟାତ୍ମକ ଶକ୍ତିର ପ୍ରବାହ । ଏହା ଅଜସ୍ର । ଉଭୟ ଏକ ସଂଗେ ନ ରହି ଉଭୟଙ୍କ ମଧ୍ୟରୁ କେବଳ ଜଣେ ରହିଥାଏ ।

କର୍ମଶାସ୍ତ୍ର ଭାଷା ଅନୁସାରେ ଶରୀର ନାମ କର୍ମର ଉଦୟ ବେଳାରେ ଚଞ୍ଚଳତା ରହିଥାଏ । ତା' ଦ୍ୱାରା କର୍ମ ପରମାଣୁ ଆକର୍ଷିତ ହୋଇଥାନ୍ତି । ଶୁଭ ପରିଣତି ସମୟରେ ଶୁଭ ଓ ଅଶୁଭ ପରିଣତି ସମୟରେ ଅଶୁଭ କର୍ମ ପରମାଣୁଗୁଡ଼ିକର ଆକର୍ଷଣ ହୋଇଥାଏ ।[୧୭]

କର୍ମ କିଏ ବାନ୍ଧିଥାଏ ?

ଅକର୍ମର କର୍ମ ବନ୍ଧନ ହୁଏ ନାହିଁ । ପୂର୍ବକର୍ମ ଆବଦ୍ଧ ଜୀବ ହିଁ ନୂଆଁ କର୍ମବନ୍ଧ କରିଥାଏ ।[୧୮] ମୋହ କର୍ମର

---

(୧୭) (କ) ଭଗବଈ, ୮।୪୨୯-୪୩୦
(ଖ) ସ୍ୱାମୀ କାର୍ତ୍ତିକେୟାନୁପ୍ରେକ୍ଷା, ୮୧-
ମଣ ବୟକାୟଜୋୟା ଜୀବ ପଏସାଣ ଫନ୍ଦଣ-ବିସେସା ।
ମୋହୋଦ ଏଣାଦୁତ୍ତା ବିଜୁଦା ବିୟ ଆସବା ହୋନ୍ତି ॥

(୧୮) ପ୍ରଜ୍ଞାପନା, ୨୩।୧।୨୯୨

ଉଦୟ ଦ୍ୱାରା ଜୀବ ରାଗ-ଦ୍ୱେଷରେ ପରିଣତ ହୋଇ ଅଶୁଭ କର୍ମର ବନ୍ଧ କରିଥାଏ । ମୋହ ସହିତ ପ୍ରବୃତ୍ତି ବେଳାରେ ଶରୀର-ନାମ-କର୍ମର ଉଦୟ ହୁଏ । ଏହା ଫଳରେ ଜୀବ ଶୁଭ କର୍ମର ବନ୍ଧ କରିଥାଏ ।

ନୂତନ ବନ୍ଧନର ହେତୁ ଯଦି ପୂର୍ବ-ବନ୍ଧନ ନୁହେଁ, ତେବେ ଅବନ୍ଧ ବା ମୁକ୍ତ ଜୀବ ମଧ୍ୟ କର୍ମ ବନ୍ଧନରୁ ରକ୍ଷା ପାଇପାରି ନ ଥାଏ । ଏହି ଦୃଷ୍ଟିରୁ ଅନୁଧ୍ୟାନ କରିଲେ ପୂର୍ବରୁ ଆବଦ୍ଧ ଜୀବ ହିଁ ପୁଣି ବନ୍ଧନରେ ପଡ଼ିଥାଏ, ନୂଆ ବନ୍ଧନ ତାହାକୁ ବାନ୍ଧି ନ ଥାଏ, ଏହି ଉକ୍ତି ସତ୍ୟ ଜଣାପଡୁଛି ।

ଗୌତମ ପ୍ରଶ୍ନ କରୁଛନ୍ତି – ଭଗବନ୍ ! ଦୁଃଖୀ ଓ ଅଦୁଃଖୀ ଜୀବ ମଧ୍ୟରୁ କିଏ ଦୁଃଖ ସହିତ ସ୍ପୃଷ୍ଟ ଥା'ନ୍ତି ?

ଭଗବାନ ଉତ୍ତର ଦେଲେ – ଗୌତମ ! ଦୁଃଖୀ ଜୀବ ଦୁଃଖ ସହିତ ସଂଶ୍ଲିଷ୍ଟ ଥାନ୍ତି, ଅଦୁଃଖୀ ଜୀବ ନୁହେଁ । ଦୁଃଖର ସ୍ପର୍ଶ, ପର୍ଯ୍ୟାଦାନ(ଗ୍ରହଣ), ଉଦୀରଣା (ଉଦୟ), ବେଦନ ଏବଂ ନିର୍ଜରା ଦୁଃଖୀ ଜୀବ ହିଁ କରିଥାଏ, ଅଦୁଃଖୀ ଜୀବ କରେ ନାହିଁ ।[୧୯]

ଗୌତମ ପ୍ରଶ୍ନ ପଚାରୁଛନ୍ତି – ଭଗବନ୍ ! ସଂଯତ, ଅସଂଯତ ଏବଂ ସଂଯତାସଂଯତ ମଧ୍ୟରୁ କେଉଁମାନେ କର୍ମବନ୍ଧନ କରିଥାନ୍ତି ?

ଭଗବାନ କହିଲେ – ଗୌତମ ! ଅସଂଯତ, ସଂଯତାସଂଯତ ତଥା ସଂଯତ-ସଭିଏଁ କର୍ମବନ୍ଧ କରିଥାନ୍ତି । ଦଶମଗୁଣ ସ୍ଥାନ ପର୍ଯ୍ୟନ୍ତର ଅଧିକାରୀ ପୁଣ୍ୟ ଓ ପାପ ଉଭୟର ବନ୍ଧ କରନ୍ତି ତଥା ଏକାଦଶରୁ ତ୍ରୟୋଦଶ ପର୍ଯ୍ୟନ୍ତ ଗୁଣସ୍ଥାନର ଅଧିକାରୀ କେବଳ ପୁଣ୍ୟର ବନ୍ଧ କରିଥାନ୍ତି ।[୨୦]

କର୍ମ-ବନ୍ଧର କାରଣ

ଗୌତମ-ଭଗବନ୍ ! କେଉଁ ସ୍ଥିତିରେ ଜୀବ କର୍ମ-ବନ୍ଧ କରିଥାଏ ?

ଭଗବାନ୍ – ଗୌତମ ! ଜ୍ଞାନାବରଣର ତୀବ୍ର ଉଦୟ ଫଳରେ ଦର୍ଶନାବରଣର ତୀବ୍ର ଉଦୟ ଘଟିଥାଏ । ଦର୍ଶନାବରଣର ତୀବ୍ର ଉଦୟ, ଦର୍ଶନ-ମୋହର ଉଦୟକୁ ତୀବ୍ରତର କରିପକାଏ । ଦର୍ଶନ-ମୋହର ତୀବ୍ର ଉଦୟ ଯୋଗୁଁ ମିଥ୍ୟାତ୍ୱ ଚେଇଁ ପଡ଼େ । ମିଥ୍ୟାତ୍ୱର ଉଦୟ ଫଳରେ ଜୀବମାନଙ୍କ ଆଠପ୍ରକାର କର୍ମର ବନ୍ଧ ହୋଇଥାଏ ।[୨୧]

କର୍ମ-ବନ୍ଧର ମୁଖ୍ୟ ହେତୁ ହେଉଛି କଷାୟ । ସଂକ୍ଷେପରେ କଷାୟର ଦୁଇ ଭେଦ – ରାଗ ଓ ଦ୍ୱେଷ । ବିସ୍ତାର ଦ୍ୱାରା କଷାୟର ଚାରିଭେଦ ହୋଇଥାଏ – କ୍ରୋଧ, ମାନ, ମାୟା ଓ ଲୋଭ ।

ଫଳ-ବିପାକ

ଭଗବାନ ମହାବୀର ଥରେ ରାଜଗୃହର ଗୁଣଶୀଳକ ନାମକ ଚୈତ୍ୟରେ ରହିଥାନ୍ତି । ସେତେବେଳେ କାଳୋଦାୟୀ ଅନଗାର (ଗୃହରହିତ, ଶ୍ରମଣ) ସେଠାରେ ପହଞ୍ଚି ଭଗବାନଙ୍କୁ ବନ୍ଦନା- ନମସ୍କାର ପୂର୍ବକ କହିଲେ – 'ପ୍ରଭୁ ! ଜୀବର ପାପକର୍ମର ପରିପାକ କ'ଣ ପାପକାରୀ ହୋଇଥାଏ ?

ଭଗବାନ୍ – 'ହଁ ! ଏହା ହୋଇଥାଏ ।

କାଳୋଦାୟୀ – 'ପ୍ରଭୁ' ଏହା କିପରି ସଂଭବ ହୋଇଥାଏ ?

ମହାବୀର – 'କାଳୋଦାୟୀ ! ଯେପରି ଜଣେ ପୁରୁଷ ମନୋଜ୍ଞ, ସ୍ଥାଳୀପାକ-ଶୁଦ୍ଧ (ପରିପକ୍ୱ), ଅଠର ପ୍ରକାର ବ୍ୟଞ୍ଜନ ପରିପୂର୍ଣ୍ଣ ବିଷାକ୍ତ ଭୋଜନ ଗ୍ରହଣ କରିଥାଏ, ସେହି ଭୋଜନ ଆପାତଭଦ୍ର ଅର୍ଥାତ୍ ଖାଇବା ସମୟରେ ସୁସ୍ୱାଦୁ ହୋଇଥାଏ, କିନ୍ତୁ ଯେତେବେଳେ ତା'ର ପରିଣମନ ହୁଏ, ତହିଁରେ ଦୁର୍ଗନ୍ଧ ସୃଷ୍ଟି ହୁଏ । ଏହି ଭୋଜନ ଆପାତଭଦ୍ର କିନ୍ତୁ ପରିଣାମ ଭଦ୍ର ନୁହେଁ । କାଳୋଦାୟୀ ଏହିଭଳି ପ୍ରାଣାତିପାତଠାରୁ ମିଥ୍ୟା ଦର୍ଶନଶଲ୍ୟ ଯାଏ ଅଠର

---

[୧୯] ଭଗବଈ, ୭।୧୬

[୨୦] ଭଗବଈ, ୬।୩୭

[୨୧] ପ୍ରଜ୍ଞାପନା, ୨୩।୧।୨୮୯

ପ୍ରକାର ପାପକର୍ମ ଆପାତଭଦ୍ର ହୋଇପାରନ୍ତି କିନ୍ତୁ ସେଗୁଡ଼ିକ ନିଶ୍ଚିତ ଭାବରେ ପରିଣାମ ବିରସ ଅଟନ୍ତି । ବୁଝିଲ ତ କାଳୋଦାୟୀ । ଏହି ପ୍ରକାର ପାପକର୍ମର ପରିପାକ ପାପକାରୀ ହିଁ ହୋଇଥାଏ ।

କାଳୋଦାୟୀ - 'ପ୍ରଭୁ ! ଜୀବର କଲ୍ୟାଣ କର୍ମର ପରିପାକ କ'ଣ କଲ୍ୟାଣକାରୀ ହୋଇଥାଏ ?'

ଭଗବାନ୍ - 'ହଁ ! ଏହା ହୋଇଥାଏ ।'

କାଳୋଦାୟୀ - 'ପ୍ରଭୁ ! ଏହା କିପରି ସଂଭବ ହୋଇଥାଏ ?'

ଭଗବାନ୍ - 'କାଳୋଦାୟୀ। ଜଣେ ପୁରୁଷ ଯେପରି ମନୋଜ୍ଞ, ସ୍ଥାଳୀପାକ ଶୁଦ୍ଧ (ପରିପକ୍ୱ), ଅଠର ପ୍ରକାର ବ୍ୟଞ୍ଜନ ପରିପୂର୍ଣ୍ଣ ଔଷଧ ମିଶ୍ରିତ ଭୋଜନ ଗ୍ରହଣ କରିଥାଏ, ତାହା ଆପାତଭଦ୍ର ଅର୍ଥାତ୍ ଖାଇବା ସମୟରେ ରୁଚିକର ହୋଇ ନ ପାରେ, କିନ୍ତୁ ଯେତେବେଳେ ତା'ର ପରିଣମନ ହୁଏ, ତହିଁରେ ସ୍ୱରୂପତା, ସୁବର୍ଣ୍ଣତା ଏବଂ ସୁଖାନୁଭୂତି ଉତ୍ପନ୍ନ ହୋଇଥାଏ । ଏହି ଭୋଜନ ହେଉଛି ପରିଣାମଭଦ୍ର । କାଳୋଦାୟୀ ! ଏହିଭଳି ପ୍ରାଣାତିପାତ ବିରତିଠାରୁ ଆରମ୍ଭ କରି ମିଥ୍ୟା ଦର୍ଶନ-ଶଲ୍ୟ-ବିରତି ଆପାତଭଦ୍ର ନୁହନ୍ତି କିନ୍ତୁ ନିଶ୍ଚିତ ଭାବରେ ସେଗୁଡ଼ିକ ପରିଣାମଭଦ୍ର ଅଟନ୍ତି । ବୁଝିଲ କାଳୋଦାୟୀ ! ଏହି ପ୍ରକାର କଲ୍ୟାଣ କର୍ମ କଲ୍ୟାଣ ବିପାକଯୁକ୍ତ ହୋଇଥାନ୍ତି ।[୨୨]

କର୍ମ-ଉଦୟର ପରିଣାମ

୧. ଜ୍ଞାନାବରଣର ଉଦୟ ଫଳରେ ଜୀବ ଜ୍ଞାତବ୍ୟ ବିଷୟକୁ ଜିଜ୍ଞାସୁ ହେବା ସତ୍ତ୍ୱେ ଜାଣିପାରି ନ ଥାଏ । ଜାଣି ମଧ୍ୟ ଜାଣିପାରେ ନାହିଁ ଅର୍ଥାତ୍ ପ୍ରାରମ୍ଭରେ ଜାଣିଥାଏ ଅଥଚ ପରେ ଜାଣିପାରେ ନାହିଁ । ତା'ର ଜ୍ଞାନ ଆବୃତ ହୋଇପଡ଼େ । ଜ୍ଞାନାବରଣର ଦଶ ପ୍ରକାର ଅନୁଭବ ହେଉଛି - ଶ୍ରୋତ୍ରାବରଣ, ଶ୍ରୋତ୍ର - ବିଜ୍ଞାନାବରଣ, ନେତ୍ରାବରଣ, ନେତ୍ର - ବିଜ୍ଞାନାବରଣ, ଘ୍ରାଣାବରଣ, ଘ୍ରାଣ-ବିଜ୍ଞାନାବରଣ, ରସାବରଣ, ରସ-ବିଜ୍ଞାନାବରଣ, ସ୍ପର୍ଶାବରଣ ତଥା ସ୍ପର୍ଶ-ବିଜ୍ଞାନାବରଣ ।

୨. ଦର୍ଶନାବରଣର ଉଦୟ ଫଳରେ ଜୀବ ଦ୍ରଷ୍ଟବ୍ୟ ବିଷୟକୁ, ଦେଖିବା ପାଇଁ ସମୁତ୍ସୁକ ହେବା ସତ୍ତ୍ୱେ ଦେଖିପାରି ନ ଥାଏ । ତା'ର ଦର୍ଶନ ଆଚ୍ଛନ୍ନ ହୋଇପଡ଼େ । ଦର୍ଶନାବରଣର ନଅ ପ୍ରକାର ଅନୁଭବ ହେଉଛି - ନିଦ୍ରା, ନିଦ୍ରା-ନିଦ୍ରା, ପ୍ରଚଳା, ପ୍ରଚଳା-ପ୍ରଚଳା, ସ୍ତ୍ୟାନର୍ଦ୍ଧି, ଚକ୍ଷୁଦର୍ଶନାବରଣ, ଅଚକ୍ଷୁ- ଦର୍ଶନାବରଣ, ଅବଧି-ଦର୍ଶନାବରଣ, କେବଳ-ଦର୍ଶନାବରଣ ।

୩. ସାତବେଦନୀୟ କର୍ମର ଉଦୟ ଦ୍ୱାରା ଜୀବ ସୁଖାନୁଭୂତି କରିଥାଏ । ଏହାର ଆଠ ପ୍ରକାର ଅନୁଭବ ହେଉଛି - ମନୋଜ୍ଞ ଶବ୍ଦ, ମନୋଜ୍ଞ ରୂପ, ମନୋଜ୍ଞ ଗନ୍ଧ, ମନୋଜ୍ଞ ରସ, ମନୋଜ୍ଞ ସ୍ପର୍ଶ, ମନର ସୁଖ, ବାଣୀର ସୁଖ ତଥା କାୟାର ସୁଖ ।

ଅସାତବେଦନୀୟ କର୍ମର ଉଦୟ ଦ୍ୱାରା ଜୀବ ଦୁଃଖାନୁଭୂତି କରିଥାଏ । ଏହାର ମଧ୍ୟ ଆଠ ପ୍ରକାର ଅନୁଭବ ରହିଛି - ଅମନୋଜ୍ଞ ଶବ୍ଦ, ଅମନୋଜ୍ଞରୂପ, ଅମନୋଜ୍ଞ ରସ, ଅମନୋଜ୍ଞ ଗନ୍ଧ, ଅମନୋଜ୍ଞ ସ୍ପର୍ଶ, ମନୋଦୁଃଖ, ବାକ୍-ଦୁଃଖ ତଥା କାୟ-ଦୁଃଖ ।

୪. ମୋହକର୍ମର ଉଦୟ ହେଲେ ଜୀବ ମିଥ୍ୟା ଦୃଷ୍ଟି ଓ ଚରିତ୍ରହୀନ ହୋଇଥାଏ । ଏହାର ଅନୁଭବ ପାଞ୍ଚ ପ୍ରକାର - ସମ୍ୟକ୍ତ୍ୱ - ବେଦନୀୟ, ମିଥ୍ୟାତ୍ୱ-ବେଦନୀୟ, ସମ୍ୟଗ୍-ମିଥ୍ୟାତ୍ୱ-ବେଦନୀୟ, କଷାୟ-ବେଦନୀୟ ତଥା ନୋକଷାୟ-ବେଦନୀୟ ।

୫. ଆୟୁ କର୍ମର ଉଦୟ ଫଳରେ ଜୀବ ଅମୁକ ସମୟ ପର୍ଯ୍ୟନ୍ତ ଅମୁକ ପ୍ରକାର ଜୀବନ ଜୀଇଁଥାଏ । ଏହାର ଚାରିପ୍ରକାର ଅନୁଭବ ହେଉଛି - ନୈରିକାୟୁ, ତିର୍ଯ୍ୟଞ୍ଚାୟୁ, ମନୁଷ୍ୟାୟୁ ତଥା ଦେବାୟୁ ।

୬. ଶୁଭ ନାମ -କର୍ମର ଉଦୟ ଫଳରେ ଜୀବ ଶାରୀରିକ ଓ ବାଚିକ ଉତ୍କର୍ଷକୁ ପ୍ରାପ୍ତ କରିଥାଏ । ଏହାର ଚଉଦ

---

[୨୨] ଭଗବଈ, ୭।୨୨୨-୨୨୬

ପ୍ରକାର ଅନୁଭବ ହେଉଛି - ଇଷ୍ଟ ଶବ୍ଦ, ଇଷ୍ଟ ରୂପ, ଇଷ୍ଟ ଗନ୍ଧ, ଇଷ୍ଟ ରସ, ଇଷ୍ଟ ସ୍ପର୍ଶ, ଇଷ୍ଟ ଗତି, ଇଷ୍ଟ ସ୍ଥିତି, ଇଷ୍ଟ ଲାବଣ୍ୟ, ଇଷ୍ଟ ଯଶ-କୀର୍ତ୍ତି, ଇଷ୍ଟ ଉତ୍‌ଥାନ-କର୍ମ-ବଳ-ବୀର୍ଯ୍ୟ-ପୁରୁଷାକାର-ପରାକ୍ରମ, ଇଷ୍ଟ ସ୍ୱରତା, କାନ୍ତ ସ୍ୱରତା, ପ୍ରିୟ ସ୍ୱରତା ଏବଂ ମନୋଜ୍ଞ ସ୍ୱରତା ।

ଅଶୁଭ ନାମ - କର୍ମର ଉଦୟ ଫଳରେ ଜୀବ ଶାରୀରିକ ଏବଂ ବାଚିକ ଅପକର୍ମ ପାଇଥାଏ । ଏହାର ମଧ୍ୟ ଚଉଦ ପ୍ରକାର ଅନୁଭାବ ରହିଛି - ଅନିଷ୍ଟ ଶବ୍ଦ, ଅନିଷ୍ଟ ରୂପ, ଅନିଷ୍ଟ ଗନ୍ଧ, ଅନିଷ୍ଟ ରସ, ଅନିଷ୍ଟ ସ୍ପର୍ଶ, ଅନିଷ୍ଟ ଗତି, ଅନିଷ୍ଟ ସ୍ଥିତି, ଅନିଷ୍ଟ ଲାବଣ୍ୟ, ଅନିଷ୍ଟ ଯଶୋକୀର୍ତ୍ତି, ଅନିଷ୍ଟ ଉତ୍‌ଥାନ-କର୍ମ-ବଳ-ବୀର୍ଯ୍ୟ-ପରାକ୍ରମ, ଅନିଷ୍ଟ ସ୍ୱରତା, ହୀନ ସ୍ୱରତା, ଦୀନ ସ୍ୱରତା ଏବଂ ଅମନୋଜ୍ଞ ସ୍ୱରତା ।

୭. ଉଚ୍ଚ-ଗୋତ୍ର-କର୍ମର ଉଦୟ ଦ୍ୱାରା ଜୀବ ବିଶିଷ୍ଟରେ ପରିଣତ ହୁଏ । ଏହାର ଆଠପ୍ରକାର ଅନୁଭାବ ହେଲା - ଜାତି-ବିଶିଷ୍ଟତା, କୁଳ-ବିଶିଷ୍ଟତା, ବଳ-ବିଶିଷ୍ଟତା, ରୂପ-ବିଶିଷ୍ଟତା, ତପୋ-ବିଶିଷ୍ଟତା, ଶ୍ରୁତ-ବିଶିଷ୍ଟତା, ଲାଭ-ବିଶିଷ୍ଟତା ଏବଂ ଐଶ୍ୱର୍ଯ୍ୟ-ବିଶିଷ୍ଟତା ।

ନୀଚ-ଗୋତ୍ର-କର୍ମର ଉଦୟ ଦ୍ୱାରା ଜୀବହୀନ ହୋଇଯାଏ । ଏହାର ଆଠପ୍ରକାର ଅନୁଭାବ ହେଲା - ଜାତି-ବିହୀନତା, କୁଳ-ବିହୀନତା, ବଳ-ବିହୀନତା, ରୂପ-ବିହୀନତା, ତପୋ-ବିହୀନତା, ଶ୍ରୁତ-ବିହୀନତା, ଲାଭ-ବିହୀନତା ତଥା ଐଶ୍ୱର୍ଯ୍ୟ-ବିହୀନତା ।

୮. ଅନ୍ତରାୟ କର୍ମର ଉଦୟ ଫଳରେ ଆତ୍ମଶକ୍ତିର ପ୍ରତିଘାତ ଅଟେ ତଥା ଏହା ବାଧିତ ହୁଏ । ଅନ୍ତରାୟ କର୍ମର ପାଞ୍ଚ ପ୍ରକାର ଅନୁଭାବ ହେଉଛି - ଦାନାନ୍ତରାୟ, ଲାଭାନ୍ତରାୟ, ଭୋଗାନ୍ତରାୟ, ଉପଭୋଗାନ୍ତରାୟ ତଥା ବୀର୍ଯ୍ୟାନ୍ତରାୟ ।

ଫଳର ପ୍ରକ୍ରିୟା

କର୍ମ ଜଡ଼-ଅଚେତନ ହୋଇଥିବାରୁ ଜୀବମାନଙ୍କୁ ନିୟମିତ ଫଳ କିପରି ଦେଇପାରିବ ? ଏହି ପ୍ରଶ୍ନ ନ୍ୟାୟ-ଦର୍ଶନର ପ୍ରଣେତା ଗୌତମ ଋଷିଙ୍କ 'ଈଶ୍ୱର' ଅଭ୍ୟୁପଗମର ହେତୁ ସାଜିଆସିଛି । ଏହି କାରଣରୁ ସେ ଈଶ୍ୱରଙ୍କୁ କର୍ମ-ଫଳର ନିୟନ୍ତା ରୂପରେ ଜୋର ଦେଇଛନ୍ତି- ଏହାର ଉଲ୍ଲେଖ ଆଗରୁ କରାଯାଇଛି । ଜୈନଦର୍ଶନ, କର୍ମଫଳର ନିୟମନ କରିବା ସକାଶେ ଈଶ୍ୱରଙ୍କୁ ଆବଶ୍ୟକ ମଣେ ନାହିଁ । କର୍ମ-ପରମାଣୁ ମଧ୍ୟରେ ଜୀବାତ୍ମା ସଂବନ୍ଧରେ ଏକ ବିଶିଷ୍ଟ ପରିଣାମ ରହିଛି । ତାହା ଦ୍ରବ୍ୟ, କ୍ଷେତ୍ର, କାଳ, ଭାବ, ଭବ, ଗତି, ସ୍ଥିତି, ପୁଦ୍‌ଗଳ-ପରିଣାମ ଇତ୍ୟାଦି ଉଦୟାନୁକୂଳ ସାମଗ୍ରୀର ସହଯୋଗ ଲାଭ କରି ବିପାକ-ପ୍ରଦର୍ଶନରେ ସମର୍ଥ ହୋଇ ଜୀବାତ୍ମାର ସଂସ୍କାର-ରାଜିକୁ ବିକୃତ କରିପକାଏ । ଏହା ଫଳରେ ସେମାନଙ୍କ ଫଳାପଭୋଗ ହୋଇଥାଏ । ବାସ୍ତବିକ ଅର୍ଥରେ ଆତ୍ମା ଆପଣାକୃତ କର୍ମର ସ୍ୱୟଂ ଫଳ ଭୋଗିଥାଏ । କର୍ମ ପରମାଣୁ ସହକାରୀ ବା ସଚେତକର କାର୍ଯ୍ୟ ସଂପାଦନ କରିଥାଏ । ବିଷ ଓ ଅମୃତ, ଅପଥ୍ୟ ଓ ପଥ୍ୟ ଭୋଜନକୁ କୌଣସି ଜ୍ଞାନ ନ ଥାଏ । ତେବେ ଆତ୍ମାର ସଂଯୋଗ ଲଭି ସେମାନଙ୍କ ତଦ୍ରୂପ ପରିଣତି ହୋଇଥାଏ । ସେଗୁଡ଼ିକର ପରିପାକ ହେବା ମାତ୍ରକେ ଖାଇବା ଲୋକକୁ ଇଷ୍ଟ ବା ଅନିଷ୍ଟ ଫଳ ସ୍ୱତଃ ମିଳିଥାଏ । ବିଜ୍ଞାନ କ୍ଷେତ୍ରରେ ପରମାଣୁର ବିଚିତ୍ର ଶକ୍ତି ଏବଂ ତା'ର ନିୟମନର ବହୁବିଧ ପ୍ରୟୋଗର ଅଧ୍ୟୟନ ପରେ କର୍ମର ଫଳଦାନ-ଶକ୍ତି ପ୍ରତି କୌଣସି ସନ୍ଦେହ ଅବଶିଷ୍ଟ ରହେ ନାହିଁ ।

ଉଦୟ

ଉଦୟର ଅର୍ଥ - କାଳ-ମର୍ଯ୍ୟାଦାର ପରିବର୍ତ୍ତନ । ବସ୍ତୁର ପ୍ରଥମ ଅବସ୍ଥାର କାଳ-ମର୍ଯ୍ୟାଦାର ସଂପନ୍ନତା ପର୍ଯ୍ୟନ୍ତ ହେଉଛି ତା'ର ଅନୁଦୟ । ଦ୍ୱିତୀୟ ଅବସ୍ଥାର କାଳ-ମର୍ଯ୍ୟାଦାର ପ୍ରାରମ୍ଭ ହେଉଛି ତା'ର ଉଦୟ । ବଦ୍ଧ କର୍ମ-ପୁଦ୍‌ଗଳ ଆପଣ କାର୍ଯ୍ୟ କରିବାରେ ଯେତେବେଳେ ସମର୍ଥ ହୁଅନ୍ତି, ସେତେବେଳେ ସେମାନଙ୍କ ନିଷେକ[୨୩] (କର୍ମ

---

[୨୩] ଭଗବଈ, ୬।୩୪, ବୃତ୍ତି-କର୍ମ-ନିଷେକୋ
ନାମ କର୍ମ-ଦଳିକସ୍ୟ ଅନୁଭବନାର୍ଥ ରଚନାବିଶେଷଃ ।

ପୁଦ୍‌ଗଲଗୁଡ଼ିକର ଏକ କାଳ ମଧ୍ୟରେ ଉଦୟ ହେବା ଯୋଗ୍ୟ ରଚନା ବିଶେଷ) ପ୍ରକଟ ହେବାରେ ଲାଗନ୍ତି - ଏହା ହିଁ ଉଦୟ ।

କର୍ମର ଉଦୟକୁ ଦୁଇ ଭାଗରେ ବିଭକ୍ତ କରାଯାଇଥାଏ । ଯଥା : ୧.ପ୍ରାପ୍ତ-କାଳ କର୍ମର ଉଦୟ, ୨. ଅପ୍ରାପ୍ତ-କାଳ କର୍ମର ଉଦୟ ।

କର୍ମବନ୍ଧନ ହେବା ମାତ୍ରକେ ତାହାଠାରେ ବିପାକ-ପ୍ରଦର୍ଶନର ଶକ୍ତି ଜାଗ୍ରତ ହୁଏ ନାହିଁ । ନିଶ୍ଚିତ ଅବଧି ଉତ୍ତାରୁ ଏହା ଜାତ ହୁଏ । କର୍ମର ଏହି ଅବସ୍ଥାକୁ 'ଅବାଧା' କୁହାଯାଏ । ସେହି ସମୟରେ କର୍ମର ଅବସ୍ଥାନ ମାତ୍ର ଥାଏ, କିନ୍ତୁ ତା'ର କର୍ତ୍ତୃତ୍ୱ ପ୍ରକଟ ହୋଇ ନ ଥାଏ । ତେଣୁ ତାହା କର୍ମର ଅବସ୍ଥାନ କାଳ ଅଟେ । 'ଅବାଧା'ର ଅର୍ଥ ହେଉଛି ଅନ୍ତର । ବନ୍ଧ ଓ ଉଦୟର ଅନ୍ତରୀଣ କାଳକୁ 'ଅବାଧା-କାଳ' କହନ୍ତି । [୨୪]

'ଅବାଧା-କାଳ' ଦ୍ୱାରା ସ୍ଥିତି ଦୁଇ ଭାଗରେ ବିଭାଜିତ ହୋଇଥାଏ - ୧. ଅବସ୍ଥାନ କାଳ। ୨. ଅନୁଭବ ବା ନିଷେକ-କାଳ।

'ଅବାଧ-କାଳ' ସମୟରେ କେବଳ ଅବସ୍ଥାନ ଥାଏ, ଅନୁଭବ ନୁହେଁ । ଅବାଧା କାଳ ସରିଗଲେ ଅନୁଭବ ଜାତ ହୁଏ । ଯେତେ ଅବାଧା-କାଳ, ସେତେ ଅନୁଭବ କାଳରୁ ଅବସ୍ଥାନ-କାଳ ଅଧିକ । ବାଧା କାଳକୁ ଏଡ଼ାଇ ଦେଇ ବିଚାର କରାଗଲେ ଅବସ୍ଥାନ ଓ ନିଷେକ ବା କର୍ମକୁ ଅନୁଭବ- ଉଭୟେ ସମକାଳ ମର୍ଯ୍ୟାଦାଯୁକ୍ତ ଥା'ନ୍ତି । ଚିରକାଳ ତଥା ତୀବ୍ର ଅନୁଭାଗଯୁକ୍ତ କର୍ମକୁ ତପସ୍ୟା ଦ୍ୱାରା ବିଫଳ କରି କିଛି ସମୟ ମଧ୍ୟରେ ଭୋଗାଯାଇଥାଏ । ଆତ୍ମା ଶୀଘ୍ର ଉଜ୍ଜ୍ୱଳତର ହୁଏ ।

କାଳ ମର୍ଯ୍ୟାଦା ପୂର୍ଣ୍ଣ ହେବା ପରେ କର୍ମର ବେଦନା ବା ଭୋଗ ପ୍ରାରମ୍ଭ ହୁଏ । ତାହା ହେଉଛି ପ୍ରାପ୍ତ-କାଳ ଉଦୟ । ଯଦି ସ୍ୱାଭାବିକ ପଦ୍ଧତିରେ ହିଁ କର୍ମ ଉଦୟରେ ଆସିଥାନ୍ତେ, ତେବେ ଆକସ୍ମିକ ଘଟଣାର ସମ୍ଭାବନା ତଥା ତପସ୍ୟାର ପ୍ରୟୋଜନୀୟତା ନଷ୍ଟ ହୋଇଯାଇଥାଏ । କିନ୍ତୁ ଅପବର୍ତ୍ତନା ଦ୍ୱାରା କର୍ମର ଉଦୀରଣା ଅଥବା ଅପ୍ରାପ୍ତ-କାଳର ଉଦୟ ଘଟିଥାଏ । ଏହି କାରଣରୁ ଆକସ୍ମିକ ଘଟଣାଗୁଡ଼ିକ ମଧ୍ୟ ସିଦ୍ଧାନ୍ତ ପ୍ରତି ସୃଷ୍ଟି କରନ୍ତି ନାହିଁ । ତପସ୍ୟାର ସଫଳତାର ମଧ୍ୟ ଏହା ହିଁ କାରଣ ।

ସହେତୁକ ଓ ନିର୍ହେତୁକ ଉଦୟ - କର୍ମ-ପରିପାକ ଓ ଉଦୟ ଆପଣାଛାଏଁ ହୋଇଥାଏ ତଥା ଅନ୍ୟମାନଙ୍କ ଦ୍ୱାରା ବି ହୋଇଥାଏ । ସହେତୁକ ତଥା ନିର୍ହେତୁକ ବି ହୋଇଥାଏ । କୌଣସି ବାହ୍ୟ କାରଣ ନ ଥାଇ ମଧ୍ୟ କ୍ରୋଧ-ବେଦନୀୟ-ପୁଦ୍‌ଗଲଗୁଡ଼ିକର ତୀବ୍ର ବିପାକ ଦ୍ୱାରା ସ୍ୱତଃସ୍ଫୁର୍ତ୍ତ କ୍ରୋଧର ଆଗମନ ହେଉଛି କର୍ମର ନିର୍ହେତୁକ ଉଦୟ ।[୨୫] ଏହିଭଳି ହାସ୍ୟ, ଭୟ, ବେଦ (ବିକାର) ଏବଂ କଷାୟ ପୁଦ୍‌ଗଲଗୁଡ଼ିକର ମଧ୍ୟ ସହେତୁକ ଓ ନିର୍ହେତୁକ ଉଦୟ ହୋଇଥାଏ। [୨୬]

ସ୍ୱତଃ ଉଦିତ କର୍ମର ହେତୁ

ଗତି-ହେତୁକ ଉଦୟ- ନରକ ଗତିରେ ଅସାତ (ଅସୁଖ)ର ଉଦୟ ତୀବ୍ର ହୋଇଥାଏ । ଏହା ହେଉଛି ଗତି ହେତୁକ ବିପାକ ଉଦୟ ।

---

(୨୪) ଭଗବଈ, ୬।୩୪, ବୃତ୍ତି - ବାଧା-କର୍ମଣ ଉଦୟଃ
ନ ବାଧା ଅବାଧା-କର୍ମଣୋ ବନ୍ଧସ୍ୟୋଦୟସ୍ୟଚାନ୍ତରମ୍।

(୨୫) ଠାଣଂ,୪।୭୬- ବୃତ୍ତିପତ୍ର ୧୮୨- ଅପତିଝିଠିଏ -
ଆକ୍ରୋଶାଦି କାରଣ ନିରପେକ୍ଷଃ କେବଲଂ
କ୍ରୋଧ ବେଦନୀୟୋଦୟାତ୍ ଯୋ ଭବତି ସୋଽପ୍ରତିଷ୍ଠିତଃ।

(୨୬) ଠାଣଂ, ୪।୭୬-୭୯

ସ୍ଥିତିହେତୁକ ଉଦୟ - ମୋହକର୍ମର ସର୍ବୋତ୍କୃଷ୍ଟ-ସ୍ଥିତିରେ ମିଥ୍ୟାତ୍ୱ ମୋହର ତୀବ୍ର ଉଦୟ ହୁଏ । ଏହା ହେଉଛି ସ୍ଥିତି-ହେତୁକ ବିପାକ ଉଦୟ ।

ଭବ-ହେତୁକ ଉଦୟ - ଦର୍ଶନାବରଣ (ଯା'ର ଉଦୟ ଦ୍ୱାରା ନିଦ୍ରା ଓ ତନ୍ଦ୍ରାର ସାମ୍ରାଜ୍ୟ ବ୍ୟାପିଥାଏ) ସମସ୍ତଙ୍କର ରହିଛି, କିନ୍ତୁ ମନୁଷ୍ୟ ଓ ତିର୍ଯ୍ୟଞ୍ଚ ହିଁ ନିଦ୍ରା କବଳିତ ହୁଅନ୍ତି । ଦେବ ଓ ନରକର ଜୀବ ପାଖକୁ ନିଦ ଆସି ନ ଥାଏ । ଏହା ହେଉଛି ଭବ (ଜନ୍ମ) ହେତୁକ ବିପାକ-ଉଦୟ ।

ଗତି, ସ୍ଥିତି ଓ ଭବର ନିମିତ୍ତ ଲଭି ଅନେକ କର୍ମର ସ୍ୱତଃ ବିପାକ ଉଦୟ ହୋଇଯାଏ ।

ଅନ୍ୟମାନଙ୍କ ଦ୍ୱାରା ଉଦୟରେ ଆସୁଥିବା କର୍ମର ହେତୁ

ପୁଦ୍‌ଗଲହେତୁକ ଉଦୟ - କେହି ଜଣେ ଟେକାଟିଏ ଫୋପାଡ଼ିଲେ, ଆମ ମୁଣ୍ଡ ଫାଟିଗଲା । ଅସାତର ଉଦୟ ହେଲା । - ଏହା ଅନ୍ୟମାନଙ୍କ ଦ୍ୱାରା କରାଯାଇଥିବା ଅସାତ-ବେଦନୀୟର ପୁଦ୍‌ଗଲ ହେତୁକ ବିପାକ ଉଦୟ ଅଟେ ।

କେହି ଆମକୁ ଗାଳିଦେଲା, ଆମେ ରାଗିଗଲୁ- ଏହା ହେଉଛି କ୍ରୋଧ ବେଦନୀୟ- ପୁଦ୍‌ଗଲଗୁଡ଼ିକର ସହେତୁକ ବିପାକ ଉଦୟ ।

ପୁଦ୍‌ଗଲ ପରିଣାମ ଦ୍ୱାରା ହେଉଥିବା ଉଦୟ - ଭୋଜନ ଗ୍ରହଣ କରିଲେ, ତା'ର ପାଚନ ହୋଇପାରିଲା ନାହିଁ । ଅଜୀର୍ଣ୍ଣ ହେଲା । ଫଳରେ ରୋଗ ଜାତ ହେଲା । ଏହା ଅସାତ-ବେଦନୀୟର ବିପାକ ଉଦୟ ।

ମଦିରା ପାନ କଲା ପରେ ଉନ୍ମାଦ ବଢ଼ିଲା - ଜ୍ଞାନାବରଣର ବିପାକ-ଉଦୟ ହେଲା । ଏହା ପୁଦ୍‌ଗଲ ପରିଣମନ ହେତୁକ-ବିପାକ-ଉଦୟ ଅଟେ ।

ଏହି ପ୍ରକାର ବିବିଧ ହେତୁମାନଙ୍କ ଦ୍ୱାରା କର୍ମର ବିପାକ ଉଦୟ ଘଟିଥାଏ ।[୨୭] ଏହି କାରଣଗୁଡ଼ିକ ଉପଲବ୍ଧ ହୋଇ ନ ଥିଲେ ସେହି କର୍ମଗୁଡ଼ିକର ବିପାକ ରୂପରେ ଉଦୟ ହେବାର ପ୍ରଶ୍ନ ହିଁ ଉଠି ନ ଥାନ୍ତା । ଉଦୟର ଏକ ଭିନ୍ନ ପ୍ରକାର ମଧ୍ୟ ରହିଛି, ତାହା ହେଲା - ପ୍ରଦେଶ ଉଦୟ । ଏହିଠାରେ କର୍ମଫଳରେ ସ୍ପଷ୍ଟ ଅନୁଭବ କରିହୁଏ ନାହିଁ । ଏହା କର୍ମ ବେଦନାର ଅସ୍ପଷ୍ଟାନୁଭୂତି ସଂବଳିତ ଅବସ୍ଥା । କର୍ମ-ବନ୍ଧ ହେଲା ଅର୍ଥାତ୍ ତା'କୁ ଭୋଗ କରାଯିବା ଅନିବାର୍ଯ୍ୟ ।

ଗୌତମ ପ୍ରଶ୍ନ କରୁଛନ୍ତି - 'ଭଗବନ୍ ! କରାଯାଇଥିବା ପାପକର୍ମରୁ ଭୋଗ ବିନା ନିସ୍ତାର ନାହିଁ । ଏହା ସତ୍ୟ କି ?'

ଭଗବାନ୍ - 'ହଁ ଗୌତମ । ଏହା ସତ୍ୟ ।'

ଗୌତମ - 'ଭଗବନ୍ ! ଏହାକୁ ବୁଝାଇ କୁହନ୍ତୁ ।'

ଭଗବାନ୍ - 'ଗୌତମ ! ମୁଁ ଦୁଇ ପ୍ରକାର କର୍ମ ସଂବନ୍ଧରେ କହିଚି- ପ୍ରଦେଶ-କର୍ମ ଓ ଅନୁଭାଗ-କର୍ମ। ପ୍ରଦେଶ କର୍ମ ନିଶ୍ଚିତ ଭାବରେ ଭୋଗିବାକୁ ପଡ଼ିବ । ଅନୁଭାଗ-କର୍ମ, ଅନୁଭାଗ (ବିପାକ) ରୂପରେ କିଛି ପରିମାଣରେ ଭୋଗାଯାଇଥାଏ, କିଛି ଭୋଗିବାର ଆବଶ୍ୟକତା ପଡ଼ି ନ ଥାଏ ।[୨୮]

ପୁଣ୍ୟ-ପାପ

ମାନସିକ, ବାଚିକ ଏବଂ କାୟିକ କ୍ରିୟା ଦ୍ୱାରା ଆତ୍ମପ୍ରଦେଶରେ ପ୍ରକମ୍ପନ ଜାତ ହୁଏ । ଏହା ଫଳରେ କର୍ମ, ପରମାଣୁ ଆତ୍ମା ପ୍ରତି ଆକୃଷ୍ଟ ହୁଅନ୍ତି ।

---

[୨୭] ପ୍ରଜ୍ଞାପନା, ୨୩।୧।୨୯୩

[୨୮] ଭଗବଈ, ୧/୧୯୦, ବୃତ୍ତି-ପ୍ରଦେଶାଃ କର୍ମପୁଦ୍‌ଗଲା ;
ଜୀବ ପ୍ରଦେଶେଷ୍ୱୋତପ୍ରୋତାଃ ତଦ୍ରୂପଂ କର୍ମ ପ୍ରଦେଶ କର୍ମ ।
ଅନୁଭାଗଃ ତେଷାମେବ କର୍ମପ୍ରଦେଶାନାଂ ସଂବେଦ୍ୟମାନ୍ୟତା
ବିଷୟଃ ରସଃ ତଦ୍ରୂପଂ କର୍ମ ଅନୁଭାଗ -କର୍ମ ।

କ୍ରିୟା ଯଦି ଶୁଭ, ତାହାହେଲେ ଶୁଭ କର୍ମ ପରମାଣୁ ଏବଂ କ୍ରିୟା ଯଦି ଅଶୁଭ, ତାହାହେଲେ ଅଶୁଭ କର୍ମ-ପରମାଣୁ ଆତ୍ମା ସହିତ ସଂଶ୍ଳିଷ୍ଟ ହୋଇପଡ଼ନ୍ତି । ପୁଣ୍ୟ ପାପ ଉଭୟ ବିଜାତୀୟ ତତ୍ତ୍ୱ ହୋଇଥିବାରୁ ଦୁହେଁ ଆତ୍ମାର ପରତନ୍ତ୍ରତାର ହେତୁ ସାଜନ୍ତି । ମନୀଷୀ ଆଚାର୍ଯ୍ୟଗଣ ପୁଣ୍ୟ କର୍ମକୁ ସୁବର୍ଣ୍ଣ ଶିକୁଳି ତଥା ପାପକର୍ମକୁ 'ଲୌହ ଶିକୁଳି ସହିତ ତୁଳନା କରିଛନ୍ତି ।[୨୯]

ସ୍ୱତନ୍ତ୍ରତାର କାମନା କରୁଥିବା ଜଣେ ମୁମୁକ୍ଷୁ ସକାଶେ ପୁଣ୍ୟ ଓ ପାପ ଦୁହେଁ ହେୟ ଅଟନ୍ତି । ସମ୍ୟକ୍-ଜ୍ଞାନ, ସମ୍ୟକ୍-ଦର୍ଶନ ଓ ସମ୍ୟକ୍-ଚାରିତ୍ର (ଯାହାକୁ 'ରତ୍ନତ୍ରୟୀ' ରୂପରେ ଆର୍ହତ୍ ବାଙ୍ମୟରେ ଅଭିହିତ କରାଯାଇଛି) ହେଉଛନ୍ତି ମୋକ୍ଷର ହେତୁ । ଯେଉଁ ଲୋକ ଏହି ତତ୍ତ୍ୱକୁ ହୃଦୟଙ୍ଗମ କରି ନଥାଏ ସେ ପୁଣ୍ୟକୁ ଉପାଦେୟ ଓ ପାପକୁ ହେୟ ମଣିଥାଏ । ନିଶ୍ଚୟ-ଦୃଷ୍ଟିରେ ଉଭୟେ ହେଉଛନ୍ତି ହେୟ ।[୩୦]

ପୁଣ୍ୟର ହେୟତା ସଂବନ୍ଧରେ ଜୈନ ପରଂପରାଗୁଡ଼ିକ ଏକମତ । ତେବେ ପୁଣ୍ୟର ଉପାଦେୟତାକୁ ନେଇ ସେମାନଙ୍କ ମଧ୍ୟରେ ସାମାନ୍ୟ ବିଚାର-ଭେଦ ରହିଛି । କେହି କେହି ଆଚାର୍ଯ୍ୟ ପୁଣ୍ୟକୁ ମୋକ୍ଷ ପରମ୍ପରାର ହେତୁ ରୂପରେ ବିଚାର କରି କ୍ୱଚିତ୍ ଉପାଦେୟ ବୋଲି ମଧ୍ୟ ସ୍ୱୀକାର କରିଯାଇଛନ୍ତି ।[୩୧] ଅନ୍ୟ କିଛି ଆଚାର୍ଯ୍ୟ ପୁଣ୍ୟକୁ ମୋକ୍ଷ ପରଂପରାର ହେତୁ ସ୍ୱୀକାର କରି ମଧ୍ୟ ତାହାକୁ ଉପାଦେୟ ବୋଲି ମାନିବାକୁ ମନା କରିଦେଇଛନ୍ତି ।

ପୁଣ୍ୟ ଓ ପାପକୁ ଆକର୍ଷିତ କରୁଥିବା ବିଚାରଧାରାକୁ ଆଚାର୍ଯ୍ୟ କୁନ୍ଦକୁନ୍ଦ ପରସମୟ ରୂପରେ ସ୍ୱୀକାର କରିଛନ୍ତି ।
[୩୨]

ଯୋଗୀନ୍ଦୁ କହନ୍ତି - 'ପୁଣ୍ୟରୁ ବୈଭବ, ବୈଭବରୁ ଅହଙ୍କାର ଅହଙ୍କାରରୁ ବୁଦ୍ଧି ନାଶ ଏବଂ ବୁଦ୍ଧି ନାଶରୁ ପାପ ଉତ୍ପନ୍ନ ହୁଏ । ତେଣୁ ଆମର ପୁଣ୍ୟ ଦରକାର ନାହିଁ ।' [୩୩]

ଟୀକାକରଙ୍କ ଅନୁସାରେ ପୁଣ୍ୟର ଆକାଂକ୍ଷା (ନିଦାନ) ପୂର୍ବକ ତପସ୍ୟା କରୁଥିବା ଲୋକଙ୍କ ପାଇଁ ଉପରୋକ୍ତ କ୍ରମ ପ୍ରଯୁଜ୍ୟ ହୋଇଥାଏ । ଆତ୍ମ-ଶୁଦ୍ଧି ସକାଶେ ତପସ୍ୟା ଲୀନ ଲୋକଙ୍କ ପ୍ରତି ଅବାଞ୍ଛିତ ପୁଣ୍ୟ ଆପେ ଆକର୍ଷିତ ହୋଇଯାଏ । ଏମାନଙ୍କ କ୍ଷେତ୍ରରେ ଏହି କ୍ରମ ଲାଗୁହୋଇନଥାଏ । ପୁଣ୍ୟର ବାଞ୍ଛା କରୁନଥିବା ଲୋକଙ୍କ ବୁଦ୍ଧି-ବିନାଶ କରିବାରେ ପୁଣ୍ୟ ବିଫଳ ହୋଇଥାଏ ।[୩୪]

ପୁଣ୍ୟ କାମ୍ୟ ନୁହେଁ । ଯୋଗୀନ୍ଦୁଙ୍କ ଶବ୍ଦ ଅନୁସାରେ- 'ରାଜ୍ୟ ପ୍ରଦାନ କରି ଜୀବମାନଙ୍କୁ ଦୁଃଖ ପରଂପରାକୁ

---

(୨୯) ପରମାତ୍ମପ୍ରକାଶ, ୨/୫୩

(୩୦) ପୁରୁଷାର୍ଥସିଦ୍ଧ୍ୟୁପାୟ, ୨/୫୩

(୩୧) ପୁରୁଷାର୍ଥସିଦ୍ଧ୍ୟୁପାୟ, ୨/୧୧

(୩୨) ପଞ୍ଚାସ୍ତିକାୟ, ୧୬୪-୧୬୬,୧୭୫

(୩୩) ପରମାତ୍ମ ପ୍ରକାଶ ,୨/୬୦:
ପୁଣ୍ଣେଣ ହୋଇ ବିହବୋ, ବିହବେଣ ମଓ ମଏଣ ମଇମୋହୋ ।
ମଇ ମୋହେଣ ଯ ପାବଂ ତା ପୁଣ୍ଣଂ ଅମ୍ହ ମା ହୋଉ ।।

(୩୪) ପରମାତ୍ମ ପ୍ରକାଶ ,ଟୀକା, ପୃ ୨୦୧,୨୦୨: ଇଦଂ ପୂର୍ବୋକ୍ତଂ
ପୁଣ୍ୟଂ ଭେଦାଭେଦରତ୍ନତ୍ରୟାରାଧନା ରହିତେନ ? ଦୃଷ୍ଟ ଶ୍ରୁତାନୁଭୂତଭୋଗା-
କାଂକ୍ଷାରୂପନିଦାନ ବନ୍ଧ ପରିଣାମ ସହିତେନ ଜୀବେନ ଯଦୁପାର୍ଜିତଂ ପୂର୍ବଭବେ
ତଦେବ ମଦମହଂକାରଂ ଜନୟତି,ବୁଦ୍ଧିବିନାଶଞ୍ଚ କରୋତି ନ ଚ ପୁନଃ
ସମ୍ୟକ୍ତ୍ୱାଦି ଗୁଣସହିତମ୍ ।

ମଧ୍ୟକୁ ଠେଲି ଦେଉଥିବା ପୁଣ୍ୟର କ'ଣ ଲାଭ ? ଆତ୍ମ-ଦର୍ଶନ-ଅନ୍ୱେଷଣ କରୁଥିବା ଲୋକର ମୃତ୍ୟୁ ବରଂ ଶ୍ରେୟସ୍କର କିନ୍ତୁ ଆତ୍ମଦର୍ଶନରୁ ବିମୁଖ ହୋଇ ପୁଣ୍ୟର କାମନା କରିବା ଉଚିତ ନୁହେଁ ।' [୩୫]

ଆତ୍ମ-ସାଧନା କ୍ଷେତ୍ରରେ ପୁଣ୍ୟର ପ୍ରତ୍ୟକ୍ଷ ଉପାଦେୟତା ନାହିଁ । ଏହି ଦୃଷ୍ଟିରେ ପୂର୍ଣ୍ଣ ସାମଞ୍ଜସ୍ୟ ରହିଛି ।

କୁନ୍ଦକୁନ୍ଦାଚାର୍ଯ୍ୟ ଶୁଦ୍ଧଦୃଷ୍ଟି ସନ୍ଦର୍ଭରେ ପ୍ରତିକ୍ରମଣ (ଆତ୍ମଲୋଚନ) ପ୍ରାୟଶ୍ଚିତ୍ତ ଆଦିକୁ ପୁଣ୍ୟ ବନ୍ଧର ହେତୁ ହେଉଥିବା କାରଣରୁ ବିଷ ବୋଲି ଘୋଷଣା କରିଛନ୍ତି । [୩୬]

ଆଚାର୍ଯ୍ୟ ଭିକ୍ଷୁ କହିଛନ୍ତି- 'ପୁଣ୍ୟର କାମନା କରିବା ଦ୍ୱାରା ପାପ-ବନ୍ଧ ହୋଇଥାଏ ।' [୩୭] ଆଗମ ମତରେ - ଇହଲୋକ,ପରଲୋକ,ପୂଜା-ଶ୍ଳାଘା ଆଦି ପାଇଁ ଧର୍ମ କରନାହିଁ । କେବଳ ଆତ୍ମଶୁଦ୍ଧି ପାଇଁ ଧର୍ମ କର ।[୩୮] ଏହି କଥାକୁ ବେଦାନ୍ତର ଆଚାର୍ଯ୍ୟମାନେ ମଧ୍ୟ ଏହି ଶବ୍ଦ ଦେଇଛନ୍ତି - 'ମୋକ୍ଷାର୍ଥୀକୁ କାମ୍ୟ ଓ ନିଷିଦ୍ଧ କର୍ମରେ ପ୍ରବୃତ୍ତ ହେବା ଉଚିତ ନୁହେଁ' ।[୩୯] କାରଣ ଆତ୍ମ ସାଧକର ଲକ୍ଷ୍ୟ ହେଉଛି ମୋକ୍ଷ ତଥା ପୁଣ୍ୟ ହେଲା ସଂସାର ଭ୍ରମଣର ହେତୁ । ଭଗବାନ ମହାବୀର କହିଛନ୍ତି - 'ପୁଣ୍ୟ ଓ ପାପ ଦୁହିଙ୍କର କ୍ଷୟରୁ ମୁକ୍ତି ମିଳିଥାଏ ।[୪୦] ଜୀବ ଶୁଭ ଓ ଅଶୁଭ କର୍ମ ଦ୍ୱାରା ସଂସାରରେ ପରିଭ୍ରମଣ କରିଥାଏ ।[୪୧] ଗୀତାରେ ମଧ୍ୟ ଏହା କୁହାଯାଇଛି - 'ବୁଦ୍ଧିମାନ ସୁକୃତ ଓ ଦୁଷ୍କୃତ ଦୁହିଁଙ୍କର ପରିତ୍ୟାଗ କରିଥାଏ ।'[୪୨] ଅଭୟ ଦେବସୂରୀ ଆସ୍ରବ, ବନ୍ଧ, ପୁଣ୍ୟ ଓ ପାପକୁ ସଂସାର ଭ୍ରମଣର ହେତୁ ବୋଲି କହିଯାଇଛନ୍ତି । ଆଚାର୍ଯ୍ୟ ଭିକ୍ଷୁ ଏହି ତତ୍ତ୍ୱକୁ ବିଶ୍ଳେଷଣ କରି କହିଛନ୍ତି - 'ପୁଣ୍ୟ ଦ୍ୱାରା ଭୋଗପ୍ରାପ୍ତ ହୁଏ । ପୁଣ୍ୟର ଇଚ୍ଛା ଅର୍ଥାତ୍ କାମ ଭୋଗର ଇଚ୍ଛା । ଭୋଗଇଚ୍ଛା ଦ୍ୱାରା ସଂସାର ବୃଦ୍ଧି ପାଇଥାଏ ।[୪୩]

ଏହି ସମସ୍ତ ତତ୍ତ୍ୱର ନିଗମନ ହେଉଛି - ଅଯୋଗୀ ଅବସ୍ଥା (ପୂର୍ଣ୍ଣ-ସମାଧି-ଦଶା) ପୂର୍ବରୁ ସତ୍‌ପ୍ରବୃତ୍ତି ସହିତ ଅନିବାର୍ଯ୍ୟ ରୂପରେ ପୁଣ୍ୟ-ବନ୍ଧ ହୋଇଥାଏ । ତେବେ ପୁଣ୍ୟର ଅଭିଳାଷ ନେଇ ସତ୍-ପ୍ରବୃତ୍ତି କରିବା ଉଚିତ ନୁହେଁ । ଆତ୍ମବିକାଶ ଓ ମୋକ୍ଷ ହିଁ ପ୍ରତ୍ୟେକ ସତ୍ ପ୍ରବୃତ୍ତିର ଲକ୍ଷ୍ୟ ହେବା ବିଧେୟ । ଭାରତୀୟ ଦର୍ଶନର ଏହା ହିଁ ଚରମ ଲକ୍ଷ୍ୟ । ଲୌକିକ ଅଭ୍ୟୁଦୟ ହେଉଛି ଧର୍ମର ଆନୁଷଙ୍ଗିକ ଫଳ - ଧର୍ମ ସହିତ ଏହା ଫଳିତ ହୋଇଥାଏ । ଏହା ଶାଶ୍ୱତିକ ବା ଚରମ ଲକ୍ଷ୍ୟ ହୋଇ ନ ପାରେ । ଏହି ସିଦ୍ଧାନ୍ତ ଦେଖି ଅନେକ ଲୋକ ଭାରତୀୟ ଦର୍ଶନ ଉପରେ ଆକ୍ଷେପ କରିଥାନ୍ତି ଯେ ଏମାନେ ଲୌକିକ ଅଭ୍ୟୁଦୟ ପ୍ରତି ସଂପୂର୍ଣ୍ଣ ଭାବରେ ଆଖି ବୁଜି ଦେଇଛନ୍ତି । କିନ୍ତୁ ଏହା ସତ୍ୟ ନୁହେଁ । ସମାଜରେ ରହୁଥିବା ଲୋକ ଅଭ୍ୟୁଦୟର ଉପେକ୍ଷା କିପରି କରିପାରିବ ? ତେବେ ଭାରତୀୟ ମନୀଷୀମାନେ ଏକାନ୍ତ-ଭୌତିକତାରୁ ଦୂରେଇ ରହୁଛନ୍ତି ଏହା ମଧ୍ୟ ନିରାଟ ସତ୍ୟ । ସେମାନେ ପ୍ରେୟ ଓ ଶ୍ରେୟକୁ ଭିନ୍ନ ବୋଲି ସ୍ପଷ୍ଟ ଭାବରେ ପ୍ରତିପାଦିତ କରିଯାଇଛନ୍ତି । [୪୪] ଅଭ୍ୟୁଦୟକୁ ସବୁ କିଛି ବୋଲି ମାନୁଥିବା ଭୌତିକବାଦୀମାନେ ଯୁଗକୁ ଜଟିଳତାରେ ଭରି ଦେଇଛନ୍ତି - ଏହା ସମସ୍ତେ ଅନୁଭବ କରିପାରୁଛନ୍ତି ।

---

[୩୫] ପରମାତ୍ମ ପ୍ରକାଶ, ୨/୫୭-୫୮

[୩୬] ସମୟସାର,୩୦ ମୋକ୍ଷାଧିକାର

[୩୭] ନବପଦାର୍ଥ ଚୌପଈ, ୭୨

[୩୮] ଦସ ବେଆଲିୟଂ, ୯/୪

[୩୯] ବେଦାନ୍ତସାର, ପୃ.୪: ମୋକ୍ଷାର୍ଥୀ ନ ପ୍ରବର୍ତ୍ତେତ ତତ୍ର କାମ୍ୟନିଷିଦ୍ଧୟୋ... କାମ୍ୟାନି-ସ୍ୱର୍ଗାଦୀଷ୍ଟସାଧନାନି ଜ୍ୟୋତିଷ୍ଟୋମାଦୀନି, ନିଷିଦ୍ଧାନି - ନରକାଦ୍ୟନିଷ୍ଟ - ସାଧନାନି ବ୍ରାହ୍ମଣହନନାଦୀନି ।

[୪୦] ଉତ୍ତରଜ୍‌ଝୟଣାଣି , ୨୧/୨୪

[୪୧] ଉତ୍ତରଜ୍‌ଝୟଣାଣି , ୧୦/୧୫

[୪୨] ଗୀତା, ୨/୫୦

[୪୩] ନବପଦାର୍ଥ ଚୌପଈ, ୬୦:
ଜିଣ ପୁଣ୍ୟ ତଣୀ ବାଞ୍ଛା କରୀ,
ତିଣ ବାଞ୍ଛ୍ୟା କାମନେ ଭୋଗ ।
ସଂସାର ବଧେ କାମ ଭୋଗ ସୁଁ,
ପାମୈ ଜନ୍ମ-ମରଣ ନୋ ସୋଗ ।।

[୪୪] କଠୋପନିଷଦ୍, ୧।୨।୧:
ଅନ୍ୟଚ୍ଛ୍ରେୟୋଽନ୍ୟଦୁତୈବ ପ୍ରେୟସ୍ତେ
ଉଭେ ନାନାର୍ଥେ ପୁରୁଷଂ ସିନୀତଃ ।
ତୟୋ : ଶ୍ରେୟ ଆଦଦାନସ୍ୟ ସାଧୁର୍ଭବତି
ହୀୟତେଽର୍ଥାଦ୍ୟ ଉପ୍ରେୟୋ ବୃଣୀତେ ।।

ମିଶ୍ରଣ ଅସଂଭବ

ପୁଣ୍ୟ ଓ ପାପର ପରମାଣୁଗୁଡ଼ିକର ଆକର୍ଷଣର ଭିନ୍ନ ଭିନ୍ନ କାରଣ ରହିଆସିଛି । ଏକପ୍ରକାର ହେତୁ ଯୋଗୁଁ ପୁଣ୍ୟ ଓ ପାପ ରୂପକ ପରସ୍ପର ବିରୋଧୀ ପରମାଣୁର ଆକର୍ଷଣ ହୋଇ ନ ଥାଏ । ଆତ୍ମାର ପରିଣାମ ଏକେତ ଶୁଭ ହୋଇଥାଏ ନତୁବା ଅଶୁଭ ହୋଇଥାଏ କିନ୍ତୁ ଶୁଭ ଓ ଅଶୁଭର ଏକସଂଗେ ହୁଏ ନାହିଁ ।

ନିରୋଳା ପୁଣ୍ୟ

କେତେଜଣ ଆଚାର୍ଯ୍ୟ ପାପ-କର୍ମର ବିକର୍ଷଣ ନ କରି ମଧ୍ୟ ପୁଣ୍ୟକର୍ମର ଆକର୍ଷଣ ସମ୍ଭବପର ବୋଲି କହିଛନ୍ତି, କିନ୍ତୁ ଏହି ତଥ୍ୟ ଚିନ୍ତନୀୟ ଅଟେ । ପ୍ରତ୍ୟେକ ପ୍ରବୃତ୍ତିରେ ଆକର୍ଷଣ ଓ ବିକର୍ଷଣ ରହିଥାଏ । ଶ୍ୱେତାମ୍ବର ଆଗମମାନଙ୍କରେ ଏହାକୁ ପୂର୍ଣ୍ଣ ସମର୍ଥନ କରାଯାଇଛି ।

ଗୌତମ ପ୍ରଶ୍ନ କରୁଛନ୍ତି - 'ପ୍ରଭୁ ! ଶ୍ରମଣମାନଙ୍କୁ ବନ୍ଦନା କରିବା ଦ୍ୱାରା କି ଲାଭ ମିଳିଥାଏ' ?

ଭଗବାନ ମହାବୀର କହିଲେ - 'ଗୌତମ ! ଶ୍ରମଣମାନଙ୍କୁ ବନ୍ଦନା କରୁଥିବା ଲୋକର ନୀଚ-ଗୋତ୍ର କର୍ମ କ୍ଷୟ ହୁଏ ଏବଂ ଉଚ୍ଚ-ଗୋତ୍ର କର୍ମର ବନ୍ଧ ହୁଏ । (୪୫) ଏଠାରେ ଗୋଟିଏ ଶୁଭ ପ୍ରବୃତ୍ତି ଦ୍ୱାରା ପାପ-କର୍ମର କ୍ଷୟ ଏବଂ ପୁଣ୍ୟକର୍ମର ଅର୍ଜନ - ଏହି ଦୁଇ କାର୍ଯ୍ୟର ନିଷ୍ପତ୍ତି ଘଟିଛି । ତର୍କ ଦୃଷ୍ଟିରୁ ମଧ୍ୟ ଏହି ମାନ୍ୟତା ଅଧିକ ସଂଗତ ଜଣାପଡୁଛି ।

ଧର୍ମ ଓ ପୁଣ୍ୟ

ଜୈନ ଦର୍ଶନରେ ଧର୍ମ ଓ ପୁଣ୍ୟକୁ ପୃଥକ୍ ତତ୍ତ୍ୱ ରୂପରେ ମାନ୍ୟ କରାଯାଇଛି । ଶାବ୍ଦିକ ଦୃଷ୍ଟିରୁ ପୁଣ୍ୟଶବ୍ଦ ଧର୍ମ ଅର୍ଥରେ ବି ପ୍ରୟୋଗ କରାଯାଇଥାଏ, କିନ୍ତୁ ତତ୍ତ୍ୱ-ମୀମାଂସାରେ ଧର୍ମ ଓ ପୁଣ୍ୟ ମଧ୍ୟରେ ବହୁତ ପାର୍ଥକ୍ୟ ରହିଛି । ଧର୍ମ ହେଉଛି ଆତ୍ମାର ରାଗ-ଦ୍ୱେଷହୀନ ପରିଣତି (୪୬) ତଥା ପୁଣ୍ୟ ଶୁଭକର୍ମମୟ ପୁଦ୍‌ଗଳ ମାତ୍ର । (୪୭) ଅନ୍ୟ ଶବ୍ଦରେ କହିବାକୁ ଗଲେ ଧର୍ମ ହେଉଛି ଆତ୍ମାର ପର୍ଯ୍ୟାୟ ତଥା ପୁଣ୍ୟ ପୁଦ୍‌ଗଳର ପର୍ଯ୍ୟାୟ ।

ଦ୍ୱିତୀୟ ପ୍ରକାର ଦୃଷ୍ଟିକୋଣ ଅନୁସାରେ - ନିର୍ଜରା-ଧର୍ମ ହେଉଛି ସତ୍ କ୍ରିୟା ତଥା ପୁଣ୍ୟ ତା'ର ଫଳ । (୪୮)

ତୃତୀୟ ପ୍ରକାର ଦୃଷ୍ଟିକୋଣ ହେଉଛି - ଧର୍ମ ହେଲା ଆତ୍ମ ଶୁଦ୍ଧି ତଥା ଆତ୍ମ-ମୁକ୍ତିର ସାଧନ(୪୯) ଅଥଚ ପୁଣ୍ୟ ଆତ୍ମା ସକାଶେ ବନ୍ଧନ ମାତ୍ର ।(୫୦)

ଅଧର୍ମ ଓ ପାପର ମଧ୍ୟ ଏହି ପ୍ରକାର ସ୍ଥିତି ରହିଛି । ଏ ଦୁହେଁ ଧର୍ମ ଓ ପାପର ପ୍ରତିପକ୍ଷ ଅଟନ୍ତି । ସତ୍ ପ୍ରବୃତ୍ତି ରୂପକ ଧର୍ମର ସାହଚର୍ଯ୍ୟ ଦ୍ୱାରା ଯେପରି ପୁଣ୍ୟ ଉତ୍ପନ୍ନ ହୋଇଥାଏ, ଅଧର୍ମର ସାହଚର୍ଯ୍ୟ ଫଳରେ ପାପର ଉତ୍ପତ୍ତି ହୋଇଥାଏ । ପୁଣ୍ୟ ଓ ପାପ ହେଉଛନ୍ତି ଫଳ । ଜୀବର ଭଲ-ମନ୍ଦ ପ୍ରବୃତ୍ତିରୁ ତା' ସହିତ ସଂଶ୍ଲିଷ୍ଟ ହୋଇ ଯାଉଥିବା ପୁଦ୍‌ଗଳ ଅଟନ୍ତି । ପୁଣ୍ୟ ଓ ପାପ କ୍ରମଶଃ ଧର୍ମ ଓ ଅଧର୍ମର ଲକ୍ଷଣ ବା ଗମକ (ସଂକେତକ) ଅଟନ୍ତି ।

---

(୪୫) ଉତ୍ତରଜ୍‌ଝୟଣାଣି, ୨୯/୧୦

(୪୬) ବତ୍ଥୁସହାବୋଧମ୍ମୋ,
ଧମ୍ମୋ ଜୋସୋ ସମୋତ୍ତିଣିଦ୍‌ଦଠ୍ଠୋ॥
ମୋହକ୍‌ଖୋହ ବିହୀଣୋ,
ପରିଣାମୋ ଅପ୍‌ପଣୋଧମ୍ମୋ॥

(୪୭) ପ୍ରଶମରତି ପ୍ରକରଣ, ଗାଥା ୨୧୯
ପୁଦ୍‌ଗଳ କର୍ମ ଶୁଭଂ ଯତ୍, ତତ୍ ପୁଣ୍ୟମିତି ଜିନଶାସନେ ଦୃଷ୍ଟମ୍ ।

(୪୮) ଭଗବଈ ୧/୭ ବୃତ୍ତି : ଧର୍ମଃ ଶ୍ରୁତଚାରିତ୍ର ଲକ୍ଷଣଃ
ପୁଣଂ ତତ୍‌ଫଳଭୂତଂ ଶୁଭକର୍ମ ।

(୪୯) ଜୈନସିଦ୍ଧାନ୍ତଦୀପିକା, ୮।୩, ଆତ୍ମଶୁଦ୍ଧିସାଧନଂ ଧର୍ମଃ ।

(୫୦) ସମୟସାର, ଗାଥା ୧୪୬: ସୌବଣ୍ଣିୟଂପିଣିମଳଂ,
ବନ୍ଧଦି କାଳାୟସଂ ପି ଜହା ପୁରିସଂ ।
ବନ୍ଧଦି ଏବଂ ଜୀବଂ, ସୁହମସୁହଂ ବା କଦ କମ୍ମ ॥

(୫୧) ପ୍ରଜ୍ଞାପନା, ପଦ ୨୨, ବୃତ୍ତି : ପୁଣ୍ୟପାପକର୍ମୋ -
ପାଦାନାନୁପାଦାନୟୋରଧ୍ୟବସାୟାନୁରୋଧିକତ୍ୱାତ୍ ।

ଜୀବର କ୍ରିୟା ଦୁଇ ଭାଗରେ ବିଭକ୍ତ - ଧର୍ମ ବା ଅଧର୍ମ, ସତ୍ ବା ଅସତ୍ । ଅଧର୍ମ ଦ୍ୱାର ଆତ୍ମାର ସଂସ୍କାର ବିକୃତ ହୁଏ, ପାପ ବନ୍ଧ ହୁଏ । ଧର୍ମ ଦ୍ୱାରା ଆତ୍ମଶୁଦ୍ଧି ହୁଏ ଏବଂ ଏହା ସହିତ ପୁଣ୍ୟବନ୍ଧ ହୋଇଥାଏ । ପୁଣ୍ୟ-ପାପ କର୍ମର ଗ୍ରହଣ ହେବା ଅଥବା ନ ହେବା ଆତ୍ମାର ଅଧ୍ୟବସାୟ (ପରିଣାମ) ଉପରେ ନିର୍ଭର କରିଥାଏ ।[୫୧] ଶୁଭଯୋଗ ହେଉଛି ତପସ୍ୟାଧର୍ମ ତଥା ଶୁଭଯୋଗ ପୁଣ୍ୟର ଆସ୍ରବ ମଧ୍ୟ ।[୫୨] ଅନୁକମ୍ପା, କ୍ଷମା, ସରାଗ-ସଂଯମ, ଅଳ୍ପ ପରିଗ୍ରହ, ଯୋଗ-ଋଜୁତା ଇତ୍ୟାଦି ପୁଣ୍ୟ-ବନ୍ଧର ହେତୁ ସାଜିଥାନ୍ତି ।[୫୩] ଏଗୁଡ଼ିକ ସତ୍ ପ୍ରବୃତ୍ତି ରୂପ ହୋଇଥିବାରୁ ଧର୍ମ ଅଟନ୍ତି ।

ସିଦ୍ଧାନ୍ତ ଚକ୍ରବର୍ତ୍ତୀ ନେମିଚନ୍ଦ୍ରାଚାର୍ଯ୍ୟ, ଶୁଭଭାବଯୁକ୍ତ ଜୀବକୁ ପୁଣ୍ୟ ତଥା ଅଶୁଭ ଭାବଯୁକ୍ତ ଜୀବକୁ ପାପ ରୂପରେ ବର୍ଣ୍ଣନା କରିଛନ୍ତି ।[୫୪] ଅହିଂସା ଆଦି ବ୍ରତର ପାଳନ କରିବା ହିଁ ଶୁଭୋପଯୋଗ । ଏହିସବୁ ବ୍ରତରେ ପ୍ରବୃତ୍ତ ଜୀବର ଯେଉଁ ଶୁଭକର୍ମର ବନ୍ଧ ହୋଇଥାଏ ତାହା ପୁଣ୍ୟ । ଅଭେଦୋପଚାର ଦୃଷ୍ଟିରେ ପୁଣ୍ୟର କାରଣଭୂତ ଶୁଭୋପଯୋଗ ପ୍ରବୃତ୍ତଜୀବକୁ ହିଁ ପୁଣ୍ୟ ରୂପ କୁହାଯାଇଥାଏ ।

ପୁଣ୍ୟ ହେତୁକ ସତ୍ ପ୍ରବୃତ୍ତିଗୁଡ଼ିକୁ ବି ଅନେକ ସ୍ଥଳରେ ପୁଣ୍ୟ ବୋଲି କୁହାଯାଇଛି । ଏହି କାରଣରେ କାର୍ଯ୍ୟର ଉପଚାର, ବିବକ୍ଷାର ବିଚିତ୍ରତା ଅଥବା ସାପେକ୍ଷ ଦୃଷ୍ଟିକୋଣ ରହିଛି ।

ଯୋଗସୂତ୍ର ମଧ୍ୟ ପୁଣ୍ୟର ଉତ୍ପତ୍ତିକୁ ଧର୍ମ ସହିତ ଯୋଡ଼ି ଦେଇଛି । ଯଥା : ଧର୍ମ ଓ ଅଧର୍ମ ହେଉଛି କ୍ଲେଶମୂଳ ଏହି ମୂଳ ସହିତ କ୍ଲେଶାଶୟର ପରିପାକ ହେଲେ ତିନୋଟି ଫଳ ଜାତ ହୋଇଥାଏ - ଜାତି, ଆୟୁ ଓ ଭୋଗ । ଏମାନଙ୍କ ଦୁଇ ପ୍ରକାର ହେଉଛି - ସୁଖଦ ତଥା ଦୁଃଖଦ । ଯେଉଁ ଫଳର ହେତୁ ପୁଣ୍ୟ ତାହା ସୁଖଦ ତଥା ଯା'ର ହେତୁ ପାପ ତାହା ଦୁଃଖଦ ହୋଇଥାଏ ।[୫୫]

ତୁଳନା କରି ଦେଖନ୍ତୁ :-

ଜୈନ

ଆସ୍ରବ

ଶୁଭଯୋଗ ଅଶୁଭଯୋଗ

ପୁଣ୍ୟ ପାପ

ବେଦନୀୟ ନାମ ଗୋତ୍ର ଆୟୁ

ବେଦନୀୟ ନାମ ଗୋତ୍ର ଆୟୁ

ପାତଞ୍ଜଳି ଯୋଗ

କ୍ଲେଶମୂଳ

ଧର୍ମ ଅଧର୍ମ

ପୁଣ୍ୟ ପାପ

ଜାତି ଆୟୁ ଭୋଗ

ଜାତି ଆୟୁ ଭୋଗ

ପୁରୁଷାର୍ଥ ଦ୍ୱାରା ଭାଗ୍ୟର ପରିବର୍ତ୍ତନ ସଂଭବପର

ସାଂପ୍ରତିକ ଦୃଷ୍ଟିରେ ପୁରୁଷାର୍ଥ ଅବନ୍ଧ୍ୟ ନୁହେଁ । ଅତୀତ ଦୃଷ୍ଟିରେ ପୁରୁଷାର୍ଥର ମହତ୍ତ୍ୱ ରହିଛି ଏବଂ କଦାଚିତ୍ ରହିନାହିଁ । ବର୍ତ୍ତମାନର ପୁରୁଷାର୍ଥ ଅତୀତର ପୁରୁଷାର୍ଥଠାରୁ ଦୁର୍ବଳ ହେଲେ ତାହା ଅତୀତର ପୁରୁଷାର୍ଥକୁ ଅନ୍ୟଥା

(୫୨) ସୂତ୍ର କୃତାଙ୍ଗ, ୨/୫/୧୭, ବୃତ୍ତି-ଯୋଗଃ ଶୁଦ୍ଧଃ ପୁଣ୍ୟାସ୍ରବସ୍ତୁ ପାପସ୍ୟ ତଦ୍‌ବିପର୍ଯ୍ୟାସଃ ।

(୫୩) ଭଗବତୀ, ୮/୪୧୯-୪୩୧

(୫୪) ଦ୍ରବ୍ୟ ସଂଗ୍ରହ, ୩୮

(୫୫) ପାତଞ୍ଜଳ ଯୋଗ, ୨/୧୪:
ସତିମୂଳେ ତଦ୍‌ବିପାକୋ ଜାତ୍ୟାୟୁର୍ଭୋଗାଃ ।
ତେ ଆହ୍ଲାଦ ପରିତାପ ଫଳାଃ ପୁଣ୍ୟାପୁଣ୍ୟ ହେତୁତ୍ୱାତ୍ ।

କରିପାରେ ନାହିଁ । ବର୍ତ୍ତମାନର ପୁରୁଷାର୍ଥ ଅତୀତର ପୁରୁଷାର୍ଥଠାରୁ ପ୍ରବଳ ହେଲେ ହିଁ ଅତୀତର ପୁରୁଷାର୍ଥକୁ ଅନ୍ୟଥା କରିବାରେ ସକ୍ଷମ ହୋଇଥାଏ ।

କର୍ମର କେବଳ ବନ୍ଧନ ଓ ଉଦୟ - ଏହି ଦୁଇଟି ମାତ୍ର ଅବସ୍ଥା ଯଦି ଥାଆନ୍ତା ତେବେ କର୍ମବନ୍ଧ ହୋଇ ବେଦନା ପରେ ତାହା ନିର୍ବୀର୍ଯ୍ୟ ହୋଇ ଆତ୍ମାରୁ ପୃଥକ୍ ହୋଇ ପଡ଼ନ୍ତେ । ପରିବର୍ତ୍ତନ ସକାଶେ କୌଣସି ଅବକାଶ ରହନ୍ତା ନାହିଁ । ତେବେ ବନ୍ଧନ ଓ ଉଦୟ ବ୍ୟତୀତ କର୍ମର ଅନ୍ୟ ଅବସ୍ଥା ମଧ୍ୟ ରହିଛି -

୧. ଅପବର୍ତ୍ତନ ଦ୍ୱାରା କର୍ମ-ସ୍ଥିତିର ଅଳ୍ପୀକରଣ (ସ୍ଥିତି-ଘାତ) ତଥା ରସର ମନ୍ଦୀକରଣ (ରସ-ଘାତ) ହୋଇଥାଏ ।

୨. ଉଦ୍‌ବର୍ତ୍ତନା ଦ୍ୱାରା କର୍ମ-ସ୍ଥିତିର ଦୀର୍ଘୀକରଣ ତଥା ରସର ତୀବ୍ରୀକରଣ ହୋଇଥାଏ ।

୩. ଉଦୀରଣା ଦ୍ୱାରା ଦୀର୍ଘ ସମୟ ପରେ ତୀବ୍ର ଭାବ ନେଇ ଉଦିତ ହେଉଥିବା କର୍ମ ତତ୍‌କାଳ ମନ୍ଦଭାବ ନେଇ ଉଦୟରେ ଆସିଥାନ୍ତି ।

୪. ଗୋଟିଏ କର୍ମ ଶୁଭ ହୋଇଥାଏ, ଯା'ର ବିପାକ ମଧ୍ୟ ଶୁଭ ହୋଇଥାଏ ଅଥଚ ଅନ୍ୟ ଏକ କର୍ମ ଶୁଭ ହୋଇଥାଏ କିନ୍ତୁ ତା'ର ବିପାକ ଅଶୁଭ ହୋଇଥାଏ । ଗୋଟିଏ କର୍ମ ଅଶୁଭ ହୋଇଥାଏ ଯା'ର ବିପାକ ଅଶୁଭ ହୋଇଥାଏ ଅଥଚ ଅନ୍ୟ ଏକ କର୍ମ ଅଶୁଭ ହେବା ସତ୍ତ୍ୱେ ତା'ର ବିପାକ ଶୁଭ ହୋଇଥାଏ । ଯେଉଁ କର୍ମ ଶୁଭ ରୂପରେ ବନ୍ଧ ହୋଇ ଶୁଭ ଭାବରେ ହିଁ ଉଦିତ ହୁଏ ତାହା ଶୁଭ ତଥା ଶୁଭ-ବିପାକଯୁକ୍ତ ହୁଏ । କିନ୍ତୁ ଯେଉଁ କର୍ମର ଶୁଭ ରୂପରେ ବନ୍ଧନ ହୁଏ ଏବଂ ଅଶୁଭ ଭାବରେ ଉଦୟ ହୁଏ, ତାହା ଶୁଭ ଓ ଅଶୁଭ ବିପାକଯୁକ୍ତ ହୋଇଥାଏ । ଯେଉଁ କର୍ମ ଅଶୁଭ ରୂପରେ ବନ୍ଧ ହୋଇ ଶୁଭ ରୂପରେ ଉଦିତ ହୁଏ ତାହା ଅଶୁଭ ଓ ଅଶୁଭ ବିପାକଯୁକ୍ତ ହୋଇଥାଏ । ଯେଉଁ କର୍ମ ଅଶୁଭ ରୂପରେ ବନ୍ଧ ହୋଇ ଅଶୁଭ ରୂପରେ ଉଦିତ ହୁଏ, ତାହା ଅଶୁଭ ତଥା ଅଶୁଭ ବିପାକଯୁକ୍ତ ହୁଏ । କର୍ମର ବନ୍ଧ ଏବଂ ଉଦୟରେ ଏହି ଯେଉଁ ଅନ୍ତର ଆସିଥାଏ, ତା'ର କାରଣ ହେଉଛି ସଂକ୍ରମଣ (ବଦ୍ଧ୍ୟମାନ କର୍ମର କର୍ମାନ୍ତର ପ୍ରବେଶ) ।

ଯେଉଁ ଅଧ୍ୟବସାୟ ସାହାଯ୍ୟରେ ଜୀବ, କର୍ମ-ପ୍ରକୃତିର ବନ୍ଧ କରିଥାଏ, ତାହାର ତୀବ୍ରତା ଯୋଗୁଁ ପୂର୍ବବଦ୍ଧ ସଜାତୀୟ ପ୍ରକୃତିର ଦଳିକମାନଙ୍କୁ ବଦ୍ଧ୍ୟମାନ ପ୍ରକୃତିର ଦଳିକ ସହିତ ସଂକ୍ରାନ୍ତ କରିପକାଏ, ପରିଣତ ବା ପରିବର୍ତ୍ତିତ କରିଦିଏ - ଏହା ହିଁ ସଂକ୍ରମଣ ।

ସଂକ୍ରମଣ ଚାରି ପ୍ରକାର - ୧.ପ୍ରକୃତି-ସଂକ୍ରମ , ୨.ସ୍ଥିତି-ସଂକ୍ରମ, ୩.ଅନୁଭାବ-ସଂକ୍ରମ ଓ ୪. ପ୍ରଦେଶ-ସଂକ୍ରମ ।[୫୬]

ପ୍ରକୃତି-ସଂକ୍ରମ ପୂର୍ବରୁ ଆବଦ୍ଧ ପ୍ରକୃତି (କର୍ମ-ସ୍ୱଭାବ) ବର୍ତ୍ତମାନ ବନ୍ଧନଶୀଳ ପ୍ରକୃତି ରୂପରେ ପରିବର୍ତ୍ତିତ ହୋଇଯାଏ । ଏହି ପ୍ରକାର ସ୍ଥିତି, ଅନୁଭାବ ଓ ପ୍ରଦେଶର ପରିବର୍ତ୍ତନ ସଂଘଟିତ ହୁଏ ।

ଅପବର୍ତ୍ତନ, ଉଦ୍‌ବର୍ତ୍ତନ, ଉଦୀରଣା ଓ ସଂକ୍ରମଣ - ଏହି ଚାରୋଟି ଉଦୟାବଳିକା (ଉଦୟକ୍ଷଣ)ର ବହିର୍ଭୂତ କର୍ମ ପୁଦ୍‌ଗଳର ହିଁ ହୋଇଥାଏ । ଉଦୟାବଳିକା ମଧ୍ୟରେ ପ୍ରବିଷ୍ଟ କର୍ମପୁଦ୍‌ଗଳର ଉଦୟରେ କୌଣସି ପରିବର୍ତ୍ତନ ହୁଏ ନାହିଁ । ଅନୁଦିତ କର୍ମର ଉଦୟରେ ପରିବର୍ତ୍ତିତ ହୋଇଥାଏ । ପୁରୁଷାର୍ଥ ସିଦ୍ଧାନ୍ତର ଏହା ହେଉଛି ଧ୍ରୁବ ଆଧାର । ଏହା ଯଦି ନ ଥା'ନ୍ତା ତେବେ ନିରୋଳା ନିୟତିବାଦର ଏକଚ୍ଛତ୍ର ସାମ୍ରାଜ୍ୟ ହିଁ ରହିଥାନ୍ତା ।

ଆତ୍ମା ସ୍ୱତନ୍ତ୍ର ନା କର୍ମର ଅଧୀନ ?

କର୍ମର ମୁଖ୍ୟତଃ ଦୁଇଟି ଅବସ୍ଥା - ବନ୍ଧ ଓ ଉଦୟ । ଅନ୍ୟ ଶବ୍ଦରେ ଗ୍ରହଣ ଓ ଫଳ । କର୍ମଗ୍ରହଣରେ ଜୀବ ସ୍ୱତନ୍ତ୍ର କିନ୍ତୁ ଫଳଭୋଗରେ ପରତନ୍ତ୍ର । ଜଣେ ଲୋକ ସ୍ୱଇଚ୍ଛାରେ ଗଛ ଉପରକୁ ଚଢ଼ିପାରିବ, ଚଢ଼ିବାରେ ସେ ସ୍ୱତନ୍ତ୍ର । ପ୍ରମାଦବଶତଃ ଗଛରୁ ଖସି ପଡ଼ିଥାଏ । ଏହି ପ୍ରକ୍ରିୟାରେ ସେ ସ୍ୱତନ୍ତ୍ର ନୁହେଁ ।[୫୭]

---

[୫୬] ଠାଣଂ, ୪/୨୯୭

[୫୭] ବିଶେଷାଶବ୍ୟକଭାଷ୍ୟ, ୧/୩
କମ୍ମଂ ଚିଣନ୍ତି ସବସା, ତସ୍ସୁଦୟମ୍ମିଭ ପରବସା ହୋନ୍ତି ।
ରୁକ୍‌ଖଂ ଦୁ ରୁହଇ ସବସୋ, ବିଗଳସପରବସୋ ତତ୍ତୋ ।

ନିଜ ଇଚ୍ଛାରେ କେହି ମଧ୍ୟ ତଳକୁ ଖସିବାକୁ ଚାହେଁ ନାହିଁ କିନ୍ତୁ ତଳକୁ ଖସିବା ଏକ ସ୍ୱାଭାବିକ ପ୍ରକ୍ରିୟା, ଏହି ପତନ କ୍ରିୟାରେ ସେ ପରତନ୍ତ୍ର ଥାଏ । ଏହିଭଳି ବିଷ ଖାଇବାରେ ଜଣେ ସ୍ୱତନ୍ତ୍ର ଅଥଚ ତା'ର ପରିଣାମ ଭୋଗିବାରେ ସେ ପରତନ୍ତ୍ର । ଜଣେ ରୋଗୀ ମଧ୍ୟ ଯଦି ଚାହିଁବ ତେବେ ଗରିଷ୍ଠ, ତେଲ ମସଲାଯୁକ୍ତ ଖାଦ୍ୟ ଖାଇପାରିବ, କିନ୍ତୁ ପରିଣାମ ସ୍ୱରୂପ ଯେଉଁ ଅଜୀର୍ଣ୍ଣତା ସୃଷ୍ଟି ହେବ, ତହିଁରୁ ରକ୍ଷା ପାଇପାରିବ ନାହିଁ । କର୍ମ-ଫଳ-ଭୋଗ କରିବାରେ ଜୀବ ସ୍ୱତନ୍ତ୍ର ନୁହେଁ - ଏହା ପ୍ରାୟଶଃ ଯଥାର୍ଥ । ତେବେ ବ୍ୟତିକ୍ରମ ସଦୃଶ, ଜୀବ କର୍ମ-ଫଳ ଭୋଗ କ୍ଷେତ୍ରରେ ସ୍ୱତନ୍ତ୍ର ହୋଇଥାଏ । ଜୀବ ଓ କର୍ମ ମଧ୍ୟରେ ସଂଘର୍ଷ ନିରନ୍ତର ଲାଗି ରହିଥାଏ ।[୫୮] ଜୀବର କାଳ ଆଦି ଲବ୍ଧିର ଅନୁକୂଳ ହୋଇଥିଲେ ତାହା କର୍ମକୁ ପରାସ୍ତ କରିଦିଏ । କର୍ମର ବାହୁଲ୍ୟ ଦ୍ୱାରା ଜୀବ ପରାଜୟ ବରଣ କରିଥାଏ । ତେଣୁ ଏହି ମାନ୍ୟତା ପ୍ରଚଳିତ ଯେ - କିଛି କ୍ଷେତ୍ରରେ ଜୀବ, କର୍ମର ଅଧୀନ ଏବଂ ଅନ୍ୟ କେତେକ ସ୍ଥଳରେ କର୍ମ, ଜୀବର ଅଧୀନ ଥାଏ ।

କର୍ମ ଦୁଇ ଭାଗରେ ବିଭକ୍ତ - ୧.ନିକାଚିତ - ଯା'ର ବିପାକ ଅନ୍ୟଥା ହୁଏ ନାହିଁ । ୨. ଦଳିକ - ଯା'ର ବିପାକ ଅନ୍ୟଥା ମଧ୍ୟ ହୋଇପାରିବ ।

ଅନ୍ୟ ଶବ୍ଦରେ - ୧. ନିରୁପକ୍ରମ - ଏହି କର୍ମର କୌଣସି ପ୍ରତିକାର ନାହିଁ । ଏହାର ଉଦୟ ଅବଶ୍ୟମ୍ଭାବୀ । ୨. ସୋପକ୍ରମ - ଏହି କର୍ମ ଉପଚାରସାଧ୍ୟ ହୋଇଥାଏ ।

ନିକାଚିତ କର୍ମୋଦୟ କ୍ଷେତ୍ରରେ ଜୀବ କର୍ମର ଅଧୀନକୁ ଚାଲିଆସେ । ଦଳିକ ଅବସ୍ଥାରେ ଦୁଇ କଥା ହୋଇଥାଏ । ଜୀବ ତାହାକୁ ପରାହତ କରିବାକୁ ଉଦ୍ୟମ ନ କରିଲେ ସେ କର୍ମାଧୀନ ହୋଇପଡ଼େ ତଥା ପ୍ରବଳ ଧୃତି, ମନୋବଳ, ଶରୀରବଳ ଇତ୍ୟାଦି ସାମଗ୍ରୀ ସହାୟତାରେ ସତ୍ ପ୍ରଯତ୍ନ କରିଲେ, ଜୀବ କର୍ମକୁ ଆପଣା ଅଧୀନ କରିବାରେ ସକ୍ଷମ ହୋଇଥାଏ । ଉଦୟକାଳ ଆଗରୁ କର୍ମକୁ ଉପସ୍ଥାପିତ କରି ତାହାକୁ ଛିନ୍ନ ଭିନ୍ନ କରି ତା'ର ସ୍ଥିତି ଓ ରସକୁ ମନ୍ଥର କରିଦେବା - ଏହି ସ୍ଥିତିରେ ହିଁ ହୋଇଥାଏ । ଏହା ହେଉ ନ ଥିଲେ ତପସ୍ୟା କରିବାର କୌଣସି ଅର୍ଥ ନାହିଁ । ପୂର୍ବରୁ ବନ୍ଧାଯାଇଥିବା କର୍ମର ସ୍ଥିତି ଓ ଫଳ-ଶକ୍ତିକୁ ନଷ୍ଟ କରି ସେମାନଙ୍କୁ ଶୀଘ୍ର କ୍ଷୟ କରିବା ଉଦ୍ଦେଶ୍ୟରେ ତପସ୍ୟା କରାଯାଇଥାଏ । ପାତଞ୍ଜଳ ଯୋଗ ଭାଷ୍ୟରେ ବି ଅଦୃଷ୍ଟ-ଜନ୍ମ-ବେଦନୀୟ କର୍ମର ତିନି ଗତିର ବର୍ଣ୍ଣନା ରହିଛି । ଅନେକ କର୍ମ, ଫଳ ପ୍ରଦାନ ନ କରି ପ୍ରାୟଶ୍ଚିତ୍ତ ଆଦି ଦ୍ୱାରା ନଷ୍ଟ ହୋଇଥାନ୍ତି । ଏହା ଏକ ଗତି ।[୫୯] ଏହାକୁ ଜୈନ ଦୃଷ୍ଟିରେ ଉଦୀରଣା କୁହାଯାଏ ।

ଉଦୀରଣା

ଗୌତମ ପ୍ରଶ୍ନ କରୁଛନ୍ତି - 'ପ୍ରଭୁ ! ଜୀବ ଉଦୀର୍ଣ୍ଣ କର୍ମ-ପୁଦ୍‌ଗଳଗୁଡ଼ିକର ଉଦୀରଣା କରିଥାଏ କି ? ଅନୁଦୀର୍ଣ୍ଣ କର୍ମ-ପୁଦ୍‌ଗଳ ସମୂହର ଉଦୀରଣା କରିଥାଏ କି ? କ'ଣ ଅନୁଦୀର୍ଣ୍ଣ ଅଥଚ ଉଦୀରଣା-ଯୋଗ୍ୟ କର୍ମ ପୁଦ୍‌ଗଳର ଉଦୀରଣା କରିଥାଏ ? କ'ଣ ଉଦୟାନନ୍ତର ପଶ୍ଚାତ୍‌କୃତ କର୍ମ-ପୁଦ୍‌ଗଳର ଉଦୀରଣା କରିଥାଏ ?'

ଭଗବାନ୍ ମହାବୀର ଉତ୍ତର ଦେଲେ - 'ଗୌତମ ! ଜୀବ ଉଦୀର୍ଣ୍ଣ କିମ୍ବା ଅନୁଦୀର୍ଣ୍ଣର ଉଦୀରଣା କରି ନ ଥାଏ । ଅନୁଦୀର୍ଣ୍ଣ କିନ୍ତୁ ଉଦୀରଣା ଯୋଗ୍ୟ କର୍ମ-ପୁଦ୍‌ଗଳର ଉଦୀରଣା କରିଥାଏ । ଉଦୟାନନ୍ତର ପଶ୍ଚାତ୍-କୃତ-କର୍ମର ମଧ୍ୟ ଉଦୀରଣା କରି ନ ଥାଏ ।[୬୦]

---

(୫୮) ଗଣଧରବାଦ, ୨/୨୫
କତ୍ଥବି ବଲିଓ ଜୀବୋ,
କତ୍ଥବି କମ୍ମାଇ ହୁନ୍ତି ବଲିୟାଇ ।
ଜୀବସ୍‌ସ ଯ କମ୍ମସ୍‌ସ ଯ,
ପୁବ୍ବ ବିରୁଦ୍ଧାଇ ବୈରାଇ ॥

(୫୯) ପାତଞ୍ଜଳ ଯୋଗ, ୨/୧୩-ଭାଷ୍ୟ-
କୃତସ୍ୟାଽବିପକ୍ୱସ୍ୟ ନାଶଃ - ଅଦତ୍ତଫଳସ୍ୟ
କସ୍ୟ ଚିତ୍ ପାପକର୍ମଣଃ, ପ୍ରାୟଶ୍ଚିତ୍ତାଦିନା
ନାଶ ଇତ୍ୟେକା ଗୀତିରିତ୍ୟର୍ଥଃ ।

(୬୦) ଭଗବଈ, ୧/୧୪୮

୧. ଉଦୀର୍ଣ୍ଣ କର୍ମ-ପୁଦ୍‌ଗଳର ପୁଣି ଉଦୀରଣା କରିଚାଲିଲେ ଏହି ପ୍ରକ୍ରିୟାର କେବେ ବି ପରିସମାପ୍ତି ହୁଏ ନାହିଁ । ତେଣୁ ଉଦୀର୍ଣ୍ଣର ଉଦୀରଣାର ନିଷେଧ କରାଯାଇଛି ।

୨. ଯେଉଁ କର୍ମ-ପୁଦ୍‌ଗଳର ଉଦୀରଣା ସୁଦୂର ଭବିଷ୍ୟତରେ ହେବା ନିର୍ଦ୍ଧାରିତ ଅଥଚ ଯା'ର ଉଦୀରଣା ଆଦୌ ହେବାର ନାହିଁ, ସେହି ଅନୁଦୀର୍ଣ୍ଣ କର୍ମ-ପୁଦ୍‌ଗଳର ମଧ୍ୟ ଉଦୀରଣା ହୋଇ ନ ଥାଏ ।

୩. ଯେଉଁ କର୍ମ-ପୁଦ୍‌ଗଳ ଉଦିତ ହୋଇସାରିଲେଣି (ଉଦୟାନନ୍ତର ପଶ୍ଚାତ୍‌କୃତ), ସେମାନେ ନିଜ ସାମର୍ଥ୍ୟ ହରାଇ ଦେଇଥାନ୍ତି । ତେଣୁ ସେମାନଙ୍କ ଉଦୀରଣାର ନିଷେଧ କରାଯାଇଛି ।

୪. ଯେଉଁ କର୍ମ-ପୁଦ୍‌ଗଳ ବର୍ତ୍ତମାନ ଉଦୀରଣା-ଯୋଗ୍ୟ ଅବସ୍ଥାରେ ଉପନୀତ (ଅନୁଦୀର୍ଣ୍ଣ; କିନ୍ତୁ ଉଦୀରଣାଯୋଗ୍ୟ), କେବଳ ସେମାନଙ୍କ ଉଦୀରଣା ହିଁ ହୋଇଥାଏ ।

କର୍ମର ସ୍ୱାଭାବିକ ଉଦୟରେ ନୂତନ ପୁରୁଷାର୍ଥର ଆବଶ୍ୟକତା ପଡ଼େ ନାହିଁ । ବନ୍ଧସ୍ଥିତି ସଂପୂର୍ଣ୍ଣ ହେଲେ କର୍ମ-ପୁଦ୍‌ଗଳ ସ୍ୱତଃ ଉଦିତ ହୋଇପଡ଼ନ୍ତି । ସ୍ଥିତି କ୍ଷୟ ପୂର୍ବରୁ ଉଦୀରଣା ସାହାଯ୍ୟରେ ସେଗୁଡ଼ିକୁ ଉଦୟୋନ୍ମୁଖ କରାଯାଏ । ଏହି ପ୍ରକ୍ରିୟାରେ ବିଶେଷ ପ୍ରଯତ୍ନ ବା ପୁରୁଷାର୍ଥର ଆବଶ୍ୟକତା ପଡ଼ିଥାଏ ।

ଗୌତମ ପୁଣି ପ୍ରଶ୍ନ କରିଛନ୍ତି - 'ଭଗବନ୍ ! ଅନୁଦୀର୍ଣ୍ଣ କିନ୍ତୁ ଉଦୀରଣା ଯୋଗ୍ୟ କର୍ମ-ପୁଦ୍‌ଗଳର ଯେଉଁ ଉଦୀରଣା ହୁଏ, ତାହା ଉତ୍‌ଥାନ, କର୍ମ, ବଳ, ବୀର୍ଯ୍ୟ, ପୁରୁଷକାର ଏବଂ ପରାକ୍ରମ ଦ୍ୱାରା ସଂଭବ ହୋଇଥାଏ ନା ଅନୁତ୍‌ଥାନ, ଅକର୍ମ, ଅବଳ, ଅବୀର୍ଯ୍ୟ, ଅପୁରୁଷକାର ତଥା ଅପରାକ୍ରମ ଦ୍ୱାରା ସଂଘଟିତ ହୁଏ ?

ଭଗବାନ ଉତ୍ତର ଦେଲେ - 'ଗୌତମ ! ଜୀବ ଉତ୍‌ଥାନ ଆଦି ଦ୍ୱାରା ଅନୁଦୀର୍ଣ୍ଣ ଅଥଚ ଉଦୀରଣାଯୋଗ୍ୟ କର୍ମ-ପୁଦ୍‌ଗଳର ଉଦୀରଣା କରିଥାଏ । ଅନୁତ୍‌ଥାନ ଆଦି ଦ୍ୱାରା ଉଦୀରଣା କରିପାରେ ନାହିଁ ।'[୬୧]

ଏହା ହେଉଛି ଭାଗ୍ୟ ଓ ପୁରୁଷାର୍ଥର ସମନ୍ୱୟ । ପୁରୁଷାର୍ଥ ଦ୍ୱାରା କର୍ମରେ ପରିବର୍ତ୍ତନ କରାଯାଇପାରିବ - ଏହା ସ୍ପଷ୍ଟ ଓ ନିଶ୍ଚିତ ।

କର୍ମର ଉଦୀରଣା 'କରଣ' ଦ୍ୱାରା ହୋଇଥାଏ । 'କରଣ' ଅର୍ଥ 'ଯୋଗ' । ଯୋଗର ତିନି ପ୍ରକାର - ୧. ଶାରୀରିକ ବ୍ୟାପାର, ୨. ବାଚିକ ବ୍ୟାପାର ଓ ୩. ମାନସିକ ବ୍ୟାପାର । ଉତ୍‌ଥାନ ଆଦି ଏମାନଙ୍କ ଅନ୍ତର୍ଗତ ଆସିଥାନ୍ତି । ଯୋଗ ଉଭୟ ଶୁଭ ଓ ଅଶୁଭ ପ୍ରକାର ହୋଇପାରିବ । ଆସ୍ରବ - ଚତୁଷ୍ଟୟରେ ଅପ୍ରବୃତ୍ତିକୁ ଶୁଭଯୋଗ ଏବଂ ପ୍ରବୃତ୍ତି ଅଶୁଭଯୋଗ ।' ଶୁଭଯୋଗ ହେଉଛି ତପସ୍ୟା, ସତ୍‌ପ୍ରବୃତ୍ତି । ତାହା ଉଦୀରଣାର ହେତୁ ଅଟେ । କ୍ରୋଧ, ମାନ, ମାୟା ଓ ଲୋଭ ପ୍ରବୃତ୍ତି ଅଶୁଭଯୋଗ । ଏମାନଙ୍କ ଦ୍ୱାରା ବି ଉଦୀରଣା ତୀବ୍ରତର ହୁଏ ।[୬୨]

ବେଦନା

ଗୌତମ - 'ଭଗବନ୍ ! ଅନ୍ୟଯୁଥିକ କହନ୍ତି - ସମସ୍ତ ଜୀବ ଏବମ୍ଭୂତ (ଯେପରି କର୍ମବନ୍ଧ କରିଛନ୍ତି ସେପରି) ବେଦନା ଭୋଗିଥାନ୍ତି - ଏହି ତତ୍ତ୍ୱ ସଂବନ୍ଧରେ କିଛି କହନ୍ତୁ ।'

ଭଗବାନ୍ - 'ଗୌତମ' ! ଅନ୍ୟଯୁଥିକ ଯାହା ଏକାନ୍ତତଃ କହୁଛନ୍ତି - ତାହା ସତ୍ୟ ନୁହେଁ । ମୁଁ ଏହି ପ୍ରକାର କହିବି କିଛି ଜୀବ ଏବମ୍ଭୂତ ବେଦନା ଭୋଗ କରିଥାନ୍ତି ତଥା ଅନ୍ୟ କିଛି ଜୀବ ଅନ - ଏବମ୍ଭୂତ ବେଦନା ଭୋଗିଥାନ୍ତି ।

ଗୌତମ - 'ଭଗବନ୍ ! ବୁଝି ହେଲାନି । ଦୟା କରି ସ୍ପଷ୍ଟ କରନ୍ତୁ ।'

ଭଗବାନ - 'ଗୌତମ ! ଯେଉଁ ଜୀବ ନିଜ କୃତକର୍ମ ଅନୁସାରେ ବେଦନା- ଭୋଗ କରନ୍ତି ସେମାନେ ଏବମ୍ଭୂତବେଦନା ଭୋଗିଥାନ୍ତି ତଥା ଯେଉଁ ଜୀବମାନେ ନିଜ କୃତକର୍ମଠାରୁ ଅନ୍ୟଥା ବେଦନା ଭୋଗ କରନ୍ତି - ସେମାନେ ଅନ-ଏବମ୍ଭୂତ ବେଦନାଭୋଗ କରନ୍ତି ।[୬୩]

---

(୬୧) ଭଗବଈ, ୧/୧୪୯

(୬୨) ଭଗବଈ, ୧/୩/୩୫

(୬୩) ଭଗବଈ, ୫/୧୧୬-୧୨୦

ଗୌତମ - 'ଭଗବନ୍ ! ନୈରୟିକ ଜୀବ କେତେ ପ୍ରକାର ପୁଦ୍‌ଗଳର ଭେଦ ଓ ଉଦୀରଣା କରିଥାନ୍ତି ?'

ଭଗବାନ୍ - 'ଗୌତମ ! ନୈରୟିକ ଜୀବ କର୍ମ-ପୁଦ୍‌ଗଳ ଦୃଷ୍ଟିକୋଣରୁ ଅଣୁ ଓ ବାହ୍ୟ (ସୂକ୍ଷ୍ମ ଓ ସ୍ଥୂଳ) - ଏହି ଦୁଇ ପ୍ରକାର ପୁଦ୍‌ଗଳର ଭେଦ ଓ ଉଦୀରଣା କରିଥାନ୍ତି । ଏହି ପ୍ରକାର ଚୟ, ଉପଚୟ, ବେଦନା, ନିର୍ଜରା, ଅପବର୍ତ୍ତନ, ସଂକ୍ରମଣ, ନିଧତ୍ତି ଏବଂ ନିକାଚନ କରନ୍ତି ।'

ଗୌତମ - 'ଭଗବନ୍ ! ନୈରୟିକ ଜୀବ ତୈଜସ୍ ଓ କାର୍ମଣ ପୁଦ୍‌ଗଳର ଗ୍ରହଣ କ'ଣ ? ଅତୀତ କାଳରେ କରିଥାନ୍ତି ? ନା ବର୍ତ୍ତମାନ କାଳରେ କରନ୍ତି ? ନା ଅନାଗତ କାଳରେ କରନ୍ତି ?

ଭଗବାନ - 'ଗୌତମ ! ନୈରୟିକ ଜୀବ ତୈଜସ୍ ଓ କାର୍ମଣ ପୁଦ୍‌ଗଳର ଗ୍ରହଣ ଅତୀତ କିମ୍ବା ଅନାଗତ କାଳରେ କରନ୍ତି ନାହିଁ । ସେମାନେ ବର୍ତ୍ତମାନ କାଳରେ ହିଁ କରିଥାନ୍ତି ।' ଗୌତମ - 'ଭଗବନ୍ ! ନୈରୟିକ ଜୀବ ଅତୀତରେ ଗ୍ରହଣ କରିଥିବା ତୈଜସ୍ ଓ କାର୍ମଣ ପୁଦ୍‌ଗଳର ଉଦୀରଣା କରିଥାନ୍ତି କି ? ବର୍ତ୍ତମାନ କାଳରେ ଗ୍ରହଣ କରୁଥିବା ପୁଦ୍‌ଗଳର ଓ ଉଦୀରଣା କରନ୍ତି ? ଗ୍ରହଣ ସମୟ-ପୁରସ୍କୃତ-ବର୍ତ୍ତମାନଠାରୁ ଆଗାମୀ ସମୟରେ ଗ୍ରହଣ କରାଯାଉଥିବା ପୁଦ୍‌ଗଳର ଉଦୀରଣା କରିଥାନ୍ତି କି ?

ଭଗବାନ୍ - 'ଗୌତମ୍ ! ସେମାନେ ଅତୀତ କାଳରେ ଗ୍ରହଣ କରିଥିବା ପୁଦ୍‌ଗଳର ଉଦୀରଣା କରନ୍ତି । ବର୍ତ୍ତମାନ କାଳରେ ଗ୍ରହଣ କରିଥିବା ପୁଦ୍‌ଗଳର ଉଦୀରଣା କରନ୍ତି ନାହିଁ ତଥା ଗ୍ରହଣ ସମୟ ପୁରସ୍କୃତ ପୁଦ୍‌ଗଳଗୁଡ଼ିକର ବି ଉଦୀରଣା କରନ୍ତି ନାହିଁ ।

ଏହି ପ୍ରକାର ବେଦନା ଓ ନିର୍ଜରା ଅତୀତ କାଳରେ ଗୃହୀତ ପୁଦ୍‌ଗଳର ହିଁ ହୋଇଥାଏ ।

ନିର୍ଜରା

ସଂଯୋଗର ଅନ୍ତିମ ପରିଣାମ ହେଉଛି ବିୟୋଗ । ଆତ୍ମା ଏବଂ ପରମାଣୁ - ଏମାନେ ଦୁହେଁ ଭିନ୍ନ ଅଟନ୍ତି । ବିୟୋଗ ହେଲା ପରେ ଆତ୍ମା, ଆତ୍ମା ହୋଇ ରହିଯାଏ ତଥା ପରମାଣୁ କେବଳ ପରମାଣୁ ହୋଇ ରହିଯାଏ । ଏ ଦୁହିଁଙ୍କର ସଂଯୋଗ ହେଲେ ଆତ୍ମା ରୂପୀ ବୋଲାଇଥାଏ ଏବଂ ପରମାଣୁ-କର୍ମ ।

କର୍ମ-ପ୍ରାୟୋଗ୍ୟ ପରମାଣୁ ଆତ୍ମା ସହିତ ସଂଶ୍ଳିଷ୍ଟ ହୋଇ କର୍ମରେ ପରିଣତ ହୁଅନ୍ତି । ତା' ଉପରେ ଆପଣା ପ୍ରଭାବ ବିସ୍ତାର କରିସାରିଲା ପରେ ଅକର୍ମରେ ପରିଣତ ହୋଇପଡ଼ନ୍ତି । ଅକର୍ମ ହେଲା ମାତ୍ରକେ ଆତ୍ମାରୁ ବିଲଗ ହୋଇଯାନ୍ତି । ଏହି ପୃଥକୀକରଣର ଅବସ୍ଥାକୁ ନିର୍ଜରା କୁହାଯାଏ ।

କର୍ମର ନିର୍ଜରା ହୁଏ - ଏହା ଔପଚାରିକ ସତ୍ୟ । ତେବେ କର୍ମର ବେଦନା - ଅନୁଭୂତି ହୋଇଥାଏ । ନିର୍ଜରା ହୁଏ ନାହିଁ, ଏହା ହେଲା ବସ୍ତୁ ସତ୍ୟ । ନିର୍ଜରା ଅକର୍ମର ହୋଇଥାଏ । ବେଦନା ଉତ୍ତାରୁ କର୍ମ-ପରମାଣୁଗୁଡ଼ିକର କର୍ମତ୍ୱ ନଷ୍ଟ ହୁଏ, ତା'ପରେ ନିର୍ଜରା ହୁଏ ।[୬୪]

ଗୋଟିଏ ପ୍ରକାର ଫଳ, ଡାଳରେ ଥାଇ ପାଚି ତଳେ ପଡ଼ିଥାଏ ତଥା ଅନ୍ୟ ଏକ ପ୍ରକାର ଫଳକୁ ପ୍ରଯତ୍ନ ସହକାରେ ପକ୍ୱ କରାଯାଇଥାଏ । ଉଭୟ ପରିପକ୍ୱ ହୁଅନ୍ତି, କିନ୍ତୁ ପରିପକ୍ୱ ହେବାର ପ୍ରକ୍ରିୟାରେ ପାର୍ଥକ୍ୟ ରହିଛି । ସହଜ ଗତିରେ ଯାହା ପାଚିଥାଏ, ତା'ର ପାକ-କାଳ ଦୀର୍ଘ ହୋଇଥାଏ ତଥା ପ୍ରଯତ୍ନପୂର୍ବକ ପାଚୁଥିବା ଫଳର ପାକକାଳ ସଂକ୍ଷିପ୍ତ ଥାଏ । କର୍ମ-ପରିପାକର ରୀତି ମଧ୍ୟ ଠିକ୍ ଏହିଭଳିଆ । ନିଶ୍ଚିତ କାଳ-ମର୍ଯ୍ୟାଦାରେ ଯେଉଁ କର୍ମ-ପରିପାକ ହୁଏ, ତା'ର ନିର୍ଜରାକୁ ବିପାକୀ-ନିର୍ଜରା କୁହାଯାଏ । ଏହା ଅହେତୁକ ନିର୍ଜରା । ଏଥିସକାଶେ କୌଣସି ନୂଆ ପ୍ରଯତ୍ନ କରାଯାଇ ନ ଥାଏ । ଏହି କାରଣରୁ ଏହାରୁ ହେତୁ ଧର୍ମ ହୁଏ ନାହିଁ କି ଅଧର୍ମ ମଧ୍ୟ ହୁଏ ନାହିଁ ।

ନିଶ୍ଚିତ କାଳ-ମର୍ଯ୍ୟାଦା ପୂର୍ବରୁ ଶୁଭ-ଯୋଗର ବ୍ୟାପାର ଫଳରେ କର୍ମ-ପରିପାକ ଦ୍ୱାରା ଯେଉଁ ନିର୍ଜରା ହୁଏ ତାହାକୁ ଅବିପାକ୍ୟ ନିର୍ଜରା ବୋଲି କୁହାଯାଏ । ଏହା ହେଉଛି ସହେତୁକ ନିର୍ଜରା । ଶୁଭ ପ୍ରଯତ୍ନ - ଏହି ନିର୍ଜରାର

---

(୬୪) ଭଗବତୀ , ୭/୭୫ : କମ୍ମଂ ବେଦଣା, ନୋକମ୍ମଂ ଣିଜ୍‌ଜରା ।

ହେତୁ । ତାହା ଧର୍ମ । ଧର୍ମ-ହେତୁକ ନିର୍ଜରା ନବ-ତତ୍ତ୍ୱ ମଧ୍ୟରେ ସପ୍ତମ ସ୍ଥାନରେ ରହିଛି । ମୋକ୍ଷ ଏହାର ଉତ୍କୃଷ୍ଟ ରୂପ । କର୍ମର ପୂର୍ଣ୍ଣ ନିର୍ଜରା ବା ବିଲୟ ହିଁ ମୋକ୍ଷ । କର୍ମର ଅପୂର୍ଣ୍ଣ ବିଲୟକୁ ନିର୍ଜରା କୁହାଯାଇପାରିବ । ଦୁହିଁଙ୍କ ପରିମାଣରେ ପ୍ରଭେଦ ରହିଛି, କିନ୍ତୁ ସ୍ୱରୂପରେ ପ୍ରଭେଦ ନାହିଁ । ନିର୍ଜରାର ଅର୍ଥ - ଆତ୍ମାର ବିକାଶ ବା ସ୍ୱଭାବୋଦୟ ।[୬୫] ଅଭେଦୋପଚାର ଦୃଷ୍ଟିରେ ସ୍ୱଭାବୋଦୟର ସାଧନଗୁଡ଼ିକୁ ବି ନିର୍ଜରା କୁହାଯାଇଥାଏ । ଏହି ଦୃଷ୍ଟି ଆଧାରରେ ଏହାକୁ ବାର (୧୨) ପ୍ରକାର ବିଭକ୍ତି କରାଯାଇଛି । ଏହାର ସକାମ ଓ ଅକାମ ନାମକ ଭେଦର ଆଧାରରେ ବି ଏହି ଦୃଷ୍ଟିଭଙ୍ଗୀ ରହିଛି ।[୬୬] ବସ୍ତୁତଃ ସକାମ ଓ ଅକାମ ହେଉଛି ତପ, ନିର୍ଜରା ନୁହେଁ । ନିର୍ଜରା ହେଉଛି ଆତ୍ମଶୁଦ୍ଧି ଏଠାରେ ମାତ୍ରାରେ ତାରତମ୍ୟ ରହିଛି, କିନ୍ତୁ ସ୍ୱରୂପରେ ଭେଦ ନାହିଁ ।

କର୍ମ-ମୁକ୍ତିର ପ୍ରକ୍ରିୟା

କର୍ମ ପରମାଣୁମାନଙ୍କର ବିକର୍ଷଣ ଘଟିତ ହେବା ସହିତ ଅନ୍ୟ କର୍ମ ପରମାଣୁଗୁଡ଼ିକର ଆକର୍ଷଣ ମଧ୍ୟ ହୋଇ ଚାଲିଥାଏ । ତେବେ କର୍ମମୁକ୍ତିରେ କୌଣସି ପ୍ରକାର ବାଧା ଉପୁଜି ନ ଥାଏ ।

କର୍ମ-ସମ୍ବନ୍ଧର ଦୁଇଟି ପ୍ରଧାନ ସାଧନ ହେଉଛି - କଷାୟ ଓ ଯୋଗ । ପ୍ରବଳ କଷାୟ ଯୋଗୁଁ କର୍ମ-ପରମାଣୁ ଆତ୍ମା ସହିତ ଅଧିକ କାଳ ପର୍ଯ୍ୟନ୍ତ ସଂଶ୍ଲିଷ୍ଟ ରହି ତୀବ୍ର ଫଳ ପ୍ରଦାନ କରିଥାନ୍ତି । କଷାୟ ମନ୍ଦ ହେବା ମାତ୍ରକେ ତାଙ୍କ ସ୍ଥିତି ଦୁର୍ବଳ ତଥା ଫଳ ପ୍ରଦାନ ଶକ୍ତି ମଧ୍ୟ ମନ୍ଥର ହୋଇଯାଏ । କଷାୟ ମନ୍ଦ ହେବା ସହିତ ନିର୍ଜରା ପରିପୁଷ୍ଟ ହୁଏ ଓ ପୁଣ୍ୟ-ବନ୍ଧ ଶିଥିଳ ହୋଇପଡ଼େ । ବୀତରାଗ ଆତ୍ମାର କେବଳ ଦୁଇ ସମୟର ସ୍ଥିତିର ବନ୍ଧ ହୋଇଥାଏ । ପ୍ରଥମ କ୍ଷଣରେ କର୍ମ-ପରମାଣୁ ତା' ସହିତ ସଂବନ୍ଧ ସ୍ଥାପନ କରନ୍ତି, ଦ୍ୱିତୀୟ କ୍ଷଣରେ କର୍ମ-ବନ୍ଧର ଭୋଗ ପରିସମ୍ପନ୍ନ ହୁଏ ତଥା ତୃତୀୟ କ୍ଷଣରେ ସେଗୁଡ଼ିକ ପୃଥକ୍ ହୋଇପଡ଼ନ୍ତି ।

ଚତୁର୍ଦ୍ଦଶ ଭୂମିକାରେ ମନ, ବାଣୀ ଓ ଶରୀରର ସମସ୍ତ ପ୍ରବୃତ୍ତି ଥମିଯାଏ । ସେଠାରେ ପୂର୍ବସଂଚିତ କର୍ମର କେବଳ ନିର୍ଜରଣ ହୁଏ, ନୂତନ କର୍ମର ବନ୍ଧ ହୁଏ ନାହିଁ । ଅବନ୍ଧ - ଅବସ୍ଥାରେ ଆତ୍ମା ଅବଶିଷ୍ଟ କର୍ମକୁ କ୍ଷୟ କରି ମୁକ୍ତିଶ୍ରୀକୁ ବରଣ କରିଥାଏ ।[୬୭] ମୁକ୍ତ ହେଉଥିବା ସମସ୍ତ ସାଧକଙ୍କୁ ଏକ ଶ୍ରେଣୀରେ ରଖାଯାଇପାରିବ ନାହିଁ । ସ୍ଥୂଳ ଦୃଷ୍ଟିରେ ଏମାନଙ୍କ ଚାରୋଟି ଶ୍ରେଣୀ ପ୍ରତିପାଦିତ କରାଯାଇଛି ।

୧. ପ୍ରଥମ ଶ୍ରେଣୀର ସାଧକଗଣଙ୍କ କର୍ମଭାର ହାଲୁକା ଥାଏ । ସେମାନଙ୍କ ସାଧନା କାଳ ଦୀର୍ଘ ହୋଇପାରେ, କିନ୍ତୁ ସେଥିସକାଶେ କଠୋରତପ ଆବଶ୍ୟକ ନୁହେଁ କିମ୍ବା ଅସହ୍ୟ କଷ୍ଟ ସହନ କରିବା ମଧ୍ୟ ଜରୁରୀ ନୁହେଁ । ସହଜ ଜୀବନ ବ୍ୟତୀତ କରି ସେମାନେ ମୁକ୍ତ ହୋଇଯାନ୍ତି । ଏହି ଶ୍ରେଣୀର ସାଧକମାନଙ୍କ ମଧ୍ୟରେ ଚକ୍ରବର୍ତ୍ତୀ ଭରତଙ୍କ ନାମ ଉଲ୍ଲେଖଯୋଗ୍ୟ ।

୨. ଦ୍ୱିତୀୟ ଶ୍ରେଣୀର ସାଧକମାନଙ୍କ କର୍ମ-ଭାର ଆହୁରି ହାଲୁକା ଥାଏ । ସେମାନଙ୍କ ସାଧନାକାଳ ମଧ୍ୟ ସ୍ୱଳ୍ପ । ଅତ୍ୟଳ୍ପ ତପ ତଥା ଅତ୍ୟଳ୍ପ କଷ୍ଟ ସହ୍ୟକରି ସହଜତୟା ମୁକ୍ତ ହୋଇଥାନ୍ତି । ଏହି ଶ୍ରେଣୀର ସାଧକମାନଙ୍କ ମଧ୍ୟରେ ଋଷଭଙ୍କ ମାତା ମରୁଦେବୀଙ୍କ ନାମ ଉଲ୍ଲେଖଯୋଗ୍ୟ ।

---

(୬୫) ଜୈନ ସିଦ୍ଧାନତ୍ ଦୀପିକା - ୫/୧୬

(୬୬) ଜୈନ ସିଦ୍ଧାନ୍ତ ଦୀପିକା - ୫/୧୭

(୬୭) ତୁଳନା - ଦ୍ୱେ ଶରୀରସ୍ୟ ପ୍ରକୃତି - ବ୍ୟକ୍ତା ଚ ଅବ୍ୟକ୍ତା ଚ । ତତ୍ର ଅବ୍ୟକ୍ତାୟାଃ କର୍ମ-ସମଖ୍ୟାତାୟାଃ ପ୍ରକୃତେ ରୂପ - ଭୋଗାତ୍ ପ୍ରକ୍ଷୟଃ । ପ୍ରକ୍ଷୀଣେଚ କର୍ମଣି ବିଦ୍ୟମାନାନି ଭୂତାନି ଚ ଶରୀରମୁତ୍ପାଦୟନ୍ତି ଇତି ଉପପନ୍ନୋଽପବର୍ଗଃ ।

୩. ତୃତୀୟ ଶ୍ରେଣୀର ସାଧକମାନଙ୍କ କର୍ମ-ଭାର ମହାନ୍ ହୋଇଥାଏ । ସେମାନଙ୍କ ସାଧନାକାଳ ଅଳ୍ପ ଥାଏ । ଘୋର ତପ ତଥା ଘୋର କଷ୍ଟ ସହନ କରି ମୁକ୍ତ ହୋଇଥାନ୍ତି । ଏହି ଶ୍ରେଣୀର ସାଧକମାନଙ୍କ ମଧ୍ୟରେ ବାସୁଦେବ କୃଷ୍ଣଙ୍କ ଭାଇ ଗଜସୁକୁମାଳଙ୍କ ନାମ ଉଲ୍ଲେଖଯୋଗ୍ୟ ।

୪. ଚତୁର୍ଥ ଶ୍ରେଣୀର ସାଧକମାନଙ୍କ କର୍ମ-ଭାର ମହତ୍ତର ଥାଏ । ସେମାନଙ୍କ ସାଧନା ଅବଧି ଦୀର୍ଘତର ହୋଇଥାଏ । ଘୋର ତପ ଘୋର କଷ୍ଟ ସହନ କରି ମୁକ୍ତ ହୋଇଥାନ୍ତି । ଏହି ଶ୍ରେଣୀର ସାଧକମାନଙ୍କ ମଧ୍ୟରେ ଚକ୍ରବର୍ତ୍ତୀ ସନତ କୁମାରଙ୍କ ନାମ ଉଲ୍ଲେଖଯୋଗ୍ୟ । (୬୮)

ଅନାଦିର ଅନ୍ତ କିପରି ?

ଯାହା ଅନାଦି, ତା'ର ସାମାନ୍ୟତୟା ଅନ୍ତ ନ ଥାଏ । ଏହି ସ୍ଥିତିରେ ଅନାଦି-କାଳୀନ କର୍ମ-ସଂବନ୍ଧର ଅନ୍ତ କିପରି ସଂଭବପର ହେବ ? ଏହା ସତ୍ୟ, କିନ୍ତୁ ଏହା ମଧ୍ୟରେ ଅନେକ କିଛି ବୁଝିବାକୁ ହେବ । ଅନାଦିର ଅନ୍ତ ହୁଏ ନାହିଁ ଏହା ସାମୁଦାୟିକ ନିୟମ, ଜାତି ସହିତ ଏହାର ସମ୍ବନ୍ଧ ରହିଛି । ବ୍ୟକ୍ତି ବିଶେଷ ଉପରେ ଏହା ଲାଗୁ ହୋଇ ନ ଥାଏ । ପ୍ରାଣ ଭାବ ଅନାଦି ହେବା ସତ୍ତ୍ୱେ ତା'ର ଅନ୍ତ ହେବାରେ ଅସୁବିଧା ନାହିଁ । ସୁନା ଓ ମାଟିର, କ୍ଷୀର ଓ ଲହୁଣୀର ସଂବନ୍ଧ ଅନାଦି କିନ୍ତୁ ସେମାନେ ପୃଥକ୍ ହୋଇଥାନ୍ତି । ଏହିଭଳି ଆତ୍ମା ଓ କର୍ମର ଅନାଦି ସଂବନ୍ଧର ଅନ୍ତ ହେବାର କୌଣସି ସମସ୍ୟା ନାହିଁ । ପ୍ରବାହ ଦୃଷ୍ଟିରୁ ଏହି ସଂବନ୍ଧ ଅନାଦି,ଅଥଚ ବ୍ୟକ୍ତିଶଃ ଅନାଦି ନୁହେଁ,ଏହାକୁ ସ୍ମରଣ ରଖିବାକୁ ହେବ । ଆତ୍ମା ସହିତ ସଂଶ୍ଳିଷ୍ଟ ହେଉଥିବା ସମସ୍ତ କର୍ମ -ପୁଦ୍‌ଗଳ ଏକ ନିର୍ଦ୍ଦିଷ୍ଟ ଅବଧିଯୁକ୍ତ ହୋଇଥାନ୍ତି । କୌଣସି କର୍ମ କି ଅନାଦିକାଳରୁ ଆତ୍ମା ସହିତ ଏକମେବ ହୋଇ ନ ଥାଏ । ମୋକ୍ଷୋଚିତ୍ତ ସାମଗ୍ରୀ ପ୍ରାପ୍ତକରି ଆତ୍ମା ଅନାସ୍ରବରେ ପରିଣତ ହୁଏ, ସେତେବେଳେ ନୂତନ କର୍ମର ପ୍ରବାହ ଅବରୁଦ୍ଧ ହୋଇପଡ଼େ । ସଂଚିତ କର୍ମ ତପସ୍ୟା ଦ୍ୱାରା କ୍ଷୟୀଭୂତ ହୁଏ ଓ ଆତ୍ମା ମୁକ୍ତି ଲାଭ କରେ ।

ଲେଶ୍ୟା

ଲେଶ୍ୟାର ଅର୍ଥ ହେଉଛି-ପୁଦ୍‌ଗଳ ଦ୍ରବ୍ୟର ସଂସର୍ଗରୁ ଉତ୍ପନ୍ନ ହେଉଥିବା ଜୀବର ଅଧ୍ୟବସାୟ ପରିଣାମ,ବିଚାର । ଆତ୍ମା ଚେତନ ଅଟେ । ଅଚେତନ ସ୍ୱରୂପରୁ ସେ ସଂପୂର୍ଣ୍ଣ ଭାବରେ ପୃଥକ୍ ଥାଏ, ତେବେ ସଂସାର ଦଶାରେ ଆତ୍ମାର ଅଚେତନ (ପୁଦ୍‌ଗଳ) ସହିତ ଗଭୀର ସଂସର୍ଗ ରହିଥାଏ । ଏହି କାରଣରୁ ଅଚେତନ ଦ୍ରବ୍ୟରୁ ଉତ୍ପନ୍ନ ପରିଣାମର ପ୍ରଭାବ ଜୀବ ଉପରେ ନିଶ୍ଚିତ ଭାବରେ ପଡ଼ିଥାଏ । ଯେଉଁ ପୁଦ୍‌ଗଳ ଦ୍ୱାରା ଜୀବମାନଙ୍କ ବିଚାର ପ୍ରଭାବିତ ହୋଇଥାଏ, ସେମାନେ ଲେଶ୍ୟା ବୋଲାଇଥାନ୍ତି । ଲେଶ୍ୟା ପୌଦ୍‌ଗଳିକ ହୋଇଥିବାରୁ ସେମାନଙ୍କଠାରେ ବର୍ଣ୍ଣ, ଗନ୍ଧ, ରସ ଓ ସ୍ପର୍ଶ ରହିଥାଏ । ଲେଶ୍ୟାଗୁଡ଼ିକର ନାମକରଣ ପୌଦ୍‌ଗଳିକ ଲେଶ୍ୟାର ରଙ୍ଗ ଭିତ୍ତିରେ ହୋଇଥାଏ । ଲେଶ୍ୟା ଛଅ ପ୍ରକାର-କୃଷ୍ଣଲେଶ୍ୟା, ନୀଳ ଲେଶ୍ୟା, କାପୋତ ଲେଶ୍ୟା, ତେଜସ୍ ଲେଶ୍ୟା, ପଦ୍ମ ଲେଶ୍ୟା ଏବଂ ଶୁକ୍ଳ ଲେଶ୍ୟା ।

ଏମାନଙ୍କ ମଧ୍ୟରୁ ପ୍ରଥମ ତିନୋଟି ଲେଶ୍ୟା ଅପ୍ରଶସ୍ତ ଶ୍ରେଣୀ ଅନ୍ତର୍ଗତ ରହିଥାନ୍ତି । ଏମାନଙ୍କ ବର୍ଣ୍ଣ, ଗନ୍ଧ, ରସ ଓ ସ୍ପର୍ଶ ଆଦି ଚାରୋଟିଯାକ ଗୁଣ ଅଶୁଭ ଏବଂ ଉତ୍ତରବର୍ତ୍ତୀ ତିନି ଲେଶ୍ୟାର ବର୍ଣ୍ଣ ଆଦି ଗୁଣ ଶୁଭ ହୋଇଥିବାରୁ ଏଗୁଡ଼ିକ ପ୍ରଶସ୍ତ ଶ୍ରେଣୀ ଅନ୍ତର୍ଗତ ରହିଛନ୍ତି ।

ଖାଦ୍ୟପେୟ, ସ୍ଥାନ, ବାହାରି ବାତାବରଣ ତଥା ବାୟୁମଣ୍ଡଳ ଶରୀର ଓ ମନକୁ ପ୍ରଭାବିତ କରିଥାନ୍ତି - ଏହା ପ୍ରାୟ ସର୍ବସମ୍ମତ କଥା । ଯେପରି ଅନ୍ନ ସେପରି ମନ ଉକ୍ତି ନିରାଧାର ନୁହେଁ । ଶରୀର ଓ ମନ ଦୁହେଁ ପରସ୍ପରାପେକ୍ଷ ଥା'ନ୍ତି । ଜଣକର କ୍ରିୟାର ଅନ୍ୟ ଉପରେ ପ୍ରଭାବ ପଡ଼ିବା ସ୍ୱାଭାବିକ । ଯେଉଁ ଲେଶ୍ୟାର ଦ୍ରବ୍ୟ ଗ୍ରହଣ କରାଯାଏ, ସେହି ଲେଶ୍ୟାରେ ପରିଣମନ ହୁଏ - ଏହି ସିଦ୍ଧାନ୍ତରେ ଉକ୍ତ ବିଷୟ ପ୍ରତିପାଦିତ ହେଉଛି । (୬୯)

---

(୬୮) ତୁଳନା ସକାଶେ ଦେଖନ୍ତୁ।
ଅଙ୍ଗୁତ୍ତର ନିକାୟ, ଦ୍ୱିତୀୟ ଭାଗ, ପୃ.୧୭୧

(୬୯) ପ୍ରଜ୍ଞାପନା (ଲେଶ୍ୟା ପଦ): 'ଜଲ୍ଲେସାଇଂ ଦବ୍‌ବା ଇଂ ଆଦି ଅନ୍ତି ତଲ୍ଲେସେ ପରିଣମେ ଭବଇ।'

ବ୍ୟାବହାରିକ ଜଗତରେ ବି ଏହା ହିଁ ଘଟିଥାଏ । ପ୍ରାକୃତିକ ଚିକିତ୍ସା ପଦ୍ଧତିରେ ମାନସ ରୋଗୀକୁ ସୁଧାରିବା ପାଇଁ ବିଭିନ୍ନ ରଙ୍ଗର କିରଣ ବା ଭିନ୍ନ ଭିନ୍ନ ରଙ୍ଗର ବୋତଲମାନଙ୍କର ଜଳର ପ୍ରୟୋଗ କରାଯାଇଥାଏ । ଯୋଗ ପ୍ରଣାଳୀରେ ପୃଥ୍ୱୀ, ଜଳ ଆଦି ତତ୍ତ୍ୱ ସମୂହର ବର୍ଣ୍ଣ ପରିବର୍ତ୍ତନ ଅନୁସାରେ ମାନସ ପରିବର୍ତ୍ତନର କ୍ରମ ନିର୍ଦ୍ଧାରଣ କରାଯାଇଛି ।

ପୌଦ୍‌ଗଳିକ ବିଚାର (ଦ୍ରବ୍ୟ ଲେଶ୍ୟା) ସହିତ ଚୈତସିକ ବିଚାର (ଭାବ ଲେଶ୍ୟା)ର ଗଭୀର ସଂପର୍କ ରହିଛି । ଚୈତସିକ ବିଚାର ଅନୁରୂପ ପୌଦ୍‌ଗଳିକ ବିଚାର ହୋଇଥାଏ ନା ପୌଦ୍‌ଗଳିକ ବିଚାର ଅନୁରୂପ ଚୈତସିକ ବିଚାର ? – ଏହା ଏକ ଜଟିଳ ପ୍ରଶ୍ନ । ଏହାର ସମାଧାନ ସକାଶେ ଆମକୁ ଲେଶ୍ୟାର ଉତ୍ପତ୍ତି ପ୍ରତି ଦୃଷ୍ଟି ଦେବାକୁ ହେବ । ମୋହର ଉଦୟ ଅଥବା ମୋହର ବିଲୟ ଯୋଗୁଁ ଚୈତସିକ ବିଚାର ଜାତ ହୋଇଥାଏ ।[୭୦] ଔଦୟିକ ଚୈତସିକ ବିଚାର ଅପ୍ରଶସ୍ତ ଅଥଚ ବିଲୟଜନିତ ଚୈତସିକ ବିଚାର ପ୍ରଶସ୍ତ ଶ୍ରେଣୀରେ ଆସିଥାଏ ।

କୃଷ୍ଣ, ନୀଳ ଓ କାପୋତ – ଏହି ତିନୋଟି ଅପ୍ରଶସ୍ତ ତଥା ତେଜସ୍,ପଦ୍ମ ଓ ଶୁକ୍ଳ –ଏହି ତିନୋଟି ପ୍ରଶସ୍ତ ଲେଶ୍ୟା ଅଟନ୍ତି । ପୂର୍ବବର୍ତ୍ତୀ ତିନି ଲେଶ୍ୟା ମନ୍ଦ ଅଧ୍ୟବସାୟଯୁକ୍ତ ହୋଇଥିବାରୁ ଦୁର୍ଗତିର ହେତୁ ସାଜିଥାନ୍ତି । ଉତ୍ତରବର୍ତ୍ତୀ ତିନି ଲେଶ୍ୟା ଉତ୍ତମ ଅଧ୍ୟବସାୟ ଯୁକ୍ତ ହୋଇଥିବାରୁ ସୁଗତିର ହେତୁ ସାଜିଥାନ୍ତି ।[୭୧] କୃଷ୍ଣ, ନୀଳ ଓ କାପୋତ –ଏହି ତିନୋଟି ଅଧର୍ମ ଲେଶ୍ୟା ତଥା ତେଜସ୍, ପଦ୍ମ ଓ ଶୁକ୍ଳ ଏହି ତିନୋଟି ଧର୍ମଲେଶ୍ୟା ଅଟନ୍ତି ।[୭୨]

ପୌଦ୍‌ଗଳିକ ବିଚାର ସମୂହ (ଦ୍ରବ୍ୟଲେଶ୍ୟା)ର ସ୍ପର୍ଶ, ରସ, ଗନ୍ଧ ଓ ବର୍ଣ୍ଣର ବିବରଣୀ ନିମ୍ନପ୍ରକାର ପ୍ରଦାନ କରାଯାଇଛି –

୧. କୃଷ୍ଣ ଲେଶ୍ୟା – କଜ୍ଜଳ ସମକଳା, ନିମ୍ବଠାରୁ ଅନନ୍ତ କଟୁ, ମୃତ ସର୍ପର ଗନ୍ଧଠାରୁ ଅନନ୍ତଗୁଣ ଅନିଷ୍ଟ ଗନ୍ଧ, ଗାଈର ଜିଭଠାରୁ ଅନନ୍ତଗୁଣ କର୍କଶ

୨. ନୀଳ ଲେଶ୍ୟା – ନୀଳକାନ୍ତ ମଣି ସହ ନୀଳ, ଶୁଣ୍ଠିଠାରୁ ଅନନ୍ତଗୁଣ ତୀକ୍ଷ୍ଣ, ମୃତ ସର୍ପର ଗନ୍ଧଠାରୁ ଅନନ୍ତଗୁଣ ଅନିଷ୍ଟ ଗାଈର ଜିଭଠାରୁ ଅନନ୍ତଗୁଣ କର୍କଶ

୩. କାପୋତ ଲେଶ୍ୟା– କପୋତର କଣ୍ଠ ସଦୃଶ ବର୍ଣ୍ଣ, କଞ୍ଚା ଆମ୍ବରସଠାରୁ ଅନନ୍ତଗୁଣ ତିକ୍ତ

୪. ତେଜସ୍ ଲେଶ୍ୟା– ହିଂଗୁଳ ସିନ୍ଦୂର ସମ ରକ୍ତ ବର୍ଣ୍ଣ, ପକ୍ୱ ଆମ୍ବଠାରୁ ଅନନ୍ତଗୁଣ ମଧୁର, ସୁରଭି କୁସୁମ ଗନ୍ଧଠାରୁ ଅନନ୍ତଗୁଣ ସୁକୁମାର

୫. ପଦ୍ମ ଲେଶ୍ୟା – ହଳଦି ସମାନ ହଳଦିଆ, ମଧୁଠାରୁ ଅନନ୍ତଗୁଣ ମିଷ୍ଟ, ସୁରଭି କୁସୁମ ଗନ୍ଧଠାରୁ ଅନନ୍ତଗୁଣ ଇଷ୍ଟ ଗନ୍ଧ, ଲହୁଣୀଠାରୁ ଅନନ୍ତଗୁଣ ସୁକୁମାର ।

୬. ଶୁକ୍ଳ ଲେଶ୍ୟା – ଶଙ୍ଖ ସମାନ ଶୁଭ୍ର, ମିଶ୍ରିଠାରୁ ଅନନ୍ତଗୁଣ ମିଷ୍ଟ ।[୭୩]

ନିଷ୍କର୍ଷ ହେଉଛି – ଆତ୍ମାର ଭଲ–ମନ୍ଦ ଅଧ୍ୟବସାୟର ମୂଳରେ ମୋହର ଅଭାବ କିମ୍ବା ମୋହଭାବ ହିଁ ରହିଥାଏ । କୃଷ୍ଣ ଆଦି ପୁଦ୍‌ଗଳ ଦ୍ରବ୍ୟ ହେଉଛନ୍ତି ଏହି ଭଲ–ମନ୍ଦ ଅଧ୍ୟବସାୟଗୁଡ଼ିକର ସହକାରୀ କାରଣ । କେବଳ କଳା, ନୀଳ ଆଦି ପୁଦ୍‌ଗଳ ଦ୍ୱାରା ଆତ୍ମାର ପରିଣାମ ଖରାପ କିମ୍ବା ଭଲ ହୋଇଯାଏ ନାହିଁ । ଏକମାତ୍ର ପୌଦ୍‌ଗଳିକ ବିଚାର ସଦୃଶ

---

(୭୦) ଉତ୍ତରାଧ୍ୟୟନ ବୃହଦ୍‌ବୃତ୍ତି, ପତ୍ର ୩

(୭୧) ପ୍ରଜ୍ଞାପନା, ୧୭/୪: ତତ୍ ଦୁଗ୍‌ଗଇଗା ମିଣିଓ,
ତଓ ସୁଗଇଗାମିଣିଓ ।

(୭୨) ଉତ୍ତରଜ୍‌ଝୟଣାଣି,୩୪/୫୬,୫୭

(୭୩) ଅଧିକ ଜାଣିବା ପାଇଁ ଦେଖନ୍ତୁ ପ୍ରଜ୍ଞାପନା ପଦ ୧୭ ଏବଂ ଉତ୍ତରାଧ୍ୟୟନ ସୂତ୍ରର ୩୪ ତମ ଅଧ୍ୟୟନ ।

ଚୈତସିକ ବିଚାର ପରିଣତ ହୁଏନାହିଁ । ମୋହର ଭାବ-ଅଭାବ ତଥା ପୌଦ୍‌ଗଳିକ ବିଚାର ଏହି ଦୁଇ କାରଣ ଆତ୍ମାର ଭଲ,ମନ୍ଦ ପରିଣାମ ନିର୍ମାଣରେ ସହାୟତା କରିଥାନ୍ତି ।

ଜୈନେତର ଗ୍ରନ୍ଥମାନଙ୍କରେ ବି କର୍ମର ବିଶୁଦ୍ଧି ବା ବର୍ଣ୍ଣର ଆଧାରରେ ଜୀବମାନଙ୍କ ଅନେକ ଅବସ୍ଥାର ବର୍ଣ୍ଣନା କରାଯାଇଛି । ପାତଞ୍ଜଳ ଯୋଗରେ ବର୍ଣ୍ଣିତ କର୍ମର କୃଷ୍ଣ,ଶୁକ୍ଳ - କୃଷ୍ଣ, ଶୁକ୍ଳ ଏବଂ ଅଶୁକ୍ଳ-ଅକୃଷ୍ଣ - ଏହି ଚାରି ଜାତି ଭାବଲେଶ୍ୟା ଶ୍ରେଣୀରେ ଆସିଥାଏ ।[୭୪] ସାଂଖ୍ୟ ଦର୍ଶନ[୭୫] ତଥା ଶ୍ୱେତାଶ୍ୱତରୋପନିଷଦ୍[୭୬]ରେ ରଜସ୍ , ସତ୍ତ୍ୱ ଓ ତମ ଗୁଣକୁ ଲୋହିତ, ଶୁକ୍ଳ ଏବଂ କୃଷ୍ଣ ରୂପରେ ଚିତ୍ରଣ କରାଯାଇଛି । ଏହା ହେଉଛି ଦ୍ରବ୍ୟଲେଶ୍ୟାର ରୂପ । ରଜୋଗୁଣ ମନକୁ ମୋହ-ରଞ୍ଜିତ କରୁଥିବାରୁ ଏହା ଲୋହିତ । ସତ୍ତ୍ୱ ଗୁଣରେ ମନ ମଳ-ମୁକ୍ତ ହୁଏ, ତେଣୁ ତାହା ଶୁକ୍ଳ । ତମ ଗୁଣ ଜ୍ଞାନକୁ ଆବୃତ୍ତ କରିପକାଏ , ତେଣୁ ତାହା କୃଷ୍ଣ ।

କର୍ମର ସଂଯୋଗ ଓ ବିୟୋଗ : ଆଧ୍ୟାତ୍ମିକ ବିକାଶ ଓ ହ୍ରାସ

ଏହି ବିଶ୍ୱରେ ଯାହା ଥାଏ, ତାହା ହିଁ ହୋଇଥାଏ । ଯାହା ରହିଛି, ତାହା ହିଁ ଘଟି ଚାଲିଥାଏ । ଘଟିବା ବା ହେବା ବସ୍ତୁର ସ୍ୱଭାବ ଅଟେ । ନ ହେବା ଅର୍ଥାତ୍ ଏପରି ବସ୍ତୁର ଅସ୍ତିତ୍ୱ ନାହିଁ । ବସ୍ତୁ ତିନି ପ୍ରକାର। ୧. ଅଚେତନ ଓ ଅମୂର୍ତ୍ତ - ଧର୍ମ, ଅଧର୍ମ, ଆକାଶ, କାଳ । ୨. ଅଚେତନ ଓ ମୂର୍ତ୍ତ - ପୁଦ୍‌ଗଳ । ୩. ଚେତନ ଓ ଅମୂର୍ତ୍ତ - ଜୀବ ।

ପ୍ରଥମ ପ୍ରକାର ବସ୍ତୁଗୁଡ଼ିକରେ ଅସ୍ତିତ୍ୱ - ପରିଣମନ ସ୍ୱାଭାବିକ ରୂପରେ ହୋଇଥାଏ ତଥା ତାହା ସତତ ପ୍ରବହମାନ ଥାଏ ।

ପୁଦ୍‌ଗଳଠାରେ ସ୍ୱାଭାବିକ ପରିଣମନ ଅତିରିକ୍ତ ଜୀବ-କୃତ ପ୍ରାୟୋଗିକ ପରିଣମନ ବି ଘଟିଥାଏ । ତାହାକୁ ଅଜୀବୋଦୟ ନିଷ୍ପନ୍ନ କୁହାଯାଇଥାଏ । ଶରୀର ଏବଂ ତା'ର ପ୍ରୟୋଗରେ ପରିଣତ ପୁଦ୍‌ଗଳ ବର୍ଣ୍ଣ, ଗନ୍ଧ, ରସ ଓ ସ୍ପର୍ଶ - ଏ ସମସ୍ତେ ଅଜୀବୋଦୟ ନିଷ୍ପନ୍ନ ଅଟନ୍ତି । ଏହି ଯେତେ ଦୃଶ୍ୟ ସଂସାର ରହିଛି ସେ ସବୁ ଜୀବତ୍ ଶରୀର ବା ଜୀବମୁକ୍ତ ଶରୀର ଅଟେ । ଜୀବ ମଧ୍ୟରେ ସ୍ୱାଭାବିକ ଓ ପୁଦ୍‌ଗଳକୃତ ପ୍ରୟୋଗିକ ପରିଣମନ ଘଟିଥାଏ ।

ସ୍ୱାଭାବିକ ପରିଣମନ ଅଜୀବ ଓ ଜୀବ ଉଭୟ ମଧ୍ୟରେ ସମାନ ରୂପରେ ଘଟିଥାଏ । ପୁଦ୍‌ଗଳରେ ଜୀବକୃତ ପରିବର୍ତ୍ତନ ହୁଏ । ଏହା ତା'ର ସଂସ୍ଥାନ ଆକାରର ହିଁ ହୋଇଥାଏ । ତାହା ଚେତନାଶୀଳ ନୁହେଁ । ତେଣୁ ଏହାଦ୍ୱାରା ତା'ର ବିକାଶ-ହ୍ରାସ, ଉନ୍ନତି-ଅବନତିର କ୍ରମ ରଚନା ହୋଇ ନ ଥାଏ । ପୁଦ୍‌ଗଳକୃତ ଜୈବିକ ପରିବର୍ତ୍ତନ ଉପରେ ଆତ୍ମିକ ବିକାଶହ୍ରାସ, ଆରୋହ-ପତନର କ୍ରମ ଅବଲମ୍ବିତ ଥାଏ । ଏହି ପ୍ରକାର ନାନାବିଧ ଅବସ୍ଥା ଓ ଅନୁଭୂତିରେ ସୃଜନ ହୁଏ । ଏହା ଦାର୍ଶନିକ ଚିନ୍ତନର ଏକ ମୌଳିକ ବିଷୟରେ ପରିଣତ ହୁଏ ।

---

[୭୪] ପାତଞ୍ଜଳ ଯୋଗ ୪/୭

[୭୫] ସାଂଖ୍ୟ କୌମୁଦୀ ପୃ. ୨୦୦

[୭୬] ଶ୍ୱେତାଶ୍ୱତର ଉପନିଷଦ୍ ୪/୫

ଜୈନ ଦର୍ଶନ : ମନନ ଓ ମୀମାଂସା

ଚତୁର୍ଥ ଖଣ୍ଡ
ତତ୍ତ୍ୱ ମୀମାଂସା (୩)

॥ ୯ ॥

ସ୍ୟାଦ୍‌ବାଦ

ଜୈନ ଦର୍ଶନର ଚିନ୍ତନ-ଶୈଳୀର ନାମ ଅନେକାନ୍ତ-ଦୃଷ୍ଟି ତଥା ପ୍ରତିପାଦନ-ଶୈଳୀର ନାମ ହେଉଛି ସ୍ୟାଦ୍‌ବାଦ। ଜ୍ଞାନର କାମ ହେଉଛି – ଜାଣିବା ବା ଉପଲବ୍ଧି କରିବା ଏବଂ ବାଣୀର କାମ ହେଉଛି – କଥା କହିବା, ବୋଲିବା । ବାଣୀ ପରିମିତ କିନ୍ତୁ ଜ୍ଞାନର ଶକ୍ତି ଅପରିମିତ। ଜ୍ଞେୟ ଅନନ୍ତ, ଜ୍ଞାନ ମଧ୍ୟ ଅନନ୍ତ, କିନ୍ତୁ ବାଣୀ ଅନନ୍ତ ନୁହେଁ। କାରଣ ଗୋଟିଏ କ୍ଷଣର ଅନନ୍ତ ଜ୍ଞାନ, ଅନନ୍ତ ଜ୍ଞେୟକୁ ଜାଣିବାରେ ସମର୍ଥ ହୋଇଥାଏ କିନ୍ତୁ ବାଣୀ ଦ୍ୱାରା କହିପାରେ ନାହିଁ।

ଅଭିନ୍ନ ସତ୍ୟର ସମଷ୍ଟି ହେଉଛି ଏକତତ୍ତ୍ୱ ଅର୍ଥାତ୍ ପରମାର୍ଥ ସତ୍ୟ।

ଗୋଟିଏ ଶବ୍ଦ, ଏକକ୍ଷଣରେ ଗୋଟିଏ ସତ୍ୟକୁ ଅଭିବ୍ୟକ୍ତ କରିପାରେ। ଏହି ଆଧାରରେ ବସ୍ତୁର ଦୁଇଟି ରୂପ ନିର୍ମିତ ହୁଏ – ୧. ଅନଭିଲାପ୍ୟ ବା ଅବାଚ୍ୟ ଓ ୨. ଅଭିଲାପ୍ୟ ବା ବାଚ୍ୟ।

ଅନଭିଲାପ୍ୟର ଅନନ୍ତତମ ଭାଗ ହେଉଛି ଅଭିଲାପ୍ୟ। ଅଭିଲାପ୍ୟର ପୁଣି ଅନନ୍ତତମ ଅଂଶ ହିଁ ବାଣୀଗମ୍ୟ ହୋଇଥାଏ।[୧]

ପ୍ରଜ୍ଞାପନୀୟ ଭାବର ନିରୂପଣ ବାଣୀ ଦ୍ୱାରା ହୁଏ। ଏହା ଶ୍ରୋତାଜନଙ୍କ ଜ୍ଞାନର ସାଧନ ବନିଥାଏ। ଏଠାରେ ଏକ ସମସ୍ୟା ସୃଷ୍ଟି ହେଉଛି – ଆମେ ଏକ ତଥ୍ୟ ଜାଣିଛୁଁ ଅଥଚ ଭିନ୍ନ କଥା କହୁଛୁଁ ଅଥବା ଗୋଟିଏ କଥା ଶୁଣୁଛୁଁ ଅଥବା ଭିନ୍ନ କଥା ବୁଝିଥାଉଁ, ଏହା କିପରି ସମୀଚୀନ ହୋଇପାରିବ ?

ଏହାର ଉତ୍ତର ଜୈନ ଆଚାର୍ଯ୍ୟ ଏବଂ ମନୀଷୀମାନେ ସ୍ୟାତ୍ ଶବ୍ଦ ମାଧ୍ୟମରେ ଦେଇଥାନ୍ତି। 'ମଣିଷ ସ୍ୟାତ୍ ରହିଛି' – ଏହି ଶବ୍ଦାବଳୀରେ ସତ୍ତାଧର୍ମର ଅଭିବ୍ୟକ୍ତି ହେଉଛି। ତେବେ ମନୁଷ୍ୟ କେବଳ 'ଅସ୍ତି-ଧର୍ମ' ମାତ୍ର ନୁହେଁ। ତା'ଠାରେ 'ନାସ୍ତି-ଧର୍ମ' ମଧ୍ୟ ରହିଛି। ଅଭିବ୍ୟକ୍ତ ସତ୍ୟାଂଶକୁ ପୂର୍ଣ୍ଣ ସତ୍ୟ ନ ମଣିବାକୁ 'ସ୍ୟାତ୍' ଶବ୍ଦ ଜୋର ଦେଇଥାଏ। ଅନନ୍ତଧର୍ମାତ୍ମକ ବସ୍ତୁ ହିଁ ସତ୍ୟ। ଜ୍ଞାନ ସ୍ୱୟଂ ସତ୍ୟ। ତା'ର ସତ୍ୟ ଓ ଅସତ୍ୟ - ଏହି ଦୁଇରୂପ ନିର୍ମିତ ହେବାର କାରଣ ହେଉଛି ପ୍ରମେୟ ସଂବନ୍ଧ। ଯଥାର୍ଥଗ୍ରାହୀ ଜ୍ଞାନ ସତ୍ୟ ତଥା ଅଯଥାର୍ଥଗ୍ରାହୀ ଜ୍ଞାନ ଅସତ୍ୟ। ପ୍ରମେୟ-ସାପେକ୍ଷ ଜ୍ଞାନ ଯେପରି ସତ୍ୟ ବା ଅସତ୍ୟ ରୂପ ଧାରଣ କରିଥାଏ, ବଚନ ମଧ୍ୟ ପ୍ରମେୟ-ସାପେକ୍ଷ ହୋଇ ସତ୍ୟ ବା ଅସତ୍ୟରେ ପରିଣତ ହୋଇଯାଏ। ତେବେ ଶବ୍ଦକୁ ସତ୍ୟ ବା ଅସତ୍ୟ ଭାବରେ ବିଭକ୍ତ କରାଯାଇପାରିବ ନାହିଁ। ବକ୍ତା

---

(୧) ବିଶେଷାବଶ୍ୟକଭାଷ୍ୟ, ଗାଥା ୩୪୧ :
ପଣ୍ଣବଣିଜ୍ଜା ଭାବା, ଅଣନ୍ତଭାଗୋ ତୁ ଅଣଭିଲପ୍ପାଣଂ ।
ପଣ୍ଣବଣିଜ୍ଜାଣ ପୁଣ, ଅଣନ୍ତଭାଗୋ ସୁୟନିବଦ୍ଧୋ ॥

ଯେତେବେଳେ ଦିବସକୁ ଦିବସ କହନ୍ତି, ତାହା ଯଥାର୍ଥ ହୋଇଥିବାରୁ ସତ୍ୟ ହୋଇଥାଏ ଏବଂ ରାତିକୁ ଯଦି ଦିନ ବୋଲି କହିବ, ତେବେ ଅଯଥାର୍ଥ ହୋଇଥିବା କାରଣରୁ ତାହା ଅସତ୍ୟରେ ପରିଣତ ହୁଏ 'ସ୍ୟାତ୍' ଶବ୍ଦ ପୂର୍ଣ୍ଣ ସତ୍ୟର ବୋଧ ତଥା ପ୍ରତିପାଦନର ମାଧ୍ୟମ ହୋଇପାରିବ। ନିର୍ଦ୍ଦିଷ୍ଟ ଏକ ଧର୍ମର ପ୍ରଧାନତା ସନ୍ଦର୍ଭରେ ବସ୍ତୁର ବିଶ୍ଳେଷଣ କରିଲେ ମଧ୍ୟ ଆମେ ବସ୍ତୁର ଅନନ୍ତଧର୍ମାତ୍ମକତାକୁ ଆଢୁଆଳକୁ ଠେଲି ଦେଇ ନ ଥାଉଁ। ଏହି ସ୍ଥିତିକୁ 'ସ୍ୟାତ୍' ଶବ୍ଦ ଦ୍ୱାରା ବଳ ଓ ସୁରକ୍ଷା ପ୍ରାପ୍ତ ହୋଇଥାଏ। ଏହା ପ୍ରତିପାଦ୍ୟ ଧର୍ମ ସହିତ ସମ୍ପୃକ୍ତ ଅପ୍ରତିପାଦ୍ୟ ଧର୍ମଗୁଡ଼ିକର ଏକତାକୁ ବଜାୟ ରଖିଥାଏ। ଏହି କାରଣରୁ 'ସ୍ୟାତ୍'କୁ ପ୍ରମାଣବାକ୍ୟ ବା ସକାଳାଦେଶ କୁହାଯାଇଛି।

ସ୍ୟାଦ୍‌ବାଦ : ସ୍ୱରୂପ ମୀମାଂସା

'ସ୍ୟାତ୍' ଶବ୍ଦ ତିଙନ୍ତ ପ୍ରତିରୂପକ ଅବ୍ୟୟ ଅଟେ। ଏହାର ପ୍ରଶଂସା, ଅସ୍ତିତ୍ୱ, ବିବାଦ, ବିଚାରଣା, ଅନେକାନ୍ତ, ସଂଶୟ, ପ୍ରଶ୍ନ ଆଦି ଅନେକ ଅର୍ଥ କରାଯାଇଥାଏ। ଜୈନଦର୍ଶନରେ ଏହାର ପ୍ରୟୋଗ ଅନେକାନ୍ତ ଅର୍ଥରେ କରାଯାଇଥାଏ। ସ୍ୟାଦ୍‌ବାଦ ଅର୍ଥାତ୍ ଅନେକାନ୍ତାତ୍ମକ ବାକ୍ୟ।

ସ୍ୟାଦ୍‌ବାଦର ଭିତ୍ତି ହେଉଛି – ଅପେକ୍ଷା। ଯେଉଁଠାରେ ବାସ୍ତବିକ ଏକତା ଥାଏ ଅଥଚ ଉପରେ-ଉପରେ ବିରୋଧ ଦିଶିଥାଏ, ସେଠାରେ ଅପେକ୍ଷା ଆବଶ୍ୟକ ହୁଏ। ନିଶ୍ଚୟ ଯେଉଁଠାରେ ଥାଏ ସେହି କ୍ଷେତ୍ରରେ ବିରୋଧ ମଧ୍ୟ ହୋଇଥାଏ। ଦୁହେଁ ଯଦି ସଂଶୟଶୀଳ ତେବେ ସେହିକ୍ଷେତ୍ରରେ ବିରୋଧ ହୁଏନାହିଁ।

ସ୍ୟାଦ୍‌ବାଦର ଉଦ୍‌ଗମ ହେଉଛି ଅନେକାନ୍ତ ବସ୍ତୁ। ତତ୍‌ସ୍ୱରୂପ ବସ୍ତୁର ଯଥାର୍ଥ ଗ୍ରହଣ ପାଇଁ ଅନେକାନ୍ତ ଦୃଷ୍ଟି ରହିଛି। ସେହି ଦୃଷ୍ଟିକୁ ବାଣୀ ଦ୍ୱାରା ଅଭିବ୍ୟକ୍ତ କରିବାର ପଦ୍ଧତି ହେଉଛି ସ୍ୟାଦ୍‌ବାଦ। ନିମିତ୍ତ-ଭେଦ କିମ୍ବା ଅପେକ୍ଷା-ଭେଦଜନ୍ୟ ନିଶ୍ଚିତ ବିରୋଧୀ ଧର୍ମଯୁଗଳଗୁଡ଼ିକର ବିରୋଧକୁ ଏହା ସମାପ୍ତ କରିଥାଏ। ଯେଉଁ ବସ୍ତୁ ସତ୍, ତାହା ଅସତ୍ ମଧ୍ୟ କିନ୍ତୁ ଯେଉଁ ରୂପରେ ସତ୍, ସେହି ରୂପରେ ଅସତ୍ ନୁହେଁ। ସ୍ୱରୂପ ଦୃଷ୍ଟିରୁ ସତ୍ ଏବଂ ପର-ରୂପ ଦୃଷ୍ଟିରେ ଅସତ୍। ଦୁଇଟି ନିଶ୍ଚିତ ଦୃଷ୍ଟି-ବିନ୍ଦୁ ଆଧାରରେ ବସ୍ତୁ-ତତ୍ତ୍ୱର ପ୍ରତିପାଦନ କରୁଥିବା ବାକ୍ୟ କଦାପି ସଂଶୟରୂପ ହୋଇନପାରେ। ସ୍ୟାଦ୍‌ବାଦକୁ ଅପେକ୍ଷାବାଦ ବା କଥଞ୍ଚିଦ୍‌ବାଦ ମଧ୍ୟ କୁହାଯାଇଥାଏ।

ଭଗବାନ ମହାବୀର, ସ୍ୟାଦ୍‌ବାଦ ସିଦ୍ଧାନ୍ତର ସାହାଯ୍ୟରେ ଅନେକ ଜଟିଳ ପ୍ରଶ୍ନର ସମାଧାନ କରିଯାଇଛନ୍ତି। ତାହାକୁ ଆଗମଯୁଗର ଅନେକାନ୍ତବାଦ ବା ସ୍ୟାଦ୍‌ବାଦ ରୂପେ ଅଭିହିତ କରାଯାଇଛି। ଦାର୍ଶନିକ ଯୁଗରେ ଏହି ତତ୍ତ୍ୱର ବିକାଶ ଘଟିଲା। ତେବେ ମୂଳରୂପ ଅପରିବର୍ତ୍ତିତ ହୋଇରହିଲା। ପରିବ୍ରାଜକ ସ୍କନ୍ଦକର ପ୍ରଶ୍ନର ଉତ୍ତରରେ ଭଗବାନ ମହାବୀର କହିଲେ –

'ଗୋଟିଏ ଜୀବ ଦ୍ରବ୍ୟ-ଦୃଷ୍ଟିରେ ସାନ୍ତ। କ୍ଷେତ୍ର-ଦୃଷ୍ଟିରେ ସାନ୍ତ। କାଳ-ଦୃଷ୍ଟିରେ ଅନନ୍ତ। ଭାବ-ଦୃଷ୍ଟିରେ ବି ଅନନ୍ତ।'[୨]

ଦ୍ରବ୍ୟ-ଦୃଷ୍ଟି ଜୀବମାନଙ୍କ ସ୍ୱତନ୍ତ୍ର ସତ୍ତାର ନିର୍ଦ୍ଦେଶ କରିଥାଏ। ଯୋଜନା ମାଧ୍ୟମରେ ଗୋଟିଏ ଜୀବ, ଅନନ୍ତରେ ପରିଣତ ହୋଇଥାଏ, କିନ୍ତୁ ଆପଣା ସ୍ୱତନ୍ତ୍ର ସତ୍ତା ପରିପ୍ରେକ୍ଷୀରେ ଜୀବର ନିଜସ୍ୱ ଅସ୍ତିତ୍ୱ ରହିଛି ଅର୍ଥାତ୍ ସେମାନେ ସାନ୍ତ।

ଅନନ୍ତଗୁଣର ସମୁଦାୟ ଫଳରେ ଏକ ଗୁଣୀ ନିର୍ମିତ ହୁଏ। ଗୁଣୀ, ଗୁଣମାନଙ୍କଠାରୁ ଅଭିନ୍ନ ଥାଏ। ତେଣୁ ଅନନ୍ତ ଗୁଣ ଥିବା ସତ୍ତ୍ୱେ ଗୁଣୀ ଅନନ୍ତ ନ ହୋଇ ସାନ୍ତ ଥାଏ। ଜୀବ ଅସଂଖ୍ୟ ପ୍ରଦେଶଯୁକ୍ତ ବା ଆକାଶର ଅସଂଖ୍ୟ ପ୍ରଦେଶମାନଙ୍କରେ ଅବଗାହ ପାଇଥାଏ, ତେଣୁ କ୍ଷେତ୍ର-ଦୃଷ୍ଟିରୁ ବି ଜୀବ ଅନନ୍ତ ନୁହେଁ, ସର୍ବତ୍ର ବ୍ୟାପ୍ତ ନୁହେଁ। ଜୀବକାଳ ଦୃଷ୍ଟିରୁ ଅବଶ୍ୟ ଅନନ୍ତ ଅଟେ - ସଦା ରହିଥିଲା, ରହିଛି ଓ ରହିବ। ଜ୍ଞାନ, ଦର୍ଶନ ଓ ଅଗୁରୁଲଘୁ ପର୍ଯ୍ୟାୟ ଦୃଷ୍ଟିରୁ ଜୀବ ଅନନ୍ତ। ଭଗବାନ ମହାବୀରଙ୍କ ଉତ୍ତର-ପଦ୍ଧତିରେ ଏହି ଚାରିଦୃଷ୍ଟି ପ୍ରାପ୍ତ ହୋଇଥାଏ। ସେହିପରି

[୨] ଭଗବଈ, ୨/୪୬

ଅର୍ପିତ-ଅନର୍ପିତ ଦୃଷ୍ଟି ବା ବ୍ୟାଖ୍ୟା ପଦ୍ଧତି ମଧ୍ୟ ମିଳିଥାଏ । ଏହାଫଳରେ ସ୍ୟାଦ୍‌ବାଦ ବିରୋଧ ଦୂର କରିବାରେ ସମର୍ଥ ହୋଇଥାଏ ।[୩] ଜମାଲୀକୁ ଉତ୍ତରଦେଇ ଭଗବାନ କହିଲେ – 'ଜୀବ ହେଉଛି ଶାଶ୍ୱତ । ଏହା କସ୍ମିନକାଳେ ନ ଥିଲା, ରହିନାହିଁ ଏବଂ ରହିବ ନାହିଁ – ଏହା ଅସମ୍ଭବ । ତାହା ଥିଲା, ରହିଛି ତଥା ରହିବ । ତେଣୁ ତାହା ଧ୍ରୁବ, ନିତ୍ୟ, ଶାଶ୍ୱତ, ଅକ୍ଷୟ, ଅବ୍ୟୟ, ଅବସ୍ଥିତ । ଅନ୍ୟଦୃଷ୍ଟିରେ ଜୀବ ଅଶାଶ୍ୱତ - ତାହା ନୈରୟିକ ହୋଇ ତିର୍ଯଞ୍ଚରେ ପରିଣତ ହୁଏ, ତିର୍ଯଞ୍ଚ ହୋଇ ମନୁଷ୍ୟ ଏବଂ ମନୁଷ୍ୟରୁ ଦେବ ହୋଇଥାଏ । ଅବସ୍ଥାଚକ୍ର ବଦଳୁଥାଏ । ଏହି ପରିବର୍ତ୍ତନ ଦୃଷ୍ଟିରୁ ଜୀବ ଅଶାଶ୍ୱତପଣକୁ ମଧ୍ୟ ସିଦ୍ଧ କରିହେବ ।'

ବିବିଧ ଅବସ୍ଥାରେ ରୂପାନ୍ତରିତ ହେବା ଉତ୍ତାରୁ ବି ତା'ର ଜୀବରୂପ ନଷ୍ଟ ହୁଏନାହିଁ । ଏହି କାରଣରୁ ଜୀବ ନିଶ୍ଚିତଭାବରେ ଶାଶ୍ୱତ । ଏହି ପ୍ରତିପାଦନର ଆଧାର ହେଉଛି – ଦ୍ରବ୍ୟ ଓ ପର୍ଯ୍ୟାୟ ।

ଗୌତମଙ୍କ ପ୍ରଶ୍ନର ଉତ୍ତର ଦେବା ଛଳରେ ଭଗବାନ କହିଲେ – 'ଗୌତମ ! ଜୀବ ସ୍ୟାତ୍ ଶାଶ୍ୱତ, ସ୍ୟାତ୍ ଅଶାଶ୍ୱତ । ଦ୍ରବ୍ୟାର୍ଥିକ ଦୃଷ୍ଟିରେ ଶାଶ୍ୱତ ଏବଂ ପର୍ଯ୍ୟାୟାର୍ଥିକ ଦୃଷ୍ଟିରେ ଅଶାଶ୍ୱତ ।'

ଏହି ଦୁଇ ଧର୍ମ ବସ୍ତୁଠାରେ ସବୁବେଳେ ସମସ୍ଥିତିକ ରହିଥାନ୍ତି, କିନ୍ତୁ ଅର୍ପିତ ମୁଖ୍ୟ ଓ ଅନର୍ପିତ ଗୌଣ ହୋଇରହିଥାଏ । 'ଜୀବ ଶାଶ୍ୱତ ଅଟେ' – ଏଠାରେ ଶାଶ୍ୱତ ଧର୍ମ ମୁଖ୍ୟ ତଥା ଅଶାଶ୍ୱତ ଧର୍ମ ଗୌଣ ହୋଇ ରହିଥାଏ । 'ଜୀବ ଅଶାଶ୍ୱତ ଅଟେ - ଏହି ସ୍ଥଳରେ ଅଶାଶ୍ୱତଧର୍ମ ମୁଖ୍ୟ ତଥା ଶାଶ୍ୱତଧର୍ମ ଗୌଣ ଅବସ୍ଥାରେ ରହେ ।

ଏହି ଦ୍ୱି-ରୂପତା ହେଉଛି ବସ୍ତୁର ସ୍ୱଭାବସିଦ୍ଧ ଧର୍ମ । କାଳ-ଭେଦ ବା ଏକରୂପତା ଆମ ବଚନରୁ ଉତ୍ପନ୍ନ ହୋଇଥାଏ । ଶାଶ୍ୱତ ଓ ଅଶାଶ୍ୱତର କାଳ ଭିନ୍ନ ନୁହେଁ । ତଥାପି ଆମେ ପଦାର୍ଥକୁ ଶାଶ୍ୱତ ବା ଅଶାଶ୍ୱତ କହିଥାଉଁ – ଏହା ହେଉଛି ଅର୍ପିତାନର୍ପିତ ବ୍ୟାଖ୍ୟା । ପଦାର୍ଥର ନିୟମ ଶାଶ୍ୱତବାଦ ନୁହେଁ କି ଉଚ୍ଛେଦବାଦ ବି ନୁହେଁ । ଉଭୟେ ହେଉଛନ୍ତି ତା'ର ସତତ ସହଚାରୀ ଧର୍ମ । ଭଗବାନ ମହାବୀର ଏହି ଦୁଇ ସମନ୍ୱିତ ଧର୍ମର ଆଧାରରେ 'ଜାତ୍ୟନ୍ତରବାଦ' ସିଦ୍ଧାନ୍ତର ପ୍ରତିପାଦନ କରିଛନ୍ତି । ସେ କହିଛନ୍ତି – 'ପଦାର୍ଥ ଶାଶ୍ୱତ ନୁହେଁ କି ଅଶାଶ୍ୱତ ମଧ୍ୟ ନୁହେଁ । ଅବ୍ୟୁଚ୍ଛିତ୍ତିନୟ ଦୃଷ୍ଟିରେ ତାହା ସ୍ୟାତ୍ ଶାଶ୍ୱତ ଏବଂ ବ୍ୟୁଚ୍ଛିତ୍ତିନୟ ଦୃଷ୍ଟିରେ ତାହା ହେଉଛି ସ୍ୟାତ୍ ଅଶାଶ୍ୱତ । ତାହା ଯଦ୍ୟପି ଉଭୟାତ୍ମକ, ତଥାପି ଯେଉଁ ଦୃଷ୍ଟି (ଦ୍ରବ୍ୟ-ଦୃଷ୍ଟି)ରେ ଶାଶ୍ୱତ, ସେହି ଅନୁସାରେ କେବଳ ଶାଶ୍ୱତ ହିଁ ଥାଏ ତଥା ଯେଉଁ ଦୃଷ୍ଟି (ପର୍ଯ୍ୟାୟ-ଦୃଷ୍ଟି)ରେ ଅଶାଶ୍ୱତ, ସେହି ଅନୁସାରେ କେବଳ ଅଶାଶ୍ୱତ ହିଁ ଥାଏ । ଯେଉଁ ଦୃଷ୍ଟିରେ ଶାଶ୍ୱତ, ସେହି ଦୃଷ୍ଟିରେ ଅଶାଶ୍ୱତ ନୁହେଁ ଏବଂ ଯେଉଁ ଦୃଷ୍ଟିରେ ଅଶାଶ୍ୱତ ସେହି ଦୃଷ୍ଟିରେ ଶାଶ୍ୱତ ନୁହେଁ । ଗୋଟିଏ ପଦାର୍ଥ, ଗୋଟିଏ ସମୟରେ ଶାଶ୍ୱତ ଓ ଅଶାଶ୍ୱତ – ଏହି ବିରୋଧୀ ଧର୍ମଯୁଗଳର ଆଧାର ହୋଇଥିବାରୁ ଏହା ଅନେକ ଧର୍ମାତ୍ମକ ଅଟେ । ଏହିଭଳି ଅନନ୍ତ ବିରୋଧୀ ଧର୍ମଯୁଗଳର ଆଧାର ହୋଇଥିବାରୁ ଏହା ଅନନ୍ତ-ଧର୍ମାତ୍ମକ ।

ବସ୍ତୁ ଅନନ୍ତ ଧର୍ମାତ୍ମକ ହୋଇଥିବାରୁ ତାହା ବିସଦୃଶ ଥାଏ ତାହା ସଦୃଶ ବି ଥାଏ । ଗୋଟିଏ ପଦାର୍ଥ ଅନ୍ୟ ପଦାର୍ଥଠାରୁ ବିସଦୃଶ ଥାଏ, କାରଣ ସେମାନଙ୍କ ସବୁ ଗୁଣ ସମାନ ନୁହେଁ । ତେବେ ସେମାନଙ୍କ ଅନେକ ଗୁଣ ସମାନ ଥିବାରୁ ଦୁହିଁଙ୍କୁ ସଦୃଶ କହିବାରେ ଜମା ଆପତ୍ତି ନାହିଁ ।

ଚେତନଗୁଣ ଦୃଷ୍ଟିରୁ ଜୀବ ପୁଦ୍‌ଗଳଠାରୁ ଭିନ୍ନ କିନ୍ତୁ ଅସ୍ତିତ୍ୱ ଓ ପ୍ରମେୟତ୍ୱ ଗୁଣ ଦୃଷ୍ଟିରେ ଜୀବ ଓ ପୁଦ୍‌ଗଳ ମଧ୍ୟରେ ଅଭିନ୍ନତା ବି ରହିଛି । କୌଣସି ପଦାର୍ଥ ବି ଅନ୍ୟ ଏକ ପଦାର୍ଥଠାରୁ ସର୍ବଥା ଭିନ୍ନ ନୁହେଁ କି ସର୍ବଥା ଅଭିନ୍ନ ମଧ୍ୟ ନୁହେଁ ବରଂ ଭିନ୍ନାଭିନ୍ନ ହୋଇରହିଥାନ୍ତି । ବିଶେଷ ଗୁଣ ଦୃଷ୍ଟିରୁ ଭିନ୍ନତା ଥାଏ କିନ୍ତୁ ସାମାନ୍ୟ ଗୁଣ ଦୃଷ୍ଟିରୁ ଅଭିନ୍ନତା ଥାଏ ।[୪] ଭଗବତୀସୂତ୍ର ଆମକୁ କହିଥାଏ – 'ଜୀବ ହେଉଛି ପୁଦ୍‌ଗଳ ତଥା ଜୀବ ପୁଦ୍‌ଗଳୀ ମଧ୍ୟ

---

[୩] ଠାଣଂ, ୧୦/୪୬

[୪] ଅନ୍ୟୋଗବ୍ୟବଚ୍ଛେଦିକା, ଶ୍ଳୋକ ୨୫ :
ସ୍ୟାନ୍ନାଶିନିତ୍ୟଂ ସଦୃଶଂ ବିରୂପଂ, ବାଚ୍ୟଂ ନ ବାଚ୍ୟଂ ସଦସତ୍ତଦେବ ।
ବିପଶ୍ଚିତାଂ ନାଥ ! ନିପୀତତତ୍ତ୍ୱ ! ସୁଧୋଦ୍‌ଗତୋଦ୍‌ଗାରପରଂପରେୟମ୍ ॥

ଅଟେ।'[୫] ଶରୀର ଆତ୍ମା ମଧ୍ୟ ତଥା ଶରୀର ଆତ୍ମାରୁ ଭିନ୍ନ ମଧ୍ୟ।[୬] ଶରୀରରୂପୀ ତଥା ଅରୂପୀ ଉଭୟ, ସଚିତ୍ତ ମଧ୍ୟ ତଥା ଅଚିତ୍ତ ଉଭୟ ଅଟେ।[୭]

ପୁଦ୍‌ଗଳ ସଂଜ୍ଞା ଥିବାରୁ ଜୀବ ପୁଦ୍‌ଗଳ। ଜୀବ ପୌଦ୍‌ଗଳିକ ଇନ୍ଦ୍ରିୟଯୁକ୍ତ ତଥା ପୁଦ୍‌ଗଳର ଉପଭୋକ୍ତା ହୋଇଥିବାରୁ ତାହା ପୁଦ୍‌ଗଳୀ। ଜୀବ ଓ ପୁଦ୍‌ଗଳ ମଧ୍ୟରେ ନିମିତ୍ତ-ନୈମିତ୍ତିକ ଭାବ ମଧ୍ୟ ରହିଥାଏ। ସଂସାରୀ ଅବସ୍ଥାରେ ଜୀବର ନିମିତ୍ତରୁ ପୁଦ୍‌ଗଳର ପରିଣତି ଘଟିଥାଏ ତଥା ପୁଦ୍‌ଗଳର ନିମିତ୍ତ ଯୋଗୁଁ ଜୀବର ପରିଣତି ହୋଇଥାଏ, ତେଣୁ ଜୀବ ହେଉଛି ପୁଦ୍‌ଗଳୀ।

ଶରୀର, ଆତ୍ମାର ପୌଦ୍‌ଗଳିକ ସୁଖ-ଦୁଃଖର ଅନୁଭୂତିର ମାଧ୍ୟମ ହୋଇଥିବାରୁ ତାହାକୁ ଆତ୍ମାଠାରୁ ଅଭିନ୍ନ କୁହାଯାଏ। ଆତ୍ମା ହେଉଛି ଚେତନ ଅଥଚ କାୟା ଅଚେତନ। ଆତ୍ମାପୁନର୍ଭବୀ, କିନ୍ତୁ କାୟ ଏକଭବୀ। ଏହି କାରଣରୁ ଦୁହିଁଙ୍କ ମଧ୍ୟରେ ଭିନ୍ନତା ବି ରହିଛି। ସ୍ଥୁଳ ଶରୀର ଦୃଷ୍ଟିରେ ଆତ୍ମା ରୂପୀ ହୋଇଥାଏ କିନ୍ତୁ ସୂକ୍ଷ୍ମ ଶରୀର ପରିପ୍ରେକ୍ଷ୍ୟରେ ତାହା ଅରୂପୀ।

ଶରୀର, ଆତ୍ମାଠାରୁ କଥଞ୍ଚିତ୍ ଅପୃଥକ୍ ହୋଇଥିବାରୁ, ଜୀବିତ ଶରୀର ହେଉଛି ଚେତନ। ପୃଥକ୍ ମଧ୍ୟ ହୋଇଥିବାରୁ ଜୀବିତ ଶରୀରକୁ ଅଚେତନଶ୍ରେଣୀ ଅନ୍ତର୍ଗତ ବି ରଖାଯାଇପାରିବ। ତେବେ ମୃତ ଶରୀର ସର୍ବଦା ଅଚେତନ ହିଁ ହୋଇଥାଏ।

ଏହି ପୃଥିବୀ ସ୍ୟାତ୍ ଅଟେ, ସ୍ୟାତ୍ ନୁହେଁ ଏବଂ ସ୍ୟାତ୍ ଅବକ୍ତବ୍ୟ। ବସ୍ତୁ ସ୍ୱ-ଦୃଷ୍ଟିରୁ ଥାଏ, ପର-ଦୃଷ୍ଟିରୁ ନ ଥାଏ। ତେଣୁ ବସ୍ତୁ ହେଉଛି ସତ୍-ଅସତ୍ ଉଭୟ ରୂପସଂପନ୍ନ। ଏକ କାଳରେ ଏକ ଧର୍ମ ଅପେକ୍ଷାରେ ବସ୍ତୁ ହୋଇଥାଏ ବକ୍ତବ୍ୟ ଏବଂ ଏକକାଳରେ ଅନେକଧର୍ମ ଅପେକ୍ଷାରେ ବସ୍ତୁ ଅବକ୍ତବ୍ୟ ହୋଇଯାଏ। ଏହି କାରଣରୁ ବସ୍ତୁ ଉଭୟ ରୂପ ଶ୍ରେଣୀ ଅନ୍ତର୍ଗତ ରହିଛି। ଯେଉଁ ରୂପରେ ସତ୍ ଥାଏ, ସେହି ରୂପରେ ନିରୋଳା ସତ୍ ହିଁ ଥାଏ ଏବଂ ଯେଉଁ ରୂପରେ ଅସତ୍ ଥାଏ, ସେହି ରୂପରେ କେବଳ ଅସତ୍ ହିଁ ଥାଏ। ବକ୍ତବ୍ୟ-ଅବକ୍ତବ୍ୟର ବି ଏହି ରୂପ ନିର୍ମିତ ହୋଇଥାଏ। ଏହି ଆଗମ-ପଦ୍ଧତି ଆଧାରରେ ଦାର୍ଶନିକ ଯୁଗରେ ସ୍ୟାଦ୍‌ବାଦର ନିମ୍ନପ୍ରକାର ଚାରୋଟି ରୂପ ବିକଶିତ ହେଲା –

୧. ବସ୍ତୁସ୍ୟାତ୍ ନିତ୍ୟ, ସ୍ୟାତ୍ ଅନିତ୍ୟ।
୨. ବସ୍ତୁସ୍ୟାତ୍ ସାମାନ୍ୟ, ସ୍ୟାତ୍ ବିଶେଷ।
୩. ବସ୍ତୁ ସ୍ୟାତ୍ ସତ୍, ସ୍ୟାତ୍ ଅସତ୍।
୪. ବସ୍ତୁ ସ୍ୟାତ୍ ବକ୍ତବ୍ୟ, ସ୍ୟାତ୍ ଅବକ୍ତବ୍ୟ।

ବିକଳାଦେଶ ଓ ସକଳାଦେଶ

ବସ୍ତୁ-ପ୍ରଧାନ ଜ୍ଞାନ ହେଉଛି ସକଳାଦେଶ ଏବଂ ଗୁଣ-ପ୍ରଧାନ ଜ୍ଞାନ ହେଲା ବିକଳାଦେଶ। ଏହି ସଂବନ୍ଧରେ ତିନୋଟି ମାନ୍ୟତା ରହିଛି –

ପ୍ରଥମ ମାନ୍ୟତା ଅନୁସାରେ ସପ୍ତଭଙ୍ଗୀର ପ୍ରତ୍ୟେକ ଭଙ୍ଗ ଉଭୟ ସକଳାଦେଶ ଓ ବିକଳାଦେଶ ହୋଇଥାଏ।

ଦ୍ୱିତୀୟ ମାନ୍ୟତା ଅନୁସାରେ ପ୍ରତ୍ୟେକ ଭଙ୍ଗ ହେଉଛି ବିକଳାଦେଶ ଅଥଚ ସାତୋଟିଯାକ ଭଙ୍ଗ ସମ୍ମିଳିତ ହୋଇ ସକଳାଦେଶରେ ପରିଣତ ହୁଅନ୍ତି।

ତୃତୀୟ ମାନ୍ୟତା ଅନୁସାରେ ପ୍ରଥମ, ଦ୍ୱିତୀୟ ଓ ଚତୁର୍ଥ ଭଙ୍ଗ ହେଉଛି ବିକଳାଦେଶ ଏବଂ ଅବଶିଷ୍ଟ ଭଙ୍ଗ ସକଳାଦେଶ ଅଟନ୍ତି।

---

[୫] ଭଗବଈ, ୮/୪୯୯

[୬] ଭଗବଈ, ୧୩/୧୨୮

[୭] ଭଗବଈ, ୧୩/୧୨୮

ଦ୍ରବ୍ୟ-ନୟର ମୁଖ୍ୟତା ତଥା ପର୍ଯ୍ୟାୟ-ନୟର ଅମୁଖ୍ୟତା ଯୋଗୁଁ ଗୁଣମାନଙ୍କ ଅଭେଦବୃତ୍ତି ସୃଷ୍ଟି ହୋଇଥାଏ। ଏହାଫଳରେ ସ୍ୟାଦ୍‌ବାଦ ସକଳାଦେଶ ବା ପ୍ରମାଣବାକ୍ୟ ସିଦ୍ଧ ହୁଏ।

ପର୍ଯ୍ୟାୟ-ନୟର ମୁଖ୍ୟତା ତଥା ଦ୍ରବ୍ୟ-ନୟର ଅମୁଖ୍ୟତା କାରଣରୁ ଗୁଣମାନଙ୍କ ଭେଦବୃତ୍ତି ସୃଷ୍ଟି ହୋଇଥାଏ। ଏହାଫଳରେ ସ୍ୟାଦ୍‌ବାଦ ବିକଳାଦେଶ ବା ନୟବାକ୍ୟ ସିଦ୍ଧ ହୁଏ।

ବାକ୍ୟ ହେଉଛି ଦୁଇ ପ୍ରକାର – ସକଳାଦେଶ ଓ ବିକଳାଦେଶ। ଅନନ୍ତଧର୍ମଯୁକ୍ତ ବସ୍ତୁର ଅଖଣ୍ଡ ରୂପ ପ୍ରତିପାଦନ କରିପାରୁଥିବା ବାକ୍ୟକୁ ସକଳାଦେଶ କୁହାଯାଇପାରିବ। ଅଭେଦବୃତ୍ତିର ପ୍ରାଧାନ୍ୟ ଓ ଅଭେଦର ଉପଚାର କାରଣରୁ ଏହି ଶକ୍ତି ବାକ୍ୟ ମଧ୍ୟରେ ସଞ୍ଚରିତ ହୋଇଥାଏ। ଅନନ୍ତଧର୍ମକୁ ଅଭିନ୍ନ କରୁଥିବା ୮ଟି କାରଣ ରହିଛି – ୧. କାଳ, ୨. ଆତ୍ମ-ରୂପ, ୩. ଅର୍ଥ-ଆଧାର, ୪. ସମ୍ବନ୍ଧ, ୫. ଉପକାର, ୬. ଗୁଣୀ-ଦେଶ, ୭. ସଂସର୍ଗ ଓ ୮. ଶବ୍ଦ। ବସ୍ତୁ ଓ ଗୁଣ-ଧର୍ମ ସଂବନ୍ଧରେ ସୂଚନା ପାଇଁ ଏମାନଙ୍କ ପ୍ରୟୋଗ କରାଯାଇଥାଏ।

ଆମେ ବସ୍ତୁର ଅନନ୍ତଗୁଣକୁ ଗୋଟିଏ-ଗୋଟିଏ କରି ବିଶ୍ଳେଷିତ କରିବା ଏବଂ ତା'ପରେ ସେମାନଙ୍କ ଗୋଟିଏ ସୂତ୍ରରେ ଧାରଣ କରିବା - ଆମର ଅନନ୍ତ ଜୀବନ ରହିଥିଲେ ଏହା ସମ୍ଭବ ହୋଇପାରିବ। ବିଛିଦିଆଯିବା ଉତ୍ତାରୁ ପୁଣି ଏକତ୍ର କରିବା ସମୀଚୀନ ନୁହେଁ। ତେଣୁ ଏପରି ଏକ ଦ୍ୱାର ଖୋଲିବାକୁ ହେବ ଅଥବା ପ୍ରକାଶ-ରେଖା ବିଚ୍ଛୁରଣ କରିବାକୁ ହେବ, ଯାହା ମାଧ୍ୟମରେ ବା ଯାହାଦ୍ୱାରା ସମଗ୍ର ବସ୍ତୁ ଦୃଶ୍ୟମାନ ହୋଇପଡ଼ିବ। ଏହି କଳା-କୌଶଳର ପ୍ରଶିକ୍ଷଣ ଦେଇଛନ୍ତି ଭଗବାନ ମହାବୀର। ତାହାହେଲା - ତାଙ୍କ ବାଣୀରେ 'ସିୟ' ଶବ୍ଦ। ଏହି ଶବ୍ଦର ସଂସ୍କୃତ ରୂପ ହେବ 'ସ୍ୟାତ୍'। କୌଣସି ଏକ ଧର୍ମ ସ୍ୟାତ୍ ସହିତ ଯୁକ୍ତ ହୋଇ ଅବଶିଷ୍ଟ ସମସ୍ତ ଧର୍ମକୁ ନିଜ ମଧ୍ୟରେ ବିଲୀନ କରିପକାଏ। 'ସ୍ୟାତ୍ ଜୀବ ଅଟେ' - ଏଠାରେ ଆମେ 'ଅଟେ' ମାଧ୍ୟମରେ ଜୀବର ଅସ୍ତିତ୍ୱକୁ ସିଦ୍ଧ କରିଥାଉଁ। 'ଅଟେ' ସ୍ୟାତ୍‌କୁ ସଂଗରେ ଧରିଆସିଛି, ତେଣୁ ତାହା ଅଖଣ୍ଡ ରୂପରେ ନୁହେଁ କିନ୍ତୁ ଅଖଣ୍ଡ ହୋଇ କି ଆସିଛି। ଗୋଟିଏ ଧର୍ମ ମଧ୍ୟରେ ଅନେକ ଧର୍ମର ଅଭିନ୍ନତା ବାସ୍ତବିକ ନୁହେଁ। ତେଣୁ ଏହି ଅଭେଦ, ଗୋଟିଏ ଧର୍ମର ମୁଖ୍ୟତା ବା ଉପଚାର ଯୋଗୁଁ ସମ୍ଭବ ହୋଇଥାଏ।

୧. ଯେଉଁ ସମୟରେ ବସ୍ତୁ ମଧ୍ୟରେ ନିର୍ଦ୍ଦିଷ୍ଟ ଏକ ଧର୍ମ ରହିଥାଏ, ଠିକ୍ ସେତେବେଳେ ଅନ୍ୟ ଧର୍ମ ବି ଉପସ୍ଥିତ ଥାନ୍ତି। ତେଣୁ କାଳ ଦୃଷ୍ଟିରେ ସେମାନେ ଅଭିନ୍ନ।

୨. ନିର୍ଦ୍ଦିଷ୍ଟ ଏକ ଧର୍ମ ଯେପରି ବସ୍ତୁର ଆତ୍ମରୂପ ସାଜିଥାଏ, ଅନ୍ୟ ଧର୍ମମାନେ ବି ତା'ର ଆତ୍ମରୂପ ହୋଇଥାନ୍ତି। ଏହି ଆତ୍ମରୂପ ଦୃଷ୍ଟିରେ ପ୍ରତିପାଦ୍ୟ ଧର୍ମର ଅପ୍ରତିପାଦ୍ୟ ଧର୍ମ ସହିତ ଅଭେଦଭାବ ରହିଥାଏ।

୩. ନିର୍ଦ୍ଦିଷ୍ଟ ଏକ ଧର୍ମ ସଦୃଶ 'ଅନ୍ୟ ଧର୍ମମାନଙ୍କ ବି ଏକ ଆଧାର ରହିଛି। ଯେଉଁଠାରେ ଜଣେ ଥାଏ, ସେହିଠାରେ ସମସ୍ତେ ରହିଛନ୍ତି – ଏହି ଅର୍ଥଦୃଷ୍ଟି ଓ ଆଧାରଭୂତ ଦ୍ରବ୍ୟ ଦୃଷ୍ଟିରେ ସବୁ ଧର୍ମ ଏକ - ସମାନାଧିକରଣ ଅଟନ୍ତି।

୪. ବସ୍ତୁ ସହିତ ନିର୍ଦ୍ଦିଷ୍ଟ ଏକ ଧର୍ମର ଯେଉଁ ଅବିଷ୍ୱଗଭାବ ବା ଅପୃଥକ୍‌ଭାବ ସଂବନ୍ଧ ରହିଛି, ଅନ୍ୟ ଧର୍ମମାନଙ୍କ ବି ଅବିଚ୍ଛିନ୍ନ ସଂବନ୍ଧ ରହିଛି – ଏହି ତାଦାତ୍ମ୍ୟ ସଂବନ୍ଧ ଦୃଷ୍ଟିରେ ମଧ୍ୟ ସମସ୍ତ ଧର୍ମ ହେଉଛନ୍ତି ଅଭିନ୍ନ।

୫. ବସ୍ତୁର ସ୍ୱ-ରୂପ ନିର୍ମାଣରେ ଯେପରି ଏକ ନିର୍ଦ୍ଦିଷ୍ଟ ଧର୍ମର ଯୋଗଦାନ ରହିଛି, ସେହିପରି ଅନ୍ୟ ଧର୍ମମାନଙ୍କର ବି ଅବଦାନ ରହିଛି। ଏହି ଯୋଗ-ଉପଚାର ଦୃଷ୍ଟିରେ ବି ସବୁରି ମଧ୍ୟରେ ଅଭେଦ ରହିଛି। ପାଚିଲା ଆମ୍ବ ମଧ୍ୟରେ ମଧୁରତା ଏବଂ ପୀତବର୍ଣ୍ଣରୂପକ ଉପଚାର ଭିନ୍ନ-ଭିନ୍ନ ନୁହେଁ। ଏହି ସ୍ଥିତି ଅବଶିଷ୍ଟ ଧର୍ମମାନଙ୍କ ବି ଥାଏ।

୬. ଯେଉଁ ବସ୍ତୁ ସଂବନ୍ଧୀ କ୍ଷେତ୍ର ନିର୍ଦ୍ଦିଷ୍ଟ ଏକ ଧର୍ମର ଥାଏ, ଅନ୍ୟ ଧର୍ମମାନଙ୍କ ମଧ୍ୟ ଥାଏ - ଏହି ଗୁଣୀ-ଦେଶ ଦୃଷ୍ଟିରେ ବି ଏମାନଙ୍କ ମଧ୍ୟରେ ଭେଦ ନାହିଁ। ଉଦାହରଣ ସ୍ୱରୂପ ଆମ୍ବର ଯେଉଁ ଭାଗ ମଧୁର, ତା'ର ବର୍ଣ୍ଣ ମଧ୍ୟ ହଳଦିଆ ହୋଇଥାଏ। ଏହିପ୍ରକାରେ ଦେଶ-ଭାଗ ଦୃଷ୍ଟିରେ ମଧ୍ୟ ଦୁହେଁ ଏକରୂପ ଅଟନ୍ତି।

୭. ବସ୍ତ୍ୱାତ୍ମାର ନିର୍ଦ୍ଦିଷ୍ଟ ଏକ ଧର୍ମ ସହିତ ଯେଉଁ ସଂସର୍ଗ ଥାଏ, ଅନ୍ୟ ଧର୍ମମାନଙ୍କ ସହିତ ବି ରହିଥାଏ - ଏହି

ସଂସର୍ଗ ଦୃଷ୍ଟିରେ ମଧ୍ୟ ସମସ୍ତ ଧର୍ମ ଅଭିନ୍ନ। ଆମ୍ରର ମଧୁରତା ସହିତ ଯେଉଁ ସଂବନ୍ଧ ରହିଛି, ପୀତବର୍ଣ୍ଣ ସହିତ ହେଉଥିବା ସଂବନ୍ଧଠାରୁ ତାହା ପୃଥକ୍ ନୁହେଁ। ତେଣୁ ଉଭୟେ ଅଭିନ୍ନ। ଧର୍ମ ଓ ଧର୍ମୀ ଭିନ୍ନାଭିନ୍ନ ହୋଇଥାନ୍ତି। ଅବିଷ୍ୱଗ୍‌ଭାବ ସଂବନ୍ଧରେ ଅଭେଦ ପ୍ରଧାନ ହୋଇଥାଏ ଅଥଚ ଭେଦ ଗୌଣ।

୮. ନିର୍ଦ୍ଦିଷ୍ଟ ଏକ ଧର୍ମ ବା 'ଅଟେ' ଶବ୍ଦ ଅସ୍ତିତ୍ୱଧର୍ମଯୁକ୍ତ ବସ୍ତୁର ବାଚକ। ତାହା ହିଁ ଅବଶିଷ୍ଟ ଅନନ୍ତଧର୍ମଯୁକ୍ତ ବସ୍ତୁର ବି ପ୍ରତିପାଦନ କରିଥାଏ। ତେଣୁ ଶବ୍ଦଦୃଷ୍ଟିରେ ବି ସମସ୍ତ ଧର୍ମ ଅଭିନ୍ନ।

କାଳ ଆଦି ଦୃଷ୍ଟିରେ ବିବିଧ ଧର୍ମର ଅଭେଦ-ଉପଚାର

୧. ସମକାଳ ଏକରେ ଅନେକ ଗୁଣ ରହିଥିବେ ଏହା ସମ୍ଭବ ନୁହେଁ। ଯଦି ଏହାହୁଏ ତେବେ ସେଗୁଡ଼ିକର ଆଶ୍ରୟ ଭିନ୍ନ ହେବ।

୨. ଅନେକବିଧ ଗୁଣର ଆତ୍ମରୂପ ଏକ ହେବ, ଏହା ସମ୍ଭବ ନୁହେଁ। ଯଦି ଏହାହୁଏ ତେବେ ସେହି ଗୁଣମାନଙ୍କ ମଧ୍ୟରେ ଭେଦ ବୁଝାଯିବ ନାହିଁ।

୩. ଅନେକ ଗୁଣମାନଙ୍କ ଆଶ୍ରୟଭୂତ ଅର୍ଥ ଅନେକ ହେବେ, ଯଦି ଏହା ନ ହେଉଛି ତାହାହେଲେ ଏକ, ଅନେକ ଗୁଣର ଆଶ୍ରୟ କିପରି ହୋଇପାରିବ?

୪. ଅନେକ ସଂବନ୍ଧୀୟମାନଙ୍କ ଏକ ସହିତ ସଂବନ୍ଧ ସମ୍ଭବ ନୁହେଁ।

୫. ଅନେକ ଗୁଣର ଉପକାର ମଧ୍ୟ ଅନେକ ହିଁ ହେବ - ଏକ ହୋଇପାରିବ ନାହିଁ।

୬. ଗୁଣୀର କ୍ଷେତ୍ର - ପ୍ରତିଗୁଣ ସକାଶେ ପ୍ରତ୍ୟେକ ଭାଗ ଭିନ୍ନ ହେବା ବିଧେୟ। ଅନ୍ୟଥା ଅନ୍ୟ ଗୁଣୀମାନଙ୍କ ଗୁଣର ଏହି ଗୁଣୀ-ଦେଶ ସହିତ ଭେଦ ହୋଇପାରିବ ନାହିଁ।

୭. ସଂସର୍ଗ ପ୍ରତିସଂସର୍ଗୀର ଭିନ୍ନ ହେବ।

୮. ପ୍ରତ୍ୟେକ ବିଷୟର ଶବ୍ଦ ପୃଥକ୍ ହେବ। ସବୁ ଗୁଣର ଯଦି ଗୋଟିଏ ଶବ୍ଦ ନିର୍ଦ୍ଧାରଣ କରାଯାଏ, ତେବେ ସବୁ ଅର୍ଥ, ଏକ ଶବ୍ଦର ବାଚ୍ୟ ହୋଇଯିବେ ଏବଂ ଅନ୍ୟ ଶବ୍ଦଗୁଡ଼ିକର କୌଣସି ଅର୍ଥ ଅବଶିଷ୍ଟ ରହିବ ନାହିଁ।

ତ୍ରିଭଙ୍ଗୀ ବା ସପ୍ତଭଙ୍ଗୀ

ନିଜ ସତ୍ତାର ସ୍ୱୀକାର ତଥା ପରସତ୍ତାର ଅସ୍ୱୀକାର ହେଉଛି ବସ୍ତୁର ବସ୍ତୁତ୍ୱ।[୮] ସ୍ୱୀକାର ଓ ଅସ୍ୱୀକାର ଉଭୟ ହେଉଛନ୍ତି ଏକାଶ୍ରୟୀ। ବସ୍ତୁ ମଧ୍ୟରେ 'ସ୍ୱ'ର ସତ୍ତା ସଦୃଶ 'ପର'ର ଅସତ୍ତା ଯଦି ନ ରହେ, ତାହାହେଲେ ତା'ର ସ୍ୱରୂପର ନିର୍ମାଣ ହୋଇପାରିବ ନାହିଁ। ବସ୍ତୁର ସ୍ୱରୂପର ପ୍ରତିପାଦନ କରିବା ବେଳକୁ ଅନେକ ବିକଳ୍ପ କରିବାକୁ ପଡ଼ିଥାଏ। ଗୌତମ ସ୍ୱାମୀଙ୍କ ପ୍ରଶ୍ନର ଉତ୍ତର ଦେବା ଛଳରେ ଭଗବାନ ମହାବୀର କହିଲେ – ରତ୍ନପ୍ରଭା ପୃଥିବୀ ସ୍ୟାତ୍ ଆତ୍ମା ଅଟେ, ସ୍ୟାତ୍ ଆତ୍ମା ନୁହେଁ, ସ୍ୟାତ୍ ଅବକ୍ତବ୍ୟ ଅଟେ।[୯]

୧. ସ୍ୱପରିପ୍ରେକ୍ଷୀରେ ତାହା ଆତ୍ମା (ଅସ୍ତିତ୍ୱ)।

୨. ପର ପରିପ୍ରେକ୍ଷୀରେ ତାହା ଆତ୍ମା ନୁହେଁ।

୩. ଯୁଗପତ୍ ଦୁଇ ଦୃଷ୍ଟିରେ ତାହା ହେଉଛି ଅବକ୍ତବ୍ୟ।

ଏହି ତିନି ବିକଳ୍ପର ସଂଯୋଗରେ ଆହୁରି ଚାରୋଟି ବିକଳ୍ପ ଜାତ ହେଉଛି –

୪. ସ୍ୟାତ୍ ଅସ୍ତି-ସ୍ୟାତ୍ ନାସ୍ତି - ରତ୍ନପ୍ରଭା ପୃଥିବୀ 'ସ୍ୱ' ଦୃଷ୍ଟିରେ ରହିଛି 'ପର' ଦୃଷ୍ଟିକୋଣରେ ନାହିଁ। ଏହା ହେଉଛି ଦୁଇ ଅଂଶର କ୍ରମିକ ବିବକ୍ଷା (କହିବାର ଇଚ୍ଛା)।

୫. ସ୍ୟାତ୍ ଅସ୍ତି-ସ୍ୟାତ୍ ଅବକ୍ତବ୍ୟ – 'ସ୍ୱ' ପରିପ୍ରେକ୍ଷୀରେ ରହିଛି, ଯୁଗପତ୍ ସ୍ୱ-ପର ପରିପ୍ରେକ୍ଷୀରେ ଅବକ୍ତବ୍ୟ।

---

[୮] ସ୍ୱପରସତ୍ତାବ୍ୟୁଦା ସୋପାଦାନାପାୟଂ ହି ବସ୍ତୁନୋ ବସ୍ତୁତ୍ୱମ୍।

[୯] ଭଗବଈ ୧୨/୨୧୧

୬. ସ୍ୟାତ୍ ନାସ୍ତି - ସ୍ୟାତ୍ ଅବକ୍ତବ୍ୟ - 'ପର' ଅନୁସାରେ ନାହିଁ, ଯୁଗପତ୍ ସ୍ୱ-ପର ପରିପ୍ରେକ୍ଷୀରେ ଅବକ୍ତବ୍ୟ।

୭. ସ୍ୟାତ୍ ଅସ୍ତି-ସ୍ୟାତ୍ ନାସ୍ତି-ସ୍ୟାତ୍ ଅବକ୍ତବ୍ୟ – ଗୋଟିଏ ଅଂଶ 'ସ୍ୱ'ର ରହିଛି, ଗୋଟିଏ ଅଂଶ 'ପର' ପରିପ୍ରେକ୍ଷୀରେ ନାହିଁ, ଯୁଗପତ୍ ଦୁହିଁଙ୍କ ଅନୁସାରେ ଅବକ୍ତବ୍ୟ।

ପ୍ରମାଣ-ସପ୍ତଭଙ୍ଗୀ

ସତ୍ୱର ପ୍ରଧାନତା ଦ୍ୱାରା ବସ୍ତୁର ପ୍ରତିପାଦନ (୧) ତେଣୁ - ଅସ୍ତି।

ଅସତ୍ୱର ପ୍ରଧାନତା ଦ୍ୱାରା ବସ୍ତୁର ପ୍ରତିପାଦନ (୨) ତେଣୁ - ନାସ୍ତି।

ଉଭୟ ଧର୍ମର ପ୍ରଧାନତା ଦ୍ୱାରା କ୍ରମଶଃ ବସ୍ତୁର ପ୍ରତିପାଦନ (୩) ତେଣୁ – ଅସ୍ତି-ନାସ୍ତି।

ଉଭୟ ଧର୍ମର ପ୍ରଧାନତା ଦ୍ୱାରା ଯୁଗପତ୍ ବସ୍ତୁର ପ୍ରତିପାଦନ ହୋଇପାରିବ ନାହିଁ (୪) ତେଣୁ - ଅବକ୍ତବ୍ୟ।

ଉଭୟ ଧର୍ମର ପ୍ରଧାନତା ଦ୍ୱାରା ଯୁଗପତ୍ ବସ୍ତୁର ପ୍ରତିପାଦନ ହୋଇପାରିବ ନାହିଁ - ସତ୍ୱର ପ୍ରଧାନତା ଆଧାରରେ ବସ୍ତୁର ପ୍ରତିପାଦନ ହେବ (୫) ତେଣୁ ଅବକ୍ତବ୍ୟ-ଅସ୍ତି।

ଉଭୟ ଧର୍ମର ପ୍ରଧାନତା ଦ୍ୱାରା ଯୁଗପତ୍ ବସ୍ତୁର ପ୍ରତିପାଦନ ହୋଇପାରିବ ନାହିଁ – ଅସତ୍ୱର ପ୍ରଧାନତା ଦ୍ୱାରା ବସ୍ତୁର ପ୍ରତିପାଦନ ହେବ(୬) ତେଣୁ - ଅବକ୍ତବ୍ୟ-ଅସ୍ତି।

ଉଭୟ ଧର୍ମର ପ୍ରଧାନତା ସହିତ ଉଭୟ ଧର୍ମର ପ୍ରଧାନତା ଦ୍ୱାରା କ୍ରମଶଃ ବସ୍ତୁର ପ୍ରତିପାଦନ ହୋଇପାରିବ(୭) ତେଣୁ ଅବକ୍ତବ୍ୟ-ଅସ୍ତି-ନାସ୍ତି।

କେବଳ ସପ୍ତଭଙ୍ଗୀ କାହିଁକି ?

ବସ୍ତୁର ପ୍ରତିପାଦନ, କ୍ରମ ଓ ଯୌଗ ପଦ୍ୟ – ଏହି ଦୁଇ ପଦ୍ଧତି ଦ୍ୱାରା କରାଯାଇଥାଏ ବସ୍ତୁ ମଧ୍ୟରେ 'ଅସ୍ତି' ଧର୍ମ ଥାଏ ତଥା 'ନାସ୍ତି' ଧର୍ମ ବି ରହିଥାଏ।

୧ ଓ ୨. ଏହା 'ବସ୍ତୁ' ଅଟେ – ଅସ୍ତି ଧର୍ମର ପ୍ରତିପାଦନ କରିଥାଏ। 'ବସ୍ତୁ ନାହିଁ' – ନାସ୍ତି ଧର୍ମର ପ୍ରତିପାଦନ କରିଥାଏ। ଏହା ହେଉଛି କ୍ରମିକ ପ୍ରତିପାଦନ। ଅସ୍ତି ଓ ନାସ୍ତିକୁ ଏକ ସଂଗେ ପ୍ରକାଶ କରିହେବ ନାହିଁ, ତେଣୁ ଯୁଗପତ୍ ଅନେକ ଧର୍ମ-ପ୍ରତିପାଦନ ପରିପ୍ରେକ୍ଷୀରେ ପଦାର୍ଥ ହେଉଛି ଅବକ୍ତବ୍ୟ। ଏହା ଯୁଗପତ୍ ବା ସମକାଳୀନ ପ୍ରତିପାଦନ।

୩. କ୍ରମ-ପଦ୍ଧତି ଅନୁସାରେ ଯେପରି ଏକ କାଳରେ ଏକ ଶବ୍ଦ ଦ୍ୱାରା ଓ ଏକ ଗୁଣ ଦ୍ୱାରା ସମସ୍ତ ବସ୍ତୁର ପ୍ରତିପାଦନ ସହଜସାଧ୍ୟ ହୋଇଥାଏ, ସେହିପରି ଏକକାଳରେ ଏକ ଶବ୍ଦ ଦ୍ୱାରା ଓ ଦୁଇ ପ୍ରତିଯୋଗୀ ଗୁଣ ଦ୍ୱାରା ବସ୍ତୁର ପ୍ରତିପାଦନ ହୋଇପାରିବ ନାହିଁ। ତେଣୁ ଯୁଗପତ୍ ଶବ୍ଦ ଦ୍ୱାରା ସମସ୍ତ ବସ୍ତୁର ପ୍ରତିପାଦନର ବିବକ୍ଷା ହୁଏ, ସେତେବେଳେ ତାହା ଅବକ୍ତବ୍ୟରେ ପରିଣତ ହୁଏ।

ବସ୍ତୁ-ପ୍ରତିପାଦନର ଏହି ପ୍ରକାର ତିନୋଟି ମୌଳିକ ବିକଳ୍ପ ରହିଛି ଅପୁନରୁକ୍ତ ରୂପରେ ସେମାନଙ୍କ ଆହୁରି ଚାରୋଟି ବିକଳ୍ପ ସୃଷ୍ଟି ହେଉଥିବାରୁ, ସବୁମିଶି ସାତ ବିକଳ୍ପ ହେଉଛି। ପରେ ଭଂଗଗୁଡ଼ିକ ମଧ୍ୟରେ ପୁନରୁକ୍ତି ପ୍ରବେଶ କରିଥାଏ। ସେମାନେ କୌଣସି ନୂତନ ବୋଧ ଦେଇପାରୁ ନ ଥିବାରୁ ପ୍ରମାଣ ପଦ ଭାବରେ ସ୍ଥାନ ପାଇପାରନ୍ତି ନାହିଁ। ଏହାର ଫଳିତ ରୂପ ହେଉଛି ଯେ ବସ୍ତୁର ଅନନ୍ତ ଧର୍ମ ଉପରେ ଅନନ୍ତ ସପ୍ତ-ଭଙ୍ଗୀର ନିର୍ମାଣ ସମ୍ଭବପର କିନ୍ତୁ ଗୋଟିଏ ଧର୍ମ ଉପରେ ସାତରୁ ଅଧିକ ଭଂଗର ରଚନା କରାଯାଇପାରିବ ନାହିଁ।

୪. ଅପୁନରୁକ୍ତ-ବିକଳ୍ପ - ସତ୍ ହେଉଛି ଦ୍ରବ୍ୟାଂଶ ଓ ଅସତ୍ ପର୍ଯ୍ୟାୟାଂଶ। ଦ୍ରବ୍ୟାଂଶ ଅନୁସାରେ ବସ୍ତୁ ସତ୍ ତଥା ଅଭାବ ରୂପ ପର୍ଯ୍ୟାୟାଂଶର କଷଟିରେ ବସ୍ତୁ ହେଉଛି ଅସତ୍। ଏକସଂଗେ ଦୁହିଁଙ୍କ ଅପେକ୍ଷା ହେଉଛି ଅବକ୍ତବ୍ୟ ଏବଂ କ୍ରମ-ବିବକ୍ଷାରେ ଉଭୟାତ୍ମକ।

୫-୬-୭. ସଦ୍‌ଭାବର ପ୍ରଧାନତାରେ ଅବକ୍ତବ୍ୟର ପଞ୍ଚମ ଭଂଗ, ଅସଦ୍‌ଭାବର ପ୍ରଧାନତାରେ ଷଷ୍ଠ ଭଙ୍ଗ ଏବଂ କ୍ରମଶଃ ଦୁହିଁଙ୍କ ପ୍ରଧାନତାରେ ସପ୍ତମ ଭଂଗର ସୃଷ୍ଟି ହୋଇଥାଏ।

ପ୍ରଥମ ତିନୋଟି ଅସାଂଯୋଗିକ ବିକଳ୍ପ ମଧ୍ୟରେ ବିବିକ୍ଷିତ ଧର୍ମ ଦ୍ୱାରା ଅଖଣ୍ଡ ବସ୍ତୁର ଗ୍ରହଣ ହୋଇଥାଏ, ତେଣୁ ତାହାକୁ 'ସକଳାଦେଶୀ' କୁହାଯାଇଥାଏ। ଅନ୍ତିମ ଚାରୋଟି ବିଷୟ ଦେଶାବଚ୍ଛିନ୍ନଧର୍ମୀ ହୋଇଥିବାରୁ ସେଗୁଡ଼ିକୁ ବିକଳାଦେଶୀ କୁହାଯାଏ।[୧୦]

ଜଣେ ଛାତ୍ର ମଧ୍ୟରେ ଯୋଗ୍ୟତା, ଅଯୋଗ୍ୟତା, ସକ୍ରିୟତା ଓ ନିଷ୍କ୍ରିୟତା – ଏହି ଚାରିଧର୍ମ ଲକ୍ଷ୍ୟକରି ସପ୍ତଭଂଗର ପରୀକ୍ଷା ନିରୀକ୍ଷା ଦ୍ୱାରା ସେଗୁଡ଼ିକର ବ୍ୟାବହାରିକତାର ଆକଳନ କରାଯାଇପାରିବ। ଏମାନଙ୍କ ମଧ୍ୟରେ ଦୁଇଟି ଗୁଣ ସଦ୍‌ଭାବ ରୂପ ଏବଂ ଅନ୍ୟ ଦୁଇଟି ସେମାନଙ୍କ ପ୍ରତିଦ୍ୱନ୍ଦ୍ୱୀ ଗୁଣ।

ଜଣେ ଲୋକ ଅଧ୍ୟାପକଙ୍କୁ ପଚାରିଲା - 'ଅମୁକ ପିଲା ପାଠପଢ଼ାରେ କେମିତି ?'

ଅଧ୍ୟାପକ ଉତ୍ତର ଦେଲେ - 'ବିଦ୍ୟାର୍ଥୀ ଜଣକ ବେଶ୍ ଯୋଗ୍ୟ'।

୧. ଏଠାରେ ପାଠପଢ଼ା କ୍ଷେତ୍ରରେ ତା'ର ଯୋଗ୍ୟତା ଧର୍ମ ମୁଖ୍ୟ ହୋଇଛି ଏବଂ ଅବଶିଷ୍ଟ ଧର୍ମ ସବୁ ତା'ମଧ୍ୟରେ ଲୁଚିଯାଇ ଗୌଣ ହୋଇପଡ଼ିଛନ୍ତି।

ଅନ୍ୟ ଜଣେ ପଚାରିଲା - 'ମହାଶୟ ! ବିଦ୍ୟାର୍ଥୀ ନମ୍ରତାରେ କିପରି ?'

ଅଧ୍ୟାପକ କହିଲେ – 'ନମ୍ରତା କ୍ଷେତ୍ରରେ ଭାରି ଅଯୋଗ୍ୟ।'

୨. ଏଠାରେ ଉଦ୍ଦଣ୍ଡତା କ୍ଷେତ୍ରରେ ତା'ର ଅଯୋଗ୍ୟତା ଧର୍ମମୁଖ୍ୟ ହୋଇଛି ଏବଂ ଅବଶିଷ୍ଟ ଧର୍ମ ଗୌଣ ହୋଇଯାଇଛନ୍ତି।

ତୃତୀୟ ଲୋକ ପଚାରିଲେ – 'ସେ ପାଠପଢ଼ା ତଥା ବିନୟ-ବ୍ୟବହାରରେ କେମିତି ଅଛି ?'

ଅଧ୍ୟାପକ କହିଲେ – 'କ'ଣ କହିବି ? ବଡ଼ ଅଦ୍‌ଭୁତ ବାଳକ। ଏହା ବିଷୟରେ କିଛି କୁହାଯାଇପାରିବ ନାହିଁ।

୩. ଯେତେବେଳେ ବିଦାର୍ଥୀ ମଧ୍ୟରେ ପାଠପଢ଼ା ଓ ଉଚ୍ଛୃଙ୍ଖଳତା ଏକସଂଗେ ମୁଖ୍ୟ ରୂପରେ ଦୃଷ୍ଟି ସମ୍ମୁଖରେ ଉଦ୍‌ଭାସିତ ହୁଏ, ସେତେବେଳେ ଏପରି ବିଚାର ଜାତହୁଏ। କଦାଚିତ୍ ଅସୁବିଧାଜନକ ଉତ୍ତର ଦେଇ କହିବାକୁ ପଡ଼େ – ଭାଇ ! ଠିକ୍ ଅଛି। ପଢ଼ିବାରେ ଯୋଗ୍ୟ କିନ୍ତୁ ବ୍ୟବହାର ଦୃଷ୍ଟିରୁ ଅଯୋଗ୍ୟ ଅଟେ ?

ପଞ୍ଚମ ଉତ୍ତର – ସେ ଯୋଗ୍ୟ ମାତ୍ର ବଡ଼ ବିଚିତ୍ର, ତା'ବିଷୟରେ କିଛି କୁହାଯାଇପାରିବ ନାହିଁ।'

ଷଷ୍ଠ ଉତ୍ତର – ଯୋଗ୍ୟ ନୁହେଁ, ମାତ୍ର ବଡ଼ ବିଚିତ୍ର ପିଲା, ତା'ବିଷୟରେ କିଛି କୁହାଯାଇପାରିବ ନାହିଁ।'

ସପ୍ତମ ଉତ୍ତର – ଏକସଂଗେ ଯୋଗ୍ୟ ଏବଂ ଯୋଗ୍ୟ ନୁହେଁ। ଆରେ ! କ'ଣ ପଚାରୁଛ ? ବଡ଼ ବିଚିତ୍ର ପିଲା, ତା'ବିଷୟରେ କିଛି କୁହାଯାଇପାରିବ ନାହିଁ।

ଉତ୍ତର ଦେବା ଲୋକର ଭିନ୍ନ-ଭିନ୍ନ ମନଃ ସ୍ଥିତି ରହିଥାଏ। କେତେବେଳେ ଯୋଗ୍ୟତା ଦୃଷ୍ଟି ଦୃଷ୍ଟିମୁଖ୍ୟ ତ' ଆଉ କେତେବେଳେ ଅଯୋଗ୍ୟତା ଦୃଷ୍ଟି ମୁଖ୍ୟ। କେତେବେଳେ ଦୁହେଁ ଏକସଂଗରେ ତ' ଆଉ କେତେବେଳେ କ୍ରମାନ୍ୱୟରେ। ଯୋଗ୍ୟତାର ବର୍ଣ୍ଣନା କରିବା ବେଳକୁ ଥରେ ଥରେ ଯୋଗ୍ୟତା-ଅଯୋଗ୍ୟତା ଉଭୟେ ପ୍ରଧାନ ହୋଇପଡ଼ନ୍ତି, ଏହି ଜଞ୍ଜାଳ ମଧ୍ୟରେ ବ୍ୟକ୍ତି ଛନ୍ଦି ହୋଇପଡ଼େ। ଯୋଗ୍ୟତା ଓ ଅଯୋଗ୍ୟତାର କ୍ରମାନ୍ୱୟରେ ବିଶ୍ଳେଷଣ କରିବା ସମୟରେ ଦୁହିଁଙ୍କ ଉପରେ ଏକ ସଂଗରେ ଦୃଷ୍ଟି ପଡ଼ିଲେ ସ୍ୱର ବାହାରିପଡ଼େ - କିଛି କୁହାଯାଇପାରିବ ନାହିଁ।

ଜୀବର ସକ୍ରିୟତା ଓ ନିଷ୍କ୍ରିୟତା ଉପରେ ସ୍ୟାଦ୍-ଅସ୍ତି, ନାସ୍ତି, ଅବକ୍ତବ୍ୟର ପ୍ରୟୋଗ–

ମାନସିକ, ବାଚିକ ଏବଂ କାୟିକ ବ୍ୟାପାର, ଜୀବ ଓ ପୁଦ୍‌ଗଳର ସଂଯୋଗ ଦ୍ୱାରା ହୋଇଥାଏ। ଏକାନ୍ତ ନିଶ୍ଚୟବାଦୀ ଅନୁସାରେ ଜୀବ ହେଉଛି ନିଷ୍କ୍ରିୟ ଏବଂ ଅଜୀବ ହେଲା ସକ୍ରିୟ। ସାଂଖ୍ୟ ଦର୍ଶନ ଭାଷାରେ ପୁରୁଷ ନିଷ୍କ୍ରିୟ ଓ ପ୍ରକୃତି ସକ୍ରିୟ। ଏକାନ୍ତ ବ୍ୟବହାରବାଦ ଅନୁସାରେ ଜୀବ ସକ୍ରିୟ ତଥା ଅଜୀବ ନିଷ୍କ୍ରିୟ। ବିଜ୍ଞାନର

---

(୧୦) ନୟ ରହସ୍ୟ, ପୃ.୨୧ : ଅତ୍ର ଚ ସକଳଧର୍ମବିଷୟତ୍ୱାତ୍ ତ୍ରୟୋ ଭଙ୍ଗା ଅବିକଳା ଦେଶଃ। ଚତ୍ୱାରଶ୍ଚ ଦେଶାବଚ୍ଛିନ୍ନ-ଧର୍ମବିଷୟତ୍ୱାତ୍ ବିକଳାଦେଶଃ।

ଭାଷାରେ ଜୀବ ସକ୍ରିୟ ତଥା ଅଜୀବ ନିଷ୍କ୍ରିୟ । ସ୍ୟାଦ୍‌ବାଦ ଦୃଷ୍ଟିରେ ଜୀବ ହେଉଛି ସକ୍ରିୟ, ନିଷ୍କ୍ରିୟ ମଧ୍ୟ ତଥା ଅବାଚ୍ୟ ମଧ୍ୟ ହୋଇଥାଏ ।

ଲବ୍ଧି-ବୀର୍ଯ୍ୟ ବା ଶକ୍ତି ପରିପ୍ରେକ୍ଷୀରେ ଜୀବର ନିଷ୍କ୍ରିୟତା ହେଉଛି ସତ୍ୟ, କରଣ-ବୀର୍ଯ୍ୟ ବା କ୍ରିୟା ପରିପ୍ରେକ୍ଷୀରେ ଜୀବର ସକ୍ରିୟତା ହୋଇଥାଏ ସତ୍ୟ । ତେବେ ଉଭୟ ଧର୍ମ ପରିପ୍ରେକ୍ଷୀରେ ଅବକ୍ତବ୍ୟତା ସତ୍ୟ ବିବେଚିତ ହୁଏ ।

ଗୁଣ-ସମୁଦାୟକୁ ଦ୍ରବ୍ୟ କୁହାଯାଏ । ଦ୍ରବ୍ୟର ପ୍ରଦେଶ-ଅବୟବଗୁଡ଼ିକୁ କ୍ଷେତ୍ର । ବ୍ୟବହାର ଦୃଷ୍ଟି ଅନୁସାରେ ଦ୍ରବ୍ୟର ଆଧାର ବି କ୍ଷେତ୍ର ବୋଲାଇଥାଏ । ଦ୍ରବ୍ୟର ପରିଣମନକୁ କାଳ କୁହାଯାଏ । ଦ୍ରବ୍ୟର ଯେପରି ପରିଣମନ, ତାହାହିଁ କାଳ । ଘଡ଼ି, ମୁହୂର୍ତ୍ତ ଇତ୍ୟାଦି କାଳ ବ୍ୟାବହାରିକ କଳ୍ପନା ମାତ୍ର । ଦ୍ରବ୍ୟର ଗୁଣ-ଶକ୍ତି-ପରିଣମନକୁ ଭାବ କହିଥାନ୍ତି । ପ୍ରତ୍ୟେକ ବସ୍ତୁର ଦ୍ରବ୍ୟାଦି ଚତୁଷ୍ଟୟ ଭିନ୍ନ-ଭିନ୍ନ ଥାଏ । ଏକ ସଦୃଶ, ଗୋଟିଏ କ୍ଷେତ୍ରରେ ସ୍ଥିତି, ଏକସଂଗେ ନିର୍ମିତ, ସମାନ ରୂପ-ରଙ୍ଗ ବିଶିଷ୍ଟ ଶହେଟି ମାଠିଆ ମଧ୍ୟରେ ସାଦୃଶ୍ୟ ରହିପାରେ କିନ୍ତୁ ଏକତା ନ ଥାଏ । ଗୋଟିଏ ଘଟର ମାଟିର ପରମାଣୁ, ଅନ୍ୟ ଘଟର ମାଟିର ପରମାଣୁଠାରୁ ଭିନ୍ନ ହୋଇଥାଏ । ଏହିଭଳି ଅବଗାହ, ପରିଣମନ ଓ ଗୁଣ ମଧ୍ୟ ଏକ ନୁହନ୍ତି ।

ବସ୍ତୁର ପ୍ରତ୍ୟେକ ଧର୍ମର ବିଧି-ନିଷେଧର କଳ୍ପନା କରିଲେ ଅନନ୍ତ ତ୍ରିଭଙ୍ଗୀ ତଥା ସପ୍ତଭଙ୍ଗୀ ସୃଷ୍ଟି ହୋଇଥାଏ କିନ୍ତୁ ବସ୍ତୁର ନିର୍ଦ୍ଦିଷ୍ଟ ଏକ ଧର୍ମ ଉପରେ ବିଧି-ନିଷେଧର କଳ୍ପନା ଦ୍ୱାରା ତ୍ରିଭଙ୍ଗୀ ଅଥବା ସପ୍ତଭଙ୍ଗୀର ହିଁ ନିର୍ମାଣ ହୋଇଥାଏ ।

ବସ୍ତୁର ବିଷୟ ହେଉଛି ସାତୋଟି । ତେଣୁ ସାତପ୍ରକାର ସନ୍ଦେହ ରହିଥାଏ । ସାତପ୍ରକାର ସନ୍ଦେହ ଯୋଗୁଁ ସାତପ୍ରକାର ଜିଜ୍ଞାସା, ସାତପ୍ରକାର ଜିଜ୍ଞାସା ଯୋଗୁଁ ସାତପ୍ରକାର ପର୍ଯ୍ୟାନୁଯୋଗ ଏବଂ ସାତପ୍ରକାର ପର୍ଯ୍ୟାନୁଯୋଗ କାରଣରୁ ସାତପ୍ରକାର ବିକଳ୍ପର ସୃଜନ ହୋଇଥାଏ ।[୧୧]

ସମାଲୋଚନା ଓ ସମୀକ୍ଷା

ଉକ୍ତ ଚର୍ଚ୍ଚାରେ 'ସ୍ୟାତ୍' ଶବ୍ଦକୁ ସନ୍ଦେହ ବା ଶଙ୍କା ଅର୍ଥରେ କୌଣସିଠାରେ ବି ପ୍ରୟୋଗ କରାଯାଇନାହିଁ । ତଥାପି ଶାଙ୍କର ଭାଷ୍ୟରୁ ଆରମ୍ଭକରି ସାମ୍ପ୍ରତିକ ଆଲୋଚନାସାହିତ୍ୟରେ 'ସ୍ୟାଦ୍‌ବାଦ'କୁ 'ଅନିର୍ଦ୍ଧାରିତ ରୂପ-ଜ୍ଞାନ' ବା 'ସଂଶୟବାଦ' ଅଭିହିତ କରାଯାଇଛି ।

ଶଙ୍କରାଚାର୍ଯ୍ୟଙ୍କ ଯୁକ୍ତି ଅନୁସାରେ – "ସ୍ୟାଦ୍‌ବାଦ ପଦ୍ଧତି ଦ୍ୱାରା ଜୈନ-ସମ୍ମତ ସପ୍ତପଦାର୍ଥର ସଂଖ୍ୟା ଏବଂ ସ୍ୱରୂପର ସଠିକ୍ ନିର୍ଦ୍ଧାରଣ ହୋଇପାରେ ନାହିଁ । ସେମାନେ ହେଉଛନ୍ତି ସେହିପରି ବା ସେମାନେ ସେହିପରି ନୁହନ୍ତି – ଏହା ନିଶ୍ଚିତ କରାଯାଇ ନ ପାରିଲେ ସେମାନଙ୍କ ପ୍ରାମାଣିକତା ଲୋପ ପାଇଥାଏ ।"[୧୨]

ତେବେ ଏହି ଆଲୋଚନା ମୂଳସ୍ପର୍ଶୀ ନୁହେଁ । ଡା. ଏସ.କେ. ବେଲବାଲକର ଲେଖିଛନ୍ତି – ଶଙ୍କରାଚାର୍ଯ୍ୟ ନିଜ ବ୍ୟାଖ୍ୟା ମାଧ୍ୟମରେ ପୁରାତନ ଜୈନ ଦୃଷ୍ଟିର ପ୍ରତିପାଦନ କରିଛନ୍ତି । ତେଣୁ ତାଙ୍କ ପ୍ରତିପାଦନକୁ ଚିନ୍ତନମନନପୂର୍ବକ ମିଥ୍ୟା ପ୍ରରୂପଣ କରାଯାଇଛି ବୋଲି କୁହାଯାଇପାରିବ ନାହିଁ । ଜୈନେତର ସାହିତ୍ୟରେ ଜୈନଧର୍ମର ସବୁଠାରୁ ପ୍ରାଚୀନ ଉଲ୍ଲେଖ ବାଦରାୟଣଙ୍କ ବେଦାନ୍ତ ସୂତ୍ରରେ ପ୍ରାପ୍ତ ହୋଇଥାଏ । ଏହା ଉପରେ ଶଙ୍କରାଚାର୍ଯ୍ୟ ଟୀକା ଲେଖିଛନ୍ତି । ଜୈନଧର୍ମର ପ୍ରାଚୀନ ତଥ୍ୟକୁ ଏହା ଉଦ୍‌ଭାସିତ କରୁଛି – ଏହି କଥା ସ୍ୱୀକାର କରିବାର କୌଣସି ସଶକ୍ତ କାରଣ

---

(୧୧) ଅନ୍ୟଯୋଗବ୍ୟବଚ୍ଛେଦିକା, ଶ୍ଳୋକ ୨୩ :
ଅପର୍ଯ୍ୟୟଂ ବସ୍ତୁ ସମସ୍ୟମାନ-ମଦ୍ରବ୍ୟମେତଚ୍ଚ ବିବିଚ୍ୟମାନମ୍ ।
ଆଦେଶଭେଦୋଦିତସପ୍ତଭଙ୍ଗମଦୀଦୃଶସ୍ତ୍ୱଂ ବୁଧରୂପ ବେଦ୍ୟମ୍

(୧୨) ବ୍ରହ୍ମସୂତ୍ର (ଶାଙ୍କରଭାଷ୍ୟ) ୨/୨୩୩ : ଯ ଏତେ ସପ୍ତ ପଦାର୍ଥା ନିର୍ଦ୍ଧାରିତା ଏତାବନ୍ତ ଏବଂ ରୂପାଶ୍ଚେତି ତେ ତଥୈବ ବା ସ୍ୟୁର୍ନୈବ ବା ତଥା ସ୍ୟୁଃ ଇତରଥା ହିତଥା ବା ସ୍ୟୁରିତରଥା
ବେତ୍ୟନିର୍ଦ୍ଧାରିତ ରୂପଜ୍ଞାନଂ ସଂଶୟଜ୍ଞାନବଦ ପ୍ରମାଣମେବସ୍ୟାତ୍ ।

ଦୃଷ୍ଟିଗୋଚର ହେଉନାହିଁ। ଏହି ତଥ୍ୟ ଜୈନଧର୍ମର ସବୁଠାରୁ ଦୁର୍ବଳ ଓ ଦୋଷଯୁକ୍ତ ସିଦ୍ଧ ହୋଇଛି। ତେବେ ପରବର୍ତ୍ତୀ ସମୟରେ ସ୍ୟାଦ୍‌ବାଦ ଏକ ଭିନ୍ନରୂପ ଧାରଣ କରି ଆମ ଆଲୋଚକମାନଙ୍କ ସମକ୍ଷରେ ପ୍ରସ୍ତୁତ ହେଲା। ବର୍ତ୍ତମାନ ସ୍ୟାଦ୍‌ବାଦ ଉପରେ ବିଶେଷ ବିଚାର କରିବାର ଆବଶ୍ୟକତା କେହି ବି ଅନୁଭବ କରୁନାହାନ୍ତି।[୧୩]

(ସମୀକ୍ଷା) ... ବ୍ୟକ୍ତିବାଦ ଆଡ଼କୁ ଯଦି ଆମର ଆକର୍ଷଣ ରହିନାହିଁ, ତେବେ ଏହା ବୁଝିବାରେ କୌଣସି କଠିଣତା ହେବନାହିଁ ଯେ ଶଙ୍କରାଚାର୍ଯ୍ୟଙ୍କ ଦ୍ୱାରା ସ୍ୟାଦ୍‌ବାଦର ଯେଉଁ ରୂପରେ ଖଣ୍ଡନ କରାଯାଇଛି, ତା'ର ସେହି ରୂପ ଜୈନଦର୍ଶନରେ କେବେ ମଧ୍ୟ ରହିନାହିଁ। ବାଦରାୟଣଙ୍କ 'ନୈକସ୍ମିନ୍ନସଂଭବାତ୍' ସୂତ୍ରରେ ଜୈନ-ଦର୍ଶନ ଦ୍ୱାରା ଏକ ପଦାର୍ଥ ମଧ୍ୟରେ ଅନେକ ବିରୋଧୀ ଧର୍ମକୁ ସ୍ୱୀକାର କରିବା କୁହାଯାଇଛି, ସଂଶୟର କଥା କୁହାଯାଇନାହିଁ। ତଥାପି ଶଙ୍କରାଚାର୍ଯ୍ୟ, ସଂଶୟବାଦର ଭିତ୍ତିରେ ସ୍ୟାଦ୍‌ବାଦର ନିରାକରଣ କରିଛନ୍ତି। ଜୈନଦର୍ଶନର ମାନ୍ୟଦୃଷ୍ଟିକୁ ହୃଦୟଙ୍ଗମ ନ କରି ଏହା କରାଯାଇଛି – ଏହା କହିବା ସମୟରେ ଆମ ତଟସ୍ଥ ବୁଦ୍ଧିରେ କୌଣସି ପ୍ରକମ୍ପନ ହେଉନାହିଁ।

ଡା. ଦେବରାଜଙ୍କ ମତରେ – ସ୍ୟାଦ୍‌ବାଦ, 'ସଂଭବତଃ ବା ବୋଧହୁଏ' ସନ୍ଦର୍ଭରେ ପ୍ରୟୋଗ କରାଯାଇଥାଏ। ଇଂରାଜୀରେ ଏହାକୁ Probabalism କୁହାଯାଇପାରିବ। ନିଜ ଅତିରଞ୍ଜିତ ରୂପରେ ସ୍ୟାଦ୍‌ବାଦ ହେଉଛି ସନ୍ଦେହବାଦର ଭାଇ। ବାସ୍ତବରେ ଜୈନମାନଙ୍କୁ ଭଗବାନବୁଦ୍ଧଙ୍କ ଭଳି ତତ୍ତ୍ୱଦର୍ଶନ ସଂବନ୍ଧୀୟ ପ୍ରସଙ୍ଗରେ ନୀରବତା ଧାରଣ କରିବାର ଥିଲା। ଆତ୍ମା, ପରମାତ୍ମା, ପୁନର୍ଜନ୍ମ ଆଦି ପ୍ରତି ଯା'ର ଏକ ସୁସ୍ପଷ୍ଟ ଓ ଦୃଢ଼ ସିଦ୍ଧାନ୍ତ ରହିଛି, ତା'ତୁଣ୍ଡରେ ସ୍ୟାଦ୍‌ବାଦର ପ୍ରଶଂସା ଶୋଭା ପାଉନାହିଁ।[୧୪]

(ସମୀକ୍ଷା) ... ମହାତ୍ମାବୁଦ୍ଧଙ୍କ ସଦୃଶ ତାତ୍ତ୍ୱିକ ପ୍ରଶ୍ନ ପ୍ରତି ଭଗବାନ ମହାବୀରଙ୍କ ମୌନକୁ ସମର୍ଥନ କରି ମଧ୍ୟ ବିଦ୍ୱାନ୍ ଲେଖକମାନେ ସ୍ୱୀକାର କରିଥାନ୍ତି ଯେ ଭଗବାନ ମହାବୀରଙ୍କ ଆତ୍ମା ଆଦି ବିଷୟରେ ଏକ ନିଶ୍ଚିତସିଦ୍ଧାନ୍ତ ରହିଛି। ନିଶ୍ଚିତ ସିଦ୍ଧାନ୍ତ ଓ ସ୍ୟାଦ୍‌ବାଦକୁ ଏକସଂଗେ ଦେଖିବାକୁ ଏହି ପ୍ରବୁଦ୍ଧଜନ ଅମଙ୍ଗ ହୋଇଥାନ୍ତି। ସେମାନଙ୍କ ଏହି ଅଭିଯୋଗ ଯଥାର୍ଥ ଜଣାପଡୁଛି। ନିଶ୍ଚିତ ସିଦ୍ଧାନ୍ତ ସକାଶେ ଅନିଶ୍ଚବାଦର ମହିମାମଣ୍ଡନ କି ଆବଶ୍ୟକ ? କିନ୍ତୁ ଜୈନ-ଦୃଷ୍ଟି ସେପରି ନୁହେଁ। ପଦାର୍ଥର ବିବିଧ ବିରୋଧୀ ଧର୍ମକୁ ଜୈନଦର୍ଶନ ନିଶ୍ଚିତ ଅଥଚ ଅନେକ ବିନ୍ଦୁ ମାଧ୍ୟମରେ ସ୍ୱୀକାର କରିଥାଏ। ଆଶ୍ଚର୍ଯ୍ୟର କଥା ହେଲା ଏହି ଆଲୋଚକ ବିଦ୍ୱତଜନ ସ୍ୟାଦ୍‌ବାଦର ବହୁବିଧ-ବିରୋଧୀ ଧର୍ମ-ଗ୍ରାହକ ସ୍ଥିତି ଦେଖିପାରୁଛନ୍ତି କିନ୍ତୁ ତା'ର ନିଶ୍ଚିତ ଆବଶ୍ୟକତାକୁ ଦେଖିପାରୁନାହାନ୍ତି। ଉଭୟ କୋଣକୁ ଯଦି ସମତୁଲ ଦୃଷ୍ଟିରେ ଦେଖାଯାଇଥାନ୍ତା, ତାହାହେଲେ ସ୍ୟାଦ୍‌ବାଦକୁ ସଂଶୟବାଦ କହିବାର ଅବସର ସୃଷ୍ଟି ହୋଇନଥାନ୍ତା। ଏହି ବିଦ୍ୱାନ ଲେଖକ ନିଜର ଅନ୍ୟ ଏକ ପୁସ୍ତକ 'ପୂର୍ବୀ ଓ ପଶ୍ଚିମୀଦର୍ଶନ'ରେ 'ସ୍ୟାତ୍' ଶବ୍ଦର ଅର୍ଥ 'କଦାଚିତ୍' କରିଛନ୍ତି।[୧୫] ସ୍ୟାତ୍ ଶବ୍ଦର ଅର୍ଥ 'ସଂଶୟ' ବି ହୋଇଥାଏ 'କଦାଚିତ୍' ବି ହୋଇଥାଏ – ଏଥିରେ ସନ୍ଦେହ ନାହିଁ। କିନ୍ତୁ 'ସ୍ୟାଦ୍‌ବାଦ' ଅନେକାନ୍ତ ଦୃଷ୍ଟିର ଏକ ପ୍ରତିନିଧି ଶବ୍ଦ ଯହିଁରେ 'ସ୍ୟାତ୍'କୁ କଥଂଚିତ୍ ବା ପରିପ୍ରେକ୍ଷ୍ୟ ଅର୍ଥରେ ପ୍ରଯୁକ୍ତ କରାଯାଇଛି। ସ୍ୟାଦ୍‌ବାଦର ଅର୍ଥ କଥଂଚିତ୍‌ବାଦ ବା ଅପେକ୍ଷାବାଦ। ସମାଲୋଚକମାନଙ୍କ ଦୃଷ୍ଟି ସ୍ୟାଦ୍‌ବାଦରେ ପ୍ରଯୁକ୍ତ ସ୍ୟାତ୍‌ଶବ୍ଦର ସଂଶୟ ବା 'କଦାଚିତ୍' ଅର୍ଥ ଦିଗରେ ଗତି କରିଥାଏ କିନ୍ତୁ କଥଂଚିତ୍ ଏବଂ ଅପେକ୍ଷା ଆଡ଼କୁ କାହିଁକି ଗତି କରୁନାହିଁ, ବୁଝିହେଉନାହିଁ।

---

[୧୩] Article on the 'under-current of Jainism' in Jain Sahitya Sanshodhak, 1920, Vol. I, Page.23

[୧୪] ଦର୍ଶନର ଇତିହାସ ପୃ. ୧୩୫

[୧୫] ଦର୍ଶନର ଇତିହାସ, ପୃ. ୬୪-୬୫

ଆପେକ୍ଷିକ ଦୃଷ୍ଟିରେ ବିରୋଧ ରହିବା ସ୍ୱାଭାବିକ, କିନ୍ତୁ ଆପେକ୍ଷିକ ଦୃଷ୍ଟିକୁ ସଂଶୟ ଦୃଷ୍ଟି ବା କଦାଚିତ୍ ଦୃଷ୍ଟି ସିଦ୍ଧକରି ତା'ର ବିରୋଧ କରିବା ଏକ ଭିନ୍ନ ପ୍ରସଙ୍ଗ।

ତେବେ ଜୈନ-ଆଗମମାନଙ୍କରେ ମଧ୍ୟ ସ୍ୟାତ୍ ଶବ୍ଦର ପ୍ରୟୋଗ କଦାଚିତ୍ ଅର୍ଥରେ କରାଯାଇଛି।(୧୬) କିନ୍ତୁ ତାହା ସ୍ୟାଦ୍‌ବାଦ ନୁହେଁ। ତା'ର ସଂଜ୍ଞା ହେଉଛି 'ବିକଳ୍ପ'। ଏହା ନିୟମର ପ୍ରତିପକ୍ଷ। ଦୁଇଧର୍ମୀ ବା ଧର୍ମର ସାହଚର୍ଯ୍ୟ ହେବା ନିୟମ ବୋଲାଇଥାଏ। ଏହି ସାହଚର୍ଯ୍ୟ ଘଟିତ ହୋଇଥାଏ ଏବଂ କେତେବେଳେ ଘଟିତ ହୋଇନଥାଏ – ଏହାହିଁ ଭଜନା ବା ବିକଳ୍ପ।

ବ୍ୟାପ୍ୟ ଯୋଗୁଁ ବ୍ୟାପ୍ତ, କାର୍ଯ୍ୟ ଯୋଗୁଁ କାରଣ, ଉତ୍ତରବର୍ତ୍ତୀ ଥିବା ହେତୁ ପୂର୍ବବର୍ତ୍ତୀ ତଥା ସହଭାବୀ ରୂପରେ ଜଣକର ଅସ୍ତିତ୍ୱ କାରଣରୁ ଆମର ଅସ୍ତିତ୍ୱ ହୋଇଥାଏ 'ନିୟମ'। ବ୍ୟାପକରେ ବ୍ୟାପ୍ୟ, କାରଣ ମଧ୍ୟରେ କାର୍ଯ୍ୟ, ପୂର୍ବବର୍ତ୍ତୀ ମଧ୍ୟରେ ଉତ୍ତରବର୍ତ୍ତୀର ସଂଯୋଗ ହେଉଛି ଭଜନା ବା ବିକଳ୍ପ। ତେଣୁ ସ୍ୟାଦ୍‌ବାଦର ସଂଶୟ ଏବଂ ପ୍ରାକୃତଭାଷାର ଏହି ଭଜନା ବା ବିକଳ୍ପ (କଦାଚିଦ୍‌ବାଦ) - ଦୁହିଁଙ୍କ ମଧ୍ୟରେ ବେଶ୍ ପାର୍ଥକ୍ୟ ରହିଛି। ଏମାନଙ୍କ ଆକୃତି ଓ ସଂରଚନା ମଧ୍ୟ ଏକପ୍ରକାର ନୁହେଁ। ଯଥା–

୧. ଭଜନା (ବିକଳ୍ପ) –	
ଅଗ୍ନି କଦାଚିତ ସଧୂମ ହୋଇଥାଏ	ନିଷ୍କର୍ଷ – ଅମୁକ ସଂଯୋଗ ଅବସ୍ଥାରେ
ଅଗ୍ନି କଦାଚିତ୍ ନିର୍ଧୂମ ହୋଇଥାଏ	ସଧୂମ, ଅନ୍ୟଥା ନିର୍ଧୂମ।
୨. ସଂଶୟ – ପଦାର୍ଥ ହେଉଛି ନିତ୍ୟ	ନିଷ୍କର୍ଷ–କିଛି ବି ଜଣାପଡୁନାହିଁ।
ବା ପଦାର୍ଥ ହେଉଛି ଅନିତ୍ୟ	
୩. ସ୍ୟାଦ୍‌ବାଦ	
ପଦାର୍ଥ ନିତ୍ୟ ଅଟେ,	ନିଷ୍କର୍ଷ – ପଦାର୍ଥ ହେଉଛି ନିତ୍ୟାନିତ୍ୟ।
ପଦାର୍ଥ ଅନିତ୍ୟ ମଧ୍ୟ ଅଟେ।	

ଅନେକଙ୍କ ଏକତ୍ର ସ୍ଥିତି ବା ଅସ୍ଥିତିକୁ ଭଜନା ପ୍ରସ୍ତୁତ କରିପାରିଥିବାରୁ ତାହା ସାହଚର୍ଯ୍ୟର ବିକଳ୍ପ ସାଜିଥାଏ।

ସଂଶୟ ଏକରୂପ ପଦାର୍ଥ ମଧ୍ୟରେ ଅନେକ ରୂପର କଳ୍ପନା କରୁଥାଏ। ତେଣୁ ତାହା ହେଉଛି ଅନିର୍ଣ୍ଣାୟକ ବିକଳ୍ପ।

ସ୍ୟାଦ୍‌ବାଦ ଅନେକ ଧର୍ମାତ୍ମକ ପଦାର୍ଥ ମଧ୍ୟରେ ଅନେକ ଧର୍ମର ନିଶ୍ଚିତ ଅବସ୍ଥିତିର ବର୍ଣ୍ଣନ କରିଥାଏ। ତାହା ହେଉଛି ନିର୍ଣ୍ଣାୟକ ବିକଳ୍ପ।

ଭଜନା ହେଲା କାଳାପେକ୍ଷ, ଯେପରି ସେ ସେଠାରେ ରହିଛି, କଦାଚିତ୍ ରହିନାହିଁ ମଧ୍ୟ। ସଂଶୟ ଦୋଷପୂର୍ଣ୍ଣ ସାମଗ୍ରୀ-ସାପେକ୍ଷ ଅଟେ। ପଦାର୍ଥର ସ୍ୱରୂପ ନିଶ୍ଚିତ ଥିବା ସତ୍ତ୍ୱେ ଦୋଷପୂର୍ଣ୍ଣ ସାମଗ୍ରୀ ଦ୍ୱାରା ଆତ୍ମାର ସଂଶୟ ଜ୍ଞାନ ଅନିଶ୍ଚିତରେ ପରିଣତ ହୋଇଥାଏ। ସ୍ୟାଦ୍‌ବାଦ ହେଉଛି ଉଭୟ ପଦାର୍ଥଗତ ଓ ଜ୍ଞାନଗତ। ପଦାର୍ଥର ସ୍ୱରୂପ ବି ଅନେକାନ୍ତାତ୍ମକ ଏବଂ ଆମ ଜ୍ଞାନରେ ମଧ୍ୟ ସେହି ଅନାତ୍ମକତା ପ୍ରତିଭାସିତ ହୋଇଥାଏ।

ଡା. ବଳଦେବ ଉପାଧ୍ୟାୟ ସ୍ୟାଦ୍‌ବାଦକୁ ସଂଶୟବାଦ ରୂପରେ ସ୍ୱୀକାର କରିନାହାନ୍ତି। ତେବେ ଅନେକାନ୍ତବାଦର ଦାର୍ଶନିକ ବିବେଚନ, ତାଙ୍କୁ ଅନେକାଂଶରେ ତ୍ରୁଟିପୂର୍ଣ୍ଣ ଜଣାପଡ଼ିଛି। ସେ ଲେଖିଛନ୍ତି – "ଏହି ଅନେକାନ୍ତବାଦ, ସଂଶୟବାଦର ରୂପାନ୍ତର ନୁହେଁ ପରନ୍ତୁ ଅନେକାନ୍ତବାଦର ଦାର୍ଶନିକ ବିବେଚନ ଅନେକ ଅଂଶରେ ତ୍ରୁଟିପୂର୍ଣ୍ଣ ପ୍ରତୀତ ହେଉଛି। ଜୈନଦର୍ଶନ ବସ୍ତୁବିଶେଷ ସନ୍ଦର୍ଭରେ ହେଉଥିବା ବହୁବିଧ ଲୌକିକ କଳ୍ପନାର ଏକୀକରଣର ଶ୍ଳାଘ୍ୟ ପ୍ରଯତ୍ନ

(୧୬) ଭଗବଈ, ୮/୪୯୫ : ଗୋୟମା! ଜସ୍‌ସ ଆଭୟଂ ତସ୍‌ସ ଅନ୍ତରାଇୟଂ ସିୟ ଅତ୍‌ଥି, ସିୟ ନତ୍‌ଥି। ଜସ୍‌ସ ପୁଣ ଅନ୍ତରାଇୟଂ ତସ୍‌ସ ଆଭୟଂ ନିୟମଂ ଅତ୍‌ଥି।

କରିଛି, ପରନ୍ତୁ ଜୈନଦର୍ଶନ ସେହି ସ୍ଥାନରେ ଅଚଳ ହୋଇପଡ଼ିଛି । ତେଣୁ ଏହାକୁ ଦାର୍ଶନିକ ଦୋଷ କହିବାକୁ ବାଧ ହେବାକୁ ପଡୁଛି । ଏହି ସମନ୍ୱୟ-ଦୃଷ୍ଟି ସାହାଯ୍ୟରେ ଜୈନ ଦର୍ଶନ ପଦାର୍ଥମାନଙ୍କ ବିଭିନ୍ନ ରୂପର ସମୀକରଣ ପୂର୍ବକ ସମଗ୍ର ବିଶ୍ୱ ସହିତ ଜଡ଼ିତ ପରମତତ୍ତ୍ୱ ପର୍ଯ୍ୟନ୍ତ ନିଶ୍ଚିତ ଭାବରେ ପହଞ୍ଚିଯାଇପାରିବ - ଏହା ସତ୍ୟ । ଏହି ଦୃଷ୍ଟିକୋଣ ପ୍ରତି ଧ୍ୟାନଦେଇ ଶଙ୍କରାଚାର୍ଯ୍ୟ ଆପଣା ଶାରୀରିକ ଭାଷ୍ୟ (୨-୨-୩୩)ରେ ପ୍ରବଳ ଯୁକ୍ତିମାନଙ୍କ ମାଧ୍ୟମରେ ଏହି 'ସ୍ୟାଦ୍‌ବାଦ'ର ମାର୍ମିକ ଖଣ୍ଡନ କରିଛନ୍ତି ।"[୧୭]

(ସମୀକ୍ଷା) ... ସ୍ୟାଦ୍‌ବାଦର ଏକୀକରଣ ବେଦାନ୍ତ ଦୃଷ୍ଟିକୋଣର ସର୍ବଥା ଅନୁକୂଳ ହୋଇନଥିବାରୁ ଡ. ଉପାଧ୍ୟାୟଙ୍କୁ ତ୍ରୁଟିପୂର୍ଣ୍ଣ ଲାଗିଥାଇପାରେ ଅନ୍ୟଥା ପ୍ରଦର୍ଶିତ ତ୍ରୁଟି ସ୍ୟାଦ୍‌ବାଦରେ ନାହିଁ ଏହା ଆମେ ଦୃଢ଼ତାର ସହିତ କହିପାରିବା । ପର-ସଂଗ୍ରହ ଦୃଷ୍ଟିରେ 'ବିଶ୍ୱମେକମ୍' ପର୍ଯ୍ୟନ୍ତ ଏକୀକରଣକୁ ଅନେକାନ୍ତ ଦୃଷ୍ଟି ମାନ୍ୟ କରିଥାଏ, କିନ୍ତୁ ଏକମାତ୍ର ଏହି ଦୃଷ୍ଟି ଯେ ସର୍ବତୋଭଦ୍ର ସତ୍ୟ, ଏହାକୁ ମାନ୍ୟ କରିନାହିଁ । ମହାସତ୍ତା ଦୃଷ୍ଟିରେ ସମସ୍ତଙ୍କ ଏକୀକରଣ ସମ୍ଭବପର, ସବୁ ଦୃଷ୍ଟିକୋଣରେ ଏହା ସମ୍ଭବ ନୁହେଁ । ଚୈତନ୍ୟ ଦୃଷ୍ଟିରେ ଚେତନ ଓ ଅଚେତନର ମୂଳସତ୍ତା ଏକ ହୋଇପାରିବ ନାହିଁ । ଯଦି ଅଚେତନର ଉପାଦାନ ବା ମୂଳସତ୍ତା ଚେତନ ହୋଇପାରିବ ତେବେ ଅଚେତନ, ଚେତନର ଉପାଦାନ ବା ଆଦିସ୍ରୋତ ହୋଇପାରିବ – ଏହି ଭୂତବାଦୀ ଧାରଣା ଅସମ୍ଭବ ବୋଲି କହିହେବ ନାହିଁ ।

ଅନେକାନ୍ତ ଅନୁସାରେ ଏକ ପରମତତ୍ତ୍ୱ ହିଁ ପରମାର୍ଥ ସତ୍ୟ ନୁହେଁ । ଚେତନ ଓ ଅଚେତନ ରୂପକ ଦ୍ୱୟାତ୍ମକ ଜଗତ୍ ହେଉଛି ପରମାର୍ଥ ସତ୍ୟ ।

ବିଦ୍ୱାନ୍ ଲେଖକ ଅନେକାନ୍ତକୁ ଆପାତତଃ ଉପାଦେୟ ଓ ମନୋରଞ୍ଜକ ସିଦ୍ଧ କରି ମୂଳଭୂତ ତତ୍ତ୍ୱର ସ୍ୱରୂପ ବୁଝାଇବାରେ ନିତାନ୍ତ ଅସମର୍ଥ ବୋଲି ଚିତ୍ରିତ କରିଛନ୍ତି । ଏହି କାରଣରୁ ସେ ପରମାର୍ଥ ମଧ୍ୟରେ ତତ୍ତ୍ୱ-ବିଚାରକୁ "କତିପୟ କ୍ଷଣଲାଗି ବିସ୍ରମ୍ଭ ତଥା ବିରାମ ପ୍ରଦାନକାରୀ ବିଶ୍ରାମଗୃହ ଅତିରିକ୍ତ ଅଧିକ ମହତ୍ତ୍ୱ ଦେଇନାହାନ୍ତି ।"[୧୮]

(ସମୀକ୍ଷା) ... ଅନେକାନ୍ତ ଦୃଷ୍ଟି – 'କର୍ତ୍ତୁମକର୍ତ୍ତୁମନ୍ୟଥାକର୍ତ୍ତୁଂ ସମର୍ଥ ଈଶ୍ୱରଃ' ନୁହେଁ ଯେକି ମୂଳଭୂତ ତତ୍ତ୍ୱର ସଂରଚନା କରିପାରିବ । ଏହା ଯଥାର୍ଥ ବସ୍ତୁକୁ ଯଥାର୍ଥତୟା ଜାଣିବାର ଦୃଷ୍ଟି । ବସ୍ତୁ ବୃତ୍ତିରେ ମୂଳଭୂତ ଦୁଇଟି ମାତ୍ର । ଯଦି ଅଚେତନ ତତ୍ତ୍ୱ ଚେତନ ସଦୃଶ ମୂଳତତ୍ତ୍ୱ ନ ହୋଇ ପରମବ୍ରହ୍ମଙ୍କ ମାୟା ଅଥବା ରୂପାନ୍ତର ମାତ୍ର ହୋଇଥାନ୍ତା, ତାହାହେଲେ ଅନେକାନ୍ତ ଭାବକୁ ତାହା ପାଖରେ ଯାଇପହଞ୍ଚିବାରେ ଜମା ଆପତ୍ତି ହୋଇନଥାନ୍ତା । କିନ୍ତୁ କଥା ଏଇଆ ନୁହେଁ । ଏପରି ସ୍ଥିତିରେ ଅନେକାନ୍ତ ଦୃଷ୍ଟି, ସମସ୍ତ ଦୃଷ୍ଟିକୋଣରୁ ପରମ ତତ୍ତ୍ୱରେ ଏକାତ୍ମକ ସତ୍ତାକୁ କିପରି ସ୍ୱୀକାର କରିପାରିବ ?

ଡ. ଦେବରାଜ ସ୍ୟାଦ୍‌ବାଦର ସମୀକ୍ଷା କରି ଲେଖିଛନ୍ତି – "ବିଭିନ୍ନ ଦୃଷ୍ଟିକୋଣ ଅଥବା ବିଭିନ୍ନ ଆବଶ୍ୟକତା ଯୋଗୁଁ ଗୋଟିଏ ପଦାର୍ଥର ବହୁବିଧ ବର୍ଣ୍ଣନ ମଧ୍ୟରେ ସାମଞ୍ଜସ୍ୟ ବା କୌଣସି ପ୍ରକାର ଐକ୍ୟ କିପରି ସ୍ଥାପନ କରାଯାଇପାରିବ – ଏହା ଜୈନଦର୍ଶନ କହୁନାହିଁ । ପ୍ରତ୍ୟେକ ସତ୍‌ପଦାର୍ଥ ମଧ୍ୟରେ ଧ୍ରୁବତା ବା ସ୍ଥିରତା ରହିଥାଏ ତଥା ପ୍ରତ୍ୟେକ ସତ୍‌ପଦାର୍ଥ ଉତ୍ପାଦ ଓ ବ୍ୟୟସମ୍ପନ୍ନ ଅର୍ଥାତ୍ ପରିବର୍ତ୍ତନଶୀଳ ହୋଇଥାଏ । ଏହି ଦୁଇ ତଥ୍ୟ ପ୍ରତି ଜୈନ ଦର୍ଶନ ପୃଥକ୍ ପୃଥକ୍ ଏବଂ ସମାନ ଗୌରବ ପ୍ରଦାନ କରିଥାଏ । ତେବେ ଏହି ଦୁଇ ସତ୍ୟ ତତ୍ତ୍ୱକୁ କୌଣସି ପ୍ରକାର ଏକମେବ କରି, ଏକ ସାମଞ୍ଜସ୍ୟ ରୂପରେ କ'ଣ ଦେଖାଯାଇପାରିବ ନାହିଁ ?

କେବଳ ତତ୍ତ୍ୱ ମୀମାଂସା (Ontology)ରେ ନୁହେଁ, ସତ୍ୟ-ମୀମାଂସା (Theory of Truth) ମଧ୍ୟରେ ବି ଜୈନ-ଦର୍ଶନ ହେଉଛି ଅନେକବାଦୀ । ବିଶିଷ୍ଟ ସତ୍ୟ, ଏକ ସାମାନ୍ୟ ସତ୍ୟର ଅଂଶ ବା ଅଙ୍ଗ ନୁହେଁ । ପରମାଣୁ ସଦୃଶ ସେମାନଙ୍କର ମଧ୍ୟ ସ୍ୱତନ୍ତ୍ର ଅସ୍ତିତ୍ୱ ରହିଥାଏ । ସତ୍ୟ ଏକ ନୁହେଁ ଅନେକ – ଏଠାରେ ସଂଗତିବାଦ ଓ ଅନେକାନ୍ତବାଦ

---

[୧୭] ଭାରତୀୟ ଦର୍ଶନ, ପୃ. ୧୭୩

[୧୮] ଭାରତୀୟ ଦର୍ଶନ, ପୃ. ୧୭୩

ମଧ୍ୟରେ ସ୍ପଷ୍ଟ ଭେଦ ଜାତ ହୋଇଥାଏ । ଅନେକ ସତ୍ୟବାଦୀ ହୋଇଥିବାରୁ ଜୈନଦର୍ଶନ ସାପେକ୍ଷ ସତ୍ୟରୁ ନିରପେକ୍ଷ ସତ୍ୟ ପର୍ଯ୍ୟନ୍ତ ରାସ୍ତା ତିଆରି କରିବାରେ ଅସମର୍ଥ ହୋଇଥାଏ । ତେବେ ଜଣାପଡୁଛି ଯେ ଜୈନ ଦର୍ଶନ ପୂର୍ଣ୍ଣସତ୍ୟକୁ ଅପୂର୍ଣ୍ଣ ସତ୍ୟଗୁଡ଼ିକର ଯୋଗ ବୋଲି ଭାବିଥାଏ, ସେଗୁଡ଼ିକର ସମଷ୍ଟି ନୁହେଁ ।”[୧୯]

(ସମୀକ୍ଷା) ....ଜୈନଦର୍ଶନ ଉତ୍ପାଦ-ବ୍ୟୟ ଓ ଧ୍ରୌବ୍ୟକୁ ପୃଥକ୍ ପୃଥକ୍ ସତ୍ୟ ବୋଲି ସ୍ୱୀକାର କରେନାହିଁ । ସତ୍ୟର ଦୁଇଟି ରୂପ ନାହିଁ । ପଦାର୍ଥର ଉତ୍ପାଦ-ବ୍ୟୟ-ଧ୍ରୌବାତ୍ମକ ସତ୍ତା ହିଁ ସତ୍ୟ । ଏହା ଦୁଇଟି ସତ୍ୟର ଯୋଗ ନୁହେଁ, ବରଂ ଗୋଟିଏ ସତ୍ୟର ଅନେକ ଅଭିନ୍ନ ରୂପ ମାତ୍ର । ତାତ୍ପର୍ଯ୍ୟ ହେଉଛି ଭେଦ ସତ୍ୟ ନୁହେଁ କି ଅଭେଦ ସତ୍ୟ ନୁହେଁ – ଭେଦାଭେଦ ହେଉଛି ସତ୍ୟ । ଦ୍ରବ୍ୟ ବିନା ପର୍ଯ୍ୟାୟ ଓ ପର୍ଯ୍ୟାୟ ବିନା ଦ୍ରବ୍ୟ ପ୍ରାପ୍ତ ହୁଏନାହିଁ, ଜାତ୍ୟନ୍ତର ମିଳିଥାଏ । ଦ୍ରବ୍ୟ-ପର୍ଯ୍ୟାୟାତ୍ମକ ପଦାର୍ଥ ପ୍ରାପ୍ତ ହୋଇଥାଏ । ତେଣୁ ଭେଦ-ଅନ୍ୱିତ ଅଭେଦ ମଧ୍ୟ ସତ୍ୟ ତଥା ଅଭେଦ-ଅନ୍ୱିତ ଭେଦ ମଧ୍ୟ ସତ୍ୟ । ଗୋଟିଏ ଶବ୍ଦରେ କହିଲେ ଭେଦାଭେଦ ହେଉଛି ସତ୍ୟ ।[୨୦]

ସତ୍ୟର ମୀମାଂସାରେ ପୂର୍ଣ୍ଣ ବା ଅପୂର୍ଣ୍ଣର ଭେଦ ନ ଥାଏ । ଏହା ଆମ ପ୍ରତିପାଦନ ପଦ୍ଧତିର ଭେଦ ମାତ୍ର । ସତ୍ୟ ସ୍ୱରୂପ-ଦୃଷ୍ଟିରେ ଅବିଭାଜ୍ୟ ଅଟେ । ଧ୍ରୌବ୍ୟଠାରୁ ଉତ୍ପାଦ-ବ୍ୟୟ ତଥା ଉତ୍ପାଦ-ବ୍ୟୟଠାରୁ ଧ୍ରୌବ୍ୟକୁ କଦାପି ପୃଥକ୍ କରାଯାଇପାରିବ ନାହିଁ । ଅନନ୍ତ ଧର୍ମଗୁଡ଼ିକର ଏକରୂପତା ନ ଥିବାରୁ କଥଂଚିତ ବିଭାଜ୍ୟ ବି ଅଟେ । ଏହି ସ୍ଥିତି ହେତୁ ସତ୍ୟ, ଶବ୍ଦ ବା ବର୍ଣ୍ଣନର ବିଷୟ ପାଲଟିଯାଏ । ଏହାହିଁ ସାପେକ୍ଷ ସତ୍ୟତା । ପଦାର୍ଥ ହେଉଛି ନିରପେକ୍ଷ ସତ୍ୟ । ତା'ସକାଶେ ସାପେକ୍ଷ ସତ୍ୟତାର କଳ୍ପନା ସୁଦ୍ଧା କରାଯାଇ ନ ପାରେ । ଗୋଟିଏ ପଦାର୍ଥରେ ଅନେକ ବିରୋଧ ଧର୍ମ ଉପସ୍ଥିତି ଯୋଗୁଁ ଆମ ଜ୍ଞାନକୁ ବିରୋଧର ଛାଇ ଆବୃତ୍ତ କରିଦିଏ । ଏହି ଛାୟାର ଅପସାରଣ ନିମନ୍ତେ ସାପେକ୍ଷ ସତ୍ୟତାର ଆବଶ୍ୟକତା ପଡ଼ିଥାଏ । ଜୈନଦର୍ଶନ ଯେତେ ଅନେକବାଦୀ, ସେହି ପରିମାଣରେ ଏକବାଦୀ । ତାହା ସର୍ବଥା ଏକବାଦୀ ବା ଅନେକବାଦୀ ନୁହେଁ । ବେଦାନ୍ତ ଯେଭଳି ବ୍ୟବହାରରେ ଅନେକବାଦୀ ଏବଂ ପରମାର୍ଥରେ ଏକବାଦୀ, ସେହିଭଳି ଜୈନ ଏକ ବା ଅନେକବାଦୀ ନୁହେଁ । ଜୈନ ଦୃଷ୍ଟି ଅନୁସାରେ ଏକତା ଓ ଅନେକତା – ଦୁହେଁ ବାସ୍ତବିକ୍ । ଅନନ୍ତ ଧର୍ମର ଅପୃଥକ୍-ଭାବ ସତ୍ତା ସମନ୍ୱିତ ସତ୍ୟ । ଏହାହିଁ ସତ୍ୟର ଏକତା । ଏହି ପ୍ରକାର ସତ୍ୟ ହେଉଛି ଅନନ୍ତ । ସେଗୁଡ଼ିକର ସ୍ୱତନ୍ତ୍ର ସତ୍ତା ରହିଛି । ସେମାନେ କୌଣସି ଏକ ସାମାନ୍ୟ ସତ୍ୟର ଅଂଶ ବା ପ୍ରତିବିମ୍ବ ନୁହଁନ୍ତି । ବେଦାନ୍ତର ବିଶ୍ୱ-ବିଷୟକ କଳ୍ପନାର ଜୈନମାନଙ୍କ ଏକ-ପଦାର୍ଥ-ବିଷୟକ କଳ୍ପନା ସହିତ ତୁଳନା କରାଯାଇଥାଏ । ଅନ୍ୟ ଶବ୍ଦରେ କହିଲେ ବିଶ୍ୱ ସଂବନ୍ଧରେ ବେଦାନ୍ତ ଯେପରି ଏକବାଦୀ, ଜୈନଦର୍ଶନ ଏକପଦାର୍ଥ ସଂବନ୍ଧରେ ଏକବାଦୀ । ଅନନ୍ତ ସତ୍ୟର ସମୀକରଣ ବା ବର୍ଗୀକରଣ ଏକ ମଧ୍ୟରେ ବା ଦୁଇ ମଧ୍ୟରେ କରାଯାଇପାରିବ, କିନ୍ତୁ ସେମାନଙ୍କୁ ଏକମେବ କରାଯାଇପାରିବ ନାହିଁ । ଅସ୍ତିତ୍ୱ ଦୃଷ୍ଟିରୁ ସମଗ୍ର ବିଶ୍ୱ ଏକ ଅଥଚ ସ୍ୱରୂପ ଦୃଷ୍ଟିରୁ ସମସ୍ତ ବିଶ୍ୱ ଚେତନ ଓ ଅଚେତନ ନାମକ ଦୁଇରୂପ ବିଶିଷ୍ଟ ହୋଇଥାଏ । ଅନନ୍ତ ପଦାର୍ଥ ମଧ୍ୟରେ ବ୍ୟକ୍ତିଗତ ଏକତା ରହିନଥିଲେ ବି ବିଶେଷ ଗୁଣଗତ ସମାନତା ଓ ସାମାନ୍ୟ ଗୁଣଗତ ଏକତା ରହିଥାଏ – ଏହା ନିଶ୍ଚିତ । ଅନନ୍ତ

---

[୧୯] ପୂର୍ବୀ ଓ ପଶ୍ଚିମୀ ଦର୍ଶନ, ପୃ.୬୬-୬୭

[୨୦] ଉତ୍ପାଦାଦି ସିଦ୍ଧି, ୨୧-୨୩ :

ନହି ଦ୍ରବ୍ୟାତିରେକେଣ, ପର୍ଯ୍ୟାୟଃ ସନ୍ତିକେଚନ ।
ଦ୍ରବ୍ୟମେବ ତତଃ ସତ୍ୟମ୍, ଭ୍ରାନ୍ତିରନ୍ୟା ତୁ ଚିତ୍ରବତ୍ ॥
ପର୍ଯ୍ୟାୟବ୍ୟତିରେକେଣ, ଦ୍ରବ୍ୟଂ ନାସ୍ତୀହ କିଞ୍ଚନ ।
ଭେଦ ଏବ ତତଃ ସତ୍ୟୋ, ଭ୍ରାନ୍ତିସ୍ତଦ୍‌ଧ୍ରୌବ୍ୟକଳ୍ପନା ॥
ନାଭେଦମେବୋ ପଶ୍ୟାମୋ, ଭେଦଂ ନାପି ଚ କେବଳମ୍
ଜାତ୍ୟନ୍ତରଂ ତୁ ପଶ୍ୟାମ-ସ୍ତେନାନେକାନ୍ତ ସାଧନମ୍ ॥

ଚେତନ-ବ୍ୟକ୍ତିମାନଙ୍କ ମଧ୍ୟରେ ଚୈତନ୍ୟ-ଗୁଣ-କୃତ ସାମ୍ୟ ଏବଂ ଅନନ୍ତ ଅଚେତନ ବ୍ୟକ୍ତିମାନଙ୍କ ମଧ୍ୟରେ ଅଚେତନ-ଗୁଣ-କୃତ ସମାନତା ବିଦ୍ୟମାନ ଥାଏ। ବସ୍ତୁତ୍ୱ ଗୁଣ ଦୃଷ୍ଟିରେ ଚେତନ ଓ ଅଚେତନ ଉଭୟେ ହେଉଛନ୍ତି ଏକ। ଗୋଟିଏ ପଦାର୍ଥ ଅନ୍ୟ ପଦାର୍ଥଠାରୁ ସର୍ବଥା ଭିନ୍ନ ନୁହେଁ କି ସର୍ବଥା ଅଭିନ୍ନ ମଧ୍ୟ ନୁହେଁ। ସର୍ବଥା ଅଭିନ୍ନ ନ ଥିବାରୁ ପଦାର୍ଥଗୁଡ଼ିକର ନାନାତ୍ମକ ସତ୍ତା ଥାଏ ତଥା ସର୍ବଥା ଭିନ୍ନ ନ ଥିବାରୁ ଏକାତ୍ମକ ସତ୍ତା ରହିଥାଏ। ବିଶେଷ ଗୁଣ ପରିପ୍ରେକ୍ଷୀରେ ପଦାର୍ଥ ହେଉଛି ନିରପେକ୍ଷ କିନ୍ତୁ ସାମାନ୍ୟ ଗୁଣ ଦୃଷ୍ଟିରେ ସାପେକ୍ଷ। ପଦାର୍ଥଗୁଡ଼ିକର ଏକତା ବା ଅନେକତା ସ୍ୱୟଂସିଦ୍ଧ ବା ସାଂଯୋଗିକ ହୋଇଥାଏ, ତାହା ସର୍ବଦା ଥିଲା ଓ ରହିବ। ତେଣୁ ଆମ ଜ୍ଞାନ, ଯାହା ଅନେକକୁ ଅବାସ୍ତବିକ ମନେକରି ଏକକୁ ବାସ୍ତବିକ ମଣିଥାଏ ଅଥବା ଏକକୁ ଅବାସ୍ତବିକ ଓ ଅନେକକୁ ବାସ୍ତବିକ ମଣିଥାଏ, କଦାପି ସତ୍ୟ ହୋଇପାରିବ ନାହିଁ।

ଜୈନ ଦର୍ଶନର ପ୍ରସିଦ୍ଧ ବାକ୍ୟ 'ଜେ ଏଗଂ ଜାଣଇ, ସେ ସବ୍ବଂ ଜାଣଇ' (ଆୟାରୋ, ୩/୭୪) - ଯେ ଏକକୁ ଜାଣିଛି, ସେ ସମସ୍ତଙ୍କୁ ଜାଣିଛି। ଅଦ୍ୱୈତର ଏହା ବଡ଼ ପୋଷକ କିନ୍ତୁ ଏହି ଅଦ୍ୱୈତ ଜ୍ଞେୟତ୍ୱ ବା ପ୍ରମେୟତ୍ୱ ଗୁଣକୁ ଆଖି ଆଗରେ ରଖି ସିଦ୍ଧ ହୋଇଥାଏ। ଯେଉଁ ଜ୍ଞାନ, ଗୋଟିଏ ଜ୍ଞେୟର ଅନନ୍ତ ପର୍ଯ୍ୟାୟକୁ ଜାଣିଥାଏ, ତାହା ଜ୍ଞେୟ ମାତ୍ରକୁ ଜାଣିଥାଏ। ଯେ ଏକ ଜ୍ଞେୟର ସର୍ବରୂପକୁ ଜାଣେନାହିଁ, ସେ ସମସ୍ତ ଜ୍ଞେୟକୁ ମଧ୍ୟ ଜାଣିପାରେ ନାହିଁ। ଗୋଟିଏ ପ୍ରାଚୀନ ଶ୍ଳୋକରେ ଏହି କଥା କୁହାଯାଇଛି –

'ଏକୋ ଭାବଃ ସର୍ବଥା ଯେନ ଦୃଷ୍ଟଃ, ସର୍ବେଭାବାଃ ସର୍ବଥା ତେନ ଦୃଷ୍ଟାଃ ।
ସର୍ବେ ଭାବାଃ ସର୍ବଥା ଯେନ ଦୃଷ୍ଟାଃ, ଏକୋ ଭାବଃ ସର୍ବଥା ତେନ ଦୃଷ୍ଟଃ ॥'

ଏକକୁ ଜାଣିଲେ ସମସ୍ତଙ୍କୁ ଜାଣିପାରିବାର କଥା ଅଥବା ସମସ୍ତଙ୍କୁ ଜାଣିସାରିଲେ ଜଣକୁ ଜାଣିବା କଥା ଅଦ୍ୱୈତରେ ସବୁ ପ୍ରକାର ତାତ୍ତ୍ୱିକ ନୁହେଁ। କାରଣ ଏଠାରେ ଏକ ବା ଜଣେ ହିଁ ତାତ୍ତ୍ୱିକ, ସମସ୍ତେ ତାତ୍ତ୍ୱିକ ନୁହଁନ୍ତି। ଅନେକାନ୍ତ-ସମ୍ମତ ଜ୍ଞେୟ-ଦୃଷ୍ଟିରେ ଯାହା ଅଦ୍ୱୈତ, ତହିଁରେ 'ଜଣେ ଓ ସମସ୍ତେ' – ଉଭୟ ହେଉଛି ତାତ୍ତ୍ୱିକ। ଏହି କାରଣରୁ ଯେ ଏକକୁ ଜାଣିଥାଏ ସେ ସମସ୍ତଙ୍କୁ ତଥା ଯେ ସମସ୍ତଙ୍କୁ ଜାଣିଥାଏ ସେ ହିଁ ଏକକୁ ଜାଣିଥାଏ – ଏହି ତଥ୍ୟରେ ସମ୍ପୂର୍ଣ୍ଣ ସାମଞ୍ଜସ୍ୟ ରହିଛି।

ତର୍କଶାସ୍ତ୍ରର ସ୍ରଷ୍ଟା ଗୁଲାବରାୟ ସ୍ୟାଦ୍‌ବାଦକୁ ଅନିଶ୍ଚୟ-ସତ୍ୟ ମାନି ଏକ କାଳ୍ପନିକ ଭୟର ରେଖା ଟାଣିଯାଇଛନ୍ତି। ଯଥା–"ଜୈନମାନଙ୍କ ଅନେକାନ୍ତବାଦ ଦ୍ୱାରା ଏକ କୋଣରୁ ବିଚାର କରିଲେ ମନୁଷ୍ୟର ଦୃଷ୍ଟି ବିସ୍ତୃତ ହୋଇପାରିବା ସ୍ପଷ୍ଟ ପରିଲକ୍ଷିତ ହେଉଛି, କିନ୍ତୁ ବ୍ୟବହାର ଜଗତରେ ଆମକୁ ନିଶ୍ଚୟତାର ଆଧାରରେ ହିଁ ଗତି କରିବାକୁ ହୋଇଥାଏ। ପାଦ ବଢ଼ାଇବା ଆଗରୁ ଯଦି ଆମେ ଭୂମିର ଦୃଢ଼ତା ପ୍ରତି 'ସ୍ୟାଦସ୍ତି' 'ସ୍ୟାନ୍ନାସ୍ତି'ର ସଂଶୟ ମଧ୍ୟରେ ଛନ୍ଦି ହୋଇଯିବା, ତେବେ ଚାଲିବା କଠିଣ ହୋଇପଡ଼ିବ।"[୨୧]

(ସମୀକ୍ଷା) ... ଲେଖକ ସତ କହିଛନ୍ତି। ଅନିଶ୍ଚୟ ଅବସ୍ଥାରେ ଏହାହିଁ ଘଟିଥାଏ। କିନ୍ତୁ ସ୍ୟାଦ୍‌ବାଦକୁ ସଂଶୟବାଦ ମାନି ନେଇଥିବାରୁ ବିଦ୍ୱାନ୍ ଲେଖକଙ୍କ ମନରେ ଏହି ଆଶଙ୍କା ସୃଷ୍ଟି ହୋଇଛି। ତେଣୁ ସ୍ୟାଦ୍‌ବାଦର ପ୍ରକୃତ ରୂପ ଜାଣିଲା ପରେ ଏହି ଭାବନା ଲୋପପାଇଥାଏ। 'ବୋଧହୁଏ ଏହା ଏକ ଘଟ, ସମ୍ଭବତଃ ଏହା ଘଟ ହୋଇନପାରେ' - ଏହାଦ୍ୱାରା ଦୃଷ୍ଟିର ବିସ୍ତାର ହୁଏନାହିଁ ବରଂ କିଛି ଜାଣିହୁଏ ନାହିଁ କି ବୁଝି ହୁଏନାହିଁ। ଆମେ ଯେତେବେଳେ ଅନନ୍ତଦୃଷ୍ଟି ବିନ୍ଦୁ-ଗ୍ରାହ୍ୟ ସତ୍ୟକୁ କେବଳ ଏକ ଦୃଷ୍ଟିଗ୍ରାହ୍ୟ ନୁହେଁ ବୋଲି ସ୍ୱୀକାର କରିଥାଉଁ, ସେତେବେଳେ ଦୃଷ୍ଟିର ବିସ୍ତାର ଘଟିଥାଏ। ସତ୍ୟର ଗୋଟିଏ ମାତ୍ର ରେଖାକୁ ନିଶ୍ଚିତ ରୂପରେ ମାପିବାରେ ଆମର ଅସମର୍ଥତା ଦୃଷ୍ଟିର ବିସ୍ତୃତି ନୁହେଁ। ବରଂ ଏହା ହେଉଛି ଦୃଷ୍ଟିର ଦୋଷ।

---

[୨୧] ତର୍କମୀମାଂସା (ତୃତୀୟଭାଗ), ପୃ.୨୦୮

ଡ. ରାଧାକୃଷ୍ଣନ୍, ସ୍ୟାଦବାଦକୁ ଅର୍ଦ୍ଧସତ୍ୟ ଭାବରେ ବର୍ଣ୍ଣନା କରିଲେଖିଛନ୍ତି – "ସ୍ୟାଦ୍‌ବାଦ ଆମକୁ ଅର୍ଦ୍ଧସତ୍ୟ ନିକଟରେ ଆଣି କଚାଡ଼ି ଦେଇଥାଏ। ନିଶ୍ଚିତ-ଅନିଶ୍ଚିତ ଅର୍ଦ୍ଧସତ୍ୟର ଯୋଗପୂର୍ତ୍ତି ହୋଇନପାରେ।"[୨୨]

(ସମୀକ୍ଷା) ... ଏଠାରେ ଏତିକି କହିବା ଯଥେଷ୍ଟ ହେବ ଯେ ପୂର୍ଣ୍ଣ ସତ୍ୟକୁ ଦେଶ-କାଳ ପରିଧିରେ ମିଥ୍ୟାରୂପ ନେବାରୁ ରକ୍ଷା କରିଥାଏ – ସ୍ୟାଦ୍‌ବାଦ। ସତ୍‌ର ଅନନ୍ତ ପର୍ଯ୍ୟାୟ ରହିଛି, ସେଗୁଡ଼ିକ ଅନନ୍ତ ସତ୍ୟ। ସେମାନେ ବିଭକ୍ତ ହେଉନଥିବାରୁ ସତ୍ ଅନନ୍ତ ସତ୍ୟର ଯୋଗନହୋଇ ସେହି ଅନନ୍ତ ସତ୍ୟମାନଙ୍କ ବିରୋଧାତ୍ମକ ସତ୍ତାକୁ ଲୋପ କରିଥାଏ। ଦ୍ୱିତୀୟ କଥା ହେଉଛି – ଅନିଶ୍ଚିତ ସତ୍ୟ ସ୍ୟାଦ୍‌ବାଦର ପିଣ୍ଡା ମଧ୍ୟ ମାଡ଼ିପାରି ନ ଥାଏ। ସ୍ୟାଦ୍‌ବାଦ ପ୍ରମାଣ ଶ୍ରେଣୀଗତ ତଥା ଅନିଶ୍ଚିତ ହେଉଛି ଅପ୍ରମାଣ। ଏହା ଯେ ଯଥାର୍ଥ ପୂର୍ଣ୍ଣସତ୍ୟ ଶବ୍ଦ ଦ୍ୱାରା କୁହାଯାଇନପାରେ। ତେଣୁ 'ସ୍ୟାତ୍'କୁ ସଂକେତ ରୂପରେ ପ୍ରସ୍ତୁତ କରାଗଲା। ସ୍ୟାଦ୍‌ବାଦ, ନିରୁପରଚିତ ଅଖଣ୍ଡ ସତ୍ୟକୁ କହିବାର ଆସ୍ପର୍ଦ୍ଧା କରୁନାହିଁ। ବରଂ ସେ ଆମକୁ ସାପେକ୍ଷ ସତ୍ୟ ଦିଗରେ ଅଗ୍ରସର କରିଥାଏ।

ରାହୁଳ ମହାଶୟ ସ୍ୟାଦ୍‌ବାଦକୁ ସଞ୍ଜୟଙ୍କ ବିକ୍ଷେପବାଦର ଅନୁକରଣ ରୂପରେ ଚିତ୍ରଣ କରି ଲେଖିଛନ୍ତି – "ଆଧୁନିକ ଜୈନ-ଦର୍ଶନର ଆଧାର ହେଉଛି ସ୍ୟାଦ୍‌ବାଦ। ସଞ୍ଜୟ ବେଲଟିଟ ପୁତ୍ତଙ୍କ ଚାରିଅଙ୍ଗବିଶିଷ୍ଟ ଅନେକାନ୍ତବାଦକୁ ସାତଅଙ୍ଗବିଶିଷ୍ଟ କରାଯାଇଥିବା ପ୍ରତୀତ ହେଉଛି। ପରଲୋକ, ଦେବତା ଆଦି ତତ୍ତ୍ୱ ସମ୍ବନ୍ଧରେ ନିଶ୍ଚୟାତ୍ମକ ରୂପରେ କିଛି ବି କହିବାକୁ ସଞ୍ଜୟ ମନା କରିଦେଇଛନ୍ତି। ଏହି ବାରଣକୁ ଚାରିପ୍ରକାରେ ସଞ୍ଜୟ ସ୍ପଷ୍ଟ କରିଛନ୍ତି –

୧. ରହିଛି .. କହିପାରିବି ନାହିଁ।

୨. ରହିନାହିଁ .. କହିପାରିବି ନାହିଁ।

୩. ରହିଛି ଏବଂ ରହିନାହିଁ ମଧ୍ୟ – କହିପାରିବି ନାହିଁ।

୪. ନା ରହିଛି ଏବଂ ନା ରହିନାହିଁ –କହିପାରିବି ନାହିଁ।

ଏହାର ତୁଳନା ଜୈନମାନଙ୍କ ସାତପ୍ରକାର ସ୍ୟାଦ୍‌ବାଦ ସହିତ କରାଯାଉ –

୧. ରହିଛି ... ହୋଇପାରେ (ସ୍ୟାଦ୍-ଅସ୍ତି)

୨. ରହିନାହିଁ ... ନ ହୋଇପାରେ ମଧ୍ୟ (ସ୍ୟାନ୍ନାସ୍ତି)

୩. ରହିଛି ଓ ରହିନାହିଁ ... ହୋଇପାରେ ଏବଂ ନ ହୋଇପାରେ ମଧ୍ୟ (ସ୍ୟାଦସ୍ତି ଚ ନାସ୍ତିଚ)

ଉପରୋକ୍ତ ତିନୋଟି ଉତ୍ତର କ'ଣ କୁହାଯାଇପାରିବ (ବକ୍ତବ୍ୟ) ?

ଏହି ପ୍ରଶ୍ନର ଉତ୍ତର ଜୈନମାନେ ନିଷେଧାତ୍ମକ ରୂପରେ ଦେଇଥାନ୍ତି।

୪. 'ସ୍ୟାଦ୍'(ହୋଇପାରେ)...ଏହାକୁ କୁହାଯାଇପାରିବ (ବକ୍ତବ୍ୟ) କି? ନା, 'ସ୍ୟାଦ୍' ହେଉଛି ଅବକ୍ତବ୍ୟ।

୫. 'ସ୍ୟାଦ୍ ଅସ୍ତି' ବକ୍ତବ୍ୟ ଅଟେ କି? - ନା, 'ସ୍ୟାଦ୍‌ଅସ୍ତି' ହେଉଛି ଅବକ୍ତବ୍ୟ।

୬. 'ସ୍ୟାଦ୍ ନାସ୍ତି' ଏହା ବକ୍ତବ୍ୟ ଅଟେ କି? ନା, 'ସ୍ୟାଦ୍‌ନାସ୍ତି' ହେଉଛି ଅବକ୍ତବ୍ୟ।

୭. 'ସ୍ୟାଦ୍ ଅସ୍ତିଚ ନାସ୍ତିଚ' - କ'ଣ ଏହା ବକ୍ତବ୍ୟ ଅଟେ? ନା, 'ସ୍ୟାଦ୍ ଅସ୍ତିଚ ନାସ୍ତିଚ' ହେଉଛି ଅବକ୍ତବ୍ୟ।

ଦୁହିଁଙ୍କୁ ମିଳାଇ ଦେଖିଲେ ଜ୍ଞାତ ହୋଇଥାଏ ଯେ ଜୈନମାନେ ସଞ୍ଜୟ ବେଲଟିଟ ପୁତ୍ତଙ୍କ ପ୍ରଥମ ତିନୋଟି ବାକ୍ୟ (ପ୍ରଶ୍ନ ଓ ଉତ୍ତର ଉଭୟ)କୁ ସ୍ୱତନ୍ତ୍ର ଭାବରେ ନିଜ ସ୍ୟାଦ୍‌ବାଦର ଛଅଟି ଭଙ୍ଗ ନିର୍ମାଣରେ ବ୍ୟବହାର କରିଛନ୍ତି ତଥା ସଞ୍ଜୟଙ୍କ ଚତୁର୍ଥ ବାକ୍ୟ 'ନା ରହିଛି ଓ ନା ରହିନାହିଁ' ବ୍ୟତୀତ 'ସ୍ୟାଦ୍' ମଧ୍ୟ ବକ୍ତବ୍ୟ, ଏହି ସପ୍ତମଭଂଗର ନିର୍ମାଣ କରି 'ସପ୍ତଭଙ୍ଗୀ'କୁ ସମ୍ପୂର୍ଣ୍ଣ କରିଦେଇଛନ୍ତି।

---

[୨୨] Indian Philosophy, Vol.1 PP 305-306

ଉପରୋକ୍ତ ସାମଗ୍ରୀ ଦେଖି ଜଣାପଡୁଛି ଯେ ସଂଜୟ – ପରଲୋକ, ଦେବତା, କର୍ମ-ଫଳ ମୁକ୍ତ ପୁରୁଷ ଭଳି ପରୋକ୍ଷ ବିଷୟରେ ଆପଣା ଅନେକାନ୍ତବାଦର ପ୍ରୟୋଗ କରିବାର ପ୍ରୟାସ କରିଛନ୍ତି। ସଂଜୟଙ୍କ ଯୁକ୍ତିଗୁଡ଼ିକୁ ଜୈନମାନେ ପ୍ରତ୍ୟକ୍ଷ ବସ୍ତୁ ଉପରେ ବି ଲାଗୁ କରିଛନ୍ତି। ଉଦାହରଣ ସ୍ୱରୂପ ସାମ୍ନାରେ ରହିଥିବା କୁମ୍ଭର ସତ୍ତା ସମ୍ବନ୍ଧରେ ଯଦି ପ୍ରଶ୍ନ କରାଯାଏ, ଜୈନ ଦର୍ଶନ ନିମ୍ନ ଉତ୍ତର ଦେଇଥାଏ –

୧. କୁମ୍ଭ ଏଠାରେ ରହିଛି କି ? - ରହିଥାଇପାରେ। (ସ୍ୟାଦ୍ ଅସ୍ତି) ବୋଧହୁଏ ହଁ

୨. କୁମ୍ଭ ଏଠାରେ ନାହିଁ କି ? - ନ ଥାଇପାରେ। (ସ୍ୟାନ୍ନାସ୍ତି) ବୋଧହୁଏ ନା

୩. କ'ଣ କୁମ୍ଭ ଏଠାରେ ରହିଛି ଏବଂ ରହିନାହିଁ ମଧ୍ୟ ? - ରହିଥାଇପାରେ ଓ ନ ରହିଥାଇପାରେ ମଧ୍ୟ। (ସ୍ୟାଦ୍ ଅସ୍ତିଚ ସ୍ୟାଦ୍ ନାସ୍ତିଚ) ବୋଧହୁଏ ହଁ ବୋଧହୁଏ ନା।

୪. ଏଠାରେ ଥାଇପାରେ (ସ୍ୟାଦ୍) - କ'ଣ ଏହା କୁହାଯାଇପାରିବ (ବକ୍ତବ୍ୟ ଦୃଷ୍ଟିରୁ) ? ନା'! ବୋଧହୁଏ ବା ସ୍ୟାଦ୍ ଏହା ହେଉଛି ଅବକ୍ତବ୍ୟ।

୫. 'କୁମ୍ଭ ଏଠାରେ ଥାଇପାରେ' (ସ୍ୟାଦ୍ ଅସ୍ତି) - କ'ଣ ଏହା କୁହାଯାଇପାରିବ ? ନା' ଘଟ ଏଠାରେ ରହିଥାଇପାରେ - ଏହା କୁହାଯାଇପାରିବ ନାହିଁ।

୬. 'ଘଟ ଏଠାରେ ରହିଥାଇ ନ ପାରେ' (ସ୍ୟାଦ୍ ନାସ୍ତି) - କ'ଣ ଏହା କୁହାଯାଇପାରିବ ? ନା! ଘଟ ଏଠାରେ ରହିଥାଇ ନ ପାରେ - ଏପରି ଭାବରେ କୁହାଯାଇପାରିବ ନାହିଁ।

୭. 'ଘଟ ଏଠାରେ ଥାଇପାରେ ତଥା ନ ଥାଇପାରେ ମଧ୍ୟ' - କ'ଣ ଏହା କୁହାଯାଇପାରିବ ?

ନା! ଘଟ ଏଠାରେ ରହିଥାଇପାରେ ଏବଂ ରହିଥାଇ ନ ପାରେ - ଏହା କୁହାଯାଇପାରିବ ନାହିଁ।

ଏହିଭଳି ରୂପରେ ସଂଜୟଙ୍କ ଗୋଟିଏ ବି ସିଦ୍ଧାନ୍ତ ସ୍ଥାପନ ନ କରି ସଂଜୟଙ୍କ ଅନୁଯାୟୀମାନେ ଲୁପ୍ତ ହେବାପରେ ଜୈନମାନେ ତାହାକୁ ଅଙ୍ଗୀକାର କରିନେଲେ ତଥା ତାଙ୍କର ଚତୁର୍ଭଙ୍ଗୀକୁ ନ୍ୟାୟର ସପ୍ତଭଙ୍ଗୀରେ ପରିଣତ କରିଦେଲେ।[୨୩]

(ସମୀକ୍ଷା) ... ସଂଜୟଙ୍କ ଅନିଶ୍ଚୟବାଦର ସ୍ୟାଦ୍‌ବାଦ ସହିତ କୌଣସି ସଂବନ୍ଧ ନାହିଁ।

ତଥାପି ଗହମ ପେଷା ହୋଇ ଅଟା ହୋଇସାରିଲା ପରେ ବି ତାହାକୁ ବାରମ୍ବାର ପେଷାଯାଉଛି। ସଂଜୟ ବେଲଟିଟପୁତ୍ତଙ୍କ ବାଦ ବା ସିଦ୍ଧାନ୍ତ, ସଦ୍‌ଭାବର ବର୍ଣ୍ଣନା କରି ନ ଥାଏ କି ଅସଦ୍‌ଭାବର ବି ବର୍ଣ୍ଣନା କରି ନ ଥାଏ।[୨୪] ଅନେକାନ୍ତ, ବିଧି ଓ ପ୍ରତିଷେଧ-ଉଭୟଙ୍କ ନିଶ୍ଚୟ ପୂର୍ବକ ପ୍ରତିପାଦନ କରିଥାଏ। ଅନେକାନ୍ତ କେବଳ ଅନେକାନ୍ତ ନୁହେଁ, ତାହା ଏକାନ୍ତ ମଧ୍ୟ ଅଟେ। ପ୍ରମାଣ-ଦୃଷ୍ଟିକୁ ମୁଖ୍ୟ ଗଣିଲେ ଅନେକାନ୍ତ ଫଳୀଭୂତ ହୁଏ ତଥା ନୟ-ଦୃଷ୍ଟିକୁ ମୁଖ୍ୟ ଭାବିଲେ ଏକାନ୍ତ ଫଳଯୁକ୍ତ ହୋଇଥାଏ।[୨୫] ଏକାନ୍ତ ମଧ୍ୟ ସ୍ୟାଦ୍‌ବାଦର ନିୟନ୍ତ୍ରଣରୁ ମୁକ୍ତ ହୋଇପାରିନଥାଏ। ଏକାନ୍ତ, ଅସତ୍-ଏକାନ୍ତର ପରିଣତ ନ ହେଉ – 'ଏହା ବି ଅଛି' ପରିବର୍ତ୍ତେ 'ଏହାହିଁ ଅଛି'ର ରୂପ ଧାରଣ ନ କରୁ ତେଣୁ ଏହାର ନିତାନ୍ତ ଆବଶ୍ୟକତା ମଧ୍ୟ ରହିଛି।

ଭଗବାନ ମହାବୀରଙ୍କ ଯୁଗ ଦର୍ଶନ ପ୍ରଣୟନର ଯୁଗ। ଆତ୍ମା, ପରଲୋକ, ସ୍ୱର୍ଗ, ମୋକ୍ଷ, ପୂର୍ବଜନ୍ମ, ପୁନର୍ଜନ୍ମର ଅସ୍ତିତ୍ୱ ବା ଅନୁପସ୍ଥିତିର ପ୍ରଶ୍ନ ମୁଖରିତ ହେଉଥାଏ। ସାଧାରଣ ବିଷୟଟିଏ ବି ବିଶେଷ ଚର୍ଚ୍ଚାର କାରଣ ସାଜୁଥିଲା।

---

[୨୩] ଦର୍ଶନ ଦିଗ୍‌ଦର୍ଶନ, ଅଧ୍ୟାୟ ୧୫, ପୃ.୪୯୮

[୨୪] ଅଷ୍ଟସହସ୍ରୀ, ପୃ. ୧୨୯

[୨୫] ସ୍ୱୟଂଭୂସ୍ତୋତ୍ର (ଅରଜିନ ସ୍ତୁତି) ୧୮ :
ଅନେକାନ୍ତୋଽପ୍ୟନେକାନ୍ତଃ, ପ୍ରମାଣ-ନୟସାଧନଃ ।
ଅନେକାନ୍ତଃ ପ୍ରମାପ୍ରମାଣାନ୍ତେ, ଦେତକାନ୍ତୋଽର୍ପିତାନ୍ନୟାତ୍ ॥

ପ୍ରତ୍ୟେକ ଦର୍ଶନ-ପ୍ରଣେତାଙ୍କ ଉତ୍ତର ଦେବାର ନିଜସ୍ୱ ଶୈଳୀ ରହିଥାଏ। ମହାତ୍ମାବୁଦ୍ଧ ମଧ୍ୟମ ପ୍ରତିପଦାବାଦ ବା ବିଭଜ୍ୟବାଦ ଦ୍ୱାରା ଲୋକମାନଙ୍କୁ ଉଦ୍‌ବୁଦ୍ଧ କରୁଥାନ୍ତି। ସଂଜୟ ବେଲଟ୍‌ଠିପୁତ୍ତ ବିକ୍ଷେପବାଦ ବା ଅନିଶ୍ଚୟବାଦ ଭାଷାରେ କହୁଥାନ୍ତି। ଭଗବାନ ମହାବୀର ସ୍ୟାଦ୍‌ବାଦର ଆଧାରରେ ପ୍ରତିପାଦନ କରୁଥାନ୍ତି। ଏ ସମସ୍ତଙ୍କୁ ପରସ୍ପରର ବୀଜ ଭାବିନେବା ଜିଦ୍ ଓ ଆଗ୍ରହର ଅତିରେକ ବ୍ୟତୀତ ଆଉ କ'ଣ ହୋଇପାରେ !

ସଂଜୟଙ୍କ ଉତ୍ତର-ପ୍ରଣାଳୀକୁ ଅନେକାନ୍ତବାଦୀ କହିବା - ଅନେକାନ୍ତବାଦ ପ୍ରତି ନିର୍ମମ ଅନ୍ୟାୟ ଅଟେ। ଭଗବାନ ମହାବୀର କେବେ କହିଥିଲେ - 'ଅମୁକ ରହିଛି ବୋଲି ଯଦି ମୁଁ ଠିକ୍ ବୁଝିପାରିବି ତେବେ ଆପଣଙ୍କୁ କହିବି।' ସେ ନିର୍ଣ୍ଣୟାତ୍ମକ ଭାଷାରେ କହୁଥିଲେ। ମହାବୀରଙ୍କ ଅନେକାନ୍ତରେ ଅନନ୍ତଧର୍ମକୁ ପରୀକ୍ଷା-ନିରୀକ୍ଷା କରିପାରୁଥିବା ଅନନ୍ତ ଦୃଷ୍ଟି ଏବଂ ଅନନ୍ତବାଣୀର ବିକଳ୍ପ ଅଲବତ୍ ରହିଛି, କିନ୍ତୁ ମନେରଖନ୍ତୁ, ସେସବୁଯାକ ନିର୍ଣ୍ଣାୟକ ଅଟନ୍ତି। ସଂଜୟଙ୍କ ଭ୍ରମବାଦ ସଦୃଶ ଲୋକମାନଙ୍କୁ ଭ୍ରମଚକ୍ରରେ ଘାଣ୍ଟିନଥାଏ। ଅନନ୍ତ ଧର୍ମ ସକାଶେ ଅନନ୍ତ ଦୃଷ୍ଟିକୋଣ ତଥା କୌଣସି ନିର୍ଣ୍ଣୟ କରିବାରେ ଅସମର୍ଥ ଅନିର୍ଣ୍ଣାୟକଦୃଷ୍ଟିକୁ ଏକ ବୋଲି ଭାବିନେବାର ଆଗ୍ରହ ଖରା ଓ ଛାଇକୁ ମିଳେଇବାର ଚେଷ୍ଟା ନୁହେଁ କି? ଏହାକୁ 'ହଁ' ବା 'ନା'ର ଭେଦ କୁହାଯାଇନପାରେ। ଏହା ହେଉଛି ମୌଳିକ ଭେଦ। 'ଅସ୍ତୀତି ନ ଭଣାମି' - 'ରହିଛି' କିନ୍ତୁ କହିପାରୁନାହିଁ ତଥା 'ନାସ୍ତୀତି ଚ ନ ଭଣାମି' - 'ରହିନାହିଁ' କିନ୍ତୁ କହିପାରୁନାହିଁ। ସଂଜୟଙ୍କ ଏହି ସଂଶୟଶୀଳତା ବିରୁଦ୍ଧରେ ଅନେକାନ୍ତ ସ୍ପଷ୍ଟ ଭାବରେ କହିଥାଏ – 'ସ୍ୟାତ୍ ଅସ୍ତି' - ଅମୁକ ଅପେକ୍ଷାରେ ଏହା ନିଶ୍ଚିତ ଭାବରେ ରହିଛି। 'ସ୍ୟାତ୍ ନାସ୍ତି' - ଅମୁକ ଅପେକ୍ଷାରେ ଏହା ନିଶ୍ଚିତ ଭାବରେ ରହିନାହିଁ।

'ଘଟ ଏଠାରେ ଥାଇପାରେ' – ଏହା ସ୍ୟାଦ୍‌ବାଦର ଉତ୍ତର-ପଦ୍ଧତି ନୁହେଁ। ସ୍ୟାଦ୍‌ବାଦ ଅନୁସାରେ - 'ଆପଣା ଅପେକ୍ଷାରେ ଘଟ ନିଶ୍ଚିତ ଭାବରେ ଅଛି'। - ଏହିଭଳି ରୂପର ନିର୍ମାଣ ହୋଇଥାଏ।

ବ୍ରହ୍ମସୂତ୍ରକାର ବ୍ୟାସ ଏବଂ ଭାଷ୍ୟକାର ଶଙ୍କରାଚାର୍ଯ୍ୟଙ୍କଠାରୁ ଆରମ୍ଭ କରି ଆଜିପର୍ଯ୍ୟନ୍ତ ସ୍ୟାଦ୍‌ବାଦ ସଂବନ୍ଧରେ ଯେଉଁ ଦୋଷ ଓ ତ୍ରୁଟିର ଆରୋପ ଲାଗୁଛି ସେମାନଙ୍କ ସଂଖ୍ୟା ମୁଖ୍ୟତଃ ଆଠ ହୋଇଥାଏ। ଯଥା– ୧. ବିରୋଧ ୨. ବୈୟଧିକରଣ୍ୟ ୩. ଅନବସ୍ଥା ୪. ସଂକର ୫. ବ୍ୟତିକର ୬. ସଂଶୟ ୭. ଅପ୍ରତିପତ୍ତି ୮. ଅଭାବ।

୧. ଶୀତଳତା ଓ ଉଷ୍ଣତା ମଧ୍ୟରେ ଯେମିତି ବିରୋଧ ରହିଛି, 'ଅଛି' ଓ 'ନାହିଁ' ମଧ୍ୟରେ ସେମିତି ବିରୋଧ ଥାଏ।[୨୬] ବସ୍ତୁଟି ରହିଛି, ସେହି ବସ୍ତୁ ରହିନାହିଁ' - ଏହା ବିରୋଧାଭାସ।

୨. ଯେଉଁ ବସ୍ତୁ 'ରହିଛି' ଶବ୍ଦର ପ୍ରବୃତ୍ତିର ନିମିତ୍ତ ହୋଇଛି, ତାହା 'ରହିନାହିଁ' ଶବ୍ଦର ପ୍ରବୃତ୍ତିର ନିମିତ୍ତ ହେବା ସ୍ଥିତିରେ ସମାନାଧିକରଣ୍ୟ ହୋଇପାରିବ ନାହିଁ। ଭିନ୍ନ ନିମିତ୍ତମାନଙ୍କ ମଧ୍ୟରୁ ପ୍ରବର୍ତ୍ତିତ ଦୁଇଟି ଶବ୍ଦର ଗୋଟିଏ ବସ୍ତୁ ମଧ୍ୟରେ ଉପସ୍ଥିତ ଥିଲେ, ସାମାନାଧିକରଣ୍ୟ ଘଟିଥାଏ।[୨୭] ସତ୍‌ପ୍ରବୃତ୍ତି ମଧ୍ୟରେ ଅସତ୍ ପ୍ରବୃତ୍ତିର ନିମିତ୍ତ ପ୍ରାପ୍ତ ହୁଏନାହିଁ, ତେଣୁ ସତ୍ ଓ ଅସତ୍‌ର ଅଧିକରଣ, ଗୋଟିଏ ବସ୍ତୁ କଦାପି ହୋଇପାରିବ ନାହିଁ।

୩. ପଦାର୍ଥରେ ସାତ-ଭଙ୍ଗ ଯୋଡ଼ାଯାଇଥାଏ, ସେହିପରି 'ଅସ୍ତି' ସହିତ ବି ସାତ-ଭଙ୍ଗ ଯୋଡ଼ାଯାଇପାରିବ – ଅସ୍ତିଭଙ୍ଗ ସହିତ ଜଡ଼ିତ ସପ୍ତ-ଭଙ୍ଗୀ ମଧ୍ୟରେ ଅସ୍ତି-ଭଙ୍ଗ ହେବ, ତା'ମଧ୍ୟରେ ପୁଣି ସପ୍ତ-ଭଙ୍ଗୀ ହେବ। ଏହି ପ୍ରକାରେ ସପ୍ତୀ-ଭଙ୍ଗୀର କେବେ ଅନ୍ତ ହେବନାହିଁ।

୪. 'ଅଛି' ଓ 'ନାହିଁ' ବା 'ରହିଛି' ଓ 'ରହିନାହିଁ' ଦୁହିଁଙ୍କୁ ଗୋଟିଏ ସ୍ଥାନରେ ରଖାଗଲେ ଯେଉଁ ରୂପରେ 'ରହିଛି' ଉପସ୍ଥିତ ଥାଏ ସେହି ରୂପରେ 'ରହିନାହିଁ' ମଧ୍ୟ ଉପସ୍ଥିତ ଥାଏ – ତେବେ ଏହା ହେଉଛି ସଙ୍କର ଦୋଷ।

---

[୨୬] ବ୍ରହ୍ମସୂତ୍ର, ୨/୨/୩୩, (ଶଙ୍କରଭାଷ୍ୟ)

[୨୭] ନୀଳକମଳ - ଏହା ସାମାନାଧିକରଣ୍ୟ ଅଟେ।
କମଳ ମଧ୍ୟରେ ନୀଳଗୁଣର ନିମିତ୍ତ ହେତୁ 'ନୀଳ' ଶବ୍ଦର ତଥା କମଳ-ଜାତିର ନିମିତ୍ତ ହେତୁ 'କମଳ' ଶବ୍ଦର ପ୍ରବୃତ୍ତି ହେଉଛି।

୫. ଯେଉଁ ରୂପରେ 'ରହିଛି'ର ଅସ୍ତିତ୍ୱ, ସେହି ରୂପରେ 'ରହିନାହିଁ' ମଧ୍ୟ ଉପସ୍ଥିତ ତଥା ଯେଉଁ ରୂପରେ 'ରହିନାହିଁ' ବୁଝାଏ, ସେହି ରୂପରେ 'ଅଛି ବା ରହିଛି' ମଧ୍ୟ ହୋଇଯିବ। ବିଷୟ ସ୍ୱତନ୍ତ୍ର ଭାବରେ ରହିପାରିବେ ନାହିଁ।

୬.୭.୮. ସଂଶୟ ଫଳରେ ପଦାର୍ଥର ପ୍ରତିପତ୍ତି (ଜ୍ଞାନ) ହୁଏନାହିଁ ତଥା ପ୍ରତିପତ୍ତି ନ ହେବା ପର୍ଯ୍ୟନ୍ତ ପଦାର୍ଥର ଅଭାବ ଲାଗିରହିଥାଏ।

ଜୈନ ଆଚାର୍ଯ୍ୟମାନେ ଏହାର ସମୁଚିତ ଉତ୍ତର ଦେଇଛନ୍ତି। ସ୍ୟାଦ୍‌ବାଦରେ ଏହି ଦୋଷ ନ ଥାଏ - ଏହା ସତ। ସ୍ୟାଦ୍‌ବାଦର ପ୍ରକୃତ ରୂପକୁ ବୁଝି ନ ପାରିବାରୁ ଏହି କଳ୍ପନା ବା ଶଙ୍କା ଜାତ ହୋଇଥାଏ। ଏହାପଛରେ ଏକ ତଥ୍ୟ ରହିଛି। ମଧ୍ୟଯୁଗରେ ଅଜୈନ ବିଦ୍ୱାନମାନେ ଜୈନ-ଗ୍ରନ୍ଥ ପଢ଼ିବା ପାଇଁ ଆଗ୍ରହ ପ୍ରକାଶ କରିବା ଦୂରର କଥା, ବରଂ ଦ୍ୱିଧା ପ୍ରକାଶ କରୁଥିଲେ। କାହିଁକି କରୁଥିଲେ, ଜଣାନାହିଁ, କିନ୍ତୁ ସେମାନେ ଅବଶ୍ୟ ଦୋଦୋପାଞ୍ଚ ହେଉଥିଲେ। ଅଥଚ ଜୈନ ଆଚାର୍ଯ୍ୟମାନେ ଖୋଲା ମନରେ ଅନ୍ୟ ଦର୍ଶନ ଗ୍ରନ୍ଥ ସବୁ ପଢୁଥିଲେ। ଅଜୈନ ଗ୍ରନ୍ଥମାନଙ୍କ ଉପରେ ସେମାନଙ୍କ ଦ୍ୱାରା ଲିଖିତ ଟୀକା ଆଦି ଏହାର ସ୍ପଷ୍ଟ ପ୍ରମାଣ ଦେଇଥାଏ।

ସ୍ୟାଦ୍‌ବାଦର ନିରାକରଣ କରିବା ସମୟରେ ପୂର୍ବ ପକ୍ଷର ଯଥାର୍ଥ ପ୍ରସ୍ତୁତି କରାଯାଇନଥିଲା। ଗୋଟିଏ ଦୃଷ୍ଟିରେ ଦୁଇଟି ଧର୍ମକୁ ସ୍ୱୀକାର କରିଥିଲେ ସ୍ୟାଦ୍‌ବାଦରେ ବିରୋଧ ଆସିଥାନ୍ତା। କିନ୍ତୁ କଥା ସେଇଆ ନୁହେଁ। ଜୈନ ଆଗମମାନଙ୍କୁ ଦେଖାଯାଉ। ଭଗବାନ ମହାବୀରଙ୍କୁ ପ୍ରଶ୍ନ ପଚରାହେଲା - "ଭଗବନ୍! ଜୀବ ମରି ଅନ୍ୟ ଜନ୍ମକୁ ଯାଇଥାଏ। ସେ ଶରୀର-ସହିତ ଯାଇଥାଏ ନା ଶରୀର-ରହିତ ହୋଇ ଅନ୍ୟ ଜନ୍ମରେ ପ୍ରବେଶ କରିଥାଏ ?"[୨୮] ଭଗବାନ ଉତ୍ତର ଦେଲେ - 'ସ୍ୟାତ୍ ଶରୀର-ସହିତ ଓ ସ୍ୟାତ୍ ଶରୀର ରହିତ।' ଏହି ଉତ୍ତରରେ ବିରୋଧ ଜଣାପଡୁଛି, କିନ୍ତୁ ଅପେକ୍ଷା ବା ସନ୍ଦର୍ଭ ଦୃଷ୍ଟିକୁ ଅଗ୍ରାଧିକାର ଦେଲେ ବିରୋଧ ନଷ୍ଟ ହୋଇଥାଏ।

ଶରୀର ଦୁଇ ପ୍ରକାର - ସୂକ୍ଷ୍ମ ଓ ସ୍ଥୁଳ। ମୋକ୍ଷ-ପ୍ରାପ୍ତ ନ ହେବାଯାଏ ଶରୀର ଲାଗିରହେ, ଏହି ଦୃଷ୍ଟିରୁ ପରଭବ-ଗାମୀ ଜୀବ ହେଉଛି ଶରୀର-ସହିତ। ତେବେ ସ୍ଥୁଳ ଶରୀର ଏକ ଜନ୍ମ ସହିତ ସଂବନ୍ଧିତ ଥାଏ, ଏହି ଦୃଷ୍ଟିରୁ ପରଭବ-ଗାମୀ ଜୀବ ଅଶରୀର ହୋଇଯାଏ। ଗୋଟିଏ ପ୍ରାଣୀର ସ-ଶରୀର ଓ ଅ-ଶରୀର ଗତି ବିରୋଧୀ ଜଣାପଡୁଛି କିନ୍ତୁ ଅପେକ୍ଷା ବା ସନ୍ଦର୍ଭ ବୁଝାପଡ଼ିଲେ ବିରୋଧାଭାସ ରହେନାହିଁ।

ବିରୋଧର ତିନି ପ୍ରକାର ରହିଛି – ୧. ବଧ୍ୟ-ଘାତକ-ଭାବ, ୨. ସହାନବସ୍ଥାନ ଓ ୩. ପ୍ରତିବନ୍ଧ୍ୟ-ପ୍ରତିବନ୍ଧକ-ଭାବ।

ଏମାନଙ୍କ ମଧ୍ୟରୁ ପ୍ରଥମ ପ୍ରକାର ବିରୋଧ ବଳଶାଳୀ ଓ ଦୁର୍ବଳ ମଧ୍ୟରେ ଘଟିଥାଏ। ବସ୍ତୁର ଅସ୍ତିତ୍ୱ ଓ ନାସ୍ତିତ୍ୱ ଧର୍ମତୁଲ୍ୟ ହେତୁକ ଏବଂ ତୁଲ୍ୟବଳୀ ହୋଇଥିବାରୁ ପରସ୍ପରକୁ ବାନ୍ଧିପାରନ୍ତି ନାହିଁ।

ଦ୍ୱିତୀୟ ପ୍ରକାର ବିରୋଧ ବସ୍ତୁର କ୍ରମିକ ପର୍ଯ୍ୟାୟରେ ଘଟିଥାଏ। ବାଲ୍ୟ ଓ ଯୌବନ କ୍ରମିକ ହୋଇଥିବାରୁ ଏକସଂଗେ ରହିପାରନ୍ତି ନାହିଁ। କିନ୍ତୁ ଅସ୍ତିତ୍ୱ ଓ ନାସ୍ତିକ କ୍ରମିକ ନୁହନ୍ତି, ତେଣୁ ଏମାନଙ୍କ ମଧ୍ୟରେ ଏହି ଶ୍ରେଣୀର ବିରୋଧ ମଧ୍ୟ ରହେନାହିଁ।

ଆମ୍ବ ଡାଳରେ ଲାଗିରହିଥିବା ପର୍ଯ୍ୟନ୍ତ ଯେତେ ଭାରି ହେଲେ ବି ସହଜରେ ଛିଣ୍ଡିଯାଇ ତଳେପଡ଼େ ନାହିଁ। ଏମାନଙ୍କ ମଧ୍ୟରେ ପ୍ରତିବନ୍ଧ୍ୟ-ପ୍ରତିବନ୍ଧକ ଭାବ ରହିଥାଏ। ଅସ୍ତିତ୍ୱ ନାସ୍ତିତ୍ୱର ପ୍ରୟୋଜନର ପ୍ରତିବନ୍ଧକ ନାହିଁ। ଅସ୍ତି-କାଳରେ ପର-ଅପେକ୍ଷା ନାସ୍ତି-ବୁଦ୍ଧି ଏବଂ ନାସ୍ତି-କାଳରେ ସ୍ୱ-ଅପେକ୍ଷା ଅସ୍ତି-ବୁଦ୍ଧି ଥାଏ। ତେଣୁ ଏମାନଙ୍କ ମଧ୍ୟରେ ପ୍ରତିବନ୍ଧ୍ୟ-ପ୍ରତିବନ୍ଧକ ଭାବ ମଧ୍ୟ ନ ଥାଏ। ଅପେକ୍ଷା-ଭେଦ ଦୃଷ୍ଟିରେ ଏମାନଙ୍କ ମଧ୍ୟରେ ବିରୋଧ ମଧ୍ୟ ନ ଥାଏ।

---

[୨୮] ଭଗବଈ, ୨/୧ : ସିୟସରୀରୀ ନିକ୍ଖମଈସିୟ ଅସରୀରୀ ନିକ୍ଖମଈ।

ସ୍ୟାଦ୍‌ବାଦ ବିରୋଧକୁ ଆମନ୍ତ୍ରିତ କରିନଥାଏ, ବରଂ ଅବିରୋଧୀ ଧର୍ମମାନଙ୍କରେ ଯେଉଁ ବିରୋଧ ଜଣାପଡ଼େ, ତାହାକୁ ଦୂର କରିଥାଏ।[୨୯]

୧. ଯେଉଁ ରୂପରେ ବସ୍ତୁ ସତ୍, ସେହି ରୂପରେ ବସ୍ତୁକୁ ଅସତ୍ ମଣିଲେ ବିରୋଧ ସୃଷ୍ଟି ହୋଇଥାଏ।[୩୦] ଜୈନଦର୍ଶନ ଏହାକୁ ଅସ୍ୱୀକାର କରିଆସୁଛି। ବସ୍ତୁକୁ ସ୍ୱ-ରୂପରେ ସତ୍ ଓ ପର-ରୂପରେ ଅସତ୍ ସ୍ୱୀକାର କରିଥାଏ। ଶଙ୍କରାଚାର୍ଯ୍ୟ ଓ ଭାସ୍କରାଚାର୍ଯ୍ୟ ଦୁହେଁ ଗୋଟିଏ ବସ୍ତୁକୁ ଗୋଟିଏ ରୂପରେ ସତ୍-ଅସତ୍ ମାନିବାର ବିରୋଧ କରିଛନ୍ତି, ଏହି ତତ୍ତ୍ୱ ଜୈନଦର୍ଶନରେ ଲାଗୁ କରାଯାଇପାରିବ ନାହିଁ।[୩୧]

ପଣ୍ଡିତ ଅମ୍ବାଦାସ ଶାସ୍ତ୍ରୀ, ସ୍ୟାଦ୍‌ବାଦ ମଧ୍ୟରେ ଦିଶୁଥିବା ବିରୋଧକୁ ଆପାତତଃ ସନ୍ଦେହ ନିରୂପଣ କରି ଲେଖିଛନ୍ତି – "ଏଠାରେ ପ୍ରତ୍ୟେକ ବ୍ୟକ୍ତି ମଧ୍ୟରେ ଏହି ସନ୍ଦେହ ଜାତ ହେବା ସ୍ୱାଭାବିକ ଯେ, ଏହି ପ୍ରକାର ପରସ୍ପର ବିରୋଧୀ ଧର୍ମ ଏକ ସ୍ଥାନରେ କିପରି ରହିପାରିବେ ? ବେଦାନ୍ତ ସୂତ୍ରରେ ବ୍ୟାସଜୀ ଲେଖିଛନ୍ତି – 'ନୈକସ୍ମିନ୍ନ-ସଂଭବାତ୍' - ଅର୍ଥାତ୍ ଏକପଦାର୍ଥ ମଧ୍ୟରେ ପରସ୍ପର ବିରୁଦ୍ଧ ନିତ୍ୟାନିତ୍ୟତତ୍ତ୍ୱ ରହିପାରିବେ ନାହିଁ। କିନ୍ତୁ ଜୈନାଚାର୍ଯ୍ୟମାନେ ସ୍ୟାଦ୍‌ବାଦ ସିଦ୍ଧାନ୍ତ ମାଧ୍ୟମରେ ଏହି ପରସ୍ପର-ବିରୋଧୀ ଧର୍ମ ଏକସ୍ଥାନରେ ରହିପାରିବେ ବୋଲି ସ୍ପଷ୍ଟ ପ୍ରମାଣିତ କରିଛନ୍ତି। ଏହା ଯୁକ୍ତିଯୁକ୍ତ ମନେହେଉଛି – କାରଣ ସେହି ବିରୋଧୀ ଧର୍ମ ଭିନ୍ନ-ଭିନ୍ନ ଅପେକ୍ଷାରେ ଗୋଟିଏ ବସ୍ତୁ ମଧ୍ୟରେ ରହିଥାନ୍ତି, କେବଳ ଗୋଟିଏ ଅପେକ୍ଷାରେ ନୁହେଁ।[୩୨]

ପ୍ରଫେସର ଫଣିଭୂଷଣ ଅଧିକାରୀ (ଅଧ୍ୟକ୍ଷ-ଦର୍ଶନଶାସ୍ତ୍ର, କାଶୀ ହିନ୍ଦୁ ବିଶ୍ୱବିଦ୍ୟାଳୟ)ଙ୍କ ଶବ୍ଦ ଅନୁସାରେ - 'ବିଦ୍ୱାନ୍ ଶଙ୍କରାଚାର୍ଯ୍ୟ, ଏହି ସିଦ୍ଧାନ୍ତ ପ୍ରତି ଅନ୍ୟାୟ କରିଛନ୍ତି। ଅନ୍ୟ ଯୋଗ୍ୟତାସମ୍ପନ୍ନ ପୁରୁଷମାନଙ୍କ ସକାଶେ ଏହି କଥା କ୍ଷମଣୀୟ ହୋଇପାରିଥାନ୍ତା, କିନ୍ତୁ ମୋର ଯଦି କହିବାର ଅଧିକାର ରହିଛି, ତାହାହେଲେ ଭାରତର ଏହି ମହାନ୍ ବିଦ୍ୱାନଙ୍କୁ ସର୍ବଥା ଅକ୍ଷମ୍ୟ କହିବି। ଏହି ମହର୍ଷିଙ୍କୁ ମୁଁ ଯଦିଓ ଅତ୍ୟନ୍ତ ଆଦର ଦୃଷ୍ଟିରେ ଦେଖିଥାଏ, ପ୍ରତୀତ ହେଉଛି କି ସେ ଏହି ଧର୍ମ ସକାଶେ ଅନାଦର ଓ ହେୟ ଦୃଷ୍ଟି ସହିତ 'ବବସନ-ସମୟ' ଅର୍ଥାତ୍ ନଗ୍ନ ଲୋକଙ୍କ ସିଦ୍ଧାନ୍ତ ରୂପରେ ନାମକରଣ କରି ଦର୍ଶନଶାସ୍ତ୍ରର ମୂଳଗ୍ରନ୍ଥଗୁଡ଼ିକର ଅଧ୍ୟୟନ ପ୍ରତି ଉପେକ୍ଷା କରିଛନ୍ତି।

୨. ବସ୍ତୁର 'ସତ୍' ଅଂଶ ଫଳରେ ତା'ଠାରେ 'ଅଛି ବା ରହିଛି' ଶବ୍ଦର ପ୍ରବୃତ୍ତି ହେଉଛି, ସେହିଭଳି ବସ୍ତୁର 'ଅସତ୍' ଅଂଶ ଫଳରେ ତା'ଠାରେ 'ନାହିଁ' ଶବ୍ଦର ପ୍ରବୃତ୍ତିର ନିମିତ୍ତ ସୃଷ୍ଟି ହେଉଛି। 'ଅଛି' ଓ 'ନାହିଁ' – ଏ ଦୁହେଁ, ଗୋଟିଏ ବସ୍ତୁର ଦୁଇଟି ସ୍ୱତନ୍ତ୍ର ଧର୍ମ ଦ୍ୱାରା ପ୍ରବର୍ତ୍ତିତ ହୋଇଥାନ୍ତା। ତେଣୁ ବୈୟଧିକରଣ୍ୟ ଦୋଷ ମଧ୍ୟ ସ୍ୟାଦ୍‌ବାଦକୁ ସ୍ପର୍ଶ କରିପାରିନାହିଁ।

୩. ବସ୍ତୁ ମଧ୍ୟରେ ଅନନ୍ତ ଦୋଷ ରହିଥିବାରୁ ଅନବସ୍ଥା ଦୋଷ[୩୩] ମଧ୍ୟ ଲାଗୁନାହିଁ। କଳ୍ପନା ଯଦି ଅପ୍ରାମାଣିକ

---

(୨୯) ନ୍ୟାୟଖଣ୍ଡନ ଖାଦ୍ୟ, ଶ୍ଲୋକ ୪୨ : ନହ୍ୟେକତ୍ର ନାନା
ବିରୁଦ୍ଧଧର୍ମ ପ୍ରତିପାଦକଃ ସ୍ୟାଦ୍‌ବାଦଃ କିନ୍ତ୍ୱ ପେକ୍ଷାଭେଦେନ
ତଦବିରୋଧ ଦ୍ୟୋତକ ସ୍ୟାତ୍‌ପଦ-ସମଭିବ୍ୟାହୃତ ବାକ୍ୟ ବିଶେଷଃ।

(୩୦) ପ୍ରମାଣନୟତତ୍ତ୍ୱରତ୍ନାବତାରିକା, ୫ : ଯଦି ଯେନୈବ ପ୍ରକାରେଣ ସତ୍ତ୍ୱଂ, ତେନୈବ ଅସତ୍ତ୍ୱଂ, ଯେନୈବ ଚ ଅସତ୍ତ୍ୱଂ ତେନୈବ ସତ୍ତ୍ୱମଭ୍ୟୁପେୟେତତଦା ସ୍ୟାଦ୍ ବିରୋଧ।

(୩୧) ବ୍ରହ୍ମସୂତ୍ର, ୨/୨/୩୩ (ଶାଙ୍କରଭାଷ୍ୟ)

(୩୨) ମେରୀ ଜୀବନ ଗାଥା

(୩୩) ଅପ୍ରାମାଣିକାନନ୍ତ ପଦାର୍ଥ ପରିକଳ୍ପନୟା ବିଶ୍ରାନ୍ତ୍ୟଭାବୋଽନବସ୍ଥା ଅଥବା ଅବ୍ୟବସ୍ଥିତପରଂପରୋପାଧୀନାନିଷ୍ଟପ୍ରସଙ୍ଗଃ ଅନବସ୍ଥା। ଅପ୍ରମାଣିକ କଳ୍ପନା ଦ୍ୱାରା ଅନନ୍ତପଦାର୍ଥର ପରିକଳ୍ପନା କରିଲେ କେବେ ବିଶ୍ରାମ ମିଳେନାହିଁ। ଏହି ଅବସ୍ଥାକୁ 'ଅନବସ୍ଥା ଦୋଷ' କୁହାଯାଇଥାଏ। -(ଅଥବା) ଅବ୍ୟବସ୍ଥିତ ପରମ୍ପରା ହେତୁ ଯେଉଁ ଅନିଷ୍ଟ ପ୍ରସଙ୍ଗ ଉପସ୍ଥିତ ହୁଏ, ତାହାକୁ 'ଅନବସ୍ଥା ଦୋଷ' କୁହାଯାଇଥାଏ।

ହୋଇଥିବେ, ତାହାହେଲେ ଏହି ଦୋଷ ଜାତ ହୋଇଥାଏ। ସପ୍ତଭଙ୍ଗୀ ହେଉଛି ପ୍ରମାଣ-ସିଦ୍ଧ। ତେଣୁ ଗୋଟିଏ ପଦାର୍ଥ ମଧ୍ୟରେ ଅନନ୍ତ-ସପ୍ତଭଙ୍ଗୀ ରହିଥିଲେ ମଧ୍ୟ ଅନବସ୍ଥା-ଦୋଷ ଲାଗିନଥାଏ। ଧର୍ମ ମଧ୍ୟରେ ଧର୍ମର କଳ୍ପନା ହୋଇପାରିବ ନାହିଁ। ଅସ୍ତିତ୍ୱ ହେଉଛି ଧର୍ମ। ତା'ଠାରେ ଅନ୍ୟ ଧର୍ମର କଳ୍ପନା କରାଯାଇନପାରେ। ଏ ପରିସ୍ଥିତିରେ ଅନବସ୍ଥାର ପ୍ରଶ୍ନ କାହିଁ ?

୪. ବସ୍ତୁ ଯେଉଁ ରୂପରେ 'ଅସ୍ତି' ଅଟେ, ସେହି ରୂପରେ 'ନାସ୍ତି' ନୁହେଁ। ତେଣୁ ସଂକର-ଦୋଷ[୩୪] ମଧ୍ୟ ଲାଗିପାରିବ ନାହିଁ।

୫. ଅସ୍ତିତ୍ୱ, ଅସ୍ତିତ୍ୱ ରୂପରେ ତଥା ନାସ୍ତିତ୍ୱ, ନାସ୍ତିତ୍ୱ ରୂପରେ ପରିଣତ ହୋଇଥାଏ।[୩୫] କିନ୍ତୁ ଅସ୍ତିତ୍ୱ, ନାସ୍ତିତ୍ୱ ରୂପରେ ଓ ନାସ୍ତିତ୍ୱ, ଅସ୍ତିତ୍ୱ ରୂପରେ ପରିଣତ ହୋଇନଥାଏ। 'ଅଛି', 'ନାହିଁ'ରେ ତଥା 'ନାହିଁ', 'ଅଛି'ରେ ପରିଣତ ହୋଇପାରିବ ନାହିଁ। ତେଣୁ ବ୍ୟତିକର ଦୋଷ ମଧ୍ୟ ଲାଗିପାରିବ ନାହିଁ।'[୩୬]

୬. ସ୍ୟାଦ୍‌ବାଦରେ ଅନେକ ଧର୍ମର ନିଶ୍ଚୟ (ଅନିଶ୍ଚିତ ଅବଧାରଣା) ଥିବାରୁ ତାହା ସଂଶୟ ହୋଇନପାରେ। ପ୍ରଫେସର ଆନନ୍ଦଶଙ୍କର ବାପୁଭାଇ ଧ୍ରୁବଙ୍କ ମତରେ – 'ମହାବୀରଙ୍କ ସିଦ୍ଧାନ୍ତରେ ରହିଥିବା ସ୍ୟାଦ୍‌ବାଦ'କୁ ଯେତେ ଲୋକ ସଂଶୟବାଦ କହିଲେ ବି ମୁଁ ସେମାନଙ୍କ ସହିତ କଦାପି ଏକମତ ହୋଇପାରିବି ନାହିଁ। ସ୍ୟାଦ୍‌ବାଦ, ସଂଶୟବାଦ ନୁହେଁ। ବରଂ ଏହା ଆମକୁ ଏକ ଦୃଷ୍ଟିବିନ୍ଦୁ ପ୍ରଦାନ କରିଥାଏ। ବିଶ୍ୱକୁ ନିରୀକ୍ଷଣ କରିବାର ଶୈଳୀ ସହିତ ପରିଚିତ କରାଇଥାଏ। ବିବିଧ ଦୃଷ୍ଟିକୋଣରୁ ଅନୁଧ୍ୟାନ ନ କରିବା ପର୍ଯ୍ୟନ୍ତ କୌଣସି ବସ୍ତୁର ପୂର୍ଣ୍ଣାଙ୍ଗ ଛବି ପରିସ୍ଫୁଟ ହୋଇପାରିବ ନାହିଁ। ସ୍ୟାଦ୍‌ବାଦ (ଜୈନଧର୍ମ) ଉପରେ ଆକ୍ଷେପ କରିବା ଉଚିତ ନୁହେଁ।

୭-୮. ସଂଶୟ ନାହିଁ ତେବେ ନିଶ୍ଚିତ ଜ୍ଞାନର ଅଭାବ-ଅପ୍ରତିପତ୍ତି ହେବନାହିଁ। ଅପ୍ରତିପତ୍ତି ବିନା ବସ୍ତୁର ଅଭାବ ମଧ୍ୟ ହୁଏନାହିଁ।

ସ୍ୟାଦ୍‌ବାଦର ପ୍ରଶସ୍ତି

ସ୍ୟାଦ୍‌ବାଦାୟ ନମସ୍ତସ୍ମୈ, ଯଂ ବିନା ସକଳା କ୍ରିୟାଃ ।
ଲୋକଦ୍ୱିତୟଭାବିନ୍ୟୋ, ନୈବ ସାଂଗତ୍ୟମାସତେ ॥

ଯା'ର ଶରଣ ବିନା ଉଭୟ ଲୌକିକ ଓ ଲୋକୋତ୍ତର କ୍ରିୟା ସଂଗତ ହୋଇପାରେ ନାହିଁ, ସେହି ସ୍ୟାଦ୍‌ବାଦକୁ ନମସ୍କାର।

ଜେଣ ବିଣ ଲୋଗସ୍‌ସ ବି, ବବହାରୋ ସବ୍‌ବହା ଣ ଣିବଡଇ ।
ତସ୍‌ସ ଭୁବଣେକଗୁରୁଣୋ, ଣମୋ ଅଣେଗନ୍ତ ବାୟସସ୍ ॥

ଯା'ର ଅନୁପସ୍ଥିତିରେ ଲୋକ-ବ୍ୟବହାର ବି ସଂଗତ ହୁଏନାହିଁ, ସେହି ଜଗଦ୍‌ଗୁରୁ ଅନେକାନ୍ତବାଦକୁ ନମସ୍କାର।

ଉତ୍ପନ୍ନଂ ଦଧିଭାବେନ, ନଷ୍ଟଂ ଦୁଗ୍‌ଧତୟା ପୟଃ ।
ଗୋର ସତ୍ତ୍ୱାତ୍ ସ୍ଥିରଂ ଜାନନ୍, ସ୍ୟାଦ୍‌ବାଦ ଦ୍ୱିଡ୍ ଜନୋଽପି କଃ ॥

ଦହି ତିଆରି ହୁଏ, ଦୁଗ୍‌ଧ ନଷ୍ଟ ହୁଏ, ଗୋରସ ସ୍ଥିର ଥାଏ। ଉତ୍ପାଦ ଓ ବିନାଶରେ ପୌର୍ବାପର୍ଯ୍ୟ ମଧ୍ୟରେ ବି ଯେ ଅପୂର୍ବାପର ତଥା ପରିବର୍ତ୍ତନ ମଧ୍ୟରେ ବି ଯେ ଅପରିବର୍ତ୍ତିତ ଥାଏ, ତାହାକୁ ଅବା କିଏ ଅସ୍ୱୀକାର କରିପାରିବ ?

(୩୪) ସର୍ବେଷାଂ ଯୁଗପତ୍ ପ୍ରାପ୍ତିଃ ସଂକରଃ ।
ବସ୍ତୁ ମଧ୍ୟରେ ରହିଥିବା ସମସ୍ତ ଧର୍ମର 'ଏକସଂଗେ ପ୍ରାପ୍ତିକୁ ସଂକର-ଦୋଷ କୁହାଯାଇଥାଏ।

(୩୫) ଭଗବତୀ, ୧/୧୩୩

(୩୬) ପରସ୍ପର ବିଷୟଗମଂ ବ୍ୟତିକରଃ।
ଗୋଟିଏ ବିଷୟର ଅନ୍ୟ ବିଷୟରେ ସଂକ୍ରମଣକୁ 'ବ୍ୟତିକର ଦୋଷ' କୁହାଯାଏ।

ଏକେନାକର୍ଷନ୍ତୀ ଶ୍ଳଥୟନ୍ତୀ, ବସ୍ତୁତତ୍ତ୍ୱମିତରେଣ ।
ଅନ୍ତେନ ଜୟତି ଜୈନୀ ନୀତିର୍ମନ୍ଥାନନେତ୍ରମବି ଗୋପୀ ॥

ଗୋଟିଏ ମୁଖ୍ୟ ହେଲେ, ଦ୍ୱିତୀୟ ଜଣକ ଗୌଣ ହୋଇଯାଏ - ଏହା ହେଉଛି ଜୈନଦର୍ଶନର 'ନୟ'। ଏହି ସାପେକ୍ଷ ନୀତିରୁ ସତ୍ୟ ଉପଲବ୍ଧ ହୋଇଥାଏ। ଗୋଟିଏ ହାତ ଆଗକୁ କରିଲେ ଅନ୍ୟ ହାତଟି ସ୍ୱତଃ ପଛକୁ ହୋଇଯାଏ – ଏହି କ୍ରିୟା ଦ୍ୱାରା ନବନୀତ ପ୍ରାପ୍ତ ହୋଇଥାଏ।

॥ ୧୦ ॥

ଅନେକାନ୍ତବାଦ

ଶାଶ୍ୱତ ପ୍ରଶ୍ନ ଓ ଜୈନଦର୍ଶନ

ଜୈନ ଦର୍ଶନରେ ଜ୍ଞାନ ମୀମାଂସାର ବିଶଦ ବିବେଚନ କରାଯାଇଛି। ଜ୍ଞାନ ଓ ଜ୍ଞେୟ ଦୁହିଁଙ୍କ ମଧ୍ୟରେ ବିଷୟ-ବିଷୟୀର ଭାବସଂବନ୍ଧ ରହିଥାଏ। ଜ୍ଞାନ ଚୈତନ୍ୟ ସ୍ୱଭାବଯୁକ୍ତ ହୋଇଥିବାରୁ ତାହା ବିଷୟୀ ତଥା ଅର୍ଥ ଜ୍ଞେୟ ସ୍ୱଭାବ ଧାରଣ କରିଥିବାରୁ ତାହା ହେଉଛି ବିଷୟ। ଉଭୟ ସ୍ୱତନ୍ତ୍ର । ଜ୍ଞାନ ମଧ୍ୟରେ ଅର୍ଥକୁ ଜାଣିବାର କ୍ଷମତା ରହିଥାଏ ତଥା ଅର୍ଥ ମଧ୍ୟରେ ଜ୍ଞାନ ଦ୍ୱାରା ଜାଣିହେଉଥିବା କ୍ଷମତା ଅନ୍ତର୍ନିହିତ ଥାଏ। ଏହା ଜ୍ଞାନ ଓ ଜ୍ଞେୟ ମଧ୍ୟରେ ଅଭେଦ ସେତୁ ସାଜିଥାଏ।

ଜ୍ଞାନ ପାଞ୍ଚପ୍ରକାର। ଯଥା– ୧. ମତିଜ୍ଞାନ, ୨. ଶ୍ରୁତଜ୍ଞାନ, ୩. ଅବଧି ଜ୍ଞାନ, ୪. ମନଃପର୍ଯ୍ୟବ ଜ୍ଞାନ ଏବଂ ୫. କେବଳ ଜ୍ଞାନ।

ଏମାନଙ୍କ ମଧ୍ୟରୁ ଶ୍ରୁତଜ୍ଞାନର ସଂବନ୍ଧ ହିଁ ଶବ୍ଦ ସହିତ ରହିଛି। ଅବଶିଷ୍ଟ ଚାରୋଟି ଜ୍ଞାନର ଶବ୍ଦ ସହିତ ସଂବନ୍ଧ ନାହିଁ।

ମତି ଓ ଶ୍ରୁତ ହେଉଛନ୍ତି ଇନ୍ଦ୍ରିୟ ଜ୍ଞାନ। ଉତ୍ତରବର୍ତ୍ତୀ ତିନି ଜ୍ଞାନ ଅତୀନ୍ଦ୍ରିୟ ଅଟନ୍ତି। ମତିଜ୍ଞାନରେ ଇନ୍ଦ୍ରିୟର ଭୂମିକା ପ୍ରମୁଖ ଏବଂ ମନର ଭୂମିକା ଗୌଣ ହୋଇଥାଏ। ଶ୍ରୁତଜ୍ଞାନ ହେଉଛି ମାନସଜ୍ଞାନ। ଏଠାରେ ଇନ୍ଦ୍ରିୟ ଗୌଣ କିନ୍ତୁ ମନର ଭୂମିକା ପ୍ରମୁଖ ଥାଏ।

ଶ୍ରୁତଜ୍ଞାନର ମୁଖ୍ୟ କ୍ଷେତ୍ର ହେଉଛି ଆଗମ। ଏହା ଆପ୍ତପୁରୁଷଙ୍କ ଦ୍ୱାରା ପ୍ରତିପାଦିତ ତତ୍ତ୍ୱ ଅଟେ। ଆପ୍ତପୁରୁଷମାନେ ଅତୀନ୍ଦ୍ରିୟ ଜ୍ଞାନ ମାଧ୍ୟମରେ ତତ୍ତ୍ୱର ସାକ୍ଷାତ୍କାର ଓ ପ୍ରତିପାଦନ କରିଯାଇଛନ୍ତି। ଏହି ପ୍ରତିପାଦନ ହିଁ ଆଗମ ରୂପରେ ପ୍ରଣୀତ ହୋଇଛି। ତାହାର ସମ୍ୟକ୍ ସଂବୋଧ ଓ ବ୍ୟାଖ୍ୟା ଆବଶ୍ୟକ ହେବାରୁ ନୟ, ସ୍ୟାଦ୍‌ବାଦ ଓ ଅନେକାନ୍ତ ପ୍ରଣାଳୀର ବିକାଶ କରାଗଲା।

ଦର୍ଶନର ବିକାଶ ଆପ୍ତପୁରୁଷମାନଙ୍କ ଦ୍ୱାରା ଦୃଷ୍ଟ ତତ୍ତ୍ୱଗୁଡ଼ିକର ବ୍ୟାଖ୍ୟା ପାଇଁ ହୋଇଥାଏ। ବୈଶେଷିକ ଦର୍ଶନ ମହର୍ଷି କଣାଦ ଦ୍ୱାରା ଦୃଷ୍ଟ ୬ଟି ତତ୍ତ୍ୱର ଓ ସାଂଖ୍ୟଦର୍ଶନ ମହର୍ଷି କପିଳ ଦ୍ୱାରା ଦୃଷ୍ଟ ୨୫ ଗୋଟି ତତ୍ତ୍ୱକୁ ବ୍ୟାଖ୍ୟାୟିତ କରିଥାନ୍ତି। ବୌଦ୍ଧଦର୍ଶନ ଭଗବାନ ବୁଦ୍ଧ ଦ୍ୱାରା ଦୃଷ୍ଟ ୪ଟି ଆର୍ଯ୍ୟସତ୍ୟର ବ୍ୟାଖ୍ୟାରେ ପ୍ରବୃତ୍ତମାନ ରହିଛି।

ଏହି ପ୍ରକାର ଜୈନଦର୍ଶନର ବିକାଶ ପାଞ୍ଚ ଅସ୍ତିକାୟର ପରିପାର୍ଶ୍ୱରେ ଘଟିଛି। ତୀର୍ଥଙ୍କର ଅଥବା ଆଚାର୍ଯ୍ୟମାନେ

ପଞ୍ଚାସ୍ତିକାୟର ବ୍ୟାଖ୍ୟା ସକାଶେ ଯେଉଁ ପ୍ରଣାଳୀର ଆଶ୍ରୟ ନେଇଥାନ୍ତି, ତାହା ତିନି ରୂପରେ ପ୍ରଖ୍ୟାତ – ୧. ନୟବାଦ ୨. ସ୍ୟାଦ୍‌ବାଦ ୩. ଅନେକାନ୍ତବାଦ।

ଏହି ତିନିବାଦର ସଂବନ୍ଧ ଶ୍ରୁତଜ୍ଞାନ ସହିତ ରହିଛି। ଶ୍ରୁତଜ୍ଞାନର ଉପଯୋଗ ସ୍ୱାର୍ଥ ଓ ପରାର୍ଥ ଉଭୟ ଦିଗରେ ହୋଇଥାଏ। ନୟ, ସ୍ୟାଦ୍‌ବାଦ ଓ ଅନେକାନ୍ତବାଦ ଯେତେବେଳେ ସ୍ୱାର୍ଥ ହୋଇଥାନ୍ତି ସେମାନଙ୍କ ସ୍ୱରୂପ ଜ୍ଞାନାତ୍ମକ ହୋଇଥାଏ ତଥା ଯେତେବେଳେ ପରାର୍ଥ ହୋଇଥାନ୍ତି ସେତେବେଳେ ଏମାନଙ୍କ ରୂପ ପ୍ରତିପାଦନାତ୍ମକ ପାଲଟିଯାଏ।

କିଛି ଜୈନ ବିଦ୍ୱାନମାନଙ୍କ ଉକ୍ତି ଅନୁସାରେ ଅନେକାନ୍ତ ବସ୍ତୁ-ବୋଧ ସକାଶେ ତଥା ସ୍ୟାଦ୍‌ବାଦ ବସ୍ତୁର ପ୍ରତିପାଦନ କରିବା ପାଇଁ ଉଦ୍ଦିଷ୍ଟ। ଏହା ଅନୁଶୀଳନ କରିବାର ଏକ ଦୃଷ୍ଟିକୋଣ ଅଟେ। ଅନ୍ୟ ଦୃଷ୍ଟିରୁ ଦେଖିଲେ ନୟ, ସ୍ୟାଦ୍‌ବାଦ ଓ ଅନେକାନ୍ତ, ସ୍ୱାର୍ଥ ସୀମା ମଧ୍ୟରେ ଜ୍ଞାନାତ୍ମକ ତଥା ପରାର୍ଥ ସୀମାରେ ଏଗୁଡ଼ିକ ପ୍ରତିପାଦନାତ୍ମକ – ଏହି ବକ୍ତବ୍ୟଟି ଅଧିକ ଯୁକ୍ତିସଙ୍ଗତ ମନେହୁଏ।

ଆଗମ ଯୁଗରେ 'ନୟ' ମୁଖ୍ୟ ଥିଲା। ସ୍ୟାଦ୍‌ବାଦ ଓ ଅନେକାନ୍ତ ତା'ମଧ୍ୟରେ ଗର୍ଭିତ ହୋଇ ଅବସ୍ଥାନ କରୁଥିଲେ। ସ୍ୟାତ୍ ଶବ୍ଦର ପ୍ରୟୋଗ ନୟ ସଂଗରେ କରାଯାଉଥିଲା, ଯଥା–ବୟଣାପ୍‌ପହା।

ଅନେକାନ୍ତର ଉଲ୍ଲେଖ ସର୍ବପ୍ରଥମେ ସିଦ୍ଧସେନ କରିଛନ୍ତି। ଏହାର ଆଧାର ମଧ୍ୟ ନୟବାଦ ହିଁ ହୋଇଥାଏ।

ଅନେକାନ୍ତ

ଜୈନ ଦର୍ଶନର ଚିନ୍ତନର ଆଧାର ହେଉଛି ଆଗମ। ଆଗମରେ କୌଣସିସ୍ଥଳରେ ବି ଅନେକାନ୍ତର ପ୍ରୟୋଗ ରହିନାହିଁ। ଅନେକାନ୍ତର ପ୍ରୟୋଗ ଦର୍ଶନଯୁଗରେ ପ୍ରାରମ୍ଭ ହୋଇଥାଏ। ସମ୍ଭବତଃ ସର୍ବପ୍ରଥମେ ସିଦ୍ଧସେନ୍ ଦିବାକାର ଅନେକାନ୍ତର ପ୍ରୟୋଗ କରିଯାଇଛନ୍ତି।

ଅନେକାନ୍ତର ମୂଳ ଆଧାର ହେଉଛି ନୟ। ଭଗବତୀ ସୂତ୍ରରେ ଅନେକସ୍ଥଳରେ ସତ୍‌ର ପ୍ରତିପାଦନ ଦ୍ରବ୍ୟାର୍ଥିକ ଓ ପର୍ଯ୍ୟାୟାର୍ଥିକ ଉଭୟ ନୟରେ କରାଯାଇଛି। ଆଚାର୍ଯ୍ୟ ସିଦ୍ଧସେନଙ୍କ ଅନୁସାରେ ଦ୍ରବ୍ୟାର୍ଥିକ ଓ ପର୍ଯ୍ୟାୟାର୍ଥିକ ନୟ ପରସ୍ପର ସାପେକ୍ଷ ଅଟନ୍ତି। ଏମାନଙ୍କ ସାପେକ୍ଷ ହେବାର ନାମ ହେଉଛି ଅନେକାନ୍ତ।

ଅନେକାନ୍ତ ଶବ୍ଦର ଅର୍ଥ

ଶବ୍ଦ ରଚନା ଦୃଷ୍ଟିରୁ ଅନେକାନ୍ତ ନିଷେଧାତ୍ମକ ହୋଇପାରେ କିନ୍ତୁ ତାତ୍ପର୍ଯ୍ୟ ଦୃଷ୍ଟିରେ ତାହା ନିଷେଧାତ୍ମକ ନୁହେଁ। ଅନେକାନ୍ତ ଦ୍ରବ୍ୟ ଓ ପର୍ଯ୍ୟାୟର ସାପେକ୍ଷତାର ବାଚକ। କେବଳ ଦ୍ରବ୍ୟ କିମ୍ବା କେବଳ ପର୍ଯ୍ୟାୟର ସତ୍ତା ସମ୍ଭବ ନୁହେଁ। ସତ୍‌ର ସ୍ୱରୂପ ହିଁ ଅନେକାନ୍ତାତ୍ମକ ହୋଇଥାଏ। ତେଣୁ ତାହାର ବିବେଚନା ସକାଶେ 'ଏକାନ୍ତ' ଶବ୍ଦର ପ୍ରୟୋଗ କରାଯାଇପାରିବ ନାହିଁ। ଅନେକର ଅର୍ଥ ଏକାଧିକ ହୋଇଥାଏ କିନ୍ତୁ ତାହାର ଅର୍ଥ 'ଅନିଶ୍ଚିତ' ବା 'ଅନନ୍ତ' ନୁହେଁ। ସତ୍ ତ୍ରିଲକ୍ଷଣାତ୍ମକ ହୋଇଥିବାରୁ ଅନେକର ଅର୍ଥ 'ଅନିଶ୍ଚିତ' କଦାପି ନୁହେଁ। ତାହା କେବଳ ପର୍ଯ୍ୟାୟର ଅନନ୍ତତାର ବାଚକ ନୁହେଁ, ତେଣୁ ଅନେକର ଅର୍ଥ 'ଅନନ୍ତ' ବି ନୁହେଁ। ପର୍ଯ୍ୟାୟ ହେଉଛି କ୍ରମଭାବୀଧର୍ମ। ଗୋଟିଏ ଦ୍ରବ୍ୟ ମଧ୍ୟରେ ଏକସଂଗରେ ଅନନ୍ତ ପର୍ଯ୍ୟାୟର ଉପସ୍ଥିତି ସମ୍ଭବ ନୁହେଁ। ସେମାନଙ୍କ ଆବିର୍ଭାବ ଯୁଗପତ୍ ନୁହେଁ।

ଅନନ୍ତଧର୍ମାତ୍ମକମ୍ ବସ୍ତୁ – ଏହି ବାକ୍ୟ ଆମକୁ ପ୍ରାପ୍ତ ହୋଇଥାଏ। ଏହାର ଆଶୟ ହେଲା ବସ୍ତୁଠାରେ ଅନନ୍ତ ଅଥବା ଅନ୍ତହୀନ ପରିଣମନ କ୍ଷମତା ରହିଛି। ଏହି କାରଣରୁ ଆପଣା ସ୍ୱରୂପର ପରିତ୍ୟାଗ ନ କରି ମଧ୍ୟ ନାନା ରୂପରେ ପରିଣମନ କରିଚାଲିଥାଏ।

ଅନେକାନ୍ତର ଉଦ୍‌ଭବ

ସତ୍ ବା ଦ୍ରବ୍ୟ ଜ୍ଞେୟ ଅଟେ। ନୟ, ଅନେକାନ୍ତ ଓ ସ୍ୟାଦ୍‌ବାଦ ଏମାନେ ଜ୍ଞାନାତ୍ମକ ତଥା ସତ୍ ବା ଦ୍ରବ୍ୟକୁ ଜାଣିବାର ସାଧନ ଅଟନ୍ତି। କେତେବେଳେ ଆମ ମନରେ ସତ୍‌କୁ ଅଖଣ୍ଡ ରୂପରେ ଜାଣିବାର ଅଧ୍ୟବସାୟ ସୃଷ୍ଟି

ହୋଇଥାଏ, ତ' ଆଉ କେତେବେଳେ ସତ୍‌କୁ ଖଣ୍ଡ-ଖଣ୍ଡ ରୂପରେ ଜାଣିବାର ଅଧ୍ୟବସାୟ କରିଥାଉଁ। ଏକମାତ୍ର ସତ୍‌କୁ ଅନେକ ଅଧ୍ୟବସାୟ ସହିତ ଜାଣିବାର ପ୍ରଯତ୍ନ ନୟବାଦ, ଅନେକାନ୍ତବାଦ ଓ ସ୍ୟାଦ୍‌ବାଦର ମୂଳ ଆଧାର ସାଜିଥାଏ।

ନୟବାଦ, ସତ୍‌ର ବିଭକ୍ତ ଅଂଶ ବା ଖଣ୍ଡ-ଖଣ୍ଡକୁ ଜାଣିବାର ପ୍ରକ୍ରିୟା ଅଟେ। ଦ୍ରବ୍ୟାର୍ଥିକ ଦୃଷ୍ଟିରେ ଦ୍ରବ୍ୟ ହେଉଛି ବସ୍ତୁ ଏବଂ ପର୍ଯ୍ୟାୟ ଅବସ୍ତୁ। ପର୍ଯ୍ୟାୟାର୍ଥିକ ଦୃଷ୍ଟିରେ ପର୍ଯ୍ୟାୟ ବସ୍ତୁ ତଥା ଦ୍ରବ୍ୟ ହେଉଛି ଅବସ୍ତୁ।

ଦ୍ରବ୍ୟାର୍ଥିକ ନୟ ଦ୍ରବ୍ୟକୁ ଗ୍ରହଣ କରିବାର ଦୃଷ୍ଟିମାତ୍ର। ପର୍ଯ୍ୟାୟ ଏହାର ବିଷୟ ନୁହେଁ, କିନ୍ତୁ ଏହା ପର୍ଯ୍ୟାୟର ନିରସନ ମଧ୍ୟ କରେନାହିଁ। ତେଣୁ ଏକାନ୍ତ ଦୃଷ୍ଟି ହେବାସତ୍ତ୍ୱେ ଏହା ନୟ ରୂପରେ ପ୍ରତିଷ୍ଠିତ। ପର୍ଯ୍ୟାୟ, ଏହାର ବିଷୟ ନୁହେଁ କିନ୍ତୁ ଏହା ପର୍ଯ୍ୟାୟର ନିରସନ କରୁନଥିବାରୁ ଏକାନ୍ତ ଦୃଷ୍ଟି ହୋଇଥିବା ସତ୍ତ୍ୱେ ନୟ ରୂପରେ ପରିଗଣିତ ହୋଇଥାଏ। ଯଦି ଦ୍ରବ୍ୟାର୍ଥିକ ନୟ, ପଦାର୍ଥର ନିରସନ କରୁଥାନ୍ତେ ତେବେ ତାହା ଏକାନ୍ତ ଦୃଷ୍ଟି ଦୁର୍ନୟରେ ପରିଣତ ହୋଇଯାଇଥାନ୍ତେ। ସେହିଭଳି ପର୍ଯ୍ୟାୟାର୍ଥିକ ନୟ ପର୍ଯ୍ୟାୟର ଗ୍ରହଣ କରିଥାଏ ଅଥଚ ଦ୍ରବ୍ୟକୁ ଅସ୍ୱୀକାର କରେନାହିଁ। ତେଣୁ ଏକାନ୍ତ ଦୃଷ୍ଟିହେବା ସତ୍ତ୍ୱେ ତାହା ନୟ ଭାବରେ ପରିଗଣିତ। ଦ୍ରବ୍ୟାର୍ଥିକ ନୟ ପର୍ଯ୍ୟାୟର ନିରସନ ଯଦି କରିବେ ତେବେ ଏକାନ୍ତ ଦୃଷ୍ଟି ଦୁର୍ନୟ ବନିଯିବେ। ନିରପେକ୍ଷ ଏକାନ୍ତ ଦୃଷ୍ଟି ଦ୍ୱାରା ଦାର୍ଶନିକ ଚିନ୍ତନରେ ଜଟିଳ ସମସ୍ୟା ସୃଷ୍ଟି ହୋଇଥାଏ। ଅନେକାନ୍ତ, ସେହି ସମସ୍ୟାଗୁଡ଼ିକୁ ସମାହିତ କରିବାର ଏକ ସମର୍ଥ ସାଧନ। ଯଦି ଦ୍ରବ୍ୟାର୍ଥିକ ଓ ପର୍ଯ୍ୟାୟାର୍ଥିକ ନୟ ପରସ୍ପର ନିରପେକ୍ଷ ହୋଇରହନ୍ତି, ତେବେ ଅନେକାନ୍ତିକ ଦୃଷ୍ଟିର ଉଦ୍‌ଭବ ହେବନାହିଁ। ସତ୍ ମଧ୍ୟରେ ପରିଣମନର କ୍ଷମତା ଥାଏ ଏବଂ ପରିଣମନ, ସତ୍‌ର ହିଁ ଏକ ଅଙ୍ଗ। ଧ୍ରୌବ୍ୟ ଓ ପରିଣମନ ଦୁହେଁ ସବୁମନ୍ତେ ପୃଥକ୍ ହୋଇପାରନ୍ତି ନାହିଁ ତଥା ପରସ୍ପର ନିରପେକ୍ଷ ହୋଇ ଅବସ୍ଥାନ କରନ୍ତି ନାହିଁ। ଏମାନଙ୍କ ନିରପେକ୍ଷତାର ନିରାକରଣ କରିବା ଉଦ୍ଦେଶ୍ୟରେ ଅନେକାନ୍ତର ଉଦ୍‌ଭବ ହୁଏ।

ଅନେକାନ୍ତର ଉଦ୍‌ଭବ ଦ୍ରବ୍ୟାର୍ଥିକ ଓ ପର୍ଯ୍ୟାୟାର୍ଥିକ ନୟ-ଦ୍ୱୟର ସାପେକ୍ଷତାର ଆଧାରରେ ଘଟିଛି। ସେହି ସାପେକ୍ଷତାର ଅଭିବ୍ୟକ୍ତିର ସୂଚକ ହେଉଛି – ସ୍ୟାଦ୍‌ବାଦ। ଅନେକାନ୍ତର ଦୁଇଟି ବିକଳ୍ପ ଜାତ ହେଉଛି – ନିତ୍ୟ-ଅନିତ୍ୟ, ଅସ୍ତି-ନାସ୍ତି, ସାମାନ୍ୟ-ବିଶେଷ, ଏକ-ଅନେକ, ବାଚ୍ୟ-ଅବାଚ୍ୟ। ଏହି ବିକଳ୍ପଗୁଡ଼ିକର ଅନ୍ତରାଳରେ ଛପିରହିଥିବା ଏକତା, ସ୍ୟାଦ୍‌ବାଦ ଦ୍ୱାରା ପ୍ରମାଣିତ ହୋଇଥାଏ।

ଗୌତମ ପ୍ରଶ୍ନ ପଚାରୁଛନ୍ତି – ରତ୍ନପ୍ରଭା ପୃଥିବୀ ଶାଶ୍ୱତ ନା ଅଶାଶ୍ୱତ ?

ମହାବୀର ଉତ୍ତର ଦେଇଛନ୍ତି – ସ୍ୟାତ୍ ଶାଶ୍ୱତ, ସ୍ୟାତ୍ ଅଶାଶ୍ୱତ।

ସ୍ୟାଦ୍‌ବାଦର ପକ୍ଷ ଓ ପ୍ରତିପକ୍ଷ ଉଭୟ ବିକଳ୍ପକୁ ସ୍ୱୀକୃତି ପ୍ରଦାନ କରାଯାଇଥାଏ। ଶାଶ୍ୱତ ଓ ଅଶାଶ୍ୱତ ଏହି ବିରୋଧୀ ଧର୍ମଯୁଗଳ ଏକସଂଗେ କିପରି ଅବସ୍ଥାନ କରିପାରୁଛନ୍ତି ? ଏହି ପ୍ରଶ୍ନର ଉତ୍ତର ଦେଇ ଭଗବାନ ମହାବୀର କହିଛନ୍ତି – ଦ୍ରବ୍ୟାର୍ଥିକ ନୟ ଦୃଷ୍ଟିରୁ ରତ୍ନପ୍ରଭା ପୃଥିବୀ ଶାଶ୍ୱତ ଅଥଚ ପର୍ଯ୍ୟାୟାର୍ଥିକ ନୟ ଦୃଷ୍ଟିରୁ ତାହା ଅଶାଶ୍ୱତ ହୋଇଥାଏ।

ନୟବାଦ, ସ୍ୟାଦ୍‌ବାଦ ଏବଂ ଅନେକାନ୍ତବାଦ

ଜୈନ ଦର୍ଶନର ତିନୋଟି ମୂଳଭୂତ ସିଦ୍ଧାନ୍ତ ହେଉଛି – ୧. ନୟବାଦ ୨. ସ୍ୟାଦ୍‌ବାଦ ୩. ଅନେକାନ୍ତବାଦ।

ଆଗମ ଯୁଗରେ ନୟବାଦର ପ୍ରାଧାନ୍ୟ ରହିଥିଲା। ଦାର୍ଶନିକ ଯୁଗ ଅର୍ଥାତ୍ ପ୍ରମାଣଯୁଗରେ ସ୍ୟାଦ୍‌ବାଦ ଓ ଅନେକାନ୍ତବାଦ ମୁଖ୍ୟ ସ୍ଥାନ ଅଧିକାର କରିନେଲେ, ନୟବାଦ ଗୌଣ ହୋଇପଡ଼ିଲା। ସିଦ୍ଧସେନ, ଅନେକାନ୍ତର ପରିଭାଷା ନୟବାଦ ଆଧାରରେ କରିଛନ୍ତି।

ଆଗମ ଯୁଗରେ ନୟ, ସ୍ୟାଦ୍‌ବାଦ ଓ ଅନେକାନ୍ତ ରୂପରେ ବିଭାଗ ସୃଷ୍ଟି ହୋଇନଥିଲା। ଏହି ବିଭାଗ ଦାର୍ଶନିକ ଯୁଗରେ ଘଟିଛି।

'ସ୍ୟାଦସ୍ତ୍ୟେବ' - ଏହା ହେଉଛି ପ୍ରମାଣ।

'ସତ୍ ଅସ୍ତି' - ଏହା ହେଉଛି ନୟ।

'ସଦେବ' - ଏହା ହେଉଛି ଦୁର୍ନୟ।[୧]

ଆଗମ ଯୁଗରେ ସ୍ୟାତ୍‌ର ପ୍ରୟୋଗ ନୟ ସହିତ କରାଯାଇଛି।

ଗୌତମ ପଚାରୁଛନ୍ତି - ଭନ୍ତେ ! ଜୀବ ଶାଶ୍ୱତ ନା ଅଶାଶ୍ୱତ ?

ମହାବୀର - ଗୌତମ ! ଜୀବ ହେଉଛି ସ୍ୟାତ୍ ଶାଶ୍ୱତ ଓ ସ୍ୟାତ୍ ଅଶାଶ୍ୱତ।

ଗୌତମ - ଭନ୍ତେ ! ଜୀବ ସ୍ୟାତ୍ ଶାଶ୍ୱତ ଓ ସ୍ୟାତ୍ ଅଶାଶ୍ୱତ ବୋଲି କେଉଁ ଅପେକ୍ଷାରେ କୁହାଯାଉଛି ?

ମହାବୀର - ଦ୍ରବ୍ୟ ଅପେକ୍ଷାରେ ଜୀବ ହେଉଛି ଶାଶ୍ୱତ, ଭାବ ଅପେକ୍ଷାରେ ଜୀବ ଅଶାଶ୍ୱତ।[୨]

ଦ୍ରବ୍ୟ, ଦ୍ରବ୍ୟାର୍ଥିକ ନୟର ବିଷୟ। ଭାବ ହେଉଛି ପର୍ଯ୍ୟାୟାର୍ଥିକ ନୟର ବିଷୟ।

ଅନ୍ୟ ଏକ ପ୍ରସଙ୍ଗରେ କୁହାଯାଇଛି – ନୟ ପରିପ୍ରେକ୍ଷୀରେ ଅବ୍ୟୁଚ୍ଛିତ୍ତି ଶାଶ୍ୱତ ତଥା ନୟ ପରିପ୍ରେକ୍ଷୀରେ ବ୍ୟୁଚ୍ଛିତି ହେଉଛି ଅଶାଶ୍ୱତ। ଅବ୍ୟୁଚ୍ଛିତ୍ତି ନୟର ପ୍ରୟୋଗ ଦ୍ରବ୍ୟାର୍ଥିକ ଏବଂ ବ୍ୟୁଚ୍ଛିତ୍ତି ନୟର ପ୍ରୟୋଗ ପର୍ଯ୍ୟାୟାର୍ଥିକ ନୟ ସକାଶେ କରାଯାଇଥାଏ।[୩]

ମାଇଲ୍ଲଧବଳ ଏହି ସନ୍ଦର୍ଭରେ ସମୁଚିତ ଟିପ୍‌ପଣୀ କରିଛନ୍ତି – ନୟ ବିନା ସ୍ୟାଦ୍‌ବାଦର ବୋଧ ହୋଇପାରିବ ନାହିଁ। ତେଣୁ ଯେ ଏକାନ୍ତବାଦର ନିରସନ କରିବାକୁ ଚାହିଁବେ, ତାହାଙ୍କୁ ନୟର ବୋଧ ଅବଶ୍ୟ କରିନେବା ଉଚିତ।[୪]

---

(୧) ଅନ୍ୟ ଯୋଗ ବ୍ୟବଚ୍ଛେଦିକା, ଶ୍ଳୋକ ୨୮ :
ସଦେବ ସତ୍ ସ୍ୟାଦ୍ ସଦିତିତ୍ରିଧାର୍ଥୋ,
 ମୀୟେତ ଦୁର୍ନୀତିନୟ-ପ୍ରମାଣୈଃ ।
ଯଥାର୍ଥଦର୍ଶୀ ତୁ ନୟପ୍ରମାଣ-
 ପଥେନ ଦୁର୍ନୀତିପଥଂ ତ୍ୱମାସ୍ଥଃ ॥

(୨) ଭଗବଈ, ୭/୫୮-୫୯ : ଜୀବାଣଂଭନ୍ତେ !
କିଂ ସାସୟା ? ଅସାସୟା ?
ଗୋୟମା ! ଜୀବା ସିୟସାସୟା, ସିୟ ଅସାସୟା ।
ସେକେଣଟ୍‌ଠେଣ ଭନ୍ତେ ! ଏବଂ ବୁଚ୍ଚଇ -ଜୀବା ସିୟ ସାସୟା, ସିୟ ଅସାସୟା ?
ଗୋୟମା ! ଦବ୍‌ବ୍‌ଝଠାୟାଏ ସାସୟା, ଭାବଟ୍‌ଠାୟାଏ ଅସାସୟା।
ସେ ତେଣଟ୍‌ଠେଣ ଗୋୟମା ! ଏବଂ ବୁଚ୍ଚଇ - ଜୀବା ସିୟ ସାସୟା, ସିୟ ଅସାସୟା।

(୩) ଭଗବଈ, ୭/୯୩-୯୪
ନେରଇୟାଣଂ ଭନ୍ତେ ! କିଂ ସାସୟା ? ଅସାସୟା ?
ଗୋୟମା ! ସିୟ ସାସୟା, ସିୟ ଅସାସୟା ।
ସେ କେଣଟ୍‌ଠେଣଂ ଭନ୍ତେ ! ଏବଂ ବୁଚ୍ଚଇ-ନେରଇୟା
ସିୟ ସାସୟା ? ସିୟ ଅସାସୟା ?
ଗୋୟମା ! ଅବ୍‌ବୋଚ୍ଛିତ୍ତିନୟଟ୍‌ଠାଏ ସାସୟା,
ବୋଚ୍ଛିତ୍ତିନୟଟ୍‌ଠାଏ ଅସାସୟା। ସେ
ତେଣଟ୍‌ଠେଣଂ ଜାବ ସିୟ ସାସୟା, ସିୟ ଅସାସୟା।

(୪) ନୟଚକ୍ର, ଗାଥା ୧୭୪
ଜମ୍‌ହା ଣଏଣବିଣା ହୋଇଣ ଣରସ୍‌ସ ସିୟବାୟ ପଡ଼ିବତ୍ତୀ ।
ତମହା ସୋ ବୋହବ୍‌ବୋ, ଏୟଂତେ ହେତୁକାମେଣ ॥

ଦାର୍ଶନିକ ଯୁଗରେ ସମସ୍ୟା ଉପସ୍ଥିତ ହୋଇଥାଏ – ନୟ ଦ୍ୱାରା ବସ୍ତୁର ଗୋଟିଏ ପର୍ଯ୍ୟାୟର ଜ୍ଞାନ ଓ କଥନ ହୋଇଥାଏ। ନୟ ଦ୍ୱାରା ସମଗ୍ର ବସ୍ତୁର ପ୍ରତିପାଦନ ଓ କଥନ ହୋଇପାରିବ ନାହିଁ।

ଏହି ପ୍ରଶ୍ନର ଉତ୍ତର ଦେବାକୁ ଯାଇ ପ୍ରମାଣ ଓ ନୟ ରୂପରେ ଦୁଇ ବିଭାଗ କରାଯାଇଥାଏ। ଉମାସ୍ୱାତି, ଅଧିଗମର ଦୁଇଟି ସାଧନ ନିରୂପଣ କରିଛନ୍ତି – ୧. ପ୍ରମାଣ ଓ ୨. ନୟ।

ସିଦ୍ଧସେନଗଣି ଏହାର ବ୍ୟାଖ୍ୟା କରି ଲେଖିଛନ୍ତି – ସମସ୍ତ ବସ୍ତୁର ସ୍ୱରୂପର ପରିଚ୍ଛେଦ କରୁଥିବା ତତ୍ତ୍ୱ ହେଉଛି ପ୍ରମାଣ ଏବଂ ବସ୍ତୁର ଏକ ଅଂଶକୁ ପରିଚ୍ଛେଦ କରୁଥିବା ତତ୍ତ୍ୱକୁ ନୟ ବୋଲାଯାଇପାରିବ।[୪] ଏହାକୁ ସ୍ପଷ୍ଟ କରିବା ପାଇଁ ସକଳାଦେଶ ଏବଂ ବିକଳାଦେଶର ବ୍ୟାଖ୍ୟା କରାଗଲା। ପ୍ରମାଣ ସକଳାଦେଶ ଅଥଚ ନୟ ହେଲା ବିକଳାଦେଶ।

ଆମେ ନୟ, ଅନେକାନ୍ତ ଓ ସ୍ୟାଦ୍‌ବାଦର ନିମ୍ନ ପ୍ରକାର ନିରୂପଣ କରିପାରିବା।

୧. ବସ୍ତୁର ଏକ-ଏକ ପର୍ଯ୍ୟାୟର ବୋଧ ଓ କଥନ କରିଥାଏ - ନୟ।

୨. ବସ୍ତୁର ଉତ୍ପାଦ-ବ୍ୟୟ ଓ ଧ୍ରୌବ୍ୟ - ଏହି ତିନିଟିର ବୋଧ ଓ ପ୍ରତିପାଦନ କରିଥାଏ ଅନେକାନ୍ତ।

୩. ଧ୍ରୌବ୍ୟ ଏବଂ ଉତ୍ପାଦ-ବ୍ୟୟ ସଦୃଶ ବିରୋଧୀ ପ୍ରତୀତ ହେଉଥିବା ଧର୍ମ ମଧ୍ୟରେ ସମନ୍ୱୟ ସ୍ଥାପନ କରିଥାଏ ସ୍ୟାଦ୍‌ବାଦ।

ଏମାନଙ୍କ ମଧ୍ୟରେ ନୟ ହେଉଛି ମୂଳ। ଅନେକାନ୍ତ ଓ ସ୍ୟାଦ୍‌ବାଦ ହେଉଛନ୍ତି ନୟର ଉତ୍ତରକାଳୀନ ବିକାଶ।

ଅନେକାନ୍ତକୁ ତତ୍ତ୍ୱମୀମାଂସାର ସିଦ୍ଧାନ୍ତ ଓ ସ୍ୟାଦ୍‌ବାଦକୁ ତାର୍କିକ ସିଦ୍ଧାନ୍ତ କୁହାଯାଇଛି ତଥା ନୟବାଦକୁ ଜ୍ଞାନମୀମାଂସାର ସିଦ୍ଧାନ୍ତ ଭାବରେ ପ୍ରମାଣିତ କରାଯାଇଥାଏ। ଏହି ଧାରଣା, ଦାର୍ଶନିକ ଯୁଗର ଆଧାରରେ ନିର୍ମିତ ହୋଇଛି। ଅନେକ ବିଦ୍ୱାନ୍ ସ୍ୟାଦ୍‌ବାଦର ସପ୍ତଭଙ୍ଗୀକୁ ତାର୍କିକ ସିଦ୍ଧାନ୍ତ ରୂପରେ ପ୍ରସ୍ତୁତ କରିଥାନ୍ତି। ବାସ୍ତବିକ ଅନେକାନ୍ତ, ସ୍ୟାଦ୍‌ବାଦ ଏବଂ ନୟ - ତିନୋଟିଯାକ ଜ୍ଞାନମଂମାସାର ଅଙ୍ଗ ଅଟନ୍ତି। ଏମାନଙ୍କ ସଂବନ୍ଧ ଶ୍ରୁତଜ୍ଞାନ ସହିତ ରହିଥାଏ।

'ସ୍ୟାଦ୍‌ବାଦର ସଂବନ୍ଧ ଭାଷାଜନ୍ୟ ଅଭିବ୍ୟକ୍ତି ସହିତ ରହିଛି' – ଏହି ସ୍ଥାପନାରେ ସଂଶୋଧନର ଆବଶ୍ୟକତା ରହିଛି। ସ୍ୟାଦ୍‌ବାଦ ଓ ନୟ ଉଭୟେ ହେଉଛନ୍ତି ଶ୍ରୁତଜ୍ଞାନର ଅଙ୍ଗ। ଶ୍ରୁତଜ୍ଞାନ ସ୍ୱାର୍ଥ ଓ ପରାର୍ଥ – ଏହିଭଳି ଦୁଇ ପ୍ରକାର ହୋଇଥାଏ। ବାକ୍ୟର ପ୍ରୟୋଗ କେବଳ ପରାର୍ଥ ସକାଶେ କରାଯାଇଥାଏ। ତେଣୁ ସ୍ୟାଦ୍‌ବାଦର ସମ୍ପର୍କ କେବଳ ବାକ୍ୟ ପ୍ରୟୋଗ ସହିତ ହୋଇପାରିବ ନାହିଁ। ତାହା ଜ୍ଞାନାତ୍ମକ ଓ ପ୍ରତିପାଦନାତ୍ମକ - ଉଭୟ ପ୍ରକାର ହୋଇଥାଏ।

ନୟ, ଅନେକାନ୍ତ ଓ ସ୍ୟାଦ୍‌ବାଦ – ତିନିଟିଯାକ ସକାଶେ 'ଅପେକ୍ଷା'ର ପ୍ରୟୋଗ କରାଯାଇଥାଏ, ତେଣୁ ଅପେକ୍ଷାର ସଂବନ୍ଧ କେବଳ ସ୍ୟାଦ୍‌ବାଦ ସହିତ ସ୍ଥିରୀଭୂତ କରାଯାଇପାରିବ ନାହିଁ।

ବସ୍ତୁ ମଧ୍ୟରେ ଅନନ୍ତଗୁଣଧର୍ମ ବା ପର୍ଯ୍ୟାୟ ରହିଛି। ଏହି ସିଦ୍ଧାନ୍ତ ତିନିକାଳରୁ ଲାଗି ରହିଛି । ବସ୍ତୁଠାରେ ଏକସଙ୍ଗେ ଅନନ୍ତପର୍ଯ୍ୟାୟ ବର୍ତ୍ତମାନ ରହିଛି – ଏଭଳି କୁହାଯାଇପାରିବ ନାହିଁ। ବସ୍ତୁଠାରେ ଅନନ୍ତ ଗୁଣ ଧର୍ମ ରହିଛି, ଏହା ଯୋଗ୍ୟତା ଦୃଷ୍ଟିରୁ କୁହାଯାଇପାରିବ। ଅଗୁରୁଲଘୁ ପର୍ଯ୍ୟାୟ ଅନନ୍ତ ହୋଇପାରେ। ଏହି ଆଧାର ହେତୁ ବସ୍ତୁକୁ ଅନନ୍ତ ପର୍ଯ୍ୟାୟାତ୍ମକ ବୋଲି କୁହାଯାଇପାରିବ।

ବସ୍ତୁ ହେଉଛି ଦ୍ରବ୍ୟ, ଏହା ପର୍ଯ୍ୟାୟଠାରୁ ପୃଥକ୍ ନୁହେଁ। ଏହି କାରଣରୁ ବସ୍ତୁକୁ ଜାଣିବା ସକାଶେ ଦ୍ରବ୍ୟାର୍ଥିକ ଓ ପର୍ଯ୍ୟାୟାର୍ଥିକ ଉଭୟ ନୟର ଅନୁସରଣ ଆବଶ୍ୟକ ହୋଇଥାଏ। ଏହି ଦୁଇ ନୟର ଅନୁସରଣ ହେଉଛି ଅନେକାନ୍ତ।

ଅନେକାନ୍ତର ବ୍ୟାଖ୍ୟା କରିବା ପାଇଁ ଜୈନ ଦର୍ଶନର କିଛି ମୌଳିକ ସୂତ୍ରକୁ ବୁଝିବା ଜରୁରୀ ଅଟେ।

ସତ୍ ଓ ଅସତ୍ – ଭିନ୍ନ-ଭିନ୍ନ ଅର୍ଥରେ ପ୍ରଯୁକ୍ତ ହୋଇଥାନ୍ତି। ସତ୍‌ର ଅର୍ଥ ଅସ୍ତିକାୟ, ଯାହା ତ୍ରୈକାଳିକ।

---

[୪] ତତ୍ତ୍ୱାର୍ଥ ସୂତ୍ରାଧିଗମ, ୧/୬, ପ୍ରମାଣନୟୈରଧିଗମଃ ।

ସତ୍‌ର ଦ୍ୱିତୀୟ ଅର୍ଥ ହେଉଛି – ବର୍ତ୍ତମାନ ପର୍ଯ୍ୟାୟ। ଏହା ପରିବର୍ତ୍ତନଶୀଳ ହୋଇଥାଏ।

ଜୈନ ଦର୍ଶନରେ ସାପେକ୍ଷବାଦ ସାର୍ବଭୌମ ନୁହେଁ। ଅସ୍ତିକାୟ, ନିରପେକ୍ଷ ହୋଇଥାଏ। ସାପେକ୍ଷତାର ସିଦ୍ଧାନ୍ତ କେବଳ ପର୍ଯ୍ୟାୟ ପ୍ରତି ଲାଗୁ ହୋଇଥାଏ।

ଦ୍ରବ୍ୟ, କ୍ଷେତ୍ର ଓ କାଳ ପରିପ୍ରେକ୍ଷୀରେ ସତ୍ ଓ ଅସତ୍‌ର ଯେଉଁ ବ୍ୟାଖ୍ୟା କରାଯାଇଥାଏ, ତାହା ପର୍ଯ୍ୟାୟର ବ୍ୟାଖ୍ୟା, ଅସ୍ତିତ୍ୱର ବ୍ୟାଖ୍ୟା ନୁହେଁ। ଛୋଟ, ବଡ଼ – ଏହା ସ୍ଥୁଳ ପର୍ଯ୍ୟାୟଗତ ସାପେକ୍ଷତାର ଉଦାହରଣ ଅଟେ। ଏହି ଉଦାହରଣ ସାହାଯ୍ୟରେ ଅନେକାନ୍ତର ମୌଳିକ ସ୍ୱରୂପର ବ୍ୟାଖ୍ୟା କରାଯାଇପାରିବ ନାହିଁ।

ଉମାସ୍ୱାତି ଉତ୍ପାଦ, ବ୍ୟୟ ଓ ଧ୍ରୌବ୍ୟକୁ ସତ୍ ବୋଲି ବର୍ଣ୍ଣନା କରିଯାଇଛନ୍ତି। ଏମାନଙ୍କ ମଧ୍ୟରେ ଧ୍ରୌବ୍ୟ ହେଉଛି ଦ୍ରବ୍ୟର ଅପରିବର୍ତ୍ତନୀୟ ସ୍ୱରୂପ। ଉତ୍ପାଦ-ବ୍ୟୟ ତାହାର ପର୍ଯ୍ୟାୟାତ୍ମକ ଅଥବା ଅପରିବର୍ତ୍ତନୀୟ ରୂପ। ଏହାଫଳରେ ନିରପେକ୍ଷ ଓ ସାପେକ୍ଷ ସିଦ୍ଧାନ୍ତ ସ୍ୱତଃ ଫଳିତ ହୋଇଥାଏ। ଧ୍ରୌବ୍ୟ ଅପରିବର୍ତ୍ତନୀୟ ହୋଇଥିବାରୁ ନିରପେକ୍ଷ କିନ୍ତୁ ପର୍ଯ୍ୟାୟ ପରିବର୍ତ୍ତନାତ୍ମକ ହୋଇଥିବାରୁ ତାହା ସାପେକ୍ଷ ହୋଇଥାଏ।

ଅନେକାନ୍ତର ମୂଳ ପ୍ରତିପାଦ୍ୟ ହେଉଛି ନିତ୍ୟାନିତ୍ୟବାଦ। ବିଶ୍ୱର ବ୍ୟାଖ୍ୟା ଓ ଦ୍ରବ୍ୟର ବ୍ୟାଖ୍ୟା କେବଳ ନିତ୍ୟ ଓ କେବଳ ଅନିତ୍ୟର ଆଧାରରେ କଦାପି କରାଯାଇପାରିବ ନାହିଁ। ଜୈନ ଦର୍ଶନ ଅନୁସାରେ ଅମୁକ ଦ୍ରବ୍ୟ ନିତ୍ୟ ଏବଂ ଅମୁକ ଦ୍ରବ୍ୟ ଅନିତ୍ୟ ଏଭଳି ବିଭାଗ କରାଯାଇନାହିଁ। ପ୍ରତ୍ୟେକ ଦ୍ରବ୍ୟର ଗୋଟିଏ ଅଂଶ ଧ୍ରୌବ୍ୟ ହୋଇଥିବାରୁ ତାହା ନିତ୍ୟ ଅଟେ। ସେହି ଦ୍ରବ୍ୟର ଅନ୍ୟ ଏକ ଅଂଶ ପର୍ଯ୍ୟାୟ ହୋଇଥିବାରୁ ତାହା ହୋଇଯାଏ ଅନିତ୍ୟ। ଏହି ବାସ୍ତବିକତାକୁ ଆଚାର୍ଯ୍ୟ ହେମଚନ୍ଦ୍ର ନିମ୍ନ ଶବ୍ଦ ମାଧ୍ୟମରେ ବ୍ୟକ୍ତ କରିଛନ୍ତି –

ଆଦୀପମାବ୍ୟୋମ ସମ ସ୍ୱଭାବଂ, ସ୍ୟାଦ୍‌ବାଦ ମୁଦ୍ରାନତିଭେଦି ବସ୍ତୁ।
ତନ୍ନିତ୍ୟମେବୈକମନିତ୍ୟମନ୍ୟଦିତି ତ୍ୱଦାଜ୍ଞାଦ୍ୱିଷତାଂ ପ୍ରଳାପଃ ॥

ବୈଶେଷିକ ଦର୍ଶନ ଅନୁସାରେ ପୃଥ୍ୱୀ କାରଣ ରୂପରେ ନିତ୍ୟ, କାର୍ଯ୍ୟ ରୂପରେ ଅନିତ୍ୟ।[୬]

ଏହି ପ୍ରକାର ନିତ୍ୟ-ଅନିତ୍ୟର ସିଦ୍ଧାନ୍ତକୁ କେତେକ ଦର୍ଶନ ମାନ୍ୟ କରିଥାନ୍ତି, କିନ୍ତୁ ତାହା ସାର୍ବଭୌମ ନିୟମ ନୁହେଁ। ଏହା ବିଭାଗ ରୂପରେ ମାନ୍ୟ ହୋଇଥାଏ, ଯଥା–କୁମ୍ଭ ବା ଘଟ ହେଉଛି ଅନିତ୍ୟ, ଆକାଶ ସର୍ବଥା ନିତ୍ୟ। ଦୀପକଳିକା ଅନିତ୍ୟ, ଆତ୍ମା ସର୍ବଦା ନିତ୍ୟ।

ଜୈନଦର୍ଶନ ସକାଶେ ନିତ୍ୟାନିତ୍ୟ ସିଦ୍ଧାନ୍ତ ହେଉଛି ସାର୍ବଭୌମ। ଆକାଶ ଯେପରି ନିତ୍ୟାନିତ୍ୟ ସେହିପରି ଘଟ ମଧ୍ୟ ନିତ୍ୟାନିତ୍ୟ। ଆକାଶ ସର୍ବଥା ନିତ୍ୟ ନୁହେଁ କି ଘଟ ସର୍ବଥା ଅନିତ୍ୟ ନୁହେଁ। ଆତ୍ମା ସର୍ବଥା ନିତ୍ୟ ନୁହେଁ କି ଦୀପକଳିକା ସର୍ବଥା ଅନିତ୍ୟ ନୁହେଁ।

ନିତ୍ୟ ଓ ଅନିତ୍ୟର ବ୍ୟାଖ୍ୟା କରିବା ପାଇଁ ଦୁଇଟି ନୟର ବିଧାନ କରାଯାଇଛି – ଦ୍ରବ୍ୟାର୍ଥିକ ଓ ପର୍ଯ୍ୟାୟାର୍ଥିକ। ପରମାଣୁର ନିତ୍ୟାନିତ୍ୟତ୍ୱ ସନ୍ଦର୍ଭରେ ପ୍ରଶ୍ନ କରାଯିବାରୁ ଭଗବାନ ମହାବୀରଙ୍କ ଉତ୍ତର ଥିଲା – ପରମାଣୁ ସ୍ୟାତ୍ ଶାଶ୍ୱତ, ସ୍ୟାତ୍ ଅଶାଶ୍ୱତ। ଦ୍ରବ୍ୟାର୍ଥିକ ନୟ ଦୃଷ୍ଟିରୁ ତାହା ଶାଶ୍ୱତ ଏବଂ ପର୍ଯ୍ୟାୟାର୍ଥିକ ନୟ ଦୃଷ୍ଟିରେ ଅଶାଶ୍ୱତ।

ଅସ୍ତି ଓ ନାସ୍ତି – ଏ ଦୁହେଁ ପର୍ଯ୍ୟାୟ ଅଟନ୍ତି। ବିଧି ଓ ନିଷେଧର ସଂବନ୍ଧ ବି ପର୍ଯ୍ୟାୟ ସହିତ ରହିଛି, କାରଣ ଏଗୁଡ଼ିକ ସାମୟିକ, ତ୍ରୈକାଳିକ ନୁହନ୍ତି। ଅସ୍ତିକାୟ ହେଉଛି ତ୍ରୈକାଳିକ। ତା'ପାଇଁ ବିଧି-ନିଷେଧ ଅଥବା ଅସ୍ତି-ନାସ୍ତି ସଦୃଶ ପର୍ଯ୍ୟାୟ - ଦ୍ୟୋତକ ପ୍ରୟୋଗ ଆବଶ୍ୟକ ନୁହେଁ।

ସପ୍ତଭଙ୍ଗୀର ଆଧାର ହେଉଛି ପର୍ଯ୍ୟାୟ। ତେଣୁ କୁହାଯାଇଥାଏ – 'ଯେତେ ପର୍ଯ୍ୟାୟ ସେତେ ସଂଖ୍ୟାରେ ସପ୍ତଭଙ୍ଗୀ।'[୭] ପର୍ଯ୍ୟାୟ ଅନନ୍ତ ହୋଇଥିବାରୁ ସପ୍ତଭଙ୍ଗୀଟି ବି ଅନନ୍ତ ହୋଇଥାଏ।

---

(୬) ତର୍କ ସଂଗ୍ରହ, ପୃ.୫, ତତ୍ର ଗନ୍ଧବତୀ ପୃଥ୍ୱୀ, ସାଦ୍ୱିବିଧା ନିତ୍ୟାଽନିତ୍ୟାଚ। ନିତ୍ୟାପରମାଣୁରୂପା ଅନିତ୍ୟା କାର୍ଯ୍ୟ ରୂପା।

(୭) ଭଗବଈ, ୧୪

ଘଟ୍ ପୁଦ୍‌ଗଳର ଏକ ପର୍ଯ୍ୟାୟ । ତେଣୁ ଘଟକୁ ନେଇ ସପ୍ତଭଙ୍ଗୀର ଯୋଜନା ନିର୍ମାଣ କରାଯାଇଛି ।

୧. ସ୍ୟାଦସ୍ତି ଘଟଃ

ଏହି ବାକ୍ୟରେ ଘଟ-ସଂଜ୍ଞକ ପର୍ଯ୍ୟାୟରେ ଯଦି କୌଣସି ଭେଦ ନ ଥାଏ ଅର୍ଥାତ୍ ସର୍ବଥା ଅଭେଦ ରହିଥାଏ ତେବେ ବିଧି ଓ ନିଷେଧ ଉଭୟ ବ୍ୟର୍ଥ ହୋଇପଡ଼ନ୍ତି । ଗୋଟିଏ ପର୍ଯ୍ୟାୟ ଓ ଅନ୍ୟ ପର୍ଯ୍ୟାୟ ମଧ୍ୟରେ ଭେଦ ରହିଥିବାରୁ ବିଧି-ନିଷେଧ ଏବଂ ଅସ୍ତି-ନାସ୍ତିର ପ୍ରୟୋଗ ସାର୍ଥକ ସିଦ୍ଧ ହୋଇଥାଏ । ଅସ୍ତି ଓ ନାସ୍ତି ଦୁହେଁ ହେଉଛନ୍ତି ଦ୍ରବ୍ୟର ପର୍ଯ୍ୟାୟ । ପୂର୍ବ ପର୍ଯ୍ୟାୟର ବ୍ୟୟ ହେଉଛି । ବ୍ୟୟ, ଦ୍ରବ୍ୟର ଏକ ପର୍ଯ୍ୟାୟ । ନୂତନ ପର୍ଯ୍ୟାୟର ଉତ୍ପାଦ ହେଉଛି । ଉତ୍ପାଦ ବି ଦ୍ରବ୍ୟର ଏକ ପର୍ଯ୍ୟାୟ ମାତ୍ର । ଅସ୍ତି-ନାସ୍ତି ସଂଯୋଜନାର ଆଧାରରେ ରହିଛି ଉତ୍ପାଦ ଓ ବ୍ୟୟ । ଉତ୍ପାଦ ଓ ବ୍ୟୟ ହେଉଛନ୍ତି ସମକାଳିକ, ତେଣୁ ଅସ୍ତି ଓ ନାସ୍ତି ମଧ୍ୟରେ କାଳ ଭେଦ ନାହିଁ । ଯେଉଁ ସମୟରେ ଅସ୍ତି କହିଥାଉଁ, ସେତେବେଳେ ନାସ୍ତି ବି ବିଦ୍ୟମାନ ଥାଏ ତଥା ଯେତେବେଳେ ଆମେ ନାସ୍ତି କହିଥାଉଁ, ସେତେବେଳେ ଅସ୍ତି ମଧ୍ୟ ବିଦ୍ୟମାନ ଥାଏ । ଏକସଙ୍ଗେ ଦୁଇଟି ପର୍ଯ୍ୟାୟ ଜ୍ଞେୟ କିମ୍ବା ବକ୍ତବ୍ୟ ହୋଇପାରନ୍ତି ନାହିଁ, ତେଣୁ ଅବକ୍ତବ୍ୟ ଭଙ୍ଗ ବେଶ୍ ସାର୍ଥକ ସିଦ୍ଧ ହେଉଛି । ଏହାର ତାତ୍ପର୍ଯ୍ୟ ନୁହେଁ ଯେ ତାହା ବସ୍ତୁ ନୁହେଁ । ଏହାର ତାତ୍ପର୍ଯ୍ୟ ହେଉଛି ଦୁଇଟି ପର୍ଯ୍ୟାୟକୁ ଏକସଂଗେ ଓ ଏକ ସମୟରେ ଜାଣିହେବ ନାହିଁ କି କୁହାଯାଇପାରିବ ନାହିଁ । ଏହି ବିଧିରେ ଜ୍ଞେୟର ତିନୋଟି ଭଙ୍ଗ ନିର୍ମିତ ହେଉଛି ଓ ବକ୍ତବ୍ୟର ବି ତିନୋଟି ଭଙ୍ଗ ନିର୍ମିତ ହେଉଛି – ୧. ସ୍ୟାଦସ୍ତି ୨. ସ୍ୟାନ୍ନାସ୍ତି ୩. ସ୍ୟାଦ୍ ଅବକ୍ତବ୍ୟ ।

ସପ୍ତଭଙ୍ଗୀର ଅବଶିଷ୍ଟ ଚାରିଭଙ୍ଗ ସଂଯୋଗଜ ହୋଇଥାନ୍ତି । ଏହି ଚାରିଭଙ୍ଗରୁ କେବଳ ଏତିକି ସୂଚନା ମିଳିଥାଏ ଯେ ଯଦି ସାଂଯୋଗିକ ପଦ୍ଧତିକୁ ଅଙ୍ଗୀକାର କରାଯାଏ ତେବେ ଆହୁରି ଚାରୋଟି ଭଙ୍ଗ ରଚନା ହୋଇପାରିବ । ପ୍ରଫେସର ମେଲେନିବ୍‌ସ ଏହି ସପ୍ତଭଙ୍ଗୀକୁ ସାଂଖ୍ୟିକୀ (Statistics)ର ମୂଳ ଆଧାର ବୋଲି ସ୍ୱୀକାର କରିଛନ୍ତି ।

ଅତୀନ୍ଦ୍ରିୟ ଜ୍ଞାନ ଓ ଇନ୍ଦ୍ରିୟ ଜ୍ଞାନ – ଏହି ଦୁଇ ଜ୍ଞାନର ଭିତ୍ତି ଉପରେ ଅନେକାନ୍ତ ସିଦ୍ଧାନ୍ତ ବିକଶିତ ହୋଇଛି । ଦ୍ରବ୍ୟାର୍ଥିକ ନୟ ଅତୀନ୍ଦ୍ରିୟ ଜ୍ଞାନର ବିଷୟ ଏବଂ ପର୍ଯ୍ୟାୟାର୍ଥିକ ନୟ ହେଉଛି ଇନ୍ଦ୍ରିୟ ଜ୍ଞାନର ବିଷୟ । ପର୍ଯ୍ୟାୟ ଦୁଇ ପ୍ରକାର – ସୂକ୍ଷ୍ମ ଓ ସ୍ଥୁଳ । ଇନ୍ଦ୍ରିୟଜ୍ଞାନୀ ସୂକ୍ଷ୍ମ ପର୍ଯ୍ୟାୟକୁ ଜାଣିପାରେ ନାହିଁ, କେବଳ ସ୍ଥୁଳ ପର୍ଯ୍ୟାୟ ସବୁକୁ ଜାଣିଥାଏ । ସିଦ୍ଧସେନଙ୍କ ମତରେ ଆତ୍ମା ଆଦି ଅମୂର୍ତ୍ତ ଦ୍ରବ୍ୟ ଅହେତୁଗମ୍ୟ ଅଟନ୍ତି । ସେମାନଙ୍କୁ ହେତୁ ବା ତର୍କ ଦ୍ୱାରା ଜାଣିହୁଏ ନାହିଁ । ସ୍ଥୁଳ ପର୍ଯ୍ୟାୟ ହେତୁଗମ୍ୟ ହୋଇଥାଏ । ତର୍କର ଆଧାର ହେଲା ବ୍ୟାପ୍ତି । ବ୍ୟାପ୍ତିର ନିୟମ ଇନ୍ଦ୍ରିୟ-ଜ୍ଞାନ ଓ ଅନୁଭବ ଆଧାରରେ ନିର୍ମିତ । ଗୋଟିଏ ଦ୍ରବ୍ୟ ମଧ୍ୟରେ ଅନେକ ବିରୋଧୀ ଧର୍ମ ରହିଥାନ୍ତି, ଏହା ହେତୁବାଦର ବକ୍ତବ୍ୟ ଓ ଏହା ତାର୍କିକ । ଅସ୍ତିତ୍ୱର ନିୟମ ହେତୁ ବା ତର୍କଠାରୁ ପୃଥକ୍ ହୋଇଥାଏ । ଏହି ନିୟମ ଅନୁସାରେ ନିତ୍ୟ ଓ ଅନିତ୍ୟ – ଉଭୟ ହେଉଛନ୍ତି ସହଭାବୀ ଧର୍ମ, ପରସ୍ପର ବିରୋଧୀ ନୁହନ୍ତି । ବିରୋଧ ଦୁଇ ପ୍ରକାର ହୋଇଥାଏ – ୧. ବଧ୍ୟ-ବଧକ ୨. ସହାନବସ୍ଥାନ ।

ଉତ୍ପାଦ, ବ୍ୟୟ ଓ ଧ୍ରୌବ୍ୟ ମଧ୍ୟରେ ସହାନବସ୍ଥାନ ରହିଥିବାରୁ ସେମାନଙ୍କ ମଧ୍ୟରେ ପରସ୍ପର ବିରୋଧ ନାହିଁ । ଧ୍ରୌବ୍ୟ ହେଉଛି ଉତ୍ପାଦ-ବ୍ୟୟର ପ୍ରତିପକ୍ଷ ତଥା ଉତ୍ପାଦ-ବ୍ୟୟ, ଧ୍ରୌବ୍ୟର ପ୍ରତିପକ୍ଷ । ଏହି କାରଣରୁ ଭିନ୍ନ-ଭିନ୍ନ ଅବଚ୍ଛେଦକ ସନ୍ଦର୍ଭରେ ସତ୍ ଓ ଅସତ୍, ନିତ୍ୟ ଓ ଅନିତ୍ୟର ବ୍ୟାଖ୍ୟା କରାଯାଇପାରିବ ନାହିଁ । ଏମାନଙ୍କ ବ୍ୟାଖ୍ୟା ଦ୍ରବ୍ୟାର୍ଥିକ ଓ ପର୍ଯ୍ୟାୟାର୍ଥିକ ନୟ ଆଧାରରେ ହିଁ କରାଯାଇପାରିବ ।

ଘଟ, ପଟ ନୁହେଁ । ଏହା ଅବ୍ୟୁତ୍ପନ୍ନମତିଯୁକ୍ତ ବ୍ୟକ୍ତିମାନଙ୍କୁ ବୁଝାଇବା ପାଇଁ ଏକ ସ୍ଥୁଳ ଉଦାହରଣ ମାତ୍ର । ଘଟର ନାସ୍ତି ପର୍ଯ୍ୟାୟ ପଟ-ପର୍ଯ୍ୟାୟ ସାପେକ୍ଷ ନୁହେଁ, ବରଂ ସ୍ୱଗତ ଅଟେ । 'ସ୍ୟାଦସ୍ତି ଘଟଃ' ଏହି ବାକ୍ୟର ପ୍ରୟୋଗ ଘଟ ପର୍ଯ୍ୟାୟଗୁଡ଼ିକର ଅବସ୍ଥିତିର ସୂଚନା ଦେଇଥାଏ ।

୨. ସ୍ୟାନ୍ନାସ୍ତି ଘଟଃ :

ଏହି ବାକ୍ୟରେ ପଟ ଆଦି ଘଟେତର ପଦାର୍ଥ ନ ହେବାର ନିର୍ଦ୍ଦେଶ ରହିଛି ।

ପ୍ରଶ୍ନ ଉପସ୍ଥିତ ହେଉଛି – ଦାର୍ଶନିକ ଦୃଷ୍ଟିରେ 'ସ୍ୟାନ୍ନାସ୍ତି ଘଟଃ' ବାକ୍ୟର ସାମାନ୍ୟ ଟିକିଏ ଆବଶ୍ୟକତା ବି ରହିଛି କି ? ଜଣେ ସାଧାରଣ ଲୋକ ମଧ୍ୟ ଜାଣିଛି ଯେ ପଟ, ଘଟ ନୁହେଁ ତଥା ଘଟ, ପଟ ନୁହେଁ। ପ୍ରଶ୍ନ ହେଲା ସହେତୁକ। ଯଦି ଘଟ ପଟ ନୁହେଁ, କେବଳ ଏତିକି ମାତ୍ର ପ୍ରତିପାଦ୍ୟ ତାହାହେଲେ 'ସ୍ୟାନ୍ନାସ୍ତିଘଟଃ' ବାକ୍ୟଟି ସ୍ୱତଃ ନିରର୍ଥକ ସିଦ୍ଧ ହେଉଛି। 'ସ୍ୟାନ୍ନାସ୍ତି ଘଟଃ' ଏହାର ପର୍ଯ୍ୟାୟ ହେଉଛି – ଘଟ ଓ ପଟ-ଉଭୟଙ୍କର ମୂଳ କାରଣ ପରମାଣୁ ପିଣ୍ଡ। ପରମାଣୁ ହେଉଛି ମୂଳ ଦ୍ରବ୍ୟ ଏବଂ ଏ ଦୁହେଁ ପରମାଣୁର ପର୍ଯ୍ୟାୟ। ଯେଉଁ ପରମାଣୁମାନଙ୍କ ଦ୍ୱାରା ଘଟର ନିର୍ମାଣ ହୋଇଛି, ସେହି ପରମାଣୁ ପର୍ଯ୍ୟାୟ ପରିବର୍ତ୍ତନ ଉତ୍ତାରୁ ପଟର ନିର୍ମାଣ କରିପାରିବେ। ତେଣୁ ଘଟ ଓ ପଟର ସଂରଚକ ପରମାଣୁ ସର୍ବଥା ଭିନ୍ନ ନୁହନ୍ତି। ପରମାଣୁ ବର୍ତ୍ତମାନ ଓ ଭାବୀ ପର୍ଯ୍ୟାୟ ପରିପ୍ରେକ୍ଷୀରେ କଥଂଚିତ୍ ଭିନ୍ନ ତଥା ସ୍ୱରୂପ ଦୃଷ୍ଟିରେ କଥଂଚିତ୍ ଅଭିନ୍ନ ଅଟନ୍ତି। ଏହି ଭେଦ-ଅଭେଦର ଦାର୍ଶନିକ ପ୍ରତିପାଦନ ସକାଶେ ବିଧି ଓ ନିଷେଧ – ଉଭୟଙ୍କ ପ୍ରୟୋଗ ଜରୁରୀ। 'ସ୍ୟାଦସ୍ତି ଘଟଃ' ଏହି ବାକ୍ୟ ଦ୍ୱାରା ଘଟ ସଂରଚନାରେ ପ୍ରଯୁକ୍ତ ପରମାଣୁ ସ୍କନ୍ଧର ବର୍ତ୍ତମାନ ପର୍ଯ୍ୟାୟର ଅବବୋଧ ହେଉଛି। 'ସ୍ୟାନ୍ନାସ୍ତି ଘଟଃ' ଏହି ବାକ୍ୟରେ ଘଟ ସଂରଚନାରେ ପ୍ରଯୁକ୍ତ ପରମାଣୁ ସ୍କନ୍ଧର ଭାବୀ ଅବସ୍ଥାର ନିଷେଧର ଅବବୋଧ ହେଉଛି। ଏହି ଦାର୍ଶନିକ ଦୃଷ୍ଟିକୁ ଜୈନ ଆଚାର୍ଯ୍ୟମାନେ ଏହି ଭାଷାରେ ପ୍ରସ୍ତୁତ କରିଛନ୍ତି – ସ୍ୱଦ୍ରବ୍ୟ, କ୍ଷେତ୍ର, କାଳ ଓ ଭାବ ଦୃଷ୍ଟିରୁ ଘଟ ରହିଛି କିନ୍ତୁ ପର ଦ୍ରବ୍ୟ, କ୍ଷେତ୍ର, କାଳ ଓ ଭାବ ଦୃଷ୍ଟିରୁ ଘଟ ରହିନାହିଁ। ଏହି ବକ୍ତବ୍ୟର ଦାର୍ଶନିକ ପୃଷ୍ଠଭୂମିକୁ ଠିକ୍ ଉପଲବ୍ଧି କରି ନ ପାରିଲେ ସମ୍ଭବତଃ ସ୍ୟାଦ୍‌ବାଦର ମର୍ମକୁ ମଧ୍ୟ ଉପଲବ୍ଧି କରାଯାଇପାରିବ ନାହିଁ।

ଜୈନ ଦର୍ଶନ ହେଉଛି ଦ୍ୱୈତବାଦୀ ଦର୍ଶନ, ବସ୍ତୁବାଦୀ ଦର୍ଶନ। ବ୍ୟବହାର ନୟ ଦୃଷ୍ଟିରୁ ଏହା ପ୍ରତ୍ୟୟବାଦୀ ଦର୍ଶନ। ନିଶ୍ଚୟ ନୟ ଦୃଷ୍ଟିରେ ସୂର୍ଯ୍ୟମୁଖୀ ଫୁଲରେ Spectrumର ସମସ୍ତ ବର୍ଣ୍ଣ ସମାହିତ ଥାଏ। କିନ୍ତୁ ବ୍ୟବହାର ନୟ ଦୃଷ୍ଟିରେ ଏହାର ରଙ୍ଗ ହଳଦିଆ। ଆମକୁ ସୂର୍ଯ୍ୟମୁଖୀ ଫୁଲ ପୀତବର୍ଣ୍ଣ ଯୁକ୍ତ ଦେଖାଦିଏ। ଏହାହେଉଛି ପ୍ରତ୍ୟୟବାଦୀ ଦୃଷ୍ଟିକୋଣ। ଦ୍ରବ୍ୟର ସମଗ୍ରରୂପକୁ ବିଚାର କରିବାର ଦୃଷ୍ଟିକୋଣ ପ୍ରତ୍ୟୟବାଦୀ ହୋଇଥାଏ। ଅସ୍ତି-ନାସ୍ତିର ପ୍ରଶ୍ନ ପ୍ରତ୍ୟୟବାଦ ସହିତ ଯୋଡ଼ି ହୋଇରହିଥାଏ।

ସମସ୍ତ ଦ୍ରବ୍ୟ ଏକରୂପ ନୁହନ୍ତି କି ସବୁଯାକ ପର୍ଯ୍ୟାୟ ବି ଏକରୂପ ନୁହନ୍ତି। ଦ୍ରବ୍ୟର ସୀମାର ନିର୍ଦ୍ଧାରଣ ବିଶେଷ ଗୁଣ ଦ୍ୱାରା କରାଯାଇଥାଏ। ଚୈତନ୍ୟ ହେଉଛି ଆତ୍ମାର ବିଶେଷ ଗୁଣ। ଚୈତନ୍ୟ କେବଳ ଆତ୍ମା ଭିତରେ ଥାଏ, ଅନ୍ୟ କୌଣସି ଦ୍ରବ୍ୟରେ ନ ଥାଏ। ଏହା ଆତ୍ମାର ସ୍ୱତନ୍ତ୍ର ଅସ୍ତିତ୍ୱକୁ ଦୃଢ଼ ପ୍ରତିପାଦନ କରିଥାଏ। ପର୍ଯ୍ୟାୟର ସ୍ୱତନ୍ତ୍ରତା ମଧ୍ୟ ସୀମା-ନିର୍ଦ୍ଧାରଣ ଆଧାରରେ ହୋଇପାରିବ। 'ସ୍ୟାଦ୍ ଘଟୋ ନାସ୍ତି' – ଏହା ପର୍ଯ୍ୟାୟର ସୀମା ନିର୍ଦ୍ଧାରଣ କରିଥାଏ। ଯଦି ଏହି ସୀମାର ନିର୍ଦ୍ଧାରଣ କରାନଯାଏ, ତେବେ ଘଟ ସବୁ କିଛି ହୋଇପାରିବ। 'ସ୍ୟାନ୍ନାସ୍ତି ଘଟଃ' - ଏହି ବାକ୍ୟ ପଛରେ ଏହି ଅର୍ଥ ନିହିତ ରହିଛି ଯେ ଘଟ ଆକାର ଓ କାର୍ଯ୍ୟ ଦୃଷ୍ଟିରେ ପଟଠାରୁ ଭିନ୍ନ। କିନ୍ତୁ ଘଟ, ପଟଠାରୁ ସର୍ବଥା ଭିନ୍ନ ନୁହେଁ। ଘଟ ଓ ପଟ ଉଭୟ ପରମାଣୁ ସ୍କନ୍ଧର ଏକ-ଏକ ପର୍ଯ୍ୟାୟ ଅଟନ୍ତି। ଦୁହିଁଙ୍କର ମୂଳ କାରଣ ହେଉଛି ପରମାଣୁ। ସ୍ୟାଦସ୍ତି ଓ ସ୍ୟାନ୍ନାସ୍ତି - ଏ ଦୁହେଁ ସାପେକ୍ଷ ହୋଇଥିବାରୁ ନିରପେକ୍ଷ ଦୃଷ୍ଟିରୁ ଅସ୍ତି ଓ ନାସ୍ତିର ବ୍ୟାଖ୍ୟା କରାଯାଇପାରିବ ନାହିଁ।

ତ୍ରିଭଙ୍ଗୀ ଓ ସପ୍ତଭଙ୍ଗୀ

ସପ୍ତଭଙ୍ଗୀର ମୂଳ ଆଧାର ହେଉଛି ତ୍ରିଭଙ୍ଗୀ। ଘଟକୁ ରୂପାତ୍ମକ ପର୍ଯ୍ୟାୟ ସକାଶେ ପ୍ରଯୁକ୍ତ କରାଯାଇପାରିବ, କିନ୍ତୁ ଘଟର ଘଟକ ପରମାଣୁ ଅତୀତରେ କୌଣସି ଭିନ୍ନ ପର୍ଯ୍ୟାୟରେ ବିଦ୍ୟମାନ ରହିଥିଲେ ତଥା ଭବିଷ୍ୟତରେ ଅନ୍ୟ କୌଣସି ପର୍ଯ୍ୟାୟ ରୂପରେ ନିର୍ମିତ ହେବେ। ବର୍ତ୍ତମାନ ପରିପ୍ରେକ୍ଷୀରେ ଘଟର ପର୍ଯ୍ୟାୟ ରହିଛି। ଭୂତ ଓ ଭବିଷ୍ୟ ଅପେକ୍ଷାରେ ଘଟ ପର୍ଯ୍ୟାୟ ନାହିଁ। ତେଣୁ ସ୍ୟାଦସ୍ତି-ସ୍ୟାନ୍ନାସ୍ତିର ସଂବନ୍ଧ ଅବଚ୍ଛେଦକତ୍ୱ ସହିତ ସ୍ଥାପିତ ହୋଇପାରେ ନାହିଁ ଏବଂ ଏହା କୌଣସି ବାଗ୍-ଜାଲ ନୁହେଁ। ଏହା ପର୍ଯ୍ୟାୟର ପରିବର୍ତ୍ତନଶୀଳ ସ୍ୱରୂପକୁ ସୂଚିତ କରୁଥିବା ସିଦ୍ଧାନ୍ତ ମାତ୍ର।

ଜୈନ-ଦର୍ଶନର ବିଚାର-ସରଣି ଉପରେ ଚିନ୍ତନ ମନ୍ଥନ କରିବା ସମୟରେ ଆମେ ସମ୍ୟକ୍ ଦର୍ଶନର ଉପେକ୍ଷା କରିପାରିବା ନାହିଁ। ବିଚାର ହେଉଛି ଜ୍ଞାନର ଏକ ଆୟାମ। ସମ୍ୟକ୍ ଦର୍ଶନ, ମୋହ-ବିଲୟ-ଚେତନାର ଏକ ଆୟାମ।

ଜାଣିବାର ଦୁଇଟି ସ୍ରୋତ ମଣିଷ ପାଖରେ ରହିଛି – ଇନ୍ଦ୍ରିୟ ଚେତନା ଓ ଅତୀନ୍ଦ୍ରିୟ ଚେତନା। ବିଚାରର ସଂବନ୍ଧ ଇନ୍ଦ୍ରିୟ ଚେତନା ସହିତ ରହିଥାଏ। ଅତୀନ୍ଦ୍ରିୟ ଚେତନାରେ ଦର୍ଶନ ଥାଏ, ସାକ୍ଷାତ୍‌କାର ଥାଏ, କିନ୍ତୁ ସେଠାରେ ବିଚାର ନ ଥାଏ।

ଜୈନ ଦୃଷ୍ଟି ଅନୁସାରେ ଇନ୍ଦ୍ରିୟ ଚେତନା ଦ୍ୱାରା କେବଳ ଦ୍ରବ୍ୟର ଆଂଶିକ ଜ୍ଞାନ କରିହୁଏ, ସମଗ୍ର ଦ୍ରବ୍ୟର ଜ୍ଞାନ କରିହୁଏ ନାହିଁ। ଇନ୍ଦ୍ରିୟ ଚେତନାଯୁକ୍ତ ବ୍ୟକ୍ତି ଦ୍ରବ୍ୟାଂଶକୁ ଜାଣିଥାଏ। ଏହି ଅଂଶଜ୍ଞାନ ବିବାଦର ବିଷୟ ମଧ୍ୟ ହୋଇଥାଏ। ପାଞ୍ଚଜଣ ଲୋକ କୌଣସି ଗୋଟିଏ ଦ୍ରବ୍ୟର ପାଞ୍ଚୋଟି ଅଂଶର ଜ୍ଞାନ କରିଥାନ୍ତି ଏବଂ ନିଜ-ନିଜ ଜ୍ଞାନକୁ ଯଥାର୍ଥ ଓ ଅନ୍ୟମାନଙ୍କ ଜ୍ଞାନକୁ ମିଥ୍ୟା ମଣିଥାନ୍ତି। ଏହି ମିଥ୍ୟାବାଦକୁ ସମ୍ୟକ୍‌ବାଦ କରିବା ପାଇଁ ଏକ ଉପାୟର ଅନ୍ୱେଷଣ କରାଯାଇଛି – ଯାହା ହେଲା ନୟବାଦ।

ନୟ ହେଉଛି ଏକ ଦୃଷ୍ଟି, ଏକ ବିଚାର। ସିଦ୍ଧସେନ ଦିବାକର ଲେଖିଛନ୍ତି – ବଚନର ଯେତେ ପଥ, ନୟର ସଂଖ୍ୟା ମଧ୍ୟ ସେତେ।

'ଜାବଇୟା ବୟଣପହା, ତାବଇୟା ଚେବ ହୁନ୍ତି ନୟବାୟା।'

ଏହି ବିସ୍ତାରବାଦୀ ଦୃଷ୍ଟିକୋଣ, ଚିନ୍ତନର କ୍ଷେତ୍ରକୁ ଦୁର୍ଗମ କରିପକାଏ। ଶ୍ରୋତା ଅଥବା ଜିଜ୍ଞାସୁମାନେ ସହଜରେ କୌଣସି ନିଷ୍କର୍ଷରେ ପହଞ୍ଚିପାରନ୍ତି ନାହିଁ। ଏହି ସମସ୍ୟାର ସମାଧାନ କରିବାକୁ ଯାଇ ଜୈନ ଆଚାର୍ଯ୍ୟମାନେ ସମ୍ପୂର୍ଣ୍ଣ ବିଚାରର ଦୁଇଟି କ୍ଷେତ୍ରର ନିର୍ଦ୍ଧାରଣ କରିଛନ୍ତି –

୧. ଦ୍ରବ୍ୟାର୍ଥିକ ନୟ – ଧ୍ରୌବ୍ୟ ଅଥବା ନିତ୍ୟ ବିଷୟରେ ହେଉଥିବା ଚିନ୍ତନ।

୨. ପର୍ଯ୍ୟାୟାର୍ଥିକ ନୟ – ଉତ୍ପାଦ-ବ୍ୟୟ ଅଥବା ଅନିତ୍ୟ ବିଷୟରେ ହେଉଥିବା ଚିନ୍ତନ।

ବିଚାର ପ୍ରକ୍ରିୟାରେ ସୁବିଧା ଓ ସତ୍ୟପରକ ବ୍ୟବସ୍ଥା ପାଇଁ ଏହି ଦୁଇ କ୍ଷେତ୍ରର ନିର୍ଦ୍ଧାରଣ ହୋଇଛି। ବାସ୍ତବିକ ଧ୍ରୌବ୍ୟ ଓ ଉତ୍ପାଦ-ବ୍ୟୟ ଅଥବା ନିତ୍ୟ ଓ ଅନିତ୍ୟକୁ ସର୍ବଥା ବିଭକ୍ତ କରି ବିଚାରକୁ ସତ୍ୟପରକ କରାଯାଇପାରିବ ନାହିଁ। ଧ୍ରୌବ୍ୟର ପ୍ରତିପାଦନ ସକାଶେ ଦ୍ରବ୍ୟାର୍ଥିକ ନୟ ତଥା ପରିବର୍ତ୍ତନର ପ୍ରତିପାଦନ କରିବା ସକାଶେ ପର୍ଯ୍ୟାୟାର୍ଥିକ ନୟର ବ୍ୟବସ୍ଥା କରାଯାଇଛି। ଏହି ଦୁଇ ନୟ ପରସ୍ପର ସାପେକ୍ଷ ଅଟନ୍ତି। ଧ୍ରୌବ୍ୟଠାରୁ ବିମୁକ୍ତ ପରିବର୍ତ୍ତନ ତଥା ପରିବର୍ତ୍ତନଠାରୁ ବିମୁକ୍ତ ଧ୍ରୌବ୍ୟର ଅବସ୍ଥିତି ହିଁ ନାହିଁ। ତଥାପି ଅସ୍ତିତ୍ୱର ସମଗ୍ର ସ୍ୱରୂପକୁ ଜାଣିବା ପାଇଁ ଏହି ବ୍ୟବସ୍ଥା ଅତ୍ୟନ୍ତ ସମୀଚୀନ ମନେହୁଏ। ଦ୍ରବ୍ୟାର୍ଥିକ ନୟ ଧ୍ରୌବ୍ୟ ଅଥବା ଅଭେଦର ବିଚାର କରିଥାଏ, କିନ୍ତୁ ପରିବର୍ତ୍ତନର ନିରସନ କରେନାହିଁ। ପର୍ଯ୍ୟାୟାର୍ଥିକ ନୟ ପରିବର୍ତ୍ତନ ଅଥବା ଭେଦର ବିଚାର କରିଥାଏ, କିନ୍ତୁ ତାହା ଧ୍ରୌବ୍ୟ ଅର୍ଥାତ୍ ଅଭେଦର ନିରସନ କରିନଥାଏ। ପ୍ରତ୍ୟେକ ନୟର ନିଜସ୍ୱ ସୀମା ରହିଛି। ଆପଣା ପ୍ରତିପାଦ୍ୟ ବିଷୟର ଅତିକ୍ରମଣ କରି ଖଣ୍ଡନ-ମଣ୍ଡନ ଝମେଲାରେ ନୟ ପ୍ରବେଶ କରିନଥାଏ। ସାପେକ୍ଷତାର ତାତ୍ପର୍ଯ୍ୟ ହେଉଛି – ନୟ, ସମଗ୍ରତାର ଜିଦ୍ ବା ଆଗ୍ରହ କରେନାହିଁ। ସମଗ୍ରର ଗୋଟିଏ ଅଂଶ ମାତ୍ରର ପ୍ରତିପାଦନ କରିଥାଏ। ସେ ଏକାଂଶର ବିଚାର କରିଥାଏ, ତେଣୁ ଅନ୍ୟ ଅଂଶ ମଧ୍ୟ ତା'ସହିତ ସଂଲଗ୍ନ ଥାଏ। ଏହି ସଂଲଗ୍ନତା ହିଁ ସାପେକ୍ଷତା ଅଟେ।

'ଯେତେ ବିଚାର, ସେତେ ନୟ' – ଏହି କଥାରେ ସାପେକ୍ଷତାର ସତ୍ୟ ଅଭିବ୍ୟକ୍ତ ହୋଇଥାଏ। ବିଚାରର ଆଧାର ପର୍ଯ୍ୟାୟ ହୋଇଥାଏ। ପର୍ଯ୍ୟାୟ ସଂଖ୍ୟାତୀତ ହୋଇଥିବାରୁ ନୟ ମଧ୍ୟ ଅସଂଖ୍ୟ। ଅସଂଖ୍ୟ ଅଂଶର ସମନ୍ୱୟ କରିବା ଦ୍ୱାରା ଦ୍ରବ୍ୟର ସମଗ୍ରତାର ବୋଧ ହୋଇଥାଏ। ଗୋଟିଏ ପର୍ଯ୍ୟାୟକୁ ହିଁ ସମଗ୍ର ମାନିବାର ଆଗ୍ରହ ହେଉଛି ମିଥ୍ୟା ଦୃଷ୍ଟିକୋଣ। ନୟ ଏକାନ୍ତବାଦ ହେବା ସତ୍ତ୍ୱେ ଏହା ଦୃଷ୍ଟିର ମିଥ୍ୟା କୋଣ ନୁହେଁ। ଏଠାରେ ଅଂଶ ମଧ୍ୟରେ ସମଗ୍ରତାର ଆଗ୍ରହ ନ ଥାଏ ତଥା ନିରପେକ୍ଷ ସତ୍ୟର ପ୍ରତିପାଦନ ମଧ୍ୟ ନ ଥାଏ। ଏହି କାରଣରୁ ନୟର ଭୂମିକାରେ ସ୍ୱସ୍ଥ ଚିନ୍ତନ ସକାଶେ ପର୍ଯ୍ୟାପ୍ତ ଅବସର ଥାଏ।

ଚିନ୍ତନର ଦୁଇଟି ବଡ଼ କ୍ଷେତ୍ର ହେଉଛି ଅଭେଦ ଓ ଭେଦ। ଅଭେଦ ଦ୍ୱାରା ବ୍ୟବହାର-ସଂଚାଳନ ସମ୍ଭବ ନୁହେଁ। ଭେଦ ବିବାଦ ଓ ସଂଘର୍ଷର ହେତୁ ସାଜିଥାଏ। ତତ୍ତ୍ୱଚିନ୍ତନ କ୍ଷେତ୍ରରେ ଏହି ଭେଦ ହିଁ ସଂଘର୍ଷକୁ ଜନ୍ମ ଦେଇଥାଏ।

ଜୈନ ଦାର୍ଶନିକମାନେ ଅଭେଦ ଓ ଭେଦର ସମନ୍ୱୟ କରି ବୈଚାରିକ ସଂଘର୍ଷକୁ କମ୍ କରିବାର ପ୍ରଯତ୍ନ କରିଥାନ୍ତି। ଜୀବ ଓ ପୁଦ୍‌ଗଳ ଅଥବା ଚେତନ ଓ ଅଚେତନ ମଧ୍ୟରେ ସର୍ବଥା ଭେଦ ନାହିଁ। ଚୈତନ୍ୟ ହେଉଛି ଜୀବର ବିଶିଷ୍ଟ ଗୁଣ ତଥା ପୁଦ୍‌ଗଳ ହୋଇଥାଏ ଚୈତନ୍ୟଶୂନ୍ୟ। ପୁଦ୍‌ଗଳର ବିଶେଷ ଗୁଣ ହେଲା - ବର୍ଣ୍ଣ, ଗନ୍ଧ, ରସ ଓ ସ୍ପର୍ଶ ଚତୁଷ୍ଟୟ। ବିଶେଷ ଗୁଣ ଦୃଷ୍ଟିରେ ଜୀବ ଓ ପୁଦ୍‌ଗଳ ଭିନ୍ନ ଅଟନ୍ତି, କିନ୍ତୁ ପ୍ରଦେଶ ଦୃଷ୍ଟିରେ ଦୁହେଁ ଭିନ୍ନ ନୁହନ୍ତି। ଜୀବର ପ୍ରଦେଶ ଥାଏ ତଥା ପୁଦ୍‌ଗଳ ସ୍କନ୍ଧର ବି ପ୍ରଦେଶ ରହିଛି। ଜ୍ଞେୟତ୍ୱ, ପ୍ରମେୟତ୍ୱ ଏବଂ ପରିଣାମିତ୍ୱ ଦୃଷ୍ଟିରେ ଜୀବ ଓ ପୁଦ୍‌ଗଳ ଭିନ୍ନ ନୁହନ୍ତି। ଅନେକାନ୍ତ ଚିନ୍ତନ ଅନୁସାରେ ସର୍ବଥା ଅଭେଦ ଓ ସର୍ବଥା ଭେଦ ଏକାନ୍ତବାଦୀ ଦୃଷ୍ଟିକୋଣରକୁ ପୁଷ୍ଟ କରିଥାଏ। ଏମାନଙ୍କ ଦ୍ୱାରା ସତ୍ୟର ସମୀଚୀନ ବ୍ୟାଖ୍ୟା କରାଯାଇପାରିବ ନାହିଁ।

'ଅନେକାନ୍ତ' ଜ୍ଞାନାତ୍ମକ ତଥା 'ଅନେକାତ୍ମକ ଦ୍ରବ୍ୟ' ହେଉଛି ଜ୍ଞେୟାତ୍ମକ। ଅନେକାନ୍ତର ଆଧାର ସତ୍ ଅଥବା ଦ୍ରବ୍ୟର ସ୍ୱରୂପ ଅଟେ। ଦ୍ରବ୍ୟର ସ୍ୱରୂପ ଉତ୍ପାଦ-ବ୍ୟୟ-ଧ୍ରୌବ୍ୟାତ୍ମକ ହୋଇଥାଏ। ଜଣେ କେବଳ ଜ୍ଞାନୀ କିମ୍ବା ଶ୍ରୁତଜ୍ଞାନୀ ସ୍ପଷ୍ଟ ଭାବରେ ଜାଣିଥାଏ ଯେ ଏହା ମଧ୍ୟରେ କୌଣସି ଅନ୍ତର କରାଯାଇପାରିବ ନାହିଁ। କେବଳ ଏତିକି ଅନ୍ତର ରହିଥାଏ ଯେ କେବଳ ଜ୍ଞାନୀ ତାହାକୁ ପ୍ରତ୍ୟକ୍ଷ ଜାଣିଥାଏ, ଅଥଚ ଜଣେ ଶ୍ରୁତଜ୍ଞାନୀ ଶ୍ରୁତଜ୍ଞାନ ଆଧାରରେ ଜାଣିପାରିଥାଏ। ତେଣୁ ଅନେକାନ୍ତର ନିୟମ ସଭିଙ୍କ ପ୍ରତି ଲାଗୁ ହୋଇଥାଏ। ପର୍ଯ୍ୟାୟ ବିନା ଦ୍ରବ୍ୟ ତଥା ଦ୍ରବ୍ୟ ବିନା ପର୍ଯ୍ୟାୟର ଅସ୍ତିତ୍ୱ ନ ଥାଏ। ଏହି କାରଣରୁ ଦ୍ରବ୍ୟ ଓ ପର୍ଯ୍ୟାୟ ଉଭୟ କ୍ଷେତ୍ରରେ ଏହା ଲାଗୁ ହୋଇଥାଏ। ଜୈନଦର୍ଶନର ପାରମାର୍ଥିକ ସତ୍ତା ଓ ବ୍ୟାବହାରିକ ସତ୍ତା ପୃଥକ୍ ନୁହନ୍ତି। ପର୍ଯ୍ୟାୟ ବ୍ୟାବହାରିକ ସତ୍ତା ଓ ଦ୍ରବ୍ୟ ହେଉଛି ପାରମାର୍ଥିକ ସତ୍ତା। କିନ୍ତୁ ବାସ୍ତବିକ ଉଭୟ ସତ୍ତା ପରସ୍ପର ସଂଯୁକ୍ତ ଓ ଗୋଟିଏ ସତ୍‌ର ଦୁଇଟି ରୂପ ହୋଇଥିବାରୁ ସେମାନଙ୍କୁ ସର୍ବଥା ସ୍ୱତନ୍ତ୍ର ରୂପରେ ଦେଖାଯାଇପାରିବ ନାହିଁ।

ଯଦି ସତ୍‌ର ପ୍ରତିପାଦନ ଜଣେ କେବଳୀ କରନ୍ତି, ତେବେ ତାହାଙ୍କୁ ବି ସ୍ୟାଦ୍‌ବାଦ ଓ ସପ୍ତଭଙ୍ଗୀର ପ୍ରୟୋଗ କରିବାକୁ ହୋଇଥାଏ। ଜଣେ ଶ୍ରୁତଜ୍ଞାନୀଙ୍କ କ୍ଷେତ୍ରରେ ବି ଏହି ପ୍ରୟୋଗ କରିବା ଅନିବାର୍ଯ୍ୟ ହୋଇପଡ଼େ। ବାକ୍-ପ୍ରୟୋଗର ନିୟମ ଉଭୟଙ୍କ ପାଇଁ ସମାନ। ଦ୍ରବ୍ୟର ସ୍ୱରୂପ ନିତ୍ୟାନିତ୍ୟ। କେବଳ ଜ୍ଞାନୀ ତାହାର ସ୍ୱରୂପର ପ୍ରତିପାଦନ ଐକାନ୍ତିକ ଭାଷାରେ କିପରି କରିପାରିବେ ? ତାହାକୁ ସ୍ୟାଦ୍‌ବାଦର ଭାଷାର ଆଶ୍ରୟ ନେବାକୁ ହିଁ ହେବ। ଯଥା–ସ୍ୟାତ୍ ନିତ୍ୟ, ସ୍ୟାତ୍ ଅନିତ୍ୟ। 'ତ୍ରିପ୍ରଦେଶୀ' (ତ୍ର୍ୟଣୁକ) ସ୍କନ୍ଧର ଏକ ଅଂଶ ଆଦିଷ୍ଟ ହୋଇଥାଏ - କୌଣସି ଏକ ଅପେକ୍ଷାରେ କୁହାଯାଉଛି। ଅନ୍ୟ ଅଂଶ ଆଦିଷ୍ଟ ନୁହେଁ – କୌଣସି ପରିପ୍ରେକ୍ଷୀରେ କୁହାଯାଉନାହିଁ। ତ୍ରିପ୍ରଦେଶୀ ସ୍କନ୍ଧର ପ୍ରତିପାଦନ ଜଣେ କେବଳୀ କରନ୍ତୁ ଅଥବା ଜଣେ ଶ୍ରୁତ ଜ୍ଞାନୀ, ତହିଁରେ କିଛି ଯାଏ ଆସେନାହିଁ।

ଅନେକାନ୍ତ ସିଦ୍ଧାନ୍ତର ପ୍ରତିପାଦନ ପଦ୍ଧତିରେ କେବଳ ଜ୍ଞାନୀ ଓ ଶ୍ରୁତଜ୍ଞାନୀ ରୂପରେ ବିଭାଗ କରାଯାଇପାରିବ ନାହିଁ। ସ୍ୟାଦ୍‌ବାଦର ସିଦ୍ଧାନ୍ତ ଅଳ୍ପଜ୍ଞତା ଓ ସର୍ବଜ୍ଞତା ସହିତ ସଂବଦ୍ଧ ନୁହେଁ। ଅଳ୍ପଜ୍ଞର ଜ୍ଞାନ ଐକାନ୍ତିକ ହିଁ ହୋଇଥାଏ, ଏହା ସ୍ୱୀକାର କରିବାର କୌଣସି ଯଥାର୍ଥ କାରଣ ମଧ୍ୟ ନାହିଁ। ଅଖଣ୍ଡ ସତ୍ୟକୁ ଜାଣୁଥିବା ଲୋକର ଜ୍ଞାନ ଅନେକାନ୍ତିକ ଏବଂ ଖଣ୍ଡ-ସତ୍ୟକୁ ଜାଣୁଥିବା ଲୋକର ଜ୍ଞାନ ଐକାନ୍ତିକ – ଏହା ଅନେକାନ୍ତର ଅଭିମତ ନୁହେଁ। ଅନେକାନ୍ତ-ଜ୍ଞାନର ଆଧାର ହେଉଛି ଦ୍ରବ୍ୟର ତ୍ରୟାତ୍ମକତା। ଅଳ୍ପଜ୍ଞତା ବା ସର୍ବଜ୍ଞାତା ନୁହେଁ। ଜଣେ ସର୍ବଜ୍ଞଙ୍କ ସକାଶେ ଯାହା ଜ୍ଞାନର ବିଷୟ, ସେହି ସମଗ୍ର ବିଷୟ ଜଣେ ଅଳ୍ପଜ୍ଞ ଶ୍ରୁତଜ୍ଞାନୀଙ୍କ ମଧ୍ୟ ହୋଇପାରେ। ଯେପରି ଆଗରୁ କୁହାଯାଇଛି – ସର୍ବଜ୍ଞ, ଅଖଣ୍ଡ ସତ୍ୟର ସାକ୍ଷାତ୍‌କର କରିପାରିଥାଏ ଏବଂ ଅଳ୍ପଜ୍ଞ, ସର୍ବଜ୍ଞଙ୍କ ବାଣୀ ଆଧାରରେ, ଶାସ୍ତ୍ର ଆଧାରରେ ଅଖଣ୍ଡ ସତ୍ୟର ଉପଲବ୍ଧି କରିପାରିବ। ତେଣୁ ଅଳ୍ପଜ୍ଞଙ୍କ ଜ୍ଞାନକୁ ନିରୋଳା ଐକାନ୍ତିକ ବୋଲି କୁହାଯାଇପାରିବ ନାହିଁ।

ଦ୍ରବ୍ୟର ନିତ୍ୟତା ଓ ଅନିତ୍ୟତା ସର୍ବଜ୍ଞ ବା ଅଳ୍ପଜ୍ଞଙ୍କର ଜ୍ଞାନ ଦ୍ୱାରା ଆରୋପିତ ହୋଇନାହିଁ, ନିତ୍ୟ ଓ ଅନିତ୍ୟ

ଦ୍ରବ୍ୟ ଅଟନ୍ତି, ଜ୍ଞାନ ନୁହେଁ । କାରଣ ଦ୍ରବ୍ୟ ଆପଣା ଅନ୍ତରଙ୍ଗ ସ୍ୱଭାବରେ ନିତ୍ୟ ଅନିତ୍ୟ ହୋଇରହିଥାଏ, ଜ୍ଞାତାଙ୍କର ଜ୍ଞାନର ଆଧାରରେ ନୁହେଁ । ଦ୍ରବ୍ୟର ସେହି ସ୍ୱଭାବ ଯେପରି ଜଣେ ସର୍ବଜ୍ଞଙ୍କ ପାଇଁ ନିତ୍ୟା ନିତ୍ୟାତ୍ମକ, ସେହିପରି ଅଳ୍ପଜ୍ଞମାନଙ୍କ ପାଇଁ ମଧ୍ୟ ନିତ୍ୟାନିତ୍ୟାତ୍ମକ ହିଁ ହୋଇଥାଏ ।

ପାରମାର୍ଥିକ ଓ ବ୍ୟାବହାରିକ ସତ୍ୟ

ନିତ୍ୟତା ଏବଂ ଅନିତ୍ୟତାର ସିଦ୍ଧାନ୍ତ ସମସ୍ତଙ୍କ ପାଇଁ ପ୍ରଯୁଜ୍ୟ ହୋଇଥାଏ, ତେଣୁ ଏହାମଧ୍ୟରେ ପାରମାର୍ଥିକ ଓ ବ୍ୟାବହାରିକ ସତ୍ତାର ଭେଦ କରାଯାଇପାରିବ ନାହିଁ । ତେବେ ଏହି ଭେଦ କରିବାର ଯଦି ଏକମାତ୍ର ଅଭିପ୍ରାୟ ରହିଛି, ତାହାହେଲେ ଜୈନ ଦୃଷ୍ଟିରେ କୁହାଯାଇପାରିବ – ଦ୍ରବ୍ୟ ହେଉଛି ପାରମାର୍ଥିକ ସତ୍ତା ତଥା ପର୍ଯ୍ୟାୟ ହେଉଛି ବ୍ୟାବହାରିକ ସତ୍ତା । ଏହି ସତ୍ତାଦ୍ୱୟ ପୃଥକ୍ ନୁହନ୍ତି, ତେଣୁ ସତ୍ ଓ ଦ୍ରବ୍ୟର ନିତ୍ୟାନିତ୍ୟାତ୍ମକ ସ୍ୱୀକୃତି କରିବାରେ କୌଣସି ପ୍ରକାର ଅସୁବିଧା ହେବନାହିଁ ।

ଶକ୍ୟତାର ଧାରଣା

ଦ୍ରବ୍ୟ ହେଉଛି ଅନେକାନ୍ତାତ୍ମକ । ଏହାର ଦୁଇଟି ଅର୍ଥ କରାଯାଇଥାଏ । ପ୍ରଥମ ଅର୍ଥ ଏପରି – ଦ୍ରବ୍ୟର ଉତ୍ପାଦ, ବ୍ୟୟ ଓ ଧ୍ରୌବ୍ୟ ଏହି ତିନି ଅଂଶ ଥିବାରୁ ଏହାକୁ ଅନେକାନ୍ତାତ୍ମକ କହିବାରେ ଆପତ୍ତି ନାହିଁ । ଅନ୍ୟ ଅର୍ଥ ହେଉଛି – ଦ୍ରବ୍ୟର ଅନେକ ପର୍ଯ୍ୟାୟ, ଅସଂଖ୍ୟ ବା ଅନନ୍ତ ପର୍ଯ୍ୟାୟ ରହିଥାଏ, ତେଣୁ ତାହା ହେଉଛି ଅନନ୍ତ-ଧର୍ମାତ୍ମକ ।

ପର୍ଯ୍ୟାୟର ଦୁଇ ପ୍ରକାର – ୧. ସ୍ୱଭାବ ବା ଅର୍ଥ ପର୍ଯ୍ୟାୟ ଏବଂ ୨. ବ୍ୟଞ୍ଜନ ପର୍ଯ୍ୟାୟ । ସ୍ୱଭାବ ପର୍ଯ୍ୟାୟ ସୂକ୍ଷ୍ମ ଓ ତାହା ନିରନ୍ତର ପରିବର୍ତ୍ତନଶୀଳ । (ସମୟ-କାଳର ସୂକ୍ଷ୍ମତମ ଅବିଭାଜ୍ୟ ଅଂଶ) ବାରପ୍ରକାର ପରିବର୍ତ୍ତନ ଏହା ମଧ୍ୟରେ ଘଟିଥାଏ ।

ଆମେ ଇନ୍ଦ୍ରିୟ ଚେତନା ମାଧ୍ୟମରେ ସୂକ୍ଷ୍ମ ପର୍ଯ୍ୟାୟକୁ ଜାଣିପାରିବା ନାହିଁ । ଏହା ଅତୀନ୍ଦ୍ରିୟ ଚେତନାର ବିଷୟ । ବ୍ୟଞ୍ଜନ ପର୍ଯ୍ୟାୟ ସ୍ଥୂଳ ଓ ବ୍ୟକ୍ତ ହୋଇଥିବାରୁ ଆମେ ଇନ୍ଦ୍ରିୟ ଚେତନା ଦ୍ୱାରା ତାହାକୁ ଜାଣିପାରୁଁ । ସ୍ଥୂଳ ପର୍ଯ୍ୟାୟ କ୍ଷେତ୍ରରେ ଶକ୍ୟତା ଓ ସମ୍ଭାବନା - ଏହି ଦୁଇ ଦିଗରେ ବିଚାର କରାଯାଇପାରିବ । ପ୍ରତ୍ୟେକ ପର୍ଯ୍ୟାୟ ମଧ୍ୟରେ ଅର୍ଥାନ୍ତରର ଶକ୍ୟତା ରହିଥାଏ । ତେଣୁ ବର୍ଣ୍ଣରୁ ବର୍ଣ୍ଣାନ୍ତର, ଗନ୍ଧରୁ ଗନ୍ଧାନ୍ତର, ରସରୁ ରସାନ୍ତର ଓ ସ୍ପର୍ଶରୁ ସ୍ପର୍ଶାନ୍ତର ଘଟିଥାଏ । ଯତିଭୋଜ ଶକ୍ତିକୁ ଦୁଇଭାଗରେ ବିଭକ୍ତ କରିଛନ୍ତି - ଓଘ ଶକ୍ତି ଏବଂ ସମୁଚିତା ଶକ୍ତି । ଓଘ ଶକ୍ତି ପରମ୍ପର କାରଣ ଏବଂ ସମୁଚିତା ଶକ୍ତି ହେଉଛି ଅନନ୍ତର କାରଣ । 'ଘାସ' ମଧ୍ୟରେ ବି 'ଘିଅ' ହେବାର ସାମର୍ଥ୍ୟ ରହିଥାଏ । ଘିଅର ସମୁଚିତା ଶକ୍ତି ହେଲା 'ଦହି' । ଏହା, ତାହାର ଅନନ୍ତର କାରଣ । ଏହି ସାମର୍ଥ୍ୟ ବା ଶକ୍ୟତାର ସୂଚୀ ଏତେ ଲମ୍ବିଯାଇଛି ଯେ ସେମାନଙ୍କ ନାମୋଲ୍ଲେଖ ମଧ୍ୟ କରିବା ସମ୍ଭବ ହେଉନାହିଁ । ସିଦ୍ଧାନ୍ତ ରୂପରେ ଏତିକି ଅବଶ୍ୟ କୁହାଯାଇପାରିବ ଯେ ପ୍ରତ୍ୟେକ ବସ୍ତୁ ମଧ୍ୟରେ ଓଘ ଶକ୍ତି ବା ଶକ୍ୟତାର ଅସଂଖ୍ୟ ପ୍ରକାର ରହିଥାଏ । ଜଣେ ବୈଜ୍ଞାନିକ ଆପଣା ଅନୁସନ୍ଧାନ କିମ୍ବା ପ୍ରୟୋଗ ମାଧ୍ୟମରେ ଓଘ ଶକ୍ତିର ଅଳ୍ପ କେତେକ ପ୍ରକାରକୁ ଜାଣିପାରିଥାଏ । ଜଣେ ଅତୀନ୍ଦ୍ରିୟଜ୍ଞାନୀ ନିଜର ଅତୀନ୍ଦ୍ରିୟ ଚେତନା ଦ୍ୱାରା ତାହା ଜାଣିଥାଏ । ଜଣେ ସାଧାରଣ ମଣିଷ ସମୁଚିତା ଶକ୍ତି ବା ଅନନ୍ତର କାରଣକୁ ହିଁ ଜାଣିପାରିଥାଏ ଅର୍ଥାତ୍ ବ୍ୟକ୍ତ ପର୍ଯ୍ୟାୟକୁ ହିଁ ଜାଣିଥାଏ । ତେଣୁ ଶକ୍ୟତା ଏବଂ ସମ୍ଭାବନାର କ୍ଷେତ୍ରକୁ ସୀମିତ କରାଯାଇପାରିବ ନାହିଁ ।

ସତ୍ ପାଞ୍ଚଭାଗରେ ବିଭକ୍ତ – ଧର୍ମାସ୍ତିକାୟ, ଅଧର୍ମାସ୍ତିକାୟ, ଆକାଶାସ୍ତିକାୟ, ପୁଦ୍‌ଗଳାସ୍ତିକାୟ ଏବଂ ଜୀବାସ୍ତିକାୟ । ଏମାନଙ୍କ ମଧ୍ୟରେ କେବେ ମଧ୍ୟ ପରିବର୍ତ୍ତନ ଘଟିତ ହୁଏନାହିଁ । ଜୀବ କୌଣସି ସ୍ଥିତିରେ ବି ପୁଦ୍‌ଗଳ ହୁଏନାହିଁ କି ପୁଦ୍‌ଗଳ ମଧ୍ୟ କେବେ ବି ଜୀବରେ ପରିଣତ ହୁଏନାହିଁ । ସତ୍-ମୂଳଦ୍ରବ୍ୟ ନିରପେକ୍ଷ ସତ୍ୟ ଅଟେ । ସାପେକ୍ଷ ସତ୍ୟ କେବଳ ପର୍ଯ୍ୟାୟ ମାତ୍ର । ମନୁଷ୍ୟ ମୂଳଦ୍ରବ୍ୟ ନୁହେଁ, ତାହା ମଧ୍ୟ ଏକ ପର୍ଯ୍ୟାୟ । ଦେଖାଯାଉଥିବା ସମସ୍ତ ପଦାର୍ଥ ହେଉଛି ପର୍ଯ୍ୟାୟ, ମୂଳଦ୍ରବ୍ୟ ନୁହନ୍ତି । ପର୍ଯ୍ୟାୟ ନିଷ୍ପନ୍ନ ପଦାର୍ଥ ନିଜ ନିଜ ମଧ୍ୟରେ ଅଦଳବଦଳ

ହେଉଥାନ୍ତି, ତେଣୁ ସେମାନଙ୍କ ମଧ୍ୟରେ ସର୍ବଥା ଭିନ୍ନତା ନ ଥାଏ। ଏମାନଙ୍କ ଭିନ୍ନତା ଓ ଅଭିନ୍ନତାର ଉପଲବ୍ଧି ସକାଶେ ଅନେକାନ୍ତର ଭେଦାଭେଦ ସିଦ୍ଧାନ୍ତ ବେଶ୍ ଉପଯୋଗୀ ହୋଇଥାଏ। ଏହିସବୁ ଦୃଶ୍ୟ ପଦାର୍ଥ ଆପଣା ଆକୃତି, ପ୍ରକୃତି (ଗୁଣଧର୍ମ) ଏବଂ ବିଶେଷ ଲକ୍ଷଣରେ ଅବସ୍ଥିତ, ତେଣୁ ଏମାନଙ୍କ ମଧ୍ୟରେ ଭେଦ ରହିଛି। ପାରା (ପାରଦ) ସୁନା ନୁହେଁ କି ସୁନା ପାରା ନୁହେଁ। ଉଭୟ ପାରା ଓ ସୁନା ହେଲେ ପୌଦ୍‌ଗଲିକ। ପାରଦ, ସୁବର୍ଣ୍ଣରେ ତଥା ସୁବର୍ଣ୍ଣ ପାରଦରେ ପରିବର୍ତ୍ତିତ ହୋଇପାରିଥାଏ। ଏହି ପରିଣମନ ଆଧାରରେ ଏମାନଙ୍କ ମଧ୍ୟରେ ଅଭେଦ ରହିଛି। ଉଭୟଙ୍କ ମଧ୍ୟରେ ଏକାନ୍ତ ଭେଦ ବା ଏକାନ୍ତ ଅଭେଦ ନାହିଁ, ବରଂ ଭେଦାଭେଦ ରହିଥାଏ। ଆଧୁନିକ ବିଜ୍ଞାନସମ୍ମତ ରେଡ଼ିଓକ୍ରିୟାଶୀଳତା (Radioactivity)ର ଉଦାହରଣ, ଏହି ତଥ୍ୟକୁ ଅଧିକ ସ୍ପଷ୍ଟ କରିଥାଏ। ୟୁରାନିୟମ, ଯାହାର ଆଣବିକ କ୍ରମାଙ୍କ ହେଲା ବୟାନବେ (୯୨), ପ୍ରକୃତିଗତ ରେଡ଼ିଓଧର୍ମିତା କାରଣରୁ ଏକ ସୁନିଶ୍ଚିତ ଅବଧି ମଧ୍ୟରେ ସୀସା (Lead) ରୂପରେ ପରିଣତ ହୋଇଥାଏ, ଯାହାର ଆଣବିକ କ୍ରମାଙ୍କ ହେଉଛି ବୟାଶୀ (୮୨)। ସୁନା ଓ ପାରାର ଆଣବିକ କ୍ରମାଙ୍କ ହେଉଛି ଯଥାକ୍ରମେ ଅଣାଅଶୀ (୭୯) ଓ ଅଶୀ (୮୦)।

ଅନେକାନ୍ତର ମର୍ଯ୍ୟାଦା ରହିଛି। ଅନେକାନ୍ତର ପ୍ରୟୋଗ ସତ୍‌ତା ବା ଦ୍ରବ୍ୟର ମୀମାଂସାରେ ହୋଇଥାଏ - ଦ୍ରବ୍ୟ ଓ ପର୍ଯ୍ୟାୟର ସାପେକ୍ଷ ସଂବୋଧ ଲାଗି ହୋଇଥାଏ। ଅସ୍ତିକାୟ ନିରପେକ୍ଷ ହୋଇଥିବାରୁ, ସେଠାରେ ଅନେକାନ୍ତର କୌଣସି ଉପଯୋଗିତା ନ ଥାଏ। ତେଣୁ ଅନେକାନ୍ତ ଦୃଷ୍ଟିକୁ ସର୍ବତ୍ର ଲାଗୁ କରିବାର କୌଣସି ଅଭିପ୍ରାୟ ନାହିଁ। ଗଣିତାନୁଯୋଗରେ କ୍ୱଚିତ୍ ଅନେକାନ୍ତର ପ୍ରୟୋଗ ହୋଇପାରିବ, କିନ୍ତୁ ତା'ର ସାର୍ବତ୍ରିକ ପ୍ରୟୋଗ ସମ୍ଭବ ନୁହେଁ। ସୁପ୍ରତିଷ୍ଠିତ ସାଂଖ୍ୟିକବେତ୍ତା ଡ. ପି.ସି. ମହାଲନୋବିସ ସ୍ୟାଦ୍‌ବାଦକୁ ଆଧୁନିକ ସାଂଖ୍ୟିକୀର ମୂଳଭୂତ ଆଧାରର ପ୍ରାଗ୍ ରୂପ' ଭାବରେ ସ୍ୱୀକାର କରିଛନ୍ତି।

ଯୁଗପତ୍ତା (Simultaneity)

ଅନେକାନ୍ତରେ ଅଶକ୍ୟତା ଓ ଅସମ୍ଭବକୁ ଅସ୍ୱୀକାର କରାଯାଇନଥାଏ। ଜୀବ ମଧ୍ୟରେ ପରମାଣୁର ପର୍ଯ୍ୟାୟର ଅସ୍ତିତ୍ୱ ଶକ୍ୟ ନୁହେଁ ତଥା ସମ୍ଭବ ମଧ୍ୟ ନୁହେଁ। ସେହି ପ୍ରକାର ଅଜୀବ ମଧ୍ୟରେ ଜୀବର ପର୍ଯ୍ୟାୟ ଶକ୍ୟ ନୁହେଁ କି ସମ୍ଭବ ନୁହେଁ। ଅଶକ୍ୟକୁ ଶକ୍ୟ କରିବା ଏବଂ ଅସମ୍ଭବକୁ ସମ୍ଭବ ବନାଇବା ଅନେକାନ୍ତର କାମ ନୁହେଁ। ଅନେକାନ୍ତର କାର୍ଯ୍ୟ ହେଉଛି – ଦ୍ରବ୍ୟ ଓ ପର୍ଯ୍ୟାୟ, ଶାଶ୍ୱତ ଓ ଅଶାଶ୍ୱତ ମଧ୍ୟରେ ପ୍ରତିଭାସିତ ହେଉଥିବା ବିରୋଧର ପରିହାର କରିବା। କ୍ଷଣିକବାଦ ଦୃଷ୍ଟିରେ ପରିବର୍ତ୍ତନ ହେଉଛି ଯଥାର୍ଥ ଓ ସତ୍ୟ ତଥା ଶାଶ୍ୱତ ହେଲା ଅଯଥାର୍ଥ। କୂଟସ୍ଥନିତ୍ୟବାଦ ଦୃଷ୍ଟିରେ ନିତ୍ୟତା ସତ୍ୟ ଏବଂ କ୍ଷଣିକତା ହୋଇଯାଏ ଅଯଥାର୍ଥ। ଶାଶ୍ୱତ ଓ ଅଶାଶ୍ୱତ ମଧ୍ୟରେ ଏହା ବିରୋଧକୁ ପ୍ରତିଭାସିତ କରିଥାଏ ତଥା ସତ୍ ଓ ଦ୍ରବ୍ୟର ସ୍ୱରୂପକୁ ଜାଣିବାରେ ଜଟିଳତା ଉତ୍ପନ୍ନ କରିଥାଏ। ଅନେକାନ୍ତ ଦ୍ୱାରା ଏହି ସମସ୍ୟାର ସମାଧାନ ଖୋଜିବାର ସାର୍ଥକ ପ୍ରୟାସ କରାଯାଇଛି। ଦୁହିଁଙ୍କ ମଧ୍ୟରେ ବୈୟଧିକରଣ୍ୟ ରହିନାହିଁ। ଉଭୟଙ୍କ ଅଧିକରଣ ହେଉଛି ଏକମାତ୍ ସତ୍, ତେଣୁ ଧ୍ରୌବ୍ୟ ଏବଂ ଉତ୍ପାଦ ଓ ବ୍ୟୟକୁ ବିଭକ୍ତ କରି ସତ୍‌ର ଅନୁଶୀଳନ କରାଯାଇପାରିବ ନାହିଁ। କାଠରୁ ପୃଥକ୍ ଟେବଲ (କାଷ୍ଠ ନିର୍ମିତ)ର କଳ୍ପନା କିପରି କରିହେବ? ତନ୍ତୁରୁ ପୃଥକ ପଟର କଳ୍ପନା କରିହେବ କି? ଦ୍ରବ୍ୟରୁ ପୃଥକ୍ ପର୍ଯ୍ୟାୟର ଆଧାରକୁ ଖୋଜାଯାଇପାରିବ କି? ଏହା ସମ୍ଭବ ନୁହେଁ। ଏହି ଅସମ୍ଭବ୍ୟତାକୁ ସ୍ୱୀକାର କରିସାରିଲା ପରେ ଯାଇ ଅନେକାନ୍ତ ସମାଧାନର ସୂତ୍ର ଦେବାରେ ସଫଳ ହୋଇଛି।

ଏକ ଦ୍ରବ୍ୟ ମଧ୍ୟରେ ପର୍ଯ୍ୟାୟର କ୍ରମ ଗତିଶୀଳ ଥାଏ। ଧ୍ରୌବ୍ୟ ଯେପରି ସତ୍‌ର ସ୍ୱଭାବ, ସେହିପରି ଉତ୍ପାଦ-ବ୍ୟୟ ମଧ୍ୟ ସତ୍‌ର ସ୍ୱଭାବ। ଦ୍ରବ୍ୟ ଓ ପର୍ଯ୍ୟାୟର ଯୁଗପତ୍ ହେବା ଦାର୍ଶନିକ ସମସ୍ୟା ନୁହେଁ। ଯେଉଁ କ୍ଷଣରେ ଧ୍ରୌବ୍ୟ ରହିଥାଏ, ସେହି କ୍ଷଣରେ ଉତ୍ପାଦ ଓ ବ୍ୟୟ ମଧ୍ୟ ରହିଥାନ୍ତି। ଏହି କାରଣରୁ ସେମାନଙ୍କ ଯୁଗପତ୍ ଭାବ ବା ସମକାଳୀନତା, ସାହଚର୍ଯ୍ୟର ନିୟମ ସହିତ ବନ୍ଧାହୋଇ ରହିଥାଏ। ଆମେ ସମସ୍ତ ନିୟମକୁ ସବୁ ଜାଗାରେ ଲାଗୁ କରିଦେଇଥାଉଁ – ଏହା ଆମ ଚିନ୍ତନର ସମସ୍ୟା। କୃତର ନିୟମ ହେଉଛି – କରାଯାଇଥିବା ଦୁଇଟି କ୍ରିୟା ଯୁଗପତ୍ ହୋଇପାରିବେ

ନାହିଁ, କିନ୍ତୁ ସ୍ୱାଭାବିକ କ୍ରିୟା ଏକ ସମୟରେ ଅନେକ ସଂଖ୍ୟକ ହୋଇପାରନ୍ତି। ଏଗୁଡ଼ିକ ଉପରେ କୃତର ନିୟମ ପ୍ରଯୁଜ୍ୟ ହୁଏନାହିଁ। ଶରୀରର କୋଶିକାଗୁଡ଼ିକର ଚୟ ଓ ଅପଚୟର କ୍ରମ ନିରନ୍ତର ଲାଗିରହିଥାଏ। ଗୋଟିଏ ଦ୍ୱ୍ୟଣୁକ ସ୍କନ୍ଧ ଉଭୟ ସକଂପ ଓ ନିଷ୍କ୍ରକଂପ ଭାବରେ ଦୁଇପ୍ରକାର ହୋଇପାରିବ। ଏହାର ଗୋଟିଏ ପରମାଣୁ ସକଂପ ଏବଂ ଅନ୍ୟଟି ନିଷ୍କ୍ରକଂପ ଥାଏ। ତା'ମଧ୍ୟରେ ଉଭୟ ଧର୍ମ ଯୁଗପତ୍ ହୋଇରହିଥାନ୍ତି। ଯୁଗପତ୍‌ର ତାତ୍ପର୍ଯ୍ୟ ହେଉଛି – ପରିବର୍ତ୍ତନର ତ୍ରୈକାଳିକତାର ସ୍ୱୀକୃତି।

ଜୈନ ଦର୍ଶନରେ ବାସ୍ତବିକ ଓ ସମ୍ଭାବ୍ୟ – ଏହି ଦୁଇ ପର୍ଯ୍ୟାୟ ମାନ୍ୟତାପ୍ରାପ୍ତ ଅଟନ୍ତି। ମାଟି ହେଉଛି ବାସ୍ତବିକ, ତା'ମଧ୍ୟରେ ମାଠିଆର ପର୍ଯ୍ୟାୟ ସମ୍ଭାବ୍ୟ ହୋଇରହିଛି। ଜଣେ ଲୋକ ଦଶଟି ଶ୍ଳୋକ ପାଠକରିବାର ପ୍ରଯତ୍ନ କରୁଛି। ଗୋଟିଏ ଶ୍ଳୋକ ଉଚ୍ଚାରଣ କରିଲା – ଏହା ହେଉଛି ବାସ୍ତବିକତା। ତେବେ ବାକି ନଅଟି ଶ୍ଳୋକ ମଧ୍ୟ ଉଚ୍ଚାରଣ କରିବାକୁ ଯାଉଛି – ଏହାହେଲା ସମ୍ଭାବ୍ୟ। ଦ୍ୱିତୀୟ ଶ୍ଳୋକର ଉଚ୍ଚାରଣ ଆରମ୍ଭ କରିବା ମାତ୍ରକେ ପ୍ରଥମ ଶ୍ଳୋକର ଶବ୍ଦସବୁ ଆକାଶୀୟ ଅଭିଲେଖାଗାରର ରେକର୍ଡକୁ ଚାଲିଯାଇଥାଏ। ଦ୍ୱିତୀୟ ଶ୍ଳୋକର ଉଚ୍ଚାରଣ ବାସ୍ତବିକ ହୋଇଯାଏ ତଥା ତୃତୀୟ ଶ୍ଳୋକର ଉଚ୍ଚାରଣ ସମ୍ଭାବ୍ୟ ବନିଯାଏ। ଆମେ ବର୍ତ୍ତମାନ ପର୍ଯ୍ୟାୟ ବା ଆକାରକୁ ବାସ୍ତବିକ ମଣିଥାଉଁ - ଏହି ନିୟମ ବ୍ୟାପକ ନୁହେଁ। ସାର୍ବଭୌମ ନିୟମ ହେଉଛି – ପ୍ରଥମ ଶ୍ଳୋକର ଉଚ୍ଚାରଣ, ଯାହା ଆକାଶୀୟ ରେକର୍ଡ ମଧ୍ୟକୁ ପ୍ରବେଶ କରିଛି, ତାହା ଉଚ୍ଚାରଣ - ପର୍ଯ୍ୟାୟ ରୂପରେ ବାସ୍ତବିକ ନୁହେଁ, ଅଥଚ ଶବ୍ଦ ପରମାଣୁ ରୂପରେ ନିଶ୍ଚିତ ଭାବରେ ବାସ୍ତବିକ। ତେଣୁ ଆମେ ବାସ୍ତବିକ ଓ ସମ୍ଭାବ୍ୟ ମଧ୍ୟରେ ସର୍ବଥା ଭେଦର ପରିକଳ୍ପନା କରିପାରିବା ନାହିଁ। ଭେଦାଭେଦର କଳ୍ପନା ହିଁ ଆମକୁ ଯଥାର୍ଥ ଦିଗକୁ ନେଇଯାଇଥାଏ। ଯୁଗପତ୍ ସିଦ୍ଧାନ୍ତର ବ୍ୟାଖ୍ୟା ଜୈନ ଦର୍ଶନ ଦ୍ୱାରା ଦ୍ରବ୍ୟର ତ୍ରୈକାଳିକ, ସ୍ୱରୂପ ଓ ପରିବର୍ତ୍ତନଶୀଳ ଅବସ୍ଥା ଆଧାରରେ କରାଯାଇଛି। ତେଣୁ 'ବିଦ୍ୟମାନ' ଏବଂ 'ଅବିଦ୍ୟମାନ'ର ବ୍ୟାଖ୍ୟା କେବଳ ବର୍ତ୍ତମାନକାଳିକ ନିୟମ ଅନୁସାରେ କରାଯାଇପାରିବ ନାହିଁ।

ଜୈନଦର୍ଶନ ଭାଷା (Speech) ଅର୍ଥାତ୍ କଥାବାର୍ତ୍ତା ପ୍ରକ୍ରିୟାର ବଡ଼ ସୂକ୍ଷ୍ମ ବିଶ୍ଳେଷଣ କରିଥାଏ। ଏହି ବିଶ୍ଳେଷଣରୁ ଏହି ସିଦ୍ଧାନ୍ତରେ ଉପନୀତ ହେବାକୁ ହୋଇଥାଏ ଯେ ଭାଷାବର୍ଗଣା ପୁଦ୍‌ଗଳ ସମୂହ ଗ୍ରହଣ କରିସାରି ବ୍ୟକ୍ତି ତାହାକୁ ଭାଷା ରୂପରେ ପରିଣତ କରିଥାଏ ଏବଂ ପରେ ଏହାର ବିସର୍ଜନ କରିଥାଏ। ଏହି ପ୍ରକ୍ରିୟାର ପ୍ରଥମ ସମୟରେ ଭାଷାବର୍ଗଣାର ପୁଦ୍‌ଗଳ ଗୃହୀତ ହୋଇଥାଏ ଏବଂ ପରବର୍ତ୍ତୀ ସମୟରେ ସେଗୁଡ଼ିକର ନିସର୍ଗ (ବିସର୍ଜନ) ହୋଇଥାଏ। ଦ୍ୱିତୀୟ ସମୟରେ ପୁଣି ନୂତନ ପୁଦ୍‌ଗଳର ଗ୍ରହଣ ତଥା ତୃତୀୟ ସମୟରେ ନିସର୍ଗ ହୋଇଥାଏ। ଏହି ପ୍ରକାରେ ନିରବଚ୍ଛିନ୍ନ ଭାବରେ ପୂର୍ବଗୃହୀତର ନିସର୍ଗ ତଥା ନୂତନର ଗ୍ରହଣ ପ୍ରକ୍ରିୟା ଏକସଙ୍ଗେ ଲାଗିରହେ। ଏହାର ଫଳିତ ହେଉଛି ଯେ ଏକ ସମୟରେ ଗ୍ରହଣ ଓ ନିସର୍ଗ - ଉଭୟ କ୍ରିୟାର ସମ୍ପାଦନ କରାଯାଇଥାଏ। ଏଠାରେ ସ୍ମରଣ ରଖିବାକୁ ହେବ ଯେ ପୂର୍ବ ସମୟରେ ଯାହାକୁ ଗ୍ରହଣ କରାଯାଇଛି, ବର୍ତ୍ତମାନ ସମୟରେ ତାହାର ବିସର୍ଜନ ହୋଇଥାଏ ତଥା ଏହି ବର୍ତ୍ତମାନ ସମୟରେ ପୁଣି ନୂଆଁ ପୁଦ୍‌ଗଳର ଗ୍ରହଣ ମଧ୍ୟ ହୋଇଚାଲେ। ଅର୍ଥାତ୍ ଯଦି 'ଅ'ର ନିସର୍ଗ ହେଉଛି, ସେତେବେଳେ 'ବ'ର ଗ୍ରହଣ ମଧ୍ୟ ହେଉଛି। କିନ୍ତୁ ଏକ ସମୟରେ 'ଅ'ର ଗ୍ରହଣ ତଥା 'ଅ'ର ନିସର୍ଗ ସମ୍ଭବ ନୁହେଁ।

ଅନେକାନ୍ତ ସିଦ୍ଧାନ୍ତର ଉଦ୍‌ଭବ ଅନ୍ୟ ସବୁ ମତ-ମତାନ୍ତର ମଧ୍ୟରେ ରହିଥିବା ଏକାନ୍ତବାଦର ପ୍ରତିବାଦ ସକାଶେ ହୋଇନାହିଁ ବରଂ ସତ୍ୟ-ସ୍ୱରୂପର ମୀମାଂସା ଏହାର ଉଦ୍ଦେଶ୍ୟ। ସତ୍‌ର ସ୍ୱରୂପ ଦ୍ରବ୍ୟାର୍ଥିକ ଓ ପର୍ଯ୍ୟାୟାର୍ଥିକ – ଏହି ଦୁଇ ନୟ ଦ୍ୱାରା ବ୍ୟାଖ୍ୟାତ ହୋଇଥାଏ। ନୟ ହେଉଛି ଏକାନ୍ତ। ଏକାନ୍ତ ଦୃଷ୍ଟିର ବିରୋଧ କରିବା ଅନେକାନ୍ତର କାର୍ଯ୍ୟ ନୁହେଁ। ସାପେକ୍ଷ ଏକାନ୍ତ-ଦୃଷ୍ଟି ହେଉଛି ଅନେକାନ୍ତ-ସମ୍ମତ। ଅନେକାନ୍ତ ଦ୍ୱାରା କେବଳ ନିରପେକ୍ଷ ଏକାନ୍ତ ଦୃଷ୍ଟିର ସମୀକ୍ଷା କରାଯାଇଥାଏ। ଏହି ସମୀକ୍ଷା-କାର୍ଯ୍ୟ ମଧ୍ୟଯୁଗ ଦାର୍ଶନିକ ଯୁଗରେ କରାଯାଇଥିଲା। ଆଗମ ଯୁଗରେ ଅନେକାନ୍ତର ଉପଯୋଗ କେବଳ ସତ୍‌ସ୍ୱରୂପର ମୀମାଂସା ପର୍ଯ୍ୟନ୍ତ ସୀମିତ ହୋଇରହିଥିଲା।

ସପ୍ତଭଙ୍ଗୀ

ସତ୍‌ର ଅନେକ ପର୍ଯ୍ୟାୟ ରହିଥାଏ। ପ୍ରତ୍ୟେକ ପର୍ଯ୍ୟାୟର ସ୍ୱରୂପ ନିର୍ଦ୍ଧାରଣ କରିବା ପାଇଁ ତିନୋଟି ବିକଳ୍ପ 'ଭଙ୍ଗ' ରଚନା କରାଯାଇଛି – ଅସ୍ତି, ନାସ୍ତି ଏବଂ ଅବକ୍ତବ୍ୟତା। ଏହି ତ୍ରିଭଙ୍ଗୀ ଦ୍ୱାରା ସତ୍‌ର ସ୍ୱରୂପର ପ୍ରତିପାଦନ କରାଯାଇଥାଏ। ଯଥା–ଦ୍ୱିପ୍ରଦେଶୀ ସ୍କନ୍ଧ (ଦ୍ୱ୍ୟଣୁକ)ର ଦୁଇ ଅଂଶ। 'ତାହା ନିଜ ସ୍ୱରୂପ ଅପେକ୍ଷାରେ ସତ୍ ଓ ପର-ସ୍ୱରୂପ ଅପେକ୍ଷାରେ ଅସତ୍।'

ଆଧୁନିକ ବିଜ୍ଞାନର ଉଦାହରଣ ମାଧ୍ୟମରେ ବୁଝିଲେ ହାଇଡ୍ରୋଜେନ ଏଟମ୍ ମଧ୍ୟରେ ଦୁଇଟି କଣ ରହିଥାଏ – ଇଲେକ୍‌ଟ୍ରୋନ ଋଣାତ୍ମକ ବିଦ୍ୟୁତ୍‌ଯୁକ୍ତ ଥାଇ ଏଟମ୍‌ର ପରିଧିରେ ଗତିଶୀଳ ଥାଏ। ପ୍ରୋଟୋନ ଧନାତ୍ମକ ବିଦ୍ୟୁତ୍ ଯୁକ୍ତ ଥାଇ ଏଟମ୍‌ର କେନ୍ଦ୍ରରେ ସ୍ଥିର ରହିଥାଏ। ଆପଣା ସ୍ୱରୂପ ଅପେକ୍ଷାରେ ଇଲେକ୍‌ଟ୍ରୋନ ସତ୍, ପ୍ରୋଟୋନ ସ୍ୱରୂପ ପରିପ୍ରେକ୍ଷୀରେ ତାହା ଅସତ୍ ହୋଇଯାଏ।

ଏଠାରେ ପ୍ରଶ୍ନ ଉଠିପାରେ – 'ପର ସ୍ୱରୂପ ଅପେକ୍ଷାରେ ଅସତ୍' ହେଉଛି ସାଧାରଣ ତଥ୍ୟ। ଏହାକୁ ସୈଦ୍ଧାନ୍ତିକ ରୂପରେ ପ୍ରତିପାଦନ କରିବାର କୌଣସି ଆବଶ୍ୟକତା ନାହିଁ। ଡ. ଦୟାକୃଷ୍ଣ ପ୍ରଶ୍ନ ଉପସ୍ଥାପନ କରିଛନ୍ତି – ଗୋଟିଏ ନକାରାତ୍ମକ କଥନ ଏତେ ଅଧିକ ବିସ୍ତୃତ ଓ ଦୁର୍ବଳ ଥାଏ ଯେ ବାସ୍ତବିକ ବର୍ଣ୍ଣନ କ୍ଷେତ୍ରରେ ତାହାକୁ ମହତ୍ତ୍ୱପୂର୍ଣ୍ଣ ସ୍ଥାନ ପ୍ରାପ୍ତ ହୁଏନାହିଁ। ଯଥା–ଯଦି ଏକ ଲାଲ ଗୋଲାପ ଭଳି ବସ୍ତୁ ବାସ୍ତବିକ, ଅଥଚ ଆମେ 'ଏହି ଗୋଲାପ ଲାଲ ଅଟେ' ବୋଲି କହିଥାଉଁ, ତେବେ ଆମେ ଏହାମଧ୍ୟରେ ଅନ୍ୟ ସବୁରଙ୍ଗର ଅସ୍ତିତ୍ୱକୁ ନିଷେଧ କରୁଛୁଁ ତଥା 'ହାତୀ ବା ଅସଂଖ୍ୟ ଅନ୍ୟ ପଦାର୍ଥ ମଧ୍ୟରୁ (ଯାହା ସକାଶେ ଗୋଲାପ ଶବ୍ଦର ପ୍ରୟୋଗ କରାଯାଇପାରିବ ନାହିଁ) ଏହା ଅନ୍ୟତମ' – ଏହି କଥାକୁ ବି ଅସ୍ୱୀକାର କରିଥାଉଁ। କିନ୍ତୁ ଯେତେବେଳେ ଆମେ ଏକ ପଦାର୍ଥର ସଂଜ୍ଞା ରୂପରେ ଗୋଲାପ (Rose) ଶବ୍ଦ ବ୍ୟବହାର କରିବା, ସେତେବେଳେ ତାହା ଅସଂଖ୍ୟ ଭିନ୍ନ ପଦାର୍ଥ ନୁହେଁ କହିବାର କୌଣସି ତାତ୍ପର୍ଯ୍ୟ ନାହିଁ। ଏହା ନିଶ୍ଚିତ ଭାବରେ ଅବଧାରିତ ଯେ ଅନ୍ୟ ଶବ୍ଦ, ଗୋଲାପ (Rose) ଶବ୍ଦର ପର୍ଯ୍ୟାୟବାଚୀ ନୁହନ୍ତି। ସେହିପରି ଏହା ମଧ୍ୟ ନିଶ୍ଚିତ ଯେ ଏକ ଭିନ୍ନାର୍ଥକ ବା ଅନେକାର୍ଥକ ଶବ୍ଦ ଗୋଲାପ (Rose) ବିବିଧ ସନ୍ଦର୍ଭରେ ଅନ୍ୟ ଅର୍ଥର ବୋଧ ମଧ୍ୟ ପ୍ରଦାନ କରିଥାଏ।

ଏହି ପ୍ରଶ୍ନର ଉତ୍ତର ଅତି ସଂକ୍ଷେପରେ ଦିଆଯାଇପାରିବ। ଗୋଲାପର ଘଟକ ପରମାଣୁ ସମ୍ପ୍ରତି ଗୋଲାପ ରୂପରେ ପରିଣତ। ସେମାନେ ଅତୀତରେ ଗୋଲାପ ନ ଥିଲେ ଓ ଭବିଷ୍ୟତରେ ମଧ୍ୟ ଗୋଲାପ ହୋଇ ରହିବେ ନାହିଁ। ତେଣୁ ବର୍ତ୍ତମାନର ପର୍ଯ୍ୟାୟର ସନ୍ଦର୍ଭରେ ଗୋଲାପର ଘଟକ ପରମାଣୁ ଗୋଲାପ ଅଟନ୍ତି, ଅତୀତ ଓ ଭବିଷ୍ୟ ଅପେକ୍ଷାରେ ଗୋଲାପ ନୁହନ୍ତି।

ଗୋପୀନାଥ କବିରାଜଙ୍କ ଗୁରୁ ବିଶୁଦ୍ଧାନନ୍ଦଜୀ ସୂର୍ଯ୍ୟ ସାଧନା ଦ୍ୱାରା ଗୋଲାପକୁ ପଥରରେ ତଥା ପଥରକୁ ଗୋଲାପରେ ପରିବର୍ତ୍ତିତ କରିଦେଇପାରୁଥିଲେ।

ଅନ୍ୟ ଉଦାହରଣ ରୂପରେ 'ପାଣି'କୁ ନିଆଯାଇପାରିବ। 'ଏହା ହେଉଛି ପାଣି' – ବର୍ତ୍ତମାନ କାଳୀନ ପର୍ଯ୍ୟାୟରେ - 'ଏହା ହେଉଛି ପାଣି'। ଏହା ମଧ୍ୟରେ ବିଦ୍ୟୁତ୍ ପ୍ରବାହ ଦ୍ୱାରା ଇଲେକ୍‌ଟ୍ରୋଲାଇସିସ୍ କ୍ରିୟା ସମ୍ପାଦନ କରାଗଲେ ଏହି ପାଣି ବାୟୁରେ - ଅକ୍ସିଜେନ୍ ଏବଂ ହାଇଡ୍ରୋଜେନରେ ପରିଣତ ହୋଇପଡ଼ିବ। ଏବେ ଏହା ଜଳ ନୁହେଁ ବାୟୁରେ ପରିବର୍ତ୍ତିତ ହୋଇଛି। ବିପରୀତ କ୍ରିୟା ଦ୍ୱାରା ପୁଣି ତାହାକୁ ଜଳ କରାଯାଇପାରିବ। ବର୍ତ୍ତମାନ ପର୍ଯ୍ୟାୟକୁ ଅଗ୍ରଦୃଷ୍ଟି ଦେଲେ ଗୋଲାପ ଅଥବା ଜଳ ହେଉଛି ସତ୍। ଅତୀତ ବା ଭାବୀ ପର୍ଯ୍ୟାୟ ଦୃଷ୍ଟିରେ ସତ୍ ନୁହେଁ। ତେଣୁ ବିଧି-ନିଷେଧର ପ୍ରତିପାଦନ ତ୍ରୈକାଳିକ ପର୍ଯ୍ୟାୟକୁ ଦୃଷ୍ଟିରେ ରଖି କରାଯାଇଥାଏ।

ତତ୍ତ୍ୱ ମଧ୍ୟରେ ଦୁଇପ୍ରକାର ଶକ୍ତି ନିହିତ ଥାଏ। ଗୋଟିଏ ହେଲା – ଆପଣା ଅସ୍ତିତ୍ୱରେ ବିଦ୍ୟମାନ ରହିପାରିବାର ଶକ୍ତି। ଏହି ଶକ୍ତିର ନାମ ହେଉଛି – ଅଗୁରୁଲଘୁ ଗୁଣ - **ସ୍ୱସ୍ୱରୂପାବିଚଲନତ୍ୱମ୍ ଅଗୁରୁଲଘୁତ୍ୱମ୍** - (ଜୈ.ସି. ଦୀପିକା, ୧/୭୮)। ବିଧି ବାକ୍ୟ ଦ୍ୱାରା ଏହି ଶକ୍ତିର ପ୍ରତିପାଦନ କରାଯାଇଥାଏ।

ଅନ୍ୟ ଶକ୍ତି, ଆପଣା ଅସ୍ତିତ୍ୱକୁ ଅସଂକୀର୍ଣ୍ଣ କରି ରଖିଥାଏ। ଏହାଫଳରେ ପଦାର୍ଥ ସ୍ୱତନ୍ତ୍ର ହୋଇ ରହିପାରିଥାଏ। ଅନ୍ୟ ପଦାର୍ଥମାନଙ୍କଠାରୁ ଅସଂକୀର୍ଣ୍ଣ ଅଥବା ପୃଥକ୍ ହୋଇରହିଥାଏ। ଏହି ଶକ୍ତିର ପ୍ରତିପାଦନ ନିଷେଧ ବାକ୍ୟ ଦ୍ୱାରା କରାଯାଇଥାଏ। ଏହି ପ୍ରକାର ଅନୁଧ୍ୟାନ କରିଲେ ପ୍ରମାଣିତ ହୋଇଥାଏ ଯେ ଅସ୍ତି-ନାସ୍ତି ଅଥବା ବିଧି ବାକ୍ୟ-ନିଷେଧ ବାକ୍ୟ କାଳ୍ପନିକ ନୁହେଁ, ଏମାନଙ୍କ ପ୍ରୟୋଗ ଅନାବଶ୍ୟକ ବି ନୁହେଁ। ଯାହା ରହିଛି ତଥା ଯାହା ରହିନାହିଁ – ଏହି ଦୁଇ କଥାର ପ୍ରତିପାଦନ କେବଳ ବିଧି-ବାକ୍ୟ ଦ୍ୱାରା ହୋଇପାରିବ ନାହିଁ। ଗୋଲାପ ଫୁଲ, ଧାତୁରା ଫୁଲଠାରୁ ଭିନ୍ନ - ଏହା ସାମାନ୍ୟ ବ୍ୟାବହାରିକ ଜ୍ଞାନ ତଥା ଏହାପାଇଁ ଅସ୍ତି-ନାସ୍ତିର ପ୍ରୟୋଗ କରିବା ଆବଶ୍ୟକ ନୁହେଁ। କିନ୍ତୁ ଗୋଲାପ ଫୁଲ, ଧାତୁରା ଫୁଲଠାରୁ ଭିନ୍ନ କାହିଁକି ? ଏହି ପ୍ରଶ୍ନ ମୀମାଂସା କରିବା ସମୟରେ ବିଧିବାକ୍ୟ ଓ ନିଷେଧବାକ୍ୟ ଉଭୟର ଆବଶ୍ୟକତା ପଡ଼ିଥାଏ। ଗୋଲାପ ଓ ଧାତୁରା ଫୁଲର ମୂଳ ଆଧାର ହେଉଛି ଏକମାତ୍ର ପୁଦ୍‌ଗଳାସ୍ତିକାୟ କିନ୍ତୁ ଗୋଲାପ ଫୁଲରେ ଯେଉଁ ପରମାଣୁ ସ୍କନ୍ଧ ସମୂହର ପରିଣମନ ହୋଇଛି, ତାହା ଧାତୁରା ଫୁଲର ପରମାଣୁ ସ୍କନ୍ଧରୁ ଭିନ୍ନ ହୋଇଥାଏ। ତେଣୁ ଗୋଲାପ, ଧାତୁରାଠାରୁ ନିଜର ସ୍ୱତନ୍ତ୍ରତାକୁ ବଜାୟ ରଖିପାରିଛି। ଯଦି ଉଭୟଙ୍କ ପରମାଣୁ ସ୍କନ୍ଧ ସମୂହର ପରିଣମନ ଏକ ପ୍ରକାର ହୋଇଯିବ ତାହାହେଲେ ଗୋଲାପ, ଧାତୁରା ଫୁଲରେ ଏବଂ ଧାତୁରା, ଗୋଲାପ ଫୁଲରେ ସହଜରେ ପରିଣତ ହୋଇଯିବ। ଏହି କାରଣରୁ ଅଭେଦ-ଭେଦ, ଏକତା ଓ ଅନେକତାର ପ୍ରତିପାଦନ କେବଳ ବିଧିବାକ୍ୟ ଦ୍ୱାରା କଦାପି ସମ୍ଭବ ନୁହେଁ।

ଗୋଲାପ ଫୁଲ ମଧ୍ୟ ପୁଦ୍‌ଗଳାସ୍ତିକାୟର ଏକ ପର୍ଯ୍ୟାୟ ମାତ୍ର। ଧାତୁରା ମଧ୍ୟ ପୁଦ୍‌ଗଳାସ୍ତିକାୟର ଏକ ପର୍ଯ୍ୟାୟ। ତେବେ ସମ୍ପ୍ରତି ଦୁଇ ପର୍ଯ୍ୟାୟ ମଧ୍ୟରେ ଭିନ୍ନତା ରହିଛି। ଭବିଷ୍ୟତରେ ଏହା ହୋଇପାରେ ଯେ ଧାତୁରା ଫୁଲ ରୂପରେ ପରିଣତ ପରମାଣୁ ସ୍କନ୍ଧ ଗୋଲାପ ଫୁଲ ରୂପରେ ତଥା ଗୋଲାପ ରୂପରେ ପରିଣତ ପରମାଣୁ ସ୍କନ୍ଧ ଧାତୁରା ରୂପରେ ପରିବର୍ତ୍ତିତ ହୋଇଯିବ। ଏହା ସମ୍ଭବ ହୋଇପାରେ। କିନ୍ତୁ ବର୍ତ୍ତମାନ କ୍ଷଣରେ ଯେଉଁ ପରମାଣୁ ସ୍କନ୍ଧର ଗୋଲାପ ପୁଷ୍ପ ରୂପରେ ପରିଣମନ ହୋଇଛି, ସେସବୁର ଧାତୁରା ଫୁଲ ରୂପରେ ପରିଣତ ପରମାଣୁ ସ୍କନ୍ଧଗୁଡ଼ିକ ସହିତ ରହିଥିବା ପାର୍ଥକ୍ୟ ସ୍ପଷ୍ଟ ନ କରିବା ପର୍ଯ୍ୟନ୍ତ ବସ୍ତୁର ବ୍ୟବସ୍ଥା ହିଁ କରାଯାଇପାରିବ ନାହିଁ। ଜଣେ ସାଧାରଣ ଲୋକ ଦୃଷ୍ଟିରେ ଗୋଲାପ ଓ ଧାତୁରା ପୃଥକ୍-ପୃଥକ୍ ଅଟନ୍ତି ଏହା ସର୍ବବିଦିତ, କିନ୍ତୁ ପରିଣମନ-ସିଦ୍ଧାନ୍ତକୁ ଜାଣୁଥିବା ବ୍ୟକ୍ତିଙ୍କ ଦୃଷ୍ଟିରେ ଦୁହିଁଙ୍କ ମଧ୍ୟରେ ସମସ୍ତ ପ୍ରକାର ପୃଥକତା ନାହିଁ। ଉଭୟ ଗୋଲାପ ଓ ଧାତୁରା ପରମାଣୁ-ସ୍କନ୍ଧର ପରିଣମନ ମାତ୍ର। କିନ୍ତୁ ବର୍ତ୍ତମାନ ଘଟିତ ପରିଣମନ ଭବିଷ୍ୟତରେ ପରିବର୍ତ୍ତିତ ବି ହୋଇପାରିବେ। ତ୍ରୈକାଳିକ ଦୃଷ୍ଟିରେ କହିବା ଉଚିତ ହେବ ଯେ ଧାତୁରା ଫୁଲ ଓ ଗୋଲାପ ଫୁଲ ଉଭୟ ପରମାଣୁ-ସ୍କନ୍ଧରୁ ନିଷ୍ପନ୍ନ ହୋଇଥିବାରୁ, ଦୁହିଁଙ୍କ ମଧ୍ୟରେ ଅଭେଦ ବା ସାମ୍ୟ ରହିଥାଏ। ବର୍ତ୍ତମାନ ପର୍ଯ୍ୟାୟ ସନ୍ଦର୍ଭରେ ଆମେ ଦୁହିଁଙ୍କୁ ଏକରୂପରେ ସ୍ୱୀକାର କରିପାରିବା ନାହିଁ। ତେଣୁ ବିଧି ଓ ନିଷେଧର ବୋଧ ଆମପାଇଁ ଅନିବାର୍ଯ୍ୟ ହୋଇପଡ଼େ।

ଅବକ୍ତବ୍ୟର ବିକଳ୍ପ, ବେଦାନ୍ତର 'ବ୍ରହ୍ମ' ସଦୃଶ ଅନିର୍ବଚନୀୟ ନୁହେଁ, କିନ୍ତୁ ଯେଉଁକ୍ଷଣରେ ବର୍ତ୍ତମାନ ପର୍ଯ୍ୟାୟର ଅସ୍ତିତ୍ୱ ରହିଥାଏ, ସେହିକ୍ଷଣରେ ଭାବୀ ପର୍ଯ୍ୟାୟର ନାସ୍ତିତ୍ୱ ମଧ୍ୟ ରହିଥାଏ। ଏକକ୍ଷଣରେ ଉଭୟଙ୍କୁ ଯୁଗପତ୍ କୁହାଯାଇପାରିବ ନାହିଁ। ତେଣୁ 'ଅବକ୍ତବ୍ୟ' ଏହି ବିକଳ୍ପ ପ୍ରସ୍ତୁତ କରାଯାଇଥାଏ। ଉଭୟଙ୍କୁ ଏକସଂଗେ ଜାଣିହେବ କିନ୍ତୁ ଏକସଂଗେ ବାଣୀରେ ବ୍ୟକ୍ତ କରିହେବ ନାହିଁ ଏହା ବାଗ୍‌ଜନିତ ବିବଶତା ଅଟେ।

ଅହିଂସା-ବିକାଶରେ ଅନେକାନ୍ତ ଦୃଷ୍ଟିର ଅବଦାନ

ଜୈନଧର୍ମର ନାଆଁ ଉପସ୍ଥିତ ହେଲେ ଅହିଂସା ସତେଯେପରି ସାକାର ହୋଇ ଆଖି ସାମନାକୁ ଚାଲିଆସେ। ଅହିଂସାର ଅର୍ଥାତ୍ମା ଜୈନ-ଶବ୍ଦ ସହିତ ଏପରି ଫେଣ୍ଟା-ଫେଣ୍ଟି ହୋଇଯାଇଛି ଯେ ଏମାନଙ୍କ ବିଭାଜନ କରାଯାଇପାରିବ ନାହିଁ। ଜୈନଧର୍ମ ଅର୍ଥାତ୍ ଅହିଂସା ଓ ଅହିଂସା ଅର୍ଥାତ୍ ଜୈନଧର୍ମ - ଲୋକ-ଭାଷାରେ ଏହା ମୁଖର ଏବଂ ବହୁପ୍ରଚଳିତ।

ଧର୍ମ ମାତ୍ରକେ ଅହିଂସାକୁ ସମ୍ମୁଖରେ ଥୋଇ ଗତି କରିଥାନ୍ତି। ଯେଉଁ ଧର୍ମର ମୂଳ ବା ପ୍ରାଥମିକ ତତ୍ତ୍ୱ ଅହିଂସା

ନୁହେଁ, ସେପରି ଧର୍ମଟିଏ ଯେତେ ଖୋଜିଲେ ବି ମିଳିବ ନାହିଁ - ଏହା ସତ୍ୟ। ତାହାହେଲେ ଜୈନ ସହିତ ଅହିଂସାର ଏଭଳି ତାଦାତ୍ମ୍ୟ କାହିଁକି ? ଏହି ସ୍ଥାନରୁ ବିଚାର ଅଗ୍ରଗତି କରିଥାଏ।

ଅହିଂସାର ବିଚାର ଅନେକ ଭୂମିକା ଉପରେ ବିକଶିତ ହୋଇଥାଏ। କାୟିକ, ବାଚିକ ଓ ମାନସିକ ଅହିଂସା ସନ୍ଦର୍ଭରେ ଅନେକ ଧର୍ମ ଅନେକ କଥା କହିଥାନ୍ତି। ସ୍ଥୂଳରୂପରେ ସୂକ୍ଷ୍ମତାର ବୀଜ ପ୍ରାପ୍ତ ନୁହେଁ, ଏପରି କଥା ନୁହେଁ, କିନ୍ତୁ ବୌଦ୍ଧିକ ଅହିଂସା କ୍ଷେତ୍ରରେ ଭଗବାନ ମହାବୀରଙ୍କ ଦ୍ୱାରା ଯେଉଁ ଅନେକାନ୍ତ ଦୃଷ୍ଟିପ୍ରାପ୍ତ ହୋଇଛି, ତାହାହିଁ ଜୈନଧର୍ମ ସହିତ ଅହିଂସାର ଅବିଚ୍ଛିନ୍ନ ସମ୍ବନ୍ଧ ସ୍ଥାପିତ ହେବାର ମୁଖ୍ୟ କାରଣ ସାଜିଥାଏ।

ଭଗବାନ ମହାବୀର ଦେଖିଲେ ହିଂସାର ମୂଳରେ ବିଚାର-ବି ପ୍ରତିପତ୍ତି ରହିଛି। ବୈଚାରିକ ଅସମନ୍ୱୟ ଦ୍ୱାରା ମାନସିକ ଉତ୍ତେଜନା ବଢ଼ିଥାଏ ଏବଂ ପରେ ତାହା ବାଚିକ ଓ କାୟିକ ହିଂସା ରୂପରେ ଅଭିବ୍ୟକ୍ତ ହୋଇଥାଏ। ଶରୀର ଜଡ଼, ବାଣୀ ମଧ ଜଡ଼। ଜଡ଼ ମଧ୍ୟରେ ହିଂସା-ଅହିଂସାର ଭାବ ରହେନାହିଁ। ହିଂସା, ଅହିଂସାର ଉଦ୍‌ଭବଭୂମି ହେଉଛି ମାନସିକ ଚେତନା। ଏହାର ଅନନ୍ତ ଭୂମିକା ରହିଛି।

ପ୍ରତ୍ୟେକ ବସ୍ତୁ ମଧ୍ୟରେ ଅନନ୍ତ ଧର୍ମ ରହିଥାଏ। ସେମାନଙ୍କୁ ଜାଣିବା ସକାଶେ ଅନନ୍ତ ଦୃଷ୍ଟି ରହିଛି। ପ୍ରତ୍ୟେକ ଦୃଷ୍ଟି ହେଉଛି ସତ୍ୟର ଏକ ଅଂଶ। ସବୁଧର୍ମର ବର୍ଗୀକୃତ ରୂପ ହେଉଛି ଅଖଣ୍ଡ ବସ୍ତୁ ଏବଂ ସତ୍ୟାଂଶର ବର୍ଗୀକରଣ ହିଁ ଖଣ୍ଡସତ୍ୟ।

ଅଖଣ୍ଡ ବସ୍ତୁକୁ ଜାଣିବାରେ ଅସୁବିଧା ନାହିଁ କିନ୍ତୁ ଏକ ସମୟରେ ଏକ ଶବ୍ଦ ଦ୍ୱାରା କହିବା ସମ୍ଭବ ନୁହେଁ। ମଣିଷ ଯାହା କହିଥାଏ, ତନ୍ମଧ୍ୟରେ ବସ୍ତୁର ନିର୍ଦ୍ଦିଷ୍ଟ ଏକ ଦିଗର ନିରୂପଣ ହୋଇଥାଏ। ବସ୍ତୁର ଯେତେ ପକ୍ଷ ଥାଏ, ସତ୍ୟ ମଧ ସେତେ ତଥା ଯେତେ ସତ୍ୟ, ଦ୍ରଷ୍ଟାଙ୍କ ବିଚାର ମଧ ସେତେ ହୋଇଥାଏ। ଯେତେ ବିଚାର, ସେତେ ଅପେକ୍ଷା। ଯେତେ ଅପେକ୍ଷା, ସେତିକି କହିବାର ପ୍ରକ୍ରିୟା। ଯେତେ ପ୍ରକାର କଥନଶୈଳୀ, ସେତେ ମତବାଦ। ମତବାଦ ହେଉଛି କେନ୍ଦ୍ରବିନ୍ଦୁ। ଏହାର ପରିଧିରେ ବିବାଦ-ସମ୍ବାଦ, ସଂଘର୍ଷ-ସମନ୍ୱୟ, ହିଂସା-ଅହିଂସା ଆଦି ପରିକ୍ରମା କରିଥାନ୍ତି। ଜଣକ ସହିତ ଅନେକଙ୍କ ସଂବନ୍ଧ ସ୍ଥାପିତ ହୁଏ। ସତ୍ୟ ବା ଅସତ୍ୟର ପ୍ରଶ୍ନ ଛିଡ଼ାହୁଏ। ବାସ୍! ଏହିଠାରୁ ବିଚାର-ସ୍ରୋତ ଦୁଇଧାରାରେ ପ୍ରବାହିତ ହେବା ଆରମ୍ଭ କରିଦିଏ। ୧. ଅନେକାନ୍ତ ବା ସତ୍ - ଏକାନ୍ତ-ଦୃଷ୍ଟି ଅହିଂସା ଏବଂ ୨. ଅସତ୍-ଏକାନ୍ତ-ଦୃଷ୍ଟି-ହିଂସା।

ଗୋଟିଏ ଶବ୍ଦ ବା କଥନ ସତ ନା ମିଛ ପରୀକ୍ଷା କରିବାକୁ ହେଲେ ଏକଦୃଷ୍ଟିରେ ଅନେକ ଧାରା ଦରକାର ପଡ଼ିଥାଏ। ବକ୍ତା, ଯେଉଁ ଶବ୍ଦ କହିଲେ, ସେତେବେଳେ ସେ କେଉଁ ଅବସ୍ଥାରେ ଥିଲେ ? ତାଙ୍କ ଆଖ-ପାଖ ପରିସ୍ଥିତି କିପରି ଥିଲା ? ତାଙ୍କର ଶବ୍ଦ, କେଉଁ ଶବ୍ଦ-ଶକ୍ତି ସହିତ ଅନ୍ୱିତ ଥିଲା ? ବିବକ୍ଷାରେ କାହାର ପ୍ରାଧାନ୍ୟ ରହିଥିଲା ? ଉଦ୍ଦେଶ୍ୟ କ'ଣ ଥିଲା ? କେଉଁ ସାଧ୍ୟକୁ ସଂଗରେ ନେଇ ବଢୁଥିଲେ ? ତାଙ୍କର ଅନ୍ୟସବୁ ନିରୂପଣ ପଦ୍ଧତି କିପରି ଥିଲା ? ତତ୍‌କାଳୀନ ସାମୟିକ ସ୍ଥିତି କିଭଳି ରହିଥିଲା ? ଇତ୍ୟାଦି ଅନେକ ଛୋଟ-ବଡ଼ ବଟକରା ମିଶି ଗୋଟିଏ-ଗୋଟିଏ ଶବ୍ଦକୁ ସତ୍ୟର ତରାଜୁରେ ଓଜନ କରିଥାନ୍ତି।

ସତ୍ୟ ଯେତେ ପରିମାଣରେ ଉପାଦେୟ, ସେତେ ପରିମାଣରେ ଜଟିଳ ଏବଂ ଅପ୍ରକାଶିତ ହୋଇରହିଥାଏ। ଶବ୍ଦ ହିଁ ଏକ-ମାତ୍ର ସାଧନ, ଯାହା ସତ୍ୟକୁ ଆଲୋକ ମଧ୍ୟକୁ ଆଣିପାରିଥାଏ। ତା'ସାହାଯ୍ୟରେ ସତ୍ୟର ଆଦାନ-ପ୍ରଦାନ ହୁଏ। ଶବ୍ଦ, ସ୍ୱୟଂ ସତ୍ୟ ବା ଅସତ୍ୟ ନୁହେଁ। ବକ୍ତାଙ୍କର ପ୍ରବୃତ୍ତି ଦ୍ୱାରା ତାହା ସତ୍ୟ ବା ଅସତ୍ୟ ସହିତ ଯୋଡ଼ିହୋଇଯାଏ। 'ରାତ୍ରି' ଏକ ଶବ୍ଦ, ତାହା ଆପଣଛାଏଁ ସତ ବା ମିଛ କିଛି ନୁହେଁ। ବକ୍ତା ଯଦି ରାତିକୁ ରାତି କହିବେ, ସେହି ଶବ୍ଦ ସତ୍ୟ ତଥା ଯଦି ଦିନକୁ ରାତି କହିବେ, ତେବେ ସେହି ସମାନ ଶବ୍ଦ ଅସତ୍ୟ ହୋଇପଡ଼ିବ। ଯେତେବେଳେ ଶବ୍ଦର ଏହି ସ୍ଥିତି ରହିଛି, ସେତେବେଳେ ଜଣେ ଲୋକ କେବଳ ଶବ୍ଦ ସାହାଯ୍ୟରେ ସତ୍ୟକୁ କିପରି ଗ୍ରହଣ କରିପାରିବ ?

ତେଣୁ ଭଗବାନ ମହାବୀର କହିଛନ୍ତି – 'ପ୍ରତ୍ୟେକ ଧର୍ମ (ବସତ୍‌ବଂଶ)କୁ ସନ୍ଦର୍ଭ ସହିତ ଗ୍ରହଣ କର। ସତ୍ୟ ହେଉଛି ସାପେକ୍ଷ। ଗୋଟିଏ ସତ୍ୟାଂଶ ସହିତ ଲାଗିରହିଥିବା ବା ଛପିରହିଥିବା ଅନେକ ସତ୍ୟାଂଶର

ଉପେକ୍ଷା କରି ଯଦି ଜଣେ ସତ୍ୟକୁ ପାଇବାକୁ ଚାହିଁବ ତେବେ ସେହି ସତ୍ୟାଂଶ ମଧ୍ୟ ଅସତ୍ୟାଂଶରେ ପରିଣତ ହୋଇ ପ୍ରକଟ ହେବ।'

'କାହାରି ପ୍ରତି ଅନ୍ୟାୟ କରିବାରୁ ସର୍ବଥା ବିରତ ହେବା ସହିତ କାହାରି ବିଚାର ସହିତ ବି ଅନ୍ୟାୟ କରନାହିଁ। ସ୍ୱୟଂକୁ ଉପଲବ୍ଧି କରିବା ସଙ୍ଗେ ସଙ୍ଗେ ଅନ୍ୟମାନଙ୍କୁ ମଧ୍ୟ ବୁଝିବାର ଚେଷ୍ଟାକର। ଏହାହିଁ ଅନେକାନ୍ତ ଦୃଷ୍ଟି, ଏହାହିଁ ଅପେକ୍ଷାବାଦ ଏବଂ ଏହାର ନାମ ହେଉଛି ବୌଦ୍ଧିକ ଅହିଂସା।'

ଭଗବାନ ମହାବୀର ଏହାକୁ କେବଳ ଦାର୍ଶନିକ କ୍ଷେତ୍ର ମଧ୍ୟରେ ସୀମିତ ନ ରଖି, ଏହାକୁ ଜୀବନ ବ୍ୟବହାରରେ ଅବତରଣ କରିଥିଲେ। ଚଣ୍ଡକୌଶିକ ସର୍ପର ତୀବ୍ର ଦଂଶନ ସହ୍ୟକରି ଭଗବାନ ଚିନ୍ତା କରିଲେ – 'ଏହି ଜୀବ ଅଜ୍ଞାନ ହୋଇଥିବାରୁ ମୋତେ କାମୁଡ଼ିଲା, ଏହି ଅବସ୍ଥାରେ ମୋର ଏହି ଅଜ୍ଞାନୀ ଜୀବ ପ୍ରତି କ୍ରୋଧ କରିବା ଉଚିତ ହେବ କି ?' ସଂଗମ, ଭଗବାନଙ୍କୁ ଅନେକ ମରଣାନ୍ତକ କଷ୍ଟ ଦେଇଥିଲା। ଭଗବାନ ଭାବିଲେ – 'ମୋହ-ବିକ୍ଷିପ୍ତ ଥିବାରୁ ସଂଗମ ଏପରି ଜଘନ୍ୟ କାର୍ଯ୍ୟ କରିଛି। ମୁଁ ତ ମୋହବିକ୍ଷିପ୍ତ ନୁହେଁ। ତେଣୁ ମୋର କ୍ରୋଧିତ ହେବାର କାରଣ ନାହିଁ।

ଚଣ୍ଡକୌଶିକ ଏବଂ ନିଜ ଭକ୍ତମାନଙ୍କୁ ଭଗବାନ ସମଦୃଷ୍ଟିରେ ଦେଖିଥିଲେ, କାରଣ ତାଙ୍କର ବିଶ୍ୱମୈତ୍ରୀର ଧରାତଳରେ ଚଣ୍ଡକୌଶିକ କଦାପି ଶତ୍ରୁ ହୋଇପାରିବ ନାହିଁ। ଏହି ବୌଦ୍ଧିକ ଅହିଂସା ବିକଶିତ ହେବାର ତୀବ୍ର ଆବଶ୍ୟକତା ରହିଛି।

ସ୍କନ୍ଦକ ସନ୍ନ୍ୟାସୀଙ୍କୁ ଉତ୍ତରଦେଇ ଭଗବାନ ମହାବୀର କହୁଛନ୍ତି - ବିଶ୍ୱ ହେଉଛି ସାନ୍ତ ତଥା ବିଶ୍ୱ ଅନନ୍ତ ମଧ୍ୟ। ଏହି ଅନେକାନ୍ତର ଦାର୍ଶନିକ କ୍ଷେତ୍ରରେ ଉପଯୋଗ ହୋଇଥାଏ। ଏହି ଦୃଷ୍ଟି ବଳରେ ଅନେକ ଦାର୍ଶନିକ ସଂଘର୍ଷକୁ ବଡ଼ ସରଳତାର ସହିତ ସମାଧାନ କରିଦିଆଯାଇପାରିବ। ତେବେ ଏହା ମଧ୍ୟ ମନେ ରଖିବାକୁ ହେବ ଯେ, କଳହର କ୍ଷେତ୍ର କେବଳ ମତବାଦ ନୁହେଁ। ପାରିବାରିକ, ସାମାଜିକ ଏବଂ ରାଜନୀତିକ କୁରୁକ୍ଷେତ୍ର, ଯୁଦ୍ଧ ପାଇଁ ସର୍ବଦା ପ୍ରସ୍ତୁତ ହୋଇରହିଥାଏ। ତନ୍ମଧ୍ୟରେ ଅନେକାନ୍ତ ଦୃଷ୍ଟି-ଲଭ୍ୟ ବୌଦ୍ଧିକ ଅହିଂସାର ବିକାଶ ଘଟିଲେ ଅନେକ ସଂଘର୍ଷ ଟାଳି ଦିଆଯାଇପାରିବ। ଯେଉଁଠାରେ ଭୟ କିମ୍ବା ଦ୍ୱୈଧ ଭାବ ବୃଦ୍ଧି ପାଇଥାଏ, ତା'ର କାରଣ ହେଉଛି ଐକାନ୍ତିକ ଆଗ୍ରହ। ଜଣେ ରୋଗୀ ଯଦି ମିଠାଇକୁ ହାନିକାରକ ବୋଲି କହୁଛି, ସେହି ସ୍ଥିତିରେ ଜଣେ ସ୍ୱସ୍ଥ ଲୋକର ଆଶ୍ଚର୍ଯ୍ୟ ହେବାର କୌଣସି କାରଣ ନାହିଁ। ବରଂ ସେ ଭାବିବା ଉଚିତ - 'କୌଣସି ନିରପେକ୍ଷ ବସ୍ତୁ କେବଳ ଲାଭପ୍ରଦ ବା କେବଳ ହାନିକାରକ ହୋଇପାରିବ ନାହିଁ'। ବ୍ୟକ୍ତିବିଶେଷ ସହିତ ଜଡ଼ିତ ହେଲାପରେ ଲାଭ କିମ୍ବା ହାନିର ପ୍ରସଙ୍ଗଜାତ ହୋଇଥାଏ। ଜଣକ ପାଇଁ ଯାହା ବିଷ, ଅନ୍ୟ ଜଣକ ପାଇଁ ତାହା ଅମୃତ ହୋଇପାରେ। ପରିସ୍ଥିତିର ପରିବର୍ତ୍ତନ ଦ୍ୱାରା କ୍ଷଣକ ପୂର୍ବରୁ ଯାହା ଜଣକ ସକାଶେ ବିଷ ଥିଲା, ସେହି ଲୋକ ପାଇଁ ଅମୃତରେ ପରିବର୍ତ୍ତିତ ହୋଇଯାଏ। ସାମ୍ୟବାଦ, ପୁଞ୍ଜିବାଦକୁ ପସନ୍ଦ କରେନାହିଁ ତଥା ପୁଞ୍ଜିବାଦ, ସାମ୍ୟବାଦକୁ ନାପସନ୍ଦ କରିଥାଏ। ତେବେ ଏହାମଧ୍ୟରେ ଐକାନ୍ତିକତା ଗ୍ରହଣୀୟ ନୁହେଁ। ପ୍ରତ୍ୟେକଙ୍କ ମଧ୍ୟରେ କୌଣସି ନା କୌଣସି ସ୍ୱତନ୍ତ୍ର ବିଶେଷତ୍ୱ ରହିଥାଏ। ଏହି ପ୍ରକାର ଜୈନଧର୍ମ, ପ୍ରତ୍ୟେକ କ୍ଷେତ୍ରରେ ଅହିଂସାକୁ ସଂଗରେ ନେଇ ଚାଲିଆସିଛି।

ତତ୍ତ୍ୱ ଓ ଆଚାର କ୍ଷେତ୍ରରେ ଅନେକାନ୍ତ ଦୃଷ୍ଟି

ଏକାନ୍ତବାଦ, ଆଗ୍ରହ ଅଥବା ସଂକ୍ଲିଷ୍ଟ ମନୋଦଶାର ପରିଣାମ ହୋଇଥିବାରୁ ତାହା ହିଂସା। ଅନେକାନ୍ତ ଦୃଷ୍ଟିରେ ଆଗ୍ରହ କିମ୍ବା ସଂକ୍ଲେଶ ନ ଥାଏ। ତେଣୁ ତାହା ଅହିଂସା। ଜଣେ ସାଧକକୁ ଏହାକୁ ହିଁ ପ୍ରୟୋଗ କରିବାକୁ ହୋଇଥାଏ।

ଏକାନ୍ତ ଦୃଷ୍ଟି ଦ୍ୱାରା ବ୍ୟବହାର ଚାଳନାରେ ବାଧା ସୃଷ୍ଟି ହୋଇଥାଏ। ସେହି କାରଣରୁ ଏକାନ୍ତ ଦୃଷ୍ଟିର ସ୍ୱୀକାର ଅନାଚାର ବୋଲାଇଥାଏ। ଅନେକାନ୍ତ ଦୃଷ୍ଟିରେ ବ୍ୟବହାର ଲୋପ ହେଉନଥିବାରୁ ଏହାକୁ ସ୍ୱୀକାର କରିବା ଆଚାର ରୂପେ ପରିଗଣିତ ହୋଇଥାଏ। ଏମାନଙ୍କ ଅନେକ ସ୍ଥାନର ବର୍ଣ୍ଣନା ସୂତ୍ରକୃତାଂଗରେ ରହିଛି –

୧. ପଦାର୍ଥ କେବଳ ନିତ୍ୟ ବା କେବଳ ଅନିତ୍ୟ – ଏପରି ଭାବିବା ହିଁ ଅନାଚାର। ପଦାର୍ଥ କଥଂଚିତ୍ ନିତ୍ୟ ଏବଂ କଥଂଚିତ୍ ଅନିତ୍ୟ - ଏପରି ଭାବିବା ହେଉଛି ଆଚାର।

୨. ଶାସ୍ତା - ତୀର୍ଥଙ୍କର, ଏହାଙ୍କ ଶିଷ୍ୟ ବା ଭବ୍ୟ, ଏମାନଙ୍କ ଯେ ସର୍ବଥା ଉଚ୍ଛେଦ ହୋଇଯିବ ଅର୍ଥାତ୍ ସଂସାର ଭବ୍ୟଜୀବ ସମୂହରୁ ସମ୍ପୂର୍ଣ୍ଣ ଶୂନ୍ୟ ହୋଇପଡ଼ିବ ଅଥବା ମୋକ୍ଷ ନାମକ କୌଣସି ତତ୍ତ୍ୱ ନାହିଁ - ଏଭଳି ଚିନ୍ତନ ଅନାଚାର ଅଟେ। ଭବସ୍ଥ କେବଳୀ ମୁକ୍ତ ହୋଇଥାଏ ତେଣୁ ଏମାନେ ଶାଶ୍ୱତ ନୁହନ୍ତି କିନ୍ତୁ ପ୍ରବାହ ପରିପ୍ରେକ୍ଷୀରେ କେବଳୀ ସର୍ବଦା ରହିଛନ୍ତି ତେଣୁ ସେମାନେ ଶାଶ୍ୱତ ମଧ୍ୟ ଅଟନ୍ତି - ଏଭଳି ବିଚାର କରିବା ହିଁ ଆଚାର।

୩. ସମସ୍ତ ଜୀବ କେବଳ ବିସଦୃଶ ହିଁ ହୋଇଥାନ୍ତି ଅଥବା ସଦୃଶ ହିଁ ହୋଇଥାନ୍ତି - ଏପରି ମାନ୍ୟତାକୁ ଗ୍ରହଣ କରିବା ହେଉଛି ଅନାଚାର। ଚୈତନ୍ୟ, ଅମୂର୍ତ୍ତତ୍ୱ ଆଦି ଦୃଷ୍ଟିରେ ପ୍ରାଣୀମାନଙ୍କ ମଧ୍ୟରେ ପାରସ୍ପରିକ ସମାନତା ରହିଥାଏ ତଥା କର୍ମ, ଗତି, ଜାତି, ବିକାଶ ଆଦି ଦୃଷ୍ଟିରେ ଏମାନେ ବିଲକ୍ଷଣ ଅଟନ୍ତି - ଏପରି ମାନିବା ଆଚାର ବୋଲାଇଥାଏ।

୪. ସମସ୍ତ ଜୀବ କର୍ମବନ୍ଧରେ ଆବଦ୍ଧ ହୋଇରହିଥିବେ ଅଥବା ସମସ୍ତେ ମୁକ୍ତ ହୋଇପଡ଼ିବେ ଏପରି ଭାବିବା ଅନାଚାର ଅଟେ। କାଳ, ଲବ୍ଧି, ବୀର୍ଯ୍ୟ, ପରାକ୍ରମ ଇତ୍ୟାଦି ସାମଗ୍ରୀ ଲାଭକରି ଜୀବ ମୁକ୍ତହେବ ତଥା ଏହି ସାମଗ୍ରୀ ପ୍ରାପ୍ତ କରିନପାରି କର୍ମଶୃଙ୍ଖଳରେ ଆବଦ୍ଧ ହୋଇରହିଥିବେ - ଏପରି ମାନିବା ହିଁ ଆଚାର।

୫. ଛୋଟ ଓ ବଡ଼ ଜୀବମାନଙ୍କୁ ମାରିବାରେ ପାପ ଏକ ସମାନ ଲାଗିଥାଏ ଅଥବା ଏକ ସମାନ ଲାଗିନଥାଏ - ଏପରି ଭାବିବା ଅନାଚାର ଅଟେ। ହିଂସାରେ ବନ୍ଧ ଦୃଷ୍ଟିରୁ ସାଦୃଶ୍ୟ ରହିଥାଏ କିନ୍ତୁ ଏହି ବନ୍ଧର ମନ୍ଦତା ବା ତୀବ୍ରତା ଦୃଷ୍ଟିରୁ ଅସାଦୃଶ୍ୟ ବି ରହିପାରିବ - ଏପରି ମାନିବା ହିଁ ଆଚାର।

୬. ଆଧାକର୍ମ ଆହାର ଖାଇବା ଫଳରେ ମୁନି ଅବଶ୍ୟ କର୍ମ ଲିପ୍ତ ହୋଇଥାନ୍ତି ଅଥବା କଦାପି କର୍ମଲିପ୍ତ ହୁଅନ୍ତି ନାହିଁ - ଏପରି ମାନ୍ୟତା ଅନାଚାର ଅଟେ। ଭଲକରି ଜାଣି ଓ ବୁଝିଲା ପରେ ବି ଆଧାକର୍ମ ଆହାର ଖାଇବା ଦ୍ୱାରା ମୁନି ନିଶ୍ଚିତ ଭାବରେ କର୍ମ ଲିପ୍ତ ହୋଇଥାନ୍ତି, କିନ୍ତୁ ଶୁଦ୍ଧନୀତିରେ ବ୍ୟବହାର-ବିଶୁଦ୍ଧ ଜାଣିଲା ପରେ ଗ୍ରହଣ କରିଥିବା ଆଧାକର୍ମ ଆହାର ଖାଇବା ଦ୍ୱାରା ଲିପ୍ତ ନ ହୋଇପାରନ୍ତି - ଏପରି ମାନିବା ହିଁ ଆଚାର।

୭. ସ୍ଥୁଳ ଏବଂ ସୂକ୍ଷ୍ମ ଶରୀର କେବଳ ଅଭିନ୍ନ ଅଥବା କେବଳ ଭିନ୍ନ ହିଁ ହୋଇଥାନ୍ତି – ଏପରି ଭାବିନେବା ଅନାଚାର ଅଟେ। ଏହି ଶରୀରଗୁଡ଼ିକର ଘଟକ ବର୍ଗଣା ସବୁ ଭିନ୍ନ ହୋଇଥିବାରୁ ଉଭୟେ ଭିନ୍ନ ହୋଇଥାନ୍ତି ଏବଂ ଏକ ଦେଶ-କାଳରେ ଉପଲବ୍ଧ ହେଉଥିବାରୁ ସ୍ଥୁଳ ଓ ସୂକ୍ଷ୍ମ ଶରୀର ମଧ୍ୟରେ ଅଭିନ୍ନତା ବି ରହିଛି - ଏପରି ମାନିବା ହିଁ ଆଚାର।

୮. ସର୍ବତ୍ର ବୀର୍ଯ୍ୟ ରହିଛି, ସମସ୍ତେ ସବୁ ଜାଗାରେ ଅଛନ୍ତି, ସର୍ବ ସର୍ବାତ୍ମକ ଅଟନ୍ତି, କାରଣ ମଧ୍ୟରେ କାର୍ଯ୍ୟର ସର୍ବଥା ସଦ୍‌ଭାବ ରହିଥାଏ ଅଥବା ସମସ୍ତଙ୍କ ମଧ୍ୟରେ ସମସ୍ତଙ୍କ ଶକ୍ତି ନ ଥାଏ - କାରଣ ମଧ୍ୟରେ କାର୍ଯ୍ୟର ସର୍ବଥା ଅଭାବ ଥାଏ - ଏପରି ଭାବିବା ଅନାଚାର ଅଟେ। ଅସ୍ତିତ୍ୱ ଆଦି ସାମାନ୍ୟ ଧର୍ମ ସନ୍ଦର୍ଭରେ ପଦାର୍ଥ ଏକ ସର୍ବାତ୍ମକ ବି ହୋଇଥାଏ ଏବଂ କାର୍ଯ୍ୟ-ବିଶେଷ ଗୁଣ ଆଦି ଦୃଷ୍ଟିରେ ଅ-ସର୍ବାତ୍ମକ ଅର୍ଥାତ୍ ଭିନ୍ନ ମଧ୍ୟ ହୋଇଥାଏ। କାରଣ ମଧ୍ୟରେ କାର୍ଯ୍ୟର ସଦ୍‌ଭାବ ବି ଥାଏ ଏବଂ ଅସଦ୍‌ଭାବ ବି ରହିପାରିବ - ଏପରି ମାନ୍ୟତା ହିଁ ଆଚାର ବୋଲାଇଥାଏ।

୯. କୌଣସି ପୁରୁଷ କେବଳ କଲ୍ୟାଣବାନ ଅଟନ୍ତି ଅଥବା କେବଳ ପାପୀ ଅଟନ୍ତି - ଏପରି କହିବା ଉଚିତ ନୁହେଁ। ଏକାନ୍ତତଃ କୌଣସି ମଣିଷ ବି ପୁଣ୍ୟଶାଳୀ ବା ପାପୀ ହୋଇପାରିବ ନାହିଁ।

୧୦. ଜଗତ୍ ହେଉଛି ନିଶ୍ଚିତ ଭାବରେ ଦୁଃଖର ରୂପ ମାତ୍ର - ଏପରି କହିବା ଯଥାର୍ଥ ନୁହେଁ ମଧ୍ୟସ୍ଥ ଦୃଷ୍ଟିଯୁକ୍ତ ମଣିଷ ଏହି ତଥାକଥିତ ଦୁଃଖମୟ ସଂସାରରେ ପରମସୁଖ ପ୍ରାପ୍ତ କରିଥାନ୍ତି।

ଭଗବାନ ମହାବୀର ତତ୍ତ୍ୱ ଓ ଆଚାର ଉଭୟ କ୍ଷେତ୍ରରେ ଅନେକାନ୍ତ-ଦୃଷ୍ଟିର ଉପଯୋଗ କରି ବିଶ୍ଳେଷଣ କରିଥିଲେ। ଏହି କ୍ଷେତ୍ରରେ ଏକାନ୍ତ ଦୃଷ୍ଟି ସମ୍ବଳିତ ବିଚାର ମାନସ-ସଂକ୍ଲେଶ ଅଥବା ଆଗ୍ରହର ହେତୁ ସାଜିଥାଏ।

ଅହିଂସା ଓ ସଂକ୍ଲେଶର ଜନ୍ମଜାତ ବିରୋଧ ରହିଛି। ତେଣୁ ଅହିଂସାକୁ ପଲ୍ଲବିତ କରିବା ସକାଶେ ଅନେକାନ୍ତ ଦୃଷ୍ଟି ପରମ ଆବଶ୍ୟକ। ଅଧ୍ୟାତ୍ମବାଦୀ ଦର୍ଶନର ମୂଳ ଲକ୍ଷ୍ୟ ହେଉଛି – ବନ୍ଧ ଓ ମୋକ୍ଷର ମୀମାଂସା। ବନ୍ଧ, ବନ୍ଧ-କାରଣ, ମୋକ୍ଷ ଓ ମୋକ୍ଷ-କାରଣ - ଏହି ଚତୁଷ୍ଟୟ, ଅନେକାନ୍ତକୁ ସ୍ୱୀକାର ନ କରିବା ପର୍ଯ୍ୟନ୍ତ ଘଟିତ ହୋଇପାରେ ନାହିଁ। ଅନେକାନ୍ତାମକତା ସହିତ କ୍ରମ-ଅକ୍ରମ ମଧ୍ୟ ବ୍ୟାପ୍ତ ଥାଏ। କ୍ରମ-ଅକ୍ରମରୁ ଅର୍ଥ-କ୍ରିୟା ଏବଂ ଅର୍ଥ-କ୍ରିୟାରୁ ଅସ୍ତିତ୍ୱର ବିସ୍ତାରଣ ଘଟିଥାଏ।

॥ ୧୧ ॥

ନୟବାଦ

ସାପେକ୍ଷ-ଦୃଷ୍ଟି

ପ୍ରତ୍ୟେକ ବସ୍ତୁ ମଧ୍ୟରେ ଅନେକ ବିରୋଧୀ ଧର୍ମ ପ୍ରତୀତ ହୋଇଥାଏ। କିନ୍ତୁ ଅପେକ୍ଷା ବିନା ସେଗୁଡ଼ିକର ବିବେଚନ କରାଯାଇପାରିବ ନାହିଁ। ଅଖଣ୍ଡ ଦ୍ରବ୍ୟକୁ ଜାଣିବା ସମୟରେ ତାହାର ସମଗ୍ରତାକୁ ଜାଣିପାରିହେବ, କିନ୍ତୁ ଏହାଦ୍ୱାରା ବ୍ୟବହାର ରୀତି ନିର୍ବାହ ହୁଏନାହିଁ। ଅଖଣ୍ଡ ଜ୍ଞାନର ଉପଯୋଗ କରାଯାଇପାରିବ। ଅମୁକ ସମୟରେ ଅମୁକ କାର୍ଯ୍ୟ ସକାଶେ ଅମୁକ ବସ୍ତୁ ଧର୍ମର ବ୍ୟବହାର ବା ଉପଯୋଗ ହୋଇଥାଏ, ଅଖଣ୍ଡ ବସ୍ତୁର ନୁହେଁ। ଆମର ସହଜ ଅପେକ୍ଷା ମଧ୍ୟ ଏହିପରି ହୋଇଥାଏ। ଭିଟାମିନ 'ଘ' କମ୍ ଥିବା ଲୋକ ସୂର୍ଯ୍ୟର ଆତାପ ନିଏ। ସେ ବାଳ-ସୂର୍ଯ୍ୟର କିରଣ ଗ୍ରହଣ କରିଥାଏ। ଶରୀର-ବିଜୟ ଦୃଷ୍ଟିରେ ସୂର୍ଯ୍ୟତାପ ସହନ କରୁଥିବା ବ୍ୟକ୍ତି ତରୁଣ-ସୂର୍ଯ୍ୟଙ୍କ ଆତପ ସେବନ କରନ୍ତି। ଭିନ୍ନ-ଭିନ୍ନ ଅପେକ୍ଷା ପଛରେ ପଦାର୍ଥର ଭିନ୍ନ-ଭିନ୍ନ ଉପଯୋଗ ରହିଥାଏ। ପ୍ରତ୍ୟେକ ଉପଯୋଗ ପଛରେ ଆମର ନିଶ୍ଚିତ ଅପେକ୍ଷା ସଂଲଗ୍ନ ଥାଏ। ଯଦି ଅପେକ୍ଷା ନ ଥାନ୍ତା ତେବେ ପ୍ରତ୍ୟେକ ବଚନ ଓ ବ୍ୟବହାର ପରସ୍ପର ବିରୋଧୀ ହୋଇ ଉପସ୍ଥିତ ହେବେ।

ଗୋଟିଏ କାଠ ଖଣ୍ଡର ମୂଲ୍ୟ ଟଙ୍କାଏ ମାତ୍ର, କିନ୍ତୁ ଉତ୍କୀର୍ଣ୍ଣନ ପରେ ତା'ର ମୂଲ୍ୟ ଦଶଟଙ୍କା ହୋଇଯାଏ, ଏହାର କାରଣ କ'ଣ ? ମୂଳ ବସ୍ତୁ କାଠ ବଦଳିନାହିଁ, କିନ୍ତୁ ତା'ର ସ୍ଥିତିରେ ପରିବର୍ତ୍ତନ ଘଟିଛି। ଏହାସହିତ ମୂଲ୍ୟର ସନ୍ଦର୍ଭ ବି ବଦଳିଯାଇଛି। କାଠ ଦୃଷ୍ଟିରେ ତା'ର ମୂଲ୍ୟ ଏବେବି ଏକଟଙ୍କା ମାତ୍ର କିନ୍ତୁ ଖୋଦନ ଦୃଷ୍ଟିରେ ତା'ର ମୂଲ୍ୟ ଏକ ଟଙ୍କା ନ ରହି ଦଶ କିମ୍ବା ଅଧିକ ହୋଇଯାଉଛି। ଏକ ଓ ଦଶର ମୂଲ୍ୟରେ ଢେର ପ୍ରଭେଦ ରହିଛି – କିନ୍ତୁ ଅପେକ୍ଷା ଭେଦକୁ ଆତ୍ମଗତ କରିଲେ ଆଉ ବିରୋଧ ରହିପାରିବ ନାହିଁ।

ଅପେକ୍ଷା ହେଉଛି ଆମର ବୁଦ୍ଧିଗତ ଧର୍ମ। ତାହା ଭେଦରୁ ଜାତ। ମୁଖ୍ୟ ବୃତ୍ତିରେ ଭେଦକୁ ଚାରିପ୍ରକାର ବିଭକ୍ତ କରାଯାଇପାରିବ –

୧. ବସ୍ତୁ-ଭେଦ ୨. କ୍ଷେତ୍ର-ଭେଦ ବା ଆଶ୍ରୟ-ଭେଦ ୩. କାଳ-ଭେଦ ୪. ଅବସ୍ଥା-ଭେଦ।

ତାତ୍ପର୍ଯ୍ୟ ହେଉଛି – ଅର୍ଥ-କ୍ରିୟା ଯେଉଁଠାରେ ରହିଥାଏ ସତ୍ତା ସେହିଠାରେ, କ୍ରମ-ଅକ୍ରମ ଯେଉଁଠାରେ ଅର୍ଥ-କ୍ରିୟା ସେହିଠାରେ ଏବଂ ଅନେକାନ୍ତ ଯେଉଁଠାରେ କ୍ରମ-ଅକ୍ରମ ସେହିଠାରେ ଅବସ୍ଥିତ ଥାଏ। ଜଣେ ଏକାନ୍ତବାଦୀ ବ୍ୟାପକ-ଅନେକାନ୍ତକୁ ମାନିନଥାଏ, ସେତେବେଳେ ବ୍ୟାପ୍ୟ କ୍ରମ-ଅକ୍ରମ ହୁଏନାହିଁ। କ୍ରମ-ଅକ୍ରମ ବିନା କ୍ରିୟା ଓ କାରକ ହୁଏନାହିଁ ଓ କ୍ରିୟା ଓ କାରକ ବିନା ବନ୍ଧ (ବନ୍ଧ, ବନ୍ଧକାରଣ, ମୋକ୍ଷ, ମୋକ୍ଷକାରଣ) ଆଦି

ଚାରିତତ୍ତ୍ୱର ଅସ୍ତିତ୍ୱ ରହେନାହିଁ।[୧] ତେଣୁ ସମସ୍ୟାରୁ ମୁକ୍ତି ପାଇଁ ଅନେକାନ୍ତ ଦୃଷ୍ଟିର ଶରଣ ଅନିବାର୍ଯ୍ୟ ହୋଇଥାଏ। କାଠ-ଖଣ୍ଡର ମୂଲ୍ୟର କଥା ଯାହା ଆମେ କହିଛୁଁ, ତାହା ଅବସ୍ଥା-ଭେଦରୁ ଜାତ ଅପେକ୍ଷା ମାତ୍ର। ଆମେ ଯଦି ଏହି ଅବସ୍ଥା-ଭେଦରୁ ଉତ୍ପନ୍ନ ଅପେକ୍ଷାର ଉପେକ୍ଷା କରିଦେବା, ତେବେ ଭିନ୍ନ-ଭିନ୍ନ ମୂଲ୍ୟ ମଧ୍ୟରେ ସମନ୍ୱୟ ସ୍ଥାପନ କରାଯାଇପାରିବ ନାହିଁ।

ଆମ୍ବ ଋତୁରେ ଆମ୍ବ ଶସ୍ତାଦରରେ ମିଳିଥାଏ। କିନ୍ତୁ ଋତୁ ବିତିଗଲା ପରେ ସେହି ଆମ୍ବର ମୂଲ୍ୟ ବୃଦ୍ଧିପାଏ। ଗୋଟିଏ ବସ୍ତୁର ଦରରେ ହ୍ରାସ-ବୃଦ୍ଧିକୁ ନେଇ ବିକ୍ରେତା ବା ଉପଭୋକ୍ତା କେହି ବି ପରସ୍ପର ଝଗଡ଼ା କରିନଥାନ୍ତି। ସେମାନଙ୍କ ସହଜ ବୁଦ୍ଧିରେ କାଳ-ଭେଦ ଦୃଷ୍ଟିକୋଣ ସମାକୀର୍ଣ୍ଣ ଥାଏ।

କାଶ୍ମୀରରେ କିସମିସ, ବାଦାମ ଆଦି ଶୁଖିଲା ଫଳ ଯେଉଁ ଦରରେ ମିଳିଥାଏ, ଓଡ଼ିଶାରେ ସେହି ଦର ଲାଗୁ ହୋଇନଥାଏ। ତେଣୁ ଜାମ୍ମୁ-କାଶ୍ମୀରର ଲୋକ ଓଡ଼ିଶାକୁ ଆସି ଯଦି ତାଙ୍କ ଦରରେ କିଣିବାକୁ ଜିଦ୍ କରିବେ, ଏହାକୁ ବୁଦ୍ଧିମତ୍ତାର କାମ ବୋଲି କୁହାଯାଇପାରିବ ନାହିଁ। ବସ୍ତୁ ଏକ, ଅନ୍ୱୟ-ଦୃଷ୍ଟି ବି ରହିଛି ବସ୍ତୁର କ୍ଷେତ୍ରାଶ୍ରିତ ପର୍ଯ୍ୟାୟ ଏକ ନୁହେଁ। ଯାହାକୁ ଆମ୍ବ ଦରକାର, ସେ ସିଧା ଆମ୍ବ ପାଖରେ ପହଞ୍ଚିଯାଏ। ଏଠାରେ ଏହି ଦୃଷ୍ଟିକୋଣ ସୃଷ୍ଟି ହୋଇଥାଏ ଯେ ଆମ୍ବ ଅତିରିକ୍ତ ସମସ୍ତ ବସ୍ତୁ ଅଭାବଧର୍ମଯୁକ୍ତ ତଥା ଆମ୍ରପରମାଣୁ ସଦ୍‌ଭାବୀ ଆମ୍ବ ତାହାକୁ ଦରକାର। ଏହି ସାପେକ୍ଷ ଦୃଷ୍ଟି ବିନା ବ୍ୟାବହାରିକ ସମାଧାନ ପ୍ରାପ୍ତ ହୋଇପାରିବ ନାହିଁ।

ଭଗବାନ ମହାବୀରଙ୍କ ସାପେକ୍ଷ-ଦୃଷ୍ଟି

ଅବ୍ୟୁଚ୍ଛେଦ ଦୃଷ୍ଟିରେ ବସ୍ତୁ ହେଉଛି ନିତ୍ୟ, ବ୍ୟୁଚ୍ଛେଦ ଦୃଷ୍ଟିରେ ଅନିତ୍ୟ। ଭଗବାନ ଅବିଚ୍ଛେଦ ଓ ବିଚ୍ଛେଦ ଉଭୟଙ୍କର ସମନ୍ୱୟ କରିଛନ୍ତି। ଫଳସ୍ୱରୂପ ନିଷ୍କର୍ଷ ବାହାରିଥାଏ –

୧. ବସ୍ତୁ ନିତ୍ୟ ନୁହେଁ କି ଅନିତ୍ୟ ମଧ୍ୟ ନୁହେଁ କିନ୍ତୁ ନିତ୍ୟ-ଅନିତ୍ୟର ସମନ୍ୱୟ ମାତ୍ର।

୨. ବସ୍ତୁ ଭିନ୍ନ ନୁହେଁ କି ଅଭିନ୍ନ ମଧ୍ୟ ନୁହେଁ କିନ୍ତୁ ଭେଦ-ଅଭେଦର ସମନ୍ୱୟ ମାତ୍ର।

୩. ବସ୍ତୁ ଏକ ନୁହେଁ କି ଅନେକ ମଧ୍ୟ ନୁହେଁ କିନ୍ତୁ ଏକ-ଅନେକର ସମନ୍ୱୟ ମାତ୍ର।

ଏମାନଙ୍କୁ ବୁଦ୍ଧିଗମ୍ୟ କରିବାକୁ ଯାଇ ସେ ଅନେକ ସନ୍ଦର୍ଭର ବର୍ଗୀକରଣ କରିଛନ୍ତି। ଯଥା– ୧. ଦ୍ରବ୍ୟ, ୨. କ୍ଷେତ୍ର, ୩. କାଳ, ୪. ଭାବ-ପର୍ଯ୍ୟାୟ ବା ପରିଣମନ, ୫. ଭବ, ୬. ସଂସ୍ଥାନ, ୭. ଗୁଣ, ୮. ପ୍ରଦେଶ-ଅବୟବ, ୯. ସଂଖ୍ୟା, ୧୦ ଓଘ ଏବଂ ୧୧. ବିଧାନ।

କାଳ ଓ ବିଶେଷ ଗୁଣକୃତ ଅବିଚ୍ଛିନ୍ନ ନିତ୍ୟ ତଥା କାଳ ଓ କ୍ରମଭାବୀ ଧର୍ମକୃତ ବିଚ୍ଛିନ୍ନ ଅନିତ୍ୟ ହୋଇଥାଏ।

କ୍ଷେତ୍ର ଓ ସାମାନ୍ୟଗୁଣକୃତ ଅବିଚ୍ଛିନ୍ନ ଅଭିନ୍ନ ତଥା କ୍ଷେତ୍ର ଓ ବିଶେଷ ଗୁଣକୃତ ବିଚ୍ଛିନ୍ନ ଭିନ୍ନ ହୋଇଥାଏ।

ବସ୍ତୁ ଓ ସାମାନ୍ୟ ଗୁଣକୃତ ଅବିଚ୍ଛିନ୍ନ ଏକ ତଥା ବସ୍ତୁ ଓ ବିଶେଷ ଗୁଣକୃତ ବିଚ୍ଛିନ୍ନ ଅନେକ ହୋଇଥାଏ।

ବସ୍ତୁର ବିଶେଷ ଗୁଣର (ସ୍ୱତନ୍ତ୍ର ସତ୍ତା ସ୍ଥାପକ ଧର୍ମ) ଜମା ନାଶ ହୁଏନାହିଁ, ତେଣୁ ତାହା ନିତ୍ୟ ଏବଂ କ୍ରମଭାବୀ ଧର୍ମର ସୃଷ୍ଟି ଓ କ୍ଷୟ ଲାଗି ରହିଥିବାରୁ ତାହା ହେଉଛି ଅନିତ୍ୟ। "ତାହା ଅନନ୍ତ ଧର୍ମାତ୍ମକ, ତେଣୁ ସେହି ସମାନ କ୍ଷଣରେ ଗୋଟିଏ ସ୍ୱଭାବରୁ ଉତ୍ପାଦ, ଦ୍ୱିତୀୟ ସ୍ୱଭାବରୁ ବିନାଶ ଏବଂ ତୃତୀୟ ସ୍ୱଭାବରୁ ସ୍ଥିତି ଘଟିଥାଏ।"

---

୧. ତତ୍ତ୍ୱାନୁଶାସନ, ୨୪୯-୨୫୧ :
ଅନେକାନ୍ତାତ୍ମକତ୍ୱେନ ବ୍ୟାପ୍ତାବତ୍ର କ୍ରମା କ୍ରମୌ।
ତାଭ୍ୟାମର୍ଥକ୍ରିୟା ବ୍ୟାପ୍ତା, ତୟାସ୍ତିତ୍ୱଂ ଚତୁଷ୍ଟୟେ ॥
ମୂଲ୍ୟବ୍ୟାପ୍ତୁର୍ନିବୃତ୍ତୌତୁ, କ୍ରମାକ୍ରମନିବୃତ୍ତିତଃ।
କ୍ରିୟା-କାରକୟୋର୍ଭଂ ଶାନ୍ନ ସ୍ୟାଦେତଚ୍ଚତୁଷ୍ଟୟମ୍ ॥
ତତୋ ବ୍ୟାପ୍ତଃ ସମସ୍ତସ୍ୟ, ପ୍ରସିଦ୍ଧଶ୍ଚ ପ୍ରମାଣତଃ।
ଚତୁଷ୍ଟୟଂ ସଦ୍-ଇଚ୍ଛାଦ୍‌ଭିରନେକାନ୍ତୋଽବଗମ୍ୟତାମ୍ ॥

ବସ୍ତୁ ମଧ୍ୟରେ ଏହି ବିରୋଧୀ ଧର୍ମଗୁଡ଼ିକର ସହଜ ସାମଞ୍ଜସ୍ୟ ରହିଛି। ଏହି ଅପେକ୍ଷାଜନ୍ୟ ଦୃଷ୍ଟିକୋଣ ବସ୍ତୁର ବିରୋଧୀ ଧର୍ମଗୁଡ଼ିକୁ ନଷ୍ଟ କରିନଥାଏ। ତାହା ତର୍କବାଦରୁ ଉଦ୍‌ଭୂତ ବିରୋଧର ନାଶ କରିଥାଏ।

ସମନ୍ୱୟର ଦିଶା

ଅପେକ୍ଷାବାଦ, ସମନ୍ୱୟ ଦିଗରେ ଗତି କରିଥାଏ। ଏହାରି ଆଧାରରେ ପରସ୍ପର ବିରୋଧୀ ଜଣାପଡୁଥିବା ବିଚାର ସରଳତାର ସହିତ ସମାହିତ ହୋଇଯାଆନ୍ତି। ମଧ୍ୟଯୁଗୀନ ଦର୍ଶନପ୍ରଣେତାମାନେ ଏ ଦିଗରେ ସ୍ୱଳ୍ପ ମାତ୍ରାରେ ଯାତ୍ରା କରିଥିଲେ। ଏହା ଦୁଃଖର ବିଷୟ। ଜୈନ ଦାର୍ଶନିକମାନେ ନୟବାଦର ଋଣୀ ହେବାସତ୍ତ୍ୱେ 'ଅପେକ୍ଷା'ର ମନଭରି ଉପଯୋଗ କରିପାରିଲେ ନାହିଁ, ଯାହାକି ଅତ୍ୟନ୍ତ କ୍ଷୋଭ ଜାତ କରିଥାଏ। ଏହା ହୋଇପାରିଥିଲେ ସତ୍ୟର ମାର୍ଗ ଏତେ କଣ୍ଟକମୟ ହୋଇନଥାନ୍ତା।

ସମନ୍ୱୟର ଦିଗ ନିର୍ଣ୍ଣୟ କରୁଥିବା ଆଚାର୍ଯ୍ୟମାନେ ଯେ ନ ଥିଲେ, ଏହା କହିବାର ଉଦ୍ଦେଶ୍ୟ ନୁହେଁ। ଦାର୍ଶନିକ ବିବାଦଗୁଡ଼ିକର ସମାଧାନ ସକାଶେ ଅନେକ ଆଚାର୍ଯ୍ୟ ପ୍ରଚୁର ଶ୍ରମ କରିଯାଇଛନ୍ତି। ଏମାନଙ୍କ ମଧ୍ୟରେ ହରିଭଦ୍ର ଆଦି ଅଗ୍ରଗଣ୍ୟ ଅଟନ୍ତି।

ଆଚାର୍ଯ୍ୟ ହରିଭଦ୍ର କର୍ତ୍ତୃତ୍ୱବାଦର ସମନ୍ୱୟ କରିବା ଲକ୍ଷ୍ୟରେ ଲେଖିଯାଇଛନ୍ତି, 'ଆତ୍ମାରେ ପରମ ଐଶ୍ୱର୍ଯ୍ୟ, ଅନନ୍ତ ଶକ୍ତି ଭରିରହିଛି, ତେଣୁ ଆତ୍ମା ହିଁ ଈଶ୍ୱର, ଆତ୍ମା ହିଁ କର୍ତ୍ତା। ଏହି ପ୍ରକାର କର୍ତ୍ତୃତ୍ୱବାଦ ସ୍ୱୟଂ ବ୍ୟବସ୍ଥିତ ହୋଇପଡୁଛି।'[୨]

ଜୈନମାନେ ଈଶ୍ୱରଙ୍କୁ କର୍ତ୍ତାରୂପରେ ସ୍ୱୀକାର କରନ୍ତି ନାହିଁ। ନୈୟାୟିକମାନେ ଈଶ୍ୱର କର୍ତ୍ତୃତ୍ୱକୁ ସ୍ୱୀକାର କରନ୍ତି। ଅନାକାର ଈଶ୍ୱରଙ୍କ ସନ୍ଦର୍ଭରେ ଉଭୟଙ୍କ ମଧ୍ୟରେ କୌଣସି ମତଭେଦ ନାହିଁ। ନୈୟାୟିକ, ଈଶ୍ୱରଙ୍କ ସାକାର ରୂପରେ କର୍ତ୍ତୃତ୍ୱ ଆବିଷ୍କାର କରନ୍ତି, ଅଥଚ ଜୈନ ମନୀଷୀମାନେ ମଣିଷଠାରେ ଈଶ୍ୱର ହୋଇପାରିବାର କ୍ଷମତାର ଆବିଷ୍କାର କରିଥାନ୍ତି। ନୈୟାୟିକମାନଙ୍କ ମତରେ ଈଶ୍ୱରଙ୍କ ସାକାର ଅବତାର ହେଉଛି କର୍ତ୍ତା ତଥା ଜୈନ-ଦୃଷ୍ଟିରେ ଐଶ୍ୱର୍ଯ୍ୟ-ଶକ୍ତି-ସଂପନ୍ନ ମଣିଷ ହେଉଛି କର୍ତ୍ତା। ଏହି ବିନ୍ଦୁରେ ପହଞ୍ଚି ସତ୍ୟ ଅଭିନ୍ନ ହୋଇପଡୁଛି, କେବଳ ବିଚାର-ପଦ୍ଧତିରେ ପାର୍ଥକ୍ୟ ରହିଛି।

ପରିଣାମ, ଫଳ ବା ନିଷ୍କର୍ଷ ଆମ ସାମନାରେ ରହିଥାଏ, ସେମାନଙ୍କ ମଧ୍ୟରେ ବିଶେଷ ବିଚାର-ଭେଦ ନ ଥାଏ। ଅଧିକାଂଶ ମତଭେଦ ନିମିତ୍ତ, ହେତୁ ବା ପରିଣାମ-ସିଦ୍ଧି ପ୍ରକ୍ରିୟାରେ ଦେଖାଦେଇଥାଏ। ଉଦାହରଣ ସ୍ୱରୂପ – ଈଶ୍ୱରଙ୍କ କର୍ତ୍ତୃତ୍ୱରେ ବିଶ୍ୱାସ ରଖୁଥିବା ଲୋକମାନେ ସଂସାରର ଉତ୍ପତ୍ତି, ସ୍ଥିତି ଓ ପ୍ରଳୟକୁ ମାନିଥାନ୍ତି। ଜୈନ ଓ ବୌଦ୍ଧମାନେ ଏହାକୁ ମାନନ୍ତି ନାହିଁ। ଏହି ଦୁଇ ବିଚାରଧାରା ଅନୁସାରେ ଜଗତ୍ ହେଉଛି ଅନାଦି-ଅନନ୍ତ। ଜୈନ-ଦୃଷ୍ଟି ଅନୁସାରେ ଅସତ୍‌ରୁ ସତ୍ ଏବଂ ବୌଦ୍ଧ-ଦୃଷ୍ଟି ଅନୁସାରେ ସତ୍‌ପ୍ରବାହ ବିନା ସତ୍ ଉତ୍ପନ୍ନ ହୋଇନଥାଏ। ଏହାହିଁ ସ୍ଥିତି। ଏଠାରେ ସମସ୍ତେ ଏକ। ଜନ୍ମ ଓ ମୃତ୍ୟୁ, ଉତ୍ପାଦ ଓ ନାଶ ନିରନ୍ତର ଚାଲିରହିଥାଏ, ଏହାକୁ କେହି ବି ଅସ୍ୱୀକାର କରିପାରିବେ ନାହିଁ। ବର୍ତ୍ତମାନ ଭେଦ, କେବଳ ଏମାନଙ୍କ ନିମିତ୍ତ ପ୍ରକ୍ରିୟାରେ ଅବଶେଷ ରହିଛି । ସୃଷ୍ଟିବାଦୀର ସୃଷ୍ଟି, ପାଳନ ଓ ସଂସାରର ନିମିତ୍ତ ହେଉଛନ୍ତି ବ୍ରହ୍ମା, ବିଷ୍ଣୁ ଓ ମହେଶ। ଜୈନମାନେ ପଦାର୍ଥ ମାତ୍ର ମଧ୍ୟରେ ଉତ୍ପାଦ, ବ୍ୟୟ ଓ ଧ୍ରୌବ୍ୟକୁ ସ୍ୱୀକାର କରିଥାନ୍ତି। ପଦାର୍ଥ ମାତ୍ରର ସ୍ଥିତି ସ୍ୱ-ନିମିତ୍ତ ହେତୁ ହିଁ ହୋଇଥାଏ। କିନ୍ତୁ ଉତ୍ପାଦ ଓ ବ୍ୟୟ ସ୍ୱନିମିତ୍ତ ଦ୍ୱାରା ତ' ହୋଇଥାନ୍ତି ତଥା ପରନିମିତ୍ତ ଦ୍ୱାରା ବି ଉତ୍ପାଦ ଓ ବ୍ୟୟ ହୋଇପାରିବ। ବୌଦ୍ଧମାନେ ଉତ୍ପାଦ ଓ ନାଶକୁ ମାନ୍ୟତା ଦେଇଥାନ୍ତି, ସିଧାସିଧା ସ୍ଥିତିକୁ ମାନନ୍ତି ନାହିଁ। ତେବେ ସନ୍ତତି-ପ୍ରବାହ ରୂପରେ ସ୍ଥିତିକୁ ସ୍ୱୀକାର କରିବାକୁ ସେମାନେ ବାଧ୍ୟ ହୋଇଥାନ୍ତି।

---

(୨) ଶାସ୍ତ୍ରବାର୍ତ୍ତା ସମୁଚ୍ଚୟ ପୃ. ୫୭ :
ପାରମୈଶ୍ୱର୍ଯ୍ୟଯୁକ୍ତତ୍ୱାଦ୍ ଆତ୍ମୈବମତ ଈଶ୍ୱରଃ ।
ସ ଚକର୍ତ୍ତେତି ନିର୍ଦୋଷଂ, କର୍ତ୍ତୃବାଦୋ ବ୍ୟବସ୍ଥିତଃ ॥୨୦୭

ସୂକ୍ଷ୍ମ ବା ସ୍ଥୂଳ ରୂପରେ ଜଗତର ଉତ୍ପାଦ, ନାଶ ଓ ଧ୍ରୌବ୍ୟ ଲାଗିରହିଛି – ଏହି କଥାରେ କୌଣସି ମତଭେଦ ନାହିଁ। ଜୈନ ଦୃଷ୍ଟି ଅନୁସାରେ ସତ୍‌ପଦାର୍ଥ ତ୍ରିରୂପ[୩] ଏବଂ ବୈଦିକ ଦୃଷ୍ଟି ଅନୁସାରେ ଈଶ୍ୱର ତ୍ରିରୂପ ଅଟନ୍ତି।[୪] ମତଭେଦ କେବଳ ଏହାର ପ୍ରକ୍ରିୟାରେ ରହିଛି। ନିମିତ୍ତ ବିଚାର ଭେଦରେ ନୈୟାୟିକ, ଏହି ପ୍ରକ୍ରିୟାକୁ 'ସୃଷ୍ଟିବାଦ', ଜୈନ 'ପରିଣାମି-ନିତ୍ୟବାଦ' ଏବଂ ବୌଦ୍ଧ 'ପ୍ରତୀତ୍ୟ-ସମୁତ୍‌ପାଦବାଦ' କହିଥାନ୍ତି। ଏହି କାରଣ-ଭେଦ ପ୍ରତୀକ ପରକ ଅଟେ, ସତ୍ୟ-ପରକ ନୁହେଁ। ପ୍ରତୀକର ନାମ ଓ କଳ୍ପନା ଭିନ୍ନ ହୋଇଥାଏ କିନ୍ତୁ ତଥ୍ୟର ସ୍ୱୀକାରୋକ୍ତି ଭିନ୍ନ ନୁହେଁ। ଏହିଭଳି ଅନେକ ଦାର୍ଶନିକ ତଥ୍ୟ ରହିଛି, ଯାହା ଉପରେ ବିଚାର କରାଗଲେ ସେମାନଙ୍କ କେନ୍ଦ୍ର-ବିନ୍ଦୁ ପୃଥକ-ପୃଥକ ପ୍ରତୀତ ହୁଅନ୍ତି ନାହିଁ।

ଏବେ ଭୌଗୋଳିକ କ୍ଷେତ୍ର ଦେଖାଯାଉ। ପ୍ରାଚ୍ୟ ଭାରତୀୟ ଜ୍ୟୋତିଷ ଅନୁସାରେ ପୃଥିବୀକୁ ସ୍ଥିର ଓ ସୂର୍ଯ୍ୟକୁ ଚର ରୂପରେ ଗ୍ରହଣ କରାଯାଏ। ସୂର୍ଯ୍ୟସିଦ୍ଧାନ୍ତ ଅନୁସାରେ ସୂର୍ଯ୍ୟ ସ୍ଥିର ଅଥଚ ପୃଥିବୀ ହେଉଛି ଚର। କୋପରନିକସ ପୃଥିବୀକୁ ସ୍ଥିର ଓ ସୂର୍ଯ୍ୟକୁ ଚର ବୋଲି ପ୍ରମାଣ କରିଛନ୍ତି । ଆଧୁନିକ ବିଜ୍ଞାନ ସୂର୍ଯ୍ୟକୁ ସ୍ଥିର ଏବଂ ପୃଥିବୀକୁ ଚର କହିଥାଏ। ଆଇନଷ୍ଟାଇନଙ୍କ ଅପେକ୍ଷାବାଦ ଅନୁସାରେ ପୃଥିବୀ ଚର ଓ ସୂର୍ଯ୍ୟ ସ୍ଥିର ଅଥବା ସୂର୍ଯ୍ୟ ଚର ଓ ପୃଥିବୀ ସ୍ଥିର ବୋଲି ନିଶ୍ଚୟପୂର୍ବକ କହିହେବ ନାହିଁ। ବ୍ୟବହାରରେ ସୂର୍ଯ୍ୟକୁ ସ୍ଥିର ଓ ପୃଥିବୀକୁ ଚର କୁହାଯାଇଛି, ତାହା ଆଇନଷ୍ଟାଇନଙ୍କ ମତରେ ଗାଣିତିକ-ସୁବିଧା ମାତ୍ର। ତେଣୁ ଏହି ତଥ୍ୟ ନିଶ୍ଚୟବାଦ ନୁହେଁ, ସୁବିଧାବାଦ। ଗ୍ରହଣ ଆଦି ନିଷ୍କର୍ଷ ଉଭୟ ଗଣିତ ପଦ୍ଧତିରେ ସମାନ ହୋଇଥିବାରୁ ବସ୍ତୁ ସ୍ଥିତିର ନିର୍ଦ୍ଧାରଣ ଇନ୍ଦ୍ରିୟଜ୍ଞାନ ଦ୍ୱାରା ସମ୍ଭବ ନୁହେଁ। ବରଂ ଭାବୀ ପ୍ରତ୍ୟକ୍ଷ ପରିଣାମକୁ ବ୍ୟକ୍ତ କରିବାର ପଦ୍ଧତି ଦୃଷ୍ଟିରେ କାହାରିକୁ ମଧ୍ୟ ଅସତ୍ୟ କହିହେବ ନାହିଁ।

ଧର୍ମ-ସମନ୍ୱୟ

ଧର୍ମ-ଦର୍ଶନ କ୍ଷେତ୍ରରେ ସମନ୍ୱୟର ସଂକେତ କରିବାକୁ ଯାଇ ଜଣେ ଆଚାର୍ଯ୍ୟ ଲେଖିଲେ – 'ସମାଜବ୍ୟବହାର ବା ଦୈନିକବ୍ୟବହାର ପରିପ୍ରେକ୍ଷୀରେ ବୈଦିକ ଧର୍ମ, ଅହିଂସା ବା ମୋକ୍ଷାର୍ଥ ଆଚରଣ ପରିପ୍ରେକ୍ଷୀରେ ଜୈନଧର୍ମ, ଶ୍ରୁତି-ମାଧୁର୍ଯ୍ୟ ବା କରୁଣା ପରିପ୍ରେକ୍ଷୀରେ ବୌଦ୍ଧଧର୍ମ ଏବଂ ଉପାସନା-ପଦ୍ଧତି ବା ଯୋଗ ଦୃଷ୍ଟିରେ ଶୈବଧର୍ମ ହେଉଛି ଶ୍ରେଷ୍ଠ।' ଏହା ସତକଥା। କୌଣସି ତତ୍ତ୍ୱ ବି ସମସ୍ତ ଅର୍ଥରେ ପରିପୂର୍ଣ୍ଣ ହୋଇପାରେ ନାହିଁ। ପଦାର୍ଥର ପୂର୍ଣ୍ଣତା ନିଜ ମର୍ଯ୍ୟାଦା ମଧ୍ୟରେ ହିଁ ହୋଇଥାଏ ତଥା ସେହି ମର୍ଯ୍ୟାଦା ଅପେକ୍ଷାରେ ହିଁ ବସ୍ତୁକୁ ପୂର୍ଣ୍ଣ ବୋଲି ମାନି ନିଆଯାଇପାରିବ। ନିରପେକ୍ଷ ପୂର୍ଣ୍ଣତା ଆମ କଳ୍ପନାର ବସ୍ତୁ ହୋଇପାରେ, ବସ୍ତୁ ସ୍ଥିତି ନୁହେଁ। ଆତ୍ମା ଚରମ ବିକାଶ ଲଭିଲା ପରେ ନିଜର ପୂର୍ଣ୍ଣ ରୂପରେ ପୂର୍ଣ୍ଣତା ପ୍ରାପ୍ତ କରିଥାଏ, ଅଥଚ ଅଚେତନ ପଦାର୍ଥ ପରିପ୍ରେକ୍ଷୀରେ ତାହା ପୂର୍ଣ୍ଣ ନୁହେଁ। ଅଚେତନ ଭାବରେ ପୂର୍ଣ୍ଣ ହେବା ସକାଶେ ତାହାକୁ ସବୁମନ୍ତେ ଅଚେତନ ହେବାକୁ ପଡ଼ିବ, ଏହା ସମ୍ଭବ ନୁହେଁ। ତେଣୁ ଅଚେତନ ସତ୍ତାର ଅଧିକାରୀ କିପରି ହୋଇପାରିବ? ଅଚେତନ, ତା'ର ନିଜର ପରିଧିରେ ପୂର୍ଣ୍ଣ ହୋଇପାରେ। ଆପଣା ପରିଧିରେ ଅନ୍ତିମ ବିକାଶକୁ ପ୍ରାପ୍ତ କରିବା ହିଁ ପୂର୍ଣ୍ଣତା। ଜୈନଧର୍ମ ଯାହାକି ମୋକ୍ଷ-ପୁରୁଷାର୍ଥ ଅଟେ, ମୋକ୍ଷର ଦଶା ଓ ଦିଶା ନିର୍ଦ୍ଧାରଣ କରିବାରେ ତା'ର ପୂର୍ଣ୍ଣତା ସନ୍ନିହିତ ଥାଏ। ଏହି ଦୃଷ୍ଟିରେ ତାହା ଉପାଦେୟ ହୋଇଥାଏ। ସଂସାର ଚଳାଇବା ପାଇଁ ଜୈନଧର୍ମର ସ୍ଥିତି ଗ୍ରହଣଯୋଗ୍ୟ ନୁହେଁ। ତାତ୍ପର୍ଯ୍ୟ ହେଉଛି - ଜୈନଧର୍ମ, ସଂସାରର ସମସ୍ତ

---

(୩) ତତ୍ତ୍ୱାର୍ଥ ସୂତ୍ର, ୫/୨୯ :
ଉତ୍ପାଦବ୍ୟୟ ଧ୍ରୌବ୍ୟଯୁକ୍ତଂ ସତ୍ ।

(୪) (କ) ବିଷ୍ଣୁପୁରାଣ, ୧/୨/୬୬ :
ସୃଷ୍ଟି-ସ୍ଥିତ୍ୟନ୍ତକରଣୀ, ବ୍ରହ୍ମାବିଷ୍ଣୁଶିବାତ୍ମିକା ।
ସଂସଂଜ୍ଞାଂ ଯାତି ଭଗବାନିକ ଏବ ଜନାର୍ଦନଃ ॥

(ଖ) ଋଗ୍‌ବେଦ, ୧/୧୬୪ - ଏକଂ ସତ୍ ବିପ୍ରା ବହୁଧା ବଦନ୍ତି।

ମୋକ୍ଷକୁ ସମ୍ମାନର ସହିତ ଆବଶ୍ୟକ ମଣିଥାଏ କିନ୍ତୁ କେବଳ ସଂସାର ପରିପ୍ରେକ୍ଷୀରେ ଜୈନଧର୍ମର ଅସ୍ତିତ୍ୱର ନିର୍ମାଣ ହୋଇପାରେ ନାହିଁ। କେବଳ ମୋକ୍ଷ ଦ୍ୱାରା ସମାଜର କାମ ଚଳିବ ନାହିଁ, ତେଣୁ ସମାଜ, ଅନେକ ଧର୍ମର ପରିକଳ୍ପନାରେ ନିମଜ୍ଜିତ ରହିବା ସ୍ୱାଭାବିକ।

ଧର୍ମ ଏବଂ ସମାଜର ମର୍ଯ୍ୟାଦା ଓ ସମନ୍ୱୟ

'ଆତ୍ମା ସବୁବେଳେ ଏକୁଟିଆ ହୋଇରହିଥାଏ। ଏକାକୀ ଆସେ, ଏକାକୀ ଯାଏ। ନିଜ ଦ୍ୱାରା କରାଯାଇଥିବା କାର୍ଯ୍ୟର ଏକୁଟିଆ ଫଳ ଭୋଗିଥାଏ।' ମୋକ୍ଷ-ଧର୍ମ ଦୃଷ୍ଟିରୁ ଏହା କୁହାଯାଏ। ସମାଜ-ଦୃଷ୍ଟିରେ ଏହା ଭିନ୍ନ ହୋଇପଡ଼େ। ଏହାର ଆଧାର ହେଉଛି ସହଯୋଗ। ସବୁକିଛି ସହଯୋଗରୁ ଘଟିଥାଏ। ସାମାନ୍ୟତଃ ପ୍ରତୀତ ହୋଇଥାଏ ଯେ ଜଣେ ଲୋକ ଏହି ଦୁଇଟି ପରସ୍ପର ବିରୋଧୀ ଜଣାପଡୁଥିବା ବିଚାରକୁ ନେଇ ଚଳିପାରିବ ନାହିଁ। କିନ୍ତୁ ବସ୍ତୁ ସ୍ଥିତି ଏହା ନୁହେଁ। ଯେଉଁ ଲୋକ ମୋକ୍ଷ-ଧର୍ମ ଅପେକ୍ଷାରେ ଆତ୍ମାର ଏକାକୀପଣ ଏବଂ ସମାଜ ଅପେକ୍ଷାରେ ତାହାର ସମୁଦାୟ ରୂପକୁ ଅଙ୍ଗୀକାର କରି ଅଗ୍ରଗତି କରିଥାଏ, ତାହାହେଲେ ବିରୋଧ ସୃଷ୍ଟି ହୁଏନାହିଁ। ଏହି ଅପେକ୍ଷା ଦୃଷ୍ଟି ଦ୍ୱାରା ଆଚାର୍ଯ୍ୟ ଭିକ୍ଷୁ ନିରୂପଣ କରିଛନ୍ତି - 'ସଂସାର ଓ ମୋକ୍ଷର ମାର୍ଗ ପୃଥକ ହୋଇଥାଏ।'। ମୋକ୍ଷ-ଦର୍ଶନ ପରିପ୍ରେକ୍ଷୀରେ ବ୍ୟକ୍ତିର ଏକାକୀପଣ ହେଉଛି ସତ୍ୟ ତଥା ସମାଜ-ଦର୍ଶନ ପରିପ୍ରେକ୍ଷୀରେ ତାହାର ସାମୁଦାୟିକ ରୂପ ହୋଇଥାଏ ସତ୍ୟ। ସାମୁଦାୟିକତା ଓ ଆତ୍ମ-ସାଧନା ଜଣେ ବ୍ୟକ୍ତି ମଧ୍ୟରେ ଏକସଂଗେ ରହିବାରେ ଆପତ୍ତି ନାହିଁ, କିନ୍ତୁ ଉପାଦାନ ଓ ନିମିତ୍ତ ଏକ ହୋଇପାରିବେ ନାହିଁ। ସେମାନେ ଭିନ୍ନ-ହେତୁକ ତେଣୁ ସେମାନଙ୍କ ଅପେକ୍ଷା ବି ଭିନ୍ନ ହୋଇଥାଏ। ଅପେକ୍ଷା ଭିନ୍ନ ହୋଇଥିବାରୁ ତନ୍ମଧ୍ୟରେ ଅବରୋଧ ଆସିଥାଏ। ଆତ୍ମାର ଏକାକୀପଣର ଦୃଷ୍ଟିକୋଣ ସମାଜ-ବିରୋଧୀ ତଥା ଆତ୍ମାର ସାମୁଦାୟିକ କର୍ମ ବା ଫଳ-ଭୋଗର ଦୃଷ୍ଟିକୋଣ ଧର୍ମ-ବିରୋଧୀ ପ୍ରତୀୟ ହୋଇଥାନ୍ତି। କିନ୍ତୁ ବାସ୍ତବରେ ଉଭୟଙ୍କ ମଧ୍ୟରେ କୌଣସି ବିରୋଧ ନାହିଁ। ଆପଣା ସ୍ୱରୂପ ମର୍ଯ୍ୟାଦାରେ ମଧ୍ୟ କୌଣସି ପ୍ରକାର ବିରୋଧ ନ ଥାଏ। ଅନ୍ୟର ସଂଯୋଗରେ ଯେଉଁ ବିରୋଧର ପ୍ରତୀତି ହୋଇଥାଏ, ଅପେକ୍ଷା-ଭେଦର ତାହା ବିଲୀନ ହୋଇଯାଏ। ଆମେ ଯେତେବେଳେ ଅପେକ୍ଷା ଦୃଷ୍ଟିକୁ ଭୁଲିଯାଇ ଦୁଇଟି ବସ୍ତୁକୁ ଗୋଟିଏ ଦୃଷ୍ଟିରେ ଦେଖିବାର ପ୍ରୟାସ କରିବା - ତାହାହେଲେ ବିରୋଧର ଆଭାସ ହେବା ସ୍ୱାଭାବିକ।

ସମୟାନୁଭୂତିର ତାରତମ୍ୟ ଓ ସାମଞ୍ଜସ୍ୟ

ପ୍ରିୟ ବସ୍ତୁର ସଂଯୋଗ ଘଟିଲେ ବର୍ଷ, ଦିନଭଳି ବିତିଥାଏ ଅଥଚ ଅପ୍ରିୟ ବସ୍ତୁର ସାହଚର୍ଯ୍ୟରେ ଦିନ ମଧ୍ୟ ବର୍ଷ ଭଳି ଲାଗେ - ଏହା ଅନୁଭୂତି-ସାପେକ୍ଷ। ସୁଖ-ଦୁଃଖ ସମାନ ସମୟ କାଳ-ସ୍ୱରୂପ ଅପେକ୍ଷାରେ ସମାନ ବିତିଥାଏ କିନ୍ତୁ ଅନୁଭୂତି ଦୃଷ୍ଟିରେ ଦେଖିଲେ ସେଠାରେ ତାରତମ୍ୟ ଦୃଷ୍ଟିଗୋଚର ହୁଏ। ଅନୁଭୂତିର ତାରତମ୍ୟର ହେତୁ ହେଉଛି - ସୁଖ ଓ ଦୁଃଖର ସଂଯୋଗ। ଏହି ଅପେକ୍ଷାରେ ସମାନ କାଳର ତାରତମ୍ୟ ହେଉଛି ସତ୍ୟ। କାଳ ଗତି ଅପେକ୍ଷା ତୁଲ୍ୟ-କାଳ-ତୁଲ୍ୟ-ଅବଧି ମଧ୍ୟରେ ପୂର୍ଣ୍ଣ ହୋଇଥାଏ - ଏହା ସତ୍ୟ।

ଉପନିଷଦ୍‌ରେ ବ୍ରହ୍ମଙ୍କୁ ଅଣୁଠାରୁ ଅଣୁ ତଥା ମହତ୍‌ଠାରୁ ଅଧିକ ମହତ୍ ବୋଲି ବର୍ଣ୍ଣନା କରାଯାଇଛି। ବ୍ରହ୍ମ ହେଉଛି ସତ୍ କିନ୍ତୁ ତାହା ଅସତ୍ ମଧ୍ୟ। ତାହାଠାରୁ କେହି ପର ନୁହନ୍ତି କି କେହି ଅପର ନୁହନ୍ତି। କେହି ଛୋଟ ନୁହନ୍ତି କି କେହି ବଡ଼ ମଧ୍ୟ ନୁହନ୍ତି।[୫]

ଅପେକ୍ଷା ବିନା ମହାକବି କାଳିଦାସଙ୍କ ନିମ୍ନ ପ୍ରକାରୋକ୍ତି ସତ୍ୟ ହୋଇନଥାନ୍ତା– "ପ୍ରିୟା ପାଖରେ ଥିଲେ ଦିନ ମଧ୍ୟ ଅଣୁଠାରୁ ବି ଅଣୁ ଜଣାପଡ଼େ ଅଥଚ ପ୍ରିୟାର ବିୟୋଗରେ ଦିନ ବୃହତ୍ ଠାରୁ ମଧ୍ୟ ବୃହତ ହୋଇପଡ଼େ।[୬]

---

(୫) କଠୋପନିଷଦ ୧/୨୨୦ : ଅଣୋରଣୀୟାନ୍ ମହତୋ ମହୀୟାନ୍।

(୬) ଯଜ୍ଞୋପବୀତଂ ପରମଂ ପବିତ୍ରଂ କରଣେ ଧୃତ୍ୱା ଶପଥଂ କରୋମି।
ଯୋଗେବିୟୋଗେ ଦିବସଂଙ୍ଗନାୟା, ଅଣୋରଣୀୟାନ୍ ମହତୋ ମହୀୟାନ୍ ॥

ପ୍ରସିଦ୍ଧ ଗଣିତଜ୍ଞ ଆଇନଷ୍ଟାଇନଙ୍କ ପତ୍ନୀ ତାଙ୍କୁ ପଚାରିଲେ – 'ଅପେକ୍ଷାବାଦ କାହାକୁ କୁହାଯାଏ ?'

ଆଇନଷ୍ଟାଇନ ଉତ୍ତର ଦେଇ କହିଲେ – 'ଜଣେ ରୂପବତୀ ତରୁଣୀ ସହିତ କଥା ହେଲେ ବ୍ୟକ୍ତିକୁ ଗୋଟିଏ ଘଣ୍ଟା ଗୋଟିଏ ମିନିଟ ଭଳି ଲାଗିଥାଏ। ଅଥଚ ଜଣେ ଯଦି ଗରମ ଷ୍ଟୋଭ ପାଖରେ ବସେ, ତେବେ ତାହାକୁ ଏକ ମିନିଟ ବି ଏକଘଣ୍ଟା ଭଳି ଦୀର୍ଘ ଜଣାପଡ଼ିଥାଏ – ଏହାହିଁ ହେଉଛି ଅପେକ୍ଷାବାଦ।'(୭)

ବିବେକ ଓ ସମନ୍ୱୟ-ଦୃଷ୍ଟି

ପ୍ରଶ୍ନ ହେଉଛି – ଅମୁକ କର୍ତ୍ତବ୍ୟ ନା ଅକର୍ତ୍ତବ୍ୟ ? ଭଲ ନା ମନ୍ଦ ? ଉପଯୋଗୀ ନା ଅନୁପଯୋଗୀ ? ଅପେକ୍ଷା-ଦୃଷ୍ଟି ବିନା ଏମାନଙ୍କ ବିବେକ କରାଯାଇନପାରେ। ନିର୍ଦ୍ଦିଷ୍ଟ ଦେଶ, କାଳ ଓ ବସ୍ତୁ ଅପେକ୍ଷାରେ ଯାହା କର୍ତ୍ତବ୍ୟ, ଭିନ୍ନ ଦେଶ, କାଳ ଓ ବସ୍ତୁ ଅପେକ୍ଷାରେ ତାହା ଅକର୍ତ୍ତବ୍ୟରେ ପରିଣତ ହେବାରେ ଜମା ଆଶ୍ଚର୍ଯ୍ୟ ନାହିଁ। ନିରପେକ୍ଷ ଦୃଷ୍ଟିରେ କୌଣସି ପଦାର୍ଥ ଭଲ ବା ମନ୍ଦ, ଉପଯୋଗୀ ବା ଅନୁପଯୋଗୀ ହୋଇପାରିବ ନାହିଁ। ଯଦି ଆମ ଦୃଷ୍ଟିରେ କୌଣସି ସ୍ୱତନ୍ତ୍ର ଅପେକ୍ଷା ରହିନାହିଁ, ତାହାହେଲେ ଆମେ କୌଣସି ବସ୍ତୁ ସକାଶେ କିଛି ବିଶେଷ କଥା କହିପାରିବା ନାହିଁ।

ଧନ-ସଂଗ୍ରହ ପରିପ୍ରେକ୍ଷୀରେ ବସ୍ତୁଗୁଡ଼ିକୁ ଦୁର୍ଲଭ କହିବାରେ ଆପତ୍ତି ନାହିଁ କିନ୍ତୁ ନୈତିକତା ଦୃଷ୍ଟିରୁ ତାହା ଗ୍ରହଣୀୟ ନୁହେଁ। ସନ୍ନିପାତ ହୋଇଥିଲେ ମିଶ୍ରିଯୁକ୍ତ କ୍ଷୀର ପିଇବା ନିଷେଧ କିନ୍ତୁ ସ୍ୱସ୍ଥ ଅବସ୍ଥାରେ ତାହା ମନ୍ଦ ନୁହେଁ। ଶୀତକାଳରେ ଉଷ୍ଣ ବସ୍ତ୍ର ଉପାଦେୟ ଅଥଚ ଗ୍ରୀଷ୍ମକାଳରେ ତାହାର ଜମା ଆବଶ୍ୟକତା ବା ଉପଯୋଗିତା ନ ଥାଏ। ସେହିପରି ଗ୍ରୀଷ୍ମଋତୁରେ ଶୀତଳପେୟ ଉପଯୋଗୀ, କିନ୍ତୁ ଶୀତଋତୁରେ ନୁହେଁ। ଶାନ୍ତି-ବେଳାରେ ଗୋଟିଏ ରାଷ୍ଟ୍ରର ଅନ୍ୟ ଏକ ରାଷ୍ଟ୍ର ପ୍ରତି ଯାହା କର୍ତ୍ତବ୍ୟ, ଯୁଦ୍ଧକାଳରେ ତାହା ଅକର୍ତ୍ତବ୍ୟ ବିବେଚିତ ହୋଇଥାଏ। ସମାଜ-ଅପେକ୍ଷାରେ ବିବାହ କରିବା ମଣିଷର କର୍ତ୍ତବ୍ୟ, କିନ୍ତୁ ଆତ୍ମ-ସାଧନା ସନ୍ଦର୍ଭରେ ତାହା କର୍ତ୍ତବ୍ୟ ନୁହେଁ। ଏକ ଦେଶ, ଏକ କାଳ, ଏକ ସ୍ଥିତିରେ ଏକ ଅପେକ୍ଷାରେ ଗୋଟିଏ ନିର୍ଦ୍ଦିଷ୍ଟ କାର୍ଯ୍ୟ ଏକସଂଗେ କର୍ତ୍ତବ୍ୟ ବା ଅକର୍ତ୍ତବ୍ୟ ହୋଇପାରିବ ନାହିଁ। ସେହିଭଳି ଗୋଟିଏ କାମ ସମସ୍ତ ଦୃଷ୍ଟିରୁ କର୍ତ୍ତବ୍ୟ ବା ଅକର୍ତ୍ତବ୍ୟ ହେବ – ଏହା ବି ସତ୍ୟ ନୁହେଁ। କାର୍ଯ୍ୟର କର୍ତ୍ତବ୍ୟ ଓ ଅକର୍ତ୍ତବ୍ୟ ଭାବ ଭିନ୍ନ-ଭିନ୍ନ ଅପେକ୍ଷାରେ ବିଶ୍ଳେଷଣ କରିପାରିଲେ ତନ୍ମଧ୍ୟରେ ସମନ୍ୱୟ ସ୍ଥାପନ ସହଜ ହୋଇଥାଏ।

ଦୁର୍ଦ୍ଦିନରେ ଜଣେ ଗୃହସ୍ଥ ସକାଶେ ଭିକ୍ଷାବୃତ୍ତି ଅବଲମ୍ବନ କରିବା ଜୀବନ-ନିର୍ବାହ ଦୃଷ୍ଟିରେ ଆବଶ୍ୟକ ବା ଉପଯୋଗୀ ହୋଇପାରେ କିନ୍ତୁ ଏପରି କରିବା ଉଚିତ ନୁହେଁ। ଯୋଗବିଦ୍ୟାର ଅଭ୍ୟାସ ମାନସିକ ସ୍ଥିରତା ଦୃଷ୍ଟିରେ ଉତ୍ତମ କିନ୍ତୁ ଆଜୀବିକା ପାଇଁ ଉପାଦେୟ ନୁହେଁ।

ଭକ୍ଷ୍ୟ ଓ ଅଭକ୍ଷ୍ୟ, ଖାଦ୍ୟ ଓ ଅଖାଦ୍ୟ, ଗ୍ରାହ୍ୟ ଓ ଅଗ୍ରାହ୍ୟ ମଧ୍ୟରେ ରହିଥିବା ପାର୍ଥକ୍ୟର ବିବେକ ମଧ୍ୟ ସାପେକ୍ଷ ହୋଇଥାଏ। ଆୟୁର୍ବେଦଶାସ୍ତ୍ରରେ ଋତୁର ଆଦେଶ ଅନୁସାରେ ପଥ୍ୟ ଓ ଅପଥ୍ୟର ବିଶଦ ବିବେଚନ ଏବଂ ଅନୁପାନ ଦ୍ୱାରା ପ୍ରକୃତି-ପରିବର୍ତ୍ତନର ଯେଉଁ ମହାନ ସିଦ୍ଧାନ୍ତ ପ୍ରାପ୍ତ ହୋଇଥାଏ, ତାହା ମଧ୍ୟ କାଳ ଓ ବସ୍ତୁ ଯୋଗ ଆଦି ଦୃଷ୍ଟିକୋଣ ପ୍ରତି କୃତଜ୍ଞ ହୋଇଥାଏ।

ରାଜନୀତିକବାଦ ଓ ଅପେକ୍ଷାଦୃଷ୍ଟି

ରାଜନୀତି କ୍ଷେତ୍ରରେ ଅନେକବାଦ ଚାଲିଆସିଛି। ଦୃଢ଼ଶାସନ ଦୃଷ୍ଟିରୁ ଏକତନ୍ତ୍ର ପଦ୍ଧତି ଉତ୍ତମ କିନ୍ତୁ ଶାସକଙ୍କ ସ୍ୱେଚ୍ଛାଚାରିତା ଅପେକ୍ଷାରେ ତାହା ନିର୍ଦ୍ଦୋଷ ନୁହେଁ।

---

(୭) One interesting story is told about the explanation of relativity. Mrs. Einstein did not understand her husband's theories. One day she asked, "What shall I say is relativity" ? The thinker replied with an unexpected paradox". When a man talks to a pretty girl for an hour it seems to him only a minute but let him sit on a hot stove for only a minute and it is longer than an hour. That is Relativity."

ଲୋକତନ୍ତ୍ରରେ ସ୍ୱେଚ୍ଛାଚାରିତାର ପ୍ରତିକାର ରହିଛି, କିନ୍ତୁ ସେଠାରେ ଦୃଢ଼ ଶାସନର ଅଭାବ ରହିଥାଏ। ଏହି ଦୃଷ୍ଟିରୁ ଏହାକୁ ମଧ୍ୟ ତ୍ରୁଟିପୂର୍ଣ୍ଣ କୁହାଯାଇପାରିବ।

ସାମ୍ୟବାଦର ଉଜ୍ଜ୍ୱଳ ପକ୍ଷ ହେଉଛି – ତାହା ଜୀବନଯାପନର ପଦ୍ଧତିକୁ ସୁଗମ କରିଥାଏ। ଅନ୍ୟ ଦୃଷ୍ଟିରେ ଦେଖିଲେ ବ୍ୟକ୍ତି ଏହି ପଦ୍ଧତିରେ ଯନ୍ତ୍ରବତ୍ ପାଲଟିଯାଏ। ବାଣୀ ଏବଂ ବିଚାର ସ୍ୱାତନ୍ତ୍ର୍ୟ ଅପେକ୍ଷାରେ ଏହା ରୁଚିଗମ୍ୟ ହୋଇପାରୁନାହିଁ।

ରାଷ୍ଟ୍ରହିତ ଅପେକ୍ଷାରେ ରାଷ୍ଟ୍ରବାଦକୁ ଭଲ ବୋଲି ସ୍ୱୀକାର କରାଯାଇପାରେ ଅଥଚ ଅନ୍ୟ ରାଷ୍ଟ୍ରମାନଙ୍କ ପ୍ରତି ଘୃଣା ବା ନ୍ୟୂନତା ଉତ୍ପନ୍ନ କରିବା ଅପେକ୍ଷାରେ ଏହା ଭଲ ନୁହେଁ। ଏହି କଥା ଜାତି, ସମାଜ ଓ ବ୍ୟକ୍ତିତ୍ୱ ପାଇଁ ବି ପ୍ରଯୁଜ୍ୟ ହୋଇଥାଏ।

ପୁଣ୍ୟ-ପାପ, ଧର୍ମ-ଅଧର୍ମ, ସଦାଚାର-ଅସଦାଚାର, ଅହିଂସା-ହିଂସା, ନ୍ୟାୟ-ଅନ୍ୟାୟ - ଏଗୁଡ଼ିକ ସବୁଯାକ ସାପେକ୍ଷ ଅଟନ୍ତି। ଗୋଟିଏ ଅପେକ୍ଷାରେ ଯାହା ପୁଣ୍ୟ ବା ଧର୍ମ, ଅନ୍ୟ ଅପେକ୍ଷାରେ ତାହା ପାପ ଓ ଅଧର୍ମ ବିବେଚିତ ହୋଇଥାନ୍ତି। ପୁଞ୍ଜିବାଦୀ ଅର୍ଥବ୍ୟବସ୍ଥା ଅନୁସାରେ ଭିକାରୀକୁ ଦାନ ଦେବା ପୁଣ୍ୟ ବା ଧର୍ମ କାର୍ଯ୍ୟ କିନ୍ତୁ ସାମ୍ୟବାଦୀ ଅର୍ଥବ୍ୟବସ୍ଥା ଦୃଷ୍ଟିରୁ ଜଣେ ଭିକାରୀକୁ ଦାନ ଦେବା ପୁଣ୍ୟ ବା ଧର୍ମ ନୁହେଁ। ଲୋକ-ବ୍ୟବସ୍ଥା ଦୃଷ୍ଟିରେ ବିବାହ ହେଉଛି ସଦାଚାର କିନ୍ତୁ ଆତ୍ମ-ସାଧନା ପରିପ୍ରେକ୍ଷୀରେ ତାହା ସଦାଚାର ନୁହେଁ ବରଂ ପୂର୍ଣ୍ଣ ବ୍ରହ୍ମଚର୍ଯ୍ୟ ହେଉଛି ସଦାଚାର। ଅନ୍ୟ ଶବ୍ଦରେ କହିବାକୁ ଗଲେ - ସମାଜ ବ୍ୟବସ୍ଥା ସକାଶେ ସହବାସ ଉପଯୋଗୀ ସମସ୍ତ ବ୍ୟାବହାରିକ ନିୟମ ପୁଣ୍ୟ, ଧର୍ମ ବା ସଦାଚାର ଶ୍ରେଣୀ ଅନ୍ତର୍ଗତ ପରିଗଣିତ ହୋଇଥାନ୍ତି କିନ୍ତୁ ମୋକ୍ଷ-ସାଧନା ଦୃଷ୍ଟିରେ ଏପରି ହୁଏନାହିଁ। ଏହି ଅପେକ୍ଷାରେ ଅହିଂସା ହିଁ ଧର୍ମ, ସଦାଚାର ବା ପୁଣ୍ୟକର୍ମ ଶ୍ରେଣୀରେ ଆସିଥାଏ।

ସମାଜ ଦୃଷ୍ଟିରେ ବ୍ୟାପାର, କୃଷି, ଶିଳ୍ପକର୍ମ ଆଦି ଅଳ୍ପ ହିଂସା ବା ଅନିବାର୍ଯ୍ୟ ହିଂସାକୁ ଅହିଂସା ରୂପରେ ସ୍ୱୀକାର କରିବାରେ ଆପତ୍ତି ନାହିଁ କିନ୍ତୁ ଆତ୍ମ-ଧର୍ମ ଦୃଷ୍ଟିରୁ ଏଗୁଡ଼ିକ ଜମା ଅହିଂସା ନୁହନ୍ତି। ଦଣ୍ଡ-ବିଧାନ ଅପେକ୍ଷାରେ ଅପରାଧୀକୁ ତା'ର ଅପରାଧ ଅନୁରୂପ ଦଣ୍ଡ ଦେବା ନ୍ୟାୟସଂଗତ ହୋଇଥାଏ କିନ୍ତୁ ଅଧ୍ୟାତ୍ମ ଅପେକ୍ଷାରେ ତାହା ନ୍ୟାୟ ନୁହେଁ। ଅନ୍ୟ ବ୍ୟକ୍ତିର ଦଣ୍ଡ ଦେବାର ଅଧିକାରକୁ ଅଧ୍ୟାତ୍ମ ଅସ୍ୱୀକାର କରିଥାଏ। ଜଣେ ପାପୀ ଆପଣା ଅନ୍ତଃକରଣକୁ ଶୁଦ୍ଧକରି ପାପର ପ୍ରାୟଶ୍ଚିତ୍ତ କରିପାରିବ।

ପ୍ରବୃତ୍ତି ଓ ନିବୃତ୍ତି

ପ୍ରବୃତ୍ତି ଓ ନିବୃତ୍ତି - ଉଭୟ ହେଉଛନ୍ତି ଆତ୍ମାଶ୍ରିତ ଧର୍ମ। ପରାପେକ୍ଷ ପ୍ରବୃତ୍ତି ଓ ନିବୃତ୍ତି ବୈଭାବିକ ହୋଇଥାନ୍ତି। ସାପେକ୍ଷ ପ୍ରବୃତ୍ତି ଓ ନିବୃତ୍ତି ସ୍ୱାଭାବିକ ହୋଇଥାନ୍ତି। ଆତ୍ମାର କରଣ (ବୀର୍ଯ୍ୟ) ବା ଶରୀର (ଯୋଗ) ସହକୃତ ଯେତେସବୁ ପ୍ରବୃତ୍ତି ହୋଇଥାଏ - ସେଗୁଡ଼ିକ ବୈଭାବିକ ଶ୍ରେଣୀଭୁକ୍ତ। ଗୋଟିଏ କ୍ରିୟାକାଳରେ ଅନ୍ୟ କ୍ରିୟାର ନିବୃତ୍ତି ଥାଏ - ଏହା ସ୍ୱାଭାବିକ ନିବୃତ୍ତି ନୁହେଁ। ସ୍ୱାଭାବିକ ନିବୃତ୍ତି ହେଉଛି ଆତ୍ମାର ବିଭାବରୁ ମୁକ୍ତି-ସଂଯମ। ସହଜପ୍ରବୃତ୍ତି ହେଉଛି ଆତ୍ମାର ପୁଦ୍‌ଗଲ-ନିରପେକ୍ଷ କ୍ରିୟା, ଚିତ୍ ଓ ଆନନ୍ଦର ସହଜ ଉପଯୋଗ।

ଶୁଦ୍ଧ ଆତ୍ମାରେ ପ୍ରବୃତ୍ତି ଓ ନିବୃତ୍ତି ଉଭୟ ସହଜ ହୋଇଥାନ୍ତି। ପଦାର୍ଥର ଯେଉଁ ସହଜ ଧର୍ମ ରହିଛି, ତା'ମଧ୍ୟରେ ଭଲ-ମନ୍ଦ, ହେୟ-ଉପାଦେୟର ପ୍ରଶ୍ନ ଜାତ ହୁଏନାହିଁ। ଏହି ପ୍ରଶ୍ନ ପର-ପଦାର୍ଥ ଦ୍ୱାରା ପ୍ରଭାବିତ ଧର୍ମ ଯୋଗୁଁ ସୃଷ୍ଟି ହୋଇଥାଏ। ବଦ୍ଧ ଆତ୍ମାର ପ୍ରବୃତ୍ତି ପର-ପଦାର୍ଥ ଦ୍ୱାରା ପ୍ରଭାବିତ ହୋଇଥାଏ। ଏପରିସ୍ଥଳରେ ପ୍ରଶ୍ନ ଉଠିଥାଏ - ଏହି ପ୍ରବୃତ୍ତି କେଉଁ ଶ୍ରେଣୀରେ - ଭଲ ନା ମନ୍ଦ ? ହେୟ ନା ଉପାଦେୟ ? ନିବୃତ୍ତି କେଉଁ ଶ୍ରେଣୀର - ଅପ୍ରବୃତ୍ତିରୂପ ନା ବିରତିରୂପ ? ଅପେକ୍ଷାଦୃଷ୍ଟି ବିନା ଏମାନଙ୍କ ଉତ୍ତର ସହଜସାଧ୍ୟ ନୁହେଁ।

ସହଜପ୍ରବୃତ୍ତି ଓ ସହଜନିବୃତ୍ତି - ହେୟ ନୁହନ୍ତି କି ଉପାଦେୟ ମଧ୍ୟ ନୁହନ୍ତି। ଆତ୍ମାର ସ୍ୱରୂପମାତ୍ର। ସ୍ୱରୂପକୁ ତ୍ୟାଗ କରାଯାଇପାରିବ ନାହିଁ ତଥା ବାହାରୁ ମଧ୍ୟ ଆମଦାନୀ କରିହେବ ନାହିଁ। ତେଣୁ ତାହା ହେୟ କିମ୍ବା ଉପାଦେୟ କିପରି ହେବ ?

ବୈଭାବିକ ପ୍ରକୃତି ଦୁଇ ପ୍ରକାର - ସଂଯମ ପ୍ରେରିତ ଓ ଅସଂଯମ ପ୍ରେରିତ। ସଂଯମ-ପ୍ରେରିତ ପ୍ରବୃତ୍ତି ଆତ୍ମାକୁ ସଂଯମ ଦିଗରେ ଅଗ୍ରସର କରିଥାଏ। ତେଣୁ ସାଧନା ଅପେକ୍ଷାରେ ତାହା ଉପାଦେୟ ହୋଇଥାଏ। ଏହା ସର୍ବାଂଶ ମୋକ୍ଷ-ଦୃଷ୍ଟି ଅପେକ୍ଷାରେ ସିଦ୍ଧ ହୋଇଥାଏ। ଲୋକ-ଦୃଷ୍ଟି ସର୍ବାଂଶରେ ତାହାକୁ ସମର୍ଥନ ନ କରିଲେ ବି ଚଳିବ। ଅସଂଯମ-ପ୍ରେରିତ ପ୍ରବୃତ୍ତି ଆତ୍ମାକୁ ବନ୍ଧନ ଆଡ଼କୁ ନେଇଯାଏ। ତେଣୁ ମୋକ୍ଷ-ଅପେକ୍ଷାରେ ତାହା ଉପାଦେୟ ହୋଇପାରିବ ନାହିଁ। ଲୋକ-ଦୃଷ୍ଟି ଏହାର ଉପାଦେୟତାକୁ ସ୍ୱୀକାର କରିଥାଏ। ସଂଯମ-ପ୍ରେରିତ ପ୍ରବୃତ୍ତି ଶୁଦ୍ଧିର ପକ୍ଷଧର ହୋଇଥିବାରୁ ଲୋକ-ଦୃଷ୍ଟିର ବହୁଳାଂଶରେ ସମର୍ଥନ ମିଳିଥାଏ, କିନ୍ତୁ ଅସଂଯମ-ପ୍ରେରିତ ପ୍ରବୃତ୍ତି ମୋକ୍ଷ-ସିଦ୍ଧିର ପକ୍ଷ ହୋଇନଥିବାରୁ ସେ ମୋକ୍ଷ-ଦୃଷ୍ଟିର ଏକାଂଶର ବି ସମର୍ଥନ ପ୍ରାପ୍ତ କରିବାରେ ଅସଫଳ ହୋଇଥାଏ।

ଶରୀର, ବାଣୀ ଓ ମନର (ଯାହା ଆତ୍ମାର ସ୍ୱଭାବ ନ ହୋଇ ବିଭାବ ହୋଇଥାନ୍ତି) ଆଶ୍ରୟ ନେଇଥିବାରୁ ସଂଯମ-ପ୍ରେରିତ ପ୍ରବୃତ୍ତି ବୈଭାବିକ ପରିଗଣିତ ହୋଇଥାଏ। ସାଧକ ଦଶାର ସମାପ୍ତି ସହିତ ଏହି ସ୍ଥିତିର ବି ଅନ୍ତ ଘଟିଥାଏ, ଅର୍ଥାତ୍ ଶରୀର, ବାଣୀ ଓ ମନ ସାହାଯ୍ୟରେ ଘଟିତ ହେଉଥିବା ସଂଯମ-ପ୍ରେରିତ ପ୍ରବୃତ୍ତି ବିଲୀନ ହେବାମାତ୍ରକେ ସାଧ ମିଳିଯାଏ। ଏହା ଅପୂର୍ଣ୍ଣ। ପୂର୍ଣ୍ଣତା ଆଡ଼କୁ ପ୍ରସ୍ଥାନ। ପୂର୍ଣ୍ଣତା କ୍ଷେତ୍ରରେ ଏମାନଙ୍କ କାର୍ଯ୍ୟ ସମାପ୍ତ ହୋଇଯାଏ।

ଅସଂଯମର ଅର୍ଥ ହେଉଛି – ରାଗ, ଦ୍ୱେଷ ଓ ମୋହର ପରିଣତି। ଯେଉଁଠାରେ ରାଗ, ଦ୍ୱେଷ ଓ ମୋହର ପରିଣତି ନାହିଁ, ସେଠାରେ ସଂଯମ ସାର୍ଥକ ହୋଇଥାଏ। ନିବୃତ୍ତିର ଅର୍ଥ କେବଳ 'ନିଷେଧ' ବା 'ନ କରିବା' ନୁହେଁ। 'ନ କରିବା' ହେଉଛି ପ୍ରବୃତ୍ତିର ନିବୃତ୍ତି କିନ୍ତୁ ପ୍ରବୃତ୍ତି କରିବାର ଆନ୍ତରିକ ପ୍ରବୃତ୍ତି (ଅବିରତି)ର ନିବୃତ୍ତି ନୁହେଁ। କ୍ରିୟାର ଦୁଇଟି ପକ୍ଷ-ଅବିରତି ଓ ପ୍ରବୃତ୍ତି। ଅବିରତି ହେଉଛି କ୍ରିୟାର ଅନ୍ତରଙ୍ଗ ପକ୍ଷ। ଶାସ୍ତ୍ରୀୟ ଭାଷାରେ ଏହାକୁ ଅତ୍ୟାଗ ବା ଅସଂଯମ କୁହାଯାଇଥାଏ। ପ୍ରବୃତ୍ତି, ତାହାର ବାହ୍ୟ ବା ସ୍ଥୁଳ ରୂପ ଅଟେ। ଏହାହେଉଛି ଯୋଗାତ୍ମକ କ୍ରିୟା - ଶରୀର, ଭାଷା ଓ ମନ ଦ୍ୱାରା ସମ୍ପାଦିତ ପ୍ରବୃତ୍ତି। ଯେଉଁ କ୍ଷେତ୍ରରେ ପ୍ରବୃତ୍ତି ପଛରେ ଅବିରତିର ପ୍ରେରଣା ରହିଥାଏ (ଅବିରତି ଓ ପ୍ରବୃତ୍ତି ଉଭୟ ସଂଯୁକ୍ତ ହୋଇଥାନ୍ତି), ସେଠାରେ ନିବୃତ୍ତିର ପ୍ରଶ୍ନ ହିଁ ଉଠିନପାରେ। ଯେଉଁଠାରେ ଅବିରତି ଥାଏ ଅଥଚ ପ୍ରବୃତ୍ତି ନ ଥାଏ, ସେଠାରେ ପ୍ରବୃତ୍ତି ଅପେକ୍ଷା (ମାନସିକ, ବାଚିକ, କାୟିକ କର୍ମ ଅପେକ୍ଷାରେ) ନିବୃତ୍ତି ରାଜତ୍ୱ କରିଥାଏ ଏବଂ ଯେଉଁଠାରେ ଅବିରତି-ଶୂନ୍ୟ କେବଳ ପ୍ରବୃତ୍ତି ରହିଥାଏ, ସେଠାରେ ଅବିରତିର ଅପେକ୍ଷାରେ ନିବୃତ୍ତି ତଥା ମନ, ଭାଷା ଓ ଶରୀର ଅପେକ୍ଷାରେ ପ୍ରବୃତ୍ତି ରହିଥାଏ। ଅପୂର୍ଣ୍ଣ ଦଶାରେ ପୂର୍ଣ୍ଣ ନିବୃତ୍ତି ହୁଏନାହିଁ। ଅବିରତି-ନିବୃତ୍ତି ପୂର୍ବକ ଯେଉଁ ପ୍ରବୃତ୍ତି କରାଯାଏ, ତାହାହେଲା ନିବୃତ୍ତିସଂଯମ। ଅବିରତି ଭାବରେ ସ୍ଥୁଳ ପ୍ରବୃତ୍ତିର ନିବୃତ୍ତି ହୋଇଥାଏ, ସେଠାରେ ପ୍ରବୃତ୍ତି ହୁଏନାହିଁ। ଫଳରେ ଅସଂଯମକୁ ପୋଷଣ ମିଳିନଥାଏ। କିନ୍ତୁ ମୂଳତଃ ଅସଂଯମର ସର୍ବଥା ଅଭାବ ରହିନଥିବାରୁ ତାହା ନିବୃତ୍ତି ବା ସଂଯମରେ ପରିଣତ ହୋଇପାରେ ନାହିଁ।

ଶ୍ରଦ୍ଧା ଓ ତର୍କ

ଅତି ଶ୍ରଦ୍ଧାବାଦ ଏବଂ ଅତି ତର୍କବାଦ-ଉଭୟ ମିଥ୍ୟା ଅଟନ୍ତି। ପ୍ରତ୍ୟେକ ତତ୍ତ୍ୱର ଯଥାର୍ଥତା ଆପଣା କ୍ଷେତ୍ର ମଧ୍ୟରେ ରହିଥାଏ। ସେମାନଙ୍କର ନିଜସ୍ୱ ମର୍ଯ୍ୟାଦା ମଧ୍ୟ ରହିଥାଏ।

ଭାବ ଦୁଇ ପ୍ରକାର - ୧. ହେତୁ-ଗମ୍ୟ, ୨. ଅହେତୁ-ଗମ୍ୟ।

ହେତୁ-ଗମ୍ୟ ତର୍କର ବିଷୟ କିନ୍ତୁ ଅହେତୁଗମ୍ୟ ହେଉଛି ଶ୍ରଦ୍ଧାର ବିଷୟ। ତର୍କର କ୍ଷେତ୍ର ସୀମିତ। ଇନ୍ଦ୍ରିୟ-ପ୍ରତ୍ୟକ୍ଷ ହିଁ ଚରମ ବା ପୂର୍ଣ୍ଣ ସତ୍ୟ - ଏହାକୁ ଜଣେ ସତ୍ୟାନ୍ୱେଷକ ସ୍ୱୀକାର କରିନଥାଏ। ଜଣେ ଲୋକକୁ ନିଜ ଜୀବନରେ ଯାହା ସ୍ୱୟଂ ଜ୍ଞାତ ହୋଇଥାଏ, ସେ କେବଳ ସେତେ ପରିମାଣରେ ଜାଣିନଥାଏ, ବରଂ ତା'ଠାରୁ ଅଧିକ କିଛି ବି ଜାଣିଥାଏ। ଅତୀନ୍ଦ୍ରିୟ ଅର୍ଥ ତର୍କର ବିଷୟରେ ପରିଣତ ହୁଏନାହିଁ। ଯଦି ତର୍କ ଦ୍ୱାରା ଅତୀନ୍ଦ୍ରିୟ ପଦାର୍ଥକୁ

ଜାଣିହୁଅନ୍ତା, ତେବେ ବର୍ତ୍ତମାନ ତା'ର ନିର୍ଦ୍ଧାରଣ ହୋଇଯାଇଥାନ୍ତା।[୮] ତର୍କଲାଗି ଯାହା ଅଗମ୍ୟ ହୋଇପଡ଼ିଥିଲା, ବୈଜ୍ଞାନିକ ଅନୁସନ୍ଧାନ ଦ୍ୱାରା ତାହା ଆଜିଗମ୍ୟରେ ପରିଣତ ହୋଇଯାଇଛି। ତଥାପି ସବୁକିଛି ଗମ୍ୟ ବୋଲି କହିହେବନାହିଁ। ଗୋଟିଏ ସମସ୍ୟାର ସମାଧାନ ବାହାରିଲେ ତା'ସହିତ ଅନେକ ନୂତନ ସମସ୍ୟାମାନ ଜାତ ହୋଇଥାନ୍ତି। ଆଜିଠାରୁ ଶହେବର୍ଷ ପୂର୍ବେ ବୈଜ୍ଞାନିକମାନଙ୍କ ସକାଶେ ଶକ୍ତିସ୍ରୋତ ପ୍ରାପ୍ତ କରିବା ଏକ ସମସ୍ୟା ହୋଇରହିଥିଲା। ତା'ର ସମାଧାନ ହେଲା। ନୂଆ ସମସ୍ୟା ସୃଷ୍ଟି ହେଲା – ଶକ୍ତିର ମିତବ୍ୟୟତା ଏବଂ ସଂରକ୍ଷଣ କିପରି କରାଯାଇପାରିବ ? ଏହା ଅଗମ୍ୟ ହୋଇପଡ଼ିଛି। ଅଗମ୍ୟ ଯେତେ ଅଂଶରେ ଗମ୍ୟ ହୋଇପଡ଼େ, ତା'ଠାରୁ ଅଧିକ ଅଗମ୍ୟ ସମ୍ମୁଖରେ ଆସି ଦଣ୍ଡାୟମାନ ହୁଏ।

ଇନ୍ଦ୍ରିୟ ଓ ମନ ବାହାରେ ବି ଜ୍ଞାନ ରହିଛି – ଏହାକୁ ଶୁଦ୍ଧ ତର୍କ ଆଧାରରେ ହୃଦୟଙ୍ଗମ କରାଯାଇପାରିବ ନାହିଁ। କିନ୍ତୁ ଆଖି ବନ୍ଦକରି କିମ୍ବା ଆଖିରେ ବହଳିଆ ଅଟାର ପରତ ଅଥବା ଘଞ୍ଚ ଲୌହ ଆସ୍ତରଣ ସ୍ଥାପିତ କରି ଯେତେବେଳେ ପୁସ୍ତକ ପଢ଼ିବାର ପ୍ରଚେଷ୍ଟା ସଫଳ ହୁଏ, ସେତେବେଳେ ତର୍କବାଦ ଦୋହଲିଯାଏ। ତେଣୁ ଅଧ୍ୟାତ୍ମଯୋଗୀ ଆଚାର୍ଯ୍ୟ ହରିଭଦ୍ର କହିଛନ୍ତି – 'ଶୁଷ୍କତର୍କର ଆଗ୍ରହ ମିଥ୍ୟା ଅଭିମାନ ଜାତ କରିଥାଏ, ତେଣୁ ଜଣେ ମୁମୁକ୍ଷୁ ଏପରି ଆଗ୍ରହ ରଖିବା ଉଚିତ ନୁହେଁ।'[୯]

ଆପଣା ପରିଧିର ବାହାରେ ଶୁଷ୍କତର୍କ ଗତି କରିଥାଏ ଏବଂ ଅତୀନ୍ଦ୍ରିୟ ଜ୍ଞାନର ସାହାଯ୍ୟ ନ ନେଇ ଅତୀନ୍ଦ୍ରିୟ ପଦାର୍ଥର ନିରାକରଣ କରିଥାଏ।

ତର୍କ ବିନା କେବଳ ଶ୍ରଦ୍ଧା ଅନ୍ଧବିଶ୍ୱାସ ଉତ୍ପନ୍ନ କରିଥାଏ। ଶ୍ରଦ୍ଧାର ମଧ୍ୟ ଏକ ସୀମା ରହିଛି। ବୀତରାଗଙ୍କର ବାଣୀ ହିଁ ଶ୍ରଦ୍ଧାର କ୍ଷେତ୍ର ଅଟେ। ତେବେ ବୀତରାଗତା ହେଉଛି ସ୍ୱୟଂ ଏକ ସମସ୍ୟା। ରାଗ-ଦ୍ୱେଷ-ହୀନ ମନୋବୃତ୍ତିରେ ଆଗ୍ରହହୀନତା ରହିବା ସ୍ୱାଭାବିକ। ଆଗ୍ରହହୀନ ବ୍ୟକ୍ତି ମିଥ୍ୟାଭିମାନ ବା ମିଥ୍ୟା-ପ୍ରକାଶନ କରିନଥାଏ, ତେଣୁ ଶ୍ରଦ୍ଧାର କେନ୍ଦ୍ରବିନ୍ଦୁ ହେଉଛି ବୀତରାଗତା। ଆଗ୍ରହହୀନତା ରହିଥିଲେ ବି ଅଜ୍ଞାନ ମଧ୍ୟ ସଂଗରେ ରହିପାରିବ। ଅଜ୍ଞାନ ହେତୁ ସତ୍ୟର ପ୍ରକାଶ ପ୍ରାପ୍ତ ହୁଏନାହିଁ। ଆଗ୍ରହହୀନତାର ସ୍ଥିତିରେ ଅଥଚ ଜ୍ଞାନର ସନ୍ନିଧିରେ ହିଁ ସତ୍ୟର ପ୍ରକାଶ ମିଳିଥାଏ। ଶ୍ରଦ୍ଧା ଓ ତର୍କର ପରସ୍ପର ଉପରେ ନିୟନ୍ତ୍ରଣ ରହିଥିଲେ, ଉଭୟେ ମିଥ୍ୟାବାଦରୁ ରକ୍ଷା ପାଇବାରେ କୃତକାର୍ଯ୍ୟ ହେବେ।

ନୟ-ରହସ୍ୟ ହେଉଛି ଶ୍ରଦ୍ଧା ଓ ତର୍କ ପରସ୍ପର ସାପେକ୍ଷ। ଏହି ପ୍ରକାରେ ପଦାର୍ଥର ସମସ୍ତ କୋଣକୁ ଅପେକ୍ଷାପୂର୍ବକ ଅନୁଶୀଳନ କରିବା ମାଧ୍ୟମରେ ଦୁରାଗ୍ରହର ଗତିକୁ ସହଜ ଶିଥିଳ କରିହେବ।

ସମନ୍ୱୟର ଦୁଇଟି ସ୍ତମ୍ଭ

କେବଳ ବାସ୍ତବିକ ଦୃଷ୍ଟିରେ ସମନ୍ୱୟ କରାଯାଇନଥାଏ। ନିଶ୍ଚୟ ଓ ବ୍ୟବହାର ରୂପକ ତାହାର ଦୁଇଟି ସ୍ତମ୍ଭ। ବ୍ୟବହାର ବସ୍ତୁ ଶରୀରଗତ ସତ୍ୟ ଏବଂ ନିଶ୍ଚୟ ବସ୍ତୁ ଆତ୍ମଗତ ସତ୍ୟ – ଏ ଦୁହେଁ ସମ୍ମିଳିତ ହୋଇ ସତ୍ୟକୁ ପୂର୍ଣ୍ଣ କରିଥାନ୍ତି। ନିଶ୍ଚୟ ନୟର ପ୍ରୟୋଗ ବସ୍ତୁ-ସ୍ଥିତିକୁ ଜାଣିବା ସକାଶେ କରାଯାଏ। ବ୍ୟବହାରନୟ, ବସ୍ତୁର ସ୍ଥୂଳରୂପରେ ଘଟୁଥିବା ଆଗ୍ରହ-ବୃଦ୍ଧିକୁ ଲୋପ କରିଥାଏ। ବସ୍ତୁର ସ୍ଥୂଳ-ରୂପ, ଯାହାକି ଇନ୍ଦ୍ରିୟ-ପ୍ରତ୍ୟକ୍ଷ, ତାହାକୁ ଅନ୍ତିମ ସତ୍ୟ ଭାବିନେବା ଉଚିତ ନୁହେଁ – ଏହାହିଁ ହେଉଛି ସମନ୍ୱୟ ଦୃଷ୍ଟି। ପଦାର୍ଥ ଏକ-ରୂପରେ ପୂର୍ଣ୍ଣ ନୁହେଁ। ତାହା

---

(୮) ଯୋଗଦୃଷ୍ଟି ସମୁଚ୍ଚୟ, ୧୪୬ :
ଜ୍ଞାୟେରନ୍ ହେତୁବାଦେନ, ପଦାର୍ଥ ଯଦ୍ୟତୀନ୍ଦ୍ରିୟାଃ ।
କାଳେ ନୈତାବତା ତେଷାଂ, କୃତସ୍ୟାଦର୍ଥନିର୍ଣ୍ଣୟଃ ॥

(୯) (କ) ଯୋଗଦୃଷ୍ଟିସମୁଚ୍ଚୟ, ୧୪୭ :
ନ ଚୈତଦେବଂ ଯତ୍ତସ୍ମାତ୍ ଶୁଷ୍କତର୍କଗ୍ରହୋ ମହାନ୍ ।
ମିଥ୍ୟାଭିମାନ ହେତୁତ୍ୱାତ୍, ତ୍ୟାଜ୍ୟ ଏବଂ ମୁମୁକ୍ଷିଭିଃ ॥

(ଖ) ଦ୍ୱାତ୍ରିଂଶିକା, ୮/୭ :
ଅନ୍ୟତ ଏବ ଶ୍ରେୟାଂସ୍ୟନ୍ୟତ ଏବ ବିରନ୍ତି ବାଦିବୃଷାଃ ।
ବାକ୍‌ସରମ୍ଭଃ କ୍ୱଚିଦପି, ନ ଜଗାଦ ମୁନିଃ ଶିବୋପାୟମ୍ ॥

ସ୍ୱ-ରୂପରେ ସତ୍ତାତ୍ମକ, ପର-ରୂପରେ ଅସତ୍ତାତ୍ମକ ଥାଇ ପୂର୍ଣ୍ଣତାକୁ ପ୍ରାପ୍ତ କରନ୍ତି। କେବଳ ସତ୍ତାତ୍ମକ ବା କେବଳ ଅସତ୍ତାତ୍ମକ ଅବସ୍ଥାରେ କୌଣସି ପଦାର୍ଥ ପୂର୍ଣ୍ଣ ହୋଇପାରେ ନାହିଁ। ସର୍ବସତ୍ତାତ୍ମକ ବା ସର୍ବ-ଅ-ସତ୍ତାତ୍ମକ ସଦୃଶ କୌଣସି ପଦାର୍ଥ ଜମା ନାହିଁ। ପଦାର୍ଥର ଏହିଭଳି ସ୍ଥିତି, ତେବେ ନୟ ନିରପେକ୍ଷ ହୋଇ ତା'ର ପ୍ରତିପାଦନ କିପରି କରାଯାଇପାରିବ ? ଏହାର ଅର୍ଥ ନୁହେଁ ଯେ ନୟ ଆମକୁ ପୂର୍ଣ୍ଣସତ୍ୟ ପର୍ଯ୍ୟନ୍ତ ପହଞ୍ଚାଇପାରିବ ନାହିଁ। ନୟ ଆମକୁ ପୂର୍ଣ୍ଣ ସତ୍ୟ ଯାଏ ନେଇଯାଇପାରିବେ, କିନ୍ତୁ ସମସ୍ତେ ମିଳିମିଶି ଏହା କରିପାରିବେ। ଗୋଟିଏ ନୟ, ପୂର୍ଣ୍ଣ ସତ୍ୟର ଏକ ଅଂଶମାତ୍ର ହୋଇଥାଏ। ତାହା ଅନ୍ୟ ନୟ-ସାପେକ୍ଷ ରହିଥାଇ ସତ୍ୟାଂଶର ପ୍ରତିପାଦକ ସାଜିଥାଏ।

ନୟ ବା ସଦ୍‌ବାଦ

ଏକଧର୍ମର ସାପେକ୍ଷ ପ୍ରତିପାଦନ କରୁଥିବା ନୟବାକ୍ୟ ହେଉଛି ସଦ୍‌ବାଦ।

ଏକ ଧର୍ମର ନିରପେକ୍ଷ ପ୍ରତିପାଦନ କରୁଥିବା ବାକ୍ୟ ହେଉଛି ଦୁର୍ନୟ।

ଅନୁଯୋଗ ଦ୍ୱାରରେ ଚାରୋଟି ପ୍ରମାଣର ଉଲ୍ଲେଖ କରାଯାଇଛି – ୧. ଦ୍ରବ୍ୟ-ପ୍ରମାଣ, ୨. କ୍ଷେତ୍ର-ପ୍ରମାଣ, ୩. କାଳ-ପ୍ରମାଣ ଏବଂ ୪. ଭାବ-ପ୍ରମାଣ।

ଭାବପ୍ରମାଣର ୩ଟି ଭେଦ ହେଉଛି – ୧. ଗୁଣ-ପ୍ରମାଣ, ୨. ନୟ-ପ୍ରମାଣ, ୩. ସଂଖ୍ୟା-ପ୍ରମାଣ।

ଏକ ଧର୍ମର ଜ୍ଞାନ ଓ ଏକ ଧର୍ମର ବାଚକ ଶବ୍ଦ – ଉଭୟ 'ନୟ' ରୂପରେ ଅଭିହିତ।[୧୦] ଜ୍ଞାନାତ୍ମକ ନୟକୁ 'ନୟ' ଓ ବଚନାତ୍ମକ ନୟକୁ 'ନୟବାକ୍ୟ' ବା 'ସଦ୍‌ବାଦ' କୁହାଯାଇଥାଏ।

ନୟ-ଜ୍ଞାନ ବିଶ୍ଳେଷଣାତ୍ମକ ହୋଇଥିବାରୁ ତାହା ଐନ୍ଦ୍ରେୟିକ ନ ହୋଇ ମାନସିକ ହୋଇଥାଏ। ନୟ ଦ୍ୱାରା ଅନନ୍ତଧର୍ମାତ୍ମକ ବସ୍ତୁର ଏକ ଧର୍ମର ବୋଧ ହୋଇଥାଏ। ଏହାଦ୍ୱାରା ଯେଉଁ ବୋଧ ହୁଏ, ତାହା ଯଥାର୍ଥ ହୋଇଥିବାରୁ ତାହା ନିଶ୍ଚିତ ଭାବରେ ପ୍ରମାଣ। କିନ୍ତୁ ଏହାଦ୍ୱାରା ଅଖଣ୍ଡ ବସ୍ତୁକୁ ଜାଣିହୁଏ ନାହିଁ। ତେଣୁ ତାହା ପୂର୍ଣ୍ଣ ପ୍ରମାଣ ରୂପେ ସ୍ଥାପିତ ହୋଇପାରେ ନାହିଁ। ତାହା ଏକ ସମସ୍ୟାରେ ପରିଣତ ହୁଏ। ଦାର୍ଶନିକ ଆଚାର୍ଯ୍ୟମାନେ ଏହାର ସମାଧାନ ପ୍ରସ୍ତୁତ କରିଛନ୍ତି ଯେ ଅଖଣ୍ଡ ବସ୍ତୁ ନିଶ୍ଚୟ ଅପେକ୍ଷାରେ ନୟପ୍ରମାଣ ନୁହେଁ। ତାହା ବସ୍ତୁଖଣ୍ଡକୁ ଯଥାର୍ଥ ରୂପରେ ଗ୍ରହଣ କରିଥାଏ, ତେଣୁ ଅପ୍ରମାଣ ବି ନୁହେଁ। ତାହାକୁ ପ୍ରମାଣାଂଶ କୁହାଯାଇପାରିବ।

ଅଖଣ୍ଡ ବସ୍ତୁଗ୍ରାହୀ ଯଥାର୍ଥଜ୍ଞାନ ପ୍ରମାଣ ହୋଇଥାଏ। ଏହି ସ୍ଥିତିରେ ବସ୍ତୁକୁ ଖଣ୍ଡଶଃ ଜାଣିବାର ବିଚାର ହେଉଛି 'ନୟ'। ପ୍ରମାଣର ଚିହ୍ନ ହେଉଛି 'ସ୍ୟାତ୍', ନୟର ଚିହ୍ନ 'ସତ୍'। ପ୍ରମାଣବାକ୍ୟକୁ 'ସ୍ୟାଦ୍‌ବାଦ' ଓ ନୟବାକ୍ୟକୁ 'ସଦ୍‌ବାଦ' କୁହାଯାଇଥାଏ। ବାସ୍ତବିକ ଦୃଷ୍ଟିରେ ପ୍ରମାଣ ସ୍ୱାର୍ଥ ହୋଇଥାଏ ଅଥଚ ନୟ ଉଭୟ ସ୍ୱାର୍ଥ ଓ ପରାର୍ଥ ହୋଇଥାଏ। ଏକସଙ୍ଗେ, ଏକ ସମୟରେ ଅନେକ ଧର୍ମ କହିହୁଏ ନାହିଁ, ତେଣୁ ପ୍ରମାଣ ବାକ୍ୟରେ ପରିଣତ ହୁଏନାହିଁ। ବାକ୍ୟ ନ ହେବା ପର୍ଯ୍ୟନ୍ତ ପରାର୍ଥ କିପରି ହେବ? ପ୍ରମାଣ-ବାକ୍ୟ ଦୁଇଟି କାରଣରୁ ପରାର୍ଥ ହୋଇଥାଏ – ୧. ଅଭେଦ-ବୃତ୍ତି-ପ୍ରାଧାନ୍ୟ, ୨. ଅଭେଦୋପଚାର।

ଦ୍ରବ୍ୟାର୍ଥିକ ନୟ ଅନୁସାରେ ଧର୍ମର ଅଭେଦ ଥାଏ ଏବଂ ପର୍ଯ୍ୟାୟାର୍ଥିକ ଦୃଷ୍ଟିରେ ଧର୍ମଗୁଡ଼ିକ ମଧ୍ୟରେ ଭେଦ ରହିଥିବା ସତ୍ତ୍ୱେ ଅଭେଦୋପଚାର କରାଯାଇପାରିବ।[୧୧] ଏହି ଦୁଇ ନିମିତ୍ତ ଦ୍ୱାରା ବସ୍ତୁର ଅନନ୍ତ ଧର୍ମକୁ ଅଭିନ୍ନ ମାନି ଗୋଟିଏ ଗୁଣର ମୁଖ୍ୟତା ମାଧ୍ୟମରେ ଅଖଣ୍ଡ ବସ୍ତୁର ପ୍ରତିପାଦନ ବିବକ୍ଷିତ ହେବାଫଳରେ ପ୍ରମାଣ-ବାକ୍ୟ ନିର୍ମିତ ହୁଏ। ଏହା ସକଳାଦେଶ ହୋଇଥିବାରୁ ବସ୍ତୁକୁ ବିଭକ୍ତ କରୁଥିବା ଅନ୍ୟ ସମସ୍ତ ଗୁଣର ବିବକ୍ଷା ଏହି ପ୍ରମାଣ-ବାକ୍ୟରେ ଥାଏ ନାହିଁ।

---

(୧୦) ତତ୍ତ୍ୱାର୍ଥ ଶ୍ଳୋକ ବାର୍ତ୍ତିକ :
ସର୍ବେ ଶବ୍ଦନୟାସ୍ତେନ, ପରାର୍ଥପ୍ରତିପାଦନେ।
ସ୍ୱାର୍ଥ ପ୍ରକାଶନେ ମାତୁ-ରିମେ ଜ୍ଞାନନୟାଃ ସ୍ଥିତାଃ ॥

(୧୧) ତତ୍ତ୍ୱାର୍ଥ ରାଜବାର୍ତ୍ତିକ, ୪/୪୨

ବସ୍ତୁ ପ୍ରତିପାଦନର ଦୁଇ ପ୍ରକାର ହେଉଛି – କ୍ରମ ଓ ଯୌଗପଦ୍ୟ। ଏ ଦୁହିଁଙ୍କ ବ୍ୟତୀତ ତୃତୀୟ ମାର୍ଗ ନାହିଁ। ଏମାନଙ୍କ ଆଧାର ହେଉଛି – ଭେଦ ଓ ଅଭେଦର ବିବକ୍ଷା। ଯୌଗପଦ୍ୟ ପଦ୍ଧତି, ପ୍ରମାଣବାକ୍ୟ ଅଟେ। ଭେଦର ବିବକ୍ଷାରେ ଗୋଟିଏ ଶବ୍ଦ, ଗୋଟିଏ କାଳରେ ଗୋଟିଏ ଧର୍ମର ହିଁ ପ୍ରତିପାଦନ କରିପାରିଥାଏ। ଏହାହେଲା ଅନୁପଚରିତ ପଦ୍ଧତି। କ୍ରମ-ମର୍ଯ୍ୟାଦାକୁ ଏହା ପରିବର୍ତ୍ତିତ କରିପାରେ ନାହିଁ। ତେଣୁ ଏହାକୁ ବିକଳାଦେଶ କୁହାଯାଇଥାଏ।

ବିକଳାଦେଶର ଅର୍ଥ – ନିରଂଶ ବସ୍ତୁ ମଧ୍ୟରେ ଗୁଣ-ଭେଦ ମାଧ୍ୟମରେ ଅଂଶର କଳ୍ପନା କରିବା। ଅଖଣ୍ଡ ବସ୍ତୁରେ କାଳ ଆଦି ଦୃଷ୍ଟିରେ ବିଭିନ୍ନ ଅଂଶର ପରିକଳ୍ପନା ଜମା ଅସ୍ୱାଭାବିକ ନୁହେଁ।

ବସ୍ତୁ-ବିଶ୍ଳେଷଣ ପ୍ରକ୍ରିୟାର ଏହାହିଁ ଆଧାର ସାଜିଥାଏ। ବିଶ୍ଳେଷଣର ଅନେକ ଦୃଷ୍ଟି ରହିଛି –

୧. ବ୍ୟବହାର ଦୃଷ୍ଟି। ୨. ନିଶ୍ଚୟ ଦୃଷ୍ଟି। ୩. ରାସାୟନିକ ଦୃଷ୍ଟି। ୪. ଭୌତିକ ବିଜ୍ଞାନ ଦୃଷ୍ଟି। ୫. ଶବ୍ଦ ଦୃଷ୍ଟି। ୬. ଅର୍ଥ ଦୃଷ୍ଟି। ... ଇତ୍ୟାଦି

ବ୍ୟବହାର ଦୃଷ୍ଟିରେ ପିମ୍ପୁଡ଼ିର ଶରୀର ତ୍ୱକ୍, ରସ, ରକ୍ତ ଭଳି ପଦାର୍ଥ ଦ୍ୱାରା ନିର୍ମିତ। ରାସାୟନିକ ବିଶ୍ଳେଷଣ, ଏହି ପଦାର୍ଥଗୁଡ଼ିକ ମଧ୍ୟରେ ସତ୍ତ୍ୱ-ମୂଳ ଅନେକ ପ୍ରକାର ଅମ୍ଳ ଓ କ୍ଷାର, ଜଳ, ଲୁଣ ଆଦି ଆବିଷ୍କାର କରିଥାଏ। ଶୁଦ୍ଧ ରାସାୟନିକ ଦୃଷ୍ଟି ଅନୁସାରେ ପିମ୍ପୁଡ଼ିର ଶରୀର ଆଇଜନ ନାଇଟ୍ରୋଜେନ, ଅକ୍‌ସିଜେନ, ଗନ୍ଧକ, ଫସ୍‌ଫରସ ଏବଂ କାର୍ବନ ଆଦି ପରମାଣୁର ସମୂହ ଅଟେ। ଭୌତିକ ବିଜ୍ଞାନୀ ଏହାକୁ ପ୍ରଥମେ ଧନ ଓ ଋଣ (+ & –) ବିଦ୍ୟୁତ୍ କଣର ପୁଞ୍ଜି ରୂପରେ ଏବଂ ପରେ ଶୁଦ୍ଧ ବାୟୁ ତତ୍ତ୍ୱର ଭେଦ ବୋଲି କହିଥାନ୍ତି। ନିଶ୍ଚୟ ଦୃଷ୍ଟିରେ ଏହା ପାଞ୍ଚ ବର୍ଣ୍ଣ, ଦୁଇ ଗନ୍ଧ, ପାଞ୍ଚ ରସ ଓ ଆଠ ସ୍ପର୍ଶଯୁକ୍ତ ଔଦାରିକ ବର୍ଗଣାର ପୁଦ୍‌ଗଳର ସମୁଦାୟ ହୋଇଥାଏ।

ଗୋଟିଏ ବସ୍ତୁରେ ଯେତେ ବିଶ୍ଳେଷଣ, ସେମାନଙ୍କ ସେତେ ପରିମାଣର ହେତୁ ବା ଅପେକ୍ଷା ରହିଥାଏ। ନିଜ-ନିଜ ଅପେକ୍ଷାରେ ଏଗୁଡ଼ିକୁ ଦେଖିଲେ ସମସ୍ତେ ସତ୍ୟ ଏବଂ ନିରପେକ୍ଷ ବିଶ୍ଳେଷଣକୁ ସତ୍ୟ ବୋଲି ସ୍ୱୀକାର କରିଲେ ତାହା ଦୁର୍ନୟ ହୋଇଯାଏ। ସାପେକ୍ଷ ନୟରେ ବିରୋଧ ଆସେନାହିଁ, କିନ୍ତୁ ଯେତେବେଳେ ତାହା ନିରପେକ୍ଷ ହୋଇଯାଏ, ସଙ୍ଗେ ସଙ୍ଗେ ଅସତ୍-ଏକାନ୍ତର ପୋଷକ ସାଜି ମିଥ୍ୟାରେ ପରିଣତ ହୁଏ।

ଦ୍ରବ୍ୟ, କ୍ଷେତ୍ର, କାଳ, ଭାବ, ଅବସ୍ଥା, ବାତାବରଣ ଆଦିର ସହଯୋଗରେ ବସ୍ତୁକୁ ସମ୍ୟକ୍ ଧରିହୁଏ ତଥା ତା'ର ମୌଳିକ ଦୃଷ୍ଟି-ବିନ୍ଦୁ ବା ହୃଦୟକୁ ଉପଲବ୍ଧି କରିହୁଏ। ଦ୍ରବ୍ୟ ଆଦି ଦ୍ୱାରା ନିରପେକ୍ଷ ବସ୍ତୁକୁ ଜାଣିବାର ପ୍ରଯତ୍ନ ଦ୍ୱାରା କେବଳ କଳେବର ମାତ୍ର ହାତକୁ ଆସିଥାଏ। ତାହାର ସଜୀବତା ଆସିପାରେ ନାହିଁ। କାର୍ଲମାର୍କସ ଇତିହାସର ବୈଜ୍ଞାନିକ ଅଧ୍ୟୟନ ଆଧାରରେ ସମାଜର ଆର୍ଥିକ ସ୍ଥିତିର ଅନୁସନ୍ଧାନ କରିଥିଲେ ଏବଂ ଏକ ସିଦ୍ଧାନ୍ତରେ ପହଞ୍ଚିଥିଲେ। ଆର୍ଥିକ ଦୃଷ୍ଟିରେ ସେହି ନିଷ୍କର୍ଷକୁ କିପରି ମିଥ୍ୟା ବୋଲି କୁହାଯିବ ? କିନ୍ତୁ ଆର୍ଥିକ ବ୍ୟବସ୍ଥାକୁ ହିଁ ସମାଜ ସକାଶେ ସବୁକିଛି ବୋଲି ଧରିନେବା ଆତ୍ମ-ଶାନ୍ତି-ନିରପେକ୍ଷ ଦୃଷ୍ଟି ଅଟେ। ତେଣୁ ଏହା ସତ୍ୟ ନୁହେଁ।

ଶରୀରର ବାହ୍ୟ ଆକାର-ପ୍ରକାରର କ୍ରମିକ ପରିବର୍ତ୍ତନ ଘଟିଥାଏ, ଏହି ଦୃଷ୍ଟିରେ ଡାରୱିନଙ୍କ କ୍ରମ-ବିକାଶବାଦକୁ ମିଥ୍ୟା କୁହାଯାଇନପାରେ। କିନ୍ତୁ ସେ ଆନ୍ତରିକ ଯୋଗ୍ୟତାର ଅପେକ୍ଷା ନ ରଖି କେବଳ ବାହାରି ସ୍ଥିତିଗୁଡ଼ିକୁ ହିଁ ପରିବର୍ତ୍ତନର ମୁଖ୍ୟ ହେତୁ ବୋଲି ଧରିନେଇଥିଲା – ଏହା ସତ୍ୟ ନୁହେଁ।

ଏହିଭଳି ଯଦୃଚ୍ଛାବାଦୀ ଯଦୃଚ୍ଛାକୁ, ଆକସ୍ମିକବାଦୀ ଆକସ୍ମିକତାକୁ, କାଳବାଦୀ କାଳକୁ, ସ୍ୱଭାବବାଦୀ ସ୍ୱଭାବକୁ, ନିୟତିବାଦୀ ନିୟତିକୁ, ଦୈବବାଦୀ ଦୈବକୁ ଏବଂ ପୁରୁଷାର୍ଥବାଦୀ ପୁରୁଷାର୍ଥକୁ ହିଁ କାର୍ଯ୍ୟସିଦ୍ଧିର କାରଣ କହିଥାନ୍ତି - ଯାହାକି ମିଥ୍ୟାବାଦ ଅଟେ। ସାପେକ୍ଷ ଦୃଷ୍ଟିରେ ସମସ୍ତେ କାର୍ଯ୍ୟସିଦ୍ଧିର ପ୍ରଯୋଜକ ଏବଂ ସମସ୍ତେ ସତ୍ୟ। କାଳ ହେଉଛି ବସ୍ତୁ ପରିବର୍ତ୍ତନର ହେତୁ। ସ୍ୱଭାବ ବସ୍ତୁର ସ୍ୱରୂପ ବା ବସ୍ତୁତ୍ୱ ହୋଇଥାଏ। ନିୟତି ବସ୍ତୁର ଧ୍ରୁବସତ୍ୟ ନିୟମ। ଦୈବ ହେଉଛି ବସ୍ତୁର ପୁରୁଷାର୍ଥର ପରିଣାମ ଏବଂ ପୁରୁଷାର୍ଥ ହେଉଛି ବସ୍ତୁର କ୍ରିୟାଶୀଳତା।

ବସ୍ତୁ ମଧ୍ୟରେ ପରିବର୍ତ୍ତନର ସ୍ୱଭାବ ରହିଥିଲେ ପୁରୁଷାର୍ଥ ସାର୍ଥକ ହୁଏ। ସ୍ୱଭାବ ରହିଥିଲେ ମଧ୍ୟ କାରଣ ନ ମିଳିବା ପର୍ଯ୍ୟନ୍ତ ପରିବର୍ତ୍ତନ ହୁଏନାହିଁ। ପରିବର୍ତ୍ତନର କାରଣ ମଧ୍ୟ ବିଶ୍ୱର ଶାଶ୍ୱତିକ ନିୟମର ଉପେକ୍ଷା କରିପାରେ

ନାହିଁ ଏବଂ ପରିବର୍ତ୍ତନ କ୍ରିୟାର ପ୍ରତିକ୍ରିୟା ରୂପରେ ହିଁ ହୋଇଥାଏ, ଅନ୍ୟ ପ୍ରକାର ନୁହେଁ। ଏଭଳି ଭାବରେ ଏମାନେ ସମସ୍ତେ ଯାକ ଜଣେ-ଅନ୍ୟଜଣଙ୍କର ସାପେକ୍ଷ ହୋଇ କାର୍ଯ୍ୟସିଦ୍ଧିର ନିମିତ୍ତ ସାଜିଥାନ୍ତି।

ନୟଦୃଷ୍ଟି ଅନୁସାରେ ଦୈବ କିମ୍ବା ପୁରୁଷାର୍ଥ କାହାରିକୁ ବି ସୀମାତୀତ ମହତ୍ତ୍ୱ ଦିଆଯାଇନପାରେ। ଉଭୟ ତୁଲ୍ୟ ଅଟନ୍ତି। ଆତ୍ମାର ବ୍ୟାପାରର କର୍ମ ସଞ୍ଚୟ ହୁଏ, ତାହା ଦୈବ ବା ଭାଗ୍ୟ ବୋଲାଇଥାଏ। ପୁରୁଷାର୍ଥ ଦ୍ୱାରା ହିଁ କର୍ମ ସଞ୍ଚୟ ହୁଏ ଏବଂ ତାହାର ଭୋଗ (ବିପାକ) ମଧ୍ୟ ପୁରୁଷାର୍ଥ ବିନା ହୋଇପାରେ ନାହିଁ। ଅତୀତର ଦୈବ ବର୍ତ୍ତମାନ ପୁରୁଷାର୍ଥକୁ ପ୍ରଭାବିତ କରିଥାଏ ତଥା ବର୍ତ୍ତମାନ ପୁରୁଷାର୍ଥ ଦ୍ୱାରା ଭବିଷ୍ୟର କର୍ମ ସଞ୍ଚିତ ହୋଇଥାଏ। ବଳବାନ୍ ପୁରୁଷାର୍ଥ ସଞ୍ଚିତ କର୍ମକୁ ପରିବର୍ତ୍ତିତ କରିପାରିଥାଏ ତଥା ବଳବାନ୍ କର୍ମ ପୁରୁଷାର୍ଥକୁ ବି ନିଷ୍ଫଳ କରିପାରେ ସମର୍ଥ ହୁଏ। ସଂସାରୋନ୍ମୁଖ ଦଶାରେ ଏହା ନିରନ୍ତର ଚାଲିଥାଏ।

ଆତ୍ମ-ବିବେକ ଜାଗ୍ରତ ହେଲେ ପୁରୁଷାର୍ଥରେ ସତ୍‌ର ମାତ୍ରା ବଢ଼ିଯାଏ, ସେତେବେଳେ ଏହା କର୍ମକୁ ପରାସ୍ତକରି ପୂର୍ଣ୍ଣ ନିର୍ଜରା ସାହାଯ୍ୟରେ ଆତ୍ମାକୁ କର୍ମଠାରୁ ମୁକ୍ତ କରିଥାଏ। ତେଣୁ କର୍ମ ବା ଭାଗ୍ୟକୁ ସବୁକିଛି ମାନିନେଇ ଯେଉଁମାନେ ପୁରୁଷାର୍ଥର ଅବହେଳା କରିଥାନ୍ତି, ତାହା ହେଉଛି ଦୁର୍ନୟ। ଯେଉଁ ଲୋକ ଅତୀତ-ପୁରୁଷାର୍ଥର ପରିଣାମରୂପ ଭାଗ୍ୟକୁ ସ୍ୱୀକାର କରନ୍ତି ନାହିଁ, ତାହା ମଧ୍ୟ ଦୁର୍ନୟ ହୋଇଥାଏ।

ସ୍ୱାର୍ଥ ଓ ପରାର୍ଥ

ପଞ୍ଚଜ୍ଞାନ ମଧ୍ୟରେ ଚାରୋଟି ଜ୍ଞାନମୂକ, କେବଳ ଶ୍ରୁତଜ୍ଞାନ ହେଉଛି ଅମୂକ। ଯେତେ ବାଣୀର ବ୍ୟବହାର, ସେ ସମସ୍ତ ଶ୍ରୁତଜ୍ଞାନ ଅଟନ୍ତି।[୧୨] ଏହାର ତିନୋଟି ଭେଦ ହେଉଛି – ୧. ସ୍ୟାଦ୍‌ବାଦ ଶ୍ରୁତ, ୨. ନୟ-ଶ୍ରୁତ, ୩. ମିଥ୍ୟା-ଶ୍ରୁତ ବା ଦୁର୍ନୟ-ଶ୍ରୁତ।

ଚାରିଜ୍ଞାନ ସ୍ୱାର୍ଥ ହିଁ ହୋଇଥାନ୍ତି। ଶ୍ରୁତ ସ୍ୱାର୍ଥ ଓ ପରାର୍ଥ ଉଭୟ ହୋଇଥାଏ; ଜ୍ଞାନାତ୍ମକ-ଶ୍ରୁତ ସ୍ୱାର୍ଥ ଓ ବଚନାତ୍ମକ ଶ୍ରୁତ ପରାର୍ଥ। ନୟ ବଚନାତ୍ମକ ଶ୍ରୁତର ଭେଦ ହୋଇଥିବାରୁ ଯେତେ ବଚନ ପଥ ସେତେ ନୟ ବୋଲି କୁହାଯାଇଥାଏ।[୧୩]

ଜୈନେତର ଦର୍ଶନ କେବଳ ଅନୁମାନ ବଚନକୁ ହିଁ ପରାର୍ଥ ବୋଲି ସ୍ୱୀକାର କରିଥାନ୍ତି। ଆଚାର୍ଯ୍ୟ ସିଦ୍ଧସେନ ପ୍ରତ୍ୟକ୍ଷ ବଚନକୁ ବି ପରାର୍ଥ ବୋଲି କହିଯାଇଛନ୍ତି। 'ଧୂମ ଥିବାରୁ ଅଗ୍ନି ରହିଛି' – ଏହା କହିବା ଯେପରି ପରାର୍ଥ, ସେହିପରି 'ଦେଖ, ରାଜା ଯାଉଛନ୍ତି' – ଏହା ମଧ୍ୟ ପରାର୍ଥ ଅଟେ।[୧୪] ପ୍ରଥମଟି ଅନୁମାନ ବଚନ ଅଥଚ ଦ୍ୱିତୀୟଟି ହେଉଛି ପ୍ରତ୍ୟକ୍ଷ ବଚନ। ବଚନ ହେଲାମାତ୍ରକେ ପରାର୍ଥତା ଆପେ ନିର୍ମିତ ହୋଇପଡ଼େ।

ବଚନ-ବ୍ୟବହାର ଓ ବର୍ଗୀକରଣ

ବଚନ ବ୍ୟବହାରର ଅନନ୍ତ ମାର୍ଗ କିନ୍ତୁ ସେମାନଙ୍କ ବର୍ଗ ଅନନ୍ତ ନୁହଁନ୍ତି। ସେମାନଙ୍କ ମୌଳିକ ବର୍ଗ ମାତ୍ର ଦୁଇ ପ୍ରକାର – ଭେଦ ପରକ ଓ ଅଭେଦ ପରକ।

---

(୧୨) ଅନୁଯୋଗ ଦ୍ୱାର, ସୂତ୍ର ୨ : ତତ୍‌ଥ ଚତ୍ତାରି ନାଣାଇଂ ଠପ୍‌ପାଇଂ ଠବିଣଜ୍‌ଜାଇଂ। ଣୋ ଉଦ୍ଦିସନ୍ତି, ଣୋ ସମୁଦ୍ଦିସନ୍ତି, ଣୋ ଅଣୁଣ୍ଣୋବିଜ୍‌ଜନ୍ତି। ସୁୟନାଣସ୍‌ସ ଉଦ୍‌ଦେସୋ, ସମୁଦେସୋ, ଅଣୁଣ୍ଣୋ, ଅଣୁଯୋଗୋ ଯ ପବତ୍ତଇ।

(୧୩) ସର୍ବାର୍ଥ ସିଦ୍ଧି : ଶ୍ରୁତଂ ସ୍ୱାର୍ଥଂ ଭବତି ପରାର୍ଥଂ ଚ,
ଜ୍ଞାନାତ୍ମକଂ ସ୍ୱାର୍ଥ, ବଚନାତ୍ମକଂ ପରାର୍ଥଂ, ତଦ୍ ବିକଳ୍ପା ନୟାଃ।

(୧୪) ନ୍ୟଶୟାବତାର ଟୀକା, ୧୧ :
ପ୍ରତ୍ୟକ୍ଷେଣାନୁମାନେନ, ପ୍ରସିଦ୍ଧାର୍ଥ ପ୍ରକାଶନାତ୍।
ପରସ୍ୟ ତଦୁପାୟତ୍ୱାତ୍, ପରାର୍ଥ ତ୍ୱଂ ଦ୍ୱୟୋରପି ॥
ଅନୁମାନଂ-ପ୍ରତୀତଂ ପ୍ରତ୍ୟାୟୟନ୍ନେବଂ ବଚନୟତି 'ଅଗ୍ନିରତ୍ର ଧୂମାତ୍' ପ୍ରତ୍ୟକ୍ଷପ୍ରତୀତଂ ପୁନର୍ଦର୍ଶୟନ୍ନେ ତାବତ୍ ବକ୍ତି – 'ପଶ୍ୟ ରାଜା ଗଚ୍ଛତି'।

ଭେଦ ଓ ଅଭେଦ – ଏ ଦୁହେଁ ପଦାର୍ଥର ଭିନ୍ନାଭିନ୍ନ ଧର୍ମ। ଅଭେଦରୁ ଭେଦ ଓ ଭେଦରୁ ଅଭେଦ କେହି ବି ସର୍ବଥା ପୃଥକ୍ ନୁହନ୍ତି। ନାନାରୂପରେ ବସ୍ତୁ-ସତ୍ତା ଏକ ତଥା ଏକ ବସ୍ତୁ-ସତ୍ତାର ନାନା ରୂପ ଥାଏ। ତାତ୍ପର୍ଯ୍ୟ ହେଉଛି ଯାହା ବସ୍ତୁ ତାହା ସତ୍ ଏବଂ ଯାହା ସତ୍ ନୁହେଁ ତାହା ଅବସ୍ତୁ ଅର୍ଥାତ୍ କିଛି ବି ନୁହେଁ। ସତ୍ ହେଉଛି ଉତ୍ପାଦ, ବ୍ୟୟ ଓ ଧ୍ରୌବ୍ୟର ମର୍ଯ୍ୟାଦା। ଏହାର ଅତିକ୍ରମଣ କରିପାରୁଥିବା - ଏପରି କୌଣସି ବସ୍ତୁ ନାହିଁ। ତେଣୁ ସତ୍ ଦୃଷ୍ଟିରେ ସମସ୍ତେ ଏକ ଉତ୍ପାଦ, ବ୍ୟୟ ଧ୍ରୌବ୍ୟାତ୍ମକ ହୋଇଥାନ୍ତି। ବିଶେଷ ଧର୍ମ ଅପେକ୍ଷାରେ ଏକ ନୁହନ୍ତି। ଚେତନ ଓ ଅଚେତନ ମଧ୍ୟରେ ଅନୈକ୍ୟ ଥାଏ - ଭେଦ ଥାଏ। ଚେତନର ଦେଶ-କାଳ-କୃତ ଅବସ୍ଥାରେ ଭେଦ ରହିଥାଏ। ତଥାପି ଚେତନତା ଦୃଷ୍ଟିରୁ ସବୁ ଚେତନା ଏକ ହୋଇଥାନ୍ତି। ଅଚେତନ କ୍ଷେତ୍ରରେ ବି ଏହି ସମାନ ନିୟମ ଲାଗୁ ହୋଇଥାଏ।

ଉତ୍ପାଦ, ବ୍ୟୟ ଓ ଧ୍ରୌବ୍ୟାତ୍ମକ ସତ୍ତା ପ୍ରତ୍ୟେକ ବସ୍ତୁର ସ୍ୱରୂପ ଅଟେ, କିନ୍ତୁ ତାହା ବସ୍ତୁଗୁଡ଼ିକର ଉତ୍ପାଦକ ବା ନିୟାମକ ସତ୍ତା ନୁହେଁ। ବସ୍ତୁ ମାତ୍ରାରେ ତା'ର ଉପଲବ୍ଧି ଥିବାରୁ ତାହା ହେଉଛି ଏକ। ବସ୍ତୁ-ସ୍ୱରୂପରୁ ଅତିରିକ୍ତ ଦଶାରେ ବ୍ୟାପ୍ତ ହୋଇ ତାହା ଏକ ହୋଇ ରହେନାହିଁ। ଅନେକତା ମଧ୍ୟ ଗୋଟିଏ ସତ୍ତାର ବିଶେଷ ସ୍ୱରୂପରୁ ଉଦ୍‌ଭୂତ ବିବିଧ ରୂପଯୁକ୍ତ ନୁହେଁ। ସତ୍ତାତ୍ମକ ବିଶେଷ ସ୍ୱରୂପଯୁକ୍ତ ବସ୍ତୁଗୁଡ଼ିକର ବିବିଧ ଅବସ୍ଥାରେ ଅନେକତା ଉତ୍ପନ୍ନ ହୋଇଥାଏ। ତେଣୁ ବସ୍ତୁର ସ୍ୱରୂପ ସର୍ବୋପରି ଏକ ବା ଅନେକ ହୋଇପାରେ ନାହିଁ। ନୟ-ବାକ୍ୟ ହେଉଛି ବସ୍ତୁ-ପ୍ରତିପାଦନର ପଦ୍ଧତି। ସତ୍ତାତ୍ମକ ଅଖଣ୍ଡ ବସ୍ତୁ 'ଜଗତ୍' ଏବଂ ବିଶେଷ ସ୍ୱରୂପାତ୍ମକ ଅଖଣ୍ଡ ବସ୍ତୁ 'ଦ୍ରବ୍ୟ' ବସ୍ତୁବୃତ୍ତ୍ୟା ଅବକ୍ତବ୍ୟ ଅଟନ୍ତି। ଏହି କାରଣରୁ ନୟ ଦ୍ୱାରା କ୍ରମିକ ପ୍ରତିପାଦନ ହୁଏ। ଯଦାକଦା ଏହା ସତ୍ତାତ୍ମକ ବା ଦ୍ରବ୍ୟାତ୍ମକ ସାମାନ୍ୟ ଧର୍ମର ପ୍ରତିପାଦନ କରିଥାଏ ଏବଂ କେବେ କେମିତି ବିଶେଷ ସ୍ୱରୂପାତ୍ମକ ପର୍ଯ୍ୟାୟ ଧର୍ମର ପ୍ରତିପାଦନ କରିଥାଏ। ସାମାନ୍ୟ ବିଶେଷ ଦୁହେଁ ପୃଥକ୍ ନୁହନ୍ତି। ସାମାନ୍ୟର ବିବକ୍ଷା ମୁଖ୍ୟ ହେଲେ ବିଶେଷ ଗୌଣ ହୋଇଯାଏ ତଥା ବିଶେଷର ବିବକ୍ଷା ମୁଖ୍ୟ ହେଲେ ସାମାନ୍ୟ ଗୌଣ ହୋଇପଡ଼େ। ଦେଖନ୍ତୁ ଜାଗତିକ ବ୍ୟବସ୍ଥାର ଅଦ୍‌ଭୁତ ସାମଞ୍ଜସ୍ୟପୂର୍ଣ୍ଣ ସ୍ଥିତି। ଏଠାରେ ସମସ୍ତଙ୍କୁ ସୁଯୋଗ ମିଳିଥାଏ। ସାମାନ୍ୟ ଓ ବିଶେଷ ଉଭୟଙ୍କୁ ପ୍ରଧାନ ଆସନ ଦେଲେ ବିରୋଧ ସ୍ଥିତିର ନିର୍ମାଣ ହୋଇଥାଏ। ଦୁହେଁ ଅପ୍ରଧାନ ହେଲେ ବି କାମ ଚଳିବ ନାହିଁ। ଅବିରୋଧର ସ୍ଥିତି ହେଉଛି ଜଣେ ଅନ୍ୟଜଣଙ୍କୁ ଅବସର ଦେବା। ଅନ୍ୟର ମୁଖ୍ୟତା ପ୍ରତି ସହିଷ୍ଣୁ ହେବା। ନୟବାଦ ଏହି ପ୍ରକ୍ରିୟାରେ ସଫଳ ହୋଇଛି।

ନୟବାଦର ପୃଷ୍ଠଭୂମି

ବିଭିନ୍ନ ବିଚାର ମଧ୍ୟରେ ସଂଘର୍ଷ ହେବାଦ୍ୱାରା ସ୍ଫୁଲିଙ୍ଗ ଜାତ ହୁଏ, ତାହା ଜ୍ୟୋତିପୁଞ୍ଜରୁ ଅଲଗା ହୋଇ ନଭକୁ ସ୍ପର୍ଶ କରିଥାଏ ଏବଂ କ୍ଷଣକ ମଧ୍ୟରେ ବିଲୀନ ବି ହୋଇଯାଏ - ଏହା ହେଉଛି ଏକାଙ୍ଗୀ ଦୃଷ୍ଟି-ବିନ୍ଦୁର ଚିତ୍ର। ନୟ ଏକାଂଗୀ ଦୃଷ୍ଟି ହେବା ସତ୍ତ୍ୱେ ଜ୍ୟୋତିପୁଞ୍ଜରୁ ପୃଥକ୍ ହୋଇପଡୁଥିବା ସ୍ଫୁଲିଙ୍ଗ କଦାପି ନୁହେଁ। ସମଗ୍ର ମଧ୍ୟରେ ଥାଇ ନୟ ଏକକୁ ଗ୍ରହଣ ବା ନିରୂପଣ କରିଥାଏ।

ବୌଦ୍ଧ ଦର୍ଶନ କହିଥାଏ – ରୂପ ଆଦି ଅବସ୍ଥା ହିଁ ବସ୍ତୁ-ଦ୍ରବ୍ୟ। ରୂପ ଆଦିରୁ ଭିନ୍ନ ସଜାତୀୟ କ୍ଷଣ ପରମ୍ପରାଠାରୁ ଅତିରିକ୍ତ ଦ୍ରବ୍ୟ ନୁହେଁ।(୧୫) ବେଦାନ୍ତର ଅଭିମତ ହେଲା – ଦ୍ରବ୍ୟ ହିଁ ବସ୍ତୁ ଅଟେ। ରୂପ ଆଦି ଗୁଣ ତାତ୍ତ୍ୱିକ ନୁହେଁ।(୧୬) ବୌଦ୍ଧମାନଙ୍କ ଦୃଷ୍ଟିରେ ଗୁଣର ଆଧାର-ଦ୍ରବ୍ୟ ତାତ୍ତ୍ୱିକ ନୁହେଁ ତେଣୁ ଭେଦ ହେଉଛି ସତ୍ୟ। ବେଦାନ୍ତ ଦୃଷ୍ଟିରେ ଦ୍ରବ୍ୟର ଆଧେୟ-ଗୁଣ ତାତ୍ତ୍ୱିକ ନୁହେଁ, ତେଣୁ ଅଭେଦ ହିଁ ସତ୍ୟ। ପ୍ରମାଣସିଦ୍ଧ ଅଭେଦକୁ ଲୋପ କରାଯାଇପାରିବ ନାହିଁ, ତେଣୁ ବୌଦ୍ଧମାନଙ୍କୁ ସତ୍ୟର ଦୁଇଟି ରୂପ ସ୍ୱୀକାର କରିବାକୁ ପଡ଼ିଥିଲା – ସଂବୃତ୍ତି ଏବଂ ପରମାର୍ଥ। ଭେଦ ଅବସ୍ଥାରେ ବେଦାନ୍ତର ବି ସମାନ ସ୍ଥିତି ରହିଥାଏ। ଏହାମତରେ ଜଗତ୍ ବା ପ୍ରପଞ୍ଚ ହେଉଛି

---

(୧୫) ପ୍ରମାଣବାର୍ତ୍ତିକ, ୧/୧୬

(୧୬) ବ୍ରହ୍ମସୂତ୍ର (ଶଙ୍କରଭାଷ୍ୟ), ୨/୨/୧୭

ପ୍ରାତୀତିକ ସତ୍ୟ ତଥା ବ୍ରହ୍ମ ହିଁ ବାସ୍ତବିକ ସତ୍ୟ। ଭେଦ ଓ ଅଭେଦର ଦ୍ୱନ୍ଦ୍ୱ - ଏହା ଏକ ନିଦର୍ଶନ ମାତ୍ର। ଏହାହିଁ ନୟବାଦର ପୃଷ୍ଠଭୂମି ସାଜିଥାଏ।

ନୟବାଦ ଭେଦ ଓ ଅଭେଦ - ଏହି ଦୁଇ ବସ୍ତୁ ଧର୍ମ ଉପରେ ଆଧାରିତ। ନୟବାଦ, ବସ୍ତୁକୁ ଅଭେଦ ଓ ଭେଦର ସମଷ୍ଟି କହିଥାଏ, ତେଣୁ ଅଭେଦ ଓ ଭେଦ ଉଭୟେ ସତ୍ୟ। ଅଭେଦରୁ ଭେଦ ଏବଂ ଭେଦରୁ ଅଭେଦ ସର୍ବଥା ଭିନ୍ନ ନୁହେଁ। ଏହି କାରଣରୁ କହିବାକୁ ହେବ ଯେ ସ୍ୱତନ୍ତ୍ର ଅଭେଦ ଓ ସ୍ୱତନ୍ତ୍ର ଭେଦ କେହି ମଧ୍ୟ ସତ୍ୟ ନୁହନ୍ତି କିନ୍ତୁ ସାପେକ୍ଷ ଅଭେଦ ଓ ଭେଦର ସମ୍ମିଳିତ ରୂପ ହେଉଛି ସତ୍ୟ। ଆଧାର ବି ସତ୍ୟ, ଆଧେୟ ବି ସତ୍ୟ, ଦ୍ରବ୍ୟ ବି ସତ୍ୟ, ପର୍ଯ୍ୟାୟ ବି ସତ୍ୟ, ଜଗତ୍ ବି ସତ୍ୟ, ବ୍ରହ୍ମ ବି ସତ୍ୟ, ବିଭାବ ବି ସତ୍ୟ, ସ୍ୱଭାବ ମଧ୍ୟ ସତ୍ୟ। ଯାହା ତ୍ରିକାଳ-ଅବାଧିତ ସେମାନେ ସମସ୍ତେ ସତ୍ୟ।

ସତ୍ୟର ଦୁଇଟି ରୂପ ହୋଇଥିବାରୁ ପରୀକ୍ଷା କରିବା ସକାଶେ ଦୁଇଟି ଦୃଷ୍ଟି ରହିଛି - ଦ୍ରବ୍ୟ ଦୃଷ୍ଟି ଓ ପର୍ଯ୍ୟାୟ ଦୃଷ୍ଟି। ସତ୍ୟର ଦୁଇ ରୂପ ସାପେକ୍ଷ, ତେଣୁ ଏହି ଦୃଷ୍ଟିଦ୍ୱୟ ମଧ୍ୟ ସାପେକ୍ଷ ଅଟନ୍ତି। ଦ୍ରବ୍ୟ ଦୃଷ୍ଟିର ଅର୍ଥ ଦ୍ରବ୍ୟ-ପ୍ରଧାନ ଦୃଷ୍ଟି ଓ ପର୍ଯ୍ୟାୟ-ଦୃଷ୍ଟି ଅର୍ଥ ପର୍ଯ୍ୟାୟ-ପ୍ରଧାନ ଦୃଷ୍ଟି। ଦ୍ରବ୍ୟ-ଦୃଷ୍ଟି ମଧ୍ୟରେ ପର୍ଯ୍ୟାୟ-ଦୃଷ୍ଟିର ଗୌଣରୂପ ଏବଂ ପର୍ଯ୍ୟାୟ-ଦୃଷ୍ଟି ମଧ୍ୟରେ ଦ୍ରବ୍ୟ ଦୃଷ୍ଟିର ଗୌଣରୂପ ଅନ୍ତର୍ହିତ ହେବ। ଦ୍ରବ୍ୟ ଦୃଷ୍ଟି ଅଭେଦର ଏବଂ ପର୍ଯ୍ୟାୟ ଦୃଷ୍ଟି ଭେଦକୁ ସ୍ୱୀକାର କରିଥାଏ। ଉଭୟ ହେଉଛନ୍ତି ସାପେକ୍ଷତା - ଭେଦାଭେଦାତ୍ମକ ସତ୍ୟର ସ୍ୱୀକାର।

ଅଭେଦ ଓ ଭେଦର ବିଚାର ଆଧ୍ୟାତ୍ମିକ ଓ ବସ୍ତୁବିଜ୍ଞାନ ଏହି ଦୁଇ ଦୃଷ୍ଟି ଦ୍ୱାରା କରାଯାଇଥାଏ। ଯଥା :

ସାଂଖ୍ୟ – ପ୍ରକୃତି ପୁରୁଷର ବିବେକ - ଭେଦ ଜ୍ଞାନ କରିବା ହେଉଛି ସମ୍ୟକ୍ ଦର୍ଶନ ତଥା ଏମାନଙ୍କ ଏକତ୍ୱ ସ୍ଥାପନ ମିଥ୍ୟା ଦର୍ଶନ।

ବେଦାନ୍ତ – ପ୍ରପଞ୍ଚ ଓ ବ୍ରହ୍ମକୁ ଏକ ବୋଲି ଭାବିବା ସମ୍ୟକ୍ ଦର୍ଶନ, ଏକ ତତ୍ତ୍ୱକୁ ଅନେକ ବୋଲି ସ୍ୱୀକାର କରିବା ମିଥ୍ୟା-ଦର୍ଶନ।

ଜୈନ - ଚେତନ ଓ ଅଚେତନକୁ ଭିନ୍ନ ବୋଲି ମାନିବା ସମ୍ୟକ୍ ଦର୍ଶନ, ଏମାନଙ୍କୁ ଅଭିନ୍ନ ମାନିବା ମିଥ୍ୟାଦର୍ଶନ।

ଭେଦ-ଅଭେଦର ଏହି ବିଚାର ଆଧ୍ୟାତ୍ମିକ ଦୃଷ୍ଟିପରକ ଅଟେ। ବସ୍ତୁବିଜ୍ଞାନ ଦୃଷ୍ଟିରେ ବସ୍ତୁ ହେଉଛି ଉଭୟାତ୍ମକ ଅର୍ଥାତ୍ ଦ୍ରବ୍ୟ-ପର୍ଯ୍ୟାୟାତ୍ମକ। ଏହାର ଆଧାର ଦୁଇଟି ଦୃଷ୍ଟିର ନିର୍ମାଣ ହୋଇଥାଏ - ନିଶ୍ଚୟ-ଦୃଷ୍ଟି ଓ ବ୍ୟବହାର-ଦୃଷ୍ଟି।

ନିଶ୍ଚୟ-ଦୃଷ୍ଟି ଦ୍ରବ୍ୟାଶ୍ରୟୀ ବା ଅଭେଦାଶ୍ରୟୀ କିନ୍ତୁ ବ୍ୟବହାର-ଦୃଷ୍ଟି ପର୍ଯ୍ୟାୟାଶ୍ରୟୀ ବା ଭେଦାଶ୍ରୟୀ ହୋଇଥାଏ।

ବେଦାନ୍ତ ଓ ବୌଦ୍ଧସମ୍ମତ ବ୍ୟବହାର ଦୃଷ୍ଟି ସହିତ ଜୈନସମ୍ମତ ବ୍ୟବହାର ଦୃଷ୍ଟିର ନାମ-ସାମ୍ୟ ଥାଏ, ସ୍ୱରୂପ-ସାମ୍ୟ ଥାଏ ନାହିଁ। ବେଦାନ୍ତ ବ୍ୟବହାର, ମାୟା ବା ଅବିଦ୍ୟାକୁ ଏବଂ ବୌଦ୍ଧ ସଂବୃତ୍ତିକୁ ଅବାସ୍ତବିକ ମାନିଥାନ୍ତି। କିନ୍ତୁ ଜୈନଦୃଷ୍ଟି ଅନୁସାରେ ତାହା ଅବାସ୍ତବିକ ନୁହେଁ। ନୈଗମ ସଂଗ୍ରହ ଓ ବ୍ୟବହାର – ଏହି ତିନୋଟି ନିଶ୍ଚୟ-ଦୃଷ୍ଟି ଏବଂ ଋଜୁସୂତ୍ର, ଶବ୍ଦ, ସମଭିରୂଢ଼ ଓ ଏବମ୍ଭୂତ - ଏହି ଚାରୋଟି ବ୍ୟବହାର-ଦୃଷ୍ଟି ଅଟନ୍ତି।[୧୭] ବ୍ୟବହାର ଓ ନିଶ୍ଚୟ - ଏହି ଦୁଇ ଦୃଷ୍ଟି ପ୍ରକାରାନ୍ତରେ ବି ସମ୍ମିଳିତ ହୋଇଥାନ୍ତି।[୧୮]

---

(୧୭) ସନ୍ମତି ଟୀକା, ୨୭୨ :
ଶୁଦ୍ଧଂ ଦ୍ରବ୍ୟଂ ସମାଶ୍ରିତ୍ୟ, ସଂଗ୍ରହସ୍ତଦଶୁଦ୍ଧିତଃ ।
ନୈଗମୋ ବ୍ୟବହାରୌସ୍ତଃ, ଶେଷାଃ ପର୍ଯ୍ୟାୟମାଶ୍ରିତଃ ॥

(୧୮) ଭଗବତୀ, ୧୮/୧୧୦ :
ଗୋୟମା। ଏତ୍ଥ ଦୋନୟା ଭବନ୍ତି, ତଂଜହା-
ନେଚ୍ଛଇୟନଏ ଯ, ବାବହାରିଏ ଯ ନଏ ଯ।

ବ୍ୟବହାର – ସ୍ଥୁଳ ପର୍ଯ୍ୟାୟର ସ୍ୱୀକାର, ଲୋକସମ୍ମତ ତଥ୍ୟର ସ୍ୱୀକାର।

ନିଶ୍ଚୟ – ବସ୍ତୁସ୍ଥିତିର ସ୍ୱୀକାର।

ପ୍ରଥମରେ ଇନ୍ଦ୍ରିୟଗମ୍ୟ ତଥ୍ୟର ଏବଂ ଦ୍ୱିତୀୟରେ ପ୍ରଜ୍ଞାଗମ୍ୟ ସତ୍ୟର ସ୍ୱୀକାର କରାଯାଇଥାଏ। ବ୍ୟବହାର ହେଉଛି ତର୍କବାଦ ଅଥଚ ନିଶ୍ଚୟ, ଅନ୍ତରାତ୍ମାରୁ ଉଦ୍‌ଭୂତ ଅନୁଭୂତିକୁ ବୁଝାଏ।

ଚାର୍ବାକଙ୍କର ଦୃଷ୍ଟିରେ ସତ୍ୟ ହେଉଛି ଇନ୍ଦ୍ରିୟ-ଗମ୍ୟ କିନ୍ତୁ ବେଦାନ୍ତ ଦୃଷ୍ଟିରେ ସତ୍ୟ ଅତୀନ୍ଦ୍ରିୟ।[୧୯] ଜୈନ ଦୃଷ୍ଟି ଅନୁସାରେ ଦୁହେଁ ସତ୍ୟ। ନିଶ୍ଚୟ ବସ୍ତୁର ସୂକ୍ଷ୍ମ ଓ ପୂର୍ଣ୍ଣ ସ୍ୱରୂପର ଅଂଗୀକାର ଏବଂ ବ୍ୟବହାର ବସ୍ତୁର ସ୍ଥୁଳ ଓ ଅପୂର୍ଣ୍ଣ ସ୍ୱରୂପର ଅଂଗୀକାର। ମାତ୍ରାଭେଦ ହେବାସତ୍ତ୍ୱେ ଉଭୟେ ସତ୍ୟକୁ ହିଁ ଅଂଗୀକାର କରିଥାନ୍ତି। ତେଣୁ ଜଣକୁ ବାସ୍ତବିକ ଏବଂ ଅନ୍ୟକୁ ଅବାସ୍ତବିକ ବୋଲି କଦାପି କୁହାଯାଇପାରିବ ନାହିଁ।

ମୁଣ୍ଡକୋପନିଷଦ୍ (୧/୪/୫)ରେ ବିଦ୍ୟାର ଦୁଇଟି ଭେଦ – ଅପରା ଓ ପରାର ବର୍ଣ୍ଣନା ରହିଛି। ଅପରା ବେଦ-ଜ୍ଞାନ ଓ ପରା ଶାଶ୍ୱତ ବ୍ରହ୍ମଜ୍ଞାନର ନିରୂପଣ କରିଥାଏ। ଏମାନଙ୍କୁ ତାର୍କିକ ଓ ଆନୁଭବିକ ଜ୍ଞାନର ଦୁଇରୂପରେ ବ୍ୟବହାର ଓ ନିଶ୍ଚୟ ନୟ କୁହାଯାଇପାରିବ। ବ୍ୟବହାର ଦୃଷ୍ଟିରେ ଜୀବ ସବର୍ଣ୍ଣ ଏବଂ ନିଶ୍ଚୟ ଦୃଷ୍ଟିରେ ତାହା ଅବର୍ଣ୍ଣ।[୨୦] ଜୀବ ଅମୂର୍ତ୍ତ ହୋଇଥିବାରୁ ତାହା ବସ୍ତୁତଃ ବର୍ଣ୍ଣଯୁକ୍ତ ହୋଇପାରେ ନାହିଁ – ଏହା ହେଉଛି ବାସ୍ତବିକ ସତ୍ୟ। ଶରୀରଧାରୀ ଜୀବ କଥଚିତ୍ ମୂର୍ତ୍ତ ହୋଇଥାଏ – ଶରୀର ମୂର୍ତ୍ତ ଥାଏ। ଜୀବ ତାହାଠାରୁ କୌଣସିମତେ ଅଭିନ୍ନ ଥାଏ, ତେଣୁ ତାହା ସବର୍ଣ୍ଣ – ଏହା ଔପଚାରିକ ସତ୍ୟ।

ଭଅଁର କଳା ଦିଶେ, କିନ୍ତୁ ତା'ମଧ୍ୟରେ ଧଳା, ସବୁଜ ଓ ଅନ୍ୟ ସବୁ ରଙ୍ଗ ରହିଛି – ଏହାହେଲା ପୂର୍ଣ୍ଣ ତଥ୍ୟୋକ୍ତି।

ଭଅଁର କଳା ଅଟେ – ଏହା ହେଉଛି ସତ୍ୟର ଏକଦେଶୀୟ ସ୍ୱୀକାର।

ଏହି ପ୍ରକାରାନ୍ତର ଦ୍ୱାରା ନିରୂପିତ ବ୍ୟବହାର ଓ ନିଶ୍ଚୟ ଦୃଷ୍ଟିର ଆଧାର, ନୟବାଦର ଆଧାରଭିତ୍ତିଠାରୁ ଭିନ୍ନ ନୁହେଁ। ଏହାର ଆଧାର ଅଭେଦ-ଭେଦାତ୍ମକ ବସ୍ତୁ ହିଁ ସାଜିଥାଏ। ଏହା ଅନୁସାରେ ନୟ ହେଉଛି ଏକ – 'ଦ୍ରବ୍ୟ-ପର୍ଯ୍ୟାୟାର୍ଥିକ'। ବସ୍ତୁସ୍ୱରୂପ ଯେହେତୁ ଭେଦାଭେଦାତ୍ମକ, ତେଣୁ ନୟ ଦ୍ରବ୍ୟ-ପର୍ଯ୍ୟାୟାତ୍ମକ ହିଁ ହେବ।

ନୟ ସାପେକ୍ଷ ହୋଇଥିବାରୁ ଏହାର ଦୁଇଟି ରୂପ ସୃଷ୍ଟି ହୁଏ –

୧. ଯେଉଁସ୍ଥଳରେ ପର୍ଯ୍ୟାୟ ଗୌଣ ଓ ଦ୍ରବ୍ୟ ମୁଖ୍ୟ ହୋଇରହିଥାଏ, ତାହା ଦ୍ରବ୍ୟାର୍ଥିକ।

୨. ଯେଉଁସ୍ଥଳରେ ଦ୍ରବ୍ୟ ଗୌଣ ଓ ପର୍ଯ୍ୟାୟ ମୁଖ୍ୟ ହୋଇରହିଥାଏ, ତାହା ପର୍ଯ୍ୟାୟାର୍ଥିକ।

ବସ୍ତୁର ସାମାନ୍ୟ ଓ ବିଶେଷ ରୂପ ଅପେକ୍ଷାରେ ନୟର ଦ୍ରବ୍ୟାର୍ଥିକ ଓ ପର୍ଯ୍ୟାୟାର୍ଥିକ – ଏହିଭଳି ଦୁଇଟି ଭେଦ କରାଯାଇଥାଏ। ସେହିଭଳି ଶବ୍ଦ ନୟ ଓ ଅର୍ଥ ନୟ ଭାବରେ ଆହୁରି ଦୁଇଟି ଭେଦ ମଧ୍ୟ କରାଯାଇପାରିବ।

ଜ୍ଞାନ ଦୁଇ ପ୍ରକାର – ଶବ୍ଦାଶ୍ରୟୀ ଓ ଅର୍ଥାଶ୍ରୟୀ। ଉପଯୋଗାତ୍ମକ ବା ବିଚାରାତ୍ମକ ନୟ ଅର୍ଥାଶ୍ରିତ ଏବଂ ପ୍ରତିପାଦନାତ୍ମକ ନୟ ଆଗମ ବା ଶବ୍ଦଜ୍ଞାନର କାରଣ ହୋଇଥାଏ। ତେଣୁ ଶ୍ରୋତା ପରିପ୍ରେକ୍ଷୀରେ ଏହା ଶବ୍ଦାଶ୍ରିତ ହେବା ଉଚିତ, କିନ୍ତୁ ଏଠାରେ ଏହି ଅପେକ୍ଷା କାର୍ଯ୍ୟକାରୀ ହୁଏନାହିଁ। ଏଠାରେ ବାଚ୍ୟ ମଧ୍ୟରେ ବାଚକର ପ୍ରବୃତ୍ତିକୁ ଗୌଣ-ମୁଖ୍ୟ ମଣି ବିଚାର କରାଯାଇଛି। ଅର୍ଥନୟରେ ଅର୍ଥର ମୁଖ୍ୟତା ଥାଏ ଓ ତାହାର ବାଚକ ଗୌଣ ହୋଇରହିଥାଏ। ଶବ୍ଦନୟରେ ଶବ୍ଦପ୍ରୟୋଗ ଅନୁସାରେ ଅର୍ଥବୋଧ ହୁଏ, ତେଣୁ ଏଠାରେ ଶବ୍ଦ ମୁଖ୍ୟ ଜ୍ଞାପକ, ଅର୍ଥ ଗୌଣ ହୋଇରହିଥାଏ।

୧. ବାସ୍ତବିକ ଦୃଷ୍ଟିକୁ ମୁଖ୍ୟ ବିବେଚନା କରୁଥିବା ଅଭିପ୍ରାୟ 'ନିଶ୍ଚୟ ନୟ' ବୋଲାଇଥାଏ।

---

[୧୯] ଛାନ୍ଦୋଗ୍ୟ ଉପନିଷଦ୍, ୬/୧/୪

[୨୦] ଭଗବତୀ, ୧୭/୩୩, ୩୫

୨. ଲୌକିକ ଦୃଷ୍ଟିକୁ ମୁଖ୍ୟ ବିବେଚନା କରୁଥିବା ଅଭିପ୍ରାୟ 'ବ୍ୟବହାର ନୟ' ବୋଲାଇଥାଏ।

ନିଶ୍ଚୟ ନୟର ଭେଦ ହେଉଛି ସାତଟି ନୟ। ବ୍ୟବହାର ନୟକୁ 'ଉପନୟ' ମଧ୍ୟ କୁହାଯାଇଥାଏ। ବ୍ୟବହାର ଉପଚରିତ ହୋଇଥାଏ। ଭଲ ମେଘ ବରଷିଲେ କୁହାଯାଏ 'ଶସ୍ୟ ବରଷା ହେଉଛି।' ଏଠାରେ କାରଣ ମଧ୍ୟରେ କାର୍ଯ୍ୟର ଉପଚାର ରହିଛି। ଶସ୍ୟର କାରଣ ହେଲା ମେଘ। ଅପେକ୍ଷାବଶତଃ ମେଘକୁ ଧାନ୍ୟୋତ୍ପାଦକ ଦୃଷ୍ଟିର ଅନୁକୂଳତା ବର୍ଣ୍ଣନା କରିବାକୁ ଯାଇ ଶସ୍ୟ ବୋଲି ଭାବିବା ବା କହିବାରେ ଆପତ୍ତି ନାହିଁ, କିନ୍ତୁ ତାହାକୁ କେବଳ ଶସ୍ୟ ବୋଲି ଭାବିନେବାର ଦୃଷ୍ଟି ଯଥାର୍ଥ ନୁହେଁ। ବ୍ୟବହାର କଥାକୁ ନିଶ୍ଚୟ ଦୃଷ୍ଟିରୁ ନିରେଖିଲେ, ତାହା ମିଥ୍ୟାରେ ପରିଣତ ହୁଏ। ନିଜ ମର୍ଯ୍ୟାଦା ମଧ୍ୟରେ ତାହା ସତ୍ୟ। ସାତନୟ ମଧ୍ୟରୁ ବ୍ୟବହାର ନୟର ଅର୍ଥ ଉପଚାର ବା ସ୍ଥୂଳ ଦୃଷ୍ଟି ନୁହେଁ। ଏହାର ଅର୍ଥ ହେଲା - ବିଭାଗ ବା ଭେଦ। ଏହି କାରଣରୁ ଦୁହିଁଙ୍କ ମଧ୍ୟରେ ଶବ୍ଦ-ସାମ୍ୟ ରହିଥିବା ସତ୍ତ୍ୱେ ଅର୍ଥ-ସାମ୍ୟ ରହେନାହିଁ।

୧. ଜ୍ଞାନକୁ ମୁଖ୍ୟ ମାନିବାର ଅଭିପ୍ରାୟକୁ ଜ୍ଞାନ-ନୟ କୁହାଯାଏ।

୨. କ୍ରିୟାକୁ ମୁଖ୍ୟ ମାନିବାର ଅଭିପ୍ରାୟକୁ କ୍ରିୟା-ନୟ କୁହାଯାଇଥାଏ, ଆଦି-ଆଦି।

ଏହିପରି ଅନେକ, ଅସଂଖ୍ୟ ବା ଅନନ୍ତ ଅପେକ୍ଷା ସୃଷ୍ଟି ହୋଇଥାଏ। ବସ୍ତୁର ଯେତେ ସହଭାବୀ ଓ କ୍ରମଭାବୀ, ସାପେକ୍ଷ ଓ ପରାପେକ୍ଷ ଧର୍ମ ରହିଛି, ସେତେ ଅପେକ୍ଷା ବି ରହିଛି। ସ୍ପଷ୍ଟବୋଧ କରିବା ପାଇଁ ଅପେକ୍ଷାଗୁଡ଼ିକର ଆବଶ୍ୟକତା ରହିଛି। ଯାହା ସ୍ପଷ୍ଟବୋଧ ହେବ, ତାହା ସାପେକ୍ଷ ହିଁ ହେବ।

ସତ୍ୟର ବ୍ୟାଖ୍ୟା-ଦ୍ୱାର

ସତ୍ୟର ସାକ୍ଷାତ୍କାର ପୂର୍ବରୁ ସତ୍ୟର ବ୍ୟାଖ୍ୟା କରାଯିବା ଉଚିତ। ଏକ ସତ୍ୟର ଅନେକ ରୂପ। ଅନେକ ରୂପମାନଙ୍କ ମଧ୍ୟରେ ଏକତା ଏବଂ ଏକର ଅନେକ ରୂପତା ହିଁ ସତ୍ୟ। ଏହାର ବ୍ୟାଖ୍ୟା କରିବାର ସାଧନ ହେଉଛି ନୟ। ସତ୍ୟ ଏକ ଓ ଅନେକ ଭାବର ଅବିଭକ୍ତ ରୂପ ହୋଇଥିବାରୁ ସତ୍ୟର ବ୍ୟାଖ୍ୟା କରୁଥିବା ନୟଗୁଡ଼ିକ ବି ପରସ୍ପର-ସାପେକ୍ଷ ହୋଇଥାନ୍ତି।

ସତ୍ୟ ହେଲା ସ୍ୱୟଂସମ୍ପୂର୍ଣ୍ଣ। ଅନେକତା-ନିରପେକ୍ଷ ଏକତା ସତ୍ୟ ନୁହେଁ କି ଏକତା-ନିରପେକ୍ଷ ଅନେକତା ବି ସତ୍ୟ ହୋଇନପାରେ। ଏକତା ଓ ଅନେକତାର ସମନ୍ୱିତ ରୂପ ହିଁ ପୂର୍ଣ୍ଣ ସତ୍ୟ। ସତ୍ୟର ବ୍ୟାଖ୍ୟା ବସ୍ତୁ, କ୍ଷେତ୍ର, କାଳ ଓ ଅବସ୍ଥା ଅପେକ୍ଷାରେ କରାଯାଇଥାଏ। ଜଣକ ସକାଶେ ଯାହା ଗୁରୁ, ଅନ୍ୟ ପାଇଁ ତାହା ଲଘୁ, ଜଣକ ସକାଶେ ଯାହା ଦୂର, ଅନ୍ୟ ଜଣକ ପାଇଁ ତାହା ନିକଟ, ଜଣକ ସକାଶେ ଯାହା ଊର୍ଦ୍ଧ୍ୱ, ଅନ୍ୟ ପାଇଁ ତାହା ନିମ୍ନ, ଜଣକ ସକାଶେ ଯାହା ସରଳ, ଅନ୍ୟ ଜଣକ ପାଇଁ ତାହା ବକ୍ର ହୋଇଥାଏ। ଅପେକ୍ଷା ବା ଦୃଷ୍ଟିକୋଣ ବିନା ଏହାର ବ୍ୟାଖ୍ୟା କରାଯାଇପାରିବ ନାହିଁ। ଗୁରୁ-ଲଘୁ, ଦୂର-ନିକଟ, ଊର୍ଦ୍ଧ୍ୱ-ନିମ୍ନ, ସରଳ-ବକ୍ର ଏମାନଙ୍କୁ କିପରି ବିଶ୍ଳେଷିତ କରିହେବ ? ବସ୍ତୁ, କ୍ଷେତ୍ର, କାଳ ବା ଅବସ୍ଥା ଆଦିର ନିରପେକ୍ଷ ସ୍ଥିତିରେ ଏହାର ଉତ୍ତର ଦିଆଯାଇପାରିବ ନାହିଁ। ଏହି ସମାନ ସ୍ଥିତି ପଦାର୍ଥର ନିଜଠାରୁ ବାହ୍ୟଜଗତ୍ ସହିତ ସମ୍ବନ୍ଧ ସ୍ଥାପିତ ହେଲେ ନିର୍ମିତ ହୋଇଥାଏ। ତେବେ ତାହାର ବାହ୍ୟ ଜଗତ୍-ନିରପେକ୍ଷ ଆପଣା ସ୍ଥିତି ବି ଅପେକ୍ଷାଠାରୁ ମୁକ୍ତ ନୁହେଁ, କାରଣ ପଦାର୍ଥ ହେଉଛି ଅନନ୍ତଗୁଣର ସହଜ ସାମଞ୍ଜସ୍ୟ। ଏହାର ସମସ୍ତ ଗୁଣ, ଧର୍ମ, ଶକ୍ତି, ଅପେକ୍ଷା ଶୃଙ୍ଖଳାରେ ଗୁନ୍ଥି ହୋଇ ରହିଥାନ୍ତି। ଗୋଟିଏ ଗୁଣ ଅପେକ୍ଷାରେ ପଦାର୍ଥର ଯେଉଁ ସ୍ୱରୂପ ଥାଏ, ତାହା ସେହି ନିର୍ଦ୍ଦିଷ୍ଟ ଅପେକ୍ଷା ଯୋଗୁଁ ଥାଏ, ଅନ୍ୟ ସମସ୍ତ ଅପେକ୍ଷାର ଯୋଗୁଁ ସେହି ସ୍ୱରୂପ ନିର୍ମିତ ହୋଇନଥାଏ। ଚେତନ ପଦାର୍ଥ ଚୈତନ୍ୟଗୁଣ ଅପେକ୍ଷାରେ ଚେତନ, କିନ୍ତୁ ସହଭାବୀ ଅସ୍ତିତ୍ୱ, ବସ୍ତୁତ୍ୱ ଆଦି ଗୁଣ ପରିପ୍ରେକ୍ଷୀରେ ଚେତନ ପଦାର୍ଥର ଚେତନଶୀଳତା ନ ଥାଏ। ଅନନ୍ତ ଶକ୍ତି ଏବଂ ସେମାନଙ୍କ ଅନନ୍ତ କାର୍ଯ୍ୟ ବା ପରିଣାମର ସଂକଳନା, ସମନ୍ୱୟ ଅଥବା ଶୃଙ୍ଖଳା ହିଁ ପଦାର୍ଥ ଅଟେ। ତେଣୁ ବିବିଧ ଶକ୍ତି ଓ ତଜ୍ଜନିତ ବିବିଧ ପରିଣାମଗୁଡ଼ିକର ଅବିରୋଧ-ଭାବ ସାପେକ୍ଷ ସ୍ଥିତିରେ ହିଁ ବିକଶିତ ହୋଇପାରିବ।

ନୟର ଉଦ୍ଦେଶ୍ୟ

କୌଣସି ଲୋକ ବି ସର୍ବଦା ପଦାର୍ଥକୁ ଏକ ଦୃଷ୍ଟିରେ ଦେଖିନଥାଏ। ଦେଶ, କାଳ ଓ ସ୍ଥିତି ମଧ୍ୟରେ ପରିବର୍ତ୍ତନ ହେଲେ ଦର୍ଶନର ଦୃଷ୍ଟିରେ ବି ପରିବର୍ତ୍ତନ ଘଟେ। ନିରୂପଣର ମଧ୍ୟ ସମାନ ଅବସ୍ଥା। ବକ୍ତା ଯଦି ପଦାର୍ଥ ପ୍ରତି ଆସକ୍ତ ତେବେ ତାଙ୍କ ବାଣୀ ମଧ୍ୟ ସେହି ଦିଗରେ ଆକର୍ଷିତ ହେବା ସ୍ୱାଭାବିକ। ଏହି କଥା ପଦାର୍ଥର ଅବସ୍ଥା ସମ୍ବନ୍ଧରେ ମଧ୍ୟ କୁହାଯାଇଥାଏ। ଶ୍ରୋତାଙ୍କୁ ବକ୍ତାଙ୍କ ବିବକ୍ଷାକୁ ବୁଝିବାକୁ ହେବ। ତାହାର ସମ୍ୟକ୍ ଅବବୋଧ ସକାଶେ ପାରିପାର୍ଶ୍ୱିକ ବାତାବରଣ, ଦ୍ରବ୍ୟ, କ୍ଷେତ୍ର, କାଳ ଓ ଭାବକୁ ମଧ୍ୟ ବୁଝିବାକୁ ହୋଇଥାଏ। ବିବକ୍ଷାର ପାଞ୍ଚୋଟି ରୂପ ହେଉଛି –

୧. ଦ୍ରବ୍ୟର ବିବକ୍ଷା ... କ୍ଷୀରରେ ମଧୁରତା ଓ ରୂପ ଆଦି ରହିଥାଏ।

୨. ପର୍ଯ୍ୟାୟର ବିବକ୍ଷା ... ମଧୁରତା ଓ ରୂପ ଆଦି ହିଁ କ୍ଷୀର।

୩. ଦ୍ରବ୍ୟର ଅସ୍ତିତ୍ୱ ମାତ୍ରର ବିବକ୍ଷା ... କ୍ଷୀର।

୪. ପର୍ଯ୍ୟାୟର ଅସ୍ତିତ୍ୱ ମାତ୍ରର ବିବକ୍ଷା ... ମଧୁରତା ଓ ରୂପ ଆଦି।

୫. ଧର୍ମ-ଧର୍ମୀ-ସଂବନ୍ଧର ବିବକ୍ଷା ... କ୍ଷୀରର ମଧୁରତା ଓ ରୂପ ଆଦି।

ଏଗୁଡ଼ିକୁ ବର୍ଗୀକରଣ କରାଗଲେ ଦୁଇଟି ଦୃଷ୍ଟି ନିର୍ମିତ ହୁଏ –

୧. ଦ୍ରବ୍ୟ-ପ୍ରଧାନ ବା ଅଭେଦ-ପ୍ରଧାନ।

୨. ପର୍ଯ୍ୟାୟ-ପ୍ରଧାନ ବା ଭେଦ-ପ୍ରଧାନ।

ନୟର ରହସ୍ୟ ଏତିକି ମାତ୍ର ଯେ ଆମେ ଅନ୍ୟମାନଙ୍କ ବିଚାରକୁ ସେମାନଙ୍କ ଅଭିପ୍ରାୟର ସନ୍ଦର୍ଭରେ ଗ୍ରହଣ କରିବାର ପ୍ରଚେଷ୍ଟ କରିବା।

ନୟର ଆଧାରଭୂତ ତତ୍ତ୍ୱ

କଥନୀୟ ବସ୍ତୁ ଦୁଇ ପ୍ରକାର - ୧. ପଦାର୍ଥ-ଦ୍ରବ୍ୟ ଓ ୨. ପଦାର୍ଥର ଅବସ୍ଥା ବା ପର୍ଯ୍ୟାୟ। ଏମାନଙ୍କ ଆଧାରରେ ନୟର ଦୁଇଟି ବିଭାଗ ହୋଇଥାଏ - ଦ୍ରବ୍ୟାର୍ଥିକ ଓ ପର୍ଯ୍ୟାୟାର୍ଥିକ।

ଅଭିପ୍ରାୟ ବ୍ୟକ୍ତ କରିବାର ସାଧନ ଦ୍ୱୟ ହେଉଛି - ୧. ଅର୍ଥ ଓ ୨. ଶବ୍ଦ।

ଏମାନଙ୍କ ଆଧାରରେ ନୟର ଦୁଇଟି ବିଭାଗ ହୋଇଥାଏ - ଆର୍ଥିକ ଓ ଶାବ୍ଦିକ।

ଅର୍ଥର ଦୁଇ ପ୍ରକାର ହେଉଛି - ୧. ସାମାନ୍ୟ ଓ ୨. ବିଶେଷ।

ଏମାନଙ୍କ ଆଧାରରେ ନୟର ଚାରୋଟି ବିଭାଗ ସୃଷ୍ଟି ହୁଏ - ନୈଗମ, ସଂଗ୍ରହ, ବ୍ୟବହାର ଓ ଋଜୁସୂତ୍ର।

ଶବ୍ଦର ପ୍ରବୃତ୍ତିର ଦୁଇଟି ହେତୁ ହେଉଛି - ୧. ରୂଢ଼ି ଓ ୨. ବ୍ୟୁତ୍ପତ୍ତି।

ବ୍ୟୁତ୍ପତ୍ତି ପ୍ରୟୋଗର କାରଣଦ୍ୱୟ ହେଉଛି - ୧. ସାମାନ୍ୟ-ନିମିତ୍ତ ଓ ୨. ତତ୍କାଳଭାବୀ ନିମିତ୍ତ ଏମାନଙ୍କ ଆଧାରରେ ନୟର ତିନୋଟି ବିଭାଗ ହୋଇଥାଏ – ଶବ୍ଦ, ସମଭିରୂଢ଼ ଓ ଏବମ୍ଭୂତ।

୧. ନୈଗମ୍ - 'ସାମାନ୍ୟ-ବିଶେଷ'ର ସଂଯୁକ୍ତ ରୂପର ନିରୂପଣ ହେଉଛି ନୈଗମ ନୟ।

୨. ସଂଗ୍ରହ - କେବଳ 'ସାମାନ୍ୟ'ର ନିରୂପଣ ହେଉଛି ସଂଗ୍ରହ ନୟ।

୩. ବ୍ୟବହାର - କେବଳ 'ବିଶେଷ'ର ନିରୂପଣ ହେଉଛି ବ୍ୟବହାର ନୟ।

୪. ଋଜୁସୂତ୍ର - 'କ୍ଷଣବର୍ତ୍ତୀ ବିଶେଷ'ର ନିରୂପଣ ହେଉଛି ଋଜୁସୂତ୍ର ନୟ।

୫. ଶବ୍ଦ - ରୂଢ଼ିରୁ ଉତ୍ପନ୍ନ ଶବ୍ଦର ପ୍ରବୃତ୍ତିର ଅଭିପ୍ରାୟ ହେଉଛି ଶବ୍ଦନୟ।

୬. ସମଭିରୂଢ଼ - ବ୍ୟୁତ୍ପତ୍ତିରୁ ଉତ୍ପନ୍ନ ଶବ୍ଦର ପ୍ରବୃତ୍ତିର ଅଭିପ୍ରାୟ ହେଉଛି ସମଭିରୂଢ଼ ନୟ।

୭. ଏବମ୍ଭୂତ - ବାର୍ତ୍ତମାନିକ ବା ତତ୍କାଳଭାବୀ ବ୍ୟୁତ୍ପତ୍ତିରୁ ଉତ୍ପନ୍ନ ଶବ୍ଦର ପ୍ରବୃତ୍ତିର ଅଭିପ୍ରାୟ ହେଉଛି ଏବମ୍ଭୂତ ନୟ।

ଏହି ପ୍ରକାର ସାତ ନୟର ଦ୍ରବ୍ୟାର୍ଥିକ ଓ ପର୍ଯ୍ୟାୟାର୍ଥିକ, ବାସ୍ତବିକ ଓ ବ୍ୟାବହାରିକ, ଆର୍ଥିକ ଓ ଶାବ୍ଦିକ - ସମସ୍ତ ପ୍ରକାର ଅଭିପ୍ରାୟ ସଂଗୃହୀତ ହୋଇଯାଏ।

ନୈଗମ

ତାଦାତ୍ମ୍ୟ ସନ୍ଦର୍ଭରେ ସାମାନ୍ୟ-ବିଶେଷର ଭିନ୍ନତାର ସମର୍ଥନ କରାଯାଇଥାଏ। ଏହି ଦୃଷ୍ଟି ହେଉଛି ନୈଗମ ନୟ। ଏହାହେଲା ଉଭୟଗ୍ରାହୀ ଦୃଷ୍ଟି। ସାମାନ୍ୟ ଓ ବିଶେଷ ଦୁହେଁ ଏହାର ବିଷୟ । ଏହାଫଳରେ ସାମାନ୍ୟ-ବିଶେଷାତ୍ମକ ବସ୍ତୁର ଏକ ଦେଶର ବୋଧ ହୋଇଥାଏ। ସାମାନ୍ୟ ଓ ବିଶେଷ ସ୍ୱତନ୍ତ୍ର ପଦାର୍ଥ ଅଟନ୍ତି - ଏହି 'କଣାଦ-ଦୃଷ୍ଟି'କୁ ଜୈନଦର୍ଶନ ସ୍ୱୀକାର କରେନାହିଁ। କାରଣ ସାମାନ୍ୟ-ରହିତ ବିଶେଷ ଓ ବିଶେଷ-ରହିତ ସାମାନ୍ୟର କୌଣସିଠାରେ ବି ପ୍ରତୀତି ହୁଏନାହିଁ। ଉଭୟେ ପଦାର୍ଥର ଧର୍ମ। ଗୋଟିଏ ପଦାର୍ଥର ଅନ୍ୟ ପଦାର୍ଥ, ଦେଶ ଓ କାଳ ମଧ୍ୟରେ ହେଉଥିବା ଅନୁବୃତ୍ତି ହେଉଛି ସାମାନ୍ୟ-ଅଂଶ ଏବଂ ବ୍ୟାବୃତ୍ତି ହେଉଛି ବିଶେଷ-ଅଂଶ। କେବଳ ଅନୁବୃତ୍ତି-ରୂପ ବା କେବଳ ବ୍ୟାବୃତ୍ତି-ରୂପ କୌଣସି ପଦାର୍ଥ ନାହିଁ। ଯେତେବେଳେ ଯେଉଁ ପଦାର୍ଥର ଅନ୍ୟ ସହିତ ଅନୁବୃତ୍ତି ମିଳିଥାଏ, ସେତେବେଳେ ତା'ର ଅନ୍ୟମାନଙ୍କ ସହିତ ବ୍ୟାବୃତ୍ତି ବି ମିଳିଥାଏ।

ସାମାନ୍ୟ-ବିଶେଷାତ୍ମକ ପଦାର୍ଥର ଜ୍ଞାନ ପ୍ରମାଣ ଦ୍ୱାରା ହୋଇଥାଏ। ଅଖଣ୍ଡ ବସ୍ତୁ ହେଲା ପ୍ରମାଣର ବିଷୟ। ନୟର ବିଷୟ ତା'ର ଏକାଂଶ ମାତ୍ର। ନୈଗମ ନୟ, ଅନୁଭୂତିବୋଧର ମାର୍ଗମାନଙ୍କ ସ୍ପର୍ଶ କରିଥାଏ, କିନ୍ତୁ ତାହା ପ୍ରମାଣ ନୁହେଁ। ପ୍ରମାଣ ମଧ୍ୟରେ ସବୁ ଧର୍ମକୁ ମୁଖ୍ୟ ସ୍ଥାନ ପ୍ରାପ୍ତ ହୋଇଥାଏ। ଏଠାରେ ସାମାନ୍ୟ ମୁଖ୍ୟ ହୋଇଯିବା ଫଳରେ ବିଶେଷ ଗୌଣ ପାଲଟିଯାଏ ଏବଂ ବିଶେଷ ମୁଖ୍ୟ ହୋଇଗଲେ ସାମାନ୍ୟ ଗୌଣରେ ପରିଣତ ହୁଏ। ଉଭୟଙ୍କୁ ଯଥାସ୍ଥାନ ମୁଖ୍ୟତା ଓ ଗୌଣତା ପ୍ରାପ୍ତ ହୁଏ। ସଂଗ୍ରହନୟ କେବଳ ସାମାନ୍ୟ ଅଂଶର ଓ ବ୍ୟବହାରନୟ କେବଳ ବିଶେଷ ଅଂଶର ଗ୍ରହଣ କରିଥାଏ। ନୈଗମନୟ ଉଭୟ ସାମାନ୍ୟ ଓ ବିଶେଷର ଏକାଶ୍ରୟତାର ସାଧକ ଅଟେ।

ପ୍ରମାଣ ଦୃଷ୍ଟିରେ ଦ୍ରବ୍ୟ ଓ ପର୍ଯ୍ୟାୟ ମଧ୍ୟରେ କଥଂଚିତ୍ ଭେଦ ଓ କଥଂଚିତ୍ ଅଭେଦ ରହିଥାଏ ଏହାଦ୍ୱାରା ଭେଦାଭେଦର ଯୁଗପତ୍ ଗ୍ରହଣ ହୁଏ।

ନୈଗମନୟ ଅନୁସାରେ ଦ୍ରବ୍ୟ ଓ ପର୍ଯ୍ୟାୟର ସମଷ୍ଟିରେ ଯୁଗପତ୍ ଗ୍ରହଣ ହୁଏନାହିଁ ଅଭେଦର ଗ୍ରହଣ ଫଳରେ ଭେଦ ଗୌଣ ହୋଇଯାଏ ଓ ଭେଦର ଗ୍ରହଣ ଅଭେଦକୁ ଗୌଣ କରିଦିଏ। ମୁଖ୍ୟ ପ୍ରରୂପଣା ଏକର ହୋଇଥାଏ। ପ୍ରମାଣ ଯାହାକୁ ଚାହିଁବେ ତାହାକୁ ମୁଖ୍ୟ କରିଦେଇ ପାରିବେ। ଆନନ୍ଦ ହେଉଛି ଚେତନର ଧର୍ମ। ଚେତନ ମଧ୍ୟରେ ଆନନ୍ଦ ରହିଛି — ଏହି ବିବକ୍ଷାରେ ଆନନ୍ଦ ମୁଖ୍ୟ ହୋଇଥାଏ। ଏଠାରେ ଆନନ୍ଦ ଏକ ଭେଦ - ଚେତନର ଏକ ବିଶେଷ ଅବସ୍ଥା। 'ଆନନ୍ଦଯୁକ୍ତ ଜୀବର କଥା ଛାଡ଼ନ୍ତୁ' - ଏହି ବିବକ୍ଷାରେ ଜୀବ ହେଉଛି ମୁଖ୍ୟ ଯାହାକି ଅଭେଦ ଅଟେ - ଆନନ୍ଦ ଭଳି ଅନନ୍ତ ସୂକ୍ଷ୍ମ-ସ୍ଥୂଳ ବିଶେଷ ଅବସ୍ଥାର ଅଧିକରଣ ହୋଇଥାଏ।

ନୈଗମନୟ ଭାବଗୁଡ଼ିକର ଅଭିବ୍ୟଞ୍ଜନାର ବ୍ୟାପକ ସ୍ରୋତ ଅଟେ।

'ଆନନ୍ଦ ବ୍ୟାପିଯାଇଛି' - ଏହା ଋଜୁସୂତ୍ର ନୟର ଅଭିପ୍ରାୟ। ଏଠାରେ କେବଳ ଧର୍ମ ବା ଭେଦର ଅଭିବ୍ୟକ୍ତି ହୋଇଥାଏ। 'ଆନନ୍ଦ କେଉଁଠାରେ?' - ଏହା ବ୍ୟକ୍ତ ହେଉନାହିଁ। ଗୋଟିଏ ଦ୍ରବ୍ୟ ଅଟେ - ଏହା ସଂଗ୍ରହନୟର, ଅଭିପ୍ରାୟ କିନ୍ତୁ ଦ୍ରବ୍ୟରେ କ'ଣ ରହିଛି? ଏହା ଜଣାପଡୁନାହିଁ। 'ଆନନ୍ଦ ଚେତନରେ ଥାଏ' ଏବଂ ତା'ର ଅଧିକରଣ କେବଳ ଚେତନ ହିଁ ହୋଇପାରେ। ଏହା ଉଭୟ ସଂବନ୍ଧକୁ ଅଭିବ୍ୟକ୍ତ କରିଥାଏ। ଏହାହେଉଛି ନୈଗମନୟର ଅଭିପ୍ରାୟ। ଏହି ପ୍ରକାର ଗୁଣ-ଗୁଣୀ, ଅବୟବ-ଅବୟବୀ, କ୍ରିୟା-କାରକ, ଜାତି-ଜାତିମାନ୍ ଆଦି ମଧ୍ୟରେ ଯେଉଁ ଭେଦାଭେଦ-ସଂବନ୍ଧ ରହିଛି, ଏହି ଦୃଷ୍ଟିରେ ତାହାର ବ୍ୟଞ୍ଜନା ସହଜ ହୋଇଥାଏ। ପରାକ୍ରମ ଓ ପରାକ୍ରମୀକୁ ସର୍ବଥା ଏକ ବୋଲି ମାନିନେଲେ ସେମାନେ ବସ୍ତୁ ହୋଇ ରହନ୍ତି ନାହିଁ। ଯଦି ସେମାନଙ୍କୁ ସର୍ବଥା ଦୁଇ ବୋଲି ସ୍ୱୀକାର କରାଯାଏ, ସେମାନଙ୍କ ମଧ୍ୟରେ କୌଣସି ସଂବନ୍ଧ ରହିବ ନାହିଁ। ସେମାନେ ଭିନ୍ନ-ଭିନ୍ନ ଅଟନ୍ତି -

ଏହା ମଧ୍ୟ ପ୍ରତୀତି-ସିଦ୍ଧ, ସେମାନଙ୍କ ମଧ୍ୟରେ ସଂବନ୍ଧ ରହିଛି - ଏହା ମଧ୍ୟ ପ୍ରତୀତି ସିଦ୍ଧ। କିନ୍ତୁ ଆମେ ଦୁହିଁଙ୍କର ଶବ୍ଦାଶ୍ରୟୀ ଜ୍ଞାନ ଦ୍ୱାରା ଏକସଂଗେ ଜାଣିପାରିବା ବା କହିପାରିବା - ଏହା ପ୍ରତୀତି-ସିଦ୍ଧ ନୁହେଁ। ତେଣୁ ଏହା ନୈଗମ-ଦୃଷ୍ଟି, ଯାହା ଅମୁକ ଧର୍ମ ସହିତ ଅମୁକ ଧର୍ମର ସଂବନ୍ଧ ପ୍ରତିପାଦନ କରି ଯଥାସମୟ ଜଣେ ଅନ୍ୟଜଣକର ମୁଖ୍ୟ ସ୍ଥିତିକୁ ଗ୍ରହଣ କରିଥାଏ। 'ପରାକ୍ରମୀ ହନୁମାନ' ଏହି ବର୍ଣ୍ଣନ ଶୈଳୀରେ ହନୁମାନ ହେଉଛନ୍ତି ମୁଖ୍ୟ। ହନୁମାନଙ୍କ ପରାକ୍ରମର ବର୍ଣ୍ଣନା କରିବା ସମୟରେ ପରାକ୍ରମ ମଧ୍ୟ ଯଥାସମୟରେ ଆପେ ଆପେ ମୁଖ୍ୟ ବିବେଚିତ ହୋଇଯିବ। ବର୍ଣ୍ଣନର ଏହି ସହଜଶୈଳୀ ଏହି ଦୃଷ୍ଟିର ଆଧାର ସାଜିଥାଏ।

ଲୋକ-ବ୍ୟବହାର ହେଲା ଏହାର ଦ୍ୱିତୀୟ ଆଧାର। ଲୋକ-ବ୍ୟବହାରରେ ଶବ୍ଦର ଯେତେ ଓ ଯେପରି ଅର୍ଥ ବାହାରିଥାଏ, ସେ ସଭିଙ୍କୁ ଏହି ଦୃଷ୍ଟି ମାନ୍ୟ କରିଥାଏ।

ଏହାର ତୃତୀୟ ଆଧାର ହେଉଛି - ସଂକଳ୍ପ। ସଂକଳ୍ପର ସତ୍ୟତା ନୈଗମ ଦୃଷ୍ଟି ଉପରେ ନିର୍ଭର କରିଥାଏ। ଅତୀତକୁ ବର୍ତ୍ତମାନ ମଣିବା - ଯେଉଁ କାର୍ଯ୍ୟ ହୋଇସାରିଛି, ତାହା ହେଉଛି ବୋଲି ମାନିବା ସତ୍ୟ ନୁହେଁ କିନ୍ତୁ ସଂକଳ୍ପ ବା ଅରୋପ ଦୃଷ୍ଟିରେ ତାହା ସତ୍ୟ ହୋଇପାରେ।

ଏହାର ତିନୋଟି ରୂପର ନିର୍ମାଣ ହୋଇଥାଏ –

୧. ଭୂତ ପର୍ଯ୍ୟାୟକୁ ବର୍ତ୍ତମାନ ପର୍ଯ୍ୟାୟ ରୂପରେ ସ୍ୱୀକାର (ଅତୀତ ମଧ୍ୟରେ ବର୍ତ୍ତମାନର ସଂକଳ୍ପ) - ଭୂତ ନୈଗମ୍।

୨. ଅପୂର୍ଣ୍ଣ ବର୍ତ୍ତମାନକୁ ପୂର୍ଣ୍ଣ ବର୍ତ୍ତମାନ ରୂପରେ ସ୍ୱୀକାର (ଅନିଷ୍ପନ୍ନକ୍ରିୟ ବର୍ତ୍ତମାନ ମଧ୍ୟରେ ନିଷ୍ପନ୍ନକ୍ରିୟ ବର୍ତ୍ତମାନର ସଂକଳ୍ପ) - ବର୍ତ୍ତମାନ 'ନୈଗମ'।

୩. ଭବିଷ୍ୟ ପର୍ଯ୍ୟାୟକୁ ଭୂତ ପର୍ଯ୍ୟାୟ ରୂପରେ ସ୍ୱୀକାର (ଭବିଷ୍ୟ ମଧ୍ୟରେ ଭୂତର ସଂକଳ୍ପ) - ଭାବୀ ନୈଗମ।

ଜନ୍ମଦିନ ପାଳନ କରିବାର ସତ୍ୟତା ପଛରେ ଭୂତ ନୈଗମ ଦୃଷ୍ଟି କାର୍ଯ୍ୟ କରିଥାଏ। ଭାତ ରାନ୍ଧିବା ଆରମ୍ଭ କରିଛ। କେହି ଜଣେ ପଚାରିଲେ - 'ଆଜି କ'ଣ ରାନ୍ଧିଛ ?' ଉତ୍ତର ମିଳିଲା - 'ଭାତ ରାନ୍ଧିଛି।' ଭାତ ରନ୍ଧନ ସରିନାହିଁ, ରନ୍ଧନ ପ୍ରକ୍ରିୟା ଜାରିରହିଛି। ତଥାପି ବର୍ତ୍ତମାନ ନୈଗମ ପରିପ୍ରେକ୍ଷୀରେ 'ରାନ୍ଧିଛି' କହିବାରେ ଅସତ୍ୟ ନାହିଁ।

କ୍ଷମତା ଓ ଯୋଗ୍ୟତା ଅପେକ୍ଷାରେ ଅକବିକୁ କବି, ଅବିଦ୍ୱାନକୁ ବିଦ୍ୱାନ କୁହାଯାଇଥାଏ। ଆମେ ଯେତେବେଳେ ଭାବୀର ଉପଚାର ଭୂତ ମଧ୍ୟରେ କରିଥାଉଁ, ତାହା ସେତେବେଳ ହିଁ ସତ୍ୟ ହୋଇଥାଏ - ଏହି ଅପେକ୍ଷାକୁ ଭୁଲିଯିବା ଠିକ୍ ନୁହେଁ।

ନୈଗମର ତିନି ଭେଦ ହେଉଛି - ୧. ଦ୍ରବ୍ୟନିଗମ, ୨. ପର୍ଯ୍ୟାୟ ନିଗମ ଓ ୩. ଦ୍ରବ୍ୟ-ପର୍ଯ୍ୟାୟ ନିଗମ।

ଏମାନଙ୍କ କାର୍ଯ୍ୟକ୍ରମ ହେଉଛି - ୧. ଦୁଇଟିବସ୍ତୁର ଗ୍ରହଣ, ୨. ଦୁଇଟି ଅବସ୍ଥାର ଗ୍ରହଣ ଓ ୩. ଗୋଟିଏ ବସ୍ତୁ ଓ ଗୋଟିଏ ଅବସ୍ଥାର ଗ୍ରହଣ।

ଜୈନ ଦର୍ଶନର ଅନେକାନ୍ତ ଦୃଷ୍ଟିର ପ୍ରତୀକ ହେଉଛି ନୈଗମ ନୟ। ଜୈନଦର୍ଶନ ଅନୁସାରେ ନାନାତ୍ୱ ଓ ଏକତ୍ୱ ଉଭୟ ସତ୍ୟ। ଏକତ୍ୱ-ନିରପେକ୍ଷ ନାନାତ୍ୱ ଏବଂ ନାନାତ୍ୱ-ନିରପେକ୍ଷ ଏକତ୍ୱ-ଦୁହେଁ ମିଥ୍ୟା। ଏକତ୍ୱ ହେଲା ଆପେକ୍ଷିକ ସତ୍ୟ। 'ଗୋତ୍ୱ' ଦୃଷ୍ଟିରେ ସବୁ ଗାଈ ମଧ୍ୟରେ ଏକତ୍ୱ ରହିଛି। 'ପଶୁତ୍ୱ' ଦୃଷ୍ଟିରେ ଗାଈ ଓ ଅନ୍ୟ ପଶୁ ମଧ୍ୟରେ ଏକତ୍ୱ ରହିଛି। ଜୀବତ୍ୱ ଅପେକ୍ଷାରେ ପଶୁ ଓ ଅନ୍ୟ ଜୀବ ମଧ୍ୟରେ ଏକତ୍ୱ ରହିଛି। ଦ୍ରବ୍ୟତ୍ୱ ଅପେକ୍ଷାରେ ଜୀବ ଓ ଅଜୀବ ମଧ୍ୟରେ ଏକତ୍ୱ ରହିଛି। ଅସ୍ତିତ୍ୱ ଅପେକ୍ଷାରେ ସମଗ୍ର ବିଶ୍ୱ ହେଉଛି ଏକ। ଆପେକ୍ଷିକ ସତ୍ୟଠାରୁ ଯେତେବେଳେ ଆମେ ବାସ୍ତବିକ ସତ୍ୟ ଆଡ଼କୁ ଯାଇଥାଉଁ ଆମ ଦୃଷ୍ଟିକୋଣ ଭେଦବାଦୀ ପାଲଟିଯାଏ। ନାନାତ୍ୱ ହେଉଛି ବାସ୍ତବିକ ସତ୍ୟ। ଯେଉଁଠାରେ ଅସ୍ତିତ୍ୱ ଅପେକ୍ଷିତ, ସେଠାରେ ବିଶ୍ୱ ଏକ କିନ୍ତୁ ଚୈତନ୍ୟ ଓ ଅଚୈତନ୍ୟ

(ଦୁହେଁ ଅତ୍ୟନ୍ତ ବିରୋଧୀ ଧର୍ମ) ଅପେକ୍ଷାରେ ବିଶ୍ୱ ଏକ ନୁହେଁ। ଏଠାରେ ବିଶ୍ୱର ଦୁଇଟି ରୂପ ଜାତ ହେଉଛି - ଚେତନ ଜଗତ୍ ଓ ଅଚେତନ ଜଗତ୍। ଚୈତନ୍ୟ ଦୃଷ୍ଟିରେ ଚେତନ ଜଗତ୍ ଏକ କିନ୍ତୁ ସ୍ୱ-ସ୍ଥ ଚୈତନ୍ୟର ଅପେକ୍ଷାରେ ଚେତନ ଏକ ନୁହେଁ। ସେମାନେ ଅନନ୍ତ। ଚେତନର ବାସ୍ତବିକ ରୂପ ହେଉଛି -ସ୍ୱାତ୍ମ-ପ୍ରତିଷ୍ଠାନ। ପ୍ରତ୍ୟେକ ପଦାର୍ଥର ଶୁଦ୍ଧରୂପ ହିଁ ସ୍ୱ-ପ୍ରତିଷ୍ଠାନ ଅଟେ। ବାସ୍ତବିକ ରୂପ ବି ନିରପେକ୍ଷ ସତ୍ୟ ନୁହେଁ। ସ୍ୱ ମଧ୍ୟରେ ବା ବ୍ୟକ୍ତି ମଧ୍ୟରେ ଚୈତନ୍ୟର ପୂର୍ଣ୍ଣତା ରହିଥାଏ। ତାହା ଏକ ବ୍ୟକ୍ତି-ଚେତନ ଯାହା ନିଜ ସଦୃଶ ଅନ୍ୟ ଚେତନ ବ୍ୟକ୍ତିମାନଙ୍କଠାରୁ ସର୍ବଥା ଭିନ୍ନ ନୁହେଁ। ତେଣୁ ସେମାନଙ୍କ ମଧ୍ୟରେ ସଜାତୀୟତା ବା ସାପେକ୍ଷତା ଥାଏ। ଏହି ତଥ୍ୟ ହିଁ ଆଗକୁ ଗତି କରିଥାଏ।

ଚେତନ ଓ ଅଚେତନ ମଧ୍ୟରେ ସର୍ବଦା ଭେଦ ହିଁ ନୁହେଁ ଅଭେଦ ବି ରହିଥାଏ। ଚୈତନ୍ୟ ଓ ଅଚୈତନ୍ୟର ଅପେକ୍ଷାରୁ ଏହି ଭେଦ ରହିଥାଏ। ଦ୍ରବ୍ୟତ୍ୱ, ବସ୍ତୁତ୍ୱ, ଅସ୍ତିତ୍ୱ, ପରମ୍ପରାନୁଗମତ୍ୱ ଆଦି-ଆଦି ଅସଂଖ୍ୟ ଅପେକ୍ଷାରୁ ଏମାନଙ୍କ ମଧ୍ୟରେ ଅଭେଦ ରହିଥାଏ।

ଅନ୍ୟ ଦୃଷ୍ଟିରେ ଏମାନଙ୍କ ମଧ୍ୟରେ ସର୍ବଥା ଅଭେଦ ହିଁ ନୁହେଁ ଭେଦ ବି ରହିଥାଏ। ଅସ୍ତିତ୍ୱ ଆଦି ଅପେକ୍ଷାରେ ଅଭେଦ, ଚୈତନ୍ୟ ଅପେକ୍ଷାରେ ଭେଦ। ସେମାନଙ୍କ ମଧ୍ୟରେ ସ୍ୱରୂପ - ଭେଦ ଥିବାରୁ ଉଭୟଙ୍କ ଅର୍ଥକ୍ରିୟା ଭିନ୍ନ ହୋଇଥାଏ। ସେମାନଙ୍କ ମଧ୍ୟରେ ଅଭେଦ ବି ଥାଏ, ତେଣୁ ଦୁହିଁଙ୍କ ମଧ୍ୟରେ ଜ୍ଞେୟ-ଜ୍ଞାୟକ, ଗ୍ରାହ୍ୟ-ଗ୍ରାହକ ଆଦି ସଂବନ୍ଧ ରହିଥାଏ।

ସଂଗ୍ରହ ଓ ବ୍ୟବହାର

ଅଭେଦ ଓ ଭେଦ ମଧ୍ୟରେ ତାଦାତ୍ମ୍ୟ ସଂବନ୍ଧ, ଏକାତ୍ମକତା ରହିଛି। ଦୁଇ ବା ତା'ଠାରୁ ଅଧିକ ମଧ୍ୟରେ ସଂବନ୍ଧ ହୋଇଥାଏ। କେବଳ ଭେଦ ବା କେବଳ ଅଭେଦ ମଧ୍ୟରେ କୌଣସି ପ୍ରକାର ସଂବନ୍ଧ ସ୍ଥାପନ ହୋଇପାରିବ ନାହିଁ।

ଅଭେଦର ଶୁଦ୍ଧ ରୂପ ହେଉଛି – ସତ୍ତାରୂପ ସାମାନ୍ୟ ବା ନିର୍ବିକଳ୍ପ ମହାସତ୍ତା।

ଅଭେଦର ଅଶୁଦ୍ଧ ରୂପ ହେଉଛି – ଅବାନ୍ତର ସାମାନ୍ୟ (ସାମାନ୍ୟବିଶେଷୋଭୟାତ୍ମକ ସାମାନ୍ୟ)

ଭେଦର ଶୁଦ୍ଧ ରୂପ ହେଉଛି - ଅନ୍ତ୍ୟସ୍ୱରୂପ-ବ୍ୟାବୃତ୍ତି।

ଭେଦର ଅଶୁଦ୍ଧ ରୂପ ହେଉଛି - ଅବାନ୍ତର-ବିଶେଷ।

ସଂଗ୍ରହ ସମନ୍ୱୟର ଦୃଷ୍ଟି କିନ୍ତୁ ବ୍ୟବହାର ହେଲା ବିଭାଜନର ଦୃଷ୍ଟି। ଉଭୟ ଦୃଷ୍ଟି ସମାନାନ୍ତର ରେଖା ଉପରେ ଗତି କରିଥାନ୍ତି, କିନ୍ତୁ ଏମାନଙ୍କ ଗତିକ୍ରମ ବିପରୀତ ଅଟେ। ସଂଗ୍ରହଦୃଷ୍ଟି ସଂକୁଚିତ ହୋଇ ଶେଷରେ ଏକ ହୋଇଯାଏ। ବ୍ୟବହାରଦୃଷ୍ଟି ଧୀରେ ଧୀରେ ବିକଶିତ ବିସ୍ତାରିତ ହୋଇ ଶେଷରେ ଅନନ୍ତରେ ପରିଣତ ହୁଏ।

ସମସ୍ତ ପଦାର୍ଥ ମଧ୍ୟରେ ଯଦି ସର୍ବଥା ଅଭେଦ - ବାସ୍ତବିକ ଏକତା ହିଁ ରହିଥାନ୍ତା, ତେବେ ବ୍ୟବହାରନୟର - ଭେଦକୁ ବାସ୍ତବିକ ମାନିବାର ଉକ୍ତି ତ୍ରୁଟିପୂର୍ଣ୍ଣ ହୋଇଯିବ। ସେହିଭଳି ସବୁ ପଦାର୍ଥ ମଧ୍ୟରେ ସର୍ବଥା ଭେଦ - ବାସ୍ତବିକ ଅନେକତା ହିଁ ରହିଥାନ୍ତା, ତେବେ ସଂଗ୍ରହଦୃଷ୍ଟିର - ଅଭେଦକୁ ବାସ୍ତବିକ ମାନିବାର ତଥ୍ୟ ସତ୍ୟ ହୋଇପାରିବ ନାହିଁ।

ଭେଦପ୍ରଧାନ .... ବ୍ୟବହାରନୟ

ଭେଦପ୍ରଧାନ .... ବ୍ୟବହାରନୟ

ଚୈତନ୍ୟଗୁଣ ଯେପରି ଚେତନ ବ୍ୟକ୍ତିମାନଙ୍କ ମଧ୍ୟରେ ହିଁ ସାମଞ୍ଜସ୍ୟ ସ୍ଥାପନ କରିଥାଏ, ସେହିପରି ଯଦି ଏହି ଗୁଣ ଚେତନ ବ୍ୟକ୍ତିମାନଙ୍କ ସହିତ ଅଚେତନ ବ୍ୟକ୍ତିମାନଙ୍କ ସାମଞ୍ଜସ୍ୟ ସ୍ଥାପନ କରିବାରେ ସଫଳ ହୁଏ, ତେବେ ଚୈତନ୍ୟ ଧର୍ମ ପରିପ୍ରେକ୍ଷୀରେ ଚେତନ ଓ ଅଚେତନକୁ ଅତ୍ୟନ୍ତ ବିରୋଧୀ ମାନିବାର ସ୍ଥିତି ଉତ୍ପନ୍ନ ହେବନାହିଁ। ଚେତନ ଓ ଅଚେତନ ମଧ୍ୟରେ ଅନ୍ୟ ଧର୍ମ ଦ୍ୱାରା ସଂହତି ସ୍ଥାପନ ହେଲେ ମଧ୍ୟ ଚେତନ ଧର୍ମ ଦ୍ୱାରା ତାହା ହୋଇନଥାଏ। ତେଣୁ ଭେଦ ମଧ୍ୟ ତାତ୍ତ୍ୱିକ ହୁଏ। ସତ୍ତା, ଦ୍ରବ୍ୟତ୍ୱ ଆଦି ଧର୍ମ ଦ୍ୱାରା ଚେତନ ଓ ଅଚେତନ ମଧ୍ୟରେ ଯଦି କୌଣସି

ପ୍ରକାର ସଂହତି ସ୍ଥାପନ ହୋଇପାରୁନାହିଁ, ତାହାହେଲେ ଉଭୟଙ୍କର ଅଧିକରଣ ଏକଜଗତ୍ ହୋଇପାରେ ନାହିଁ। ସେମାନେ ସ୍ୱରୂପ ଦୃଷ୍ଟିରେ ଏକ ନୁହନ୍ତି, ଅଧିକରଣରେ ଏକ। ତେଣୁ ଅଭେଦ ମଧ୍ୟ ତାତ୍ତ୍ୱିକ ହୋଇଯାଉଛି।

ଅଭେଦ ଓ ଭେଦର ତାତ୍ତ୍ୱିକତାର ଭିନ୍ନ-ଭିନ୍ନ କାରଣ ରହିଛି। ସତ୍ତା ବା ଅସ୍ତିତ୍ୱ ଅଭେଦର କାରଣ ଅଟନ୍ତି, ଏମାନେ କେବେ ବି ଭେଦ କରନ୍ତି ନାହିଁ। ଏମାନଙ୍କ ଆଶ୍ରୟରେ ଆମର ଅଭେଦପରକ-ଦୃଷ୍ଟି ବିକଶିତ ହୋଇଥାଏ।

ବିଶେଷଧର୍ମ ବା ନାସ୍ତିତ୍ୱ (ଯଥା ଚେତନର ଚୈତନ୍ୟ) ହେଉଛି ଭେଦର କାରଣ। ଏହା ସାହାଯ୍ୟରେ ଭେଦପରକ ଦୃଷ୍ଟି ଗତି କରିଥାଏ।

ବସ୍ତୁର ଯାହା ସମାନ ପରିଣାମ, ତାହାହିଁ ସାମାନ୍ୟ ହୋଇଥାଏ। ସମାନ ପରିଣାମ, ଅସମାନ ପରିଣାମ ବିନା ସମ୍ଭବ ହୁଏନାହିଁ।

ଅସମାନତା ବିନା ଏକତା ହୋଇପାରେ କିନ୍ତୁ ସମାନତା ନୁହେଁ। ସେହି ଅସମାନ ପରିଣାମ ହିଁ ବିଶେଷ ହୋଇଥାଏ।[୨୧]

ନୈଗମ ଦୃଷ୍ଟି ଅଭେଦ ଓ ଭେଦ ଶକ୍ତିଗୁଡ଼ିକର ଏକାଶ୍ରୟତା ଦ୍ୱାରା ପଦାର୍ଥକୁ ଅଭେଦକ ଓ ଭେଦକ ଧର୍ମର ସମନ୍ୱୟ ରୂପରେ ସ୍ୱୀକାର କରି ଅଭେଦ ଓ ଭେଦର ତାତ୍ତ୍ୱିକତାର ସମର୍ଥନ କରିଥାଏ। ସଂଗ୍ରହ ଓ ବ୍ୟବହାର - ଏ ଦୁହେଁ କ୍ରମଶଃ ଅଭେଦ ଓ ଭେଦକୁ ମୁଖ୍ୟ ବିଚାରି ଏମାନଙ୍କ ବାସ୍ତବିକତାର ସମର୍ଥନ କରିବାର ଦୃଷ୍ଟି ଦିଅନ୍ତି।

ବ୍ୟବହାରନୟ

ବ୍ୟବହାରନୟ ଦୁଇପ୍ରକାର -

୧. ଉପଚାର ବହୁଳ - ଏଠାରେ ଗୌଣବୃତ୍ତିରେ ଉପଚାର ପ୍ରଧାନ ହୋଇଥାଏ। ଯଥା-ପର୍ବତ ଜଳୁଛି, ଏଠାରେ ପ୍ରଚୁର-ଦାହର ପ୍ରୟୋଜନ ହୋଇଥାଏ। ରାସ୍ତା ଯାଇଛି - ଏଠାରେ ନୈରନ୍ତର୍ଯ୍ୟ ପ୍ରତୀତିର ପ୍ରୟୋଜନ ହେଉଛି।

୨. ଲୌକିକ - ଭଅଁର ହେଉଛି କଳା।

ଋଜୁସୂତ୍ର

ଋଜୁସୂତ୍ର ହେଉଛି ବର୍ତ୍ତମାନପରକ ଦୃଷ୍ଟି। ଏହା ଅତୀତ ଓ ଭବିଷ୍ୟର ବାସ୍ତବିକ ସତ୍ତାକୁ ସ୍ୱୀକାର କରିନଥାଏ। ଅତୀତର କ୍ରିୟା ନଷ୍ଟ ହୋଇସାରିଛି। ଭବିଷ୍ୟ କ୍ରିୟା ପ୍ରାରମ୍ଭ ହୁଏନାହିଁ। ତେଣୁ ଭୂତକାଳୀନ ବସ୍ତୁ ଓ ଭବିଷ୍ୟକାଳୀନ ବସ୍ତୁ, ଅର୍ଥ କ୍ରିୟା-ସମର୍ଥ (ଆପଣା କାମ କରିବାରେ ସମର୍ଥ) ହୋଇପାରେ ନାହିଁ ତଥା ପ୍ରମାଣର ବିଷୟ ମଧ୍ୟ ହୁଏନାହିଁ। ଯାହା ଅର୍ଥକ୍ରିୟା-ସମର୍ଥ ଓ ପ୍ରମାଣର ବିଷୟ ହୋଇପାରେ, ତାହାହିଁ ବସ୍ତୁ। ଏହି ଦୁଇ ତଥ୍ୟ ବାର୍ତ୍ତମାନିକ ବସ୍ତୁ ମଧ୍ୟରେ ହିଁ ରହିଥିବାରୁ ତାହା ତାତ୍ତ୍ୱିକ ସତ୍ୟ ଭାବରେ ପରିଗଣିତ ହୋଇଥାଏ। ଅତୀତ ଓ ଭବିଷ୍ୟତରେ 'ତୁଳା' ପ୍ରକୃତରେ ତୁଳା ହୋଇନଥାଏ। ଯେତେବେଳେ ତୁଳା ଦ୍ୱାରା ତଉଲ କରାଯାଏ, ସେତେବେଳେ 'ତୁଳା' ପ୍ରକୃତରେ ତୁଳା ହୋଇପାରିଥାଏ।

ଏହା ଅନୁସାରେ କ୍ରିୟାକାଳ ଓ ନିଷ୍ଠାକାଳର ଆଧାର ଏକ ଦ୍ରବ୍ୟ ହୋଇନପାରେ। ସାଧ୍ୟ-ଅବସ୍ଥା ଓ ସାଧନ-ଅବସ୍ଥାର କାଳ ଭିନ୍ନ ହେବ। ସେତେବେଳେ ଭିନ୍ନକାଳର ଆଧାରଭୂତ ଦ୍ରବ୍ୟ ଆପଣାଛାଏଁ ଭିନ୍ନ ହୋଇପଡ଼ିବ। ଦୁଇଟି ଅବସ୍ଥାର ସମନ୍ୱିତି ସମ୍ଭବ ନୁହେଁ। ଭିନ୍ନ ଅବସ୍ଥା ବାଚକ ପଦାର୍ଥର ସମନ୍ୱୟ ହୁଏନାହିଁ। ଏହିପ୍ରକାରେ ଏହା ପୌର୍ବାପର୍ଯ୍ୟ, କାର୍ଯ୍ୟ-କାରଣ ଆଦି ଅବସ୍ଥାଗୁଡ଼ିକର ସ୍ୱତନ୍ତ୍ର ସତ୍ତାର ସମର୍ଥନ କରୁଥିବା ଦୃଷ୍ଟି ଅଟେ।

---

[୨୧] ଆବଶ୍ୟକ, ମଳୟଗିରି, ବୃତ୍ତିପତ୍ର ୩୭୩ :
ବସ୍ତୁନ ଏବ ସମାନପରିଣାମଃ ସ ଏବ ସାମାନ୍ୟମ୍।
ଅସମାନସ୍ତୁବିଶେଷୋ, ବସ୍ତ୍ୱେକମୁଭୟରୂପଂ ତୁ ॥

ଶବ୍ଦନୟ

ଶବ୍ଦନୟ ଭିନ୍ନ-ଭିନ୍ନ ଲିଙ୍ଗ, ବଚନ ଆଦି ଯୁକ୍ତ ଶବ୍ଦର ଭିନ୍ନ-ଭିନ୍ନ ଅର୍ଥ ସ୍ୱୀକାର କରିଥାଏ। ଏହା ଶବ୍ଦ, ରୂପ ଓ ତା'ର ଅର୍ଥର ନିୟାମକ ସାଜିଥାଏ। ବ୍ୟାକରଣର ଲିଙ୍ଗ, ବଚନ ଆଦିର ଅନିୟାମକତାକୁ ଏହା ପ୍ରମାଣ ରୂପରେ ସ୍ୱୀକାର କରେନାହିଁ। ଏହାର ଅଭିପ୍ରାୟ ହେଉଛି –

୧. ପୁଲିଙ୍ଗର ବାଚ୍ୟ-ଅର୍ଥ, ସ୍ତ୍ରୀଲିଙ୍ଗର ବାଚ୍ୟ ଅର୍ଥ ହୋଇପାରିବ ନାହିଁ। 'ପାହାଡ଼'ର ଯାହା ଅର୍ଥ, ତାହାକୁ 'ପାହାଡ଼ୀ' ଶବ୍ଦ କଦାପି ବ୍ୟକ୍ତ କରିପାରିବ ନାହିଁ। ସେହିଭଳି ସ୍ତ୍ରୀଲିଙ୍ଗର ବାଚ୍ୟ ଅର୍ଥ, ପୁଲିଙ୍ଗର ବାଚ୍ୟ-ଅର୍ଥ ହୋଇନପାରେ। 'ନଦୀ' ସକାଶେ 'ନଦ' ଶବ୍ଦର ପ୍ରୟୋଗ କରାଯାଇପାରିବ ନାହିଁ। ଫଳିତ ଏହା ଯେ ଶବ୍ଦର ଲିଙ୍ଗ-ଭେଦ ସ୍ଥଳରେ ଅର୍ଥ-ଭେଦ ସ୍ୱାଭାବିକ ହୋଇଥାଏ।

୨. ଏକବଚନର ଯାହା ବାଚ୍ୟ-ଅର୍ଥ ତାହା ବହୁବଚନର ବାଚ୍ୟାର୍ଥ ହୋଇପାରିବ ନାହିଁ କି ବହୁବଚନର ବାଚ୍ୟ-ଅର୍ଥ, ଏକବଚନର ବାଚ୍ୟାର୍ଥ ହୋଇପାରିବ ନାହିଁ। 'ମନୁଷ୍ୟ ଅଟେ' ଓ 'ମନୁଷ୍ୟ ଅଟନ୍ତି' – ଏ ଦୁହେଁ ଏକ ଅର୍ଥର ବାଚକ ନୁହନ୍ତି। ଏକତ୍ୱର ଅବସ୍ଥା ବହୁତ୍ୱର ଅବସ୍ଥାଠାରୁ ଭିନ୍ନ। ଏହି ପ୍ରକାର କାଳ, କାରକ, ରୂପର ଭେଦ ଅର୍ଥ-ଭେଦର ପ୍ରୟୋଜକ ସାଜିଥାଏ।

ଏହି ଦୃଷ୍ଟି ଶବ୍ଦ ପ୍ରୟୋଗର ଅନ୍ତରାଳରେ ରହିଥିବା ଇତିହାସକୁ ଜାଣିବାରେ ବେଶ୍ ସାହାଯ୍ୟ କରିଥାଏ। ସଂକେତକାଳରେ ଶବ୍ଦ ଲିଙ୍ଗ ପ୍ରଭୃତିଙ୍କ ରଚନା ପ୍ରୟୋଜନ ଅନୁରୂପ ହୋଇଯାଏ। ତାହା ରଢ଼ିବାଦ ମଧ୍ୟରେ ହୋଇଥାଏ। ସାମାନ୍ୟତଃ ଆମେ 'ସ୍ତୁତି' ବା 'ସ୍ତୋତ୍ର'ର ପ୍ରୟୋଗ ଏକାର୍ଥକ କରିଥାଉଁ, କିନ୍ତୁ ବସ୍ତୁତଃ ଏମାନେ ଏକାର୍ଥକ ନୁହନ୍ତି। ଏକ ଶ୍ଲୋକାତ୍ମକ ଭକ୍ତିକାବ୍ୟ 'ସ୍ତୁତି' ଓ ବହୁଶ୍ଲୋକାତ୍ମକ ଭକ୍ତିକାବ୍ୟ 'ସ୍ତୋତ୍ର' ବୋଲାଇଥାଏ।[୨୨] 'ପୁତ୍ର' ଓ 'ପୁତ୍ରୀ' ପଛରେ ରହିଥିବା ଲିଙ୍ଗଭେଦ, 'ତୁମର' ଓ 'ଆପଣଙ୍କ' ପଛରେ ରହିଥିବା ବଚନ-ଭେଦ ଭାବନା, ତାହା ଶବ୍ଦର ଲିଙ୍ଗ ଓ ବଚନ ଭେଦ ଦ୍ୱାରା ବ୍ୟକ୍ତ ହୋଇଥାଏ। ଶବ୍ଦ-ନୟ, ଶବ୍ଦର ଲିଙ୍ଗ, ବଚନ ଆଦି ଦ୍ୱାରା ବ୍ୟକ୍ତ ହେଉଥିବା ଅବସ୍ଥାକୁ ତାତ୍ତ୍ୱିକ ମାନିଥାଏ। ଜଣେ ବ୍ୟକ୍ତିକୁ ସ୍ଥାୟୀ ଭାବି କେତେବେଳେ 'ତୁମେ' ଓ କେତେବେଳେ 'ଆପଣ' ଶବ୍ଦ ଦ୍ୱାରା ସମ୍ବୋଧିତ କରାଯାଇପାରିବ କିନ୍ତୁ ନୟ ଏହି ଦୁଇ ସମ୍ବୋଧନକୁ ଜଣେ ବ୍ୟକ୍ତି ସକାଶେ ରୂପରେ ସ୍ୱୀକାର କରେନାହିଁ। 'ତୁମ' ବାଚ୍ୟଶକ୍ତି ଲଘୁ ବା ପ୍ରିୟ ହୋଇଥାଏ। ଅଥଚ 'ଆପଣ' ଶବ୍ଦ ଦ୍ୱାରା ସମ୍ବୋଧିତ କରାଯାଉଥିବା ବ୍ୟକ୍ତି ଗୁରୁ ବା ସମ୍ମାନ୍ୟ ହୋଇଥାଏ।

ସମଭିରୂଢ଼

ଗୋଟିଏ ବସ୍ତୁର ଅନ୍ୟ ବସ୍ତୁଠାରେ ସଂକ୍ରମଣ ହୁଏନାହିଁ। ପ୍ରତ୍ୟେକ ବସ୍ତୁ ଆପଣା ସ୍ୱରୂପରେ ନିଷ୍ଠ ଥାଏ। ସ୍ଥୁଳ ଦୃଷ୍ଟିରେ ଆମେ ଅନେକ ବସ୍ତୁର ମିଶ୍ରଣ ବା ସହସ୍ଥିତିକୁ ଏକ ବସ୍ତୁ ବୋଲି ମାନି ନେଇଥାଉଁ, କିନ୍ତୁ ଏଭଳି ସ୍ଥିତିରେ ମଧ୍ୟ ପ୍ରତ୍ୟେକ ବସ୍ତୁ ନିଜ-ନିଜ ସ୍ୱରୂପ ମଧ୍ୟରେ ହିଁ ରହିଥାନ୍ତି।

ଜୈନ ଦର୍ଶନରେ ଭାଷାରେ ଅନେକ ବର୍ଗଣା ଏବଂ ବିଜ୍ଞାନର ଭାଷାରେ ଅନେକ ପ୍ରକାର ଗ୍ୟାସ୍ ଆକାଶମଣ୍ଡଳରେ ବ୍ୟାପ୍ତ ଥାଏ। ତେବେ ସାଙ୍ଗହୋଇ ବ୍ୟାପିଚାଲିଥିବା ସତ୍ତ୍ୱେ ସେମାନେ ଆପଣା ସ୍ୱରୂପରେ ରହିଥାନ୍ତି। ସମଭିରୂଢ଼ର ଅଭିପ୍ରାୟ ହେଉଛି – ବସ୍ତୁ ଯେଉଁଠାରେ ଆରୂଢ଼, ସେଠାରେ ତା'ର ପ୍ରୟୋଗ କରାଯିବା ଉଚିତ। ଏହି ଦୃଷ୍ଟି ବୈଜ୍ଞାନିକ ବିଶ୍ଳେଷଣ ସକାଶେ ବେଶ୍ ଉପଯୋଗୀ। ସ୍ଥୁଳ ଦୃଷ୍ଟିରେ ଘଟ, କୁଟ, କୁମ୍ଭର ଅର୍ଥ ଏକ। କିନ୍ତୁ 'ସମଭିରୂଢ଼' ଏହାକୁ ସ୍ୱୀକାର କରେନାହିଁ। ଏହା ଅନୁସାରେ 'ଘଟ' ଶବ୍ଦର ଅର୍ଥ ଘଟ ବସ୍ତୁ, କୁଟ ଶବ୍ଦର ଅର୍ଥ ଘଟବସ୍ତୁ ନୁହେଁ; ଘଟର କୁଟ ମଧ୍ୟରେ ସଂକ୍ରମଣ ହେଉଛି ଅବସ୍ତୁ। 'ଘଟ' ଏପରି ବସ୍ତୁକୁ ଯାହାକୁ ମସ୍ତକରେ ରଖାଯାଏ। ଗୋଟିଏ ସ୍ଥଳରେ ବଡ଼, ଅନ୍ୟସ୍ଥଳରେ ଚଉଡ଼ା, ଅନ୍ୟ କେଉଁଠାରେ ଅଣଓସାରିଆ ଏହି ପ୍ରକାର କୁଟିଳ

---

[୨୨] ସ୍ତୁତିର୍ଦ୍ଧୈକ ଶ୍ଲୋକପ୍ରମାଣା, ସ୍ତୋତ୍ରଂ ତୁ ବହୁଶ୍ଲୋକମାନମ୍।

ଆକୃତିବିଶିଷ୍ଟ ବସ୍ତୁ ହେଉଛି 'କୁଟ'। ମସ୍ତକରେ ଧାରଣଯୋଗ୍ୟ ଅବସ୍ଥା ଓ କୁଟିଳ ଆକୃତିର ଅବସ୍ଥା ଏକ ନୁହେଁ। ତେଣୁ ଦୁହିଙ୍କୁ ଏକ ଶବ୍ଦର ଅର୍ଥ ଭାବିନେବା ଯଥାର୍ଥ ନୁହେଁ। ଅର୍ଥର ଅବସ୍ଥା ଅନୁରୂପ ଶବ୍ଦପ୍ରୟୋଗ ଏବଂ ଶବ୍ଦପ୍ରୟୋଗ ଅନୁରୂପ ଅର୍ଥବୋଧ ଯଦି ହେଉଛି, ତେବେ ବ୍ୟବସ୍ଥା ସୁସଂଗତ ହେବ। ଅର୍ଥର ଶବ୍ଦ ପ୍ରତି ଏବଂ ଶବ୍ଦର ଅର୍ଥ ପ୍ରତି ନିୟାମକତା ନ ଥିଲେ ବସ୍ତୁ-ସାଂକର୍ଯ୍ୟ ହୋଇପଡ଼ିବ। ଏପରି ସ୍ଥିତିରେ କପଡ଼ା ଅର୍ଥ କଳସ ବା କଳସର ଅର୍ଥ କପଡ଼ା କରିବାକୁ ନ ଦେବା ସକାଶେ କେଉଁ ନିୟମ ରହିବ? କପଡ଼ାର ଅର୍ଥ ଯେପରି ତନ୍ତୁ-ସମୁଦାୟ, ସେହିପରି ମୃଣ୍ମୟ ପାତ୍ର ବି ସମାନ ଅର୍ଥ ଧାରଣ କରିଲେ ଏବଂ ସବୁକିଛି ହୋଇଗଲେ କ'ଣ ହେବ? ଶବ୍ଦାନୁସାରେ ପ୍ରବୃତ୍ତି-ନିବୃତ୍ତି ଲୋପ ହୋଇପଡ଼ିବ। ତେଣୁ ଶବ୍ଦକୁ ନିଜ ବାଚ୍ୟ ପ୍ରତି ସର୍ବଦା ସମର୍ପିତ ହେବାକୁ ହୋଇଥାଏ। ଘଟ ନିଜ ଅର୍ଥ ପ୍ରତି ଏକନିଷ୍ଠ ହୋଇପାରିବ, ପଟ ବା କୁଟର ଅର୍ଥ ପ୍ରତି ନୁହେଁ। ଏହି ନିୟାମକତାର ସତ୍ୟତା ହିଁ ଏହାର ମୌଳିକତାକୁ ସିଦ୍ଧ କରୁଛି।

ଏବମ୍ଭୂତ

ସମଭିରୂଢ଼ରେ ସର୍ବଦା ସ୍ଥିତିପାଳକତା ରହିଥାଏ। ତାହା ଅତୀତ ଓ ଭବିଷ୍ୟର କ୍ରିୟାକୁ ବି ଶବ୍ଦପ୍ରୟୋଗର ନିମିତ୍ତ ମାନିଥାଏ। ଏହି ନୟ ଅତୀତ ଓ ଭବିଷ୍ୟତର କ୍ରିୟା ଦ୍ୱାରା ଶବ୍ଦ ଓ ଅର୍ଥ ପ୍ରତି ନିୟମକୁ ସ୍ୱୀକାର କରେନାହିଁ। ମୁଣ୍ଡ ଉପରେ ରଖାଯିବ, କିମ୍ବା ରଖାଯାଇଛି – ତେଣୁ ଏହା ଗୋଟିଏ ଘଟ – ଏହି ନିୟମ ହେଉଛି କ୍ରିୟାଶୂନ୍ୟ। ମସ୍ତକ ଉପରେ ରହିଥିବା ଜିନିଷଟି ଘଟ। ଏହା ମତରେ ଶବ୍ଦ, ଅର୍ଥର ବର୍ତ୍ତମାନ ଚେଷ୍ଟାର ପ୍ରତିବିମ୍ବ ହେବା ଉଚିତ। ଶବ୍ଦକୁ ଅର୍ଥ ଓ ଅର୍ଥକୁ ଶବ୍ଦର ନିୟାମକ ରୂପରେ ଗ୍ରହଣ କରିଥାଏ। ଘଟ ଶବ୍ଦର ବାଚ୍ୟ-ଅର୍ଥ ସେଇଆ, ଯାହା ଜଳ ଆଣିବା ପାଇଁ ମସ୍ତକ ଉପରେ ଥୁଆହୋଇଛି - ବର୍ତ୍ତମାନ ପ୍ରବୃତ୍ତିଯୁକ୍ତ ଅଟେ। ଯାହା ଘଟ-କ୍ରିୟାଯୁକ୍ତ ଅର୍ଥର ପ୍ରତିପାଦନ କରିଥାଏ, ଘଟ ଶବ୍ଦର ସେହି ଅର୍ଥ କରାଯାଇପାରିବ।

ବିଚାରର ଆଧାର-ଭିତ୍ତି

ବିଚାର କେବେ ବି ନିରାଶ୍ରୟ ନୁହେଁ। ତା'ର ତିନୋଟି ଅବଲମ୍ବନ ହେଉଛି – ଜ୍ଞାନ, ଅର୍ଥ ଓ ଶବ୍ଦ।

୧. ସଂକଳ୍ପ-ପ୍ରଧାନ ବିଚାରକୁ ଜ୍ଞାନାଶ୍ରୟୀ କୁହାଯାଏ। ନୈଗମନୟ ହେଉଛି ଜ୍ଞାନାଶ୍ରୟୀ ବିଚାର।

୨. ଅର୍ଥ-ପ୍ରଧାନ ବିଚାରକୁ ଅର୍ଥାଶ୍ରୟୀ କୁହାଯାଏ। ସଂଗ୍ରହ, ବ୍ୟବହାର ଓ ଋଜୁସୂତ୍ର - ଏମାନେ ଅର୍ଥାଶ୍ରୟୀ ବିଚାର। ଏହା ଅର୍ଥର ଅଭେଦ ଓ ଭେଦର ମୀମାଂସା କରିଥାଏ।

୩. ଶବ୍ଦକୁ ମୀମାଂସା କରିଥାଏ - ଶବ୍ଦାଶ୍ରୟୀ ବିଚାର। ଶବ୍ଦ, ସମଭିରୂଢ଼ ଓ ଏବମ୍ଭୂତ - ଏମାନେ ହେଉଛନ୍ତି ଶବ୍ଦାଶ୍ରୟୀ ବିଚାର।

ଏଗୁଡ଼ିକର ଆଧାରରେ ନୟର ନିମ୍ନପ୍ରକାର ପରିଭାଷା କରାଯାଇଥାଏ।

୧. ନୈଗମ - ସଂକଳ୍ପ ଅଥବା କଳ୍ପନାର ଅପେକ୍ଷାଯୁକ୍ତ ବିଚାର।

୨. ସଂଗ୍ରହ - ସମୂହର ଅପେକ୍ଷାଯୁକ୍ତ ବିଚାର।

୩. ବ୍ୟବହାର - ବ୍ୟକ୍ତିର ଅପେକ୍ଷାଯୁକ୍ତ ବିଚାର।

୪. ଋଜୁସୂତ୍ର - ବର୍ତ୍ତମାନ ଅବସ୍ଥାର ଅପେକ୍ଷାଯୁକ୍ତ ବିଚାର।

୫. ଶବ୍ଦ-ଯଥାକାଳ, ଯଥାକାରକ ଶବ୍ଦପ୍ରୟୋଗର ଅପେକ୍ଷାଯୁକ୍ତ ବିଚାର।

୬. ସମଭିରୂଢ଼ - ଶବ୍ଦର ଉତ୍ପତ୍ତି ଅନୁରୂପ ଶବ୍ଦପ୍ରୟୋଗର ଅପେକ୍ଷାଯୁକ୍ତ ବିଚାର।

୭. ଏବମ୍ଭୂତ – ବ୍ୟକ୍ତିର କାର୍ଯ୍ୟାନୁରୂପ ଶବ୍ଦପ୍ରୟୋଗର ଅପେକ୍ଷାଯୁକ୍ତ ବିଚାର।

ସାତ ଦୃଷ୍ଟି ବିନ୍ଦୁ

ଅର୍ଥାଶ୍ରିତ ଜ୍ଞାନର ଚାରୋଟି ରୂପ ନିର୍ମିତ ହୋଇଥାଏ –

୧. ସାମାନ୍ୟ-ବିଶେଷ (ଉଭୟାତ୍ମକ) ଅର୍ଥ - ନୈଗମ-ଦୃଷ୍ଟି।

୨. ସାମାନ୍ୟ ବା ଅଭିନ୍ନ ଅର୍ଥ - ସଂଗ୍ରହ ଦୃଷ୍ଟି।

୩. ବିଶେଷ ବା ଭିନ୍ନ ଅର୍ଥ - ବ୍ୟବହାର ଦୃଷ୍ଟି।

୪. ବର୍ତ୍ତମାନବର୍ତ୍ତୀ ବିଶେଷ ଅର୍ଥ - ଋଜୁସୂତ୍ର ଦୃଷ୍ଟି।

ପ୍ରଥମ ଦୃଷ୍ଟି ଅନୁସାରେ ଅଭେଦଶୂନ୍ୟ ଭେଦ ଓ ଭେଦଶୂନ୍ୟ ଅଭେଦରୂପ ଅର୍ଥ ହୋଇପାରିବ ନାହିଁ। ଅଭେଦ-ରୂପ ଯେଉଁଠାରେ ମୁଖ୍ୟ, ସେଠାରେ ଭେଦ-ରୂପ ଗୌଣ ତଥା ଭେଦ-ରୂପ ପ୍ରଧାନ ଥିବା ସ୍ଥଳରେ ଅଭେଦ-ରୂପ ଗୌଣ ହୋଇଯାନ୍ତି। ଭେଦ ଓ ଅଭେଦ ପୃଥକ୍ ପ୍ରତୀତ ହେବାର କାରଣ ଦୃଷ୍ଟିର ଗୌଣ-ମୁଖ୍ୟ ଭାବ। କିନ୍ତୁ ସେମାନଙ୍କ ସ୍ୱରୂପରେ ପୃଥକତା ନାହିଁ।

ଦ୍ୱିତୀୟ ଦୃଷ୍ଟିରେ କେବଳ ଅର୍ଥର ଅନନ୍ତ ଧର୍ମର ଅଭେଦ ବିବକ୍ଷା ମୁଖ୍ୟ ହୋଇଥାଏ। ଏହା ହେଉଛି ଭେଦରୁ ଅଭେଦ ଦିଗରେ ଗତି। ଏହି ଦୃଷ୍ଟି ଅନୁସାରେ ପଦାର୍ଥ ମଧ୍ୟରେ ସହଭାବୀ ଓ କ୍ରମଭାବୀ ଅନନ୍ତ ଧର୍ମ ରହିଥିବା ସତ୍ତ୍ୱେ ତାହାକୁ ଏକ ବୋଲି ସ୍ୱୀକାର କରାଯାଇଥାଏ। ସଜାତୀୟ ପଦାର୍ଥ ସଂଖ୍ୟାରେ ଅନେକ, ଅସଂଖ୍ୟ ବା ଅନନ୍ତ ହେଲେ ମଧ୍ୟ ସେମାନେ ଏକ ବିବେଚିତ ହୋଇଥାନ୍ତି। ବିଜାତୀୟ ପଦାର୍ଥ ପୃଥକ୍ ହେଲେ ମଧ୍ୟ ପଦାର୍ଥର ସତ୍ତାରେ ଏକରେ ପରିଣତ ହୁଅନ୍ତି। ଏହା ମଧ୍ୟମ ବା ଅପର ସଂଗ୍ରହ ହୋଇଥାଏ। ପର ବା ଉତ୍କୃଷ୍ଟ ସଂଗ୍ରହରେ ବିଶ୍ୱ ଏକ ପାଲଟିଯାଏ। ଅସ୍ତି-ସାମାନ୍ୟ ବାହାରେ କୌଣସି ପଦାର୍ଥ ନାହିଁ। ଅସ୍ତିତ୍ୱର ସୀମାରେ ସମସ୍ତେ ଏକ ହୋଇଯାଆନ୍ତି। ପରିଣାମ ସ୍ୱରୂପ ବିଶ୍ୱ ଏକ ସଦ୍-ଅବଶେଷ ବା ସତ୍-ସାମାନ୍ୟରେ ପରିଣତ ହୋଇପଡ଼େ।

ଦୁଇଧର୍ମର ସମାନତାରୁ ଏହି ଦୃଷ୍ଟିର ପ୍ରାରମ୍ଭ ଏବଂ ସମଗ୍ର ଜଗତ୍‌ର ସମାନତାରେ ଏହାର ପରିସମାପ୍ତି ହୋଇଥାଏ। ଅଭେଦ ଚରମ କୋଟିରେ ନ ପହଞ୍ଚିବା ପର୍ଯ୍ୟନ୍ତ ଅପର ସଂଗ୍ରହ ଲାଗିରହେ।

ତୃତୀୟ ଦୃଷ୍ଟି ଠିକ୍ ଏହାର ବିପରୀତ ଅର୍ଥାତ୍ ଅଭେଦରୁ ଭେଦ ଦିଗରେ ଗତି କରିଥାଏ। ଏହି ଦୁହିଁଙ୍କର କ୍ଷେତ୍ର ସମାନ, କେବଳ ଦୃଷ୍ଟି-ଭେଦ ରହିଛି। ଦ୍ୱିତୀୟ ଦୃଷ୍ଟି ସବୁରି ମଧ୍ୟରେ ଅଭେଦ ହିଁ ଅଭେଦ ଦେଖିଥାଏ ଅଥଚ ଏହି ତୃତୀୟ ଦୃଷ୍ଟିରେ ସମସ୍ତଙ୍କ ମଧ୍ୟରେ ଭେଦ ହିଁ ଦୃଷ୍ଟିଗୋଚର ହୋଇଥାଏ। ଦ୍ୱିତୀୟଟି ହେଉଛି ଅଭେଦାଂଶ-ପ୍ରଧାନ ବା ନିଶ୍ଚୟ-ଦୃଷ୍ଟି। ତୃତୀୟଟି ହେଉଛି ଭେଦାଂଶ ବା ଉପଯୋଗିତା-ପ୍ରଧାନ ଦୃଷ୍ଟି। ଦ୍ରବ୍ୟତ୍ୱ ଦ୍ୱାରା କିଛି ବି ନିର୍ମାଣ ହୁଏନାହିଁ। ଦ୍ରବ୍ୟର ଉପଯୋଗ ମାତ୍ର ହୋଇଥାଏ। ଗୋତ୍ୱ ଦୁଗ୍ଧ ଦିଏନାହିଁ, ଗାଈ କ୍ଷୀର ଦେଇଥାଏ।

ଚତୁର୍ଥଟି ହେଉଛି ଚରମ ଭେଦର ଦୃଷ୍ଟି। ପର-ସଂଗ୍ରହରେ ଯେପରି ଅଭେଦ ଚରମ କୋଟି ଯାଏ ପହଞ୍ଚିଯାଏ, ବିଶ୍ୱ ଏକ ହୋଇଯାଏ, ସେହିପରି ଏହି ଦୃଷ୍ଟିରେ ଭେଦ ଚରମରେ ପରିଣତ ହୁଏ। ଅପର-ସଂଗ୍ରହ ଓ ବ୍ୟବହାରର ଏ ଦୁହେଁ ହେଉଛନ୍ତି ଦୁଇ ମୁଣ୍ଡ। ଏଠାରୁ ସେମାନଙ୍କ ଉଦ୍‌ଗମ ହୁଏ।

ଅପର-ସଂଗ୍ରହକୁ ଭିନ୍ନ ନୟ ନ ଭାବି ଋଜୁସୂତ୍ରକୁ ପୃଥକ୍ ନୟ ବୋଲି କାହିଁକି ସ୍ୱୀକାର କରାଯାଉଛି? ସଂଗ୍ରହର ଅପର ଓ ପର - ଏହି ଦୁଇ ଭେଦ ରହିଛି ତଥା ବ୍ୟବହାରର ମଧ୍ୟ ଅପର-ବ୍ୟବହାର ଓ ପର-ବ୍ୟବହାର ରୂପରେ ଦୁଇ ଭେଦ କରାଯାଇପାରିବ।

ଅର୍ଥର ଅନ୍ତିମ ଭେଦ ପରମାଣୁ ବା ପ୍ରଦେଶ। ଏହି ପର୍ଯ୍ୟନ୍ତ ବ୍ୟବହାରନୟ ପ୍ରଚଳିତ ଥାଏ ଚରମ ଭେଦର ଅର୍ଥ ହେଉଛି - ବର୍ତ୍ତମାନକାଳୀନ ଅର୍ଥ ପର୍ଯ୍ୟାୟ - କ୍ଷଣମାତ୍ର ସ୍ଥାୟୀ ପର୍ଯ୍ୟାୟ। ପର୍ଯ୍ୟାୟ, ପର୍ଯ୍ୟାୟାର୍ଥିକ ନୟର ବିଷୟ ସାଜିଥାଏ। ବ୍ୟବହାର ହେଲା ଦ୍ରବ୍ୟାର୍ଥିକ। ଏହି ଦ୍ରବ୍ୟାର୍ଥିକ ଦୃଷ୍ଟି ସମ୍ମୁଖରେ ପର୍ଯ୍ୟାୟ ଗୌଣ ହୋଇଯାଏ, ତେଣୁ ପର୍ଯ୍ୟାୟ, ସେହି ଦୃଷ୍ଟିର ବିଷୟ ହୋଇପାରେ ନାହିଁ। ଏହି କାରଣରୁ ବ୍ୟବହାରଠାରୁ ଋଜୁସୂତ୍ରକୁ ସ୍ୱତନ୍ତ୍ର ବୋଲି ସ୍ୱୀକାର କରାଯାଇଥାଏ। ନୟର ବିଷୟ-ବିଭାଗ ପ୍ରତି ଦୃଷ୍ଟିନିକ୍ଷେପ କରିଲେ ଏହା ସ୍ୱତଃ ସ୍ପଷ୍ଟ ହୋଇଯାଏ। ଦ୍ରବ୍ୟାର୍ଥିକ ନୟ ତିନି ପ୍ରକାର - ନୈଗମ, ସଂଗ୍ରହ ଓ ବ୍ୟବହାର। ଋଜୁସୂତ୍ର, ଶବ୍ଦ, ସମଭିରୂଢ଼ ଓ ଏବଂଭୂତ - ଏହି ଚାରୋଟି ହେଉଛନ୍ତି ପର୍ଯ୍ୟାୟାର୍ଥିକ ନୟ। ଋଜୁସୂତ୍ର, ଦ୍ରବ୍ୟ-ପର୍ଯ୍ୟାୟାର୍ଥିକ ବିଭାଗରେ ପର୍ଯ୍ୟାୟାର୍ଥିକ ମଧ୍ୟରେ ପରିଗଣିତ ହୁଏ, ଅଥଚ ଅର୍ଥ-ଶବ୍ଦ-ବିଭାଗ ଅର୍ଥ-ନୟ ମଧ୍ୟରେ ରହିଥାଏ। ବ୍ୟବହାର ଉଭୟ ସ୍ଥଳରେ ଏକ-କୋଟିକ ଥାଏ।

ପରମ୍ପରା ଦ୍ୱୟ

ଦ୍ରବ୍ୟାର୍ଥିକ ଓ ପର୍ଯ୍ୟାୟାର୍ଥିକ ବିଭାଗରେ ଦୁଇଟି ପରମ୍ପରା ସୃଷ୍ଟି ହେଉଛି – ଗୋଟିଏ ସୈଦ୍ଧାନ୍ତିକମାନଙ୍କର ତଥା ଅନ୍ୟଟି ତାର୍କିକମାନଙ୍କର ପରମ୍ପରା। ସୈଦ୍ଧାନ୍ତିକ ପରମ୍ପରାର ଅଗ୍ରଣୀ ହେଉଛି 'ଜିନଭଦ୍ରଗଣୀ କ୍ଷମାଶ୍ରମଣ'। ତାଙ୍କ ମତରେ ପ୍ରଥମ ଚାରିନୟ ଦ୍ରବ୍ୟାର୍ଥିକ ଓ ଅବଶିଷ୍ଟ ତିନି ନୟ ପର୍ଯ୍ୟାୟାର୍ଥିକ। ତାର୍କିକ ପରମ୍ପରାର ପ୍ରମୁଖ ହେଉଛନ୍ତି 'ସିଦ୍ଧସେନ'। ତାଙ୍କମତରେ ପ୍ରଥମ ତିନିନୟ ଦ୍ରବ୍ୟାର୍ଥିକ ଓ ଶେଷ ଚାରିନୟ ହେଉଛି ପର୍ଯ୍ୟାୟାର୍ଥିକ।[୨୩]

ସୈଦ୍ଧାନ୍ତିକମାନେ ଋଜୁସୂତ୍ରକୁ ଦ୍ରବ୍ୟାର୍ଥିକ ମାନ୍ୟ କରିଥାନ୍ତି। ଋଜୁସୂତ୍ର ଦୃଷ୍ଟିରେ ଉପଯୋଗଶୂନ୍ୟ ବ୍ୟକ୍ତି ହେଉଛି ଦ୍ରବ୍ୟାବଶ୍ୟକ। ସୈଦ୍ଧାନ୍ତିକ ପରମ୍ପରାର ମତ ହେଲା - ଋଜୁସୂତ୍ରକୁ ଦ୍ରବ୍ୟଗ୍ରାହୀ ନ ମାନିଲେ ଉକ୍ତ ସୂତ୍ରରେ ବିରୋଧ ଜାତ ହେବ।

ତାର୍କିକମାନଙ୍କ ମତରେ ଅନୁଯୋଗ ଦ୍ୱାରରେ ବର୍ତ୍ତମାନ ଆବଶ୍ୟକ ପର୍ଯ୍ୟାୟରେ ଦ୍ରବ୍ୟ ପଦର ଉପଚାର କରାଯାଇଛି।[୨୪] ଏହି କାରଣରୁ ତହିଁରେ କୌଣସି ବିରୋଧ ଜାତ ହୋଇନପାରେ। ସୈଦ୍ଧାନ୍ତିକମାନେ ଗୌଣଦ୍ରବ୍ୟଙ୍କୁ ଦ୍ରବ୍ୟ ବିଚାରି ତାହାକୁ ଦ୍ରବ୍ୟାର୍ଥିକ ମାନିଥାନ୍ତି ଏବଂ ତାର୍କିକମାନେ ବର୍ତ୍ତମାନ ପର୍ଯ୍ୟାୟକୁ ଦ୍ରବ୍ୟ ରୂପରେ ଉପଚାର ଓ ବାସ୍ତବିକ ଦୃଷ୍ଟିରେ ବର୍ତ୍ତମାନ ପର୍ଯ୍ୟାୟ ବିଚାରି ତାହାକୁ ପର୍ଯ୍ୟାୟାର୍ଥିକ ମାନିଥାନ୍ତି। ମୁଖ୍ୟ ଦ୍ରବ୍ୟ ରୂପରେ କେହି ବି ସ୍ୱୀକାର କରନ୍ତି ନାହିଁ। ଗୋଟିଏ ଦୃଷ୍ଟିର ବିଷୟ ହେଉଛି ଗୌଣଦ୍ରବ୍ୟ ଓ ଅନ୍ୟ ଏକ ବିଷୟ ହେଉଛି ପର୍ଯ୍ୟାୟ। ଦୁହିଁଙ୍କ ମଧ୍ୟରେ ଅପେକ୍ଷା-ଭେଦ ରହିଛି କିନ୍ତୁ ତାତ୍ତ୍ୱିକ ବିରୋଧ ନାହିଁ।

ଦ୍ରବ୍ୟାର୍ଥିକ ନୟ

ଦ୍ରବ୍ୟାର୍ଥିକ ନୟ ଦ୍ରବ୍ୟକୁ ହିଁ ମାନିଥାଏ, ପର୍ଯ୍ୟାୟକୁ ମାନେନାହିଁ। ତେଣୁ ମନେ ହେଉଛି ଯେ ଏହା ନୟ ନୁହେଁ ଦୁର୍ନୟ। ନୟ ମଧ୍ୟରେ ଅନ୍ୟ କାହାରି ପ୍ରତିକ୍ଷେପ ହେବା ଉଚିତ ନୁହେଁ। ତାହା ମଧ୍ୟସ୍ଥ ହୋଇଥାଏ। କଥାଟି ସତ, କିନ୍ତୁ ଏହା ଘଟୁନାହିଁ। ବାସ୍ତବରେ ଦ୍ରବ୍ୟାର୍ଥିକ ନୟ ପର୍ଯ୍ୟାୟକୁ ନୁହେଁ ବରଂ ପର୍ଯ୍ୟାୟର ପ୍ରାଧାନ୍ୟକୁ ଅସ୍ୱୀକାର କରିଥାଏ। ଦ୍ରବ୍ୟର ପ୍ରାଧାନ୍ୟ କାଳରେ ପର୍ଯ୍ୟାୟର ପ୍ରଧାନତା ରହେନାହିଁ, ତେଣୁ ଏହା ଯଥାର୍ଥ। ଏହି ସମାନ କଥା ପର୍ଯ୍ୟାୟାର୍ଥିକ ନୟ କ୍ଷେତ୍ରରେ ଲାଗୁହେଉଛି। ତାହା ପର୍ଯ୍ୟାୟ-ପ୍ରଧାନ ହୋଇଥିବାରୁ ଦ୍ରବ୍ୟର ପ୍ରାଧାନ୍ୟତାକୁ ଅସ୍ୱୀକାର କରିଥାଏ। ଏଠାରେ ମୁଖ୍ୟ ଦୃଷ୍ଟିର ଅସ୍ୱୀକାର ହେଉଥିବାରୁ ଏହା ଅସତ୍-ଏକାନ୍ତରେ କଦାପି ପରିଣତ ହୋଇନଥାଏ।

ପର୍ଯ୍ୟାୟାର୍ଥିକ ନୟ

ଋଜୁସୂତ୍ରର ବିଷୟ ହେଉଛି - ବର୍ତ୍ତମାନକାଳୀନ ଅର୍ଥପର୍ଯ୍ୟାୟ। ଶବ୍ଦନୟ କାଳ ଆଦି ଭେଦ ଦ୍ୱାରା ଅର୍ଥଭେଦକୁ ମାନ୍ୟ କରିଥାଏ। ଏହି ଦୃଷ୍ଟି ଅନୁସାରେ ଅତୀତ ଓ ବର୍ତ୍ତମାନର ପର୍ଯ୍ୟାୟ ଏକ ନୁହେଁ।

ସମଭିରୂଢ଼, ନିରୁକ୍ତି-ଭେଦ ଦ୍ୱାରା ଅର୍ଥ-ଭେଦକୁ ସ୍ୱୀକାର କରିଥାଏ। ଏହାମତରେ ଘଟ ଓ କୁଂଭ ଭିନ୍ନ ଅଟନ୍ତି।

ଏବମ୍ଭୂତ ବର୍ତ୍ତମାନ କ୍ରିୟାରେ ପରିଣତ ଅର୍ଥକୁ ହିଁ ତଦ୍‌ଶବ୍ଦ-ବାଚ୍ୟ ମାନିଥାଏ। ଋଜୁସୂତ୍ର ବର୍ତ୍ତମାନ ପର୍ଯ୍ୟାୟକୁ ମାନିଥାଏ। ତିନିଟିଯାକ ଶବ୍ଦନୟ ଶବ୍ଦପ୍ରୟୋଗ ଅନୁସାରେ ଅର୍ଥଭେଦକୁ ସ୍ୱୀକାର କରିଥାନ୍ତି। ତେଣୁ ଏହି ଚାରୋଟିଯାକ ପର୍ଯ୍ୟାୟାର୍ଥିକ ରୂପରେ ପରିଗଣିତ। ଏମାନଙ୍କ ମଧ୍ୟରେ ଦ୍ରବ୍ୟାଂଶ ଗୌଣ ଥାଏ ଓ ପର୍ଯ୍ୟାୟାଂଶ ମୁଖ୍ୟ।

---

[୨୩] ନ୍ୟାୟୋପଦେଶ, ୧୮ :
ତାର୍କିକାଣଂ ତ୍ରୟୋ ଭେଦା, ଆଦ୍ୟା ଦ୍ରବ୍ୟାର୍ଥତୋମତାଃ।
ସୈଦ୍ଧାନ୍ତିକାନାଂ ଚତ୍ୱାରଃ, ପର୍ଯ୍ୟାୟାର୍ଥଗଣଃ ପରେ ॥

[୨୪] ନୟ ରହସ୍ୟ, ପୃ. ୧୨

ଅର୍ଥନୟ ଓ ଶବ୍ଦନୟ

ନୈଗମ, ସଂଗ୍ରହ, ବ୍ୟବହାର ଓ ଋଜୁସୂତ୍ର - ଏ ଚାରୋଟି ଅର୍ଥନୟ ଅଟନ୍ତି। ଶବ୍ଦ, ସମଭିରୂଢ଼ ଓ ଏବମ୍ଭୂତ - ଏ ତିନି ହେଉଛନ୍ତି ଶବ୍ଦନୟ। ଏହି ସାତଟି ଯାକ ଏକପ୍ରକାର ଜ୍ଞାନାତ୍ମକ ଓ ଶବ୍ଦାତ୍ମକ ଉଭୟ ଶ୍ରେଣୀଭୁକ୍ତ ହୋଇଥାନ୍ତି, କିନ୍ତୁ ଏଠାରେ ସେମାନଙ୍କ ଶବ୍ଦାତ୍ମକତାର କୌଣସି ପ୍ରୟୋଜନ ନ ଥାଏ। ପ୍ରଥମ ଚାରୋଟି ନୟରେ ଶବ୍ଦର କାଳ, ଲିଙ୍ଗ, ନିରୁକ୍ତ ଆଦିରେ ପରିବର୍ତ୍ତନ ହେଲେ ମଧ୍ୟ ଅର୍ଥ ବଦଳିନଥାଏ, ତେଣୁ ସେମାନେ ହେଉଛନ୍ତି ଅର୍ଥନୟ। ଶବ୍ଦନୟରେ ଶବ୍ଦର କାଳ ଆଦି ବଦଳିଗଲେ ଅର୍ଥ ମଧ୍ୟ ବଦଳିଯାଏ, ତେଣୁ ଏମାନେ ଶବ୍ଦନୟ ବୋଲାଇଥାନ୍ତି।

ନୟବିଭାଗର ଆଧାର

ଅଭେଦ ସଂଗ୍ରହ ଦୃଷ୍ଟିର ଆଧାର ଏବଂ ଭେଦ ହେଉଛି ବ୍ୟବହାର ଦୃଷ୍ଟିର ଆଧାର। ସଂଗ୍ରହ ଭେଦକୁ ମାନେନାହିଁ ଏବଂ ବ୍ୟବହାର ଅଭେଦକୁ ସ୍ୱୀକାର କରେନାହିଁ।

ଏକ ପଦାର୍ଥ ମଧ୍ୟରେ ଅଭେଦ ଓ ଭେଦ ରହିପାରିବେ। ସେମାନେ ସର୍ବଥା ଦୁଇ ହୋଇ ରହନ୍ତି ନାହିଁ। ଗୌଣ-ମୁଖ୍ୟ ଭାବରେ ଦୁଇ ଅଟନ୍ତି। ନୈଗମନୟ, ଅଭେଦ ଓ ଭେଦ ଉଭୟଙ୍କୁ ସ୍ୱୀକାର କରିଥାଏ, କିନ୍ତୁ ଏକସଂଗେ ଓ ଏକରୂପରେ ନୁହେଁ।(୨୫) ଯଦି ଏକସଂଗେ ଧର୍ମ-ଧର୍ମୀ ଉଭୟଙ୍କୁ ବା ଅନେକ ଧର୍ମକୁ ମୁଖ୍ୟ ମାନିଲେ ତାହା ପ୍ରମାଣରେ ପରିଣତ ହେବ, କିନ୍ତୁ ଏହା ଘଟେନାହିଁ। ଏହି ଦୃଷ୍ଟିରେ ମୁଖ୍ୟତା ଜଣକର ହିଁ ଥାଏ, ଅନ୍ୟଟି ସାମନାରେ ରହିଛି, କିନ୍ତୁ ପ୍ରଧାନ ହୋଇ ରହେନାହିଁ। କେତେବେଳେ ଧର୍ମୀ ତ କେତେବେଳେ ଧର୍ମମୁଖ୍ୟ ହୋଇପଡ଼େ। ଦୁଇ ଧର୍ମର ମଧ୍ୟ ଏହି ସମାନ ଗତି ରହିଥାଏ। ଏହାର ସାମ୍ରାଜ୍ୟରେ ଜଣକ ମସ୍ତକ ଉପରେ ସବୁଦିନ ସକାଶେ ମୁକୁଟ ଶୋଭା ପାଏନାହିଁ। ବରଂ ଅପେକ୍ଷା ବା ପ୍ରୟୋଜନ ଅନୁସାରେ ଏଥିରେ ପରିବର୍ତ୍ତନ ଘଟିଥାଏ।

ଋଜୁସୂତ୍ରର ଆଧାର ହେଉଛି ଚରମ-ଭେଦ। ଏହା ପୂର୍ବ ଓ ପରବର୍ତ୍ତୀକୁ ବାସ୍ତବିକ ବୋଲି ମଣିନଥାଏ। ଏହାର ସୂତ୍ର ଭାରି ସରଳ। ଏହା କେବଳ ବର୍ତ୍ତମାନ ପର୍ଯ୍ୟାୟକୁ ହିଁ ବାସ୍ତବିକ ମାନିଥାଏ।

ଶବ୍ଦର ଭେଦ-ରୂପ ଅନୁସାରେ ଅର୍ଥର ଭେଦ ହୁଏ - ଏହା ହେଉଛି ଶବ୍ଦନୟର ଆଧାର।

ପ୍ରତ୍ୟେକ ଶବ୍ଦର ଅର୍ଥ ଭିନ୍ନ। ଗୋଟିଏ ଅର୍ଥର ଦୁଇଟି ବାଚକ ହୋଇପାରିବେ ନାହିଁ - ଏହାହେଉଛି ସମଭିରୂଢ଼ର ମୂଳଭିତ୍ତି।

ଶବ୍ଦନୟ ପ୍ରତ୍ୟେକ ଶବ୍ଦର ଅର୍ଥକୁ ଭିନ୍ନ ରୂପରେ ଦେଖିନଥାଏ। ଏହା ମତରେ ଅର୍ଥରେ ଭେଦ ରହିଥିଲେ ଯାଇ ଗୋଟିଏ ଶବ୍ଦର ଅନେକ ରୂପ ନିର୍ମିତ ହେବ। ଏହି ଦୃଷ୍ଟି ତା'ଠାରୁ ସୂକ୍ଷ୍ମ। ଶବ୍ଦଭେଦ ଅନୁସାରେ ଅର୍ଥଭେଦ ହୋଇଥାଏ - ଏହା ହେଉଛି ତା'ର ମତ।

ଏବମ୍ଭୂତର ଅଭିପ୍ରାୟ ହେଉଛି ବିଶୁଦ୍ଧତମ। ଏହା ଅନୁସାରେ ଅର୍ଥ ସକାଶେ ଶବ୍ଦର ପ୍ରୟୋଗ ତା' ପ୍ରସ୍ତୁତ କ୍ରିୟା ମୁତାବିକ ହେବା ଉଚିତ। ସମଭିରୂଢ଼ ଅର୍ଥର କ୍ରିୟାରେ ଅପ୍ରବୃତ୍ତ ଶବ୍ଦକୁ ତା'ର ବାଚକ ରୂପରେ ସ୍ୱୀକାର କରାଯାଇଥାଏ - ବାଚ୍ୟ ଓ ବାଚକର ପ୍ରୟୋଗକୁ ତ୍ରୈକାଳିକ ରୂପରେ ମାନ୍ୟ କରାଯାଏ। କିନ୍ତୁ କେବଳ ବାଚ୍ୟ-ବାଚକର ପ୍ରୟୋଗକୁ ବର୍ତ୍ତମାନ କାଳ ମଧ୍ୟରେ ହିଁ ସ୍ୱୀକାର କରାଯାଏ। କ୍ରିୟାସମ୍ପନ୍ନ ହେଲାପରେ ଏବଂ କ୍ରିୟାର ସମ୍ଭାବ୍ୟତାର ଅମୁକ କାର୍ଯ୍ୟର ଅମୁକ ବାଚକ - ଏହା ହୋଇପାରିବ ନାହିଁ। ଫଳିତ ରୂପରେ ସାତନୟର ବିଷୟ ନିମ୍ନ ପ୍ରକାର ସୃଷ୍ଟି ହେଉଛି।

୧. ନୈଗମ ... ଅର୍ଥର ଅଭେଦ, ଅର୍ଥର ଭେଦ ତଥା ଉଭୟ।

୨. ସଂଗ୍ରହ ... ଅଭେଦ।

---

(୨୫) ଅନ୍ୟ ଦେବ ହି ସାମାନ୍ୟମଭିନ୍ନଜ୍ଞାନକାରଣମ୍।
ବିଶେଷୋପ୍ୟନ୍ୟ ଏବେତି, ମନ୍ୟତେ ନୈଗମୋ ନୟଃ॥

(କ) ପରସଂଗ୍ରହ ଚରମ-ଅଭେଦ।
(ଖ) ଅପର ସଂଗ୍ରହ ଅବାନ୍ତର-ଅଭେଦ।
୩. ବ୍ୟବହାର ଭେଦ, ଅବାନ୍ତର-ଭେଦ।
୪. ଋଜୁସୂତ୍ର ଚରମ-ଭେଦ।
୫. ଶବ୍ଦ ଭେଦ।
୬. ସମଭିରୂଢ଼ ଭେଦ।
୭. ଏବମ୍ଭୂତ ଭେଦ।

ଏମାନଙ୍କ ମଧ୍ୟରେ ଗୋଟିଏ ଅଭେଦ-ଦୃଷ୍ଟି, ପାଞ୍ଚଟି ଭେଦ-ଦୃଷ୍ଟି ଏବଂ ଗୋଟିଏ ଦୃଷ୍ଟି ଭେଦ ଓ ଅଭେଦର ସମନ୍ୱିତ ଦୃଷ୍ଟି ରହିଛି। ଅଭେଦ ମଧ୍ୟରେ ଭେଦ ଏବଂ ଭେଦ ମଧ୍ୟରେ ଅଭେଦ ରହିଥିବାର ସୂଚନା ଏହି ସମନ୍ୱିତ ଦୃଷ୍ଟି ପ୍ରଦାନ କରିଥାଏ। ଏ ଦୁହେଁ ସର୍ବଥା ଏକ ନୁହନ୍ତି କି ଦୁଇ ନୁହନ୍ତି। ଅଭେଦ ତାତ୍ତ୍ୱିକ ଓ ଭେଦ କାଳ୍ପନିକ ଅଥବା ଭେଦ ତାତ୍ତ୍ୱିକ ଓ ଅଭେଦ କାଳ୍ପନିକ ନୁହେଁ। ଜୈନଦର୍ଶନ ଅଭେଦକୁ ମାନ୍ୟ କରିଥାଏ, କିନ୍ତୁ ଭେଦର ଅନୁପସ୍ଥିତିରେ ଅଭେଦକୁ ମାନେନାହିଁ। ଚେତନ ଓ ଅଚେତନ (ଆତ୍ମା ଓ ପୁଦ୍‌ଗଳ) - ଉଭୟ ପଦାର୍ଥ ସତ୍ ହୋଇଥିବାରୁ ଏକ ବା ଅଭିନ୍ନ ଅଟନ୍ତି। ଦୁହିଁଙ୍କ ମଧ୍ୟରେ ସ୍ୱଭାବ-ଭେଦ ରହିଥିବାରୁ ସେମାନେ ଅନେକ ବା ଭିନ୍ନ ହୋଇଥାନ୍ତି। ଯଥାର୍ଥରେ ଦେଖିଲେ ଅଭେଦ ଓ ଭେଦ - ଉଭୟ ହେଉଛନ୍ତି ତାତ୍ତ୍ୱିକ। ଭେଦ-ଶୂନ୍ୟ ଅଭେଦରେ ଅର୍ଥ କ୍ରିୟା ହୁଏନାହିଁ। ଅର୍ଥକ୍ରିୟା ବିଶେଷ ଅବସ୍ଥାରେ ହୋଇଥାଏ। ଅଭେଦ-ଶୂନ୍ୟ ଭେଦ ମଧ୍ୟରେ ବି ଅର୍ଥକ୍ରିୟା ନ ଥାଏ, କାରଣ ଓ କାର୍ଯ୍ୟର ସଂବନ୍ଧ ସ୍ଥାପନ ହୋଇପାରେନାହିଁ। ପୂର୍ବକ୍ଷଣକୁ ଉତ୍ତରକ୍ଷଣର କାରଣ ବୋଲି ସେହିକ୍ଷଣରେ ଗଣନା କରାଯାଏ ଯେଉଁ ସମୟରେ ଦୁହିଁଙ୍କ ମଧ୍ୟରେ ଏକ ଅନ୍ୱୟୀ ଅର୍ଥାତ୍ ଏକ ଧ୍ରୁବା ବା ଅଭେଦାଂଶକୁ ସ୍ୱୀକାର କରାଯାଇଥାଏ। ଏହି କାରଣରୁ ଜୈନଦର୍ଶନ ଅଭେଦାଶ୍ରିତ-ଭେଦ ଏବଂ ଭେଦାଶ୍ରିତ ଅଭେଦକୁ ହିଁ ସ୍ୱୀକାର କରିଥାଏ।

ନୟ ବିଷୟର ଅଳ୍ପ-ବହୁତ୍ୱ

ଉପରୋକ୍ତ ସାତଟି ଦୃଷ୍ଟି ପରସ୍ପର ସାପେକ୍ଷ ଅଟନ୍ତି। ଗୋଟିଏ ବସ୍ତୁର ବିଭିନ୍ନ ରୂପକୁ ବିବିଧ ରୂପରେ ଗ୍ରହଣ କରିଥାନ୍ତି। ଏମାନଙ୍କ ଚିନ୍ତନ କ୍ରମଶଃ ସ୍ଥୁଳରୁ ସୂକ୍ଷ୍ମ ଆଡ଼କୁ ଗତି କରିଥାଏ, ତେଣୁ ଏମାନଙ୍କ ବିଷୟ କ୍ରମଶଃ ଭୂୟସ୍‌ରୁ ଅଳ୍ପ ହୋଇଚାଲେ।

ନୈଗମ ହେଉଛି ସଂକଳ୍ପଗ୍ରାହୀ। ସତ୍ ଓ ଅସତ୍ ଉଭୟ ସଂକଳ୍ପ ହୋଇଥିବାରୁ ଭାବ ଓ ଅଭାବ ଦୁହେଁ ଗୋଚର ହୋଇଥାନ୍ତି।

ସଂଗ୍ରହର ବିଷୟ ଏହାଠାରୁ କମ୍, ସତ୍ତା ମାତ୍ର ଅଟେ।

ବ୍ୟବହାରର ବିଷୟ ସତ୍ତାର ଏକ ଅଂଶ ଭେଦ ହୋଇଥାଏ।

ଋଜୁସୂତ୍ରର ବିଷୟ ଭେଦର ଚରମ ଅଂଶ - ବର୍ତ୍ତମାନ କ୍ଷଣ ହୋଇଥାଏ, ଅଥଚ ବ୍ୟବହାରର ତ୍ରିକାଳବର୍ତ୍ତୀ ବସ୍ତୁ ହୋଇଥାଏ।

ଶବ୍ଦର ବିଷୟ କାଳ ଆଦିଭେଦରେ ଭିନ୍ନ ବସ୍ତୁ ହୋଇଥିବାବେଳେ ଋଜୁସୂତ୍ର କାଳଆଦିର ଭେଦ ସତ୍ତ୍ୱେ ବସ୍ତୁକୁ ଅଭିନ୍ନ ମାନିଥାଏ।

ସମଭିରୂଢ଼ର ବିଷୟ ବ୍ୟୁତ୍ପତ୍ତି ଅନୁସାରେ ପ୍ରତ୍ୟେକ ପର୍ଯ୍ୟାୟବାଚୀ ଶବ୍ଦର ଭିନ୍ନ ଅର୍ଥ ହୋଇଥାଏ, ଅଥଚ ଶବ୍ଦନୟ ବ୍ୟୁତ୍ପତ୍ତି ଭେଦ ହେଲେ ମଧ୍ୟ ପର୍ଯ୍ୟାୟବାଚୀ ଶବ୍ଦକୁ ଏକ ଅର୍ଥ ମାନି ଆସିଛି।

ଏବମ୍ଭୂତର ବିଷୟ କ୍ରିୟା-ଭେଦ ଅନୁସାରେ ଭିନ୍ନ ଅର୍ଥ ଧାରଣ କରିଥାଏ, କିନ୍ତୁ ସମଭିରୂଢ଼ କ୍ରିୟାଭେଦ ରହିଥିବା ସତ୍ତ୍ୱେ ଅର୍ଥକୁ ଅଭିନ୍ନ ବୋଲି ସ୍ୱୀକାର କରିଥାଏ।

ଏହି ପ୍ରକାର କ୍ରମଶଃ ଏମାନଙ୍କ ବିଷୟ ପରିମିତ ହୋଇପଡ଼ିଛି । ପୂର୍ବବର୍ତ୍ତୀ ନୟ ଉତ୍ତରବର୍ତ୍ତୀ ନୟର ଗୃହୀତ ଅଂଶକୁ ନେଇଥାଏ । ତେଣୁ ପ୍ରଥମ ନୟ କାରଣ ଏବଂ ଦ୍ୱିତୀୟ ନୟ କାର୍ଯ୍ୟରେ ପରିଣତ ହୁଏ ।

ନୟର ଶବ୍ଦଯୋଜନା

ପ୍ରମାଣ ବାକ୍ୟ ଓ ନୟବାକ୍ୟ ସହିତ ସ୍ୟାତ୍ ଶବ୍ଦର ପ୍ରୟୋଗ କରିବାରେ ସମସ୍ତ ଆଚାର୍ଯ୍ୟ ଏକମତ ନୁହନ୍ତି । ଆଚାର୍ଯ୍ୟ ଅକଳଙ୍କ ଦୁଇସ୍ଥାନରେ 'ସ୍ୟାତ୍' ଶବ୍ଦ ଯୋଡିଛନ୍ତି – 'ସ୍ୟାତ୍ ଜୀବ ଏବ' ଏବଂ 'ସ୍ୟାତ୍ ଅସ୍ତ୍ୟେବ ଜୀବ' । ପ୍ରଥମଟି ପ୍ରମାଣ ବାକ୍ୟ ଏବଂ ଦ୍ୱିତୀୟଟି ହେଉଛି ନୟବାକ୍ୟ । ପ୍ରଥମରେ ଅନନ୍ତ ଧର୍ମାତ୍ମକ ଜୀବର ବୋଧ ହେଉଛି, ଅନ୍ୟଟିରେ ମୁଖ୍ୟତଃ ଜୀବର ଅସ୍ତିତ୍ୱ ଧର୍ମର ବୋଧ ହୋଇଥାଏ । 'ଏବକାର' ପ୍ରଥମଟିରେ ଧର୍ମୀର ବାଚକ ସହିତ ଏବଂ ଦ୍ୱିତୀୟରେ ଧର୍ମର ବାଚକ ସହିତ ଯୋଡ଼ି ହୋଇରହିଛି ।

ଆଚାର୍ଯ୍ୟ ମଳୟଗିରି ନୟବାକ୍ୟକୁ ମିଥ୍ୟା ମାନିଥାନ୍ତି ।[୨୬] ତାଙ୍କ ଦୃଷ୍ଟିରେ ନୟାନ୍ତର-ନିରପେକ୍ଷ ନୟ ଅଖଣ୍ଡବସ୍ତୁର ଗ୍ରାହକ ହୋଇନଥିବାରୁ ମିଥ୍ୟା ଅଟେ । ନୟାନ୍ତର-ସାପେକ୍ଷ ନୟ 'ସ୍ୟାତ୍' ଶବ୍ଦ ସହିତ ଜଡ଼ିତ ଥିବାରୁ ତାହା ନୟବାକ୍ୟ ନୁହେଁ ବରଂ ପ୍ରମାଣ ବାକ୍ୟ । ତେଣୁ ତାଙ୍କର ବିଚାର ମୁତାବକ 'ସ୍ୟାତ୍' ଶବ୍ଦର ପ୍ରୟୋଗ ପ୍ରମାଣ ବାକ୍ୟ ସହିତ ହିଁ କରାଯିବା ଉଚିତ ।

ସିଦ୍ଧସେନ ଦିବାକରଙ୍କ ପରମ୍ପରାରେ ନୟବାକ୍ୟର ରୂପ 'ସ୍ୟାଦସ୍ତ୍ୟେବ' – ଏହା ମାନ୍ୟ ହୋଇଥାଏ ।[୨୭]

ଆଚାର୍ଯ୍ୟ ହେମଚନ୍ଦ୍ର ଓ ବାଦିଦେବ ସୂରୀ ନୟକୁ କେବଳ 'ସତ୍' ଶବ୍ଦଗମ୍ୟ ରୂପରେ ସ୍ୱୀକାର କରିଥାନ୍ତି । ସେମାନେ 'ସ୍ୟାତ୍'ର ପ୍ରୟୋଗ କେବଳ ପ୍ରମାଣ ବାକ୍ୟ ସହିତ କରିଯାଇଛନ୍ତି ।[୨୮]

'ପ୍ରମାଣନୟତତ୍ତ୍ୱାଲୋକ'ରେ ନୟ, ଦୁର୍ନୟର ରୂପ 'ଦ୍ୱାତ୍ରିଂଶିକା' ସଦୃଶ । ପ୍ରମାଣ ବାକ୍ୟ ସହିତ 'ଏବ' ଶବ୍ଦକୁ ଯୋଡ଼ାଯାଇଛି – ଏତିକି ମାତ୍ର ଅନ୍ତର । ପଞ୍ଚାସ୍ତିକାୟର ଟୀକାରେ 'ଏବ' ଶବ୍ଦକୁ ଉଭୟ ବାକ୍ୟ ପଦ୍ଧତି ସହିତ ସଂଲଗ୍ନ କରାଯାଇଛି, ଅଥଚ ପ୍ରବଚନସାର ଟୀକାରେ କେବଳ ନୟ ସପ୍ତଭଙ୍ଗୀ ସକାଶେ 'ଏବକାର'ର ନିର୍ଦ୍ଦେଶ କରାଯାଇଛି ।[୨୯] ବାସ୍ତବରେ 'ସ୍ୟାତ୍' ଶବ୍ଦ ଅନେକାନ୍ତର ଦ୍ୟୋତନ ସକାଶେ ଏବଂ 'ଏବ' ଶବ୍ଦ ଅନ୍ୟ ଧର୍ମଗୁଡ଼ିକର ବ୍ୟବଚ୍ଛେଦ ପାଇଁ କରାଯାଇଥାଏ । କେବଳ 'ଏବକାର'ର ପ୍ରୟୋଗ ଦ୍ୱାରା ଐକାନ୍ତିକତା ଦୋଷ ଅନୁପ୍ରବେଶ କରିଥାଏ । ତାହାକୁ ଦୂର କରିବା ପାଇଁ 'ସ୍ୟାତ୍' ଶବ୍ଦର ପ୍ରୟୋଗ ଜରୁରୀ ହୋଇପଡ଼େ । ନୟବାକ୍ୟରେ ବିବକ୍ଷିତ ଧର୍ମ ଅତିରିକ୍ତ ଧର୍ମରେ ଉପେକ୍ଷା ମୁଖ୍ୟ ସ୍ଥାନରେ ରହିଥିବାରୁ ଅନେକ ଆଚାର୍ଯ୍ୟ ଏହାସହିତ 'ସ୍ୟାତ୍' ଏବଂ 'ଏବ'ର ପ୍ରୟୋଗ

---

(୨୬) ଆବଶ୍ୟକ ମଳୟଗିରି ବୃତ୍ତି, ପତ୍ର ୩୭୧ ।

(୨୭) ସନ୍ମତି ପ୍ରକରଣ, ବୃତ୍ତି, ପୃ. ୪୪୬ ।

(୨୮) ଅନ୍ୟଯୋଗବ୍ୟବଚ୍ଛେଦିକା, ଶ୍ଳୋକ ୨୮ :

ସଦେବ ସତ୍ ସ୍ୟାତ୍ ସଦିତି ତ୍ରିଧାର୍ଥୋ,
ମୀୟେତ ଦୁର୍ନୀତିନୟପ୍ରମାଣୈଃ ।
ଯଥାର୍ଥଦର୍ଶୀ ତୁ ନୟପ୍ରମାଣ
ପଥେନ ଦୁର୍ନୀତିପଥସ୍ତ୍ୱମାସ୍ଥଃ ॥

(୨୯) ପଞ୍ଚାସ୍ତିକାୟ ଟୀକା, ପୃ. ୩୨ :

ସ୍ୟାଜ୍ଜୀବ ଏବ ଇତ୍ୟୁକ୍ତେନୈବୈକାନ୍ତ ବିଷୟଃ ସ୍ୟାଚ୍ଛବ୍ଦଃ,
ସ୍ୟାଦସ୍ତ୍ୟେବ ଜୀବଃ ଇତ୍ୟୁକ୍ତେ ଏକାନ୍ତ ବିଷୟଃ ସ୍ୟାଚ୍ଛବ୍ଦଃ ।
ସ୍ୟାଦସ୍ତୀତି ସକଳବସ୍ତୁଗ୍ରାହକତ୍ୱାତ୍ ପ୍ରମାଣବାକ୍ୟମ୍,
ସ୍ୟାଦସ୍ତ୍ୟେବ ଦ୍ରବ୍ୟମିତି ବସ୍ତ୍ୱେକଦେଶଗ୍ରାହକତ୍ୱାନ୍ନୟବାକ୍ୟମ୍ ॥

ଆବଶ୍ୟକ ମଣିନାହାନ୍ତି। କେତେକ ଆଚାର୍ଯ୍ୟ ବିବକ୍ଷିତ ଧର୍ମର ନିଶ୍ଚାୟକତା ସକାଶେ 'ଏବ' ତଥା ଅବଶିଷ୍ଟ ଧର୍ମଗୁଡ଼ିକର ଯେପରି ନିରାକରଣ ନ ହେବ, ସେଥିପାଇଁ 'ସ୍ୟାତ୍' - ଏହିଭଳି ଦୁଇ ପ୍ରୟୋଗର ଆବଶ୍ୟକତାକୁ ସ୍ୱୀକାର କରିଥାନ୍ତି।

ନୟର ତ୍ରିଭଙ୍ଗୀ ନା ସପ୍ତଭଙ୍ଗୀ ?

୧. ସୁନା ଏକ ଅଟେ ... (ଦ୍ରବ୍ୟାର୍ଥିକ ନୟ ଦୃଷ୍ଟିରେ)

୨. ସୁନା ଅନେକ ଅଟେ ... (ପର୍ଯ୍ୟାୟାର୍ଥିକ ନୟ ଦୃଷ୍ଟିରେ)

୩. ସୁନା କ୍ରମଶଃ ଏକ ଅଟେ ... (ଦୁଇ ଧର୍ମର କ୍ରମଶଃ ପ୍ରତିପାଦନ)

୪. ସୁନା ଯୁଗପତ୍ 'ଏକ ଅନେକ' ଅଟେ - ଏହା ହେଉଛି ଅବକ୍ତବ୍ୟ ... (ଦୁଇ ଧର୍ମର ଏକସଂଗେ ପ୍ରତିପାଦନ ଅସମ୍ଭବ)

୫. ସୁନା ଏକ ଅଟେ - ଅବକ୍ତବ୍ୟ ହୋଇଥାଏ।

୬. ସୁନା ଅନେକ ଅଟେ - ଅବକ୍ତବ୍ୟ ହୋଇଥାଏ।

୭. ସୁନା ଏକ ଅନେକ ଅଟେ - ଅବକ୍ତବ୍ୟ ହୋଇଥାଏ।

ଏକସଂଗେ ଦୁଇ ଧର୍ମ କୁହାଯାଏ ନାହିଁ ତଥାପି ସେମାନଙ୍କ ସହିତ ଏକତା - ଅନେକତାର ପ୍ରତିପାଦନ କରାଯାଇପାରିବ। ପ୍ରକାରାନ୍ତରରେ - [୩୦]

୧. କୁଂଭ ଅଛି ... ଏକ ଦେଶରେ ସ୍ୱ ପର୍ଯ୍ୟାୟରେ।

୨. କୁଂଭ ନାହିଁ ... ଏକ ଦେଶରେ ପର ପର୍ଯ୍ୟାୟରେ।

୩. କୁଂଭ ହେଉଛି ଅବକ୍ତବ୍ୟ ... ଏକ ଦେଶରେ ସ୍ୱ-ପର୍ଯ୍ୟାୟରେ, ଏକ ଦେଶରେ ପର-ପର୍ଯ୍ୟାୟରେ ଯୁଗପତ୍ ଉଭୟଙ୍କ ପ୍ରତିପାଦନ କରାଯାଇପାରିବ ନାହିଁ।

୪. କୁଂଭ ହେଉଛି ଅବକ୍ତବ୍ୟ।

୫. କୁଂଭ ରହିଛି, କୁଂଭ ଅବକ୍ତବ୍ୟ।

୬. କୁଂଭ ନାହିଁ, କୁଂଭ ଅବକ୍ତବ୍ୟ।

୭. କୁଂଭ ଅଛି, କୁଂଭ ନାହିଁ, କୁଂଭ ଅବକ୍ତବ୍ୟ।

ପ୍ରମାଣ-ସପ୍ତଭଙ୍ଗୀରେ ଗୋଟିଏ ଧର୍ମର ପ୍ରଧାନତା ଦ୍ୱାରା ଧର୍ମୀ-ବସ୍ତୁର ପ୍ରତିପାଦନ ହୋଇଥାଏ ଏବଂ ନୟ ସପ୍ତଭଙ୍ଗୀରେ କେବଳ ଧର୍ମର ପ୍ରତିପାଦନ ହୁଏ। ଏ ଦୁହିଁଙ୍କ ମଧ୍ୟରେ ପାର୍ଥକ୍ୟ ରହିଛି। ସିଦ୍ଧସେନଗଣି ଆଦିଙ୍କ ବିଚାରରେ ଅସ୍ତି, ନାସ୍ତି ଓ ଅବକ୍ତବ୍ୟ - ଏହି ତିନୋଟି ଭଙ୍ଗ ବିକଳାଦେଶ ଏବଂ ଅବଶିଷ୍ଟ ଚାରିଭଂଗ ଅନେକ ଧର୍ମଯୁକ୍ତ ବସ୍ତୁର ପ୍ରତିପାଦକ ହୋଇଥିବାରୁ ଏଗୁଡ଼ିକ ବିକଳାଦେଶ ନୁହନ୍ତି। ଏହା ଅନୁସାରେ ନୟର ତ୍ରିଭଙ୍ଗୀର ହିଁ ନିର୍ମାଣ ହେଉଛି। ଆଚାର୍ଯ୍ୟ ଅକଳଙ୍କ, କ୍ଷମାଶ୍ରମଣ ଜିନଭଦ୍ର ଆଦି ନୟର ସାତଭଙ୍ଗକୁ ମାନ୍ୟ କରିଛନ୍ତି।

ଐକାନ୍ତିକ ଆଗ୍ରହ ଅର୍ଥାତ୍ ମିଥ୍ୟାବାଦ

ନିଜ ଅଭିପ୍ରେତ ଧର୍ମ ବ୍ୟତୀତ ଅନ୍ୟ ଧର୍ମର ନିରାକରଣ କରୁଥିବା ବିଚାର ହେଉଛି ଦୁର୍ନୟ, କାରଣ ଏକଧର୍ମ ବିଶିଷ୍ଟ ବସ୍ତୁର ଅସ୍ତିତ୍ୱ ହିଁ ନାହିଁ। ପ୍ରତ୍ୟେକ ବସ୍ତୁ ଅନନ୍ତ ଧର୍ମାତ୍ମକ ହୋଇଥିବାରୁ ଏକ-ଧର୍ମାତ୍ମକ ବସ୍ତୁ ପାଇଁ ଆଗ୍ରହ କଦାପି ସମ୍ୟକ୍ ନୁହେଁ। ତେବେ ଗୋଟିଏ ଧର୍ମ ପ୍ରତି ଆଗ୍ରହ ରଖିଥିବା ସତ୍ତ୍ୱେ ଅନ୍ୟ ଧର୍ମ-ସାପେକ୍ଷ ହୋଇଥିବାରୁ ନୟକୁ ସମ୍ୟଗ୍ ଜ୍ଞାନ କହିବାରେ ଆପତ୍ତି ନାହିଁ। ତେଣୁ କୁହାଯାଇଛି - ସାପେକ୍ଷ ହେଉଛି ନୟ ଏବଂ ନିରପେକ୍ଷ ହେଉଛି ଦୁର୍ନୟ। ବସ୍ତୁ ଯେତେସଂଖ୍ୟକ ରୂପରେ ଉପଲବ୍ଧ, ସେତେ ସଂଖ୍ୟାରେ ନୟ ଥାଏ, କିନ୍ତୁ ବସ୍ତୁ ଏକ-ରୂପ ନୁହେଁ। ସମସ୍ତ ରୂପର ଏକାତ୍ମକତା ହିଁ ବସ୍ତୁ ଅଟେ।

---

[୩୦] ବିଶେଷାବଶ୍ୟକଭାଷ୍ୟ, ଗାଥା, ୨୨୩୨

ଜୈନଦର୍ଶନ ବସ୍ତୁର ଅନେକରୂପତାର ପ୍ରତିପାଦନ କରିବାକୁ ଯାଇ ବହୁବିଧ ଦର୍ଶନ ମଧ୍ୟରେ ସମନ୍ୱୟ କରିଥାଏ, କିନ୍ତୁ ତା'ର ଏକରୂପତା ପୁଣି ତାହାକୁ ଦୂର ବା ପୃଥକ୍ କରିପକାଏ।

ଜୈନଦର୍ଶନ ଅନେକାନ୍ତ ଦୃଷ୍ଟି ସନ୍ଦର୍ଭରେ ସ୍ୱତନ୍ତ୍ର ହୋଇଥାଏ ଏବଂ ଅନ୍ୟ ସବୁ ଦର୍ଶନର ଏକାନ୍ତ ଦୃଷ୍ଟି ପରିପ୍ରେକ୍ଷୀରେ ସେମାନଙ୍କ ସଂଗ୍ରହ ମାତ୍ର।

'ସନ୍ମତି' ଓ 'ଅନେକାନ୍ତ-ବ୍ୟବସ୍ଥା' ଅନୁସାରେ ନୟାଭାସର ଉଦାହରଣ ନିମ୍ନ ପ୍ରକାର ଦିଆଯାଇପାରିବ।

୧. ନୈଗମ-ନୟାଭାସ ... ନୈୟାୟିକ, ବୈଶେଷିକ।

୨. ସଂଗ୍ରହ-ନୟାଭାସ ... ବେଦାନ୍ତ, ସାଂଖ୍ୟ।

୩. ବ୍ୟବହାର-ନୟାଭାସ ... ସାଂଖ୍ୟ, ଚାର୍ବାକ୍।[୩୧]

୪. ଋଜୁସୂତ୍ର-ନୟାଭାସ ... ସୈଦ୍ଧାନ୍ତିକ।

୫. ଶବ୍ଦ-ନୟାଭାସ ... ଶବ୍ଦ ବ୍ରହ୍ମବାଦ, ବୈଭାଷିକ।

୬. ସମଭିରୂଢ଼-ନୟାଭାସ ... ଯୋଗାଚାର।

୭. ଏବମ୍ଭୂତ-ନୟାଭାସ ... ମାଧ୍ୟମିକ।[୩୨]

୧. ଜାଣୁଥିବା ବ୍ୟକ୍ତି ସାମାନ୍ୟ ଓ ବିଶେଷ ମଧ୍ୟରୁ ଯାହାର ଯେଉଁ ସମୟରେ ଅପେକ୍ଷା ସୃଷ୍ଟି ହୁଏ, ତାହାକୁ ମୁଖ୍ୟ ସ୍ଥାନଦେଇ ପ୍ରବୃତ୍ତି କରିଥାଏ। ତେଣୁ ସାମାନ୍ୟ ଓ ବିଶେଷର ଭିନ୍ନତାକୁ ସମର୍ଥନ ଦେବାରେ ଜୈନଦୃଷ୍ଟି ନ୍ୟାୟ, ବୈଶେଷିକ ସହିତ ମିଳିତ ହୋଇଥାଏ, କିନ୍ତୁ ସର୍ବଥା ଭେଦ କରିବାରେ ସେମାନଙ୍କଠାରୁ ବିଚ୍ଛିନ୍ନ ହୋଇଯାଏ। ସାମାନ୍ୟ ଓ ବିଶେଷ ମଧ୍ୟରେ ଅତ୍ୟନ୍ତ ଭେଦ ଦୃଷ୍ଟି ହେଉଛି ଦୁର୍ନୟ ଏବଂ ତାଦାତ୍ମ୍ୟ ଅପେକ୍ଷାରେ ଭେଦଦୃଷ୍ଟି ହେଉଛି ନୟ।

ବିଶେଷର ବ୍ୟାପାର ଗୌଣ,ସାମାନ୍ୟ ମୁଖ୍ୟ... ଅଭେଦ।

ସାମାନ୍ୟର ବ୍ୟାପାର ଗୌଣ, ବିଶେଷ ମୁଖ୍ୟ ... ଭେଦ।

୨. ସତ୍ ଓ ଅସତ୍ ମଧ୍ୟରେ ତାଦାତ୍ମ୍ୟ ସଂବନ୍ଧ ରହିଛି। ସତ୍-ଅସତ୍ ଅଂଶ ଧର୍ମୀରୂପରେ ଅଭିନ୍ନ - ସତ୍-ଅସତ୍ ରୂପଯୁକ୍ତ ବସ୍ତୁ ଏକ। ଧର୍ମରୂପରେ ଏମାନେ ଭିନ୍ନ ଅଟନ୍ତି। ବିଶେଷକୁ ଗୌଣ ମନେକରି ସାମାନ୍ୟକୁ ମୁଖ୍ୟ ମାନିବାର ଦୃଷ୍ଟି ହିଁ ନୟ, କେବଳ ସାମାନ୍ୟକୁ ସ୍ୱୀକାର କରୁଥିବା ଦୃଷ୍ଟି ହେଉଛି ଦୁର୍ନୟ। ଭାବୈକାନ୍ତର ଆଗ୍ରହ ରଖୁଥିବା ଦର୍ଶନ ହେଲା ସାଂଖ୍ୟ ଓ ଅଦ୍ୱୈତ। ସଂଗ୍ରହ ଦୃଷ୍ଟିରେ ଭାବୈକାନ୍ତ ଓ ଅଭାବୈକାନ୍ତ (ଶୂନ୍ୟବାଦ) ଦୁହିଁଙ୍କୁ ସାପେକ୍ଷ ସ୍ୱୀକୃତିପ୍ରାପ୍ତ ହୋଇଥାଏ।

୩. ବ୍ୟବହାର ନୟ - 'ଲୋକ-ବ୍ୟବହାର ସତ୍ୟ ଅଟେ', ଏହି ଦୃଷ୍ଟିକୁ ଜୈନଦର୍ଶନ ମାନ୍ୟ କରିଥାଏ। ତାହାରି ନାମ ବ୍ୟବହାର-ନୟ କିନ୍ତୁ ସ୍ଥିର-ନିତ୍ୟ-ବସ୍ତୁ-ସ୍ୱରୂପର ଲୋପକରି, କେବଳ ବ୍ୟବହାର-ସାଧକ, ସ୍ଥୂଳ ଏବଂ କିୟତ୍‌କାଳଭାବୀ ବସ୍ତୁଗୁଡ଼ିକୁ ହିଁ ତାତ୍ତ୍ୱିକ ମାନିବା ହେଉଛି ନିଶ୍ଚିତ ଭାବରେ ମିଥ୍ୟା ଆଗ୍ରହ। ଜୈନଦୃଷ୍ଟି ସେହିସ୍ଥଳରେ ଚାର୍ବାକ୍‌ଠାରୁ ପୃଥକ୍ ହୋଇପଡ଼େ। ବର୍ତ୍ତମାନ ପର୍ଯ୍ୟାୟ, ଆକାର ଓ ଅବସ୍ଥାକୁ ହିଁ ବାସ୍ତବିକ ମନେକରି ଏହାର ଅତୀତ ବା ଭାବୀ ପର୍ଯ୍ୟାୟ ଏବଂ ସେମାନଙ୍କ ଏକାତ୍ମକତାକୁ ଅସ୍ୱୀକାର କରି ଚାର୍ବାକ୍ ନିର୍ହେତୁକ ବସ୍ତୁବାଦୀ ପାଲଟିଯାଇଛନ୍ତି। ନିର୍ହେତୁକ ବସ୍ତୁ ଏକେ ତ ସଦା ରହିଥାଏ କିମ୍ବା ଜମା ରହିନଥାଏ। ପଦାର୍ଥଗୁଡ଼ିକର କଦାଚିତ୍ ସ୍ଥିତି କାରଣ-ସାପେକ୍ଷ ହିଁ ହୋଇଥାଏ।[୩୩]

---

(୩୧) ଅନେକାନ୍ତ - ବ୍ୟବସ୍ଥା, ପୃ. ୩୧

(୩୨) ଅନେକାନ୍ତ ବ୍ୟବସ୍ଥା, ପୃ. ୫୫ ଏବଂ ସନ୍ମତି, ପୃ. ୩୧୮

(୩୩) ନିତ୍ୟଂ ସତ୍ତ୍ୱମସତ୍ତ୍ୱଂବା, ହେତୋରଣ୍ୟାନପେକ୍ଷଣାତ୍ ।
ଅପେକ୍ଷାତୋ ହି ଭାବାନାଂ, କାଦାଚିତ୍କତ୍ୱସଂଭବଃ ॥

୪. ପର୍ଯ୍ୟାୟ ଦୃଷ୍ଟିରେ ଋଜୁସୂତ୍ରର ଅଭିପ୍ରାୟ ସତ୍ୟ, କିନ୍ତୁ ବୌଦ୍ଧ ଦର୍ଶନ କେବଳ ପର୍ଯ୍ୟାୟକୁ ହିଁ ପରମାର୍ଥ ସତ୍ୟ ମନେକରି ପର୍ଯ୍ୟାୟର ଆଧାରରେ ଅନ୍ୱୟୀ ଦ୍ରବ୍ୟକୁ ଅସ୍ୱୀକାର କରିଥାଏ। ଏହି ଅଭିପ୍ରାୟ ଐକାନ୍ତିକ ହୋଇଥିବାର, ଏହା ସତ୍ୟ ହୋଇନପାରେ।

୫.୬.୭. ଶବ୍ଦର ପ୍ରତୀତି ହେବା ଉତ୍ତାରୁ ଅର୍ଥର ପ୍ରତୀତି ହୋଇଥାଏ, ଏହା ସତ, କିନ୍ତୁ ଶବ୍ଦର ପ୍ରତୀତି ବିନା ଅର୍ଥର ପ୍ରତୀତି ଜମା ହୋଇପାରିବ ନାହିଁ, ଏହି ଏକାନ୍ତବାଦ ହେଉଛି ମିଥ୍ୟା।

ଶବ୍ଦାଦ୍ୱୈତବାଦୀ, ଜ୍ଞାନକୁ କେବଳ ଶବ୍ଦାତ୍ମକ ମଣିଥାନ୍ତି। ସେମାନଙ୍କ ମତରେ - ଏପରି କୌଣସି ଜ୍ଞାନ ନାହିଁ, ଯାହା ଶବ୍ଦ ସଂସର୍ଗ ବିନା ସମ୍ଭବ ହୋଇପାରିବ। ସମସ୍ତ ଜ୍ଞାନ ଶବ୍ଦ ଦ୍ୱାରା ଅନୁବିଦ୍ଧ ହୋଇ ଭାସମାନ ହୋଇଥାନ୍ତି।[୩୪]

ଜୈନଦୃଷ୍ଟି ଅନୁସାରେ - ଜ୍ଞାନ ଶବ୍ଦ-ସଂଶ୍ଲିଷ୍ଟ ହିଁ ଅଟେ - ଏହା ଉଚିତ ନୁହେଁ।[୩୫] କାରଣ ଶବ୍ଦ ଅର୍ଥରୁ ସର୍ବଥା ଅଭିନ୍ନ ନୁହେଁ। ଅବଗ୍ରହ-କାଳରେ ଶବ୍ଦ ବିନା ବି ବସ୍ତୁର ଜ୍ଞାନ ହୋଇପାରିବ। ବସ୍ତୁମାତ୍ରକେ ସବାଚକ ନୁହେଁ। ସୂକ୍ଷ୍ମ ପର୍ଯ୍ୟାୟର ସଂକେତ ଗ୍ରହଣ କରିବା ପାଇଁ କୌଣସି ଉପାୟ ନ ଥିବାରୁ ତାହା ଅନାଭିଳାପ୍ୟ ହୋଇଥାଏ।

ଶବ୍ଦ ହେଉଛି ଅର୍ଥର ବାଚକ, କିନ୍ତୁ ଏହି ଶବ୍ଦ କେବଳ ଏହି ଅର୍ଥର ବାଚକ, ଅନ୍ୟର ନୁହେଁ - ଏହି ନିୟମ ଯଥାର୍ଥ ନୁହେଁ। ଦେଶ, କାଳ ଓ ସଂକେତ ଆଦିର ବିଚିତ୍ରତା ଫଳରେ ସବୁ ଶବ୍ଦ ଭିନ୍ନ-ଭିନ୍ନ ପଦାର୍ଥର ବାଚକ ହୋଇପାରିବେ। ଅର୍ଥରେ ବି ଅନନ୍ତ ଧର୍ମ ରହିଥିବାରୁ ସେଗୁଡ଼ିକ ମଧ୍ୟ ଭିନ୍ନ-ଭିନ୍ନ ଶବ୍ଦର ବାଚକ ହେବାରେ ଆପତ୍ତି ନାହିଁ। ତାତ୍ପର୍ଯ୍ୟ ହେଉଛି ଶବ୍ଦ ନିଜର ସହଜ ଶକ୍ତି ଦ୍ୱାରା ସମସ୍ତ ପଦାର୍ଥର ବାଚକ ହୋଇପାରିବେ କିନ୍ତୁ ଦେଶ, କାଳ, କ୍ଷୟୋପଶମ ଆଦି ସନ୍ଦର୍ଭବଶତଃ ସେମାନଙ୍କଠାରୁ ପ୍ରତିନିୟତ ପ୍ରତୀତ ହୁଏ। ଏହି କାରଣରୁ ଶବ୍ଦର ପ୍ରବୃତ୍ତି କେଉଁଠାରେ ବ୍ୟୁତ୍ପତ୍ତିର ନିମିତ୍ତର ଅପେକ୍ଷା ନ କରି ମାତ୍ର ରଢ଼ି ଦ୍ୱାରା ହୋଇଥାଏ ତ' ଅନ୍ୟ କେଉଁଠି ସାମାନ୍ୟ ବ୍ୟୁତ୍ପତ୍ତିର ଅପେକ୍ଷା ବା ତତ୍‌କାଳବର୍ତ୍ତୀ ବ୍ୟୁତ୍ପତ୍ତିର ଅପେକ୍ଷାରେ ହୋଇଥାଏ। ତେଣୁ ବୈୟାକରଣ ଶବ୍ଦରେ ନିୟତ ଅର୍ଥକୁ ଆଗ୍ରହ କରାଯାଏ, ଯାହା ସତ୍ୟ ନୁହେଁ।

ଏକାନ୍ତବାଦ : ପ୍ରତ୍ୟକ୍ଷଜ୍ଞାନର ବିପର୍ଯ୍ୟୟ

ପରୋକ୍ଷ-ଜ୍ଞାନ ଯେପରି ମିଥ୍ୟା ବା ବିପରୀତ ହୋଇଥାଏ, ସେହିପରି ପ୍ରତ୍ୟକ୍ଷ ଜ୍ଞାନ ମଧ୍ୟ ମିଥ୍ୟା ବା ବିପରୀତ ହୋଇପାରେ। ଏହାର କାରଣ ହେଲା ଏକାନ୍ତବାଦୀ ଦୃଷ୍ଟିକୋଣ। ଅନେକ ବାଳ-ତପସ୍ୱୀ (ଏଠାରେ ଅଜ୍ଞାନପୂର୍ବକ ତପ କରୁଥିବା ସାଧକଙ୍କୁ ବାଳ-ତପସ୍ୱୀ କୁହାଯାଇଛି) ତପୋବଳ ଦ୍ୱାରା ପ୍ରତ୍ୟକ୍ଷଜ୍ଞାନ ଲାଭ କରିଥାନ୍ତି। ଏକାନ୍ତବାଦୀ ଦୃଷ୍ଟି ସ୍ୱୀକାର କରି ସେମାନେ ତାହାକୁ ବିପର୍ଯ୍ୟୟ ବା ମିଥ୍ୟାରେ ପରିଣତ କରିପକାନ୍ତି। ଏହାର ୭ଟି ନିଦର୍ଶନ ହେଉଛି –

୧. ଏକ-ଦିଶି-ଲୋକାଭିଗମବାଦ।

୨. ପଞ୍ଚ-ଦିଶି-ଲୋକାଭିଗମବାଦ।

୩. ଜୀବ-କ୍ରିୟାବରଣବାଦ।

---

(୩୪) ବାକ୍ୟପ୍ରଦୀପ, ୧୨୪ :
ନ ସୋଽସ୍ତି ପ୍ରତ୍ୟୟୋଲୋକେ, ଯଃ ଶବ୍ଦାନୁଗମାଦୃତେ ।
ଅନୁବିଦ୍ଧମିବ ଜ୍ଞାନଂ, ସର୍ବଂ ଶବ୍ଦେନ ଭାଷତେ ॥

(୩୫) ତତ୍ତ୍ୱାର୍ଥ ଶ୍ଳୋକ ବାର୍ତ୍ତିକ, ପୃ. ୨୩୯-୨୪୦।

୪. ମୁଯଗ୍ଗ-ପୁଦ୍‌ଗଳ ଜୀବବାଦ।

୫. ଅମୁଯଗ୍ଗ-ପୁଦ୍‌ଗଳ-ବିଯୁକ୍ତ ଜୀବବାଦ।

୬. ଜୀବ-ରୂପୀବାଦ।

୭. ସର୍ବ-ଜୀବବାଦ।

ଏକ ଦିଗକୁ ପ୍ରତ୍ୟକ୍ଷ ଜାଣିପାରୁଥିବା ପରିମାଣର ପ୍ରତ୍ୟକ୍ଷ ଜ୍ଞାନଲାଭ କରି ଜଣେ ଯଦି ଏହି ସିଦ୍ଧାନ୍ତର ସ୍ଥାପନା କରିବ ଯେ 'ଲୋକର ପରିମାଣ ଏତିକି ମାତ୍ର ତଥା ଲୋକ ସବୁ ଦିଗରେ ବୋଲି ଯେଉଁମାନେ କହୁଛନ୍ତି ତାହା ମିଥ୍ୟା ଅଟେ' - ଏହା ହେଉଛି ଏକ-ଦିଶି-ଲୋକାଭିଗମବାଦ।

ପଞ୍ଚ ଦିଶାକୁ ପ୍ରତ୍ୟକ୍ଷ ଜାଣିପାରୁଥିବା ପୁରୁଷ ବିଶ୍ୱକୁ ସେତେ ପରିମାଣରେ ମାନ୍ୟକରି ଯଦି କହୁଛି ଯେ ଏକ ଦିଶାରେ ହିଁ ଲୋକ ରହିଛି ବୋଲି ଯାହା କୁହାଯାଉଛି ତାହା ମିଥ୍ୟା ତେବେ ତାହା ପଞ୍ଚ-ଦିଶି-ଲୋକାଭିଗମବାଦ ବୋଲାଇଥାଏ।

ଜଣେ ଜୀବର କ୍ରିୟାକୁ ସାକ୍ଷାତ୍ ଦେଖୁଛି ଅଥଚ କ୍ରିୟାର ହେତୁଭୂତ କର୍ମ-ପରମାଣୁକୁ ସାକ୍ଷାତ୍ ଦେଖିପାରୁନାହିଁ। ତେଣୁ ସେ ଏକ ସିଦ୍ଧାନ୍ତ ସ୍ଥାପିତ କରୁଛି ଯେ ଜୀବ କ୍ରିୟା ଦ୍ୱାରା ହିଁ ପ୍ରେରିତ ଏବଂ କ୍ରିୟା ହିଁ ତା'ର ଆବରଣ। ଯେଉଁମାନେ କ୍ରିୟାକୁ କର୍ମ କହିଥାନ୍ତି, ତାହା ହେଉଛି ମିଥ୍ୟା - ଏହାକୁ ଜୀବ-କ୍ରିୟାବରଣବାଦ କୁହାଯାଏ।

ଦେବମାନଙ୍କ ବାହ୍ୟ ଓ ଆଭ୍ୟନ୍ତର ପୁଦ୍‌ଗଳ ସାହାଯ୍ୟରେ ବିଭିନ୍ନ ରୂପ ଦେଖି ଯେ ଏପରି ଭାବିଥାଏ ଯେ ଜୀବ ହେଉଛି କେବଳ ପୁଦ୍‌ଗଳରୂପ। ଯେଉଁମାନେ ଜୀବ ପୁଦ୍‌ଗଳ ରୂପ ନୁହେଁ ବୋଲି କହିଥାନ୍ତି, ତାହା ହେଉଛି ମିଥ୍ୟା - ଏହା ମୁଯଗ୍ଗ-ପୁଦ୍‌ଗଳ ଜୀବବାଦ ବୋଲାଇଥାଏ।

ଯେ ଦେବଙ୍କ ଦ୍ୱାରା ନିର୍ମିତ ବିବିଧ ରୂପକୁ ଦେଖିଥାଏ କିନ୍ତୁ ବାହ୍ୟାଭ୍ୟନ୍ତର ପୁଦ୍‌ଗଳ ଦ୍ୱାରା ନିର୍ମିତ ହୋଇଥିବା ଦେଖିନପାରି ଭାବିନିଏ ଯେ ଜୀବଙ୍କ ଶରୀର ବାହ୍ୟ ଓ ଆଭ୍ୟନ୍ତର ପୁଦ୍‌ଗଳ ସମ୍ବଳ ଦ୍ୱାରା ରଚିତ ନୁହେଁ। ଯେଉଁମାନେ ଏପରି କହୁଛନ୍ତି ତାହା ହେଉଛି ମିଥ୍ୟା - ଏହାହେଉଛି ଅମୁଯଗ୍ଗ-ପୁଦ୍‌ଗଳ-ବିଯୁକ୍ତ ଜୀବବାଦ।

ଦେବମାନଙ୍କୁ ବିକ୍ରିୟାତ୍ମକ ଶକ୍ତି ଦ୍ୱାରା ନାନା ଜୀବ-ରୂପଙ୍କ ସୃଷ୍ଟି କରୁଥିବା ଦେଖି ଯେ ଭାବିଥାଏ ଯେ ଜୀବ ହେଉଛି ମୂର୍ତ୍ତ ଏବଂ ଯେଉଁମାନେ ଜୀବକୁ ଅମୂର୍ତ୍ତ କହିଥାନ୍ତି, ତାହା ମିଥ୍ୟା ଏହା ହେଉଛି ଜୀବ-ରୂପୀବାଦ।

ସୂକ୍ଷ୍ମ ବାୟୁକାୟଙ୍କ ପୁଦ୍‌ଗଳରେ ଏଜନ, ବ୍ୟେଜନ, ଚଳନ, କ୍ଷୋଭ, ସ୍ପନ୍ଦନ, ଘଟ୍ଟନ, ଉଦୀରଣ ଆଦି ବିବିଧ ଭାବର ପରିଣମନ ଦେଖି ଜଣେ ଭାବିନିଏ ଯେ ଏ ସମସ୍ତ ହେଉଛି ଜୀବ। ଯେଉଁ ଶ୍ରମଣମାନେ ଜୀବ ଓ ଅଜୀବ ରୂପରେ ଦୁଇ ବିଭାଗ କରୁଛନ୍ତି ତାହା ହେଉଛି ମିଥ୍ୟା। ଯାହାମଧ୍ୟରେ ଏଜନ ପର୍ଯ୍ୟନ୍ତ ବିବିଧ ଭାବର ପରିଣତି ରହିଛି, ସେମାନଙ୍କ ମଧ୍ୟରୁ କେବଳ ପୃଥ୍ୱୀ, ପାଣି, ଅଗ୍ନି ଓ ବାୟୁକୁ ଜୀବ ମଣି ଅନ୍ୟ ଗତିଶୀଳ ତତ୍ତ୍ୱକୁ ଜୀବ ନ ମାନିବା ମିଥ୍ୟା ଅଟେ - ଏହାହେଉଛି ସର୍ବଜୀବବାଦ।

ଐକାନ୍ତିକ ଆଗ୍ରହର କତିପୟ ହେତୁ

୧. ଭାଷା-ପ୍ରମାଦ - ଏକାନ୍ତ ଭାଷା, ନିରପେକ୍ଷ ଭାଷା (ଗୋଟିଏ ଧର୍ମକୁ ଅଖଣ୍ଡ ବସ୍ତୁ କହୁଥିବା ଭାଷା) ଦୋଷପୂର୍ଣ୍ଣ ହୋଇଥାଏ। ନିଶ୍ଚୟକାରିଣୀ ଭାଷା, ଯଥା : 'ଅମୁକ କାମ କରିବି' କିନ୍ତୁ କରି ନ ପାରିଲେ ତାହା ସତ୍ୟର ବାଧକ ହେଲାନାହିଁ କି ? ଆବେଶ, କ୍ରୋଧ, ଅଭିମାନ, ଛଳ, ଲୋଭ-ଲାଳସାର ଉଗ୍ର ଅବସ୍ଥାରେ ମଣିଷ ସଠିକ୍ ଚିନ୍ତନ କରିପାରେ ନାହିଁ, ତେଣୁ ଏଭଳି ସ୍ଥିତିରେ ଅଯଥାର୍ଥ କଥାକୁ ବଢ଼େଇ-ଚଢ଼େଇ କହିଥାଏ କିମ୍ବା କଥାକୁ ଭିନ୍ନ ରୂପ ଦେଇ ପ୍ରସ୍ତୁତ କରିଥାଏ।

୨. ଲକ୍ଷଣ-ପ୍ରମାଦ - ବସ୍ତୁ ଅତ୍ୟନ୍ତ ଦୂରରେ ରହିଥାଏ ବା ଅତ୍ୟନ୍ତ ନିକଟରେ ରହିଥାଏ, ମନ ଚଞ୍ଚଳ ଥାଏ, ବସ୍ତୁର ଆକାର ଅତି ସୂକ୍ଷ୍ମ କିମ୍ବା ଅନ୍ୟ କୌଣସି ପଦାର୍ଥ ସହିତ ବ୍ୟବହିତ ହୋଇରହିଥାଏ, ଦୁଇଟି ବସ୍ତୁ ମିଶ୍ରିତ

ହୋଇରହିଛନ୍ତି, କ୍ଷେତ୍ରର ବିଷମତା ରହିଛି, କୁହେଳିକା ଛାଇ ହୋଇରହିଛି, କାଳର ବିଷମତା ରହିଛି, ସ୍ଥିତିରେ ମଧ୍ୟ ବିଷମତା ଦେଖାଦେଇଛି – ଏଭଳି ଅବସ୍ଥାରେ ଦର୍ଶନର ପ୍ରମାଦ ସୃଷ୍ଟି ହେବା ସ୍ୱାଭାବିକ ଅର୍ଥାତ୍ ଦେଖିବାରେ ଭୁଲ୍ ହୋଇଥାଏ।(୩୬)

୩. ଅଜ୍ଞାନ-ପ୍ରମାଦ – ବସ୍ତୁର ଯାହା ସ୍ୱରୂପ, କ୍ଷେତ୍ର, କାଳ ଏବଂ ଭାବ-ପର୍ଯ୍ୟାୟ ଥାଏ, ସେମାନଙ୍କୁ ଉପେକ୍ଷା କରି କେବଳ ବସ୍ତୁର ଅନୁଶୀଳନର ପ୍ରଚେଷ୍ଟା କରାଯିବା ଦ୍ୱାରା ବସ୍ତୁର ସ୍ୱରୂପର ଯଥାର୍ଥ ଅଂକନରେ ତ୍ରୁଟି ଜାତ ହୋଇଥାଏ।

୪. କାର୍ଯ୍ୟ-କାରଣ-ପ୍ରମାଦ - ଯାହା ସର୍ବପ୍ରଥମେ ଘଟିଥାଏ, କେବଳ ତାହା କାରଣ ନୁହେଁ। ଯାହାର ଅନୁପସ୍ଥିତିରେ କାର୍ଯ୍ୟ ସୃଷ୍ଟି ହୋଇପାରେ ନାହିଁ ତାହା ହେଉଛି କାରଣ। ଆଦ୍ୟରେ ଘଟିଥିବାରୁ କାରଣ ମାନିନେବା ଅଥବା କାରଣ ସାମଗ୍ରୀର ଏକାଂଶକୁ କାରଣ ମାନିନେବା କିମ୍ବା ଗୋଟିଏ କଥାକୁ ଅନ୍ୟ ସମସ୍ତ କଥାର କାରଣ ବୋଲି ବିଚାର କରିବା ଦ୍ୱାରା କାର୍ଯ୍ୟ-କାରଣ ସମ୍ବନ୍ଧୀୟ ଦୋଷ ଜାତ ହୋଇଥାଏ।

୫. ପ୍ରମାଣ-ପ୍ରମାଦ - ପ୍ରମାଣରେ ପ୍ରମାଦ ହେବାଦ୍ୱାରା ପ୍ରମାଣାଭାସ ଦେଖାଦିଏ। ଯଥା:ପ୍ରତ୍ୟକ୍ଷ-ପ୍ରମାଦ, ପରୋକ୍ଷ-ପ୍ରମାଦ, ସ୍ମୃତି-ପ୍ରମାଦ, ପ୍ରତ୍ୟଭିଜ୍ଞା-ପ୍ରମାଦ, ତର୍କ-ପ୍ରମାଦ, ଅନୁମାନ-ପ୍ରମାଦ, ବ୍ୟାପ୍ତି-ପ୍ରମାଦ, ହେତୁ-ପ୍ରମାଦ ଓ ଲକ୍ଷଣ-ପ୍ରମାଦ ଆଦି।

୬. ଆଗ୍ରହ ବା ଆକର୍ଷଣ-ଜନିତ ପ୍ରମାଦ – କ୍ରମ-ବିକାଶର ସିଦ୍ଧାନ୍ତ ଯେ ସର୍ବୋପରି ଭଲ କିମ୍ବା ସର୍ବଥା ଭୁଲ୍ - ଏହା ଠିକ୍ ନୁହେଁ। ଆମେ ଆମର ମାନସିକ ଆକର୍ଷଣ ବା ଜିଦ୍ ହେତୁ ତାହାକୁ ସର୍ବଥା ଦୋଷଯୁକ୍ତ କହିଥାଉଁ କିମ୍ବା ଖାଣ୍ଟି ସତ ବୋଲି ମାନିନେଇଥାଉଁ।

ଉପରୋକ୍ତ ପଂକ୍ତିଗୁଡ଼ିକ ସୂତ୍ର ରୂପରେ ପ୍ରସ୍ତୁତ କରାଯାଇଛି। ଏହାଦ୍ୱାରା ଆମ ଦୃଷ୍ଟି ପ୍ରସାରିତ ହେବା ସହିତ ସ୍ୟାଦ୍‌ବାଦର ମର୍ଯ୍ୟାଦା ହୃଦୟଙ୍ଗମ କରିବାରେ ସହାୟତା ମିଳୁଛି। ବସ୍ତୁର ସ୍ଥୁଳ ରୂପ ଦେଖି ତାହାକୁ ଯଥାର୍ଥରେ ବୁଝାଯାଇପାରିବ, ଏହା ହେଉଛି ଭୁଲ୍। ତେଣୁ ସତର୍କତା ଅବଲମ୍ବନ କରିବାକୁ ହୋଇଥାଏ। ଉପରେ ଦିଆଯାଇଥିବା ସୂତ୍ର ହେଉଛି ଏହି ସତର୍କତାର ସୂତ୍ର। ବସ୍ତୁକୁ ବୁଝିବା ସମୟରେ ସଚେତନତା ହ୍ରାସ ପାଇଲେ ଦୃଷ୍ଟି ମିଥ୍ୟା ହୋଇପଡ଼େ ଏବଂ ଭବିଷ୍ୟତରେ ତାହା ହିଂସାର ରୂପ ଧାରଣ କରିନିଏ। ତେବେ ଆବଶ୍ୟକୀୟ ସତର୍କତା ସହିତ ଆଖ-ପାଖର ସମସ୍ତ ଦିଗ ପ୍ରତି ସମ୍ୟକ୍ ଦୃଷ୍ଟିପାତ କରିଲେ ବସ୍ତୁର ବାସ୍ତବିକ ରୂପ ବା ଅସଲ ଚିତ୍ରକୁ ଜଣେ ଠିକ୍ ବୁଝିପାରିଥାଏ।

---

(୩୬) ବିଶେଷାବଶ୍ୟକ ଭାଷ୍ୟବୃତ୍ତି:
ବିଦ୍ୟମାନ ପଦାର୍ଥର ଅନୁପଲବ୍ଧିର ୨୧ଟି କାରଣ ରହିଛି। ଏହାଫଳରେ ପଦାର୍ଥର ଉପଲବ୍ଧି ଜମା ହୁଏନାହିଁ କିମ୍ବା ଯଥାର୍ଥରେ ହୁଏନାହିଁ।
୧. ଅତିଦୂର ୨. ଅତିସମୀପ ୩. ଅତିସୂକ୍ଷ୍ମ ୪. ମନର ଅସ୍ଥିରତା ୫. ଇନ୍ଦ୍ରିୟର ଅପାଟବ, ଅଣକୁଶଳତା, ୬. ବୁଦ୍ଧିମାନ୍ଦ୍ୟ ୭. ଅଶକ୍ୟ-ଗ୍ରହଣ ୮. ଆବରଣ ୯. ଅଭିଭୂତ ୧୦. ସମାନଜାତୀୟ ୧୧. ଅନୁପଯୋଗଦଶା ୧୨. ଉଚିତ ଉପାୟର ଅଭାବ ୧୩. ବିସ୍ମରଣ ୧୪. ଦୁରାଗମ-ମିଥ୍ୟା ୧୫. ମୋହ-ଉପଦେଶ ୧୬. ଦୃଷ୍ଟି-ଶକ୍ତିର ଅଭାବ ୧୭. ବିକାର ୧୮. କ୍ରିୟାର ଅଭାବ ୧୯. ଅନଧିଗମ-ଶାସ୍ତ୍ର ନ ଶୁଣି ୨୦. କାଳ-ବ୍ୟବଧାନ ଓ ୨୧. ସ୍ୱଭାବ ଦ୍ୱାରା ଇନ୍ଦ୍ରିୟ-ଅଗୋଚର।

॥ ୧୨ ॥
ଜୈନ ଦର୍ଶନ ଓ ବୌଦ୍ଧ

ଶ୍ରମଣ-ପରମ୍ପରା

ଶ୍ରମଣ ପରମ୍ପରାର ସମସ୍ତ ଶାଖା ଦୁଇଟି ବିଶାଳ ଶାଖା ମଧ୍ୟରେ ସମାହିତ ହୋଇପଡ଼ିଲେ। ଜୈନ ଓ ବୌଦ୍ଧ ଦର୍ଶନ ମଧ୍ୟରେ ଆଶ୍ଚର୍ଯ୍ୟଜନକ ସାମ୍ୟଭାବ ଦେଖି ଏକ ସରିତାର ଦୁଇଟି ଧାରାର ପ୍ରବାହର ପ୍ରତୀତ ହୋଇଥାଏ।

ଭଗବାନ ପାର୍ଶ୍ୱଙ୍କ ପରମ୍ପରା ଅନୁସ୍ୟୂତ ହୋଇଥାଇପାରେ - ଏହା ଭାବିନେବା କଳ୍ପନା-ଗୌରବ ହେବନାହିଁ।

ଶବ୍ଦ, ଗାଥା ଏବଂ ଭାବନାଗୁଡ଼ିକ ମନ ମଧ୍ୟରେ ସମତା ଏମାନଙ୍କୁ କୌଣସି ଏକ ଉତ୍ସର ଦୁଇଟି ପ୍ରବାହ ମାନିବାକୁ ବାଧ୍ୟ କରିଥାଏ।

ଭଗବାନ ମହାବୀର ଓ ମହାତ୍ମା ବୁଦ୍ଧ - ଉଭୟ ଶ୍ରମଣ ହେଉଛନ୍ତି ତୀର୍ଥ ଏବଂ ଧର୍ମଚକ୍ରର ପ୍ରବର୍ତ୍ତକ, ଲୋକ-ଭାଷାର ପ୍ରଯୋକ୍ତା ଏବଂ ଦୁଃଖ-ମୁକ୍ତି ସାଧନାର ସଂଗମ-ସ୍ଥଳ।

ଭଗବାନ ମହାବୀର କଠୋର ତପଶ୍ଚର୍ଯ୍ୟା ଓ ଧ୍ୟାନ ଦ୍ୱାରା କୈବଲ୍ୟ ପ୍ରାପ୍ତ କରିଥିଲେ। ମହାତ୍ମା ବୁଦ୍ଧ ଛଅବର୍ଷର କଠୋର ଚର୍ଯ୍ୟା ଦ୍ୱାରା ସନ୍ତୁଷ୍ଟ ନ ହୋଇ ପୁଣି ଧ୍ୟାନର ମଗ୍ନ ହେଲେ। ଫଳରେ ସଂବୋଧି ଲାଭ ହେଲା।

କୈବଲ୍ୟ-ଲାଭ ଉତ୍ତାରୁ ଭଗବାନ ମହାବୀର ଯାହା କହିଥିଲେ, ତାହା ଦ୍ୱାଦଶାଂଗ-ଗଣପିଟକରେ ସଂଗୃହୀତ। ବୋଧି-ଲାଭ ପରେ ମହାତ୍ମାବୁଦ୍ଧ ଯାହା କହିଲେ, ତାହା ତ୍ରିପିଟକରେ ଗ୍ରନ୍ଥିତ।

ଭଗବାନ ମହାବୀର ଜୀବ, ଅଜୀବ, ପୁଣ୍ୟ, ପାପ, ଆସ୍ରବ, ସଂବର, ନିର୍ଜରା, ବନ୍ଧ, ମୋକ୍ଷ ଏହି ନବତତ୍ତ୍ୱ (୯ଟି ତତ୍ତ୍ୱ)ର ନିରୂପଣ କରିଛନ୍ତି।

ମହାତ୍ମା ବୁଦ୍ଧ ଦୁଃଖ, ଦୁଃଖ-ସମୁଦୟ, ନିରୋଧ, ମାର୍ଗ - ଏହି ଚାରୋଟି ଆର୍ଯ୍ୟ-ସତ୍ୟର ନିରୂପଣ କରିଛନ୍ତି।

ଦୁଃଖ

ଭଗବାନ ମହାବୀର କହିଲେ - ପୁଣ୍ୟ-ପାପର ବନ୍ଧ ହିଁ ସଂସାର। ସଂସାର ହେଉଛି ଦୁଃଖମୟ। ଜନ୍ମ ଦୁଃଖ, ବାର୍ଦ୍ଧକ୍ୟ ଦୁଃଖ, ରୋଗ ଦୁଃଖ ଏବଂ ମରଣ ହେଉଛି ଦୁଃଖ।[୧]

ପାପକର୍ମ, ଯାହା କରାଯାଇଛି ତଥା କରାଯାଉଛି ସେସବୁ ହେଉଛି ଦୁଃଖ।[୨]

---

(୧) ଉତ୍ତରଜଝୟଣାଣି, ୧୯/୧୫ :
ଜମ୍ମ ଦୁକ୍ଖଂ ଜରା ଦୁକ୍ଖଂ ରୋଗାୟଣ ମରଣାଣିଯ ।

(୨) ଭଗବତୀ, ୭/୧୬୦ :
ପାବେ କମ୍‌ମେ ଜେୟ କଡ଼େ, ଜେୟ କଜ୍‌ଜଇ, ଜେୟ
କଜ୍‌ଜିସସଇ ସବ୍‌ବେ ସେ ଦୁକ୍‌ଖେ।

ମହାତ୍ମା ବୁଦ୍ଧ କହିଲେ - ଜାତହେବା ଦୁଃଖ, ବୁଢ଼ା ହେବା ଦୁଃଖ, ବ୍ୟାଧି ଦୁଃଖ ଏବଂ ମରିବା ହେଉଛି ଦୁଃଖ।[୩]

ବିଜ୍ଞାନ

ଭଗବାନ ମହାବୀର କହିଛନ୍ତି -

୧. ସମସ୍ତ ସ୍ଥୂଳ ଅବୟବୀ ପାଞ୍ଚବର୍ଣ୍ଣ, ଦୁଇଗନ୍ଧ, ପାଞ୍ଚରସ ଓ ଆଠସ୍ପର୍ଶ ଯୁକ୍ତ ବା ରୂପୀ ଅଟନ୍ତି।

୨. ଚକ୍ଷୁ ରୂପର ଗ୍ରାହକ ଓ ରୂପ ହେଉଛି ଚକ୍ଷୁର ଗ୍ରାହ୍ୟ।

କାନ ଶବ୍ଦର ଗ୍ରାହକ ଓ ଶବ୍ଦ ହେଉଛି କାନର ଗ୍ରାହ୍ୟ।

ନାକ ଗନ୍ଧର ଗ୍ରାହକ ଓ ଗନ୍ଧ ହେଉଛି ନାକର ଗ୍ରାହ୍ୟ।

ଜିହ୍ୱା ରସର ଗ୍ରାହକ ଓ ରସ ହେଉଛି ଜିହ୍ୱାର ଗ୍ରାହ୍ୟ।

କାୟ (ତ୍ୱକ୍) ସ୍ପର୍ଶର ଗ୍ରାହକ ଓ ସ୍ପର୍ଶ ହେଉଛି ତ୍ୱଚାର ଗ୍ରାହ୍ୟ।

ମନ ଭାବ (ଅଭିପ୍ରାୟ)ର ଗ୍ରାହକ ଓ ଭାବ ହେଉଛି ମନର ଗ୍ରାହ୍ୟ।

ଚକ୍ଷୁ ଓ ରୂପର ଉଚିତ ସାମୀପ୍ୟ ଯୋଗୁଁ ଚକ୍ଷୁ-ବିଜ୍ଞାନ, କାନ ଓ ଶବ୍ଦର ଦ୍ୱାରା ଶ୍ରୋତ୍ର-ବିଜ୍ଞାନ।

ନାକ ଓ ଗନ୍ଧର ସଂବନ୍ଧ ଯୋଗୁଁ ଘ୍ରାଣ-ବିଜ୍ଞାନ, ଜିଭ ଓ ରସର ସଂବନ୍ଧ ଫଳରେ ରସନା-ବିଜ୍ଞାନ।

କାୟ ଓ ସ୍ପର୍ଶର ସଂବନ୍ଧ ଯୋଗୁଁ ସ୍ପର୍ଶନ-ବିଜ୍ଞାନର ନିର୍ମାଣ ହୁଏ। ଚିନ୍ତନ ଦ୍ୱାରା ମନୋବିଜ୍ଞାନର ସୃଷ୍ଟି।

ରୂପୀର ହିଁ ଇନ୍ଦ୍ରିୟ-ବିଜ୍ଞାନ ହୋଇଥାଏ। ମନୋବିଜ୍ଞାନ ରୂପୀ ଓ ଅରୂପୀ ଉଭୟର ହୋଇଥାଏ।

ବେଦନା

ଅନୁକୂଳ ବେଦନା ଛଅପ୍ରକାରେ ବିଭକ୍ତ - ୧. ଚକ୍ଷୁ-ସୁଖ, ୨. ଶ୍ରୋତ୍ର-ସୁଖ, ୩. ଘ୍ରାଣ-ସୁଖ, ୪. ଜିହ୍ୱା-ସୁଖ, ୫. ସ୍ପର୍ଶନ-ସୁଖ ଓ ୬. ମନ-ସୁଖ।

ପ୍ରତିକୂଳ ବେଦନାର ବି ଛଅ ପ୍ରକାର ହେଉଛି - ୧. ଚକ୍ଷୁ-ଦୁଃଖ, ୨. ଶ୍ରୋତ୍ର-ଦୁଃଖ, ୩. ଘ୍ରାଣ-ଦୁଃଖ, ୪. ଜିହ୍ୱା-ଦୁଃଖ, ୫. ସ୍ପର୍ଶନ-ଦୁଃଖ ଓ ୬. ମନ-ଦୁଃଖ।

ସଂଜ୍ଞା

ସଂଜ୍ଞାର ଅର୍ଥ - ପୂର୍ବାନୁଭୂତ ବିଷୟର ସ୍ମୃତି ଓ ଅନାଗତର ଚିନ୍ତା ବା ବିଷୟର ଅଭିଳାଷ। ସଂଜ୍ଞା ହେଉଛି ୪ ପ୍ରକାର - ୧.ଆହାର-ସଂଜ୍ଞା, ୨.ଭୟ- ସଂଜ୍ଞା, ୩. ମୈଥୁନ - ସଂଜ୍ଞା ଓ ୪. ପରିଗ୍ରହ-ସଂଜ୍ଞା।

ସଂସ୍କାର

ଏହାର ଅର୍ଥ ହେଲା ବାସନା। ଏହା ପାଞ୍ଚ ଇନ୍ଦ୍ରିୟ ଓ ମନର ଧାରଣାର ପରବର୍ତ୍ତୀ ଅବସ୍ଥା।

ଉପାଦାନ

ମହାତ୍ମା ବୁଦ୍ଧ କହିଛନ୍ତି - ଭିକ୍ଷୁଗଣ! କାଠ, ବାଉଁଶ, ତୃଣ ଓ ମାଟି ମିଶି ଯେପରି 'ଆକାଶ'କୁ ଆବୋରି ନିଅନ୍ତି ଓ ତାହାକୁ ଘର ବୋଲିଥାନ୍ତି ସେହିପରି ହାଡ଼, ମାଂସ, ଚର୍ମ ଓ ଶିରା-ପ୍ରଶିରା ମିଶି ଯେଉଁ ଆକାଶକୁ ଘେରି ପକାନ୍ତି ତାହାକୁ 'ରୂପ' କୁହାଯାଏ।

ଆଖି ଓ ରୂପ ଦ୍ୱାରା ଉତ୍ପନ୍ନ ବିଜ୍ଞାନକୁ ଚକ୍ଷୁ-ବିଜ୍ଞାନ, କାନ ଓ ଶବ୍ଦ ଦ୍ୱାରା ଉତ୍ପନ୍ନ ବିଜ୍ଞାନ ଶ୍ରୋତ୍ର-ବିଜ୍ଞାନ, ନାକ ଓ ଗନ୍ଧ ଦ୍ୱାରା ଉତ୍ପନ୍ନ ବିଜ୍ଞାନ ଘ୍ରାଣ-ବିଜ୍ଞାନ, ଜିଭ ଓ ରସ ଦ୍ୱାରା ଉତ୍ପନ୍ନ ବିଜ୍ଞାନ ରସନା-ବିଜ୍ଞାନ ଏବଂ କାୟ (ସ୍ପର୍ଶନେନ୍ଦ୍ରିୟ) ଓ ସ୍ପର୍ଶ ଦ୍ୱାରା ଉତ୍ପନ୍ନ ବିଜ୍ଞାନକୁ କାୟ-ବିଜ୍ଞାନ କୁହାଯାଇଥାଏ।

---

[୩] ମହାବଂଶ, ୧/୬/୧୯ :
ଜାତିପି ଦୁକ୍ଖା ଜରାପି ଦୁକ୍ଖା, ବ୍ୟାଧିପି ଦୁକ୍ଖା ମରଣଂ ପି ଦୁକ୍ଖଂ ॥

ମନ ତଥା ଧର୍ମ (ମନ-ଇନ୍ଦ୍ରିୟର ବିଷୟ) ଦ୍ୱାରା ଯେଉଁ ବିଜ୍ଞାନର ଉତ୍ପତ୍ତି ହୋଇଥାଏ, ତାହା ମନୋବିଜ୍ଞାନ ବୋଲାଇଥାଏ।

ଏହି ବିଜ୍ଞାନର ଯେଉଁ 'ରୂପ' ରହିଛି, ତାହା ରୂପ-ଉପାଦାନ-ସ୍କନ୍ଧ ଅନ୍ତର୍ଗତ ଆସିଥାଏ।[୪]

ଏହି ବିଜ୍ଞାନର ଯେଉଁ 'ବେଦନା' ରହିଛି, ତାହା ବେଦନା-ଉପାଦାନ-ସ୍କନ୍ଧ ଅନ୍ତର୍ଗତ ଆସିଥାଏ।

ଏହି ବିଜ୍ଞାନର ଯେଉଁ 'ସଂଜ୍ଞା' ରହିଛି, ତାହା ସଂଜ୍ଞା-ଉପାଦାନ-ସ୍କନ୍ଧ ଅନ୍ତର୍ଗତ ଆସିଥାଏ।

ଏହି ବିଜ୍ଞାନର ଯେଉଁ 'ସଂସ୍କାର' ରହିଛି, ତାହା ସଂସ୍କାର-ଉପାଦାନ-ସ୍କନ୍ଧ ଅନ୍ତର୍ଗତ ଆସିଥାଏ।

ଏହି ବିଜ୍ଞାନ (ଚିତ୍ତ)ର ଯେଉଁ 'ବିଜ୍ଞାନ' (ମାତ୍ର) ରହିଛି, ତାହା ବିଜ୍ଞାନ-ଉପାଦାନ-ସ୍କନ୍ଧ ଅନ୍ତର୍ଗତ ଆସିଥାଏ।

ଭିକ୍ଷୁଗଣ ! ଯଦି ଜଣେ କହିବ ଯେ ରୂପ, ବେଦନା, ସଂଜ୍ଞା ଓ ସଂସ୍କାର ବିନା ବିଜ୍ଞାନ-ଚିତ୍ତ-ମନର ଉତ୍ପତ୍ତି, ସ୍ଥିତି, ବିନାଶ, ଉତ୍ପନ୍ନ ହେବା, ବୃଦ୍ଧି ତଥା ବିପୁଳତାକୁ ପ୍ରାପ୍ତ ହୋଇପାରିବେ, ତେବେ ତାହା ନିତାନ୍ତ ଅସମ୍ଭବ ଅଟେ।[୫]

ଦୁଃଖବାଦ ହେଉଛି ଭାରତୀୟ ଦର୍ଶନର ପ୍ରାଥମିକ ଆକର୍ଷଣ। ଜନ୍ମ, ମୃତ୍ୟୁ, ରୋଗ ଓ ବାର୍ଦ୍ଧକ୍ୟକୁ ଦୁଃଖ[୬] ଏବଂ ଅଜ, ଅମର, ଅଜର, ଅରୁଜକୁ ସୁଖ ବୋଲି ମାନ୍ୟ କରାଯାଇଛି।[୭]

ବିଚାର ବିନ୍ଦୁ

ଜନ୍ମ, ମୃତ୍ୟୁ, ରୋଗ ଓ ବାର୍ଦ୍ଧକ୍ୟ ହେଉଛନ୍ତି ପରିଣାମ। ମହାତ୍ମା ବୁଦ୍ଧ ଏଗୁଡ଼ିକର ନିର୍ମୂଳନ ପ୍ରତି ବିଶେଷ ବଳ ଦେଇଛନ୍ତି। ତନ୍ମଧ୍ୟରୁ କରୁଣାର ସ୍ରୋତ ପ୍ରବାହିତ ହୋଇଛି।

ଭଗବାନ ମହାବୀର ଦୁଃଖର କାରଣକୁ ବି ଦୁଃଖ ବୋଲି ମାନିଥିଲେ ଏବଂ ଦୁଃଖର କାରଣର ଉନ୍ମୂଳନ ପ୍ରତି ଜନସାଧାରଣଙ୍କୁ ପ୍ରେରିତ କରିଥିଲେ। ତନ୍ମଧ୍ୟରୁ ସଂଯମ ଓ ଅହିଂସାର ସ୍ରୋତ ପ୍ରବାହିତ ହେଲା।

ଦୁଃଖର କାରଣ

ଭଗବାନ ମହାବୀର କହିଛନ୍ତି - ଅଣ୍ଡାରୁ ବଳାକା (ବକ) ଏବଂ ବଳାକାରୁ ଅଣ୍ଡା ଜାତ ହୋଇଥାଏ। ସେହିପରି ତୃଷ୍ଣାରୁ ମୋହ ଏବଂ ମୋହରୁ ତୃଷ୍ଣା ସୃଷ୍ଟି ହୋଇଥାଏ।[୮]

ପ୍ରିୟ ରୂପ, ଶବ୍ଦ, ଗନ୍ଧ, ରସ, ସ୍ପର୍ଶ ଓ ଭାବ ରାଗ ବୃଦ୍ଧି କରିଥାନ୍ତି। ଅପ୍ରିୟ ରୂପ, ଶବ୍ଦ, ଗନ୍ଧ, ରସ, ସ୍ପର୍ଶ ଓ ଭାବ ଦ୍ୱେଷକୁ ଉଗ୍ରତର କରିଥାନ୍ତି। ପ୍ରିୟ-ବିଷୟଗୁଡ଼ିକରେ ମଣିଷ ଛନ୍ଦିହୋଇପଡ଼େ। ଅପ୍ରିୟ ବିଷୟଠାରୁ ଦୂରକୁ ଭାଗିଥାଏ। ପ୍ରିୟ-ବିଷୟରେ ତୃପ୍ତ ନ ହୋଇ ମଣିଷ ପରିଗ୍ରହରେ ଆସକ୍ତ ହୋଇଥାଏ। ଅସନ୍ତୋଷ ଦୁଃଖର ତାଡ଼ନାରେ ସେ ଚୋରି କରିଥାଏ।

ତୃଷ୍ଣା ଦ୍ୱାରା ପରାଜିତ ବ୍ୟକ୍ତିର ମାୟା-ମୃଷା ଓ ଲୋଭ ବୃଦ୍ଧିପାଏ। ସେ କଦାପି ଦୁଃଖ-ମୁକ୍ତି ଲଭିପାରେ ନାହିଁ।[୯]

ଚୋରି କରୁଥିବା ଲୋକର ମାୟା-ମୃଷା ଓ ଲୋଭ ବଢ଼ିଥାଏ। ସେ ଦୁଃଖରୁ ମୁକ୍ତି ପାଇପାରେ ନାହିଁ।[୧୦] ପ୍ରିୟ ବିଷୟ ମଧ୍ୟରେ ଅତୃପ୍ତ ମଣିଷର ମଧ୍ୟ ମାୟା-ମୃଷା ଓ ଲୋଭ ବଢ଼ିଥାଏ। ସେ ଦୁଃଖ-ମୁକ୍ତ ହୋଇପାରେ ନାହିଁ।

---

(୪) ମଜ୍ଝିମନିକାୟ, ୨୮

(୫) ମଜ୍ଝିମନିକାୟ, ୨୮

(୬) (କ) ଛାନ୍ଦୋଗ୍ୟ ଉପନିଷଦ୍ ୪୮/୮/୧ :
ନ ଜରା ନ ମୃତ୍ୟୁର୍ନ ଶୋକଃ।
(ଖ) ଛାନ୍ଦୋଗ୍ୟ ଉପନିଷଦ୍ ୭/୨୬/୨ :
ନ ପଶ୍ୟୋ ମୃତ୍ୟୁଂ ପଶ୍ୟତି ନ ରୋଗମ୍।

(୭) ଉତ୍ତରଜଝୟଣାଣି, ୨୩/୮୧

(୮) ଉତ୍ତରଜଝୟଣାଣି, ୩୨/୬

(୯) ଉତ୍ତରଜଟ୍ୟଣାଣି,୩୨/୩୦

(୧୦) ଉତ୍ତରଜଝୟଣାଣି, ୩୨/୩୦

ପରିଗ୍ରହ ପ୍ରତି ଆସକ୍ତ ମନୁଷ୍ୟର ବି ମାୟା-ମୃଷା ଓ ଲୋଭ ବୃଦ୍ଧି ପାଇଥାଏ। ସେ ଦୁଃଖରୁ ମୁକ୍ତି ପାଇପାରିନଥାଏ।

ଦୁଃଖ ଆରମ୍ଭରୁ ଜାତ ହୋଇଥାଏ। ଦୁଃଖ ହିଂସାରୁ ଜାତ ହୋଇଥାଏ। ଦୁଃଖ କାମନାରୁ ଜାତ ହୋଇଥାଏ।

ଯେଉଁଠାରେ ଆରମ୍ଭ, ହିଂସା ଓ କାମନା ରହିଥାଏ ସେଠାରେ ରାଗ-ଦ୍ୱେଷ ମଧ୍ୟ ଥାଏ। ଯେଉଁଠାରେ ରାଗ-ଦ୍ୱେଷ ରହିଥାଏ, ସେଠାରେ କ୍ରୋଧ, ମାନ, ମାୟା, ଲୋଭ, ଘୃଣା, ହର୍ଷ, ବିଷାଦ, ହାସ୍ୟ, ଭୟ, ଶୋକ ଏବଂ ବାସନା ପୂରି ରହିଥାଏ। ଯେଉଁସ୍ଥାନରେ ଏଗୁଡ଼ିକ ରାଜୁତି କରନ୍ତି, ସେଠାରେ କର୍ମ (ବନ୍ଧନ) ଥାଏ। କର୍ମ ଯେଉଁଠାରେ ସଂସାର ସେହିଠାରେ ଏବଂ ସଂସାର ଯେଉଁଠାରେ ଜନ୍ମ ସେଠାରେ ଥାଏ। ଜନ୍ମ ରହିବାର ସରଳ ଅର୍ଥ ହେଉଛି ସେଠାରେ ଜରା, ରୋଗ ଓ ମୃତ୍ୟୁ ମଧ୍ୟ ରହିବ। ଏମାନଙ୍କ ଉପସ୍ଥିତି ହିଁ ଦୁଃଖ ଅଟେ।

ଭବ-ତୃଷ୍ଣା ହେଉଛି ବିଷ-ବଲ୍ଲରୀ। ଏହା ଅତି ଭୟାନକ ଏବଂ ଏହାର ଫଳ ମଧ୍ୟ ବିଷାକ୍ତ ଓ ଭୟ ସୃଷ୍ଟି କରିଥାଏ।

ମହାତ୍ମା ବୁଦ୍ଧ କହୁଥିଲେ - 'ମଣିଷ ନିଜ ଆଖିରେ ରୂପ ନିରେଖିଥାଏ। ପ୍ରିୟକର ଲାଗିଲେ ସେହି ରୂପ ପ୍ରତି ଆସକ୍ତ ହୋଇପଡ଼େ ଏବଂ ଅପ୍ରିୟକର ଲାଗିଲେ ତା'ଠାରୁ ଦୂରେଇଯାଏ। କାନରୁ ଶବ୍ଦ ଗ୍ରହଣ କରିଥାଏ। କାନକୁ ପ୍ରିୟ ଲାଗିଲେ ଆସକ୍ତ ହୋଇପଡ଼େ, ଅପ୍ରିୟ ଲାଗିଲେ ଦୂରକୁ ପଳାଏ। ଘ୍ରାଣ ଦ୍ୱାରା ଗନ୍ଧ ଶୁଙ୍ଘିଥାଏ। ପ୍ରିୟ ବା ସୁଗନ୍ଧ ପ୍ରତି ଆସକ୍ତ ହୁଏ ଏବଂ ଅପ୍ରିୟ ବା ଦୁର୍ଗନ୍ଧଠାରୁ ଦୂରକୁ ପଳାଏ। ଜିହ୍ୱା ଦ୍ୱାରା ରସ ଚାଖିଥାଏ। ପ୍ରିୟ ଲାଗିଲେ ତା'ପ୍ରତି ଆସକ୍ତ ହୋଇପଡ଼େ ଏବଂ ଅପ୍ରିୟ ଲାଗିଲେ ନିଜକୁ ଦୂରେଇନିଏ। କାୟ ଦ୍ୱାରା ସ୍ପର୍ଶ କରିଥାଏ। ପ୍ରିୟକର ଥିଲେ ସେହି ସ୍ପର୍ଶ ପ୍ରତି ଆସକ୍ତ ହୋଇପଡ଼େ ଏବଂ ଅପ୍ରିୟକର ଲାଗିଲେ ସେହି ସ୍ପର୍ଶକୁ ଛାଡ଼ି ଦୂରକୁ ପଳାୟନ କରେ। ମନ ଦ୍ୱାରା ମନର ବିଷୟ (ଧର୍ମ) ଚିନ୍ତନ କରିଥାଏ। ତାହା ଯଦି ମନୋଜ୍ଞ ତେବେ ତହିଁରେ ଆସକ୍ତ ହୋଇପଡ଼େ ଏବଂ ଯଦି ଅମନୋଜ୍ଞ, ତେବେ ଦୂରକୁ ପଳାଇଥାଏ।

ଏହି ପ୍ରକାରେ ଆସକ୍ତ ହେଉଥିବା ଏବଂ ଦୂରକୁ ପଳାୟନ କରୁଥିବା ଲୋକ ଯେଉଁ ଦୁଃଖ-ସୁଖ ବା ଅଦୁଃଖ-ଅସୁଖ, କୌଣସି ପ୍ରକାର ବେଦନାର ଅନୁଭୂତି କରିଥାଏ, ସେ ସେହି ବେଦନାରେ ଆନନ୍ଦ ପାଇଥାଏ, ତା'ର ପ୍ରଶଂସା କରିଥାଏ ତାହା ତାହାକୁ ଆପଣାର କରିନିଏ। ବେଦନା ସହିତ ଆତ୍ମୀୟ ସଂବନ୍ଧ ସ୍ଥାପନ ଅର୍ଥାତ୍ ରାଗର ଉତ୍ପତ୍ତି। ବେଦନା ମଧ୍ୟରେ ରହିଥିବା ରାଗ ହିଁ ହେଉଛି ଉପାଦାନ। ଉପାଦାନ ଯେଉଁଠାରେ ଭବ ସେହିଠାରେ, ଭବ ଯେଉଁଠାରେ ଉତ୍ପତ୍ତି ସେହିଠାରେ, ଉତ୍ପତ୍ତି ଯେଉଁଠାରେ ବାର୍ଦ୍ଧକ୍ୟ, ମୃତ୍ୟୁ, ଶୋକ, କ୍ରନ୍ଦନ, ପୀଡ଼ା, ଯନ୍ତ୍ରଣା, ଚିନ୍ତା ଓ ଅବସାଦ ସେହିଠାରେ ନିଶ୍ଚିତ ଭାବରେ ରହିଥାଏ। ଏହିପରି ଭାବରେ ସମସ୍ତ ଦୁଃଖର ସମୁଦୟ ହୋଇଥାଏ।

ଦୁଃଖ-ନିରୋଧ

ଭଗବାନ ମହାବୀର କହିଛନ୍ତି - ଏହି ଅର୍ଥ-ଶବ୍ଦ, ରୂପ, ଗନ୍ଧ, ରସ ଓ ସ୍ପର୍ଶ ପ୍ରିୟ ନୁହନ୍ତି, ଅପ୍ରିୟ ମଧ୍ୟ ନୁହନ୍ତି ତଥା ହିତକର ନୁହନ୍ତି କିମ୍ବା ଅହିତକର ବି ନୁହନ୍ତି। ଏଗୁଡ଼ିକ ପ୍ରିୟତା ଓ ଅପ୍ରିୟତାର ନିମିତ୍ତ ମାତ୍ର। ଏମାନଙ୍କ ଉପାଦାନ ହେଉଛି ରାଗ ଓ ଦ୍ୱେଷ। ଏହିପ୍ରକାରେ ନିଜ ମଧ୍ୟରେ ଲୁଚିରହିଥିବା ରାଗକୁ ଯେ କରାୟତ୍ତ କରିନିଏ, ତା'ମଧ୍ୟରେ ସମତା ବା ମଧ୍ୟସ୍ଥ ବୃତ୍ତି ଜାତ ହୋଇଥାଏ। ତା'ର ତୃଷ୍ଣା କ୍ଷୀଣ ହୋଇପଡ଼େ। ବିରକ୍ତି ଜାତ ହେଲାପରେ ଏ ଅର୍ଥ ପ୍ରିୟତା କିମ୍ବା ଅପ୍ରିୟତା ସୃଷ୍ଟି କରିପାରନ୍ତି ନାହିଁ।

ବିରକ୍ତି ଯେଉଁଠି, ବିରତି ସେଇଠି। ବିରତି ଯେଉଁଠି, ଶାନ୍ତି ସେଇଠି। ଯେଉଁଠାରେ ଶାନ୍ତି ସେହିଠାରେ ନିର୍ବାଣ।
ସମସ୍ତ ଦ୍ୱନ୍ଦ୍ୱ ଲୋପ ପାଇଥାନ୍ତି। ଆଧି-ବ୍ୟାଧି, ଜନ୍ମ-ମରଣ ଆଦିର ଅନ୍ତ ହିଁ ଶାନ୍ତି।
ଦ୍ୱନ୍ଦ୍ୱର କାରଣଭୂତ କର୍ମ ବିଲୀନ ହୋଇପଡ଼ିବା ହିଁ ନିରୋଧ। ଦୁଃଖ ନିରୋଧ।[୧୧]

---

(୧୧) ସୂୟଗଡ଼ୋ, ୧/୧୪/୧୬

ମହାତ୍ମା ବୁଦ୍ଧ କହିଛନ୍ତି - କାମ-ତୃଷ୍ଣା ଓ ଭବ-ତୃଷ୍ଣାରୁ ମୁକ୍ତ ହେଲାପରେ ପ୍ରାଣୀ ପୁଣି ଥରେ ଜନ୍ମଗ୍ରହଣ କରେନାହିଁ। କାରଣ ତୃଷ୍ଣାର ସଂପୂର୍ଣ୍ଣ ନିରୋଧ ଫଳରେ ଉପାଦାନ ନିରୁଦ୍ଧ ହୋଇପଡ଼େ। ଉପାଦାନ ନିରୁଦ୍ଧ ହେଲେ ଭବ ନିରୁଦ୍ଧ ହୁଏ। ଭବ ନିରୁଦ୍ଧ ଅର୍ଥାତ୍ ଉତ୍ପାଦନ ମଧ୍ୟ ନିରୁଦ୍ଧ ହେଲା ଏବଂ ଉତ୍ପତ୍ତି ନିରୁଦ୍ଧ ହେଲେ ଜରା, ମୃତ୍ୟୁ, ଶୋକ, କ୍ରନ୍ଦନ, ପୀଡ଼ା-ବେଦନା, ଚିନ୍ତା, ଅବସାଦ ସବୁଯାକ ଅବରୁଦ୍ଧ ହୋଇପଡ଼ନ୍ତି। ଏହିଭଳି ସମସ୍ତ ଦୁଃଖ ସ୍କନ୍ଧର ନିରୋଧ ହୋଇଯାଏ।

'ଭିକ୍ଷୁଗଣ! ଏହି ଯେଉଁ ରୂପର ନିରୋଧ, ଉପଶମନ ବା ଅସ୍ତହେବା - ଏହାହିଁ ଦୁଃଖର ନିରୋଧ, ରୋଗର ଉପଶମନ ଏବଂ ଜରା-ମରଣର ଅସ୍ତ ହୋଇଥାଏ। ଏହି ଯେଉଁ ବେଦନାର ନିରୋଧ, ସଂଜ୍ଞା, ସଂସ୍କାର ଓ ବିଜ୍ଞାନର ନିରୋଧ, ଉପଶମନ ଓ ଅସ୍ତହେବା - ଏହାହିଁ ଦୁଃଖର ନିରୋଧ, ରୋଗର ଉପଶମନ, ଜରା-ମରଣର ଅସ୍ତ ହୋଇଥାଏ।

'ଏହାହିଁ ଶାନ୍ତି। ଏହାହିଁ ଶ୍ରେଷ୍ଠତା। ସମସ୍ତ ସଂସ୍କାରର ଶମନ, ସମସ୍ତ ଚିତ୍ତମନ୍ଦର ବିସର୍ଜନ, ତୃଷ୍ଣାର କ୍ଷୟ, ବିରାଗ-ସ୍ୱରୂପ, ନିରୋଧ-ସ୍ୱରୂପ ନିର୍ବାଣ ଅଟେ।'[୧୨]

ଦୁଃଖ ନିରୋଧର ମାର୍ଗ

ଭଗବାନ ମହାବୀର ଋଜୁମାର୍ଗକୁ ଦେଖିପାରିଥିଲେ। ତାହା ଋଜୁ ହୋଇଥିବାରୁ ମହାଘୋର, ଦୁଷ୍କର ହୋଇଥାଏ। ତାହା ଅନୁତ୍ତର, ବିଶୁଦ୍ଧ, ସମସ୍ତ ଦୁଃଖ-ନାଶକ। ଏହାର ଚାରୋଟି ଅଙ୍ଗ ହେଉଛି ସମ୍ୟକ୍-ଦର୍ଶନ, ସମ୍ୟକ୍-ଜ୍ଞାନ, ସମ୍ୟକ୍-ଚାରିତ୍ର ଓ ସମ୍ୟକ୍-ତପ।

ଏହାର ଅଳ୍ପ ଆରାଧନା କରୁଥିବା ଲୋକ ଅଳ୍ପ-ଦୁଃଖରୁ ମୁକ୍ତ ହୋଇଯାଏ। ଏହାର ମଧ୍ୟମ ଆରାଧନା କରୁଥିବା ଲୋକ ବହୁ-ଦୁଃଖରୁ ମୁକ୍ତ ହୋଇଥାଏ। ଏହାର ପୂର୍ଣ୍ଣ ଆରାଧନା କରୁଥିବା ଲୋକ ସମସ୍ତ ଦୁଃଖରୁ ମୁକ୍ତ ହୋଇଥାଏ।

କାମ-ଉପଭୋଗର ଏହି ସମସ୍ତ ହୀନ, ଗ୍ରାମ୍ୟ, ଅଶିଷ୍ଟ, ଅନାର୍ଯ୍ୟ, ଅନର୍ଥକର ଜୀବନ ତଥା ଶରୀରକୁ ବ୍ୟର୍ଥ କ୍ଳେଶ ଦେଉଥିବା ଦୁଃଖମୟ, ଅନାର୍ଯ୍ୟ, ଅନର୍ଥକର ଜୀବନ - ଏହି ଦୁଇ ତଥ୍ୟରୁ ସୁରକ୍ଷିତ ଥାଇ ତଥାଗତ ମଧ୍ୟ ମାର୍ଗର ଜ୍ଞାନପ୍ରାପ୍ତ କରିଥିଲେ। ତାହା ମଣିଷର ଆଖି ଖୋଲିଦେଇଥାଏ, ଜ୍ଞାନବୋଧ କରାଇଥାଏ। ଏହି ଜ୍ଞାନ, ଶମନ, ଅଭିଜ୍ଞା, ବୋଧ ଓ ନିର୍ବାଣ ସକାଶେ ଅଭିପ୍ରେତ।

ତାଙ୍କଦ୍ୱାରା ନିର୍ଦ୍ଧାରିତ ଅଷ୍ଟାଂଗିକ ମାର୍ଗ ଦୁଃଖ-ନିରୋଧର ପଥ ପ୍ରଶସ୍ତ କରିଥାଏ-

୧. ସମ୍ୟକ୍ ଦୃଷ୍ଟି - ପ୍ରଜ୍ଞା

୨. ସମ୍ୟକ୍ ସଂକଳ୍ପ - ପ୍ରଜ୍ଞା

୩. ସମ୍ୟକ୍ ବାଣୀ - ଶୀଳ

୪. ସମ୍ୟକ୍ କର୍ମାନ୍ତ - ଶୀଳ

୫. ସମ୍ୟକ୍ ଆଜୀବିକା - ଶୀଳ

୬. ସମ୍ୟକ୍ ବ୍ୟାୟାମ - ସମାଧି

୭. ସମ୍ୟକ୍ ସ୍ମୃତି - ସମାଧି

୮. ସମ୍ୟକ୍ - ସମାଧି

ନିର୍ମଳ ଜ୍ଞାନର ପ୍ରାପ୍ତି ପାଇଁ ଏହାହିଁ ଏକମାତ୍ର ମାର୍ଗ, ଅନ୍ୟ କୌଣସି ମାର୍ଗ ନାହିଁ। ଏହି ମାର୍ଗଧାରଣ କରିଲେ ତୁମେ ଦୁଃଖର ନାଶ କରିପାରିବ।

---

[୧୨] ଅଙ୍ଗୁତ୍ତରନିକାୟ, ୩୨

ବିଚାର-ବିନ୍ଦୁ

ମହାତ୍ମା ବୁଦ୍ଧ କେବଳ ମଧ୍ୟମ ମାର୍ଗର ଆଶ୍ରୟ ନେଇଥିଲେ। ଏଥିରେ ଆପଦ୍-ଧର୍ମ ବା ଅପବାଦର (ବିଶେଷ ଧର୍ମ) ପ୍ରାଚୁର୍ଯ୍ୟ ରହିଥିଲା। ଭଗବାନ ମହାବୀର ଆପଦ୍-ଧର୍ମକୁ ସ୍ୱୀକାର କରିନଥିଲେ। କାୟ କ୍ଲେଶକୁ ସେ ଅହିଂସାର ବିକାଶ ପାଇଁ ଆବଶ୍ୟକ ବୋଧକରି କହିଲେ ଯେ ବଳ, ଶ୍ରଦ୍ଧା, ଆରୋଗ୍ୟ, କ୍ଷେତ୍ର ଓ କାଳର ମର୍ଯ୍ୟାଦାକୁ ଉପଲବ୍ଧି କରି ଆତ୍ମାକୁ ତପଶ୍ଚର୍ଯ୍ୟାରେ ସଂଲଗ୍ନ କରିବା ଉଚିତ।

ଗୃହସ୍ଥ-ଶ୍ରାବକମାନଙ୍କ ପାଇଁ ମଧ୍ୟମ ମାର୍ଗର ବିଧାନ କରାଯାଇଛି।

ଚାରି ସତ୍ୟ

ମହାତ୍ମା ବୁଦ୍ଧ ଚାରିସତ୍ୟର ନିରୂପଣ ବ୍ୟବହାରର ଭୂମିକାରେ କରିଥିଲେ ଅଥଚ ଭଗବାନ ମହାବୀରଙ୍କ ନଅତତ୍ତ୍ୱର ନିରୂପଣ ଅଧିକ ଦାର୍ଶନିକ ପ୍ରତୀତ ହେଉଛି।

ସଂସାର, ସଂସାର-ହେତୁ, ମୋକ୍ଷ ଓ ମୋକ୍ଷର ଉପାୟ - ଏହି ଚାରିସତ୍ୟକୁ ପାତଞ୍ଜଳ ଭାଷ୍ୟକାର ମଧ୍ୟ ସମ୍ମାନ କରିଥାନ୍ତି। ସେମାନେ ଏହାର ତୁଳନା ଚିକିତ୍ସାଶାସ୍ତ୍ରର ଚାରି ଅଙ୍ଗ - ରୋଗ, ରୋଗ-ହେତୁ, ଆରୋଗ୍ୟ ଓ ଭୈଷଜ୍ୟ ସହିତ କରିଛନ୍ତି।

ମହାତ୍ମାବୁଦ୍ଧ କହିଲେ - 'ଭିକ୍ଷୁଗଣ! ଜୀବ (ଆତ୍ମା) ଓ ଶରୀର ହେଉଛି ଭିନ୍ନ-ଭିନ୍ନ - ଏହି ମତ ଦ୍ୱାରା ଶ୍ରେଷ୍ଠ ଜୀବନ ବ୍ୟତୀତ କରିହେବ ନାହିଁ ତଥା ଜୀବ (ଆତ୍ମା ଓ ଶରୀର ହେଉଛି ଅଭିନ୍ନ - ଏହି ମତ ଦ୍ୱାରା ମଧ୍ୟ ଶ୍ରେଷ୍ଠ ଜୀବନ ବ୍ୟତୀତ କରିହେବ ନାହିଁ। ତେଣୁ ଏହି ଦୁଇ ଏକାନ୍ତ ଆଗ୍ରହକୁ ତ୍ୟାଗକରି ତଥାଗତ ମଧ୍ୟମ ଧର୍ମର ଉପଦେଇ କହୁଛନ୍ତି –

ହେ ଭିକ୍ଷୁଗଣ! ଅବିଦ୍ୟା କାରଣରୁ ସଂସ୍କାର, ସଂସ୍କାର ଯୋଗୁଁ ବିଜ୍ଞାନ, ବିଜ୍ଞାନ ଯୋଗୁଁ ନାମ-ରୂପ କାରଣରୁ ଛଅ ଆୟତନ, ଛଅ ଆୟତନ ହେତୁ ସ୍ପର୍ଶ, ସ୍ପର୍ଶ କାରଣରୁ ବେଦନା, ବେଦନା ଯୋଗୁଁ ତୃଷ୍ଣା, ତୃଷ୍ଣାରୁ ଉପାଦାନ, ଉପାଦାନରୁ ଭବ, ଭବରୁ ଜନ୍ମ ଏବଂ ଜନ୍ମ ହେବାଯୋଗୁଁ ବାର୍ଦ୍ଧକ୍ୟ, ଜରା, ଶୋକ, କ୍ରନ୍ଦନ-କ୍ଲେଶ, ଦୁଃଖ, ମାନସିକ ଚିନ୍ତା ତଥା ହଇରାଣ ହେବାକୁ ପଡ଼ିଥାଏ। ଏହିଭଳି ଭାବରେ ସମସ୍ତ ଦୁଃଖ-ସ୍କନ୍ଧର ଉତ୍ପତ୍ତି ହୋଇଥାଏ। ଏହାକୁ "ପ୍ରତୀତ୍ୟ-ସମୁତ୍ପାଦ" କହିଥାନ୍ତି।

ଅବିଦ୍ୟାର ସଂପୂର୍ଣ୍ଣ ବିରାଗ ଓ ନିରୋଧ କରିପାରିଲେ ସଂସ୍କାରର ନିରୋଧ ଘଟିଥାଏ। ସଂସ୍କାର-ନିରୋଧ ଦ୍ୱାରା ବିଜ୍ଞାନର ନିରୋଧ, ବିଜ୍ଞାନର ନିରୋଧ ଫଳରେ ନାମ-ରୂପର ନିରୋଧ, ନାମରୂପର ନିରୋଧ ଦ୍ୱାରା ଛଅ ଆୟତନର ନିରୋଧ, ଛଅ ଆୟତନ ନିରୋଧ ଫଳରେ ସ୍ପର୍ଶର ନିରୋଧ, ସ୍ପର୍ଶର ନିରୋଧରୁ ବେଦନାର ନିରୋଧ, ବେଦନା ନିରୋଧ ଦ୍ୱାରା ତୃଷ୍ଣାର ନିରୋଧ, ତୃଷ୍ଣାର ନିରୋଧ ଫଳରେ ଉପାଦାନର ନିରୋଧ, ଉପାଦାନର ନିରୋଧରୁ ଭବ-ନିରୋଧ, ଭବ-ନିରୋଧରୁ ଜନ୍ମ ନିରୋଧ, ଜନ୍ମର ନିରୋଧରୁ ବାର୍ଦ୍ଧକ୍ୟ, ଜରା, ଶୋକ, କ୍ରନ୍ଦନ-କ୍ଲେଶ, ଦୁଃଖ, ମାନସିକ ଚିନ୍ତା ତଥା ବ୍ୟତିବ୍ୟସ୍ତତାର ନିରୋଧ ହୋଇଥାଏ। ଏଭଳି ଭାବରେ ସମସ୍ତ ଦୁଃଖ ସ୍କନ୍ଧର ନିରୋଧ ହୋଇଥାଏ।"

ଭଗବାନ ମହାବୀର ଜୀବ ଓ ଅଜୀବର ସ୍ପଷ୍ଟ ବ୍ୟାକରଣ କରିଛନ୍ତି। ସେ କହିଛନ୍ତି – ଜୀବ ଶରୀରଠାରୁ ଭିନ୍ନ କିନ୍ତୁ ଦୁହିଁଙ୍କ ମଧ୍ୟରେ ଅଭିନ୍ନତା ମଧ୍ୟ ରହିଛି। ଜୀବ ହେଉଛି ଚେତନ ଓ ଶରୀର ହେଉଛି ଜଡ଼ - ଏହି ଦୃଷ୍ଟି ଦ୍ୱାରା ଉଭୟଙ୍କ ମଧ୍ୟରେ ଭିନ୍ନତାର ପ୍ରତିପାଦନ ହେଉଛି। ସଂସାରୀ ଜୀବ ଶରୀର ସହିତ ସମ୍ପୃକ୍ତ, ଶରୀର ମାଧ୍ୟମରେ ଅଭିବ୍ୟକ୍ତ ଓ ଶରୀର ସାହାଯ୍ୟରେ ପ୍ରବୃତ୍ତ ହେଉଥିବାରୁ ଦୁହିଁଙ୍କ ମଧ୍ୟରେ ଅଭିନ୍ନତା ମଧ୍ୟ ସିଦ୍ଧ ହେଉଛି।

ଆତ୍ମା ନାହିଁ, ଆତ୍ମା ନିତ୍ୟ ନୁହେଁ, କର୍ତ୍ତା ନୁହେଁ କି ଭୋକ୍ତା ନୁହେଁ। ମୋକ୍ଷ ନାହିଁ, ମୋକ୍ଷର ଉପାୟ ନାହିଁ - ଏହି ଛଅଟି ମିଥ୍ୟା-ଦୃଷ୍ଟିର ସ୍ଥାନ।[୧୩]

---

(୧୩) ସନ୍ମତି ତର୍କ ପ୍ରକରଣ, ୩/୫୪

ଆତ୍ମା ରହିଛି, ଆତ୍ମା ନିତ୍ୟ, ଆତ୍ମା କର୍ତ୍ତା, ଆତ୍ମା ଭୋକ୍ତା, ମୋକ୍ଷ ଅଛି, ମୋକ୍ଷର ଉପାୟ ଅଛି - ଏହି ଛଅଟି ହେଉଛନ୍ତି ସମ୍ୟକ୍ ଦୃଷ୍ଟିର ସ୍ଥାନ।[୧୪]

ଜୀବ ଓ ଅଜୀବ - ଏ ଦୁହେଁ ହେଲେ ମୂଳତତ୍ତ୍ୱ। ଏହା ବିଶ୍ୱର ନିରୂପଣ କରିଥାଏ।[୧୫]

ପୁଣ୍ୟ, ପାପ ଓ ବନ୍ଧ - ଏଗୁଡ଼ିକ ଦୁଃଖ ବା ସଂସାର ଅଟନ୍ତି। ଆସ୍ରବ ହେଉଛି ଦୁଃଖର ହେତୁ। ମୋକ୍ଷ ହେଉଛି ଦୁଃଖ (ସଂସାର)ର ନିରୋଧ। ସଂବର ଓ ନିର୍ଜରା ଦୁଃଖ-ନିରୋଧ (ମୋକ୍ଷ)ର ଉପାୟ।[୧୬]

ଜୀବ ଓ ଅଜୀବ - ଏ ଦୁହେଁ ମୂଳଭୂତ ସତ୍ୟ। ଅଜୀବରୁ ଜୀବ ବିଶ୍ଲେଷଣର ପ୍ରକ୍ରିୟାର ଅର୍ଥ-ସାଧନା। ଅବଶିଷ୍ଟ ସାତଟି(୭) ତତ୍ତ୍ୱ ହେଉଛନ୍ତି ସାଧନାର ଅଙ୍ଗ। ସଂକ୍ଷିପ୍ତ ରୂପରେ ବିବେଚନ କରିବା ଦ୍ୱାରା ଏହି ସାତ ତତ୍ତ୍ୱ ଏବଂ ଚାରି ଆର୍ଯ୍ୟସତ୍ୟ ସର୍ବଥା ଭିନ୍ନ ନୁହନ୍ତି।

---

(୧୪) ଉତ୍ତରଜ୍ଝୟଣାଣି, ୩୬/୨

(୧୫) ସନ୍ମତି ତର୍କ ପ୍ରକରଣ, ୩/୫୫

(୧୬) ଉତ୍ତରଜ୍ଝୟଣାଣି, ୧୦/୧୫

॥ ୧୩ ॥
ଜୈନ ଦର୍ଶନ ଓ ବେଦାନ୍ତ

ଦର୍ଶନ ହେଉଛି ମନୁଷ୍ୟର ଦିବ୍ୟଚକ୍ଷୁ। ମନୁଷ୍ୟ ନିଜ ଚରମ ଚକ୍ଷୁ ଦ୍ୱାରା ଯାହା ଦେଖିପାରିନଥାଏ, ତାହାକୁ ଦର୍ଶନ-ଚକ୍ଷୁ ଦ୍ୱାରା ଦେଖିବାରେ ସକ୍ଷମ ହୋଇଥାଏ। ସତ୍ୟ ଯେତେ ବିରାଟ, ସେତେ ପରିମାଣରେ ଆବୃତ୍ତ ହୋଇରହିଥାଏ। ଅନେକ ଦର୍ଶନ ଏହାକୁ ନିରାବୃତ୍ତ କରିବାର ପ୍ରଯତ୍ନ ଯଥାସମୟରେ କରିଯାଇଛନ୍ତି। ସେମାନେ ଏହି ପ୍ରକ୍ରିୟାରେ ଯାହା ଦେଖିଲେ, ତାହା ଦର୍ଶନରେ ପରିଣତ ହେଲା। ଦ୍ରଷ୍ଟା ଅନେକ, ତେଣୁ ଦର୍ଶନ ବି ଅନେକ। ଏମାନଙ୍କ ମଧ୍ୟରୁ ଦୁଇଟି ଦର୍ଶନ ହେଉଛି ଜୈନ ଓ ବେଦାନ୍ତ। ଜୈନ ଦ୍ୱୈତବାଦୀ ଏବଂ ବେଦାନ୍ତ ଅଦ୍ୱୈତବାଦୀ ଅଟନ୍ତି।

ଜୈନ ଦର୍ଶନ ଓ ବିଶ୍ୱ

ଜୈନ ଦର୍ଶନ ଅନୁସାରେ ଏହି ବିଶ୍ୱ ଛଅ ଦ୍ରବ୍ୟର ସମୁଦାୟ ଅଟେ –

୧. ଧର୍ମ - ଗତି-ସହାୟକ ଦ୍ରବ୍ୟ।

୨. ଅଧର୍ମ - ସ୍ଥିତି-ସହାୟକ ଦ୍ରବ୍ୟ।

୩. ଆକାଶ - ଅବଗାହ-ଦାୟକ ଦ୍ରବ୍ୟ।

୪. କାଳ - ପରିବର୍ତ୍ତନ-ହେତୁ ଦ୍ରବ୍ୟ।

୫. ପୁଦ୍‌ଗଳ - ସ୍ପର୍ଶ, ରସ, ଗନ୍ଧ ଓ ବର୍ଣ୍ଣାତ୍ମକ ଦ୍ରବ୍ୟ।

୬. ଜୀବ - ଚେତନାତ୍ମକ ଦ୍ରବ୍ୟ।

ଏମାନଙ୍କ ମଧ୍ୟରେ

୧. ଜୀବ ହେଉଛି ଚେତନ। ଅବଶିଷ୍ଟ ପାଞ୍ଚଟି ଅଚେତନ।

୨. ପୁଦ୍‌ଗଳ ହେଉଛି ମୂର୍ତ୍ତ। ଅବଶିଷ୍ଟ ପାଞ୍ଚଟି ଅମୂର୍ତ୍ତ।

୩. ଧର୍ମ, ଅଧର୍ମ ଓ ଆକାଶ ବ୍ୟକ୍ତିଶଃ ଏକ ଅଥଚ ଅବଶିଷ୍ଟ ତିନିଟି ବ୍ୟକ୍ତିଶଃ ଅନନ୍ତ ଅଟନ୍ତି।

୪. ଧର୍ମ, ଅଧର୍ମ ଓ ଆକାଶ ବ୍ୟାପକ କିନ୍ତୁ ଜୀବ ଓ ପୁଦ୍‌ଗଳ ଅବ୍ୟାପକ।

ଜୀବ ଦୁଇ ପ୍ରକାର ବଦ୍ଧ ଓ ମୁକ୍ତ। ବଦ୍ଧଜୀବ ନିଜ ଦେହ ପରିମାଣରେ ବ୍ୟାପ୍ତ ଥାଏ।

ମୁକ୍ତଜୀବ ଯେଉଁ ଦେହକୁ ତ୍ୟାଗକରି ମୁକ୍ତ ବନିଥାଏ, ତାହାର ଏକତୃତୀୟାଂଶ ଆକାଶରେ ବ୍ୟାପ୍ତ ହୋଇରହିଥାଏ।

ପୁଦ୍‌ଗଳ ଦୁଇଭାଗରେ ବିଭକ୍ତ - ପରମାଣୁ ଓ ସ୍କନ୍ଧ ପରମାଣୁ ସମୁଦୟ। ପରମାଣୁ ଆକାଶର ଏକ ପ୍ରଦେଶ (ଅବିଭାଜ୍ୟ-ଅବୟବ)ରେ ବ୍ୟାପ୍ତ ଥାଏ। ସ୍କନ୍ଧର ଅନେକ ପ୍ରକାର। ଯଥା–

ଦ୍ୱି-ପ୍ରଦେଶୀ - ଦୁଇଟି ପରମାଣୁର ସ୍କନ୍ଧ।

ତ୍ରି-ପ୍ରଦେଶ - ତିନି ପରମାଣୁର ସ୍କନ୍ଧ।

ଏହିପରି ସଂଖ୍ୟାତ, ଅସଂଖ୍ୟାତ ଏବଂ ଅନନ୍ତ-ପ୍ରଦେଶୀ ସ୍କନ୍ଧ ହୋଇଥାଏ। ଏହି ସ୍କନ୍ଧସବୁ ଆକାଶର ଏକ ପ୍ରଦେଶରୁ ଅସଂଖ୍ୟାତ ପ୍ରଦେଶ ପର୍ଯ୍ୟନ୍ତ ବ୍ୟାପ୍ତ ଥାନ୍ତି। ଅନନ୍ତ-ପ୍ରଦେଶୀ ସ୍କନ୍ଧ ଅସଂଖ୍ୟ ପ୍ରଦେଶ ମଧ୍ୟରେ ବ୍ୟାପିଯାଇଥାନ୍ତି।

ଯେତେ ପ୍ରଦେଶର ସ୍କନ୍ଧ, ସେଗୁଡ଼ିକ ସେତେ ଆକାଶ-ପ୍ରଦେଶରେ ବ୍ୟାପ୍ତ ହୋଇଥାନ୍ତି ଏବଂ ସୂକ୍ଷ୍ମ ପରିଣତି ହେବାପରେ ଗୋଟିଏ ଆକାଶ-ପ୍ରଦେଶ ମଧ୍ୟରେ ସୀମିତ ହୋଇରହନ୍ତି।

କାଳ ହେଉଛି ଉଭୟ - ଅବ୍ୟାପକ ଓ ବ୍ୟାପକ। କାଳର ଦୁଇ ପ୍ରକାର ହେଉଛି – ୧. ବ୍ୟାବହାରିକ-ସୂର୍ଯ୍ୟ, ଚନ୍ଦ୍ର ଆଦିଙ୍କ କ୍ରିୟା ଦ୍ୱାରା ପରିଣଗିତ କରାଯାଉଥିବା ଓ ୨. ନୈଶ୍ଚୟିକ - ପରିବର୍ତ୍ତନର ହେତୁ।

ବ୍ୟାବହାରିକ କାଳ କେବଳ ମନୁଷ୍ୟ ଲୋକରେ ଦେଖିବାକୁ ମିଳିଥାଏ। ନୈଶ୍ଚୟିକ କାଳ ଉଭୟ ଲୋକ ଓ ଅଲୋକରେ ରହିଥାଏ।

୫. ଧର୍ମ, ଅଧର୍ମ, ଆକାଶ, ପୁଦ୍‌ଗଳ ଓ ଜୀବ ମଧ୍ୟରେ ପ୍ରଦେଶ ଅର୍ଥାତ୍ ଅବୟବଗୁଡ଼ିକର ବିସ୍ତାର ରହିଥାଏ। ତେଣୁ ଏମାନେ ଅସ୍ତିକାୟ ଅଟନ୍ତି। ଶ୍ୱେତାମ୍ବର ପରମ୍ପରା ଅନୁସାରେ କାଳର ଅବୟବ ନାହିଁ, ତାହା ଔପଚାରିକ ବା ଦ୍ରବ୍ୟର ପର୍ଯ୍ୟାୟ ମାତ୍ର, ତେଣୁ ତାହା ଅସ୍ତିକାୟ ନୁହେଁ - ବିସ୍ତାରଯୁକ୍ତ ନୁହେଁ। ଦିଗମ୍ବର ପରମ୍ପରା ଅନୁସାରେ କାଳ ଅଣୁରୂପ ହୋଇଥିବାରୁ ତାହା ବିସ୍ତାର-ଶୂନ୍ୟ ଥାଏ।

୬. ଧର୍ମ, ଅଧର୍ମ ଓ ଆକାଶ ଗତିଶୂନ୍ୟ ଅଥଚ ଜୀବ ଓ ପୁଦ୍‌ଗଳ ହେଉଛନ୍ତି ଗତିମାନ୍।

୭. ଧର୍ମ, ଅଧର୍ମ ଓ ଆକାଶରେ କେବଳ ସଜାତୀୟ ପରିବର୍ତ୍ତନ ଘଟିଥାଏ। ଜୀବ ଓ ପୁଦ୍‌ଗଳ ମଧ୍ୟରେ ସଜାତୀୟ ଓ ବିଜାତୀୟ ଉଭୟ ପ୍ରକାର ପରିବର୍ତ୍ତନ ଘଟିଥାଏ।

ବିଶ୍ୱ ହେଉଛି ଅନାଦି-ଅନନ୍ତ। ଫଳତଃ ସମସ୍ତ ଦ୍ରବ୍ୟ ଅନାଦି-ଅନନ୍ତ ଅଟନ୍ତି। ଜୀବ ଓ ପୁଦ୍‌ଗଳ ମଧ୍ୟରେ ବିଜାତୀୟ ପରିବର୍ତ୍ତନ ଘଟୁଥିବାରେ ଏମାନେ ଗୋଟିଏ ଅବସ୍ଥା ଛାଡ଼ି ଅନ୍ୟ ଅବସ୍ଥାରେ ପ୍ରବେଶ କରିଥାନ୍ତି। ତେଣୁ ସେମାନେ ହେଉଛନ୍ତି ସାଦି ଓ ସାନ୍ତ। ଜୀବ ଓ ପୁଦ୍‌ଗଳର ଏହି ବିଜାତୀୟ ପରିବର୍ତ୍ତନ ହିଁ ସୃଷ୍ଟି। ଏହା ସାଦି ଓ ସାନ୍ତ।

ସାଧନା ପଥ

କାଳ, ପୁରୁଷାର୍ଥ ଆଦି ସମବାୟର ପରିପାକ ହେଲେ ଜୀବ ମଧ୍ୟରେ ଆତ୍ମ-ସ୍ୱରୂପ ଉପଲବ୍ଧ କରିବାର ଜିଜ୍ଞାସା ଉତ୍ପନ୍ନ ହୁଏ। ଆତ୍ମସ୍ୱରୂପ ପ୍ରାପ୍ତି ସକାଶେ ପ୍ରଯତ୍ନ କରିଥାଏ ଏବଂ କ୍ରମଶଃ ବିଜାତୀୟ ପରିବର୍ତ୍ତନର କାରଣସବୁ (ପୁଣ୍ୟ, ପାପ ଓ ଆଶ୍ରବ)ର ନିରୋଧ (ସଂବର) ଓ କ୍ଷୟ (ନିର୍ଜରା) କରି ମୁକ୍ତ ହୁଏ, ଆତ୍ମସ୍ଥ ହୁଏ।

ମୋକ୍ଷର ତିନୋଟି ସାଧନ ହେଉଛି – ୧. ସମ୍ୟକ୍ ଦର୍ଶନ, ୨. ସମ୍ୟକ୍ ଜ୍ଞାନ, ୩. ସମ୍ୟକ୍ ଚାରିତ୍ର।

ଏକମାତ୍ର ଜ୍ଞାନ, ଶ୍ରେୟସ୍‌ର ଏକାଂଗୀ ଆରାଧନା ଅଟେ। କେବଳ ଶୀଳ ମଧ୍ୟ ଠିକ୍ ସେହିପରି। ଜ୍ଞାନ ଓ ଶୀଳ - ଉଭୟଙ୍କ ଅନୁପସ୍ଥିତି ଅର୍ଥାତ୍ ଶ୍ରେୟସ୍‌ର ବିରାଧନା। ତାହା ଆରାଧନା କଦାପି ହୋଇପାରିବ ନାହିଁ। ଜ୍ଞାନ ଓ ଶୀଳ ଉଭୟଙ୍କ ସଂହତି ହିଁ ଶ୍ରେୟସ୍‌ର ସର୍ବାଙ୍ଗୀଣ ଆରାଧନା ଅଟେ।

ପ୍ରମାଣ ଓ ନୟବାଦ

ବିଶ୍ୱ ଓ ସୃଷ୍ଟିର ପ୍ରକ୍ରିୟା ଜାଣିବା ସକାଶେ ଜୈନ ଆଚାର୍ଯ୍ୟଗଣ ଅନେକାନ୍ତ ଦୃଷ୍ଟିର ସ୍ଥାପନା କରିଯାଇଛନ୍ତି। ସେମାନଙ୍କ ଅଭିମତ ହେଉଛି ଦ୍ରବ୍ୟ ଅନନ୍ତ ଧର୍ମାତ୍ମକ। ତାହାକୁ ଏକାନ୍ତ ଦୃଷ୍ଟିରେ ଜାଣିହେବ ନାହିଁ। ସେଥିପାଇଁ ଅନନ୍ତ ଦୃଷ୍ଟି ଲୋଡ଼ା। ଏହିସବୁ ଦୃଷ୍ଟିର ସକଳ ରୂପକୁ ପ୍ରମାଣ ଓ ବିକଳ ରୂପକୁ ନୟ କୁହାଯାଏ।

ପ୍ରମାଣର ଦୁଇ ରୂପ ହେଲା –

୧. ପ୍ରତ୍ୟକ୍ଷ - ଆତ୍ମା, କୌଣସି ମାଧ୍ୟମ ବିନା ଦ୍ରବ୍ୟର ସିଧାସଳଖ ଜ୍ଞାନ କରିପାରୁଥିବା।

୨. ପରୋକ୍ଷ - ଆତ୍ମା, ଇନ୍ଦ୍ରିୟ ଆଦି ମାଧ୍ୟମରେ ଦ୍ରବ୍ୟର ଜ୍ଞାନ କରିପାରୁଥିବା।

ନୟ ସାତପ୍ରକାର -

୧. ନୈଗମ - ଦ୍ରବ୍ୟ ଓ ପର୍ଯ୍ୟାୟ - ଉଭୟାଶ୍ରୟୀ ଦୃଷ୍ଟିକୋଣ।

୨. ସଂଗ୍ରହ - ଦ୍ରବ୍ୟାଶ୍ରୟୀ ଦୃଷ୍ଟିକୋଣ।

୩. ବ୍ୟବହାର - ପର୍ଯ୍ୟାୟାଶ୍ରୟୀ ଦୃଷ୍ଟିକୋଣ।

୪. ଋଜୁସୂତ୍ର - ବର୍ତ୍ତମାନ ପର୍ଯ୍ୟାୟାଶ୍ରୟୀ ଦୃଷ୍ଟିକୋଣ।

୫. ଶବ୍ଦ - ଶବ୍ଦ ପ୍ରୟୋଗାଶ୍ରିତ ଦୃଷ୍ଟିକୋଣ।

୬. ସମଭିରୂଢ଼ - ଶବ୍ଦର ଉତ୍ପତ୍ତିର ଆଶ୍ରିତ ଦୃଷ୍ଟିକୋଣ।

୭. ଏବମ୍ଭୂତ - କ୍ରିୟା ପରିଣତି ଅନୁରୂପ ଶବ୍ଦ ପ୍ରୟୋଗାଶ୍ରୟୀ ଦୃଷ୍ଟିକୋଣ।

ବସ୍ତୁବିଜ୍ଞାନ ଦୃଷ୍ଟିରେ ବସ୍ତୁ ହେଉଛି ଦ୍ରବ୍ୟ-ପର୍ଯ୍ୟାୟାତ୍ମକ। ଏହାର ଆଧାରରେ ଦୁଇଟି ଦୃଷ୍ଟି ବିକଶିତ ହୋଇଥାଏ - ୧. ନିଶ୍ଚୟ-ଦ୍ରବ୍ୟ-ସ୍ପର୍ଶୀ ନୟ। ୨. ବ୍ୟବହାର-ପର୍ଯ୍ୟାୟ ବା ବିସ୍ତାର-ସ୍ପର୍ଶୀ ନୟ।

ପ୍ରଥମଟି ଅଭେଦ-ପ୍ରଧାନ ଦୃଷ୍ଟି ଏବଂ ଦ୍ୱିତୀୟଟି ହେଉଛି ଭେଦପ୍ରଧାନ ଦୃଷ୍ଟି। ଏହି ବିଶ୍ୱ ବିଶୁଦ୍ଧ ଅଭେଦାତ୍ମକ ନୁହେଁ କିମ୍ବା ବିଶୁଦ୍ଧ ଭେଦାତ୍ମକ ମଧ୍ୟ ନୁହେଁ। ବରଂ ଏହାହେଉଛି ଉଭୟାତ୍ମକ।

ବେଦାନ୍ତ ଓ ବିଶ୍ୱ

ଶଙ୍କରାଚାର୍ଯ୍ୟଙ୍କ ଉକ୍ତି ଅନୁସାରେ ଯାହା ସଦା ସମରୂପ ଥାଏ, ତାହାହିଁ ସତ୍ୟ। ବିଶ୍ୱର ପଦାର୍ଥ ସବୁ ପରିବର୍ତ୍ତନଶୀଳ - ସଦା ସମରୂପ ନ ଥିବାରୁ ସେଗୁଡ଼ିକ ସତ୍ୟ ନୁହନ୍ତି। ବ୍ରହ୍ମ ସର୍ବଦା ସମରୂପ। ତିନୋଟିଯାକ କାଳ (ଭୂତ, ବର୍ତ୍ତମାନ ଓ ଭବିଷ୍ୟ) ମଧ୍ୟରେ ତଥା ତିନୋଟିଯାକ ଅବସ୍ଥା (ଜାଗ୍ରତ, ସ୍ୱପ୍ନ ଓ ସୁଷୁପ୍ତି) ମଧ୍ୟରେ ଏକରୂପତା ରହିଥାଏ, ତେଣୁ ତାହା ସତ୍ୟ। ଫଳିତ ଭାଷାରେ ବଖାଣିଲେ ବ୍ରହ୍ମ ହେଉଛି ସତ୍ୟ, ଜଗତ୍ ଅସତ୍ୟ।

ସତ୍ୟ ତ୍ରିକାଳାବାଧିତ ହୋଇଥିବାରୁ ତାହା ହେଉଛି ପାରମାର୍ଥିକ ସତ୍ତା। ଅସତ୍ୟର ଦୁଇ ରୂପ ହେଲା - ୧. ବ୍ୟାବହାରିକ - ନାମ-ରୂପାତ୍ମକ ବସ୍ତୁ ସମୂହର ସତ୍ତା ଏବଂ ୨. ପ୍ରାତିଭାସିକ-ରଜ୍ଜୁ ବା ଦଉଡ଼ି ଭିତରେ ସର୍ପର ସତ୍ତା।

ଜଗତ୍‌ର ବିକାରାତ୍ମକ ପଦାର୍ଥ ବ୍ୟବହାର କାଳରେ ସତ୍ୟ ହୋଇରହିଥାନ୍ତି କିନ୍ତୁ ବ୍ରହ୍ମାନୁଭବ ଦ୍ୱାରା ବାଧିତ ହେଉଥିବାରୁ ବ୍ୟାବହାରିକ ପଦାର୍ଥ ପାରମାର୍ଥିକ ସତ୍ୟରେ ପରିଣତ ହୋଇପାରେ ନାହିଁ।

ରଜ୍ଜୁ-ସର୍ପ, ଶୁକ୍ତି ବା ଶାମୁକା-ରଜତ ଆଦି ପ୍ରତୀତି କାଳରେ ସତ୍ୟ ପ୍ରତିଭାସିତ ହୋଇଥାନ୍ତି କିନ୍ତୁ ଉତ୍ତରକାଳୀନ ଜ୍ଞାନ ଦ୍ୱାରା ବାଧିତ ହୋଇଯାଆନ୍ତି। ତେଣୁ ପ୍ରାତିଭାସିକ ପଦାର୍ଥ ମଧ୍ୟ ପାରମାର୍ଥିକ ସତ୍ୟ ନୁହେଁ।

ବ୍ୟାବହାରିକ ଓ ପ୍ରାତିଭାସିକ ପଦାର୍ଥ ତ୍ରିକାଳାବାଧିତ ହୋଇନଥିବାରୁ ପାରମାର୍ଥିକ ସତ୍ୟ ନୁହନ୍ତି, କିନ୍ତୁ ସେଗୁଡ଼ିକ ଆକାଶ-କୁସୁମ ସଦୃଶ ନିରାଶ୍ରୟ ନୁହନ୍ତି, ତେଣୁ ସବୁମନ୍ତେ ଅସତ୍ୟ ବି ନୁହନ୍ତି।

ବେଦାନ୍ତ ଅନୁସାରେ ଅଜ୍ଞାନର ଦୁଇଟି ଶକ୍ତି ହେଉଛି - ୧. ଆବରଣ-ଶକ୍ତି। ୨. ବିକ୍ଷେପ-ଶକ୍ତି।

ଆବରଣ-ଶକ୍ତି ଭେଦ-ବୁଦ୍ଧି ଉତ୍ପନ୍ନ କରିଥାଏ। ଏହା ସଂସାରର କାରଣ। ଏହି ଶକ୍ତିର ପ୍ରଭାବବଶତଃ ମନୁଷ୍ୟ ମଧ୍ୟରେ 'ମୁଁ କର୍ତ୍ତା ଅଟେ', 'ମୁଁ ହେଉଛି ଭୋକ୍ତା', 'ମୁଁ ସୁଖୀ', 'ମୁଁ ଦୁଃଖୀ' ଆଦି ଭାବ ଜାତ ହୋଇଥାଏ। ତମଃ ପ୍ରଧାନ ବିଶେଷ ଶକ୍ତିଯୁକ୍ତ ତଥା ଅଜ୍ଞାନଘଟିତ ଚୈତନ୍ୟ ଦ୍ୱାରା ଆକାଶ ଉତ୍ପନ୍ନ ହେଲା। ଆକାଶରୁ ବାୟୁ, ବାୟୁରୁ ଅଗ୍ନି, ଅଗ୍ନିରୁ ଜଳ ଓ ଜଳରୁ ପୃଥିବୀର ଉତ୍ପତ୍ତି ହେଲା।

ଏହି ସୂକ୍ଷ୍ମଭୂତ ଦ୍ୱାରା ସୂକ୍ଷ୍ମ ଶରୀର ଓ ସ୍ଥୁଳଭୂତ ଉତ୍ପତ୍ତି ହେଲା। ସୂକ୍ଷ୍ମ ଶରୀରର ସତର (୧୭) ଅବୟବ ହେଉଛି -

୧ରୁ ୫. ପଞ୍ଚ ଜ୍ଞାନେନ୍ଦ୍ରିୟ - ଶ୍ରୋତ୍ର, ତ୍ୱକ୍, ଚକ୍ଷୁ, ଜିହ୍ୱା, ଘ୍ରାଣ।

୬. ବୁଦ୍ଧି - ଅନ୍ତଃକରଣର ନିଶ୍ଚୟାତ୍ମିକା ପ୍ରବୃତ୍ତି।

୭. ମନ

୮ରୁ ୧୨. ପଞ୍ଚ କର୍ମେନ୍ଦ୍ରିୟ - ବାକ୍, ପାଣି, ପାଦ, ପାୟୁ, ଉପସ୍ଥ।

୧୩ରୁ ୧୭. ପଞ୍ଚ ବାୟୁ - ପ୍ରାଣ, ଅପାନ, ବ୍ୟାନ, ଉଦାନ, ସମାନ।

ତିନିପ୍ରକାର କୋଶ – ଜ୍ଞାନେନ୍ଦ୍ରିୟ ସହିତ ବୁଦ୍ଧିକୁ ବିଜ୍ଞାନମୟ କୋଶ କୁହାଯାଇଛି। ଏହାହିଁ ହେଉଛି ବ୍ୟାବହାରିକ ଜୀବ। ଜ୍ଞାନେନ୍ଦ୍ରିୟ ସହିତ ମନକୁ ମନୋମୟ କୋଶ କୁହାଯାଇଛି। କର୍ମେନ୍ଦ୍ରିୟ ସହିତ ପଞ୍ଚବାୟୁକୁ ପ୍ରାଣମୟ କୋଶ କୁହାଯାଇଛି। ବିଜ୍ଞାନମୟ କୋଶ ଜ୍ଞାନ-ଶକ୍ତିମାନ ଅଟେ। ତାହା ହେଉଛି କର୍ତ୍ତା। ମନୋମୟ କୋଶ ହେଉଛି ଇଚ୍ଛାଶକ୍ତି ରୂପ। ତାହା କାରଣ (ସାଧନ) ଅଟେ। ପ୍ରାଣମୟ କୋଶ ହେଲା କ୍ରିୟା-ଶକ୍ତିମାନ୍। ତାହା କାର୍ଯ୍ୟ ଅଟେ। ଏହି ତିନିକୋଶର ମିଳିତ ରୂପ ହେଉଛି ସୂକ୍ଷ୍ମ ଶରୀର।

ସାଧନା ପଥ

ବେଦାନ୍ତ ଆଚାର୍ଯ୍ୟମାନଙ୍କ ମତରେ ଜୀବ ମଧ୍ୟରେ ତିନୋଟି ଅଜ୍ଞାନଗତ ଶକ୍ତି ବିଦ୍ୟମାନ ଥାଏ। ପ୍ରଥମ ଶକ୍ତି ଦ୍ୱାରା ଅଭିଭୂତ ଜୀବ ପ୍ରପଞ୍ଚକୁ ପାରମାର୍ଥିକ ମଣିଥାଏ। ବେଦାନ୍ତ ଜ୍ଞାନ ଦ୍ୱାରା ପ୍ରଥମ ଅଜ୍ଞାନ ଶକ୍ତି କ୍ଷୀଣ ହୁଏ, ତାହାପରେ ଦ୍ୱିତୀୟ ଅଜ୍ଞାନ ଶକ୍ତି ଉଦିତ ହୁଏ ଏବଂ ସେ ପ୍ରପଞ୍ଚକୁ ବ୍ୟାବହାରିକ ମାନିଥାଏ। ବ୍ରହ୍ମ ସାକ୍ଷାତ୍କାର ହେବାପରେ ଦ୍ୱିତୀୟ ଅଜ୍ଞାନଶକ୍ତି କ୍ଷୀଣହୁଏ। ସେତେବେଳେ ତୃତୀୟ ଅଜ୍ଞାନ ଶକ୍ତି ଯୋଗୁଁ ପ୍ରପଞ୍ଚକୁ ପ୍ରତିଭାସିତ ମନେ କରିଥାଏ। ତୃତୀୟ ଅଜ୍ଞାନ ଶକ୍ତି ବନ୍ଧ ମୋକ୍ଷ ସହିତ କ୍ଷୀଣ ହୁଏ। ଏହା ସହିତ ପ୍ରପଞ୍ଚକୁ ପ୍ରତିଭାସିତ ମନେ କରିବାରେ ଯବନିକା ପଡ଼ିଥାଏ। ଫଳିତ ଭାଷାରେ ପ୍ରପଞ୍ଚକୁ ବ୍ୟାବହାରିକ ପ୍ରତୀତି ତଥା ପ୍ରତିଭାସିତ ମାନିବା ହେଉଛି ବନ୍ଧ-ମୁକ୍ତିର ପ୍ରକ୍ରିୟା। ଜୀବ ବନ୍ଧ ଦଶାରେ ରହିଥିବା ପର୍ଯ୍ୟନ୍ତ 'ବ୍ରହ୍ମ ହିଁ ପାରମାର୍ଥିକ ସତ୍ୟ' ଏହା ଭଲକରି ଜାଣିଥାଇ ବି ବ୍ୟାବହାରିକ ବା ପ୍ରତିଭାସିକ ପ୍ରତୀତିରୁ ମୁକ୍ତ ହୋଇପାରେ ନାହିଁ।

ବେଦାନ୍ତ ଅନୁସାରେ ସାଧନାର ତିନି ସାଧନ ହେଉଛି –

୧. ଶ୍ରବଣ - ବେଦାନ୍ତ ବଚନକୁ ଆଚାର୍ଯ୍ୟଙ୍କ ମୁଖରୁ ଶୁଣିବା।

୨. ମନନ - ଶ୍ରୁତ-ବିଷୟରେ ତର୍କବୁଦ୍ଧି ଦ୍ୱାରା ମନନ କରିବା।

୩. ନିଦିଧ୍ୟାସନ - ମନନ କରାଯାଇଥିବା ବିଷୟ ଉପରେ ସତତ ଚିନ୍ତନ କରିବା।

ଏହି ପ୍ରକ୍ରିୟା ସାହାଯ୍ୟରେ ଆତ୍ମା ଓ ବ୍ରହ୍ମର ଏକତା-ବୋଧ ସୁଦୃଢ଼ ହୁଏ ଏବଂ ପରିଶେଷରେ ସାଧକକୁ ମୋକ୍ଷ ଉପଲବ୍ଧ ହୋଇଥାଏ।

ପ୍ରମାଣବାଦ

ପାରମାର୍ଥିକ ଓ ବ୍ୟାବହାରିକ ସତ୍ତାର ସମ୍ୟକ୍ ଜ୍ଞାନ ସକାଶେ ବେଦାନ୍ତ ପାଞ୍ଚୋଟି ପ୍ରମାଣ ମାନ୍ୟ କରିଥାଏ - ୧. ପ୍ରତ୍ୟକ୍ଷ, ୨. ଅନୁମାନ, ୩. ଉପମାନ, ୪. ଆଗମ ଓ ୫. ଅର୍ଥାପତ୍ତି।

ତୁଳନାତ୍ମକ ମୀମାଂସା

ଜୈନ-ଦର୍ଶନ ଦୁଇଟି ସତ୍ତାକୁ ସ୍ୱୀକାର କରିଥାଏ - ୧. ପାରମାର୍ଥିକ ଓ ୨. ବ୍ୟାବହାରିକ।

ବେଦାନ୍ତ ତିନୋଟି ସତ୍ତାକୁ ସ୍ୱୀକାର କରିଥାଏ - ୧. ପାରମାର୍ଥିକ, ୨. ବ୍ୟାବହାରିକ ଓ ୩. ପ୍ରତିଭାସିକ।

ଜୈନଦର୍ଶନ ଅନୁସାରେ ଚେତନ ଓ ଅଚେତନ - ଦୁହେଁ ପାରମାର୍ଥିକ ସତ୍ୟ, ଉଭୟଙ୍କର ବାସ୍ତବିକ ସତ୍ତା ରହିଛି। ଜୈନଦର୍ଶନ ଅଚେତନ ଜଗତର ବାସ୍ତବିକ ସତ୍ତାକୁ ସ୍ୱୀକାର କରିଥାଏ। ଏହି କାରଣରୁ ଜୈନଦର୍ଶନ ଯଥାର୍ଥବାଦୀ ସାଜିଥାଏ। ବେଦାନ୍ତ ଅନୁସାରେ ବ୍ରହ୍ମ ହିଁ ପାରମାର୍ଥିକ ସତ୍ୟ। ବ୍ରହ୍ମ ଏକ। ଅବଶିଷ୍ଟ ଯେଉଁ ନାନାତ୍ୱ ରହିଛି, ତାହା ବାସ୍ତବିକ ନୁହେଁ। ବେଦାନ୍ତ ଦର୍ଶନ ବ୍ରହ୍ମଠାରୁ ଭିନ୍ନ ଜଗତର ବାସ୍ତବିକ ସତ୍ତାକୁ ସ୍ୱୀକାର କରିନଥାଏ। ଏହି କାରଣରୁ ତାହା ଆଦର୍ଶବାଦୀ ସାଜିଥାଏ।

ଯଥାର୍ଥବାଦୀ ଦୃଷ୍ଟିକୋଣ ଅନୁସାରେ ଚେତନ ମଧ୍ୟରେ ଅଚେତନର ତଥା ଅଚେତନ ମଧ୍ୟରେ ଚେତନର ସଂଜ୍ଞା କରିବା ମିଥ୍ୟା-ଦର୍ଶନ ଅଟେ। ଚେତନ ମଧ୍ୟରେ କେବଳ ଚେତନର ତଥା ଅଚେତନ ମଧ୍ୟରେ ସଂଜ୍ଞା ସ୍ଥାପନ କରିବା ହେଉଛି ସମ୍ୟକ୍ ଦର୍ଶନ।

ଆଦର୍ଶବାଦୀ ଦୃଷ୍ଟିକୋଣ ଅନୁସାରେ ଚେତନ ବା ବ୍ରହ୍ମରୁ ଭିନ୍ନ ଅଚେତନ ସତ୍ତାକୁ ସ୍ୱୀକାର କରିବା ମିଥ୍ୟାଦର୍ଶନ ଅଟେ। କେବଳ ମାତ୍ର ବ୍ରହ୍ମକୁ ହିଁ ପାରମାର୍ଥିକ ସତ୍ୟ ମାନିବା ହେଉଛି ସମ୍ୟକ୍ ଦର୍ଶନ।

ଜୈନଦର୍ଶନର ଦ୍ୱୈତବାଦ

ବେଦାନ୍ତ ଅନୁସାରେ ଏକତ୍ୱ ପାରମାର୍ଥିକ ଓ ପ୍ରପଞ୍ଚ (ନାନାତ୍ୱ) ବ୍ୟାବହାରିକ, ସେହିପରି ଅନେକାନ୍ତ ଭାଷାରେ ଦ୍ରବ୍ୟତ୍ୱ ପାରମାର୍ଥିକ ଓ ପର୍ଯ୍ୟାୟତ୍ୱ (ବିସ୍ତାର) ହେଉଛି ବ୍ୟାବହାରିକ। ଶାଶ୍ୱତ ସତ୍ତା ହେଲା ଚେତନ ଏବଂ ମନୁଷ୍ୟ, ତିର୍ଯ୍ୟଞ୍ଚ ଆଦି ତା'ର ବିସ୍ତୃତି ମାତ୍ର। ଏଗୁଡ଼ିକ ଶାଶ୍ୱତ ନୁହନ୍ତି। ମନୁଷ୍ୟ ଶାଶ୍ୱତ ହୋଇନଥିବାରୁ ସେ ପାରମାର୍ଥିକ ନୁହେଁ। ଏକମାତ୍ର ଚେତନର ଅନନ୍ତ ରୂପ ମଧ୍ୟରେ ମନୁଷ୍ୟ ଏକ ରୂପ ମାତ୍ର। ଏହା ଉତ୍ପନ୍ନ ହୋଇ ବିଲୀନ ମଧ୍ୟ ହୋଇଯାଏ। ମନୁଷ୍ୟର ଉତ୍ପନ୍ନ ଓ ବିଲୀନ ହେବାପରେ ମଧ୍ୟ ଚେତନର ସତ୍ତା ବିଦ୍ୟମାନ ଥାଏ। ତେଣୁ ତାହା ପାରମାର୍ଥିକ ଅଟେ।

ପାରମାର୍ଥିକ ସତ୍ତା ନିରୂପଣ କରୁଥିବା ଦୃଷ୍ଟିକୁ ନିଶ୍ଚୟ ନୟ ତଥା ବ୍ୟାବହାରିକ ସତ୍ତାକୁ ଜାଣିପାରିବାର ଦୃଷ୍ଟିକୁ ବ୍ୟବହାରନୟ କୁହାଯାଏ। ନିଶ୍ଚୟ ନୟ ଅନୁସାରେ ବିଶ୍ୱର ମୂଳରେ ଦୁଇଟି ତତ୍ତ୍ୱ ରହିଛି - ଚେତନ ଓ ଅଚେତନ। ଏହା ନୟ ପର୍ଯ୍ୟାୟ ବା ବିସ୍ତାରକୁ ମୌଳିକ ତତ୍ତ୍ୱ ରୂପରେ ଗ୍ରହଣ କରିନଥାଏ। ବେଦାନ୍ତ ପ୍ରପଞ୍ଚକୁ ବ୍ୟାବହାରିକ ବା ପ୍ରାତିଭାସିକ ରୂପରେ ସ୍ୱୀକାର କରିଥାଏ। ଏହାର କାରଣ ହେଉଛି ଯେ ବେଦାନ୍ତ, ଜଗତର ମୂଳତତ୍ତ୍ୱର ବ୍ୟାଖ୍ୟା। କେବଳ ନିଶ୍ଚୟ ନୟ ଆଧାରରେ କରିଥାଏ। ଜୈନ ଦର୍ଶନ ଅନୁସାରେ ବିସ୍ତାର ମିଥ୍ୟା ବା ଅସତ୍ ନୁହେଁ। ସତ୍‌ର ତିନି ଅଂଶ ହେଉଛି - ୧. ଧ୍ରୌବ୍ୟ ୨. ଉତ୍ପାଦ ଓ ୩. ବିନାଶ।

ଧ୍ରୌବ୍ୟ ଶାଶ୍ୱତ ଅଙ୍ଗ ଅଥଚ ଉତ୍ପାଦ ଓ ବିନାଶ ହେଉଛି ଅଶାଶ୍ୱତ। ଧ୍ରୌବ୍ୟ ଏକ କିନ୍ତୁ ଉତ୍ପାଦ-ବିନାଶ ଅନେକ। ଧ୍ରୌବ୍ୟ ସଂକ୍ଷେପ କିନ୍ତୁ ଉତ୍ପାଦ-ବିନାଶ ହେଉଛି ବିସ୍ତାର। ଧ୍ରୌବ୍ୟର ବ୍ୟାଖ୍ୟା ନିଶ୍ଚୟ ନୟରେ କରାଯାଇଥାଏ ଅଥଚ ଉତ୍ପାଦ-ବିନାଶର ବ୍ୟାଖ୍ୟା ବ୍ୟବହାରନୟରେ କରାହୁଏ। ଧ୍ରୌବ୍ୟଠାରୁ ଭିନ୍ନ ଉତ୍ପାଦ-ବିନାଶ ଏବଂ ଉତ୍ପାଦ-ବିନାଶଠାରୁ ଭିନ୍ନ ଧ୍ରୌବ୍ୟ କେବେବି ଓ କେଉଁଠାରେ ବି ରହିନାହିଁ। ଯେଉଁଠାରେ ଧ୍ରୌବ୍ୟ ସେହିଠାରେ ଉତ୍ପାଦ-ବିନାଶ ତଥା ଯେଉଁଠାରେ ଉତ୍ପାଦ-ବିନାଶ ସେହିଠାରେ ଧ୍ରୌବ୍ୟର ଉପସ୍ଥିତି ଅନିବାର୍ଯ୍ୟ। ଏହି ସମସ୍ତ କାରଣରୁ ଧ୍ରୌବ୍ୟ, ଉତ୍ପାଦ ଓ ବିନାଶ - ଏହି ତିନିତତ୍ତ୍ୱ ସତ୍‌ର ଅପରିହାର୍ଯ୍ୟ ଅଂଶ ଅଟନ୍ତି। ବେଦାନ୍ତ ମଧ୍ୟ ମୂଳଠାରୁ ଭିନ୍ନ ବିସ୍ତାର ଓ ବିସ୍ତାରଠାରୁ ଭିନ୍ନ ମୂଳକୁ କଦାପି ସ୍ୱୀକାର କରିନଥାଏ। ମୂଳ ଓ ବିସ୍ତାର ଉଭୟ ସର୍ବତ୍ର ସମବ୍ୟାପ୍ତ ଥାଆନ୍ତି।

ବେଦାନ୍ତ ବିସ୍ତାରକୁ ମିଥ୍ୟା ବା ଅସତ୍ ବୋଧ କରିଥାଏ ଏବଂ ଜୈନଦର୍ଶନ ବିସ୍ତାରକୁ ଅନିତ୍ୟ ମଣିଥାଏ। ଅନିତ୍ୟ ଅନ୍ତିମ ସତ୍ୟ ନୁହେଁ, ତେଣୁ ବେଦାନ୍ତ ଅନ୍ତିମକୁ ମିଥ୍ୟା ବୋଲି କହିଥାଏ। ଅନିତ୍ୟ, ଅନ୍ତିମ ସତ୍ୟର ପରିଧିରୁ ବାହାରେ ନୁହେଁ, ଏହି ଦୃଷ୍ଟିରୁ ଜୈନଦର୍ଶନ ଅନିତ୍ୟକୁ ସତ୍‌ର ଅଂଶ ବୋଲି ମାନିଥାଏ। ଉଭୟଙ୍କ ମଧ୍ୟରେ ଯେତେ ଭାଷା-ଭେଦ ରହିଛି ତାତ୍ପର୍ଯ୍ୟ ଭେଦ ସେତେ ନାହିଁ।

ସ୍ୟାଦ୍‌ବାଦ ଆଉ କଅଣ ଭଲା ? ଭାଷାର ଆବରଣ ମଧ୍ୟରେ ଲୁକ୍‌କାୟିତ ସତ୍ୟକୁ ଅନାବୃତ କରିବାର ପ୍ରବଳ ମାଧ୍ୟମ ହିଁ ହେଉଛି ସ୍ୟାଦ୍‌ବାଦ। ସ୍ୟାଦ୍‌ବାଦ ଭାଷାରେ କୌଣସି ଦର୍ଶନ ମଧ୍ୟ ସବୁମନ୍ତେ ଦ୍ୱୈତବାଦୀ ବା ଅଦ୍ୱୈତବାଦ ହୋଇପାରିବ ନାହିଁ।

ସତ୍ତା ଦୃଷ୍ଟିରେ ବିଶ୍ୱ ଏକ। ସତ୍ତାରୁ ଭିନ୍ନ କିଛି ବି ନାହିଁ, ତେଣୁ ତାହା ଏକ। ଏହି ବ୍ୟାଖ୍ୟା ପଦ୍ଧତିକୁ ଜୈନ ଦର୍ଶନ ସଂଗ୍ରହ-ନୟ କହିଥାଏ।

ଜଗତ୍‌ର ବ୍ୟାଖ୍ୟା କେବଳ ଗୋଟିଏ ନୟ ଦ୍ୱାରା କରାଯାଇପାରିବ ନାହିଁ। ଦୃଶ୍ୟ ଜଗତ୍‌ର ବାସ୍ତବିକତାକୁ

ଭ୍ରାନ୍ତିକହି ମିଥ୍ୟା ପ୍ରମାଣିତ କରିହେବ ନାହିଁ। ଏହି ଦୃଷ୍ଟିରୁ ବିଶ୍ୱ କେବଳ ଏକ ନୁହେଁ, ତାହା ଅନେକ। ବିସ୍ତାରକୁ ବ୍ୟାଖ୍ୟା କରୁଥିବା ପଦ୍ଧତିକୁ ଜୈନଦର୍ଶନ ବ୍ୟବହାର-ନୟ କହିଥାଏ।

ସତ୍ୟର ବ୍ୟାଖ୍ୟା କରିବା ସକାଶେ ଏହି ଦୁଇ ନୟର ସାହାଯ୍ୟ ନେବା ଏକାନ୍ତ ଆବଶ୍ୟକ। ବିଶ୍ୱର ମୂଳରେ ଅଭେଦର ପ୍ରଧାନତା ରହିଛି - ଏହି ସତ୍ୟର ରହସ୍ୟୋଦ୍‌ଘାଟନ ନିଶ୍ଚୟ ଦ୍ୱାରା କରାଯାଇଥାଏ ଏବଂ ବ୍ୟବହାର ନୟ ଏହି ସତ୍ୟର ବ୍ୟାଖ୍ୟା କରିଥାଏ ଯେ ବିଶ୍ୱର ବିସ୍ତାରରେ ଭେଦର ପ୍ରଧାନତା ରହିଛି।

ଜୈନଦର୍ଶନ ଦ୍ରବ୍ୟ ଓ ପର୍ଯ୍ୟାୟ (ମୂଳ ଓ ବିସ୍ତାର)କୁ ସବୁ ଦୃଷ୍ଟିରେ ଏକ ବୋଲି ସ୍ୱୀକାର କରେନାହିଁ - ଏହି ଦୃଷ୍ଟିରୁ କେବଳ ଦ୍ୱୈତବାଦୀ ନୁହେଁ। ବରଂ ବିଶ୍ୱର ମୂଳରେ ଚେତନ ଓ ଅଚେତନର ଭିନ୍ନ ଭିନ୍ନ ଅସ୍ତିତ୍ୱ ସ୍ୱୀକାର କରିଥିବା ଦୃଷ୍ଟି ଯୋଗୁଁ ଏହା ଦ୍ୱୈତବାଦୀ। ଜୈନଦର୍ଶନ ଏହି ଅର୍ଥରେ ବହୁତ୍ୱବାଦୀ ଯେ ଏହା ଜୀବ ଓ ପରମାଣୁକୁ ବ୍ୟକ୍ତିଶଃ ଅନନ୍ତ ରୂପରେ ଗ୍ରହଣ କରିଥାଏ। ଆମେ ଯେତେବେଳେ ଅନିତ୍ୟତାରୁ ନିତ୍ୟତା ତଥା ଅଶୁଦ୍ଧତା (ବିସ୍ତାର)ରୁ ଶୁଦ୍ଧତା (ମୂଳ) ଦିଗରେ ଅଗ୍ରସର ହୋଇଥାଉଁ, ସେତେବେଳେ ଅଭେଦ-ପ୍ରଧାନ ବିଶ୍ୱର ଉପଲବ୍ଧି ହୁଏ। କିନ୍ତୁ ଯେତେବେଳେ ନିତ୍ୟତାରୁ ଅନିତ୍ୟତା ଏବଂ ଶୁଦ୍ଧତାରୁ ଅଶୁଦ୍ଧତା ଦିଗରେ ଅଗ୍ରଗତି କରିଥାଉଁ ସେତେବେଳେ ଆମକୁ ଭେଦ-ପ୍ରଧାନ ବିଶ୍ୱ ଉପଲବ୍ଧ ହୋଇଥାଏ। ଯେଉଁ ଦର୍ଶନ ଏକାନ୍ତ ଦୃଷ୍ଟିରେ ଦେଖିଥାଏ, ସେ ଜଣକୁ ସତ୍ୟ ଓ ଅନ୍ୟ ଜଣକୁ ମିଥ୍ୟା ରୂପରେ ଦେଖିଥାଏ। ବେଦାନ୍ତ ଦୃଷ୍ଟିରେ ଭେଦାତ୍ମକ ବିଶ୍ୱ ହେଉଛି ମିଥ୍ୟା ବୌଦ୍ଧଦର୍ଶନ ଅଭେଦାତ୍ମକ ବିଶ୍ୱକୁ ମିଥ୍ୟା ବୋଲି ଘୋଷଣା କରିଥାଏ। ଜୈନଦର୍ଶନ ଅନେକାନ୍ତବାଦୀ ହୋଇଥିବାରୁ ବିଶ୍ୱର ଉଭୟ ଭେଦାତ୍ମକ ଓ ଅଭେଦାତ୍ମକ ରୂପକୁ ସତ୍ୟ ମାନିଥାଏ।

ଏହି ଉଭୟାତ୍ମକ ସତ୍ୟର ସ୍ୱୀକୃତି ବେଦାନ୍ତର ପ୍ରାଚୀନ ଆଚାର୍ଯ୍ୟମାନେ ମଧ୍ୟ କରିଯାଇଛନ୍ତି। ଭର୍ତୃପ୍ରପଞ୍ଚ ଭେଦାଭେଦବାଦୀ ଥିଲେ। ତାଙ୍କ ଅଭିମତ ହେଉଛି - ବ୍ରହ୍ମ ଅନେକାତ୍ମକ। ବୃକ୍ଷ ଯେପରି ବହୁବିଧ ଶାଖାଯୁକ୍ତ ହୋଇଥାଏ, ବ୍ରହ୍ମ ମଧ୍ୟ ସେହିପରି ଅନେକ ଶକ୍ତି ଓ ପ୍ରବୃତ୍ତିଯୁକ୍ତ ଅଟେ। ତେଣୁ ଏକତ୍ୱ ଓ ନାନାତ୍ୱ ଉଭୟ ହେଉଛନ୍ତି ସତ୍ୟ ଓ ପାରମାର୍ଥିକ। 'ବୃକ୍ଷ' ହେଲା ଏକତ୍ୱ। 'ଶାଖାଗୁଡ଼ିକ' ହେଲା ଅନେକତ୍ୱ। 'ସମୁଦ୍ର' ହେଉଛି ଏକତ୍ୱ। 'ଲହରୀ' ହେଉଛି ଅନେକତ୍ୱ। 'ମୃତ୍ତିକା' ହେଲା ଏକତ୍ୱ। 'ଘଟ' ଆଦି ଅନେକତ୍ୱ। ଏକତ୍ୱ ଅଂଶର ଜ୍ଞାନ ଦ୍ୱାରା କର୍ମ-କାଣ୍ଡ-ଆଶ୍ରିତ ଲୌକିକ ଓ ବୈଦିକ ବ୍ୟବହାର ସିଦ୍ଧ ହୋଇଥାଏ।

ଶଙ୍କରାଚାର୍ଯ୍ୟ, ଭର୍ତୃପ୍ରପଞ୍ଚଙ୍କୁ ମାନ୍ୟ କରିନାହାନ୍ତି କିନ୍ତୁ ସେ ନାନାତ୍ୱକୁ ମୃଗମରୀଚିକା ସର୍ବଥା ଅସତ୍ୟ ବୋଲି ମଧ୍ୟ କହିନାହାନ୍ତି।

ଭାଷାର ଆବରଣରେ ଜୈନ ଓ ବେଦାନ୍ତର ସାଧନା-ପଥ ଭିନ୍ନ-ଭିନ୍ନ ଜଣାପଡୁଛି କିନ୍ତୁ ତାତ୍ପର୍ଯ୍ୟ ଦୃଷ୍ଟିରେ ଉଭୟଙ୍କ ମଧ୍ୟରେ ବିଶେଷ ଭିନ୍ନତା ନାହିଁ। ଆତ୍ମାର ଶ୍ରବଣ, ମନନ ଓ ସାକ୍ଷାତ୍‌କାର - ଏହା ହେଉଛି ବେଦାନ୍ତର ସାଧନା-ବିଧି। ଜୈନଦର୍ଶନର ସାଧନା-ବିଧି ହେଉଛି – ଆତ୍ମ-ଦର୍ଶନ, ଆତ୍ମ-ଜ୍ଞାନ ଓ ଆତ୍ମ-ରମଣ।

ବେଦାନ୍ତ ହେଉଛି ଜ୍ଞାନମାର୍ଗ କିନ୍ତୁ ଜୈନଦର୍ଶନ ଉଭୟ ଜ୍ଞାନମାର୍ଗୀ ଓ କର୍ମମାର୍ଗୀ। କେବଳ ଜ୍ଞାନ-ମାର୍ଗ ବା କେବଳ କର୍ମ-ମାର୍ଗ ଦୁହେଁ ଅପୂର୍ଣ୍ଣ ଅଟନ୍ତି। ପରିପୂର୍ଣ୍ଣ ପଦ୍ଧତି ହେଲା ଉଭୟଙ୍କ ସମୁଚ୍ଚୟ। ମୋକ୍ଷର ଉପଲବ୍ଧି ସକାଶେ ଆତ୍ମ-ଚିନ୍ତନ ଶୂନ୍ୟ କର୍ମର ଆବଶ୍ୟକତା ନାହିଁ। ଏହି ଅପେକ୍ଷା-ଦୃଷ୍ଟିରେ ପ୍ରୟୋଜନୀୟ କର୍ମ, ଆତ୍ମ-ଜ୍ଞାନ ମଧ୍ୟରେ ସମାହିତ ହୋଇଯାଏ। ଏହାହିଁ ବେଦାନ୍ତର ଦୃଷ୍ଟିକୋଣ ହେବା ଉଚିତ। କର୍ମ ଦ୍ୱାର କର୍ମ କ୍ଷୀଣ ହୁଏନାହିଁ ବରଂ ଅକର୍ମ ଦ୍ୱାରା କର୍ମ କ୍ଷୀଣ ହୁଏ - ଜୈନ ଦର୍ଶନର ଏହି ବ୍ୟାଖ୍ୟା, ଏହି ତଥ୍ୟକୁ ପୁଷ୍ଟ କରିଥାଏ। ସମ୍ପୂର୍ଣ୍ଣ ସଂବର ହେଲାପରେ ହିଁ ମୋକ୍ଷପ୍ରାପ୍ତ ସମ୍ଭବପର। ପୂର୍ଣ୍ଣ ସଂବର ଅର୍ଥାତ୍ କର୍ମ-ନିବୃତ୍ତ ଅବସ୍ଥା।

ଜୈନଦର୍ଶନର ପ୍ରସିଦ୍ଧ ଶ୍ଲୋକ ହେଉଛି -

ଆସ୍ରବୋ ଭବହେତୁଃ ସ୍ୟାତ୍, ସଂବରୋ ମୋକ୍ଷକାରଣମ୍ ।
ଇତୀୟମାର୍ହତୀ ଦୃଷ୍ଟିରନ୍ୟଦସ୍ୟାଃ ପ୍ରପଂଚନମ୍ ॥

- ଆସ୍ରବ (ବାହ୍ୟ-ନିଷ୍ଠା) ଭବର ହେତୁ ଏବଂ ସଂବର (ଆତ୍ମ-ନିଷ୍ଠା) ମୋକ୍ଷର ହେତୁ। ଅର୍ହତ୍‌ଙ୍କ ଦୃଷ୍ଟିରେ ଏତିକିମାତ୍ର ସାର ଦୃଷ୍ଟି, ବାକି ସବୁ ପ୍ରପଞ୍ଚ ମାତ୍ର।

ବେଦାନ୍ତର ଆଚାର୍ଯ୍ୟମାନେ ସମାନ ସ୍ୱରରେ ତାନ ଦେଲେ -

ଅବିଦ୍ୟା ବନ୍ଧ ହେତୁଃ ସ୍ୟାତ୍, ବିଦ୍ୟା ସ୍ୟାତ୍ ମୋକ୍ଷକାରଣମ୍ ।
ମମେତି ବଧ୍ୟତେ ଜନ୍ତୁଃ, ନ ମମେତି ବିମୁଚ୍ୟତେ ॥

ଅବିଦ୍ୟା (କର୍ମ-ନିଷ୍ଠା) ବନ୍ଧର ହେତୁ ଏବଂ ବିଦ୍ୟା (ଜ୍ଞାନ-ନିଷ୍ଠା) ହେଉଛି ମୋକ୍ଷର ହେତୁ। ଯାହାମଧ୍ୟରେ ମମକାର ବା ମୋରପଣ ରହିଥାଏ, ସେ ବନ୍ଧନରେ ପଡ଼ିଥାଏ ତଥା ମମକାରକୁ ତ୍ୟାଗ କରୁଥିବା ଲୋକର ମୁକ୍ତିହୁଏ।

ଏକ ଦୃଷ୍ଟିରେ ପ୍ରମାଣର ବର୍ଗୀକରଣ ଦୁଇ ଦର୍ଶନରେ ଭିନ୍ନ ଅଟେ। ଅନ୍ୟ ଦୃଷ୍ଟିରେ ସେତେ ଭିନ୍ନ ନୁହେଁ, ଯେତେ ପ୍ରଥମ ଦୃଷ୍ଟିରେ ଜଣାପଡୁଛି। ପ୍ରତ୍ୟକ୍ଷକୁ ଉଭୟ ଦୃଷ୍ଟି ମାନ୍ୟ କରିଥାନ୍ତି। ଜୈନ ପ୍ରମାଣ ବେତ୍ତାମାନେ ପରୋକ୍ଷ ପ୍ରମାଣକୁ ପାଞ୍ଚଭାଗରେ ବିଭକ୍ତ କରିଛନ୍ତି - ୧. ସ୍ମୃତି, ୨. ପ୍ରତ୍ୟଭିଜ୍ଞା, ୩. ତର୍କ, ୪. ଅନୁମାନ ଓ ୫. ଆଗମ।

ବେଦାନ୍ତର ପ୍ରମାଣ-ମୀମାଂସାରେ ଅପ୍ରତ୍ୟକ୍ଷ ପ୍ରମାଣର ବିଭାଗଗୁଡ଼ିକର ସଂଗ୍ରାହକ କୌଣସି ଶବ୍ଦ ବ୍ୟବହୃତ ହୋଇନାହିଁ। ସେହି କାରଣରୁ ସେଠାରେ ଅନୁମାନ, ଉପମାନ, ଆଗମ ଓ ଅର୍ଥାପତ୍ତିକୁ ସ୍ୱତନ୍ତ୍ର ସ୍ଥାନ ମିଳିପାରିଛି।

ଜୈନଦର୍ଶନର ପ୍ରମାଣ-ମୀମାଂସାରେ ଅନୁମାନ ଆଦି ପାଇଁ ଏକ ପରୋକ୍ଷ ଶବ୍ଦ ବ୍ୟବହୃତ ହୋଇଛି, ତେଣୁ ସେଠାରେ ତା'ର ସ୍ୱତନ୍ତ୍ର ଭାବରେ ଗଣନା କରାଯାଇନାହିଁ। ଅନୁମାନ ଓ ଆଗମ ବେଦାନ୍ତ ପଦ୍ଧତିରେ ସ୍ୱତନ୍ତ୍ର ପ୍ରମାଣ ରୂପରେ ଏବଂ ଜୈନ-ପଦ୍ଧତିରେ ପରୋକ୍ଷ ପ୍ରମାଣର ବିଭାଗ ରୂପରେ ସ୍ୱୀକୃତ ହୋଇଛନ୍ତି। ବେଦାନ୍ତର ଉପମାନ ଏବଂ ଜୈନର ସାଦୃଶ୍ୟ ପ୍ରତ୍ୟଭିଜ୍ଞା ମଧ୍ୟରେ କୌଣସି ଅର୍ଥ ଭେଦନାହିଁ। ଅର୍ଥାପତ୍ତିର ଅର୍ଥ ହେଲା - ଦୃଶ୍ୟ ଅର୍ଥର ସିଦ୍ଧି ସକାଶେ ଏକ ଅଦୃଷ୍ଟ ଅର୍ଥର କଳ୍ପନା କରିବା ଯେଉଁ ଅର୍ଥ ବିନା ଦୃଶ୍ୟ ଅର୍ଥର ସିଦ୍ଧି ହୋଇପାରୁନଥିବ। ଦୃଷ୍ଟ ଓ ଅଦୃଷ୍ଟ ଅର୍ଥର ବ୍ୟାପ୍ତି ଯଦି ନିଶ୍ଚିତ ନୁହେଁ ତେବେ ତାହା ପ୍ରମାଣ ହୋଇପାରିବ ନାହିଁ ତଥା ଯଦି ତାହାର ବ୍ୟାପ୍ତି ନିଶ୍ଚିତ ତେବେ ଜୈନ ପ୍ରମାଣବିଦ୍‌ମାନଙ୍କ ଅନୁସାରେ ଏହି ବ୍ୟାପ୍ତି ଓ ଅନୁମାନ ମଧ୍ୟରେ କୌଣସି ଅର୍ଥ-ଭେଦ ରହିବ ନାହିଁ।

ଉପସଂହାର

ଜୈନ ଓ ବେଦାନ୍ତ ଉଭୟ ଆଧାତ୍ମିକ ଦର୍ଶନ ହୋଇଥିବାରୁ ଦୁହିଁଙ୍କ ଗର୍ଭରେ ସମତାର ବୀଜ ଛପିରହିଥାଏ। ଅଂକୁରିତ ଓ ପଲ୍ଲବିତ ଅବସ୍ଥାରେ ଭାଷା ଓ ଅଭିବ୍ୟକ୍ତିର ଆବରଣ ମୌଳିକ ସମତାକୁ ଢାଙ୍କିଦେଇ ତନ୍ମଧ୍ୟରେ ଭେଦ ସୃଷ୍ଟି କରିଥାନ୍ତି। ଭାଷାର ଆବରଣକୁ ଦୂରକରି ନିରେଖିଲେ ଆମେ ସ୍ପଷ୍ଟ ଜାଣିପାରିବା ଯେ - ସଂସାରର ସମସ୍ତ ଦର୍ଶନର ମୁଖ୍ୟଗୁଡ଼ିକ ପରସ୍ପରଠାରୁ ଯେତେ ଦୂର, ସେମାନଙ୍କ ଅନ୍ତଃସ୍ଥଳ ମଧ୍ୟରେ ସେତେ ଦୂରତା ନାହିଁ। ଅନେକାନ୍ତର ହୃଦୟ କହିଥାଏ ଯେ ଆମେ କେବଳ ମୁଖକୁ ପ୍ରାଧାନ୍ୟ ନ ଦେଇ, ଅନ୍ତଃସ୍ଥଳକୁ ମଧ୍ୟ ସ୍ପର୍ଶ କରିବା ଉଚିତ।

ଜୈନ ଦର୍ଶନ : ମନନ ଓ ମୀମାଂସା

ପଞ୍ଚମ ଖଣ୍ଡ
ଆଚାର ମୀମାଂସା

॥ ୧ ॥

ସାଧନା ପଥ

ଅସ୍ତିତ୍ୱବାଦ ଓ ଉପଯୋଗିତାବାଦ

ଆମେ କିଏ ? ଆମକୁ କ'ଣ କରିବାକୁ ହେବ ? ଆମେ କେଉଁଠାରୁ ଆସିଛୁଁ ? କେଉଁଠାକୁ ଯିବାକୁ ହେବ ? ଜୈନଦର୍ଶନ ଏହି ପ୍ରଶ୍ନସବୁର ସମାଧାନ ଦେଇଥାଏ । ଏହି ସମାଧାନ ସହିତ ଜଗତର ସ୍ୱରୂପ ଏବଂ ତା'ମଧ୍ୟରେ ଆମର ସ୍ଥିତି ସଂବନ୍ଧରେ ମଧ୍ୟ ନିର୍ଣ୍ଣୟ କରିବାକୁ ପଡ଼ିଥାଏ ।

ଆମେ, ନିଜ ଜ୍ଞାନବୃଦ୍ଧି ସକାଶେ ଆତ୍ମା, ଧର୍ମ ଓ କର୍ମର ସମସ୍ୟା ପ୍ରତି ବିଚାର କରିବାକୁ ହେବ । ଆତ୍ମାର ସ୍ୱାଭାବିକ ବା ବିଶୁଦ୍ଧ ଅବସ୍ଥା ହେଉଛି ଧର୍ମ । ଧର୍ମର ଦୁଇଟି ସ୍ରୋତ – ସଂବର ଓ ନିର୍ଜରା । 'ସଂବର' ହେଉଛି ଆତ୍ମାର ଏପରି ଏକ ଅବସ୍ଥା, ଯେତେବେଳେ ବିଜାତୀୟ ତତ୍ତ୍ୱର (କର୍ମ-ପୁଦ୍‌ଗଳ) ଆତ୍ମା ସହିତ ସଂଶ୍ଳେଷ ଲୋପପାଏ । ପୂର୍ବରୁ ସଂଶ୍ଳିଷ୍ଟ ବିଜାତୀୟ ତତ୍ତ୍ୱର ଆତ୍ମାଠାରୁ ବିଶ୍ଳେଷ ବା ବିସଂବନ୍ଧ ଘଟିବା ହେଉଛି 'ନିର୍ଜରା' । ବିଜାତୀୟ ତତ୍ତ୍ୱ କିଛି ପରିମାଣରେ ପୃଥକ୍ ହେବାକୁ ଆଂଶିକ ନିର୍ଜରା ଅର୍ଥାତ୍ ଅପୂର୍ଣ୍ଣ ନିର୍ଜରା ତଥା ବିଜାତୀୟ ତତ୍ତ୍ୱର ସର୍ବଥା ପୃଥକୀକରଣ ହେଉଛି 'ମୋକ୍ଷ' ।

ଆତ୍ମାର ଆପଣା ରୂପ ହିଁ ମୋକ୍ଷ । ବିଜାତୀୟ ଦ୍ରବ୍ୟର ପ୍ରଭାବରେ ତା'ର ଯେଉଁ ଦଶା ସୃଷ୍ଟିହୁଏ, ତାହା 'ବୈଭାବିକ ଦଶା' ବୋଲାଇଥାଏ । ଏହାର ଚାରୋଟି ପୋଷକ ତତ୍ତ୍ୱ ହେଲା – ଆସ୍ରବ, ବନ୍ଧ, ପୁଣ୍ୟ ଓ ପାପ । ଆତ୍ମା ସହିତ ବିଜାତୀୟ ତତ୍ତ୍ୱର ଏକ ରୂପ ନିର୍ମିତ ହୋଇଥାଏ । ଏହାକୁ 'ବନ୍ଧ' କୁହାଯାଇପାରିବ । ଶୁଭ ଓ ଅଶୁଭ ହେଉଛି ବନ୍ଧର ଦୁଇ ରୂପ । ଶୁଭ ପୁଦ୍‌ଗଳ-ସ୍କନ୍ଧ (ପୁଣ୍ୟ), ଯେତେବେଳେ ଆତ୍ମାକୁ ପ୍ରଭାବିତ କରିଥାଏ, ସେତେବେଳେ ଆତ୍ମା, ପୌଦ୍‌ଗଳିକ ସୁଖର ଅନୁଭୂତି କରିଥାଏ । ଅଶୁଭ ପୁଦ୍‌ଗଳ-ସ୍କନ୍ଧ (ପାପ)ର ପ୍ରଭାବ, ଏହାର ଠିକ୍ ବିପରୀତ ପଡ଼ିଥାଏ । ଏହାଦ୍ୱାରା ଅପ୍ରିୟ, ଅମନୋଜ୍ଞ ଭାବ ଜାତହୁଏ, ଦୁଃଖର ଅନୁଭୂତି ତୀବ୍ରହୁଏ । ଆତ୍ମାଠାରେ ବିଜାତୀୟ ତତ୍ତ୍ୱର ସ୍ୱୀକରଣର ଯେଉଁ ହେତୁ ରହିଛି, ତା'ର ସଂଜ୍ଞା ହେଉଛି 'ଆସ୍ରବ' ।

ବିଭାବରୁ ସ୍ୱଭାବ ମଧ୍ୟରେ ପ୍ରବେଶ କରିବାକୁ ହେଲେ ଏହି ତତ୍ତ୍ୱ ସହାୟକ ହୋଇଥାନ୍ତି । ଏମାନଙ୍କ ଉପଯୋଗିତା ପ୍ରତି ବିଚାର କରିବା 'ଉପଯୋଗିତାବାଦ' ଅଟେ ।

୧. ଗତି ରହିଛି, ଗତିର ହେତୁ ବା ଉପକାରକ ଦ୍ରବ୍ୟ ହେଉଛି 'ଧର୍ମ' ।

୨. ସ୍ଥିତି ରହିଛି, ସ୍ଥିତିର ହେତୁ ବା ଉପକାରକ ଦ୍ରବ୍ୟ ହେଉଛି 'ଅଧର୍ମ' ।

୩. ଆଧାର ରହିଛି, ଆଧାରର ହେତୁ ବା ଉପକାରକ ଦ୍ରବ୍ୟ ହେଉଛି 'ଆକାଶ' ।

୪. ପରିବର୍ତ୍ତନ ଘଟିଥାଏ, ପରିବର୍ତ୍ତନର ହେତୁ ଉପକାରକ ତତ୍ତ୍ୱ ହେଉଛି 'କାଳ' ।

୫. ଯାହା ମୂର୍ତ୍ତ ବା ଦେଖାଦିଏ, ସେ ସମସ୍ତ 'ପୁଦ୍‌ଗଳ' ଦ୍ରବ୍ୟ ଅଟନ୍ତି।

୬. ଯାହା ମଧ୍ୟରେ ଚୈତନ୍ୟ ରହିଥାଏ, ସେମାନେ 'ଜୀବ' ଅଟନ୍ତି।

ଏମାନଙ୍କ କ୍ରିୟା ବା ଉପକାରର ସମଷ୍ଟି ହେଉଛି ଜଗତ। ଏହାକୁ ମଧ୍ୟ ଉପଯୋଗିତାବାଦ କୁହାଯାଇଛି। ପଦାର୍ଥଗୁଡ଼ିକର ଅସ୍ତିତ୍ୱକୁ ନେଇ ଚିନ୍ତନ-ମନ୍ଥନ କରିବା ହେଉଛି ଅସ୍ତିତ୍ୱବାଦ ଅଥବା ବାସ୍ତବିକତାବାଦ । ଅସ୍ତିତ୍ୱ ଦୃଷ୍ଟିରୁ ପଦାର୍ଥ ଦୁଇଭାଗରେ ବିଭକ୍ତ - ଚେତନ ଓ ଅଚେତନ।

ଉପଯୋଗିତାର ଦୁଇଟି ରୂପ - ଆଧ୍ୟାତ୍ମିକ ଓ ଜାଗତିକ। ଏହି ୯ଟି ତତ୍ତ୍ୱର ବ୍ୟବସ୍ଥା ଆତ୍ମକଲ୍ୟାଣ ଉଦ୍ଦେଶ୍ୟରେ କରାଯାଇଥିବାରୁ ଏହା ଆଧ୍ୟାତ୍ମିକ ଅଟେ। ଏହା ଆତ୍ମ-ମୁକ୍ତିର ସାଧକ ଓ ବାଧକ ତତ୍ତ୍ୱସମୂହର ସମାହାର ମାତ୍ର। କର୍ମ-ବଦ୍ଧ ଆତ୍ମାକୁ ଜୀବ ଏବଂ କର୍ମ-ମୁକ୍ତ ଆତ୍ମାକୁ ମୋକ୍ଷ କୁହାଯାଏ। ମୋକ୍ଷ ହେଉଛି ସାଧ୍ୟ। ଜୀବର ମୋକ୍ଷ ପର୍ଯ୍ୟନ୍ତ ଯାତ୍ରାପଥରେ ପୁଣ୍ୟ, ପାପ, ବନ୍ଧ ଓ ଆସ୍ରବ - ଏହି ଚାରି ତତ୍ତ୍ୱ ଅବରୋଧ ଉତ୍ପନ୍ନ କରିଥାନ୍ତି। ସଂବର ଓ ନିର୍ଜରା ହେଉଛି ମୋକ୍ଷ ସକାଶେ ସାଧକ ତତ୍ତ୍ୱ। ଅଜୀବ ହେଉଛି ଜୀବର ପ୍ରତିପକ୍ଷୀ ତତ୍ତ୍ୱ।

ଷଡ଼୍‌ଦ୍ରବ୍ୟର ବ୍ୟବସ୍ଥା ବିଶ୍ୱର ସହଜ ସଂଚଳନ କିମ୍ବା ସ୍ୱାଭାବିକ ନିୟମ ଦୃଷ୍ଟିରୁ ହୋଇଛି। ଗୋଟିଏ ଦ୍ରବ୍ୟ, ଅନ୍ୟ ଦ୍ରବ୍ୟ ପାଇଁ କିପରି ଉପାଦେୟ, ଏହାର ଜ୍ଞାନ, ଷଡ୍‌ଦ୍ରବ୍ୟର ବିଶ୍ଳେଷଣରୁ କରାଯାଇପାରିବ।

ବାସ୍ତବିକତାବାଦରେ ପଦାର୍ଥର ଉପଯୋଗ ସଂବନ୍ଧରେ ଜମା ବିଚାର କରାଯାଇନାହିଁ, କେବଳ ପଦାର୍ଥର ଅସ୍ତିତ୍ୱକୁ ନେଇ ଆଲୋଚନା ହୋଇଥାଏ। ଏହି କାରଣରୁ ତାହା 'ପଦାର୍ଥବାଦ' ଅଥବା 'ଆଧିଭୌତିକବାଦ' ବୋଲାଇଥାଏ।

ଦର୍ଶନର ବିକାଶ ଅସ୍ତିତ୍ୱ ଓ ଉପଯୋଗ - ଉଭୟର ଆଧାରରେ ହୋଇଛି। ଅସ୍ତିତ୍ୱ ଓ ଉପଯୋଗ, ଦୁହେଁ ପ୍ରମାଣ ଦ୍ୱାରା ସାଧିତ ହୋଇଥାନ୍ତି। ତେଣୁ ପ୍ରମାଣ, ନ୍ୟାୟ ଅଥବା ତର୍କର ବିକାଶର ଆଧାର ମଧ୍ୟ ଅସ୍ତିତ୍ୱ ଓ ଉପଯୋଗ ସାଜିଥାନ୍ତି।

ପଦାର୍ଥର ଦୁଇ ପ୍ରକାର ହେଉଛି – ତର୍କ୍ୟ (ହେତୁ-ଗମ୍ୟ) ଏବଂ ଅତର୍କ୍ୟ (ହେତୁ-ଅଗମ୍ୟ) । ନ୍ୟାୟଶାସ୍ତ୍ରର ମୁଖ୍ୟ ବିଷୟ ହେଉଛି ପ୍ରମାଣ-ମୀମାଂସା। ତର୍କଶାସ୍ତ୍ର, ଏହାଠାରୁ ଭିନ୍ନ ନୁହେଁ। ତାହା ଜ୍ଞାନ-ବିବେଚନର ଏକ ଅଂଶ ମାତ୍ର। ପ୍ରମାଣକୁ ଦୁଇଭାଗରେ ବିଭକ୍ତ କରାଯାଇପାରିବ - ପ୍ରତ୍ୟକ୍ଷ ଓ ପରୋକ୍ଷ। ତର୍କଗମ୍ୟ ପଦାର୍ଥକୁ ଜାଣିବା ପାଇଁ ଯେଉଁ ଅନୁମାନ ରହିଛି, ତାହା ପରୋକ୍ଷର ପାଞ୍ଚଟି ରୂପ ମଧ୍ୟରୁ ଅନ୍ୟତମ।

ପୂର୍ବ ଧାରଣାର ଯଥାର୍ଥ ସ୍ଥିତି ହେଉଛି – ଏହାକୁ ତର୍କ ଦ୍ୱାରା ଆୟତ୍ତ କରିବାର ଆବଶ୍ୟକତା ନାହିଁ। ଏହା ସ୍ୱୟଂ ସତ୍ୟ ବା ପ୍ରମାଣ ଅଟେ। ଯଥାର୍ଥ ଜ୍ଞାନ (ପ୍ରତ୍ୟଭିଜ୍ଞା) ସକାଶେ ବି ଏହି ନିୟମ ଲାଗୁ ହୋଇଥାଏ। ମୁଁ ଯେତେବେଳେ ନିଜ ପୂର୍ବ ପରିଚିତ ବ୍ୟକ୍ତିକୁ ଭେଟିଥାଏ, ସେତେବେଳେ ତାହାକୁ ଜାଣିବା ପାଇଁ ତର୍କର ଟିକିଏ ବି ଆବଶ୍ୟକତା ପଡ଼େନାହିଁ।

ମୁଁ, ଯାହାଙ୍କ ଯଥାର୍ଥ ଜ୍ଞାନ ଏବଂ ଯଥାର୍ଥ ବାଣୀର ଅନୁଭବ କରିସାରିଛି, ତାଙ୍କର ବାଣୀକୁ ପ୍ରମାଣ ରୂପରେ ମାନ୍ୟ କରିବା ସମୟରେ ମୋତେ ହେତୁ ଖୋଜିବାକୁ ପଡ଼େନାହିଁ। ଯଥାର୍ଥର ଜ୍ଞାନଧାରଣ କରିଥିବା ବ୍ୟକ୍ତି ମଧ୍ୟ କେବେ, କେଉଁଠି ଭୁଲ୍ କରିପାରେ ତଥା ପଦାର୍ଥ କହୁଥିବା ଲୋକ ମଧ୍ୟ କେବେ କେମିତି ଅସତ୍ୟ କହିପାରେ, ଏହି ଆଶଙ୍କାରେ ଯଦି ମୁଁ ତାଙ୍କର ପ୍ରତ୍ୟେକ ବାଣୀକୁ ତର୍କଦ୍ୱାରା ସିଦ୍ଧ ନ କରିବା ଯାଏ, ପ୍ରମାଣ ରୂପରେ ସ୍ୱୀକାର ନ କରିଛି, ତେବେ ଏହା ମୋର ଦୋଷ ହୋଇଥାଏ। ମୋର ଘନିଷ୍ଠ, ବିଶ୍ୱାସ ପାତ୍ର ଲୋକ ଯଦି ମୋତେ ଠକିବାକୁ ଚାହୁଁଛି, ସେଠାରେ ତାହା ମୋ ସକାଶେ ପ୍ରମାଣାଭାସ ହୋଇଯିବ। କିନ୍ତୁ ତର୍କର ଆଶ୍ରୟ ନ ନେବା ପର୍ଯ୍ୟନ୍ତ ତାହା ମୋ ପାଇଁ ପ୍ରମାଣ କଦାପି ହୋଇପାରିବ ନାହିଁ - ଏହାକୁ କିପରି ସ୍ୱୀକାର କରାଯିବ ? ଏହା ନ ହେଲେ ଜଗତ୍‌ର ବ୍ୟବହାର ଚଳିବା ଅସମ୍ଭବ ହୋଇପଡ଼ିବ। ବ୍ୟବହାରରେ ବ୍ୟାବହାରିକ ଆପ୍ତର ସ୍ଥିତି ରହିଥାଏ, ଅଥଚ ପରମାର୍ଥରେ ପାରମାର୍ଥିକ ଆପ୍ତ - ବା ବୀତରାଗଙ୍କ ସ୍ଥିତି ରହିଥାଏ। କିନ୍ତୁ ତର୍କ ଆଗରେ ପ୍ରାମାଣ୍ୟ ଅବଶ୍ୟ ରହିଥାଏ।

ଆଖି ଦ୍ୱାରା ମୁଁ ଯାହା ଦେଖିଥାଏ, କାନ ଦ୍ୱାରା ଯାହା ଶୁଣିଥାଏ, ଏଥିସକାଶେ ମୋର ତର୍କର ଲୋଡ଼ା ନାହିଁ।

ତେବେ ସତ୍ୟ, ଆଖି ଓ କାନଠାରୁ ଦୂରରେ ମଧ୍ୟ ରହିପାରିବ - ଏଥିରେ କେହି ଆପତ୍ତି କରିପାରିବେ ନାହିଁ। ତର୍କ, ସେ ଯାଏ ପହଞ୍ଚିପାରେ ନାହିଁ।

ତର୍କର କ୍ଷେତ୍ର କେବଳ କାର୍ଯ୍ୟ-କାରଣର ନିୟମବଦ୍ଧତା ଅର୍ଥାତ୍ ଦୁଇଟି ବସ୍ତୁର ନିଶ୍ଚିତ ସାହଚର୍ଯ୍ୟ ମଧ୍ୟରେ ସୀମିତ ଥାଏ। ଏକ ପରେ ଦ୍ୱିତୀୟର ଆସିବାର ନିୟମ ତଥା ବ୍ୟାପ୍ତ ମଧ୍ୟରେ ବ୍ୟାପକ ରହିଥିବାର ନିୟମ ଅଟେ। ଗୋଟିଏ ଶବ୍ଦରେ କହିଲେ ତାହା ହେଉଛି ବ୍ୟାପ୍ତି। ତାହା ସାର୍ବଦିକ ଓ ସାର୍ବତ୍ରିକ ହୋଇଥାଏ। ଏହା ଅନେକ କାଳ ଓ ଅନେକ ଦେଶର ଅନେକ ବ୍ୟକ୍ତିମାନଙ୍କ ସମାନ ଅନୁଭୂତିରୁ ସୃଷ୍ଟ ନିୟମ ମାତ୍ର। ଏହି କାରଣରୁ ତାହାକୁ ପ୍ରତ୍ୟକ୍ଷ, ଅନୁମାନ, ଆଗମ ଆଦି ପ୍ରମାଣ-ପରମ୍ପରାଠାରୁ ଉଚ୍ଚ ବା ଏକାଧିକାର ସ୍ଥାନ ପ୍ରାପ୍ତ ହୋଇନଥାଏ ତାହା ଅତର୍କ୍ୟ ବା ଆଗମ-ଗମ୍ୟ ସାଜିଥାଏ।

ଧର୍ମ

ଶ୍ରେୟସ୍‌ର ସାଧନା ହିଁ ଧର୍ମ। ସାଧନା ଚରମ ରୂପରେ ଉପନୀତ ହେଲେ ସିଦ୍ଧିରେ ପରିଣତ ହୁଏ। ଶ୍ରେୟସ୍‌ର ଅର୍ଥ ହେଉଛି – ଆତ୍ମାର ପୂର୍ଣ୍ଣ-ବିକାଶ ବା ଚୈତନ୍ୟର ନିର୍ଦ୍ୱନ୍ଦ୍ୱ ପ୍ରକାଶ। ଚୈତନ୍ୟ ସମସ୍ତ ଉପାଧିରୁ ମୁକ୍ତହୋଇ, ଚୈତନ୍ୟସ୍ୱରୂପ ଲଭିବା ହେଉଛି ଶ୍ରେୟସ୍। ଶ୍ରେୟସ୍‌ର ସାଧନା ମଧ୍ୟ ଚୈତନ୍ୟର ଆରାଧନାମୟ ହୋଇଥିବାରୁ ତାହା ମଧ୍ୟ ଶ୍ରେୟସ୍ ଅଟେ। ତା'ର ଦୁଇ, ତିନି, ଚାରି ଓ ଦଶ - ଏହିଭଳି ଅନେକ ଅପେକ୍ଷାରୁ ଅନେକ ରୂପ ରହିଛି। କିନ୍ତୁ ଏସବୁ ବିସ୍ତାର ମାତ୍ର। ସଂକ୍ଷେପରେ ଆତ୍ମରମଣକୁ ଧର୍ମ କୁହାଯାଇପାରିବ।

ଜ୍ଞାନମୟ ଓ ଚାରିତ୍ରମୟ ଆତ୍ମା ହିଁ ଧର୍ମ। ଏହିପରି ଧର୍ମ ଦୁଇଭାଗରେ ବିଭକ୍ତ ହୋଇଯାଉଛି – ଜ୍ଞାନ ଓ ଚାରିତ୍ର।

ଜ୍ଞାନର ଦୁଇଟି ପକ୍ଷ ହେଉଛି – ଦର୍ଶନ ଓ ଜାଣିବା। ସତ୍ୟର ଦର୍ଶନ ହେଲାପରେ ସତ୍ୟର ଜ୍ଞାନ ଏବଂ ସତ୍ୟର ଜ୍ଞାନ ହେଲାପରେ ସତ୍ୟର ସ୍ୱୀକରଣ ହୋଇଥାଏ। ଏହି ଦୃଷ୍ଟିରୁ ଧର୍ମର ତିନୋଟି ରୂପ ବିକଶିତ ହେଲା – ୧. ଦର୍ଶନ ୨. ଜ୍ଞାନ ୩. ଚାରିତ୍ର।

ଚାରିତ୍ର ଦୁଇ ପ୍ରକାର – ୧. ସଂବର (କ୍ରିୟାନିରୋଧ ବା ଅକ୍ରିୟା), ୨. ନିର୍ଜରା - ଅକ୍ରିୟା ଦ୍ୱାରା କ୍ରିୟାର ବିଶୋଧନ। ଏହିଭଳି ଧର୍ମର ଚାରିପ୍ରକାର ବିକଶିତ ହେଉଛି – ଜ୍ଞାନ, ଦର୍ଶନ, ଚାରିତ୍ର ଓ ତପ।

ଚାରିତ୍ର ଧର୍ମର ଦଶ ପ୍ରକାର ହେଉଛି – ୧. କ୍ଷମା, ୨. ମୁକ୍ତି, ୩. ଆର୍ଜବ, ୪. ମାର୍ଦବ, ୫. ଲାଘବ, ୬. ସତ୍ୟ, ୭. ସଂଯମ, ୮. ତପ, ୯. ତ୍ୟାଗ ଏବଂ ୧୦. ବ୍ରହ୍ମଚର୍ଯ୍ୟ।

ଏମାନଙ୍କ ମଧ୍ୟରେ ସର୍ବାଧିକ ପ୍ରୟୋଜନୀୟତା ରତ୍ନତ୍ରୟୀ ଅର୍ଥାତ୍ ଜ୍ଞାନ-ଦର୍ଶନ-ଚାରିତ୍ରର ରହିଛି। ଏହି ତ୍ରୟାତ୍ମକ ଶ୍ରେୟୋମାର୍ଗ (ମୋକ୍ଷ-ମାର୍ଗ)ର ଆରାଧନା କରୁଥିବା ଲୋକ ହିଁ ମୋକ୍ଷ-ଗାମୀ ହୋଇପାରିବ।

ଜ୍ଞାନ, ଦର୍ଶନ ଓ ଚାରିତ୍ରର ତ୍ରିବେଣୀ ସଂଗମ ପ୍ରାଣୀ ମାତ୍ରରେ ରହିଥାଏ। ତେବେ ଏହାଦ୍ୱାରା ସାଧ୍ୟ, ସିଦ୍ଧ ହୁଏନାହିଁ। ଏ ତିନିହେଁ ଯଥାର୍ଥ ଓ ଅଯଥାର୍ଥ ହୋଇପାରନ୍ତି। ଶ୍ରେୟସ୍‌ର ସାଧନା ଯଥାର୍ଥ ଜ୍ଞାନ, ଦର୍ଶନ ଓ ଚାରିତ୍ର ଦ୍ୱାରା କରାଯାଇପାରିବ।

ସାଧନା ଦୃଷ୍ଟିରୁ ସମ୍ୟକ୍ ଦର୍ଶନର ସ୍ଥାନ ପ୍ରଥମ, ସମ୍ୟକ୍ ଜ୍ଞାନର ସ୍ଥାନ ଦ୍ୱିତୀୟ ତଥା ସମ୍ୟକ୍-ଚାରିତ୍ରକୁ ତୃତୀୟ ସ୍ଥାନ ଦିଆଯାଇଥାଏ। ଦର୍ଶନ ବିନା ଜ୍ଞାନ, ଜ୍ଞାନ ବିନା ଚାରିତ୍ର, ଚାରିତ୍ର ବିନା କର୍ମ-ମୋକ୍ଷ ଏବଂ କର୍ମ-ମୋକ୍ଷ ବିନା ନିର୍ବାଣ ହୁଏନାହିଁ।[୧] ଏହି ତିନି ତତ୍ତ୍ୱର ସଂପୂର୍ତ୍ତି ହେଲେ ସାଧ, ସାଧିତ ହୁଏ। ଆତ୍ମା କର୍ମ-ମୁକ୍ତ ହୋଇ ପରମ-ଆତ୍ମାରେ ପରିଣତ ହୁଏ।

---

[୧] ଉତ୍ତରଜ୍ଝୟଣାଣି, ୨୮/୩୦ :
ନାଦଂସଣିସସ୍ ନାଣଂ, ନାଣେଣ ବିନା ନ ହୁନ୍ତି ଚରଣଗୁଣା।
ଅଗୁଣିସ୍ସ ନତ୍ଥି ମୋକ୍‌ଖୋ,ନତ୍ଥି ଅମୋକ୍‌ଖସ୍ସ ନିବ୍ବାଣଂ ॥

ମହାତ୍ମା ବୁଦ୍ଧ ତପସ୍ୟାର ଉପେକ୍ଷା କରିଥିଲେ। ଧ୍ୟାନକୁ ହିଁ ନିର୍ବାଣର ମୁଖ୍ୟ ସାଧନ ନିରୂପିତ କରିଥିଲେ। ଭଗବାନ ମହାବୀର ଉଭୟ ଧ୍ୟାନ ଓ ତପସ୍ୟାକୁ ଉଚିତ ମହତ୍ତ୍ୱ ଦେଇଥିଲେ। ଧ୍ୟାନ ନିଶ୍ଚିତ ଭାବରେ ତପସ୍ୟା ଅଟେ, କିନ୍ତୁ ମହାବୀର ଆହାର-ତ୍ୟାଗକୁ ଗୌଣ ଭାବିନଥିଲେ। ଜୈନ ସାଧକମାନେ ଏହି ପଦ୍ଧତିକୁ ପର୍ଯ୍ୟାପ୍ତ ସ୍ୱୀକୃତି ସହ ଆଚରଣରେ ସ୍ଥାନ ପ୍ରଦାନ କରିଛନ୍ତି।

ଆତ୍ମ-ଶୁଦ୍ଧି ସକାଶେ ତପସ୍ୟାର ବିଧାନ। ତପସ୍ୟା, ଇନ୍ଦ୍ରିୟ ଓ ମାନସ ବିଜୟର ସାଧକ ରହିଥିବା ଯାଏ, ଏହା କରାଯିବା ଉଚିତ - ଏହାହିଁ ତପସ୍ୟାର ମର୍ଯ୍ୟାଦା। ଆପଣା ଓ ଶକ୍ତି ଓ ବିରକ୍ତିର ସାମର୍ଥ୍ୟ ଅନୁସାରେ ତପସ୍ୟାର ଦୈର୍ଘ୍ୟ ନିର୍ଭର କରିଥାଏ। ମନ ଖିନ୍ନ ନ ହେବା ପର୍ଯ୍ୟନ୍ତ ତଥା ଆର୍ତ୍ତଧ୍ୟାନ ଯେତେବେଳ ଯାଏ ପ୍ରବେଶ ନ କରିଛି, ତପସ୍ୟା କରାଯିବାରେ ଆପତ୍ତି ନାହିଁ – ଏହା ହେଉଛି ତପର ମର୍ଯ୍ୟାଦା। ବିରକ୍ତି କାଳରେ ଉପବାସରୁ ଅନଶନ ପର୍ଯ୍ୟନ୍ତ ତପସ୍ୟା ଆଦେୟ ସାଜିଥାଏ। ବିରକ୍ତି ବିନା ତାହା ଆତ୍ମ-ବଂଚନା ବା ଆତ୍ମହତ୍ୟାର ସାଧନ ପାଲଟିଯାଏ।

ଧର୍ମର ଶାଶ୍ୱତଧାରା

ବିଶ୍ୱରେ କିଛି ତତ୍ତ୍ୱ ଶାଶ୍ୱତ ଓ ଆଉ କେତେକ ଅଶାଶ୍ୱତ ଅଟନ୍ତି। ଧର୍ମ ହେଉଛି ଶାଶ୍ୱତ-ସଂଗୀତର ମଧୁର ଲୟ। ମହାବୀର ଶାଶ୍ୱତ ସତ୍ୟର ବ୍ୟାଖ୍ୟା ଶାଶ୍ୱତ ଧର୍ମ ମାଧ୍ୟମରେ ଏବଂ ସାମୟିକ ସତ୍ୟର ବ୍ୟାଖ୍ୟା ସାମୟିକ ଧର୍ମ ମାଧ୍ୟମରେ କରିଯାଇଛନ୍ତି। ମହାବୀରଙ୍କ ଭାଷାରେ ଗ୍ରାମଧର୍ମ, ନଗରଧର୍ମ ଓ ରାଷ୍ଟ୍ରଧର୍ମ - ଏମାନେ ସାମୟିକ ଧର୍ମ ଶ୍ରେଣୀ ଅନ୍ତର୍ଗତ। ଏଗୁଡ଼ିକ ଗ୍ରାମ, ନଗର ଓ ରାଷ୍ଟ୍ରର ପରିବର୍ତ୍ତନଶୀଳ ବ୍ୟବସ୍ଥାର ବ୍ୟାଖ୍ୟା କରିଥାନ୍ତି। ସାମାଜିକ, ଆର୍ଥିକ ଓ ରାଜନୀତିକ ବ୍ୟବସ୍ଥା ସ୍ଥାୟୀ ନୁହେଁ। ଦେଶ-କାଳ ଅନୁସାରେ ଏଗୁଡ଼ିକ ବଦଳିଥାନ୍ତି। ଏହି କାରଣରୁ କୌଣସି ଶାଶ୍ୱତ ନିୟମ ଦ୍ୱାରା ଏମାନଙ୍କୁ ଅନୁଶାସିତ କରି ରଖିବା ସମ୍ଭବ ନୁହେଁ। ଜୈନଧର୍ମରେ ସାମାଜିକ ବ୍ୟବସ୍ଥାକୁ ଅନୁଶାସିତ କରିବା ସକାଶେ କୌଣସି ପ୍ରତ୍ୟକ୍ଷ ବିଧାନ ନାହିଁ। ଏହା କେତେ ଲୋକଙ୍କୁ ଜୈନଧର୍ମର ଅସମ୍ପୂର୍ଣ୍ଣତାର ବୋଧ କରାଇଥାଏ। ମୁଁ, କିନ୍ତୁ (ଆଚାର୍ଯ୍ୟ ମହାପ୍ରଜ୍ଞ) ଜୈନଧର୍ମକୁ ଯଥାର୍ଥର ନିକଟତର ମଣିଥାଏ। ସମାଜ, ଅର୍ଥ ଓ ରାଜନୀତିର ବ୍ୟବସ୍ଥାର ପ୍ରତିପାଦନ ସମାଜଶାସ୍ତ୍ରୀ, ଅର୍ଥଶାସ୍ତ୍ରୀ ଏବଂ ରାଜନୀତି ବିଶାରଦଙ୍କ କାର୍ଯ୍ୟ। ସେମାନଙ୍କ କାର୍ଯ୍ୟରେ ଧର୍ମର ହସ୍ତକ୍ଷେପ କାହିଁକି ଜଣେ ପସନ୍ଦ କରିବ ? ଧର୍ମର ଆପଣା ମର୍ଯ୍ୟାଦା ରହିଛି। ସେମାନଙ୍କ ନିଜସ୍ୱ ମର୍ଯ୍ୟାଦା ରହିଥାଏ। ସମସ୍ତେ ନିଜ-ନିଜ ମର୍ଯ୍ୟାଦା ମଧ୍ୟରେ ରହି ଆପଣା କର୍ତ୍ତବ୍ୟ କରିବା ଦ୍ୱାରା ବ୍ୟବସ୍ଥା ସୁଚାରୁ ହୁଏ। ମହାବୀରଙ୍କୁ ପ୍ରଶ୍ନ କରାଗଲା - 'ଭନ୍ତେ ! ଶାଶ୍ୱତ ଧର୍ମ କାହାକୁ କହନ୍ତି ?' ଭଗବାନ କହିଲେ – 'କୌଣସି ପ୍ରାଣୀକୁ ମାର ନାହିଁ, ଉତ୍ପୀଡ଼ିତ-କରନାହିଁ, ପରିତପ୍ତ କରନାହିଁ, ସେମାନଙ୍କ ସ୍ୱତନ୍ତ୍ରତାର ଅପହରଣ କରନାହିଁ - ଏହାହିଁ ଶାଶ୍ୱତ ଧର୍ମ।' ଫଳିତାର୍ଥରେ ପ୍ରକାଶ କରିଲେ ଶାଶ୍ୱତ ଧର୍ମ ହେଉଛି – ଅହିଂସା।

ସର୍ବୋଦୟ ଓ ଆତ୍ମୋଦୟ

ଅହିଂସାର ଦୁଇଟି ପକ୍ଷ ହେଉଛି ସର୍ବୋଦୟ ଓ ଆତ୍ମୋଦୟ। ଅହିଂସାର ବ୍ୟାବହାରିକ ପକ୍ଷ-ସର୍ବୋଦୟ ଏବଂ ନୈଶ୍ଚୟିକ ପକ୍ଷ ହେଉଛି ଆତ୍ମୋଦୟ। ଅହିଂସା ମର୍ଯ୍ୟାଦାରେ କୌଣସି ଜୀବ ମଧ୍ୟ ହିଂସାଯୋଗ୍ୟ ନୁହନ୍ତି। ସବୁ ଜୀବ ଅହିଂସ୍ୟ। ତେଣୁ ଅହିଂସା ହେଉଛି ସର୍ବୋଦୟ।

ଆଚାର୍ଯ୍ୟ ସମନ୍ତଭଦ୍ରଙ୍କ ମହାବୀରଙ୍କ ଶାସନକୁ ସର୍ବୋଦୟ ତୀର୍ଥ କହିବା ଅନ୍ତରାଳର ଏହି ଆଶୟ ରହିଛି –

ସର୍ବାନ୍ତବଦ୍ ତଦ୍‌ଗୁଣ-ମୁଖ୍ୟକଳ୍ପଂ, ସର୍ବାନ୍ତ ଶୂନ୍ୟର୍ଥଂ ମିଥୋଽନପେକ୍ଷମ୍ ।
ସର୍ବାପଦାମନ୍ତକରଂ ନିରନ୍ତଂ, ସର୍ବୋଦୟଂ ତୀର୍ଥମିଦଂ ତବୈବଂ।[୧]

ଅହିଂସାର ଆନ୍ତରିକ ପରିଣତି ଆତ୍ମାରେ ଘଟିଥାଏ, ତେଣୁ ତାହା ଆତ୍ମୋଦୟ। ଜୈନଧର୍ମର କେନ୍ଦ୍ରରେ ଆତ୍ମା ରହିଛି ଏବଂ ଆତ୍ମାର ସ୍ୱାଭାବିକ ପରିଣତି ହେଉଛି - ଅହିଂସା।

---

(୧) ଯୁକ୍ତ୍ୟନୁଶାସନ, ୬୧।

ଶୀଳ ଓ ଶ୍ରୁତର ସମନ୍ୱୟ

ଏକଦା ଭଗବାନ ମହାବୀର ରାଜଗୃହରେ ଅବସ୍ଥାନ କରୁଥାନ୍ତି। ଗୌତମ ସ୍ୱାମୀ ଆସି ଭଗବାନଙ୍କୁ ବନ୍ଦନା କରି କହିଲେ – 'ଭଗବନ୍! ଅନେକ ଦାର୍ଶନିକ କହିଥାନ୍ତି –

୧. ଶୀଳ ହିଁ ଶ୍ରେୟ।

୨. କିଛି କହନ୍ତି - ଶ୍ରୁତ ହିଁ ଶ୍ରେୟ।

୩. କିଛି କହନ୍ତି - ଶୀଳ ବି ଶ୍ରେୟ, ଶ୍ରୁତ ମଧ୍ୟ ଶ୍ରେୟ।

୪. ଅନ୍ୟ କିଛି କହିଥାନ୍ତି - ଶୀଳ ଶ୍ରେୟ ନୁହେଁ କି ଶ୍ରୁତ ମଧ୍ୟ ଶ୍ରେୟ ନୁହେଁ।

ଏମାନଙ୍କ ମଧ୍ୟରେ କେଉଁ ଅଭିମତ ଯଥାର୍ଥ ?'

ଭଗବାନ କହିଲେ - 'ଗୌତମ! ଏହି ଦାର୍ଶନିକମାନେ ଯାହା କହୁଛନ୍ତି, ତାହା ହେଉଛି ଏକାନ୍ତବାଦ। ତେଣୁ ଅପୂର୍ଣ୍ଣ। ମୋର ମତରେ ଚାରିପ୍ରକାର ପୁରୁଷ ସଂସାରରେ ରହିଛନ୍ତି –

୧. ଶୀଳସଂପନ୍ନ କିନ୍ତୁ ଶ୍ରୁତସଂପନ୍ନ ନୁହନ୍ତି।

୨. ଶ୍ରୁତସଂପନ୍ନ କିନ୍ତୁ ଶୀଳସଂପନ୍ନ ନୁହନ୍ତି।

୩. ଉଭୟ ଶୀଳ ସଂପନ୍ନ ଏବଂ ଶ୍ରୁତ ସଂପନ୍ନ।

୪. ଶୀଳ ସଂପନ୍ନ ନୁହନ୍ତି କି ଶ୍ରୁତ ସଂପନ୍ନ ବି ନୁହନ୍ତି।

ପ୍ରଥମ ପ୍ରକାର ପୁରୁଷ ଶୀଳସଂପନ୍ନ ଅଟନ୍ତି - ଉପରତ (ପାପ-ନିବୃତ୍ତ) ହୋଇଥାନ୍ତି, କିନ୍ତୁ ଅଶ୍ରୁତଧର୍ମା-ଅବିଜ୍ଞାତଧର୍ମା ହୋଇଥାନ୍ତି। ତେଣୁ ସେମାନେ ହେଉଛନ୍ତି ମୋକ୍ଷମାର୍ଗର ଦେଶ-ଆରାଧକ।

ଦ୍ୱିତୀୟ ପ୍ରକାର ପୁରୁଷ ଶ୍ରୁତସଂପନ୍ନ- ବିଜ୍ଞାତଧର୍ମା ଅଟନ୍ତି, କିନ୍ତୁ ଶୀଳ-ସଂପନ୍ନ ବା ଉପରତ ନୁହନ୍ତି । ତେଣୁ ସେମାନେ ହେଉଛନ୍ତି ଦେଶ-ବିରାଧକ ।

ତୃତୀୟ ପ୍ରକାର ପୁରୁଷ ଉଭୟ ଶୀଳବାନ୍ ଓ ଶ୍ରୁତବାନ୍ ହୋଇଥିବାରୁ ସେମାନେ ହେଲେ ସର୍ବଆରାଧକ।

ଚତୁର୍ଥ ପ୍ରକାର ପୁରୁଷ ଶୀଳବାନ୍ ନୁହନ୍ତି କି ଶ୍ରୁତବାନ୍ ବି ନୁହନ୍ତି। ତେଣୁ ସେମାନେ ହେଲେ ସର୍ବବିରାଧକ।[୩]

ଭଗବାନ କହିଛନ୍ତି - 'କେବଳ ଜ୍ଞାନ କିମ୍ବା କେବଳ ଶୀଳ ହେଉଛି ଶ୍ରେୟସ୍‌ର ଏକାଙ୍ଗୀ ଆରାଧନା। ଜ୍ଞାନ ଓ ଶୀଳ ଉଭୟର ଅଭାବ ହେଉଛି ଶ୍ରୀୟସ୍‌ର ବିରାଧନା। ଆରାଧନାର ତିଳମାତ୍ର ଅଂଶ ନାହିଁ। ଜ୍ଞାନ ଓ ଶୀଳ ଉଭୟର ସଂଗତି ହିଁ ଶ୍ରେୟସ୍‌ର ସର୍ବାଙ୍ଗୀଣ ଆରାଧନା ଅଟେ।

ବନ୍ଧନରୁ ମୁକ୍ତି ଆଡ଼କୁ, ଶରୀରରୁ ଆତ୍ମା ଆଡ଼କୁ, ବାହ୍ୟ ଦର୍ଶନରୁ ଅନ୍ତର-ଦର୍ଶନ ଦିଗରେ ଗତି ହିଁ ଆରାଧନା ପଦବାଚ୍ୟ। ଏହାକୁ ତିନିଭାଗରେ ବିଭକ୍ତ କରାଯାଇଥାଏ – ୧. ଜ୍ଞାନ-ଆରାଧନା, ୨. ଦର୍ଶନ-ଆରାଧନା ଏବଂ ୩. ଚରିତ୍ର-ଆରାଧନା[୪] ଏମାନଙ୍କ ମଧ୍ୟରୁ ପ୍ରତ୍ୟେକଙ୍କ ତିନି-ତିନି ପ୍ରକାର ରହିଛି –

୧. ଜ୍ଞାନ-ଆରାଧନା – ଉତ୍କୃଷ୍ଟ-ପ୍ରକୃଷ୍ଟ ପ୍ରଯତ୍ନ, ମଧ୍ୟମ-ମଧ୍ୟମ ପ୍ରଯତ୍ନ, ଜଘନ୍ୟ-ଅଳ୍ପତମ ପ୍ରଯତ୍ନ।

୨. ଦର୍ଶନ-ଆରାଧନା – ଉତ୍କୃଷ୍ଟ, ମଧ୍ୟମ ଓ ଜଘନ୍ୟ।

୩. ଚରିତ୍ର-ଆରାଧନା – ଉତ୍କୃଷ୍ଟ, ମଧ୍ୟମ ଓ ଜଘନ୍ୟ।

ଯୋଗ୍ୟତା ଭିତ୍ତିରେ ଆତ୍ମାର ବହୁବିଧ ସ୍ତର ରହିଛି। ତେଣୁ ତିନୋଟିଯାକ ଆରାଧନାର ପ୍ରଯତ୍ନ ସମ ନୁହେଁ। ଏମାନଙ୍କ ତାରତମ୍ୟକୁ ନିମ୍ନ ଅଙ୍କିତ ଯନ୍ତ୍ରରୁ ବୁଝିହେବ।

---

(୩) ଭଗବତୀ, ୮/୪୫୦

(୪) ଭଗବତୀ, ୮/୪୫୧

	ଜ୍ଞାନର ଉତ୍କୃଷ୍ଟ ପ୍ରଯତ୍ନ	ଜ୍ଞାନର ମଧ୍ୟମ ପ୍ରଯତ୍ନ	ଜ୍ଞାନର ଅଳ୍ପତମ ପ୍ରଯତ୍ନ	ଦର୍ଶନର ଉତ୍କୃଷ୍ଟ ପ୍ରଯତ୍ନ	ଦର୍ଶନର ମଧ୍ୟମ ପ୍ରଯତ୍ନ	ଦର୍ଶନର ଅଳ୍ପତମ ପ୍ରଯତ୍ନ	ଚରିତ୍ରର ଉତ୍କୃଷ୍ଟ ପ୍ରଯତ୍ନ	ଚରିତ୍ରର ମଧ୍ୟମ ପ୍ରଯତ୍ନ	ଚରିତ୍ରର ଅଳ୍ପତମ ପ୍ରଯତ୍ନ
ଜ୍ଞାନର ଉତ୍କୃଷ୍ଟ ପ୍ରଯତ୍ନରେ				ରହିଥାଏ	ରହିଥାଏ		ରହିଥାଏ	ରହିଥାଏ	
ଦର୍ଶନର ଉତ୍କୃଷ୍ଟ ପ୍ରଯତ୍ନରେ	ରହିଥାଏ	ରହିଥାଏ	ରହିଥାଏ				ରହିଥାଏ	ରହିଥାଏ	ରହିଥାଏ
ଚରିତ୍ରର ଉତ୍କୃଷ୍ଟ ପ୍ରଯତ୍ନରେ	ରହିଥାଏ	ରହିଥାଏ	ରହିଥାଏ	ରହିଥାଏ					

ଏହା ଆନ୍ତରିକ ବୃତ୍ତିଗୁଡ଼ିକର ବହୁତ ସୁନ୍ଦର ଓ ସୂକ୍ଷ୍ମ ବିଶ୍ଳେଷଣ କରିଥାଏ। ଶ୍ରଦ୍ଧା, ଜ୍ଞାନ ଓ ଚାରିତ୍ରର ତାରତମ୍ୟକୁ ହୃଦୟଙ୍ଗମ କରିବା ସକାଶେ ଏହା ପୂର୍ଣ୍ଣ ଦୃଷ୍ଟି ପ୍ରଦାନ କରିଥାଏ।

ସଂସାର ଓ ମୋକ୍ଷ

ଜୈନ-ଦୃଷ୍ଟି ଅନୁସାରେ ରାଗ-ଦ୍ୱେଷ ହିଁ ସଂସାର। ରାଗ-ଦ୍ୱେଷ ହେଉଛନ୍ତି କର୍ମ-ବୀଜ।[୫] ଉଭୟେ ମୋହରୁ ଜାତ ହୋଇଥାନ୍ତି।[୬] ମୋହର ଦୁଇଟି ଭେଦ – ଦର୍ଶନ-ମୋହ ଓ ଚାରିତ୍ର-ମୋହ। ଦର୍ଶନ-ମୋହ ହେଉଛି ତାତ୍ତ୍ୱିକ ଦୃଷ୍ଟିରୁ ବିପର୍ଯ୍ୟାସ। ଏହା ସଂସାର-ଭ୍ରମଣର ମୂଳ କାରଣ। ସମ୍ୟକ୍-ଦର୍ଶନ ବିନା ସମ୍ୟକ୍-ଜ୍ଞାନ କଦାପି ସମ୍ଭବ ନୁହେଁ। ସମ୍ୟକ୍-ଜ୍ଞାନ ବିନା ସମ୍ୟକ୍-ଚାରିତ୍ର ସମ୍ଭବ ନୁହେଁ। ସମ୍ୟକ୍ ଚାରିତ୍ର ବିନା ମୋକ୍ଷପ୍ରାପ୍ତି ହୁଏନାହିଁ ଏବଂ ମୋକ୍ଷ ବିନା ନିର୍ବାଣ ହୋଇନଥାଏ।[୭]

କର୍ମଚକ୍ର

୧. ରାଗ-ଦ୍ୱେଷ
୨. ଅଶୁଦ୍ଧଭାବ
୩. କର୍ମ ଆଗମନ
୪. ଗତି
୫. ଶରୀର
୬. ଇନ୍ଦ୍ରିୟ
୭. ବିଷୟ ଗ୍ରହଣ

(୫) ଉତ୍ତରଜ୍ଝୟଣାଣି, ୩୨/୭ : ରାଗୋ ଯ ଦୋସୋ ବି ଯ କମ୍ମବୀୟଂ।

(୬) ଉତ୍ତରଜ୍ଝୟଣାଣି, ୩୨/୭ : କମ୍ମଂ ଚ ମୋହପ୍ପଭବଂ ବୟନ୍ତି।

(୭) ଉତ୍ତରଜ୍ଝୟଣାଣି, ୨୮/୩୦

ଚାରିତ୍ର-ମୋହ, ଆଚରଣ ଶୁଦ୍ଧିରେ ବାଧା ଉତ୍ପନ୍ନ କରିଥାଏ। ଏହାଦ୍ୱାରା ରାଗ-ଦ୍ୱେଷ ତୀବ୍ରତର ହୁଏ, ରାଗ-ଦ୍ୱେଷରୁ କର୍ମ ଏବଂ କର୍ମରୁ ସଂସାର - ଏହି ପ୍ରକାର ଏହି ଚକ୍ର ନିରନ୍ତର ଘୂରୁଥାଏ।

ବୌଦ୍ଧ ଦର୍ଶନ ମଧ୍ୟ ସଂସାରର ମୂଳ ରାଗ-ଦ୍ୱେଷ ଏବଂ ମୋହ ବା ଅବିଦ୍ୟା ବୋଲି ମାନ୍ୟ କରିଥାଏ।[୮] ନୈୟାୟିକ ମଧ୍ୟ ରାଗ-ଦ୍ୱେଷ ଏବଂ ମୋହ ବା ମିଥ୍ୟା-ଜ୍ଞାନକୁ ସଂସାରର ବୀଜ ବୋଲି କହିଥାନ୍ତି।[୯] ସାଂଖ୍ୟମାନେ ପାଞ୍ଚ ବିପର୍ଯ୍ୟୟକୁ ଓ ପତଂଜଳି କ୍ଲେଶକୁ ସଂସାରର ମୂଳ ବୋଲି ସ୍ୱୀକାର କରିଛନ୍ତି।[୧୦] ସଂସାର ହେଉଛି ପ୍ରକୃତି, ଯାହା ପ୍ରୀତି-ଅପ୍ରୀତି ଓ ବିଷାଦ ବା ମୋହ ଧର୍ମ ଧାରଣାପୂର୍ବକ ସତ୍ତ୍ୱ, ରଜସ୍ ଓ ତମସ୍ ଗୁଣଯୁକ୍ତ - ତ୍ରିଗୁଣାତ୍ମିକା ଅଟେ।

ପ୍ରାୟ ସମସ୍ତ ଦର୍ଶନ ସମ୍ୟକ୍‌ଜ୍ଞାନ ବା ସମ୍ୟକ୍‌ଦର୍ଶନକୁ ମୁକ୍ତିର ମୁଖ୍ୟ କାରଣ ରୂପରେ ସ୍ୱୀକାର କରିଥାନ୍ତି। ବୌଦ୍ଧମାନଙ୍କ ଦୃଷ୍ଟିରେ କ୍ଷଣଭଙ୍ଗୁରତାର ଅବବୋଧ ବା ଚାରି ଆର୍ଯ୍ୟ-ସତ୍ୟର ଜ୍ଞାନ ବିଦ୍ୟା ବା ସମ୍ୟକ୍ ଦର୍ଶନ ରୂପରେ ପ୍ରତିଷ୍ଠିତ। ନୈୟାୟିକ ତତ୍ତ୍ୱ-ଜ୍ଞାନ[୧୧], ସାଂଖ୍ୟ[୧୨] ଏବଂ ଯୋଗ-ଦର୍ଶନ[୧୩] ଭେଦ କିମ୍ବା ବିବେକ-ଖ୍ୟାତିକୁ ସମ୍ୟକ୍ ଦର୍ଶନ ବୋଲି ମାନ୍ୟ କରିଥାନ୍ତି। ଜୈନ-ଦୃଷ୍ଟି ଅନୁସାରେ ତତ୍ତ୍ୱ ପ୍ରତି ଜାତ ହେଉଥିବା ଯଥାର୍ଥ ରୁଚି ହିଁ ହେଉଛି ସମ୍ୟକ୍ ଦର୍ଶନ।[୧୪]

ସମ୍ୟକ୍-ଦର୍ଶନ

କେହି କେହି ଚକ୍ଷୁଷ୍ମାନ୍ ରୂପ ଓ ସଂସ୍ଥାନକୁ କେବଳ ଜ୍ଞେୟ ଦୃଷ୍ଟିରେ ଦେଖିଥାନ୍ତି, ଅଥଚ ଅନ୍ୟ କେହି ବସ୍ତୁର ଜ୍ଞେୟ, ହେୟ ଓ ଉପାଦେୟ ଅବସ୍ଥାକୁ ବିପରୀତ କୋଣରୁ ଦେଖିଥାନ୍ତି। ତୃତୀୟ ଜଣକୁ ଅବିପରୀତ ଦୃଷ୍ଟିରେ ଦେଖିଥାଏ। ପ୍ରଥମଟି ସ୍ଥୁଳ ଦର୍ଶନ, ଦ୍ୱିତୀୟଟି ବହିର୍ଦର୍ଶନ ଏବଂ ତୃତୀୟଟି ହେଉଛି ଅନ୍ତର-ଦର୍ଶନ।

ସ୍ଥୁଳ ଦର୍ଶନ ହେଉଛି ଜଗତ୍‌ର ବ୍ୟବହାର ମାତ୍ର। ତାହା ବସ୍ତୁର କେବଳ ଜ୍ଞେୟ ଦଶା ସହିତ ସଂବନ୍ଧିତ ଥାଏ। ପରବର୍ତ୍ତୀ ଦୁଇଟି ଦର୍ଶନର ଆଧାର ମୁଖ୍ୟ ବୃତ୍ତିରେ ବସ୍ତୁର ହେୟ ଉପାଦେୟ ଅବସ୍ଥା ସାଜିଥାଏ। ଅନ୍ତର-ଦର୍ଶନ ମୋହ-ପୁଦ୍‌ଗଳ ଦ୍ୱାରା ଆବୃତ ଥିବା ପର୍ଯ୍ୟନ୍ତ ତାହା ସମ୍ୟକ୍ ହୋଇପାରେ ନାହିଁ। ତେଣୁ ମିଥ୍ୟା ଦର୍ଶନ ବୋଲାଇଥାଏ। ତୀବ୍ର କଷାୟର ଉଦୟ ଫଳରେ ଅନ୍ତର୍-ଦର୍ଶନ ଆଗ୍ରହ ବା ଆଦେଶକୁ ପରିତ୍ୟାଗ କରିପାରେ ନାହିଁ। ତେଣୁ ତାହା ସମ୍ୟକ୍ ଦର୍ଶନରେ ପରିଣତ ହୁଏନାହିଁ। ଏହି ବିଜାତୀୟ ଦ୍ରବ୍ୟ ପୃଥକ୍ ହେଲେ ଆତ୍ମା ମଧ୍ୟରେ ଏକ ପ୍ରକାର ଶୁଦ୍ଧ ପରିଣମନ ଜାତ ହୁଏ। ଏହାର ସଂଜ୍ଞା ହିଁ ସମ୍ୟକ୍ ଦର୍ଶନ ଅଟେ।

ସମ୍ୟକ୍ ଦର୍ଶନ ଓ ମିଥ୍ୟା ଦର୍ଶନ

ମିଥ୍ୟା ଦର୍ଶନକୁ ଦଶ (୧୦) ଭାଗରେ ପରିଭାଷିତ କରାଯାଇପାରିବ। ଯଥା : - ୧. ଅଧର୍ମରେ ଧର୍ମ ସଂଜ୍ଞା, ୨. ଧର୍ମରେ ଅଧର୍ମ ସଂଜ୍ଞା, ୩. ଅମାର୍ଗରେମାର୍ଗ ସଂଜ୍ଞା, ୪. ମାର୍ଗରେ ଅମାର୍ଗ ସଂଜ୍ଞା, ୫.ଅଜୀବରେ ଜୀବ ସଂଜ୍ଞା, ୬. ଜୀବରେ ଅଜୀବ ସଂଜ୍ଞା, ୭. ଅସାଧୁରେ ସାଧୁ ସଂଜ୍ଞା, ୮. ସାଧୁରେ ଅସାଧୁ ସଂଜ୍ଞା, ୯. ଅମୁକ୍ତରେ ମୁକ୍ତ ସଂଜ୍ଞା ଏବଂ ୧୦. ମୁକ୍ତରେ ଅମୁକ୍ତ ସଂଜ୍ଞା।

ସମ୍ୟକ୍ ଦର୍ଶନକୁ ମଧ୍ୟ ଦଶ (୧୦) ଭାଗରେ ପରିଭାଷିତ କରାଯାଇଥାଏ। ଯଥା:-୧. ଅଧର୍ମରେ ଅଧର୍ମ ସଂଜ୍ଞା, ୨. ଧର୍ମରେ ଧର୍ମ ସଂଜ୍ଞା, ୩. ଅମାର୍ଗରେ ଅମାର୍ଗ ସଂଜ୍ଞା, ୪. ମାର୍ଗରେ ମାର୍ଗ ସଂଜ୍ଞା, ୫. ଅଜୀବରେ ଅଜୀବ ସଂଜ୍ଞା, ୬. ଜୀବରେ ଜୀବ ସଂଜ୍ଞା, ୭. ଅସାଧୁରେ ଅସାଧୁ ସଂଜ୍ଞା, ୮. ସାଧୁରେ ସାଧୁ ସଂଜ୍ଞା, ୯.ଅମୁକ୍ତରେ ଅମୁକ୍ତ ସଂଜ୍ଞା ଏବଂ

---

(୮) ବୁଦ୍ଧବଚନ, ପୃ. ୨୨।

(୯) ନ୍ୟାୟସୂତ୍ର, ୪/୧/୩-୬।

(୧୦) ସାଂଖ୍ୟକାରିକା, ୪୪।

(୧୧) ନ୍ୟାୟସୂତ୍ର, ୪/୧/୩-୬।

(୧୨) ସାଂଖ୍ୟକାରିକା, ୬୪/୩।

(୧୩) ଯୋଗଦର୍ଶନ, ୨/୧୩।

(୧୪) ଉତ୍ତରଜଝୟଣାଣି, ୮/୧୫।

୧୦. ମୁକ୍ତରେ ମୁକ୍ତ ସଂଜ୍ଞା ।

ଏହା ସାଧକ, ସାଧନା ଓ ସାଧ୍ୟର ବିବେକକୁ ରେଖାଙ୍କିତ କରିଥାଏ । ଜୀବ-ଅଜୀବର ଯଥାର୍ଥ ଶ୍ରଦ୍ଧା ବିନା ସାଧ୍ୟ ସଂବନ୍ଧରେ ଜିଜ୍ଞାସା ଉତ୍ପନ୍ନ ହୁଏ ନାହିଁ । ଆତ୍ମବାଦୀ ହିଁ ପରମାତ୍ମା ହେବାର ପ୍ରଯତ୍ନ କରିପାରିବ, ଅନାତ୍ମବାଦୀ କଦାପି ନୁହେଁ । ଏହି ଦୃଷ୍ଟିରୁ ଜୀବ-ଅଜୀବର ସଂଜ୍ଞାନ,ସାଧ୍ୟର ଆଧାରର ବିବେକ ଏବଂ ସାଧୁ-ଅସାଧୁର ସଂଜ୍ଞାନ ସାଧକର ଦଶାର ବିବେକ ସାଜିଥାନ୍ତି । ଧର୍ମ-ଅଧର୍ମ, ମାର୍ଗ-ଅମାର୍ଗର ସଂଜ୍ଞାନ ସାଧନାର ବିବେକକୁ ଚିତ୍ରିତ କରିଥାଏ । ମୁକ୍ତ-ଅମୁକ୍ତର ସଂଜ୍ଞାନ ସାଧ୍ୟ-ଅସାଧ୍ୟର ବିବେକ ସାଜିଥାଏ ।

ନୈସର୍ଗିକ ଓ ଆଧିଗମିକ

ଦର୍ଶନ-ମୋହଜନ୍ୟ ପରମାଣୁଗୁଡ଼ିକର ବିଲୟ ଘଟିଲେ ସମ୍ୟକ୍ ଦର୍ଶନର ପ୍ରାପ୍ତି ହୁଏ । ଏହି ଦୃଷ୍ଟିର ପ୍ରାପ୍ତି ହେତୁ, ଦର୍ଶନ-ମୋହ-ପରମାଣୁର ବିଲୟ ଅଟେ । ଏହି ବିଲୟ ନିସର୍ଗ ଜନ୍ୟ ଓ ଜ୍ଞାନଜନ୍ୟ-ଉଭୟ ପ୍ରକାର ହୋଇପାରେ । ଆଚରଣର କ୍ରମିକ ବିଶୁଦ୍ଧୀକରଣ ଦ୍ୱାରା ଦର୍ଶନ-ମୋହ ପରମାଣୁ ଶିଥିଳ ହୋଇପଡ଼େ । ଏପରି ସ୍ଥିତିରେ ଯେଉଁ ଯଥାର୍ଥ ଦର୍ଶନ ହୁଏ, ତାହା ହେଉଛି ନୈସର୍ଗିକ ସମ୍ୟକ୍ ଦର୍ଶନ ।

ଶ୍ରବଣ, ଅଧ୍ୟୟନ, ବାଚନ ବା ଉପଦେଶ ମାଧ୍ୟମରେ ସତ୍ୟ ପ୍ରତି ଜାତ ହେଉଥିବା ଆକର୍ଷଣ ହେଉଛି ଆଧିଗମିକ ସମ୍ୟଗ୍-ଦର୍ଶନ । ସମ୍ୟଗ୍-ଦର୍ଶନର ମୁଖ୍ୟ ହେତୁ (ଦର୍ଶନ-ମୋହର ବିଲୟ) ଉଭୟ ପ୍ରକ୍ରିୟାର ମୂଳରେ ରହିଛି । ବାହ୍ୟ ପ୍ରକ୍ରିୟା ଦ୍ୱାରା ଏହାର କେବଳ ଭେଦ କରାଯାଇପାରିବ । ଏହାର ତୁଳନା ସହଜ ପ୍ରତିଭା ଓ ଅଭ୍ୟାସ ଲବ୍ଧ ଜ୍ଞାନ ସହିତ ମଧ୍ୟ କରାଯାଇପାରିବ ।

ପଥିକ ଯାତ୍ରା ପାଇଁ ପ୍ରସ୍ଥାନ କଲା । ପଥ ପାଉନାହିଁ । ପଥ ଖୋଜି ଖୋଜି ହାଲିଆ ହୋଇପଡ଼ିଛି । ଅକସ୍ମାତ ସେ ଯଥାର୍ଥ ମାର୍ଗରେ ପହଞ୍ଚିଯାଇଛି । ଏହାହିଁ ନୈସର୍ଗିକ ମାର୍ଗ-ଲାଭ ।

ଅନ୍ୟ ଜଣେ ପଥଭ୍ରଷ୍ଟ ଲୋକ ଘୂରି ବୁଲୁଛି । ରାସ୍ତା ପାଉନାହିଁ । ଅନ୍ୟ ଜଣକୁ ଭେଟିଲା ତା'ଠାରୁ ରାସ୍ତା ସଂବନ୍ଧରେ ବୁଝି, ରାସ୍ତା ପାଇଗଲା । ଏହା ହେଉଛି ଆଧିଗମିକ ମାର୍ଗ-ଲାଭ ।

ରୋଗ ଜାତ ହେଲା । କୌଣସି ଔଷଧ ସେବନ ନ କରି ମଧ୍ୟ ରୋଗ ଆପେ ଦୂର ହେଲା । ଏହା ନୈସର୍ଗିକ ଆରୋଗ୍ୟ-ଲାଭ ।

ରୋଗ ସହିହେଲା ନାହିଁ । ବୈଦ୍ୟ ବା ଡାକ୍ତରଙ୍କ ପାଖକୁ ଯାଇ ଔଷଧ ଗ୍ରହଣ କରିବା ଦ୍ୱାରା ରୋଗ ଶାନ୍ତ ହେଲା । ଏହା ହେଉଛି ପ୍ରାୟୋଗିକ ଆରୋଗ୍ୟ-ଲାଭ ।

ଅନାଦି କାଳରୁ ଜୀବ ସଂସାରରେ ଭ୍ରମଣ କରିଚାଲିଛି । ସମ୍ୟକ୍ ଦର୍ଶନ ହେଲାନାହିଁ । ଆତ୍ମବିକାଶର ପଥ ଫିଟିଲା ନାହିଁ । ସଂସାର-ଭ୍ରମଣର ସ୍ଥିତି ପରିପୂର୍ଣ୍ଣ ହେଲା । ଘଷିବା, ମାଜିବା ଦ୍ୱାରା ପଥରକୁ ଚିକ୍କଣ, ସୁଡ଼ୋଳ କରାଯାଇଥାଏ । ସେହିପରି ଅନେକ ଘାତ-ପ୍ରତିଘାତ ଦ୍ୱାରା ମଣିଷର କର୍ମାବରଣ ଶିଥିଳ ହୁଏ, ଆତ୍ମ-ଦର୍ଶନ ଅଭୀପ୍ସା ଜାଗ୍ରତ ହୁଏ । ଏହାହିଁ ନୈସର୍ଗିକ ସମ୍ୟକ୍-ଦର୍ଶନ ।

ମନୁଷ୍ୟ କଷ୍ଟ ସହି ସହି ଘାଇଲା ହୋଇପଡ଼ିଛି । ତ୍ରିବିଧ ତାପ ତାହାକୁ ସଂତପ୍ତ କରିପକାଇଛି । ଶାନ୍ତିର ଉପାୟ ପାଉନାହିଁ । ମାର୍ଗଦ୍ରଷ୍ଟାଙ୍କ ଯୋଗ ମିଳିଲା । ପ୍ରବଳ ପୁରୁଷାର୍ଥ କରିଲା । କର୍ମର ଆବରଣ ଦୂର ହେଲା । ଆତ୍ମ-ଦର୍ଶନର ରୁଚି ଜାତ ହେଲା । ଏହାହେଉଛି ଆଧିଗମିକ ସମ୍ୟକ୍-ଦର୍ଶନ ।

ରୁଚି

ପ୍ରାଥମିକ ସ୍ତରରେ ରୁଚି ରହିଥିଲେ, ବସ୍ତୁକୁ ସ୍ୱୀକାର କରିବା ସହଜ ହୋଇପଡ଼େ । ରୁଚିରୁ ଶ୍ରୁତି ନା ଶ୍ରୁତିରୁ ରୁଚି - ଏହା ଏକ ଜଟିଳ ପ୍ରଶ୍ନ । ଜ୍ଞାନ, ଶ୍ରୁତି, ମନନ, ଚିନ୍ତନ, ନିଦିଧ୍ୟାସନ - ଏ ସମସ୍ତେ ରୁଚିର କାରଣ ରୂପେ ମାନ୍ୟ ହୋଇଥାନ୍ତି । ଅନ୍ୟପକ୍ଷରେ ଯଥାର୍ଥ ରୁଚି ବିନା ଯଥାର୍ଥ ଜ୍ଞାନ ସମ୍ଭବ ନୁହେଁ ଏହାକୁ ମଧ୍ୟ ସ୍ୱୀକାର କରାଯାଇଥାଏ । ଏମାନଙ୍କ ମଧ୍ୟରେ ପୌର୍ବାପର୍ଯ୍ୟ ରହିଛି ନା ଏମାନେ ଏକସଂଗେ ଉତ୍ପନ୍ନ ହୁଅନ୍ତି । ବିଶ୍ଳେଷଣରୁ ଜଣାପଡ଼ିଲା ଯେ

ପ୍ରଥମେ ରୁଚି ଜାତ ହେଲାପରେ ଜ୍ଞାନର ଉତ୍ପତ୍ତି ଘଟିଲା। ସତ୍ୟ ପ୍ରତି ରୁଚି ହେଲାପରେ ତାହାକୁ ଜାଣିବା ପାଇଁ ପ୍ରଯତ୍ନ କରାଯାଏ। ଏହି ଦୃଷ୍ଟିବିନ୍ଦୁ ସ୍ପଷ୍ଟ କରିଥାଏ ଯେ ରୁଚି ବା ସମ୍ୟକ୍ତ୍ୱ ହେଉଛି ନୈସର୍ଗିକ। ଦର୍ଶନ-ମୋହର ପରମାଣୁ ସମୂହ ବିଲୀନ ହେବା ମାତ୍ରକେ ତାହା ଅଭିବ୍ୟକ୍ତ ହୋଇପଡ଼େ। ନିସର୍ଗ ଓ ଅଧିଗମର ଯେଉଁ ପ୍ରପଞ୍ଚ ରହିଛି, ତାହା କେବଳ ଅଭିବ୍ୟକ୍ତିର ନିମିତ୍ତକୁ ନେଇ ରହିଛି। ଯେଉଁ ରୁଚି ସ୍ୱୟଂ କୌଣସି ବାହ୍ୟ ନିମିତ୍ତ ବିନା ବ୍ୟକ୍ତ ହୋଇପାରିଥାଏ, ତାହା ନୈସର୍ଗିକ ଏବଂ ଯାହା କୌଣସି ବାହାରି ନିମିତ୍ତର (ଉପଦେଶ-ଅଧ୍ୟୟନ ଆଦି) ସହଯୋଗ ଲାଭକରି ବ୍ୟକ୍ତ ହୋଇଥାଏ, ତାହା ହେଉଛି ଆଧିଗମିକ।

ଜ୍ଞାନ ଅପେକ୍ଷା ରୁଚିର ସ୍ଥାନ ମୂଳରେ ଥାଏ। ତେଣୁ ସମ୍ୟକ୍-ଦର୍ଶନ ବିନା ଜ୍ଞାନ କଦାପି ସମ୍ୟକ୍ ହୋଇପାରେ ନାହିଁ। ଯେଉଁଠାରେ ମିଥ୍ୟାଦର୍ଶନ ସେଠାରେ ମିଥ୍ୟାଜ୍ଞାନ, ଯେଉଁଠାରେ ସମ୍ୟକ୍-ଦର୍ଶନ ସେଠାରେ ସମ୍ୟଗ୍ ଜ୍ଞାନ- ଏହା ହେଉଛି କ୍ରମ। ଦର୍ଶନ ସମ୍ୟକ୍ ହେବାମାତ୍ରକେ ଜ୍ଞାନ ମଧ୍ୟ ସମ୍ୟକ୍ ହୋଇପଡ଼େ। ଦର୍ଶନ ଓ ଜ୍ଞାନର ସମ୍ୟକ୍ତ୍ୱ ଯୁଗପତ ଥାଏ। ସେଠାରେ ପୌର୍ବାପର୍ଯ୍ୟ ନ ଥାଏ। ବାସ୍ତବିକ କାର୍ଯ୍ୟ-କାରଣ ଭାବ ମଧ୍ୟ ନ ଥାଏ। ଜ୍ଞାନର କାରଣ ହେଉଛି ଜ୍ଞାନାବରଣର ବିଲୟ ଏବଂ ଦର୍ଶନର କାରଣ ଦର୍ଶନ-ମୋହର ବିଲୟ। ଏହି ସ୍ଥିତିରେ ସାହଚର୍ଯ୍ୟ ଭାବ ଥାଏ।

ମିଥ୍ୟା-ଦୃଷ୍ଟି ରହିଥିବା ଯାଏ ସମ୍ୟକ୍ ଭାବ, ବୁଦ୍ଧି ମଧ୍ୟକୁ ପ୍ରବେଶ କରିପାରେ ନାହିଁ। ଏହି ପ୍ରତିବନ୍ଧ ଦୂର ହେଲା ମାତ୍ରକେ ଜ୍ଞାନର ପ୍ରୟୋଗ ସମ୍ୟକ୍ ହୋଇଯାଏ। ଏହି ଦୃଷ୍ଟିରୁ ସମ୍ୟକ୍ ଦୃଷ୍ଟିକୁ ସମ୍ୟକ୍ ଜ୍ଞାନର କାରଣ ବା ଉପକାରକ ମଧ୍ୟ କୁହାଯାଇପାରିବ।

ଦୃଷ୍ଟି-ଶୁଦ୍ଧି ହେଉଛି ଶ୍ରଦ୍ଧାର ଏକ ପକ୍ଷ। ସତ୍ୟ ପ୍ରତି ରୁଚି ହେଉଛି ଏହାର ସୀମା। ବୁଦ୍ଧି-ଶୁଦ୍ଧିକୁ ଜ୍ଞାନର ଏକପକ୍ଷ ବୋଲି କୁହାଯାଇପାରିବ। ଏହାର ମର୍ଯ୍ୟାଦା ହେଲା - ସତ୍ୟର ଜ୍ଞାନ। କ୍ରିୟା-ଶୁଦ୍ଧି ହେଉଛି ଆଚରଣ-ପକ୍ଷ। ଏହାର ବିଷୟ ହେଲା – ସତ୍ୟର ଆଚରଣ। ମର୍ଯ୍ୟାଦିତ ହୋଇଥିବାରୁ ତିନିହେଁଯାକ ଅସହାୟ ଜଣାପଡ଼ନ୍ତି। କେବଳ ରୁଚି ବା ଆସ୍ଥା-ବନ୍ଧ ହେବାମାତ୍ରକେ ସବୁ କିଛି ଜାଣିବା ସମ୍ଭବ ହୁଏନାହିଁ। ତେଣୁ ରୁଚି, ଜ୍ଞାନର ସାହାଯ୍ୟ ନେଇଥାଏ। ଜଣେ ଜାଣିଲାମାତ୍ରକେ ସାଧ୍ୟ ପ୍ରାପ୍ତି ହୁଏନାହିଁ, ତେଣୁ ଜ୍ଞାନ, କ୍ରିୟାର ସାହାଯ୍ୟ ନିଏ। ସଂକ୍ଷେପରେ ରୁଚି ଜ୍ଞାନ-ସାପେକ୍ଷ ଏବଂ ଜ୍ଞାନ ହେଉଛି କ୍ରିୟା-ସାପେକ୍ଷ। ଜ୍ଞାନ ଓ କ୍ରିୟାର ସମ୍ୟକ୍‌ଭାବର ମୂଳରେ ରୁଚି ରହିଥିବାରୁ ଉଭୟେ ରୁଚି-ସାପେକ୍ଷ ଅଟନ୍ତି। ଏହି ସାପେକ୍ଷତା ହିଁ ମୋକ୍ଷର ସମ୍ପୂର୍ଣ୍ଣ ଯୋଗ ଅଟେ। ଏହି କାରଣରୁ ରୁଚି, ଜ୍ଞାନ ଓ କ୍ରିୟାକୁ ସର୍ବଥା ବିଭକ୍ତ କରାଯାଇପାରିବ ନାହିଁ। ଏମାନଙ୍କ ବିଭାଗ କେବଳ ଉପଯୋଗିତାପରକ କିମ୍ବା ନିରପେକ୍ଷ ଦୃଷ୍ଟିକୃତ ହୋଇଥାଏ। ସାପେକ୍ଷ ସ୍ଥିତିରେ କୁହାଯାଇପାରେ – ରୁଚି, ଜ୍ଞାନକୁ ଅଗ୍ରଗତି ପ୍ରଦାନ କରିଥାଏ। ଜ୍ଞାନ ଦ୍ୱାରା ରୁଚିକୁ ପୋଷଣ ମିଳିଥାଏ ତଥା ଜ୍ଞାନ ଦ୍ୱାରା କ୍ରିୟା ପ୍ରତି ଉତ୍ସାହ ବୃଦ୍ଧିପାଏ। କ୍ରିୟାଦ୍ୱାରା ଜ୍ଞାନର କ୍ଷେତ୍ର ମଧ୍ୟ ବିସ୍ତୃତ ହୁଏ ଓ ରୁଚି ଆହୁରି ଆଗକୁ ବଢ଼ିଚାଲେ।

ଏହିଭଳି ଭାବରେ ରୁଚି, ଜ୍ଞାନ ଓ କ୍ରିୟା ପରସ୍ପର ସହଯୋଗୀ, ପୋଷକ ଓ ଉପକାରକ ଅଟନ୍ତି। ଏହି ବିଶାଳ ଦୃଷ୍ଟି ଫଳରେ ରୁଚିକୁ ଦଶ ପ୍ରକାର ବର୍ଣ୍ଣନା କରାଯାଇଥାଏ[୧୫]– ୧. ନିସର୍ଗ-ରୁଚି, ୨. ଅଧିଗମ-ରୁଚି, ୩. ଆଜ୍ଞା-ରୁଚି, ୪. ସୂତ୍ର-ରୁଚି, ୫. ବୀଜ-ରୁଚି, ୬. ଅଭିଗମ-ରୁଚି, ୭. ବିସ୍ତାର-ରୁଚି, ୮. କ୍ରିୟା-ରୁଚି, ୯. ସଂକ୍ଷେପ-ରୁଚି ଓ ୧୦. ଧର୍ମ-ରୁଚି।

୧. ବ୍ୟକ୍ତିର ବୀତରାଗ ପ୍ରରୂପିତ ଚାରି ତଥ୍ୟ - ବନ୍ଧ, ବନ୍ଧ-ହେତୁ, ମୋକ୍ଷ ଓ ମୋକ୍ଷ-ହେତୁ ପ୍ରତି ସହଜ ଶ୍ରଦ୍ଧାଭାବ ରହିଥିଲେ ତାହା ନିସର୍ଗ-ରୁଚି ବୋଲାଏ।

୨. ସତ୍ୟ ପ୍ରତି ଶ୍ରଦ୍ଧା ଅନ୍ୟମାନଙ୍କ ଉପଦେଶ ଦ୍ୱାରା ପ୍ରାପ୍ତ ହେବା - ଅଧିଗମ ରୁଚି ବା ଉପଦେଶ-ରୁଚି ଶ୍ରେଣୀରେ ଆସିଥାଏ।

---

[୧୫] ଉତ୍ତରଜଝୟଣାଣୀ, ୨୮/୧୬-୨୭

୩. ଯାହା ମଧ୍ୟରେ ରାଗ, ଦ୍ୱେଷ, ମୋହ ଓ ଅଜ୍ଞାନ ସ୍ୱଳ୍ପ ମାତ୍ରାରେ ଥାଏ ତଥା ଦୁରାଗ୍ରହରୁ ଦୂରେଇ ରହୁଥିବାରୁ ବୀତରାଗଙ୍କ ଆଜ୍ଞାକୁ ସହଜରେ ସ୍ୱୀକାର କରିଥାଏ, ସେଭଳି ବ୍ୟକ୍ତିଙ୍କ ଶ୍ରଦ୍ଧାକୁ ଆଜ୍ଞା-ରୁଚି କୁହାଯାଏ।

୪. ସୂତ୍ର ପଢ଼ିବା ଦ୍ୱାରା ଯାହାକୁ ଶ୍ରଦ୍ଧା ଲାଭହୁଏ, ତାହା ହେଉଛି ସୂତ୍ର-ରୁଚି।

୫. ସାମାନ୍ୟ ଜାଣିବା ମାତ୍ରକେ ଯାହା ପ୍ରସାରିତ ହୁଏ, ତାହା ହେଉଛି ବୀଜ-ରୁଚି।

୬. ଅର୍ଥ ସହିତ ବିଶାଳ ଶ୍ରୁତରାଶିକୁ ପାଇବାର ଶ୍ରଦ୍ଧା ହେଉଛି ଅଭିଗମ-ରୁଚି।

୭. ସତ୍ୟର ସମସ୍ତ କୋଣକୁ ଧରିପାରୁଥିବା ସର୍ବାଙ୍ଗୀଣ ଦୃଷ୍ଟି ହେଉଛି ବିସ୍ତାର-ରୁଚି।

୮. କ୍ରିୟା ବା ଆଚାର ପ୍ରତି ନିଷ୍ଠା ହେଉଛି କ୍ରିୟା-ରୁଚି।

୯. ଜଣେ ଅସତ୍ ମତବାଦ ମଧ୍ୟରେ ବୁଡ଼ିନାହଁ ଏବଂ ସତ୍ୟବାଦରେ ବିଶାରଦ ବି ନୁହେଁ, ତା'ର ସମ୍ୟକ୍ ଦୃଷ୍ଟିକୁ ସଂକ୍ଷେପ-ରୁଚି କୁହାଯାଇଥାଏ।

୧୦. ଧର୍ମ (ଶ୍ରୁତ ଏବଂ ଚାରିତ୍ର)ରେ ଯେଉଁ ଆସ୍ଥାବନ୍ଧ ହୋଇଥାଏ ତାହା ହେଉଛି ଧର୍ମ-ରୁଚି।

ପ୍ରାଣୀମାତ୍ର ମଧ୍ୟରେ ରହିଥିବା ଯୋଗ୍ୟତାରେ ତରତମ ଭାବ ଏବଂ ସେହି କାରଣରୁ ଘଟୁଥିବା ରୁଚି-ବୈଚିତ୍ର୍ୟ ଆଧାରରେ ଏହି ବର୍ଗୀକରଣ କରାଯାଇଛି।

ସମ୍ୟକ୍-ଦର୍ଶନର ପ୍ରକ୍ରିୟା

ସମ୍ୟକ୍ ଦର୍ଶନ ପ୍ରାପ୍ତିର ତିନୋଟି କାରଣ ହେଉଛି –

୧. ଦର୍ଶନ-ମୋହ ପରମାଣୁଗୁଡ଼ିକର ସମ୍ପୂର୍ଣ୍ଣ ଉପଶମନ। ଏହାଫଳରେ ଔପଶମିକ ସମ୍ୟକ୍‌ଦର୍ଶନ ପ୍ରାପ୍ତ ହୋଇଥାଏ।

୨. ଦର୍ଶନ-ମୋହ ପରମାଣୁଗୁଡ଼ିକର ଆଂଶିକ ବିଲୟ। ଏହାଫଳରେ କ୍ଷାୟୋପଶମିକ ସମ୍ୟକ୍‌ଦର୍ଶନ ପ୍ରାପ୍ତ ହୋଇଥାଏ।

୩. ଦର୍ଶନ-ମୋହ ପରମାଣୁଗୁଡ଼ିକର ପୂର୍ଣ୍ଣ ବିଲୟ। ଏହାଫଳରେ କ୍ଷାୟିକ ସମ୍ୟକ୍‌ଦର୍ଶନ ପ୍ରାପ୍ତ ହୋଇଥାଏ।

ଆଚାର ଏବଂ ଅତିଚାର

ସମ୍ୟକ୍ ଦର୍ଶନକୁ ପୋଷଣ କରୁଥିବା ପ୍ରବୃତ୍ତି ଆଚାର ଏବଂ ଦୂଷିତ କରୁଥିବା ପ୍ରବୃତ୍ତି ଅତିଚାର ଅଟେ। ଏହା ବ୍ୟାବହାରିକ ନିମିତ୍ତ ହୋଇଥାନ୍ତି, ସମ୍ୟକ୍ ଦର୍ଶନର ସ୍ୱରୂପ ନୁହନ୍ତି।

ସମ୍ୟକ୍ ଦର୍ଶନର ଆଠ ପ୍ରକାର ଆଚାର ହେଉଛି[୧୬] –

୧. ନିଃଶଂକିତ - ସତ୍ୟରେ ନିଶ୍ଚିତ ଆସ୍ଥା।

୨. ନିଃକାଂକ୍ଷିତ – ମିଥ୍ୟା ବିଚାର ସ୍ୱୀକାର କରିବାରେ ଅରୁଚି।

୩. ନିର୍ବିଚିକିତ୍ସା - ସତ୍ୟାଚରଣର ଫଳ ଉପରେ ବିଶ୍ୱାସ।

୪. ଅମୂଢ଼ଦୃଷ୍ଟି - ଅସତ୍ୟ ଏବଂ ଅସତ୍ୟାଚରଣର ମହିମା ପ୍ରତି ଅନାକର୍ଷଣ, ଅବ୍ୟାମୋହ।

୫. ଉପବୃଂହଣ - ଆତ୍ମ-ଗୁଣ ବୃଦ୍ଧି।

୬. ସ୍ଥିରୀକରଣ - ସତ୍ୟରୁ ଚ୍ୟୁତ ହେଉଥିବା ମାନବକୁ ପୁଣିଥରେ ସତ୍ୟ ପ୍ରତି ଆସ୍ଥାଶୀଳ କରିବା।

୭. ବାତ୍ସଲ୍ୟ - ସତ୍ୟ ଧର୍ମ ପ୍ରତି ସମ୍ମାନ-ଭାବନା, ସତ୍ୟ-ଆଚରଣରେ ସହଯୋଗ।

୮. ପ୍ରଭାବନା - ସତ୍ୟର ମାହାତ୍ମ୍ୟକୁ ପ୍ରଭାବଶାଳୀ ଢଙ୍ଗରେ ପ୍ରକାଶନ।

---

[୧୬] (କ) ଉତ୍ତରଜ୍‌ଝୟଣାଣି, ୨୮/୭୧। (ଖ) ରତ୍ନକରଣ୍ଡ ଶ୍ରାବକାଚାର, ୧/୧୧/୧୮

ପଞ୍ଚ ଅତିଚାର

୧. ଶଙ୍କା – ସତ୍ୟ ପ୍ରତି ସନ୍ଦେହ।

୨. କାଂକ୍ଷା – ମିଥ୍ୟାଚାର ସ୍ୱୀକାର କରିବାର ଅଭିଳାଷ।

୩. ବିଚିକିତ୍ସା – ସତ୍ୟାଚରଣର ଫଳପ୍ରାପ୍ତିରେ ସନ୍ଦେହ।

୪. ପରପାଷଣ୍ଡ-ପ୍ରଶଂସା – ମିଥ୍ୟା ସିଦ୍ଧାନ୍ତକୁ ସମ୍ମାନ।

୫. ପରପାଷଣ୍ଡ-ସଂସ୍ତବ – ମିଥ୍ୟାବାଦର ପରିଚୟ।

ସମ୍ୟକ୍ ଦର୍ଶନର ବ୍ୟାବହାରିକ ଲକ୍ଷଣ

ସମ୍ୟକ୍ ଦର୍ଶନ ହେଉଛି ଆଧ୍ୟାତ୍ମିକ ଶୁଦ୍ଧି। ଏହା ବୁଦ୍ଧିଗମ୍ୟ ନୁହେଁ। ତଥାପି ସମ୍ୟକ୍ ଦର୍ଶନକୁ ଜାଣିବା ପାଇଁ କେତେକ ବ୍ୟାବହାରିକ ଲକ୍ଷଣର ନିର୍ଦ୍ଧାରଣ କରାଯାଇଛି –

ତିନି ଲକ୍ଷଣ

୧. ପରମାର୍ଥ ସଂସ୍ତବ - ପରମ ସତ୍ୟର ଅନ୍ୱେଷଣରେ ରୁଚି।

୨. ସୁଦୃଢ଼ ପରମାର୍ଥ ସେବନ - ପରମ ସତ୍ୟର ଉପାସକମାନଙ୍କ ସଂସର୍ଗ ଅଥବା ପ୍ରାପ୍ତ ସତ୍ୟର ଆଚରଣ।

୩. କୁଦର୍ଶନ ବର୍ଜନା - କୁମାର୍ଗରୁ ଦୂରେଇ ରହିବାର ଚେଷ୍ଟା।

ସତ୍ୟାନ୍ୱେଷୀ ବା ସତ୍ୟଶୀଳ ଏବଂ ଅସତ୍ୟବିରତ ଯେଉଁମାନେ, ସେମାନଙ୍କୁ ସମ୍ୟକ୍ ଦ୍ରଷ୍ଟା ପୁରୁଷ ରୂପରେ ଗ୍ରହଣ କରାଯାଇଥାଏ।

ପଞ୍ଚ ଲକ୍ଷଣ

୧. ଶମ – ଶାନ୍ତି।

୨. ସଂବେଗ – ମୁମୁକ୍ଷା, ମୁକ୍ତ ହେବାପାଇଁ ବ୍ୟାକୁଳତା।

୩. ନିର୍ବେଦ – ଅନାସକ୍ତି।

୪. ଅନୁକମ୍ପା – ପ୍ରାଣୀମାତ୍ର ପ୍ରତି କୃପାଭାବ, ସର୍ବଭୂତ ମୈତ୍ରୀ, ଆତ୍ମୌପମ୍ୟଭାବ।

୫. ଆସ୍ତିକ୍ୟ – ସତ୍ୟନିଷ୍ଠା।

ସମ୍ୟକ୍-ଦର୍ଶନର ଫଳ

କଷାୟ ମନ୍ଦ ହେବାମାତ୍ରକେ ସତ୍ୟ ପ୍ରତି ରୁଚି ତୀବ୍ରତର ହୁଏ। ଆମେ ଅତଥ୍ୟରୁ ତଥ୍ୟ ଆଡ଼କୁ, ଅସତ୍ୟରୁ ସତ୍ୟ ଆଡ଼କୁ, ଅବୋଧିରୁ ବୋଧି ଆଡ଼କୁ, ଅମାର୍ଗରୁ ମାର୍ଗ ଆଡ଼କୁ, ଅଜ୍ଞାନରୁ ଜ୍ଞାନ ଆଡ଼କୁ, ନାସ୍ତିକତାରୁ ଆସ୍ତିକତା ଆଡ଼କୁ ଏବଂ ମିଥ୍ୟାତ୍ୱରୁ ସମ୍ୟକତ୍ୱ ଆଡ଼କୁ ବଢ଼ିବା ଆରମ୍ଭ କରିଦେଉଁ। ସଂକଳ୍ପ ଆମର ଊର୍ଦ୍ଧ୍ୱମୁଖୀ ଏବଂ ଆତ୍ମଲକ୍ଷ୍ୟୀ ହୋଇପଡ଼େ।[୧୭]

ଗୌତମ ପଚାରିଲେ – 'ଭଗବନ୍! ଦର୍ଶନ-ସଂପନ୍ନତା ପ୍ରାପ୍ତି ଦ୍ୱାରା କି ଲାଭ ମିଳିଥାଏ ?'

ଭଗବାନ କହିଲେ – 'ଗୌତମ! ଦର୍ଶନ-ସଂପଦା, ବିପରୀତ ଦର୍ଶନର ବିନାଶ କରିଥାଏ। ଦର୍ଶନ-ସଂପନ୍ନ ବ୍ୟକ୍ତି ଯଥାର୍ଥଦ୍ରଷ୍ଟା ହୋଇପଡ଼େ। ତା'ମଧ୍ୟରେ ସତ୍ୟର ଏପରି ଅଗ୍ନି ପ୍ରଜ୍ୱଳିତ ହୁଏ, ଯାହା କେବେ ବି ନିର୍ବାପିତ ହୁଏନାହିଁ। ଅନୁତ୍ତର-ଜ୍ଞାନ-ଧାରା ଦ୍ୱାରା ଆପଣା ଆତ୍ମାକୁ ଭାବିତ ରଖିଥାଏ। ଏହାହିଁ ଆଧ୍ୟାତ୍ମିକ ଫଳ। ବ୍ୟାବହାରିକ ଫଳ ହେଲା – ଜଣେ ସମ୍ୟକ୍‌ଦର୍ଶୀ ଦେବଗତି ଓ ମଣିଷଗତି ବ୍ୟତୀତ ଅନ୍ୟ କୌଣସି ଗତି (ନରକଗତି ବା ତୀର୍ଯ୍ୟଞ୍ଚଗତି)ର ଆୟୁ-ବନ୍ଧ କରିନଥାଏ।[୧୮]

---

(୧୭) ଆବଶ୍ୟକ ସୂତ୍ର।

(୧୮) ଭଗବତୀ, ୩୦/୧୯ : ମଣୁସ୍‌ସାଭୟଂ ପି ପକରେନ୍ତି, ଦେବାଭୟଂ ପିପକରେନ୍ତି।

ମହତ୍ତ୍ୱ

ଭଗବାନ ମହାବୀରଙ୍କ ଦର୍ଶନ ଗୁଣ ଆଧାରିତ ଥିଲା। ବାହ୍ୟ ସଂପଦା କାରଣରୁ ସେ କାହାରିକୁ ମହତ୍ତ୍ୱ ଦେଇନଥିଲେ। ପରବର୍ତ୍ତୀ ଯୁଗରେ ଜୈନଧର୍ମ ଜାତି-ଆଶ୍ରିତ ହୋଇପଡ଼ିଲା। ଜାତି-ମଦ-ଉନ୍ମତ୍ତ ହୋଇ ମଣିଷ ନିଜ ସମଧର୍ମୀ ଭାଇ-ବନ୍ଧୁମାନଙ୍କ ଅବହେଳନା କରିବା ଆରମ୍ଭ କଲେ। ଏ ପରିସ୍ଥିତିରେ ବ୍ୟାବହାରିକ ସମ୍ୟକ୍ ଦର୍ଶନର ବ୍ୟାଖ୍ୟା ବିସ୍ତୃତ ହୋଇପଡ଼ିଲା। ଆଚାର୍ଯ୍ୟ ସମନ୍ତଭଦ୍ର ମଦ ସହିତ ତା'ର ବିସଂଗତିର ବ୍ୟାଖ୍ୟା କରି କହିଲେ – 'ଯେଉଁ ଧାର୍ମିକ, ୧. ଜାତି, ୨. କୁଳ, ୩. ବଳ, ୪. ରୂପ, ୫. ଶ୍ରୁତ, ୬. ତପ, ୭. ଐଶ୍ୱର୍ଯ୍ୟ ଓ ୮. ଲାଭ - ଏହି ଆଠପ୍ରକାର ମଦ ଦ୍ୱାରା ଉନ୍ମତ୍ତ ହୋଇ ଧର୍ମସ୍ଥ ବ୍ୟକ୍ତିମାନଙ୍କ ଅନାଦର କରିଥାଏ, ସେ ନିଜ ଆତ୍ମଧର୍ମର ଅନାଦର କରିଥାଏ। ସମ୍ୟକ୍ ଦର୍ଶନ ଆଦି ଧର୍ମକୁ ଜଣେ ଧର୍ମାତ୍ମା ହିଁ ଧାରଣ କରିଥାଏ। ଜଣେ ଧର୍ମାତ୍ମା ହିଁ ଭବିଷ୍ୟତରେ ମହାତ୍ମା ହୋଇପାରିବ। ଧାର୍ମିକ ବିନା ଧର୍ମାଚରଣ ଆଉ କେହି କରିପାରନ୍ତି ନାହିଁ। ସମ୍ୟକ୍-ଦର୍ଶନ-ସଂପଦ-ପ୍ରାପ୍ତ ଜଣେ ଚଣ୍ଡାଳଙ୍କୁ ତୀର୍ଥଙ୍କର ମଧ୍ୟ ଦେବ ରୂପରେ ସ୍ୱୀକାର କରିଥାନ୍ତି। ପାଉଁଶ ତଳର ନିଆଁର ତେଜ ତିମିର ହୁଏନାହିଁ। ତାହା ଜ୍ୟୋତି-ପୁଞ୍ଜ ହୋଇରହିଥାଏ।[୧୯]

ଆଚାର୍ଯ୍ୟ ଭିକ୍ଷୁ କହିଛନ୍ତି - 'ଯାହାଙ୍କ ମଧ୍ୟରେ ସମ୍ୟକ୍ତ୍ୱ ରମଣ କରିଥାଏ, ସେପରି ବ୍ୟକ୍ତି ବିରଳ ଅଟନ୍ତି, ଯାହାଙ୍କ ହୃଦୟରେ ସମ୍ୟକ୍ତ୍ୱ ସୂର୍ଯ୍ୟଙ୍କର ଉଦୟ ହୋଇଯାଏ, ସେ ପ୍ରକାଶରେ ଭରିଉଠନ୍ତି। ଅନ୍ଧକାର ତାଙ୍କଠାରୁ ଦୂରେଇଯାଏ।'

ସବୁ ଖଣିରେ ହୀରା ମିଳେନାହିଁ, ସର୍ବତ୍ର ଚନ୍ଦନ ମିଳେ ନାହିଁ, ରତ୍ନ-ରାଶି ସବୁ ଜାଗାରେ ଥାଏ ନାହିଁ, ସମସ୍ତ ସର୍ପଙ୍କ ମସ୍ତକରେ ମଣି ନ ଥାଏ, ସବୁ ସାଧକ ଲବ୍ଧି (ବିଶେଷ ଶକ୍ତି) ଧାରକ ନୁହନ୍ତି, ବନ୍ଧନ-ମୁକ୍ତ ମଧ୍ୟ ସମସ୍ତେ ହୋଇପାରନ୍ତି ନାହିଁ, କେଶରୀ ହେବା ସବୁ ସିଂହ ପକ୍ଷରେ ସମ୍ଭବ ନୁହେଁ, ଏବଂ ସାଧୁ ବୋଲାଉଥିବା ପ୍ରତି ଆତ୍ମା ବାସ୍ତବରେ ସାଧୁ ହୋଇନଥାନ୍ତି। ସେହି ପ୍ରକାରେ ସଂସାରର ସମସ୍ତ ଜୀବ ସମ୍ୟକ୍‌ଦର୍ଶୀ ହୋଇପାରିବେ ନାହିଁ। ଆଗ୍ରହ ଓ ଅଭିନିବେଶ ଦ୍ୱାରା ତତ୍ତ୍ୱର ବିପର୍ଯ୍ୟୟ ଘଟିଥାଏ। ଅଭିନିବେଶର ହେତୁ ତୀବ୍ରକଷାୟ ଅଟେ। ଦର୍ଶନ-ପୁରୁଷଙ୍କ କଷାୟ ମନ୍ଦ ହୋଇପଡ଼େ, ତାଙ୍କଠାରେ ଆଗ୍ରହାତିଶଯ୍ୟ ରହେନାହିଁ। ସେ ସତ୍ୟକୁ ସରଳ ଓ ସହଜ ଭାବରେ ଗ୍ରହଣ କରିଥାନ୍ତି।

କାହାକୁ ସତ୍ୟ କହିବା ?

ଯାହା ଅଛି ତାହା ସତ୍ୟ ଏବଂ ଯାହା ନାହିଁ ତାହା ଅସତ୍ୟ। ଏହି ଅସ୍ତିତ୍ୱ-ସତ୍ୟ, ବସ୍ତୁ-ସତ୍ୟ, ସ୍ୱରୂପ-ସତ୍ୟ ବା ଜ୍ଞେୟସତ୍ୟ ଅଟେ। ବସ୍ତୁର ସହଜ, ଶୁଦ୍ଧରୂପ ହିଁ ସତ୍ୟ। ପରମାଣୁ ପରମାଣୁରୂପରେ ସତ୍ୟ। ଆତ୍ମା, ଆତ୍ମା ରୂପରେ ସତ୍ୟ। ଧର୍ମ, ଅଧର୍ମ, ଆକାଶ ମଧ୍ୟ ନିଜ ନିଜ ରୂପରେ ସତ୍ୟ ଅଟନ୍ତି। ଏକ ବର୍ଣ୍ଣ, ଗନ୍ଧ, ରସ ଓ ସ୍ପର୍ଶଯୁକ୍ତ ଅବିଭାଜ୍ୟ ପୁଦ୍‌ଗଳ-ପରମାଣୁର ଏହି ସହଜ ରୂପ ହେଉଛି ସତ୍ୟ। ଅନେକଗୁଡ଼ିକ ପରମାଣୁ ମିଶି ସ୍କନ୍ଧରେ ପରିଣତ ହୁଅନ୍ତି। ତେଣୁ ପରମାଣୁ, ପୂର୍ଣ୍ଣ ସତ୍ୟ (ତ୍ରୈକାଳିକ-ସତ୍ୟ) ନୁହେଁ। ପରମାଣୁ ଅବସ୍ଥାରେ ହିଁ ପରମାଣୁ ସତ୍ୟ ହୋଇଥାଏ। ଭୂତ-ଭବିଷ୍ୟତକାଳୀନ ସ୍କନ୍ଧ ଅବସ୍ଥାରେ ପରମାଣୁର ବିଭକ୍ତି ରୂପ ସତ୍ୟ ନୁହେଁ।

ଆତ୍ମା ମଧ୍ୟ ଶରୀର ପରିପ୍ରେକ୍ଷୀରେ ଅର୍ଦ୍ଧ-ସତ୍ୟ ହୋଇଯାଏ। ଶରୀର, ବାଣୀ, ମନ ଓ ଶ୍ୱାସ-ଆତ୍ମାର ସ୍ୱରୂପ ନୁହନ୍ତି। ଆତ୍ମାର ସ୍ୱରୂପ ହେଉଛି – ଅନନ୍ତ ଜ୍ଞାନ, ଅନନ୍ତ ଆନନ୍ଦ, ଅନନ୍ତ ବୀର୍ଯ୍ୟ ଏବଂ ଅରୂପ। ସରୂପ ଆତ୍ମା, ବର୍ତ୍ତମାନ ପର୍ଯ୍ୟାୟ ଦୃଷ୍ଟିରେ ସତ୍ୟ ଅଥଚ ଅରୂପ ଆତ୍ମା ହେଉଛି ପୂର୍ଣ୍ଣ ସତ୍ୟ। ଧର୍ମ, ଅଧର୍ମ ଓ ଆକାଶ - ଏହି ତିନି

---

[୧୯] ରତ୍ନକରଣ୍ଡ ଶ୍ରାବକାଚାର, ୨୮ :
ସମ୍ୟଗ୍‌ଦର୍ଶନ ସଂପନ୍ନମପି ମାତଙ୍ଗଦେହଜମ୍।
ଦେବାଦେବଂ ବିଦୁର୍ଭସ୍ମଗୂଢ଼ାଙ୍ଗାରାନ୍ତରୌଜସମ୍ ॥

ତତ୍ତ୍ୱର ବୈଭାବିକ ରୂପାନ୍ତର ଘଟିନଥାଏ। ଏମାନେ ସର୍ବଦା ଆପଣା ରୂପରେ ସ୍ଥିର ଓ ଅପରିବର୍ତ୍ତିତ ଥାନ୍ତି, ତେଣୁ ଏମାନେ ହେଉଛନ୍ତି ପୂର୍ଣ୍ଣ ସତ୍ୟ।

ସାଧ୍ୟ-ସତ୍ୟ

ସାଧ୍ୟ-ସତ୍ୟ, ସ୍ୱରୂପ-ସତ୍ୟର ଏକ ପ୍ରକାର ମାତ୍ର। ବସ୍ତୁ-ସତ୍ୟ ହେଉଛି ବ୍ୟାପକ। ପରମାଣୁଠାରେ ଜ୍ଞାନ ରହିନଥିବାରୁ ତା'ସକାଶେ ସାଧ୍ୟ ବୋଲି କିଛି ନାହିଁ। ସ୍ୱାଭାବିକ କାଳମର୍ଯ୍ୟାଦା ଅନୁସାରେ ପରମାଣୁ କେବେ ସ୍କନ୍ଧ ସହିତ ସଂଲଗ୍ନ ହୋଇପଡ଼େ, ତ' କେତେବେଳେ ସ୍କନ୍ଧଠାରୁ ପୃଥକ୍ ହୋଇଯାଏ।

ଆତ୍ମା ହେଉଛି ଚୈତନ୍ୟମୟ ତତ୍ତ୍ୱ। ଶରୀର ଅବସ୍ଥାରେ ଜ୍ଞାନ, ଆନନ୍ଦ ଓ ବୀର୍ଯ୍ୟର ସର୍ବୋପରି ଉଦୟ ହିଁ ଆତ୍ମାର ସାଧ୍ୟ। ସାଧ୍ୟ ନ ମିଳିବା ପର୍ଯ୍ୟନ୍ତ ସାଧନ ଥାଏ ସତ୍ୟ ତଥା ସାଧ୍ୟ ପ୍ରାପ୍ତ ହେଲାମାତ୍ରକେ ତାହା ସ୍ୱରୂପ ସତ୍ୟରେ ପରିଣତ ହୋଇପଡ଼େ।

ସାଧ୍ୟ କାଳରେ ମୋକ୍ଷ ସତ୍ୟ ଏବଂ ଆତ୍ମା ଅର୍ଦ୍ଧ-ସତ୍ୟ ହୋଇଥାଏ। ସିଦ୍ଧି-ଦଶାରେ ମୋକ୍ଷ ଓ ଆତ୍ମାର ଅଦ୍ୱୈତ (ଅଭେଦ) ଘଟିଥାଏ, ପୁଣି କେବେ ଭେଦ ହୁଏନାହିଁ। ତେଣୁ ମୁକ୍ତ ଆତ୍ମାର ସ୍ୱରୂପ ପୂର୍ଣ୍ଣ ସତ୍ୟ - ତ୍ରୈକାଳିକ ଓ ଅପୁନରାବର୍ତ୍ତନୀୟ ହୋଇଥାଏ।

ଜୈନ-ତତ୍ତ୍ୱ-ବ୍ୟବସ୍ଥା ଅନୁସାରେ ଚେତନ ଓ ଅଚେତନ - ଏ ଦୁହେଁ ସାମାନ୍ୟ ସତ୍ୟ ଅଟନ୍ତି। ନିରପେକ୍ଷ ସ୍ୱରୂପ - ସତ୍ୟ ରୂପରେ ପରିଗଣିତ ହୁଅନ୍ତି। ଗତି-ହେତୁକତା, ସ୍ଥିତି-ହେତୁକତା, ଅବକାଶ-ହେତୁକତା, ପରିବର୍ତ୍ତନ-ହେତୁକତା ଏବଂ ଗ୍ରହଣ (ସଂଯୋଗ-ନିଯୋଗ) ଦୃଷ୍ଟିରୁ - ବିଭିନ୍ନ କାର୍ଯ୍ୟ ଓ ଗୁଣ ପରିପ୍ରେକ୍ଷୀରେ ଧର୍ମ, ଅଧର୍ମ, ଆକାଶ, କାଳ ଓ ପୁଦ୍‌ଗଳ - ଏହି ପାଞ୍ଚୋଟି ଅଚେତନ ଦ୍ରବ୍ୟର ପଞ୍ଚରୂପ (ପଞ୍ଚଦ୍ରବ୍ୟ) ତଥା ଜୀବ, ଏହିପରି ଭାବରେ ଏହି ଛଅଟି ହେଉଛନ୍ତି ସତ୍ୟ। ଏହା ହେଲା ବିଭାଗ-ସାପେକ୍ଷ ସ୍ୱରୂପ ସତ୍ୟ।

ଆସ୍ରବ (ବନ୍ଧ-ହେତୁ), ସଂବର (ବନ୍ଧ-ନିରୋଧ), ନିର୍ଜରା (ବନ୍ଧକ୍ଷୟ ହେତୁ) - ଏହି ତିନି ତତ୍ତ୍ୱ ସାଧନ ସତ୍ୟ ଅଟନ୍ତି। ମୋକ୍ଷ ହେଉଛି ସାଧ୍ୟ-ସତ୍ୟ। ବନ୍ଧନ ଅବସ୍ଥାରେ ଆତ୍ମାର ଏହି ଚାରୋଟିଯାକ ରୂପ ସତ୍ୟ ହୋଇଥାନ୍ତି। ମୁକ୍ତ ଅବସ୍ଥାରେ ଆସ୍ରବ, ସଂବର କି ନିର୍ଜରା ଥାଏନାହିଁ, ସାଧ୍ୟରୂପ ମୋକ୍ଷ ବି ନ ଥାଏ, ତେଣୁ ସେଠାରେ ଆତ୍ମାର କେବଳ ଆତ୍ମା-ରୂପ ହିଁ ସତ୍ୟ ହୋଇଥାଏ।

ଆତ୍ମା ସହିତ ଅନାତ୍ମା (ଅଜୀବ-ପୁଦ୍‌ଗଳ)ର ସଂବନ୍ଧ ରହିଥିବା ପର୍ଯ୍ୟନ୍ତ, ଆତ୍ମାର ବନ୍ଧ, ପୁଣ୍ୟ ଓ ପାପ - ଏହି ତିନି ରୂପ ସତ୍ୟ ବୋଲି ବିବେଚିତ ହୋଇଥାନ୍ତି। ମୁକ୍ତଦଶାରେ ବନ୍ଧନ ହୁଏନାହିଁ, ପୁଣ୍ୟ ହୁଏନାହିଁ କି ପାପ ମଧ୍ୟ ହୁଏନାହିଁ। ତେଣୁ ଜୀବ ବିଯୁକ୍ତଦଶାରେ କେବଳ ଅଜୀବ (ପୁଦ୍‌ଗଳ) ହିଁ ସତ୍ୟ ରୂପେ ପରିଣଗିତ ହୋଇଥାଏ। ତାତ୍ପର୍ଯ୍ୟ ହେଲା – ଜୀବ-ଅଜୀବର ସଂଯୋଗ ବେଳାରେ ନବ (୯) ସତ୍ୟ ତଥା ବିୟୋଗ-ବେଳାରେ ଦୁଇଟି ମାତ୍ର ସତ୍ୟ ଥାଏ।

ବ୍ୟବହାର ନୟରେ ବସ୍ତୁର ବର୍ତ୍ତମାନ ରୂପ (ବୈକାରିକ ରୂପ) ହେଉଛି ସତ୍ୟ। ନିଶ୍ଚୟ ନୟରେ ବସ୍ତୁର ତ୍ରୈକାଳିକ ରୂପ (ସ୍ୱାଭାବିକ ରୂପ) ସତ୍ୟ ହୋଇଥାଏ।

॥ ୨ ॥

ମୋକ୍ଷର ସାଧକ-ବାଧକ ତତ୍ତ୍ୱ

ନବ ତତ୍ତ୍ୱ

ସତ୍ୟର ଜ୍ଞାନ ଓ ସତ୍ୟର ଆଚରଣ ଦ୍ୱାରା ସ୍ୱୟଂ ସତ୍ୟରେ ପରିଣତ ହେବା ହିଁ ହେଉଛି ଜୈନଦର୍ଶନର ଧର୍ମ।

ମୋକ୍ଷ ସାଧନାରେ ଉପଯୋଗୀ ଜ୍ଞେୟଗୁଡ଼ିକୁ ତତ୍ତ୍ୱ କୁହାଯାଏ। ତତ୍ତ୍ୱ ନଅ (୯) ପ୍ରକାର - ଜୀବ, ଅଜୀବ, ପୁଣ୍ୟ, ପାପ, ଆସ୍ରବ, ସଂବର, ନିର୍ଜରା, ବନ୍ଧ ଓ ମୋକ୍ଷ।[୧] ଉମାସ୍ୱାତି ପାପ ଓ ପୁଣ୍ୟକୁ ବାଦ୍‌ଦେଇ ତତ୍ତ୍ୱ ସାତ(୭) ପ୍ରକାର ବୋଲି କହିଛନ୍ତି।[୨] ସାର ଦୃଷ୍ଟିରେ ବିବେଚନା କଲେ ତତ୍ତ୍ୱକୁ ଦୁଇ ପ୍ରକାରେ ସୀମିତ କରାଯାଇପାରିବ - ଜୀବ ଓ ଅଜୀବ।[୩] ସାତ କିମ୍ବା ନଅ ପ୍ରକାର ବର୍ଗୀକରଣ ହେଉଛି ଏହି ଦୁଇ ତତ୍ତ୍ୱର ବିସ୍ତୃତି ମାତ୍ର। ପୁଣ୍ୟ ଓ ପାପ ହେଉଛି ବନ୍ଧର ଅବାନ୍ତର ଭେଦ। ସେମାନଙ୍କ ପୃଥକ୍ ବିବକ୍ଷା ହେଲେ ତତ୍ତ୍ୱ ୯ ଏବଂ ସ୍ୱତନ୍ତ୍ର ଭାବରେ ପରିଭାଷିତ କରାନଗଲେ ୭ଟି ତତ୍ତ୍ୱ ହୋଇଥାଏ।

ଜୀବ ଓ ଅଜୀବ ବ୍ୟତୀତ ଅବଶିଷ୍ଟ ପୁଣ୍ୟରୁ ମୋକ୍ଷଯାଏ ସମସ୍ତ ସାତୋଟି ତତ୍ତ୍ୱ ସ୍ୱତନ୍ତ୍ର ନୁହଁନ୍ତି। ଏମାନେ ଜୀବ ଓ ଅଜୀବର ଅବସ୍ଥା ବିଶେଷ ମାତ୍ର। ପୁଣ୍ୟ, ପାପ ଓ ବନ୍ଧ ପୌଦ୍‌ଗଳିକ ହୋଇଥିବାରୁ ଅଜୀବ ପର୍ଯ୍ୟାୟଭୁକ୍ତ ଥା'ନ୍ତି। ଆସ୍ରବ, ଆତ୍ମାର ଶୁଭ-ଅଶୁଭର ପରିଣତି ମଧ୍ୟ ହୋଇଥାଏ ଏବଂ ଶୁଭ-ଅଶୁଭର ପୁଦ୍‌ଗଳକୁ ଆକର୍ଷିତ ମଧ୍ୟ କରିଥାଏ। ଏହି କାରଣରୁ କିଛି ଆଚାର୍ଯ୍ୟ ଆସ୍ରବକୁ ଜୀବ ରୂପରେ ତଥା ଆଉ କେତେ ଆଚାର୍ଯ୍ୟ ଅଜୀବ ରୂପରେ ସ୍ୱୀକାର କରିଥାନ୍ତି। ଏହା ବିବକ୍ଷାଭେଦ ଅଟେ।

ନବତତ୍ତ୍ୱ ମଧ୍ୟରେ ପ୍ରଥମ ତତ୍ତ୍ୱ ଜୀବ ତଥା ନବମ ତତ୍ତ୍ୱ ହେଉଛି ମୋକ୍ଷ। ଜୀବମାନଙ୍କୁ ଦୁଇଭାଗରେ ବିଭକ୍ତ କରାଯାଇଥାଏ – ବଦ୍ଧ ଓ ମୋକ୍ଷ।[୪] ଏବେ ବଦ୍ଧଜୀବ ପ୍ରଥମ ଏବଂ ମୁକ୍ତ ଜୀବ ନବମ ତତ୍ତ୍ୱ ହୋଇଯାଉଛି। ଅଜୀବ ହେଉଛି ଜୀବର ପ୍ରତିପକ୍ଷ। ତା'ର ବନ୍ଧମୁକ୍ତ ବୋଲି କିଛିନାହିଁ। ତେବେ ଜୀବର ବନ୍ଧନ ପୌଦ୍‌ଗଳିକ ହୋଇଥିବାରୁ ସାଧନାକ୍ରମରେ ଅଜୀବକୁ ଜାଣିବା ମଧ୍ୟ ଜରୁରୀ ହୋଇପଡ଼େ। ବନ୍ଧନ-ମୁକ୍ତିର ଜିଜ୍ଞାସା ଉତ୍ପନ୍ନ ହେଲେ ଜୀବ ସାଧକରେ

---

(୧) ଉତ୍ତରଜ୍‌ଝୟଣାଣି, ୨୮/୧୪।

(୨) ତତ୍ତ୍ୱାର୍ଥସୂତ୍ର, ୧/୪।

(୩) ଠାଣଂ, ୨/୧।

(୪) ତତ୍ତ୍ୱାର୍ଥ ସୂତ୍ର, ୨/୧୦।

ପରିଣତ ହୁଏ ଏବଂ ସାଧ୍ୟ ବନିଯାଏ ମୋକ୍ଷ। ଅବଶିଷ୍ଟ ତତ୍ତ୍ୱ ସବୁ ସାଧକ ବା ବାଧକ ସାଜିଥାନ୍ତି। ପୁଣ୍ୟ, ପାପ ଓ ବନ୍ଧ ମୋକ୍ଷର ବାଧକ। ଅପେକ୍ଷା-ଭେଦରେ ଆସ୍ରବକୁ ଉଭୟ ବାଧକ ଓ ସାଧକ ଭେଦରେ ପରିଗଣିତ କରାଯାଇପାରିବ। ଶୁଭଯୋଗକୁ ଯଦି ଆସ୍ରବ କୁହାଗଲେ, ତାହା ମୋକ୍ଷର ସାଧକ ମଧ୍ୟ ହୋଇପାରିବ। କିନ୍ତୁ ଆସ୍ରବର କର୍ମ-ସଂଗ୍ରାହକ ରୂପ ମୋକ୍ଷର ବାଧକ ସାଜିଥାଏ। ସଂବର ଓ ନିର୍ଜରା ହେଉଛନ୍ତି ମୋକ୍ଷର ବିଶୁଦ୍ଧ ସାଧକ।

ବାଧକତତ୍ତ୍ୱ (ଆସ୍ରବ)ର ପାଞ୍ଚଟି ଭେଦ ହେଲା – ୧. ମିଥ୍ୟାତ୍ୱ, ୨. ଅବିରତି, ୩. ପ୍ରମାଦ, ୪. କଷାୟ ଏବଂ ୫. ଯୋଗ।

ଜୀବ ମଧ୍ୟରେ ବିକାର ଜାତ କରୁଥିବା ପରମାଣୁ ମୋହ ବୋଲାଇଥାନ୍ତି। ଦୃଷ୍ଟିବିକାର ଉତ୍ପନ୍ନ କରୁଥିବା ପରମାଣୁ ହେଲା ଦର୍ଶନ-ମୋହ।

ଚାରିତ୍ର-ବିକାର ଉତ୍ପନ୍ନ କରୁଥିବା ପରମାଣୁ ଚାରିତ୍ର-ମୋହ ବୋଲାଇଥାନ୍ତି। ଏମାନଙ୍କୁ ଦୁଇ ପ୍ରକାର ବିଭକ୍ତ କରାଯାଇପାରିବ - କଷାୟ ଓ ନୋ-କଷାୟ - କଷାୟକୁ ଉତ୍ତେଜିତ କରୁଥିବା ପରମାଣୁ।

କଷାୟର ଚାରିବର୍ଗ ହେଉଛି –

ପ୍ରଥମ ବର୍ଗ

ଅନନ୍ତାନୁବନ୍ଧୀ କ୍ରୋଧ – ଯଥା : ଶିଳାଖଣ୍ଡରେ ଖୋଦିତ ରେଖା (ସ୍ଥିରତମ)।

ଅନନ୍ତାନୁବନ୍ଧୀ ମାନ – ଯଥା : ପଥର ଖୁମ୍ବ (ଦୃଢ଼ତମ)।

ଅନନ୍ତାନୁବନ୍ଧୀ ମାୟା – ଯଥା : ବାଉଁଶମୂଳ (ବକ୍ରତମ)।

ଅନନ୍ତାନୁବନ୍ଧୀ ଲୋଭ – ଯଥା : କୃମି ବା ଗୋଟିପୋକ ଲାଳ ଜାତ ରେଶମର ରଂଗ (ଗାଢ଼ତମ)।

ଦର୍ଶନ ମୋହର ପରମାଣୁ ସହିତ ଏମାନଙ୍କ ପ୍ରଭୁତ୍ୱ ସମ୍ମିଳିତ ଥାଏ। ଏମାନଙ୍କ ଉଦୟ କାଳରେ ସମ୍ୟକ୍-ଦୃଷ୍ଟି ପ୍ରାପ୍ତ ହୁଏନାହିଁ। ଏହାହେଉଛି ମିଥ୍ୟାତ୍ୱ ଆସ୍ରବର ଭୂମିକା ଯାହାକି ସମ୍ୟକ୍-ଦୃଷ୍ଟି ପ୍ରାପ୍ତିରେ ବାଧା ଉତ୍ପନ୍ନ କରିଥାଏ। ଏହାର ଅଧିକାରୀ ମିଥ୍ୟାଦୃଷ୍ଟି ତଥା ସନ୍ଦିଗ୍ଧଦୃଷ୍ଟି ଅଟନ୍ତି। ଏହି ସ୍ଥିତିରେ ଦେହ-ଭିନ୍ନ ଆତ୍ମାର ପ୍ରତୀତି ହୁଏନାହିଁ। ଏହାକୁ ଅତିକ୍ରମ କରିପାରୁଥିବା ବ୍ୟକ୍ତି ସମ୍ୟକ୍‌ଦୃଷ୍ଟିସମ୍ପନ୍ନ ହୋଇଥାଏ।

ଦ୍ୱିତୀୟ ବର୍ଗ

ଅପ୍ରତ୍ୟାଖ୍ୟାନ କ୍ରୋଧ – ଯଥା : ମାଟି ଉପରେ ଟଣାଯାଇଥିବା ଗାର (ସ୍ଥିରତର)।

ଅପ୍ରତ୍ୟାଖ୍ୟାନ ମାନ – ଯଥା : ଅସ୍ଥି ବା ହାଡ଼ର ଖୁମ୍ବ (ଦୃଢ଼ତର)।

ଅପ୍ରତ୍ୟାଖ୍ୟାନ ମାୟା – ଯଥା : ମେଷର ଶିଙ୍ଗ (ବକ୍ରତର)।

ଅପ୍ରତ୍ୟାଖ୍ୟାନ ଲୋଭ – ଯଥା : କାଦୁଅ ବା ପଙ୍କର ରଙ୍ଗ (ଗାଢ଼ତର)।

ଏମାନଙ୍କ ଉଦୟକାଳରେ ଚରିତ୍ରକୁ ବିକୃତ କରୁଥିବା ପରମାଣୁ ସମୂହର ପ୍ରବେଶ-ନିରୋଧ (ସଂବର) ହୁଏନାହିଁ। ଅବ୍ରତ-ଆସ୍ରବର ଭୂମିକା ତଥା ଅଣୁବ୍ରତୀ ଜୀବନର ବାଧକ ଅଟେ। ଏହାର ଅଧିକାରୀ ସମ୍ୟକ୍‌ଦୃଷ୍ଟି ତଥା ଏହି ସ୍ଥିତିରେ ଦେହଠାରୁ ଭିନ୍ନ ଆତ୍ମାର ପ୍ରତୀତି ହୋଇଥାଏ। ଏହାକୁ ଅତିକ୍ରମ କରିପାରୁଥିବା ବ୍ୟକ୍ତି ଅଣୁବ୍ରତୀ ହୋଇଥାଏ।

ତୃତୀୟ ବର୍ଗ

ପ୍ରତ୍ୟାଖ୍ୟାନ କ୍ରୋଧ – ଯଥା : ଧୂଳି ରେଖା (ସ୍ଥିର)।

ପ୍ରତ୍ୟାଖ୍ୟାନ ମାନ – ଯଥା : କାଠର ଖୁମ୍ବ (ଦୃଢ଼)।

ପ୍ରତ୍ୟାଖ୍ୟାନ ମାୟା – ଯଥା : ଚାଲିଯାଉଥିବା ବଳଦର ମୂତ୍ରଧାରା (ବକ୍ର)।

ପ୍ରତ୍ୟାଖ୍ୟାନ ଲୋଭ – ଯଥା : କଜଳପାତି ପକ୍ଷୀର ରଙ୍ଗ (ଗାଢ଼)।

ଏମାନଙ୍କ ଉଦୟକାଳରେ ଚାରିତ୍ର-ବିକାରକ ପରମାଣୁସମୂହର ପୂର୍ଣ୍ଣତଃ ନିରୋଧ (ସଂବର) ହୋଇ ନ ଥାଏ। ଏହା ଅପୂର୍ଣ୍ଣ-ଅବ୍ରତ-ଆସ୍ରବର ଭୂମିକା ତଥା ମହାବ୍ରତୀ ଜୀବନରେ ବାଧା ଉତ୍ପନ୍ନ କରିଥାଏ। ଏହାର ଅଧିକାରୀ

ଅଣୁବ୍ରତୀ ତଥା ଏହି ସ୍ଥିତିରେ ଆତ୍ମରମଣ ବୃତ୍ତିର ପ୍ରାଥମିକ ଅଭ୍ୟାସ ଆରମ୍ଭ କରିଥାଏ। ଏହାକୁ ଅତିକ୍ରମ କରିପାରିଲେ ମଣିଷ ମହାବ୍ରତୀରେ ପରିଣତ ହୁଏ।

ଚତୁର୍ଥ ବର୍ଗ

ସଂଜ୍ୱଳନ କ୍ରୋଧ – ଯଥା : ଜଳ-ରେଖା (ଅସ୍ଥିର, ତାତ୍‌କାଳିକ)।

ସଂଜ୍ୱଳନ ମାନ – ଯଥା : ଲତାର ଖୁମ୍ବ (ନମନୀୟ)।

ସଂଜ୍ୱଳନ ମାୟା – ଯଥା : ବାଉଁଶର ସଦ୍ୟ ଛେଲାଯାଇଥିବା ଚୋପା (ସ୍ୱଳ୍ପତମ ବକ୍ର)।

ସଂଜ୍ୱଳନ ଲୋଭ – ଯଥା : ହଳଦୀର ରଙ୍ଗ (ତତ୍‌କାଳ ଉଡ଼ିଯାଉଥିବା)।

ଏମାନଙ୍କ ଉଦୟକାଳରେ ଚାରିତ୍ର-ବିକାରକ ପରମାଣୁସମୂହର ଅସ୍ତିତ୍ୱ ନିର୍ମୂଳ ହୁଏନାହିଁ। ଏହା ଆରମ୍ଭରେ ପ୍ରମାଦ ଏବଂ ପରେ କଷାୟ-ଆସ୍ରବର ଭୂମିକା ହୋଇରହେ। ଏହା ବୀତରାଗ ଚାରିତ୍ରରେ ବାଧକ ଅଟେ। ଏହାର ଅଧିକାରୀ ସରାଗ-ସଂଯମୀ ହୋଇଥାନ୍ତି।

ଯୋଗ ଆସ୍ରବ ହେଉଛି ଶୈଳେଶୀ ଦଶା (ଅସଂପ୍ରଜ୍ଞାତ ସମାଧି)ର ବାଧକ।

ମିଥ୍ୟାତ୍ୱ, ଅବିରତି, ପ୍ରମାଦ, କଷାୟ ଏବଂ ଅଶୁଭଯୋଗ ଦ୍ୱାରା ପାପକର୍ମର ବନ୍ଧ ହୁଏ। ଆସ୍ରବର ପ୍ରଥମ ଚାରିରୂପ ଆନ୍ତରିକ ଦୋଷ ଅଟନ୍ତି। ଏମାନଙ୍କ ଦ୍ୱାରା ପାପକର୍ମର ସତତ ବନ୍ଧ ହୋଇଚାଲିଥାଏ। ଯୋଗ, ଆସ୍ରବ ପ୍ରବୃତ୍ତ୍ୟାତ୍ମକ ତଥା ତାହା ଶୁଭ ଓ ଅଶୁଭ – ଏହିଭଳି ଦୁଇଭାଗରେ ବିଭକ୍ତ। ଶୁଭ ଓ ଅଶୁଭ ପ୍ରବୃତ୍ତି ଏକସମୟରେ ଘଟି ନ ଥାଏ। ଶୁଭପ୍ରବୃତ୍ତିରୁ ଶୁଭକର୍ମ ଓ ଅଶୁଭ ପ୍ରବୃତ୍ତିରୁ ଅଶୁଭକର୍ମର ବନ୍ଧ ହୁଏ।

ଆସ୍ରବ ଦ୍ୱାରା ଶୁଭ-ଅଶୁଭ କର୍ମର ବନ୍ଧ, ବନ୍ଧର ପୁଣ୍ୟ-ପାପ ରୂପରେ ଉଦୟ, ଉଦୟରୁ ପୁନରାୟ ଆସ୍ରବ, ଏହାଦ୍ୱାରା ପୁଣି ବନ୍ଧ ଓ ଉଦୟ – ଏହା ହେଉଛି ସଂସାରଚକ୍ର।

ସାଧକ ତତ୍ତ୍ୱ

ମୋକ୍ଷର ସାଧକ ତତ୍ତ୍ୱଦ୍ୱୟ ହେଲେ – ସଂବର ଓ ନିର୍ଜରା।

ଯେତେ ଆସ୍ରବ, ସେତେ ସଂବର। ଆସ୍ରବ ପାଞ୍ଚ ପ୍ରକାର, ସେହିପରି ସଂବରକୁ ମଧ୍ୟ ପାଞ୍ଚଭାଗରେ ବିଭକ୍ତ କରାଯାଇଥାଏ – ୧. ସମ୍ୟକ୍‌ତ୍ୱ, ୨. ବିରତି, ୩. ଅପ୍ରମାଦ, ୪. ଅକଷାୟ ଓ ୫. ଅଯୋଗ।

କର୍ମ-କ୍ଷୟ ଓ ତଦ୍ଦ୍ୱାରା ଆତ୍ମସ୍ୱରୂପର ଉପଲବ୍ଧି ହିଁ ନିର୍ଜରାର ଅର୍ଥ। ନିର୍ଜରାର ହେତୁ ହେଉଛି ତପ। ୧୨ ପ୍ରକାର ତପ ହୋଇଥିବାରୁ ନିର୍ଜରାର ମଧ୍ୟ ବାର (୧୨) ଭେଦ ରହିଥାଏ।[୪] ଯଥା : ସଂବର, ଆସ୍ରବର ପ୍ରତିପକ୍ଷ, ସେହିଭଳି ନିର୍ଜରା, ବନ୍ଧର ପ୍ରତିପକ୍ଷ। ଆସ୍ରବର ସଂବର ତଥା ବନ୍ଧର ନିର୍ଜରା ଦ୍ୱାରା ଆତ୍ମାର - ପରିମିତ ସ୍ୱରୂପୋଦୟ ଘଟିଥାଏ। ସଂପୂର୍ଣ୍ଣ ସଂବର ଏବଂ ପରିପୂର୍ଣ୍ଣ ନିର୍ଜରା ହେଲାମାତ୍ରକେ ଆତ୍ମାର ପୂର୍ଣ୍ଣୋଦୟ ଘଟିଥାଏ ଅର୍ଥାତ୍ ମୋକ୍ଷ ପ୍ରାପ୍ତ ହୁଏ।

ନିର୍ଜରାର ହେତୁ ହେଲା ତପ। ଏହାର ବାହ୍ୟଅଂଶ ହେଉଛି – ୧. ଅନଶନ, ୨. ଆହାର-ସଂଯମ, ୩. ଆସନ-ପ୍ରୟୋଗ ଏବଂ ୪. ଇନ୍ଦ୍ରିୟ ସଂଯମ।

ନିର୍ଜରାର ଆନ୍ତରିକ ଅଙ୍ଗ ହେଉଛି – ୧. ପ୍ରାୟଶ୍ଚିତ୍ତ, ୨. ବିନୟ, ୩. ସେବା, ୪. କାୟୋତ୍ସର୍ଗ, ୫. ସ୍ୱାଧ୍ୟାୟ ଓ ୬. ଧ୍ୟାନ।

ଧ୍ୟାନ

ବିଗତ କିଛି ଶତାବ୍ଦୀରେ ଜୈନ ପରମ୍ପରାରେ ଧ୍ୟାନର କ୍ରମ ବିଚ୍ଛିନ୍ନ ହୋଇପଡ଼ିଥିବା ଦେଖାଯାଇଥିଲା। ଏହାର କାରଣ ଅନୁସନ୍ଧାନ କରିବା ମୋର ଲକ୍ଷ୍ୟ ନୁହେଁ। କିନ୍ତୁ ଧ୍ୟାନ ସହିତ ସଂପର୍କର ବିଚ୍ଛିନ୍ନତା, ନିରାଟ ସତ। ନିରନ୍ତର

---

[୪] ଜୈନସିଦ୍ଧାନ୍ତଦୀପିକା, ୬/୨୯, ୩୬।

ଅଭ୍ୟାସର ପ୍ରବାହ ଅବରୁଦ୍ଧ ହେବାଯୋଗୁଁ ଅନେକ ମନୀଷୀ ଜୈନମାନଙ୍କ କୌଣସି ଧ୍ୟାନପଦ୍ଧତି ନାହିଁ ବୋଲି ସ୍ୱୀକାର କରିନେଲେ। ଧ୍ୟାନାଭ୍ୟାସ ସକାଶେ ପତଞ୍ଜଳୀ ଆଦି ଯୋଗାଚାର୍ଯ୍ୟଙ୍କ ବଶଂବଦ ହୋଇପଡ଼ିଲେ। କୌଣସି ଆଚାର୍ଯ୍ୟ କିମ୍ବା ପରମ୍ପରାର ଅବଦାନ ପ୍ରତି କୃତଜ୍ଞତା ପ୍ରକଟ କରିବା ଅତି ଉତ୍ତମ, କିନ୍ତୁ ଆତ୍ମ-ବିସ୍ମୃତି ଭଲ କଥା ନୁହେଁ।

ଭଗବାନ ମହାବୀର ଧ୍ୟାନ-ଯୁକ୍ତ ତପସ୍ୟା ବଳରେ ହିଁ କେବଳୀ ହୋଇପାରିଥିଲେ। ସେହିପରି ଅନ୍ୟାନ୍ୟ ସମସ୍ତ ମୁନି ମଧ୍ୟ ଧ୍ୟାନର ସଶକ୍ତ ଆଲଂବନ ଦ୍ୱାରା କୈବଲ୍ୟପ୍ରାପ୍ତ କରିଥିଲେ। ତେଣୁ ଧ୍ୟାନାଭ୍ୟାସ ପଦ୍ଧତିକୁ ଅନ୍ୟମାନଙ୍କଠାରୁ ଧାର ଆଣିବା, କେତେଦୂର ସମୀଚୀନ ହେବ?

ସତ୍ୟର ଅନ୍ୱେଷଣ ସକାଶେ ଜୈନମୁନିମାନେ ଧ୍ୟାନ କରିଥାନ୍ତି। ଏହି ଧ୍ୟାନକୁ ଦୁଇ ଶ୍ରେଣୀରେ ବିଭକ୍ତ କରାଯାଇଥାଏ – ଧର୍ମ୍ୟ ଓ ଶୁକ୍ଳ।

ଧର୍ମ୍ୟର ଅର୍ଥ ବସ୍ତୁର ସ୍ୱଭାବ। ବସ୍ତୁଠାରେ ଅନନ୍ତ ଧର୍ମ ଏବଂ ଅନନ୍ତ ପର୍ଯ୍ୟାୟ ରହିଥାଏ। ଆମେ ବସ୍ତୁର ସାମାନ୍ୟ କେତେକ ପର୍ଯ୍ୟାୟକୁ ଜାଣିଥାଉଁ। ଅବଶିଷ୍ଟ ପର୍ଯ୍ୟାୟ ଆମ ଲାଗି ଅଜ୍ଞାତ ହୋଇରହିଥାଏ। ସେହି ଅଜ୍ଞାତ ପର୍ଯ୍ୟାୟଗୁଡ଼ିକୁ ଜ୍ଞାତ କରିବାର ସଶକ୍ତ ସାଧନ ହେଉଛି - ଧ୍ୟାନ।

ଅତୀନ୍ଦ୍ରିୟ ଜ୍ଞାନସମ୍ପନ୍ନ ମୁନିମାନଙ୍କ ଦ୍ୱାରା ପ୍ରତିପାଦିତ ସୂକ୍ଷ୍ମଦ୍ରବ୍ୟ ଓ ପର୍ଯ୍ୟାୟଗୁଡ଼ିକ ଆମ ବୁଦ୍ଧିଗମ୍ୟ ନୁହଁନ୍ତି। ସେମାନଙ୍କୁ ଜାଣିବା ସକାଶେ ଧ୍ୟାନର ପ୍ରୟୋଗ କରାଯାଇଥାଏ। ସେହି ଧ୍ୟାନପଦ୍ଧତିର ନାମ ହେଲା ଧର୍ମ୍ୟ ଧ୍ୟାନ।

ବସ୍ତୁ ସତ୍ୟ ପର୍ଯ୍ୟନ୍ତ ପହଞ୍ଚିବାକୁ ହେଲେ ଧର୍ମ୍ୟ ଧ୍ୟାନ ହେଉଛି ଆନ୍ତରିକ ପ୍ରକ୍ରିୟା। କିନ୍ତୁ ବର୍ତ୍ତମାନ ତାହା ପରିଭାଷାର ବନ୍ଧନରେ ଆବଦ୍ଧ। ଏଥିରୁ ତାହାକୁ ମୁକ୍ତ ନ କରିଲେ ଆମେ ଜୈନ ଧ୍ୟାନ ପଦ୍ଧତିର ମର୍ମ ବୁଝିପାରିବା ନାହିଁ।

ଜୈନ ଆଗମରେ ଅନେକ କଥା ସୂତ୍ର ରୂପରେ ଉଲ୍ଲିଖିତ। ହଜାର ହଜାର ବର୍ଷର ବ୍ୟବଧାନ କାରଣରୁ ସେମାନଙ୍କ ସମ୍ୟକ୍ ଗ୍ରହଣ ସମ୍ଭବ ହେଉନାହିଁ। ସେମାନଙ୍କ ସ୍ଥୂଳ କଳେବର ହିଁ ଆମ ହାତମୁଠାରେ ଆସିପାରୁଛି।

ଅନ୍ୟ କଥା ହେଲା – ସୂତ୍ରକାର ଓ ବ୍ୟାଖ୍ୟାକାରମାନଙ୍କ ଶୈଳୀର ବୈଶିଷ୍ଟ୍ୟକୁ ବୁଝିବାରେ ଆମେ ସମର୍ଥ ନ ହେଲେ ପ୍ରତିପାଦ୍ୟର ଆଶ୍ରୟକୁ ଗ୍ରହଣ କରିପାରିବା ନାହିଁ।

ସୂତ୍ର ରଚନାର ଏହା ମଧ୍ୟ ଏକ ଶୈଳୀ ଯେଉଁଥିରେ ବ୍ୟାପକ ତତ୍ତ୍ୱକୁ ଏକ ସରସ ଉଦାହରଣ ମାଧ୍ୟମରେ ନିରୂପିତ କରାଯାଇଥାଏ। ଉଦାହରଣରୁ ଯେତେ ଗ୍ରହଣ କରାଯାଇପାରିବ, ଆମେ ସେତିକି ମାତ୍ର ଅର୍ଥ ବୁଝିବାରେ ସମର୍ଥ ହୋଇଥାଉଁ। ଏହା ବସ୍ତୁର ପୂର୍ଣ୍ଣ ପରିଭାଷା ନୁହେଁ, ଏହା କେବଳ ଏକ ଉଦାହରଣ ମାତ୍ର, ଆମେ ଏହି ତଥ୍ୟକୁ ପାସୋରି ଦେଇଥାଉଁ। ଧ୍ୟାନ ବିଷୟରେ ରହିଥିବା ଅଜ୍ଞାନର ଏହା ମୁଖ୍ୟ ହେତୁ।

ଧର୍ମ୍ୟ ଧ୍ୟାନର ଚାରି ସୋପାନ ହେଉଛି – ୧. ଆଜ୍ଞା ବିଚୟ ୨. ଅପାୟ ବିଚୟ ୩. ବିପାକ ବିଚୟ ୪. ସଂସ୍ଥାନ ବିଚୟ। ବ୍ୟାଖ୍ୟାମାନଙ୍କରେ ଏମାନଙ୍କ ଉଦହରାତ୍ମକ ଅର୍ଥ ପ୍ରାପ୍ତ ହୋଇଥାଏ, ଯଥା -

ଆଜ୍ଞା ବିଚୟ – ବୀତରାଗଙ୍କ ଆଜ୍ଞାର ଅନୁଶୀଳନ

ଅପାୟ ବିଚୟ – କଷାୟ ଆଦି ଦୋଷଗୁଡ଼ିକର ବିବେଚନ

ବିପାକ ବିଚୟ – କର୍ମ-ପରିଣାମର ସମ୍ୟକ୍ ବିବେଚନ

ସଂସ୍ଥାନ ବିଚୟ – ଲୋକର ଆକାରର ନିର୍ଣ୍ଣୟ କରିବା

ଏହି ଉଦାହରଣାତ୍ମକ ଅର୍ଥଗୁଡ଼ିକୁ ଆମେ ସୀମିତ ମାତ୍ରାରେ ଉପଲବ୍ଧ କରିଥାଉଁ। ତେଣୁ ଆମେ ଧ୍ୟାନ ପଦ୍ଧତିର ହୃଦୟକୁ ସ୍ପର୍ଶ କରିବାରେ ବିଫଳ ହୋଇଥାଉଁ।

ବନସ୍ପତି ହେଉଛି ସଜୀବ – ଏହା ଶାସ୍ତ୍ରୀୟ ମତ। ବନସ୍ପତିର ଜୀବ ଆମ ଦୃଷ୍ଟି ମଧ୍ୟକୁ ଆସନ୍ତି ନାହିଁ। ଏ ପରିସ୍ଥିତିରେ ଆମେ କ'ଣ କରିବା? ଏହି ଶାସ୍ତ୍ରୀୟ ସତ୍ୟକୁ ସ୍ୱୀକାର କରିବା ନା ଅସ୍ୱୀକାର? ସତ୍ୟର ଅନନ୍ତଧର୍ମା ଅଭିବ୍ୟକ୍ତି ସହିତ ଅପରିଚିତ ବ୍ୟକ୍ତି ହିଁ ଏହାକୁ ପ୍ରତ୍ୟାଖ୍ୟାନ କରିବାର ସାହସ କରିବ। ଗହନ ଶ୍ରଦ୍ଧା, ଏହାକୁ ସ୍ୱୀକାର କରିବାରେ ସାହାଯ୍ୟ କରିଥାଏ।

ଚିନ୍ତନଶୀଳ ପ୍ରବୁଦ୍ଧମାନସ ସ୍ୱୀକାର ଓ ଅସ୍ୱୀକାର ରୂପକ ଉଭୟ ମାର୍ଗକୁ ପସନ୍ଦ କରେନାହିଁ ଏବଂ ଧ୍ୟାନର ଆଲଂବନ ନେଇ ସମସ୍ୟାର ସମାଧାନ ଖୋଜିଥାଏ। ଶାସ୍ତ୍ରମାନଙ୍କରେ ଯେଉଁ ସୂକ୍ଷ୍ମ ପର୍ଯ୍ୟାୟ ନିରୂପିତ କରାଯାଇଛି, ପୂର୍ବ ମାନ୍ୟତା ରୂପରେ ସେ ସମସ୍ତଙ୍କ ସ୍ୱୀକାର କରିପକାଏ।

ବନସ୍ପତି ସଜୀବ – ଏହାକୁ ପୂର୍ବମାନ୍ୟତା ରୂପରେ ସ୍ୱୀକାର କରି ଧ୍ୟାନୀ ସାଧକ ଆପଣା ସମଗ୍ର ଚିନ୍ତନକୁ ତା'ଉପରେ କେନ୍ଦ୍ରୀଭୂତ କରିଦିଏ। ପ୍ରତ୍ୟକ୍ଷ ଜ୍ଞାନୀଙ୍କ ଦ୍ୱାରା ପ୍ରତିପାଦିତ ସତ୍ୟସମୂହରୁ ଆହରଣ କରାଯାଉଥିବାରୁ ଏହି ଧ୍ୟାନ ବିଷୟକୁ ଆଜ୍ଞାବିଚୟ କୁହାଯାଏ।

ଆଜ୍ଞାର ସଂବନ୍ଧ ବୀତରାଗ ଅଥବା ଜଣେ କେବଳୀଙ୍କ ସହିତ ହିଁ କାହିଁକି ? ଆୟୁର୍ବେଦ-ଆଚାର୍ଯ୍ୟ କହନ୍ତି - ଗୁଡ଼ ହେଉଛି କଫ-କାରକ ତଥା ଶୁଣ୍ଠି ପିତ୍ତ-କାରକ। ଧ୍ୟାନ ମାଧ୍ୟମରେ ଏହାର ପ୍ରାମାଣ୍ୟକୁ ଜାଣିବା କ'ଣ ଆଜ୍ଞା-ବିଚୟ ନୁହେଁ। ବୈଜ୍ଞାନିକମାନଙ୍କ ଅନେକ ଆବିଷ୍କାରର ସତ୍ୟାସତ୍ୟକୁ ଧ୍ୟାନ ଦ୍ୱାରା ନିର୍ଦ୍ଧାରଣ କରିବା କ'ଣ ଆଜ୍ଞା ବିଚୟ ନୁହେଁ ? ପରୋକ୍ଷ ପର୍ଯ୍ୟାୟର ଯଥାର୍ଥ ବୋଧ କରିବା ପାଇଁ କୌଣସି ବ୍ୟକ୍ତି ବା ଶାସ୍ତ୍ରର ନିର୍ଦ୍ଦେଶକୁ ଆଲମ୍ବନ କରି ସେଠାରେ ମନକୁ କେନ୍ଦ୍ରିତ କରିବା ହିଁ ଆଜ୍ଞା ବିଚୟ ଅଟେ।

ଅପାୟ ବିଚୟ ହେଉଛି ବିଶ୍ଳେଷଣାତ୍ମକ ପଦ୍ଧତିର ଧ୍ୟାନ। ବସ୍ତୁର ବାସ୍ତବିକତା ଜାଣିବା ସକାଶେ ବସ୍ତୁର ମୌଳିକ ସତ୍ତା ପର୍ଯ୍ୟନ୍ତ ପହଞ୍ଚିବା ଜରୁରୀ। ଏହି ବିଶ୍ୱ, ସମ୍ପର୍କ ଓ ସମ୍ମିଶ୍ରଣ ସଂକୁଳ। ସତ୍ୟ-ଶୋଧକ ନିରନ୍ତର ସମ୍ପର୍କର ବିଶ୍ଳେଷଣ କରି ବସ୍ତୁର ଶୁଦ୍ଧ ସତ୍ତାକୁ ପ୍ରାପ୍ତ କରିଥାନ୍ତି।

ଆତ୍ମଧ୍ୟାନର ଅପାୟ ପଦ୍ଧତିର ନିର୍ଦ୍ଦେଶ ଆଚାରାଂଗ ସୂତ୍ର (୧/୫/୬)ରେ ଚମତ୍କାର ବର୍ଣ୍ଣନା ରହିଛି –

ମୁଁ କିଏ ? ଏହି ପ୍ରଶ୍ନ ସନ୍ଦର୍ଭରେ ତାହାକୁ ନିମ୍ନ ପ୍ରକାରେ ପ୍ରସ୍ତୁତ କରାଯାଇପାରିବ–

ମୁଁ ଶବ୍ଦ ନୁହେଁ, ରୂପ ନୁହେଁ, ଗନ୍ଧ ନୁହେଁ, ରସ ନୁହେଁ, ସ୍ପର୍ଶ ନୁହେଁ।

ମୁଁ ଦୀର୍ଘ ନୁହେଁ, ହ୍ରସ୍ୱ ନୁହେଁ।

ମୁଁ ବୃତ୍ତ ନୁହେଁ, ତ୍ରିକୋଣ ନୁହେଁ, ଚତୁଷ୍କୋଣ ନୁହେଁ, ପରିମଣ୍ଡଳ ନୁହେଁ।

ମୁଁ ଶରୀର ନୁହେଁ, ବାଣୀ ନୁହେଁ, ମନ ନୁହେଁ।

ମୁଁ ଇନ୍ଦ୍ରିୟ ନୁହେଁ, ପ୍ରାଣ ନୁହେଁ, ଶ୍ୱାସ-ଉଚ୍ଛ୍ୱାସ ନୁହେଁ।

ମୁଁ ଅରୂପୀ ସତ୍ତା ଅଟେ।

ଏହି ଅପାୟ-ପଦ୍ଧତିରେ ଧ୍ୟାତାର ଧ୍ୟାନ ମୂର୍ତ୍ତରୁ ଅମୂର୍ତ୍ତର ଭୂମିକା ମଧ୍ୟରେ ପ୍ରବେଶ କରିଥାଏ। ଏହାପରେ ଆତ୍ମାର, ଅମୂର୍ତ୍ତଦ୍ରବ୍ୟ ଦ୍ୱାରା ଅପାୟ କରିବାକୁ ହୁଏ।

'ମୁଁ କିଏ ?'–

ମୁଁ ଗତିସହାୟକ ଦ୍ରବ୍ୟ ନୁହେଁ।

ମୁଁ ସ୍ଥିତିସହାୟକ ଦ୍ରବ୍ୟ ନୁହେଁ।

ମୁଁ ଅବକାଶ ଦେଉଥିବା ଦ୍ରବ୍ୟ ନୁହେଁ।

ମୁଁ ପରିବର୍ତ୍ତନର ହେତୁ ନୁହେଁ।

ଏହି ଅମୂର୍ତ୍ତସତ୍ତାଗୁଡ଼ିକର ନିଷେଧ କରିବା ଉତ୍ତାରୁ ଯାହା ଅବଶିଷ୍ଟ ରହିଲା, ତାହା-ଚୈତନ୍ୟ।

ମୁଁ ହେଉଛି ଚୈତନମୟ।

ଆତ୍ମାର ବୈଭାବିକ ପର୍ଯ୍ୟାୟମାନଙ୍କରୁ ଆତ୍ମା ହେଉଛି ଭିନ୍ନ - ଏହା ନିରନ୍ତର ସ୍ମରଣ ରଖିବାକୁ ହେବ।

ମୁଁ କ୍ରୋଧ ନୁହେଁ, ମାନ ନୁହେଁ, ମାୟା ନୁହେଁ, ଲୋଭ ନୁହେଁ, ଭୟ ନୁହେଁ, ଘୃଣା ନୁହେଁ, ବାସନା ନୁହେଁ, ଅଜ୍ଞାନ ନୁହେଁ, ମିଥ୍ୟାତ୍ୱ ନୁହେଁ।

'ମୁଁ ହେଉଛି ଶୁଦ୍ଧ ଖାଣ୍ଟି ଚୈତନ୍ୟମୟ।'

ମହର୍ଷି ରମଣ ଏହି ଅପାୟ-ପଦ୍ଧତିକୁ ଭାରି ମହତ୍ତ୍ୱ ଦେଉଥିଲେ। ତାଙ୍କର କ୍ରମ ଏପରି ଥିଲା –

ମୁଁ କିଏ ? ସପ୍ତଧାତୁ-ନିର୍ମିତ ସ୍ଥୁଳ ଶରୀର, ମୁଁ ନୁହେଁ। ଶବ୍ଦ, ସ୍ପର୍ଶ, ରୂପ, ରସ, ଗନ୍ଧ – ଏହି ୫ଟି ବିଷୟକୁ ଗ୍ରହଣ କରୁଥିବା କର୍ଣ୍ଣ, ତ୍ୱଚା, ନେତ୍ର, ଜିହ୍ୱା ଏବଂ ନାସିକା - ଏହି ପାଞ୍ଚୋଟି ଜ୍ଞାନେନ୍ଦ୍ରିୟ ମଧ୍ୟ ମୁଁ ନୁହେଁ। ବଚନ, ଗମନ, ଦାନ, ମଳବିସର୍ଜନ ଓ ଆନନ୍ଦ – ଏହି ପଞ୍ଚବିଧ କ୍ରିୟା କରୁଥିବା ବାକ୍, ପାଦ, ପାଣି, ପାୟୁ ଓ ଉପସ୍ଥ – ଏହି ପଞ୍ଚ କର୍ମେନ୍ଦ୍ରିୟ ବି ମୁଁ ନୁହେଁ। ଶ୍ୱାସାଦି ପଞ୍ଚ-କ୍ରିୟା କରୁଥିବା ପ୍ରାଣ ଆଦି ବାୟୁ-ପଞ୍ଚକ ମଧ୍ୟ ମୁଁ ନୁହେଁ। ସଂକଳ୍ପ କରୁଥିବା ମନ ବି ମୁଁ ନୁହେଁ। ସମସ୍ତ ବିଷୟ ଓ ବୃତ୍ତିକୁ ତ୍ୟାଗକରି କେବଳ ବିଷୟ ଓ ବାସନାରେ ମଜ୍ଜିରହିଥିବା ଅଜ୍ଞାନ ମଧ୍ୟ ମୁଁ ନୁହେଁ। ଏହିଭଳି 'ନେତି ନେତି' ଅର୍ଥାତ୍ 'ମୁଁ ଏହା ନୁହେଁ, ମୁଁ ଏହା ନୁହେଁ' କହି ଉପରୋକ୍ତ ସମସ୍ତ ଉପାଧିକୁ ନିଷେଧ କରିବା ପରେ ଅବଶେଷ ରହୁଥିବା ଏକମାତ୍ର ଚୈତନ୍ୟ ହିଁ ମୁଁ ଅଟେ।[୬]

ପୁଦ୍‌ଗଲମାନଙ୍କ ଗୁଣ-ଧର୍ମର ବିଶ୍ଳେଷଣ କରୁଥିବା ବୈଜ୍ଞାନିକ ପଦ୍ଧତି ହେଉଛି ଅପାୟ ପଦ୍ଧତି। ବୈଜ୍ଞାନିକ-ପଦ୍ଧତି ଯନ୍ତ୍ର ଦ୍ୱାରା ଚାଳିତ ହୋଇଥାଏ ଏବଂ ଧ୍ୟାନ-ପଦ୍ଧତି ଆନ୍ତରିକ ବିକାଶ ମାଧ୍ୟମରେ ଚାଳିତ ହୋଇଥାଏ। ଉଭୟ ପଦ୍ଧତିରେ ମନର କେନ୍ଦ୍ରୀକରଣ ଆବଶ୍ୟକ ହୋଇଥାଏ।

ବିପାକ ବିଚୟର ଧ୍ୟାନକାଳରେ ପଦାର୍ଥର ପରିଣାମ ପ୍ରତି ମନକୁ କେନ୍ଦ୍ରିତ କରାଯାଇଥାଏ। କେବଳ କର୍ମର ବିପାକ ଉପରେ ମନର ସ୍ଥିରୀକରଣ ହିଁ ବିପାକ ବିଚୟ ନୁହେଁ। ଏହାକୁ ଏକ ଉଦାହରଣ ମାତ୍ର ରୂପରେ ଧରି ନିଆଯାଇପାରିବ।

ସଂସ୍ଥାନ ବିଚୟ-ଧ୍ୟାନ ପଦ୍ଧତି ସହାୟତାରେ ଧ୍ୟାନୀ ମୁନିମାନେ ପଦାର୍ଥର ଲକ୍ଷଣ, ସଂସ୍ଥାନ (ଆକୃତିରଚନା), ଆଧାର, ବିଧାନ, ପ୍ରମାଣ, ଉତ୍ପାଦ, ବ୍ୟୟ, ଧ୍ରୌବ୍ୟ ଆଦି ବିଭିନ୍ନ ପର୍ଯ୍ୟାୟକୁ ଜାଣିବାରେ ସକ୍ଷମ ହେଉଥିଲେ।[୭]

ବର୍ଣ୍ଣ, ଗନ୍ଧ, ରସ, ସ୍ପର୍ଶ ଏବଂ ସଂସ୍ଥାନର ବିବିଧ ଯୋଗରୁ ବିବିଧ ବସ୍ତୁ ନିଷ୍ପନ୍ନ ହୋଇଥାଏ। ଭିନ୍ନ-ଭିନ୍ନ ସଂସ୍ଥାନର ପରମାଣୁ ବି ବସ୍ତୁର ସ୍ୱରୂପକୁ ପ୍ରଭାବିତ କରିଥାନ୍ତି। ଭଗବତୀସୂତ୍ରରେ ବର୍ଣ୍ଣିତ ଅନେକ ଭଙ୍ଗ ଏହି ତଥ୍ୟ ଆଡ଼କୁ ସଂକେତ କରିଥାଏ। ଏହି ଜ୍ଞାନକୁ ସୂତ୍ରକାରମାନେ ଧ୍ୟାନବଳରେ ଆୟତ୍ତ କରିଥିଲେ।

ନିର୍ବାଣ-ମୋକ୍ଷ

ଗୌତମ ପ୍ରଶ୍ନ କରିଛନ୍ତି – 'ଭନ୍ତେ ! ମୁକ୍ତ ଜୀବ କେଉଁଠାକୁ ଫେରିଆସନ୍ତି ? କେଉଁଠାରେ ପ୍ରତିଷ୍ଠିତ ? ସେମାନେ ଶରୀରକୁ କେଉଁଠି ତ୍ୟାଗ କରିଥାନ୍ତି ଏବଂ ସିଦ୍ଧ କେଉଁଠାରେ ହୁଅନ୍ତି ?

ଭଗବାନ ଉତ୍ତର ଦେଲେ – ମୁକ୍ତଜୀବ ଅଲୋକରେ ପ୍ରତିହତ, ଲୋକାନ୍ତରେ ପ୍ରତିଷ୍ଠିତ, ମନୁଷ୍ୟ ଲୋକରେ ଶରୀରମୁକ୍ତ ଏବଂ ସିଦ୍ଧ-କ୍ଷେତ୍ରରେ ସେମାନେ ସିଦ୍ଧ ହୋଇରହିଥାନ୍ତି।[୮]

ନିର୍ବାଣ କୌଣସି କ୍ଷେତ୍ରର ନାମ ନୁହେଁ, ମୁକ୍ତ ଆତ୍ମାମାନେ ସ୍ୱୟଂ ନିର୍ବାଣ। ସେମାନେ ଲୋକାଗ୍ରରେ ରହିଥାନ୍ତି। ତେଣୁ ଉପଚାର ଦୃଷ୍ଟିରୁ ତାହାକୁ ନିର୍ବାଣ କୁହାଯାଇପାରିବ।

କର୍ମ-ପରମାଣୁ ଦ୍ୱାରା ପ୍ରଭାବିତ ଆତ୍ମା ସଂସାରରେ ଭ୍ରମଣ କରିଥାଏ। ଭ୍ରମଣ କାଳରେ ଊର୍ଦ୍ଧ୍ୱଗତିରୁ ଅଧୋଗତି ଓ ଅଧୋଗତିରୁ ଊର୍ଦ୍ଧ୍ୱଗତ ହୋଇଥାଏ। ଏହାର ନିୟମନ ଅନ୍ୟ କେହି କରିନଥାନ୍ତି। ବରଂ ଏହାସବୁ ସ୍ୱ-ନିୟମନ ଦ୍ୱାରା ଘଟିଥାଏ। ଅଧୋଗତିର ହେତୁ କର୍ମର ଗୁରୁତା ତଥା ଊର୍ଦ୍ଧ୍ୱଗତିର ହେତୁ କର୍ମର ଲଘୁତା।[୯]

---

[୬] ମୈ କୋନ୍ ହୁଁ, ପୃ. ୫୬।

[୭] ଧ୍ୟାନଶତକ, ୫୨

[୮] ଉତ୍ତରଜଝୟଣାଣି, ୩୬/୫୬, ୫୭

[୯] ଭଗବତୀ, ୯/୩୨,

କର୍ମର ଘନତ୍ୱ ସମାପ୍ତ ହେଲେ ଆତ୍ମା ସହଜଗତିରେ ଊର୍ଦ୍ଧ୍ୱଲୋକାନ୍ତ ପର୍ଯ୍ୟନ୍ତ ପହଞ୍ଚିଯାଏ। କର୍ମର ଘନତ୍ୱ ରହିଥିବାଯାଏ ଲୋକର ଘନତ୍ୱ ତା'ଉପରେ ଚାପ ପକାଇଥାଏ। କର୍ମର ଘନତ୍ୱ ଲିଭିଗଲେ ଆତ୍ମା ହାଲୁକା ହୁଏ ଏବଂ ଲୋକର ଘନତ୍ୱ, ହାଲୁକା ଆତ୍ମାର ଊର୍ଦ୍ଧ୍ୱଗତିରେ ବାଧା ସୃଷ୍ଟି କରିପାରେ ନାହିଁ। ବେଲୁନରେ ହାଇଡ୍ରୋଜେନ ବାଷ୍ପ ପୂରେଇଲା ପରେ ବାୟୁମଣ୍ଡଳର ଘନତ୍ୱଠାରୁ ବେଲୁନର ଘନତ୍ୱ କମ୍ ହୋଇଯାଏ ଏବଂ ତାହା ଉପରକୁ ଉଡ଼ିଯାଏ। ସେହି କଥାକୁ ଏଠାରେ ବୁଝିବାକୁ ହେବ। ଗତିର ନିୟମନ ହେଉଛି ଧର୍ମାସ୍ତିକାୟ-ସାପେକ୍ଷ।[୧୦] ଧର୍ମାସ୍ତିକାୟ ସମାପ୍ତ ହେଲେ ଗତି ଆପେ ରୁଦ୍ଧ ହୋଇପଡ଼େ। ସେହି ମୁକ୍ତ ଜୀବ ଲୋକର ଅନ୍ତିମ ସୀମାରେ ପହଞ୍ଚିଯାନ୍ତି।

ମୁକ୍ତ ଜୀବମାନଙ୍କ ଶରୀର ନ ଥାଏ। ସେମାନେ ଅଶରୀରୀ। ଗତି ଶରୀରସାପେକ୍ଷ ହୋଇଥିବାରୁ ମୁକ୍ତ ଜୀବ ଗତିଶୀଳ ହେବା ସମ୍ଭବ ନୁହେଁ। କଥାଟି ସତ। ସେମାନଙ୍କ ମଧ୍ୟରେ କମ୍ପନ ହୁଏନାହିଁ। ଅପ୍ରକମ୍ପିତ ଅବସ୍ଥାରେ ଜୀବର ମୁକ୍ତି ହୋଇଥାଏ[୧୧] ଏବଂ ସେମାନେ ସେହି ସ୍ଥିତିରେ ସଦାସର୍ବଦା ରହିଥାନ୍ତି। ପ୍ରକୃତରେ ବୁଝିବାକୁ ହେଲେ ତାହା ସେମାନଙ୍କ ସ୍ୱୟଂପ୍ରଯୁକ୍ତ ଗତି ନୁହେଁ ବରଂ ବନ୍ଧନମୁକ୍ତିର ବେଗ ଅଟେ, ଯା'ର ଗୋଟିଏ ଧକ୍କା ମଧ୍ୟ ଏକକ୍ଷଣରେ ସେମାନଙ୍କୁ ଲୋକାନ୍ତ ପର୍ଯ୍ୟନ୍ତ ଟାଣିନିଏ।

ପୂର୍ବ-ଆୟୋଗଜନିତ ବେଗ ଫଳରେ ଚକ ଆପଣାଛାଏ ଘୂରିଥାଏ। ମାଟିଲେପନ ହୋଇଥିବା ତୁମ୍ବୀ ଜଳ-ତଳକୁ ଚାଲିଯାଏ, କିନ୍ତୁ ଲେପ ଛାଡ଼ିଗଲା ମାତ୍ରେ ତାହା ଉପରକୁ ଉଠିଆସେ। ଏରଣ୍ଡବା ଜଡ଼ା ମଞ୍ଜି ଚୋପା ମଧ୍ୟରେ ସତେଯେପରି ବାନ୍ଧି ହୋଇରହିଥାଏ, ବନ୍ଧନ ଛିନ୍ନ ହେଲା, ମଞ୍ଜି ଉପରକୁ ଛିଟିକି ପଡ଼ିଥାଏ।

ସ୍ୱଭାବସିଦ୍ଧ ଲାଘବତା ହେତୁ ଅଗ୍ନିଶିଖା ଉପରକୁ ଉଠିଥାଏ। ଏହିଭଳି ଅକର୍ମ-ଜୀବର ଊର୍ଦ୍ଧ୍ୱଗତିର ଚାରୋଟି କାରଣ ହେଉଛି – ୧. ପୂର୍ବ ପ୍ରୟୋଗ ୨. ଅସଂଗତା ୩. ବନ୍ଧ-ବିଚ୍ଛେଦ ୪. ତଥାବିଧ ସ୍ୱଭାବ।[୧୨]

ମୁକ୍ତ ଅବସ୍ଥାରେ ଆତ୍ମାର କୌଣସି ଅନ୍ୟ ଶକ୍ତି ମଧ୍ୟରେ ବିଲୟ ହୁଏନାହିଁ। ତାହା ଅନ୍ୟ କୌଣସି ସତ୍ତାର ଅବୟବ ବା ବିଭିନ୍ନ ଅବୟବର ସଂଘାତ ନୁହେଁ, ବରଂ ମୁକ୍ତ ଆତ୍ମା ହେଉଛି ସ୍ୱୟଂ ଏକ ସ୍ୱତନ୍ତ୍ର ସତ୍ତା। ଏହାର ପ୍ରତ୍ୟେକ ଅବୟବ ପରସ୍ପର ଅନୁବିଦ୍ଧ ଥିବାରୁ ତାହା ହୁଏ ଅଖଣ୍ଡ। ତା'ର ଯେଉଁ ସହଜ ରୂପ ପ୍ରକଟ ହୁଏ – ତାହା ହେଉଛି ମୁକ୍ତି। ମୁକ୍ତ ଜୀବମାନଙ୍କ ବିକାଶ ପ୍ରକ୍ରିୟାରେ ତାରତମ୍ୟ ନ ଥାଏ। ତେବେ ସେମାନଙ୍କ ସତ୍ତା ହେଉଛି ସ୍ୱତନ୍ତ୍ର। ଅସ୍ତିତ୍ୱର ଏହି ସ୍ୱାତନ୍ତ୍ର୍ୟ, ମୋକ୍ଷ ସ୍ଥିତିରେ ବାଧକ ନୁହେଁ। ଅବିକାଶ ବା ସ୍ୱରୂପାବରଣ ଉପାଧିଜନ୍ୟ ହୋଇଥାଏ। ତେଣୁ କର୍ମ-ଉପାଧି ସମାପ୍ତ ହେଲେ, ଏହି ସ୍ଥିତିର ବି ଅନ୍ତ ଘଟିଥାଏ। ସମସ୍ତ ମୁକ୍ତ ଆତ୍ମାର ବିକାଶ ଓ ସ୍ୱରୂପ ସମ ଉତ୍କର୍ଷକୁ ଲାଭକରନ୍ତି। ଆତ୍ମାର ପୃଥକ୍ ପୃଥକ୍ ସତ୍ତା ସବୁ ଉପାଧିକୃତ ନୁହଁନ୍ତି। ତାହା ସହଜ ସ୍ୱାଭାବିକ ହୋଇଥିବାରୁ କୌଣସି ସ୍ଥିତିରେ ବି ସେମାନଙ୍କ ସ୍ୱତନ୍ତ୍ରତା ପ୍ରତି କୌଣସି ଆଞ୍ଚ ଆସେନାହିଁ। ଆତ୍ମା ସ୍ୱୟଂ ପୂର୍ଣ୍ଣ ଅବୟବୀ ହୋଇଥିବାରୁ ସେ ଅନ୍ୟ କାହାରି ଆଶ୍ରୟ ଲୋଡ଼ି ନ ଥାଏ।

ମୁକ୍ତ-ଦଶାରେ ଆତ୍ମା ସମସ୍ତ ବୈଭାବିକ-ଆଧେୟ, ଔପାଧିକ-ବିଶେଷତାରୁ ବିରହିତ ହୋଇପଡ଼େ। ମୁକ୍ତ ହେବାପରେ ପୁନରାବର୍ତ୍ତନ ହୁଏନାହିଁ। ପୁନରାବର୍ତ୍ତନର ହେତୁ କର୍ମ-ଚକ୍ର ଅଟେ। ଏହାଥିବାଯାଏ ମୁକ୍ତି ମିଳେନାହିଁ। କର୍ମର ନିର୍ମୂଳ ନାଶ ହେବାପରେ ପୁଣି କର୍ମ ବନ୍ଧ ହୁଏନାହିଁ। କର୍ମର ଲେପ, ସକର୍ମକୁ ହୁଏ କିନ୍ତୁ ଅକର୍ମ କେବେ ମଧ୍ୟ କର୍ମରେ ଲିପ୍ତ ହୁଏନାହିଁ।

---

[୧୦] ଦ୍ରବ୍ୟାନୁଯୋଗତର୍କଣା, ୧୦/୬।

[୧୧] ଭଗବତୀ, ୩/୧୨୮।

[୧୨] ଭଗବତୀ, ୭/୧୧ : ନିସସଂଗୟାଏ, ନିରଂଗଣାଏ, ଗତିପରିଣାମେଣଂ, ବନ୍ଧନଛେୟଣାଏ, ନିରିନ୍ଧଣୟାଏ, ପୁବ୍ବପ୍ପଓଗେଣଂ ଅକମମସସ୍ ଗତୀ ପନ୍ନାୟତି।

ଈଶ୍ୱର

ବହୁତ ଲୋକଙ୍କ ଧାରଣା ହେଲା – ଜୈନମାନେ ଈଶ୍ୱରବାଦୀ ନୁହଁନ୍ତି। କଥାଟି ଠିକ୍ ନୁହେଁ। ଜୈନଦର୍ଶନ ନିଶ୍ଚିତ ଭାବରେ ଈଶ୍ୱରବାଦୀ, କିନ୍ତୁ ଈଶ୍ୱର କର୍ତ୍ତୃତ୍ୱବାଦରେ ବିଶ୍ୱାସ କରେନାହିଁ। ଈଶ୍ୱରଙ୍କୁ ଅସ୍ୱୀକାର କରିବା ହେଉଛି ଆପଣା ପୂର୍ଣ୍ଣ ବିକାଶ (ଚରମ ଲକ୍ଷ୍ୟ ବା ମୋକ୍ଷ)କୁ ଅସ୍ୱୀକାର କରିବା। ମୋକ୍ଷକୁ ଅସ୍ୱୀକାର କରିବା ଅର୍ଥାତ୍ ନିଜର ପବିତ୍ରତା ବା ଧର୍ମକୁ ଅସ୍ୱୀକାର କରିବା। ଆପଣା ପବିତ୍ରତାକୁ ଅସ୍ୱୀକାର କରିବା ଅର୍ଥାତ୍ ନିଜେ ନିଜ (ଆତ୍ମା)କୁ ଅସ୍ୱୀକାର କରିବା। ଆତ୍ମା ସାଧକ, ଧର୍ମ ସାଧନ ଏବଂ ଈଶ୍ୱର ହେଉଛନ୍ତି ସାଧ୍ୟ। ପ୍ରତ୍ୟେକ ମୁକ୍ତ ଆତ୍ମା ଈଶ୍ୱର ଅଟନ୍ତି। ମୁକ୍ତ ଆତ୍ମା ଅନନ୍ତ ହୋଇଥିବାରୁ ଈଶ୍ୱର ମଧ୍ୟ ଅନନ୍ତ।

ଜଣେ ଈଶ୍ୱର, କର୍ତ୍ତା ଓ ମହାନ୍, ଅଥଚ ଅନ୍ୟ ମୁକ୍ତାତ୍ମାଗୁଡ଼ିକ ଅକର୍ତ୍ତା ଏବଂ ସେହି ମହାନ୍ ଈଶ୍ୱରଙ୍କ ମଧ୍ୟରେ ଲୀନ ହୋଇପଡ଼ିଥିବାରୁ ସେମାନେ ମହାନ୍ ନୁହନ୍ତି - ଏହି ସ୍ୱରୂପ ଓ କାର୍ଯ୍ୟ ଭିନ୍ନତା ନିରୁପାଧିକ ଦଶାରେ କଦାପି ସମ୍ଭବ ନୁହେଁ। ମୁକ୍ତ ଆତ୍ମାର ସ୍ୱତନ୍ତ୍ର ଅସ୍ତିତ୍ୱକୁ ଏଥିପାଇଁ ଅସ୍ୱୀକାର କରାଯିବ ଯେ ସ୍ୱତନ୍ତ୍ର ସତ୍ତା ମାନିନେଲେ ମୋକ୍ଷରେ ପାର୍ଥକ୍ୟ ରହିଯିବ - ଏହା ଏକ ନିରୁପାଧିକ ସତ୍ତାକୁ ଆପଣା ମଧ୍ୟରେ ବିଲୀନ କରୁଥିବା ତଥା ଅନ୍ୟ ନିରୁପାଧିକ ସତ୍ତାକୁ ତା'ମଧ୍ୟରେ ବିଲୀନ ହେଉଥିବା ସ୍ୱୀକାର କରିଥାନ୍ତି। ଏହା କ'ଣ ନିର୍ହେତୁକ ଭେଦ ନୁହେଁ? ମୁକ୍ତଦଶାରେ ସମ-ବିକାଶଶୀଳ ପ୍ରତ୍ୟେକ ଆତ୍ମାର ସ୍ୱତନ୍ତ୍ର ସତ୍ତାକୁ ସ୍ୱୀକାର କରିବା ହେଉଛି ବସ୍ତୁ ସ୍ଥିତିରେ ସ୍ୱୀକୃତି।

ଅନନ୍ତ ଜ୍ଞାନ, ଅନନ୍ତ ଦର୍ଶନ, ଅନନ୍ତ ବୀର୍ଯ୍ୟ, ଅନନ୍ତ ଆନନ୍ଦ – ଏହା ହେଉଛି ମୁକ୍ତ ଆତ୍ମାର ସ୍ୱରୂପ ବା ଐଶ୍ୱର୍ଯ୍ୟ। ଏହା ସମସ୍ତଙ୍କଠାରେ ସମାନ ଥାଏ।

ଆତ୍ମା ସୋପାଧିକ (ଶରୀର ଓ କର୍ମର ଉପାଧି ସହିତ) ହୋଇଥିବା ପର୍ଯ୍ୟନ୍ତ ତା'ମଧ୍ୟରେ ପର-ଭାବର ଆଧିପତ୍ୟ ଥାଏ। ମୁକ୍ତଦଶା ନିରୁପାଧିକ ଏବଂ ତା'ମଧ୍ୟରେ କେବଳ ସ୍ୱଭାବ-ରମଣ ହୋଇଥାଏ, ପରଭାବ କର୍ତ୍ତୃତ୍ୱ ନୁହେଁ। ତେଣୁ ଈଶ୍ୱର ମଧ୍ୟରେ କର୍ତ୍ତୃତ୍ୱର ଆରୋପଣ ଉଚିତ ନୁହେଁ।

ଅଧ୍ୟାତ୍ମ ବିକାଶର ଭୂମିକା

ବିଶୁଦ୍ଧିରେ ତାରତମ୍ୟ ଅନୁସାରେ ଚତୁର୍ଦ୍ଦଶ (୧୪) ଭୂମିକାର ନିର୍ମାଣ ହୋଇଥାଏ। ଏଗୁଡ଼ିକ ମଧ୍ୟରେ ସମ୍ୟକ୍ ଦର୍ଶନ ହେଉଛି ଚତୁର୍ଥ ଭୂମିକା। ଉତ୍କ୍ରାନ୍ତିର ଆଦିବିନ୍ଦୁ ହୋଇଥିବାରୁ ସମ୍ୟକ୍ ଦର୍ଶନ, ସାଧନାର ପ୍ରଥମ ଭୂମିକା ସାଜିଥାଏ।

ପ୍ରାରମ୍ଭିକ ତିନୋଟି ଭୂମିକା ମଧ୍ୟରେ ପ୍ରଥମ ଭୂମିକାର ତିନୋଟି ରୂପ ସୃଷ୍ଟି ହେଉଛି – ୧. ଅନାଦି-ଅନନ୍ତ ୨. ଅନାଦି-ସାନ୍ତ ୩. ସାଦି-ସାନ୍ତ।

ପ୍ରଥମ ରୂପର ଅଧିକାରୀ ଅଭବ୍ୟ ବା ଜାତି-ଭବ୍ୟ (କେବେ ବିମୁକ୍ତ ହୋଇପାରୁନଥିବା) ଜୀବ ହୋଇଥାନ୍ତି।

ଅନାଦିକାଳୀନ ମିଥ୍ୟାଦର୍ଶନର ଗ୍ରନ୍ଥିକୁ ଛିନ୍ନକରି ସମ୍ୟକ୍ ଦର୍ଶନୀରେ ପରିଣତ ହେଉଥିବା ପରିପ୍ରେକ୍ଷୀରେ ଦ୍ୱିତୀୟ ରୂପର ନିର୍ମାଣ ହୋଇଥାଏ।

ସମ୍ୟକ୍ତ୍ୱ ପ୍ରାପ୍ତକରି ପୁଣି ମିଥ୍ୟାତ୍ୱ ମଧ୍ୟରେ ପ୍ରବେଶ କରିବା ତଥା ପୁନର୍ବାର ସମ୍ୟକ୍ତ୍ୱୀରେ ପରିଣତ ହୋଇପାରୁଥିବା ଜୀବମାନଙ୍କୁ ନେଇ ତୃତୀୟ ରୂପ ନିର୍ମିତ ହୋଇଥାଏ।

ପ୍ରଥମ ଭୂମିକା ଉତ୍କ୍ରାନ୍ତିର ନୁହେଁ। ଏହି ଅବସ୍ଥାରେ ଶୀଳର ଦେଶ-ଆରାଧନା ହୋଇପାରିବ।[୧୩] ଶୀଳ ଓ ଶ୍ରୁତ – ଉଭୟ ଆରାଧନା ହେଉନଥିବାରୁ ସର୍ବଆରାଧନା ଦୃଷ୍ଟିରୁ ଏହା ହେଉଛି ଅପକ୍ରାନ୍ତିର ସ୍ଥାନ। ମିଥ୍ୟାଦର୍ଶନୀ ବ୍ୟକ୍ତି ମଧ୍ୟରେ ବି ବିଶୁଦ୍ଧି ରହିଥାଏ। କର୍ମ-ବିଲୟଜନ୍ୟ ବିଶୁଦ୍ଧର ଅଂଶ ପ୍ରାପ୍ତ ହେଉନଥିବା ଏପରି କୌଣସି ଜୀବର ଅସ୍ତିତ୍ୱ ନାହିଁ।

---

[୧୩] ଭଗବତୀ, ୮/୪୫୦

ଦ୍ୱିତୀୟ ଭୂମିକା ହେଉଛି ଅପକ୍ରମଣ ଦଶାର। ସମ୍ୟକ୍ ଦର୍ଶନୀ, ମୋହର ଉଦୟ ଯୋଗୁଁ ମିଥ୍ୟାଦର୍ଶନୀ ପାଲଟିଯାଏ। ସେହି ସଂକ୍ରମଣ କାଳରେ ଏହି ସ୍ଥିତିର ନିର୍ମାଣ ହୁଏ। ବୃକ୍ଷରୁ ଫଳ ଛିଣ୍ଡି ଅଧୋମୁଖୀ ହେଲା ଅଥଚ ଭୂଇଁକୁ ଛୁଇଁପାରିଲା ନାହିଁ - ଠିକ୍ ଏହି ସ୍ଥିତି ସହିତ ଦ୍ୱିତୀୟ ଭୂମିକାର ସାମଞ୍ଜସ୍ୟ ରହିଛି।

ତୃତୀୟ ଭୂମିକା ହେଉଛି ମିଶ୍ର। ଏହାର ଅଧିକାରୀ ନା ସମ୍ୟକ୍‌ଦର୍ଶନୀ ଏବଂ ନା ମିଥ୍ୟା-ଦର୍ଶନୀ। ଏହା ସଂଶୟଶୀଳ ବ୍ୟକ୍ତିର ଦଶାକୁ ଦର୍ଶାଉଥାଏ। ପ୍ରଥମ ଭୂମିକାର ଅଧିକାରୀ ଦୃଷ୍ଟିବିପର୍ଯ୍ୟୟଯୁକ୍ତ ହୋଇଥାଏ ତଥା ଏହାର ଅଧିକାରୀ ସଂଶୟାଳୁ - ଦୁହିଁଙ୍କ ମଧ୍ୟରେ ବେଶ୍ ଅନ୍ତର ରହିଛି। ଏହି ଦୋଳାୟମାନ ଅବସ୍ଥା ଅଧିକ ସମୟଯାଏ ରହେନାହିଁ। ଏହାପରେ ବିପର୍ଯ୍ୟୟରେ ପରିଣତ ହୋଇଯାଏ କିମ୍ବା ସମ୍ୟକ୍-ଦର୍ଶନରେ ପରିଣତ ହୋଇପଡ଼େ।

ଏହି ଆଧ୍ୟାତ୍ମିକ ଅନୁତ୍କ୍ରମଣର ତିନି ଭୂମିକା ମଧ୍ୟରେ ପ୍ରଥମ ଭୂମିକାଟି ଦୀର୍ଘକାଳୀନ ଏବଂ ଅବଶିଷ୍ଟ ଦୁଇଟି ଭୂମିକା ଅଳ୍ପକାଳୀନ ଅଟନ୍ତି।

ସମ୍ୟଗ୍-ଦର୍ଶନ

ସମ୍ୟଗ୍-ଦର୍ଶନ ଉତ୍କ୍ରାନ୍ତିର ଦ୍ୱାରା ହୋଇଥିବାରୁ ଏହା ଭାରି ମହତ୍ତ୍ୱପୂର୍ଣ୍ଣ। ଆଚାର ଦୃଷ୍ଟିରୁ ଏହାର ସେତେ ମହତ୍ତ୍ୱ ନାହିଁ, ଯେତେ ଏହାର ପରବର୍ତ୍ତୀ ଭୂମିକାମାନଙ୍କର ଥାଏ। ସମ୍ୟଗ୍-ଦର୍ଶନୀର ସଂବର ହୁଏନାହିଁ। କେବଳ ନିର୍ଜରା ହୁଏ। ଏହା ହସ୍ତୀ-ସ୍ନାନ ସଦୃଶ। ହାତୀ ସ୍ନାନସାରି ପୁଷ୍କରିଣୀରୁ ବାହାରି ଧୂଳି ଓ ମାଟିରେ ଖେଳି ପୁଣି ଶରୀରକୁ ମଇଳା କରିପକାଏ। ସେହିପରି ଅବିରତବ୍ୟକ୍ତି ତପସ୍ୟା କରି କର୍ମ-ନିର୍ଜରଣ ପୂର୍ବକ ଶୋଧନ କରିଥାନ୍ତି ଏବଂ ଅନ୍ୟପଟେ ଅବିରତି ତଥା ସାବଦ୍ୟ ଆଚରଣ ଦ୍ୱାରା ପୁଣି କର୍ମର ଉପଚୟ କରିପକାନ୍ତି। ଏସବୁ ଦୃଷ୍ଟିରୁ ବିଚାର କରିଲେ ଏହା ସାଧନାର ସମଗ୍ର ଭୂମିକା ନୁହେଁ।

ସାଧନାର ସମଗ୍ରତାକୁ ରଥ-ଚକ୍ର ଏବଂ ଅନ୍ଧ-ପଙ୍ଗୁର ନିଦର୍ଶନ ଦ୍ୱାରା ବିଶ୍ଲେଷଣ କରାଯାଇଥାଏ। ଗୋଟିଏ ଚକ ଦ୍ୱାରା ରଥ ଚାଲେ ନାହିଁ, ସେହିପରି କେବଳ ବିଦ୍ୟା (ଶ୍ରୁତ ବା ସମ୍ୟକ୍ ଦର୍ଶନ) ଦ୍ୱାରା ସାଧ୍ୟ ପ୍ରାପ୍ତ ହୁଏନାହିଁ। ବିଦ୍ୟା ହେଉଛି ପଂଗୁ ଏବଂ କ୍ରିୟା ଅନ୍ଧ। ସାଧ୍ୟ ପର୍ଯ୍ୟନ୍ତ ପହଞ୍ଚିବା ପାଇଁ ପାଦ ଓ ଆଖି ଉଭୟ ଦରକାର।

କେତେକ ଦାର୍ଶନିକଙ୍କ ମତରେ – ତତ୍ତ୍ୱକୁ ଯଥାର୍ଥ ରୂପରେ ଜାଣିପାରୁଥିବା ଲୋକ ସମସ୍ତ ଦୁଃଖରୁ ମୁକ୍ତି ପାଇଥାଏ। ଏହା ବିଚାରି ଅନେକ ଲୋକ ଧର୍ମର ଆଚରଣ କରନ୍ତି ନାହିଁ। ସେମାନେ ଏକାନ୍ତ ଅକ୍ରିୟାବାଦୀ ହୋଇପଡ଼ନ୍ତି। ଭଗବାନ ମହାବୀର ଏହାକୁ ବାଣୀର ବୀର୍ଯ୍ୟ ବା ବାଚିକ ଆଶ୍ୱାସନ ବୋଲି କହିଛନ୍ତି।[୧୪]

ସମ୍ୟଗ୍-ଦୃଷ୍ଟିର ପାପ-ବନ୍ଧ ହୁଏନାହିଁ କିମ୍ବା ତା'ପାଇଁ ଆଉ କିଛି କରିବାର ଆବଶ୍ୟକତା ନାହିଁ, ଏହି ମିଥ୍ୟା ଧାରଣା ଯେପରି ସୃଷ୍ଟି ନ ହେବ, ସେଥିପାଇଁ ଚତୁର୍ଥ ଭୂମିକାର ଅଧିକାରୀଙ୍କୁ ଅଧର୍ମୀ[୧୫], ବାଳ[୧୬] ଏବଂ ସୁପ୍ତ କୁହାଯାଇଥାଏ।[୧୭]

ଜାନାମି ଧର୍ମଂ ନଚ ମେ ପ୍ରବୃତ୍ତିଃ ।
ଜାନାମ୍ୟଧର୍ମଂ ନ ଚ ମେ ନିବୃତ୍ତିଃ ।।

'ଧର୍ମକୁ ଜାଣେ, କିନ୍ତୁ ତହିଁରେ ପ୍ରବୃତ୍ତି ନାହିଁ, ଅଧର୍ମ କ'ଣ ତାହା ମଧ୍ୟ ଜାଣେ, ଅଥଚ ତା'ଠାରୁ ନିବୃତ୍ତି କରିପାରୁ ନାହିଁ - ଏହା ଏକ ବିରାଟ ସତ୍ୟ। ଏହାର ପୁନରାବର୍ତ୍ତନ ପ୍ରତ୍ୟେକ ଜୀବଠାରେ ଘଟିଥାଏ। ଏହି ପ୍ରଶ୍ନ ବାରମ୍ବାର ମୁଖରିତ ହୋଇଥାଏ ଯେ – ଆମେ ଭୁଲ୍‌କୁ ଭୁଲ୍ ବୋଲି ଜାଣିଥିବା ସତ୍ତ୍ୱେ ତାହାକୁ ଛାଡ଼ିପାରିନାହୁଁ।

---

(୧୪) ଉତ୍ତରଜ୍ଝୟଣାଣି – ୬/୯.୧୦।

(୧୫) ଭଗବତୀ, ୧୭/୨୪।

(୧୬) ସୂୟଗଡ଼ୋ, ୧/୨/୩୯।

(୧୭) ଭଗବତୀ, ୧୬/୮୦।

ଏହାପଛରେ ରହିଥିବା କାରଣକୁ ଆମେ ବୁଝିବାରେ ବିଫଳ ହୋଇଥାଉଁ। ଜୈନ କର୍ମବାଦ ଏହାର କାରଣ ସହିତ ସମାଧାନ ମଧ୍ୟ ପ୍ରସ୍ତୁତ କରିଥାଏ। ତାହା ହେଉଛି - ଜାଣିବା-ଜ୍ଞାନର କାମ। 'ଜ୍ଞାନାବରଣ'ର ପୁଦ୍‌ଗଳ ସବୁ ବିଲୀନ ହେଲେ ଜ୍ଞାନ ଉଦ୍‌ଭାସିତ ହୁଏ। ଆନ୍ତରିକ ବିଶ୍ୱାସର ସଶକ୍ତୀକରଣ ହେଉଛି ଶ୍ରଦ୍ଧା। ଦର୍ଶନକୁ ମୋହିତ କରୁଥିବା ପୁଦ୍‌ଗଳ ପୃଥକ୍ ହେବାପରେ ଶ୍ରଦ୍ଧା ପ୍ରକଟ ହୋଇଥାଏ। ଚାରିତ୍ରକୁ ମୋହିତ ଓ ପ୍ରଭାବିତ କରୁଥିବା ପୁଦ୍‌ଗଳ ଦୂର ହେଲେ ଉତ୍ତମ ଆଚରଣ ସମ୍ଭବ ହୁଏ।

ଜ୍ଞାନକୁ ଆବୃତ୍ତ କରୁଥିବା ପୁଦ୍‌ଗଳ ହଟିଲେ ମଧ୍ୟ ଦର୍ଶନ-ମୋହର ପୁଦ୍‌ଗଳ ଯଦି ଆତ୍ମାକୁ ଢାଙ୍କି ଦେଇଥିବେ, ସେହି ସ୍ଥିତିରେ ବସ୍ତୁକୁ ଜାଣିହେବ, କିନ୍ତୁ ତା'ଠାରେ ଶ୍ରଦ୍ଧା ଉତ୍ପନ୍ନ ହେବନାହିଁ। ଦର୍ଶନକୁ ମୋହିତ କରୁଥିବା ପୁଦ୍‌ଗଳ ନଷ୍ଟ ହେଲେ ଯାଇ ଏହା ଘଟିଥାଏ। ତେବେ ଚରିତ୍ରକୁ ମୋହିତ, ଭ୍ରମିତ କରୁଥିବା ପୁଦ୍‌ଗଳ ରହିଥିବା ଯାଏ ତାହାର ସ୍ୱୀକାର ବା ଆଚରଣ ହୁଏନାହିଁ। ଏହି ଦୃଷ୍ଟିରୁ ଏମାନଙ୍କ କ୍ରମନିର୍ଦ୍ଧାରଣ କରାଯାଏ – (୧) ଜ୍ଞାନ, (୨) ଶ୍ରଦ୍ଧା ଓ (୩) ଚାରିତ୍ର। ଶ୍ରଦ୍ଧା ବିନା ଜ୍ଞାନର ଅସ୍ତିତ୍ୱ ସମ୍ଭବପର କିନ୍ତୁ ଜ୍ଞାନ ବିନା ଶ୍ରଦ୍ଧା ଜାତ ହୁଏନାହିଁ। ଚାରିତ୍ର ବିନା ଶ୍ରଦ୍ଧାର ଅସ୍ତିତ୍ୱ ସମ୍ଭବପର କିନ୍ତୁ ଶ୍ରଦ୍ଧା ବିନା ଚାରିତ୍ର ଅସମ୍ଭବ। ତେଣୁ ବାଣୀ ଓ କର୍ମର ଦ୍ୱୈଧ (କଥନ ଓ କରଣ ମଧ୍ୟରେ ଅନ୍ତର) ଅନ୍ତରାଳରେ ଉପଯୁକ୍ତ କାରଣ ବିଦ୍ୟମାନ ଥାଏ। ଏହା ନିଷ୍କାରଣ ନୁହେଁ। ସାଧନା ଯେତେବେଳେ ଆଗକୁ ବଢ଼ିଯାଏ ଓ ଚାରିତ୍ରଭାବ ପ୍ରକଟ ହେବା ଆରମ୍ଭ ହୁଏ, ସେତେବେଳେ ଦ୍ୱୈଧର ଖାଇ ଭରିଯାଏ। କିନ୍ତୁ ଛଦ୍ମସ୍ଥ ଅବସ୍ଥାରେ ତାହା ସମ୍ପୂର୍ଣ୍ଣ ଭାବରେ ପୂରିତ ହୋଇପାରେ ନାହିଁ।

ଜଣେ ଛଦ୍ମସ୍ଥର ମନୋଦଶାର ବିଶ୍ଳେଷଣ କରି ଭଗବାନ ମହାବୀର କହିଛନ୍ତି - ସାତୋଟି (୭) କାରଣ ହେତୁ ଜଣେ ଛଦ୍ମସ୍ଥକୁ ଚିହ୍ନିହେବ। ଜଣେ ଛଦ୍ମସ୍ଥ -

୧. ପ୍ରାଣାତିପାତ କରିଥାଏ।

୨. ମୃଷାବାଦୀ ହୋଇଥାଏ।

୩. ଅଦତ୍ତକୁ ଆପଣାର କରିନିଏ।

୪. ଶବ୍ଦ, ସ୍ପର୍ଶ, ରସ, ରୂପ ଓ ଗନ୍ଧର ଆସ୍ୱାଦନ କରିଥାଏ।

୫. ପୂଜା, ସତ୍‌କାର ବୃଦ୍ଧିର କାମନା କରରିଥାଏ।

୬. ପାପକାରୀ କାର୍ଯ୍ୟକୁ ପାପକାରୀ କହି ବି ତା'ର ଆଚରଣ କରିଥାଏ।

୭. ଯେପରି କହେ, ସେପରି କରେନାହିଁ।[୧୮]

ଏହା ହେଉଛି ପ୍ରମାଦଯୁକ୍ତ ମଣିଷର ମନଃସ୍ଥିତିର ପ୍ରରୂପଣ। ମୋହ ପ୍ରବଳ ଥିଲେ କହିବା ଓ କରିବା ମଧ୍ୟରେ ଏକତା ରହେନାହିଁ। ଏହି ଏକତା ବିନା ଜ୍ଞାନ ଓ କ୍ରିୟାର ସାମଞ୍ଜସ୍ୟ ସ୍ଥାପିତ ହୋଇପାରେ ନାହିଁ। ପରିଣାମ ସ୍ୱରୂପ ପୂଜା ଓ ପ୍ରତିଷ୍ଠାରେ ଭୋକ ବଢ଼ିଯାଏ। ଏହାଦ୍ୱାରା ବିଷୟ ପ୍ରତି ଆକର୍ଷଣ ଜାତହୁଏ। ବିଷୟର ପୂର୍ତ୍ତି ସକାଶେ ଚୋରି ଆବଶ୍ୟକ ହୁଏ। ଚୋରିରୁ ମିଥ୍ୟା ଏବଂ ମିଥ୍ୟାରୁ ପ୍ରାଣାତିପାତ ଆସିଥାଏ। ସାଧନାର କ୍ଷୀଣତା କିମ୍ବା ମୋହର ପ୍ରବଳତା ସ୍ଥିତିରେ ଏହି ବିକାରଗୁଡ଼ିକ ଗୋଟିଏ ଶୃଙ୍ଖଳାରେ ଆବଦ୍ଧ ହୋଇପଡ଼ନ୍ତି। ଜଣେ ଅପ୍ରମତ୍ତ ବା ବୀତରାଗ ଏହି ସପ୍ତବିକାରଠାରୁ ସମ୍ପୂର୍ଣ୍ଣ ମୁକ୍ତ ଥାନ୍ତି।

ଦେଶ-ବିରତି

ଭଗବାନ କହିଛନ୍ତି - ଗୌତମ! ସତ୍ୟର ଶ୍ରୁତି ଦୁର୍ଲଭ ଅଟେ। ଲୋକମାନେ ମିଥ୍ୟାବାଦୀମାନଙ୍କ ସହିତ ମିଶି ଲୀନ ହୋଇପଡ଼ନ୍ତି। ସେମାନଙ୍କୁ ସତ୍ୟ-ଶ୍ରୁତିର ଅବସର ମିଳେନାହିଁ। ଶ୍ରଦ୍ଧା, ସତ୍ୟ-ଶ୍ରୁତିଠାରୁ ଅଧିକ ଦୁର୍ଲଭ। ଅଧିକାଂଶ ଲୋକ ସତ୍ୟାଂଶ ଶୁଣି ଏବଂ ଜାଣିବି ତା'ଉପରେ ଶ୍ରଦ୍ଧା କରନ୍ତି ନାହିଁ। ମିଥ୍ୟାବାଦରେ ମଜ୍ଜି ରହିଥାନ୍ତି। ସତ୍ୟର

---

[୧୮] ଠାଣଂ, ୭/୨୮।

ଆଚରଣ ଶ୍ରଦ୍ଧାଠାରୁ ବି ଅଧିକ ଦୁର୍ଲଭ। ସତ୍ୟର ଜ୍ଞାନ ଏବଂ ଶ୍ରଦ୍ଧା ଥାଇ ମଧ୍ୟ କାମ-ଭୋଗର ମୂର୍ଚ୍ଛା ତ୍ୟାଗ ନ କରିବାଯାଏ ସତ୍ୟର ଆଚରଣ ହୋଇନଥାଏ। ତୀବ୍ରତମ କଷାୟର ବିଳୟ ଘଟିଲେ ସମ୍ୟକ୍ ଦର୍ଶନର ଯୋଗ୍ୟତା ଅର୍ଜନ କରିହେବ, କିନ୍ତୁ ତୀବ୍ରତର କଷାୟ ରହିଥିବା ଯାଏ ଚାରିତ୍ରିକ ଉତ୍କର୍ଷକୁ ସ୍ପର୍ଶ କରିହୁଏ ନାହିଁ। ତେଣୁ ଶ୍ରଦ୍ଧାଠାରୁ ଚାରିତ୍ରର ସ୍ଥାନ ଉଚ୍ଚରେ ରହିଥାଏ। ଜଣେ ଚରିତ୍ରବାନ୍ ନିଶ୍ଚିତ ଭାବରେ ଶ୍ରଦ୍ଧାସମ୍ପନ୍ନ ହେବ କିନ୍ତୁ ଜଣେ ଶ୍ରଦ୍ଧାବାନ, ଚରିତ୍ରବାନ୍ ହୋଇପାରେ ଏବଂ ନ ହୋଇପାରେ ମଧ୍ୟ। ଏହାହିଁ ଭୂମିକାଭେଦର ଆଧାର ଅଟେ। ପଞ୍ଚମ ଭୂମିକାର ଚାରିତ୍ର ଆରୂଢ଼। ଏଠାରେ ଚାରିତ୍ରାଂଶର ଉଦୟ ହୁଏ। ଏହା ହେଉଛି ସଂବରର ପ୍ରବେଶଦ୍ୱାର।

ଚାରିତ୍ରିକ ଯୋଗ୍ୟତା ଏକରୂପ ନୁହେଁ। ତନ୍ମଧ୍ୟରେ ଅସୀମ ତାରତମ୍ୟତା ରହିଥାଏ। ବିସ୍ତାର ଦୃଷ୍ଟିରେ ଚାରିତ୍ର ବିକାଶର ଅନନ୍ତସ୍ଥାନ ରହିଛି। ତେବେ ସଂକ୍ଷେପରେ ତାହାକୁ ଦୁଇଟି ସ୍ଥାନରେ ବର୍ଗୀକରଣ କରାଯାଇଥାଏ – ଅପୂର୍ଣ୍ଣ-ଚରିତ୍ର ଓ ପୂର୍ଣ୍ଣ-ଚରିତ୍ର। ପଞ୍ଚମ ଭୂମିକା ହେଉଛି ଅପୂର୍ଣ୍ଣ-ବିରତି ଯାହା ଗୃହସ୍ଥର ସାଧନାକ୍ଷେତ୍ର।

ଜୈନାଗମ ଗୃହସ୍ଥମାନଙ୍କ ପାଇଁ ବାର (୧୨) ବ୍ରତର ବିଧାନ କରିଥାନ୍ତି। ଅହିଂସା, ସତ୍ୟ, ଅଚୌର୍ଯ୍ୟ, ସ୍ୱଦାର-ସନ୍ତୋଷ ଏବଂ ଇଚ୍ଛା-ପରିମାଣ - ଏହି ପାଞ୍ଚୋଟି ଅଣୁବ୍ରତ। ଦିଗ୍‌ବିରତି, ଭୋଗୋପଭୋଗ ବିରତି ଏବଂ ଅନର୍ଥଦଣ୍ଡବିରତି - ଏହି ତିନୋଟି ଗୁଣବ୍ରତ। ସାମୟିକ, ଦେଶାବକାଶିକ, ପୌଷଧୋପବାସ ଏବଂ ଅତିଥିସଂବିଭାଗ - ଏହି ଚାରୋଟି ହେଉଛି ଶିକ୍ଷାବ୍ରତ।

ଅନେକ ଲୋକ, ଅନ୍ୟର ଅଧିକାର ବା ସ୍ୱତ୍ୱକୁ କରାୟତ୍ତ କରିବା ପାଇଁ ତଥା ଆପଣା ଭୋଗସାମଗ୍ରୀକୁ ସମୃଦ୍ଧ କରିବା ସକାଶେ ଗୋଟିଏ ପ୍ରଦେଶରୁ ଅନ୍ୟ ପ୍ରଦେଶକୁ ଯାତ୍ରା କରିଥାନ୍ତି। ଏହାସହିତ ଶୋଷଣ ଓ ଅସଂଯମ ଯୋଡ଼ି ହୋଇରହିଛି। ଅସଂଯମକୁ ନିୟନ୍ତ୍ରଣମୁକ୍ତ ରଖି କେହି ସ୍ୱସ୍ଥ ଅଣୁବ୍ରତୀ ହୋଇପାରିବ ନାହିଁ। ଦିଗ୍‌ବ୍ରତରେ ସାର୍ବଭୌମ ଆର୍ଥିକ, ରାଜନୀତିକ ତଥା ଅନ୍ୟ ସମସ୍ତ ପ୍ରକାର ଅନାକ୍ରମଣର ଭାବନା ରହିଥାଏ। ଭୋଗ-ଉପଭୋଗର ଉନ୍ମୁକ୍ତତା ଏବଂ ପ୍ରମାଦ-ଜନ୍ୟ ତ୍ରୁଟିରୁ ତ୍ରାହି ପାଇବା ପାଇଁ ସପ୍ତମ ଓ ଅଷ୍ଟମ ବ୍ରତର ବିଧାନ କରାଯାଇଛି। ଏହି ତିନୋଟିଯାକ ବ୍ରତ ଅଣୁବ୍ରତକୁ ପୋଷଣ ପ୍ରଦାନ କରୁଥିବାରୁ ଏମାନଙ୍କୁ ଗୁଣବ୍ରତ କୁହାଯାଏ।

ଧର୍ମ ସମତାରେ ନିହିତ। ରାଗ-ଦ୍ୱେଷ ହେଉଛି ବିଷମତା। ସମତାର ଅର୍ଥ-ରାଗଦ୍ୱେଷର ଅଭାବ। ବିଷମତାମାନେ ରାଗ-ଦ୍ୱେଷର ଭାବ। ସମଭାବର ଆରାଧନା ସକାଶେ ସାମୟିକ ବ୍ରତ ରହିଛି। ଗୋଟିଏ ମୁହୂର୍ତ୍ତ ବା ୪୮ ମିନିଟ୍ ସକାଶେ ସାବଦ୍ୟ (ପାପକାରୀ) ପ୍ରବୃତ୍ତିର ତ୍ୟାଗ କରିବା ହେଉଛି ସାମୟିକ ବ୍ରତ।

ସମଭାବ ପ୍ରାପ୍ତି ପାଇଁ ସତତ ଜାଗରୂକତା ନିତାନ୍ତ ଆବଶ୍ୟକ। ଯେଉଁ ଲୋକ ପ୍ରତିକ୍ଷଣ ସଚେତନ ଥାଏ, ସେ ସମଭାବ ଦିଗରେ ଅଗ୍ରସର ହୋଇଥାଏ। ପ୍ରଥମେ ୮ଟି ବ୍ରତର ସାମାନ୍ୟ ମର୍ଯ୍ୟାଦା ସହିତ କିଛି ସମୟ ଲାଗି ବିଶେଷ ମର୍ଯ୍ୟାଦା କରିବା ଏବଂ ଅହିଂସା ଆଦିର ବିଶେଷ ସାଧନା କରିବା ହେଉଛି ଦେଶବକାଶିକ ବ୍ରତ।

ପୌଷଧୋପବାସ ବ୍ରତ ଏକପ୍ରକାର ସାଧୁଜୀବନର ପୂର୍ବାଭ୍ୟାସ। ଉପବାସପୂର୍ବକ ସାବଦ୍ୟ ପ୍ରବୃତ୍ତିର ପରିହାର, ସମଭାବର ଉପାସନା କରିବା ହେଲା ପୌଷଧୋପବାସ ବ୍ରତ।

ମହାବ୍ରତୀ ମୁନିଙ୍କୁ ନିଜପାଇଁ ତିଆରି ଆହାରର ସଂବିଭାଗ ପ୍ରଦାନ କରିବା ଅତିଥି-ସଂବିଭାଗ ବ୍ରତ ଅଟେ।

ଏହି ଚାରିବ୍ରତ ଅଭ୍ୟାସାତ୍ମକ କିମ୍ବା ବାରମ୍ବାର କରିବା ଯୋଗ୍ୟ ହେଉଥିବାରୁ ଏଗୁଡ଼ିକୁ ଶିକ୍ଷାବ୍ରତ କୁହାଯାଇଛି।

ଏହି ପ୍ରକାର ବାର-ବ୍ରତର ବିଧାନ ରହିଛି। ଏହାର ଅଧିକାରୀଙ୍କୁ ଦେଶବ୍ରତୀ ଶ୍ରାବକ କୁହାଯାଇଥାଏ। ଷଷ୍ଠ ଭୂମିକାରୁ ଆରମ୍ଭ କରି ପରବର୍ତ୍ତୀ ସମସ୍ତ ଭୂମିକା ମୁନି-ଜୀବନ ପାଇଁ ଉଦ୍ଦିଷ୍ଟ।

ସର୍ବ-ବିରତି

ଏହା ଷଷ୍ଠ ଭୂମିକା। ଏହାର ଅଧିକାରୀ ଜଣେ ମହାବ୍ରତୀ ହିଁ ହୋଇପାରନ୍ତି। ମହାବ୍ରତର ସଂଖ୍ୟା ପାଞ୍ଚ - ଅହିଂସା, ସତ୍ୟ, ଅଚୌର୍ଯ୍ୟ, ବ୍ରହ୍ମଚର୍ଯ୍ୟ ଓ ଅପରିଗ୍ରହ। ରାତ୍ରି-ଭୋଜନ-ବିରତିକୁ ଷଷ୍ଠ ବ୍ରତ ରୂପରେ ସ୍ୱୀକାର କରାଯାଇଛି। ଆଚାର୍ଯ୍ୟ ହରିଭଦ୍ରଙ୍କ ଅନୁସାରେ ଭଗବାନ ଋଷଭଦେବ ଏବଂ ଭଗବାନ ମହାବୀରଙ୍କ ସମୟରେ

ରାତ୍ରି-ଭୋଜନ-ବିରତିକୁ ମୂଳଗୁଣ ରୂପରେ ଗ୍ରହଣ କରାଯାଇଥିଲା। ତେଣୁ ଏହାକୁ ମହାବ୍ରତମାନଙ୍କ ସହିତ ବ୍ରତ ରୂପରେ ସ୍ଥାନ ମିଳିଛି। ମଧ୍ୟବର୍ତ୍ତୀ ୨୨ ଜଣ ତୀର୍ଥଙ୍କର ସମୟରେ ଏହା ଉତ୍ତର-ଗୁଣ ରୂପରେ ରହିଆସିଛି। ତେଣୁ ସେ ସମୟରେ ପୃଥକ୍ ବ୍ରତ ରୂପରେ ଏହା ପ୍ରତିଷ୍ଠିତ ହୋଇପାରିନଥିଲା।

ଜୈନ ପରିଭାଷା ଅନୁସାରେ ବ୍ରତ ବା ମହାବ୍ରତ ମୂଳ ଗୁଣମାନଙ୍କୁ କୁହାଯାଏ। ଏମାନଙ୍କ ପୋଷକଗୁଣକୁ ଉତ୍ତରଗୁଣ ରୂପରେ ଅଭିହିତ କରାଯାଇଥାଏ। ଏମାନଙ୍କୁ ବ୍ରତର ସଂଜ୍ଞା ଦିଆଯାଇନଥାଏ। ମୂଳଗୁଣର ମାନ୍ୟତାରେ ପରିବର୍ତ୍ତନ ଘଟିତ ହୋଇଚାଲିଛି। ଧର୍ମର ନିରୂପଣ ବିଭିନ୍ନ ରୂପରେ ପ୍ରାପ୍ତ ହୋଇଥାଏ।

ଅପ୍ରମାଦ

ଏହା ହେଉଛି ସପ୍ତମ ଭୂମିକା। ଷଷ୍ଠ ଭୂମିକାର ଅଧିକାରୀ ପ୍ରମତ୍ତ ହୋଇଥାଏ – ତା'ଠାରେ ପ୍ରମାଦର ସତ୍ତା ମଧ୍ୟ ରହିଥାଏ ଏବଂ ସେ କଦାଚିତ୍ ହିଂସା ମଧ୍ୟ କରିପକାଏ। ସପ୍ତମ ଭୂମିକାର ଅଧିକାରୀ ପ୍ରମାଦୀ ନୁହନ୍ତି ତଥା ସାବଦ୍ୟ ପ୍ରବୃତ୍ତି ମଧ୍ୟ କରନ୍ତି ନାହିଁ। ଏହି କାରଣରୁ ଅପ୍ରମତ୍ତ-ସଂଯତି ଅହିଂସକ ଓ ପ୍ରମତ୍ତ-ସଂଯତି ଶୁଭଯୋଗ ଅପେକ୍ଷାରେ ଅହିଂସକ ତଥା ଅଶୁଭଯୋଗ ଅପେକ୍ଷାରେ ହିଂସକ ହୋଇଥାନ୍ତି।

ଶ୍ରେଣୀ-ଆରୋହ

ଅଷ୍ଟମ ଭୂମିକାର ଆରମ୍ଭ ଅପୂର୍ବକରଣରୁ ହୋଇଥାଏ। ଆଗରୁ କେବେ ଦେଖାଦେଇନଥିବା ବିଶୁଦ୍ଧଭାବ ଜୀବନରେ ପ୍ରବେଶ କରିଥାଏ। ଆତ୍ମା 'ଗୁଣଶ୍ରେଣୀ'ର ଆରୋହ କରିବାରେ ନିୟୋଜିତ ହୁଏ। ଆରୋହର ଦୁଇଟି ଶ୍ରେଣୀ ହେଉଛି – ଉପଶମ ଓ କ୍ଷପକ। ମୋହକୁ ଉପଶାନ୍ତ କରି ଆଗକୁ ଗତି କରୁଥିବା ଆତ୍ମା ଏକାଦଶ ଭୂମିକାରେ ପହଞ୍ଚି ମୋହକୁ ସବୁମନ୍ତେ ଉପଶାନ୍ତ କରି ବୀତରାଗ ପାଲଟିଯାଏ। ଉପଶମ ସ୍ୱଳ୍ପକାଳୀନ ହୋଇଥିବାରୁ ମୋହ ଜାଗରିତ ହେଲେ ତାହାପୁଣି ନିମ୍ନ ଭୂମିକାମାନଙ୍କକୁ ଖସିଆସେ। ମୋହକୁ ଜୀର୍ଣ୍ଣକରି ଅଗ୍ରଗତି କରିଲେ ଦ୍ୱାଦଶ ଭୂମିକାରେ ପହଞ୍ଚି ବୀତରାଗ ହେବାରେ ବାଧା ନାହିଁ। କ୍ଷୀଣ-ମୋହର ଅବରୋହ ହୁଏନାହିଁ।

କେବଳୀ

ତ୍ରୟୋଦଶ ଭୂମିକାରେ ସର୍ବ-ଜ୍ଞାନ ଓ ସର୍ବ-ଦର୍ଶନ ଅବସ୍ଥିତ। କର୍ମର ମୂଳ ହେଉଛି ମୋହ। ସେନାପତି ପଳାୟନ କରିଲେ ସମଗ୍ର ସୈନ୍ୟବାହିନୀ ଛତ୍ରଭଙ୍ଗ କରିଥାଏ। ସେହିପରି ମୋହ ନଷ୍ଟ ହେଲେ, ଅନ୍ୟ ସମସ୍ତ କର୍ମ ନଷ୍ଟ ହୋଇଯାଆନ୍ତି। ମୋହନଷ୍ଟ ହେବାମାତ୍ରକେ ଜ୍ଞାନର ଆବରଣ ତଥା ଦର୍ଶନର ଆବରଣ ଏବଂ ଅନ୍ତରାୟ - ଏହି ତିନି କର୍ମବନ୍ଧନ ଶିଥିଳ ହୋଇ ଛିନ୍ନ ହୋଇଥାଏ। ଆତ୍ମା ନିରାବରଣ ଓ ନିରନ୍ତରାୟ ହୋଇପଡ଼େ। ନିରାବୃତ୍ତ ଆତ୍ମା ହିଁ ସର୍ବଜ୍ଞ ଓ ସର୍ବଦର୍ଶୀ ବୋଲାଇଥାଏ।

ଅଯୋଗ ଦଶା ଓ ମୋକ୍ଷ

ଜଣେ କେବଳୀଙ୍କ ଭବୋପଗ୍ରାହୀ କର୍ମ ଅବଶିଷ୍ଟ ଥାଏ। ଏମାନେ ହିଁ ବାକି ଜୀବନକୁ ଧାରଣ କରିରଖିଥାନ୍ତି। ଜୀବନର ଅନ୍ତିମକ୍ଷଣରେ ମନ, ବାଣୀ ଓ ଶରୀରର ପ୍ରବୃତ୍ତିଗୁଡ଼ିକର ନିରୋଧ ହୁଏ। ଏହି ନିରୋଧ ଅବସ୍ଥା ହିଁ ଅନ୍ତିମ ଭୂମିକା। ଏହି ସ୍ଥିତିରେ ଅବଶିଷ୍ଟ କର୍ମସବୁ ବିଚ୍ଛିନ୍ନ ହୋଇପଡ଼ନ୍ତି। ଆତ୍ମା ମୁକ୍ତହୁଏ ତଥା ଆଚାର ସ୍ୱଭାବରେ ପରିଣତ ହୁଏ। ସାଧନ, ସାଧ୍ୟ ପାଲଟିଯାଏ। ଜ୍ଞାନର ପରିଣତି ଆଚାର ଏବଂ ଆଚାରର ପରିଣତି ମୋକ୍ଷ ତଥା ମୋକ୍ଷ ହିଁ ଆତ୍ମାର ସ୍ୱଭାବ-ଉକ୍ତି ସାର୍ଥକ ହୁଏ।

ମହାବ୍ରତ ଓ ଅଣୁବ୍ରତ

ସତ୍ୟ ଆଦି ଯେତେ ବ୍ରତ ରହିଛି, ସେ ସମସ୍ତ ଅହିଂସାର ସୁରକ୍ଷା ସକାଶେ ଅଭିପ୍ରେତ।[୧୯] କାବ୍ୟ-କବିତାର

---

(୧୯) ପଞ୍ଚସଂଗ୍ରହଃ : ଏକ୍କଂ ଚିୟ ଏକ୍କବୟଂ, ନିଦ୍ଦିଟ୍ଠଂଜିଣବରେହିଂ ସବ୍ବେହିଂ ।
ପାଣା ଇବାୟ ବିରମଣ, ସବ୍ବସତ୍ତସ୍ସ ରକ୍ଖଟ୍ଠା ॥

ଭାଷାରେ କହିଲେ–"ଅହିଂସା ହେଉଛି ମୁଖ୍ୟ ଶସ୍ୟ ବା ଧାନ, ସତ୍ୟ ଇତ୍ୟାଦି ବ୍ରତ ତାହାକୁ ସୁରକ୍ଷା ଯୋଗାଉଥିବା ବାଡ଼ ଅଟନ୍ତି।"(୨୦) "ଅହିଂସା ଜଳ ଅଟେ, ସତ୍ୟ ଆଦି ତାହାକୁ ସଂରକ୍ଷଣ ଯୋଗାଉଥିବା ସେତୁର କାର୍ଯ୍ୟ କରନ୍ତି।"(୨୧) ସାରମର୍ମ ହେଉଛି ଅନ୍ୟ ସମସ୍ତ ବ୍ରତ ଅହିଂସାକୁ ପୁଷ୍ଟ କରିଥାନ୍ତି।

ଅହିଂସାର ଏହାହେଲା ବ୍ୟାପକ ରୂପ। ଏହାର ସରଳ ପରିଭାଷା ହେଉଛି - ସଂବର ଏବଂ ସତ୍ପ୍ରବୃତ୍ତି ହିଁ ଅହିଂସା।

ଅହିଂସାର ଅନ୍ୟ ରୂପ ହେଉଛି – ପ୍ରାଣାତିପାତ-ବିରତି। ଭଗବାନ କହିଛନ୍ତି – 'କୌଣସି ଜୀବକୁ ମାରନାହିଁ, କଷ୍ଟ ଦିଅନାହିଁ, ଆଧି-ବ୍ୟାଧି ଉତ୍ପନ୍ନ କରନାହିଁ, ପୀଡ଼ିତ କରନାହିଁ, ଅଧୀନସ୍ଥ କରନାହିଁ, ଦାସରେ ପରିଣତ କରନାହିଁ - ଏହାହିଁ ଧ୍ରୁବ ଧର୍ମ ଏବଂ ଏହାହିଁ ଶାଶ୍ୱତ ସତ୍ୟ।' ଏହାର ପରିଭାଷା ହେଉଛି - ମନସା, ବାଚା, କର୍ମଣା ଓ କୃତ, କାରିତ ଅନୁମତି ଦ୍ୱାରା ଆକ୍ରୋଶ, ବନ୍ଧ ଓ ବଧର ପରିତ୍ୟାଗ। ଅନ୍ୟ ମହାବ୍ରତଗୁଡ଼ିକର ସଂରଚନା ମୂଳରେ ଏହି ପରିଭାଷା ରହିଛି। ଏଠାରେ ମୃଷାବାଦ, ଚୌର୍ଯ୍ୟ, ମୈଥୁନ ଓ ପରିଗ୍ରହର ସମାବେଶ ହୁଏନାହିଁ। ଅହିଂସା, ସତ୍ୟ ଓ ବ୍ରହ୍ମଚର୍ଯ୍ୟ ଆଦି ଶବ୍ଦ ଯେତେ ବ୍ୟାପକ, ସେତେ ପରିମାଣରେ ପ୍ରାଣାତିପାତ-ବିରତି, ମୃଷାବାଦ-ବିରତି ଏବଂ ମୈଥୁନ-ବିରତି ଶବ୍ଦ ବ୍ୟାପକ ହୋଇପାରିନାହାନ୍ତି।

ପ୍ରାଣାତିପାତ-ବିରତି ବି ଅହିଂସା। ସ୍ୱରୂପ ଦୃଷ୍ଟିରୁ ଅହିଂସା ଏକ ତଥା ହିଂସା ମଧ୍ୟ ଏକ। କାରଣ ଦୃଷ୍ଟିରୁ ହିଂସାର ଦୁଇ ପ୍ରକାର ବିବେଚନା କରାଯାଇଛି। ଅର୍ଥ ହିଂସା-ଆବଶ୍ୟକତାବଶତଃ କରାଯାଉଥିବା ହିଂସା ଏବଂ ଅନର୍ଥ ହିଂସା-ଅନାବଶ୍ୟକ ହିଂସା। ଜଣେ ମୁନି ସର୍ବହିଂସାର ସର୍ବଥା ପ୍ରତ୍ୟାଖ୍ୟାନ କରିଥାନ୍ତି। ସେ ଅହିଂସା ମହାବ୍ରତକୁ ଏହି ଶବ୍ଦଗୁଡ଼ିକ ମାଧ୍ୟମରେ ସ୍ୱୀକାର କରିଥାନ୍ତି - "ଭନ୍ତେ ! ମୁଁ ପ୍ରଥମ ମହାବ୍ରତ ପ୍ରାଣାତିପାତରୁ ବିରତ ହେବାପାଇଁ ନିଜକୁ ପ୍ରସ୍ତୁତ କରୁଛି।

ଭନ୍ତେ ! ମୁଁ ସମସ୍ତ ପ୍ରକାର ପ୍ରାଣାତିପାତର ପ୍ରତ୍ୟାଖ୍ୟାନ କରୁଛି। ସୂକ୍ଷ୍ମ ଓ ବାଦର, ତ୍ରସ ଓ ସ୍ଥାବର ଜୀବମାନଙ୍କ ଅତିପାତ, ମନସା, ବାଚା, କର୍ମଣା ମୁଁ ସ୍ୱୟଂ କରିବି ନାହିଁ, ଅନ୍ୟମାନଙ୍କ ଦ୍ୱାରା କରାଇବି ନାହିଁ ତଥା କରୁଥିବା ଲୋକଙ୍କ ଅନୁମୋଦନ କରିବି ନାହିଁ। ମୁଁ ଯାବଜ୍ଜୀବନ ସକାଶେ ଏହି ପ୍ରାଣାତିପାତ-ବିରତି ମହାବ୍ରତକୁ ସ୍ୱୀକାର କରୁଛି।"

ଗୃହସ୍ଥ ଅର୍ଥ-ହିଂସା ଛାଡ଼ିବାରେ ସମର୍ଥ ନୁହେଁ। ସେ ଅନର୍ଥ-ହିଂସାର ତ୍ୟାଗ ତଥା ଅର୍ଥ-ହିଂସାର ପରିମାଣ ବା ସୀମାକରଣ କରିଥାଏ। ତେଣୁ ଜଣେ ଗୃହସ୍ଥର ଅହିଂସାବ୍ରତକୁ ସ୍ଥୂଳ ପ୍ରାଣାତିପାତ ବିରତି କୁହାଯାଇଥାଏ। ଜୈନ ଆଚାର୍ଯ୍ୟମାନେ ଗୃହସ୍ଥମାନଙ୍କ ଉତ୍ତରଦାୟିତ୍ୱର କଳନା କରି ତଥା ସେମାନଙ୍କ ବିବଶତାକୁ ହୃଦୟଙ୍ଗମ କରି କହିଛନ୍ତି - କୃଷି, ବ୍ୟାପାର ସମ୍ବନ୍ଧୀୟ ଆରମ୍ଭଜା ହିଂସା ତଥା ପ୍ରତିରକ୍ଷା, ପ୍ରତ୍ୟାକ୍ରମଣ କାଳୀନ ବିରୋଧଜା ହିଂସାଠାରୁ ଆପଣାକୁ ଦୂରେଇ ରଖିନପାରିଲେ ମଧ୍ୟ ଆକ୍ରମଣାତ୍ମକ ଏବଂ ଅନାବଶ୍ୟକ ହିଂସାରୁ ନିଜକୁ ରକ୍ଷା କରିବା ଉଚିତ।" ଏହି ମଧ୍ୟମ-ମାର୍ଗକୁ ବହୁଲୋକ ସ୍ୱୀକାର କରିଲେ। ଏହା ସମସ୍ତଙ୍କ ପାଇଁ ଆବଶ୍ୟକୀୟ ମାର୍ଗ ବିବେଚିତ ହୋଇଛି। ଅବିରତି ମଣିଷକୁ ମୂଢ଼ କରିପକାଏ। ଏହା କେବଳ ଅବିରତି ନୁହେଁ। ବିରତି ମନୁଷ୍ୟ ମାତ୍ର ସକାଶେ ସରଳ ନୁହେଁ। ଏହା କେବଳ ବିରତି ନୁହେଁ। ଏହି ଅବିରତି ଓ ବିରତିର ଏକ ଯୁଗ୍ମ ନିର୍ମାଣ ହେଉଛି। ଏଠାରେ ବସ୍ତୁସ୍ଥିତିର ଅପଳାପ ହେଉନାହିଁ ତଥା ମଣିଷର ବୃତ୍ତିଗୁଡ଼ିକ ପୂରା ନିୟନ୍ତ୍ରଣବିହୀନ ମଧ୍ୟ ହେଉନାହାନ୍ତି। ଏଥିରେ ନିଜର ବିବଶତା ବା ଅସହାୟତାର ସ୍ୱୀକୃତି ଏବଂ ସ୍ୱବଶତା ବା କର୍ତ୍ତୃତ୍ୱ ଦିଗରେ ଗତି-ଉଭୟ ଘଟିଥାଏ।

---

(୨୦) ହରିଭଦ୍ରୀୟ ଅଷ୍ଟକ, ୧୬/୫ : ଅହିଂସାଶସ୍ୟ ସଂରକ୍ଷଣେ ବୃତିକଳ୍ପତ୍ୱାତ୍ ସତ୍ୟାଦିବ୍ରତାନାମ୍

(୨୧) ଯୋଗଶାସ୍ତ୍ର : ଅହିଂସା ପୟସଃ ପାଳିଭୂତାନ୍ୟାନ୍ୟବ୍ରତାନି ଯତ୍।

ନିଶ୍ଚୟ ଦୃଷ୍ଟି ହେଉଛି – ହିଂସା ଦ୍ୱାରା ଆତ୍ମାର ପତନ ହେଉଥିବାରୁ ତାହା ଅକରଣୀୟ।

ବ୍ୟବହାର ଦୃଷ୍ଟି ହେଉଛି – ସବୁ ଜୀବଙ୍କୁ ନିଜ ଜୀବନ ଓ ଆୟୁ ପ୍ରିୟ ହୋଇଥାଏ। ସୁଖ ଅନୁକୂଳ ତଥା ଦୁଃଖ ପ୍ରତିକୂଳ ଲାଗିଥାଏ। ବଧ ସମସ୍ତଙ୍କୁ ଅପ୍ରିୟ। ବଞ୍ଚିରହିବା ସମସ୍ତଙ୍କୁ ଭଲଲାଗେ। ସବୁ ଜୀବ ଦୀର୍ଘ ଜୀବନର କାମନା କରନ୍ତି।

ଏହା ବୁଝିବିଚାରି କୌଣସି ଜୀବର ହିଂସା କରିବା ଉଚିତ ନୁହେଁ।

କୌଣସି ଜୀବକୁ ତ୍ରାସ ଦେବା ଉଚିତ ନୁହେଁ।(୨୨)

କାହାରି ପ୍ରତି ବୈର-ବିରୋଧଭାବ ରଖିବା ଉଚିତ ନୁହେଁ।(୨୩)

ସମସ୍ତ ଜୀବଙ୍କ ପ୍ରତି ମୈତ୍ରୀ ଭାବ ରହିବା ଉଚିତ।(୨୪)

ହେ ପୁରୁଷ ! ଯାହାକୁ ତୁମେ ମାରିବାକୁ ଚାହୁଁଛ, ଥରେ ବିଚାର କରି ଦେଖ - ସେ ତୁମଭଳି ସୁଖ-ଦୁଃଖର ଅନୁଭୂତି କରୁଥିବା ଜଣେ ପ୍ରାଣୀ ଅଟେ। ଯାହା ଉପରେ ଶାସନ କରିବାକୁ, ଯାହାକୁ ଦୁଃଖ ଦେବାକୁ, ଯାହାକୁ ସ୍ୱନିୟନ୍ତ୍ରଣାଧୀନ କରିବାକୁ, ଯାହାର ପ୍ରାଣହରଣ କରିବାକୁ ଇଚ୍ଛା କରୁଛ, ସେ ମଧ୍ୟ ତୁମଭଳି ଜଣେ ପ୍ରାଣୀମାତ୍ର।(୨୫)

ମୃଷାବାଦ-ବିରତି ହେଉଛି ଦ୍ୱିତୀୟ ମହାବ୍ରତ। ଏହାର ଅର୍ଥ – ଅସତ୍ୟ-ଭାଷଣରୁ ବିରତ ହେବା।

ଅଦତ୍ତାଦାନ-ବିରତି ହେଉଛି ତୃତୀୟ ମହାବ୍ରତ। ଏହାର ଅର୍ଥ – ଦିଆଯାଇନଥିବା ବସ୍ତୁ ଆହରଣରୁ ବିରତ ହେବା।

ମୈଥୁନ-ବିରତି ହେଉଛି ଚତୁର୍ଥ ମହାବ୍ରତ। ଏହାର ଅର୍ଥ – ଭୋଗରୁ ବିରତ ହେବା।

ପଞ୍ଚମ ମହାବ୍ରତ ହେଉଛି – ଅପରିଗ୍ରହ। ଏହାର ଅର୍ଥ – ପରିଗ୍ରହର ତ୍ୟାଗ।

ମୁନି ମୃଷାବାଦ ଆଦିର ସବୁମନ୍ତେ ପ୍ରତ୍ୟାଖ୍ୟାନ କରିଥାନ୍ତି। ନିମ୍ନ ଶବ୍ଦାବଳୀ ଉଚ୍ଚାରଣ କରି ବ୍ରତ ସ୍ୱୀକାର କରନ୍ତି।

ଭନ୍ତେ ! ଦ୍ୱିତୀୟ ମହାବ୍ରତରେ ମୃଷାବାଦ ବିରତି ପାଇଁ ମୁଁ ପ୍ରସ୍ତୁତ। ଭନ୍ତେ ! ମୁଁ ସମସ୍ତ ପ୍ରକାର ମୃଷାବାଦର ପ୍ରତ୍ୟାଖ୍ୟାନ କରୁଛି। କ୍ରୋଧ, ଲୋଭ, ଭୟ ଏବଂ ହାସ୍ୟବଶତଃ - ମନସା, ବାଚାକର୍ମଣା ମୁଁ ସ୍ୱୟଂ ମିଛ କହିବି ନାହିଁ, ଅନ୍ୟମାନଙ୍କୁ ମିଛ କହିବାକୁ ପ୍ରେରିତ କରିବି ନାହିଁ ତଥା ମିଥ୍ୟାବାଦୀର ଅନୁମୋଦନ କରିବି ନାହିଁ। ଜୀବନ ପର୍ଯ୍ୟନ୍ତ ମୁଁ ମୃଷାବାଦରୁ ବିରତ ହେଉଛି।

ଭନ୍ତେ ! ତୃତୀୟ ମହାବ୍ରତରେ ଅଦତ୍ତାଦାନ-ବିରତି ପାଇଁ ମୁଁ ପ୍ରସ୍ତୁତ। ଭନ୍ତେ ! ମୁଁ ସମସ୍ତ ପ୍ରକାର ଅଦତ୍ତାଦାନର ତ୍ୟାଗ କରୁଛି। ଗ୍ରାମ, ନଗର ବା ଅରଣ୍ୟ ମଧ୍ୟରେ ଅଳ୍ପ ବା ବହୁତ, ଅଣୁ କିମ୍ବା ସ୍ଥୁଳ, ସଚିତ୍ତ ବା ଅଚିତ୍ତ ଅଦତ୍ତାଦାନ ମନସା, ବାଚା, କର୍ମଣା ମୁଁ ସ୍ୱୟଂ ଗ୍ରହଣ କରିବି ନାହିଁ, ଅନ୍ୟମାନଙ୍କୁ ଏହି କାର୍ଯ୍ୟ ପାଇଁ ପ୍ରେରିତ କରିବି ନାହିଁ ତଥା ଅଦତ୍ତାଦାନ ଆହରଣ କରୁଥିବା ଲୋକର ଅନୁମୋଦନ କରିବି ନାହିଁ। ଜୀବନ ପର୍ଯ୍ୟନ୍ତ ମୁଁ ଅଦତ୍ତାଦାନରୁ ବିରତ ହେଉଛି।

ଭନ୍ତେ ! ଚତୁର୍ଥ ମହାବ୍ରତ ମୈଥୁନ-ବିରତି ପାଇଁ ମୁଁ ପ୍ରସ୍ତୁତ। ଭନ୍ତେ ! ମୁଁ ସମସ୍ତ ପ୍ରକାର ମୈଥୁନର ପ୍ରତ୍ୟାଖ୍ୟାନ କରୁଛି। ଦିବ୍ୟ, ମନୁଷ୍ୟ ଓ ତିର୍ଯ୍ୟଞ୍ଚ ମୈଥୁନ ମନସା, ବାଚା, କର୍ମଣା ନିଜେ ସେବନ କରିବି ନାହିଁ, ଅନ୍ୟମାନଙ୍କ ଦ୍ୱାରା କରାଇବି ନାହିଁ ତଥା ମୈଥୁନ ସେବନ କରୁଥିବା ଲୋକର ଅନୁମୋଦନ କରିବି ନାହିଁ। ଜୀବନପର୍ଯ୍ୟନ୍ତ ମୁଁ ମୈଥୁନରୁ ବିରତ ହେଉଛି।

---

(୨୨) ଉତ୍ତରଜ୍ଝୟଣାଣି, ୨/୨୦ : ନ ଯ ବିତ୍ତାସଏପରଂ।

(୨୩) ସୂୟଗଡ଼ୋ, ୧/୧/୧୫/୧୩ : ନ ବିରୁଜ୍ଝେଜ୍ଜ କେଣଈ।

(୨୪) ଉତ୍ତରଜ୍ଝୟଣାଣି, ୬/୨ : ମେତ୍ତିଂ ଭୂଏସୁ କପ୍ପଏ।

(୨୫) ଆୟାରୋ, ୫/୧୦୧।

ଭନ୍ତେ ! ପଞ୍ଚମ ମହାବ୍ରତ ପରିଗ୍ରହ-ବିରତି ପାଇଁ ମୁଁ ପ୍ରସ୍ତୁତ । ଭନ୍ତେ ! ମୁଁ ସମସ୍ତ ପ୍ରକାର ପରିଗ୍ରହର ପ୍ରତ୍ୟାଖ୍ୟାନ କରୁଛି । ଗ୍ରାମ, ନଗର ବା ଅରଣ୍ୟ ମଧ୍ୟରେ ଅଳ୍ପ ବା ବହୁତ, ଅଣୁ କିମ୍ବା ସ୍ଥୁଳ, ସଚିତ୍ତ ବା ଅଚିତ୍ତ ପରିଗ୍ରହ ମନସା, ବାଚା, କର୍ମଣା ମୁଁ ସ୍ୱୟଂ ଆହରଣ କରିବି ନାହିଁ, ଅନ୍ୟମାନଙ୍କୁ ଏହି କାର୍ଯ୍ୟ ପାଇଁ ପ୍ରେରିତ କରିବି ନାହିଁ ତଥା ପରିଗ୍ରହ ସଂଗ୍ରହ କରୁଥିବା ଲୋକର ଅନୁମୋଦନ କରିବି ନାହିଁ । ଜୀବନପର୍ଯ୍ୟନ୍ତ ମୁଁ ପରିଗ୍ରହରୁ ବିରତ ହେଉଛି ।

ଭନ୍ତେ ! ଷଷ୍ଠବ୍ରତ ରାତ୍ରି-ଭୋଜନ-ବିରତି ସ୍ୱୀକାର କରିବା ପାଇଁ ମୁଁ ଉପସ୍ଥିତ । ଭନ୍ତେ ! ମୁଁ ସମସ୍ତ ପ୍ରକାର ଅଶନ, ପାନ, ଖାଦ୍ୟ ଓ ସ୍ୱାଦ୍ୟ ଆଦି ରାତିରେ ଖାଇବାର ପ୍ରତ୍ୟାଖ୍ୟାନ କରୁଛି । ମନସା, ବାଚା, କର୍ମଣା ମୁଁ ସ୍ୱୟଂ ରାତ୍ରିବେଳାରେ ଖାଇବି ନାହିଁ, ଅନ୍ୟମାନଙ୍କୁ ଖୁଆଇବି ନାହିଁ ତଥା ଖାଇବା ଲୋକର ଅନୁମୋଦନ କରିବି ନାହିଁ । ଜୀବନ ପର୍ଯ୍ୟନ୍ତ ମୁଁ ରାତ୍ରି-ଭୋଜନରୁ ବିରତ ହେଉଛି ।

ଗୃହସ୍ଥମାନଙ୍କ ମୃଷାବାଦ ଆଦିରୁ ସ୍ଥୁଳ-ବିରତି ହେଉଥିବାରୁ ସେଗୁଡ଼ିକ ଅଣୁବ୍ରତ ଅଟନ୍ତି । ସ୍ଥୁଳ ମୃଷାବାଦ-ବିରତି, ସ୍ଥୁଳ ଅଦତ୍ତାଦାନ-ବିରତି, ସ୍ୱଦାର-ସନ୍ତୋଷ ଏବଂ ଇଚ୍ଛା-ପରିମାଣ-ଏହା ହେଉଛି ଅଣୁବ୍ରତର ବିଭାଗ । ମହାବ୍ରତର ସ୍ଥିରତା ସକାଶେ ପଚିଶ ଭାବନାର ପ୍ରୟୋଗ କରାଯାଇଥାଏ । ପ୍ରତ୍ୟେକ ମହାବ୍ରତର ପାଞ୍ଚୋଟି ଲେଖାଏଁ ଭାବନା ରହିଛି ।[୨୬]

ଏହି ଭାବନା ଦ୍ୱାରା ମନକୁ ଭାବିତ କରାଯାଇପାରିଲେ ହିଁ ମହାବ୍ରତଗୁଡ଼ିକର ସମ୍ୟକ୍ ଆରାଧନା ସମ୍ଭବପର ହୋଇଥାଏ ।

ଏହି ପଞ୍ଚ ମହାବ୍ରତ ମଧ୍ୟରେ ମୈଥୁନର ସଂବନ୍ଧ ଦେହ ସହିତ ଅଧିକ । ତେଣୁ ମୈଥୁନ-ବିରତିର ସାଧନା ପାଇଁ ବିଶିଷ୍ଟ ନିୟମଗୁଡ଼ିକର ବିଧାନ କରାଯାଇଛି ।

ବ୍ରହ୍ମଚର୍ଯ୍ୟର ସାଧନା-ମାର୍ଗ

ବ୍ରହ୍ମଚର୍ଯ୍ୟ ହିଁ ଭଗବାନ ।[୨୭] ସବୁ ତପ ମଧ୍ୟରେ ବ୍ରହ୍ମଚର୍ଯ୍ୟ ଶ୍ରେଷ୍ଠ ।[୨୮] ଯିଏ ବ୍ରହ୍ମଚର୍ଯ୍ୟର ଆରାଧନା କରିପାରିଛି, ସେ ସମସ୍ତ ବ୍ରତର ସାଧନା କରିବାର ସମର୍ଥ ହୋଇପାରିଛି ।[୨୯] ଯିଏ ଅବ୍ରହ୍ମଚର୍ଯ୍ୟରୁ ଦୂରରେ ସ୍ଥିତ - ସେ ହେଉଛି ଆଦି-ମୋକ୍ଷ । ମୁମୁକ୍ଷୁ ମୁକ୍ତିର ଅଗ୍ରଗାମୀ ହୋଇଥାନ୍ତି ।[୩୦] ବ୍ରହ୍ମଚର୍ଯ୍ୟ ଭଗ୍ନ ହେବାଦ୍ୱାରା ସବୁଯାକ ବ୍ରତ ଖଣ୍ଡିତ ହୋଇଯାଆନ୍ତି ।[୩୧]

ବ୍ରହ୍ମଚର୍ଯ୍ୟ ନିଶ୍ଚିତ ଭାବରେ ଶ୍ରେଷ୍ଠ କିନ୍ତୁ ଭାରି ଦୁଷ୍କର ।[୩୨] ଏହି ଆସକ୍ତିରୁ ମୁକ୍ତି ପାଇଥିବା ମଣିଷ ମହାସାଗରକୁ ତରିଯାଏ ।[୩୩]

କେଉଁଠି ପ୍ରଥମେ ଦଣ୍ଡ, ପରେ ଭୋଗ ଏବଂ ଅନ୍ୟ କେଉଁଠି ପ୍ରଥମେ ଭୋଗ ଓ ପରେ ଦଣ୍ଡ ରହିଥାଏ – ଏହା ଭୋଗ ସଂଗକାରକ ଅଟେ ।[୩୪] ଇନ୍ଦ୍ରିୟର ବିଷୟ ହେଉଛି ବିକାର-ହେତୁ, କିନ୍ତୁ ସେଗୁଡ଼ିକ ରାଗ-ଦ୍ୱେଷକୁ ଉତ୍ପନ୍ନ

---

(୨୬) ଆୟାରଚୂଳା, ୧୫/୪୩-୭୮ ।

(୨୭) ପ୍ରଶ୍ନ ବ୍ୟାକରଣ, ୨/୪ : ବଂଭଂ ଭଗବନ୍ତଂ ।

(୨୮) ସୂୟଗଡ଼ୋ, ୧/୧/୬/୨୩ : ତବେସୁ ବା ଉତ୍ତମଂ ବଂଭଚେରଂ ।

(୨୯) ପ୍ରଶ୍ନବ୍ୟାକରଣ, ୨/୪ : ଜଂମିୟ ଆରାହିୟମ୍ମି ଆରାହିୟଂ ବୟମିଣଂ ସବ୍ବଂ ।

(୩୦) ଉତ୍ତରଜ୍‌ଝୟଣାଣି, ୩୨/୧୭ : ନେୟାରିସଂ ଦୁତ୍ତରମଥିଲୋଏ ।

(୩୧) ଉତ୍ତରଜ୍‌ଝୟଣାଣି, ୩୨/୧୮ ।

(୩୨) ଆୟାରୋ ୪/୮୫ : ପୁବ୍‌ବଂଦଣ୍ଡାପଚ୍ଛାଫାସା, ପୁବ୍‌ବଂ ଫାସା, ପଚ୍ଛା ଦଣ୍ଡା ।

(୩୩) ଉତ୍ତରଜ୍‌ଝୟଣାଣି, ୩୨/୧୦୧ ।

(୩୪) ସୂୟଗଡ଼ୋ, ୧/୧/୧୫/୯ : ଇତ୍‌ଥିଓ ଜେ
ଣ ସେବନ୍ତି ଆଇମୋକ୍‌ଖା ଉ ତେ ଜଣା ।

ବା ନଷ୍ଟ କରିନଥାନ୍ତି। ଯିଏ ରକ୍ତ ଓ ଦ୍ୱିଷ୍ଟ (ରାଗ-ଦ୍ୱେଷରେ ସଂଲଗ୍ନ), ସେ, ସେଗୁଡ଼ିକର ସଂଯୋଗ ଲଭି ବିକାରୀରେ ପରିଣତ ହୋଇପଡ଼େ।[୩୫]

ବ୍ରହ୍ମଚର୍ଯ୍ୟର ସୁରକ୍ଷା ସକାଶେ ବିକାରଗୁଡ଼ିକ ସର୍ବଥା ବର୍ଜନୀୟ ଅଟନ୍ତି। ଜଣେ ବ୍ରହ୍ମଚାରୀଙ୍କ ଚର୍ଯ୍ୟା ନିମ୍ନ ପ୍ରକାର ହେବା ବିଧେୟ –

୧. ଏକାନ୍ତବାସ – ବିକାର-ବର୍ଦ୍ଧକ ସାମଗ୍ରୀଠାରୁ ନିଜକୁ ଦୂରେଇ ରଖିବା।

୨. କଥା-ସଂଯମ – କାମୋତ୍ତେଜକ ବାର୍ତ୍ତାଳାପରୁ ଦୂରେଇ ରହିବା।

୩. ପରିଚୟ-ସଂଯମ – କାମ-ଉତ୍ତେଜକ ସଂପର୍କରୁ ନିଜକୁ ରକ୍ଷା କରିବା।

୪. ଦୃଷ୍ଟି-ସଂଯମ–ଦୃଷ୍ଟିର ବିକାରରୁ ନିଜକୁ ରକ୍ଷା କରିବା।

୫. ଶ୍ରୁତି-ସଂଯମ – କର୍ଣ୍ଣ-ବିକାର ଜାତ କରୁଥିବା ଶବ୍ଦଠାରୁ ନିଜକୁ ରକ୍ଷା କରିବା।

୬. ସ୍ମୃତି-ସଂଯମ – ପୂର୍ବକାଳରେ ଭୋଗ କରାଯାଇଥିବା ବିଳାସ-ବ୍ୟସନକୁ ସ୍ମରଣ ନ କରିବା।

୭. ରସ-ସଂଯମ – ପାଳନ-ପୋଷଣ ବ୍ୟତୀତ ସରସ ପଦାର୍ଥ ନ ଖାଇବା।

୮. ଅତି-ଭୋଜନ-ସଂଯମ (ମିତାହାର) – ସଂଖ୍ୟା ଓ ପରିମାଣରେ ଅଳ୍ପ ଖାଇବା, ବାରମ୍ବାର ନ ଖାଇବା, କେବଳ ଜୀବନ-ନିର୍ବାହ ସକାଶେ ଆହାର ଗ୍ରହଣ କରିବା।

୯. ବିଭୂଷା-ସଂଯମ – ଶୃଙ୍ଗାର ନ କରିବା, ବାହ୍ୟ ସାଜ-ସଜ୍ଜାର ନିୟନ୍ତ୍ରଣ।

୧୦. ବିଷୟ-ସଂଯମ – ମନୋଜ୍ଞ ଶବ୍ଦ ଆଦି ଇନ୍ଦ୍ରିୟ-ବିଷୟ ତଥା ମାନସିକ-ସଂକଳ୍ପରୁ ଦୂରେଇ ରହିବା।[୩୬]

୧୧. ଭେଦ-ସଂଯମ – ବିକାର-ହେତୁକ ପ୍ରାଣୀ ବା ବସ୍ତୁଠାରୁ ନିଜକୁ ପୃଥକ୍ ବିବେଚିତ କରିବା।

୧୨. ଶୀତ ଓ ତାପ ସହନ – ଶୀତ ସମୟରେ ଖୋଲା ବଦନରେ ରହିବା ବା ଅଧିକ ବସ୍ତ୍ର ବ୍ୟବହାର ନ କରିବା ତଥା ଗ୍ରୀଷ୍ମଋତୁରେ ସୂର୍ଯ୍ୟଙ୍କ ଆତପ ଗ୍ରହଣ କରିବା।

୧୩. ସୌକୁମାର୍ଯ୍ୟ – ତ୍ୟାଗ।

୧୪. ରାଗ-ଦ୍ୱେଷକୁ ବିଲୀନ କରିବାର ସଂକଳ୍ପ।[୩୭]

୧୫. ଗୁରୁ ଓ ସ୍ଥବିରମାନଙ୍କଠାରୁ ମାର୍ଗଦର୍ଶନ ପ୍ରାପ୍ତ କରିବା।

୧୬. ଅଜ୍ଞାନ ଓ ଆସକ୍ତଜନଙ୍କ ସଙ୍ଗ ତ୍ୟାଗ କରିବା।

୧୭. ସ୍ୱାଧ୍ୟାୟରେ ଲୀନ ରହିବା।

୧୮. ଧ୍ୟାନରେ ଲୀନ ରହିବା।

୧୯. ସୂତ୍ର ଆଦି ଆଗମର ଅର୍ଥ ବିବେଚନା କରିବା।

୨୦. ଧୈର୍ଯ୍ୟ ଧାରଣ କରିବା, ମାନସିକ ଅସ୍ଥିରତା ସମୟରେ ନିରାଶ ନ ହେବା।[୩୮]

୨୧. ଶୁଦ୍ଧାହାର-ନିର୍ଦ୍ଦୋଷ ତଥା ମାଦକ-ବସ୍ତୁ-ବର୍ଜିତ ଆହାର ସେବନ କରିବା।

୨୨.କୁଶଳସାଥୀ[୩୯]ଙ୍କ ସହିତ ସମ୍ପର୍କ ସ୍ଥାପନ କରିବା।

୨୩. ବିକାର-ପୂରିତ ସାମଗ୍ରୀର ଅଦର୍ଶନ, ଅପ୍ରାର୍ଥନ, ଅଚିନ୍ତନ, ଅକୀର୍ତ୍ତନ।[୪୦]

---

(୩୫) ପ୍ରଶ୍ନ ବ୍ୟାକରଣ, ୨/୪।

(୩୬) ପ୍ରଶ୍ନବ୍ୟାକରଣ, ୧୯/୧୦।

(୩୭) ଉତ୍ତରଜ୍ଝୟଣାଣି, ୩୨/୨୧।

(୩୮) ଉତ୍ତରଜ୍ଝୟଣାଣି, ୩୨/୩।

(୩୯) ଉତ୍ତରଜ୍ଝୟଣାଣି, ୩୨/୪, ୧୫।

(୪୦) ଉତ୍ତରଜ୍ଝୟଣାଣି, ୩୨/୪, ୧୫।

୨୪. କାୟ-କ୍ଲେଶ – ଆସନ (ଯୋଗ-ଧ୍ୟାନ ସନ୍ଦର୍ଭରେ) କରିବା, ଶରୀରକୁ ସୁଖ ନ ଦେବା, ସାଜସଜ୍ଜା ନ କରିବା ।

୨୫. ଗ୍ରାମାନୁଗ୍ରାମ-ବିହାର – ଗୋଟିଏ ସ୍ଥାନରେ ଦୀର୍ଘ ସମୟ ପର୍ଯ୍ୟନ୍ତ ନ ରହିବା ।

୨୬.ରୁଖା ଭୋଜନ–ରୁଖାଶୁଖା ଆହାର ଗ୍ରହଣ କରିବା ।

୨୭.ଅନଶନ–ଯାବଜ୍ଜୀବନ ଆହାର ପରିତ୍ୟାଗ କରିବା ।[୪୧]

୨୮. ବିଷୟର ନଶ୍ୱରତା ସଂବନ୍ଧରେ ଅହରହ ଚିନ୍ତନ କରିବା ।[୪୨]

୨୯. ଇନ୍ଦ୍ରିୟର ବହିର୍ମୁଖୀ ବ୍ୟାପାର ନ କରିବା ।[୪୩]

୩୦. ଭବିଷ୍ୟ-ଦର୍ଶନ – ଭବିଷ୍ୟରେ ହେବାକୁ ଯାଉଥିବା ବିପରିଣାମକୁ ଦେଖିବା ।[୪୪]

୩୧. ଭୋଗ ମଧ୍ୟରେ ରୋଗର ସଂକଳ୍ପ କରିବା ।[୪୫]

୩୨. ଅପ୍ରମାଦ – ସର୍ବଦା ଜାଗରୂକ ରହିବା – ଯେଉଁ ଲୋକ, ବିକାର-ହେତୁକ ସାମଗ୍ରୀକୁ ଶ୍ରେଷ୍ଠ ମଣି ସେଗୁଡ଼ିକର ସେବନ କରିବାରେ ଲାଗିପଡ଼େ, ତା'ମଧ୍ୟରେ ପ୍ରଥମେ ବ୍ରହ୍ମଚର୍ଯ୍ୟକୁ ନେଇ ଶଙ୍କା ଉତ୍ପନ୍ନ ହୁଏ । ତା'ପରେ ଆକାଂକ୍ଷା (କାମନା), ବିଚିକିତ୍ସା (ଫଳପ୍ରତି ସଂଶୟ ବା ସନ୍ଦେହ), ଦ୍ୱିବିଧା, ଉନ୍ମାଦ ଏବଂ ବ୍ରହ୍ମଚର୍ଯ୍ୟ-ନାଶ ଘଟିଥାଏ ।[୪୬]

ତେଣୁ ବ୍ରହ୍ମଚାରୀଙ୍କୁ ପ୍ରତିମୁହୂର୍ତ୍ତରେ ସାବଧାନ ରହିବାକୁ ହୁଏ । ବାୟୁ ଯେପରି ଅଗ୍ନି-ଜ୍ୱାଳାକୁ ଅତିକ୍ରମ କରିଯାଏ ସେହିପରି ଜଣେ ଜାଗରୂକ ବ୍ରହ୍ମଚାରୀ କାମ-ଭୋଗର ଆସକ୍ତିକୁ ପାର କରିଯାଏ ।

ସାଧନାର ସ୍ତର

ଧର୍ମର ଆରାଧନାର ଲକ୍ଷ୍ୟ ହେଉଛି – ମୋକ୍ଷ-ପ୍ରାପ୍ତି । ମୋକ୍ଷ ଅର୍ଥାତ୍ ନିର୍ବାଣ ବା ପୂର୍ଣ୍ଣତା । ପୂର୍ଣ୍ଣର ପ୍ରାପ୍ତି ସକାଶେ ସାଧନାର ପୂର୍ଣ୍ଣତା ଆବଶ୍ୟକ । ସାମାନ୍ୟ ଏକ ପ୍ରଯତ୍ନ ଦ୍ୱାରା ମୋକ୍ଷକୁ ହାସଲ କରାଯାଇପାରିବ ନାହିଁ । ମୋହର ବନ୍ଧନ ଯେତେବେଳେ ଛିନ୍ନ ହେବା ପ୍ରାରମ୍ଭ ହୁଏ ଏବଂ ଏହି ପ୍ରକ୍ରିୟା ନିରନ୍ତର ବର୍ଦ୍ଧମାନ ରହେ, ମୋକ୍ଷପ୍ରାପ୍ତିର ମାର୍ଗ ପ୍ରଶସ୍ତ ହୁଏ । ମୋହାତ୍ମକ ବନ୍ଧନର ତରତମତା ଆଧାରରେ ସାଧନାର ଅନେକ ସ୍ତର ନିର୍ଦ୍ଧାରିତ କରାଯାଇଛି –

୧. ସୁଲଭବୋଧି - ଏହା ପ୍ରଥମ ସ୍ତର । ଏହି ସ୍ତରରେ ସାଧନାର ଜ୍ଞାନ ହୁଏନାହିଁ କିମ୍ବା ଅଭ୍ୟାସ ମଧ୍ୟ ନ ଥାଏ । ତେବେ ସାଧନା ପ୍ରତି ଏକ ଅଜ୍ଞାତ ଅନୁରାଗ ବା ଆକର୍ଷଣ ଅବଶ୍ୟ ରହିଥାଏ । ସୁଲଭ-ବୋଧି ମଣିଷ ନିକଟ ଭବିଷ୍ୟତରେ ସାଧନାର ମାର୍ଗ ପାଇଯାଏ ।

୨. ସମ୍ୟଗ୍-ଦୃଷ୍ଟି –ଏହା ଦ୍ୱିତୀୟ ସ୍ତର । ଏହି ସ୍ତରରେ ସାଧନାର ଆଚରଣ ହୁଏନାହିଁ କିନ୍ତୁ ବ୍ୟକ୍ତିର ଜ୍ଞାନ ସମ୍ୟକ୍ ହୋଇଥାଏ ।

୩. ଅଣୁବ୍ରତୀ – ଏହା ତୃତୀୟ ସ୍ତର । ଏହି ସ୍ଥିତିରେ ସାଧନାର ଜ୍ଞାନ ଓ ସ୍ପର୍ଶ ଉଭୟ ରହିଥାଏ । ଅଣୁବ୍ରତୀ ସକାଶେ ଚାରିଟି ବିଶ୍ରାମସ୍ଥଳ ଚିହ୍ନିତ କରାଯାଇଛି –

ପଞ୍ଚଶୀଳ ବ୍ରତ ଏବଂ ତିନିଗୁଣ ବ୍ରତର ପାଳନ ତଥା ଉପବାସ କରିବା – ପ୍ରଥମ ବିଶ୍ରାମ ।

ସାମୟିକ ତଥା ଦେଶାବକାସିକ ବ୍ରତ ଧାରଣ କରିବା – ଦ୍ୱିତୀୟ ବିଶ୍ରାମ ।

---

(୪୧) ଆୟାରୋ, ୫/୮୩ : ଅବି ଆହାରଂ ବୋଚ୍ଛିନ୍ଦେଜ୍ଜା ।

(୪୨) ଦଶ ବେଆଲିୟ, ୮, ୫୯ ।

(୪୩) ଉତ୍ତରଜ୍‌ଝୟଣାଣି, ୩୨/୧୨ ।

(୪୪) ସୂୟଗଡ଼ୋ, ୧/୧୩/୪/୧୪ ।

(୪୫) ସୂୟଗଡ଼ୋ, ୧/୧/୨/୩/୨ ।

(୪୬) ଦେଖନ୍ତୁ – ଉତ୍ତରଜ୍‌ଝୟଣାଣି, ଅଧ୍ୟୟନ୧୬ ।

ଅଷ୍ଟମୀ, ଚତୁର୍ଦ୍ଦଶୀ, ଅମାବାସ୍ୟା ଓ ପୂର୍ଣ୍ଣିମା ଦିନ ପ୍ରତିପୂର୍ଣ୍ଣ ପୌଷଧ କରିବା – ତୃତୀୟ ବିଶ୍ରାମ।

ଅନ୍ତିମ ମାରଣାନ୍ତିକ ସଂଲେଖନା ସ୍ୱୀକାର କରିବା ହେଉଛି – ଚତୁର୍ଥ ବିଶ୍ରାମ।

ରୂପକ ଭାଷାରେ –

ଜଣେ ଭାରବାହକ, ବୋଝ ବୋହି କ୍ଲାନ୍ତ ହୋଇପଡ଼ିଥାଏ। ଲକ୍ଷ୍ୟ ବହୁଦୂର। ପ୍ରଲମ୍ବ ମାର୍ଗ। କିଛି ବାଟ ଗଲାପରେ ବାମ କାନ୍ଧରୁ ବୋଝକୁ ଓହ୍ଲାଇ ଡାହାଣ କାନ୍ଧରେ ଥୋଇଲା।

କିଛିବାଟ ଗଲାପରେ ଦେହ ଚିନ୍ତାରୁ ନିବୃତ୍ତ ହେବା ସକାଶେ ଓଜନିଆ ବୋକଟାକୁ ତଳେ ଥୋଇଦେଲା।

ତାହାକୁ କାନ୍ଧରେ ଉଠାଇ ପୁଣି ଆଗକୁ ବଢ଼ିଲା। ପଥ ବେଶ୍ ଲମ୍ବା। ଭାରି ଓଜନ। ତେଣୁ ଏକ ସାର୍ବଜନିକ ସ୍ଥାନରେ ବିଶ୍ରାମ ନେବା ପାଇଁ ଯାତ୍ରାରୁ ବିରାମ ନେଲା।

ଏହାପରେ ଅଧିକ ସାହସ ଓ ସହିଷ୍ଣୁତାର ସହିତ ଭାରଉଠାଇ ଆଗକୁ ବଢ଼ିଲା ଏବଂ ଗନ୍ତବ୍ୟସ୍ଥଳରେ ଯାଇ ପହଞ୍ଚିଲେ।

୪. ପ୍ରତିମା-ଧର – ଏହା ଚତୁର୍ଥ ସ୍ତର। ପ୍ରତିମାର ଅନ୍ୟ ଅର୍ଥ ଅଭିଗ୍ରହ ବା ପ୍ରତିଜ୍ଞା। ଏଠାରେ ଦର୍ଶନ ଓ ଚାରିତ୍ର ଉଭୟର ବିଶେଷ ଶୁଦ୍ଧିର ପ୍ରଯତ୍ନ କରାଯାଇଥାଏ।

୫. ପ୍ରମତ୍ତ-ମୁନି – ଏହା ପଞ୍ଚମ ସ୍ତର। ସାମାଜିକ ଜୀବନଠାରୁ ଦୂରେଇ କେବଳ ସାଧନାର ଜୀବନ ଏଠାରେ ପରିଲକ୍ଷିତ ହୁଏ।

୬. ଅପ୍ରମତ୍ତ-ମୁନି – ଏହା ଷଷ୍ଠ ସ୍ତର। ପ୍ରମତ୍ତ ମୁନି ସାଧନାର ଯଦାକଦା ସ୍ଖଳିତ ହୋଇଥାନ୍ତି କିନ୍ତୁ ଅପ୍ରମତ୍ତ ମୁନିଙ୍କଠାରେ କେବେ ବି ସ୍ଖଳନ ହୁଏନାହିଁ। ଅପ୍ରମାଦ-ଦଶାରେ ହି ବୀତରାଗ ଭାବ ଉତ୍ପନ୍ନ ହୁଏ, କେବଳ ଜ୍ଞାନ ଜାତ ହୁଏ।

୭. ଅଯୋଗୀ – ଏହା ସପ୍ତମ ସ୍ତର। ଏହାଦ୍ୱାରା ଆତ୍ମା ମୁକ୍ତ ହୁଏ।

ଏହିଭଳି ସାଧନାର ବିଭିନ୍ନ ସ୍ତର ରହିଛି। ଏମାନଙ୍କ ଅଧିକାରୀମାନଙ୍କ ଯୋଗ୍ୟତାରେ ତାରତମ୍ୟ ଥାଏ। ଯୋଗ୍ୟତାର ପରୀକ୍ଷଣ ବୈରାଗ୍ୟ ଭାବନା ବା ନିର୍ମୋହ ମନୋଦଶାର କଷଟିରେ କରାଯାଇଥାଏ। ତନ୍ମଧ୍ୟର ତରତମତା ଅନୁସାରେ ହିଁ ସାଧନାର ଆଲମ୍ବନ ସ୍ୱୀକାର କରାଯାଏ। ହିଂସା ହେଉଛି ହେୟ – ଏହା ଜାଣିବା ସତ୍ତ୍ୱେ ସମସ୍ତେ ଏହାକୁ ତ୍ୟାଗ କରିପାରି ନ ଥାନ୍ତି। ସାଧନାର ତୃତୀୟ ସ୍ତରରେ ହିଂସାର ଆଂଶିକ ତ୍ୟାଗ କରାଯାଇଥାଏ। ହିଂସାକୁ ନିମ୍ନ ପ୍ରକାରେ ବିଶ୍ଳେଷିତ କରାଯାଇପାରିବ –

ଗୃହସ୍ଥଙ୍କ ସକାଶେ ଆରମ୍ଭଜା ଅର୍ଥାତ୍ କୃଷି, ବାଣିଜ୍ୟ ଆଦି କାରଣରୁ ଘଟୁଥିବା ହିଂସାରୁ ଆପଣାକୁ ରକ୍ଷା କରିବା ସହଜ ହୋଇନଥାଏ।

ଗୃହସ୍ଥଙ୍କ ଉପରେ କୁଟୁମ୍ବ, ସମାଜ ଓ ରାଜ୍ୟର ଦାୟିତ୍ୱ ନ୍ୟସ୍ତ ଥାଏ। ତେଣୁ ସାପରାଧ ବା ବିରୋଧୀ ହିଂସାରୁ ସର୍ବଥା ମୁକ୍ତ ହେବା, ଜଣେ ଗୃହସ୍ଥଙ୍କ ପାଇଁ ଭାରି କଠିଣ।

ଗୃହସ୍ଥଙ୍କୁ ଘର, ପରିବାର ଚଳାଇବା ପାଇଁ ବଧ, ବନ୍ଧ ଆଦିର ଆଶ୍ରୟ ନେବାକୁ ହୋଇଥାଏ। ତେଣୁ ସାଧାରଣତଃ ସାପେକ୍ଷ ହିଂସାରୁ ନିଜକୁ ରକ୍ଷା କରିପାରନ୍ତି ନାହିଁ।

ଜଣେ ଗୃହସ୍ଥ ସାମାଜିକ ଦାୟିତ୍ୱ ଓ ମୋହର ଭାର ବହନ କରି କେବଳ ସଂକଳ୍ପପୂର୍ବକ ନିରପରାଧ ତ୍ରସଜୀବମାନଙ୍କ ନିରପେକ୍ଷ ହିଂସାକୁ ତ୍ୟାଗ କରିଥାଏ – ଏହାହିଁ ତା'ର ଅହିଂସା ଅଣୁବ୍ରତ।

ବୈରାଗ୍ୟର ଉତ୍କର୍ଷ ଘଟିଲେ ସେ ପ୍ରତିମାର ପାଳନ କରେ। ବୈରାଗ୍ୟ ଆହୁରି ବୃଦ୍ଧି ପାଇଲେ ସେ ମୁନିତ୍ୱ ସ୍ୱୀକାର କରିଥାଏ।

ଭୂମିକା-ଭେଦକୁ ବୁଝିପାରିଲେ ସାମାଜିକ ସନ୍ତୁଳନ ବିଗିଡ଼ି ନ ଥାଏ ତଥା ବୈରାଗ୍ୟର କ୍ରମିକ ଆରୋହ ବି ଲୁପ୍ତ ହୁଏନାହିଁ।

ସାଧନାର ସୂତ୍ର

୧. ଅପ୍ରମାଦ

'ଆର୍ଯ୍ୟଗଣ! ଆସନ୍ତୁ।' ଭଗବାନ, ଗୌତମ ଆଦି ଶ୍ରମଣମାନଙ୍କୁ ଆମନ୍ତ୍ରିତ କରିଲେ।

ଭଗବାନ ପ୍ରଶ୍ନ କରିଲେ – ଆୟୁଷ୍ମନ ଶ୍ରମଣ ସମୂହ ଉତ୍ତର ଦିଅନ୍ତୁ – ଜୀବ କାହାକୁ ଭୟ କରେ।

ଗୌତମ ଏବଂ ଅନ୍ୟ ଶ୍ରମଣମାନେ ନିକଟକୁ ଆସି ବନ୍ଦନ, ନମସ୍କାର ପୂର୍ବକ ବିନମ୍ର ଭାବରେ କହିଲେ – 'ଭଗବନ୍! ଏହି ପ୍ରଶ୍ନର ଗୂଢ଼ ଅର୍ଥ ଓ ତାତ୍ପର୍ଯ୍ୟ ଆମେ ବୁଝିପାରୁନାହୁଁ। ଦେବାନୁପ୍ରିୟ ଯଦି କଷ୍ଟ ଅନୁଭବ ନ କରନ୍ତି, ତାହାହେଲେ ପ୍ରଭୁ ଉତ୍ତର ଦିଅନ୍ତୁ। ଆମେ ଭଗବାନଙ୍କଠାରୁ ଜାଣିବା ପାଇଁ ଉତ୍ସୁକ।'

ଭଗବାନ କହିଲେ – 'ଆର୍ଯ୍ୟଗଣ! ଜୀବମାନେ ଦୁଃଖକୁ ଭୟ କରିଥାନ୍ତି।'

ଗୌତମ ପ୍ରଶ୍ନ କଲେ – 'ପ୍ରଭୁ! ଦୁଃଖର କର୍ତ୍ତା କିଏ ଏବଂ ଦୁଃଖର କାରଣ କ'ଣ ?'

ଭଗବାନ୍ – 'ଗୌତମ! ଦୁଃଖର କର୍ତ୍ତା ଜୀବ ତଥା ଦୁଃଖର କାରଣ ପ୍ରମାଦ।'

ଗୌତମ – 'ଭଗବନ୍! ଦୁଃଖର ଅନ୍ତ କର୍ତ୍ତା କିଏ ଏବଂ ତା'ର କାରଣ କ'ଣ ?'

ଭଗବାନ୍ – 'ଗୌତମ! ଦୁଃଖର ଅନ୍ତ-କର୍ତ୍ତା ଜୀବ ଏବଂ ଏହାର କାରଣ ହେଉଛି ଅପ୍ରମାଦ।[୪୭]

୨. ଉପଶମ

ମାନସିକ ସନ୍ତୁଳନ ବିନା କଷ୍ଟ ସହନ କରିବାର କ୍ଷମତା ଆସେନାହିଁ। ଏହାର ଉପାୟ ହେଉଛି ଉପଶମ। ବ୍ୟାଧି ତୁଳନାରେ ମଣିଷକୁ ଆଧି ଅଧିକ ଯନ୍ତ୍ରଣା ଦେଇଥାଏ। ହୀନଭାବନା ତଥା ଉତ୍କର୍ଷ-ଭାବନା (Inferiority Complex & Superiority Complex)ର ପ୍ରତିକ୍ରିୟା ଶାରୀରିକ କଷ୍ଟ ଅପେକ୍ଷା ଅଧିକ ଭୟଙ୍କର ହୋଇଥାଏ। ତେଣୁ ଭଗବାନ କହିଛନ୍ତି – ଯେଉଁ ବ୍ୟକ୍ତି ନିର୍ମମ ଓ ନିରହଂକାର, ନିଃସଙ୍ଗ, ଋଦ୍ଧି, ରସ ଓ ସୁଖର ଗୌରବରୁ ରହିତ, ସମସ୍ତ ଜୀବମାନଙ୍କ ପ୍ରତି ସମଭାବାପନ୍ନ; ଲାଭ-ଅଲାଭ, ସୁଖ-ଦୁଃଖ, ଜୀବନ-ମୃତ୍ୟୁ, ନିନ୍ଦା-ପ୍ରଶଂସା, ମାନ-ଅପମାନରେ ସମ ଥାଏ; ଅକଷାୟ, ଅଦଣ୍ଡ, ନିଃଶଲ୍ୟ ଏବଂ ଅଭୟ ଥାଏ; ହାସ୍ୟ, ଶୋକ ତଥା ପୌଦ୍‌ଗଲିକ ସୁଖର ଆଶାରୁ ମୁକ୍ତ; ଐହିକ ଓ ପାରଲୌକିକ ବନ୍ଧନରୁ ମୁକ୍ତ, ପୂଜା ଓ ପ୍ରହାରକୁ ସମଦୃଷ୍ଟିରେ ସ୍ୱୀକାର କରେ; ଆହାର ଓ ଅନଶନରେ ସମ ଥାଏ, ଅପ୍ରଶସ୍ତ ବୃତ୍ତିର ସଂବାରକ; ଅଧ୍ୟାତ୍ମ-ଧ୍ୟାନ ଓ ଯୋଗରେ ଲୀନ ଥାଏ, ପ୍ରଶସ୍ତ ଆତ୍ମାନୁଶାସନର ମଗ୍ନ; ଶ୍ରଦ୍ଧା, ଜ୍ଞାନ, ଚାରିତ୍ର ଓ ତପରେ ନିଷ୍ଠାବାନ ଥାଏ – କେବଳ ସେ ହିଁ ହେଉଛି ଭାବିତାତ୍ମା ଶ୍ରମଣ।'

---

(୪୭) ଠାଣଂ, ୩/୩୩୬।

ଭଗବାନ ପୁଣି କହିଲେ – 'କୌଣସି ଶ୍ରମଣ ଯଦି କେବେ କଳହ ମଧ୍ୟରେ ବୁଡ଼ିଯାଏ, ତେବେ ତତ୍‌କାଳ ନିଜକୁ ସମ୍ଭାଳି ନେଇ କଳହକୁ ଶାନ୍ତ କରିଦେବା ଉଚିତ। କ୍ଷମାଯାଚନା କରିବା ବିଧେୟ।

ଏହା ମଧ୍ୟ ସମ୍ଭବ ଯେ, ଅନ୍ୟ ଶ୍ରମଣ ସେପରି କରିପାରନ୍ତି ନ କରିପାରନ୍ତି, ତାହାକୁ ଆଦର ଦେଇପାରନ୍ତି, ନ ଦେଇପାରନ୍ତି, ଉଠିପଡ଼ି ବନ୍ଦନା କରିପାରନ୍ତି, ନ କରିପାରନ୍ତି, ସଂଗରେ ଭୋଜନ କରିପାରନ୍ତି, ନ କରିପାରନ୍ତି, ସାଥୀ ହୋଇ ରହିପାରନ୍ତି, ନ ରହିପାରନ୍ତି, କଳହକୁ ଉପଶାନ୍ତ କରିପାରନ୍ତି, ନ କରିପାରନ୍ତି। ତେବେ କଳହର ଉପଶମନ କରୁଥିବା ଶ୍ରମଣ ହିଁ ବିଶୁଦ୍ଧ ଧର୍ମର ଆରାଧନା କରିଥାନ୍ତି। କଳହକୁ ଶାନ୍ତ ନ କରି ଉଜ୍ଜୀବିତ ରଖିଥିବା ଶ୍ରମଣ ଧର୍ମର ଆରାଧନାରେ ବିଫଳ ହୁଏ। ଏହି ସମସ୍ତ କାରଣରୁ ଜଣେ ଆତ୍ମଗବେଷକ ଶ୍ରମଣ ସର୍ବଦା ତା'ର ଉପଶମନ କରିବା ଉଚିତ।'

ଗୌତମ 'ଭଗବନ୍! କେବଳ ଜଣେ ଶ୍ରମଣ ହିଁ କାହିଁକି ଏପରି କରିବେ?'

ଭଗବାନ କହିଲେ – 'ଗୌତମ! ଶ୍ରାମଣ୍ୟ ସର୍ବଦା ଉପଶମ-ପ୍ରଧାନ। ଉପଶମ କରୁଥିବା ଲୋକ ହିଁ ଶ୍ରମଣ, ସାଧକ ବା ମହାନ ହୋଇଥାଏ।

ଉପଶମ, ବିଜୟର ମାର୍ଗକୁ ପ୍ରଶସ୍ତ କରିଥାଏ। ଯେ ଉପଶମକୁ ଆଦରିନିଏ ସେ ମଧ୍ୟସ୍ଥ ଭାବ ତଥା ତଟସ୍ଥ ନୀତିକୁ ଆତ୍ମସାତ୍ କରିପାରେ।

୩. ସାମ୍ୟ ଯୋଗ

ଜାତି ଓ ବର୍ଣ୍ଣର ଗର୍ବ କିଏ କରିପାରେ? ଏହି ଜୀବ ଏକାଧିକ ଥର ଉଚ୍ଚ ଏବଂ ଏକାଧିକ ଥର ନିମ୍ନ ଜାତିରେ ଜନ୍ମ ନେଇସାରିଛି। କେବେ ଗୋରା ତ' କେବେ କଳା ବର୍ଣ୍ଣଧାରଣ କରିଛି।

ଜାତି ଓ ରଙ୍ଗ ହେଉଛି ବାହାରି ଆବରଣ। ଏହା ଜୀବକୁ ହୀନ ବା ଉଚ୍ଚ କରିପାରନ୍ତି ନାହିଁ।

ବାହ୍ୟ ଆବରଣ ଦେଖି ହୃଷ୍ଟ ବା ରୁଷ୍ଟ ହେଉଥିବା ଲୋକମାନେ ପ୍ରକୃତରେ ଜଣେ ଜଣେ ମୂଢ଼।

ପ୍ରତ୍ୟେକ ମଣିଷଠାରେ ସ୍ୱାଭିମାନ ବୃତ୍ତି ରହିଥାଏ। ତେଣୁ କାହାରି ପ୍ରତି ବି ତିରସ୍କାର, ଘୃଣା ଓ ନିମ୍ନସ୍ତରୀୟ ବ୍ୟବହାର କରିବା ନିଶ୍ଚିତ ଭାବରେ ହିଂସା ଓ ବ୍ୟାମୋହ ଅଟେ।

୪. ତିତିକ୍ଷା

ଭଗବାନ କହିଲେ - ଗୌତମ! ଅହିଂସାର ଆଧାର ହେଉଛି ତିତିକ୍ଷା। ବାଧା, ବିଘ୍ନ, କଷ୍ଟ ଦେଖି ଡରିଯାଉଥିବା ଲୋକ କେବେ ମଧ୍ୟ ଅହିଂସକ ହୋଇନପାରେ।'

ଏହି ଶରୀରକୁ ବିଲୀନ କର।[୪୮] ଆତ୍ମ-ହିତ ବା ସାଧ୍ୟ ଏହାଦ୍ୱାରା ସାଧିତ ହୁଏ।[୪୯]

ଏହି ଶରୀରକୁ ତପଶ୍ଚରଣ ଦ୍ୱାରା ତପ୍ତ କର।[୫୦] ଏହାଦ୍ୱାରା ସାଧ୍ୟ ସାଧିତ ହେବ।[୫୧]

୫. ଅଭୟ

ଲୋକ ବିଜୟର ମାର୍ଗ ହେଉଛି ଅଭୟ। କୌଣସି ଲୋକ, ଯେତେ ବୀର ହୋଇଥାଆନ୍ତୁ, ସର୍ବଦା ଶସ୍ତ୍ର ପ୍ରୟୋଗ କରିପାରିବେ ନାହିଁ, କିନ୍ତୁ ଶସ୍ତ୍ରୀକରଣରୁ ଦୂରେଇ ମଧ୍ୟ ଯାଆନ୍ତି ନାହିଁ। ସମସ୍ତେ ତାହାଙ୍କୁ ଭୟ କରନ୍ତି।[୫୨]

ପରମାଣୁ ବୋମାର ପ୍ରୟୋଗଭୂମି କେବଳ ଜାପାନ; ଅଥଚ ଏହାର ଆତଙ୍କ ସମସ୍ତ ରାଷ୍ଟ୍ର ମଧ୍ୟରେ ବ୍ୟାପ୍ତ।

---

(୪୮) ଆୟାରୋ, ୪/୩୨ : କସେହି ଅପ୍‌ପାଣଂ

(୪୯) ସୂୟଗଡ଼ୋ, ୧/୧/୯/୨/୩୦ : ଅଉହିୟଂ ଖୁଦୁହେଣ ଲବ୍‌ଭ୍‌ଇ।

(୫୦) ଆୟାରୋ, ୪/୩୨ : ଜରେହି ଅପ୍‌ପାଣଂ।

(୫୧) ଦଶବେଆଲିୟଂ, ୮/୨୭ : ଦେହେ ଦୁଃଖଂ ମହାଫଳଂ।

(୫୨) ଆୟାରୋ, ୧/୧୩୫, ୧୩୬।

ଯେ ନିଜେ ଅଭୟ, ସେ ଅନ୍ୟମାନଙ୍କୁ ଅଭୟ ଦେଇପାରିଥାଏ। ସ୍ୱୟଂ ଭୀତ-ତ୍ରସ୍ତ ଭଲା ଅନ୍ୟକୁ ଭୀତ-ଶୂନ୍ୟ କିପରି କରିପାରିବ ?

୬. ଆତ୍ମାନୁଶାସନ

ସଂସାରରେ ଯେତେ ସବୁ ଦୁଃଖ ରହିଛି, ସେ ସମସ୍ତ ଶସ୍ତ୍ରରୁ ଜାତ ହୋଇଥାନ୍ତି।(୫୩) ସଂସାରର ସମସ୍ତ ଦୁଃଖ, ସଂଗ ଏବଂ ଭୋଗରୁ ଉତ୍ପନ୍ନ।(୫୪) ନଶ୍ୱର ସୁଖ ପାଇଁ ପ୍ରଯୁକ୍ତ କ୍ରୂର ଶସ୍ତ୍ରକୁ ଯେ ଜାଣିଥାଏ, ସେ ହିଁ ଅଶସ୍ତ୍ରର ବାସ୍ତବ ମୂଲ୍ୟାୟନ କରିଥାଏ।(୫୫)

ଭଗବାନ କହୁଛନ୍ତି – 'ଗୌତମ ! ତୁମେ ଅନୁଶାସନର ବଳୟ ମଧ୍ୟକୁ ଆସ। ନିଜକୁ ଜୟ କର। ଏହାହିଁ ଦୁଃଖ ମୁକ୍ତିର ମାର୍ଗ।(୫୬) କାମ, କାମନା ଓ ବାସନା ଉପରେ ବିଜୟଲାଭ କର। ଏହାହିଁ ଦୁଃଖମୁକ୍ତିର ମାର୍ଗ।'(୫୭)

ଲୋକର ସିଦ୍ଧାନ୍ତକୁ ନିରୀକ୍ଷଣ କର – କୌଣସି ଜୀବ ଦୁଃଖ ଚାହାଁନ୍ତି ନାହିଁ। ତୁମେ ଭେଦ ମଧ୍ୟରେ ଅଭେଦ ତଥା ସବୁ ଜୀବ ମଧ୍ୟରେ ସମତ୍ୱକୁ ଦେଖିବାର ଚେଷ୍ଟା କର। ଶସ୍ତ୍ର ପ୍ରୟୋଗ କରନାହିଁ। ଏହା ହେଉଛି ଦୁଃଖ ମୁକ୍ତିର ମାର୍ଗ।(୫୮)

କଷାୟ ବିଜୟ, କାମ ବିଜୟ ବା ଇନ୍ଦ୍ରିୟ ବିଜୟ, ମନୋବିଜୟ, ଶସ୍ତ୍ର-ବିଜୟ ଏବଂ ସାମ୍ୟ-ଦର୍ଶନ - ଏଗୁଡ଼ିକ ଦୁଃଖମୁକ୍ତିର ଉପାୟ। ସାମ୍ୟ-ଦର୍ଶୀ ବ୍ୟକ୍ତି ଶସ୍ତ୍ରର ପ୍ରୟୋଗ କରେନାହିଁ। ଶସ୍ତ୍ର-ବିଜେତାର ମନ ସ୍ଥିର, ଅବିଚଳିତ ହୋଇପଡ଼େ। ସ୍ଥିରଚିତ୍ତ ବ୍ୟକ୍ତିକୁ ଇନ୍ଦ୍ରିୟ ବ୍ୟସ୍ତ କରିପାରନ୍ତି ନାହିଁ। ଇନ୍ଦ୍ରିୟ-ବିଜେତାର କଷାୟ (କ୍ରୋଧ, ମାନ, ମାୟା ଓ ଲୋଭ) ସ୍ୱୟଂ ସ୍ଫୂର୍ତ୍ତ ହୁଏନାହିଁ।

୭. ସଂବର ଓ ନିର୍ଜରା

ଏହି ଜୀବ ମିଥ୍ୟାତ୍ୱ, ଅବିରତି, ପ୍ରମାଦ, କଷାୟ ଏବଂ ଯୋଗ (ମନ, ବାଣୀ ଓ ଶରୀରର ପ୍ରବୃତ୍ତି) ଏହି ପାଞ୍ଚଟି ଆସ୍ରବ ଦ୍ୱାରା ବିଜାତୀୟ ତତ୍ତ୍ୱକୁ ଆକର୍ଷଣ କରିଥାଏ। ଏହି ଜୀବ ଆପଣା ହାତରେ ଆପଣା ବନ୍ଧନର ଜାଲ ବୁଣେ। ଆସ୍ରବର ସଂବରଣ ନ ହେବା ପର୍ଯ୍ୟନ୍ତ ବିଜାତୀୟ ଦ୍ରବ୍ୟର ପ୍ରବେଶ ମାର୍ଗ ଖୋଲା ଅବସ୍ଥାରେ ରହିଥାଏ।

ଭଗବାନ ଦୁଇପ୍ରକାର ଧର୍ମର ସିଦ୍ଧାନ୍ତ ଦେଇଛନ୍ତି – ସଂବର ଓ ତପସ୍ୟା (ନିର୍ଜରା)। ସଂବର ସାହାଯ୍ୟରେ ନୂତନ ବିଜାତୀୟ ଦ୍ରବ୍ୟ ସଂଗ୍ରହର ନିରୋଧ କରାଯାଏ ଏବଂ ତପସ୍ୟା ଦ୍ୱାରା ପୂର୍ବ ସଞ୍ଚିତ ସଂଗ୍ରହର ବିଲୟ ଘଟେ। ଯେଉଁ ଲୋକ ବିଜାତୀୟ ଦ୍ରବ୍ୟର ପୁଣି ସଂଗ୍ରହ କରେ ନାହିଁ ତଥା ପୂର୍ବ ସଂଗୃହୀତ ଦ୍ରବ୍ୟକୁ ନଷ୍ଟ କରିପକାଏ, ସେ ହିଁ ଏମାନଙ୍କ କବଳରୁ ମୁକ୍ତ ହୋଇଥାଏ।(୫୯)

ସାଧନାର ମାନଦଣ୍ଡ

ଭଗବାନ କହିଛନ୍ତି – 'ଗୌତମ ! ସାଧନାର କ୍ଷେତ୍ରରେ ବ୍ୟକ୍ତିର ଅପକର୍ଷ-ଉତ୍କର୍ଷ ବା ଅବରୋହ-ଆରୋହର ମାନଦଣ୍ଡ ସଂବର (ବିଜାତୀୟ ତତ୍ତ୍ୱର ନିରୋଧ) ସାଜିଥାଏ।'

---

(୫୩) ଆୟାରୋ, ୩/୧୩ : ଆରଂଭଜଂ ଦୁକ୍ଖମିଣଂତିଣଚ୍ଚା।

(୫୪) ଉତ୍ତରଜ୍ଝୟଣାଣି, ୩୨/୧୯।

(୫୫) ଆୟାରୋ, ୩/୧୭।

(୫୬) ଆୟାରୋ ୩/୬୪ : ପୁରିସା। ଅତ୍ତାଣମେବ ଅଭିଣିଗିଜଝ ଏବଂ ଦୁକ୍ଖା ପମୋକ୍ଖସି।

(୫୭) ଦଶବେଆଲିୟଂ, ୨/୫।

(୫୮) ଆୟାରୋ, ୩/୨୯।

(୫୯) ସୂୟଗଡ଼ୋ, ୧/୧୫/୬ :
ତୁଟ୍ଟଂତି ପାବକମ୍ମାଣି, ନବଂକମ୍ମମକୁବ୍ବଓ।
ଅକୁବ୍ବଓ ଣବଂ ଣାତ୍ଥି, କମ୍ମଂ ନାମ ବିଜାଣଈ ॥

ସଂଯମ ତଥା ଆତ୍ମ-ସ୍ୱରୂପର ପୂର୍ଣ୍ଣ ଅଭିବ୍ୟକ୍ତିର ଚରମବିନ୍ଦୁ ହେଉଛି ଏକ। ପୂର୍ଣ୍ଣ ସଂଯମ ଅର୍ଥାତ୍ ଅସଂଯମର ସବୁମନ୍ତେ ଅନ୍ତ, ଅସଂଯମର ପୂର୍ଣ୍ଣ ଅନ୍ତ ଅର୍ଥାତ୍ ଆତ୍ମାର ପୂର୍ଣ୍ଣ ବିକାଶ।

ଯେଉଁ ବ୍ୟକ୍ତି ଭୋଗ-ତୃଷ୍ଣାକୁ ସମାପ୍ତ କରିଥାଏ, ସେ ହିଁ ଏହି ଅନାଦି ଦୁଃଖର ଅନ୍ତ କରିଥାଏ।[୬୦]

ଦୁଃଖର ଆବର୍ତ୍ତରେ ଜଣେ ଦୁଃଖୀ ହିଁ ଛନ୍ଦି ହୋଇରହେ, ଅଦୁଃଖୀ ରହେନାହିଁ।

ନାପିତର ଉସ୍ତରା (ବାଳ କାଟିବାର ଉପକରଣ) ଓ ଚକ୍ର ଅନ୍ତିମ ପର୍ଯ୍ୟାୟରେ ବ୍ୟବହାର କରାଯାଏ ଏବଂ ସେଗୁଡ଼ିକ ହିଁ ସାଧ ଯାଏ ପହଞ୍ଚିଥାନ୍ତି।

ବିଷୟ, କଷାୟ ତଥା ତୃଷ୍ଣାର ଅନ୍ତରେଖାର ଆରପଟେ ଯେଉଁମାନେ ପାଦ ଥାପନ୍ତି, ସେହିମାନେ ହିଁ ଅନ୍ତକର-ମୁକ୍ତ ହୋଇପାରନ୍ତି।

ଗୂଢ଼ବାଦ

ଆତ୍ମାର ତିନି ଅବସ୍ଥା ହେଉଛି – ୧. ବହିର୍-ଆତ୍ମା, ୨. ଅନ୍ତର-ଆତ୍ମା, ୩. ପରମ-ଆତ୍ମା।

ଯାହାକୁ ସ୍ୱୟଂ ଆପଣାର ବୋଧ ନାହିଁ, ସେ ବହିର-ଆତ୍ମା। ଆପଣା ସ୍ୱରୂପକୁ ଚିହ୍ନିପାରୁଥିବା ଅନ୍ତର-ଆତ୍ମା। ଯାହାଙ୍କର ସ୍ୱରୂପ ଅନାବୃତ୍ତ ହୋଇପଡ଼ିଛି ସେ ପରମ-ଆତ୍ମା। ଆତ୍ମା, ପରମାତ୍ମାରେ ପରିଣତ ହେବା, ତା'ର ଶୁଦ୍ଧ ରୂପ ପ୍ରକଟ ହେବା, ଏହା ସକାଶେ ଯେଉଁ ପଦ୍ଧତିର ଅବଲମ୍ବନ ନିଆଯାଇଥାଏ ତାହା ହେଉଛି 'ଗୂଢ଼ବାଦ'।

ମନର ନିର୍ବିକାର ସ୍ଥିତିରେ ପରମାତ୍ମ-ରୂପର ସାକ୍ଷାତ୍କାର ହେଉଥିବାରୁ ତାହାହିଁ 'ଗୂଢ଼ବାଦ' ବୋଲାଇଥାଏ। ମନକୁ ନିର୍ବିକାର କରିବାର ପ୍ରକ୍ରିୟା ସ୍ପଷ୍ଟ ନୁହେଁ କି ସରଳ ମଧ୍ୟ ନୁହେଁ। ସହଜଭାବରେ ଏହାର ଜ୍ଞାନଲାଭ କରିବା ଦୁରୂହ। ଜ୍ଞାନ ହେଲାପରେ ମଧ୍ୟ ତା'ପ୍ରତି ଶ୍ରଦ୍ଧା ଜାତ ହେବା ଦୁରୂହ। ଶ୍ରଦ୍ଧା ସ୍ଥାପିତ ହେଲାପରେ ବି ସେହି ଜ୍ଞାନର କ୍ରିୟାତ୍ମକ ଉପଯୋଗ ଭାରି ଦୁରୂହ। ଏହି ସମସ୍ତ କାରଣରୁ ଆତ୍ମଶୋଧନର ପ୍ରଣାଳୀ ହେଉଛି ଗୂଢ଼।

ଆତ୍ମ-ବିକାଶର ପାଞ୍ଚଟି ସୂତ୍ର ରହିଛି।

ପ୍ରଥମ ସୂତ୍ର – ନିଜ ପୂର୍ଣ୍ଣତା ଓ ସ୍ୱତନ୍ତ୍ରତାର ଅନୁଭବ – ମୁଁ ପୂର୍ଣ୍ଣ ଏବଂ ସ୍ୱତନ୍ତ୍ର। ଯିଏ ପରମାତ୍ମା, ସିଏ ମୁଁ ତଥା ମୁଁ ଯାହା, ପରମାତ୍ମା ମଧ୍ୟ ତାହା।

ଦ୍ୱିତୀୟ ସୂତ୍ର – ଚେତନ-ପୁଦ୍‌ଗଳ ବିବେକ - ମୁଁ ଭିନ୍ନ, ଶରୀର ଭିନ୍ନ। ମୁଁ ଚେତନ ଅଥଚ ଶରୀର ହେଉଛି ଅଚେତନ।

ତୃତୀୟ ସୂତ୍ର – ଆନନ୍ଦ ବାହାରୁ ଆସି ନ ଥାଏ। ମୁଁ ହେଉଛି ଆନନ୍ଦର ଅକ୍ଷୟକୋଷ। ପୁଦ୍‌ଗଳ-ପଦାର୍ଥର ସଂଯୋଗରୁ ଯେଉଁ ସୁଖାନୁଭୂତି ହୁଏ, ତାହା ଅତାତ୍ତ୍ୱିକ। ମୌଳିକ ଆନନ୍ଦକୁ ଚାପିଦେଇ ଏହା କେବଳ ବ୍ୟାମୋହ ଉତ୍ପନ୍ନ କରିଥାଏ।

ଚତୁର୍ଥ ସୂତ୍ର–ପୁଦ୍‌ଗଳ-ବିରକ୍ତି ଅର୍ଥାତ୍ ସଂସାର ପ୍ରତି ଉଦାସୀନତା। ପୁଦ୍‌ଗଳ ଦ୍ୱାରା ପୁଦ୍‌ଗଳକୁ ତୃପ୍ତି ମିଳିଥାଏ, ମୋତେ ମିଳି ନ ଥାଏ। ପର-ତୃପ୍ତି ମଧ୍ୟରେ 'ସ୍ୱ'ର ଆରୋପଣ ସମୀଚୀନ ନୁହେଁ।

ଯେଉଁ ପୁଦ୍‌ଗଳ-ବିୟୋଗ ଆତ୍ମା ଲାଗି ଉପକାରୀ, ତାହା ଶରୀର ସକାଶେ ଅପକାରୀ ଏବଂ ଯେଉଁ ପୁଦ୍‌ଗଳ-ସଂଯୋଗ ଦେହ ପାଇଁ ଉପକାରୀ, ତାହା ଆତ୍ମା ପାଇଁ ଅପକାରୀ ସାଜିଥାଏ।

ପଞ୍ଚମ ସୂତ୍ର – ଧ୍ୟେୟ ଓ ଧ୍ୟାତାର ଏକତ୍ୱ। ଧ୍ୟେୟ ହେଉଛି ପରମାତ୍ମ ପଦ। ଏହା ମୋଠାରୁ ଭିନ୍ନ ନୁହେଁ। ଧ୍ୟାନ ଆଦିର ସମଗ୍ର ସାଧନା ଦ୍ୱାରା ମୋର ଧ୍ୟେୟ ରୂପ ପ୍ରକଟ ହୋଇପାରିବ।

ଗୂଢ଼ବାଦ ଦ୍ୱାରା ସାଧକ ଅନେକ ପ୍ରକାର ଆଧ୍ୟାତ୍ମିକ ଶକ୍ତି ଏବଂ ଯୋଗଜନ୍ୟ ବିଭୂତି ପ୍ରାପ୍ତ କରିଥାଏ।

ଅଧ୍ୟାତ୍ମ ଶକ୍ତିସମ୍ପନ୍ନ ସାଧକ ଇନ୍ଦ୍ରିୟ ଓ ମନର ଆଶ୍ରୟ ନ ନେଇ ପୂର୍ଣ୍ଣ ସତ୍ୟକୁ ସାକ୍ଷାତ ଜାଣିପାରିଥାଏ।

---

(୬୦) ସୂୟଗଡ଼ୋ, ୧/୧୫/୧୭।

ସଂକ୍ଷେପରେ ଗୂଢ଼ବାଦର ମର୍ମ - ଆତ୍ମା (ଯାହା ରହସ୍ୟମୟ)ର ଗବେଷଣା। ଏହାକୁ ପାଇସାରିଲେ ଆଉ କିଛି ପାଇବା ବାକି ରହେନାହିଁ। ଗୂଢ଼ ରହେନାହିଁ।

ଅକ୍ରିୟାବାଦ

ଯେଉଁଦିନ ଅକ୍ରିୟାବାଦର ସିଦ୍ଧାନ୍ତ ରୂପ ନେଲା, ସେଦିନ ଦର୍ଶନ ଇତିହାସରେ ସ୍ୱର୍ଣ୍ଣିମ ଆଭା ନେଇ ଉଦିତ ହୋଇଥିଲା। ଯେଉଁଦିନ ମନନଶୀଳ ମନୁଷ୍ୟମାନେ ଅକ୍ରିୟାବାଦର ମର୍ମକୁ ହୃଦୟଙ୍ଗମ କରିଲେ, ସେହିଦିନ ଆତ୍ମାର ଅନ୍ୱେଷଣ ହୋଇଥିଲା ସାର୍ଥକ। ମୋକ୍ଷର ସ୍ୱରୂପ ମଧ୍ୟ ସେହିଦିନ ନିଶ୍ଚିତ ହେଲା, ଯେତେବେଳେ ଦାର୍ଶନିକ ଜଗତ୍ ଅକ୍ରିୟାବାଦକୁ ନିକଟରୁ ଦେଖିଥିଲେ।

ଗୌତମ ପ୍ରଶ୍ନ କରିଥିଲେ – 'ଭଗବନ୍! ଜୀବ ସକ୍ରିୟ ନା ଅକ୍ରିୟ ?'

ଭଗବାନ ଉତ୍ତର ଦେଲେ – 'ଗୌତମ! ଜୀବ ଉଭୟ ସକ୍ରିୟ ଓ ଅକ୍ରିୟ। ଜୀବ ଦୁଇ ପ୍ରକାର - ମୁକ୍ତ ଓ ସଂସାରୀ। ମୁକ୍ତ ଜୀବ ହୋଇଥାନ୍ତି ଅକ୍ରିୟ। ଅଯୋଗୀ (ଶୈଳେଶୀ-ଅବସ୍ଥା-ପ୍ରତିପନ୍ନ) ଜୀବ ବ୍ୟତୀତ ବାକି ସମସ୍ତ ସଂସାରୀ ଜୀବ ହେଉଛନ୍ତି ସକ୍ରିୟ।

ପୂର୍ବେ ଏହି ମାନ୍ୟତା ରହିଆସିଥିଲା ଯେ ଶରୀର ଧାରଣ କରୁଥିବା ଜୀବ ସକାଶେ କ୍ରିୟା ହେଉଛି ସହଜ। ତେବେ 'ଆତ୍ମାର ସହଜରୂପ ଅକ୍ରିୟାମୟ' ଏହି ସଂବିତ୍ ଉଦୟ ହେବାମାତ୍ରକେ 'କ୍ରିୟା ଆତ୍ମାର ବିଭାବ' ଏହି ନିଶ୍ଚୟ ପ୍ରତିଷ୍ଠାପିତ ହେଲା। କ୍ରିୟା ବୀର୍ଯ୍ୟରୁ ଉତ୍ପନ୍ନ ହୋଇଥାଏ। ଯୋଗ୍ୟତାତ୍ମକ ବୀର୍ଯ୍ୟ ମୁକ୍ତ ଜୀବଠାରେ ହିଁ ରହିଥାଏ। ତେବେ ଶରୀର ବିନା ତାହା ପ୍ରସ୍ଫୁଟିତ ହୁଏନାହିଁ। ଏହି କାରଣରୁ ଏହା ଲବ୍‌ଧିବୀର୍ଯ୍ୟ ରୂପରେ ସର୍ବମାନ୍ୟ। ଶରୀରର ସହଯୋଗ ଲାଭକରି ଲବ୍‌ଧିବୀର୍ଯ୍ୟ (ଯୋଗ୍ୟାତ୍ମକ ବୀର୍ଯ୍ୟ) କ୍ରିୟାତ୍ମକ ହୋଇପଡ଼େ। ତେଣୁ ତାହାକୁ 'କରଣବୀର୍ଯ୍ୟ'ର ସଂଜ୍ଞା ଦିଆଗଲା। କେବଳ ଜଣେ ଶରୀରଧାରୀଙ୍କ କ୍ଷେତ୍ରରେ ହିଁ ଏହା ଘଟିଥାଏ।[୬୧]

ଆତ୍ମବାଦୀର ପରମ ବା ଚରମ ସାଧ୍ୟ ହେଉଛି ମୋକ୍ଷ। ମୋକ୍ଷର ଅର୍ଥ ଶରୀର-ମୁକ୍ତି, ବନ୍ଧନ-ମୁକ୍ତି, କ୍ରିୟା-ମୁକ୍ତି। କ୍ରିୟାରୁ ବନ୍ଧନ, ବନ୍ଧନରୁ ଶରୀର ଏବଂ ଶରୀରରୁ ସଂସାର - ଏହି ପରମ୍ପରା ଲାଗି ରହିଛି। ମୁକ୍ତ ଜୀବ ଅଶରୀର, ଅବନ୍ଧ ଏବଂ ଅକ୍ରିୟ ଥାଏ। ଅକ୍ରିୟାବାଦର ସ୍ଥାପନା ଉତ୍ତାରୁ କ୍ରିୟାବାଦ ଅନ୍ୱେଷଣର ପ୍ରବୃତ୍ତି ବୃଦ୍ଧି ପାଇଲା। କ୍ରିୟାବାଦର ଗବେଷଣା ମଧ୍ୟରୁ ଅହିଂସାର ଚରମ ବିକାଶ ଘଟିଲା।

ଅକ୍ରିୟାବାଦ ସ୍ଥାପିତ ହେବା ଆଗରୁ ଅକ୍ରିୟାର ଅର୍ଥ କରାଯାଉଥିଲା – ବିଶ୍ରାମ ବା କାର୍ଯ୍ୟନିବୃତ୍ତି। ହାଲିଆ ହୋଇପଡ଼ିଥିବା ଲୋକ ନିଜ କ୍ଲାନ୍ତି ଦୂର କରିବାକୁ ଯାଇ ଚିନ୍ତନ, ବାଣୀ ଓ ଗମନଗମନାଦି କ୍ରିୟାରୁ ବିରତ ଥାଏ। ଏହାକୁ 'ଅକ୍ରିୟା' କୁହାଯାଉଥିଲା। କିନ୍ତୁ ଚିତ୍ତବୃତ୍ତିନିରୋଧ, ମୌନ ଏବଂ କାୟୋତ୍ସର୍ଗ –ଏତଦ୍‌ରୂପ ଅକ୍ରିୟା କୌଣସି ମହତ୍ତ୍ୱପୂର୍ଣ୍ଣ ସାଧ୍ୟର ସିଦ୍ଧି ସକାଶେ ଅଭିପ୍ରେତ –ଏହା ସେତେବେଳଯାଏ ଅନୁଭବଗମ୍ୟ ହୋଇପାରି ନ ଥିଲା।

କର୍ମଦ୍ୱାରା କର୍ମର କ୍ଷୟ ହୁଏନାହିଁ, ଅକର୍ମ ଦ୍ୱାରା କର୍ମ କ୍ଷୟିତ ହୁଏ।[୬୨]

ଏହି କର୍ମନିବୃତ୍ତିର ଘୋଷ ପ୍ରବଳ ହେବାମାତ୍ରକେ ବ୍ୟବହାର-ମାର୍ଗର ଦ୍ୱନ୍ଦ୍ୱର ସୂତ୍ରପାତ ହେଲା। କର୍ମ ଜୀବନର ଆରମ୍ଭରୁ ଅନ୍ତଯାଏ ଲାଗିରହେ। କର୍ମ କରୁଥିବା ମଣିଷ ମୁକ୍ତ ହୋଇପାରେ ନାହିଁ। କର୍ମ ନ କରୁଥିବା ଲୋକ ଜୀବନଧାରଣ କରନ୍ତି ନାହିଁ, ସମାଜ ଓ ରାଷ୍ଟ୍ରଧାରଣ କରିବାର ପ୍ରଶ୍ନ ଉଠୁନାହିଁ।

ଏହି ବିଚାର-ସଂଘର୍ଷରୁ କର୍ମ (ପ୍ରବୃତ୍ତି) ଶୋଧନର ଦୃଷ୍ଟି ପ୍ରାପ୍ତ ହେଲା। ଅକ୍ରିୟାତ୍ମକ ସାଧ୍ୟ (ମୋକ୍ଷ), ଅକ୍ରିୟା ଦ୍ୱାରା ହିଁ ମିଳିଥାଏ। ଆତ୍ମାର ଅଭିଯାନ ଅକ୍ରିୟାମୁଖୀ ହେଲେ ସାଧ୍ୟ ନିକଟତର ହୁଏ। ଏହି ଅଭିଯାନରେ କର୍ମର ଅସ୍ତିତ୍ୱ ଥାଏ, କିନ୍ତୁ ତାହା ଅକ୍ରିୟା ଦ୍ୱାରା ପରିଷ୍କୃତ ଅବସ୍ଥାରେ ଥାଏ। ପ୍ରମାଦ ହେଲା କର୍ମ ଏବଂ ଅପ୍ରମାଦ ଅକର୍ମ।[୬୩]

---

(୬୧) ଉତ୍ତରଜ୍‌ଝୟଣାଣି, ୩୨/୩।

(୬୨) ସୂୟଗଡ଼ୋ, ୧/୧୦/୧୫

(୬୩) ସୂୟଗଡ଼ୋ, ୧/୮/୩ :
ପମାୟଂ କମ୍ମମାହଂସୁ, ଅପ୍ପମାୟଂ ତହାଽବରଂ ।
ତବ୍ଭାବା ଦେଶଓ ବାବି, ବାଲ ପଣ୍ଡିୟମେବ ବା ॥

ପ୍ରମତ୍ତର କର୍ମ ବାଳବୀର୍ଯ୍ୟ ହୋଇଥିବାବେଳେ ଜଣେ ଅପ୍ରମତ୍ତର କର୍ମ ପଣ୍ଡିତବୀର୍ଯ୍ୟ ହୋଇଥାଏ। ପଣ୍ଡିତ-ବୀର୍ଯ୍ୟ ଅସତ୍ କ୍ରିୟାରୁ ରହିତ ଥିବାରୁ ତାହା ପ୍ରବୃତ୍ତିରୂପ ଥିବା ସତ୍ତ୍ୱେ ନିବୃତ୍ତି ରୂପରେ ଅକର୍ମ ବା ମୋକ୍ଷର ସାଧନ ଅଟନ୍ତି।

"ଶସ୍ତ୍ର-ଶିକ୍ଷା, ଜୀବବଧ, ମାୟା, କାମଭୋଗ, ଅସଂଯମ, ଶତ୍ରୁତା, ରାଗ ଓ ଦ୍ୱେଷ – ଏଗୁଡ଼ିକ ହେଉଛନ୍ତି ସକର୍ମ-ବୀର୍ଯ୍ୟ। ବାଳ ମାନସକୁ ଏଗୁଡ଼ିକ ଆକ୍ରାନ୍ତ କରି ରଖିଥାନ୍ତି।"(୬୪)

ପାପର ପ୍ରତ୍ୟାଖ୍ୟାନ, ଇନ୍ଦ୍ରିୟସଂଗୋପନ, ଶରୀରସଂଯମ, ବାଣୀସଂଯମ, ମାନ-ମାୟା-ପରିହାର, ଋଦ୍ଧି, ରସ ଓ ସୁଖଗୌରବର ତ୍ୟାଗ, ଉପଶମ, ଅହିଂସା, ଅଚୌର୍ଯ୍ୟ, ସତ୍ୟ, ବ୍ରହ୍ମଚର୍ଯ୍ୟ, ଅପରିଗ୍ରହ, କ୍ଷମା, ଧ୍ୟାନଯୋଗ ଏବଂ କାୟ-ବ୍ୟୁତ୍ସର୍ଗ – ଏମାନେ ହେଲେ ଅକର୍ମ-ବୀର୍ଯ୍ୟ। ପଣ୍ଡିତମାନସ ଏମାନଙ୍କ ସାହାଯ୍ୟରେ ମୋକ୍ଷର ପରିବ୍ରାଜନ କରିଥାନ୍ତି।"(୬୫)

ସାଧନାର ପ୍ରଥମ ଚରଣରେ ସମସ୍ତ କ୍ରିୟାର ତ୍ୟାଗ କରାଯିବା ସମ୍ଭବ ନୁହେଁ। ଜଣେ ମୁମୁକ୍ଷୁ ସାଧନାର ପ୍ରାରମ୍ଭିକ ଭୂମିକାରେ କ୍ରିୟା ପ୍ରବୃତ୍ତ ଥାଏ। ତେବେ ତାଙ୍କର ଲକ୍ଷ୍ୟ ଅକ୍ରିୟା ହିଁ ହୋଇଥିବାରୁ କିଛି ବି କହିବା ତାଙ୍କ ପକ୍ଷେ ଉଚିତ ନୁହେଁ। ଯଦି କହିବା ନିତାନ୍ତ ଆବଶ୍ୟକ ହୋଇପଡୁଛି, ତାହାହେଲେ ଭାଷା-ସମିତି (ଦୋଷ-ରହିତ ପଦ୍ଧତି) ସହିତ ବାଣୀର ପ୍ରୟୋଗ କରିବା ବିଧେୟ। ସେ ଚିନ୍ତନରୁ ମଧ୍ୟ ଦୂରେଇ ରହିବା ଉଚିତ। ଯଦି ଏହା ସମ୍ଭବ ନ ହେଉଛି, ତେବେ ଆତ୍ମହିତର କଥା ହିଁ ଚିନ୍ତନ କରିବା ଉଚିତ। ଧର୍ମ୍ୟ ଓ ଶୁକ୍ଳ ଧ୍ୟାନରେ ରତ ହୁଅନ୍ତୁ। ସେ କିଛି ବି କରନ୍ତୁ ନାହିଁ। ଯଦି କର୍ମ-ବିରତି ସମ୍ଭବ ହେଉନାହିଁ, ତାହାହେଲେ ସେହି କର୍ମ କରନ୍ତୁ, ଯାହା ସାଧ୍ୱରୁ ଦୂରେଇଦେବ ନାହିଁ। ଏହା ହେଉଛି କ୍ରିୟା ଶୋଧନର ପ୍ରକରଣ। ଏହି ଚିନ୍ତନ ସଂଯମ, ଚରିତ୍ର, ପ୍ରତ୍ୟାଖ୍ୟାନ ଆଦି ସାଧନକୁ ଜନ୍ମଦେବା ସହିତ ଏଗୁଡ଼ିକର ବିକାଶ କରିଥାନ୍ତି।

ଶରୀରର ଦୁଷ୍ପ୍ରବୃତ୍ତି ସତତ ରହେନାହିଁ। ନିରନ୍ତର ଜୀବମାନଙ୍କୁ ମାରିଚାଲିଥିବା ବଧକ ସାଧାରଣତଃ ଦେଖାଯାନ୍ତି ନାହିଁ। ନିରନ୍ତର ଅସତ୍ୟ ବୋଲୁଥିବା ତଥା ଦୁଶ୍ଚିନ୍ତନରତ ମଣିଷ ମିଳିବା ମଧ୍ୟ ସହଜ ନୁହେଁ। କିନ୍ତୁ ଏମାନଙ୍କ ଅନୁପରତି (ଅନିବୃତ୍ତି) ନୈରନ୍ତରିକ ଘଟିଥାଏ। ଅବ୍ୟକ୍ତ ଅନୁପରତିର ବ୍ୟକ୍ତ ପରିଣାମ ହେଉଛି ଦୁଷ୍ପ୍ରୟୋଗ। ଜାଗରଣ ଏବଂ ଶୟନ ଉଭୟ ଅବସ୍ଥାରେ ଅନୁପରତି ସମରୂପରେ ରହିଥାଏ। ଏହାକୁ ଅନୁଶୀଳନ ନ କରିବା ପର୍ଯ୍ୟନ୍ତ ଆତ୍ମ-ସାଧନାକୁ ହୃଦୟଙ୍ଗମ କରିହୁଏନାହିଁ। ଏହାକୁ ଲକ୍ଷ୍ୟକରି ଭଗବାନ ମହାବୀର କହିଛନ୍ତି – ଅସଂଯମୀ ମନୁଷ୍ୟ ଜାଗ୍ରତ ଅବସ୍ଥାରେ ବି ଶୋଇରହେ ଏବଂ ସଂଯମୀ ଲୋକେ ନିଦ୍ରାଧୀନ ଥାଇ ମଧ୍ୟ ଜାଗୃତ ଥାନ୍ତି।(୬୬)

ଶାରୀରିକ ଓ ମାନସିକ ବ୍ୟଥାରୁ ସର୍ବାଦିକ୍ ମୁକ୍ତି ପାଇବା ଲକ୍ଷ୍ୟରେ ମନୁଷ୍ୟ ଯେତେବେଳେ ପ୍ରୟାସ କରିଲା, ଦୁଷ୍ପ୍ରବୃତ୍ତିକୁ ତ୍ୟାଗ କରିବାର ଚିନ୍ତା ସେତେବେଳେ ତା'ମନରେ ପ୍ରବେଶ କରିଲା। ଆଗକୁ ଗତି କରିବାର କଥା ସମ୍ଭବତଃ ସେ ଭାବିପାରିଲା ନାହିଁ। କିନ୍ତୁ ଅନ୍ୱେଷଣର ଗତି ଅବାଧ ଥାଏ। ଗଭୀର ଅନୁସନ୍ଧାନ ଓ ଗବେଷଣା କରି ବ୍ୟକ୍ତି ଜାଣିପାରିଲା ଯେ ବ୍ୟଥାର ମୂଳ ଦୁଷ୍ପ୍ରବୃତ୍ତି ନୁହେଁ, ବରଂ ତା'ର ଅନୁପରତି ଅଟେ। ଜ୍ଞାନର କ୍ରମ ଅଗ୍ରଗତି କରିବାରୁ ବ୍ୟଥାର ମୂଳ କାରଣ ଧରାପଡ଼ିଲା।

ଏହି ପ୍ରକରଣରେ ଏକ ମହତ୍ତ୍ୱପୂର୍ଣ୍ଣ ଗବେଷଣାରୁ ପ୍ରାଣାତିପାତ ଓ ହିଂସା ମଧ୍ୟରେ ରହିଥିବା ପାର୍ଥକ୍ୟର ଜ୍ଞାନପ୍ରାପ୍ତ ହେଲା। ପରିତାପନ ଏବଂ ପ୍ରାଣାତିପାତ-ଉଭୟେ, ଜୀବ ଜଗତ୍ ସହିତ ସମ୍ପୃକ୍ତ। ହିଂସାର ସଂବନ୍ଧ ଉଭୟ ଜୀବ ଓ ଅଜୀବ ସହିତ ରହିଛି। ଅଜୀବ ପ୍ରତି ବି ଦ୍ୱେଷ ରହିଥାଇପାରେ, କିନ୍ତୁ ଅଜୀବକୁ ପରିତପ୍ତ କିମ୍ବା ତା'ର ପ୍ରାଣାତିପାତ କରାଯାଇପାରିବ ନାହିଁ। ପ୍ରାଣାତିପାତର ସଂବନ୍ଧ ଛଅ ଜୀବ ନିକାୟ ସହିତ ରହିଛି।(୬୭)

---

(୬୪) ସୂୟଗଡ଼ୋ, ୧/୮/୪/୯।

(୬୫) ସୂୟଗଡ଼ୋ, ୧/୮।

(୬୬) ଆୟାରୋ, ୩/୧ : ସୁତ୍ତା ଅମୁଣୀସୟା, ମୁଣିଣୋ ସୟା ଜାଗରତି।

(୬୭) ପ୍ରଜ୍ଞାପନା, ପଦ ୨୨ : ଛସୁ ଜୀବ-ଣିକାଏସୁ।

ପ୍ରାଣାତିପାତ ନିଶ୍ଚିତ ଭାବରେ ହିଂସା, କିନ୍ତୁ ତାହା ଏକମାତ୍ର ହିଂସା ନୁହେଁ। ଏହା ଅତିରିକ୍ତ ବି ହିଂସା ରହିଛି। ଅସତ୍ୟ ବଚନ, ଅଦତ୍ତ-ଆଦାନ, ଅବ୍ରହ୍ମଚର୍ଯ୍ୟ ଏବଂ ପରିଗ୍ରହ ମଧ୍ୟ ହିଂସା ଶ୍ରେଣୀଭୁକ୍ତ। ଏହି କ୍ରିୟାରେ ପ୍ରାଣାତିପ୍ରାତର ନିୟମ ନ ଥାଏ। ମୃଷାବାଦର ବିଷୟ ସମସ୍ତ ଦ୍ରବ୍ୟ[୬୮] ତଥା ଅଦତ୍ତାଦାନର ବିଷୟ ଗ୍ରହଣ ଓ ଧାରଣଯୋଗ୍ୟ ଦ୍ରବ୍ୟ[୬୯] ଅଟନ୍ତି। ଆଦାନ, ଗ୍ରହଣ ଓ ଧାରଣଯୋଗ୍ୟ ବସ୍ତୁର ହିଁ ସମ୍ଭବ ହୁଏ, ଅନ୍ୟମାନଙ୍କ ନୁହେଁ। ବ୍ରହ୍ମଚର୍ଯ୍ୟର ବିଷୟ ହେଉଛି ରୂପ ତଥା ରୂପର ସହକାରୀ ଦ୍ରବ୍ୟ ମଧ୍ୟ ରହିଛି।[୭୦] ପରିଗ୍ରହର ବିଷୟ 'ସମସ୍ତ ଦ୍ରବ୍ୟ ଅଟନ୍ତି।[୭୧] ପରିଗ୍ରହମାନେ ମୂର୍ଚ୍ଛା ବା ମମତ୍ୱ। ଅତିଲୋଭ କାରଣରୁ ଏହା ସର୍ବବସ୍ତୁ ବିଷୟକ ହୋଇଥାଏ।

ଏହି ପାଞ୍ଚୋଟି ହେଉଛନ୍ତି ଆସ୍ରବ। ଏମାନଙ୍କ ପରିତ୍ୟାଗର ଅର୍ଥ ହିଁ 'ଅହିଂସା'।

୧. ପ୍ରାଣାତିପାତ-ବିରମଣ, ୨. ମୃଷାବାଦ-ବିରମଣ, ୩. ଅଦତ୍ତାଦାନ-ବିରମଣ, ୪. ଅବ୍ରହ୍ମଚର୍ଯ୍ୟ-ବିରମଣ ଏବଂ ୫. ପରିଗ୍ରହ-ବିରମଣ – ଏହି ପାଞ୍ଚୋଟି ହେଉଛନ୍ତି ସଂବର। ଆସ୍ରବ ହେଉଛି କ୍ରିୟା ଏବଂ ତାହା 'ସଂସାର'ର କାରଣ। ସଂବର ହେଉଛି ଅକ୍ରିୟା ଏବଂ ତାହା ମୋକ୍ଷର କାରଣ।[୭୨]

ବ୍ୟକ୍ତିବାଦ ଓ ସମଷ୍ଟିବାଦ

ଜୀବନର ଆଦ୍ୟାବସ୍ଥାରେ ସମସ୍ତେ ବାଦ-ବିସଂବାଦ ଶୂନ୍ୟ ଥାନ୍ତି। କିନ୍ତୁ ଆଲୋଚନା କ୍ଷେତ୍ରରେ ପାଦ ଥାପିଲା ମାତ୍ରେ ବାଦ, ତା'ସହିତ ସଂଯୁକ୍ତ ହୋଇଥାଏ। ଯେଉଁ ଶକ୍ତିଗୁଡ଼ିକ ତା'ର ଅସ୍ତିତ୍ୱର ସଂରଚନା ଓ ସଂରକ୍ଷଣ କରିଥାନ୍ତି, ବାସ୍ତବରେ ସେ ସେତିକି ମାତ୍ର। କିନ୍ତୁ ଦେଶ, କାଳ ଓ ପରିସ୍ଥିତିର ମର୍ଯ୍ୟାଦା, ସେ ଯେତିକି ଅଛି, ତା'ଠାରୁ ଅଧିକ କରିଦିଅନ୍ତି। ତେଣୁ ପାରମାର୍ଥିକ ଜଗତରେ ଯିଏ ବ୍ୟକ୍ତିବାଦୀ, ବ୍ୟାବହାରିକ ଜଗତରେ ସେ ଲୋକ ସମଷ୍ଟିବାଦୀରେ ପରିଣତ ହୋଇଥାଏ।

ନିଶ୍ଚୟ-ଦୃଷ୍ଟି ଅନୁସାରେ ସମୂହ ହେଉଛି ଆରୋପବାଦ ବା କଳ୍ପନାବାଦ ମାତ୍ର। ଜ୍ଞାନ ହେଉଛି ବୈୟକ୍ତିକ। ଅନୁଭୂତି ବୈୟକ୍ତିକ। ସଂଜ୍ଞା ଓ ପ୍ରଜ୍ଞା ବୈୟକ୍ତିକ। ଜନ୍ମ ଓ ମୃତ୍ୟୁ ବୈୟକ୍ତିକ। ଜଣେ ଲୋକ ଦ୍ୱାରା କରାଯାଇଥିବା କର୍ମ ଅନ୍ୟ କେହି ଭୋଗ କରନ୍ତି ନାହିଁ। ସୁଖ-ଦୁଃଖର ସଂବେଦନ ମଧ୍ୟ ବୈୟକ୍ତିକ ଅଟେ।[୭୩]

ସାମୂହିକ ଅନୁଭୂତି କଳ୍ପନା-ପ୍ରସୂତ ହୋଇଥାନ୍ତି। ସେଗୁଡ଼ିକ ଜୀବନରେ ସହଜରେ ଓହ୍ଲାଇପାରନ୍ତି ନାହିଁ। ପରିବାର, ସମାଜ ବା ରାଷ୍ଟ୍ର ସହିତ ସଂବନ୍ଧର ଭାବ ସ୍ଥାପିତ ହେଲେ, ସେହି ସ୍ଥିତିର ମନ ଉପରେ ପ୍ରଭାବ ପଡ଼ିଥାଏ। ସମୂହ ହେଉଛି ମାନ୍ୟତା ମାତ୍ର। ସେମାନଙ୍କ ସ୍ଥିତି ଜ୍ଞାତ ହେବାପରେ ମନ ତାହାଦ୍ୱାରା ପ୍ରଭାବିତ ହୋଇଥାଏ। ଅଜ୍ଞାତ ଅବସ୍ଥାରେ ସେମାନଙ୍କ ଦୁର୍ଦ୍ଦଶା ହେଲେ ବି ମନ ଉପରେ କୌଣସି ପ୍ରଭାବ ପଡ଼େନାହିଁ। ଶତ୍ରୁ ଯେପରି ଏକ ମାନ୍ୟତାର ବସ୍ତୁ, ମିତ୍ର ମଧ୍ୟ ସେହିପରି ମାନ୍ୟତା ଉପରେ ନିର୍ଭରଶୀଳ ହୁଏ। ଶତ୍ରୁର ହାନି ଦ୍ୱାରା ପ୍ରମୋଦ ଏବଂ

---

(୬୮) ପ୍ରଜ୍ଞାପନା, ପଦ ୨୨ : ସବ୍ବ ଦବ୍‌ବେସୁ।

(୬୯) ପ୍ରଜ୍ଞାପନା, ପଦ ୨୨ : ଗହଣ-ଧାରଣିଜ୍ଜେସୁ ଦବ୍‌ବେସୁ।

(୭୦) ପ୍ରଜ୍ଞାପନା, ପଦ ୨୨ : ରୂବେସୁ ବା ରୂବସହଗତେସୁ ଦବ୍‌ବେସୁ।

(୭୧) ପ୍ରଜ୍ଞାପନା, ପଦ ୨୨ : ସବ୍‌ବଦବ୍‌ବେସୁ।

(୭୨) ବୀତରାଗସ୍ତୋତ୍ର, ୧୯/୬।

(୭୩) ସୂୟଗଡ଼ୋ, ୨/୧ : ଅନ୍ନସ୍ସ ଦୁକ୍‌ଖଂ ଅନ୍ନୋନ
ପରିଯାୟଇତି, ଅନ୍ନେଣ କଡ଼ଂ ଅନ୍ନୋନ ପରିସଂବେଦେତି,
ପତ୍ତେୟଂ ଜାୟତି, ପତ୍ତେୟଂ ମରଇ, ପତ୍ତେୟଂ ଚୟଇ, ପତ୍ତେୟଂ
ଉବବଜ୍‌ଜଇ, ପତ୍ତେୟଂ ଝଂଝା, ପତ୍ତେୟଂ ସନ୍ନା, ପତ୍ତେୟଂ ମନ୍ନା ଏବଂ ବିନ୍ନୁ ବେଦଣା

ମିତ୍ରର ହାନି ଦ୍ୱାରା ଦୁଃଖ, ଶତ୍ରୁ ଲାଭ ପାଇଲେ ଦୁଃଖ ଏବଂ ମିତ୍ରର ଲାଭ ହେଲେ ପ୍ରମୋଦ ଜାତ ହୋଇଥାଏ। ଏହା ମାନ୍ୟତା ଆଉ କିଛି ହୋଇ ନ ପାରେ। ବ୍ୟକ୍ତି ହେଉଛି ସ୍ୱୟଂ ନିଜର ଶତ୍ରୁ ଏବଂ ସେ ସ୍ୱୟଂ ନିଜର ମିତ୍ର।[୭୪]

ନିଶ୍ଚୟ ଦୃଷ୍ଟି ହେଉଛି ଉପାଦାନ ପ୍ରଧାନ। ଏଠାରେ ପଦାର୍ଥର ଶୁଦ୍ଧରୂପର ପ୍ରରୂପଣ ହୋଇଥାଏ। ବ୍ୟବହାର ଦୃଷ୍ଟି ସ୍ଥୁଳ ହୋଇଥିବାରୁ ତାହା ବସ୍ତୁର ସମସ୍ତ କୋଣକୁ ଛୁଇଁଥାଏ। ନିମିତ୍ତକୁ ମଧ୍ୟ ପଦାର୍ଥଠାରୁ ଅଭିନ୍ନ ଭାବିଥାଏ। ସମୂହଗତ ଏକତାର ଏହାହିଁ ହେଲା ବୀଜ। ଏହା କ୍ରିୟା-ପ୍ରତିକ୍ରିୟାକୁ ସାମାଜିକ ମନେଥାଏ। ସମାଜରୁ ପୃଥକ୍ ହୋଇ କେହି ବଞ୍ଚିପାରିବ ନାହିଁ। ସମାଜ ପ୍ରତି ଯେଉଁ ଲୋକ ଉତ୍ତରଦାୟୀ ନୁହେଁ, ସେ ଆପଣା କର୍ତ୍ତବ୍ୟର ସମ୍ୟକ୍ ନିର୍ବହଣ କରିପାରେ ନାହିଁ। ବ୍ୟବହାର ଦୃଷ୍ଟି ଅନୁସାରେ ପରିବାର, ସମାଜ ଏବଂ ରାଷ୍ଟ୍ର ସହିତ ସମ୍ପୃକ୍ତି ତଥା ସମ୍ବେଦନଶୀଳତାର କଥା ରହିଥାଏ।

ଜୈନ ଦର୍ଶନର ମର୍ମକୁ ଜାଣିନପାରି କିଛି ବିଦ୍ୱାନ ଏହି ଦର୍ଶନକୁ ନିତାନ୍ତ ବ୍ୟକ୍ତିବାଦୀ କହିଥାନ୍ତି। କିନ୍ତୁ ଏହା ସବୁମନ୍ତେ ସତ୍ୟ ନୁହେଁ। ଜୈନଦର୍ଶନ, ଅଧ୍ୟାତ୍ମ କ୍ଷେତ୍ରରେ ବ୍ୟକ୍ତିର ବ୍ୟକ୍ତିବାଦୀ ହେବାକୁ ସମର୍ଥନ କରିଥାଏ, କିନ୍ତୁ ବ୍ୟାବହାରିକ କ୍ଷେତ୍ରରେ ସମଷ୍ଟିବାଦର ମର୍ଯ୍ୟାଦାର ନିଷେଧ କେବେ ମଧ୍ୟ କରିନଥାଏ। ନିଶ୍ଚୟ ଦୃଷ୍ଟିରେ ଏହି ଦର୍ଶନ କର୍ତ୍ତୃତ୍ୱ-ଭୋକ୍ତୃତ୍ୱକୁ ଆତ୍ମନିଷ୍ଠ ହିଁ ମାନ୍ୟ କରିଥାଏ। ତେଣୁ ଆଚାର୍ଯ୍ୟ କୁନ୍ଦକୁନ୍ଦ, ବାହ୍ୟ ସାଧନା-ଶୀଳ ଆତ୍ମାକୁ ପର-ସମୟରତ କହିଛନ୍ତି।[୭୫]

ଔପଚାରିକ କର୍ତ୍ତୃତ୍ୱ ଭୋକ୍ତୃତ୍ୱକୁ ପରନିଷ୍ଠ ମାନିବାରେ ମଧ୍ୟ ଏହି ଦର୍ଶନ ଅନୁଦାର ହୋଇନାହିଁ। ତେଣୁ – 'ସିଦ୍ଧ ମୋତେ ସିଦ୍ଧି ପ୍ରଦାନ କରନ୍ତୁ' – ଏହି ପ୍ରାର୍ଥନା କରାଯାଇଥାଏ।

କେବଳ ମାନବ ପ୍ରତି ନୁହେଁ, ସମଗ୍ର ପ୍ରାଣୀଜଗତ ପ୍ରତି ଆତ୍ମ ତୁଲ୍ୟ ଦୃଷ୍ଟି ଏବଂ କାହାରିକୁ ବି କଷ୍ଟ ନ ଦେବାର ବୃତ୍ତି ଆଧ୍ୟାତ୍ମିକ ସମ୍ବେଦନଶୀଳତା ତଥା ସୌଭ୍ରାତ୍ର ଭାବକୁ ପୁଷ୍ଟ କରିଥାଏ। ଏହାମଧ୍ୟରୁ ପ୍ରାଣୀର ଅସୀମତାର ବିକାଶ ଘଟିଥାଏ।

---

(୭୪) ଉତ୍ତରଜ୍‌ଝୟଣାଣି, ୨୦/୩୭ : ଅପ୍‌ପା ମିତ୍ତମମିତ୍ତଂ ଚ, ଦୁପ୍‌ପଟଠିୟସୁପଟଠିଓ।

(୭୫) ପଞ୍ଚାସ୍ତିକାୟ, ୧୭୩ :

ଅଣ୍ଣାଣଦୋ ଣାଣୀ ଜଦି ମଣ୍ଣାଦି ସୁଦ୍ଧସଂପଓଗାଦୋ,

ହବଦିତି ଦୁକ୍‌ଖଂ ମୋକ୍‌ଖଂ ପରସମୟରଦୋ ହବଦି ଜୀବୋ।

॥ ୩ ॥
ଶ୍ରମଣ ସଂସ୍କୃତି ଓ ଶ୍ରାମଣ୍ୟ

କର୍ମର ପରିତ୍ୟାଗ ଦ୍ୱାରା ମୋକ୍ଷପ୍ରାପ୍ତି ଏବଂ କର୍ମର ଶୋଧନକରି ମୋକ୍ଷ ପାଇବା - ଏହି ଦୁଇ ବିଚାରଧାରା ଶ୍ରମଣ ସଂସ୍କୃତିରେ ରହିଛି। ଉଭୟ କ୍ରିୟାର ଏକମାତ୍ର ସାଧ୍ୟ ହେଉଛି ନିଷ୍କର୍ମ ହେବା। କେବଳ ପ୍ରକ୍ରିୟାର ଭେଦ ମାତ୍ର। ପ୍ରଥମଟି କର୍ମର ସନ୍ନ୍ୟାସ ସହିତ ଏବଂ ଦ୍ୱିତୀୟଟି କର୍ମର ପରିମାର୍ଜନ ସହିତ ସମ୍ପୃକ୍ତ। କର୍ମ-ସନ୍ନ୍ୟାସ, ସାଧ୍ୟ ଦିଗରେ ଦ୍ରୁତ ଗତି ପ୍ରଦାନ କରିଥାଏ, କିନ୍ତୁ କର୍ମଯୋଗ ମନ୍ଥର ଗତିରେ ଆଗକୁ ବଢ଼ିଥାଏ। ଶୋଧନର ଅର୍ଥ ମଧ୍ୟ ସନ୍ନ୍ୟାସକୁ ବୁଝାଇଥାଏ। କର୍ମର ଯେତେ ସବ୍ ଅସତ୍ ଅଂଶର ସନ୍ନ୍ୟାସ ହେବ, ସେତେ ଅଂଶରେ ତାହା ପରିମାର୍ଜିତ ହେବ। ଏହି ଦୃଷ୍ଟିରୁ ତାହା କର୍ମ-ସନ୍ନ୍ୟାସର ଅନୁଗାମୀ ମନ୍ଦକ୍ରମ ଅଟେ। ସାଧ୍ୟର ସ୍ୱରୂପ ହେଲା ନିଷ୍କର୍ମ ବା ସର୍ବକର୍ମ ନିବୃତ୍ତି। ତେଣୁ ପ୍ରବୃତ୍ତିର ସନ୍ନ୍ୟାସ ପ୍ରବୃତ୍ତିର ଶୋଧନ ତୁଳନାରେ ସାଧ୍ୟର ଅଧିକ ନିକଟବର୍ତ୍ତୀ ଥାଏ।

ଜୈନ ଦର୍ଶନର ସିଦ୍ଧାନ୍ତ ପକ୍ଷ ହେଉଛି – ଜୀବନ ପ୍ରବୃତ୍ତି ଓ ନିବୃତ୍ତିର ସମନ୍ୱୟକୁ ବୁଝାଏ। ତେବେ ଏହାର କ୍ରିୟାତ୍ମକ ପକ୍ଷ ହେଲା – ପ୍ରବୃତ୍ତିର ଅସତ୍ ଅଂଶକୁ ତ୍ୟାଗକରି ସତ୍‌ଅଂଶର ସାଧନ ରୂପରେ ଅବଲମ୍ବନ ନେବା ତଥା ଯଥାସାଧ୍ୟ ଓ ବୈରାଗ୍ୟ ପରିମାଣରେ ନିବୃତ୍ତି କରିଚାଲିବା। ଶ୍ରାମଣ୍ୟ ବା ସନ୍ନ୍ୟାସର ଅର୍ଥ ହେଉଛି – ଅସତ୍ ପ୍ରବୃତ୍ତିର ସମ୍ପୂର୍ଣ୍ଣ ତ୍ୟାଗ ପାଇଁ କୃତସଂକଳ୍ପ ହେବା ତଥା ତା'ର ସାଧନସାମଗ୍ରୀ ଅନୁକୂଳ ସ୍ଥିତିକୁ ଧାରଣ କରିବା। ଏହା ମୋହ-ନାଶର ପରିଣାମ ଅଟେ। ଏହାକୁ ସାମାଜିକ ଦୃଷ୍ଟିରୁ ଆକଳନ କରାଯାଇପାରିବ ନାହିଁ। ପଦାର୍ଥତ୍ୟାଗ ନ କରି କେବଳ ମମତ୍ୱର ତ୍ୟାଗର ମାର୍ଗ ପ୍ରାରମ୍ଭରେ ସରସ ଜଣାପଡ଼େ, କିନ୍ତୁ ପରିଣାମ ସରସ ରହେନାହିଁ। ପଦାର୍ଥ ସଂଗ୍ରହ ସ୍ୱୟଂ ସଦୋଷ ବା ନିର୍ଦ୍ଦୋଷ ନୁହେଁ। ବ୍ୟକ୍ତିର ମମତ୍ୱ ସହିତ ସଂଲଗ୍ନ ହେଲେ ପଦାର୍ଥ ସଦୋଷ ହୋଇପଡ଼େ। ମମତ୍ୱ ଛିନ୍ନ ହେଲେ ସଂଗ୍ରହ ସଂକ୍ଷିପ୍ତ ହେବା ଆରମ୍ଭ ହୁଏ ଏବଂ ତାହା ସନ୍ନ୍ୟାସ ଅବସ୍ଥାରେ ଜୀବନ ନିର୍ବାହର ଅନିବାର୍ଯ୍ୟ ସାଧନ ମାତ୍ରରେ ସୀମିତ ହୋଇପଡ଼େ। ତେଣୁ ତାହା ଅପରିଗ୍ରହ କିମ୍ବା ଅନିଚୟ କୁହାଯାଇଥାଏ। ସଂସ୍କାରସମୂହର ନିରନ୍ତର ଶୋଧନ ଦ୍ୱାରା ଜଣେ ଲୋକର ପଦାର୍ଥ ସଂଗ୍ରହ ପ୍ରତି ମୋହ କ୍ଷୀଣତର ହୋଇପାରେ। କିନ୍ତୁ ଏହା ସାମାନ୍ୟ ବିଧି ନୁହେଁ। ପଦାର୍ଥ ସଂଗ୍ରହରୁ ଦୂରରେ ଥାଇ ନିର୍ମୋହ ସଂସ୍କାରକୁ ବିକଶିତ କରାଯାଇପାରିବ, ଅସଂସ୍କାର ଅବସ୍ଥାର ଫାଇଦା ମଧ୍ୟ ଉଠାଇହେବ। ଏହାହିଁ ସାମାନ୍ୟ ବିଧି।

ବର୍ତ୍ତମାନ ହେଉଛି ପଦାର୍ଥବାଦ ବା ଜଡ଼ବାଦର ଯୁଗ। ଜଡ଼ବାଦୀ ଦୃଷ୍ଟିକୋଣ ସନ୍ନ୍ୟାସକୁ ନାପସନ୍ଦ କରିଆସିଛି। କର୍ମ ବା ପ୍ରବୃତ୍ତିରୁ ଟିକିଏ ଆଗକୁ, ଏହି ଦୃଷ୍ଟି ଯାଇ ନ ଥାଏ। କିନ୍ତୁ ଜଣେ ଆତ୍ମବାଦୀ ଓ ନିର୍ବାଣବାଦୀ କେବଳ ପ୍ରବୃତ୍ତିର ଭ୍ରାନ୍ତି ମଧ୍ୟରେ ଘୂରି ବୁଲିବା ଉଚିତ ନୁହେଁ। ତ୍ୟାଗର ଆଦର୍ଶ-ସନ୍ନ୍ୟାସ। ସାଧ୍ୟଙ୍କ ସାଧନାର ବିକଶିତ ରୂପ

ସନ୍ନ୍ୟାସ । ଏହି ସନ୍ନ୍ୟାସକୁ ଉଚ୍ଛେଦ କରିବାର ଭାବ ଜାତହେବା ଉଚିତ ନୁହେଁ। ସବୁ ଅଧ୍ୟାତ୍ମ-ମନୀଷୀମାନଙ୍କ ସକାଶେ ଏହା ମନନଯୋଗ୍ୟ।

ଚିନ୍ତନର ଆଲୋକରେ ଆତ୍ମାର ଦର୍ଶନ ନ ହେବା ପର୍ଯ୍ୟନ୍ତ ଶରୀରର ସୁଖ ହିଁ ସବୁକିଛି ସାଜିଥାଏ। ମନୁଷ୍ୟ ମଧ୍ୟରେ ଯେତେବେଳେ ବିବେକର ଜାଗରଣ ହେଲା, ଆତ୍ମା ଓ ଶରୀର ଏକ ନୁହନ୍ତି, ଏମାନେ ପୃଥକ୍ ଏହି ଭେଦଜ୍ଞାନ ବିକଶିତ ହେଲେ, ସେତେବେଳେ ଆତ୍ମା ସାଧ୍ୟରେ ପରିଣତ ହେଲା ତଥା ଶରୀର ସାଧନ-ମାତ୍ର ହୋଇରହିଗଲା। ଆତ୍ମଜ୍ଞାନ ପରେ ଆତ୍ମୋପଲବ୍ଧିର ମାର୍ଗ ଉନ୍ମୋଚିତ ହେଲା। ଶ୍ରମଣମାନେ କହିଲେ – ଦୃଷ୍ଟିମୋହ ଆତ୍ମଦର୍ଶନରେ ବାଧା ଉତ୍ପନ୍ନ କରିଥାଏ ଏବଂ ଚାରିତ୍ରମୋହ ଆତ୍ମ-ଉପଲବ୍ଧିରେ ପ୍ରତିବନ୍ଧକ ସାଜିଥାଏ। ଆତ୍ମା ସାକ୍ଷାତ୍କାର ସକାଶେ ତପ : ସାଧନା ଓ ସଂଯମ ସ୍ୱୀକାର କରିବାକୁ ପଡ଼ିବ। ସଂଯମ ଦ୍ୱାରା ମୋହର ପ୍ରବେଶକୁ ରୋକାଯାଇପାରିବ ତଥା ତପ ଦ୍ୱାରା ସଂଚିତ ମୋହର ବ୍ୟୂହକୁ ନଷ୍ଟ କରିହେବ।

ଋଗ୍‌ବେଦର ଋଷି ଆତ୍ମଜ୍ଞାନର ତୀବ୍ର ଜିଜ୍ଞାସା ନେଇ କହିଉଠନ୍ତି – ମୁଁ କିଏ, ମୁଁ କେଉଁ ପ୍ରକାର - ଏହା ମୁଁ ଜାଣିନାହିଁ।[୧]

ଶ୍ରମଣ ସଂସ୍କୃତି ସହିତ ସମ୍ପର୍କ ସ୍ଥାପନ ନ ହେବା ପର୍ଯ୍ୟନ୍ତ ବୈଦିକ ସଂସ୍କୃତିରେ ଦୁଇଟି ଆଶ୍ରମର ନିରୂପଣ କରାଯାଇଥାଏ – ବ୍ରହ୍ମଚର୍ଯ୍ୟ ଓ ଗୃହସ୍ଥ। ସାମାଜିକ ଓ ରାଷ୍ଟ୍ରୀୟ ଜୀବନର ସୁଖ ସମୃଦ୍ଧି ପାଇଁ ଏତିକି ମାତ୍ର ପର୍ଯ୍ୟାପ୍ତ ବିବେଚିତ ହେଉଥାଏ।

ଯେତେବେଳେ ବ୍ରାହ୍ମଣ ଋଷିମାନେ କ୍ଷତ୍ରିୟ ରାଜାମାନଙ୍କ ପାଖରୁ ଆତ୍ମା ଓ ପୁନର୍ଜନ୍ମର ବୋଧବୀଜ ପ୍ରାପ୍ତ କରିଲେ ସେହିଠାରୁ ଆଶ୍ରମ ପରମ୍ପରାର ବିକାଶ ହେଲା। ଆଶ୍ରମ ସଂଖ୍ୟା କ୍ରମଶଃ ତିନି ଓ ଚାରିର ନିର୍ମାଣ ହେଲା।

ବେଦ ସଂହିତା ଏବଂ ବ୍ରାହ୍ମଣମାନଙ୍କ ମଧ୍ୟରେ ସନ୍ନ୍ୟାସ ଆଶ୍ରମ ଆବଶ୍ୟକ ବୋଲି କୁହାଯାଇନାହିଁ। ଜୈମିନି, ବେଦର ସ୍ପଷ୍ଟମତ ରୂପରେ ଘୋଷଣା କରିଛନ୍ତି ଯେ କେବଳ ଗୃହସ୍ଥାଶ୍ରମରେ ରହିବା ଦ୍ୱାରା ମୋକ୍ଷ ମିଳିଥାଏ।[୨] ଜୈମିନିଙ୍କ କଥନ କେତେକାଂଶରେ ନିରାଧାର ନୁହେଁ। କାରଣ କର୍ମକାଣ୍ଡର ଏହି ପ୍ରାଚୀନ ମାର୍ଗକୁ ଗୌଣ ଭାବିବାର ଆରମ୍ଭ ଉପନିଷଦମାନଙ୍କରେ ପ୍ରଥମେ ଦେଖାଯାଇଥିଲା।[୩]

ଶ୍ରମଣ ପରମ୍ପରାରେ କ୍ଷତ୍ରିୟମାନଙ୍କ ପ୍ରାଧାନ୍ୟ ରହିଛି । ବୈଦିକ ପରମ୍ପରାରେ ବ୍ରାହ୍ମଣମାନଙ୍କ ଆଧିପତ୍ୟ ରହିଛି। ଉପନିଷଦମାନଙ୍କରେ ଏପରି ଅନେକ ପ୍ରସଙ୍ଗ ଭରି ରହିଛି, ଯେଉଁଥିରୁ ଜାଣିହୁଏ ଯେ ବ୍ରାହ୍ମଣ ଋଷି-ମୁନିମାନେ କ୍ଷତ୍ରିୟ ରାଜାମାନଙ୍କଠାରୁ ଆତ୍ମ-ବିଦ୍ୟା ଶିଖିଥିଲେ।

୧. ନଚିକେତା, ସୂର୍ଯ୍ୟବଂଶୀ ପରମ୍ପରାର ରାଜା ବୈବସ୍ୱତଯମଙ୍କଠାରୁ ଆତ୍ମାର ରହସ୍ୟ ଜାଣିଥିଲେ।[୪]

୨. ସନତ୍ କୁମାର ନାରଦଙ୍କୁ ପ୍ରଶ୍ନ କରନ୍ତି - ଆପଣ କ'ଣ ପଢ଼ିଛନ୍ତି, କହନ୍ତୁ। ନାରଦ କହିଲେ – ଭଗବନ୍! ଋଗ୍‌ବେଦ, ଯଜୁର୍ବେଦ, ସାମବେଦ ଏବଂ ଅଥର୍ବବେଦ ମୋ ସ୍ମୃତିପଟଳରେ ସୁରକ୍ଷିତ, ଏହା ବ୍ୟତୀତ ଇତିହାସ ପୁରାଣ ରୂପକ ପଞ୍ଚମ ବେଦ ଆଦିକୁ ମଧ୍ୟ ମୁଁ ମନେରଖିଛି। ହେ ଭଗବନ୍! ଏହା ସବୁ ମୁଁ ଜାଣୁଛି। ଭଗବନ୍! ମୁଁ କେବଳ ମନ୍ତ୍ରବେତ୍ତା ମାତ୍ର। ଆତ୍ମବେତ୍ତା ନୁହେଁ।

ସନତ୍‌କୁମାର ଆତ୍ମାର ତନ୍ନ ତନ୍ନ କରି ବିଶ୍ଳେଷଣ ପୂର୍ବକ ନାରଦଙ୍କୁ ପରମାତ୍ମାର ଭୂମିକା ପର୍ଯ୍ୟନ୍ତ ନେଇଗଲେ। ଯେଉଁଠାରେ କିଛି ଦେଖେ ନାହିଁ, କିଛି ଶୁଭେ ନାହିଁ ତଥା ଆଉ କିଛି ଅଧିକ ଜାଣେ ନାହିଁ, ତାହା ହେଉଛି ଭୂମା। କିନ୍ତୁ

---

[୧] ଋଗ୍‌ବେଦ, ୧/୧୬୪/୩୭ : ନବା ଜାନାମି ଯଦିବ ଇଦମସ୍ମି।

[୨] ବେଦାନ୍ତସୂତ୍ର (ଶାଙ୍କରଭାଷ୍ୟ), ୩/୪/୧୭-୨୦।

[୩] ଗୀତାରହସ୍ୟ, ପୃ. ୩୪୪ ।

[୪] କଠଉପନିଷଦ୍ ।

ଯେଉଁ ସ୍ଥାନରେ ଅତିରିକ୍ତ କିଛି ଦେଖିଥାଏ, ଶୁଣିଥାଏ ଏବଂ ଜାଣିଥାଏ, ତା'ପରିମାଣ ହେଉଛି ଅଳ୍ପ। ଭୂମା ହିଁ ଅମୃତ ଏବଂ ଯାହା ଅଳ୍ପ ତାହା ମର୍ତ୍ତ୍ୟ। **'ଯୋବୈଭୂମା ତଦମୃତମଥ ଯଦଳ୍ପଂ ତନ୍ମର୍ତ୍ତ୍ୟମ୍।'**(୪)

୩. ପ୍ରାଚୀନଶାଳ ଆଦି ମହାଗୃହସ୍ଥ ଏବଂ ମହାଶ୍ରୋତ୍ରିୟଙ୍କ ମିଳନ ହେଲା ତଥା ପରସ୍ପର ମନ୍ତ୍ରଣା ଚାଲିଲା ଯେ ଆମ ଆତ୍ମା କିଏ ଏବଂ ବ୍ରହ୍ମ କ'ଣ ? – **'କୋନ ଆତ୍ମା କିଂ ବ୍ରହ୍ମେତି' ?** ବୈଶ୍ୱାନର ଆତ୍ମାକୁ ଜାଣିବା ସକାଶେ ଅରୁଣ-ପୁତ୍ର ଉଦ୍‌ଦାଳକଙ୍କ ପାଖରେ ପହଞ୍ଚିଲେ। ନିଜ ଅକ୍ଷମତା ସମ୍ବନ୍ଧରେ ସେ ଅବହିତ ଥିଲେ। ଉଦ୍‌ଦାଳକ ସେମାନଙ୍କୁ ନେଇ କୈକେୟ ଅଶ୍ୱପତିଙ୍କ ପାଖରେ ପହଞ୍ଚିଲେ। ରାଜା ସେମାନଙ୍କୁ ଧନ ଦେବାକୁ ଉଦ୍ୟତ ହେବାରୁ ସେହି ମୁନିମାନେ ଏକ ସ୍ୱରରେ କହିଉଠିଲେ – ଆମେ ଧନ ପାଇଁ ଏଠାକୁ ଆସିନାହୁଁ। ଆପଣ ବୈଶ୍ୱାନର - ଆତ୍ମାକୁ ଜାଣିଛନ୍ତି। ସେ ସମ୍ବନ୍ଧରେ ଆମକୁ କହନ୍ତୁ। ଏହା ପରେ ରାଜା ସେମାନଙ୍କୁ ବୈଶ୍ୱାନର-ଆତ୍ମାର ଉପଦେଶ ପ୍ରଦାନ କଲେ।(୬) କାଶୀ ନରେଶ ଅଜାତଶତ୍ରୁ, ଗାର୍ଗ୍ୟଙ୍କୁ ବିଜ୍ଞାନମୟ ପୁରୁଷର ତତ୍ତ୍ୱ ବ୍ୟାଖ୍ୟାକରି ଆପ୍ୟାୟିତ କରିଲେ।(୭)

୪. ପାଞ୍ଚାଳ ନରେଶ ପ୍ରବାହଣ ଜୈବଳି ଗୌତମ ଋଷିଙ୍କୁ କହିଲେ – ଗୌତମ ! ତୁମେ ଯେଉଁ ବିଦ୍ୟା ଆହରଣ କରିବାକୁ ଚାହୁଁଛ, ସେହି ବିଦ୍ୟା ତୁମ ପୂର୍ବରୁ ବ୍ରାହ୍ମଣମାନଙ୍କୁ ପ୍ରାପ୍ତ ନ ଥିଲା। ତେଣୁ ସମ୍ପୂର୍ଣ୍ଣ ଲୋକରେ କ୍ଷତ୍ରିୟମାନଙ୍କ ଅନୁଶାସନ ରହିଆସିଛି।(୮) ପ୍ରବାହଣ ଆତ୍ମାର ଗତି ଓ ଅଗତି ସଂବନ୍ଧରେ ଜିଜ୍ଞାସା ଉପସ୍ଥାପନ କରିଲେ। ଏହି ବିଷୟ ଅଜ୍ଞାତ ରହିଆସିଛି। ତେଣୁ ଆଚାରାଂଗର ଆରମ୍ଭରେ କୁହାଯାଇଛି – ମୋ ଆତ୍ମାର ପୁନର୍ଜନ୍ମ ହେବ ନା ନାହିଁ, ଏହା ଅନେକ ଲୋକ ଜାଣିନାହାନ୍ତି। ମୁଁ କିଏ, ଅତୀତରେ କ'ଣ ଥିଲି, ଏଠାରୁ ମରି କେଉଁଠାକୁ ଯିବି ?(୯)

ଏହି ଶାଶ୍ୱତ ପ୍ରଶ୍ନସମୂହର ସମାଧାନ ଉପରେ ଶ୍ରମଣ-ପରମ୍ପରା ଅବସ୍ଥିତ। ଏହି କାରଣରୁ ଶ୍ରମଣ-ପରମ୍ପରା ସମସ୍ତ କାଳଖଣ୍ଡରେ ଆତ୍ମଦର୍ଶୀ ରହିଆସିଛି। ଦେହପାଳନର ଉପେକ୍ଷା ସମ୍ଭବ ନୁହେଁ, କିନ୍ତୁ ତା'ର ଦୃଷ୍ଟିକୋଣ କେବେ ବି ଦେହ-ଲକ୍ଷିତ ହୋଇରହି ନାହିଁ। ଶ୍ରମଣ ପରମ୍ପରା ସମାଜ ସଂବନ୍ଧରେ ଚିନ୍ତା କରେନାହିଁ, ଏହି ଆରୋପ ଅନେକେ ଲଗାଇଥାନ୍ତି। ଏହି କଥାରେ କିଛି ତଥ୍ୟ ରହିଛି। ଭଗବାନ ଋଷଭଦେବ ପ୍ରଥମେ ସମାଜ-ସଂରଚନା କରିଲେ ଏବଂ ତା'ପରେ ଅଧ୍ୟାତ୍ମ-ସାଧନାରତ ହେଲେ। ଭାରତୀୟ ଜୀବନର ବିକାଶ କ୍ରମରେ ତାଙ୍କର ଅବଦାନ ପ୍ରାରମ୍ଭିକ କିନ୍ତୁ ମହତ୍ତ୍ୱପୂର୍ଣ୍ଣ। ଏହାର ଉଲ୍ଲେଖ ବୈଦିକ ଓ ଜୈନ ଉଭୟ ପରମ୍ପରାରେ ପ୍ରଚୁର ପରିମାଣରେ ଦେଖିବାକୁ ମିଳିଥାଏ। ଆଚାର୍ଯ୍ୟ ହେମଚନ୍ଦ୍ର, ସୋମଦେବସୂରୀ ଆଦିଙ୍କର ଅର୍ହନ୍ନୀତି, ନୀତିବାକ୍ୟାମୃତ ଆଦିଗ୍ରନ୍ଥ, ସମାଜବ୍ୟବସ୍ଥାର ସୁନ୍ଦର ଗ୍ରନ୍ଥ ବିବେଚିତ ହୋଇଆସିଛନ୍ତି। ଜୈନ ଓ ବୌଦ୍ଧ ମନୀଷୀମାନେ ଅଧ୍ୟାତ୍ମ ଉପରେ ଯେତେ ଲେଖିଛନ୍ତି, ତା'ର ଶତାଂଶ ବି ସମାଜବ୍ୟବସ୍ଥା ସମ୍ବନ୍ଧରେ ଲେଖିନାହାନ୍ତି, ଏହା ମାନିବାକୁ ପଡ଼ିବ। ତେବେ ଏହାପଛରେ ସମୁଚିତ କାରଣ ବି ରହିଛି। ଶ୍ରମଣ ପରମ୍ପରାର ବିକାଶ ଆତ୍ମାକୁ ଲକ୍ଷ୍ୟସ୍ଥଳରେ ରଖି ଘଟିଛି। ନିର୍ବାଣ ପ୍ରାପ୍ତି ସକାଶେ ଶାଶ୍ୱତ ସତ୍ୟର ବ୍ୟାଖ୍ୟା କରିବାରେ ଶ୍ରମଣ ସଂସ୍କୃତି ନିଜକୁ ଉତ୍ସର୍ଗୀକୃତ କରିଛି। ସମାଜ ବ୍ୟବସ୍ଥାକୁ ଧର୍ମ ସହିତ ସଂଲଗ୍ନ କରିବାକୁ ସେମାନେ ଚାହୁଁନଥିଲେ। ଧର୍ମ ହେଉଛି ଆତ୍ମଗୁଣ। ତାହାକୁ ପରିବର୍ତ୍ତନଶୀଳ ସମାଜ ବ୍ୟବସ୍ଥା ସହିତ ଛନ୍ଦି ପକାଇଲେ ଧର୍ମର ଧ୍ରୁବରୂପ ବିକୃତ ହୁଏ।

ସମାଜ-ବ୍ୟବସ୍ଥାର ଦାୟିତ୍ୱ ସମାଜ-ଶାସ୍ତ୍ରୀମାନଙ୍କଠାରେ ନ୍ୟସ୍ତ କରାଯିବା ଉଚିତ। ଜଣେ ଧାର୍ମିକ ସେହି କ୍ଷେତ୍ରରେ ହସ୍ତକ୍ଷେପ କରିବା ଉଚିତ ନୁହେଁ। ମନୁସ୍ମୃତି ଆଦି ଅନେକ ଗ୍ରନ୍ଥ ସମାଜ-ବ୍ୟବସ୍ଥା ପାଇଁ ସମର୍ପିତ। ଏଗୁଡ଼ିକ ବିଧି-ଗ୍ରନ୍ଥ ଅଟନ୍ତି, ମୋକ୍ଷ-ଗ୍ରନ୍ଥ ନୁହେଁ। ଏହି ବିଧିଗ୍ରନ୍ଥଗୁଡ଼ିକୁ ଶାଶ୍ୱତ ରୂପ ପ୍ରଦାନ କରାଯିବାରୁ, ସଂପ୍ରତି ଅନେକ ସମସ୍ୟା

---

(୪) ଛାନ୍ଦୋଗ୍ୟ ଉପନିଷଦ୍, ୭/୩୪

(୬) ଛାନ୍ଦୋଗ୍ୟ ଉପନିଷଦ୍ ୫/୧୧/୧୩।

(୭) ବୃହଦାରଣ୍ୟକ ଉପନିଷଦ୍, ୨/୧।

(୮) ଛାନ୍ଦୋଗ୍ୟ ଉପନିଷଦ୍, ୫/୩/୭।

(୯) ଆୟାରୋ, ୧/୨ : ଏବମେଗେସିଂ ଣୋ ଣାତଂ ଭବତି, ଅତ୍ଥି ମେ ଆୟା ଓବବାଇଏ, ଣତ୍ଥି ମେ ଆୟା ଉବବାଇଏ, କେ ଅହଂ ଆସୀ ? କେବା ଇଓ ଚୁଓ ଇହପେଚ୍ଚା ଭବିସ୍‌ସାମି ?

ସୃଷ୍ଟି ହୋଇଛି । ସେହି ପରିବର୍ତ୍ତନଶୀଳ ବିଧି-ବ୍ୟବସ୍ଥାକୁ ଶାଶ୍ୱତ ସତ୍ୟର ରୂପ ପ୍ରଦାନ କରାଯିବାରୁ ହିନ୍ଦୁକୋଡ଼ ବିଲର ବିରୋଧ ହୋଇଥିଲା । ଶ୍ରମଣ ପରମ୍ପରା ବିବାହ ଆଦି ବହୁବିଧ ସଂସ୍କାରକୁ ଅପରିବର୍ତ୍ତିତ ରୂପ ପ୍ରଦାନ କରିବା ପାଇଁ କେବେ ବି ଜିଦ୍ କରିନାହିଁ ତଥା ସେମାନଙ୍କୁ ଅବଶିଷ୍ଟ ସମାଜଠାରୁ ପୃଥକ୍ ରଖିବା ପାଇଁ ମଧ୍ୟ ଆଗ୍ରହ କରିନାହିଁ ।

ସୋମଦେବ ସୂରୀଙ୍କ ଅନୁସାରେ ଜୈନମାନଙ୍କ ସେହି ସମସ୍ତ ଲୌକିକ ବିଧି ପ୍ରମାଣ ଅଟନ୍ତି, ଯଦ୍ୱାରା ସମ୍ୟକ୍ ଦର୍ଶନରେ ବାଧା ଉପୁଜେ ନାହିଁ କି ସେମାନଙ୍କ ବ୍ରତରେ ଦୋଷ ମଧ୍ୟ ଲାଗେନାହିଁ ।

ସର୍ବ ଏବ ହି ଜୈନାନାଂ,ପ୍ରମାଣଂ ଲୌକିକୋ ବିଧିଃ ।
ଯତ୍ର ସମ୍ୟକ୍ତ୍ୱହାନିର୍ନ, ଯତ୍ର ନ ବ୍ରତଦୂଷଣମ୍ ॥

ଶ୍ରମଣ-ପରମ୍ପରା, ଧର୍ମକୁ ଲୌକିକ ପକ୍ଷରୁ ପୃଥକ ରଖିବାରେ ଶ୍ରେୟ ମଣିଥାଏ । ଧର୍ମ ହେଉଛି ଲୋକୋତ୍ତର । ତାହା ଶାଶ୍ୱତସତ୍ୟ । ଏହା ଦ୍ୱିରୂପ ହୋଇପାରିବ ନାହିଁ । ଭୌଗୋଳିକ ତଥା ସାମୟିକ ବିବିଧତା ହେତୁ ଲୌକିକ ବିଧି ଅନେକ-ରୂପ ହୋଇଥାଏ ତଥା ରୂପରେ ପରିବର୍ତ୍ତନ ମଧ୍ୟ ହୋଇଥାଏ । ଶ୍ରୀ ରବୀନ୍ଦ୍ରନାଥ 'ଧର୍ମ ଓ ସମାଜ'ରେ ଲେଖିଲେ ଯେ ହିନ୍ଦୁଧର୍ମ, ସମାଜ ଓ ଧର୍ମକୁ ମିଶ୍ରଣ କରିଦେବାରୁ ରୂଢ଼ିବାଦକୁ ବହୁତ ପ୍ରଶ୍ରୟ ମିଳିଲା । ଧର୍ମ ଶବ୍ଦର ବହୁ-ଅର୍ଥକ ପ୍ରୟୋଗ ଦ୍ୱାରା ବି ଅନେକ ପ୍ରକାର ବ୍ୟାମୋହ ବିସ୍ତାର ପାଇଲା । ଧର୍ମ ଶବ୍ଦର ପ୍ରୟୋଗକୁ ନେଇ ଲୋକମାନେ ଭ୍ରମ ଓ ଭ୍ରାନ୍ତିର ଶିକାର ହେଲେ । ଶାଶ୍ୱତ ସତ୍ୟ ଏବଂ ତତ୍କାଳୀନ ଅପେକ୍ଷା ମଧ୍ୟରେ ବିବେକ କରିପାରିଲେ ନାହିଁ । ତେଣୁ ମନୀଷୀମାନେ ଯୁଗେ ଯୁଗେ ସେହି ପାର୍ଥକ୍ୟକୁ ବୁଝାଇବାର ପ୍ରୟତ୍ନ କରିଯାଇଛନ୍ତି । ଲୋକମାନ୍ୟ ତିଳକଙ୍କ ଶବ୍ଦରେ – 'ମହାଭାରତରେ ଧର୍ମ ଶବ୍ଦ ଅନେକ ସ୍ଥାନରେ ପ୍ରଯୁକ୍ତ ହୋଇଛି । 'ଏହି କାମ କରାଯିବା ଧର୍ମସଂଗତ' – ଏଠାରେ ଧର୍ମ ଶବ୍ଦର ଅର୍ଥ କର୍ତ୍ତବ୍ୟ ସମ୍ପାଦନ ଅଥବା ତତ୍କାଳୀନ ସମାଜ ବ୍ୟବସ୍ଥା ଶାସ୍ତ୍ର ସନ୍ଦର୍ଭରେ କରାଯିବା ଉଚିତ । ତେବେ ଯେଉଁସ୍ଥାନରେ ପାରଲୌକିକ କଲ୍ୟାଣ ମାର୍ଗ ଦେଖାଇବାର ପ୍ରସଙ୍ଗ ଉପସ୍ଥିତ ହୁଏ, ସେଠାରେ ଅର୍ଥାତ୍ ଶାନ୍ତିପର୍ବର ଉତ୍ତରାର୍ଦ୍ଧରେ 'ମୋକ୍ଷଧର୍ମ' – ଏହି ବିଶିଷ୍ଟ ଶବ୍ଦ ସଂରଚନା କରାଯାଇଛି ।[୧୦]

ଶ୍ରମଣ ପରମ୍ପରା ଏ ଦିଗରେ ଅଧିକ ସତର୍କ ଥିବାର ଜଣାପଡ଼େ । ଏଠାରେ ଲୋକୋତ୍ତର ଧର୍ମକୁ ଲୌକିକ ବିଧି ସହିତ ଯୋଡ଼ାଯାଇନାହିଁ । ତେଣୁ ଲୋକୋତ୍ତର ପକ୍ଷର ସୁରକ୍ଷା କରିବାରେ ଶ୍ରମଣ ପରମ୍ପରା ବରାବର ସଫଳ ରହିଛି ତଥା ଏହି ଆଧାରରେ ବ୍ୟାପକ ବିସ୍ତାର ଲାଭ କରିଛି । ଯଦି ଏହି ପରମ୍ପରାରେ ବି ବୈଦିକ ପରମ୍ପରା ଭଳି ଜାତି ଓ ସଂସ୍କାରଗୁଡ଼ିକର ଆଗ୍ରହ ରହିଥାନ୍ତା, ତେବେ ଚୀନ ଓ ଜାପାନର କୋଟି କୋଟି ଲୋକ ଶ୍ରମଣ-ପରମ୍ପରାର ଅନୁଗମ କରୁନଥାନ୍ତେ ।

ସମ୍ପ୍ରତି ଚୀନ ଓ ଜାପାନ ଆଦି ଦେଶରେ ଯେଉଁ କୋଟି କୋଟି ଶ୍ରମଣ ପରମ୍ପରାର ଅନୁଯାୟୀ ରହିଛନ୍ତି, ସେମାନେ ଆପଣା ସଂସ୍କାର ଏବଂ ସାମାଜିକ ବିଚାର ରଖି ମଧ୍ୟ ଶ୍ରମଣ ପରମ୍ପରାର ଲୋକୋତ୍ତର ପକ୍ଷର ଅନୁସରଣ କରିବାରେ କୌଣସି ଆପତ୍ତି ନାହିଁ ।

ସମନ୍ୱୟର ଭାଷାରେ ବର୍ଣ୍ଣନା କରାଯାଇପାରିବ ଯେ ବୈଦିକ-ପରମ୍ପରା ହେଉଛି ଜୀବନର ବ୍ୟବହାର ପକ୍ଷ, ଅଥଚ ଶ୍ରମଣ ପରମ୍ପରା ଜୀବନର ଲୋକୋତ୍ତର ପକ୍ଷ – **'ବୈଦିକୋ ବ୍ୟବହର୍ତ୍ତବ୍ୟଃ କର୍ତ୍ତବ୍ୟଃ ପୁନରାର୍ହତଃ ।**

ଲକ୍ଷ୍ୟର ଉପଲବ୍ଧି, ତଦନୁରୂପ ସାଧନା ଦ୍ୱାରା ହୋଇଥାଏ । ଆତ୍ମା; ଶରୀର, ବାଣୀ ଓ ମନଠାରୁ ପୃଥକ୍ ଅଟେ । ଏମାନଙ୍କ ସାହାଯ୍ୟରେ ଆତ୍ମାକୁ ପାଇହେବ ନାହିଁ ।[୧୧]

ମୁକ୍ତ ଆତ୍ମା ଓ ବ୍ରହ୍ମର ଶୁଦ୍ଧ ରୂପର ମାନ୍ୟତା ସନ୍ଦର୍ଭରେ ଉଭୟ ପରମ୍ପରା ପ୍ରାୟ ଏକମତ ରହିଛନ୍ତି ।

---

[୧୦] ଗୀତାରହସ୍ୟ

[୧୧] କଠୋପନିଷଦ, ୨/୩ - ନୈବ ବାଚାନ ମନସା ପ୍ରାପ୍ତୁଂ ଶକ୍ୟୋ ନ ଚକ୍ଷୁଷା ।

କର୍ମ ବା ପ୍ରବୃତ୍ତି ହେଉଛି ଶରୀର, ବାଣୀ ଏବଂ ମନର କାର୍ଯ୍ୟ। ଏଗୁଡ଼ିକଠାରୁ ଭିନ୍ନ ହେଉଛି ନିଷ୍କର୍ମ। ଶ୍ରାମଣ୍ୟ ବା ସନ୍ନ୍ୟାସମାନେ ନିଷ୍କର୍ମ ଭାବର ସାଧନା। ଏହାରି ନାମ ସଂଯମ। ପ୍ରଥମ ଚରଣରେ କର୍ମ-ମୁକ୍ତି ଘଟିନଥାଏ। କିନ୍ତୁ ସଂଯମର ଅର୍ଥ ହେଉଛି – କର୍ମ-ମୁକ୍ତିର ସଂକଳ୍ପରୁ ଆରମ୍ଭକରି କର୍ମ-ମୁକ୍ତି ସ୍ଥଳରେ ଯାଇ ପହଞ୍ଚିବା, ନିର୍ବାଣ ପ୍ରାପ୍ତ କରିବା।

ପ୍ରବର୍ତ୍ତକ ଧର୍ମ ଅନୁସାରେ ତିନୋଟି ବର୍ଗର ନିର୍ଦ୍ଧାରଣ କରାଯାଇଛି – ଧର୍ମ, କାମ ଓ ଅର୍ଥ। ଚତୁର୍ବର୍ଗର ମାନ୍ୟତା ନିବର୍ତ୍ତକ ଧର୍ମର ଅବଦାନ। ନିବର୍ତ୍ତକ-ଧର୍ମର ପ୍ରଭାବ ଫଳରେ ମୋକ୍ଷକୁ ବ୍ୟାପକ ସ୍ୱୀକୃତି ମିଳିଛି। ଆଶ୍ରମ ବ୍ୟବସ୍ଥାରେ ମଧ୍ୟ ବିକଳ୍ପ ଜାତ ହେଲା। ଏହାର ସ୍ପଷ୍ଟ ନିର୍ଦ୍ଦେଶ ଜାବାଲ-ଉପନିଷଦ୍, ଗୌତମ ଧର୍ମସୂତ୍ର ଆଦିରେ ଆମେ ପାଇଥାଉଁ। ବ୍ରହ୍ମଚର୍ଯ୍ୟ ପୂରା ହେଲାପରେ ଗୃହୀ ହେବା, ଗୃହ ମଧ୍ୟରେ ବାନପ୍ରସ୍ଥ ଧାରଣ କରି ପ୍ରବ୍ରଜ୍ୟା-ସନ୍ନ୍ୟାସ ମାର୍ଗ ଅବଲମ୍ବନ ଅଥବା ବ୍ରହ୍ମଚର୍ଯ୍ୟାଶ୍ରମରେ ହିଁ ଗୃହସ୍ଥାଶ୍ରମ ବା ବାନପ୍ରସ୍ଥାଶ୍ରମରେ ହିଁ ପ୍ରବ୍ରଜ୍ୟା ସ୍ୱୀକାର କରିବା। ଯେଉଁଦିନ ବୈରାଗ୍ୟ ଉତ୍ପନ୍ନ ହେଲା, କାଳବିଳମ୍ବ ନ କରି ସେହିଦିନ ପ୍ରବ୍ରଜ୍ୟା ସ୍ୱୀକାର କରିବା।[୧୨]

ଆଶ୍ରମ ବିକାଶର ମାନ୍ୟତାକୁ ନେଇ ପଣ୍ଡିତ ସୁଖଲାଲଜୀ ଲେଖିଛନ୍ତି –

ଏହି ଦେଶରେ ପ୍ରବର୍ତ୍ତକ ଧର୍ମାନୁଯାୟୀ ବୈଦିକ ଆର୍ଯ୍ୟମାନଙ୍କ ଯେତେବେଳେ ପ୍ରଥମ ଆଗମନ ଘଟିଲା ସେତେବେଳେ ଏହି ଦେଶରେ ନିବର୍ତ୍ତକ ଧର୍ମ ଏକ ବା ଭିନ୍ନ ରୂପରେ ପ୍ରଚଳିତ ଥିବାର ସ୍ପଷ୍ଟ ଅନୁମାନ କରାଯାଇପାରୁଛି। ପ୍ରାରମ୍ଭରେ ଏହି ଦୁଇ ଧର୍ମ ସଂସ୍ଥାର ବିଚାରଧାରାରେ ପ୍ରବଳ ସଂଘର୍ଷ ଜାତ ହେଲା, କିନ୍ତୁ ନିବର୍ତ୍ତକ ଧର୍ମର ଅଳ୍ପ କେତେକ ପ୍ରକୃତ ଅନୁଗାମୀଙ୍କର ତପସ୍ୟା, ଧ୍ୟାନ ପ୍ରଣାଳୀ ତଥା ଅସଙ୍ଗଚର୍ଯ୍ୟାର ପ୍ରଭାବ ଜନସାଧାରଣଙ୍କ ଉପରେ ପରିଲକ୍ଷିତ ହେଲା। ଫଳରେ ପ୍ରବର୍ତ୍ତକ ଧର୍ମର କିଛି ଅନୁଗାମୀ, ନିବର୍ତ୍ତକ ଧର୍ମ ଆଡ଼କୁ ଆକୃଷ୍ଟ ହେଲେ ଏବଂ ନିବର୍ତ୍ତକ ଧର୍ମ ସଂସ୍ଥାଗୁଡ଼ିକର ବିକାଶ ପ୍ରକ୍ରିୟା ପ୍ରାରମ୍ଭ ହେଲା। ଏହାର ପରିଣାମସ୍ୱରୂପ ପ୍ରବର୍ତ୍ତକ ଧର୍ମର ଆଧାରଭୂତ ବ୍ରହ୍ମଚର୍ଯ୍ୟ ଓ ଗୃହସ୍ଥ – ଏହି ଦୁଇ ଆଶ୍ରମ ସହିତ ପ୍ରବର୍ତ୍ତକ ଧର୍ମର ଅଗ୍ରଗଣ୍ୟ ମନୀଷୀମାନେ ପ୍ରଥମେ ତୃତୀୟ ଆଶ୍ରମ ବାନପ୍ରସ୍ଥକୁ ଯୋଡ଼ିଲେ ଏବଂ ଶେଷରେ ସନ୍ୟାସକୁ ସଂଲଗ୍ନ କରି ଚତୁର୍ବିଧ ଆଶ୍ରମକୁ ଜୀବନରେ ସ୍ଥାନ ଦେଲେ। ନିବର୍ତ୍ତକ ଧର୍ମସଂସ୍ଥାମାନଙ୍କ ବିପୁଳ ପ୍ରଭାବ ଫଳରେ ପ୍ରବର୍ତ୍ତକ ଧର୍ମାନୁଯାୟୀ ବ୍ରାହ୍ମଣମାନେ ଗୃହସ୍ଥାଶ୍ରମ ଉତ୍ତାରୁ ଯେପରି ସନ୍ନ୍ୟାସ ଆଶ୍ରମ ସ୍ୱୀକୃତ ସେହିପରି ଗୃହସ୍ଥାଶ୍ରମ ମଧ୍ୟରେ ପ୍ରବେଶ ନ କରି ମଧ୍ୟ ତୀବ୍ର ବୈରାଗ୍ୟ ଭାବ ରହିଥିଲେ ବ୍ରହ୍ମଚର୍ଯ୍ୟାଶ୍ରମରୁ ସିଧାସଳଖ ପ୍ରବ୍ରଜ୍ୟା-ମାର୍ଗକୁ ନ୍ୟାୟସଙ୍ଗତ ଘୋଷଣା କଲେ। ଏହି ପ୍ରକାରେ ନିବର୍ତ୍ତକ ଧର୍ମର ଜୀବନରେ ସମନ୍ୱୟ ସ୍ଥାପିତ ହେଲା ଏବଂ ଏହାର ସୁଫଳ ସାହିତ୍ୟ, ଦର୍ଶନ ଓ ଜନ-ଜୀବନ-ଆଚରଣରେ ଆଜି ମଧ୍ୟ ଦେଖିବାକୁ ମିଳିଥାଏ।[୧୩]

ମୋକ୍ଷକୁ ମାନ୍ୟତାପ୍ରାପ୍ତ ହେବାପରେ ଗୃହ-ତ୍ୟାଗର ସିଦ୍ଧାନ୍ତ ସ୍ଥିର ହେଲା। ବୈଦିକ ଋଷିମାନେ ଆଶ୍ରମ-ପଦ୍ଧତି ସାହାଯ୍ୟରେ ଯେଉଁ ସନ୍ୟାସ ବ୍ୟବସ୍ଥା ପ୍ରଦାନ କରିଲେ, ତାହା ବି ଯାନ୍ତ୍ରିକ ହେବା କାରଣରୁ ନିର୍ବିକଳ୍ପ ହୋଇ ରହିପାରିଲା ନାହିଁ। ସନ୍ୟାସର ମୂଳ ହେଉଛି ଅନ୍ତଃକରଣର ବୈରାଗ୍ୟ। ଏହା ସମସ୍ତଙ୍କ କ୍ଷେତ୍ରରେ ଘଟିବା କିମ୍ବା ଜୀବନର ତୃତୀୟ ବା ଚତୁର୍ଥ କାଳଖଣ୍ଡ ଉତ୍ତାରୁ ହିଁ ଆସିବା, ତା'ଆଗରୁ ନ ଆସିବା - ଏପରି ବିଧାନ କରାଯାଇପାରିବ ନାହିଁ। ସନ୍ନ୍ୟାସ ଆତ୍ମିକ-ବିଧାନ ହୋଇଥିବାରୁ ଯାନ୍ତ୍ରିକ ସ୍ଥିତି ତାହାକୁ ବାନ୍ଧି ରଖିପାରେ ନାହିଁ। ଶ୍ରମଣ ପରମ୍ପରା ଦୁଇଟି ବିକଳ୍ପକୁ ସ୍ୱୀକାର କରିଆସିଛି – ଅଗାରଧର୍ମ ଓ ଅଣଗାର ଧର୍ମ - 'ଅଗାର ଧମ୍ମଂ ଅଣଗାର-ଧମ୍ମଂ ଚ'।[୧୪]

---

(୧୨) ଜାବାଲ ଉପନିଷଦ୍, ୪ :
ବ୍ରହ୍ମଚର୍ଯ୍ୟାଦେବ ପ୍ରବ୍ରଜେଦ୍ ଗୃହାଦ୍‌ବା, ବନାଦ୍‌ବା।
ଯଦହରେବ ବିରଜେତ୍ ତଦହରେବ ପ୍ରବ୍ରଜେତ୍॥

(୧୩) ଦର୍ଶନ ଓ ଚିନ୍ତନ, ପୃ.୧୩୭, ୧୩୮।

(୧୪) ଔପପାତିକ।

ଶ୍ରମଣ ପରମ୍ପରା ଗୃହସ୍ଥମାନଙ୍କୁ ନୀଚ ଏବଂ ଶ୍ରମଣମାନଙ୍କୁ ଉଚ୍ଚ ମଣିଥାଏ, ଯାହାକି ନିରପେକ୍ଷ ନୁହେଁ। ସାଧନାର କ୍ଷେତ୍ରରେ ଉଚ୍ଚ-ନୀଚ ସକାଶେ କୌଣସି ବିକଳ୍ପ ନାହିଁ। ସେଠାରେ ସଂଯମ ହିଁ ସବୁକିଛି। ମହାବୀରଙ୍କ ଶବ୍ଦରେ – ଅନେକ ଗୃହତ୍ୟାଗୀ ଭିକ୍ଷୁମାନଙ୍କ ତୁଳନାରେ ଅଳ୍ପ କେତେକ ଗୃହସ୍ଥମାନଙ୍କ ସଂଯମ ଉତ୍କୃଷ୍ଟତର ତଥା ସେମାନଙ୍କ ଅପେକ୍ଷା ସାଧନାଶୀଳ ସଂଯମୀ ମୁନିମାନଙ୍କ ସଂଯମ ଶ୍ରେଷ୍ଠ ଅଟେ।[୧୫]

ଶ୍ରେଷ୍ଠତା ବ୍ୟକ୍ତି ନୁହେଁ ସଂଯମକୁ ବୁଝାଇଥାଏ। ସଂଯମଶୀଳ ବ୍ୟକ୍ତିମାନେ ଶ୍ରେଷ୍ଠ। ସଂଯମ ଓ ତପର ଅନୁଶୀଳନ କରୁଥିବା, ଶାନ୍ତ ରହୁଥିବା ଭିକ୍ଷୁ ଓ ଗୃହସ୍ଥ ଉଭୟଙ୍କ ପରବର୍ତ୍ତୀ ଜୀବନ ତେଜୋମୟ ହୋଇଥାଏ।[୧୬]

ସମତା ଧର୍ମ ପାଳନ କରୁଥିବା, ଶ୍ରଦ୍ଧାଶୀଳ ଏବଂ ଶିକ୍ଷାସମ୍ପନ୍ନ ଗୃହସ୍ଥ, ଘରେ ରହି ମଧ୍ୟ ମୃତ୍ୟୁପରେ ସ୍ୱର୍ଗକୁ ଯାଇଥାଏ।[୧୭] ତେବେ ସଂଯମର ଚରମ ବିକାଶ ମୁନି-ଜୀବନରେ ହିଁ ସମ୍ଭବପର। ଜଣେ ମୁନି ହିଁ ନିର୍ବାଣପ୍ରାପ୍ତି କରିପାରିବ - ଏହା ହେଉଛି ଶ୍ରମଣ-ପରମ୍ପରାର ଧ୍ରୁବ ଅଭିମତ। ଯାହାମଧ୍ୟରେ ତୀବ୍ର ବୈରାଗ୍ୟଭାବ ଉଦିତ ହେବ, ମୁନି ଜୀବନର ଯୋଗ୍ୟତା କେବଳ ସେହିମାନେ ଅର୍ଜନ କରିଥାନ୍ତି।

ବ୍ରାହ୍ମଣ-ବେଶଧାରୀ ଇନ୍ଦ୍ର, ରାଜର୍ଷି ନମିଙ୍କୁ କହିଲେ – 'ରାଜର୍ଷି! ଗୃହବାସ ହେଉଛି ଘୋର ଆଶ୍ରମ। ତୁମେ ଏହାକୁ ତ୍ୟାଗକରି ଅନ୍ୟ ଆଶ୍ରମରେ ପ୍ରବେଶ କରିବାକୁ ଚାହୁଁଛ, ଏହା ଉଚିତ ନୁହେଁ। ତୁମେ ଗୃହସ୍ଥାଶ୍ରମରେ ରହି ଏଠାରେ ଧର୍ମ-ପୋଷକ କାର୍ଯ୍ୟ ସବୁ ସମ୍ପାଦନ କର।'

ନମି ରାଜର୍ଷି କହିଲେ – 'ବ୍ରାହ୍ମଣ! ମାସ-ମାସ ପର୍ଯ୍ୟନ୍ତ ଉପବାସ କରୁଥିବା ଏବଂ ପାରଣାରେ କୁଶାଗ୍ର ପରିମାଣରେ ସ୍ୱଳ୍ପ ଆହାର ଗ୍ରହଣ କରୁଥିବା ଗୃହସ୍ଥ ମଧ୍ୟ ମୁନି-ଧର୍ମର ଷୋଡଶ କଳା ତୁଳନାରେ କିଛି ନୁହେଁ।[୧୮]

ଶାଶ୍ୱତ ବାସସ୍ଥାନ ପ୍ରତି ଯା' ମନରେ ଆସ୍ଥା ନ ଥାଏ, ସେ ହିଁ ନଶ୍ୱର ଘରର ନିର୍ମାଣ କରିଥାଏ।[୧୯]

ଏହାହିଁ ତୀବ୍ର ବୈରାଗ୍ୟ। ମୋକ୍ଷପ୍ରାପ୍ତିର ଦୃଷ୍ଟିକୋଣରୁ ଚିନ୍ତନ ନ ହେବା ପର୍ଯ୍ୟନ୍ତ ଗୃହବାସକୁ ସବୁକିଛି ଭାବିନିଆଯାଏ। ମୋକ୍ଷଲାଭ ଦୃଷ୍ଟିରୁ ବିଚାର କରାଗଲେ ଆତ୍ମ-ସାକ୍ଷାତ୍କାର ସବୁକିଛି ପାଲଟିଯାଏ। ଗୃହବାସ ଓ ଗୃହତ୍ୟାଗର ଆଧାରରେ ରହିଥାଏ – ଆତ୍ମ-ବିକାଶର ତାରତମ୍ୟ। ଗୌତମ ପଚାରିଲେ – 'ଭଗବାନ୍! ଗୃହ-ବାସ ଅସାର ଏବଂ ଗୃହ-ତ୍ୟାଗ ହେଉଛି ସାର, ଏହା ଜାଣିଲା ପରେ ଭଲା ଘରେ କିଏ ରହିବ?'

ଭଗବାନ ଉତ୍ତର ଦେଲେ – 'ଗୌତମ! କେବଳ ପ୍ରମତ୍ତ ଲୋକ ହିଁ ରହିବ, ଅନ୍ୟମାନେ ରହନ୍ତି ନାହିଁ।[୨୦]

କିନ୍ତୁ ଏହା ସ୍ମରଣ ରହିବା ଉଚିତ ଯେ ଶ୍ରମଣ ପରମ୍ପରା ବେଶକୁ ମହତ୍ତ୍ୱ ଦେଇଥାଏ ଏବଂ କଦାଚିତ ମହତ୍ତ୍ୱ ଦେଇନଥାଏ। ସାଧନାର ଅନୁକୂଳ ବାତାବରଣ ମଧ୍ୟ ଦରକାର - ଏହି ଦୃଷ୍ଟିରୁ ବେଶ-ପରିବର୍ତ୍ତନ, ଗୃହ-ବାସ-ତ୍ୟାଗ ଆଦି ବାହ୍ୟ ବାତାବରଣର ବିଶୁଦ୍ଧିର ନିଜସ୍ୱ ଗୁରୁତ୍ୱ ରହିଛି। ତେବେ ଆନ୍ତରିକ ବିଶୁଦ୍ଧିର ଉତ୍କୃଷ୍ଟ ଉଦୟ ହେବାପରେ ଗୃହସ୍ଥ ବା ଅନ୍ୟ କୌଣସି ବେଶରେ ବି ଆତ୍ମା ମୁକ୍ତ ହୋଇପାରିବ।[୨୧]

---

(୧୫) ଉତ୍ତରଜ୍ଝୟଣାଣି, ୫/୨୦ :
ସନ୍ତି ଏଗେହିଂ ଭିକ୍ଖୁହିଂ, ଗାରତ୍ଥା ସଂଜମୁତ୍ତରା।
ଗାରତ୍ଥେହି ଯ ସବ୍ବେହିଂ, ସାହବୋ ସଂଜମୁତ୍ତରା॥

(୧୬) ଉତ୍ତରଜ୍ଝୟଣାଣି, ୫/୧୬-୨୮।

(୧୭) ଉତ୍ତରଜ୍ଝୟଣାଣି, ୫/୨୩-୨୪।

(୧୮) ଉତ୍ତରଜ୍ଝୟଣାଣି, ୯/୪୪।

(୧୯) ଉତ୍ତରଜ୍ଝୟଣାଣି, ୯/୨୬।

(୨୦) ଆୟାରୋ, ୫/୫୮ : ପମତ୍ତେହିଂ ଗାରମା ବସଂ ତେହିଂ।

(୨୧) ନନ୍ଦୀ, ସୂତ୍ର ୩୧ : ଅନ୍ନଲିଙ୍ଗସିଦ୍ଧା, ଗିହିଲିଙ୍ଗସିଦ୍ଧା।

ବେଶ ଅଥବା ବାହାରି ବାତାବରଣର କୃତ୍ରିମ ପରିବର୍ତ୍ତନ ଦ୍ୱାରା ନୁହେଁ ବରଂ ଆତ୍ମିକ ଅଭ୍ୟୁତ୍‌ଥାନ ଦ୍ୱାରା ମୁକ୍ତି ସମ୍ଭବପର ହୁଏ। ଆତ୍ମାର ସହଜଉଦୟ ଅଳ୍ପ କେତେକ ବିରଳ ବ୍ୟକ୍ତି ମଧ୍ୟରେ ଘଟିଥାଏ। ଏହାକୁ ସାମାନ୍ୟ ମାର୍ଗ ରୂପରେ ଧରିନେବା ଭ୍ରାନ୍ତି ହେବ। ସାମାନ୍ୟ ମାର୍ଗ ହେଲା–ମୁମୁକ୍ଷୁ ବ୍ୟକ୍ତି ନିରନ୍ତର ଅଭ୍ୟାସ ବା ସାଧନା କରି ମୁକ୍ତିଲାଭ କରିଥାନ୍ତି। ଅଭ୍ୟାସର କ୍ରମିକ ବିକାଶ ସକାଶେ ବାହ୍ୟ ବାତାବରଣକୁ ଧୀରେ ଧୀରେ ତା' ଅନୁକୂଳ କରିବାକୁ ହୁଏ। ସାଧନା ମାର୍ଗ ମାତ୍ର, କିନ୍ତୁ ଲକ୍ଷ୍ୟସ୍ଥଳ ନୁହେଁ। ମାର୍ଗରେ ଗତିମାନ ଲୋକ ପତନୋନ୍ମୁଖ ମଧ୍ୟ ହୋଇପାରନ୍ତି। ଜୈନଆଗମ ତଥା ବୌଦ୍ଧ ପିଟକମାନଙ୍କରେ ସାଧକମାନେ ଯେପରି ମାର୍ଗଚ୍ୟୁତ ନ ହେବେ, ସେ ଦିଗରେ ବେଶ୍ ଯତ୍ନ ନିଆଯାଇଛି। ଜଣେ ବ୍ରହ୍ମଚାରୀଙ୍କୁ ତାଙ୍କ ବ୍ରହ୍ମଚର୍ଯ୍ୟରେ ଚିକିତ୍ସାର ଆବଶ୍ୟକତା ପଡ଼ିବ ନାହିଁ, ତା'ପାଇଁ ଏକାନ୍ତ ବାସ, ଦୃଷ୍ଟିସଂଯମ, ସ୍ୱାଦବିଜୟ, ମିତାହାର, ସ୍ପର୍ଶତ୍ୟାଗ ଇତ୍ୟାଦିର ବିଧାନ କରାଯାଇଛି। ସ୍ଥୁଳିଭଦ୍ର କିମ୍ବା ଜନକଙ୍କ ସଦୃଶ ଅପବାଦ ବ୍ୟତିକ୍ରମ ଚରିତ୍ରମାନଙ୍କୁ ଦୃଷ୍ଟିରେ ରଖି ଏହି ସାମାନ୍ୟ ବିଧିର ଅବହେଳା କରାଯାଇନପାରେ।

ଆତ୍ମିକ-ଉଦୟ ଓ ଅନୁଦୟ ପରମ୍ପରାରେ ପୋଷିତ ପୁରୁଷ ପଥଭ୍ରଷ୍ଟ ହୋଇପାରେ, କିନ୍ତୁ ଏହା ବ୍ରହ୍ମଚର୍ଯ୍ୟର ଆଚାର ତଥା ବିନୟର ପରିଣାମ ନୁହେଁ। ବ୍ରହ୍ମଚାରୀମାନଙ୍କ ସଂସର୍ଗରୁ ଦୂରେଇ ରହିବା ପ୍ରସଙ୍ଗ ଭୟ ନୁହେଁ ସୁରକ୍ଷା ପାଇଁ ଅଭିପ୍ରେତ। ସଂସର୍ଗଠାରୁ ନିଜକୁ ରକ୍ଷା କରୁଥିବା ପୁରୁଷ କାମୁକ ହେବା ଏବଂ ସଂସର୍ଗ କରୁଥିବା - ଏକସଂଗେ ରହୁଥିବା ସ୍ତ୍ରୀ ପୁରୁଷ କାମୁକ ନ ହେବା - ଏହା ବିରଳତମ ଉଦାହରଣ ହୋଇପାରିବ କିନ୍ତୁ ସର୍ବସାମାନ୍ୟ ସିଦ୍ଧାନ୍ତ ନୁହେଁ। ସିଦ୍ଧାନ୍ତତଃ ବ୍ରହ୍ମଚର୍ଯ୍ୟ ଅନୁକୂଳ ପରିବେଶ ଓ ସାମଗ୍ରୀ ସହ ଜୀବନଧାରଣ କରୁଥିବା ଲୋକ ହିଁ ବ୍ରହ୍ମଚାରୀ ହେବ, ବ୍ରହ୍ମଚର୍ଯ୍ୟ ପ୍ରତିକୂଳ ସାମଗ୍ରୀ ସହିତ ନୁହେଁ। ମୁକ୍ତି ଓ ଭୁକ୍ତି ଉଭୟଙ୍କ ସହାବସ୍ଥାନ - ଏହି ତଥ୍ୟ ଶ୍ରମଣ ପରମ୍ପରାରେ ମାନ୍ୟ ନୁହେଁ। ତେବେ ଦୁହିଁଙ୍କର ଦୁଇ ଦିଗ ତଥା ସ୍ୱରୂପତଃ ସେମାନେ ଦୁଇ ପ୍ରକାର – ଏହି ତଥ୍ୟକୁ ବିସ୍ମୃତ କରାଯାଇପାରିବ ନାହିଁ। ଭୁକ୍ତି ସାମାନ୍ୟ ଜୀବନର ଲକ୍ଷ୍ୟ ହୋଇପାରିବ କିନ୍ତୁ ତାହା ଆତ୍ମୋଦୟୀ ଜୀବନର ଲକ୍ଷ୍ୟ ନୁହେଁ। ମୁକ୍ତି ହିଁ ଆତ୍ମୋଦୟର ଲକ୍ଷ୍ୟ। ଆତ୍ମ-ଲକ୍ଷ୍ୟୀ ବ୍ୟକ୍ତି ଭୁକ୍ତିକୁ ଜୀବନର ଦୁର୍ବଳତା ଭାବିଥାଏ, ସମ୍ପୂର୍ଣ୍ଣତା ବୋଲି ଭାବିବାର ପ୍ରଶ୍ନ ହିଁ ନାହିଁ। ସମାଜରେ ଭୋଗର ରାଜତ୍ୱ ଚାଲିଆସିଛି – ଏହା ଚିରକାଳୀନ ଅନୁଶ୍ରୁତି। କିନ୍ତୁ ଶ୍ରମଣ ଧର୍ମର ଅନୁଗାମୀ ଭୋଗରୁ ମୁହଁ ମୋଡ଼ି ଆତ୍ମ-ସାକ୍ଷାତକାର ସକାଶେ ଉଦ୍ୟତ ହୋଇଥାଏ।

ଏହି ବିଚାରଧାରା ଦ୍ୱାରା, ସମାଜରେ ଭୋଗ-ବିଳାସ, ଉପରେ ନିୟନ୍ତ୍ରଣ ସ୍ଥାପନ କରିବାରେ ସହାୟତା ମିଳିଲା। **'ନହାଁ ବେରେଣ ବେରାଇଂ ସମ୍ମନ୍ତୀଧ କଦାଚନ'** – ଏହି ତଥ୍ୟ ଭାରତୀୟ ମାନସକୁ ଏତେ ଉତ୍କର୍ଷରେ ନେଇ ଥୋଇଦେଲା, ସେତେ ଉପରକୁ **ଜିତେ ଚ ଲଭ୍ୟତେ ଲକ୍ଷ୍ମୀର୍ମୃତେ ଚାପି ସୁରାଂଗନା'** ବିଚାର ପହଞ୍ଚିପାରିଲା ନାହିଁ। [୨୨]

ଜୈନ ଓ ବୌଦ୍ଧ ଶାସକଗଣ ସଫଳତାର ସହିତ ଭାରତୀୟ ସମୃଦ୍ଧିକୁ ବୃଦ୍ଧି କରିଛନ୍ତି। ଭାରତର ପତନ, ଭୋଗୋପଭୋଗ, ବିଳାସ, ପାରସ୍ପରିକ ବୈମନସ୍ୟ ଏବଂ ସ୍ୱାର୍ଥପରତା ଯୋଗୁଁ ଘଟିଲା। ତ୍ୟାଗପରକ ସଂସ୍କୃତିର ଏଥିରେ କୌଣସି ଭୂମିକା ନାହିଁ। ଅନେକ ମନୀଷୀ ଏହା ମଧ୍ୟ ସିଦ୍ଧ କରିଥାନ୍ତି ଯେ ଶ୍ରମଣ ପରମ୍ପରା କର୍ମ-ବିମୁଖ ହୋଇ ଭାରତୀୟ ସଂସ୍କୃତିର ବିକାଶ ଯାତ୍ରାରେ ବାଧକ ସାଜିଛି। ତେବେ ଦୃଷ୍ଟିକୋଣ ମଧ୍ୟରେ ରହିଥିବା ପାର୍ଥକ୍ୟ ଏହି ମତ ପଛରେ ରହିଥିବାର ଅନୁମାନ ହୁଏ। କର୍ମର ବ୍ୟାଖ୍ୟାରେ ଭେଦ ରହିବା ଗୋଟିଏ କଥା, କିନ୍ତୁ କର୍ମର ନିରସନ ଭିନ୍ନ ପ୍ରସଙ୍ଗ। ଶ୍ରମଣ ପରମ୍ପରା ଅନୁସାରେ ଯେଉଁ ଜ୍ଞାନବାଦୀ କେବଳ ବଡ଼ ବଡ଼ କଥା କହିଥାନ୍ତି କିନ୍ତୁ ତଦନୁରୂପ

---

[୨୨] ଉତ୍ତରଜ୍‌ଝୟଣାଣି, ୫/୨୦ :
ଭଣନ୍ତା ଅକରେନ୍ତା ଯ, ବନ୍ଧମୋକ୍‌ଖପଇଣ୍ଣିଣୋ।
ବାୟା ବିରିୟମେତ୍ତେଣ, ସମାସାସେନ୍ତି ଅପ୍ପୟଂ ॥

କରନ୍ତି ନାହିଁ ଅର୍ଥାତ୍ ଉଚ୍ଚାରଣ ଓ ଆଚରଣ ମଧ୍ୟରେ ବେଶ୍ ଦୂରତ୍ୱ ବଜାୟ ରଖନ୍ତି, ସେମାନେ କେବଳ ବାଣୀ ଦ୍ୱାରା ନିଜକୁ ଆଶ୍ୱାସନ ଦେଇଥାନ୍ତି।

'ସମ୍ୟଗ୍-ଜ୍ଞାନକ୍ରିୟାଭ୍ୟାଂ ମୋକ୍ଷଃ'– ଏହା ଜୈନମାନଙ୍କ ସର୍ବବିଦିତ ବାକ୍ୟ। କର୍ମର ସମାପ୍ତି ମୋକ୍ଷରେ କିମ୍ବା ମୁକ୍ତି ସମୀପରେ ହୋଇଥାଏ। ଏହା ଆଗରୁ କର୍ମକୁ ରୋକି ହୁଏନାହିଁ। ପ୍ରତ୍ୟେକ ବ୍ୟକ୍ତି କର୍ମ କରିଥାଏ। କିଏ କେଉଁ ଦିଗରେ କର୍ମ ବନ୍ଧ କରେ, ତାହା ମଧ୍ୟରେ ହିଁ ପାର୍ଥକ୍ୟ ରହିଥାଏ। କିଏ, କେଉଁ କର୍ମକୁ ହେୟ ତଥା କାହାକୁ ଉପାଦେୟ ମଣିଥାଏ, ତାହା ହେଲା ବଡ଼କଥା।

ଶ୍ରମଣ ପରମ୍ପରାର ଦୁଇଟି ପକ୍ଷ ହେଲା – ଗୃହସ୍ଥ ଓ ଶ୍ରମଣ। ଗୃହସ୍ଥ ଜୀବନର ଦୁଇଟି ପକ୍ଷ ହେଉଛି – ଲୌକିକ ଓ ଲୋକୋତ୍ତର। ଶ୍ରମଣ ଜୀବନର ଏକମାତ୍ର ପକ୍ଷ ଥାଏ - ଲୋକୋତ୍ତର । ଶ୍ରମଣ ପରମ୍ପରାର ଆଚାର୍ଯ୍ୟମାନେ ଲୌକିକ କର୍ମକୁ ଲୋକୋତ୍ତର କର୍ମ ସଦୃଶ ଏକ ରୂପ ତଥା ଅପରିବର୍ତ୍ତନଶୀଳ ରୂପେ ସ୍ୱୀକାର କରନ୍ତି ନାହିଁ। ଏହି କାରଣରୁ ସେମାନେ ଗୃହସ୍ଥମାନଙ୍କ ସକାଶେ ବି କେବଳ ଲୋକୋତ୍ତର କର୍ମର ବିଧାନ କରିଥାନ୍ତି। ଶ୍ରମଣମାନଙ୍କ ପାଇଁ ତ' କେବଳ ଲୋକୋତ୍ତର ବିଧାନ ହିଁ ରହିଛି।

ଗୃହସ୍ଥମାନେ ଆପଣା ଲୌକିକ ପକ୍ଷର ଉପେକ୍ଷା କରିପାରନ୍ତି ନାହିଁ, ଏହା ସମ୍ଭବ ନୁହେଁ। ଏହି ଦୃଷ୍ଟିରୁ ସେମାନଙ୍କ ସକାଶେ ବହୁବିଧ ବ୍ରତର ବିଧାନ କରାଯାଇଛି, ଅଥଚ ଶ୍ରମଣମାନଙ୍କ ପାଇଁ ପଞ୍ଚମହାବ୍ରତର କଠୋର ବ୍ୟବସ୍ଥା କରାଯାଇଛି।

ସମାଜର ବଡ଼ଭାଗ ଗୃହସ୍ଥ ଜୀବନଯାପନ କରିଥାନ୍ତି। ସାମାନ୍ୟ କେତେକ ହାତଗଣତି ଲୋକ ଶ୍ରମଣ ଜୀବନ ଅଙ୍ଗୀକାର କରନ୍ତି। ଗୃହସ୍ଥମାନଙ୍କ ଲୌକିକ ପକ୍ଷରେ କେଉଁ କର୍ମ ଉଚିତ ତଥା କେଉଁଟି ଅନୁଚିତ – ଏହାର ନିର୍ଣ୍ଣୟ କରିବାର ଅଧିକାର ସମାଜଶାସ୍ତ୍ରର ରହିଛି। ମୋକ୍ଷଶାସ୍ତ୍ରକୁ ଏହି ଅଧିକାର ପ୍ରଦାନ କରାଯାଇନାହିଁ। ମୋକ୍ଷ-ସାଧନା ଦୃଷ୍ଟିରୁ କର୍ମ ଓ ଅକର୍ମର ପରିଭାଷା ହେଲା – ଜଣେ କର୍ମକୁ ବୀର୍ଯ୍ୟ କହିଥାଏ, ଅଥଚ ଅନ୍ୟ ଜଣେ ଅକର୍ମକୁ ବୀର୍ଯ୍ୟ କହିଥାଏ। ସମସ୍ତ ମଣିଷ କର୍ମ ଓ ଅକର୍ମ ଦ୍ୱାରା ଆବଦ୍ଧ।[୨୩] ପ୍ରମାଦ ହେଉଛି କର୍ମ ତଥା ଅପ୍ରମାଦ ହେଲା ଅକର୍ମ।[୨୪]

ପ୍ରମାଦକୁ ବାଳ-ବୀର୍ଯ୍ୟ ଏବଂ ଅପ୍ରମାଦକୁ ପଣ୍ଡିତ-ବୀର୍ଯ୍ୟ କୁହାଯାଇଥାଏ। ଯେତେସବୁ ଅସଂଯମ ତାହା ବାଳ-ବୀର୍ଯ୍ୟ ଅଥବା ସକର୍ମ-ବୀର୍ଯ୍ୟ ଏବଂ ଯେତେସବୁ ସଂଯମ, ସେ ସମସ୍ତ ପଣ୍ଡିତ-ବୀର୍ଯ୍ୟ ବା ଅକର୍ମ-ବୀର୍ଯ୍ୟ ଅଟନ୍ତି।[୨୫] ଅବୁଦ୍ଧ, ଅସମ୍ୟକ୍-ଦର୍ଶୀ ଓ ଅସଂଯମୀ ଲୋକ ପରାକ୍ରମକୁ ପ୍ରମାଦ-ବୀର୍ଯ୍ୟ ଶ୍ରେଣୀରେ ନିଆଯାଇଥାଏ ତଥା ତାହା ବନ୍ଧନକାରକ ହୋଇଥାଏ।[୨୬] ବୁଦ୍ଧ, ସମ୍ୟକ୍-ଦର୍ଶୀ ଏବଂ ସଂଯମୀ ଲୋକର ପରାକ୍ରମ - ଅପ୍ରମାଦ-ବୀର୍ଯ୍ୟ ଶ୍ରେଣୀ ଅନ୍ତର୍ଗତ ତଥା ମୁକ୍ତିକାରକ ଅଟେ।[୨୭]

ମୋକ୍ଷ ସାଧନା ଦୃଷ୍ଟିରୁ ଗୃହସ୍ଥ ଓ ଶ୍ରମଣ ଉଭୟଙ୍କ ପାଇଁ ଅପ୍ରମାଦ-ବୀର୍ଯ୍ୟ ବା ଅକର୍ମ-ବୀର୍ଯ୍ୟର ବିଧାନ କରାଯାଇଛି। ଏହା ଅକର୍ମଣ୍ୟତା ନୁହେଁ ବରଂ କର୍ମର ଶୋଧନ କରିଥାଏ। କର୍ମଶୋଧନ ମାଧ୍ୟମରେ କର୍ମମୁକ୍ତ ହେବା - ଶ୍ରମଣ ପରମ୍ପରା ଅନୁସାରେ ଏହାହିଁ ମୁକ୍ତିର କ୍ରମ। ବୈଦିକ ପରମ୍ପରା ମଧ୍ୟ ଏହାକୁ ଅମାନ୍ୟ କରିନାହିଁ। ଯଦି ଏହା ସେମାନଙ୍କ ଦ୍ୱାରା ଅସ୍ୱୀକାର୍ଯ୍ୟ ହୁଅନ୍ତା, ତେବେ ବୈଦିକ ଋଷି ବାନପ୍ରସ୍ଥ ଓ ସନ୍ନ୍ୟାସ ଆଶ୍ରମକୁ କାହିଁକି ଆପଣାଇଥାନ୍ତେ ? ଏହି ଦୁଇ ଆଶ୍ରମରେ ଗୃହସ୍ଥ ଜୀବନ ସମ୍ବନ୍ଧରେ କର୍ମବିମୁଖତା ବୃଦ୍ଧି ପାଇଥାଏ। ଗୃହସ୍ଥାଶ୍ରମରେ ସାଧର ସାଧନା ପୂର୍ଣ୍ଣ ହେଲାଭଳି ପ୍ରତୀତ ନ ହେବାରୁ ପରବର୍ତ୍ତୀ ଦୁଇଟି ଆଶ୍ରମର ଉପାଦେୟତା ଅନୁଭୂତ ହେଲା ଏବଂ ସେମାନଙ୍କୁ ସ୍ୱୀକାର କରାଗଲା। ଯାହାକୁ ବାହ୍ୟ ଚିହ୍ନ ପରିବର୍ତ୍ତନ କରି ନିଜ ଚତୁଃପାର୍ଶ୍ୱରେ ଅସ୍ୱାଭାବିକ ବାତାବରଣ ଉତ୍ପନ୍ନ

---

(୨୩) ସୂୟଗଡ଼ୋ, ୧/୮/୨

(୨୪) ସୂୟଗଡ଼ୋ, ୧/୮/୩
ପମାୟଂ କମ୍ମମାହଂସୁ, ଅପ୍ପମାୟଂ ତହାବରଂ।

(୨୫) ସୂୟଗଡ଼ୋ, ୧/୯/୯

(୨୬) ସୂୟଗଡ଼ୋ, ୧/୮/୨୨

(୨୭) ସୂୟଗଡ଼ୋ, ୧/୮/୨୩

କରିବା କୁହାଯାଏ, ତାହା ସମସ୍ତଙ୍କ କ୍ଷେତ୍ରରେ ସମାନ। ଶ୍ରମଣ ଓ ସନ୍ନ୍ୟାସୀ ଦୁହେଁ ଏହା କରିଥାନ୍ତି। ବ୍ରହ୍ମଚର୍ଯ୍ୟର ସୁରକ୍ଷା ପାଇଁ ନିର୍ଦ୍ଧାରିତ ନିୟମଗୁଡ଼ିକୁ କୃତ୍ରିମ ଆବରଣ ପିନ୍ଧାଇବା – ଏହି ଅପ୍ରାକୃତିକ ଧାରାରୁ କୌଣସି ପରମ୍ପରା ବି ମୁକ୍ତ ନୁହେଁ। ଯେଉଁ ପରମ୍ପରାରେ ସଂସାରତ୍ୟାଗକୁ ଆଦର୍ଶ ବୋଲି ବିବେଚନା କରାଯାଇଛି, ସେଠାରେ ସଂସାରଠାରୁ ଦୂରରେ ରହିବା ପାଇଁ ମଧ୍ୟ ଶିକ୍ଷା ଦିଆଯାଇଛି। ମୁକ୍ତିର ଅର୍ଥ ହିଁ ସଂସାରରୁ ବିରକ୍ତି ହୋଇପଡ଼ିଛି। ସଂସାରର ଅର୍ଥ ଗାଆଁ ଅଥବା ବଣ ନୁହେଁ, ଗୃହସ୍ଥ ଅଥବା ସନ୍ନ୍ୟାସୀର ବେଶ ନୁହେଁ, ସ୍ତ୍ରୀ ବା ପୁରୁଷ ମଧ୍ୟ ନୁହେଁ। ସଂସାରର ତାତ୍ତ୍ୱିକ ଅର୍ଥ ଏଠାରେ କରାଯାଇଥାଏ – ଜନ୍ମ-ମରଣର ପରମ୍ପରା ଏବଂ ତା'ର କାରଣ। ଏହି କାରଣ ହେଉଛି – ମୋହ। ମୋହର ସ୍ରୋତ ଊର୍ଦ୍ଧ୍ୱରେ, ନିମ୍ନରେ ଏବଂ ସମ୍ମୁଖରେ ବି ପ୍ରବାହିତ ହୋଇଚାଲିଛି – **'ଉଡ୍‌ଢଂସୋୟା, ଅହେସୋୟା, ତିରିୟଂ ସୋୟା।**

ମୋହ-ରହିତ ବ୍ୟକ୍ତି ଗାଆଁରେ ମଧ୍ୟ ସାଧନା କରିପାରିବ ଏବଂ ଅରଣ୍ୟରେ ମଧ୍ୟ କରିପାରିବ। ଶ୍ରମଣ-ପରମ୍ପରା କେବଳ ବେଶ ପରିବର୍ତ୍ତନକୁ ମହତ୍ତ୍ୱ ଦେଇନଥାଏ। ଭଗବାନ କହିଲେ – ସେ ସମୀପରେ ନାହିଁ କିମ୍ବା ଦୂରରେ ବି ନାହିଁ। ସେ ଭୋଗୀ ନୁହେଁ କି ତ୍ୟାଗୀ ମଧ୍ୟ ନୁହେଁ।(୨୮) ଭୋଗ ତ୍ୟାଗ କରିବା ପରେ ବି ଯଦି ଆସକ୍ତିକୁ ଛାଡ଼ି ନ ପାରିଛି, ତେବେ ସେ ଭୋଗୀ ନୁହେଁ କି ତ୍ୟାଗୀ ନୁହେଁ। ଭୋଗ ସେବନ ନ କରୁଥିବାରୁ ସେ ଭୋଗୀ ନୁହେଁ। ଭୋଗ କାମନା ଓ ବାସନା ତ୍ୟାଗ କରିପାରୁନାହିଁ, ତେଣୁ ସେ ତ୍ୟାଗୀ ମଧ୍ୟ ନୁହେଁ। ପରାଧୀନ ହୋଇ ଭୋଗକୁ ତ୍ୟାଗ କରୁଥିବା ଲୋକ ତ୍ୟାଗୀ ବା ଶ୍ରମଣ ହୋଇନପାରେ। ଭାବନାପୂର୍ଣ୍ଣ ସ୍ୱାଧୀନ ଭୋଗଠାରୁ ଦୂରେଇ ରହୁଥିବା ଲୋକ ହିଁ ପ୍ରକୃତରେ ତ୍ୟାଗୀ ବା ଶ୍ରମଣ।(୨୯) ଏହାହିଁ ଶ୍ରମଣଙ୍କ ଶ୍ରାମଣ୍ୟ।

ଆଶ୍ରମ ବ୍ୟବସ୍ଥା ଶ୍ରୌତ ନୁହେଁ, କିନ୍ତୁ ତାହା ସ୍ମାର୍ତ୍ତ। ଲୋକମାନ୍ୟ ତିଳକଙ୍କ ମତରେ – କର୍ମ କର ଓ କର୍ମ ଛାଡ଼, ବେଦର ଏହି ଦୁଇ ପ୍ରକାର ଆଜ୍ଞା ମଧ୍ୟରେ ଏକବାକ୍ୟତା ଦେଖାଇବା ହେତୁ ସ୍ମୃତିକାରମାନେ ଆୟୁର୍ବେଦ ଅନୁସାରେ ଆଶ୍ରମର ବ୍ୟବସ୍ଥା କରିଯାଇଛନ୍ତି।(୩୦)

ସମାଜବ୍ୟବସ୍ଥା ଅନୁସାରେ 'କର୍ମ କର' – ଏହା ଆବଶ୍ୟକ। ମୋକ୍ଷ ସାଧନା ବିଚାରରେ କର୍ମ ଛାଡ଼ – ଏହା ଆବଶ୍ୟକ। ପ୍ରଥମ ଦୃଷ୍ଟିରେ ଗୃହସ୍ଥାଶ୍ରମର ମହିମାଗାନ କରାଯାଇଛି।(୩୧) ଦ୍ୱିତୀୟ ଦୃଷ୍ଟିରେ ସନ୍ନ୍ୟାସକୁ ସର୍ବଶ୍ରେଷ୍ଠ କୁହାଯାଇଛି – **'ପ୍ରବ୍ରଜେଚ୍ଚ ପରଂ ସ୍ଥାତୁଂ ପାରିବ୍ରାଜ୍ୟମନୁତ୍ତମମ୍।**(୩୨)

ଉଭୟ ସ୍ଥିତିକୁ ଏକ ଦୃଷ୍ଟିରେ ଦେଖିଲେ ବିରୋଧାଭାସ ହେଉଛି। ଦୁହିଁଙ୍କୁ ଭିନ୍ନ ଦୃଷ୍ଟିକୋଣରେ ଦେଖିଲେ ଦୁହିଁଙ୍କ ସ୍ୱତନ୍ତ୍ର କ୍ଷେତ୍ର ବାରି ହୋଇପଡ଼େ, ବିରୋଧର ଚିହ୍ନ ଲୋପ ପାଇଥାଏ। ସନ୍ନ୍ୟାସ ଆଶ୍ରମର ବିରୋଧ ପାଇଁ ପ୍ରୟୋଗ କରାଯାଇଥିବା ବାକ୍ୟ ସମ୍ଭବତଃ ସନ୍ନ୍ୟାସ ପ୍ରତି ଅତ୍ୟଧିକ ଆକର୍ଷଣ କାରଣରୁ କରାଯାଇଛି। ସମାଜବ୍ୟବସ୍ଥା ଦୃଷ୍ଟିରୁ ସନ୍ନ୍ୟାସ ପ୍ରତି ମାତ୍ରାଧିକ ଆକର୍ଷଣକୁ ସ୍ମୃତିକାରମାନେ ନାପସନ୍ଦ କରିଲେ। ତେଣୁ ଋଣ ପରିଶୋଧ କରିବାପରେ ହିଁ ସଂସାରତ୍ୟାଗ ଏବଂ ସନ୍ନ୍ୟାସ ସ୍ୱୀକାର କରିବାର ବିଧାନ କରାଗଲା। ଗୃହସ୍ଥାଶ୍ରମର କର୍ତ୍ତବ୍ୟ ସମ୍ପାଦନ ନ କରି ଯେ ଶ୍ରମଣ ଦୀକ୍ଷା ସ୍ୱୀକାର କରେ, ତା'ର ଜୀବନ ନିଷ୍ଫଳ ଓ ଦୁଃଖମୟ ହୋଇଥାଏ – ମହାଭାରତର ଏହି ଘୋଷଣା ମଧ୍ୟ ସେହି କୋଟିର ପ୍ରତିକାରାତ୍ମକ ଭାବକୁ ପ୍ରକଟ କରିଥାଏ। କିନ୍ତୁ ସମାଜ-ବ୍ୟବସ୍ଥାର ଏହି ବିରୋଧ ଅନ୍ତଃକରଣର ତୀବ୍ର ପ୍ରବାହକୁ ରୋକିବାରେ ସମର୍ଥ ହୋଇପାରିନାହିଁ।

---

(୨୮) ଆୟାରୋ, ୫/୪ : ଣେବ ସେ ଅନ୍ତୋ ଣେବସେ ଦୂରେ।

(୨୯) ଦଶବେଆଲିୟଂ, ୨/୨, ୩।

(୩୦) ଗୀତା ରହସ୍ୟ, ପୃ. ୩୩୯।

(୩୧) ମନୁସ୍ମୃତି, ୬/୯।

(୩୨) ମହାଭାରତ, ଶାନ୍ତିପର୍ବ, ୨୪୪/୩।

ଶ୍ରମଣ ପରମ୍ପରାରେ ଶ୍ରମଣ ହେବା ଅନ୍ତରାଳରେ ଏହି 'ସଂବେଗ' ମାନଦଣ୍ଡ ସାଜିଥାଏ। ଯାହାମଧ୍ୟରେ ବୈରାଗର ପୂର୍ଣ୍ଣୋଦୟ ହୋଇନାହିଁ, ସେମାନଙ୍କ ଗୃହବାସ ବୁଝାଯିବ। ସେମାନେ ଘରେ ରହି ମଧ୍ୟ ନିଜ ସାମର୍ଥ୍ୟ ଅନୁସାରେ ମୋକ୍ଷ ଦିଗରେ ଅଗ୍ରସର ହୋଇପାରିବେ। ଏହି ସମଗ୍ର ଦୃଷ୍ଟିରୁ ତଥା ଆୟୁ ଦୃଷ୍ଟିରୁ ଗଭୀର ବିଶ୍ଳେଷଣ କରିଲେ ଆଶ୍ରମ ବ୍ୟବସ୍ଥାର ଏହି ଯାନ୍ତ୍ରିକ ସ୍ୱରୂପ ହୃଦୟଙ୍ଗମ ହୁଏନାହିଁ। ବର୍ତ୍ତମାନ ଯୁଗରେ ପଞ୍ଚସ୍ତରୀ (୭୫) ବର୍ଷ ପରେ ସନ୍ନ୍ୟାସଧର୍ମ ସ୍ୱୀକାର କରିବା ସାମାନ୍ୟ ବିଧି ହୋଇ ରହିନାହିଁ, ବ୍ୟତିକ୍ରମ ସ୍ୱରୂପ କାଁ ଭାଁ ଦେଖାଯାଉଛି। ରହିଲା କର୍ମର ସିଦ୍ଧାନ୍ତ। ଖାଇବା-ପିଇବାଠାରୁ ଆରମ୍ଭ କରି କାୟିକ, ବାଚିକ ଏବଂ ମାନସିକ ସମସ୍ତ ପ୍ରବୃତ୍ତି ହେଉଛି କର୍ମ। ଲୋକମାନ୍ୟଙ୍କ ମତରେ ଜିଇବା-ମରିବା ମଧ୍ୟ କର୍ମ।[୩୩]

ଗୃହସ୍ଥମାନଙ୍କ ସକାଶେ ବି କେତେକ କର୍ମ ନିଷିଦ୍ଧ କରାଯାଇଛି। ଗୃହସ୍ଥଙ୍କ ପାଇଁ ବିହିତ କର୍ମ ମଧ୍ୟ ସନ୍ନ୍ୟାସୀମାନଙ୍କ ପାଇଁ ନିଷିଦ୍ଧ ଘୋଷଣା କରାଯାଇଛି।[୩୪] ସଂକ୍ଷେପରେ 'ସର୍ବାରମ୍ଭପରିତ୍ୟାଗ' ସିଦ୍ଧାନ୍ତଟି ସମସ୍ତ ଆତ୍ମବାଦୀ ପରମ୍ପରାରେ ସ୍ୱୀକୃତ ଏବଂ ଏହାର ଆଧାରଭୂମି ହେଉଛି - ସନ୍ନ୍ୟାସ। ଗୃହବାସର ଅପୂର୍ଣ୍ଣତାରୁ ସନ୍ନ୍ୟାସର, ଭୁକ୍ତିର ଅପୂର୍ଣ୍ଣତାରୁ ମୁକ୍ତିର, କର୍ମର ଅପୂର୍ଣ୍ଣତାରୁ ଜ୍ଞାନର, ସ୍ୱର୍ଗର ଅପୂର୍ଣ୍ଣତାରୁ ଅପବର୍ଗର ଏବଂ ପ୍ରବୃତ୍ତିର ଅପୂର୍ଣ୍ଣତାରୁ ନିବୃତ୍ତିର ମହତ୍ତ୍ୱ ବୃଦ୍ଧି ପାଇଲା। ଭୁକ୍ତି ଆଦି ଜୀବନର ଅବଶ୍ୟମ୍ଭାବୀ ଅଙ୍ଗ, ଅଥଚ ମୁକ୍ତି ଆଦି ହେଉଛନ୍ତି ଜୀବନର ଲକ୍ଷ୍ୟ – ଏହି ବିବେକ ସାହାଯ୍ୟରେ ଭାରତୀୟ ଆଦର୍ଶର ସମାନାନ୍ତର ରେଖାଗୁଡ଼ିକର ରଚନା କରାଯାଇଛି।

---

(୩୩) ଗୀତା ରହସ୍ୟ, ପୃ.୪୫।

(୩୪) ମନୁସ୍ମୃତି, ୬।୨୫।

॥ ୪ ॥
ଜାତିବାଦ

ଜାତିବାଦ : ଦୁଇ ଧାରା

ଅଢ଼େଇ ହଜାର ବର୍ଷ ପୂର୍ବରୁ ଜାତିବାଦର ଚର୍ଚ୍ଚା ବଡ଼ ଉଗ୍ର ରୂପରେ କରାଯାଉଛି । ଜାତିବାଦ ଦ୍ୱାରା ସାମାଜିକ, ରାଜନୈତିକ, ଧାର୍ମିକ ଆଦି ସବୁକ୍ଷେତ୍ର ବେଶ୍ ପ୍ରଭାବିତ । ଏହାର ମୂଳରେ ଦୁଇପ୍ରକାର ବିଚାରଧାରା ରହିଛି, ଗୋଟିଏ ବ୍ରାହ୍ମଣ-ପରମ୍ପରା ତଥା ଅନ୍ୟଟି ଶ୍ରମଣ-ପରମ୍ପରା । ବ୍ରାହ୍ମଣ ପରମ୍ପରା ଜାତିକୁ ତାତ୍ତ୍ୱିକ ମାନି 'ଜନ୍ମନା ଜାତିଃ'ର ସିଦ୍ଧାନ୍ତକୁ ସ୍ଥାପିତ କରିଛି । ଅଥଚ ଶ୍ରମଣ ପରମ୍ପରା ଦ୍ୱାରା ଜାତିକୁ ଅତାତ୍ତ୍ୱିକ ମାନ୍ୟକରି 'କର୍ମଣା ଜାତିଃ'ର ପକ୍ଷକୁ ଉପସ୍ଥାପନ କରାଯାଇଛି । ଏହି ଜନଜାଗରଣର କର୍ଣ୍ଣଧାର ଥିଲେ ଶ୍ରମଣ ଭଗବାନ ମହାବୀର ଏବଂ ମହାତ୍ମା ବୁଦ୍ଧ । ଏମାନେ ଜାତିବାଦ ବିରୁଦ୍ଧରେ ବିରାଟ କ୍ରାନ୍ତିକରି ଏହି ଆନ୍ଦୋଳନକୁ ସଜୀବ ଓ ବ୍ୟାପକ କରିଯାଇଛନ୍ତି । ବ୍ରାହ୍ମଣ ପରମ୍ପରାରେ 'ବ୍ରହ୍ମା'ଙ୍କ ମୁଖରୁ ଜନ୍ମ ନେଉଥିବା ବ୍ରାହ୍ମଣ, ବାହୁରୁ ଜନ୍ମ ନେଉଥିବା କ୍ଷତ୍ରିୟ, ଉରୁରୁ ଜନ୍ମ ନେଉଥିବା ବୈଶ୍ୟ, ପାଦରୁ ଜନ୍ମ ନେଉଥିବା ଶୂଦ୍ର ଏବଂ ଅନ୍ତରେ ଜାତ ହେଉଥିବା ଅନ୍ତ୍ୟଜ[୧] ଏହି ବ୍ୟବସ୍ଥା ଥିଲା । ଅନ୍ୟପକ୍ଷେ ଶ୍ରମଣ ପରମ୍ପରା 'ବ୍ରାହ୍ମଣ, କ୍ଷତ୍ରିୟ, ବୈଶ୍ୟ ଓ ଶୂଦ୍ର ଆପଣା-ଆପଣା କର୍ମ (ଆଚରଣ) ବା ବୃତ୍ତି ଅନୁସାରେ ହୋଇଥାନ୍ତି[୨] – ଏହି ସିଦ୍ଧାନ୍ତର ଘୋଷଣା କରିଛି । ଶ୍ରମଣ ପରମ୍ପରାର ଏହି କ୍ରାନ୍ତିକାରୀ ଅଭିନିବେଶ ଦ୍ୱାରା ଜାତିବାଦର ଶୃଙ୍ଖଳ ଶିଥିଳ ହେଲା କିନ୍ତୁ ତା'ର ଅସ୍ତିତ୍ୱର ସମାପ୍ତି ଘଟିଲା ନାହିଁ । ତେବେ ଏହି କ୍ରାନ୍ତିର ଗଭୀର ପ୍ରଭାବ ବ୍ରାହ୍ମଣ ପରମ୍ପରା ଉପରେ ମଧ୍ୟ ପଡ଼ିଛି । "ଚାଣ୍ଡାଳ ଓ ଧୀବର ଘରେ ଜନ୍ମ ନେଇଥିବା ମଣିଷ ମଧ୍ୟ ତପଃ ସାଧନା ଦ୍ୱାରା ବ୍ରାହ୍ମଣରେ ପରିଣତ ହେଲେ, ତେଣୁ ଜାତି କୌଣସି ତାତ୍ତ୍ୱିକ ବସ୍ତୁ ନୁହେଁ"[୩] – ଏହି ବିଚାର ଏହାର ସାକ୍ଷ୍ୟ ପ୍ରଦାନ କରିଥାଏ ।

---

(୧) ଋଗ୍‌ବେଦ, ୧୦/୯୦/୧୨ : ବ୍ରହ୍ମଣୋ ମୁଖାନ୍ନିର୍ଗତା ବ୍ରାହ୍ମଣାଃ, ବାହୁଭ୍ୟାଂ କ୍ଷତ୍ରିୟାଃ, ଉରୁଭ୍ୟାଂ ବୈଶ୍ୟାଃ, ପଦ୍‌ଭ୍ୟାଂ ଶୂଦ୍ରାଃ, ଅନ୍ତ୍ୟେ ଭବା ଅନ୍ତ୍ୟଜାଃ ।

(୨) (କ) ଉତ୍ତରଜ୍‌ଝୟଣାଣି, ୩୩/୨୫ :
କମ୍ମୁଣା ବଂଭଣୋ ହୋଇ, ଖତ୍ତିଓ ହୋଇ କମ୍ମୁଣା ।
ବଇସୋ କମ୍ମୁଣା ହୋଇ, ସୁଦ୍ଦୋ ହବଇ କମ୍ମୁଣା ॥
(ଖ) ସୁତ୍ତନିପାତ, (ଆର୍ଗନକ ଭାରଦ୍ୱାଜ ସୂତ୍ର ୧୩)
ନ ଜଚ୍ଚା ବସଲୋ ହୋତି, ନ ଜଚ୍ଚା ହୋତି ବମ୍ମଣୋ
କମ୍ମୁନା ବସଲୋ ହୋଇ, କମ୍ମୁନା ହୋତି ବମ୍ମଣୋ

(୩) ମହାଭାରତ : ତପସା ବ୍ରାହ୍ମଣୋ ଜାତସ୍ତସ୍ମାଜ୍ଜାତିରକାରଣମ୍ ।

ଜାତିବାଦର କଠୋର ତତ୍ତ୍ୱ, ମଣିଷ ମଣିଷ ମଧ୍ୟରେ ଏପରି ହୀନ-ଭାବ ଉତ୍ପନ୍ନ କରିଲା ଯେ ତାହା ଶେଷରେ ଛୁଆଁ-ଅଛୁଆଁ ପର୍ଯ୍ୟନ୍ତ ପହଞ୍ଚିଗଲା। ତେଣୁ ଜାତି କାହାକୁ କହିବା ? ଏହା ତାତ୍ତ୍ୱିକ ନା ନୁହେଁ? କେଉଁ ଜାତି ଶ୍ରେଷ୍ଠ ? ଇତ୍ୟାଦି ପ୍ରଶ୍ନ ବିମର୍ଶ ମାଗିଥାଏ।

ଗୋଟିଏ ବର୍ଗ ବା ସମୂହ, ଯା' ମଧ୍ୟରେ ଏକ ସମାନ ଶୃଙ୍ଖଳା ରହିଛି ତଥା ଯାହା ଅନ୍ୟମାନଙ୍କ ସହିତ ମେଳ ଖାଏନାହିଁ - ତାହା ହେଉଛି ଜାତି।(୪) ମନୁଷ୍ୟ ଏକ ଜାତି। ମନୁଷ୍ୟ-ମନୁଷ୍ୟ ମଧ୍ୟରେ ସମାନତା ରହିଛି ଏବଂ ତାହା ଅନ୍ୟ ପ୍ରାଣୀମାନଙ୍କଠାରୁ ବିଲକ୍ଷଣ ହୋଇଥାନ୍ତି। ମନୁଷ୍ୟ ଜାତି ବହୁତ ବଡ଼ ଏବଂ ବିଶାଳ ଭୂବଳୟରେ ଏହା ବାସ କରନ୍ତି। ବିଭିନ୍ନ ଜଳବାୟୁ ଓ ପ୍ରକୃତି ସହିତ ଏହି ଜାତିର ସମ୍ପର୍କ ରହିଛି। ଏହାଦ୍ୱାରା ମନୁଷ୍ୟ-ମନୁଷ୍ୟ ମଧ୍ୟରେ ଭେଦହେବା - ଅସ୍ୱାଭାବିକ ନୁହେଁ। କିନ୍ତୁ ଏହି ଭେଦ ମୌଳିକ ନୁହେଁ, ଔପାଧିକ ମାତ୍ର। ମୁଁ ଭାରତୀୟ, ତୁମେ ଆମେରିକୀୟ ଏବଂ ସେ ହେଉଛନ୍ତି ଋଷ ଦେଶର - ଏମାନଙ୍କ ମଧ୍ୟରେ ପ୍ରାଦେଶିକ ଭେଦ ରହିଛି। କିନ୍ତୁ ଆମେ ସମସ୍ତେ ମନୁଷ୍ୟ, ଏହି ତଥ୍ୟରେ କୌଣସି ଅନ୍ତର ନାହିଁ। ଏହିଭଳି ଜଳବାୟୁର ତାରତମ୍ୟ ହେତୁ କେହି ଗୋରା ତ' ଅନ୍ୟ କେହି କଳା ହୋଇପାରେ। ଭାଷା ଭେଦରେ କେହି ଗୁଜରାଟୀ ହୋଇପାରେ, କେହି ଓଡ଼ିଆ ହୋଇପାରେ। ଧର୍ମ ଭେଦରେ କେହି ବୈଦିକ, କେହି ମୁସଲମାନ, କେହି ଜୈନ, କେହି ବୌଦ୍ଧ, କେହି ଖ୍ରୀଷ୍ଟିଆନ ଆଦି ହୋଇପାରନ୍ତି। ରୁଚିଭେଦ ଯୋଗୁଁ କେହି ଧାର୍ମିକ, କେହି ରାଜନୈତିକ ଏବଂ ଅନ୍ୟ କେହି ସାମାଜିକ ହୋଇପାରିବ। କର୍ମଭେଦରୁ କେହି ବ୍ରାହ୍ମଣ, କେହି କ୍ଷତ୍ରିୟ, କେହି ବୈଶ୍ୟ ଏବଂ କେହି ଶୂଦ୍ର ହୋଇଥାନ୍ତି। ସମାନଗୁଣ ଧାରଣ କରିଥିବା ଲୋକମାନେ ସେହି ବର୍ଗ ମଧ୍ୟରେ ସମାବିଷ୍ଟ ହୋଇପଡ଼ନ୍ତି। ଜଣେ ଲୋକ ବି ବିଭିନ୍ନ ସ୍ଥିତିରେ ରହି ଅନେକ ବର୍ଗ ମଧ୍ୟରେ ଯାତାୟାତ କରିଥାଏ। ଗୋଟିଏ ବର୍ଗର ସବୁ ଲୋକମାନଙ୍କ ଭାଷା, ବର୍ଣ୍ଣ, ଧର୍ମ, କର୍ମ ଏକ ପ୍ରକାର ନ ଥାଏ। ଏହି ଔପାଧିକ ଭେଦ କାରଣରୁ ମନୁଷ୍ୟ ଜାତି ମଧ୍ୟରେ ଏତେ ପରିମାଣରେ ସଂଘର୍ଷ ବଢ଼ିଯାଇଛି ଯେ ସେମାନଙ୍କୁ ନିଜର ମୌଳିକ ସମାନତା ବୁଝିବାକୁ ଅବସର ମିଳୁନାହିଁ। ପ୍ରାଦେଶିକ ଭେଦ ଯୋଗୁଁ ବଡ଼-ବଡ଼ ସଂଗ୍ରାମ ଅତୀତରେ ହୋଇଛି, ବର୍ତ୍ତମାନ ବି ତା'ର ଅନ୍ତ ହୋଇନାହିଁ। ବର୍ଣ୍ଣଭେଦ, ଧର୍ମଭେଦ ଏବଂ ଅସ୍ପୃଶ୍ୟତାର କୀଟାଣୁ ଦ୍ୱାରା ମନୁଷ୍ୟ ଜାତି ଆଜି ଆକ୍ରାନ୍ତ ହୋଇପଡ଼ିଛି। ଏ ସମସ୍ତ ସମସ୍ୟା ସମାଧାନ ଖୋଜୁଛି। ଏହା ନ ହେଲେ ମନୁଷ୍ୟ-ଜାତିର କଲ୍ୟାଣ ସମ୍ଭବ ନୁହେଁ। ମଣିଷଜାତି ଏକତାରୁ ଦୂରେଇ ଅନେକତା ମଧ୍ୟରେ ଏତେ ଦୂର ଚାଲିଯାଇଛି, ଆଜି ସେମାନଙ୍କୁ ପଛକୁ ଲେଉଟି ଦେଖିବାର ଆବଶ୍ୟକତା ଅନୁଭୂତ ହେଉଛି।

ଜାତି ତାତ୍ତ୍ୱିକ କି ?

ଭାରତବର୍ଷରେ ଜାତିର ଚର୍ଚ୍ଚା ମୁଖ୍ୟତଃ କର୍ମାଶ୍ରିତ ରହିଆସିଛି। ଭାରତୀୟ ପଣ୍ଡିତମାନେ ଏହାକୁ ଚାରିପ୍ରକାର ବର୍ଗୀକୃତ କରିଛନ୍ତି - ବ୍ରାହ୍ମଣ, କ୍ଷତ୍ରିୟ, ବୈଶ୍ୟ ଓ ଶୂଦ୍ର। 'ଜନ୍ମନା ଜାତି'କୁ ସ୍ୱୀକାର କରୁଥିବା ବ୍ରାହ୍ମଣ ପରମ୍ପରା ଏହାକୁ ତାତ୍ତ୍ୱିକ ଓ ଶାଶ୍ୱତ ରୂପରେ ଗ୍ରହଣ କରିଥାଏ ଅଥଚ 'କର୍ମଣା ଜାତି'କୁ ସ୍ୱୀକାର କରୁଥିବା ଶ୍ରମଣ ପରମ୍ପରାର ଅନୁସାରେ ଏହା ଅତାତ୍ତ୍ୱିକ ଏବଂ ଅଶାଶ୍ୱତ ଅଟେ। ନିଶ୍ଚୟ ଦୃଷ୍ଟିରେ ଦେଖିଲେ ମନୁଷ୍ୟ ଜାତି ହିଁ ତାତ୍ତ୍ୱିକ ମନେହୁଏ।(୫) ମନୁଷ୍ୟ ଆଜୀବନ ମନୁଷ୍ୟ ହୋଇରହେ, ପଶୁରେ ପରିଣତ ହୁଏନାହିଁ। କର୍ମକୃତ ଜାତିରେ ତାତ୍ତ୍ୱିକତାର କୌଣସି

---

(୪) ଅବ୍ୟ ଭିଚାରିଣା ସାଦୃଶ୍ୟେନ ଏକୀକୃତୋଽର୍ଥାତ୍ମା ଜାତିଃ।

(୫) ଆଦିପୁରାଣ, ୩୮ :

ମନୁଷ୍ୟ ଜାତିରେକୈବ, ଜାତିନାମୋଦୟୋଦ୍‌ଭବା।
ବୃତ୍ତି ଭେଦାହ୍ବି ତଦ୍‌ଭେଦାଃ, ଚାତୁର୍ବିଧ୍ୟମିହାଶ୍ନୁତେ ॥

ଲକ୍ଷଣ ନାହିଁ। କର୍ମ ଅନୁସାରେ ଜାତି।[୬] କର୍ମ ବଦଳିଲେ ଜାତି ମଧ୍ୟ ବଦଳିଯାଏ। ରତ୍ନପ୍ରଭ-ସୂରି ଭାରି ସଂଖ୍ୟାରେ ଶୂଦ୍ରମାନଙ୍କୁ ଜୈନରେ ରୂପାନ୍ତରିତ କରିଥିଲେ। ଧୀରେ ଧୀରେ ସେମାନେ ବ୍ୟବସାୟ କର୍ମ ଅଂଗୀକାର କରିଥିଲେ। ସେମାନଙ୍କ ବଂଶଧରମାନେ ଆଦି କର୍ମଣା ବୈଶ୍ୟଜାତି ମଧ୍ୟରେ ସମାବିଷ୍ଟ। ଇତିହାସର ବିଦ୍ୟାର୍ଥୀମାନେ ଭଲକରି ଜାଣନ୍ତି ଯେ ଭାରତରେ ଶକ, ହୂଣ ଆଦି କେତେ ବିଦେଶୀ ଆସି ଭାରତୀୟ ଜାତିମାନଙ୍କ ମଧ୍ୟରେ ନିଜକୁ ବିଲୀନ କରିନେଲେ।

ବ୍ୟବହାର ଦୃଷ୍ଟିରେ ବ୍ରାହ୍ମଣକୁଳରେ ଜନ୍ମ ନେଉଥିବା ଲୋକ ବ୍ରାହ୍ମଣ, ବୈଶ୍ୟକୁଳରେ ଜନ୍ମ ନେଉଥିବା ଲୋକ ବୈଶ୍ୟ - ଏହି ବ୍ୟବସ୍ଥା ପ୍ରଚଳିତ। ଏହାକୁ ତାତ୍ତ୍ୱିକତା ସହିତ ଯୋଡ଼ାଯାଇ ହେବନାହିଁ, କାରଣ ବ୍ରାହ୍ମଣ କୁଳରେ ଜନ୍ମନେଉଥିବା ବ୍ୟକ୍ତି ମଧ୍ୟରେ ବୈଶ୍ୟୋଚିତ ଏବଂ ବୈଶ୍ୟକୁଳରେ ଜନ୍ମ ନେଇଥିବା ବ୍ୟକ୍ତି ମଧ୍ୟରେ ବ୍ରାହ୍ମଣୋଚିତ କର୍ମ ମଧ୍ୟ ଦେଖାଯାଇଥାଏ। ଜାତିକୁ ସ୍ୱାଭାବିକ ବା ଈଶ୍ୱରକୃତ ଭାବି ତାତ୍ତ୍ୱିକ କହିବାରେ କୌଣସି ଯୌକ୍ତିକତା ନାହିଁ। ଯଦି ଏହି ବର୍ଣ୍ଣ ବ୍ୟବସ୍ଥା ସ୍ୱାଭାବିକ କିମ୍ବା ଈଶ୍ୱରକୃତ ହୋଇଥାନ୍ତା, ତେବେ ଏହା କେବଳ ଭାରତରେ ହିଁ କାହିଁକି ସୀମିତ ହୋଇରହିଛି ? ସ୍ୱଭାବ ଏବଂ ଈଶ୍ୱର କ'ଣ କେବଳ ଭାରତ ପାଇଁ ? ଏମାନଙ୍କ ରାଜତ୍ୱ କେବଳ ଭାରତ ଉପରେ ରହିଛି କି ? ଆମକୁ ନିର୍ବିବାଦ ମାନିବାକୁ ହେବ ଯେ ଭାରତର ସମାଜଶାସ୍ତ୍ରୀମାନଙ୍କ ମସ୍ତିଷ୍କରୁ ଏହା ଜାତ ତଥା ସେମାନେ ଏହି ବ୍ୟବସ୍ଥା ପ୍ରଚଳନ କରିଛନ୍ତି। ସମାଜର ଚାରୋଟି ପ୍ରମୁଖ ଆବଶ୍ୟକତା ହେଉଛି – ବିଦ୍ୟାଯୁକ୍ତ ସଦାଚାର, ରକ୍ଷା, ବ୍ୟାପାର (ଆଦାନ-ପ୍ରଦାନ) ଏବଂ ଶିଳ୍ପ। ଏମାନଙ୍କୁ ସୁବ୍ୟବସ୍ଥିତ ତଥା ସୁପରିଚାଳନା କରିବା ଉଦ୍ଦେଶ୍ୟରେ ଏହି ସମାଜଶାସ୍ତ୍ରୀମାନେ ଚାରିବର୍ଗର ନିର୍ମାଣ କରି କାର୍ଯ୍ୟାନୁରୂପ ଗୁଣାତ୍ମକ ନାମ ରଖିଲେ – ବିଦ୍ୟାଯୁକ୍ତ ସଦାଚାର-ପ୍ରଧାନ ବ୍ରାହ୍ମଣ, ରକ୍ଷା-ପ୍ରଧାନ କ୍ଷତ୍ରିୟ, ବ୍ୟବସାୟ-ପ୍ରଧାନ ବୈଶ୍ୟ ତଥା ଶିଳ୍ପ-ପ୍ରଧାନ ଶୂଦ୍ର। ଏଭଳି ବ୍ୟବସ୍ଥା ଅନ୍ୟ ଦେଶମାନଙ୍କରେ ସାଧାରଣତଃ ରହିନାହିଁ ତେବେ କର୍ମ ଅନୁସାରେ ପ୍ରଜାଙ୍କ ବର୍ଗୀକରଣ କରାଗଲେ, ଏହି ଚାରିବର୍ଗ ସବୁ ଦେଶରେ ନିର୍ମାଣ ହୋଇପାରିବ। ଏହି ବ୍ୟବସ୍ଥାର ଦୁର୍ବଳତା ସଂବନ୍ଧରେ ଅଧିକ ଆଲୋଚନା ନ କରିଲେ ମଧ୍ୟ, ଏହା ନିଶ୍ଚିତ ଭାବରେ ସ୍ୱୀକାର କରିବାକୁ ହେବ ଯେ ଯେଉଁ ଦେଶରେ ଜାତିଗତ ଅଧିକାର ରୂପରେ କର୍ମକୁ ବିକଶିତ କରିବାର ଯୋଜନା ପ୍ରଣୟନ କରାଯାଇଥାଏ, ସେଠାରେ ବ୍ୟକ୍ତି-ସ୍ୱାତନ୍ତ୍ର୍ୟର ବିନାଶର ଯୋଜନା ମଧ୍ୟ ଏକସଂଗେ ବିକଶିତ ହୋଇଥାଏ। ଜଣେ ବାଳକ ପ୍ରବଳ ଅଧ୍ୟବସାୟୀ ଏବଂ ମେଧାବୀ ହେବାସତ୍ତ୍ୱେ ଶୂଦ୍ର ଜାତିରେ ଜନ୍ମ ନେଇଥିବାରୁ ବିଦ୍ୟାଧ୍ୟୟନ କରିପାରିବ ନାହିଁ। 'ଶୂଦ୍ରମାନଙ୍କୁ ପଢ଼ିବାର ଅଧିକାର ନାହିଁ' – ଏହା ହେଉଛି ଏହି ସମାଜ ବ୍ୟବସ୍ଥା ଏବଂ ତଦ୍‌ଗତ ଧାରଣାର ବଡ଼ ଦୋଷ, ଯାହାକୁ କୌଣସି ଚିନ୍ତନଶୀଳ ମନୁଷ୍ୟ ଅସ୍ୱୀକାର କରିପାରିବ ନାହିଁ। ଏହି ବର୍ଣ୍ଣ-ବ୍ୟବସ୍ଥାର ନିର୍ମାଣରେ ସମାଜର ଉନ୍ନତି ଓ ବିକାଶର କଳ୍ପନା ରହିଥାଇପାରେ, କିନ୍ତୁ ପରେ ଏହାମଧ୍ୟରେ ଯେଉଁ ଦୋଷଗୁଡ଼ିକର ଅନୁପ୍ରବେଶ ହେଲା, ତାହାଦ୍ୱାରା ଏହାର ଅଙ୍ଗ-ଭଙ୍ଗ ଘଟିଲା। ଗୋଟିଏ ବର୍ଗର ଅହଂମନ୍ୟତା ତଥା ଅନ୍ୟ ବର୍ଗର ହୀନମନ୍ୟତା, ସ୍ପୃଶ୍ୟତା ଓ ଅସ୍ପୃଶ୍ୟତାଭାବକୁ ବିସ୍ତୃତ କରିପକାଇଲା। ଏହାର ମୂଳରେ ଏହି ଜନ୍ମଗତ କର୍ମ ବ୍ୟବସ୍ଥା ବିଦ୍ୟମାନ। ଯଦି କର୍ମଗତ ଜାତି ବ୍ୟବସ୍ଥା ସ୍ଥାପିତ କରାଯାଇଥାନ୍ତା, ତାହାହେଲେ ଏହି କ୍ଷୁଦ୍ର ଧାରଣା ସବୁ ଉତ୍ପନ୍ନ ହୋଇ ନ ଥାନ୍ତା। ସାମୟିକ କ୍ରାନ୍ତିର ପରିଣାମସ୍ୱରୂପ ଅନେକ ଶୂଦ୍ରକୁଳଜାତ ବ୍ୟକ୍ତି ବିଦ୍ୟାପ୍ରଧାନ ତଥା ଆଚାରପ୍ରଧାନରେ ପରିଣତ ହେଲେ। ପ୍ରକୃତ ଅର୍ଥରେ ଦେଖିଲେ ଏମାନେ ବ୍ରାହ୍ମଣ ନୁହଁନ୍ତି

---

[୬] ପଦ୍ମପୁରାଣ, ୬/୨୦୯, ୨୧୦ :
ଲକ୍ଷଣଂ ଯସ୍ୟ ଯଲ୍ଲୋକେ, ସତେନ ପରିକୀର୍ତ୍ୟତେ ।
ସେବକଃ ସେବୟାଯୁକ୍ତଃ, କର୍ଷକଃ କର୍ଷଣାତ୍ତଥା ॥
ଧାନୁଷ୍କୋ ଧନୁଷୋ ଯୋଗାଦ୍, ଧାର୍ମିକୋ ଧର୍ମ ସେବନାତ୍ ।
କ୍ଷତ୍ରିୟଃ କ୍ଷତତ ସ୍ତ୍ରାଣାଦ୍ ବ୍ରାହ୍ମଣୋ ବ୍ରହ୍ମଚର୍ଯ୍ୟତଃ ॥

କି? ଅନେକ ବିଦ୍ୟାଶୂନ୍ୟ ଏବଂ ଆଚାରଶୂନ୍ୟ ବ୍ରାହ୍ମଣ ପ୍ରକୃତରେ ଅବ୍ରାହ୍ମଣ ନୁହଁନ୍ତି କି? ବର୍ଣ୍ଣର ଗୁଣାତ୍ମକ ନାମ ହିଁ ଜାତିବାଦର ଅତାତ୍ତ୍ୱିକତାକୁ ସଫଳତାର ସହିତ ସିଦ୍ଧ କରିଥାଏ।

କେଉଁ ଜାତି ଉଚ୍ଚ ଏବଂ କେଉଁଟି ନୀଚ - ଏକାନ୍ତ ଦୃଷ୍ଟିରେ ଏହାର ଉତ୍ତର ଦିଆଯାଇପାରିବ ନାହିଁ। ଯେଉଁ ଜାତିର ସିଂହଭାଗ ଲୋକମାନଙ୍କ ଆଚାର-ବିଚାର ସୁସଂସ୍କୃତ ଏବଂ ସଂଯମପ୍ରଧାନ, ସେହି ଜାତି ହିଁ ଶ୍ରେଷ୍ଠ[୭]। ଏହି ବାସ୍ତବିକତାକୁ କେହି ବି ଅସ୍ୱୀକାର କରିପାରିବେ ନାହିଁ। ବ୍ୟବହାର ଦୃଷ୍ଟି ଅନୁସାରେ ଯେତେବେଳେ ଯେଉଁ ପ୍ରକାର ଲୌକିକ ଧାରଣା ରହିଥାଏ, ତାହାହିଁ ତା'ର ମାନଦଣ୍ଡ ସାଜିଥାଏ। ତେବେ ସେହି ଦିଶାରେ ଦୁହିଁଙ୍କ ମଧ୍ୟରେ ସଂଗତି ରହେନାହିଁ। ବାସ୍ତବିକ ଦୃଷ୍ଟିରେ ସଂଯମର ପ୍ରଧାନତା ରହିଥାଏ, ଅଥଚ ବ୍ୟବହାର ଦୃଷ୍ଟିରେ ଅହଂଭାବ ଓ ସ୍ୱାର୍ଥଚେତନା ପ୍ରସାରିତ ଥାଏ। ବାସ୍ତବିକ ଦୃଷ୍ଟିଯୁକ୍ତ ଲୋକମାନଙ୍କ ଏହା ବିରୁଦ୍ଧରେ ସଂଘର୍ଷ ଅବ୍ୟାହତ ରହିଲେ – ଏହାକୁ ଆଧାର କରି ଜାତ ହେଉଥିବା ସମସ୍ତ ଦୋଷର ପ୍ରତିକାର ସହଜ ହୋଇଥାଏ।

ଜୈନ ଓ ବୌଦ୍ଧମାନଙ୍କ କ୍ରାନ୍ତିର ପ୍ରଭାବ ବ୍ରାହ୍ମଣମାନଙ୍କ ଉପରେ ବି ପଡ଼ିଥିଲା, କିନ୍ତୁ ଏହା ସତ୍ୟ ଯେ ମହାବୀରଙ୍କ ନିର୍ବାଣର ଦ୍ୱିତୀୟ ସହସ୍ରାବ୍ଦୀରେ ଜୈନ ଆଚାର୍ଯ୍ୟମାନେ ମଧ୍ୟ ଜାତିବାଦ ଦ୍ୱାରା ପ୍ରଭାବିତ ହୋଇପଡ଼ିଥିଲେ। ଏହାକୁ ଦୃଷ୍ଟିରୁ ଏଡ଼ାଇ ହେବନାହିଁ। ଆଜି ବି ଜାତିବାଦ ଜୈନମାନଙ୍କୁ ଗ୍ରସ୍ତ କରିରଖିଛି। ଜୈନମାନେ ଏହା ପ୍ରତି ପୁନର୍ବିଚାର କରନ୍ତୁ - ଏହା ସମୟର ଆହ୍ୱାନ।

ମନୁଷ୍ୟ ଜାତି ଏକ ଅଟେ

ଜାତି ହେଉଛି ସାମାଜିକ ବ୍ୟବସ୍ଥା ମାତ୍ର। ଏହା ତାତ୍ତ୍ୱିକ ବସ୍ତୁ ନୁହେଁ। ଶୂଦ୍ର ଓ ବ୍ରାହ୍ମଣ ମଧ୍ୟରେ ରଙ୍ଗ ଏବଂ ଆକୃତିର ଭେଦ ରହିନାହିଁ। ଦୁହିଁଙ୍କର ଗର୍ଭାଧାନ ବିଧି ଏବଂ ଜନ୍ମପଦ୍ଧତି ମଧ୍ୟ ସମାନ। ଗାଈ ଓ ମଇଁଷି ମଧ୍ୟରେ ଯେପରି ଜାତିକୃତ ଭେଦ ରହିଛି, ଶୂଦ୍ୟ ଓ ବ୍ରାହ୍ମଣ ମଧ୍ୟରେ ସେପରି ଭେଦ ରହିନାହିଁ। ତେଣୁ ମଣିଷ-ମଣିଷ ମଧ୍ୟରେ ଯେଉଁ ଜାତିକୃତ ଭେଦ ରହିଛି, ତାହା ପରିକଳ୍ପିତ, ବାସ୍ତିବକ ନୁହେଁ।[୮]

ମନୁଷ୍ୟ ଜାତି ହେଉଛି ଏକ। ଭଗବାନ ଋଷଭଦେବ ରାଜା ନ ହେବା ପର୍ଯ୍ୟନ୍ତ ତାହା ଏକ ହୋଇ ରହିଥିଲା। ସେ ରାଜା ହେବାପରେ ମନୁଷ୍ୟ ଜାତି ଦୁଇଭାଗରେ ବିଭକ୍ତ ହୋଇପଡ଼ିଲା – ରାଜାଶ୍ରିତ ଲୋକମାନେ କ୍ଷତ୍ରିୟ ଏବଂ ବାକି ସମସ୍ତ ଜନସାଧାରଣ ଶୂଦ୍ର ବୋଲାଇଲେ।

---

(୭) (କ) ଧର୍ମ ପ୍ରକରଣ, ପରିଚ୍ଛେଦ ୧୭ :
ନ ଜାତିମାତ୍ରତୋ ଧର୍ମୋ, ଲଭ୍ୟତେ ଦେହଧାରିଭିଃ।
ସତ୍ୟ ଶୌଚତପଃଶୀଳ - ଧ୍ୟାନସ୍ୱାଧ୍ୟାୟବର୍ଜିତୈଃ॥
ସଂଯମୋ ନିୟମଃ ଶୀଳଂ, ତପୋ ଦାନଂ ଦମୋଦୟା।
ବିଦ୍ୟନ୍ତେ ତାତ୍ତ୍ୱିକା ଯସ୍ୟାଂ, ସା ଜାତିର୍ମହତୀ ସତାମ୍॥
(ଖ) ରତ୍ନକରଣ୍ଡ ଶ୍ରାବକାଚାର, ୨୮ :
ସମ୍ୟଗ୍‌ଦର୍ଶନସଂପନ୍ନମପି ମାତଙ୍ଗଦେହଜମ୍।
ଦେବା ଦେବଂ ବିଦୁର୍ଭସ୍ମଗୂଢ଼ାଙ୍ଗରାନ୍ତରୌଜସମ୍॥

(୮) ଉତ୍ତରପୁରାଣ :
ବର୍ଣ୍ଣାକୃତ୍ୟାଦି ଭେଦାନାଂ, ଦେହେସ୍ମିନ୍ନ ଚ ଦର୍ଶନାତ୍,
ବ୍ରାହ୍ମଣାଦିଷୁ ଶୂଦ୍ରାଦ୍ୟୈଃ, ଗର୍ଭାଧାନପ୍ରବର୍ତ୍ତନାତ୍।
ନାସ୍ତି ଜାତିକୃତୋ ଭେଦୋ, ମନୁଷ୍ୟାଣାଂ ଗବାଶ୍ୱବତ୍,
ଆକୃତି ଗ୍ରହଣାତ୍ତସ୍ମାତ୍, ଅନ୍ୟଥା ପରିକଳ୍ପତେ॥

କର୍ମକ୍ଷେତ୍ର ଦିଗରେ ମନୁଷ୍ୟ ଜାତି ଗତି କରୁଥାଏ। ଅଗ୍ନିର ଉତ୍ପତ୍ତି, ସେହି ଗତିକୁ ତ୍ୱରାନ୍ୱିତ କରିଥିଲା। ଅଗ୍ନି ଦ୍ୱାରା ବୈଶ୍ୟବର୍ଗ ସୃଷ୍ଟି ହେଲା। ଲୌହକର୍ମ, ଶିଳ୍ପ ଏବଂ ବିନିମୟର ଦିଗ ଉନ୍ମୋଚିତ ହେଲା। ମନୁଷ୍ୟ ଜାତି ତିନିଭାଗରେ ବିଭକ୍ତ ହେଲା। ଭଗବାନ ସାଧୁ ହେଲେ। ଭରତ ଚକ୍ରବର୍ତ୍ତୀ ହେଲେ। ଭରତ ସ୍ୱାଧ୍ୟାୟଶୀଳ-ମଣ୍ଡଳ ସ୍ଥାପିତ କଲେ। ଏହି ମଣ୍ଡଳର ସଦସ୍ୟ ବ୍ରାହ୍ମଣ ବୋଲାଇଲେ। ବର୍ତ୍ତମାନ ମନୁଷ୍ୟ ଜାତିର ଚାରିଭାଗ ହୋଇଗଲା।[୯] ଯୁଗ-ପରିବର୍ତ୍ତନ ସହିତ ଏହି ଚାରିବର୍ଣ୍ଣର ସଂଯୋଗରେ ଅନେକ ଉପବର୍ଣ୍ଣ ଏବଂ ଜାତିର ସ୍ଥାପନା ହେଲା।[୧୦]

ବୈଦିକ ବିଚାର ଅନୁସାରେ ଚତୁର୍ବର୍ଣ୍ଣ ସୃଷ୍ଟି ହେଉଛି ବିଧାନସିଦ୍ଧ। ଜୈନଦୃଷ୍ଟି ଅନୁସାରେ ଏହା ନୈସର୍ଗିକ ନୁହେଁ। କ୍ରିୟା-ଭେଦ ଭିତ୍ତିରେ ଏହାର ବର୍ଗୀକରଣ କରାଯାଇଛି।[୧୧]

ଉଚ୍ଚତା ଓ ନୀଚତା

ଉଚ୍ଚତ୍ୱ ଓ ନୀଚତ୍ୱ ବୋଲି କିଛିନାହିଁ – ଏହି ଅଭିମତ ଯଥାର୍ଥ ନୁହେଁ। ଏଗୁଡ଼ିକ ରହିଛନ୍ତି। ତେବେ ଏହାର ସଂବନ୍ଧ ରକ୍ତ ପରମ୍ପରା ସହିତ ନୁହେଁ, ବ୍ୟକ୍ତିର ଜୀବନ ସହିତ ଥାଏ। ବ୍ରାହ୍ମଣ ପରମ୍ପରାରେ ଗୋତ୍ରକୁ ରକ୍ତ ପରମ୍ପରାର ପର୍ଯ୍ୟାୟବାଚୀ ରୂପେ ସ୍ୱୀକାର କରାଯାଇଥାଏ। ଜୈନ ପରମ୍ପରାରେ ଗୋତ୍ର ଶବ୍ଦର ବ୍ୟବହାର ଜାତି, କୁଳ, ବଳ, ରୂପ, ତପ, ଲାଭ, ଶ୍ରୁତ, ଐଶ୍ୱର୍ଯ୍ୟ - ଏମାନଙ୍କ ପ୍ରକର୍ଷ ଓ ଅପକର୍ଷ ଦଶାର ସୂଚକ ସାଜିଥାଏ।

ଗୋତ୍ରର ଦୁଇଭେଦ ହେଲା ଉଚ୍ଚ ଓ ନୀଚ। ପୂଜ୍ୟ ଓ ସାମାନ୍ୟ ବ୍ୟକ୍ତିର ଗୋତ୍ର ଉଚ୍ଚ ତଥା ଅପୂଜ୍ୟ ଓ ଅସାମାନ୍ୟ ବ୍ୟକ୍ତିମାନଙ୍କ ଗୋତ୍ର ନୀଚ ହୋଇଥାଏ। 'ଗୋତ୍ର' ଶବ୍ଦର ଏହା ହେଉଛି ବ୍ୟାପକ ଅର୍ଥ। ଏହି ଗୋତ୍ରର କର୍ମ ସହିତ ସଂବନ୍ଧ ରହିଛି। ତେବେ ସାଧାରଣତୟା ଗୋତ୍ରର ଅର୍ଥ – ବଂଶ, କୁଳ ଓ ଜାତି ରୂପରେ କରାଯାଇଥାଏ।

ଗୋତ୍ରକର୍ମ ସହିତ ଜାତିର ସଂବନ୍ଧ ସ୍ଥାପନ କରି କେତେକ ଜୈନ ମଧ୍ୟ ଏହି ତର୍କ ଉପସ୍ଥାପିତ କରିଥାନ୍ତି ଯେ ଗୋତ୍ରକର୍ମର ଉଚ୍ଚ ଓ ନୀଚ ଭେଦ ଶାସ୍ତ୍ର ନିର୍ଦ୍ଦିଷ୍ଟ ହୋଇଥିବାରୁ ଜୈନଧର୍ମକୁ ଜାତିବାଦର ସମର୍ଥକ ବୋଲି କହିବାରେ ଆପତ୍ତି କାହିଁକି ? ଗୋତ୍ର-କର୍ମର ସ୍ୱରୂପକୁ ଯଥାର୍ଥ ହୃଦୟଙ୍ଗମ କରିନପାରି ସେମାନେ ଏହି ତର୍କ କରିଥାନ୍ତି। ଗୋତ୍ର-କର୍ମ, ଲୋକପ୍ରଚଳିତ ଜାତିମାନଙ୍କ ପର୍ଯ୍ୟାୟବାଚୀ ଶବ୍ଦ ନୁହେଁ ତଥା ଜନ୍ମଗତ ଜାତି ସହିତ ତା'ର କୌଣସି ସଂବନ୍ଧ ନାହିଁ।

ସମୃଦ୍ଧି ଦୃଷ୍ଟିରୁ ମଧ୍ୟ ଜୈନସୂତ୍ରମାନଙ୍କରେ ଉଚ୍ଚକୁଳ ଓ ନୀଚକୁଳର ବର୍ଣ୍ଣନା ରହିଛି। ପ୍ରାଚୀନ ବ୍ୟାଖ୍ୟାମାନଙ୍କରେ ଯେଉଁ ଉଚ୍ଚକୁଳଗୁଡ଼ିକର ଉଲ୍ଲେଖ ରହିଛି, ସେ ସମସ୍ତ ବର୍ତ୍ତମାନ ବିଲୁପ୍ତ ପ୍ରାୟ। ଏହି ସମସ୍ତ ତଥ୍ୟକୁ ଅନୁଶୀଳନ କରି ଗୋତ୍ର-କର୍ମ ଯେ ମନୁଷ୍ୟ ଦ୍ୱାରା କଳ୍ପନା କରାଯାଇଥିବା ଜାତି ପ୍ରତି କୃତଜ୍ଞ – ଏହା କଦାପି କୁହାଯାଇ ନ ପାରେ।

ଯେଉଁ ଦେଶରେ ବର୍ଣ୍ଣବ୍ୟବସ୍ଥା ବା ଜନ୍ମଗତ ଉଚ୍ଚ-ନୀଚର ଭେଦଭାବ ନାହିଁ, ସେଠାରେ ଗୋତ୍ର-କର୍ମର କେଉଁ ପରିଭାଷା କରାଯିବ? ଗୋତ୍ର-କର୍ମ ସଂସାରର ପ୍ରାଣୀମାତ୍ର ସହିତ ଜଡ଼ିତ ଥାଏ। ତା'ଅନୁସାରେ ଭାରତୀୟ ଓ ଅଭାରତୀୟ ରୂପରେ କିଛି ନାହିଁ।

ଜୀବାତ୍ମାର ପୌଦ୍‌ଗଳିକ ସୁଖ-ଦୁଃଖର ନିମିତ୍ତଭୂତ ଚାରିକର୍ମ ହେଲା - ବେଦନୀୟ, ନାମ, ଗୋତ୍ର ଏବଂ ଆୟୁଷ୍ୟ।

---

(୯) ଆଚାରାଙ୍ଗନିର୍ଯୁକ୍ତି, ୧୯ :
ଏକ୍‌କା ମଣୁସ୍‌ସଜାଈ, ରଜ୍ଜୁପତ୍ତୀଇ ଦୋ କୟା ଉସଭେ।
ତଣ୍ଣେବ ସିପ୍‌ପବଣିଏ, ସାବଗଧମ୍ମମ୍ମି ଚତ୍ତାରି ॥

(୧୦) ଆଚାରାଙ୍ଗନିର୍ଯୁକ୍ତି, ୨୦-୨୭।

(୧୧) ବରାଂଗ ଚରିତ୍ର, ୨୫/୧୧ :
କ୍ରିୟାବିଶେଷାଦ୍ ବ୍ୟବହାରମାତ୍ରାଦ୍, ଦୟାଭିରକ୍ଷାକୃଷିଶିଳ୍ପ ଭେଦାତ୍।
ଶିଷ୍ଟାଶ୍ଚ ବର୍ଣ୍ଣାଶ୍ଚତୁରୋ ବଦନ୍ତି, ନ ଚାନ୍ୟଥା ବର୍ଣ୍ଣଚତୁଷ୍ଟୟଂ ସ୍ୟାତ୍ ॥

ଜାତି-ବିଶିଷ୍ଟତା, କୁଳ-ବିଶିଷ୍ଟତା, ବଳ-ବିଶିଷ୍ଟତା, ରୂପ-ବିଶିଷ୍ଟତା, ତପ-ବିଶିଷ୍ଟତା, ଶ୍ରୁତ-ବିଶିଷ୍ଟତା, ଲାଭ-ବିଶିଷ୍ଟତା ଏବଂ ଐଶ୍ୱର୍ଯ୍ୟ-ବିଶିଷ୍ଟତା - ଏହି ଅଷ୍ଟ-ବୈଶିଷ୍ଟ୍ୟ ହେଉଛି ଉଚ୍ଚ-ଗୋତ୍ର-କର୍ମର ଫଳ। ନୀଚ-ଗୋତ୍ରକର୍ମର ଫଳ ଠିକ୍ ଏହାର ବିପରୀତ ହୋଇଥାଏ।

ଗୋତ୍ର-କର୍ମର ଫଳରେ ଗଭୀର ମୀମାଂସା ଦ୍ୱାରା ସହଜରେ ଜାଣିହୁଏ ଯେ ଗୋତ୍ରକର୍ମର ସଂବନ୍ଧ ବ୍ୟକ୍ତି ସହିତ ରହିଥାଏ, ସମୂହ ବା ସମାଜ ସହିତ ଗୋତ୍ରକର୍ମର କୌଣସି ସଂବନ୍ଧ ନାହିଁ। ଜଣେ ଲୋକ ମଧ୍ୟରେ ଆଠଟି ଯୁକ୍ତ ପ୍ରକୃତି ଉଚ୍ଚ-ଗୋତ୍ରର ରହିଥିବା କିମ୍ବା ନୀଚଗୋତ୍ରର ହିଁ ରହିଥିବ – ଏପରି କୌଣସି ନିୟମ ନାହିଁ। ଜଣେ ବ୍ୟକ୍ତି ରୂପ ଓ ବଳରୁ ରହିତ, ଅଥଚ ନିଜ କର୍ମରୁ ଯଦି ସତ୍କାରଯୋଗ୍ୟ ଏବଂ ପ୍ରତିଷ୍ଠାପ୍ରାପ୍ତ, ତେବେ ସେ ଜାତି ଦୃଷ୍ଟିରୁ ଉଚ୍ଚ-ଗୋତ୍ର-କର୍ମ ଭୋଗ ଏବଂ ରୂପ ତଥା ବଳ ଦୃଷ୍ଟିରୁ ନୀଚ-ଗୋତ୍ର-କର୍ମ ଭୋଗ କରିବା ସିଦ୍ଧ ହେଉଛି। ଜଣେ ମନୁଷ୍ୟର ଜୀବନ ମଧ୍ୟରେ ନ୍ୟୂନାଧିକ ମାତ୍ରାରେ ସୁଖ ଓ ଦୁଃଖର ଯେପରି ଉଦୟ ହୋଇଥାଏ, ସେହିପରି ଉଚ୍ଚଗୋତ୍ର ଓ ନୀଚଗୋତ୍ରର ମଧ୍ୟ ଉଦୟ ହୁଏ। ଏହି ସିଦ୍ଧାନ୍ତ ପ୍ରତିଷ୍ଠିତ ହେଲାପରେ ଗୋତ୍ର-କର୍ମ ଏବଂ ପ୍ରଚଳିତ ଜାତି ଏକ ନୁହଁନ୍ତି, ଏମାନେ ପୃଥକ୍ - ଏହି ତଥ୍ୟରେ କୌଣସି ସନ୍ଦେହ ରହେନାହିଁ। ଯଦ୍ୟପି ଜାତି ଓ କୁଳର ଅର୍ଥ ବ୍ୟବହାର-ସିଦ୍ଧ ଜାତି ଓ କୁଳ ସହିତ ଯୋଡ଼ାଯାଇଥାଏ, କିନ୍ତୁ ଏହା ସେମାନଙ୍କ ବାସ୍ତବିକ ଅର୍ଥ ନୁହେଁ। ଏହା ସ୍ଥୂଳଦୃଷ୍ଟିରେ କରାଯାଇଥିବା ବିଚାର କିମ୍ବା ବୋଧ-ସୁଲଭତା ସକାଶେ ପ୍ରସ୍ତୁତ କରାଯାଇଥିବା ଉଦାହରଣ ମାତ୍ର ଅଟେ।

ଜାତିଭେଦ କେବଳ ମନୁଷ୍ୟ-ମନୁଷ୍ୟ ମଧ୍ୟରେ ରହିଛି ଅଥଚ ଗୋତ୍ର କର୍ମର ସଂବନ୍ଧ ପ୍ରାଣୀମାତ୍ର ସହିତ ରହିଥାଏ। ତେଣୁ ଏହାର ଫଳରୂପରେ ପ୍ରାପ୍ତ ଜାତି ଓ କୁଳ ପ୍ରାଣୀଜଗତ ସହିତ ସଂବନ୍ଧ ରଖିଥାନ୍ତି। ଏହି ଦୃଷ୍ଟିରୁ ଦେଖିଲେ ଜାତିର ଅର୍ଥ ହୋଇଯାଏ ଉତ୍ପତ୍ତିସ୍ଥାନ ଏବଂ କୁଳର ଅର୍ଥ ହୁଏ – ଗୋଟିଏ ଯୋନିରୁ ଉତ୍ପନ୍ନ ଅନେକ ବର୍ଗ।[୧୨] ଗୋତ୍ରକର୍ମ ସଦୃଶ ଜାତି ଓ କୁଳ ମଧ୍ୟ ବ୍ୟାପକ। ଜଣେ ମଣିଷର ଉତ୍ପତ୍ତିସ୍ଥାନ ଭାରି, ସ୍ୱସ୍ଥ ତଥା ପୁଷ୍ଟ ହୋଇଥାଏ ଅଥଚ ଅନ୍ୟ ଜଣେ ଲୋକର ବହୁତ ରୁଗ୍ଣ ଓ ଦୁର୍ବଳ ଥାଏ। ଏହାର ଫଳିତ ହେଲା – ଜାତି ଅପେକ୍ଷାରେ ଉଚ୍ଚ-ଗୋତ୍ର-ବିଶିଷ୍ଟ ଜନ୍ମସ୍ଥାନ ଏବଂ ଜାତିର ହିଁ ଦୃଷ୍ଟିରୁ ନୀଚ-ଗୋତ୍ର-ନିକୃଷ୍ଟ ଜନ୍ମସ୍ଥାନ। ଜନ୍ମସ୍ଥାନର ଅର୍ଥ ମାତୃପକ୍ଷ ବା ମାତୃସ୍ଥାନୀୟ ପକ୍ଷ। କୁଳପ୍ରସଙ୍ଗରେ ବି ସମାନ ଅବସ୍ଥା। ତେବେ ପାର୍ଥକ୍ୟ ଏତିକି ଯେ କୁଳରେ ପିତୃପକ୍ଷର ବିଶେଷତା ରହିଥାଏ। ଜାତିର ଉତ୍ପତ୍ତିସ୍ଥାନର ବିଶେଷତା ଥାଏ ଏବଂ କୁଳରେ ଉତ୍ପାଦକ ଅଂଶର ପ୍ରାଧାନ୍ୟ ରହିଥାଏ।[୧୩]

'ଜାୟନ୍ତେ ଜନ୍ତବୋଽସ୍ୟାମିତି ଜାତିଃ।'[୧୪]

ମାତୃସମୁତ୍ଥା ଜାତିଃ।[୧୫]

ଜାତିଗୁଣବନ୍ମାତୃକତ୍ତ୍ୱମ୍।[୧୬]

କୁଳଗୁଣବତ୍ପିତୃକତ୍ତ୍ୱମ୍।[୧୭]

ଏହି ଜାତି ଓ କୁଳର ବ୍ୟାଖ୍ୟାସମୂହ, ଜାତି ଓ କୁଳର ସଂବନ୍ଧକୁ ଉତ୍ପତ୍ତି ସହିତ ସଂଯୋଗ କରିଥାନ୍ତି।

---

(୧୨) ଆଚାରାଙ୍ଗବୃତ୍ତି, ୧/୬।

(୧୩) ପିଂଡ଼ନିର୍ଯୁକ୍ତି ୪୬୮ ବୃତ୍ତି : ଜାତିର୍ବାହ୍ମଣାଦିକା,
କୁଳମୁଗ୍ରାଦି ଅଥବା ମାତୃସମୁତ୍ଥା ଜାତିଃ ପିତୃସମୁତ୍ଥମ୍କୁଳମ୍।

(୧୪) ଉତ୍ତରାଧ୍ୟୟନ, ବୃହଦ୍ବୃତ୍ତି, ୩/୨।

(୧୫) ସୂୟଗଡ଼ୋ, ବୃତ୍ତି, ୯/୧୩।

(୧୬) ସ୍ଥାନାଙ୍ଗବୃତ୍ତି, ପତ୍ର ୧୯୮।

(୧୭) ସ୍ଥାନାଙ୍ଗବୃତ୍ତି, ପତ୍ର ୧୯୮।

ଜାତି ପରିବର୍ତ୍ତନଶୀଳ

ଜାତି ଶାଶ୍ୱତ ନୁହନ୍ତି ସାମୟିକ ଅଟନ୍ତି। ସେମାନଙ୍କ ନାମ ତଥା ସେମାନଙ୍କ ପ୍ରତିଷ୍ଠା ବା ଅପ୍ରତିଷ୍ଠାର ଭାବ କାଳକ୍ରମେ ବଦଳିଯାଆନ୍ତି। ଜୈନ ଆଗମଗୁଡ଼ିକରେ ଯେଉଁ ଜାତି, କୁଳ ଓ ଗୋତ୍ର ଆଦିର ଉଲ୍ଲେଖ ରହିଛି, ସେମାନଙ୍କ ମଧ୍ୟରୁ ଅଧିକାଂଶ ଆଜି ଉପଲବ୍ଧ ନୁହନ୍ତି।

୧. ଅମ୍ବଷ୍ଠ, ୨. କଳନ୍ଦ, ୩. ବୈଦେହ, ୪. ବୈଦିକ, ୫. ହରିତ, ୬. ଚୁଞ୍ଚୁଣ - ଏହି ଛଅପ୍ରକାର ମନୁଷ୍ୟଜାତି-ଆର୍ଯ୍ୟ ବା ଇଭ୍ୟ ଜାତିରେ ପରିଗଣିତ ହୁଅନ୍ତି।

୧. ଉଗ୍ର, ୨. ଭୋଗ, ୩. ରାଜନ୍ୟ, ୪. ଇକ୍ଷ୍ୱାକୁ, ୫. ଜ୍ଞାତ, ୬. କୌରବ – ଏହି ଛଅପ୍ରକାର ମନୁଷ୍ୟ କୁଳାର୍ଯ୍ୟ ଅଟନ୍ତି।

୧. କାଶ୍ୟପ, ୨. ଗୌତମ, ୩. ବତ୍ସ, ୪. କୁତ୍ସ, ୫. କୌଶିକ, ୬. ମାଣ୍ଡବ, ୭. ବଶିଷ୍ଠ - ଏହି ସାତଟି ହେଉଛନ୍ତି ମୂଳଗୋତ୍ର। ଏହି ୭ଟି ମଧ୍ୟରୁ ପ୍ରତ୍ୟେକର ସାତଟି ଲେଖାଏଁ ଅବାନ୍ତର ଭେଦ ରହିଛି।[୧୮]

ଆଜିକାଲି ହଜାର-ହଜାର ନୂଆ ଜାତି ସୃଷ୍ଟି ହୋଇଚାଲିଛନ୍ତି। ଏମାନଙ୍କର ଏହି ପରିବର୍ତ୍ତନଶୀଳତା ହିଁ ଏମାନଙ୍କ ଅତାତ୍ତ୍ୱିକତା ସ୍ୱୟଂସିଦ୍ଧ ପ୍ରମାଣ ଅଟେ।

ହରିକେଶବଳ ମୁନି, ବ୍ରାହ୍ମଣକୁମାରମାନଙ୍କୁ କହିଲେ - ଯେଉଁ ଲୋକ କ୍ରୋଧ, ମାନ, ବଧ ମୃଷା, ଅଦତ୍ତ ଏବଂ ପରିଗ୍ରହ ଦ୍ୱାରା ଆବେଷ୍ଟିତ, ସେ ବ୍ରାହ୍ମଣଜାତି ଏବଂ ବିଦ୍ୟା ଉଭୟରୁ ଶୂନ୍ୟ ହୋଇଥାଏ।[୧୯]

ଯିଏ ବ୍ରହ୍ମଚାରୀ, ସେ ହିଁ ହେଉଛି ବ୍ରାହ୍ମଣ।[୨୦]

ବ୍ରହ୍ମର୍ଷି ଜୟଘୋଷ, ବିଜୟଘୋଷଙ୍କ ଯଜ୍ଞସ୍ଥଳରେ ପହଞ୍ଚିଲେ। ଉଭୟଙ୍କ ମଧ୍ୟରେ ଚର୍ଚ୍ଚା ଚାଲିଲା। ଜାତିବାଦ ପ୍ରସଙ୍ଗରେ ଭଗବାନ ମହାବୀରଙ୍କ ମାନ୍ୟତାକୁ ସ୍ପଷ୍ଟ କରିବାକୁ ଯାଇ ମୁନି କହିଲେ – 'ଯିଏ ନିଃସଙ୍ଗ ଓ ନିଃଶୋକ ତଥା ଆର୍ଯ୍ୟବାଣୀରେ ରମଣ କରିଥାଏ, ଆମେ ତାହାଙ୍କୁ ବ୍ରାହ୍ମଣ ବୋଲିଥାଉଁ।'

'ଯେଉଁ ଲୋକ ତପ୍ତ ସୁବର୍ଣ୍ଣ ସମାନ, ନିର୍ମଳ ଏବଂ ରାଗ, ଦ୍ୱେଷ ଓ ଭୟରୁ ଅତୀତ ହୋଇସାରିଛି, ତାହାଙ୍କୁ ଆମେ ବ୍ରାହ୍ମଣ ବୋଲିଥାଉଁ।'

'ଯେଉଁ ତପସ୍ୱୀ କ୍ଷୀଣକାୟ, ଜିତେନ୍ଦ୍ରିୟ, ରକ୍ତ ଓ ମାଂସ ଦୃଷ୍ଟିରୁ ଅପଚିତ, ସୁବ୍ରତ ଓ ଶାନ୍ତ, ଆମେ ତାହାଙ୍କୁ ବ୍ରାହ୍ମଣ ବୋଲିଥାଉଁ।'

ଯେଉଁ ଲୋକ କ୍ରୋଧ, ଭୟ, ଲୋଭ ଓ ହାସ୍ୟ-ବଶତଃ ଅସତ୍ୟ ଭାଷାର ପ୍ରୟୋଗ କରେ ନାହିଁ ଆମେ ତାହାଙ୍କୁ ବ୍ରାହ୍ମଣ ବୋଲିଥାଉଁ।

'ଯିଏ ସଜୀବ ଅଥବା ନିର୍ଜୀବ, ଅଳ୍ପ ବା ଅଧିକ ପରିମାଣରେ ଅଦତ୍ତ ଗ୍ରହଣ କରେନାହିଁ, ଆମେ ତାହାଙ୍କୁ ବ୍ରାହ୍ମଣ କହିଥାଉଁ।'

'ଯିଏ ସ୍ୱର୍ଗୀୟ, ମାନବୀୟ ଏବଂ ପାଶବିକ - କୌଣସି ପ୍ରକାର ଅବ୍ରହ୍ମଚର୍ଯ୍ୟ ସେବନ କରେନାହିଁ, ଆମେ ତାହାଙ୍କୁ ବ୍ରାହ୍ମଣ କହିଥାଉଁ।'

'ଜଳରୁ ଉତ୍ପନ୍ନ ପଦ୍ମ ଯେପରି ଜଳରୁ ଉର୍ଦ୍ଧ୍ୱରେ ରହିଥାଏ, ସେହିଭଳି ଯିଏ କାମ-ଭୋଗରୁ ଦୂରେଇରହେ, ଆମ ତାହାଙ୍କୁ ବ୍ରାହ୍ମଣ କହିଥାଉଁ।'

---

[୧୮] ଠାଣଂ, ୭/୩୦।

[୧୯] ଉତ୍ତରଜ୍ଝୟଣାଣି, ୧୨/୧୪।

[୨୦] ଉତ୍ତରଜ୍ଝୟଣାଣି, ୨୫/୩୨ : ବଂଭଚେରେଣ ବଂଭଣୋ।

'ଅସ୍ୱାଦ-ବୃତ୍ତି ତଥା ନିଃସ୍ପୃହ ଭାବରେ ଭିକ୍ଷାଗ୍ରହଣ କରୁଥିବା, ଘର ଓ ପରିଗ୍ରହରୁ ରହିତ ତଥା ଗୃହସ୍ଥମାନଙ୍କ ପ୍ରତି ଅନାସକ୍ତ ବ୍ୟକ୍ତିଙ୍କୁ ଆମେ ବ୍ରାହ୍ମଣ କହିଥାଉଁ।'

'ଯିଏ ବନ୍ଧନକୁ ତ୍ୟାଗକରି, ପୁଣି ତହିଁରେ ଆବଦ୍ଧ ହୁଅନ୍ତି ନାହିଁ, ଆମେ ତାହାଙ୍କୁ ବ୍ରାହ୍ମଣ ବୋଲିଥାଉଁ।'[୨୧]

ବ୍ରାହ୍ମଣ, କ୍ଷତ୍ରିୟ, ବୈଶ୍ୟ ଓ ଶୂଦ୍ର - ସେମାନଙ୍କ କାର୍ଯ୍ୟରୁ ହୋଇଥାନ୍ତି।[୨୨] ତତ୍ତ୍ୱ ଦୃଷ୍ଟିରୁ ବ୍ୟକ୍ତିର ଆଚରଣ ହିଁ ତାହାକୁ ଉଚ୍ଚ ବା ନୀଚ କରି ଗଢ଼ିତୋଳିଥାଏ। କାର୍ଯ୍ୟ-ବିଭାଗ ଦ୍ୱାରା ମନୁଷ୍ୟର ଶ୍ରେଣୀବିଭାଗ କରାଯାଇଥାଏ। ଏହା ଉଚ୍ଚତା ଓ ନୀଚତାର ମାନଦଣ୍ଡ ହୋଇନପାରେ।

ଜାତି-ଗର୍ବ ତୁଚ୍ଛତାର ଅଭିଯାନ

ଏହି ଜୀବ ନାନା ଗୋତ୍ର ଯୁକ୍ତ ଜାତିମାନଙ୍କରେ ଆବର୍ତ୍ତନ କରୁଥାଏ। କେତେବେଳେ ଦୈବ, ନୈରୟିକ, ଅସୁରକାୟ ଆଦି ଧାରଣ କରିଥାଏ। କ୍ଷତ୍ରିୟ, ଚାଣ୍ଡାଳ, କୀଟ, ପତଙ୍ଗ, କୁନ୍ଥୁ ଓ ପିମ୍ପୁଡ଼ି ଆଦି ବିଭିନ୍ନ ରୂପରେ ଜନ୍ମଗ୍ରହଣ କରିଥାଏ। ସଂସାର-ଅବଧି ପୂର୍ଣ୍ଣ ନ ହେବା ପର୍ଯ୍ୟନ୍ତ ଏହି ପ୍ରକ୍ରିୟା ଲାଗିରହେ। ଭଲ-ମନ୍ଦ କର୍ମ ଅନୁସାରେ ଭଲ-ମନ୍ଦ ଭୂମିକାରେ ଅବତରଣ କରିଥାଏ।

ଏହି ଜୀବ ଅନେକଥର ଉଚ୍ଚଗୋତ୍ରରେ ଏବଂ ଅନେକଥର ନୀଚଗୋତ୍ରରେ ଜନ୍ମ ନେଇସାରିଛି, କିନ୍ତୁ ସେ କେବେ ବି ବଡ଼ ହୋଇନାହିଁ କି ଛୋଟ ମଧ୍ୟ ହୋଇନାହିଁ। ତେଣୁ ଜାତି-ମଦ କରିବା ଉଚିତ ନୁହେଁ। ଯିଏ କୌଣସି ସମୟରେ ନୀଚଗୋତ୍ରରେ ଯାଇଛି, ସେ ମଧ୍ୟ ଉଚ୍ଚଗୋତ୍ରରେ ଅନେକ ଥର ଯାଇଥାଏ ଏବଂ ଉଚ୍ଚଗୋତ୍ରସମ୍ପନ୍ନ ହୋଇଥାଏ। ଏହାଜାଣି କେହି କିପରି ଗୋତ୍ରବାଦୀ ବା ମାନ-ଅହଙ୍କାରକୁ ପୁଷ୍ଟ କରୁଥିବା ପ୍ରାଣୀ ହୋଇପାରିବ ? ଏହି ପ୍ରାଣୀ ଅନେକ ଯୋନି ମଧ୍ୟରେ ଭ୍ରମଣ କରୁଥାଏ। ସେ କେଉଁଠାରେ କିପରି ଶୁଦ୍ଧ ହୋଇପାରିବ ?

ଗୋଟିଏ ଜନ୍ମରେ ଗୋଟିଏ ପ୍ରାଣୀ ଅନେକ ପ୍ରକାର ଉଚ୍ଚ-ନୀଚ ଅବସ୍ଥା ଭୋଗ କରିଥାଏ। ତେଣୁ ଉଚ୍ଚତାର ଅଭିମାନ କରିବା ଉଚିତ ନୁହେଁ।

ସାଧକ ଯଦି ଜାତି ଆଦିକୁ ନେଇ ମଦ କରିଥାଏ, ଅନ୍ୟମାନଙ୍କୁ ପ୍ରତିଛାୟା ଭଳି ତୁଚ୍ଛ ମଣିଥାଏ, ସେହି ଅହଙ୍କାରୀ ପୁରୁଷ ସତ୍ୟର ଅନୁଗାମୀ କଦାପି ହୋଇପାରିବ ନାହିଁ। ସେ ବସ୍ତୁତଃ ମୂର୍ଖ ଥାଏ, ପଣ୍ଡିତ ନୁହେଁ।

ବ୍ରାହ୍ମଣ, କ୍ଷତ୍ରିୟ, ଉଗ୍ରପୁତ୍ର ଓ ଲିଚ୍ଛବୀ - ଏହି ବିଶିଷ୍ଟ ଅଭିମାନାସ୍ପଦ କୁଳରେ ଉତ୍ପନ୍ନ ବ୍ୟକ୍ତି ମୁନି-ଦୀକ୍ଷା ସ୍ୱୀକାର କରିବା ସତ୍ତ୍ୱେ ଯଦି ଉଚ୍ଚଗୋତ୍ରର ଅଭିମାନ କରିନଥାଏ, ସେ ହିଁ କେବଳ ସତ୍ୟର ଅନୁଗମନ କରିପାରିଥାଏ। ପରଦତ୍ତ-ଭୋଜୀ ଭିକ୍ଷୁ, ଯିଏ ଭିକ୍ଷା ଦ୍ୱାରା ଜୀବନଯାପନ କରିଥାଏ, ସେ ଅବା କେଉଁ କଥାର ଅଭିମାନ କରିବ ?

ଅଭିମାନ-ଦ୍ୱାରା କାର୍ଯ୍ୟ ସାଧନ ହେବା ପରିବର୍ତ୍ତେ କାର୍ଯ୍ୟ ନିଶ୍ଚିତ ଭାବରେ ବିଗିଡ଼ିଥାଏ। ଜାତି ଏବଂ କୁଳ ମନୁଷ୍ୟକୁ ତ୍ରାଣ ଦେଇପାରନ୍ତି ନାହିଁ। କେବଳ ବିଦ୍ୟା ଓ ଆଚରଣ ଏହି ଦୁଇଟି ତତ୍ତ୍ୱ ଦୁର୍ଗତିରୁ ରକ୍ଷା କରିବାରେ ସମର୍ଥ ହୁଅନ୍ତି।

ଯେଉଁ ସାଧକ, ସାଧନା କ୍ଷେତ୍ରରେ ପାଦ ଥାପି ମଧ୍ୟ ଗୃହସ୍ଥ କର୍ମର ଆସେବନ କରିଥାଏ, ଜାତି ଆଦିକୁ ନେଇ ଗର୍ବ କରିଥାଏ, ସେ ପାରଗାମୀ ହୋଇପାରିବ ନାହିଁ।

ସାଧନାର ପ୍ରୟୋଜନ ହେଲା ମୋକ୍ଷ। ଏହାର ଗୋତ୍ର ନାହିଁ। ତେଣୁ ଜାତି-ଗୋତ୍ର ଆଦି ସମସ୍ତ ସଂବନ୍ଧକୁ ଛିନ୍ନ କରିଥିବା ମହର୍ଷି ହିଁ ମୋକ୍ଷକୁ ପାଇପାରିଥାଏ।

ମିଷ୍ଟଭାଷୀ, ସୂକ୍ଷ୍ମଦର୍ଶୀ ଏବଂ ମଧ୍ୟସ୍ଥ ପୁରୁଷ ହିଁ ଜାତିସମ୍ପନ୍ନ ହୋଇଥାଏ।

---

(୨୧) ଉତ୍ତରଜ୍‌ଝୟଣାଣି, ୨୫/୨୦-୨୯।

(୨୨) ଉତ୍ତରଜ୍‌ଝୟଣାଣି, ୨୫/୩୩।

ଜାତିଗର୍ବର ପରିଣାମ

ଜାତିଗର୍ବର ପ୍ରାରମ୍ଭିକ ପରିଣାମ ସାମାଜିକ ଦୁର୍ବ୍ୟବସ୍ଥା ଏବଂ ବିଦ୍ରୋହ। ଭଗବାନ ମହାବୀର ଏହାର ପାରଲୌକିକ ଫଳ ମଧ୍ୟ ଅନିଷ୍ଟକାରକ ବୋଲି କହିଛନ୍ତି।

ଜଣେ ପୁରୁଷ, ଜାତି, କୁଳ, ବଳ, ରୂପ, ତପ, ଶ୍ରୁତ, ଲାଭ, ଐଶ୍ୱର୍ଯ୍ୟ ଏବଂ ପ୍ରଜ୍ଞା ମଦ ଅଥବା ଅନ୍ୟ କୌଣସି ମଦ ଯୋଗୁଁ ଉନ୍ମତ୍ତ ହୋଇ ଅନ୍ୟମାନଙ୍କ ଅବହେଳନା, ନିନ୍ଦା ଓ ଗର୍ହଣା କରିଥାଏ, ଘୃଣା କରିଥାଏ, ତିରସ୍କୃତ ଓ ଅପମାନିତ କରିଥାଏ – ସେ ହେଉଛି ବାସ୍ତବରେ ଦୀନ ଓ ଦରିଦ୍ର। ଏହିଭଳି ଅଭିମାନୀ ପୁରୁଷ ମରିବା ପରେ ଗର୍ଭ, ଜନ୍ମ ଓ ମୃତ୍ୟୁର ଚକ୍ରରେ ନିରନ୍ତର ଘୂରି ବୁଲୁଥାନ୍ତି। କ୍ଷଣକ ସକାଶେ ବି ଦୁଃଖ ମୁକ୍ତି ପାଇଁ ବ୍ୟାକୁଳ ଥାନ୍ତି। (୨୩)

୧. ଜଣେ ଲୋକ ଜାତି-ସଂପନ୍ନ (ଶୁଦ୍ଧ ମାତୃକ), କିନ୍ତୁ କୁଳ-ସଂପନ୍ନ (ଶୁଦ୍ଧ-ପିତୃକ) ନୁହେଁ।

୨. ଜଣେ ଲୋକ କୁଳ-ସଂପନ୍ନ, ଅଥଚ ଜାତି ସଂପନ୍ନ ନୁହେଁ।

୩. ଜଣେ ବ୍ୟକ୍ତି ଜାତି ଓ କୁଳ ଉଭୟ ସଂପନ୍ନ ହୋଇପାରନ୍ତି।

୪. ଜଣେ ବ୍ୟକ୍ତି ଜାତି ଓ କୁଳ ଉଭୟ ଦୃଷ୍ଟିରୁ ସଂପନ୍ନ ନୁହଁନ୍ତି।(୨୪)

ଜାତି ଓ କୁଳ-ଭେଦର ଆଧାର ମାତୃ-ପ୍ରଧାନ ଓ ପିତୃ-ପ୍ରଧାନ କୁଟୁମ୍ବ ବ୍ୟବସ୍ଥା ବି ହୋଇପାରିବ। ଯେଉଁ କୁଟୁମ୍ବର ସଂଚାଳନ ଦାୟିତ୍ୱ ନାରୀମାନେ ବହନ କଲେ, ସେହି ବର୍ଗ ଜାତି ବୋଲାଇଲେ ତଥା ପୁରୁଷମାନଙ୍କ ନେତୃତ୍ୱରେ ପରିଚାଳିତ କୁଟୁମ୍ବ ବର୍ଗକୁ 'କୁଳ' କୁହାଗଲା।

ମା'-ବାପାଙ୍କ ଅର୍ଜିତ ଗୁଣର ପ୍ରଭାବ ସେମାନଙ୍କ ସନ୍ତାନ ଉପରେ ପଡ଼ିବା ସ୍ୱାଭାବିକ। ଏହି ଦୃଷ୍ଟିରୁ ଜାତି ଓ କୁଳର ବିଚାର ବଡ଼ ମହତ୍ତ୍ୱପୂର୍ଣ୍ଣ। ତେବେ ଜାତି ଓ କୁଳ ଉଚ୍ଚତା ଓ ନୀଚତାର ମାପଦଣ୍ଡ ନୁହେଁ।

ସମତା ଧର୍ମରେ ଜାତିବାଦ ପାଇଁ ଅନବକାଶ

ଦେହ ଓ ଜୀବ ମଧ୍ୟରେ ଭେଦ-ଦର୍ଶନ କରିପାରୁଥିବା ସମ୍ୟକ୍ ଦୃଷ୍ଟିସମ୍ପନ୍ନ ମନୁଷ୍ୟ, ଦେହ-ଭେଦ ଆଧାରରେ ଜୀବ-ଭେଦ କରିପାରନ୍ତି ନାହିଁ। ଜୀବ ବା ଆତ୍ମାର ଲକ୍ଷଣ ହେଉଛି ଜ୍ଞାନ, ଦର୍ଶନ ଓ ଚାରିତ୍ର। ତେଣୁ ବ୍ରାହ୍ମଣ, କ୍ଷତ୍ରିୟ, ବୈଶ୍ୟ ଓ ଶୂଦ୍ରମାନଙ୍କ ପ୍ରତି ଦେହ-ଭେଦ ଭିତ୍ତିରେ ରାଗ-ଦ୍ୱେଷ କରିବା ଉଚିତ ନୁହେଁ।(୨୫)

ଯେଉଁ ବ୍ୟକ୍ତି ଦେହ-ଭେଦ ଆଧାରରେ ଜୀବମାନଙ୍କ ମଧ୍ୟରେ ଭେଦ ଦେଖିଥାଏ, ସେ ଜ୍ଞାନ, ଦର୍ଶନ ଓ ଚାରିତ୍ରକୁ ଜୀବର ଲକ୍ଷଣ ବୋଲି ସ୍ୱୀକାର କରେନାହିଁ।

ଯାହାର ଆଚରଣ ପବିତ୍ର, ସେ ସବୁବେଳେ ଆଦରଣୀୟ। ଜଣେ ଜାତିରେ ଚାଣ୍ଡାଳ ହୋଇପାରେ, କିନ୍ତୁ ତା'ର ଜୀବନ ଯଦି ବ୍ରତଯୁକ୍ତ, ତେବେ ଦେବଗଣ ତାହାକୁ ବ୍ରାହ୍ମଣ ମଣିଥାନ୍ତି।(୨୬)

ଜାତି-ମଦ-ଉନ୍ମତ୍ତ ବ୍ରାହ୍ମଣମାନେ ଜଣେ ଚାଣ୍ଡାଳ ମୁନିଙ୍କ ତପୋବଳ ସମ୍ମୁଖରେ ନତ ଓ ପ୍ରଣତ ହୋଇପଡ଼ିଥିଲେ।

---

(୨୩) ସୂୟଗଡ଼ୋ, ୨/୨/୨୫।

(୨୪) ଠାଣଂ, ୪/୨୨୯।

(୨୫) ପରମାତ୍ମ ପ୍ରକାଶ, ୧୦୨ :
ଦେହବିଭେଇୟଂ ଜୋ କୁଣଇ ଜୀବହଂ ଭେଉ ବିଚିତ୍ତୁ।
ସୋଣ ବିଲକ୍ଖଣୁ ମୁଣଇ ତହଂ ବଂସଣୁଣାଚରିତ୍ତୁ ॥

(୨୬) ପଦ୍ମପୁରାଣ, ୧୧/୨୦୩ : ବ୍ରତସ୍ଥମପି ଚାଣ୍ଡାଳଂ,
ତଂ ଦେବା ବ୍ରାହ୍ମଣଂ ବିଦୁଃ।

ଏହି ଦୃଶ୍ୟର ବର୍ଣ୍ଣନାକରି ଭଗବାନ ମହାବୀର କହିଛନ୍ତି – ତପସ୍ୟା ହିଁ ପ୍ରଧାନ, ଏହା ପ୍ରତ୍ୟକ୍ଷ। ଜାତିର କୌଣସି ମହତ୍ତ୍ୱ ନାହିଁ। ହରିକେଶ ମୁନି ଯାହାଙ୍କ ଯୋଗ-ବିଭୂତି ଓ ସାମର୍ଥ୍ୟ ଆଶ୍ଚର୍ଯ୍ୟଜନକ, ସେ ହେଉଛନ୍ତି ଚାଣ୍ଡାଳ ପୁତ୍ର।[୨୭]

ନୀଚଜନ, ଅସତ୍ୟ ଆଚରଣ କରିଥାନ୍ତି। ଏହାର ଫଳିତାର୍ଥ ହେଲା ଯିଏ ଅସତ୍ୟର ଆଚରଣ କରେନାହିଁ, ସେ ନୀଚ ନୁହେଁ।[୨୮]

ଶ୍ରମଣମାନଙ୍କ ଉପାସକ ଯେ କେହି ବି ହୋଇପାରନ୍ତି। ସେମାନଙ୍କ ସକାଶେ ଜାତିର ବନ୍ଧନ ନାହିଁ। ଶ୍ରାବକମାନଙ୍କ ମସ୍ତକ କ'ଣ ମଣି-ଭୂଷିତ ଯେ ସେହିମାନେ ହିଁ ଶ୍ରମଣ ଉପାସନା କରିବେ ? ଅହିଂସା ଓ ସତ୍ୟର ଆଚରଣ କରୁଥିବା ଲୋକ ଶୂଦ୍ର ହୋଇଥାଉ କିମ୍ବା ବ୍ରାହ୍ମଣ, ସେ ନିଶ୍ଚିତ ଭାବରେ ଜଣେ ଶ୍ରାବକ।

---

(୨୭) ଉତ୍ତରଜଝୟଣାଣି, ୧୨/୩୭ :
ସକ୍‌ଖଂ ଖୁ ଦୀସଇ ତବୋବିସେ ସୋ,
ନ ଦୀସଈ ଜାଇବିସେସ କୋୟ।
ସୋବାଗପୁତ୍ତେ ହରିଏସସାହୂ,
ଜସ୍‌ସେରିସା ଇଡ଼୍‌ଢି ମହାଣୁଭାଗା।

(୨୮) ପ୍ରଶ୍ନବ୍ୟାକରଣ, ୨ ଆଶ୍ରବଦ୍ୱାର।

॥ ୫ ॥
ସାମ୍ପ୍ରତିକ ସମସ୍ୟା ସନ୍ଦର୍ଭରେ ଜୈନଦର୍ଶନ

ଦର୍ଶନର ସତ୍ୟ ହେଉଛି ଧ୍ରୁବ ଓ ଶାଶ୍ୱତ। ସେଗୁଡ଼ିକର ତୈକାଳିକ ଆବଶ୍ୟକତା ରହିଥାଏ। ମାନବ ଜାତିର ଅନେକ ସମସ୍ୟା ସୃଷ୍ଟି ହୋଇଥାଏ, କାଳକ୍ରମେ ସମାହିତ ମଧ୍ୟ ହୁଏ, ତେବେ କିଛି ସମସ୍ୟା ରହିଥାଏ ମୌଳିକ। ବାର୍ତ୍ତମାନିକ ସମସ୍ୟା ସମାଧାନର ଦାୟିତ୍ୱ ରହିଥାଏ ଦର୍ଶନ ଉପରେ। ତେବେ ଯେଉଁ ସମସ୍ୟାଗୁଡ଼ିକ ମୌଳିକ ହେବା ସହିତ ଅନ୍ୟାନ୍ୟ ସମସ୍ୟା ଉତ୍ପନ୍ନ କରିଥାନ୍ତି, ମୂଳତଃ ସେମାନଙ୍କ ସମାଧାନର ଦାୟିତ୍ୱ ଦର୍ଶନ ଉପରେ ନ୍ୟସ୍ତ।

ବୈଷମ୍ୟ ଏକ ସମସ୍ୟା। ସମତ୍ୱ ଦୃଷ୍ଟିକୋଣର ଅବିକାଶ ଏହାର କାରଣ। ଭଗବାନ ମହାବୀର ସାମ୍ୟର ଯେଉଁ ସ୍ୱର ଉଦ୍‌ବଦ୍ଧ କରିଯାଇଛନ୍ତି, ତାହା ଆଜି ମଧ୍ୟ ମନନୀୟ। ସେ କହିଛନ୍ତି – 'ପ୍ରତ୍ୟେକ ଦର୍ଶନକୁ ପ୍ରଥମେ ଭଲକରି ଜାଣି ମୁଁ ପ୍ରଶ୍ନ କରୁଛି - ହେ ବୁଦ୍ଧିଜୀବୀ ଗଣ ! ତୁମଲାଗି ସୁଖ ଅପ୍ରିୟ ନା ଦୁଃଖ ? ଯଦି ତୁମେ ଦୁଃଖ ଅପ୍ରିୟ ବୋଲି ସ୍ୱୀକାର କରୁଛ, ତାହାହେଲେ ତୁମଭଳି ସମସ୍ତ ପ୍ରାଣୀ, ସର୍ବଭୂତ, ସର୍ବଜୀବ ଏବଂ ସର୍ବସତ୍ତ୍ୱ ସକାଶେ ଦୁଃଖ ହେଉଛି ମହାଭୟଙ୍କର, ଅନିଷ୍ଟ ଓ ଅଶାନ୍ତିକାରକ।

"ମୋତେ କେହି ଜଣେ ବେତବାଡ଼ି, ହାଡ଼, ମୁଷ୍ଟି, ଟେକା, ପଥର ଆଦି ଦ୍ୱାରା ପ୍ରହାର ପୂର୍ବକ ତାଡ଼ନା ଦେବ ଏବଂ ଦୁଃଖ ଦେବ, ବ୍ୟାକୁଳ କରିବ, ଭୟଭୀତ କରିବ, ପ୍ରାଣହରଣ କରିବ, ତେବେ ମୋତେ ଅବଶ୍ୟ ଦୁଃଖ ହେବ। ମୃତ୍ୟୁରୁ ରୋମ-ଉତ୍ପାଟନ ପର୍ଯ୍ୟନ୍ତ ପ୍ରତିକଷଣ, ମୋତେ ଦୁଃଖ ଓ ଭୟ ପ୍ରଦାନ କରିଥାଏ, ସେହିଭଳି ସମସ୍ତ ପ୍ରାଣୀ, ଭୂତ, ଜୀବ ଓ ସତ୍ତ୍ୱ ସେହି କଷଣର ଅନୁଭୂତି କରିଥାନ୍ତି। ଏହା ବିଚାରି କୌଣସି ପ୍ରାଣୀ, ଭୂତ, ଜୀବ ଓ ସତ୍ତ୍ୱକୁ ମାରିବା, ଶାସନ କରିବା, ପରିତପ୍ତ କରିବା, ଉଦ୍‌ବିଗ୍ନ କରିବା ଉଚିତ ନୁହେଁ।"[୧]

ଏହି ସାମ୍ୟ-ଦର୍ଶନ ପଛରେ ଶକ୍ତିତନ୍ତ୍ର ନ ଥିବାରୁ ଏହା ସମାଜକୁ ଅଧିକ ସମୃଦ୍ଧଶାଳୀ କରିପାରିବ। ସମଗ୍ର ବିଶ୍ୱ ଅହିଂସା ବା ସାମ୍ୟର ଚର୍ଚ୍ଚାରେ ବର୍ତ୍ତମାନ ମଗ୍ନ। ଏହି ସଂସ୍କାରର ପୃଷ୍ଠଭୂମିରେ ଜୈନଧର୍ମର ବିଶିଷ୍ଟ ଅବଦାନ ରହିଛି। କାୟିକ ଓ ମାନସିକ ଅହିଂସା ଏବଂ ତା'ର ବୈୟକ୍ତିକ ଓ ସାମାଜିକ ସାଧନାର ସୁବ୍ୟବସ୍ଥିତ ରୂପ ଜୈନ ତୀର୍ଥଙ୍କରମାନେ ପ୍ରଦାନ କରିଯାଇଛନ୍ତି - ଏହା ଇତିହାସସମ୍ମତ।

---

(୧) ସୂୟଗଡ଼ୋ, ୨/୧/୧୫।

ସବୁ ଜୀବ ସମାନ

ବାହ୍ୟ ଆବରଣରେ ପାର୍ଥକ୍ୟ ରହିଥିବା ସତ୍ତ୍ୱେ ଜୀବଗୁଡ଼ିକର ଭିତର ଜଗତ୍ ଏକାଭଳି। ଏହାକୁ ହୃଦୟଙ୍ଗମ କରିପାରିଲେ ସମତ୍ୱର ଆଧାର ପୁଷ୍ଟ ହୁଏ। ସମାନତାର ନିମ୍ନ ଦୃଷ୍ଟିକୋଣ ପ୍ରଣିଧାନଯୋଗ୍ୟ –

(କ) ପରିମାଣ ଦୃଷ୍ଟିରୁ ଜୀବମାନଙ୍କ ଶରୀର କ୍ଷୁଦ୍ର ବା ବୃହତ୍ ହୋଇପାରେ, କିନ୍ତୁ ଆତ୍ମାର ଆକାର ଛୋଟ କିମ୍ବା ବଡ଼ ନୁହେଁ। ପିମ୍ପୁଡ଼ି ଓ ହାତୀ – ଉଭୟଙ୍କ ଆତ୍ମା ସମାନ।

ଭଗବାନ କହିଛନ୍ତି – ଗୌତମ ! ଆକାଶ (ଲୋକାକାଶ), ଗତି-ସହାୟକ-ତତ୍ତ୍ୱ (ଧର୍ମ), ସ୍ଥିତି-ସହାୟକ-ତତ୍ତ୍ୱ (ଅଧର୍ମ) ଏବଂ ଜୀବ - ଏହି ଚାରିବସ୍ତୁ ହେଉଛନ୍ତି ସମତୁଲ୍ୟ। ଜୀବ, କର୍ମ ଶରୀର ସହିତ ବନ୍ଧା ହୋଇଥିବାରୁ ତାହାର ବ୍ୟାପ୍ତି ସମ୍ଭବ ନୁହେଁ। ଜୀବର ପରିମାଣ ଶରୀର-ବ୍ୟାପୀ ମାତ୍ର। ମନୁଷ୍ୟ, ପଶୁ, ପକ୍ଷୀ, କୀଟ, ପତଙ୍ଗ ଆଦି ଜାତି ଅନୁରପୂ ଶରୀରର ଆକାର ସାଜିଥାଏ। ଶରୀର ଭେଦ ଯୋଗୁଁ ପ୍ରସରଣ ଭେଦ ହେଲେ ମଧ୍ୟ ଜୀବମାନଙ୍କ ମୌଳିକ ପରିମାଣରେ କୌଣସି ନ୍ୟୂନାଧିକ୍ୟ ନ ଥାଏ। ଏହି କାରଣରୁ ପରିମାଣ ଦୃଷ୍ଟିରୁ ସମସ୍ତ ଜୀବ ସମାନ।

(ଖ) ଜ୍ଞାନ ଦୃଷ୍ଟିରୁ ମାଟି, ପାଣି, ଅଗ୍ନି, ବାୟୁ ଏବଂ ବନସ୍ପତିର ଜୀବଗୁଡ଼ିକଙ୍କ ଜ୍ଞାନ ସବୁଠାରୁ କମ୍ ବିକଶିତ ଥାଏ। ଏଗୁଡ଼ିକ ଏକେନ୍ଦ୍ରିୟ। ଏମାନେ କେବଳ ସ୍ପର୍ଶର ଅନୁଭୂତି କରିଥାନ୍ତି। ଏମାନଙ୍କ ଶାରୀରିକ ସ୍ଥିତି ଭାରି ଦୟନୀୟ। କେହି ଛୁଇଁଦେବା ମାତ୍ରେ ଏମାନଙ୍କୁ ଅପାର କଷ୍ଟହୁଏ। ଦ୍ୱୀନ୍ଦ୍ରିୟ, ତ୍ରୀନ୍ଦ୍ରିୟ, ଚତୁରେନ୍ଦ୍ରିୟ, ଅମନସ୍କ ପଞ୍ଚେନ୍ଦ୍ରିୟ ଓ ସମନସ୍କ ପଞ୍ଚେନ୍ଦ୍ରିୟ - ଏହା ଜୀବର କ୍ରମିକ ବିକାଶଶୀଳ ବର୍ଗ। ଜ୍ଞାନର ବିକାଶ ସବୁ ଜୀବ ମଧ୍ୟରେ ସମାନ ନ ଥାଏ, କିନ୍ତୁ ଜ୍ଞାନଶକ୍ତି ସମସ୍ତ ଜୀବ ମଧ୍ୟରେ ସମାନ ରହିଥାଏ। ପ୍ରାଣୀମାତ୍ର ମଧ୍ୟରେ ଅନନ୍ତ ଜ୍ଞାନର ସାମର୍ଥ୍ୟ ଥାଏ, ତେଣୁ ଜ୍ଞାନ-ସାମର୍ଥ୍ୟ ଦୃଷ୍ଟିରୁ ସବୁ ଜୀବ ସମାନ।

(ଗ) ବୀର୍ଯ୍ୟ ଦୃଷ୍ଟିରୁ କିଛି ଜୀବ ପ୍ରଚୁର ଉତ୍ସାହ ଓ କ୍ରିୟାତ୍ମକ ବୀର୍ଯ୍ୟ ସପନ୍ନ ହୋଇଥାନ୍ତି ଏବଂ ଅନ୍ୟ କେତେକ ଜୀବଙ୍କଠାରେ ଏହି ସମ୍ପନ୍ନତା ନ ଥାଏ। ଶାରୀରିକ ତଥା ପାରିପାର୍ଶ୍ୱିକ ସାଧନ ସମୂହର ନ୍ୟୂନାଧିକତା ଏବଂ ଉଚ୍ଚାବଚତା, ଏହାର କାରଣ। ଆତ୍ମବୀର୍ଯ୍ୟ ଓ ଯୋଗ୍ୟତାତ୍ମକ ବୀର୍ଯ୍ୟ ମଧ୍ୟରେ କୌଣସି ପ୍ରକାର ପାତର-ଅନ୍ତର ନ ଥାଏ। ତେଣୁ ଯୋଗ୍ୟତାତ୍ମକ ବୀର୍ଯ୍ୟ ଦୃଷ୍ଟିରେ ସମସ୍ତ ଜୀବ ସମାନ।

(ଘ) ଅପୌଦ୍‌ଗଳିକତା ଦୃଷ୍ଟିରୁ କାହାର ଶରୀର ସୁନ୍ଦର, ଜନ୍ମସ୍ଥାନ ପବିତ୍ର ତଥା ବ୍ୟକ୍ତିତ୍ୱ ଆକର୍ଷକ ଓ ପ୍ରଭାବଶାଳୀ ହୋଇଥାଏ ଏବଂ ଅନ୍ୟ କାହାର କ୍ଷେତ୍ରରେ ଏହାର ଠିକ୍ ବିପରୀତ ଘଟିଥାଏ।

କେତେ ଜୀବ ଦୀର୍ଘ ଆୟୁଷ ପାଇଥାନ୍ତି, କେତେକଙ୍କ ଆୟୁଷ ସ୍ୱଳ୍ପ। କିଛି ଲୋକ ଯଶଲାଭ କରିଥାନ୍ତି, କେତେକ ଜମା ଯଶପ୍ରାପ୍ତ କରିପାରନ୍ତି ନାହିଁ, ବରଂ ଅପଯଶ ଅର୍ଜନ କରିଥାନ୍ତି। କେହି ଉଚ୍ଚ ବୋଲାଇଥାଏ, କେହି ନୀଚ। ଜଣେ ସୁଖାନୁଭୂତି କରେ, ଅନ୍ୟଜଣକ ଦୁଃଖର ଅନୁଭୂତି କରିଥାଏ। ଏସବୁ ପୌଦ୍‌ଗଳିକ ଉପକରଣ ମାତ୍ର। ଜୀବ ହିଁ ଅପୌଦ୍‌ଗଳିକ। ତେଣୁ ଅପୌଦ୍‌ଗଳିକତା ଦୃଷ୍ଟିରୁ ସବୁ ଜୀବ ସମାନ।

(ଙ) ନିରୂପାଧିକ ସ୍ୱଭାବ ଦୃଷ୍ଟିରୁ କୌଣସି ଲୋକ ହିଂସା କରିଥାଏ, ଅନ୍ୟମାନେ ହିଂସା କରିନଥାନ୍ତି। କେହି ମିଛ କହିଥାଏ, କେହି ମିଛ କହେନାହିଁ। କିଛି ଲୋକ ଚୋରି ଏବଂ ସଂଗ୍ରହ କରିଥାନ୍ତି, ଅଥଚ ଅନେକ ଲୋକ ଚୋରି ତଥା ଅନାବଶ୍ୟକ ସଂଗ୍ରହରୁ ବିରତ ରୁହନ୍ତି। କିଛି କାମାସକ୍ତ ଥାନ୍ତି, ଅନ୍ୟ କେତେକ ବାସନା ଓ ଆସକ୍ତିରୁ ଦୂରେଇ ରହିଥାନ୍ତି। ଏହି ବୈଷମ୍ୟର କାରଣ ହେଉଛି ମୋହର (ମୋହକ-ପୁଦ୍‌ଗଳ ସମୂହ) ଉଦୟ ଓ ଅନୁଦୟ। ମୋହର ଉଦୟ ଦ୍ୱାରା ମଣିଷ ମଧ୍ୟରେ ବିକାର ଜାତହୁଏ। ହିଂସା, ଅସତ୍ୟ, ଚୋରି, ଅବ୍ରହ୍ମଚର୍ଯ୍ୟ ଏବଂ ପରିଗ୍ରହ - ଏଗୁଡ଼ିକ ବିକାର (ବିଭାବ)। ମୋହର ଅନୁଦୟ ଫଳରେ ବ୍ୟକ୍ତି ସ୍ୱଭାବ ମଧ୍ୟରେ ରହିଥାଏ। ଅହିଂସା, ସତ୍ୟ, ଅଚୌର୍ଯ୍ୟ, ବ୍ରହ୍ମଚର୍ଯ୍ୟ ଏବଂ ଅପରିଗ୍ରହ - ଏଗୁଡ଼ିକ ସ୍ୱଭାବ। ବିକାର ଔପାଧିକ ହୋଇଥାଏ। ନିରୂପାଧିକ ସ୍ୱଭାବ ଦୃଷ୍ଟିରୁ ସମସ୍ତ ଜୀବ ସମାନ ଅଟନ୍ତି।

(ଚ) ସ୍ୱଭାବ-ବୀଜର ସାମ୍ୟ ଦୃଷ୍ଟିରୁ ଆତ୍ମା ହିଁ ପରମାତ୍ମା। ପୌଦଗଳିକ ଉପାଧି ଦ୍ୱାରା ବନ୍ଧ ଜୀବମାନେ

ହେଉଛନ୍ତି ସଂସାରୀ-ଆତ୍ମା। ଏଥିରୁ ମୁକ୍ତ ହୋଇପଡ଼ିଥିବା ଜୀବମାନେ ପରମାତ୍ମା। ପରମାତ୍ମାଙ୍କ ଆଠଟି (୮) ଲକ୍ଷଣ ହେଉଛି –

୧. ଅନନ୍ତ-ଜ୍ଞାନ ୨. ଅନନ୍ତ-ଦର୍ଶନ ୩. ଅନନ୍ତ-ଆନନ୍ଦ ୪. ଅନନ୍ତ-ପବିତ୍ରତା ୫. ଅପୁନରାବର୍ତ୍ତନ ୬. ଅମୂର୍ତ୍ତତା-ଅପୌଦ୍‌ଗଳିକତା ୭. ଅଗୁରୁ-ଲଘୁତା-ପୂର୍ଣ୍ଣସାମ୍ୟ ୮. ଅନନ୍ତ-ଶକ୍ତି।

ଏହି ଅଷ୍ଟତତ୍ତ୍ୱର ବୀଜ ପ୍ରାଣୀମାତ୍ରଠାରେ ସମପରିମାଣରେ ରହିଥାଏ। ବିକାଶ ବା ଅଭିବୃଦ୍ଧିରେ ତାରତମ୍ୟ ହୋଇଥାଏ। ବିକାଶ ଦୃଷ୍ଟିରେ ଭେଦ ରହିଥିଲେ ମଧ୍ୟ ସ୍ୱଭାବ-ବୀଜର ସାମ୍ୟ ଦୃଷ୍ଟିରୁ ସବୁ ଜୀବ ସମାନ।

ଏହି ଆତ୍ମୋପମ୍ୟ ବା ସର୍ବଜୀବ ସମତାର ସିଦ୍ଧାନ୍ତ ହେଉଛି ସମତ୍ୱର ଆଧାରଶିଳା।

ସାପେକ୍ଷ ଓ ନିରପେକ୍ଷ ଦୃଷ୍ଟିକୋଣ

ନିରପେକ୍ଷ ଦୃଷ୍ଟି ନିଜେ ଏକ ସମସ୍ୟା। ଏହାର ସମାଧାନ ହେଉଛି ସାପେକ୍ଷ ଦୃଷ୍ଟିକୋଣର ବିକାଶ।

ସାପେକ୍ଷ ଦୃଷ୍ଟି ଧ୍ରୁବସତ୍ୟର ଅପରିହାର୍ଯ୍ୟ ବ୍ୟାଖ୍ୟା କରିଥାଏ। ଏହା ଯେତେ ଦାର୍ଶନିକ ସତ୍ୟ, ବ୍ୟବହାର ସତ୍ୟ ମଧ୍ୟ ସେତେ। ଆମ ଜୀବନ ଯେତେ ବୈୟକ୍ତିକ, ସେତେ ସାମୁଦାୟିକ। ଏହି ଦୁଇଶ୍ରେଣୀରେ ସାପେକ୍ଷତା ନିଜକୁ ସିଦ୍ଧ କରିଥାଏ।

ସାପେକ୍ଷ ନୀତି ଦ୍ୱାରା ବ୍ୟବହାରରେ ସାମଞ୍ଜସ୍ୟ ଆସେ। ଏହାର ପରିଣାମ ହେଲା ମୈତ୍ରୀ, ଶାନ୍ତି ଓ ବ୍ୟବସ୍ଥା। ନିରପେକ୍ଷ ନୀତି ଅବହେଳନା, ତିରସ୍କାର ଓ ଘୃଣା ଉତ୍ପନ୍ନ କରିଥାଏ। ପରିବାର, ଜାତି, ଗ୍ରାମ, ରାଜ୍ୟ, ରାଷ୍ଟ୍ର ଏବଂ ବିଶ୍ୱ – ଏଗୁଡ଼ିକ ହେଲେ କ୍ରମିକ ବିକାଶଶୀଳ ସଂଗଠନ। ସଂଗଠନ ଅର୍ଥାତ୍ ସାପେକ୍ଷତା। ସାପେକ୍ଷତାର ନିୟମ ଦୁଇଜଣଙ୍କ ପାଇଁ ନିର୍ଦ୍ଧାରିତ କରାଯାଏ। ଏହି ନିୟମ ହିଁ ଅନ୍ତର୍ରାଷ୍ଟ୍ରୀୟ ଜଗତ ସକାଶେ ପ୍ରଯୁଜ୍ୟ।

ଗୋଟିଏ ଦେଶ ଯଦି ଅନ୍ୟ ଦେଶର ଅବହେଳନା କରି ଆପଣା ପ୍ରଭୁତ୍ୱ ସାବ୍ୟସ୍ତ କରିଥାଏ, ସେତେବେଳେ ହିଁ ବିଂସଗତି ସୃଷ୍ଟିହୁଏ। ଏହାର ପରିଣାମ କଟୁତା, ସଂଘର୍ଷ ଏବଂ ଅଶାନ୍ତି ରୂପରେ ପ୍ରକଟ ହୁଏ।

ନିରପେକ୍ଷତାର ପାଞ୍ଚୋଟି (୫) ରୂପ ହେଲା – ୧. ବୈୟକ୍ତିକ ୨. ଜାତୀୟ ୩. ସାମାଜିକ ୪. ରାଷ୍ଟ୍ରୀୟ ୫. ଅନ୍ତର୍ରାଷ୍ଟ୍ରୀୟ।

ଏହାର ପରିଣାମ ହେଉଛି – ବର୍ଗଭେଦ, ପୃଥକତା, ଅବ୍ୟବସ୍ଥା, ସଂଘର୍ଷ, ଶକ୍ତି-କ୍ଷୟ, ଯୁଦ୍ଧ ଓ ଅଶାନ୍ତି।

ସାପେକ୍ଷତାର ମଧ୍ୟ ପାଞ୍ଚଟି ରୂପ ରହିଛି। ଯଥା– ୧. ବୈୟକ୍ତିକ ୨. ଜାତୀୟ ୩. ସାମାଜିକ ୪. ରାଷ୍ଟ୍ରୀୟ ୫. ଅନ୍ତର୍ରାଷ୍ଟ୍ରୀୟ।

ଏହାର ପରିଣାମ ହେଉଛି – ସମତା-ପ୍ରଧାନ-ଜୀବନ, ସାମୀପ୍ୟ, ବ୍ୟବସ୍ଥା, ସ୍ନେହ, ଶକ୍ତି-ସଂବର୍ଦ୍ଧନ, ମୈତ୍ରୀ ଓ ଶାନ୍ତି।

ବ୍ୟକ୍ତି ଓ ସମୁଦାୟ

ବ୍ୟକ୍ତି ଏକା ଆସେନାହିଁ ସଂଗରେ ବନ୍ଧନର ମଞ୍ଜିକୁ ମଧ୍ୟ ଆଣିଥାଏ। ଆପଣା ହାତରେ ସିଞ୍ଚନ କରି ସେହି ବୀଜକୁ ବିଶାଳ ବୃକ୍ଷରେ ପରିଣତ କରିଦିଏ। ନିକୁଞ୍ଜ ତା'ଲାଗି କାରାଗାର ସାଜିଥାଏ। ବନ୍ଧନକୁ ମଣିଷ ଉପରେ ଲଦିଦିଆଯାଏ, ଏହା ତାତ୍‌କାଳିକ ସତ୍ୟ। ସ୍ଥାୟୀ ସତ୍ୟ ହେଉଛି ବନ୍ଧନକୁ ସେ ସ୍ୱୟଂ ବିକଶିତ କରିଥାଏ।

ସେମାନଙ୍କ ଦ୍ୱାରା ବୈୟକ୍ତିକତା, ସମୁଦାୟ ସହିତ ସଂଲଗ୍ନ ହୋଇ ସୀମିତ ହୋଇପଡ଼େ। ବୈୟକ୍ତିକତା ଓ ସାମୁଦାୟିକତା ମଧ୍ୟରେ ଭେଦ-ରେଖା ଟାଣିବା ସରଳ କାର୍ଯ୍ୟ ନୁହେଁ। ବ୍ୟକ୍ତି ସବୁବେଳେ ବ୍ୟକ୍ତି, ସବୁ ସ୍ଥିତିରେ ବ୍ୟକ୍ତି। ଜନ୍ମ, ମୃତ୍ୟୁ ଓ ଅନୁଭୂତିର କ୍ଷେତ୍ର ବ୍ୟକ୍ତିର ନିଜସ୍ୱ - ଯାହା ବୈୟକ୍ତିକତା ସାମୁଦାୟିକତାର ବ୍ୟାଖ୍ୟା ପାରସ୍ପରିକତା ଦ୍ୱାରା କରାଯାଇଥାଏ। ଏକାଧିକ ଅର୍ଥାତ୍ ଦୁଇ କିମ୍ବା ଅନେକଙ୍କ ପାରସ୍ପରିକତା ହିଁ ସାମୁଦାୟିକତା।

ପାରସ୍ପରିକତାର ସୀମାରେ ଏପଟେ ଯାହାସବୁ ରହିଛି, ତାହା ବୈୟକ୍ତିକତା। ବ୍ୟକ୍ତିର ଆନ୍ତରିକ କ୍ଷେତ୍ର

ହେଉଛି ବୈୟକ୍ତିକତା। ଏହି ବଳୟରୁ ସେ ଯେତେ ବାହାରକୁ ଆସିପାରେ, ସେତେ ପରିମାଣରେ ହିଁ ସାମୁଦାୟିକ ହୋଇପାରିଥାଏ।

ମଣିଷକୁ ସମାଜ-ନିରପେକ୍ଷ ଏବଂ ସମାଜକୁ ବ୍ୟକ୍ତି-ନିରପେକ୍ଷ ଭାବିବା ଏକାନ୍ତ ପାର୍ଥକ୍ୟବାଦୀ ନୀତି, ଯଦ୍ୱାରା ଉଭୟଙ୍କ ଅସ୍ତିତ୍ୱ ବିଶୃଙ୍ଖଳିତ ହୁଏ।

ସମନ୍ୱୟବାଦୀ ନୀତି ଅନୁସାରେ ବ୍ୟକ୍ତି ଓ ସମାଜର ସ୍ଥିତି ହେଉଛି ସାପେକ୍ଷ। କେଉଁଠାରେ ବ୍ୟକ୍ତି ଗୌଣ, ସମାଜ ମୁଖ୍ୟ ହୁଏ ତ' ଅନ୍ୟ କେଉଁଠାରେ ସମାଜ ଗୌଣ ଓ ବ୍ୟକ୍ତି ମୁଖ୍ୟ ହୁଏ।

ଏହି ସ୍ଥିତିରେ ସ୍ନେହ ଉତ୍ପନ୍ନ ହୁଏ। ଆଚାର୍ଯ୍ୟ ଅମୃତଚନ୍ଦ୍ର ଏହାକୁ ମଥନୀର ରୂପକ ଭାବରେ ଚିତ୍ରଣ କରିଛନ୍ତି। ଦହି ମନ୍ଥନ ସମୟରେ ଗୋଟିଏ ହାତ ଆଗକୁ ତ' ଅନ୍ୟ ହାତଟି ପଛକୁ ଚାଲିଯାଏ। ତା'ପରେ ଦ୍ୱିତୀୟ ଆଗକୁ ହୋଇଯାଏ ଏବଂ ପ୍ରଥମ ହାତ ପଛକୁ ହୁଏ। ଏହି ସାପେକ୍ଷ ମୁଖ୍ୟାମୁଖ୍ୟ ଭାବ ଦ୍ୱାରା ସ୍ନେହ ବା ଲହୁଣି ପ୍ରାପ୍ତ ହୁଏ। ଏକାନ୍ତ ଆଗ୍ରହ ଦ୍ୱାରା ଦଉଡ଼ି କେବଳ ଲମ୍ବିଯାଏ। ଉତ୍ତେଜନା ଓ ଚାପ ବୃଦ୍ଧିପାଏ, କିନ୍ତୁ ଦହି ମନ୍ଥନ ହୁଏନାହିଁ। ଲହୁଣି ମିଳିବ କିପରି ?

ଅନ୍ତର୍ରାଷ୍ଟ୍ରୀୟ ନିରପେକ୍ଷତା

ବହୁଳତା ଓ ଅଳ୍ପତା, ବ୍ୟକ୍ତି ଓ ସମୂହର ଐକାନ୍ତିକ ଆଗ୍ରହ ଦ୍ୱାରା ଭାରସାମ୍ୟ ବିଗିଡ଼ିଯାଏ। ସାମଞ୍ଜସ୍ୟର ଶୃଙ୍ଖଳ ଛିନ୍ନ ହୁଏ। ଅସନ୍ତୁଳନ ବୃଦ୍ଧିପାଏ।

ଅଧିକରୁ ଅଧିକ ଲୋକମାନଙ୍କ ଅଧିକତମ ହିତ – ସାମାଜିକ ଉପଯୋଗିତାର ଏହି ସିଦ୍ଧାନ୍ତ ନିରପେକ୍ଷ ନୀତି ଉପରେ ପ୍ରତିଷ୍ଠିତ। ଏହାରି ଆଧାରରେ ହିଟଲର, ଇହୁଦୀମାନଙ୍କ ଉପରେ ଜଘନ୍ୟ ଅମାନବୀୟ ଅତ୍ୟାଚାର କରିଥିଲେ।

ବହୁସଂଖ୍ୟକମାନଙ୍କ ଲାଗି ଅଳ୍ପସଂଖ୍ୟକମାନଙ୍କର ତଥା ବଡ଼ ଜୀବମାନଙ୍କ ପାଇଁ କ୍ଷୁଦ୍ର ଜୀବର ହିତର ବଳିଦାନ କରିବାର ସିଦ୍ଧାନ୍ତର ଔଚିତ୍ୟକୁ ଏକାନ୍ତ ନିରପେକ୍ଷ ଦୃଷ୍ଟିକୋଣ ଉତ୍ପନ୍ନ କରିବା ସହିତ ସିଦ୍ଧ ମଧ୍ୟ କରିଥାଏ।

ସାମନ୍ତବାଦୀ ଯୁଗରେ ବଡ଼ମାନଙ୍କ ପାଇଁ ଛୋଟମାନଙ୍କ ମଙ୍ଗଳକୁ ତ୍ୟାଗ କରିବା ଉଚିତ ମନେକରାଯାଉଥିଲା। ବହୁସଂଖ୍ୟକମାନଙ୍କ ପାଇଁ ଅଳ୍ପସଂଖ୍ୟକ ଏବଂ ବଡ଼ ରାଷ୍ଟ୍ରମାନଙ୍କ ସକାଶେ ଛୋଟ ରାଷ୍ଟ୍ରମାନେ ବର୍ତ୍ତମାନ ବି ଉପେକ୍ଷିତ। ଏହାହିଁ ଅଶାନ୍ତିର ହେତୁ। ଜଣକର ହିତସାଧନ କରିବାକୁ ଯାଇ ଅନ୍ୟ କାହାରି ଅନିଷ୍ଟ କରାଯାଇପାରିବ ନାହିଁ - ଏହାହେଉଛି ସାପେକ୍ଷ-ନୀତି।

ବୃହତ୍ ରାଷ୍ଟ୍ରମାନେ ଯେତେବେଳେ କ୍ଷୁଦ୍ର ଦେଶମାନଙ୍କୁ ନଗଣ୍ୟ ମଣି ବିକାଶ କରିବାର ଅବସର ପ୍ରଦାନ କରନ୍ତି ନାହିଁ - ସେତେବେଳେ ଏହି ନିର୍ମମ ନିରପେକ୍ଷ ନୀତି ବିରୁଦ୍ଧରେ ପ୍ରତିକ୍ରିୟା ଜାତହେବା ସ୍ୱାଭାବିକ। ଛୋଟ ରାଷ୍ଟ୍ରମାନଙ୍କ ମନରେ ବଡ଼ମାନଙ୍କ ପ୍ରତି ଅସ୍ନେହଭାବ ଉତ୍ପନ୍ନ ହେବାରେ ଆଶ୍ଚର୍ଯ୍ୟ ନାହିଁ। ଏହି ଲଘୁ ଦେଶମାନେ ସଂଗଠିତ ହୋଇ ଆପଣା ସାମର୍ଥ୍ୟ ଦେଖାଇବା ସହିତ ଅସମ୍ବେଦନଶୀଳ ବୃହତ୍ ରାଷ୍ଟ୍ରମାନଙ୍କ ପାଦଚାଣି ସେମାନଙ୍କୁ ମଜା ଚଖାଇବା ପାଇଁ ସଜ ହୁଅନ୍ତି। ଘୃଣା ପ୍ରତି ଘୃଣା ତଥା ତିରସ୍କାର ବିରୁଦ୍ଧରେ ତିରସ୍କାର ଭାବ ତୀବ୍ରତର ହୁଏ।

ମୈତ୍ରୀର ପୃଷ୍ଠଭୂମିରେ ରହିଥାଏ ସତ୍ୟ। ତାହା ଧ୍ରୌବ୍ୟ ଓ ପରିବର୍ତ୍ତନ ସହିତ ସଂଲଗ୍ନ ଥାଏ। ଅପରିବର୍ତ୍ତନ ଯେତେ ସତ୍ୟ, ସେତେ ପରିମାଣରେ ପରିବର୍ତ୍ତନ ମଧ୍ୟ ସତ୍ୟ। ଯିଏ ଅପରିବର୍ତ୍ତନ ବା ଧ୍ରୁବତାକୁ ଜାଣିନାହିଁ ସେ ଚକ୍ଷୁଷ୍ମାନ ନୁହେଁ। ପରିବର୍ତ୍ତନର ସମ୍ୟକ୍‌ବୋଧ କରିପାରୁନଥିବା ଲୋକ ମଧ୍ୟ ଚକ୍ଷୁସ୍ମାନ ହୋଇନପାରେ।

ବସ୍ତୁ, କ୍ଷେତ୍ର, କାଳ ଓ ବିଚାର ନିରନ୍ତର ବଦଳୁଥାଏ। ଏମାନଙ୍କ ସହିତ ସ୍ଥିତି ମଧ୍ୟ ବଦଳିଯାଏ। ଏହି ପରିବର୍ତ୍ତନଶୀଳ ସତ୍ୟକୁ ଯେ ଠିକ୍ ଧରିପାରେ, ସେ ସାମଞ୍ଜସ୍ୟର ତୁଳାରେ ଆରୂଢ଼ ହୋଇ ଅନ୍ୟମାନଙ୍କ ସହିତ ମିତ୍ରତା ସ୍ଥାପନ କରିବାରେ ସଫଳ ହୋଇଥାଏ।

କ୍ରାନ୍ତି ଦ୍ୱାରା ରାଜ୍ୟସତ୍ତାରେ ପରିବର୍ତ୍ତନ ହେବାର ବହୁବିଧ ଦୃଷ୍ଟାନ୍ତ ଇତିହାସ ପୃଷ୍ଠାରେ ଗୁମ୍ଫିତ। ରାଜ୍ୟର

ସୀମା-ରେଖା ମଧ୍ୟ କାଳକ୍ରମେ ବଦଳିବା ଏକ ସ୍ୱାଭାବିକ ପ୍ରକ୍ରିୟା। ଶାସନ-କାଳ ଓ ଶାସନ-ପଦ୍ଧତି ମଧ୍ୟ ବଦଳୁଥାଏ। ଏହି ପରିବର୍ତ୍ତନର ଯଥାର୍ଥ ମୂଲ୍ୟାଙ୍କନ କରିପାରୁଥିବା ଲୋକ ହିଁ ଅଶାନ୍ତିକୁ ଟାଳିପାରିଥାଏ।

ଭେଦାତ୍ମକ-ପ୍ରବୃତ୍ତିଗୁଡ଼ିକର ଐକାନ୍ତିକ ଆଗ୍ରହ ଦ୍ୱାରା ଅଖଣ୍ଡତା ବିନଷ୍ଟ ହୁଏ।

ଅଭେଦାତ୍ମକ ପ୍ରବୃତ୍ତିଗୁଡ଼ିକର ଏକାନ୍ତ ଆଗ୍ରହ ଦ୍ୱାରା ଖଣ୍ଡର ବାସ୍ତବିକତା ଓ ଉପଯୋଗିତା ଲୋପ ପାଇଥାଏ।

ବ୍ୟଷ୍ଟି ଓ ସମଷ୍ଟି ତଥା ଅପରିବର୍ତ୍ତନ ଓ ପରିବର୍ତ୍ତନ ମଧ୍ୟରେ ସମନ୍ୱୟ ଦ୍ୱାରା ବ୍ୟବହାର ସାମଞ୍ଜସ୍ୟ ଓ ବ୍ୟବସ୍ଥା ସନ୍ତୁଳନ ସ୍ଥାପିତ ହୁଏ। ସମନ୍ୱୟ ବିନା ଏହା ସମ୍ଭବ ନୁହେଁ।

ସମନ୍ୱୟ ପଥରେ ପ୍ରଗତି।

ସମନ୍ୱୟ-ସିଦ୍ଧାନ୍ତର ଘନିଷ୍ଠ ସଂବନ୍ଧ ବିଶ୍ୱ-ବ୍ୟବସ୍ଥା ସହିତ ବ୍ୟବହାର ଓ ଉପଯୋଗିତା ସଙ୍ଗରେ ବି ରହିଥାଏ। ବିଶ୍ୱ ବ୍ୟବସ୍ଥାରେ ରହିଥିବା ସହଜ ଓ ସ୍ୱାଭାବିକ ସାମଞ୍ଜସ୍ୟର ହେତୁ ସମନ୍ୱୟ ଭିତରେ ନିହିତ ଥାଏ। ପ୍ରତ୍ୟେକ ପଦାର୍ଥରେ ସମତା ଓ ବିଭିନ୍ନତାର ସହଜ ସମନ୍ୱୟ। ଏହି କାରଣରୁ ସମସ୍ତ ପଦାର୍ଥ ଆପଣା କ୍ଷେତ୍ରରେ କ୍ରିୟାଶୀଳ ଥା'ନ୍ତି। ତେବେ ଉପଯୋଗିତା କ୍ଷେତ୍ରରେ ସହଜ ସମନ୍ୱୟ ନ ଥିବାରୁ ସାମଞ୍ଜସ୍ୟର ଅଭାବ ଦୃଷ୍ଟିଗୋଚର ହୁଏ। ଅସାମଞ୍ଜସ୍ୟର କାରଣ ଐକାନ୍ତିକ ବୃଦ୍ଧି ତଥା ଏକାନ୍ତ-ବୁଦ୍ଧିର ଆଢୁଆଳରେ ପକ୍ଷପାତପୂର୍ଣ୍ଣ ବୁଦ୍ଧି ରହିଥାଏ।

'ସ୍ୱ' ଓ 'ପର'ର ଭେଦ ଯେତେବେଳେ ତୀବ୍ର ହୁଏ, ତଟସ୍ଥ ବୃତ୍ତି କ୍ଷୀଣ ହୋଇପଡ଼େ। ଏହାହିଁ ହିଂସାର ମୂଳ କାରଣ।

ଅହିଂସାର ମୂଳରେ ରହିଥାଏ - ମଧ୍ୟସ୍ଥ ବୃତ୍ତି, ଲାଭ ଓ ଅଲାଭ ସ୍ଥିତିରେ ବୃତ୍ତିଗୁଡ଼ିକ ମଧ୍ୟରେ ସମନ୍ୱୟ।

'ସ୍ୱ'ର ଉତ୍କର୍ଷରେ 'ପର'ର ହୀନତା ପ୍ରତିବିମ୍ବିତ ହୁଏ। 'ପର'ର ଉତ୍କର୍ଷରେ 'ସ୍ୱ'ର ହୀନତାର ଅନୁଭୂତି ହୁଏ। ଉଭୟ ସ୍ଥିତି ଏକାନ୍ତ ବାଦକୁ ପୋଷିତ କରିଥାଏ।

ଗୋଟିଏ ଜାତି ବା ରାଷ୍ଟ୍ର, ଅନ୍ୟ ଜାତି ବା ରାଷ୍ଟ୍ର ଉପରେ ଯେଉଁ ଆଧିପତ୍ୟ ବିସ୍ତାର କରେ, ତାହା ଏହି ଏକାନ୍ତବାଦର ପ୍ରତିଛାୟାକୁ ପ୍ରଗାଢ଼ କରିପକାଏ।

'ପର'ର ଜାଗରଣ ବେଳାରେ 'ସ୍ୱ'ର ଉତ୍କର୍ଷର ଗ୍ରାଫ୍ ଉପରକୁ ଉଠି ସେଠାରେ ସ୍ଥିର ହୋଇ ରହିପାରେ ନାହିଁ। ଉଭୟେ ମଧ୍ୟରେଖାରେ ପହଞ୍ଚିଯାଆନ୍ତି। ଏମାନଙ୍କ ଦୃଷ୍ଟିକୋଣ ସାପେକ୍ଷ ହୋଇପଡ଼େ।

ସାମ୍ପ୍ରତିକ ରାଜନୀତି ସାପେକ୍ଷତା ଦିଗରେ ଗତିଶୀଳ। ବିଶ୍ୱମାନସ ଅନେକାନ୍ତକୁ ହୃଦୟଙ୍ଗମ କରି ତାହାକୁ ବ୍ୟବହାର ଜଗତର ପ୍ରୟୋଗ କରୁଛି - ଏହା ସୁସ୍ପଷ୍ଟ।

ଏହି କାଳଖଣ୍ଡର ମାନସ ସମନ୍ୱୟ-ରେଖାକୁ ଆହୁରି ଉଜ୍ଜ୍ୱଳ କରିଚାଲିଛି।

ଭଗବାନ ମହାବୀରଙ୍କ ଦାର୍ଶନିକ ମଧ୍ୟମ ମାର୍ଗ ଜ୍ଞାତ-ଅଜ୍ଞାତ ରୂପରେ ବିକଶିତ ହେବାରେ ଲାଗିଛି।

ସାପେକ୍ଷତାର ସୂତ୍ର

୧. କୌଣସି ବସ୍ତୁ ଓ ବସ୍ତୁ-ବ୍ୟବସ୍ଥା ସ୍ୟାଦ୍‌ବାଦ ବା ସାପେକ୍ଷବାଦ ନିୟମରୁ ଊର୍ଦ୍ଧ୍ୱରେ ନାହିଁ।

୨. ଦୁଇଟି ବିରୋଧୀ ଗୁଣ ଗୋଟିଏ ବସ୍ତୁରେ ଏକ ସଙ୍ଗେ ରହିପାରିବେ। ଏମାନଙ୍କ ମଧ୍ୟରେ ସହାନବସ୍ଥାନ (ଏକତ୍ର ଅବସ୍ଥାନକୁ ଅଗ୍ରାହ୍ୟ କରିଦେବା) ଭଳି ବିରୋଧ ନାହିଁ।

୩. ଯେତେ ପ୍ରକାର ବଚନ, ସେତେ ନୟ।

୪. ଏଗୁଡ଼ିକ ବିଶାଳ ଜ୍ଞାନସାଗରର ଅଂଶମାତ୍ର।

୫. ନିଜ-ନିଜ ସୀମା ମଧ୍ୟରେ ଏମାନେ ହେଉଛନ୍ତି ସତ୍ୟ।

୬. ଅନ୍ୟପକ୍ଷ ପ୍ରତି ସାପେକ୍ଷ ରହିଥିବାରୁ ତାହା ସତ୍ୟସିଦ୍ଧ ହୋଇଥାଏ।

୭. ଅନ୍ୟପକ୍ଷର ଅବସ୍ଥିତିରେ ହସ୍ତକ୍ଷେପ, ଅବହେଳନା ଏବଂ ଆକ୍ରମଣ ଦ୍ୱାରା ସେଗୁଡ଼ିକ ଅସତ୍ୟରେ ପରିଣତ ହୁଅନ୍ତି।

୮. ପ୍ରତ୍ୟେକ ଦୃଷ୍ଟିକୋଣ ମଧ୍ୟରେ ପରସ୍ପର ବିରୋଧୀ ଗୁଣ ରହିଥାଏ - ପୂର୍ଣ୍ଣତଃ ସାମ୍ୟ ନ ଥାଏ। କିନ୍ତୁ ସେଗୁଡ଼ିକ ସାପେକ୍ଷ ଓ ଏକତ୍ୱର ଶୃଙ୍ଖଳରେ ଅନୁବନ୍ଧିତ ହୋଇଥିବାରୁ ଅବିରୋଧୀ ସତ୍ୟର ସାଧକ ଅଟନ୍ତି। ସଂଯୁକ୍ତ ଜାତିସଂଘ (UNO) ଗଠନରେ ଏହି ଆଧାରଭୂତ ସତ୍ୟ ନିହିତ। ସେଠାରେ ପରସ୍ପର ବିରୋଧୀ ରାଷ୍ଟ୍ରମାନେ ଏକତ୍ର ବସି ବିରୋଧକୁ ପରିହାର କରିବା ପାଇଁ ପ୍ରଚେଷ୍ଟା କରିଥାନ୍ତି।

୯. ଏକାନ୍ତ ବିରୋଧ ଏବଂ ସଂପୂର୍ଣ୍ଣ ଭାବରେ ଅବିରୋଧ ଅବସ୍ଥାରେ ପଦାର୍ଥ-ବ୍ୟବସ୍ଥା ସମ୍ଭବପର ନୁହେଁ। ବ୍ୟବସ୍ଥାର ବ୍ୟାଖ୍ୟା, ଅବିରୋଧ ଓ ବିରୋଧର ସାପେକ୍ଷତା ଦ୍ୱାରା କରାଯାଇଥାଏ।

୧୦. ସମସ୍ତ ଏକାନ୍ତବାଦ ବା ନିରପେକ୍ଷବାଦ, ଦୋଷଯୁକ୍ତ ହୋଇପଡ଼ନ୍ତି।

୧୧. ଏମାନେ ପରସ୍ପରକୁ ଧ୍ୱଂସ କରିଥାନ୍ତି।

୧୨. ସ୍ୟାଦ୍‌ବାଦ ଓ ନୟବାଦରେ ଅନାକ୍ରମଣ, ଅହସ୍ତକ୍ଷେପ, ସ୍ୱମର୍ଯ୍ୟାଦାର ଅନତିକ୍ରମଣ ସାପେକ୍ଷତା, ଏସବୁ ସାମଞ୍ଜସ୍ୟକାରକ ସିଦ୍ଧାନ୍ତ ରହିଥାଏ।

ଏଗୁଡ଼ିକର ବ୍ୟାବହାରିକ ଉପଯୋଗ ଦ୍ୱାରା ମଧ୍ୟ ଅସନ୍ତୁଳନକୁ ନିର୍ମୂଳ କରାଯାଇପାରିବ।

ସାମ୍ପ୍ରଦାୟିକ ସାପେକ୍ଷତା

ବିଭିନ୍ନ ସମ୍ପ୍ରଦାୟ ଯୋଗୁଁ ଧାର୍ମିକ କ୍ଷେତ୍ର ବି ଆଜି ଅସାମଞ୍ଜସ୍ୟର ରଙ୍ଗଭୂମି ପାଲଟିଛି।

ସମନ୍ୱୟର ଆଦ୍ୟ ପ୍ରୟୋଗ ଧର୍ମକ୍ଷେତ୍ରରେ କରାଯିବା ଉଚିତ। ସମନ୍ୱୟର ଆଧାର ହେଉଛି ଅହିଂସା। ଅହିଂସା ହିଁ ଧର୍ମ। ଧର୍ମ-ଧ୍ୱଂସକାରୀ କୀଟାଣୁ ହେଉଛି ସାମ୍ପ୍ରଦାୟିକ ଆବେଶ, ଉଗ୍ର ସାମ୍ପ୍ରଦାୟିକତା।

ଆଚାର୍ଯ୍ୟ ଶ୍ରୀତୁଳସୀଙ୍କ ଦ୍ୱାରା ୧୯୫୪ ମସିହାରେ ମୁମ୍ବାଇରେ ପ୍ରସ୍ତୁତ ସାମ୍ପ୍ରଦାୟିକ ଏକତାର ନିମ୍ନ ପାଞ୍ଚଟି ବ୍ରତ ଏହି ଚରମ ଅଭିନିବେଶକୁ ନିୟନ୍ତ୍ରଣ କରିବାରେ ବେଶ୍ ସହାୟତା କରିଥାଏ। ଏହି ପଞ୍ଚସିଦ୍ଧାନ୍ତ ହେଉଛି –

୧. ମଣ୍ଡନାତ୍ମକ ନୀତିକୁ ସ୍ୱୀକାର କରିବା। ନିଜ ମାନ୍ୟତାର ପ୍ରତିପାଦନ କରିବାରେ ଆମେ ସ୍ୱତନ୍ତ୍ର। କିନ୍ତୁ ଅନ୍ୟମାନଙ୍କ ପ୍ରତି ମୌଖିକ ବା ଲିଖିତ ଆକ୍ଷେପ କରିବା ହେଉଛି ଦୋଷାବହ।

୨. ଅନ୍ୟମାନଙ୍କ ବିଚାର ପ୍ରତି ସହିଷ୍ଣୁତା ରଖାଯିବା ଉଚିତ।

୩. ଅନ୍ୟ ସମ୍ପ୍ରଦାୟ ଏବଂ ସେମାନଙ୍କ ଅନୁଯାୟୀମାନଙ୍କ ପ୍ରତି ଘୃଣା ଓ ତିରସ୍କାର ଭାବନାର ପ୍ରଚାର ପ୍ରସାରରୁ କ୍ଷାନ୍ତ ହେବା ଉଚିତ।

୪. କେହି ଯଦି ସମ୍ପ୍ରଦାୟ ପରିବର୍ତ୍ତନ କରନ୍ତି, ତାଙ୍କସହିତ ସାମାଜିକ ବହିଷ୍କାର ଆଦି ଅବାଞ୍ଛନୀୟ ବ୍ୟବହାର କରାଯିବା ଉଚିତ ନୁହେଁ।

୫. ଧର୍ମର ମୌଳିକ ଓ ସର୍ବମାନ୍ୟ ତଥା - ଅହିଂସା, ସତ୍ୟ, ଅଚୌର୍ଯ୍ୟ, ବ୍ରହ୍ମଚର୍ଯ୍ୟ ଏବଂ ଅପରିଗ୍ରହକୁ ଜୀବନ-ବ୍ୟାପୀ କରିବା ସକାଶେ ସାମୂହିକ ପ୍ରଯତ୍ନ କରାଯିବା ଉଚିତ।

ସାମଞ୍ଜସ୍ୟର ଆଧାର - ମଧ୍ୟମ-ମାର୍ଗ

ଭେଦ ଓ ଅଭେଦ ଆମର ସ୍ୱତନ୍ତ୍ର ଚେତନା, ସ୍ୱତନ୍ତ୍ର ବ୍ୟକ୍ତିତ୍ୱ ଏବଂ ସ୍ୱତନ୍ତ୍ର ଅସ୍ତିତ୍ୱର ପ୍ରତୀକ ଅଟନ୍ତି। ବିରୋଧ ଓ ଅବିରୋଧର ସାଧନ ନୁହନ୍ତି। ଏଠାରେ ସ୍ମରଣ ରଖିବାକୁ ହେବ ଯେ ଅବିରୋଧର ଆଧାର ଯଦି ଭେଦ ହୁଏ, ତେବେ ବିରୋଧର ଆଧାର ଭେଦ ଅବଶ୍ୟ ହେବ।

ଅଭେଦ ଓ ଭେଦ – ଦୁହେଁ ବସ୍ତୁ ଓ ବ୍ୟକ୍ତିର ନୈସର୍ଗିକ ଗୁଣ। ଦୁହିଁଙ୍କର ସହସ୍ଥିତି ହିଁ ବ୍ୟକ୍ତି ବା ବସ୍ତୁ ହୋଇଥିବାରୁ ଏମାନଙ୍କୁ ଅବିରୋଧ କିମ୍ବା ବିରୋଧର ସାଧନ କରାଯିବା ଅନୁଚିତ। ଯେତେବେଳେ ଭେଦ ମଧ୍ୟ ଅବିରୋଧର ସାଧନ ସାଜେ, ତାହା ସମନ୍ୱୟ-ପ୍ରତିଫଳିତ ସାଧନାର ସ୍ୱରୂପରେ ପରିଣତ ହୁଏ। ଏହାହିଁ ଅହିଂସା, ମଧ୍ୟସ୍ଥ ବୃତ୍ତି - ତଟସ୍ଥ ନୀତି ବା ସାମ୍ୟଯୋଗ।

ବିଷମ ମନୋବୃତ୍ତି ହେଉଛି ଜାତି, ବର୍ଣ୍ଣ ଓ ବର୍ଗଭେଦ ଜନ୍ୟ ସଂଘର୍ଷର ଆଧାର। ଏହାର ବୀଜ ପାଇଁ ଏକାନ୍ତବାଦ

ପାଲଟିଥାଏ ଉର୍ବର ଭୂମି। ନିରଙ୍କୁଶ ଐକାଧିପତ୍ୟ ଏବଂ ଅରାଜକତା ହେଉଛି ଏକାନ୍ତବାଦର ରୂପାନ୍ତର ମାତ୍ର। ବାଣୀ, ବିଚାର, ରଚନା ଏବଂ ମାନ୍ୟତା ଉପରେ ନିୟନ୍ତ୍ରଣ ଲଦିଦିଆଯିବା ପ୍ରକାରାନ୍ତରରେ ବ୍ୟକ୍ତିତ୍ୱର ଅପହରଣ କରିଥାଏ।

ଅରାଜକତା ଦ୍ୱାରା ସମଗ୍ର ଜୀବନ ବିପଦରେ ପଡ଼ିଯାଏ। ସାମଞ୍ଜସ୍ୟ ରେଖା ଏମାନଙ୍କ ମଝିରେ ରହିଛି।

ମଣିଷ ଏକଲା ଓ ସମୁଦାୟର ମଧ୍ୟବିନ୍ଦୁରେ ବଞ୍ଚିରହେ। ତେଣୁ ତା'ର ସାମଞ୍ଜସ୍ୟର ଆଧାର କେବଳ ମଧ୍ୟମ-ମାର୍ଗ ହିଁ ହୋଇପାରିବ।

ଶାନ୍ତି ଓ ସମନ୍ୱୟ

ପ୍ରତ୍ୟେକ ବ୍ୟକ୍ତି ଓ ସମୁଦାୟ ଯଥାର୍ଥ ମୂଲ୍ୟ ଦ୍ୱାରା ହିଁ ଶାନ୍ତିର ଅର୍ଜନ ଏବଂ ଉପଭୋଗ କରିପାରିଥାଏ। ତେଣୁ ଦୃଷ୍ଟିକୋଣକୁ ବସ୍ତୁସ୍ପର୍ଶୀ କରାଯାଇପାରିଲେ ବ୍ୟକ୍ତି ଓ ସମାଜ ସକାଶେ ବରଦାନ ସିଦ୍ଧ ହୁଏ।

ପୂର୍ବ-ମାନ୍ୟତା ବା ରଢ଼ି ହେତୁ କିଛି ଲୋକ କିମ୍ବା ଦେଶ ସ୍ଥିତିର ଯଥାର୍ଥ ମୂଲ୍ୟାୟନ କରିପାରନ୍ତି ନାହିଁ। କିଛି ଲୋକ ବା ଦେଶ ସମୁଚିତ ମୂଲ୍ୟାଙ୍କନ କରିବା ପସନ୍ଦ କରନ୍ତି ନାହିଁ। ଏମାନେ ହେଲେ ଅତୀତଦର୍ଶୀ।

ଅତୀତ-ଦର୍ଶନ ଆଧାରରେ ବର୍ତ୍ତମାନ (ରଜୁସୂତ୍ରନୟ)ର ଅବହେଳନା କରିବା ହେଉଛି ନିରପେକ୍ଷ ନୀତି। ଏହାର ପରିଣାମ ଅସାମଞ୍ଜସ୍ୟ।

ଶକ୍ତି ପ୍ରୟୋଗ ନିରପେକ୍ଷ ମନୋବୃତ୍ତିର ପରିଣାମ – ଏହା ଅସନ୍ଦିଗ୍ଧ ସତ୍ୟ। ନିରପେକ୍ଷତା ଦ୍ୱାରା ସଦ୍‌ଭାବନାର ଅନ୍ତ ଏବଂ କଟୁତାର ବିକାଶ ଘଟିଥାଏ। କଟୁତାର ପରିସମାପ୍ତି ଅହିଂସାରେ ନିହିତ। କ୍ରୂରତାର ତୀବ୍ରତର ଭାବାବସ୍ଥାରେ ସମନ୍ୱୟର କଳ୍ପନା କରିହୁଏ ନାହିଁ। ସମନ୍ୱୟ ଓ ଅହିଂସା ହେଉଛି ଅନ୍ୟୋନ୍ୟାଶ୍ରିତ। ଶାନ୍ତିଦ୍ୱାରା ସମନ୍ୱୟ ଏବଂ ସମନ୍ୱୟ ଦ୍ୱାରା ଶାନ୍ତି ସ୍ଥାପିତ ହୁଏ।

ସହ-ଅସ୍ତିତ୍ୱର ଧାରା

ପ୍ରଭୁସତ୍ତା ଦୃଷ୍ଟିରୁ ସମସ୍ତ ସ୍ୱତନ୍ତ୍ର ରାଷ୍ଟ୍ର ସମାନ, କିନ୍ତୁ ସାମର୍ଥ୍ୟ ଦୃଷ୍ଟିରୁ ସମସ୍ତେ ସମାନ ନୁହନ୍ତି। ସମୃଦ୍ଧିର କିଛି ଅଂଶ ସମସ୍ତଙ୍କୁ ପ୍ରାପ୍ତ। ତେବେ ସାମର୍ଥ୍ୟର ଶ୍ରେଣୀ ବିଭାଜିତ। ସମସ୍ତଙ୍କ ଉପରେ କୌଣସି ଜଣକର ପ୍ରଭୁସତ୍ତା ସ୍ଥାପିତ ନୁହେଁ। ପରସ୍ପର ମଧ୍ୟରେ ପୂର୍ଣ୍ଣତଃ ସାମ୍ୟ ନାହିଁ କି ବୈଷମ୍ୟ ମଧ୍ୟ ନାହିଁ। କେହି ବି ସାମାନ୍ୟ ସାମ୍ୟ କିମ୍ବା ସାମାନ୍ୟ ବୈଷମ୍ୟରୁ ବଞ୍ଚିତ ନୁହନ୍ତି। ତେଣୁ କେହି କାହାରି ବିନାଶ କରିପାରିବ ନାହିଁ ତଥା ନିଜେ ମଧ୍ୟ ବିନଷ୍ଟ ହେବାର ଆଶଙ୍କା ନାହିଁ। ବୈଷମ୍ୟକୁ ମୁଖ୍ୟ ବିଚାରି ଯେଉଁମାନେ ଅନ୍ୟମାନଙ୍କୁ ନିଶ୍ଚିହ୍ନ କରିବାର କଳ୍ପନା କରନ୍ତି, ସେମାନେ ବୈଷମ୍ୟବାଦୀ ନୀତିର ଏକାନ୍ତୀକରଣ ଦ୍ୱାରା ଅସାମଞ୍ଜସ୍ୟ ସ୍ଥିତି ସୃଷ୍ଟି କରିଥାନ୍ତି।

ସାମ୍ୟକୁ ଏକମାତ୍ର ମୁଖ୍ୟ ବୋଲି ସ୍ୱୀକାର କରିବା ମଧ୍ୟ ସାମ୍ୟବାଦୀ ନୀତିର ଐକାନ୍ତିକ ଆଗ୍ରହ ଅଟେ। ସାମ୍ୟ ଓ ବୈଷମ୍ୟର ଐକାନ୍ତିକ ଆଗ୍ରହର ପରିଣାମ ସ୍ୱରୂପ ଶୀତଯୁଦ୍ଧର ବାତାବରଣ ପ୍ରବଳତର ହୁଏ।

ବିରୋଧୀ-ଯୁଗଳଗୁଡ଼ିକର ପ୍ରତିପାଦନ କରିବାକୁ ଯାଇ ଭଗବାନ ମହାବୀର କହିଛନ୍ତି – ନିତ୍ୟ-ଅନିତ୍ୟ, ସାମାନ୍ୟ-ଅସାମାନ୍ୟ, ବାଚ୍ୟ-ଅବାଚ୍ୟ, ସତ୍-ଅସତ୍ ଭଳି ଯୁଗଳ ଏକସଙ୍ଗେ ରହିପାରନ୍ତି। ଗୋଟିଏ ପଦାର୍ଥ ମଧ୍ୟରେ କିଛି ଗୁଣର ଅସ୍ତିତ୍ୱ ରହିଥାଏ, ତହିଁରେ ଅନ୍ୟ କିଛି ଗୁଣର ଅସ୍ତିତ୍ୱ ନ ଥାଏ। ଏହି ଅସ୍ତିତ୍ୱ ଓ ନାସ୍ତିତ୍ୱ, ଗୋଟିଏ ପଦାର୍ଥର ଦୁଇଟି ବିରୋଧୀ କିନ୍ତୁ ସହ-ଅବସ୍ଥିତ ଧର୍ମ ଅଟନ୍ତି।

ସହାବସ୍ଥାନ ହେଉଛି ବିଶ୍ୱର ବିରାଟ ବ୍ୟବସ୍ଥାର ଏକ ଅଙ୍ଗ। ଏହା ଯେପରି ପଦାର୍ଥାଶ୍ରିତ, ସେହିପରି ବ୍ୟବହାର ଉପରେ ବି ଆଧାରିତ। ସାମ୍ୟବାଦୀ ଓ ଲୋକତାନ୍ତ୍ରିକ ଶାସନ ପ୍ରଣାଳୀ ଏକସହିତ ବଞ୍ଚିରହିପାରନ୍ତି - ଏହି ଉଦ୍‌ଘୋଷ ରାଜନୀତିର ରଙ୍ଗମଞ୍ଚରେ ବର୍ତ୍ତମାନ ବେଶ୍ ମୁଖର। ଏହା ଜୀବନ ବ୍ୟବହାରରେ ସମନ୍ୱୟ-ଦର୍ଶନର ସ୍ପଷ୍ଟ ପ୍ରତିଫଳନ ମାତ୍ର।

ବୈୟକ୍ତିକତା, ଜାତୀୟତା, ସାମାଜିକତା, ପ୍ରାନ୍ତୀୟତା ଏବଂ ରାଷ୍ଟ୍ରୀୟତା – ଏଗୁଡ଼ିକ ଯେତେବେଳେ ନିରପେକ୍ଷ ଭାବରେ ବଢ଼ିଚାଲନ୍ତି, ସେତେବେଳେ ଅସାମଞ୍ଜସ୍ୟରେ ସ୍ଫୀତ ଅଭିବୃଦ୍ଧି ଘଟିଥାଏ।

ବ୍ୟକ୍ତି ଓ ସତ୍ତା ଉଭୟ ସମ୍ପୂର୍ଣ୍ଣ ଭାବରେ ଭିନ୍ନ - ଏହି ଉକ୍ତି ବ୍ୟକ୍ତି ଓ ସତ୍ତାର ସଂବନ୍ଧର ନିର୍ମମ ଅବହେଳନା କରିଥାଏ।

ବ୍ୟକ୍ତି ହିଁ ତତ୍ତ୍ୱ - ଏହା ରାଜ୍ୟର ପ୍ରଭୁସତ୍ତାର ତିରସ୍କାର କରିଥାଏ। ରାଜ୍ୟ ହିଁ ତତ୍ତ୍ୱ - ଏହା ବ୍ୟକ୍ତିସତ୍ତାର ତିରସ୍କାର କରିଥାଏ। ସରକାର ହିଁ ତତ୍ତ୍ୱ - ଏହି ସ୍ଥାୟୀ ତତ୍ତ୍ୱ ଜନସାଧାରଣଙ୍କ ତିରସ୍କାର କରିଥାଏ। ତିରସ୍କାର ଅର୍ଥାତ୍ ନିରପେକ୍ଷତା। ଯେଉଁଠାରେ ନିରପେକ୍ଷତା, ସେଠାରେ ଅସତ୍ୟର ରାଜତ୍ୱ ଥାଏ। ଅସତ୍ୟର ଭୂମି ଉପରେ ସହ-ଅସ୍ତିତ୍ୱର ସିଦ୍ଧାନ୍ତକୁ କିପରି ପୋଷଣ ମିଳିବ ?

ସହ-ଅସ୍ତିତ୍ୱର ଆଧାର-ସଂଯମ

ସହ-ଅସ୍ତିତ୍ୱର ସିଦ୍ଧାନ୍ତକୁ ଆଜି ରାଜନୟିକମାନେ ଠିକ୍ ବୁଝିପାରିଛନ୍ତି। ରାଷ୍ଟ୍ର-ରାଷ୍ଟ୍ର ମଧ୍ୟରେ ସଂବନ୍ଧର ଆଧାର କୂଟନୀତି କ୍ଷେତ୍ରରେ ବି ପରିବର୍ତ୍ତନ ଘଟିଛି। କୂଟନୀତି ବଦଳରେ ସହ-ଅସ୍ତିତ୍ୱକୁ ସମ୍ମାନ ଦିଆଯାଉଛି। ସହ-ଅସ୍ତିତ୍ୱର ଆଧାରରେ ସମସ୍ୟାଗୁଡ଼ିକର ସମାଧାନ ଖୋଜା ଚାଲିଛି। ତେବେ ଏହାପୂର୍ବରୁ ଆହୁରି ଏକ ଲକ୍ଷ୍ୟପ୍ରାପ୍ତି କରିବା ଆବଶ୍ୟକ ଜଣାପଡୁଛି।

ଅନ୍ୟର ସ୍ୱତ୍ୱକୁ ଆତ୍ମସାତ୍ କରିବାର ଲାଳସାକୁ ତ୍ୟାଗ ନ କରିବା ପର୍ଯ୍ୟନ୍ତ ସହ-ଅସ୍ତିତ୍ୱର ସିଦ୍ଧାନ୍ତ ସଫଳ ହେବନାହିଁ। ସ୍ୟାଦ୍‌ବାଦର ଭାଷାରେ - ଆତ୍ମସତ୍ତା ବା ଅସ୍ତିତ୍ୱ ଯେପରି ପଦାର୍ଥର ଗୁଣ, ଅନ୍ୟ ପଦାର୍ଥଗୁଡ଼ିକର ଅସତ୍ତା ବା ନାସ୍ତିତ୍ୱ ମଧ୍ୟ ତାହାରି ଏକ ଗୁଣ। ସାପେକ୍ଷତା ଦୃଷ୍ଟିରୁ ସତ୍ତା ଏବଂ ପରାପେକ୍ଷା ଦୃଷ୍ଟିରୁ ଅସତ୍ତା - ଏହି ଦୁଇଟିଯାକ ଗୁଣ ପଦାର୍ଥର ସ୍ୱତନ୍ତ୍ର ବ୍ୟବସ୍ଥାକୁ ପରିପୁଷ୍ଟ କରିଥାନ୍ତି। ସ୍ୱାପେକ୍ଷୟା ସତ୍ତା ଯେପରି ପଦାର୍ଥର ଗୁଣ, ଠିକ୍ ସେହିପରି ପରାପେକ୍ଷୟା ଅସତ୍ତା ବା ନାସ୍ତିତ୍ୱ ଯଦି ତା'ର ଗୁଣ ବୋଲି ସ୍ୱୀକାର କରିବା ନାହିଁ, ତେବେ ଦ୍ୱୈତର ପ୍ରଶ୍ନ କାହୁଁ ଉଠିବ ? ସ୍ୱ-ଗୁଣ-ସତ୍ତା ଓ ପର-ଗୁଣ-ଅସତ୍ତାର ସହାବସ୍ଥାନ ହିଁ ହେଉଛି ଦ୍ୱୈତର ଭିତ୍ତିଭୂମି।

ଜଣେ ବ୍ୟକ୍ତି, ଜାତି ଓ ରାଷ୍ଟ୍ର ଯେତେବେଳେ ଅନ୍ୟ ଏକ ବ୍ୟକ୍ତି, ଜାତି ବା ରାଷ୍ଟ୍ରର ସ୍ୱତ୍ୱକୁ ଅପହରଣ କରିବାର ଚେଷ୍ଟା କରେ, ସେତେବେଳେ ସହ-ଅସ୍ତିତ୍ୱରେ ବିରୋଧ ଉତ୍ପନ୍ନ ହୁଏ। ଏହି ଆକ୍ରାମକ ନୀତି ହିଁ ସହ-ଅସ୍ତିତ୍ୱ ଭାବକୁ ନଷ୍ଟ କରିଦିଏ। ନିଜଠାରୁ ଭିନ୍ନ ବସ୍ତୁର ସ୍ୱତ୍ୱ ନିର୍ଣ୍ଣୟ କରିବା ସରଳ କାର୍ଯ୍ୟ ନୁହେଁ। 'ସ୍ୱ'କୁ ସ୍ଥାପିତ କରିବା ପାଇଁ ଏବଂ ସ୍ୱାଧିକାର ରକ୍ଷା ସକାଶେ ମଣିଷ ମଧ୍ୟରେ ଦୁର୍ବାର ଆକର୍ଷଣ ରହିଛି। ଏଥିସକାଶେ ସତ୍ୟକୁ ଆବରିତ କରିବାରେ ମଧ୍ୟ ତା'ର ଆପତ୍ତି ନ ଥାଏ। ସତ୍ତା-ଶକ୍ତି ବା ଅଧିକାର-ଲଂଘନର ଭାବନା ପଛରେ ଏହି ତତ୍ତ୍ୱ ଚଳ-ଚଞ୍ଚଳ ଥାଏ।

ସ୍ୱତ୍ୱର ମର୍ଯ୍ୟାଦା

ଆନ୍ତରିକ କ୍ଷେତ୍ରରେ ମଣିଷର ଅନୁଭୂତି ଏବଂ ଅନ୍ତର୍ଆଲୋକ ହିଁ ତା'ର 'ସ୍ୱ'କୁ ସିଦ୍ଧ କରିଥାଏ।

ବାହ୍ୟ ସମ୍ବନ୍ଧରେ 'ସ୍ୱ'ର ମର୍ଯ୍ୟାଦା ଛନ୍ଦି ହୋଇପଡ଼େ। ଅନ୍ୟମାନଙ୍କ ସ୍ୱତ୍ୱ ବା ଅଧିକାରର ଅପହରଣ କଦାପି 'ସ୍ୱ' ହୋଇପାରିବ ନାହିଁ - ଏହା ସୁସ୍ପଷ୍ଟ। ଅନ୍ୟମାନଙ୍କ 'ସ୍ୱ'ର ଅପହରଣ ବା ଉଲ୍ଲଂଘନ ହିଁ ସଂଘର୍ଷ ଓ ଅଶାନ୍ତିର ମୂଳ ସାଜିଥାଏ।

ଯୁଗ-ଭାବନା ସହିତ 'ସ୍ୱ'ର ମର୍ଯ୍ୟାଦା ମଧ୍ୟ ବଦଳିଯାଏ। ଏହାକୁ ହୃଦୟଙ୍ଗମ କରିପାରୁଥିବା ଲୋକ ମର୍ଯ୍ୟାଦାର ଲକ୍ଷ୍ମଣ-ରେଖା ମଧ୍ୟରେ ରହିଯାଏ। ସେ କେବେବି ସଂଘର୍ଷର ସ୍ଫୁଲିଙ୍ଗ ସୃଷ୍ଟି କରେନାହିଁ। ରୂଢ଼ିପରକ ଲୋକମାନେ 'ସ୍ୱ'କୁ ଶାଶ୍ୱତ ମଣି ତା'ସହିତ ନିଜକୁ ସଂଲଗ୍ନ କରିଥାନ୍ତି। ସେମାନେ ହିଁ ଅଶାନ୍ତିକୁ ଜନ୍ମ ଦିଅନ୍ତି।

ବାହ୍ୟ ସଂବନ୍ଧରେ 'ସ୍ୱ'ର ମର୍ଯ୍ୟାଦା ଶାଶ୍ୱତ ବା ଚିରସ୍ଥାୟୀ କଦାପି ହୋଇପାରିବ ନାହିଁ। ତେଣୁ ଭାବନା-ପରିବର୍ତ୍ତନର ତାଳେ-ତାଳେ ସ୍ୱୟଂକୁ ବଦଳିବା ମଧ୍ୟ ଆବଶ୍ୟକ। ନିଜକୁ ସଂକୁଚିତ କରି ବାହ୍ୟ କବଳରୁ ମୁକୁଳିଆସି ନିଜ ଅଧିକାର ମଧ୍ୟରେ ସୀମିତ ରହିବା ହେଉଛି ଶାନ୍ତିର ସର୍ବପ୍ରଧାନ ସୂତ୍ର। ସେଠାରେ ଜମା ବିପଦ ନ ଥାଏ। ସାମ୍ପ୍ରତିକ ଜନ-ଜାଗରଣ ବେଳାରେ ଉପନିବେଶବାଦ, ସାମନ୍ତବାଦ ଏବଂ ଏକଛତ୍ରବାଦ ଲୋପ ପାଇବାରେ ଲାଗିଛି। ବିଚାରଶୀଳ

ମଣିଷ ଓ ଦେଶ ଅନ୍ୟମାନଙ୍କ ସ୍ୱତ୍ୱରୁ ନିର୍ମିତ ଆପଣା ବିଶାଳ ରୂପକୁ ତ୍ୟାଗକରି ଆପଣା ସ୍ପଷ୍ଟ ଓ ସୀମିତ ରୂପ ମଧ୍ୟରେ ନିଜକୁ ଆବଦ୍ଧ କରିନେଇଛନ୍ତି। ଏହାହିଁ ସାମଞ୍ଜସ୍ୟର ରେଖା।

ବର୍ଗ-ବିଗ୍ରହ ତଥା ଅନ୍ତର୍ରାଷ୍ଟ୍ରୀୟ ବିଗ୍ରହର ସମାପନ ରେଖା ଉପରେ ଏହାକୁ ସହଜରେ ବ୍ୟବହାର କରାଯାଇପାରିବ। ଏହାରି ଆଧାରରେ ଆଜିର ବିଶ୍ୱ ବ୍ୟାବହାରିକ ସମନ୍ୱୟ ଦିଗରେ ଅଗ୍ରସର ହେଉଛି।

ନିଷ୍କର୍ଷ

ଶାନ୍ତିର ଆଧାର – ବ୍ୟବସ୍ଥା।

ବ୍ୟବସ୍ଥାର ଆଧାର – ସହ-ଅସ୍ତିତ୍ୱ।

ସହ-ଅସ୍ତିତ୍ୱର ଆଧାର – ସମନ୍ୱୟ।

ସମନ୍ୱୟର ଆଧାର – ସତ୍ୟ।

ସତ୍ୟର ଆଧାର – ଅଭୟ।

ଅଭୟର ଆଧାର – ଅହିଂସା।

ଅହିଂସାର ଆଧାର – ଅପରିଗ୍ରହ।

ଅପରିଗ୍ରହର ଆଧାର – ସଂଯମ।

ଅସଂଯମରୁ ସଂଗ୍ରହ, ସଂଗ୍ରହରୁ ହିଂସା, ହିଂସାରୁ ଭୟ, ଭୟରୁ ଅସତ୍ୟ, ଅସତ୍ୟରୁ ସଂଘର୍ଷ, ସଂଘର୍ଷରୁ ଅଧିକାର-ହରଣ, ଅଧିକାର-ହରଣରୁ ଅବ୍ୟବସ୍ଥା ଏବଂ ଅବ୍ୟବସ୍ଥାରୁ ଅଶାନ୍ତି ଉତ୍ପନ୍ନ ହୁଏ।

ଅନ୍ୟମାନଙ୍କ 'ସ୍ୱତ୍ୱ' ଉପରେ ଆପଣା ଅଧିକାର ଆରୋପଣ କରିବା, ସେମାନଙ୍କ ଉପରେ ଆକ୍ରମଣ କରିବା ସଙ୍ଗେ ସମାନ। ଏହାହିଁ ପାରସ୍ପରିକ ବିରୋଧ ଓ ଧ୍ୱଂସର ହେତୁ।

ଅପରିବର୍ତ୍ତିତ ସତ୍ୟ ଦୃଷ୍ଟିରେ ପରିବର୍ତ୍ତନ ହେଉଛି ଅବସ୍ତୁ। ପରିବର୍ତ୍ତିତ ସତ୍ୟ ଦୃଷ୍ଟିରେ ଅପରିବର୍ତ୍ତନ ହେଉଛି ଅବସ୍ତୁ। ଏହା ସେଗୁଡ଼ିକର ନିଜସ୍ୱ ବିଷୟ-ମର୍ଯ୍ୟାଦା ଅଟେ। ତେବେ ଅପରିବର୍ତ୍ତନ ଓ ପରିବର୍ତ୍ତନ କେହି ବି ନିରପେକ୍ଷ ନୁହନ୍ତି।

ଅପରିବର୍ତ୍ତନ ଦୃଷ୍ଟିରୁ ମୂଲ୍ୟାଙ୍କନ କରିବା ସମୟରେ ପରିବର୍ତ୍ତନ ଗୌଣ ସ୍ଥାନକୁ ଖସିଯିବା ସ୍ୱାଭାବିକ, କିନ୍ତୁ ପରିବର୍ତ୍ତନକୁ ସମ୍ପୂର୍ଣ୍ଣ ଭାବରେ ଭୁଲିଯିବା ଉଚିତ ନୁହେଁ।

ପରିବର୍ତ୍ତନ ଦୃଷ୍ଟିରୁ ମୂଲ୍ୟାଙ୍କନ କରିବା ସମୟରେ ଅପରିବର୍ତ୍ତନ ଅବଶ୍ୟ ଗୌଣ ହୋଇଥାଏ, କିନ୍ତୁ ଅପରିବର୍ତ୍ତନକୁ ସମ୍ପୂର୍ଣ୍ଣ ଭାବରେ ଭୁଲିଯିବା ଉଚିତ ନୁହେଁ।

ନିରପେକ୍ଷ ଦୃଷ୍ଟିକୋଣ

୧. ବ୍ୟକ୍ତି ଓ ସମୁଦାୟ ଦୁହେଁ ସର୍ବଥା ଭିନ୍ନ – ଏହା ହେଉଛି ବସ୍ତୁ ସ୍ଥିତିର ତିରସ୍କାର। ଏହା ଐକାନ୍ତିକ ପାର୍ଥକ୍ୟବାଦୀ ନୀତିକୁ ପୋଷିତ କରିଥାଏ।

୨. ସମୁଦାୟ ହିଁ ସତ୍ୟ – ଏହା ବ୍ୟକ୍ତିର ତିରସ୍କାର ଯାହାକି ଐକାନ୍ତିକ ସମୁଦାୟବାଦୀ ନୀତି।

୩. ବ୍ୟକ୍ତି ହିଁ ସତ୍ୟ – ଏହା ସମୁଦାୟର ତିରସ୍କାର ଯାହା ଐକାନ୍ତିକ ବ୍ୟକ୍ତିବାଦୀ ନୀତି।

୪. ବର୍ତ୍ତମାନ ହିଁ ସତ୍ୟ – ଏହା ଅତୀତ ଓ ଭବିଷ୍ୟତ, ଅପରିବର୍ତ୍ତନ ବା ଏକତାର ତିରସ୍କାର କରିଥାଏ। ଏହା ଐକାନ୍ତିକ ପରିବର୍ତ୍ତନବାଦୀ ନୀତି।

୫. ଲିଙ୍ଗଭେଦ ହିଁ ସତ୍ୟ – ଏହା ମଧ୍ୟ ଏକତାର ତିରସ୍କାର କରୁଛି।

୬. ଉତ୍ପତ୍ତି-ଭେଦ ହିଁ ସତ୍ୟ – ଏହା ମଧ୍ୟ ଏକତାର ତିରସ୍କାର କରୁଛି।

୭. କ୍ରିୟାକାଳ ହିଁ ସତ୍ୟ – ଏହା ମଧ୍ୟ ଏକତାର ତିରସ୍କାର କରିଥାଏ।

ନିରପେକ୍ଷ ଦୃଷ୍ଟିର ତ୍ୟାଗ ହିଁ ସମାଜକୁ ଶାନ୍ତିମାର୍ଗରେ ଅଗ୍ରସର କରିଥାଏ।

ଜୈନ ଦର୍ଶନ : ମନନ ଓ ମୀମାଂସା

ଷଷ୍ଠ ଖଣ୍ଡ
ଜ୍ଞାନ ମୀମାଂସା

॥୧॥

ଜ୍ଞାନ ମୀମାଂସା

ଚେତନାର ସ୍ୱରୂପ ଓ ବ୍ୟବହାର

ଆତ୍ମା, ସୂର୍ଯ୍ୟ ସଦୃଶ ପ୍ରକାଶ ସ୍ୱଭାବଯୁକ୍ତ ତଥା ତା'ର ପ୍ରକାଶ-ଚେତନା ଆବୃତ୍ତ ଓ ଅନାବୃତ୍ତ ରୂପରେ ଦୁଇପ୍ରକାର । ଅନାବୃତ୍ତ ଚେତନା ଅଖଣ୍ଡ, ଏକ, ବିଭାଗ-ଶୂନ୍ୟ ଏବଂ ନିରପେକ୍ଷ ହୋଇଥାଏ ।[୧] କର୍ମ ଦ୍ୱାରା ଆବୃତ ଚେତନାର ଅନେକ ବିଭାଗ ସୃଷ୍ଟି ହୁଏ । ଜ୍ଞାନାବରଣ କର୍ମର ଉଦୟ ଓ ବିଲୟ ମଧ୍ୟରେ ରହିଥିବା ତାରତମ୍ୟ, ଏହି ସମସ୍ତ ବିଭାଗର ଆଧାରରେ ରହିଥାଏ । ତାହା ଅନନ୍ତ ପ୍ରକାର ହୋଇଥିବାରୁ ଚେତନାର ମଧ୍ୟ ଅନେକ ରୂପ ନିର୍ମିତ ହୁଏ । ତେବେ ଆବୃତ ଚେତନାର ବର୍ଗୀକୃତ ଚାରୋଟି ରୂପ ହେଉଛି - ମତି, ଶ୍ରୁତ, ଅବଧି ଓ ମନଃ ପର୍ଯ୍ୟାୟ ।

ମତି - ଇନ୍ଦ୍ରିୟ ଓ ମନ ଦ୍ୱାରା ଜାତ ଜ୍ଞାନ - ବାର୍ତ୍ତମାନିକ ଜ୍ଞାନ ।

ଶ୍ରୁତ - ଶାସ୍ତ୍ର ଓ ପରୋପଦେଶ - ଶବ୍ଦ ମାଧ୍ୟମରେ ଜାତ ତ୍ରୈକାଳିକ ମାନସ ଜ୍ଞାନ ।

ଅବଧି - ଇନ୍ଦ୍ରିୟ ଓ ମନର ସାହାଯ୍ୟ ନ ନେଇ କେବଳ ଆତ୍ମଶକ୍ତି ଦ୍ୱାରା ଜାତ ଜ୍ଞାନ ।

ମନଃ ପର୍ଯ୍ୟାୟ - ପର-ଚିତ୍ତ-ଜ୍ଞାନ ।

ମତି ଓ ଶ୍ରୁତ ଜ୍ଞାନ ପରୋକ୍ଷ ତଥା ଅବଧି ଓ ମନଃ ପର୍ଯ୍ୟାୟ ଜ୍ଞାନ ଓ ପ୍ରତ୍ୟକ୍ଷ ଅଟନ୍ତି । ଜ୍ଞାନ ସ୍ୱରୂପତଃ ପ୍ରତ୍ୟକ୍ଷ ହିଁ ହୋଇଥାଏ । ବାହ୍ୟାର୍ଥ ଗ୍ରହଣ ସମୟରେ ତାହା ପ୍ରତ୍ୟକ୍ଷ ଓ ପରୋକ୍ଷ ଭାବରେ ବିଭାଜିତ ହୋଇପଡ଼େ ।

ଜ୍ଞାତା ଯେତେବେଳେ ବିନା କାହାରି ସହାୟତାରେ ଜ୍ଞେୟକୁ ଜାଣିପାରେ, ତାହା ପ୍ରତ୍ୟକ୍ଷ ଜ୍ଞାନ ଏବଂ କୌଣସି ମାଧ୍ୟମ ଦ୍ୱାରା ଜାଣିଲେ ତାହା ପରୋକ୍ଷ ଜ୍ଞାନ ବୋଲାଇଥାଏ ।

ଆତ୍ମା, ପ୍ରକାଶ- ସ୍ୱଭାବ ହୋଇଥିବାରୁ ଧର୍ମ-ବୋଧ କରିବାରେ ମାଧ୍ୟମର ଆବଶ୍ୟକତା ନ ରହିବା କଥା । କିନ୍ତୁ ଚେତନାର ଆବରଣ ବଳବାନ୍ ହେବା ଯୋଗୁଁ ମାଧ୍ୟମ ଆବଶ୍ୟକ ହୋଇପଡ଼େ । ମତିଜ୍ଞାନ, ପୌଦ୍‌ଗଳିକ ଇନ୍ଦ୍ରିୟ ତଥା ପୌଦ୍‌ଗଳିକ ମନ ମାଧ୍ୟମରେ ଜାତ ହୁଏ । ଶ୍ରୁତଜ୍ଞାନ ଶବ୍ଦ ଓ ସଂକେତ ମାଧ୍ୟମରେ ଉଦ୍‌ଭୂତ ହୁଏ । ଏହି କାରଣରୁ ଉଭୟ ମତି ଓ ଶ୍ରୁତଜ୍ଞାନ ପ୍ରତ୍ୟକ୍ଷ ନୁହନ୍ତି ।

ଅବଧି ଜ୍ଞାନ, ଇନ୍ଦ୍ରିୟ ଓ ମନର ସହାୟତା ନ ନେଇ ପୌଦ୍‌ଗଳିକ ପଦାର୍ଥର ଅବବୋଧ କରିନିଏ । ଆତ୍ମ-ପ୍ରତ୍ୟକ୍ଷ ଜ୍ଞାନରେ ସାମୀପ୍ୟ ତ ଦୂରତ୍ୱ, କାନ୍ଥ ଆଦିର ବ୍ୟବଧାନ, ତିମିର ଓ କୁହେଳିକା ଆଦି ବାଧା ଉତ୍ପନ୍ନ କରିପାରନ୍ତି ନାହିଁ ।

---

[୧] ଉତ୍ତରଜ୍‌ଝୟଣାଣି, ୨୯।୭୧ ।

ମନଃ ପର୍ଯ୍ୟାୟ ଜ୍ଞାନ ଅନ୍ୟମାନଙ୍କ ମାନସିକ ଆକୃତିକୁ ଠିକ୍ ଜାଣିଥାଏ ।[୨] ସମନସ୍କ ପ୍ରାଣୀମାନେ ଯେପରି ଚିନ୍ତନ କରିଥାନ୍ତି, ସେହି ଚିନ୍ତନ ଅନୁରୂପ ଆକୃତି ନିର୍ମିତ ହୋଇଥାଏ ।[୩] ଇନ୍ଦ୍ରିୟ ଓ ମନ ସେଗୁଡ଼ିକ ପ୍ରତ୍ୟକ୍ଷ ଜାଣିପାରନ୍ତି ନାହିଁ । ସେମାନଙ୍କ ଚେତନାବୃତ୍ତିର ଜ୍ଞାନ କେବଳ ଅନୁମାନ ଉପରେ ଆଧାରିତ ଥାଏ ।[୪]

ପରୋକ୍ଷ ଜ୍ଞାନ ଶରୀରର ସ୍ଥୁଳ ଚେଷ୍ଟାଗୁଡ଼ିକୁ ଦେଖି ଅନ୍ତରବର୍ତ୍ତୀ ମାନସ ପ୍ରବୃତ୍ତିର ଅବବୋଧ କରିବାର ଚେଷ୍ଟା କରିଥାଏ । ମନଃ ପର୍ଯ୍ୟବଜ୍ଞାନୀ ସେଗୁଡ଼ିକୁ ପ୍ରତ୍ୟକ୍ଷ ଜାଣିପାରିଥାଏ ।[୫]

ମନଃ ପର୍ଯ୍ୟବିଜ୍ଞାନୀମାନେ ଏହି କାର୍ଯ୍ୟରେ ଅନୁମାନ କରିବା ପାଇଁ ମନର ଆଶ୍ରୟ ନେଇଥାନ୍ତି । ସେମାନେ ମାନସିକ ଆକୃତିର ସାକ୍ଷାତ୍‌କାର କରିଥାନ୍ତି, କିନ୍ତୁ ମାନସିକ ବିଚାର ସହିତ ସାକ୍ଷାତକାର କରନ୍ତି ନାହିଁ । କାରଣ ହେଉଛି - ପଦାର୍ଥ ଦୁଇପ୍ରକାର ମୂର୍ତ୍ତ ଓ ଅମୂର୍ତ୍ତ ।[୬] ପୁଦ୍‌ଗଳ ମୂର୍ତ୍ତ ଏବଂ ଆତ୍ମା ଅମୂର୍ତ୍ତ ।[୭] ଅନାବୃତ ଚେତନା ସହିତ ଉଭୟଙ୍କର ସାକ୍ଷାତ୍‌କାର ହୋଇଥାଏ । ଆବୃତ ଚେତନା କେବଳ ମୂର୍ତ୍ତ ପଦାର୍ଥକୁ ଦେଖି ଓ ଜାଣିପାରିଥାଏ । ମନଃ ପର୍ଯ୍ୟାୟ ଜ୍ଞାନ, ଆବୃତ ଚେତନାର ଏକ ବିଭାଗ ମାତ୍ର । ତେଣୁ ତାହା ଆତ୍ମାର ଅମୂର୍ତ୍ତ ମାନସିକ ପରିଣତିକୁ ପ୍ରତ୍ୟକ୍ଷ ଜାଣିପାରେ ନାହିଁ । ମନଃ ପର୍ଯ୍ୟାୟ ଜ୍ଞାନ, ଏହି ଆତ୍ମିକ ମନ ନିମିତ୍ତରୁ ଜାତ ମୂର୍ତ୍ତ ମାନସିକ ପରିଣତି (ପୌଦ୍‌ଗଳିକ ମନର ପରିଣତି)କୁ ସାକ୍ଷାତ ଜାଣିଥାଏ ଓ ତାହାର ଆଧାରରେ ଅନୁମାନ ଦ୍ୱାରା ମାନସିକ ବିଚାରକୁ ଜାଣିପାରିଥାଏ ।[୮] ମାନସିକ ବିଚାର ଓ ତା'ର ଆକୃତିର ଅବିନାଭାବ ଦ୍ୱାରା ଏହି ଜ୍ଞାନ ପୂର୍ଣ୍ଣ ହୁଏ । ଏଠାରେ ମାନସିକ ବିଚାର ଅନୁମେୟ ହୋଇଥାଏ । ତଥାପି ଏହି ଜ୍ଞାନକୁ ପରୋକ୍ଷ କୁହାଯାଇପାରିବ ନାହିଁ । କାରଣ ମାନସିକ ବିଚାରକୁ ସାକ୍ଷାତ୍ ଜାଣିବା ମନଃ ପର୍ଯ୍ୟାୟଜ୍ଞାନର ବିଷୟ ନୁହେଁ । କେବଳ ମାନସିକ ଆକୃତିକୁ ଜାଣିବା ହେଉଛି ତା'ର କାମ । ଏହା ଜାଣିବା ସକାଶେ ତାହାକୁ ଅନ୍ୟ ଉପରେ ନିର୍ଭର ରହିବାକୁ ପଡ଼େ ନାହିଁ । ତେଣୁ ମନଃ ପର୍ଯ୍ୟାୟ ଜ୍ଞାନ ଆତ୍ମପ୍ରତ୍ୟକ୍ଷ ଅଟେ । ମନଃ ପର୍ଯ୍ୟାୟ ଜ୍ଞାନ, ମାନସିକ ପର୍ଯ୍ୟାୟଗୁଡ଼ିକର (ଜ୍ଞେୟ-ବିଷୟକ ଅଧ୍ୟବସାୟ) ଯେପରି ଅନୁମାନ ଦ୍ୱାରା ବୋଧ କରିଥାଏ, ସେହିପରି ମନ ଦ୍ୱାରା ଚିନ୍ତନୀୟ ବିଷୟଗୁଡ଼ିକୁ ମଧ୍ୟ ଅନୁମାନ ଦ୍ୱାରା ଜାଣିଥାଏ ।[୯]

---

(୨) ନନ୍ଦୀ, ସୂତ୍ର ୨୪- ମଣପଦ୍‌ଜବଣାଣଂ ପୁଣ ଜଣମଣପରି ଚିନ୍ତିୟତ୍‌ଥପାଗଡଣଂ ।

(୩) ବିଶେଷାବଶ୍ୟକ ଭାଷ୍ୟ, ଗାଥା ୮୧୪ ବୃତ୍ତି : ମନୋଦ୍ରବ୍ୟସ୍ଥିତାନେବ
ଜାନାତି, ନ ପୁନଶ୍ଚିନ୍ତନୀୟବାହ୍ୟଘଟାଦି ବସ୍ତୁଗତାନିତି ।

(୪) ବିଶେଷାବଶ୍ୟକଭାଷ୍ୟ, ଗାଥା ୮୧୪ :
ଦବ୍‌ବମଣୋପଜ୍‌ଜାଏ ଜାଣଇ ପାସଇ ଯ ତଗ୍‌ଗଏଣନ୍ତେ ।
ତେଣାବଭାସିଏ ଉଣବାଜର ବଜ୍‌ଝାଣୁମାଣେଣଂ ॥

(୫) ବିଶେଷାବଶ୍ୟକ ଭାଷ୍ୟ, ଗାଥା ୧୩୬ ବୃତ୍ତି :
ଯଥା ପ୍ରାକୃତୋଲୋକଃ ସ୍ଫୁଟ-ମାକାରୈର୍ମାନ ସଂ ଭାବଂ ଜାନାତି,
ତଥା ମନ-ପର୍ଯ୍ୟବଜ୍ଞାନ୍ୟପି ମନୋଦ୍ରବ୍ୟଗତାନାକାରାନ -
ବଲୋକ୍ୟ ତଂ ତଂ ମାନସଂ ଭାବଂ ଜାନାତି ।

(୬) ଠାଣଂ, ୨/୧ - ସରୂବୀ ଚେବ ଅରୂବୀ ଚେବ ।

(୭) ଉତ୍ତରଜ୍‌ଝୟଣାଣି, ୩୬/୪, ୬୬ ।

(୮) ନନ୍ଦୀ, ସୂତ୍ର ୨୧ ବୃତ୍ତି : ଇହ ମନସ୍ତ୍ୱ ପରିଣତେ ସ୍କନ୍ଧୈରଲୋଚିତଂ
ବାହ୍ୟମର୍ଥଂ ଘଟାଦିଲକ୍ଷଣଂ ସାକ୍ଷାଦଧ୍ୟକ୍ଷତୋ
ମନଃ ପର୍ଯ୍ୟକ ଜ୍ଞାନୀ ନ ଜାନାତି, କିନ୍ତୁ
ମନୋଦ୍ରବ୍ୟାଣାମେବ ତଥାରୂପ ପରିଣାମାନ୍ୟଥା-
ନୁପପତ୍ତିତୋଽନୁମାନତଃ ।

(୯) ତତ୍ତ୍ୱାର୍ଥସୂତ୍ର, ୧/୯, ବୃତ୍ତି, ପୃ.୭୦ ।

୪୫୨ | ଜୈନ ଦର୍ଶନ : ମନନ ଓ ମୀମାଂସା

ଜ୍ଞାନ କାହାକୁ କହିବା ?

ଯିଏ ଆତ୍ମା ସିଏ ଜାଣିପାରିଥାଏ । ଯିଏ ଜାଣିପାରେ ସେ ହେଉଛି ଆତ୍ମା ।[୧୦]

ଆତ୍ମା ଓ ଅନାତ୍ମା ମଧ୍ୟରେ ଅତ୍ୟନ୍ତାଭାବ ରହିଛି । ଆତ୍ମା କେବେ ବି ଅନାତ୍ମା ହୋଇପାରିବ ନାହିଁ ତଥା ଅନାତ୍ମା କସ୍ମିନ୍ କାଳେ ଆତ୍ମା ହୋଇପାରିବ ନାହିଁ ।

ଆତ୍ମା ଦ୍ରବ୍ୟ ଏବଂ ଅନାତ୍ମା ମଧ୍ୟ ଦ୍ରବ୍ୟ ।[୧୧] ଉଭୟ ଆତ୍ମା ଓ ଅନାତ୍ମା ଅନନ୍ତ ଗୁଣ ଓ ପର୍ଯ୍ୟାୟର ଅବିଚ୍ଛିନ୍ନ ସମୁଦାୟ ଅଟନ୍ତି ।[୧୨] ସାମାନ୍ୟ ଗୁଣ ଦୃଷ୍ଟିରୁ ଉଭୟଙ୍କ ମଧ୍ୟରେ ଅଭିନ୍ନତା ଖୋଜାଯାଇପାରିବ । ବିଶେଷ ଗୁଣ ଦୃଷ୍ଟିରୁ ଉଭୟ ଭିନ୍ନ । ସେହି ବିଶେଷ ଗୁଣ ହେଉଛି ଚୈତନ୍ୟ । ଆତ୍ମା ମଧ୍ୟରେ ହିଁ ଚୈତନ୍ୟ ନିହିତ । ଯାହା ମଧ୍ୟରେ ଚୈତନ୍ୟ ନାହିଁ, ସେ ହେଉଛି ଅନାତ୍ମା ।[୧୩]

ପ୍ରମେୟତ୍ୱ ଆଦି ସାମାନ୍ୟଗୁଣ ପରିପ୍ରେକ୍ଷୀରେ ଆତ୍ମା ଚିତ୍ ସ୍ୱରୂପ ନୁହେଁ । କେବଳ ଚୈତନ୍ୟ ଦୃଷ୍ଟିରୁ ହିଁ ଆତ୍ମା ଚିତ୍-ସ୍ୱରୂପ ହୋଇଥାଏ ।[୧୪] ତେଣୁ କୁହାଯାଇଛି- ଆତ୍ମା, ଜ୍ଞାନଠାରୁ ଭିନ୍ନ ନୁହେଁ କି ଅଭିନ୍ନ ମଧ୍ୟ ନୁହେଁ କିନ୍ତୁ ଭିନ୍ନାଭିନ୍ନ ଅର୍ଥାତ୍ ଆତ୍ମା, ଜ୍ଞାନଠାରୁ ଭିନ୍ନ ଓ ଅଭିନ୍ନ ପ୍ରକାରେ ଥାଏ ।[୧୫] ଜ୍ଞାନ ହିଁ ଆତ୍ମା ହୋଇଥିବାରୁ ଆତ୍ମାଠାରୁ ଅଭିନ୍ନ ।[୧୬] ଜ୍ଞାନଗୁଣ ଅଥଚ ଆତ୍ମା ହେଉଛି ଗୁଣୀ - ଜ୍ଞାନ ସଦୃଶ ଅନନ୍ତଗୁଣର ସମୂହ । ଏହି ଗୁଣ ଓ ଗୁଣୀ ରୂପରୁ ଉଭୟଙ୍କ ମଧ୍ୟରେ ଭିନ୍ନତା ସ୍ଥାପନ କରାଯାଇପାରିବ ।

ଆତ୍ମା ଜାଣିଥାଏ ଅର୍ଥାତ୍ ଜ୍ଞାତା ଅଥଚ ଜ୍ଞାନ ହେଉଛି ଜାଣିବାର ସାଧନ । କର୍ତ୍ତା ଓ କାରଣ ଦୃଷ୍ଟିରୁ ମଧ୍ୟ ଆତ୍ମା ଓ ଜ୍ଞାନ ଭିନ୍ନ ଅଟନ୍ତି ।[୧୭]

ତାତ୍ପର୍ଯ୍ୟ ଭାଷାରେ ଆତ୍ମା ହେଉଛି ଜ୍ଞାନମୟ । ଜ୍ଞାନ ଆତ୍ମାର ସ୍ୱରୂପ ମାତ୍ର ।

ଜ୍ଞାନ ଉତ୍ପତ୍ତିର ପ୍ରକ୍ରିୟା

ଜ୍ଞେୟ ଓ ଜ୍ଞାନ - ଉଭୟେ ସ୍ୱତନ୍ତ୍ର । ଦ୍ରବ୍ୟ, ଗୁଣ ଓ ପର୍ଯ୍ୟାୟ ହେଲେ ଜ୍ଞେୟ । ଜ୍ଞାନ ହେଉଛି ଆତ୍ମାର ଗୁଣ । ଜ୍ଞେୟରୁ ଜ୍ଞାନ ଉତ୍ପନ୍ନ ହୁଏ ନାହିଁ ଓ ଜ୍ଞାନରୁ ଜ୍ଞେୟ ଜାତ ହୋଇପାରେ ନାହିଁ । ଆମ ଜ୍ଞାନ ଜାଣିପାରେ ଅବା ନ ଜାଣିପାରେ, ତଥାପି ପଦାର୍ଥ ଆପଣା ରୂପରେ ଅବସ୍ଥିତ । ଯଦି ସେଗୁଡ଼ିକ ଆମ ଜ୍ଞାନର ଉତ୍ପାଦନ ମାତ୍ର, ତେବେ ସେମାନଙ୍କ ଅସତ୍ତାରେ। ସେମାନଙ୍କୁ ଜାଣିବା ସକାଶେ ଆମ ପ୍ରଯତ୍ନ କ'ଣ ପାଇଁ ? ଆମେ ଅଦୃଷ୍ଟ ବସ୍ତୁର କଳ୍ପନା ସୁଦ୍ଧା କହିପାରିବା ନାହିଁ ।

ପଦାର୍ଥ, ଜ୍ଞାନର ବିଷୟ ହୋଇପାରେ ବା ନ ହୋଇପାରେ, ତେବେ ଆମ ଜ୍ଞାନ, ଆମ ଆତ୍ମାରେ ଅବସ୍ଥିତ ରହିଥାଏ । ଯଦି ଜ୍ଞାନ କେବଳପଦାର୍ଥର ଉତ୍ପାଦନ, ତେବେ ତାହା ପଦାର୍ଥର ଧର୍ମ ହେବ । ଆମ ସହିତ ତା'ର ତାଦାତ୍ମ୍ୟ ସ୍ଥାପିତ ହୋଇପାରିବ ନାହିଁ ।

---

(୧୦) ଆୟାରୋ, ୫/୧୦୪: ଜେ ଆୟା
ସେ ବିନ୍ନାୟା,ଜେ ବିନ୍ନାୟା ସେ ଆୟା ।

(୧୧) ଭଗବତୀ, ୨୫।୧୦୯ ।

(୧୨) ଉତ୍ତରଜ୍‌ଝୟଣାଣି, ୨୮/୬ ।

(୧୩) ଉତ୍ତରଜ୍‌ଝୟଣାଣି, ୨୮/୬ ।

(୧୪) ସ୍ୱରୂପ ସମ୍ବୋଧନ, ୩ :
ପ୍ରମେୟତ୍ୱାଦିଭିଦର୍ମୈଃ, ଅଚିଦାତ୍ମା ଚିଦାତ୍ମକଃ ।
ଜ୍ଞାନ ଦର୍ଶନ ତସ୍ତସ୍ମାତ୍, ଚେତନା ଚେତନାତ୍ମକଃ ॥

(୧୫) ସ୍ୱରୂପ ସଂବୋଧନ , ୪ :
ଜ୍ଞାନାଦ୍‌ଭିନ୍ନୋ ନ ଚାଭିନ୍ନୋ, ଭିନ୍ନାଭିନ୍ନଃ କଥଂଚନ ।
ଜ୍ଞାନଂ ପୂର୍ବାପରୀଭୂତଂ, ସୋୟମାତ୍ମେତି କୀର୍ତ୍ତିତଃ ॥

(୧୬) ଭଗବତୀ,୧୨/୨୦୭ :ଣାଣେ ପୁଣ ସେ ଣିୟମଂ ଆୟା

(୧୭) ଆୟାରୋ, ୫/୧୦୪ : ଜେଣ ବିଜାଣତି ସେ ଆୟା ।

ବସ୍ତୁ ସ୍ଥିତି ହେଉଛି ସେ ଆମେ ପଦାର୍ଥକୁ ଜାଣିଥାଉଁ, ସେତେବେଳେ ଜ୍ଞାନ ଉତ୍ପନ୍ନ ହୁଏ ନାହିଁ । କିନ୍ତୁ ତାହା ପ୍ରୟୋଗ ମାତ୍ର । ଜ୍ଞାନ ବା ଜାଣିପାରିବାର କ୍ଷମତା ଆମ ମଧ୍ୟରେ ବିକଶିତ ହୋଇଥାଏ । କିନ୍ତୁ ଜ୍ଞାନ ଆବୃତ ଅବସ୍ଥାରେ ରହିଥିଲେ ଆମ ପଦାର୍ଥକୁ ମାଧ୍ୟମ ବିନା ଜାଣିବାରେ ବିଫଳ ହୋଇଥାଉ । ଆମେ ଶାରୀରିକ ଇନ୍ଦ୍ରିୟ ଓ ମନ ହେଉଛି ଅଚେତନ । ପଦାର୍ଥ ସହିତ ସଂବନ୍ଧ ବା ସାମୀପ୍ୟ ପ୍ରାପ୍ତ କରି ଆମ ଇନ୍ଦ୍ରିୟ ଓ ମନ ଆମ ଜ୍ଞାନକୁ ପ୍ରବୃତ୍ତ କରିଥାନ୍ତି ଏବଂ ଜ୍ଞେୟକୁ ଜାଣିହୁଏ । ଅଥବା ଆମ ନିଜ ସଂସ୍କାର କୌଣସି ପଦାର୍ଥକୁ ଜାଣିବା ସକାଶେ ଜ୍ଞାନକୁ ପ୍ରେରିତ କରିଲେ ଜ୍ଞେୟକୁ ଜାଣିବା ସଂଭବ ହୁଏ । ଏହା ଜ୍ଞାନର ଉତ୍ପତ୍ତି ନୁହେଁ, ଜ୍ଞାନର ପ୍ରବୃତ୍ତି । ଶତ୍ରୁ ଦେଖି ବନ୍ଧୁକ ଚଳାଇବା ପାଇଁ ମନ ହେଲା, ଗୁଳି ଫୁଟିଲା । ଏହା ଶକ୍ତିର ଉତ୍ପତ୍ତି ନୁହେଁ ବରଂ ଏହା ହେଉଛି ଶକ୍ତିର ପ୍ରୟୋଗ । ଆତ୍ମୀୟ ଜନ ବା ମିତ୍ରକୁ ଦେଖି ପ୍ରେମର ନିର୍ଝର ବହିବା ପ୍ରେମର ଉତ୍ପତ୍ତି ନୁହେଁ ପ୍ରୟୋଗ ମାତ୍ର । ଜ୍ଞାନର ମଧ୍ୟ ସମାନ ସ୍ଥିତି । ସମ୍ମୁଖରେ ବିଷୟ ରହିଥିଲେ ଜ୍ଞାନ ତାହାକୁ ଗ୍ରହଣ କରିଥାଏ । ଏହା ପ୍ରବୃତ୍ତି ମାତ୍ର । ଜ୍ଞାନର ଯେଉଁ ପରିମାଣରେ କ୍ଷମତା ଥାଏ, ସେହି ଅନୁସାରେ ତାହା ଜାଣିବାରେ ସଫଳ ହୁଏ ।

ଆମ ଜ୍ଞାନ, ଇନ୍ଦ୍ରିୟ ଓ ମନ ମାଧ୍ୟମରେ ହିଁ ଜ୍ଞେୟକୁ ଜାଣିପାରିଥାଏ । ଇନ୍ଦ୍ରିୟଗୁଡ଼ିକର ଶକ୍ତି ସୀମିତ । ଇନ୍ଦ୍ରିୟଗଣ, ବିଷୟ ମନ ସହିତ ସଂବନ୍ଧ ସ୍ଥାପନ କରି ଆପଣା ବିଷୟକୁ ଜାଣିପାରିଥାନ୍ତି । ମନର ସଂବନ୍ଧ ଏକ ସମୟରେ ଗୋଟିଏ ଇନ୍ଦ୍ରିୟ ସହିତ ହିଁ ହୋଇପାରିଥାଏ । ତେଣୁ ଏକକାଳରେ ଏକ ପଦାର୍ଥର ଏକ ପର୍ଯ୍ୟାୟକୁ ହିଁ ଜାଣିହୁଏ । ଏଥିପାଇଁ ଜ୍ଞାନକୁ ଜ୍ଞେୟାକାର ମାନିବାର ବି ଆବଶ୍ୟକତା ନାହିଁ । ଏହି ସୀମା ଆବୃତ ଜ୍ଞାନ ସକାଶେ ଅଭିପ୍ରେତ । ଅନାବୃତ ଜ୍ଞାନ ବଳରେ ଏକ ସଂଗେ ସମସ୍ତ ପଦାର୍ଥକୁ ଜାଣିବା ସଂଭବ ହୁଏ ।

ଏଠାରେ ସହଜ ତର୍କ ଉପସ୍ଥିତ ହେଉଛି ଯେ ଏକ ସଂଗେ ସମସ୍ତଙ୍କୁ ଜାଣିବାର ଅର୍ଥ କାହାରିକୁ ମଧ୍ୟ ଜାଣି ନ ପାରିବା ନୁହେଁ ତ ।

ଯାହାକୁ ଜାଣିବା କଥା, କେବଳ ତାହାକୁ ନ ଜାଣି ଆଉ ସମସ୍ତଙ୍କୁ ଜାଣିବା ଦ୍ୱାରା ବ୍ୟବହାର ନିର୍ବାହ କିପରି ହେବ । ଏହା ଜ୍ଞାନର ସାଂକର୍ଯ୍ୟ ନୁହେଁ କି ?

ଜୈନ ଦୃଷ୍ଟିରେ ଏହାର ସମାଧାନ ହେଉଛି ପଦାର୍ଥ ନିଜ ନିଜ ସ୍ୱତନ୍ତ୍ର ରୂପରେ ଅବସ୍ଥାନ କରିଥାନ୍ତି । ତେଣୁ ସେଗୁଡ଼ିକ ସଂକର ନୁହନ୍ତି । ଅନନ୍ତ ପଦାର୍ଥ ଏବଂ ଜ୍ଞାନର ପର୍ଯ୍ୟାୟ ମଧ୍ୟ ଅନନ୍ତ । ଅନନ୍ତ, ଅନନ୍ତର ଗ୍ରହଣ କରିଥାଏ । ଏହା କଦାପି ସାଂକର୍ଯ୍ୟ ହୋଇ ନ ପାରେ ।

ବାଣୀ ଏକ ସମୟରେ ଗୋଟିଏ ଜ୍ଞେୟକୁ ହିଁ ନିରୂପଣ କରିଥାଏ । ବାଣୀ ଦ୍ୱାରା ଅନେକ ଜ୍ଞେୟକୁ ଏକ ସଂଗେ ନିରୂପଣ କରିପାରିବାର ମାନ୍ୟତାକୁ ସଂକର କୁହାଯାଇପାରିବ । ତେବେ ଜ୍ଞାନର ସ୍ଥିତି ତା'ଠାରୁ ସବୁମନ୍ତେ ଭିନ୍ନ । ତେଣୁ ଜ୍ଞାନର ଅନନ୍ତ ପର୍ଯ୍ୟାୟ ଦ୍ୱାରା ଅନନ୍ତ ଜ୍ଞେୟକୁ ଜାଣିବାରେ କୌଣସି ବାଧା ନାହିଁ । ଆମେ ବିଷୟର ସ୍ଥୂଳ ରୂପ ବା ବର୍ତ୍ତମାନ ପର୍ଯ୍ୟାୟର ଜ୍ଞାନ ଇନ୍ଦ୍ରିୟମାନଙ୍କ ସହାୟତାରେ ପ୍ରାପ୍ତ କରିଥାଉଁ । ବିଷୟର ସୂକ୍ଷ୍ମ ରୂପ ବା ଭୂତ ଓ ଭାବୀ ପର୍ଯ୍ୟାୟର ଜ୍ଞାତବ୍ୟ ତଥା ମନ ଦ୍ୱାରା ପ୍ରାପ୍ତ ହୁଏ । ଇନ୍ଦ୍ରିୟଠାରେ କଳ୍ପନା, ସଂକଳନ ଓ ନିଷ୍କର୍ଷର ଜ୍ଞାନ ନ ଥାଏ । ମନ ଦୁଇଟି କିଂବା ତା'ଠାରୁ ଅଧିକ ବୋଧକୁ ମିଶାଇ କଳ୍ପନା କରିଥାଏ । ମନ ଅନେକ ଅନୁଭବକୁ ଯୋଡ଼ିପାରିଥାଏ ତଥା ସେଗୁଡ଼ିକର ନିଷ୍କର୍ଷ ବାହାର କରିପାରେ । ତେଣୁ ଜ୍ଞାନକୁ ବିଷୟରୁ ଉତ୍ପନ୍ନ କିଂବା ଜ୍ଞାନ, ବିଷୟର ଆକାର ପରିମାଣ ହିଁ ହେବା ସତ୍ୟ ନୁହେଁ । ଇନ୍ଦ୍ରିୟର ଜ୍ଞାନ ବାହ୍ୟ ବିଷୟରୁ ପ୍ରାପ୍ତ ହୁଏ କିନ୍ତୁ ମନର ଜ୍ଞାନ ବାହ୍ୟ ବିଷୟରୁ ମିଳିବା ସହିତ ବାହ୍ୟ ବିଷୟର ଅନୁପସ୍ଥିତିରେ ବି ମିଳିବାରେ ଅସୁବିଧା ନାହିଁ । ଜ୍ଞେୟକୁ ଜାଣିବା ହିଁ ଯେତେବେଳେ ଆମର ଏକମାତ୍ର ପ୍ରୟୋଜନ ହୁଏ, ସେତେବେଳେ ପଦାର୍ଥ ଜ୍ଞେୟ ଏବଂ ଆମ ଜ୍ଞାନ ଉପଯୋଗ ହୋଇଥାଏ । କିନ୍ତୁ ଯେତେବେଳେ ଆମ ଉପଯୋଗ ପ୍ରାପ୍ତବୋଧର ବିଶ୍ଳେଷଣ କରିବାରେ ବ୍ୟାପୃତ ହୁଏ, ସେତେବେଳେ ପଦାର୍ଥ ଜ୍ଞେୟ ହୋଇ ରହେ ନାହିଁ । ସେହି ଅବସ୍ଥାରେ ପ୍ରଥମେ ପ୍ରାପ୍ତ ଜ୍ଞାନ, ଜ୍ଞେୟରେ ପରିଣତ ହୁଏ ଏବଂ ଜାଣିବା ପ୍ରବୃତ୍ତିର ଅଭାବରେ ଆମ ଉପଯୋଗ ପୁଣି ଜ୍ଞାନ ପାଲଟିଯାଏ – ଜ୍ଞେୟ ପ୍ରତି ଉଦାସୀନ ହୋଇ ନିଜ ମଧ୍ୟରେ ରମଣ କରେ ।

ଜ୍ଞାନ ଓ ଜ୍ଞେୟର ସଂବନ୍ଧ

ଜ୍ଞାନ ଓ ଜ୍ଞେୟର ସଂବନ୍ଧ ବିଷୟ ବିଷୟୀ-ଭାବ ସଦୃଶ । ଜୈନ ଦୃଷ୍ଟି ଅନୁସାରେ-

୧. ଜ୍ଞାନ ଅର୍ଥରେ ପ୍ରବିଷ୍ଟ ହୁଏ ନାହିଁ, ଅର୍ଥ ବି ଜ୍ଞାନରେ ପ୍ରବିଷ୍ଟ ହୁଏ ନାହିଁ ।

୨. ଜ୍ଞାନ ଅର୍ଥାକାର ନୁହେଁ ।

୩. ଜ୍ଞାନ ଅର୍ଥରୁ ଉତ୍ପନ୍ନ ନୁହେଁ ।

୪. ଜ୍ଞାନ ଅର୍ଥ ରୂପ ନୁହେଁ ।

ତାତ୍ପର୍ଯ୍ୟ ହେଉଛି - ଜ୍ଞାନ ଓ ଅର୍ଥ ମଧ୍ୟରେ ପୂର୍ଣ୍ଣ ଅଭେଦ ନ ଥାଏ । ପ୍ରମାଣ ଜ୍ଞାନ-ସ୍ୱଭାବ ହୋଇଥିବାରୁ ବିଷୟୀ ଏବଂ ଅର୍ଥ ଜ୍ଞେୟ ସ୍ୱଭାବ ହେତୁ ବିଷୟ ଅଟେ । ଦୁହେଁ ସ୍ୱତନ୍ତ୍ର । ତେବେ ଜ୍ଞାନ ମଧ୍ୟରେ ଅର୍ଥକୁ ଜାଣିବାର ତଥା ଅର୍ଥ ମଧ୍ୟରେ ଜ୍ଞାନ ମାଧ୍ୟମରେ ଜାଣିପାରିବାର କ୍ଷମତା ନିହିତ ଥାଏ । ଏହା ହିଁ ଦୁହିଁଙ୍କର କୌଣସିମତେ ଅଭେଦର ହେତୁ ସାଜିଥାଏ ।

ଜ୍ଞାନ, ଦର୍ଶନ ଓ ସଂବେଦନା

ଚୈତନ୍ୟର ତିନୋଟି ପ୍ରଧାନ ରୂପ ହେଉଛି - ଜାଣିବା, ଦେଖିବା ଓ ଅନୁଭୂତି କରିବା । ଚକ୍ଷୁ ଦ୍ୱାରା ଦେଖିହୁଏ, ଅବଶିଷ୍ଟ ଚାରି ଇନ୍ଦ୍ରିୟ ଓ ମନ ଦ୍ୱାରା ଜାଣିହୁଏ । ଏହା ଆମ ବ୍ୟବହାରର ରୂପ ।

ସିଦ୍ଧାନ୍ତ ଅନୁସାରେ - ଚକ୍ଷୁ ଯେପରି ଦର୍ଶନ କରିଥାଏ, ଅଚକ୍ଷୁ (ଅବଶିଷ୍ଟ ଇନ୍ଦ୍ରିୟ ଓ ମନ)ର ମଧ୍ୟ ଦର୍ଶନ କରିବାର କ୍ଷମତା ରହିଛି । ଅବଧି ଓ କେବଳ ମଧ୍ୟ ଦର୍ଶନ କ୍ଷମତାଯୁକ୍ତ ।[୧୮]

ଅବଶିଷ୍ଟ ଇନ୍ଦ୍ରିୟ ଓ ମନ ଦ୍ୱାରା ଆମେ ଜାଣିବାରେ ସକ୍ଷମ ହେଉ, ସେହିମାନି ଚକ୍ଷୁ ଦ୍ୱାରା ବି ଦେଖିବା ସହିତ ଜାଣିବା ସମ୍ଭବପର । ଚକ୍ଷୁର ଜ୍ଞାନ ମଧ୍ୟ ରହିଛି ।

ଦର୍ଶନର ଧର୍ମ କେବଳ ଦେଖିବା ନୁହେଁ । ଦର୍ଶନର ଅର୍ଥ- ଏକତା ବା ଅଭେଦର ଜ୍ଞାନ । ଏଠାରେ ଜ୍ଞାନର ଅର୍ଥ ଆପେ ସଂକୁଚିତ ହୋଇପଡୁଛି । ଅନେକତା ବା ଭେଦକୁ ଜାଣିବା ହେଉଛି ଜ୍ଞାନ । ପାଞ୍ଚ ପ୍ରକାର ଜ୍ଞାନ[୧୯] ଓ ଚାରିପ୍ରକାର ଦର୍ଶନ ।[୨୦] ମନଃ ପର୍ଯ୍ୟାୟ ଜ୍ଞାନ କେବଳ ଭେଦକୁ ଜାଣିଥାଏ । ତେଣୁ ତା'ର ଦର୍ଶନ ହୁଏ ନାହିଁ ।

ବିଶ୍ୱ ସର୍ବଦା ବିଭକ୍ତ ନୁହେଁ କି ସର୍ବଦା ଅବିଭକ୍ତ ବି ନୁହେଁ । ତାହା ଗୁଣ ଓ ପର୍ଯ୍ୟାୟ ଦୃଷ୍ଟିରୁ ବିଭକ୍ତ ତଥା ଦ୍ରବ୍ୟଗତ ଏକତା ଦୃଷ୍ଟିରୁ ଅବିଭକ୍ତ । ଆବୃତ ଜ୍ଞାନର କ୍ଷମତା କମ୍ ଥାଏ, ତେଣୁ ଆବରଣଯୁକ୍ତ ଜ୍ଞାନ ଦ୍ୱାରା ପ୍ରଥମେ ଦ୍ରବ୍ୟର ସାମାନ୍ୟ ରୂପ ଜାଣିହୁଏ । ପରେ ଦ୍ରବ୍ୟର ବହୁବିଧ ପରିବର୍ତ୍ତନ ଓ କ୍ଷମତା ସମ୍ବନ୍ଧରେ ଜଣାପଡ଼େ ।

ଅନାବୃତ ଜ୍ଞାନର କ୍ଷମତା ହେଉଛି ଅସୀମ । ଏହି ଆବରଣ ବିହୀନ ଜ୍ଞାନ ଦ୍ୱାରା ପ୍ରଥମେ ଦ୍ରବ୍ୟର ପରିବର୍ତ୍ତନ ଓ କ୍ଷମତା ଏବଂ ପରବର୍ତ୍ତୀ ପର୍ଯ୍ୟାୟରେ ଦ୍ରବ୍ୟର ଏକତା ସମ୍ବନ୍ଧରେ ଜାଣିହୁଏ ।

କେବଳୀ ପ୍ରାଥମିକ କ୍ଷଣରେ ଅନନ୍ତ ଶକ୍ତିର ପୃଥକ୍ ପୃଥକ୍ ଆକଳନ କରି ପକାନ୍ତି ଏବଂ ପରବର୍ତ୍ତୀ କ୍ଷଣରେ ଦ୍ରବ୍ୟତ୍ୱର ସାମାନ୍ୟ ସତ୍ତା ସହିତ ଅନନ୍ତ ଶକ୍ତିକୁ ଗ୍ରନ୍ଥିତ ଥିବାର ଦେଖିପାରନ୍ତି । ଏହି ପ୍ରକାର କେବଳ ଜ୍ଞାନ ଓ କେବଳ ଦର୍ଶନର କ୍ରମ ନିରନ୍ତର ଚାଲିଥାଏ ।

ଆମେ ଏକ କ୍ଷଣରେ କିଛି ବି ଜାଣିପାରି ନ ଥାଉ । ଜ୍ଞାନର ସୂକ୍ଷ୍ମ ପ୍ରଯତ୍ନ ପ୍ରକ୍ରିୟାରେ ଅସଂଖ୍ୟ କ୍ଷଣରେ ଯାଇ ଦ୍ରବ୍ୟର ସାମାନ୍ୟ ସତ୍ତା ପର୍ଯ୍ୟନ୍ତ ପହଞ୍ଚିବାରେ କୃତକାର୍ଯ୍ୟ ହୋଇଥାଉ । ଏହା ଘଟିବା ପରେ କ୍ରମଶଃ ଦ୍ରବ୍ୟର ଗୋଟିଏ ଗୋଟିଏ ବିଶେଷତାର ଜ୍ଞାନ କରିହୁଏ । ଏଭଳି ଭାବରେ ଆମ ଚକ୍ଷୁ-ଅଚକ୍ଷୁ ଦର୍ଶନ ପ୍ରଥମେ ଏବଂ ମତି-ଶ୍ରୁତ ପରେ

---

[୧୮] ଜୈନ ସିଦ୍ଧାନ୍ତ ଦୀପିକା, ୨/୨୬

[୧୯] ଜୈନ ସିଦ୍ଧାନ୍ତ ଦୀପିକା, ୨/୬ ।

[୨୦] ଜୈନ ସିଦ୍ଧାନ୍ତ ଦୀପିକା, ୨/୬ ।

ହୁଏ । ବିଶେଷକୁ ଜାଣିଲା ପରେ ସାମାନ୍ୟକୁ ଜାଣିବା ହେଉଛି ଜ୍ଞାନ ଓ ଦର୍ଶନ । ସାମାନ୍ୟକୁ ଜାଣିଲା ପରେ ବିଶେଷକୁ ଜାଣିବା ହେଉଛି ଦର୍ଶନ ଓ ଜ୍ଞାନ ।

ଜ୍ଞାନ ଓ ବେଦନା

ସ୍ପର୍ଶନ, ରସନ ଓ ଘ୍ରାଣ - ଏହି ତିନି ଇନ୍ଦ୍ରିୟ ହେଉଛନ୍ତି ଭୋଗୀ ତଥା ଚକ୍ଷୁ ଓ ଶ୍ରୋତ୍ର- ଏହି ଦୁଇ ଇନ୍ଦ୍ରିୟକାମୀ ଅଟନ୍ତି ।[୨୧] କାମୀ ଇନ୍ଦ୍ରିୟ ଦ୍ୱାରା ବିଷୟକୁ କେବଳ ଜାଣିହୁଏ, ତା'ର ଅନୁଭୂତି ହୁଏ ନାହିଁ । ଭୋଗୀ ଇନ୍ଦ୍ରିୟ ଦ୍ୱାରା ବିଷୟର ଜ୍ଞାନ ଓ ଅନୁଭୂତି ଉଭୟ ହୁଏ ।

ଇନ୍ଦ୍ରିୟଗୁଡ଼ିକ ଦ୍ୱାରା ଆମେ ବାହାରି ବସ୍ତୁକୁ ଜାଣିଥାଉଁ । ଜାଣିବା ପ୍ରକ୍ରିୟା ସମସ୍ତଙ୍କ ସମାନ ନ ଥାଏ । ଚକ୍ଷୁର ଜ୍ଞାନଶକ୍ତି, ଅନ୍ୟ ଇନ୍ଦ୍ରିୟମାନଙ୍କ ତୁଳନାରେ ତୀକ୍ଷ୍ଣତର ଥାଏ, ତେଣୁ ଚକ୍ଷୁ ଅସ୍ପୃଷ୍ଟ ରୂପକୁ ବେଶ୍ ଜାଣିପାରେ ।

ଶ୍ରୋତ୍ରର ଜ୍ଞାନଶକ୍ତି ଚକ୍ଷୁ ତୁଳନାରେ ନ୍ୟୂନ ଥାଏ । ତାହା କେବଳ ସ୍ପୃଷ୍ଟ ଶବ୍ଦକୁ ହିଁ ଜାଣିବାରେ ସକ୍ଷମ ହୁଏ । ଅବଶିଷ୍ଟ ତିନି ଇନ୍ଦ୍ରିୟଙ୍କ କ୍ଷମତା ଶ୍ରୋତ୍ରଠାରୁ ବି ସ୍ୱଳ୍ପ ଥାଏ । ଏହି ତିନି ଇନ୍ଦ୍ରିୟ (ଘ୍ରାଣ, ରସନା ଓ ସ୍ପର୍ଶନ) ନିଜ ନିଜ ବିଷୟକୁ ବଦ୍ଧ-ସ୍ପୃଷ୍ଟ ନ ହେବା ପର୍ଯ୍ୟନ୍ତ ଜାଣିପାରନ୍ତି ନାହିଁ ।[୨୨]

ବାହାରି ବିଷୟକୁ ସ୍ପର୍ଶ ନ କରି କିମ୍ବା କେବଳ ଟିକିଏ ସ୍ପର୍ଶ କରିବା ଦ୍ୱାରା ଯେଉଁ ଜ୍ଞାନ ହୋଇଥାଏ, ସେଠାରେ ଅନୁଭୂତିର ଅଭାବ ରହିଥାଏ । ଇନ୍ଦ୍ରିୟ ଓ ବିଷୟର ନିକଟତମ ସଂବନ୍ଧ ଯେଉଁଠାରେ ସ୍ଥାପିତ ହୁଏ, ଅନୁଭୂତିପ୍ରବଣତା ସେଠାରେ ଜାତ ହୁଏ । ସ୍ପର୍ଶନ, ରସନ ଓ ଘ୍ରାଣ ନିଜ-ନିଜ ବିଷୟ ସହିତ ଅନ୍ତରଂଗ ସଂବନ୍ଧ ସ୍ଥାପନ ହେବା ପରେ ସେମାନଙ୍କୁ ଜାଣିପାରନ୍ତି । ତେଣୁ ଏହି ତିନି ଇନ୍ଦ୍ରିୟଙ୍କୁ ଜ୍ଞାନ ସହିତ ଅନୁଭୂତି ମଧ୍ୟ ହୋଇଥାଏ ।

ଅନୁଭୂତି ମାନସିକ ସ୍ତରରେ ମଧ୍ୟ ଘଟିଥାଏ, କିନ୍ତୁ ବାହ୍ୟ ବିଷୟ ସହିତ ପ୍ରଗାଢ଼ ସମ୍ପର୍କ ଦ୍ୱାରା ଅନୁଭୂତି ଜାତ ହୁଏ ନାହିଁ । ବିଷୟ ଅନୁରୂପ ମନର ପରିଣମନ ଫଳରେ ହିଁ ଅନୁଭୂତି ହୋଇଥାଏ ।

ମାନସିକ ଅନୁଭବର ଏକ ଉଚ୍ଚତମ ଅବସ୍ଥା ବି ରହିଛି । ବାହ୍ୟ ବିଷୟ ବିନା ହେଉଥିବା ସତ୍ୟ ଭାସ, ଶୁଦ୍ଧ ମାନସିକ ଜ୍ଞାନ ନୁହେଁ କି ଶୁଦ୍ଧ ଅତୀନ୍ଦ୍ରିୟ ଜ୍ଞାନ ବି ନୁହେଁ । ବରଂ ଏହା ହେଉଛି ଉଭୟ ଜ୍ଞାନର ମଧ୍ୟବର୍ତ୍ତୀ ସ୍ଥିତି ।[୨୩]

ସୁଖ-ଦୁଃଖ : ବେଦନାର ଦୁଇ ରୂପ

ବାହ୍ୟଜଗତର ଜ୍ଞାନ ଆମେ ଇନ୍ଦ୍ରିୟ ମାଧ୍ୟମରେ କରିଥାଉଁ । ଏହାର ସଂବର୍ଦ୍ଧନ ମନ ଦ୍ୱାରା ହୁଏ । ସ୍ପର୍ଶ, ରସ, ଗନ୍ଧ ଓ ରୂପ ହେଉଛି ପଦାର୍ଥର ମୌଳିକ ଗୁଣ । ଶବ୍ଦ ତା'ର ପର୍ଯ୍ୟାୟ ବା ଅନିୟତ ଗୁଣ । ପ୍ରତ୍ୟେକ ଇନ୍ଦ୍ରିୟ ଆପଣା ବିଷୟକୁ ଜାଣିପାରିଥାଏ । ଇନ୍ଦ୍ରିୟପ୍ରାପ୍ତ ଜ୍ଞାନକୁ ମନ ବିସ୍ତାରିତ କରିଥାଏ । ସୁଖ ଓ ଦୁଃଖ ଯାହା ବାହ୍ୟ ବସ୍ତୁର ଯୋଗ - ବିଯୋଗରୁ ଉତ୍ପନ୍ନ ହୋଇଥାଏ, ତାହା ଶୁଦ୍ଧ ଜ୍ଞାନ ନୁହେଁ ତଥା ଏହି ସୁଖ-ଦୁଃଖର ଅନୁଭୂତି ଅଚେତନକୁ ହୁଏ ନାହିଁ । ତେଣୁ ତାହା ଅଜ୍ଞାନ ମଧ୍ୟ ନୁହେଁ । ଜ୍ଞାନ ଓ ବାହ୍ୟ ପଦାର୍ଥର ସମ୍ମିଳିତ କାର୍ଯ୍ୟ ହିଁ ବେଦନା ।

ସୁଖ-ଦୁଃଖର ଅନୁଭୂତି ଇନ୍ଦ୍ରିୟ ଓ ମନ ଉଭୟକୁ ହୋଇଥାଏ । ବସ୍ତୁର ନିକଟ-ସଂଯୋଗ ଘଟିଲେ ଇନ୍ଦ୍ରିୟ ସୁଖାନୁଭୂତି କରିଥାନ୍ତି ।

---

(୨୧) ନନ୍ଦୀ, ସୂତ୍ର ୫୪, ଗାଥା ୭୫ :
ପୁଟ୍‌ଠଂ ସୁଣେଇ ସଦ୍ଦଂ, ରୂବଂ ପୁଣ ପାସଇ ଅପୁଟ୍‌ଠଂ ତୁ ।
ଗନ୍ଧଂ ରସଂ ଚ ଫାସଂ ଚ, ବଦ୍ଧ ପୁଟ୍‌ଠଂ ବିୟାଗରେ ॥

(୨୨) ନନ୍ଦୀ, ସୂତ୍ର ୫୪, ଗାଥା ୭୫ ।

(୨୩) ଜ୍ଞାନସାର, ଅଷ୍ଟକ ୨୬, ଶ୍ଳୋକ ୧:
ସନ୍ଧ୍ୟେବ ଦିନ-ରାତ୍ରିଭ୍ୟାଂ କେବଳ ଶ୍ରୁତୟୋଃ ପୃଥକ୍ ।
ବୁଦ୍ଧେରନୁଭବୋ ଦୃଷ୍ଟଃ, କେବଳାର୍କାରୁଣୋଦୟଃ ॥

ଇନ୍ଦ୍ରିୟ ଦ୍ୱାରା ପ୍ରାପ୍ତ ଅନୁଭୂତି ଓ କଳ୍ପନା, ମାନସିକ ଅନୁଭୂତିର ନିମିତ୍ତ ସାଜିଥାନ୍ତି ।

ଚୈତନ୍ୟର ବିଶୁଦ୍ଧ ପରିଣତି ଆତ୍ମରମଣ ଆନନ୍ଦ ବା ସହଜସୁଖ ବୋଲାଇଥାଏ । ତାହା ବେଦନା ନୁହେଁ । ଶରୀର ଓ ମନ ମାଧ୍ୟମରେ ପ୍ରାପ୍ତ ଅନୁଭୂତିର ନାମ ବେଦନା । ଅମନସ୍କ (ମନ-ବିହୀନ) ଜୀବ କେବଳ ଶାରୀରିକ ବେଦନା କରିଥାନ୍ତି । ସମନସ୍କ ଜୀବ ଶାରୀରିକ ଓ ମାନସିକ - ଏହିଭଳି ଦୁଇ ପ୍ରକାର ବେଦନା କରନ୍ତି ।[୨୪] ତେବେ ଏକ ସଂଗେ ଏକ ସମୟରେ ସୁଖ-ଦୁଃଖର ବେଦନା ହୁଏ ନାହିଁ ।

ଜ୍ଞାନର ବିଭାଗ

ଜ୍ଞାନକୁ ପାଞ୍ଚ ଭାଗରେ ବିଭକ୍ତ କରାଯାଇଥାଏ । ୧. ମତି ଜ୍ଞାନ ଅଥବା ଆଭିନିବୋଧିକ ଜ୍ଞାନ । ୨. ଶ୍ରୁତଜ୍ଞାନ ୩. ଅବଧି ଜ୍ଞାନ, ୪. ମନଃ ପର୍ଯ୍ୟବଜ୍ଞାନ ୫.କେବଳ ଜ୍ଞାନ ।

ଏମାନଙ୍କ ସ୍ୱରୂପ ଓ ବିଷୟ - ଗ୍ରହଣ କରିବାର କ୍ଷମତା ଉପରେ ଚାରିଦୃଷ୍ଟିରୁ ବିଚାର କରାଯାଇଥାଏ ।

ଭଗବାନ ମହାବୀରଙ୍କୁ ଗୌତମ ପ୍ରଶ୍ନ ପଚାରୁଛନ୍ତି - ଭନ୍ତେ ! ଆଭିନିବୋଧିକ ଜ୍ଞାନର ବିଷୟ କେତେ ପ୍ରକାର ଓ କେତେ ପରିମାଣରେ ପ୍ରଜ୍ଞପ୍ତ ?

ଭଗବାନ କହିଲେ - ଗୌତମ ! ଆଭିନିବୋଧିକ ଜ୍ଞାନର ବିଷୟ ସଂକ୍ଷେପରେ ଚାରିଦୃଷ୍ଟିରୁ ପ୍ରଜ୍ଞପ୍ତ । ଯଥା - ଦ୍ରବ୍ୟ ଦୃଷ୍ଟିରେ, କ୍ଷେତ୍ର ଦୃଷ୍ଟିରେ, କାଳ ଦୃଷ୍ଟିରେ ଓ ଭାବ ଦୃଷ୍ଟିରେ ।

ଦ୍ରବ୍ୟ ଦୃଷ୍ଟିରେ ଆଭିନିବୋଧିକ ଜ୍ଞାନୀ ଆଦେଶତଃ ସର୍ବଦ୍ରବ୍ୟକୁ ଜାଣି ଓ ଦେଖିଥାଏ ।

କ୍ଷେତ୍ର ଦୃଷ୍ଟିରେ ଆଭିନିବୋଧକ ଜ୍ଞାନୀ ଆଦେଶତଃ ସର୍ବକ୍ଷେତ୍ରକୁ ଜାଣି ଓ ଦେଖିଥାଏ ।

କାଳ ଦୃଷ୍ଟିରେ ଆଭିନିବୋଧିକ ଜ୍ଞାନୀ ଆଦେଶତଃ ସର୍ବକାଳକୁ ଜାଣି ଓ ଦେଖିଥାଏ ।

ଭାବ ଦୃଷ୍ଟିରେ ଆଭିନିବୋଧିକ ଜ୍ଞାନୀ ଆଦେଶତଃ ସମସ୍ତ ଭାବକୁ ଜାଣି ଓ ଦେଖିଥାଏ ।

ଗୌତମ ପୁଣି ପ୍ରଶ୍ନ କରୁଛନ୍ତି - ଭନ୍ତେ ! ଶ୍ରୁତିଜ୍ଞାନର ବିଷୟ କେତେପ୍ରକାର ପ୍ରଜ୍ଞପ୍ତ ?

ଭଗବାନ କହିଲେ - ଗୌତମ ! ଶ୍ରୁତିଜ୍ଞାନର ବିଷୟ ସଂକ୍ଷେପରେ ଚାରିପ୍ରକାର ଅର୍ଥାତ୍ ଦ୍ରବ୍ୟ ଦୃଷ୍ଟିରେ, କ୍ଷେତ୍ର ଦୃଷ୍ଟିରେ, କାଳ ଦୃଷ୍ଟିରେ ଓ ଭାବ ଦୃଷ୍ଟିରେ ପ୍ରଜ୍ଞପ୍ତ ।

ଦ୍ରବ୍ୟ ଦୃଷ୍ଟିରେ ଶ୍ରୁତଜ୍ଞାନୀ ଉପଯୁକ୍ତ ଅବସ୍ଥାରେ (ଜ୍ଞେୟ ପ୍ରତି ଦତ୍ତ ଚିତ୍ତ ହେବା ପରେ) ସମସ୍ତ ଦ୍ରବ୍ୟକୁ ଜାଣି ଓ ଦେଖିଥାଏ ।

କ୍ଷେତ୍ର ଦୃଷ୍ଟିରେ ଶ୍ରୁତଜ୍ଞାନୀ ଉପଯୁକ୍ତ ଅବସ୍ଥାରେ ସର୍ବକ୍ଷେତ୍ରକୁ ଜାଣି ଓ ଦେଖିଥାଏ ।

କାଳ ଦୃଷ୍ଟିରେ ଶ୍ରୁତଜ୍ଞାନୀ ଉପଯୁକ୍ତ ଅବସ୍ଥାରେ ସର୍ବକାଳକୁ ଜାଣି ଓ ଦେଖିଥାଏ ।

ଭାବ ଦୃଷ୍ଟିରେ ଶ୍ରୁତଜ୍ଞାନୀ ଉପଯୁକ୍ତ ଅବସ୍ଥାରେ ସମସ୍ତ ଭାବକୁ ଜାଣି ଓ ଦେଖିଥାଏ ।

ଗୌତମ - ଭନ୍ତେ ! ଅବଧି ଜ୍ଞାନର ବିଷୟ କେତେ ପ୍ରକାର ଓ କେତେ ପରିମାଣରେ ପ୍ରଜ୍ଞପ୍ତ ?

ଭଗବାନ୍ - ଗୌତମ ! ଅବଧିଜ୍ଞାନର ବିଷୟ ସଂକ୍ଷେପରେ ଚାରିପ୍ରକାର ଅର୍ଥାତ୍ ଦ୍ରବ୍ୟ ଦୃଷ୍ଟିରେ, କ୍ଷେତ୍ର ଦୃଷ୍ଟିରେ, କାଳ ଦୃଷ୍ଟିରେ ଏବଂ ଭାବ ଦୃଷ୍ଟିରେ ପ୍ରଜ୍ଞପ୍ତ ।

ଦ୍ରବ୍ୟ ଦୃଷ୍ଟିରେ ଅବଧିଜ୍ଞାନୀ ଜଘନ୍ୟତଃ ଅନନ୍ତରୂପୀ ଦ୍ରବ୍ୟକୁ ଜାଣି ଓ ଦେଖିଥାଏ । ଉତ୍କୃଷ୍ଟତଃ ତାହା ସମସ୍ତ ରୂପୀ ଦ୍ରବ୍ୟକୁ ଜାଣି ଓ ଦେଖିପାରିଥାଏ ।

କ୍ଷେତ୍ର ଦୃଷ୍ଟିରେ ଅବଧିଜ୍ଞାନୀ ଜଘନ୍ୟତଃ ଅଂଗୁଳିର ଅସଂଖ୍ୟାତ ଭାଗକୁ ଜାଣି ଓ ଦେଖିଥାଏ । ଉତ୍କୃଷ୍ଟତଃ ତାହା ଅଲୋକରେ ଲୋକପ୍ରମାଣ ଅସଂଖ୍ୟାତ ଖଣ୍ଡକୁ ଜାଣି ଓ କାଳ ଦୃଷ୍ଟିରେ ଅବଧି ଜ୍ଞାନୀ ଜଘନ୍ୟତଃ ଆବଳିକାର ଅସଂଖ୍ୟାତ ଭାବକୁ ଜାଣି ଓ ଦେଖିଥାଏ । ଉତ୍କୃଷ୍ଟତଃ ତାହା ଅସଂଖ୍ୟେୟ ଅବସର୍ପିଣୀ-ଉତ୍ସର୍ପିଣୀ ପ୍ରମାଣ ଅତୀତ ଓ ଭବିଷ୍ୟତ କାଳକୁ ଜାଣି ଓ ଦେଖିପାରିଥାଏ ।

---

[୨୪] ପ୍ରଜ୍ଞାପନା, ପଦ ୩୫ ।

ଭାବ ଦୃଷ୍ଟିରେ ଅବଧିଜ୍ଞାନୀ ଜଘନ୍ୟତଃ ଅନନ୍ତ ଭାବକୁ ଜାଣି ଦେଖିଥାଏ । ଉତ୍କୃଷ୍ଟତଃ ବି ଅନନ୍ତ ଭାବକୁ ଜାଣି ଓ ଦେଖିପାରିଥାଏ, ସର୍ବଭାବର ଅନନ୍ତତମ ଅଂଶକୁ ଜାଣିଥାଏ ଓ ଦେଖିଥାଏ ।

ଗୌତମ-ଭନ୍ତେ ! ମନଃ ପର୍ଯ୍ୟବଜ୍ଞାନର ବିଷୟ କେତେ ପ୍ରକାର ଓ କେତେ ପରିମାଣରେ ପ୍ରଜ୍ଞପ୍ତ ?

ଭଗବାନ୍ - ଗୌତମ ! ମନଃ ମନଃ ପର୍ଯ୍ୟବଜ୍ଞାନର ବିଷୟ ସଂକ୍ଷେପରେ ଚାରିପ୍ରକାର ଅର୍ଥାତ୍ ଦ୍ରବ୍ୟ ଦୃଷ୍ଟିରେ, କ୍ଷେତ୍ର ଦୃଷ୍ଟିରେ, କାଳ ଦୃଷ୍ଟିରେ ଏବଂ ଭାବ ଦୃଷ୍ଟିରେ ପ୍ରଜ୍ଞପ୍ତ ।

ଦ୍ରବ୍ୟ ଦୃଷ୍ଟିରେ ଋଜୁମତି ମନଃ ପର୍ଯ୍ୟବଜ୍ଞାନୀ ମନୋବର୍ଗଣାର ଅନନ୍ତ ଅନନ୍ତ-ପ୍ରଦେଶୀ ସ୍କନ୍ଧକୁ ଜାଣି ଓ ଦେଖିଥାଏ ।

ବିପୁଳମତି ମନଃ ପର୍ଯ୍ୟବଜ୍ଞାନୀ ସେହି ସ୍କନ୍ଧଗୁଡ଼ିକୁ ଅଧିକତର, ବିପୁଳତର, ବିଶୁଦ୍ଧତର, ଉଜ୍ଜ୍ୱଳତର ରୂପରେ ଜାଣି ଓ ଦେଖିପାରିଥାଏ ।

କ୍ଷେତ୍ର ଦୃଷ୍ଟିରେ ଋଜୁମତି ମନଃ ପର୍ଯ୍ୟବଜ୍ଞାନୀ ଅଧୋଦିଶାରେ ଏହି ରତ୍ନପ୍ରଭାର ଊର୍ଦ୍ଧ୍ୱବର୍ତ୍ତୀ କ୍ଷୁଲ୍ଲକ ପ୍ରତରରୁ ଅଧସ୍ତନ କ୍ଷୁଲ୍ଲକ ପ୍ରତର ପର୍ଯ୍ୟନ୍ତ, ଊର୍ଦ୍ଧ୍ୱ ଦିଶାରେ ଜ୍ୟୋତିଷ୍ଚକ୍ରର ଉପରିତଳ ପର୍ଯ୍ୟନ୍ତ, ତେରଛା ଭାଗରେ ମନୁଷ୍ୟ କ୍ଷେତ୍ର ମଧ୍ୟରେ ଅଢ଼େଇ (୨୧/୨) ଦ୍ୱୀପ ସମୁଦ୍ର ପର୍ଯ୍ୟନ୍ତ ପନ୍ଦର କର୍ମଭୂମି ତିରିଶି ଅକର୍ମଭୂମି ତଥା ଛପନ (୫୬)ଅନ୍ତର୍ଦ୍ୱୀପ ମଧ୍ୟରେ ବର୍ତ୍ତମାନ ପର୍ଯ୍ୟାପ୍ତ ପଞ୍ଚେନ୍ଦ୍ରିୟ ଜୀବଗୁଡ଼ିକର ମନୋଗତ ଭାବକୁ ଜାଣି ଓ ଦେଖିଥାଏ । ବିପୁଳମତି ମନପର୍ଯ୍ୟବଜ୍ଞାନୀ ସେହି କ୍ଷେତ୍ରରେ ଅଢ଼େଇ ଅଙ୍ଗୁଳ ଅଧିକତର, ବିପୁଳତର, ବିଶୁଦ୍ଧତର, ଉଜ୍ଜ୍ୱଳତର କ୍ଷେତ୍ରକୁ ଜାଣି ଓ ଦେଖିପାରିଥାଏ ।

କାଳ ଦୃଷ୍ଟିରେ ଋଜୁମତି ମନଃ ପର୍ଯ୍ୟବଜ୍ଞାନୀ ପଲ୍ୟୋପମର ଅସଂଖ୍ୟାତ ଭାଗ ଅତୀତ ଓ ଭବିଷ୍ୟକୁ ଜାଣି ଓ ଦେଖିପାରିଥାଏ ।

ବିପୁଳମତି ମନଃ ପର୍ଯ୍ୟବଜ୍ଞାନୀ ସେହି କାଳଖଣ୍ଡକୁ ଅଧିକତର, ବିପୁଳତର ବିଶୁଦ୍ଧତର, ଉଜ୍ଜ୍ୱଳତର ଜାଣି ଓ ଦେଖିପାରିଥାଏ ।

ଭାବ ଦୃଷ୍ଟିରେ ଋଜୁମତି ମନଃ ପର୍ଯ୍ୟାବଜ୍ଞାନୀ ଅନନ୍ତ ଭାବକୁ ଜାଣି ଓ ଦେଖିଥାଏ ।

ବିପୁଳମତି ମନଃ ପର୍ଯ୍ୟବଜ୍ଞାନୀ ସେହି ଭାବକୁ ଅଧିକତର ବିପୁଳତର, ବିଶୁଦ୍ଧତର, ଉଜ୍ଜ୍ୱଳତର ଜାଣି ଓ ଦେଖିପାରିଥାଏ ।

ଗୌତମ-ଭନ୍ତେ । କେବଳ ଜ୍ଞାନର ବିଷୟ କେତେ ପ୍ରକାର କେତେ ପରିମାଣରେ ପ୍ରଜ୍ଞପ୍ତ ?

ଭଗବାନ- ଗୌତମ ! କେବଳ ଜ୍ଞାନର ବିଷୟ ସଂକ୍ଷେପରେ ଚାରିପ୍ରକାର ଅର୍ଥାତ୍ ଦ୍ରବ୍ୟ ଦୃଷ୍ଟିରେ, କ୍ଷେତ୍ର ଦୃଷ୍ଟିରେ, କାଳ ଦୃଷ୍ଟିରେ ଓ ଭାବ ଦୃଷ୍ଟିରେ ପ୍ରଜ୍ଞପ୍ତ ।

ଦ୍ରବ୍ୟ ଦୃଷ୍ଟିରେ କେବଳ ଜ୍ଞାନୀ ସମସ୍ତ ଦ୍ରବ୍ୟକୁ ଜାଣି ଓ ଦେଖିଥାନ୍ତି ।

କ୍ଷେତ୍ର ଓ କାଳ ଦୃଷ୍ଟିରେ କେବଳ ଜ୍ଞାନୀ ସର୍ବକ୍ଷେତ୍ର ଓ କାଳକୁ ଜାଣି ଓ ଦେଖିଛନ୍ତି ।

ଭାବ ଦୃଷ୍ଟିରେ କେବଳ ଜ୍ଞାନୀ ସମସ୍ତ ଭାବକୁ ଜାଣି ଓ ଦେଖିଥାନ୍ତି ।

ପ୍ରସ୍ତୁତ ପ୍ରକରଣରେ ଜ୍ଞାନର ଜ୍ଞେୟ ବସ୍ତୁର ପ୍ରତିପାଦନ କରାଯାଇଛି ।

ଜ୍ଞେୟର ଚାରିପ୍ରକାର - ଦ୍ରବ୍ୟ, କ୍ଷେତ୍ର କାଳ ଓ ଭାବ । ପ୍ରସ୍ତୁତ ସୂତ୍ରରେ ଜ୍ଞେୟ ଆଧାରରେ ଜ୍ଞାନକୁ ଚାରି ଭାଗରେ ବିଭକ୍ତ କରାହୋଇଛି ।

ଆଭିନିବୋଧିକ ଜ୍ଞାନୀ ସର୍ବଦ୍ରବ୍ୟ, ସର୍ବକ୍ଷେତ୍ର, ସର୍ବକାଳ ଓ ସର୍ବଭାବକୁ ଜାଣିଥାଏ ।

ଆଭିନିବୋଧିକ ଜ୍ଞାନ ଓ ଶ୍ରୁତଜ୍ଞାନ ହେଉଛନ୍ତି ପରୋକ୍ଷ ଜ୍ଞାନ । ପରୋକ୍ଷ ଜ୍ଞାନ ଦ୍ୱାରା ସୂକ୍ଷ୍ମ ଦୂରସ୍ଥ ଓ ବ୍ୟବହିତ ବିଷୟକୁ ଜାଣିହୁଏ ନାହିଁ । ତେଣୁ ଆଦେଶ ଶବ୍ଦର ପ୍ରୟୋଗ କରାଯାଇଛି ।

ଜିନଭଦ୍ରଗଣି କ୍ଷମା ଶ୍ରମଣ ଆଦେଶର ଅର୍ଥ ପ୍ରକାର ରୂପରେ ଅଭିହିତ କରିଛନ୍ତି । ଆଭିନିବୋଧିକ ଜ୍ଞାନୀ

ଓଘାଦେସ (ସାମାନ୍ୟ ଆଦେଶ) ଦ୍ୱାରା ସବୁ ଦ୍ରବ୍ୟକୁ ଜାଣିଥାଏ କିନ୍ତୁ ସମସ୍ତ ବିଶେଷ ଦୃଷ୍ଟିରେ ସବୁ ଦ୍ରବ୍ୟକୁ ଜାଣିପାରେ ନାହିଁ । ତାତ୍ପର୍ଯ୍ୟ ଭାଷାରେ ବୁଝାଯାଉଛି ଯେ ଏହା ଆଭିନିବୋଧିକ ଜ୍ଞାନର ଜ୍ଞେୟର ସୀମା ନିର୍ଦ୍ଦେଶ କରୁଛି । ତେବେ ସାମାନ୍ୟ ପର୍ଯ୍ୟାୟର ବିଶିଷ୍ଟ ଦ୍ରବ୍ୟକୁ ଆଭିନିବୋଧିକ ଜ୍ଞାନୀ ସହଜରେ ଜାଣିପାରିଥାଏ ।[୨୪]

ଆଭିନିବୋଧିକ ଜ୍ଞାନୀ ସମସ୍ତ ଭାବକୁ ଜାଣିଥାଏ । ଦିନଭଦ୍ରମଣି ଏହାର ଅର୍ଥ କରିଛନ୍ତି- ଆଭିନିବୋଧିକ ଜ୍ଞାନୀ, ଔଦୟିକ, ଔପଶମିକ, କ୍ଷାୟିକ, କ୍ଷାୟୋପଶମିକ, ପାରିଣାମିକ - ଏହି ପଞ୍ଚଭାବକୁ ସାମାନ୍ୟ ବା ଜାତି ରୂପରେ ଜାଣିଥାନ୍ତି ।[୨୬]

ଆଦେଶର ଦ୍ୱିତୀୟ ଅର୍ଥ ସୂତ୍ର କରାଯାଇଛି । ଆଭିନିବୋଧିକ ଜ୍ଞାନୀସୂତ୍ର ଆଧାରରେ ସମସ୍ତ ଦ୍ରବ୍ୟକୁ ଜାଣିଥାନ୍ତି ।[୨୭]

ଏହି ଆଦେଶ ଶବ୍ଦ ଦ୍ୱାରା କେବଳ ଜ୍ଞାନ ତଥା ଆଭିନିବୋଧିକ ଜ୍ଞାନର ଜ୍ଞେୟ ପକ୍ଷକୁ ସ୍ପଷ୍ଟ କରାଯାଇଛି ।

ଶ୍ରୁତଜ୍ଞାନୀ ସହିତ 'ଉପଯୁକ୍ତ' ଶବ୍ଦର ପ୍ରୟୋଗ କରାଯାଇଥାଏ । ଏହାର ତାତ୍ପର୍ଯ୍ୟ ହେଲା- ସେ ଶ୍ରୁତୋପଯୋଗପୂର୍ବକ ସର୍ବଦ୍ରବ୍ୟ, ସର୍ବକ୍ଷେତ୍ର, ସର୍ବକାଳ ଓ ସର୍ବଭାବକୁ ଜାଣିଥାନ୍ତି ।

'ଉପଯୁକ୍ତ' ଶବ୍ଦ ଦ୍ୱାରା କେବଳ ଜ୍ଞାନ ଓ ଶ୍ରୁତଜ୍ଞାନର ଜ୍ଞେୟର ସୀମା ସ୍ପଷ୍ଟ ହୋଇଥାଏ । ନିମ୍ନ ତୁଳନାତ୍ମକ ଯନ୍ତ୍ର ବିଶେଷ ଦ୍ରଷ୍ଟବ୍ୟ -

	ଆଭିନିବୋଧିକ ଜ୍ଞାନ	**ଶ୍ରୁତଜ୍ଞାନ**	**କେବଳ ଜ୍ଞାନ**
ଦ୍ରବ୍ୟ	ଆଦେଶତଃ ସର୍ବଦ୍ରବ୍ୟକୁ ଜାଣି ଓ ଦେଖିଥାଏ ।	ଶ୍ରୁତୋପଯୋଗ ଅବସ୍ଥାରେ ସର୍ବଦ୍ରବ୍ୟକୁ ଜାଣି ଓ ଦେଖିଥାଏ ।	ସର୍ବଦ୍ରବ୍ୟକୁ ଜାଣି ଓ ଦେଖିଥାଏ ।
କ୍ଷେତ୍ର	ଆଦେଶତଃ ସର୍ବକ୍ଷେତ୍ରକୁ ଜାଣି ଓ ଦେଖିଥାଏ ।	ଶ୍ରୁତୋପଯୋଗ ଅବସ୍ଥାରେ ସର୍ବକ୍ଷେତ୍ରକୁ ଜାଣି ଓ ଦେଖିଥାଏ ।	ସର୍ବକ୍ଷେତ୍ରକୁ ଜାଣି ଓ ଦେଖିଥାଏ ।
କାଳ	ଆଦେଶତଃ ସର୍ବକାଳକୁ ଜାଣି ଓ ଦେଖିଥାଏ ।	ଶ୍ରୁତୋପଯୋଗ ଅବସ୍ଥାରେ ସର୍ବକାଳକୁ ଜାଣି ଓ ଦେଖିଥାଏ ।	ସର୍ବକାଳକୁ ଜାଣି ଓ ଦେଖିଥାଏ ।
ଭାବ	ଆଦେଶତଃ ସର୍ବଭାବକୁ ଜାଣି ଓ ଦେଖିଥାଏ ।	ଶ୍ରୁତୋପଯୋଗ ଅବସ୍ଥାରେ ସର୍ବଭାବକୁ ଜାଣି ଓ ଦେଖିଥାଏ ।	ସର୍ବଭାବକୁ ଜାଣି ଓ ଦେଖିଥାଏ ।

---

(୨୪) (କ) ବି.ଭା.ଗା. - ୪୦୨-୪୦୪:
ତଂପୁଣ ଚଉବ୍ବିହଂ, ନେୟଭେୟଓ ତେଣ ଜଂ ତଦୁବଉତ୍ତୋ ।
ଆଦେସେଣଂ ସବ୍ବୁ ଦବ୍ବାଇ ଚଉବ୍ବିହଂ ମୁଣଇ ।
ଆଏସୋତ୍ତି ପଗାରୋ ଓହାଦେସେଣ ସବ୍ବଂ ଦବ୍ବାଇଂ ।
ଧମ୍ମତ୍ଥି ଆଇୟାଇଂ ଜାଣଇ ଯ ସବ୍ବ ଭେଏଣଂ ॥
ଖେତ୍ତଂ ଲୋଗାଲୋଗଂ କାଳଂ ସଦ୍ଧଦ୍ଧ ମହବତି ବିହଂତି ।
ପଞ୍ଚୋଦୟାଇ ଏ ଭାବେ ଜଂ ନେୟମେବଂ ଇୟଂ ॥
(ଖ) ଭ.ବୃ. ୮/୧୮୪, ୧୮୫ ।

(୨୬) ବି.ଭା.ଗା. ୪୦୪ ।

(୨୭) ବି.ଭା.ଗା. ୪୦୫ ।
ଆଏସୋତ୍ତିବ ସୁତ୍ତଂ ସୁଭବଲଦ୍ଧେସୁ ତସ୍ସ ମଇନାଣଂ ।
ପସରଇ ତବ୍ଭାବଣୟା ବିଣା ବି ସୁତ୍ତାନୁ ସାରେଣ ॥

ତତ୍ତ୍ୱବେତ୍ତା, ଦାର୍ଶନିକ ଏବଂ ବୈଜ୍ଞାନିକମାନେ ନିଜ ନିଜ ବୁଦ୍ଧି ଓ ମତିର ପ୍ରୟୋଗ କରି ବିଶ୍ୱ ରଚନା ଓ ବିଶ୍ୱବର୍ତ୍ତୀ ପଦାର୍ଥ ସମୂହ ସଂବନ୍ଧରେ ଚିନ୍ତନ ଏବଂ ଅନୁସନ୍ଧାନ କରିବା ସହିତ ନୂତନ ସ୍ଥାପନା କରିଥାନ୍ତି । ଏମାନଙ୍କଠାରେ ଔତ୍ପତ୍ତିକୀ (ଉତ୍ପତ୍ତିଜନ୍ୟ) ବୁଦ୍ଧିର ବିକାଶ ଘଟିଥାଏ । ଏହାଦ୍ୱାରା ଅଦୃଷ୍ଟ ଓ ଅଶ୍ରୁତ ତତ୍ତ୍ୱକୁ ସେମାନେ ସହଜରେ ଜାଣିପାରିଥାନ୍ତି । କୌଣସି ପୂର୍ବ ପରମ୍ପରା ଓ ଶାସ୍ତ୍ରର ଅନୁକରଣ ନ କରି ଅନେକ ନୂତନ ତତ୍ତ୍ୱର ପ୍ରତିପାଦନ କରିଥାନ୍ତି । ତେଣୁ ଆଭିନିବୋଧିକ ଓ ଶ୍ରୁତଜ୍ଞାନର କେବଳ ଜ୍ଞାନ ସହିତ ସାପେକ୍ଷ ଦୃଷ୍ଟିରେ ତୁଳନା କରାଯାଇଥାଏ । ଏହି ସାପେକ୍ଷତାକୁ ଅଭିବ୍ୟକ୍ତ କରିବାକୁ ଯାଇ ଆଦେଶ ଓ ଉପଯୁକ୍ତ ଶବ୍ଦର ପ୍ରୟୋଗ କରାଯାଇଛି ।

'ନନ୍ଦୀ'ରେ 'ଣ ପାସଇ' ପାଠ ଉପଲବ୍ଧ । 'ନନ୍ଦୀ'ର ଚୂର୍ଣ୍ଣିରେ ଏହାର ଅର୍ଥ କରାଯାଇଅଛି – ଆଭିନିବୋଧିକ ଜ୍ଞାନୀ ଧର୍ମାସ୍ତିକାୟ ଆଦି ସମସ୍ତ ଦ୍ରବ୍ୟକୁ ଦେଖି ନ ଥାଏ, ଉଚିତ ଦେଶର ଅବସ୍ଥିତ ରୂପ ଆଦିକୁ ଚକ୍ଷୁ-ଅଚକ୍ଷୁ ଦର୍ଶନ ଦ୍ୱାରା ମଧ୍ୟ ଦେଖିଥାଏ ।[୨୮]

ଭଗବତୀରେ 'ପାସଇ' ଏବଂ ନନ୍ଦୀର 'ଣ ପାସଇ' ଏହି ଦୁଇ ବିରୋଧୀ ବକ୍ତବ୍ୟର ସମନ୍ୱୟ 'ନନ୍ଦୀ'ର ବ୍ୟାଖ୍ୟା ଗ୍ରନ୍ଥ ଆଧାରରେ କରାଯାଇଥାଏ । ଆଭିନିବୋଧିକ ଜ୍ଞାନୀ ସବୁ ଦ୍ରବ୍ୟକୁ ଦେଖିଥାଏ, ଏହି ଅଭିପ୍ରାୟରେ କି ସେ ଚକ୍ଷୁ ଦର୍ଶନ ଓ ଅଚକ୍ଷୁ ଦର୍ଶନର ବିଷୟଭୂତ ସମସ୍ତ ଦ୍ରବ୍ୟକୁ ଦେଖିଥାଏ । ନିଷେଧ ଅଭିପ୍ରାୟ ହେଉଛି ଆଭିନିବୋଧିକ ଜ୍ଞାନୀ ଧର୍ମାସ୍ତିକାୟ ଆଦି ଅମୂର୍ତ୍ତ ଦ୍ରବ୍ୟକୁ ଦେଖି ନ ଥିବାରୁ ତାହା ସମସ୍ତ ଦ୍ରବ୍ୟକୁ ଦେଖୁନାହିଁ ?

ଶ୍ରୁତଜ୍ଞାନୀ ସବୁ ଦ୍ରବ୍ୟକୁ ଦେଖିଥାଏ । ଅଭୟ ଦେବସୂରି ଏହାର ବ୍ୟାଖ୍ୟା କରି ଯାଇଛନ୍ତି । ସେ ସମସ୍ତ ଦ୍ରବ୍ୟର ନିୟାମକ ସୂତ୍ର ପ୍ରଦାନ କରିଛନ୍ତି ? ଶ୍ରୁତଜ୍ଞାନୀ ଅଭିଲାପ୍ୟ ଦ୍ରବ୍ୟକୁ ଜାଣିପାରିଥାଏ । ଜାଣିବାର ଦୁଇଟି ସାଧନ ହେଉଛି – ଶ୍ରୁତାନୁବର୍ତ୍ତୀ ମାନସଜ୍ଞାନ ଏବଂ ଅଚକ୍ଷୁଦର୍ଶନ । ସଂପୂର୍ଣ୍ଣ ଦଶପୂର୍ବଠାରୁ ନିମ୍ନ ଜ୍ଞାନବାଲାଙ୍କୁ କେବଳ ଭଜିବାକୁ ହୁଏ ।[୨୯] ବୃଦ୍ଧ ବ୍ୟାଖ୍ୟା : ଅନୁସାରେ 'ପଶ୍ୟତି' ସ୍ପଷ୍ଟୀକରଣ ହେଉଛି-ପ୍ରଜ୍ଞାପନାରେ ଶ୍ରୁତଜ୍ଞାନର ପଶ୍ୟତ୍ତାର ପ୍ରତିପାଦନ କରାଯାଇଛି ।[୩୦] ବିଶେଷାବଶ୍ୟକ ଭାଷ୍ୟରେ ବି ପଶ୍ୟତାର ଚର୍ଚ୍ଚା ଉପଲବ୍ଧ ।[୩୧]

ଶ୍ରୁତଜ୍ଞାନୀ ଅନୁତ୍ତର ବିମାନ ଆଦି ଅଦୃଷ୍ଟ ଭୂଖଣ୍ଡର ଆଲେଖ୍ୟ କରିଥାନ୍ତି । ସର୍ବଥା ଅଦୃଷ୍ଟର ଆଲେଖ୍ୟ ସଂଭବ ନୁହେଁ ।[୩୨] ଯଦ୍ୟପି ଅଭିଲାପ୍ୟ ଭାବର ଅନନ୍ତତମ ଅଂଶ ମାତ୍ର ଶ୍ରୁତନିବଦ୍ଧ, ତଥାପି ସାମାନ୍ୟ ବିବକ୍ଷା ଅନୁସାରେ ସମସ୍ତ

---

(୨୮) ନନ୍ଦୀ ଚୂ.ପୃ. ୪୨ – ଣ ପସ୍‌ସଇ ଭି ସଦ୍‌ବେ ସାମଣ୍ଣବିସେସ୍ । ଦେଶଟ୍ଠିତେ ଧମ୍ମା ଦିଏ, ଚକ୍‌ଖୁଅଚକ୍‌ଖୁ ଦଂସଣେଣ ରୂବ ସଦ୍‌ଦାଇତ୍ତେ କେୟିଂ ପାଂସତି ତ୍ତି ।

(୨୯) ଭ.ବୃ. ୮/୧୮୫ – ସର୍ବଦ୍ରବ୍ୟାଣି ଧର୍ମାସ୍ତିକାୟାଦୀନି
'ଜାନାତି' ବିଶେଷତୋଽବଗଚ୍ଛତି, ଶ୍ରୁତଜ୍ଞାନସ୍ୟ ତତ୍‌ସ୍ୱରୂପତ୍ୱାତ୍
ପଶ୍ୟତି ଚ ଶ୍ରୁତାନୁବର୍ତ୍ତିମାନସେନ ଅଚକ୍ଷୁଦର୍ଶନେନ ସର୍ବଦ୍ରବ୍ୟାଣି
ଚାଭିଲାପ୍ୟାନ୍ୟେବ ଜାନାତି ପଶ୍ୟତି ଚାଭିନ୍ନପୂର୍ବଦଶଧରାଦିଃ
ଶ୍ରୁତକେବଲୀ ତଦାରତସ୍ତୁ ଭଜନା, ସା ପୁନର୍ମତିବିଶେଷତୋ ଜ୍ଞାତବ୍ୟେତି ।

(୩୦) ପଣ୍ଣ-୩୦/୨

(୩୧) ବିଶେଷ ଭାଷ୍ୟକ ଗାଥା. ୫୫୩-୫୬୫ ।

(୩୨) ଭ.ବୃ.୮/୧୮୫- ବୃଦ୍ଧୈଃ ପୁନଃ ପଶ୍ୟତୀତ୍ୟତ୍ରେଦମୁକ୍ତଂ
ନନୁ ପଶତୀତି କଥଂକଥଂ ଚ ନ ସକଳଗୋଚରଦର୍ଶନାୟୋଗାତ୍ ?
ଅତ୍ରୋଚ୍ୟତେ, ପ୍ରଜ୍ଞାପନାୟାଂ ଶ୍ରୁତଜ୍ଞାନ ପଶ୍ୟତ୍ତାୟାଃ ପ୍ରତିପାଦିତ-
ତ୍ୱାଦନୁତ୍ତରବିମାନାଦୀନାଂ ଚାଲେଖ୍ୟକରଣାତ୍ ସର୍ବଥା
ଚାଦୃଷ୍ଟସ୍ୟାଲେଖ୍ୟ କରଣାନୁପପତ୍ତେଃ ।

ଅଭିଳାପ୍ୟ ଭାବ ଶ୍ରୁତଜ୍ଞାନ ପାଇଁ ଜ୍ଞେୟ - ଏହା ସହଜରେ କୁହାଯାଇପାରିବ । ଏହି ଅପେକ୍ଷାରେ ଏହି ପାଠ ବୁଝି ହେଉଛି ଯେ ଶ୍ରୁତଜ୍ଞାନୀ ସର୍ବଭାବକୁ ଜାଣନ୍ତି ଓ ଦେଖିଥାନ୍ତି ।(୩୩)

ଭଗବତୀ (୧/୨୦୪)ରେ ଅବଧିଜ୍ଞାନର ଦୁଇ ପ୍ରକାର ବର୍ଣ୍ଣନା ରହିଛି - ଆଧୋବଧିକ ଓ ପରମାଧୋବଧିକ । ସ୍ଥାନାଂଗରେ ଅବଧିଜ୍ଞାନକୁ ଦେଶାବଧି ଓ ସର୍ବାବଧି ରୂପରେ ନିରୂପଣ କରାଯାଇଛି ।(୩୪) ଜୟଧବଳାରେ ଅବଧି ଜ୍ଞାନର ତିନି ପ୍ରକାର ବର୍ଣ୍ଣନା ମିଳିଥାଏ- ଦେଶାବଧି, ପରମାବିଧି ଓ ସର୍ବାବଧି ।(୩୫) ପ୍ରସ୍ତୁତ ସୂତ୍ରରେ ଅବଧି ଜ୍ଞାନର ତିନି ପ୍ରକାରକୁ ଲକ୍ଷ୍ୟରେ ରଖି ବିଷୟବସ୍ତୁର ପ୍ରତିପାଦନ କରାଯାଇଛି । ଅବଧି ଜ୍ଞାନୀ ଜଘନ୍ୟତଃ ଅନନ୍ତ ରୂପୀ ଦ୍ରବ୍ୟକୁ ଜାଣିଥାନ୍ତି ଓ ଦେଖିଥାନ୍ତି - ଏହା ହେଉଛି ସର୍ବ ସାମାନ୍ୟ ନିର୍ଦ୍ଦେଶ । ଅବଧିଜ୍ଞାନୀ ଉତ୍କୃଷ୍ଟତଃ ସମସ୍ତ ରୂପୀ ଦ୍ରବ୍ୟକୁ ଜାଣିଥାନ୍ତି ଓ ଦେଖିଥାନ୍ତି - ଏହି ନିର୍ଦ୍ଦେଶ ପରମାବଧି ଓ ସର୍ବାବଧି ଅପେକ୍ଷାରେ ନିର୍ଦ୍ଧାରିତ । ଅନନ୍ତର ବ୍ୟାଖ୍ୟା ଆବଶ୍ୟକ ନିର୍ଯୁକ୍ତିରେ ଉପଲବ୍ଧ । ପୁଦ୍‌ଗଳର ଆଠ ବର୍ଗଣା ହେଉଛି -

୧. ଔଦାରିକ ବର୍ଗଣା ୨. ବୈକ୍ରିୟବର୍ଗଣା ୩. ଆହାରକ ବର୍ଗଣା ୪. ତୈଜସ୍ ବର୍ଗଣା ୫. ଭାଷା ବର୍ଗଣା ୬.ଶ୍ୱାସୋଚ୍ଛ୍ୱାସ ବର୍ଗଣା ୭. ମନୋବର୍ଗଣା ୮.କର୍ମବର୍ଗଣା ।

ନିର୍ଯୁକ୍ତି ଅନୁସାରେ ପ୍ରାରମ୍ଭିକ ଅବସ୍ଥାରେ ସ୍ଥିତ ଅବଧିଜ୍ଞାନୀ ତୈଜସ୍ ଓ ଭାଷା ବର୍ଗଣାର ମଧ୍ୟବର୍ତ୍ତୀ ଦ୍ରବ୍ୟକୁ ଜାଣିପାରନ୍ତି ।(୩୬)

ବିଶେଷାବଶ୍ୟକ ଭାଷ୍ୟ ନନ୍ଦୀ ଚୂର୍ଣ୍ଣୀ, ନନ୍ଦୀର ହାରିଭଦ୍ରୀୟା ବୃତ୍ତି ଏବଂ ମଳୟଗିରୀୟାରେ ବି ଏହି ମତର ଅନୁସରଣ କରାଯାଇଛି । (୩୭) ନନ୍ଦୀ (ସୂତ୍ର ୭-୨୨)ର ପାଦ ଟିପ୍‌ପଣ ବିଶେଷ ଦ୍ରଷ୍ଟବ୍ୟ ।

ଅବଧିଜ୍ଞାନ ଓ ମନଃ ପର୍ଯ୍ୟବଜ୍ଞାନର ବିଷୟ ହେଉଛି ରୂପୀ (ମୂର୍ତ୍ତ) ଦ୍ରବ୍ୟ । ଅରୂପୀ ଦ୍ରବ୍ୟ ଏମାନଙ୍କ ବିଷୟ ନୁହେଁ । ଅବଧିଜ୍ଞାନର ବିଷୟ ସର୍ବରୂପୀ ଦ୍ରବ୍ୟ । ମନଃ ପର୍ଯ୍ୟବଜ୍ଞାନର ବିଷୟ ହେଉଛି କେବଳ ମନୋବର୍ଗଣାର ପୁଦ୍‌ଗଳ ସ୍କନ୍ଧ । ସମନସ୍କ ଜୀବ, ମନନ ଅଥବା ଚିନ୍ତନ କରିବା ପାଇଁ ମନୋବର୍ଗଣାର ପୁଦ୍‌ଗଳ ସ୍କନ୍ଧ ଗ୍ରହଣ କରିଥାନ୍ତି । ମନନ ଅନୁରୂପ ସେହି ପୁଦ୍‌ଗଳ ସ୍କନ୍ଧର ଆକୃତି ନିର୍ମିତ ହୋଇଥାଏ । ସେହି ଆକୃତିଗୁଡ଼ିକର ସଂଜ୍ଞା ପର୍ଯ୍ୟାୟ ରହିଛି । ମନଃ ପର୍ଯ୍ୟବଜ୍ଞାନୀ ମନର ସେହି ଆକୃତି ବା ପର୍ଯ୍ୟାୟଗୁଡ଼ିକର ସାକ୍ଷାତ୍‌କାର କରିଥାନ୍ତି । ତାତ୍ପର୍ଯ୍ୟ ଭାଷାରେ ମନନ କରୁଥିବା ବ୍ୟକ୍ତିର ବିଚାର ସହିତ ପ୍ରତ୍ୟକ୍ଷ ଭେଟ ହୋଇଥାଏ । ବିଚାର କରିବା

---

(୩୩) ଭ.ବୃ.୮/୧୮୫ - ନନୁଭାବଓଣଂ ସୁୟନାଣୀ ଉବଉତ୍ତେ ସବ୍‌ବଭାବେ ଜାଣଇ ଇତି ଯଦୁକ୍ତମିହ ତତ୍ ସୁଏ ଚରିତ୍ତେ ନ ପଜ୍‌ଜବା ସବ୍‌ବେ ତି (ଅଭିଳାପ୍ୟାପେକ୍ଷୟା) ଅନେନ ଚ ସହ କଥଂ ନ ବିରୁଧ୍ୟତେ ? ଉଚ୍ୟତେ, ଇହ ସୂତ୍ରେ ସର୍ବଗ୍ରହଣେନ ପଞ୍ଚୌଦୟିକାଦୟୋ ଭାବା ଗୃହ୍ୟନ୍ତେ, ତାଂଶ୍ଚ ସର୍ବାନ୍ ଜାତିତୋ ଜାନାତି, ଅଥବା ଯଦ୍ୟପ୍ୟଭି ଲାପ୍ୟାନାଂ ଭାବନାମନନ୍ତଭାଗ ଏବ ଶ୍ରୁତନିବଦ୍ଧସ୍ତଥାପି ପ୍ରସଙ୍ଗାନୁ ପ୍ରସଙ୍ଗତଃ ସର୍ବେପ୍ୟଭିଳାପ୍ୟାଃ ଶ୍ରୁତ-ବିଷୟା ଉଚ୍ୟନ୍ତେ ଅତସ୍ତଦପେକ୍ଷୟା ସର୍ବଭାବାନ୍ ଜାନାତିତ୍ୟୁକ୍ତମ୍, ଅନର୍ଭିଲାପ୍ୟଭାବାପେକ୍ଷୟା ତୁ 'ସୁଏଚରିତ୍ତେ ନ ପଜ୍‌ଜବା ସବ୍‌ବେ'ଇତ୍ୟୁକ୍ତମିତି ନ ବିରୋଧଃ ।

(୩୪) ଠାଣଂ ୨/୧୯୩ - ୨୦୦ ତଥା ୧୯୩ର ଟିପ୍‌ପଣ ଦ୍ରଷ୍ଟବ୍ୟ ।

(୩୫) କ.ପା.ଭା.୧, ପୃଷ୍ଠା ୧୭ ।

(୩୬) ଆବଶ୍ୟକ ନିର୍ଯୁକ୍ତି ଗାଥା-୩୮ ।

(୩୭) ବିଶେଷାବଶ୍ୟକ ଭାଷ୍ୟ ଗାଥା, ୬୮୩-
କ) ତେୟା କମ୍ମସରୀରେ ତେୟାଦବ୍‌ବେ ଯ ଭାସଦବ୍‌ବେ ଯ ।
ଖ) ନନ୍ଦୀ ଚୂର୍ଣ୍ଣୀ ପୃ.୨୦ ।
ଗ) ନନ୍ଦୀ ହାରିଭଦ୍ରୀୟା ବୃତ୍ତି ପୃ.୩୦ ।
ଘ) ନନ୍ଦୀ ମଳୟଗିରୀୟା ବୃତ୍ତି ପୃ.୯୭ ।

ସମୟରେ ଚିନ୍ତ୍ୟମାନ ବସ୍ତୁର ସାକ୍ଷାତକାର ହୁଏ ନାହିଁ । ଜିନଭଦ୍ରଗଣିଙ୍କ ମତରେ ସେ ଚିନ୍ତ୍ୟମାନ ବସ୍ତୁକୁ ଅନୁମାନର ଆଧାରରେ ଜାଣି ପାରିଥାଏ ।(୩୮)

ସିଦ୍ଧସେନଙ୍କ ମତରେ ଅବଧିଜ୍ଞାନ ଓ ମନଃପର୍ଯ୍ୟବଜ୍ଞାନ ଏକ । ଉପାଧ୍ୟାୟ ଯଶୋବିଜୟଜୀ 'ଜ୍ଞାନ ବିନ୍ଦୁ ପ୍ରକରଣ'ରେ ଏହାର ଉନ୍ମେଷ କରିବା ସହିତ ନୟ ଦୃଷ୍ଟିରେ ଏହା ଉପରେ ବିଚାରଣ କରିଛନ୍ତି ।(୩୯) ପଣ୍ଡିତ ସୁଖଲାଲଜୀ ମନଃ ପର୍ଯ୍ୟବଜ୍ଞାନ ବିଷୟରେ ଏକ ବିମର୍ଶ ପ୍ରସ୍ତୁତ କରି ଯାଇଛନ୍ତି ମନଃ ପର୍ଯ୍ୟବଜ୍ଞାନର ବିଷୟ ମନ ଦ୍ୱାରା ଚିନ୍ତ୍ୟମାନ ବସ୍ତୁ ନା ଚିନ୍ତନ ପ୍ରବୃତ୍ତ ମନୋଦ୍ରବ୍ୟର ଅବସ୍ଥା - ଏହି ବିଷୟରେ ଜୈନ ପରମ୍ପରାର ଐକମତ୍ୟ ନାହିଁ । ନିର୍ଯୁକ୍ତି ଓ ତତ୍ତ୍ୱାର୍ଥ ସୂତ୍ର ଏବଂ ତତ୍ତ୍ୱାର୍ଥ ସୂତ୍ରୀୟ ବ୍ୟାଖ୍ୟା ମାନଙ୍କରେ ପ୍ରଥମ ପକ୍ଷର ବର୍ଣ୍ଣନା ରହିଛି ଅଥଚ ବିଶେଷାବଶ୍ୟକ ଭାଷାରେ ଦ୍ୱିତୀୟ ପକ୍ଷର ସମର୍ଥନ କରାଯାଇଛି । ତେବେ ଯୋଗଭାଷ୍ୟ ତଥା ମଜ୍‌ଝିମ ବିଷୟରେ ବର୍ଣ୍ଣନା କରାଯାଇଥିବା ପରଚିତ୍ତ ଜ୍ଞାନରେ କେବଳ ଦ୍ୱିତୀୟ ପକ୍ଷ ହିଁ ରହିଛି । ଏହାର ସମର୍ଥନ ଜିନଭଦ୍ରଗଣି କ୍ଷମାଶ୍ରମଣ କରିଯାଇଛନ୍ତି । ଯୋଗ ଭାଷ୍ୟକାର ତଥା ମଜ୍‌ଝିମ୍ ନିକାୟକାର ସ୍ପଷ୍ଟ ଶବ୍ଦରେ ନିରୂପଣ କରିଛନ୍ତି ଯେ ଏଭଳି ପ୍ରତ୍ୟକ୍ଷ ଦ୍ୱାରା ଅନ୍ୟମାନଙ୍କ କେବଳ ଚିତ୍ତର ସାକ୍ଷାତ୍‌କାର ହୋଇଥାଏ, ଚିତ୍ତର ଆଲଂବନର ନୁହେଁ । ଯୋଗଭାଷ୍ୟରେ ଚିତ୍ତର ଆଲଂବନ ଗ୍ରହଣଯୋଗ୍ୟ ନୁହେଁ ବୋଲି ଯୁକ୍ତି ମଧ୍ୟ କରାଯାଇଛି ।

ଏଠାରେ ଦୁଇଟି କଥା ବିଚାରଣୀୟ । ପ୍ରଥମଟି ହେଉଛି ଜୈନ ବାଙ୍ମୟରେ ଉଭୟ ପକ୍ଷ ରହିଛି । ଏହାର ଅର୍ଥ ସ୍ପଷ୍ଟ ହେଉଛି ଯେ ପୂର୍ବବର୍ତ୍ତୀ ବର୍ଣ୍ଣନାତ୍ମକ ସାହିତ୍ୟଯୁଗରେ ଗ୍ରନ୍ଥକାର ପ୍ରାଚୀନ ଆଧ୍ୟାତ୍ମିକ କଥାର ତାର୍କିକ ବିଶ୍ଳେଷଣ କରୁଥିଲେ, କିନ୍ତୁ ସେତେବେଳକୁ ଆଧ୍ୟାତ୍ମିକ ଅନୁଭବର ଯୁଗ ଅତିକ୍ରାନ୍ତ ହୋଇସାରିଥିଲା । ଦ୍ୱିତୀୟ ବିଚାରଯୋଗ୍ୟ କଥା ହେଲା - ଯୋଗଭାଷ୍ୟ, ମଜ୍‌ଝିମ ନିକାୟ ଓ ବିଶେଷାବଶ୍ୟକ ଭାଷ୍ୟରେ ଉପଲବ୍ଧ ଐକମତ୍ୟ ସ୍ୱତନ୍ତ୍ର ଚିନ୍ତନର ପରିଣାମ ନା କୌଣସି ଏକ ମତର ଅନ୍ୟ ଉପରେ ପ୍ରଭାବକୁ ମଧ୍ୟ ସିଦ୍ଧ କରୁଛି ?(୪୦)

ଚିନ୍ତନ ପ୍ରବୃତ୍ତ ମନୋଦ୍ରବ୍ୟର ଅବସ୍ଥାଗୁଡ଼ିକ ହିଁ ବାସ୍ତବରେ ମନଃପର୍ଯ୍ୟବ ଜ୍ଞାନର ବିଷୟ । ଚିନ୍ତ୍ୟମାନ ବସ୍ତୁ ସହିତ ତା'ର ସିଧା ସମ୍ବନ୍ଧ ନାହିଁ । ନନ୍ଦୀର ଚୂର୍ଣ୍ଣିକାର ଏ ପ୍ରସଙ୍ଗକୁ ସ୍ପଷ୍ଟ ଭାବରେ ପ୍ରକାଶିତ କରି କହିଛନ୍ତି ଯେ ଚିନ୍ତ୍ୟମାନ ବସ୍ତୁ ମୂର୍ତ୍ତ ଓ ଅମୂର୍ତ୍ତ, ଉଭୟ ପ୍ରକାର ହୋଇପାରେ । ଅମୂର୍ତ୍ତ ବସ୍ତୁ ମନଃ ପର୍ଯ୍ୟବଜ୍ଞାନର ବିଷୟ କଦାପି ହୋଇପାରିବ ନାହିଁ । ଏହି କାରଣରୁ ମନଃପର୍ଯ୍ୟବଜ୍ଞାନ ଦ୍ୱାରା ମନୋଦ୍ରବ୍ୟର ପର୍ଯ୍ୟାୟଗୁଡ଼ିକର ପ୍ରତ୍ୟକ୍ଷୀକରଣ କରାଯାଇପାରିବ ଅଥଚ ଚିନ୍ତ୍ୟମାନ ବସ୍ତୁକୁ ଅନୁମାନ ଦ୍ୱାରା ଜାଣିହୁଏ । ଅନୁମାନ ହେଲା ପରୋକ୍ଷ ଜ୍ଞାନ । ଏହାର ମନଃ ପର୍ଯ୍ୟବଜ୍ଞାନ ସହିତ ପ୍ରତ୍ୟକ୍ଷ ସଂବନ୍ଧ ନାହିଁ ।(୪୧)

---

(୩୮) ବିଶେଷାବଶ୍ୟକ ଭାଷ୍ୟ ଗାଥା-୮୧୩-୮୧୪ -
ମୁଣଇ ମଣୋ ଦବ୍‌ବାଇଂ ନରଲୋଏ ସୋ ମଣିଜ୍ ଜମଣା ଇ ।
କାଳେ ଭୂୟ-ଭବିସ୍‌ସେ ପଲିୟାଃସଂଖିଜ୍‌ଜଭାଗମ୍ମିପି ॥
ଦବ୍‌ମଣୋପଜ୍‌ଜାଏ ଜାଣଇ ପାସଇ ଯ ତଗ୍‌ଗଏଣଂ ତେ ।
ତେଣାବଭାସିଏ ଉଣ ଜାଣଇ ବଜ୍‌ଝେ ଣୁମାଣେଣଂ ॥

(୩୯) ଜ୍ଞାନବିନ୍ଦୁପ୍ରକରଣ ପୃ.୧୮ ।

(୪୦) ଜ୍ଞାନବିନ୍ଦୁପ୍ରକରଣ, ଭୂମିକା ପୃ.୪୧-୪୨ ।

(୪୧) ନନ୍ଦୀ ଚୂ. ପୃ. - ୨୪ - ସଣ୍ଣିଣା ମଣତ୍ତେଣ ମଣିତେ ମଣୋଖନ୍ଧେ
ଅଣଂତେ ଅଣଂତପଦେସିଏ, ଦବ୍‌ବଟ୍ଟାଏ ତଗ୍‌ଗତେ ଯବଣ୍ଣାଦିଏ
ଭାବେମଣ ପଜ୍‌ଜବଣାଣେଣଂପଚ୍ଚକ୍‌ଖଂ ପେକ୍‌ଖମାଣୋ ଜାଣାତିତ୍ତି ଭଣିତଂ ।
କ୍‌ଖଂଣମଣିତମତ୍‌ଥଂ ପୁଣ ପଚ୍ଚକ୍‌ଖ ଣପେକ୍‌ଖତି ଜେଣ ମଣାଲଂବଣଂ ମୁତ୍ତମମୁତ୍ତଂ
ବା ସୋ ଯ ଛଦୁମତ୍‌ଥୋ ତଂ ଅଣୁମାଣତୋ ।
ପେକ୍‌ଖତି ତି ଅତୋ ପାସଣତା ଭଣିତା ।

ଜ୍ଞାନର ଦୁଇଟି ବିଭାଗ - କ୍ଷାୟୋପଶମିକ ଓ କ୍ଷାୟିକ । ମତି, ଶ୍ରୁତ, ଅବଧି ଓ ମନଃପର୍ଯ୍ୟବଜ୍ଞାନ ହେଉଛନ୍ତି କ୍ଷାୟୋପଶମିକ, କାରଣ ଜ୍ଞାନାବରଣର କ୍ଷାୟୋପଶମ ଦ୍ୱାରା ଏହି ଜ୍ଞାନ ଚତୁଷ୍ଟୟର ଉତ୍ପତ୍ତି ସଂଭବ ହୋଇଥାଏ । କିନ୍ତୁ ଜ୍ଞାନାବରଣର ସର୍ବଥା କ୍ଷୟ ଘଟିବା ପରେ ହିଁ କେବଳ ଜ୍ଞାନ ଉତ୍ପନ୍ନ ହୋଇଥାଏ । ତେଣୁ କେବଳ ଜ୍ଞାନ ହେଉଛି କ୍ଷାୟିକ ।

ମୂର୍ତ୍ତ ଦ୍ରବ୍ୟ ବା ପୁଦ୍‌ଗଳ ଦ୍ରବ୍ୟ କ୍ଷାୟୋଗଶମିକ ଜ୍ଞାନର ବିଷୟ ଅଟେ । ତେବେ କ୍ଷାୟିକ ଜ୍ଞାନର ବିଷୟ ଉଭୟ ମୂର୍ତ୍ତ ଓ ଅମୂର୍ତ୍ତ ଦ୍ରବ୍ୟ ହୋଇପାରନ୍ତି । ଧର୍ମ, ଅଧର୍ମ, ଆକାଶ ଓ ଜୀବ ହେଉଛନ୍ତି ଅମୂର୍ତ୍ତ ଦ୍ରବ୍ୟ । କ୍ଷାୟୋଗଶମିକ ଜ୍ଞାନ ଦ୍ୱାରା ଏମାନଙ୍କ ପ୍ରତ୍ୟକ୍ଷ ଜ୍ଞାନ କରାଯାଇପାରିବ ନାହିଁ । ଅମୂର୍ତ୍ତର ଜ୍ଞାନ ପରୋକ୍ଷାତ୍ମକ ଶାସ୍ତ୍ରଜ୍ଞାନ ଦ୍ୱାରା ସଂଭବପର ।[୪୨]

ଦାର୍ଶନିକ ଯୁଗରେ କେବଳ ଜ୍ଞାନର ବିଷୟବସ୍ତୁର ଆଧାରରେ ସର୍ବଜ୍ଞବାଦର ବିଶଦ ଚର୍ଚ୍ଚା ଆଲୋଚନା କରାଯାଇଥାଏ । ପଣ୍ଡିତ ସୁଖଲାଲଜୀ ଏହି ଚର୍ଚ୍ଚାକୁ ବିସ୍ତୃତ ଭାବରେ ବ୍ୟାଖ୍ୟାୟିତ କରିବାକୁ ଯାଇ ଲେଖିଛନ୍ତି - 'ନ୍ୟାୟ, ବୈଶେଷିକ ଦର୍ଶନ ଯେତେବେଳେ ସର୍ବବିଷୟକ ସାକ୍ଷାତକାରର ବିଶ୍ଳେଷଣ କରନ୍ତି, ସେତେବେଳେ ସେମାନେ 'ସର୍ବ' ଶବ୍ଦ ମାଧ୍ୟମରେ ନିଜ ପରମ୍ପରାରେ ପ୍ରସିଦ୍ଧ ଦ୍ରବ୍ୟ, ଗୁଣ ଆଦି ସପ୍ତ ତତ୍ତ୍ୱକୁ ସଂପୂର୍ଣ୍ଣ ଭାବରେ ଗ୍ରହଣ କରିଥାଆନ୍ତି । ସାଂଖ୍ୟଯୋଗ ସର୍ବବିଷୟକ ସାକ୍ଷାତ୍‌କାରର ଚିତ୍ରଣ କରିବାକୁ ଯାଇ ଆପଣା ପରମ୍ପରାରୋ ପ୍ରସିଦ୍ଧ ପ୍ରକୃତି, ପୁରୁଷ ଆଦି ପଚିଶ ତତ୍ତ୍ୱର ସମଗ୍ର ସାକ୍ଷାତ୍‌କାରର କଥା କହିଥାଏ । ବୌଦ୍ଧ ଦର୍ଶନ ସର୍ବ ଶବ୍ଦ ମାଧ୍ୟମରେ ଆପଣା ପରମ୍ପରାରେ ପ୍ରସିଦ୍ଧ ପଞ୍ଚ ସ୍କନ୍ଧକୁ ସଂପୂର୍ଣ୍ଣ ଭାବରେ ଗ୍ରହଣ କରିଥାଏ । ବେଦାନ୍ତ ଦର୍ଶନ ସର୍ବ ଶବ୍ଦ ଦ୍ୱାରା ଆପଣା ପରମ୍ପରାର ପାରମାର୍ଥିକ ରୂପରେ ଖ୍ୟାତ ଏକମାତ୍ର ପୂର୍ଣ୍ଣ ବ୍ରହ୍ମକୁ ସ୍ୱୀକାର କରିଥାଏ । ଜୈନଦର୍ଶନ ମଧ୍ୟ ସର୍ବଶବ୍ଦ ଦ୍ୱାରା ତାଙ୍କ ପରମ୍ପରାରେ ପ୍ରସିଦ୍ଧ ସପର୍ଯ୍ୟାୟ ଷଡ୍‌ ଦ୍ରବ୍ୟକୁ ପୂର୍ଣ୍ଣ ରୂପେଣ ସ୍ୱୀକାର କରିଥାଏ । ଏଭଳି ଭାବରେ ଉପର୍ଯୁକ୍ତ ସମସ୍ତ ଦର୍ଶନ ନିଜ-ନିଜ ପରମ୍ପରା ସମ୍ମତ ଢଙ୍ଗରେ ସର୍ବ ପଦାର୍ଥର ପୂର୍ଣ୍ଣ ସାକ୍ଷାତକାରକୁ ଗ୍ରହଣ କରିବା ସହିତ ତଦନୁରୂପ ଲକ୍ଷଣ ମଧ୍ୟ ପ୍ରକଟ କରିଥାନ୍ତି । [୪୩]

ପଣ୍ଡିତ ସୁଖଲାଲଜୀଙ୍କ ସର୍ବଜ୍ଞତା ବିଷୟକ ମୀମାଂସାର ସ୍ପଷ୍ଟ ଫଳିତ ହେଉଛି ଏହା ଯେ 'ସର୍ବ' ପଦ ବିଷୟରେ ସବୁ ଦାର୍ଶନିକ ଏକମତ ନୁହନ୍ତି । ଆତ୍ମା ଓ ଜ୍ଞାନର ସଂବନ୍ଧର ଅବଧାରଣ ହିଁ ଏହାର ମୂଳ ହେତୁ । ଜୈନ ଦର୍ଶନ ଅନୁସାରେ ଜ୍ଞାନ ହେଉଛି ଆତ୍ମାର ସ୍ୱଭାବ । ତାହା ଏକ, ଅକ୍ଷର, ତା'ର ନାମ କେବଳ ଜ୍ଞାନ ।[୪୪]

ଆଚାର୍ଯ୍ୟ କୁନ୍ଦକୁନ୍ଦ ବ୍ୟବହାର ଓ ନିର୍ଶ୍ଚୟ - ଏହି ଦୁଇ ଦୃଷ୍ଟି ଦ୍ୱାରା କେବଳ ଜ୍ଞାନର ଲକ୍ଷଣ ନିରୂପଣ କରିଛନ୍ତି । ବ୍ୟବହାର ନୟ ଅନୁସାରେ କେବଳୀ ଭଗବାନ ସବୁକିଛି ଜାଣନ୍ତି ଓ ସମସ୍ତଙ୍କୁ ଦେଖିପାରନ୍ତି । ନିଶ୍ଚୟ ନୟ ଅନୁସାରେ କେବଳ ଜ୍ଞାନୀ ଆପଣା ଆତ୍ମାକୁ ଜାଣିଥାନ୍ତି ଓ ଦେଖିପାରନ୍ତି । [୪୫]

ଜୈନ ଦର୍ଶନ ଜ୍ଞାନକୁ ସ୍ୱ-ପର ପ୍ରକାଶୀ ରୂପେ ପ୍ରମାଣିତ କରିଆସିଛି । ଜ୍ଞାନ ସ୍ୱପ୍ରକାଶୀ- ଏହି ଆଧାରରେ କେବଳ ଜ୍ଞାନୀ ନିଶ୍ଚୟନୟ ଦ୍ୱାରା ଆତ୍ମାକୁ ଜାଣିଥାନ୍ତି ଓ ଦେଖିଥାନ୍ତି । ଏହା ହେଉଛି ଲକ୍ଷଣସଂଗତ । ଜ୍ଞାନ ପରପ୍ରକାଶୀ ହୋଇପାରିଥିବାରୁ କେବଳ ଜ୍ଞାନୀ ସମସ୍ତଙ୍କୁ ଜାଣିଥାନ୍ତି ଓ ଦେଖିପାରନ୍ତି । ଏହା ଲକ୍ଷଣସଂଗତ ।

କେବଳ ଜ୍ଞାନ ହେଉଛି ଆତ୍ମାର ସ୍ୱଭାବ । ତାହା ସ୍ୱଭାବ ହୋଇଥିବାରୁ ମୁକ୍ତ ଅବସ୍ଥାରେ ବି ବିଦ୍ୟମାନ ଥାଏ । ପ୍ରତ୍ୟକ୍ଷ ବା ସାକ୍ଷାତକାରିତ୍ୱ କେବଳ ଜ୍ଞାନର ସ୍ୱାଭାବିକ ଗୁଣ ଅଟେ । ଜ୍ଞାନାବରଣ କର୍ମ ଦ୍ୱାରା ଆଚ୍ଛନ୍ନ ଥିବାରୁ ତା'ର

---

(୪୨) ଦ୍ରଷ୍ଟବ୍ୟ ଭ. ୮/୧୮୫ ।

(୪୩) ଦର୍ଶନ ଚିନ୍ତନ ପୃ. ୪୨୯-୪୩୦ ।

(୪୪) ନନ୍ଦୀ ସୂତ୍ର ୭୧ ।

(୪୫) ନିୟମସାର ଗାଥା ୧୨.୧.୧୫୯ -

ଜାଣଦି ପସ୍‌ସଦି ସବ୍‌ବଂ ବବହାରଣୟେଣ କେବଳୀ ଭଗବଂ ।

କେବଲଣାଣୀ ଜାଣଦି ପସ୍‌ସଦି ଣିୟମେଣ ଅପ୍‌ପାଣାଂ ।

ମତି ଓ ଶ୍ରୁତି ଆଦି ଭେଦ ସୃଷ୍ଟି ହୁଏ । ସଂଗ୍ରହ ଦୃଷ୍ଟିରୁ ଚାରିଭେଦ କରାଯାଇଥାଏ - ମତି, ଶ୍ରୁତି, ଅବଧି ଓ ମନଃ ପର୍ଯ୍ୟବ । ତାରତମ୍ୟ ଆଧାରରେ ଅସଂଖ୍ୟ ଭେଦ କରାଯାଇପାରିବ । ଜ୍ଞାନାବରଣ କର୍ମର ସର୍ବ ବିଲୟ ହେବା ପରେ ଜ୍ଞାନର ତାରତମ୍ୟ ଜନିତ ଭେଦ ସମାପ୍ତ ହୋଇପଡ଼େ ଓ କେବଳ ଜ୍ଞାନ ପ୍ରକଟ ହୁଏ ।

କେବଳ ଜ୍ଞାନର ଅଧିକାରୀ ସର୍ବଜ୍ଞ ହୋଇଥାନ୍ତି । ସର୍ବଜ୍ଞ ଓ ସର୍ବଜ୍ଞତା ନ୍ୟାୟପ୍ରଧାନ ଦର୍ଶନଯୁଗର ଏହା ମହତ୍ତ୍ୱପୂର୍ଣ୍ଣ ବିମର୍ଶର ବିଷୟ ରହିଆସିଛି । ଜୈନଦର୍ଶନ କେବଳ ଜ୍ଞାନକୁ ମାନ୍ୟ କରିଥାଏ । ତେଣୁ ସର୍ବଜ୍ଞବାଦ ହେଉଛି ଜୈନ ଦର୍ଶନର ସହଜ ସ୍ୱୀକୃତପକ୍ଷ । ଆଗମ ଯୁଗରେ ସର୍ବଜ୍ଞବାଦର ସ୍ୱରୂପ ଓ କାର୍ଯ୍ୟର ବର୍ଣ୍ଣନ ମିଳିଥାଏ, କିନ୍ତୁ ତା'ର ସିଦ୍ଧି ସକାଶେ ଜମା ପ୍ରଯତ୍ନ କରାଯାଇନାହିଁ । ଦାର୍ଶନିକ ଯୁଗର ମୀମାଂସକ, ଚାର୍ବାକ୍ ଆଦି ମନୀଷୀ ସର୍ବଜ୍ଞତ୍ୱକୁ ଅସ୍ୱୀକାର କରି ଦେଲା ପରେ ଜୈନ ଦାର୍ଶନିକମାନେ ସର୍ବଜ୍ଞତାକୁ ସିଦ୍ଧ କରିବା ଉଦ୍ଦେଶ୍ୟ ନେଇ କିଛି ତର୍କ ପ୍ରସ୍ତୁତ କରିଥିଲେ । ଜ୍ଞାନରେ ତାରତମ୍ୟ ରହିଥାଏ । ଏହା ମଧ୍ୟ ସତ୍ୟଯେ ଯେଉଁ ପ୍ରକ୍ରିୟାରେ ତାରତମ୍ୟ ଥାଏ, ତାର ଅନ୍ତିମ ବିନ୍ଦୁ ତାରତମ୍ୟ ରହିତ ହୋଇଥାଏ । ଜ୍ଞାନର ତାରତମ୍ୟ ସର୍ବଜ୍ଞତା ମଧ୍ୟରେ ପରିନିଷ୍ଠିତ ହୋଇପଡ଼େ । ମଲ୍ଲବାଦୀ, ହେମଚନ୍ଦ୍ର, ଉପାଧ୍ୟାୟ ଯଶୋବିଜୟ ଆଦି ସମସ୍ତ ଦାର୍ଶନିକ ଏହି ଯୁକ୍ତିର ଉପଯୋଗ କରିଥାନ୍ତି ।[୪୬]

ପଣ୍ଡିତ ସୁଖଲାଲଜୀ ଏହି ଯୁକ୍ତିର ଐତିହାସିକ ବିଶ୍ଳେଷଣ କରି ଲେଖିଛନ୍ତି -[୪୭]

ଐତିହାସିକ ଦୃଷ୍ଟିରୁ ଏଠାରେ ପ୍ରଶ୍ନ ଉତ୍ପନ୍ନ ହେଉଛି ଯେ ପ୍ରସ୍ତୁତ ଯୁକ୍ତିର ମୂଳ କେତେଦୂର ପର୍ଯ୍ୟପ୍ତ ବ୍ୟାପ୍ତ ଏବଂ ଜୈନ ପରମ୍ପରାରେ ଏହି ଯୁକ୍ତି କେଉଁ କାଳ ଖଣ୍ଡରେ ପ୍ରବେଶ କରିଛି । ଆମ ବାଚନ-ଚିନ୍ତନରୁ ବର୍ତ୍ତମାନ ଯାଏ ଆମେ ଜାଣିପାରିଛୁ ଯେ ଏହି ଯୁକ୍ତିର ପୁରାଣତମ ଉଲ୍ଲେଖ ଯୋଗସୂତ୍ର ବ୍ୟତୀତ ଅନ୍ୟତ୍ର ଉପଲବ୍ଧ ନୁହେଁ । ପାତଂଜଳ ଯୋଗସୂତ୍ରର ପ୍ରଥମ ପାଦରେ 'ତତ୍ର ନିରତିଶୟଂ ସର୍ବଜ୍ଞ ବୀଜମ୍' (୧.୨୫) ସୂତ୍ର ରହିଛି । ଏଥିରେ ସ୍ପଷ୍ଟ ଉଲ୍ଲେଖ ରହିଛି ଯେ ଜ୍ଞାନର ତାରତମ୍ୟ ହିଁ ସର୍ବଜ୍ଞଙ୍କ ଅସ୍ତିତ୍ୱର ବୀଜ, ଯାହା ଈଶ୍ୱରଙ୍କ ମଧ୍ୟରେ ପୂର୍ଣ୍ଣ ରୂପେଣ ବିକଶିତ । ଏହି ସୂତ୍ର ଉପରେ ଲେଖିଥିବା ଭାଷ୍ୟରେ ବ୍ୟାସଦେବ ସତେ ଯେପରି ସୂତ୍ରର ବିଧାନର ମର୍ମକୁ ହସ୍ତାମଲକବତ୍ ପ୍ରକଟ କରି ଦେଇଛନ୍ତି । ନ୍ୟାୟ ବୈଶେଷିକ ସଦୃଶ ସର୍ବଜ୍ଞବାଦୀ ପରମ୍ପରାର ସୂତ୍ରଭାଷ୍ୟ ଆଦି ପ୍ରାଚୀନ ଗ୍ରନ୍ଥମାନଙ୍କର ଏହି ସର୍ବଜ୍ଞାସ୍ତିତ୍ୱର ସାଧକ ଯୁକ୍ତିର ଉଲ୍ଲେଖ ରହିନାହିଁ । ପ୍ରଶସ୍ତପାଦଙ୍କ ଟୀକା ବ୍ୟୋମବତୀ (ପୃ.୫୬୦)ରେ ଏହାର ଉଲ୍ଲେଖ ରହିଛି । ତେବେ ବ୍ୟୋମବତୀର ଏହି ଉଦ୍ଧୃତି ଯେ ଯୋଗସୂତ୍ର ତଥା ତା' ଭାଷ୍ୟର ପରବର୍ତ୍ତୀ ହିଁ ହୋଇଥିବ । ଏପରି କହିବା ନିର୍ଯୁକ୍ତିକ ହେବ ନାହିଁ । କୌଣସି ଉପାଦେୟ ତତ୍ତ୍ୱ ଯଦି କାହାରି ଦ୍ୱାରା ମଧ୍ୟ ଥରେ ପ୍ରୟୋଗ କରିଦିଆଯାଏ, ପରେ ତାହା ସାର୍ବଜନୀନ ହୋଇପଡ଼େ । ପ୍ରସ୍ତୁତ ଯୁକ୍ତି ପ୍ରସଙ୍ଗରେ ଏହା ହିଁ ଘଟିଥିବାର ଜଣାପଡୁଛି । ସଂଭବତଃ ସାଂଖ୍ୟପଯୋଗ ପରମ୍ପରାରେ ଏହି ଯୁକ୍ତିର ପ୍ରଥମେ ଆବିଷ୍କାର କରାହେଲା । ଉତ୍ତରବର୍ତ୍ତୀ ସମୟରେ ନ୍ୟାୟ, ବୈଶେଷିକ ତଥା ବୌଦ୍ଧ[୪୮] ପରମ୍ପରାର ଗ୍ରନ୍ଥମାନଙ୍କରେ 'ସର୍ବଜ୍ଞବାଦ' ପ୍ରତିଷ୍ଠିତ ସ୍ଥାନ ପ୍ରାପ୍ତ କଲା । ଏବଂ ଏଭଳି ଭାବର ଜୈନ ପରମ୍ପରାରେ ବି ପ୍ରତିଷ୍ଠା ଲାଭ କରିଲା ।

ଜୈନ ପରମ୍ପରାରେ ଆଗମ, ନିର୍ଯୁକ୍ତି, ଭାଷ୍ୟ ଆଦି ପ୍ରାଚୀନ ଗ୍ରନ୍ଥଗୁଡ଼ିକ ବିପୁଳ ଭାବରେ ସର୍ବଜ୍ଞତ୍ୱର ବର୍ଣ୍ଣନରେ ପରିପୂର୍ଣ୍ଣ । ପରନ୍ତୁ ଉପର୍ଯୁକ୍ତ ଜ୍ଞାନ-ତାରତମ୍ୟଯୁକ୍ତ ସର୍ବଜ୍ଞତ୍ୱ ସାଧକ ଯୁକ୍ତିର ସର୍ବପ୍ରଥମ ପ୍ରୟୋଗ ମଲ୍ଲବାଦୀଙ୍କ କୃତିରେ ହିଁ ଆମେ ଦେଖିବାକୁ ପାଇଥାଉ ।[୪୯] ମଲ୍ଲବାଦୀ କେଉଁ ପରମ୍ପରାରୁ ଏହି ଯୁକ୍ତି ଆହରଣ କରିଥିଲେ, ବର୍ତ୍ତମାନ

---

[୪୬] (କ) ନୟଚକ୍ର ଲିଖିତ ପ୍ରତି ପୃ.୧୨୩ ଅ. ।

(ଖ) ପ୍ରମାଣମୀମାଂସା - ଅଧ୍ୟୟନଃ ୧, ଆହ୍ନିକ ୧ ସୂତ୍ର ୧୮ ପୃ. ୧୫ ।

(ଗ) ଜ୍ଞାନ୍ ପ୍ର.ପୃ. ୧୯ ।

[୪୭] ଜ୍ଞାନ ପ୍ର. ଭୂମିକା ପୃ.୪୩-୪୪ ।

[୪୮] ତତ୍ତ୍ୱ ସଂଗ୍ରହ ପୃ.୮୨୫ ।

[୪୯] ନୟଚକ୍ର ଲିଖିତ ପ୍ରତି ପୃ.୧୨୩ ଅ. ।

ଏହାର ନିର୍ଦ୍ଧାରଣ ସଂଭବ ନୁହେଁ । କିନ୍ତୁ ଏହା ନିଶ୍ଚିତ ଭାବରେ କୁହାଯାଇପାରିବ ଯେ ମଲ୍ଲବାଦୀ ଉତ୍ତରବର୍ତ୍ତୀ ସମସ୍ତ ଦିଗମ୍ବର-ଶ୍ୱେତାମ୍ବର ତାର୍କିକ, ଏହି ଯୁକ୍ତିର ଉଦାର ପ୍ରୟୋଗ କରିଯାଇଛନ୍ତି ଓ କରୁଛନ୍ତି ।

ଜୈନ ଦର୍ଶନ ଅନୁସାରେ ଜ୍ଞାନ-ଆତ୍ମାର ଗୁଣ । ଅନାବୃତ୍ତ ଅବସ୍ଥାରେ ଜ୍ଞାନ ଭେଦ ବା ବିଭାଗଶୂନ୍ୟ ହୋଇଥାଏ । ଆବରଣ ପଡ଼ିଥିବା ହେତୁ ତାହା ବିଭକ୍ତ ଓ ତାରତମ୍ୟଯୁକ୍ତ ଥାଏ । ଜ୍ଞାନର ତାରତମ୍ୟ ଆଧାରରେ ଜ୍ଞାନର ପରାକାଷ୍ଠାକୁ କେବଳ ଜ୍ଞାନ ରୂପରେ ସ୍ୱୀକାର କରିବା ଗୋଟିଏ ପକ୍ଷ ହୋଇପାରେ । କିନ୍ତୁ ଏହାକୁ ଅଧିକ ଯୁକ୍ତିଯୁକ୍ତ ପକ୍ଷ ହେଉଛି କେବଳ ଜ୍ଞାନ ଆତ୍ମାର ସ୍ୱଭାବ ଅଥବା ଗୁଣ । ଜ୍ଞାନାବରଣ କର୍ମ ଯୋଗୁଁ ତହିଁରେ ତାରତମ୍ୟ ରହିଥାଏ । ଜ୍ଞାନାବରଣ ସର୍ବଥା କ୍ଷୟ ଘଟିଲେ ସ୍ୱଭାବ ପ୍ରକଟିତ ହୁଏ ।

କୌଣସି ଅନ୍ୟ ଦର୍ଶନରେ ଜ୍ଞାନ ଆତ୍ମାର ସ୍ୱଭାବ ବା ଗୁଣ ରୂପରେ ସ୍ୱୀକୃତ ନୁହେଁ । ତେଣୁ ଜୈନ ଦର୍ଶନସମ୍ମତ ସର୍ବଜ୍ଞତାର ସିଦ୍ଧାନ୍ତକୁ ସେମାନେ ମାନ୍ୟ କରନ୍ତି ନାହିଁ । ପଣ୍ଡିତ ସୁଖଲାଲଜୀ ସର୍ବ ଶବ୍ଦକୁ ଦର୍ଶନ ସହିତ ଯୋଡ଼ି ବିବେଚନା କରିଛନ୍ତି । ତାଙ୍କ ଅନୁସାରେ ଦର୍ଶନ ଯେତେ ସବୁ ତତ୍ତ୍ୱକୁ ସ୍ୱୀକାର କରିଥାଏ ଏବଂ ସେହି ସମସ୍ତଙ୍କୁ ଜାଣିବା ଲୋକ ହେଉଛନ୍ତି ସର୍ବଜ୍ଞ । ଜୈନ ଦର୍ଶନ 'ସର୍ବ' ଶବ୍ଦକୁ ସ୍ୱାଭିମତ ଦ୍ରବ୍ୟ ସୀମାରେ ଆବଦ୍ଧ କରିନାହିଁ । ଦ୍ରବ୍ୟ ବ୍ୟତୀତ କ୍ଷେତ୍ର, କାଳ ଓ ଭାବ ସହିତ ମଧ୍ୟ ତାହାକୁ ସଂଯୋଜିତ କରାଯାଇଛି । କେବଳ ଜ୍ଞାନର ବିଷୟ ହେଉଛି -

୧.ସର୍ବ ଦ୍ରବ୍ୟ ୨.ସର୍ବ କ୍ଷେତ୍ର ୩. ସର୍ବକାଳ ଓ ସର୍ବ ଭାବ ।

ଦ୍ରବ୍ୟର ସିଦ୍ଧାନ୍ତ ପ୍ରତ୍ୟେକ ଦର୍ଶନର ସ୍ୱତନ୍ତ୍ର ହୋଇପାରିବ କିନ୍ତୁ କ୍ଷେତ୍ର, କାଳ ଓ ଭାବ ସର୍ବ ସାମାନ୍ୟ ଅଟନ୍ତି । ସର୍ବଜ୍ଞ ସମସ୍ତ ଦ୍ରବ୍ୟକୁ ସର୍ବଥା, ସର୍ବତ୍ର ଏବଂ ସର୍ବକାଳରେ ଜାଣିଥାନ୍ତି ଓ ଦେଖିଥାନ୍ତି ।[୫୦]

ନ୍ୟାୟ -ବୈଶେଷିକ ଆଦି ଦର୍ଶନର ଜ୍ଞାନକୁ ଆତ୍ମାର ଗୁଣ ରୂପରେ ମାନ୍ୟ କରାଯାଏ ନାହିଁ । ତେଣୁ ଏହି ଦର୍ଶନ ମନୁଷର ସର୍ବଜ୍ଞତାର ସିଦ୍ଧାନ୍ତକୁ ଅମାନ୍ୟ କରିଥାନ୍ତି । ବୌଦ୍ଧ ଦର୍ଶନରେ ଅନ୍ୱୟୀ ଆତ୍ମା ମାନ୍ୟ ନୁହେଁ, ତେଣୁ ବୌଦ୍ଧ ବି ସର୍ବଜ୍ଞବାଦକୁ ସ୍ୱୀକାର କରନ୍ତି ନାହିଁ । ବେଦାନ୍ତ ଅନୁସାରେ କେବଳ ବ୍ରହ୍ମ ହିଁ ସର୍ବଜ୍ଞ ହୋଇପାରିବେ, କୌଣସି ମନୁଷ୍ୟ କେବେ ବି ସର୍ବଜ୍ଞ ହୋଇପାରିବ ନାହିଁ । ସାଂଖ୍ୟ ଦର୍ଶନରେ କେବଳ ଜ୍ଞାନ ବା କୈବଲ୍ୟର ଅବଧାରଣା ସୁସ୍ପଷ୍ଟ ରହିଛି ।[୫୧]

ଜୈନ ଦର୍ଶନ ସମ୍ମତ ସର୍ବଜ୍ଞତା ବିରୁଦ୍ଧରେ ମୀମାଂସକମାନେ ପ୍ରବଳ ତର୍କ ଉପସ୍ଥାପନ କରିଥିଲେ । ସେମାନଙ୍କ ମତରେ ପ୍ରତ୍ୟକ୍ଷ, ଉପମାନ, ଅନୁମାନ, ଆଗମ, ଅର୍ଥାପତ୍ତି ଓ ଅନୁପଲବ୍ଧି - କୌଣସି ପ୍ରମାଣ ଦ୍ୱାରା ବି ସର୍ବଜ୍ଞତ୍ୱ ସିଦ୍ଧ ହୋଇପାରୁନାହିଁ ।

ନ୍ୟାୟ ଓ ବୈଶେଷିକ ହେଉଛି ଈଶ୍ୱରବାଦୀ ଦର୍ଶନ । ଏମାନେ ଈଶ୍ୱରଙ୍କୁ ସର୍ବଜ୍ଞ ମଣିଥାନ୍ତି । କାଳକ୍ରମେ ଏମାନଙ୍କ ମଧ୍ୟରେ ଯୋଗୀ-ପ୍ରତ୍ୟକ୍ଷ ଅବଧାରଣାର ଅନୁପ୍ରବେଶ ଘଟିଲା, କିନ୍ତୁ ଜୈନଦର୍ଶନ ସମ୍ମତ ସର୍ବଜ୍ଞତାର ଅବଧାରଣା ସେମାନଙ୍କଠାରେ ନାହିଁ । ଜୈନ ଦର୍ଶନରେ କେବଳ ଜ୍ଞାନ ବା ସର୍ବଜ୍ଞତ୍ୱ ହେଉଛି ମୋକ୍ଷର ଅନିବାର୍ଯ୍ୟ ସର୍ତ୍ତ । ନ୍ୟାୟ ଓ ବୈଶେଷିକ ମତରେ ମୁକ୍ତ ଅବସ୍ଥାରେ ଯୋଗି ପ୍ରତ୍ୟକ୍ଷ ଥାଏ ନାହିଁ । ଈଶ୍ୱରଙ୍କ ଜ୍ଞାନ ନିତ୍ୟ ଏବଂ ଯୋଗି-ପ୍ରତ୍ୟକ୍ଷ ଅନିତ୍ୟ ।[୫୨]

---

(୫୦) ନନ୍ଦୀ ଚୂ.ପୃ.୨୮ - ଏତେ ଦବ୍‌ବାଦିୟା ସବ୍‌ବେ ସଦ୍‌ବଧା
ସବ୍‌ବତ୍‌ଥ ସବ୍‌ବ କାଳଂ ଭବୟୁତୋ ସାଗରାସଦ୍‌ବ ଣାଗାରଲକ୍‌ଖଣେହିଂ
ଣାଣାଦଂସଣେହିଂ ଜାଣାତି ପାସତିୟ ।

(୫୧) ସାଂଖ୍ୟକାରିକା ଶ୍ଳୋକ ୬୪,୬୮
ଏବଂ ତତ୍ତ୍ୱାଭ୍ୟାସାନ୍ନାସ୍ମି, ନମେ ନାହମିତ୍ୟ ପରିଶେଷମ୍ ।
ଅବିପର୍ଯ୍ୟାଦ୍ ବିଶୁଦ୍ଧଂ, କେବଳମୁତ୍ପଦ୍ୟତେ ଜ୍ଞାନମ୍ ॥
ପ୍ରାପ୍ତେ ଶରୀର ଭେଦେ ଚରିତାର୍ଥତ୍ୱାଦ୍, ପ୍ରଧାନ ବିନିବୃତ୍ତୌ ।
ଐକାନ୍ତିକମାତ୍ୟନ୍ତିକ ମୁଭୟଂ କୈବଲ୍ୟମାପ୍ନୋତି ॥

କୁମାରିଳଙ୍କ ତର୍କର ଉପଯୁକ୍ତ ଉତ୍ତର ଦେଇଛନ୍ତି ଶାନ୍ତରକ୍ଷିତ ।[୫୩] କିନ୍ତୁ ଶାନ୍ତରକ୍ଷିତଙ୍କ ଉତ୍ତର ସର୍ବଜ୍ଞତ୍ୱ ସିଦ୍ଧି କରିବାରେ ବେଶ୍ ସହାୟକ ହୋଇପାରୁନାହିଁ । ବୌଦ୍ଧ ଦର୍ଶନ ସର୍ବଜ୍ଞତ୍ୱର ପ୍ରଖର ବିରୋଧ କରିଆସିଛି । ଉତ୍ତରବର୍ତ୍ତୀ ବୌଦ୍ଧ ତତ୍ତ୍ୱବେତ୍ତାମାନେ ସର୍ବଜ୍ଞତାକୁ ସ୍ୱୀକାର କରିଛନ୍ତି । କିନ୍ତୁ ତାହା ସ୍ୱୀକାର ଓ ଅସ୍ୱୀକାର ମଧ୍ୟବର୍ତ୍ତୀ ଏକ ଦୋଳାୟମାନ ସ୍ଥିତି କହିଲେ ଭୁଲ୍ ହେବ ନାହିଁ । ସର୍ବଜ୍ଞତ୍ୱ ସିଦ୍ଧି ସକାଶେ ସର୍ବାଧିକ ପ୍ରଯତ୍ନ ଜୈନଦାର୍ଶନିକମାନେ କରିଛନ୍ତି । ଏହା ପଛରେ ଦୁଇଟି ହେତୁ ହେଉଛି - ୧. ସର୍ବଜ୍ଞତା ହେଲା ଆତ୍ମାର ସ୍ୱଭାବ । ୨. ମୋକ୍ଷ ପାଇଁ ସର୍ବଜ୍ଞତ୍ୱ ଅନିବାର୍ଯ୍ୟ । ବୌଦ୍ଧ ଦାର୍ଶନିକ ଧର୍ମକୀର୍ତ୍ତି ସର୍ବଜ୍ଞତାର ଖଣ୍ଡନ କରିଥିଲେ । ପ୍ରତ୍ୟୁତ୍ତର ଆଚାର୍ଯ୍ୟ ହରିଭଦ୍ର[୫୪]ଙ୍କ ଦ୍ୱାରା ଦିଆଗଲା । କୁମାରିଳଙ୍କ ତର୍କର ସମୁଚିତ ଉତ୍ତର ସମନ୍ତଭଦ୍ର[୫୫], ଅକଳଙ୍କ[୫୬] ବିଦ୍ୟାନନ୍ଦ[୫୭] ପ୍ରଭାଚନ୍ଦ୍ର [୫୮] ଆଦି ଦେଇଛନ୍ତି । ତର୍କଜାଲକୁ ସୀମିତ କରିବା ଉଦ୍ଦେଶ୍ୟରେ ନନ୍ଦୀଙ୍କ ନିମ୍ନସୂତ୍ର ପର୍ଯ୍ୟାପ୍ତ ଯେ- ଜ୍ଞାନ ହେଉଛି ଆତ୍ମାର ସ୍ୱଭାବ । ଜ୍ଞାନାବରଣ କ୍ଷୀଣ ହେଲେ ସକଳ ଜ୍ଞେୟକୁ ଆତ୍ମା ଜାଣିବାରେ ସମର୍ଥ ହୋଇଥାଏ ।[୫୯]

କେବଳ ଜ୍ଞାନର ପରିଭାଷା

ନନ୍ଦୀ ସୂତ୍ର ଅନୁସାରେ ଯେଉଁ ଜ୍ଞାନ ସର୍ବ ଦ୍ରବ୍ୟ, ସର୍ବକ୍ଷେତ୍ର, ସର୍ବକାଳ ଓ ସର୍ବଭବକୁ ଜାଣିଥାଏ ଓ ଦେଖିଥାଏ, ତାହା କେବଳ ଜ୍ଞାନ ।[୬୦]

ଜଣେ କେବଳ ଜ୍ଞାନୀ ସବୁଜୀବଙ୍କ ସମସ୍ତ ଭାବକୁ ଜାଣିଥାନ୍ତି ଓ ଦେଖିଥାନ୍ତି - ଏହା ଆଚାରଚୂଳରେ ସିଦ୍ଧ କରାଯାଇଛି । ଜ୍ଞେୟରୂପ ସମସ୍ତ ଭାବକୁ ନିମ୍ନମତେ ସୂଚୀବଦ୍ଧ କରାଯାଇପାରିବ । ୧. ଆଗତି, ୨. ଗତି, ୩.ସ୍ଥିତି, ୪. ଚ୍ୟବନ, ୫. ଉପପାତ, ୬. ଭୁକ୍ତ, ୭.ପୀତ, ୮. କୃତ, ୯. ପ୍ରତିସେବିତ, ୧୦. ଆବିଷ୍କର୍ମ (ପ୍ରକଟିତ ଅବସ୍ଥାରେ କରାଯାଇଥିବା କର୍ମ), ୧୧. ରହସ୍ୟକର୍ମ, ୧୨. ଲପିତ, ୧୩. କଥିତ, ୧୪. ମନୋ-ମାନସିକ ।[୬୧]

---

(୫୨) ନ୍ୟାୟମଂଜରୀ ପୃ.୫୦୮ -
ତଦେବ ଧିଷଣାଦୀନାଂ ନବାନାମପି ମୂଳତଃ ।
ଗୁଣାନାମାତ୍ମନୋ ଧ୍ୱଂସଃ ସୋପବର୍ଗଃ ପ୍ରକୀର୍ତ୍ତିତଃ

(୫୩) ତତ୍ତ୍ୱ ସଂଗ୍ରହ ପୃ.୮୪୬ ।

(୫୪) ଶାସ୍ତ୍ରବାର୍ତ୍ତା ସମୁଚ୍ଚୟ ୬୨୭-୬୪୩ ॥

(୫୫) ଆପ୍ତମୀମାଂସା ପୃ.୭୭ କାରିକା ।୫।

(୫୬) ନ୍ୟାୟବିନିଶ୍ଚୟ କାରିକା ନି.୩୬୧, ୩୬୨, ୪୧୦, ୪୧୪, ୪୬୫ ।

(୫୭) ଅଷ୍ଟ ସହସ୍ରୀ ପୃ.୫୦ ।

(୫୮) ପ୍ରମେୟକମଳମାର୍ତ୍ତଣ୍ଡ ପୃ.୫୦ ।

(୫୯) (କ) ନନ୍ଦୀ ସୂତ୍ର, ୭୧ । (୩) ନନ୍ଦୀସୂତ୍ର ୩୩/୧
ଅହସବ୍ବଦବ୍ବ ପରିଣାମ-ଭାବ-ବିଣ୍ଣାତ୍ତି ହ କାରଣମଣଂତଂ ।
ସାସୟମ୍ପପଡ଼ିବାଈ, ଏଗବିହଂ କେବଲଂନାଣଂ ॥

(୬୦) ନନ୍ଦୀ ସୂତ୍ର, ୩୩ ।

(୬୧) ଆଚାର ଚୂଳା ୧୫/୩୯ : ସେ ଭଗବଂ ଅରିହେ ଜିଣେ ଜାଏ
କେବଲୀ ସବ୍ବଣ୍ଣୁ ସବ୍ବଭାବଦଭିସୀ, ସଦେବମଣୁୟା ସୁରସ୍ସ ଲୋୟସ୍ସ
ପଜ୍ଜାଏ ଜାଣଇ ତଂ ଜହା-ଆଗତିଂ ଗତିଂ ଠିତିଂୟେଣଂ ଭବବାୟଂ
ଭୁତ୍ତଂ ପୀୟଂ କଡଂ ପଡିସେବିୟଂ ଆବୀକମ୍ମଂ ରହୋକମ୍ମଂ
ଲବିୟଂ କହିୟଂ ମଣୋମାଣସିୟଂ ସବ୍ବଲୋ ଏ ସବ୍ବଜୀବାଣଂ ସବ୍ବ-
ଭାବାଇଂ ଜାଣ ମାଣେ ପାସମାଣେ ଏବଂ ଚଣଂ ବିହରଇ ।

୪୬୬ | ଜୈନ ଦର୍ଶନ : ମନନ ଓ ମୀମାଂସା

ଷଟ୍ ଖଣ୍ଡାଗମରେ ମଧ୍ୟ ଆଚାରଚୂଳା ସଦୃଶ ସୂତ୍ର ରହିଛି ।[୬୨] ନିମ୍ନ ଯନ୍ତ୍ର ଦେଖନ୍ତୁ-

ଆୟାରଚୂଳା	ଷଟ୍‌ଖଣ୍ଡାଗମ
୧. ଆଗତି	୧. ଆଗତି
୨. ଗତି	୨. ଗତି
୩. ସ୍ଥିତି	୩. ଚ୍ୟବନ
୪. ଚ୍ୟବନ	୪. ଉପପାଦ
୫. ଉପପାତ	୫. ବନ୍ଧ
୬. ଭୁକ୍ତ	୬. ମୋକ୍ଷ
୭. ପୀତ	୭. ଋଦ୍ଧି
୮. କୃତ	୮. ସ୍ଥିତି
୯. ପ୍ରତିସେବିତ	୯. ଅନୁରାଗ
୧୦. ଆବିଷ୍କର୍ମ	୧୦. ତର୍କ
୧୧. ରହସ୍ୟକର୍ମ	୧୧. କଳ
୧୨. ଲପିତ	୧୨. ମନୋମାନସିକଭାବ
୧୩. କଥିତ	୧୩. ଭୁକ୍ତ
୧୪. ମନୋମାନସିକଭାବ	୧୪. କୃତ
୧୫. ସର୍ବଲୋକ	୧୫. ପ୍ରତିସେବିତ
୧୬. ସର୍ବ ଜୀବ	୧୬. ଆଦିକର୍ମ
୧୭. ସର୍ବଭାବ	୧୭. ରହସ୍ୟକର୍ମ
୧୮. ସର୍ବଲୋକ	୧୯.ସର୍ବଦୀର୍ଘ
୨୦. ସର୍ବ ଭାବ	

କେବଳୀ ମିତଓ ଅମିତ ଉଭୟକୁ ଜାଣିଥାନ୍ତି । ନନ୍ଦୀ ଆଦି ଉତ୍ତରବର୍ତ୍ତୀ ସୂତ୍ରଗ୍ରନ୍ଥମାନଙ୍କରେ ଅମିତକୁ ଜାଣିପାରିବାର ଉଲ୍ଲେଖ ରହିଛି । କେବଳୀ ମିତକୁ ଜାଣନ୍ତି, ଏହାର ବ୍ୟାଖ୍ୟା ଆଚାର ଚୂଳାରେ ସେହି ସନ୍ଦର୍ଭରେ ସୁସ୍ପଷ୍ଟ । ଅମିତ ଓ ମିତର ବ୍ୟାଖ୍ୟା ଦୁଇ ନୟ ଆଧାରରେ କରାଯାଇପାରିବ । ନିଶ୍ଚୟ ନିୟତ୍ତ ସିଦ୍ଧାନ୍ତ ହେଉଛି କେବଳୀ ସମଗ୍ରକୁ ଜାଣିଥାନ୍ତି ଓ ତାଙ୍କର ଜ୍ଞାନ ଅନାବୃତ ଥିବାରୁ ସମସ୍ତଙ୍କୁ ଜାଣିବାର କ୍ଷମତା ତାଙ୍କଠାରେ ନିହିତ । ବ୍ୟବହାର ନୟ ଆଧାରରେ କୁହାଯାଇଥାଏ ଯେ କେବଳୀ ନିଜକୁ ଜାଣିପାରନ୍ତି । ଯେତେବେଳେ ଯେତେ ପ୍ରୟୋଜନ, ସେତେ ଜାଣନ୍ତି । ଅଭୟଦେବ ସୂରୀ ମିତର ଉଦାହରଣ ରୂପରେ ଗର୍ଭଜ ମନୁଷ୍ୟ, ଜୀବ, ଦ୍ରବ୍ୟ ଆଦିର ଉଲ୍ଲେଖ କରିଛନ୍ତି

---

(୬୨) ଷଟ୍‌ଖଣ୍ଡାଗମ, ଖ-୧୩/୫, ୫, ୮୨ ପୃ. ୩୪୬ -
ସଇଂ ଭୟବଂ ଉପପଣ୍ଣଣାଣ ଦରିସୀ ସର୍ବଦେବାସୁରମଣୁସ୍ସ
ଲୋଗସ୍ସ ଆଗଦିଂ ଗଦିଂ ଚୟଣୋବବାଦଂ ବନ୍ଧଂ ମୋକ୍‌ଖଂ
ଇଡ୍‌ତିଂ ଝଠିଦିଂ ଅଣୁଭାଗଂ ତକ୍‌କଂ କଳଂ ମଣୋନାଣସୀୟଂ ।
ଭୁତ୍ତଂ କଦଂ ପଡିସେବିଦଂ ଆଦିକମ୍ମଂ ରହଂକମ୍ମଂ ସବ୍‌ବଲୋଏ
ସବ୍‌ବଜୀବେ ସବ୍‌ବଭାବେ ସମ୍ମଂ ସମଂ ଜାଣାଦି ପସ୍‌ସଦି ବିହରଦି ।

ଏବଂ ଅମିତର ଉଦାହରଣ ରୂପରେ ବନସ୍ପତି, ପୃଥ୍ୱୀ, ଜୀବ, ଦ୍ରବ୍ୟ ଆଦିର ଉଲ୍ଲେଖ କରିଛନ୍ତି ।[୬୩] ତେବେ ପ୍ରଥମେ ଅମିତ ଓ ପରେ ମିତକୁ ଜାଣିଥାନ୍ତି ଏହି ବଚନର ସାର୍ଥକତା ପ୍ରତୀତ ହେଉନାହିଁ । ତେଣୁ ମିତର ବ୍ୟାଖ୍ୟା ବ୍ୟବହାର ନୟ ଆଧାରରେ ଏବଂ ଅମିତର ବ୍ୟାଖ୍ୟାନିଶ୍ଚୟ ନୟ ଆଧାରରେ କରାଯିବା ଅଧିକ ସଂଗତ ମନେ ହେଉଛି ।

ମୂର୍ତ୍ତ ଓ ଅମୂର୍ତ୍ତ ସମସ୍ତ ଦ୍ରବ୍ୟକୁ ସର୍ବଥା, ସର୍ବତ୍ର ଓ ସର୍ବକାଳରେ ଜାଣିବା ଓ ଦେଖିବା ହିଁ କେବଳ ଜ୍ଞାନ ।[୬୪] ଆଚାର୍ଯ୍ୟ କୁନ୍ଦକୁନ୍ଦ ନିଶ୍ଚୟ ଓ ବ୍ୟବହାରନୟ ଆଧାରରେ କେବଳ ଜ୍ଞାନର ପରିଭାଷା କରିଛନ୍ତି ।[୬୫]

୧. ଅସହାୟ - ଇନ୍ଦ୍ରିୟ-ମନ-ନିରପେକ୍ଷ ।

୨. ଏକ - ସମସ୍ତ ପ୍ରକାର ଜ୍ଞାନ ଅପେକ୍ଷା ବିଲକ୍ଷଣତା ।

୩. ଅନିବାରିତ ବ୍ୟାପାର -ଅବିରହିତ ଉପଯୋଗ ସଂପୃକ୍ତତା ।

୪. ଅନନ୍ତ - ଅନନ୍ତ ଜ୍ଞେୟର ସାକ୍ଷାତ୍‌କାର କରିପାରୁଥିବା ।

୫. ଅବିକଳ୍ପିତ - ବିକଳ୍ପ ଅଥବା ବିଭାଗ ରହିତ ।[୬୬]

ତତ୍ତ୍ୱାର୍ଥ ଭାଷାରେ କେବଳ ଜ୍ଞାନର ସ୍ୱରୂପର ବିଶଦ ବର୍ଣ୍ଣନା ରହିଛି । ତାହା ସମସ୍ତ ଭାବକୁ ଗ୍ରହଣ କରିବା ସଂଗେ ସଂଗେ ସଂପୂର୍ଣ୍ଣ ଲୋକ ଓ ଅଲୋକକୁ ଜାଣିପାରିଥାଏ । କେବଳ ଜ୍ଞାନ ଅପେକ୍ଷା ଅନ୍ୟ କୌଣସି ଜ୍ଞାନ ବି ଅତିଶୟ ହୋଇ ନ ପାରେ । ଏପରି କୌଣସି ଜ୍ଞେୟ ନାହିଁ, ଯାହା କେବଳ ଜ୍ଞାନର ବିଷୟ ହୋଇ ନ ଥିବ ।[୬୭]

ଉକ୍ତ ବ୍ୟାଖ୍ୟାଗୁଡ଼ିକ ସନ୍ଦର୍ଭରେ ସର୍ବ ଦ୍ରବ୍ୟ, କ୍ଷେତ୍ର, କାଳ ଓ ଭାବର ବ୍ୟାଖ୍ୟା ନିମ୍ନପ୍ରକାରେ ଫଳିତ ।

ସର୍ବଦ୍ରବ୍ୟର ଅର୍ଥ ହେଉଛି - ମୂର୍ତ୍ତ ଓ ଅମୂର୍ତ୍ତ ସବୁ ଦ୍ରବ୍ୟକୁ ଜାଣିବା । କେବଳ ଜ୍ଞାନ ବ୍ୟତୀତ ଅନ୍ୟ କୌଣସି ଜ୍ଞାନ ଅମୂର୍ତ୍ତର ସାକ୍ଷାତ୍‌କାର ଅଥବା ପ୍ରତ୍ୟକ୍ଷ କରିବାରେ ସମର୍ଥ ନୁହନ୍ତି ।

ସର୍ବ କ୍ଷେତ୍ରର ଅର୍ଥ ହେଉଛି - ସଂପୂର୍ଣ୍ଣ ଆକାଶ (ଲୋକାକାଶ ଓ ଅଲୋକାକାଶ)କୁ ସାକ୍ଷାତ୍ ଜାଣିବା ।

ସର୍ବ କାଳର ଅର୍ଥ ହେଉଛି ସୀମାତୀତ ଅତୀତ ଏବଂ ଭବିଷ୍ୟତକୁ ଜାଣିବା । କେବଳ ଜ୍ଞାନ ବ୍ୟତୀତ ଅନ୍ୟ କୌଣସି ଜ୍ଞାନ ଅସୀମ କାଳକୁ ଜାଣିପାରିବାରେ ଅସମର୍ଥ ।

ସର୍ବ ଭାବର ଅର୍ଥ ହେଉଛି ଗୁରୁ ଲଘୁ ଓ ଅଗୁରୁଲଘୁ ସମସ୍ତ ପର୍ଯ୍ୟାୟକୁ ଜାଣିବା ।

କେବଳ ଜ୍ଞାନ ବା ସର୍ବଜ୍ଞତାର ଏତେ ବିଶାଳ ଅବଧାରଣା ଅନ୍ୟ କୌଣସି ଦର୍ଶନରେ ଉପଲବ୍ଧି ନୁହେଁ ।

---

(୬୩) ଭ.ବୃ.୫/୬୭ - ମିୟଂ ପିଭି ପରିଣାମବଦ୍ ଗର୍ଭଜ
ମନୁଷ୍ୟଜୀବଦ୍ରବ୍ୟାଦି । ଅମିୟଂ ପିତ୍ତି ଅନନ୍ତ ମସଂଖ୍ୟେୟଂ
ବା ବନସ୍ପତି, ପୃଥିବୀ ଜୀବଦ୍ରବ୍ୟାଦି ।

(୬୪) ନନ୍ଦୀ ଚୂ.ପୃ.୨୮ ।

(୬୫) ଦ୍ରଷ୍ଟବ୍ୟ ନିୟମସାର ଗାଥା ୧୨.୧.୧୫୯ ପୃ.୧୪୬ ।

(୬୬) ବୃ.ଭା.ପୀଠିକା ଗାଥା ୨୮
ଦବ୍‌ବାଦି କସିଣ ବିସୟଂ କେବଳମେଗଂ ତୁ କେବଳନ୍ନାଣଂ ।
ଅଣିବାରିୟବାବାରଂ, ଅଣନ୍ତମବିକପ୍‌ପିୟଂ ନିୟତଂ ॥

(୬୭) ତ.ସୂ.ଭା.ବା.୧/୩୦-ସର୍ବଦ୍ରବ୍ୟେଷୁ ସର୍ବପର୍ଯ୍ୟାୟେଷୁ ଚ
କେବଳ ଜ୍ଞାନସ୍ୟ ବିଷୟନିବନ୍ଧୋ ଭବତି । ତଦ୍ଧିସର୍ବଭାବ
ଗ୍ରାହକଂ ସଂଭିନ୍ନଲୋକାଲୋକ ବିଷୟମ୍ । ନାତଃ ପରଂ ଜ୍ଞାନମସ୍ତି ।
ନ ଚ କେବଳ ଜ୍ଞାନ ବିଷୟାତ୍ କିଂଚିଦନ୍ୟ ଜ୍ଞେୟ ମସ୍ତି । କେବଳଂ
ପରିପୂର୍ଣ୍ଣଂ ସମଗ୍ରମ୍ ଅସାଧାରଣଂ ନିରପେକ୍ଷଂ ବିଶୁଦ୍ଧଂ ସର୍ବଭାବ-
ଜ୍ଞାପକଂ ଲୋକାଲୋକ ବିଷୟ ମନନ୍ତପର୍ଯ୍ୟାୟ ମିତ୍ୟର୍ଥମ୍ ।

ପଣ୍ଡିତ ସୁଖଲାଲଜୀ 'ନିରତିଶୟଂ ସର୍ବଜ୍ଞବୀଜମ୍' ଯୋଗଦର୍ଶନର ଏହି ସୂତ୍ରକୁ ସର୍ବଜ୍ଞ-ସିଦ୍ଧିର ପ୍ରଥମ ସୂତ୍ର ରୂପରେ ମାନ୍ୟ କରିଛନ୍ତି । ଜୈନ ଆଚାର୍ଯ୍ୟମାନେ ମଧ୍ୟ ଯଦ୍ୟପି ଏହି ଯୁକ୍ତିର ଅନୁସରଣ କରିଥାନ୍ତି । କିନ୍ତୁ ସର୍ବଜ୍ଞତା ସିଦ୍ଧିର ମୂଳସୂତ୍ର ଆଗମରେ ବିଦ୍ୟମାନ ରହିଛି, ତାହା ପ୍ରାଚୀନତର ତଥା ଯୋଗ ଦର୍ଶନ ସୂତ୍ରରୁ ସର୍ବଥା ଭିନ୍ନ । ଆଗମସମ୍ମତ ସୂତ୍ର ହେଲା- ସର୍ବଜ୍ଞତା ସିଦ୍ଧିର ହେତୁ ଅନିନ୍ଦ୍ରିୟତା ।[୬୮] ଇନ୍ଦ୍ରିୟଜ୍ଞାନ ସୁସ୍ପଷ୍ଟ । ଇନ୍ଦ୍ରିୟ ଜ୍ଞାନର ପ୍ରତିପକ୍ଷ ହେଲା ଅନିନ୍ଦ୍ରିୟ ଜ୍ଞାନ । ସତ୍‌ର ପ୍ରତିପକ୍ଷ ଅବଶ୍ୟ ରହିଛି ଇନ୍ଦ୍ରିୟଜ୍ଞାନର ପ୍ରତିପକ୍ଷ ଅନିନ୍ଦ୍ରିୟ ଜ୍ଞାନ । ଇନ୍ଦ୍ରିୟ ଓ ମନଠାରୁ ସବୁମନ୍ତେ ନିରପେକ୍ଷ ସ୍ଥିତି ହେଉଛି ସର୍ବଜ୍ଞତା ।

ଅନାବୃତ ଜ୍ଞାନ ଏକ ଓ ଅଭିନ୍ନ । ଆବୃତ ଦଶାରେ ତାହା ଚାରିଭାଗରେ ବିଭକ୍ତ ହୋଇପଡ଼େ । ଆବୃତ ଓ ଅନାବୃତ ଜ୍ଞାନକୁ ଏକ ସଂଗେ ଗଣନା କଲେ ଜ୍ଞାନ ପାଞ୍ଚ ପ୍ରକାରରେ ପରିଣତ ହୋଇପଡ଼େ । ଯଥା - ମତି, ଶ୍ରୁତ, ଅବଧି, ମନଃପର୍ଯ୍ୟାୟ ଓ କେବଳ ଜ୍ଞାନ ।

ସଂସାରର ସବୁ ଜୀବମାନଙ୍କ ମତି ଓ ଶ୍ରୁତ ଜ୍ଞାନ ରହିଥାଏ । ଅବଧି ପ୍ରାପ୍ତ ହେଲେ ତିନି ଏବଂ ମନଃ ପର୍ଯ୍ୟାୟ ପ୍ରାପ୍ତ କରିଲେ ଚାରି ଜ୍ଞାନ, ଜଣେ ଲୋକ ମଧ୍ୟରେ (ଉପଲବ୍ଧି ଦୃଷ୍ଟିରୁ) ସମାହିତ ହୋଇପାରିଥାଏ ।

ଜ୍ଞାନପ୍ରାପ୍ତିର ପାଞ୍ଚ ବିକଳ୍ପ ସୃଷ୍ଟି ହୁଏ -

ଏକତ୍ରୀ ଭୂତ - ମତି, ଶ୍ରୁତ ଜ୍ଞାନ ।

ଏକତ୍ରୀ ଭୂତ - ମତି, ଶ୍ରୁତ, ଅବଧି ଜ୍ଞାନ ।

ଏକତ୍ରୀ ଭୂତ - ମତି, ଶ୍ରୁତ, ମନଃ ପର୍ଯ୍ୟାୟ ଜ୍ଞାନ ।

ଏକତ୍ରୀ ଭୂତ - ମତି, ଶ୍ରୁତ, ଅବଧି, ମନଃ ପର୍ଯ୍ୟାୟ ଜ୍ଞାନ ।

ଏକତ୍ରୀ ଭୂତ - କେବଳ ଜ୍ଞାନ ।

ତାରତମ୍ୟତା ଦୃଷ୍ଟିରୁ ଜ୍ଞାନକୁ ଅସଂଖ୍ୟ ଭାଗରେ ବିଭକ୍ତ କରାଯାଇପାରିବ । ଜ୍ଞାନର ପର୍ଯ୍ୟାୟ ଅନନ୍ତ ।[୬୯]

ମନଃପର୍ଯ୍ୟାୟ ଜ୍ଞାନର ପର୍ଯ୍ୟାୟ ସବୁଠାରୁ କମ୍ ରହିଛି ।

ଅବଧି ଜ୍ଞାନର ପର୍ଯ୍ୟାୟ ତା'ଠାରୁ ଅନନ୍ତଗୁଣ ଅଧିକ ।

ଶ୍ରୁତଜ୍ଞାନର ପର୍ଯ୍ୟାୟ ଅବଧିଠାରୁ ଅନନ୍ତଗୁଣ ଅଧିକ ।

ମତିଜ୍ଞାନର ପର୍ଯ୍ୟାୟ ଶ୍ରୁତଠାରୁ ଅନନ୍ତଗୁଣ ଅଧିକ ।

କେବଳଜ୍ଞାନର ପର୍ଯ୍ୟାୟ ତା'ଠାରୁ ଅନନ୍ତ ଗୁଣ ଅଧିକ ।

ଏହି ଅନ୍ତର ପରସ୍ପର ତୁଳନାରେ କରାଯାଇଛି । କେବଳ ଜ୍ଞାନର କୌଣସି ତରତମ୍ ଭାବ ନ ଥାଏ । ଅବଶିଷ୍ଟ ଜ୍ଞାନରେ ବଡ଼ ଧରଣର ତାରତମ୍ୟ ରହିପାରିବ । ଜଣେ ଲୋକର ମତିଜ୍ଞାନ, ଅନ୍ୟ ଜଣକର ମତିଜ୍ଞାନ ଅପେକ୍ଷା ଅନନ୍ତଗୁଣ ହୀନାଧିକ ହୋଇପାରିବ ।[୭୦] କିନ୍ତୁ ଏହାର ଆଧାରରେ କରାଯାଉଥିବା ଜ୍ଞାନର ବିଭାଗ ଉପଯୋଗୀ ହୋଇ ନ ଥାଏ ।

ବିଭାଗୀକରଣର ଅର୍ଥ ହିଁ ଉପଯୋଗିତା । ସଂଗ୍ରହ ନୟ ଦ୍ରବ୍ୟ, ଗୁଣ ଓ ପର୍ଯ୍ୟାୟର ଏକୀକରଣ କରିଥାଏ । ତାହା ଆମ ବ୍ୟବହାରର ସାଧକ ନୁହେଁ । ଆମ ଉପଯୋଗିତା ବ୍ୟବହାର ନୟ ଉପରେ ପର୍ଯ୍ୟବେସିତ । ତାହା ଦ୍ରବ୍ୟ, ଗୁଣ ଓ ପର୍ଯ୍ୟାୟଗୁଡ଼ିକୁ ବିଭକ୍ତ କରିଥାଏ । ଜ୍ଞାନର ବିଭାଗ ବି ଉପଯୋଗିତା ଦୃଷ୍ଟିରୁ କରାଯାଇଥାଏ ।

---

(୬୮) ଭ.୮/୧୧୭- ଅଣିନ୍ଦିୟା ଣଂ ଭନ୍ତେ !
ଜୀବା କିଂ ଣାଣୀଂ ? ଜହା ସିଦ୍ଧା ।

(୬୯) ଭଗବତୀ, ୮/୨୧୨ ।

(୭୦) ଭଗବତୀ, ୮/୨୧୨ ।

ଜ୍ଞେୟ ଓ ଜ୍ଞାନ ମଧ୍ୟରେ ଯଦି ପାର୍ଥକ୍ୟ ନ ଥାନ୍ତା, ତେବେ ଜ୍ଞାନକୁ ବିଭାଜିତ କରିବାର ଆବଶ୍ୟକତା ହିଁ ପଡ଼ି ନ ଥାନ୍ତା । ଜ୍ଞେୟର ସ୍ୱତନ୍ତ୍ର ସତ୍ତା ରହିଛି । ଜ୍ଞେୟ ମୂର୍ତ୍ତ ଓ ଅମୂର୍ତ୍ତ ରୂପରେ ଦୁଇ ଭାଗରେ ବିଭକ୍ତ । ଆତ୍ମା ସାଧନ ବିନା ବି ଜାଣି ପାରିଥାଏ ତଥା ଆବୃତ ଅବସ୍ଥାରେ ସ୍ଥିତି ଅନୁସାରେ ସାଧନଗୁଡ଼ିକ ମାଧ୍ୟମରେ ଜାଣିବାରେ ସଫଳ ହୁଏ ।

ଜାଣିବାର ଦୁଇଟି ସାଧନ - ଇନ୍ଦ୍ରିୟ ଓ ମନ । ଏମାନଙ୍କ ଦ୍ୱାରା ଜ୍ଞେୟକୁ ଜାଣିବାର ଆତ୍ମିକ କ୍ଷମତାକୁ ଗତି ଓ ଶ୍ରୁତ କୁହାଯାଇଛି ।[୭୧]

ଇନ୍ଦ୍ରିୟ ଓ ମନର ମାଧ୍ୟମର ଅନୁପସ୍ଥିତିରେ ବି କେବଳ ମୂର୍ତ୍ତ ଜ୍ଞେୟକୁ ଜାଣିବାର କ୍ଷମତାକୁ ଅବଧି ଓ ମନଃ ପର୍ଯ୍ୟାୟ କୁହାଯାଇଛି ।[୭୨]

ମୂର୍ତ୍ତ ଓ ଅମୂର୍ତ୍ତ ସମସ୍ତଙ୍କୁ ଜାଣିବାର ଆତ୍ମିକ କ୍ଷମତାକୁ (ଅଥବା ଜ୍ଞାନର ସର୍ବାଙ୍ଗୀଣ କ୍ଷମତାର ପରିପୂର୍ଣ୍ଣ ପ୍ରକାଶ) କେବଳ କୁହାଯାଇଛି ।[୭୩]

ମତି ଜ୍ଞାନ

ପ୍ରାଣୀ ଓ ଅପ୍ରାଣୀ ମଧ୍ୟରେ ସ୍ପଷ୍ଟ ଭେଦରେଖା ଟାଣିଥାଏ ଇନ୍ଦ୍ରିୟ । ପ୍ରାଣୀ ଅସୀମ ଐଶ୍ୱର୍ଯ୍ୟସଂପନ୍ନ ହୋଇଥିବାରୁ ତାହା 'ଇନ୍ଦ୍ର' । ଇନ୍ଦ୍ରର ଚିହ୍ନ 'ଇନ୍ଦ୍ରିୟ', ଇନ୍ଦ୍ରିୟ ପାଞ୍ଚ ପ୍ରକାର - ସ୍ପର୍ଶନ, ରସନ, ଘ୍ରାଣ, ଚକ୍ଷୁ ଓ ଶ୍ରୋତ୍ର । ଏମାନଙ୍କ ବିଷୟ ମଧ୍ୟ ପାଞ୍ଚ - ସ୍ପର୍ଶ, ରସ, ଗନ୍ଧ, ରୂପ ଓ ଶବ୍ଦ । ଏହି କାରଣରୁ ଇନ୍ଦ୍ରିୟକୁ ପ୍ରତିନିୟତ ଅର୍ଥ-ଗ୍ରାହୀ କୁହାଯାଇଛି । ଯଥା -

୧. ସ୍ପର୍ଶ-ଗ୍ରାହକ ଇନ୍ଦ୍ରିୟ - ସ୍ପର୍ଶନ ।

୨. ରସ-ଗ୍ରାହକ ଇନ୍ଦ୍ରିୟ - ରସନ ।

୩. ଗନ୍ଧ-ଗ୍ରାହକ ଇନ୍ଦ୍ରିୟ - ପ୍ରାଣ ।

୪. ରୂପ-ଗ୍ରାହକ ଇନ୍ଦ୍ରିୟ - ଚକ୍ଷୁ ।

୫. ଶବ୍ଦ-ଗ୍ରାହକ ଇନ୍ଦ୍ରିୟ - ଶ୍ରୋତ୍ର ।

ଇନ୍ଦ୍ରିୟ-ଚତୁଷ୍ଟୟ

୧. ଯେଉଁ ପ୍ରାଣୀର ଚକ୍ଷୁର ଆକାର ନ ଥାଏ - ସେ ରୂପକୁ ଜାଣିପାରିବ ନାହିଁ ।

୨. ଆଖିର ଆକୃତି ଠିକ୍ ରହିଥବଲେ ବି ଅନେକ ମନୁଷ୍ୟ ରୂପକୁ ଦେଖିପାରନ୍ତି ନାହିଁ ।

୩. ସଦ୍ୟ ମୃତ ବ୍ୟକ୍ତି, ଆଖିର ରଚନା ଓ ଶକ୍ତି ଉଭୟ ରହିଥିବା ସତ୍ତ୍ୱେ ରୂପକୁ ଜାଣିପାରେନାହିଁ ।

୪. ଅନ୍ୟମନସ୍କ ବ୍ୟକ୍ତି ବି ସମୁପସ୍ଥିତ ରୂପକୁ ଦେଖିପାରି ନ ଥାଏ ।

ଇନ୍ଦ୍ରିୟଗୁଡ଼ିକ ସଂବନ୍ଧରେ ଏହି ଚାରି ସମସ୍ୟା ଲାଗି ରହିଥାଏ । ଏହାର ସମାଧାନ ସକାଶେ ପ୍ରତ୍ୟେକ ଇନ୍ଦ୍ରିୟର 'ଚତୁଷ୍ଟୟ' ପ୍ରତି ବିଚାର କରାଯିବାର ଆବଶ୍ୟକତା ରହିଛି । ତାହା ହେଉଛି - ୧. ନିର୍ବୃତ୍ତି (ଦ୍ରବ୍ୟ-ଇନ୍ଦ୍ରିୟ) - ପୌଦ୍‌ଗଳିକ ଇନ୍ଦ୍ରିୟ, ଇନ୍ଦ୍ରିୟ ରଚନା, ଶାରୀରିକ ସଂସ୍ଥାନ ।

୨. ଉପକରଣ ... ଶରୀରାଧିଷ୍ଠାନ - ଇନ୍ଦ୍ରିୟ ବିଷୟକ ଜ୍ଞାନ କରିବାରେ ସହାୟକ ସୂକ୍ଷ୍ମତମ ପୌଦ୍‌ଗଳିକ ଅବୟବ ।

୩. ଲବ୍ଧି (ଭାବ-ଇନ୍ଦ୍ରିୟ) - ଚୈତନ୍ୟ ଇନ୍ଦ୍ରିୟ, ଜ୍ଞାନଶକ୍ତି ।

୪.ଉପଯୋଗ...ଆତ୍ମାଧିଷ୍ଠାନ-ଇନ୍ଦ୍ରିୟ,ଜ୍ଞାନ-ଶକ୍ତିର ବ୍ୟାପାର ।

ପ୍ରତ୍ୟେକ ଇନ୍ଦ୍ରିୟ ଜ୍ଞାନ ସକାଶେ ଏହି ଚାରୋଟି ବିଷୟ ଅପେକ୍ଷିତ- ୧. ଇନ୍ଦ୍ରିୟ ରଚନା । ୨. ଇନ୍ଦ୍ରିୟର ଗ୍ରାହକ ଶକ୍ତି । ୩. ଇନ୍ଦ୍ରିୟର ଜ୍ଞାନଶକ୍ତି । ୪.ଇନ୍ଦ୍ରିୟର ଜ୍ଞାନଶକ୍ତିର ବ୍ୟାପାର ।

---

(୭୧) ଜୈନ ସିଦ୍ଧାନ୍ତ ଦୀପିକା, ୨/୭/୧୪ ।

(୭୨) ଜୈନ ସିଦ୍ଧାନ୍ତ ଦୀପିକା, ୧/୧୬, ୨୦ ।

(୭୩) ଜୈନ ସିଦ୍ଧାନ୍ତ ଦୀପିକା, ୨/୩ ।

୧. ଚକ୍ଷୁର ଆକୃତି ବିନା ରୂପଦର୍ଶନ ହୁଏ ନାହିଁ, ଏହାର ଅର୍ଥ ହେଉଛି- ସେହି ପ୍ରାଣୀର ଚକ୍ଷୁର 'ନିର୍ବୃତ୍ତି ଇନ୍ଦ୍ରିୟ' ନାହିଁ ।

୨. ଚକ୍ଷୁର ଆକାର ଯଥାର୍ଥ ରହିଥିବା ସତ୍ତ୍ୱେ ରୂପଦର୍ଶନ ନ ହେବାର ଅର୍ଥ ହେଉଛି- ସେହି ମନୁଷ୍ୟର 'ଉପକରଣ ଇନ୍ଦ୍ରିୟ' ବିକୃତ ।

୩. ଆକୃତି ଓ ଗ୍ରାହକଶକ୍ତି ଉଭୟ ବିଦ୍ୟମାନ ଥିବା ସତ୍ତ୍ୱେ ତତ୍‌କାଳ ମୃତବ୍ୟକ୍ତି ରୂପ-ଦର୍ଶନ କରିପାରି ନ ଥାଏ । ଏହାର ଅର୍ଥ ହେଉଛି ତା'ଠାରେ 'ଜ୍ଞାନଶକ୍ତି' ନିଃଶେଷ ହୋଇଯାଇଛି ।

୪. ଅନ୍ୟ ମନସ୍କ ବ୍ୟକ୍ତି, ଆକାର, ବିଷୟ ଗ୍ରହଣ କରିବାର ଶକ୍ତି ଏବଂ ଜ୍ଞାନଶକ୍ତି ରହିଥିବା ସତ୍ତ୍ୱେ ରୂପ ଦର୍ଶନ କରିବାରେ ଅସମର୍ଥ ହୁଏ । ଏହରା ଅର୍ଥ ହେଉଛି ସେ ରୂପଦର୍ଶନ ପ୍ରତି ପ୍ରଯତ୍ନଶୀଳ ନୁହେଁ ।

ଇନ୍ଦ୍ରିୟ ପ୍ରାପ୍ତିର କ୍ରମ

ସବୁ ପ୍ରାଣୀ ମଧ୍ୟରେ ଇନ୍ଦ୍ରିୟ ବିକାଶ ସମ ପରିମାଣରେ ନ ଥାଏ । ଇନ୍ଦ୍ରିୟ ବିକାଶକୁ ସହଜରେ ପାଞ୍ଚୋଟି ଶ୍ରେଣୀରେ ବିଭକ୍ତ କରାଯାଇଥାଏ - ୧. ଏକେନ୍ଦ୍ରିୟ ପ୍ରାଣୀ, ୨.ଦ୍ୱୀନ୍ଦ୍ରିୟ ପ୍ରାଣୀ, ୩. ତ୍ରୀନ୍ଦ୍ରିୟ ପ୍ରାଣୀ, ୪. ଚତୁରିନ୍ଦ୍ରିୟପ୍ରାଣୀ, ୫. ପଞ୍ଚେନ୍ଦ୍ରିୟ ପ୍ରାଣୀ ।

ଯେଉଁ ଜୀବର ଶରୀରର ଯେତେ ଇନ୍ଦ୍ରିୟର ଅଧିଷ୍ଠାନ, ଆକାର ରଚନା ରହିଥାଏ, ସେହି ଜୀବ ସେତେ ଇନ୍ଦ୍ରିୟଯୁକ୍ତ ବୋଲାଇଥାଏ । ପ୍ରଶ୍ନ ଉଠୁଛି ଯେ ପ୍ରାଣୀମାନଙ୍କ ମଧ୍ୟରେ ଏହି ଆକାର-ରଚନାର ବୈଷମ୍ୟ କାହିଁକି ? ଏହାର ସମାଧାନ ହେଲା - ଯେଉଁ ପ୍ରାଣୀ ମଧ୍ୟରେ ଯେତେ ଜ୍ଞାନ ଶକ୍ତି- ଲବଧି ଇନ୍ଦ୍ରିୟ ବିକଶିତ, ସେହି ପ୍ରାଣୀ ଦେହରେ ସେତେ ସଂଖ୍ୟକ ଇନ୍ଦ୍ରିୟର ଆକୃତି ନିର୍ମିତ ହୁଏ । ଏଥିରୁ ସ୍ପଷ୍ଟ ହେଉଛି ଯେ ଇନ୍ଦ୍ରିୟର ଅଧିଷ୍ଠାନ, ଶକ୍ତି ତଥା ବ୍ୟାପାରର ମୂଳରେ ଲବଧି-ଇନ୍ଦ୍ରିୟ ବିଦ୍ୟମାନ । ଏହା ଫଳରେ ନିର୍ବୃତ୍ତି, ଉପକରଣ ଓ ଉପଯୋଗ ସ୍ଥିତିର ନିର୍ମାଣ ହୁଏ ।

ଲବ୍‌ଧି ଉତ୍ତାରୁ ଦ୍ୱିତୀୟ ସ୍ଥାନ ନିର୍ବୃତ୍ତିର । ଏହା ରହିଥିଲେ ଉପକରଣ ଓ ଉପଯୋଗ ମଧ୍ୟ ଆସିଥାଏ । ଉପକରଣ ରହିଥିଲେ ଉପଯୋଗ ହୁଏ ।

ଇନ୍ଦ୍ରିୟ-ବ୍ୟାପ୍ତି

ଲବ୍‌ଧି ... ନିର୍ବୃତ୍ତି... ଉପକରଣ ... ଉପଯୋଗ ।

ନିର୍ବୃତ୍ତି ... ଉପକରଣ ... ଉପଯୋଗ ।

ଉପକରଣ ... ଉପଯୋଗ ।

ଉପଯୋଗ ବିନା ଉପକରଣ, ଉପକରଣ ବିନା ନିର୍ବୃତ୍ତି ଏବଂ ନିର୍ବୃତ୍ତି ବିନା ଲବ୍‌ଧି ହେବାରେ ଅସୁବିଧା ନାହିଁ, କିନ୍ତୁ ଲବ୍‌ଧି ବିନା ନିର୍ବୃତ୍ତି, ନିର୍ବୃତ୍ତି ବିନା ଉପକରଣ ଏବଂ ଉପକରଣ ବିନା ଉପଯୋଗ କଦାପି ସଂଭବ ନୁହେଁ ।

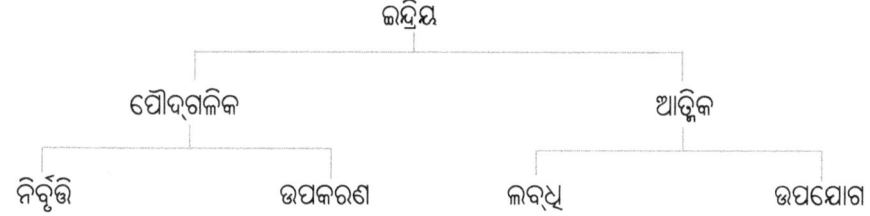

ମନ

ମନନ କରିବା ହେଉଛି ମନ କିଂବା ଯାହାଦ୍ୱାରା ମନନ କରାଯାଏ, ତାହା ହେଲା ମନ ।[୭୪] ମନ ବି ଇନ୍ଦ୍ରିୟମାନଙ୍କ ଭଳି ପୌଦ୍‌ଗଳିକ-ଶକ୍ତି-ସାପେକ୍ଷ ହୋଇଥିବାରୁ ତା'ର ଦୁଇଟି ଭେଦ ସୃଷ୍ଟି ହୁଏ, ଦ୍ରବ୍ୟ ମନ ଓ ଭାବ ମନ ।

ମନର ଆଲଂବନ-ଭୂତ ବା ପ୍ରବର୍ତ୍ତକ ପୁଦ୍‌ଗଳ ଦ୍ରବ୍ୟ (ମନୋବର୍ଗଣା ଦ୍ରବ୍ୟ) ମନ ରୂପରେ ପରିଣତ ହେଲେ ସେତେବେଳେ ସେଗୁଡ଼ିକୁ ଦ୍ରବ୍ୟ-ମନ କୁହାଯାଏ । ଏହି ମନ ହେଉଛି ଅଜୀବ-ଆତ୍ମାଠାରୁ ଭିନ୍ନ ।[୭୫]

ବିଚାରାତ୍ମକ ମନର ନାମ ଭାବମନ । ମନ ମାତ୍ରକେ ଜୀବ ନୁହଁ,[୭୬] କିନ୍ତୁ ମନ ଜୀବ ବି ହୋଇପାରେ । ଜୀବର ଗୁଣ ହୋଇଥିବାରୁ ଅଥଚ ଜୀବଠାରୁ ସବୁମନ୍ତେ ଭିନ୍ନ ହୋଇ ନ ଥିବାରୁ ବିଚାରାତ୍ମକ ମନକୁ ଆତ୍ମିକ ମନ କୁହାଯାଇଥାଏ ।[୭୭] ଲବ୍‌ଧି ଓ ଉପଯୋଗ ହେଉଛି ଏହାର ଦୁଇଟି ଭେଦ । ଲବ୍‌ଧି ମାନସ-ଜ୍ଞାନର ବିକାଶ ଏବଂ ଉପଯୋଗ ତା'ର ବ୍ୟାପାର । ମନକୁ ନୋ-ଇନ୍ଦ୍ରିୟ, ଅନିନ୍ଦ୍ରିୟ ଏବଂ ଦୀର୍ଘକାଳିକ ସଂଜ୍ଞା ମଧ୍ୟ କୁହାଯାଇଥାଏ ।

ଇନ୍ଦ୍ରିୟ ଦ୍ୱାରା ଗୃହୀତ ବିଷୟକୁ ମନ ଜାଣିପାରୁଥିବାରୁ ତାହା ଯେ ନୋ-ଇନ୍ଦ୍ରିୟ-ଈଷତ୍ ଇନ୍ଦ୍ରିୟ ବା ଇନ୍ଦ୍ରିୟ ସଦୃଶ ବୋଲାଇଥାଏ । ଇନ୍ଦ୍ରିୟ ଭଳି ମନର ବାହ୍ୟ ସାଧନ ନ ଥାଏ (ଆନ୍ତରିକ ସାଧନ ରହିଥାଏ) ଏବଂ ତା'ର କୌଣସି ନିର୍ଦ୍ଦିଷ୍ଟ ଆକାର ନ ଥିବାରୁ ତାହା ଅନିନ୍ଦ୍ରିୟ । ମନ, ଅତୀତର ସ୍ମୃତି ବର୍ତ୍ତମାନର ଜ୍ଞାନ ବା ଚିନ୍ତନ ତଥା ଭବିଷ୍ୟର କଳ୍ପନା କରିଥାଏ, ତେଣୁ ତାହା ହେଉଛି 'ଦୀର୍ଘକାଳିକ ସଂଜ୍ଞା' । ଜୈନ ଆଗମମାନଙ୍କରେ ମନ ପରିବର୍ତ୍ତେ ସଂଜ୍ଞା ଶବ୍ଦର ବହୁଳ ବ୍ୟବହାର ଦେଖାଯାଏ । ସମନସ୍କ ପ୍ରାଣୀକୁ 'ସଂଜ୍ଞା' କୁହାଯାଇଛି । ତା'ର ଲକ୍ଷଣ ହେଉଛି -

୧. ଈହା - ସତ୍ ଅର୍ଥର ପର୍ଯ୍ୟାଲୋଚନ ।

୨. ଅପୋହ - ନିଶ୍ଚୟ ।

୩. ମାର୍ଗଣା - ଅନ୍ୱୟ-ଧର୍ମର ଅନ୍ୱେଷଣ ।

୪. ଗବେଷଣା - ବ୍ୟତିରେକ ଧର୍ମର ସ୍ୱରୂପାଲୋଚନ ।

୫. ଚିନ୍ତା - ଏହା କିପରି ହେଲା ? ଏହାକୁ କିପରି କରାଯିବା କଥା ? ଏହା କେଉଁଭଳି ହେବ ? - ଏହି ପ୍ରକାର ପର୍ଯ୍ୟାଲୋଚନ ।

୬. ବିମର୍ଶ - ଏହା ଏଭଳି ହୋଇପାରିବ, ଏପରି ହୋଇଛି ଏଭଳି ହେବାକୁ ଯାଉଛି - ଏପରି ନିର୍ଣ୍ଣୟ ।[୭୮]

ମନର ଲକ୍ଷଣ

ସମସ୍ତ ଅର୍ଥକୁ ଜାଣିପାରୁଥିବା ଜ୍ଞାନ ହେଉଛି 'ମନ' । ଏହି ବିଶ୍ୱରେ ଦୁଇ ପ୍ରକାର ପଦାର୍ଥ ରହିଛି - ମୂର୍ତ୍ତ ଓ ଅମୂର୍ତ୍ତ । ଇନ୍ଦ୍ରିୟ ମୂର୍ତ୍ତଦ୍ରବ୍ୟର ବର୍ତ୍ତମାନ ପର୍ଯ୍ୟାୟକୁ ହିଁ ଜାଣିପାରିଥାଏ । ମନ, ମୂର୍ତ୍ତ ଓ ଅମୂର୍ତ୍ତ ଉଭୟଙ୍କର ତ୍ରୈକାଳିକ ବିବିଧ ରୂପକୁ ଜାଣିଥାଏ, ତେଣୁ ମନକୁ ସର୍ବାର୍ଥ-ଗ୍ରାହୀ କୁହାଯାଇଥାଏ ।[୭୯]

---

(୭୪) ମନଃ ମନନଂ, ମନ୍ୟତେ ଅନେନ ବା ମନଃ ।

(୭୫) ଭଗବତୀ, ୧୩/୧୨୬: ଆୟା ଭନ୍ତେ ! ମଣେ ? ଅନ୍ନେ ମଣେ ? ଗୋୟମା ! ଣୋ ଆୟାମଣେ, ଅଣ୍ଣେ ମଣେ । ମଣିଜ୍ଜମାଣେ ମଣେ ... ।

(୭୬) ପ୍ରଶ୍ନବ୍ୟାକରଣ (ଆଶ୍ରବଦ୍ୱାର) ୨.ମଣଂ ଚ ମଣଜୀବିୟା ବୟନ୍ତି ଉ ... ।

(୭୭) ସୂୟଗଡୋ ୧।୧୨। ବୃତ୍ତି : ସର୍ବବିଷୟମନ୍ତଃ କରଣଂ
ଯୁଗପଜ୍ ଜ୍ଞାନାନୁତ୍ପତ୍ତିଲିଙ୍ଗଂ ମନଃ,ତଦପି ଦ୍ରବ୍ୟ-ମନଃ
ପୌଦ୍‌ଗଳିକମଜୀବଗ୍ରହଣେନ ଗୃହିତମ୍, ଭାବମନସ୍ତୁ
ଆତ୍ମଗୁଣତ୍ୱାତ୍ ଜୀବଗ୍ରହଣେନେତି ... ।

(୭୮) ନନ୍ଦୀ, ସୂତ୍ର ୬୨ ।

(୭୯) ଜୈନ ସିଦ୍ଧାନ୍ତ ଦୀପିକା, ୨।୩୩ ।

ମନର କାମ

ମନର କାମ ହେଲା ଚିନ୍ତନ । ଇନ୍ଦ୍ରିୟ-ଗ୍ରାହ୍ୟ ବସ୍ତୁ ତଥା ତା' ଆଗକୁ ମଧ୍ୟ ମନ ଭାବି ଚାଲିଥାଏ ।[୮୦]

ମନ ହେଉଛି ଇନ୍ଦ୍ରିୟ ଜ୍ଞାନର ପ୍ରବର୍ତ୍ତକ । ମନ ସବୁବେଳେ ଇନ୍ଦ୍ରିୟମାନଙ୍କ ସହାୟତାର ଅପେକ୍ଷା କରି ନ ଥାଏ । ଇନ୍ଦ୍ରିୟ ଦ୍ୱାରା ଜ୍ଞାତ ରୂପ, ରସ ଆଦିର ବିଶେଷ ପର୍ଯ୍ୟାଲୋଚନ ସମୟରେ ମନ ହୋଇଥାଏ ଇନ୍ଦ୍ରିୟ-ସାପେକ୍ଷ । ଇନ୍ଦ୍ରିୟର ଗତି କେବଳ ପଦାର୍ଥ ପର୍ଯ୍ୟନ୍ତ । ମନର ଗତି ଉଭୟ ପଦାର୍ଥ ଓ ଇନ୍ଦ୍ରିୟ ପର୍ଯ୍ୟନ୍ତ ।

ଈହା, ଅବାୟ, ଧାରଣା, ସ୍ମୃତି, ପ୍ରତ୍ୟଭିଜ୍ଞା, ତର୍କ, ଅନୁମାନ, ଆଗମ ଇତ୍ୟାଦି ମାନସିକ ଚିନ୍ତନର ବିଭିନ୍ନ ରୀତି ରହିଛି ।

ମନର ଅସ୍ତିତ୍ୱ

ନ୍ୟାୟ ସୂତ୍ରକାର, 'ଏକ ସମୟରେ ଅନେକ ଜ୍ଞାନ ଉତ୍ପନ୍ନ ହୁଏ ନାହିଁ' । ଏହି ଅନୁମାନ ଦ୍ୱାରା ମନର ସତ୍ତାକୁ ସିଦ୍ଧ କରିଥାନ୍ତି ।[୮୧]

ଭାଷ୍ୟକାର ବାତ୍ସାୟନ କହିଛନ୍ତି - ବାହ୍ୟ ଇନ୍ଦ୍ରିୟ ଦ୍ୱାରା ସ୍ମୃତି ଆଦି ଜ୍ଞାନ ଉତ୍ପନ୍ନ ହୁଏ ନାହିଁ । ବିବିଧ ଇନ୍ଦ୍ରିୟ ତଥା ସେଗୁଡ଼ିକର ବିଷୟ ରହିଥିବା ସତ୍ତ୍ୱେ ଏକ ସଂଗେ ସବୁରିଜ୍ଞାନ ସଂଭବ ନୁହେଁ । ତେଣୁ ମନର ଅସ୍ତିତ୍ୱର ସ୍ୱୟଂ ଅବତରଣ ଘଟିଥାଏ ।[୮୨]

ଅନ୍ନଭଟ୍ଟଙ୍କ ମତରେ ସୁଖାଦି ପ୍ରତ୍ୟକ୍ଷ ଉପଲବ୍ଧି ହେଉଛି ମନର ଲିଂଗ ।[୮୩]

ଜୈନ ଦୃଷ୍ଟି ଅନୁସାରେ ସଂଶୟ, ପ୍ରତିଭା, ସ୍ୱପ୍ନ-ଜ୍ଞାନ, ବିତର୍କ, ସୁଖ-ଦୁଃଖ, କ୍ଷମା, ଇଚ୍ଛା ଇତ୍ୟାଦି ମନର ଲିଂଗ ।[୮୪]

ମନର ବିଷୟ

'ଶ୍ରୁତ' ହେଉଛି ମନର ବିଷୟ । ଶବ୍ଦ, ସଂକେତ ଆଦି ମାଧ୍ୟମରେ ହେଉଥିବା ଜ୍ଞାନ ହିଁ ଶ୍ରୁତ । କାନ ଦ୍ୱାରା 'ଦେବଦତ୍ତ' ଶବ୍ଦ ଶୁଣି ଏବଂ ଆଖି ଦ୍ୱାରା 'ଦେବଦତ୍ତ' ଶବ୍ଦ ପଢ଼ିଲେ ଆଖି ଓ କାନକୁ ଶବ୍ଦର ଜ୍ଞାନ ହେଲା, କିନ୍ତୁ 'ଦେବଦତ୍ତ' ଶବ୍ଦର ଅର୍ଥବୋଧ ଚକ୍ଷୁ ଓ କର୍ଣ୍ଣକୁ ହୋଇ ନ ଥାଏ । ଏହା ମନର କାମ । ହଲୁଥିବା ଅଂଗୁଳି ଚକ୍ଷୁର ବିଷୟ କିନ୍ତୁ ଅଂଗୁଳି କାହାକୁ ସଂକେତ କରୁଛି ଏହା ଚକ୍ଷୁ ଜାଣିପାରେ ନାହିଁ । ସେହି ସଂକେତକୁ ମନ ହିଁ ବୁଝିପାରିବ ।[୮୫] ବସ୍ତୁର ସାମାନ୍ୟ ରୂପର ଗ୍ରହଣ, ଅବଗ୍ରହଣ, ଜ୍ଞାନ-ଧାରାର ପ୍ରାଥମିକ ଅଳ୍ପଅଂଶ ଅନକ୍ଷର ଜ୍ଞାନ ହୋଇଥାଏ । ସେଥିରେ ଶବ୍ଦ ଓ ଅର୍ଥର ସଂବନ୍ଧ, ପୂର୍ବାପରର ଅନୁସନ୍ଧାନ, ବିକଳ୍ପ ଓ ବିଶେଷ ଧର୍ମର ପର୍ଯ୍ୟାଲୋଚନ ହୁଏ ନାହିଁ ।

---

[୮୦] ଚରକ ସୂତ୍ର, ୧/୨୦ :
ଇନ୍ଦ୍ରିୟେଣେନ୍ଦ୍ରିୟାର୍ଥୋଂହି, ସମନସ୍କେନ ଗୃହ୍ୟତେ ।
କଳ୍ପ୍ୟତେ ମନସାପ୍ୟୂର୍ଦ୍ଧ୍ୱଂ, ଗୁଣତୋ ଦୋଷତୋଯଥା ।

[୮୧] ନ୍ୟାୟ ସୂତ୍ର, ୧।୧।୧୬ ।

[୮୨] ବାତ୍ସାୟନ ଭାଷ୍ୟ, ୧।୧।୧୬ ।

[୮୩] ତର୍କ ସଂଗ୍ରହ : ସୁଖାଦ୍ୟୁପଲବ୍ଧି ସାଧନମିନ୍ଦ୍ରିୟଂ ମନଃ ।

[୮୪] ସନ୍ମତି ପ୍ରକରଣ, କାଣ୍ଡ ୨: ପ୍ରଂଶୟ ପ୍ରତିଭାସ୍ୱପ୍ନଜ୍ଞାନୋହା
ସୁଖାଦିକ୍ଷମେଚ୍ଛାଦୟଶ୍ଚ ମନସୋ ଲିଙ୍ଗାନି ...

[୮୫] ଚରକ ସୂତ୍ର, ୧।୧୮ :
ଚିନ୍ତ୍ୟଂ ବିଚାର୍ଯ୍ୟମୁହ୍ୟଂଚ, ଧ୍ୟେୟଂ ସଂକଳ୍ପ୍ୟମେବ ଚ ।
ଯତ୍ କିଞ୍ଚିଦ୍ ମନସୋ ଜ୍ଞେୟଂ, ତତ୍ସର୍ବଂ ହ୍ୟର୍ଥସଂଜ୍ଞକମ୍ ॥

ଈହା ଦ୍ୱାରା ପ୍ରତ୍ୟକ୍ଷ ଚିନ୍ତନ ପ୍ରାରମ୍ଭ ହୁଏ । କାରଣ ଅବଗ୍ରହ ଦ୍ୱାରା ପର୍ଯ୍ୟାଲୋଚନ ସଂଭବ ନୁହେଁ । ଅବଗ୍ରହରୁ ଆଗକୁ ବଢ଼ିଲେ ପର୍ଯ୍ୟାଲୋଚନ କରାଯାଇପାରିବ । ଯାବନ୍ମାତ୍ର ପର୍ଯ୍ୟାଲୋଚନଂ, ଅକ୍ଷର ଆଲଂବନ ଦ୍ୱାରା ହିଁ ସଂଭବପର ଏବଂ ଯାବନ୍ମାତ୍ର ସାଭିଳାପ ବା ଅନ୍ତର୍ଜଳ୍ପାକାର ଜ୍ଞାନଗୁଡ଼ିକ ମନର ବିଷୟ ଅଟନ୍ତି ।

ଏଠାରେ ପ୍ରଶ୍ନ କରାଯାଇପାରିବ ଯେ ଈହା, ଅବାୟ, ଧାରଣାକୁ ଇନ୍ଦ୍ରିୟ ପରିଧି ମଧ୍ୟରେ କିପରି ସମ୍ମିଳିତ କରାହେଉଛି ? ସ୍ପଷ୍ଟ ଉତ୍ତର ହେଲା - ଏହିସବୁ ଭେଦର ଆଧାର ଜ୍ଞାନ-ଧାରାର ପ୍ରାରମ୍ଭିକ ଅଂଶ ହୋଇଥାଏ । ଯେଉଁ ଇନ୍ଦ୍ରିୟରୁ ତା'ର ଆରମ୍ଭ, ଶେଷ ପର୍ଯ୍ୟନ୍ତ ସେହି ସଂଜ୍ଞା ରହିଥାଏ ।

ଅବଗ୍ରହ, ଈହା, ଅବାୟ, ଧାରଣ- ଜ୍ଞାନଧାରାର କ୍ରମାନ୍ୱୟକୁ ସୂଚାଇଥାନ୍ତି । ମୂଳରେ ଅବଗ୍ରହ । ମନ-ସଂପୃକ୍ତ ଇନ୍ଦ୍ରିୟ ଦ୍ୱାରା ପଦାର୍ଥର ସମ୍ପର୍କ ବା ସାମିପ୍ୟ ଫଳରେ ଜାତ ହୁଏ । ପରେ ସ୍ଥିତିରେ ପରିବର୍ତ୍ତନ ଘଟେ । ଈହା ଆଦି ଜ୍ଞାନ ଇନ୍ଦ୍ରିୟ-ସଂପୃକ୍ତ ମନ ଦ୍ୱାରା ପଦାର୍ଥର ଅସଂବନ୍ଧ ଅବସ୍ଥାରେ ଘଟିଥାଏ । ତଥାପି ଉତ୍ପତ୍ତି ସ୍ରୋତର ପ୍ରାଧାନ୍ୟ ହେତୁ ସେଗୁଡ଼ିକ ଆପଣା ପରିଧିରୁ ବାହାରକୁ ଯାଇପାରନ୍ତି ନାହିଁ ।

ମନୋମୂଳକ ଅବଗ୍ରହ ଉତ୍ତାରୁ ହେଉଥିବା ଈହା ଆଦି ମନ-ସଂଜାତ । ମନ ହେଉଛି ମତି ଜ୍ଞାନ ଓ ଶ୍ରୁତଜ୍ଞାନ ଉଭୟର ସାଧନ । ଶ୍ରୁତ ଶବ୍ଦ ମାଧ୍ୟମରେ ଏହା ଯେପରି ପଦାର୍ଥକୁ ଜାଣିଥାଏ, ସେହିପରି ଶବ୍ଦର ଆଶ୍ରୟ ନ ନେଇ ଶବ୍ଦ ଆଦିର କଳ୍ପନାରହିତ ଥାଇ ବି ଶୁଦ୍ଧ ଅର୍ଥକୁ ଜାଣିପାରିଥାଏ । ତଥାପି 'ଅର୍ଥାଶ୍ରୟୀ ଜ୍ଞାନ' (ଶୁଦ୍ଧ ଅର୍ଥର ଜ୍ଞାନ) ଇନ୍ଦ୍ରିୟ ଓ ମନ ଉଭୟକୁ ହୋଇଥାଏ, କିନ୍ତୁ 'ଶବ୍ଦାଶ୍ରୟୀ ଜ୍ଞାନ' (ଶବ୍ଦର ଅନୁସାରୀ ଜ୍ଞାନ) କେବଳ ମନକୁ ହୋଇଥାଏ । ତେଣୁ ସ୍ୱତନ୍ତ୍ର ରୂପରେ ମନର ବିଷୟ କେବଳ 'ଶ୍ରୁତ' ହିଁ ହୋଇପାରିବ ।

ଇନ୍ଦ୍ରିୟ ଓ ମନ

ମନର ବ୍ୟାପାରରେ ଇନ୍ଦ୍ରିୟର ବ୍ୟାପାର ହୋଇପାରେ, ନ ହୋଇପାରେ କିନ୍ତୁ ଇନ୍ଦ୍ରିୟର ବ୍ୟାପାରରେ ମନର ବ୍ୟାପାର ନିଶ୍ଚିତ ଭାବରେ ହୋଇଥାଏ । ମନର ବ୍ୟବସାୟ ଅର୍ଥାବଗ୍ରହରୁ ପ୍ରାରମ୍ଭ । ତାହା ପଟୁତର ହୋଇଥିବାରୁ ପଦାର୍ତ ସହିତ ସମ୍ବନ୍ଧ ସ୍ଥାପନ ହେବା ମାତ୍ରେ ପଦାର୍ଥକୁ ଜାଣିପକାଏ । ତା'ର ଅନୁପଲବ୍ଧି କାଳ ହୁଏ ନାହିଁ, ତେଣୁ ବ୍ୟଞ୍ଜନା ବିଗ୍ରହର ଆବଶ୍ୟକତା କରେ ନାହିଁ ।

ଇନ୍ଦ୍ରିୟ ସହିତ ମନର ବ୍ୟାପାର ଅର୍ଥାବଗ୍ରହରୁ ଆରମ୍ଭ ହୁଏ । ସବୁ ଇନ୍ଦ୍ରିୟ ସହିତ ମନ ଯୁଗପତ୍ ସଂବନ୍ଧ କରିବାରେ ଅସମର୍ଥ । ଏକ କାଳରେ ଏକ ଇନ୍ଦ୍ରିୟ ସହିତ ସଂବନ୍ଧ ସ୍ଥାପନ କରିବାରେ ସମର୍ଥ । ଆତ୍ମା ହେଉଛି ଉପଯୋଗମୟ । ଆତ୍ମା ଯେଉଁ ସମୟରେ ଯେଉଁ ଇନ୍ଦ୍ରିୟସହିତ ମନୋଯୋଗ ପୂର୍ବକ ଯେଉଁ ବସ୍ତୁର ଉପଯୋଗ ସ୍ଥାପନ କରିଥାଏ, ସେତେବେଳେ ତାହା ତନ୍ମୟ ଯୋଗରେ ପରିଣତ ହୁଏ । ତେଣୁ ସମକାଳୀନ କ୍ରିୟା ଦ୍ୱୟର ଉପଯୋଗ ହୁଏ ନାହିଁ ।[୮୬] ଦେଖିବା, ଚାଖିବା, ଶୁଙ୍ଘିବା, ଏଗୁଡ଼ିକ ଭିନ୍ନ ଭିନ୍ନ କ୍ରିୟା ଅନ୍ତର୍ଗତ ପରିଗଣିତ । ଏଗୁଡ଼ିକ ମଧ୍ୟରେ ଏକ ସଂଗେ ମନ ଗତି କରି ନ ଥାଏ । ଏଥିରେ ଆଶ୍ଚର୍ଯ୍ୟ ହେବାର କୌଣସି କାରଣ ନାହିଁ । ପାଦର ଉଷ୍ଣତା ଏବଂ ମୁଣ୍ଡର ଶୀତଳତା ଉଭୟ ସ୍ପର୍ଶନ ଇନ୍ଦ୍ରିୟର କ୍ରିୟା ହୋଇଥିବା ସତ୍ତ୍ୱେ ତହିଁରେ ବି ମନ ଏକ ସଂଗେ ଧାବନ କରିବାରେ ଅକ୍ଷମ ।

କାକୁଡ଼ି ଖାଇବା ସମୟରେ ଆମେ ରୂପ, ରସ, ସ୍ପର୍ଶ, ଗନ୍ଧ ଓ ଶବ୍ଦର ଏକାଥରକୁ ଅନୁଭବ କରିବା ଭଳି ଜଣା ପଡ଼ିଥାଏ, କିନ୍ତୁ ବାସ୍ତବରେ ତାହା ସତ୍ୟ ନୁହେଁ । ଅନୁଭୂତିର କାଳ ଭିନ୍ନ ଭିନ୍ନ ଥାଏ । ମନର ଜ୍ଞାନ ଶକ୍ତି ଅତି ତୀବ୍ର ହୋଇଥିବାରୁ ତା'ର କ୍ରମ ଜାଣିହୁଏ ନାହିଁ । ସମକାଳୀନ ଭାବରେ ସାମାନ୍ୟ - ବିଶେଷ ଆଦି ଅନେକ ଧର୍ମାତ୍ମକ

---

[୮୬] ବିଶେଷାବଶ୍ୟକ ଭାଷ୍ୟ, ଗାଥା ୨୪୨୬, ୨୪୪୮, ବୃତ୍ତି ... ।

ବସ୍ତୁର ଗ୍ରହଣ କରାଯାଇପାରିବ, କିନ୍ତୁ ଏକସଂଗେ ଦୁଇଟି କିଂବା ତା'ଠାରୁ ଅଧିକ ଉପଯୋଗ ଏକ ସଂଗେ କରାଯାଇପାରିବ ନାହିଁ ।[୮୭]

ମନର ସ୍ଥାନ

ମନ ସମଗ୍ର ଶରୀର ମଧ୍ୟରେ ବ୍ୟାପ୍ତ । ଇନ୍ଦ୍ରିୟ ଓ ଚୈତନ୍ୟର ପୂର୍ଣ୍ଣ ବ୍ୟାପ୍ତି-ଯେଉଁ ସବୁ ସ୍ଥାନରେ ଚୈତନ୍ୟ, ସେହିସବୁ ସ୍ଥାନରେ ଇନ୍ଦ୍ରିୟ ଭଳି ନିୟମ ରହିନାହିଁ । ମନର ଚୈତନ୍ୟ ରହିତ ପୂର୍ଣ୍ଣ ବ୍ୟାପ୍ତି ହୋଇଥିବାରୁ ତାହା ଶରୀରର କୌଣସି ଏକ ନିର୍ଦ୍ଦିଷ୍ଟ ଦେଶରେ ନ ଥାଏ । ମନ ପାଇଁ ଶରୀରର କୌଣସି ସ୍ଥାନ ନିର୍ଦ୍ଧାରିତ ନୁହେଁ । ଚୈତନ୍ୟର ଅନୁଭୂତି ଯେଉଁଠି, ମନର ଅସ୍ତିତ୍ୱ ସେଠାରେ ଅବଶ୍ୟ ରହିଥାଏ ।

ଇନ୍ଦ୍ରିୟ ଜ୍ଞାନ ସହିତ ବି ମନର ସାହଚର୍ଯ୍ୟ ରହିଛି । ସ୍ପର୍ଶନ-ଇନ୍ଦ୍ରିୟ ସମଗ୍ର ଶରୀରରେ ବ୍ୟାପ୍ତ ।[୮୮] ଆପଣା ଜ୍ଞାନ ଓ ଅନୁଭୂତି ସକାଶେ ସ୍ପର୍ଶନ-ଇନ୍ଦ୍ରିୟ ମନର ସହାୟତା ଲୋଡ଼ିଥାଏ । ଏହି କାରଣରୁ ମନ ବି ସମଗ୍ର ଶରୀରରେ ବ୍ୟାପ୍ତ, ଏହା ସହଜସିଦ୍ଧ ହେଉଛି । ଯୋଗ ପରମ୍ପରାରେ ଏହି ତଥ୍ୟ ମାନ୍ୟତା ପ୍ରାପ୍ତ ।[୮୯]

'ଯତ୍ର ପବନସ୍ତତ୍ର ମନଃ' - ଏହି ପ୍ରସିଦ୍ଧ ଉକ୍ତି ଅନୁସାରେ ଯେଉଁଠି ପବନ, ସେଇଠି ମନ । ପବନ ସାରା ଶରୀରରେ ଭରି ରହିଛି । ଏହା ମନ ପାଇଁ ବି ପ୍ରଯୁଜ୍ୟ ।

ଦିଗମ୍ବର ଆଚାର୍ଯ୍ୟମାନେ ନାଭି କମଳକୁ ଦ୍ରବ୍ୟ ମନର ସ୍ଥାନ ରୂପରେ ନିରୂପଣ କରିଛନ୍ତି । ଶ୍ୱେତାମ୍ବର ଆଚାର୍ଯ୍ୟମାନେ ଏହାକୁ ସ୍ୱୀକାର କରନ୍ତି ନାହିଁ । ମନର କୌଣସି ଏକ ନିର୍ଦ୍ଦିଷ୍ଟ ସ୍ଥାନ ନ ଥାଇପାରେ, କିନ୍ତୁ ତା'ର ଏକ ସହାୟକ ବିଶେଷ କେନ୍ଦ୍ର ଅବଶ୍ୟ ରହିଥିବ । ମାନସିକ ସନ୍ତୁଳନ ଉପରେ ମାନସିକ ଚିନ୍ତନ ଅନେକାଂଶରେ ନିର୍ଭରଶୀଳ ରହୁଥିବାରୁ ସାମାନ୍ୟ ଅନୁଭୂତି ଓ ଇନ୍ଦ୍ରିୟ ସାହଚର୍ଯ୍ୟ ବ୍ୟତୀତ ତା'ର ଚିନ୍ତନର ସାଧନଭୂତ କୌଣସି ଶାରୀରିକ ଅବୟବକୁ ପ୍ରମୁଖ କେନ୍ଦ୍ରମାନଙ୍କର ଆପତ୍ତି ଜଣାପଡୁନାହିଁ ।

ଜ୍ଞାନଶକ୍ତି ଦୃଷ୍ଟିରୁ ଇନ୍ଦ୍ରିୟ ବି ସର୍ବାତ୍ମବ୍ୟାପୀ । ବିଷୟ ଗ୍ରହଣ ପରିପ୍ରେକ୍ଷୀରେ ଏକ ଦେଶୀ ହୋଇଥିବାରୁ ଇନ୍ଦ୍ରିୟଗୁଡ଼ିକ ନିର୍ଦ୍ଧାରିତ ଦେଶାଶ୍ରୟୀ ବୋଲାଇଥାନ୍ତି । ଇନ୍ଦ୍ରିୟ ଓ ମନ-ଏ ଦୁହେଁ ହେଉଛନ୍ତି 'କ୍ଷାୟୋପଶମିକ ଆବରଣ ବିଲୟଜନ୍ୟ' ବିକାଶ । ଆବରଣ ବିଲୟ ସର୍ବାତ୍ମଦେଶୀୟ ହୁଏ ।[୯୦] ବିଷୟ ଗ୍ରହଣ ଅପେକ୍ଷାରେ ବି ମନ ହେଲା ଶରୀରବ୍ୟାପୀ ।

---

(୮୭) (କ) ଏଗେ ଣାଣେ...ଲବ୍‌ଧିତୋ ବହୂନାଂ ବୋଧ ବିଶେଷା -
ଣାମେକଦା ସମ୍ଭବେଽପି ଉପଯୋଗତ ଏକ ଏବ ସମ୍ଭବତି
ଏକୋପଯୋଗତ୍ୱାଦ୍ ଜୀବାନାମିତି ... (ସ୍ଥା.ବୃ.୧) ।
(ଖ) ଏଗେ, ଜୀବାଣଂ ମଣେ ... ମନନ ଲକ୍ଷଣ ତ୍ୱେନ ସର୍ବ ମନ
ସାମେକ ତ୍ୱାତ୍ ... । - ସ୍ଥା.ବୃ.୧ ।
(ଗ)ଏଗେମଣେ ଦେବାସୁର ମଣୁଆଣଂ ତଂସି ତଂସି ସମୟଂସି ।
- ସ୍ଥା.ବୃ.୧ ।
ତୁଳନା - ଜ୍ଞାନାଽ ଯୌଗପଦ୍ୟାତ୍ ଏକଂ ମନଃ ... । ନ୍ୟାୟ ସୂ.୩।୨।୫୯ ।

(୮୮) ଚରକସୂତ୍ର, ୧୧/୩୯ ।
ତୁଳନା - ସ୍ପର୍ଶନ ଇନ୍ଦ୍ରିୟକୁ ସର୍ବେନ୍ଦ୍ରିୟ ବ୍ୟାପକ ଏବଂ ମନ ସହିତ ସମବାୟ ସଂବନ୍ଧ ଅନୁବନ୍ଧିତ ବୋଲି ମାନ୍ୟ କରାଯାଇଛି । ମନ ଅଣୁ ହୋଇଥିଲେ ବି ସ୍ପର୍ଶନ ଇନ୍ଦ୍ରିୟ ସହ ସଂପୃକ୍ତ ଥିବାରୁ ସମସ୍ତ ଇନ୍ଦ୍ରିୟ ମଧରେ ବ୍ୟାପକ ଥାଏ ।

(୮୯) ଯୋଗ ଶାସ୍ତ୍ର, ୫/୨ :
ମନୋ ଯତ୍ର ମରୁତ୍ତତ୍ର, ମରୁଦ୍ ଯତ୍ର ମନ ସ୍ତତଃ ।
ଅତସ୍ତୁଲ୍ୟ କ୍ରିୟା ବେତୌ, ସଂବୀତୌ କ୍ଷୀର ନୀରବତ୍ ।

(୯୦) ଭଗବତୀ, ୧।୧୨୮ : ସବ୍‌ବେଣଂ ସବ୍‌ବେ ନିଜ୍‌ଜିଣ୍ଣା ... ।

ନୈୟାୟିକ ମନକୁ ଅଣୁ ମଣିଥାନ୍ତି । ଏହାକୁ ମନୋଣୁତ୍ୱବାଦ କୁହାଯାଇଛି ।[୯୧] ବୌଦ୍ଧ ମତରେ ମନ ହିଁ ଜୀବ । ଏହାକୁ ମନୋଜୀବବାଦ କୁହାଯାଇଛି ।[୯୨] ଜୈନସମ୍ମତ ମନ ଅଣୁ ନୁହେଁ କି ଏକମାତ୍ର ଜୀବ ବି ନୁହେଁ । ବରଂ ଜୀବର ଚୈତନ୍ୟ ଗୁଣର ଏକ ସ୍ଥିତି ଏବଂ ଜୀବ ବ୍ୟାପ୍ତି ସହିତ ମନ-ବ୍ୟାପ୍ତିର ଏକ ନିୟମ ରହିଛି । 'ଯେଉଁଠାରେ ଜୀବ ସେହିଠାରେ ମନ ।'

ଶ୍ରୁତଜ୍ଞାନ

ଅମୁକ ଶବ୍ଦର ଅମୁକ ଅର୍ଥ ହେବ, ଏହି ପ୍ରକାର ବାଚ୍ୟ-ବାଚକ ସଂବନ୍ଧ ଯୋଜନା ହେଉଛି ଶ୍ରୁତ । ଶବ୍ଦ, ଅର୍ଥ ଜ୍ଞାନ କରାଇବାରେ ସମର୍ଥ, କିନ୍ତୁ ପ୍ରୟୋଗ ବିନା ଅର୍ଥର ଜ୍ଞାନ କରାଇବା ସମ୍ଭବ ନୁହେଁ । ଶ୍ରୁତ ହେଉଛି ଶବ୍ଦର ପ୍ରୟୋଗକାଳୀନ ଅବସ୍ଥା । 'ଘଟ' ଏହି ଦୁଇଟି ଅକ୍ଷରଯୁକ୍ତ ଶବ୍ଦର ଅର୍ଥ ମଧ୍ୟ ଦୁଇ ପ୍ରକାର କରାଯାଇପାରିବ । ୧. ଆମ ସମ୍ମୁଖରେ ଘଟ ବା କଳସଟିଏ ସାକ୍ଷାତ୍ ବିଦ୍ୟମାନ ଓ ୨. ଘଟ-ସ୍ୱରୂପର ବ୍ୟାଖ୍ୟା ପଢ଼ିବା-ଶୁଣିବା ପାଇଁ ଉପଲବ୍ଧ ।

ଏମାନଙ୍କ ମଧ୍ୟରେ ପ୍ରଥମଟି ଶ୍ରୁତର ଅନନୁସାରୀ କିନ୍ତୁ ଶ୍ରୁତ-ନିଶ୍ରିତ ଜ୍ଞାନ । ଘଟକୁ ସାମନାରେ ଦେଖି ଜଳାଦି ଆହରଣ କ୍ରିୟା ସମର୍ଥ ଏକ ମୃଣ୍ମୟ ମାଠିଆକୁ ପ୍ରତ୍ୟକ୍ଷ ଜାଣିବା । ଏହାକୁ ଜାଣିବା ସମୟର ଶ୍ରୁତର ସାହାଯ୍ୟ ନେବାର ଆବଶ୍ୟକତା ପଡ଼ିଲା ନାହିଁ । ତେଣୁ ଏହା ଶ୍ରୁତର ଅନୁସାରୀ ନୁହେଁ । କିନ୍ତୁ ଟିକିଏ ଆଗରୁ 'ଘଟ' ଶବ୍ଦର ବାଚ୍ୟାର୍ଥ ରୂପରେ ଏହି ପଦାର୍ଥ ଜ୍ଞାତସାର ଥିବାରୁ ଏହାକୁ ଶ୍ରୁତ-ନିଶ୍ରିତ କହିବାର ଆପତ୍ତି ନାହିଁ ।[୯୩] ଘଟ ଶବ୍ଦର ବାଚ୍ୟାର୍ଥ ରୂପରେ ଏହି ଶବ୍ଦକୁ ପୂର୍ବରୁ ଜାଣି ନ ଥିଲେ, ଘଟ ସାମନାରେ ଉପସ୍ଥିତ ହେଲେ ବି ଜ୍ଞାନ କରିହେବ ନାହିଁ ଯେ ଏହା ହେଉଛି ଘଟ ଶବ୍ଦର ବାଚ୍ୟାର୍ଥ ।

ଦ୍ୱିତୀୟଟି ହେଉଛି ଶ୍ରୁତାନୁସାରୀ ଜ୍ଞାନ । କୌଣସି ଜଣେ ଲୋକ ଆମକୁ ସୂଚନା ଦେଲେ କିମ୍ବା କୌଣସି ଶ୍ରୁତଗ୍ରନ୍ଥର ଲିଖିତ ପ୍ରକରଣ ଦେଖିଲା ପରେ ଯାଇ ଆମେ ଜାଣିପାରିଥାଉଁ ଯେ ଘଟ ହେଉଛି ଅମୁକ ଚିହ୍ନ ଲକ୍ଷଣଯୁକ୍ତ ପଦାର୍ଥ । ସୂଚନା ଦେଉଥିବା ବ୍ୟକ୍ତିଙ୍କବଚନ ଓ ଲିଖିତ ଶବ୍ଦାବଳୀକୁ ଦ୍ରବ୍ୟ ଶ୍ରୁତ-ଶ୍ରୁତ ଜ୍ଞାନର ସାଧନ କୁହାଯାଏ । ତଦନୁସାରେ ପଢ଼ିବା ଓ ଶୁଣିବା ବ୍ୟକ୍ତି ଯେଉଁ ଜ୍ଞାନ ପ୍ରାପ୍ତ କରେ ତାହା ଭାବ-ଶ୍ରୁତ-ଶ୍ରୁତ-ଜ୍ଞାନ ବୋଲାଇଥାଏ ।

ଶ୍ରୁତଜ୍ଞାନର ପ୍ରକ୍ରିୟା

୧. ଭାବଶ୍ରୁତ - ବକ୍ତାଙ୍କ ବଚନାଭିମୁଖ ବିଚାର ।

୨. ବଚନ - ବକ୍ତାଙ୍କ ଲାଗି ବଚନ-ଯୋଗ ଏବଂ ଶ୍ରୋତା ପାଇଁ ଦ୍ରବ୍ୟ-ଶ୍ରୁତ ।

୩. ମତି - ଶ୍ରୁତଜ୍ଞାନର ପ୍ରାରମ୍ଭରେ ଜାତ ମତ୍ୟଂଶ- ଇନ୍ଦ୍ରିୟ ଜ୍ଞାନ ।

୪. ଭାବ-ଶ୍ରୁତ-ଇନ୍ଦ୍ରିୟ ଜ୍ଞାନରୁ ପ୍ରାପ୍ତ ଇନ୍ଦ୍ରିୟ ଜ୍ଞାନ ଓ ସଂକେତ ଜ୍ଞାନ ଦ୍ୱାରା ହେଉଥିବା ଅର୍ଥ-ଜ୍ଞାନ ।

ବକ୍ତା କଥା ହେବା ସମୟରେ ତାଙ୍କ ପାଇଁ ବଚନଯୋଗ । ଶ୍ରୋତା ପାଇଁ ଭାବ-ଶ୍ରୁତର ସାଧନ ହୋଇଥିବାରୁ ଦ୍ରବ୍ୟ-ଶ୍ରୁତ ।[୯୪] ବକ୍ତା ମଧ୍ୟ ଭାବଶ୍ରୁତକୁ-ବଚନାଭିମୁଖ ଜ୍ଞାନକୁ ବଚନ ଦ୍ୱାରା ବ୍ୟକ୍ତ କରିଥାନ୍ତି । ଶ୍ରୁତଜ୍ଞାନ, ଗୋଟିଏ ବ୍ୟକ୍ତିର ଜ୍ଞାନକୁ ଅନ୍ୟ ବ୍ୟକ୍ତି ପାଖରେ ପହଞ୍ଚାଇଥାଏ ।

ଶ୍ରୁତଜ୍ଞାନ, ଶ୍ରୁତଜ୍ଞାନ ପର୍ଯ୍ୟନ୍ତ ପହଞ୍ଚିବା ମଧ୍ୟବର୍ତ୍ତୀ ପ୍ରକ୍ରିୟାରେ ଦୁଇ ଅଂଶ ହେଉଛି- ଦ୍ରବ୍ୟ ଶ୍ରୁତ ଓ ମତ୍ୟଂଶ ।

ଜଣେ ମଣିଷର ବିଚାରକୁ ଅନ୍ୟ ମଣିଷ ପର୍ଯ୍ୟନ୍ତ ନେଇଯିବାର ଦୁଇଟି ସାଧନ ହେଲା ବଚନ ଓ ସଂକେତ ।

---

[୯୧] ଭାଷା ପରିଚ୍ଛେଦ : ଅଯୌଗପଦ୍ୟାତ୍ ଜ୍ଞାନାନାଂ, ତସ୍ୟାଣୁତ୍ୱ- ମିହୋଚ୍ୟତେ ... ।

[୯୨] ଅଭିଧମ୍ମ କୋଷ, ୪।୧ : ଚେତନା ମାନସଂ କର୍ମ ।

[୯୩] କର୍ମ ବିବରଣ, ଗାଥା ୪, ଦେବେନ୍ଦ୍ର ସୂରୀକୃତ ସ୍ୱୋପଜ୍ଞ ବୃତ୍ତି ।

[୯୪] ବିଶେଷାବଶ୍ୟକ ଭାଷ୍ୟଃ, ଗାଥା, ୯୯ ବୃତ୍ତି

ଇନ୍ଦ୍ରିୟଗୁଡ଼ିକ ବଚନ ଓ ସଂକେତକୁ ଗ୍ରହଣ କରିପାରନ୍ତି । ଶ୍ରୋତା ଆପଣା ଇନ୍ଦ୍ରିୟ ଦ୍ୱାରା ତାହା ଗ୍ରହଣ କରି ସେହି ବଚନ ଓ ସଂକେତକୁ ବିଶ୍ଳେଷଣ କରି ବକ୍ତାର ଅଭିପ୍ରାୟ ଜାଣିଥାଏ । ଏହାର ରୂପ ନିମ୍ନ ପ୍ରକାର-

ବକ୍ତାର ଭାବ ଶ୍ରୁତ

ବଚନ

ଇନ୍ଦ୍ରିୟ

ଶ୍ରୋତାର ଭାବଶ୍ରୁତ

ମତି-ଶ୍ରୁତର ସାକ୍ଷରତା ଓ ଅନକ୍ଷରତା

୧. ଶ୍ରୁତ-ଅନନୁସାରୀ ସାଭିଳାପ (ଶବ୍ଦ ସହିତ) ଜ୍ଞାନ-ମତିଜ୍ଞାନ ।

୨. ଶ୍ରୁତ-ଅନୁସାରୀ ସାଭିଳାପ (ଶବ୍ଦ ସହିତ) ଜ୍ଞାନ-ଶ୍ରୁତଜ୍ଞାନ ।

ମତି ଜ୍ଞାନ ସାଭିଳାପ ଓ ଅନଭିଳାପ (ଶବ୍ଦ ସହିତ ଏବଂ ଶବ୍ଦ ରହିତ) ଉଭୟ ପ୍ରକାର ହୋଇଥାଏ । ଶ୍ରୁତ ଜ୍ଞାନ କେବଳ ସାଭିଳାପ ହିଁ ହୋଇପାରିବ ।[୯୫] ଅର୍ଥାବଗ୍ରହ ସାଭିଳାପ ହୁଏ ନାହିଁ । ମତିର-ବାକୀ ସବୁ ପ୍ରକାର (ଈହାରୁ ଅନୁମାନ ପର୍ଯ୍ୟନ୍ତ) ସାଭିଳାପ ହୋଇଥାନ୍ତି । ଶ୍ରୁତଜ୍ଞାନ ଅନଭିଳାପ ନୁହେଁ, କିନ୍ତୁ ସାଭିଳାପ ଜ୍ଞାନ ମାତ୍ରକେ ଯେ ଶ୍ରୁତ ଜ୍ଞାନ ହୋଇଥାଏ, ଏହା ଯଥାର୍ଥ ନୁହେଁ । କାରଣ କେବଳ ସାକ୍ଷର ଜ୍ଞାନ ଶ୍ରୁତ ବୋଲାଇ ନ ଥାଏ । ସ୍ୱାର୍ଥ ସ୍ତରରେ ରହିଥିବା ପର୍ଯ୍ୟନ୍ତ ସାକ୍ଷର ହେବା ସତ୍ତ୍ୱେ ତାହା ମତିଜ୍ଞାନ ବୋଲାଇଥାଏ । ସାକ୍ଷର ଜ୍ଞାନ ପରାର୍ଥ ବା ପରୋପଦେଶକ୍ଷମ କିମ୍ବା ବଚନାଭିମୁଖ ଅବସ୍ଥାରେ ପହଞ୍ଚି ଶ୍ରୁତରେ ପରିଣତ ହୁଏ । ଈହାରୁ ସ୍ୱାର୍ଥାନୁମାନ ପର୍ଯ୍ୟନ୍ତ ଜ୍ଞାନ ପରାର୍ଥ କିମ୍ବା ବଚନାତ୍ମକ ହୋଇ ନ ଥାନ୍ତି । ଏହି କାରରୁ ସେଗୁଡ଼ିକ 'ମତି' ବୋଲାଇଥାନ୍ତି । ଶବ୍ଦାବଳୀ ମାଧ୍ୟମରେ ମନନ ବା ବିଚାର କରିବା ଏବଂ ଶବ୍ଦାବଳୀ ଦ୍ୱାର ମନନ ବା ବିଚାରର ପ୍ରତିପାଦନ କରିବା - ବ୍ୟକ୍ତ କରିବା ମଧ୍ୟରେ ବେଶ୍ ପାର୍ଥକ୍ୟ ରହିଛି । ମତିଜ୍ଞାନ ସାକ୍ଷର ହୋଇପାରିବ କିନ୍ତୁ ବଚନାତ୍ମକ ବା ପରଦେଶାତ୍ମକ ହୋଇପାରିବ ନାହିଁ । ଅନ୍ୟପକ୍ଷରେ ଶ୍ରୁତ ଜ୍ଞାନ ସାକ୍ଷର ହେବା ସହିତ ବଚନାତ୍ମକ ମଧ୍ୟ ହୋଇପାରିବ - ଏହା ସ୍ୱୀକାର କରିବାରେ କାହାରି ଆପତ୍ତି ନାହିଁ ।[୯୬]

ଜ୍ଞାନର ଦୁଇ ପ୍ରକାର ହେଉଛି - ଅର୍ଥାଶ୍ରୟୀ ଓ ଶ୍ରୁତାଶ୍ରୟୀ । ଜଳକୁ ଦେଖି ଆଖି ଜଳ ସଂବନ୍ଧରେ ଜାଣିପାରେ - ଏହା ଅର୍ଥାଶ୍ରୟୀ ଜ୍ଞାନ । 'ଜଳ' ଶବ୍ଦ ଦ୍ୱାରା ଯେଉଁ ଜଳ ନାମକ ଦ୍ରବ୍ୟର ଜ୍ଞାନ କରିହୁଏ, ତାହା ଶ୍ରୁତାଶ୍ରୟୀ ଜ୍ଞାନ । ଇନ୍ଦ୍ରିୟଗୁଡ଼ିକ କେବଳ ଅର୍ଥାଶ୍ରୟୀ ଜ୍ଞାନ କରିପାରନ୍ତି । ମନ ଉଭୟ ପ୍ରକାର ଜ୍ଞାନଯୁକ୍ତ ହୋଇପାରିବ । ଶ୍ରୋତ୍ର 'ଜଳ' ଶବ୍ଦ ଶୁଣିବା ମାତ୍ରକେ ଜାଣିପାରିବ, କିନ୍ତୁ ପାଣିର ଅର୍ଥ କ'ଣ ତଥା ପାଣି କେଉଁ ବସ୍ତୁର ବାଚକ, ଏହା ଜାଣିବା ଶ୍ରୋତ୍ର ପକ୍ଷରେ ସଂଭବ ନୁହେଁ । ପାଣି ଶବ୍ଦର ଅର୍ଥ ଏହା ପାଣି ନାମକ ତରଳ ଦ୍ରବ୍ୟ- ଏହି ଜ୍ଞାନ ମନକୁ ହୁଏ । ଏହି ବାଚ୍ୟ-ବାଚକ ସଂବନ୍ଧରୁ ଉତ୍ପନ୍ନ ଜ୍ଞାନର ନାମ ଶ୍ରୁତଜ୍ଞାନ, ଶବ୍ଦଜ୍ଞାନ ବା ଆଗମ । ଶ୍ରୁତଜ୍ଞାନର ପ୍ରଥମ ଅଂଶ ଯଥା - ଶବ୍ଦ ଶୁଣିବା କିମ୍ବା ପଢ଼ିବା ହେଉଛି ମତି-ଜ୍ଞାନ ଏବଂ ଦ୍ୱିତୀୟ ଅଂଶ ଯଥା- ଶବ୍ଦ ଦ୍ୱାରା ଅର୍ଥକୁ ଜାଣିବା ହେଉଛି ଶ୍ରୁତ-ଜ୍ଞାନ । ଏହି କାରଣରୁ ଶ୍ରୁତକୁ ଗତିପୂର୍ବକ 'ମଇପୁବ୍ବଂ ସୁୟଂ' କୁହାଯାଇଥାଏ ।[୯୭]

ଅବଗ୍ରହାଦି କାଳରେ ମତିଜ୍ଞାନର ବିଷୟବସ୍ତୁ ତା'ର ପ୍ରତ୍ୟକ୍ଷ ଥାଏ । ଶ୍ରୁତଜ୍ଞାନର ବିଷୟ ପ୍ରତ୍ୟକ୍ଷ ନ ଥାଏ । 'ମେରୁ' ଶବ୍ଦ ଦ୍ୱାରା 'ମେରୁ' ଅର୍ଥର ଅବବୋଧ ସମୟରେ 'ମେରୁ' ଅର୍ଥ ପ୍ରତ୍ୟକ୍ଷ ଥାଏ ନାହିଁ । 'ମେରୁ' ଶବ୍ଦ ପ୍ରତ୍ୟକ୍ଷ ଥାଏ, ଯାହା ଶ୍ରୁତଜ୍ଞାନର ବିଷୟ ନୁହେଁ ।

---

(୯୫) ବିଶେଷାବଶ୍ୟକ ଭାଷ୍ୟ, ଗାଥୀ ୧୦୦ ବୃତ୍ତି ... ।

(୯୬) (କ) ଅନୁଯୋଗଦ୍ୱାର, ୨: ତତ୍ତ୍ୱ ଚତ୍ତାରି
ନାଣାଇଂ ଠପ୍ପାଇଂ ଠୟଣିଜ୍ଜାଇଂ ।
(ଖ) ବିଶେଷାବଶ୍ୟକଭାଷ୍ୟ, ଗାଥା ୧୦୦ ବୃତ୍ତି ...

(୯୭) ନନ୍ଦୀ, ସୂତ୍ର ୩୫ ।

ଶ୍ରୁତଜ୍ଞାନ ଅବଗ୍ରହାଦି ମତିପୂର୍ବକ ହୋଇଥାଏ ଏବଂ ଅବଗ୍ରହାଦି ମତି ଶ୍ରୁତ-ନିଶ୍ରିତ ହୋଇଥାଏ । ଫଳରେ ତା'ର ଅନ୍ୟୋନ୍ୟାନୁଗତ ଭାବ ଜଣାପଡ଼ିଥାଏ । କାର୍ଯ୍ୟକ୍ଷେତ୍ରରେ ଏଗୁଡ଼ିକ ଏକ ନୁହନ୍ତି । ମତିର କାର୍ଯ୍ୟ ହେଲା- ତା' ସମ୍ମୁଖରେ ଉପସ୍ଥିତ ସ୍ପର୍ଶ, ରସ, ଗନ୍ଧ, ରୂପ, ଶବ୍ଦ ଆଦି ଅର୍ଥକୁ ଜାଣିବା ଏବଂ ଏଗୁଡ଼ିକର ବିବିଧ ଅବସ୍ଥାର ବିଶ୍ଳେଷଣ କରିବା । ଶ୍ରୁତର କାର୍ଯ୍ୟ ହେଉଛି ଶବ୍ଦ ଦ୍ୱାରା ତା'ର ବାଚ୍ୟ ଅର୍ଥକୁ ଜାଣିବା ଏବଂ ଶବ୍ଦ ଦ୍ୱାରା ଜ୍ଞାତ ଅର୍ଥକୁ ପୁଣିଥରେ ଶବ୍ଦ ଦ୍ୱାରା ପ୍ରତିପାଦିତ କରିବାରେ ସମର୍ଥ ହେବା । ମତିକୁ ଅର୍ଥ-ଜ୍ଞାନ ଏବଂ ଶ୍ରୁତକୁ ଶବ୍ଦାର୍ଥ-ଜ୍ଞାନ ମଧ୍ୟ କୁହାଯାଇପାରିବ ।

କାର୍ଯ୍ୟ-କାରଣ-ଭାବ

ମତି ଓ ଶ୍ରୁତ ମଧ୍ୟରେ କାର୍ଯ୍ୟ-କାରଣ ସଂବନ୍ଧ ରହିଛି । ମତି ହେଉଛି କାରଣ ଓ ଶ୍ରୁତ ହେଲା କାର୍ଯ୍ୟ । ଶ୍ରୁତଜ୍ଞାନ ଶବ୍ଦ, ସଂକେତ ଓ ସ୍ମରଣରୁ ଉତ୍ପନ୍ନ ଅର୍ଥବୋଧ ଅଟେ । ଅମୁକ ଅର୍ଥର ଅମୁକ ସଂକେତ, ଏହା ଜାଣିବା ପରେ ସେହି ଶବ୍ଦ ଦ୍ୱାରା ତା'ର ଅର୍ଥବୋଧ ହୋଇଥାଏ ସହଜସାଧ୍ୟ । ସଂକେତକୁ ମତି ଜାଣିବା ପରେ ଅବଗ୍ରହାଦି ହୁଏ ଏବଂ ଏହାପରେ ଶ୍ରୁତଜ୍ଞାନ ଜାତ ହୁଏ ।

ଦ୍ରବ୍ୟ-ଶ୍ରୁତ ମତି (ଶ୍ରୋତ୍ର) ଜ୍ଞାନର କାରଣ ସାଜିଥାଏ କିନ୍ତୁ ଭାବ-ଶ୍ରୁତ,ମତି ଜ୍ଞାନର କାରଣ ହୋଇ ନ ଥାଏ । ତେଣୁ ମତିକୁ ଶ୍ରୁତପୂର୍ବକ ସ୍ୱୀକାର କରାଯାଇ ନ ଥାଏ । ଅନ୍ୟ ପକ୍ଷରେ ଦ୍ରବ୍ୟ-ଶ୍ରୁତ ଶ୍ରୋତ୍ରର କାରଣ ନୁହେଁ ବିଷୟ ସାଜିଥାଏ । ଶ୍ରୂୟମାଣ ଶବ୍ଦ ଦ୍ୱାରା ଶ୍ରୋତ୍ରକୁ ତା'ର ଅର୍ଥର ସୂଚନା ମିଳିଲେ ତାହା କାରଣ ହୋଇପାରିବ । କିନ୍ତୁ ସେପରି ହୁଏ ନାହିଁ । ଶ୍ରୋତ୍ରକୁ ଶବ୍ଦ ମାତ୍ରର ବୋଧ ହୋଇଥାଏ । ଶ୍ରୁତ-ନିଶ୍ରିତ ମତି ମଧ୍ୟ ଶ୍ରୁତଜ୍ଞାନର କାର୍ଯ୍ୟ ନୁହେଁ । ଅମୁକ ଲକ୍ଷଣ ସବୁ ରହିଥିଲେ ତାହା କମ୍ବଳ - ପରୋପଦେଶ ବା ଶ୍ରୁତଗ୍ରନ୍ଥରୁ ଏହା ଜାଣିବା ପରେ ତଦ୍ରୂପ ସଂସ୍କାର ପ୍ରଗାଢ଼ ହୁଏ । କମ୍ବଳକୁ ଦେଖିଲେ ଏବଂ ଜାଣିପାରିଲେ ଯେ ଏହା କମ୍ବଳ । ଏହି ଜ୍ଞାନ ପୂର୍ବ ସଂସ୍କାରରୁ ଉତ୍ପନ୍ନ ହେବାରୁ ଏହାକୁ ଶ୍ରୁତ-ନିଶ୍ରିତ କୁହାଯାଇଥାଏ ।[୯୮] ଜ୍ଞାନକାଳରେ ଏହା ଶବ୍ଦରୁ ନିଷ୍ପନ୍ନ ହେଉ ନ ଥିବାରୁ ଏହାକୁ ଶ୍ରୁତର କାର୍ଯ୍ୟ ରୂପରେ ମାନ୍ୟ କରାଯାଇ ନ ଥାଏ ।

ଅବଧି ଜ୍ଞାନ

ଏହା ମୂର୍ତ୍ତ ଦ୍ରବ୍ୟଗୁଡ଼ିକୁ ସାକ୍ଷାତ୍ କରିପାରୁଥିବା ଜ୍ଞାନ । ମୂର୍ତ୍ତିମାନ ଦ୍ରବ୍ୟ ହିଁ ହେଉଛି ଏହାର ଜ୍ଞେୟ ବିଷୟର ମର୍ଯ୍ୟାଦା । ଅବଧି ବୋଲାଇବାର କାରଣ ମଧ୍ୟ ଏଇଆ । ତେବେ ଦ୍ରବ୍ୟ, କ୍ଷେତ୍ର, କାଳ ଓ ଭାବ ଦୃଷ୍ଟିରୁ ଏହାର ବିବିଧ ରୂପ ଦେଖାଯାଏ । ଯଥା - ଏତିକି କ୍ଷେତ୍ର ଓ କାଳରେ ଏତିକି ଦ୍ରବ୍ୟ ଓ ଏତିକି ପର୍ଯ୍ୟାୟର ଜ୍ଞାନ କରିଥିବାରୁ ଏହାକୁ ଅବଧି କୁହାଯାଏ ।

ଅବଧି ଜ୍ଞାନର ଛଅ ପ୍ରକାର ହେଲା -

୧. ଅନୁଗାମୀ - ଅବଧି ଜ୍ଞାନ ଉତ୍ପନ୍ନ ହୋଇଥିବା କ୍ଷେତ୍ର ବ୍ୟତୀତ ଅନ୍ୟ କ୍ଷେତ୍ରରେ ବି ବଜାୟ ରହିବା ।

୨. ଅନନୁଗାମୀ - ଉତ୍ପତ୍ତିକ୍ଷେତ୍ର ବ୍ୟତୀତ ଅନ୍ୟ କ୍ଷେତ୍ରରେନ ରହିବା ।

୩. ବର୍ଦ୍ଧମାନ - ଉତ୍ପତ୍ତି କାଳରେ ଅଳ୍ପ ପ୍ରକାଶବାନ୍ ଥାଇ କ୍ରମଶଃ ବଢ଼ିଚାଲିବା ।

୪. ହୀୟମାଣ - ଉତ୍ପତ୍ତି କାଳରେ ଅଧିକ ପ୍ରକାଶବାନ୍ ଥାଇ କ୍ରମଶଃ ହ୍ରାସ ପାଇବା ।

୫. ଅପ୍ରତିପାତୀ - ଆଜୀବନ ବଜାୟ ରହିବା କିମ୍ବା କେବଳ ଜ୍ଞାନ ଉତ୍ପନ୍ନ ହେବା ପର୍ଯ୍ୟନ୍ତ ରହିବା ।

୬. ପ୍ରତିପାତୀ-ଉତ୍ପନ୍ନ ହୋଇ ବାହୁଡ଼ିଯିବା ଅର୍ଥାତ୍ ଥରେ ଉତ୍ପନ୍ନ ହୋଇ ପ୍ରତ୍ୟାବର୍ତ୍ତନ କରିବା ।[୯୯]

---

[୯୮] ବିଶେଷାବଶ୍ୟକ ଭାଷ୍ୟ, ଗାଥା ୧୬୮ ବୃତ୍ତି ...

[୯୯] ନନ୍ଦୀ, ସୂତ୍ର ୯ ।

ମନଃ ପର୍ଯ୍ୟାୟ ଜ୍ଞାନ

ଏହି ଜ୍ଞାନ ମନର ପ୍ରବର୍ତ୍ତକ ବା ଉତ୍ତେଜକ ପୁଦ୍‌ଗଳଗୁଡ଼ିକୁ ସାକ୍ଷାତ୍ ଜାଣିପାରିଥାଏ । ଜଣେ ଚିନ୍ତକର ଚିନ୍ତନ ଅନୁରୂପ ପ୍ରବର୍ତ୍ତନାକାରୀ ପୁଦ୍‌ଗଳ ଦ୍ରବ୍ୟ ସମୂହର ଆକୃତି ବା ପର୍ଯ୍ୟାୟର ନିର୍ମାଣ ହୋଇଥାଏ । ମନଃ ପର୍ଯ୍ୟବଜ୍ଞାନ ଦ୍ୱାରା ସେଗୁଡ଼ିକୁ ଜାଣିହୁଏ । ଏହି କାରଣରୁ ଏହା ମନର ପର୍ଯ୍ୟାୟକୁ ପ୍ରତ୍ୟକ୍ଷ ସାକ୍ଷାତ୍ କରିପାରୁଥିବା ଜ୍ଞାନ ରୂପରେ ଅଭିହିତ । [୧୦୦]

ଅବଧି ଓ ମନଃ ପର୍ଯ୍ୟାୟର ସ୍ଥିତି

ମାନସିକ ବର୍ଗଣାର ପର୍ଯ୍ୟାୟ, ଅବଧି ଜ୍ଞାନର ପରିସରଭୁକ୍ତ, ତଥାପି ମନଃ ପର୍ଯ୍ୟବ ହେଉଛି ମାନସିକ ପର୍ଯ୍ୟାୟର ବିଶେଷଜ୍ଞ । ଜଣେ ଏମ୍.ବି.ବି.ଏସ୍. ଡାକ୍ତର ସମଗ୍ର ଶରୀରର ଚିକିତ୍ସାବିଧି ଜାଣିଥାନ୍ତି, କିନ୍ତୁ ଏହାପରେ ବିଶେଷ ଅଧ୍ୟୟନ କରି ସେମାନେ ଚକ୍ଷୁ, ଦନ୍ତ, କର୍ଣ୍ଣ-ନାସା-ଗଳା, ହୃଦ୍‌ରୋଗ ଆଦିରେ ସ୍ପେସିଆଲିଷ୍ଟ ହୁଅନ୍ତି । ଅବଧିଜ୍ଞାନ ଓ ମନଃ ପର୍ଯ୍ୟବଜ୍ଞାନ ମଧ୍ୟରେ ଏହି ତଫାତ୍ ହିଁ ରହିଥାଏ ।

ବିଶ୍ୱର ମୂଳରେ ଦୁଇପ୍ରକାର ତତ୍ତ୍ୱ ବିଦ୍ୟମାନ - ପୌଦ୍‌ଗଳିକ ଓ ଅପୌଦ୍‌ଗଳିକ । ପୌଦ୍‌ଗଳିକ (ମୂର୍ତ୍ତ ତତ୍ତ୍ୱ), ଇନ୍ଦ୍ରିୟ ଏବଂ ଅତୀନ୍ଦ୍ରିୟ ଉଭୟ ପ୍ରକାର କ୍ଷାୟୋପଶମିକ ଜ୍ଞାନ ଦ୍ୱାରା ଜ୍ଞେୟ ହେଇଥାଏ । ଅପୌଦ୍‌ଗଳିକ (ଅମୂର୍ତ୍ତ ତତ୍ତ୍ୱ) କେବଳ କ୍ଷାୟିକ ଜ୍ଞାନ ଦ୍ୱାରା ଜ୍ଞେୟ ହୋଇଥାଏ ।

ଜଣେ ଚିନ୍ତକ ମୂର୍ତ୍ତ ଓ ଅମୂର୍ତ୍ତ ସଂବନ୍ଧରେ ଚିନ୍ତନ କରିପାରେ । ମନଃ ପର୍ଯ୍ୟବଜ୍ଞାନ ଅମୂର୍ତ୍ତ ପଦାର୍ଥକୁ ସାକ୍ଷାତ୍ କରିପାରି ନ ଥାଏ । ଦ୍ରବ୍ୟ-ମନର ସାକ୍ଷାତ୍‌କାର ଦ୍ୱାରା ସେ ଯେପରି ଆତ୍ମୀୟ ଚିନ୍ତନକୁ ଜାଣିଥାଏ, ସେହିପରି ତାହାରି ଦ୍ୱାରା ଚିନ୍ତନୀୟ ପଦାର୍ଥକୁ ମଧ୍ୟ ଜାଣିଥାଏ ।[୧୦୧] ଏଥିପାଇଁ ଅନୁମାନର ସାହାଯ୍ୟ ନେବାକୁ ପଡ଼ିଥାଏ, ତଥାପି ତାହା ପରୋକ୍ଷ ନୁହେଁ । କାରଣ ମନଃପର୍ଯ୍ୟବ ଜ୍ଞାନର ମୂଳ ବିଷୟ ହେଉଛି ମନୋ-ଦ୍ରବ୍ୟର ପର୍ଯ୍ୟାୟ । ସେଗୁଡ଼ିକର ସାକ୍ଷାତ୍‌କାର ସକାଶେ ତାହାକୁ ଅନୁମାନ ଆଦି କୌଣସି ବାହ୍ୟ ସାଧନର ଆବଶ୍ୟକତା ପଡ଼େ ନାହିଁ ।

କେବଳ ଜ୍ଞାନ

କେବଳ ଶବ୍ଦର ଅର୍ଥ ଏକମାତ୍ର ବା ଅସହାୟ ହୋଇଥାଏ ।[୧୦୨] ଜ୍ଞାନାବରଣର ବିଲୟ ଘଟିଲେ ଜ୍ଞାନର ଅବାନ୍ତର ଭେଦ ଲୋପ ପାଏ । ସମସ୍ତେ ଗୋଟିଏ ଜ୍ଞାନରେ ପରିଣତ ହୁଅନ୍ତି । ଏହାପରେ ଇନ୍ଦ୍ରିୟ ଓ ମନର ସହଯୋଗର ଆବଶ୍ୟକତା ପଡ଼େ ନାହିଁ । ତେଣୁ ତାହା 'କେବଳ' ବୋଲାଇଥାଏ ।

ଗୌତମ ପଚାରୁଛନ୍ତି - ଭଗବନ୍ ! ଜଣେ କେବଳୀ ଇନ୍ଦ୍ରିୟ ଓ ମନକୁ ଜାଣି ଓ ଦେଖିପାରିଥାଏ କି ?

ଭଗବାନ - ଗୌତମ ! ନା, ଜାଣି ଓ ଦେଖି ପାରି ନ ଥାଏ ।

ଗୌତମ - ଭଗବନ୍ ! ଏହାର କାରଣ ସ୍ପଷ୍ଟ କରନ୍ତୁ ।

ଭଗବାନ - ଗୌତମ ! କେବଳୀ ପୂର୍ବଦିଶା (ବା ଆଗକୁ) ମିତକୁ ବି ଜାଣିଥାନ୍ତି ଅମିତକୁ ବି । ତାହା ଇନ୍ଦ୍ରିୟର ବିଷୟ ନୁହେଁ ।[୧୦୩]

'କେବଳ'ର ଅନ୍ୟ ଅର୍ଥ 'ଶୁଦ୍ଧ' ।[୧୦୪] ଜ୍ଞାନାବରଣର ବିଲୟ ଘଟିଲେ ଜ୍ଞାନରେ ଅଶୁଦ୍ଧିର କିୟଦଂଶ ବିରହେ ନାହିଁ । ତେଣୁ ତାହାକୁ କେବଳ କୁହାଯାଏ ।

---

[୧୦୦] ନନ୍ଦୀ, ସୂତ୍ର ୨୩ ।

[୧୦୧] ବିଶେଷାବଶ୍ୟକ ଭାଷ୍ୟ, ଗାଥା ୮୧୪ ବୃତ୍ତି.... ।

[୧୦୨] ବିଶେଷାବଶ୍ୟକ ଭାଷ୍ୟ, ଗାଥା ୮୪: କେବଳମେଗଂ
ସୁଦ୍ଧଂ ସଗଲମସାହାରଣଂ ଅଣଂତଂ ଚ ।

[୧୦୩] ଭଗବତୀ, ୬।୧୮୭, ୧୮୮ ।

[୧୦୪] ବିଶେଷାବଶ୍ୟକ ଭାଷ୍ୟ, ଗାଥା ୮୪ ବୃତ୍ତି : ଶୁଦ୍ଧମ୍-ନିର୍ମଳମ୍-ସକଳାବରଣୀମଲକଳଂ+କବିଗମସମ୍ଭୂତତ୍ୱାତ୍ ।

'କେବଳ' ର ତୃତୀୟ ଅର୍ଥ 'ସଂପୂର୍ଣ୍ଣ' ।[୧୦୫] ଜ୍ଞାନାବରଣର ବିଲୟ ଘଟିଲେ ଜ୍ଞାନର ଅପୂର୍ଣ୍ଣତା ଲୋପ ପାଏ, ତେଣୁ ତାହା କେବଳଯେ ହୋଇଥାଏ ।

'କେବଳ'ର ଚତୁର୍ଥ ଅର୍ଥ 'ଅସାଧାରଣ' ।[୧୦୬] ଜ୍ଞାନାବରଣର ବିଲୟ ଘଟିଲେ ଜ୍ଞାନ ସଦୃଶ ଅନ୍ୟ କେହି ମଧ୍ୟ ହୋଇପାରନ୍ତି ନାହିଁ, ତେଣୁ ତାହା କେବଳ ବୋଲାଇଥାଏ ।

'କେବଳ'ର ପଞ୍ଚମ ଅର୍ଥ 'ଅନନ୍ତ' । ([୧୦୭]ଜ୍ଞାନାବରଣର ବିଲୟ ପରେ ଯେଉଁ ଜ୍ଞାନ ଉତ୍ପନ୍ନ ହୁଏ, ତାହା ଆଉ କେବେ ବି ପୁଣିଥରେ ଆବୃତ୍ତ ହୁଏ ନାହିଁ, ତେଣୁ ତାହା କେବଳ ବୋଲାଇଥାଏ ।

କେବଳ ଶବ୍ଦର ଚାରୋଟି ଅର୍ଥ 'ସର୍ବଜ୍ଞତା' ସହିତ ସଂବନ୍ଧିତ ନୁହେଁ । ଆବରଣ କ୍ଷୟ ହେବା ପରେ ଜ୍ଞାନ ଏକ, ଶୁଦ୍ଧ, ଅସାଧାରଣ ଓ ଅପ୍ରତିପାତୀ ହୋଇଯାଏ । ଏହାକୁ ପ୍ରତିପାଦିତ କରିବାରେ କୌଣସି ଲମ୍ବା ଚଉଡ଼ା ବିବାଦ ହୁଏ ନାହିଁ । ବିବାଦର ବିଷୟ ହେଉଛି ଜ୍ଞାନର ପୂର୍ଣ୍ଣତା । କିଛି ତାର୍କିକ ଜ୍ଞାନର ପୂର୍ଣ୍ଣତାର ଅର୍ଥ ବହୁଶ୍ରୁତତା ଏବଂ ଅନ୍ୟ କେତେକ ତାର୍କିକ ସର୍ବଜ୍ଞତା ରୂପରେ ସିଦ୍ଧ କରିଥାନ୍ତି ।

ଜୈନ ପରମ୍ପରାରେ ସର୍ବଜ୍ଞତାର ସିଦ୍ଧାନ୍ତ ମାନ୍ୟତାପ୍ରାପ୍ତ । କେବଳ ଜ୍ଞାନ ଉତ୍ପନ୍ନ ହେବା ମାତ୍ରେ କେବଳ-ଜ୍ଞାନୀ ଉଭୟ ଲୋକ ଓ ଅଲୋକକୁ ସବୁମନ୍ତେ ଜାଣିଥାନ୍ତି ।[୧୦୮]

କେବଳ ଜ୍ଞାନର ବିଷୟ ହେଉଛି ସମସ୍ତ ଦ୍ରବ୍ୟ ଓ ପର୍ଯ୍ୟାୟ । ଶ୍ରୁତ-ଜ୍ଞାନର ବିଷୟକୁ ନିରୀକ୍ଷଣ କରିଲେ ଏହା ଅଯୁକ୍ତ ମନେ ହୁଏ ନାହିଁ । ମତି ବ୍ୟତୀତ ଅବଶିଷ୍ଟ ଚାରି ଜ୍ଞାନର ଅଧିକାରୀ କେବଳୀଙ୍କୁ ଶ୍ରୁତକେବଳୀ[୧୦୯] ଅବଧି-ଜ୍ଞାନ-କେବଳୀ, ମନଃପର୍ଯ୍ୟବ-ଜ୍ଞାନ-କେବଳୀ ଏବଂ କେବଳ-ଜ୍ଞାନ-କେବଳୀ କୁହାଯାଏ ।[୧୧୦] ଏମାନଙ୍କ ମଧ୍ୟରେ ଶ୍ରୁତ-କେବଳୀ ଏବଂ କେବଳ-ଜ୍ଞାନ କେବଳୀଙ୍କ ବିଷୟ ସମାନ । ଉଭୟେ ସମସ୍ତ ଦ୍ରବ୍ୟ ଓ ସମସ୍ତ ପର୍ଯ୍ୟାୟକୁ ଜାଣିପାରନ୍ତି । ଜାଣିବା ପଦ୍ଧତିରେ ଅନ୍ତର ରହିଥାଏ । ଶ୍ରୁତ-କେବଳୀ ଶାସ୍ତ୍ରୀୟ ଜ୍ଞାନ ମାଧ୍ୟମରେ ଦ୍ରବ୍ୟ ଓ ପର୍ଯ୍ୟାୟକୁ କ୍ରମାନ୍ୱୟରେ ଜାଣିଥାନ୍ତି । କେବଳ ଜ୍ଞାନ-କେବଳୀ ଏଗୁଡ଼ିକୁ ପ୍ରତ୍ୟକ୍ଷ ତଥା ଏକସଂଗେ ଜାଣିବାରେ ସକ୍ଷମ ।

ଜ୍ଞାନର କୁଶଳତା ବଢ଼ିବା ସହିତ ଏକାଥରକୁ ଅନେକ ବିଷୟର ଗ୍ରହଣ କରାଯାଇପାରିବ । ଗୋଟିଏ କ୍ଷଣରେ ଯଦ୍ୟପି ଅନେକ ବିଷୟ ଗୃହୀତ ହୁଏ ନାହିଁ କିନ୍ତୁ ଗ୍ରହଣ କାଳ ଏତେ ସୂକ୍ଷ୍ମ ଯେ ସେଠାରେ କାଳକୁ କ୍ରମାନ୍ୱୟରେ ସଜାଡ଼ି ହୁଏ ନାହିଁ । କେବଳ ଜ୍ଞାନ ହେଉଛି ଜ୍ଞାନ-କୌଶଳର ଚରମ ରୂପ । ମାତ୍ର ଏକ କ୍ଷଣରେ ଏହା ଅନେକ ବିଷୟ ଗ୍ରହଣ କରିବାରେ ସମର୍ଥ । ଆମେ ଆମ ଜ୍ଞାନ ମାପଦଣ୍ଡରେ ମାପିଲେ ତାହା ଅବଶ୍ୟ ବିବାଦାସ୍ପଦ ହୋଇଯାଏ । ତାହାକୁ ସଂଭାବନା ଦୃଷ୍ଟିରୁ ସ୍ୱୀକାର କରିଲେ ବିବାଦମୁକ୍ତ ରହିପାରିବ ।

ଗୋଟିଏ ବିଷୟର ହିଁ ନିରୂପଣ ସମ୍ଭବପର । ତେବେ ଭୂମିକା ସମାନ । ସହଜ ସ୍ଥିତିରେ ସାଙ୍କର୍ଯ୍ୟ ନ ଥାଏ । ତାହା କ୍ରିୟମାଣ କାର୍ଯ୍ୟରେ ରହିଥାଏ । ଜ୍ଞାନ ହେଉଛି ଆତ୍ମାର ସହଜ ସ୍ଥିତି । ବଚନ ଏକ କାର୍ଯ୍ୟ ଅଟେ । କାର୍ଯ୍ୟରେ କେବଳୀ ଓ ଅକେବଳୀର ଭେଦ ନ ଥାଏ । କେବଳ ଜ୍ଞାନର ବିଶେଷତା କେବଳ ଜାଣିବା ମଧ୍ୟରେ ସୀମିତ ।

---

(୧୦୫) ବିଶେଷାବଶ୍ୟକ ଭାଷ୍ୟ, ଗାଥା ୮୪ ବୃତ୍ତି :
ସକଲମ୍-ପରିପୂର୍ଣ୍ଣମ୍-ସଂପୂର୍ଣ୍ଣଜ୍ଞେୟଗ୍ରାହିତ୍ୱାତ୍ ।
ଅସାଧାରଣମ୍-ଅନନ୍ୟସଦୃଶମ୍ ତାଦୃଶାପରଜ୍ଞାନାଭାବାତ୍ ।
ଅନନ୍ତମ୍-ଅପ୍ରତିପାତିତ୍ୱେନ ବିଦ୍ୟମାନ ପର୍ଯ୍ୟନ୍ତ ତ୍ୱାତ୍ ।

(୧୦୬), (୧୦୭) ବିଶେଷାବଶ୍ୟକ ଭାଷ୍ୟ, ଗାଥା ୮୪ ବୃତ୍ତି ... ।

(୧୦୮) ଦଶବେଆଲିୟଂ, ୪।୨୨ ।

(୧୦୯) ଅଭିଧାନ ଚିନ୍ତାମଣି, ୧।୩୧ ।

(୧୧୦) ଠାଣଂ, ୩।୧୫୩: ତଓ କେବଳୀ ପଣ୍ଣତ୍ତା ତଂଜହାଓହିନାଣ
କେବଳୀ, ମଣପଜ୍ଜବନାଣ କେବଳୀ, କେବଳ ନାଣ କେବଳୀ ।

ଜ୍ଞେୟ ଓ ଜ୍ଞାନ ବିଭାଗ

ଜ୍ଞେୟ ଆଧାରରେ ଜ୍ଞାନକୁ ଦୁଇ ପ୍ରକାରରେ ବର୍ଗୀକୃତ କରାଯାଇଥାଏ । ଗୋଟିଏ ବର୍ଗ ହେଲା ଶ୍ରୁତ ଓ କେବଳ ଏବଂ ଅନ୍ୟ ବର୍ଗ ହେଉଛି ମତି, ଅବଧି ଓ ମନଃପର୍ଯ୍ୟକ ଜ୍ଞାନ । ପ୍ରଥମ ବର୍ଗରେ ଜ୍ଞେୟ ହେଉଛି ସର୍ବ କିନ୍ତୁ ଦ୍ୱିତୀୟ ବର୍ଗରେ ଜ୍ଞେୟ ସର୍ବ ନୁହେଁ ।

ଜ୍ଞେୟକୁ ଜାଣିବାର ପଦ୍ଧତି ଆଧାରରେ ବି ଜ୍ଞାନର ଦୁଇଟି ବର୍ଗ ସୃଷ୍ଟି ହୋଇଥାଏ । ଗୋଟିଏ ବର୍ଗରେ ମତି ଓ ଶ୍ରୁତଜ୍ଞାନ ତଥା ଅନ୍ୟ ବର୍ଗରେ ଅବଧି, ମନଃପର୍ଯ୍ୟବ ଓ କେବଳ ଜ୍ଞାନ ରହିଥାଏ ।

ପ୍ରଥମ ବର୍ଗର ଜ୍ଞେୟକୁ ଇନ୍ଦ୍ରିୟ ଓ ମନ ମାଧ୍ୟମରେ ଜାଣିହୁଏ ଅଥଚ ଦ୍ୱିତୀୟ ବର୍ଗର ଜ୍ଞେୟକୁ ଜାଣିବା ପାଇଁ ଇନ୍ଦ୍ରିୟ ଓ ମନର ଆବଶ୍ୟକତା ପଡ଼େ ନାହିଁ । ଜ୍ଞାନ ଦ୍ୱିବିଧତା ଆଧାରରେ ଦୁଇ ଭାଗରେ ବିଭକ୍ତ । ପ୍ରଥମ ବର୍ଗରେ ମତି, ଅବଧି ଓ ମନଃ ପର୍ଯ୍ୟାୟ ତଥା ଦ୍ୱିତୀୟ ବର୍ଗର ଜ୍ଞେୟକୁ ଜାଣିବା ପାଇଁ ଇନ୍ଦ୍ରିୟ ଓ ମନର ଆବଶ୍ୟକତା ପଡ଼େ ନାହିଁ । ଜ୍ଞାନର ଦ୍ୱିବିଧତା ଆଧାରରେ ଦୁଇ ଭାଗରେ ବିଭକ୍ତ । ପ୍ରଥମ ବର୍ଗର ମତି ଓ ଅବଧି ଓ ମନଃ ପର୍ଯ୍ୟାୟ ତଥା ଦ୍ୱିତୀୟ ବର୍ଗର ଶ୍ରୁତ ଓ କେବଳ ଜ୍ଞାନ ।

ପ୍ରଥମ ବର୍ଗ ଦ୍ୱାରା କେବଳ ମୂର୍ତ୍ତ ଦ୍ରବ୍ୟକୁ ଜାଣିହୁଏ । ଦ୍ୱିତୀୟ ବର୍ଗ ଦ୍ୱାରା ଉଭୟ ମୂର୍ତ୍ତ ଓ ଅମୂର୍ତ୍ତ ଜ୍ଞେୟକୁ ଜାଣିବା ସମ୍ଭବ ହୋଇଥାଏ ।

ଜ୍ଞାନର ନିୟାମକ ଶକ୍ତି

ଆମେ ଆଖିରେ ଦେଖିବା ସମୟରେ କାନରେ ଶୁଣି ନ ଥାଉ । କାନରେ ଶୁଣିବା ଅବସ୍ଥାରେ ତା'ର ଅନୁଭବ କରିପାରୁନା । ସଂକ୍ଷେପରେ ଆମେ ଏକ ସମୟରେ ଦୁଇଟି ଜ୍ଞାନ ଓ ଅନୁଭୂତି କରିବାର ଅସମର୍ଥ । ଏହା ହେଉଛି ଆମ ଜ୍ଞାନର ଇୟତ୍ତା ବା ସୀମା । ବିଭିନ୍ନ ଦର୍ଶନ ଜ୍ଞାନର ନିୟାମକ ତତ୍ତ୍ୱକୁ ପୃଥକ୍ ଭାବରେ ପ୍ରସ୍ତୁତ କରିଥାନ୍ତି । ଜ୍ଞାନ ଅର୍ଥୋତ୍ପନ୍ନ ବା ଅର୍ଥାକାର ହୋଇ ନ ଥିବାରୁ ଏଗୁଡ଼ିକ ତା'ର ଇୟତ୍ତାର ନିୟାମକ ସାଜିପାରନ୍ତି ନାହିଁ ।[୧୧୧] ମନ ଅଣୁ ନୁହେଁ ତେଣୁ ତାହା ବି ଜ୍ଞାନର ଇୟତ୍ତା ନିୟାମକ ବନିପାରେ ନାହିଁ ।[୧୧୨] ଜୈନଦୃଷ୍ଟି ଅନୁସାରେ ଜ୍ଞାନର ଇୟତ୍ତାର ନିୟାମକ ତତ୍ତ୍ୱ ହେଉଛି ତା'ର ଆବରଣ-ବିଳୟରୁ ଜାତ ଆତ୍ମିକ ଯୋଗ୍ୟତା । ଆବରଣ-ବିଳୟ ସଂପୂର୍ଣ୍ଣ ଭାବରେ ନ ହୋଇ ଯଦି ଆଂଶିକ ହୋଇଥାଏ,ତେବେ ଏକ ସଂଗେ ଅନେକ ବିଷୟକୁ ଜାଣିପାରିବାର ସାମର୍ଥ୍ୟର ଅଭାବ ରହେ । ଯୋଗ୍ୟତାର ସ୍ୱଳ୍ପତା ହେତୁ ଆତ୍ମା ଯେତେବେଳେ ଯେଉଁ ବିଷୟରେ ବ୍ୟାପୃତ ଥାଏ, ସେତେବେଳେ କେବଳ ସେହି ବିଷୟକୁ ଜାଣିପାରିଥାଏ । ବସ୍ତୁକୁ ଜାଣିବାରଅବ୍ୟବହିତ ସାଧନ ହେଉଛି ଇନ୍ଦ୍ରିୟ ଓ ମନର ବ୍ୟାପାର ବା ଉପଯୋଗ୍ୟ, ତାହା ଯୋଗ୍ୟତା ଅନୁରୂପ ହୋଇଥାଏ । ଆମେ ଅନେକ ବିଷୟକୁ ଏକ ସମୟରେ ନ ଜାଣିବାର ଏହା ହିଁ କାରଣ । ଚେତନାର ନିରାବରଣ ଦଶାରେ ସମସ୍ତ ପଦାର୍ଥକୁ ଯୁଗପତ୍ ଜାଣିହୁଏ ।

ଆତ୍ମାର ଅକ୍ଷର ଆଲୋକ ହେଉଛି ଜ୍ଞାନ । ଏହି ଆଲୋକ ସମସ୍ତ ଆତ୍ମା ମଧ୍ୟରେ ସମାନ ଭାବରେ ବ୍ୟାପ୍ତ । ଏହା ସ୍ୱୟଂ ପ୍ରକାଶୀ ତଥା ସର୍ବଦା ଜ୍ଞାନଗମ୍ୟ- ଏହା ସିଦ୍ଧାନ୍ତର ଭାଷା । ଆମ ଦର୍ଶନ ଏହାର ଠିକ୍ ବିପରୀତ । ଜ୍ଞାନ

---

(୧୧୧) ପ୍ରମାଣନୟ ତତ୍ତ୍ୱରତ୍ନାବତାରିକା, ୪।୪୭ ।

(୧୧୨) ପ୍ରମାଣନୟତତ୍ତ୍ୱ ରତ୍ନା ବତାରିକା, ୧।୨:
(କ) ମନଃ: ଅଣୁ ପରିମାଣଂ ନ ଭବତି, ଇନ୍ଦ୍ରିୟତ୍ୱାତ୍, ନୟନବତ୍ ।
ନ ଚ ଶରୀର ବ୍ୟାପିତ୍ୱେ ଯୁଗପଜ୍ ଜ୍ଞାନୋତ୍ପତ୍ତି ପ୍ରସଙ୍ଗଃ
ତାଦୃଶକ୍ଷୟୋପଶମ ବିଶେଷେଣୈବ ତସ୍ୟ କୃତୋତ୍ତରତ୍ୱାତ୍ ।
(ଖ) ମନୋଣୁବାଦ ସଂବନ୍ଧରେ ଜାଣିବା ପାଇଁ ଦେଖନ୍ତୁ-
୧.ନ୍ୟାୟସିଦ୍ଧାନ୍ତମୁକ୍ତା ବଳିକାରିକା । ୨. ନ୍ୟାୟାଲୋକ, ୪।୧୧ ।

କେତେବେଳେ ନ୍ୟୂନ ତ କେତେବେଳେ ଅଧିକ । ସବୁ ଜୀବ ମଧ୍ୟରେ ଜ୍ଞାନର ତାରତମ୍ୟ ରହିବା ସ୍ୱାଭାବିକ । ବାହ୍ୟ ସାଧନର ଅଭାବରେ ଜୀବକୁ ଜାଣିବାରେ ଅସୁବିଧା ହୁଏ । କେବେ କେମିତି ଜାଣିବାରେ ସକ୍ଷମ ମଧ୍ୟ ହୁଏ ।

ସିଦ୍ଧାନ୍ତ ଏବଂ ଆମ ପ୍ରତ୍ୟକ୍ଷ ଦର୍ଶନରେ ଯେଉଁ ବିରୋଧ ରହିଛି ତା'ର ସମାଧାନ ଏହି ଶବ୍ଦଗୁଡ଼ିକ ମଧ୍ୟରେ ନିହିତ । ସିଦ୍ଧାନ୍ତ ଭାଷାରେ ନିରୂପଣ କରାଯାଇଥିବା ଭଳି ଆତ୍ମା ଓ ଜ୍ଞାନର ଅବସ୍ଥା । ତେବେ ଯେଉଁ ବିରୋଧ ଦୃଷ୍ଟିଗୋଚର ହୁଏ, ତାହା ମଧ୍ୟ ଯଥାର୍ଥ । ଉଭୟଙ୍କ ପଛରେ ଭିନ୍ନ ଭିନ୍ନ ଦୃଷ୍ଟି ରହିଥାଏ ।

ଆତ୍ମାର ଦୁଇଟି ରୂପ-ଆବୃତ୍ତ ଓ ଅନାବୃତ୍ତ । ଆତ୍ମା, ଜ୍ଞାନାବରଣୀୟ ପରମାଣୁ ଦ୍ୱାରା ଆଚ୍ଛାଦିତ ହେବା ପରେ ଆମେ ଯାହା ଦେଖିପାରିଥାଉ, ସେପରି ସ୍ଥିତିର ନିର୍ମାଣ ହୁଏ । ଜ୍ଞାନାବରଣୀୟ ପରମାଣୁ ତାକୁ ଆବୃତ୍ତ କରି ନ ଥିଲେ ଆମକୁ ବିପରୀତ ଜଣାପଡୁଥିବା ସ୍ଥିତିର ନିର୍ମାଣ ହୁଏ ।

ଜ୍ଞାନ ଏକ ହୋଇଥିବାରୁ ତାହାକୁ 'କେବଳ' କୁହାଯାଏ । 'ସର୍ବଜ୍ଞାନାବରଣ' ଦ୍ୱାରା ଆବୃତ୍ତ ରହିଥିବା ପର୍ଯ୍ୟନ୍ତ ଆତ୍ମା ନିର୍ବାଧ ଜ୍ଞାନମୟରେ ପରିଣତ ହୋଇପାରେ ନାହିଁ । ଆତ୍ମା ଓ ଅନାତ୍ମାର ଭେଦ-ରେଖା ବିଲୀନ ହେଲା ଭଳି କୌଣସି ଆବରଣ ନାହିଁ । କେବଳ ଜ୍ଞାନରଅତ୍ୟଳ୍ପ ଅଂଶ ସର୍ବଦା ଅନାବୃତ ।[୧୧୩] କେବେ ବି ଜ୍ଞାନଶୂନ୍ୟ ନ ହେବା ହେଉଛି ଆତ୍ମାର ଆତ୍ମତ୍ୱ ।

ବିଶୁଦ୍ଧ ପ୍ରଯତ୍ନ ଦ୍ୱାରା ଆବରଣ ଯେତେ ଯେତେ କ୍ଷୀଣ ହେଉଥାଏ, ସେତେ ଜ୍ଞାନର ବିକାଶ ଘଟିଥାଏ । ଜ୍ଞାନର ବିକାଶର ନ୍ୟୂନତମ ମାତ୍ରା ତଥା ଅନାବୃତ ଜ୍ଞାନର ମଧ୍ୟବର୍ତ୍ତୀ ଜ୍ଞାନକୁ ଆବୃତ କରୁଥିବା କର୍ମ-ପରମାଣୁ 'ଦେଶ-ପରମାଣୁ' ବୋଲାଇଥାନ୍ତି ।[୧୧୪]

ସର୍ବ-ଜ୍ଞାନାବରଣର ବିଲୟ ହେବା ପରେ ଜ୍ଞାନର କୌଣସି ଭେଦ ରହେ ନାହିଁ । ଆତ୍ମା ଜ୍ଞାନାମୟ ପାଲଟିଯାଏ । ଏହି ଅବସ୍ଥାରେ ଜ୍ଞାନ ଓ ଉପଯୋଗ ମଧ୍ୟରେ ଦ୍ୱୈତଭାବ ସମାପ୍ତ ହୁଏ ।

ଦେଶ-ଜ୍ଞାନାବରଣର ବିଲୟର ପରିମାଣ ଅନୁସାରେ ଜ୍ଞାନର ବିକାଶ ଘଟିଥାଏ । ଏହି ଅବସ୍ଥାରେ ଜ୍ଞାନର ବିଭାଗ ସୃଷ୍ଟି ହୁଏ, ଜ୍ଞାନ ଓ ଉପଯୋଗ ମଧ୍ୟରେ ଭେଦ ମଧ୍ୟ ତିଷ୍ଠି ରହିଥାଏ ।

କେବଳୀର ସର୍ବ-ଜ୍ଞାନାବରଣର ବିଲୟ ଘଟିଥାଏ । ସେ ସର୍ବଦା ଜାଣିଥାନ୍ତି- ସମସ୍ତ ପର୍ଯ୍ୟାୟକୁ ଜାଣିଥାନ୍ତି ।

ଛଦ୍ମସ୍ଥର ଦେଶ-ଜ୍ଞାନାବରଣ ନ ଥାଏ । ସେମାନେ ଜାଣିବା ସକାଶେ ତତ୍ପର ଥାନ୍ତି, ତେଣୁ ଜାଣିବାରେ ସକ୍ଷମ ହୁଅନ୍ତି । ଯେଉଁ ପର୍ଯ୍ୟାୟକୁ ଜାଣିବାର ପ୍ରଯତ୍ନ କରନ୍ତି, କେବଳ ସେତିକି ମାତ୍ର ଜାଣିପାରନ୍ତି ।

ଜ୍ଞାନ-ଶକ୍ତିର ପୂର୍ଣ୍ଣ ବିକାଶ ହେବା ପରେ ଆଉ ଜାଣିବା ପାଇଁ ପ୍ରଯତ୍ନ କରିବାର ଆବଶ୍ୟକତା ପଡ଼େ ନାହିଁ । ଏହି ଅବସ୍ଥାରେ ଜ୍ଞାନ ସତତ ପ୍ରବୃତ୍ତ ଥାଏ ।

ଜ୍ଞାନ-ଶକ୍ତିର ଅପୂର୍ଣ୍ଣ ବିକାଶ ସ୍ଥିତିରେ ଜାଣିବାର ପ୍ରଚେଷ୍ଟା ବିନା ଜାଣି ହୁଏ ନାହିଁ । ତେଣୁ ସେହି ଅବସ୍ଥାରେ ଜାଣିବାର କ୍ଷମତା ଏବଂ ଜାଣିବା ପ୍ରବୃତ୍ତି ମଧ୍ୟରେ ପାର୍ଥକ୍ୟ ସୃଷ୍ଟି ହୁଏ ।

ଜ୍ଞାନାବରଣର ବିଲୟର ମାତ୍ରା ଅନୁସାରେ ଛଦ୍ମସ୍ଥ ଜାଣିପାରିଥାଏ, ତେଣୁ କ୍ଷମତା ଦୃଷ୍ଟିରୁ ତାହା ଅନେକ ପର୍ଯ୍ୟାୟର ଜ୍ଞାତା ହୋଇଥିବା ସତ୍ତ୍ୱେ ଜ୍ଞାନ ସଂପୂର୍ଣ୍ଣ ନିରାବୃତ ନ ଥିବାରୁ ସେ ଏକକାଳରେ ଗୋଟିଏ ପର୍ଯ୍ୟାୟକୁ ହିଁ ଜାଣିବାରେ ସକ୍ଷମ ହୁଏ ।

---

[୧୧୩] ନନ୍ଦୀ, ସୂତ୍ର ୭୧ ।

[୧୧୪] ଠାଣଂ, ୨।୪।୨୪ : ଣାଣାବରଣିଜ୍ଜେକମ୍ମେ ଦୁବିହେ ପଣ୍ଣତେ,
ତଂ ଜହା-ଦେସଣାଣବରଣିଜ୍ଜେ ଚେବ ସବ୍ବଣାଣାବରଣିଜ୍ଜେ ଚେବ ।

ଜ୍ଞାତା ଓ ଜ୍ଞେୟର ସଂବନ୍ଧ

ଜ୍ଞାତା ଜ୍ଞାନ-ସ୍ୱଭାବ ଅଟେ କିନ୍ତୁ ଅର୍ଥ ହେଉଛି ଜ୍ଞେୟ-ସ୍ୱଭାବ । ଉଭୟେ ସ୍ୱତନ୍ତ୍ର । ଗୋଟିକର ଅସ୍ତିତ୍ୱ ଅନ୍ୟଠାରୁ ଭିନ୍ନ । ଏ ଦୁହିଙ୍କ ମଧ୍ୟରେ ବିଷୟ-ବିଷୟୀଭାବ ସଂବନ୍ଧ ରହିଛି । ଅର୍ଥ ଜ୍ଞାନସ୍ୱରୂପ ନୁହେଁ କି ଜ୍ଞାନ ବି ଜ୍ଞେୟ ସ୍ୱରୂପ ନୁହେଁ । ଦୁହେଁ ଅନ୍ୟୋନ୍ୟ ବୃତ୍ତି ନୁହନ୍ତି ।

ଜ୍ଞାନ, ଜ୍ଞେୟ ମଧ୍ୟରେ ପ୍ରବିଷ୍ଟ ନୁହେଁ । ଜ୍ଞେୟ, ଜ୍ଞାନ ମଧ୍ୟରେ ପ୍ରବିଷ୍ଟ ନୁହେଁ । ଉଭୟଙ୍କ ପରସ୍ପର ପ୍ରବେଶ ହୋଇ ନ ଥାଏ ।

ଜ୍ଞାତାର ଜ୍ଞାୟକ-ପର୍ଯ୍ୟାୟ ଏବଂ ଅର୍ଥର ଜ୍ଞେୟ-ପର୍ଯ୍ୟାୟର ସାମର୍ଥ୍ୟ ହେତୁ ଦୁହିଙ୍କ ମଧ୍ୟରେ ସଂବନ୍ଧ ସ୍ଥାପିତ ହୋଇଥାଏ ।[୧୧୫]

ଜ୍ଞାନ-ଦର୍ଶନ ବିଷୟକ ତିନି ମାନ୍ୟତା

ଆବୃତ-ଅବସ୍ଥାରେ ଆତ୍ମାର ଜ୍ଞାନ ରହିଥାଏ କିନ୍ତୁ ତା'ର ସତତ ପ୍ରବୃତ୍ତି (ଉପଯୋଗ) ହୁଏନାହିଁ । ଯେଉଁ ଉପଯୋଗ ହୁଏ, ତା'ର କ୍ରମ ହେଲା - ପ୍ରଥମେ ଦର୍ଶନର ପ୍ରବୃତ୍ତି, ପରେ ଜ୍ଞାନର ପ୍ରବୃତ୍ତି ।

ଗୌତମ ପ୍ରଶ୍ନ କରିଛନ୍ତି - 'ଭଗବନ୍ ! ଛଦ୍ମସ୍ଥ ମନୁଷ୍ୟ ପରମାଣୁକୁ ଜାଣିଥାଏ କିନ୍ତୁ ଦେଖିପାରେ ନାହିଁ, ଏହା ସତ୍ୟ କି ? ଅଥବା ଜାଣିପାରେ ନାହିଁ କି ଦେଖିପାରେ ନାହିଁ - ଏହା ସତ୍ୟ ?'

ଭଗବାନ କହୁଛନ୍ତି - 'ଗୌତମ ! ଅନେକ ଛଦ୍ମସ୍ଥ ବିଶିଷ୍ଟ ଶ୍ରୁତ-ଜ୍ଞାନ ବଳରେ ପରମାଣୁକୁ ଜାଣିପାରନ୍ତି, ପରନ୍ତୁ ଦର୍ଶନର ଅଭାବବଶତଃ ଦେଖିପାରନ୍ତି ନାହିଁ ଏବଂ ସାମାନ୍ୟ ଶ୍ରୁତଜ୍ଞାନୀ ମଣିଷ ପରମାଣୁକୁ ଦେଖିପାରନ୍ତି ନାହିଁ କି ଜାଣିପାରନ୍ତି ନାହିଁ ।'

ଗୌତମ - 'ଭଗବନ୍ ! ଜଣେ ପରମ ଅବଧି-ଜ୍ଞାନୀ ପରମାଣୁକୁ ଯେତେବେଳେ ଜାଣନ୍ତି କ'ଣ ସେତେବେଳେ ଦେଖିଥାନ୍ତି ? ନା ଏହାର ବିପରୀତ ଯେତେବେଳେ ଦେଖନ୍ତି ସେତେବେଳେ ଜାଣିପାରନ୍ତି ?

ଭଗବାନ - 'ଗୌତମ ! ନା, ଯେତେବେଳେ ସେମାନେ ପରମାଣୁକୁ ଜାଣିଥାନ୍ତି, ସେତେବେଳେ ଦେଖି ନ ଥାନ୍ତି । ଏହା ମଧ୍ୟ ସତ୍ୟ ଯେ ଯେତେବେଳେ ଦେଖିଥାନ୍ତି, ସେତେବେଳେ ଜାଣିପାରି ନ ଥାନ୍ତି ।

ଗୌତମ - 'ଭଗବାନ ! ଏପରି ହେବାରେ ଅସୁବିଧା କେଉଁଠି ?'

ଭଗବାନ - 'ଗୌତମ ! ଜ୍ଞାନ ହେଉଛି ସାକାର ଅଥଚ ଦର୍ଶନ ହେଲା ଅନାକାର । ତେଣୁ ଜାଣିବା ଓ ଦେଖିବା ଏକସଂଗେ ସଂଭବ ନୁହେଁ ।' [୧୧୬]

ଏହା କେବଳ-ଜ୍ଞାନ ଓ କେବଳ-ଦର୍ଶନର କ୍ରମିକ ମାନ୍ୟତାର ଆଗମିକ ପକ୍ଷ । ଅନାବୃତ ଆତ୍ମାରେ ଜ୍ଞାନ ସତତ ପ୍ରବୃତ୍ତ ଥାଏ କିନ୍ତୁ ଛଦ୍ମସ୍ଥକୁ ଜ୍ଞାନର ପ୍ରବୃତ୍ତି କରିବାକୁ ହୋଇଥାଏ । ଛଦ୍ମସ୍ଥକୁ ଜ୍ଞାନର ପ୍ରବୃତ୍ତି କରିବାରେ ଅସଂଖ୍ୟ ସମୟ ଲାଗିଯାଏ ଅଥଚ କେବଳୀ ଏକ ସମୟରେ ନିଜ ଜ୍ଞେୟକୁ ଜାଣିପାରିଥାଏ । ଏଠାରେ ପ୍ରଶ୍ନ ଉଠିପାରେ ଯେ, କେବଳୀ ଏକ ସମୟରେ ସମଗ୍ର ଜ୍ଞେୟକୁ ଯଦି ଜାଣିନେବେ, ତେବେ ପରବର୍ତ୍ତୀ ସମୟରେ କ'ଣ ଜାଣିବେ ? ସେମାନେ ଯଦି ଏକ ସମୟରେ ଜାଣିବେ କିନ୍ତୁ ଦେଖିପାରିବେ ନାହିଁ କିମ୍ବା ଦେଖିପାରିବେ ଅଥଚ ଜାଣି ନ ପାରିଲେ କ'ଣ ସେମାନଙ୍କ ସର୍ବଜ୍ଞତ୍ୱ ଖଣ୍ଡିତ ହେବ ନାହିଁ କି ?

ଏହି ପ୍ରଶ୍ନର ଉତ୍ତରରେ ତର୍କ ଅଗ୍ରଗତି କରିବାରୁ ଦୁଇଟି ଧାରାର ନବନିର୍ମାଣ ହେଲା ।

କେବଳ-ଜ୍ଞାନୀ ଜାଣିଥାନ୍ତି ଓ ଦେଖିଥାନ୍ତି - ଜାଣଇ ପାସଇ - ଏହି ଦୁଇ ପଦର ପ୍ରୟୋଗ ମିଳିଥାଏ । ପ୍ରସ୍ତୁତ

---

[୧୧୫] ପ୍ରବଚନସାର, ୧।୨୭-୩୦ ।

[୧୧୬] ଭଗବତୀ, ୧୮/୧୭୪-୧୭୯ ।

ସୂତ୍ରରେ ସାକାର ଓ ଅନାକାର ଉପଯୋଗର ଚର୍ଚ୍ଚା ନାହିଁ । ନନ୍ଦୀରେ ବି ଏଗୁଡ଼ିକ ଚର୍ଚା ରହିନାହିଁ । ଭଗବତୀରେ କେବଳ-ଜ୍ଞାନକୁ ସାକାର ଉପଯୋଗ ତଥା କେବଳ ଦର୍ଶନକୁ ଅନାକାର ଉପଯୋଗ ରୂପରେ ବର୍ଣ୍ଣନା କରାଯାଇଛି ।(୧୧୭) କେବଳଜ୍ଞାନ ଓ କେବଳ ଦର୍ଶନର ଉପଯୋଗ ସଂବନ୍ଧରେ ତିନୋଟି ମତ ରହିଛି - ୧.କ୍ରମବାଦ ୨.ଯୁଗପତ୍‌ବାଦ ୩.ଅଭେଦବାଦ ।

କ୍ରମବାଦ, ଆଗମର ଅନୁସରଣ କରିଥାଏ । ଏହାର ମୁଖ୍ୟ ପ୍ରବକ୍ତା ହେଉଛନ୍ତି ଜିନଭଦ୍ରମଣି । ଯୁଗପତ୍‌ବାଦର ପ୍ରବକ୍ତା ମଲ୍ଲବାଦୀ ତଥା ଅଭେଦବାଦର ପ୍ରବକ୍ତା ହେଉଛନ୍ତି ସିଦ୍ଧସେନ ଦିବାକର ।

ଜିନଭଦ୍ରମଣି 'ବିଶେଷଣବତୀ'ରେ ତିନିପକ୍ଷର ବ୍ୟାଖ୍ୟା କରିଛନ୍ତି, କିନ୍ତୁ କୌଣସି ପ୍ରବକ୍ତାର ନାମୋଲ୍ଲେଖ କରିନାହାନ୍ତି ।(୧୧୮) ଜିନଦାସ ମହତ୍ତର ନନ୍ଦୀ ଚୂର୍ଣ୍ଣି (ବିକ୍ରମଙ୍କ ଅଷ୍ଟମ ଶତାବ୍ଦୀରେ) 'ବିଶେଷଣବତୀ'କୁ ଉଦ୍ଧୃତ କରିଛନ୍ତି । ସେ କୌଣସି ବାଦର ପୁରସ୍କର୍ତ୍ତାଙ୍କ ଉଲ୍ଲେଖ କରିନାହାନ୍ତି ।(୧୧୯)

ହରିଭଦ୍ରସୂରି (ବିକ୍ରମୋତ୍ତର ଅଷ୍ଟମ ଶତାବ୍ଦୀ) ଚୂର୍ଣ୍ଣିଗତ ବିଶେଷଣବତୀର ଗାଥାଗୁଡ଼ିକୁ ଉଦ୍ଧୃତ କରିବା ସହିତ ପୁରସ୍କର୍ତ୍ତ । ଆଚାର୍ଯ୍ୟମାନଙ୍କ ନାମୋଲ୍ଲେଖ ମଧ୍ୟ କରିଛନ୍ତି । ତାଙ୍କ ଅନୁସାରେ ଯୁଗପତ୍‌ବାଦର ପ୍ରବକ୍ତା ମଧ୍ୟରେ ସିଦ୍ଧସେନ ଆଦି ଆଚାର୍ଯ୍ୟ ରହିଛନ୍ତି । ଜିନଭଦ୍ରଗଣି କ୍ଷମାଶ୍ରମଣ ଆଦି କ୍ରମବାଦର ପ୍ରବକ୍ତା । ଅଭେଦବାଦର ପ୍ରବକ୍ତା ଭାବରେ ବୃଦ୍ଧାଚାର୍ଯ୍ୟଙ୍କ ଉଲ୍ଲେଖ ସେ କରିଛନ୍ତି । (୧୨୦)

ମଳୟଗିରି (ବିକ୍ରମୋତ୍ତର ଦ୍ୱାଦଶ ଶତାବ୍ଦୀ), ହରିଭଦ୍ରସୂରିଙ୍କ ଅନୁସରଣ କରିଛନ୍ତି । (୧୨୧)

ସନ୍ମତିର ଟୀକାକାର ଅଭୟଦେବ ସୂରି (ବିକ୍ରମୋତ୍ତର ଏକାଦଶ ଶତାବ୍ଦୀ) ତିନିବାଦର ପ୍ରବକ୍ତାମାନଙ୍କ ନାମର ଉଲ୍ଲେଖ ନିମ୍ନପ୍ରକାରେ କରିଛନ୍ତି । (୧୨୨)

---

(୧୧୭) (କ) ଭଗବତୀ, ୧୬।୧୦୮ ।
(ଖ) ପଣ୍ଣ, ୨୯/୧-୩ ।

(୧୧୮) ବିଶେଷଣବତୀ ଗାଥା, ୧୫୩-୧୫୪ ।
କେୟୀ ଭଣନ୍ତି ଜୁଗବଂ ପାସତି ଯ କେବଲୀ ନିୟମା ।
ଅଣ୍ଣେ ଏଗନ୍ତରିୟଂ ଇଚ୍ଛନ୍ତି ସୁତୋବଦେସେଣଂ
ଅଣ୍ଣେ ଣ ଚେବ ବୀସୁଂ ଦଂସଣମିଚ୍ଛତି ଜିଣବରିଂଦସ୍‌ସ
ଜଂ ଚିୟ କେବଲନାଣଂ ତଂ ଚିୟ ସେ ଦଂସଣଂ ବେନ୍ତି

(୧୧୯) ନନ୍ଦୀ ଚୂ.ପୃ.୨୮-୩୦ ।

(୧୨୦) ନନ୍ଦୀ ବୃ.ପୃ.୪୦- କେଚନ ସିଦ୍ଧସେନାଚାର୍ଯ୍ୟାଦୟଃ
ଭଣନ୍ତି କିମ୍ ? ଯୁଗପଦ୍ ଏକସ୍ମିନ୍ନେବ କାଳେଜାନାତି ପଶ୍ୟତିଚ ।
କଃ ? କେବଲୀ, ନ ତ୍ୱନ୍ୟଃ, ନିୟମାଦ୍ ନିୟମେନ । ଅନ୍ୟେ ଜିନଭଦ୍ରଗଣି-
କ୍ଷମାଶ୍ରମଣ ପ୍ରଭୃତୟଃ ଏକାନ୍ତରିତଂ ଜାନାତି ପଶ୍ୟତି ଚେତ୍ୟେବ-
ମିଚ୍ଛନ୍ତି ଶ୍ରୁତୋପଦେଶେନ ଯଥାଶ୍ରୁତାଗମାନୁସାରେଣେତ୍ୟର୍ଥଃ ଅନ୍ୟେ ତୁ
ବୃଦ୍ଧାଚାର୍ଯ୍ୟାଃ 'ନ' ନୈବ ବିଷ୍ୱକ୍ ପୃଥକ୍ ତଦ୍‌ଦର୍ଶନମିଚ୍ଛନ୍ତି ଜିନବରେ
ନ୍ଦ୍ରସ୍ୟ କେବଳିନ ଇତ୍ୟର୍ଥଃ । କିଂ ତର୍ହିଂ ? ଯଦେବ କେବଳ ଜ୍ଞାନଂ
ତଦେବ ତସ୍ୟ କେବଳିନୋ ନ ଦର୍ଶନଂ ବ୍ରୁବତେ,
କ୍ଷୀଣା ବରଣସ୍ୟ ଦେଶଜ୍ଞାନାଭାବାତ୍ କେବଳ-
ଦର୍ଶନାଭାବାଦିତି ଭାବାନା ।

(୧୨୧) ନନ୍ଦୀ ବୃ-ପତ୍ର ୧୩୪ ।

(୧୨୨) ସନ୍ମତି, ଟୀକା ପୃ ୬୦୮ ।

କ୍ରମବାଦର ପ୍ରବକ୍ତା ଜିନଭଦ୍ର, ଯୁଗପତ୍‌ବାଦର ପ୍ରବକ୍ତା-ମଲ୍ଲବାଦୀ, ଅଭେଦବାଦର ପ୍ରବକ୍ତା-ସିଦ୍ଧସେନ । କ୍ରମବାଦ ବିଷୟରେ ହରିଭଦ୍ର ଓ ଅଭୟଦେବ ଏକମତ । କିନ୍ତୁ ଯୁଗପତ୍‌ବାଦ ଏବଂ ଅଭେଦବାଦର ସନ୍ଦର୍ଭରେ ଦୁହିଙ୍କ ମତ ପାର୍ଥକ୍ୟ ରହିଛି । ସନ୍ମତି ତର୍କରୁ ସ୍ପଷ୍ଟ ହେଉଛି ଯେ ସିଦ୍ଧସେନ ହିଁ ଅଭେଦବାଦର ପ୍ରବକ୍ତା । ତାଙ୍କୁ ଯୁଗପତ୍‌ବାଦର ପ୍ରବକ୍ତା ଭାବି କଦାପି ଉଚିତ ହେବ ନାହିଁ । ଏହି ସ୍ଥିତିରେ ଯୁଗପତ୍‌ବାଦର ପ୍ରବକ୍ତା ରୂପରେ ମଲ୍ଲବାଦୀଙ୍କୁ ସ୍ୱୀକାର କରିବା ଯୁକ୍ତିସଂଗୀତ ମନେ ହେଉଛି । ଉପଲବ୍ଧ 'ଦ୍ୱାଦଶାର ନୟଚକ୍ର'ରେ ଏହି ବିଷୟରେ କିଛି ଉଲ୍ଲେଖ କରାଯାଇନାହିଁ । ଅଭୟଦେବ କେଉଁ ଗ୍ରନ୍ଥର ଆଧାରରେ ଏହା ଉଲ୍ଲେଖ କରିଛନ୍ତି, ଏହା ନିଶ୍ଚୟପୂର୍ବକ କୁହାଯାଇପାରୁନାହିଁ ।

ଦିଗମ୍ବର ପରମ୍ପରାରେ କେବଳ ଯୁଗପତ୍‌ପକ୍ଷ ହିଁ ମାନ୍ୟତାପ୍ରାପ୍ତ ।[୧୨୩] ଶ୍ୱେତାମ୍ବର ପରମ୍ପରାର ଏହା କ୍ରମ, ଯୁଗପତ୍ ଓ ଅଭେଦ- ଏହି ତିନିଧାରାରେ ପରିଣତ ହେବାର ପ୍ରମାଣ ରହିଛି ।

ବିକ୍ରମଙ୍କ ସପ୍ତଦଶ ଶତାବ୍ଦୀରେ ମହାନ୍ ତାର୍କିକ ଯଶୋବିଜୟଜୀ ଏହାର ନୟଦୃଷ୍ଟିରେ ସମନ୍ୱୟ କରିଯାଇଛନ୍ତି ।[୧୨୪] ଋଜୁ-ସୂତ୍ର ନୟ ଦୃଷ୍ଟିରେ କ୍ରମିକ ପକ୍ଷ ସଂଗତ । ଏହି ଦୃଷ୍ଟି ବର୍ତ୍ତମାନ ସମୟକୁ ଗ୍ରହଣ କରିଥାଏ । ପ୍ରଥମ ସମୟର ଜ୍ଞାନ କାରଣ ଏବଂ ଦ୍ୱିତୀୟ ସମୟର ଦର୍ଶନ ହେଉଛି ତାହାର କାର୍ଯ୍ୟ । ଜ୍ଞାନ ଓ ଦର୍ଶନ ମଧ୍ୟରେ କାରଣ ଓ କାର୍ଯ୍ୟର କ୍ରମାନ୍ୱୟ ରହିଛି । ବ୍ୟବହାରନୟ ହେଉଛି ଭେଦ-ସ୍ପର୍ଶୀ । ତା' ଦୃଷ୍ଟିରେ ଯୁଗପତ୍‌ପକ୍ଷ ବି ସଂଗତ ଅଟେ । ସଂଗ୍ରହ-ନୟ ହେଉଛି ଅଭେଦ-ସ୍ପର୍ଶୀ । ଏହି ଦୃଷ୍ଟିରେ ଅଭେଦ ପକ୍ଷ ବି ସଂଗତ ଅଟେ । ଏହି ତିନିଧାରାକୁ ତର୍କ ଦୃଷ୍ଟିରେ ବିଶ୍ଳେଷଣ କରି ଏମାନଙ୍କ ମଧ୍ୟରେ ଅଭେଦ ପକ୍ଷ ହିଁ ଯୁକ୍ତିଯୁକ୍ତ ଜଣାପଡୁଛି । ଜାଣିବା ଓ ଦେଖିବାର ଭେଦ ପରୋକ୍ଷ ବା ଅପୂର୍ଣ୍ଣ ଜ୍ଞାନ ସ୍ଥିତିରେ ଘଟିଥାଏ । ସେହି ଅବସ୍ଥାରେ ବସ୍ତୁର ପର୍ଯ୍ୟାୟକୁ ଜାଣିବା ବେଳେ ତା'ର ସାମାନ୍ୟ ରୂପକୁ ଦେଖିହୁଏ ନାହିଁ ଏବଂ ବସ୍ତୁର ସାମାନ୍ୟ ରୂପକୁ ଦେଖିବା ସମୟରେ ତା'ର ବିଭିନ୍ନ ପର୍ଯ୍ୟାୟକୁ ଜାଣି ହୁଏ ନାହିଁ । ପ୍ରତ୍ୟକ୍ଷ ଏବଂ ପୂର୍ଣ୍ଣ ଜ୍ଞାନ ଅବସ୍ଥାରେ ଜ୍ଞେୟ ପ୍ରତି ସମୟ ସର୍ବଥା ସାକ୍ଷାତ୍ ହୋଇଥାଏ । ତେଣୁ ସେଠାରେ ଏହି ଭେଦ ରହିବା ଉଚିତ ନୁହେଁ ।

ଦ୍ୱିତୀୟ ଦୃଷ୍ଟିକୋଣଟି ଆଗମିକ, ଯା'ର ପ୍ରତିପାଦନ ହେଉଛି ସ୍ୱଭାବସ୍ପର୍ଶୀ । ପ୍ରଥମ ସମୟରେ ବସ୍ତୁଗତ ଭିନ୍ନତାକୁ ଜାଣିବା ଏବଂ ପରବର୍ତ୍ତୀ ସମୟରେ ଭିନ୍ନତାଗତ-ଅଭିନ୍ନତାକୁ ଜାଣିବା ସ୍ୱଭାବସିଦ୍ଧ ହୋଇପଡ଼େ । ଜ୍ଞାନର ସ୍ୱଭାବ ହିଁ ଏହିପରି । ଭେଦୋନ୍ମୁଖୀ ଜ୍ଞାନ ସବୁ ଜାଣିଥାଏ ଏବଂ ଅଭେଦୋନ୍ମୁଖୀ ଦର୍ଶନ ସମସ୍ତଙ୍କୁ ଦେଖିଥାଏ । ଅଭେଦରେ ଭେଦ ଏବଂ ଭେଦ ମଧ୍ୟରେ ଅଭେଦ ସମାହିତ । ତଥାପି ଭେଦ-ପ୍ରଧାନ ଜ୍ଞାନ ଏବଂ ଅଭେଦ ପ୍ରଧାନ ଦର୍ଶନର ସମୟ ଏକ ନୁହେଁ ।

ଜ୍ଞେୟ-ଅଜ୍ଞେୟ ବାଦ

ଜ୍ଞେୟ ଓ ଅଜ୍ଞେୟର ମୀମାଂସା-ଦ୍ରବ୍ୟ (ବସ୍ତୁ ବା ପଦାର୍ଥ), କ୍ଷେତ୍ର, କାଳ ଓ ଭାବ (ପର୍ଯ୍ୟାୟ ବା ଅବସ୍ଥା) ଏହି ଚାରିପ୍ରକାର ଦୃଷ୍ଟିରୁ କରାଯାଇଥାଏ ।[୧୨୫] ସର୍ବଜ୍ଞଙ୍କ ସକାଶେ ସବୁ କିଛି ଜ୍ଞେୟ । ଅସର୍ବଜ୍ଞଙ୍କ ପାଇଁ କିଛିଟା ଜ୍ଞେୟ ଏବଂ ବାକି ଅଜ୍ଞେୟ ।

ପଦାର୍ଥ ଦୃଷ୍ଟିରେ - ପଦାର୍ଥ ଦୁଇ ପ୍ରକାର ଅମୂର୍ତ୍ତ ଓ ମୂର୍ତ୍ତ । ମୂର୍ତ୍ତ ପଦାର୍ଥ ସବୁ ଇନ୍ଦ୍ରିୟ ପ୍ରତ୍ୟକ୍ଷ ତଥା ବିକଳ-ପରମାର୍ଥ-ପ୍ରତ୍ୟକ୍ଷ (ଅବଧି ଓ ମନଃ ପର୍ଯ୍ୟବ) ଦ୍ୱାରା ସାକ୍ଷାତକାର ହେଉଥିବାରୁ ସେଗୁଡ଼ିକ ହେଉଛି ଜ୍ଞେୟ । ଅମୂର୍ତ୍ତ ପଦାର୍ଥ ଅଜ୍ଞେୟ ଅଟେ ।[୧୨୬]

---

[୧୨୩] ସର୍ବାର୍ଥସିଦ୍ଧି, ୧/୯ ।

[୧୨୪] ଜ୍ଞାନ ବିନ୍ଦୁ ।

[୧୨୫] ନନ୍ଦୀ, ସୂତ୍ର ୨୨,୨୫ ।

[୧୨୬] ନନ୍ଦୀ, ସୂତ୍ର ୪-୬ ।

ମାନସ-ଜ୍ଞାନ-ଶ୍ରୁତ ବା ଶବ୍ଦ ଜ୍ଞାନ ପରୋକ୍ଷତଃ ଅମୂର୍ତ୍ତ ଓ ମୂର୍ତ୍ତ ସମସ୍ତ ବସ୍ତୁକୁ ଜାଣିଥାଏ, ତେଣୁ ସମସ୍ତ ପଦାର୍ଥ ତା' ସକାଶେ ଜ୍ଞେୟ ।[୧୨୭]

ପର୍ଯ୍ୟାୟ ଦୃଷ୍ଟିରେ - ତିନ କାଳର ସମସ୍ତ ପର୍ଯ୍ୟାୟ ହେଉଛି ଅଜ୍ଞେୟ । ତ୍ରୈକାଳିକ କିଛି ପର୍ଯ୍ୟାୟ ଜ୍ଞେୟ ବି ହୋଇପାରନ୍ତି ।

ସଂକ୍ଷେପରେ ଛଦ୍ମସ୍ଥ ପାଇଁ ଦଶଟି ବସ୍ତୁ ଅଜ୍ଞେୟ, ଅଥଚ ସର୍ବଜ୍ଞଙ୍କ ସକାଶେ ଏଗୁଡ଼ିକ ଜ୍ଞେୟ ।[୧୨୮]

ଜ୍ଞେୟ ଅନନ୍ତ ତଥା ଜ୍ଞାନ ମଧ୍ୟ ଅନନ୍ତ-ଏହା କିପରି ସଂଭବ? ଜ୍ଞାନ ମଧ୍ୟରେ ଅନନ୍ତ ଜ୍ଞେୟକୁ ଜାଣିବାର ସାମର୍ଥ୍ୟ ନାହିଁ । ଯଦି ଥାଏ ତେବେ ଜ୍ଞେୟ ଅନନ୍ତ ନ ହୋଇ ସୀମିତ ହୋଇପଡ଼ିବ । ଦୁଇଟି ଅସୀମ, ବିଷୟ-ବିଷୟୀ ଭାବରେ ଆବଦ୍ଧ ହୋଇପାରିବେ ନାହିଁ । ଅଜ୍ଞେୟବାଦ ବା ଅସର୍ବଜ୍ଞତାବାଦ, ଏହି ପ୍ରଶ୍ନକୁ ସମୟ ସମୟରେ ଉପସ୍ଥାପନ କରିଆସୁଛି ।

ଜୈନଦର୍ଶନ ହେଉଛି ସର୍ବଜ୍ଞତାବାଦୀ । ଜୈନଦର୍ଶନ ମତରେ ଜ୍ଞାନାବରଣର ବିଲୟ (ଜ୍ଞାନକୁ ଆଚ୍ଛାଦିତ କରୁଥିବା ପରମାଣୁ ସମୂହର ବିଯୋଗ) ଘଟିଲେ ଆତ୍ମାର ସ୍ୱଭାବ ପ୍ରକାଶିତ ହୁଏ । ଅନନ୍ତ, ନିରାବରଣ, କୃତ୍ସ୍ନ, ପରିପୂର୍ଣ୍ଣ, ସର୍ବଦ୍ରବ୍ୟ-ପର୍ଯ୍ୟାୟ ସାକ୍ଷାତ୍କାରୀ ଜ୍ଞାନର ଉଦୟ ହେଉଛି ନିରାବରଣ, ତେଣୁ ତାହା ଅନନ୍ତ । ଜ୍ଞାନର ସୀମିତ ଭାବ ଆବରଣ ପାଇଁ ଟିଯାଏ । ଏହି ଆବରଣ ଅପସୃତ ହେଲେ, ତା'ର ସୀମିତତା ବିଲୀନ ହୁଏ । ଫଳରେ କେବଳୀ (ନିରାବରଣ ଜ୍ଞାନୀ) ଅନନ୍ତକୁ ଅନନ୍ତ ଏବଂ ସାନ୍ତକୁ ସାନ୍ତ ରୂପରେ ପ୍ରତ୍ୟକ୍ଷ ଜାଣିପାରନ୍ତି । ଅନୁମାନରୁ ଯେପରି ଅନନ୍ତକୁ ଜାଣିହୁଏ, ସେହିପରି ପ୍ରତ୍ୟକ୍ଷରୁ ବି ଅନନ୍ତକୁ ଜାଣିହୁଏ । ଅନନ୍ତତା ହେଉଛି ଅନୁମାନ ଓ ପ୍ରତ୍ୟକ୍ଷ ଉଭୟଙ୍କ ଲାଗି ଜ୍ଞେୟ । ଏମାନଙ୍କ ଅନନ୍ତ ବିଷୟକ ଜ୍ଞାନରେ କୌଣସି ଅନ୍ତର ନାହିଁ । ଅନ୍ତର କେବଳ ସୂଚନା ବା ଅଭିବ୍ୟକ୍ତି କ୍ଷେତ୍ରରେ ରହିଥାଏ । ଅନୁମାନ ଦ୍ୱାରା ଅନନ୍ତର ଅସ୍ପଷ୍ଟ ଆକଳନ ହୋଇଥାଏ, କିନ୍ତୁ ପ୍ରତ୍ୟକ୍ଷ ତା'ର ସ୍ପର୍ଶ ଦର୍ଶନ କରିଥାଏ । ଅନନ୍ତ ଜ୍ଞାନ ଦ୍ୱାରା ଅନନ୍ତ ବସ୍ତୁ ଅନନ୍ତ ହିଁ ଜଣାପଡ଼ିଥାଏ, ତେଣୁ ତା'ର ଅନନ୍ତତାର କେବେ ଅନ୍ତ ହୁଏ ନାହିଁ- ଅସୀମତା, ସୀମିତ ହୁଏ ନାହିଁ । ସର୍ବଜ୍ଞ, ଯେସାକୁ ତେସା ରୂପରେ ଅର୍ଥାତ୍ ଯାଦୃଶକୁ ତାଦୃଶ ଭାବରେ ଜ୍ଞାନ କରିଥାଏ । ତା'ର ଭିନ୍ନ ରୂପକୁ ଏହା ଜାଣେ ନାହିଁ । କଳ୍ପନା ଦ୍ୱାରା ଭିନ୍ନ ଚିତ୍ର ନ ଆଙ୍କି ଠୋସ୍ ବାସ୍ତବିକତାର ଜ୍ଞାନ କରିଥାଏ ଏବଂ ସେହି ସତ୍ୟର ଅବିକଳ ଅଭିବ୍ୟକ୍ତି କରିଥାଏ । ସାନ୍ତକୁ ଅନନ୍ତ ଏବଂ ଅନନ୍ତକୁ ସାନ୍ତ ଜାଣିବା ହେଉଛି ଅଯଥାର୍ଥ ଜ୍ଞାନ । ଯଥାର୍ଥ ଜ୍ଞାନ ହେଉଛି ସାନ୍ତକୁ ସାନ୍ତ ଏବଂ ଅନନ୍ତକୁ ଅନନ୍ତ ରୂପରେ ଅବଗତି । ସର୍ବଜ୍ଞ ଅନନ୍ତକୁ ଅନନ୍ତ ଜ୍ଞାନ କରିଥାନ୍ତି । ଏଥିରେ ଦୁଇଟି ଅସୀମ ତତ୍ତ୍ୱର ପରସ୍ପର ଆକଳନ ସମାହିତ ।[୧୨୯] ଜ୍ଞାନ ଓ ଜ୍ଞେୟ ପରସ୍ପର

---

[୧୨୭] ନନ୍ଦୀ, ସୂତ୍ର ୧୨୭ ।

[୧୨୮] ଠାଣଂ, ୧୦।୧୦୯ ।

[୧୨୯] ନ୍ୟାୟାଲୋକ, ପୃ.୨୨୧: ଅନନ୍ତମ ଲୋକାକାଶଂ
କେବଳିନା ପରିଚ୍ଛିନ୍ନଂ ଚେଉଦା ଉପଲବ୍ଧାବସାନତ୍ୱାଦ-
ନନ୍ତତ୍ୱହାନିଃ । ଅଥାଽପରିଚ୍ଛିନ୍ନଂ ତଦା ତତ୍ସ୍ୱରୂପ ପରିଚ୍ଛେଦ-
ବିରହେଣ ସର୍ବଜ୍ଞତ୍ୱାଽଭାବଃ । ନୈବଂ ଦୋଷଃ ।
କେବଳିନାଂ ଯଜ୍ଜ୍ଞାନଂ ତଦତିଶୟବତ୍ କ୍ଷାୟିକମନନ୍ତାନନ୍ତ-
ପରିମାଣଂ ଚ, ତେନ ତଦନନ୍ତମିତି ସାକ୍ଷାଦବସୀୟତେ
ତତୋ ନାନନ୍ତତ୍ୱସ୍ୟ ହାନିର୍ନ ବା ସର୍ବଜ୍ଞତାୟାଃ ।
ନହ୍ୟନ୍ୟଥା ସ୍ଥିତମର୍ଥ-ମନ୍ୟଥା ବେତ୍ତି ସର୍ବଜ୍ଞୋ ଯଥାର୍ଥ-
ଜ୍ଞତ୍ୱାତ୍ ଇତି ନ ତେନ ସାନ୍ତମନନ୍ତତ୍ୱେନ
ପରିଚ୍ଛିନ୍ନଂ କିନ୍ତୁ ଅନନ୍ତମନନ୍ତତ୍ୱେନ ।

ଆବଦ୍ଧ ନୁହନ୍ତି । ଜ୍ଞାନର ଅସୀମତାର ହେତୁ ତା'ର ନିରାକରଣ ଭାବ । ଜ୍ଞେୟର ଅସୀମତା ହେଉଛି ତା'ର ସହଜସ୍ଥିତି । ଜ୍ଞାନ ଓ ଜ୍ଞେୟ ମଧ୍ୟରେ ପରସ୍ପର ପ୍ରତିବନ୍ଧକ ଭାବ ନ ଥାଏ । ଅନନ୍ତ ଜ୍ଞେୟକୁ ଅନନ୍ତ-ଅନନ୍ତ ଜ୍ଞାନ ମାଧ୍ୟମରେ ହିଁ ଜାଣିବା ସମ୍ଭବପର ।

ଜ୍ଞେୟ ଅନନ୍ତ । ନିରାବରଣ ଜ୍ଞାନ ହେଉଛି ଅନନ୍ତାନନ୍ତ । ଅନନ୍ତ ଅନନ୍ତ ଓ ଜ୍ଞେୟକୁ ଜାଣିବାର ସମର୍ଥ । ପରମ ଅବଧିଜ୍ଞାନର ବିଷୟ (ଜ୍ଞେୟ) ହେଉଛି ସମଗ୍ର ଲୋକ । କ୍ଷମତା ଦୃଷ୍ଟିରୁ ଏପରି ଲୋକ ଅସଂଖ୍ୟ ହୋଇଥିଲେ ବି ସେ ସାକ୍ଷାତ୍ କରିପାରିଥାଏ । ଏହା ସାବରଣ ଜ୍ଞାନର ସ୍ଥିତି । ନିରାବରଣ ଜ୍ଞାନର କ୍ଷମତା ଏହାଠାରୁ ଅନନ୍ତଗୁଣ ଅଧିକ ।

ନିୟତିବାଦ

ସର୍ବଜ୍ଞତା ହେଉଛି ନିଶ୍ଚୟ-ଦୃଷ୍ଟି ବା ଶୁଦ୍ଧ ବସ୍ତୁ ସ୍ଥିତି । ସର୍ବଜ୍ଞ ଯାହା ଜାଣିଥାନ୍ତି, ତାହା ଅବିକଳ ସେହିପରି ଥାଏ । ତହିଁରେ କୌଣସି ପ୍ରକାର ଏପଟ ସେପଟର ପ୍ରଶ୍ନ ଉଠୁନାହିଁ ।

ପରିବର୍ତ୍ତନ ହେଉଛି ବ୍ୟବହାର-ଦୃଷ୍ଟିର ବିଷୟ । ପୁରୁଷାର୍ଥର ମହତ୍ତ୍ୱ ନିଶ୍ଚୟ ଓ ବ୍ୟବହାର ଉଭୟ ଦୃଷ୍ଟିରୁ ସିଦ୍ଧ ହୋଇଥାଏ । ବ୍ୟବହାର ଦୃଷ୍ଟିର ପୁରୁଷାର୍ଥ ଆବଶ୍ୟକତାନୁସାର ତଥା ନିଶ୍ଚିତ ଦିଶାଗାମୀ । ବ୍ୟବହର-ଦୃଷ୍ଟି ସ୍ଥୂଳ ଧାରଣା ଆଧାରିତ ହୋଇଥିବାରୁ ତା'ର ପୁରୁଷାର୍ଥ ମଧ୍ୟ ତଦ୍ରୂପ । ଜ୍ଞାନମାତ୍ର ଦ୍ୱାରା କ୍ରିୟା ସିଦ୍ଧିହୁଏ ନାହିଁ, ତେଣୁ ଜ୍ଞାନର ନିଶ୍ଚିତତା କିମ୍ବା ଅନିଶ୍ଚିତତା ସ୍ଥିତିରେ ପୁରୁଷାର୍ଥର ଆବଶ୍ୟକତା ପଡ଼ିଥାଏ । ଜ୍ଞାନ ଓ କ୍ରିୟାର ପୂର୍ଣ୍ଣ ସାମଞ୍ଜସ୍ୟ ମଧ୍ୟ ନ ଥାଏ । ଏମାନଙ୍କ କାରଣ-ସାମଗ୍ରୀ ଭିନ୍ନ ଥାଏ । ସର୍ବଜ୍ଞ ସମସ୍ତଙ୍କୁ ଜାଣିପାରନ୍ତି ହେଲେ ସବୁ କରିପାରନ୍ତି ନାହିଁ ।

ଗୌତମ ପ୍ରଶ୍ନ କରୁଛନ୍ତି - 'ଭଗବନ୍ ! କେବଳୀ ବର୍ତ୍ତମାନ ଯେଉଁ ଆକାଶଖଣ୍ଡରେ ହାତ ଗୋଡ଼ ରଖୁଛନ୍ତି, ସେହି ଆକାଶଖଣ୍ଡରେ ପୁଣି ହାତଗୋଡ଼ ଥାପିପାରିବେ କି ?'

ଭଗବାନ - 'ଗୌତମ ! ନା, କେବଳୀଙ୍କ ଏ ସାମର୍ଥ୍ୟ ନାହିଁ ।'

ଗୌତମ- 'ଏହା କିପରି, ଭଗବନ୍ ?'

ଭଗବାନ- 'ଗୌତମ ! କେବଳୀ ବୀର୍ଯ୍ୟ, ଯୋଗ ଏବଂ ପୌଦ୍‌ଗଳିକ ଦ୍ରବ୍ୟଯୁକ୍ତ ହୋଇଥିବାରୁ ତାଙ୍କ ଉପକରଣ ଯଥା ହାତଗୋଡ଼ ଇତ୍ୟାଦି ଚଳଚଞ୍ଚଳ ଥା'ନ୍ତି । ଚଳନଶୀଳତା ଯୋଗୁଁ କେବଳୀ ଯେଉଁ ପ୍ରଦେଶରେ ହାତ ବା ପାଦ ରଖନ୍ତି, ସେହି ଆକାଶ-ପ୍ରଦେଶରେ ଆଉଥରେ ହାତ ପାଦ ଥାପିପାରନ୍ତି ନାହିଁ ।[୧୩୦]

ଜ୍ଞାନର କାର୍ଯ୍ୟ ହେଲା ଜାଣିବା । କ୍ରିୟା ହେଉଛି ଶରୀରସାପେକ୍ଷ । ଶାରୀରିକ ସ୍ପନ୍ଦନ କାରଣରୁ ପୂର୍ବେ ଅବଗାହନ କରାଯାଇଥିବା କ୍ଷେତ୍ରର ପୁଣି ଅବଗାହନ କରାଯିବା ସମ୍ଭବ ନୁହେଁ । ଏହି କ୍ରିୟାରେ ଜ୍ଞାନର କୌଣସି ଦୋଷ ନାହିଁ । ଏହା ଶାରୀରିକ ଚଳନଶୀଳନତାର ବୈଚିତ୍ର୍ୟ ମାତ୍ର ।

ନିୟତି ହେଉଛି ଏକ ତତ୍ତ୍ୱ । ତାହା ମିଥ୍ୟାବାଦ ନୁହେଁ । ନିୟତିବାଦ, ଯାହା ନିୟତିର ଏକାନ୍ତ ଆଗ୍ରହକୁ ଜାବୁଡ଼ି ଧରିଥାଏ, ତାହା ମିଥ୍ୟା । ସର୍ବଜ୍ଞତା ସହିତ ନିୟତିବାଦକୁ ଯୋଡ଼ାଯାଇଥାଏ । ଏହା କେବଳ ଆଗ୍ରହ ମାତ୍ର । ଅସର୍ବଜ୍ଞଙ୍କ ନିଶ୍ଚିତ ଜ୍ଞାନ ସହିତ ମଧ୍ୟ ଏହା ସଂଲଗ୍ନ । ସୂର୍ଯ୍ୟଗ୍ରହଣ ଓ ଚନ୍ଦ୍ରଗ୍ରହଣ ନିର୍ଦ୍ଧାରିତ ସମୟରେ ହିଁ ଘଟିଥାଏ । ଜ୍ୟୋତିର୍ବିଦ୍‌ମାନଙ୍କ ନିର୍ଣ୍ଣୟ, ସୂର୍ଯ୍ୟ-ଚନ୍ଦ୍ରଙ୍କ ସ୍ୱୟଂଭାବୀ କ୍ରିୟାରେ ବାଧା ଉତ୍ପନ୍ନ କରିପାରେ ନାହିଁ । ମନୁଷ୍ୟର ଭାଗ୍ୟ ସଂବନ୍ଧରେ ସେମାନଙ୍କ ସଦୃଶ (ଅସର୍ବଜ୍ଞ) ମନୁଷ୍ୟମାନଙ୍କ ଦ୍ୱାରା ଗୃହିତ ନିର୍ଣ୍ଣୟ ସେମାନଙ୍କ ପ୍ରଯତ୍ନରେ ବାଧକ ସାଜନ୍ତି ନାହିଁ । ନିୟତିବାଦର କାଳ୍ପନିକ ଭୟ ଦେଖାଇ ସର୍ବଜ୍ଞତା ପ୍ରତି କଟାକ୍ଷ କରାଯାଇପାରିବ ନାହିଁ । ଗୋଶାଳକର ନିୟତିବାଦର ହେତୁ ହେଉଛି ଭଗବାନ ମହାବୀରଙ୍କ ନିଶ୍ଚିତ ଜ୍ଞାନ ।

ଭଗବାନ ମହାବୀର ସାଧନା କାଳରେ ବିହାର କରୁଥାନ୍ତି । ସର୍ବଜ୍ଞତାକୁ ପ୍ରାପ୍ତକରି ନ ଥାନ୍ତି । ଶରତଋତୁର ପ୍ରଥମ ମାସ । ଉଷ୍ଣ ଓ ଶୀତର ସନ୍ଧିବେଳାରେ ବର୍ଷା ହେଉଥାଏ । କାର୍ତ୍ତିକର ତୀକ୍ଷ୍ଣ ଖରା ଦୁର୍ବଳ ହେଉଥାଏ ଏବଂ

---

(୧୩୦) ଭଗବତୀ, ୫।୧୧୦, ୧୧୧ ।

ଶୀତ, ମାର୍ଗଶୀରର କୋଳରେ ଖେଳିବାକୁ ଲାଳାୟିତ ଥାଏ । ସେତେବେଳେ ଭଗବାନ ମହାବୀର ସିଦ୍ଧାର୍ଥ-ଗ୍ରାମ ନଗରରୁ ବିହରଣ କରି କୂର୍ମଗ୍ରାମ ନଗରକୁ ଯାଉଥାନ୍ତି । ତାଙ୍କ ଏକମାତ୍ର ଶିଷ୍ୟ ମଂଖଲୀ ପୁତ୍ର ଗୋଶାଳକ ସଂଗରେ ଥାଏ । ସିଦ୍ଧାର୍ଥ ଗ୍ରାମରୁ ଯାତ୍ରାୟିତ ହୋଇପଡ଼ିଥାନ୍ତି, କିନ୍ତୁ କୂର୍ମଗ୍ରାମ ଏବେ ବି ଦୂରରେ । ମଧ୍ୟବର୍ତ୍ତୀ ସ୍ଥାନରେ ଏକ ଘଟଣାଚକ୍ର ସୃଷ୍ଟି ହୁଏ ।

ରାସ୍ତା କଡ଼ରେ ସବୁଜିମା ଧାରଣ କରିଥିବା ଏକ ଖେତ ଦୃଷ୍ଟିର ବିଷୟ ହେଲା । ସେହି ଖେତରେ ଏକ ତିଳଗଛ ରହିଥାଏ । ଏହି ନୟନାଭିରାମ ସବୁଜିମାଯୁକ୍ତ ଛୋଟ ଗଛ ବାଟୋଇମାନଙ୍କ ଦୃଷ୍ଟି ଆକର୍ଷଣ କରୁଥାଏ । ହଠାତ୍ ଗୋଶାଳକର ଦୃଷ୍ଟି ତା' ଉପରେ ନିକ୍ଷେପ ହେଲା । ସେ ଯାତ୍ରାକୁ ସାମାନ୍ୟ ବିରାମ ଦେଇ ମୁଣ୍ଡ ନୁଆଁଇ ସଭକ୍ତି ବିନମ୍ର ସ୍ୱରରେ କହିଲା- 'ପ୍ରଭୁ ! ଏହି ତିଳ ବୁଟା ଯାହା, ସମ୍ମୁଖରେ ଦଣ୍ଡାୟମାନ, ତାହା ପକ୍ୱ ହେବ ନା ନାହିଁ ? ଏହାର ସାତୋଟି ପୁଷ୍ପ ମଧ୍ୟରେ ଥିବା ସାତ ଜୀବ ମରି କେଉଁ ଜାଗାକୁ ଯିବେ, କେଉଁଠାରେ ଜନ୍ମ ନେବେ ?

ଭଗବାନ କହିଲେ - 'ଗୋଶାଳକ ! ଏହି ତିଳଗୁଚ୍ଛ ପାଚିବ, ପରିପାକ ନ ହେବ ଏପରି କଥା ନୁହେଁ । ଏହାର ସାତ ଫୁଲର ମଧ୍ୟମ ସାତଜୀବ ମରି ଏହାର ଏକ ଛୁଇଁରେ (ତିଳ-ଫଳିକା) ୭ଟି ତିଳରେ ପରିଣତ ହେବେ ।'

ଗୋଶାଳକ ଭଗବାନଙ୍କ କଥା ଶୁଣି ମଧ୍ୟ ସେହି ବାକ୍ୟ ପ୍ରତି ତା' ମଧ୍ୟରେ ଶ୍ରଦ୍ଧା ଓ ବିଶ୍ୱାସ ଉତ୍ପନ୍ନ ହେଲା ନାହିଁ । ତାହାକୁ ଅରୁଚିବୋଧ ହେଲା । ଏହି ଶ୍ରଦ୍ଧାହୀନତା, ଅପ୍ରତୀତି ଏବଂ ଅରୁଚି ତାହାକୁ ଭଗବାନଙ୍କ କଥନର ପରୀକ୍ଷା କରିବା ପାଇଁ ପ୍ରବର୍ତ୍ତାଇଲା । ସେ ସଂକୀର୍ଣ୍ଣ ମାର୍ଗର ଅନୁସରଣ କରିଲା । ତା'ର ପ୍ରୟୋଗ ବୁଦ୍ଧିରେ କେବଳ ଅଶ୍ରଦ୍ଧା ହିଁ ନୁହେଁ ନୈସର୍ଗିକ ତୁଚ୍ଛତା ବି ପୂରି ରହିଥାଏ । ଏଭଳି ତୁଚ୍ଛତା ଜଣେ ସତ୍ୟାନ୍ୱେଷୀଙ୍କ ଜୀବନରେ ଅଭିଶାପ ରୂପରେ ବସା ବାନ୍ଧିଥାଏ ।

ଭଗବାନ ଆଗକୁ ଚାଲୁଥାନ୍ତି । ଗୋଶାଳକ ଯୋଜନାବଦ୍ଧ ଢଙ୍ଗରେ ଆପଣା ଗତିକୁ ମନ୍ଦ କରି ବେଶ୍ ପଛରେ ରହିଥାଏ । ମନର ତୀବ୍ରବେଗ, ଗୋଶାଳକର ଗତିକୁ ଆହୁରି ଶିଥିଳ କରି ଦେଉଥାଏ । ତା'ର ପ୍ରୟୋଗ ଦୃଷ୍ଟିରେ ସତ୍ୟ ସକାଶେ ଶୁଦ୍ଧ ଜିଜ୍ଞାସା ଲେଶମାତ୍ର ନ ଥାଏ । ନିଜ ଆରାଧ୍ୟ ଧର୍ମାଚାର୍ଯ୍ୟଙ୍କ ପ୍ରତି ସଦ୍‌ଭାବନାଶୀଳତା ସମାପ୍ତ ପ୍ରାୟ । ସେ ଭଗବାନଙ୍କୁ ମିଥ୍ୟାବାଦୀ ସିଦ୍ଧ କରିବାକୁ ବଦ୍ଧପରିକର ଜଣାପଡୁଥାଏ । ବୈଚାରିକ ତୁମୂଳ ସଂଘର୍ଷ ମୁଣ୍ଡରେ ବୋଝାଇ ତିଳସ୍ତମ୍ଭ ପାଖରେ ପହଞ୍ଚିଲା ଏବଂ ଗଭୀର ଦୃଷ୍ଟିପାତ କଲା । ଗୋଶାଳକଙ୍କର ଦୁଇ ହାତ ପ୍ରସାରିତ ହେଲା ଏବଂ ଦେଖୁ ଦେଖୁ ତିଳ-ସ୍ତମ୍ଭ ମାଟି ଉପରକୁ ଉଠିଗଲା । ଗୋଶାଳକ ତାହାକୁ ଉପାଡ଼ି ପକାଇ ହାତରେ ଧରି କିଛି ଦୂର ଆଗକୁ ବଢ଼ି ଏକାନ୍ତ ସ୍ଥାନରେ ଫୋପାଡ଼ି ଦେଲା । ମହାବୀର ଚାଲିଚାଲି ଆଗକୁ ବଢୁଥାନ୍ତି । ସେ ନିଶ୍ଚଳ ଏବଂ ଆପଣା ସତ୍ୟ ପ୍ରତି ନିଶ୍ଚଳ ଥିଲେ । ତାଙ୍କ ନିରପେକ୍ଷତା, ତାଙ୍କୁ ଆଗକୁ ବଢ଼ିବା ପାଇଁ ଶକ୍ତି ଦେଉଥାଏ । ଗୋଶାଳକ ବର୍ତ୍ତମାନ ନିଜ ଗତିକୁ ବଢ଼ାଇ ଭଗବାନଙ୍କ ସମୀପସ୍ଥ ହେଲା ।

ପରିସ୍ଥିତି କେବେ, କେଉଁଠି, କିପରି କଡ଼ ଲେଉଟାଇଥାଏ, ଏହା ଜାଣିବା ସହଜ ନୁହେଁ । ବିଶ୍ୱର ସମଗ୍ର ଘଟନାବଳୀ ଏବଂ କାର୍ଯ୍ୟ-କାରଣ ଭାବର ଶୃଙ୍ଖଳା ଏପରି ସୃଷ୍ଟି ଏବଂ ସଂଲଗ୍ନ ହେଉଥାଏ ଯେ ଅସମ୍ଭବକୁ ସମ୍ଭବ କରି ଦେଉଥାଏ ତଥା ଯାହା ଘଟିତବ୍ୟ, ତାହାକୁ ନିଶ୍ଚିହ୍ନ କରିଦେଉଥାଏ । କେବଳ ପରିସ୍ଥିତିର ଦାସତ୍ୱ ଯେପରି ପ୍ରତାରଣା ମାତ୍ର,ସେହିପରି କେବଳ ପୌରୁଷର ଅଭିମାନ ହେଉଛି ବିଶୁଦ୍ଧ ଅଜ୍ଞାନ । ପରିସ୍ଥିତି ଓ ପୁରୁଷାର୍ଥ ଅନୁକୂଳ କ୍ଷେତ୍ର-କାଳର ସଂପର୍କରେ ଆସି ବ୍ୟକ୍ତିର ପୂର୍ବ କ୍ରିୟା ଦ୍ୱାରା ପ୍ରେରିତ ହେଲେ ଯାହା ହେବାର ଥାଏ ତାହା ହୁଏ ଏବଂ ଯାହା ବିଗଡ଼ିବାର ଥାଏ ତାହା ବିଗଡ଼ିଯାଏ । ଗୋଶାଳକର ପାଦ, ଭଗବାନ ମହାବୀରଙ୍କ ଆଡ଼କୁ ଅଗ୍ରସର ହେଲା, ପବନର ଗତିରେ ପରିବର୍ତ୍ତନ ଆସିଲା । ଶୂନ୍ୟ, ଆକାଶ, ମେଘ ଆଚ୍ଛାଦିତ ହୋଇପଡ଼ିଲା । ମେଘ, ଜଳକଣାରେ ଭରି ଉଠିଲା । ମେଘର ଗର୍ଜନ, ଘନଘନ ବିଜୁଳିର ଚମକ ଦ୍ୱାରା ବାତାବରଣ ହୋଇପଡ଼ିଲା ବିକ୍ଷୁବ୍‌ଧ । ଦେଖୁ ଦେଖୁ ମାଟି ଓଦା ଏବଂ ପବନରେ ଭାସୁଥିବା ରଜ-ରେଣୁ ଶାନ୍ତ ହୋଇପଡ଼ିଲେ । ତେବେ କାଦୁଅ ଉତ୍ପନ୍ନ ହେଲା ନାହିଁ । ସଦ୍ୟ ଉତ୍ପାଟିତ ତିଳ-ସ୍ତମ୍ଭ ଏପରି ଅନୁକୂଳ ସାମଗ୍ରୀ ଓ ପରିବେଶ ଲଭି ପୁଣି ଅଙ୍କୁରିତ ଏବଂ ବଦ୍ଧମୂଳ ହୋଇପଡ଼ିଲା ।

ଯେଉଁଠାରେ ତାକୁ ଫିଙ୍ଗି ଦିଆଯାଇଥିଲା । ସେହିଠାରେ ପ୍ରତିଷ୍ଠିତ ହେଲା । ୭ଟି ତିଳ-ପୁଷ୍ପର ୭ଟି ଜୀବ ସେହି ତିଳ-ସ୍ତମ୍ଭର ଏକ ଛୁଇଁ ବା ଫଳିକାରେ ୭ଟି ତିଳରେ ପରିଣତ ହେଲେ ।

ଭଗବାନ ମହାବୀର ଜନପଦ-ବିହାର କରିବା ମଧ୍ୟରେ ପୁଣି କୂର୍ମ ଗ୍ରାମରେ ପହଞ୍ଚିଲେ । ସେଠାରୁ ପୁଣି ସିଦ୍ଧାର୍ଥ ଗ୍ରାମ ନଗର ଦିଗରେ ପ୍ରସ୍ଥାନ କରିଲେ । ସେହି ସମାନମାର୍ଗ । ସେହି ଦୁଇ ଗୁରୁ-ଶିଷ୍ୟ ଅର୍ଥାତ୍ ମହାବୀର ଓ ଗୋଶାଳକ । କେବଳ ସମୟ ବଦଳି ଯାଇଥାଏ । ଋତୁ ପରିବର୍ତ୍ତନ ହୋଇସାରିଥାଏ । ପରିସ୍ଥିତି ମଧ୍ୟ ମୋଡ଼ ନେଇସାରିଥାଏ । ତେବେ କିଛି ଲୋକ କଦାଗ୍ରହରୁମୁକ୍ତ ହୋଇପାରନ୍ତି ନାହିଁ । କଥାକୁ ଜାବୁଡ଼ି ଧରିଥାନ୍ତି । ଗୋଶାଳକଙ୍କର ଗତି ଓ ମନ ଉଭୟ ଅଧୀର ଜଣାପଡୁଥାଏ । ପ୍ରତୀକ୍ଷାର କ୍ଷଣ ଦୀର୍ଘ ହୋଇପଡ଼ିଥାଏ । ତେବେ ପ୍ରତୀକ୍ଷା କାଳ ବିତିଲା ଏବଂ ଚର୍ଚ୍ଚିତ ଖେତ ନିକଟବର୍ତ୍ତୀ ହେଲା । ଗୋଶାଳକ କହି ଉଠିଲା-ଭଗବାନ୍ ! ଟିକିଏ ଶୁଣନ୍ତୁ । ଏହା ସେହି ଖେତ, ଯେଉଁଠି ଆମେ ପୂର୍ବବର୍ତ୍ତୀ ଯାତ୍ରାବେଳାରେ କିଛି ସମୟ ଅତିବାହିତ କରିଥିଲେ । ଏହି ଖେତରେ ଆମେ ତିଳ-ସ୍ତମ୍ଭ ଦେଖିଥିଲେ । ଏଠାରେ ପ୍ରଭୁ ଆପଣ କହିଥିଲେ - ଏହି ତିଳ-ସ୍ତମ୍ଭ ପକ୍ୱ ହେବ ? କିନ୍ତୁ ଭଗବନ୍ ! ଏହି ଭବିଷ୍ୟବାଣୀ ବ୍ୟର୍ଥ ହେଲା । ଏହି ତିଳ-ସ୍ତମ୍ଭ ପରିପକ୍ୱ ହୋଇପାରିଲା ନାହିଁ । ଏହାର ସାତଫୁଲ ମଧ୍ୟସ୍ଥ ସାତ ଜୀବ ମରି ନୂଆ ଭାବରେ ଏହାର ଏକ ଫଳିକାରେ ସାତଟି ତିଳରେ ପରିଣତ ହେଲେ ନାହିଁ । ମୁଁ ସତ୍ୟ କହୁଛି । ଆପଣ ମାନିନିଅନ୍ତୁ ଯେ ପ୍ରତ୍ୟକ୍ଷଠାରୁ ବଢ଼ି ଅନ୍ୟ କୌଣସି ପ୍ରମାଣ ନାହିଁ ।'

ଭଗବାନ ଧୀର ହୋଇ ସବୁ ଶୁଣିଲେ । ଥିଲେ ଶାନ୍ତ, ନିରବ ଓ ଅବିଚଳିତ । ଗୋଶାଳକର ଭବିତବ୍ୟତା ପ୍ରେରିତ କରୁଥାଏ ଭଗବାନଙ୍କୁ ମୁହଁ ଖୋଲିବା ପାଇଁ, କିଛି କହିବା ପାଇଁ ଏବଂ ରହସ୍ୟ ଉଜାଗର କରିବା ପାଇଁ । ଭଗବାନ କହି ଉଠିଲେ - ଗୋଶାଳକ ! ସେଦିନ ତୁମେ ମୋ କଥାରେ ବିଶ୍ୱାସ କରି ନ ଥିଲ, ଏହା ମୁଁ ଜାଣିଛି । ମୋ ଭବିଷ୍ୟବାଣୀକୁ ମିଥ୍ୟା ପ୍ରମାଣିତ କରିବା ଲାଗି ତୁମେ ହୋଇପଡ଼ିଥିଲ ବ୍ୟାକୁଳ । ଏଥିସକାଶେ ତୁମେ ଯାହା କରିବାକୁ ଇଚ୍ଛା କରିଥିଲ, ତାହା ମଧ୍ୟ କରିସାରିଛ - ଏହା ମଧ୍ୟ ମୁଁ ଜାଣେ । କିନ୍ତୁ ପରିସ୍ଥିତି, ତୁମ ଜିଦ୍ ବା ଇଚ୍ଛା ସହିତ ତାଳ ଦେଇନାହିଁ । ତିଳ-ସ୍ତମ୍ଭ ଉପାଡ଼ିବା ଓ ଫିଙ୍ଗିବାଠାରୁ ଆରମ୍ଭ କରି ତାହାର ପୁନର୍ବାର ପରିପକ୍ୱ ହେବାର ପୂରା ଇତିହାସ ପ୍ରଭୁ ବର୍ଣ୍ଣନା କଲେ । ଏହା ସହିତ ପରିବର୍ତ୍ତବାଦର ସିଦ୍ଧାନ୍ତକୁ ବି ବ୍ୟାଖ୍ୟାୟିତ କରିଲେ । ଭଗବାନ କହିଲେ - 'ଗୋଶାଳକ ! ବନସ୍ପତି ମଧ୍ୟରେ ପରିବୃତ୍ୟ-ପରିହାର ଥାଏ । ବନସ୍ପତିର ଜୀବ ଏକ ଶରୀରରେ ମରି ପୁଣି ସେହି ଶରୀରରେ ଜନ୍ମ ନେଇପାରିବେ ।'

କିନ୍ତୁ ଗୋଶାଳକ ନିୟତିର ହାତର କ୍ରୀଡ଼ନକ ସାଜିଥାଏ । ଭଗବାନଙ୍କ ବାଣୀରେ ବିଶ୍ୱାସ ଜାତ ହେଲା ନାହିଁ । ଧୈର୍ଯ୍ୟର ତଟ ଅତିକ୍ରମ କରି ଯେଉଁଠି ତିଳ-ସ୍ତମ୍ଭକୁ ଫିଙ୍ଗିଥିଲା, ସେଠାରେ ଯାଇ ପହଞ୍ଚିଲା । ସେଠାରେ ତିଳ-ସ୍ତମ୍ଭକୁ ପୁଣି ଜୀବିତାବସ୍ଥାରେ ଦଣ୍ଡାୟମାନ ଦେଖି ଆଶ୍ଚର୍ଯ୍ୟ ଚକିତ ହେଲା । ପାଖକୁ ଯାଇ ଦେଖିଲା ଯେ ତିଳଗୁଚ୍ଛରେ ଏକ ଫଳିକା ଉତ୍ପନ୍ନ ହୋଇ ବିକଶିତ ଅବସ୍ଥାରେ ଲାଖି ରହିଛି । ସଂଶୟର ଆବେଗରେ ଗୋଶାଳକ ଭୁଲିଗଲା ଯେ ବନସ୍ପତି ହେଉଛି ଚେତନ, ସ୍ପର୍ଶମାତ୍ରକେ ତାକୁ ବେଦନା ହୁଏ । ବନସ୍ପତିକୁ ଛୁଇଁବା, ଜଣେ ଜୈନ ମୁନିଙ୍କ ମର୍ଯ୍ୟାଦାର ପ୍ରତିକୂଳ । ସେ ହାତ ଆଗକୁ ବଢ଼ାଇ ଫଳିକାକୁ ଛିଣ୍ଡାଇ ଭିତରେ ୭ଟି ତିଳ ସ୍ପଷ୍ଟ ଦେଖିଲେ । ବର୍ତ୍ତମାନ ଗୋଶାଳକ ହୋଇପଡ଼ିଲା ସ୍ତବ୍ଧ । ତା' ମନରେ ଅଧ୍ୟବସାୟ ସୃଷ୍ଟି ହେଲା - ପୂର୍ବବର୍ତ୍ତୀ ସବୁ କିଛି ଅସାର । ମୁଁ ତତ୍ତ୍ୱ ଲାଭ କରିପାରିଛି । ସତ୍ୟ ହେଉଛି ନିୟତିବାଦ ଏବଂ ସତ୍ୟ ହେଉଛି ପରିବର୍ତ୍ତବାଦ । କୋଟି ପ୍ରଯତ୍ନ ସତ୍ତ୍ୱେ ଯାହା ହେବା କଥା, ସେଥିରେ ପରିବର୍ତ୍ତନ ହୁଏ ନାହିଁ । ସମସ୍ତ ଘଟନାଚକ୍ର ନିୟତି ନିୟନ୍ତ୍ରଣାଧୀନ । ଭବିତବ୍ୟତା ହିଁ ସବୁ କିଛି ନିର୍ମାଣ ଓ ନଷ୍ଟ କରିଥାଏ । ମନୁଷ୍ୟ ସେହି ମହାଶକ୍ତିର ଏକରେଖା ଯେ ସେହି ମହାଶକ୍ତିଠାରୁ କର୍ତ୍ତୃତ୍ୱ ଆହରଣ କରି କିଛି କରିବାର ଆସ୍ଫାଳନ କରିଥାଏ । ପରିବର୍ତ୍ତବାଦ ମଧ୍ୟ ନିୟତିବାଦ ସଦୃଶ ବ୍ୟାପକ । ସମସ୍ତ ଜୀବନ ପରିବୃତ୍ୟ-ପରିହାର କରିଥାନ୍ତି । ଏହି ଗୋଟିଏ ଘଟଣା ଦ୍ୱାରା ଗୋଶାଳକର ଦିଶା ପରିବର୍ତ୍ତନ ହେଲା । ବର୍ତ୍ତମାନ ଗୋଶାଳକ ଆଉ ଭଗବାନ ମହାବୀରଙ୍କ ଶିଷ୍ୟ ହୋଇ ରହିଲା ନାହିଁ । ସେ ଆଜୀବକ ସଂପ୍ରଦାୟର ଆଚାର୍ଯ୍ୟ ପଦ ମଣ୍ଡନ କରି

ନିୟତିବାଦ ଓ ପରିବର୍ତ୍ତନବାଦର ପ୍ରଚାରକ ସାଜିଲା । ନିଜକୁ 'ଜିନ' ବୋଲି ଘୋଷିତ କଲା ।

ସର୍ବଜ୍ଞତାର ପାରମ୍ପର୍ଯ୍ୟ ଭେଦ

ଜୈନ ପରମ୍ପରାରେ ସର୍ବଜ୍ଞତା ସଂବନ୍ଧରେ ପ୍ରାୟ ଏକମତ ରହିଛି । କେଉଁଠି ମତଭେଦ ମଧ୍ୟ ଥାଇପାରେ । ଆଚାର୍ଯ୍ୟ କୁନ୍ଦକୁନ୍ଦ ନିୟମସାରରେ କହିଛନ୍ତି - 'କେବଳୀ ବ୍ୟବହାର ଦୃଷ୍ଟିରେ ସବୁ ଜାଣନ୍ତି ଓ ଦେଖନ୍ତି ଏବଂ ନିଶ୍ଚୟ ଦୃଷ୍ଟିରେ କେବଳ ନିଜ ଆତ୍ମାକୁ ହିଁ ଦେଖିଥାନ୍ତି ।[୧୩୧] ତେବେ ସର୍ବଜ୍ଞତାର ଏହି ବିଚାରକୁ ଜୈନ ଦୃଷ୍ଟି ଶତ ପ୍ରତିଶତ ମାନ୍ୟ କରି ନ ଥାଏ । ସର୍ବଜ୍ଞତାର ଅର୍ଥ ହେଲା- ଲୋକ-ଅଲୋକବର୍ତ୍ତୀ ସମସ୍ତ ଦ୍ରବ୍ୟ ଓ ସମସ୍ତ ପର୍ଯ୍ୟାୟର ସାକ୍ଷାତକାର ।

ଏହି ଜୀବ ଏହି କର୍ମକୁ ଆଭ୍ୟୁପଗମିକୀ ବେଦନା (ଇଚ୍ଛା-ସ୍ୱୀକୃତ ପ୍ରଯତ୍ନ) ଦ୍ୱାରା ଭୋଗିବ ଏବଂ ଏହି ଜୀବ ଏହି କର୍ମକୁ ଔପକ୍ରମିକୀ ବେଦନା (କର୍ମୋଦୟ କୃତ, ପ୍ରଯତ୍ନ) ଦ୍ୱାରା ଭୋଗିବ, ପ୍ରଦେଶ ବୈଦ୍ୟ ବା ବିପାକ ବୈଦ୍ୟ ରୂପରେ ଯେଉଁଭଳି କର୍ମବନ୍ଧ ଘଟିଛି, ସେହିପରି ଭୋଗିବ, ଯେଉଁ ଦେଶ-କାଳ ଆଦିରେ ଯେଉଁ ପ୍ରକାର, ଯେଉଁ ନିମିତ୍ତରୁ ଯେଉଁ କର୍ମଗୁଡ଼ିକର ଫଳ ଭୋଗ କରିବାକୁ ହେବ- ଏସବୁ ଅର୍ହତ୍‌ଙ୍କୁ ଜ୍ଞାତ । ଭଗବାନ ଯେଉଁ କର୍ମକୁ ଯେଉଁ ରୂପରେ ଦେଖନ୍ତି, ଠିକ୍ ସେହିପରି ତାହା ପରିଣତ ହୁଏ ।[୧୩୨] ଆମ କ୍ରିୟାଗୁଡ଼ିକ ବିଶିଷ୍ଟ ଜ୍ଞାନର ନିଶ୍ଚିତତାରୁ ମୁକ୍ତି ନୁହନ୍ତି, ତଥାପି ଜ୍ଞାନ ହେଉଛି ଆଲୋକ । ସୂର୍ଯ୍ୟର ଆଲୋକ ପ୍ରତିବନ୍ଧକ ସାଜେ ନାହିଁ, ସେହିପରି ଜ୍ଞାନ ମଧ୍ୟ କ୍ରିୟାର ପ୍ରତିବନ୍ଧକ ହୁଏ ନାହିଁ ।

କେବଳୀ ପୂର୍ବ ଦିଶାରେ ମିତକୁ (ପରିମାଣଯୁକ୍ତ ବସ୍ତୁ) ଜାଣିଥାଏ ଏବଂ ଅମିତକୁ (ପରିମାଣ ରହିତ ବସ୍ତୁ) ମଧ୍ୟ ଜାଣିଥାଏ । ସେହିପରି ଦକ୍ଷିଣ, ପଶ୍ଚିମ ଓ ଉତ୍ତର ଦିଗର ମିତ ଓ ଅମିତ ଉଭୟକୁ ଜାଣିଥାଏ । କେବଳୀ ସମସ୍ତଙ୍କୁ ଜାଣନ୍ତି ଓ ଦେଖିପାରନ୍ତି । ସର୍ବତଃ ଜାଣନ୍ତି ଓ ଦେଖିଥାନ୍ତି । ସର୍ବକାଳରେ ସର୍ବଭାବକୁ (ପର୍ଯ୍ୟାୟ ବା ଅବସ୍ଥାକୁ) ଜାଣନ୍ତି ଓ ଦେଖିଥାନ୍ତି । କେବଳୀ ଅଟନ୍ତି ଅନନ୍ତ ଜ୍ଞାନୀ ଓ ଅନନ୍ତ-ଦର୍ଶୀ । ତାଙ୍କ ଜ୍ଞାନ ଓ ଦର୍ଶନ ନିରାବରଣ ଥାଏ । ତେଣୁ ସେ ସମସ୍ତ ପଦାର୍ଥକୁ ସଦା, ସବୁ ସ୍ଥାନରେ, ସମସ୍ତ ପର୍ଯ୍ୟାୟ ସହିତ ଜାଣି-ଦେଖିଥାନ୍ତି ।

---

[୧୩୧] ନିୟମସାର, ୧୫୮ ।

[୧୩୨] ନିୟମସାର, ୧୫୮ ।

||୨||

ମନୋବିଜ୍ଞାନ

ମନୋବିଜ୍ଞାନର ଆଧାର

ଜୈନ ମନୋବିଜ୍ଞାନ ହେଉଛି ଆତ୍ମା, କର୍ମ ଓ ନୋ-କର୍ମର ତ୍ରିପୁଟୀ-ମୂଳକ । ମନର ବ୍ୟାଖ୍ୟା ଏବଂ ପ୍ରବୃତ୍ତିମାନଙ୍କ ବିଶ୍ଳେଷଣ ପୂର୍ବରୁ ଏହି ତ୍ରିପୁଟୀ ଉପରେ ସଂକ୍ଷିପ୍ତ ଦୃଷ୍ଟିପାତ କରିବା ଆବଶ୍ୟକ, କାରଣ ଜୈନ ଦୃଷ୍ଟି ଅନୁସାରେ ମନ, ସ୍ୱତନ୍ତ୍ର ପଦାର୍ଥ ବା ଗୁଣ ନୁହେଁ, ତାହା ଆତ୍ମାର ଏକ ବିଶିଷ୍ଟ ଗୁଣମାତ୍ର । ମନର ପ୍ରବୃତ୍ତି ବି ସ୍ୱତନ୍ତ୍ର ନୁହେଁ, ତାହା କର୍ମ ଓ ନୋ-କର୍ମର ସ୍ଥିତିସାପେକ୍ଷ ହୋଇଥିବାରୁ କର୍ମ ଓ ନୋ-କର୍ମର ସ୍ୱରୂପ ବିଶ୍ଳେଷଣ ନ କରି ମନର ସ୍ୱରୂପକୁ ହୃଦୟଙ୍ଗମ କରିହେବ ନାହିଁ ।

ତ୍ରିପୁଟୀର ସ୍ୱରୂପ

ଆତ୍ମା

ଚୈତନ୍ୟ ଲକ୍ଷଣ, ଚୈତନ୍ୟ ସ୍ୱରୂପ ବା ଚୈତନ୍ୟଯୁକ୍ତ ପଦାର୍ଥର ନାମ ଆତ୍ମା ।[୧] ଏହି ଆତ୍ମାଗୁଡ଼ିକ ଅନନ୍ତ ।[୨] ଏମାନଙ୍କ ସତ୍ତା ସ୍ୱତନ୍ତ୍ର ।[୩] ଏହି ଆତ୍ମା, ଅନ୍ୟ କୌଣସି ଆତ୍ମା ବା ପରମାତ୍ମାର ଅଂଶ ନୁହନ୍ତି । ପ୍ରତ୍ୟେକ ଆତ୍ମାର ଚେତନା ଅନନ୍ତ । ଆତ୍ମା, ଅନନ୍ତ ପ୍ରମେୟ ଜାଣିବାରେ ସକ୍ଷମ ହୋଇଥାଏ । ଚୈତନ୍ୟ ଦୃଷ୍ଟିରୁ ସବୁ ଆତ୍ମା ସମାନ, କିନ୍ତୁ ଚେତନାର ବିକାଶ ସମସ୍ତଙ୍କ ମଧ୍ୟରେ ସମପରିମାଣରେ ଘଟି ନ ଥାଏ ।[୪] ଚୈତନ୍ୟ-ବିକାଶରେ ରହିଥିବା ତାରତମ୍ୟର ନିମିତ୍ତ ହେଉଛି କର୍ମ ।

କର୍ମ

ଆତ୍ମାର ପ୍ରବୃତ୍ତି ଦ୍ୱାରା ଆକୃଷ୍ଟ ତଥା ତା' ସହିତ ଏକରସୀଭୂତ ପୁଦ୍‌ଗଳ 'କର୍ମ' ବୋଲାଇଥାଏ ।[୫] କର୍ମ ହେଉଛି ଆତ୍ମା ନିମିତ୍ତ ହେଉଥିବା ପୁଦ୍‌ଗଳ-ପରିଣାମ । ଭୋଜନ, ଔଷଧ, ବିଷ ଓ ମଦ୍ୟ ଆଦି ପୌଦ୍‌ଗଳିକ ପଦାର୍ଥ ପରିପାକ ଦଶାରେ ପ୍ରାଣୀ ଉପରେ ପ୍ରଭାବ ଛାଡ଼ିଥାନ୍ତି, ସେହିପରି କର୍ମ ମଧ୍ୟ ପରିପାକ ଅବସ୍ଥାରେ ପ୍ରାଣୀଗୁଡ଼ିକୁ ପ୍ରଭାବିତ କରିଥାନ୍ତି ।[୬] ଭୋଜନ ଆଦିର ପରମାଣୁ ପ୍ରଚୟ ସୂକ୍ଷ୍ମ ହୋଇଥିବାରୁ ଏଗୁଡ଼ିକର ସାମର୍ଥ୍ୟ ପ୍ରବଳ ଥାଏ ।

---

(୧) ଉତ୍ତରଜ୍‌ଝୟଣାଣି, ୨୮/୧୦,୧୧ ।
(୨) ଦସବେଆଲିୟଂ, ୪/୩ ।
(୩) ଦସବେଆଲିୟଂ, ୪/୩ ।
(୪) ଠାଣଂ, ୨ ।
(୫) ଜୈନ ସିଦ୍ଧାନ୍ତଦୀପିକା, ୪/୧ ।
(୬) ପ୍ରଜ୍ଞାପନା ପଦ ୨୩ ।

ଭୋଜନ ଆଦି ଗ୍ରହଣ କରିବା ପ୍ରବୃତ୍ତି ସ୍ଥୁଳ ହୋଇଥିବାରୁ, ତା'ର ସ୍ପଷ୍ଟ ଜ୍ଞାନ କରିହୁଏ । କର୍ମଗ୍ରହଣର ପ୍ରବୃତ୍ତି ଯେହେତୁ ସୂକ୍ଷ୍ମ, ତେଣୁ ତା'ର ସ୍ପଷ୍ଟ ଜ୍ଞାନ କରିହୁଏ ନାହିଁ । ଭୋଜନ ଇତ୍ୟାଦିର ପରିଣାମ ଜାଣିବା ସକାଶେ ଶରୀର ଶାସ୍ତ୍ର ଏବଂ କର୍ମର ପରିଣାମ ଲାଗି କର୍ମଶାସ୍ତ୍ର ରହିଛି । ଭୋଜନର ପ୍ରତ୍ୟକ୍ଷ ପ୍ରଭାବ ଶରୀର ଉପରେ କିନ୍ତୁ ପରୋକ୍ଷ ପ୍ରଭାବ ଆତ୍ମା ଉପରେ ପଡ଼ିଥାଏ । ତେବେ କର୍ମର ପ୍ରତ୍ୟକ୍ଷ ପ୍ରଭାବ ଆତ୍ମା ଉପରେ ଏବଂ ପରୋକ୍ଷ ପ୍ରଭାବ ଶରୀର ଉପରେ ପଡ଼ିଥାଏ । ପଥ୍ୟ ଭୋଜନ ଦ୍ୱାରା ଶରୀରର ଉପଚୟ ଏବଂ ଅପଥ୍ୟ ଭୋଜନ ଦ୍ୱାରା ଅପଚୟ ଘଟିଥାଏ । ଉଭୟ ପ୍ରକାର ଭୋଜନର ଅଭାବରେ ମୃତ୍ୟୁ । ସେହିପରି ପୁଣ୍ୟ-କର୍ମ ଫଳରେ ଆତ୍ମାକୁ ସୁଖ, ପାପକର୍ମ ଦ୍ୱାରା ଦୁଃଖ ଏବଂ ଉଭୟ ପୁଣ୍ୟ ଓ ପାପ କର୍ମର ବିଲୟ ଘଟିଲେ ମୁକ୍ତି ମିଳିଥାଏ । କର୍ମର ଆଂଶିକ ବିଲୟରେ ଆଂଶିକ ମୁକ୍ତି-ଆଂଶିକ ବିକାଶ ତଥା ପୂର୍ଣ୍ଣ ବିଲୟ ଘଟିଲେ ପୂର୍ଣ୍ଣମୁକ୍ତି-ପୂର୍ଣ୍ଣ ବିକାଶ ହୁଏ । ଭୋଜନ ଆଦିର ପରିପାକ ଦେଶ, କାଳ-ସାପେକ୍ଷ ହୋଇଥାଏ, ସେହିପରି କର୍ମର ବିପାକ ନୋ-କର୍ମ ସାପେକ୍ଷ ହୋଇଥାଏ ।

ନୋ-କର୍ମ

କର୍ମ ବିପାକର ସହାୟକ ସାମଗ୍ରୀକୁ ନୋ-କର୍ମ କୁହାଯାଇଛି ।[୭] ସାଂପ୍ରତିକ ଭାଷାରେ କର୍ମକୁ ଆନ୍ତରିକ ପରିସ୍ଥିତି ବା ଆନ୍ତରିକ ବାତାବରଣ ତଥା ନୋ-କର୍ମକୁ ବାହ୍ୟ ପରିସ୍ଥିତି ବା ବାହାରି ବାତାବରଣ କୁହାଯାଇପାରିବ । କର୍ମ, ପ୍ରାଣୀମାନଙ୍କୁ ଫଳ ଦେବାରେ କ୍ଷମ, କିନ୍ତୁ ଏହାର କ୍ଷମତା ସହିତ ଦ୍ରବ୍ୟ, କ୍ଷେତ୍ର,କାଳ, ଭାବ, ଅବସ୍ଥା, ଭବ-ଜନ୍ମ, ପୁଦ୍‌ଗଳ, ପୁଦ୍‌ଗଳକାରିଣୀ ଆଦି ବାହ୍ୟ ସ୍ଥିତି ମଧ୍ୟସଂପୃକ୍ତ ଥାଏ ।[୮]

କର୍ମର ଆଂଶିକ ବିଲୟରୁ ହେଉଥିବା ଆଂଶିକ ଉପଯୋଗ ମଧ୍ୟ ବାହ୍ୟ ସ୍ଥିତି ସାପେକ୍ଷ ଥାଏ ।

ଚେତନାର ପୂର୍ଣ୍ଣ ବିକାଶ ଘଟିଲେ ତଥା ଶରୀରରୁ ମୁକ୍ତିଲାଭପରେ ଆତ୍ମାକୁ ବାହ୍ୟ ସ୍ଥିତିଗୁଡ଼ିକରେ କୌଣସି ଅପେକ୍ଷା ରହେ ନାହିଁ ।

ଶରୀର ଓ ଚେତନାର ସଂବନ୍ଧ

ଶରୀର ଓ ଚେତନା ଉଭୟ ଭିନ୍ନ ଧର୍ମକ ଅଟନ୍ତି, ତଥାପି ଏମାନଙ୍କ ଅନାଦି ସଂବନ୍ଧ ରହିଛି । ଚୈତନ୍ୟ ଦୃଷ୍ଟିରୁ ଚେତନ ଓ ଅଚେତନ ଅତ୍ୟନ୍ତ ଭିନ୍ନ ହୋଇଥିବାରୁ ସେମାନେ ସର୍ବଥା ଏକ ନୁହନ୍ତି । କିନ୍ତୁ ସାମାନ୍ୟ ଗୁଣ ଦୃଷ୍ଟିରେ ସେମାନେ ଅଭିନ୍ନ, ତେଣୁ ସେମାନଙ୍କ ମଧ୍ୟରେ ସମ୍ବନ୍ଧ ସ୍ଥାପନରେ ଅସୁବିଧା ନାହିଁ । ଚେତନ ହେଉଛି ଶରୀରର ନିର୍ମାତା । ଶରୀର ହେଉଛି ଚେତନର ଅଧିଷ୍ଠାନ । ତେଣୁ ଉଭୟଙ୍କ କ୍ରିୟା-ଅକ୍ରିୟା ଉଭୟଙ୍କ ଉପରେ ପଡ଼ିବା ସ୍ୱାଭାବିକ । ଶରୀର ସଂରଚନା ଚେତନ-ବିକାଶ ଆଧାରରେ ହୋଇଥାଏ । ଯେଉଁ ଜୀବର ଯେତେ ଇନ୍ଦ୍ରିୟ ଓ ମନ ବିକଶିତ, ତା'ର ଇନ୍ଦ୍ରିୟ ଓ ମନର ସେତେ ପରିମାଣର ଜ୍ଞାନତନ୍ତୁ ନିର୍ମିତ ହୁଏ । ଏହି ଜ୍ଞାନ-ତନ୍ତୁ ହିଁ ଇନ୍ଦ୍ରିୟ ଓ ମାନସଜ୍ଞାନର ସାଧନ । ଜ୍ଞାନ-ତନ୍ତୁ ସୁସ୍ଥ ଥିବା ଯାଏ ଇନ୍ଦ୍ରିୟ ବି ସୁସ୍ଥ ରହନ୍ତି । ଏହି ଜ୍ଞାନ ତନ୍ତୁକୁ ଶରୀରରୁ ନିର୍ଗତ କରିଦେବା ପରେ ଇନ୍ଦ୍ରିୟଗୁଡ଼ିକୁ ଜାଣିବାର ପ୍ରବୃତ୍ତି ସମାପ୍ତ ହୁଏ ।[୯]

ଶରୀରର ଗଠନ ଏବଂ ଚେତନାର ବିକାଶ

ଚେତନା-ବିକାଶ ଅନୁରୂପ ଶରୀରର ରଚନା ତଥା ଶାରୀରିକ-ରଚନା ଅନୁସାରେ ଚେତନାର ପ୍ରବୃତ୍ତି ଘଟିଥାଏ । ଶରୀର-ନିର୍ମାଣ ବେଳାରେ ଆତ୍ମା ସାଜିଥାଏ ନିମିତ୍ତ ତଥା ଜ୍ଞାନ-କାଳରେ ଶରୀରର ଜ୍ଞାନତନ୍ତୁ ଚେତନାକୁ ସାହାଯ୍ୟ କରିଥାନ୍ତି ।

---

(୭) ପ୍ରଜ୍ଞାପନା, ପଦ ୧୭ ବୃତ୍ତି: ବାହ୍ୟା ନ୍ୟାପି ଦ୍ରବ୍ୟାଣି କର୍ମଣାମୁଦୟକ୍ଷୟୋ ପଶମାଦି ହେତବ ଉପଲଭ୍ୟନ୍ତେ, ଯଥା ବାହ୍ୟୌଷଧି ଜ୍ଞାନାବରଣ କ୍ଷୟୋପଶମସ୍ୟ, ସୁରାପାନଂ ଜ୍ଞାନାବରଣୋଦୟସ୍ୟ, କଥମନ୍ୟଥା ଯୁକ୍ତାଯୁକ୍ତ ବିବେକ ବିକଲତୋପ ଜାୟତେ ।...

(୮) ପ୍ରଜ୍ଞାପନା, ପଦ ୧୩

(୯) ତନ୍ଦୁଲବୈୟାଲୀୟ

ପୃଥିବୀ ଯାବତ୍ ବନସ୍ପତିର ଶରୀର ହେଉଛି ଅସ୍ଥି, ମାଂସ ରହିତ । ବିକଳେନ୍ଦ୍ରିୟ-ଦ୍ୱୀନ୍ଦ୍ରିୟ, ତ୍ରୀନ୍ଦ୍ରିୟ ଓ ଚତୁରେନ୍ଦ୍ରିୟର ଶରୀର ଅସ୍ଥି-ମଜ୍ଜା, ଶୋଣିତବଦ୍ଧ ଥାଏ ।

ପଞ୍ଚେନ୍ଦ୍ରିୟ ତୀର୍ଯ୍ୟଞ୍ଚ ଓ ମନୁଷ୍ୟର ଶରୀର ଅସ୍ଥି-ମଜ୍ଜା, ଶୋଣିତ, ସ୍ନାୟୁ, ଶିରାବଦ୍ଧ ହୋଇଥାଏ ।[୧୦]

ଆତ୍ମା, ଶରୀରଠାରୁ ସର୍ବଥା ଭିନ୍ନ ନୁହେଁ, ତେଣୁ ଆତ୍ମାର ପରିଣତିର ପ୍ରଭାବ ଶରୀର ଉପରେ ତଥା ଶରୀରର ପରିଣତିର ପ୍ରଭାବ ଆତ୍ମା ଉପରେ ପଡ଼ିଥାଏ । ଦେହମୁକ୍ତ ହେବା ପରେ ଆତ୍ମା ଉପରେ ତା'ର ପ୍ରଭାବ ଲୋପପାଏ କିନ୍ତୁ ଦୈହିକ ସ୍ଥିତିଗୁଡ଼ିକଦ୍ୱାରା ଆବଦ୍ଧ ଆତ୍ମାର କ୍ରିୟା-କଳାପରେ ଶରୀର ସହାୟକ କିମ୍ବା ବାଧକ ସାଜିବା ସ୍ୱାଭାବିକ ।

ଇନ୍ଦ୍ରିୟ-ପ୍ରତ୍ୟକ୍ଷ ସକାଶେ ଦୈହିକ ଇନ୍ଦ୍ରିୟମାନଙ୍କ ଅପେକ୍ଷା ରହିଥାଏ, ସେହିପରି ପୂର୍ବ-ପ୍ରତ୍ୟକ୍ଷର ସ୍ମୃତି ପାଇଁ ଦୈହିକ ଜ୍ଞାନତନ୍ତୁ-କେନ୍ଦ୍ର-ମସ୍ତିଷ୍କ ବା ଅନ୍ୟ ଅବୟବଗୁଡ଼ିକର ଅପେକ୍ଷା ରହିଆସିଛି ।

ଶରୀର ବୃଦ୍ଧି ସହିତ ଯଦି ଜ୍ଞାନ ବୃଦ୍ଧି ଘଟିଥାଏ, ତାହାହେଲେ ଆତ୍ମା-ଶରୀରଠାରୁ ଭିନ୍ନ କିପରି ହେଲା । ଏହି ସ୍ୱାଭାବିକ ଶଙ୍କା ଉତ୍ପନ୍ନ ହୋଇଥାଏ, କିନ୍ତୁ ଏହି ନିୟମ ପୂର୍ଣ୍ଣ ବ୍ୟାପ୍ତ ନୁହେଁ । ଅନେକ ଲୋକଙ୍କ ସଂପୂର୍ଣ୍ଣ ଶାରୀରିକ ବିକାଶ ହେବା ସତ୍ତ୍ୱେ ବୁଦ୍ଧିର ପୂର୍ଣ୍ଣ ବିକାଶ ଘଟିପାରେ ନାହିଁ ତଥା ଅନେକ ଲୋକଙ୍କ ଦେହର ଆଂଶିକ ବିକାଶ ହୋଇଥିଲେ ବି ବୁଦ୍ଧିର ପୂର୍ଣ୍ଣ ବିକାଶ ସମ୍ଭବ ହୋଇଥାଏ । ଦେହର ଅପୂର୍ଣ୍ଣତାରେ ସଂପୂର୍ଣ୍ଣ ବୌଦ୍ଧିକ ବିକାଶ ନ ହେବା ପଛରେ କାରଣ ହେଉଛି ଶରୀର ସାହାଯ୍ୟରେ ବସ୍ତୁ ବିଷୟକ ଗ୍ରହଣ କରିହୁଏ । ଦେହ ପୂର୍ଣ୍ଣ ବିକଶିତ ନ ହେବା ପର୍ଯ୍ୟନ୍ତ ତାହା ବସ୍ତୁ-ବିଷୟ ଗ୍ରହଣ କରିବାର ପୂର୍ଣ୍ଣତୟା ସମର୍ଥ ହୁଏ ନାହିଁ । ମସ୍ତିଷ୍କ ଓ ଇନ୍ଦ୍ରିୟ ସମୂହର ନ୍ୟୂନାଧିକତା କ୍ଷେତ୍ରରେ ବି ଜ୍ଞାନର ପରିମାଣରେ ନ୍ୟୂନାଧିକତା ହୋଇଥାଏ । ଏହାର କାରଣ ହେଉଛି - ସହଯୋଗୀ ଅବୟବ ବିନା ଜ୍ଞାନର ଉପଯୋଗ ସମ୍ଭବ ନୁହେଁ । ଦେହ, ମସ୍ତିଷ୍କ ଓ ଇନ୍ଦ୍ରିୟ ସହିତ ଜ୍ଞାନର ନିମିତ୍ତ-କାରଣ ଓ କାର୍ଯ୍ୟଭାବ ସଂବନ୍ଧ ରହିଛି । ଏହାର ଫଳିତ କଦାପି ଆତ୍ମା ଓ ଏମାନେ ଏକ ଓ ଅଭିନ୍ନ ହୋଇପାରିବେ ନାହିଁ ।

ମନ

ସମତାତ୍ମକ ଭୌତିକବାଦ ଅନୁସାରେ ମାନସିକ କ୍ରିୟା ସ୍ୱଭାବତଃ ଭୌତିକ ଅଟନ୍ତି ।

କାରଣାତ୍ମକ ଭୌତିକବାଦ ଅନୁସାରେ ମନ ହେଉଛି ପୁଦ୍‌ଗଳର କାର୍ଯ୍ୟ ।

ଗୁଣାତ୍ମକ ଭୌତିକବାଦ ଅନୁସାରେ ମନ ହେଉଛି ପୁଦ୍‌ଗଳର ଗୁଣ ।

ଜୈନ ଦର୍ଶନ ଅନୁସାରେ ମନ ଦୁଇ ପ୍ରକାର - ଚେତନ ଓ ପୌଦ୍‌ଗଳିକ ।

ପୌଦ୍‌ଗଳିକ ମନ ହେଉଛି ଜ୍ଞାନାତ୍ମକ ମନର ସହଯୋଗୀ । ପୌଦ୍‌ଗଳିକ ମନର ସହାୟତା ବିନା ଜ୍ଞାନାତ୍ମକ ମନ ନିଜ କାର୍ଯ୍ୟ କରିପାରେ ନାହିଁ । ତା' ମଧ୍ୟରେ ଏକାନ୍ତତଃ ଜ୍ଞାନଶକ୍ତି ନ ଥାଏ । ଉଭୟଙ୍କ ଯୋଗରେ ମାନସିକ କ୍ରିୟା ଘଟିଥାଏ ।

ଜ୍ଞାନାତ୍ମକ ମନ ହେଉଛି ଚେତନ । ପୌଦ୍‌ଗଳିକ ପରମାଣୁ ଦ୍ୱାରା ଏହାର ନିର୍ମାଣ ହୋଇପାରେ ନାହିଁ । ତାହା ପୌଦ୍‌ଗଳିକ ବସ୍ତୁର ରସ ନୁହେଁ । ପୌଦ୍‌ଗଳିକ ବସ୍ତୁର ରସ ବି ପୌଦ୍‌ଗଳିକ ହେବା ସ୍ୱାଭାବିକ । ଯକୃତ, ପିତ୍ତର ନିର୍ମାଣ କରିଥାଏ, ଏହା ପୌଦ୍‌ଗଳିକ । ଚେତନା ମସ୍ତିଷ୍କର ରସ ନୁହେଁ ତଥା ମସ୍ତିଷ୍କର ଆନୁଷଙ୍ଗିକ ଉତ୍ପାଦନ ମଧ୍ୟ ନୁହେଁ । ଏହା କାର୍ଯ୍ୟକ୍ଷମ ଓ ଶରୀର ନିୟାମକ । ଆନୁଷଙ୍ଗିକ ଉତ୍ପାଦନରେ ଏହି ସାମର୍ଥ୍ୟ ନ ଥାଏ ।

ଚେତନା, ଶରୀରଘଟକ ଧାତୁର ଗୁଣ, ଯାହା ଶରୀରରୁ ଲୁପ୍ତ ହୁଏ ନାହିଁ । ଚେତନା ଆତ୍ମାର ଗୁଣ । ଆତ୍ମା-ଶୂନ୍ୟ ଶରୀରରେ ଚେତନା ନ ଥାଏ ଏବଂ ଶରୀର-ଶୂନ୍ୟ ଆତ୍ମାର ଚେତନାକୁ ଆମେ ପ୍ରତ୍ୟକ୍ଷତଃ ଦେଖିପାରୁନାହୁଁ । ଆମେ କେବଳ ଶରୀରଯୁକ୍ତା ଆତ୍ମାର ଚେତନାର ବୋଧ କରିବାରେ ସମର୍ଥ ।

ବସ୍ତୁର ସ୍ୱଗୁଣ କେବେ ବି ବସ୍ତୁଠାରୁ ବିଯୁକ୍ତ ହୁଏ ନାହିଁ । ଦୁଇଟି ବସ୍ତୁର ସଂଯୋଗରେ ତୃତୀୟ ନୂତନ ବସ୍ତୁ

---

[୧୦] ଠାଣଂ, ୨।୧୫୯, ୧୬୦ ।

ସୃଷ୍ଟି ହୁଏ । ଏହି ତୃତୀୟ ବସ୍ତୁର ଗୁଣ ଦୁହିଙ୍କ ସମ୍ମିଶ୍ରଣରୁ ଜାତ ହୁଏ, ବାହ୍ୟ ପରିବେଶରୁ ଆସି ନ ଥାଏ । ଏହି ନୂତନ ବସ୍ତୁ ଯେତେବେଳେ ବିଘଟିତ ହୁଏ, ଦୁଇବସ୍ତୁର ଗୁଣ ପୁନଃ ପୃଥକ୍ ପୃଥକ୍ ଆପଣା ଅସ୍ତିତ୍ୱକୁ ସିଦ୍ଧ କରନ୍ତି । ଗନ୍ଧକଯୁକ୍ତ ଏସିଡରେ ହାଇଡ୍ରୋଜେନ ଓ ଅକ୍‌ସିଜେନ ମିଶିଥାଏ । ଏଗୁଡ଼ିକର ନିଜସ୍ୱ ବିଶେଷ ଗୁଣ ରହିଛି । ଏସିଡ୍ ତିଆରି କରୁଥିବା ମୂଳଧାତୁଗୁଡ଼ିକୁ ପୃଥକ୍ କରି ଦିଆଗଲେ, ସେହି ପଦାର୍ଥଗୁଡ଼ିକ ଆପଣା ମୂଳ ଗୁଣ ସହିତ ପ୍ରକଟ ହୁଅନ୍ତି ।

ଆତ୍ମାର ଗୁଣ ଚୈତନ୍ୟ ଓ ଜଡ଼ର ଗୁଣ ଅଚୈତନ୍ୟ । ଏହି ଚୈତନ୍ୟ ଓ ଅଚୈତନ୍ୟ ଗୁଣ ଯଥାକ୍ରମେ ଆତ୍ମା ଓ ଜଡ଼ ସହିତ ନିରନ୍ତର ସଂଲଗ୍ନ ଥା'ନ୍ତି । ଉଭୟଙ୍କ ସଂଯୋଗ ଦ୍ୱାରା ଉତ୍ପନ୍ନ ହେଉଥିବା ନୂଆ ଗୁଣକୁ ଜୈନ ପରିଭାଷାରେ 'ବୈଭାବିକ ଗୁଣ' କୁହାଯାଇଥାଏ । ଏହି ଗୁଣ ମୁଖ୍ୟ ରୂପରେ ଚାରିପ୍ରକାର- ଆହାର, ଶ୍ୱାସ-ଉଚ୍ଛ୍ୱାସ, ଭାଷା ଓ ପୌଦ୍‌ଗଳିକ ମନ । ଏହି ନୂତନ ଗୁଣଗୁଡ଼ିକ ଆତ୍ମାର ନୁହନ୍ତି କି ଶରୀରର ମଧ ନୁହନ୍ତି । ବରଂ ଉଭୟଙ୍କ ସମ୍ମିଶ୍ରଣରୁ ଜାତ । ଆତ୍ମା ଓ ଶରୀରର ବିୟୋଗ ଘଟିଲେ ଏଗୁଡ଼ିକ ନଷ୍ଟ ହୋଇଯା'ନ୍ତି ।

ଶରୀର ଓ ମନର ପାରସ୍ପରିକ ପ୍ରଭାବ

ଶରୀର ଉପରେ ମନର ତଥା ମନ ଉପରେ ଶରୀରର ପ୍ରଭାବ ସଂବନ୍ଧରେ ଏବେ ବିଚାର କରିବା । ଆତ୍ମା ଅରୂପୀ, ତାହାକୁ ଦେଖିବାରେ ଆମେ ଅସମର୍ଥ । ଆତ୍ମାର କ୍ରିୟାଗୁଡ଼ିକର ଅଭିବ୍ୟକ୍ତିର ମାଧ୍ୟମ ଶରୀର । ଉଦାହରଣ ସ୍ୱରୂପ କୁହାଯାଇପାରେ ଯେ ଆତ୍ମା ବିଜୁଳିଶକ୍ତି ଓ ଶରୀର ହେଉଛି ବଲ୍‌ବ । ଜ୍ଞାନ-ଶକ୍ତି ଆତ୍ମାର ଗୁଣ, ତା'ର ସାଧନ ଶରୀର ଅବୟବ ସମୂହ । ଆତ୍ମା, କଥା ହେବାର ପ୍ରଯତ୍ନ କରିଥାଏ, କିନ୍ତୁ ସାଧନ ନିଶ୍ଚିତ ଭାବରେ ଶରୀର ସାଜିଥାଏ । ଏହିଭଳି ପୁଦ୍‌ଗଳ ଗ୍ରହଣ ଓ ଚଳପ୍ରଚଳ କାର୍ଯ୍ୟ ଆତ୍ମା, ଶରୀର ମାଧ୍ୟମରେ କରିଥାଏ । ଆତ୍ମା ବିନା ଚିନ୍ତନ, ଜଳ୍ପ ତଥା ବୁଦ୍ଧିପୂର୍ବକ ଗତି-ଆଗତି ହୁଏ ନାହିଁ ତଥା ଶରୀର ବିନା ସେଗୁଡ଼ିକ ଅପ୍ରକାଶିତ ଓ ଅନଭିବ୍ୟକ୍ତ ରହିଯାନ୍ତି । ତେଣୁ କୁହାଯାଇଛି ଯେ 'ଦ୍ରବ୍ୟନିମିତ୍ତଂ ହି ସଂସାରିଣାଂ ବୀର୍ଯ୍ୟମୁପଜାୟତେ' ଅର୍ଥାତ୍ ସଂସାରୀ ଆତ୍ମାମାନଙ୍କ ଶକ୍ତିର ପ୍ରୟୋଗ ପାଇଁ ପୁଦ୍‌ଗଳର ସହାୟତା ନିତାନ୍ତ ଆବଶ୍ୟକ ଆମ ମାନସ ଚିନ୍ତନରେ ପ୍ରବୃତ୍ତ ହୁଏ । ସେତେବେଳେ ପୌଦ୍‌ଗଳିକ ମନ ଦ୍ୱାରା ପୁଦ୍‌ଗଣ ଗ୍ରହଣ କରିବାକୁ ପଡ଼ିବ ଅନ୍ୟଥା ପ୍ରବୃତ୍ତି ଅସମ୍ଭବ । ଆମ ଚିନ୍ତନ ଅବସ୍ଥାରେ ଯେଉଁ ପ୍ରକାର ଇଷ୍ଟ ବା ଅନିଷ୍ଟ ଭାବର ଉଦ୍ରେକ ହେବ, ସେହି ପ୍ରକାର ଇଷ୍ଟ ବା ଅନିଷ୍ଟ ପୁଦ୍‌ଗଳ ସମୂହକୁ ଦ୍ରବ୍ୟ-ମନ (ପୌଦ୍‌ଗଳିକ ମନ) ଗ୍ରହଣ କରିଚାଲିଥାଏ । ମନ-ରୂପରେ ପରିଣତ ହେଉଥିବା ଅନିଷ୍ଟ ପୁଦ୍‌ଗଳ ଦ୍ୱାରା ଶରୀରର କ୍ଷତି ଏବଂ ମନ-ରୂପରେ ପରିଣତ ଇଷ୍ଟ ପୁଦ୍‌ଗଳ ଦ୍ୱାରା ଶରୀରକୁ ଲାଭ ହୁଏ ।[୧୧] ଏହି ପ୍ରକାରେ ଶରୀର ଉପରେ ମନର ପ୍ରଭାବ ସୁସ୍ପଷ୍ଟ । ତେବେ ସଜାତୀୟ ପୁଦ୍‌ଗଳ ଦ୍ୱାରା ହିଁ ଶରୀର ପ୍ରଭାବିତ ହୁଏ, ତଥାପି ସେହି ପୁଦ୍‌ଗଳଗୁଡ଼ିକର ଗ୍ରହଣ ମାନସିକ ପ୍ରବୃତ୍ତି ଉପରେ ନିର୍ଭରଶୀଳ । ତେଣୁ ଏହି ପ୍ରକ୍ରିୟାକୁ ଆମେ ଶରୀର ଉପରେ ମାନସିକ ପ୍ରଭାବ କହିବାରେ ଆପତ୍ତି ନାହିଁ । ଦେଖିବା ଶକ୍ତି ହେଉଛି ଜ୍ଞାନ । ଜ୍ଞାନ, ଆତ୍ମାର ଗୁଣ । ତଥାପି ଆଖି ନ ଥିଲେ ମଣିଷ ଦେଖିପାରିବ ନାହିଁ । ଆଖିରେ ରୋଗ ଜାତ ହେଲେ, ଦର୍ଶନ-କ୍ରିୟା ବାଧିତ ହୁଏ । ରୋଗର ସମୁଚିତ ଚିକିତ୍ସା ଦ୍ୱାରା ଦେଖିବା ପୁଣି ସମ୍ଭବ ହୁଏ । ଏହି କଥା ମସ୍ତିଷ୍କ ଓ ମନର କ୍ରିୟା ସମ୍ବନ୍ଧରେ ଲାଗୁ ହୁଏ । ଏଭଳି ଭାବରେ ଆତ୍ମା ଉପରେ ଶରୀରର ପ୍ରଭାବ ସ୍ପଷ୍ଟ ପ୍ରମାଣିତ ।

---

(୧୧) ବିଶେଷାବଶ୍ୟକ ଭାଷ୍ୟ, ଗାଥା ୨୨୦ ବୃତ୍ତି: ମନସ୍ତ୍ୱ-ପରିଣତାନିଷ୍ଟପୁଦ୍‌ଗଳନିଚୟରୂପଂ ଦ୍ରବ୍ୟମନଃ ଅନିଷ୍ଟ-ଚିନ୍ତା ପ୍ରବର୍ତ୍ତନେନ । ଜୀବସ୍ୟ ଦେହଦୌର୍ବଲ୍ୟାଦ୍ୟାପତ୍ତ୍ୟା ହ୍ୟାନ୍ନିରୁଦ୍ଧ ବାୟୁବଦ୍ ଉପଘାତଂ ଜନୟତି, ତଦେବ ଚ ଶୁଭ ପୁଦ୍‌ଗଳପିଣ୍ଡରୂପଂ ତସ୍ୟାନୁକୂଳଚିନ୍ତାଜନକତ୍ୱେନ ହର୍ଷାଦ୍ୟା-ଭିନିବୃତ୍ତ୍ୟା ଭେଷଜବଦନୁଗ୍ରହଂ ବିଧତ୍ତେ ଇତି ... ।

ଇନ୍ଦ୍ରିୟ ଓ ମନର ଜ୍ଞାନକ୍ରମ

ମତିଜ୍ଞାନ ଓ ଶ୍ରୁତଜ୍ଞାନର ସାଧନ ହେଉଛି ଇନ୍ଦ୍ରିୟ ଓ ମନ । ତଥାପି ଦୁହେଁ ଏକ ନୁହନ୍ତି । ମତି ଦ୍ୱାରା ଇନ୍ଦ୍ରିୟ ଓ ମନର ସହାୟତା ମାତ୍ରେ ଅର୍ଥର ଜ୍ଞାନ କରିହୁଏ । ଶ୍ରୁତ,ଶବ୍ଦ ବା ସଂକେତ ଲୋଡ଼ିଥାଏ । ମାଠିଆକୁ ଦେଖିଲା ମାତ୍ରେ, ଆମେ ଜାଣି ପାରିଥାଉଁ - ଏହା ମତିଜ୍ଞାନ କିନ୍ତୁ ମାଠିଆ ଶବ୍ଦ ଦ୍ୱାରା ମାଠିଆକୁ ଜାଣିବା-ଶ୍ରୁତଜ୍ଞାନ ।[୧୨] ମତି-ଜ୍ଞାନର ଜ୍ଞାତା ଓ ଜ୍ଞେୟ ପଦାର୍ଥ ମଧ୍ୟରେ ଇନ୍ଦ୍ରିୟ ଓ ମନର ବ୍ୟବଧାନ ଅବସ୍ଥିତ, ତେଣୁ ତାହା ପରୋକ୍ଷ କିନ୍ତୁ ମତିଜ୍ଞାନର ଇନ୍ଦ୍ରିୟ, ମନ ଓ ଜ୍ଞେୟବସ୍ତୁ ମଧ୍ୟରେ କୌଣସି ବ୍ୟବଧାନ ନ ଥାଏ, ତେଣୁ ତାକୁ ଲୌକିକ ପ୍ରତ୍ୟକ୍ଷ ମଧ୍ୟ କୁହାଯାଇଥାଏ ।[୧୩] ଶ୍ରୁତଜ୍ଞାନର ଇନ୍ଦ୍ରିୟ, ମନ ଓ ଜ୍ଞେୟ ବସ୍ତୁ ମଧ୍ୟରେ ଶବ୍ଦର ବ୍ୟବଧାନ ରହିଥିବାରୁ, ତାହା ସର୍ବତଃ ପରୋକ୍ଷ ହିଁ ଥାଏ ।

ଲୌକିକ-ପ୍ରତ୍ୟକ୍ଷ, ଆତ୍ମ-ପ୍ରତ୍ୟକ୍ଷ ସଦୃଶ ସମର୍ଥ ପ୍ରତ୍ୟକ୍ଷ ନୁହେଁ, ତେଣୁ ତା'ଠାରେ କ୍ରମିକ ଜ୍ଞାନ ନ ଥାଏ । ବସ୍ତୁର ସାମାନ୍ୟ ଦର୍ଶନଠାରୁ ଆରମ୍ଭକରି ତା'ର ଧାରଣା ପର୍ଯ୍ୟନ୍ତ କ୍ରମ ନିମ୍ନ ପ୍ରକାର-

ଜ୍ଞାତା ଓ ଜ୍ଞେୟବସ୍ତୁର ଉଚିତ ସନ୍ନିଧାନ - ବ୍ୟଞ୍ଜନ ।

ବସ୍ତୁର ସର୍ବ ସାମାନ୍ୟ ରୂପର ବୋଧ-ଦର୍ଶନ ।

ବସ୍ତୁର ବ୍ୟକ୍ତିନିଷ୍ଠ ସାମାନ୍ୟ ରୂପର ବୋଧ -ଅବଗ୍ରହ ।

ବସ୍ତୁ-ସ୍ୱରୂପ ସଂବନ୍ଧରେ ଅନିର୍ଣ୍ଣାୟକ ବିକଳ୍ପ-ସଂଶୟ ।

ବସ୍ତୁ-ସ୍ୱରୂପର ପରାମର୍ଶ -

ବସ୍ତୁଠାରେ ପ୍ରାପ୍ତ ଓ ଅପ୍ରାପ୍ତ ଧର୍ମର ପର୍ଯ୍ୟାଲୋଚନ-ଈହା (ନିର୍ଣ୍ଣୟ କରିବାର ଚେଷ୍ଟା) ।

ବସ୍ତୁ-ସ୍ୱରୂପର ନିର୍ଣ୍ଣୟ - ଅବାୟ (ନିର୍ଣ୍ଣୟ) ।

ବସ୍ତୁ-ସ୍ୱରୂପର ସ୍ଥିର ଅବଗତି ବା ସ୍ଥିରୀକରଣ-ଧାରଣା (ନିର୍ଣ୍ଣୟର ଧାରା)

ଏହି କ୍ରମ ଅମନସ୍କ ଅବସ୍ଥାରେ ଅପୂର୍ଣ୍ଣ କିନ୍ତୁ ଏହାର ବିପର୍ଯ୍ୟାୟ ସଂଭବ ନୁହେଁ । ଅବଗ୍ରହ ହୋଇଥାଏ,ଧ୍ୟାନ ପରିବର୍ତ୍ତନ ହେଲେ ଈହାର ଅଭାବ ବି ଘଟିପାରେ । କିନ୍ତୁ ଈହା ପୂର୍ବରୁ ଅବଗ୍ରହ ଅର୍ଥାତ୍ ବସ୍ତୁତ ବିଶିଷ୍ଟ-ସ୍ୱରୂପର ପରାମର୍ଶ ପୂର୍ବରୁ ତା'ର ସାମାନ୍ୟ ରୂପର ଗ୍ରହଣ ଅନିବାର୍ଯ୍ୟ । ଏହି ନିୟମ 'ଧାରଣା' ପର୍ଯ୍ୟନ୍ତ ସମାନ ଭାବରେ ପ୍ରଯୁଜ୍ୟ ।

ଏହି କ୍ରମାନୁସାରେ ବ୍ୟଞ୍ଜନ ହେଉଛି ଅଚେତନ, ଦର୍ଶନ ବିଶେଷ ସ୍ୱରୂପର ଅନିର୍ଣ୍ଣାୟକ ଓ ସଂଶୟ ହେଉଛି ଅଯଥାର୍ଥ । ନିର୍ଣ୍ଣାୟକ ଜ୍ଞାନର ଚାରି ଭୂମିକା ହେଲେ ଅବଗ୍ରହ, ଈହା, ଅବାୟ ଓ ଧାରଣା ।

ବସ୍ତୁବୃତ୍ତ୍ୟ ନିର୍ଣ୍ଣୟର ଭୂମି ହେଉଛି 'ଅବାୟ' । ଅବଗ୍ରହ ଓ ଈହା ନିର୍ଣ୍ଣୟୋନ୍ମୁଖ ବା ସ୍ୱରୂପାଂଶର ନିର୍ଣ୍ଣୟ କରିଥାନ୍ତି । ନିର୍ଣ୍ଣୟର ସ୍ଥିର ରୂପ-ଧାରଣା । ତେଣୁ ଧାରଣା ମଧ୍ୟ ନିର୍ଣ୍ଣାୟକ ଭୂମିକାରେ ଅବସ୍ଥିତ । ଧାରଣାର ତିନିପ୍ରକାର ହେଉଛି - ଅବିଚ୍ୟୁତି, ବାସନା ଓ ସ୍ମୃତି ।

ଅବିଚ୍ୟୁତି - ନିର୍ଣ୍ଣିତ ବିଷୟରେ ଜ୍ଞାନର ପ୍ରବୃତ୍ତି ନିରନ୍ତର ଲାଗି ରହିବା, ଉପଯୋଗ-ଧାରା ବିଚ୍ଛିନ୍ନ ନ ହେବା - ଏହି ଧାରଣାର ନାମ 'ଅବିଚ୍ୟୁତି' । ଏହି ଅବିଚ୍ୟୁତିର ଅପେକ୍ଷା ହିଁ ଧାରଣା ଲୌକିକ ପ୍ରତ୍ୟକ୍ଷ । ଏହାର ଉତ୍ତରବର୍ତ୍ତୀ ଦୁଇ ପ୍ରକାର ପ୍ରତ୍ୟକ୍ଷ ନୁହେଁ ।

ବାସନା - ନିର୍ଣ୍ଣୟରେ ବର୍ତ୍ତମାନ ଜ୍ଞାନର ପ୍ରବୃତ୍ତି - ଉପଯୋଗର ସାତତ୍ୟ ଛିନ୍ନ ହେଲେ ପ୍ରସ୍ତୁତ ଜ୍ଞାନର ବ୍ୟକ୍ତରୂପ ଅନ୍ତର୍ହିତ ହୁଏ । ତା'ର ଅବ୍ୟକ୍ତ ରୂପ ସଂସ୍କାର ମାତ୍ର ରହିଯାଏ ଏବଂ ଏହି ସଂସ୍କାର ପୂର୍ବ-ଜ୍ଞାନର ସ୍ମୃତିର କାରଣ ସାଜିଥାଏ । ଏହି ସଂସ୍କାର-ଜ୍ଞାନର ନାମ 'ବାସନା' ।

(୧୨) ବିଶେଷାବଶ୍ୟକଭାଷ୍ୟ, ଗାଥା ୧୦୦ ବୃତ୍ତି ... ।

(୧୩) ନନ୍ଦୀ,ସୂତ୍ର ୪ ।

ସ୍ମୃତି - ସଂସ୍କାର ଉଦ୍‌ବୁଦ୍ଧ ହେବାପରେ ଅନୁଭୂତ ଅର୍ଥର ପୁନର୍ବୋଧ ହୁଏ। ଏହା ହିଁ 'ସ୍ମୃତି'। ବାସନା ବ୍ୟକ୍ତଜ୍ଞାନ ନୁହେଁ, ତେଣୁ ତାହା ପ୍ରମାଣ ରୂପରେ ମାନ୍ୟ ନୁହେଁ। ସ୍ମୃତି ହେଉଛି ପରୋକ୍ଷ ପ୍ରମାଣ। ଧାରଣା ପର୍ଯ୍ୟନ୍ତ ମତି ଲୌକିକ ପ୍ରତ୍ୟକ୍ଷ ଥାଏ। ସ୍ମୃତିଠାରୁ ଆରମ୍ଭକରି ଅନୁମାନ ଯାଏ ତା'ର ରୂପ ପରୋକ୍ଷ ପାଲଟିଥାଏ।

ଚକ୍ଷୁ ଓ ମନର ଜ୍ଞାନ-କ୍ରମ ପଟୁ ହୋଇଥିବାରୁ ଏଗୁଡ଼ିକର ବ୍ୟଞ୍ଜନ ହୁଏନାହିଁ, ଜ୍ଞେୟ ବସ୍ତୁ ସହିତ ସନ୍ନିକର୍ଷ ହୁଏ ନାହିଁ। ଯେଉଁ ଇନ୍ଦ୍ରିୟଗୁଡ଼ିକର ବ୍ୟଞ୍ଜନ ହୁଏ, ସେମାନେ ବ୍ୟଞ୍ଜନର ଅସ୍ପଷ୍ଟ ବୋଧ କରିପାରିଥାନ୍ତି। ନିଜ ଓ ଜ୍ଞେୟବସ୍ତୁର ସଂଶ୍ଳେଷର ଅବ୍ୟକ୍ତ ଜ୍ଞାନ ହେଉଥିବାରୁ ଏହାକୁ 'ବ୍ୟଞ୍ଜନ ଅବଗ୍ରହ' କୁହାଯାଏ। ଏହା ହେଉଛି ଅପଟୁ ବା ଅଣକୁଶଳୀ ଜ୍ଞାନ-କ୍ରମ। ଏହାଦ୍ୱାରା ଜ୍ଞେୟ ଅର୍ଥର ବୋଧ ହୁଏ ନାହିଁ। ଏହାର ପରବର୍ତ୍ତୀ ଅବଗ୍ରହ ଦ୍ୱାରା ଅର୍ଥବୋଧ ସଂଭବ ହୁଏ। ତେଣୁ ଏହାର ନାମ ହେଉଛି ଅର୍ଥ-ଅବଗ୍ରହ।

ଅବଗ୍ରହ, ଈହା, ଅବାୟ ଓ ଧାରଣା - ଏହା ପାଞ୍ଚଟିଯାକ ଇନ୍ଦ୍ରିୟ ଓ ମନର ହୋଇଥାନ୍ତି।

ଇନ୍ଦ୍ରିୟ ଓ ମନର ସାପେକ୍ଷ-ନିରପେକ୍ଷ ବୃତ୍ତି

ଇନ୍ଦ୍ରିୟଗୁଡ଼ିକ ପ୍ରତିନିୟତ ଅର୍ଥଗ୍ରାହୀ ଅଟନ୍ତି।[୧୪] ସ୍ପର୍ଶନ, ରସନ, ଘ୍ରାଣ, ଚକ୍ଷୁ ଓ ଶ୍ରୋତ୍ର ଏହି ପାଞ୍ଚ ଇନ୍ଦ୍ରିୟମାନଙ୍କ ପାଞ୍ଚ ବିଷୟ ହେଉଛି - ସ୍ପର୍ଶ, ରସ, ଗନ୍ଧ,ରୂପ ଓ ଶବ୍ଦ।[୧୫] ମନ ହେଲା ସର୍ବାର୍ଥଗ୍ରାହୀ। ମନ ଏହି ପାଞ୍ଚୋଟିଯାକ ଅର୍ଥକୁ ବେଶ୍ ଜାଣିଥାଏ। ଏଗୁଡ଼ିକ ବ୍ୟତୀତ ମନର ମୁଖ୍ୟ ବିଷୟ ହେଉଛି 'ଶ୍ରୁତ'।[୧୬] 'ପୁସ୍ତକ' ଶବ୍ଦ ଶୁଣିଲେ ବା ପଢ଼ିଲେ ସଂଗେ ସଂଗେ ମନ ପୁସ୍ତକ ନାମକ ବସ୍ତୁର ଜ୍ଞାନ କରିନିଏ। ମନକୁ ଶବ୍ଦ-ସଂସ୍ପୃଷ୍ଟ ବସ୍ତୁ ଉପଲବ୍ଧ ଥାଏ। ଇନ୍ଦ୍ରିୟ ପୁସ୍ତକକୁ ଦେଖି 'ବହି' ନାମକ ବସ୍ତୁକୁ ଜାଣିଥାଏ ତଥା ପୁସ୍ତକ ଶବ୍ଦ ଶୁଣି କେବଳ ସେହି ଶବ୍ଦ ମାତ୍ରର ଜ୍ଞାନ କରିଥାଏ। କିନ୍ତୁ 'ପୁସ୍ତକ' ଶବ୍ଦର ଏହା ଯେ ପୁସ୍ତକ ବାଚ୍ୟାର୍ଥ - ଏହି ଜ୍ଞାନ ଇନ୍ଦ୍ରିୟ କରିପାରେ ନାହିଁ। ଇନ୍ଦ୍ରିୟଗୁଡ଼ିକ କେବଳ ବିଷୟର ଉପଲବ୍ଧି ଓ ଅଧିଗ୍ରହଣ ଶକ୍ତି ସାମର୍ଥ୍ୟଯୁକ୍ତ ଥା'ନ୍ତି, ଇନ୍ଦ୍ରିୟ ମଧ୍ୟରେ ଈହା-ଗୁଣ-ଦୋଷ-ବିଚାରଣା, ପରୀକ୍ଷା ବା ତର୍କ ଶକ୍ତି ନ ଥାଏ।[୧୭] ମନରେ ଈହା ପୋହ ଶକ୍ତି ରହିଛି।[୧୮] ଇନ୍ଦ୍ରିୟ ମତି ଓ ଶ୍ରୁତ ଉଭୟରେ ବାର୍ତ୍ତମାନିକ ବୋଧ କରିଥାଏ, ପାର୍ଶ୍ୱବର୍ତ୍ତୀ ବିଷୟକ୍ ଜାଣିଥାଏ। ମନ, ମତିଜ୍ଞାନରେ ବି ଈହାର ଅନ୍ୱୟ-ବ୍ୟତିରେକୀ ଧର୍ମର ପରାମର୍ଶ କରିବା ସମୟରେ ତ୍ରୈକାଳିକ ବନିଯାଏ ଏବଂ ଶ୍ରୁତରେ ତ ତ୍ରୈକାଳିକ ହେବା ସ୍ୱାଭାବିକ।[୧୯]

ମନ ଇନ୍ଦ୍ରିୟ କି ?

ନୈୟାୟିକମାନେ ମନକୁ ଇନ୍ଦ୍ରିୟଠାରୁ ପୃଥକ୍ ମଣିଥାନ୍ତି।[୨୦] ସାଂଖ୍ୟମାନେ ଇନ୍ଦ୍ରିୟ ମଧ୍ୟରେ ମନର ଅନ୍ତର୍ଭାବ କରନ୍ତି।[୨୧] ଜୈନମାନେ ମନକୁ ଅନ-ଇନ୍ଦ୍ରିୟ ମାନ୍ୟ କରନ୍ତି। ଏହାର ଅର୍ଥ ହେଉଛି - ମନ, ଇନ୍ଦ୍ରିୟ ଭଳି ପ୍ରତିନିୟତ ଅର୍ଥକୁ ଜାଣିବାର ସାମର୍ଥ୍ୟ ରଖିନାହିଁ, ତେଣୁ ତାହା ଇନ୍ଦ୍ରିୟ ନୁହେଁ। କିନ୍ତୁ ମନ, ଇନ୍ଦ୍ରିୟ ବିଷୟକୁ ସେମାନଙ୍କ ମାଧ୍ୟମରେ ଜାଣିପାରିଥାଏ, ତେଣୁ ତାହା କଥଞ୍ଚିତ୍ ଇନ୍ଦ୍ରିୟ ନୁହେଁ - ଏହା କୁହାଯାଇପାରିବ ନାହିଁ। ଶକ୍ତି ଦୃଷ୍ଟିରୁ ଏହା ଇନ୍ଦ୍ରିୟ ନୁହେଁ ଅଥଚ ଇନ୍ଦ୍ରିୟ-ସାପେକ୍ଷତା ଦୃଷ୍ଟିରୁ ମନ ବି ଇନ୍ଦ୍ରିୟ।

---

[୧୪] ଜୈନ ସିଦ୍ଧାନ୍ତ ଦୀପିକା, ୨।୨୭।

[୧୫] ଜୈନ ସିଦ୍ଧାନ୍ତ ଦୀପିକା, ୨।୨୮,୩୨।

[୧୬] ଜୈନ ସିଦ୍ଧାନ୍ତ ଦୀପିକା, ୨/୩୩ : ତତ୍ତ୍ୱାର୍ଥସୂତ୍ର, ୨।୨୨।

[୧୭] ନନ୍ଦୀ, ସୂତ୍ର ୬୨:
ଦସ୍‌ସ ଣଂ ନତ୍‌ଥି ଈହା ଅପୋହୋ ମଗ୍‌ଗଣା ଗବେସଣା ଚିନ୍ତା ବୀମଂସା ସେଣଂ ଅସଣ୍ଣିତ୍ତି ଲବ୍‌ଭଇ।

[୧୮] ନନ୍ଦୀ, ସୂତ୍ର ୬୨ :
ଜସ୍‌ସ ଣଂ ଅତ୍‌ଥି ଈହା ଅପୋହୋ ମଗ୍‌ଗଣା ଗବେସଣା ଚିନ୍ତା ବୀମଂସା ସେଣଂ ସଣ୍ଣୀତି ଲବ୍‌ଭଇ।

[୧୯] ବୃହତ୍ କଳ୍ପଭାଷ୍ୟ, ୧୧।

[୨୦] ନ୍ୟାୟସୂତ୍ର, ୧।୧୨।

[୨୧] ସାଂଖ୍ୟକାରିକା, ୨୭।

ମାନସିକ ଅବଗ୍ରହ

ଇନ୍ଦ୍ରିୟ ଯେଉଁ ପ୍ରକାରେ ମତିଜ୍ଞାନର ନିମିତ୍ତ,ସେହିପରି ତାହା ଉଭୟ ମତିଜ୍ଞାନ ଓ ଶ୍ରୁତଜ୍ଞାନର ନିମିତ୍ତ ସାଜିଥାଏ । କିନ୍ତୁ 'ଶ୍ରୁତ' ଶବ୍ଦ ଦ୍ୱାରା ଗ୍ରାହ୍ୟ ବସ୍ତୁ କେବଳ ମନର ହିଁ ବିଷୟ, ଇନ୍ଦ୍ରିୟର ନୁହେଁ ।[୨୨] ଶବ୍ଦ ସଂସ୍ପର୍ଶ ବିନା ପ୍ରତ୍ୟକ୍ଷ ବସ୍ତୁର ଗ୍ରହଣ ଇନ୍ଦ୍ରିୟ ଓ ମନ ଉଭୟ କରିଥାନ୍ତି । ସ୍ପର୍ଶ, ରସ, ଗନ୍ଧ, ରୂପ ଏବଂ ଶବ୍ଦାତ୍ମକ ବସ୍ତୁର ଜ୍ଞାନ, ଇନ୍ଦ୍ରିୟଗୁଡ଼ିକ କରିଥାନ୍ତି କିନ୍ତୁ ମନ ହିଁ ଏମାନଙ୍କ ବିଶେଷ ଅବସ୍ଥା ଓ ବୁଦ୍ଧିଜନ୍ୟ କାଳ୍ପନିକ ବୃତ୍ତିଗୁଡ଼ିକର ତଥା ପଦାର୍ଥର ଉପଯୋଗ ପ୍ରକ୍ରିୟାର ଜ୍ଞାନ କରିଥାଏ । ଏହି ପ୍ରାଥମିକ ଗ୍ରହଣ - ଅବଗ୍ରହ ବେଳାରେ ସାମାନ୍ୟତଃ ବସ୍ତୁ ପର୍ଯ୍ୟାୟର ଜ୍ଞାନ ସମ୍ଭବପର । ଏଥିରେ ପୂର୍ବ-ପର ଅନୁସନ୍ଧାନ, ଶବ୍ଦ ଓ ଅର୍ଥର ସଂବନ୍ଧ, ବିଶେଷ ବିକଳ୍ପ ଆଦି ନ ଥାଏ । ଇନ୍ଦ୍ରିୟ ଏହି ବିଶିଷ୍ଟ ପର୍ଯ୍ୟାୟଗୁଡ଼ିକୁ ଜାଣିବାରେ ଅସମର୍ଥ । ତେଣୁ ମାନସିକ ଅବଗ୍ରହ ବେଳାରେ ଇନ୍ଦ୍ରିୟଗୁଡ଼ିକର ସଂପୃକ୍ତି ନ ଥାଏ, ଯେପରି ଐନ୍ଦ୍ରିୟିକ ଅବଗ୍ରହରେ ମନ ସଂଯୁକ୍ତ ଥାଏ । ଅବଗ୍ରହର ଉତ୍ତରବର୍ତ୍ତୀ ଜ୍ଞାନକ୍ରମରେ ମନର ହିଁ ଏକାଧିକାର ଥାଏ ।

ମନର ବ୍ୟାପକତା

(କ) **ବିଷୟ ଦୃଷ୍ଟିରୁ** - ପ୍ରତ୍ୟକ୍ଷ ପଦାର୍ଥ ହିଁ ଇନ୍ଦ୍ରିୟର ବିଷୟ ସାଜିଥାନ୍ତି । ମନର ବିଷୟ ଉଭୟ ପ୍ରତ୍ୟକ୍ଷ ଓ ପରୋକ୍ଷ ପଦାର୍ଥ । ଶବ୍ଦ, ପରୋପଦେଶ ବା ଆଗମ-ଗ୍ରନ୍ଥର ମାଧ୍ୟମ ଦ୍ୱାରା ଅସ୍ପୃଷ୍ଟ, ଅରସିତ, ଅଘ୍ରାତ, ଅଦୃଷ୍ଟ, ଅଶ୍ରୁତ, ଅନନୁଭୂତ, ମୂର୍ତ୍ତ ଓ ଅମୂର୍ତ୍ତ ସମସ୍ତ ପଦାର୍ଥକୁ ଜାଣିହୁଏ । ଏହା ହେଉଛି ଶ୍ରୁତଜ୍ଞାନ । ଶ୍ରୁତଜ୍ଞାନ କେବଳ ମାନସିକ ସ୍ତର । ମନର ବିଷୟ ସବୁ ପଦାର୍ଥ, ଏହା କୁହାଯାଇପାରିବ ତା'ର ବି ଏକ ଅର୍ଥ ରହିଛି ବୋଲି କୁହାଯାଇପାରିବ ନାହିଁ । ସବୁ ପଦାର୍ଥ, ମନର ଜ୍ଞେୟ ହୋଇପାରିବେ, କିନ୍ତୁ ପ୍ରତ୍ୟକ୍ଷ ରୂପରେ ନୁହେଁ, ଶ୍ରୁତ ମାଧ୍ୟମରେ । ତେଣୁ ମନର ବିଷୟ ହେଉଛି ଶ୍ରୁତ ।

ଶ୍ରୁତମନୋବିଜ୍ଞାନ ଇନ୍ଦ୍ରିୟ ନିମିତ୍ତକ ଓ ମନୋନିମିତ୍ତକ ଉଭୟ ପ୍ରକାର । ଇନ୍ଦ୍ରିୟ ଦ୍ୱାରା ଶବ୍ଦର ଅଧିଗ୍ରହଣ ହୁଏ, ତେଣୁ ଇନ୍ଦ୍ରିୟ ତା'ର ନିମିତ୍ତ ହେବା ସ୍ୱାଭାବିକ । ମନ ଦ୍ୱାରା, ତା'ର ପର୍ଯ୍ୟାଲୋଚନ ହେଉଥିବାରୁ ମନ ବି ନିମିତ୍ତ ସାଜେ । ଶ୍ରୁତମନୋବିଜ୍ଞାନ ବିଶେଷ ପର୍ଯ୍ୟାଲୋଚନାତ୍ମକ ତେଣୁ ଏହା ଉଭୟ ଇନ୍ଦ୍ରିୟ ଓ ମନର କାର୍ଯ୍ୟ ।

(ଖ) **କାଳ ଦୃଷ୍ଟିରେ** - ଇନ୍ଦ୍ରିୟଗୁଡ଼ିକ କେବଳ ବର୍ତ୍ତମାନ ଅର୍ଥକୁ ଜାଣିଥାନ୍ତି । ମନ ତ୍ରୈକାଳିକ ଜ୍ଞାନ, କିନ୍ତୁ ସ୍ୱରୂପ ଦୃଷ୍ଟିରେ ତାହା ବାର୍ତ୍ତମାନିକ । ମନ ହେଉଛି ମନ୍ୟମାନ ଅର୍ଥାତ୍ ମନନ ସମୟରେ ମନ ।[୨୩] ମନନ ପୂର୍ବରୁ ବା ପରେ ମନର ସତ୍ତା ଅନୁଭୂତ ହୁଏ ନାହିଁ । ବସ୍ତୁଜ୍ଞାନ ଦୃଷ୍ଟିରେ ମନ ତ୍ରୈକାଳିକ । ମନର ମନନ ବାର୍ତ୍ତମାନିକ, ସ୍ମରଣ ଅତୀତକାଳିକ, ସଂଜ୍ଞା ଉଭୟକାଳିକ, କଳ୍ପନା ଭବିଷ୍ୟକାଳିକ, ଚିନ୍ତା, ଅଭିନିବୋଧ ଓ ଶବ୍ଦଜ୍ଞାନ ତ୍ରୈକାଳିକ ।

ବିକାଶର ତରତମ ଭାବ

ପ୍ରାଣୀମାତ୍ର ମଧ୍ୟରେ ରହିଥିବା ଚେତନା ସମାନ, କିନ୍ତୁ ସେମାନଙ୍କ ବିକାଶ ସ୍ତର ସମାନ ନୁହେଁ । ଜ୍ଞାନାବରଣ ମନ୍ଦ ଥିଲେ ଚେତନା ଅଧିକ ବିକଶିତ ହୁଏ । ଜ୍ଞାନାବରଣ ତୀବ୍ର ବା ପ୍ରଗାଢ଼ ରହିଥିଲେ ଚେତନାର ବିକାଶ ସ୍ୱଳ୍ପ ପରିମାଣରେ ହୁଏ । ଜ୍ଞାନ ଅନାବୃତ ହେଲେ ଚେତନାର ପୂର୍ଣ୍ଣ ବିକାଶ ଘଟିଥାଏ । ଜ୍ଞାନାବରଣର ଉଦୟ ବେଳାରେ ଚେତନାର ବିକାଶ ମଧ୍ୟ ଢାଙ୍କି ହୋଇଯାଏ, କିନ୍ତୁ ଏହା କେବେ ବି ପୂର୍ଣ୍ଣତୟା ଆବୃତ ହୁଏ ନାହିଁ । ଏହାର କିଛି ଅଂଶ ସବୁବେଳେ ଅନାବୃତ ବା ଖୋଲା ଥାଏ । ଯଦି ଏହା ସଂପୂର୍ଣ୍ଣ ଆବୃତ ହେବ ତେବେ ଜୀବ ଓ ଅଜୀବର ବର୍ଗୀକରଣର କୌଣସି ଆଧାର ହିଁ ରହିବ ନାହିଁ ।[୨୪] ମେଘର ସ୍ତର ଯେତେ ବହଳ ଥାଉ, ସୂର୍ଯ୍ୟର ପ୍ରଭାକୁ ସଂପୂର୍ଣ୍ଣ ପରାହତ

---

(୨୨) ତତ୍ତ୍ୱାର୍ଥଶ୍ଲୋକବାର୍ତ୍ତିକ, ୨/୧୧, ପୃ.୩୨୮ ।

(୨୩) ଭଗବତୀ, ୧୩।୧୨୬: ମଣିଜ୍ଜମାଣେ ମଣେ ।

(୨୪) ନନ୍ଦୀ, ସୂତ୍ର ୭୧: ସବ୍ବଜୀବାଣଂପି ଯ ଣଂ ଅକ୍ଖରସ୍ସ ଅଣଂତ ଭାଗୋ ନିଚ୍ଚୁଗ୍ଘାଡ଼ିୟୋ, ଜଇ ପୁଣ ସୋ ବି ଆବରିଜ୍ଜା ତେଣଂ ଜୀବୋ ଅଜୀବତ୍ତଂ ପାବେଜ୍ଜା ।

କରିପାରେ ନାହିଁ । ସୂର୍ଯ୍ୟଙ୍କ ଅକ୍ଷାଂଶ ବି ଦିନ ଓ ରାତିର ବିଭାଗୀକରଣର ନିମିତ୍ତ ସାଜିଥାଏ । ଚେତନାର ନ୍ୟୂନତମ ବିକାଶ ଏକେନ୍ଦ୍ରିୟ ଜୀବମାନଙ୍କ କ୍ଷେତ୍ରରେ ହିଁ ହେବ ।[୨୪] ଏକେନ୍ଦ୍ରିୟ ଜୀବମାନଙ୍କ କେବଳ ଏକ ସ୍ପର୍ଶନ ଇନ୍ଦ୍ରିୟର ଜ୍ଞାନ ରହିଥାଏ । ସ୍ତ୍ୟାନର୍ଦ୍ଧି-ନିଦ୍ରା-ଗାଢ଼ତମ ନିଦ ଭଳି ଅବସ୍ଥା ଏହି ଏକେନ୍ଦ୍ରିୟ ଜୀବମାନଙ୍କ କ୍ଷେତ୍ରରେ ସର୍ବଦା ଲାଗିରହେ, ଫଳରେ ସେମାନଙ୍କ ଜ୍ଞାନ ଅବ୍ୟକ୍ତ ହୋଇ ରହେ । ଦ୍ୱୀନ୍ଦ୍ରିୟ,ତ୍ରୀନ୍ଦ୍ରିୟ, ଚତୁରିନ୍ଦ୍ରିୟ, ପଞ୍ଚେନ୍ଦ୍ରିୟ-ସମ୍ମୂର୍ଚ୍ଛିମ ଏବଂ ପଞ୍ଚେନ୍ଦ୍ରିୟ ଗର୍ଭଜ ମଧ୍ୟରେ ଜ୍ଞାନର ମାତ୍ରା କ୍ରମଶଃ ବଢ଼ି ଚାଲିଥାଏ ।

ଦ୍ୱୀନ୍ଦ୍ରିୟ ... ... ସ୍ପର୍ଶନ ଓ ରସନ ।

ତ୍ରୀନ୍ଦ୍ରିୟ ... ... ସ୍ପର୍ଶନ, ରସନ ଓ ଘ୍ରାଣ ।

ଚତୁରିନ୍ଦ୍ରିୟ ... ... ସ୍ପର୍ଶନ, ରସନ, ଘ୍ରାଣ ଓ ଚକ୍ଷୁ ।

ପଞ୍ଚେନ୍ଦ୍ରିୟ-ସମ୍ମୂର୍ଚ୍ଛିମ ... ... ସ୍ପର୍ଶନ,ରସନ,ଘ୍ରାଣ, ଚକ୍ଷୁ ଓ ଶ୍ରୋତ୍ର ।

ପଞ୍ଚେନ୍ଦ୍ରିୟ-ଗର୍ଭଜ ... ... ସ୍ପର୍ଶନ, ରସନ, ଘ୍ରାଣ,ଚକ୍ଷୁ,ଶ୍ରୋତ୍ର, ମନ- ଅତୀନ୍ଦ୍ରିୟ ଜ୍ଞାନ-ମୂର୍ତ୍ତ ପଦାର୍ଥର ପ୍ରତ୍ୟକ୍ଷ ଜ୍ଞାନ ।

ପଞ୍ଚେନ୍ଦ୍ରିୟ-ଗର୍ଭଜ ମନୁଷ୍ୟ ... ପୂର୍ବବର୍ତ୍ତୀ ସହ ପରଚିତ୍ତଜ୍ଞାନ ଓ କେବଳ ଜ୍ଞାନ-ଚେତନାର ଅନାବୃତ-ଦଶା ।

ଜ୍ଞାନାବରଣର ପୂର୍ଣ୍ଣ ବିଲୟ (କ୍ଷୟ) ଅବସ୍ଥାରେ ଚେତନା ନିରୂପାଧିକ ହୋଇଯାଏ । ଏହାର ଆଂଶିକ ବିଲୟ (କ୍ଷୟୋପଶମ) ଫଳରେ ତା'ଠାରେ ଅନନ୍ତଗୁଣ ତରତମଭାବ ରହିପାରିବ । ଏହାର ବର୍ଗୀକୃତ ଚାରିଭେଦ ହେଲା - ମତି, ଶ୍ରୁତ, ଅବଧି ଓ ମନଃପର୍ଯ୍ୟବ । ଏମାନଙ୍କ ମଧ୍ୟରେ ବି ଅନନ୍ତଗୁଣ ତାରତମ୍ୟ ରହିଥାଏ । ଗୋଟିଏ ବ୍ୟକ୍ତିର ମତିଜ୍ଞାନ ଅପେକ୍ଷା ଅନ୍ୟ ଜଣେ ବ୍ୟକ୍ତିର ମତିଜ୍ଞାନ ଅନନ୍ତଗୁଣ ହୀନ ବା ଅଧିକ ହୋଇପାରିବ ।[୨୬] ଏହି ସ୍ଥିତି ବାକୀ ତିନିଜ୍ଞାନ କ୍ଷେତ୍ରରେ ବି ସମ୍ଭବପର ।

ନିରୂପାଧିକ ଚେତନାର ପ୍ରବୃତ୍ତି-ଉପଯୋଗ ସମସ୍ତ ବିଷୟରେ ନିରନ୍ତର ହୋଇଥାଏ । ସୋପାଧିକ ଚେତନା (ଆଂଶିକ ବିଲୟଜନ୍ୟ ବିକଶିତ ଚେତନା)ର ପ୍ରବୃତ୍ତି-ଉପଯୋଗ ନିରନ୍ତର ହୁଏ ନାହିଁ । ଯେଉଁ ବିଷୟ ଉପରେ ଯେତେବେଳେ ଧ୍ୟାନ କେନ୍ଦ୍ରୀତ ହୁଏ, ଚେତନାର ବିଶେଷ ପ୍ରବୃତ୍ତି ଘଟେ, ସେତେବେଳେ ଯାଇ ତା'ର ଜ୍ଞାନ କରିହୁଏ । ପ୍ରବୃତ୍ତିର ବିରାମ ଘଟିଲେ ସେହି ଜ୍ଞାନ ମଧ୍ୟ ଚାଲିଥାଏ । ନିରୂପାଧିକ ଚେତନାର ପ୍ରବୃତ୍ତି ସାମଗ୍ରୀ - ନିରପେକ୍ଷ, ତେଣୁ ତାହା ସ୍ୱତଃପ୍ରବୃତ୍ତ, ସେଠାରେ ଅତିରିକ୍ତ ପ୍ରବୃତ୍ତିର ଆବଶ୍ୟକତା ପଡ଼େ ନାହିଁ । ସୋପାଧିକ ଚେତନା ସାମଗ୍ରୀସାପେକ୍ଷ, ତାହା ସବୁ ବିଷୟକୁ ନିରନ୍ତର ଜାଣି ନ ଥାଏ । ଯେଉଁ ବିଷୟ ଉପରେ ବିଶେଷ ଧ୍ୟାନ ଦିଏ, ତାହାକୁ ହିଁ ଜାଣିପାରିଥାଏ ।[୨୭]

ସୋପାଧିକ ଚେତନାର ଦୁଇ ରୂପ ହେଉଛି - ଅବଧି (ମୂର୍ତ୍ତ ପଦାର୍ଥ ଜ୍ଞାନ) ଓ ମନଃ ପର୍ଯ୍ୟବ (ପରଚିତ୍ତଜ୍ଞାନ) ବିଶଦ ଏବଂ ବାହ୍ୟ ସାମଗ୍ରୀ ନିରପେକ୍ଷ ଥାଆନ୍ତି; ତେଣୁ ଏଗୁଡ଼ିକ ଅବ୍ୟକ୍ତ ନୁହନ୍ତି କ୍ରମିକ ନୁହନ୍ତି ଏବଂ ସଂଶୟ ବିପର୍ଯ୍ୟୟ ଦୋଷରୁ ମୁକ୍ତ ଥା'ନ୍ତି ।

ଐନ୍ଦ୍ରିୟିକ ଓ ମାନସଜ୍ଞାନ (ମତି ଓ ଶ୍ରୁତ) ବାହ୍ୟ ସାମଗ୍ରୀ ସାପେକ୍ଷ ହୋଇଥିବାରୁ ଏଗୁଡ଼ିକ ଅବ୍ୟକ୍ତ, କ୍ରମିକ ଏବଂ ସଂଶୟ-ବିପର୍ଯ୍ୟୟ ଦୋଷ-ଯୁକ୍ତ ଥା'ନ୍ତି । ଏହାର ମୁଖ୍ୟ କାରଣ ଜ୍ଞାନାବରଣର ତୀବ୍ର ସଦ୍‌ଭାବ । ଜ୍ଞାନାବରଣ କର୍ମ ଆତ୍ମାକୁ ଆବୋରି ରଖିଥାଏ । ଚେତନାର ସୀମିତ ବିକାଶ ଜାଣିବାର ଆଂଶିକ ଯୋଗ୍ୟତା (କ୍ଷାୟୋପଶମିକ ଭାବ)ର ଅର୍ଜନ ହେଲେ ବି ଆତ୍ମାର ସକ୍ରିୟତା ନ ହେବା ପର୍ଯ୍ୟନ୍ତ ଜ୍ଞାନାବରଣ, ତାହାକୁ ଆଚ୍ଛାଦିତ କରି ରଖିଥାଏ । ପୁରୁଷାର୍ଥ କରିବା ଦ୍ୱାରା ପରଦା ଅପସାରିତ ହୁଏ । ପଦାର୍ଥଗୁଡ଼ିକ ସଂବନ୍ଧରେ ସୂଚନା ମିଳେ । ପୁରୁଷାର୍ଥ ଥମିଗଲେ

---

(୨୪) ଦଶବେଆଲିୟଂ, ଚୂର୍ଣ୍ଣି :
ସବ୍‌ବଜହଣ୍ଣଂ ଚିତ୍ତଂ ଏ ଗିନ୍ଦ୍ରିୟାଣଂ ।

(୨୬) ପ୍ରଜ୍ଞାପନା, ପଦ ୫ ।

(୨୭) ସ୍ୟାଦ୍‌ବାଦ ମଞ୍ଜରୀ, ପୃ.୧୪୮ ।

ଜ୍ଞାନାବରଣ ପୁଣି ବିସ୍ତାରିତ ହୁଏ । ଉଦାହରଣ ସ୍ୱରୂପ- ଜଳ ଉପରେ ଶୈବାଳର ଆସ୍ତରଣ । କେହି ତାହାକୁ ହଟାଇଲେ ପାଣି ପ୍ରକଟ ହୁଏ । ଶୈବାଳ ହଟାଇବାର ପ୍ରବୃତ୍ତିରେ ବିରାମ ଲାଗିଲେ ତାହା ପୁଣି ପାଣି ଉପରେ ଛାଇଯାଏ ।[୨୮] ଜ୍ଞାନାବରଣର କ୍ରମ ମଧ୍ୟ ଅନୁରୂପ ।

ଜ୍ଞାନବିକାଶର ତାରତମ୍ୟ ଆଧାରରେ କିଛି ପ୍ରଶ୍ନ ଉପସ୍ଥିତ ହେଉଛି -

୧. ଆତ୍ମା ଚୈତନ୍ୟମୟ, ତାହାର ବିସ୍ମୃତି ହେବା କଥା ନୁହେଁ, କିନ୍ତୁ ବିସ୍ମୃତି ହେଉଛି ତା' କାରଣ କ'ଣ ?

୨. ଜ୍ଞାନର ସ୍ୱଭାବ ହେଉଛି ଜ୍ଞେୟକୁ ଜାଣିବା, ତେବେ କ'ଣ ପାଇଁ ଅବ୍ୟକ୍ତ ବୋଧ ?

୩. ଜ୍ଞାନର ସ୍ୱଭାବ ପଦାର୍ଥର ନିଃସଂଶୟୀ କରଣ, ତଥାପି ସଂଶୟ ଓ ଭ୍ରମ କ'ଣ ପାଇଁ ?

୪. ଜ୍ଞାନ ଅସୀମ, ତେଣୁ ତାହା ଦ୍ୱାରା ଅସୀମିତ ପଦାର୍ଥ ଗ୍ରହଣ ହେବା କଥା, ତେବେ ଜ୍ଞାନର ସୀମିତତାର କାରଣ କ'ଣ ?

ଏହାର ସାମୁଦାୟିକ ସମାଧାନ ହେଉଛି - ଏହିସବୁ ବିଚିତ୍ର ସ୍ଥିତିର କାରଣ ହେଉଛି କର୍ମପୁଦ୍‌ଗଳ । ଏହିସବୁ ବୈଚିତ୍ର୍ୟ, କର୍ମ-ପୁଦ୍‌ଗଳ-ପ୍ରଭାବିତ ଚେତନା ଯୋଗୁଁ ସମ୍ଭବପର ।

କ୍ରମିକ ସମାଧାନ ନିମ୍ନପ୍ରକାର କରାଯାଇପାରିବ -

୧. ଆବୃତ ଚୈତନ୍ୟ ଅସ୍ଥିର ସ୍ୱଭାବଯୁକ୍ତ, ପଦାର୍ଥକୁ କ୍ରମାନୁସାରେ ଜାଣିପାରିଥାଏ । ତେଣୁ ଆବୃତ ଚୈତନ୍ୟ ଅବ୍ୟବସ୍ଥିତ ଓ ଉଦ୍‌ଭ୍ରାନ୍ତ । ଏଥିପାଇଁ ଗୋଟିଏ ପଦାର୍ଥରେ ଚିରକାଳ ସକାଶେ ତା'ର ପ୍ରବୃତ୍ତି ନ ଥାଏ । ଅନ୍ତର ମୁହୂର୍ତ୍ତରୁ ଅଧିକ କାଳ ଏକ ବିଷୟରେ ପ୍ରବୃତ୍ତ ରହିପାରେ ନାହିଁ ।[୨୯] ପ୍ରସ୍ତୁତ ବିଷୟରେ ଜ୍ଞାନର ପ୍ରବୃତ୍ତି ଥମିଯାଏ, ଅନ୍ୟ ବିଷୟରେ ଆରମ୍ଭ ହୁଏ । ସେତେବେଳେ ପୂର୍ବଜ୍ଞାତ ଅର୍ଥର ବିସ୍ମୃତି ଘଟେ, ତାହା ସଂସ୍କାର ରୂପ ଧାରଣ କରେ ।

୨. ସୂର୍ଯ୍ୟର ସ୍ୱଭାବ ପଦାର୍ଥକୁ ପ୍ରକାଶମାନ୍ କରିବା, କିନ୍ତୁ ମେଘାଚ୍ଛନ୍ନ ସୂର୍ଯ୍ୟ, ପଦାର୍ଥଗୁଡ଼ିକୁ ସ୍ପଷ୍ଟତୟା ପ୍ରକାଶିତ କରିପାରେ ନାହିଁ । ଚୈତନ୍ୟର ବି ସେହି ସମାନ ସ୍ଥିତି । କର୍ମ-ପୁଦ୍‌ଗଳ ଦ୍ୱାରା ଆଚ୍ଛାଦିତ ଚୈତନ୍ୟ, ପଦାର୍ଥକୁ ବ୍ୟକ୍ତ ରୂପରେ ଜାଣିବାରେ ଅସମର୍ଥ । ଅବ୍ୟକ୍ତତାର ମାତ୍ରାଭେଦ ଆବରଣର ତରତମଭାବ ଉପରେ ନିର୍ଭର କରିଥାଏ ।

୩. ଚେତନା ଯଦି ଆବୃତ ଏବଂ ଜ୍ଞାନର ସହାୟକ ସାମଗ୍ରୀ ଦୋଷପୂର୍ଣ୍ଣ, ତାହାହେଲେ ସଂଶୟ ଓ ଭ୍ରମ ଆଦି ରହିବା ସ୍ୱାଭାବିକ ।[୩୦]

୪. ଚୈତନ୍ୟର ଆବରଣ ହିଁ ସସୀମ ଜ୍ଞାନର କାରଣ ।

---

(୨୮) ତତ୍ତ୍ୱାର୍ଥ ସୂତ୍ର ୨।୮, ବୃହଦ୍‌ବୃତ୍ତି, ପୃ.୧୫୧ ।

(୨୯) ପ୍ରଜ୍ଞାପନା, ପଦ ୧୮ ।

(୩୦) (କ) ଭଗବତୀ ଜୋଡ଼, ୩।୬।୨୮ ଗାଥା ୫୧-୫୪-
ଦିଶାମୂଢ଼ ଅବଲୋୟରେ, ପୂରବ ନେ ଜାଣୈ ପଚ୍ଛିମ ।
ଉଦୟ ଭାବ ଏ ଜୋୟରେ, ପିଣ କ୍ଷୟୋପଶମ ଭାବ ନହିଁ ॥
ହେ ଚକ୍ଷୁମେ ରୋଗରେ, ବେଚନ୍ଦା ଦେଖେ ପ୍ରମୁଖ ।
ତେ ଛେ ରୋଗ ପ୍ରୟୋଗରେ, ତିମ ବିପରୀତଜ ଜାଣବୋ ॥
ଚକ୍ଷୁରୋଗ ମିଟ ଜାୟରେ, ୱହାଁ ପଛେ ଦେଖୈଁ ଠିକୋ ।
ଏ ବିହୁ ଜୁଦା କୟାୟରେ, ରୋଗ ଅନେବଲି ନେତ୍ର ଏ ॥
ଉଦୟ ଭାବ ଛେ ରୋଗରେ, ଚକ୍ଷୁ କ୍ଷୟୋପଶମ ଭାବ ଛେ ॥
ଏ ବିହୁଁ ଜୁଦା ପ୍ରୟୋଗରେ, ତିଣ ବିଧ ଏ ପଣ ଜାଣବୋ ॥
(ଖ) ନ୍ୟାୟାଲୋକ, ପତ୍ର ୧୭୭: ଚେତନାସ୍ୱରୂପ ତ୍ୱେଽନ-ବରତଂ ଜାନାନେନୈବ ଭବିତବ୍ୟଂ ଜୀବେନ, କୁତୋ ବା ପୂର୍ବୋପଲବ୍‌ଧାର୍ଥଂ ବିଷୟ ବିସ୍ମରଣଂ ? ଜ୍ଞାନସ୍ୟୋପଲବ୍‌ଧି-ରୂପତ୍ୱେନ ବ୍ୟକ୍ତତେତ୍ୟାତ୍ମନାପି ବ୍ୟକ୍ତବୋଧେନ ଭବିତବ୍ୟଂ, ନା ବ୍ୟକ୍ତ ବୋଧେନ ।
ନିଶ୍ଚୟକତ୍ୱେନ ଜ୍ଞାନସ୍ୟ ନ କଦାଚିତ୍ ସଂଶୟୋଦ୍‌ଭବଃ ସ୍ୟାତ୍ । ଜ୍ଞାନସ୍ୟ ଚ ନିରବଧି ତ୍ୱେନାଶେଷ ବିଷୟ-ଗ୍ରହଣମାପଦ୍ୟେତ ଇତି ଚେତ୍ ? ନୈବଂ, କର୍ମବଶ ବର୍ତିତ୍ୱେନାତ୍ମନ-ସ୍ତଜ୍-ଜ୍ଞାନସ୍ୟ ଚ ବିଚିତ୍ରତ୍ୱାତ୍ । ତଥାହି କର୍ମନିଗଡ଼ନିୟନ୍ତ୍ରିତୋୟମାତ୍ମା...ଚଳସ୍ୱଭାବୋ ନାନାର୍ଥେଷୁ ପରିଣାମମାନଃ କୃକଳାସବଦ୍ ଅବ୍ୟବସ୍ଥିତୋଦ୍‌ଭ୍ରାନ୍ତମନାଶ୍ଚ କଥମେକସ୍ମିନ୍ନର୍ଥେ ଚିରମୁପଯୋଗବାନ୍ । ନିସର୍ଗତ ଏବୋକର୍ଷାଦୁ-ପଯୋଗ କାଳସ୍ୟାନ୍ତ ମୁହୂର୍ତ୍ତ ମାନତ୍ୱାଚ୍ଚ । ସମୁନ୍ନତପନା-ଘନପଟଳାଭିଭୂତମୂର୍ତ୍ତେର୍ଭାସ୍ୱତଃ ପ୍ରକାଶ ସ୍ୱରୂପ-ତ୍ୱେଽପି ଅସ୍ପଷ୍ଟ ପ୍ରକାଶୋଦ୍‌ଭବବଚ୍ଚ ... ।

ଇନ୍ଦ୍ରିୟ ଓ ମନର ବିଭାଗ-କ୍ରମ ତଥା ପ୍ରାପ୍ତି-କ୍ରମ

ଜ୍ଞାନର ଆବରଣ, ଅପସାରିତ ହେଲେ ଲବ୍ଧି ଘଟିଥାଏ ।(୩୧) ବୀର୍ଯ୍ୟର ଅନ୍ତରାୟ ଦୂର ହେଲେ ଉପଯାଗ କରିହୁଏ ।(୩୨) ଉଭୟ ହେଉଛନ୍ତି ଜ୍ଞାନେନ୍ଦ୍ରିକ ଏବଂ ଜ୍ଞାନ-ମନର ବିଭାଗ ତଥା ଆତ୍ମିକ ଚେତନାର ବିକାଶ ଖଣ୍ଡ ।

ଇନ୍ଦ୍ରିୟର ଅନ୍ୟ ଦୁଇଟି ବିଭାଗ ହେଉଛି ନିର୍ବୃତ୍ତି (ଆକାର ରଚନା) ଓ ଉପକରଣ (ବିଷୟ ଗ୍ରହଣ କରିବାର ଶକ୍ତି) । ଏ ଦୁହେଁ ଜ୍ଞାନର ସହାୟକ ଇନ୍ଦ୍ରିୟ-ପୌଦ୍‌ଗଳିକ ଇନ୍ଦ୍ରିୟର ବିଭାଗ-ଶରୀରର ଅଂଶ । ଏହି ଚାରୋଟିର ସମବାୟର ନାମ ଇନ୍ଦ୍ରିୟ । ଚାରି ମଧ୍ୟରୁ ଗୋଟିଏ ବି ଅଂଶ ବିକୃତ ହେଲେ ଜ୍ଞାନର ଉଦ୍‌ଭବ ହେବ ନାହିଁ । ଜ୍ଞାନର ଅର୍ଥ- ଗ୍ରାହକ ଅଂଶ ଉପଯୋଗ ।(୩୩) ଉପଯୋଗ (ଜ୍ଞାନର ପ୍ରବୃତ୍ତି) ସେତିକି ମାତ୍ରାରେ ସମ୍ଭବ, ଯେତିକି ଲବ୍ଧି (ଚେତନାର ଯୋଗ୍ୟତା) ଥାଏ । ଉପଲବ୍ଧି ରହିଥିବା ଅବସ୍ଥାରେ ବି ଯଦି ଉପକରଣ ନାହିଁ, ତେବେ ବିଷୟର ଗ୍ରହଣ ସମ୍ଭବ ନୁହେଁ । ନିର୍ବୃତ୍ତି ବିନା ଉପକରଣର କର୍ମକ୍ଷମ ହେବା ସଂଭବ ନୁହେଁ ।

ତେଣୁ ଜ୍ଞାନ ସହିତ ଏଗୁଡ଼ିକର ବିଭାଗାନୁକ୍ରମ ହୋଇଥାଏ- ନିର୍ବୃତ୍ତି, ଉପକରଣ, ଲବ୍ଧିଓ ଉପଯୋଗ ।

ଏଗୁଡ଼ିକର ପ୍ରାପ୍ତିକର୍ମରେ ଭିନ୍ନତା ଥାଏ । ପ୍ରାପ୍ତିକ୍ରମର ରୂପ ନିର୍ମିତ ହୁଏ - ଲବ୍ଧି, ନିର୍ବୃତ୍ତି ଉପକରଣ ଓ ଉପଯୋଗ ।(୩୪) ଅମୁକ ପ୍ରାଣୀଠାରେ ନିର୍ଦ୍ଦିଷ୍ଟ ସଂଖ୍ୟକ ଇନ୍ଦ୍ରିୟ ରହିବ, ନ୍ୟୂନାଧିକ ହେବ ନାହିଁ, ପ୍ରାପ୍ତିକର୍ମ ହିଁ ଏହାର ନିୟାମକ । ଏଥିରେ ଲବ୍ଧିର ଭୂମିକା ମୁଖ୍ୟ । ଯେଉଁ ପ୍ରାଣୀଠାରେ ଯେତେ ପରିମାଣର ଇନ୍ଦ୍ରିୟର ଲବ୍ଧି ରହିଥାଏ, ତା'ର ସେତେ ସଂଖ୍ୟାରେ ଇନ୍ଦ୍ରିୟର ଆକାର, ଉପକରଣ ଓ ଉପଯୋଗ ଘଟିଥାଏ ।

ଆମେ ଯେତେବେଳେ ନିର୍ଦ୍ଦିଷ୍ଟ ଏକ ବସ୍ତୁର ଜ୍ଞାନ କରିଥାଉଁ, ସେତେବେଳେ ଅନ୍ୟର କରି ନ ଥାଉଁ, ଆମ ଜ୍ଞାନର ଏହି ବିପ୍ଲବ ଘଟେ ନାହି । ଏହାର ନିୟାମକ ବିଭାଗ କ୍ରମ ରହିଛି । ଏଥିରେ ଉପଯୋଗର ମୁଖ୍ୟତା ଥାଏ । ଉପଯୋଗ, ନିର୍ବୃତ୍ତି ଆଦି ନିରପେକ୍ଷ ନୁହଁନ୍ତି, କିନ୍ତୁ ଏହି ତିନୋଟି ରହିଥିଲେ ମଧ୍ୟ ଉପଯୋଗ ବିନା ଜ୍ଞାନ ଜାତ ହୁଏ ନାହିଁ । ଜ୍ଞାନାବରଣ ବିଲୟର ଯୋଗ୍ୟତା ଏବଂ ବୀର୍ଯ୍ୟ-ବିକାଶ- ଏହି ଦୁଇଟିର ସଂଯୋଗ ଫଳରେ ଉପଯୋଗର ନିର୍ମାଣ ହୁଏ । ତେଣୁ ଗୋଟିଏ ବସ୍ତୁକୁ ଜାଣିବା ବେଳାରେ ଅନ୍ୟ ବସ୍ତୁକୁ ଜାଣିବାର କ୍ଷମତା ରହିଥିଲେ ବି ତା'ର ଜ୍ଞାନ ହୁଏ ନାହିଁ, କାରଣ ବୀର୍ଯ୍ୟଶକ୍ତି, ଆମ ଜ୍ଞାନ ଶକ୍ତିକୁ ଜ୍ଞାନମାନ ବସ୍ତୁ ଦିଗକୁ ପ୍ରବୃତ୍ତ କରିଥାଏ ।(୩୫)

ଇନ୍ଦ୍ରିୟ-ପ୍ରାପ୍ତି ଦୃଷ୍ଟିରେ ପ୍ରାଣୀ ପାଞ୍ଚ ଭାଗରେ ବିଭକ୍ତ- ଏକେନ୍ଦ୍ରିୟ, ଦ୍ୱୀନ୍ଦ୍ରିୟ, ତ୍ରୀନ୍ଦ୍ରିୟ- ଚତୁରିନ୍ଦ୍ରିୟ ଏବଂ ପଞ୍ଚେନ୍ଦ୍ରିୟ । କିନ୍ତୁ ଇନ୍ଦ୍ରିୟ ଜ୍ଞାନ-ଉପଯୋଗ ଦୃଷ୍ଟିରୁ ସବୁ ପ୍ରାଣୀ ଏକେନ୍ଦ୍ରିୟ ହିଁ ଥାନ୍ତି । ଥରକୁ ଗୋଟିଏ ଇନ୍ଦ୍ରିୟର ବ୍ୟାପାର ହିଁ ସମ୍ଭବପର । ଗୋଟିଏ ଇନ୍ଦ୍ରିୟର ବ୍ୟାପାର ମଧ୍ୟ ସ୍ୱ-ବିଷୟର କୌଣସି ବିଶେଷ ଅଂଶ ଉପରେ ହିଁ ହୋଇଥାଏ, ସର୍ବାଂଶତଃ ନୁହେଁ ।(୩୬)

---

(୩୧) ଜୈନ ତର୍କଭାଷା, ୨।୧୮, ପୃ.୧୬୭.

(୩୨) ଲଘୀୟ ସ୍ତ୍ରୟୀ, ୫ ।

(୩୩) ଜୈନ ସିଦ୍ଧାନ୍ତ ଦୀପିକା, ୨।୨-୫ ।

(୩୪) ଜୈନ ସିଦ୍ଧାନ୍ତ ଦୀପିକା, ୨।୩୧ ।

(୩୫) ସ୍ୟାଦ୍‌ବାଦ ମଞ୍ଜରୀ ୧୭, ପୃ.୧୭୩ ।

(୩୬) ତତ୍ତ୍ୱାର୍ଥସୂତ୍ର, ୨।୧୯ ଭାଷ୍ୟାନୁସାରିଣୀ ଟୀକା ପୃ.୧୬୯
ଯଦା ଶବ୍ଦୋପଯୋଗବୃତ୍ତିରାତ୍ମା ଭବତି ତଦାନ ଶେଷ-
କରଣ ବ୍ୟାପାରଃ ସ୍ୱକ୍ଷୋପ୍ୟନ୍ୟତ୍ର କାନ୍ତଦ୍ୱିଷ୍ଟାଭ୍ୟସ୍ତବିଷୟ କଳାପାତ୍ ।
ଅର୍ଥାନ୍ତରୋପଯୋଗେ ହି ପ୍ରାଚ୍ୟମୁପଯୋଗବଳମାବ୍ରିୟତେ କର୍ମଣା,
ଶଙ୍ଖ ଶବ୍ଦୋପ୍ୟୁଯୁକ୍ତସ୍ୟ ଶୃଙ୍ଗଶବ୍ଦବିଜ୍ଞାନ ମସ୍ତମିତତନ୍ନିର୍ଭାସଂ
ଭବତି, ଅତଃ କ୍ରମେଣ ଉପଯୋଗ ଏକସ୍ମିନ୍ନପି ଇନ୍ଦ୍ରିୟ ବିଷୟେ,
କିମୁତ ବହୁବିଧ ବିଶେଷଭାଜୀନ୍ଦ୍ରିୟାନ୍ତରେ, ତସ୍ମାଦେକେନ୍ଦ୍ରିୟେଣ
ସର୍ବାତ୍ମନୋପଯୁକ୍ତଃ ସର୍ବଃ ପ୍ରାଣ୍ୟୁପଯୋଗଂ ପ୍ରତି ଏକେନ୍ଦ୍ରିୟୋ ଭବତି

ଜ୍ଞାନ ଓ ସଂବେଦନ

ଚେତନାର ପ୍ରବୃତ୍ତି ଦୁଇ ପ୍ରକାର - ସଂବିଜ୍ଞାନ ଓ ଅନୁଭବ ।

ବସ୍ତୁର ଉପଲବ୍ଧି (ଜ୍ଞାନ)କୁ ସଂବିଜ୍ଞାନ ଏବଂ ସୁଖ-ଦୁଃଖର ସଂବେଦନକୁ 'ଅନୁଭବ' କୁହାଯାଏ ।[୩୭]

୧. କିଛି ଜୀବ ଜ୍ଞାନଯୁକ୍ତ, କିନ୍ତୁ ବେଦନାଯୁକ୍ତ ନୁହଁନ୍ତି, ଯଥା-ମୁକ୍ତ ଆତ୍ମା ।

୨. କିଛି ଜୀବ ଜ୍ଞାନ (ସ୍ପଷ୍ଟ ଜ୍ଞାନ)ଯୁକ୍ତ ନୁହନ୍ତି, କିନ୍ତୁ ବେଦନାଯୁକ୍ତ, ଯଥା-ଏକେନ୍ଦ୍ରିୟ ଜୀବ ।

୩. ତ୍ରସ ଜୀବ ଉଭୟ ଜ୍ଞାନ ଓ ବେଦନାଯୁକ୍ତ ।

୪. ଅଜୀବଠାରେ ନା ଜ୍ଞାନ ଥାଏ, ନା ବେଦନା ।

ଏକେନ୍ଦ୍ରିୟଠାରୁ ଅମନସ୍କ ପଞ୍ଚେନ୍ଦ୍ରିୟ ଜୀବ ସମସ୍ତେ ଶାରୀରିକ ବେଦନା ଅନୁଭବ କରନ୍ତି । ଏମାନଙ୍କ ମଧ୍ୟରେ ମନ ନ ଥାଏ, ତେଣୁ ମାନସିକ ବେଦନାର ଅନୁଭୂତି କରିପାରନ୍ତି ନାହିଁ ।[୩୮] ମତିଜ୍ଞାନ, ଶ୍ରୁତଜ୍ଞାନ ଆଦି ପାଞ୍ଚ ପ୍ରକାର ଜ୍ଞାନ ସମ୍ବନ୍ଧରେ ପୂର୍ବେ ଉଲ୍ଲେଖ କରାଯାଇଛି । ଜ୍ଞାନାବରଣର ବିଲୟ ଘଟିଲେ ଜ୍ଞାନ ଉତ୍ପନ୍ନ ହୁଏ । ଜ୍ଞାନ ଦୃଷ୍ଟିରୁ ଜୀବ ବିଜ୍ଞ ବୋଲାଇଥାଏ । ସଂଜ୍ଞା ଦଶ ବା ଷୋହଳ ପ୍ରକାର । ଏଗୁଡ଼ିକ କର୍ମର ସନ୍ନିପାତ-ସମ୍ମିଶ୍ରଣରୁ ଜାତ । ଏମାନଙ୍କ ମଧ୍ୟରୁ ଅନେକ ସଂଜ୍ଞା ଜ୍ଞାନାତ୍ମକ ଅଥଚ ଏଗୁଡ଼ିକ ପ୍ରବୃତ୍ତି-ସଞ୍ଚାଳିତ ଥିବାରୁ ଶୁଦ୍ଧ ଜ୍ଞାନ ରୂପରେ ପରିଣତ ହୋଇପାରନ୍ତି ନାହିଁ ।

ସଂଜ୍ଞା

ଦଶଟି ସଂଜ୍ଞା ହେଉଛି [୩୯] - ୧. ଆହାର ସଂଜ୍ଞା ୨.ଭୟ ସଂଜ୍ଞା ୩.ମୈଥୁନ ସଂଜ୍ଞା, ୪. ପରିଗ୍ରହ ସଂଜ୍ଞା ୫. କ୍ରୋଧ ସଂଜ୍ଞା ୬.ମାନସଂଜ୍ଞା ୭.ମାୟା ସଂଜ୍ଞା ୮. ଲୋଭ ସଂଜ୍ଞା ୯. ଲୋକସଂଜ୍ଞା ଓ ୧୦. ଓଘ ସଂଜ୍ଞା

ସଂଜ୍ଞା ଦୃଷ୍ଟିରୁ ଜୀବ 'ବେଦ' ବୋଲାଇଥାଏ ।[୪୦]

ଏମାନଙ୍କ ବ୍ୟତୀତ ଆହୁରି ତିନୋଟି ସଂଜ୍ଞା ହେଉଛନ୍ତି [୪୧]-୧. ହେତୁବାଦୋପଦେଶିକୀ ୨. ଦୀର୍ଘକାଳିକୀ ଏବଂ ୩. ସମ୍ୟକ୍ ଦୃଷ୍ଟି ।

ଏହି ତିନୋଟିଯାକ ସଂଜ୍ଞା ଜ୍ଞାନାତ୍ମକ । ସଂଜ୍ଞାର ସ୍ୱରୂପ ଜାଣିବା ପୂର୍ବରୁ କର୍ମର କାର୍ଯ୍ୟ ଜାଣିବା ଉପାଦେୟ ହେବ । ସଂଜ୍ଞାଗୁଡ଼ିକ ଆତ୍ମା ଓ ମନର ପ୍ରବୃତ୍ତି । କର୍ମ ଏଗୁଡ଼ିକୁ ପ୍ରଭାବିତ କରିଥାଏ । କର୍ମ ଆଠ ପ୍ରକାର । ଏମାନଙ୍କ ମଧ୍ୟରେ 'ମୋହ' ହେଉଛି ପ୍ରଧାନ । 'ମୋହ'ର ଦୁଇଟି କାର୍ଯ୍ୟ ହେଉଛି ତତ୍ତ୍ୱଦୃଷ୍ଟି ବା ଶ୍ରଦ୍ଧାକୁ ବିକୃତ କରିବା ଏବଂ ଚରିତ୍ରକୁ ବିକୃତ କରିବା । ଦୃଷ୍ଟିକୁ ବିକୃତ କରୁଥିବା ପୁଦ୍‌ଗଳ 'ଦୃଷ୍ଟିମୋହ' ତଥା ଚରିତ୍ରକୁ ବିକୃତ କରୁଥିବା ପୁଦ୍‌ଗଳ 'ଚାରିତ୍ର-ମୋହ' ବୋଲାଇଥାନ୍ତି । ଚାରିତ୍ର-ମୋହ ହେତୁ ପ୍ରାଣୀ ମଧ୍ୟରେ ବିବିଧ ପ୍ରକାର ମନୋବୃତ୍ତି ନିର୍ମିତ ହୁଏ, ଯଥା- ଭୟ, ଘୃଣା, ହାସ୍ୟ, ସୁଖ, କାମନା, ସଂଗ୍ରହ, ସଂଘର୍ଷ, ଭୋଗାସକ୍ତି, ଯୌନ-ସଂବନ୍ଧ ଆଦି-ଆଦି । ସାଂପ୍ରତିକ ମନୋବିଜ୍ଞାନ ଏଗୁଡ଼ିକୁ ସ୍ୱାଭାବିକ ମନୋବୃତ୍ତି ଭାବରେ ଧରିନିଏ ।

ଏଷଣା ତିନି ପ୍ରକାର - ୧. ମୁଁ ଜୀବିତ ରହେ, ୨. ଧନ ବଢୁ, ୩. ପରିବାର ବୃଦ୍ଧି ପାଉ । ମୁଖ୍ୟ ମୁଖ୍ୟ ମନୋବୃତ୍ତିକୁ ତିନି ଭାଗରେ ବିଭକ୍ତ କରାଯାଇପାରିବ । ୧. ସୁଖ ଇଚ୍ଛା, ୨. କୌଣସି ବସ୍ତୁକୁ ପ୍ରେମ କରିବା ବା ଘୃଣା

---

(୩୭) ତତ୍ତ୍ୱାର୍ଥ ସୂତ୍ର ୨।୧୯: ଭାଷ୍ୟାନୁସାରିଣୀ ଟୀକା
ପୃ.୧୬୮: ଉପଯୋଗସ୍ତୁ ଦ୍ୱିବିଧା ଚେତନା ...
ସଂବିଜ୍ଞାନଲକ୍ଷଣା ଅନୁଭବ ଲକ୍ଷଣା ଚ । ତତ୍ର
ଘଟାଦ୍ୟୁପଲବ୍ଧି ସଂବିଜ୍ଞାନ ଲକ୍ଷଣା ସୁଖ-
ଦୁଃଖାଦି ସଂବେଦନାନୁଭବ ଲକ୍ଷଣା,
ଏତଦୁଭୟମୁପ ଯୋଗ ଗ୍ରହଣାଦ୍ ଗୃହ୍ୟତେ ।

(୩୮) ପ୍ରଜ୍ଞାପନା, ପଦ ୩୫: ଏଗେନ୍ଦିୟବିଗଲିନ୍ଦିୟ ।
ସରୀରବେୟଣଂ ବେୟନ୍ତି, ନୋ ମାଣସଂ ବେୟଣଂ ବେୟନ୍ତି ।

(୩୯) ଠାଣଂ, ୧୦।୧୦୫ ।

(୪୦) ଭଗବତୀ, ୨।୧୪ ।

(୪୧) ନନ୍ଦୀ, ସୂତ୍ର ୬୧ ।

କରିବା, ୩. ବିଜୟାକାଂକ୍ଷା ଅଥବା ନୂତନ କାମ କରିବାର ଭାବନା । ଏଗୁଡ଼ିକ ଚାରିତ୍ର-ମୋହ ଦ୍ୱାରା ସୃଷ୍ଟ । ଚାରିତ୍ର-ମୋହ ପରିସ୍ଥିତି ଦ୍ୱାରା ଉତ୍ତେଜିତ ହୋଇ ଅଥବା ପରିସ୍ଥିତିଗୁଡ଼ିକ ଦ୍ୱାରା ଅପ୍ରଭାବିତ ଥାଇ ପ୍ରାଣୀ ମଧ୍ୟରେ ଭାବନା ବା ଅନ୍ତଃ କ୍ଷୋଭ ଉତ୍ପନ୍ନ କରିପାରିଥାଏ, ଯଥା- କ୍ରୋଧ, ମାନ, ମାୟା ଓ ଲୋଭ ଆଦି । ମୋହ ବ୍ୟତୀତ ଅନ୍ୟ ୭ଟି କର୍ମ ଆତ୍ମଶକ୍ତିକୁ ଆବୃତ୍ତ କରିଥାନ୍ତି କିନ୍ତୁ ବିକୃତ କରିପାରନ୍ତି ନାହିଁ ।

ଆହାର ସଂଜ୍ଞା- ଖାଇବାର ଆସକ୍ତି ବେଦନୀୟ ଏବଂ ମୋହନୀୟ କର୍ମର ଉଦୟ ଫଳରେ ଉତ୍ପନ୍ନ ହୁଏ । ଏହା ହିଁ ମୂଳ କାରଣ । ଏହାକୁ ଉତ୍ତେଜିତ କରୁଥିବା ତିନୋଟି ଗୌଣ କାରଣ ହେଉଛି - ୧.ରିକ୍ତ-କୋଷ୍ଠତା ୨.ଆହାର ଦର୍ଶନରୁ ଉତ୍ପନ୍ନ ମତି ୩. ଆହାର ସଂବନ୍ଧରେ ଚିନ୍ତନ ।

ଭୟ-ସଂଜ୍ଞା - ମୋହକର୍ମର ଉଦୟ ଫଳରେ ପରିଗ୍ରହ ବୃତ୍ତି ସୃଷ୍ଟି ହୁଏ । ପରିଗ୍ରହ ଉତ୍ତେଜିତ ହେବାର ତିନି କାରଣ ହେଉଛି - ୧. ହୀନ-ସତ୍ତ୍ୱତା ୨. ଭୟ ଦର୍ଶନ ଆଦିରୁ ଉତ୍ପନ୍ନ ମତି ୩. ଭୟ ସଂବନ୍ଧୀୟ ଚିନ୍ତନ ।

ମୈଥୁନ-ସଂଜ୍ଞା- ମୈଥୁନ ବୃତ୍ତି ମୋହକର୍ମର ଉଦୟରୁ ଜାତ ହୁଏ । ମୈଥୁନର ଉତ୍ତେଜନାର ତିନି କାରଣ ହେଉଛି -୧. ମାଂସ ଓ ରକ୍ତର ଉପଚୟ ୨. ମୈଥୁନ ବିଷୟକ ଚର୍ଚ୍ଚା ଶ୍ରବଣରୁ ଉତ୍ପନ୍ନମତି ୩. ମୈଥୁନ ସଂବନ୍ଧୀୟ ଚିନ୍ତନ ।

ପରିଗ୍ରହ-ସଂଜ୍ଞା - ପରିଗ୍ରହ ବୃତ୍ତି ମୋହ କର୍ମର ଉଦୟରୁ ଜାତ ହୁଏ । ପରିଗ୍ରହ ଉତ୍ତେଜନାର ତିନି କାରଣ ହେଉଛି - ୧.ଅବିମୁକ୍ତତା ୨. ପରିଗ୍ରହ ବିଷୟକ ଚର୍ଚ୍ଚା ଶ୍ରବଣରୁ ଉତ୍ପନ୍ନ ମତି ୩. ପରିଗ୍ରହ ସଂବନ୍ଧୀୟ ଚିନ୍ତନ ।[୪୨]

ଠିକ୍ ଏହିପରି କ୍ରୋଧ, ମାନ, ମାୟା ଓ ଲୋଭ - ଏହି ସମସ୍ତ ବୃତ୍ତି ମୋହରୁ ଉତ୍ପନ୍ନ । ବୀତରାଗ ଆତ୍ମାଠାରୁ ଏ ବୃତ୍ତିଗୁଡ଼ିକ ବେଶ୍ ଦୂରରେ ରହିଥାନ୍ତି । ଏମାନେ ଆତ୍ମାର ସହଜଗୁଣ ନୁହନ୍ତି - ବରଂ ମୋହ ଯୋଗରୁ ଉତ୍ପନ୍ନ ବିକାର ମାତ୍ର ।

ଓଘ-ସଂଜ୍ଞା - ଅନୁକରଣ ପ୍ରବୃତ୍ତି କିମ୍ବା ଅବ୍ୟକ୍ତ ଚେତନାର ସାମାନ୍ୟ ଉପଯୋଗ, ଯଥା- ଲତା ବଲ୍ଲରୀ ବୃକ୍ଷ ଉପରକୁ ଲମ୍ବିଯାଏ, ଏହି ବୃକ୍ଷାରୋହଣର ଜ୍ଞାନ ହେଉଛି ଓଘ-ସଂଜ୍ଞା ।[୪୩]

ଜ୍ଞାନର ପ୍ରଥମ ସ୍ରୋତ ହେଉଛି ଇନ୍ଦ୍ରିୟ ଏବଂ ଦ୍ୱିତୀୟ ସ୍ରୋତ ଅନିନ୍ଦ୍ରିୟ । ସ୍ପର୍ଶ, ରସ, ଗନ୍ଧ, ବର୍ଣ୍ଣ ଓ ଶବ୍ଦର ଜ୍ଞାନ ଇନ୍ଦ୍ରିୟଗୁଡ଼ିକ ଦ୍ୱାରା ସମ୍ଭବ ହେଉଥିବାରୁ ସେହି ଜ୍ଞାନର ସଂଜ୍ଞା ଇନ୍ଦ୍ରିୟ ନିମିତ୍ତ ହୋଇଥାଏ ।

ଅନିନ୍ଦ୍ରିୟ ଅର୍ଥାତ୍ ମନ । ତା'ଦ୍ୱାରା ହେଉଥିବା ଜ୍ଞାନର ସଂଜ୍ଞା ଅନିନ୍ଦ୍ରିୟ ନିମିତ୍ତ ଅଟେ । ମନୋବୃତ୍ତି ଓ ମନୋବିଜ୍ଞାନ ଏହାର ଅପର ସଂଜ୍ଞା ।

ଓଘ ଜ୍ଞାନ ହେଉଛି ଅନିନ୍ଦ୍ରିୟ ନିମିତ୍ତକ ଜ୍ଞାନ । ଏହି ଜ୍ଞାନର ଉତ୍ପତ୍ତିରେ ଇନ୍ଦ୍ରିୟ ଓ ମନ କେହି ବି ନିମିତ୍ତ ନୁହନ୍ତି । ତାହା କେବଳ ମତି ଜ୍ଞାନାବରଣର କ୍ଷୟୋପଶମରୁ ଉତ୍ପନ୍ନ ହୁଏ ।

---

(୪୨) ଠାଣଂ, ୪।୫୭୯-୫୮୨

(୪୩) ତତ୍ତ୍ୱାର୍ଥ ସୂତ୍ର ୧।୧୪, ଭାଷ୍ୟାନୁସାରିଣୀ ଟୀକା ପୃ.୭୯:
ଓଘଜ୍ଞାନମ୍ - ଓଘ ସାମାନ୍ୟମ୍ ଅପ୍ରବିଭକ୍ତରୂପମ୍ ଯତ୍ର ନ
ସ୍ପର୍ଶନାଦିନୀନ୍ଦ୍ରିୟାଣି ତାନି ମନୋନିମିତ୍ତ ମାଶ୍ରୟନ୍ତେ, କେବଳଂ
ମତ୍ୟାବରଣୋୟକ୍ଷୟୋ ପଶମ ଏବ ତସ୍ୟ ଜ୍ଞାନସ୍ୟପ୍ରତ୍ତୌ
ନିମିତ୍ତମ୍, ଯଥା ବଲ୍ଲ୍ୟାଦୀନାଂ ନିମ୍ବାଦୌ ଅଭିସର୍ପଣ-
ଜ୍ଞାନଂ ନ ସ୍ପର୍ଶନନିମିତ୍ତମ୍, ନ ମନୋନିମିତ୍ତମିତି
ତସ୍ମାତ୍ ତତ୍ର ମତ୍ୟ ଜ୍ଞାନାବରଣ କ୍ଷୟୋପଶମ
ଏବ କେବଳଂ ନିମିତ୍ତୀକ୍ରିୟତେ ଓଘ ଜ୍ଞାନସ୍ୟ ।

ଲୋକ-ସଂଜ୍ଞା - ଲୌକିକ କଳ୍ପନା ଅଥବା ବ୍ୟକ୍ତି ଚେତନାର ବିଶେଷ ଉପଯୋଗ । ଆଚାରାଙ୍ଗ ନିର୍ଯୁକ୍ତିରେ ଚଉଦ (୧୪) ପ୍ରକାର ସଂଜ୍ଞାର ଉଲ୍ଲେଖ ପ୍ରାପ୍ତ ହୁଏ -

୧. ଆହାର ସଂଜ୍ଞା ୨. ଭୟ ସଂଜ୍ଞା ୩. ପରିଗ୍ରହ ସଂଜ୍ଞା ୪. ମୈଥୁନ ସଂଜ୍ଞା ୫. ସୁଖ-ଦୁଃଖ ସଂଜ୍ଞା ୬. ମୋହ ସଂଜ୍ଞା ୭.ବିଚିକିତ୍ସା ସଂଜ୍ଞା ୮. କ୍ରୋଧ ସଂଜ୍ଞା ୯. ମାନ ସଂଜ୍ଞା ୧୦.ମାୟା ସଂଜ୍ଞା ୧୧. ଲୋଭ ସଂଜ୍ଞା ୧୨. ଶୋକ ସଂଜ୍ଞା ୧୩.ଲୋକସଂଜ୍ଞା ୧୪. ଧର୍ମ ସଂଜ୍ଞା ।[୪୪]

ଏହି ସମସ୍ତ ସଂଜ୍ଞା ଏକେନ୍ଦ୍ରିୟ ଜୀବଠୁଁ ଆରମ୍ଭକରି ସମନସ୍କ ପଞ୍ଚେନ୍ଦ୍ରିୟ ପର୍ଯ୍ୟନ୍ତ ସବୁଜୀବ ମଧ୍ୟରେ ରହିଥାଏ ।

ସଂବେଦନ ଦୁଇ ପ୍ରକାର - ଇନ୍ଦ୍ରିୟ ସଂବେଦନ ଓ ଆବେଗ । ଇନ୍ଦ୍ରିୟ ସଂବେଦନ ପୁଣି ଦୁଇ ପ୍ରକାର । ୧.ସାତ ସଂବେଦନ-ସୁଖାନୁଭୂତି ୨. ଅସାତ ସଂବେଦନ- ଦୁଃଖାନୁଭୂତି ।[୪୫]

ଆବେଗ ମଧ୍ୟ ଦୁଇ ପ୍ରକାର - କଷାୟ ଏବଂ ନୋକଷାୟ ।[୪୬]

କଷାୟ

ଏହାର ଅର୍ଥ ହେଉଛି ଆତମାକୁ ରଙ୍ଗୀନ୍ କରୁଥିବା ବୃତ୍ତି, ଯଥା- କ୍ରୋଧ, ମାନ, ମାୟା ଓ ଲୋଭ । ଏଗୁଡ଼ିକ ହେଉଛି ତୀବ୍ର ଆବେଗ । ଏମାନଙ୍କ ଉତ୍ପତ୍ତି ସହେତୁକ ଓ ନିର୍ହେତୁକ ଉଭୟ ପ୍ରକାର ହୋଇଥାଏ । ଆମଠାରୁ ଆମ ପ୍ରିୟ ବସ୍ତୁକୁ ଛଡ଼ାଇ ନେଉଥିବା ଲୋକ କିମ୍ବା ଏହି ପ୍ରିୟ-ବିୟୋଗର କାରଣ ସାଜିବାକୁ ଯାଉଥିବା ଲୋକକୁ ଦେଖି କ୍ରୋଧ ଜାତ ହେବା ସ୍ୱାଭାବିକ । ତାହା ହେଉଛି ସହେତୁକ କ୍ରୋଧ ।[୪୭] କୌଣସି ବାହରି ନିମିତ୍ତ ନ ଥାଇ ମଧ୍ୟ କେବଳ କ୍ରୋଧ-ବେଦନୀୟ ପୁଦ୍‌ଗଳର ପ୍ରଭାବ ଦ୍ୱାରା ଉତ୍ପନ୍ନ କ୍ରୋଧ, ନିର୍ହେତୁକ ଶ୍ରେଣୀଯୁକ୍ତ ।[୪୮]

ନୋ-କଷାୟ

ଏହାର ଅର୍ଥ ହେଉି - କଷାୟକୁ ଉତ୍ତେଜିତ କରୁଥିବା ବୃତ୍ତି, ଯଥା:- ହାସ୍ୟ, ରତି, ଅରତି, ଭୟ, ଶୋକ, ଜୁଗୁପ୍ସା, ଘୃଣା, ସ୍ତ୍ରୀବେଦ (ସ୍ତ୍ରୀ ସଂବନ୍ଧୀ ଅଭିଳାଷ), ପୁରୁଷବେଦ, ନପୁଂସକ ବେଦ ।

ଏମାନଙ୍କ ମଧ୍ୟରୁ କେତେକ ଆବେଗ 'ସଂଜ୍ଞା' ମଧ୍ୟରେ ସମାହିତ ଏବଂ ଅନ୍ୟ କେତେକ, ତା'ଠାରୁ ଭିନ୍ନ ଅଟନ୍ତି । ହାସ୍ୟ ଆଦିର ଉତ୍ପତ୍ତି ସକାରଣ ଓ ଅକାରଣ ଉଭୟ ପ୍ରକାର ହୋଇଥାଏ । ଏକ ସମୟରେ ଏକ ଜ୍ଞାନ ଓ ଏକ ସଂବେଦନ ହିଁ ହୋଇପାରିବ । ସମୟର ସୂକ୍ଷ୍ମତା ହେତୁ ଭିନ୍ନ-ଭିନ୍ନ ସଂବେଦନର କ୍ରମର ଯଥାର୍ଥ ଜ୍ଞାନ କରିହୁଏ ନାହିଁ । କିନ୍ତୁ ଦୁଇ ପ୍ରକାର ସଂବେଦନ ଦୁଇ ଭିନ୍ନ କାଳରେ ହିଁ କରିହୁଏ ।

ଉପଯୋଗର ଦୁଇ ପ୍ରକାର

ଚେତନା ଦୁଇ ପ୍ରକାର - ସାକାର ଓ ଅନାକାର ।[୪୯] କେବଳ ବସ୍ତୁକୁ ଜାଣୁଥିବା ଚେତନା ଅନାକାର ଏବଂ ତା'ର ବହୁବିଧ ପରିଣତିକୁ ଜାଣିପାରିଥାଏ ସାକାର ଚେତନା । ଚେତନାର ଏହି ଦୁଇ ରୂପ ତା' ସ୍ୱଭାବ ଦୃଷ୍ଟିରୁ ନିର୍ମିତ ନ ହୋଇ ବିଷୟ ଗ୍ରହଣ ଦୃଷ୍ଟିରୁ ହୋଇଛି । ଆମେ ପ୍ରଥମେ ଅଭେଦ, ସ୍ଥୁଳ ରୂପ ବା ଅବୟବୀକୁ ଜାଣିଥାଉଁ, ପରେ ଭେଦ, ସୂକ୍ଷ୍ମରୂପ ବା ଅବୟବକୁ ଜାଣିବାରେ ସକ୍ଷମ ହୋଇଥାଉଁ । ଅଭେଦଗ୍ରାହୀ ଚେତନାରେ ଆକାର, ବିକଳ୍ପ ବା ବିଶେଷ ନ ଥିବାରୁ ତାହା ଅନାକାର ବା ଦର୍ଶନ ବୋଲାଇଥାଏ । ଭେଦଗ୍ରାହୀ ଚେତନାର ଆକାର ବିକଳ୍ପ ବା ବିଶେଷ ରହିଥିବାରୁ ସାକାର ତା' ନାମ ସାକାର ବା ଜ୍ଞାନ ।

---

(୪୪) ଆଚାରାଙ୍ଗ ନିର୍ଯୁକ୍ତି ଗାଥା, ୩୫ ।

(୪୫) ପ୍ରଜ୍ଞାପନା, ପଦ ୩୯ ।

(୪୬) ପ୍ରଜ୍ଞାପନା, ପଦ ୨୩ ।

(୪୭) ଠାଣଂ, ୧୦।୭ ।

(୪୮) ପ୍ରଜ୍ଞାପନା, ବୃତ୍ତିପତ୍ର ୧୪ : ଅପଇଟ୍‌ଠିଏ କୋହେନିରାଲମ୍ବନ ଏବ କେବଲଂ କ୍ରୋଧବେଦ ନୀୟୋଦୟାଦୁପଜାୟେତ ।

(୪୯) ପ୍ରଜ୍ଞାପନା, ପଦ ୨୮ ।

ଅବ୍ୟକ୍ତ ଓ ବ୍ୟକ୍ତ ଚେତନା

ଅନାବୃତ ଚେତନା ସ୍ପଷ୍ଟତଃ ବ୍ୟକ୍ତ ହୋଇଥାଏ । ଅନାବୃତ ଚେତନା ଦୁଇ ପ୍ରକାର - ମନରହିତ ଇନ୍ଦ୍ରିୟ ଜ୍ଞାନ ଅବ୍ୟକ୍ତ କିନ୍ତୁ ମାନସଜ୍ଞାନ ହେଉଛି ବ୍ୟକ୍ତ । ସୁପ୍ତ, ମୂର୍ଚ୍ଛିତ ଆଦି ଅବସ୍ଥାରେ ମନର ଜ୍ଞାନ ମଧ୍ୟ ଅବ୍ୟକ୍ତ ହୋଇପଡ଼େ । ଚଞ୍ଚଳ ଦଶାରେ ତାହା ଅର୍ଦ୍ଧବ୍ୟକ୍ତ ହୋଇ ରହିଯାଏ ।

ଅବ୍ୟକ୍ତ ଚେତନାକୁ ଅଧ୍ୟବସାୟ, ପରିଣାମ ଆଦି ରୂପରେ ଅଭିହିତ କରାଯାଏ । ଅର୍ଦ୍ଧ-ବ୍ୟକ୍ତ ଚେତନାର ନାମ ହେଉଛି - ହେତୁବାଦୋପଦେଶିକୀ ସଂଜ୍ଞା ।[୫୦] ଏହା ଦ୍ୱୀନ୍ଦ୍ରୀୟ ଜୀବଠୁଁ ଆରମ୍ଭକରି ଅଗର୍ଭଜ ପଞ୍ଚେନ୍ଦ୍ରିୟ ଜୀବମାନଙ୍କ ମଧ୍ୟରେ ରହିଥାଏ । ଏହାଦ୍ୱାରା ସେମାନଙ୍କ ମଧ୍ୟରେ ଇଷ୍ଟ ଓ ଅନିଷ୍ଟର ପ୍ରବୃତ୍ତି ଓ ନିବୃତ୍ତି ଘଟିଥାଏ । ବ୍ୟକ୍ତ ମନର ଅନୁପସ୍ଥିତିରେ ମଧ୍ୟ ଏହି ପ୍ରାଣୀମାନଙ୍କ ମଧ୍ୟରେ ଆଗମନ, ପ୍ରତ୍ୟାଗମନ, ସଂକୋଚନ, ପ୍ରସାରଣ, କଥନ, ଧାବନ, କାର୍ଯ୍ୟ କରିବା ଶକ୍ତି ଇତ୍ୟାଦି ପ୍ରବୃତ୍ତି ଦେଖିବାକୁ ମିଳିଥାଏ ।[୫୧]

ଗର୍ଭଜ ପଞ୍ଚେନ୍ଦ୍ରିୟ ଜୀବମାନଙ୍କଠାରେ ଦୀର୍ଘକାଳିକୀ ସଂଜ୍ଞା ବା ମନ ରହିଥାଏ । ସେମାନେ ତ୍ରୈକାଳିକ ଓ ଆଲୋଚନାତ୍ମକ ବିଚାର କରିବାରେ ସକ୍ଷମ ।

ସତ୍ୟ ପ୍ରତି ଶ୍ରଦ୍ଧା ବା ସତ୍ୟର ଆଗ୍ରହ ରଖୁଥିବା ଲୋକମାନଙ୍କ ମଧ୍ୟରେ ସମ୍ୟକ୍-ଦୃଷ୍ଟି ସଂଜ୍ଞା ରହିଥାଏ । ମାନସିକ ଜ୍ଞାନର ଯଥାର୍ଥ ଓ ପୂର୍ଣ୍ଣ ବିକାଶ ଏମାନଙ୍କଠାରେ ପରିଲକ୍ଷିତ ହୁଏ ।

ମାନସିକ ବିକାଶ

ମାନସିକ ବିକାଶର ଚାରୋଟି ରୂପ ହେଉଛି -

୧. ଔତ୍ପତ୍ତିକୀ ବୁଦ୍ଧି - ପ୍ରତିଭା ବା ନୈସର୍ଗିକ ବୁଦ୍ଧି ।

୨. ବୈନୟିକୀ ବୁଦ୍ଧି - ଶୈକ୍ଷଣିକ ଅଭ୍ୟାସ ତଥା ଅନୁଶାସନ ବା ଗୁରୁଶୁଶ୍ରୂଷା ଦ୍ୱାରା ଉତ୍ପନ୍ନ ବୁଦ୍ଧି ।

୩. କାର୍ମିକୀ ବୁଦ୍ଧି - କାର୍ଯ୍ୟ କରୁ କରୁ ଅଭ୍ୟାସରୁ ଲବ୍ଧ ବୁଦ୍ଧି ।

୪. ପାରିଣାମିକୀ ବୁଦ୍ଧି - ଆୟୁ ପରିପକ୍ୱ ହେବା ସଂଗେ ସଂଗେ ବୃଦ୍ଧି ପାଉଥିବା ଅନୁଭବ ଓ ମାନସିକ ବିକାଶ ସବୁ ସମନସ୍କ ପ୍ରାଣୀମାନଙ୍କ ମଧ୍ୟରେ ସମ ପରିମାଣରେ ନ ଥାଏ । ତହିଁରେ ଅନନ୍ତଗୁଣ ତାରତମ୍ୟ ରହିପାରେ । ଦୁଇ ସମନସ୍କ ବ୍ୟକ୍ତିମାନଙ୍କ ଜ୍ଞାନ ପରସ୍ପର ଅନନ୍ତଗୁଣହୀନ ଏବଂ ଅନନ୍ତଗୁଣ ଅଧିକ ହୋଇପାରିବ । ଏହାର କାରଣ ହେଉଛି ସେମାନଙ୍କ ଆନ୍ତରିକ ସାମର୍ଥ୍ୟ । ଜ୍ଞାନାବରଣର ବିଳୟ ତାରତମ୍ୟ ହିଁ ଏହାର ମୁଖ୍ୟ କାରଣ ।

ବୁଦ୍ଧିର ତରତମଭାବ

ଶିକ୍ଷାତ୍ମକ ତଥା କ୍ରିୟାତ୍ମକ ଅର୍ଥକୁ ଗ୍ରହଣ କରିବାରେ କ୍ଷମତା ଯା' ପାଖରେ ରହିଥାଏ, ତାହାକୁ 'ସମନସ୍କ' କୁହାଯାଏ ।[୫୨] ବୁଦ୍ଧି କେବଳ ଏହି ଲୋକମାନଙ୍କ ପାଖରେ ଥାଏ । ଏହି ବୁଦ୍ଧି ସାତ (୭) ପ୍ରକାର - ୧.ଗ୍ରହଣଶକ୍ତି ୨. ବିମର୍ଶ ଶକ୍ତି ୩. ନିର୍ଣ୍ଣୟ ଶକ୍ତି ୪. ଧାରଣାଶକ୍ତି[୫୩] ୫.ସ୍ମୃତିଶକ୍ତି ୬. ବିଶ୍ଳେଷଣ ଶକ୍ତି ଏବଂ ୭. କଳ୍ପନା ଶକ୍ତି ।[୫୪]

ଶାରୀରିକ ଜ୍ଞାନତନ୍ତୁର କେନ୍ଦ୍ରମାନଙ୍କ ସହିତମନର ନିମିତ୍ତ- ନୈମିତ୍ତିକ ସଂବନ୍ଧ ରହିଛି । ଜ୍ଞାନତନ୍ତୁ ପ୍ରୌଢ଼ ନ ହେବା ଯାଏ ସଂପୂର୍ଣ୍ଣ ବୌଦ୍ଧିକ ବିକାଶ କଦାପି ସମ୍ଭବ ନୁହେଁ । ଶକ୍ତି ପ୍ରୟୋଗ କରିବାକୁ ହେଲେ ଶାରୀରିକ ବିକାଶ

---

(୫୦) ନନ୍ଦୀ, ସୂତ୍ର ୬୩ : ହେଉ ବଏସେଣଂ ଜସ୍ସଣଂ ଅତ୍ଥି ଅଭିସନ୍ଧାରଣ ପୁବ୍ବିୟା କରଣସତ୍ତୀ ସେଣଂ ସଣ୍ଣୀତି ଲବ୍ଭଇ ।

(୫୧) ଦଶବେଆଲିୟଂ, ୪।୯ : ଜେସିଂ କେସିଂ ଚି ପାଣାଣଂ ଅଭିକ୍କନ୍ତଂ, ପଡିକ୍କନ୍ତଂ, ସଂକୁଚିୟାଂ ପସାରିୟଂ, ରୁୟଂ, ଭନ୍ତଂ, ତସିୟଂ, ପଳାଇୟଂ, ଆଗଇ-ଗଇ-ବିନ୍ନାୟା ।

(୫୨) ତତ୍ତ୍ୱାର୍ଥସାର, ୯୩: ଯୋ ହି ଶିକ୍ଷାକ୍ରିୟା-ମ୍ତାର୍ଥଗ୍ରାହୀ ସଂଜ୍ଞୀ ସ ଉଚ୍ୟତେ ।

(୫୩) ତତ୍ତ୍ୱାର୍ଥ ସୂତ୍ର - ୧।୧୫ ।

(୫୪) ତତ୍ତ୍ୱାର୍ଥ ସୂତ୍ର, ୧/୧୩ ।

ଯେପରି ଆବଶ୍ୟକ ସେହିପରି ବୌଦ୍ଧିକ ବିକାଶ ସକାଶେ ଜ୍ଞାନତନ୍ତୁଗୁଡ଼ିକର ପ୍ରୌଢ଼ତା ରହିଥିବା କଥା । ବୌଦ୍ଧିକ ବିକାଶ ଷୋଡ଼ଶ (୧୬) ବର୍ଷ ପର୍ଯ୍ୟନ୍ତ ଘଟିଥାଏ । ତା'ପରେ ସାଧାରଣତଃ ବୌଦ୍ଧିକ ବିକାଶରଗତି ଅବରୁଦ୍ଧ ହୋଇପଡ଼େ । କେବଳ ସାଧାରଣ ଜ୍ଞାନ ବଢ଼ିଚାଲିଥାଏ ।

ବୁଦ୍ଧି-ଶକ୍ତି ସମସ୍ତଙ୍କ ସମାନ ନୁହେଁ । ତନ୍ମଧରେ ଅଦ୍‌ଭୁତ ବୈଚିତ୍ର୍ୟ ପରିଲକ୍ଷିତ ହୁଏ । ବ୍ୟକ୍ତିଗତ ଆବରଣ-ବିଲୟ (ଜ୍ଞାନାବରଣର ଅପସାରଣ)ର ମାତ୍ରା - ଏହାର କାରଣ । ସମସ୍ତ ବିଚିତ୍ରତା ବଖାଣି ହୁଏ ନାହିଁ । ଦ୍ୱାଦଶ ପ୍ରକାରେ ଏହାକୁ ବର୍ଗୀକୃତ କରାଯାଇଥାଏ. ଯାହା ପ୍ରତ୍ୟେକ ବୁଦ୍ଧିଶକ୍ତି ସହିତ ସଂବନ୍ଧିତ । ସେଗୁଡ଼ିକ ହେଉଛି - ୧. ବହୁ-ଗ୍ରହଣ । ୨.ଅଳ୍ପଗ୍ରହଣ ୩.ବହୁବିଧ ଗ୍ରହଣ୪.ଅଳ୍ପବିଧଗ୍ରହଣ ୫.କ୍ଷିପ୍ର ଗ୍ରହଣ ୬. ଚିର ଗ୍ରହଣ ୭. ନିଶ୍ରିତ ଗ୍ରହଣ ୮. ଅନିଶ୍ରିତ ଗ୍ରହଣ ୯. ସନ୍ଦିଗ୍ଧ ଗ୍ରହଣ ୧୦. ଅସନ୍ଦିଗ୍ଧ ଗ୍ରହଣ ୧୧. ଧ୍ରୁବ ଗ୍ରହଣ ୧୨. ଅଧ୍ରୁବ ଗ୍ରହଣ ।

ଏହି ପ୍ରକାରେ ବିମର୍ଶ, ନିର୍ଣ୍ଣୟ ଆଦିର ରୂପ ନିର୍ମିତ ହୁଏ । ଅବସ୍ଥା ସହିତ ବୁଦ୍ଧିର କୌଣସି ସଂବନ୍ଧ ନାହିଁ । ବୃଦ୍ଧ, ତରୁଣ ଓ ବାଳକ - ଏ ଭେଦ ଅବସ୍ଥାକୃତ, ବୁଦ୍ଧିକୃତ ନୁହନ୍ତି । ଆଚାର୍ଯ୍ୟ ଜିନସେନ ଯଥାର୍ଥ ଲେଖିଛନ୍ତି-[୫୫]

ବର୍ଷୀୟାଂସୌ ଯବୀୟାଂସ, ଇତି ଭେଦୋ ବୟସ୍କୃତଃ ।
ନ ବୋଧ ବୃଦ୍ଧିର୍ବାର୍ଦ୍ଧକ୍ୟେ, ନସ୍ୟୂନ୍ୟ ପଚୟୋଧିୟଃ ॥

ତୁଳନା ଦେଖାଯାଉ - ଫରାସୀ ମନୋବୈଜ୍ଞାନିକ ଆଲଫ୍ରେଡ଼ ବୀନେଙ୍କ ବୁଦ୍ଧି ପରିମାପକ ପ୍ରଣାଳୀ ଅନୁସାରେ ୭ ବର୍ଷର ଶିଶୁ କୋଡ଼ିଏରୁ ଏକଯାଏ ଗଣିବାରେ ଅସମର୍ଥ ଅଥଚ ସେ ଯଦି ୬ ବର୍ଷର ଶିଶୁମାନଙ୍କ ପାଇଁ ନିର୍ମିତ ପ୍ରଶ୍ନଗୁଡ଼ିକର ଯଥାର୍ଥ ଉତ୍ତର ଦେଇପାରୁଛି, ତେବେ ତା'ର ବୌଦ୍ଧିକ ଆୟୁ ଛଅବର୍ଷର ବୋଲି ମାନିବାକୁ ପଡ଼ିବ । ଏହାର ବିପରୀତ ଯଦି ସେହି ସାତ ବର୍ଷର ଶିଶୁ ୯ ବର୍ଷର ପିଲାଙ୍କ ପାଇଁ ନିର୍ମିତ ପ୍ରଶ୍ନର ସଠିକ୍ ଉତ୍ତର ଦେଇପାରୁଛି ତେବେ ତା'ର ବୌଦ୍ଧିକ ଆୟୁ ୯ ବର୍ଷର ବୋଲି ପରିଗଣିତ କରାଯିବ ।

ଆମ ଭକ୍ତକବି ମଧୁସୂଦନ ରାଓଙ୍କ ଅମର କବିତାର ପଂକ୍ତିଦ୍ୱୟ ଦେଖନ୍ତୁ -

ନୁହେଁ ସେହି ବୃଦ୍ଧଜନ, ଶୁକ୍ଳ କେଶ ଅଟେ ଯା'ର ଶିର ।
ଯୌବନେ ଯେ ଜ୍ଞାନେରତ, ଦେବେ ତାଙ୍କୁ ବୋଲନ୍ତି ସ୍ଥବିର ॥

ମାନସିକ ଯୋଗ୍ୟତାର ତତ୍ତ୍ୱ

ମାନସିକ ଯୋଗ୍ୟତା ବା କ୍ରିୟାତ୍ମକ ମନର ଚାରିଟି ତତ୍ତ୍ୱ ହେଉଛି -

୧. ବୁଦ୍ଧି -[୫୬] ଇନ୍ଦ୍ରିୟ ଓ ଅର୍ଥ ସାହାଯ୍ୟରେ ହେଉଥିବା ମାନସିକ ଜ୍ଞାନ ।

୨. ଉତ୍ସାହ - କାର୍ଯ୍ୟ କ୍ଷମତାରେ ଅବରୋଧ ଉତ୍ପନ୍ନ କରୁଥିବା କର୍ମ ପୁଦ୍‌ଗଳର ବିଲୟ ଦ୍ୱାରା ସୃଷ୍ଟି ହେଉଥିବା ସାମର୍ଥ୍ୟ ।

୩. ଉଦ୍ୟୋଗ - କ୍ରିୟାଶୀଳତା ।

୪. ଭାବନା - ପର-ପ୍ରଭାବିତ ଦଶା ।

ବୁଦ୍ଧିର କାର୍ଯ୍ୟ ହେଉଛି - ବିଚାର କରିବା, ଭାବିବା, ବୁଝିବା, କଳ୍ପନା କରିବା, ସ୍ମୃତି, ଚିହ୍ନିବା, ନୂତନ ବିଚାରର ଉତ୍ପାଦନ, ଅନୁମାନ କରିବା ଆଦି-ଆଦି ।

---

[୫୫] ମହାପୁରାଣ, ୧୮।୧୧୮ ।

[୫୬] ଇନ୍ଦ୍ରିୟାର୍ଥାଶ୍ରୟା ବୁଦ୍ଧିର୍ଜ୍ଞାନଂ ତ୍ୱାଗମପୂର୍ବକମ୍ ।
ସଦନୁଷ୍ଠାନବଚ୍ଚୈତଦ୍ ଅସଂମୋହୋଽଭିଧୀୟତେ ॥
ରାତ୍ନୋପଲମ୍ଭଜଜ୍ଞାନଂ, ତତ୍ ପ୍ରାପ୍ତ୍ୟାଦି ଯଥାକ୍ରମମ୍ ।
ଇହୋଦାହରଣଂ ସାଧୁ ଜ୍ଞେୟଂ ବୁଦ୍ଧ୍ୟାଦିସିଦ୍ଧୟେ ॥

ରତ୍ନୋପଲମ୍ଭ-ଇନ୍ଦ୍ରିୟ ଓ ଅର୍ଥ ସାହାଯ୍ୟରେ ଉତ୍ପନ୍ନ ହେଉଥିବା ବୁଦ୍ଧି : ଯଥା - ଏହା ହେଉଛି ରତ୍ନ ।
ରତ୍ନଜ୍ଞାନ - ଆଗମ ବର୍ଣ୍ଣିତ ରତ୍ନର ଲକ୍ଷଣରୁ ଉତ୍ପନ୍ନ ଜ୍ଞାନ
ରତ୍ନପ୍ରାପ୍ତି- ସମ୍ୟକ୍ ରୂପରେ ତାହାକୁ ଗ୍ରହଣ କରିବା ।

ଉତ୍ସାହର କାର୍ଯ୍ୟ ହେଉଛି - ଆବେଗ, ସ୍ଫୂର୍ତ୍ତି ବା ସାମର୍ଥ୍ୟ ଜାତ କରିବା ।

ଉଦ୍ୟୋଗର କାର୍ଯ୍ୟ ହେଉଛି - ସାମର୍ଥ୍ୟକୁ କାର୍ଯ୍ୟ ରୂପରେ ପରିଣମନ ।

ଭାବନାର କାର୍ଯ୍ୟ ହେଉଛି - ତନ୍ମୟତା ଉତ୍ପନ୍ନ କରିବା ।

ଚେତନାର ବିଭିନ୍ନ ପ୍ରବୃତ୍ତି

ଚେତନାର ମୂଳ ସ୍ରୋତ ହେଉଛି ଆତ୍ମା । ଚେତନାର ଯେଉଁ ଦୁଇଟି ପ୍ରବୃତ୍ତି ସର୍ବମାନ୍ୟ, ସେଗୁଡ଼ିକ ହେଉଛନ୍ତି ଇନ୍ଦ୍ରିୟ ଓ ମନ । ଇନ୍ଦ୍ରିୟ ଜ୍ଞାନ ବାର୍ତ୍ତମାନିକ ତଥା ଅନାଲୋଚନାତ୍ମକ, ତେଣୁ ଇନ୍ଦ୍ରିୟଜନ୍ୟ ପ୍ରବୃତ୍ତି ବହୁମୁଖୀ ନୁହେଁ । ଅନ୍ୟପକ୍ଷରେ ମନସ୍ ଜ୍ଞାନ ତ୍ରୈକାଳିକ ତଥା ଆଲୋଚନାତ୍ମକ ହୋଇଥିବାରୁ ଏହାର ବହୁବିଧ ଅବସ୍ଥା ସୃଷ୍ଟି ହୁଏ ।

ସଂକଳ୍ପ-ବାହ୍ୟ ପଦାର୍ଥ ପ୍ରତି ଅନୁରକ୍ତି ବା ମମକାର ସୃଷ୍ଟି ହୁଏ ।

ବିକଳ୍ପ- ହର୍ଷ ବିଷାଦର ପରିଣାମ- ମୁଁ ସୁଖୀ, ମୁଁ ଦୁଃଖୀ ଆଦି ।

ନିଦାନ - ସୁଖ ଦୁଃଖରେ ଉତ୍କଟ ଅଭିଳାଷ ବା କାମନା ଓ ପ୍ରାର୍ଥନା ।

ସ୍ମୃତି - ଦୃଷ୍ଟ, ଶ୍ରୁତ ଏବଂ ଅନୁଭୂତ ବିଷୟଗୁଡ଼ିକର ସ୍ମରଣ ।

ଜାତିସ୍ମୃତି - ପୂର୍ବଜନ୍ମର ସ୍ମରଣ ।

ପ୍ରତ୍ୟଭିଜ୍ଞା - ପରିଚୟ ।

କଳ୍ପନା - ତର୍କ, ଅନୁମାନ, ଭାବନା, କଷାୟ, ସ୍ୱପ୍ନ ।

ଶ୍ରଦ୍ଧାନ - ମାନସିକ ରୁଚି ।

ଲେଶ୍ୟା - ମାନସିକ ପରିଣାମ ।

ଧ୍ୟାନ - ମାନସିକ ଏକାଗ୍ରତା, ଆଦି-ଆଦି ।

ଏଗୁଡ଼ିକ ମଧ୍ୟରୁ ସ୍ମୃତି, ଜାତିସ୍ମୃତି, ପ୍ରତ୍ୟଭିଜ୍ଞା, ତର୍କ, ଅନୁମାନ- ବିଶୁଦ୍ଧି ଜ୍ଞାନର ରୂପ ବା ଅବସ୍ଥା । ଅବଶିଷ୍ଟ ଦଶା, କର୍ମର ଉଦୟ ବା ବିଲୟଜନ୍ୟ ହୋଇଥାଏ । ସଂକଳ୍ପ, ବିକଳ୍ପ, ନିଦାନ, କଷାୟ ଓ ସ୍ୱପ୍ନ - ଏଗୁଡ଼ିକ ମୋହ ପ୍ରଭାବିତ ଚେତନା ଚିନ୍ତନର ପ୍ରତିଫଳନ ମାତ୍ର । ଭାବନା, ଶ୍ରଦ୍ଧାନ, ଲେଶ୍ୟା ଓ ଧ୍ୟାନ- ଏମାନେ ମୋହ ପ୍ରଭାବିତ ଚେତନା ମଧ୍ୟରେ ଜାତ ହେବା ଅବସ୍ଥାରେ ଅସତ୍ ଏବଂ ମୋହ-ଶୂନ୍ୟ ଚେତନାରେ ଉତ୍ପନ୍ନ ହେଲେ ସତ୍‌ରେ ପରିଣତ ହୁଅନ୍ତି ।

ସ୍ୱପ୍ନ ବିଜ୍ଞାନ

ଫ୍ରାୟଡ୍‌ଙ୍କ ମତରେ ମନୋବାଞ୍ଛାର ପରିଣାମ ହିଁ ସ୍ୱପ୍ନ । ଜୈନ ଦର୍ଶନ ଅନୁସାରେ ସ୍ୱପ୍ନ ହେଉି ମୋହକର୍ମ ଓ ପୂର୍ବ ସଂସ୍କାରଗୁଡ଼ିକର ଉଦ୍‌ବୋଧର ପରିଣାମ । ତାହା ଯଥାର୍ଥ ଓ ଅଯଥାର୍ଥ ଉଭୟ ପ୍ରକାର ହୋଇପାରିବ ।(୫୭) ସ୍ୱପ୍ନ, ସମାଧିର ନିମିତ୍ତ ସାଜିଥାଏଏବଂ ଅସମାଧିରେ କାରଣ ମଧ୍ୟ ସାଜିଥାଏ ।(୫୮) କିନ୍ତୁ ମୋହ ପ୍ରଭାବିତ ଚୈତନ୍ୟ ଦଶାରେ ହିଁ ଚୈତନ୍ୟ ଉତ୍ପନ୍ନ ହୋଇଥାଏ ଅନ୍ୟଥା ଏହା ସମ୍ଭବ ନୁହେଁ ।(୫୯)

---

(୫୭) (କ) ଭଗବତୀ, ୧୬।୮୧ : ସଂବୁଡ଼େ ଭନ୍ତେ ! ସୁବିଣଂ ପାସତି ? ଅସଂବୁଡ଼େ ସୁବିଣଂ ପାସତି ? ସଂବୁଡ଼ା ସଂବୁଡ଼େ ସୁବିଣଂ ପାସତି ?
ଗୋୟମା ! ସଂବୁଡ଼େ ବି ସୁବିଣଂ ପାସତି, ଅସଂବୁଡ଼େ ବି ସୁବିଣଂ ପାସତି, ସଂବୁଡ଼ା, ସଂବୁଡ଼େ ବି ସୁବିଣଂ ପାସତି । ସଂବୁଡ଼େ ସୁବିଣଂ ପାସତି ଅହାତଚ୍ଚଂ ପାସତି । ଅସଂବୁଡ଼େ ସୁବିଣଂ ପାସତି ତହା ବାଚ୍ଚଂ ହୋଜ୍‌ଜା, ଅନ୍ନହା ବା ତଂ... ହୋଜ୍‌ଜା । ସଂବୁଡ଼ାସଂବୁଡ଼େ ସୁବିଣଂ ପାସତି ତହା ବା ତଂ ହୋଜ୍‌ଜା, ଅଣ୍ଣହା ବା ତଂ ହୋଜ୍‌ଜା ।
(ଖ) ଦଶାଶ୍ରୁତସ୍କନ୍ଧ, ୫ : ସୁମିଣଂ ଦଂସଣେ ବା ସେ ଅସମୁପ୍ପଣ୍ଣପୁବ୍‌ବେ ସମୁପଜ୍‌ଜେଜ୍‌ଜା ଅହାତଚ୍ଚଂ ସୁମିଣଂ ପାସିତ୍ତାଏ ।

(୫୮) ଭଗବତୀ, ୧୬।୭୬: କତିବିହେଣଂ ଭନ୍ତେ ! ସୁବିଣ-ଦଂସଣେ ପଣ୍ଣତ୍ତେ ?
ଗୋୟମା ! ପଂଚବିହେ ସୁବିଣଦଂସଣେ ପଣ୍ଣତ୍ତେ ତଂ ଜହାଅହାତଚ୍ଚେ, ପୟାଣେ, ଚିନ୍ତା ସୁବିଣେ, ତବ୍‌ବି ବରୀଏ, ଅବ୍‌ବତ୍ତଦଂସଣେ ।

(୫୯) ଭଗବତୀ, ୧୬।୭୬: ଜୟାଚାର୍ଯ୍ୟକୃତ ଜୋଡ଼

ସ୍ୱପ୍ନ-ଜ୍ଞାନର ବିଷୟ, ପୂର୍ବରୁ ଦୃଷ୍ଟ, ଶ୍ରୁତ ଓ ଅନୁଭୂତ ବସ୍ତୁ ହିଁ ହୋଇଥାନ୍ତି ।

ସ୍ୱପ୍ନ ଅର୍ଦ୍ଧ-ନିଦ୍ରିତ ଅବସ୍ଥାରେ ଆସେ ।[୬୦] ଏହା ନିଦ୍ରାର ପରିଣାମ ନୁହେଁ, କିନ୍ତୁ ସ୍ୱପ୍ନ ନିଦ୍ରାର ସତତ ସାହଚର୍ଯ୍ୟ ଆବଶ୍ୟକ କରିଥାଏ । ଜାଗ୍ରତ ଦଶାରେ ଯେପରି ବସ୍ତୁ ଅନୁସାରୀ ଜ୍ଞାନ ଓ କଳ୍ପନା ରହିଥାଏ, ସେହିପରି ସ୍ୱପ୍ନ-ଦଶାରେ ବି ଅତୀତର ସ୍ମୃତି, ଭବିଷ୍ୟର ସତ୍ କଳ୍ପନା ଓ ଅସତ୍ କଳ୍ପନା- ଏସବୁ ରହିଥାନ୍ତି । ସ୍ୱପ୍ନବିଜ୍ଞାନ କେବଳ ମାନସିକ, ଶରୀର ସହିତ ସଂବନ୍ଧ ନ ଥାଏ ।

ଭାବନା

- ଭାବନା
  - ଅପ୍ରୀତି ଜାତି
    - କ୍ରୋଧ
    - ମାନ
  - ପ୍ରୀତି ଜାତି
    - ମାୟା
    - ଲୋଭ

ଭାବନାର ଦୁଇ ଜାତି- ଅପ୍ରୀତି ଓ ପ୍ରୀତି ।

ଅପ୍ରୀତିର ଦୁଇ ଭେଦ - କ୍ରୋଧ ଓ ଲୋଭ ।

ଅପ୍ରୀତି ଜାତିର ସାମାନ୍ୟ ଦୃଷ୍ଟିରେ କ୍ରୋଧ ଓ ମାନ, ଦ୍ୱେଷ ଅଟନ୍ତି ।

ପ୍ରୀତି ଜାତିର ସାମାନ୍ୟ ଦୃଷ୍ଟିରେ ମାୟା ଓ ଲୋଭ, ରାଗ ଅଟନ୍ତି ।

ବ୍ୟବହାର ଦୃଷ୍ଟିରେ କ୍ରୋଧ ଓ ମାନ ଦ୍ୱେଷ ଦେଖାଯାଉଛନ୍ତି । ଅନ୍ୟକୁ ହାନି ପହଞ୍ଚାଇବା ଉଦ୍ଦେଶ୍ୟରେ ଯଦି ମାୟାର ପ୍ରୟୋଗ କରାଯାଏ, ତାହା ମଧ୍ୟ ଦ୍ୱେଷ । ଲୋଭ ମୂର୍ଚ୍ଛାତ୍ମକ ବା ଆସକ୍ତିପରକ ହୋଇଥିବାରୁ ତାହା ହେଉଛି ରାଗ ।

ଋଜୁସୂତ୍ର ଦୃଷ୍ଟିରେ କ୍ରୋଧ ଯେହେତୁ ଅପ୍ରୀତି ରୂପ, ତେଣୁ ତାହା ସବୁମନ୍ତେ ଦ୍ୱେଷ । ମାନ, ମାୟା ଓ ଲୋଭ କଦାଚିତ୍ ରାଗ ଓ କଦାଚିତ୍ ଦ୍ୱେଷ ହୋଇପାରନ୍ତି । ମାନ, ଅହଂକାରୋପଯୋଗାତ୍ମକ ହୋଇଥାଏ, ସ୍ୱୟଂର ବହୁମାନର ଭାବନା ରହିଥାଏ, ସେତେବେଳେ ସେହିମାନ ପ୍ରୀତି ଶ୍ରେଣୀରେ ଅନ୍ତର୍ଭୁକ୍ତ ହୋଇ ରାଗରେ ପରିଣତ ହୁଏ । କିନ୍ତୁ ମାନ ଯେତେବେଳେ ପର-ଗୁଣ-ଦ୍ୱେଷୋପଯୋଗାତ୍ମକ ହୁଏ, ତାହା ଅପ୍ରୀତି ଶ୍ରେଣୀରେ ସମ୍ମିଳିତ ହୋଇ ଦ୍ୱେଷ ପାଲଟିଯାଏ । ଅନ୍ୟର କ୍ଷତି ସାଧନ ପାଇଁମାୟା ଓ ଲୋଭର ପ୍ରୟୋଗ ଅପ୍ରୀତି ରୂପ ଧାରଣ କରି ଦ୍ୱେଷ ଶ୍ରେଣୀରେ ପ୍ରବେଶ କରନ୍ତି । ଆପଣା ଶରୀର, ସମ୍ପତ୍ତି ଆଦିର ସୁରକ୍ଷା ବା ପୋଷଣ ପାଇଁ ମାୟା ଓ ଲୋଭର ପ୍ରୟୋଗ, ମୂର୍ଚ୍ଛାତ୍ମକ ହୋଇଥିବାରୁ ରାଗରେ ପରିଣତ ହୁଅନ୍ତି ।

ଶାବ୍ଦିକ ଦୃଷ୍ଟିରୁ କେବଳ ଦୁଇଟି ବୃତ୍ତି ମାନ୍ୟତା ପ୍ରାପ୍ତ । ଯଥା: ଲୋଭ ବା ରାଗ ଏବଂ କ୍ରୋଧ ଓ ଦ୍ୱେଷ ।

ମାନ ଓ ମାୟା ସ୍ୱହିତ - ଉପଯୋଗାତ୍ମକ ଅବସ୍ଥାରେ ରହିଥିଲେ, ତାହା ମୂର୍ଚ୍ଛାତ୍ମକ ହୁଏ, ଫଳରେ ଲୋଭ ଏବଂ ଲୋଭରୁ ରାଗରେ ପରିଣତ ହୁଏ । ସେହି ମାନ ଓ ମାୟା ପରୋପଘାତ ଉପଯୋଗାତ୍ମକ ରହିଥିଲେ, ତାହା ଘୃଣାତ୍ମକ ହୁଏ ଫଳରେ କ୍ରୋଧ ଏବଂ କ୍ରୋଧରୁ ଦ୍ୱେଷରେ ପରିଣତ ହୁଏ ।[୬୧]

---

(୬୦) ଭଗବତୀ, ୧୬।୧୭: ଶୁତ୍ତେଣଂ ଭନ୍ତେ ସୁବିଣଂ ପାସତି ? ଜାଗରେ ସୁବିଣଂ ପାସତି ? ସୁତ୍ତ-ଜାଗରେ ସୁବିଣଂ ପାସତି ?
ଗୋୟମା ! ନୋ ସୁତ୍ତେ ସୁବିଣଂ ପାସତି, ନୋ ଜାଗରେ ସୁବିଣଂ ପାସତି, ସୁତ୍ତ-ଜାଗରେ ସୁବିଣଂ ପାସତି ।

(୬୧) ଆବଶ୍ୟକ, ମଳୟଗିରି ବୃତ୍ତି ପତ୍ର ୪୯୯,୫୦୦ ।

ଏହା ହେଉଛି ବୈଭାବିକ ବା ମୋହ ପ୍ରଭାବିତ ଭାବନାର ରୂପ । ମୋହଶୂନ୍ୟ ବା ସ୍ୱାଭାବିକ ଭାବନା ଷୋହଳ ପ୍ରକାରେ ପ୍ରକଟିତ ହୁଏ - ୧. ଅନିତ୍ୟ ଚିନ୍ତନ ୨. ଅଶରଣ ଚିନ୍ତନ ୩. ଭବ ଚିନ୍ତନ ୪. ଏକତ୍ୱ ଚିନ୍ତନ ୫. ଅନ୍ୟତ୍ୱ ଚିନ୍ତନ ୬. ଅଶୌଚ ଚିନ୍ତନ ୭. ଆସ୍ରବ ଚିନ୍ତନ ୮. ସଂବର ଚିନ୍ତନ ୯. ନିର୍ଜରା ଚିନ୍ତନ ୧୦.ଧର୍ମ ଚିନ୍ତନ ୧୧. ଲୋକ ବ୍ୟବସ୍ଥା ଚିନ୍ତନ ୧୨. ବୋଧି ଦୁର୍ଲଭତା ଚିନ୍ତନ ୧୩. ମୈତ୍ରୀ ଚିନ୍ତନ ୧୪. ପ୍ରମୋଦ ଚିନ୍ତନ ୧୫. କାରୁଣ୍ୟ ଚିନ୍ତନ ୧୬. ମାଧ୍ୟସ୍ଥ ଚିନ୍ତନ । [୬୨]

ଶ୍ରଦ୍ଧାନ

ଶ୍ରଦ୍ଧାକୁ ବିକୃତ କରୁଥିବା କର୍ମ ପୁଦ୍‌ଗଳ ଚେତନାକୁ ପ୍ରଭାବିତ କରିବାରେ ଯେତେବେଳେ ସଫଳ ହୁଅନ୍ତି, ସେତେବେଳେ ତାତ୍ତ୍ୱିକ ଧାରଣା ମିଥ୍ୟା ରୂପରେ ପ୍ରତିଭାସିତ ହୁଏ । ଅସତ୍ୟ ଆଗ୍ରହ ବା ଆଗ୍ରହ ବିନା ମଧ୍ୟ ଅସତ୍ୟ ଧାରଣା ନିର୍ମିତ ହୁଏ ଯାହା କି ସ୍ୱାଭାବିକ ନୁହେଁ । କେବଳ ବାତାବରଣର ଭୂମିକା ଏହି ଅସତ୍ୟ ଧାରଣା ପଛରେ ରହିଛି ବୋଲି କହିବା ଯଥାର୍ଥ ନୁହେଁ । ଏହାର ମୂଳରେ ଶ୍ରଦ୍ଧା-ମୋହକ ପୁଦ୍‌ଗଳ ବିଦ୍ୟମାନ । ଏହି ପୁଦ୍‌ଗଳଗୁଡ଼ିକ ଯେଉଁ ଚେତନାକୁ ପ୍ରଭାବିତ କରିବାରେ ଅସଫଳ ହୁଅନ୍ତି- ସେହି ଚେତନା ମଧ୍ୟରେ ଅସତ୍ୟ ଆଗ୍ରହର ସର୍ବଥା ଅଭାବ ପରିଲକ୍ଷିତ ହୁଏ ।ଏହି ସ୍ଥିତି ଉଭୟ ନୈସର୍ଗିକ ଓ ଶିକ୍ଷାଲଭ୍ୟ ଭାବରେ ପ୍ରାପ୍ତ ହୁଏ ।

ଲେଶ୍ୟା

ଆମ କାର୍ଯ୍ୟ ବିଚାର ଅନୁରୂପ ଏବଂ ବିଚାର, ଚରିତ୍ରକୁ ବିକୃତ କରୁଥିବା ପୁଦ୍‌ଗଳର ପ୍ରଭାବ ଓ ଅପ୍ରଭାବ ଅନୁରୂପ ଘଟିଥାଏ । କର୍ମପୁଦ୍‌ଗଳ ଆମ କାର୍ଯ୍ୟ ଓ ବିଚାରକୁ ଆନ୍ତରିକ ସ୍ତରରେ ପ୍ରଭାବିତ କରିଥାଏ । ସେହି ସମୟରେବାହ୍ୟ ପୁଦ୍‌ଗଳ ସେମାନଙ୍କୁ ସହଯୋଗ କରିଥାନ୍ତି । ଏହି କର୍ମ ପୁଦ୍‌ଗଳ ବିବିଧ ବର୍ଣ୍ଣଯୁକ୍ତ । କୃଷ୍ଣ, ନୀଳ ଓ କାପୋତ - ଏହି ତିନି ରଙ୍ଗଯୁକ୍ତ ପୁଦ୍‌ଗଳ, ଆମ ବିଚାରକୁ ଅଶୁଦ୍ଧିର କାରଣ ସାଜନ୍ତି । ତେଜସ୍, ପଦ୍ମ ଓ ଶୁକ୍ଳ -ଏହି ତିନି ବର୍ଣ୍ଣର ପୁଦ୍‌ଗଳ ବିଚାରଶୁଦ୍ଧିରେ ସହାୟକ ସାଜନ୍ତି । ପ୍ରଥମ ବର୍ଗର ରଙ୍ଗ କୃଷ୍ଣ, ନୀଳ ଓ କାପୋତ, ବିଚାର ଅଶୁଦ୍ଧିର କାରଣ - ଏହା ବଡ଼ କଥା ନୁହେଁ କିନ୍ତୁ ଏହି ବର୍ଣ୍ଣର କର୍ମ ପୁଦ୍‌ଗଳ ଆମ ଚାରିତ୍ର-ମୋହ-ପ୍ରଭାବିତ ବିଚାରଜାତ କରିବା ସହିତ ସେଗୁଡ଼ିକୁ ପରିବ୍ୟାପ୍ତ କରନ୍ତି- ଏହା ମୁଖ୍ୟ କଥା । ଦ୍ୱିତୀୟ ବର୍ଗର ରଙ୍ଗ ତେଜସ୍, ପଦ୍ମ ଓ ଶୁକ୍ଳ କ୍ଷେତ୍ରରେ ମଧ୍ୟ ଏହି ନିୟମ ଲାଗୁ ହୋଇଥାଏ ।

ଧ୍ୟାନ

ମନ ବା ବୃତ୍ତିରକେନ୍ଦ୍ରୀକରଣ ଫଳରେ ଦୁଇଟି ସ୍ଥିତିର ନିର୍ମାଣ ହୁଏ - ବିଭାବୋନ୍ମୁଖ ଏବଂ ସ୍ୱଭାବୋନ୍ମୁଖ ।

ପ୍ରିୟ ବସ୍ତୁର ବିୟୋଗ ଘଟିଲେ, ତା'ର ପୁନର୍ବାର ସଂଯୋଗ ସକାଶେ ତଥା ଅପ୍ରିୟ ବସ୍ତୁର ସଂଯୋଗ ଘଟିଲେ ପୁଣି ସେମାନଙ୍କ ବିୟୋଗ ପାଇଁ ଯେଉଁ ଏକାଗ୍ରତା ଘଟିତ ହୁଏ, ତାହା ବ୍ୟକ୍ତିକୁ ଆର୍ତ୍ତ ବା ଦୁଃଖୀ କରିଥାଏ ।

ବିଷୟ ବାସନର ସାମଗ୍ରୀ ସଂରକ୍ଷଣ ସକାଶେ, ହିଂସା ପାଇଁ, ଅସତ୍ୟ ପାଇଁ ତଥା ଚୌର୍ଯ୍ୟ ସକାଶେ ଘଟୁଥିବା ଏକାଗ୍ରତା, ବ୍ୟକ୍ତିକୁ କ୍ରୂରରେ ପରିଣତ କରିଦିଏ । ତେଣୁ ମନର ଏଭଳି କେନ୍ଦ୍ରୀକରଣ ହେଉଛି ବିଭାବୋନ୍ମୁଖ ।

ସତ୍ୟାସତ୍ୟର ବିବେକ ସକାଶେ, ଦୋଷମୁକ୍ତି ଲାଗି ତଥା କର୍ମମୁକ୍ତି ସକାଶେ ଘଟୁଥିବା ଏକାଗ୍ରତା, ବ୍ୟକ୍ତିକୁ ଆତ୍ମନିଷ୍ଠ କରିଥାଏ । ତେଣୁ ମନର ଏହି କେନ୍ଦ୍ରୀକରଣକୁ ସ୍ୱଭାବୋନ୍ମୁଖ କୁହାଯାଇପାରିବ ।

---

[୬୨] ଶାନ୍ତ ସୁଧାରସ, ୧୭ ।

ଜୈନ ଦର୍ଶନ : ମନନ ଓ ମୀମାଂସା

ସପ୍ତମ ଖଣ୍ଡ
ପ୍ରମାଣ ମୀମାଂସା

।।୧।।

ଜୈନ ନ୍ୟାୟ

ନ୍ୟାୟ ଓ ନ୍ୟାୟଶାସ୍ତ୍ର

ମୀମାଂସାର ବ୍ୟବସ୍ଥିତ ପଦ୍ଧତି ଅଥବା ପ୍ରମାଣ ମୀମାଂସାର ନାମ ନ୍ୟାୟ-ତର୍କ ବିଦ୍ୟା ।

ନ୍ୟାୟର ଶାବ୍ଦିକ ଅର୍ଥ-ପ୍ରାପ୍ତି[୧] ତଥା ପାରିଭାଷିକ ଅର୍ଥ-ଯୁକ୍ତି ଦ୍ୱାରା ପଦାର୍ଥ-ପ୍ରମେୟ ବସ୍ତୁର ପରୀକ୍ଷଣ ।[୨] ନିର୍ଦ୍ଦିଷ୍ଟ ବସ୍ତୁ ସଂବନ୍ଧରେ ଅନେକ ବିରୋଧୀ ବିଚାର ଯେତେବେଳେ ପ୍ରସ୍ତୁତ କରାଯାଏ, ସେମାନଙ୍କ ବଳାବଳ ନିର୍ଣ୍ଣୟ କରିବା ପାଇଁ ଯେଉଁ ବିଚାର କରାଯାଏ, ତା'ର ନାମ ପରୀକ୍ଷା ।[୩]

'କ' ସଂବନ୍ଧରେ ଇନ୍ଦ୍ରଙ୍କ ବିଚାର ଠିକ୍ କିନ୍ତୁ ଚନ୍ଦ୍ରଙ୍କ ବିଚାର ଭୁଲ୍- ଏହି ନିର୍ଣ୍ଣୟ ପ୍ରଦାନ କରୁଥିବା ବ୍ୟକ୍ତିଙ୍କ ପାଖରେ ଏକ ପୁଷ୍ଟ ଆଧାର ରହିଥିବା ଆବଶ୍ୟକ ; ଅନ୍ୟଥା ତାଙ୍କ ନିର୍ଣ୍ଣୟ ମୂଲ୍ୟହୀନ । 'ଇନ୍ଦ୍ର'ଙ୍କ ବିଚାର ଯଥାର୍ଥ ଭାବିବାର ଆଧାର, ତାଙ୍କ ଯୁକ୍ତି (ପ୍ରମାଣ)ରେ ସାଧ୍ୟ ଓ ସାଧନର ସ୍ଥିତିର ଅନୁକୂଳତା ତଥା ସାଧ ଓ ସାଧନ ମଧ୍ୟରେ ଅବିରୋଧ ଥାଇପାରେ । ଇନ୍ଦ୍ରଙ୍କ ଯୁକ୍ତି ଅନୁସାରେ 'କ' ଏକ ଅକ୍ଷର (ସାଧ୍ୟ) ଏବଂ ଏହାକୁ ବିଭାଜିତ କରାଯାଇପାରିବ ନାହିଁ ।

ଚନ୍ଦ୍ରଙ୍କ ମତାନୁସାରେ 'ଏ' ମଧ୍ୟ ଏକ ଅକ୍ଷର, କାରଣ ତାହା ବର୍ଣ୍ଣମାଳାର ଏକ ଅଂଗ । ଏହି ତଥ୍ୟରେ ସାଧ୍ୟ ଓ ସାଧନ ମଧ୍ୟରେ ସଂଗତି ନ ଥିବାରୁ ଏହି ମତ ଯଥାର୍ଥ ନୁହେଁ । 'ଏ' ବର୍ଣ୍ଣମାଳାର ଅଂଗ କିନ୍ତୁ ତାହା ଅକ୍ଷର ନୁହେଁ । ଅ+ଇ ର ସଂଯୋଗରେ 'ଏ'ର ନିର୍ମାଣ ହେଉଥିବାରୁ ଏହା ସଂଯୋଗଜ ବର୍ଣ୍ଣ ଅଟେ ।

ନ୍ୟାୟ-ପଦ୍ଧତିର ଶିକ୍ଷା ଦେଉଥିବା ଶାସ୍ତ୍ର 'ନ୍ୟାୟ ଶାସ୍ତ୍ର' ବୋଲାଇଥାଏ । ଏହାର ଚାରୋଟି ମୁଖ୍ୟ ଅଙ୍ଗ ହେଲା-[୪]

୧. ତତ୍ତ୍ୱର ମୀମାଂସା କରିଥାଏ - ପ୍ରମାତା (ଆତ୍ମା)

---

(୧) ନ୍ୟାୟ ଶବ୍ଦର ଅର୍ଥ -
(କ) ନିୟମଯୁକ୍ତ ବ୍ୟବହାର - ନ୍ୟାୟାଳୟ ଆଦି ପ୍ରୟୋଗ ଏହି ସନ୍ଦର୍ଭରେ କରାଯାଇଥାଏ ।
(ଖ) ବହୁଳ ପ୍ରୟୋଗ ବା ଦୃଷ୍ଟାନ୍ତ ମାଧ୍ୟମରେ ପ୍ରଦର୍ଶିତ ସାଦୃଶ୍ୟ , ଯଥା : ଦେହଳୀ-ଦୀପକ ନ୍ୟାୟ ।
(ଗ) ଅର୍ଥର ପ୍ରାପ୍ତି ବା ସିଦ୍ଧି । ନ୍ୟାୟଶାସ୍ତ୍ରରେ 'ନ୍ୟାୟ' ଶବ୍ଦର ତୃତୀୟ ଅର୍ଥ 'ଗ୍ରାହ୍ୟ' କରାଯାଇଛି । ...

(୨) ଭିକ୍ଷୁ ନ୍ୟାୟକର୍ଣ୍ଣିକା, ୧।୧ ।

(୩) ନ୍ୟାୟଦୀପିକା, ପୃ.୮ : ବିରୁଦ୍ଧ ନାନା ଯୁକ୍ତି ପ୍ରାବଲ୍ୟ
ଦୌର୍ବଲ୍ୟବଧାରଣାୟ ପ୍ରବର୍ତ୍ତମାନୋ ବିଚାରଃ ପରୀକ୍ଷା ।

(୪) ଭିକ୍ଷୁ ନ୍ୟାୟକର୍ଣ୍ଣିକା, ୧।୨ ।

୨. ମୀମାଂସାର ମାନଦଣ୍ଡ - ପ୍ରମାଣ (ଯଥାର୍ଥ ଜ୍ଞାନ)

୩. ଯାହାର ମୀମାଂସା କରାଯାଏ - ପ୍ରମେୟ (ପଦାର୍ଥ)

୪. ମୀମାଂସାର ଫଳ - ପ୍ରମିତି (ହେୟ-ଉପାଦେୟ ମଧ୍ୟସ୍ଥ ବୁଦ୍ଧି)

ନ୍ୟାୟଶାସ୍ତ୍ରର ଉପଯୋଗିତା

ସବୁ ପ୍ରାଣୀ ମଧ୍ୟରେ ଅନନ୍ତ ଚୈତନ୍ୟ ରହିଛି । ଏହା ସତ୍ତାଗତ ସମାନତାର ପ୍ରମାଣ ଦେଇଥାଏ । ବିକାଶ ପରିପ୍ରେକ୍ଷୀରେ ଅନନ୍ତ ତାରତମ୍ୟ ମଧ୍ୟ ରହିବା ସ୍ୱାଭାବିକ । ସର୍ବୋତ୍କୃଷ୍ଟ ବିକାଶଶୀଳ ପ୍ରାଣୀ ହେଉଛି ମନୁଷ୍ୟ । ଉପଯୁକ୍ତ ସାମଗ୍ରୀର ସଂଯୋଗ ଫଳରେ ମନୁଷ୍ୟ ଚୈତନ୍ୟ ବିକାଶର ଚରମ ସୀମା - କେବଳ ଜ୍ଞାନ ପର୍ଯ୍ୟନ୍ତ ପହଞ୍ଚିବାରେ ସଫଳ ହୋଇଥାଏ । ଏହାର ପୂର୍ବବର୍ତ୍ତୀ ଅବସ୍ଥାମାନଙ୍କରେ ବି ସେ ବୁଦ୍ଧି ପରିଷ୍କାରର ଅନେକ ଅବସର ପାଇଥାଏ ।

ମନୁଷ୍ୟ ଜାତିଠାରେ ସ୍ପଷ୍ଟ ଅର୍ଥ-ବୋଧକ ଭାଷା ଏବଂ ଲିପି ସଂକେତ ଭଳି ଦୁଇଟି ବିଶେଷତ୍ୱ ରହିଛି, ଯାହା ଫଳରେ ସେ ବିଚାରଗୁଡ଼ିକର ସ୍ଥିରୀକରଣ ଓ ବିନିମୟ କରିପାରିଥାଏ ।

ସ୍ଥିରୀକରଣର ପରିଣାମ ସାହିତ୍ୟ ଏବଂ ବିନିମୟର ପରିଣାମ ହେଉଛି ବିମର୍ଶ ।

ମାନବୀୟ ଜ୍ଞାନ ବିଜ୍ଞାନ ପରମ୍ପରାର ଅଗ୍ରଗତି ସହିତ, ସାହିତ୍ୟ ବିବିଧ କ୍ଷେତ୍ରରେ, ଭିନ୍ନ ଭିନ୍ନ ଦିଗରେ ନିଜ ସାମର୍ଥ୍ୟ ପ୍ରତିପାଦିତ କରିଚାଲେ ।

ଜୈନ ବାଙ୍ମୟରେ ସାହିତ୍ୟର ଚାରୋଟି ଶାଖାର ବର୍ଣ୍ଣନ ମିଳିଥାଏ ।

୧. ଚରଣ କରଣାନୁଯୋଗ - ଆଚାର ମୀମାଂସା, ଉପଯୋଗିତାବାଦ ବା କର୍ତ୍ତବ୍ୟ ସଂହିତା । ଏହା ହେଉଛି ଆଧ୍ୟାତ୍ମିକ ପଦ୍ଧତି ।

୨. ଧର୍ମକଥାନୁଯୋଗ - ଆତ୍ମ-ଉଦ୍‌ବୋଧନ ଶିକ୍ଷା, ରୂପକ, ଦୃଷ୍ଟାନ୍ତ ଏବଂ ଉପଦେଶ ।

୩. ଗଣିତାନୁଯୋଗ - ଗଣିତ-ଶିକ୍ଷା ।

୪. ଦ୍ରବ୍ୟାନୁଯୋଗ- ଅସ୍ତିତ୍ୱବାଦ ବା ବାସ୍ତବିକତାବାଦ ।

ତର୍କ-ମୀମାଂସା ତଥା ବସ୍ତୁ-ସ୍ୱରୂପ ଶାସ୍ତ୍ର ଆଦିର ସମାବେଶ ଯୋଗୁଁ ଏହା ଦାର୍ଶନିକ ପଦ୍ଧତି ରୂପରେ ପରିଗଣିତ ହୁଏ । ଏହା ଦଶ ପ୍ରକାର -

୧. ଦ୍ରବ୍ୟାନୁଯୋଗ - ଦ୍ରବ୍ୟ ସଂବନ୍ଧରେ ବିଚାର । ଯଥା- ଦ୍ରବ୍ୟ ହେଉଛି ଗୁଣ ପର୍ଯ୍ୟାୟବାନ । ଜୀବ ମଧ୍ୟରେ ଜ୍ଞାନଗୁଣ ଓ ସୁଖ ଦୁଃଖ ଆଦି ପର୍ଯ୍ୟାୟ ପ୍ରାପ୍ତ ହେଉଥିବାରୁ ତାହା ଦ୍ରବ୍ୟ ।

୨.ମାତୃକାନୁଯୋଗ - ସତ୍‌ବିଚାର । ଯଥା : ଦ୍ରବ୍ୟ, ଉତ୍ପାଦ, ବ୍ୟୟ ଓ ଧ୍ରୌବ୍ୟଯୁକ୍ତ ହେବା କାରଣରୁ ସତ୍ । ଜୀବ, ସ୍ୱରୂପ ଦୃଷ୍ଟିରୁ ଧ୍ରୁବ ଅଥଚ ପର୍ଯ୍ୟାୟ ଦୃଷ୍ଟିରୁ ତାହା ଉତ୍ପାଦ ଓ ବ୍ୟୟ ଧର୍ମଯୁକ୍ତ ହୋଇଥିବାରୁ ତାହା ମଧ୍ୟ ସତ୍ ଅଟେ ।

୩. ଏକାର୍ଥିକାନୁଯୋଗ - ଅନେକ ଶବ୍ଦର ସମାନ ଅର୍ଥ ସଂବନ୍ଧରେ ବିଚାର । ଯଥା :- ଜୀବ, ପ୍ରାଣୀ, ଭୂତ, ସତ୍ତ୍ୱ ଆଦି ଜୀବର ପର୍ଯ୍ୟାୟବାଚୀ ନାମ ।

୪. କରଣାନୁଯୋଗ - ସାଧନ ସମ୍ବନ୍ଧରେ ବିଚାର, ସାଧକତମ ପଦାର୍ଥର ମୀମାଂସା । ଯଥା :- ଜୀବ; କାଳ, ସ୍ୱଭାବ, ନିୟତି, କର୍ମ ଓ ପୁରୁଷାର୍ଥ ଲଭି କାର୍ଯ୍ୟରେ ପ୍ରବୃତ୍ତ ହୁଏ ।

୫. ଅର୍ପିତାନର୍ପିତାନୁଯୋଗ - ମୁଖ୍ୟ ଓ ଗୌଣର ବିଚାର, ଭେଦାଭେଦ ବିବକ୍ଷା । ଯଥା :- ଜୀବ ଅଭେଦ-ଦୃଷ୍ଟିରେ କେବଳ ଏକ ଜୀବ ହୋଇଥିବ ଅଥଚ ଭେଦ ଦୃଷ୍ଟି ଅପେକ୍ଷାରେ ଜୀବ ଦୁଇ ପ୍ରକାର । ବଦ୍ଧ ଓ ମୁକ୍ତ । ବଦ୍ଧ ଜୀବମାନେ ସ୍ଥାବର ଓ ତ୍ରସ ରୂପରେ ଦୁଇ ଭାଗରେ ବର୍ଗୀକୃତ ।

୬. ଭାବିତାଭାବିତାନୁଯୋଗ - ଅନ୍ୟ ଦ୍ୱାରା ପ୍ରଭାବିତ ଓ ଅପ୍ରଭାବିତ ବିଚାର । ଯଥା :- ଜୀବର ଅଜୀବ ଦ୍ରବ୍ୟ

ବା ପୁଦ୍‌ଗଳ ଦ୍ରବ୍ୟ ପ୍ରଭାବିତ ଅଶୁଦ୍ଧ ଦଶା । ପୁଦ୍‌ଗଳ-ମୁକ୍ତ ସ୍ଥିତି ବା ଅଜୀବ ଦ୍ରବ୍ୟ ଦ୍ୱାରା ଅପ୍ରଭାବିତ ସ୍ଥିତିଗୁଡ଼ିକୁ ଶୁଦ୍ଧ ଦଶା ରୂପେ ପରିଗଣିତ କରାଯାଏ ।

୭. ବାହ୍ୟାବାହ୍ୟାନୁଯୋଗ - ସାଦୃଶ୍ୟ ଓ ଅସାଦୃଶ୍ୟ ବିଚାର । ଯଥା:- ସଚେତନଜୀବ, ଅଚେତନ ଆକାଶରୁ ବାହ୍ୟ (ବିସଦୃଶ) ଏବଂ ଆକାଶ ସଦୃଶ ଜୀବ ଅମୂର୍ତ୍ତ । ତେଣୁ ତାହା ଆକାଶରୁ ଅବାହ୍ୟ (ସଦୃଶ) ମଧ୍ୟ ହୋଇଥାଏ ।

୮. ଶାଶ୍ୱତାଶାଶ୍ୱତାନୁଯୋଗ - ନିତ୍ୟାନିତ୍ୟ ବିଚାର । ଯଥା:- ଦ୍ରବ୍ୟ ଦୃଷ୍ଟିରୁ ଜୀବ ଅନାଦି ନିଧନ କିନ୍ତୁ ପର୍ଯ୍ୟାୟ ଦୃଷ୍ଟିରୁ ତାହା ନୂତନ ପର୍ଯ୍ୟାୟ ଧାରଣ କରିଥାଏ ।

୯. ତଥାଜ୍ଞାନ ଅନୁଯୋଗ- ସମ୍ୟକ୍ ଦୃଷ୍ଟି ଜୀବ ବିଷୟକ ବିଚାର ।

୧୦. ଅତଥାଜ୍ଞାନ ଅନୁଯୋଗ - ଅସମ୍ୟକ୍ ଦୃଷ୍ଟି ଜୀବ ବିଷୟକ ବିଚାର [୫]

ଗୋଟିଏ ବିଷୟରେ ବିଚାରକମାନଙ୍କ ଭିନ୍ନ ଭିନ୍ନ ମାନ୍ୟତା, ଅନେକ ନିଗମନ-ନିଷ୍କର୍ଷ ରହିଥାଏ । ଯଥା: ଆତ୍ମା ସଂବନ୍ଧରେ

ଅକ୍ରିୟାବାଦୀ ନାସ୍ତିକ - ଆତ୍ମା ବୋଲି କିଛି ନାହିଁ ।

କ୍ରିୟାବାଦୀ ଆସ୍ତିକ ଦର୍ଶନରେ -

୧. ଜୈନ-ଆତ୍ମା ହେଉଛି ଚେତନାବାନ୍, ଦେହ ପରିମାଣ, ପରିଣାମୀ ନିତ୍ୟାନିତ୍ୟ, ଶୁଭ-ଅଶୁଭ କର୍ମକର୍ତ୍ତା, ଫଳଭୋକ୍ତା ଓ ଅନନ୍ତ ।

୨. ବୌଦ୍ଧ - କ୍ଷଣିକ ଚେତନାପ୍ରବାହ ଅତିରିକ୍ତ ଆତ୍ମାର ଅନ୍ୟ କିଛି ବିଶେଷତ୍ୱ ନାହିଁ ।

୩. ନୈୟାୟିକ-ବୈଶେଷିକ-ଆତ୍ମା ହେଉଛି କୂଟସ୍ଥ ନିତ୍ୟ, ଅପରିଣାମୀ, ଅନେକ ଓ ବ୍ୟାପକ ।

୪. ସାଂଖ୍ୟ - ଆତ୍ମା ହେଉଛି ଅକର୍ତ୍ତା, ନିଷ୍କ୍ରିୟ, ଭୋକ୍ତା, ବହୁ ଏବଂ ବ୍ୟାପକ ।

ଏଠାରେ ବାସ୍ତବ ନିଷ୍କର୍ଷର ପରୀକ୍ଷଣ ସକାଶେ ବୁଦ୍ଧିର ପରିମାର୍ଜନ ଆବଶ୍ୟକ । ଏହି ବୌଦ୍ଧିକ ପରିଷ୍କରଣର ସାଧନ ହେଉଛି ନ୍ୟାୟଶାସ୍ତ୍ର । ନ୍ୟାୟଶାସ୍ତ୍ର, ବୁଦ୍ଧିକୁ ଅର୍ଥସିଦ୍ଧି ଯୋଗ୍ୟ କରିଦିଏ । ଫଳିତାର୍ଥରେ ବୁଦ୍ଧିକୁ ଅର୍ଥସିଦ୍ଧିଯୋଗ୍ୟ କରିବା ହିଁ ନ୍ୟାୟଶାସ୍ତ୍ରର ଉପଯୋଗିତା ।

ଅର୍ଥ-ସିଦ୍ଧିର ତିନି ରୂପ

ଉଦ୍ଦେଶ୍ୟରୁ କାର୍ଯ୍ୟର ପ୍ରାରମ୍ଭ ତଥା ସିଦ୍ଧିରୁଅନ୍ତ । ତେଣୁ ଉଦ୍ଦେଶ୍ୟ ଓ ସିଦ୍ଧି, ଗୋଟିଏ କ୍ରିୟାର ଦୁଇଟି ପକ୍ଷ । ଉଦ୍ଦେଶ୍ୟସିଦ୍ଧି ନ ହେବା ପର୍ଯ୍ୟନ୍ତ କ୍ରିୟା ଚାଲିଥାଏ ଏବଂ ସିଦ୍ଧି ହେବା ପରେ କ୍ରିୟା ଥମିଯାଏ । ପ୍ରତ୍ୟେକ ସିଦ୍ଧି (ନିବୃତ୍ତିକ୍ରିୟା) ସହିତ ନିର୍ମାଣ, ପ୍ରାପ୍ତି ବା ନିର୍ଣ୍ଣୟ । ଏହି ତିନି ବିଭୂତି ମଧ୍ୟରୁ ଗୋଟିଏ ଅବଶ୍ୟ ସଂଯୁକ୍ତ ଥାଏ, ତେଣୁ ଅର୍ଥ-ସିଦ୍ଧିର ତିନୋଟି ରୂପ ନିର୍ମିତ ହେଉଛି ।[୬]

୧. ଅସତ୍‌ର ପ୍ରାଦୁର୍ଭାବ (ନିର୍ମାଣ) - ମାଟିରୁ ମାଠିଆର ନିର୍ମାଣ । ମାଟିଗଦା ତ ପ୍ରଥମେ ଘଟ ନ ଥିଲା, ପରେ ହୋଇଛି, ଏହା ଅସତ୍‌ର ପ୍ରାଦୁର୍ଭାବ । ଅର୍ଥର ସିଦ୍ଧି ହେଲା - ଗୋଟିଏ 'ଘଟ' ନାମକ ବସ୍ତୁର ଉତ୍ପତ୍ତି ।

୨. ସତ୍‌ବସ୍ତୁର ପ୍ରାପ୍ତି- ପ୍ରବଳ ଶୋଷ । ଜଳ ପାଇଁ ବ୍ୟାକୁଳତା ପାଣି ଯଦି ମିଳୁଛି ତେବେ ତାହା ସତ୍ ବସ୍ତୁର ପ୍ରାପ୍ତି ବୁଝାଯିବ ।

୩. ଭାବଜ୍ଞପ୍ତି - ବସ୍ତୁ-ସ୍ୱରୂପର ନିର୍ଣ୍ଣୟ । ଏହା ହେଉଛି ସତ୍ ପଦାର୍ଥର ନିର୍ଦ୍ଧାରିତ ଜ୍ଞାନ ବା ବୌଦ୍ଧିକ ପ୍ରାପ୍ତି ।

ଅର୍ଥସିଦ୍ଧିର ଏହି ତିନି ରୂପ ମଧ୍ୟରେ ଅସତ୍‌ର ପ୍ରାଦୁର୍ଭାବ ଓ ସତ୍‌ବସ୍ତୁର ପ୍ରାପ୍ତି ସହିତ ନ୍ୟାୟଶାସ୍ତ୍ରର ପ୍ରତ୍ୟକ୍ଷ

---

[୫] ଠାଣଂ, ୧୦।୪୬ ।

[୬] ଭିକ୍ଷୁନ୍ୟାୟକର୍ଣ୍ଣିକା, ୧।୩ ।

ସଂବନ୍ଧ ନାହିଁ । ସତ୍‌ର ସ୍ୱରୂପର ନିଶ୍ଚିତି ବା ସଂଶୟତୀତଭାବ ହିଁ ନ୍ୟାୟଶାସ୍ତ୍ରର କ୍ଷେତ୍ର ।(୭) ପରମ୍ପର କାରଣ ରୂପରେ ଇଷ୍ଟ ବସ୍ତୁର ପ୍ରାପ୍ତି ମଧ୍ୟ ପ୍ରମାଣର ଫଳ ରୂପେ ସ୍ୱୀକାର କରାଯାଇପାରେ ।(୮)

ଜୈନନ୍ୟାୟର ଉଦ୍‌ଗମ ଓ ବିକାଶ(୯)

ଜୈନ ତତ୍ତ୍ୱବାଦ ହେଉଛି ପ୍ରାଗ୍ ଐତିହାସିକ । ଏହାର ସଂବନ୍ଧ ଯୁଗର ଆଦିପୁରୁଷ ଭଗବାନ ଋଷଭ ନାଥଙ୍କ ସହିତ ସ୍ଥାପିତ । ଭାରତୀୟ ସାହିତ୍ୟ ବା ବାଙ୍ମୟରେ ଭଗବାନ ଋଷଭନାଥଙ୍କ ଅସ୍ତିତ୍ୱ-ସାଧକ ପ୍ରମାଣ ପ୍ରଚୁର ମାତ୍ରାରେ ଉପଲବ୍ଧ ହୋଇଥାଏ । (୧୦) ଜୈନ ସାହିତ୍ୟରେ ଆଜି ଆମେ ଯେଉଁ ତତ୍ତ୍ୱବାଦ ପାଉଛୁଁ, ତା'ର ସଂବନ୍ଧ ଅନ୍ତିମ ତୀର୍ଥଙ୍କର ଭଗବାନ ମହାବୀରଙ୍କ ଉପଦେଶ ଗାଥା ସହିତ ରହିଛି । ତଥାପି ଆମକୁ ସ୍ମରଣ ରଖିବାକୁ ହେବ ଯେ ଜୈନ ସୂତ୍ରଗୁଡ଼ିକ ଭଗବାନ ଋଷଭନାଥ ଏବଂ ଭଗବାନ ମହାବୀରଙ୍କ ତତ୍ତ୍ୱବାଦର ମୌଳିକ ଏକତାର ସର୍ବଦା ସମର୍ଥନ କରିଆସିଛନ୍ତି ।(୧୧)

ଜୈନ ଦର୍ଶନର ନାମକରଣ ମଧ୍ୟ ଏହି ତତ୍ତ୍ୱର ପୋଷଣ କରିଥାଏ । କୌଣସି ବ୍ୟକ୍ତି ବିଶେଷର ନାମ ସହିତ ଏହାର ସମ୍ପର୍କ ନାହିଁ । ଅବିଚ୍ଛିନ୍ନ ପରମ୍ପରା ରୂପରେ ଏହା ଗତିଶୀଳ ।

---

(୭) ଭିକ୍ଷୁନ୍ୟାୟ କର୍ଣ୍ଣିକା, ୧।୩ ।

(୮) ପ୍ରମେୟକମଲମାର୍ତ୍ତଣ୍ଡ, ପୃ.୫: ସିଦ୍ଧିରସତଃ ପ୍ରାଦୁର୍ଭାବୋଽ
ଭିଲଷିତ ପ୍ରାପ୍ତିର୍ଭାବଙ୍କପ୍ତିଷ୍ଟ । ତତ୍ର ଜ୍ଞାପକପ୍ରକରଣାଦ୍‌ଅସତଃ
ପ୍ରାଦୁର୍ଭାବ ଲକ୍ଷଣା ସିଦ୍ଧିର୍ନେହ ଗୃହ୍ୟତେ ।

(୯) ବିଶେଷ ଅଧ୍ୟୟନ ସକାଶେ ଆଚାର୍ଯ୍ୟ ମହାପ୍ରଜ୍ଞଙ୍କ
ପୁସ୍ତକ "ଜୈନ ନ୍ୟାୟକା ବିକାଶ", ପ୍ରକାଶକ-ରାଜସ୍ଥାନ
ବିଶ୍ୱବିଦ୍ୟାଳୟ, ଜୟପୁର, ୧୯୭୭, ଦ୍ରଷ୍ଟବ୍ୟ । ...

(୧୦) (କ) ଅଂହୋ ମୁଚଂ ବୃଷଭଂ ଯଜ୍ଞିୟାନଂ ବିରାଜନ୍ତଂ ପ୍ରଥମଧ୍ୱରାଣାମ୍ ।
ଅପାଂ ନ ପାତମଶ୍ୱିନା ହୁବେଧ୍ୟ ଇନ୍ଦ୍ରିୟେଣ ଇନ୍ଦ୍ରିୟ ଦତ୍ତଭୋଜଃ ।
-ଅଥର୍ବ, କା. ୧୯।୪୨।୪ ଅର୍ଥାତ୍ ସମ୍ପୂର୍ଣ୍ଣ ପାପରୁ ମୁକ୍ତ ତଥା ଅହିଂସକ
ବୃତ୍ତିଯୁକ୍ତ ପ୍ରଥମ ରାଜା ଆଦିତ୍ୟ ସ୍ୱରୂପ ଶ୍ରୀ ଋଷଭଦେବଙ୍କୁ ମୁଁ ଆହ୍ୱାନ କରୁଛି ।
ସେ ମୋତେ ବୁଦ୍ଧି ଏବଂ ଇନ୍ଦ୍ରିୟ ସହିତ ବଳ ପ୍ରଦାନ କରନ୍ତୁ ।
(ଖ) ଭାଗବତ ସ୍କନ୍ଧ ୫, ଅ.୩/୬
(ଗ)ଇତିହ ସ୍ମ ସକଳ ବେଦଲୋକ ଦେବ ବ୍ରାହ୍ମଣଗବାଂ ପରମା-
ଗୁରୋର୍ଭଗବତ ଋଷଭାଖ୍ୟସ୍ୟ ବିଶୁଦ୍ଧଚରିତ-
ମୀରିତଂ ପୁଂସଃ ସମସ୍ତ ଦୁଶ୍ଚରିତାନି ହରଣମ୍ ।
- ଭାଗବତ ସ୍କନ୍ଧ, ୫/୨୮ ।
(ଘ) ଧମ୍ମ-ଉସଭଂ ପବରଂ ବୀରଂ (୪୨୨)
(ଙ) ଜୈନବାଙ୍‌ମୟ-ଜମ୍ବୁଦ୍ୱୀପ ପ୍ରଜ୍ଞପ୍ତି ଆବଶ୍ୟକ,
ସ୍ଥାନାଙ୍ଗ, ସମବାୟାଙ୍ଗ, କଳ୍ପସୂତ୍ର, ତ୍ରିପଷ୍ଟିଶ୍ଲାକାପୁରୁଷଚରିତ ।

(୧୧) ନନ୍ଦୀ, ସୂତ୍ର ୧୨୬: ଇଚ୍ଚେଇୟଂ ଦୁବାଳସଂଗଂ
ଗଣିପିଡ଼ଗଂ ନ କୟାଇନାସୀ, ନ କୟାଇନ
ଭବଇ. ନ କୟାଇ ନ ଭବିସ୍‌ସଇ, ଭୂବିଂ ଚ,
ଭବଇୟ, ଭବିସ୍‌ସଇ ୟ, ଧୁବେ, ନିୟଏ,
ସାସଏ, ଅକ୍‌ଖଏ, ଅବ୍‌ବଏ, ଅବଟ୍‌ଠିଏ, ନିଚ୍ଚେ ।

'ନିର୍ଗନ୍ଥ ପ୍ରବଚନ', 'ଆର୍ହତ୍ ଦର୍ଶନ', 'ଜୈନଦର୍ଶନ'- ଏଭଳି ନାମ କ୍ରମ ପରିବର୍ତ୍ତନ ସତ୍ତ୍ୱେ ସମସ୍ତେ ଗୁଣାତ୍ମକ ରହିଆସିଛନ୍ତି, କୌଣସି ବ୍ୟକ୍ତିବିଶେଷ ସହିତ ଜଡ଼ିତ ନୁହନ୍ତି । ନିର୍ଗ୍ରନ୍ଥ, ଅର୍ହତ୍ ଓ ଜିନ୍ - ଏହି ସଂଜ୍ଞା ସବୁ ତୀର୍ଥଙ୍କରଙ୍କ ସକାଶେ ଅଭିପ୍ରେତ, ନିର୍ଦ୍ଦିଷ୍ଟ ଏକ ତୀର୍ଥଙ୍କର ପାଇଁ ପ୍ରୟୋଗ ହୋଇନାହିଁ । ତେଣୁ ପରମ୍ପରା ଦୃଷ୍ଟିରୁ ଜୈନ ତତ୍ତ୍ୱବାଦ ପ୍ରାଗ୍ଐତିହାସିକ କିନ୍ତୁ ତତ୍ ବିଷୟକ ସାହିତ୍ୟ (ଯାହା ବର୍ତ୍ତମାନ ଉପଲବ୍ଧ) ଦୃଷ୍ଟିରେ ତାହା ହେଉଛି ଭଗବାନ ମହାବୀରଙ୍କ ଉପଦେଶ । ଏହି କ୍ଷେତ୍ରରେ ଉପଲବ୍ଧ ଜୈନ ନ୍ୟାୟର ଉଦ୍‌ଗମ କାଳ ବିକ୍ରମ ପୂର୍ବ ପଞ୍ଚମ ଶତାବ୍ଦୀ ବା ଖ୍ରୀଷ୍ଟପୂର୍ବ ଚତୁର୍ଥ-ପଞ୍ଚମ ଶତାବ୍ଦୀ ହୋଇପାରେ । ବାଦରାୟଣ, ବ୍ରହ୍ମସୂତ୍ର (୨।୨।୩୩)ରେ ସ୍ୟାଦ୍‌ବାଦର ବିରୋଧରେ ପ୍ରଯତ୍ନ କରିଛନ୍ତି । ବାଦରାୟଣ ସମୟ ବିକ୍ରମଙ୍କ ତୃତୀୟ ଶତାବ୍ଦୀ । ଏଥିରୁ ଜୈନ ନ୍ୟାୟ ପରମ୍ପରାର ପ୍ରାଚୀନତା ସିଦ୍ଧ ହେଉଛି । ଜୈନ ଆଗମ ସୂତ୍ରମାନଙ୍କର ଠାଏ ଠାଏ ନ୍ୟାୟର ପ୍ରାଣଭୂତ ଅଂଗଗୁଡ଼ିକର ଉଲ୍ଲେଖ ମିଳିଥାଏ । ଏମାନଙ୍କ ଆଧାରରେ ଜୈନ ବିଚାର ପଦ୍ଧତିର ରୂପରେଖା ଓ ମୌଳିକତା ସହଜରେ ବୁଝାପଡ଼େ ।

ଜୈନ ନ୍ୟାୟର ମୌଳିକତା

ଜୈନ ନ୍ୟାୟ ନିଶ୍ଚିତ ଭାବରେ ମୌଳିକ- ଏହା ଜାଣିବା ପାଇଁ ଆମକୁ 'ଜୈନ ଆଗମମାନଙ୍କରେ ତର୍କର ସ୍ଥାନ' ପ୍ରତି ଦୃଷ୍ଟିନିବଦ୍ଧ କରିବାକୁ ହେବ ।

କଥା ତିନି ପ୍ରକାର - ୧. ଅର୍ଥ କଥା ୨.ଧର୍ମ କଥା ୩. କାମ କଥା ।

ଧର୍ମକଥାର ଚାରିଭେଦ ମଧ୍ୟରେ ଦ୍ୱିତୀୟଟି ହେଉଛି ବିକ୍ଷେପଣୀ । ଏହାର ତାତ୍ପର୍ଯ୍ୟ ହେଲା ଧର୍ମ କରୁଥିବା ମୁନି-

୧. ଆପଣା ସିଦ୍ଧାନ୍ତର ସ୍ଥାପନା ପୂର୍ବକ ପର ସିଦ୍ଧାନ୍ତର ନିରାକରଣ କରିଥାନ୍ତି ।

୨. ପରସିଦ୍ଧାନ୍ତର ନିରାକରଣ ପୂର୍ବକ ଆପଣା ସିଦ୍ଧାନ୍ତର ସ୍ଥାପନା କରିଥାନ୍ତି ।

୩. ପରସିଦ୍ଧାନ୍ତର ସମ୍ୟକ୍‌ବାଦ ସହିତ ତା'ର ମିଥ୍ୟାବାଦର ବିଶ୍ଲେଷଣ କରନ୍ତି ।

୪. ପରସିଦ୍ଧାନ୍ତର ମିଥ୍ୟାବାଦ କହିବା ପରେ ତା'ର ସାମ୍ୟଗ୍‌ବାଦର ବିଶ୍ଲେଷଣ କରନ୍ତି ।

ବକ୍ତବ୍ୟତା ତିନି ପ୍ରକାର - ୧. ସ୍ୱସିଦ୍ଧାନ୍ତ ବକ୍ତବ୍ୟତା ୨.ପରସିଦ୍ଧାନ୍ତ ବକ୍ତବ୍ୟତା ୩. ସ୍ୱ ତଥା ପର ଉଭୟ ସିଦ୍ଧାନ୍ତର ବକ୍ତବ୍ୟତା ।

ସ୍ୱସିଦ୍ଧାନ୍ତର ସ୍ଥାପନା ଏବଂ ପରସିଦ୍ଧାନ୍ତର ନିରାକରଣ ବାଦ - ବିଦ୍ୟା-କୁଶଳ ବ୍ୟକ୍ତି ହିଁ କରିଥାନ୍ତି ।

ଭଗବାନ ମହାବୀରଙ୍କ ପାଖରେ ସମୃଦ୍ଧ ବାଦୀ ସମ୍ପଦା ରହିଥିଲା । ଚାରିଶହ ମୁନି ବାଦକୁଶଳ ଥିଲେ ।[୧୨]

ନିପୁଣ ପୁରୁଷମାନଙ୍କ ନଅ ପ୍ରକାର ରହିଛି । ତନ୍ମଧ୍ୟରେ ବାଦୀକୁ ନିପୁଣ (ସୂକ୍ଷ୍ମ ଜ୍ଞାନ) ରୂପରେ ମାନ୍ୟ କରାଯାଇଛି ।[୧୩]

ଭଗବାନ ମହାବୀର, ଆହରଣ (ଦୃଷ୍ଟାନ୍ତ) ଓ ହେତୁ ପ୍ରୟୋଗ ପାଇଁ କୁଶଳସାଧୁମାନଙ୍କୁ ଧର୍ମକଥାର ଅଧିକାରୀ ନିରୂପଣ କରିଛନ୍ତି ।[୧୪]

ଏମାନଙ୍କ ବ୍ୟତୀତ ଚାରିପ୍ରକାର ଆହରଣ ଓ ସେମାନଙ୍କ ଚତୁର୍ଦୋଷ, ଚାରିପ୍ରକାର ହେତୁ, ଛଅ ପ୍ରକାର ବିବାଦ, ଦଶ ପ୍ରକାର ଦୋଷ, ଦଶ ପ୍ରକାରର ବିଶେଷ ଆଦେଶ (ଉପଚାର) ଇତ୍ୟାଦି କଥାଙ୍ଗଗୁଡ଼ିକର ପ୍ରଚୁର ପରିମାଣରେ ନିରୂପଣ ପ୍ରାପ୍ତ ହୋଇଥାଏ ।

---

(୧୨) ସମବାଓ, ପ୍ର.୨୦ ।

(୧୩) ଠାଣଂ, ୯।୨୮ ।

(୧୪) ଆୟାରୋ, ୧।୬।୫ ଚୂର୍ଣ୍ଣି ପୃ. ୨୩୭ ନାଗର୍ଜୁନୀୟ
ପାଠ - ଆହରଣଉକୁସଲେ...ପଭୂଧମ୍ମସ୍ସ ଆଘବିଉଏ ।

ତର୍କ ପଦ୍ଧତିର ବିକୀର୍ଣ୍ଣ ବୀଜଗୁଡ଼ିକର ବ୍ୟବସ୍ଥିତ ରୂପ ସଂବନ୍ଧରେ ଜାଣିବା ସହଜ ନୁହେଁ, କିନ୍ତୁ ଜୈନ ପରମ୍ପରାର ଆଗମ-ଯୁଗରେ ମଧ୍ୟ ପରୀକ୍ଷା-ନିରୀକ୍ଷାର ମହତ୍ତ୍ୱପୂର୍ଣ୍ଣ ସ୍ଥାନ ରହିଥିଲା । ଏହା ନିରାଟ ସତ । କେତେକ ତୀର୍ଥିକ ଜୀବ-ହିଂସାତ୍ମକ ପ୍ରବୃତ୍ତି ମାଧ୍ୟମରେ 'ସିଦ୍ଧି' ପ୍ରାପ୍ତି କଥା କହିଥାନ୍ତି । ସେମାନଙ୍କ ଏହି ଅଭିମତକୁ 'ଅପରୀକ୍ଷ୍ୟ ଦୃଷ୍ଟ' କୁହାଯାଇଛି ।[୧୫] "ସତ-ଅସତ୍‌ର ପରୀକ୍ଷା ନ କରି ଆପଣା ଦର୍ଶନର ଶ୍ଳାଘା ତଥା ଅନ୍ୟ ଦର୍ଶନମାନଙ୍କ ପ୍ରତି ହେୟ ଭାବ ପୂର୍ବକ ନିଜକୁ ବିଦ୍ୱାନ ଭାବୁଥିବା ଲୋକ ସଂସାରରୁ ମୁକ୍ତି ପାଆନ୍ତି ନାହିଁ ।"[୧୬] ତେଣୁ ଜୈନ ପରୀକ୍ଷା ପଦ୍ଧତିର ମୁଖ୍ୟ ପାଠ ହେଉଛି ଯେ ସ୍ୱପକ୍ଷ ପ୍ରମାଣିତ କରିବା ପାଇଁ ତଥା ପରପକ୍ଷକୁ ଅସିଦ୍ଧ ପ୍ରମାଣିତ କରିବାକୁ ଯାଇ ଆତ୍ମସମାଧିସ୍ଥିତ ମୁନି 'ବହୁଗୁଣ ପ୍ରକଳ୍ପ' ସିଦ୍ଧାନ୍ତକୁ ବିସ୍ମରଣ କରିବା ଉଚିତ ନୁହେଁ । ପ୍ରତିଜ୍ଞା, ହେତୁ, ଦୃଷ୍ଟାନ୍ତ, ଉପନୟ ଓ ନିଗମନ ଅଥବା ମଧ୍ୟସ୍ଥ ବଚନ- ଏଗୁଡ଼ିକ ବହୁଗୁଣ ସର୍ଜନ କରିଥାନ୍ତି । ବାଦ ବେଳାରେ ଅଥବା ସାଧାରଣ କଥାବାର୍ତ୍ତା ସମୟରେ ମୁନି ଏପରି ହେତୁଗୁଡ଼ିକର ପ୍ରୟୋଗ କରିବା ଉଚିତ୍ ଯଦ୍ଦ୍ୱାରା ବିରୋଧ କିମ୍ବା ହିଂସା ବୃଦ୍ଧିଂଗତ ନ ହେଉ ।[୧୭]

ବାଦ ସମୟରେ ହିଂସାରୁ ବିରତରହି ମୁନିଗଣ ତତ୍ତ୍ୱ ପରୀକ୍ଷା ସକାଶେ ପ୍ରସ୍ତୁତ ରହିବା ଫଳରେ ସେମାନେ ପ୍ରମାଣ ମୀମାଂସାର ଆବଶ୍ୟକତା ଅନୁଭୂତ କରୁଥିଲେ । ଏହା ହେଉଛି ସ୍ୱୟଂଗମ୍ୟ ।

ଜୈନ ସାହିତ୍ୟ ଦୁଇ ଭାଗରେ ବିଭକ୍ତ – ଆଗମ ଓ ଗ୍ରନ୍ଥ ।

ଆଗମ ପୁଣି ଦୁଇ ଭାଗରେ ବିଭକ୍ତ – ଅଂଗ ଓ ଅଂଗ-ଅତିରିକ୍ତ । ଅଂଗ ହେଉଛି ସ୍ୱତଃ ପ୍ରମାଣ । ଅଂଗ ସାହିତ୍ୟଗୁଡ଼ିକର ବିସଂବାଦ ବା ବିରୋଧ କରୁ ନ ଥିବା ଅଂଗ-ଅତିରିକ୍ତ ସାହିତ୍ୟ ହିଁ ପ୍ରମାଣ ରୂପେ ଗ୍ରହଣୀୟ ହୋଇଥାଏ ।

କେବଳୀ, ଅବଧିଜ୍ଞାନୀ, ମନଃ ପର୍ଯ୍ୟବିଜ୍ଞାନୀ, ଚତୁର୍ଦ୍ଦଶ ପୂର୍ବଧର ଏବଂ ନବ-ପୂର୍ବଧର (ଦଶମ ପୂର୍ବର ତୃତୀୟ ଆଚାରବସ୍ତୁ ସହିତ) ଆଗମ ବୋଲାଇଥାନ୍ତି ।[୧୮] ଉପଚାର ନ୍ୟାୟର ଏମାନଙ୍କ ରଚନାକୁ ବି 'ଆଗମ' କୁହାଯାଏ ।[୧୯]

ଅନ୍ୟ ସ୍ଥବିର ଓ ଆଚାର୍ଯ୍ୟଗଣଙ୍କ ରଚନାର ସଂଜ୍ଞା ହେଉଛି 'ଗ୍ରନ୍ଥ' । ଗ୍ରନ୍ଥଗୁଡ଼ିକର ପ୍ରାମାଣିକତାର ଆଧାର ହେଉଛି ଆଗମର ଅବିଂସବାଦକତା ।

ଅଂଗ ସାହିତ୍ୟର ରଚନା ଭଗବାନ ମହାବୀରଙ୍କ ଉପସ୍ଥିତିରେ ହୋଇଥିଲା । ଭଗବାନଙ୍କ ନିର୍ବାଣ ପରେ ଏଗୁଡ଼ିକର ଲଘୁ-କରଣ ତଥା ଅନେକ ଆଗମର ସଂକଳନ ଓ ସଂଗ୍ରହଣ କରାଯାଇଥିଲା । ଏହାର ଅନ୍ତିମ ସ୍ଥିର ରୂପ ବିକ୍ରମାବ୍ଦର ପଞ୍ଚମ ଶତାବ୍ଦୀରେ ପ୍ରଦାନ କରାଗଲା ।

---

[୧୫] ସୂୟଗଡ଼ୋ, ୭।୧୯

[୧୬] ସୂୟଗଡ଼ୋ, ୧।୧।୨।୨୩ :

[୧୭] ସୂୟଗଡ଼ୋ, ୧।୧।୩।୧୯
ସୟଂ-ସୟଂ ପସଂସନ୍ତା, ଗରହନ୍ତା ପରଂବୟ ।
ଜେ ଉ ତତ୍‌ଥ ବିଉସ୍‌ସନ୍ତି, ସଂସାରେ ତେ ବିଉସ୍‌ସୟା ॥

[୧୮] (କ) ଭଗବତୀ, ୮।୩୦୧ ବୃତ୍ତି –
(ଖ) ଭଗବତୀ ଜୋଡ଼, ଗାଥା ୧୪୯ ।

[୧୯] ପ୍ରମାଣନୟତତ୍ତ୍ୱରତ୍ନାବତାରିକା, ୪।୨:
ଉପଚାରାଦାପ୍ତ ବଚନଂ ଚ ।

ଆଗମ ସାହିତ୍ୟ ଆଧାରରେ ପ୍ରମାଣ ଶାସ୍ତ୍ରର ରୂପରେଖ ନିମ୍ନପ୍ରକାର ନିର୍ମିତ ହୋଇଥାଏ-

୧. ପ୍ରମେୟ-ସତ୍

ସତ୍‌ର ତିନି ରୂପ - ଉତ୍ପାଦ, ବ୍ୟୟ ଓ ଧ୍ରୌବ୍ୟ । ଉତ୍ପାଦ ଓ ବ୍ୟୟର ସମଷ୍ଟି - ପର୍ଯ୍ୟାୟ । ଧ୍ରୌବ୍ୟ ହେଉଛି ଗୁଣ । ଗୁଣ ଓ ପର୍ଯ୍ୟାୟର ସମଷ୍ଟି ଦ୍ରବ୍ୟ ।

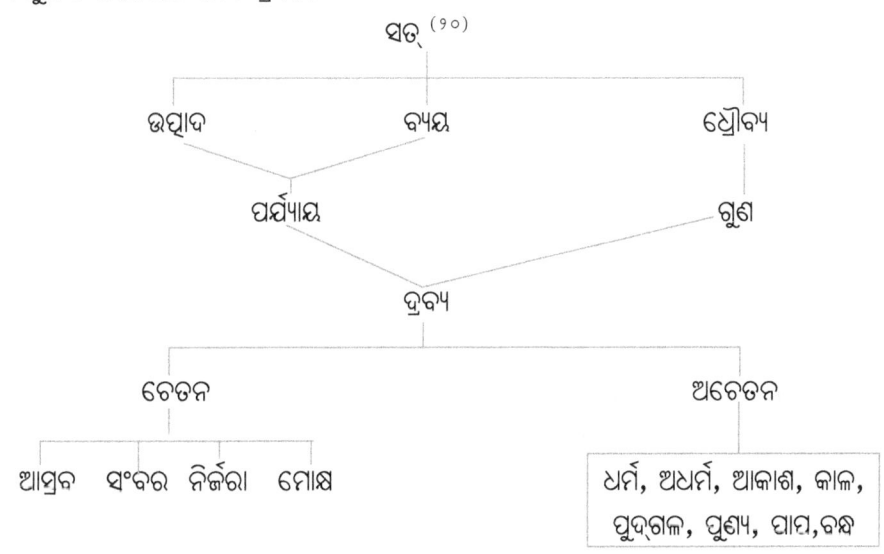

୨. ପ୍ରମାଣ-(ଭଗବତୀ ଆଧାରରେ ପ୍ରମାଣ-ବ୍ୟବସ୍ଥା) (୨୧)

ସ୍ଥାନାଂଗ ସୂତ୍ର ଆଧାରରେ ପ୍ରମାଣ ବ୍ୟବସ୍ଥା

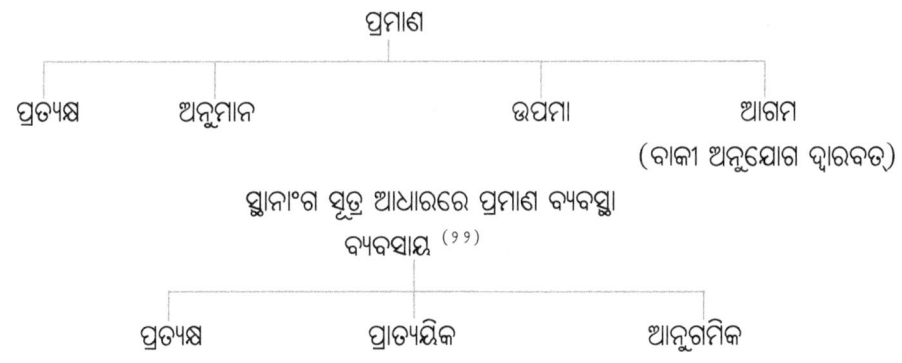

ଅଥବା (ଦ୍ୱିତୀୟ ପ୍ରକାର) (୨୩)

ଜ୍ଞାନ ଦୁଇ ପ୍ରକାର - ୧. ପ୍ରତ୍ୟକ୍ଷ, ୨. ପରୋକ୍ଷ ।

ପ୍ରତ୍ୟକ୍ଷ ଜ୍ଞାନର ଦୁଇ ଭେଦ-୧. କେବଳ ଜ୍ଞାନ, ୨. ନୋ-କେବଳ ଜ୍ଞାନ ।

କେବଳ ଜ୍ଞାନର ଦୁଇ ଭେଦ-୧. ଭବସ୍ଥ-କେବଳ ଜ୍ଞାନ, ୨. ସିଦ୍ଧ କେବଳ ଜ୍ଞାନ ।

---

(୨୦) ଭଗବତୀ, ୮।୯ : ସଦ୍ଦବ୍‌ବଂ ବା

(୨୧) ଭଗବତୀ, ୫।୩ ।

(୨୨) ଠାଣଂ, ୩।୩।୯୫ ବୃତ୍ତି ।

(୨୩) ଠାଣଂ, ୨।୮୬-୧୦୨ ।

ଭବସ୍ଥ କେବଳ ଜ୍ଞାନର ଦୁଇଭେଦ - ୧. ସଯୋଗି-ଭବସ୍ଥ କେବଳ ଜ୍ଞାନ, ୨. ଅଯୋଗି-ଭବସ୍ଥ କେବଳ ଜ୍ଞାନ ।

ସଯୋଗି - ଭବସ୍ଥ କେବଳ ଜ୍ଞାନର ଦୁଇ ଭେଦ- ୧. ପ୍ରଥମ ସମୟ ସଯୋଗି - ଭବସ୍ଥ କେବଳ ଜ୍ଞାନ ୨. ଅପ୍ରଥମ ସମୟ ସଯୋଗି ଭବସ୍ଥ କେବଳ ଜ୍ଞାନ ।

ଅଥବା - ୧. ଚରମ ସମୟ ସଯୋଗି-ଭବସ୍ଥ କେବଳ ଜ୍ଞାନ । ୨. ଅଚରମ ସମୟ ସଯୋଗି-ଭବସ୍ଥ କେବଳ ଜ୍ଞାନ ।

ଅଯୋଗି-ଭବସ୍ଥ କେବଳ ଜ୍ଞାନର ଦୁଇ ଭେଦ - ୧.ପ୍ରଥମ ସମୟ ଅଯୋଗି-ଭବସ୍ଥ କେବଳ ଜ୍ଞାନ ୨. ଅପ୍ରଥମ ସମୟ ଅଯୋଗି-ଭବସ୍ଥ କେବଳ ଜ୍ଞାନ ।

ଅଥବା - ୧. ଚରମ ସମୟ ଅଯୋଗି - ଭବସ୍ଥ କେବଳ ଜ୍ଞାନ, ୨. ଅଚରମ ସମୟ ଅଯୋଗି ଭବସ୍ଥ କେବଳ ଜ୍ଞାନ ।

ସିଦ୍ଧ କେବଳ ଜ୍ଞାନର ଦୁଇ ଭେଦ - ୧.ଅନନ୍ତର-ସିଦ୍ଧ କେବଳ ଜ୍ଞାନ ୨. ପରମ୍ପର-ସିଦ୍ଧ କେବଳ ଜ୍ଞାନ ।

ଅନନ୍ତର-ସିଦ୍ଧ କେବଳ ଜ୍ଞାନର ଦୁଇ ଭେଦ - ୧.ଏକାନ୍ତର-ସିଦ୍ଧ କେବଳ ଜ୍ଞାନ ୨.ଅନେକାନ୍ତର ସିଦ୍ଧ କେବଳ ଜ୍ଞାନ ।

ପରମ୍ପର-ସିଦ୍ଧ କେବଳ ଜ୍ଞାନର ଦୁଇ ଭେଦ -୧ ଏକ ପରମ୍ପର-ସିଦ୍ଧ କେବଳ ଜ୍ଞାନ ୨. ଅନେକ ପରମ୍ପର-ସିଦ୍ଧ କେବଳ ଜ୍ଞାନ ।

ନୋ-କେବଳ ଜ୍ଞାନର ଦୁଇଭେଦ - ୧. ଅବଧି ଜ୍ଞାନ ୨. ମନଃ ପର୍ଯ୍ୟବଜ୍ଞାନ ।

ଅବଧି ଜ୍ଞାନର ଦୁଇ ଭେଦ - ୧. ଭବ ପ୍ରତ୍ୟୟିକ ୨. କ୍ଷାୟୋପଶମିକ ।

ମନଃ ପର୍ଯ୍ୟବର ଦୁଇ ଭେଦ - ୧.ଋଜୁମତି ୨. ବିପୁଳମତି ।

ପରୋକ୍ଷ ଜ୍ଞାନର ଦୁଇଭେଦ - ୧.ଆଭିନିବୋଧିକ ଜ୍ଞାନ ୨.ଶ୍ରୁତଜ୍ଞାନ ।

ଆଭିନିବୋଧିକ ଜ୍ଞାନର ଦୁଇ ଭେଦ - ୧. ଶ୍ରୁତ-ନିଶ୍ରିତ ୨. ଅଶ୍ରୁତ ନିଶ୍ରିତ ।

ଶ୍ରୁତ ନିଶ୍ରିତର ଦୁଇ ଭେଦ - ୧. ଅର୍ଥାବଗ୍ରହ ୨.ବ୍ୟଂଜନାବଗ୍ରହ ।

ଅଶ୍ରୁତ ନିଶ୍ରିତର ଦୁଇ ଭେଦ - ୧.ଅର୍ଥାବଗ୍ରହ ୨.ବ୍ୟଂଜନାବଗ୍ରହ ।

ଅଥବା-ତୃତୀୟ ପ୍ରକାର [୨୪]

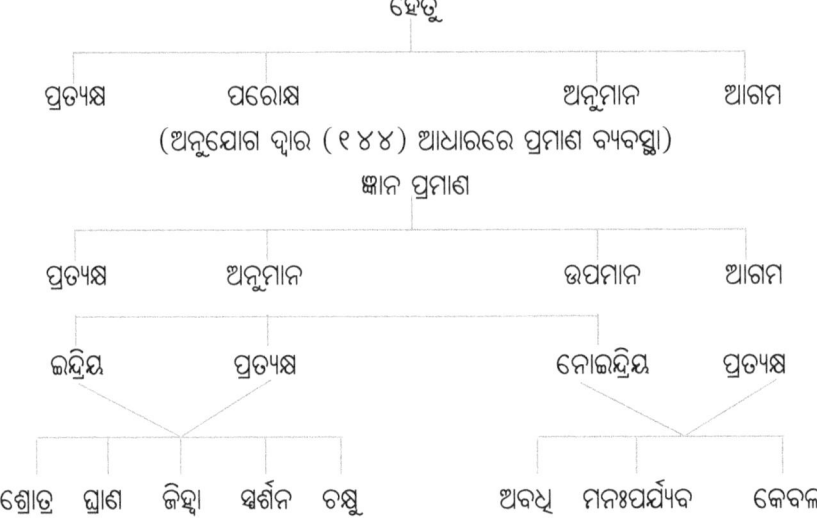

- ହେତୁ
  - ପ୍ରତ୍ୟକ୍ଷ
  - ପରୋକ୍ଷ
  - ଅନୁମାନ
  - ଆଗମ

(ଅନୁଯୋଗ ଦ୍ୱାର (୧୪୪) ଆଧାରରେ ପ୍ରମାଣ ବ୍ୟବସ୍ଥା)

- ଜ୍ଞାନ ପ୍ରମାଣ
  - ପ୍ରତ୍ୟକ୍ଷ
    - ଇନ୍ଦ୍ରିୟ ପ୍ରତ୍ୟକ୍ଷ
      - ଶ୍ରୋତ୍ର
      - ଘ୍ରାଣ
      - ଜିହ୍ୱା
      - ସ୍ପର୍ଶନ
      - ଚକ୍ଷୁ
    - ନୋଇନ୍ଦ୍ରିୟ ପ୍ରତ୍ୟକ୍ଷ
      - ଅବଧି
      - ମନଃପର୍ଯ୍ୟବ
      - କେବଳ
  - ଅନୁମାନ
  - ଉପମାନ
  - ଆଗମ

---

[୨୪] ଠାଣଂ, ୪।୫୦୪।

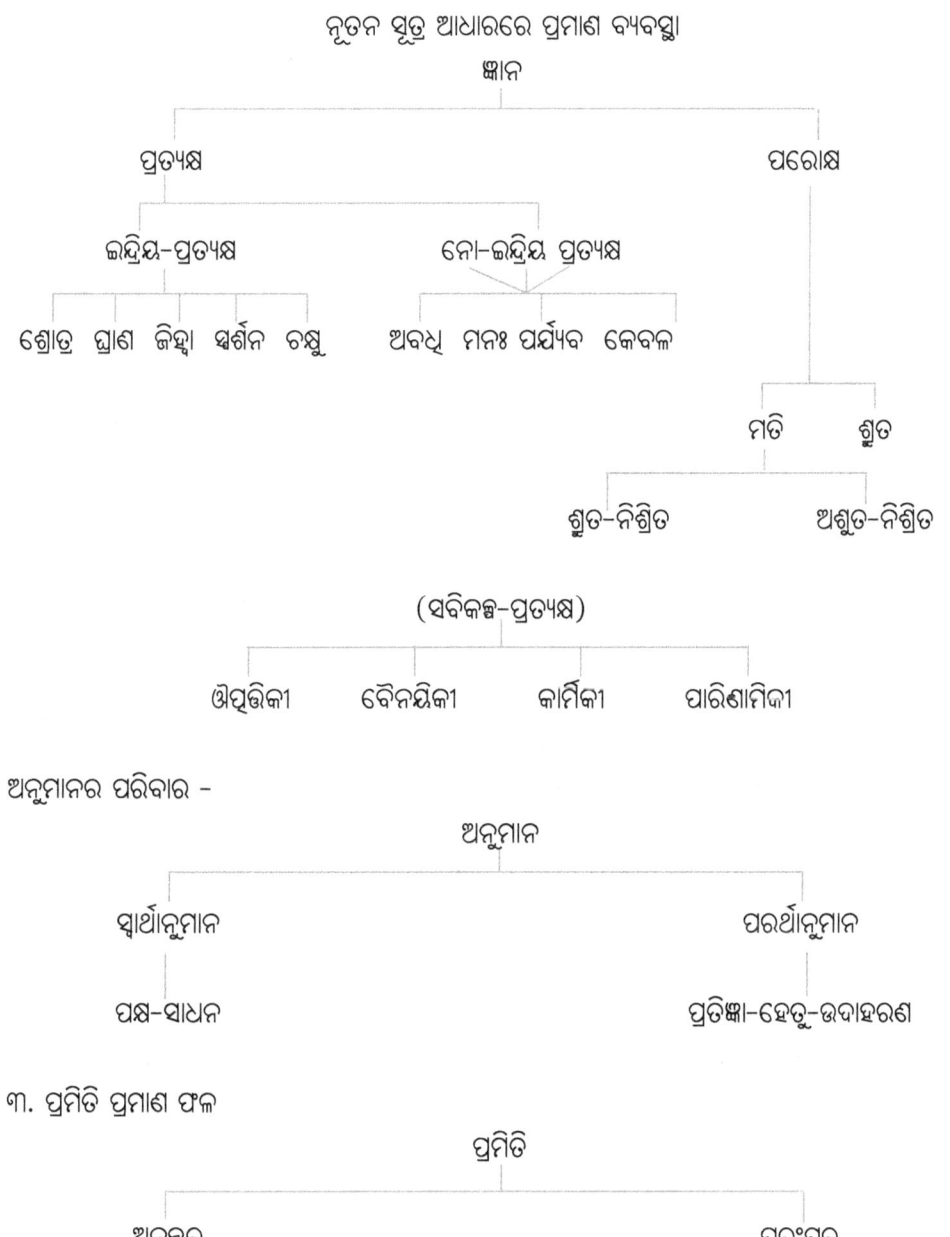

୪. ପ୍ରମାଣ – ଜ୍ଞାତା-ଆତ୍ମା
୫. ବିଚାର ପଦ୍ଧତି-ଅନେକାନ୍ତ ଦୃଷ୍ଟି

ପ୍ରମେୟର ଯଥାର୍ଥ ସ୍ୱରୂପ ହୃଦୟଙ୍ଗମ କରିବା ପାଇଁ ସତ୍-ଅସତ୍, ନିତ୍ୟ-ଅନିତ୍ୟ, ସାମାନ୍ୟ-ବିଶେଷ, ନିର୍ବଚନୀୟ-ଆଦି ବିରୋଧୀ ଧର୍ମଯୁଗଳକୁ ନିର୍ଦ୍ଦିଷ୍ଟ ଏକ ବସ୍ତୁ ମଧ୍ୟରେ ଅପେକ୍ଷା ଭେଦ ସହିତ ସ୍ୱୀକାର କରିବାକୁ ପଡିଥାଏ ।

୬. ବାକ୍ୟ ପ୍ରୟୋଗ- ସ୍ୟାଦ୍‌ବାଦ ଓ ସଦ୍‌ବାଦ ।

(କ) ସ୍ୟାଦ୍‌ବାଦ-ଅଖଣ୍ଡ ବସ୍ତୁର ଅପେକ୍ଷା ଦୃଷ୍ଟିରେ ଏକ ଧର୍ମକୁ ମୁଖ୍ୟ ଏବଂ ଅବଶିଷ୍ଟ ସବୁ ଧର୍ମ ତହିଁରେ ଅନ୍ତର୍ହିତ କରି ପ୍ରତିପାଦନ କରୁଥିବା ବାକ୍ୟ ହେଉଛି-ପ୍ରମାଣ ବାକ୍ୟ । ଏହାର ତିନୋଟି ରୂପ ହେଉଛି - ସ୍ୟାତ୍ ଅସ୍ତି, ସ୍ୟାତ୍ ନାସ୍ତି ତଥା ସ୍ୟାତ୍ ଅବକ୍ତବ୍ୟ ।

(ଖ) ସଦ୍‌ବାଦ - ବସ୍ତୁର ଗୋଟିଏ ଧର୍ମକୁ ପ୍ରତିପାଦନ କରୁଥିବା ବାକ୍ୟ ହେଉଛି- ନୟ ବାକ୍ୟ । ଏହାର ସପ୍ତ ଭେଦ ହେଉଛି - ୧. ନୈଗମ, ୨.ସଂଗ୍ରହ, ୩. ବ୍ୟବହାର, ୪.ଋଜୁସୂତ୍ର, ୫. ଶବ୍ଦ, ୬. ସମଭିରୂଢ଼, ୭.ଏବମ୍ଭୂତ ।

ହେତୁ

ହେତୁ ଚାରି ପ୍ରକାର - ୧.ବିଧି-ସାଧକ ବିଧି ହେତୁ । ୨.ନିଷେଧ-ସାଧକ ବିଧି ହେତୁ । ୩. ବିଧି-ସାଧକ ନିଷେଧ ହେତୁ । ୪.ନିଷେଧ-ସାଧକ ନିଷେଧ ହେତୁ ।

ହେତୁର ଦ୍ୱିତୀୟ ପ୍ରକାର ବର୍ଗୀକରଣ -

ହେତୁ ଚାରି ପ୍ରକାର [୨୫]

(କ) ଯାପକ - ସମୟ-ଯାପକ ହେତୁ । ବିଶେଷଣ ବହୁଳ, ଯାହା ପ୍ରତିବାଦୀ ସହଜରେ ବୁଝିପାରନ୍ତି ନାହିଁ ।

(ଖ) ସ୍ଥାପକ-ପ୍ରସିଦ୍ଧ ବ୍ୟାପ୍ତିକ ସାଧ୍ୟକୁ ଶୀଘ୍ର ସ୍ଥାପିତ କରୁଥିବା ହେତୁ ।

(ଗ) ବ୍ୟଂସକ - ଛଳନା ଦ୍ୱାରା ପ୍ରତିବାଦୀକୁ ପ୍ରତାରିତ କରୁଥିବା ହେତୁ ।

(ଘ) ଲୂଷକ - ବ୍ୟଂସକ ଦ୍ୱାରା ପ୍ରଦତ୍ତ ଆପତ୍ତିକୁ ଦୂର କରୁଥିବା ହେତୁ ।

ଆହରଣ

ଚାରି ପ୍ରକାର ଆହରଣ ହେଉଛି -[୨୬]

(କ) ଅପାୟ-ହେୟ ଧର୍ମର ଜ୍ଞାପକ ଦୃଷ୍ଟାନ୍ତ ।

(ଖ) ଉପାୟ - ଗ୍ରାହ୍ୟବସ୍ତୁର ଉପାୟ ବତାଉଥିବା ଦୃଷ୍ଟାନ୍ତ ।

(ଗ) ସ୍ଥାପନା କର୍ମ- ସ୍ୱାଭିମତର ସ୍ଥାପନା ସକାଶେ ପ୍ରଯୁକ୍ତ ଦୃଷ୍ଟାନ୍ତ ।

(ଘ) ପ୍ରତ୍ୟୁତ୍ପନ୍ନ-ବିନାଶୀ-ଉତ୍ପନ୍ନ ଦୂଷଣର ପରିହାର ଲାଗି ପ୍ରୟୋଗ କରାଯାଉଥିବା ଦୃଷ୍ଟାନ୍ତ ।

ଆହରଣର ଦୋଷ

ଚାରିପ୍ରକାର ଆହରଣ ଦୋଷ ହେଉଛି [୨୭]-

(କ) ଅଧର୍ମଯୁକ୍ତ - ଅଧର୍ମ ବୁଦ୍ଧି ଉତ୍ପନ୍ନକାରୀ ଦୃଷ୍ଟାନ୍ତ ।

(ଖ) ପ୍ରତିଲୋମ - ଅପସିଦ୍ଧାନ୍ତର ପ୍ରତିପାଦକ ଦୃଷ୍ଟାନ୍ତ । ଅଥବା 'ଶଠେ ଶାଠ୍ୟଂ ସମାଚରେତ୍'- ସଦୃଶ ପ୍ରତିକୂଳ ଶିକ୍ଷା ପ୍ରଦାନ କରୁଥିବା ଦୃଷ୍ଟାନ୍ତ ।

(ଗ) ଆତ୍ମୋପନୀତ-ପରମତର ଦୋଷ ସିଦ୍ଧ କରିବା ଲାଗି ସ୍ୱମତ ଦୂଷିତ କରୁଥିବା ଦୃଷ୍ଟାନ୍ତର ଉପସ୍ଥାପନା ।

(ଘ) ଦୁରୁପନୀତ - ଦୋଷପର୍ଣ୍ଣନିଗମନଯୁକ୍ତ ଦୃଷ୍ଟାନ୍ତ ।

ବାଦ-ଦୋଷ[୨୮]-

୧. ତଜ୍ଜାତ ଦୋଷ- ବାଦକାଳରେ ଆଚରଣ ଆଦିର ଦୋଷ ବଖାଣିବା ଅଥବା ପ୍ରତିବାଦୀଙ୍କ ପ୍ରତି କ୍ଷୋଭଯୁକ୍ତ ହୋଇ ମୌନ ଧାରଣ କରିବା ।

---

[୨୫] ଠାଣଂ, ୪।୫୦୪ ।

[୨୬] ଠାଣଂ, ୪।୫୦୦ ।

[୨୭] ଠାଣଂ, ୪/୫୦୨ ।

[୨୮] ଠାଣଂ, ୧୦।୯୪ ।

୨. ମତିଭଙ୍ଗ ଦୋଷ-ତତ୍ତ୍ୱର ବିସ୍ମୃତି ।

୩. ପ୍ରଶାସ୍ତୃ ଦୋଷ - ସଭାନାୟକ ବା ସଭ୍ୟମାନଙ୍କ ଦ୍ୱାରା ଘଟୁଥିବା ପ୍ରମାଦ ।

୪. ପରିହରଣ ଦୋଷ - ନିଜ ଦର୍ଶନର ମର୍ଯ୍ୟାଦା ବା ଲୋକ-ରୁଢ଼ି ଅନୁସାରେ ଅନାସେବ୍ୟର ଆସେବନ କିମ୍ବା ଆସେବ୍ୟର ସେବନ ନ କରିବା ଅଥବା ବାଦୀ ଦ୍ୱାରା ଉପନ୍ୟସ୍ତ ହେତୁର ସମ୍ୟକ୍ ପ୍ରତିକାର ନ କରିବା ।

୫. ସ୍ୱଲକ୍ଷଣ ଦୋଷ- ଅବ୍ୟାପ୍ତି, ଅତିବ୍ୟାପ୍ତି, ଅସମ୍ଭବ ।

୬. କାରଣ ଦୋଷ- କାରଣ ଜାଣି ନ ପାରି ପଦାର୍ଥକୁ ହିଁ ଅହେତୁକ ବୋଲି ଭାବିନେବା ।

୭. ହେତୁ ଦୋଷ - ଅସିଦ୍ଧ, ବିରୁଦ୍ଧ, ଅନୈକାନ୍ତିକ ।

୮. ସଂକ୍ରମଣ ଦୋଷ- ପ୍ରସ୍ତୁତ ପ୍ରମେୟ ମଧ୍ୟରେ ଅପ୍ରସ୍ତୁତ ପ୍ରମେୟର ସମାବେଶ ଅଥବା ଭିନ୍ନମତଦ୍ୱାରା ଅସ୍ୱୀକୃତ ତତ୍ତ୍ୱକୁ ସେମାନଙ୍କ ଦ୍ୱାରା ମାନ୍ୟତତ୍ତ୍ୱ କହିବା ।

୯. ନିଗ୍ରହ ଦୋଷ- ଛଳପ୍ରପଞ୍ଚନା ଦ୍ୱାରା ନିଗୃହିତ ବା ପୀଡ଼ିତ ହେବା ।

୧୦. ବସ୍ତୁ ଦୋଷ- ୧. ପ୍ରତ୍ୟକ୍ଷ ନିରାକୃତ-ଶବ୍ଦ ହେଉଛି ଅଶ୍ରାବଣ । ୨. ଅନୁମାନ-ନିରାକୃତ-ଶବ୍ଦ ହେଉଛି ନିତ୍ୟ । ୩. ପ୍ରୀତିତି-ନିରାକୃତ-ଶଶୀ ହେଉଛି ଅଚନ୍ଦ୍ର । ୪. ସ୍ୱବଚନ ନିରାକୃତ- ମୁଁ ଯାହା କହୁଛି ତାହା ମିଥ୍ୟା । ୫. ଲୋକରୂଢ଼ି ନିରାକୃତ - ମନୁଷ୍ୟ ଖପୁରି ହେଉଛି ପବିତ୍ର ।

ବିବାଦ[୨୯]

୧. ଅପସାରଣ-ଅବସର ଲାଭ ପାଇଁ ଯେନ-ତେନ-ପ୍ରକାରେଣ ସମୟ ଅତିବାହିତ କରିବା ।

୨. ଉତ୍ସୁକୀ କରଣ - ସୁଯୋଗ ଉପସ୍ଥିତ ହେଲେ ଉତ୍ସୁକ ହୋଇ ବିଜୟ ପାଇଁ ବାଦ କରିବା ।

୩. ଅନୁଲୋମନ - ବିବାଦାଧ୍ୟକ୍ଷଙ୍କୁ 'ସାମ' ଆଦି ନୀତି ପ୍ରୟୋଗ କରି ଅନୁକୂଳ ବନାଇବା ଅଥବା କିଛି ବେଳ ପାଇଁ ପ୍ରତିବାଦୀଙ୍କ ପକ୍ଷକୁ ସ୍ୱୀକାର କରି ସେମାନଙ୍କୁ ଅନୁକୂଳରେ ପରିଣତ କରି ବାଦ କରିବା ।

୪. ପ୍ରତିଲୋମନ- ସର୍ବସାମର୍ଥ୍ୟ ସ୍ଥିତିରେ ବିବାଦାଧ୍ୟକ୍ଷ ବା ପ୍ରତିବାଦୀଙ୍କୁ ପ୍ରତିକୂଳରେ ପରିଣତ କରି ବାଦ କରିବା ।

୫. ସଂସେବନ - ଅଧ୍ୟକ୍ଷଙ୍କୁ ପ୍ରସନ୍ନ ରଖି ବାଦ କରିବା ।

୬. ମିଶ୍ରୀକରଣ ବା ଭେଦନ-ନିର୍ଣ୍ଣୟଦାତାମାନଙ୍କ ମେଳରେ ଆପଣା ସମର୍ଥକଙ୍କୁ ପୂରାଇ ଅଥବା ନିର୍ଣ୍ଣୟଦାତାମାନଙ୍କୁ ପ୍ରତିବାଦୀମାନଙ୍କ ପ୍ରତି ବିରୋଧୀରେ ପରିଣତ କରି ବାଦ କରିବା ।

ପ୍ରମାଣ ବ୍ୟବସ୍ଥାର ଆଗମିକ ଆଧାର

୧. ପ୍ରମେୟ

ପ୍ରମେୟ ହେଉଛି ଅନନ୍ତ ଧର୍ମାତ୍ମକ । ବସ୍ତୁ ମଧ୍ୟରେ ଅନନ୍ତପର୍ଯ୍ୟବ ରହିଛି - ଏହା ପ୍ରମେୟର ଆଧାର ।

୨. ପ୍ରମାଣ

ପ୍ରମାଣର ପରିଭାଷା ହେଲା - ବ୍ୟବସାୟୀ ଜ୍ଞାନର ଯଥାର୍ଥ ଜ୍ଞାନ । ସ୍ଥାନାଂଗର 'ବ୍ୟବସାୟ' ଶବ୍ଦ ହେଉଛି ଏମାନଙ୍କ ମଧ୍ୟରୁ ପ୍ରଥମ ଜ୍ଞାନର ଆଧାର । ପରବର୍ତ୍ତୀ ଜ୍ଞାନର ଆଧାର ହେଲା ଜ୍ଞାନ ଓ ପ୍ରମାଣର ପୃଥକ୍ ପୃଥକ୍ ନିର୍ଦ୍ଦେଶନ । ଜ୍ଞାନ ଯଥାର୍ଥ ଓ ଅଯଥାର୍ଥ ଉଭୟ ପ୍ରକାର ହୋଇଥିବାରୁ ସାମାନ୍ୟ ଜ୍ଞାନର ନିରୂପଣ କରିବା ସମୟରେ ଜ୍ଞାନର ପାଞ୍ଚ ପ୍ରକାର କୁହାଯାଇଥାଏ ।[୩୦]

ପ୍ରମାଣ ନିଶ୍ଚିତ ଭାବରେ ଯଥାର୍ଥ ଜ୍ଞାନ । ତେଣୁ ଯଥାର୍ଥ ଜ୍ଞାନର ନିରୂପଣ କରିବା ସମୟରେ ତାହା ଦୁଇ ଭାଗରେ ବିଭକ୍ତ ହୋଇପଡ଼େ - ପ୍ରତ୍ୟକ୍ଷ ଓ ପରୋକ୍ଷ ।

---

[୨୯] ଠାଣଂ, ୯/୧୧୧ ।

[୩୦] ଭଗବତୀ, ୮।୯୭ ଆଦି ।

୩. ଅନୁମାନର ପରିବାର -

ଅନୁଯୋଗଦ୍ୱାର ଅନୁସାରେ କେବଳ ଶ୍ରୁତଜ୍ଞାନ ପରାର୍ଥ ତଥା ଅବଶିଷ୍ଟ ଜ୍ଞାନ ସ୍ୱାର୍ଥ ଅଟନ୍ତି । ଏହି ଦୃଷ୍ଟିରେ ସମସ୍ତ ପ୍ରମାଣ ଯାହାକି ଜ୍ଞାନାତ୍ମକ, ସେଗୁଡ଼ିକ ସ୍ୱାର୍ଥ ଏବଂ ଯାହା ବଚନାତ୍ମକ, ସେ ସବୁ ପରାର୍ଥ ଅଟନ୍ତି । ଏହାରି ଆଧାରରେ ଆଚାର୍ଯ୍ୟ ସିଦ୍ଧସେନ (୩୧), ବାଦିଦେବ ସୂରି ପ୍ରତ୍ୟକ୍ଷକୁ ପରାର୍ଥ ରୂପରେ ସ୍ୱୀକାର କରିଛନ୍ତି ।(୩୨)

ଅନୁମାନ, ଆଗମ ଆଦିରେ ସ୍ୱାର୍ଥ-ପରାର୍ଥ ରୂପର ଦ୍ୱିବିଧତାର ଏହା ହିଁ ଆଧାର ।

୪. ପ୍ରମିତି

ପ୍ରମାଣର ସାକ୍ଷାତ୍ ଫଳ- ଅଜ୍ଞାନ ନିବୃତ୍ତି ଓ ବ୍ୟବହିତ ଫଳ-ହେୟ ବୁଦ୍ଧି ତଥା ମଧ୍ୟସ୍ଥ ବୁଦ୍ଧି । ଏହାର ଆଧାର କ୍ରମାନ୍ୱୟରେ ଶ୍ରବଣ, ଜ୍ଞାନ, ବିଜ୍ଞାନ, ପ୍ରତ୍ୟାଖ୍ୟାନ ଓ ସଂଯମ । ଶ୍ରବଣର ଫଳ ଜ୍ଞାନ, ଜ୍ଞାନର ବିଜ୍ଞାନ, ବିଜ୍ଞାନର ପ୍ରତ୍ୟାଖ୍ୟାନ ତଥା ପ୍ରତ୍ୟାଖ୍ୟାନର ଫଳ ହେଉଛି ସଂଯମ । ଦର୍ଶନାବରଣର ବିଲୟ ଘଟିଲେ 'ଶ୍ରବଣ' (ଶୁଣିବା) ପ୍ରାପ୍ତ ହୁଏ । ଶ୍ରୁତ ଅର୍ଥରେ ଜ୍ଞାନାବରଣ ବିଲୀନ ହେଲେ ଅବଗ୍ରହ, ଈହା, ଅବାୟ ଓ ଧାରଣା ଜାତ ହୁଏ । ଫଳରେ ଜ୍ଞାନ ଉତ୍ପନ୍ନ ହୁଏ, ଅଜ୍ଞାନର ନିବୃତ୍ତି ଘଟେ । ଅଜ୍ଞାନର ନିବୃତ୍ତି ପରେ ବିଜ୍ଞାନ ଉତ୍ପନ୍ନ ହୁଏ ତଥା ହେୟ, ଉପାଦେୟ କରିବାର ସାମର୍ଥ୍ୟ ସୃଷ୍ଟି ହୁଏ । ଏହା ଉତ୍ତାରୁ ହେୟର ପ୍ରତ୍ୟାଖ୍ୟାନ, ତ୍ୟାଗ କରାଯାଇଥାଏ । ତ୍ୟାଗ ପରେ ସଂଯମ । ଆଧ୍ୟାତ୍ମିକ ଦୃଷ୍ଟିରେ ଯେତେସବୁ ପରସଂଯୋଗ, ତାହା ହେୟ । ପରସଂଯୋଗ ସମାପ୍ତ ହେଲେ ସଂଯମର ଅବତରଣ ହୁଏ । ନିଜ ସ୍ଥିତି ମଧ୍ୟରେ ରମଣ ବା ଆତ୍ମରମଣ । ତାହା ବାହାରୁ ଆସି ନ ଥାଏ । ଲୌକିକ ଦୃଷ୍ଟିରେ ହେୟ ଓ ଉପାଦେୟ ଉଭୟଙ୍କ ଅସ୍ତିତ୍ୱ ବିଦ୍ୟମାନ । ଯେଉଁ ବସ୍ତୁ ଗ୍ରାହ୍ୟ ନୁହେଁ କି ଅଗ୍ରାହ୍ୟ ନୁହେଁ, ସେଠାରେ ମଧ୍ୟସ୍ଥ ବୁଦ୍ଧିର ନିର୍ମାଣ ହୁଏ ଅଥବା ହର୍ଷ ଓ ଶୋକ ଉଭୟଠାରୁ ଦୂରେଇ ରହିବା ହିଁ ମଧ୍ୟସ୍ଥ ବୁଦ୍ଧି ।

ଏମାନଙ୍କ ବ୍ୟତୀତ ବ୍ୟାପ୍ତି, ଅଭାବ, ଉପଚାର ଆଦିର ବୀଜ ମଧ୍ୟ ମିଳିଥାଏ ।

ଜୈନ ପ୍ରମାଣ ଓ ପରୀକ୍ଷା ପଦ୍ଧତିର ବିକାଶ ଏଗୁଡ଼ିକର ଆଧାରରେ ଘଟିଛି । ଅନ୍ୟ ଦର୍ଶନଗୁଡ଼ିକର ଉପାଦେୟ ଅଂଶ ଆପଣାଇବାରେ ଜୈନ ଆଚାର୍ଯ୍ୟମାନେ କେବେ ବି ଆପତ୍ତି କରିନାହାନ୍ତି । ସେମାନେ ଅନ୍ୟ ପରମ୍ପରାର ନୂତନ ଅନୁଭୂତି ଓ ସ୍ୱୀକୃତିକୁ ସର୍ବଦା ସମ୍ମାନ ଦେଇ ଆସିଛନ୍ତି ତଥା ଉଦାରତା ସହକାରେ ସ୍ୱୀକାର କରିଛନ୍ତି । ତଥାପି ନିର୍ବିବାଦ ରୂପରେ କହିହେବ ଯେ ଜୈନ ନ୍ୟାୟ ପରମ୍ପରା ସର୍ବଥା ସ୍ୱତନ୍ତ୍ର ଓ ମୌଳିକ । ଭାରତୀୟ ନ୍ୟାୟଶାସ୍ତ୍ରକୁ ସମୃଦ୍ଧ କରିବାରେ ଜୈନ ନ୍ୟାୟ ପରମ୍ପରାର ବିଶିଷ୍ଟ ଯୋଗଦାନ ରହିଛି ।

ଅନେକାନ୍ତ ବ୍ୟବସ୍ଥା

ଆଗମ ସାହିତ୍ୟରେ ଜ୍ଞାନ ଓ ଜ୍ଞେୟର ପ୍ରକୀର୍ଣ୍ଣ ମୀମାଂସା କେବଳ ଉପଲବ୍ଧ ନୁହେଁ, ସେମାନଙ୍କ ବ୍ୟବସ୍ଥିତ ରୂପ ମଧ୍ୟ ଦେଖିବାକୁ ମିଳିଥାଏ ।

ସୂତ୍ରକୃତାଙ୍ଗରେ ବିଚାର ଓ ଆଚାର ଉଭୟ ସନ୍ଦର୍ଭରେ 'ଅନେକାନ୍ତ'ର ତଳସ୍ପର୍ଶୀ ବିବେଚନ ପ୍ରାପ୍ତ ହୋଇଥାଏ । ଭଗବତୀ ଓ ସୂତ୍ରକୃତାଙ୍ଗର ଅନେକ ମତବାଦର ନିରାକରଣ ପୂର୍ବକ ସ୍ୱପକ୍ଷର ସ୍ଥାପନା କରାଯାଇଛି ।

---

(୩୧) ନ୍ୟାୟାବତାର, ୧୧ ବୃତ୍ତି :
ପ୍ରତ୍ୟକ୍ଷେଣାନୁମାନେନ, ପ୍ରସିଦ୍ଧାର୍ଥ ପ୍ରକାଶନାତ୍ ।
ପରସ୍ୟ ତଦୁପାୟତ୍ୱାତ୍, ପରାର୍ଥତ୍ୱଂ ଦ୍ୱୟୋରପି ॥
ଅନୁମାନ ପ୍ରତୀତଂ ପ୍ରତ୍ୟାୟନ୍ନେବଂ ବଚନମିତି -ଅଗ୍ନିରତ୍ର ଧୂମାତ୍ । ...
ପ୍ରତ୍ୟକ୍ଷ ପ୍ରତୀତଂ ପୁନର୍ଦର୍ଶୟନ୍ନେତାବଦ୍ ବକ୍ତି-ପଶ୍ୟରାଜା ଗଚ୍ଛତି ।

(୩୨) ପ୍ରମାଣ ନୟତତ୍ତ୍ୱରତ୍ନାବତାରିକା,୩।୨୬,୨୭ ।

ଏହି ବିକୀର୍ଣ୍ଣ ମୁକ୍ତାଗୁଡ଼ିକୁ ଏକ ସୂତ୍ରରେ ଗୁନ୍ଥିବାରେ ପ୍ରଯତ୍ନ ସର୍ବପ୍ରଥମେ ଆଚାର୍ଯ୍ୟ ଉମାସ୍ୱାତି କରିଯାଇଛନ୍ତି । ତାଙ୍କ 'ତତ୍ତ୍ୱାର୍ଥ ସୂତ୍ର' ଜୈନ ନ୍ୟାୟ ବିକାଶର ଅରୁଣ ରଶ୍ମି ବା ପ୍ରାରମ୍ଭିକ ଆଲୋକ । ବିକ୍ରମର ପ୍ରଥମ ଓ ଦ୍ୱିତୀୟ ଶତାବ୍ଦୀର ପ୍ରାୟ ସବୁ ଜୈନ ପରମ୍ପରାରେ 'ପ୍ରମାଣନୟୈରଧିଗମ' ସୂତ୍ର ରୂପରେ ସ୍ୱତନ୍ତ୍ର ପରୀକ୍ଷା ଶୈଳୀର ଶିଳାନ୍ୟାସ ଘଟିଲା । (୩୩)

ଧାର୍ମିକ ମତବାଦ ଯେତେବେଳେ ଉଗ୍ରରୂପ ଧାରଣ କଲା, ପାରସ୍ପରିକ ସଂଘର୍ଷ ବୃଦ୍ଧି ପାଇଲା ଏବଂ ନିଜ ମାନ୍ୟତାକୁ ଯୁକ୍ତି ମାଧ୍ୟମରେ ସମର୍ଥନ କରିବାର ଆବଶ୍ୟକତା ସୃଷ୍ଟି ହେଲା, ସେତେବେଳେ ଜୈନ ଆଚାର୍ଯ୍ୟମାନେ ଦିଶା ପରିବର୍ତ୍ତନ କରି ସ୍ୱସିଦ୍ଧାନ୍ତକୁ ଯୁକ୍ତିପୂର୍ବକ ବିଲକ୍ଷଣ ଢଙ୍ଗରେ ଜନସାଧାରଣ ସମ୍ମୁଖରେ ଉପସ୍ଥାପନା କରିଲେ । ଏହି କାଳରେ ଅନେକାନ୍ତର ବିକାଶ ହେଲା ।

ତଥାପି ଅହିଂସା-ସାଧନା ହିଁ ଜୈନ ଆଚାର୍ଯ୍ୟମାନଙ୍କ ପ୍ରଧାନ ଲକ୍ଷ୍ୟ ରହିଆସିଛି । ଅହିଂସାରୁ ବିଚ୍ଛିନ୍ନ ହୋଇ ମତପ୍ରଚାର ପାଇଁ ସେମାନଙ୍କ ଜମା ଆଗ୍ରହ ନ ଥିଲା । ସାଧୁମାନଙ୍କ ସକାଶେ ପ୍ରଥମେ 'ଆତ୍ମାନୁକମ୍ପୀ' (ଅହିଂସାର ସାଧନାରେ କୁଶଳୀ) ହେବା ଆବଶ୍ୟକ । ଜୈନ ଆଚାର୍ଯ୍ୟମାନଙ୍କ ଦୃଷ୍ଟିରେ ବିବାଦ ବା ଶୁଷ୍କତର୍କର ସ୍ଥିତି କିପରି ରହିଆସିଛି, ମହାନ୍ ତାର୍କିକ ଆଚାର୍ଯ୍ୟ ସିଦ୍ଧସେନଙ୍କ 'ବାଦଦ୍ୱାତ୍ରିଂଶିକା' ଏହା ଉପରେ ସ୍ପଷ୍ଟ ଆଲୋକ ଦେଇଥାଏ ।(୩୪)

ହରିଭଦ୍ରସୂରିଙ୍କ 'ବାଦାଷ୍ଟକ' ମଧ୍ୟ ଶୁଷ୍କତର୍କ ଉପରେ ତୀବ୍ର ପ୍ରହାର କରିଥାଏ । ଜୈନାଚାର୍ଯ୍ୟମାନେ ତାର୍କିକ ପ୍ରାଙ୍ଗଣରେ ଓହ୍ଲାଇବାର ଉତ୍ସାହ ଦେଖାଇନାହାନ୍ତି । ଏହାର ଅର୍ଥ ସେମାନଙ୍କ ତାର୍କିକ ଦୁର୍ବଳତା ନୁହେଁ, କିନ୍ତୁ ଜୈନାଚାର୍ଯ୍ୟମାନଙ୍କ ସମତା ଏବଂ ସମନ୍ୱୟ ବୃତ୍ତି ଅଟେ ।

ବାଦକଥା କ୍ଷେତ୍ରରେ ଗୌତମଙ୍କ ପ୍ରଦର୍ଶିତ ଛଳ, ଜଳ୍ପ, ବିତଣ୍ଡା, ଜାତି ଓ ନିଗ୍ରହର ବ୍ୟବସ୍ଥା ଏକପଟେ ଏବଂ ଅନ୍ୟ ଦିଗରେ ଅହିଂସା ମାର୍ଗ - 'ଅନ୍ୟ ତୀର୍ଥିକମାନଙ୍କ ସହ ବାଦରେ ବ୍ୟାପୃତ ଥିବା ସମୟରେ ଆତ୍ମସମାଧି-ମଗ୍ନ ମୁନି ସତ୍ୟର ଅନୁମୋଦନ କରୁଥିବା ପ୍ରତିଜ୍ଞା, ହେତୁ ଓ ଉଦାହରଣର ପ୍ରୟୋଗ କରିବା ଉଚିତ୍ ତଥା ପ୍ରତିପକ୍ଷକୁ ବିରୋଧୀରେ ପରିଣତ କରୁଥିବା ଭାଷାର ପରିହାର କରିବା ଉଚିତ।(୩୫) ସତ୍ୟର ଶୋଧକ ଓ ସାଧକ, ଅସତ୍ୟ ତତ୍ତ୍ୱର ସମର୍ଥନ କରିବାର ପ୍ରତିଜ୍ଞା କରେ ନାହିଁ, ତେଣୁ ସେ ଅପ୍ରତିଜ୍ଞ । ଏହା ଏକ ବଡ଼ ସମସ୍ୟା ରୂପରେ ଉଭା ହେଲା, ତା'ର ଉତ୍ତର ସକାଶେ ଅନେକାନ୍ତ ଦୃଷ୍ଟିର ସାହାଯ୍ୟ ନିଆଗଲା ।

ଶ୍ୱେତାମ୍ବର ପରମ୍ପରାରେ 'ସିଦ୍ଧସେନ' ଏବଂ ଦିଗମ୍ବର ପରମ୍ପରାରେ 'ସମନ୍ତଭଦ୍ର' ଅନେକାନ୍ତକୁ ବିସ୍ତୃତି ପ୍ରଦାନ କରିଛନ୍ତି । ବିକ୍ରମଙ୍କ ପଞ୍ଚମ-ଷଷ୍ଠ ଶତାବ୍ଦୀ ଏମାନଙ୍କ ସମୟ ବୋଲି ଅନୁମାନ କରାଯାଏ । ସିଦ୍ଧସେନ ଦ୍ୱାତ୍ରିଂଶିକା ୩୨ ଓ ସନ୍ମତିର ସୃଜନ କରି ସ୍ପଷ୍ଟ କରିଦେଇଛନ୍ତି ଯେ ନିର୍ଗ୍ରନ୍ଥ ପ୍ରବଚନ ହେଉଛି ନୟର ସମୂହ-ବିବିଧ ସାପେକ୍ଷ ଦୃଷ୍ଟିର ସମନ୍ୱୟ ।(୩୬) ଏକାନ୍ତ ଦୃଷ୍ଟି ସବୁବେଳେ ମିଥ୍ୟା ହିଁ ହୋଇଥାଏ । ତାହା ଦ୍ୱାରା ସତ୍ୟର ସନ୍ଧାନ ସମ୍ଭବ ନୁହେଁ ।

---

(୩୩) ତତ୍ତ୍ୱାର୍ଥସୂତ୍ର, ୧।୬ ।

(୩୪) ବାଦଦ୍ୱାତ୍ରିଂଶିକା, ୮:
ଗ୍ରାମାନ୍ତରୋପଗତୟୋ ରେକାମିଷସଙ୍ଗଜାତମତ୍ସରୟୋଃ ।
ସ୍ୟାତ୍ ସଖ୍ୟମପିଶୁନୋର୍ଭ୍ରାତ୍ରୋରପି ବାଦିନୋ ନ ସ୍ୟାତ୍ ।୧।
ଅନ୍ୟତ ଏବ ଶ୍ରେୟାନ୍, ଅନ୍ୟତ ଏବ ବିଚରନ୍ତି ବାଦିବୃଷାଃ ।
ବାକ୍ ସଂରଭଃ କ୍ୱଚିଦପି, ନ ଜଗାଦ ମୁନିଃ ଶିବୋପାୟମ୍ ।୭।
ଜ୍ଞେୟ : ପରସିଦ୍ଧାନ୍ତଂ ସ୍ୱପକ୍ଷବଳନିଶ୍ଚୟୋପଲବ୍ଧ୍ୟର୍ଥମ୍ ।
ପରପକ୍ଷକ୍ଷୋଭମଭ୍ୟୁପେତ୍ୟ ତୁ ସତାମନାଚାରଃ ॥୧୯॥
ପରନିଗ୍ରହାଧ୍ୟବସିତଶ୍ଚିତ୍ତୈକାଗ୍ର୍ୟମୁପଯାତି ଯଦ୍‌ବାଦୀ ।
ଯଦି ତତ୍ ସ୍ୟାଦ୍ ବୈରାଗ୍ୟେ,ନ ଚିରେଣ ଶିବଂ ପଦମୁପଯାତୁ ॥୨୫॥

(୩୫) ସୂୟଗଡ଼ୋ, ୧/୩/୩-୧୯

(୩୬) ସନ୍ମତି ପ୍ରକରଣ, ୩/୬୯ ।

ଯେତେ ସବୁ ପର ସମୟ, ସବୁଯାକ ନୟବାଦ ଅଟନ୍ତି ।(୩୭) ଏକ ଦୃଷ୍ଟିକୁ ହିଁ ଏକାନ୍ତ ରୂପରେ ଜାବୁଡ଼ି ଧରିବା ଦ୍ୱାରା ଆମେ ସତ୍ୟପଥରେ ଯାତ୍ରା କରିବାର ଅସମର୍ଥ ହୋଇଥାଉ । ଜିନ-ପ୍ରବଚନରେ ନିତ୍ୟବାଦ, ଅନିତ୍ୟବାଦ, କାଳ, ସ୍ୱଭାବ ନିୟତି ଆଦି ସମସ୍ତ ଦୃଷ୍ଟିର ସମନ୍ୱୟ ଘଟିଥାଏ, ତେଣୁ ତାହା ହେଉଛି ସତ୍ୟର ସିଧା, ସରଳ ମାର୍ଗ ।

ଏହିଭଳି ଆଚାର୍ଯ୍ୟ ସମନ୍ତଭଦ୍ର ତାଙ୍କ ପ୍ରସିଦ୍ଧ କୃତି 'ଆପ୍ତ ମୀମାଂସା'ରେ ବୀତରାଗଙ୍କୁ ଆପ୍ତ ସିଦ୍ଧ କରିବା ସହିତ ତାଙ୍କ ଅନେକାନ୍ତ ବାଣୀରୁ 'ସତ୍'ର ଯଥାର୍ଥ ଜ୍ଞାନ ପ୍ରାପ୍ତିର ବିଜୟ ଘୋଷ କରିଛନ୍ତି । ସେ ଅସ୍ତି, ନାସ୍ତି, ଅସ୍ତି-ନାସ୍ତି ଏବଂ ଅବକ୍ତବ୍ୟ-ଏହି ଚାରି ଭଂଗ ମାଧ୍ୟମରେ ସଦେକାନ୍ତବାଦୀ ସାଂଖ୍ୟ, ଅସଦେକାନ୍ତବାଦୀ ମାଧ୍ୟମିକ, ସର୍ବଥା ଉଭୟବାଦୀ ବୈଶେଷିକ ଏବଂ ଅବାଚ୍ୟୈକାନ୍ତବାଦୀ ବୌଦ୍ଧମାନଙ୍କ ଦୁରାଗ୍ରହବାଦର ସଫଳତା ସହକାରେ ନିରାକରଣ କରିପାରିଛନ୍ତି । ଭେଦ ଏକାନ୍ତ, ଅଭେଦ ଏକାନ୍ତ ଆଦି ଅନେକ ଏକାନ୍ତ ପକ୍ଷର ଦୋଷ ଦେଖାଇ ଅନେକାନ୍ତର ବ୍ୟାପକ ସତ୍ତାର ପଥ ପ୍ରଶସ୍ତ କରିଯାଇଛନ୍ତି ।

ସ୍ୟାଦ୍‌ବାଦ-ସପ୍ତଭଂଗୀ ଓ ନୟର ବିଶେଷ ବିଶଦ ବିଶ୍ଳେଷଣ ଓ ସ୍ଥାପନରେ ଏହି ଦୁଇ ଆଚାର୍ଯ୍ୟଙ୍କ ଲେଖନୀର ଚମତ୍କାରକୁ ଆଜି ମଧ୍ୟ ସମସ୍ତଙ୍କ ସ୍ୱୀକୃତି ଓ ସମ୍ମାନ ପାଇଥାଏ ।

ପ୍ରମାଣ ବ୍ୟବସ୍ଥା

ଆଚାର୍ଯ୍ୟ ସିଦ୍ଧସେନଙ୍କ 'ନ୍ୟାୟବତାର'ରେ ପ୍ରତ୍ୟକ୍ଷ, ପରୋକ୍ଷ, ଅନୁମାନ ଏବଂ ତା'ର ଅବୟବଗୁଡ଼ିକର ଚର୍ଚ୍ଚା, ପ୍ରମାଣଶାସ୍ତ୍ରର ସ୍ୱତନ୍ତ୍ର ରଚନାର ଦ୍ୱାର ଉନ୍ମୁକ୍ତ କରିଦିଏ । ତଥାପି ତା'ର ଆତ୍ମା ଏବେ ମଧ୍ୟ ଶୈଶବକାଳୀନ ଜଣାପଡୁଛି । ଏହାକୁ ଯୌବନଶ୍ରୀ ପର୍ଯ୍ୟନ୍ତ ପହଞ୍ଚାଇବାରେ ଶ୍ରେୟ ଦିଗମ୍ବର ଆଚାର୍ଯ୍ୟ ଅକଳଙ୍କଙ୍କୁ ଦିଆଯାଇଥାଏ । ତାଙ୍କ ସମୟ ବିକ୍ରମଙ୍କ ଅଷ୍ଟମ-ନବମ-ଶତାବ୍ଦୀ । ତାଙ୍କ 'ଲଘୀୟ ସ୍ତୟ', 'ନ୍ୟାୟବିନିଶ୍ଚୟ' ଏବଂ 'ପ୍ରମାଣ ସଂଗ୍ରହ' ଗ୍ରନ୍ଥରେ ପ୍ରାପ୍ତ ପ୍ରମାଣ ବ୍ୟବସ୍ଥା ପୂର୍ଣ୍ଣ ବିକଶିତ । ଉତ୍ତରବର୍ତ୍ତୀ ଶ୍ୱେତାମ୍ବର ଓ ଦିଗମ୍ବର ଉଭୟ ଧାରାରେ ଏହା ସମାଦରପ୍ରାପ୍ତ । ଏହାପରେ ସମୟ ସମୟରେ ଅନେକ ଆଚାର୍ଯ୍ୟ ଲାକ୍ଷଣିକ ଗ୍ରନ୍ଥ ରଚନା କରିପାରିଛନ୍ତି । ବିକ୍ରମଙ୍କ ଦଶମ ଶତାବ୍ଦୀର ରଚନା ମାଣିକ୍ୟ ନନ୍ଦୀଙ୍କ 'ପରୀକ୍ଷା ମୁଖମଣ୍ଡନ', ଦ୍ୱାଦଶ ଶତାବ୍ଦୀର ରଚନା ବାଦିଦେବସୂରୀଙ୍କ 'ପ୍ରମାଣ ନୟତତ୍ତ୍ୱାଲୋକ' ଏବଂ ଆଚାର୍ଯ୍ୟ ହେମଚନ୍ଦ୍ରଙ୍କ 'ପ୍ରମାଣ ମୀମାଂସା', ପଞ୍ଚଦଶ ଶତାବ୍ଦୀର ଧର୍ମଭୂଷଣଙ୍କ କୃତି 'ନ୍ୟାୟଦୀପିକା', ଅଷ୍ଟଦଶ ଶତାବ୍ଦୀର କୃତି ଯଶୋବିଜୟଙ୍କ 'ଜୈନତର୍କଭାଷା' ଉଲ୍ଲେଖଯୋଗ୍ୟ । ଏଗୁଡ଼ିକ ବ୍ୟତୀତ ବହୁତଗୁଡ଼ିଏ ଲାକ୍ଷଣିକ ଗ୍ରନ୍ଥ ଏବେ ବି ଅପ୍ରସିଦ୍ଧ ହୋଇପଡ଼ିରହିଛି । ଏହି ଲାକ୍ଷଣିକ ଗ୍ରନ୍ଥ ବାହାରେ ଦାର୍ଶନିକ ଚର୍ଚ୍ଚା ଓ ପ୍ରମାଣ ଲକ୍ଷଣର ସ୍ଥାପନା ଓ ଉତ୍‌ଥାପନାରେ ଯୋଗଦାନ କରୁଥିବା ଗ୍ରନ୍ଥଗୁଡ଼ିକ ବି ପ୍ରଚୁର ମାତ୍ରାରେ ରହିଛି ।

---

(୩୭) ସନ୍ମତି ପ୍ରକରଣ, ୩/୪୭ ।

॥୨॥

ପ୍ରମାଣ ମୀମାଂସା

ପ୍ରମାଣର ଲକ୍ଷଣ

ଯଥାର୍ଥ ଜ୍ଞାନ ହେଉଛି ପ୍ରମାଣ । ଜ୍ଞାନ ଓ ପ୍ରମାଣ ମଧ୍ୟରେ ବ୍ୟାପ୍ୟ-ବ୍ୟାପକ ସମ୍ବନ୍ଧ ରହିଛି । ଜ୍ଞାନ ହେଉଛି ବ୍ୟାପକ ଏବଂ ପ୍ରମାଣ ବ୍ୟାପ୍ୟ । ଜ୍ଞାନ ଯଥାର୍ଥ ଓ ଅଯଥାର୍ଥ ଉଭୟ ପ୍ରକାର ହୋଇଥାଏ । ସମ୍ୟକ୍ ନିର୍ଣ୍ଣାୟକ ଜ୍ଞାନ ହେଉଛି ଯଥାର୍ଥ ତଥା ସଂଶୟ-ବିପର୍ଯ୍ୟୟ ଆଦି ଜ୍ଞାନ ଅଯଥାର୍ଥ । ପ୍ରମାଣ କେବଳ ଯଥାର୍ଥ ଜ୍ଞାନ ହୋଇଥାଏ । ବସ୍ତୁର ସଂଶୟାଦି ରହିତ ନିଶ୍ଚିତ ଜ୍ଞାନ ହିଁ ପ୍ରମାଣ ।

ଜ୍ଞାନର କରଣତା

ପ୍ରମାଣର ସାମାନ୍ୟ ଲକ୍ଷଣ ହେଲା – 'ପ୍ରମାୟାଃ କରଣଂ ପ୍ରମାଣମ୍'- ପ୍ରମାରକରଣ ହିଁ ପ୍ରମାଣ । 'ତଦ୍‌ବତି ତତ୍‌ପ୍ରକାରାନୁଭବଃ ପ୍ରମା'- ବସ୍ତୁକୁ ଯଥାବତ୍ ଜାଣିବା, ଜ୍ଞାନ କରିବା ହେଉଛି 'ପ୍ରମା' । କରଣର ଅର୍ଥ ସାଧକତମ । ଗୋଟିଏ ଅର୍ଥର ସିଦ୍ଧି ପାଇଁ ଅନେକ ସହଯୋଗୀ ଲୋଡ଼ା, କିନ୍ତୁ ସେମାନେ ସମସ୍ତେ କରଣ ନୁହନ୍ତି । ଫଳସିଦ୍ଧି ସକାଶେ ଯା'ର ବ୍ୟାପାର ଅବ୍ୟବହିତ (ପ୍ରକୃତ ଉପକାରକ), ତାହା 'କରଣ' ବୋଲାଇଥାଏ । କଲମ ତିଆରି କରିବା ସମୟରେ ହାତ ଓ ଚାକୁ ଉଭୟ ସକ୍ରିୟ ଥା'ନ୍ତି କିନ୍ତୁ ଏଠାରେ ହାତକରଣ ନୁହେଁ ଚାକୁ ହିଁ କରଣ, କର୍ତ୍ତନ, ଛେଦନ ମାଧ୍ୟମରେ କଲମ ବନାଇବାରେ ନିକଟତମ ସଂବନ୍ଧ ଚାକୁ ସହିତ ଥାଏ, ଏହା ଉତ୍ତାରୁ ହାତ ସହିତ ସଂପର୍କ । ତେଣୁ ଏଠାରେ ହାତ ସାଧକ ତଥା ଚାକୁ ହେଉଛି ସାଧକତମ ।

ପ୍ରମାଣର ସାମାନ୍ୟ ଲକ୍ଷଣ ସହିତ କାହାରି ଆପତ୍ତି ନାହିଁ । ବିଚାରର ବିଷୟ 'କରଣ' ସାଜିଥାଏ । ବୌଦ୍ଧ ଦର୍ଶନ ସାରୂପ୍ୟ ଓ ଯୋଗ୍ୟତାକୁ କରଣ ବୋଲି ମାନନ୍ତି ।[୧] ନୈୟାୟିକ, ସନ୍ନିକର୍ଷ ଓ ଜ୍ଞାନ ଦୁହିଁଙ୍କୁ କରଣ ବୋଲି ସ୍ୱୀକାର କରନ୍ତି । ଜୈନମାନେ ଜ୍ଞାନକୁ ହିଁ କରଣ ବୋଲି ମାନ୍ୟ କରିଥାନ୍ତି ।[୨] ସନ୍ନିକର୍ଷ, ଯୋଗ୍ୟତା ଆଦି ଅର୍ଥବୋଧର ସହାୟତା ସାମଗ୍ରୀ ମାତ୍ର । ତା'ର ନିକଟତମ ସଂବନ୍ଧ ଜ୍ଞାନ ସହିତ ଏବଂ ତାହା ହିଁ ଜ୍ଞାନ ଓ ଜ୍ଞେୟ ମଧ୍ୟରେ ସମ୍ବନ୍ଧ ସ୍ଥାପିତ କରିଥାଏ ।

---

(୧) (କ) ନ୍ୟାୟବିନ୍ଦୁ, ୧/୧୯/୨୦ ।
(ଖ) ବୌଦ୍ଧ (ସୌତ୍ରାନ୍ତିକ) ଦର୍ଶନ ଅନୁସାରେ
ଜ୍ଞାନଗତ ଅର୍ଥାକାର (ଅର୍ଥଗ୍ରହଣ)ହିଁ ପ୍ରାମାଣ୍ୟ ।
ତା' ପାଇଁ ସାରୂପୀ ଶବ୍ଦର ବ୍ୟବହାର କରାଯାଏ ।
ସ୍ୱସଂବିତ୍ତିଃ ଫଳଂ ଚାତ୍ର ତଦ୍ ରୂପାଦର୍ଥନିଶ୍ଚୟଃ ।
ବିଷୟାକାର ଏବାସ୍ୟ, ପ୍ରମାଣଂ ତେନ ମୀୟତେ ॥ (ପ୍ରମାଣ ସମୁଚ୍ଚୟ, ପୃ.୨୪)
ପ୍ରମାଣଂ ତୁ ସାରୂପ୍ୟଂ, ଯୋଗ୍ୟତା ବା ।
(ତତ୍ତ୍ୱାର୍ଥ ଶ୍ଳୋକ ବାର୍ତ୍ତିକ, ୧୩-୪୪)

(୨) ନ୍ୟାୟଭାଷ୍ୟ, ୧।୧।୩ ।

ପ୍ରମାଣର ଫଳ ହେଉଛି - ଅଜ୍ଞାନ ନିବୃତ୍ତି, ଇଷ୍ଟବସ୍ତୁର ଗ୍ରହଣ ଏବଂ ଅନିଷ୍ଟ ବସ୍ତୁର ପରିତ୍ୟାଗ । ପ୍ରମାଣକୁ ଜ୍ଞାନ ସ୍ୱରୂପ ସ୍ୱୀକାର ନ କଲେ ଏସବୁ ସମ୍ଭବ ନୁହେଁ । ତେଣୁ ଅର୍ଥର ସମ୍ୟକ୍ ଅବବୋଧ ସକାଶେ ଜ୍ଞାନକୁ ହିଁ 'କରଣ' ହେବାର ଶ୍ରେୟ ବା ସୌଭାଗ୍ୟ ମିଳିଥାଏ ।

ପ୍ରମାଣ-ପରିଭାଷାର କ୍ରମିକ ବିକାଶ

ଯେତେବେଳେ ପ୍ରାମାଣିକ କ୍ଷେତ୍ରରେ ପ୍ରମାଣର ଅନେକ ଧାରା ପ୍ରବାହିତ ହେଲା, ଜୈନ ଆଚାର୍ଯ୍ୟମାନଙ୍କୁ ମଧ୍ୟ ପ୍ରମାଣର ସ୍ୱମନ୍ତବ୍ୟ-ପୋଷକ ଏକ ପରିଭାଷା ନିର୍ଦ୍ଧାରିତ କରିବାକୁ ପଡ଼ିଲା । ଜୈନ ବିଚାର ଅନୁସାରେ ପ୍ରମାଣର ଆତ୍ମା ହେଉଛି ନିର୍ଣ୍ଣାୟକ ଜ୍ଞାନ । ଆଚାର୍ଯ୍ୟ ବିଦ୍ୟାନନ୍ଦ ଲେଖିଛନ୍ତି-

ତତ୍ତ୍ୱାର୍ଥବ୍ୟବସାୟାତ୍ମଜ୍ଞାନଂ ମାନମିତୀୟତା ।
ଲକ୍ଷଣେନ ଗତାର୍ଥ ତ୍ୱାତ୍, ବ୍ୟର୍ଥମନ୍ୟେଦ୍ ବିଶେଷଣମ୍ ॥[୩]

ପଦାର୍ଥକୁ ନିଶ୍ଚିତ କରିପାରୁଥିବା ଜ୍ଞାନ ହିଁ ପ୍ରମାଣ । ପ୍ରମାଣର ଏହି ଲକ୍ଷଣ ପର୍ଯ୍ୟାପ୍ତ ଏବଂ ବାକୀ ସବୁ ବିଶେଷଣ ବ୍ୟର୍ଥ ଅଟେ । କିନ୍ତୁ ପରିଭାଷା ପଛରେ ଯେ କୌଣସି ବିଶେଷଣ ଲାଗିଥାଏ, ତା'ର ମୁଖ୍ୟ କାରଣ ହେଲା -

୧. ଅନ୍ୟମାନଙ୍କ ପ୍ରମାଣ ଲକ୍ଷଣରୁ ଆପଣା ଲକ୍ଷଣର ପୃଥକୀକରଣ ।
୨. ଅନ୍ୟମାନଙ୍କ ଲାକ୍ଷଣିକ ଦୃଷ୍ଟିକୋଣର ନିରାକରଣ ।
୩. ବାଧା ନିରସନ ।

ଆଚାର୍ଯ୍ୟସିଦ୍ଧସେନଙ୍କ ଦ୍ୱାରା ନିର୍ଦ୍ଧାରିତ ପ୍ରମାଣର ଲକ୍ଷଣ ହେଉଛି - 'ପ୍ରମାଣଂ ସ୍ୱପରାଭାସି ଜ୍ଞାନଂ ବାଧବିବର୍ଜିତମ୍ ।[୪] ସ୍ୱ ଓ ପରକୁ ଉଦ୍‌ଭାସିତ କରୁଥିବା ବା ପ୍ରକାଶିତ କରୁଥିବା ଅବାଧିତ ଜ୍ଞାନ ହିଁ ପ୍ରମାଣ । ପରୋକ୍ଷ ଜ୍ଞାନବାଦୀ ମୀମାଂସାକ ଜ୍ଞାନକୁ ସ୍ୱପ୍ରକାଶିତ ମାନିବାକୁ ନାରାଜ । ସେମାନଙ୍କ ମତରେ ଜ୍ଞାନ ରହିଛି ଏହାର ପରିଚୟ ଅର୍ଥ-ପ୍ରାକଟ୍ୟାତ୍ମକ ଅର୍ଥାପତ୍ତିରୁ ମିଳିଥାଏ । ଅନ୍ୟ ଶବ୍ଦରେ ସେମାନଙ୍କ ଦୃଷ୍ଟିରେ ଜ୍ଞାନ ହେଲା ଅର୍ଥ ଜ୍ଞାନାନୁମେୟ । ଅର୍ଥକୁ ଆମେ ଜାଣିଥାଉଁ - ଏହା ଅର୍ଥ ଜ୍ଞାନ (ଅର୍ଥ-ପ୍ରାକଟ୍ୟ) । ଆମେ ଯେହେତୁ ଅର୍ଥକୁ ଜାଣିପାରୁଁ, ତେଣୁ ଜଣାପଡୁଛି ଯେ ଜ୍ଞାନ, ଅର୍ଥକୁ ଜାଣିପାରିଥାଏ । ଅର୍ଥ ଜାଣିବା ଦ୍ୱାରା ଜ୍ଞାନର ଉପଲବ୍ଧି ସମ୍ଭବ ହୁଏ - ଏହା ହେଉଛି ପରୋକ୍ଷ ଜ୍ଞାନବାଦ ।'[୫] ଜ୍ଞାନାନ୍ତର ବେଦ୍ୟ ଜ୍ଞାନବାଦୀ ନୈୟାୟିକ - ବୈଶେଷିକ ଜ୍ଞାନକୁ ଜ୍ଞାନାନ୍ତର ବେଦ୍ୟ ମାନିଥାନ୍ତି । ସେମାନଙ୍କ ମତରେ ପ୍ରଥମ ଜ୍ଞାନର ପ୍ରତ୍ୟକ୍ଷ ଏକାତ୍ମ-ସମବାୟ ଭିନ୍ନ ଜ୍ଞାନରୁ ହୁଏ । ଈଶ୍ୱର ଜ୍ଞାନ ଅତିରିକ୍ତ ସମସ୍ତ ଜ୍ଞାନ ପରପ୍ରକାଶିତ, ପ୍ରମେୟ ଅଟନ୍ତି । ଅଚେତନ ଜ୍ଞାନବାଦୀ ସାଂଖ୍ୟ, ପ୍ରକୃତି ପର୍ଯ୍ୟାୟାତ୍ମକ ଜ୍ଞାନକୁ ଅଚେତନ ମାନିଥାନ୍ତି । ସେମାନଙ୍କ ଦୃଷ୍ଟିରେ ପ୍ରକୃତିର ପର୍ଯ୍ୟାୟ ବିକାର ହୋଇଥିବାରୁ ଜ୍ଞାନ ହେଉଛି ଅଚେତନ ।

ଏହି ପରିଭାଷାରେ ରହିଥିବା 'ସ୍ୱ-ଆଭାସି' ଶବ୍ଦ ଏଗୁଡ଼ିକର ନିରାକରଣ ଆଡ଼କୁ ସଂକେତ କରିଥାଏ ।

ଜୈନଦୃଷ୍ଟି ଅନୁସାରେ ଜ୍ଞାନ ହେଉଛି 'ସ୍ୱ-ଆଭାସି' । ଜ୍ଞାନର ସ୍ୱରୂପ ହିଁ ଜ୍ଞାନ-ଏହା ଜାଣିବା ସକାଶେ ଅର୍ଥ ପ୍ରାକଟ୍ୟ (ଅର୍ଥବୋଧ)ର ଅପେକ୍ଷା ନାହିଁ ।

୧. ଜ୍ଞାନ କେବଳ ପ୍ରମେୟ ନୁହେଁ, ଈଶ୍ୱରଙ୍କ ଜ୍ଞାନ ସଦୃଶ ଏହା ହେଉଛି ପ୍ରମାଣ ।
୨. ଜ୍ଞାନ ଅଚେତନ ନୁହେଁ - ଜଡ଼ ପ୍ରକୃତିର ବିକାର ନୁହେଁ, ଏହା ହେଉଛି ଆତ୍ମାର ଗୁଣ ।[୬]

ଜ୍ଞାନାଦ୍ୱୈତବାଦୀ ବୌଦ୍ଧ, ଜ୍ଞାନକୁ ହିଁ ପରମାର୍ଥ ସତ୍ ବୋଲି ମାନ୍ୟ କରନ୍ତି, ବାହ୍ୟ ପଦାର୍ଥକୁ ନୁହେଁ ।[୭]

---

(୩) ତତ୍ତ୍ୱାର୍ଥ ଶ୍ଲୋକବାର୍ତ୍ତିକ, ୧/୧୦/୭୭ ।
(୪) ନ୍ୟାୟାବତାର, ୧ ।
(୫) ମୀମାଂସା ଶ୍ଲୋକବାର୍ତ୍ତିକ, ୧୮୪-୧୮୭ ।
(୬) ସ୍ୟାଦ୍‌ବାଦମଞ୍ଜରୀ, ଶ୍ଳୋକ-୧୫ ।
(୭) ବସୁବନ୍ଧୁକୃତ ବିଂଶତିକା - ଦେଖନ୍ତୁ ।

ଏହାର ନିରାକରଣ କରିବାକୁ ଯାଇ 'ପର-ଆଭାସି' ବିଶେଷଣ ଯୋଡ଼ାଯାଇଛି ।

ଜୈନଦର୍ଶରେ ଜ୍ଞାନ ସଦୃଶ ବାହ୍ୟ ବସ୍ତୁଗୁଡ଼ିକର ମଧ୍ୟ ପାରମାର୍ଥିକ ସତ୍ତା ବିଦ୍ୟମାନ ।[୮]

ବିପର୍ଯ୍ୟୟ ଆଦି ପ୍ରମାଣ ନୁହେଁ - ଏହା ସିଦ୍ଧ କରିବା ସକାଶେ 'ବାଧା ବିବର୍ଜିତ' ବିଶେଷଣ ପ୍ରୟୋଗ କରାଯାଇଛି ।

ସମଗ୍ର ଲକ୍ଷଣ, ତତ୍କାଳ ପ୍ରଚଳିତ ଲକ୍ଷଣଠାରୁ ଜୈନ ଲକ୍ଷଣକୁ ପୃଥକ୍ କରିବା ଉଦ୍ଦେଶ୍ୟରେ ଅଭିପ୍ରେତ । ଆଚାର୍ଯ୍ୟ ଅକଳଙ୍କ, ପ୍ରମାଣର ଲକ୍ଷଣ ମଧ୍ୟରେ 'ଅନଧିଗତାର୍ଥଗ୍ରାହୀ' ବିଶେଷଣ ଲଗାଇ ଏକ ନୂତନ ପରମ୍ପରାର ସୂତ୍ରପାତ କରିଥିଲେ ।[୯] ଏହା ଉପରେ ବୌଦ୍ଧ ଆଚାର୍ଯ୍ୟ ଧର୍ମକୀର୍ତ୍ତିଙ୍କ ପ୍ରଭାବ ପଡ଼ିବାର ଅନୁମାନ କରାଯାଏ । ନ୍ୟାୟ ବୈଶେଷିକ ଓ ମୀମାଂସକମାନେ 'ଧାରାବାହିକ ଜ୍ଞାନ' (ଅଧିଗତ ଜ୍ଞାନ-ଗୃହୀତଗ୍ରାହୀ ଜ୍ଞାନ)କୁ ପ୍ରମାଣ ମାନିବା ପକ୍ଷରେ କିନ୍ତୁ ବୌଦ୍ଧମାନେ ଏହା ବିପକ୍ଷରେ ରହିଆସିଛନ୍ତି । ଆଚାର୍ଯ୍ୟ ଅକଳଙ୍କ ବୌଦ୍ଧ ଦର୍ଶନର ସମର୍ଥନ କରିଥିଲେ । ଆଚାର୍ଯ୍ୟ ଅକଳଙ୍କଙ୍କର ପ୍ରତିବିମ୍ବ ଆଚାର୍ଯ୍ୟ ମାଣିକ୍ୟ ନନ୍ଦୀଙ୍କ ଉପରେ ପ୍ରତିଫଳିତ ହୋଇଥିଲା । ସେ ସ୍ୱୀକାର କରିଥିଲେ ଯେ 'ସ୍ୱାପୂର୍ବାର୍ଥ ବ୍ୟବସାୟାତ୍ମକ ଜ୍ଞାନଂ ପ୍ରମାଣମ୍' ଅର୍ଥାତ୍ ସ୍ୱ ଓ ଅପୂର୍ବ ଅର୍ଥର ନିଶ୍ଚୟ କରୁଥିବା ଜ୍ଞାନ ହିଁ ପ୍ରମାଣ । ଏହି ସ୍ୱୀକାରୋକ୍ତି ମଧ୍ୟରେ ଆଚାର୍ଯ୍ୟ ଅକଳଙ୍କଙ୍କ ମତରେ ରହିଥିବା 'ଅପୂର୍ବ' ଶବ୍ଦର ସମର୍ଥନ କରାଯାଇଛି ।

ବାଦିଦେବସୂରି ନିଜ ସୂତ୍ର 'ସ୍ୱପର ବ୍ୟବସାୟିଜ୍ଞାନଂ ପ୍ରମାଣମ୍'ର ମାଣିକ୍ୟ ନନ୍ଦୀଙ୍କ 'ଅପୂର୍ବ' ଶବ୍ଦ ପ୍ରତି ସମୁଚିତ ଦୃଷ୍ଟି ଦେଇନାହାନ୍ତି ।

ଏହି କାଳଖଣ୍ଡରେ ଦୁଇ ପ୍ରକାର ମତବାଦ ସ୍ଥାପିତ ହେଲା । ଦିଗମ୍ବର ଆଚାର୍ଯ୍ୟମାନେ ଗୃହୀତ-ଗ୍ରାହୀ ଧାରାବାହୀ ଜ୍ଞାନକୁ ପ୍ରମାଣ ବୋଲି ମାନ୍ୟ କଲେ ନାହିଁ ଅଥଚ ଶ୍ୱେତାମ୍ବର ଆଚାର୍ଯ୍ୟମାନେ ଏହାକୁ ପ୍ରମାଣ ମାନିଲେ । ଦିଗମ୍ବର ଆଚାର୍ଯ୍ୟ ବିଦ୍ୟାନନ୍ଦ, ଏହି ପ୍ରଶ୍ନ ଉତ୍‌ଥାପନ କରିବା ଉଚିତ ମଣିଲେ ନାହିଁ । ଅତ୍ୟନ୍ତ ଉପେକ୍ଷାର ସହିତ ସେ କହିଲେ - ସ୍ୱ ଓ ପରର ନିଶ୍ଚୟ କରୁଥିବା ଜ୍ଞାନ ହେଉଛି ପ୍ରମାଣ । ଏହା ଗୃହୀତଗ୍ରାହୀ ହୋଇଥାଇ କିମ୍ବା ଅଗୃହୀତଗ୍ରହୀ - କିଛି ଯାଏ ଆସେ ନାହିଁ ।

ଗୃହୀତମଗୃହୀତଂ ବା, ସ୍ୱାର୍ଥଂ ଯଦି ବ୍ୟବସ୍ୟତି ।
ତନ୍ନ ଲୋକେ ନ ଶାସ୍ତ୍ରେଷୁ, ବିଜହାତି ପ୍ରମାଣତାମ୍ ॥[୧୦]

ଆଚାର୍ଯ୍ୟ ହେମଚନ୍ଦ୍ର ଲକ୍ଷଣ - ସୂତ୍ରର ପରିଷ୍କାର କରିବା ସହିତ ଏପରି ଏକ ପରାମର୍ଶ ଦେଇଯାଇଛନ୍ତି, ଯାହା ତାଙ୍କର ସୂକ୍ଷ୍ମଦୃଷ୍ଟିର ପରିଚୟ ବହନ କରିଥାଏ । ସେ କହିଛନ୍ତି - 'ଜ୍ଞାନ ନିଶ୍ଚିତ ଭାବରେ ସ୍ୱପ୍ରକାଶୀ, ତଥାପି ତାହା ପ୍ରମାଣର ଲକ୍ଷଣ ହୋଇପାରେ ନାହିଁ ।[୧୧] କାରଣ ପ୍ରମାଣ ଭଳି ଅପ୍ରମାଣ ସଂଶୟ ବିପର୍ଯ୍ୟୟ ଜ୍ଞାନ ବି ସ୍ୱସଂବିଦିତ । ପୂର୍ବାଚାର୍ଯ୍ୟଗଣ ସ୍ୱନିର୍ଣ୍ଣୟକୁ ଲକ୍ଷଣ ଅନ୍ତର୍ଗତ ରଖିଯାଇଛନ୍ତି । ତାହା ପରୀକ୍ଷା ଲାଗି ଉଦ୍ଦିଷ୍ଟ, ତେଣୁ ତହିଁରେ କୌଣସି ଦୋଷ ନାହିଁ ।' ଏହା ଲେଖି ନିଜ ପୂର୍ବ ପୁରୁଷଙ୍କ ପ୍ରତି ଆଚାର୍ଯ୍ୟ ହେମଚନ୍ଦ୍ର ଅତ୍ୟନ୍ତ ଆଦର ଓ ସମ୍ମାନ ପ୍ରଦର୍ଶିତ କରିଛନ୍ତି ।

ଆଚାର୍ଯ୍ୟ ହେମଚନ୍ଦ୍ରଙ୍କ ପରିଭାଷା - 'ସମ୍ୟଗର୍ଥନିର୍ଣ୍ଣୟଃ ପ୍ରମାଣମ୍' - ଅର୍ଥର ସମ୍ୟକ୍ ନିର୍ଣ୍ଣୟ ହେଉଛି ପ୍ରମାଣ । ଏହା ଜୈନ-ପ୍ରମାଣ-ଲକ୍ଷଣର ଅନ୍ତିମ ପରିଷ୍କୃତ ରୂପ ।

ଆଚାର୍ଯ୍ୟ ତୁଳସୀ 'ଯଥାର୍ଥ ଜ୍ଞାନଂ ପ୍ରମାଣମ୍'- ଯଥାର୍ଥ (ସମ୍ୟକ) ଜ୍ଞାନ ହିଁ ପ୍ରମାଣ[୧୨] ନିର୍ଦ୍ଧାରଣ କରି ତହିଁରେ ଅର୍ଥପଦ ମଧ୍ୟ ସ୍ଥାନିତ କରିନାହାନ୍ତି । ଜ୍ଞାନର ଯଥାର୍ଥ ଓ ଅଯଥାର୍ଥ - ଏହି ଦୁଇ ରୂପ ବାହ୍ୟ ପଦାର୍ଥ ପ୍ରତି ତା' ବ୍ୟାପାର ହେତୁ ନିର୍ମିତ ହୋଇଥାଏ ।[୧୩] ଯଦି ବାହ୍ୟ ଅର୍ଥ ପ୍ରତି ଜ୍ଞାନର ବ୍ୟାପାର ହେଉନାହିଁ ତେବେ ଲକ୍ଷଣରେ ଯଥାର୍ଥ ପଦ ପ୍ରୟୋଗର ଆବଶ୍ୟକତା ରହୁନାହିଁ ।

---

(୮) ସ୍ୟାଦ୍‌ବାଦ ମଞ୍ଜରୀ, ୧୬ ।

(୯) ଲଘୀୟସ୍ତ୍ରୟୀ - ୬୦ ।

(୧୦) ତତ୍ତ୍ୱାର୍ଥଶ୍ଳୋକବାର୍ତ୍ତିକ, ୧।୧୦।୭୮ ।

(୧୧) ପ୍ରମାଣମୀମାଂସା, ୧।୩ ।

(୧୨) ଭିକ୍ଷୁନ୍ୟାୟକର୍ଣ୍ଣିକା, ୧।୧୦

(୧୩) ପ୍ରମାଣନୟତତ୍ତ୍ୱରତ୍ନାବତାରିକା, ୧।୧୯:
ସର୍ବଜ୍ଞାନଂ ସ୍ୱାପେକ୍ଷୟା ପ୍ରମାଣମେବ ନ ପ୍ରମାଣାଭାସାମ୍ ।
ବହିରଥପିକ୍ଷୟା ତୁ କିଞ୍ଚିତ୍ ପ୍ରମାଣଂ କିଞ୍ଚିତ୍ ପ୍ରମାଣାଭାସାମ୍ ॥

ପ୍ରାମାଣ୍ୟର ନିୟାମକ ତତ୍ତ୍ୱ

ପ୍ରମାଣ ହେଉଛି ସତ୍ୟ, ଏଥିରେ ଦ୍ୱୈତ ନାହିଁ, ତେବେ ସତ୍ୟ ସନ୍ଧାନର ପ୍ରକ୍ରିୟା ଓ କ୍ଷମତା ସମସ୍ତଙ୍କ ସମାନ ନୁହେଁ । ଜ୍ଞାନର ସତ୍ୟତା ବା ପ୍ରାମାଣ୍ୟର ନିୟାମକ ତତ୍ତ୍ୱ ଭିନ୍ନ-ଭିନ୍ନ ବୋଲି ମାନ୍ୟତା ରହିଛି । ଜୈନ ଦୃଷ୍ଟି ଅନୁସାରେ ତାହା ଯାଥାର୍ଥ୍ୟ । ଯାଥାର୍ଥ୍ୟର ଅର୍ଥ - ଜ୍ଞାନର ତଥ୍ୟ ସହିତ ସଂଗତି ।[୧୪] ଜ୍ଞାନ ଆପଣା ପ୍ରତି ସଦାବେଳେ ସତ୍ୟ ।ପ୍ରମେୟ ସହିତ ତା' ସଂଗତି ନିଶ୍ଚିତ ନୁହେଁ । ତେଣୁ ଏଠାରେ ତା'ର ଦୁଇଟି ରୂପ ସୃଷ୍ଟି ହେଉଛି - ଯଦି ତଥ୍ୟ ସହିତ ସଂଗତି ସ୍ଥାପନ ହୋଇଛି ତାହା ସତ୍ୟ ଜ୍ଞାନ ଏବଂ ତଥ୍ୟ ସହିତ ସଂଗତି ନ ଥିଲେ ଅସତ୍ୟ ଜ୍ଞାନ ।

ଅବାଧିତତ୍ତ୍ୱ, ଅପ୍ରସିଦ୍ଧ ଅର୍ଥ-ଖ୍ୟାପନ ବା ଅପୂର୍ବ ଅର୍ଥ ପ୍ରମାଣ, ଅବିସଂବାଦିତ୍ୱ ବା ସଂବାଦୀ ପ୍ରବୃତ୍ତି, ପ୍ରବୃତ୍ତି ସାମର୍ଥ୍ୟ ବା କ୍ରିୟାତ୍ମକ ଉପଯୋଗିତା - ଏଗୁଡ଼ିକ ସତ୍ୟର ପରୀକ୍ଷାଗାର, ଯାହା ଦାର୍ଶନିକମାନଙ୍କ ଦ୍ୱାରା ସ୍ୱୀକୃତ ବା ନିରାକୃତ ହୋଇଆସିଛି ।

ଆଚାର୍ଯ୍ୟ ବିଦ୍ୟାନନ୍ଦ, ଅବାଧିତତ୍ତ୍ୱ ବାଧକ ପ୍ରମାଣର ଅଭାବ ବା କଥନ-କଥନ ମଧ୍ୟରେ ପାରସ୍ପରିକ ସାମଞ୍ଜସ୍ୟକୁ ପ୍ରାମାଣ୍ୟର ନିୟାମକ ରୂପରେ ସ୍ୱୀକାର କରିଛନ୍ତି । ସନ୍ମତି ଟୀକାକାର ଆଚାର୍ଯ୍ୟ ଅଭୟଦେବ ଏହାକୁ ଅସ୍ୱୀକାର କରିଛନ୍ତି ।[୧୫] ଆଚାର୍ଯ୍ୟ ଅକଳଙ୍କ ବୌଦ୍ଧ ଓ ମୀମାଂସକ ଅପ୍ରସିଦ୍ଧ ଅର୍ଥ-ଖ୍ୟାପନ (ଅଜ୍ଞାତ ଅର୍ଥର ଜ୍ଞାପନ)କୁ ପ୍ରାମାଣ୍ୟର ନିୟାମକ କହିଛନ୍ତି ।[୧୬] ବାଦିଦେବ ସୂରି ଓ ଆଚାର୍ଯ୍ୟ ହେମଚନ୍ଦ୍ର ଏହାର ନିରାକରଣ କରିଯାଇଛନ୍ତି ଅର୍ଥାତ୍ ଏହାକୁ ଅମାନ୍ୟ କରିଛନ୍ତି ।[୧୭]

ସଂବାଦୀ ପ୍ରବୃତ୍ତି ଏବଂ ପ୍ରବୃତ୍ତି ସାମର୍ଥ - ଏହି ଦୁହିଙ୍କ ବ୍ୟବହାର ହେଉଛି ସର୍ବସମ୍ମତ । କିନ୍ତୁ ଏମାନେ ପ୍ରାମାଣ୍ୟର ମୁଖ୍ୟ ନିୟାମକ ନୁହନ୍ତି । ସଂବାଦକ ଜ୍ଞାନ, ପ୍ରମେୟ ବ୍ୟଭିଚାରୀ ଜ୍ଞାନ ସଦୃଶ ବ୍ୟାପକ ନୁହେଁ । ପ୍ରତ୍ୟେକ ନିର୍ଣ୍ଣୟ ପାଇଁ ତଥ୍ୟ ସହିତ ଜ୍ଞାନର ସଂଗତିର ଅପେକ୍ଷା ଜଡ଼ିତ । ତେବେ ସଂବାଦକ ଜ୍ଞାନ ସବୁ ନିର୍ଣ୍ଣୟ ସକାଶେ ଅପେକ୍ଷିତ ନୁହେଁ । ତାହା କ୍ୱଚିତ୍ ସତ୍ୟକୁ ପ୍ରକାଶିତ କରିପାରିଥାଏ ।

ପ୍ରବୃତ୍ତି - ସାମର୍ଥ୍ୟ ହେଉଛି ଅର୍ଥସିଦ୍ଧିର ଭିନ୍ନ ରୂପ । ଫଳ-ଦାୟକ ପରିଣାମ ଦ୍ୱାରା ପ୍ରାମାଣିକ ନ ହେବା ପର୍ଯ୍ୟନ୍ତ ଜ୍ଞାନ, ସତ୍ୟରେ ପରିଣତ ହୋଇପାରେ ନାହିଁ । ଏହା ମଧ୍ୟ ସାର୍ବଦିକ ସତ୍ୟ ନୁହେଁ । ଏହା ବିନା ବି ତଥ୍ୟ ସହିତ ଜ୍ଞାନର ସଂଗତି ସମ୍ଭବପର । କାଁ ଭାଁ ଏହା ସତ୍ୟର କଷଟି ସାଜିଥାଏ, ତେଣୁ ଏହା ଅମାନ୍ୟ ନୁହେଁ ।

ପ୍ରାମାଣ୍ୟ ଓ ଅପ୍ରାମାଣ୍ୟର ଉତ୍ପତ୍ତି

ପ୍ରାମାଣ୍ୟ ଓ ଅପ୍ରାମାଣ୍ୟର ଉତ୍ପତ୍ତି ହେଉଛି ପରତଃ । ଜ୍ଞାନୋତ୍ପାଦକ ସାମଗ୍ରୀ ମଧ୍ୟରେ ପ୍ରାପ୍ତ ଗୁଣ ଓ ଦୋଷ କ୍ରମଶଃ ପ୍ରାମାଣ୍ୟ ଓ ଅପ୍ରାମାଣ୍ୟର ନିମିତ୍ତି ସାଜିଥାନ୍ତି । ନିର୍ବିଶେଷଣ ସାମଗ୍ରୀ ଦ୍ୱାରା ଯଦି ପ୍ରାମାଣ୍ୟ ଓ ଅପ୍ରାମାଣ୍ୟର ଉତ୍ପତ୍ତି ହେଉଥାଏ, ତେବେ ଏଗୁଡ଼ିକ ସ୍ୱତଃ ବୋଲି ସ୍ୱୀକାର କରିବା ସହଜ ହୁଅନ୍ତା, କିନ୍ତୁ ଏପରି ହୁଏ ନାହିଁ । ଉଭୟ ସବିଶେଷ ସାମଗ୍ରୀରୁ ଉତ୍ପନ୍ନ ହୁଅନ୍ତି, ଯଥା ଗୁଣବତ୍ ସାମଗ୍ରୀରୁ ପ୍ରାମାଣ୍ୟ ଓ ଦୋଷବତ୍ ସାମଗ୍ରୀରୁ ଅପ୍ରାମାଣ୍ୟ । ଅର୍ଥର ପରିଚ୍ଛେଦ, ଉଭୟ ମଧରେ ସନ୍ନିହିତ ଥାଏ । କିନ୍ତୁ ଅପ୍ରମାଣ (ସଂଶୟ-ବିପର୍ଯ୍ୟୟ)ରେ ଅର୍ଥ-ପରିଚ୍ଛେଦ ଯଥାର୍ଥ ନୁହେଁ । କିନ୍ତୁ ପ୍ରମାଣରେ ଅର୍ଥ ପରିଚ୍ଛେଦ ଯଥାର୍ଥ । ଅଯଥାର୍ଥ ପରିଚ୍ଛେଦ ସଦୃଶ ଯଥାର୍ଥ ପରିଚ୍ଛେଦ ବି ସହେତୁକ ଅଟେ । କେବଳ ଦୋଷମାଚନ ଦ୍ୱାରା ଯଥାର୍ଥତା ଆସିଯାଏ ନାହିଁ । ଗୁଣ ଯେତେବେଳେ କାରଣ ସାଜେ, ଯଥାର୍ଥତା ପ୍ରକଟିତ ହୁଏ । ଯାହା 'କାରଣ' ସାଜେ ତାହା 'ପର' ବୋଲାଇଥାଏ । ଏ ଦୁହେଁ ବିଶେଷ ସ୍ଥିତିସାପେକ୍ଷ ହୋଇଥିବାରୁ ଉଭୟ 'ପର'ରୁ ଜାତ ହୁଅନ୍ତି ।

---

(୧୪) ତତ୍ତ୍ୱାର୍ଥଶ୍ଲୋକ ବାର୍ତ୍ତିକ, ପୃ:୧୭୫ ।

(୧୫) ସନ୍ମତି ପ୍ରକରଣ, ପୃ:୬୧୪ ।

(୧୬) ତତ୍ତ୍ୱାର୍ଥ ଶ୍ଲୋକ ବାର୍ତ୍ତିକ, ପୃ:୧୭୫ ।

(୧୭) ପ୍ରମାଣ ମୀମାଂସା ।

ପ୍ରାମାଣ୍ୟ-ନିଶ୍ଚୟର ଦୁଇ ରୂପ-ସ୍ୱତଃ ଓ ପରତଃ

ଜାଣିବା ସହିତ 'ଏହା ଜାଣିବା ଉଚିତ୍' - ଏହି ନିଶ୍ଚୟ ଯଦି ହୁଏ, ତେବେ ତାହା ହେବ ସ୍ୱତଃ ନିଶ୍ଚୟ ।

ଜାଣିବା ସହିତ 'ଏହା ଜାଣିବା ଉଚିତ୍'- ଯଦି ଏହି ନିଶ୍ଚୟ ହେଉନାହିଁ, ସେତେବେଳେ ଅନ୍ୟ କାରଣ ସାମଗ୍ରୀ, ସଂବାଦକ ପ୍ରତ୍ୟୟ ଦ୍ୱାରା ତା'ର ନିଶ୍ଚୟ କରାଯାଏ - ତାହା ହୋଇଥାଏ - ପରତଃ ନିଶ୍ଚୟ ! ଜୈନ ଦର୍ଶନରେ ପ୍ରାମାଣ୍ୟ ଓ ଅପ୍ରମାଣ୍ୟ ଉଭୟକୁ ସ୍ୱତଃ ମାନିବା ସହିତ ପରତଃ ରୂପରେ ବି ମାନ୍ୟ କରାଯାଏ ।

ବିଷୟର ପରିଚିତ ଦିଗରେ ଜ୍ଞାନର ସ୍ୱତଃ ପ୍ରାମାଣିକତା ରହିଛି । ଏଠାରେ ପ୍ରଥମ ଜ୍ଞାନର ସତ୍ୟତା ଜାଣିବା ସକାଶେ ବିଶେଷ କାରଣ ଖୋଜିବାର ଆବଶ୍ୟକତା ନାହିଁ । ଜଣେ ଲୋକ ନିଜ ବନ୍ଧୁଙ୍କ ଘରକୁ ପୂର୍ବରୁ ଅନେକଥର ଯାଇଛି । ସେ ସେହି ଘର ସହିତ ବେଶ୍ ପରିଚିତ । ତେଣୁ ମିତ୍ରଗୃହ ଦେଖିବା ମାତ୍ରେ ସେ ନିଃସନ୍ଦେହ ଘର ମଧ୍ୟକୁ ପଶିଯାଏ । 'ଏହା ମୋ ବନ୍ଧୁଙ୍କ ଘର' - କେବଳ ଏତିକି ଜାଣିଥିବା ବେଳେ, ସେହି ଜ୍ଞାନଗତ ସତ୍ୟତା ପ୍ରତି ସେ ଆଶ୍ୱସ୍ତ ନ ହୋଇପାରି ସହି ଘର ମଧ୍ୟକୁ ପ୍ରବେଶ କରିବାକୁ ଦ୍ୱିଧା ପ୍ରକାଶ କରିଥାଏ । ଏଠାରେ ପୂର୍ବରୁ ଅନେକଥର ଯିବା ଆସିବା ଦ୍ୱାରା ତା'ର ସଂକୋଚ ଦୂର ହୋଇଥାଏ ।

ବିଷୟର ଅପରିଚିତ ଅବସ୍ଥାରେ ପ୍ରାମାଣ୍ୟର ପରତଃ ନିଶ୍ଚୟ ହୋଇଥାଏ । ଜ୍ଞାନର କାରଣ ସାମଗ୍ରୀ ସାହାଯ୍ୟରେ ତାହାର ଯଥାର୍ଥତାର ଆକଳନ କରିହୁଏ ନାହିଁ । କିଛି ବିଶେଷ କାରଣ ସାହାଯ୍ୟରେ ତା'ର ପ୍ରାମାଣିକତା ବୁଝାପଡ଼େ, ଏହା ହେଉଛି ପରତଃ ପ୍ରାମାଣ୍ୟ । ପୂର୍ବରୁ ଶୁଣିଥିବା ବା ପରୋକ୍ଷ ଜ୍ଞାନ ଥିବା ବ୍ୟକ୍ତି, ନାମୀ ଜାଗା (ଲ୍ୟାଣ୍ଡମାର୍କ) ଆଦି ଆଧାରରେ ସେ ମିତ୍ରଘର ନିକଟରେ ଅବଶ୍ୟ ପହଞ୍ଚିଯାଏ । ତେବେ ମନରେ ସନ୍ଦେହ ଉପୁଜିଥାଏ ଯେ ଏହା ମୋ ମିତ୍ରର ଘର ନା ଆଉ କାହାର ? ସେତେବେଳେ ଅନ୍ୟ କେହି ଜାଣିବା ଲୋକକୁ ପଚାରି ପୂର୍ବଜ୍ଞାନର ଯଥାର୍ଥତା ବୁଝିପାରେ । ଏଠାରେ ଜ୍ଞାନର ଯଥାର୍ଥତା ଜାଣିବା ପାଇଁ ଅନ୍ୟର ସାହାଯ୍ୟ ଆବଶ୍ୟକ ହେଲା, ତେଣୁ ତାହା ହେଲା ପରତଃ ପ୍ରମାଣ । ବିଶେଷ କାରଣ ସାମଗ୍ରୀ ଦୁଇ ପ୍ରକାର - ସଂବାଦକ ପ୍ରମାଣ ଅଥବା ବାଧକ ପ୍ରମାଣର ଅଭାବ ।

ଯେଉଁ ପ୍ରମାଣ ଆଗରୁ ପ୍ରମାଣର ସତ୍ୟତାର ଏକରକମ ବୋଧହୁଏ, ତା'ର ପ୍ରାମାଣ୍ୟ-ନିଶ୍ଚୟ କେବେ ବି ପରତଃ ହୋଇ ନ ପାରେ । ପ୍ରଥମ ପ୍ରମାଣର ପ୍ରାମାଣ୍ୟକୁ ନିଶ୍ଚୟ କରୁଥିବା ପ୍ରମାଣର ପ୍ରାମାଣିକତାକୁ ଯଦି ପରତଃ ବୋଲି ସ୍ୱୀକାର କରାଯିବ, ତେବେ ବି ପ୍ରମାଣ ଶୃଙ୍ଖଳାର ଅନ୍ତ ହୁଏ ନାହିଁ ତଥା ଅନ୍ତିମ ନିଶ୍ଚୟ ମଧ୍ୟ ପ୍ରାପ୍ତ ହୁଏ ନାହିଁ । ସଂବାଦକ ପ୍ରମାଣ, ଅନ୍ୟ କୌଣସି ପ୍ରମାଣର ବଶମ୍ବଦ ସାଜି ଯଥାର୍ଥ ସୂଚନା ଦିଏ ନାହିଁ । କାରଣ ସୂଚନା ଦେବା ସମୟ ତା'ର ବୋଧ କରିବା ବା ଜ୍ଞାନ କରିବା ସମୟ ନୁହେଁ । ତେଣୁ ସେ କ୍ଷେତ୍ରରେ ସ୍ୱତଃ ବା ପରତଃର ପ୍ରଶ୍ନ ଉଠୁନାହିଁ ।

'ପ୍ରାମାଣ୍ୟର ନିଶ୍ଚୟ ସ୍ୱତଃ ବା ପରତଃ ହୋଇଥାଏ' - ଏହି ବର୍ଗୀକରଣ ବିଷୟ (ଗ୍ରାହ୍ୟ-ବସ୍ତୁ) ପରିପ୍ରେକ୍ଷୀରେ କରାଯାଏ । ଜ୍ଞାନର ସ୍ୱରୂପ ଗ୍ରହଣ ଅପେକ୍ଷାରେ ତା'ର ପ୍ରାମାଣ୍ୟ ନିଶ୍ଚୟ ଆପେ ହୋଇଯାଏ ।

ଅଯଥାର୍ଥ ଜ୍ଞାନର ସମାରୋପ

ଏକ ଡୋରକୁ ନେଇ ଚାରିଜଣ ଲୋକଙ୍କ ଜ୍ଞାନର ଚାରେଟି ରୂପ ଦେଖାଯାଉ -

୧. ପ୍ରଥମ - ଏହା ଏକ ରଜ୍ଜୁ ବା ଡୋର - ଯଥାର୍ଥ ଜ୍ଞାନ ।

୨. ଦ୍ୱିତୀୟ-ଏହା ଏକ ସାପ - ବିପର୍ଯ୍ୟୟ ।[୧୮]

୩. ତୃତୀୟ - ଏହା ଡୋର ନା ସାପ ? - ସଂଶୟ

୪. ଚତୁର୍ଥ - ଅନ୍ୟମନସ୍କତା ଯୋଗୁଁ ଦଉଡ଼ିକୁ ଦେଖି ମଧ୍ୟ ଗ୍ରହଣ କରି ନ ପାରିବା - ଅନଧ୍ୟବସାୟ ।

ପ୍ରଥମ ବ୍ୟକ୍ତିର ଜ୍ଞାନ ହେଉଛି ଯଥାର୍ଥ । ଏହା ପୂର୍ବରୁ ପ୍ରମାଣିତ । ଅବଶିଷ୍ଟ ତିନିଜଣଙ୍କ ଜ୍ଞାନ ଦ୍ୱାରା ବସ୍ତୁର ସମ୍ୟକ୍ ନିର୍ଣ୍ଣୟ ହୋଇପାରୁନାହିଁ, ତେଣୁ ସେଗୁଡ଼ିକ ଅଯଥାର୍ଥ ।

---

[୧୮] ଭିକ୍ଷୁ ନ୍ୟାୟ କର୍ଣ୍ଣିକା, ୧।୧୨

ବିପର୍ଯ୍ୟୟ

ବିପର୍ଯ୍ୟୟ ଯଦ୍ୟପି ନିଶ୍ଚୟାତ୍ମକ; କିନ୍ତୁ ଏହି ନିଶ୍ଚୟ ପଦାର୍ଥର ପ୍ରକୃତ ସ୍ୱରୂପର ବିପରୀତ ଅଟେ । ନିରପେକ୍ଷ ଏକାନ୍ତ ଦୃଷ୍ଟିସବୁ, ବିପର୍ଯ୍ୟୟ ଶ୍ରେଣୀ ଅନ୍ତର୍ଗତ ରହିଥାନ୍ତି । ପଦାର୍ଥ ନିଜ ଗୁଣାତ୍ମକ ସତ୍ତା ଦୃଷ୍ଟିରୁ ନିତ୍ୟ ଓ ଅବସ୍ଥା-ଭେଦ ଦୃଷ୍ଟିରୁ ଅନିତ୍ୟ । ତେଣୁ ଏଠାରେ ସମଷ୍ଟିରୂପ ସୃଷ୍ଟି ହେଉଛି ଯେ ପଦାର୍ଥ ହେଉଛି ନିତ୍ୟ ଏବଂ ଏହା ହେଉଛି ଅନିତ୍ୟ ମଧ୍ୟ । ଏହା ହିଁ ସମ୍ୟକ୍ ଜ୍ଞାନ । ଏହା ବ୍ୟତୀତ ପଦାର୍ଥ ହେଉଛି କେବଳ ନିତ୍ୟ ଅଥବା ପଦାର୍ଥକୁ କେବଳ ଅନିତ୍ୟ କହିବା ହେଉଛି ବିପର୍ଯ୍ୟୟ ଜ୍ଞାନ ।

ଅନେକାନ୍ତ ଦୃଷ୍ଟିର ଏହା କହିବାରେ ଆପତ୍ତି ନାହିଁ ଯେ ପଦାର୍ଥ ହେଉଛି କଥଞ୍ଚିତ୍ ନିତ୍ୟ ଏବଂ କଥଞ୍ଚିତ୍ ଅନିତ୍ୟ । ଏହା ନିରପେକ୍ଷ ନୁହେଁ । କଥଞ୍ଚିତ୍ ଅର୍ଥାତ୍ ଗୁଣାତ୍ମକ ସତ୍ତା ଆଧାରରେ ଏହା ନିଶ୍ଚିତ ଭାବରେ ନିତ୍ୟ ଏବଂ ପରିଣମନ ଅପେକ୍ଷାରେ ଏହା କେବଳ ମାତ୍ର ଅନିତ୍ୟ ।

ପଦାର୍ଥ ବିନଷ୍ଟ ହୁଏ ନାହିଁ -ଏହା ପ୍ରମାଣସିଦ୍ଧ । ପଦାର୍ଥର ରୂପାନ୍ତର ହୁଏ-ଏହା ପ୍ରତ୍ୟକ୍ଷସିଦ୍ଧ । ଏହି ସ୍ଥିତିରେ ପଦାର୍ଥକୁ ଏକାନ୍ତତଃ ନିତ୍ୟ ବା ଅନିତ୍ୟ ମାନିବା ସମ୍ୟକ୍ ନିର୍ଣ୍ଣୟ ହୋଇ ନ ପାରେ ।

ସାଂଖ୍ୟ, ଯୋଗ ଓ ମୀମାଂସକ (ପ୍ରଭାକର) ଏହାକୁ ବିବେକାଖ୍ୟାତି ବା ଅଖ୍ୟାତି [୧୯], ବେଦାନ୍ତ ଅନିର୍ବଚନୀୟ ଖ୍ୟାତି [୨୦] ବୌଦ୍ଧ (ଯୋଗାଚାର) ଆତ୍ମଖ୍ୟାତି[୨୧], କୁମାରିଳ (ଭଟ୍ଟ) ନୈୟାୟିକ ବୈଶେଷିକ ବିପରୀତ ଖ୍ୟାତି [୨୨] ବା ଅନ୍ୟଥା ଖ୍ୟାତି ତଥା ଚାର୍ବାକ୍ ଅଖ୍ୟାତି (ନିରାବଲମ୍ବନ) କହିଯାଇଛନ୍ତି ଜୈନ ଦୃଷ୍ଟି ଅନୁସାରେ ଏହା ହେଲା ସତ୍-ଅସତ୍ ଖ୍ୟାତି । ଦଉଡ଼ି ମଧ୍ୟରେ ପ୍ରତୀତ ହେଉଥିବା ସାପ ସ୍ୱରୂପତଃ ସତ୍ କିନ୍ତୁ ଦଉଡ଼ି ରୂପରେ ଅସତ୍ । ଜ୍ଞାନର ସାଧନଗୁଡ଼ିକର ବିକଳ ଦଶାରେ ସତ୍‌କୁ ଅସତ୍ ରୂପରେ ଗ୍ରହଣ କରାଯାଇଥାଏ । ଏହା 'ସଦ୍‌ସତ୍‌ଖ୍ୟାତି' ବୋଲାଇଥାଏ ।

ସଂଶୟ

ଗ୍ରାହ୍ୟ ବସ୍ତୁର ଦୂରତ୍ୱ, ଅନ୍ଧାର, ପ୍ରମାଦ, ବ୍ୟାମୋହ ଆଦି ଯାହା ସବୁ ବିପର୍ଯ୍ୟୟର ହେତୁ ସାଜନ୍ତି, ସେସବୁ ହିଁ ସଂଶୟର କାରଣ । ବିପର୍ଯ୍ୟୟ ଓ ସଂଶୟ ହେତୁ ସମାନ, କିନ୍ତୁ ସେମାନଙ୍କ ସ୍ୱରୂପରେ ତଥାପି ଭାରି ଅନ୍ତର ରହିଛି । ବିପର୍ଯ୍ୟୟରେ ସତ୍ ମଧ୍ୟରେ ଅସତ୍‌ର ନିର୍ଣ୍ଣୟ ହୋଇଥାଏ, କିନ୍ତୁ ସଂଶୟରେ ସତ୍ କିମ୍ବା ଅସତ୍ କାହାରି ବି ନିର୍ଣ୍ଣୟ ହୋଇ ନ ଥାଏ । ସଂଶୟ ହେଉଛି ଜ୍ଞାନର ଏକ ଦୋଳାୟମାନ ଅବସ୍ଥା । ସଂଶୟ, 'ଏହା ବା 'ତାହା'ର ପରିଧି ମଧ୍ୟକୁ ପ୍ରବେଶ କରିପାରେ ନାହିଁ । ଏହାର ସମସ୍ତ ବିକଳ୍ପ ଅନିର୍ଣ୍ଣାୟକ ବା ଅନିଶ୍ଚୟ ଅବସ୍ଥାରେ ରହିଥାଏ । ଗୋଟିଏ ଧଳାରଙ୍ଗର ଚତୁଃଷ୍ପଦ ଓ ଦୁଇ ଶିଂଗଯୁକ୍ତ ପ୍ରାଣୀକୁ ଦୂରରୁ ଦେଖି ମନରେ ଦ୍ୱନ୍ଦ୍ୱ ବା ସଂଶୟ ଭରିଯାଏ ଯେ ତାହା ଗାଈ ନା ଗୟଳ ।

---

(୧୯) ରଜ୍ଜୁ ମଧ୍ୟରେ ସର୍ପର ଜ୍ଞାନ-ଏହା ବାସ୍ତବିକ୍ ଜ୍ଞାନଦ୍ୱୟର ମିଳିତରୂପ । ରଜ୍ଜୁର ପ୍ରତ୍ୟକ୍ଷ ଓ ସର୍ପର ସ୍ମୃତି ଜ୍ଞାନ । ଦ୍ରଷ୍ଟା ଇନ୍ଦ୍ରିୟ ଆଦି ଦୋଷ ଯୋଗୁଁ ପ୍ରତ୍ୟକ୍ଷ ଓ ସ୍ମୃତିର ବିବେକ-ଭେଦ ପାଶୋରିଦିଏ, ଏହା ହିଁ ହେଉଛି 'ଅଖ୍ୟାତି ବା ବିବେକାଖ୍ୟାତି' ।

(୨୦) ରଜ୍ଜୁ ମଧ୍ୟରେ ସର୍ପର ଜ୍ଞାନ ସତ୍ ନୁହେଁ କି ଅସତ୍ ମଧ୍ୟ ନୁହେଁ, ସତ୍-ଅସତ୍ ବି ନୁହେଁ । ତେଣୁ ଏହା ହେଉଛି 'ଅନିର୍ବଚନୀୟ' ବା ସଦସତ୍ ବିଲକ୍ଷଣ । ବେଦାନ୍ତୀ, କୌଣସି ଜ୍ଞାନକୁ ନିର୍ବିଷୟ ବୋଲି ସ୍ୱୀକାର କରୁ ନ ଥିବାରୁ ସେମାନଙ୍କ ଧାରଣା ରହିଛି ଯେ ବ୍ରହ୍ମଜ୍ଞାନରେ ଏପରି ଏକ ପଦାର୍ଥ ଉତ୍ପନ୍ନ ହୁଏ, ଯା' ବାବଦରେ କିଛି କୁହାଯାଇପାରିବ ନାହିଁ ।

(୨୧) ଜ୍ଞାନରୂପ ଆନ୍ତରିକ ପଦାର୍ଥର ବାହ୍ୟ ରୂପରେ ପ୍ରତୀତି ହୁଏ, ଅର୍ଥାତ୍ ମାନସିକ ବିଜ୍ଞାନ ହିଁ ବାହାରେ ସର୍ପାକାରରେ ପରିଣତ ହୁଏ, ଏହା ହେଉଛି 'ଆତ୍ମଖ୍ୟାତି' ।

(୨୨) ଇନ୍ଦ୍ରିୟ ଆଦିର ଦୋଷବଶତଃ ଦ୍ରଷ୍ଟା, ରଜ୍ଜୁ ମଧ୍ୟରେ ପୂର୍ବାନୁଭୂତ ସାପର ଗୁଣସବୁକୁ ଆରୋପିତ କରିଥାଏ, ତେଣୁ ତାହାକୁ ରଜ୍ଜୁ ସର୍ପ ରୂପରେ ଦୃଶ୍ୟମାନ ହୁଏ । ଏହି ପ୍ରକାରେ ରଜ୍ଜୁକୁ ସର୍ପ ଭାବରେ ଗ୍ରହଣ କରିବା ହେଉଛି 'ବିପରୀତ ଖ୍ୟାତି' ।

ନିର୍ଣ୍ଣାୟକ ବିକଳ୍ପ କଦାପି ସଂଶୟ ହୋଇପାରିବ ନାହିଁ - ଏହା ଆମକୁ ମନେ ରଖିବାକୁ ହେବ । ପଦାର୍ଥ ଉଭୟ ନିତ୍ୟ ଓ ଅନିତ୍ୟ ହୋଇପାରିବ - ଆମେ ପଦାର୍ଥ ସମ୍ବନ୍ଧରେ ସଦ୍ୟ ଏହି ସିଦ୍ଧାନ୍ତରେ ପହଞ୍ଚିଛୁ । ଏହା ସଂଶୟ ନୁହେଁ । ଏହା ପଦାର୍ଥର ଦୁଇଟି ସ୍ପଷ୍ଟ ବିକଳ୍ପ । ପଦାର୍ଥ ମଧ୍ୟରେ ଗୋଟିଏ ଧର୍ମର ଦୁଇଟି ବିକଳ୍ପ ହେଉଛି ସଂଶୟ ବା ଅନିର୍ଣ୍ଣାୟକ ଅବସ୍ଥା । ଅନେକ ଧର୍ମାତ୍ମକ ବସ୍ତୁର ଅନେକ ଧର୍ମ ପ୍ରତି ଜାତ ଅନେକ ବିକଳ୍ପ ନିଶ୍ଚିତ ଭାବରେ ନିର୍ଣ୍ଣାୟକ ଏବଂ ସଂଶୟରୁ ସବୁମନ୍ତେ ମୁକ୍ତ ହୋଇଥାନ୍ତି, କାରଣ ସେଗୁଡ଼ିକର କଳ୍ପନା ଆଧାରଶୂନ୍ୟ ନୁହେଁ । ସ୍ୟାଦ୍‌ବାଦର ପ୍ରାମାଣିକ ବିକଳ୍ପ - 'ଭଙ୍ଗ'କୁ ସଂଶୟବାଦ ଆଖ୍ୟା ଦେଉଥିବା ପଣ୍ଡିତମାନଙ୍କୁ ଏହା ସ୍ମରଣ ରଖିବା ଉଚିତ୍ ।

ଅନଧ୍ୟବସାୟ

ଅନଧ୍ୟବସାୟ ହେଉଛି କେବଳ ଆଲୋଚନା । ପକ୍ଷୀଟିକୁ ଦେଖି ଆଲୋଚନା ଆରମ୍ଭ ହୁଏ - ଏହି ପକ୍ଷୀ କେଉଁ ପ୍ରଜାତିର ? ଚାଲିବା ସମୟରେ ପଦାର୍ଥଟିଏ ଛୁଇଁଦେଲେ । ଆମେ ଜାଣିପାରିଲେ ଯେ କିଛି ଗୋଟିଏ ସ୍ପର୍ଶ ହୋଇଛି, କିନ୍ତୁ କେଉଁ ବସ୍ତୁର ତାହା ଜାଣିହେଲା ନାହିଁ । ଏହା ଜାଣିବା ମାତ୍ରକେ ବା ଜ୍ଞାନର ଆଲୋଚନା ମଧ୍ୟରେ ହିଁ ଶେଷ ହୋଇପଡ଼େ, କୌଣସି ନିର୍ଣ୍ଣୟରେ ଉପନୀତ କରାଏ ନାହିଁ । ଏହି କ୍ଷେତ୍ରରେ ବସ୍ତୁ ସ୍ୱରୂପକୁ ଅନ୍ୟଥା ଗ୍ରହଣ କରାଯାଏ ନାହିଁ, ତେଣୁ ତାହା ବିପର୍ଯ୍ୟୟରୁ ଭିନ୍ନ ଏବଂ ତାହା ବିଶେଷର ସଂସ୍ପର୍ଶରେ ଆସିନାହିଁ, ତେଣୁ ତାହା ସଂଶୟରୁ ବି ଭିନ୍ନ । ସଂଶୟରେ ବ୍ୟକ୍ତିର ଉଲ୍ଲେଖ କରାଯାଏ । ଏହା ଜାତି (ବ୍ୟକ୍ତି) ସାମାନ୍ୟ ବିଷୟକ । ଏଠାରେ ପକ୍ଷୀ ଓ ସ୍ପର୍ଶ କରୁଥିବା ବ୍ୟକ୍ତିର ନାମୋଲ୍ଲେଖ ହେଉନାହିଁ ।

ଅନଧ୍ୟବସାୟ ବାସ୍ତବିକ ଅଯଥାର୍ଥ ନୁହେଁ, ବରଂ ଏହା ହେଉଛି ଅପୂର୍ଣ୍ଣ । ବସ୍ତୁ ଯେପରି, ତା'ର ବିପରୀତ ଜ୍ଞାନ କରାଯାଉନାହିଁ, ଅଥଚ ଯଥା ରୂପରେ ଜାଣିବା ମଧ୍ୟ ସମ୍ଭବ ହେଉନାହିଁ । ଏଥିଯୋଗୁଁ ଅନଧ୍ୟବସାୟକୁ ଅଯଥାର୍ଥ ଜ୍ଞାନ କୋଟିରେ ରଖାଯାଇଥାଏ । 'ଆଲୋଚନା ମାତ୍ର' ମଧ୍ୟରେ ସୀମିତ ରହି ଯାଉଥିବାରୁ ତାହାକୁ ଅଯଥାର୍ଥ ଶ୍ରେଣୀ ଅନ୍ତର୍ଗତ ଗଣାଯାଏ । ଯଦି ଏହା ଆଗକୁ ବଢ଼ିବ, ତେବେ 'ଅବଗ୍ରହ' ଅନ୍ତର୍ଗତ ପରିଗଣିତ ହେବ । [୨୩]

ଅଯଥାର୍ଥ ଜ୍ଞାନର ହେତୁ

ସେହି ଏକ ପ୍ରମାତାର ଜ୍ଞାନ କେତେବେଳେ ପ୍ରମାଣ ହୁଏତ ଆଉ କେତେବେଳେ ଅପ୍ରମାଣ । କାରଣ କ'ଣ ? ଜୈନ ଦୃଷ୍ଟିରେ ଏହାର ସମାଧାନ ହେଉଛି- ସାମଗ୍ରୀ ଦୋଷ ।

ପ୍ରମାଣଙ୍କ ଜ୍ଞାନର ନିରାବରଣ ଘଟିଲେ ଏହି ସ୍ଥିତିର ନିର୍ମାଣ ହୁଏ ନାହିଁ । ତାଙ୍କ ଜ୍ଞାନ ଅପ୍ରମାଣ ହୁଏ ନାହିଁ । ସାବରଣ ଜ୍ଞାନ ଅବସ୍ଥାରେ ହିଁ ଏହି ସ୍ଥିତି ନିର୍ମିତ ହୁଏ ।[୨୪]

ଜ୍ଞାନର ସାମଗ୍ରୀ ଦ୍ୱିବିଧ - ଆନ୍ତରିକ ଓ ବାହ୍ୟ । ଆନ୍ତରିକ ସାମଗ୍ରୀ ହେଉଛି ପ୍ରମାଣଙ୍କ ଜ୍ଞାନାବରଣର ବିଲୟ । ଆବରଣର ତାରତମ୍ୟ ଅନୁପାତରେ ଜାଣିବା ଶକ୍ତି କମ୍ ବା ବେଶୀ ହୋଇପାରେ । ଜ୍ଞାନର ଦୁଇ କ୍ରମ ହେଉଛି - ଆତ୍ମପ୍ରତ୍ୟକ୍ଷ ଓ ଆତ୍ମପରୋକ୍ଷ । ଆତ୍ମପ୍ରତ୍ୟକ୍ଷ ପରିମାଣରେ ଯୋଗ୍ୟତା ବିକଶିତ ହେଲେ ଜାଣିବା ସକାଶେ ବାହ୍ୟ ସାମଗ୍ରୀର ଅପେକ୍ଷା ରହେ ନାହିଁ । ଆତ୍ମପରୋକ୍ଷ ଜ୍ଞାନ ଅବସ୍ଥାରେ ବାହ୍ୟ ସାମଗ୍ରୀର ମହତ୍ତ୍ୱପୂର୍ଣ୍ଣ ଉପାଦେୟତା ରହିଛି । ଇନ୍ଦ୍ରିୟ ଓ ମନ ଜନ୍ୟ ଜ୍ଞାନ ହେଉଛି ବାହ୍ୟ ସାମଗ୍ରୀ ସାପେକ୍ଷ । ପୌଦ୍‌ଗଳିକ ଇନ୍ଦ୍ରିୟ, ପୌଦ୍‌ଗଳିକ ମନ, ଆଲୋକ, ଉଚିତ ସାମିପ୍ୟ ବା ଦୂରତ୍ୱ, ଦିଗ୍, ଦେଶ, କାଳ ଆଦି ବାହ୍ୟ ସାମଗ୍ରୀର ଅଂଗ ।

---

(୨୩) ବିଶେଷାବଶ୍ୟକ ଭାଷ୍ୟ, ଗାଥା ୩୧୭, ବୃତ୍ତି :
ଅନଧ୍ୟବସାୟସ୍ତାବତ୍ ସାମାନ୍ୟ ମାତ୍ର ଗ୍ରହିତ୍ୱେନ ଅବଗ୍ରହେ
ଅନ୍ତର୍ଭବତି ।

(୨୪) ନ୍ୟାୟାଲୋକ, ପତ୍ର ୧୭୭:କର୍ମବଶବର୍ତ୍ତିତ୍ୱେନ
ଆତ୍ମନସ୍ତଜ୍‌ଜ୍ଞାନସ୍ୟ ଚ ବିଚିତ୍ରତ୍ୱାତ୍ ।

ଅଯଥାର୍ଥ ଜ୍ଞାନର ନିମିତ୍ତ ହେଉଛି ଉଭୟ ପ୍ରମାଣ ଓ ବାହ୍ୟସାମଗ୍ରୀ । ଆବରଣ-ବିଲୟ ମନ୍ଦ ହେଲେ ତଥା ବାହ୍ୟ ସାମଗ୍ରୀ ଦୋଷଯୁକ୍ତ ହେଲେ, ତାହା ଅଯଥାର୍ଥ ଜ୍ଞାନରେ ପରିଣତ ହୁଏ । ଆବରଣ ବିଲୟରେ ମନ୍ଦତା ସ୍ଥିତିରେ ବାହ୍ୟ ସାମଗ୍ରୀ ମହତ୍ତ୍ୱପୂର୍ଣ୍ଣ ହୋଇପଡ଼େ । ଫଳରେ ଜ୍ଞାନର ସ୍ଥିତିରେ ପରିବର୍ତ୍ତନ ଦେଖାଦିଏ । ତାତ୍ପର୍ଯ୍ୟ ହେଲା - ଅଯଥାର୍ଥ ଜ୍ଞାନର ନିମିତ୍ତ ଜ୍ଞାନମୋହ ଏବଂ ଜ୍ଞାନମୋହର ନିମିତ୍ତ ଦୋଷପୂର୍ଣ୍ଣ ସାମଗ୍ରୀ । ପରୋକ୍ଷ ଜ୍ଞାନଦଶାରେ ଚେତନାର ବିକାଶ ଘଟିଲେ ମଧ୍ୟ ଅଦୃଶ୍ୟ ସାମଗ୍ରୀର ଅଭାବ ଫଳରେ ଯଥାର୍ଥ ବୋଧ ହୋଇପାରେ ନାହିଁ । ଅର୍ଥବୋଧ ପଛରେ ଜ୍ଞାନର ଯୋଗ୍ୟତା ନୁହେଁ ଜ୍ଞାନର ବ୍ୟବସାୟର ଭୂମିକା ରହିଛି । ସିଦ୍ଧାନ୍ତର ଭାଷାରେ ଲବ୍‌ଧି ପ୍ରମାଣ ନୁହେଁ । ପ୍ରମାଣ ହେଉଛି ଉପଯୋଗ । ଲବ୍‌ଧି (ଜ୍ଞାନାବରଣ-ବିଲୟଜନ୍ୟ ଆତ୍ମଯୋଗ୍ୟତା) ସବୁବେଳେ ଶୁଦ୍ଧ । ତା'ର ଉପଯୋଗ ଶୁଦ୍ଧ ବା ଅଶୁଦ୍ଧ ଅର୍ଥାତ୍ ଯଥାର୍ଥ ବା ଅଯଥାର୍ଥ ହୋଇଥାଏ । ଦୋଷପୂର୍ଣ୍ଣ ଜ୍ଞାନ ସାମଗ୍ରୀ ହିଁ ଜ୍ଞାନାବରଣ ଉଦୟର ନିମିତ୍ତ ସାଜିଥାନ୍ତି । ଜ୍ଞାନାବରଣର ଉଦୟ ଫଳରେ ପ୍ରମାଣ ମୂଢ଼ ପାଲଟିଯାନ୍ତି । ଏହି କାରଣ ଯୋଗୁଁ ତାହା ଜ୍ଞାନକାଳରେ ପ୍ରବୃତ୍ତ ହେଲେ ମଧ୍ୟ ଜ୍ଞେୟର ଯଥାର୍ଥତାକୁ ଉପଲବ୍‌ଧ କରିପାରେ ନାହିଁ ।

ସଂଶୟ ଓ ବିପର୍ଯ୍ୟୟ ଅବସ୍ଥାରେ ପ୍ରମାଣ ଯାହା ଜାଣିଥାଏ, ତାହା ଜ୍ଞାନାବରଣର ପରିଣାମ ନୁହେଁ । ବରଂ ଅଜ୍ଞାନ-ଜ୍ଞାନାବରଣର ପରିଣାମ ସ୍ୱରୂପ ସେ ଯଥାର୍ଥକୁ ଜାଣିପାରେ ନାହିଁ । ସମାରୋପ ଜ୍ଞାନରେ ଅଜ୍ଞାନ (ଯଥାର୍ଥ ଜ୍ଞାନର ଅଭାବ)ର ପ୍ରଧାନତା ନିହିତ ଥିବାରୁ ମୁଖ୍ୟବୃତ୍ତି ଦ୍ୱାରା ତାହାକୁ ଜ୍ଞାନାବରଣର ଉଦୟଜନ୍ୟ ପରିଣାମ କୁହାଯାଏ । ବସ୍ତୁବୃତ୍ତିରେ ଯେତେସବୁ ଜ୍ଞାନର ବ୍ୟାପାର, ସେସବୁ ଜ୍ଞାନାବରଣ ବିଲୟର ପରିଣାମ ତଥା ଯେତେ ଯଥାର୍ଥ ଜ୍ଞାନର ଅଭାବ, ତାହା ଜ୍ଞାନାବରଣର ଉଦୟଜନ୍ୟ ପରିଣାମ ଅଟେ ।[୨୪]

ଅଯଥାର୍ଥ ଜ୍ଞାନର ଦୁଇ କୋଣ

ଅଯଥାର୍ଥ ଜ୍ଞାନର ଦୁଇ ପକ୍ଷ ହେଉଛି ଆଧ୍ୟାତ୍ମିକ ଓ ବ୍ୟାବହାରିକ । ଆଧାତ୍ମିକ ବିପର୍ଯ୍ୟୟକୁ ମିଥ୍ୟାତ୍ୱ ଏବଂ ଆଧ୍ୟାତ୍ମିକ ସଂଶୟକୁ ମିଶ୍ରମୋହ କହନ୍ତି । ଆତ୍ମାର ମୋହଗ୍ରସ୍ତ ଅବସ୍ଥାରେ ଏହାର ଉଦ୍‌ଭବ ହୁଏ । ଏହାଦ୍ୱାରା ଶ୍ରଦ୍ଧା ବିକୃତ ହୋଇପଡ଼େ ।

ବ୍ୟାବହାରିକ ସଂଶୟ ଓ ବିପର୍ଯ୍ୟୟର ଭିନ୍ନ ନାମ - 'ସମାରୋପ' । ଜ୍ଞାନାବରଣର ଉଦୟ ଫଳରେ ସମାରୋପ ଘଟିଥାଏ । ଏହି ଅବସ୍ଥାରେ ଜ୍ଞାନ ଯଥାର୍ଥ ହୋଇ ନ ଥାଏ ।

ପ୍ରଥମ ପକ୍ଷ ଦୃଷ୍ଟିମୋହ ଓ ଦ୍ୱିତୀୟ ପକ୍ଷ ଜ୍ଞାନମୋହ । ଏହା ମଧ୍ୟରେ ରହିଥିବା ଭେଦକୁ ସ୍ପଷ୍ଟ କରିବାକୁ ଯାଇ ଆଚାର୍ଯ୍ୟ ଭିକ୍ଷୁ ଲେଖିଛନ୍ତି- ତତ୍ତ୍ୱଶ୍ରଦ୍ଧାର ବିପର୍ଯ୍ୟୟ ଘଟିଲେ ମିଥ୍ୟାତ୍ୱ । କିନ୍ତୁ ଅନ୍ୟତ୍ର ବିପର୍ଯ୍ୟୟ ଦ୍ୱାରା ଜ୍ଞାନ ଅସତ୍ୟ ହୋଇଥାଏ, ତାହା ମିଥ୍ୟାତ୍ୱ ନୁହେଁ ।[୨୬] ମିଥ୍ୟା ଦୃଷ୍ଟି ରହିଥିବା ଲୋକର ହିଁ ଦୃଷ୍ଟିମୋହ ହୋଇଥାଏ । ଜ୍ଞାନମୋହ, ଉଭୟ ସମ୍ୟକ୍ ଦୃଷ୍ଟି ଓ ମିଥ୍ୟାଦୃଷ୍ଟି ଲୋକର ହୁଏ । ଦୃଷ୍ଟିମୋହ ହେଉଛି ମିଥ୍ୟାତ୍ୱ ମୋହଜନିତ[୨୭] କିନ୍ତୁ ଅଜ୍ଞାନ (ମିଥ୍ୟାଦୃଷ୍ଟିଜ୍ଞାନ) ହେଉଛି ଜ୍ଞାନାବରଣ ବିଲୟ (କ୍ଷୟୋପଶମ) ଜନିତ ।[୨୮] ମିଥ୍ୟାତ୍ୱ ଦ୍ୱାରା ଶ୍ରଦ୍ଧାର ବିପର୍ଯ୍ୟୟ ଘଟିଥାଏ, ଅଜ୍ଞାନ ଦ୍ୱାରା ନୁହେଁ ।

ମିଥ୍ୟାତ୍ୱ ଓ ଅଜ୍ଞାନ ମଧ୍ୟରେ ରହିଥିବା ଅନ୍ତରକୁ ବିଶ୍ଳେଷିତ କରି ଜୟାଚାର୍ଯ୍ୟ ଲେଖିଛନ୍ତି - 'ଅଜ୍ଞାନୀ, ଅନେକ ବିଷୟରେ ବିପରୀତ ଶ୍ରଦ୍ଧା ଧାରଣ କରିଥାଏ - ଏହା ମିଥ୍ୟାତ୍ୱ ଆସ୍ରବ । ତାହା ମୋହ କର୍ମର ଉଦୟ ଫଳରେ ଜାତ

---

(୨୪) ଭଗବତୀ ଜୋଡ଼, ୩।୬।୬୮, ଗାଥା ୫୧-୫୪ ।

(୨୫) ଇନ୍ଦ୍ରିୟବାଦୀରୀ ଚୌପାଈ, ୭।୯ ।

(୨୬) ପ୍ରଜ୍ଞାପନା, ପଦ ୨୩ ।

(୨୮) ଅନୁଯୋଗଦବାର, ୧୨୬ ।

(୨୯) ଭଗବତୀ ଜୋଡ଼, ୮।୨ ।

ହୋଇଥିବାରୁ କଦାପି 'ଅଜ୍ଞାନ' ହୋଇ ନ ପାରେ । ଜ୍ଞାନାବରଣର ବିଲୟ ଫଳରେ ଯେତେ ସମ୍ୟକ୍ ଉତ୍ପନ୍ନ ହୁଏ, ଅଜ୍ଞାନୀ ସେତିକି ସମ୍ୟକ୍ ହିଁ ଜାଣିଥାଏ । ଅଧିକାରୀ ଅପେକ୍ଷାରେ ତାହା ଅଜ୍ଞାନ ବୋଲାଇଥାଏ । ତେଣୁ ଅଜ୍ଞାନ ଓ ବିପରୀତ ଶ୍ରଦ୍ଧା ଉଭୟ ଭିନ୍ନ ଅଟନ୍ତି ।[୨୯]

ମିଥ୍ୟାତ୍ୱ ଯେପରି ସମ୍ୟକ୍ ଶ୍ରଦ୍ଧାର ବିପର୍ଯ୍ୟୟ; ଅଜ୍ଞାନ, ଜ୍ଞାନର ବିପର୍ଯ୍ୟୟ ନୁହେଁ । ଜ୍ଞାନ ଓ ଅଜ୍ଞାନ ମଧ୍ୟରେ ସ୍ୱରୂପ ଭେଦ ନାହିଁ କିନ୍ତୁ ଅଧିକାରୀ ଭେଦ ଅବଶ୍ୟ ରହିଛି । ସମ୍ୟକ୍ ଦୃଷ୍ଟିରୁ ଜ୍ଞାନ ହିଁ ଜ୍ଞାନ ବୋଲାଇଥାଏ ଏବଂ ମିଥ୍ୟାଦୃଷ୍ଟିର ଜ୍ଞାନକୁ ଅଜ୍ଞାନ କହିଥାନ୍ତି ।[୩୦]

ଅଜ୍ଞାନରେ ନଞ୍ ସମାସ କୁତ୍ସାର୍ଥକ । ଜ୍ଞାନ କୁତ୍ସିତ ନୁହେଁ କିନ୍ତୁ ମିଥ୍ୟାତ୍ୱୀ ଯାହାକି ଜ୍ଞାନର ପାତ୍ର, ତା' ସଂଯୋଗରେ ଜ୍ଞାନ କୁତ୍ସିତ ହୋଇପଡ଼େ ।[୩୧]

ସମ୍ୟକ୍ ଦୃଷ୍ଟିର ସମାରୋପ, ଜ୍ଞାନ ବୋଲାଇଥାଏ ଏବଂ ମିଥ୍ୟା ଦୃଷ୍ଟିର ସମାରୋପ ବା ଅସମାରୋପକୁ ଅଜ୍ଞାନ କହନ୍ତି । ଏହାର ଅର୍ଥ ନୁହେଁ ଯେ ସମ୍ୟକ୍ ଦୃଷ୍ଟିର ସମାରୋପ ମଧ୍ୟ ପ୍ରମାଣ ଏବଂ ମିଥ୍ୟାଦୃଷ୍ଟିର ଅସମାରୋପ ମଧ୍ୟ ଅପ୍ରମାଣ ।[୩୨] ସମାରୋପ ଉଭୟ ସମ୍ୟକ୍ ଦୃଷ୍ଟି ଓ ମିଥ୍ୟାଦୃଷ୍ଟିର ନିଶ୍ଚିତ ଭାବରେ ପ୍ରମାଣ ନୁହେଁ । ଅସମାରୋପ ହିଁ ପ୍ରମାଣ । ମିଥ୍ୟାତ୍ୱ ଓ ସମ୍ୟକ୍ତ୍ୱର ନିମିତ୍ତ କ୍ରମଶଃ ଦୃଷ୍ଟି ମୋହର ଉଦୟ ଓ ବିଲୟ ସମାରୋପର ନିମିତ୍ତ ହେଉଛି ଜ୍ଞାନାବରଣ ବା ଜ୍ଞାନମୋହ ।[୩୩] "ବିଷୟ ଓ ସାଧନ ଆଦିର ଦୋଷ ରହିଥିଲେ ସେଠାରେ ସେହି ଦୋଷ, ଆତ୍ମାର ମୋହାବସ୍ଥା ଯୋଗୁଁ ଆପଣା କାର୍ଯ୍ୟ କରିଥାଏ ।[୩୪] ତେଣୁ ଜୈନ-ଦୃଷ୍ଟି ମତରେ ଅନ୍ୟ ଦୋଷ, ଆତ୍ମ-ଦୋଷର ସହାୟକ ବନି ମିଥ୍ୟାପ୍ରତ୍ୟକ୍ଷ ସୃଷ୍ଟି କରନ୍ତି; ତେବେ ଆତ୍ମଦୋଷ ବା ମୋହ ହିଁ ଏହାର ମୁଖ୍ୟଜନକ ।[୩୫]

ସମାରୋପର ନିମିତ୍ତ ଜ୍ଞାନମୋହ ହୋଇପାରେ କିନ୍ତୁ ଦୃଷ୍ଟିମୋହ ନୁହେଁ । କେବଳ ତାତ୍ତ୍ୱିକ ବିପ୍ରତିପତ୍ତି ସହିତ ତା'ର ସଂବନ୍ଧ ।

ମତି, ଶ୍ରୁତ ଓ ବିଭଙ୍ଗ - ଏହି ତିନି ଅଜ୍ଞାନ ତଥା ମତି, ଶ୍ରୁତ ଓ ଅବଧି ଏହି ତିନି ଜ୍ଞାନ ବିପର୍ଯ୍ୟୟ ଶ୍ରେଣୀଯୁକ୍ତ

---

(୩୦) (କ) ନନ୍ଦୀ, ସୂତ୍ର
(ଖ) ଭଗବତୀ ଜୋଡ଼, ୮।୨।୫୫ :
ଭାଜନ ଲାରେଜାଣରେ, ଜ୍ଞାନ ଅଜ୍ଞାନ କହୀଜିଏ ।
ସମଦୃଷ୍ଟିରୈ ଜ୍ଞାନରେ, ଅଜ୍ଞାନ ଅଜ୍ଞାନୀ ତଣୋ ॥

(୩୧) ଲୋକପ୍ରକାଶ (ଦ୍ରବ୍ୟଲୋକ), ଶ୍ଳୋକ ୬୯ :
କୁତ୍ସିତଂ ଜ୍ଞାନମଜ୍ଞାନଂ, କୁତ୍ସାର୍ଥସ୍ୟ ନଞୋଽନ୍ୱୟାତ୍ ।
କୁତ୍ସିତତ୍ୱଂ ତୁ ମିଥ୍ୟାତ୍ୱଂଯୋଗାତ୍ ତତ୍ ତ୍ରିବିଧଂ ପୁନଃ ॥

(୩୨) ଜ୍ଞାନବିନ୍ଦୁ, ୪୦।୪ ।

(୩୩) ଇନ୍ଦ୍ରିୟବାଦୀ ରୀ ଚୌପଈ, ୧୦।୩୩, ୩୬,୩୭ ।

(୩୪) ନ୍ୟାୟାବତାର ବାର୍ତ୍ତିକବୃତ୍ତି, ପୃ.୧୭୦ ।

(୩୫) ତତ୍ତ୍ୱାର୍ଥ ଶ୍ଳୋକବାର୍ତ୍ତିକ, ପୃ.୨୫୬ :
ମିଥ୍ୟାତ୍ୱଂ ତ୍ରିଷୁବୋଧେଷୁ, ଦୃଷ୍ଟି ମୋହୋଦୟାତ୍ ଭବେତ୍ ॥
ଯଥା ସରଜସାଲାବୂଫଲସ୍ୟ କଟୁକଦ୍ରବ୍ୟତଃ ।
କ୍ଷିପ୍ତସ୍ୟ ପୟସୋ ଦୃଷ୍ଟଃ, କଟୁଭାବସ୍ତଥାବିଧଃ ।
ତଥାତ୍ମନୋପି ମିଥ୍ୟାତ୍ୱ ପରିଣାମେ ସତୀଷ୍ୟତେ ।
ମତ୍ୟା ଦି ସଂବିଦାକ୍ ତାକ୍, ମିଥ୍ୟାତ୍ୱଂ କସ୍ୟଚିତ୍ ସଦା ॥

ନୁହନ୍ତି । ଏହି ଦୁଇ ତ୍ରିକ (ତ୍ରିବିଧ)ର ଜ୍ଞାନାବରଣ ବିଲୟଜନ୍ୟ ଯୋଗ୍ୟତାରେ ଦ୍ୱିରୂପତା ରହିନାହିଁ ।[୩୬] ମିଥ୍ୟାଦୃଷ୍ଟିର ଜ୍ଞାନ ମିଥ୍ୟାତ୍ୱ-ସହଚରିତ ହୋଇଥିବାରୁ ହିଁ ତାହାକୁ ଅଜ୍ଞାନ ସଂଜ୍ଞା ଦିଆଯାଇଥାଏ, ଅଥଚ ସମ୍ୟକ୍ ଦୃଷ୍ଟିର ଜ୍ଞାନ ମିଥ୍ୟାତ୍ୱ-ସହଚରିତ ହୋଇ ନ ଥିବାରୁ ତାହା 'ଜ୍ଞାନ' ସଂଜ୍ଞାପ୍ରାପ୍ତ । ଏହା ହିଁ ଅନ୍ତର । ମିଥ୍ୟାତ୍ୱର ସାହଚର୍ଯ୍ୟର ପରିଣାମ ସ୍ୱରୂପ ଜ୍ଞାନ, ଅଜ୍ଞାନ ବୋଲାଇଥାଏ ; କିନ୍ତୁ ମିଥ୍ୟାତ୍ୱୀର ଜ୍ଞାନ ମାତ୍ର ବିପରୀତ ଅଥବା ତା'ର ଅଜ୍ଞାନ ଓ ମିଥ୍ୟାତ୍ୱ ଗୋଟିଏ କଥା - ଏହା ଯଥାର୍ଥ ନୁହେଁ ।

ତତ୍ତ୍ୱାର୍ଥସୂତ୍ର (୧-୩୨, ୩୩) ତଥା ତା'ର ଭାଷ୍ୟ ଏବଂ ବିଶେଷାବଶ୍ୟକ ଭାଷ୍ୟରେ ସତ୍-ଅସତ୍‌ର ଅବିଶେଷକୁ ଅଜ୍ଞାନର ହେତୁ କୁହାଯାଇଛି ।[୩୭] ଏଥିରୁ ମଧ ମିଥ୍ୟାଦୃଷ୍ଟିର ଜ୍ଞାନ ମାତ୍ର ବିପରୀତ ବୋଲି ସିଦ୍ଧ ହେଉନାହିଁ କିମ୍ବା ତା'ର ଜ୍ଞାନ ବିପରୀତ ହିଁ ହୋଇଥିବାରୁ ଏହାର ସଂଜ୍ଞା, ଅଜ୍ଞାନ - ଏହା ବି ଫଳିତ ହେଉନାହିଁ ।

ସତ୍-ଅସତ୍ ମଧ୍ୟରେ ରହିଥିବା ଅବିଶେଷର ସମ୍ବନ୍ଧ ତା' ଯଦୃଚ୍ଛୋପଲବ୍ଧ ବା ତାତ୍ତ୍ୱିକ ପ୍ରତିପତ୍ତି ସହିତ ସ୍ଥାପିତ । ମିଥ୍ୟାଦୃଷ୍ଟିର ତତ୍ତ୍ୱ-ଶ୍ରଦ୍ଧା ବା ତତ୍ତ୍ୱ-ଉପଲବ୍ଧି ଯାଦୃଚ୍ଛିକ ବା ଅନାଲୋଚିତ ହୋଇଥିଲେ ତାହା ତା'ର ମିଥ୍ୟାତ୍ୱ ବା ଉନ୍ମାଦ ପରିଗଣିତ ହୁଏ, କିନ୍ତୁ ତା'ର ଇନ୍ଦ୍ରିୟ ଓ ମାନସର ବିଷୟ-ବୋଧ ମିଥ୍ୟାତ୍ୱ ବା ଉନ୍ମାଦ ନୁହେଁ । ମିଥ୍ୟାତ୍ୱ ତାହାକୁ ପ୍ରଭାବିତ କରିପାରେ ନାହିଁ - କେବଳ ଜ୍ଞାନାବରଣର ବିଲୟ ଫଳରେ ଏହା ଘଟିଥାଏ । ଏହାବ୍ୟତୀତ ମିଥ୍ୟା-ଦୃଷ୍ଟି ମଧରେ ସତ୍-ଅସତ୍‌ର ଜମା ବିବେକ ନ ଥାଏ, ଏହା ମଧ ଏକାନ୍ତ ଓ କର୍ମସିଦ୍ଧାନ୍ତର ପ୍ରତିକୂଳ । ଦୃଷ୍ଟିମୋହର ଉଦୟ ଯୋଗୁଁ ତା'ର ତାତ୍ତ୍ୱିକ ପ୍ରତିପତ୍ତିରେ ଉନ୍ମାଦ ପଶିଆସେ, ପରିଣାମ ସ୍ୱରୂପ ତା'ର ଦୃଷ୍ଟି ବା ଶ୍ରଦ୍ଧା ମିଥ୍ୟା ପାଲଟିଯାଏ, କିନ୍ତୁ ତନ୍ମଧରେ ଦୃଷ୍ଟିମୋହର ବିଲୟ ମଧ୍ୟ ଘଟିଥାଏ । ଏପରି କୌଣସି ପ୍ରାଣୀ ନାହାନ୍ତି, ଯା' ଭିତରେ ଦୃଷ୍ଟି-ମୋହର ନ୍ୟୂନାଧିକ ବିଲୟ (କ୍ଷୟୋପଶମ) ମିଳେନାହିଁ ।

ମିଶ୍ର ଦୃଷ୍ଟି ହେଉଛି ତତ୍ତ୍ୱ ପ୍ରତି ସଂଶୟିତ ଦଶା ଏବଂ ମିଥ୍ୟାଦୃଷ୍ଟି ହେଉଛି ବିପରୀତ ସଂଜ୍ଞାନ । ସଂଶୟିତ ଅବସ୍ଥାରେ ଅତତ୍ତ୍ୱର ଅଭିନିବେଶ ହୁଏ ନାହିଁ, ବିପରୀତ ସଂଜ୍ଞାନରେ ହୋଇଥାଏ, ତେଣୁ ପ୍ରଥମ ଭୂମିକାର ଅଧିକାରୀ କେତେକାଂଶରେ ସମ୍ୟକ୍ ଦର୍ଶନୀ ହୋଇଥିବା ସତ୍ତ୍ୱେ ତୃତୀୟ ଭୂମିକାର ଅଧିକାରୀଙ୍କ ସଦୃଶ ସମ୍ୟଗ୍-ମିଥ୍ୟା-ଦୃଷ୍ଟି ବୋଲାଏ ନାହିଁ । ମିଥ୍ୟାଦୃଷ୍ଟି ସହିତ ସମ୍ୟଗ୍-ଦର୍ଶନର ଉଲ୍ଲେଖ କରାଯାଏ ନାହିଁ । ଏହା ତାହାର ଦୃଷ୍ଟି-ବିପର୍ଯ୍ୟୟର ପ୍ରଧାନତାର ପରିଣାମ ମାତ୍ର । ତେବେ ଏଥିରେ ସମ୍ୟଗ୍-ଦର୍ଶନର ତିଳମାତ୍ର ଅଂଶ ବିଦ୍ୟମାନ ନାହିଁ - ଏପରି ଅର୍ଥ ବି କରାଯାଇପାରିବ ନାହିଁ । ସମ୍ୟଗ୍ ଦର୍ଶନର ଅଂଶ ହୋଇଥିଲେ ମଧ ଦୃଷ୍ଟିମୋହର ଅପେକ୍ଷିତ ବିଲୟ ଘଟୁ ନ ଥିବା ଯୋଗୁଁ ତାହା ସମ୍ୟଗ୍ ଦୃଷ୍ଟି ପଦବାଚ୍ୟ ନୁହେଁ ।

ବସ୍ତୁ ବୃତ୍ତିରେ ତତ୍ତ୍ୱର ସଂପ୍ରତିପତ୍ତି ଓ ବିପ୍ରତିପତ୍ତି, ସମ୍ୟକ୍ତ୍ୱ ଓ ମିଥ୍ୟାତ୍ୱର ସ୍ୱରୂପ ନୁହେଁ । ସମ୍ୟକତ୍ୱ ଦୃଷ୍ଟି

---

[୩୬] ଅନୁଯୋଗ ଦ୍ୱାର, ୧୨୬ : ଖ ଓବସମିଅ ଆଭିଣୀବୋହି
ୟଣାଣଲଦ୍ଧୀ ଜାବଖଓବସମିଆ ମଣପଜ୍‌ଜବଣାଣଲଦ୍ଧୀ ।
ଖଓବସମିଆ ମଇ ଅଣ୍ଣାଣଲଦ୍ଧୀ, ଖଓବସମିଆ
ସୁୟ ଅଣ୍ଣାଣଲଦ୍ଧୀ ଖଓବସମିଆ ବିଭଙ୍ଗ
ଅଣ୍ଣାଣ ଲଦ୍ଧୀ ... ।

[୩୭] ବିଶେଷାବଶ୍ୟକ ଭାଷ୍ୟ, ଗାଥା ୧୧୫ ।
ସଦସଦ୍ ବିସେସଣାଓ, ଭବହେତୁ ଜଦିଚ୍ଛିବେଲଭାଓ ।
ଣାଣଫଳାଭାବାଓ, ମିଚ୍ଛାଦିଟିଠିସ୍‌ସ ଅଣ୍ଣାଣଂ ॥

ହେଉଛି ମୋହରହିତ ଆତ୍ମ-ପରିଣାମ ତଥା ମିଥ୍ୟାତ୍ୱ ଦୃଷ୍ଟି ମୋହ ସଂବଳିତ ଆତ୍ମ-ପରିଣାମ ।[୩୮] ତତ୍ତ୍ୱର ସମ୍ୟକ୍ ଓ ଅସମ୍ୟକ୍ ଶ୍ରଦ୍ଧାନ ହେଉଛି ତା'ର ଫଳ ।[୩୯]

ପ୍ରମାଣ, ଦୃଷ୍ଟି-ମୋହ-ଆବଦ୍ଧ ନ ଥିବା ଅବସ୍ଥାରେ ତା'ର ତତ୍ତ୍ୱ-ଶ୍ରଦ୍ଧାନ ଯଥାର୍ଥ ତଥା ବଦ୍ଧ ଦଶାରେ ଅଯଥାର୍ଥ ହୁଏ । ଆତ୍ମାର ସମ୍ୟକ୍ତ୍ୱ ଓ ମିଥ୍ୟାତ୍ୱର ପରିଣାମ ତାତ୍ତ୍ୱିକ ସଂପ୍ରତିପତ୍ତି ଓ ବିପ୍ରତିପତ୍ତି ଦ୍ୱାରା ସ୍ଥୁଳ ବୃତ୍ତ୍ୟା ଅନୁମାନ କରାଯାଇଥାଏ ।

ଆଚାର୍ଯ୍ୟ ବିଦ୍ୟାନନ୍ଦଙ୍କ ଅନୁସାରେ ଅଜ୍ଞାନ-ତ୍ରିକ୍‌ରେ ଦୃଷ୍ଟିମୋହର ଉଦୟଯୋଗୁଁ ମିଥ୍ୟାତ୍ୱ ହୋଇଥାଏ କିନ୍ତୁ ଏହାର ଅର୍ଥ ତିନିବୋଧ (ମତି, ଶ୍ରୁତ ଓ ବିଭଙ୍ଗ) ମିଥ୍ୟାତ୍ୱ ସ୍ୱରୂପ ହିଁ ଅଟନ୍ତି, ଏହାର ଏପରି ଅର୍ଥ କରାଯାଇପାରିବ ନାହିଁ ।[୪୦]

ଉକ୍ତ ବିବେଚନର ନିମ୍ନ ଫଳିତ ହେଉଛି -

୧. ତାତ୍ତ୍ୱିକ-ବିପର୍ଯ୍ୟୟ ହେଉଛି ଦୃଷ୍ଟି-ମୋହ ଉଦୟର ପରିଣାମ ।

୨. ବ୍ୟାବହାରିକ-ବିପର୍ଯ୍ୟୟ ହେଉଛି ଜ୍ଞାନାବରଣ-ଉଦୟର ପରିଣାମ ।

ପ୍ରମାଣ ସଂଖ୍ୟା

ପ୍ରମାଣ ସଂଖ୍ୟା ସବୁ ଦର୍ଶନରେ ଏକାପରି ନୁହେଁ ।

ନାସ୍ତିକ କେବଳ ଗୋଟିଏ - ପ୍ରତ୍ୟକ୍ଷ ପ୍ରମାଣ ମାନିଥାନ୍ତି ।

ବୈଶେଷିକ ଦୁଇଟି - ପ୍ରତ୍ୟକ୍ଷ ଓ ଅନୁମାନ ।

ସାଂଖ୍ୟ ତିନୋଟି - ପ୍ରତ୍ୟକ୍ଷ, ଅନୁମାନ ଓ ଆଗମ ।

ନୈୟାୟିକ ଚାରୋଟି - ପ୍ରତ୍ୟକ୍ଷ, ଅନୁମାନ, ଆଗମ ଓ ଉପମାନ ।

ମୀମାଂସା (ପ୍ରଭାକର) ପାଞ୍ଚୋଟି - ପ୍ରତ୍ୟକ୍ଷ, ଅନୁମାନ ଆଗମ, ଉପମାନ ଓ ଅର୍ଥାପତ୍ତି ।

ମୀମାଂସା (ଭଟ୍ଟ, ବେଦାନ୍ତ) ଛଅଟି- ପ୍ରତ୍ୟକ୍ଷ, ଅନୁମାନ, ଆଗମ, ଉପମାନ, ଅର୍ଥାପତ୍ତି ଓ ଅଭାବ ।

ପୌରାଣିକ - ପ୍ରତ୍ୟକ୍ଷ, ଅନୁମାନ, ଆଗମ, ଉପମାନ, ଅର୍ଥାପତ୍ତି ଓ ଅଭାବ ସହିତ ସମ୍ଭବ, ଐତିହ୍ୟ ଓ ପ୍ରାତିଭକୁ ମାନ୍ୟ କରିଥାନ୍ତି ।

ଜୈନମାନେ କେବଳ ଦୁଇଟି ପ୍ରମାଣକୁ ମାନ୍ୟ କରନ୍ତି- ପ୍ରତ୍ୟକ୍ଷ ଓ ପରୋକ୍ଷ ।

ପ୍ରମାଣ-ଭେଦର ନିମିତ୍ତ

ଆତ୍ମାର ସ୍ୱରୂପ ହେଉଛି କେବଳ ଜ୍ଞାନ ଅର୍ଥାତ୍ ପୂର୍ଣ୍ଣ ଜ୍ଞାନ ବା ଏକ ଜ୍ଞାନ । ମେଘ ଦ୍ୱାରା ଆବୃତ ସୂର୍ଯ୍ୟର ଆଲୋକରେ ଯେପରି ତାରତମ୍ୟ ରହିଥାଏ, ସେହିପରି କର୍ମମଳ ଦ୍ୱାର ଢାଙ୍କି ହୋଇଯାଇଥିବା ଆତ୍ମା-ଆତ୍ମା ମଧ୍ୟରେ ଜ୍ଞାନର ତାରତମ୍ୟ ରହିଥାଏ । କର୍ମ-ମଳର ଆବରଣ ଓ ଅନାବରଣ ଆଧାରରେ ଜ୍ଞାନର ଅନେକ ରୂପ ନିର୍ମିତ ହୁଏ । ପ୍ରଶ୍ନ ହେଉଛି- କେଉଁ ଜ୍ଞାନକୁ ପ୍ରମାଣ ବୋଲି ମାନିବା ? ଜୈନ ଦୃଷ୍ଟିରେ ଏହାର ଉତ୍ତର ହେଉଛି ଯେତେ ପ୍ରକାର ଜ୍ଞାନ ଯଥା : ଇନ୍ଦ୍ରିୟ ଜ୍ଞାନ, ମାନସଜ୍ଞାନ, ଅତୀନ୍ଦ୍ରିୟ ଜ୍ଞାନ-ସବୁଯାକ ପ୍ରମାଣ ହୋଇପାରନ୍ତି । ତେବେ ସର୍ତ୍ତ ହେଲା

---

(୩୮) ଭଗବତୀ, ୮।୨ ବୃତ୍ତି : ମିଥ୍ୟାତ୍ୱ ମୋହନୀୟ
କର୍ମାଣୁବେଦନୋପଶମ କ୍ଷୟ କ୍ଷୟୋପଶମ ସମୁତ୍‌ଥେ ଆତ୍ମ-ପରିଣାମେ ।

(୩୯) ଧର୍ମ ପ୍ରକରଣ, ଅଧିକରଣ ୨: ତତ୍ତ୍ୱାର୍ଥ ଶ୍ରଦ୍ଧାନଂ ସମ୍ୟକ୍ତ୍ୱସ୍ୱ
କାର୍ଯ୍ୟମ୍, ସମ୍ୟକ୍ତ୍ୱଂ ତୁ ମିଥ୍ୟାତ୍ୱ-କ୍ଷୟୋପଶମାଦିଜନ୍ୟଃ
ଶୁଭ ଆତ୍ମ ପରିଣାମ ବିଶେଷଃ ।

(୪୦) ତତ୍ତ୍ୱାର୍ଥ ଶ୍ଳୋକବାର୍ତ୍ତିକ, ପୃ-୨୫୬ ।

ସେଗୁଡ଼ିକ ଯଥାର୍ଥ ସହିତ କେବେ ବି ବିଚ୍ଛିନ୍ନ ହୋଇ ନ ଥିବ । ଜ୍ଞାନ ସାମାନ୍ୟ ମଧ୍ୟରେ ଟଣାଯାଇଥିବା ଯଥାର୍ଥତାର ଭେଦରେଖାକୁ କଦାପି ଅତିକ୍ରମଣ କରୁ ନ ଥିବ । ଫଳତଃ ଯେତେ ପ୍ରକାର ଯଥାର୍ଥ ଜ୍ଞାନ ସେତେ ସଂଖ୍ୟାରେ ପ୍ରମାଣ । ଏହା ତ' ଏକ ଲମ୍ବା ଚଉଡ଼ା ନିର୍ଣ୍ଣୟ ବାହାରିଲା । ସତକଥା, ତଥାପି ସମସ୍ତଙ୍କ ପାଇଁ ଏହା ସହଜ ନୁହେଁ । ତେଣୁ ସେମାନଙ୍କୁ ଦୁଇ ଭାଗରେ ସାଉଁଟି ଦିଆଗଲା । ତେବେ ଦୁଇଭାଗ କରିବାରେ ମଧ୍ୟ ଏକ ଅସୁବିଧା ରହିଥିଲା । ଜ୍ଞାନର ସ୍ୱରୂପ ତ' ଏକ, ତାହାକୁ କିପରି ବିଭକ୍ତ କରାଯାଇପାରିବ ? ଏହାର ସମାଧାନ ଦିଆଗଲା ଯେ ବିକାଶର ପରିମାଣ (ଅନାବୃତ ଦଶା) ଆଧାରରେ ତାହାକୁ ବିଭକ୍ତ କରାଯାଇପାରିବ । ଜ୍ଞାନର ପାଞ୍ଚପ୍ରକାର ସ୍ଥୂଳ ଭେଦ ସୃଷ୍ଟି ହେଲା:-

୧. ମତି ଜ୍ଞାନ - ଇନ୍ଦ୍ରିୟ ଜ୍ଞାନ, ମାନସ ଜ୍ଞାନ-ଐନ୍ଦ୍ରିୟିକ

୨. ଶ୍ରୁତ ଜ୍ଞାନ - ଶବ୍ଦ ଜ୍ଞାନ ''

୩. ଅବଧି ଜ୍ଞାନ - ମୂର୍ତ୍ତ ପଦାର୍ଥର ଜ୍ଞାନ - ଅତୀନ୍ଦ୍ରିୟ

୪. ମନଃ ପର୍ଯ୍ୟବ ଜ୍ଞାନ - ମାନସିକ ଭାବନାର ଜ୍ଞାନ- ''

୫. କେବଳ ଜ୍ଞାନ - ସମସ୍ତ ଦ୍ରବ୍ୟ-ପର୍ଯ୍ୟାୟର ଜ୍ଞାନ,ପୂର୍ଣ୍ଣ ଜ୍ଞାନ - '' ।

ଏବେ ପ୍ରଶ୍ନ ଉଠୁଛି ଯେ ପ୍ରମାଣର ବିଭାଗ କିପରି କରାଯିବ ? ଜ୍ଞାନ ହେଉଛି ଆତ୍ମାର ବିକାଶ ମାତ୍ର । ପ୍ରମାଣ, ପଦାର୍ଥ ପ୍ରତି ଜ୍ଞାନର ଯଥାର୍ଥ ବ୍ୟାପାର କିନ୍ତୁ ଜ୍ଞାନ ହେଉଛି ଆତ୍ମନିଷ୍ଠ । ପ୍ରମାଣର ସମ୍ପର୍କ ଉଭୟ ଅନ୍ତର୍ଜଗତ୍ ଓ ବହିର୍ଜଗତ୍ ସହିତ ରହିଛି । ବହିର୍ଜଗତର ଯଥାର୍ଥ ଘଟଣାଗୁଡ଼ିକ ଅନ୍ତର୍ଜଗତ୍‌ରେ ପହଞ୍ଚାଇବା ହେଉଛି ପ୍ରମାଣର ଜୀବନ । ବହିର୍ଜଗତ୍ ପ୍ରତି ଜ୍ଞାନର ବ୍ୟାପାର ଏକାଭଳି ହୁଏ ନାହିଁ । ଜ୍ଞାନର ବିକାଶ ପ୍ରବଳ ଓ ଉଚ୍ଚତର ଥିଲେ, ତାହା ବାହ୍ୟ ସାଧନର ସାହାଯ୍ୟ ବିନା ହିଁ ବିଷୟର ସମ୍ୟକ୍ ଅବବୋଧ କରିପାରିଥାଏ । ବିକାଶ ମନ୍ଦ ଥିଲେ ବାହ୍ୟ ସାଧନର ଆଶ୍ରୟ ନେବାକୁ ପଡ଼ିଥାଏ । ବାସ୍; ପ୍ରମାଣ-ଭେଦର ଏହା ହିଁ ଆଧାର ।

୧. ସହାୟ-ନିରପେକ୍ଷ ହୋଇ ପଦାର୍ଥକୁ ଗ୍ରହଣ କରିବା ହେଉଛି ପ୍ରତ୍ୟକ୍ଷ-ପ୍ରମାଣ ଏବଂ ୨. ସହାୟ-ସାପେକ୍ଷ ହୋଇ ଗ୍ରହଣ କରିବା ହେଲା ପରୋକ୍ଷ-ପ୍ରମାଣ । ସ୍ୱ-ନିର୍ଣ୍ଣୟରେ ପ୍ରତ୍ୟକ୍ଷ ହିଁ ରହିଥାଏ । ତା'ର ପ୍ରତ୍ୟକ୍ଷ ଓ ପରୋକ୍ଷ- ଏହି ଦୁଇଭେଦ ପଦାର୍ଥ-ନିର୍ଣ୍ଣୟର ଦୁଇରୂପ- ସାକ୍ଷାତ୍ ଓ ଅସାକ୍ଷାତ୍ ଅପେକ୍ଷାରେ ଘଟିଥାଏ ।

'ପ୍ରତ୍ୟକ୍ଷ ଓ ପରୋକ୍ଷ' ପ୍ରମାଣର କଳ୍ପନା ହେଉଛି ଜୈନନ୍ୟାୟର ମୌଳିକ ସୂତ୍ର ଓ ବିଶେଷ ଅବଦାନ । ଏହି ଦୁଇ ଶ୍ରେଣୀରେ ସମସ୍ତ ପ୍ରମାଣକୁ ସମାବିଷ୍ଟ କରାଯାଇପାରିବ । ଉପଯୋଗିତା ଦୃଷ୍ଟିରୁ ପ୍ରତ୍ୟେକ ବସ୍ତୁର ବର୍ଗୀକରଣ କରାଯାଇଥାଏ; କିନ୍ତୁ ନିଜ ସ୍ୱରୂପକୁ ଯେତେ ପରିମାଣରେ ଅସଂକୀର୍ଣ୍ଣ ରଖିହେବ, ସେତେ ଭେଦ ହିଁ କରାଯିବା ବିଧେୟ । ତଥାପି ଯେଉଁଠାରେ ବି ଯଥାର୍ଥତା ଉପଲବ୍ଧ, ସେଗୁଡ଼ିକୁ ପ୍ରମାଣଭେଦ ମାନିବାରେ ଜୈନମାନେ, ଯେଉଁମାନେ ସାଧାରଣତଃ ସମନ୍ୱୟବାଦୀ ଆପତ୍ତି କରିବା ଉଚିତ୍ ନୁହେଁ । ପ୍ରତ୍ୟକ୍ଷ ଓ ପରୋକ୍ଷର ଉଦର ଏତେ ବିଶାଳ ଯେ ତନ୍ମଧ୍ୟରେ ପ୍ରମାଣଭେଦ ସମ୍ଭାଇବା ଜମା କଷ୍ଟସାଧ୍ୟ ନୁହେଁ ।

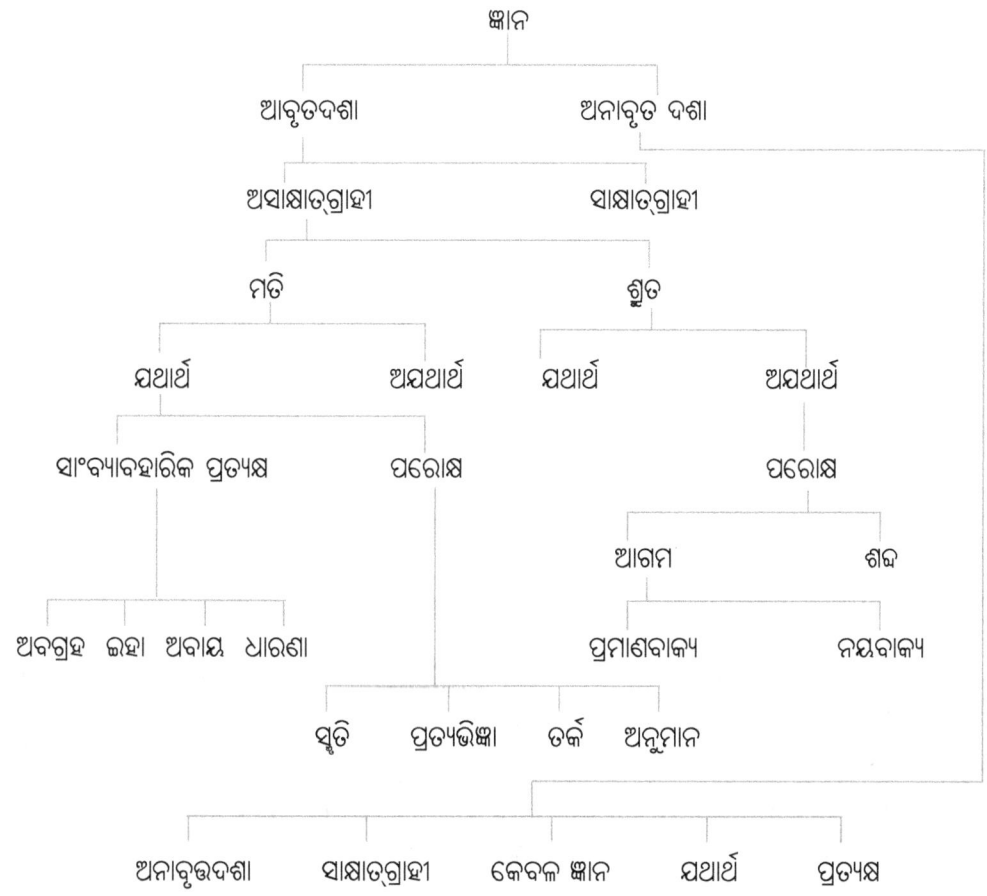

ପ୍ରମାଣ-ବିଭାଗ

ପ୍ରମାଣର ମୁଖ୍ୟ ଦୁଇ ଭେଦ ହେଉଛି-ପ୍ରତ୍ୟକ୍ଷ ଓ ପରୋକ୍ଷ । ଉଭୟଙ୍କୁ ଦୁଇ ପ୍ରକାରେ ବିଭକ୍ତ କରାଯାଇଥାଏ- ବ୍ୟବହାର-ପ୍ରତ୍ୟକ୍ଷ ଓ ପରମାର୍ଥ-ପ୍ରତ୍ୟକ୍ଷ । ବ୍ୟବହାର ପ୍ରତ୍ୟକ୍ଷର ଚାରି ବିଭାଗ ହେଉଛି - ଅବଗ୍ରହ, ଈହା, ଅବାୟ ଓ ଧାରଣା । ପରମାର୍ଥ-ପ୍ରତ୍ୟକ୍ଷର ତିନି ବିଭାଗ ହେଉଛି - କେବଳ, ଅବଧି ଓ ମନଃପର୍ଯ୍ୟବ । ପରୋକ୍ଷର ପାଞ୍ଚଭେଦ ହେଉଛି - ସ୍ମୃତି, ପ୍ରତ୍ୟଭିଜ୍ଞା, ତର୍କ, ଅନୁମାନ ଓ ଆଗମ ।

।। ୩ ।।

ପ୍ରତ୍ୟକ୍ଷ-ପ୍ରମାଣ

ପ୍ରତ୍ୟକ୍ଷ

'ନହି ଦୃଷ୍ଟେ ଅନୁପପନ୍ନଂ ନାମ'- ପ୍ରତ୍ୟକ୍ଷ-ସିଦ୍ଧ ଲାଗି ଯୁକ୍ତିର କୌଣସି ଆବଶ୍ୟକତା ନାହିଁ । ସ୍ୱରୂପ ଅପେକ୍ଷା ଜ୍ଞାନରେ କୌଣସି ଅନ୍ତର ନାହିଁ । ଯଥାର୍ଥତା କ୍ଷେତ୍ରରେ ପ୍ରତ୍ୟକ୍ଷ ଓ ପରୋକ୍ଷକୁ ନ୍ୟୂନାଧିକ ସ୍ଥାନ ଦିଆଯାଇ ନ ପାରେ । ନିଜ-ନିଜ କ୍ଷେତ୍ରରେ ଉଭୟଙ୍କ ବଳ ସମାନ । ତେବେ ସାମର୍ଥ୍ୟ ଦୃଷ୍ଟିରୁ ଦୁହିଙ୍କ ମଧ୍ୟରେ ବେଶ୍ ଅନ୍ତର ରହିଛି । ପ୍ରତ୍ୟକ୍ଷ ଜ୍ଞପ୍ତିକାଳରେ ସ୍ୱତନ୍ତ୍ର ହୋଇଥାଏ ଓ ପରୋକ୍ଷ ସାଧନ ପରତନ୍ତ୍ର । ଫଳତଃ ପ୍ରତ୍ୟକ୍ଷର ପଦାର୍ଥ ସହିତ ଅବ୍ୟବହିତ (ସାକ୍ଷାତ୍) ସମ୍ବନ୍ଧ ରହିଥାଏ ଏବଂ ପରୋକ୍ଷର ପଦାର୍ଥ ସହିତ ବ୍ୟବହିତ ଅର୍ଥାତ୍ ଅନ୍ୟ କାହାରି ମାଧ୍ୟମ ଦ୍ୱାରା ସ୍ଥାପିତ ହୋଇଥାଏ ।

ପ୍ରତ୍ୟକ୍ଷ-ପରିବାର

ପ୍ରତ୍ୟକ୍ଷର ଦୁଇଟି ମୁଖ୍ୟ ଶାଖା ହେଲା - ଆତ୍ମ-ପ୍ରତ୍ୟକ୍ଷ ଓ ଇନ୍ଦ୍ରିୟ-ଅନିନ୍ଦ୍ରିୟ-ପ୍ରତ୍ୟକ୍ଷ । ପ୍ରଥମଟି ପରମାର୍ଥାଶ୍ରୟୀ ହୋଇଥିବାରୁ ତାହା ବାସ୍ତବିକ ପ୍ରତ୍ୟକ୍ଷ କିନ୍ତୁ ଦ୍ୱିତୀୟ ଶାଖାଟି ହେଉଛି ବ୍ୟବହାରାଶ୍ରୟୀ, ତେଣୁ ତାହା ଔପଚାରିକ ପ୍ରତ୍ୟକ୍ଷ ।

ଆତ୍ମ-ପ୍ରତ୍ୟକ୍ଷର ଦୁଇ ଭେଦ ହେଲା - କେବଳ ଜ୍ଞାନ ଅର୍ଥାତ୍ ପୂର୍ଣ୍ଣ ବା ସକଳ ପ୍ରତ୍ୟକ୍ଷ ଓ ନୋ କେବଳଜ୍ଞାନ ଅର୍ଥାତ୍ ଅପୂର୍ଣ୍ଣ ବା ବିକଳପ୍ରତ୍ୟକ୍ଷ ।

ନୋ-କେବଳଜ୍ଞାନର ଦୁଇ ଭେଦ ହେଉଛି ଅବଧି ଓ ମନଃ ପର୍ଯ୍ୟବ ।

ଇନ୍ଦ୍ରିୟ-ଅନିନ୍ଦ୍ରିୟ ପ୍ରତ୍ୟକ୍ଷର ଚାରିପ୍ରକାର ହେଉଛି - ୧. ଅବଗ୍ରହ ୨. ଈହା ୩. ଅବାୟ ୪. ଧାରଣା ।

ପ୍ରତ୍ୟକ୍ଷର ଲକ୍ଷଣ

ଆତ୍ମପ୍ରତ୍ୟକ୍ଷ-ଆତ୍ମା-ପଦାର୍ଥ ।

ଇନ୍ଦ୍ରିୟ-ପ୍ରତ୍ୟକ୍ଷ- ଆତ୍ମା-ଇନ୍ଦ୍ରିୟ-ପଦାର୍ଥ ।

ଆତ୍ମ-ପ୍ରତ୍ୟକ୍ଷ

ଇନ୍ଦ୍ରିୟ,ମନ ଓ ପ୍ରମାଣନ୍ତରର ସାହାଯ୍ୟ ନ ନେଇ ଆତ୍ମା, ପଦାର୍ଥର ସାକ୍ଷାତ୍ ଜ୍ଞାନ କରିପାରିଥାଏ । ତାହା ହିଁ ଆତ୍ମ-ପ୍ରତ୍ୟକ୍ଷ, ପାରମାର୍ଥିକ ପ୍ରତ୍ୟକ୍ଷ ବା ନୋ-ଇନ୍ଦ୍ରିୟ ପ୍ରତ୍ୟକ୍ଷ ।

ଇନ୍ଦ୍ରିୟ-ପ୍ରତ୍ୟକ୍ଷ

ଇନ୍ଦ୍ରିୟ ଓ ମନ ସାହାଯ୍ୟରେ ଯେଉଁ ଜ୍ଞାନ ଆହରଣ କରାଯାଏ, ତାହା ଇନ୍ଦ୍ରିୟ ସକାଶେ ପ୍ରତ୍ୟକ୍ଷ ଏବଂ ଆତ୍ମା ସକାଶେ ପରୋକ୍ଷ ହୋଇଥାଏ । ତେଣୁ ତାହାକୁ ଇନ୍ଦ୍ରିୟ-ପ୍ରତ୍ୟକ୍ଷ ବା ସଂବ୍ୟବହାର ପ୍ରତ୍ୟକ୍ଷ କହିଥାନ୍ତି । ଇନ୍ଦ୍ରିୟ, ଧୂମ ଆଦି ଲିଙ୍ଗର ସହାୟତା ନ ନେଇ ବି ଅଗ୍ନି ଆଦିର ସାକ୍ଷାତ୍ କରିପାରିଥାଏ । ତେଣୁ ଏହା ଇନ୍ଦ୍ରିୟ ପ୍ରତ୍ୟକ୍ଷ ବୋଲାଇଥାଏ ।

ଆଚାର୍ଯ୍ୟ ସିଦ୍ଧସେନ 'ଅପରୋକ୍ଷତୟା ଅର୍ଥ ପରିଚ୍ଛେଦକ ଜ୍ଞାନ'କୁ ପ୍ରତ୍ୟକ୍ଷ କହିଛନ୍ତି ।[୧] ଏଠାରେ 'ଅପରୋକ୍ଷ' ଶବ୍ଦର ବିଶେଷ ମହତ୍ତ୍ୱ ରହିଛି । ନୈୟାୟିକ, 'ଇନ୍ଦ୍ରିୟ ଓ ଅର୍ଥର ସନ୍ନିକର୍ଷରେ' ଉତ୍ପନ୍ନ ଜ୍ଞାନକୁ ପ୍ରତ୍ୟକ୍ଷ ମାନନ୍ତି । ଆଚାର୍ଯ୍ୟ ସିଦ୍ଧସେନ 'ଅପରୋକ୍ଷ' ଶବ୍ଦ ଦ୍ୱାରା ତା' ସହିତ ଅସହମତି ପ୍ରକଟ କରିଛନ୍ତି । ଇନ୍ଦ୍ରିୟ ମାଧ୍ୟମରେ ଜାତ ହେଉଥିବା ଜ୍ଞାନ ଆତ୍ମା (ପ୍ରମାଣ)ର ସାକ୍ଷାତୀକରଣ ନୁହେଁ । ତେଣୁ ତାହା ପ୍ରତ୍ୟକ୍ଷ ନୁହେଁ । ଜ୍ଞାନର ପ୍ରତ୍ୟକ୍ଷତା ପାଇଁ ଅର୍ଥ ଓ ତା' ମଧ୍ୟରେ ଅବ୍ୟବଧାନ ରହିବା ଆବଶ୍ୟକ ।

ଆଚାର୍ଯ୍ୟ ସିଦ୍ଧସେନଙ୍କ ଏହି ନିଶ୍ଚୟମୂଳକ ଦୃଷ୍ଟିର ଆଧାର ଭଗବତୀ[୨] ତଥା ସ୍ଥାନାଂଗ ସୂତ୍ରର ପ୍ରମାଣ ବ୍ୟବସ୍ଥା ଅଟେ ।[୩] ଆଚାର୍ଯ୍ୟ ଅକଳଙ୍କଙ୍କ ବ୍ୟାଖ୍ୟାନୁସାରେ ବିଶଦ୍ ଜ୍ଞାନ ହେଉଛି ପ୍ରତ୍ୟକ୍ଷ ।[୪] 'ଅପରୋକ୍ଷ' ପରିବର୍ତ୍ତେ 'ବିଶଦ୍'କୁ ଲକ୍ଷଣ ମାନ୍ୟ କରିବାରେ ଏକ କାରଣ ରହିଛି । ଆଚାର୍ଯ୍ୟ ଅକଳଙ୍କଙ୍କ ପ୍ରମାଣ ବ୍ୟବସ୍ଥାରେ ବ୍ୟବହାର-ଦୃଷ୍ଟିର ବି ଆଶ୍ରୟଣ ରହିଛି, ଯା'ର ଆଧାର ହେଉଛି ନନ୍ଦୀ ସୂତ୍ରରେ ଥିବା ପ୍ରମାଣ ବ୍ୟବସ୍ଥା ।[୫] ଏହା ମତରେ ପ୍ରତ୍ୟକ୍ଷର ଦୁଇ ଭେଦ- ମୁଖ୍ୟ ଓ ସଂବ୍ୟବହାର । ମୁଖ୍ୟ ପ୍ରତ୍ୟକ୍ଷ, ଅପରୋକ୍ଷତୟା ଅର୍ଥ ଗ୍ରହଣ କରିଥାଏ । ସଂବ୍ୟବହାର ପ୍ରତ୍ୟକ୍ଷରେ ଇନ୍ଦ୍ରିୟ ମାଧ୍ୟମରେ ଅର୍ଥର ଗ୍ରହଣ କରାଯାଏ; ଫଳରେ ଅପରୋକ୍ଷତୟା-ଅର୍ଥ-ଗ୍ରହଣ ଲକ୍ଷଣ ନିର୍ମିତ ହୁଏ ନାହିଁ । ତେଣୁ ଉଭୟଙ୍କ ମଧ୍ୟରେ ସଂଗତି ସ୍ଥାପନ ହେତୁ 'ବିଶଦ୍' ଶବ୍ଦରେ ଯୋଜନା କରିବାକୁ ହେଲା ।

'ବିଶଦ୍'ର ଅର୍ଥ ହେଉଛି- ପ୍ରମାଣାନ୍ତରର ଅନପେକ୍ଷା (ଅନୁମାନ ଆଦିର ଆବଶ୍ୟକତା ନ କରିବା) ଏବଂ 'ଏହା ହେଉଛି' ଏପରି ପ୍ରତିଭାସ କରିବା ।[୬] ସଂବ୍ୟବହାର ପ୍ରତ୍ୟକ୍ଷ, ଅନୁମାନ ଆଦି ପରିପ୍ରେକ୍ଷୀରେ ଅଧିକ ପ୍ରକାଶକ ହେବା ସହିତ 'ଏହା ହେଉଛି' ଏପରି ପ୍ରତିଭାସ ମଧ୍ୟ ହେଉଥିବାରୁ ଏହାର 'ବିଶୁଦ୍ଧତା' ନିର୍ବାଧ ପ୍ରମାଣିତ ।

ଯଦ୍ୟପି 'ଅପରୋକ୍ଷ'ର ବେଦାନ୍ତ ତଥା 'ବିଶଦ'ର ବୌଦ୍ଧମାନଙ୍କ ପ୍ରତ୍ୟକ୍ଷ-ଲକ୍ଷଣ ସହିତ ଅଧିକ ସାମୀପ୍ୟ ରହିଛି; ତଥାପି ବିଷୟ ଗ୍ରାହକ ସ୍ୱରୂପରେ ମୌଳିକ ପାର୍ଥକ୍ୟ ରହିଛି । ବେଦାନ୍ତ ମତରେ ପଦାର୍ଥର ପ୍ରତ୍ୟକ୍ଷ ଅନ୍ତଃକରଣ (ଆନ୍ତରିକ ଇନ୍ଦ୍ରିୟ) ବୃତ୍ତି ମାଧ୍ୟମରେ ଘଟିଥାଏ । ଅନ୍ତଃକରଣର ପଦାର୍ଥାକାର ଅବସ୍ଥାକୁ ବୃତ୍ତି କୁହାଯାଏ । ଅନ୍ତଃକରଣ ଦୃଶ୍ୟମାନ ପଦାର୍ଥର ଆକାର ଧାରଣ କରେ । ଆତ୍ମା ଆପଣାଶୁଦ୍ଧ ସାକ୍ଷୀ-ଚୈତନ୍ୟ ଦ୍ୱାରା ଯେତେବେଳେ ତାହାକୁ ପ୍ରକାଶିତ କରେ, ସେତେବେଳେ ପ୍ରତ୍ୟକ୍ଷ ଜ୍ଞାନର ଉଦ୍‌ଭବ ହୁଏ ।[୭]

ଜୈନ ଦୃଷ୍ଟି ଅନୁସାରେ ପ୍ରତ୍ୟକ୍ଷ ମଧ୍ୟରେ ଜ୍ଞାନ ଓ ଜ୍ଞେୟ ମଧ୍ୟବର୍ତ୍ତୀ ଅନ୍ୟ କୌଣସି ଶକ୍ତିର ଅସ୍ତିତ୍ୱ ନ ଥାଏ । ଶୁଦ୍ଧ ଚୈତନ୍ୟ ଦ୍ୱାରା ଅନ୍ତଃକରଣର ପ୍ରକାଶନକୁ ମାନିବା ତଥା ଅନ୍ତଃକରଣର ପଦାର୍ଥାକାର ପରିଣତିକୁ ସ୍ୱୀକାର କରିବା - ଏହା ପ୍ରକ୍ରିୟା-ଗୌରବ ଅଟେ । ପରିଶେଷରେ ଶୁଦ୍ଧଚୈତନ୍ୟ ଦ୍ୱାରା ଜଣକୁ ଆଲୋକିତ ମାନ୍ୟ କରିବାରେ ଆପତ୍ତି ନାହିଁ, ତେବେ ପଦାର୍ଥକୁ ନ ମାନିବାର କାରଣ ନାହିଁ ।

ବୌଦ୍ଧ, ପ୍ରତ୍ୟକ୍ଷକୁ ନିର୍ବିକଳ୍ପ ମାନିଥାନ୍ତି । ଜୈନ-ଦୃଷ୍ଟି ଅନୁସାରେ ନିର୍ବିକଳ୍ପ ବୋଧ (ଦର୍ଶନ) ନିର୍ଣ୍ଣାୟକ ନୁହେଁ; ତେଣୁ ତାହା ପ୍ରତ୍ୟକ୍ଷ ନୁହେଁ କି ପ୍ରମାଣ ମଧ୍ୟ ହୋଇପାରିବ ନାହିଁ ।

---

(୧) ନ୍ୟାୟବତାର, ୪ ।

(୨) ଭଗବତୀ, ୫।୩ ।

(୩) ଠାଣଂ, ୫।୩ ।

(୪) ପ୍ରମାଣ ପ୍ରବେଶ, ୧।୩ ।

(୫) ନନ୍ଦୀ, ୩ ।

(୬) ପ୍ରମାଣ ମୀମାଂସା, ୧।୧୪ ।

(୭) ବେଦାନ୍ତ ଅନୁସାରେ ଜ୍ଞାନ ଦୁଇ ପ୍ରକାର- ସାକ୍ଷିଜ୍ଞାନ ଓ ବୃତ୍ତି ଜ୍ଞାନ । ଅନ୍ତଃକରଣର ବୃତ୍ତି ସମୂହକୁ ପ୍ରକାଶିତ କରୁଥିବା ଜ୍ଞାନ 'ସାକ୍ଷି-ଜ୍ଞାନ' ଏବଂ ସାକ୍ଷି-ଚୈତନ୍ୟ ଦ୍ୱାରା ପ୍ରକାଶିତ ବୃତ୍ତିକୁ 'ବୃତ୍ତି-ଜ୍ଞାନ' କୁହାଯାଇଛି ।

ସମନ୍ୱୟର ଫଳିତ ରୂପ

ଅପରୋକ୍ଷ ଓ ବିଶଦର ସମନ୍ୱୟ କରିବା ଦ୍ୱାରା ସହାୟ-ନିରପେକ୍ଷ ଅର୍ଥ ଫଳିତ ହୋଇଥାଏ । 'ଅପରୋକ୍ଷ' ପରିଭାଷା ଟିକକ ପରୋକ୍ଷ ଲକ୍ଷଣାଶ୍ରିତ । 'ବିଶଦ' ହେଉଛି ଆକାଂକ୍ଷା-ସାପେକ୍ଷ । ବୈଶଦ୍ୟର ଅର୍ଥ କ'ଣ ବାହାରୁଛି ଏହା ଦେଖିବା କଥା । 'ସହାୟ-ନିରପେକ୍ଷ ପ୍ରତ୍ୟକ୍ଷ' ମଧ୍ୟରେ ଏହି ଆକାଂକ୍ଷା ସ୍ୱତଃ ପୂର୍ଣ୍ଣ ହୋଇଯାଏ । ଯେଉଁ ସହାୟ-ନିରପେକ୍ଷ, ଆତ୍ମ-ବ୍ୟାପାର-ମାତ୍ରାପେକ୍ଷ ହୋଇଥିବ, ତାହା ବିଶଦ ବି ହେବ ଏବଂ ଅପରୋକ୍ଷ ମଧ୍ୟ ହେବ ।(୮) ବ୍ୟବହାର-ପ୍ରତ୍ୟକ୍ଷରେ ପ୍ରମାଣାନ୍ତରର ଓ ବାସ୍ତବିକ-ପ୍ରତ୍ୟକ୍ଷର ଉଭୟ ପ୍ରମାଣାନ୍ତର ତଥା ପୌଦ୍‌ଗଳିକ ଇନ୍ଦ୍ରିୟର ସହାୟତା ଅପେକ୍ଷିତ ବା ଆବଶ୍ୟକ ନୁହେଁ ।

କେବଳ ଜ୍ଞାନ

ଅନାବୃତ ଅବସ୍ଥାରେ ଆତ୍ମାର ଯେଉଁ ଏକ ବା ଅଖଣ୍ଡ ଜ୍ଞାନ ଜାତ ହୁଏ, ତାହା ହେଉଛି କେବଳ ଜ୍ଞାନ । ଜୈନ ଦୃଷ୍ଟି ଅନୁସାରେ ଆତ୍ମା, ଜ୍ଞାନର ଅଧିକରଣ ନୁହେଁ, ଅପିତୁ ତାହା ଜ୍ଞାନ-ସ୍ୱରୂପ । ତେଣୁ ଚେତନ ଆତ୍ମାର ନିରାବରଣ-ସ୍ୱରୂପ ହିଁ କେବଳ ଜ୍ଞାନ ରୂପରେ ବର୍ଣ୍ଣନା କରାଯାଇଛି । ବାସ୍ତବରେ 'କେବଳ' ବ୍ୟତିରିକ୍ତ ଆଉ କୌଣସି ଜ୍ଞାନ ନାହିଁ । ବାକି ସବୁ ଜ୍ଞାନ, ଏହାର ଆବରଣ-ଦଶାର ତାରତମ୍ୟ ଅନୁସାରେ ସୃଷ୍ଟି ହୋଇଥାନ୍ତି । ଜୟାଚାର୍ଯ୍ୟ, ଜ୍ଞାନର ଭେଦ-ଅଭେଦର ମୀମାଂସା କରିଛନ୍ତି - "ଗୋଟିଏ ରୌପ୍ୟ ଚଉକି ଧୂଳି-ମାଟିରେ ସଂପୂର୍ଣ୍ଣ ଢାଙ୍କି ହୋଇରହିଛି । ଜମା ଦେଖାଯାଉନାହିଁ । ଧୀରେ ଧୀରେ ତା' ଧାରରୁ ଧୂଳି ଅପସାରିତ ହେବା ଆରମ୍ଭ ହେଲା । ପ୍ରଥମ କୋଣ ସ୍ପଷ୍ଟ ଦେଖାଗଲା - ଆମେ ଗୋଟିଏ ନିର୍ଦ୍ଦିଷ୍ଟ ବସ୍ତୁର କଳ୍ପନା କରିଲେ । ଦ୍ୱିତୀୟ କୋଣ ଦିଶିବାରୁ ଆଉ ଏକ ବସ୍ତୁ, ତୃତୀୟ କୋଣ ସ୍ପଷ୍ଟ ହେବାରୁ ତୃତୀୟ ଓ ଚତୁର୍ଥ କୋଣ ଧୂଳିମୁକ୍ତ ହେବାରୁ ଚତୁର୍ଥ ପ୍ରକାର ବସ୍ତୁର ଏପରି ଭାବରେ ଚାରୋଟି ବସ୍ତୁ ଥିବାର ଅନୁମାନ କରିଲେ । କାରଣ (ସେହି ଚଉକିର) ମଧ୍ୟବର୍ତ୍ତୀ ଅଂଶର ଧୂଳ ଅପସାରିତ ନ ହେବା ପର୍ଯ୍ୟନ୍ତ ଏହି ଚାରିବସ୍ତୁ ମଧ୍ୟରେ ଐକ୍ୟ ସ୍ଥାପନ ସମ୍ଭବପର ନୁହେଁ । ମଧ୍ୟବର୍ତ୍ତୀ ଅଂଶ ଧୂଳିମୁକ୍ତ ହେଲାପରେ ଚଉକିଟି ବାସ୍ତବିକ ରୂପରେ ପ୍ରକଟ ହେବ । ଅନୁମାନ କରାଯାଇଥିବା ସେହି ଚାରୋଟି ଜିନିଷ ଗୋଟିଏ ମଧ୍ୟରେ ସମାହିତ ହୋଇପଡ଼ିଛନ୍ତି । ଠିକ୍ ଏହିପରି କେବଳ ଜ୍ଞାନ ମଧ୍ୟ ଆବୃତ ଥିବା ପର୍ଯ୍ୟନ୍ତ ତା'ର ଅଳ୍ପ ବିକଶିତ ପ୍ରାନ୍ତ ବା କିନାରଗୁଡ଼ିକୁ ଭିନ୍ନ-ଭିନ୍ନ ଜ୍ଞାନ ବୋଲି ମାନିବାକୁ ପଡ଼ିବ । ଆବରଣ-ବିଳୟ (ଘାତିକର୍ମ ଚତୁଷ୍ଟୟର କ୍ଷୟ) ହେବାପରେ କେବଳ ଜ୍ଞାନ ପ୍ରକଟ ହେଲେ, ଜ୍ଞାନର ସମସ୍ତ ଛୋଟ ଭେଦ ତା' ମଧ୍ୟରେ ବିଲୀନ ହୋଇଯାଏ । ସେତେବେଳେ ଆତ୍ମାରେ ସମସ୍ତ ଦ୍ରବ୍ୟ ଓ ଦ୍ରବ୍ୟଗତ ପରିବର୍ତ୍ତନ ସକଳର ସାକ୍ଷାତ୍ କରିଥାଏ - ଏକମାତ୍ର କେବଳ ଜ୍ଞାନ । ତ୍ରିକାଳବର୍ତ୍ତୀ ପ୍ରମେୟ, ଏହାର ବିଷୟ ସାଜୁଥିବାରୁ କେବଳ ଜ୍ଞାନ ପୂର୍ଣ୍ଣ-ପ୍ରତ୍ୟକ୍ଷ ବୋଲାଇଥାଏ । ଏହା ଆବୃତ ଥିବା ଅବସ୍ଥାରେ ଅବଧି ଜ୍ଞାନ ଓ ମନଃପର୍ଯ୍ୟବ ଜ୍ଞାନ ଅପୂର୍ଣ୍ଣ (ବିକଳ) ପ୍ରତ୍ୟକ୍ଷ ବୋଲାଇଥାନ୍ତି ।

ବ୍ୟବହାର-ପ୍ରତ୍ୟକ୍ଷ

ଇନ୍ଦ୍ରିୟ ଓ ମନର ଜ୍ଞାନ ଅଳ୍ପ ବିକଶିତ ହୋଇଥିବାରୁ ପଦାର୍ଥର ଜ୍ଞାନ ସମୟରେ ତା'ର ଏକ ନିଶ୍ଚିତ କ୍ରମ ରହିଥାଏ । ଆମେ ଏଗୁଡ଼ିକ ସାହାଯ୍ୟରେ ସର୍ବପ୍ରଥମେ ବସ୍ତୁର ସାମାନ୍ୟ ରୂପ ବା ଏକତାର ବୋଧ କରିଥାଉଁ । ଏହା ଉତ୍ତାରୁ କ୍ରମଶଃ ବସ୍ତୁର ବିଶେଷ ଅବସ୍ଥା ବା ଅନେକତା ଜାଣିହୁଏ । ଏକତାର ବୋଧ ସୁଲଭ ତଥା ଅଳ୍ପ ସମୟ ଲଭ୍ୟ ଅଥଚ ଅନେକତାର ବୋଧ ଯତ୍ନସାଧ୍ୟ ଓ ଦୀର୍ଘକାଳ ଲଭ୍ୟ ହୋଇଥାଏ । ଉଦାହରଣ ସ୍ୱରୂପ- ଗ୍ରାମ, ବନ, ସଭା, ପୁସ୍ତକାଳୟ, ମାଠିଆ ବା ବସ୍ତ୍ର - ଏହି ବୋଧ; ଏକ ହଜାର ଘର, ଶହେ ବୃକ୍ଷ, ଚାରିଶହ ଲୋକ, ଦଶହଜାର ପୁସ୍ତକ, ଅମୁକ ପରିମାଣ ମୃତ୍ କଣ ବା ଅମୁକ ପରିମାଣ ତନ୍ତୁ ଅପେକ୍ଷା ଆଗେ ଓ ସହଜ ସରଳ ଭାବରେ ଜଣେ

---

(୮) ଜୈନ ତର୍କ ଭାଷା, ପୃ.୧୦୦ ।

କରିପାରିଥାଏ । 'ଆମ୍ବ ଏକ ବୃକ୍ଷ ଅଟେ' - ଏହା ଆଗରୁ ବୃକ୍ଷର ବୋଧ କରିବା ଆବଶ୍ୟକ । ଆମ୍ବ, ପ୍ରଥମେ ବୃକ୍ଷ ଓ ପରେ ଆମ୍ବ ।

ବିଶେଷର ବୋଧ ସାମାନ୍ୟପୂର୍ବକ ଘଟିଥାଏ । ସାମାନ୍ୟ ବ୍ୟାପକ ହୋଇଥାଏ ଓ ବିଶେଷ ବ୍ୟାପ୍ୟ । ଧର୍ମୀ ଅନେକ ଧର୍ମର, ଅବୟବ୍ୟ ଅନେକ ଅବୟବର, ସମଷ୍ଟି ଅନେକ ବ୍ୟକ୍ତିର ପିଣ୍ଡ ମାତ୍ର ।

ଏକତାର ରୂପ ଯେହେତୁ ସ୍ଥୁଳ ଓ ସ୍ପଷ୍ଟ, ଆମ ସ୍ଥୁଳ ଜ୍ଞାନ ପ୍ରଥମେ ଏକତାର ବୋଧ କରିଥାଏ । ଅନେକତାର ରୂପ ସୂକ୍ଷ୍ମ ଓ ଅସ୍ପଷ୍ଟ ହୋଇଥିବାରୁ ତାହାକୁ ଜାଣିବା ସକାଶେ ବିଶେଷ ମନୋଯୋଗର ଆବଶ୍ୟକତା ପଡ଼ିଥାଏ । ତା'ପରେ କ୍ରମଶଃ ପଦାର୍ଥର ବିବିଧ ଦିଗର ନିଶ୍ଚୟ କରିହୁଏ । ନିଶ୍ଚୟର ତିନୋଟି ସୀମା ହେଉଛି - ୧. ଦୃଶ୍ୟ ବସ୍ତୁର ସତ୍ତାତ୍ମକ ନିଶ୍ଚୟ- ଅର୍ଥମାତ୍ର ଗ୍ରହଣ । ୨. ଆଲୋଚନାତ୍ମକ ନିଶ୍ଚୟ-ସ୍ୱରୂପ ବିମର୍ଶ । ୩. ଅପାୟାତ୍ମକ ନିଶ୍ଚୟ-ସ୍ୱରୂପ ନିର୍ଣ୍ଣୟ ।

ଏଗୁଡ଼ିକର ପୃଷ୍ଠଭୂମିରେ ଦୁଇଟି ତଥ୍ୟ ଅପେକ୍ଷିତ - ୧.ଇନ୍ଦ୍ରିୟ ଓ ପଦାର୍ଥର ଉଚିତ ସ୍ଥାନରେ ଯୋଗ (ସନ୍ନିକର୍ଷ ବା ସାମୀପ୍ୟ) । ୨. ଦର୍ଶନ-ନିର୍ବିକଳ୍ପବୋଧ, ସାମାନ୍ୟ ମାତ୍ର (ସତ୍ତା ମାତ୍ର)ର ଗ୍ରହଣ ।

ପୂରାକ୍ରମ ନିମ୍ନପ୍ରକାର ସଜାଡ଼ି ହେବ -

୧. ଇନ୍ଦ୍ରିୟ ଓ ଅର୍ଥର ଉଚିତ ଯୋଗ - ଶବ୍ଦ ଓ ଶ୍ରୋତ୍ରର ସନ୍ନିକର୍ଷ ।

୨. ନିର୍ବିକଳ୍ପ ବୋଧ ଦ୍ୱାରା ସତ୍ତା ମାତ୍ରର ଅବବୋଧ । ଯଥା - 'ଅଛି', 'ଅଟେ' ଆଦି ଅସ୍ତିତ୍ୱ ବାଚକ ଶବ୍ଦ ।

୩. ଗ୍ରାହ୍ୟବସ୍ତୁର ସତ୍ତାତ୍ମକ ନିଶ୍ଚୟ । ଯଥା - 'ଏହା ହେଉଛି ବସ୍ତୁ' ।

୪. ଆଲୋଚନାତ୍ମକ ନିଶ୍ଚୟ ! ଯଥା - 'ଏହା ଶବ୍ଦ ହୋଇଥିବ ।'

୫. ଅପାୟାତ୍ମକ ନିଶ୍ଚୟ । ଯଥା - 'ଏହା ଶବ୍ଦ ହିଁ ଅଟେ' । ଏଠାରେ ନିଶ୍ଚୟ ପୂର୍ଣ୍ଣତାକୁ ପ୍ରାପ୍ତ ହେଉଛି ।

୬. ନିଶ୍ଚୟର ଧାରଣା - ଯଥା - 'ତଦ୍ରୂପ ଶବ୍ଦ ହିଁ ହୋଇଥାଏ' । ଏଠାରେ ବ୍ୟବହାର ପ୍ରତ୍ୟକ୍ଷର ସମାପ୍ତି ଘଟିଥାଏ ।

ଅବଗ୍ରହ

ଅବଗ୍ରହର ଅର୍ଥ - ପହିଲି ଜ୍ଞାନ । ଇନ୍ଦ୍ରିୟ ଓ ବସ୍ତୁର ସଂବନ୍ଧ ସ୍ଥାପିତ ହେବା ସଙ୍ଗେ ସଙ୍ଗେ 'ସତ୍ତା ହେଉଛି'ର ବୋଧର ଜାଗରଣ ହୁଏ । ପ୍ରମାତା ଏହା ଜାଣିପାରେ ନାହିଁ । ଏଥିରେ ବିଶେଷ ଧର୍ମର ବୋଧ ହୋଇ ନ ଥାଏ, ତେଣୁ ପ୍ରମାଣ ମଧ୍ୟ କୁହାଯାଇପାରିବ ନାହିଁ । ତଥାପି ତାହା ଉତ୍ତର - ଭାବୀ-ଅବଗ୍ରହ ପ୍ରମାଣର ପରିଣାମୀ କାରଣ । ଏହାପରେ ସ୍ପର୍ଶନ, ରସନ, ଘ୍ରାଣ ଓ ଶ୍ରୋତ୍ରର ବ୍ୟଞ୍ଜନ ଅବଗ୍ରହ ଘଟିଥାଏ । 'ବ୍ୟଞ୍ଜନ'ର ତିନି ଅର୍ଥ ହେଉଛି - ୧.ଶବ୍ଦ ଆଦି ପୁଦ୍‌ଗଳ ଦ୍ରବ୍ୟ । ୨. ଉପକରଣ ଇନ୍ଦ୍ରିୟ - ବିଷୟ-ଗ୍ରାହକ ଇନ୍ଦ୍ରିୟ । ୩. ବିଷୟ ଓ ଉପକରଣ ଇନ୍ଦ୍ରିୟର ସଂଯୋଗ ।

ବ୍ୟଞ୍ଜନ-ଅବଗ୍ରହ ହେଉଛି ଅବ୍ୟକ୍ତ ଜ୍ଞାନ ।[୯] ପ୍ରମାତା ତଥାପି ଜାଣିପାରି ନ ଥାଏ । ଏହାପରେ ଅର୍ଥର ଅବଗ୍ରହ ହୋଇଥାଏ ।

ଅର୍ଥ ଶବ୍ଦର ଦୁଇଟି ଅର୍ଥ ହେଉଛି - ଦ୍ରବ୍ୟ (ସାମାନ୍ୟ) ଓ ପର୍ଯ୍ୟାୟ (ବିଶେଷ) । ଅବଗ୍ରହ ଆଦି ପର୍ଯ୍ୟାୟ ସାହାଯ୍ୟରେ ଦ୍ରବ୍ୟକୁ ଗ୍ରହଣ କରନ୍ତି, ପୂର୍ଣ୍ଣ ଦ୍ରବ୍ୟକୁ ଜାଣିପାରନ୍ତି ନାହିଁ । ଇନ୍ଦ୍ରିୟଗୁଡ଼ିକ ନିଜ-ନିଜ ବିଷୟଭୂତ ବସ୍ତୁ ପର୍ଯ୍ୟାୟକୁ ଜାଣନ୍ତି । ମନ ମଧ୍ୟ ଏକ ସଂଗେ ନିୟତ ଅଂଶର ହିଁ ବିଚାର କରିଥାଏ ।

ଅର୍ଥାବଗ୍ରହ ବ୍ୟଞ୍ଜନାରୁ କିଛି ବ୍ୟକ୍ତ ହୁଏ, ଯଥା - 'ଏହା କିଛି ଅଟେ' - ଏହା ସାମାନ୍ୟ ଅର୍ଥର ଜ୍ଞାନ । ସାମାନ୍ୟର ନିର୍ଦ୍ଦେଶ ହୋଇପାରେ (କୁହାଯାଇପାରେ), ଯଥା - ବନ, ସେବା, ନଗର ଆଦି-ଆଦି । ଅର୍ଥାବଗ୍ରହର

---

[୯] ସ୍ଥାନାଂଗ ବୃତ୍ତି ପତ୍ର ୪୭ : ବ୍ୟଞ୍ଜନାବଗ୍ରହକାଳେଽପି ଜ୍ଞାନମସ୍ତ୍ୟେବ, ସୂକ୍ଷ୍ମାବ୍ୟକ୍ତତ୍ୱାତ୍ତୁ ନୋପଲଭ୍ୟତେ ସୁପ୍ତାବ୍ୟକ୍ତବିଜ୍ଞାନବତ୍ ।

ବିଷୟ ଅନିର୍ଦ୍ଦେଶ୍ୟ-ସାମାନ୍ୟ ହୋଇଥାଏ - କୌଣସି ଶବ୍ଦ ଦ୍ୱାରା ବି କୁହାଯାଇପାରିବ ନାହିଁ । ତାତ୍ପର୍ଯ୍ୟ ହେଲା ଅର୍ଥାବଗ୍ରହ ଦ୍ୱାରା ଅର୍ଥର ଅନିର୍ଦ୍ଦେଶ୍ୟ ସାମାନ୍ୟ ରୂପର ଜ୍ଞାନ ହୋଇଥାଏ । ଦର୍ଶନ ଦ୍ୱାରା 'ସତ୍ତା ଅଟେ'ର ବୋଧ ହୁଏ । ଅର୍ଥାବଗ୍ରହ ଦ୍ୱାରା 'ବସ୍ତୁ ଅଟେ'ର ଜ୍ଞାନ ହୁଏ । ସତ୍ତା ଦ୍ୱାରା ଏହି ଜ୍ଞାନ ଏତିକି ମାତ୍ର ଅଗ୍ରଗତି କରିଥାଏ । ଏଥିରେ ଅର୍ଥର ସ୍ୱରୂପ, ନାମ, ଜାତି, କ୍ରିୟା, ଗୁଣ, ଦ୍ରବ୍ୟ ଆଦିର କଳ୍ପନା ଅନ୍ତର୍ଗତ ଶାବ୍ଦିକ ପ୍ରତୀତି ହୁଏ ନାହିଁ ।[୧୦] ଅର୍ଥାବଗ୍ରହ ଦ୍ୱାରା ଜ୍ଞାତ ଅର୍ଥର ସ୍ୱରୂପ କ'ଣ, ନାମ କ'ଣ, ତାହା କେଉଁ ଜାତିର, ତା'ର କ୍ରିୟା କିପରି, କେଉଁ ପ୍ରକାର ଗୁଣ, ଦ୍ରବ୍ୟ ଜାଣି ହୁଏ ନାହିଁ । ଏଗୁଡ଼ିକୁ ନ ଜାଣିବା ପର୍ଯ୍ୟନ୍ତ (ସ୍ୱରୂପ ଆଦିର କଳ୍ପନା ବିନା) ଅର୍ଥ ସାମାନ୍ୟର ନିର୍ଦ୍ଦେଶ ବି କରାଯାଇପାରିବ ନାହିଁ । ଉକ୍ତ ସ୍ୱରୂପ ଆଧାରରେ ଏହି ପରିଭାଷା ନିର୍ମିତ ହେଉଛି - "ଅନିର୍ଦ୍ଦେଶ୍ୟ ସାମାନ୍ୟ ଅର୍ଥକୁ ଜାଣିପାରୁଥିବା ଜ୍ଞାନ ହେଉଛି ଅର୍ଥାବଗ୍ରହ ।"

ଏଠାରେ ପ୍ରଶ୍ନ ଉଠିପାରେ ଯେ ଅନଧ୍ୟବସାୟ ଓ ଅର୍ଥାବଗ୍ରହ ଉଭୟେ ସାମାନ୍ୟଗ୍ରାହୀ ଅଟନ୍ତି । ତେବେ ଜଣକୁ ଅପ୍ରମାଣ ଓ ଅନ୍ୟକୁ ପ୍ରମାଣ କିପରି ସ୍ୱୀକାର କରାଯାଉଛି । ଉତ୍ତର ସ୍ପଷ୍ଟ । ଅନଧ୍ୟବସାୟ, ଅର୍ଥାବଗ୍ରହର ଆଭାସ ମାତ୍ର । ଅର୍ଥାବଗ୍ରହର ଦୁଇଟି ରୂପ ସୃଷ୍ଟି ହେଉଛି - ନିର୍ଣ୍ଣୟୋନ୍ମୁଖ ଓ ଅନିର୍ଣ୍ଣୟୋନ୍ମୁଖ । ଅର୍ଥାବଗ୍ରହ ଯେତେବେଳେ ନିର୍ଣ୍ଣୟୋନ୍ମୁଖ ତାହା ହୋଇଥାଏ ପ୍ରମାଣ ଏବଂ ନିର୍ଣ୍ଣୟୋନ୍ମୁଖ ନ ଥିଲେ, ଅନିର୍ଣ୍ଣୟ ମଧ୍ୟରେ ଥମିଯାଇ ତାହା ଅନଧ୍ୟବସାୟ ବୋଲାଇଥାଏ । ଏହି ପ୍ରକାର ଅବଗ୍ରହ ମଧ୍ୟରେ ଅନଧ୍ୟବସାୟର ସମାବେଶ ହେଉଛି ।[୧୧]

ଈହା

ଅବଗ୍ରହ ଉତ୍ତାରୁ ସଂଶୟ ଜ୍ଞାନ ଜାତ ହୁଏ । 'ଏହା କ'ଣ- ଶବ୍ଦ ନା ସ୍ପର୍ଶ' । ଏହାପରେ ସତ୍-ଅର୍ଥର ସାଧକ ବିତର୍କ ଉଠେ- 'ଏହା ଶ୍ରୋତ୍ରର ବିଷୟ ଅଟେ, ତେଣୁ 'ଶବ୍ଦ ହୋଇଥିବ', ଏହିଭଳି ଅବଗ୍ରହ ଦ୍ୱାର ଜ୍ଞାତ ପଦାର୍ଥର ସ୍ୱରୂପ ନିଶ୍ଚୟ କରିବା ସକାଶେ ବିମର୍ଶ କରାଯାଇଥିବା ଜ୍ଞାନକ୍ରମର ନାମ 'ଈହା' । ଏହାର ବିମର୍ଶ ପଦ୍ଧତି ହେଉଛି ଅନ୍ୱୟ-ବ୍ୟତିରେକ-ପୂର୍ବକ । ଜ୍ଞାତ ବସ୍ତୁର ପ୍ରତିକୂଳ ତଥ୍ୟର ନିରସନ ଏବଂ ଅନୁକୂଳ ତଥ୍ୟଗୁଡ଼ିକର ସଂକଳନ ପୂର୍ବକ 'ଈହା' ତା' ସ୍ୱରୂପ ନିର୍ଣ୍ଣୟ ପରମ୍ପରାକୁ ଆଗକୁ ବଢ଼ାଇଥାଏ ।

ଈହା ପୂର୍ବରୁ ସଂଶୟ ରହିଥାଏ, କିନ୍ତୁ ଈହା ଓ ସଂଶୟ ଏକ ନୁହନ୍ତି । ସଂଶୟ କେବଳ ବିକଳ୍ପ ଉତ୍ପନ୍ନ କରିଥାଏ, ସମାଧାନ ଆଦୌ କରେ ନାହିଁ । ସଂଶୟ ଦ୍ୱାରା ଛିଡ଼ା କରାଯାଇଥିବା ବିକଳ୍ପଗୁଡ଼ିକୁ ଈହା ବାଛି ପକାଇ ପୃଥକ୍ କରିଦିଏ । ସଂଶୟ କେବେ ବି ସମାଧାୟକ ନୁହେଁ, ତେଣୁ ତାହାକୁ ଜ୍ଞାନ-କ୍ରମରେ ସ୍ଥାନ ଦିଆଯାଇନାହିଁ । ଅବଗ୍ରହରେ ଅର୍ଥର ସାମାନ୍ୟ ରୂପରେ ଗ୍ରହଣ କରାଯାଏ ତାହା ଈହା ମଧ୍ୟରେ ତା'ର ବିଶେଷ ଧର୍ମର (ସ୍ୱରୂପ, ନାମ, ଜାତି ଆଦି) ପର୍ଯ୍ୟାଲୋଚନ ଆରମ୍ଭ ହୁଏ ।

ଅବାୟ

ଈହା ଦ୍ୱାରା ଜ୍ଞାତ ସତ୍-ଅର୍ଥର ନିର୍ଣ୍ଣୟ ହୁଏ, ଯଥା - "ଏହା ସ୍ପର୍ଶ ନୁହେଁ, ନିଶ୍ଚିତ ଭାବରେ ଶବ୍ଦ" । ଏହାର ନାମ 'ଅବାୟ' । ଅବାୟ, ଈହାର ପର୍ଯ୍ୟାଲୋଚନାର ସମର୍ଥନ କରିବା ସହିତ ତା'ର ବିଶେଷ ଅବଧାନପୂର୍ବକ ନିର୍ଣ୍ଣୟ ମଧ୍ୟ କରିଦେଇଥାଏ ।

---

[୧୦] (କ) ସ୍ୱରୂପ-ରସନା ଦ୍ୱାରା ଯାହା ଗ୍ରହଣ କରାଯାଇଥାଏ, ତାହା 'ରସ' ହୋଇଥାଏ ।
(ଖ) ନାମ - ରୂପ, ରସ ଆଦିବାଚକ ଶବ୍ଦ ।
(ଗ) ଜାତି - ରୂପତ୍ୱ, ରସତ୍ୱ ଆଦି ଜାତି ।
(ଘ) କ୍ରିୟା - ସୁଖକର, ହିତକର ଆଦି କ୍ରିୟା
(ଙ) ଗୁଣ- କୋମଳ, କଠୋର ଆଦି ଗୁଣ ।
(ଚ) ଦ୍ରବ୍ୟ - 'ପୃଥ୍ୱୀ, ପାଣି ଆଦି ଦ୍ରବ୍ୟ ।

[୧୧] ବିଶେଷାବଶ୍ୟକ ଭାଷ୍ୟ, ବୃତ୍ତି, ପୃ.୩୧୭ : ଅନଧ୍ୟବସାୟସ୍ତାବତ୍ ସାମାନ୍ୟ ମାତ୍ର ଗ୍ରାହିତ୍ୱେନ ଅବଗ୍ରହେ ଅନ୍ତର୍ଭବତି ।

ଧାରଣା

ଅବାୟ ଦ୍ୱାରା କରାଯାଇଥିବା ନିର୍ଣ୍ଣୟ ଅଳ୍ପ ସମୟ ଲାଗି ସ୍ଥିର ରହେ । ମନ ବିଷୟାନ୍ତରିତ ହେବା ମାତ୍ରେ ତାହା ଲୋପ ପାଏ । ଅବଶ୍ୟ ପଛକୁ ଆପଣା ସଂସ୍କାର ଛାଡ଼ିଯାଏ । ତାହା ସ୍ମୃତିର ହେତୁ ସାଜେ ।

ଧାରଣା କାଳରେ ଯେଉଁ ସତତ ଉପଯୋଗ ଅବ୍ୟାହତ ଥାଏ, ତାହା ହେଉଛି ଅବିଚ୍ୟୁତି । ଉପଯୋଗାନ୍ତର ହେବା ପରେ ଧାରଣା, ବାସନାରେ ରୂପାନ୍ତରିତ ହୁଏ । ଏହି ବାସନା, କାରଣ ବିଶେଷରେ ଉଦ୍‌ବୁଦ୍ଧ ହୋଇ ସ୍ମୃତିର କାରଣ ପାଲଟିଥାଏ । ବାସନା ସ୍ୱୟଂ ଜ୍ଞାନ ନୁହେଁ : କିନ୍ତୁ ଅବିଚ୍ୟୁତିର କାର୍ଯ୍ୟ ତଥା ସ୍ମୃତିର କାରଣ ହୋଇଥିବାରୁ ଦୁଇଟି ଜ୍ଞାନକୁ ଯୋଡ଼ି ପାରୁଥିବା କଡ଼ି ରୂପରେ ଜ୍ଞାନ ବୋଲି ମାନ୍ୟ ।

ବ୍ୟବହାର-ପ୍ରତ୍ୟକ୍ଷ ପରମ୍ପରାର ଏଠାରେ ଯବନିକାପାତ ହୁଏ । ଏହାପରେ ସ୍ମୃତି ଆଦି ପରୋକ୍ଷ-ପରମ୍ପରାର ସୂତ୍ରପାତ ହୋଇଥାଏ ।

ଅବଗ୍ରହର ଦୁଇ ଭେଦ ହେଲା – ବ୍ୟାବହାରିକ ଓ ନୈଶ୍ଚୟିକ ।

ନୈଶ୍ଚୟିକ ଅବଗ୍ରହ ଅବିଶେଷିତ-ସାମାନ୍ୟ ଜ୍ଞାନ କରାଇଥାଏ, ଯା'ର ଆଲୋଚନା ଏହା ପୂର୍ବରୁ କରାଯାଇଛି । ବ୍ୟାବହାରିକ ଅବଗ୍ରହ ବିଶେଷିତ-ସାମାନ୍ୟକୁ ଗ୍ରହଣ କରିବାରେ ସମର୍ଥ । ନୈଶ୍ଚୟିକ ଅବଗ୍ରହ ଉତ୍ତାରୁ ହେଉଥିବା ଈହା, ଅବାୟ, ଯା'ର ବିଶେଷ ଧର୍ମର ମୀମାଂସା ହୋଇସାରିଛି, ସେହି ସମାନ ବସ୍ତୁର ନୂଆ-ନୂଆ ଧର୍ମର ଜିଜ୍ଞାସା ଓ ନିର୍ଣ୍ଣୟ କରିବା ହେଉଛି ବ୍ୟାବହାରିକ ଅବଗ୍ରହର କାର୍ଯ୍ୟ । ଅବାୟ ଦ୍ୱାରା ଗୋଟିଏ ତଥ୍ୟର ନିଶ୍ଚୟ ହେବା ପରେ ପୁଣି ତତ୍ ସମ୍ବନ୍ଧୀୟ ଅନ୍ୟ ତଥ୍ୟର ଜିଜ୍ଞାସା ଉତ୍ପନ୍ନ ହୁଏ, ସେତେବେଳେ ପ୍ରଥମର ଅବାୟ ବ୍ୟାବହାରିକ-ଅର୍ଥାବଗ୍ରହରେ ପରିଣତ ହୁଏ ଏଥା ସେହି ଜିଜ୍ଞାସାର ସମ୍ୟକ୍ ସମାଧାନ ସକାଶେ ପୁଣି ଈହା ଓ ଅବାୟରେ ପରିଣତ ହୁଏ । ଜିଜ୍ଞାସା ରହିଥିବା ପର୍ଯ୍ୟନ୍ତ ଏହି କ୍ରିୟା ଅବ୍ୟାହତ ରହେ ।

ନୈଶ୍ଚୟିକ ଅବଗ୍ରହର ପରମ୍ପରା – 'ଏହା ଶବ୍ଦ ହି ଅଟେ'– ଏଠାରେ ସମାପ୍ତ ହେଉଛି । ଏହାପରେ ବ୍ୟାବହାରିକ ଅବଗ୍ରହର ଧାରା ଆରମ୍ଭ ହୁଏ । ଯଥା –

୧. ବ୍ୟାବହାରିକ ଅବଗ୍ରହ – ଏହା ହେଉଛି ଶବ୍ଦ ।

(ସଂଶୟ-ପଶୁର ଅଥବା ମନୁଷ୍ୟ କାହାର ଶବ୍ଦ)

୨. ଈହା – ସ୍ପଷ୍ଟ ଭାଷାତ୍ମକ, ତେଣୁ ମନୁଷ୍ୟ ହୋଇଥିବ ।

୩. ଅବାୟ- (ବିଶେଷ ପରୀକ୍ଷା ଉତ୍ତାରୁ) ମନୁଷ୍ୟର ହିଁ ଅଟେ ।

ବ୍ୟବହାର-ପ୍ରତ୍ୟକ୍ଷର ଉକ୍ତ ଆକାର ମଧ୍ୟରେ – 'ଏହା ହେଉଛି ଶବ୍ଦ' ଅପାୟାତ୍ମକ ନିଶ୍ଚୟ ଅନ୍ତର୍ଗତ ଆସିଥାଏ । ଫଳିତାର୍ଥ ହେଉଛି ଯେ ନୈଶ୍ଚୟିକ ଅବଗ୍ରହର ଅପାୟ ରୂପ ବ୍ୟାବହାରିକ ଅବଗ୍ରର ଆଦି ରୂପରେ ପରିଣତ ହୁଏ । ଏହି ପ୍ରକାର ଉତ୍ତରୋତ୍ତର ଅନେକ ଜିଜ୍ଞାସା ଜାତ ହୁଏ / ଯଥା

ଅବସ୍ଥା – ଭେଦରେ ଏହି ଶବ୍ଦ ବାଳକର ନା ବୃଦ୍ଧର ?

ଲିଙ୍ଗ-ଭେଦରେ ଏହି ଶବ୍ଦ ସ୍ତ୍ରୀର ନା ପୁରୁଷର ? ଆଦି-ଆଦି ।

ବ୍ୟବହାର-ପ୍ରତ୍ୟକ୍ଷର କ୍ରମ ବିଭାଗ

ଅବଗ୍ରହ, ଈହା, ଅବାୟ ଓ ଧାରଣାର ଉତ୍କ୍ରମ ହୁଏ ନାହିଁ କି ବ୍ୟତିକ୍ରମ ମଧ୍ୟ ହୁଏ ନାହିଁ । ଅର୍ଥଗ୍ରହଣ ପରେ ଯାଇ ବିଚାର, ବିଚାର ପରେ ନିଶ୍ଚୟ ଏବଂ ନିଶ୍ଚୟ ଉତ୍ତାରୁ ଧାରଣା କ୍ରମ ନିର୍ମିତ ହୁଏ । ତେଣୁ ଈହା ଅବଗ୍ରହ ପୂର୍ବକ ହୋଇଥାଏ, ଅବାୟ ଈହା ପୂର୍ବକ ଓ ଧାରଣା ଅବାୟପୂର୍ବକ – ଏହି କ୍ରମରେ ଗତିଶୀଳ ହୁଏ ।

ବ୍ୟବହାର-ପ୍ରତ୍ୟକ୍ଷର ଏହି ଦୁଇ ବିଭାଗ ନିର୍ହେତୁକ ନୁହେଁ । ଯଦ୍ୟପି ଏହା ଏକ-ବସ୍ତୁ ବିଷୟକ ଜ୍ଞାନଧାରାର ଅବିରଳ ରୂପ, ତଥାପି ସେଗୁଡ଼ିକର ଆପଣା ସ୍ୱତନ୍ତ୍ର ସ୍ଥିତି ରହିଛି, ଯାହା ସେଗୁଡ଼ିକୁ ପରସ୍ପରଠାରୁ ପୃଥକ୍ କରିଥାଏ ।

୧. ଏହା କିଛି ଅଟେ – କେବଳ ଏତିକି ଟିକିଏ ଜ୍ଞାନ ହେବା ମାତ୍ରେ ପ୍ରମାତା, ଅନ୍ୟ କଥା ଆଡ଼କୁ ଦୃଷ୍ଟି ପ୍ରଦାନ

କରିବସେ । ଫଳରେ ଗତିରେ ଅବରୋଧ ଆସିବା ସ୍ୱାଭାବିକ । ସେହିଭଳି 'ଏହା ଅମୁକ ହୋଇଥିବା କଥା - ଏହା ଅମୁକ ହିଁ ଅଟେ' । ଏହା ମଧ୍ୟ ଭିନ୍ନ-ଭିନ୍ନ ହୋଇପାରନ୍ତି । ଏହି ସ୍ଥିତିକୁ 'ଅସାମସ୍ତ୍ୟେନ ଉତ୍ପତ୍ତି' କୁହାଯାଇଛି ।

୨. ଦ୍ୱିତୀୟ ସ୍ଥିତି ହେଉଛି- 'କ୍ରମ ଭାବିତ୍ୱ'-ଧାରା ନିରୋଧ । ଏହି ଧାର ଶେଷ ପର୍ଯ୍ୟନ୍ତ ଲମ୍ବିଥିବ, ଏପରି କୌଣସି ଧରାବନ୍ଧା ନିୟମ ନାହିଁ । କିନ୍ତୁ ଧାର ବହୁଥିବାଯାଏ କ୍ରମର ଉଲ୍ଲଙ୍ଘନ ହୁଏ ନାହିଁ । 'ଏହା କିଛି ଅଟେ' ବିନା 'ଏହା ଅମୁକ ହୋଇଥିବ' - 'ଏହି ଜ୍ଞାନ କରିବା ସମ୍ଭବ ନୁହେଁ' । 'ଏହା ଅମୁକ ହୋଇଥିବ' ବିନା 'ଏହା ଅମୁକ ହିଁ ଅଟେ' - ଏହା ନିଃସଂଶୟ ଭାବରେ କୁହାଯାଇପାରିବ ନାହିଁ । 'ଏହା ଅମୁକ ହିଁ ଅଟେ' - ଏହା ବିନା ଧାରଣା ହୋଇପାରେ ନାହିଁ ।

୩. ତୃତୀୟ ସ୍ଥିତି ହେଉଛି- 'କ୍ରମିକ ପ୍ରକାଶ' । ଏହା ଗୋଟିଏ ବସ୍ତୁର ଭିନ୍ନ-ଭିନ୍ନ ଦିଗ ପ୍ରତି ଆଲୋକପାତ କରିଥାଏ । ଏଥିରୁ ଗୋଟିଏ କଥା ସ୍ପଷ୍ଟ ହେଉଛି ଯେ ଏଗୁଡ଼ିକର ଆପଣା ବିଷୟରେ ନିର୍ଣ୍ଣାୟକତା ରହିଥିବାରୁ ଏମାନେ ସମସ୍ତେ ହେଉଛନ୍ତି ପ୍ରମାଣ । ଅବାୟ ସ୍ୱତନ୍ତ୍ର ନିର୍ଣ୍ଣୟ କରିପାରେ ନାହିଁ । ଈହା ଦ୍ୱାରା ଜ୍ଞାତ ଅଂଶ ଅପେକ୍ଷାରେ ହିଁ ତା' ଉପରେ ବିଶେଷ ବିଶ୍ଳେଷଣ କରାଯାଇଥାଏ ।

ଅପରିଚିତ ବସ୍ତୁର ଜ୍ଞାନ କରିବାରେ ଏହି କ୍ରମର ସ୍ପଷ୍ଟ ଅନୁଭବ ଆସେ । ଆମେ ଗୋଟିଏ ଗୋଟିଏ ତଥ୍ୟର ସଂକଳନ ପୂର୍ବକ ଅନ୍ତିମ ତଥ୍ୟ ପର୍ଯ୍ୟନ୍ତ ପହଞ୍ଚିବାରେ ସମର୍ଥ ହୋଇଥାଉଁ - ଏଥିରେ କୌଣସି ସନ୍ଦେହ ନାହିଁ । ପରିଚିତ ବସ୍ତୁକୁ ଜାଣିବା ବେଳେ ଏହି କ୍ରମର ସ୍ପଷ୍ଟବୋଧ ଆମେ କରିପାରିବାରେ ବିଫଳ ହୋଇଥାଉଁ । କାରଣ ହେଉଛି - 'ଜ୍ଞାନର ଆଶୁ ଉତ୍ପାଦ' - ଶୀଘ୍ର ଉତ୍ପତ୍ତି । ଏହି କ୍ରମ ସେଠାରେ ବି ଅବିଚ୍ଛିନ୍ନ ରହେ । କ୍ଷଣକ ମଧ୍ୟରେ ବିଜୁଳି ଭଣ୍ଡାରରୁ ସୁଦୂର କ୍ଷେତ୍ରଯାଏ ବିଜୁଳି ପହଞ୍ଚିଯାଏ । ତାହା ଏକାଥରକୁ ଯାଏ ନାହିଁ । ଗତିର ବ୍ୟବସ୍ଥିତ କ୍ରମ ଅବଶ୍ୟ ରହିଥାଏ, କିନ୍ତୁ ଗତିର ବେଗ ଅତି ତୀବ୍ର ଥିବାରୁ ତାହା ସହଜ ବୁଦ୍ଧିଗମ୍ୟ ହୋଇ ନ ଥାଏ ।

ସଂଶୟ, ଈହା ଓ ଅବାୟର କ୍ରମ ଗୌତମଙ୍କ ଅନୁସାରେ ଷୋଡ଼ଶ ପଦାର୍ଥଗତ ସଂଶୟ[୧୨], ତର୍କ [୧୩] ଓ ନିର୍ଣ୍ଣୟ ସହିତ ତୁଳନୀୟ ।[୧୪]

ଈହା ଓ ତର୍କ ମଧ୍ୟରେ ଭେଦ

ପରୋକ୍ଷ ପ୍ରମାଣଗତ ତର୍କଠାରୁ ଈହା ହେଉଛି ଭିନ୍ନ । ତର୍କ ଦ୍ୱାରା ବ୍ୟାପ୍ତି (ଅନ୍ୱୟ ବ୍ୟତିରେକର ତ୍ରୈକାଳିକ ନିୟମ)ର ନିର୍ଣ୍ଣୟ ହୁଏ ଏବଂ ଈହା ଦ୍ୱାରା କେବଳ ବର୍ତ୍ତମାନ ଅର୍ଥର ଅନ୍ୱୟ-ବ୍ୟତିରେକ ପୂର୍ବକ ବିମର୍ଶ କରାଯାଏ ।[୧୫]

ନ୍ୟାୟ କ୍ରମରେ ଅବଜ୍ଞାତ ବସ୍ତୁକୁ ଜାଣିବା ଇଚ୍ଛା ଜାଗ୍ରତ ହୁଏ । ଏହି ଜିଜ୍ଞାସା ପରେ ସଂଶୟ ଉତ୍ପନ୍ନ ହୁଏ । ସଂଶୟାବସ୍ଥାରେ କାରଣର ଉତ୍ପତ୍ତି ଲାଗି ଯେଉଁ ପକ୍ଷ ଆଡ଼କୁ ଦୃଷ୍ଟି ନିବଦ୍ଧ ହୁଏ, ତା'ର ସମ୍ଭାବନା ମାନ୍ୟ ହୁଏ ଏବଂ ସେହି ସମ୍ଭାବନା ହେଉଛି ତର୍କ । 'ସଂଶୟାବସ୍ଥାରେ ତର୍କର ପ୍ରୟୋଜନ ହୋଇଥାଏ' - ଏହି ଲକ୍ଷଣ ଈହା ସହିତ ସଂଗତି ସ୍ଥାପନ କରିଥାଏ ।

ପ୍ରାପ୍ୟକାରୀ ଓ ଅପ୍ରାପ୍ୟକାରୀ

ସାଧାରଣତଃ ପାଞ୍ଚୋଟି ଯାଇ ଇନ୍ଦ୍ରିୟ ସମାନ ପରିଗଣିତ ହୋଇଥାନ୍ତି କିନ୍ତୁ ଯୋଗ୍ୟତା ଦୃଷ୍ଟିରୁ 'ଚକ୍ଷୁ'କୁ ବିଶେଷ ସ୍ଥାନ ପ୍ରାପ୍ତ ହୋଇଥାଏ । ଅବଶିଷ୍ଟ ଚାରି ଇନ୍ଦ୍ରିୟ ଆପଣା ବିଷୟା ଗ୍ରହଣ କରିବାରେ ବେଶ୍ ପଟୁ ; କିନ୍ତୁ ଏହି ସ୍ଥିତିରେ ଚକ୍ଷୁ ହେଉଛି ପଟୁତର ।

---

(୧୨) ନ୍ୟାୟସୂତ୍ର, ୧।୧।୨୩ ।

(୧୩) ନ୍ୟାୟସୂତ୍ର, ୧।୧।୪୦ ।

(୧୪) ନ୍ୟାୟ ସୂତ୍ର, ୧।୧।୪୧ ।

(୧୫) ଜୈନ ତର୍କ ଭାଷା : ତ୍ରିକାଳଗୋଚରସ୍ତର୍କ, ଈହା ତୁ ବାର୍ତ୍ତମାନିକାର୍ଥବିଷୟା ।

ସ୍ପର୍ଶନ, ରସନ, ଘ୍ରାଣ ଓ ଶ୍ରୋତ୍ର ଗ୍ରାହ୍ୟ ବସ୍ତୁ ସହିତ ସଂପୃକ୍ତ ହୋଇ ତାକୁ ଜାଣିଥାନ୍ତି, ତେଣୁ ଏହି ଚାରି ଇନ୍ଦ୍ରିୟ ପଟୁ ଅଟନ୍ତି । ଚକ୍ଷୁ, ଗ୍ରାହ୍ୟବସ୍ତୁକୁ ଉଚିତ ସାମିପ୍ୟ ମାତ୍ରରୁ ଜାଣିପାରିଥାଏ, ତେଣୁ ତାହା ହେଉଛି ପଟୁତର । ପଟୁ ଇନ୍ଦ୍ରିୟ, ପ୍ରାପ୍ୟକାରୀ ହୋଇଥିବାରୁ ଏମାନଙ୍କ ବ୍ୟଞ୍ଜନାବଗ୍ରହ ହୋଇଥାଏ । ଚକ୍ଷୁ, ପ୍ରାପ୍ୟକାରୀ ନୁହେଁ, ତେଣୁ ତା'ର ବ୍ୟଞ୍ଜନାବଗ୍ରହ ହୁଏ ନାହିଁ ।

ସଂପର୍କପୂର୍ବକ ଘଟୁଥିବା ଅବ୍ୟକ୍ତ ଜ୍ଞାନ ହେଉଛି 'ବ୍ୟଞ୍ଜନାବଗ୍ରହ' । ଅର୍ଥାବଗ୍ରହ ହେଲା ତା'ର ଚରମ ଅଂଶ । ପଟୁ ଇନ୍ଦ୍ରିୟ ଏକାଥରକୁ ବିଷୟକୁ ଗ୍ରହଣ କରିପାରେ ନାହିଁ । ବ୍ୟଞ୍ଜନାବଗ୍ରହ ଦ୍ୱାରା ଅବ୍ୟକ୍ତ ଜ୍ଞାନ ଜାତପୂର୍ବକ ତାହା ଯେବେ ପୁଷ୍ଟ ହୁଏ, ତାହା ଅର୍ଥର ଅବଗ୍ରହ କରିପାରିଥାଏ । ଚକ୍ଷୁ ଆପଣା ବିଷୟକୁ ତତ୍‌କାଳ ଗ୍ରହଣ କରିପକାଏ, ତେଣୁ ତାହା ପୂର୍ବଭାବୀ ଅବ୍ୟକ୍ତ ଜ୍ଞାନର ଅପେକ୍ଷା କରେ ନାହିଁ ।

ମନର ସେହି ସମାନ ଦଶା । ମନ, ଚକ୍ଷୁ ଭଳି ବ୍ୟବହିତ ପଦାର୍ଥକୁ ଜାଣିପାରେ, ତେଣୁ ମନକୁ ବ୍ୟଞ୍ଜନାବଗ୍ରହର ଆବଶ୍ୟକତା ପଡ଼େ ନାହିଁ ।

ବୌଦ୍ଧ ମତରେ ଶ୍ରୋତ୍ର ମଧ୍ୟ ଅପ୍ରାପ୍ୟକାରୀ । ନୈୟାୟିକ ଓ ବୈଶେଷିକ ଚକ୍ଷୁ ଓ ମନକୁ ଅପ୍ରାପ୍ୟକାରୀ ରୂପରେ ସ୍ୱୀକାର କରନ୍ତି ନାହିଁ । ଉକ୍ତ ଦୁଇ ଦୃଷ୍ଟିରୁ ଜୈନ ଦୃଷ୍ଟି ଭିନ୍ନ ।

ଶ୍ରୋତ୍ର ବ୍ୟବହିତ ଶବ୍ଦକୁ ଜାଣିପାରେ ନାହିଁ । ଶ୍ରୋତ୍ର ସହିତ ସଂପୃକ୍ତ ଶବ୍ଦଗୁଡ଼ିକ ପର୍ଯ୍ୟନ୍ତ ତାହା ପହଞ୍ଚିଥାଏ ଅର୍ଥାତ୍ ଜାଣିଥାଏ । ତେଣୁ ଶ୍ରୋତ୍ର ଅପ୍ରାପ୍ୟକାରୀ ହେବା ସମ୍ଭବ ନୁହେଁ । ଚକ୍ଷୁ ଓ ମନ ବ୍ୟବହିତ ପଦାର୍ଥକୁ ଜାଣିବାରେ ସକ୍ଷମ, ତେଣୁ ଏ ଦୁହେଁ ପ୍ରାପ୍ୟକାରୀ ହୋଇପାରିବ ନାହିଁ । ଗ୍ରାହ୍ୟବସ୍ତୁ ସହିତ ଚକ୍ଷୁ ଓ ମନର ସଂପର୍କ ଜରୁରୀ ନୁହେଁ ।

ବିଜ୍ଞାନ ଅନୁସାରେ - ... ଚକ୍ଷୁ ମଧ୍ୟରେ ଦୃଶ୍ୟ ବସ୍ତୁର ତଦାକାର ପ୍ରତିବିମ୍ବ ପଡ଼ିଥାଏ । ଫଳରେ ଚକ୍ଷୁ, ଆପଣା ବିଷୟର ଜ୍ଞାନ କରିଥାଏ । ନୈୟାୟିକଙ୍କ ପ୍ରାପ୍ୟକାରିତାର ଆଧାର ହେଉଛି ଚକ୍ଷୁର ସୂକ୍ଷ୍ମ ରଶ୍ମିଗୁଡ଼ିକର ପଦାର୍ଥ ସହିତ ସଂପୃକ୍ତି । ଏହା ବିଜ୍ଞାନ ସମ୍ମତ ନୁହେଁ । ବିଜ୍ଞାନ, ଆଖିକୁ ଏକ ଶକ୍ତିଶାଳୀ କ୍ୟାମେରା ମାନିଥାଏ । ତା' ମଧ୍ୟରେ ଦୂରସ୍ଥ ବସ୍ତୁର ଚିତ୍ର ଅଙ୍କିତ ବା ପ୍ରତିଫଳିତ ହୋଇଥାଏ । ଜୈନ ଦୃଷ୍ଟିର ଅପ୍ରାପ୍ୟକାରିତା ସିଦ୍ଧାନ୍ତ, ଏଥିଯୋଗୁଁ ଖଣ୍ଡିତ ହେଉନାହିଁ । କାରଣ ବିଜ୍ଞାନ ମତରେ ଚକ୍ଷୁର ପଦାର୍ଥ ସହିତ ସଂପର୍କ ସ୍ଥାପନ ହେଉନାହିଁ । କାଚ, ସ୍ୱଚ୍ଛ ହୋଇଥିବାରୁ ତା' ସମ୍ମୁଖରେ ଆସୁଥିବା ବସ୍ତୁର ଛାଇ ବା ପ୍ରତିଛବି କାଚରେ ପ୍ରତିବିମ୍ବିତ ହୋଇଥାଏ । ଆଖି ସାମନାକୁ କୌଣସି ବସ୍ତୁ ଆସିଲେ ଠିକ୍ ଏହି ପ୍ରକ୍ରିୟା ଘଟିଥାଏ । କାଚରେ ପଡୁଥିବା ପ୍ରତିବିମ୍ବ ଓ ବସ୍ତୁ ଏକ ନୁହନ୍ତି, ତେଣୁ କାଚର ସେହି ବସ୍ତୁ ସହିତ ଜମା ସଂପୃକ୍ତି ନାହିଁ । ଏହି ସମାନ ନିୟମ ଚକ୍ଷୁ କ୍ଷେତ୍ରରେ ଲାଗୁ ହୋଇଥାଏ ।

ବ୍ୟବହାର-ପ୍ରତ୍ୟକ୍ଷର ନିମ୍ନ ପ୍ରକାର ଅଠେଇଶ (୨୮) ଭେଦ ହେଉଛି -

		ଅବଗ୍ରହ	ଈହା	ଅବାୟ	ଧାରଣା
ସ୍ପର୍ଶନ	ବ୍ୟଞ୍ଜନାବଗ୍ରହ	ଅର୍ଥାବଗ୍ରହ	ଈହା	ଅବାୟ	ଧାରଣା
ରସନ	ବ୍ୟଞ୍ଜନାବଗ୍ରହ	ଅର୍ଥାବଗ୍ରହ	ଈହା	ଅବାୟ	ଧାରଣା
ଘ୍ରାଣ	ବ୍ୟଞ୍ଜନାବଗ୍ରହ	ଅର୍ଥାବଗ୍ରହ	ଈହା	ଅବାୟ	ଧାରଣା
ଚକ୍ଷୁ	--	ଅର୍ଥାବଗ୍ରହ	ଈହା	ଅବାୟ	ଧାରଣା
ଶ୍ରୋତ୍ର	ବ୍ୟଞ୍ଜନାବଗ୍ରହ	ଅର୍ଥାବଗ୍ରହ	ଈହା	ଅବାୟ	ଧାରଣା
ମନ	--	ଅର୍ଥାବଗ୍ରହ	ଈହା	ଅବାୟ	ଧାରଣା

ଅବଗ୍ରହ ଆଦିର କାଳମାନ

ବ୍ୟଞ୍ଜନାବଗ୍ରହ - ଅସଂଖ୍ୟ ସମୟ ।

ଅର୍ଥାବଗ୍ରହ - ଏକ ସମୟ ।

ଈହା - ଅନ୍ତର୍ - ମୁହୂର୍ତ୍ତ ।

ଅବାୟ - ଅନ୍ତର-ମୁହୂର୍ତ୍ତ ।

ଧାରଣା - ସଂଖ୍ୟେୟ କାଳ ଓ ଅସଂଖ୍ୟେୟ କାଳ ।

ମତି ଦୁଇ ପ୍ରକାର - ଶ୍ରୁତ-ନିଶ୍ରିତ ଓ ଅଶ୍ରୁତ-ନିଶ୍ରିତ ।[୧୬] ଶ୍ରୁତ-ନିଶ୍ରିତ ମତିର ୨୮ ଭେଦ, ସେଗୁଡ଼ିକ ବ୍ୟବହାର-ପ୍ରତ୍ୟକ୍ଷ ବୋଲାଇଥାନ୍ତି ।[୧୭] ଔତ୍ପତ୍ତିକୀ ଆଦି ବୁଦ୍ଧି-ଚତୁଷ୍ଟୟ ହେଉଛନ୍ତି- ଅଶ୍ରୁତ-ନିଶ୍ରିତ ।[୧୮] ନନ୍ଦୀରେ ଶ୍ରୁତ-ନିଶ୍ରିତ ମତିର ୨୮ଟି ଯାକ ଭେଦର ବିସ୍ତୃତ ବିବରଣ ରହିଛି । ଅଶ୍ରୁତ-ନିଶ୍ରିତର ଚାରିଭେଦ ଏଥିରେ ସମାବିଷ୍ଟ ହୋଇଛି ନା ହୋଇନାହିଁ, ଏହି ବିଷୟରେ କୌଣସି ଚର୍ଚ୍ଚା ନାହିଁ । ମତିର ୨୮ଭେଦ ରହିଥିବା ପରମ୍ପରା ସର୍ବମାନ୍ୟ ଅଟେ । ତେବେ ଏହି ୨୮ ଭେଦର ସ୍ୱରୂପ ରଚନାରେ ଦୁଇ ପ୍ରକାର ପରମ୍ପରା ପ୍ରାପ୍ତ ହୋଇଥାଏ । ଗୋଟିଏ ପରମ୍ପରା, ଅବଗ୍ରହ-ଅଭେଦବାଦୀମାନଙ୍କର । ଏଥିରେ ବ୍ୟଞ୍ଜନାବଗ୍ରହ ଅର୍ଥାବଗ୍ରହଠାରୁ ଭିନ୍ନ ରୂପରେ ଗଣନା କରାଯାଇନାହିଁ । ତେଣୁ ଶ୍ରୁତ-ନିଶ୍ରିତ ମତିର ୨୪ ଭେଦ ଓ ଅଶ୍ରୁତ-ନିଶ୍ରିତ ଚାରିଭେଦ- ସମୁଦାୟ ମତିର ୨୮ ଭେଦ ଏହି ରୂପରେ ନିର୍ଣ୍ଣିତ କରାଯାଇଛି ।[୧୯]

ଅନ୍ୟ ପରମ୍ପରାଟି ଜିନଭଦ୍ରମଣି କ୍ଷମାଶ୍ରମଣଙ୍କର । ଏହି ମତରେ ଅବଗ୍ରହ ଆଦି ଚତୁଷ୍ଟୟ, ଅଶ୍ରୁତ-ନିଶ୍ରିତ ଓ ଶ୍ରୁତ-ନିଶ୍ରିତ ମତିର ସାମାନ୍ୟ ଧର୍ମ ହୋଇଥିବାରୁ ଭେଦ-ଗଣନାରେ ଅଶ୍ରୁତ-ନିଶ୍ରିତ ମତି, ଶ୍ରୁତ-ନିଶ୍ରିତ ମଧ୍ୟରେ ସମାହିତ ହୋଇପଡ଼ିଥାଏ ।[୨୦] ଫଳସ୍ୱରୂପ ବ୍ୟବହାର ପ୍ରତ୍ୟକ୍ଷର ୨୮ ଭେଦ ଓ ମତିର ୨୮ ଭେଦ ଏକ ରୂପରେ ପରିଣତ ହୁଅନ୍ତି । ଏହାରଆଧାର ହେଉଛି 'ସ୍ଥାନାଂଗ' ଆଗମ । ତହିଁରେ ବ୍ୟଞ୍ଜନାବଗ୍ରହ ଓ ଅର୍ଥାବଗ୍ରହର ଶ୍ରୁତ-ନିଶ୍ରିତ ତଥା ଅଶ୍ରୁତ-ନିଶ୍ରିତ- ଏହି ଦୁଇ ଭେଦ ଭାବରେ ଗଣନା କରାଯାଇଛି । ଅଶ୍ରୁତନିଶ୍ରିତ ବୁଦ୍ଧି-ଚତୁଷ୍ଟୟ ହେଲା ମାନସଜ୍ଞାନ । ଏହାର ବ୍ୟଞ୍ଜନାବଗ୍ରହ ହୋଇ ନ ଥାଏ । ଏଥିରୁ ଫଳିତ ହେଉଛି ଯେ ବୁଦ୍ଧି-ଚତୁଷ୍ଟୟ ଅତିରିକ୍ତ ମଧ୍ୟ ଅବଗ୍ରହ ଆଦି ଚତୁଷ୍କ ଅଶ୍ରୁତ-ନିଶ୍ରିତ ଅଟନ୍ତି ।

'ନନ୍ଦୀ ଅନୁସାରେ ଅବଗ୍ରହାଦି ଚତୁଷ୍କ କେବଳ ଶ୍ରୁତ-ନିଶ୍ରିତ ଅଟନ୍ତି । ବିଶେଷାବଶ୍ୟକ ଭାଷ୍ୟ ଅନୁସାରେ ତାହା ଉଭୟ ଶ୍ରୁତ-ନିଶ୍ରିତ ଓ ଅଶ୍ରୁତ-ନିଶ୍ଚିତ । 'ସ୍ଥାନାଙ୍ଗ' ଅନୁସାରେ ଅବଗ୍ରହାଦି ଚତୁଷ୍କ ନିଶ୍ଚିତ ଭାବରେ ଉଭୟ ଶ୍ରେଣୀ ଅନ୍ତର୍ଗତ କିନ୍ତୁ ବିଶେଷ କଥା ହେଉଛି ଯେ ବୁଦ୍ଧି-ଚତୁଷ୍ଟୟ ମଧ୍ୟରେ ହେଉଥିବା ଅବଗ୍ରହାଦି ଚତୁଷ୍କ ହିଁ ଅଶ୍ରୁତ-ନିଶ୍ରିତ ନୁହନ୍ତି ବରଂ ଏହା ବ୍ୟତୀତ ବି ଅବଗ୍ରହାଦି ଚତୁଷ୍କ ଅଶ୍ରୁତନିଶ୍ରିତ ହୋଇପାରନ୍ତି ।

---

[୧୬] ନନ୍ଦୀ, ସୂତ୍ର ୩୭ ।

[୧୭] ନନ୍ଦୀ, ସୂତ୍ର ୩୯-୪୮ ।

[୧୮] ନନ୍ଦୀ, ସୂତ୍ର ୩୮ ।

[୧୯] ବିଶେଷାବଶ୍ୟକ ଭାଷ୍ୟ, ଗାଥା, ୩୦୧,୩୦୨ :
କେଇଉ୍ତ ବଂଜଣୋଗ୍ଗହବଜ୍ଜେଚ୍ଛୋଢୂଣ ମେୟମ୍ମି ॥
ଅସ୍ସୁୟ ନିସ୍ସିୟମେବଂ ଅଟ୍ଠାବୀସବିହଂତି ଭାସନ୍ତି ।
ଜମବଗ୍ଗହୋ ଦୁଭେଓଽଽବଗହ ସାମଣ୍ଣଓ ଗହିଓ ॥

[୨୦] ବିଶେଷାବଶ୍ୟକ ଭାଷ୍ୟ, ଗାଥା ୩୦୩ ।

॥ ୪ ॥

ପରୋକ୍ଷ ପ୍ରମାଣ

ପରୋକ୍ଷ

୧. ଇନ୍ଦ୍ରିୟ ଓ ମନ ସହାୟତାରେ ଆତ୍ମା ଯେଉଁ ଜ୍ଞାନ ପ୍ରାପ୍ତ କରିଥାଏ ତାହା ହେଉଛି 'ଆତ୍ମ ପରୋକ୍ଷ' । ଆତ୍ମା-ଇନ୍ଦ୍ରିୟ ଜ୍ଞାନ- ପୌଦ୍‌ଗଳିକ-ଇନ୍ଦ୍ରିୟ-ପଦାର୍ଥ ।

୨. ଧୂମ ଆଦି ଦେଖି ଅନୁଭବ କରି ଅଗ୍ନି ଆଦିର ଯେଉଁ ଜ୍ଞାନ ହୁଏ, ତାହା ହେଉଛି ଇନ୍ଦ୍ରିୟ ପ୍ରତ୍ୟକ୍ଷ ଆତ୍ମା-ଇନ୍ଦ୍ରିୟ-ଧୂମ-ଅଗ୍ନି ।

ପ୍ରଥମ ପରିଭାଷାଟି ନୈଶ୍ଚୟିକ । ଏହା ଅନୁସାରେ ସଂବ୍ୟବହାର - ପ୍ରତ୍ୟକ୍ଷକୁ ବସ୍ତୁତଃ ପରୋକ୍ଷ ରୂପରେ ମାନ୍ୟ କରାଯାଏ ।

ମତି ଓ ଶ୍ରୁତ- ଏହି ଦୁଇ ଜ୍ଞାନ ଆତ୍ମନିର୍ଭର ନୁହନ୍ତି, ତେଣୁ ଏ ଦୁହେଁ ପରୋକ୍ଷ ବୋଲାଇଥାନ୍ତି । ମତି ସାକ୍ଷାତ୍ ରୂପରେ ପୌଦ୍‌ଗଳିକ ଇନ୍ଦ୍ରିୟ ତଥା ମନ ଓ ପରମ୍ପରା ରୂପରେ ଅର୍ଥ ଓ ଆଲୋକର ଅଧୀନରେ ରହିଥାଏ । ଶ୍ରୁତ ସାକ୍ଷାତ୍ ରୂପରେ ମନ ଓ ପରମ୍ପରା ରୂପରେ ଶବ୍ଦ ସଂକେତ ତଥା ଇନ୍ଦ୍ରିୟର (ମତି-ଜ୍ଞାନାଂଶ) ଅଧୀନରେ ଥାଏ । ମତିରେ ଇନ୍ଦ୍ରିୟ ଓ ମନ ସମକକ୍ଷ ହୋଇଥିବାବେଳେ ଶ୍ରୁତରେ ମନର ସ୍ଥାନ ପ୍ରଥମ ।

ମତିର ଦୁଇ ସାଧନ ହେଉଛି ଇନ୍ଦ୍ରିୟ ଓ ମନ । ମନ ହେଉଛି ଦ୍ୱିବିଧ-ଧର୍ମା । ଯଥା ଅବଗ୍ରହ ଆଦି ଧର୍ମବାନ ଓ ସ୍ମୃତ୍ୟାଦି ଧର୍ମବାନ୍ । ଏହି ସ୍ଥିତିରେ ମତି ଦୁଇ ଭାଗରେ ବିଭକ୍ତ ହୋଇଥାଏ - ବ୍ୟବହାର ପ୍ରତ୍ୟକ୍ଷ ମତି ଓ ପରୋକ୍ଷ ମତି । ଇନ୍ଦ୍ରିୟାତ୍ମକ ଓ ଅବଗ୍ରହାଦି ଧର୍ମକ ମନଃ ରୂପମତି ହେଉଛି ବ୍ୟବହାର ପ୍ରତ୍ୟକ୍ଷ, ଯା'ର ସ୍ୱରୂପର ପ୍ରତ୍ୟକ୍ଷ ବିଭାଗରେ ବିସ୍ତୃତ ବିଶେଷଣ କରାଯାଇଛି ।

ସ୍ମୃତ୍ୟାଦି ଧର୍ମକ ମନଃରୂପ ପରୋକ୍ଷ ମତିର ଚାରିବିଭାଗ ହେଲା - ୧. ସ୍ମୃତି ୨. ପ୍ରତ୍ୟଭିଜ୍ଞା ୩. ତର୍କ ୪.ଅନୁମାନ ।

ସ୍ମୃତି ଧାରଣାମୂଳକ, ପ୍ରତ୍ୟଭିଜ୍ଞା ସ୍ମୃତିଓ ଅନୁଭବମୂଳକ, ତର୍କ ପ୍ରତ୍ୟଭିଜ୍ଞାମୂଳକ, ଅନୁମାନ ତର୍କ ନିର୍ଣ୍ଣିତ ସାଧନ-ମୂଳକ ହୋଇଥିବାରୁ ଏଗୁଡ଼ିକ ହେଉଛନ୍ତି ପରୋକ୍ଷ । ଶ୍ରୁତର ସାଧନ ହେଲା ମନ । ତା'ର ଏଭ ଭେଦ ହେଲା 'ଆଗମ' । ତାହା ବଚନମୂଳକ ତେଣୁ ପରୋକ୍ଷ ।

ସ୍ମୃତି-ପ୍ରାମାଣ୍ୟ

ଜୈନତର୍କ ପଦ୍ଧତି ବ୍ୟତୀତ ଅନ୍ୟ କୌଣସି ପ୍ରାଚ୍ୟ ଭାରତୀୟ ତର୍କ ପଦ୍ଧତିରେ ସ୍ମୃତି ପ୍ରାମାଣ୍ୟ ସ୍ୱୀକୃତ ନୁହେଁ ।

ଏହାର କାରଣ ଦର୍ଶାଇ କୁହାଯାଇଛି ଯେ ସ୍ମୃତି, ଅନୁଭବ ଦ୍ୱାରା ଗୃହୀତ ବିଷୟକୁ ଗ୍ରହଣ କରିଥାଏ, ତେଣୁ ଗୃହୀତଗ୍ରାହୀ ହୋଇଥିବାରୁ ଏହା ହେଉଛି ଅପ୍ରମାଣ ଅର୍ଥାତ୍ ସ୍ୱତନ୍ତ୍ର ପ୍ରମାଣ ନୁହେଁ । ଜୈନ ଦର୍ଶନର ଯୁକ୍ତି ହେଉଛି ଅନୁଭବ ବର୍ତ୍ତମାନ ଅର୍ଥକୁ ଗ୍ରହଣ କରିଥାଏ ଏବଂ ସ୍ମୃତି ଅତୀତ ଅର୍ଥକୁ, ତେଣୁ ଏହାକୁ କଥଂଚିତ୍ ଅଗୃହୀତଗ୍ରାହୀ ମାନିବାରେ ଆପତ୍ତି ରହିବା ଉଚିତ ନୁହେଁ । କାଳ ଦୃଷ୍ଟିରେ ଏହାର ବିଷୟ ସ୍ୱତନ୍ତ୍ର । ଦ୍ୱିତୀୟ କଥା - ଗୃହୀତଗ୍ରାହୀ ହେବା ମାତ୍ରକେ ସ୍ମୃତିର ପ୍ରାମାଣ୍ୟ ନଷ୍ଟ ହୁଏ ନାହିଁ ।

ପ୍ରାମାଣ୍ୟର ପ୍ରଯୋଜକ ଯେହେତୁ ଅବିସଂବାଦ, ତେଣୁ ଅବିସଂବାଦକ ସ୍ମୃତିର ପ୍ରାମାଣ୍ୟ ଅବଶ୍ୟ ରହିଥିବା ଉଚିତ୍ ।

ପ୍ରତ୍ୟଭିଜ୍ଞା

ନୈୟାୟିକ, ବୈଶେଷିକ ଓ ମୀମାଂସାକ ପ୍ରତ୍ୟଭିଜ୍ଞାକୁ ପ୍ରତ୍ୟକ୍ଷଠାରୁ ପୃଥକ୍ ରୂପରେ ମାନନ୍ତି ନାହିଁ । କ୍ଷଣିକବାଦୀ ବୌଦ୍ଧ ଦୃଷ୍ଟିରେ ପ୍ରତ୍ୟକ୍ଷ ଓ ସ୍ମୃତିର ସଂକଳନ ସଂଭବ ନୁହେଁ ।

ଜୈନ ଦୃଷ୍ଟି ଅନୁସାରେ ଏହା ପ୍ରତ୍ୟକ୍ଷ ଜ୍ଞାନ କଦାପି ହୋଇପାରିବ ନାହିଁ । ପ୍ରତ୍ୟକ୍ଷର ବିଷୟ ହେଉଛି ଦୃଶ୍ୟ ବସ୍ତୁ, ବର୍ତ୍ତମାନ-ପର୍ଯ୍ୟାୟବାଚୀ ଦ୍ରବ୍ୟ । ପ୍ରତ୍ୟଭିଜ୍ଞାର ବିଷୟ ହେଲା - ସଂକଳନ-ଅତୀତ ଓ ପ୍ରତ୍ୟକ୍ଷର ଏକତା, ପୂର୍ବ ଓ ଅପର ପର୍ଯ୍ୟାୟବାଚୀ ଦ୍ରବ୍ୟ, ଅଥବା ଦୁଇଟି ପ୍ରତ୍ୟକ୍ଷ ଦ୍ରବ୍ୟ କିମ୍ବା ଦୁଇଟି ପରୋକ୍ଷ ଦ୍ରବ୍ୟର ସଂକଳନ । ଆମର ପ୍ରତ୍ୟକ୍ଷ, ଅତୀନ୍ଦ୍ରିୟ-ପ୍ରତ୍ୟକ୍ଷ ସଦୃଶ ତ୍ରିକାଳ ବିଷୟକ ହୋଇ ନ ଥାଏ, ତେଣୁ ଏହାଦ୍ୱାରା ସାମନାରେ ଛିଡ଼ା ଲୋକକୁ ଜାଣିହୁଏ, କିନ୍ତୁ 'ଲୋକଟ ସିଏ' ବା ଯେ ସେହିଲୋକ - ଏହା ଜାଣି ହୁଏ ନାହିଁ । ସ୍ମୃତିର ମେଳ ଯୋଗୁଁ ଏକତାର ବୋଧ ହେଉଥିବାରୁ ଏହା ହେଲା - ଅସ୍ପଷ୍ଟ-ପରୋକ୍ଷ । ପ୍ରତ୍ୟକ୍ଷ ତର୍କର ମେଳ ଦ୍ୱାରା ହେଉଥିବା ଅନୁମାନ ସ୍ୱତନ୍ତ୍ର ପ୍ରମାଣ ଅଟେ । ତେବେ ପ୍ରତ୍ୟକ୍ଷ ଓ ସ୍ମୃତିର ମେଳ ଦ୍ୱାରା ଉତ୍ପନ୍ନ ପ୍ରତ୍ୟଭିଜ୍ଞାକୁ କାହିଁକି ସ୍ୱତନ୍ତ୍ର ସ୍ଥାନ ଦିଆଯାଇପାରିବ ନାହିଁ ?

ପ୍ରତ୍ୟକ୍ଷଦ୍ୱୟର ସଂକଳନରେ ଉଭୟ ବସ୍ତୁ ସମ୍ମୁଖରେ ରହିଥାନ୍ତି, ତଥାପି ସେ ଦୁହିଁଙ୍କ ସଂକଳନ ଇନ୍ଦ୍ରିୟ ଦ୍ୱାରା ନୁହେଁ ବରଂ ବିଚାରଶକ୍ତି ଦ୍ୱାରା ଘଟିଥାଏ । ବିଚାର ବେଳାରେ ତନ୍ମଧ୍ୟରୁ କେବଳ ଗୋଟିଏ ବସ୍ତୁ ହିଁ ମନର ପ୍ରତ୍ୟକ୍ଷ ଥାଏ, ତେଣୁ ଏହା ମଧ୍ୟ ପୂର୍ଣ୍ଣ ରୂପରେ ପ୍ରତ୍ୟକ୍ଷ ନୁହେଁ । ପରୋକ୍ଷ-ଦ୍ୱୟର ସଂକଳନରେ ଦୁଇଟିଯାକ ବସ୍ତୁ ସାମନାରେ ନ ଥାଏ, ତେଣୁ ତାହା ପ୍ରତ୍ୟକ୍ଷର ସ୍ପର୍ଶ କରିପାରେ ନାହିଁ ।

ପ୍ରତ୍ୟଭିଜ୍ଞାନକୁ ଅନ୍ୟ ଶବ୍ଦରେ ତୁଳନାତ୍ମକ ଜ୍ଞାନ, ଉପମିତ କରିବା ବା ଚିହ୍ନିପାରିବା ମଧ୍ୟ କୁହାଯାଇପାରିବ ।

ପ୍ରତ୍ୟଭିଜ୍ଞାନରେ ଦୁଇ ଅର୍ଥର ସଂକଳନ ହୋଇଥାଏ । ଏହାର ତିନୋଟି ରୂପ ନିର୍ମିତ ହେଉଛି -

୧. ପ୍ରତ୍ୟକ୍ଷ ଓ ସ୍ମୃତିର ସଂକଳନ- (କ) ଏହା ନିଶ୍ଚିତ ଭାବରେ ସେହି ନିର୍ଗ୍ରନ୍ଥ ।

(ଖ) ଏହା ତାହାପରି । (ଗ) ଏହା ତା'ଠାରୁ ବିଲକ୍ଷଣ । (ଘ) ଏହା ତା'ଠାରୁ ସାନ ।

ପ୍ରଥମ ଆକାରରେ ନିର୍ଗ୍ରନ୍ଥର ବର୍ତ୍ତମାନ ଅବସ୍ଥାର ଅତୀତ ଅବସ୍ଥା ସହିତ ସଂକଳନ ହେଉଥିବାରୁ ଏହା 'ଏକତ୍ୱ ପ୍ରତ୍ୟଭିଜ୍ଞା' ।

ଦ୍ୱିତୀୟ ଆକାରରେ ଦୃଷ୍ଟ ବସ୍ତୁର ପୂର୍ବ-ଦୃଷ୍ଟ ବସ୍ତୁ ସହିତ ତୁଳନା କରାଯାଏ, ତେଣୁ ଏହା 'ସାଦୃଶ୍ୟ ପ୍ରତ୍ୟଭିଜ୍ଞା' ।

ତୃତୀୟ ଆକାରରେ ଦୃଷ୍ଟ ବସ୍ତୁ, ପୂର୍ବଦୃଷ୍ଟ ବସ୍ତୁଠାରୁ ପୃଥକ୍ ବା ବିଲକ୍ଷଣ ହୋଇଥିବାରୁ ଏହା 'ବୈସାଦୃଶ୍ୟ ପ୍ରତ୍ୟଭିଜ୍ଞା' ।

ଚତୁର୍ଥ ଆକାରରେ ଦୃଷ୍ଟ ବସ୍ତୁ, ପୂର୍ବଦୃଷ୍ଟ ବସ୍ତୁର ପ୍ରତିଦ୍ୱନ୍ଦ୍ୱୀ, ତେଣୁ ତାହା 'ପ୍ରତିଯୋଗୀ ପ୍ରତ୍ୟଭିଜ୍ଞା' ।

୨. ପ୍ରତ୍ୟକ୍ଷ-ଦ୍ୱୟର ସଂକଳନ-(କ) ଏହା ତା'ପରି । (ଖ)ଏହା ତା'ଠାରୁ ବିଲକ୍ଷଣ । (ଗ) ଏହା ତା'ଠାରୁ ସାନ । ଏ କ୍ଷେତ୍ରରେ ଉଭୟ ପ୍ରତ୍ୟକ୍ଷ ଅଟନ୍ତି ।

୩. ସ୍ମୃତି-ଦ୍ୱୟର ସଂକଳନ-(କ) ଏହା ତା'ପରି । (ଖ) ଏହା ତା'ଠାରୁ ବିଲକ୍ଷଣ । (ଗ) ଏହା ତା'ଠାରୁ ସାନ । ଏ କ୍ଷେତ୍ରରେ ଉଭୟ ପରୋକ୍ଷ ଅଟନ୍ତି ।

ତର୍କ

ନୈୟାୟିକ 'ତର୍କ'କୁ ପ୍ରମାଣର ଅନୁଗ୍ରାହକ ବା ସହାୟକ ଗଣିଥାନ୍ତି।[୧] ବୌଦ୍ଧ ମତରେ ତର୍କ ହେଉଛି ଅପ୍ରମାଣ । ଜୈନ ଦୃଷ୍ଟିରେ ଏହା ପରୋକ୍ଷ ପ୍ରମାଣର ଏକ ଭେଦ ଯାହା ପ୍ରତ୍ୟକ୍ଷରେ ସମାହିତ ହୋଇପାରେ ନାହିଁ। ପ୍ରତ୍ୟକ୍ଷରେ ଦୁଇ ବସ୍ତୁର ଜ୍ଞାନ ସମ୍ଭବପର କିନ୍ତୁ ସେହି ବସ୍ତୁ ସଂବନ୍ଧରେ କୌଣସି ନିୟମ ତିଆରି କରିବାରେ ଅସମର୍ଥ ।

ଏହା ଅଗ୍ନି, ଏହା ଧୂଆଁ - ଯେ ହେଉଛି ପ୍ରତ୍ୟକ୍ଷର ବିଷୟ, କିନ୍ତୁ -

୧. ଯେଉଁଠାରେ ଧୂଆଁ, ସେଠାରେ ଅଗ୍ନି ନିଶ୍ଚିତ ଭାବରେ ରହିଥିବ । ଅନ୍ୱୟ-ବ୍ୟାପ୍ତି

୨. ଅଗ୍ନି ମଧ୍ୟରେ ହିଁ ଧୂଆଁର ଅସ୍ତିତ୍ୱ ।

୩. ଅଗ୍ନି ଅଭାବରେ ଧୂଆଁ ନ ଥାଏ । -ବ୍ୟତିରେକ-ବ୍ୟାପ୍ତି

- ଏହା ପ୍ରତ୍ୟକ୍ଷର ନୁହେଁ ତର୍କର କାମ ।

ଆମେ ପ୍ରତ୍ୟକ୍ଷ, ସ୍ମୃତି ଓ ପ୍ରତ୍ୟଭିଜ୍ଞା ସାହାଯ୍ୟରେ ଅନେକ ପ୍ରାମାଣିକ ନିୟମ ସୃଷ୍ଟି କରିଥାଉଁ । ସେହି ନିୟମଗୁଡ଼ିକ ଆମକୁ ଅନୁମାନ କରିବା ସକାଶେ ବଳପ୍ରଦାନ କରିଥା'ନ୍ତି । ତର୍କକୁ ପ୍ରମାଣ ନ ମାନିଲେ ଅନୁମାନର ପ୍ରାମାଣିକତା ସ୍ୱତଃ ସମାପ୍ତ ହୋଇଥାଏ । ତର୍କ ଓ ଅନୁମାନର ମୂଳଦୁଆ ହେଉଛି ଏକ । ଭେଦ କେବଳ ବାହାରେ ରହିଛି । ତର୍କ ଏକ ବ୍ୟାପକ ନିୟମ ଅଥଚ ଅନୁମାନ ତା'ର ଏକଦେଶୀୟ ପ୍ରୟୋଗ ମାତ୍ର । ଧୂଆଁ ସହିତ ନିଆଁର ନିଶ୍ଚିତ ସମ୍ବନ୍ଧ ସିଦ୍ଧ କରିବା ହେଉଛି ତର୍କର କାମ । ଅନୁମାନ, ସେହି ନିୟମ ସାହାଯ୍ୟରେ ଅମୁକ ସ୍ଥାନରେ ଅଗ୍ନିର ଉପସ୍ଥିତିର ଜ୍ଞାନ କରାଇଥାଏ । ତର୍କ ଦ୍ୱାରା ଧୂଆଁ ସହିତ ଅଗ୍ନିର ବ୍ୟାପ୍ତି ଜାଣିହୁଏ । କିନ୍ତୁ ଏହି ପର୍ବତରେ ଅଗ୍ନି ରହିଛି - ଏହା ଜାଣିହୁଏ ନାହିଁ। 'ଏହି ପର୍ବତର ଅଗ୍ନି' ରହିଥିବା ଅନୁମାନର କାର୍ଯ୍ୟ । ତର୍କର ସାଧ୍ୟ କେବଳ ଅଗ୍ନି (ଧର୍ମ) ଅଟେ । ଅନୁମାନର ସାଧ୍ୟ ହେଉଛି - 'ଅଗ୍ନିମାନ୍ ପର୍ବତ' (ଧର୍ମୀ) । ଅନ୍ୟ ଶବ୍ଦରେ କହିଲେ ତର୍କ ରୂପକ ସାଧ୍ୟର ଆଧାର ଅନୁମାନର ସାଧ୍ୟ ହୋଇଥାଏ ।

ନ୍ୟାୟର ତିନି ପରିଧି ହେଉଛି - ୧. ସମ୍ଭବ ସତ୍ୟ ୨.ଅନୁମାନିକ ସତ୍ୟ ୩. ଧ୍ରୁବ ସତ୍ୟ ।

ଅକୁଶଳ ମଣିଷ ସମ୍ଭବ ସତ୍ୟ ସାହାଯ୍ୟରେ ସତ୍ୟର ଅନୁସନ୍ଧାନ କରିଥାଏ । ଜଣେ ନ୍ୟାୟାଧୀଶ ଅନୁମାନିତ ସତ୍ୟର ସାହାଯ୍ୟ ନେଇ ସତ୍ୟକୁ ଖୋଜିବାର ପ୍ରଯତ୍ନ କରିଥାନ୍ତି । କିନ୍ତୁ ଜଣେ ଦାର୍ଶନିକଙ୍କ ନ୍ୟାୟ ଏହି ଦୁହିଁଙ୍କଠାରୁ ଭିନ୍ନ । ସେ ଧ୍ରୁବ ସତ୍ୟ-ବ୍ୟାପ୍ତି ଦ୍ୱାରା ସତ୍ୟର ଗବେଷଣା କରିଥାନ୍ତି । ଧ୍ରୁବସତ୍ୟ ନିୟମର ନିଶ୍ଚିତ ଜ୍ଞାନ ହେଉଛି ତର୍କ । ତା'ଦ୍ୱାରା ନିର୍ଦ୍ଧାରିତ ନିୟମ ଅନୁସାରେ ଅନୁମାନ କରିହୁଏ ।

ତର୍କର ପ୍ରୟୋଜକତ୍ୱ

'ସ୍ୱଭାବେତାର୍କିକା ଭଗ୍ନାଃ'- ସ୍ୱଭାବ ପରିଧିରେ ତର୍କ ପାଇଁ କୌଣସି ସ୍ଥାନ ନାହିଁ । ଏହି କାରଣରୁ ଜୈନ ଦର୍ଶନରେ ଦୁଇ ପ୍ରକାର ପଦାର୍ଥର ମାନ୍ୟତା ରହିଛି । ଯଥା - ହେତୁଗମ୍ୟ (ତର୍କ-ଗମ୍ୟ) ଓ ଅହେତୁଗମ୍ୟ (ତର୍କ-ଅଗମ୍ୟ) ।

ପ୍ରଥମଟି ହେଲା - ତର୍କର ନିଜ କ୍ଷେତ୍ର କାର୍ଯ୍ୟ-କାରଣବାଦ ବା ଅବିନାଭାବ ବା ବ୍ୟାପ୍ତି ରହିଛି । ବ୍ୟାପ୍ତିର ନିର୍ଣ୍ଣୟ, ତର୍କ ବ୍ୟତୀତ ଅନ୍ୟ କାହାରି ଦ୍ୱାରା କରାଯାଇପାରିବ ନାହିଁ। ଏହାର ନିଶ୍ଚୟ ଅନୁମାନ ସାହାଯ୍ୟରେ ଯଦି

---

[୧] ତର୍କଭାଷା : ତଥା ହି ପର୍ବତୋଽୟଂ ସାଗ୍ନିଃ ଉତାନଗ୍ନିଃ, ଇତି ସନ୍ଦେହାନନ୍ତରଂ ଯଦି କଶ୍ଚିନ୍ ମନ୍ୟତେ-ଅଗ୍ନିରିତି ତଦା ତଂ ପ୍ରତି ଯଦ୍ୟୟମନଗ୍ନିରଭବିଷ୍ୟତ୍ତର୍ହି ଧୂମବନ୍ନାଭବିଷ୍ୟତ୍ ଇତ୍ୟବହ୍ନିମତ୍ତ୍ୱେନାଧୂମବତ୍ତ୍ୱପ୍ରସଜ୍ଜନଂ କ୍ରିୟତେଂ । ସ ଚାନିଷ୍ଟଂ ପ୍ରସଙ୍ଗଃ ତର୍କ ଉଚ୍ୟତୋ ଏବଂ ପ୍ରବୃତ୍ତଃ ତର୍କଃ ଅନଗ୍ନିମତ୍ତ୍ୱସ୍ୟ ପ୍ରତିକ୍ଷେପାତ୍ ଅନୁମାନସ୍ୟ ଭବତ୍ୟନୁଗ୍ରାହକ ଇତି... ।

କରାଯାଏ, ତେବେ ତାହାର (ବ୍ୟାପ୍ତିର ନିଶ୍ଚୟ ସକାଶେ ପ୍ରଯୁକ୍ତ ଅନୁମାନ) ବ୍ୟାପ୍ତିର ନିଶ୍ଚୟ ଲାଗି ଅନ୍ୟ ଏକ ଅନୁମାନର ଆବଶ୍ୟକତା ପଡ଼ିଥାଏ । କାରଣ ହେଲା ବ୍ୟାପ୍ତିର ସ୍ମରଣ ପରେ ହିଁ ଅନୁମାନ କରିହୁଏ । ସାଧନ ଓ ସାଧ୍ୟର ପାରସ୍ପରିକ ସମ୍ବନ୍ଧ ନିର୍ଦ୍ଧାରିତ ହେବା ଉତ୍ତାରୁ ସାଧ୍ୟର ଜ୍ଞାନ କରାଯାଇଥାଏ ।

ପ୍ରଥମ ଅନୁମାନର ବ୍ୟାପ୍ତି 'ଠିକ୍ ନା ଭୁଲ୍' ଏହାର ନିର୍ଣ୍ଣୟ କରିବା ସକାଶେ ଦ୍ୱିତୀୟ ଅନୁମାନ କରାଯାଏ, ତେବେ ସେହି ଦ୍ୱିତୀୟ ଅନୁମାନର ସେହି ସମଦଶା ହେବ ଏବଂ ତା'ର ବ୍ୟାପ୍ତିର ନିର୍ଣ୍ଣୟ କରିବା ପାଇଁ ପୁଣି ତୃତୀୟ ଅନୁମାନର ସମାଗମ ହେବ । ଏହି ପ୍ରକାର ଅନୁମାନ – ପରମ୍ପରାର ଅନ୍ତ କେବେ ବି ଘଟିବ ନାହିଁ । ଏହା ହେଉଛି ଅନବସ୍ଥାର ମାର୍ଗ । ଏହା କୌଣସି ନିର୍ଣ୍ଣୟ ପ୍ରଦାନ କରିପାରେ ନାହିଁ ।

ଦ୍ୱିତୀୟ କଥା ହେଲା – ବ୍ୟାପ୍ତି ନିଶ୍ଚୟରେ ପହଞ୍ଚିବା ପାଇଁ ଅନୁମାନର ଆଶ୍ରୟ ନେବ ତଥା ଅନୁମାନ ବ୍ୟାପ୍ତିର ତେବେ ତାହା ଅନ୍ୟୋନ୍ୟାଶ୍ରୟ ଦୋଷରେ ପରିଣତ ହେବ । ଆପଣା-ଆପଣା ନିଶ୍ଚୟ କରିବାରେ ପରସ୍ପର ଜଣେ ଅନ୍ୟ ଜଣଙ୍କର ଆଶ୍ରିତ ହେବାର ଅର୍ଥ- ଅନିଶ୍ଚୟ । ଏହି ଘୋଡ଼ାର ସ୍ୱାମୀ ଯିଏ ମୁଁ ତା'ର ସେବକ ଏବଂ ମୁଁ ଯା'ର ସେବକ, ଏ ଘୋଡ଼ାଟି ତାଙ୍କର- ଏହାର ଅର୍ଥ କିଛି ବି ବୁଝାପଡୁନି । ତେଣୁ ବ୍ୟାପ୍ତିର ନିର୍ଣ୍ଣୟ କରିବା ସକାଶେ ତର୍କକୁ ପ୍ରମାଣ ମାନିବା ଆବଶ୍ୟକ ।

ଅନୁମାନ

ତର୍କର କାମ ହେଲା ଅନୁମାନ । ତର୍କ ଦ୍ୱାରା ନିଶ୍ଚିତ କରାଯାଇଥିବା ନିୟମ ଆଧାରରେ ଅନୁମାନର ଉତ୍ପତ୍ତି । ପର୍ବତ ହେଉଛି ସ୍ୱୟଂସିଦ୍ଧ । ଅଗ୍ନି ମଧ୍ୟ ତଦ୍ରୂପ । ଅନୁମାନର ଆବଶ୍ୟକତା, ଏମାନଙ୍କୁ ସିଦ୍ଧ କରିବାରେ ନାହିଁ । ଅନୁମାନ, ଏହି ନିର୍ଦ୍ଦିଷ୍ଟ ପର୍ବତରେ ଅଗ୍ନି ରହିଛି (ଅଗ୍ନିମାନୟଂ ପର୍ବତଃ) – ଏହି ତଥ୍ୟକୁ ସାଧିତ କରିଥାଏ । ଏହି ସିଦ୍ଧିର ଆଧାର ହେଉଛି ବ୍ୟାପ୍ତି ।

ଅନୁମାନର ପରିବାର

ତର୍କଶାସ୍ତ୍ରରେ ବୀଜର ବିକାଶ ଅନୁମାନ ରୂପୀ କଳ୍ପତରୁ ଭାବରେ ହୋଇଥାଏ । ଅନେକ ନୈୟାୟିକ ଆଚାର୍ଯ୍ୟ ପଞ୍ଚବାକ୍ୟାତ୍ମକ ପ୍ରୟୋଗକୁ ମଧ୍ୟ ନ୍ୟାୟ ମାନିଥାନ୍ତି ।[୨] ନିଗମନ ହେଲା ଫଳପ୍ରାପ୍ତି । ତାହା ସମସ୍ତ ପ୍ରମାଣର ବ୍ୟାପାରରୁ ଘଟିଥାଏ ।[୩] ପ୍ରତିଜ୍ଞା ମଧ୍ୟରେ ଶବ୍ଦ, ହେତୁ ମଧ୍ୟରେ ଅନୁମାନ, ଦୃଷ୍ଟାନ୍ତ ମଧ୍ୟରେ ପ୍ରତ୍ୟକ୍ଷ, ଉପନୟ ମଧ୍ୟରେ ଉପମାନ- ଏଭଳି ଭାବରେ ସମସ୍ତ ପ୍ରମାଣ ସମାହିତ ହୋଇଯାଆନ୍ତି । ଏ ସମସ୍ତଙ୍କ ଯୋଗ ଦ୍ୱାରା ଫଳିତାର୍ଥ ପ୍ରକଟ ହୁଏ – ନ୍ୟାୟବାର୍ତ୍ତିକକାରଙ୍କ ଏଭଳି ମତ ରହିଛି । ବ୍ୟବହାର ଦୃଷ୍ଟିରେ ଜୈନ ଦୃଷ୍ଟି ବି ଏଥିସହିତ ଏକମତ । ଯଦ୍ୟପି ପଞ୍ଚାବୟବରେ ପ୍ରମାଣର ସମାବେଶ ଅନିବାର୍ଯ୍ୟ ନୁହେଁ, ତଥାପି ତର୍କଶାସ୍ତ୍ରର ମୁଖ୍ୟ ବିଷୟ 'ସାଧନ ଦ୍ୱାରା ସାଧ୍ୟର ସିଦ୍ଧି', ଏହା ସହିତ ଦ୍ୱୈତ ହୋଇ ନ ପାରେ ।

ଅନୁମାନ ନିଜ ସକାଶେ ସ୍ୱାର୍ଥ, ସେହିପରି ଅନ୍ୟମାନଙ୍କ ପାଇଁ ପରାର୍ଥ ଅଟେ । 'ସ୍ୱାର୍ଥ' ହେଉଛି ଜ୍ଞାନାତ୍ମକ କିନ୍ତୁ 'ପରାର୍ଥ' ବଚନାତ୍ମକ । ସ୍ୱାର୍ଥର ଦୁଇଟି ଶାଖା- ପକ୍ଷ ଓ ହେତୁ । 'ପରାର୍ଥ'ର ଶ୍ରୋତା ତୀବ୍ର-ବୁଦ୍ଧି ହୋଇଥିଲେ ସେଠାରେ ଦୁଇଟି ଶାଖା ତଥା ମନ୍ଦ-ବୁଦ୍ଧି ହୋଇଥିଲେ ପାଞ୍ଚୋଟି ଶାଖାର ଉଦ୍‌ଭବ ହୁଏ । ଯଥା:- ୧. ପକ୍ଷ, ୨. ହେତୁ, ୩.ଦୃଷ୍ଟାନ୍ତ, ୪. ଉପନୟ, ୫. ନିଗମନ ।

ସ୍ୱାର୍ଥ ଓ ପରାର୍ଥ

ଅନୁମାନ ହେଉଛି ବାସ୍ତବରେ 'ସ୍ୱାର୍ଥ' । ଅନୁମାତା, ଶ୍ରୋତାକୁ ବଚନାତ୍ମକ ହେତୁ ଦ୍ୱାରା ସାଧ୍ୟର ଜ୍ଞାନ କରାଇଥାଏ, ସେତେବେଳେ ସେହି ବଚନ, ଶ୍ରୋତାର ଅନୁମାନର କାରଣ ସାଜେ । ବଚନ, ପ୍ରତିପାଦକର ଅନୁମାନର କାର୍ଯ୍ୟ ଓ

---

[୨] ବାତ୍ସାୟାନ ଭାଷ୍ୟ : ସପଞ୍ଚାବୟବୋପେତ ବାକ୍ୟାତ୍ମକୋ ନ୍ୟାୟଃ ।

[୩] ନ୍ୟାୟବାର୍ତ୍ତିକ : ସମସ୍ତ ପ୍ରମାଣ ବ୍ୟାପାର ଦର୍ଥାଧିଗତିର୍ନ୍ୟାୟଃ ।

ଶ୍ରୋତାର ଅନୁମାନର କାରଣରେ ପରିଣତ ହୁଏ । ପ୍ରତିପାଦକଙ୍କର ଅନୁମାନ ଅପେକ୍ଷା କାର୍ଯ୍ୟକୁ କାରଣ ମାନି (କାରଣ ମଧ୍ୟରେ କାର୍ଯ୍ୟର ଉପଚାର) ଏବଂ ଶ୍ରୋତାଙ୍କର ଅନୁମାନ ଅପେକ୍ଷା କାରଣକୁ କାର୍ଯ୍ୟ ମାନି (କାର୍ଯ୍ୟ ମଧ୍ୟରେ କାରଣର ଉପଚାର), ପ୍ରସ୍ଫୁଟିତ ବଚନକୁ ଅନୁମାନ କୁହାଯାଏ ।

ବ୍ୟାପ୍ତି

ବ୍ୟାପ୍ତିର ଦୁଇଭେଦ-ଅନ୍ତର୍ବ୍ୟାପ୍ତି ଓ ବହିର୍ବ୍ୟାପ୍ତି । ପକ୍ଷୀକୃତ ବିଷୟରେ ହିଁ ସାଧନକୁ ସାଧ୍ୟ ସହିତ ବ୍ୟାପ୍ତି ମିଳିବା, ଅନ୍ୟତ୍ର ଏହାରଅଭାବ ହେଉଛି ଅନ୍ତର୍ବ୍ୟାପ୍ତି । ଆତ୍ମା ଅଛି - ଏହା ହେଲା ପକ୍ଷ । 'ଚୈତନ୍ୟଗୁଣ ରହିଥିବାରୁ ଆତ୍ମାରହିଛି' - ଏହା ସାଧନ । ଯେଉଁଠାରେ ଚୈତନ୍ୟ, ସେହି ସ୍ଥାନମାନଙ୍କରେ ଆତ୍ମାର ଅବସ୍ଥିତି' ଏହା ହିଁ ବ୍ୟାପ୍ତି । ତେବେ ଏଥିସକାଶେ କୌଣସି ଦୃଷ୍ଟାନ୍ତ ପ୍ରସ୍ତୁତ କରାଯାଇପାରିବ ନାହିଁ । କାରଣ ଏହି ବ୍ୟାପ୍ତି, ନିଜ ବିଷୟକୁ ଆପଣା ମଧ୍ୟରେ ସୀମିତ କରିନିଏ । ତା'ର ସମଧର୍ମା ଆଉ କିଛି ଅବଶିଷ୍ଟ ରହେ ନାହିଁ ।

ବହିର୍ବ୍ୟାପ୍ତିରେ ସାମର୍ଥ୍ୟ ଦୃଷ୍ଟିଗୋଚର ହୁଏ । ପକ୍ଷୀକୃତ ବିଷୟ ବ୍ୟତୀତ ମଧ୍ୟ ସାଧନର ସାଧ୍ୟ ସହିତ ବ୍ୟାପ୍ତି ସୁପ୍ରାପ୍ୟ ହୁଏ । 'ପର୍ବତ ଅଗ୍ନିମାନ ଅଟେ' - ଏହା ପକ୍ଷ । ଧୂଆଁ ରହିଥିବାରୁ ଅଗ୍ନିମାନ - ଏହା ସାଧନ । ଏହାର ବ୍ୟାପ୍ତିର ରୂପ ହେଲା - 'ଯେଉଁ ସ୍ଥାନରେ ଧୂଆଁ, ସେହି ସ୍ଥାନମାନଙ୍କରେ ନିଆଁ' । ଏହାର ଦୃଷ୍ଟାନ୍ତ ନିର୍ମିତ ହୋଇପାରେ, ଯଥା - ରୋଷେଇଘର ବା ଅନ୍ୟ ଅଗ୍ନିମାନ ପ୍ରଦେଶ ।

ହେତୁ : ଭାବ ଓ ଅଭାବ

ଅଭାବ ଚାରିପ୍ରକାର[୪] - ୧. ପ୍ରାକ୍, ୨.ପ୍ରଧ୍ୱଂସ,୩. ଇତରେତର, ୪. ଅତ୍ୟନ୍ତ ।

ଭାବ ଓ ଅଭାବ ଉଭୟ ବସ୍ତୁ ସ୍ୱରୂପର ସାଧକ ଅଟନ୍ତି । ଭାବ ବିନା ବସ୍ତୁର ସତ୍ତାର ନିର୍ମାଣ ସମ୍ଭବ ନୁହେଁ । ଅଭାବ ବିନା ମଧ ବସ୍ତୁର ସତ୍ତା ସ୍ୱତନ୍ତ୍ର ହୋଇପାରେ ନାହିଁ ।

'ଅଟେ' - ଏହା ଯେପରି ବସ୍ତୁର ସ୍ୱଭାବ, ସ୍ୱ-ଲକ୍ଷଣ ଏବଂ ଅସଂକୀର୍ଣ୍ଣ, ସେହିପରି 'ନା' କିମ୍ବା 'ନାହିଁ' ମଧ ବସ୍ତୁର ସ୍ୱଭାବ ଅଟେ ।

ଆମେ ଯଦି ବସ୍ତୁକୁ କେବଳ ଭାବାତ୍ମକ ବିଚାରିବା, ତେବେ ତନ୍ମଧ୍ୟରେ ପରିବର୍ତ୍ତନ କଦାପି ସମ୍ଭବପର ନୁହେଁ । ବସ୍ତୁର ଅସ୍ତିତ୍ୱ ରହିଛି । ସାଂପ୍ରତିକ କ୍ଷଣରୁ ପରବର୍ତ୍ତୀ କ୍ଷଣକୁ, ଗୋଟିଏ ଦେଶରୁ ଅନ୍ୟଦେଶ ମଧ୍ୟରେ, ନିର୍ଦ୍ଦିଷ୍ଟ ଏକ ସ୍ଥିତିରୁ ଅନ୍ୟ ସ୍ଥିତିରେ ବସ୍ତୁ ପହଞ୍ଚିଯାଏ । ଏହି କାଳକୃତ, ଦେଶକୃତ ଏବଂ ଅବସ୍ଥାକୃତ ପରିବର୍ତ୍ତନ ବସ୍ତୁଠାରୁ ସର୍ବଥା ଭିନ୍ନ ନୁହେଁ । ଅଭାବ ଯଦି ତା'ର ସ୍ୱଭାବ ନୁହେଁ ତେବେ ସଦ୍ୟ ଉପସ୍ଥିତ କ୍ଷଣ, ଦେଶ ଓ ଅବସ୍ଥାବର୍ତ୍ତୀ ବସ୍ତୁ ସହିତ ପୂର୍ବବର୍ତ୍ତୀ କ୍ଷଣ, ଦେଶ ଓ ଅବସ୍ଥାବର୍ତ୍ତୀ ବସ୍ତୁର ସମ୍ବନ୍ଧ ସ୍ଥାପନ କଦାପି ହୋଇପାରିବ ନାହିଁ । ପରିବର୍ତ୍ତନର ଅର୍ଥ ହିଁ ହେଉଛି ଭାବ ଓ ଅଭାବର ଏକାଶ୍ରୟତା । 'ସବୁମନ୍ତେ ନଷ୍ଟ ହେବା କିମ୍ବା ସର୍ବଥା ନୂଆଁ କିଛି ସୃଷ୍ଟି ହେବା' - ଏହା ପରିବର୍ତ୍ତନ ନୁହେଁ । ପରିବର୍ତ୍ତନ ହେଉଛି- 'ନଷ୍ଟ ହେବା, ନିର୍ମାଣ ହେବା ଏବଂ ଧାରା ଅତୁଟ ରହିବା' । ଉତ୍ପାଦ, ବ୍ୟୟ ଓ ଧ୍ରୌବ୍ୟ ।

ଉପାଦାନ କାରଣରେ ଏହାର ସ୍ୱଷ୍ଟ ଭାବନା ରହିଛି । କାରଣ ହିଁ କାର୍ଯ୍ୟ ବନିଥାଏ । କାରଣର ଭାବ ଓ କାର୍ଯ୍ୟର ଅଭାବ ନଷ୍ଟ ହେଲେ ବସ୍ତୁର ନିର୍ମାଣ ହୁଏ । ନିର୍ମାଣ ପ୍ରକ୍ରିୟାରେ ତା' ମଧ୍ୟରେ କାରଣର ଅଭାବ ଓ କାର୍ଯ୍ୟର ଭାବର ସଞ୍ଚରଣ ଘଟିଥାଏ । ଏହି କାର୍ଯ୍ୟକରଣ-ସାପେକ୍ଷ ଭାବାଭାବ ଏକ ବସ୍ତୁଗତ ହୋଇଥାଏ । ସେହିଭଳି ସ୍ୱଗୁଣ-ପରଗୁଣାପେକ୍ଷ ଭାବାଭାବ ମଧ ଏକ ବସ୍ତୁଗତ । ଯଦି ଏହାକୁ ଅସ୍ୱୀକାର କରାଯିବ ତା'ହେଲେ ବସ୍ତୁ ନିର୍ବିକାର, ଅନନ୍ତ, ସର୍ବାତ୍ମକ ଏବଂ ଏକାତ୍ମକରେ ପରିଣତ ହୋଇଯିବ । କିନ୍ତୁ ଏହା ହୁଏ ନାହିଁ । ବସ୍ତୁ ମଧ୍ୟରେ ବିକାର ଥାଏ । ପ୍ରଥମ ରୂପ ଲୋପ ପାଇ ଅନ୍ୟ ରୂପ ନିର୍ମିତ ହୁଏ । ନଷ୍ଟ ହେଉଥିବା ରୂପ ହେଉଛି ନିର୍ମୀୟମାନ ରୂପର ପ୍ରାକ୍-ଅଭାବ;

---

[୪] ଭିକ୍ଷୁ ନ୍ୟାୟ କର୍ଣ୍ଣିକା, ୩/୨୯-୩୩ ।

ଅନ୍ୟ ଶବ୍ଦରେ ଉପାଦାନ-କାରଣ ହେଉଛି କାର୍ଯ୍ୟର ପ୍ରାକ୍-ଅଭାବ । ବୀଜ ନିଶ୍ଚିହ୍ନ ହୋଇ ଅଙ୍କୁରରେ ପରିଣତ ହୁଏ । ବୀଜ ନଷ୍ଟ ହେଲେ ଯାଇ ଅଙ୍କୁରର ପ୍ରାଦୁର୍ଭାବ ହେବ । ପ୍ରାକ୍-ଅଭାବ ହେଉଛି ଅନାଦି-ସାନ୍ତ । ବୀଜ ଅଙ୍କୁର ଭାବରେ ରୂପାନ୍ତରିତ ନ ହେବା ପର୍ଯ୍ୟନ୍ତ, ବୀଜ ମଧ୍ୟରେ ଅଙ୍କୁରର ପ୍ରାକ୍ ଅଭାବ ରହିଥାଏ । ଅଙ୍କୁର ଜାତହେବା ମାତ୍ରେ ପ୍ରାକ୍-ଅଭାବ ବିନଷ୍ଟ ହୁଏ । ଯେଉଁମାନେ ପ୍ରତ୍ୟେକ ଅନାଦି ବସ୍ତୁକୁ ନାଶରହିତ (ଅନନ୍ତ) ମଣିଥାନ୍ତି, ତାହା ଯେ ଅଯୁକ୍ତ, ଏହା ଏଥିରୁ ବୁଝା ପଡୁଛି ।

ପ୍ରାକ୍-ଅଭାବ ଯେପରି ନିର୍ବିକାରତାର ବିରୋଧୀ, ସେହିପରି ପ୍ରଧ୍ୱଂସଭାବ ହେଉଛି ବସ୍ତୁର ଅନନ୍ତତାର ବିରୋଧୀ । ପ୍ରଧ୍ୱଂସ-ଅଭାବ ନ ଥିଲେ,ବସ୍ତୁର ନିର୍ମାଣ ପରେ ବିନଷ୍ଟ ହେବାର ସ୍ଥିତି ଉତ୍ପନ୍ନ ହେବ ନାହିଁ, ଅର୍ଥାତ୍ ବସ୍ତୁ ଅନନ୍ତ ହୋଇପଡ଼ିବ । କିନ୍ତୁ ଏପରି ହୁଏ ନାହିଁ । ଅନ୍ୟ ପର୍ଯ୍ୟାୟ ସୃଷ୍ଟି ହୁଏ, ପ୍ରଥମଟି ଲୋପ ପାଏ । ବୃକ୍ଷ ହେଲା କାର୍ଯ୍ୟ । ଧରାଶାୟୀ ହେଲା ପରେ ତା'ର କାଠ ହୁଏ । ଦ୍ୱିତୀୟ ରୂପରେ ପୂର୍ବବର୍ତ୍ତୀ କାର୍ଯ୍ୟର ପ୍ରଧ୍ୱଂସ-ରୂପ-ଅଭାବ ହୋଇଥାଏ । କାଠ ମଧ୍ୟରେ ବୃକ୍ଷର ଅଭାବ ଅଥବା କାଠକୁ ବୃକ୍ଷର ପ୍ରଧ୍ୱଂସାଭାବ ରୂପରେ ଅଭିହିତ କରାଯାଇପାରିବ । କାଠର ଆବିର୍ଭାବ ଦଶାରେ ବୃକ୍ଷର ତିରୋଭାବ ଦଶା ସୃଷ୍ଟି ହୁଏ । ପ୍ରଧ୍ୱଂସାଭାବ ହେଉଛି ସାଦି କିନ୍ତୁ ଅନନ୍ତ । ଯେଉଁ ବୃକ୍ଷ, କାଠରେ ପରିଣତ ହେଲା ତାହା କଦାପି ପୁଣିଥରେ ବୃକ୍ଷ ହୋଇପାରିବ ନାହିଁ । ଏଠାରେ ଏହା ବୁଝାପଡୁଛି ଯେ ପ୍ରତ୍ୟେକ ସାଦି (ସ+ଆଦି) ପଦାର୍ଥ ସାନ୍ତ (ସ+ଅନ୍ତ) ନୁହେଁ ।

ଉପର୍ଯ୍ୟୁକ୍ତ ପଂକ୍ତିଗୁଡ଼ିକର ସାର ହେଉଛି - ବର୍ତ୍ତମାନ ଅବସ୍ଥା, ପୂର୍ବାବସ୍ଥାର କାର୍ଯ୍ୟ ଏବଂ ଉତ୍ତରଦଶାର କାରଣ ସାଜିଥାଏ । ପୂର୍ବଦଶା ହେଉଛି ତା'ର ପ୍ରାକ୍-ଅଭାବ ତଥା ଉତ୍ତରଦଶା ପ୍ରଧ୍ୱଂସ-ଅଭାବ ।

ଆଉ ଗୋଟିଏ କଥା ସ୍ପଷ୍ଟ ବୁଝିବାକୁ ହେବ ଯେ ଦ୍ରବ୍ୟ କେବେବି ସାଦି-ସାନ୍ତ ନୁହେଁ । ସାଦି-ସାନ୍ତ ହୋଇଥାଏ ଦ୍ରବ୍ୟର ପର୍ଯ୍ୟାୟ (ଅବସ୍ଥା) । ଅନାଦି, ଅନନ୍ତହୁଏ ନାହିଁ କିନ୍ତୁ ପୂର୍ବ-ଅବସ୍ଥା କାରଣ ରୂପରେ ହୋଇଥାଏ ଅନାଦି । ସେଥିରୁ ନିର୍ମିତ ବସ୍ତୁ, ପୂର୍ବେ କେବେ ବି ନିର୍ମିତ ହୋଇ ନ ଥିଲା । ଉତ୍ତର ଅବସ୍ଥା ଲୋପ ପାଇଲେ ତାହା ପୁଣି ପୂର୍ବବତ୍ କେବେ ବି ହୋଇପାରିବ ନାହିଁ, ତେଣୁ ତାହା ଅନନ୍ତ । ଏ ସମସ୍ତ ଚର୍ଚ୍ଚା ସେହି ସମାନ ଦ୍ରବ୍ୟର ପୂର୍ବ-ଉତ୍ତରବର୍ତ୍ତୀ ଦଶାଗୁଡ଼ିକର । ଏବେ ଆମେ ଅନେକ ଜାତୀୟ ଦ୍ରବ୍ୟଗୁଡ଼ିକର ବିଶ୍ଳେଷଣ କରିବା । ଖମ୍ବ ଓ ମାଠିଆ ଉଭୟ ପୌଦ୍‌ଗଳିକ । କିନ୍ତୁ ଖମ୍ବ, ମାଠିଆ ନୁହେଁ କି ମାଠିଆ, ଖମ୍ବ ନୁହେଁ । ଦୁହେଁ ଏକ ଜାତିର, ଅଥଚ ଦୁହେଁ ଭିନ୍ନ ଭିନ୍ନ ଅଟନ୍ତି । ଏହି 'ଇତର ଇତର-ଅଭାବ' ପରସ୍ପର ଗୋଟିଏ- ଅନ୍ୟର ଅଭାବ ଅଟେ ।[୫] ଖମ୍ବରେ ମାଠିଆର ଏବଂ ମାଠିଆ ମଧ୍ୟରେ ଖମ୍ବର ସର୍ବଥା ଅଭାବ । ଏହା ଯଦି ନ ଥାନ୍ତା ତେବେ ବସ୍ତୁର ଲକ୍ଷଣ କିପରି ନିର୍ଦ୍ଧାରିତ କରି ହୁଅନ୍ତା ? କାହାକୁ ଖମ୍ବ କହିବ ଏବଂ କାହାକୁ ମାଠିଆ ? ପରେ ସମସ୍ତେ ଏକମେକ ହୋଇଯିବେ । ଏହି ଅଭାବ ହେଉଛି ସାଦି-ସାନ୍ତ । ଖମ୍ବର ପୁଦ୍‌ଗଳସ୍କନ୍ଧ ମାଠିଆ ରୂପରେ ଓ ମାଠିଆର ପୁଦ୍‌ଗଳ ସ୍କନ୍ଧ ଖମ୍ବ ରୂପରେ ପରିବର୍ତ୍ତିତ ହେବାରେ ବିରୋଧ ନାହିଁ କିନ୍ତୁ ସର୍ବଥା ବିଜାତୀୟ ଦ୍ରବ୍ୟ ଲାଗି ଏ ନିୟମ ପ୍ରଯୁଜ୍ୟ ନୁହେଁ । ଅଚେତନ ଚେତନ ଓ ଚେତନ ଅଚେତନ ତିନି କାଳରେ କେବେ ବି ହୋଇପାରିବେ ନାହିଁ । ଏହାର ନାମ ହେଉଛି- ଅତ୍ୟନ୍ତ ଅଭାବ ।[୬] ଏହା ଅନାଦି-ଅନନ୍ତ । ଏହା ବିନା ଚେତନ ଓ ଅଚେତନ - ଏହି ଦୁଇ ଅତ୍ୟନ୍ତ ଭିନ୍ନ ପଦାର୍ଥର ବା ସର୍ବଥା ଭିନ୍ନ ପଦାର୍ଥର ତାଦାତ୍ମ୍ୟନିବୃତ୍ତି ସିଦ୍ଧ ହୋଇପାରେ ନାହିଁ ।

ସାଧ୍ୟ : ଧର୍ମ ଓ ଧର୍ମୀ

ସାଧ୍ୟ ଓ ସାଧନର ସଂବନ୍ଧ ମାତ୍ର ଜାଣିବାରେ ସାଧ୍ୟ ହେଉଛି ଧର୍ମ । କାରଣ ଧୂଆଁ ସହିତ ନିଆଁ ହେବାର ନିୟମ ରହିଛି - ସେହିପରି ଅଗ୍ନିମାନ୍ ପର୍ବତ ହେବାର ନିୟମ ନାହିଁ । ଅଗ୍ନି ପର୍ବତ ବ୍ୟତୀତ ଅନ୍ୟ ସ୍ଥାନମାନଙ୍କରେ ବି

---

(୫) ଭିକ୍ଷୁ ନ୍ୟାୟକର୍ଣ୍ଣିକା, ୩/୨୯-୩୩ ।

(୬) ଭିକ୍ଷୁ ନ୍ୟାୟକର୍ଣ୍ଣିକା, ୩।୩୩ ।

ମିଳିଥାଏ । ସାଧନର ପ୍ରୟୋଗ କାଳରେ ସାଧ୍ୟ ହୋଇଥାଏ ଧର୍ମୀ । ଧର୍ମୀ ତିନି ପ୍ରକାର - ୧.ବୁଦ୍ଧିସିଦ୍ଧ, ୨. ପ୍ରମାଣସିଦ୍ଧ, ୩. ଉଭୟସିଦ୍ଧ ।

ପ୍ରମାଣ ଦ୍ୱାରା ଯା'ର ଅସ୍ତିତ୍ୱ ବା ନାସ୍ତିତ୍ୱ ସିଦ୍ଧ ହୁଏ ନାହିଁ ଅଥଚ ଅସ୍ତିତ୍ୱ ବା ନାସ୍ତିତ୍ୱ ସିଦ୍ଧ କରିବା ସକାଶେ ଯାହାକୁ ଶାବ୍ଦିକ ରୂପରେ ସ୍ୱୀକାର କରାଯାଇଥାଏ, ତାହା ହେଉଛି ବୁଦ୍ଧି-ସିଦ୍ଧ ଧର୍ମୀ । ଅସ୍ତିତ୍ୱ ସିଦ୍ଧି ପୂର୍ବରୁ ସର୍ବଜ୍ଞ କୌଣସି ପ୍ରମାଣ ଦ୍ୱାରା ବି ସିଦ୍ଧ ନୁହନ୍ତି । ତାଙ୍କର... ଅସ୍ତିତ୍ୱ ସିଦ୍ଧ କରିବା ପାଇଁ ସର୍ବପ୍ରଥମେ ଧର୍ମୀ ସୃଷ୍ଟି କରିବାକୁ ହେବ, ସେତେବେଳେ ଏହି ଅସ୍ତିତ୍ୱ ବୁଦ୍ଧି ଦ୍ୱାରା ସ୍ୱୀକୃତ ହେବ । ପ୍ରମାଣ ଦ୍ୱାରା ଅସ୍ତିତ୍ୱ ପରେ ସିଦ୍ଧ କରାଯିବ । ସଂକ୍ଷେପରେ ଯେଉଁ ସାଧ୍ୟର ଅସ୍ତିତ୍ୱ ବା ନାସ୍ତିତ୍ୱ ସାଧନା ଅଟେ, ସେହି ଧର୍ମୀ ବୁଦ୍ଧି ସିଦ୍ଧ ବା ବିକଳ୍ପ-ସିଦ୍ଧ ହୋଇଥାଏ ।

ଯା'ର ଅସ୍ତିତ୍ୱ ପ୍ରତ୍ୟକ୍ଷ ଆଦି ପ୍ରମାଣ ଦ୍ୱାରା ସିଦ୍ଧ ହୋଇଥାଏ, ତାହା ହେଉଛି ପ୍ରମାଣସିଦ୍ଧ ଧର୍ମୀ । 'ଏହି ମେଘରେ ପାଣି ଭରି ରହିଛି' - ଏଠାରେ ମେଘକୁ ଆମେ ସ୍ପଷ୍ଟ ଦେଖିପାରୁଛୁଁ । ତା' ମଧ୍ୟରେ 'ପାଣି' ଧର୍ମ ସିଦ୍ଧ କରିବା ଲାଗି ଆମକୁ ମେଘ, ଯାହା ଧର୍ମୀକୁ କଳ୍ପନା ଦ୍ୱାରା ମାନ୍ୟ କରିବା ଆବଶ୍ୟକ ନୁହେଁ ।

'ମନୁଷ୍ୟ ମରଣଶୀଳ ଅଟେ' - ଏଠାରେ ମ୍ରିୟମାଣ ମନୁଷ୍ୟ ପ୍ରତ୍ୟକ୍ଷସିଦ୍ଧ ହେଉଛି ତଥା ମୃତ ଓ ମରିଷ୍ୟମାଣ ମନୁଷ୍ୟ ବୁଦ୍ଧିସିଦ୍ଧ ଅଟେ । 'ମନୁଷ୍ୟ ମରଣଶୀଳ ଅଟେ' - ଏହା ମଧ୍ୟରେ କୌଣସି ବିଶେଷଧର୍ମୀ ନାହିଁ ବରଂ ସବୁଯାକ ମନୁଷ୍ୟ ଧର୍ମୀ ରହିଛନ୍ତି । ପ୍ରମାଣସିଦ୍ଧ ଧର୍ମୀ ବ୍ୟକ୍ତ୍ୟାତ୍ମକ ହୋଇଥାଏ, ସେହି ସ୍ଥିତିରେ ଉଭୟ-ସିଦ୍ଧ ଧର୍ମୀ ହୋଇଥାଏ ଜାତ୍ୟାତ୍ମକ । ଉଭୟ ସିଦ୍ଧଧର୍ମୀ ମଧ୍ୟରେ ସତ୍ତା-ଅସତ୍ତା ବ୍ୟତୀତ ବାକୀ ସବୁ ଧର୍ମ ସାଧ୍ୟ ଅଟନ୍ତି ।

ନାସ୍ତିକ ବ୍ୟତୀତ ସମସ୍ତେ ଦର୍ଶନ ଅନୁମାନକୁ ପ୍ରମାଣ କହିଥାନ୍ତି । ନାସ୍ତିକ ବ୍ୟାପ୍ତିର ନିର୍ଣ୍ଣାୟକତା ସ୍ୱୀକାର କରେ ନାହିଁ । ଏହା ବିନା ଅନୁମାନ କଦାପି ସଂଭବ ନୁହେଁ । ବ୍ୟାପ୍ତିକୁ ସନ୍ଦିଗ୍ଧ ମାନିବାର ଅର୍ଥ ହେଲା ତର୍କଠାରୁ ଦୂରେଇ ଯିବା ।

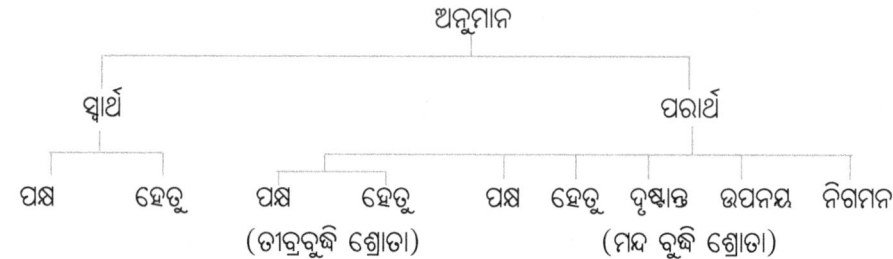

ହେତୁର ପ୍ରକାର

ହେତୁ ଦୁଇ ପ୍ରକାର - ଉପଲବ୍ଧି ଓ ଅନୁପଲବ୍ଧି । ଉଭୟ ବିଧି ଓ ନିଷେଧର ସାଧକ । ଆଚାର୍ଯ୍ୟ ହେମଚନ୍ଦ୍ର ଅନୁପଲବ୍ଧିକୁ ବିଧି-ସାଧକ ହେତୁ ରୂପରେ ସ୍ଥାନ ଦେଇନାହାନ୍ତି ।

'ପରୀକ୍ଷାମୁଖ'ରେ ବିଧି ସାଧକର ଛଅ ଉପଲବ୍ଧି ଏବଂ ତିନି ଅନୁପଲବ୍ଧିର ତଥା ନିଷେଧ ସାଧକ ଛଅ ଉପଲବ୍ଧି ଏବଂ ସାତଟି ଅନୁପଲବ୍ଧିର ନିରୂପଣ କରାଯାଇଛି । ଏହାର ବିକାଶ ପ୍ରମାଣନୟତତ୍ତ୍ୱାଲୋକରେ ହୋଇଛି । ସେଠାରେ ବିଧି ସାଧକ ଛଅ ଉପଲବ୍ଧି ଏବଂ ପାଞ୍ଚ ଅନୁପଲବ୍ଧିର ତଥା ନିଷେଧ ସାଧକ ସାତ ଉପଲବ୍ଧି ଏବଂ ସାତ ଅନୁପଲବ୍ଧିର ଉଲ୍ଲେଖ ରହିଛି । ପ୍ରସ୍ତୁତ ବର୍ଗୀକରଣ ହେଉଛି 'ପ୍ରମାଣ ନୟତତ୍ତ୍ୱାଲୋକ' ଅନୁସାରେ ।

ବିଧି-ସାଧକ ଉପଲବ୍ଧି-ହେତୁ

ସାଧ୍ୟ ଦ୍ୱାରା ଅବିରୁଦ୍ଧ ରୂପରେ ଉପଲବ୍ଧ ହେବା ଯୋଗୁଁ ଯେଉଁ ହେତୁ ସାଧ୍ୟର ସତ୍ତାକୁ ସିଦ୍ଧ କରିଥାଏ, ତାହା ଅବିରୁଦ୍ଧୋପଲବ୍ଧି ବୋଲାଇଥାଏ ।

ଅବିରୁଦ୍ଧ-ଉପଲବ୍ଧି ଛଅ ପ୍ରକାର -

୧. ଅବିରୁଦ୍ଧ-ବ୍ୟାପ୍ୟ-ଉପଲବ୍ଧି -

ସାଧ୍ୟ - ଶବ୍ଦ ପରିଣାମୀ । ହେତୁ-କାରଣ ଏହା ପ୍ରଯତ୍ନ ଜନ୍ୟ । ଏଠାରେ ପ୍ରଯତ୍ନ-ଜନ୍ୟତ୍ୱ ବ୍ୟାପ୍ୟ ଅଟେ । ଏହା ପରିଣାମିତ୍ୱଠାରୁ ଅବିରୁଦ୍ଧ ହୋଇଥିବାରୁ ପ୍ରଯତ୍ନ-ଜନ୍ୟତ୍ୱ ଦ୍ୱାରା ପରିଣାମିତ୍ୱ ସିଦ୍ଧ ହୋଇଥାଏ ।

୨. ଅବିରୁଦ୍ଧ-କାର୍ଯ୍ୟ-ଉପଲବ୍ଧି -

ସାଧ୍ୟ- ଏହି ପର୍ବତରେ ଅଗ୍ନି ରହିଛି । ହେତୁ - କାରଣ ଧୂଆଁ ବାହାରୁଛି । ଧୂଆଁ ହେଲା ଅଗ୍ନିର କାର୍ଯ୍ୟ, ତାହା ଅଗ୍ନିଠାରୁ ଅବିରୁଦ୍ଧ ହୋଇଥିବାରୁ ଧୂମର କାର୍ଯ୍ୟ ଦ୍ୱାରା ପର୍ବତ ଉପରେ ଅଗ୍ନିର ସିଦ୍ଧି ହେଉଛି ।

୩. ଅବିରୁଦ୍ଧ-କାରଣ-ଉପଲବ୍ଧି-

ସାଧ୍ୟ-ବର୍ଷା ହେବ । ହେତୁ- କାରଣ ବିଶେଷ ପ୍ରକାରର ମେଘ ଘୋଟିଆସୁଛି । ମେଘରେ ବୈଶିଷ୍ଟ୍ୟ ହେଉଛି ବର୍ଷର କାରଣ ଏବଂ ଏହା ତା'ର ବିରୋଧୀ ନୁହେଁ ।

୪. ଅବିରୁଦ୍ଧ-ପୂର୍ବଚର-ଉପଲବ୍ଧି-

ସାଧ୍ୟ-ମୁହୂର୍ତ୍ତକ ପରେ ତିଷ୍ୟ ନକ୍ଷତ୍ରର ଉଦୟ ହେବ । କାରଣ - ପୁନର୍ବସୁର ଉଦୟ ହୋଇସାରିଛି । 'ପୁନର୍ବସୁର ଉଦୟ' ଏହି ହେତୁ 'ତିଷ୍ୟୋଦୟ ସାଧ୍ୟର ପୂର୍ବଚର ଅଟେ ଏବଂ ଏହା ତା'ର ବିରୋଧୀ ନୁହେଁ ।

୫. ଅବିରୁଦ୍ଧ-ଉତ୍ତରଚର ଉପଲବ୍ଧି-

ସାଧ୍ୟ-ଏକ ମୁହୂର୍ତ୍ତ ପୂର୍ବରୁ ପୂର୍ବ-ଫାଲ୍‌ଗୁନୀ ନକ୍ଷତ୍ରର ଉଦୟ ହୋଇଥିଲା । ହେତୁ- କାରଣ ଉତ୍ତର-ଫାଲ୍‌ଗୁନୀର ଉଦୟ ହୋଇସାରିଛି । ଉତ୍ତର-ଫାଲ୍‌ଗୁନୀର ଉଦୟ ପୂର୍ବ-ଫାଲ୍‌ଗୁନୀର ଉଦୟର ନିଶ୍ଚିତ ଉତ୍ତରବର୍ତ୍ତୀ ହୋଇଥାଏ ।

୬.ଅବିରୁଦ୍ଧ-ସହଚର-ଉପଲବ୍ଧି-

ସାଧ୍ୟ - ଏହି ଆମ୍ବର ରୂପ ବିଶେଷ ପ୍ରକାର । ହେତୁ - କାରଣ ରସ ହେଉଛି ବିଶେଷ ଆସ୍ୱାଦ୍ୟାମାନ । ଏଠାରେ ରସ (ହେତୁ) ରୂପ (ସାଧ୍ୟ)ର ନିତ୍ୟ ସହଚାରୀ ସାଜିଥାଏ ।

ନିଷେଧ-ସାଧକ ଉପଲବ୍ଧି-ହେତୁ

ସାଧ୍ୟର ବିରୁଦ୍ଧାଚରଣ କରୁଥିବାରୁ ଯେଉଁ ହେତୁ ତା'ର ଅଭାବକୁ ସିଦ୍ଧ କରୁଥାଏ, ତାହା ବିରୁଦ୍ଧୋପଲବ୍ଧି ବୋଲାଇଥାଏ । ବିରୁଦ୍ଧୋପଲବ୍ଧି ସାତ ପ୍ରକାର -

୧. ସ୍ୱଭାବ-ବିରୁଦ୍ଧ ଉପଲବ୍ଧି-

ସାଧ୍ୟ-ସର୍ବଥା ଏକାନ୍ତ ନୁହେଁ । ହେତୁ-କାରଣ ଅନେକାନ୍ତ ଉପଲବ୍ଧ ହେଉଛି । ଅନେକାନ୍ତ-ଏକାନ୍ତ ସ୍ୱଭାବର ବିରୁଦ୍ଧ ଅଟେ ।

୨. ବିରୁଦ୍ଧ-ବ୍ୟାପ୍ୟ-ଉପଲବ୍ଧି -

ସାଧ୍ୟ- ଏହି ପୁରୁଷର ତତ୍ତ୍ୱରେ ବିଶ୍ୱାସ ନାହିଁ । ହେତୁ - କାରଣ ସନ୍ଦେହ ରହିଛି । 'ସନ୍ଦେହ ରହିଛି' ଏହା 'ନିଶ୍ଚୟ ରହିନି'ର ବ୍ୟାପ୍ୟ ହୋଇଥିବାରୁ ସନ୍ଦେହ-ଦଶାରେ ନିଶ୍ଚୟର ଅଭାବ ରହିବ । ଏ ଦୁହେଁ ବିରୋଧୀ ଅଟନ୍ତି ।

୩. ବିରୁଦ୍ଧ-କାର୍ଯ୍ୟ-ଉପଲବ୍ଧି-

ସାଧ୍ୟ- ଏହି ପୁରୁଷର କ୍ରୋଧ ଶାନ୍ତ ହୋଇନି । ହେତୁ- କାରଣ ମୁଖ୍ୟ ବିକାର ବାରି ହେଉଛି ।

୪. ବିରୁଦ୍ଧ-କାରଣ-ଉପଲବ୍ଧି-

ସାଧ୍ୟ- ଏହି ମହର୍ଷି ଅସତ୍ୟ କହୁନାହାନ୍ତି । ହେତୁ-କାରଣ ମହର୍ଷିଙ୍କ ଜ୍ଞାନ ରାଗ-ଦ୍ୱେଷ କଳୁଷତାରୁ ମୁକ୍ତ । ଏଠାରେ ଅସତ୍ୟ ବଚନର ବିରୋଧୀ ସତ୍ୟବଚନ ଏବଂ ତା'ର କାରଣ ହେଉଛି ରାଗ-ଦ୍ୱେଷ-ରହିତ ଜ୍ଞାନ-ସମ୍ପନ୍ନ ହେବା ।

୫. ଅବିରୁଦ୍ଧ-ପୂର୍ବଚର-ଉପଲବ୍ଧି-

ସାଧ୍ୟ-ଏକ ମୁହୂର୍ତ୍ତ ପରେ ପୁଷ୍ୟ ନକ୍ଷତ୍ରର ଉଦୟ ହେବ ନାହିଁ । ହେତୁ-କାରଣ ଏବେ ରୋହିଣୀର ଉଦୟ ହୋଇଛି । ଏଠାରେ ପ୍ରତିଷେଧ୍ୟ ପୁଷ୍ୟ ନକ୍ଷତ୍ରର ଉଦୟ ଫଳରେ ବିରୁଦ୍ଧ ପୂର୍ବଚର ରୋହିଣୀ ନକ୍ଷତ୍ରର ଉଦୟର ଉପଲବ୍ଧି ହେଉଛି ।

ରୋହିଣୀ ପଶ୍ଚାତ୍ ମୃଗଶୀର୍ଷ, ଆର୍ଦ୍ରା ଏବଂ ପୁନର୍ବସୁର ଉଦୟ ହୋଇଥାଏ । ତା'ପରେ ପୁଷ୍ୟର ଉଦୟ ହୁଏ ।

୬.ବିରୁଦ୍ଧ-ଉତ୍ତରଚର-ଉପଲବ୍ଧି-

ସାଧ୍ୟ - ଏହି ମୁହୂର୍ତ୍ତ ପୂର୍ବରୁ ମୃଗଶିରାର ଉଦୟ ହୋଇ ନ ଥିଲା । ହେତୁ- କାରଣ ଏବେ ପୂର୍ବ ଫାଲଗୁନୀର ଉଦୟ ହୋଇଛି । ଏହା ହେଲା ମୃଗଶୀର୍ଷ ପ୍ରତିଷେଧ୍ୟ । ପୂର୍ବ ଫାଲ୍‌ଗୁନୀର ଉଦୟ ଏହାର ବିରୋଧୀ ଅଟେ । ମୃଗଶୀରା ପଶ୍ଚାତ୍ କ୍ରମଶଃ ଆର୍ଦ୍ରା, ପୁନର୍ବସୁ, ମଘା ଓ ପୂର୍ବ ଫାଲ୍‌ଗୁନୀର ଉଦୟ ହୁଏ ।

୭. ବିରୁଦ୍ଧ-ସହଚର-ଉପଲବ୍ଧି-

ସାଧ୍ୟ- ଏହି ଲୋକକୁ ମିଥ୍ୟା ଜ୍ଞାନ ନାହିଁ । ହେତୁ-କାରଣ ସମ୍ୟକ୍ ଦର୍ଶନ ରହିଛି । ମିଥ୍ୟା ଜ୍ଞାନ ଓ ସମ୍ୟକ୍ ଦର୍ଶନର ଏକତ୍ର ସହାବସ୍ଥାନ କଦାପି ସମ୍ଭବ ନୁହେଁ ।

ନିଷେଧ-ସାଧକ ଅନୁପଲବ୍ଧି-ହେତୁ

ପ୍ରତିଷେଧ୍ୟର ଅବିରୁଦ୍ଧ ହୋଇଥିବାରୁ ଯେଉଁ ହେତୁ ତା'ର ପ୍ରତିଷେଧ୍ୟ ସିଦ୍ଧ କରିଥାଏ, ତାହା ଅବିରୁଦ୍ଧାନୁପଲବ୍ଧି ବୋଲାଇଥାଏ । 'ଅବିରୁଦ୍ଧାନୁପଲବ୍ଧି' ସାତ ପ୍ରକାର -

୧. ଅବିରୁଦ୍ଧ-ସ୍ୱଭାବ-ଅନୁପଲବ୍ଧି-

ସାଧ୍ୟ- ଏଠାରେ ଘଟ ନାହିଁ । ହେତୁ - କାରଣ ଘଟରର ଦୃଶ୍ୟ ସ୍ୱଭାବ ଉପଲବ୍ଧ ହେଉନାହିଁ । ଘଟର ସ୍ୱଭାବ ଚକ୍ଷୁର ବିଷୟ ଅନ୍ତର୍ଗତ । ଏଠାରେ ଏହି ଅବିରୁଦ୍ଧ ସ୍ୱଭାବ ଦ୍ୱାରା ପ୍ରତିଷେଧ୍ୟର ପ୍ରତିଷେଧ ହେଉଛି ।

୨. ଅବିରୁଦ୍ଧ-ବ୍ୟାପକ-ଅନୁପଲବ୍ଧି -

ସାଧ୍ୟ - ଏଠାରେ ପଣସ ନାହିଁ । ହେତୁ- କାରଣ ବୃକ୍ଷ ନାହିଁ । ବୃକ୍ଷ ହେଉଛି ବ୍ୟାପକ, ପଣସ ବ୍ୟାପ୍ୟ । ଏହା ହେଉଛି ବ୍ୟାପକର ଅନୁପଲବ୍ଧିରେ ବ୍ୟାପ୍ୟର ପ୍ରତିଷେଧ ।

୩. ଅବିରୁଦ୍ଧ-କାର୍ଯ୍ୟ-ଅନୁପଲବ୍ଧି-

ସାଧ୍ୟ - ଏଠାରେ ଅପ୍ରତିହତଶକ୍ତି ଯୁକ୍ତ ବୀଜ ନାହିଁ । ହେତୁ - କାରଣ ଅଙ୍କୁର ଦେଖାଯାଉ ନାହିଁ । ଏହା ଅବିରୋଧୀ କାର୍ଯ୍ୟର ଅନୁପଲବ୍ଧିର କାରଣର ପ୍ରତିଷେଧ ଅଟେ ।

୪. ଅବିରୁଦ୍ଧ-କାରଣ-ଉପଲବ୍ଧି-

ସାଧ୍ୟ- ଏହି ବ୍ୟକ୍ତି ମଧ୍ୟରେ ପ୍ରଶମ ଭାବ ନାହିଁ । ହେତୁ- କାରଣ ବ୍ୟକ୍ତିଜଣକ ସମ୍ୟକ୍ ଦର୍ଶନ ପ୍ରାପ୍ତ କରିନାହିଁ । ପ୍ରଶମ ଭାବ - ସମ୍ୟକ୍ ଦର୍ଶନର କାମ । ଏହା ହେଉଛି କାରଣର ଅଭାବରେ କାର୍ଯ୍ୟର ପ୍ରତିଷେଧ ।

୫. ଅବିରୁଦ୍ଧ-ପୂର୍ବଚର-ଅନୁପଲବ୍ଧି-

ସାଧ୍ୟ-ଏକ ମୁହୂର୍ତ୍ତ ଉତ୍ତାରୁ ସ୍ୱାତିର ଉଦୟ ହେବ ନାହିଁ । ହେତୁ - କାରଣ ବର୍ତ୍ତମାନ ଚିତ୍ରାର ଉଦୟ ହୋଇନି । ଏହା ଚିତ୍ରାର ପୂର୍ବବର୍ତ୍ତୀ ଉଦୟର ଅଭାବ ଦ୍ୱାରା ସ୍ୱାତିର ଉତ୍ତରବର୍ତ୍ତୀ ଉଦୟର ପ୍ରତିଷେଧ ଅଟେ ।

୬. ଅବିରୁଦ୍ଧ-ଉତ୍ତରଚର-ଅନୁପଲବ୍ଧି-

ସାଧ୍ୟ - ଏକ ମୁହୂର୍ତ୍ତ ପୂର୍ବରୁ ପୂର୍ବଭାଦ୍ରପଦାର ଉଦୟ ହୋଇନାହିଁ । ହେତୁ- କାରଣ ଉତ୍ତର ଭାଦ୍ରପଦାର ପୂର୍ବବର୍ତ୍ତୀ ଉଦୟର ଅଭାବ ଦ୍ୱାରା ପୂର୍ବ ଭାଦ୍ରପଦାର ପୂର୍ବବର୍ତ୍ତୀ ଉଦୟର ପ୍ରତିଷେଧ ଅଟେ ।

୭. ଅବିରୁଦ୍ଧ-ସହଚର-ଅନୁପଲବ୍ଧି-

ସାଧ୍ୟ- ଏହି ଲୋକ ସମ୍ୟକ୍ ଜ୍ଞାନପ୍ରାପ୍ତ ନୁହେଁ । କାରଣ- ସମ୍ୟକ୍ ଦର୍ଶନ ନାହିଁ । ସମ୍ୟକ୍ ଜ୍ଞାନ ଓ ସମ୍ୟକ୍ ଦର୍ଶନ ଉଭୟ ନିୟତ ସହଚାରୀ ଅଟନ୍ତି । ତେଣୁ ଏହା ଜଣକର ଅଭାବରେ ଅନ୍ୟ ଜଣକର ପ୍ରତିଷେଧ ଅଟେ ।

ବିଧି-ସାଧକ ଅନୁପଲବ୍ଧି-ହେତୁ

ସାଧ୍ୟର ବିରୁଦ୍ଧ ରୂପର ଉପଲବ୍ଧି ନ ହେବା ଯୋଗୁଁ, ଯେଉଁ ତା'ର ସତ୍ତା ବା ଅସ୍ତିତ୍ୱକୁ ସିଦ୍ଧ କରିଥାଏ, ତାହା ବିରୁଦ୍ଧାନୁପଲବ୍ଧି ବୋଲାଇଥାଏ । ବିରୁଦ୍ଧାନୁପଲବ୍ଧି ହେତୁର ପାଞ୍ଚ ପ୍ରକାର -

୧. ବିରୁଦ୍ଧ-କାର୍ଯ୍ୟ-ଅନୁପଲବ୍ଧି-

ସାଧ୍ୟ - ଏହି ଲୋକର ଶରୀରରେ ରୋଗ ରହିଛି । ହେତୁ - କାରଣ ସ୍ୱସ୍ଥ ପ୍ରବୃତ୍ତି ଶରୀରରେ ନାହିଁ । ସ୍ୱସ୍ଥ ପ୍ରବୃତ୍ତିଗୁଡ଼ିକର ଭାବ ହେଉଛି ରୋଗ ବିରୋଧୀ କାର୍ଯ୍ୟ । ଏଠାରେ ତା'ର ଉପଲବ୍ଧି ହେଉନାହିଁ ।

୨. ବିରୁଦ୍ଧ-କାରଣ-ଅନୁପଲବ୍ଧି-

ସାଧ୍ୟ - ଏହି ମନୁଷ୍ୟ କଷ୍ଟ ମଧ୍ୟରେ ହନ୍ତସନ୍ତ । ହେତୁ - କାରଣ ଇଷ୍ଟର ସଂଯୋଗ ଲୋକ ସହିତ ହୋଇପାରୁନାହିଁ । କଷ୍ଟ ଭାବର ବିରୋଧୀ କାରଣ ହେଲା ଇଷ୍ଟ ସଂଯୋଗ, ଯାହା ଏଠାରେ ଅନୁପଲବ୍ଧ ।

୩. ବିରୁଦ୍ଧ-ସ୍ୱଭାବ-ଅନୁପଲବ୍ଧି-

ସାଧ୍ୟ - ବସ୍ତୁ ସମୂହ ହେଉଛି ଅନେକାନ୍ତାତ୍ମକ । ହେତୁ - କାରଣ ଏଠାରେ ଏକାନ୍ତ ସ୍ୱଭାବ ଅନୁପଲବ୍ଧ ।

୪. ବିରୁଦ୍ଧ - ବ୍ୟାପକ - ଅନୁପଲବ୍ଧି -

ସାଧ୍ୟ - ଏଠାରେ ପ୍ରତିଛାୟା ରହିଛି । ହେତୁ - କାରଣ ଉଷ୍ଣତା ନାହିଁ ।

୫. ବିରୁଦ୍ଧ - ସହଚର - ଅନୁପଲବ୍ଧି -

ସାଧ୍ୟ - ଏ ଲୋକଟି ମିଥ୍ୟାଜ୍ଞାନଯୁକ୍ତ ଅଟେ । ହେତୁ - କାରଣ ଲୋକ ସମ୍ୟକ୍ ଦର୍ଶନ ପ୍ରାପ୍ତ ନୁହେଁ ।[୭]

(୭) ପ୍ରମାଣ ନୟତତ୍ତ୍ୱ ରତ୍ନାବତାରିକା, ୩,୬୫-୧୦୦ ।

॥ ୫ ॥
ଆଗମ-ପ୍ରମାଣ

ଆଗମ

ଆଗମ ହେଉଛି ଶ୍ରୁତଜ୍ଞାନ ବା ଶବ୍ଦ ଜ୍ଞାନ । ଉପଚାରରେ ଆପ୍ତବଚନ ବା ଦ୍ରବ୍ୟଶ୍ରୁତକୁ ବି ଆଗମ କୁହାଯାଏ କିନ୍ତୁ ଶ୍ରୋତା ବା ପାଠକ, ଆପ୍ତର ଲିଖିତ ବା ମୌଖିକବାଣୀ ଦ୍ୱାରା ଯେଉଁ ଜ୍ଞାନ ଆହରଣ କରିଥାଏ, ତାହା ହେଉଛି ଆଗମ ।

ବୈଶେଷିକ ମତରେ ଶବ୍ଦ ପ୍ରମାଣ ହେଉଛି ଅନୁମାନର ଏକ ରୂପ । ଜୈନ ଦର୍ଶନ ଏହା ସହିତ ଏକମତ ନୁହେଁ । ପୂର୍ବ-ଅଭ୍ୟାସ ସ୍ଥିତିରେ ଶବ୍ଦ ଜ୍ଞାନ ହେଉଛି ବ୍ୟାପ୍ତି ନିରପେକ୍ଷ । ଜଣେ ଲୋକ ଅସଲି-ନକଲି ମୁଦ୍ରାକୁ ଜାଣିପାରୁଛି । ଦେଖିବାମାତ୍ରେ ବୁଝିଯାଉଛି । ତା' ମନରେ ଜମା ଦ୍ୱନ୍ଦ୍ୱ ନାହିଁ । ଶବ୍ଦ-ଜ୍ଞାନ ସକାଶେ ଅବିକଳ ଏହି ତଥ୍ୟକୁ ଲାଗୁ ହୋଇଥାଏ । ଶବ୍ଦ କାନରେ ପଡ଼ିବା ମାତ୍ରେ ଶୁଣିବା ଲୋକ ବୁଝିଥାଏ । ଶବ୍ଦ ଅନୁମାନ କଦାପି ନୁହେଁ । ଶବ୍ଦ ଶୁଣି ଯଦି ଅର୍ଥ-ବୋଧ ହେଉନାହିଁ, ତା' ପାଇଁ ବ୍ୟାପ୍ତିର ଆଶ୍ରୟ ଯଦି ନିଆଯାଏ, ତେବେ ତାହା ଅବଶ୍ୟ ଅନୁମାନ ହେବ, ଶବ୍ଦ ନୁହେଁ । ପ୍ରତ୍ୟକ୍ଷ ସକାଶେ ବି ଏହି ନିୟମ ଲାଗୁ ହୋଇଥାଏ । ପ୍ରତ୍ୟେକ ବସ୍ତୁ ପାଇଁ 'ଏହା, ଏପରି (ଅମୁକ ପ୍ରକାର) ହୋଇଥାଇପାରେ' ଯଦି ଏହି ବିକଳ୍ପ ଜାତ ହୁଏ, ତାହା ପ୍ରତ୍ୟକ୍ଷ ଜ୍ଞାନ ହେବ ନାହିଁ, ଅନୁମାନ ମାତ୍ର । ଆଗମ ବ୍ୟାପ୍ତି-ନିରପେକ୍ଷ ହେବା କାରଣରୁ ଅନୁମାନ ଅନ୍ତର୍ଗତ ଆସି ନ ଥାଏ ।[୧]

ଜୈନଦୃଷ୍ଟି ଅନୁସାରେ ଆଗମ ହେଉଛି ସ୍ୱତଃ ପ୍ରମାଣ, ପୌରୁଷେୟ ଏବଂ ଆପ୍ତପ୍ରଣୀତ ।[୨] ବଚନ ରଚନାକୁ ସୂତ୍ରାଗମ, ଜ୍ଞାନକୁ ଅର୍ଥାଗମ ତଥା ସମନ୍ୱିତ ରୂପରେ ଦୁହିଁଙ୍କୁ ଉଭୟାଗମ କୁହାଯାଏ ।[୩] ପ୍ରକାରାନ୍ତରରେ ଆତ୍ମାଗମ, ଅନନ୍ତରାଗମ ଓ ପରମ୍ପରାଗମ, ଏଭଳି ତିନି ପ୍ରକାର ଆଗମ ରହିଛି । ଉପଦେଶ ବିନା ଛାଏଁ ଛାଏଁ ଅର୍ଥଜ୍ଞାନ ହେବା ଆତ୍ମାଗମ ଅଟେ । ତାହା ତୀର୍ଥଙ୍କର ବା ସ୍ୱୟମ୍-ବୁଦ୍ଧଙ୍କୁ ହୋଇଥାଏ । ତୀର୍ଥଙ୍କର ଓ ସ୍ୱୟମ୍ବୁଦ୍ଧ ଆଦିଙ୍କ ଉପଦେଶବାଣୀ ଦ୍ୱାରା ଶିଷ୍ୟ, ସୂତ୍ର ଅପେକ୍ଷା ଆତ୍ମାଗମ ଓ ଅର୍ଥ ଅପେକ୍ଷା ଅନନ୍ତରାଗମ ପ୍ରାପ୍ତ କରିଥାଏ । ତୃତୀୟ ଶ୍ରେଣୀରେ ପ୍ରଶିଷ୍ୟର ସୂତ୍ର ଅପେକ୍ଷା ଅନନ୍ତରାଗମ ଓ ଅର୍ଥ ଅପେକ୍ଷା ପରମ୍ପରାଗମ ହୋଇଥାଏ । ଚତୁର୍ଥ ଶ୍ରେଣୀରେ ସୂତ୍ର ଓ ଅର୍ଥ ଉଭୟ ପରମ୍ପରାଗମ ହୋଇପଡ଼ନ୍ତି ।[୪]

---

(୧) ଜୈନତର୍କଭାଷା, ପୃ.୨୬ : ନଚ ବ୍ୟାପ୍ତି ଗ୍ରହଣ-ବଳେନାର୍ଥ ପ୍ରତିପାଦକତ୍ୱାଦ୍ ଧୂମବଦସ୍ୟ ଅନୁମାନେଽନ୍ତର୍ଭାବଃ କୂଟାକୂଟକାର୍ଷାପଣନିରୂପଣପ୍ରବଣ ପ୍ରତ୍ୟକ୍ଷ ବଦଭ୍ୟାସ ଦଶାୟାଂ ବ୍ୟାପ୍ତିଗ୍ରହନୈରପେକ୍ଷ୍ୟେଣୈବାସ୍ୟ ଅର୍ଥବୋଧକତ୍ୱାତ୍ ।

(୨) ଅଯୋଗବ୍ୟବଚ୍ଛେଦିକା, ୧୭ ।

(୩) ଅନୁଯୋଗଦବାର, ସୂତ୍ର ୧୪୪ ।

(୪) ଅନୁଯୋଗଦ୍ୱାର, ସୂତ୍ର ୧୪୪ ।

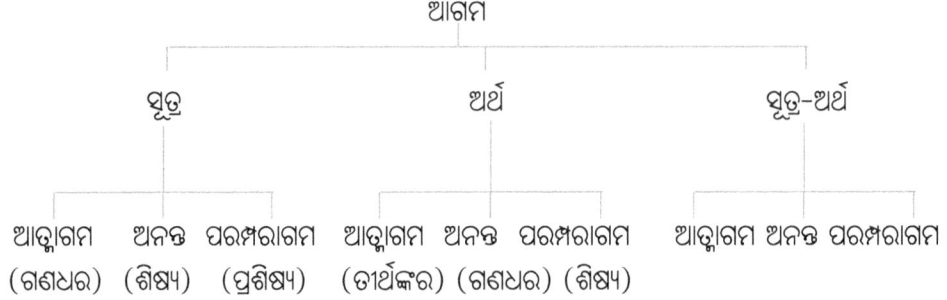

ଆଗମ

ସୂତ୍ର | ଅର୍ଥ | ସୂତ୍ର-ଅର୍ଥ

ସୂତ୍ର			ଅର୍ଥ			ସୂତ୍ର-ଅର୍ଥ		
ଆତ୍ମାଗମ (ଗଣଧର)	ଅନନ୍ତ (ଶିଷ୍ୟ)	ପରମ୍ପରାଗମ (ପ୍ରଶିଷ୍ୟ)	ଆତ୍ମାଗମ (ତୀର୍ଥଙ୍କର)	ଅନନ୍ତ (ଗଣଧର)	ପରମ୍ପରାଗମ (ଶିଷ୍ୟ)	ଆତ୍ମାଗମ	ଅନନ୍ତ	ପରମ୍ପରାଗମ

ତୀର୍ଥଙ୍କରଙ୍କ ପରିପ୍ରେକ୍ଷୀରେ : ଅର୍ଥ - ଆତ୍ମାଗମ ।

ଗଣଧରଙ୍କ ପରିପ୍ରେକ୍ଷୀରେ : ସୂତ୍ର-ଆତ୍ମାଗମ, ଅର୍ଥ-ଅନନ୍ତରାଗମ ।

ଗଣଧର-ଶିଷ୍ୟଙ୍କ ପରିପ୍ରେକ୍ଷୀରେ : ସୂତ୍ର-ଅନନ୍ତରାଗମ, ଅର୍ଥ-ପରମ୍ପରାଗମ ।

ତଦ୍-ଶିଷ୍ୟ-ଶିଷ୍ୟଙ୍କ ପରିପ୍ରେକ୍ଷୀରେ - ସୂତ୍ର-ପରମ୍ପରାଗମ, ଅର୍ଥ-ପରମ୍ପରାଗମ ।

ଜ୍ଞାତା, ଜ୍ଞେୟ ଓ ବଚନ - ଏହି ତିନିଙ୍କ ସଂହିତା ହେଉଛି ଆଗମର ସମଗ୍ର ରୂପ ।

ଜ୍ଞାତା ଉଭୟ ଜ୍ଞାନ କରାଇବା ଓ ଜ୍ଞାନ କରିବା ଲୋକ । ପ୍ରଥମଟି ଜ୍ଞେୟକୁ ଜାଣିସାରିଛି, ଦ୍ୱିତୀୟଟିର ଜାଣିବା ବାକୀ ଅଛି । ପ୍ରଥମର ଜ୍ଞାନର ପ୍ରକାଶ ହେଉଛି ବଚନ ତଥା ଦ୍ୱିତୀୟର ଜ୍ଞାନର ସାଧନ ହେଲା ବଚନ । ଜ୍ଞେୟ; ଅନନ୍ତଶକ୍ତି, ଗୁଣ, ଅବସ୍ଥା ସମୂହର ଅଖଣ୍ଡ ପିଣ୍ଡ । ତା'ର ସ୍ୱରୂପ ହେଉଛି ଅନେକାନ୍ତାତ୍ମକ । ଜ୍ଞେୟ, ଆଗମର ମେରୁଦଣ୍ଡ ଅଟେ । ତଥାପି ଜ୍ଞେୟ ଆଧାରରେ ଆଗମର ବର୍ଗୀକରଣ କରାଯାଇପାରିବ ନାହିଁ । ଜ୍ଞାତା ଦୃଷ୍ଟିରେ ଏହାର ଏକ ଭେଦ ହେଉଛି- ଅର୍ଥାଗମ । ବଚନ ଦୃଷ୍ଟିରେ ଏହାର ତିନି ପ୍ରକାର ବିଭାଗ କରାଯାଇଥାଏ -୧. ସ୍ୟାଦ୍‌ବାଦ-ପ୍ରମାଣବାକ୍ୟ ୨.ସଦ୍‌ବାଦ-ନୟବାକ୍ୟ, ୩. ଦୁର୍ନୟ-ମିଥ୍ୟାଶ୍ରୁତ ।

ଅନ୍ୟ ଶବ୍ଦରେ - ୧. ଅନେକାନ୍ତ ବଚନ, ୨.ସତ୍-ଏକାନ୍ତ ବଚନ, ୩. ଅସତ୍-ଏକାନ୍ତ ବଚନ ।

ବାକ୍-ପ୍ରୟୋଗ

ବର୍ଣ୍ଣରୁ ପଦ, ପଦରୁ ବାକ୍ୟ ଓ ବାକ୍ୟରୁ ଭାଷାର ନିର୍ମାଣ ହୁଏ । ଭାଷା,ଅନକ୍ଷର ମଧ୍ୟ ହୋଇପାରେ କିନ୍ତୁ ତାହା ଅସ୍ପଷ୍ଟ । ସ୍ପଷ୍ଟ ଭାଷା ସର୍ବଦା ଅକ୍ଷରାତ୍ମକ । ଅକ୍ଷର ତିନି ପ୍ରକାର [୪]- ୧. ସଞ୍ଜ୍ଞାକ୍ଷର-ଅକ୍ଷରର ଲିପି । ୨. ବ୍ୟଞ୍ଜନାକ୍ଷର-ଅକ୍ଷରର ଉଚ୍ଚାରଣ । ୩. ଲବ୍‌ଧ୍ୟକ୍ଷର-ଅକ୍ଷରର ଜ୍ଞାନ ।

ଶବ୍ଦ ତିନି ପ୍ରକାର - ରୂଢ଼, ଯୌଗିକ ଓ ମିଶ୍ର । ଯା'ର ବ୍ୟୁତ୍ପତ୍ତି ନ ଥାଏ, ସେ ଶବ୍ଦ, 'ରୂଢ଼' ଅଟେ । [୬] ଗୁଣ, କ୍ରିୟା, ସମ୍ବନ୍ଧ ଆଦିଯୋଗରୁ ସୃଷ୍ଟି ହେଉଥିବା ଶବ୍ଦକୁ 'ଯୌଗିକ' କୁହାଯାଏ ।[୭] ଦୁଇଟି ଶବ୍ଦରଯୋଗ ହେବା ପରେ ବି ଯା' ମଧ୍ୟରେ ପରାବୃତ୍ତି ହୋଇପାରେ ନାହିଁ, ସେସବୁ 'ମିଶ୍ର' ଶବ୍ଦ ।[୮]

ନାମ ଓ କ୍ରିୟାର ଏକାଶ୍ରୟୀ ଯୋଗକୁ ବାକ୍ୟ କୁହାଯାଏ । ଶବ୍ଦ ବା ବଚନ ହେଉଛି ଧ୍ୱନି-ରୂପ ପୌଦ୍‌ଗଳିକ ପରିଣାମ । ତାହା ଜ୍ଞାପକ ବା ବତାଇବାବାଲା । ଚେତନର ବାକ୍ ପ୍ରଯତ୍ନରୁ ଏହା ଜାତ ହୁଏ ଏବଂ ଅବୟବ ସଂଯୋଗ

---

(୪) (କ) ନନ୍ଦୀ, ସୂତ୍ର ୩୯ ।
(ଖ) ଜୈନତର୍କଭାଷା, ପୃ.୯ : ସଞ୍ଜ୍ଞାକ୍ଷରଂ ବହୁବିଧ-ଲିପିଭେଦମ୍, ବ୍ୟଞ୍ଜନାକ୍ଷରଂ ଭାଷ୍ୟମାଣମକାରାଦି, ଏତେ ଚୋପଚାରାଚ୍ଛୁତେ । ଲବ୍‌ଧ୍ୟକ୍ଷରଂ ତୁ ଇନ୍ଦ୍ରିୟମନୋନିମିତ୍ତଃ ଶ୍ରୁତପଯୋଗଃ ତଦାବରଣ କ୍ଷୟୋପଶମୋ ବା ... ।

(୬) ଅଭିଧାନ ଚିନ୍ତାମଣି, ୧/୧ ।

(୭) ଅଭିଧାନ ଚିନ୍ତାମଣି, ୧/୨ ।

(୮) ଅଭିଧାନ ଚିନ୍ତାମଣି, ୧/୧୯ ।

ଫଳରେ ସାର୍ଥକ ବା ନିରର୍ଥକ ହୋଇଥାଏ । ଅଚେତନର ସଂଘାତ ଓ ଭେଦରୁ ଯାହା ସୃଷ୍ଟି ହୁଏ, ତାହା ନିରର୍ଥକ ହିଁ ହୋଇଥାଏ, ଅର୍ଥ-ପ୍ରେରିତ ହୋଇପାରେ ନାହିଁ ।[୯]

ଶବ୍ଦର ଅର୍ଥବୋଧକତା

ଶବ୍ଦ, ଅର୍ଥର ବୋଧକ ସାଜିଥାଏ । ଏହାର ଦୁଇଟି ହେତୁ- ସ୍ୱାଭାବିକ ଓ ସମୟ ବା ସଙ୍କେତ ।[୧୦] ନୈୟାୟିକ, ସ୍ୱଭାବିକ ଶକ୍ତିକୁ ସ୍ୱୀକାର କରନ୍ତି ନାହିଁ । ସେମାନେ କେବଳ ସଙ୍କେତକୁ ହିଁ ଅର୍ଥଜ୍ଞାନର ହେତୁ ମାନିଥାନ୍ତି ।[୧୧] ଏହା ଉପରେ ଜୈନ ଦୃଷ୍ଟି ହେଉଛି ଯଦି ଶବ୍ଦରେ ଅର୍ଥ-ବୋଧକ ଶକ୍ତି ସହଜ ଭାବରେ ନାହିଁ, ତେବେ ସେଠାରେ ସଂକେତ ମଧ୍ୟ କରାଯାଇପାରିବ ନାହିଁ । ସଂକେତ ହେଉଛି ରୂଢ଼ି, ବ୍ୟାପକ ନୁହେଁ । 'ଅମୁକ ବସ୍ତୁ ପାଇଁ ଅମୁକ ଶବ୍ଦ' - ଏହି ମାନ୍ୟତା ରହିଆସିଛି । ଦେଶ-କାଳ ଭେଦରେ ଏହା ଅନେକ ପ୍ରକାର ବିଭକ୍ତ ହୋଇଥାଏ । ଗୋଟିଏ ଦେଶରେ ନିର୍ଦ୍ଦିଷ୍ଟ ଶବ୍ଦର ଯେଉଁ ଅର୍ଥ କରାଯାଏ, ଅନ୍ୟ ଦେଶରେ ସେହି ସମାନ ଶବ୍ଦର ଭିନ୍ନ ଅର୍ଥ କରାଯାଇଥାଏ । ଆମକୁ ଏହି ସଂକେତ ବା ମାନ୍ୟତା ଆଧାରରେ ଦୃଷ୍ଟିପାତ କରିବାକୁ ହେବ । ସଂକେତର ଆଧାର ହେଉଛି ଶବ୍ଦର ସହଜ ଅର୍ଥ-ପ୍ରକାଶନ ଶକ୍ତି । ଶବ୍ଦ, ଅର୍ଥକୁ ବ୍ୟକ୍ତ କରିଥାଏ । କାହାକୁ କହିବ, ଏହା ସଂକେତ ଉପରେ ନିର୍ଭର କରିଥାଏ । ସଂକେତ ଜ୍ଞାତକାଳୀନ ଓ ଅଜ୍ଞାତକାଳୀନ ଉଭୟ ପ୍ରକାର ହୋଇଥାଏ । ଅର୍ଥର ଅନେକତା କାରଣରୁ ଶବ୍ଦର ଅନେକ ରୂପ ନିର୍ମିତ ହେଉଛି, ଯଥା-ଜାତିବାଚକ, ବ୍ୟକ୍ତିବାଚକ, କ୍ରିୟାବାଚକ ଆଦି-ଆଦି ।

ଶବ୍ଦ ଓ ଅର୍ଥର ସମ୍ବନ୍ଧ

ଶବ୍ଦ ଓ ଅର୍ଥ ମଧ୍ୟରେ ବାଚ୍ୟ-ବାଚକ ଭାବ ସଂବନ୍ଧ ରହିଛି । ବାଚ୍ୟରୁ ବାଚକ ସର୍ବଥା ଭିନ୍ନ ନୁହେଁ କି ସର୍ବଥା ଅଭିନ୍ନ ମଧ୍ୟ ନୁହେଁ । ସବୁମନ୍ତେ ଭେଦ ରହିଥିଲେ ଶବ୍ଦ ଦ୍ୱାରା ଅର୍ଥର ଜ୍ଞାନ କରିବା ସମ୍ଭବ ହୁଅନ୍ତା ନାହିଁ । ନିଜ ସନ୍ଧାନ ଜ୍ଞାପନ ସକାଶେ ବାଚ୍ୟ, ବାଚକକୁ ଲୋଡ଼ିଥାଏ ଏବଂ ବାଚକ, ନିଜର ସାର୍ଥକତା ପାଇଁ ବାଚ୍ୟର ଆବଶ୍ୟକତା କରିଥାଏ । ଶବ୍ଦର ବାଚକ ପର୍ଯ୍ୟାୟ ବାଚ୍ୟର ନିମିତ୍ତରେ ସୃଷ୍ଟି ହୋଇଥାଏ ଏବଂ ଅର୍ଥର ବାଚ୍ୟପର୍ଯ୍ୟାୟ ଶବ୍ଦ ନିମିତ୍ତରେ ସୃଷ୍ଟି ହୋଇଥାଏ । ଏହି କାରଣରୁ ଉଭୟଙ୍କ ମଧ୍ୟରେ କଥଞ୍ଚିତ୍ ତାଦାତ୍ମ୍ୟ ରହିଥାଏ । ବାଚ୍ୟର କ୍ରିୟା, ବାଚକର କ୍ରିୟାଠାରୁ ଭିନ୍ନ ଥିବାରୁ ସର୍ବଥା ଅଭେଦର ସ୍ଥାପନା କରାଯାଇପାରିବ ନାହିଁ । ବାଚକ ବୋଧ ପ୍ରଦାନ କରିବା ପର୍ଯ୍ୟାୟରେ ତଥା ବାଚ୍ୟ ଜ୍ଞେୟ ପର୍ଯ୍ୟାୟରେ ରହିଥାଏ ।

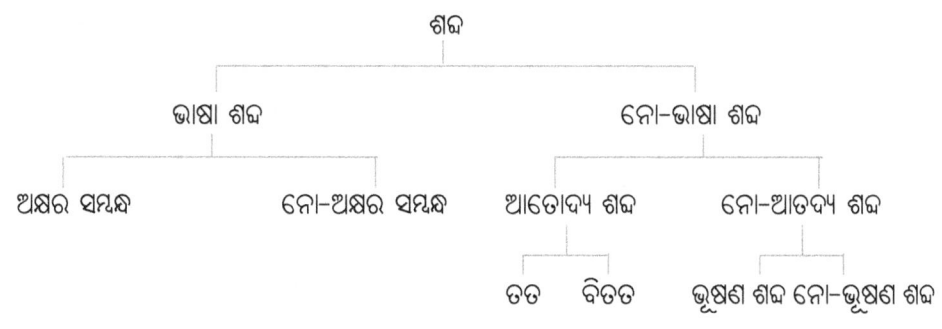

---

(୯) ଠାଣଂ, ୨।୨୨୦- ଦୋହିଂ ଠାଣେହିଂ ସଦ୍ଦୁପପାଏ ସିୟା,
ତଂଜହା ... ସାହନ୍ନଂତାଣଂ ପୋଗ୍‌ଗଲାଣଂ ସଦ୍ଦୁପ୍‌ପାଏସିୟା,
ଭିଜ୍‌ଜନ୍ତାଣଂ ଚେବ ପୋଗ୍‌ଗଲାଣଂ ସଦ୍ଦୁପ୍‌ପାଏ ସିୟା... ।

(୧୦) ପ୍ରମାଣନୟତତ୍ତ୍ୱରତ୍ନାବତାରିକା, ୪: ସ୍ୱାଭାବିକ ସାମର୍ଥ୍ୟ-ସମୟାଭ୍ୟାମର୍ଥବୋଧନିବନ୍ଧନଂ ଶବ୍ଦଃ ।

(୧୧) ନ୍ୟାୟସୂତ୍ର, ୨।୧।୫୫ :
ସାମୟିକ ତ୍ୱାଛବ୍ଦାର୍ଥ ସମ୍ପ୍ରତ୍ୟୟସ୍ୟ ... ।

ବାଚ୍ୟ-ବାଚକ ଭାବର ପ୍ରତୀତି ତର୍କ ଦ୍ୱାରା ହୋଇଥାଏ ।[୧୨] ଜଣେ ଲୋକ, ସେବକକୁଆଦେଶ ଦେଲା - 'ରୁଟି ଆଣ' । ସେବକ ରୁଟି ଧରି ପହଞ୍ଚିଲା । ଆଉ ଜଣେ ତୃତୀୟ ଲୋକ ଯଦିଓ ରୁଟି କ'ଣ ଜାଣିନାହିଁ, କିନ୍ତୁ ଦୁହିଙ୍କ ପ୍ରବୃତ୍ତିରୁ ଜାଣିଗଲା ଯେ ଏହି ବସ୍ତୁ 'ରୁଟି' ଶବ୍ଦ ଦ୍ୱାରା ବାଚ୍ୟ । ଏହାର ବ୍ୟାପ୍ତ ଘଟୁଛି - 'ବସ୍ତୁ ପ୍ରତି ଯେଉଁ ଶବ୍ଦାନୁସାରୀ ପ୍ରବୃତ୍ତି ରହିଛି, ତାହା ବାଚ୍ୟ-ବାଚକ ଭାବଯୁକ୍ତ ହୋଇଥାଏ । ଯେଉଁଠାରେ ବାଚ୍ୟ-ବାଚକ ଭାବ ରହିନାହିଁ, ସେଠାରେ ଶବ୍ଦ ଅନୁସାରେ ଅର୍ଥ ପ୍ରତି ପ୍ରବୃତ୍ତିର ମଧ୍ୟ ସର୍ବଥା ଅଭାବ ରହିଥାଏ ।

ଶବ୍ଦର ଯାଥାର୍ଥ୍ୟ ଓ ଅଯାଥାର୍ଥ୍ୟ

ଶବ୍ଦ ହେଉଛି ପୌଦ୍‌ଗଳିକ । ତାହା ସ୍ୱତଃ ଯଥାର୍ଥ ବା ଅଯଥାର୍ଥ ବୋଲି କିଛି ବି ନୁହେଁ । ବକ୍ତା ଦ୍ୱାରା ଶବ୍ଦର ଯଥାର୍ଥ ବା ଅଯଥାର୍ଥ ପ୍ରୟୋଗ କରାଯାଇଥାଏ । ଯଥାର୍ଥ ପ୍ରୟୋଗର ସ୍ୟାଦ୍‌ବାଦ ଓ ନୟ - ଏହି ଦୁଇ ପ୍ରକାର ଭେଦ ରହିଛି । ଯଥାର୍ଥ ପ୍ରୟୋଗ ହୋଇ ନ ଥିବାରୁ ଦୁର୍ନୟ ହେଉଛି ଆଗମାଭାସ ।

ବଚନର ସତ୍ୟତାର ଦୁଇ ପାର୍ଶ୍ୱ ହେଲା - ପ୍ରୟୋଗକାଳୀନ ଏବଂ ଅର୍ଥଗ୍ରହଣକାଳୀନ । ପ୍ରଥମଟି ବକ୍ତା ଉପରେ ଅଥଚ ଦ୍ୱିତୀୟଟି ଶ୍ରୋତା ଉପରେ ନିର୍ଭର କରିଥାଏ । ବକ୍ତା ଯଦି ଯଥାର୍ଥ ପ୍ରୟୋଗ କରୁଛି, ତାହା ସତ୍ୟ । ଶ୍ରୋତା ଯଦି ଯଥାର୍ଥ ଗ୍ରହଣ କରୁଛି, ତାହା ହେଉଛି ସତ୍ୟ । ଉଭୟ, ସତ୍ୟ ଦୃଷ୍ଟିରେ ପରସ୍ପର ଜଡ଼ିତ ଥା'ନ୍ତି ।

ସତ୍ୟବଚନର ଦଶ ଅପେକ୍ଷା

ସତ୍ୟବଚନର ଦଶ (୧୦) ଅପେକ୍ଷା ହେଉଛି[୧୩]-

୧. ଜନପଦ, ଦେଶ ବା ରାଷ୍ଟ୍ର ସନ୍ଦର୍ଭର ସତ୍ୟ ।

୨. ସମ୍ମତ ବା ରୂଢ଼ି-ସତ୍ୟ ।

୩. ସ୍ଥାପନା ସନ୍ଦର୍ଭରେ ସତ୍ୟ ।

୪. ନାମ ସନ୍ଦର୍ଭରେ ସତ୍ୟ ।

୫. ରୂପ ସନ୍ଦର୍ଭରେ ସତ୍ୟ ।

୬. ପ୍ରତୀତ୍ୟ-ସତ୍ୟ- ଅନ୍ୟ ବସ୍ତୁ ସନ୍ଦର୍ଭରେ ସତ୍ୟ ।

ଯଥା :- ଅନାମିକା କନିଷ୍ଠା ଅପେକ୍ଷା ବଡ଼ ଓ ମଧ୍ୟମା ଅପେକ୍ଷା ଛୋଟ । ଗୋଟିଏ ବସ୍ତୁ ଉଭୟ ବଡ଼ ଓ ଛୋଟ ହୋଇପାରୁଛି, ଯାହା ବିରୁଦ୍ଧ କଥା ବୋଲି ଆରୋପ ମଧ୍ୟ କରାଯାଏ, କିନ୍ତୁ ଏହା ଠିକ୍ ନୁହେଁ । ଗୋଟିଏ ବସ୍ତୁର ଲଘୁତା ଓ ଗୁରୁତା ଉଭୟ ତାତ୍ତ୍ୱିକ ଅଟେ । ଏହା ପରସ୍ପରର ବିରୁଦ୍ଧାଚରଣ ମଧ୍ୟ କରୁନାହିଁ । କାରଣ ଏଠାରେ ଦୁଇ ପ୍ରକାର ନିମିତ୍ତ ରହିଛି । ଯଦି ଅନାମିକାକୁ କେବଳ କନିଷ୍ଠା ବା କେବଳ ମଧ୍ୟମା ଅପେକ୍ଷା ଛୋଟ-ବଡ଼ କୁହାଯିବ, ତେବେ ତାହା ବିରୋଧ ବା ଦ୍ୱନ୍ଦ୍ୱ ସୃଷ୍ଟି କରିବ । 'ଛୋଟ ଅପେକ୍ଷା ବଡ଼ ଏବଂ ବଡ଼ ଅପେକ୍ଷା ଛୋଟ' କହିବାରେ ବିରୋଧ କେଉଁଠି ରହିଲା ? ଗୋଟିଏ ନିମିତ୍ତ ସାହାଯ୍ୟରେ ପରସ୍ପର ବିରୋଧୀ ଦୁଇଟି କାର୍ଯ୍ୟ ହୋଇପାରିବ ନାହିଁ, କିନ୍ତୁ ଦୁଇ ପ୍ରକାର ନିମିତ୍ତ ଦ୍ୱାରା ସେହି ଦୁଇ କାର୍ଯ୍ୟ କରିବାରେ କୌଣସି ଆପତ୍ତି ନାହିଁ । ସାନ-ବଡ଼ପଣ ତାତ୍ତ୍ୱିକ ନୁହେଁ; ରଜୁତା ଓ ବକ୍ରତା ଭଳି ଅନ୍ୟ ନିମିତ୍ତର ଅପେକ୍ଷା ନ ରଖି ପ୍ରତୀତି ହୁଅନ୍ତି ନାହିଁ । ସେମାନଙ୍କ ପ୍ରତୀତି ଅନ୍ୟର ସନ୍ଦର୍ଭରେ ହୋଇଥାଏ, ତେଣୁ ସେଗୁଡ଼ିକ କାଳ୍ପନିକ-ଏପରି ଶଙ୍କା ଜାତ ହେବା ସ୍ୱାଭାବିକ, କିନ୍ତୁ ସମ୍ୟକ୍ ବୋଧଗମ୍ୟ ହେବାପରେ କଥାଟି ଏପରି ନୁହେଁ, ଜାଣିହୁଏ । ବସ୍ତୁ ମଧ୍ୟରେ ନିମ୍ନୋକ୍ତ ଦୁଇ ପ୍ରକାର ଧର୍ମ ରହିଛି ।[୧୪]

---

(୧୨) ଜୈନତର୍କଭାଷା, ପୃ.୧୫ ।

(୧୩) ଠାଣଂ, ୧୦।୮୯ ।

(୧୪) ପ୍ରମେୟକମଳମାର୍ତ୍ତଣ୍ଡ, ୪।୫: ଦ୍ୱିବିଧୋହି ବସ୍ତୁଧର୍ମଃ
ପରାପେକ୍ଷଃ ପରାନପେକ୍ଷଶ୍ଚ, ସ୍ଥୌଲ୍ୟାଦିବଦ୍ ବର୍ଣ୍ଣାଦିବଚ୍ଚ ।

- ପରପ୍ରତୀତି-ସାପେକ୍ଷ- ସହକାରୀ ଦ୍ୱାରା ବ୍ୟକ୍ତ ।

- ପରପ୍ରତୀତି-ନିରପେକ୍ଷ - ସ୍ୱତଃ ବ୍ୟକ୍ତ ।

ଅସ୍ତିତ୍ୱ ଆଦି ଗୁଣ ସ୍ୱତଃ ବ୍ୟକ୍ତ ହୋଇଥାନ୍ତି । ଛୋଟ, ବଡ଼ଆଦି ଧର୍ମ ସହକାରୀ ଦ୍ୱାରା ବ୍ୟକ୍ତ ହୋଇଥାନ୍ତି । ଗୋଲାପ ମଧ୍ୟରେ ସୌରଭ ଆପଣା ଛାଏଁ ବ୍ୟକ୍ତ । ପୃଥ୍ୱୀରଗନ୍ଧ ଜଳର ସଂଯୋଗ ଦ୍ୱାରା ବାରିହୁଏ ।

ସାନ, ବଡ଼- ଏହି ଧର୍ମ ଯଦି କାଳ୍ପନିକ, ତେବେ ଏକ ବସ୍ତୁ ମଧ୍ୟରେ ଅନ୍ୟବସ୍ତୁର ସମାବେଶ (ବଡ଼ ମଧ୍ୟରେ ସାନର ପ୍ରବେଶ) ତଥ୍ୟ ଅସମ୍ଭବ ହୋଇପଡ଼ନ୍ତା । ତେଣୁ ସହକାରୀ ବ୍ୟଙ୍ଗ ଧର୍ମ ଯେ କାଳ୍ପନିକ ନୁହେଁ, ଏହା ମାନିବାକୁ ପଡ଼ିବ ।[୧୫] ବସ୍ତୁ ମଧ୍ୟରେ ଅନନ୍ତ ପରିଣତିର କ୍ଷମତା ଥାଏ । ସହକାରୀର ଯେଉଁଭଳି ସନ୍ନିଧାନ ହୁଏ, ସେହିଭଳି ତା' ରୂପ ନିର୍ମିତ ହୁଏ । "ଜଣେ ପାଖରୁ ଡେଙ୍ଗା ଏବଂ ଦୂରରୁ ଗେଡ଼ା ଦିଶେ, ପରନ୍ତୁ ଏକସଂଗେ ଜଣେ ଡେଙ୍ଗା ଓ ଗେଡ଼ା ହୋଇପାରିବ ନାହିଁ । ଏହି ଡେଙ୍ଗା ଓ ଗେଡ଼ା ହେଉଛି ମନସ୍‌ର ବିଚାର ମାତ୍ର"- ବର୍କଲେଙ୍କ ଏହି ମତ ଉଚିତ ନୁହେଁ । ଯଦି ଦୀର୍ଘକାୟତା ଏବଂ ଖର୍ବକାୟତା କେବଳ ମନସ୍‌ର ବିଚାର ହୋଇଥାନ୍ତେ ତେବେ ଦୂରତ୍ୱ ଓ ସାମୀପ୍ୟସାପେକ୍ଷ ହେବା ଜରୁରୀ ନୁହଁ । ଉକ୍ତ ଦୁଇ ଧର୍ମ ସାପେକ୍ଷ ଅଟନ୍ତି । ଜଣେ ଲୋକ, ଏକ ଡେଙ୍ଗା ଲୋକ ଅପେକ୍ଷା ଗେଡ଼ା ଏବଂ ଏକ ଗେଡ଼ା ଲୋକ ଅପେକ୍ଷା ଡେଙ୍ଗା ହୋଇପାରିବ, ସେହିପରି ଜଣେ ଲୋକ ଦୂରତ୍ୱ କାରଣରୁ ଗେଡ଼ା ଏବଂ ସାମୀପ୍ୟ କାରଣରୁ ଡେଙ୍ଗା ହେବାରେ ଅସୁବିଧା କେଉଁଠି ? ଆକାର ପ୍ରକାରର ଏହି ପ୍ରତ୍ୟକ୍ଷ ବିରୋଧୀ ଦୃଶ୍ୟ ଏକ ସଂଗେ ଥାଏ ନାହିଁ, ଭିନ୍ନ-ଭିନ୍ନ ସହକାରୀମାନଙ୍କ ଦ୍ୱାରା ଭିନ୍ନ-ଭିନ୍ନ କାଳରେ ଅଭିବ୍ୟକ୍ତ ହୋଇଥାଏ । ସାମୀପ୍ୟ ଦୃଷ୍ଟିରୁ ଉଚ୍ଚତା ଏବଂ ଦୂରତ୍ୱ ଦୃଷ୍ଟିରୁ ଅଳ୍ପ ଉଚ୍ଚତା ଉଭୟ ରହିଛି ସତ୍ୟ ।

୭. ବ୍ୟବହାରସତ୍ୟ - ଔପଚାରିକ ସତ୍ୟ - ପର୍ବତ ଜଳୁଛି ।

୮. ଭାବସତ୍ୟ - ବ୍ୟକ୍ତ ପର୍ଯ୍ୟାୟ ଅପେକ୍ଷାରେ ସତ୍ୟ-ଦୁଗ୍ଧ ଧଳା ଅଟେ ।

୯. ଯୋଗସତ୍ୟ - ସଂବନ୍ଧ ସତ୍ୟ ।

୧୦. ଔପମ୍ୟ-ସତ୍ୟ ।

ପ୍ରତ୍ୟେକ ବସ୍ତୁକୁ ଭଲ-ମନ୍ଦ, ଉପଯୋଗୀ-ଅନୁପଯୋଗୀ, ହିତକର-ଅହିତକର ଯାହା ବି କୁହାଯାଇଥାଏ, ସେଗୁଡ଼ିକ ଦେଶ, କାଳ ଓ ସ୍ଥିତି ଅପେକ୍ଷାରେ ସତ୍ୟ ଅଟନ୍ତି । ତେଣୁ ଭଗବାନ ମହାବୀର କହିଛନ୍ତି - "ସତ୍ୟବାଦୀ ସକାଶେ ବିଭାଜ୍ୟବାଦର ଅବଲମ୍ବନ ହିଁ ଶ୍ରେୟସ୍କର ।" ସେ ସ୍ୱୟଂ ଏହି ମାର୍ଗର ଯାତ୍ରୀ ଥିଲେ । ଆତ୍ମା, ଲୋକ ଆଦି ପ୍ରସଙ୍ଗରେ ସେ କେବେ ବି ମୌନ ନ ଥିଲେ । ସେ ମହାତ୍ମା ବୁଦ୍ଧଙ୍କ ସଦୃଶ ଏହି ପ୍ରଶ୍ନଗୁଡ଼ିକୁ ଅବ୍ୟାକୃତ କହୁ ନ ଥିଲେ କିମ୍ବା ସଞ୍ଜୟ ବେଲଟ୍‌ଠୀପୁତ୍ତଙ୍କ ଭଳି ଏହି ପ୍ରଶ୍ନଗୁଡ଼ିକୁ ଝୁଲାଇ ରଖୁ ନ ଥିଲେ । ସେ ସତ୍ୟର ବିଭିନ୍ନ ରୂପକୁ ଭିନ୍ନ-ଭିନ୍ନ ଦୃଷ୍ଟିରେ ବ୍ୟାଖ୍ୟାୟିତ କରିଛନ୍ତି । ଲୋକରେ ଯେତେ ଦ୍ରବ୍ୟ ବର୍ତ୍ତମାନ ରହିଛି, ଅତୀତରେ ମଧ୍ୟ ସେତେ ଥିଲା ଓ ଭବିଷ୍ୟତରେ ମଧ୍ୟ ସେତେ ପରିମାଣରେ ହିଁ ରହିବେ । ସଂଖ୍ୟାରେ ଅଣୁମାତ୍ର ବି କମ୍-ବେଶୀ ହେବ ନାହିଁ । ଜନ୍ମ ଓ ମୃତ୍ୟୁ, ଉତ୍ପାଦ ଓ ନାଶ କେବଳ ଅବସ୍ଥା ପରିବର୍ତ୍ତନ ମାତ୍ର । ଯେଉଁ ସ୍ଥିତି ଆତ୍ମାର, ଏକ ପରମାଣୁ ବା ପୌଦ୍‌ଗଳିକ ସ୍କନ୍ଧ ବା ଶରୀରର ସେହି ସମାନ ସ୍ଥିତି । ଆତ୍ମା ଏକାନ୍ତ ନିତ୍ୟ ନୁହେଁ କି ଶରୀର ମଧ୍ୟ ଏକାନ୍ତ ଅନିତ୍ୟ ନୁହେଁ । ପ୍ରତ୍ୟେକ ପଦାର୍ଥରେ ପରିବର୍ତ୍ତନ ଘଟି ଚାଲିଥାଏ । ପ୍ରଥମରୂପ ଜନ୍ମ ବା ଉତ୍ପାଦ ଏବଂ ଦ୍ୱିତୀୟ ରୂପ ହେଉଛି ମୃତ୍ୟୁ ବା ବିନାଶ । ବିଚ୍ଛେଦନୟ ଦୃଷ୍ଟିରେ ପଦାର୍ଥ ହେଉଛି ସାନ୍ତ । ଅବିଚ୍ଛେଦ ନୟ ଦୃଷ୍ଟିରେ ଚେତନ ଓ ଅଚେତନ ସବୁ ସମସ୍ତ ବସ୍ତୁ ନିଜ ରୂପରେ ରହିଥାନ୍ତି, ଅତଃ ଅନନ୍ତ ଅଟନ୍ତି ।[୧୬] ପ୍ରବାହ ଅପେକ୍ଷାରେ ପଦାର୍ଥ ଅନାଦି କିନ୍ତୁ ସ୍ଥିତି (ଏକ

---

(୧୫) ଭାଷାରହସ୍ୟ, ୩୦ :
ତେ ହନ୍ତିପରାବେକ୍‌ଖା, ବଂଜୟମୁହଦଂ ସିଣୋଭିଣୟତୁଛା ।
ଦିଟ୍‌ଠମିଣଂ ବେଟିଭଂ, ସରାବକପପୂରଗନ୍ଧାଣେ ।

(୧୬) ଭଗବତୀ, ୭।୩ ।

ଅବସ୍ଥା) ଅପେକ୍ଷାରେ ପଦାର୍ଥ ସାଦି ।[୧୭] ଲୋକ, ବ୍ୟକ୍ତି ସଂଖ୍ୟା ଦୃଷ୍ଟିରେ ଏକ ହୋଇଥିବାରୁ ସାନ୍ତ ଅଟେ । ଲୋକର ଦୈର୍ଘ୍ୟ ପ୍ରସ୍ଥ ଅସଂଖ୍ୟ ଯୋଜନବର୍ଗ ମିଟର କିନ୍ତୁ ଏହି କ୍ଷେତ୍ର ଦୃଷ୍ଟିରେ ଲୋକ ହେଉଛି ସାନ୍ତ । କାଳ ଓ ଭାବ ଦୃଷ୍ଟିରେ ଅନନ୍ତ ।[୧୮]

ଏଭଳି ଭାବରେ ଗୋଟିଏ ବସ୍ତୁର ଅନେକ ସ୍ଥିତି-ଜନ୍ୟ ଅନେକ ରୂପତା ସ୍ୱୀକାର ପୂର୍ବକ ଭଗବାନ ମହାବୀର ବିରୁଦ୍ଧ ପ୍ରତୀୟମାନ ମତବାଦକୁ ଏକ ସୂତ୍ରରେ ଗୁନ୍ଥି ପାରିଥିଲେ । ତାତ୍ତ୍ୱିକ ଚର୍ଚ୍ଚା ନିରୂପଣର ମାର୍ଗ ପ୍ରଶସ୍ତ କରି ଦେଇଥିଲେ । ଭଗବାନଙ୍କୁ ପ୍ରଶ୍ନ କରାଗଲା - "ଭଗବନ୍ ! ଜୀବ, ପରଭବକୁ ଗମନ କରିବା ସମୟରେ ସ-ଇନ୍ଦ୍ରିୟ ଯାଇଥାଏ ନା ଅନ-ଇନ୍ଦ୍ରିୟ ।"

ଭଗବାନ - "ସ-ଇନ୍ଦ୍ରିୟ ଯାଇଥାଏ ଓ ଅନ-ଇନ୍ଦ୍ରିୟ ବି ଯାଇଥାଏ ।"

ଗୌତମ - "ବୁଝି ହେଲାନି, ଭଗବନ୍ ?"

ଭଗବାନ - "ଜ୍ଞାନ ଇନ୍ଦ୍ରିୟ ଅପେକ୍ଷାରେ ସ-ଇନ୍ଦ୍ରିୟ ତଥା ପୌଦ୍‌ଗଳିକ ଇନ୍ଦ୍ରିୟ ଅପେକ୍ଷାରେ ଅନ-ଇନ୍ଦ୍ରିୟ ।"

ପୌଦ୍‌ଗଳିକ ଇନ୍ଦ୍ରିୟଗୁଡ଼ିକ ସ୍ଥୂଳ ଶରୀର ସହିତ ସଂବଦ୍ଧ ଓ ଜ୍ଞାନ ଇନ୍ଦ୍ରିୟଗୁଡ଼ିକ ଆତ୍ମା ସହିତ ସଂବଦ୍ଧ । ସ୍ଥୂଳ ଶରୀର ସଂପର୍କ ତ୍ୟାଗ ପରେ ପୌଦ୍‌ଗଳିକ ଇନ୍ଦ୍ରିୟ ରହେ ନାହିଁ । ସେ ଦୃଷ୍ଟିରେ ପରଭବ-ଗାମୀ ଜୀବ ଅନ-ଇନ୍ଦ୍ରିୟ ହୋଇଯାଏ । ଜ୍ଞାନଶକ୍ତି ଆତ୍ମା ମଧ୍ୟରେ ବିଦ୍ୟମାନ ଥାଏ, ଏହି ଆତ୍ମା ସ-ଇନ୍ଦ୍ରିୟ ଗମନ କରିଥାଏ ।[୧୯]

ଭଗବାନ ମହାବୀର ଶାଶ୍ୱତବାଦ ଓ ଉଚ୍ଛେଦବାଦର ସମନ୍ୱୟକାର ଥିଲେ । ଗୌତମ ତାଙ୍କୁ ପଚାରିଲେ - "ଭଗବନ୍ ! ଦୁଃଖ ଆତ୍ମକୃତ ନା ପରକୃତ ନା ଉଭୟକୃତ ?"

ଭଗବାନ କହିଲେ - "ଦୁଃଖ ନିଶ୍ଚିତ ଭାବରେ ଆତ୍ମକୃତ, ଏହା ପରକୃତ ନୁହେଁ, ଉଭୟକୃତ ବି ନୁହେଁ ।[୨୦]

ମହାତ୍ମା ବୁଦ୍ଧ ଶାଶ୍ୱତବାଦ ଓ ଉଚ୍ଛେଦବାଦ ଉଭୟକୁ ସତ୍ୟ ରୂପରେ ସ୍ୱୀକାର କରି ନ ଥିଲେ । ତାଙ୍କୁ ପ୍ରଶ୍ନ କରାଗଲା -

"ଭଗବନ୍ ! ଦୁଃଖ ସ୍ୱୟଂକୃତ କି ?"

"କାଶ୍ୟପ ! ଏପରି ନୁହେଁ ।"

"ଦୁଃଖ କ'ଣ ପରକୃତ ?"

"ନା ।"

"ଦୁଃଖ କ'ଣ ଉଭୟ ସ୍ୱକୃତ ଓ ପରକୃତ ?"

"ନା, ଏପରି ବି ନୁହେଁ ।"

" ଦୁଃଖ କ'ଣ ଅ-ସ୍ୱକୃତ ଅପରକୃତ ?"

" ନା, ଏହା ମଧ୍ୟ ଯଥାର୍ଥ ନୁହେଁ ।"

"ତେବେ ସତ୍ୟ କ'ଣ ? ଆପଣ ତ ସମସ୍ତ ପ୍ରଶ୍ନର ଉତ୍ତର ନେତିବାଚକ ଦେଉଛନ୍ତି । ଏପରି କାହିଁକି କରୁଛନ୍ତି ?"

"ଦୁଃଖ ସ୍ୱକୃତ - ଏପରି କହିବାର ଅର୍ଥ ହେଉଛି ଯିଏ କରିଥାଏ, ସିଏ ଭୋଗିଥାଏ । କର୍ତ୍ତା ହିଁ ଭୋକ୍ତା-ଏହା ଶାଶ୍ୱତବାଦ । ଦୁଃଖ ପରକୃତ- ଏପରି କହିବାର ଅର୍ଥ ହେଉଛି ଦୁଃଖ କରିବା ଲୋକ ଜଣେ ଏବଂ ଦୁଃଖ - ଭୋଗ କରିବା ଲୋକ ଅନ୍ୟ ଜଣେ - ଏହା ହେଉଛି ଉଚ୍ଛେଦବାଦ ।"

---

(୧୭) ଉତ୍ତରଜ୍‌ଝୟଣାଣି, ୩୬।୮୦ ।

(୧୮) ଭଗବତୀ, ୯।୧ ।

(୧୯) ଭଗବତୀ, ୧।୩୪୦, ୩୪୧ ।

(୨୦) ଭଗବତୀ, ୧୭।୬୦ ।

ସେ ଏହି ଶାଶ୍ୱତବାଦ ଓ ଉଚ୍ଛେଦବାଦ ଉଭୟକୁ ଅସ୍ୱୀକାର କରି ମଧ୍ୟମ ମାର୍ଗ – 'ପ୍ରତୀତ୍ୟ ସମୁତ୍ପାଦ'ର ଉପଦେଶ ପ୍ରଦାନ କରିଥିଲେ । ତାଙ୍କ ଦୃଷ୍ଟିରେ "ଉତ୍ତର, ପୂର୍ବରୁ ସବୁମନ୍ତେ ଅସଂବନ୍ଧ ହୋଇଥିବ, ଅପୂର୍ବ ହୋଇଥିବ – ଏହା ଠିକ୍ ନୁହେଁ, ବରଂ ପୂର୍ବର ଅସ୍ତିତ୍ୱ ରହିଥିବା ଯୋଗୁଁ ଉତ୍ତରର ସ୍ଥିତି । ପୂର୍ବର ସମସ୍ତ ଶକ୍ତି ଉତ୍ତର ମଧ୍ୟରେ ସଂଚରିତ ହେବା ସହିତ ପୂର୍ବର କୁଳ ସଂସ୍କାର ମଧ୍ୟ ଉତ୍ତରକୁ ପ୍ରାପ୍ତ ହୁଏ । ଅତଏବ ପୂର୍ବ, ବର୍ତ୍ତମାନ ଉତ୍ତର ରୂପରେ ଅସ୍ତିତ୍ୱ ଧାରଣ କରିଛି । ଉତ୍ତର, ପୂର୍ବରୁ ସର୍ବଥା ଭିନ୍ନ ବି ନୁହେଁ, ଅଭିନ୍ନ ଏଠାରେ ଅବ୍ୟାକୃତ, କାରଣ ଭିନ୍ନ କହିବା ଦ୍ୱାରା ଉଚ୍ଛେଦବାଦ ଓ ଅଭିନ୍ନ କହିବା ଦ୍ୱାରା ଶାଶ୍ୱତବାଦର ସମର୍ଥନ ହୋଇଥାଏ ।[୨୧]" ମହାତ୍ମା ବୁଦ୍ଧଙ୍କୁ ଏହି ଦୁଇ ବାଦ ମାନ୍ୟ ଥିଲା । ତେଣୁ ସେ ଏପରି ପ୍ରଶ୍ନଗୁଡ଼ିକ ଅବ୍ୟାକୃତ କହି ଉତ୍ତର ଦେଇଯାଇଛନ୍ତି ।

ଭଗବାନ ମହାବୀର ମଧ୍ୟ ଶାଶ୍ୱତବାଦ ଓ ଉଚ୍ଛେଦବାଦର ବିରୋଧ କରିଛନ୍ତି । ଏହି ପଟଳରେ ଉଭୟଙ୍କ ଦୃଷ୍ଟି ଏକ ସମାନ ଥିଲା, ତେବେ ଭଗବାଦ ମହାବୀର ଏହା ମଧ୍ଯ କହି – "ଦୁଃଖ ହେଉଛି ଆତ୍ମକୃତ" । କାରଣ ସେ ଏହି ଦୁଇ ତତ୍ତ୍ୱଠାରୁ ଦୂରକୁ ପଳାୟନ କରିବାର ଚେଷ୍ଟା କରିନାହାନ୍ତି । ତାଙ୍କ ଅନେକାନ୍ତ ଦୃଷ୍ଟିରେ ଏକାନ୍ତ ଶାଶ୍ୱତ ବା ଉଚ୍ଛେଦ ଭଳି କୌଣସି ବସ୍ତୁ ଜମା ନାହିଁ । ଦୁଃଖର କାରଣ ଓ ଭୋଗରେ ଯେପରି ଆତ୍ମାର ଏକତା ରହିଥାଏ, ସେହିପରି କରଣକାଳ ଓ ଭୋଗକାଳରେ ଆତ୍ମାର ଅନେକତା ରହିଥାଏ । ଆତ୍ମର ଯେଉଁ ଅବସ୍ଥା କରଣକାଳରେ ଥାଏ, ତାହା ଭୋଗକାଳରେ ନ ଥାଏ – ଏହା ହେଉଛି ଉଚ୍ଛେଦ । କରଣ ଓ ଭୋଗ ଉଭୟ ଏକ ଆଧାରରେ ହେବାକୁ ଶାଶ୍ୱତ କୁହାଯାଏ । ଶାଶ୍ୱତ ଓ ଉଚ୍ଛେଦର ଭିନ୍ନ ଭିନ୍ନ ରୂପକରି ଯେଉଁ ବିକଳ୍ପ ପଦ୍ଧତି ଦ୍ୱାରା ନିରୂପଣ କରାଯାଏ – ତାହା ବିଭଜ୍ୟବାଦ ।

ଏହି ବିକଳ୍ପ ପଦ୍ଧତିର ସମର୍ଥନ କରୁଥିବା ଅନେକ ସଂବାଦ ଉପଲବ୍ଧ ହୋଇଥାଏ –

ସୋମିଲ – "ଭଗବନ୍ ! ଆପଣ ଏକ ନା ଦୁଇ ? ଅକ୍ଷୟ, ଅବ୍ୟୟ, ଅବସ୍ଥିତ ଅଟନ୍ତି ନା ଆପଣ ପରିବର୍ତ୍ତନଶୀଳ ?"

ଭଗବାନ – "ସୋମିଲ ! ମୁଁ ଏକ ମଧ୍ଯ ଅଟେ ଏବଂ ଦୁଇ ମଧ୍ଯ ଅଟେ ।"

ସୋମିଲ – "ଏହା କିପରି ଭଗବନ୍ ?"

ଭଗବାନ୍ – "ଦ୍ରବ୍ୟ ଦୃଷ୍ଟିରୁ ମୁଁ ହେଉଛି ଏକ । ଜ୍ଞାନ ଓ ଦର୍ଶନ ଦୃଷ୍ଟିରୁ ମୁଁ ଦୁଇ ଅଟେ । ଆତ୍ମପ୍ରଦେଶ ଦୃଷ୍ଟିରୁ ମୁଁ ଅକ୍ଷୟ, ଅବ୍ୟୟ ଓ ଅବସ୍ଥିତ ଏବଂ ଭୂତ-ଭାବୀ କାଳରେ ବିବିଧ ବିଷୟ ମଧ୍ୟରେ ଘଟୁଥିବା ପରିଣାମ ଦୃଷ୍ଟିରୁ ମୁଁ ପରିବର୍ତ୍ତନଶୀଳ ମଧ୍ଯ ଅଟେ ।"[୨୨]

ଏହା ଶଙ୍କିତ ଭାଷା ନୁହେଁ । ତତ୍ତ୍ୱ ନିରୂପଣରେ ସେ ନିଶ୍ଚିତ ଭାଷାର ପ୍ରୟୋଗ କରିଛନ୍ତି ଏବଂ ଶିଷ୍ୟମାନଙ୍କୁ ତଦନୁରୂପ ଉପଦେଶ ହିଁ ଦେଇଛନ୍ତି । ଛଦ୍ମସ୍ଥ ମନୁଷ୍ୟ ଧର୍ମାସ୍ତିକାୟ, ଅଧର୍ମାସ୍ତିକାୟ, ଆକାଶ, ଶରୀର-ରହିବ ଜୀବ ଆଦିକୁ ସର୍ବ ଭାବରେ ଜାଣିପାରନ୍ତି ନାହିଁ ।[୨୩]

ଅତୀତ, ବର୍ତ୍ତମାନ ଓ ଭବିଷ୍ୟର ଯେଉଁ ସ୍ଥିତିର ନିଶ୍ଚିତ ସୂଚନା ଆମ ପାଖରେ ନାହିଁ, ତେବେ "ଏପରି ହିଁ ଅଟେ" ଏହି ପ୍ରକାର ନିଶ୍ଚିତ ଭାଷାର ପ୍ରୟୋଗ କରିବା ଉଚିତ ନୁହେଁ । ଯଦି ଅସନ୍ଦିଗ୍ଧ ସୂଚନା ରହିଛି, ତେବେ 'ଏବମେବ' କହିବା ଉଚିତ୍ ।[୨୪] ଭାବୀ କାର୍ଯ୍ୟ ସଂବନ୍ଧରେ ନିଶ୍ଚୟପୂର୍ବକ କହିବା ଠିକ୍ ନୁହେଁ । ଯେଉଁ କାର୍ଯ୍ୟ କରିବାର ସଂକଳ୍ପ କରିଛେଁ, ତାହା ପୂରା ହେବ କି ନ ହେବ କିଏ କହିପାରିବ ? ତେଣୁ ଭାବୀ କାର୍ଯ୍ୟ ସକାଶେ

---

(୨୧) ସଂଯୁକ୍ତନିକାୟ ।

(୨୨) ଭଗବତୀ, ୧୮।୨୧୯-୨୨୦ ।

(୨୩) ଭଗବତୀ, ୮।୯୬ ।

(୨୪) ଦଶବେଆଲିୟଂ, ୭।୮, ୯ ।

'ଅମୁକ କାର୍ଯ୍ୟ କରିବା କଥା ଭାବୁଛି' ବା 'ଏହା ହେବାର ସମ୍ଭାବନା ଅଛି' - ଏପରି ଭାଷା ବ୍ୟବହାର କରାଯିବା ବିଧେୟ । ଏହା ହେଉଛି କାର୍ଯ୍ୟ-ସଂବନ୍ଧିତ ସତ୍ୟ-ଭାଷାର ମୀମାଂସା, ତତ୍ତ୍ୱ ନିରୂପଣ ସହିତ ଏହାର କୌଣସି ସଂବନ୍ଧ ନାହିଁ । ତତ୍ତ୍ୱ ପ୍ରତିପାଦନ ବେଳାରେ ଅପେକ୍ଷା ପୂର୍ବକ ନିଶ୍ଚୟ ଭାଷା କହିବାରେ ଆପତ୍ତି ନାହିଁ । [୨୫] ମହାତ୍ମା ବୁଦ୍ଧ କହିଛନ୍ତି -

୧. ମୋର ଆତ୍ମା ରହିଛି ।

୨. ମୋର ଆତ୍ମା ନାହିଁ ।

୩. ମୁଁ ଆତ୍ମାକୁ ଆତ୍ମା ବିଚାରିଥାଏ ।

୪. ମୁଁ ଅନାତ୍ମାକୁ ଅନାତ୍ମା ବିଚାରିଥାଏ ।

୫. ଏହି ଯେଉଁ ମୋର ଆତ୍ମା ରହିଛି, ତାହା ପୁଣ୍ୟ ଓ ପାପକର୍ମର ବିପାକର ଭୋଗୀ ଅଟେ ।

୬. ଏହି ମୋର ଆତ୍ମା ହେଉଛି ନିତ୍ୟ, ଧ୍ରୁବ, ଶାଶ୍ୱତ, ଅବିପରିଣାମି ଧର୍ମୀ - ଯେପରି ଅଛି ସେପରି ସଦୈବ ରହିଥିବ ।[୨୬]

ଏହି ଛଅ ପ୍ରକାର ଦୃଷ୍ଟିରେ ଛନ୍ଦି ହୋଇ ଅଜ୍ଞାନୀ ଜୀବ ଜରା-ମରଣରୁ ମୁକ୍ତ ହୋଇପାରେ ନାହିଁ, ତେଣୁ ସାଧକ, ଏଗୁଡ଼ିକଠାରୁ ଦୂରେଇ ରହିବା ଶ୍ରେୟସ୍କର । ତାଙ୍କ ବିଚାରାନୁସାରେ- "ମୁଁ ଭୂତକାଳରେ କ'ଣ ଥିଲି ? ମୁଁ ଭବିଷ୍ୟତ କାଳରେ କ'ଣ ହେବି ? ମୁଁ କ'ଣ ଅଟେ ? ଏହି ସତ୍ତ୍ୱ କେଉଁଠାରୁ ଆସିଛି ? ଏହା କେଉଁଠାକୁ ଯିବ ? ଏହି ପ୍ରକାର ଚିନ୍ତନ 'ଅୟୋନିସୋ ମନସିକାର' - ହେଉଛି ବିଚାର କରିବାର ଅଯୋଗ୍ୟ ପ୍ରକ୍ରିୟା । ଏହାଦ୍ୱାରା ନୂଆ ଆସ୍ରବ ଉତ୍ପନ୍ନ ହେବ ଏବଂ ଉତ୍ପନ୍ନ ହୋଇଥିବା ଆସ୍ରବ ବୃଦ୍ଧିଗତ ହେବ ।"

ଭଗବାନ ମହାବୀରଙ୍କ ସିଦ୍ଧାନ୍ତ ଏହାର ଠିକ୍ ବିପରୀତ । ସେ କହିଛନ୍ତି -

୧. ଆତ୍ମା ରହିନାହିଁ । ୨. ଆତ୍ମା ନିତ୍ୟ ନୁହେଁ । ୩.ଆତ୍ମା, କର୍ମର କର୍ତ୍ତା ନୁହେଁ । ୪.ଆତ୍ମା କର୍ମ-ଫଳର ଭୋକ୍ତା ନୁହେଁ । ୫. ନିର୍ବାଣ ନାହିଁ । ୬. ନିର୍ବାଣର ଉପାୟ ରହିନାହିଁ । - ଏହି ଛଅଟି ମିଥ୍ୟାତ୍ୱର ପ୍ରରୂପଣାର ସ୍ଥାନ ଅଟନ୍ତି ।

୧. ଆତ୍ମା ରହିଛି । ୨. ଆତ୍ମା ନିତ୍ୟ ଅଟେ । ୩. ଆତ୍ମା ହେଉଛି କର୍ମର କର୍ତ୍ତା । ୪. ଆତ୍ମା ହେଉଛି କର୍ମ-ଫଳର ଭୋକ୍ତା । ୫. ନିର୍ବାଣ ଅଛି । ୬. ନିର୍ବାରଣର ଉପାୟ ରହିଛି । ଏହି ଛଅଟି ହେଉଛି ସମ୍ୟକ୍ତ୍ୱର ପ୍ରରୂପଣାର ସ୍ଥାନ ।[୨୭]

"ଅନେକ ଲୋକ ଏହା ଜାଣିନାହାନ୍ତି-ମୁଁ କିଏ ? କେଉଁଠାରୁ ଆସିଛି ? କେଉଁଠାକୁ ଯିବି ? ଯେଉଁ ଲୋକ ସ୍ୱୟଂ ବା ପର-ବ୍ୟାକରଣରୁ ଏହା ଜାଣିପାରିଥାଏ, ସେ ହିଁ ଆତ୍ମବାଦୀ, ଲୋକବାଦୀ, କର୍ମବାଦୀ ଓ କ୍ରିୟାବାଦୀ ଅଟେ ।[୨୮]

ଏହି ଦୃଷ୍ଟିଭଙ୍ଗୀ ନେଇ ଭଗବାନ ମହାବୀର ତତ୍ତ୍ୱ ଚିନ୍ତନର ପୃଷ୍ଠଭୂମି ଉପରେ ଗଭୀର ବିମର୍ଶ କରିଥିଲେ । ସେ କହିଥିଲେ- "ଯେଉଁ ଲୋକ ଜୀବ କ'ଣ ଜାଣିନାହିଁ, ଅଜୀବ କ'ଣ ଜାଣିନାହିଁ, ଜୀବ-ଅଜୀବ ଉଭୟକୁ ଜାଣିନାହିଁ, ସେ ସଂଯମକୁ କିପରି ଜାଣିବ ?[୨୯] "ଯାହାକୁ ଜୀବ-ଅଜୀବ, ତ୍ରସ-ସ୍ଥାବରର ଜ୍ଞାନ ନାହିଁ, ତା'ର ପ୍ରତ୍ୟାଖ୍ୟାନ ହେଉଛି ଦୁଷ୍ପ୍ରତ୍ୟାଖ୍ୟାନ ତଥା ଯାହାକୁ ଏମନ୍ତ ସବୁ ଜ୍ଞାନ ଅଛି, ସେହି ଲୋକର ପ୍ରତ୍ୟାଖ୍ୟାନ, ସୁପ୍ରତ୍ୟାଖ୍ୟାନ ସାଜିଥାଏ ।[୩୦] ଏହି କାରଣ ଫଳରେ ଭଗବାନ ମହାବୀରଙ୍କ ପରମ୍ପରାରେ ତତ୍ତ୍ୱ-ଚିନ୍ତନର ଅନେକ ଧାରା ଅବିଚ୍ଛିନ୍ନ ଭାବରେ ପ୍ରବହମାନ ହୋଇଚାଲିଛି ।

---

(୨୫) ଆଚାରାଙ୍ଗବୃତ୍ତି, ପତ୍ର ୩୭୦ ।
(୨୬) ମଜ୍‌ଝିମନିକାୟ (ସବ୍‌ବାସବସୁତ୍ତ)
(୨୭) ସନ୍ମତି ପ୍ରକରଣ, ୩।୫୪ ।
(୨୮) ଆୟାରୋ, ୧।୫ ।
(୨୯) ଦଶବେଆଲିୟଂ, ୪।୧୩ ।
(୩୦) ଭଗବତୀ, ୭।୨୮ ।

ଆତ୍ମା, କର୍ମ, ଗତି, ଆଗତି, ଭାବ, ଅପର୍ଯ୍ୟାପ୍ତ, ପର୍ଯ୍ୟାପ୍ତ ଆଦି ସନ୍ଦର୍ଭରେ ଏପରି ମୌଳିକ ଚିନ୍ତନ ବିଦ୍ୟମାନ ରହିଛି, ଯାହା ଜୈନ ଦର୍ଶନର ସ୍ୱତନ୍ତ୍ରତାର ସ୍ୱୟଂଭୂ ପ୍ରମାଣ ପ୍ରଦାନ କରିଥାଏ ।

ଜୈନ ଦର୍ଶନରେ ପ୍ରତିପାଦନ ପଦ୍ଧତିରେ ଅବ୍ୟାକୃତର ସ୍ଥାନ ହେଉଛି - ବସ୍ତୁ ମାତ୍ର କଥଂଚିତ୍ ଅବକ୍ତବ୍ୟ ଅଟେ । ତତ୍ତ୍ୱ ଚିନ୍ତନରେ କୌଣସି ବସ୍ତୁ ଅବ୍ୟାକୃତ ନୁହେଁ । ଉପନିଷଦ୍‌ର ଋଷି ପରଂବ୍ରହ୍ମଙ୍କୁ ମୁଖ୍ୟତୟା 'ନେତିନେତି' ଦ୍ୱାରା ପ୍ରସ୍ତୁତ କରିଥାନ୍ତି ।[୩୧] 'ନେତି-ନେତି' ଦ୍ୱାରା ଯେପରି ଅଭାବର ଶଙ୍କାଜାତ ନ ହୁଏ, ସେଥିପାଇଁ ବ୍ରହ୍ମଙ୍କୁ ସତ୍-ଚିତ୍-ଆନନ୍ଦ କୁହାଯାଇଥାଏ । ତାତ୍ପର୍ଯ୍ୟ ହେଉଛି ତାହା ଅନିର୍ବଚନୀୟ, କାରଣ ତାହା ବାଣୀର ବିଷୟ ନୁହେଁ ।[୩୨]

ବୌଦ୍ଧଦର୍ଶନରେ ଲୋକ ଶାଶ୍ୱତ ନା ଅଶାଶ୍ୱତ ? ସାନ୍ତ ନା ଅନନ୍ତ ? ଜୀବ ଓ ଶରୀର ଭିନ୍ନ ନା ଅଭିନ୍ନ ? ମୃତ୍ୟୁ ପରେ ତଥାଗତ ଥା'ନ୍ତି ନା ରହି ନ ଥାନ୍ତି ?[୩୩] ଏହି ପ୍ରଶ୍ନଗୁଡ଼ିକୁ ଅବ୍ୟାକୃତ କୁହାଯାଏ । ବୌଦ୍ଧ ଦର୍ଶନର ଏହି ନିଷେଧକ ଦୃଷ୍ଟିକୋଣ ଶାଶ୍ୱତବାଦ ଓ ଉଚ୍ଛେଦବାଦ, ଉଭୟକୁ ଅସ୍ୱୀକାର କରିଥାଏ । ଏହା ସହିତ ଜୈନ ଦୃଷ୍ଟିର ମତ-ଦ୍ୱୈଧ ରହିନି କିନ୍ତୁ ତାହା ଏହାଠାରୁ ଆଗକୁ ପ୍ରସାରିତ । ଭଗବାନ ମହାବୀର ଶାଶ୍ୱତ ଓ ଉଚ୍ଛେଦ-ଉଭୟଙ୍କ ସମନ୍ୱୟପୂର୍ବକ ବିଧାୟକ ଦୃଷ୍ଟିକୋଣ ଉପସ୍ଥାପନ କରିଛନ୍ତି । ତାହା ହିଁ ଅନେକାନ୍ତଦର୍ଶନ ବା ସ୍ୟାଦ୍‌ବାଦ ।

ପ୍ରମାଣ-ସମନ୍ୱୟ

ଉପମାନ - ସାଦୃଶ୍ୟ ପ୍ରତ୍ୟଭିଜ୍ଞା, ଜୈନ ନ୍ୟାୟର ଉପମାନ ଅଟେ ।[୩୪]

ଅର୍ଥାପତ୍ତି - ଅନୁମାନରେ ଯେପରି ସାଧୀ-ସାଧନର ନିଶ୍ଚିତ ଅବିନାଭାବ ଥାଏ, ସେହିପରି ଅର୍ଥାପତ୍ତିରେ ବି ତାହା ଦୃଶ୍ୟମାନ । ପୁଷ୍ଟ ଦେବଦତ୍ତ ଦିନବେଳା ଖାଏ ନାହିଁ - ଅର୍ଥ କରାଗଲା ସେ ରାତିରେ ଅବଶ୍ୟକ ଆହାର ଗ୍ରହଣ କରିଥାଏ ।[୩୫]

ଏହାର ସାଧ୍ୟ ଦେବଦତ୍ତର ରାତ୍ରୀ-ଭୋଜନ ସହିତ ପୁଷ୍ଟତ୍ୱ ସାଧନର ନିଶ୍ଚିତ ଅବିନାଭାବ ରହିଛି । ତେଣୁ ଏହା ଅନୁମାନରୁ ଭିନ୍ନ ନୁହେଁ, କେବଳ କଥା-ଭେଦ ମାତ୍ର ।

ଅଭାବ - ଅଭାବ ପ୍ରମାଣ ଦୁଇ ବିରୋଧୀ ମଧ୍ୟରୁ ଜଣକର ଭାବରେ ଅନ୍ୟଜଣଙ୍କର ଅଭାବ ତଥା ଜଣକର ଅଭାବରେ ଅନ୍ୟ ଜଣଙ୍କର ଭାବକୁ ପ୍ରମାଣିତ କରିଥାଏ । କେବଳ ଭୂତଳ ଦେଖି ଘଟର ଜ୍ଞାନ କରାଯାଇ ନ ପାରେ । ଭୂତଳରେ ଘଟ ଓ ପଟ ଆଦି ଅନେକ ବସ୍ତୁର ଅଭାବ ହୋଇପାରେ, ତେଣୁ ଘଟ-ରିକ୍ତ ଭୂତଳରେ ଘଟର ଅଭାବର ପ୍ରତିଯୋଗୀ ଯେଉଁ ଘଟ ରହିଛି, ତା'ର ସ୍ମରଣ କରିବା ପରେ ଅଭାବ ଦ୍ୱାରା ଭୂତଳରେ ଘଟାଭାବ ଜାଣିବା ସମ୍ଭବ ହୋଇଥାଏ ।[୩୬]

ଜୈନ-ଦୃଷ୍ଟି ଅନୁସାରେ - ୧. 'ତାହା ଘଟଶୂନ୍ୟ ଭୂତଳ ଅଟେ' - ଏହାର ସମାବେଶ ସ୍ମରଣରେ, ୨. 'ଏହା ହେଉଛି ସେହି (ନିର୍ଦ୍ଦିଷ୍ଟ) ଘଟଶୂନ୍ୟ ଭୂତଳ' - ଏହାର ସମାବେଶ ପ୍ରତ୍ୟଭିଜ୍ଞାରେ, ୩. 'ଯାହା ଅଗ୍ନିମାନ୍ ନୁହେଁ,

---

(୩୧) ବୃହଦାରଣ୍ୟକ ଉପନିଷଦ୍, ୨।୩।୧୧ : ୪।୨।୧୧ ।

(୩୨) ତୈତ୍ତରୀୟ ଉପନିଷଦ୍, ୨।୪ : ଯତୋ ବାଚୋ ନିବର୍ତ୍ତନ୍ତେ, ଅପ୍ରାପ୍ୟ ମନସାସହ ।

(୩୩) ମଜ୍‌ଝିମନିକାୟ (ଚୂଳ ମାଲୁକ୍ୟ ସୂତ୍ତ ୬)

(୩୪,୩୫) ପ୍ରମେୟ କମଳମାର୍ତ୍ତଣ୍ଡ, ପୃ.୩୪୫ : ଏକତ୍ୱସାଦୃଶ୍ୟ-ପ୍ରତୀତ୍ୟୋଃ ସଂକଳନ ଜ୍ଞାନରୂପତୟା ପ୍ରତ୍ୟଭିଜ୍ଞାନତାଂନତି କ୍ରମାତ୍ ।
ଅର୍ଥଦାପତ୍ତିଃ ଅର୍ଥାପତ୍ତିଃ, ଆପତ୍ତିଃ - ପ୍ରାପ୍ତିଃ ପ୍ରସଂଗଃ
ଯଥା ଅଭିଧୀୟମାନେଽର୍ଥେ ଚାନ୍ୟୋର୍ଥଃ, ପ୍ରସଜ୍ୟତେ
ସୋଽର୍ଥାପତ୍ତିଃ, ଯଥା - ପୀନୋ ଦେବଦତ୍ତୋ ଦିବାନ
ଭୁଙ୍କ୍ତେ, ଇତ୍ୟଭିଧାନାତ୍ ରାତ୍ରୀ ଭଙ୍କ୍ତେ ଇତି ଗମ୍ୟତେ ।

(୩୬) ମୀମାଂସା ଶ୍ଳୋକବାର୍ତିକ, ପୃ.୪୭୩ :
ପ୍ରମାଣପଞ୍ଚକଂ ଯତ୍ର, ବସ୍ତୁ ରୂପେଣ ଜାୟତେ ।
ବସ୍ତୁସତ୍ତାବ ବୋଧାର୍ଥଂ, ତତ୍ରାଽଭାବ-
ପ୍ରମାଣତା ॥

ତାହା ଧୂମବାନ୍ ନୁହେଁ’ - ଏହାର ସମାବେଶ ତର୍କରେ, ୪. ‘ଏହି ଭୂତଳରେ ଘଟ ରହିନି, କାରଣ ଘଟର ଯେଉଁ ସ୍ୱଭାବ ରହିବା କଥା ତାହା ଏଠାରେ ପ୍ରାପ୍ତ ହେଉନାହିଁ’ - ଏହାର ସମାବେଶ ଅନୁମାନର ତଥା ୫. ‘ସୋହନ ଘରେ ନାହିଁ’ - ଏହାର ସମାବେଶ ଆଗମରେ ହୋଇଯାଇଥାଏ ।[୩୭]

ସାମାନ୍ୟ ଅଭାବର ଗ୍ରହଣ ପ୍ରତ୍ୟକ୍ଷ ଦ୍ୱାରା କରାଯାଏ । କୌଣସି ବସ୍ତୁ ବି କେବଳ ସଦ୍‌ରୂପ ବା କେବଳ ଅସଦ୍‌ରୂପ ନୁହେଁ । ବସ୍ତୁମାତ୍ର ସତ୍-ଅସତ୍ ରୂପ (ଉଭୟାତ୍ମକ) ଅଟେ । ପ୍ରତ୍ୟକ୍ଷ ଦ୍ୱାରା ଯେପରି ସଦ୍‌ଭାବର ଜ୍ଞାନ କରିହୁଏ, ସେହିପରି ଅସଦ୍‌ଭାବର ଜ୍ଞାନ ମଧ୍ୟ କରିହୁଏ ।[୩୮] କାରଣ ସ୍ପଷ୍ଟ । ଏହି ଦୁଇ ଜଣ ଏପରି ଫେଣ୍ଟାଫେଣ୍ଟି ହୋଇ ରହିଛନ୍ତି ଯେ କୌଣସି ଏକକୁ ଛାଡ଼ି ଅନ୍ୟକୁ ଜାଣିହୁଏ ନାହିଁ ।

ଏକ ବସ୍ତୁର ଭାବରେ ଦ୍ୱିତୀୟର ଅଭାବ ଓ ଏକର ଅଭାବରେ ଦ୍ୱିତୀୟ ବସ୍ତୁର ଭାବ ନିଶ୍ଚିତ ଚିହ୍ନ ମିଳିବା କିମ୍ବା ନ ମିଳିବା ଉପରେ ନିର୍ଭର କରିଥାଏ ।

ସ୍ୱସ୍ତିକ ଚିହ୍ନଯୁକ୍ତ ପୁସ୍ତକ ସକାଶେ ଯେପରି ସ୍ୱସ୍ତିକ ଉପଲବ୍‌ଧିର ହେତୁ ସାଜିଥାଏ, ସେହିପରି ଅଚିହ୍ନିତ ପୁସ୍ତକ ପାଇଁ ଚିହ୍ନାଭାବ, ଅନୁପଲବ୍‌ଧିର ହେତୁ ସାଜେ । ତେଣୁ ଅନୁମାନର ପରିଧିରୁ ଏହା ବାହାରିପାରେ ନାହିଁ । **ସମ୍ଭବ-** ଅବିନାଭାବୀ ଅର୍ଥ - ଯା’ର ବିନା ଅନ୍ୟଟି ହୁଏ ନାହିଁ, ସେହି ଅର୍ଥର ସତ୍ତା ଗ୍ରହଣ କରିବା ଦ୍ୱାରା, ଅନ୍ୟ ଜଣକର ଅର୍ଥର ସତ୍ତା ବତାଇବା ‘ସମ୍ଭବ’ ହୁଏ ।[୩୯] ଏହା ମଧ୍ୟରେ ନିଶ୍ଚିତ ଅବିନାଭାବ ରହିଛି - ପୌର୍ବାପର୍ଯ୍ୟ, ସାହଚର୍ଯ୍ୟ ବା ବ୍ୟାପ୍ୟ-ବ୍ୟାପକ ସଂବନ୍ଧ ରହିଛି । ତେଣୁ ଏହା ବି ହେଉଛି ଅନୁମାନ ପରିବାରର ଏକ ସଦସ୍ୟ ।

ଐତିହ୍ୟ - ପ୍ରବାଦ-ପରମ୍ପରାର ଆଦି ସ୍ଥାନ ନ ମିଳିବା ହେଉଛି ଐତିହ୍ୟ । ଯେଉଁ ପ୍ରବାଦ-ପରମ୍ପରା ଅଯଥାର୍ଥ, ତାହା ହିଁ ଅପ୍ରମାଣ ଏବଂ ଯେଉଁ ପ୍ରବାଦ ପରମ୍ପରାର ଆଦି ସ୍ରୋତ ଆପ୍ତ ପୁରୁଷଙ୍କ ବାଣୀରେ ଉପଲବ୍‌ଧ, ତାହା ଆଗମ-ଅତିରିକ୍ତ ନୁହେଁ ।[୪୦]

ପ୍ରାତିଭ - ଏହା ବାବଦ ଜୈନାଚାର୍ଯ୍ୟମାନଙ୍କ ଦୁଇଟି ବିଚାର ପରମ୍ପରା ପ୍ରାପ୍ତ ହୋଇଥାଏ । ବାଦିଦେବସୂରି ଆଦି ନ୍ୟାୟପ୍ରଧାନ ଆଚାର୍ଯ୍ୟ, ପ୍ରତ୍ୟକ୍ଷ ଓ ଅନୁମାନ ମଧ୍ୟରେ ପ୍ରାତିଭର ସମାବେଶ କରିଯାଇଛନ୍ତି ଏବଂ ହରିଭଦ୍ର ସୂରି, ଉପାଧ୍ୟାୟ ଯଶୋବିଜୟ ଆଦି ଯେଉଁମାନେ ନ୍ୟାୟ ସହିତ ଯୋଗ ମଧ୍ୟରେ ବି ଅବଗାହନ କରିଛନ୍ତି, ସେମାନେ ଏହାକୁ ପ୍ରତ୍ୟକ୍ଷ ଓ ଶ୍ରୁତର ମଧ୍ୟବର୍ତ୍ତୀ ଭାବରେ ମାନ୍ୟ କରିଛନ୍ତି ।

ପ୍ରଥମ ପରମ୍ପରା ଅନୁସାରେ ଇନ୍ଦ୍ରିୟ, ହେତୁ ଓ ଶବ୍ଦ-ବ୍ୟାପାର ନିରପେକ୍ଷ ଯାହା ସ୍ପଷ୍ଟ ଆତ୍ମ-ପ୍ରତିଭାନ ହୋଇଥାଏ, ତାହା ମାନସ-ପ୍ରତ୍ୟକ୍ଷ ଶ୍ରେଣୀରେ ଗଣ୍ୟ ହୁଏ ।

ପ୍ରସାଦ ଓ ଉଦ୍‌ବେଗର ନିଶ୍ଚିତ ଲିଙ୍ଗ ଦ୍ୱାର ପ୍ରିୟ-ଅପ୍ରିୟ ଫଳପ୍ରାପ୍ତିର ଯେଉଁ ପ୍ରତିଭାନ ହୁଏ, ତାହା ଅନୁମାନ ଶ୍ରେଣୀରେ ସମାହିତ ହୁଏ ।

ଦ୍ୱିତୀୟ ପରମ୍ପରା - ପ୍ରାତିଭ-ଜ୍ଞାନ, କେବଳ ଜ୍ଞାନ ନୁହେ, ଶ୍ରୁତଜ୍ଞାନ ନୁହେ, ଜ୍ଞାନାନ୍ତର ବି ନୁହେଁ ।[୪୧] ଏହାର

---

(୩୭) ପ୍ରମାଣନୟ ତତ୍ତ୍ୱରତ୍ନାବତାରିକା, ୨।୧ ।

(୩୮) ନ୍ୟାୟାବତାର, ପୃ.୨୧ ।

(୩୯) ସମ୍ଭବଃ - ଅବିନାଭାବିନୋର୍ଥସ୍ୟ ସତ୍ତାଗ୍ରହଣାତ୍ ଅନ୍ୟସ୍ୟ ସତ୍ତାଗ୍ରହଣଂ ସମ୍ଭବଃ । ଅୟଂଦ୍ୱିବିଧଃ-୧. ସମ୍ଭାବନା-ରୂପଃ- ଯଥା ଅମୁକୋ ମନୁଷ୍ୟୋ ବୈଶ୍ୟୋଽସ୍ତି ଅତୋ ଧନିକୋଽପି ସ୍ୟାତ୍ । ୨. ନିର୍ଣ୍ଣୟ ରୂପଃ ଯଥା-ଅମୁକସ୍ୟ ପାର୍ଶ୍ୱେ ଯଦି ଶତମସ୍ତି ତତ୍ ପଞ୍ଚାଶତା ଅବଶ୍ୟଂ ଭାବ୍ୟମ୍ ।

(୪୦) ଐତିହ୍ୟଃ-ଅନିର୍ଦ୍ଦିଷ୍ଟ ବକ୍ତୃକଂ ପ୍ରବାଦପାରଂପର୍ଯ୍ୟସ୍ । ଚରକ (ବିମାନସ୍ଥାନ ୮।୩୦)ରେ ଆଗମକୁ ବି ଐତିହ୍ୟ କୁହାଯାଇଛି - ତତ୍ ପ୍ରତ୍ୟକ୍ଷମନୁମାନମୈତିହ୍ୟ ମୌପମ୍ୟମିତି । ଐତିହ୍ୟଂ ନାମାପ୍ତୋପ ଦେଶୋ ବେଦାଦିଃ ।- (ଚରକ ବିମାନ ସ୍ଥାନ ୮।୪୩)

(୪୧) ଅଧ୍ୟାତ୍ମ ଉପନିଷଦ୍ ୨।୨ : ଯୋଗଜାଦୃଷ୍ଟିଜନିତଃ, ସତୁ ପ୍ରାତିଭସଂଜ୍ଞିତଃ । ସନ୍ଧ୍ୟେବ ଦିନରାତ୍ରିଭ୍ୟାଂ, କେବଳ ଶ୍ରୁତୟୋଃ ପୃଥକ୍ ॥

ଅବସ୍ଥା ଅରୁଣୋଦୟ-ସନ୍ଧ୍ୟା ସଦୃଶ । ଅରୁଣୋଦୟ ଦିନ ନୁହେଁ କି ରାତି ନୁହେଁ କିମ୍ବା ଦିନ-ରାତିରୁ ଅତିରିକ୍ତ ବି ନୁହେଁ । ଏହା ଆକସ୍ମିକ ପ୍ରତ୍ୟକ୍ଷ ଅଟେ ଏବଂ ଉତ୍କୃଷ୍ଟ କ୍ଷୟୋପଶମ (ନିରାବରଣ ଦଶା) ବା ଯୋଗ ଶକ୍ତି ଦ୍ୱାରା ଉତ୍ପନ୍ନ ହୁଏ ।

ପ୍ରାତିଭ-ଜ୍ଞାନ ହେଉଛି ବିବେକଜନିତ ଜ୍ଞାନର ପୂର୍ବରୂପ । ସୂର୍ଯ୍ୟୋଦୟର ଅବ୍ୟବହିତ ପୂର୍ବରୁ ପ୍ରକଟ ହେଉଥିବା ସୂର୍ଯ୍ୟର ପ୍ରଭା ବଳରେ ମଣିଷ ସମସ୍ତ ବସ୍ତୁକୁ ଦେଖିପାରିଥାଏ । ସେହିପରି ପ୍ରାତିଭ ଜ୍ଞାନ ଦ୍ୱାରା ଯୋଗୀ, ସବୁ ବିଷୟକୁ ଜାଣିପାରିଥାଏ ।[୪୨]

ବସ୍ତୁକୁ ଜୈନ ଜ୍ଞାନ ମୀମାଂସା ଅନୁସାରେ ପ୍ରାତିଭ ଜ୍ଞାନ ଅଶ୍ରୁତ-ନିଶ୍ରିତ-ମତିଜ୍ଞାନର ଏକ ପ୍ରକାର, ଯା'ର ନାମ – 'ଔତ୍ପତ୍ତିକୀ ବୁଦ୍ଧି' । ନନ୍ଦୀରେ ତା'ର ନିମ୍ନ ଲକ୍ଷଣ କରାଯାଇଛି । ପୂର୍ବରୁ ଅଦୃଷ୍ଟ, ଅଶ୍ରୁତ, ଅଜ୍ଞାତ ଅର୍ଥର ତତ୍କାଳ ବୁଦ୍ଧିର ଉତ୍ପାଦ-କାଳରେ ସ୍ୱତଃ ସମ୍ୟକ୍ ନିର୍ଣ୍ଣୟ ହୋଇଯାଏ ଏବଂ ତା'ର ପରିଚ୍ଛେଦ୍ୟ ଅର୍ଥ ସହିତ ଅବାଧିତ ଯୋଗସୂତ୍ର ରହିଥାଏ, ତାହା ହେଉଛି ଔତ୍ପତ୍ତିକୀ ବୁଦ୍ଧି ।"[୪୩]

ମତିଜ୍ଞାନର ଦୁଇ ଭେଦ ହେଲା – ଶ୍ରୁତନିଶ୍ରିତ ଓ ଅଶ୍ରୁତନିଶ୍ରିତ ।[୪୪] ଶ୍ରୁତନିଶ୍ରିତର ଅବଗ୍ରହ ଆଦି ଚାରିଭେଦ ବ୍ୟାବହାରିକ ପ୍ରତ୍ୟକ୍ଷ ଅନ୍ତର୍ଗତ[୪୫] ଏବଂ ସ୍ମୃତି ଆଦି ଚାରିଭେଦ ପରୋକ୍ଷ ଅନ୍ତର୍ଗତ ପରିଗଣିତ ହୁଅନ୍ତି ।[୪୬] ଅଶ୍ରୁତନିଶ୍ରିତ ମତିର ଚାରିଭେଦ – ଔତ୍ପତ୍ତିକୀ ଆଦି ବୁଦ୍ଧି ଚତୁଷ୍ଟୟର ସମାବେଶ କୌଣସି ପ୍ରମାଣ ଅନ୍ତର୍ଗତ କରାଯାଇଥିବାର ଉଲ୍ଲେଖ ପ୍ରାପ୍ତ ନୁହେଁ ।

ଜିନଭଦ୍ରଗଣି, ବୁଦ୍ଧି ଚତୁଷ୍ଟୟରେ ମଧ୍ୟ ଅବଗ୍ରହ ଆଦିର ଯୋଜନା କରିଛନ୍ତି ।[୪୭] ପରନ୍ତୁ ତା'ର ସମ୍ବନ୍ଧ ମତିଜ୍ଞାନର ୨୮ ଭେଦ ବିଷୟକ ଚର୍ଚ୍ଚା ସହିତ ରହିଛି ।[୪୮] ଅଶ୍ରୁତ-ନିଶ୍ରିତ ମତିକୁ କେଉଁ ପ୍ରମାଣ ମଧ୍ୟରେ ସମାବିଷ୍ଟ କରାଯିବା ଉଚିତ୍, ଏଠାରେ ତାହା ଚର୍ଚ୍ଚନୀୟ ନୁହେଁ ।

ଔତ୍ପତ୍ତିକୀ ଆଦି ବୁଦ୍ଧି-ଚତୁଷ୍ଟୟରେ ଅବଗ୍ରହ ଆଦି ରହିଛି, ତଥାପି ଏହାର ବ୍ୟବହାର ପ୍ରତ୍ୟକ୍ଷ ସହିତ ପୂର୍ଣ୍ଣ କ୍ଷମତା ରହିନାହିଁ । ତା' ମଧ୍ୟରେ ପଦାର୍ଥର ଇନ୍ଦ୍ରିୟ ସହିତ ସାକ୍ଷାତ୍ ହୋଇଥାଏ କିନ୍ତୁ ଏଠାରେ ଏହି ସାକ୍ଷାତ୍କାର ହେଉନାହିଁ । ତାହା ଶାସ୍ତ୍ରୋପଦେଶଜନିତ ସଂସ୍କାର, ଅଥଚ ଏହା ହେଉଛି ଆତ୍ମାର ସହଜ ସ୍ଫୁରଣା । ଏହି କାରଣରୁ ଏହା କେବଳ ଓ ଶ୍ରୁତର ମଧ୍ୟବର୍ତ୍ତୀ ହୋଇଥିବ ତଥା ପ୍ରାତିଭ ସହିତ ଏହାର ପୂର୍ଣ୍ଣ ସାମଞ୍ଜସ୍ୟ ମଧ୍ୟ ଦୃଷ୍ଟିଗୋଚର

---

(୪୨) (କ) ନ୍ୟାୟ କୁମୁଦଚନ୍ଦ୍ର, ପୃ.୫୨୬ : ଇନ୍ଦ୍ରିୟାଦି ବାହ୍ୟ
ସାମଗ୍ରୀ ନିରପେକ୍ଷଂ ହି ମୟୋମାତ୍ର ସାମଗ୍ରୀ ପ୍ରଭବଂ
ଅର୍ଥଂତୟା ଭାବପ୍ରକାଶଂ ଜ୍ଞାନଂ ପ୍ରତିଭେତି
ପ୍ରସିଦ୍ଧମ୍ – ଶ୍ୱୋ ମେ ଭ୍ରାତା ଆଗନ୍ତା, ଇତ୍ୟାଦିବତ୍ ।
(ଖ) ନ୍ୟାୟମଞ୍ଜରୀ ବିବରଣ, ପୃ.୧୦୬, ୧୦୭ : ଜୟନ୍ତ
ଅପିଚାନାଗତଂ ଜ୍ଞାନମସ୍ମଦାଦେରପି କ୍ୱଚିତ୍ ।
ପ୍ରମାଣଂ ପ୍ରାତିଭଂ ଶ୍ୱୋ ମେ, ଭ୍ରାତାଗନ୍ତେତି ଦୃଶ୍ୟତେ ॥
ନାନର୍ଥଜଂ ନ ସନ୍ଦିଗ୍ଧଂ ନ ବାଦବିଧୁରୀ କୃତମ୍ ।
ନ ଦୃଷ୍ଟ କାରଣଞ୍ଚେତି, ପ୍ରମାଣମିଦମିଷ୍ୟତାମ୍ ॥

(୪୩) ନନ୍ଦୀ, ସୂତ୍ର ୨୮ :
ପୁବ୍ୱମଦିଟ୍‌ଠ – ମସୁୟ- ମବେଇୟ-ତକ୍‌ଖଣ ବିସୁଦ୍ଧ
ଗହିଅତ୍ଥା ।
ଅବ୍ୱାହୟ-ଫଳଜୋଗା, ବୁଦ୍ଧୀ ଉପ୍ପତ୍ତିୟା ନାମ ।

(୪୪) ନନ୍ଦୀ, ସୂତ୍ର, ୩୭ ।

(୪୫) ପ୍ରମାଣ ନୟତତ୍ତ୍ୱ ରତ୍ନାବତାରିକା, ୨।୫ ।

(୪୬) ପ୍ରମାଣନୟ ତତ୍ତ୍ୱ ରତ୍ନା ବତାରିକା, ୩।୨ ।

(୪୭) ବିଶେଷାବଶ୍ୟକ ଭାଷ୍ୟ, ଗାଥା ୩୦୦-୦୬ ।

(୪୮) ବିଶେଷାବଶ୍ୟକଭାଷ୍ୟ, ଗାଥା ୩୦୫ ବୃତ୍ତି... ।

ହୋଇଥାଏ । କେବଳ ଓ ଶ୍ରୁତର ମଧ୍ୟବର୍ତ୍ତୀ ଜ୍ଞାନ ବୋଲି ଏହାକୁ ଏଥିପାଇଁ ଭାବିବାକୁ ପଡ଼ିବ, କାରଣ ଏହାଦ୍ୱାରା ସମସ୍ତ ଦ୍ରବ୍ୟ ପର୍ଯ୍ୟାୟର ଜ୍ଞାନ ହେଉନାହିଁ ଏବଂ ଏହା ଇନ୍ଦ୍ରିୟ, ଲିଙ୍ଗ ଆଦିର ସହାୟତା ତଥା ଶାସ୍ତ୍ରାଭ୍ୟାସ ଆଦି ଦ୍ୱାରା ଉତ୍ପନ୍ନ ମଧ୍ୟ ହୋଇ ନ ଥାଏ । ପ୍ରଥମ ପରମ୍ପରାର ପ୍ରାତିଭ ଜ୍ଞାନର ଲକ୍ଷଣ ଏହାଠାରୁ ଭିନ୍ନ ନୁହେଁ । ମାନସ-ପ୍ରତ୍ୟକ୍ଷ ଏହାର ନାମାନ୍ତର ହୋଇଯାଇପାରେ ଏବଂ ଯାହା ନିଶ୍ଚିତ ଲିଙ୍ଗ ଦ୍ୱାରା ହେଉଥିବା ପ୍ରାତିଭ କୁହାଯାଉଛି, ତାହା ବାସ୍ତବରେ ଅନୁମାନ ମାତ୍ର । ଯେଉଁମାନେ ତାହାକୁ ପ୍ରାତିଭ ମନେ କରନ୍ତି, ସେମାନଙ୍କ ଅପେକ୍ଷା ତାହାକୁ ପ୍ରାତିଭ କହି ଅନୁମାନ ଅନ୍ତର୍ଗତ କରିଦିଆଯାଇଛି ।

ପ୍ରମାଣ ଓ ପ୍ରମାଣର ଭେଦାଭେଦ

ପ୍ରମାତା ହେଉଛି ଆତ୍ମା । ପ୍ରମାତା ମଧ୍ୟ ବସ୍ତୁ ଅଟେ । ପ୍ରମାଣ ହେଉଛି ନିର୍ଣ୍ଣାୟକ ଜ୍ଞାନ, ଆତ୍ମାର ଗୁଣ । ପ୍ରମେୟ ଆତ୍ମା ଅଟେ ଏବଂ ଆତ୍ମ-ଅତିରିକ୍ତ ପଦାର୍ଥ ବି ଅଟେ । ପ୍ରମିତି ହେଉଛି ପ୍ରମାଣର ଫଳ ।

ଗୁଣୀଠାରୁ ଗୁଣ ଅତ୍ୟନ୍ତ ଭିନ୍ନ ନୁହେଁ କି ଅତ୍ୟନ୍ତ ଅଭିନ୍ନ ବି ନୁହେଁ ବରଂ ଗୁଣୀ ଓ ଗୁଣ ପରସ୍ପର ଭିନ୍ନାଭିନ୍ନ ଅଟନ୍ତି । ପ୍ରମାଣ, ପ୍ରମାତା ମଧ୍ୟରେ ହିଁ ରହିଥାଏ, ଏହି ଦୃଷ୍ଟିରୁ ଦୁହିଙ୍କ ମଧ୍ୟରେ କଥଂଚିଦ୍ ଅଭେଦ ରହିଛି । କର୍ତ୍ତା ଓ କରଣ ରୂପେ ଦୁହେଁ ଭିନ୍ନ ଅର୍ଥାତ୍ ପ୍ରମାତା ହେଉଛି କର୍ତ୍ତା ତଥା ପ୍ରମାଣ ହେଉଛି କରଣ । ଅଭେଦ-କକ୍ଷାରେ ଜ୍ଞାତା ଓ ଜ୍ଞାନର ସାଧନ- ଏ ଦୁହେଁ ଆତ୍ମା ବା ଜୀବ ବୋଲାଇଥାନ୍ତି । ଭେଦ-କକ୍ଷାରେ ଆତ୍ମାକୁ ଜ୍ଞାତା ଏବଂ ଜ୍ଞାନ ଜାଣିବାର ସାଧନ କୁହାଯାଇଥାଏ ।[୪୯] ଆତ୍ମା ହିଁ ଜ୍ଞାନ ।[୫୦] ଆତ୍ମା, ଜ୍ଞାନ ଅଟେ । ଜ୍ଞାନ-ବ୍ୟତିରିକ୍ତ ବି ଆତ୍ମା ଅଟେ । ଏହି ଦୃଷ୍ଟିରୁ ପ୍ରମାତା ଓ ପ୍ରମାଣ ମଧ୍ୟରେ ଭେଦ ରହିଛି ।[୫୧]

ପ୍ରମାତା ଓ ପ୍ରମେୟର ଭେଦାଭେଦ

ପ୍ରମାତା ହେଉଛି କେବଳ ଚେତନ । ପ୍ରମେୟ ଚେତନ ଓ ଅଚେତନ ଉଭୟ ହୋଇପାରିବ । ଏହି ଦୃଷ୍ଟିରେ ବିଚାରିଲେ ପ୍ରମାତା, ପ୍ରମେୟଠାରୁ ଭିନ୍ନ । ଜ୍ଞେୟ-କାଳରେ ଯେଉଁ ଆତ୍ମା ପ୍ରମେୟ ସାଜିଥାଏ, ସେହି ଆତ୍ମା ଜ୍ଞାନ-କାଳରେ ପ୍ରମାଣ ହୋଇଯାଏ, ଏହି ଦୃଷ୍ଟିରୁ ଦେଖିଲେ ଏ ଦୁହେଁ ଅଭିନ୍ନ ଅଟନ୍ତି ।

ପ୍ରମାଣ ଓ ଫଳର ଭେଦାଭେଦ

ପ୍ରମାଣ ହେଉଛି ସାଧନ ଓ ଫଳ ହେଉଛି ସାଧ୍ୟ- ଏହି ଦୃଷ୍ଟିରେ ଦୁହେଁ ଭିନ୍ନ । ପ୍ରମାଣ ଓ ଫଳ, ଉଭୟଙ୍କ ଅଧିକରଣ ହେଉଛି ଏକମାତ୍ର ପ୍ରମାତା । ପ୍ରମାଣ ରୂପରେ ପରିଣତ ଆତ୍ମା ହିଁ ଫଳ-ରୂପରେ ପରିଣତ ହୋଇଥାଏ - ଏହି ଦୃଷ୍ଟିରେ ଏମାନେ ଅଭିନ୍ନ ମଧ୍ୟ ଅଟନ୍ତି ।

---

[୪୯] (କ) ଆୟାରୋ, ୫।୧୦୪ : ଜେ ବିଣ୍ଣାୟା
ସେ ଆୟା ... ଜେଣ ବିୟାଣଇ ସେ ଆୟା ।
(ଖ) ଭଗବତୀ, ୬।୧୦ ବୃତ୍ତି ।

[୫୦] ଭଗବତୀ, ୧୨।୨୦୭ : ଣାଣେ ପୁଣ ସେ ଣିୟମଂ ଆୟା ।

[୫୧] ତତ୍ତ୍ୱାର୍ଥ ଶ୍ଳୋକ ବାର୍ତ୍ତିକ : ପୃ.୪୩ :
ସ୍ୱସ୍ମିନ୍ନେବ ପ୍ରମୋତ୍ପତ୍ତିଃ, ସ୍ୱ ପ୍ରମାତୃତ୍ୱମାତ୍ମନଃ
ପ୍ରମେୟତ୍ୱମପି ସ୍ୱସ୍ୟ, ପ୍ରମିତିଶ୍ଚେୟମାଗତା ।

॥ ୬ ॥

ନିକ୍ଷେପ

ଶବ୍ଦ ପ୍ରୟୋଗର ପ୍ରକ୍ରିୟା

ସଂସାରୀ ପ୍ରାଣୀମାନଙ୍କ ସମଗ୍ର ବ୍ୟବହାର ପଦାର୍ଥାଶ୍ରିତ । ପଦାର୍ଥ ଅନେକ ପ୍ରକାର । ସେଗୁଡ଼ିକର ବ୍ୟବହାର ଏକ ସଂଗେ ହୁଏ ନାହିଁ । ଆପଣା ପର୍ଯ୍ୟାୟରେ ପୃଥକ୍-ପୃଥକ୍ ହୋଇଥାଏ । ସେମାନଙ୍କ ପରିଚୟ ବି ପୃଥକ୍ ହେବା ସ୍ୱାଭାବିକ । ଏହା ହେଉଛି ଗୋଟିଏ ପକ୍ଷ । ଅନ୍ୟ ପକ୍ଷ ହେଲା - ମନୁଷ୍ୟର ବ୍ୟବହାର ସହଯୋଗାତ୍ମକ ହୋଇଥାଏ । ସେ ସହଯୋଗ କରିଥାଏ, ଅନ୍ୟମାନଙ୍କ ସହଯୋଗର ଅପେକ୍ଷା ମଧ୍ୟ କରିଥାଏ । ଦିଆନିଆ ଲାଗିରହେ । ଶିଖିଥାଏ, ଶିଖେଇଥାଏ । ପଦାର୍ଥ ବିନା କ୍ରିୟା କିମ୍ବା ଦେବା-ନେବା, ଶିଖିବା-ଶିଖେଇବା ଆଦି ହୋଇପାରେ ନାହିଁ । ଏହି ବ୍ୟବହାର ସକାଶେ ସାଧନ ଲୋଡ଼ା । ତା' ବିନା 'କ'ଣ କରିବା, କ'ଣ ଦେବା, କାହାକୁ ଜାଣିବା' - ଏଗୁଡ଼ିକର ସମାଧାନ ପ୍ରାପ୍ତ ହୁଏ ନାହିଁ । ଏହି ସମସ୍ୟାଗୁଡ଼ିକର ସମାଧାନ ପାଇଁ ସଂକେତ ପଦ୍ଧତିର ବିକାଶ ଘଟିଲା ଏବଂ ଶବ୍ଦ ତଥା ଅର୍ଥ ପରସ୍ପରସାପେକ୍ଷ ଜଣାପଡ଼ିଲା ।

ସ୍ୱରୂପ ଦୃଷ୍ଟିରୁ ପଦାର୍ଥ ଓ ଶବ୍ଦ ମଧ୍ୟରେ କୌଣସି ଆତ୍ମୀୟତା ନାହିଁ । ଉଭୟ ନିଜ-ନିଜ ସ୍ଥିତିରେ ସ୍ୱତନ୍ତ୍ର ଅଟନ୍ତି । କିନ୍ତୁ ଉକ୍ତ ସମସ୍ୟାର ସମାଧାନ ଲାଗି ଦୁହେଁ ଏକତା ସୂତ୍ରରେ ଆବଦ୍ଧ । ଦୁହିଙ୍କ ମଧ୍ୟରେ ପରସ୍ପର ବାଚ୍ୟ-ବାଚକ ସମ୍ବନ୍ଧ । ଏହା ହେଉଛି ଭିନ୍ନାଭିନ୍ନ ସ୍ଥିତି । ଅଗ୍ନି ଶବ୍ଦର ଉଚ୍ଚାରଣ କରିବା ମାତ୍ରେ ଦାହ ହୁଏ ନାହିଁ । ଏଥିରୁ ଆମେ ଜାଣି ଥାଉଁ ଯେ 'ଅଗ୍ନି ପଦାର୍ଥ' ଓ 'ଶବ୍ଦ' ଏକ ନୁହନ୍ତି । ଏ ଦୁହେଁ ସବୁମନ୍ତେ ଭିନ୍ନ, ଏହା ମଧ୍ୟ ଠିକ୍ ନୁହେଁ । ଅଗ୍ନି ଶବ୍ଦରୁ ଅଗ୍ନି ପଦାର୍ଥର ହିଁ ଜ୍ଞାନ ହୋଇଥାଏ । ଏଥିରୁ ଆମେ ଜାଣିଥାଉଁ ଯେ ଦୁହିଙ୍କ ମଧ୍ୟରେ ଅଭେଦ ବି ରହିଛି । ଭେଦ ହେଉଛି ସ୍ୱଭାବ-କୃତ ଅଥଚ ଅଭେଦ ସଂକେତ-କୃତ । ସଂକେତ, ଏ ଦୁହିଙ୍କ ଭାଗ୍ୟକୁ ଏକ ସୂତ୍ରରେ ଯୋଡ଼ିଦିଏ । ଫଳରେ ଅର୍ଥରେ 'ଶବ୍ଦ-ଜ୍ଞେୟତା' ନାମକ ପର୍ଯ୍ୟାୟ ଓ ଶବ୍ଦରେ 'ଅର୍ଥ-ଜ୍ଞାପକତା' ନାମକ ପର୍ଯ୍ୟାୟର ଅଭିବ୍ୟକ୍ତି ହୁଏ ।

ସଂକେତ କାଳରେ ବସ୍ତୁର ବୋଧ ସକାଶେ ଯେଉଁ ଶବ୍ଦ ଗଢ଼ାଯାଏ, ତାହା ସେପରି ରହିଲେ କୌଣସି ସମସ୍ୟା ଉପୁଜେ ନାହିଁ । କିନ୍ତୁ ଏପରି ହୁଏ ନାହିଁ । ଏହାପରେ ସେ ତା' କ୍ଷେତ୍ରକୁ ବିସ୍ତୃତ କରିପକାଏ । ଫଳରେ ପୁଣି ଦ୍ୱନ୍ଦ୍ୱ ସୃଷ୍ଟି ହୁଏ ଏବଂ ସେହି ଶବ୍ଦ, ଇଷ୍ଟ ଅର୍ଥର ସୂଚନା ଦେବାର କ୍ଷମତା ହରାଇବସେ । ଏହି ସମସ୍ୟାର ସମାଧାନ ପାଇଁ 'ନିକ୍ଷେପ' ପଦ୍ଧତିର ନିର୍ଦ୍ଧାରଣ କରାଯାଇଛି ।

'ନିକ୍ଷେପ'ର ଅର୍ଥ ହେଲା - "ପ୍ରସ୍ତୁତ ଅର୍ଥର ବୋଧ ପ୍ରଦାନ କରୁଥିବା ଶବ୍ଦ ରଚନା ବା ଅର୍ଥର ଶବ୍ଦ ମଧ୍ୟରେ

ସମାବେଶ ।"[୧] ଅପ୍ରସ୍ତୁତ ଅର୍ଥକୁ ଦୂର କରି ପ୍ରସ୍ତୁତ ଅର୍ଥର ବୋଧ କରାଇବା ହେଉଛି ଏହାର ଫଳ । ଏହା ସଂଶୟ ଓ ବିପର୍ଯ୍ୟୟର ଅପସାରଣ କରିଥାଏ । ବିଶ୍ଳେଷଣ ପୂର୍ବକ କୁହାଯାଇପାରିବ ଯେ ବସ୍ତୁ-ବିନ୍ୟାସର ଯେତିକି କ୍ରମ, ସେତେ ସଂଖ୍ୟାରେ ନିକ୍ଷେପ ମଧ୍ଯ ରହିଛି । ସଂକ୍ଷେପରେ ଏମାନଙ୍କ ସଂଖ୍ୟା ଅତି କମ୍‌ରେ ଚାରୋଟି- ନାମ, ସ୍ଥାପନା, ଦ୍ରବ୍ୟ ଓ ଭାବ ।[୨]

ନାମ-ନିକ୍ଷେପ

ଇଚ୍ଛାନୁସାରେ ବସ୍ତୁର ନାମକରଣ ହେଉଛି ନାମ-ନିକ୍ଷେପ । ନାମ ସାର୍ଥକ (ଯଥା 'ଇନ୍ଦ୍ର) ବା ନିରର୍ଥକ (ଯଥା 'ଡିତ୍‌ଥ'), ମୂଳ ଅର୍ଥରେ ସାପେକ୍ଷ ବା ନିରପେକ୍ଷ ଉଭୟ ପ୍ରକାର ହୋଇପାରିବ । କିନ୍ତୁ ଯେଉଁ ନାମକରଣ ସଂକେତ ମାତ୍ର ଦ୍ୱାରା କରାଯାଏ, ଯହିଁରେ ଜାତି, ଗୁଣ, ଦ୍ରବ୍ୟ, କ୍ରିୟା ଆଦିର ଅପେକ୍ଷା ନ ଥାଏ, ତାହା ହିଁ 'ନାମ-ନିକ୍ଷେପ' ।[୩] ଜଣେ ଅନକ୍ଷର ବ୍ୟକ୍ତିର ନାମ 'ଅଧ୍ୟାପକ' କିମ୍ବା ଜଣେ ଗରିବ ଲୋକର ନାମ 'ଇନ୍ଦ୍ର' ରଖାଗଲା । ଅଧ୍ୟାପକ ଓ ଇନ୍ଦ୍ରର ଯାହା ସ୍ୱାଭାବିକ ଅର୍ଥ, ତାହା ଏଠାରେ ଫଳିତ ହେଉନାହିଁ । ତେଣୁ ଏଗୁଡ଼ିକ ନାମ ନିକ୍ଷିପ୍ତ ବୋଲାଇଥାନ୍ତି । ସେହି ଦୁଇଜଣଙ୍କ ମଧ୍ଯରେ ଏହି ଦୁଇଟିକୁ ଆରୋପିତ କରାଯାଇଛି । 'ଅଧ୍ୟାପକ'ର ସାଧାରଣ ଅର୍ଥ ହେଲା - ଯେ ପାଠ ପଢ଼ାଇଥାନ୍ତି ବା ଶିକ୍ଷା ପ୍ରଦାନ କରନ୍ତି । 'ଇନ୍ଦ୍ର'ର ଅର୍ଥ ହେଉଛି ପରମ ଐଶ୍ୱର୍ଯ୍ୟଶାଳୀ । ଅଧ୍ୟାପନ କରୁଥିବା ବ୍ୟକ୍ତିଙ୍କୁ 'ଅଧ୍ୟାପକ' କହିଲେ କିମ୍ବା ପରମ ଐଶ୍ୱର୍ଯ୍ୟସଂପନ୍ନ ଲୋକକୁ 'ଇନ୍ଦ୍ର' କହିଲେ ନାମ-ନିକ୍ଷେପ ହେବ ନାହିଁ । କିନ୍ତୁ ଯାହା ଏତାଦୃଶ ନୁହେଁ, ତା'ର ସେପରି ନାମକରଣ କରିବା ହେଲା ନାମ-ନିକ୍ଷେପ । 'ନାମ-ଅଧ୍ୟାପକ' ବା 'ନାମ-ଇନ୍ଦ୍ର' ପରି ଶବ୍ଦ ରଚନା ପ୍ରମାଣିତ କରିଥାଏ ଯେ ଏମାନେ ନାମରୁ ଅଧ୍ୟାପକ ଓ ଇନ୍ଦ୍ର । ଯେ ଅଧ୍ୟାପନ କରାନ୍ତି, ତାଙ୍କ ନାମ ଯଦି ଅଧ୍ୟାପକ ତଥା ଯେ ପରମ ଐଶ୍ୱର୍ଯ୍ୟସଂପନ୍ନ, ତାଙ୍କ ନାମ ଯଦି ଇନ୍ଦ୍ର ରହିତାଏ, ତେବେ ଆମେ ସେମାନଙ୍କୁ 'ଭାବ-ଅଧ୍ୟାପକ' ଓ ଭାବ-ଇନ୍ଦ୍ର କହିପାରିବା । ନାମ-ନିକ୍ଷେପ ନ ଥିଲେ ଅଧ୍ୟାପକ ବା ଇନ୍ଦ୍ରନାମ ଶୁଣିବା ମାତ୍ରେ ପ୍ରଥମ ବ୍ୟକ୍ତି ଶିକ୍ଷାଦାନ କରନ୍ତି ଏବଂ ଦ୍ୱିତୀୟ ଲୋକ ଐଶ୍ୱର୍ଯ୍ୟସଂପନ୍ନ ବୋଲି ସ୍ୱୀକାର କରିବା ଅନିବାର୍ଯ୍ୟ ହୋଇପଡ଼ନ୍ତା । କିନ୍ତୁ ସଂଜ୍ଞାମୂଳକ ଶବ୍ଦ ସହିତ ନାମ ବିଶେଷଣ ଲାଗିଥିଲେ ପ୍ରକୃତ ସ୍ଥିତି ଉଜାଗର ହୋଇପଡ଼େ ।

ସ୍ଥାପନା-ନିକ୍ଷେପ

ଯେଉଁ ଅର୍ଥ ତଦ୍‌ରୂପ ନୁହେଁ, ତାହାକୁ ତଦ୍‌ରୂପ ମାନିବା ହେଉଛି ସ୍ଥାପନା-ନିକ୍ଷେପ ।[୪] ସ୍ଥାପନା ଦୁଇ ପ୍ରକାର- ସଦ୍‌ଭାବ (ତଦାକାର) ସ୍ଥାପନା ଓ ଅସଦ୍‌ଭାବ (ଅତଦାକାର) ସ୍ଥାପନା । ଜଣେ ଲୋକ ନିଜ ଗୁରୁଙ୍କ ଚିତ୍ରକୁ ଗୁରୁ ମଣିଥାଏ, ତାହା ହେଉଛି ସଦ୍‌ଭାବ ସ୍ଥାପନା । ଜଣେ ଯଦି ଶଙ୍ଖ ମଧ୍ଯରେ ଗୁରୁଙ୍କୁ ଆରୋପଣ କରିଛି, ତାହା ଅସଦ୍‌ଭାବ ସ୍ଥାପନା ହୁଏ । ନାମ ଓ ସ୍ଥାପନା ଉଭୟ ବାସ୍ତବରେ ଅର୍ଥଶୂନ୍ୟ ଅଟନ୍ତି ।

ଦ୍ରବ୍ୟ-ନିକ୍ଷେପ

ଅତୀତ-ଅବସ୍ଥା, ଭବିଷ୍ୟତ-ଅବସ୍ଥା ଓ ଅନୁଯୋଗ-ଦଶା - ଏହି ତିନୋଟି ବିବକ୍ଷିତ କ୍ରିୟାରେ ପରିଣତ ହେଉ ନ ଥିବାରୁ, ଏମାନଙ୍କୁ ଦ୍ରବ୍ୟ-ନିକ୍ଷେପ କୁହାଯାଏ । ଭାବଶୂନ୍ୟତା - ବର୍ତ୍ତମାନ ପର୍ଯ୍ୟାୟର ଶୂନ୍ୟତାର ଉତ୍ତାରୁ ମଧ୍ଯ ବର୍ତ୍ତମାନ ପର୍ଯ୍ୟାୟ ଦ୍ୱାରା ଯାହା ଚିହ୍ନିତ ହୋଇଥାଏ, ତାହା ହିଁ ଏଠାରେ ଦ୍ରବ୍ୟତାର ଆରୋପଣ ସାଜିଥାଏ ।

ଭାବ-ନିକ୍ଷେପ

ବାଚକ ଦ୍ୱାରା ସଂକେତିତ କ୍ରିୟାରେ ପ୍ରବୃତ୍ତ ବ୍ୟକ୍ତିକୁ ଭାବ-ନିକ୍ଷେପ କୁହାଯାଇଥାଏ । [୫] ଏଗୁଡ଼ିକ ମଧ୍ୟରେ

---

(୧) ଜୈନ ସିଦ୍ଧାନ୍ତ ଦୀପିକା, ୯।୪ ।

(୨) ଜୈନ ସିଦ୍ଧାନ୍ତ ଦୀପିକା , ୯।୫ ।

(୩) ଜୈନ ସିଦ୍ଧାନ୍ତ ଦୀପିକା, ୯।୬ ।

(୪) ଜୈନ ସିଦ୍ଧାନ୍ତ ଦୀପିକା, ୯।୭ ।

(୫) ଜୈନସିଦ୍ଧାନ୍ତଦୀପିକା, ୯।୯ ।

(ଦ୍ରବ୍ୟ ଓ ଭାବ ନିକ୍ଷେପରେ) ଶବ୍ଦ ବ୍ୟବହାରର ନିମିତ୍ତ ହୋଇଥାନ୍ତି ଜ୍ଞାନ ଓ କ୍ରିୟା । ତେଣୁ ଏମାନଙ୍କ ଭେଦଯୁଗଳ ନିର୍ମିତ ହୋଇଥାଏ ।

(୧,୨) ଜାଣି ପାରୁଥିବା ଦ୍ରବ୍ୟ ଓ ଭାବ ।

(୩,୪) କରଣୀୟ ଦ୍ରବ୍ୟ ଓ ଭାବ ।

ଜ୍ଞାନର ଦୁଇଟି ଅବସ୍ଥା - ୧. ଉପଯୋଗ - ଦତ୍ତଚିତ୍ତତା । ୨. ଅନୁପଯୋଗ - ଦତ୍ତଚିତ୍ତତାର ଅଭାବ ।

ଅଧ୍ୟାପକ ଶବ୍ଦର ଅର୍ଥ, ଜାଣିବାବାଲା ବା ଜ୍ଞାତା ସେହି ସନ୍ଦର୍ଭରେ ଉପଯୁକ୍ତ (ଦତ୍ତଚିତ୍ତ) ନୁହେଁ । ତେଣୁ ଆଗମ ବା ଜ୍ଞାତା ଅପେକ୍ଷାରେ ଏହା ହେଉଛି ଦ୍ରବ୍ୟ-ନିକ୍ଷେପ ।

ଅଧ୍ୟାପକ ଶବ୍ଦର ଅର୍ଥ ଜାଣିଥିଲେ, ତାଙ୍କ ଶରୀର 'ଜ୍ଞ-ଶରୀର' ତଥା ଭବିଷ୍ୟତରେ ଜାଣିବେ ତେବେ ତାଙ୍କ ଶରୀର 'ଭବ୍ୟ-ଶରୀର' ବୋଲାଇଥାଏ । ଏହା ଅତୀତ ଓ ଭାବୀ ପର୍ଯ୍ୟାୟର କାରଣ ହୋଇଥିବାରୁ ଦ୍ରବ୍ୟ ଅଟନ୍ତି ।

ବସ୍ତୁର ଉପକାରକ ସାମଗ୍ରୀରେ ବସ୍ତୁବାଚୀ ଶବ୍ଦର ବ୍ୟବହାର କରାଯାଏ, ସେତେବେଳେ ତାହାକୁ 'ତଦ୍-ବ୍ୟତିରିକ୍ତ' କୁହାଯାଏ । ଯଥା - ଅଧ୍ୟାପକଙ୍କ ଶରୀରକୁ ଅଧ୍ୟାପକ କହିବା ଅଥବା ଅଧ୍ୟାପକଙ୍କ ଅଧ୍ୟାପନା ସମୟରେ ହସ୍ତଚାଳନ ଆଦି କ୍ରିୟାକୁ ଅଧ୍ୟାପକ କହିବା । 'ଜ୍ଞ-ଶରୀର'ରେ ଅଧ୍ୟାପକ ଶବ୍ଦର ଅର୍ଥ ଜାଣିବା ଲୋକର ଶରୀର ଅପେକ୍ଷିତ ଅଥଚ ତତ୍-ବ୍ୟତିରିକ୍ତରେ ଅଧ୍ୟାପକର ଶରୀର ମାତ୍ର ।

୧. ଜ୍ଞାତା ... ଅନୁପଯୁକ୍ତ ... ଆଗମରେ ଦ୍ରବ୍ୟ ନିକ୍ଷେପ ।

୨. ଜ୍ଞାତାର ମୃତ୍ୟୁ ବେଳା ... ନୋ... ଆଗମ ମତରେ ମୃତ ଶରୀର-ଦ୍ରବ୍ୟ-ନିକ୍ଷେପ ।

୩. ଭାବୀ ପର୍ଯ୍ୟାୟର ଉପାଦାନ... ନୋ ଆଗମ ମତରେ ଭାବୀ ଜ୍ଞ-ଶରୀର ଦ୍ରବ୍ୟ ନିକ୍ଷେପ ।

୪. ପଦାର୍ଥ ସହିତ ସଂବନ୍ଧିତ ବସ୍ତୁ ମଧ୍ୟରେ ପରାର୍ଥର ବ୍ୟବହାର ... ନୋ-ଆଗମ ମତରେ ତଦ୍-ବ୍ୟତିରିକ୍ତ-ଦ୍ରବ୍ୟ ନିକ୍ଷେପ । ଯଥା - ବସ୍ତ୍ରର କର୍ତ୍ତା ଓ ବସ୍ତ୍ରନିର୍ମାଣ ସାମଗ୍ରୀକୁ ବସ୍ତ୍ର କହିବା ।

ଆଗମ-ଦ୍ରବ୍ୟ-ନିକ୍ଷେପରେ ଉପଯୋଗ ରୂପ ଆଗମ-ଜ୍ଞାନ ଥାଏ ନାହିଁ, ଲବ୍ଧି ରୂପ (ଶକ୍ତି-ରୂପ) ଥାଏ । ନୋ-ଆଗମ ଦ୍ରବ୍ୟଗୁଡ଼ିକର ଉପରୋକ୍ତ ଦୁଇପ୍ରକାର ଆଗମ-ଜ୍ଞାନ ଥାଏ ନାହିଁ, କେବଳ ଆଗମ ଜ୍ଞାନର କାରଣ ଭୂତ ଶରୀର ରହିଥାଏ । ନୋ-ଆଗମ-ତଦ୍‌ବ୍ୟତିରିକ୍ତରେ ଆଗମର ସର୍ବଥା ଅଭାବ ଥାଏ । ଏହା କ୍ରିୟା ଦୃଷ୍ଟିରୁ ଦ୍ରବ୍ୟ ଅଟେ । ତା'ର ତିନି ରୂପ ନିର୍ମିତ ହେଉଛି- ଲୌକିକ, କୁପ୍ରାବଚନିକ ଓ ଲୋକୋତ୍ତର ।

୧. ଲୋକମାନ୍ୟତାନୁସାର 'ଦୂବ' ହେଉଛି ମଙ୍ଗଳ ।

୨. କୁପ୍ରାବଚନିକ ମାନ୍ୟତାନୁସାରେ 'ବିନାୟକ' ମଙ୍ଗଳ ।

୩. ଲୋକୋତ୍ତର ମାନ୍ୟତାନୁସାର 'ଜ୍ଞାନ, ଦର୍ଶନ ଚାରିତ୍ର ରୂପଧର୍ମ' ହେଉଛି ମଙ୍ଗଳ । ଜ୍ଞାତା ଉପଯୁକ୍ତ (ଅଧ୍ୟାପକ ଶବ୍ଦର ଅର୍ଥରେ ଉପଯୁକ୍ତ) - ଆଗମ ସନ୍ଦର୍ଭରେ ଭାବ-ନିକ୍ଷେପ ।

ଜ୍ଞାତା କ୍ରିୟା-ପ୍ରବୃତ୍ତ (ଅଧ୍ୟାପନ-କ୍ରିୟାରେ ରତ) - ନୋ-ଆଗମ ସନ୍ଦର୍ଭରେ ଭାବ-ନିକ୍ଷେପ ।

ଏଠାରେ 'ନୋ' ଶବ୍ଦ ମିଶ୍ରବାଚୀ, କ୍ରିୟାର ଏକଦେଶୀୟ ଜ୍ଞାନ । ଏହା ମଧ୍ୟ ତିନି ରୂପରେ ବିଭକ୍ତ - ୧. ଲୌକିକ ୨. କୁପ୍ରାବଚନିକ ୩. ଲୋକୋତ୍ତର ।

ନୋ-ଆଗମ-ତଦ୍-ବ୍ୟତିରିକ୍ତ ଦ୍ରବ୍ୟର ଲୌକିକ ଆଦି ତିନି ଭେଦ ତଥା ନୋ-ଆଗର ଭାବର ତିନି ରୂପ ସୃଷ୍ଟି ହେଉଛି । ଏମାନଙ୍କ ମଧ୍ୟରେ ଅନ୍ତର ହେଲା ଦ୍ରବ୍ୟରେ 'ନୋ' ଶବ୍ଦ ସର୍ବଥା ଆଗମର ନିଷେଧ କରିଥାଏ ଅଥଚ ଭାବ କେବଳ ଏକ ଦେଶରେ ନିଷେଧ କରିଥାଏ ।[୬] ଦ୍ରବ୍ୟ-ତଦ୍ ବ୍ୟତିରିକ୍ତର କ୍ଷେତ୍ର କେବଳ କ୍ରିୟା ଅଥଚ ଏହାର କ୍ଷେତ୍ର

---

[୬] ଆଗମ ସବ୍‌ବନିସେହେ, ନୋ ସଦ୍‌ଦୋ ଅହବୋ ଦେସ ପଡ଼ିସେହୋ - 'ନୋ ଶବ୍ଦ'ର ଦୁଇଟି ଅର୍ଥ ହେଲା - ସର୍ବନିଷେଧ ଓ ଦେଶ ନିଷେଧ । ଏଠାରେ ନୋ ଶବ୍ଦ ଦୁଇ ପ୍ରକାର ନିଷେଧ ଅର୍ଥରେ ପ୍ରଯୁକ୍ତ ହୋଇଥାଏ ।

ଜ୍ଞାନ ଓ କ୍ରିୟା ଉଭୟ ହୋଇଥାଏ । ଅଧ୍ୟାପନ କରୁଥିବା ବ୍ୟକ୍ତି ହାତ ହଲାଇଥାଏ, ଗ୍ରନ୍ଥର ପୃଷ୍ଠ ଓଲଟାଇଥାଏ, ଏହି କ୍ରିୟାତ୍ମକ ଦେଶରେ ଜ୍ଞାନ ନ ଥାଏ ଏବଂ ଯାହା ପଢ଼ାଇଥାଏ, ତହିଁରେ ଜ୍ଞାନ ଥାଏ । ତେଣୁ ଭାବରେ 'ନୋ ଶବ୍ଦ' ଦେଶ-ନିଷେଧବାଚୀ ଗଣ୍ୟ ହୁଏ ।

ନିକ୍ଷେପର ସମସ୍ତ ପ୍ରକାରର (ନାମ, ସ୍ଥାପନା, ଦ୍ରବ୍ୟ, ଭାବ) ଯେ ସବୁ ପ୍ରକାର ଦ୍ରବ୍ୟ ମଧ୍ୟରେ ସଂଗତି ହୋଇଥିବ, ଏପରି କୌଣସି ନିୟମ ନାହିଁ । ତେଣୁ ଯା'ର ଉଚିତ ସଂଗତି ହେଉଥିବ, ତାହା କରାଯିବା ଉଚିତ୍ ।

ପଦାର୍ଥ ମାତ୍ରକେ ଚତୁଷ୍ପର୍ଯ୍ୟାୟାତ୍ମକ । କୌଣସି ବସ୍ତୁ କେବଳ ନାମମୟ, କେବଳ ଆକାରମୟ, କେବଳ ଦ୍ରବ୍ୟତା-ଶ୍ଲିଷ୍ଟ ବା କେବଳ ଭାବାତ୍ମକ ହୋଇ ନ ଥାଏ ।

ନିକ୍ଷେପ
- ନାମ
- ସ୍ଥାପନା
  - ତଦାକାର
  - ଅତଦାକାର
- ଦ୍ରବ୍ୟ
  - ଆଗମ
  - ନୋ-ଆଗମ
    - ଜ୍ଞ-ଶରୀର
    - ଭବ୍ୟ-ଶରୀର
    - ତଦ୍-ବ୍ୟତିରିକ୍ତ
      - ଲୌକିକ
      - କୁପ୍ରାବଚନିକ
      - ଲୋକୋତ୍ତର
- ଭାବ
  - ଲୌକିକ
  - କୁପ୍ରାବଚନିକ
  - ଲୋକୋତ୍ତର

ନୟ ଓ ନିକ୍ଷେପ

ନୟ ଓ ନିକ୍ଷେପ ମଧ୍ୟରେ ବିଷୟ-ବିଷୟୀ ସମ୍ବନ୍ଧ ରହିଥାଏ । ବାଚ୍ୟ ଓ ବାଚକର ସମ୍ବନ୍ଧ ତଥା ତା'ର କ୍ରିୟା ନୟ ଦ୍ୱାରା ଜାଣିହୁଏ । ନାମ ଆଦି ତିନି ନିକ୍ଷେପ ଦ୍ରବ୍ୟ-ନୟର ବିଷୟ, ଭାବ ପର୍ଯ୍ୟାୟ-ନୟର ବିଷୟ ଅଟେ । ଦ୍ରବ୍ୟାର୍ଥିକ ନୟର ବିଷୟ ଦ୍ରବ୍ୟ-ଅନ୍ୱୟ ଅଟେ । ନାମ, ସ୍ଥାପନା ଓ ଦ୍ରବ୍ୟର ସମ୍ବନ୍ଧ ତିନି କାଳ ସହିତ ରହିଥିବାରୁ ଏଗୁଡ଼ିକ ଦ୍ରବ୍ୟାର୍ଥିକର ବିଷୟ ହୋଇଥାନ୍ତି । ଭାବରେ ଅନ୍ୱୟ ହୁଏ ନାହିଁ । ତା'ର ସମ୍ବନ୍ଧ କେବଳ ବର୍ତ୍ତମାନ ପର୍ଯ୍ୟାୟ ସହିତ ରହିଥାଏ । ତେଣୁ ତାହା ପର୍ଯ୍ୟାୟାର୍ଥିକର ବିଷୟ ସାଜିଥାଏ ।

ନିକ୍ଷେପର ଆଧାର

ନିକ୍ଷେପର ଆଧାର ହେଲା ପ୍ରଧାନ-ଅପ୍ରଧାନ, କଳ୍ପିତ ଓ ଅକଳ୍ପିତ ଦୃଷ୍ଟିବିନ୍ଦୁ । ଭାବ ଯେହେତୁ ଅକଳ୍ପିତ ଦୃଷ୍ଟି, ତେଣୁ ତାହା ପ୍ରଧାନ । ଅବଶିଷ୍ଟ ତିନୋଟି ଅର୍ଥାତ୍ ନାମ, ସ୍ଥାପନା ଓ ଦ୍ରବ୍ୟ କଳ୍ପିତ ହୋଇଥିବାରୁ, ଏଗୁଡ଼ିକ ଅପ୍ରଧାନ ଅଟନ୍ତି ।

ନିକ୍ଷେପ ପଦ୍ଧତିର ଉପଯୋଗିତା

ନିକ୍ଷେପ ହେଉଛି ଭାଷା ଓ ଭାବର ସଂଗତି । ଏହାକୁ ହୃଦୟଙ୍ଗମ ନ କରିବା ପର୍ଯ୍ୟନ୍ତ ଭାଷାର ପ୍ରାସ୍ତାବିକ ଅର୍ଥକୁ ଜଣେ ବୁଝିପାରିବ ନାହିଁ । ଅର୍ଥ-ସୂଚକ ଶବ୍ଦ ପଛରେ ଅର୍ଥର ସ୍ଥିତିକୁ ସ୍ପଷ୍ଟ କରୁଥିବା ଯେଉଁ ବିଶେଷଣ ଲାଗିଥାଏ, ଏହା ହିଁ ତା'ର ବିଶେଷତା । ଏହାକୁ 'ସ୍ୱ-ବିଶେଷଣ ଭାଷା ପ୍ରୟୋଗ' ମଧ୍ୟ କୁହାଯାଇପାରିବ । ଅର୍ଥର ପରିପ୍ରେକ୍ଷୀରେ ଅନୁରୂପ ଶବ୍ଦ ରଚନା ବା ଶବ୍ଦ ପ୍ରୟୋଗର ଶିକ୍ଷା ହେଉଛି ବାକ୍ ସତ୍ୟର ମହାନ୍ ତତ୍ତ୍ୱ । ଅଧିକ ଅଭ୍ୟାସ ବେଳାରେ ବିଶେଷଣର ପ୍ରୟୋଗ ସମୟ ସମୟରେ କରାଯାଏ ନାହିଁ, କିନ୍ତୁ ତାହା ଅବଶ୍ୟ ଅନ୍ତର୍ନିହିତ ରହିଥାଏ ଯଦି ଏହି ଆପେକ୍ଷିକ ଦୃଷ୍ଟିକୁ ଧ୍ୟାନରେ ରଖା ନ ଯାଏ ତେବେ ପ୍ରତି ପଦକ୍ଷେପରେ ମିଥ୍ୟା ଭାଷାର ପ୍ରସଙ୍ଗ ଉପସ୍ଥିତ ହେବ । ଯେଉଁ ବ୍ୟକ୍ତି ଦିନେ ଅଧ୍ୟାପନା କରୁଥିଲେ, ସେ ଆଜି ମଧ୍ୟ ଜଣେ ଅଧ୍ୟାପକ ଏହା ଅସତ୍ୟ ହୋଇପାରେ ଓ ଭ୍ରମ

ମଧ୍ୟ ଉତ୍ପନ୍ନ କରିପାରେ । ତେଣୁ ନିକ୍ଷେପ ଦୃଷ୍ଟିର ଆବଶ୍ୟକତାର ଉପେକ୍ଷା କରାଯାଇ ନ ପାରେ । ଏହି ବିଧି ଯେତେ ଗମ୍ଭୀର, ସେତେ ବ୍ୟାବହାରିକ ମଧ୍ୟ ଅଟେ ।

ନାମ - ଏକ ଧନହୀନ ଲୋକର ନାମ 'ଇନ୍ଦ୍ର' ହୋଇପାରିବ ।

ସ୍ଥାପନା - ଗୋଟିଏ ପାଷାଣ ପ୍ରତିମାକୁ ବି ଲୋକେ 'ଇନ୍ଦ୍ର' କହିଥାନ୍ତି ।

ଦ୍ରବ୍ୟ - ଯାହା ଦିନେ ଘିଅ ପାତ୍ର ରୂପେ ବ୍ୟବହୃତ ହେଉଥିଲା, ଆଜି ବି ତାହାକୁ 'ଘିଅପାତ୍ର' କୁହାଯାଇଥାଏ । ଭବିଷ୍ୟତରେ ବ୍ୟବହୃତ ହେବାକୁ ଯାଉଥିବା ଘିଅପାତ୍ରକୁ ନିର୍ମାଣ ହେଲାପରେ ଅର୍ଥାତ୍ ଆକାର ଦେଖି ଘିଅପାତ୍ର କୁହାଯାଏ । ଜଣେ ବ୍ୟକ୍ତି ଆୟୁର୍ବେଦରେ ନିଷ୍ଣାତ, ଅଥଚ ବର୍ତ୍ତମାନ ବ୍ୟବସାୟ ବାଣିଜ୍ୟରେ ବ୍ୟସ୍ତ, ତଥାପି ଲୋକେ ତାଙ୍କୁ ଆୟର୍ବେଦ-ଆଚାର୍ଯ୍ୟ କହିଥାନ୍ତି । ଭୌତିକ ଐଶ୍ୱର୍ଯ୍ୟସଂପନ୍ନ ବ୍ୟକ୍ତି ଏହି ଲୋକରେ 'ଇନ୍ଦ୍ର' ବୋଲାଇବା ସ୍ୱାଭାବିକ । ଆତ୍ମ-ସଂପଦର ଅଧିକାରୀଙ୍କୁ ଲୋକୋତ୍ତର ଜଗତ୍‌ରେ ଇନ୍ଦ୍ର କୁହାଯାଏ । ଏହି ପ୍ରକାର ବ୍ୟବହାର ଭିନ୍ନତାର କାରଣ ହେଉଛି ନିକ୍ଷେପ-ପଦ୍ଧତି ।

॥ ୭ ॥

ଲକ୍ଷଣ

ଲକ୍ଷଣ

ସମଗ୍ରଂ ବସ୍ତୁନୋ ରୂପଂ, ପ୍ରମାଣେନ ପ୍ରମୀୟତେଃ ।

ଅସଂକୀର୍ଣ୍ଣଂ ସ୍ୱରୂପଂ ହି, ଲକ୍ଷଣେନାବଧାର୍ଯ୍ୟତେ ॥

ଅର୍ଥସିଦ୍ଧିର ଦୁଇଟି ସାଧନ ହେଉଛି – ଲକ୍ଷଣ ଓ ପ୍ରମାଣ ।[୧] ପ୍ରମାଣ ଦ୍ୱାରା ବସ୍ତୁର ସ୍ୱରୂପ ନିର୍ଦ୍ଧାରଣ ହୋଇଥାଏ । ଏହି ନିଶ୍ଚିତ ସ୍ୱରୂପଯୁକ୍ତ ବସ୍ତୁଗୁଡ଼ିକୁ ଶ୍ରେଣୀବଦ୍ଧ କରିଥାଏ ଲକ୍ଷଣ । ପ୍ରମାଣ ଆମର ଜ୍ଞାନଗତ ଧର୍ମ, ଲକ୍ଷଣ ହେଉଛି ବସ୍ତୁଗତ ଧର୍ମ । ଏହି ଜଗତ୍ ହେଉଛି ବହୁବିଧ ପଦାର୍ଥ ସଂକୁଳ । ଆମେ ଯେତେବେଳେ ତନ୍ମଧ୍ୟରୁ କୌଣସି ଗୋଟିଏର ଆବଶ୍ୟକତା କରିଥାଉଁ, ସେତେବେଳେ ଅନ୍ୟମାନଙ୍କଠାରୁ ତାହାକୁ ପୃଥକ୍ କରିବା ପାଇଁ ଯେଉଁ ବିଶେଷ ଧର୍ମର ପ୍ରତିପାଦନ କରାଯାଇଥାଏ, ତାହା ହେଲା 'ଲକ୍ଷଣ' ।[୨] ଲକ୍ଷଣରେ ଲକ୍ଷ୍ୟ-ବସ୍ତୁର ସ୍ୱଭାବଧର୍ମ, ଅବୟବ ଅଥବା ଅବସ୍ଥାର ଉଲ୍ଲେଖ ରହିଥିବା କଥା । ଏହାଦ୍ୱାରା ଆମେ ଉଚିତ ଲକ୍ଷ୍ୟକୁ କରାୟତ୍ତ କରିଥାଉଁ, ତେଣୁ ଏହାକୁ ବ୍ୟବଚ୍ଛେଦକ (ବ୍ୟାବର୍ତ୍ତକ)ଧର୍ମ କୁହାଯାଏ । ବ୍ୟବଚ୍ଛେଦକ ଧର୍ମ, ବସ୍ତୁର ସ୍ୱତନ୍ତ୍ର ସତ୍ତା (ଅସଂକୀର୍ଣ୍ଣ ଅବସ୍ଥା)ର ବିଶ୍ଳେଷଣ କରିଥାଏ । ଅନ୍ୟ ପଦାର୍ଥମାନଙ୍କରେ ରହି ନ ଥିବା କୌଣସି ଏକ ବିଶେଷଗୁଣ ସ୍ୱତନ୍ତ୍ର ପଦାର୍ଥ ମଧ୍ୟରେ ବିଦ୍ୟମାନ ଥାଏ ।

ସ୍ୱଭାବ-ଧର୍ମ ଲକ୍ଷଣ

ଚୈତନ୍ୟ ହେଉଛି ଜୀବର ସ୍ୱଭାବ-ଧର୍ମ । ଚୈତନ୍ୟ, ଜୀବର ସ୍ୱତନ୍ତ୍ର ସତ୍ତାର ସ୍ଥାପନା କରିଥାଏ । ତେଣୁ ଏହା ଜୀବର ଗୁଣ । ଜୀବକୁ ଅଜୀବଠାରୁ ପୃଥକ୍ କରିବାରେ ଚୈତନ୍ୟ ସହାୟତା କରିଥାଏ । ଏହି କାରଣରୁ ଏହା ଜୀବର ଲକ୍ଷଣ ସାଜେ ।

ଅବୟବ-ଲକ୍ଷଣ

ସାସ୍ନା (ଗଳକମ୍ବଳ) ହେଉଛି ଗାଈର ଏକ ଅବୟବ ବିଶେଷ । ଅନ୍ୟ ଜୀବମାନଙ୍କରେ ଏହା ନ ଥାଏ, ତେଣୁ ଏହା ଗାଈର ଏକ ବିଶେଷ ଲକ୍ଷଣ । ଯେଉଁ ଲୋକ ଗାଈକୁ ଜାଣିନାହିଁ, ତାହାକୁ ଏହି ସାସ୍ନା ଚିହ୍ନ ଦେଖାଇ ଓ ବୁଝାଇ ଗାଈ ସମ୍ବନ୍ଧରେ ଜ୍ଞାନ ଦିଆଯାଇଥାଏ ।

ଅବସ୍ଥା-ଲକ୍ଷଣ

ଦଶଜଣ ଲୋକ ଚାଲି ଯାଉଛନ୍ତି । ସେମାନଙ୍କ ମଧ୍ୟରୁ ଯେଉଁ ଜଣେ ଲୋକ ହାତରେ ବାଡ଼ିଟିଏ ଧରିଛି, ତାହକୁ

---

(୧) ଭିକ୍ଷୁନ୍ୟାୟ କର୍ଣ୍ଣିକା, ୧।୪ ।

(୨) ଭିକ୍ଷୁନ୍ୟାୟ କର୍ଣ୍ଣିକା, ୧।୫ ।

ଡାକିବାକୁ ହେଲେ କ'ଣ କରିବା ? ଏ ବାଡ଼ି ଧରିଥିବା ଭାଇ, ଟିକିଏ ଶୁଣ । ଫଳରେ ନିର୍ଦ୍ଦିଷ୍ଟ ଲୋକର ପାଦ ଥମିଯାଏ । ଏହାର କାରଣ, ତା'ର ଏକ ବିଶେଷ ଅବସ୍ଥା ଅଟେ ।

ଅବସ୍ଥା-ଲକ୍ଷଣ ସ୍ଥାୟୀ ନୁହେଁ । ସବୁବେଳେ ତା' ପାଖରେ ବାଡ଼ି ନ ଥାଏ । ତେଣୁ ତାହାକୁ କାଦାଚିତ୍କ ଲକ୍ଷଣ କୁହାଯାଏ । ଏହାର ଅନ୍ୟ ନାମ ଅନାତ୍ମଭୂତ ଲକ୍ଷଣ । କିଛି ସମୟ ପାଇଁ ହେଲେ ବି ସେ ବସ୍ତୁର ବ୍ୟବଚ୍ଛେଦ କରିଥାଏ, ତେଣୁ ଏହାକୁ ଲକ୍ଷଣ ମାନିବାରେ କାହାରିକୁ ଆପତ୍ତି ହେବା ଉଚିତ୍ ନୁହେଁ ।

ସ୍ୱଭାବ-ଧର୍ମ ଲକ୍ଷଣ ଓ ଅବୟବ ଲକ୍ଷଣ ସ୍ଥାୟୀ (ବସ୍ତୁଗତ) ଅଟେ । ଏଗୁଡ଼ିକୁ ଆତ୍ମଭୂତ କୁହାଯାଏ ।

ଲକ୍ଷଣର ଦୁଇ ରୂପ

ବିଷୟ ଗ୍ରହଣ ସନ୍ଦର୍ଭରେ ଲକ୍ଷଣର ଦୁଇଟି ରୂପ ନିର୍ମିତ ହେଉଛି - ପ୍ରତ୍ୟକ୍ଷ ଓ ପରୋକ୍ଷ । ତାପ ମାଧ୍ୟମରେ ଅଗ୍ନିର ପ୍ରତ୍ୟକ୍ଷ ଜ୍ଞାନ କରିହୁଏ, ତେଣୁ 'ତାପ' ହେଉଛି ଅଗ୍ନିର ପ୍ରତ୍ୟକ୍ଷ ଲକ୍ଷଣ । ଧୂମ ଦ୍ୱାରା ଅଗ୍ନିର ପରୋକ୍ଷ ଜ୍ଞାନ ହେଉଥିବାରୁ 'ଧୂମ' ହେଲା ଅଗ୍ନିର ପରୋକ୍ଷ ଲକ୍ଷଣ ।

ଲକ୍ଷଣର ତିନି ଦୋଷ-ଲକ୍ଷଣାଭାସ[୩]

କୌଣସି ବସ୍ତୁର ଲକ୍ଷଣ ନିର୍ଦ୍ଧାରଣ ସମୟରେ ଆମକୁ ତିନୋଟି ତଥ୍ୟ ପ୍ରତି ବିଶେଷ ଦୃଷ୍ଟି ରଖିବାକୁ ହେବ । ଯଥା, ଲକ୍ଷଣ-

୧. ଶ୍ରେଣୀର ସମସ୍ତ ପଦାର୍ଥ ମଧ୍ୟରେ ରହିଥିବା କଥା । ଗାଈ ଜାତି ମଧ୍ୟରେ ଯେପରି ଗଳକମ୍ବଳ ରହିଥାଏ ।

୨. ଶ୍ରେଣୀ ବହିର୍ଭୂତ ହେଉ ନ ଥିବ ।

୩. ଶ୍ରେଣୀ ସକାଶେ ଅସମ୍ଭବ ହୋଇ ନ ଥିବ ।

ଲକ୍ଷଣାଭାସର ଉଦାହରଣ

୧. 'ଅମୁକ ପଶୁ ଶିଙ୍ଗଯୁକ୍ତ ଅଟେ' - ଏଠାରେ ପଶୁର ଲକ୍ଷଣ ହେଲା ଶିଙ୍ଗ । ଏହି ଲକ୍ଷଣ ପଶୁଜାତିର ସମସ୍ତ ସଦସ୍ୟଙ୍କ ମଧ୍ୟରେ ଥାଏ ନାହିଁ । ଘୋଡ଼ା ଏପରି ଏକ ପଶୁ, କିନ୍ତୁ ତା'ର ଶିଙ୍ଗ ନ ଥାଏ । ତେଣୁ ଏହା ହେଉଛି 'ଅବ୍ୟାପ୍ତ ଦୋଷ' ।

୨. ବାୟୁ ଚଳାୟମାନ - ଏଠାରେ ବାୟୁର ଲକ୍ଷଣ ହେଲା ଗତି । ଏହା ବାୟୁ ମଧ୍ୟରେ ପୂର୍ଣ୍ଣ ରୂପରେ ପ୍ରାପ୍ତ ହୁଏ, କିନ୍ତୁ ବାୟୁ ଅତିରିକ୍ତ ଅନ୍ୟ ବସ୍ତୁଗୁଡ଼ଇକ ମଧ୍ୟର ବି ଚଳନଶୀଳତା ରହିଥାଏ । ଘୋଡ଼ା ବାୟୁ ନୁହେଁ କିନ୍ତୁ ସେ ଚଳନଶୀଳ । ତେଣୁ ଏହା ହେଉଛି 'ଅତିବ୍ୟାପ୍ତ ଦୋଷ' ।

୩. ପୁଦ୍‌ଗଳ (ଭୂତ) 'ଚୈତନ୍ୟବାନ୍ ଅଟେ - ଏହା ହେଲା ଜଡ଼ ପଦାର୍ଥର 'ଅସମ୍ଭବ ଲକ୍ଷଣ' । ଜଡ଼ ଓ ଚେତନ ମଧ୍ୟରେ ଅତ୍ୟନ୍ତାଭାବ ରହିଥାଏ । କୌଣସି ସ୍ଥିତିରେ ବା ସମୟରେ ବି ଜଡ଼ ଚେତନରେ ବା ଚେତନ, ଜଡ଼ରେ ରୂପାନ୍ତରିତ ହୋଇପାରିବ ନାହିଁ ।

ବର୍ଣ୍ଣନ ଓ ଲକ୍ଷଣ ମଧ୍ୟରେ ଭେଦ

ବସ୍ତୁ ମଧ୍ୟରେ ଦୁଇ ପ୍ରକାର ଧର୍ମ ରହିଥାଏ - ସ୍ୱଭାବ ଧର୍ମ ଓ ସ୍ୱଭାବସିଦ୍ଧ ଧର୍ମ । ପ୍ରାଣୀ ଜ୍ଞାନଯୁକ୍ତ ହୋଇଥାଏ - ଏଠାରେ ପ୍ରାଣୀ ନାମକ ବସ୍ତୁର ସ୍ୱଭାବଧର୍ମ ହେଲା ଜ୍ଞାନ । ପ୍ରାଣୀ ଖାଇଥାଏ, ପାଣି ପିଇଥାଏ, ଚାଲିପାରେ - ଏଗୁଡ଼ିକ ତା'ର ସ୍ୱଭାବସିଦ୍ଧ-ଧର୍ମ । 'ଜ୍ଞାନ' ଜୀବକୁ ଅଜୀବଠାରୁ ପୃଥକ୍ କରିଥାଏ, ତେଣୁ ତାହା ପ୍ରାଣୀର ଲକ୍ଷଣ । ଖାଇବା, ପିଇବା, ଚାଲିବା ଆଦି ପ୍ରାଣୀକୁ ଅପ୍ରାଣୀଠାରୁ ପୃଥକ୍ କରି ନ ଥାଏ । ଗୋଟିଏ ଯନ୍ତ୍ର ବା ଇଞ୍ଜିନ ମଧ୍ୟ ଖାଇଥାଏ, ପିଇଥାଏ, ଚାଲିଥାଏ, ତେଣୁ ଏଗୁଡ଼ିକୁ ପ୍ରାଣୀର ଲକ୍ଷଣ ନୁହେଁ । କେବଳ ତା'ର ବର୍ଣ୍ଣନ କରିଥାନ୍ତି ।

---

[୩] ଭିକ୍ଷୁନ୍ୟାୟକର୍ଣ୍ଣିକା, ୧।୬ ।

॥ ୮ ॥

କାର୍ଯ୍ୟକାରଣବାଦ

କାର୍ଯ୍ୟକାରଣବାଦ

ଅସତ୍‌ର ପ୍ରାଦୁର୍ଭାବ ମଧ୍ୟ ଅର୍ଥ ସିଦ୍ଧିର ଏକ ରୂପ । ନ୍ୟାୟଶାସ୍ତ୍ର ଅସତ୍‌ର ପ୍ରାଦୁର୍ଭାବର ପ୍ରକ୍ରିୟା ସଂବନ୍ଧରେ ନିରବ କିନ୍ତୁ ଅସତ୍‌ରୁ ସତ୍ ହୋଇପାରିବ କି ହୋଇପାରିବ ନାହିଁ - ଏହାର ମୀମାଂସା ସ୍ପଷ୍ଟ ଭାବରେ କରିଥାଏ । ଏହାର ନାମ ହେଉଛି କାର୍ଯ୍ୟକାରଣବାଦ ।

ବସ୍ତୁର ଯେପରି ସ୍ଥୁଳ ରୂପଟିଏ ଥାଏ, ସେହିପରି ତା'ର ସୂକ୍ଷ୍ମରୂପ ମଧ୍ୟ ରହିଛି । ସ୍ଥୁଳରୂପ ବୁଝିବା ସକାଶେ ଆମେ ସ୍ଥୁଳ ସତ୍ୟ ବା ବ୍ୟବହାର ଦୃଷ୍ଟିର ଆବଶ୍ୟକତା କରିଥାଉଁ । ମିଶ୍ରିଖଣ୍ଡକୁ ଆମେ ଧଳାରଙ୍ଗର ବୋଲି କହିବା ସହିତ ଏହା ଚିନିରୁ ଜାତ ବୋଲି ମଧ୍ୟ କହିଥାଉଁ । ଏବେ ନିଶ୍ଚୟର କଥା ଦେଖାଯାଉ । ନିଶ୍ଚୟ-ଦୃଷ୍ଟି ଅନୁସାରେ ମିଶ୍ରି ମଧ୍ୟରେ ସମସ୍ତ ରଙ୍ଗ ରହିଛି । ଅଧିକ ବିଶ୍ଳେଷଣ କରିବା ପରେ ଆମେ ଏହା ମଧ୍ୟ ଜାଣି ପାରିଥାଉଁ ଯେ ଏହା ପରମାଣୁ ଦ୍ୱାରା ନିର୍ମିତ । ଏହି ଦୁଇ ଦୃଷ୍ଟି ମିଶି ସତ୍ୟକୁ ପୂର୍ଣ୍ଣ କରିଥାନ୍ତି । ଜୈନ ଦର୍ଶନ ଭାଷାରେ ଏଗୁଡ଼ିକ 'ନିଶ୍ଚୟନୟ ଓ ବ୍ୟବହାର ନୟ' ବୋଲାଇଥାନ୍ତି ।[(୧)] ବୌଦ୍ଧ ଦର୍ଶନରେ ଏମାନଙ୍କୁ ଲୋକ-ସଂବୃତି-ସତ୍ୟ ଓ ପରମାର୍ଥ-ସତ୍ୟ କୁହାଯାଇଛି ।[(୨)] ଶଙ୍କରାଚାର୍ଯ୍ୟ ବ୍ରହ୍ମକୁ ପରମାର୍ଥ ସତ୍ୟ ଓ ପ୍ରପଞ୍ଚକୁ ବ୍ୟବହାର ସତ୍ୟ ମାନ୍ୟ କରିଛନ୍ତି ।[(୩)] ପ୍ରୋ. ଆଇନଷ୍ଟାଇନଙ୍କ ଅନୁସାରେ ସତ୍ୟକୁ ଦ୍ୱିରୂପରେ ବିଭକ୍ତ ନ କରିବା ପର୍ଯ୍ୟନ୍ତ ଆମେ ତାହାକୁ ସ୍ପର୍ଶ କରିପାରିବା ନାହିଁ ।[(୪)]

---

(୧) ଭିକ୍ଷୁ ନ୍ୟାୟ କର୍ଣ୍ଣିକା, ୫।୭ ।

(୨) (କ) ମାଧ୍ୟମିକ କାରିକା, ୨୪।୮:
ଦ୍ୱେ ସତ୍ୟେ ସମୁପାଶ୍ରିତ୍ୟ, ବୁଦ୍ଧାନାଂ ଧର୍ମଦେଶନା ।
ଲୋକସଂବୃତି ସତ୍ୟଂ, ସତ୍ୟଂ ଚ ପରମାର୍ଥତଃ ॥
(ଖ) ମାଧ୍ୟମିକକାରିକା, ୬।୨୩, ୨୪ :
ସମ୍ୟଗ୍‌ମୃଷା ଦର୍ଶନ ଲବ୍‌ଧଭାବଂ,
ରୂପଦ୍ୱୟଂ ବିଭ୍ରତି ସର୍ବଭାବାଃ ।
ସମ୍ୟଗ୍‌ଦୃଶୋ ଯୋ ବିଷୟଃ ସତତ୍ତ୍ୱଂ,
ମୃଷାଦୃଶାଂ ସଂବୃତି ସତ୍ୟମୁକ୍ତମ୍ ॥
ମୃଷାଦୃଶୋଽପି ଦ୍ୱିବିଧାସ୍ତ ଇଷ୍ଟା,
ଦୀପ୍ତେନ୍ଦ୍ରିୟା ଇନ୍ଦ୍ରିୟ ଦୋଷବନ୍ତଃ ॥
ଦୁଷ୍ଟେନ୍ଦ୍ରିୟାଣାଂ କିଲ ବୋଧ ଇଷ୍ଟଃ,
ସୁସ୍ଥେନ୍ଦ୍ରିୟଜ୍ଞାନମପେକ୍ଷ୍ୟ ମିଥ୍ୟା ॥

(୩) ଛାନ୍ଦୋଗ୍ୟ ଉପନିଷଦ୍, ୬।୮।୭,
ଶଙ୍କରାଭାଷ୍ୟ, ପୃ.୬୬୧ ।

(୪) Mysterious Universe, Page 138 :
We can only know the relative truth but absolute truth is known only to the universal observer.

ନିଶ୍ଚୟ-ଦୃଷ୍ଟି ଅଭେଦ-ପ୍ରଧାନ ହୋଇଥାଏ, ଅଥଚ ବ୍ୟବହାର ଦୃଷ୍ଟି ଭେଦ-ପ୍ରଧାନ । ନିଶ୍ଚୟ-ଦୃଷ୍ଟି ଅନୁସାରେ ଜୀବ ହିଁ ଶିବ ଏବଂ ଶିବ ହେଉଛନ୍ତି ଜୀବ । ଜୀବ ଓ ଶିବ ମଧ୍ୟରେ କୌଣସି ଭେଦ ନାହିଁ । ବ୍ୟବହାର-ଦୃଷ୍ଟି, କର୍ମ-ବଦ୍ଧ ଆତ୍ମାକୁ ଜୀବ କହିଥାଏ ଓ କର୍ମମୁକ୍ତ ଆତ୍ମାକୁ ଶିବ ।[୫]

କାରଣ-କାର୍ଯ୍ୟ

ପ୍ରତ୍ୟେକ ପଦାର୍ଥ ମଧ୍ୟରେ କ୍ଷଣେ କ୍ଷଣେ ପରିଣମନ ଘଟିଥାଏ । ପରିଣମନ ଦ୍ୱାରା ପୌର୍ବାପର୍ଯ୍ୟ ସ୍ଥିତିର ରଚନା ହୁଏ । ପ୍ରଥମଟି କାରଣ ଏବଂ ଦ୍ୱିତୀୟଟି ହେଉଛି କାର୍ଯ୍ୟ । ଏହି କାରଣ-କାର୍ଯ୍ୟ-ଭାବ ଏକ ପଦାର୍ଥର ଦ୍ୱିରୂପତାକୁ ସୂଚାଇଥାଏ ।[୬] ବାହ୍ୟ ନିମିତ୍ତ ମଧ୍ୟ ପରିଣମନର କାରଣ ହୋଇପାରିବ କିନ୍ତୁ ସେମାନଙ୍କ କାର୍ଯ୍ୟ ସହିତ ପୂର୍ବାପର ସଂବନ୍ଧ ନ ଥାଏ, କେବଳ କାର୍ଯ୍ୟ ନିଷ୍ପତ୍ତି କାଳରେ ହିଁ ସେମାନେ ଲୋଡ଼ାଯାନ୍ତି ।

ପରିଣମନର ଦୁଇଟି ଅବସ୍ଥା - ଉତ୍ପାଦ ଓ ନାଶ । କାର୍ଯ୍ୟ ଉତ୍ପାଦ ହୁଏ ଏବଂ କାରଣର ନାଶ । କାରଣ ହିଁ ଆପଣା ରୂପ ତ୍ୟାଗକରି କାର୍ଯ୍ୟକୁ ରୂପ ପ୍ରଦାନ କରିଥାଏ, ତେଣୁ କାରଣ ଅନୁରୂପ କାର୍ଯ୍ୟର ଉତ୍ପତ୍ତିର ନିୟମ ପ୍ରଚଳିତ । ସତ୍‌ରୁ ସତ୍ ଉତ୍ପନ୍ନ ହୁଏ । ସତ୍‌ରୁ ଅସତ୍ କିମ୍ବା ଅସତ୍‌ରୁ ସତ୍ ଜାତ ହୋଇପାରିବ ନାହିଁ । ନିର୍ଦ୍ଦିଷ୍ଟ କାର୍ଯ୍ୟ ନିର୍ଦ୍ଦିଷ୍ଟ କାରଣରୁ ହିଁ ଉତ୍ପନ୍ନ ହୋଇଥାଏ, ଅନ୍ୟ କୌଣସି କାରଣରୁ ନୁହେଁ । ସେହିପରି କାରଣ ବି କେବଳ ତଦନୁରୂପ କାର୍ଯ୍ୟ ଉତ୍ପାଦନ କରିଥାଏ, ଅନ୍ୟ କାହାକୁ ନୁହେଁ । ଗୋଟିଏ କାରଣରୁ ଗୋଟିଏ ମାତ୍ର କାର୍ଯ୍ୟ ହିଁ ଉତ୍ପନ୍ନ ହେବ । କାରଣ ଓ କାର୍ଯ୍ୟର ଘନିଷ୍ଠ ସଂବନ୍ଧ ରହିଥିବାରୁ କାର୍ଯ୍ୟରୁ କାରଣର ତଥା କାରଣରୁ କାର୍ଯ୍ୟର ଅନୁମାନ କରିବା ସହଜସାଧ୍ୟ ହୋଇଥାଏ ।

ଗୋଟିଏ କାର୍ଯ୍ୟର ଅନେକ କାରଣ ଓ ଗୋଟିଏ କାରଣରୁ ଅନେକ କାର୍ଯ୍ୟ ଯଦି ସଂଭବ ହେଉଥାନ୍ତା ଅର୍ଥାତ୍ ବହୁକାରଣବାଦ ବା ବହୁକାର୍ଯ୍ୟବାଦକୁ ସ୍ୱୀକାର କରାଯିବ, ତେବେ କାରଣରୁ କାର୍ଯ୍ୟ ଓ କାର୍ଯ୍ୟରୁ କାରଣର ଅନୁମାନ କରାଯାଇପାରିବ ନାହିଁ ।

ବିବିଧ ବିଚାର

କାର୍ଯ୍ୟକାରଣବାଦ ପ୍ରସଙ୍ଗରେ ଭାରତୀୟ ଦର୍ଶନର ଅନେକ ଧାରା ରହିଛି-

୧. ନ୍ୟାୟ-ବୈଶେଷିକ ମତରେ କାରଣ ସତ୍ ଓ କାର୍ଯ୍ୟ ଅସତ୍, ତେଣୁ ସେମାନଙ୍କ କାର୍ଯ୍ୟ-କାରଣବାଦକୁ 'ଆରମ୍ଭବାଦ ବା ଅସତ୍-କାର୍ଯ୍ୟବାଦ' କହନ୍ତି ।

୨. ସାଂଖ୍ୟ ମତରେ କାର୍ଯ୍ୟ ଓ କାରଣ ଉଭୟ ହେଉଛି ସତ୍, ତେଣୁ ସେମାନଙ୍କ ବିଚାରଧାରାକୁ 'ପରିଣାମବାଦ ବା ସତ୍‌କାର୍ଯ୍ୟବାଦ' କୁହାଯାଏ ।

୩. ବେଦାନ୍ତୀ କାରଣକୁ ସତ୍ ଓ କାର୍ଯ୍ୟକୁ ଅସତ୍ ମାନିଥାନ୍ତି, ତେଣୁ ସେମାନଙ୍କ ବିଚାରକୁ 'ବିବର୍ତ୍ତବାଦ ବା ସତ୍-କାରଣବାଦ' କୁହାଯାଏ ।

୪. ବୌଦ୍ଧମାନେ ଅସତ୍‌ରୁ ସତ୍‌ର ଉତ୍ପତ୍ତିକୁ ମାନ୍ୟ କରନ୍ତି । ଏହାକୁ 'ପ୍ରତୀତ୍ୟ-ସମୁତ୍ପାତ' କହନ୍ତି ।

ବୌଦ୍ଧମାନେ ଅସତ୍ କାରଣରୁ ସତ୍‌କାର୍ଯ୍ୟକୁ ସ୍ୱୀକାର କରନ୍ତି, ସେହି ସ୍ଥିତିରେ ବେଦାନ୍ତୀ ସତ୍ କାରଣରୁ ଅସତ୍ କାର୍ଯ୍ୟକୁ ମାନ୍ୟ କରନ୍ତି । ସେମାନଙ୍କ ମତାନୁସାରେ ବାସ୍ତବରେ କାରଣ ଓ କାର୍ଯ୍ୟ ଏକ - ରୂପ ହୋଇଥିଲେ, ଉଭୟ ସତ୍ ହିଁ ହୋଇଥାନ୍ତି ।[୭] କାର୍ଯ୍ୟ ଓ କାରଣକୁ ପୃଥକ୍ ମଣିଲେ, କାରଣ ସତ୍ ଓ ଆଭାସିତ କାର୍ଯ୍ୟ ଅସତ୍ ହୋଇଯାଏ । ଏହାରି ନାମ 'ବିବର୍ତ୍ତବାଦ' ।

---

(୫) ଜୀବଃ ଶିବଃ ଶିବୋ ଜୀବୋ, ନାନ୍ତରଂ ଶିବଜୀବୟୋଃ ।
କର୍ମବଦ୍ଧେ ଭବେଜ୍‌ଜୀବଃ, କର୍ମ-ମୁକ୍ତଃ ସଦା ଶିବଃ ॥

(୬) ବ୍ୟକ୍ତାଂବ୍ୟକ୍ତାତ୍ମରୂପଂ ଯତ୍, ପୂର୍ବାପୂର୍ବେଣ ବର୍ତତେ ।
କାଳତ୍ରୟେପି ତଦ୍ ଦ୍ରବ୍ୟମୁପାଦାନମିତି ସ୍ମୃତମ୍ ॥

(୭) ଶାଙ୍କରଭାଷ୍ୟ, ୨।୧।୧୮ : ସତୋର୍ହି ଦ୍ୱୟୋଃ ସମ୍ବନ୍ଧ ସ୍ୟାନ୍ନସଦସତୋରସତୋବା ।

୧. କାର୍ଯ୍ୟ ଓ କାରଣ ସର୍ବଥା ଭିନ୍ନ ନୁହନ୍ତି । କାରଣ ହେଉଛି କାର୍ଯ୍ୟର ହିଁ ପୂର୍ବରୂପ ଏବଂ କାର୍ଯ୍ୟ ହେଲା କାରଣର ଉତ୍ତରରୂପ । ଅସତ୍ କାର୍ଯ୍ୟବାଦ ଅନୁସାରେ କାର୍ଯ୍ୟ-କାରଣ ଏକ ହିଁ ସତ୍ୟର ଦୁଇଟି ପାର୍ଶ୍ୱ ନ ହୋଇ ଉଭୟ ସ୍ୱତନ୍ତ୍ର ହୋଇପଡ଼ନ୍ତି । ତେଣୁ ଏହା ଯୁକ୍ତିସଂଗତ ନୁହେଁ ।

୨. ସତ୍‌କାର୍ଯ୍ୟବାଦ ମଧ୍ୟ ଏକାଙ୍ଗୀ ଅଟେ । କାର୍ଯ୍ୟ ଓ କାରଣରେ ଅଭେଦ ଥିବା ସତ୍ତ୍ୱେ ସେମାନେ ସବୁମନ୍ତେ ଏକ ନୁହନ୍ତି । ପୂର୍ବ ଓ ଉତ୍ତର ସ୍ଥିତିରେ ପୂର୍ଣ୍ଣ ସାମଞ୍ଜସ୍ୟ ସ୍ଥାପନ ହୋଇପାରେ ନାହିଁ ।

୩. ବିବର୍ତ୍ତ, ପରିଣାମରୁ ଭିନ୍ନ କଳ୍ପନା ଉପସ୍ଥିତ କରିଥାଏ । ସାଂପ୍ରତିକ ଅବସ୍ଥା ତ୍ୟାଗପୂର୍ବକ ରୂପାନ୍ତରିତ ଅବସ୍ଥା ହେଲା ପରିଣାମ । ଦୁଗ୍ଧ, ଦହି ରୂପରେ ପରିଣତ ହେବାକୁ ପରିଣାମ କୁହାଯାଏ । ବିବର୍ତ୍ତ ନିଜ ରୂପ ତ୍ୟାଗ ନ କରି ମିଥ୍ୟା ପ୍ରତୀତିର କାରଣ ସାଜିଥାଏ । ଦଉଡ଼ିଟିଏ ଆପଣ ରୂପ ନ ଛାଡ଼ି ବି ମିଥ୍ୟା ପ୍ରତୀତିର କାରଣ ହୋଇପାରିଥାଏ ।[୮] ତତ୍ତ୍ୱ ଚିନ୍ତନରେ ବିବର୍ତ୍ତ ଗମ୍ଭୀର ମୂଲ୍ୟ ପ୍ରସ୍ତୁତ କରିପାରେ ନାହିଁ । ରଜ୍ଜୁ ମଧ୍ୟରେ ସର୍ପର ପ୍ରତିଭାସର କାରଣ ଦଉଡ଼ି ନୁହେଁ ବରଂ ଦ୍ରଷ୍ଟାଙ୍କ ଦୋଷପୂର୍ଣ୍ଣ ସାମଗ୍ରୀ ଅଟେ । ଏକକାଳରେ ଜଣେ ବ୍ୟକ୍ତିକୁ ଦୋଷପୂର୍ଣ୍ଣ ସାମଗ୍ରୀ କାରଣରୁ ମିଥ୍ୟା ପ୍ରତୀତି ହୋଇପାରିବ କିନ୍ତୁ ସର୍ବଦା ସବୁ ଲୋକଙ୍କୁ ମିଥ୍ୟା ପ୍ରତୀତି ହୁଏ ନାହିଁ ।

୪. ଅସତ୍ କାରଣରୁ କାର୍ଯ୍ୟ ଉତ୍ପନ୍ନ ହେଲେ ତାହା କାର୍ଯ୍ୟ- କାରଣର ବ୍ୟବସ୍ଥା ହୋଇପାରେ ନାହିଁ । କାର୍ଯ୍ୟ କୌଣସି ଶୂନ୍ୟରୁ ଜାତ ହୋଇ ନ ଥାଏ । ସର୍ବଥା ଅଭୁତପୂର୍ବ ଏବଂ ସର୍ବଥା ନୂତନ ବି କିଛି ଉତ୍ପନ୍ନ ହୁଏ ନାହିଁ । ସବୁମନ୍ତେ କାରଣ ନଷ୍ଟ ହେବା ଅବସ୍ଥାରେ କାର୍ଯ୍ୟର କୌଣସି ରୂପ ନିର୍ମିତ ହୋଇପାରେ ନାହିଁ ।

ନ୍ୟାୟ-ବୈଶେଷିକ, କାର୍ଯ୍ୟ-କାରଣର ଏକାନ୍ତ ଭେଦକୁ ସ୍ୱୀକାର କରିଥାନ୍ତି । ସାଂଖ୍ୟ, ଦ୍ୱୈତ ପରକ ଅଭେଦ[୯], ବେଦାନ୍ତ, ଅଦ୍ୱୈତପରକ ଅଭେଦ[୧୦], ବୌଦ୍ଧ, କାର୍ଯ୍ୟ-କାରଣର ଭିନ୍ନ କାଳ ସ୍ୱୀକାର କରିଥାନ୍ତି ।[୧୧]

ଜୈନଦୃଷ୍ଟି ଅନୁସାରେ କାର୍ଯ୍ୟ, କାରଣ ରୂପରେ ସତ୍ ଓ କାର୍ଯ୍ୟ ରୂପରେ ଅସତ୍ ହୋଇଥାଏ । ଏହାକୁ ସତ୍-ଅସତ୍ କାର୍ଯ୍ୟବାଦ ବା ପରିଣାମି-ନିତ୍ୟତ୍ୱବାଦ କୁହାଯାଏ । ନିଶ୍ଚୟ ଦୃଷ୍ଟି ଅନୁସାରେ କାର୍ଯ୍ୟ ଓ କାରଣ ଏକ ଓ ଅଭିନ୍ନ । କାଳ ଓ ଅବସ୍ଥା ଭେଦରେ ପୂର୍ବ ଓ ଉତ୍ତରବର୍ତ୍ତୀ ରୂପରେ ପରିବର୍ତ୍ତିତ ଗୋଟିଏ ବସ୍ତୁକୁ ନିଶ୍ଚୟଦୃଷ୍ଟିରେ ଭିନ୍ନ ସ୍ୱୀକାର କରାଯାଇନାହିଁ । ବ୍ୟବହାର-ଦୃଷ୍ଟିରେ କାର୍ଯ୍ୟ ଓ କାରଣ ଭିନ୍ନ-ଭିନ୍ନ ଅଟନ୍ତି । ଦ୍ରବ୍ୟଦୃଷ୍ଟିରେ ଜୈନମାନେ ସତ୍‌କାର୍ଯ୍ୟବାଦୀ ଓ ପର୍ଯ୍ୟାୟ ଦୃଷ୍ଟିରେ ଅସତ୍ କାର୍ଯ୍ୟବାଦୀ । ଦ୍ରବ୍ୟ ଦୃଷ୍ଟି ସନ୍ଦର୍ଭରେ "ଭାବର ନାଶ ଓ ଅଭାବର ଉତ୍ପାଦ ହୁଏ ନାହିଁ ।"[୧୨] ପର୍ଯ୍ୟାୟ ଦୃଷ୍ଟ ଅନୁସାରେ ସତ୍‌ର ବିନାଶ ଓ ଅସତ୍‌ର ଉତ୍ପାଦ ହୋଇଯାଏ ।[୧୩]

କାରଣ-କାର୍ଯ୍ୟ ଜାଣିବା ପଦ୍ଧତି

କାରଣ-କାର୍ଯ୍ୟର ସମ୍ବନ୍ଧକୁ ଜାଣିବାର ପଦ୍ଧତିକୁ ଅନ୍ୱୟ-ବ୍ୟତିରେକ ପଦ୍ଧତି କୁହାଯାଏ । ଯେଉଁଥିର ଉପସ୍ଥିତିରେ ହିଁ ଯାହା ଘଟିଥାଏ ତାହା ହେଉଛି ଅନ୍ୱୟ ଏବଂ ଯାହାର ଅଭାବରେ ଯାହା ଘଟିପାରେ ନାହିଁ ତାହା ହେଉଛି ବ୍ୟତିରେକ । ଏହି ଦୁହିଙ୍କର ମିଳନ ସ୍ଥଳରେ କାର୍ଯ୍ୟ-କାରଣ-ଭାବ ଜଣାପଡ଼ିଥାଏ ।

---

(୮) ବେଦାନ୍ତସାର :
ସତତ୍ତ୍ୱତୋଽନ୍ୟଥା ପ୍ରଥା ବିକାର ଇତ୍ୟୁଦୀରିତଃ ।
ଅତତ୍ତ୍ୱତୋଽନ୍ୟଥା ପ୍ରଥା ବିବର୍ତ୍ତ ଇତ୍ୟୁଦୀରିତଃ ।

(୯) ସାଂଖ୍ୟକୌମୁଦି, ୯: କାର୍ଯ୍ୟସ୍ୟ କାରଣାତ୍ମକତ୍ୱାତ୍ ।
ନହି କାରଣାଦ୍ ଭିନ୍ନଂ କାର୍ଯ୍ୟମ୍ ।

(୧୦) ବ୍ରହ୍ମସୂତ୍ର, ୨।୨।୧୭ (ଶାଙ୍କରଭାଷ୍ୟ) : ନହି କାର୍ଯ୍ୟକାରଣୟୋର୍ଭେଦଃ
ଆଶ୍ରିତାଶ୍ରୟଭାବୋ ବା ବେଦାନ୍ତିଭିରଭ୍ୟୁପଗମ୍ୟତେ ।
କାରଣସ୍ୟୈବ ସଂସ୍ଥାନମାତ୍ରଂ କାର୍ଯ୍ୟମିତ୍ୟଭ୍ୟୁପଗମାତ୍ ।

(୧୧) ପ୍ରମାଣ ବାର୍ତିକ, ୨-୧୪୯ ।

(୧୨) ପଞ୍ଚାସ୍ତିକାୟ, ୧୫ : ଭାବସ୍ସ ଣତ୍ଥିଣାସୋ, ଣତ୍ଥି ଅଭାବସ୍ସ ଉପ୍ପାଦୋ ।

(୧୩) ପଞ୍ଚାସ୍ତିକାୟ, ୬୦: ଏବଂ ସଦୋ ବିଣାସୋ, ଅସଦୋ ଜୀବସ୍ସ ହୋଇ ଉପ୍ପାଦୋ ।

ପରିଣମନର ହେତୁ

କାଳ ଓ ସ୍ୱଭାବଜନ୍ୟ ପରିବର୍ତ୍ତନ ସ୍ୱାଭାବିକ ବା ଅହେତୁକ ବୋଲାଇଥାଏ । 'ପ୍ରତ୍ୟେକ କାର୍ଯ୍ୟ କାରଣ ପ୍ରତି କୃତଜ୍ଞ ହୋଇଥାଏ' - ଏହି ତର୍କ ନିୟମ ସାମାନ୍ୟତଃ ସତ୍ୟ ଅଟେ କିନ୍ତୁ ସ୍ୱଭାବ ହେଉଛି ଏହାର ଅପବାଦ । ତେଣୁ ଉତ୍ପାଦର ଦୁଇଟି ରୂପ ପ୍ରକଟ ହେବ-

୧. ସ୍ୱ-ପ୍ରତ୍ୟୟ-ନିଷ୍ପନ୍ନ, ବୈସ୍ରସିକ ବା ସ୍ୱାପେକ୍ଷ ପରିବର୍ତ୍ତନ ।

୨. ପର-ପ୍ରତ୍ୟୟ-ନିଷ୍ପନ୍ନ, ପ୍ରାୟୋଗିକ ବା ପରାପେକ୍ଷ ପରିବର୍ତ୍ତନ ।

ଗୌତମ - 'ଭଗବନ୍ ! ଅସ୍ତିତ୍ୱ କ'ଣ ଅସ୍ତିତ୍ୱ ରୂପରେ ପରିଣତ ହୋଇଥାଏ ? ନାସ୍ତିତ୍ୱ, ନାସ୍ତିତ୍ୱ-ରୂପରେ ପରିଣତ ହୋଇଥାଏ କି ?'

ଭଗବାନ୍ - 'ହଁ ଗୌତମ ! ଏପରି ହୋଇଥାଏ ।'

ଗୌତମ- 'ଭଗବନ୍ ! ଅସ୍ତିତ୍ୱ କ'ଣ ସ୍ୱଭାବରେ ଅସ୍ତିତ୍ୱର ରୂପରେ ପରିଣତ ହୋଇଥାଏ ? ଅଥବା ପ୍ରୟୋଗ (ଜୀବନ-ବ୍ୟାପାର)ରେ ଅସ୍ତିତ୍ୱ, ଅସ୍ତିତ୍ୱ ରୂପରେ ପରିଣତ ହୋଇଥାଏ ? ସେହିପରି ନାସ୍ତିତ୍ୱ ମଧ୍ୟ ସ୍ୱଭାବରେ ନାସ୍ତିତ୍ୱ ରୂପରେ ପରିଣତ ହୋଇଥାଏ ନା ପ୍ରୟୋଗ (ଜୀବନ ବ୍ୟାପାର)ରେ ନାସ୍ତିତ୍ୱ ରୂପରେ ପରିଣତ ହୋଇଥାଏ ?'

ଭଗବାନ୍ - 'ଗୌତମ ! ସ୍ୱଭାବରେ ଅସ୍ତିତ୍ୱ, ଅସ୍ତିତ୍ୱ ରୂପରେ ଏବଂ ନାସ୍ତିତ୍ୱ, ନାସ୍ତିତ୍ୱ ରୂପରେ ପରିଣତ ହୋଇଥାଏ ।[୧୪]

ବୈଭାବିକ ପରିବର୍ତ୍ତନ ପ୍ରାୟ ପରନିର୍ମିତ ହିଁ ଘଟିଥାଏ । ମୃଦ୍-ଦ୍ରବ୍ୟର ପିଣ୍ଡ ରୂପ ଅସ୍ତିତ୍ୱ, କୁମ୍ଭାର ଦ୍ୱାରା ଘଟରୂପ ଅସ୍ତିତ୍ୱରେ ପରିଣତ ହୁଏ । ମାଟିର ନାସ୍ତିତ୍ୱ ତନ୍ତୁ ସମୁଦାୟ, ଜଣେ ତନ୍ତୀ ଦ୍ୱାରା ମାଟିର ନାସ୍ତିତ୍ୱ ବସ୍ତ୍ର ରୂପରେ ପରିଣତ ହୋଇଥାଏ । ଏହି ଦୁଇଟିଯାକ ପରିବର୍ତ୍ତନ ହେଉଛି ପ୍ରୟୋଗିକ । ମେଘର ପୂର୍ବରୂପ ପଦାର୍ଥ ସ୍ୱୟଂ ମେଘ ରୂପରେ ପରିବର୍ତ୍ତିତ ହେବା - ସ୍ୱାଭାବିକ ବା ଅକର୍ତ୍ତୃକ ପରିବର୍ତ୍ତନ ଅଟେ ।

ପର-ପ୍ରତ୍ୟୟରେ ହେଉଥିବା ପରିବର୍ତ୍ତନ କ୍ଷେତ୍ରରେ କର୍ତ୍ତା ବା ପ୍ରଯୋକ୍ତାର ଅପେକ୍ଷା ରହିଥାଏ, ତେଣୁ ତାହାକୁ ପ୍ରାୟୋଗିକ କୁହାଯାଏ । ପଦାର୍ଥରେ ଘଟୁଥିବା ଅଗୁରୁ-ଲଘୁ (ସୂକ୍ଷ୍ମ-ପରିବର୍ତ୍ତନ) ପରନିମିତ୍ତ ହୋଇ ନ ଥାଏ । ପ୍ରତ୍ୟେକ ପଦାର୍ଥ ହେଉଛି ଅନନ୍ତ ଗୁଣ ଓ ପର୍ଯ୍ୟାୟର ପିଣ୍ଡ । ତା' ଗୁଣ ଓ ଶକ୍ତିର କ୍ଷରଣ ହୁଏ ନାହିଁ, କାରଣ ପଦାର୍ଥ ସବୁବେଳେ ନିଜ ପରିଣମନ କରିବା ସହିତ ସମୁଦିତ ରହିବାର କ୍ଷମତାକୁ ବଜାୟ ରଖିଥାଏ । ସେଗୁଡ଼ିକ ମଧ୍ୟରେ ସ୍ୱାଭାବିକ ପରିବର୍ତ୍ତନର କ୍ଷମତା ରହି ନ ଥିଲେ ଅନନ୍ତକାଳ ପର୍ଯ୍ୟନ୍ତ ଆପଣା ଅସ୍ତିତ୍ୱକୁ ସୁରକ୍ଷିତ ରଖିପାରୁ ନ ଥାନ୍ତେ । ସାଂସାରିକ ଆତ୍ମା ଓ ପୁଦ୍‌ଗଲ- ଏହି ଦୁଇ ଦ୍ରବ୍ୟ ମଧ୍ୟରେ ରୂପାନ୍ତର ସ୍ଥିତି ଉତ୍ପନ୍ନ ହୋଇଥାଏ । ଅବଶିଷ୍ଟ ଚାରି ଦ୍ରବ୍ୟ (ଧର୍ମ, ଅଧର୍ମ, ଆକାଶ ଓ କାଳ) ମଧ୍ୟରେ ନିରପେକ୍ଷ ବୃତ୍ତ୍ୟା ସ୍ୱଭାବ ପରିବର୍ତ୍ତନ ହିଁ ହୋଇଥାଏ । ମୁକ୍ତ ଆତ୍ମା କ୍ଷେତ୍ରରେ ବି ଏହା ହିଁ ଘଟିଥାଏ । ସ୍ୱ-ନିର୍ମିତ ପରିବର୍ତ୍ତନ ସବୁରି ମଧ୍ୟରେ ହୋଇଥାଏ - ଏହା ସ୍ୱୀକାର କରିବାକୁ ହେବ । ନାଶର ବି ଏହି ସମାନ ପ୍ରକ୍ରିୟା । ଏହା ବ୍ୟତୀତ ରୂପାନ୍ତର ଓ ଅର୍ଥାନ୍ତର ନାମକ ଯେଉଁ ଦୁଇଟି ରୂପର ନିର୍ମାଣ ହେଉଛି, ତନ୍ମଧ୍ୟରୁ ଜ୍ଞାତ ହେଉଛି ଯେ ରୂପାନ୍ତର ହେବା ପରେ ବି ପରିବର୍ତ୍ତନର ମର୍ଯ୍ୟାଦା ଭଙ୍ଗ ହୁଏ ନାହିଁ ।[୧୫] ତୈଜସ୍ ପରମାଣୁ ତିମିର ରୂପରେ ପରିଣତ ହେବା ରୂପାନ୍ତର ଅଟେ, କିନ୍ତୁ ଏହା ସ୍ୱଭାବର ମର୍ଯ୍ୟାଦାର ଅତିକ୍ରମଣ ନୁହେଁ । ତାତ୍ପର୍ଯ୍ୟ ହେଲା ପରିବର୍ତ୍ତନ ସ୍ୱୀୟ ସୀମା ମଧ୍ୟରେ ହିଁ ଘଟିଥାଏ, ତା' ବାହାରେ ନୁହେଁ । ତୈଜସ୍ ପରମାଣୁ ଅସଂଖ୍ୟ ବା ଅନନ୍ତ

---

(୧୪) ଭଗବତୀ, ୧।୧୩୩, ୧୩୪ ।

(୧୫) ଦ୍ରବ୍ୟାନୁଯୋଗ ତର୍କଣା, ୯।୨୫, ୨୬ :
ନାମୋଽପି ଦ୍ୱିବିଧୋ ଜ୍ଞେୟୋ, ରୂପାନ୍ତର ବିଗୋଚରଃ ।
ଅର୍ଥାନ୍ତରଗତିଶ୍ଚୈବ, ଦ୍ୱିତୀୟଃ ପରିକୀର୍ତ୍ତିତଃ ॥
ତତ୍ରାନ୍ଧତମସସ୍ତେଜୋ, ରୂପାନ୍ତରସ୍ୟ ସଂକ୍ରମମଃ ।
ଅଣୋରଣ୍ୱନ୍ତରପ୍ରାପ୍ତୋ, ହ୍ୟର୍ଥାନ୍ତରଗମଶ୍ଚ ସଃ ॥

ରୂପ ମଧ୍ୟ ପ୍ରାପ୍ତ ହୋଇପାରନ୍ତି କିନ୍ତୁ ଚୈତନ୍ୟ ରୂପ ଧାରଣ କରିବା ସଂପୂର୍ଣ୍ଣ ଅସମ୍ଭବ । କାରଣ ତାହା ହେଉଛି ସେମାନଙ୍କ ମର୍ଯ୍ୟାଦା ବା ବସ୍ତୁ-ସ୍ୱରୂପରେ ଅତ୍ୟନ୍ତ ଓ ତ୍ରୈକାଳିକ ଭିନ୍ନଗୁଣ । ଏହି ସମାନ ଯୁକ୍ତି ଅର୍ଥାନ୍ତର ପାଇଁ ମଧ୍ୟ ବୁଝିବାକୁ ହେବ ।

ଦୁଇଟି ସମ ଓ ସଦୃଶ ବସ୍ତୁ ଭିନ୍ନ-ଭିନ୍ନ ରହିଥିବା ଯାଏ ଦୁଇ ହୋଇଥିଲେ । ଉଭୟ ମିଶିଗଲେ ଏକ ହୋଇପଡ଼ନ୍ତି ।[୧୬] ଏହା ମଧ୍ୟ ଆପଣା ମର୍ଯ୍ୟାଦା ମଧ୍ୟରେ ହିଁ ଘଟିଥାଏ । କେବଳ ଚୈତନ୍ୟମୟ ବା କେବଳ ଅଚୈତନ୍ୟମୟ ପଦାର୍ଥ ଜମା ନାହିଁ- ଏହା ସ୍ପଷ୍ଟ ବୋଧ ହେଉଛି । ଏହି ଜଗତ୍ ଚେତନ ଓ ଜଡ଼ - ଏହି ଦୁଇ ପଦାର୍ଥରେ ପରିପୂର୍ଣ୍ଣ । ଚେତନ ଯଦି ଜଡ଼ ରୂପରେ ଓ ଜଡ଼, ଚେତନରେ ପରିବର୍ତ୍ତିତ ହୋଇପାରୁଥିଲେ, କୌଣସି ବ୍ୟବସ୍ଥାର ଆବଶ୍ୟକତା ପଡୁ ନ ଥାନ୍ତା । ତେଣୁ ପଦାର୍ଥର ଯେଉଁ ବିଶେଷ ସ୍ୱରୂପ ଥାଏ, ତାହା କେବେ ବି ନଷ୍ଟ ହୁଏ ନାହିଁ । ଏହା ହିଁ କାରଣ ଓ କାର୍ଯ୍ୟର ଅବିଚ୍ଛିନ୍ନ ଏକତ୍ୱର ଧାରା ।

ମାର୍କସ୍‌ଙ୍କ ଧର୍ମ ପରିବର୍ତ୍ତନର ଦ୍ୱନ୍ଦ୍ୱାତ୍ମକ ପ୍ରକ୍ରିୟାର ସିଦ୍ଧାନ୍ତରେ କାର୍ଯ୍ୟ କାରଣର ନିଶ୍ଚିତ ନିୟମ ରହିନାହିଁ । ଏହି ସିଦ୍ଧାନ୍ତ ପଦାର୍ଥର ପରିବର୍ତ୍ତନ ମାତ୍ରକୁ ସ୍ୱୀକାର କରି ନ ଥାଏ । ବରଂ ପଦାର୍ଥର ସର୍ବଥା ନାଶ ଓ ସର୍ବଥା ଉତ୍ପାଦକୁ ମଧ୍ୟ ସ୍ୱୀକାର କରିଥାଏ । ଯାହା ପୂର୍ବେ ରହିଆସିଛି, ତାହା ଆଜି ବି ରହିଛି ଏବଂ ସର୍ବଦା ସେହିଭଳି ରହିଥିବ- ସମାଜର ବିକାଶରେ ଏହା ପ୍ରବଳ ଅନ୍ତରାୟ ସୃଷ୍ଟି କରିଥାଏ ବୋଲି ମାର୍କସ୍ ସ୍ପଷ୍ଟ ମତପ୍ରକାଶ କରିଛନ୍ତି । ସତ୍ୟ ହେଉଛି - ଯାହା ପୂର୍ବେ ଥିଲା, ତାହା ଆଜି ବି ରହିଛି ଏବଂ ସର୍ବଦା ସେହିଭଳି ରହିଥିବ - ଏହି ଭ୍ରାନ୍ତ ଧାରଣାର ଆମକୁ ସବୁ ଜାଗାରେ ସମ୍ମୁଖୀନ ହେବାକୁ ପଡ଼ିଥାଏ ଏବଂ ଏହା ଫଳରେ ମଣିଷ ଓ ସମାଜର ବିକାଶରେ ଭାର ଅବରୋଧ ସୃଷ୍ଟି ହୁଏ ।[୧୭]

କିନ୍ତୁ ଏହି ଆଶଙ୍କା କାର୍ଯ୍ୟ-କାରଣର ଏକାଙ୍ଗୀ ରୂପକୁ ଗ୍ରହଣ କରିବାର ପରିଣାମ । ଯାହା ଥିଲା, ରହିଛି ଏବଂ ସେହିପରି ରହିଥିବ - ଏହା ହେଉଛି ତତ୍ତ୍ୱର ଅସ୍ତିତ୍ୱ (କାରଣ)ର ବ୍ୟାଖ୍ୟା । କାର୍ଯ୍ୟ-କାରଣ ସଂବନ୍ଧର ବ୍ୟାଖ୍ୟାରେ ପଦାର୍ଥ ହୋଇଥାଏ ପରିଣାମ ସ୍ୱଭାବ । ପୂର୍ବବର୍ତ୍ତୀ ଓ ପରବର୍ତ୍ତୀ ମଧ୍ୟରେ ସଂବନ୍ଧ ସ୍ଥାପନା ବିନା କାର୍ଯ୍ୟ-କାରଣ ସ୍ଥିତି ଉତ୍ପନ୍ନ ହିଁ ହୁଏ ନାହିଁ । ପରବର୍ତ୍ତୀ ସର୍ବଦା ପୂର୍ବବର୍ତ୍ତୀ ପ୍ରତି ଋଣୀ ବା କୃତଜ୍ଞ ହୋଇ ରହିଥାଏ ତଥା ପୂର୍ବବର୍ତ୍ତୀ, ତା' ପରବର୍ତ୍ତୀ ମଧ୍ୟରେ ନିଜ ସଂସ୍କାର ଛାଡ଼ି ଦେଇଯାଏ ।[୧୮] ଶବ୍ଦାନ୍ତରରେ ଏହା 'ପରିଣାମୀ ନିତ୍ୟତ୍ୱ'ର ସ୍ୱୀକୃତି ମାତ୍ର ।

---

[୧୬] ଦ୍ରବ୍ୟାନୁଯୋଗତର୍କଣା, ୯।୧୭।୨୨ ।

[୧୭] ମାର୍କସ୍‌ବାଦ ପୃ.୭୫ ।

[୧୮] ପାଣିକୁ ଯେତେବେଳେ ଗରମ କରାଯାଏ, ପ୍ରଥମେ ପାଣି ରୂପରେ ହିଁ ଆମକୁ ପ୍ରତୀତ ହୋଇଥାଏ । କିନ୍ତୁ ତାପ ବୃଦ୍ଧିର ମାତ୍ରା ଏକ ନିର୍ଦ୍ଦିଷ୍ଟ ସୀମାବିଶେଷ ଟପିଗଲେ ପାଣିର ସ୍ଥାନକୁ ବାଷ୍ପ ଅଧିକାର କରିନିଏ । ଏହି ପ୍ରକାର କ୍ରମିକ ପରିବର୍ତ୍ତନକୁ ... ମାତ୍ରା-ଭେଦରୁ ଆରମ୍ଭକରି ଲିଙ୍ଗ-ଭେଦ କହିଥାନ୍ତି । ଦ୍ୱିତୀୟ ଅବସ୍ଥା, ପ୍ରଥମ ଅବସ୍ଥାର ପ୍ରତିପକ୍ଷ ଅର୍ଥାତ୍ ତା'ଠାରୁ ବିପରୀତ ହୋଇଥାଏ । ପରନ୍ତୁ ପରିବର୍ତ୍ତନ କ୍ରମ ଏତିକିରେ ଥମିଯାଏ ନାହିଁ, ତାହା ଆହୁରି ଆଗକୁ ଗତି କରିଥାଏ ଏବଂ ମାତ୍ରା-ଭେଦରୁ ଲିଙ୍ଗଭେଦରୂପରେ ତୃତୀୟ ଅବସ୍ଥାର ଅଭ୍ୟୁଦୟ ହୁଏ, ଯାହାକି ଦ୍ୱିତୀୟର ପ୍ରତିଯୋଗୀ ପାଲଟିଥାଏ । ଏଭଳି ଭାବରେ ପ୍ରଥମ ଅବସ୍ଥାର ପ୍ରତିଯୋଗୀର ପ୍ରତିଯାଗୀ ସାଜେ । ଏହାକୁଏପରି କହିବା ଠିକ୍ ହେବ ଯେ ପୂର୍ବାବସ୍ଥା, ତତ୍ ପ୍ରତିଷେଧ, ପ୍ରତିଷେଧର ପ୍ରତିଷେଧ - ଏହି କ୍ରମରେ ଅବସ୍ଥା-ପରିଣାମର ପ୍ରବାହ ନିରନ୍ତର ବହିଚାଲେ । ଯାହା ଅବସ୍ଥା ପ୍ରତିଷିଦ୍ଧ ହୋଇପଡ଼େ, ତାହା ସର୍ବଥା ନଷ୍ଟ ହୁଏ ନାହିଁ,... ନିଜ ପ୍ରତିଷେଧକ ମଧ୍ୟରେ ଆପଣା ସଂସ୍କାର ଛାଡ଼ି ଦେଇଯାଏ । ଏହି ପ୍ରକାରେ ପ୍ରତ୍ୟେକ ପରବର୍ତ୍ତୀ ମଧ୍ୟରେ ପ୍ରତ୍ୟେକ ପୂର୍ବବର୍ତ୍ତୀ ବିଦ୍ୟମାନ ଥାଏ । ଧର୍ମ-ପରିବର୍ତ୍ତନ (ସ୍ୱଭାବ-ପରିବର୍ତ୍ତନ)ର ଏହି ପ୍ରକ୍ରିୟାକୁ ଦ୍ୱନ୍ଦ୍ୱାତ୍ମକ ପ୍ରକ୍ରିୟା କୁହାଯାଏ ।

ପରିଶିଷ୍ଟ

୧. ପଟ୍ଟାବଳି
୨. ସାହିତ୍ୟ
୩. କର୍ମ
୪. ପ୍ରଯୁକ୍ତ ଗ୍ରନ୍ଥସୂଚୀ

|| ୧ ||

ପଟ୍ଟାବଳି

ଦୁସ୍ସମ-କାଳ-ସମଣ-ସଂଘତ୍ଥବ ଓ ବିଚାର ଶ୍ରେଣୀ ଅନୁସାରେ 'ଯୁଗ ପ୍ରଧାନ-ପଟ୍ଟାବଳି' ଓ ସମୟ :

୧. ଆଚାର୍ଯ୍ୟଙ୍କ ନାମ ଓ ସମୟ (ବୀର-ନିର୍ବାଣ ବା ଖ୍ରୀ.ପୂ.୫୨୭ ଠାରୁ)

୧.	ଗଣଧର ସୁଧର୍ମା ସ୍ୱାମୀ	୧-୨୦
୨.	ଆଚାର୍ଯ୍ୟ ଜମ୍ବୁ ସ୍ୱାମୀ	୨୦-୬୪
୩.	ଆଚାର୍ଯ୍ୟ ପ୍ରଭବ ସ୍ୱାମୀ	୬୪-୭୫
୪.	ଆଚାର୍ଯ୍ୟ ଶଯ୍ୟଂଭବ ସୂରି	୭୫-୯୮
୫.	ଆଚାର୍ଯ୍ୟ ଯଶୋଭଦ୍ର ସୂରି	୯୮-୧୪୮
୬.	ଆଚାର୍ଯ୍ୟ ସଂଭୂତି ବିଜୟ	୧୪୮-୧୫୬
୭.	ଆଚାର୍ଯ୍ୟ ଭଦ୍ରବାହୁ ସ୍ୱାମୀ	୧୫୬-୧୭୦
୮.	ଆଚାର୍ଯ୍ୟ ସ୍ଥୁଳଭଦ୍ର	୧୭୦-୨୧୫
୯.	ଆଚାର୍ଯ୍ୟ ମହାଗିରି	୨୧୫-୨୪୫
୧୦.	ଆଚାର୍ଯ୍ୟ ସୁହସ୍ତି ସୂରି	୨୪୫-୨୯୧
୧୧.	ଆଚାର୍ଯ୍ୟ ଗୁଣସୁନ୍ଦର ସୂରି	୨୯୧-୩୩୫
୧୨.	ଆଚାର୍ଯ୍ୟ ଶ୍ୟାମାଚାର୍ଯ୍ୟ	୩୩୫-୩୭୬
୧୩.	ଆଚାର୍ଯ୍ୟ ସ୍କନ୍ଦିଳ	୩୭୬-୪୧୪
୧୪.	ଆଚାର୍ଯ୍ୟ ରେବତିମିତ୍ର	୪୧୪-୪୫୦
୧୫.	ଆଚାର୍ଯ୍ୟ ଧର୍ମସୂରି	୪୫୦-୪୯୫
୧୬.	ଆଚାର୍ଯ୍ୟ ଭଦ୍ରଗୁପ୍ତସୂରି	୪୯୫-୫୩୩
୧୭.	ଆଚାର୍ଯ୍ୟ ଶ୍ରୀଗୁପ୍ତସୂରି	୫୩୩-୫୪୮
୧୮.	ଆଚାର୍ଯ୍ୟ ବଜ୍ରସ୍ୱାମି	୫୪୮-୫୮୪
୧୯.	ଆଚାର୍ଯ୍ୟ ଆର୍ଯ୍ୟରକ୍ଷିତ	୫୮୪-୫୯୭
୨୦.	ଆଚାର୍ଯ୍ୟ ଦୁର୍ବଳିକା ପୁଷ୍ୟମିତ୍ର	୫୯୭-୬୧୭

୨୧.	ଆଚାର୍ଯ୍ୟ ବଜ୍ରସେନସୂରି	୬୧୭-୬୨୦
୨୨.	ଆଚାର୍ଯ୍ୟ ନାଗହସ୍ତି	୬୨୦-୬୮୯
୨୩.	ଆଚାର୍ଯ୍ୟ ରେବତିମିତ୍ର	୬୮୯-୭୪୮
୨୪.	ଆଚାର୍ଯ୍ୟ ସିଂହସୂରି	୭୪୮-୮୨୬
୨୫.	ଆଚାର୍ଯ୍ୟ ନାଗାର୍ଜୁନସୂରି	୮୨୬-୯୦୪
୨୬.	ଆଚାର୍ଯ୍ୟ ଭୂତଦିନ୍ନସୂରି	୯୦୪-୯୮୩
୨୭.	ଆଚାର୍ଯ୍ୟ କାଳିକସୂରି (ଚତୁର୍ଥ)	୯୮୩-୯୯୪
୨୮.	ଆଚାର୍ଯ୍ୟ ସତ୍ୟମିତ୍ର	୯୯୪-୧୦୦୦
୨୯.	ଆଚାର୍ଯ୍ୟ ହରିଲ୍ଲ	୧୦୦୦-୧୦୫୫
୩୦.	ଆଚାର୍ଯ୍ୟ ଜିନଭଦ୍ରଗଣି-କ୍ଷମାଶ୍ରମଣ	୧୦୫୫-୧୧୧୫
୩୧.	ଆଚାର୍ଯ୍ୟ ଉମାସ୍ୱାତିସୂରି	୧୧୧୫-୧୧୯୦
୩୨.	ଆଚାର୍ଯ୍ୟ ପୁଷ୍ୟମିତ୍ର	୧୧୯୦-୧୨୫୦
୩୩.	ଆଚାର୍ଯ୍ୟ ସଂଭୂତି	୧୨୫୦-୧୩୦୦
୩୪.	ଆଚାର୍ଯ୍ୟ ମାଠର ସଂଭୂତି	୧୩୦୦-୧୩୬୦
୩୫.	ଆଚାର୍ଯ୍ୟ ଧର୍ମରକ୍ଷି	୧୩୬୦-୧୪୦୦
୩୬.	ଆଚାର୍ଯ୍ୟ ଜ୍ୟେଷ୍ଠାଙ୍ଗଗଣୀ	୧୪୦୦-୧୪୭୧
୩୭.	ଆଚାର୍ଯ୍ୟ ଫଲ୍‌ଗୁମିତ୍ର	୧୪୭୧-୧୫୨୦
୩୮.	ଆଚାର୍ଯ୍ୟ ଧର୍ମଘୋଷ	୧୫୨୦-୧୫୯୮

୨. ବାଲଭୀ ଯୁଗପ୍ରଧାନ ପଟ୍ଟାବଳି

୧.	ଆଚାର୍ଯ୍ୟ ସୁଧର୍ମାସ୍ୱାମୀ	୨୦ ବର୍ଷ
୨.	ଆଚାର୍ଯ୍ୟ ଜମ୍ବୁସ୍ୱାମୀ	୪୪ ବର୍ଷ
୩.	ଆଚାର୍ଯ୍ୟ ପ୍ରଭବସ୍ୱାମୀ	୧୧ ବର୍ଷ
୪.	ଆଚାର୍ଯ୍ୟ ଶଯ୍ୟଂଭବ	୨୩ ବର୍ଷ
୫.	ଆଚାର୍ଯ୍ୟ ଯଶୋଭଦ୍ର	୫୦ ବର୍ଷ
୬.	ଆଚାର୍ଯ୍ୟ ସଂଭୂତିବିଜୟ	୮ ବର୍ଷ
୭.	ଆଚାର୍ଯ୍ୟ ଭଦ୍ରବାହୁ	୧୪ ବର୍ଷ
୮.	ଆଚାର୍ଯ୍ୟ ସ୍ଥୁଳଭଦ୍ର	୪୬ ବର୍ଷ
୯.	ଆଚାର୍ଯ୍ୟ ମହାଗିରି	୩୦ ବର୍ଷ
୧୦.	ଆଚାର୍ଯ୍ୟ ସୁହସ୍ତୀ	୪୫ ବର୍ଷ
୧୧.	ଆଚାର୍ଯ୍ୟ ଗୁଣସୁନ୍ଦର	୪୪ ବର୍ଷ
୧୨.	ଆଚାର୍ଯ୍ୟ କାଳକାଚାର୍ଯ୍ୟ	୪୧ ବର୍ଷ
୧୩.	ଆଚାର୍ଯ୍ୟ ସ୍କନ୍ଦିଳାଚାର୍ଯ୍ୟ	୩୮ ବର୍ଷ
୧୪.	ଆଚାର୍ଯ୍ୟ ରେବତିମିତ୍ର	୩୬ ବର୍ଷ
୧୫.	ଆଚାର୍ଯ୍ୟ ମଙ୍ଗୁ	୨୦ ବର୍ଷ

୧୬.	ଆଚାର୍ଯ୍ୟ ଧର୍ମ	୨୪ ବର୍ଷ
୧୭.	ଆଚାର୍ଯ୍ୟ ଭଦ୍ରଗୁପ୍ତ	୪୧ ବର୍ଷ
୧୮.	ଆଚାର୍ଯ୍ୟ ବଜ୍ର	୩୬ ବର୍ଷ
୧୯.	ଆଚାର୍ଯ୍ୟ ରକ୍ଷିତ	୧୩ ବର୍ଷ
୨୦.	ଆଚାର୍ଯ୍ୟ ପୁଷ୍ୟମିତ୍ର	୨୦ ବର୍ଷ
୨୧.	ଆଚାର୍ଯ୍ୟ ବଜ୍ରସେନ	୩ ବର୍ଷ
୨୨.	ଆଚାର୍ଯ୍ୟ ନାଗହସ୍ତୀ	୬୯ ବର୍ଷ
୨୩.	ଆଚାର୍ଯ୍ୟ ରେବତିମିତ୍ର	୫୯ ବର୍ଷ
୨୪.	ଆଚାର୍ଯ୍ୟ ସିଂହସୂରି	୭୮ ବର୍ଷ
୨୫.	ଆଚାର୍ଯ୍ୟ ନାଗାର୍ଜୁନ	୭୮ ବର୍ଷ
୨୬.	ଆଚାର୍ଯ୍ୟ ଭୂତଦିନ୍ନ	୭୯ ବର୍ଷ
୨୭.	ଆଚାର୍ଯ୍ୟ କାଳକ	୧୧ ବର୍ଷ

୩. ମାଧୁରୀ ଯୁଗପ୍ରଧାନ-ପଟ୍ଟାବଳି

୧.	ଆଚାର୍ଯ୍ୟ ସୁଧର୍ମା ସ୍ୱାମୀ	୨.	ଆଚାର୍ଯ୍ୟ ଜମ୍ବୁ ସ୍ୱାମୀ
୩.	ଆଚାର୍ଯ୍ୟ ପ୍ରଭବସ୍ୱାମୀ	୪.	ଆଚାର୍ଯ୍ୟ ଶଯ୍ୟଂଭବ
୫.	ଆଚାର୍ଯ୍ୟ ଯଶୋଭଦ୍ର	୬.	ଆଚାର୍ଯ୍ୟ ସଂଭୂତିବିଜୟ
୭.	ଆଚାର୍ଯ୍ୟ ଭଦ୍ରବାହୁ	୮.	ଆଚାର୍ଯ୍ୟ ସ୍ଥୁଳଭଦ୍ର
୯.	ଆଚାର୍ଯ୍ୟ ମହାଗିରି	୧୦.	ଆଚାର୍ଯ୍ୟ ସୁହସ୍ତୀ
୧୧.	ଆଚାର୍ଯ୍ୟ ବଳିସହ	୧୨.	ଆଚାର୍ଯ୍ୟ ସ୍ୱାତି
୧୩.	ଆଚାର୍ଯ୍ୟ ଶ୍ୟାମାଚାର୍ଯ୍ୟ	୧୪.	ଆଚାର୍ଯ୍ୟ ସାଂଡିଲ୍ୟ
୧୫.	ଆଚାର୍ଯ୍ୟ ସମୁଦ୍ର	୧୬.	ଆଚାର୍ଯ୍ୟ ମଙ୍ଗୁ
୧୭.	ଆଚାର୍ଯ୍ୟ ଆର୍ଯ୍ୟଧର୍ମ	୧୮.	ଆଚାର୍ଯ୍ୟ ଭଦ୍ରଗୁପ୍ତ
୧୯.	ଆଚାର୍ଯ୍ୟ ବଜ୍ର	୨୦.	ଆଚାର୍ଯ୍ୟ ରକ୍ଷିତ
୨୧.	ଆଚାର୍ଯ୍ୟ ଆନନ୍ଦିଳ	୨୨.	ଆଚାର୍ଯ୍ୟ ନାଗହସ୍ତୀ
୨୩.	ଆଚାର୍ଯ୍ୟ ରେବତୀନକ୍ଷତ୍ର	୨୪.	ଆଚାର୍ଯ୍ୟ ବ୍ରହ୍ମଦୀପକ ସିଂହ
୨୫.	ଆଚାର୍ଯ୍ୟ ସ୍କନ୍ଦିଳାଚାର୍ଯ୍ୟ	୨୬.	ଆଚାର୍ଯ୍ୟ ହିମବନ୍ତ
୨୭.	ଆଚାର୍ଯ୍ୟ ନାଗାର୍ଜୁନ	୨୮.	ଆଚାର୍ଯ୍ୟ ଗୋବିନ୍ଦ
୨୯.	ଆଚାର୍ଯ୍ୟ ଭୂତଦିନ୍ନ	୩୦.	ଆଚାର୍ଯ୍ୟ ଲୌହିତ୍ୟ
୩୧.	ଆଚାର୍ଯ୍ୟ ଦୂଷ୍ୟଗଣି	୩୨.	ଆଚାର୍ଯ୍ୟ ଦେବାର୍ଦ୍ଧି ଗଣି

॥ ୨ ॥

ସାହିତ୍ୟ

(କ) ଜୈନ ସଂସ୍କୃତ ସାହିତ୍ୟ

	ଗ୍ରନ୍ଥକାର	ଗ୍ରନ୍ଥ	କାଳ
୧. ବ୍ୟାକରଣ			
୧.	ଲେଖାଚାର୍ଯ୍ୟ	ଐନ୍ଦ୍ର ବ୍ୟାକରଣ	ଖ୍ରୀ.ପୂ.୫୯୦
୨.	ପୂଜ୍ୟପାଦ	ଜୈନେନ୍ଦ୍ର ବ୍ୟାକରଣ	ବିକ୍ରମ ଷଷ୍ଠ ଶତାବ୍ଦୀ
୩.	ଶାକଟାୟନ	ଶବ୍ଦାନୁଶାସନ	ବିକ୍ରମ ନବମ ଶତାବ୍ଦୀ
୪.	ହେମଚନ୍ଦ୍ର(କଳିକାଳ ସର୍ବଜ୍ଞ)	ସିଦ୍ଧହେମ ଶବ୍ଦାନୁଶାସନ	ବିକ୍ରମ ଦ୍ୱାଦଶ ଶତାବ୍ଦୀ
୫.	ମଳୟଗିରି ସୂରି	ମୁଷ୍ଟି ବ୍ୟାକରଣ	ବି.(ବିକ୍ରମ ସଂବତ୍) ୧୨୩୦
୬.	ମୁନି ଚୌଥମଲ	ଭିକ୍ଷୁ ଶବ୍ଦାନୁଶାସନ	ବିକ୍ରମ ବିଂଶ ଶତାବ୍ଦୀ
୨. ଛନ୍ଦଶାସ୍ତ୍ର			
୧.	ଜୟ କୀର୍ତ୍ତି	ଛନ୍ଦୋନୁଶାସନ	ବି. ୧୦୫୦
୨.	ରାଜଶେଖର	ଛନ୍ଦ ଶେଖର	ବି. ୧୧୭୯
୩.	ହେମଚନ୍ଦ୍ର	ଛନ୍ଦୋନୁଶାସନ	ବି. ୧୨୧୦
୪.	ଅମରଚନ୍ଦ୍ରସୂରି	ଛନ୍ଦୋରତ୍ନାବଳୀ	ବିକ୍ରମ ତ୍ରୟୋଦଶ ଶତାବ୍ଦୀ
୫.	ବାଗ୍‌ଭଟ୍ଟ	ଛନ୍ଦୋନୁଶାସନ	ବି. ୧୩୫୦
୩. ଅଳଙ୍କାର ଶାସ୍ତ୍ର			
୧.	ବାଗ୍‌ଭଟ୍ଟ	ବାଗ୍‌ଭଟାଳଙ୍କାର	ବି. ୧୧୯୦
୨.	ହେମଚନ୍ଦ୍ର	କାବ୍ୟାନୁଶାସନ	ବି. ୧୧୯୮
୩.	ଅମରଚନ୍ଦ୍ର ସୂରୀ	କାବ୍ୟ କଳ୍ପଲତା	ବି. ୧୨୮୦
୪.	ନରେନ୍ଦ୍ର ପ୍ରଭସୂରୀ	ଅଳଙ୍କାର ମହୋଦଧି	ବି. ୧୨୮୦
୫.	ବାଗ୍‌ଭଟ୍ଟ	କାବ୍ୟାନୁଶାସନ	ବି. ୧୩୫୦
୩. ଗଣିତ ଶାସ୍ତ୍ର			
୧.	ମହାବୀରାଚାର୍ଯ୍ୟ	ଗଣିତସାର ସଂଗ୍ରହ	ବି. ୯୦୦
୨.	ଅନନ୍ତପାଳ	ପାଟୀ ଗଣିତ	ବି. ୧୨୫୦
୩.	ଠକ୍‌କର ଫେରୂ	ଗଣିତସାର	ବି. ୧୩୭୦

୫. ନୀତିଶାସ୍ତ୍ର

୧.	ସୋମଦେବ ସୂରୀ	ନୀତିବାକ୍ୟାମୃତ	ବି. ୧୦୫୦
୨.	ତିଳକପ୍ରଭ ସୂରୀ	ନୀତିଶାସ୍ତ୍ର	ବିକ୍ରମ ତ୍ରୟୋଦଶ ଶତାବ୍ଦୀ
୩.	ଧନଦ	ନୀତି ଧନଦ	ବି. ୧୪୯୦

୬. (କ) କାବ୍ୟ (ଗଦ୍ୟ, ପଦ୍ୟ, ଚମ୍ପୂ)

୧.	ରବିଷେଣ	ପଦ୍ମପୁରାଣ	ବିକ୍ରମ ଅଷ୍ଟମ ଶତାବ୍ଦୀ
୨.	ଜିନସେନ	ହରିବଂଶ ପୁରାଣ	ବିକ୍ରମ ନବମ ଶତାବ୍ଦୀ
୩.	ସିଦ୍ଧର୍ଷି	ଉପମିତିଭବ ପ୍ରପଞ୍ଚକଥା	ବିକ୍ରମ ନବମ ଶତାବ୍ଦୀ
୪.	ଧନପାଳ	ତିଳକମଞ୍ଜରୀ	ବି. ୧୦୩୦
୫.	ପଦ୍ମଦେବସୂରି	ପାର୍ଶ୍ୱନାଥ ଚରିତ	ବିକ୍ରମ ଏକାଦଶ ଶତାବ୍ଦୀ
୬.	ସୋମଦେବ	ଯଶସ୍ତିଳକ ଚମ୍ପୂ	ବିକ୍ରମ ଏକାଦଶ ଶତାବ୍ଦୀ
୭.	ଧନଞ୍ଜୟ	ଦ୍ୱିସନ୍ଧାନ କାବ୍ୟ	ବିକ୍ରମ ଏକାଦଶ ଶତାବ୍ଦୀ
୮.	ବାଗ୍‌ଭଟ	ନେମି ନିର୍ବାଣ	ବିକ୍ରମ ଦ୍ୱାଦଶ ଶତାବ୍ଦୀ
୯.	ମଲ୍ଲିଷେଣ ସୂରି	ମହାପୁରାଣ	ବିକ୍ରମ ଦ୍ୱାଦଶ ଶତାବ୍ଦୀ
୧୦.	ହେମଚନ୍ଦ୍ର	ତ୍ରିଷଷ୍ଟିଶଳାକାପୁରୁଷ ଚରିତ	ବିକ୍ରମ ଦ୍ୱାଦଶ-ତ୍ରୟୋଦଶ ଶତାବ୍ଦୀ
୧୧.	ହେମଚନ୍ଦ୍ର	ଦ୍ୱୟାଶ୍ରୟ କାବ୍ୟ	ବିକ୍ରମ ଦ୍ୱାଦଶ-ତ୍ରୟୋଦଶ ଶତାବ୍ଦୀ
୧୨.	ଅମରଚନ୍ଦ୍ର ସୂରି	ପଦ୍‌ମାନନ୍ଦ ମହାକାବ୍ୟ	ବିକ୍ରମ ତ୍ରୟୋଦଶ ଶତାବ୍ଦୀ
୧୩.	ମାଣିକ୍ୟଚନ୍ଦ୍ର ସୂରି	ଶାନ୍ତିନାଥ ଚରିତ୍ର	ବିକ୍ରମ ତ୍ରୟୋଦଶ ଶତାବ୍ଦୀ
୧୪.	ମେରୁତୁଙ୍ଗ ସୂରି	ପ୍ରବନ୍ଧ ଚିନ୍ତାମଣି	ବି. ୧୩୬୧
୧୫.	ମୁନି ଭଦ୍ରସୂରି	ଶାନ୍ତିନାଥ ଚରିତ୍ର	ବି. ୧୪୧୦
୧୬.	ରତ୍ନପ୍ରଭ ସୂରି	କୁବଳୟ ମାଳା	ବିକ୍ରମ ଚତୁର୍ଦ୍ଦଶ ଶତାବ୍ଦୀ
୧୭.	ସମୟ ସୁନ୍ଦର	କଥା କୋଷ	ବି. ୧୬୦୨
୧୮.	ମେଘ ବିଜୟଗଣି	ସପ୍ତସନ୍ଧାନ କାବ୍ୟ	ବି. ୧୬୬୦
୧୯.	ପୁଣ୍ୟକୁଶଳ	ଭରତ ବାହୁବଳି ମହକାବ୍ୟ	...

(ଖ). ଜୈନ ନ୍ୟାୟ ସାହିତ୍ୟ

୧.	ଆଚାର୍ଯ୍ୟ କୁନ୍ଦକୁନ୍ଦ	ପ୍ରବଚନାସାର	ବିକ୍ରମ ଦ୍ୱିତୀୟ ଶତାବ୍ଦୀ
୨.	ଗୃଦ୍ଧପିଚ୍ଛାଚାର୍ଯ୍ୟ	ତତ୍ତ୍ୱାର୍ଥ ସୂତ୍ର	ବିକ୍ରମ ଦ୍ୱିତୀୟ ଶତାବ୍ଦୀ
୩.	ଉମାସ୍ୱାତି	ତତ୍ତ୍ୱାର୍ଥାଧିଗମଭାଷ୍ୟ	...
୪	ସମନ୍ତଭଦ୍ର	ଆପ୍ତମୀମାଂସା ଯୁକ୍ତ୍ୟନୁଶାସନ ବୃହତ୍ ସ୍ୱୟଂଭୂସ୍ତୋତ୍ର ଜୀବସିଦ୍ଧି	ବିକ୍ରମ ଚତୁର୍ଥ-ପଞ୍ଚମ ଶତାବ୍ଦୀ
୫.	ସିଦ୍ଧସେନ	ସନ୍ମତିତର୍କ	ବିକ୍ରମ ପଞ୍ଚମ ଶତାବ୍ଦୀ
୬.	ଅକଳଙ୍କ ଦେବ (ସ୍ୱୋପଜ୍ଞବୃତ୍ତି ସହିତ)	ଲଘୀୟ ଶାସ୍ତ୍ର	ବିକ୍ରମ ସପ୍ତମ ଶତାବ୍ଦୀ

		ନ୍ୟାୟବିନିଶ୍ଚୟ	
		ପ୍ରମାଣ ସଂଗ୍ରହ	
		ସିଦ୍ଧିବିନିଶ୍ଚୟ	
		(ସ୍ୱୋପଜ୍ଞ ବୃତ୍ତି ସହିତ)	
		ତତ୍ତ୍ୱାର୍ଥବାର୍ତ୍ତିକ	
		ଅଷ୍ଟଶତୀ	
		(ଆପ୍ତ ମୀମାଂସା ବୃତ୍ତି)	
୭.	ହରିଭଦ୍ର	ଅନେକାନ୍ତ ଜୟପତାକା	ବିକ୍ରମ ଅଷ୍ଟମ ଶତାବ୍ଦୀ
		ଅନେକାନ୍ତବାଦ ପ୍ରବେଶ	
		ଷଡ୍ ଦର୍ଶନ ସମୁଚ୍ଚୟ	
		ଶାସ୍ତ୍ରଦାତା ସମୁଚ୍ଚୟ	
		ନ୍ୟାୟପ୍ରବେଶ ଟୀକା	
୮.	କୁମାରନନ୍ଦି	ବାଦନ୍ୟାୟ	ବିକ୍ରମ ଅଷ୍ଟମ ଶତାବ୍ଦୀ
୯	ବିଦ୍ୟାନନ୍ଦ	ଅଷ୍ଟସହସ୍ରୀ	ବିକ୍ରମ ନବମ ଶତାବ୍ଦୀ
	ତତ୍ତ୍ୱାର୍ଥଶ୍ଲୋକବାର୍ତ୍ତିକ		
	ବିଦ୍ୟାନନ୍ଦ ମହୋଦୟ		
	ଯୁକ୍ତ୍ୟନୁଶାସନଟୀକା		
	ଆପ୍ତ ପରୀକ୍ଷା		
	ପ୍ରମାଣ ପରୀକ୍ଷା		
	ପତ୍ର ପରୀକ୍ଷା		
	ସତ୍ୟଶାସନ ପରୀକ୍ଷା		
୧୦.	ଅନନ୍ତ କୀର୍ତ୍ତି	ଜୀବସିଦ୍ଧି ଟୀକା	ବିକ୍ରମ ଦଶମ ଶତାବ୍ଦୀ
	ବୃହତ୍ ସର୍ବଜ୍ଞସିଦ୍ଧି		
	ଲଘୁସର୍ବଜ୍ଞସିଦ୍ଧି		
୧୧.	ବସୁନନ୍ଦି	ଆପ୍ତମୀମାଂସା ବୃତ୍ତି	ବିକ୍ରମ ଏକାଦଶ-ଦ୍ୱାଦଶ ଶତାବ୍ଦୀ
୧୨.	ସିଦ୍ଧର୍ଷି	ନ୍ୟାୟବତାର ବୃତ୍ତି	ବିକ୍ରମ ଦଶମ ଶତାବ୍ଦୀ
୧୩.	ମାଣିକ୍ୟନନ୍ଦି	ପରୀକ୍ଷାମୁଖ	ବିକ୍ରମ ଏକାଦଶ ଶତାବ୍ଦୀ
୧୪.	ବାଦିରାଜ ସୂରି	ନ୍ୟାୟବିନିଶ୍ଚୟ ବିବରଣ	ବିକ୍ରମ ଏକାଦଶ ଶତାବ୍ଦୀ
	ପ୍ରମାଣ ନିର୍ଣ୍ଣୟ		
୧୫.	ବାଦୀଭସିଂହ	ସ୍ୟାଦ୍‌ବାଦସିଦ୍ଧି	ବିକ୍ରମ ଏକାଦଶ ଶତାବ୍ଦୀ
	ନବପଦାର୍ଥ ନିଶ୍ଚୟ		
୧୬.	ଅଭୟଦେବ ସୂରି	ସନ୍ମତିଟୀକା	ବିକ୍ରମ ଏକାଦଶ ଶତାବ୍ଦୀ
୧୭.	ପ୍ରଭାଚନ୍ଦ୍ର	ପ୍ରମେୟ କମଳ ମାର୍ତ୍ତଣ୍ଡ	ବିକ୍ରମ ଏକାଦଶ-ଦ୍ୱାଦଶ ଶତାବ୍ଦୀ
		ନ୍ୟାୟକୁମୁଦଚନ୍ଦ୍ର	
୧୮.	ଅନନ୍ତବୀର୍ଯ୍ୟ	ପ୍ରମେୟ ରତ୍ନମାଳା	ବିକ୍ରମ ଦ୍ୱାଦଶ ଶତାବ୍ଦୀ

୧୯. ଶାନ୍ତିସୂରି (ସଂବୃତ୍ତି)	ନ୍ୟାୟବତାର ବାର୍ତିକ	ବିକ୍ରମ ଏକାଦଶ ଶତାବ୍ଦୀ
୨୦. ବାଦିଦେବ ସୂରି ଲୋକାଲଙ୍କାର ସ୍ୟାଦ୍‌ବାଦରତ୍ନାକର	ପ୍ରମାଣନୟ ତତ୍ତ୍ୱା-	ବିକ୍ରମ ଦ୍ୱାଦଶ ଶତାବ୍ଦୀ
୨୧. ହେମଚନ୍ଦ୍ର ଅନ୍ୟଯୋଗ ବ୍ୟବଚ୍ଛେଦ- ଦ୍ୱାତ୍ରିଂଶିକା	ପ୍ରମାଣ ମଥାଂସା	ବିକ୍ରମ ଦ୍ୱାଦଶ ଶତାବ୍ଦୀ
୨୨. ଭାବସେନ ତ୍ରୈବିଦ୍ୟ	ବିଶ୍ୱ ତତ୍ତ୍ୱପ୍ରକାଶ	ବିକ୍ରମ ଦ୍ୱାଦଶ-ତ୍ରୟୋଦଶ ଶତାବ୍ଦୀ
୨୩. ଆଶାଧର	ପ୍ରମେୟ ରତ୍ନାକର	ବିକ୍ରମ ତ୍ରୟୋଦଶ ଶତାବ୍ଦୀ
୨୪. ଶାନ୍ତିଷେଣ	ପ୍ରମେୟ ରତ୍ନସାର	ବିକ୍ରମ ତ୍ରୟୋଦଶ ଶତାବ୍ଦୀ
୨୫. ନରେନ୍ଦ୍ରସେନ	ପ୍ରମାଣ ପ୍ରମେୟକଳିକା	
୨୬. ବିମଳଦାସ	ସପ୍ତଭଂଗୀ ତରଙ୍ଗିଣୀ	
୨୭. ଧର୍ମଭୂଷଣ	ନ୍ୟାୟଦୀପିକା	ବିକ୍ରମ ପଞ୍ଚଦଶ ଶତାବ୍ଦୀ
୨୮. ଅଜିତସେନ	ନ୍ୟାୟମଣି ଦୀପିକା	
୨୯. ଶାନ୍ତିବର୍ଣ୍ଣୀ	ପ୍ରମେୟ କଣ୍ଠିକା	...
୩୦. ଚାରୂକୀର୍ତ୍ତି ପଣ୍ଡିତାଚାର୍ଯ୍ୟ	ପ୍ରମେୟ ରତ୍ନାଳଙ୍କାର	...
୩୧. ନେମିଚନ୍ଦ୍ର	ପ୍ରବଚନ ପରୀକ୍ଷା	...
୩୨. ମଣିକଣ୍ଠ	ନ୍ୟାୟରତ୍ନ	...
୩୩. ଶୁଭ ପ୍ରକାଶ	ନ୍ୟାୟ ମକରନ୍ଦବିବେଚନ	...
୩୪. ଅଭୟଚନ୍ଦ୍ରଗିରି	ଲଘୀୟସ୍ତ୍ରୟ ତାତ୍ପର୍ଯ୍ୟବୃତ୍ତି	...
୩୫. ରତ୍ନପ୍ରଭ ସୂରୀ	ସ୍ୟାଦ୍‌ବାଦ ରତ୍ନାକରାବତାରିକା	ବିକ୍ରମ ତ୍ରୟୋଦଶ ଶତାବ୍ଦୀ
୩୬. ମଲ୍ଲିଷେଣ	ସ୍ୟାଦ୍‌ବାଦମଞ୍ଜରୀ	ବିକ୍ରମ ଚତୁର୍ଦ୍ଦଶ ଶତାବ୍ଦୀ
୩୭. ଯଶୋବିଜୟ	ଅଷ୍ଟ ସହସ୍ରୀ ବିବରଣ ଅନେକାନ୍ତ ବ୍ୟବସ୍ଥା ଜ୍ଞାନବିନ୍ଦୁ ଜୈନ ତର୍କଭାଷା ଶାସ୍ତ୍ରବାର୍ତ୍ତା ସମୁଚ୍ଚୟ ଟୀକା ନ୍ୟାୟଖଣ୍ଡ ଖାଦ୍ୟ ଅନେକାନ୍ତ ପ୍ରବେଶ ନ୍ୟାୟାଲୋକ ଗୁରୁତତ୍ତ୍ୱ ବିନିଶ୍ଚୟ	ବିକ୍ରମ ଅଷ୍ଟଦଶ ଶତାବ୍ଦୀ

॥ ୩ ॥

କର୍ମ

ଜ୍ଞାନାବରଣ- ଜ୍ଞାନକୁ ଆବୃତ କରୁଥିବା କର୍ମ-ପୁଦ୍‌ଗଳ ।

୧. ଆଭିନିବୋଧିକ-ଜ୍ଞାନାବରଣ-ଇନ୍ଦ୍ରିୟ ଓ ମନ ଦ୍ୱାରା ହେଉଥିବା ଜ୍ଞାନକୁ ଆବୃତ କରୁଥିବା କର୍ମ-ପୁଦ୍‌ଗଳ ।

୨. ଶ୍ରୁତ-ଜ୍ଞାନାବରଣ-ଶବ୍ଦ ଓ ଅର୍ଥର ପର୍ଯ୍ୟାଲୋଚନାରୁ ଉପଲବ୍ଧ ଜ୍ଞାନକୁ ଆବୃତ କରୁଥିବା କର୍ମ-ପୁଦ୍‌ଗଳ ।

୩. ଅବଧି-ଜ୍ଞାନାବରଣ-ମୂର୍ତ୍ତଦ୍ରବ୍ୟ-ପୁଦ୍‌ଗଳକୁ ସାକ୍ଷାତ୍ ଜାଣିପାରୁଥିବା ଜ୍ଞାନକୁ ଆବୃତ କରୁଥିବା କର୍ମ-ପୁଦ୍‌ଗଳ ।

୪. ମନଃପର୍ଯ୍ୟବ-ଜ୍ଞାନାବରଣ-ଅନ୍ୟମାନଙ୍କ ମନର ପର୍ଯ୍ୟାୟଗୁଡ଼ିକୁ ସାକ୍ଷାତ୍ ଜାଣିପାରୁଥିବା ଜ୍ଞାନକୁ ଆବୃତ କରୁଥିବା କର୍ମ-ପୁଦ୍‌ଗଳ ।

୫. କେବଳ-ଜ୍ଞାନାବରଣ- ସର୍ବ ଦ୍ରବ୍ୟ ଓ ପର୍ଯ୍ୟାୟଗୁଡ଼ିକୁ ସାକ୍ଷାତ୍ ଜାଣିପାରୁଥିବା ଜ୍ଞାନକୁ ଆବୃତ କରୁଥିବା କର୍ମ-ପୁଦ୍‌ଗଳ ।

ଦର୍ଶନାବରଣ – ସାମାନ୍ୟବୋଧକୁ ଆବୃତ କରୁଥିବା କର୍ମ ପୁଦ୍‌ଗଳ ।

୧. ଚକ୍ଷୁ-ଦର୍ଶନାବରଣ- ଚକ୍ଷୁ ଦ୍ୱାରା ହେଉଥିବା ଦର୍ଶନ (ସାମାନ୍ୟ ଗ୍ରହଣ)ର ଆବରଣ ।

୨. ଅଚକ୍ଷୁ-ଦର୍ଶନାବରଣ – ଚକ୍ଷୁ ବ୍ୟତୀତ ଅନ୍ୟ ସବୁ ଇନ୍ଦ୍ରିୟ ଓ ମନ ଦ୍ୱାରା ହେଉଥିବା ଦର୍ଶନ (ସାମାନ୍ୟ ଗ୍ରହଣ)ର ଆବରଣ ।

୩. ଅବଧି-ଦର୍ଶନାବରଣ – ମୂର୍ତ୍ତ ଦ୍ରବ୍ୟଗୁଡ଼ିକର ସାକ୍ଷାତ୍ ଦର୍ଶନ (ସାମାନ୍ୟ ଗ୍ରହଣ)ର ଆବରଣ ।

୪. କେବଳ-ଦର୍ଶନାବରଣ- ସର୍ବ-ଦ୍ରବ୍ୟ-ପର୍ଯ୍ୟାୟଗୁଡ଼ିକର ସାକ୍ଷାତ୍ ଦର୍ଶନ (ସାମାନ୍ୟ ଗ୍ରହଣ)ର ଆବରଣ ।

୫. ନିଦ୍ରା – ସାମାନ୍ୟ ନିଦ (ଶୋଇପଡ଼ିଥିବା ଲୋକ ସହଜରେ ଚେଇଁ ପାରୁଥିବା ଭଳି) ।

୬. ନିଦ୍ରାନିଦ୍ରା-ଘୋରନିଦ (ଶୋଇ ପଡ଼ିଥିବା ଲୋକ ମୁସ୍‌କିଲରେ ଚେଇଁ ପାରୁଥିବା ଭଳି)

୭. ପ୍ରଚଳା – ଛିଡ଼ା ହୋଇଥିବା ଅବସ୍ଥାରେ ବା ବସିଥିବା ଅବସ୍ଥାରେ ଯେଉଁ ନିଦ ଆସିଥାଏ ।

୮. ପ୍ରଚଳା ପ୍ରଚଳା – ଚଲାବୁଲା କରିବା ଅବସ୍ଥାରେ ନିଆଯାଉଥିବା ନିଦ ।

୯. ସ୍ତ୍ୟାନର୍ଦ୍ଧି – (ସ୍ତ୍ୟାନ-ଗୃଦ୍ଧି) ସଂକଳ୍ପ କରିଥିବା କାମକୁ ନିଦ୍ରାଧୀନ ଅବସ୍ଥାରେ କରି ପକାଇବା- ଏହିଭଳି ପ୍ରଗାଢ଼ତମ ନିଦ୍ରା ।

ବେଦନୀୟ

୧. ସାତବେଦନୀୟ – ସୁଖାନୁଭୂତିର ନିମିତ୍ତ

(କ) ମନୋଜ୍ଞ ଶବ୍ଦ, (ଖ) ମନୋଜ୍ଞ ରୂପ,

(ଗ) ମନୋଜ୍ଞ ଗନ୍ଧ, (ଘ) ମନୋଜ୍ଞ ରସ,

(ଙ) ମନୋଜ୍ଞ ସ୍ପର୍ଶ, (ଚ) ସୁଖିତ ମନ,

(ଛ) ସୁଖିତ ବାଣୀ ଓ (ଜ) ସୁଖିତ କାୟ

୨. ଅସାତ ବେଦନୀୟ-ଦୁଃଖାନୁଭୂତିର ନିମିତ୍ତ

(କ) ଅମନୋଜ୍ଞ ଶବ୍ଦ, (ଖ) ଅମନୋଜ୍ଞ ରୂପ,

(ଗ) ଅମନୋଜ୍ଞ ଗନ୍ଧ, (ଘ) ଅମନୋଜ୍ଞ ରସ,

(ଙ) ଅମନୋଜ୍ଞ ସ୍ପର୍ଶ, (ଚ) ଦୁଃଖିତ ମନ,

(ଛ) ଦୁଃଖିତ ବାଣୀ ଓ (ଜ) ଦୁଃଖିତ କାୟ ।

ମୋହନୀୟ- ଆତ୍ମାକୁ ମୂଢ଼ କରୁଥିବା କର୍ମ ପୁଦ୍‌ଗଳ ।

(କ) ଦର୍ଶନ ମୋହନୀୟ-ସମ୍ୟକ୍-ଦୃଷ୍ଟିକୁ ବିକୃତ କରୁଥିା କର୍ମ-ପୁଦ୍‌ଗଳ ।

୧. ସମ୍ୟକ୍ତ୍ୱ-ବେଦନୀୟ- ଔପଶମିକ ଓ କ୍ଷାୟିକ ସମ୍ୟକ୍ ଦୃଷ୍ଟିର ପ୍ରତିବନ୍ଧକ କର୍ମ-ପୁଦ୍‌ଗଳ ।

୨. ମିଥ୍ୟାତ୍ୱ ବେଦନୀୟ - ସମ୍ୟକ୍ ଦୃଷ୍ଟି (କ୍ଷାୟୋପଶମିକ)ର ପ୍ରତିବନ୍ଧକ କର୍ମ-ପୁଦ୍‌ଗଳ ।

୩. ମିଶ୍ର-ବେଦନୀୟ- ତତ୍ତ୍ୱ ଶ୍ରଦ୍ଧାରେ ଦୋଳାୟମାନ ଅବସ୍ଥା ଉତ୍ପନ୍ନ କରୁଥିବା କର୍ମ-ପୁଦ୍‌ଗଳ ।

(ଖ) ଚାରିତ୍ର ମୋହନୀୟ - ଚରିତ୍ର ବିକାର ଉତ୍ପନ୍ନ କରୁଥିବା କର୍ମ ପୁଦ୍‌ଗଳ ।

କଷାୟ ବେଦନୀୟ- ରାଗ-ଦ୍ୱେଷ ଉତ୍ପନ୍ନ କରୁଥିବା କର୍ମ ପୁଦ୍‌ଗଳ ।

ନୋ-କଷାୟ ବେଦନୀୟ - କଷାୟକୁ ଉତ୍ତେଜିତ କରୁଥିବା କର୍ମ ପୁଦ୍‌ଗଳ ।

ହାସ୍ୟ - ସକାରଣ ଓ ଅକାରଣ (ବାହ୍ୟକାରଣ ବିନା) ହାସ୍ୟ ଉତ୍ପନ୍ନ କରୁଥିବା କର୍ମ ପୁଦ୍‌ଗଳ ।

ରତି - ସକାରଣ ବା ଆକରଣ ପୌଦ୍‌ଗଳିକ ପଦାର୍ଥ ପ୍ରତି ରାଗ ଉତ୍ପନ୍ନ କରୁଥିବା ବା ସଂଯମରେ ରୁଚି ଉତ୍ପନ୍ନ କରୁଥିବା କର୍ମ ପୁଦ୍‌ଗଳ ।

ଅରତି - ସକାରଣ ବା ଅକାରଣ ପୌଦ୍‌ଗଳିକ ପଦାର୍ଥ ପ୍ରତି ଦ୍ୱେଷ ଉତ୍ପନ୍ନ କରୁଥିବା ଅଥବା ସଂଯମରେ ଅରୁଚି ଉତ୍ପନ୍ନ କରୁଥିବା କର୍ମ ପୁଦ୍‌ଗଳ ।

ଶୋକ - ସକାରଣ ବା ଅକାରଣ ଶୋକ ଉତ୍ପନ୍ନ କରୁଥିବା କର୍ମ ପୁଦ୍‌ଗଳ ।

ଭୟ-ସକାରଣ ବା ଅକାରଣ ଭୟ ଉତ୍ପନ୍ନ କରୁଥିବା କର୍ମ ପୁଦ୍‌ଗଳ ।

ଜୁଗୁପ୍ସା - ସକାରଣ ବା ଅକାରଣ ଘୃଣା ଉତ୍ପନ୍ନ କରୁଥିବା କର୍ମ ପୁଦ୍‌ଗଳ ।

ସ୍ତ୍ରୀ-ବେଦ- ପୁରୁଷ ସହିତ ଭୋଗ ଅଭିଳାଷ ସୃଷ୍ଟି କରୁଥିବା କର୍ମ ପୁଦ୍‌ଗଳ ।

ପୁରୁଷ-ବେଦ- ସ୍ତ୍ରୀ ସହିତ ଭୋଗ ଅଭିଳାଷ ସୃଷ୍ଟି କରୁଥିବା କର୍ମ ପୁଦ୍‌ଗଳ ।

ନପୁଂସକ-ବେଦ - ସ୍ତ୍ରୀ-ପୁରୁଷ ଉଭୟଙ୍କ ସହିତ ଭୋଗ ଅଭିଳାଷ ସୃଷ୍ଟି କରୁଥିବା କର୍ମ ପୁଦ୍‌ଗଳ ।

ଆୟୁ - ଜୀବନର ନିମିତ୍ତ କର୍ମ ପୁଦ୍‌ଗଳ ।

୧. ନରକାୟୁ - ନରକ-ଗତିରେ ସ୍ଥିର ରହିବାର ନିମିତ୍ତ କର୍ମ ପୁଦ୍‌ଗଳ ।

୨. ତିର୍ଯ୍ୟଞ୍ଚାୟୁ - ତିର୍ଯ୍ୟଞ୍ଚ ଗତିର ସ୍ଥିର ରହିବାର ନିମିତ୍ତ କର୍ମ ପୁଦ୍‌ଗଳ ।

୩. ମନୁଷ୍ୟାୟୁ - ମନୁଷ୍ୟ ଗତିରେ ସ୍ଥିର ରହିବାର ନିମିତ୍ତ କର୍ମ ପୁଦ୍‌ଗଳ ।

୪. ଦେବାୟୁ - ଦେବ ଗତିରେ ସ୍ଥିର ରହିବାର ନିମିତ୍ତ କର୍ମ ପୁଦ୍‌ଗଳ ।

ନାମ - ଜୀବନର ବିବିଧ ସାମଗ୍ରୀ ଉପଲବ୍ଧିର ହେତୁଭୂତ କର୍ମ ପୁଦ୍‌ଗଳ -

୧. ଗତି-ନାମ- ଜନ୍ମ ସଂବନ୍ଧୀ ବିବିଧତାର ଉପଲବ୍ଧିର ନିମିତ୍ତ କର୍ମ ପୁଦ୍‌ଗଳ -

(କ) ନିରୟ-ଗତି ନାମ - ନାରକ ଜୀବନ ଦୁଃଖମୟ ଦଶାର ଉପଲବ୍ଧିର ନିମିତ୍ତ କର୍ମ ପୁଦ୍‌ଗଳ ।

(ଖ) ତିର୍ଯ୍ୟଞ୍ଚ-ଗତି-ନାମ - ପଶୁ,ପକ୍ଷୀ ଆଦିଙ୍କ ଜୀବନ (ଦୁଃଖ ବହୁଳ ଦଶା)ର ଉପଲବ୍ଧିର ନିମିତ୍ତ କର୍ମ ପୁଦ୍‌ଗଳ ।

(ଗ) ମନୁଷ୍ୟ-ଗତି-ନାମ - ମନୁଷ୍ୟ ଜୀବନ (ସୁଖ-ଦୁଃଖ ମିଶ୍ରିତ ଦଶା)ର ଉପଲବ୍ଧିର ନିମିତ୍ତ କର୍ମପୁଦ୍‌ଗଳ ।

(ଘ) ଦେବ-ଗତି-ନାମ - ଦେବ ଜୀବନ (ସୁଖମୟ ଦଶା)ର ଉପଲବ୍ଧିର ନିମିତ୍ତ କର୍ମ ପୁଦ୍‌ଗଳ ।

୨. ଜାତି-ନାମ- ଇନ୍ଦ୍ରିୟ ରଚନାର ନିମିତ୍ତ କର୍ମ ପୁଦ୍‌ଗଳ -

(କ) ଏକେନ୍ଦ୍ରିୟ-ଜାତି-ନାମ - ସ୍ପର୍ଶନ (ତ୍ୱକ୍) ଇନ୍ଦ୍ରିୟ ପ୍ରାପ୍ତିର ନିମିତ୍ତ ପୁଦ୍‌ଗଳ ।

(ଖ) ଦ୍ୱୀନ୍ଦ୍ରିୟ-ଜାତି-ନାମ-ସ୍ପର୍ଶନ ଓ ଜିହ୍ୱା-ଏହି ଦୁଇ ଇନ୍ଦ୍ରିୟ ପ୍ରାପ୍ତିର ନିମିତ୍ତ କର୍ମ ପୁଦ୍‌ଗଳ ।

(ଗ) ତ୍ରୀନ୍ଦ୍ରିୟ-ଜାତି-ନାମ - ସ୍ପର୍ଶନ,ଜିହ୍ୱା ଓ ନାକ - ଏହି ତିନି ଇନ୍ଦ୍ରିୟ ପ୍ରାପ୍ତିର ନିମିତ୍ତ କର୍ମ ପୁଦ୍‌ଗଳ ।

(ଘ) ଚତୁରିନ୍ଦ୍ରିୟ - ଜାତି - ନାମ - ସ୍ପଶନ, ଜିହ୍ୱା, ନାକ ଓ ଚକ୍ଷୁ - ଏହି ଚାରି ଇନ୍ଦ୍ରିୟ ପ୍ରାପ୍ତିର ନିମିତ୍ତ କର୍ମ ପୁଦ୍‌ଗଳ ।

(ଙ) ପଞ୍ଚେନ୍ଦ୍ରିୟ-ଜାତି-ନାମ- ସ୍ପର୍ଶନ, ଜିହ୍ୱା, ନାକ, ଚକ୍ଷୁ ଓ କାନ - ଏହି ପାଞ୍ଚ ପ୍ରକାର ଇନ୍ଦ୍ରିୟ ପ୍ରାପ୍ତିର ନିମିତ୍ତ କର୍ମ ପୁଦ୍‌ଗଳ ।

୩. ଶରୀର-ନାମ - ଶରୀର ପ୍ରାପ୍ତିର ନିମିତ୍ତ କର୍ମ ପୁଦ୍‌ଗଳ -

(କ) ଔଦାରିକ-ଶରୀର-ନାମ - ସ୍ଥୁଳ ଶରୀର ପ୍ରାପ୍ତିର ନିମିତ୍ତ କର୍ମ ପୁଦ୍‌ଗଳ ।

(ଖ) ବୈକ୍ରିୟ - ଶରୀର - ନାମ - ବିବିଧ କ୍ରିୟାକ୍ଷମ କାମରୂପୀ ଶରୀର ପ୍ରାପ୍ତିର ନିମିତ୍ତ କର୍ମ ପୁଦ୍‌ଗଳ ।

(ଗ) ଆହାରକ - ଶରୀର - ନାମ - ଆହାରକ ଲବ୍ଧିଜନ୍ୟ ଶରୀର ପ୍ରାପ୍ତିର ନିମିତ୍ତ କର୍ମ ପୁଦ୍‌ଗଳ ।

(ଘ) ତୈଜସ - ଶରୀର -ନାମ - ତେଜ, ପାକ ତଥା ତୈଜସ୍ ଓ ଶୀତ ଲେଶ୍ୟାର ନିର୍ଗମନକ୍ଷମ ଶରୀର ପ୍ରାପ୍ତିର ନିମିତ୍ତ କର୍ମପୁଦ୍‌ଗଳ ।

(ଙ) କାର୍ମଣ-ଶରୀର-ନାମ - କର୍ମ ସମୂହ ବା କର୍ମ ବିକାରମୟ ଶରୀର ପ୍ରାପ୍ତିର ନିମିତ୍ତ କର୍ମ ପୁଦ୍‌ଗଳ ।

୪. ଶରୀର - ଅଙ୍ଗୋପାଙ୍ଗ - ନାମ - ଶରୀରର ଅବୟବ ଓ ପ୍ରତ୍ୟବୟବଗୁଡ଼ିକ ପ୍ରାପ୍ତିର ନିମିତ୍ତ କର୍ମ ପୁଦ୍‌ଗଳ ।

(କ) ଔଦାରିକ ଶରୀର-ଅଙ୍ଗୋପାଙ୍ଗ ନାମ- ଔଦାରିକ ଶରୀରର ଅବୟବ ଓ ପ୍ରତ୍ୟବୟବ ପ୍ରାପ୍ତିର ନିମିତ୍ତ କର୍ମ ପୁଦ୍‌ଗଳ ।

(ଖ) ବୈକ୍ରିୟ ଶରୀର - ଅଙ୍ଗୋପାଙ୍ଗନାମ- ବୈକ୍ରିୟ ଶରୀରର ଅବୟବ ଓ ପ୍ରତ୍ୟବୟବ ପ୍ରାପ୍ତିର ନିମିତ୍ତ କର୍ମପୁଦ୍‌ଗଳ ।

(ଗ) ଆହାରକ ଶଣୀର - ଅଙ୍ଗୋପାଙ୍ଗନାମ - ଆହାରକ ଶରୀରର ଅବୟବ ଓ ପ୍ରତ୍ୟବୟବ ପ୍ରାପ୍ତିର ନିମିତ୍ତ କର୍ମ ପୁଦ୍‌ଗଳ ।

(ଘ) ତୈଜସ୍ ଓ କାର୍ମଣ ଶରୀର ଅତ୍ୟନ୍ତ ସୂକ୍ଷ୍ମ ହୋଇଥିବାରୁ ସେମାନଙ୍କ ଅବୟବ ନ ଥାଏ ।

୫. ଶରୀର - ବନ୍ଧନ - ନାମ - ଆଗରୁ ଗୃହୀତ ଏବଂ ବର୍ତ୍ତମାନ ଗ୍ରହଣ କରାଯାଉଥିବା ଶରୀର-ପୁଦ୍‌ଗଳଗୁଡ଼ିକର ପାରସ୍ପରିକ ସମ୍ବନ୍ଧର ହେତୁଭୂତ କର୍ମ ।

(କ) ଔଦାରିକ ଶରୀର - ବନ୍ଧନ ନାମ - ଏହି ଶରୀରର ପୂର୍ବ-ପଶ୍ଚାଦ୍ ଗୃହୀତ ପୁଦ୍‌ଗଳ ସମୂହର ପରସ୍ପର ସମ୍ବନ୍ଧ ସ୍ଥାପନ କରୁଥିବା କର୍ମ ।

(ଖ) ବୈକ୍ରିୟ ଶରୀର-ବନ୍ଧନ ନାମ - ଉପରବତ୍ ।

(ଗ) ଆହାରକ ଶରୀର - ବନ୍ଧନ ନାମ - ଉପରବତ୍ ।

(ଘ) ତୈଜସ ଶରୀର - ବନ୍ଧନ ନାମ - ଉପରବତ୍ ।

(ଙ) କାର୍ମଣ ଶରୀର - ବନ୍ଧନ ନାମ - ଉପରବତ୍ ।

କର୍ମଗ୍ରନ୍ଥରେ ଶରୀର-ବନ୍ଧନ-ନାମ-କର୍ମର ପନ୍ଦର (୧୫) ଭେଦ କରାଯାଇଛି :

୧. ଔଦାରିକ ଔଦାରିକ ବନ୍ଧନ ନାମ ।

୨. ଔଦାରିକ ତୈଜସ ବନ୍ଧନ ନାମ ।

୩. ଔଦାରିକ କାର୍ମଣ ବନ୍ଧନ ନାମ ।

୪. ବୈକ୍ରିୟ ବନ୍ଧନ ନାମ ।

୫. ବୈକ୍ରିୟ ତୈଜସ ବନ୍ଧନ ନାମ ।

୬. ବୈକ୍ରିୟ କାର୍ମଣ ବନ୍ଧନ ନାମ ।

୭. ଆହାରକ ଆହାରକ ବନ୍ଧନନାମ ।

୮. ଆହାରକ ତୈଜସ ବନ୍ଧନ ନାମ ।

୯. ଆହାରକ କାର୍ମଣ ବନ୍ଧନ ନାମ ।

୧୦. ଔଦାରିକ ତୈଜସ କାର୍ମଣ ବନ୍ଧନ ନାମ ।

୧୧. ବୈକ୍ରିୟ ତୈଜସ କାର୍ମଣ ବନ୍ଧନ ନାମ ।

୧୨. ଆହାରକ ତୈଜସ କାର୍ମଣ ବନ୍ଧନ ନାମ ।

୧୩. ତୈଜସ ତୈଜସ ବନ୍ଧନ ନାମ ।

୧୪. ତୈଜସ କାର୍ମଣ ବନ୍ଧନ ନାମ ।

୧୫. କାର୍ମଣ କାର୍ମଣ ବନ୍ଧନ ନାମ ।

ଔଦାରିକ, ବୈକ୍ରିୟ ଓ ଆହାରକ - ଏହି ତିନି ଶରୀର ପରସ୍ପର ବିରୋଧୀ ଅଟନ୍ତି । ଏମାନଙ୍କ ପୁଦ୍‌ଗଳ ମଧ୍ୟରେ ପରସ୍ପର ସମ୍ବନ୍ଧ ଥାଏ ନାହିଁ ।

୬. ଶରୀର-ସଂଘାତନ-ନାମ- ଶରୀର ଦ୍ୱାରା ଗୃହୀତ ଓ ଗୃହ୍ୟମାଣ ପୁଦ୍‌ଗଳଗୁଡ଼ିକର ଯଥୋଚିତ ବ୍ୟବସ୍ଥା ଓ ସଂଘାତର ନିମିତ୍ତ କର୍ମ ପୁଦ୍‌ଗଳ ।

(କ) ଔଦାରିକ ଶରୀର - ସଂଘାତନ ନାମ - ଏହି ଔଦାରିକ ଶରୀର ଦ୍ୱାରା ଗୃହୀତ ଓ ଗୃହ୍ୟମାଣ ପୁଦ୍‌ଗଳଗୁଡ଼ିକର ଯଥୋଚିତ ବ୍ୟବସ୍ଥା ବା ସଂଘାତର ନିମିତ୍ତ କର୍ମ ପୁଦ୍‌ଗଳ ।

(ଖ) ବୈକ୍ରିୟ-ଶରୀର-ସଂଘାତନ ନାମ - ଏହି ବୈକ୍ରିୟ ଶରୀର ଦ୍ୱାରା ଗୃହୀତ ଓ ଗୃହ୍ୟମାଣ ପୁଦ୍‌ଗଳ ସମୂହର ଯଥୋଚିତ ବ୍ୟବସ୍ଥା ବା ସଂଘାତର ନିମିତ୍ତ କର୍ମ ପୁଦ୍‌ଗଳ ।

(ଗ) ଆହାରକ ଶରୀର - ସଂଘାତ ନାମ - ଏହି ଆହାରକ ଶରୀର ଦ୍ୱାରା ଗୃହୀତ ଓ ଗୃହ୍ୟମାଣ ପୁଦ୍‌ଗଳ ସମୂହର ଯଥୋଚିତ ବ୍ୟବସ୍ଥା ବା ସଂଘାତର ନିମିତ୍ତ କର୍ମ ପୁଦ୍‌ଗଳ ।

(ଘ) ତୈଜସ - ଶରୀର - ସଂଘାତନ ନାମ - ଏହି ତୈଜସ୍ ଶରୀର ଦ୍ୱାରା ଗୃହୀତ ଓ ଗୃହ୍ୟମାଣ ପୁଦ୍‌ଗଳ ସମୂହର ଯଥୋଚିତ ବ୍ୟବସ୍ଥା ବା ସଂଘାତର ନିମିତ୍ତ କର୍ମ ପୁଦ୍‌ଗଳ ।

(ଙ) କାର୍ମଣ ଶରୀର - ସଂଘାତନ ନାମ - ଏହି କାର୍ମଣ ଶରୀର ଦ୍ୱାରା ଗୃହୀତ ଓ ଗୃହ୍ୟମାଣ ପୁଦ୍‌ଗଳ ସମୂହର ଯଥୋଚିତ ବ୍ୟବସ୍ଥା ବା ସଂଘାତର ନିମିତ୍ତ କର୍ମ ପୁଦ୍‌ଗଳ ।

୭. ସଂହନନ- ନାମ- ଏହାର ଉଦୟ ଦ୍ୱାର 'ଅସ୍ଥି ବ୍ୟବସ୍ଥା' ପ୍ରଭାବିତ ହୋଇଥାଏ । ଏହି ନାମର ହେତୁଭୂତ କର୍ମ ପୁଦ୍‌ଗଳ ।

(କ) ବଜ୍ରଋଷଭ-ନାରାଚ-ସଂହନନ-ନାମ - ଏହି ସଂହନନର ହେତୁଭୂତ କର୍ମ ପୁଦ୍‌ଗଳ । ବଜ୍ର-କୀଳ, ଋଷଭ-ବେଷ୍ଟନ ପଟ୍ଟ, ନାରାଚ-ମର୍କଟ ବନ୍ଧ - ଉଭୟ ପଟୁ ପରସ୍ପର ବନ୍ଧା ହୋଇଥିବା ସଦୃଶ ଆକୃତି,

ଶିକୁଳିଯୁକ୍ତ ସଦୃଶ ଆକୃତି, ମାଙ୍କଡ଼ଛୁଆ ଯେପରି ମାଆ ବକ୍ଷରେ ନିବଡ଼ ଭାବରେ ଜଡ଼ିତ ଥିବା ଭଳି ଆକୃତି, ଯାହା ମଧ୍ୟରେ ସନ୍ଧିର ଦୁଇ ହାଡ ପରସ୍ପର ଶିକୁଳି ଭଳି ଆବଦ୍ଧ ଥାନ୍ତି, ସେମାନଙ୍କ ଉପରେ ତୃତୀୟ ହାଡ଼ର ବେଷ୍ଟନୀ ରହିଥିବ ତଥା ଚତୁର୍ଥ ହାଡ଼ର କୀଳ, ଏହି ତିନି ହାଡ଼କୁ ଭେଦ କରୁଥିବ- ଏହି ପ୍ରକାର ସୁଦୃଢ଼ତମ ଅସ୍ଥି, ବନ୍ଧନର ନାମ ବଜ୍ରଋଷଭ - ନାରାଚ-ସଂହନନ ଅଟେ ।

(ଖ) ଋଷଭ ନାରାଚ- ସଂହନନ ନାମ - ଏହି ସଂହନନର ହେତୁ ଭୂତ କର୍ମ ପୁଦ୍‌ଗଳ । 'ଋଷଭ ନାରାଚ ସଂହନନ' ହାଡ଼ଗୁଡ଼ିକର ଶୃଙ୍ଖଳବଦ୍ଧତା ଏବଂ ବେଷ୍ଟନ ଘଟିଥାଏ, କିନ୍ତୁ କୀଳର ପ୍ରୟୋଗ ହୋଇ ନ ଥାଏ । ଏହା ଦୃଢ଼ତର ଅଟେ ।

(ଗ) ନାରାଚ-ସଂହନନ ନାମ - ଏହି ସଂହନନର ହେତୁଭୂତ କର୍ମ ପୁଦ୍‌ଗଳ । 'ନାରାଚ ସଂହନନ'ରେ କେବଳ ହାଡ଼ଗୁଡ଼ିକ ପରସ୍ପରକୁ ବାନ୍ଧିଥାନ୍ତି, ବେଷ୍ଟନ ଓ କୀଳବିଦ୍ଧତା ନ ଥାଏ ।

(ଘ) ଅର୍ଦ୍ଧନାରାଚ, ସଂହନନ ନାମ - କର୍ମ ପୁଦ୍‌ଗଳ ହେଉଛି ଏହି ସଂହନନର ହେତୁଭୂତ । 'ଅର୍ଦ୍ଧନାରାଚ ସଂହନନ'ରେ ହାଡ଼ର ଏକ ପାର୍ଶ୍ୱ ମର୍କଟବନ୍ଧରେ ଆବଦ୍ଧ ଏବଂ ଅନ୍ୟ ପାର୍ଶ୍ୱ କୀଳବିଦ୍ଧ ଥାଏ ।

(ଙ) କୀଳିକା-ସଂହନନ ନାମ- କର୍ମ ପୁଦ୍‌ଗଳ ହେଉଛି ଏହି ସଂହନନର ହେତୁଭୂତ । 'କୀଳକା ସଂହନନରେ କେବଳ ହାଡ଼ଗୁଡ଼ିକ କୀଳ ଦ୍ୱାରା ଯୋଡ଼ି ହୋଇ ରହିଥାନ୍ତି ।

(ଚ) ସେବାର୍ତ-ସଂହହନ ନାମ- କର୍ମ ପୁଦ୍‌ଗଳ ହେଉଛି ଏହି ସଂହନନର ହେତୁଭୂତ । 'ସେବାର୍ତ୍ତ ସଂହନନ'ରେ କେବଳ ହାଡ଼ଗୁଡ଼ଇକ ପରସ୍ପର ଯୋଡ଼ି ହୋଇ ରହିଥାନ୍ତି ।

୮. ସଂସ୍ଥାନ-ନାମ - ଏହିଁ ନାମକର୍ମର ଉଦୟ ଦ୍ୱାରା ଶରୀରର ଆକୃତି ରଚନା ଉପରେ ପ୍ରଭାବ ପଡ଼ିଥାଏ । ଏହାର ହେତୁଭୂତ ହେଉଛି କର୍ମ-ପୁଦ୍‌ଗଳ ।

(କ) ସମଚତୁରସ୍ର - ସଂସ୍ଥାନ ନାମ- ଏହାର ହେତୁଭୂତ କର୍ମ ପୁଦ୍‌ଗଳ । ଚକାପାରି ବସିଥିବା ବ୍ୟକ୍ତିର ଚାରିକୋଣ ସମ ଥାଏ । ଏହା 'ସମଚତୁରସ୍ର ସଂସ୍ଥା' ଅଟେ ।

(ଖ) ନ୍ୟଗ୍ରୋଧ-ପରିମଣ୍ଡଳ-ସଂସ୍ଥାନ ନାମ- ଏହାର ହେତୁଭୂତ କର୍ମପୁଦ୍‌ଗଳ । ବଟବୃକ୍ଷ ସଦୃଶ ବିଶାଳ ଊର୍ଦ୍ଧ୍ୱ ଅବୟବ ଏବଂ କ୍ଷୀଣ ନିମ୍ନ ଅବୟବଯୁକ୍ତ ସଂସ୍ଥାନ ।

(ଗ) ସାଦି-ସଂସ୍ଥାନନାମ-ଏହାର ହେତୁଭୂତ କର୍ମ ପୁଦ୍‌ଗଳ । ନାଭିର ଊର୍ଦ୍ଧ୍ୱବର୍ତ୍ତୀ ଅବୟବ ପ୍ରମାଣହୀନ ଓ ନିମ୍ନ ଅବୟବ ପୂର୍ଣ୍ଣ ହୋଇଥାଏ, ତାହା ହେଉଛି 'ସାଦିସଂସ୍ଥାନ' ।

(ଘ) ବାମନ-ସଂସ୍ଥାନ ନାମ - ଏହାର ହେତୁଭୂତ କର୍ମପୁଦ୍‌ଗଳ । ବାମନ ସଂସ୍ଥାନ - ଗେଡ଼ା ବା ଖର୍ବକାୟ ସଂସ୍ଥାନ ।

(ଙ) କୁବ୍‌ଜ-ସଂସ୍ଥାନନାମ- ଏହାର ହେତୁଭୂତ କର୍ମ ପୁଦ୍‌ଗଳ । କୁବ୍‌ଜ ସଂସ୍ଥାନ- ପିଠିର କୁଜ ।

(ଚ) ହୁଂଡ଼ -ସଂସ୍ଥାନନାମ- ଏହାର ହେତୁଭୂତ କର୍ମ ପୁଦ୍‌ଗଳ । ସମସ୍ତ ଅବୟବ ବିକୃତ ଓ ଅସୁନ୍ଦର ବା ପ୍ରମାଣ ସତ୍ୟ ଥାଏ - ତାହା ହେଉଛି ହୁଂଡ଼ ସଂସ୍ଥାନ ।

୯. ବର୍ଣ୍ଣ-ନାମ- ଏହି ନାମ କର୍ମର ଉଦୟ ଦ୍ୱାରା ଶରୀରର ରଙ୍ଗ ପ୍ରଭାବିତ ହୋଇଥାଏ ।

(କ) କୃଷ୍ଣ-ବର୍ଣ୍ଣନାମ- ଏହି କର୍ମର ଉଦୟ ହେଲେ ଶରୀରର ରଙ୍ଗ କଳା ପଡ଼ିଯାଏ ।

(ଖ) ନୀଳ-ବର୍ଣ୍ଣ-ନାମ- ଏହି କର୍ମର ଉଦୟ ହେଲେ ଶରୀରର ରଙ୍ଗ ନୀଳ ପଡ଼ିଯାଏ ।

(ଗ) ଲୋହିତ-ବର୍ଣ୍ଣ-ନାମ- ଏହି କର୍ମର ଉଦୟ ହେଲେ ଶରୀରର ରଙ୍ଗ ଲାଲ ହୋଇଯାଏ ।

(ଘ) ହାରିଦ୍ର-ବର୍ଣ୍ଣ-ନାମ- ଏହି କର୍ମର ଉଦୟ ହେଲେ ଶରୀରର ରଙ୍ଗ ହଳଦିଆ ହୋଇପଡ଼େ ।

(ଙ) ଶ୍ୱେତ-ବର୍ଣ୍ଣ-ନାମ - ଏହି କର୍ମର ଉଦୟ ହେଲେ ଶରୀରର ରଙ୍ଗ ଶ୍ୱେତାଭ ହୁଏ ।

୧୦. ଗନ୍ଧ-ନାମ- ଏହି କର୍ମୋଦୟର ଶରୀରର ଗନ୍ଧ ଉପରେ ପ୍ରଭାବ ପଡ଼ିଥାଏ ।

(କ) ସୁରଭି-ଗନ୍ଧ-ନାମ- ଏହି କର୍ମର ଉଦୟ ଫଳରେ ଶରୀର ସୁଗନ୍ଧରେ ମହମହ ହୁଏ ।

(ଖ) ଦୁରଭି-ଗନ୍ଧ-ନାମ - ଏହି କର୍ମର ଉଦୟ ଫଳରେ ଶରୀର ଦୁର୍ଗନ୍ଧଯୁକ୍ତ ହୋଇପଡ଼େ ।

୧୧. ରସ-ନାମ- ଏହି କର୍ମର ଉଦୟର ପ୍ରଭାବ ଶରୀରର ରସ ଉପରେ ପଡ଼ିଥାଏ ।

(କ) ତିକ୍ତ-ରସନାମ- ଏହି କର୍ମର ଉଦୟ ଘଟିଲେ ଶରୀରର ରସ ତିକ୍ତ ହୋଇଯାଏ ।

(ଖ) କଟୁ-ରସନାମ- ଏହି କର୍ମର ଉଦୟ ଘଟିଲେ ଶରୀର ରସ କଟୁ ହୋଇଯାଏ ।

(ଗ) କଷାୟ-ରସନାମ- ଏହି କର୍ମର ଉଦୟ ଘଟିଲେ ଶରୀରର ରସ କଷାସ୍ୱାଦଯୁକ୍ତ ହୋଇପଡ଼େ ।

(ଘ) ଆମ୍ଳ-ରସନାମ- ଏହି କର୍ମର ଉଦୟ ଘଟିଲେ ଶରୀରର ରସ ଖଟାଳିଆ ହୋଇଯାଏ ।

(ଙ) ମଧୁର-ରସନାମ- ଏହି କର୍ମର ଉଦୟ ଘଟିଲେ ଶରୀରର ରସ ମିଠା ହୋଇଯାଏ ।

୧୨. ସ୍ପର୍ଶ-ନାମ - ଏହି କର୍ମର ଉଦୟ ଦ୍ୱାରା ଶରୀରର ସ୍ପର୍ଶ ପ୍ରଭାବିତ ହୁଏ ।

(କ) କର୍କଶ-ସ୍ପର୍ଶନାମ- ଏହି କର୍ମୋଦୟ ଘଟିଲେ ଶରୀର କଠୋର ହୋଇପଡ଼େ ।

(ଖ) ମୃଦୁ-ସ୍ପର୍ଶ-ନାମ - ଏହି କର୍ମୋଦୟ ଘଟିଲେ ଶରୀର କୋମଳ ହୁଏ ।

(ଗ) ଗୁରୁ-ସ୍ପର୍ଶ-ନାମ - ଏହି କର୍ମୋଦୟ ଫଳରେ ଶରୀର ଭାରି ହୋଇଥାଏ ।

(ଘ) ଲଘୁ-ସ୍ପର୍ଶ-ନାମ- ଏହି କର୍ମୋଦୟ ଫଳରେ ଶରୀର ହାଲୁକା ହୋଇଥାଏ ।

(ଙ) ସ୍ନିଗ୍ଧ-ସ୍ପର୍ଶ-ନାମ- ଏହି କର୍ମର ଉଦୟ ଘଟିଲେ ଶରୀର ମସୃଣ ହୋଇଥାଏ ।

(ଚ) ରୁକ୍ଷ-ସ୍ପର୍ଶ-ନାମ- ଏହି କର୍ମର ଉଦୟ ଘଟିଲେ ଶରୀର ରୁଖା ହୋଇପଡ଼େ ।

(ଛ) ଶୀତ-ସ୍ପର୍ଶ-ନାମ- ଏହି କର୍ମର ଉଦୟ ଫଳରେ ଶରୀର ଶୀତଳ ହୋଇଥାଏ ।

(ଜ) ଉଷ୍ଣ-ସ୍ପର୍ଶ-ନାମ - ଏହି କର୍ମର ଉଦୟ ଫଳରେ ଶରୀର ଗରମ ହୋଇଥାଏ ।

୧୩. ଅଗୁରୁଲଘୁ-ନାମ- ଏହି କର୍ମର ଉଦୟ ଘଟିଲେ ଶରୀର ଅସମ୍ଭାଳ ଓଜନିଆ ହୁଏ ନାହିଁ ଏବଂ ପବନରେ ଉଡ଼ିଯିବା ଭଳି ହାଲୁକା ମଧ୍ୟ ହୁଏ ନାହିଁ ।

୧୪. ଉପଘାତ-ନାମ - ଏହି କର୍ମର ଉଦୟ ଫଳରେ ବିକୃତ ହୋଇପଡ଼ିଥିବା ନିଜ ଅବୟବ ଦ୍ୱାରା ଜୀବ କ୍ଲେଶ ପାଏ । (ଅଥବା) ଉପଘାତ ନାମର ଉଦୟ ଫଳରେ ଜୀବ ଆତ୍ମହତ୍ୟା କରିଥାଏ ।

୧୫. ପରାଘାତ-ନାମ - ଏହି କର୍ମର ଉଦୟ ଫଳରେ ଜୀବ, ପ୍ରତି ପକ୍ଷୀ ଓ ପ୍ରତିବାଦୀ ହାତରେ ଅପରାଜେୟ ହୋଇଥାଏ ।

୧୬. ଆନୁପୂର୍ବୀ-ନାମ- ବିଶ୍ରେଣି-ସ୍ଥିତ ଜନ୍ମସ୍ଥାନ ପ୍ରାପ୍ତିର ହେତୁଭୂତ କର୍ମ ।

(କ) ନରକ-ଆନୁପୂର୍ବୀ ନାମ- ବିଶ୍ରେଣି-ସ୍ଥିତ ନରକ ସମ୍ବନ୍ଧୀୟ ଜନ୍ମସ୍ଥାନ ପ୍ରାପ୍ତିର ହେତୁଭୂତ କର୍ମ ।

(ଖ) ତିର୍ଯ୍ୟଞ୍ଚ-ଆନୁପୂର୍ବୀ ନାମ- ବିଶ୍ରେଣି-ସ୍ଥିତ ତିର୍ଯ୍ୟଞ୍ଚ ସମ୍ବନ୍ଧୀୟ ଜନ୍ମସ୍ଥାନ ପ୍ରାପ୍ତିର ହେତୁଭୂତ କର୍ମ ।

(ଗ) ମନୁଷ୍ୟ-ଆନୁପୂର୍ବୀ ନାମ - ବିଶ୍ରେଣି-ସ୍ଥିତ ମନୁଷ୍ୟ ସମ୍ବନ୍ଧୀୟ ଜନ୍ମସ୍ଥାନ ପ୍ରାପ୍ତିର ହେତୁଭୂତ କର୍ମ ।

(ଘ) ଦେବ-ଆନୁପୂର୍ବୀ ନାମ - ବିଶ୍ରେଣୀ-ସ୍ଥିତ ଦେବ ସମ୍ବନ୍ଧୀୟ ଜନ୍ମସ୍ଥାନ ପ୍ରାପ୍ତିର ହେତୁଭୂତ କର୍ମ ।

୧୭. ଉଚ୍ଛ୍ୱାସ-ନାମ- ଏହାର ଉଦୟ ଘଟିଲେ ଜୀବ ଶ୍ୱାସ-ଉଚ୍ଛ୍ୱାସ ନେଇଥାଏ ।

୧୮. ଆତପ-ନାମ - ଏହାର ଉଦୟ ଫଳରେ ଶରୀରରୁ ଉଷ୍ଣ ପ୍ରକାଶ ନିର୍ଗତ ହୁଏ ।

୧୯. ଉଦ୍ୟୋତ ନାମ - ଏହାର ଉଦୟ ଫଳରେ ଶରୀରରୁ ଶୀତଳ ପ୍ରକାଶ ନିର୍ଗତ ହୁଏ ।

୨୦. ବିହାୟୋଗତି-ନାମ- ଏହାର ଉଦୟ ଦ୍ୱାରା ଜୀବର ଆଚରଣ ପ୍ରଭାବିତ ହୁଏ ।

(କ) ପ୍ରଶସ୍ତ-ବିହାୟୋଗତି ନାମ- ଏହାର ଉଦୟ ଘଟିଲେ ଜୀବର ଆଚରଣ ଶ୍ରେଷ୍ଠ ହୁଏ ।

(ଖ) ଅପ୍ରଶସ୍ତ-ବିହାୟୋଗତି ନାମ- ଏହାର ଉଦୟ ଘଟିଲେ ଜୀବର ଆଚରଣ ଖରାପ ହୁଏ ।

୨୧. ତ୍ରସ-ନାମ- ଏହାର ଉଦୟ ଫଳରେ ଜୀବ ଚର (ଇଚ୍ଛାପୂର୍ବକ ଗତି କରିବାବାଲା) ହୋଇଥାଏ ।

୨୨. ସ୍ଥାବର ନାମ- ଏହାର ଉଦୟ ଫଳରେ ଜୀବ ସ୍ଥିର (ଇଚ୍ଛାପୂର୍ବକ ଗତି ନ କରୁଥିବା) ହୋଇଥାଏ ।
୨୩. ସୂକ୍ଷ୍ମ-ନାମ- ଏହି କର୍ମର ଉଦୟ ଫଳରେ ଜୀବ ସୂକ୍ଷ୍ମ (ଅତୀନ୍ଦ୍ରିୟ) ଶରୀରକୁ ପ୍ରାପ୍ତ କରିଥାଏ ।
୨୪. ବାଦର-ନାମ- ଏହି କର୍ମର ଉଦୟ ଫଳରେ ଜୀବରୁ ସ୍ଥୂଳ ଶରୀର ପ୍ରାପ୍ତ ହୁଏ ।
୨୫. ପର୍ଯ୍ୟାପ୍ତ-ନାମ- ଏହାର ଉଦୟ ଦ୍ୱାରା ଜୀବ ସ୍ୱଯୋଗ୍ୟ ପର୍ଯ୍ୟାପ୍ତିଗୁଡ଼ିକୁ ପୂର୍ଣ୍ଣ କରିଥାଏ ।
୨୬. ଅପର୍ଯ୍ୟାପ୍ତ-ନାମ- ଏହାର ଉଦୟ ଦ୍ୱାରା ଜୀବ ସ୍ୱଯୋଗ୍ୟ ପର୍ଯ୍ୟାପ୍ତିଗୁଡ଼ିକୁ ପୂର୍ଣ୍ଣ କରିପାରେ ନାହିଁ ।
୨୭. ସାଧାରଣ-ଶରୀର-ନାମ- ଏହାର ଉଦୟ ଫଳରେ ଅନନ୍ତ ଜୀବକୁ ଏକ ପ୍ରକାର ଶରୀର ମିଳିଥାଏ ।
୨୮. ପ୍ରତ୍ୟେକ-ଶରୀର-ନାମ - ଏହାର ଉଦୟ ଫଳରେ ପ୍ରତ୍ୟେକ ଜୀବକୁ ଆପଣା ସ୍ୱତନ୍ତ୍ର ଶରୀର ମିଳିଥାଏ ।
୨୯. ସ୍ଥିର-ନାମ- ଏହି କର୍ମର ଉଦୟ ଫଳରେ ଶରୀରର ଅବୟବ ସ୍ଥିର ହୋଇଥାଏ ।
୩୦. ଅସ୍ଥିର-ନାମ- ଏହି କର୍ମର ଉଦୟ ଫଳରେ ଶରୀରର ଅବୟବଗୁଡ଼ିକ ଅସ୍ଥିର ହୋଇପଡ଼ନ୍ତି ।
୩୧. ଶୁଭ ନାମ - ଏହି କର୍ମର ଉଦୟ ଫଳରେ ନାଭିର ଉପରକୁ ରହିଥିବା ଅବୟବଗୁଡ଼ିକ ଶୁଭ ହୋଇଥାନ୍ତି ।
୩୨. ଅଶୁଭ-ନାମ- ଏହି କର୍ମର ଉଦୟ ଫଳରେ ନାଭିର ନିମ୍ନରେ ରହିଥିବା ଅବୟବଗୁଡ଼ିକ ଅଶୁଭ ହୋଇଥାନ୍ତି ।
୩୩. ସୁଭଗ-ନାମ- ଏହି କର୍ମର ଉଦୟ ଫଳରେ କାହାରି କୌଣସି ପ୍ରକାର ଉପକାର ନ କରି ମଧ୍ୟ ଏବଂ ସୁସମ୍ବନ୍ଧ ସ୍ଥାପନ ନ କରିବା ସତ୍ତ୍ୱେ ଜୀବ, ଅନ୍ୟମାନଙ୍କ ପ୍ରିୟଭାଜନ ହୋଇଥାଏ ।
୩୪. ଦୁର୍ଭଗ-ନାମ- ଏହି କର୍ମର ଉଦୟ ଫଳରେ ଉପକାରକ ଏବଂ ସଂବନ୍ଧୀ ମଧ୍ୟ ଅପ୍ରିୟ ମନେ ହୁଅନ୍ତି ।
୩୫. ସୁସ୍ୱର-ନାମ- ଏହି କର୍ମର ଉଦୟ ଫଳରେ ଜୀବର ସ୍ୱର ପ୍ରୀତି ଉତ୍ପନ୍ନ କରିଥାଏ ।
୩୬. ଦୁଃସ୍ୱର-ନାମ- ଏହି କର୍ମର ଉଦୟ ଫଳରେ ଜୀବର ସ୍ୱର ଅପ୍ରୀତିକାରକ ହୋଇଯାଏ ।
୩୭. ଆଦେୟ-ନାମ- ଏହି କର୍ମର ଉଦୟ ଫଳରେ ଜୀବର ବଚନ ମାନ୍ୟତା ପ୍ରାପ୍ତ କରିଥାଏ ।
୩୮. ଅନାଦେୟ-ନାମ- ଏହି କର୍ମର ଉଦୟ ଘଟିଲେ ଜୀବର ବଚନ ଯୁକ୍ତିସଂଗତ ହୋଇଥିଲେ ବି ମାନ୍ୟ ହୋଇପାରେ ନାହିଁ ।
୩୯. ଯଶୋକୀର୍ତ୍ତି-ନାମ- ଯଶ ଓ କୀର୍ତ୍ତିର ହେତୁଭୂତ କର୍ମ ପୁଦ୍‌ଗଳ ।
୪୦. ଅଯଶ କୀର୍ତ୍ତି-ନାମ - ଅଯଶ ଓ ଅକୀର୍ତ୍ତିର ହେତୁଭୂତ କର୍ମ ପୁଦ୍‌ଗଳ ।
୪୧. ନିର୍ମାଣ-ନାମ- ଅବୟବ ସମୂହର ବ୍ୟବସ୍ଥିତ ରଚନାର ହେତୁଭୂତ କର୍ମ ପୁଦ୍‌ଗଳ ।
୪୨. ତୀର୍ଥଙ୍କର-ନାମ - ତୀର୍ଥଙ୍କର ପଦ ପ୍ରାପ୍ତିର ନିମିତ୍ତ ଭୂତ କର୍ମ ।

ଗୋତ୍ର

୧. ଉଚ୍ଚ-ଗୋତ୍ର- ଏହି କର୍ମର ଉଦୟ ଫଳରେ ସମ୍ମାନ ଓ ପ୍ରତିଷ୍ଠା ପ୍ରାପ୍ତ ହୁଏ ।
(କ) ଜାତି-ଉଚ୍ଚ-ଗୋତ୍ର- ମାତୃପକ୍ଷୀୟ ସମ୍ମାନ ।
(ଖ) କୁଳ-ଉଚ୍ଚ-ଗୋତ୍ର- ପିତୃପକ୍ଷୀୟ ସମ୍ମାନ ।
(ଗ) ବଳ-ଉଚ୍ଚ-ଗୋତ୍ର- ବଳପକ୍ଷୀୟ ସମ୍ମାନ ।
(ଘ) ରୂପ-ଉଚ୍ଚ-ଗୋତ୍ର- ରୂପପକ୍ଷୀୟ ସମ୍ମାନ ।
(ଙ) ତପ-ଉଚ୍ଚ-ଗୋତ୍ର- ତପପକ୍ଷୀୟ ସମ୍ମାନ ।
(ଚ) ଶ୍ରୁତ-ଉଚ୍ଚ-ଗୋତ୍ର- ଜ୍ଞାନପକ୍ଷୀୟ ସମ୍ମାନ ।
(ଛ) ଲାଭ-ଉଚ୍ଚ-ଗୋତ୍ର- ପ୍ରାପ୍ତିପକ୍ଷୀୟ ସମ୍ମାନ ।
(ଜ) ଐଶ୍ୱର୍ଯ୍ୟ-ଉଚ୍ଚ-ଗାତ୍ର- ଐଶ୍ୱର୍ଯ୍ୟପକ୍ଷୀୟ ସମ୍ମାନ ।
୨. ନୀଚ-ଗୋତ୍ର- ଏହି କର୍ମର ଉଦୟ ଫଳରେ ଅସମ୍ମାନ ଓ ଅପ୍ରତିଷ୍ଠା ପ୍ରାପ୍ତ ହୁଏ ।

(କ) ଜାତି-ନୀଚ-ଗୋତ୍ର- ମାତୃପକ୍ଷୀୟ ଅସମ୍ମାନ ।
(ଖ) କୁଳ-ନୀଚ-ଗୋତ୍ର- ପିତୃପକ୍ଷୀୟ ଅସମ୍ମାନ ।
(ଗ) ବଳ-ନୀଚ-ଗୋତ୍ର- ବଳପକ୍ଷୀୟ ଅସମ୍ମାନ ।
(ଘ) ରୂପ-ନୀଚ-ଗୋତ୍ର- ରୂପପକ୍ଷୀୟ ଅସମ୍ମାନ ।
(ଙ) ତପ-ନୀଚ-ଗୋତ୍ର- ତପପକ୍ଷୀୟ ଅସମ୍ମାନ ।
(ଚ) ଶ୍ରୁତ-ନୀଚ-ଗୋତ୍ର- ଜ୍ଞାନପକ୍ଷୀୟ ଅସମ୍ମାନ ।
(ଛ) ଲାଭ-ନୀଚ-ଗୋତ୍ର- ପ୍ରାପ୍ତିପକ୍ଷୀୟ ଅସମ୍ମାନ ।
(ଜ) ଐଶ୍ୱର୍ଯ୍ୟ-ନୀଚ-ଗାତ୍ର- ଐଶ୍ୱର୍ଯ୍ୟପକ୍ଷୀୟ ଅସମ୍ମାନ ।

ଅନ୍ତରାୟ- ଏହାର ଉଦୟ, କ୍ରିୟାତ୍ମକ ଶକ୍ତିକୁ ବାଧିତ ଓ ପ୍ରଭାବିତ କରିଥାଏ ।
(କ) ଦାନ-ଅନ୍ତରାୟ-ଏହାର ଉଦୟ ଘଟିଲେ ପୂର୍ଣ୍ଣ ସାମଗ୍ରୀ ଉପଲବ୍ଧ ହେବା ସତ୍ତ୍ୱେ ଦାନ କରି ହୁଏ ନାହିଁ ।
(ଖ) ଲାଭ-ଅନ୍ତରାୟ- ଏହାର ଉଦୟ ଘଟିଲେ ଲାଭ ବାଧାପ୍ରାପ୍ତ ହୁଏ ।
(ଗ) ଭୋଗ-ଅନ୍ତରାୟ- ଏହାର ଉଦୟ ଘଟିଲେ ଭୋଗ ବାଧାପ୍ରାପ୍ତ ହୁଏ ।
(ଘ) ଉପଭୋଗ-ଅନ୍ତରାୟ- ଏହାର ଉଦୟ ଫଳରେ ଉପଭୋଗ କରିହୁଏ ନାହିଁ ।
(ଙ) ବୀର୍ଯ୍ୟ-ଅନ୍ତରାୟ- ଏହାର ଉଦୟ ଘଟିଲେ ସାମର୍ଥ୍ୟର ପ୍ରୟୋଗ କରାଯାଇପାରିବ ନାହିଁ ।

କର୍ମର ଉତ୍ତର-ପ୍ରକୃତି ଓ ସେମାନଙ୍କ ସ୍ଥିତି

	କର୍ମର ପ୍ରକୃତି	ଜଘନ୍ୟ-ସ୍ଥିତି	ଉତ୍କୃଷ୍ଟ-ସ୍ଥିତି
୫.	ଜ୍ଞାନାବରଣୀୟ	ଅନ୍ତର୍-ମୁହୂର୍ତ୍ତ	୩୦ କୋଟାକୋଟି ସାଗର
୧୦.	ନିଦ୍ରାପଂଚକ	ଏକସାଗରର ୩/୭ଭାଗରେ	୩୦ କୋଟାକୋଟି ସାଗର
	ପଲ୍ୟର ଅସଂଖ୍ୟତମ ଭାଗ କମ୍		
୧୪.	ଦର୍ଶନ ଚତୁଷ୍କ	ଅନ୍ତର୍-ମୁହୂର୍ତ୍ତ	୩୦ କୋଟାକୋଟି ସାଗର
୧୫.	ସାତ-ବେଦନୀୟ (ଇର୍ଯ୍ୟାପଥିକ, ସମ୍ପରାୟ)	୨ ସମୟ	୨ ସମୟ
୧୬.	ଅସାତ-ବେଦନୀୟ	ଏକସାଗରର ୩/୭ ଭାଗର	୩୦ କୋଟାକୋଟି ସାଗର
	ପଲ୍ୟର ଅସଂଖ୍ୟତମ ଭାଗ କମ୍		
୧୭.	ସମ୍ୟକ୍ତ୍ୱ-ବେଦନୀୟ	ଅନ୍ତର୍-ମୁହୂର୍ତ୍ତ	୬୬ ସାଗରରୁ ସାମାନ୍ୟ ଅଧିକ
୧୮.	ମିଥ୍ୟାତ୍ୱ-ବେଦନୀୟ	ଏକ ସାଗରରେ ପଲ୍ୟର	୭୦ କୋଟାକୋଟି ସାଗର
	ଅସଂଖ୍ୟତମ ଭାଗ କମ୍		
୧୯.	ସମ୍ୟକ୍ତ-ମିଥ୍ୟାତ୍ୱ-ବେଦନୀୟ	ଅନ୍ତର୍-ମୁହୂର୍ତ୍ତ	ଅନ୍ତର୍-ମୁହୂର୍ତ୍ତ
୩୧.	କଷାୟ ଦ୍ୱାଦଶକ (ଅନନ୍ତାନୁବନ୍ଧ, ଅପ୍ରତ୍ୟାଖ୍ୟାନ-ପ୍ରତ୍ୟାଖ୍ୟାନ, କ୍ରୋଧ, ମାନ, ମାୟାଲୋଭ)	ଏକ ସାଗରର ୪/୭ ଭାଗରେ ପଲ୍ୟର ଅସଂଖ୍ୟତମ ଭାଗ କମ୍	୪୦ କୋଟାକୋଟି ସାଗର

୩୨. କ୍ରୋଧ-ସଂଜ୍ୱଳନ	୨ ମାସ	୪୦ କୋଟାକୋଟି ସାଗର
୩୩. ମାନ-ସଂଜ୍ୱଳନ	୧ ମାସ	୪୦ କୋଟାକୋଟି ସାଗର
୩୪. ମାୟା-ସଂଜ୍ୱଳନ	ଅର୍ଦ୍ଧ-ମାସ	୪୦ କୋଟାକୋଟି ସାଗର
୩୫. ଲୋଭ-ସଂଜ୍ୱଳନ	ଅନ୍ତର୍-ମୁହୂର୍ତ୍ତ	୪୦ କୋଟାକୋଟି ସାଗର
୩୬. ସ୍ତ୍ରୀ-ବେଦ ପଲ୍ୟର ଅସଂଖ୍ୟତମ ଭାଗ କମ୍	ଏକ ସାଗରର ୧୫/୭ ଭାଗରେ	୧୫ କୋଟାକୋଟି ସାଗର
୩୭. ପୁରୁଷ-ଭେଦ	୮ ବର୍ଷ	୧୦ କୋଟାକୋଟି ସାଗର
୪୨. ନପୁଂସକ ବେଦ, ଅରତି, ଭୟ, ଶୋକ	ଏକ ସାଗରର ୨/୭ ଭାଗରେ ପଲ୍ୟର ଦୁଗୁଂଛା ଅସଂଖ୍ୟତମ ଭାଗ କମ୍	୨୦ କୋଟାକୋଟି ସାଗର
୪୪. ହାସ୍ୟ, ରତି	ଏକ ସାଗରର ୧/୭ ଭାଗରେ ପଲ୍ୟର ଅସଂଖ୍ୟତମ ଭାଗ କମ୍	୧୦ କୋଟାକୋଟି ସାଗର
୪୬. ନୈରୟିକାୟୁଷ, ଦେବାୟୁଷ	୧୦,୦୦୦ ବର୍ଷ ଅନ୍ତର୍- ମୁହୂର୍ତ୍ତ ଅଧିକ	୩୩ ସାଗର କ୍ରୋଡ଼- ପୂର୍ବର ତୃତୀୟ ଭାଗ ଅଧିକ
୪୮. ତିର୍ଯ୍ୟଞ୍ଚାୟୁଷ, ମନୁଷ୍ୟାୟୁଷ	ଅନ୍ତର୍-ମୁହୂର୍ତ୍ତ	୩ ପଲ୍ୟ ଓ କ୍ରୋଡ଼ ପୂର୍ବର ତୃତୀୟ ଭାଗ ଅଧିକ
୫୪. ନୈରୟିକ ଗତିନାମ, ନରକାନୁପୂର୍ବୀ ନାମ ବୈକ୍ରୟିକ ଚତୁଷ୍କ (ଶରୀର, ଅଙ୍ଗୋପାଙ୍ଗ, ବନ୍ଧନ, ସଂଘାତନ)	ଏକସହସ୍ର ସାଗରର ୨/୭ ଭାଗରେ ପଲ୍ୟର ଅସଂଖ୍ୟତମ ଭାଗ କମ୍	୨୦ କୋଟାକୋଟି ସାଗର
୫୬. ତିର୍ଯ୍ୟଞ୍ଚଗତିନାମ, ତିର୍ଯ୍ୟଞ୍ଚାନୁପୂର୍ବୀନାମ	ଯଥା ନପୁଂସକ ବେଦ	
୫୮. ମନୁଷ୍ୟ ଗତିନାମ, ମନୁଷ୍ୟାନୁପୂର୍ବୀନାମ	ଏକ ସାଗରର ୧/୭ ଭାଗରେ ପଲ୍ୟର ଅସଂଖ୍ୟତମ ଭାଗ କମ୍	୧୫ କୋଟାକୋଟି ସାଗର
୭୨. ଏକେନ୍ଦ୍ରିୟ ଜାତି ନାମ, ପଞ୍ଚେନ୍ଦ୍ରିୟ ଜାତିନାମ, ଔଦାରିକ ଚତୁଷ୍କ (ଶରୀର, ଅଙ୍ଗୋପାଙ୍ଗ,ବନ୍ଧନ, ସଂଘାତନ) ତୈଜସ, କାର୍ମଣ, ଉଭୟକାଳିକ (ଶରୀର, ବନ୍ଧନ, ସଂଘାତନ)	ଏକ ସାଗରର ୨/୭ ଭାଗରେ ପଲ୍ୟର ଅସଂଖ୍ୟତମ ଭାଗ କମ୍	୨୦ କୋଟାକୋଟି ସାଗର
୭୫. ଦ୍ୱୀନ୍ଦ୍ରିୟ, ତ୍ରୀନ୍ଦ୍ରିୟ, ଚତୁରିନ୍ଦ୍ରିୟ ଜାତିନାମ	ଏକ ସାଗରର ୯/୩୫ ଭାଗରେ ପଲ୍ୟର ଅସଂଖ୍ୟତମ ଭାଗ କମ୍	୧୮ କୋଟାକୋଟି ସାଗର

୮୦. ଆହାରକ ଚତୁଷ୍କ,	ଅନ୍ତଃ କୋଟାକୋଟି ସାଗର	ଅନ୍ତଃ କୋଟାକୋଟି ସାଗର
ତୀର୍ଥଙ୍କର ନାମ		
୮୨. ବଜ୍ରଋଷଭନାରାଚ-	ହାସ୍ୟବତ୍	
ସଂହନନ ନାମ		
ସମଚତୁରସ୍ର-ସଂସ୍ଥାନନାମ		
୮୪. ଋଷଭ ନାରାଚ-	ଏକ ସାଗରର ୩/୩୫ ଭାଗରେ	୧୨ କୋଟାକୋଟି ସାଗର
ସଂହନନ ନାମ	ପଲ୍ୟର ଅସଂଖ୍ୟତମ ଭାଗ କମ୍	
ନ୍ୟଗ୍ରୋଧ ପରିମଣ୍ଡଳ		
ସଂସ୍ଥାନ ନାମ		
୮୬. ନାରାଚ ସଂହନନ ନାମ,	ଏକ ସାଗରର ୭/୩୫ ଭାଗରେ	୧୪ କୋଟାକୋଟି ସାଗର
ସାଦିସଂସ୍ଥାନ ନାମ	ପଲ୍ୟର ଅସଂଖ୍ୟତମ ଭାଗ କମ୍	
୮୮. ଅର୍ଦ୍ଧନାରାଚ	ଏକ ସାଗରର ୮/୩୫ ଭାଗରେ	୧୬ କୋଟାକୋଟି ସାଗର
ସଂହନନ ନାମ,	ପଲ୍ୟର ଅସଂଖ୍ୟତମ ଭାଗ କମ୍	
ବାମନ ସଂସ୍ଥାନ ନାମ		
୯୦. କୀଳକ ସଂହନନ ନାମ,	ତିନି ବିକଳେନ୍ଦ୍ରିୟବତ୍	ତିନି ବିକଳେନ୍ଦ୍ରିୟବତ୍
କୁବ୍ଜ ସଂସ୍ଥାନ ନାମ		
୯୨. ସେବାର୍ତ୍ତ ସଂହନନ ନାମ,	ନପୁଂସକ ବେଦବତ୍	ନପୁଂସକ-ବେଦବତ୍
ହୁଂଡ଼କ ସଂସ୍ଥାନ ନାମ		
୯୪. ଶ୍ୱେତବର୍ଣ୍ଣ-ନାମ	ହାସ୍ୟବତ୍	
ମଧୁର-ରସ-ନାମ		
୯୬. ପୀତ-ବର୍ଣ୍ଣ-ନାମ,	ଏକ ସାଗରର ୫/୨୮ ଭାଗରେ	୧୨.୫ କୋଟାକୋଟି ସାଗର
ଅମ୍ଳ-ରସ-ନାମ	ପଲ୍ୟର ଅସଂଖ୍ୟତମ ଭାଗ କମ୍	
୯୮. ରକ୍ତ-ବର୍ଣ୍ଣ-ନାମ,	ଏକ ସାଗରର ୬/୨୮ ଭାଗରେ	୧୫ କୋଟାକୋଟି ସାଗର
କଷାୟ-ରସ-ନାମ	ପଲ୍ୟର ଅସଂଖ୍ୟତମ ଭାଗ କମ୍	
୧୦୦. ନୀଳବର୍ଣ୍ଣ,	ଏକ ସାଗରର ୭/୨୮ ଭାଗରେ	୧୭.୫ କୋଟାକୋଟି ସାଗର
କଟୁକ ରସ	ପଲ୍ୟର ଅସଂଖ୍ୟତମ ଭାଗ କମ୍	
୧୦୨. କୃଷ୍ଣ ବର୍ଣ୍ଣ, କଟୁକ ରସ	ନପୁଂସକ ବେଦବତ୍	ନପୁଂସକ ବେଦବତ୍
୧୦୪. ସୁରଭି ଗନ୍ଧ,	ହାସ୍ୟବତ୍	ହାସ୍ୟବତ୍
ପ୍ରଶସ୍ତ ବିହାୟୋଗତି		
୧୦୬. ଦୁରଭି ଗନ୍ଧ,	ନପୁଂସକ ବେଦବତ୍	ନପୁଂସକ ବେଦବତ୍
ଅପ୍ରଶସ୍ତ ବିହାୟୋଗତି		
୧୧୦.କର୍କଶ-ସ୍ପର୍ଶନାମ,	ନପୁଂସକ ବେଦବତ୍	ନପୁଂସକ ବେଦବତ୍
ଗୁରୁ-ସ୍ପର୍ଶନାମ,		
ଶୀତ-ସ୍ପର୍ଶନାମ,		
ରୂକ୍ଷ-ସ୍ପର୍ଶନାମ		

୧୧୪. ମୃଦୁ-ସ୍ପର୍ଶନାମ, ଲଘୁ-ସ୍ପର୍ଶନାମ,ସ୍ନିଗ୍ଧ ସ୍ପର୍ଶନାମ,ଉଷ୍ଣ-ସ୍ପର୍ଶନାମ, ପରାଘାତ ନାମ, ଉଚ୍ଛ୍ୱାସନାମ, ଆତପ ନାମ	ହାସ୍ୟବତ୍	ହାସ୍ୟବତ୍
୧୨୧. ଉଦ୍ୟୋତନାମ, ଅଗୁରୁ-ଲଘୁନାମ, ନିର୍ମାଣ ନାମ, ଉପଘାତ ନାମ	ନପୁଂସକ ବେଦବତ୍	ନପୁଂସକ ବେଦବତ୍
୧୨୪.ସୂକ୍ଷ୍ମନାମ, ଅପର୍ଯ୍ୟାପ୍ତ-ନାମ, ସାଧାରଣ-ନାମ, ତ୍ରସ-ନାମ, ବାଦର-ନାମ, ପ୍ରତ୍ୟେକ-ନାମ	ତିନି ବିକଳେନ୍ଦ୍ରିୟବତ୍	ତିନି ବିକଳେନ୍ଦ୍ରିୟବତ୍
୧୩୫.ପର୍ଯ୍ୟାପ୍ତ-ନାମ, ସ୍ଥାବର-ନାମ, ଅସ୍ଥିର-ନାମ, ଅଶୁଭ-ନାମ, ଦୁର୍ଭଗ-ନାମ, ଦୁଃସ୍ୱର-ନାମ, ଅନାଦେୟ ନାମ, ଅଯଶଃ, ଅକୀର୍ତ୍ତି-ନାମ	ନପୁଂସକ ବେଦବତ୍	ନପୁଂସକ ବେଦବତ୍
୧୪୦. ସ୍ଥିର-ନାମ, ଶୁଭ-ନାମ, ସୁଭଗ-ନାମ, ସୁସ୍ୱର-ନାମ,ଆଦେୟ ନାମ	ହାସ୍ୟବତ୍	ହାସ୍ୟବତ୍
୧୪୨. ଯଶ, କୀର୍ତ୍ତି-ନାମ, ଉଚ୍ଚ ଗୋତ୍ର	ଅଷ୍ଟ ମୁହୂର୍ତ୍ତ	୧୦ କୋଟାକୋଟି ସାଗର
୧୪୩. ନୀଚ ଗୋତ୍ର	ନପୁଂସକ-ବେଦବତ୍	ନପୁଂସକ-ବେଦବତ୍
୧୪୮. ଅନ୍ତରାୟ ପଂଚକ	ଅନ୍ତର୍-ମୁହୂର୍ତ୍ତ	୩୦ କୋଟାକୋଟି ସାଗର

॥ ୪ ॥

ପ୍ରଯୁକ୍ତ ଗ୍ରନ୍ଥସୂଚୀ[୧]

ଅଂଗୁତ୍ତରନିକାୟ
ଅଗ୍ନିମାଳବିକା
ଅତୀତ କା ଅନାବରଣ
ଅଥର୍ବ ବେଦ
ଅଥର୍ବ ବେଦକାରିକା
ଅଧ୍ୟାତ୍ମୋପନିଷଦ୍
ଅନୁଯୋଗ ଦ୍ୱାର
ଅନେକାନ୍ତ ବ୍ୟବସ୍ଥା
ଅନ୍ତକୃତ
ଅନ୍ୟଯୋଗ ବ୍ୟବଚ୍ଛେଦିକା
ଅଭିଧମ୍ମକୋଷ
ଅଭିଧାନ ଚିନ୍ତାମଣି
ଅଯୋଗ ବ୍ୟବଚ୍ଛେଦ,
ଦ୍ୱାତ୍ରିଂଶିକା
ଆଓ୍ୱାର ଓରିଏଣ୍ଟାଲ ହେରିଟେଜ
ଅଷ୍ଟସହସ୍ରୀ
ଅଷ୍ଟାଙ୍ଗ ହୃଦୟ
ଆଗମ ଅଷ୍ଟୋତ୍ତରୀ
ଆଚାରାଙ୍ଗ ଚୂର୍ଣ୍ଣି
ଆଚାରଙ୍ଗ ନିର୍ଯୁକ୍ତି
ଆଚାରଙ୍ଗ ବୃତ୍ତି
ଆଦିପୁରାଣ
ଆପ୍ତମୀମାଂସା
ଆଚାରଚୂଳା
ଆବଶ୍ୟକ ଚୂର୍ଣ୍ଣି
ଆବଶ୍ୟକ ନିର୍ଯୁକ୍ତି
ଆବଶ୍ୟକ ମଳୟଗିରିବୃତ୍ତି
ଆବଶ୍ୟକ ସୂତ୍ର
ଇଣ୍ଡିଆନ ଥଟ୍ଏଣ୍ଡ୍ ଇଟ୍ସ ଡେଭଲପମେଣ୍ଟ
ଇଣ୍ଡିଆନ୍ ଫିଲୋସଫି
ଇନ୍ଦ୍ରିୟବାଦୀ ରୀ ଚୌପଈ
ଈଶା ଉପନିଷଦ୍
ଉତ୍ତରଜ୍ଝୟଣାଣି
ଉତ୍ତର ପୁରାଣ
ଉତ୍ତରାଧ୍ୟୟନ ବୃହଦ୍ ବୃତ୍ତି
ଉତ୍ପାଦାଦି ସିଦ୍ଧି
ରଗ୍ ବେଦ
ଔପପାତିକ
କଠୋପନିଷଦ୍
କର୍ଣ୍ଣାଟକ କବି ଚରିତ୍ର
କର୍ମଗ୍ରନ୍ଥ
କର୍ମବିବରଣ (ସ୍ୱୋପଜ୍ଞ ବୃତ୍ତି)
କଳ୍ପସୂତ୍ର
କେନ ଉପନିଷଦ୍
କୌଷୀତକୀ ଉପନିଷଦ୍
ଗଣଧରବାଦ
ଗୀତା

---

[୧] ଆୟାରୋ, ସୂୟଗଡ଼ୋ, ଠାଣଂ, ସମବାଓ, ଭଗବତୀ, ଉତ୍ତରଜ୍ଝୟଣାଣି ତଥା ଦସବେଆଲିୟଂ-ଜୈନ ବିଶ୍ୱଭାରତୀ, ଲାଡ଼ନୂ ଦ୍ୱାରା ପ୍ରକାଶିତ, ବାଚନା ପ୍ରମୁଖ ଆଚାର୍ଯ୍ୟ ତୁଳସୀ ତଥା ଆଚାର୍ଯ୍ୟ ମହାପ୍ରଜ୍ଞ (ମୁନି ନଥମଲଜୀ) ଦ୍ୱାରା ସଂପାଦିତ ସଂସ୍କରଣଗୁଡ଼ିକର ଉପଯୋଗ କରାଯାଇଛି ।

ଆୟାରୋ
ଆବଶ୍ୟକ କଥା
ଛାନ୍ଦୋଗ୍ୟ ଉପନିଷଦ୍‌
ଜଡ଼ବାଦ
ଜମ୍ବୂଦ୍ୱୀପ ପ୍ରଜ୍ଞପ୍ତି
ଜାବାଲ ଉପନିଷଦ୍‌
ଜୈନ ଗୁର୍ଜର କବିଓ
ଜୈନତର୍କ ଭାଷା
ଜୈନ ଦର୍ଶନ କା ଇତିହାସ
ଜୈନ ସିଦ୍ଧାନ୍ତ ଦୀପିକା
ଜ୍ଞାତ ଧର୍ମକଥା
ଜ୍ଞାନବିନ୍ଦୁ
ଜ୍ଞାନସାର
ଠାଣଂ
ତତ୍ତ୍ୱାନୁଶାସନ
ତତ୍ତ୍ୱାର୍ଥ ରାଜବାର୍ତ୍ତିକ
ତତ୍ତ୍ୱାର୍ଥ ବୃତ୍ତି
ତତ୍ତ୍ୱାର୍ଥ ଶ୍ଳୋକ ବାର୍ତ୍ତିକ
ତତ୍ତ୍ୱାର୍ଥ ସାର
ତତ୍ତ୍ୱାର୍ଥ ସୂତ୍ର
ତନ୍ଦୁଲ ବୈୟାଳିୟ
ତର୍କଭାଷା
ତର୍କମୀମାଂସା
ତର୍କସଂଗ୍ରହ
ତୈତ୍ତିରୀୟ ଉପନିଷଦ୍‌
ଦକ୍ଷିଣଭାରତ ମେଁ ଜୈନଧର୍ମ
ଦର୍ଶନ ଔର ଚିନ୍ତନ
ଦର୍ଶନ କା ଇତିହାସ
ଦର୍ଶନ ଦିଗ୍‌ଦର୍ଶନ
ଦର୍ଶନଶାସ୍ତ୍ର କା ଇତିହାସ
ଦଶବୈକାଳିକ (ଜିନଦାସ ଚୂର୍ଣ୍ଣି)
ଦଶବୈକାଳିକ ଭୂମିକା
ଦଶବୈକାଳିକ
ଦଶାଶ୍ରୁତ ସ୍କନ୍ଧ
ଦସବେଆଲିୟଂ
ଗୀତା ରହସ୍ୟ
ଚରକ
ଦ୍ରବ୍ୟସଂଗ୍ରହ
ଦ୍ରବ୍ୟାନୁଯୋଗ ତର୍କଣା
ଦ୍ୱାତ୍ରିଂଶିକା
ଧମ୍ମପଦ
ଧର୍ମ ପ୍ରକରଣ
ଧର୍ମବାଦାଷ୍ଟକ
ଧବଳା ଟୀକା
ଧ୍ୟାନ ଶତକ
ନନ୍ଦୀ
ନନ୍ଦୀବୃତ୍ତି
ନୟ ରହସ୍ୟ
ନବ ପଦାର୍ଥ ଚୌପଈ
ନିୟମସାର
ନିଶୀଥ ଚୂର୍ଣ୍ଣି
ନିଶ୍ଚୟ ଦ୍ୱାତ୍ରିଂଶିକା
ନୀତି ବାକ୍ୟାମୃତ
ନ୍ୟାୟକାରିକା
ନ୍ୟାୟକାରିକାବଳୀ
ନ୍ୟାୟ କୁମୁଦଚନ୍ଦ୍ର
ନ୍ୟାୟ ଖଣ୍ଡଖାଦ୍ୟ
ନ୍ୟାୟଦୀପିକା
ନ୍ୟାୟବିନ୍ଦୁ
ନ୍ୟାୟଭାଷ୍ୟ
ନ୍ୟାୟମଂଜରୀ
ନ୍ୟାୟବାର୍ତ୍ତିକ
ନ୍ୟାୟସିଦ୍ଧାନ୍ତ ମୁକ୍ତାବଳିକାରିକା
ନ୍ୟାୟସୂତ୍ର
ନ୍ୟାୟାବତାର
ନ୍ୟାୟାବତାର ଟୀକା
ନ୍ୟାୟାବତାର ବାର୍ତ୍ତିକ ବୃତ୍ତି
ହାରିଭଦ୍ରୀୟା ବୃତ୍ତି ନ୍ୟାୟାଲୋକ
ନ୍ୟାୟୋପଦେଶ
ପଞ୍ଚ ସଂଗ୍ରହ

ପଞ୍ଚାସ୍ତିକାୟ
ପଞ୍ଚାସ୍ତିକାୟ ଟୀକା
ପଦ୍‌ମ ପୁରାଣ
ପନ୍ନବଣା
ପରମାତ୍ମ ପ୍ରକାଶ
ପରମାତ୍ମ ପ୍ରକାଶ ଟୀକା
ପରିଶିଷ୍ଟ ପର୍ବ
ପରୀକ୍ଷା ମୁଣ୍ଡମଣ୍ଡନ
ପାଇୟ ଭାଷାଓଁ ଅନେ ସାହିତ୍ୟ
ପାଇୟ ସଦ୍ଦମହଣ୍ଣବୋ
ପାତଞ୍ଜଳ ଯୋଗ
ପାତଞ୍ଜଳ ଯୋଗଭାଷ୍ୟ
ପାର୍ଶ୍ଵନାଥ କା ଚାତୁର୍ଯ୍ୟାମ ଧର୍ମ
ପିଣ୍ଡନିର୍ଯୁକ୍ତି ବୃତ୍ତି
ପୁରୁଷାର୍ଥ ସିଦ୍ଧ୍ୟୁପାୟ
ପୂର୍ବୀ ଔର ପଶ୍ଚିମୀ ଦର୍ଶନ
ପ୍ରଜ୍ଞାପନା
ପ୍ରଜ୍ଞାପନା ବୃତ୍ତି
ପ୍ରମାଣନୟ ତତ୍ତ୍ୱରତ୍ନାବତାରିକା
ପ୍ରମାଣନୟ ତତ୍ତ୍ୱାଲୋକାଳଙ୍କାର
ପ୍ରମାଣ ପ୍ରବେଶ
ପ୍ରମାଣ ମୀମାଂସା
ପ୍ରମାଣ ବାର୍ତ୍ତିକ
ପ୍ରମାଣ ସମୁଚ୍ଚୟ
ପ୍ରବଚନ ସାର
ପ୍ରବନ ସାର ବୃତ୍ତି
ପ୍ରବଚନସାରୋଦ୍ଧାର
ପ୍ରଶମରତି ପ୍ରକରଣ
ପ୍ରଶ୍ନ ବ୍ୟାକରଣ
ପ୍ରାକୃତ ବ୍ୟାକରଣ
ପ୍ରମେୟ କମଳମାର୍ତ୍ତଣ୍ଡ
ବୃହତ୍‌କଳ୍ପ ନିର୍ଯୁକ୍ତି
ବୃହତ୍‌କଳ୍ପ ଭାଷ୍ୟ
ଯୁକ୍ତ୍ୟନୁଶାସନ
ଯୋଗ ଦର୍ଶନ
ବୃହଦାରଣ୍ୟକ ଉପନିଷଦ୍
ବୁଦ୍ଧ ଚରିତ୍ର
ବୁଦ୍ଧ ବଚନ
ବ୍ରହ୍ମସୂତ୍ର (ଶାଙ୍କର ଭାଷ୍ୟ)
ଭଗବତୀ
ଭଗବତୀ ଜୋଡ଼
ଭଗବତୀ ବୃତ୍ତି
ଭାଗବତ
ଭାଷା ପରିଚ୍ଛେଦ
ଭାଷା ରହସ୍ୟ
ଭାଷା ବିଜ୍ଞାନ ବିଶେଷାଙ୍କ
ଭାରତୀୟ ଦର୍ଶନ
ଭାରତୀୟ ପ୍ରାଚୀନ ଲିପିମାଳା
ଭାରତୀୟ ମୂର୍ତ୍ତିକଳା
ଭାରତୀୟ ସଂସ୍କୃତି ଔର ଅହିଂସା
ଭିକ୍ଷୁନ୍ୟାୟ କର୍ଣ୍ଣିକା
ମଜଝିମନିକାୟ
ମନୁସ୍ମୃତି
ମହାଦେବ ସ୍ତୋତ୍ର
ମହାପୁରାଣ
ମହାଭାରତ
ମହାବଂଶ
ମହାବୀର କଥା
ମାଧ୍ୟମିକ କାରିକା
ମାନବ କୀ କହାନୀ
ମାର୍କ୍ସବାଦ
ମାର୍କ୍ସବାଦ କ୍ୟା ହୈ ?
ମୀମାଂସା ଶ୍ଳୋକ ବାର୍ତ୍ତିକ
ମୀଷ୍ଟିରିୟସ୍ ୟୁନିବର୍ସ
ମୁଣ୍ଡକ ଉପନିଷଦ୍
ମେରୀ ଜୀବନଗାଥା
ମୈ କୌନ ହୁଁ ?
ଯଶସ୍ତିଳକ
ଶାଙ୍କରଭାଷ୍ୟ
ଶାନ୍ତ ସୁଧାରସ

ଯୋଗଦୃଷ୍ଟି ସମୁଚ୍ଚୟ
ଯୋଗବିନ୍ଦୁ
ଯୋଗ ବିଂଶିକା
ଯୋଗଶାସ୍ତ୍ର
ଯୋଗସୂତ୍ର
ରତ୍ନକରଣ୍ଡ ଶ୍ରାବକାଚାର
ରେସ୍‌ପନସ୍ ଇନ୍ ଦି
ଲିବିଙ୍ଗ୍ ଏଣ୍ଡ୍ ନନ୍‌ଲିବିଙ୍ଗ୍
ଲଘୀୟସ୍ତ୍ରୟୀ
ଲୋକତତ୍ତ୍ୱ ନିର୍ଣ୍ଣୟ
ଲୋକପ୍ରକାଶ
ବରାଙ୍ଗ ଚରିତ୍ର
ବାକ୍ୟ ପ୍ରଦୀପ
ବାତ୍ସାୟନ ଭାଷ୍ୟ
ବାଦଦ୍ୱାତ୍ରିଂଶିକା
ବିଜ୍ଞାନଔର କମ୍ୟୁନିଜମ୍ ସମ୍ମତି ଟୀକା
ବିଜ୍ଞାନ କୀ ରୂପରେଖା
ବିଶେଷାବଶ୍ୟକ ଭାଷ୍ୟ
ବିଶେଷାବଶ୍ୟକ ବୃତ୍ତି
ବିଶ୍ୱବାଣୀ
ବିଶ୍ୱ ପୁରାଣ
ବୀତରାଗସ୍ତବ
ବୀତରାଗ ସ୍ତୋତ୍ର
ବେଦାନ୍ତସାର
ବେଦାନ୍ତ ସୂତ୍ର (ଶାଙ୍କର ଭାଷ୍ୟ)
ବୈଶେଷିକ ଦର୍ଶନ
ବୈଶେଷିକ ସୂତ୍ର
ବ୍ୟବହାର ଭାଷ୍ୟ
ବ୍ୟାସ ଭାଷ୍ୟ
ଶଙ୍କର ଦିଗ୍‌ବିଜୟ
ଶତପଥ ବ୍ରାହ୍ମଣ
ଶାନ୍ତିପର୍ବ
ଶାରୀରିକ ଭାଷ୍ୟ
ଶାସ୍ତ୍ରବାର୍ତ୍ତା ସମୁଚ୍ଚୟ
ଶୁକ୍ର ରହସ୍ୟ
ଶ୍ୱେତାଶ୍ୱତର ଉପନିଷଦ୍
ଷଟ୍‌ଖଣ୍ଡାଗମ
ଷଟ୍‌ଦର୍ଶନ ସମୁଚ୍ଚୟ
ଷଟ୍‌ପ୍ରାଭୃତ
ସଂଯୁକ୍ତ ନିକାୟ
ସମୟସାର
ସମବାଓ
ସମାଚାରୀ ଶତକ
ସମାଜବାଦ
ସମ୍ମତି
ସର୍ବାର୍ଥସିଦ୍ଧି
ସାଂଖ୍ୟ କୌମୁଦୀ
ସାଂଖ୍ୟ ସୂତ୍ର
ସାହିତ୍ୟ ସନ୍ଦେଶ
ସୁତ୍ତନିପାତ
ସୂତ୍ରକୃତାଙ୍ଗ ବୃତ୍ତି
ସୂୟଗଡ଼ୋ
ସ୍ଥାନାଙ୍ଗ ବୃତ୍ତି
ସ୍ୟାଦ୍‌ବାଦ ମଂଜରୀ
ସ୍ୱୟଂଭୂସ୍ତୋତ୍ର
ସ୍ୱରୂପ ସମ୍ବୋଧନ
ସ୍ୱାମୀକାର୍ତ୍ତିକେୟାନୁପ୍ରେକ୍ଷା
ହାରିଭଦ୍ରୀୟ ଅଷ୍ଟକ
ହିନ୍ଦୀ ବିଶ୍ୱଭାରତୀ

ଆଚାର୍ଯ୍ୟ ମହାପ୍ରଜ୍ଞ: ଜୀବନ ଦର୍ଶନ

ଅଧ୍ୟାତ୍ମ-ପ୍ରଧାନ ଭାରତ ଭୂଇଁରେ ଅନେକ ମହାପୁରୁଷ ଜନ୍ମ ନେଇ, ସତ୍ୟର ଅନ୍ୱେଷଣରେ ନିଜକୁ ସମର୍ପିତ କରିଯାଇଛନ୍ତି। ଏହି ଋଷି-ମହର୍ଷିଙ୍କ ଶୃଙ୍ଖଳାରେ ବିଂଶ ଶତାବ୍ଦୀରେ ଜନ୍ମଗ୍ରହଣ କରିଥିବା ଜଣେ ମୂର୍ଦ୍ଧନ୍ୟ ବ୍ୟକ୍ତିତ୍ୱର ନାମ ଆଚାର୍ଯ୍ୟ ମହାପ୍ରଜ୍ଞ ଗୁଡ଼ାଏ ବିଶେଷଣର ସମବାୟ ଥିଲା ତାଙ୍କ ଜୀବନ। ବିଶ୍ୱର ମହାନ ସନ୍ଥ, ଋତମ୍ଭରା ପ୍ରଜ୍ଞାର ଅଧିକାରୀ, ଉଚ୍ଚକୋଟିର ଦାର୍ଶନିକ, ପ୍ରାଚ୍ୟ ବିଦ୍ୟାର ବିଜ୍ଞାତା, ଅନ୍ୱେଷକ, ଚିନ୍ତକ, ସାରସ୍ୱତ କବି, ମହାନ ସାହିତ୍ୟ ସ୍ରଷ୍ଟା ଏବଂ ସମକାଳୀନ ସମସ୍ୟା ଗୁଡ଼ିକର ସମାଧାୟକ ପୁରୁଷ ଥିଲେ ଆଚାର୍ଯ୍ୟ ମହାପ୍ରଜ୍ଞ। ତାଙ୍କ ବାହ୍ୟ ବ୍ୟକ୍ତିତ୍ୱ ଯେତେ ଆକର୍ଷକ, ଅନ୍ତରଙ୍ଗ ବ୍ୟକ୍ତିତ୍ୱ ଶତଗୁଣ ଅଧିକ ଆକର୍ଷକ ଥିଲା। ସେ ଅହିଂସା, ଅଧ୍ୟାତ୍ମ ଓ ଅନେକାନ୍ତର ପୁନୀତ ତ୍ରିପଥଗା ଥିଲେ।

ଜନ୍ମ: ପ୍ରକୃତିର କୋଳରେ

ରାଜସ୍ଥାନର ଝୁନଝୁନୁ ଜିଲ୍ଲା ଅନ୍ତର୍ଗତ ଏକ ଅନାମଧେୟ ପଲ୍ଲୀ 'ଟମକୋର' ର ସୌଭାଗ୍ୟ-ଶତାବ୍ଦୀ ନୁହେଁ ସହସ୍ରାବ୍ଦୀକୁ ପ୍ରଭାସ୍ୱର କରିଥିବା ଏହି ମହାମାନବଙ୍କ ଜନ୍ମଭୂମି ହେବାର ଗୌରବ ଲଭି। ବିଂସଂ ୧୯୭୭, ଖ୍ରୀ.୧୯୨୦, ଆଷାଢ଼ କୃଷ୍ଣ ତ୍ରୟୋଦଶୀ, ଚୋରଡ଼ିୟା କୁଳ, ପିତା ତୋଲାରାମଜୀ, ମା ବାଲୁଜୀଙ୍କ ପାଇଁ ଉଲ୍ଲାସର ନୂତନ ସୂର୍ଯ୍ୟର ଉଦୟ ହୋଇଥିଲା। ନିରଭ୍ର ଆକାଶ, ଶୁଦ୍ଧ ପବନ, ସ୍ୱଚ୍ଛ ପରିବେଶ ମଧ୍ୟରେ ପ୍ରକୃତିରାଣୀ ଶିଶୁର ପହିଲି ସ୍ୱାଗତ କରୁଥାଏ। ବାଳକର ଜନ୍ମ କୌଣସି ନିବୁଜ କୋଠରି ମଧ୍ୟରେ ହୋଇନଥିଲା। ମୁକ୍ତ ଆକାଶ ତଳେ ଭୂମିଷ୍ଠ ଏହି ଆତ୍ମାର ଅସାଧାରଣ ବ୍ୟକ୍ତିତ୍ୱ ହେବାର ଏହା ଥିଲା ପ୍ରାଥମିକ ସୂଚନା।

ସଂନ୍ୟାସର ବିକାଶ ପଥେ

ଦୀକ୍ଷା ହେଉଛି ନୂଆ ଜନ୍ମ। ବାଳକ ନଥମଲ ନିଜ ମା'ଙ୍କ ସହିତ ଦଶବର୍ଷରୁ ସାମାନ୍ୟ ଅଧିକ ବୟସରେ ଜୈନ ଶ୍ୱେତାମ୍ବର ତେରାପନ୍ଥ ଧର୍ମସଂଘର ଅଷ୍ଟମାଚାର୍ଯ୍ୟ କାଳୁଗଣୀଙ୍କ କରକମଳରେ ଦୀକ୍ଷା ପ୍ରାପ୍ତ କରି ନୂତନ ଜୀବନର ଅୟମାରମ୍ଭ କରିଥିଲେ। ପ୍ରଥମଦିନରେ ହିଁ ବିଦ୍ୟାଗୁରୁ ଏବଂ ସଂରକ୍ଷକ ରୂପରେ ମୁନି ତୁଳସୀଙ୍କ ଯୋଗ ବାଳ ମୁନିଙ୍କ ସୌଭାଗ୍ୟର ଶ୍ରୀ ବୃଦ୍ଧିର ପ୍ରବଳ ନିମିତ୍ତ ସାଜିଲା।

ମହାପ୍ରଜ୍ଞଙ୍କ ସଂଯମ ଯାତ୍ରା ନିର୍ବିଘ୍ନ ବଢ଼ି ଚାଲିଥାଏ। ପରମପୂଜ୍ୟ କାଲୁଗଣୀ ଏବଂ ମୁନି ତୁଳସୀଙ୍କ ସଜଗ ନିୟନ୍ତ୍ରଣରେ ଅଧ୍ୟୟନ ଏବଂ ସଂସ୍କାର ନିର୍ମାଣର ଧରାତଳ ପୁଷ୍ଟ ହୋଇ ଚାଲିଥାଏ। ବିକାଶର ନୂତନ ସଂଭାବନା ନିତି ଆକାର ନେଉଥାନ୍ତି। ସଂସ୍କୃତ ଓ ପ୍ରାକୃତ ଭାଷାର ବିପୁଳ ଅଧ୍ୟୟନ କରିଥିଲେ। ଧାତୁକୋଶ, ହେମଶବ୍ଦାନୁଶାସନ ଏବଂ ଭିକ୍ଷୁ ଶବ୍ଦାନୁଶାସନ ସହିତ ଜୈନ ଦର୍ଶନ, ନ୍ୟାୟ, ଯୋଗ ବିଦ୍ୟା, ଆୟୁର୍ବେଦ ଏବଂ ଅଧ୍ୟାତ୍ମର ଗମ୍ଭୀର ଗ୍ରନ୍ଥଗୁଡ଼ିକର ପାରାୟଣ କରିଥିଲେ। ସଂସ୍କୃତ ସାହିତ୍ୟ, କର୍ମଗ୍ରନ୍ଥ, କାବ୍ୟାନୁଶାସନ ପଢ଼ିବା ସହିତ ମାର୍କସ୍ ଏବଂ ଲେନିନଙ୍କ ବିଚାରକୁ ଜାଣିବାର ସଲକ୍ଷ୍ୟ ପ୍ରଯତ୍ନ କରୁଥାନ୍ତି।

ସାହିତ୍ୟ ସୃଜନ ଯାତ୍ରା

ଆଚାର୍ଯ୍ୟ ମହାପ୍ରଜ୍ଞଙ୍କ ସାହିତ୍ୟ ସାଧନା ହେଉଛି ଅଲୌକିକ। ସେ ଶାଶ୍ୱତ ସତ୍ୟକୁ ଯୁଗୀନ ସନ୍ଦର୍ଭରେ ପ୍ରସ୍ତୁତ କରିଛନ୍ତି। ସଂସ୍କୃତ ଭାଷାରେ ଉପାଦେୟ ସାହିତ୍ୟ ସୃଜନ ସହିତ ରାଷ୍ଟ୍ରଭାଷା ହିନ୍ଦୀରେ ଶତାଧିକ ଗ୍ରନ୍ଥର ପ୍ରଣୟନ ପୂର୍ବକ ସାହିତ୍ୟ ଜଗତ୍‌କୁ ଋଦ୍ଧିମନ୍ତ କରିଯାଇଛନ୍ତି। ତାଙ୍କ ପ୍ରଣୀତ ମହାକାବ୍ୟ 'ଋଷଭାୟଣ' ବିଦ୍ୱତ୍ ବର୍ଗ ମଧ୍ୟରେ ବେଶ୍ ସମାଦୃତ। ମିତ୍ରାକ୍ଷର-ଅମିତ୍ରାକ୍ଷର ଛନ୍ଦ ତଥା ଗଦ୍ୟ-ପଦ୍ୟ ଉଭୟ ଶୈଳୀରେ ସେ କାବ୍ୟ-କବିତାର ସୃଜନ କରିଛନ୍ତି। ତାଙ୍କ ଦ୍ୱାରା ସଂସ୍କୃତ ଭାଷାରେ ରଚିତ ଆଶୁ ଶ୍ଳୋକ ସମୂହ ପାଠକବର୍ଗଙ୍କୁ ରସସିକ୍ତ କରିଆସିଛି। ଦେଶର ଉଚ୍ଚ ଶିକ୍ଷାନୁଷ୍ଠାନ ତଥା ପ୍ରାଚୀନ ବିଦ୍ୟା ସଂସ୍ଥାନମାନଙ୍କରେ ମହାପ୍ରଜ୍ଞ ଯେତେବେଳେ ଆଶୁକବିତା ରଚନା କରି ପାଠ କରୁଥାନ୍ତି, ଶୀର୍ଷ ବିଦ୍ୱାନମାନେ ବିସ୍ମୟ ଓ ଶ୍ରଦ୍ଧାଭିଭୂତ ହୋଇ ପଡୁଥିଲେ।

ବ୍ୟକ୍ତି ଶାଶ୍ୱସ ନୁହେଁ। ତା' ବିଚାର ହିଁ ତାକୁ ଶାଶ୍ୱତ କରିଥାଏ। ଦର୍ଶନ, ଅଧ୍ୟାତ୍ମ, ଅହିଂସା, ଅନେକାନ୍ତ, ନ୍ୟାୟ, ଯୋଗ, ଅର୍ଥଶାସ୍ତ୍ର, ସ୍ୱାସ୍ଥ୍ୟଶାସ୍ତ୍ର, ରାଜନୀତି, ସମାଜନୀତି, ମନୋବିଜ୍ଞାନ, ଜୀବନବିଜ୍ଞାନ, ପ୍ରେକ୍ଷାଧ୍ୟାନ, ଅଣୁବ୍ରତ, ତେରାପନ୍ଥ, କାବ୍ୟ, କଥା, ଜୀବନ ବୃତ୍ତ ଆଦି ବିବିଧ ବିଷୟରେ ମହାପ୍ରଜ୍ଞଙ୍କ ମୌଳିକ ବିଚାର ପାଠକମାନଙ୍କୁ ନିତ୍ୟ ପୋଷଣ କରିଥାଏ। ତାଙ୍କ ସାହିତ୍ୟରେ ଆଧ୍ୟାତ୍ମ ଓ ବିଜ୍ଞାନ ତଥା ପ୍ରାଚୀନ ଓ ଅର୍ବାଚୀନର ସୁନ୍ଦର ସମନ୍ୱୟ ଦେଖିବାକୁ ମିଳେ।

ପ୍ରବଚନ-କୌଶଳ

ବିଶେଷ ସଂପ୍ରେଷଣର ଏକ ସଶକ୍ତ ମାଧ୍ୟମ ହେଉଛି ବକ୍ତୃତ୍ୱ। ଶ୍ରୁତସମ୍ପନ୍ନତା ହେଉଛି ଶ୍ରେଷ୍ଠ ବକ୍ତୃତ୍ୱର କଷୋପଳ। ମହାପ୍ରଜ୍ଞ ଥିଲେ ଶ୍ରୁତଧର ଆଚାର୍ଯ୍ୟ। ନିର୍ଦ୍ଦିଷ୍ଟ ଏକ ବିଷୟ ପ୍ରତି ସେ ଯେତେବେଳେ ସମଗ୍ରତା ଓ ସୂକ୍ଷ୍ମଦୃଷ୍ଟି ସହ ବିଶ୍ଳେଷଣ କରୁଥିଲେ, ସେତେବେଳେ ଶତାଧିକ ପୃଷ୍ଠର ଅଧ୍ୟୟନଜନ୍ୟ ଜ୍ଞାନ କୋଡ଼ିଏ, ପଚିଶ ମିନିଟର ପ୍ରବଚନ ମଧ୍ୟରେ ମିଳିଯାଉଥାଏ। ତାଙ୍କ ଭାଷା ସାହିତ୍ୟ ଶ୍ଳିଷ୍ଟ କିନ୍ତୁ ଶୈଳୀ ସରଳ ଓ ସରସ। ସାଂପ୍ରତିକ ସମସ୍ୟା ଗୁଡ଼ିକର ଯଥାର୍ଥ ସମାଧାନ ତନ୍ମଧ୍ୟରେ ନିହିତ ଥାଏ। ଇଲେକ୍‌ଟ୍ରୋନିକ ମିଡ଼ିଆରେ ଶୁଣି ଅସଂଖ୍ୟ ଶ୍ରୋତାଙ୍କ ଜୀବନପଥ ପରିବର୍ତ୍ତିତ ହେଲା।

କାଳଜୟୀ ଅଭିଲେଖ

ଆପଣା ଜାଗୃତ ଯୁଗବୋଧ ତଥା ଅତୀନ୍ଦ୍ରିୟ ପ୍ରଜ୍ଞାବଳରେ ଆଚାର୍ଯ୍ୟ ମହାପ୍ରଜ୍ଞଙ୍କ ଅବଦାନ, ବିଶ୍ୱର ଅମୂଲ୍ୟ ବିଭବ ସାଜିଥାଏ। ପ୍ରାଚୀନ ଜୈନ ଆଗମ ଗୁଡ଼ିକର ଗବେଷଣାତ୍ମକ ସଂପାଦନ, ତାଙ୍କ ସୂକ୍ଷ୍ମମେଧା, ବ୍ୟାପକ ଅଧ୍ୟୟନ ଏବଂ ବହୁଶ୍ରୁତତାର ଫଳଶ୍ରୁତି। ପ୍ରାଚ୍ୟ ବିଦ୍ୟାର ଅକ୍ଷୟ ସ୍ମାରକୀ ସାଜିଛି ଏହି ସଂପାଦିତ ଆଗମ ଶ୍ରେଣୀ। ପ୍ରାଚୀନ ଆଗମ 'ଆୟାରୋ' ଉପରେ ଭାଷ୍ୟ ଆଲେଖନ କରିବାର ପ୍ରଥମ ବ୍ୟକ୍ତି ହେଉଛନ୍ତି ମହାପ୍ରଜ୍ଞ। ସଂସ୍କୃତ ଭାଷାରେ ରଚିତ ସୁବିଶାଳ ଗ୍ରନ୍ଥ 'ଆଚାରାଙ୍ଗଭାଷ୍ୟମ୍' ଭାଷ୍ୟ ପରମ୍ପରା ଇତିହାସର ଅପୂର୍ବ ଆଲେଖ।

ପ୍ରେକ୍ଷାଧ୍ୟାନ, ଅଣୁବ୍ରତ ଓ ଜୀବନବିଜ୍ଞାନ

ଜୈନ ପରମ୍ପରାର ବିଲୁପ୍ତ ଧ୍ୟାନପଦ୍ଧତିକୁ 'ପ୍ରେକ୍ଷାଧ୍ୟାନ' ରୂପରେ ପୁନରୁଜ୍ଜୀବିତ କରି ଆଚାର୍ଯ୍ୟ ମହାପ୍ରଜ୍ଞ ଯୁଗକୁ ଏକ ଅମୂଲ୍ୟ ଅବଦାନ ଦେଇ ଯାଇଛନ୍ତି । ନିଜଦ୍ୱାରା ନିଜକୁ ଖୋଜିବାରେ ସେ ନିଜେ ସାଜିଥିଲେ ପ୍ରୟୋଗଶାଳା । ଏହି କାରଣରୁ ପ୍ରେକ୍ଷାଧ୍ୟାନ ପଦ୍ଧତି ତାଙ୍କ ଜୀବନ ପୋଥିର ଏକ ସ୍ୱର୍ଣ୍ଣିମ ପୃଷ୍ଠ ହୋଇପାରିଛି । ମାନବୀୟ ଚେତନାର ଅଭ୍ୟୁଦୟର ମହାନ ଉଦ୍ଦେଶ୍ୟ ପ୍ରେକ୍ଷାଧ୍ୟାନ ମଧ୍ୟରେ ନିହିତ ରହିଛି ।

ଆଚାର୍ଯ୍ୟ ତୁଳସୀ ପ୍ରଣୀତ ଅଣୁବ୍ରତ ଆନ୍ଦୋଳନର ଦାର୍ଶନିକ ସ୍ୱରୂପ ପ୍ରଦାନ କରିଥିଲେ ଆଚାର୍ଯ୍ୟ ମହାପ୍ରଜ୍ଞ । ଦେଶର ଭାବୀ ବଂଶଧରଙ୍କୁ ସଶକ୍ତ, ସୁସ୍ଥ ଏବଂ ସୁବ୍ୟବସ୍ଥିତ କରିବା ସକାଶେ 'ଜୀବନବିଜ୍ଞାନ' ମାଧ୍ୟମରେ ସର୍ବାଙ୍ଗୀଣ ବିକାଶର ପରିକଳ୍ପନା ପ୍ରସ୍ତୁତ କରିଥିଲେ । ଶହଶହ ଶିବିର ଓ ସଂଗୋଷ୍ଠୀରେ କରାଯାଉଥିବା ପ୍ରାକ୍‌ଟିକାଲ ପ୍ରୟୋଗ ଏବଂ ତା'ର ସକାରାତ୍ମକ ପରିଣାମ ଏହାର ଉପଯୋଗିତା ଓ ମହତ୍ତ୍ୱର ସ୍ୱୟଂଭୂ ସାକ୍ଷ୍ୟ ପ୍ରଦାନ କରିଥାନ୍ତି । ଅହିଂସକ ମୂଲ୍ୟର ପ୍ରତିଷ୍ଠାପନା ତଥା ହିଂସକ ସମସ୍ୟା-ସଂତ୍ରସ୍ତ ସମାଜ, ରାଷ୍ଟ୍ର ଓ ବିଶ୍ୱରେ ଶାନ୍ତିର ପରିକଳ୍ପନାକୁ ମୂର୍ତ୍ତ ରୂପ ଦେବାରେ 'ଅହିଂସା ପ୍ରଶିକ୍ଷଣ' ତଥା ସ୍ୱସ୍ଥ ଅର୍ଥବ୍ୟବସ୍ଥା ଚିନ୍ତନ ଦ୍ୱାରା 'ସାପେକ୍ଷ ଅର୍ଥଶାସ୍ତ୍ର' ଅବଧାରଣାକୁ ନୂତନ ଆକାର ପ୍ରାପ୍ତ ହେଲା ।

ଅର୍ହତା ଗୁଡ଼ିକର ମୂଲ୍ୟାୟନ

ଆଚାର୍ଯ୍ୟ ତୁଳସୀ ବିକ୍ରମ ସଂବତ ୨୦୦୧ରେ ଅଗ୍ରଣୀ, ୨୦୦୪ରେ ସାହାଯ୍ୟପତି ଓ ୨୦୨୨ରେ ନିକାୟସଚିବ ପଦରେ ସୁଶୋଭିତ କରି ମହାପ୍ରଜ୍ଞଙ୍କ ସାମର୍ଥ୍ୟର ମୂଲ୍ୟାଙ୍କନ କରିଥିଲେ । ବି.ସଂ. ୨୦୩୫ରେ ମହାପ୍ରଜ୍ଞ ଅଳଙ୍କରଣ ପ୍ରଦାନ କରି ଶୁଭ ଭବିଷ୍ୟର ସଂକେତ ଦେଇଥିଲେ । ସେହିବର୍ଷ ଆଚାର୍ଯ୍ୟ ତୁଳସୀ, ତାଙ୍କୁ ନିଜ ଉତ୍ତରାଧୀକାରୀ ରୂପେ ମହାପ୍ରଜ୍ଞଙ୍କୁ ମନୋନୀତ କରିଥିଲେ । ବି.ସ. ୨୦୫୦ରେ ନିଜ ଆଚାର୍ଯ୍ୟ ପଦ ବିସର୍ଜନ କରି ମହାପ୍ରଜ୍ଞଙ୍କୁ ଆଚାର୍ଯ୍ୟ ପଦରେ ଅଭିଷିକ୍ତ କରିଥିଲେ । ଇତିହାସର ତାହା ଏକ ବିରଳ ପ୍ରସଙ୍ଗ । ତେରାପନ୍ଥର ପବିତ୍ର ଆଚାର୍ଯ୍ୟ ପରମ୍ପରା ସହିତ ଆଚାର୍ଯ୍ୟ ମହାପ୍ରଜ୍ଞଙ୍କ ପ୍ରତ୍ୟକ୍ଷ ସମ୍ବନ୍ଧ ସ୍ଥାପିତ ହେଲା । ଏହି ପରମ୍ପରାରେ ସର୍ବାଧିକ ୯୦ ବର୍ଷ ବୟସର ଆୟୁ ପ୍ରାପ୍ତ କରି ସର୍ବାଧିକ ସଂଯମ ପର୍ଯ୍ୟାୟର ଅନୁତ୍ତର ଉପଲବ୍ଧି ବରଣ କରିଯାଇଛନ୍ତି ଆଚାର୍ଯ୍ୟ ମହାପ୍ରଜ୍ଞ ।

ଅହିଂସା ଯାତ୍ରା: ଏକ ଉପଲବ୍ଧି

ଜୀବନର ନବମ ଦଶକରେ ଆଚାର୍ଯ୍ୟ ମହାପ୍ରଜ୍ଞ ଭାରତର ଅନେକ ପ୍ରଦେଶର ଯାତ୍ରା କରିଥିଲେ । ଲକ୍ଷ୍ୟ ଥିଲା ଅହିଂସକ ଚେତନାର ଜାଗରଣ ଓ ନୈତିକ ମୂଲ୍ୟର ବିକାଶ । ନାମ ଦିଆଗଲା 'ଅହିଂସା ଯାତ୍ରା' । ଏହି ଯାତ୍ରାରେ ହିନ୍ଦୁ ଓ ମୁସଲମାନମାନଙ୍କ ମଧ୍ୟରେ ପାରସ୍ପରିକ ସ୍ନେହ, ସୌହାର୍ଦ୍ଦ ଓ ବିଶ୍ୱାସର ବୃଦ୍ଧି ପାଇଁ ସଘନ ପ୍ରଚେଷ୍ଟା କରା ଯାଉଥାଏ । ଆଚାର୍ଯ୍ୟ ମହାପ୍ରଜ୍ଞଙ୍କ ଅସୀମ କରୁଣା ଓ ମାନବୀୟ ଏକତାର କୋମଳ ଅନୁଭୂତି ଅହିଂସା ଯାତ୍ରାର ଦିଗ୍‌ଦର୍ଶନ କରିଥାଏ । ଅହିଂସା ପ୍ରଶିକ୍ଷଣ ଓ ରୋଜଗାର ପ୍ରଶିକ୍ଷଣ କାର୍ଯ୍ୟ ଦ୍ୱାରା ଏକ ସୁନ୍ଦର, ସମାବେଶୀ ଭାରତର ଅଭ୍ୟୁଦୟର ସ୍ୱପ୍ନ ଚରିତାର୍ଥ ହେବା ଆରମ୍ଭହେଲା ।

ଭାରତର ରାଷ୍ଟ୍ରପତି ଡ. ଏପିଜେ ଅବଦୁଲ କଲାମଙ୍କ ସହିତ ବିଭିନ୍ନ ଧର୍ମ ସଂପ୍ରଦାୟର ୧୬ଜଣ ଧର୍ମଗୁରୁ ସମ୍ମିଳିତ ହୋଇ ଦେଶର ବହୁବିଧ ସମସ୍ୟାର ସମାଧାନ ସକାଶେ ଗହନ ମନ୍ଥନ କରିଥିଲେ । ଏହାର ନିଷ୍ପତ୍ତି ରୂପରେ ଆଚାର୍ଯ୍ୟ ମହାପ୍ରଜ୍ଞଙ୍କ ପବିତ୍ର ସନ୍ନିଧିରେ 'ସୁରତ ଆଧ୍ୟାତ୍ମ ଘୋଷଣା ପତ୍ର' ପ୍ରକାଶ ପାଇଲା । ବିଭିନ୍ନ ସମୟରେ ସେ ଅନେକ ରାଷ୍ଟ୍ରୀୟ, ସାମାଜିକ ଏବଂ ସାଂପ୍ରଦାୟିକ ସମସ୍ୟାର ସମାଧାନରେ ସକ୍ରିୟ ଭୂମିକା ନିର୍ବହନ କରିଯାଇଛନ୍ତି । ବହୁ ରାଜନେତା, ଧର୍ମଗୁରୁ, ଶିକ୍ଷାବିତ୍, ସାହିତ୍ୟିକ ଓ ସାମ୍ବାଦିକମାନଙ୍କ ସହ ସଂବାଦ ସ୍ଥାପନ କରିଛନ୍ତି । ଦେଶର

ତତ୍‌କାଳୀନ ରାଷ୍ଟ୍ରପତି ଓ ସୁପ୍ରସିଦ୍ଧ ବୈଜ୍ଞାନିକ ଡ. କଲାମଙ୍କ ସହିତ ଗଭୀର ବିଚାର ବିମର୍ଷ କରି ସଂଯୁକ୍ତ ରୂପରେ ଏକ ଅଭିନବ ଗ୍ରନ୍ଥର ନିର୍ମାଣ କରିଛନ୍ତି ଯାହା The family and the Nation ରୂପରେ ସମଗ୍ର ବିଶ୍ୱରେ ପାଠକାଦୃତ ହୋଇପାରିଛି।

ଉପାଧିମେଳରେ ନିରୁପାଧିକ ବ୍ୟକ୍ତିତ୍ୱ

ଆଚାର୍ଯ୍ୟ ମହାପ୍ରଜ୍ଞ ବ୍ୟକ୍ତି ନୁହଁନ୍ତି ଏକ ବିଚାର ଥିଲେ। ସେହି ବିଚାର ମଧ୍ୟରେ ରହିଥାଏ ମୌଳିକତା, ଗମ୍ଭୀର ଜ୍ଞାନ ଏବଂ ପ୍ରଖର ଅନୁଭୂତି। ତାଙ୍କ ସୂକ୍ଷ୍ମଗ୍ରାହୀ ପ୍ରଜ୍ଞାଦ୍ୱାରା ପ୍ରଭାବିତ ରାଷ୍ଟ୍ରକବି ରାମଧାରୀ ସିଂହ ଦିନକର ତାଙ୍କ ମଧ୍ୟରେ 'ବିବେକାନନ୍ଦ'କୁ ଠାବ କରିପାରିଥିଲେ। ଦିଗମ୍ବର ପରମ୍ପରାର ପ୍ରଭାବୀ ବ୍ୟକ୍ତିତ୍ୱ ଆଚାର୍ଯ୍ୟ ବିଦ୍ୟାନନ୍ଦଜୀ 'ଜୈନ୍ୟ ନ୍ୟାୟ କ୍ଷେତ୍ରରେ ରାଧାକୃଷ୍ଣନ' ରୂପରେ ତାଙ୍କୁ ବର୍ଦ୍ଧାପିତ କରିଯାଇଛନ୍ତି। କବିବର ଭବାନୀ ପ୍ରସାଦ ମିଶ୍ର ମହାପ୍ରଜ୍ଞଙ୍କୁ 'କବୀର' ରୂପରେ ତଥା ଅନ୍ତର୍ରାଷ୍ଟ୍ରିୟ ଖ୍ୟାତି ପ୍ରାପ୍ତ ମନୀଷୀ ଡ. ନଥମଲ ଟାଟିୟା ମହାପ୍ରଜ୍ଞଙ୍କ ପରିଚୟ 'ଆଚାର୍ଯ୍ୟ ସିଦ୍ଧସେନ' ରୂପରେ କରିଯାଇଛନ୍ତି।

ଆଚାର୍ଯ୍ୟ ମହାପ୍ରଜ୍ଞଙ୍କୁ ଅନେକ ମର୍ଯ୍ୟାଦାବନ୍ତ ପୁରସ୍କାର ଓ ଅଳଙ୍କରଣ ପ୍ରଦାନ କରାଯାଇଥିଲା। ଆଚାର୍ଯ୍ୟ ତୁଳସୀ ତାଙ୍କୁ 'ଜୈନ ଯୋଗର ପୁନରୁଦ୍ଧାରକ' ରୂପରେ ସମ୍ବୋଧିତ କରିଛନ୍ତି। ଶ୍ରଦ୍ଧେୟ ଯୁବାଚାର୍ଯ୍ୟ ଶ୍ରୀମହାଶ୍ରମଣଙ୍କ ନେତୃତ୍ୱରେ ସମଗ୍ର ତେରାପନ୍ଥ ଧର୍ମସଂଘ ୧୯୯୯ରେ 'ଯୁଗପ୍ରଧାନ' ପଦରେ ଅଭିଷିକ୍ତ କରିଥିଲେ। 'ବାକ୍‌ପତି', 'ଇନ୍ଦିରାଗାନ୍ଧୀ ରାଷ୍ଟ୍ରୀୟ ଏକତା ପୁରସ୍କାର', 'ଲୋକମାନ୍ୟ ମହର୍ଷି', 'ରାଷ୍ଟ୍ରୀୟ ସାଂପ୍ରଦାୟିକ ସଦ୍‌ଭାବ ପୁରସ୍କାର ୨୦୦୫, ଧର୍ମଚକ୍ରବର୍ତ୍ତୀ', 'ମହାତ୍ମା ମହାପ୍ରଜ୍ଞ', 'ବିଶ୍ୱଶାନ୍ତିଦୂତ' ଆଦି ଅନେକ ଉପାଧି ବିଭୂଷିତ ହୋଇ ମଧ୍ୟ ସେ ନିସ୍ପୃହ ଓ ନିରୁପାଧିକ ହୋଇ ରହିଥିଲେ।

ଆଚାର୍ଯ୍ୟ ମହାପ୍ରଜ୍ଞ ଆଠ ଦଶନ୍ଧିର ସୁଦୀର୍ଘ ସଂଯମ ସାଧନାରେ ନିମଗ୍ନ ଥାଇ ଅନେକ ଗୁଡ଼ିଏ ସୂକ୍ଷ୍ମ ରହସ୍ୟର ଅନାବରଣ କରିଯାଇଛି। ତାଙ୍କ ଜୀବନର ଏକ ସମାଧାୟକ ସୂତ୍ର ହେଉଛି- 'ରହୋ ଭୀତର, ଜୀଓ ବାହର।' ଜୀବନର ନବମ ଦଶକ ସଂପନ୍ନ ହେବାକୁ ଯାଉଥାଏ, ଦଶମ ଦଶକରେ ପ୍ରବେଶର ପ୍ରସ୍ତୁତି ଚାଲିଥାଏ। ଏହି ମହାର୍ଘ ମୁହୂର୍ତ୍ତର ଅଭିନନ୍ଦନ ପାଇଁ ସମାଜ ବିବିଧ ସ୍ୱପ୍ନ ଦେଖୁଥାଏ। କିନ୍ତୁ ନିୟତି ସାମାଜ୍ୟରେ ଏକ ଭିନ୍ନ ନିୟତି ନିର୍ଦ୍ଧାରିତ ହୋଇ ସାରିଥାଏ। ଅକସ୍ମାତ ୯ ମେ ୨୦୦୯ ଦିନ ପ୍ରଖର ଦ୍ୱିପହରରେ ସେ ସଂସାରରୁ ପ୍ରୟାଣ କରିଦେଲେ। ତାଙ୍କ ଭୌତିକ ଶରୀର ହଜିଗଲା, ରହିଗଲା ଜ୍ଞାନ ଶରୀର, ଯଶଃ ଶରୀର ଓ ଅନୁଭବ ଶରୀର। ସେ ଆମ ସକାଶେ ଏକ ସମୃଦ୍ଧ ବୈଚାରିକ ଐତିହ୍ୟ ଛାଡ଼ି ଦେଇ ଯାଇଛନ୍ତି। ଆଗାମୀ ଶତାବ୍ଦୀ ଗୁଡ଼ିକ ନିଃସନ୍ଦେହ ଏହା ଦ୍ୱାରା ଲାଭାନ୍ୱିତ ହେବେ। ମହାପ୍ରଜ୍ଞ ଜନ୍ମ ଶତାବ୍ଦୀର ଐତିହାସିକ ଅବସରରେ ପ୍ରସ୍ତୁତ 'ଜୈନଦର୍ଶନ: ମନନ ଓ ମୀମାଂସା' ତାଙ୍କ ଦିବ୍ୟ ଚେତନା ସହିତ ସଂପର୍କର ସଶକ୍ତ ଆଲମ୍ବନ ସାଜିଲେ ତାଙ୍କ ପ୍ରତି ଯଥାର୍ଥ ଶ୍ରଦ୍ଧାଞ୍ଜଳି ହୋଇପାରନ୍ତା।

ମହାପ୍ରଜ୍ଞ ବାଙ୍‌ମୟ

ଆଗମ-ଆଧାରିତ ସାହିତ୍ୟ

୧. ଅସ୍ତିତ୍ୱ ଔର ଅହିଂସା
୨. ମଞ୍ଜିଲ କେ ପଡାବ
୩. ଆଗମ କେ ଆଲୋକ ମେ
୪. ଶ୍ରାବକ ଧର୍ମ
୫. ଶରୀର ଔର ଆତ୍ମା- ବିଜୟ ଯାତ୍ରା
୬. ମହାବୀର କା ପୁନର୍ଜନ୍ମ, ଭାଗ- ୧
୭. ମହାବୀର କା ପୁନର୍ଜନ୍ମ, ଭାଗ- ୨
୮. ଶ୍ରାବକ ପ୍ରତିକ୍ରମଣ
୯. ଉତ୍ତରାଧ୍ୟୟନ: ଏକ ସାମାଜିକ ଅଧ୍ୟୟନ ଭାଗ- ୧
୧୦. ଉତ୍ତରାଧ୍ୟୟନ: ଏକ ସାମାଜିକ ଅଧ୍ୟୟନ ଭାଗ- ୨
୧୧. ଦଶବୈକାଳିକ: ଏକ ସମୀକ୍ଷାତ୍ମକ ଅଧ୍ୟୟନ- ଆଗମ ସମ୍ପାଦନ କୀ ସମସ୍ୟାଏଁ।

ଜୈନ-ଧର୍ମ-ଦର୍ଶନ-ସାହିତ୍ୟ

୧୨. ଜୈନ୍ୟ ଦର୍ଶନ: ମନନ ମୀମାଂସା, ଭାଗ- ୧
୧୩. ଜୈନ ଦର୍ଶନ: ମନନ ଓ ମୀମାଂସା, ଭାଗ- ୨
(ଜୈନ ଦର୍ଶନ ମନନ ଓ ମୀମାଂସା ଦୁଇ ଖଣ୍ଡର ଓଡ଼ିଆ ରୂପାନ୍ତରଣ ତୁଳସୀ ଜୈନ କରିଛନ୍ତି। ସଂପ୍ରତି ପ୍ରକାଶନାଧୀନ ରହିଛି)
୧୪. ଜୈନ ନ୍ୟାୟ କା ବିକାଶ
୧୫. ଜୈନ ଦର୍ଶନ କେ ମୂଳସୂତ୍ର
୧୬. ଜୈନ ଧର୍ମ ମେ ରତ୍ନତ୍ରୟୀ
୧୭. ଜୈନ ଦର୍ଶନ ମେ କର୍ମବାଦ
୧୮. ଜୈନ ଦର୍ଶନ ଔର ଅନେକାନ୍ତ
୧୯. ଜୈନ ଯୋଗ
୨୦. ଜୈନ ଧର୍ମ ଇକ୍‌କୀସବାଁ ଶତାବ୍ଦୀ ମେ - ପାଥେୟ
୨୧. ଜୈନ ଧର୍ମ: ଯଥାର୍ଥ କୀ ପରିକ୍ରମା

୨୨. ଏକାନ୍ତ ମେ ଅନେକାନ୍ତ: ଅନେକାନ୍ତ ମେ ଏକାନ୍ତ- ପ୍ରାଚ୍ୟ ବିଦ୍ୟା
୨୩. ଦର୍ଶନ ଓ୍ୱହୀ ଦୋ ଜିୟା ଜା ସକେ
୨୪. ପହଚାନ ଜୈନ ଶ୍ରାବକ କୀ
୨୫. ଜୀବ- ଅଜୀବ
୨୬. ଯୋଗ ଔର ଅଧ୍ୟାତ୍ମ କୀ ବର୍ଣ୍ଣମାଳା
୨୭. ଭେଦ ମେ ଛିପା ଅଭେଦ
୨୮. ମହାପର୍ବ ପର୍ଯ୍ୟୁଷଣ
୨୯. ସାଧନା ଦଶ ଧର୍ମକୀ
୩୦. ଅହିଂସା ତତ୍ତ୍ୱ ଦର୍ଶନ
୩୧. ଆଦିମ ଯୁଗ କା ଆଦମୀ- ନିଷ୍ପତ୍ତି
୩୨. ପୁରୁଷୋତ୍ତମ ମହାବୀର
୩୩. ମହାବୀର କା ଅର୍ଥଶାସ୍ତ୍ର - ବିସର୍ଜନ
୩୪. ମହାବୀର କା ସ୍ୱାସ୍ଥ୍ୟ ଶାସ୍ତ୍ର
୩୫. ଭକ୍ତାମର: ଅନ୍ତ ସ୍ଥଳ କା ସ୍ପର୍ଶ
୩୬. କଲ୍ୟାଣ ମନ୍ଦିର: ଅନ୍ତସ୍ଥଳ କା ସ୍ପର୍ଶ
୩୭. ମନ୍ତ୍ର ଏକ ସମାଧାନ- ତୁମ ସ୍ୱସ୍ଥ ରହ ସକତେ ହୋ

ତେରାପନ୍ଥ ସାହିତ୍ୟ

୩୮. ଭିକ୍ଷୁ ବିଚାର ଦର୍ଶନ
୩୯. ତେରାପନ୍ଥ: ଶାସନ-ଅନୁଶାସନ
୪୦. ସଂଘ ମହାନ କ୍ୟୋଁ ?
୪୧. ତତ୍ତ୍ୱ ସଂହିତା: ଅନୁଶାସନ ସଂହିତା
୪୨. ସଂଘ ପୁରୁଷ ଚିରାୟୁ ହୋ
୪୩. ତୁଳସୀ ବିଚାର ଦର୍ଶନ

ପ୍ରେକ୍ଷାଧ୍ୟାନ ସାହିତ୍ୟ

୪୪. ମହାବୀର କୀ ସାଧନା କା ରହସ୍ୟ
୪୫. ଅପ୍‌ପାଣଂ ସରଣଂ ଗଚ୍ଛାମି
୪୬. ଏସୋ ପଞ୍ଚ ଣମୋକ୍‌କାରୋ
୪୭. ଆଭାମଣ୍ଡଳ
୪୮. ଚେତନା କା ଉର୍ଦ୍ଧ୍ୱାରୋହଣ
୪୯. କିସନେ କହା ମନ ଚଞ୍ଚଳ ହୈ ?
୫୦. ମନ କେ ଜୀତେ ଜୀତ୍
୫୧. ମନ କା କାୟାକଳ୍ପ

୫୨.	କୈସେ ସୋଚେଁ?

(ଏହାର ଓଡ଼ିଆ ରୂପାନ୍ତରଣ 'ଚିନ୍ତନ ରୀତି'। ଅନୁବାଦ: ତୁଳସୀ ଜୈନ। ପ୍ରକାଶକ: ଜୀବନ ବିଜ୍ଞାନ ଏକାଡେମୀ)

୫୩.	ଏକଲା ଚଲୋରେ

୫୪.	ଅବଚେତନ ମନ ସେ ସମ୍ପର୍କ

୫୫.	ସୋୟା ମନ ଜଗ ଜାଏ

୫୬.	ଅଧ୍ୟାତ୍ମ: ନିଶ୍ଚୟ ଔର ବ୍ୟବହାର

୫୭.	ଅପନା ଦର୍ପଣ: ଅପନା ବିମ୍ବ- ପ୍ରେକ୍ଷାଧ୍ୟାନ: ଦର୍ଶନ ଔର ପ୍ରୟୋଗ

୫୮.	ଜୀବନ କୀ ପୋଥୀ

୫୯.	ଧ୍ୟାନ କ୍ୟୋଁ?

୬୦.	ତବ ହୋତା ହୈ ଧ୍ୟାନ କା ଜନ୍ମ

୬୧.	ମୈ କୌନ ହୁଁ?

୬୨.	ଧର୍ମ ମୁଝେ କ୍ୟା ଦେଗା?

୬୩.	କୌନ ସା ପଥ ଚୁନେଙ୍ଗେ ଆପ୍?

୬୪.	ଭୀତର କୀ ଔର- ଅନୁଭବ କୀ ଆଲୋକ - ରଶ୍ମିୟାଁ

୬୫.	ମନ ଔର ଭାବ

୬୬.	ଜୀବନ ବିଜ୍ଞାନ: ଶିକ୍ଷା କା ନୟା ଆୟାମ

୬୭.	ଜୀବନ ବିଜ୍ଞାନ: ଶିକ୍ଷା କେ କ୍ଷେତ୍ରମେ ନୟା ଚିନ୍ତନ

ଜୀବନ ବୃତ୍ତ

୬୮.	ଶ୍ରମଣ ମହାବୀର

୬୯.	ଧର୍ମଚକ୍ର କା ପ୍ରବର୍ତ୍ତନ

୭୦.	ଯାତ୍ରା: ଏକ ଅକିଞ୍ଚନ କୀ

୭୧.	ମୈଁ ଔର ମେରେ ଗୁରୁ

୭୨.	ଗାଥା ପରମ ବିଜୟ କୀ

କାବ୍ୟ ସାହିତ୍ୟ

୭୩.	ଋଷଭାୟଣ

୭୪.	ତୁଳସୀ ଯଶୋବିଲାସ

୭୫.	ସୂରଜ ଫିର ଆଏଗା

୭୬.	ଅକ୍ଷର କୋ ପ୍ରଣାମ

୭୭.	ଚୈତ୍ୟ ପୁରୁଷ ଜଗ ଜାଏ- ଲଘୁ ଆଖ୍ୟାନ

ସଂସ୍କୃତ-ପ୍ରାକୃତ ସାହିତ୍ୟ

୭୮.	ଆଚାରାଙ୍ଗ ଭାଷ୍ୟମ୍ (୧)

୭୯.	ଆଚାରାଙ୍ଗ ଭାଷ୍ୟମ୍ (୨)
୮୦.	ଆଚାରଙ୍ଗ ଭାଷ୍ୟମ୍ (୩)
୮୧.	ପ୍ରକୃଥି ବିହାର
୮୨.	ଶ୍ରଦ୍ଧୋପହାର
୮୩.	ସୁପ୍ରଭାତମ୍
୮୪.	କାବ୍ୟତ୍ରୟୀ-ସଂବୋଧି, ରତ୍ନପାଳଚରିତମ୍, ଅଶ୍ରୁବୀଣା
୮୫.	ମୁକୁଳମ୍
୮୬.	ତୁଳସୀ ମଞ୍ଜରୀ
୮୭.	ପ୍ରାକୃତ ବାକ୍ୟ ରଚନାବୋଧ
୮୮.	ସଂସ୍କୃତ ବାକ୍ୟ ରଚନା ବୋଧ

ବିଚାର ସାହିତ୍ୟ

୮୯.	ନୈତିକତା, ଚରିତ୍ର ଔର ଅଣୁବତ୍ର
୯୦.	ଲୋକତନ୍ତ୍ର ନୟାବ୍ୟକ୍ତି-ନୟାସମାଜ
(ଏହାର ଓଡ଼ିଆ ରୂପାନ୍ତର- 'ଲୋକତନ୍ତ୍ର: 'ନୂଆ ମଣିଷ ନୂଆ ସମାଜ'। ଅନୁବାଦ: ତୁଳସୀ ଜୈନ। ପ୍ରକାଶକ: ଗ୍ରନ୍ଥମନ୍ଦିର, କଟକ।)
୯୧.	ସମାଜ ବ୍ୟବସ୍ଥା କେ ସୂତ୍ର
୯୨.	ଅହିଂସାକେ ଅଛୂତେ ପହଲୂ
୯୩.	ଯୁଗୀନ ସମସ୍ୟା ଔର ଅଧ୍ୟାତ୍ମ
୯୪.	କୈସେ ହୋ ଶୁଭ ଭବିଷ୍ୟ କା ନିର୍ମାଣ?
୯୫.	ବ୍ୟକ୍ତିତ୍ୱ ବିକାଶ ଔର ଜୀବନ ଶୈଳୀ
୯୬.	ପରିବାର କେ ସାଥ କୈସେ ରହେଁ?
(ଏହାର ଓଡ଼ିଆ ରୂପାନ୍ତର- 'ସୌମ୍ୟ ସୁଖୀ ପରିବାର'। ଅନୁବାଦ- ତୁଳସୀ ଜୈନ, ପ୍ରକାଶକ - ବିଦ୍ୟାପୁରୀ କଟକ।)
୯୭.	ସମଝେ ମର୍ମ ଧର୍ମ କା
୯୮.	ସୁବହ କା ଚିନ୍ତନ- ଏକ ବିଚାର: ଏକ ପଥ
୯୯.	ମାନବତା କା ଭବିଷ୍ୟ- ହରଦିନ ନୟା ବିଚାର- ପ୍ରତିଦିନମ୍
୧୦୦.	ଭବିଷ୍ୟ ତୁମହାରେ ହାଥମେ
୧୦୧.	ସୁଖ ଜ୍ୟାଦା ୟା ଦୁଃଖ?
୧୦୨.	ରହୋ ଭିତର: ଜୀଓ ବାହାର
୧୦୩.	ପ୍ରସ୍ଥାନ ବୀତରାଗତା କୀ ଔର
୧୦୪.	ସାର୍ଥକତା ମନୁଷ୍ୟ ହୋନେ କୀ
୧୦୫.	ସଫଲତା କେ ରହସ୍ୟ
୧୦୬.	ଶକ୍ତି କେ ସ୍ରୋତ
୧୦୭.	ଜ୍ଞାନ କା ସାର ଆଚାର

୧୦୮. ସୁଖ କା ରାଜମାର୍ଗ
୧୦୯. ସଂଯମଃ ଖଲୁ ଜୀବନମ୍
୧୧୦. ସାଧନା କେ ସୂତ୍ର
୧୧୧. ସଂଗଠନ ଔର ଦାୟିତ୍ୱ ବୋଧ

ପତ୍ର, କଥା, ସଂବାଦ ଔର ସୁଭାଷିତ ସାହିତ୍ୟ

୧୧୨. ମହାପ୍ରଜ୍ଞ କେ ଆଧ୍ୟାତ୍ମିକ ପତ୍ର ଭାଗ- ୧
୧୧୩. ମହାପ୍ରଜ୍ଞ କେ ଆଧ୍ୟାତ୍ମିକ ପତ୍ର ଭାଗ- ୨
୧୧୪. ମହାପ୍ରଜ୍ଞ କୀ କଥାଏଁ ଭାଗ- ୧
୧୧୫. ମହାପ୍ରଜ୍ଞ କୀ କଥାଏଁ ଭାଗ- ୨
୧୧୬. ମହାପ୍ରଜ୍ଞ ସୁଭାଷିତମ୍ ଭାଗ- ୧
୧୧୭. ମହାପ୍ରଜ୍ଞ ସୁଭାଷିତମ୍ ଭାଗ- ୨
୧୧୮. ମହାପ୍ରଜ୍ଞ ସେ ସାକ୍ଷାତ୍କାର ଭାଗ- ୧
୧୧୯. ମହାପ୍ରଜ୍ଞ ସେ ସାକ୍ଷାତ୍କାର ଭାଗ- ୨
୧୨୦. ସମୟ କେ ହସ୍ତାକ୍ଷର
୧୨୧. ପ୍ରସ୍ତୁତି ସାହିତ୍ୟ କୀ

ତୁଳସୀ ଜୈନ

ତୁଳସୀ ଜୈନ (୨୬.୦୫.୧୯୫୪) ବିଂଶ ଶତାବ୍ଦୀର ଅନ୍ତିମ ଦଶକରୁ ଲେଖନୀ ଚାଳନା କରୁଥିବା ଓଡ଼ିଆ ସାହିତ୍ୟିକମାନଙ୍କ ମଧ୍ୟରେ ଏକ ସୁପରିଚିତ ନାମ। ଦେଶର ଅବ୍ୟବସ୍ଥା, ସମାଜର ରୁଗ୍ଣତା ଏବଂ ବ୍ୟକ୍ତି ଚେତନାର ମଳିନତାକୁ ପରିଷ୍କାର କରିବା ସହିତ ତା'ର ଊର୍ଦ୍ଧ୍ୱାରୋହଣ ସକାଶେ ମନରେ ଆଞ୍ଜୁଳାଏ ବ୍ୟାକୁଳତା ପୂରି ରହିଛି। ମୂଲ୍ୟହୀନତାର ଅନ୍ଧକାରକୁ ଦୂର କରି ନୈତିକତା ଓ ଆଧ୍ୟାତ୍ମିକତାର ଆଲୋକ ବୁଣିବାର ପ୍ରୟାସରେ ମନ, ବଚନ ଓ କାୟାରେ ଏକାଗ୍ରଚିତ୍ତ। ମଣିଷର ଜୀବନଚର୍ଯ୍ୟାକୁ ଶୃଙ୍ଖଳିତ କରିବା ସହିତ ସୁସ୍ଥ ପରିବାର ଓ ସମୃଦ୍ଧ ବିଶ୍ୱ ଗଠନର ଆବଶ୍ୟକତାକୁ ସଦାବେଳେ ମନେ ରଖି ମସ୍ତିଷ୍କ ସହିତ ହୃଦୟକୁ ଯୋଡ଼ିବା ହେଉଛି ତାଙ୍କ ଜୀବନର ଉଦ୍ଦେଶ୍ୟ।

ଆଧୁନିକ କାଳରେ ସମଗ୍ର ବିଶ୍ୱରେ ଏକ ସ୍ୱତନ୍ତ୍ର ଆବଶ୍ୟକତା ଓ ମର୍ଯ୍ୟାଦା ରଖୁଥିବା ଅନୁବାଦ ସାହିତ୍ୟ ପ୍ରତି ତାଙ୍କର ଅବଦାନ ଅତୁଳନୀୟ। ତାଙ୍କର ମୌଳିକ କୃତି ଅନନ୍ୟ ପ୍ରୟୋଗ ଓଡ଼ିଆ ସାହିତ୍ୟ ଜଗତରେ ଏକ ନୂତନ ବିଭାବର ଅୟମାରମ୍ଭ କରିଛି କହିଲେ ଅତ୍ୟୁକ୍ତି ହେବ ନାହିଁ। ଉଭୟ ଓଡ଼ିଆ ଓ ହିନ୍ଦୀ ଭାଷାରେ ରଚିତ ପ୍ରବନ୍ଧ ସବୁ ରାଜ୍ୟ ଓ ଦେଶର ବିଭିନ୍ନ ଦୈନିକ ସମ୍ବାଦପତ୍ର ଓ ପ୍ରତିଷ୍ଠିତ ପତ୍ରପତ୍ରିକାର ପ୍ରକାଶିତ ହୋଇ ବେଶ୍ ଜନାଦୃତି ଲାଭ କରିଆସୁଛି।

ବଲାଙ୍ଗିର ଜିଲ୍ଲାର ତୁଷରାଠାରେ ଜନ୍ମିତ ଓ ଅବସ୍ଥିତ ଏ ସାହିତ୍ୟ ସାଧକ ଓଡ଼ିଆ ସାହିତ୍ୟାକାଶକୁ ଉଜ୍ଜ୍ୱଳ କରି ରଖିବା କ୍ଷେତ୍ରରେ ଆପଣା ସାଧନାକୁ ଅବ୍ୟାହତ ରଖିଛନ୍ତି।

ଏହି ମହତ୍ ସାଧନାର ସିଦ୍ଧି ରୂପରେ ପ୍ରସ୍ତୁତ ମହାଗ୍ରନ୍ଥ 'ଜୈନ ଦର୍ଶନ: ମନନ ଓ ମୀମାଂସା' ଓଡ଼ିଆ ପାଠକ, ସାହିତ୍ୟିକ, ଐତିହାସିକ ଓ ଗବେଷକମାନଙ୍କ ସ୍ୱୀକୃତି ଅବଶ୍ୟ ଲାଭ କରିବ ଏହି ଆଶା ଓ ବିଶ୍ୱାସ ସହିତ।

- ଅଧ୍ୟାପକ ଜୟ କୁମାର ଆଚାର୍ଯ୍ୟ

BLACK EAGLE BOOKS

www.blackeaglebooks.org
info@blackeaglebooks.org

Black Eagle Books, an independent publisher, was founded as a nonprofit organization in April, 2019. It is our mission to connect and engage the Indian diaspora and the world at large with the best of works of world literature published on a collaborative platform, with special emphasis on foregrounding Contemporary Classics and New Writing.

www.ingramcontent.com/pod-product-compliance
Lightning Source LLC
Chambersburg PA
CBHW081151070526
44583CB00021B/2792
9781645602071